Diccionario de
BIOGRAFÍAS

OCEANO

THIS BOOK IS THE PROPERTY OF
THE NATIONAL CITY PUBLIC LIBRARY

Es una obra de

OCEANO
GRUPO EDITORIAL

EQUIPO EDITORIAL
Dirección: Carlos Gispert
Subdirección y Dirección de Producción: José Gay
Dirección de Edición: José A. Vidal

Edición: Ricardo Joancomartí, Ramón Vilà

Ilustración: Montserrat Marcet, Carlos de Gispert N.

Diseño de cubierta: Julián Jiménez
Diseño interior: Virginia Borra, Joan Pejoán
Maquetación: Roger Hebrard, Mercedes Prats

Base de datos: Iván Carballido, José Dávila, José Mª Jené,
Guillermo Navarro, Ramón Vilà

Corrección: Antonio Carrero, José Luis Sánchez, José Vicente

Redacción: David Bautista (diplomado en Ingeniería Técnica Química),
Carlos Bidon-Chanal (catedrático de Antropología), Berta Busquet (licenciada
en Humanidades), Pablo Centelles (licenciado en Humanidades),
Queralt Ciganda (licenciada en Humanidades), José Dávila (licenciado en
Traducción e Interpretación), Roger Domingo (licenciado en Humanidades),
Claudio Domper (licenciado en Historia), José Fernández (licenciado
en Historia), María Dolores Gassós (licenciada en Historia del Arte), Mario
Llombart (licenciado en Pedagogía), Maribel López (licenciada en Historia del
Arte), Israel Merino (licenciado en Ingeniería Técnica Electrónica),
Juan Carlos Moreno (licenciado en Historia del Arte), Guillermo Navarro
(licenciado en Economía), Carmen Núñez (licenciada en Historia),
Carlos Olivé (licenciado en Ciencias Químicas), María Paz Sintes (diplomada
en Diseño), Lucas Vermal (licenciado en Filosofía), Ramón Vilà (licenciado en
Derecho y Humanidades)

© MMI OCEANO GRUPO EDITORIAL, S.A.
Milanesat, 21-23
EDIFICIO OCEANO
08017 Barcelona (España)
Teléfono: 932 802 020*
Fax: 932 041 073
www.oceano.com

Reservados todos los derechos. Quedan rigurosamente prohibidas, sin la autorización escrita de los
titulares del copyright, bajo las sanciones establecidas en las leyes, la reproducción total o parcial de
esta obra por cualquier medio o procedimiento, comprendidos la reprografía y el tratamiento informáti-
co, y la distribución de ejemplares de ella mediante alquiler o préstamo públicos.

ISBN 84-494-1433-4

Impreso en España - Printed in Spain

Depósito legal: B-19513-XLII

9000334051000

Presentación

El *Diccionario de Biografías* viene a llenar un vacío en el panorama de las obras de referencia en lengua castellana, donde se echaba en falta una obra especializada, completa y de calidad que pusiera al alcance de todos la vida y obra de un vasto elenco de personajes relevantes para nuestra historia y nuestra cultura. A través de esta completa selección de biografías se propone una visión de la historia centrada en sus protagonistas y preocupada por mostrar los motivos y las intenciones que les movieron, un enfoque que nos ayuda a descubrir el aliento íntimo y humano detrás de las convulsiones políticas, la evolución de las artes y el avance de las ciencias.

En esta obra se dan cita nombres procedentes de todos los campos de la actividad humana que han marcado la evolución de la sociedad hasta el presente: militares, monarcas, artistas, filósofos, científicos, exploradores... El propósito esencial de mostrar el panorama vivo de la historia ha evitado, sin embargo, que la selección se limitara al estrecho marco de los autores reconocidos en las academias y a los terrenos canónicos de las ciencias y la política: también tienen cabida en la presente obra los deportistas, los inventores o los empresarios, cuyo influjo en las vidas y en la realidad cotidiana de las gentes ha sido también determinante. Del mismo modo, se ha prestado una atención especial a los tiempos más recientes y a los personajes del ámbito hispanoamericano, en un intento de ofrecer una perspectiva lo más próxima posible a los intereses y realidades del lector. Tanto el estudiante como el especialista, y en general toda persona atenta a la historia y a los ejemplos que proporcionan los hombres del pasado y del presente, encontrarán una útil herramienta en esta obra, elemento destacado e indispensable en cualquier biblioteca de referencia.

El *Diccionario de Biografías* pone a disposición del lector más de 2.500 biografías ordenadas alfabéticamente, cuyo contenido se amplía en numerosas ocasiones mediante citas y listados especiales de la obra de autores de relevancia en el mundo de la literatura y el arte. La información se halla totalmente actualizada en lo referente a personajes todavía vivos, y se ajusta en los demás casos a las más recientes contribuciones de los historiadores y especialistas en todas aquellas cuestiones que son objeto de crítica y debate académico. La extensión de las biografías varía según los casos en función de la importancia relativa del personaje a la luz de sus contribuciones y del interés que suscita en la actualidad. Acompañan el texto más de 2.000 ilustraciones, mapas y dibujos, que complementan y facilitan el acceso a la información. Al final de la obra se incluyen, como anexo un útil listado de las biografías agrupadas según criterios temáticos; por ejemplo, se da una clasificación cronológica de los personajes, y una tabla completa de los Premios Nobel.

OCÉANO se complace en ofrecer al lector la presente obra, en el convencimiento, una vez más, de que realiza una contribución de gran relevancia en el panorama editorial en lengua castellana, y confía en que la obra resultará útil e interesante para todos aquellos que buscan un acceso ágil y directo a una información crítica, objetiva y de calidad acerca de esos gigantes sobre cuyos hombros se ha ido edificando la historia y el progreso humanos.

LOS EDITORES

Los recuadros de **OBRAS MAESTRAS** contienen un listado ordenado de la obra de los autores más relevantes y que cuentan con una extensa relación de títulos.

APELLIDOS y Nombre del biografiado. Cuando existen variantes o dudas respecto a la transcripción del nombre, o en casos de ambigüedad sobre cuál es la forma más conocida, se ha consignado una referencia (véase) en el lugar correspondiente.

Indicación del **primer** artículo que se inicia en la página.

EL LOCALIZADOR ALFABÉTICO

permite acceder directamente al inicio de cada letra o grupo de letras.

A

B

C

DE

FG

Aunque sólo se indiquen dos letras, quedan agrupadas también las letras intermedias a las mismas:

I ———————— HJ

KL

MN

OP

QR

T ———————— SU

WXY ———————— VZ

Acceso directo a los índices   Índ

DYLAN

ANTON DVORAK
OBRAS MAESTRAS

ÓPERAS: *DIMITRI* (1882); *EL JACOBINO* (1888); *EL DIABLO Y CATERINA* (1899); *RUSALKA* (1900). **MÚSICA ORQUESTAL:** *3 RAPSODIAS ESLAVAS* (1875); *SERENATA PARA CUERDAS* (1875); *DANZAS ESLAVAS, OP. 46* (1878); *SUITE CHECA* (1879); *SINFONÍA NÚM. 6* (1880); *SCHERZO CAPRICCIOSO* (1883); *SINFONÍA NÚM. 7* (1885); *DANZAS ESLAVAS, OP. 72* (1887); *SINFONÍA NÚM. 8* (1889); *EN LA NATURALEZA* (1892); *CARNAVAL* (1892); *OTELLO* (1892); *SINFONÍA NÚM. 9, «DEL NUEVO MUNDO»* (1893); *CONCIERTO PARA* VIOLONCELO (1895); *EL DUENDE DE LAS AGUAS* (1896); *LA BRUJA DEL MEDIODÍA* (1896); *LA RUECA DE ORO* (1896); *LA PALOMA DE LOS BOSQUES* (1896). **MÚSICA DE CÁMARA:** *QUINTETO CON PIANO, OP. 81* (1887); *TRÍO CON PIANO «DUMKY»* (1891); *CUARTETO DE CUERDA, OP. 96 «AMERICANO»* (1893); *CUARTETO DE CUERDA, OP. 106* (1895). **MÚSICA VOCAL Y CORAL:** *HYMNUS* (1872); *STABAT MATER* (1877); *SANTA LUDMILA* (1886); *RÉQUIEM* (1890); *TE DEUM* (1892).

◄ *Retrato de Anton **Dvorak** cuando era director del Conservatorio de Nueva York, donde desarrolló una labor magnífica y compuso dos de sus mejores obras.*

el medio rural en el que transcurrió su infancia dejó una profunda huella en el espíritu del músico, que siempre mostró su apego a la tierra y sus tradiciones. Estudiante de la Escuela de Órgano de Praga desde 1857, su verdadera formación como compositor la recibió mientras actuaba como viola en la orquesta del Teatro Nacional de la capital bohemia. El exitoso estreno en 1873 de su partitura coral *Hymnus* le valió ser considerado, junto a Smetana, el abanderado del nacionalismo musical checo. Sin embargo, a diferencia de Smetana, Dvorak supo ser también un músico cosmopolita, cuya obra revela una asumida deuda con el sinfonismo germánico. Las *Sinfonías núms. 6, 7 y 8*, la *Suite checa*, las tres *Rapsodias eslavas*, las dos series de *Danzas eslavas* y el *Stabat Mater* fueron algunas de las partituras que cimentaron su fama dentro y fuera de las fronteras de su patria. Debido a su creciente reputación, en 1891 recibió la oferta de dirigir el Conservatorio Nacional de Nueva York, ciudad a la que se trasladó un año más tarde. Aunque sólo permaneció tres años en Estados Unidos, su estancia en este país fue decisiva en la gestación de dos de sus obras más populares y difundidas: el *Concierto para violoncelo y orquesta* y, sobre todo, la *Sinfonía núm. 9, «Del Nuevo Mundo»*. Empujado por la nostalgia, Dvorak regresó a su país natal en 1895. En sus últimos años de vida, su estilo –con poemas sinfónicos como *La bruja del mediodía*– se situó entre los más avanzados de su tiempo, señalando la entrada de la música checa en el siglo XX.

«Un artista también tiene una patria en la que debe depositar su fe y a la que debe honrar siempre.»

Anton Dvorak

DYLAN, BOB [Robert Alan Zimmerman] *(Duluth, EE UU, 1941) Cantante y compositor estadounidense de folk y rock.* Su admiración por el poeta Dylan Thomas le llevó a adoptar el apellido artístico por el que se ha hecho popular. En la década de 1960 creó un estilo propio a partir de la recuperación de la música folk, a la cual añadió unas letras cargadas de simbolismo y reivindicaciones, que le convirtieron en un líder para la juventud contestataria de su país. Canciones como *Blowin' in the Wind, Maters of war* o *Talkin' World War III blues* revolucionaron el pop mundial y abrieron nuevos caminos tanto para cantautores como para bandas de rock. En 1965 recurrió a los instrumentos eléctricos e inició una serie de bruscos virajes, tanto estilísticos como espirituales, que le valieron numerosas críticas de los seguidores más puristas del folk. Tras un largo período de silencio discográfico, volvió a llamar la atención con un trabajo recopilatorio grabado en directo y sin instrumentos eléctricos, *Unplugged* (1995).

► *Bob **Dylan** ofrece una conferencia de prensa en París, en 1966. El cantautor estadounidense fue una de las máximas figuras de la canción folk y de protesta durante los años sesenta.*

Nombre verdadero del biografiado, cuando la entrada se efectúa por su sobrenombre, en el caso de que éste sea más conocido.

Lugar y fecha de nacimiento y muerte (si procede), seguidos de una breve indicación de la **actividad principal** y la **nacionalidad**.

Indicación del **último** artículo que se inicia en la página.

Las **citas** ponen de relieve matices singulares, anecdóticos o complementarios de la idiosincrasia del autor.

Los **epígrafes** de las ilustraciones informan sobre éstas y complementan la información facilitada en el artículo.

Las **ilustraciones** enriquecen visualmente la información del texto general.

BISMARCK

fay, escritos a la muerte de Binchois, atestiguan la reputación que el compositor alcanzó en vida, basada sobre todo en su magisterio en el cultivo de la *chanson* polifónica, género del que se ha conservado medio centenar de piezas de su autoría. Entre ellas cabe mencionar *Vostre tres doulx, Dueil angoisseus, Jamais tant* y *Amours et souvenir de celle*.

BINET, ALFRED *(Niza, 1857-París, 1911)* Pedagogo y psicólogo francés. Especializado en psicofisiología por la Sorbona, trabajó junto a Charcot en el Hospital de la Salpêtrière. Sus investigaciones con los niños inadaptados y con bajo rendimiento intelectual se exponen en sus libros *La sugestibilidad* (1900) y *Estudio experimental de la inteligencia* (1903). En *La escala métrica de la inteligencia*, publicado en 1905 conjuntamente con Théodore Simon, por encargo del gobierno francés, elaboró una escala de tests de dificultad progresiva para medir el desarrollo de la inteligencia en los niños, adaptados a la capacidad de respuesta correspondiente a la edad. Los resultados del test se expresan en términos de «coeficiente de inteligencia», que se obtiene al dividir la «edad mental», derivada de los resultados de la prueba, por la edad cronológica del niño multiplicada por cien. En 1908 publicó una revisión del test que modificaba algunos ítems del cuestionario, a la que sucedieron otras revisiones en años posteriores.

BIOY CASARES, ADOLFO *(Buenos Aires, 1914-id., 1999)* Escritor argentino. Uno de los más destacados autores de la literatura fantástica universal. Su carrera se inició con la publicación de algunos volúmenes de relatos como *Prólogo* (1929), *Caos* (1934), *La estatua casera* (1936) y *Luis Grave, muerto* (1937). Habitualmente se considera que su obra maestra es la novela *La invención de Morel* (1940). Alrededor de 1935 conoció a J. L. Borges, con quien colaboró en la revista *Sur*. Entre otras colecciones literarias editaron, junto a Silvina Ocampo, la esposa de Bioy Casares, una *Antología de la literatura fantástica* (1940). Bajo el seudónimo común de H. Bustos Domecq, escribieron *Seis problemas para don Isidro Parodi* (1942) y *Crónicas de Bustos Domecq* (1967). En la misma línea de literatura fantástica cabe situar *Plan de evasión* (1945), *La trama celeste* (1948) e *Historia prodigiosa* (1956). Con poste-

▲ *Portada de una edición argentina de la novela* La invención de Morel, *considerada la obra cumbre del escritor Adolfo* **Bioy Casares**.

> *«Todo procedimiento científico es sólo un instrumento, que debe ser utilizado por una mano inteligente.»*
>
> Alfred Binet

rioridad, su literatura pasó a ser más realista, sin renunciar no obstante a ciertos elementos sobrenaturales. *El sueño de los héroes* (1954), *El lado de la sombra* (1964) y *Diario de la guerra del cerdo* (1969) son las obras más representativas de esta etapa. Otras obras de Casares, que abarcan desde la alegoría dramática hasta el cuento filosófico, son: *Historias fantásticas* (1973) y *El héroe de las mujeres* (1978). En 1990 recibió el Premio Cervantes de Literatura. Su narrativa se caracteriza por un racionalismo calculado y por un anhelo de geometrizar sus composiciones literarias. El contrapunto a este afán ordenador viene dado por un constante uso de la paradoja, y por un agudísimo sentido del humor. A su muerte, acaecida en 1999, se anunció la publicación de las conversaciones entre Borges y Bioy Casares, recopiladas por este último durante las muchas décadas que duró la amistad entre ambos escritores.

BISMARCK, OTTO VON, PRÍNCIPE DE *(Schönhausen, actual Alemania, 1815-Friedrichsruh, id., 1898)* Político alemán. Miembro de la aristocracia protestante de Brandeburgo, estudió en la Universidad de Gotinga y se dedicó a la gestión de sus posesiones hasta 1847, año en que fue elegido diputado de Prusia en el Landtag. Más tarde ingresó en la Dieta de Frankfurt (1851-1859), de la cual trató de apartar al Imperio Austrohúngaro, al que consideraba un obstáculo para la unificación de la nación alemana. Como embajador en San Petersburgo, entre 1859 y 1862, y en París este último año, cultivó las relaciones internacionales que poco más adelante afianzarían el poder de Prusia en el continente europeo. Monárquico convencido y ultraconservador, se mostró hostil a las ideas liberales y a cualquier forma de expresión democrática. Designado jefe de gobierno por Guillermo I en 1862, instauró una dictadura para minimizar la capacidad política del Landtag, boicotear la Dieta de Frankfurt, impedir la entrada de Austria en el Zollverein (unión aduanera de los Estados alemanes) y convertir el ejército prusiano en la primera fuerza militar de Europa. En tales circunstancias, una vez asegurada la neutralidad de Rusia y Francia, Bismarck atacó a Austria y derrotó a sus ejércitos en la batalla de Sadowa, en 1866. Por el tratado de Praga, firmado ese

▼ *Cuadro que representa las negociaciones de paz al término de la guerra franco-prusiana, entre representantes de las dos potencias beligerantes, en presencia de Otto von* **Bismarck** *(a la derecha, sentado).*

AALTO, ALVAR *(Kourtane, Finlandia, 1898-Helsinki, id., 1976) Arquitecto, urbanista y diseñador industrial finlandés.* Estudió arquitectura en la Escuela Politécnica de Helsinki. En 1923, después de haber trabajado en varios estudios de distintos países europeos, creó su propio despacho en Jyväskylä, en el que desde 1925 trabajaría con su mujer, Aino Marsio. En 1933 instaló su estudio en Helsinki. Su trabajo se inscribe en el marco de la reconstrucción de Europa tras la Gran Guerra y de Finlandia tras el proceso de independencia. Desde 1927, fecha en que su obra obtuvo el reconocimiento internacional, presentó más de doscientos proyectos, tanto urbanísticos como arquitectónicos y de diseño, de los que realizó aproximadamente la mitad. Entre ellos sobresalen el Ayuntamiento de la isla de Saynatsalo y los museos de Alborg y Bagdad. Aalto consideraba que cada obra era una unidad en sí misma y que tanto el urbanismo como el diseño del accesorio más pequeño eran arquitectura.

▲ *El sha de Persia **Abbas I**, bajo cuyo reinado el imperio se extendió hasta el Indo y alcanzó un gran esplendor económico y cultural.*

◀ *Vista del* solarium *del sanatorio para tuberculosos de Paimio, en Finlandia, obra realizada por Alvar **Aalto** entre 1929 y 1932, cuando el arquitecto finlandés ya gozaba de prestigio internacional.*

ABBAS I *EL GRANDE (?, 1571- 1629) Sha de Persia (1587-1629) de la dinastía de los safawíes.* En los primeros años de su reinado cedió importantes territorios a sus vecinos uzbekos y otomanos con el objetivo, aparentemente, de salvaguardar la paz. Más tarde se demostró que sólo era una premeditada dilación para organizar un importante ejército, formado por georgianos y armenios, con el que no tardó en reconquistar los territorios perdidos y ampliar su reino. Hacia 1623 gobernaba un imperio que se extendía desde el río Tigris al Indo. Pacificó varias provincias de Persia y convirtió a Ispahan en la capital. Buen administrador, construyó espléndidos edificios en Ispahan, mantuvo una lujosa corte y fue un gran protector de las artes. También autorizó el establecimiento en Persia de las órdenes religiosas cristianas.

ABBAT, PER *(s. XIII) Clérigo español.* Las noticias sobre su vida son escasas y confusas. Se sabe que asistió a la toma de Sevilla, gesta que conmemoró con algunas poesías que gustaron al monarca, Fernando III. Compuso también un *Tratado de música sacra* en calidad de sochantre o cantor, pues se sabe que fue así mismo un buen músico y que compuso diversos motetes, conservados en El Escorial. Su nombre ha cobrado celebridad por aparecer en el *explicit* del único texto escrito que se conserva del poema *Cantar de Mio Cid* (1307). Sin embargo, de las expresiones utilizadas en dicho *explicit* puede deducirse que no se trata del autor de la obra sino del copista que fijó en pergamino el tradicional poema.

ABBE, ERNST *(Eisenach, actual Alemania, 1840-Jena, id., 1905) Físico alemán*. Profesor de física teórica en la Universidad de Jena (1870) y director de su observatorio astronómico y meteorológico (1878). Desde 1866 colaboró con el industrial Karl Zeiss en la mejora de sus instrumentos ópticos. Dos años más tarde, Abbe inventó el sistema de lentes apocromáticas para microscopios compuestos que eliminaba las aberraciones cromáticas primaria y secundaria debidas a variaciones en el índice de refracción del material de la lente, defecto que producía una imagen coloreada en los bordes. En 1872 desarrolló un sistema de lentes conocido como el condensador de Abbe, que hacían converger la luz hacia el espécimen observable del microscopio. Revisten especial importancia sus aportaciones en el campo de la óptica teórica, como la llamada *relación de los senos*, la cual establece las condiciones que deben satisfacer las lentes de un sistema óptico centrado para generar imágenes nítidas, libres de aberración esférica.

ABD AL-AZIZ IBN MUSA *(?-Sevilla, 716) Segundo emir de al-Andalus*. Hijo de Musa, tomó parte en la conquista musulmana del reino visigodo de Hispania. Cuando, en el 715, su padre y Tariq, requeridos por el califa al-Walid, marcharon a Damasco llevándose un cuantioso botín y gran número de prisioneros, fue él quien se convirtió en el nuevo gobernador (emir) de los territorios ibéricos. Abd al-Aziz llevó a cabo una enérgica campaña, y pronto amplios territorios de la península Ibérica estaban en sus manos. Sin embargo, adoptó actitudes tolerantes y permitió a los cristianos, tanto a los que habían opuesto resistencia como a los que habían reconocido la nueva autoridad, el mantenimiento de sus costumbres y su religión. Casado con Egilona, viuda del rey Rodrigo, se instaló en Sevilla, ciudad en la que murió asesinado, al parecer a causa de las sospechas que pesaban sobre él de intentar fundar un reino independiente.

ABD AL-QADIR *(Mascara, actual Argelia, 1808-Damasco, actual Siria, 1883) Emir de Argelia*. Tras la conquista de Argel por los franceses su padre declaró la guerra santa, y fue Abd Al-Qadir quien, tras proclamarse emir en 1832, continuó la lucha. En 1834 y 1837 firmó dos tratados de paz con Luis Felipe de Orleans, que él mismo rompió dos años después al reanudar la guerra de guerrillas. Invadió la Mitidja y

▶ Miniatura en la que aparece representado **Abd al-Rahman I**, miembro de la dinastía omeya y emir que independizó al-Andalus del califato abasí de Bagdad.

asesinó a numerosos franceses. En respuesta, Francia ocupó Argelia, por lo que Abd Al-Qadir hubo de refugiarse en Marruecos, donde trató de reorganizar la resistencia al invasor. Su actitud acabó por provocar su expulsión por parte del sultán de Marruecos en 1847. Entregado a los franceses, estuvo encarcelado en Francia hasta ser liberado por Luis Napoleón a los cinco años de cautividad. En 1853 se retiró a Bursa, para pasar más tarde a Damasco, donde participó en la lucha armada de 1860 a favor de los cristianos.

ABD AL-RAHMAN I *(?, 734-Córdoba, 788) Primer emir independiente de al-Andalus (755-788)*. Nieto del décimo califa omeya de Damasco, consiguió escapar a la matanza que diezmó su familia durante la revolución que llevó a los abasíes al poder, en el 750. Durante los años siguientes vivió como un fugitivo, hasta que en el 755 llegó a las tierras de la tribu beré-

▼ Cuadro que recoge la rendición de **Abd al-Qadir**, emir de Argelia, ante las tropas francesas. El emir lideró la lucha anticolonialista hasta su captura en 1847.

ber de Nafza, en la costa mediterránea de Marruecos. Gracias a los lazos familiares que le unían a esta tribu, ya que su madre pertenecía a ella, se ganó su apoyo y protección, tras lo que empezó a maniobrar para asegurarse también la fidelidad de las tropas sirias que su abuelo Hisham había desplegado en la península Ibérica. Una vez conseguido esto, desembarcó en Almuñécar y encabezó una revuelta contra el gobernador Yusuf al-Fihri, al cual derrotó en las afueras de Córdoba. Se proclamó así emir de al-Andalus, e inició un reinado de treinta y tres años que llevaría a consolidar una entidad musulmana independiente del califato. Para lograrlo hubo de superar grandes dificultades, ya que los abasíes de Bagdad no se resignaron a dar por perdidos los territorios de al-Andalus y patrocinaron múltiples conjuras y rebeliones, que fueron reprimidas con gran esfuerzo. También tuvo que superar las tensiones internas resultantes de la disparidad de pueblos y culturas que, dentro del Islam, convivían en su emirato peninsular: árabes, sirios, beréberes, mozárabes… Los levantamientos más peligrosos fueron los protagonizados por el antiguo gobernador, la revuelta de los beréberes asentados en la zona de Cuenca y, sobre todo, la rebelión, en el 777, de diversos caudillos árabes del nordeste peninsular, que contaron con el apoyo de Carlomagno, aliado de los Abasíes. Por fortuna para Abd al-Rahman, Zaragoza no cayó en poder de las tropas francas, por lo que los cristianos tuvieron que repasar los Pirineos. En el curso de esta retirada, su retaguardia fue aniquilada en una emboscada de los vascones en Roncesvalles.

ABD AL-RAHMAN III *(?, 891-Córdoba, 961) Emir (912-929) y primer califa omeya de Córdoba (929-961).* Nieto de Abd Allah, emir de Córdoba y miembro de la dinastía omeya, que antaño había regido el califato de Damasco (661-750), fue designado por su abuelo heredero al trono en razón de su inteligencia, perspicacia y tenacidad. A la muerte de aquél, en el 912, Abd al-Rahman III, con veintiún años, asumió el gobierno de un emirato cordobés prácticamente desmembrado por numerosos conflictos internos y amenazado por los cada vez más poderosos reinos cristianos peninsulares. A fin de pacificar el territorio y consolidar su poder, derrotó a los Banu Hyyay, sometió el principado de Sevilla a la obediencia cordobesa (917) y acabó con la rebelión de Umar ibn Hafsun y sus hijos, quienes habían controlado, duran-

te treinta años, la serranía de Ronda desde su guarida de Bobastro (928). Estas victorias dieron un gran prestigio a Abd al-Rahman III, quien, en el 929, a semejanza de sus antepasados, los Omeyas de Damasco, se proclamó califa, título que aunaba la autoridad política y la religiosa, y adoptó el sobrenombre de *al-Nasir (el Conquistador).* A continuación, recuperó el control sobre el territorio de Badajoz, gobernado por Ibn Marwan (930), y aplastó la endémica rebelión de la ciudad de Toledo, tras un asedio de dos años que privó de alimentos a los toledanos y les obligó a rendirse (julio de 932). Además, convirtió el califato de Córdoba en una potencia marítima, gracias a la creación de una importante flota con centro en Almería, que le permitió conquistar las ciudades marítimas de Melilla (927), Ceuta (931) y Tánger (951), así como establecer una especie de protectorado sobre el norte y el centro del Magreb, aunque la expansión del califato fatimí de Egipto, en el norte de África, redujo considerablemente la influencia omeya en esta región (958-959). En cuanto a las relaciones con los reinos cristianos del norte, Abd al-Rahman III no tuvo problemas para mantener a lo largo de su dilatada vida la hegemonía cordobesa sobre la península Ibérica, a pesar de la derrota que Ramiro II de León infligió a las tropas califales en Simancas (939), debida esencialmente a la deserción de la nobleza árabe. En el 920, el soberano andalusí venció al rey Sancho Garcés I de Navarra en Valdejunqueras, y cuatro años después saqueó Pamplona; en el 950 recibió en Córdoba a una embajada enviada por Borrell II de Barcelona, por la que el conde catalán reconocía la superioridad califal y le pedía paz y amistad. Entre los años 951 y 961, no dudó en intervenir en

▲ *Reverso de una moneda acuñada por* **Abd al-Rahman III**. *El emir proclamó su independencia de Damasco y creó el califato de Córdoba.*

▼ **Abd al-Rahman III** *recibe a una embajada cristiana. El califa omeya ejerció su dominio sobre toda la península Ibérica, y convirtió Córdoba en la primera ciudad de Europa.*

las diferentes querellas dinásticas que debilitaron la monarquía leonesa durante los reinados de Ordoño III, Sancho I y Ordoño IV, dando su apoyo a una u otra de las partes en litigio según la coyuntura política de cada momento. En el transcurso de su califato, Abd al-Rahman III no sólo convirtió Córdoba en el centro neurálgico de un nuevo imperio musulmán en Occidente, sino que hizo de ella la principal ciudad de Europa, rivalizando a lo largo de más de un siglo (929-1031) con Bagdad, la capital del califato abasí, en poder, prestigio, esplendor y cultura. El califa omeya embelleció Córdoba, empedró e iluminó las calles, dotó la ciudad de numerosos baños públicos y de cerca de setenta bibliotecas para disfrute de sus aproximadamente 250 000 habitantes, fundó una universidad, una escuela de medicina y otra de traductores del griego y del hebreo al árabe, hizo erigir la Gran Mezquita y, en las afueras de la urbe, en Sierra Morena, ordenó construir el extraordinario palacio de Medina al-Zahra, del que hizo su residencia hasta su muerte.

ABD EL-KRIM *(Rif, actual Marruecos, 1882-El Cairo, 1963) Líder de la tribu rifeña beréber.* Se educó en Túnez y Fez. Tras una etapa como profesor en la escuela musulmana de Melilla y como asesor de la Oficina de Asuntos indígenas, en 1914 fue nombrado cadí (juez de jueces) al servicio de España. Un año más tarde fue encarcelado por su oposición a la política colonial, y en 1919 dirigió la insurrección contra las tropas españolas, que fueron vencidas en Annual (1921). Reducida la presencia española a Tetuán y Melilla, Abd-el Krim proclamó un estado independiente y fue nombrado emir del Rif. La alianza militar entre España y Francia, no obstante, reinstauró el dominio europeo en el Norte de África tras la victoria de Alhucemas (1925). Abd El-Krim fue deportado a la isla de la Reunión. Autorizado a residir en Francia en 1947, aprovechó la ocasión para escapar y establecerse en Egipto, donde dirigió el Comité de Liberación de África del Norte.

> *«Hermana Eloísa, la dialéctica me ha hecho odioso al mundo.»*
>
> Pedro Abelardo

ABDERRAMÁN → Abd al-Rahman.

ABDÜLHAMIT II *(Constantinopla, hoy Estambul, 1842-id., 1918) Sultán otomano.* Sucedió a su hermano Murad V, que había sido declarado demente. Presionado por los Jóvenes Turcos, en 1876 promulgó la primera Constitución escrita otomana de carácter liberal, que derogaría poco después para gobernar autocráticamente. Durante el segundo año de su reinado, Rusia declaró la guerra a Turquía, infligiéndole graves derrotas y arrebatándole la mayor parte de sus posesiones europeas. Abdülhamit contribuyó, con su política cruel y rapaz, a la ruina del Imperio Otomano. Tuvo que hacer frente a disturbios y sublevaciones en todo el imperio, que reprimió sanguinariamente, provocando la indignación internacional. En 1908, la organización revolucionaria de los Jóvenes Turcos le obligó a restaurar la Constitución y, un año después, fue depuesto.

ABEL, NIELS HENRIK *(Finnöy, Noruega, 1802-Cristianía, hoy Oslo, id., 1829) Matemático noruego.* Hijo de un pastor protestante, creció en un ambiente familiar de gran tensión, a causa de las tendencias alcohólicas de sus padres. Enviado junto con su hermano a una escuela de la capital, sus precoces aptitudes para las matemáticas fueron muy apreciadas por uno de sus profesores, Holmboe, quien tras la muerte de su padre le financió sus primeros años en la universidad. La publicación de sus primeros trabajos le granjeó un considerable prestigio, pero, arruinado y aquejado de tuberculosis, apenas pudo consolidar su prometedora carrera académica; murió a los veintisiete años. Sus aportaciones se centran en el estudio de las ecuaciones algebraicas de quinto grado, de las que demostró que eran irresolubles por el método de los radicales, y en el de las funciones elípticas, ámbito en el que desarrolló un método general para la construcción de funciones periódicas recíprocas de la integral elíptica estudiada.

▼ *El líder beréber **Abd el-Krim**, que tuvo en jaque a las tropas españolas en el Rif hasta su derrota y captura en Alhucemas.*

◀ Pedro **Abelardo** y Eloísa en una miniatura francesa del s. XIII. El teólogo francés vio condenadas sus tesis por la jerarquía eclesiástica, y por sus amores con Eloísa fue emasculado por orden del tío de ésta, el poderoso canónigo Fulberto.

ABELARDO, PEDRO, llamado *Peripateticus palatinus (La Pallet, Francia, 1079-priorato de Saint-Marcel, id., 1142) Filósofo y teólogo francés*. Estudió en París con Guillermo de Champeaux, cuyas doctrinas combatió violentamente. Para enseñar sus propias doctrinas, creó una escuela dedicada a la enseñanza de la dialéctica en Melun, trasladada más tarde a Corbeil y luego a París. En su *Sic et non* expuso el método llamado *quaestio*, dirigido a la fundamentación racional de los dogmas religiosos. Se opuso tanto al realismo como al nominalismo, aunque sus tesis fueron condenadas en los concilios de Soissons (1121) y de Sens (1140). Otras obras suyas son: *De unitate et trinitate divina* (1120), *Logica nostrorum petitioni* (h.1121), *Theologia christiana* (1123) y *Theologia* (1125).

ABÉN HUMEYA *(Granada, 1520-La Alpujarra, España, 1569) Noble morisco español*. Miembro de una familia noble musulmana descendiente de los Omeyas y convertida al cristianismo. Por ello fue bautizado con el nombre de Fernando de Córdoba y Válor. En 1567, Felipe II publicó un edicto para la cristianización forzosa de los hijos de los moriscos, y la tensión creció en el antiguo reino granadino, cristalizando en la sublevación de las Alpujarras (1568-1571). Fernando de Córdoba se unió a los sublevados, abjuró del cristianismo y se coronó rey con el nombre de Abén Humeya. Sucesivas expediciones para reducirle acabaron en fracaso, hasta que el rey envió a don Juan de Austria con fuertes contingentes de tropas. Estallaron entonces disensiones internas entre los sublevados, y Abén Humeya fue acusado de traición y condenado a la horca por su sobrino y sucesor Abén Abú.

ABRAHAM *(Ur, hoy desaparecida, actual Irak, ss. XIX-XVIII a.C.-cerca de Mamré?, actual Israel, s. XVIII a.C.) Patriarca hebreo*. Hijo de Téraj, emigró desde Mesopotamia a Canaán, estableciéndose en Mamré. Según la tradición, tuvo dos hijos: Ismael, de su esclava Agar, que es considerado el padre de los árabes, e Isaac, de su esposa Sara, hasta entonces estéril. La Biblia explica también cómo Dios le pidió que sacrificara a su hijo Isaac, pero tras constatar su lealtad, le ordenó en el último momento que detuviera el sacrificio y estableció una alianza con él: le prometió las tierras de Canaán para él y su descendencia. El símbolo de esta alianza fue la circuncisión. Abraham constituye una parte muy importante de la historia bíblica de la salvación y es considerado el padre del judaísmo. Tanto por la religión judía como por la cristiana es considerado el depositario de la bendición para todos los pueblos. El judaísmo lo ha considerado siempre como un modelo de hombre justo y ha alabado su vida mediante numerosas tradiciones. En las épocas oscuras de la historia de Israel, los profetas hebraicos siempre intentaron devolver la confianza a su pueblo recordando a Abraham y su alianza con Dios: «Considerad la roca de que habéis sido cortados, la cantera de donde habéis sido extraídos. Mirad a Abraham, vuestro padre». Pero Abraham no sólo es una figura importante en la religión judía, también lo es en las religiones cristiana e islámica: tanto Juan Bautista como Pablo se oponen a la creencia de que solamente los descendientes carnales de Abraham están llamados a la salvación en el día del Juicio Final. Según ellos, la promesa que hizo Dios a Abraham no se limita al pueblo judío, sino que contempla una filiación espiritual. En cuanto a la religión islámica, se la denomina «Millat Ibrahim», que significa «religión de Abraham». Se dice que Abraham murió a la edad de ciento setenta y cinco años, y parece ser que su tumba, lugar de peregrinación durante muchos siglos, se sitúa en la caverna de Makpelá, al este de Mamré.

▼ El patriarca hebreo **Abraham**, personaje cuya veneración comparten los seguidores de las tres grandes religiones monoteístas: judíos, cristianos y musulmanes.

ABU NUWAS *(Al-Ahwáz, actual Irán, 750-Bagdad, 810) Poeta árabe*. Estudió bajo la tutela de los poetas al-Kufah y Khalaf al-Ahmar la escritura islámica sagrada, el Corán, y la tradición vinculada a los profetas (*Hadith*), antes de pasar un año en el desierto con los beduinos, entre quienes adoptó sus formas peculiares de lenguaje. Las convulsiones políticas en la cor-

◀ *Miniatura de un manuscrito del* Juego de Robin y Marion, *pieza escénica escrita por* **Adam de la Halle**.

te de los Abasíes le obligó a buscar refugio en Egipto, pero cuando regresó a Bagdad sus panegíricos y otros poemas cautivaron el gusto del califa Harun ar-Rashid y obtuvieron una importante difusión social. Abu Nuwas, a pesar de recurrir a las formas orales y tradicionales del lenguaje de su cultura, ubicó sus versos la mayoría de las veces en un ambiente urbano. Cultivó todos los géneros poéticos árabes, como puede comprobarse en su *Diván*, pero sus composiciones más célebres son aquellas en las que canta al amor y al vino, alejándose de la tradición beduina.

ADAM DE LA HALLE, llamado *Adam le Bossu (Arras, actual Francia, h. 1240-Nápoles, h.1285) Trovero picardo.* Autor de diversas composiciones poéticas dentro de los cánones del amor cortés (canciones, *rondeaux, jeux partis* con otro trovero en torno a temas de casuística amorosa), para las que escribía la melodía, es hoy conocido, sobre todo, por sus dos piezas teatrales: *Le jeu de la feuillée* y *Juego de Robin y Marion*. La primera, protagonizada en Arras por el propio autor, supone una primitiva formulación de lo que más adelante será la *soite*, mientras que la segunda, escrita en Nápoles, prefigura la ópera cómica. Ambas son uno de los primeros exponentes del teatro medieval profano.

ADAM, ADOLPHE CHARLES *(París, 1803–id., 1856) Compositor francés.* Aunque dedicó prácticamente todos sus esfuerzos creativos al género operístico, su obra más recordada es un ballet, *Giselle* (1841), paradigma del género en la Francia del siglo XIX. Hijo del pianista y compositor Jean Louis Adam, fue éste quien le dio sus pri-

▲ *Grabado de Samuel* **Adams**, *considerado uno de los «padres fundadores» de Estados Unidos.*

▼ *La mítica bailarina rusa Anna Pavlova en el papel de Giselle, en uno de los más famosos ballets románticos, compuesto por Adolphe Charles* **Adam.**

meras lecciones musicales, ampliadas después en el Conservatorio de París con François-Adrien Boïeldieu. La influencia de este músico sería decisiva en su formación, sobre todo en lo que respecta a la composición para el teatro, terreno en el que obtendría sus mayores triunfos. *Le postillon de Longjumeau* (1836) fue uno de ellos, aún hoy vigente en el repertorio francés por la frescura de su inspiración melódica y su característico tono ligero, que más adelante retomará y desarrollará Jacques Offenbach en sus operetas. *Si j'etais roi* (1852) es otro de sus títulos más apreciados.

ADAMS, SAMUEL *(Boston, actual EE UU, 1722-id., 1803) Político estadounidense.* Fundador de la sección bostoniana de los Hijos de la Libertad, estuvo a la cabeza de los estadounidenses que desafiaron la autoridad del Parlamento británico y dirigieron el movimiento independentista. Fue miembro de la Cámara de Representantes de Massachusetts y lideró la facción más radical, que pedía el boicot a los productos británicos y al pago de impuestos. Delegado para el Segundo Congreso de Filadelfia en 1775, fue uno de los firmantes de la Declaración de Independencia. Se opuso a crear un único centro político para organizar la lucha contra la Corona británica y fue miembro del comité que redactó la Constitución del estado de Massachusetts y del que ratificó la Constitución de Estados Unidos en 1788.

ADENAUER, KONRAD *(Colonia, Alemania, 1876-Rohendorf, id., 1967) Político alemán.* Nacido en el seno de una familia de la alta burguesía de Renania, cursó estudios de derecho en las universidades de Friburgo, Munich y Bonn. Ejerció la abogacía en su ciudad natal y fue asesor jurídico y director de importantes empresas alemanas durante el II Reich. En 1917, en el curso de la Primera Guerra Mundial, fue designado alcalde de Colonia, puesto desde el que al año siguiente de su nombramiento se reveló como un hábil negociador frente a los vencedores de Alemania, pese a las duras condiciones impuestas por el tratado de Versalles. También impulsó mejoras de interés para la ciudad de Colonia, en especial la refundación de su universidad (1919). Al crearse la República de Weimar, se afilió al Partido del Centro (Zentrum), formación de tendencia cristianodemócrata de la que llegó a ser uno de los máximos dirigentes. Como tal, y sin abandonar sus actividades empresariales ni la alcaldía de Colonia, entre

1920 y 1933 presidió el Consejo de Estado prusiano. Las graves dificultades económicas que vivía el país propiciaron una fuerte inestabilidad social y política y el espectacular ascenso de los nacionalsocialistas, quienes lo desplazaron del poder y de la alcaldía. Ya con Hitler en la cancillería, Adenauer fue encarcelado en 1934, y obligado a abandonar toda actividad política durante la Segunda Guerra Mundial. En 1944, la previsible derrota militar de Alemania movió al régimen nazi a encarcelar otra vez a Adenauer, quien no tardó en participar en un nuevo proyecto político del que resultó la fundación de la Unión Demócrata Cristiana (CDU), partido de definido corte conservador que se presentó ante los aliados como una firme barrera frente al comunismo. Aceptó la división de Alemania, pero en 1945, acusado de incompetencia por los aliados, fue destituido de la recién recuperada alcaldía de Colonia. Este contratiempo y sus coyunturales diferencias con los vencedores no lograron detener el ascenso político de quien habría de ser una de las figuras clave de la Alemania Federal de la inmediata posguerra. Consolidadas las bases sociales de la CDU, el presidente de la RFA, Theodor Heuss, lo nombró canciller en 1949, puesto para el que fue reelegido en 1957 y en 1961. Así mismo, entre 1951 y 1955, desempeñó la cartera de Asuntos Exteriores. La claridad ideológica de Adenauer le permitió ganarse el apoyo y la confianza políticos de los aliados y recibir de ellos un trato más respetuoso para Alemania Federal como Estado, no obstante la ocupación del país. Adenauer impulsó el fortalecimiento de los lazos de amistad con EE UU y Francia, con lo que logró un ejército nacional, el fin de la ocupación y la recuperación de la soberanía alemana y el ingreso en la alianza atlántica (OTAN). La política económica de Adenauer dio lugar al llamado «milagro alemán», que resultó determinante en los primeros pasos orientados a la fundación del Mercado Común Europeo. Por otra parte, a pesar de su política anticomunista y su compromiso con Occidente, trató de atenuar las tensiones derivadas de la guerra fría, como se evidenció en su viaje de 1955 a Moscú para activar el establecimiento de relaciones diplomáticas con la Unión Soviética, y en las crisis surgidas a partir de 1961, tras la construcción del muro de Berlín por parte de los soviéticos. Las diferencias en el seno de la CDU lo obligaron a abandonar la cancillería en 1963, para luego apartarse progresiva-

▲ ▶ *Konrad **Adenauer** leyendo su libro de memorias. A la derecha, cuando era canciller, durante una recepción junto al presidente de la RFA Heinrich Lübke.*

«*En un Estado sin libertad, nadie tiene, por supuesto, una conciencia liberada.*»

Adorno

▼ *El filósofo alemán Theodor **Adorno**, uno de los miembros más destacados de la Escuela de Frankfurt.*

mente de la política activa. Posteriormente recogió en sus *Memorias* el papel que desempeñó como protagonista en uno de los períodos más dramáticos de la historia europea del siglo XX.

ADLER, ALFRED (*Viena, 1870-Aberdeen, Reino Unido, 1937*) *Médico y psicólogo austriaco.* Participó en el congreso de psicoanálisis de Salzburgo de 1908, aunque pronto se apartó de la ortodoxia psicoanalítica, al discrepar de Freud sobre el papel central que éste había atribuido a la pulsión sexual en los procesos psicológicos. Adler explicó los primeros estadios de la evolución psicológica a partir del sentimiento de inferioridad que genera el estado de dependencia de la niñez, y atribuyó a este sentimiento el papel de motor de la voluntad de poder que anima al niño a demostrar su superioridad sobre los demás. Freud, por su parte, admitía la existencia de este complejo, pero lo subordinaba a móviles inconscientes más profundos, de raíz en gran medida sexual. Adler fundó un grupo independiente del de Freud y dio a su teoría el nombre de «psicología individual». De su vasta producción destacan *El carácter neurótico* (1912), *Práctica y teoría de la psicología del individuo* (1918), *El niño difícil* (1928) y *El sentido de la vida.*

ADORNO, THEODOR WIESENGRUND (*Frankfurt, 1903-Viège, Suiza, 1969*) *Filósofo y musicólogo alemán.* Asistió a la Universidad de Frankfurt, donde estudió filosofía, sociología, psicología y música. En 1933 se incorporó al Instituto de Investigaciones Sociales de Frankfurt, de inspiración marxista, aunque pronto tuvo que abandonar el país, huyendo del nazismo. Tras residir en diversas ciudades, se estableció finalmente en Nueva York, donde continuó trabajando en colaboración con otro miembro del Instituto, Max Horkheimer; el resultado de esta colaboración, *La dialéctica de la ilustración* (1947), parece reflejar el golpe moral que supuso la guerra, ya que pone en duda la viabilidad de cualquier proyecto emancipador, como el que propugnaba el Instituto, al describir las contradicciones internas de la razón. En 1959 volvió a Alemania y asumió el cargo de director del Instituto. Su filosofía continuó en la línea de un análisis del racionalismo como instrumento a la vez de libertad y de dominio, y de una crítica de la sociedad capitalista como restricción de las formas de pensamiento y acción. A este período corresponden su *Dialéctica negativa* (1966) y la *Teoría estética* (1970).

ADRIANO, PUBLIO ELIO *(Itálica, hoy desaparecida, actual España, 76-Baia, actual Italia, 138) Emperador romano (117-138)*. Originario de Hispania, estaba emparentado con el emperador Trajano. Tras una brillante carrera, fue adoptado por aquél, y se convirtió en emperador a su muerte. Persona de una vasta cultura, destacó por sus viajes por el imperio, en los que trabó conocimiento directo de su situación. Consciente de que no era posible mantener las conquistas realizadas por su predecesor, se dedicó a reorganizar las fronteras imperiales, por lo que se reunió en 123 y 129 con Osroes, el rey de los partos, y firmó un tratado de paz. Tuvo que hacer frente a una sublevación en Judea, provocada por la edificación de un templo dedicado a Júpiter en Jerusalén. Los judíos, capitaneados por Barcokebas, tuvieron en jaque a las legiones durante tres años. Su reinado fue bastante próspero para el imperio, a pesar de que empezaban a aparecer serias dificultades económicas y sociales.

AGRICOLA [Georg Bauer] *(Glauchau, actual Alemania, 1494-Chemnitz, id., 1555) Científico alemán, fundador de la mineralogía*. Se instaló en la ciudad de Joachimsthal, importante centro minero donde ejerció la medicina antes de interesarse por la mineralogía y la geología. Latinizó su verdadero nombre, Georg Bauer, como Agricola, denominación con la que ha pasado a la posteridad. Su principal trabajo, *De re metallica* (1556), consiste en una detallada recopilación de los conocimientos geológicos y metalúrgicos de su época. Compaginó sus actividades científicas con la de burgomaestre (alcalde) de su ciudad, Chemnitz, y la de diplomático. Su principal aportación al espíritu cientí-

▲ Busto de **Agripa**, general romano que logró la definitiva pacificación de Hispania.

▲ **Adriano**, sucesor de Trajano y de origen hispano como él, reorganizó el imperio, que gozó durante su reinado de un período de prosperidad.

▲ Grabado de Georg Bauer, más conocido como **Agricola**, fundador de la mineralogía moderna.

fico reside, sobre todo, en el interés que puso en las investigaciones dedicadas a la mineralogía, y en la observación rigurosa y detallada.

AGRIPA, MARCO VIPSANIO *(?, 63 a.C.-12 a.C.) General y político romano*. De origen oscuro, apoyó a Julio César en la guerra civil contra los herederos de Pompeyo, y así mismo a Octavio en su lucha contra los asesinos de César, primero, y contra Marco Antonio más adelante. Habilidoso estratega, suplió las carencias militares del gran político que fue Octavio. En el 31 a.C., mandó la flota de Octavio en la decisiva batalla de Accio, que derrotó a las escuadras coligadas de Marco Antonio y la reina Cleopatra de Egipto. En el 21 a.C. casó con Julia, hija de Octavio (convertido ya en Augusto), cuyos tres hijos varones, Agripa, Cayo y Lucio, fueron adoptados por el emperador. Consejero predilecto de Augusto, por indicación de éste partió hacia la Galia para defenderla de las incursiones germanas, y, posteriormente, venció a los cántabros en Hispania.

AGUIRRE, JUAN BAUTISTA *(Daule, ciudad del actual Ecuador, 1725-Tívoli, Italia, 1786) Escritor y orador ecuatoriano*. Ingresó en la Compañía de Jesús en 1740 y desde muy temprana edad mostró inclinación por la poesía, convirtiéndose en el mayor de los poetas de la época colonial. Fue profesor en la Universidad de San Gregorio Magno e, influido por las ideas de la Ilustración, rompió con el pensamiento escolástico aristotélico e introdujo en la enseñanza los métodos científicos experimentales desarrollados por los ilustrados. Cuando en 1767 Carlos III ordenó la expulsión de los jesuitas de América, abandonó la Audiencia de Quito y se dirigió a Italia. Aquí fue nombrado superior del convento de Ravena y rector del colegio de Ferrara, en el que dictó lecciones de física y filosofía, destacando por su gran erudición y su sentido de la pedagogía. Como escritor religioso cultivó la oratoria sagrada, y como poeta escribió gran número de versos que responden a una amplia temática, que va desde los poemas religiosos y morales a los de tipo amoroso, a menudo mitológicos; estilísticamente, su poesía se encuentra muy anclada en la corriente gongorina y es considerada el mayor exponente de la lírica barroca americana. La mayor parte de su producción no fue descubierta hasta 1937, cuando se encontraron sus *Versos castellanos, Obras juveniles, Miscelánea*, entre los cuales destacan el poema *Carta a Lizardo* y la epístola en décimas *Breve diseño de las ciudades de Guayaquil y Quito*.

AGUIRRE, LOPE DE *(Oñate, España, 1508-Barquisimeto, actual Venezuela, 1561) Conquistador español*. Tras pasar varios años en las Antillas, en 1544 se dirigió a Perú, donde, después de ejercer diversos oficios, participó, en el bando de los pizarristas, en las guerras civiles que dividieron a los españoles después de que el país fuera conquistado por Francisco Pizarro. Fue indultado de su intervención en múltiples correrías por los servicios que prestó contra la sublevación de Hernández Girón. Participó en una exploración que, en 1559, el virrey de Perú encomendó a Pedro de Ursúa, cuya pretensión era encontrar el legendario El Dorado. La exploración por el Amazonas resultó infructuosa, varias embarcaciones se perdieron y, en medio de unas condiciones durísimas, el malestar cundió entre los expedicionarios, hasta que estalló un motín. Dirigidos por Aguirre, los sublevados mataron a Ursúa y nombraron jefe a Fernando de Guzmán, con el título de «Príncipe de Tierra Firme, Perú y Chile», ya que Lope de Aguirre, desconociendo la autoridad real, había decidido fundar un reino independiente de la metrópoli. El verdadero amo de la situación era Aguirre, no Fernando de Guzmán: en poco tiempo, eliminó a quienes cuestionaban su autoridad (incluidos el propio Guzmán y sus seguidores). Al frente de un reducido grupo de hombres, «los marañones», llegó hasta el Atlántico, dispuso de embarcaciones y resolvió dirigirse a Perú, con la intención de conquistar el virreinato. Durante la marcha se cometieron todo tipo de violencias. Cuando marchaba a través de Venezuela, gran número de sus «marañones» lo abandonaron, y cuando se disponía a rendirse a las autoridades españolas, murió asesinado a manos de uno de sus antiguos seguidores.

AGUSTÍN, SAN [Aurelius Augustinus] *(Tagaste, hoy Suq Ahras, actual Argelia, 354-Hipona, id., 430) Teólogo latino*. Hijo de un pagano, Patricio, y de una cristiana, Mónica, inició su formación en su ciudad natal y estudió retórica en Madauro. Su primera lectura de las Escrituras le decepcionó y acentuó su desconfianza hacia una fe impuesta y no fundada en la razón. Su preocupación por el problema del mal, que lo acompañaría toda su vida, fue determinante en su adhesión al maniqueísmo. Dedicado a la difusión de esa doctrina, profesó la elocuencia en Cartago (374-383), Roma (383) y Milán (384). La lectura de los neoplatónicos, probablemente de Plotino, debilitó sus convicciones maniqueístas y modificó su concepción de la esencia divina y de la naturaleza del mal. A partir de la idea de que «Dios es luz, sustancia espiritual de la que todo depende y que no depende de nada», comprendió que las cosas, estando necesariamente subordinadas a Dios, derivan todo su ser de Él, de manera que el mal sólo puede ser entendido como pérdida de un bien, como ausencia o no-ser, en ningún caso como sustancia. La convicción de haber recibido una señal divina lo decidió a retirarse con su madre, su hijo y sus discípulos a la casa de su amigo Verecundo, en Lombardía, donde escribió sus primeras obras. En 387 se hizo bautizar por san Ambrosio y se consagró definitivamente al servicio de Dios. En Roma vivió un éxtasis compartido con su madre, Mónica, que murió poco después. En 388 regresó definitivamente a África. En el 391 fue ordenado sacerdote en Hipona por el anciano obispo Valerio, quien le encomendó la misión de predicar entre los fieles la palabra de Dios, tarea que cumplió con fervor y le valió gran renombre; al propio tiempo, sostenía enconado combate contra las herejías y los cismas que amenazaban a la

SAN AGUSTÍN

OBRAS MAESTRAS

ACERCA DE LA VIDA FELIZ (DE BEATA VITA, 386); CONTRA LOS ACADÉMICOS (CONTRA ACADEMICOS, 386); SOLILOQUIOS (SOLILOQUIA, 387); ACERCA DEL LIBRE ALBEDRÍO (DE LIBERO ARBITRIO, 388-395); ACERCA DE LA VERDADERA RELIGIÓN (DE VERA RELIGIONE, 390); CARTAS (EPISTOLAE, 396-430); CONFESIONES (CONFESSIONES, 400); SOBRE LA TRINIDAD (DE TRINITATE, 400-416); ACERCA DEL GÉNESIS (DE GENESI AD LITTERAM, 401-415); LA CIUDAD DE DIOS (DE CIVITATE DEI, 420-429).

▼ *Representación medieval de* La Ciudad de Dios *de san Agustín, tema que seguiría despertando un gran interés durante el Renacimiento.*

ortodoxia católica, reflejado en las controversias que mantuvo con maniqueos, pelagianos, donatistas y paganos. Tras la muerte de Valerio, hacia finales del 395, fue nombrado obispo de Hipona. Dedicó numerosos sermones a la instrucción de su pueblo, escribió sus célebres *Cartas* a amigos, adversarios, extranjeros, fieles y paganos, y ejerció simultáneamente de pastor, administrador, orador y juez. Al caer Roma en manos de los godos de Alarico (410), se acusó al cristianismo de ser responsable de las desgracias del imperio, lo que suscitó una encendida respuesta de san Agustín, recogida en *La Ciudad de Dios*, que contiene una verdadera filosofía de la historia cristiana. El tema central del pensamiento de san Agustín es la relación del alma, perdida por el pecado y salvada por la gracia divina, con Dios, relación en la que el mundo exterior no cumple otra función que la de mediador entre ambas partes. De ahí su carácter esencialmente espiritualista, frente a la tendencia cosmológica de la filosofía griega. La obra del santo se plantea como un largo y ardiente diálogo entre la criatura y su Creador, esquema que desarrollan explícitamente sus *Confesiones* (400). Si bien el encuentro del hombre con Dios se produce en la *charitas* (amor), Dios es concebido como verdad, en la línea del idealismo platónico. Sólo situándose en el seno de esa verdad, es decir, al realizar el movimiento de lo finito hacia lo infinito, puede el hombre acercarse a su propia esencia. Pero su visión pesimista del hombre contribuyó a reforzar el papel que, a sus ojos, desempeña la gracia divina, por encima del que tiene la libertad humana, en la salvación del alma. Los grandes temas agustinianos –conocimiento y amor, memoria y presencia, sabiduría– dominaron toda la teología cristiana hasta la escolástica tomista.

AHMAD SHA DURRANÍ *(Multan, actual Pakistán, h. 1722-Tuba Ma'ruf, Afganistán, 1773) Fundador de la nación afgana.* Jefe de la tribu afgana abdalí, combatió al servicio del rey de Persia Nadir Sha, con quien conquistó Afganistán y una parte de la India. Cuando aquél fue asesinado (1747), los jefes afganos lo proclamaron rey con el nombre de Ahmad Sha y el título de Durri-i Durran («La perla de las perlas»). De esta forma se convirtió en el primer monarca del reino independiente de Afganistán y en el fundador de la dinastía de Saddoza'i, e inauguró una política imperialista que lo llevó a invadir seis veces el Punjab indio entre 1748 y 1752 y

▲ *San **Agustín**, que se convirtió al cristianismo a los 32 años, alcanzó la dignidad episcopal y escribió una extensa obra teológica.*

«¿*Qué quieres conocer?*
—*Dios y el alma.*
—¿*Nada más?*
—*Nada más.*»

San Agustín

▶ *En esta ilustración de una cacería en la que interviene **Akbar** (a caballo) se advierte la gran influencia que tuvo la cultura hindú en la corte del emperador.*

a apoderarse de Delhi y saquearla. En 1761 derrotó a las tropas indias en Papinat, pero no pudo consolidar el control sobre la zona debido a la resistencia opuesta por los sijs. En el momento de su muerte, su imperio se extendía del Oxus al Indo y del Tíbet al Jurasán, pero nunca consiguió gobernar de forma estable la India y durante sus últimos años hubo de retirarse a Afganistán.

AHUITZOTL *(?-Tenochtitlán, hoy Ciudad de México, 1503) Soberano azteca (1486-1502).* Tras suceder a su hermano Tizoc, llevó a cabo una política exterior expansionista que provocó numerosas guerras contra los otros estados mexicanos, en las cuales se forjó una reputación de terrible crueldad. Hábil estratega, Ahuitzotl fue un comandante temido que supo ganarse a sus tropas compartiendo las privaciones de la vida de soldado. Gracias a sus campañas militares, el poder de Tenochtitlán creció de manera irresistible hasta alcanzar sus más extensos límites territoriales, al tiempo que las riquezas provenientes de los tributos a otras ciudades fluían sin cesar. Uno de los hechos por los cuales Ahuitzoltl alcanzó su fama de sanguinario fue el sacrificio masivo de entre 20 000 y 80 000 cautivos, durante los cuatro días que duró la ceremonia de inauguración de un nuevo templo en la capital. Murió en 1503 durante una inundación.

AKBAR *(Umarkot, actual Pakistán, 1542-Agra, actual India, 1605) Tercer emperador mogol de la India.* Fue el sucesor de Humayun tras derrotar en 1556 al pretendiente Himu en Panipat. Tras una primera etapa en que su gobierno se vio marcado por las influencias de sus familiares y amigos, en 1564 se desembarazó del regente Bayram Jan y empezó a administrar lo que con el tiempo se llamaría Imperio del Gran Mogol. El territorio abarcaba la totalidad de la península India excepto el sur, y hacia el oeste se extendía hasta Afganistán. Instauró una política de separación

de poderes con la que consiguió reorganizar el gobierno central. En la cuestión religiosa fue tolerante con los súbditos hindúes, que eran la gran mayoría, y con el tiempo entró en crisis con sus propias creencias musulmanas, hasta renunciar al Islam en 1580. Su creciente misticismo le llevó a fundar una religión monoteísta-panteísta, pero los últimos años de su existencia los vivió amargado por las intrigas de su hijo Salim, que acabaría por sucederlo.

AKENATÓN → Amenhotep IV.

ALARCÓN, HERNANDO DE *(s. XVI) Navegante y explorador español.* Poco se sabe acerca de su vida, y se desconocen las fechas y lugares de su nacimiento y muerte. En 1540 llegó al extremo del golfo de California para finalizar las exploraciones realizadas por Francisco de Ulloáin y apoyar a Francisco Vázquez Coronado. Comprobó la inexistencia de pasos navegables entre el golfo de California y el Mar del Sur u océano Pacífico, demostrando que la Baja California era una península y no una isla, como se pensaba. Posteriormente se adentró en el río Colorado, al que llamó Nueva Guía, y lo remontó un buen tramo. Un mapa trazado por uno de sus pilotos constituyó la primera representación exacta del golfo de California y del curso inferior del río. En otra expedición consiguió adentrarse más allá del emplazamiento de la actual ciudad de Yuma, en Arizona.

ALARCÓN, PEDRO ANTONIO DE *(Guadix, España, 1833-Madrid, 1891) Novelista español.* De ideas anticlericales y antimonárquicas durante su juventud, su carrera literaria en Madrid no tuvo éxito en un principio, por lo cual regresó a Granada, desde donde se mantuvo activo en las intrigas políticas de su época. Fue director del periódico satírico *El Látigo*, y posteriormente participó en la guerra de África, experiencia que recogió en *Diario de un testigo de la guerra de África* (1859). Más tarde realizó un viaje a Italia, del que saldría su segunda obra documental, *De Madrid a Nápoles*. A su vuelta realizó un giro hacia una postura católica y conservadora, a la vez que iniciaba su carrera como novelista con una serie de narraciones breves, de las que sobresale *El sombrero de tres picos* (1874). Entre las mejores novelas de su producción se ha-

▲ *Páginas del* Palimpsesto de León, *donde aparece un fragmento de la* Lex romana visigothorum *del s. VI, más conocida como* Breviario de **Alarico**.

▲ *Retrato de Pedro Antonio de* **Alarcón**. *El escritor andaluz participó activamente en la política española de su tiempo, primero desde un anticlericalismo radical y luego desde posiciones católicas y conservadoras.*

llan *El escándalo* (1875), *El niño de la bola* (1878) y *La pródiga* (1880).

ALARICO I *(Perice, actual Rumania, 370-Cosenza, actual Italia, 410) Rey visigodo (396-410).* En su juventud luchó al lado de los romanos, a las órdenes del emperador Teodosio, pero a la muerte de éste decidió actuar por cuenta propia. En el año 396 arrasó Grecia y amenazó Constantinopla, pero, atacado por Estilicón, general romano de origen vándalo que servía a Honorio, emperador de Occidente, se vio forzado a replegarse. En el 400 marchó sobre Italia, para ser detenido, de nuevo, por Estilicón, quien lo derrotó en Pollentia y Verona, y lo forzó a retirarse a Iliria (403). Tras la ejecución de Estilicón (407) ordenada por Honorio, el ejército del romano se disgregó, y Alarico pudo avanzar sin oposición por Italia. En el 410 puso sitio a Roma, esperando alcanzar un acuerdo con Honorio que permitiese a los visigodos establecerse dentro de las fronteras del imperio. Honorio se negó a negociar y Alarico, enfurecido, ordenó asaltar la Ciudad Eterna. Roma fue tomada y saqueada, hechos que provocaron una terrible impresión en el imperio. A continuación, intentó pasar a África, con la intención de instalarse allí, pero un temporal se lo impidió; pocos días después, falleció a causa de las fiebres.

ALAS, LEOPOLDO → Clarín.

ÁLAVA, JUAN DE *(Larrinoa, España, ?-Salamanca, 1537) Arquitecto español.* Se formó con Juan Gil de Hontañón, de quien aprendió las formas góticas características de la época de los Reyes Católicos. Se supone que hacia 1502 realizó un viaje a Italia, donde conoció los motivos decorativos típicos del Renacimiento, que después aplicó en sus obras. Así, con estructuras góticas y profusa decoración renacentista, sobre todo a base de grutescos, realizó algunas de las obras maestras del plateresco, en particular la fachada principal de la catedral de Plasencia y el convento dominico de San Esteban, en Salamanca, cuya fachada es una de las más espectaculares de la arquitectura española. Comenzó el claustro de la catedral de Santiago de Compostela, finalizado por Rodrigo Gil de Hontañón, y en Salamanca se ocupó de la capilla de la universidad y de la dirección de las obras de la catedral nueva.

◄ *Fernando Álvarez de Toledo, tercer duque de* **Alba**. *Militar al servicio de Carlos I y Felipe II, destacó por su política represiva como gobernador militar en Flandes.*

ALBA, FERNANDO ÁLVAREZ DE TOLEDO, DUQUE DE *(Piedrahíta, España, 1508-Lisboa, 1582). Militar y político español.* Se sintió atraído desde la adolescencia por las campañas militares. En 1531, ya duque, sirvió en diversas campañas del emperador Carlos I, y sobresalió en la guerra contra la Liga de Esmalcalda, a la cual derrotó en la batalla de Mühlberg (1547). Con Felipe II, la influencia de Alba llegó a su cenit, como jefe de uno de los partidos de la corte. Nombrado virrey de Nápoles (1556-1558), sitió Roma y obligó al Papa a negociar. Es destacable su estrategia política y militar en Flandes (1567-1573), adonde fue enviado, al frente de un ejército y con el cargo de gobernador general, para aplastar los levantamientos iconoclastas. Actuó con excesiva dureza, pese a que los disturbios ya habían sido sofocados antes de su llegada. Organizó el Tribunal de los Tumultos, encargado de juzgar y condenar a los rebeldes y confiscar sus bienes, y ordenó la ejecución de los condes de Egmont y de Horn, acusados de complicidad en los alzamientos. Sin respetar las libertades tradicionales flamencas, les sometió a fuertes impuestos para financiar el ejército. Con su actuación, no sólo fracasó en su intento de sofocar la revuelta, sino que la avivó. Solicitó entonces de Felipe II que lo relevara de sus funciones, y fue nombrado consejero de Estado. El matrimonio de su hijo Fadrique contra los deseos del rey le hizo caer en desgracia y se retiró de la vida pública. No obstante, fue requerido de nuevo (1580) para doblegar la oposición portuguesa contra Felipe II, quien reivindicaba sus derechos dinásticos al

«¡Fuera reglas! Y cuando necesite saber al menos los nombres técnicos de las cosas, ¿qué haré para que no me echen en cara mi ignorancia?»

Isaac Albéniz

trono de Portugal. Tras derrotar al ejército de Diego de Meneses y conseguir la rendición de la flota lusa, el de Alba entró en Lisboa. El anciano duque fue nombrado condestable de Portugal y recibió el Toisón de Oro.

ALBATENIUS [al-Battani] *(Haran, actual Turquía, 858-Samarra, actual Irak, 929) Astrónomo árabe.* Continuador de la labor realizada por el astrónomo egipcio Tolomeo, rectificó y perfeccionó el trabajo de éste al utilizar la trigonometría en lugar de los métodos geométricos usados habitualmente por los griegos. Llevó a cabo el cálculo de la inclinación de la eclíptica, es decir, el ángulo entre la órbita de la Tierra y el plano ecuatorial, con un error inferior a medio minuto de arco, y el de los puntos equinocciales con un error de sólo una hora. Sus estudios también versaron sobre el movimiento del Sol, llegando a establecer que el apogeo, el punto de la órbita solar más alejado de la Tierra, no es fijo sino variable. Al-Battani, conocido en Occidente como Albatenius, no fue traducido al latín hasta 1116, y su obra principal no se publicó hasta el año 1537, bajo el título *Del movimiento estelar.*

ALBÉNIZ, ISAAC *(Camprodón, España, 1860-Cambo-les-Bains, Francia, 1909) Compositor y pianista español.* La vida de Isaac Albéniz, sobre todo durante su niñez y su juventud, es una de las novelas más apasionantes de la historia de la música. Niño prodigio, debutó como pianista a los cuatro años, y con gran éxito, en un recital en Barcelona. Tras estudiar piano en esta ciudad e intentar, infructuosamente, ingresar en el Conservatorio de París, prosiguió sus estudios en Madrid, adonde su familia se había trasladado en 1869. Espíritu inquieto, a los diez años se fue de casa, y recorrió varias ciudades y pueblos de Castilla organizando sus propios conciertos. Una segunda fuga, en 1872, le llevó a Buenos Aires. Protegido por el secretario particular de Alfonso XII, el conde de Morphy, Albéniz, consciente de sus ca-

► *Isaac* **Albéniz** *al piano, acompañado de su esposa, Rosina Jordana. Fue este instrumento el que lo lanzó al éxito, a muy temprana edad.*

rencias técnicas, pudo proseguir sus estudios en el Conservatorio de Bruselas. Año importante fue el de 1882: contrajo matrimonio y conoció al compositor Felip Pedrell, quien dirigió su atención hacia la música popular española, inculcándole la idea, esencial para el desarrollo de su estilo de madurez, de la necesidad de crear una música de inspiración nacional. Fue entonces cuando Albéniz, que hasta ese momento se había distinguido por la creación de piezas salonísticas agradables y sin pretensiones para su instrumento, el piano, empezó a tener mayores ambiciones respecto a su carrera como compositor. Su estilo más característico comenzó a perfilarse con las primeras obras importantes de carácter nacionalista escritas a partir de 1885, en especial con la *Suite española* de 1886. Su ideal de crear una «música nacional de acento universal» alcanzó en la suite para piano *Iberia*, su obra maestra, su más acabada expresión. Admirada por músicos como Debussy, la influencia de esta partitura sobre otros compositores nacionalistas españoles, entre ellos Falla y Granados, fue decisiva. Ella sola basta para otorgar a Albéniz un lugar de privilegio en la música española.

ALBERTI, LEON BATTISTA (*Génova, 1404-Roma, 1472*) *Arquitecto, teórico del arte y escritor italiano.* Alberti fue, con Leonardo da Vinci, una de las figuras más representativas del ideal del hombre del Renacimiento, ya que reunió en su persona todos los conocimientos y habilidades de la época: erudito, humanista, escritor, arquitecto, escultor, pintor, cortesano y hombre de mundo. Hijo natural de un mercader florentino, se educó en Padua y Bolonia, antes de trasladarse a Roma en 1432 para desempeñar un cargo en la corte pontificia. Su contacto en Roma con los monumentos de la Antigüedad clásica dio pie a uno de sus primeros escritos: *Descriptio urbis Romae* (1434), el primer estudio sistemático de la Roma antigua. Ese mismo año regresó a Florencia, en donde trabó amistad con los grandes artistas del momento, de Brunelleschi a Donatello y Masaccio. A Brunelleschi dedicó precisamente su tratado *Della pintura* (1436), en el que se describen por primera vez las leyes de la perspectiva científica, además de dar una visión naturalista del arte de la pintura. En Florencia, Alberti trabajó como arquitecto para la familia Rucellai, con obras como el palacio Rucellai y el templete del Santo Sepulcro, que basan la belleza en la exactitud geométrica de las

RAFAEL ALBERTI

OBRAS MAESTRAS

POESÍA: *MARINERO EN TIERRA* (1925); *LA AMANTE* (1925); *CAL Y CANTO* (1926-1927); *EL ALBA DEL ALHELÍ* (1927); *SOBRE LOS ÁNGELES* (1929); *YO ERA UN TONTO Y LO QUE HE VISTO ME HA HECHO DOS TONTOS* (1930); *CON LOS ZAPATOS PUESTOS TENGO QUE MORIR* (1930); *VERTE Y NO VERTE* (1934); *ENTRE EL CLAVEL Y LA ESPADA* (1941); *PLEAMAR* (1944); *RETORNOS DE LO VIVO LEJANO* (1952); *ROMA, PELIGRO PARA CAMINANTES* (1968); *ABIERTO A TODAS HORAS* (1979); *VERSOS SUELTOS DE CADA DÍA* (1982). **TEATRO:** *FARSA DE LOS REYES MAGOS* (1934); *EL ADEFESIO* (1944); *NOCHE DE GUERRA EN EL MUSEO DEL PRADO* (1956). **PROSA:** *LA ARBOLEDA PERDIDA* (1ª. edición en 1942).

▲ *Retrato de Rafael* **Alberti**. *El poeta gaditano es uno de los principales representantes de la Generación del 27.*

▶ **Alberti** *adoptó una postura comprometida contra el fascismo y a favor de la República española. En la foto, durante la guerra civil, el poeta recita para los soldados republicanos.*

proporciones. En la primera de estas obras, Alberti combinó la geometría con la superposición de los órdenes clásicos, creando un modelo muy imitado de palacio renacentista. También se le debe la fachada de la iglesia gótica de Santa Maria Novella, en la que unió el característico taraceado de mármoles toscanos a la sugestión de las figuras geométricas. En Roma, adonde se trasladó por deseo expreso del papa Nicolás V, redactó *De re aedificatoria*, un completo tratado de arquitectura en todos los aspectos teóricos y prácticos. Posteriormente se desplazó a Rímini, donde construyó el Templo Malatestiano, y a Mantua, donde se le deben las iglesias de San Sebastián y San Andrés. Estas obras, que constituyen la síntesis de sus criterios arquitectónicos, se convirtieron, junto con las de Brunelleschi, en los grandes modelos del arte constructivo renacentista. También escribió un tratado sobre la escultura (*De statua*) y algunas obras de perspectiva y matemática.

ALBERTI, RAFAEL (*Puerto de Santa María, España, 1902-id., 1999*) *Poeta español.* Estudió en el colegio jesuita de su pueblo natal, del cual fue expulsado por indisciplina. En 1917 se instaló en Madrid con su familia, donde se interesó por la pintura y también por los poetas románticos y modernistas españoles. Pero no tardaría en imponerse su vocación literaria; en 1925 publicó *Marinero en tierra*, poemario por el que recibió el Premio Nacional de Literatura, compartido con Gerardo Diego. Siguieron otros poemarios, todos ellos inspirados en el folclore andaluz y en la poesía de cancionero. La celebración del trigésimo aniversario de la muerte de Góngora, tan significativo para la generación de poetas a que pertenecía (luego denominada Generación del 27), marcó un cambio en su poética, que pasó a experimentar con técnicas vanguardistas: escribió algunos libros que se incluyen en la corriente neogongorina de ese momento, para pasar después a una poesía surrealista, más en

cuanto a técnica que a actitud vital, en la que destaca *Sobre los ángeles* (1929). Cada vez más implicado social y políticamente (en 1931 ingresó en el Partido Comunista), su poesía derivó hacia los temas sociales y ensayó por primera vez el teatro, con dramas vanguardistas y comprometidos e incluso farsas revolucionarias. Siguieron años de viajes y recitaciones y de activa lucha antifascista con la publicación de artículos y poemas en diarios, hasta que, terminada la guerra civil, se trasladó con su mujer, la escritora M. Teresa León, a Francia y de allí a Chile, instalándose finalmente en Buenos Aires; aquí vivió un fecundo período literario, en el que se refleja un tono más intimista y triste a causa del destierro. En 1963 se vio obligado a partir para Roma, ciudad en la que residió hasta el fin de su exilio, en 1977. A su vuelta a España, fue durante breve tiempo diputado comunista por Cádiz. En 1983 recibió el Premio Cervantes.

▼ *San **Alberto Magno**, según una pintura de Tommaso de Modena. Por sus vastos conocimientos, fue conocido con el sobrenombre de «Doctor universalis».*

ALBERTO MAGNO, SAN *(Lauingen, actual Alemania, h. 1193-Colonia, id., 1280) Teólogo y filósofo alemán.* Estudió en las mejores universidades de su tiempo y se ordenó monje de la orden dominica en 1223. Escribió un gran número de comentarios y paráfrasis a las obras aristotélicas traducidas por judíos y musulmanes, en un intento de conciliar el ámbito de la fe y el de la razón, este último legitimado desde el punto de vista del primero. A él se debe, pues, la transposición cristiana del pensamiento aristotélico, máximo objetivo de la filosofía escolástica. Su labor se concentra sobre todo en la vulgarización y sistematización encaminada a este propósito de la obra aristotélica, sentando las bases de una línea de investigación que explotaría de forma brillante su discípulo y colaborador santo Tomás de Aquino. Gran observador de la naturaleza, mostró interés por las ciencias, y especialmente por la alquimia.

▼ *Tommaso **Albinoni**. El músico italiano compuso obras instrumentales y vocales, si bien estas últimas han quedado casi olvidadas.*

ALBINONI, TOMMASO *(Venecia, 1671-id., 1751) Músico italiano.* Discípulo de Legrenzi, estudió violín y canto, actividades a las que quiso dedicarse sin entrar a formar parte de una corte, como era entonces frecuente. Fue así como pasó a formar parte de los llamados *dilettanti* del siglo XVIII, antecesores del artista independiente que aparecería con el Romanticismo. De este modo, se dedicó a la composición tanto vocal como instrumental, y su primera ópera, *Zenobia, reina de los palmirenos* (1694), fue estrenada en su ciudad natal. Sus óperas, que hoy se han perdido a pesar de haber compuesto más de cincuenta, tuvieron gran reputación en la época. En cuanto a su obra instrumental, muy apreciada por Bach, no fue conocida por el gran público hasta el siglo XX. También en 1694 publicó en Venecia, donde desarrolló su actividad musical, sus *Doce sonatas* y *Sinfonías y conciertos* (1700). En 1704 aparecieron sus *Seis sonatas de iglesia* para violín y violoncelo, y entre 1707 y 1722 escribió treinta y seis conciertos, que fueron recopilados en una sola edición. En ellos se adscribe a la tradición del *concerto grosso* que por los mismos años desarrolló Marcelo bajo la influencia de Corelli, combinando al mismo tiempo dicha tradición con las innovaciones expresivas de su también contemporáneo Antonio Vivaldi. Se conservan algunas composiciones manuscritas de Albinoni, como las *Seis sinfonías* (1735). En 1740 aparecieron sus últimas *Seis sonatas para violín*, y un año más tarde se publicó la ópera *Artamene*, su última obra. Compuso con regularidad música teatral e instrumental hasta 1740, año en que abandonó su actividad creadora.

ALBIZU CAMPOS, PEDRO *(Puerto Rico, 1893-id., 1965) Político puertorriqueño.* Estudió en la Universidad de Harvard. A su vuelta a Puerto Rico se convirtió en un ferviente partidario de la independencia respecto de Estados Unidos, lo cual le llevó a fundar en 1928 el Partido Nacionalista, del que fue presidente. Después de las elecciones de 1932, en las que los nacionalistas obtuvieron unos pobres resultados, el Partido Nacionalista optó por la vía del terrorismo como arma para imponer la independencia, y causó centenares de muertos de 1935 a 1937. En 1936 fue condenado a pena de prisión por conspiración contra el gobierno estadounidense. En 1948 regresó a su país, pero dos años más tarde su partido promovió una insurrección contra el gobernador de Estados Unidos Muñoz Marín, por lo que fue detenido y condenado de nuevo.

ALBORNOZ, GIL ÁLVAREZ CARRILLO DE *(Cuenca, actual España, 1310-Viterbo, actual Italia, 1367) Eclesiástico castellano.* Alcanzó la dignidad de arzobispo de Toledo y colaboró estrechamente con el rey Alfonso XI. Las buenas relaciones que tuvo con este monarca no se repitieron con su sucesor, Pedro I, por lo que Albornoz, que estaba enemistado con el nuevo rey, se vio forzado a abandonar la península Ibérica y a marchar a la corte papal de Aviñón. Allí fue nombrado cardenal en 1350 por el papa Clemente VI, quien lo puso al frente de la recuperación de los territorios papales de Italia. Albornoz logró recobrar Roma y consolidar la posición de Clemente VI en Italia, gracias a lo cual, el Papa pudo regresar a la ciudad en 1367. Entre otras iniciativas, hay que destacar la labor cultural de Albornoz, cristalizada en la fundación del colegio español de Bolonia.

ALBUQUERQUE, ALFONSO DE *(?-Medina del Campo, actual España, 1354) Político castellano.* De origen portugués, viajó a Castilla como miembro del séquito de María de Portugal, esposa del rey Alfonso XI. Permaneció en la corte castellana como educador del príncipe Pedro, lo cual se tradujo en una estrecha relación de confianza con el futuro rey. Así, al subir Pedro I al trono, mantuvo a Albuquerque entre sus consejeros más cercanos, con lo cual éste pudo influir de manera decisiva en la formulación de la política exterior de Castilla. Los planteamientos de Albuquerque, favorables a una alianza con Francia, unidos a su excesivo peso en los asuntos de la corte, terminaron por alejarle del rey, que empezaba a tomar en consideración un acercamiento a Inglaterra. Albuquerque marchó a Portugal, y tomó partido por los Trastámara durante la subsiguiente guerra civil.

ALCALÁ ZAMORA, NICETO *(Priego de Córdoba, España, 1877-Buenos Aires, 1949) Estadista español.* Ministro en diferentes ocasiones en el gobierno de García Prieto y representante de España en la recién creada Sociedad de Naciones, se enfrentó a la dictadura de Primo de Rivera y participó en los acuerdos del pacto de San Sebastián. Después de las elecciones de abril de 1931, fue elegido presidente provisional de la Segunda República, pero pronto quedó patente su oposición a la legislación religiosa y dimitió. La importancia de su partido, el Progresista, garantizaba el apoyo a la República de amplias capas burguesas conservadoras, por lo que fue elegido de nuevo presidente. Como primer presidente constitucional de la Segunda República (1931-1936), se enfrentó con la izquierda en el primer bienio, y con la derecha en la segunda etapa del régimen. Con la disolución de las segundas cortes y el triunfo del Frente Popular, su intento de articular un grupo neutralista fracasó, y las nuevas cortes decidieron su destitución.

▲ Niceto **Alcalá Zamora**, *presidente del gobierno provisional, se dirige a la cámara durante la sesión inaugural de las cortes republicanas.*

▼ **Alcuino de York** *departiendo con unos discípulos. El filósofo y teólogo inglés fue uno de los introductores de la escolástica en Francia.*

ALCORIZA, LUIS *(Badajoz, 1920-Cuernavaca, México, 1992) Realizador, actor y guionista cinematográfico español.* Su familia, relacionada con el mundo del espectáculo, se exilió en México al finalizar la guerra civil española (1939), y en este país se inició Alcoriza, al principio como actor, y luego como guionista cinematográfico, colaborando estrechamente con Luis Buñuel a partir de 1949. Juntos escribieron los guiones de *Los olvidados*, *El bruto*, *La muerte en el jardín*, *El gran calavera* y *El ángel exterminador*. A partir de 1960 se dedicó a la dirección cinematográfica, logrando cintas como *Tiburoneros* (1962) y *Tlayucon*, seleccionada para competir por el Oscar. Autor también de *Mecánica nacional* (1971), *Tac-Tac* (1981), *Terror y encajes negros* (1986) y *La sombra del ciprés es alargada* (1990), basada en la novela homónima de Miguel Delibes. Falleció el 4 de diciembre de 1992.

ALCUINO DE YORK *(York, actual Reino Unido, 735-abadía de St. Martin de Tours, actual Francia, 804) Filósofo y teólogo inglés.* Fue educado en la escuela de York, que dirigió entre los años 766 y 780, cuando fue invitado por Carlomagno a establecerse en su corte de Francia, asignándole las rentas de tres abadías. El teólogo aceptó, y fundó la célebre Escuela o Academia Palatina, a la que acudía el propio Carlomagno para recibir clases de dialéctica y de retórica. Además de estas dos disciplinas, Alcuino instauró como conocimientos académicos la gramática, la aritmética, la geometría y la teoría musical, que se convirtieron en elementos centrales de la educación medieval.

Además, inició la recuperación y preservación de los textos antiguos, y revisó la liturgia de la Iglesia gala.

ALDAMA, JUAN *(San Miguel el Grande, actual México, h. 1769-Chihuahua, id., 1811) Patriota mexicano.* Miembro de una hacendada familia criolla, siguió la carrera militar en el ejército español y llegó a ser capitán de caballería del Regimiento de la Reina. Sin embargo, la injusticia del sistema mercantilista español, que limitaba el comercio de Nueva España en beneficio propio o de otras colonias, y la marginación de los criollos de los altos cargos de la administración colonial y del mando del ejército, en manos exclusivamente de españoles llegados de la península Ibérica, le convencieron de la necesidad de rebelarse contra la metrópoli, ideal compartido por la mayor parte de los miembros de la aristocracia criolla mexicana. Como su hermano Ignacio, tomó parte en la conspiración de Valladolid (1809) y en las juntas secretas de Querétaro y de San Miguel (1810). Partidario del levantamiento dirigido por el cura Miguel Hidalgo, quien, el 16 de septiembre de 1810, proclamó la independencia de México, Juan Aldama asumió la dirección militar de los sublevados, con el grado de teniente general. Participó en la batalla del Monte de las Cruces y en el asalto de Guanajuato. A pesar de las victorias iniciales, la primera revuelta independentista mexicana pronto comenzó a debilitarse a causa de la superioridad militar de las tropas españolas. En efecto, los insurrectos, mal armados y poco disciplinados, fueron derrotados por el ejército realista de Calleja en Aculco (7 de noviembre de 1810) y Puente de Calderón (16 de enero de 1811). Ante la imposibilidad de continuar el avance sobre Ciudad de México, Juan Aldama decidió retirarse hacia el norte, pero fue hecho prisionero por los españoles en Acatita de Baján, junto con los otros líderes revolucionarios. Acusado de traición, fue fusilado en Chihuahua, el 26 de junio de 1811.

ALEIJADINHO, EL [António Francisco Lisboa] *(Ouro Preto, Brasil, 1738-id., 1814) Arquitecto y escultor brasileño.* Hijo mestizo del arquitecto portugués Francisco Lisboa y de una esclava negra, es considerado una de las personalidades más representativas del estilo rococó brasileño. Cuando era ya un hombre maduro y plenamente dedicado a su profesión de escultor y arquitecto, contrajo una enfermedad deformante (de ahí el apodo de *Aleijandinho*, el lisiadito, con que se le motejó y por el

▲ Vicente **Aleixandre** recibió en 1977 el Nobel de Literatura. Con este galardón se reconocía, además, a toda una generación de poetas españoles.

▼ La zarina **Alejandra Fiódorovna**, esposa de Nicolás II. Aficionada al ocultismo, entabló una estrecha relación con Rasputín, oscuro personaje que ejerció una influencia determinante en la corte rusa.

que se le conoció), pero, a pesar de ello, prosiguió con su actividad artística. Sus obras más reconocidas son la fachada de la iglesia de San Francisco de Ouro Preto, en su ciudad natal, y los altares, púlpito y esculturas de la misma, así como el conjunto escultórico que representa a doce profetas, realizado en piedra jabón, para el santuario del Buen Jesús de Motozinhos.

ALEIXANDRE, VICENTE *(Sevilla, 1898-Madrid, 1984) Poeta español.* Perteneciente a la llamada Generación del 27, con la que compartía modelos literarios y una misma asimilación de las vanguardias, su obra poética es extensa y cubre toda su trayectoria vital. La recreación de un universo personal y visionario se articula sobre un juego de contrastes, de vida y muerte experimentada a través del amor y evocada mediante el paisaje, cuyo máximo exponente es *La destrucción o el amor* (1935). En esta línea se inscriben *Pasión de la tierra* (1935), poemas surrealistas en prosa, y *Espadas como labios* (1932). *Sombra del paraíso* (1944) representa el punto culminante de su posterior evolución poética, que coincide con la experiencia de la guerra civil, en la que Aleixandre incorpora a su mundo mítico una consideración del dolor y la muerte que se abaten sobre la humanidad. Recibió el Premio Nobel de Literatura en 1977.

ALEJANDRA FIÓDOROVNA [Alix de Hesse] *(Darmstadt, Alemania, 1872-Ekaterinburgo, Rusia, 1918) Emperatriz de Rusia, esposa de Nicolás II.* Hija de Luis IV, gran duque de Hesse, en 1894 contrajo matrimonio con el futuro zar Nicolás II, después de haberse convertido a la religión ortodoxa y de cambiar su nombre, Alix, por el de Alejandra Fiódorovna. Persona propensa al misticismo y a la superstición, ejerció una influencia decisiva sobre su esposo el zar, hombre de carácter débil. Obsesionada por la salud de su hijo, el zarevich Alexis Nikolaievich, que padecía de hemofilia, cayó bajo el dominio total de Rasputín, quien había prometido a la zarina la curación del heredero, y que logró un gran poder en la corte. Después de la Revolución Rusa de 1917 y la abdicación del zar, fue internada en la fortaleza de Ekaterinburgo y, en la noche del 16 al 17 de julio de 1918, ejecutada por los bolcheviques junto con toda su familia.

ALEJANDRO II *(Moscú, 1818-San Petersburgo, 1881) Emperador de Rusia (1855-1881).* Hijo de Nicolás I y sobrino de Alejandro I, subió al trono durante la guerra

◀▲ *A la izquierda, coronación del zar* **Alejandro II** *en 1855. Arriba, imagen del atentado que acabó con su vida.*

de Crimea. Ante los reveses sufridos, durante los años siguientes, realizó reformas importantes: abolió la servidumbre, estableció gobiernos autonómicos, inició la reforma judicial, modificó el sistema de enseñanza e implantó el servicio militar universal. Culminó con éxito las operaciones militares realizadas en Asia Central y en la guerra de Turquía, y vendió Alaska a Estados Unidos (1867). Las dificultades financieras provocadas por la guerra de los Balcanes, el abandono del espíritu reformista de los primeros años de su reinado y la progresiva inclinación hacia un régimen cada vez más autocrático y despótico, fortalecieron la oposición a su régimen. Murió asesinado por el grupo revolucionario *Narodnaya volya* («La voluntad del pueblo»).

ALEJANDRO III *(San Petersburgo, 1845-Livadia, Rusia, 1894) Zar de Rusia (1881-1894).* Hijo de Alejandro II, la muerte prematura de su hermano Nicolás (1865) le convirtió en zar. Su reinado supuso un retroceso con respecto a la política tímidamente liberal de su padre, cuyo asesinato a manos de los revolucionarios siempre tuvo presente. Se apoyó en el absolutista D. Tolstoi, bajo cuyos consejos respaldó a la Iglesia ortodoxa rusa, y organizó un sistema policial omnipresente. Reemprendió la sistemática rusificación de las poblaciones no rusas iniciada bajo Nicolás I y persiguió con saña a los judíos. Continuó la expansión rusa en Asia Central y construyó el primer tendido del Transiberiano. Su política exterior estuvo marcada por el

distanciamiento de Alemania y la Triple Alianza y su acercamiento a Francia. Durante su reinado se trastocó la tradicional estructura social y apareció el proletario como clase sensible a las ideas socialistas.

ALEJANDRO III [Rolando Bandinelli] *(Siena, actual Italia-Civita Castellana, íd., 1181) Papa (1159-1181).* Prestigioso canonista, ya siendo cardenal provocó las iras del emperador Federico I *Barbarroja* a causa de la mala interpretación de una carta del papa Adriano IV dirigida al emperador. Su enfrentamiento con Federico I se recrudeció al alcanzar, como Alejandro III, el solio pontificio en 1159. Federico dio su apoyo al antipapa Víctor IV, y Alejandro lo excomulgó. En respuesta, Federico I se apoderó de Roma y obligó a Alejandro a huir y buscar apoyo en las ciudades lombardas, las cuales derrotaron al emperador en la batalla de Legnano en 1176.

El olvido

No es tu final como una copa vana / que hay que apurar. Arroja el casco, y muere. /

Por eso lentamente levantas en tu mano / un brillo o su mención, y arden tus dedos, / como una nieve súbita. / Está y no estuvo, pero estuvo y calla. / El frío quema y en tus ojos nace / su memoria. Recordar es obsceno, / peor: es triste. Olvidar es morir. /

Con dignidad murió. Su sombra cruza.

Vicente Aleixandre
Poemas de la consumación

◀ *El papa* **Alejandro III** *recibe en Venecia a Federico I* Barbarroja, *tras la derrota de éste en Legnano.*

▲ *Retrato de Rodrigo Borja. Elegido Papa en 1492 con el nombre de* **Alejandro VI**, *hubo de afrontar una fuerte oposición debido a su vida licenciosa.*

«*N̄inguna fortaleza es tan inexpugnable que no pueda entrar en ella un mulo cargado de oro.*»

Alejandro Magno

▶ *Detalle de un ánfora del s. III a.C. que representa al emperador de los persas, Darío III, huyendo de* **Alejandro Magno**.

Así, Federico no tuvo más remedio que ceder ante el Papa y reconocerlo en la paz de Venecia, de 1177. Alejandro III presidió el concilio de Letrán, y excomulgó a los albigenses; además, estableció la potestad del Papa en la canonización, y reguló el proceso de elección de pontífice.

ALEJANDRO VI [Rodrigo Borja] *(Játiva, España, 1413-Roma, 1503) Papa (1492-1503).* Sobrino del también papa Calixto III, viajó a Italia, donde cursó estudios religiosos, y en 1456 fue nombrado cardenal. Tras la muerte de Calixto III volvió a la península Ibérica y ostentó el cargo de obispo de Barcelona y, más tarde, el de arzobispo de Valencia. Su nombramiento como Papa en 1492 desencadenó una fuerte oposición en Roma, por considerar que su vida era licenciosa e inmoral (había tenido cinco hijos), y, además, por el hecho de ser extranjero. Esta hostilidad explicaría la leyenda negra que se creó alrededor de su figura, y que llegó a deformarla hasta hacer parecer a Alejandro VI y a su familia como unos seres monstruosos y abyectos. En el terreno político, consiguió mantener la independencia del Papado frente a Francia y España, en lucha por el control de Italia. Al mismo tiempo, se encargó de arbitrar el reparto de América entre Castilla y Portugal, y fue un mecenas de las ciencias y las artes.

ALEJANDRO MAGNO *(Pella, hoy desaparecida, actual Grecia, 356 a.C.-Babilonia, hoy desaparecida, actual Irak, 323 a.C.) Rey de Macedonia (336-323 a.C.).* Hijo del monarca macedonio Filipo II y de Olimpia, fue instruido en diversas disciplinas (retórica, filosofía, geografía, historia, política y ciencias físicas y naturales) por Aristóteles, el sabio más eminente de la época, y en el arte de la guerra por su padre, un hábil estratega. Con tan sólo dieciocho años, Alejandro demostró sus aptitudes militares en la batalla de Queronea, en la que dirigió la caballería macedonia frente a los tebanos (338 a.C.). Dos años más tarde, en el 336 a.C., el asesinato de

Filipo II le permitió subir al trono de Macedonia a la edad de veinte años. Apenas ceñirse la corona, tuvo que hacer frente a las incursiones de tracios e ilirios en el norte de su reino y a una sublevación de varias ciudades griegas contra la hegemonía macedonia. Sometidas Tracia e Iliria, el joven monarca destruyó Tebas y se hizo nombrar *hegemon* (general en jefe) de la liga panhelénica de Corinto. En el 334 a.C., una vez pacificada Grecia, y al frente de un ejército de 40 000 hombres, Alejandro cruzó el Helesponto e inició una gran campaña contra Persia, enemiga secular de los helenos. La victoria sobre los persas en el río Gránico le permitió la conquista de Licia, Panfilia, Pisidia y Frigia, en cuya capital, Gordio, cortó con su espada el *nudo gordiano*, lo que, según la leyenda, anunciaba su dominio sobre Asia. En el 333 a.C. derrotó al ejército del rey persa Darío III en Isos, triunfo que le abrió las puertas de Oriente Medio. Con el objetivo de privar a Persia de su salida al mar y aniquilar la flota fenicia, aliada de los persas, conquistó Siria, Tiro, Gaza e Israel, y, para asegurarse el abastecimiento de trigo, se adueñó de Egipto. En el delta del Nilo fundó la ciudad de Alejandría, destinada a convertirse en uno de los principales centros culturales de la Antigüedad (332 a.C.). Dominado todo el Mediterráneo oriental, en el 331 a.C. volvió hacia el norte y, después de atravesar el Éufrates y el Tigris, venció en Gaugamela, cerca de Arbelas, a Darío III, quien se vio obligado a huir, y al poco tiempo murió asesinado por Bessos, sátrapa de Bactriana. Entre los años 331 y 327 a.C., las tropas griegas avanzaron con facilidad por Mesopotamia, ocuparon las ciudades de Babilonia, Susa, Pasargada y Persépolis y conquistaron las satrapías orientales de Sogdiana y Bactriana, donde Bessos fue apresado y ejecutado por traidor. De esta forma, el monarca macedonio se convirtió en soberano de los persas, hecho que lo elevó a la categoría de divinidad a ojos de sus nuevos súbditos. Fue entonces cuando Alejandro comenzó a materializar su sueño: un gran imperio que uniera Oriente y Occidente y fusionara la cultura helénica y la asiática, por lo que fomentó los matrimonios masivos entre griegos y persas, y él mismo, en el 328 a.C., casó con la princesa Roxana, quien le dio un hijo póstumo. Fascinado por la idea de un imperio universal, se dirigió hacia la India y derrotó al rey Poros en el río Hidaspes, lo cual le permitió someter el Punjab. No obstante, el descontento de sus soldados, extenuados tras ocho años de campañas, le obligó a iniciar el regreso hacia Susa (326 a.C.). Ya en Babilonia, en el 323 a.C., mientras preparaba la conquista de Arabia, enfermó a causa de unas fiebres y murió a la edad de treinta y tres años. Tras su desaparición, el vasto imperio que había conseguido forjar se desvaneció rápidamente, desmembrado entre sus diferentes generales.

ALEJANDRO NEVSKI (*Vladimir, actual Rusia, 1220-?, 1263*) *Príncipe de Novgorod (1246-1263)*. En 1238 se distinguió al detener el avance de los mongoles. Dos años más tarde, derrotó en el río Neva a una «Gran Cruzada» organizada por Suecia para eliminar a su competidora comercial, la ciudad de Novgorod, y a esta victoria debió Alejandro su sobrenombre *Nevski* («el del Neva»). Esto no alejó el peligro del principado ruso, ya que, en 1237, la Orden de los Hermanos de la Espada se unió a la Orden Teutónica y juntas marcharon sobre Novgorod. Alejandro Nevski les hizo frente en el lago Peipus, en 1242, y logró una importante victoria. Para su desgracia, la *veche*, el consejo popular de la ciudad, temiendo su prestigio, le obligó a exiliarse. Este exilio fue de corta duración, puesto que ante el nuevo avance de los mongoles se reclamó su presencia. En 1245 derrotó a los lituanos, y en los años siguientes consiguió mantener la independencia de Novgorod ante las presiones de los mongoles, si bien a costa de aceptar el pago de tributos.

ALEJO I COMNENO (*Constantinopla, hoy Estambul, 1048-id., 1108*) *Emperador bizantino (1081-1108)*. Perteneciente a una de las más importantes familias terratenientes del imperio, Alejo Comneno subió al trono en un momento muy difícil, ya que el Imperio Romano de Oriente se encontraba sacudido por los desórdenes internos y amenazado por sus enemigos en el exterior. Persona culta y enérgica, supo ver la necesidad de pactar una paz con los turcos seléucidas de Rum para hacer frente a la amenaza que representaba el normando Roberto Giscardo en el Epiro. Una vez eliminado éste en 1085, Alejo marchó contra los pechenegos y los cumanos que hostigaban su frontera norte, y los derrotó tras una serie de durísimas campañas. Con la situación consolidada en su retaguardia, Alejo aprovechó con gran habilidad la división entre los turcos de Rum para obtener las máximas ganancias territoriales de la Primera Cruzada.

▲ *El rey macedonio* **Alejandro Magno** *demostró desde muy joven unas grandes dotes para el gobierno y la milicia, que le llevaron a dominar un vasto imperio.*

▲ *Cristo bendice al emperador bizantino* **Alejo I**, *símbolo de la unión entre lo divino y lo humano. Con Alejo I se inicia la dinastía de los Comnenos.*

ALEJO III ÁNGELO (*? -?, 1210*) *Emperador bizantino (1195-1203)*. Miembro de una familia de oscuros orígenes, emparentada con la casa imperial de los Comnenos, Alejo III subió al trono tras sublevarse contra su hermano, el emperador Isaac II, al cual cegó. Con las fronteras amenazadas por un alzamiento de los serbios, dirigidos por Juan Asen I, contra los excesivos impuestos, a lo que había que añadir la presión de los búlgaros de Kaloyan, Alejo III trató de mantenerse en el poder en medio de una verdadera guerra civil. Su política antiveneciana hizo que Venecia y Felipe de Suabia, el yerno de Isaac II, se aliasen e instrumentaran la Cuarta Cruzada para devolver el poder al emperador anterior y al hijo de éste, Alejo IV. Así, en 1203, Alejo III fue depuesto, y terminó sus días encerrado en un monasterio, mientras Constantinopla caía en manos de los cruzados (1204).

ALEMÁN, MATEO (*Sevilla, 1547-?, 1615*) *Novelista español*. Descendiente de judíos conversos, estudió en Sevilla, Salamanca y Alcalá de Henares. Llevó una vida llena de dificultades: estuvo preso por deudas, su matrimonio no funcionó y su condición de judío le perjudicó en la España de la época. En 1607 partió para Nueva España. Su obra más conocida es *Guzmán de Alfarache, atalaya de la vida humana* (1599), cuyo éxito inmediato y sin paralelo en la época no le reportó sino escasos beneficios económicos. Después de *El lazarillo de Tormes*, la novela de Mateo Alemán constituye la cumbre de la novela picaresca, género caracterizado por el realismo en la descripción de ambientes y personajes, casi siempre de baja extracción social y animados por pasiones e intereses de escasa elevación moral.

ALEMBERT, JEAN LE ROND D' (*París, 1717-id., 1783*) *Físico, matemático y filósofo francés*. Hijo natural de Madame de Tencin y del caballero Destouches, general de artillería, fue abandonado en las escalinatas de la capilla de Saint Jean-Le-Rond, contigua a Notre-Dame de París, circunstancia a la que debe su nombre. Confiado a los cuidados de la esposa de un vidriero, a la que consideró siempre como su verdadera madre, recibió una pequeña renta de su padre que le permitió sufragar sus estudios de derecho y teología, pronto abandonados en favor de las matemáticas. Sus precoces publicaciones sobre cálculo integral le valieron el ingreso en la Academia de las Ciencias de París cuando tan sólo contaba veinticuatro años. Entre 1743 y 1754 publicó sus obras

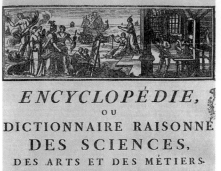

científicas más importantes, la primera de las cuales fue el famoso *Tratado de dinámica* (1743), en el que expuso la mecánica de los cuerpos rígidos basándose en el principio que lleva su nombre y que establece la existencia de equilibrio entre las acciones y las reacciones internas de un sistema rígido. La aplicación de dicho principio a los fluidos dio pie a su *Tratado del equilibrio y movimiento de los fluidos* (1744), y desarrolló aquellos aspectos de la cuestión que hacían referencia al movimiento del aire en la *Théorie générale des vents* (1745); en este último trabajo se enfrentó con la demostración del llamado teorema fundamental del álgebra, para el cual halló una demostración parcial. En 1747 aplicó el cálculo diferencial al análisis del problema físico de la cuerda vibrante, lo cual le condujo a la resolución de una ecuación diferencial en derivadas parciales para la que encontró una solución. En las *Investigaciones sobre la precesión de los equinoccios* (1749) estableció las ecuaciones del movimiento de la Tierra en torno a su centro de gravedad y abordó el problema de los tres cuerpos (relaciones entre las fuerzas y los movimientos correspondientes del Sol, la Tierra y la Luna). En 1754 fue elegido miembro de la Académie Française, de la que se convirtió en secretario perpetuo en 1772. Junto con Denis Diderot, D'Alembert asumió la dirección de la *Enciclopedia* contribuyendo a ella con el famoso *Discurso preliminar*; en él expuso su visión de la historia de la cultura como desarrollo del conocimiento humano. Redactó también casi por completo los artículos de matemáticas, así como buena parte de los filosóficos y los de física; su artículo *Génève*, inspirado por Voltaire, provocó las protestas de Rousseau. El pensamiento de D'Alembert combina muchos de los elementos del empirismo y el racionalismo de los ilustrados. Consideró la filosofía como la unificadora de los diversos saberes, sistema ra-

▲ ◄ *El físico, matemático y filósofo francés D'**Alembert**. A la izquierda, portada de la edición de 1751 de la* Enciclopedia, *obra clave de la Ilustración, que dirigió junto a Diderot.*

«El universo, para aquel que supiera abarcarlo desde un único punto de vista, no sería, si se me permite decirlo, más que un hecho único y una gran verdad.»

Jean le Rond D'Alembert
Enciclopedia.
Discurso preliminar

cional de las relaciones entre principios y fenómenos, viendo en estos últimos el fundamento del conocimiento. Su racionalismo lo llevó a luchar contra toda creencia en una realidad trascendente, mítica o religiosa, que consideraba oscurantista; y su empirismo lo llevó a oponerse a cualquier principio metafísico que eludiera el contraste mediante la experiencia.

ALESSANDRI, ARTURO *(Linares, Chile, 1868-Santiago, 1950) Estadista chileno.* Ejerció distintos cargos en varios gabinetes antes de presentarse como candidato a la presidencia en representación de las clases medias y de los trabajadores en las filas del partido Alianza Liberal. Vencedor en las elecciones de 1920, elaboró un extenso programa de reformas que no pudieron aplicarse en su totalidad debido a que una junta militar le obligó a dimitir en 1924. Seis meses más tarde, sin embargo, tras el fracaso del gobierno militar, Alessandri reasumió su cargo. Antes de acabar su mandato tuvo tiempo suficiente para elaborar y promulgar, tras su aprobación en referéndum, la Constitución por la que Chile se rigió a lo largo de varias décadas. Durante su segunda legislatura como presidente del país (1932-1938) se impulsaron numerosas obras públicas, se reactivaron las explotaciones salitreras, se reformó el sistema tributario y se completó la legislación social con la Ley de Salario Mínimo Vital y la Ley de Medicina Preventiva.

ALFARO, ELOY *(Montecristi, Ecuador, 1842-Quito, 1912) Militar y político ecuatoriano.* Portaestandarte del radicalismo liberal en Ecuador, luchó durante años por medio de las armas y de la prensa contra el régimen político y social conservador imperante en su país. El 5 de junio de 1895, cuando se encontraba en Panamá, fue nombrado Jefe Supremo de la nación. Una vez posesionado de su cargo en Guayaquil, organizó la movilización militar en contra de los conservadores serranos. Después de las batallas de San Miguel, Gatazo y Girón entró triunfante en Quito el 4 de septiembre de ese mismo año, instaurando el liberalismo en el país. En 1897, una Asamblea constituyente lo eligió presidente de la República y se mantuvo en el poder, pese a la oposición clerical, hasta 1901, año en que fue reemplazado en la presidencia por el general Leónidas Plaza. Su desacuerdo con Plaza lo llevó a sublevar al ejército en 1906, y a hacerse reconocer como presidente. En su segunda administración (1906-1911) promulgó la Constitución liberal y concluyó la construcción del ferrocarril transandino. En 1911, casi al término de su mandato, perdió el poder a causa de un pronunciamiento militar en su contra y se exilió en Centroamérica. Regresó un año más tarde a Guayaquil a petición de un grupo de sus partidarios que se había sublevado en contra del gobierno constituido. Fue hecho prisionero por las fuerzas gubernamentales, tras una derrota militar, y conducido a Quito, donde fue asesinado por una multitud en la cárcel en que estaba preso.

ALFARO SIQUEIROS, DAVID *(Chihuahua, México, 1896-Cuernavaca, id., 1974) Pintor y muralista mexicano.* Activo políticamente desde muy joven, interrumpió sus estudios de arte para alistarse en el ejército de Venustiano Carranza. Al finalizar el conflicto, se trasladó a Europa para continuar sus estudios. De regreso en México en 1922, participó en la elaboración de los murales de la Escuela Nacional Preparatoria y en los movimientos políticos de izquierda. Combatió en la guerra civil española al lado de la República y estuvo preso en México, involucrado en el asesinato de León Trotsky, debido a sus nexos con la Unión Soviética y el Partido Comunista, entonces clandestino. Siqueiros fue, junto con Rivera y Orozco, uno de los padres de la escuela muralista mexicana. Al igual que ellos, compartió su fervor por la revolución y la exaltación del pasado precolombino, siempre desde un enfoque nacionalista y marxista, que plasmó en un arte de dimensiones monumentales y gran fuerza dramática. Buena muestra de sus frescos está expuesta en el Sindicato de Electricistas y en el Palacio de Bellas Artes de México, en la ciudad de Chillán, en Chile, adonde acudió invitado por Pablo Neruda, y en la Chouinard School of Art de Los Ángeles. Dos de sus títulos más conocidos son *Proceso al fascismo* (1939) y *Muerte al invasor* (1940), este último dedi-

▲ *El general Eloy **Alfaro**, representante del radicalismo liberal y presidente de Ecuador en dos ocasiones, la segunda tras un pronunciamiento militar.*

▲ *Retrato de Vittorio de **Alfieri**. Aunque fue también poeta, es conocido, sobre todo, por sus obras dramáticas, que exaltan de manera romántica el patriotismo italiano del* Risorgimento.

◄ *El Coronelazo, pintura realizada en 1943 por David **Alfaro Siqueiros**, creador cuya obra mantiene un diálogo constante con la realidad histórica de su tiempo.*

cado a la conquista de América. Su obra se caracteriza por el dinamismo y la movilidad compositiva, así como por una búsqueda de efectos dramáticos mediante el uso de la luz y el tratamiento escultural de las figuras y los fondos. Contiene, además, un fuerte componente experimental, basado en el uso de materiales novedosos y en la intención de reunir pintura, escultura y arquitectura en pos de una nueva dimensión artística cuyo punto de partida es la realidad. Muestra de ello son los murales arquitectónicos del Polyforum Cultural Siqueiros de la ciudad de México. Su anhelo por conseguir una reciprocidad entre las diferentes técnicas pictóricas y la más moderna tecnología, le llevó a crear un taller de arte experimental en Nueva York.

ALFIERI, VITTORIO, CONDE DE *(Asti, actual Italia, 1749-Florencia, 1803) Poeta y dramaturgo italiano.* Autor de transición entre el clasicismo y el Romanticismo, ocupa un puesto de honor en las letras italianas, especialmente en el ámbito de la literatura dramática, y, por su patriotismo, se convirtió en estandarte del movimiento de independencia italiano (*Risorgimento*). Escribió unas veinte tragedias, en las que exaltó principalmente el patriotismo y el amor a la libertad con un estilo clásico. Entre sus obras más notables cabe destacar: *Cleopatra* (1775), *Saúl* (1782), basada en la Biblia, *Agamenón* (1783), *Felipe II* (1783), *Antígona* (1786), y su obra maestra, *Mirra* (1789), en la que abordó el difícil tema del incesto. Escribió también *Rimas* y su célebre autobiografía *Vida*. Tradujo en verso las comedias de Terencio y la *Eneida*, de Virgilio.

ALFONSÍN, RAÚL *(Buenos Aires, 1927) Político argentino, presidente de la República (1983-1989).* Abogado de profesión, militó en la Unión Cívica Radical (UCR), y a principios de los años setenta creó y dirigió una facción en el partido, denominada Renovación y Cambio, con la que trató de darle un giro hacia la socialdemocracia. Bajo estos presupuestos, ganó las primeras elecciones presidenciales celebradas después de la dictadura militar, imponiéndose a los peronistas en 1983. Este mismo año publicó dos libros, *Ahora mi propuesta política* y *¿Qué es el radicalismo?* Durante su mandato restableció la vigencia de los derechos humanos y puso en marcha el juicio contra los militares responsables de la dictadura, además de hacer frente a los alzamientos de los carapintadas y a varias huelgas. Creó una nueva moneda, el austral, y en 1985 decretó medidas económicas para atajar la inflación. Este mismo año, en política exterior, Alfonsín firmo un tratado con Chile por el que se llegaba a un acuerdo sobre el canal de Beagle, y suavizó las relaciones diplomáticas con el Reino Unido, muy tensas desde la guerra de las Malvinas. A finales de la década, la complicada situación política, con los procesos que se abrieron a los militares implicados en la desaparición y muerte de miles de personas durante la dictadura, generaron graves tensiones que le llevaron a beneficiar a los militares con las leyes de Obediencia debida y Punto final. Junto a ello, la delicada situación económica y social le obligó a dejar el gobierno seis meses antes de cumplir su mandato en 1989. En 1993, acordó con su sucesor y adversario político, Carlos S. Menem, el Pacto de Olivos para modificar la Constitución, y en 1997, favoreció la creación de la alianza entre la UCR y el Frente País Solidario.

ALFONSO I EL BATALLADOR *(?, h.1073-Poleñino, 1134) Rey de Aragón y de Navarra (1104-1134).* Segundo hijo de Sancho V y de Felicia de Roucy, sucedió en 1104 a su hermano Pedro I como soberano de Aragón y de Navarra. Casado con Urraca, hija y sucesora de Alfonso VI de Castilla y León y viuda de Raimundo de Borgoña, a la muerte de su suegro (1109) reclamó para sí el trono castellanoleonés. Sin embargo, encontró la oposición de gran parte de la nobleza de este reino, que defendía los derechos exclusivos a la Corona de Urraca y de Alfonso Raimúndez, el hijo de ésta. En 1114, después de varios años de guerra, el rey aragonés renunció a sus pretensiones y obtuvo la nulidad de su matrimonio. A partir de este momento, Alfonso I se consagró a la lucha contra el Islam, tomando, sucesivamente, Zaragoza, ciudad que convirtió en su capital (1118), Tudela, Tarazona, Soria (1119), Calatayud y Daroca (1120). Entre 1125 y 1126, Alfonso realizó una atrevida incursión por Andalucía, que tuvo como consecuencia el establecimiento de un gran número de mozárabes en las cuencas del Ebro y del Jalón. En 1134 el soberano aragonés murió en Poleñino, a causa de las heridas que había sufrido durante su fallido intento de ocupar Fraga. Sin sucesor directo, Alfonso I legó sus reinos a las órdenes militares del Santo Sepulcro, del Hospital y del Temple. Ante la imposibilidad de ejecutar el testamento, la nobleza aragonesa proclamó rey al hermano de Alfonso, Ramiro (Ramiro II *el Monje*), obispo de Roda-Barbastro, mientras que la Corona de Navarra fue ofrecida a García VI.

▲ *La victoria de Raúl **Alfonsín** (sentado) en las elecciones presidenciales de Argentina en 1983 puso fin a la dictadura militar.*

▲ *Alfonso II extendió las fronteras de la Corona de Aragón y pactó con Castilla y León el reparto de las tierras conquistadas a los musulmanes en la península Ibérica.*

ALFONSO I EL CATÓLICO *(?, 693-Cangas, actual España, 757) Rey de Asturias (739-757).* Yerno de Pelayo, fue elegido rey por los nobles tras la muerte de Favila. Bajo su reinado, la insurrección contra los árabes, que hasta entonces se encontraba confinada a las regiones más montañosas y a la costa del Cantábrico, se extendió hacia el sur, gracias a una serie de incursiones que obtuvieron provecho de las dificultades internas de los emires de al-Andalus. Las sublevaciones de los beréberes y las malas cosechas permitieron a los astures llevar a cabo una serie de ofensivas con casi total impunidad por Galicia, La Rioja, Álava y Portugal. A pesar de todo, estos ataques apenas comportaron algunas ganancias territoriales, como la ocupación del norte de Galicia, con los valles del alto Miño y el Sil, y, según parece, también la ciudad de León.

ALFONSO II EL CASTO *(Barcelona, 1132-Perpiñán, 1196) Rey de Aragón (1163-1196) y conde de Barcelona (1162-1196).* Hijo de Ramón Berenguer IV y de Petronila de Aragón, se enfrentó a Raimon V de Provenza por sus derechos sobre Occitania. Llevó a cabo una política agresiva respecto a los musulmanes de Valencia: fundó Teruel, en 1170, como puesto avanzado, y realizó una serie de incursiones que le llevaron hasta Játiva. Gracias a una alianza, en 1186, con Castilla y León, contra Navarra, logró quedar eximido del vasallaje que su padre había jurado prestar a los reyes castellanos. Además, mediante el tratado de Cazorla, estableció con Alfonso VII de Castilla el futuro reparto de las tierras conquistadas a los musulmanes. Más adelante cambió sus alianzas y se enfrentó a los castellanos al lado de Navarra. Estas luchas entre los reinos cristianos finalizaron tras la derrota castellana de Alarcos, frente a los almohades, en 1194, que obligó a un mayor entendimiento frente a la amenaza común.

ALFONSO III EL MAGNO *(?, h. 838-Zamora, 910) Rey de Asturias (866-910).* Hijo del monarca Ordoño I, fue proclamado rey de Asturias a la muerte de su padre, en el año 866, aunque el conde de Galicia Fruela Bermúdez le usurpó el trono. Sin embargo, un año más tarde Alfonso III recuperó la Corona gracias a la ayuda del conde Rodrigo de Castilla. En el 870, el soberano asturiano contrajo matrimonio con la princesa Jimena, hija del rey García de Navarra, lo que le proporcionó la amistad de los siempre belicosos vascones. Aprovechando los graves conflictos internos que convulsionaban al-Andalus, como las revueltas contra el poder del emirato cordobés o de Ibn Marwan en Extremadura o de la familia de los Banu Qasi en Aragón y Navarra oriental, Alfonso III inició una decidida política de expansión hacia el sur. Una vez repobladas Tuy, Astorga, León y Amaya, el soberano fortificó los enclaves de Viseo, Lamego, Braga y Orense, y ocupó Oporto (868). Tras derrotar a las tropas del emir Muhammad I de Córdoba en Polvoraria y en Valdemora (878), penetró profundamente en tierras castellanas, estableciendo la frontera de su reino en el Arlanzón, donde fundó la ciudad de Burgos (884). Más tarde, avanzó por la llanura leonesa hasta conquistar Zamora (893) y Simancas (899). Durante su reinado, Alfonso III se presentó como sucesor de los reyes visigodos e impulsó la redacción de diversas crónicas oficiales, tales como la *Crónica de Alfonso III*, la *Crónica albeldense* y la *Chronica visigothorum*. Además, el monarca asturiano utilizó el título de *imperator* para afirmar su independencia respecto al Imperio Carolingio y el emirato cordobés, y subrayar su superioridad sobre los restantes reinos cristianos peninsulares. Alfonso III murió en Zamora en el año 910, poco después de ser destronado por sus hijos, que se repartieron el reino: García se quedó con León, Ordoño con Galicia y Fruela con Asturias.

ALFONSO V *EL MAGNÁNIMO* (Medina del Campo, actual España, 1396-Nápoles, 1458) Rey de Aragón, Valencia, Mallorca, Sicilia y Cerdeña, conde de Barcelona (1416-1458) y rey de Nápoles (1442-1458). Hijo primogénito del infante Fernando de Castilla, segundo hijo del monarca Juan I de Castilla y de Leonor de Aragón, se convirtió en heredero al trono de la Corona de Aragón cuando su padre fue proclamado rey, el 24 de junio de 1412, en el compromiso de Caspe, acuerdo que ponía fin al conflictivo interregno abierto en la Confederación catalanoaragonesa tras la muerte del soberano Martín I sin sucesor directo (1410). En 1415, el príncipe Alfonso casó con María de Castilla, su prima hermana, con quien no tendría hijos, y ese mismo año tuvo que asumir las tareas de gobierno a causa de la enfermedad de su padre. En 1416, el prematuro fallecimiento del monarca le hizo ceñirse la corona, con tan sólo veinte años. A pesar de la prudencia del joven soberano, en 1419 surgieron las primeras discrepancias con las cortes catalanas, que no sólo exigían la destitución de sus consejeros castellanos, sino que también se oponían, paradójicamente, al deseo

▲ *La figura de **Alfonso III** fue relevante no sólo para el reino asturiano, sino también para el navarro tras su boda con la princesa Jimena de Navarra.*

▼ ▶ *Alfonso V expandió el dominio aragonés en el Mediterráneo, mientras su esposa, María (derecha), gobernaba el reino en su nombre.*

de Alfonso V de proseguir personalmente la secular expansión de Cataluña por el Mediterráneo, debido al previsible perjuicio que la ausencia real provocaría en los estados hispánicos de la Corona de Aragón. El rey, sin embargo, zarpó hacia Cerdeña y consolidó el dominio catalán sobre la isla (1420), pero hubo de renunciar a adueñarse de Córcega, dado el apoyo que la ciudad de Génova prestaba a los corsos (1421). Esta decisión se adoptó ante la posibilidad de conquistar Nápoles, donde dos facciones nobiliarias se disputaban la sucesión de la reina Juana II. Así, en julio de 1421, Alfonso *el Magnánimo* venció a Luis de Anjou, pretendiente al trono napolitano, y a los genoveses, lo cual le permitió entrar en la ciudad italiana y convertirse en el ahijado de su soberana, aunque dos años más tarde una revuelta popular le obligó a replegarse a Cataluña. Durante nueve años permaneció en sus reinos peninsulares, enzarzándose en una estéril guerra con el monarca castellano Juan II para defender los intereses políticos y económicos de sus hermanos, los infantes de Aragón, en Castilla. En mayo de 1432, Alfonso V partió definitivamente hacia Italia, para instalarse en Sicilia. A la muerte de Juana II de Nápoles, en 1435, el monarca intentó asediar Gaeta, pero en la batalla de Ponza cayó prisionero de los genoveses, aliados del nuevo soberano napolitano, Renato de Anjou. Trasladado a Milán, Alfonso supo sin embargo granjearse la simpatía de Felipe María Visconti, duque de Milán y señor de Génova, quien se convirtió en un amigo leal. Esta amistad facilitaría en 1443, después de años de lucha con Venecia, Florencia, el Papado y los angevinos, la conquista de Nápoles por parte del rey aragonés. A partir de este momento, Alfonso V estableció su corte en Nápoles, convirtió la ciudad un gran centro humanístico y se dedicó por completo a la política italiana. De forma paralela, el monarca confió el gobierno de sus reinos hispánicos, sucesivamente, a la reina María (1432-1454) y al hermano de ésta, Juan de Navarra (1454-1458). Con todo, desde la distancia, favoreció las aspiraciones de los campesinos de remensa catalanes (1448), aunque no dudó en sofocar violentamente la revuelta del campesinado mallorquín (1453). Alfonso V *el Magnánimo* murió en el castillo del Ovo, en la ciudad de Nápoles, el 27 de junio de 1458, y fue sucedido en la Corona de Aragón por Juan de Navarra y en el reino de Nápoles por su hijo natural Fernando.

ALFONSO VI *EL BRAVO* *(?, 1040-Toledo, 1109) Rey de Castilla y León.* Tras la muerte de su padre, Fernando I, en 1065, Alfonso recibió el reino de León, a lo que se opuso su hermano Sancho, que había recibido Castilla. Alfonso fue derrotado en Llantada en 1068, y en Golpejera, en 1072, y fue obligado a exiliarse junto con su hermano García. A la muerte de Sancho, asesinado mientras asediaba a su hermana Urraca en Zamora, Alfonso fue llamado para ser coronado rey, pero antes tuvo que realizar, por instigación de la nobleza castellana encabezada por Rodrigo Díaz, *el Cid,* un juramento por el cual se autoexculpaba de haber tenido relación con la muerte de su hermano. En 1085, Alfonso VI logró apoderarse de Toledo, lo cual le dio un gran prestigio. Sin embargo, los reinos de taifas de Badajoz y Sevilla llamaron en su ayuda a los almorávides del norte de África, los cuales derrotaron a Alfonso VI en la batalla de Sagrajas, en 1086, acción militar que significó el punto de arranque de una difícil etapa que marcaría los últimos años de su reinado.

ALFONSO VII *EL EMPERADOR* *(?, 1105-Fresneda, actual España, 1157) Rey de Castilla y León (1126-1157).* Hijo de la reina Urraca y del conde Raimundo de Borgoña, se convirtió en monarca de Galicia en 1111, durante la guerra civil castellana que estalló a la muerte de su abuelo materno, Alfonso VI, a causa de las pretensiones de Alfonso I de Aragón, segundo marido de su madre, sobre el trono que le correspondía a ésta (1109). Una vez sofocadas

> *«Los libros son, entre mis consejeros, los que más me agradan, porque ni el temor ni la esperanza les impiden decirme lo que debo hacer.»*
>
> Alfonso V
> el Magnánimo

▲ *El rey **Alfonso VI** unió los reinos de León y Castilla tras la muerte de su hermano Sancho, monarca castellano.*

las disensiones internas y después de años de lucha con su padrastro, Alfonso VII fue proclamado rey de Castilla y León en 1126, tras la muerte de Urraca. Al año siguiente firmó las paces de Támara con el monarca aragonés, quien renunció a sus posesiones en tierras castellanas (Burgos, Castrojeriz y Medinaceli). A la muerte de Alfonso I de Aragón (1134), el soberano castellanoleonés incorporó a su reino La Rioja y ocupó Zaragoza y las plazas de Tarazona, Calatayud y Daroca. A fin de afirmar su supremacía sobre el resto de estados cristianos peninsulares, Alfonso VII se hizo coronar emperador en la catedral de León en 1135. Dos años más tarde, no obstante, fracasó en el intento de casar a Sancho, su primogénito, con Petronila, hija y heredera de Ramiro II de Aragón, y, en 1143, tuvo que reconocer a Alfonso I Enríquez como soberano de Portugal. En 1148, el rey castellanoleonés tomó Almería con la ayuda del monarca García VI de Navarra y del conde Ramón Berenguer IV de Barcelona, con quien acordó el futuro reparto de las tierras hispanomusulmanas en el tratado de Tudellén (1151). Alfonso VII, sin embargo, no pudo evitar la irrupción almohade en la península Ibérica y murió en Fresneda, poco después de intentar recuperar Almería (1157). En cumplimiento del testamento real, sus reinos fueron divididos entre sus dos hijos: Sancho III de Castilla y Fernando II de León.

ALFONSO X *EL SABIO* *(Toledo, 1221- Sevilla, 1284) Rey de Castilla (1252-1284).* Hijo de Fernando III *el Santo* y de Beatriz de Suabia, durante el reinado de su padre destacó en la conquista del reino de Murcia en 1241, y en las posteriores negociaciones con Jaime I, que se encontraba completando la conquista de Valencia. Fruto de estas negociaciones fueron su boda con Violante, hija del monarca catalán, con la que Alfonso tuvo diez hijos, y el tratado de Almizra, en 1244, por el cual se fijaron los límites territoriales entre las nuevas posesiones de Castilla y las de la Corona catalanoaragonesa. A la muerte de su padre (1252), Alfonso X pasó a la ofensiva en el sur de la península Ibérica, y ocupó Jerez, Medina Sidonia, Niebla y Lebrija, en 1262. A continuación, organizó en Sevilla unas atarazanas que servirían para construir la flota con la cual Castilla pretendía hacerse con el control del estrecho de Gibraltar. Los éxitos del castellano alarmaron al rey musulmán de Granada, quien llamó en su ayuda a los benimerines de Fez y organizó una sublevación de la población musulmana de Murcia. Con la ayuda de su suegro, Jaime I, que intervino en Murcia para aplastar la rebelión, Alfonso X fue capaz no sólo de contener la amenaza y recuperar Jerez, sino también de tomar Cádiz y Cartagena, en 1263. En cambio, su política exterior no fue tan afortunada en otros lugares: tuvo que desistir de sus intentos de apoderarse del Algarve, que pasó a poder de Portugal, y tampoco pudo hacer valer sus derechos sobre Navarra. Por otro lado, sus pretensiones a la Corona imperial, a través de su madre, nieta del duque de Suabia, se vieron pronto defraudadas; el viaje que se vio obligado a emprender a Alemania, y los gastos de la empresa, provocaron el descontento del pueblo y la nobleza. En medio de esta situación tan conflictiva, los benimerines de Fez desembarcaron en Algeciras, pero fueron obligados a reembarcar a causa de la enérgica campaña de Sancho, segundo hijo del rey, quien había tomado el mando tras la muerte de su hermano Fernando de la Cerda, el primogénito. El regreso de Alfonso se vio ensombrecido por los conflictos dinásticos que surgieron tras su decisión de nombrar heredero a Sancho, en 1275, en vez de a Alfonso de la Cerda, hijo de Fernando, quien, según las leyes promulgadas por el propio Alfonso X en las *Partidas*, era el legítimo heredero. En 1278, la flota de los benimerines derrotó a la castellana en el estrecho de Gibraltar, lo cual obligó a Alfonso a pactar una tregua. Por otra parte, el heredero Sancho no aceptó la decisión de su padre de conceder el título de rey de Jaén, en calidad de vasallo de Castilla, a Alfonso de la Cerda: se declaró en rebeldía y consiguió el apoyo de Portugal y Aragón, así como el de la mayoría de las ciudades castellanas. Ante esto, Alfonso X desheredó a su hijo en favor de los infantes de la Cerda, y padre e hijo se enfrentaron repetidamente hasta la muerte del monarca. La principal obra de Alfonso X, aparte de su labor política, se centró en el campo de la cultura y las artes. Estableció diversas escuelas de traductores, en Toledo, Sevilla y Murcia, que sirvieron para poner en contacto las culturas cristiana, judía y musulmana, y que resultaron muy útiles para la difusión de la cultura oriental, conservada por los árabes. El propio Al-

▲ *Alfonso X (izquierda), en una miniatura de un ejemplar manuscrito del* Fuero Juzgo, *compilación de leyes cuya vigencia quedó limitada por el* Fuero Real, *promulgado en 1255.*

▼ *Ilustración del* Libro de los juegos, *de **Alfonso X**. Bajo el impulso del monarca se crearon varias escuelas de traductores que pusieron en contacto a cristianos, judíos y musulmanes.*

fonso es el autor o el inspirador de diferentes obras, que abarcan muy diversos campos: la poesía, en gallego; las leyes, como las ya citadas *Partidas*; la historia, con la *Crónica General* y la *General Estoria*; y las de erudición, en las cuales se abordan temas variados, que comprenden desde la astronomía tolemaica, con los *Libros del saber de Astronomía*, a estudios de carácter astrológico relacionados con las piedras, con el *Lapidario*.

ALFONSO XI *EL JUSTICIERO (Salamanca, 1311-Gibraltar, 1350) Rey de Castilla y León (1312-1350).* Muerto su padre, Fernando IV, en 1312, su abuela María de Molina se encargó de la regencia, y tuvo que enfrentarse a la nobleza, que trataba de obtener provecho de la minoridad del rey. Cuando alcanzó la mayoría de edad, en 1325, Alfonso XI vio su reino amenazado por la expansión de los benimerines, que, cruzando el estrecho de Gibraltar, llevaban a cabo devastadoras incursiones con el apoyo de los nazaríes de Granada. Tras una serie de treguas, las operaciones militares se desencadenaron en 1340. Para vengar la derrota y muerte de su hijo Abú Malik en el río Barbate, el sultán benimerín Abú-l-Hasán cruzó el Estrecho con 60 000 guerreros. Alfonso XI se enfrentó a ellos en la batalla del río Salado y les infligió una terrible derrota, gracias a la cual pudo tomar Algeciras, en 1344. No tuvo tanta suerte, unos años más tarde, frente a Gibraltar, ya que la peste negra se abatió sobre su campamento y él mismo pereció víctima de esta enfermedad.

ALFONSO XII *(Madrid, 1857-id., 1885) Rey de España (1875-1885).* Hijo de Isabel II y de don Francisco de Asís, fue educado por eclesiásticos y militares. En 1862 ingresó en el ejército y, poco después, fue ascendido a sargento primero. El triunfo de la revolución de septiembre de 1868 le obligó a exiliarse, junto al resto de la familia real, a París, donde en 1870 su madre abdicó, cediéndole los derechos a la Corona. Su educación fue dirigida por Cánovas del Castillo, quien se oponía a la monarquía de Amadeo I y deseaba su regreso a España tan pronto como alcanzara la mayoría de edad. Fue enviado a un colegio británico, para que se familiariza-

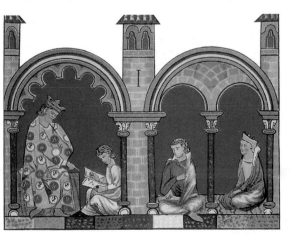

Rey de España (1886-1931). Hijo póstumo de Alfonso XII, su madre, María Cristina de Habsburgo, ejerció la regencia durante su minoridad, período durante el cual se perdieron la guerra contra Estados Unidos y las colonias insulares (1898). Declarado mayor de edad en 1902, fecha en la que cumplió dieciséis años, aquel mismo día, el 17 de mayo, juró la Constitución. Su quehacer político, bien distinto del de su padre, Alfonso XII, quien reinó sin entrometerse en los asuntos de gobierno, se caracterizó por su favoritismo hacia los políticos conservadores, a quienes encomendó el gobierno, y por su acercamiento al ejército, del que se erigió en máxima autoridad y en el cual se apoyó en los momentos de debilidad política. El 31 de mayo de 1906 contrajo matrimonio con la princesa británica Victoria Eugenia de Battenberg, y aquel mismo día sufrió un atentado anarquista, del que salió ileso. En 1909, tras las protestas populares contra la represión militar que siguió a las revueltas de la Semana Trágica, perdió su confianza en Maura, a la sazón jefe del gobierno, y lo sustituyó por Canalejas, quien gobernó hasta 1912. Entretanto, potenció la actividad colonial en Marruecos, donde, en 1912, se consolidó el protectorado español, merced al acuerdo alcanzado con Francia. En 1913 prefirió encomendar el gobierno a Dato, prescindiendo de Maura, líder del Partido Conservador, lo cual aceleró la división en el seno del partido y, a la postre, condujo a su disolución. Tras el fin de la Primera Guerra Mundial, de la que España se mantuvo alejada, se vio involucrado en el escándalo político derivado del desastre de Annual, al confirmarse las sospechas de que había sido él quien había ordenado al general Silvestre el inicio del ataque. Acorralado y falto de apoyo político, favoreció el golpe de Estado del general Primo de Rivera, el cual asumió el gobierno en septiembre de 1923, pero tras la caída en desgracia de éste, y temeroso de la reacción popular, quiso recuperar el espíritu de la Restauración otorgando el poder al general Berenguer. Poco después, sin embargo, las urnas demostraron que el país prefería la opción republicana, por lo que, ante el temor a un enfrentamiento civil, emprendió el camino del exilio, primero en París y posteriormente en Roma, si bien en ningún momento abdicó, sino que se limitó a «suspender el ejercicio del poder real». En 1936 aplaudió el levantamiento del general Franco y, dos semanas antes de morir, renunció al trono y cedió sus derechos a la Corona a su hijo, el infante don Juan.

se con el modelo parlamentario británico, parecido al que deseaba implantar en España. Sin embargo, no fue Cánovas el que lo trajo a España, sino el general Martínez Campos, quien a finales del año 1874 lo proclamó, en Sagunto, rey del país. A su regreso, en enero de 1875, se trasladó a Navarra, donde al mando del Ejército del Norte puso fin a la insurrección carlista. En febrero de 1876 presidió la apertura de las primeras Cortes de la Restauración y, poco después, aprobó una nueva Constitución, más moderada que la de 1869. Respecto a Cuba, Alfonso XII, convencido de la imposibilidad de obtener una victoria militar, envió una misión diplomática encabezada por el general Martínez Campos, quien, en febrero de 1878, firmó un tratado de paz en Zanjón que posibilitó la instauración de una tregua, vigente hasta 1895. En enero de 1878, Alfonso XII contrajo matrimonio con su prima, María de las Mercedes, que moriría el 26 de julio de aquel mismo año. Dicha tragedia, que conmocionó por igual al monarca y al país, motivó su posterior boda con la archiduquesa María Cristina de Habsburgo-Lorena. Durante su reinado, los partidos Liberal y Conservador pactaron un acuerdo de rotación al frente del gobierno, que permitió mantener en plena vigencia los principios de la Restauración, pese a la oposición de los anarquistas, que en 1878 llevaron a cabo un atentado frustrado contra el monarca.

▲ *Tras el fracaso de la Primera República, el rey **Alfonso XII** restauró la dinastía de los Borbones en España.*

▼ *Fotografía oficial de **Alfonso XIII**. Su connivencia con la dictadura de Primo de Rivera provocó, tras la caída de éste, la proclamación de la Segunda República en España.*

ALFREDO EL GRANDE *(Wantagate, actual Reino Unido, 849-?, 901) Rey de Wessex (871-901).* Persona de gran cultura, tradujo al anglosajón obras de san Agustín, Boecio y Gregorio Magno. Reorganizó las tropas sajonas de Wessex, formando unidades de caballería en los diferentes condados (*fyrd*), y logró derrotar a los daneses de Guthrun. De esta manera, Guthrun se vio obligado a aceptar el tratado de Westmore, en 878, por el cual los daneses habían de evacuar Wessex e instalarse en los antiguos territorios de Essex, East-Anglia, Lindsey y Mercia, formando lo que sería conocido como el *Danelaw*. De este modo, cedió aquellos territorios que no podía defender, y de forma paralela, protegió su reino de los escandinavos, estableciendo una serie de pueblos fronterizos fortificados (*burhs*) además de crear una marina de guerra propia.

ALLEN, WOODY [Allen Stewart Konigsberg] *(Nueva York, 1935) Director, actor, guionista cinematográfico y clarinetista de jazz estadounidense.* Se inició profesionalmente como guionista de televisión. En 1961 debutó como actor cinematográfico y teatral, y en 1965 escribió el guión *¿Qué tal, Pussycat?*, una comedia de Clive Donner en la que también actuó. En 1969 se le presentó la oportunidad de rodar *Toma el dinero y corre*, su primer filme como director, al que siguieron películas como *Bananas* (1971), *Todo lo que usted siempre quiso saber sobre el sexo y nunca se atrevió a preguntar* (1972), *El dormilón* (1973), o *La última noche de Boris Grushenko* (1975), trabajos que pusieron de manifiesto sus especiales dotes para la sátira. En 1972 coprotagonizó, junto a la actriz Diane Keaton, el largometraje *Sueños de seductor*, de Herbert Ross. La interpretación de Woody Allen en esta comedia es uno de los hitos de su carrera. A continuación Allen y Keaton iniciaron una relación sentimental que se vio reflejada en su participación en diversos filmes, entre ellos el

▲ *Portada de* Afrodita, *de Isabel* **Allende**. *Las obras de la escritora chilena han alcanzado fama mundial.*

WOODY ALLEN

OBRAS MAESTRAS

TOMA EL DINERO Y CORRE (TAKE THE MONEY AND RUN, 1969); TODO LO QUE USTED SIEMPRE QUISO SABER SOBRE EL SEXO Y NUNCA SE ATREVIÓ A PREGUNTAR (EVERYTHING YOU ALLWAYS WANTED TO KNOW ABOUT SEX BUT WERE AFRAID TO ASK, 1972); EL DORMILÓN (SLEEPER, 1973); LA ÚLTIMA NOCHE DE BORIS GRUSHENKO (LOVE AND DEATH, 1975); ANNIE HALL (1977); INTERIORES (INTERIORS, 1978); MANHATTAN (1979); ZELIG (1983); BROADWAY DANNY ROSE (1984); LA ROSA PÚRPURA DE EL CAIRO (THE PURPLE ROSE OF CAIRO, 1985); ALICE (1990); MARIDOS Y MUJERES (HUSBANDS AND WIFES, 1992); MISTERIOSO ASESINATO EN MANHATTAN (MANHATTAN MURDER MISTERY, 1993); BALAS SOBRE BROADWAY (BULLETS OVER BROADWAY, 1994); PODEROSA AFRODITA (MIGTHY APHRODITE, 1995), DESMONTANDO A HARRY (DECONSTRUCTING HARRY, 1998).

◄ *El actor, guionista y director estadounidense Woody* **Allen** *en un fotograma de la película* Manhattan, *en la que encarna a su habitual personaje neurótico y frustrado.*

más galardonado de los dirigidos por Allen, *Annie Hall*, que obtuvo el Oscar al mejor director, al mejor guión original (Marshall Brickman y el propio Allen), a la mejor actriz (Diane Keaton) y a la mejor película. Poco a poco, los trabajos de Allen fueron imbuyéndose de su fuerte personalidad, con motivos recurrentes como el judaísmo, el psicoanálisis y la comunicación en la pareja. En esta línea surgieron películas como *Manhattan* (1979), *La rosa púrpura de El Cairo* (1985) o *Hannah y sus hermanas* (1986), las dos últimas protagonizadas por Mia Farrow, su nueva pareja tras su ruptura con Diane Keaton a principios de los años ochenta, aunque su relación con esta actriz también llegaría a su fin, en este caso de forma abrupta, hacia 1993. Durante la década de los noventa, sin perder el humor cáustico que lo caracteriza, las películas de Woody Allen adquirieron un tono más reflexivo, más trascendental. *Delitos y faltas* (1990), *Misterioso asesinato en Manhattan* (1993), *Balas sobre Broadway* (1994) y *Desmontando a Harry* (1998) son otras de sus películas más aclamadas.

ALLENDE, ISABEL *(Lima, Perú, 1942) Escritora chilena.* Hija de un diplomático chileno, estudió periodismo y antes de darse a conocer como escritora se hizo popular en su país gracias a su trabajo como redactora y columnista en la prensa escrita y sus apariciones en televisión. También trabajó para la sección chilena de la FAO, la organización de las Naciones Unidas para la Agricultura y la Alimentación. En 1973, tras el golpe militar chileno encabezado por el general Pinochet, en el que murió su tío, el presidente Salvador Allende, abandonó su país y se instaló en Caracas, donde inició su producción literaria. Ha sido profesora invitada en diversas universidades, y ha recibido numerosos galardones. Su primera novela, *La casa de los espíritus*, próxima al llamado «realismo mágico», fue publicada en 1982 y le significó un reconocimiento internacional inmediato. A ésta le siguieron, entre otras, *De amor y de sombra* (1984), *Eva Luna* (1987), *Paula* (1994) –que recoge la historia de su hija muerta–, *Afrodita* (1998) e *Hija de la Fortuna* (1999). Sus obras, que han alcanzado notable difusión, han sido traducidas a más de 25 idiomas.

ALLENDE, SALVADOR *(Valparaíso, Chile, 1908-Santiago, 1973) Político chileno.* Hijo de una familia acomodada, estudió medicina y, siendo estudiante universitario, entró en contacto con los movimientos de izquierda de su país. Inicialmente compaginó el ejercicio de la medicina con la militancia política y participó, en 1933, en la fundación del Partido Socialista (PS) chileno, por el que cuatro años más tarde fue elegido diputado por Valparaíso. Participó en la constitución del primer Frente Popular chileno, cuyo triunfo electoral llevó a la presidencia a Pedro Aguirre Cerda. Durante el gobierno de éste, ocupó la cartera de Sanidad y Consumo. Candidato a la presidencia de la República en tres ocasiones, obtuvo finalmente el triunfo en el cuarto intento, en 1970, gracias a una coalición de fuerzas políticas de izquierda aglutinadas en la Unidad Popular (UP). Desde la presidencia, Allende apostó por una vía pacífica hacia el socialismo: nacionalizó las minas de cobre y otras industrias, aceleró la reforma agraria y reorganizó la administración pública. Estas medidas, sin embargo, chocaron con la oposición de los partidos de derecha y de Estados Unidos, cuyos intereses en el país se vieron seriamente afectados por la política antiimperialista de Allende. Finalmente, Washington decretó el bloqueo comercial y financiero de Chile. A partir de 1972, Allende se enfrentó a una creciente conflictividad política y social, agravada por una galopante inflación. Una oleada de huelgas paralizó casi por completo el país, y sus efectos, sobre todo los de la convocada por la Confederación Nacional de Propietarios de Camiones, fueron irreparables. El gobierno no pudo doblegar el movimiento huelguístico, por lo que la situación se hizo insostenible. Aun en estas condiciones, las elecciones parlamentarias de marzo de 1973 dieron una mayoría relativa a la UP. Finalmente, el 11 de septiembre, el general Augusto Pinochet encabezó un golpe militar, durante el cual bombardeó el palacio de la Moneda, sede del gobierno, donde el presidente Allende, según declaraciones de testigos, se suicidó.

ALMAGRO, DIEGO DE *(Almagro, España, 1475-Cusco, actual Perú, 1538) Conquistador español.* Los orígenes de Diego de Almagro son inciertos. Parece que fue hijo ilegítimo de Juan de Montenegro y Elvira Gutiérrez, razón por la que adoptó el nombre de su ciudad natal como apellido. En 1514 se unió a la expedición a Panamá de Pedro Arias Dávila. En 1530 aparece asociado a Pizarro, cuando éste se dirigió a

▲ *Salvador* **Allende** *junto a Fidel Castro durante una visita del mandatario cubano a Chile.*

▼ *La expedición de* **Almagro** *para la conquista y exploración del territorio chileno, según un grabado de Theodore de Bry. Tras sufrir un sinnúmero de penalidades, volvieron al Perú.*

Perú y conquistó, de manera sorprendente, el Imperio Inca. Almagro permaneció en Panamá para reclutar hombres y conseguir avituallamiento. Los éxitos de Pizarro lo movieron a solicitar el permiso real para emprender, por cuenta propia, la conquista de nuevos territorios, lo que le fue denegado; no obstante, cuando llegó a Perú, en 1533, lo hizo con un título de menor importancia que el de Pizarro, lo cual causó fricciones entre ambos. Tras repartirse el tesoro de Atahualpa y ejecutar a éste, partieron hacia Cusco y tomaron la ciudad. La intromisión de Pedro de Alvarado se resolvió con el pago de una indemnización a éste y su retirada, con lo que se evitó un conflicto. Almagro se dedicó a partir de entonces a la exploración de los territorios del sur del Imperio Inca, en el actual Chile, hasta el valle de Aconcagua. En 1535, el emperador Carlos I lo recompensó con la gobernación de Nueva Toledo, al sur de Perú, y el título de adelantado en las tierras más allá del lago Titicaca. A su regreso a Perú, en 1537, Almagro ocupó la ciudad de Cusco, por considerar que pertenecía a su gobernación. Este hecho suscitó un sangriento enfrentamiento entre almagristas y pizarristas que concluyó con la victoria de los hermanos Pizarro en la batalla de las Salinas, en abril de 1538. Tras caer preso, Almagro fue ejecutado meses después.

ALMANZOR [Abu Amir Muhammad ibn Abi Amir al-Mansur] *(Torrox, actual España, h. 938-Medinaceli, id., 1002)* Hayib *de Córdoba (978-1002).* Descendiente de una familia árabe del Yemen establecida en la región de Algeciras desde la conquista musulmana de la península Ibérica, estudió en Córdoba. En el 976, la prematura muerte de califa al-Hakam II situó al frente del califato de Córdoba a Hisam II, un niño de once años, circunstancia que aprovechó Almanzor, hombre decidido y ambicioso, para hacerse con las riendas del poder. Aquel mismo año fue designado tutor del joven califa, y dos años más tarde, en el 978, tras haber convertido a Hisam II en una marioneta política y postergado a personajes tan influyentes como al-Mushafí y Galib, Almanzor se hizo nombrar *hayib*, una especie de mayordomo de palacio o primer ministro. Ello le permitió ejercer una autoridad absoluta sobre todo el territorio hispanomusulmán. Su primera decisión fue expulsar del ejército califal a la mayor parte de los mercenarios eslavos –los cuales, con el paso del tiempo, habían llegado a constituir una verdadera casta de privilegiados en la corte cordobesa– y sustituirlos por unos 20 000 beréberes, que reclutó él mismo en el norte de África, medida que le proporcionó enorme popularidad. Hombre de personalidad carismática y de gran talento militar, entre los años 977 y 1002 llevó a cabo un total de 56 campañas en tierras cristianas sin conocer la derrota, razón por la cual recibió el sobrenombre de *al-Mansur* (*el Victorioso*), con el que pasaría a la historia. De hecho, se trataba de incursiones rápidas y devastadoras, realizadas durante los meses de primavera y verano, que tenían por objeto sembrar el terror entre los habitantes de los reinos cristianos del norte peninsular. Así, por ejemplo, asoló Salamanca (977), venció a los ejércitos coligados de Ramiro III de León, García Fernández de Castilla y Sancho II de Navarra en las batallas de Gormaz, Langa y Estercuel (977) y en la de Rueda (978), saqueó Barcelona (985), arrasó Coimbra, León y Zamora (987 y 988), asaltó Osma (990) y castigó Astorga (997). La gesta más memorable del caudillo árabe se produjo el 11 de agosto del 997, cuando destruyó Santiago de Compostela (sólo respetó el sepulcro del apóstol) y obligó a los cautivos cristianos a trasladar a hombros las campanas de la catedral y las puertas de la ciudad hasta Córdoba. Cinco años más tarde, de regreso de una expedición contra San Millán de la Cogolla, cayó enfermo y murió en Medinaceli

en agosto de 1002. A lo largo de su dilatado mandato, Almanzor tuvo la habilidad política de respetar el aparato califal y mantener intactas algunas de las prerrogativas de Hisam II, lo cual no sólo le proporcionó un gran prestigio en vida, sino que también favoreció el que, tras su fallecimiento, el califa nombrara *hayib* a Abd al-Malik, su hijo predilecto, quien también se mostraría como un administrador eficiente y un inteligente jefe militar.

ALMODÓVAR, PEDRO *(Calzada de Calatrava, España, 1949) Director cinematográfico español.* Sus inicios profesionales se basan en una serie de cortometrajes artesanales, rodados en pequeño formato. Entre sus primeros cortometrajes destaca el rodado en 1978, que llevaba por título *Folle, folleme Tim*, y como consecuencia de este trabajo rodó el largometraje *Pepi, Luci, Bom y otras chicas del montón* (1980), que realizó en 16 mm y posteriormente se amplió a formato de 35 mm para su exhibición en salas comerciales. La acogida por parte del público le permitió rodar diversos largometrajes, entre los que sobresale *¿Qué he hecho yo para merecer esto?* (1984), que consolidaría su aceptación popular en España. Obtuvo el reconocimiento internacional con *Mujeres al borde de un ataque de nervios* (1988), película que todavía es considerada unánimemente como una de sus obras maestra, y con *Todo sobre mi madre* (1999), que obtuvo el Oscar al mejor filme extranjero y numerosos galardones internacionales. Otras películas suyas destacadas son *Tacones lejanos* (1991) y *Carne trémula* (1997).

▲ *Interior de la mezquita de Córdoba. Su construcción, iniciada en el s. VIII, se concluyó bajo el mandato de* **Almanzor**.

▼ *El cineasta español Pedro* **Almodóvar** *junto a una de sus actrices preferidas, Victoria Abril.*

▶ *Dámaso **Alonso** no sólo ha merecido el reconocimiento como poeta, sino también por sus estudios filológicos.*

ALONSO, DÁMASO *(Madrid, 1898-id., 1990) Filólogo y poeta español.* Formado en el Centro de Estudios Históricos, donde tuvo como maestro a Menéndez Pidal, sus ensayos sobre poesía española contribuyeron a la implantación de un enfoque formalista en los estudios de crítica literaria en España. Destacan especialmente sus estudios de la obra de Góngora, san Juan de la Cruz y la poesía tradicional, así como un ensayo sobre los *Poetas españoles contemporáneos* (1952) y diversos libros de crítica sobre poesía española. Como poeta, su obra representa la adopción de la llamada «poesía pura» y va desde la nota coloquial hasta la búsqueda metafísica, en la que está siempre presente un tierno sentido del humor; destacan en su producción sus libros *Poemas puros, y poemillas de la ciudad* (1921), *Hijos de la ira* (1944), *Hombre y Dios* (1956) y *Gozos de la vista* (1981).

ALTAMIRANO, IGNACIO MANUEL *(Tixtla de Guerrero, México, 1834-San Remo, Italia, 1893) Escritor y político mexicano.* Hijo de una familia indígena analfabeta, sus dotes para el estudio le valieron la obtención de una beca en el Instituto Literario de Toluca, de donde pasó al Colegio de Letrán. Plenamente identificado con los ideales juaristas, fue elegido diputado liberal en 1861. Participó en la lucha contra la intervención francesa, y su desempeño en las batallas de Tierra Blanca, Cuernavaca y Querétaro le permitió alcanzar el grado de coronel. Al terminar la guerra fue maestro y director del Liceo Hidalgo, y uno de los fundadores, junto con Ignacio Ramírez y Guillermo Prieto, de *El Correo de México*, donde expuso sus ideas liberales, y de *El*

▼ *Portada de* El Zarco, *de Ignacio Manuel **Altamirano**. Esta novela de corte realista dio renombre internacional al político y escritor mexicano.*

Renacimiento (1869), la revista literaria más importante de su tiempo, en la que defendió la necesidad de superar la dependencia de los modelos europeos y encontrar un estilo y una temática autóctonos. En 1871 publicó *Rimas* y participó en *Revistas Literarias* (1868), aunque su obra más célebre es la novela póstuma *El Zarco*, episodios de la vida mexicana en 1861-1863. Otros títulos son *Clemencia* (1869), *La Navidad en las montañas* (1870) y *Cuentos de invierno* (1880). Fue también magistrado de la Suprema Corte y cónsul en Barcelona y París.

ALVARADO, PEDRO DE *(Badajoz, 1485-Guadalajara, actual México, 1541) Conquistador español.* Tras haber participado en la ocupación definitiva de Cuba, tomó parte en la expedición de Hernán Cortés a México. El 8 de noviembre de 1519, ambos conquistadores entraban en Tenochtitlán, donde fueron recibidos por el rey azteca Moctezuma, quien los alojó en uno de los palacios de la ciudad. Cuando Cortés salió a combatir a Pánfilo de Narváez, que tenía órdenes de deponerle del mando y apresarlo, dejó en la capital azteca una pequeña guarnición al mando de Alvarado (1520). Durante la espera, éste atacó por sorpresa a los indígenas porque temía una insurrección. Cuando Cortés regresó, después de haber derrotado a Narváez, decidieron abandonar sigilosamente la ciudad, pero en la retirada fueron acometidos por un gran número de hombres, en el episodio que se conoce como la Noche Triste. En 1523 venció a una serie de tribus mexicanas que se habían sublevado y penetró en Guatemala, cuya conquista no fue fácil a pesar de la previa rendición de los caciques a Cortés. Tras una campaña muy violenta, Alvarado fundó Santiago de los Caballeros en 1524, y El Salvador, una vez derrotada la resistencia del pueblo quiché. En 1527 regresó a España, y Carlos I lo nombró gobernador, capitán general y adelantado de Guatemala. De nuevo en las Indias, en 1534 quiso tomar parte en la conquista del Perú, pero tras un encuentro en los Andes con Almagro, desistió de ello tras haber recibido una importante compensación económica. En 1539 desembarcó en Puerto Caballos (Honduras), y pasó después a México para preparar una expedición a las islas de Poniente, que nunca se llevó a cabo, pues en los preparativos se produjo en Nueva Galicia una insurrección indígena que tuvo que acudir a sofocar. Murió a causa de las heridas recibidas en el curso del asalto a Nochistlán.

ALVARADO TEZOZÓMOC, FERNANDO DE *(?, 1525-?, 1609) Cronista mexicano de origen indígena.* Su madre, Francisca Moctezuma, era hija del último emperador azteca, Moctezuma II, quien gobernaba el Imperio Azteca a la llegada de los españoles. Alvarado trabajó como intérprete de la Audiencia Real de México. Es autor de una *Crónica mexicana,* escrita hacia 1598, pero que no vio la luz hasta 1878. En ella se cuenta la historia de las diferentes tribus mexicanas, a través de sus enfrentamientos, en un relato salpicado de diversos elementos fantásticos, hasta la llegada de los españoles. En lengua náhuatl escribió *Crónica Mexicayotl.*

ALVARES CABRAL, PEDRO *(Belmonte, Portugal, h. 1467-cerca de Santarém, actual Brasil, h. 1526) Navegante portugués.* De origen aristocrático, sirvió en la corte de Juan II, y en 1500 asumió el mando de una expedición a la India. Siguiendo la ruta aconsejada por Vasco da Gama, dejó a un lado las aguas calmas del litoral mauritano y, tras pasar por las Canarias y por Cabo Verde, puso proa al oeste en lugar de seguir hacia el sur. Alcanzó así las costas brasileñas, a las que dio el nombre de «Terra de Vera Cruz». Envió entonces una nave de vuelta para informar al rey del descubrimiento, lo que dio pie a una amplia controversia en Portugal sobre la intencionalidad o no del desvío. Mientras tanto, el resto de la flota doblaba el cabo de Buena Esperanza y seguía la costa africana hasta Mozambique, donde se detuvo para explorar el territorio. Llegó por fin a la India, y a finales del año 1500 invadió Calicut y firmó un tratado comercial con el príncipe de Cochin. Un año después regresó a Lisboa y se retiró a Santarém, donde residió hasta su muerte. Ramusio narró sus viajes y sus hazañas en la obra *Navegaciones y viajes* (1563).

ALZHEIMER, ALOIS *(Marktbreit, actual Alemania, 1864-Breslau, id., 1915) Neurólogo alemán.* Se licenció en medicina por la Universidad de Wurzburgo en 1887 y seguidamente entró a trabajar como asistente clínico en el Asilo Irrenanstalt de Frankfurt. En esta institución inició sus estudios sobre la patología del sistema nervioso, en colaboración con el neurólogo Franz Nissl. Entre 1904 y 1918, ambos publicaron la obra en seis volúmenes *Estudios histológicos e histopatológicos del córtex cerebral,* en la que abordaron, entre otras cuestiones, el delirio alcohólico, los tumores cerebrales, la epilepsia, la parálisis general y, sobre todo, la demencia precoz, una de cuyas formas más

▼ *Retrato de* **Amadeo I**. *Todos sus intentos de establecer en España una monarquía parlamentaria fueron baldíos, en parte por el rechazo provocado en el país por su condición de extranjero.*

▲ *Pedro* **Álvares Cabral**, *descubridor del Brasil, en un grabado del s. XVI.*

extendidas recibió el nombre de «enfermedad de Alzheimer». En 1895 accedió a la dirección del Instituto Irrenanstalt, puesto desde el cual prosiguió sus investigaciones, fruto de las cuales fue la distinción entre la atrofia arteriosclerótica cerebral y la demencia senil.

AMADEO I *(Turín, 1845-id., 1890) Monarca español (1870-1873).* Hijo de Víctor Manuel II, rey de Italia, y de María Adelaida de Austria, heredó el título de duque de Aosta. En 1867 contrajo matrimonio con María Victoria del Pozzo della Cisterna. Poco antes había participado en la guerra contra Austria, en la que resultó herido. Tras el conflicto fue ascendido a brigadier de caballería y, en 1869, a vicealmirante de la armada. Por aquellas mismas fechas, en España, la revolución de septiembre de 1868 provocó la abdicación y el posterior exilio de Isabel II, lo que a su vez obligó al general Prim, jefe del gobierno, a buscar un monarca para el trono español. Tras numerosas gestiones entre las familias reales europeas, se decantó por Amadeo I, representante de la casa de Saboya, la cual, y según el tratado de Utrecht, tenía derecho sucesorio en España en caso de faltar la dinastía borbónica. Amadeo I, a su vez, aceptó el ofrecimiento, siempre y cuando fuera elegido por las Cortes y reconocido por todos los Estados europeos. Al llegar a España, sin embargo, su máximo valedor, el general Prim, cayó asesinado, con lo cual su situación quedó en entredicho, puesto que no contaba con el apoyo ni de los republicanos ni de los carlistas. Aun así, y tras asistir al entierro de Prim, el 2 de enero de 1871, en el que fue su primer acto oficial, encargó la formación de gobierno al general Serrano, quien formó una coalición entre progresistas, unionistas y demócratas, todos ellos favorables a la monarquía. Sin embargo, pronto se alzaron las voces contrarias a Amadeo I, entre ellas la del ejército, la de la aristocracia y, sobre todo, la de la Iglesia, contraria a la vigente Constitución de 1869. Así mismo, la creciente crisis económica y financiera provocó la caída de los sucesivos gobiernos de Amadeo I, quien, a finales de 1872, insinuó su voluntad de abdicar, si bien legalmente la Constitución que él mismo había sancionado se lo impedía. Finalmente, en febrero de 1873, con la excusa de una sublevación en el seno del ejército, abdicó, decisión que fue aceptada por las Cortes, las cuales, a continuación, proclamaron la Primera República. Amadeo I regresó a Italia, donde recuperó el título de duque de Aosta y vivió, alejado de la escena política, hasta su muerte.

AMADO, JORGE *(Pirangi, Brasil, 1912) Escritor brasileño*. Creció en una plantación de cacao, Auricidia, y se educó con los jesuitas. Licenciado en derecho, ejerció como periodista y participó activamente en la vida política de su país desde posturas de izquierda. En 1946 formó parte de la Asamblea Constituyente como diputado del Partido Comunista de Brasil. Estuvo en prisión a causa de sus ideas progresistas, y entre 1948 y 1952 vivió exiliado en Francia y Checoslovaquia. Sus primeras obras, de un tono marcadamente realista, profundizan en las difíciles condiciones de vida de los trabajadores, en particular de los marineros, los pescadores y los asalariados del cacao; la explícita voluntad de denuncia social que anima estas novelas permite integrarlas en el llamado «realismo socialista». La novela más significativa de este período, y considerada por algunos como su obra maestra, es *Tierras del sinfín*, ambientada en una plantación de cacao. Con el tiempo, su prosa ha ido incorporando elementos mágicos, humorísticos, eróticos y, en definitiva, humanos, por más que sin abandonar nunca el componente de denuncia.

AMAT Y JUNYENT, MANUEL DE *(Barcelona, 1704-id. 1782) Militar español, virrey de Perú*. Procedente de una familia noble catalana, siguió la carrera militar. Viajó a África e Italia y participó en la guerra de Sucesión española a favor de Felipe de Anjou. Ascendido a mariscal de campo, en 1755 fue promovido a capitán general y trasladado a Chile, donde se ocupó de reorganizar el gobierno y las instituciones culturales e impulsó la creación de una milicia urbana para mantener el orden. En 1761 fue nombrado virrey de Perú. Un año después tuvo que organizar la defensa del virreinato y crear un nuevo ejército con el fin de combatir los posibles ataques de Gran Bretaña, con la que España había entrado en conflicto. Al finalizar la guerra de los Siete Años, continuó su tarea administrativa, en la que destacó la estabilización de la hacienda peruana y la creación de un cuerpo de correos estatal y una aduana real. También fomentó la explotación de los recursos ganaderos y agrícolas, con el fin de potenciar el comercio interior y exterior del virreinato, cuya principal fuente de riqueza, la minería, había reducido su nivel de productividad. Introdujo el refinamiento en la corte, impulsó la realización de numerosas obras públicas y erigió un palacete barroco para la bailarina Micaela Villegas, *la Pe-*

JORGE AMADO

OBRAS MAESTRAS

NOVELA: *EL PAÍS DEL CARNAVAL (O PAIS DO CARNAVAL*, 1931*); CACAO (CACAU*, 1933*); JUBIABÁ* (1936*); MAR MUERTO (MAR MORTO*, 1936*); TIERRAS DEL SINFÍN (TERRAS DO SEM FIM*, 1943*); LOS SUBTERRÁNEOS DE LA LIBERTAD (OS SUBTERRÂNEOS DA LIBERDADE*, 1954*); GABRIELA, CLAVO Y CANELA (GABRIELA, CRAVO E CANELA*, 1958*); DOÑA FLOR Y SUS DOS MARIDOS (DONA FLOR E SEUS DOIS MARIDOS*, 1966*); TERESA BATISTA CANSADA DE GUERRA* (1975*); TOCAIA GRANDE* (1984*); DE CÓMO LOS TURCOS DESCUBRIERON AMÉRICA (A DESCOBERTA DA AMÉRICA PELOS TURCOS*, 1992*);* **POESÍA:** *EL CAMINO DEL MAR (A ESTRADA DO MAR*, 1938*);* **TEATRO:** *EL AMOR DE UN SOLDADO (O AMOR DO SOLDADO*, 1947*);* **MEMORIAS:** *NAVEGACIÓN DE CABOTAJE (NAVEGAÇÃO DE CABOTAGEM*, 1992*).*

▼ *Retrato de Manuel de **Amat**, virrey de Perú. Excelente administrador y protector de las bellas artes, poseía también unas grandes dotes militares y de organizador.*

rrichola, lo cual le valió la crítica de sus adversarios políticos. En 1767 decretó la expulsión de los jesuitas del virreinato, según disponía el edicto de Carlos III. Por otra parte, Amat estimuló la actividad cultural, creando una cátedra de matemáticas y otra de teología. Relevado de su cargo en 1776, decidió regresar a España y se retiró de la vida pública.

AMAYA, CARMEN *(Barcelona, 1913-Bagur, España, 1963) Bailaora española*. De etnia gitana, debutó acompañada de su padre, el guitarrista José Amaya *el Chino*, en el Teatro Español de Barcelona, cuando sólo contaba cuatro años. Desde ese momento empezó a ganarse la vida bailando en bares y tabernas. En 1929 formó, junto a su tía *la Faraona* y su prima María, el Trío Amaya, con el que actuó en París. Desde 1935, y ya en solitario, realizó diversas giras que la llevaron a actuar en los principales escenarios americanos y europeos, siendo su aportación esencial en la difusión del flamenco más allá de las fronteras españolas. De Carmen Amaya se ha dicho a menudo que había nacido con el baile dentro, con un demonio o un duende llenos de vida y de pasión. Su estilo revolucionó el flamenco, al prestarle un aire y un gesto inimitables y desconocidos hasta entonces. Desaparecida prematuramente, su arte ha quedado plasmado en algunas películas, de las que la más importante es *Los Tarantos* (1962).

AMENHOTEP (O AMENOFIS) IV, más adelante Akenatón *(?, 1362 a.C.) Faraón de la XVIII dinastía (h. 1379-1362 a.C.)*. Hijo de Amenhotep III y de la reina Tity. Probablemente compartió el trono con su padre antes de sucederle, hacia el 1379 a.C. Poco después de su coronación intentó restablecer la plena autoridad regia frente a la tiranía ejercida por los sacerdotes de Amón. Para ello, emprendió una profunda reforma religiosa de tendencia monoteísta, centrada en la imposición del culto al dios Sol (Atón) en sustitución de Amón y de las demás divinidades egipcias. La nueva religión se basaba en la expresión de gratitud hacia la deidad solar, que con su calor daba vida a todos los hombres y animales. En 1374 a.C., el faraón decidió cambiar su nombre, Amenhotep («Amón está satisfecho»), por el de Akenatón («el servidor de Atón»), y trasladar la capital de Tebas a la nueva ciudad de Aketatón («el horizonte de Atón»), actual Tell al-Amarna. A consecuencia de estos cambios políticos y religiosos, el arte egipcio experimentó una notable renovación durante su reinado, ya que perdió su tradicional carácter hierático para adoptar otro más humano y naturalista. En política exterior, Akenatón se despreocupó de Siria y Palestina, territorios que cayeron en manos de los hititas. Los últimos años de su vida estuvieron marcados por constantes intrigas palaciegas, instigadas por cortesanos desafectos, que indujeron al monarca a repudiar a su esposa Nefertiti. Tras su muerte, acaecida en 1362 a.C., Tutankamón, su joven sucesor, renegó formalmente de la religión de Tell al-Amarna, considerada a partir de aquel momento como herética, recuperó los antiguos cultos egipcios y devolvió a los sacerdotes tebanos el omnímodo poder de que antes gozaran.

AMÍLCAR BARCA *(?-en el Júcar, actual España, 229 a.C) General cartaginés.* Miembro de la familia de los Barca («Rayo»), y padre de Aníbal Barca. En el 247 a.C., durante la Primera Guerra Púnica, se le encomendó la defensa de las ciudadelas de Lilibeo y Drepanum, las últimas posesiones sicilianas de Cartago. Con reducidos efectivos realizó una brillante campaña, pero su intervención no pudo cambiar el curso de la guerra, que acabó con la derrota de la ciudad púnica. En el 240 a.C., Amílcar asumió el mando de las tropas cartaginesas que, después de tres años de lucha sin tregua, lograron aplastar una revuelta de mercenarios que estuvo a punto de destruir Cartago. Años más tarde, indignado por la actitud de Roma, que, rompiendo tratados, había arrebatado Cerdeña a Cartago, convenció al gobierno de la necesidad de instituir un imperio en Hispania, para obtener los recursos necesarios para futuras guerras con la ciudad del Tíber. Inició una campaña de invasión y logró algunos éxitos, pero murió mientras se retiraba a través del Júcar, tras caer en una emboscada que le habían tendido los oretanos.

AMÍN DADÁ, IDI *(Koboko, Uganda, 1925) Militar y político ugandés.* Miembro de la tribu kakwa, ingresó en el ejército británico en 1943. Su participación en la Segunda Guerra Mundial, así como su destacada actuación durante la revuelta de los Mau Mau, en Kenia, le valió ser uno de los contados soldados ugandeses que alcanzaron el grado de oficial del ejército británico. Ello le permitió, tras la independencia, ser nombrado comandante supremo de las Fuerzas Armadas, cargo que desempeñó entre 1966 y 1970. Cercano en un primer momento al presidente Milton Obote, las crecientes diferencias entre ambos le lle-

▶ *En este bajorrelieve egipcio,* **Amenhotep IV** *(derecha), Nefertiti (centro) y una de sus hijas (izquierda), realizan ofrendas al dios Atón.*

▼ **Amín Dadá** *fotografiado durante un discurso. El dictador ugandés terminó por atraerse la enemistad de la comunidad internacional.*

varon a protagonizar un golpe de Estado en 1971. Su mandato se caracterizó en sus fases iniciales por una política moderada y de buen entendimiento con las potencias occidentales. Sin embargo, pronto afloraron sus ideas ultranacionalistas, que condujeron a la expulsión de todos los trabajadores de origen asiático. Dicha medida, que agravó la crisis económica que atravesaba el país, fue seguida por la decisión de romper las relaciones diplomáticas con Israel y, más tarde, ofrecer ayuda política y económica a los palestinos. Ello recibió el aplauso de los países vecinos, pero enfrió sus relaciones con las potencias occidentales. En política interior, y especialmente a partir de 1974, año en que un fallido golpe de Estado intentó derrocarlo, incrementó la represión y agravó el conflicto étnico al marginar, y en algunos casos perseguir, a varias etnias. Se han cifrado en 200 000 los muertos y desaparecidos durante su régimen de terror. En 1978 invadió la vecina Tanzania, con la que se había enfrentado diplomáticamente los años anteriores, pero la respuesta del ejército de dicho país le obligó a huir, recalando primero en Libia y más tarde en Arabia Saudí, país en el cual reside desde entonces.

AMPÈRE, ANDRÉ-MARIE *(Lyon, 1775-Marsella, 1836) Físico francés.* Fundador de la actual disciplina de la física conocida como electromagnetismo, ya en su más pronta juventud destacó como prodigio; a los doce años estaba familiarizado, de forma autodidacta, con todas las matemáticas conocidas en su tiempo. En 1801 ejerció como profesor de física y química en Bourg-en-Bresse, y posteriormente en París, en la École Centrale. Impresionado por su talento, Napoleón lo promocionó al cargo de inspector general del nuevo sistema universitario francés, puesto que desempeñó hasta el final de sus días. El talento de Ampère no residió tanto en su capacidad como experimentador metódico como en sus brillantes momentos de inspiración: en 1820, el físico danés Hans Christian Oersted experimentó las desviaciones en la orientación que sufre una aguja imantada cercana a un conductor de corriente eléctrica, hecho que de modo inmediato sugirió la interacción entre electricidad y magnetismo; en sólo una semana, Ampère fue capaz de elaborar una amplia base teórica para explicar este nuevo fenómeno. Esta línea de trabajo le llevó a formular una ley empírica del electromagnetismo, conocida como ley de Ampère (1825), que describe matemáticamente la fuerza magnética existente entre dos corrientes eléctricas. Algunas de sus investigaciones más importantes quedaron recogidas en su *Colección de observaciones sobre electrodinámica* (1822) y su *Teoría de los fenómenos electrodinámicos* (1826). Su desarrollo matemático de la teoría electromagnética no sólo sirvió para explicar hechos conocidos con anterioridad, sino también para predecir nuevos fenómenos todavía no descritos en aquella época. No sólo teorizó sobre los efectos macroscópicos del electromagnetismo, sino que además intentó construir un modelo microscópico que explicara toda la fenomenología electromagnética, basándose en la teoría de que el magnetismo es debido al movimiento de cargas en la materia (adelantándose mucho a la posterior teoría electrónica de la materia). Así mismo, fue el primer científico que sugirió cómo medir la corriente, mediante la desviación sufrida por un imán al paso de una corriente eléctrica. Su vida, influenciada por la ejecución de su padre en la guillotina el año 1793 y por la muerte de su primera esposa en 1803, estuvo teñida de constantes altibajos, con momentos de entusiasmo y períodos de desasosiego. En su honor, la unidad de intensidad de corriente en el Sistema Internacional de Unidades lleva su nombre.

AMUNDSEN, ROALD *(Borje, Noruega, 1872-en el Ártico, 1928) Explorador noruego.* Su primera estancia en el Ártico data de 1897, durante la expedición del *Gerlache*. En 1903

▲ *André* **Ampère** *en un dibujo de 1930, junto a un amperímetro y una máquina de inducción electromagnética.*

▼ ▶ *El explorador noruego Roald* **Amundsen***, fotografiado durante una de sus expediciones. A la derecha, mapa en que se señala el camino recorrido para alcanzar el polo Sur.*

descubrió el paso del Noroeste y bordeó la costa norte de Canadá a bordo del *Gjoa*. Su propósito principal era la conquista del polo Norte, pero cuando preparaba la expedición para alcanzar este objetivo, tuvo noticias de que el estadounidense Robert Peary se le había adelantado. Hombre de gran flexibilidad, modificó sobre la marcha sus planes y se dirigió hacia la Antártida, con la intención de ser el primero en llegar al polo Sur. Gracias a la preparación física y técnica de la expedición, basada en el uso de trineos tirados por perros y la participación de esquiadores experimentados, así como en amplios conocimientos del terreno, consiguió ser el primero en alcanzar el polo Sur, el 14 de diciembre de 1911, e izó allí la bandera noruega. De esta manera superó por escaso margen a la desgraciada expedición del capitán Scott, que llegó al mismo lugar pocas semanas después. Sus restantes expediciones, que efectuó una vez finalizada la Primera Guerra Mundial, tuvieron por objetivo alcanzar el polo Norte, su gran sueño, que nunca vería cumplido. En 1925, con tres aviones, estuvo más cerca del polo de lo que nadie había estado antes, a excepción de Peary. En 1926 efectuó un nuevo intento a bordo del dirigible de construcción italiana *Norge*, mandado por Umberto Nobile, con el que sobrevoló el polo el 12 de abril. Tras el accidente de Nobile y su nuevo dirigible, el *Italia*, en 1928, Amundsen partió el 18 de julio, en hidroavión, al rescate del italiano, empresa en la que encontró la muerte.

I. Berkner

ANTÁRTIDA

Meseta Polar

Amundsen 14-12-1911

Dog Burial   Glaciar Axel Heiberg

Tierra
de Byrd

Campo base   Banquisa
de Ross

Bahía de
Whales

Mar de
Ross

Tierra
Victoria

ANA BOLENA *(?, 1507-Londres, 1536) Reina de Inglaterra.* Su boda con el monarca Enrique VIII provocó la ruptura de éste con Roma, y el viraje de la Corona inglesa hacia las tesis de la Reforma. Al no tener descendencia masculina con su esposa Catalina de Aragón, el rey Enrique VIII pidió permiso al Papa para divorciarse de su esposa y contraer matrimonio con Ana Bolena, una dama de honor de Catalina, de la cual se había enamorado. El argumento utilizado por el rey fue que Catalina había estado antes prometida con su propio hermano Arturo, pero ello no fue aceptado por el papa Clemente VII. Como reacción, Enrique VIII rompió con Roma en 1531, confiscó los bienes de la Iglesia Católica y a continuación se casó con Ana Bolena, la futura reina Isabel, pero no pudo darle un varón, por lo que el monarca acabó por cansarse de ella. Acusada de traición y adulterio, fue encerrada en la Torre de Londres, donde murió decapitada. La mayoría de los biógrafos pone en duda la veracidad de los cargos por los que subió al cadalso.

ANA ESTUARDO *(Londres, 1655-id., 1714) Reina de Gran Bretaña e Irlanda (1702-1714).* Segunda hija de Jacobo II, la revolución de 1688 concluyó con el exilio de su padre y la subida al trono de su hermana María II, casada con Guillermo III de Orange. El matrimonio no tuvo hijos, por lo que en 1702 les sucedió Ana en el trono. Última soberana de la casa Estuardo, durante su reinado los dos antiguos reinos de Escocia e Inglaterra pasaron a formar, en 1707, un solo Estado, el de Gran Bretaña *(Union Act).* Gran Bretaña triunfó en la guerra de Sucesión española, y con la firma de la paz de Utrecht en 1713 adquirió la hegemonía marítima en Europa. Al morir la reina Ana sin herederos, y de acuerdo con el espíritu del Acta de Establecimiento de 1701, que excluía a los católicos del trono, su sucesión pasó a la Casa alemana de Hannover.

ANACREONTE *(Teos de Lidia, actual Grecia, s. VI a.C.-id., s. V a.C.) Poeta lírico griego.* Fue llamado por el tirano de la isla de Samos, Polícrates, como poeta de corte y se dice que también como preceptor, y permaneció a su servicio hasta que la isla cayó en manos de los persas. Aceptó entonces la invitación de Hiparco, hijo de Pisístrato, y partió para Atenas, donde obtuvo clamorosos éxitos y fue introducido en la alta aristocracia ateniense; también pudo entrar en contacto con otros poetas líricos.

Con la caída del tirano, en el 514 a.C., Anacreonte se dirigió a Tesalia, donde pasó el resto de su vida como poeta de la corte. De su obra se han conservado tan sólo algunos fragmentos, en los que canta a los goces de la vida y el amor, y gracias a la edición del filólogo alexandrino Aristarco de Samotracia, se sabe que se dividía en poesía lírica, elegíaca y yámbica.

ANAXÁGORAS *(Clazómenas, actual Turquía, 500 a.C.-Lámpsaco, id., 428 a.C.) Filósofo, geómetra y astrónomo griego.* Posiblemente discípulo de Anaxímenes, perteneció a la denominada escuela jónica y abrió la primera escuela de filosofía en Atenas. Entre sus discípulos estuvieron Pericles, Tucídides, Eurípides, Demócrito, Empédocles y, aunque no se sabe a ciencia cierta, Sócrates. Anáxagoras situó el principio de todas las cosas *(arché)* en el *nous* (entendimiento), encargado de imprimir orden al caos original, y en su tratado *Sobre la naturaleza* afirmó la divisibilidad indefinida del espacio y del tiempo. Fue expulsado de Atenas bajo la acusación de ateísmo; según los testimonios de la época, el motivo real fue su afinidad con Pericles, quien se hallaba en oposición a Tucídides.

ANAXIMANDRO *(Mileto, hoy desaparecida, actual Turquía, 610 a.C.-id., 545 a.C.) Filósofo, geómetra y astrónomo griego.* Discípulo de Tales, fue miembro de la escuela de Mileto, y sucedió a Tales en la dirección de la misma. Según parece, también fue un activo ciudadano de Mileto, y condujo una expedición a Apolonia (Mar Negro). Se dedicó a múltiples investigaciones, que le llevaron a la afirmación de que la Tierra es esférica y que gira en torno a su eje. También se le atribuye el trazado de un mapa terrestre, además de otros trabajos como la fijación de los equinoccios y los solsticios, y el cálculo de las distancias y los tamaños de las estrellas. Determinó como el origen de todas las cosas *(arché)* el *ápeiron:* «lo indefinido e indeterminado».

ANAXÍMENES *(?, h. 588 a.C.-?, h. 534 a.C.) Filósofo griego.* Discípulo de Anaximandro y de Parménides, se desconocen los detalles de su vida y sus actividades. Miembro de la escuela milesia, afirmó que el principio material y primero, el origen de todas las cosas *(arché)* era el aire y lo infinito, a la vez que sostuvo que los astros no se mueven bajo la Tierra sino en torno a ella. Según la información del histo-

▲ *Retrato de la reina* **Ana Estuardo** *pintado por Clostermann. Durante su mandato se unieron los reinos de Escocia e Inglaterra, en 1707, para formar el de Gran Bretaña.*

▼ *El filósofo griego* **Anaxímenes***, discípulo de Anaximandro y, como éste, miembro de la Escuela de Mileto.*

riador Apolodoro, vivió hacia la época de la toma de Sardes y murió antes de que la ciudad de Mileto fuera destruida (494 a.C.). Concibió el mundo como un ser vivo, análogamente a como concebía el alma de los hombres: «De la misma manera que nuestra alma, que es aire, nos sostiene, igualmente un soplo y el aire envuelven el mundo entero.»

ANCHIETA, JUAN DE *(Azpeitia, España, 1540-?, 1588) Escultor español.* Se formó en Italia, donde recibió la influencia renacentista, y a su vuelta a España se convirtió en uno de los principales escultores españoles de temática religiosa. Su obra ejerció una destacada influencia en el ámbito navarro, vasco y riojano. Existen dudas acerca de la autenticidad de algunas de sus creaciones, aunque parece probada su participación en el retablo mayor de Santa Clara de Briviesca (Burgos), a pesar de que en·la ciudad de Burgos, y hacia 1576, realizó *La Asunción* y *La coronación de la Virgen* para el retablo mayor de la catedral y otro retablo para el monasterio de Las Huelgas. Para la Seo de Zaragoza labró el retablo de san Miguel, y en la catedral de Jaca hizo, en alabastro, el retablo de la Trinidad, en el que sobresale la imagen de *Dios Padre*.

ANDERSEN, HANS CHRISTIAN *(Odense, Dinamarca, 1805-Copenhague, 1875) Poeta y escritor danés.* El más célebre de los escritores románticos daneses fue hombre de origen humilde y formación esencialmente autodidacta, en quien influyeron poderosamente las lecturas de Goethe, Schiller y E.T.A. Hoffmann. Hijo de un zapatero de Odense, su padre murió cuando él contaba sólo once años, por lo que no pudo completar sus estudios. En 1819, a los catorce años, viajó a Copenhague en pos del sueño de triunfar como dramaturgo. La crisis que vivía el reino a raíz de las duras condiciones del tratado de paz de Kiel y su escasa formación intelectual obstaculizaron seriamente su propósito. Sin embargo, con la ayuda de personas adineradas logró estudiar, y en 1828 obtuvo el título de bachiller. Un año antes se había dado a conocer con su poema *El niño moribundo*, que reflejaba el tono

✒ **HANS CHRISTIAN ANDERSEN**

OBRAS MAESTRAS

NOVELA Y LIBROS DE VIAJES: *EXCURSIÓN DEL CANAL DE HOLMENS AL EXTREMO ESTE DE LA ISLA DE AMAGER*, 1829 *(FODREJSE FRA HOLMENS KANAL TIL ØSTPYNTEN AF AMAGER I AARENE 1828 OG 1829)*; *EL IMPROVISADOR (IMPROVISATOREN*, 1835*)*; *O.T.*, 1836*)*; *TAN SÓLO UN VIOLINISTA (KUN EN SPILLEMAND*, 1837*)*; *EL BAZAR DE UN POETA (EN DIGTERS BAZAR*, 1842*)*; *EN SUECIA (I SVERRING*, 1851*)*; *EN ESPAÑA (I SPANIEN*, 1863*)*; *LA VERDADERA HISTORIA DE MI VIDA (MIT LIVS HISTORIE*, 1846*)*. **TEATRO:** *EL MULATO (MULATTEN*, 1840*)*. **CUENTOS:** Publicados en Dinamarca en sucesivas recopilaciones *(EVENTYR, FORTALTE FOR BORN*, 1835; *BILLEDBOG UDEN BILLEDER*, 1842; *NYE EVENTYR OG HISTORIER*, 1858-1872*)*, destacan, entre muchos otros: *LA PEQUEÑA SIRENA*; *EL PATITO FEO*; *LA PRINCESA Y EL GUISANTE*; *EL VALIENTE SOLDADITO DE PLOMO*.

▼ *El danés Hans Christian* **Andersen**, *uno de los más importantes escritores románticos europeos. Aunque cultivó varios géneros, ha pasado a la posteridad como autor de famosísimos cuentos infantiles.*

romántico de los grandes poetas de la época, en especial los alemanes. En esta misma línea se desarrollaron su producción poética y sus epigramas, en los que prevalecía la exaltación sentimental y patriótica. El escaso éxito de sus obras teatrales y su insaciable curiosidad lo impulsaron a viajar por diversos países, entre ellos Alemania, Francia, Italia, Grecia, Turquía, Suecia, España y el Reino Unido, y a anotar sus impresiones en interesantes cuadernos y libros de viaje (*En Suecia, En España*). En 1835, ya de regreso en su país, alcanzó cierta fama con la publicación de su novela *El improvisador*, a la que siguieron en los años siguientes *O.T.* y *Tan sólo un violinista* y, entre otras, piezas teatrales como *El mulato* y una autobiografía, *La verdadera historia de mi vida*. Durante su estancia en el Reino Unido, entabló amistad con Charles Dickens, cuyo poderoso realismo, al parecer, fue uno de los factores que le ayudaron a encontrar el equilibrio entre realidad y fantasía, en un estilo que tuvo su más lograda expresión en una larga serie de cuentos. Inspirándose en tradiciones populares y narraciones mitológicas extraídas de fuentes alemanas y griegas, así como de experiencias particulares, entre 1835 y 1872 escribió 168 cuentos protagonizados por personajes de la vida diaria, héroes míticos, animales y objetos animados. Dirigidos en principio al público infantil, aunque admiten sin duda la lectura a otros niveles, los cuentos de Andersen se desarrollan en un escenario donde la fantasía forma parte natural de la realidad y las peripecias del mundo se reflejan en historias que, no exentas de un peculiar sentido del humor, tratan de los sentimientos y el espíritu humanos. En la línea de autores como Charles Perrault y los hermanos Grimm, el escritor danés identificó sus personajes con valores, vicios y virtudes para, valiéndose de elementos fabulosos, reales y autobiográficos, como en el cuento *El patito feo*, describir la eterna lucha entre el bien y el mal y dar fe del imperio de la justicia, de la supremacía del amor sobre el odio y de la persuasión sobre la fuerza; en sus relatos, los personajes más desvalidos se someten pacientemente a su destino hasta que el cielo, en forma de héroe, hada madrina u otro ser fabuloso, acude en su ayuda y la virtud es premiada. La maestría y la sencillez expositiva logradas por Andersen en sus cuentos no sólo contribuyeron a la rápida popularización de éstos, sino que consagraron a su autor como uno de los grandes genios de la literatura universal.

ANDRADA E SILVA, JOSÉ BONIFÁCIO DE *(Santos, Brasil, 1763-Niteroi, id., 1838) Político y científico brasileño.* Viajó por Europa dedicado al estudio de la mineralogía, y entró en contacto con la Ilustración. En 1819, con un prestigio ya afianzado, regresó a Brasil y se vio envuelto en los decisivos acontecimientos que tuvieron lugar en la entonces colonia. Miembro de la masonería y colaborador íntimo del futuro Pedro I, contribuyó en la preparación del movimiento independentista de 1822, que proclamó a Pedro I emperador de Brasil. Más tarde, y a tenor de los nuevos acontecimientos políticos que le distanciaron del rey, emigró a Francia (1823-1829). En 1831, y después de la abdicación del monarca en su hijo de cinco años, el futuro Pedro II, regresó de nuevo a Brasil como tutor del joven rey.

ANDREOTTI, GIULIO *(Roma, 1919) Político italiano democristiano.* Presidente del grupo parlamentario democristiano de 1968 a 1972, primer ministro en 1972 y 1973 y varias veces ministro, en 1976 lideró un gobierno monocolor que contó con el apoyo de los comunistas, pero al perder la confianza de éstos, se vio forzado a dimitir en 1979. En 1983 entró a formar parte del gobierno socialista de Bettino Craxi como ministro de Asuntos Exteriores. Ocupó por sexta vez el cargo de primer ministro de 1989 a 1992, período en el que se produjo la alianza de los partidos de oposición (pentapartido) frente al equipo gobernante, lo cual provocó de nuevo su caída. En años posteriores, Andreotti fue acusado, junto a otros representantes de la vida política italiana, entre ellos el socialista Craxi, de corrupción política y asociación con la Mafia.

ANGÉLICO, FRA *(Viccio di Mugello, actual Italia, h. 1387-Roma, 1455) Pintor toscano.* Ingresó en la orden de Santo Domingo y pasó la mayor parte de su vida en los conventos de San Domenico de Fiésole, del que fue prior, y San Marcos de Florencia. Su obra, de gran serenidad y delicadeza y una importante riqueza cromática, se sitúa a caballo entre el gótico y el Renacimiento. Del gótico internacional posee la estilización y la elegancia de las

▶ *San Lorenzo consagrado diácono, escena pintada por Fra **Angélico** que puede contemplarse en la capilla Niccolina del Vaticano.*

▲ *El democristiano Giulio **Andreotti**, jefe del gobierno italiano en varias ocasiones.*

> **«***H**allaré un camino o me lo abriré.»* (*Refiriéndose a su paso de los Alpes.*)
>
> Aníbal

figuras; del Renacimiento incorpora los elementos arquitectónicos que enmarcan las escenas y una perspectiva incipiente. Su creación más conocida es la famosa *Anunciación* del Museo del Prado, pero realizó muchas otras obras destacables, en particular los frescos ingenuos y de libre concepción del espacio que pintó en las celdas del convento de San Marcos. Durante la última etapa de su vida trabajó en Roma, al servicio del papa Nicolás V, para el que pintó frescos de tema histórico más enfáticos y circunstanciales.

ANÍBAL *(Cartago, hoy desaparecida, actual Túnez, 247 a.C.-Bitinia, actual Turquía, 183 a.C.) Militar cartaginés.* Hijo de Amílcar Barca, quien, según la leyenda, le hizo jurar odio eterno a los romanos ante los dioses. Tras la muerte de su padre (229 a.C.) y el asesinato de su cuñado Asdrúbal (221 a.C.), Aníbal asumió la jefatura del ejército cartaginés, que ya entonces controlaba el sur de Hispania. Desde su base de Cartago Nova (la actual Cartagena), realizó varias expediciones hacia el altiplano central y sometió a diversas tribus iberas. En el 219 a.C. destruyó Sagunto, ciudad aliada de Roma, y traspuso el Ebro, río en que, siete años antes, cartagineses y romanos habían fijado el límite de sus respectivas influencias en territorio peninsular; esta acción significó el inicio de la Segunda Guerra Púnica (219-202 a.C.). En la primavera del 218 a.C., Aníbal concedió a su hermano Asdrúbal el mando de las tropas en Hispania y partió hacia Ita-

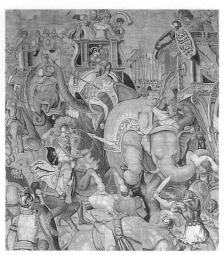

▲ ▶ *Retrato imaginario de **Aníbal** y, a la derecha, tapiz que recrea la batalla de Zama, donde el general cartaginés fue finalmente derrotado.*

▲ **Antíoco III**, *el más importante de los monarcas seléucidas, convirtió su reino en una gran potencia asiática. Más tarde se enfrentó a Roma, pero fue derrotado.*

lia con un ejército de 60 000 hombres y 38 elefantes. Después de atravesar los Pirineos y los Alpes, llegó a la llanura del Po, donde derrotó a los romanos sucesivamente en Tesino y en Trebia, a pesar de las numerosas bajas que había sufrido en el curso de la marcha. Al año siguiente, una nueva victoria, esta vez junto al lago Trasimeno, le dio el control sobre la Italia central. Aplastado el ejército romano de Flaminio, Roma quedó a merced del cartaginés, pero éste no se atrevió a asaltar las sólidas murallas de la ciudad y prefirió dominar la Italia meridional. En agosto del 216 a.C., venció en Cannas a las tropas de Lucio Emilio Paulo y Marco Terencio Varrón, cuyos efectivos duplicaban a los suyos. No obstante, muy lejos de sus bases de avituallamiento, sin posibilidad de recibir refuerzos, ya que su hermano Asdrúbal había sido derrotado y muerto por Claudio Nerón en la batalla de Metauro cuando se dirigía a socorrerle (207 a.C.), y habiendo fracasado en el intento de atraer a su causa a los pueblos itálicos sometidos por Roma, el ejército de Aníbal quedó aislado e inmovilizado en la Italia meridional durante varios años, situación que aprovecharon los romanos para contraatacar. Tras expulsar a los cartagineses de la península Ibérica, el general romano Publio Cornelio Escipión, llamado *el Africano*, desembarcó cerca de Cartago (203 a.C.), hecho que obligó a Aníbal a regresar a África, donde fue vencido en la batalla de Zama, en el 202 a.C. A consecuencia de esta derrota, Cartago se vio obligada a firmar una paz humillante, que puso fin al sueño cartaginés de crear un gran imperio en el Mediterráneo occidental. Con todo, Aníbal, elegido sufeta para los años

197 y 196 a.C., intentó reconstruir el poderío militar cartaginés, pero, perseguido por los romanos, hubo de huir y refugiarse en la corte de Antíoco III de Siria, a quien indujo a enfrentarse con Roma, mientras él negociaba una alianza con Filipo V de Macedonia. A raíz de las victorias romanas sobre los sirios en las Termópilas (191 a.C.) y en Magnesia (189 a.C.), Aníbal huyó a Bitinia, donde decidió quitarse la vida el año 183 a.C., para evitar que el rey Prusias lo entregase a Roma y ante la imposibilidad de encontrar un refugio en el que pudiera sentirse seguro.

ANSELMO DE CANTERBURY, SAN *(Aosta, actual Italia, 1033-Canterbury, Inglaterra, 1109) Monje benedictino, arzobispo y filósofo.* Precursor de la llamada «prueba ontológica» de la existencia de Dios, y considerado el padre de la escolástica. Anselmo marchó a Francia e ingresó en el monasterio de Santa María del Bec. En 1093 fue llamado por el rey Guillermo II de Inglaterra para ocupar la vacante de la abadía de Canterbury, de la que fue nombrado arzobispo. Tras diversos conflictos con el rey por la cuestión del reconocimiento de los derechos de la Iglesia, se vio obligado a marchar. Durante los años de exilio escribió su trabajo más notorio, *Cur Deus homo (Por qué Dios se hizo hombre,* 1098).

ANTÍOCO III *EL GRANDE (?, 242 a.C.-187 a.C.) Rey de Siria (223 a.C.-187 a.C.).* Tras una enérgica campaña entre el 210 y el 205 a.C., logró devolver al reino de los seléucidas su antigua extensión, y convertirlo en una de las principales potencias asiáticas. Aprovechó con habilidad la guerra entre Filipo V de Macedonia y los romanos para tener las manos libres y atacar Egipto, pero su posterior implicación en Tracia acabó enfrentándolo con Roma. Aconsejado por Aníbal, que se había refugiado en su corte, decidió iniciar la guerra contra los romanos, pero no lo hizo de la manera que el cartaginés le propuso: formando una gran coalición. Así, su expedición a Grecia, en el 192 a.C., fue vencida cerca de las Termópilas, mientras que su flota sufría una derrota tras otra frente a las escuadras romana y rodia. En el 190 a.C., un poderoso ejército romano, mandado por Escipión, aplastó en Magnesia a las principales fuerzas de Antíoco, obligándole a aceptar una paz muy dura. Entre las condiciones de la misma estaba la entrega de Aníbal a los romanos, pero el cartaginés la evitó al huir a Bitinia.

Antonino Pío [Tito Aurelio Fulvio Boyo-
nio Arrio Antonio] *(Lanuvium, actual Italia, 86-Sorio, id., 161) Emperador romano
(138-161).* Sucedió a Adriano, quien, siguiendo la costumbre iniciada por Nerva
y continuada por Trajano, lo había adoptado. Accedió al gobierno en plena madurez, y después de haber probado su capacidad en diversos cargos. Su reinado se
caracterizó por ser una época de paz y estabilidad en todo el imperio, una verdadera *pax romana*, tan sólo trastocada por
algunas incursiones de los brigantes, en
Britania, que obligaron a construir el Muro
de los Antoninos, a unos 100 kilómetros
al norte del Muro de Adriano, así como
por pequeños enfrentamientos en la Mauritania. Persona modesta y dotado de una
gran humanidad, mejoró las finanzas imperiales e impulsó una legislación más favorable para los esclavos. A su muerte le
sucedió Marco Aurelio.

Antonio Abad, san, llamado *el Ermitaño
(Qeman, actual Egipto, 251-Monte Gol-
zim, 356) Ermitaño y fundador de varias
órdenes monásticas cristianas.* Labrador
hacendado de Beni-Suef, siendo muy joven decidió donar todas sus posesiones a
los menesterosos y retirarse al desierto de
la Tebaida, donde fundó, en Pispir y Arsínoe, los primeros monasterios conocidos,
y llevó a cabo una vasta labor de evangelización. Numerosos cristianos se unieron
a él en el desierto, y tras dedicarse durante años al gobierno de sus monasterios,
volvió a la vida contemplativa. Durante
los primeros quince años de su estancia
en el desierto se vio asediado por visiones y tentaciones que pasarían a la tradición cristiana medieval y se convertirían
en un tema iconográfico muy frecuente.
En el 354 se trasladó a Alejandría para
combatir a los arrianos, y allí entabló
amistad con san Atanasio, quien escribiría
más adelante su biografía. Se le atribuyen
siete *Cartas* y una *Regla y sermones*.

Annuncio, Gabriele D' → D'Annuncio,
Gabriele.

Apeles *(s. IV a.C.) Pintor griego.* Las fuentes
de la Antigüedad lo mencionan como el
pintor más famoso de la Grecia clásica y
sin duda debió de ser una figura muy destacada, ya que fue pintor de la corte de Filipo de Macedonia y de su hijo Alejandro
Magno, de quien hizo varios retratos. Sin
embargo, sus obras nos son desconocidas,
ya que ninguna de ellas se ha conservado.
Sólo quedan las minuciosas descripciones

de Luciano, a partir de las cuales algunos
pintores renacentistas, como Botticelli y
Mantegna, versionaron su famosa *Calumnia.* De otra de sus mejores creaciones, la
Afrodita Anadiomene, se dice que la pintó del natural teniendo como modelo a
una amante de Alejandro Magno. De sus
pinturas se han exaltado, sobre todo, dos
aspectos: la excelente composición y los
magníficos efectos de claroscuro.

Apollinaire, Guillaume [Wilhelm Apolli-
naris de Kostrowitzky] *(Roma, 1880-Pa-
rís, 1918) Poeta francés.* De origen polaco, en 1898 se estableció en París, pero las
dificultades para encontrar empleo le obligaron a colocarse como preceptor de una
familia en Alemania durante dos años. A su
regreso a la capital francesa en el año
1902, fue uno de los impulsores de las
nuevas escuelas artísticas y literarias de
París. Trabajó como contable en la Bolsa y
como crítico para varias revistas, desde las
que teorizó a favor de las primeras vanguardias, como el cubismo de sus amigos
Picasso y Braque y el fauvismo de Matisse,
con los que compartió la vida bohemia de
la época. En 1909 publicó su primer libro,
El encantador en putrefacción, basado en
la leyenda de Merlín y Viviana, al que siguieron una serie de relatos de contenido
fabuloso. Sus libros de poemas *El bestiario
o el Cortejo de Orfeo* (1911) y *Alcoholes*
(1913) reflejan la influencia del simbolismo, al tiempo que introducen ya importantes innovaciones formales; ese mismo
año apareció el ensayo crítico *Los pinto-*

▲ *Cuadro de Marie
Laurencin en el que se ve
a* **Apollinaire** *junto a sus
amigos, entre ellos Picasso
(izquierda). Debajo, dos
retratos del poeta,
realizados por Picasso.*

**GUILLAUME
APOLLINAIRE**

OBRAS MAESTRAS

Poesía: *El bestiario o el Cortejo de Orfeo* (*Le bestiaire ou le Cortége d'Orphée*, 1911); *Alcoholes* (*Alcools*,
1913); *Vitam impendere amori* (1917);
Caligramas (*Calligrammes*, 1918). **Relatos:** *El encantador en putrefacción*
(*L'enchanteur pourrissant*, 1908); *El
heresiarca y compañía* (*L'Hérésiarque et
Cie*, 1910); *El poeta asesinado* (*Le poé-
te assassiné*, 1916). **Teatro:** *Las tetas
de Tiresias* (*Les mamelles de Tirésias*,
1917).

res cubistas, defensa encendida del nuevo movimiento como superación del realismo. Al estallar la guerra de 1914, se alistó como voluntario y fue herido de gravedad en la cabeza en 1916; murió dos años después, víctima de la gripe española, cuando aún estaba convaleciente. En los poemas de *Caligramas*, aparecidos póstumamente, lleva al extremo la experimentación formal de sus anteriores obras, preludiando la escritura automática surrealista al romper deliberadamente la estructura lógica y sintáctica del poema. Son célebres, por otro lado, sus «ideogramas», en que la tipografía servía para «dibujar» objetos con el texto mismo del poema, en un intento de aproximarse al cubismo y como expresión del afán vanguardista de romper las distinciones de géneros y artes.

APULEYO, LUCIO *(Madaura, actual Argelia, h. 125-Cartago, hoy desaparecida, actual Túnez, h. 180) Escritor latino.* Se formó en retórica en Cartago y acudió a Atenas para iniciarse en la filosofía platónica. Viajó por diversas ciudades y países, hasta que se instaló definitivamente en Cartago. Acusado de haberse casado con una viuda rica de Trípoli mediante unos encantamientos maléficos, escribió en su defensa la *Apología de Apuleyo* o *Sobre la magia*, un importante discurso redactado según las normas de la elocuencia jurídica, que constituye el único testimonio de este tipo que se ha conservado de la época imperial. A partir de entonces, desarrolló una brillante carrera de orador en Cartago, donde sus discursos tenían mucho éxito. Su fama como literato se debe a la *Metamorfosis*, conocida en la Antigüedad como el *Asno de oro*, novela en once partes que ofrece una penetrante y divertida sátira de la sociedad de su tiempo.

AQUINO, CORAZÓN (o **CORY**) *(Manila, Filipinas, 1933) Estadista filipina.* Nacida en el seno de una familia acomodada, cursó los estudios secundarios en el Convento de la Asunción de la capital filipina. Posteriormente se trasladó a Nueva York, donde ingresó en el Mount Saint Vincent College, institución por la que obtuvo el doctorado en humanidades en 1954. Al año siguiente contrajo matrimonio con Benigno Aquino, joven y prometedor político liberal. De dicha unión nacieron cuatro hijas y un hijo, a los cuales dedicó todo su tiempo durante su infancia y adolescencia. Alejada de los escenarios políticos frecuentados por su marido, lo

▲ *Corazón **Aquino**, investida presidenta de Filipinas, tras la huida del país del dictador Ferdinand Marcos.*

▼ *Yasser **Arafat**, figura central en el difícil proceso de paz en Palestina.*

acompañó al exilio cuando en 1980 fue condenado a muerte por el régimen de Ferdinand Marcos. Tras permanecer tres años en Estados Unidos, donde Benigno ejercía la docencia en la Universidad de Harvard, decidieron regresar a Filipinas. Minutos después de aterrizar en Manila, a pie de avión, Benigno cayó asesinado por agentes de F. Marcos. A partir de ese momento, Corazón se erigió en cabeza visible de la oposición al dictador Marcos, quien fue incapaz de advertir el enorme tirón popular de la viuda de Aquino. Quizás por este motivo, y ante la sorpresa general, en 1986 convocó elecciones presidenciales, tras cuya celebración se atribuyó la victoria. Corazón y sus seguidores demostraron que los resultados habían sido falseados, alegación a la que Marcos hizo oídos sordos. Sin embargo, altos oficiales del ejército filipino retiraron su apoyo al dictador y le instaron a reconocer la victoria electoral de Corazón Aquino, bajo amenaza de movilizaciones militares. El 25 de febrero de 1986, cuando ambos bandos celebraban la victoria, Marcos y su esposa, Imelda, abandonaron el país, lo que propició la designación de Aquino como presidenta de la nación. Su primera medida al frente del gobierno fue la proclamación de una Constitución provisional, que fue aprobada en referéndum popular en febrero de 1987. Su mandato, que se extendió hasta 1992, se vio jalonado por las continuas acusaciones de corrupción vertidas desde la oposición y por el frágil apoyo que le dispensó el ejército, todo lo cual dificultó sobremanera su tarea de gobierno.

ARAFAT, YASSER *(Jerusalén, 1929) Político palestino.* Hijo de un mercader de Jerusalén, siendo muy joven participó en la primera guerra árabe-israelí (1947-1949) en calidad de ayudante de Abd al-Qadir al Husayni, comandante en jefe de las tropas palestinas. A su conclusión se trasladó a El Cairo, donde cursó estudios de ingeniería. Durante sus años de estudiante en la capital egipcia entró en contacto con la Hermandad Musulmana y la Federación de Estudiantes Palestinos, organización de la que fue presidente entre 1952 y 1956. En esta última fecha ingresó en el ejército egipcio y tomó parte en la guerra del canal de Suez. Posteriormente, en 1957, se trasladó a Kuwait, donde trabajó como ingeniero y fundó su propia empresa. Sin embargo, su carrera profesional se truncó debido a su mayor interés por la política. En 1959 fue miembro fundador de al-Fatah, a la postre la principal organización militar en el seno de la Organización para la Liberación de Palestina (OLP). En febrero de 1969 fue nombrado presidente del comité ejecutivo de dicha organización y, tras unos primeros años durante los cuales nunca escondió sus prácticas terroristas contra Israel, fue acercándose paulatinamente a posiciones más moderadas y orientadas al diálogo. Ello le permitió, en noviembre de 1974, ser invitado por la ONU para participar en el debate de la Asamblea General sobre Palestina. Su liderazgo al frente de la OLP se puso en entredicho tras la invasión israelí del Líbano y la derrota de las facciones armadas palestinas, que le obligaron a abandonar su base en Beirut y trasladarse a Túnez junto con la cúpula de la OLP. En abril de 1989 fue elegido presidente de un hipotético Estado palestino y en 1993, en calidad de líder de la OLP, reconoció al Estado de Israel e inició, junto a Isaac Rabin y Shimon Peres, máximos dirigentes israelíes, el proceso de paz que permitió el autogobierno de Palestina en 1994. Este mismo año, Rabin, Peres y Arafat fueron galardonados con el Premio Nobel de la Paz por sus esfuerzos en encontrar una solución pacífica al conflicto palestino-israelí. En 1996 fue elegido presidente de la Autoridad Palestina, encargada de gobernar los territorios autónomos de Gaza y Cisjordania. Con el fin de salvaguardar el proceso de paz, seriamente amenazado tras la elección de Benjamin Netanyahu como primer ministro israelí, en octubre de 1998 firmó con este último, y a instancias del presidente estadounidense Bill Clinton, el tratado de Wye Plantation, por el cual Israel se comprometía a respetar y aumentar progresivamente la autonomía de los territorios ocupados y la Autoridad Palestina, por su parte, a multiplicar los esfuerzos para poner fin a la oleada de atentados terroristas perpetrados por la organización palestina Hamas.

ARAGO, FRANÇOIS (*Estagell, Francia, 1786-París, 1853*) *Físico francés.* Cursó sus estudios en la Escuela Politécnica de París, de la que posteriormente sería profesor de análisis matemático y de geodesia. En 1830 fue nombrado secretario permanente de la Academia de Ciencias y director del Observatorio de París. Descubrió el fenómeno de la polarización rotatoria en los cristales de cuarzo, y la polarización cromática; explicó el centelleo de las estrellas como resultado de interferencias luminosas. Firme defensor de las teorías

▲ *Sabino **Arana**, uno de los creadores del nacionalismo vasco conservador y fundador del Partido Nacionalista Vasco. Sus enfrentamientos con el gobierno le llevaron a la cárcel.*

▼ *El físico francés François **Arago**, según un dibujo de A. Lacauchie.*

de Fresnel sobre la naturaleza ondulatoria de la luz, en oposición a la teoría corpuscular, imaginó en 1838 un experimento que al comparar la velocidad de la luz en medios de distinta densidad permitiría elucidar la cuestión. Poco antes del fallecimiento de Arago, Léon Foucault llevó a cabo el experimento, gracias al cual consiguió un fuerte apoyo para la teoría ondulatoria. El propio Foucault dio también cumplidas explicaciones al fenómeno de la inducción magnética, descubierta anteriormente por Arago.

ARANA Y GOIRI, SABINO (*Abando, España, 1865-Pedernales, id., 1903*) *Político vasco.* Hijo de un carlista exiliado en Francia, regresó a Bilbao en 1876, y estudió el bachillerato en el colegio de los jesuitas de Orduña. Después se trasladó a Barcelona, para estudiar derecho, carrera que nunca acabó. A su regreso a Bilbao, en 1887, inició su actividad como escritor y ensayista, publicando obras sobre distintos aspectos de la lengua vasca. De entre ellas cabe destacar *Etimologías euskéricas* (1887), *Pliegues euzkeráfilos* (1888), *Pliegos histórico-políticos, Orígenes de la raza vasca* (1888-1889), *Pliegos euzkerlógicos* (1892) y *Lecciones de ortografía del euzkera bizkaino* (1896), obra esta última que estableció el sistema ortográfico vigente hasta la fecha. En 1893 fundó la revista *Bizkaitarra*, desde cuyas páginas desarrolló su ideología nacionalista y que fue clausurada por orden gubernativa en 1895. Así mismo, creó la ikurriña, que se convirtió en la bandera vasca, y acuñó el término «Euskadi», neologismo para designar el País Vasco. En julio de 1895 presidió la primera reunión del Consejo Nacional Vasco, que fue el germen del Partido Nacionalista Vasco (PNV). Ello motivó su detención y su posterior ingreso en prisión. En 1898 se presentó, junto al PNV, a las elecciones a diputados provinciales, en las cuales resultó elegido y, al año siguiente, en 1899, el PNV obtuvo cinco concejales en el Ayuntamiento de Bilbao. A partir de 1902 modificó sustancialmente su doctrina política: abandonó sus planteamientos más radicales, que abogaban por la plena independencia de Euskadi, y propuso una fórmula de consenso según la cual se aceptaba la permanencia de Euskadi en el conjunto del Estado español toda vez que el gobierno de la nación aceptaba también el hecho diferencial vasco. Dicho giro ideológico le acarreó no pocas críticas tanto dentro como fuera del País Vasco, y motivó lo que se dio en llamar su «evolución españolista» o «segundo Sabino». También le permitió abandonar la prisión, donde había contraído una enfermedad que le llevó a la tumba un año después de su excarcelación.

ARANDA, PEDRO PABLO ABARCA DE BOLEA, CONDE DE (Siétamo, España, 1719-Épila, id., 1798) Militar y estadista español. Su temprana vocación militar le condujo a alistarse en el ejército español, en el que llegaría a capitán general de Valencia y Murcia. Anteriormente, y como embajador, sirvió en Lisboa, Polonia y París. Después del motín de Esquilache, en 1766, Carlos III lo llamó a Madrid y le nombró gobernador del Consejo de Castilla, cargo desde el que inició el proceso que acabaría con la expulsión de los jesuitas en 1767. Sus crecientes diferencias con Carlos III lo indujeron a solicitar la embajada de París (1773-1787). La firma del tratado de paz con Gran Bretaña (1783) fue uno de sus mayores éxitos diplomáticos. Cuatro años después, volvió a España y, tras una dura pugna con Floridablanca, acabó por ocupar el cargo de primer ministro interino. En relación con la Francia revolucionaria, sostuvo con firmeza una política de neutralidad que no tuvo arraigo, pues fue destituido a los pocos meses.

ARBENZ GUZMÁN, JACOBO (Quezaltenango, Guatemala, 1913-Ciudad de México, 1966) Político guatemalteco. Ministro de Defensa en el gobierno del presidente Arévalo, en 1951 fue elegido presidente de la República y continuó con el amplio plan de reformas políticas y sociales iniciadas por su predecesor. Puso en marcha una reforma agraria que amenazaba los intereses de la Union Fruit Co, a partir de lo cual se organizó en su contra una campaña de desprestigio y acoso que acabó con la invasión del país por parte del coronel Castillo Armas, apoyado por otras repúblicas de Centroamérica y por Estados Unidos, que le obligaron a dimitir en 1954 y a exiliarse.

ARCE, MANUEL JOSÉ (San Salvador, 1787-id., 1847) Político y militar salvadoreño, primer presidente de la República Federal de Centroamérica. Luchó por la independencia de las colonias de la Corona española y contra el anexionismo de México. Estableció el ejército salvadoreño en 1824 y fue elegido primer presidente de las antiguas colonias españolas de Centroamérica por un Congreso constituyente. En un primer momento, gobernó con el respal-

▲ ▶ El otoño y, a la derecha, La primavera, óleos que se conservan en el Museo del Louvre de París, obra del pintor italiano **Arcimboldo**.

▼ Manuel José **Arce**, primer presidente de las Provincias Unidas de América Central (1825-1839), fue uno de los próceres de la independencia de El Salvador.

do de los liberales y, más tarde, con el de los conservadores, pero acabó enemistándose con ambos. En 1826 se disolvió el Congreso Federal y se originó una guerra civil que lo alejaría del poder. Derrotado en Milingo, fue desterrado en 1829. Regresó a El Salvador, donde intentó una sublevación en 1844 que le costó un nuevo exilio, prolongado hasta 1845.

ARCIMBOLDO, GIUSEPPE (Milán, 1527-id., 1593) Pintor italiano. Fue primero diseñador de cartones para tapices y vitralista de la catedral de Milán. Vivió en Praga, y en Viena trabajó para la corte de los Habsburgo. Arcimboldo fue el creador de un tipo de retrato en que el rostro estaba constituido por agrupaciones de animales, flores, frutas y toda clase de objetos. En ellos se encuentra una mezcla de sátira y alegoría, como en La primavera y El verano. Sus obras fueron vistas en su tiempo como un curioso ejemplo de pintura carente de valor artístico. En época reciente, los surrealistas concedieron gran valor al juego visual de sus composiciones y el carácter grotesco de sus alegorías.

ARCIPRESTE DE HITA [Juan Ruiz] (Alcalá de Henares?, actual España, s. XIII - Hita, id., s. XIV) Escritor castellano. Escribió la obra más importante en lengua española de la época, Libro de Buen Amor, considerada también como una de las obras literarias más relevantes de la Europa medieval. De este poema se han extraído todos los datos biográficos disponibles sobre el Arcipreste: su nombre, su lugar de nacimiento y la ciudad en que estudió, Toledo, punto de encuentro de las civilizaciones musulmana, judía y cristiana. Aunque subsisten ciertas dudas respecto a la exactitud de estos datos, se ha llegado a calificar su obra de mudéjar, por la equívoca relación que establece entre piedad religiosa y sensualidad y su refinado ideal de belleza femenina. El propio Arcipreste alimenta esta confusión entre la pasión religiosa y la pasión amorosa, habitual en la literatura popular de la Edad Media, al proclamar al comienzo del libro que éste debe ser «bien entendido», con lo cual señala su doble sentido, y añade que no debiera el lector dejarse engañar por las referencias sensuales y en ocasiones abiertamente eróticas de la obra, pues si muestra estos vicios es para generar repulsa y no para tentar con ellos; sin embargo, hay quien supone que esta parte fue escrita para aplacar las críticas, y que la finalidad del libro es bien poco piadosa. Las cantigas a Santa María denotan lo que parece un verdadero fervor religioso, acentuado por la situación de tribulación moral en que confiesa hallarse el autor en más de una ocasión. El libro acata una y otra vez la moral eclesiástica y fustiga con acritud lo que ésta condena, pero procede, de manera sistemática, a un olvido «sospechoso» de las severas intenciones proclamadas para situarse en el campo de la desenfadada sátira popular. Si lo religioso parece servir a menudo a fines profanos, también ocurre a la inversa, cuando el relato más pícaro y desenvuelto sirve para inferir alguna máxima moralizadora. Su estilo es a la vez pintoresco y vivaz, y denota una extraordinaria facilidad en el empleo de términos expresivos y de gran plasticidad. Lejos de proceder a una selección cuidadosa de vocablos, ofrece una sorprendente abundancia de palabras, giros y dichos populares, que constituyen un ágil e ingenioso entramado lingüístico. La orientación popular del *Libro de Buen Amor* es patente y puede comprobarse en su métrica irregular y en su anunciada intención de servir como libro de cantares para ser repetido e incluso modificado por el pueblo («Cualquier homne que lo oya, si bien trobar sopiere, /puede más añadir e emendar si quisiere»). En la figura del Arcipreste, el juglar y el clérigo llegan a confundirse por completo: como cualquier juglar, solicita un don al término de su relato, aunque recuerda su condición de clérigo y se limita a pedir un *paternoster* a guisa de recompensa, lo que constituye un nuevo y equívoco guiño al lector. Con el Arcipreste de Hita llega a su cumbre la juglaría lírica en castellano, que antes había desplazado a la gallega, predominante durante el siglo anterior. El único manuscrito que se conserva de la obra señala que fue compuesta en prisión,

▲ *Detalle de uno de los tres códices que se conservan del* Libro de Buen Amor, *obra del* **Arcipreste de Hita**.

en donde se supone que el arzobispo de Toledo, Gil de Albornoz, ordenó que se encerrara a Juan Ruiz. Si bien se ignora la fecha exacta de su muerte, se sabe que ya en el año 1351 el arcipreste de la ciudad de Hita era una persona distinta de Juan Ruiz.

ARCIPRESTE DE TALAVERA [Alfonso Martínez de Toledo] *(Toledo, 1398-id., h. 1470) Escritor español.* Siguió estudios eclesiásticos en Toledo y, tras pasar algunas temporadas en el reino de Cataluña y Aragón, fue nombrado arcipreste de Talavera. Del conjunto de su producción literaria, integrada por tratados piadosos, traducciones de obras de santos y una crónica histórica, destaca el tratado didáctico conocido como el *Corbacho*. En él, siguiendo la tradición misógina medieval, se reprueban el loco amor y las malas artes de las mujeres. El valor de la obra reside en el empleo de la lengua vernácula en la transcripción del habla popular y coloquial, por lo que puede ser considerada un precedente de *La Celestina*.

ARENDT, HANNAH *(Hannover, 1906-Nueva York, 1975) Filósofa alemana.* De ascendencia judía, estudió en las universidades de Marburgo, Friburgo y Heidelberg, y en esta última obtuvo el doctorado en filosofía bajo la dirección de K. Jaspers. Con la subida de Hitler al poder (1933), se exilió en París, de donde también tuvo que huir en 1940, estableciéndose en Nueva York. En 1951 se nacionalizó estadounidense. Sus obras más importantes son *Los orígenes del totalitarismo* (1951), *La condición humana* (1958), *Eichmann en Je-*

> «*L*as de Buen Amor son razones encubiertas. / Trabaja do fallares las sus señales çiertas.»
>
> Arcipreste de Hita
> *Libro de Buen Amor*

rusalén (1963), *Hombres en tiempos sombríos* (1968), *Sobre la violencia* (1970) y *La crisis de la república* (1972).

ARGUEDAS, ALCIDES *(La Paz, 1879-Chulumani, 1946) Escritor y político boliviano.* Estudió sociología en París, y de regreso en Bolivia escribió una serie de novelas que trataban el tema de la cultura, las costumbres y la explotación de los indígenas, como *Wata-Wara* (1904) y *Vida criolla* (1905). Entre sus obras sociológicas destaca *Pueblo enfermo: contribución a la psicología de los pueblos hispanoamericanos* (1909-1910). En 1919 publicó su novela más conocida, *Raza de bronce,* cuyo protagonista es la comunidad indígena. Durante el gobierno de Peñaranda fue nombrado ministro de agricultura y jefe del Partido Laboral. Más adelante desempeñó numerosos cargos diplomáticos.

ARGUEDAS, JOSÉ MARÍA *(Andahuaylas, Perú, 1911-Lima, 1969) Escritor peruano.* Hijo de un abogado itinerante, aprendió quechua de los sirvientes de la casa familiar en los Andes. Ya en su época de estudiante formó parte de una organización estudiantil, por cuyas actividades fue encarcelado durante los años 1937 y 1938. Estudió literatura y antropología, fue profesor de quechua y director del Instituto de Estudios Etnológicos (1951). En 1963 fue nombrado director de la Casa de la Cultura, pero renunció un año después. Fue uno de los más firmes defensores del quechua y de la autonomía cultural de millones de hablantes de esta lengua. En tal sentido, llegó hasta el punto de autoproclamarse el «hombre quechua moderno» y reivindicó el pluralismo cultural en Perú. Su obra ensayística trata de las tradiciones indígenas, los cambios migratorios y la modernidad, mientras que su obra narrativa es una de las más representativas de la corriente indigenista, sobre todo sus relatos cortos. Entre sus títulos más importantes figuran *Diamantes y pedernales* (1954), *Los ríos profundos* (1958), *Todas las sangres* (1964) *El sueño de Pongo* (1965) donde describe la permanencia del orden feudal en diversos lugares de los Andes a mediados del siglo XX y *El zorro de arriba y el zorro de abajo* (1971). Tras varios intentos fallidos, se suicidó.

ARIAS, ARNULFO *(Penonomé, Panamá, 1901-Ciudad de Panamá, 1988) Político panameño, presidente de la República (1940-1941; 1948-1951; 1968).* Dirigente de la nacionalista Acción Comunal Patriótica y responsable del golpe de Estado que en

▲ *Óscar Arias, presidente de Costa Rica. Premio Nobel de la Paz de 1987 por su labor en pro de la estabilidad en el área centroamericana.*

▲ *Portada de una edición conjunta de* Diamantes y pedernales *y* Agua, *obras de José María Arguedas, escritor peruano que se asentó en la cima más alta de la narrativa indigenista e hispanoamericana.*

1931 derrocó al presidente Florencio Harmodio Arosemena, consiguió que su hermano Harmodio Arias se convirtiera en presidente y ser elegido él mismo presidente en 1940. Durante su breve mandato, apoyó a las potencias del Eje y se opuso a Estados Unidos. Expulsado del país y exiliado hasta 1945, volvió a optar a la presidencia en 1948 como líder del Partido Revolucionario, pero perdió frente a su rival, Díaz Arosemena. La inesperada muerte de éste el mismo año, lo convirtió en presidente hasta 1951, fecha en que fue destituido por su autoritarismo y encarcelado hasta 1952. En 1968 ganó de nuevo las elecciones presidenciales, pero fue derrocado días después.

ARIAS SÁNCHEZ, ÓSCAR *(Heredia-Costa Rica, 1941) Presidente de Costa Rica (1986-1990).* Estudió en las universidades de Costa Rica y Boston (Estados Unidos), y luego, en el Reino Unido, en la London School of Economics y la Universidad de Essex, en la que se doctoró. Desde 1969 hasta 1972 fue profesor de ciencias políticas en la Universidad de Costa Rica, y después desempeñó cargos gubernamentales bajo las presidencias de José Figueres Ferrer (1970-1974) y Daniel Oduber Quirós (1974-1978). Miembro del Partido de Liberación Nacional (PLN). Presidente electo de Costa Rica en 1986, aplicó medidas económicas destinadas a mejorar la deuda externa del país, pero sus principales esfuerzos se centraron en la elaboración de un ambicioso plan de paz para Centroamérica. Convocó a los presidentes de El Salvador, Guatemala, Honduras y Nicaragua con el fin de llevar adelante el proceso iniciado por el grupo de Contadora, que se había paralizado debido al conflicto civil panameño y a las tensiones entre el gobierno sandinista de Nicaragua y Estados Unidos. Finalmente, la iniciativa se materializó en Guatemala con la firma del denominado "Plan Arias" en agosto de 1987, conocido también como el acuerdo de Esquipulas II. Mantuvo una lucha permanente con los foros internacionales para no inmiscuir a Costa Rica en los conflictos bélicos de Centroamérica, haciendo efectiva la política de neutralidad, como lo manifestó en su mensaje en las Naciones Unidas. Sus esfuerzos pacificadores fueron reconocidos internacionalmente con la concesión del Premio Nobel de la Paz de 1987 y el Príncipe de Asturias de Cooperación Iberoamericana en 1988. Desde 1990, año en que le sucedió en la presidencia el socialcristiano Rafael Calderón (1990-1994), continuó trabajando por la paz a través de la Fundación Arias para la Paz y el Progreso Humano.

ARIOSTO, LUDOVICO *(Reggio Emilia, actual Italia, 1474-Ferrara, id., 1533) Poeta italiano.* Con la figura de Ariosto llegó el Renacimiento italiano a su cenit. Miembro de una familia aristocrática, ya desde joven recibió el apoyo de la casa de Este, una familia de mecenas renacentista en cuya corte permaneció de 1503 a 1517. Hombre de mundo y artista refinado, su gran poema es el *Orlando furioso*, que comenzó en 1506 y publicó en 1516, aunque la corrección definitiva no la concluyó hasta 1532. Su *Orlando* constituye una continuación del poema épico inacabado *Orlando enamorado*, del poeta italiano Matteo Maria Boiardo, y trata del amor del paladín Orlando por Angélica en el marco de las leyendas de Carlomagno y de la guerra de los caballeros cristianos contra los sarracenos. Obra maestra del Renacimiento, se estructura en 46 cantos compuestos en ágiles octavas, y en ella Ariosto hace gala de profundo lirismo, de extraordinaria imaginación y habilidad narrativas y de un finísimo sentido del humor. Considerado por muchos críticos como uno de los mejores poemas épicos de todos los tiempos por su vigor y dominio técnico del estilo, toda la obra pretende rendir tributo a la familia de Este, protectora del poeta, encarnada en la figura de su ilustre fundador Ruggero, cuya vida aparece transmutada y enaltecida en la figura del héroe, Orlando. Popular de inmediato en toda Europa a partir de su publicación en 1516, el poema influyó decisivamente en los poetas renacentistas. Ariosto escribió así mismo una colección de elegías, cinco comedias, tales como *La cassaria* o *El nigromante* (1520), poemas en latín (*Carmina*), las *Rimas*, que comprenden varios madrigales, canciones y sonetos, y siete *Sátiras* (1517-1525) que constituyen un auténtico documento autobiográfico y social.

ARISTARCO DE SAMOS *(Samos, actual Grecia, 310 a.C.-Alejandría, actual Egipto, 230 a.C.) Astrónomo griego.* Pasó la mayor parte de su vida en Alejandría. De su obra científica sólo se ha conservado *De la magnitud y la distancia del Sol y de la Luna*. Calculó que la Tierra se encuentra unas 18 veces más distante del Sol que de la Luna, y que el Sol era unas 300 veces mayor que la Tierra. El método usado por Aristarco era correcto, no así las mediciones que estableció, dado que el Sol se encuentra unas 400 veces más lejos. Formuló, también por primera vez, una teoría heliocéntrica completa: mientras el Sol y

▲ *Ludovico **Ariosto**, según un dibujo de Tiziano. El poeta italiano, con su Orlando furioso, constituye el punto culminante del Renacimiento literario.*

ARISTÓFANES

OBRAS MAESTRAS

Los arcaneses (425 a.C.); *Los caballeros* (424 a.C.); *La paz* (421 a.C.); *Las nubes* (423 a.C.); *Las avispas* (422 a.C.); *Las aves* (414 a.C.); *Lisístrata* (411 a.C.); *Las tesmoforiazusas* (411 a.C.); *Las ranas* (405 a.C.); *La asamblea de las mujeres* (392 a.C.); *Pluto* (388 a.C.).

▶ *Cerámica griega en la que se representa el coro de* Los caballeros, *obra del comediógrafo griego **Aristófanes**.*

las demás estrellas permanecen fijas en el espacio, la Tierra y los restantes planetas giran en órbitas circulares alrededor del Sol. Perfeccionó la teoría de la rotación de la Tierra sobre su propio eje, explicó el ciclo de las estaciones y realizó nuevas y más precisas mediciones del año trópico.

ARÍSTIDES, llamado *el Justo (?, h. 540 a.C.-?, h. 467 a.C.) Político y militar ateniense.* Discípulo de Clístenes. Le fue dado el mando, junto a Milcíades, de las tropas griegas que combatieron en la batalla de Maratón, y no dudó en cedérselo a su colega, por considerar que estaba más capacitado que él para dirigir el combate. Tras la Primera Guerra Médica, Arístides se enfrentó con Temístocles por el gobierno de Atenas, y éste lo hizo condenar al ostracismo, pero con el reinicio de las hostilidades con los persas, fue llamado de nuevo para servir a su patria. Luchó en la batalla de Salamina (480 a.C.), en la cual tuvo un papel destacado al tomar la guarnición persa de Psitalía. Participó también en la batalla de Platea, al mando del contingente ateniense. Acabada la guerra, fue el encargado de la organización de la Liga de Delos, y administró con gran honestidad el fondo común de la misma, aportado por las ciudades que la componían.

ARISTÓFANES *(Atenas, 450 a.C.-id., 385 a.C.) Comediógrafo griego.* Poco se sabe sobre su vida, tan sólo algunos detalles extraídos de su obra, de la que se conserva una cuarta parte. Fue un ciudadano implicado en la política ateniense: participó en las luchas políticas para la instauración del Partido Aristocrático y, desde sus filas, mostró su desacuerdo con la manera de gobernar de los demócratas. Se opuso a la guerra del Peloponeso, porque llevaba a la miseria a los campesinos del Ática, en una guerra fratricida que denunció sobre todo en *Lisístrata*. Su postura conservadora le llevó a defender la validez de los

tradicionales mitos religiosos y se mostró reacio ante cualquier nueva doctrina filosófica. Especialmente conocida es su animadversión hacia Sócrates, a quien en su comedia *Las nubes* presenta como un demagogo dedicado a inculcar todo tipo de insensateces en las mentes de los jóvenes. En el terreno artístico tampoco se caracterizó por una actitud innovadora; consideraba el teatro de Eurípides como una degradación del teatro clásico. De sus cuarenta comedias, nos han llegado íntegras once, que son, además, las únicas comedias griegas conservadas; es difícil, por tanto, establecer el grado de originalidad que se le atribuye como máximo representante de este género. Sus comedias se basan en un ingenioso uso del lenguaje, a menudo incisivo y sarcástico, y combinan lo trivial y cotidiano con pausadas exposiciones líricas que interrumpen la acción. Constituye ésta una fórmula personal, que nunca ha sido adaptada, ni por los latinos ni durante el Renacimiento.

ARISTÓTELES *(Estagira, hoy Stavro, actual Grecia, h. 384 a.C.-Calcis, id., 322 a.C.) Filósofo griego.* Hijo de una familia de médicos, él mismo fue el médico del rey Amintas II de Macedonia, abuelo de Alejandro Magno. Huérfano desde temprana edad, marchó a Atenas cuando contaba diecisiete años para estudiar filosofía en la Academia de Platón, de quien fue un brillante discípulo. Pasó allí veinte años,

ARISTÓTELES

OBRAS MAESTRAS

ORGANON (CATEGORÍAS; SOBRE LA INTERPRETACIÓN; PRIMEROS Y SEGUNDOS ANALÍTICOS; TÓPICOS; REFUTACIONES SOFÍSTICAS). FÍSICA (8 libros); SOBRE LA GENERACIÓN Y LA CORRUPCIÓN; SOBRE EL CIELO; METEOROLÓGICOS; SOBRE EL ALMA; SOBRE LA SENSACIÓN Y LO SENSIBLE; SOBRE LA MEMORIA. METAFÍSICA O FILOSOFÍA PRIMERA (14 libros). ÉTICA A NICÓMACO; ÉTICA A EUDEMO; GRAN MORAL. POLÍTICA (8 libros). RETÓRICA; POÉTICA.

«*La investigación de la verdad es, en un sentido, difícil; pero en otro, fácil. Lo prueba el hecho de que nadie puede alcanzarla dignamente, ni yerra por completo, sino que cada uno dice algo acerca de la naturaleza.*»

Aristóteles
Metafísica

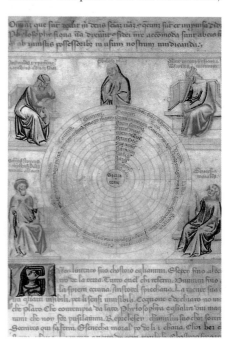

▲ ◄ *Busto de* **Aristóteles**. *A la izquierda, página miniada de un manuscrito medieval en la que aparecen representados Aristóteles, la filosofía y Platón (arriba), y (abajo) Sócrates y Séneca.*

en los que colaboró en la enseñanza y publicó algunas obras que desarrollaban las tesis platónicas. En el 348 a.C., a la muerte de Platón, rompió con la Academia y abandonó Atenas, donde el clima político contrario a Macedonia no le era favorable. Se trasladó a Atarnea y fue consejero político y amigo del tirano Hermias; en el 344 a.C. viajó a Mitilene, probablemente invitado por Teofrasto. Contrajo matrimonio con una sobrina de Hermias, y luego, al enviudar, con una antigua esclava del tirano, de la cual tuvo un hijo, Nicómaco. En el 342 a.C. fue llamado a la corte de Macedonia por Filipo II para que se encargara de la educación de su hijo y heredero, Alejandro, por entonces un muchacho de trece años. Allí supo de la muerte de Hermias, crucificado en el 341 a.C. por los persas a causa de su amistad con Filipo, y le dedicó un himno. A la muerte de Filipo, en el 335 a.C., Alejandro subió al trono y, como muestra de agradecimiento a su preceptor, le permitió regresar a Atenas, por entonces bajo el gobierno de los macedonios, donde Aristóteles dictó sus enseñanzas en el Liceo, llamado así por estar situado en un jardín próximo al templo de Apolo Licio, protector de las ovejas contra los lobos. Con el tiempo, y quizá no antes de su muerte, los discípulos de Aristóteles constituyeron una institución comparable a la Academia platónica, denominada escuela peripatética por la costumbre de dictar las enseñanzas y mantener las discusiones durante largos paseos. En el 323 a.C., a la muerte de Alejandro, se produjo en Atenas una reacción contraria a la dominación macedónica; Aristóteles, sospechoso de serle favorable, fue acusado oficialmente de impiedad por haber dado a Hermias la consideración de inmortal en el himno compuesto por él. Recordando la muerte de Sócrates, cedió la dirección del Liceo a Teofrasto y se retiró a Calcis, la ciudad natal de su madre en la isla de Eubea, donde murió pocos meses después. Al contrario de lo que sucedió con Platón, en el caso de Aristóteles sólo se han conservado los escritos esotéricos, derivados de las lecciones impartidas en el Liceo, mientras que se han perdido los exotéricos, destinados al público en general. El *corpus* aristotélico ha llegado hasta nosotros de acuerdo con la ordenación por materias que realizó Andrónico de Rodas (s. I a.C.), quien olvida el orden cronológico y por tanto introduce problemas de interpretación, pues sus teorías experimentaron una notable evolución a lo largo de su vida. En sus libros dedicados a la *filosofía primera*, Aristóteles propuso replantear la clásica pregunta por el ser en cuanto ser por la pregunta por la sustancia, que en su primera acepción significa el ente concreto, compuesto de materia y forma, con lo que se aleja definitivamente de Platón. En su *Física*, el cambio no es explicado ya como apariencia sino como juego entre potencia y acto, con la materia como sustrato permanente. El naturalismo de Aristóteles se muestra en las numerosas y detalladas descripciones de animales y plantas, y su concepción del universo como esférico y geocéntrico será dominante hasta Copérnico. Pero tal vez su aportación más relevante sea su lógica, basada en el silogismo y en el análisis deductivo, en lugar de en la dialéctica propuesta por Platón; su modelo se mantendría casi inalterado hasta el siglo XIX.

ARMENDÁRIZ, PEDRO *(Ciudad de México, 1912-Los Ángeles, EE UU, 1963) Actor teatral y cinematográfico mexicano.* Se inició en el mundo de la interpretación participando en las obras que montaba el grupo teatral de la Universidad de California, donde cursaba los estudios de derecho. De regreso en México, trabó amistad con el realizador Emilio Fernández, apodado *el Indio*, con quien colaboró en numerosas películas. *Soy puro mexicano* (1942), *Flor silvestre* (1942) y, especialmente, *María Candelaria* (1943) fueron los primeros filmes de una intensa trayectoria común. Dolores del Río interpretó el personaje de María Candelaria, e hizo de pareja del actor en títulos como *Las abandonadas* (1944), *Bugambilia* (1944) o *La malquerida* (1949). María Félix fue su otra gran coestelar, en películas como *Enamorada* (1946) o *Maclovia* (1948). Obtuvo la Palma de Oro en el festival de Cannes y el León de Oro del de Venecia. Dio el salto a Hollywood de la mano de John Ford, quien le requirió para *El fugitivo* (1947) y *Fort Apache* (1948), uno de sus westerns más emblemáticos. Armendáriz se suicidó en el hospital de Los Ángeles, donde había ingresado para ser tratado de un cáncer.

ARMSTRONG, LOUIS, llamado *Satchmo (Nueva Orleans, 1900-Nueva York, 1971) Trompetista, cantante y director de grupo de jazz estadounidense.* Para definir a este artista son especialmente adecuadas las palabras de *Duke* Ellington, quien dijo que si había un auténtico *Mr. Jazz*, éste era sin duda Louis Armstrong. Sus inicios musicales tuvieron lugar en su ciudad natal, donde tocó con diversos grupos hasta 1922, año en que

▲ *Página de la* Expositio in librum problematum Aristotelis, *de Pedro de Abano. El dibujo representa el interés de* **Aristóteles** *por la Naturaleza.*

LOUIS ARMSTRONG

OBRAS MAESTRAS

ÁLBUMES: TOWN HALL CONCERT PLUS (1947); THIS IS JAZZ (1947); SATCHMO AT SYMPHONY HALL (1947); LOUIS ARMSTRONG AND HIS ALL STARS AT NICE (1948); LOUIS ARMSTRONG AT THE EDDIE CONNDON FLOOR SHOW (1040); CHICAGO CONCERT (1956); NEW ORLEANS NIGHTS (1950-1954); THE GREATEST CONCERT (1951); ELLA AND LOUIS (1957); PORGY AND BESS (1957); ELLA AND LOUIS AGAIN (1957); LOUIS ARMSTRONG AND DUKE ELLINGTON: THE GREAT REUNION (1961); WHAT A WONDERFULL WORLD (1967); SATCHMO HISTORY (1962); **BANDAS SONORAS:** NEW ORLEANS (1946); A SONG IS BORN (1947); GLORY ALLEY (1952); SATCHMO THE GREAT (1956)

▼ *Abajo, a la izquierda, retrato del virtuoso trompetista de jazz Louis* **Armstrong**. *A la derecha, el grupo de los* Hot Five, *uno de los primeros conjuntos de los que formó parte, en los años treinta.*

Joe *King* Oliver lo incorporó a su *Creole Jazz Band* en Chicago, donde se casó con la pianista de la banda, Lilian Hardin. A raíz de sus actuaciones en la capital de Illinois, Fletcher Henderson lo invitó a Nueva York en 1924 para tocar en su *big band*, con la cual grabó algunos discos que pusieron de manifiesto la creatividad y originalidad del músico. Su virtuosismo en la improvisación ejerció una gran influencia en los músicos de jazz neoyorquinos. En 1925 regresó a Chicago y fundó su propio grupo, un quinteto (*The Hot Five*) que posteriormente se transformó en septeto (*The Hot Seven*), con el cual se convirtió en uno de los músicos de jazz más reputados mundialmente y logró que en la década de 1920 Chicago compartiera la capitalidad mundial del jazz con Nueva York, ciudad a la que regresó a finales de esa misma década, entre otros motivos, para afianzar su carrera cinematográfica. Debutó en el cine con la aparición en la película *Ex-flame*, el año en que también se separó de Lilian Hardin. En 1932 realizó una exitosa gira por el Reino Unido, que repetiría al año siguiente, aunque en esta ocasión incluyó además en su itinerario Dinamarca, Noruega y Holanda. En 1936, su popularidad era tal que decidió publicar una autobiografía, que tituló *Swing that music*. El grupo de Armstrong, que había adquirido la forma de una *big band* tras su definitivo traslado a Nueva York en 1929, experimentó una nueva transformación en 1947: redujo su número de componentes a siete y cambió su nombre por el de *Louis Armstrong and the All Stars*. Con este septeto participó en el Festival de Jazz de Niza (Francia) celebrado en el año 1948, que es considerado como el primero de la historia. Seis años más tarde publicó una segunda autobiografía, *Satchmo: My live in New Orleans*. Durante la década de 1950 dio conciertos en buena parte del mundo y efectuó giras por África, Australia y Japón. En 1964, el tema *Hello, Dolly* del musical homónimo le proporcionó su primer número uno en las listas nacionales de éxitos.

▲ ◄ *Arriba, Neil **Armstrong** en una foto oficial de la NASA. A la izquierda, instantánea tomada durante las operaciones que realizó el astronauta sobre la superficie de la Luna.*

ARMSTRONG, NEIL *(Wapakoneta, EE UU, 1930) Astronauta estadounidense.* Tras graduarse en la especialidad de ingeniería aeronáutica por la Universidad de Purdue, fue piloto de la Marina de Estados Unidos entre 1949 y 1952, período durante el cual participó en la guerra de Corea. En 1962 ingresó en el cuerpo de astronautas de la NASA y se especializó en la mejora de los métodos de entrenamiento y el desarrollo de los simuladores de vuelo. Cuatro años más tarde (1966) dirigió como comandante la operación Gemini 8 (marzo de 1966), una misión espacial en la que, acompañado por el comandante David Scott, llevó a cabo una maniobra de acoplamiento en el espacio, la primera de este género (16 de marzo). La misión fracasó al perderse el control del conjunto, si bien los astronautas pudieron separar la cápsula espacial y regresar a la Tierra, donde hubieron de realizar un amaraje forzoso. Tres años más tarde (1969), entre los días 16 y 24 de julio, fue el comandante de la histórica misión Apolo 11 y protagonizó el primer alunizaje del ser humano sobre la superficie de nuestro satélite. Para esta gesta se utilizó un cohete Saturno V, el mayor ingenio de este tipo construido, con una altura superior a los 85 m y un diámetro máximo de 13 m, capaz de desarrollar una potencia de 35.000

«Es un paso muy pequeño para un hombre, pero un gran salto para la humanidad.» *(Frase que pronunció al salir del módulo de alunizaje para convertirse en el primer ser humano que pisaba la superficie lunar.)*

Neil Armstrong

kN, que transportaba el conjunto integrado por el módulo de mando y servicio, llamado *Columbia*, y el módulo de alunizaje, bautizado con el nombre de *Eagle*. Armstrong fue el primero en poner pie en la superficie lunar, el 21 de julio, y permaneció 2 horas y 14 minutos fuera del módulo de alunizaje *Eagle*. El alunizaje había tenido lugar el día antes (20 de julio) en la región lunar conocida como Mar de la Tranquilidad; el 21 de julio, Aldrin siguió a su comandante 15 minutos después de que éste saliera del módulo lunar. Además de desplegar la bandera de Estados Unidos y de instalar diversos aparatos científicos, recogieron aproximadamente 22 kg de rocas lunares para su posterior estudio en la Tierra. A su regreso, Armstrong fue nombrado responsable de las actividades aeronáuticas de la NASA, organización que abandonó en 1971 para incorporarse a la actividad docente como catedrático en la Universidad de Cincinnati. En 1979 pasó a formar parte de la junta de la Cardwell International Ltd., empresa proveedora de equipamiento para refinerías.

ARNALDO DE BRESCIA *(Brescia, actual Italia, ?-Roma, 1155) Reformador político y religioso italiano.* En su juventud residió en Francia y fue seguidor de la filosofía racionalista de Abelardo. De vuelta en la península Itálica fundó un partido político que propugnaba un retorno a la austeridad de la Iglesia primitiva, pero tal ideario provocó su expulsión del país por orden del papa Inocencio II. Pasó otra vez a Francia y se estableció en París, donde tomó partido por Abelardo en la polémica que éste mantenía con Bernardo de Claraval a causa de sus heterodoxas opiniones sobre la Santísima Trinidad. Finalmente, Abelardo y Arnaldo fueron condenados en el concilio de Sens (1140). Éste, que había tenido que abandonar la diócesis de Brescia, pasó a Roma en 1145 y, ayudado por la nobleza y el pueblo, expulsó al papa Eugenio III e inició una profunda reforma religiosa, en virtud de la cual instauró un senado, un cuerpo jurídico y un orden ecuestre basados en la génesis del cristianismo. En 1155 fue condenado a muerte por el papa Adriano IV y huyó de Roma, pero capturado por Federico *Barbarroja*, fue quemado en la hoguera y sus cenizas arrojadas luego al Tíber.

ARNAUT, DANIEL *(Ribeirac, actual Francia, s. XII-?, s. XIII) Trovador provenzal.* Se conservan de este autor dieciocho composiciones de tipo amoroso (*cansó*). Su poesía se caracteriza por la extraordinaria riqueza y complicación formal de sus versos, rebuscados e ingeniosos en su formulación, si bien los contenidos se encuentran dentro de los límites de los tópicos trovadorescos. Como él mismo manifiesta en uno de sus poemas, consideraba el arte de componer versos equivalente al arte del joyero, que lima y pule su obra hasta aproximarla a la perfección, y este virtuosismo le llevó a crear una de las formas métricas más complejas que existen, desde el punto de vista de la rima y de la combinación estrófica: la sextina. Fue considerado por Dante como uno de los mejores poetas amorosos, y Petrarca admiró en él su *dir strano e bello*.

ARP, HANS O JEAN (*Estrasburgo, actual Francia, 1887-Basilea, Suiza, 1966) Escultor y pintor francés de origen alemán*. Tras iniciar sus estudios de arte en su ciudad natal, se trasladó a Weimar y posteriormente a París, donde ingresó en la prestigiosa academia Julian. Entre 1912 y 1914 vivió en Munich y participó brevemente en el grupo *Der blaue Reiter*. Durante la Primera Guerra Mundial se exilió voluntariamente en Basilea, donde fue uno de los fundadores del movimiento Dada y elaboró sus primeros relieves policromados, tal vez sus piezas más célebres. En la década de 1920, nuevamente establecido en París, mantuvo estrechos contactos con los surrealistas, cuya influencia se vio reflejada en su obra. En 1930 se hizo miembro del grupo *Cercle et carré*, promotor de la abstracción pura con derivaciones geométricas, al que más adelante sucedió el denominado *Abstraction-Création*, del cual Arp fue uno de los más señalados impulsores.

ARQUÍLOCO DE PAROS (*Paros, actual Grecia, 712 a.C.-id., h. 664 a.C.) Poeta lírico griego*. De padre noble y madre esclava, perdió su fortuna y estuvo arruinado durante gran parte de su vida, e incluso tuvo que trabajar como mercenario para subsistir. Rechazado por la sociedad y por su amada, Neobule, hizo de ello tema de su poesía, cruda y satírica, siendo el primer poeta de la Antigüedad en tomar la propia vida como referente poético. Su poesía es de gran sinceridad, y destaca formalmente por el uso del metro yámbico para temas satíricos, razón por la cual se le considera uno de los principales renovadores de esta forma. Sus *Yambos* fueron prohibidos en Esparta, ya que iban dirigidos a Neobule y a su padre, y le acusaron de

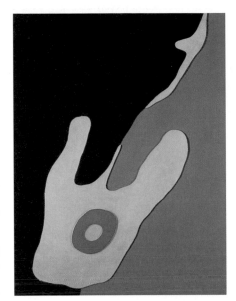

◄ Configuración, *obra del pintor y escultor francés Hans **Arp**, uno de los iniciadores de la abstracción pura.*

haber inducido a ambos al suicidio. También escribió himnos y elegías, pero del total de su obra sólo se han conservado algunos fragmentos.

ARQUÍMEDES (*Siracusa, actual Italia, h. 287 a.C.-id., 212 a.C.) Matemático griego*. Hijo de un astrónomo, quien probablemente le introdujo en las matemáticas, estudió en Alejandría, donde tuvo como maestro a Conón de Samos y entró en contacto con Eratóstenes; a este último dedicó Arquímedes su *Método*, en el que expuso su genial aplicación de la mecánica a la geometría, «pesando» imaginariamente áreas y

▼ *Mosaico de Herculano que representa la muerte de **Arquímedes** a manos de un soldado romano, al negarse aquél a acompañarlo hasta que no hubiera resuelto el problema matemático en el que estaba enfrascado.*

▲ *Relieve egipcio de época romana en el que un esclavo negro usa un tornillo de* **Arquímedes** *con los pies.*

volúmenes desconocidos para determinar su valor. Regresó luego a Siracusa, donde se dedicó de lleno al trabajo científico. De la vida de este gran matemático e ingeniero, a quien Plutarco atribuyó una «inteligencia sobrehumana», sólo se conocen una serie de anécdotas. La más divulgada la relata Vitruvio y se refiere al método que utilizó para comprobar si existió fraude en la confección de una corona de oro encargada por Hierón II, tirano de Siracusa y protector de Arquímedes, quizás incluso pariente suyo. Hallándose en un establecimiento de baños, advirtió que el agua desbordaba de la bañera a medida que se iba introduciendo en ella; esta observación le inspiró la idea que le permitió resolver la cuestión que le planteó el tirano. Se cuenta que, impulsado por la alegría, corrió desnudo por las calles de Siracusa hacia su casa gritando «Eureka! Eureka!», es decir, «¡Lo encontré! ¡Lo encontré!». La idea de Arquímedes está reflejada en una de las proposiciones iniciales de su obra *Sobre los cuerpos flotantes*, pionera de la hidrostática; corresponde al famoso principio que lleva su nombre y, como allí se explica, haciendo uso de él es posible calcular la ley de una aleación, lo cual le permitió descubrir que el orfebre había cometido fraude. Según otra anécdota famosa, recogida por Plutarco, entre otros, Arquímedes aseguró al tirano que, si le daban un punto de apoyo, conseguiría mover la Tierra; se cree que, exhortado por el rey a que pusiera en práctica su aseveración, logró sin esfuerzo aparente, mediante un complicado sistema de poleas, poner en movimiento un navío de tres mástiles con su carga. Son célebres los ingenios bélicos cuya paternidad le atribuye la tradición y que, según se dice, permitieron a Siracusa resistir tres años el asedio romano, antes de caer en manos de las tropas de Marcelo; también se cuenta que, contraviniendo órdenes expresas del general romano, un soldado mató a Arquímedes por resistirse éste a abandonar la resolución de un problema matemático en el que estaba inmerso, escena perpetuada en un mosaico hallado en Herculano. Esta pasión por la erudición, que le causó la muerte, fue también la que, en vida, se dice que hizo que hasta se olvidara de comer y que soliera entretenerse trazando dibujos geométricos en las cenizas del hogar o incluso, al ungirse, en los aceites que cubrían su piel. Esta imagen contrasta con la del inventor de máquinas de guerra del que hablan Polibio y Tito Livio; pero, como señala Plu-

▲ *El músico chileno, nacionalizado estadounidense, Claudio* **Arrau**, *junto al piano, en una de las salas de conciertos en las que tantos éxitos obtuvo.*

tarco, su interés por esa maquinaria estribó únicamente en el hecho de que planteó su diseño como mero entretenimiento intelectual. El esfuerzo de Arquímedes por convertir la estática en un cuerpo doctrinal riguroso es comparable al realizado por Euclides con el mismo propósito respecto a la geometría; esfuerzo que se refleja de modo especial en dos de sus libros: en los *Equilibrios planos* fundamentó la ley de la palanca, deduciéndola a partir de un número reducido de postulados, y determinó el centro de gravedad de paralelogramos, triángulos, trapecios, y el de un segmento de parábola. En la obra *Sobre la esfera y el cilindro* utilizó el método denominado de exhaustión, precedente del cálculo integral, para determinar la superficie de una esfera y para establecer la relación entre una esfera y el cilindro circunscrito en ella. Este último resultado pasó por ser su teorema favorito, que por expreso deseo suyo se grabó sobre su tumba, hecho gracias al cual Cicerón pudo recuperar la figura de Arquímedes cuando ésta había sido ya olvidada.

ARRAU, CLAUDIO *(Chillán, Chile, 1903-Mürzzuschlag, Austria, 1991) Pianista chileno, nacionalizado estadounidense.* Niño prodigio, debutó a los cinco años de edad con un recital en su localidad natal. Una beca del gobierno chileno le permitió perfeccionar sus conocimientos en Berlín, donde tuvo como maestro a Martin Krause, uno de los últimos discípulos de Liszt. Su consagración llegó tras conquistar por dos veces consecutivas (1919 y 1920) el prestigioso Premio Liszt. Establecido en Nueva York desde el año 1941, solicitó y obtuvo la nacionalidad estadounidense en 1979. El repertorio de Arrau, muy vasto, abarcaba desde Bach hasta los autores contemporáneos, pasando por Mozart, Beethoven, Liszt, Schubert, Chopin o Debussy. Arrau no sólo ha sido uno de los más destacados pianistas del siglo XX, cuyo magisterio ha quedado conservado en sus numerosas grabaciones discográficas, sino también uno de los últimos continuadores de una tradición interpretativa que hunde sus raíces en Franz Liszt: aquella que considera el virtuosismo técnico únicamente como un medio para servir a la música, y no como un fin en sí mismo.

ARRHENIUS, SVANTE AUGUST *(Wijk, Suecia, 1859-Estocolmo, 1927) Físico y químico sueco.* Estudió física y química en la Universidad de Uppsala. En 1881 se trasladó a Estocolmo, y bajo la supervisión de Erik Edlung, llevó a cabo investigaciones sobre la polarización eléctrica y la conductividad de las disoluciones. En 1883, Arrhenius propuso que ciertas sustancias (electrólitos) se convertían en activas y conductoras (iones) cuando se hallaban en disolución; en el caso de los ácidos y las bases, su fuerza dependía directamente del grado de disociación que presentaban. Publicó *Investigaciones sobre la conductividad galvánica de los electrólitos*. Trabajó en Europa con los más eminentes físico-químicos de la época como Ostwald, Boltzmann y Van't Hoff, entre otros. En 1903 fue galardonado con el Premio Nobel de Química.

ARRIO *(?, h. 260-Constantinopla, hoy Estambul, 336) Sacerdote libio.* Discípulo de Luciano de Antioquía, su doctrina acerca de la Trinidad propugnaba que el Hijo no es igual al Padre, que no es de su misma naturaleza y no participa de su eternidad. Su doctrina, conocida como arrianismo, relegaba a Jesucristo al rango de figura secundaria y subordinada, lo que le valió, tras violentas polémicas religiosas y políticas, la condena de los concilios de Nicea (325) y Constantinopla (381). Su muerte impidió que llegara a reconciliarse con la Iglesia, tras aceptar una fórmula de compromiso. El arrianismo se extendió con un éxito considerable entre algunas de las tribus germánicas, en especial los godos, gracias a la labor evangelizadora llevada a cabo por Ulfilas.

▲ *El químico sueco* **Arrhenius** *en su laboratorio. Precursor de la química-física moderna, destacan sobre todo sus trabajos sobre la electrólisis.*

▲ *José* **Artigas**, *prócer del Uruguay, en un retrato al óleo realizado durante su exilio en Paraguay, que se prolongó tres decenios, desde 1820 hasta su muerte, en 1850.*

◀ **Arrio** *fue excomulgado en el concilio de Nicea, que condenó también sus tesis acerca de la Trinidad. En la ilustración, san Ambrosio condena a los arrianos, en el mismo concilio.*

ARROW, KENNETH JOSEPH *(Nueva York, 1921) Economista estadounidense.* Profesor en las universidades de Chicago, Stanford y Harvard, donde contribuyó decisivamente a la creación de uno de los departamentos de teoría económica más importantes del mundo, recibió una formación matemática que completó en 1951 con un doctorado en economía en la Universidad de Columbia. Ese mismo año publicó su obra más importante, *Elección social y valores individuales*, en la que expuso su «teorema de la imposibilidad», según el cual resulta inviable elaborar una función de bienestar social a partir de funciones de bienestar individual sin infringir ciertas condiciones mínimas de racionalidad y equidad. Considerado el fundador de la moderna teoría económica de la elección social, en 1972 compartió el Premio Nobel de Economía con el británico John R. Hicks.

ARTIGAS, JOSÉ GERVASIO *(Montevideo, 1764-Ibiray, cerca de Asunción, Paraguay, 1850) Líder patriótico y militar uruguayo.* Nacido en el seno de una de las primeras familias fundadoras de Montevideo, cursó sus estudios en un convento franciscano. Durante su adolescencia residió en el interior del país, lo cual le reportó un excelente conocimiento del campo y de su gente. En 1797 ingresó en el cuerpo de Blandengues, milicia española que tenía encomendada la defensa de Montevideo y de la cual fue designado capitán. Tras la revolución de 1910 en Buenos Aires, abandonó el cuerpo de Blandengues y ofreció sus servicios a la Junta Revolucionaria, en lucha contra el gobernador español de Montevideo. El 18 de mayo de 1811 lideró la primera victoria contra las tropas españolas en la Banda Oriental, en la batalla de Las Piedras, tras lo cual puso sitio a Montevideo. El virrey Francisco Javier de Elío pidió entonces ayuda a Portugal, que invadió la Banda Oriental por el norte. La solución del conflicto fue un acuerdo firmado entre la Junta Revolucionaria de Buenos Aires y el gobernador de Montevideo, sin la participación de los orientales liderados por Artigas. Se inició entonces lo que se conoce como el Éxodo del Pueblo Oriental, el desplazamiento de alrededor de 16 000 personas al mando de Artigas, hacia el norte, que se establecieron a orillas del río Ayuí y compartieron la primera experiencia colectiva de una organización oriental. El pensamiento artiguista quedó plasmado en las Instrucciones del año XIII, dadas a los diputados orientales para que fueran presentadas a la Asamblea Constituyente de Buenos Aires: independencia, república y federalismo fueron los pilares del documento. En 1815, en coherencia con sus ideales, creó la Liga Federal, integrada por la Provincia Oriental (Banda Oriental), y las provincias de Entre Ríos, Corrientes, Misiones, Santa Fe y Córdoba. Sin lograr poner freno al avance portugués, y tras protagonizar enfrentamientos con caudillos entrerrianos y santafesinos (quienes habían pactado con el centralismo porteño), en 1820 Artigas partió hacia Paraguay, donde permaneció hasta su muerte, ocurrida el 23 de septiembre de 1850.

ASDRÚBAL llamado *el Viejo (?, 270 a.C.-?, 221 a.C.) General cartaginés.* Yerno de Amílcar Barca, a la muerte de éste asumió el mando de las tropas cartaginesas establecidas en el sur de la península Ibérica, lo cual indica un importante grado de independencia respecto a la metrópoli púnica, ya que ésta no pudo hacer otra cosa que ratificarlo en su cargo. Continuó la campaña de su suegro y destacó por su habilidad diplomática, que le atrajo la alianza de muchos régulos ibéricos. Fundó la ciudad de Cartago Nova, la actual Cartagena, que se convirtió en la principal base de operaciones de los cartagineses fuera de Cartago, y, paralelamente, en el 226 a.C., firmó un tratado con los romanos por el que ambas potencias se repartían el dominio de la península Ibérica, quedando la parte al sur del Ebro en poder de los cartagineses. A su muerte, a manos de un esclavo celtíbero, Aníbal Barca asumió el mando del ejército cartaginés.

ASIMOV, ISAAC *(Petrovich, actual Rusia, 1920-Nueva York, 1992) Escritor estadounidense de origen ruso.* Doctor en química, fue por un tiempo profesor asociado de bioquímica en la Universidad de Boston, cargo que abandonó para dedicarse a su obra, que incluye desde estudios científicos y ensayos de divulgación sobre múltiples campos hasta una abundante literatura de ficción. Ésta pertenece en general al género de la ciencia ficción, del que fue uno de los fundadores; destacan la trilogía *Fundación* (1942-1949), sobre el auge y la caída y de un gran imperio galáctico dominado por las leyes deterministas de la «psicohistoria», y sus relatos sobre robots (*Yo, robot*, 1950), verdadero subgénero de la ciencia ficción en el que estableció las famosas «leyes de la robótica». Escribió así mismo una *Historia universal* (1965-1975), en doce volúmenes. Extraordinariamente prolífico, llegó a publicar más de 500 obras.

▲ *Isaac **Asimov**, cuya extensísima producción ha conectado siempre con los gustos de un público devoto.*

▼ *Fred **Astaire** en una escena de la película* Sombrero de copa, *que protagonizó junto a Ginger Rogers, con quien formó una de las parejas míticas del cine.*

ASSAD, HAFEZ AL *(Qardaha, Siria, 1928-Damasco, id., 2000) Político sirio.* Formado militarmente en la Unión Soviética, ingresó en las filas del partido Baas, que llegó al poder en 1963 después de un golpe de Estado. Fue nombrado general de las fuerzas aéreas del nuevo régimen revolucionario, y ocupó diferentes cargos antes de convertirse en presidente de la República (1971). Cooperó con Egipto en la guerra del Yom Kippur contra Israel, pero luego se distanció de su aliado tras los acuerdos de paz de finales de los años setenta. Intervino en la guerra civil del Líbano y apoyó al régimen islamista de Irán frente a su enemigo Irak. Sobreviviente de varios intentos de golpe de Estado, su régimen fue un fiel aliado de la Unión Soviética en Próximo Oriente y acérrimo enemigo del Estado de Israel. La nueva situación internacional le llevó a acercarse a los países occidentales y a prestarles su apoyo contra Irak en la Guerra del Golfo Pérsico, al tiempo que iniciaba conversaciones de paz con Israel.

ASTAIRE, FRED [Frederick Austerlitz] *(Omaha, EE UU, 1899-Los Ángeles, id., 1987) Actor y bailarín estadounidense.* Su madre lo matriculó en una escuela de baile a los cuatro años de edad, con la intención de que acompañara a su hermana mayor, Adele, con quien formaría pareja de baile hasta 1932. Tras alcanzar el éxito en Broadway, en esta última fecha se trasladó a Hollywood con intención de afianzar su carrera como bailarín. Al año siguiente participó junto a Ginger Rogers en *Volando a Río*, película con la cual ambos obtuvieron un clamoroso éxito y que motivó que volvieran a actuar juntos en numerosas ocasiones, convirtiéndose en una de las parejas de baile más aclamadas de la historia del cine: *La alegre divorciada* (1934); *Roberta* (1935); *Sombrero de copa* (1935); *Ritmo loco* (1936). Posteriormente, bailó junto a Eleanor Powell, Rita Hayworth, Judy Garland, Cyd Charisse y Audrey Hepburn. En 1949 la Academia lo galardonó con un premio especial a su trayectoria artística. Retirado oficialmente desde el año 1971, siguió apareciendo de manera esporádica en películas y en series de televisión.

ASTURIAS, MIGUEL ÁNGEL *(Ciudad de Guatemala, 1899-Madrid, 1974) Escritor guatemalteco.* Interesado por las raíces mayas de su pueblo, estudió en la Sorbona con G. Raynaud las religiones de América Central. De este interés surgió su primera obra importante, *Leyendas de Guatemala* (1930), en la que recoge una colección de mitos y tradiciones de origen maya. En 1940 fue elegido diputado de la Asamblea Nacional y ejerció diversos cargos diplomáticos hasta que decidió exiliarse, en 1954. La preocupación por su país y por su trayectoria nacional y política se refleja en todas sus novelas, entre las que se destacan *El Señor Presidente* (1946), sobre la dictadura de Estrada Cabrera, y *Hombres de maíz* (1949), en la que recrea la vida de los indígenas, amenazada por la penetración de los colonizadores. En ambas novelas, Asturias combina lo maravilloso con el más acentuado realismo, por lo que se le considera uno de los creadores del llamado «realismo mágico». No es menor el interés de la trilogía formada por las novelas *Viento fuerte* (1949), *El Papa verde* (1954) y *Los ojos de los enterrados* (1960). Escribió también relatos (*Week-end en Guatemala*, 1956) de cariz político, y cultivó el teatro y la poesía, a menudo basada en temas indígenas. En 1966 fue nombrado embajador en París y ese mismo año le fue concedido el Premio Lenin de la Paz. Al año siguiente recibió el Nobel de Literatura.

ASURBANIPAL *(?-?, 627 a.C.) Rey de Asiria (669 a.C.-627 a.C.).* Heredó el trono de Assur a la muerte de su padre Asarhaddon, mientras que su hermano Shamash-shum-ukin recibió el de Babilonia. Las disposiciones de su padre hicieron que la transmisión del poder fuese pacífica, por lo cual Asurbanipal pudo dedicarse a continuar la ocupación de Egipto que aquél había iniciado. Tras vencer a los egipcios y con-

▼ *Miguel Ángel **Asturias**, autor de una literatura comprometida en la que denuncia el imperialismo y la discriminación que sufren los indígenas.*

◄ *Relieve que muestra a **Asurbanipal** al frente de sus tropas. El rey asirio extendió su imperio con la conquista de Egipto.*

quistar Tebas en el 663 a.C., Asurbanipal desencadenó una guerra contra los medos, que se extendió a Elam. En el 655 a.C., el ejército asirio derrotó a los elamitas cerca del río Ulai. Dos años más tarde, Asurbanipal venció a los medos cuando marchaban sobre Nínive. Con los recursos de Asiria forzados al máximo por la guerra en tantos frentes, Shamash-shum-ukin conspiró contra su hermano con la ayuda de los elamitas. Pero Asurbanipal reaccionó con rapidez y tomó Babilonia en el 652 a.C., para luego iniciar una ofensiva definitiva contra Elam, que fue arrasado. Los últimos años de su vida se vieron sacudidos por los conflictos internos y las incursiones de los escitas, en medio del declinar del antaño poderoso ejército asirio, que al fin se vio obligado a abandonar Egipto.

ATAHUALPA *(Quito, 1500-Cajamarca, actual Perú, 1533) Emperador inca (1525-1533).* Hijo del emperador Huayna Cápac y de Túpac Paclla, princesa de Quito, fue favorecido por su padre, quien, poco antes de morir, en 1525, decidió dejarle el reino de Quito, la parte septentrional del Imperio Inca, en perjuicio de su hermanastro Huáscar, el heredero legítimo, al cual correspondió el reino de Cusco. Aunque inicialmente las relaciones entre ambos reinos fueron pacíficas, la ambición de Atahualpa por ampliar sus dominios condujo al Imperio Inca a una larga y sangrienta guerra civil. En 1532, informado de la presencia de los españoles en el norte del Perú, Atahualpa intentó sin éxito pactar una tregua con su hermanastro. Huáscar salió al encuentro del ejército quiteño, pero fue vencido en la batalla de Cotabamba y apresado en las orillas del río Apurímac cuando se retiraba hacia Cusco. Posteriormente, Atahualpa ordenó asesinar a buena parte de los familiares y demás personas de confianza de su enemigo y trasladar al prisionero a su residencia, en la ciudad de Cajamarca. En ese momento, el emperador inca recibió la noticia de que se aproximaba un reducido grupo de gentes extrañas, razón por la que decidió aplazar su entrada triunfal en Cusco, la capital del imperio, hasta entrevistarse con los extranjeros. El 15 de noviembre de 1532, los conquistadores españoles llegaron a Cajamarca y Francisco Pizarro, su jefe, concertó una reunión con el soberano inca. Al día siguiente, Atahualpa entró en la gran plaza de la ciudad, con un séquito de unos tres o cuatro mil hombres prácticamente desarmados, para encontrarse con Pizarro, quien, con antela-

▲ ▶ *Portada de una crónica de Hernán López de Ayala que recrea el momento en que* **Atahualpa** *recibe a Pizarro. A la derecha, grabado realizado por Theodore de Bry en 1596, que representa la escena de la captura del jefe inca.*

▼ *Mustafá Kemal fue el principal artífice de la Turquía moderna. De ahí el título de* **Atatürk**, *que significa «Padre de los turcos».*

ción, había emplazado de forma estratégica sus piezas de artillería y escondido parte de sus efectivos en las edificaciones que rodeaban el lugar. No fue Pizarro, sin embargo, sino el fraile Vicente de Valverde el que se adelantó para saludar al Inca y le exhortó a aceptar el cristianismo como religión verdadera y a someterse a la autoridad del rey Carlos I de España; Atahualpa, sorprendido e indignado ante la arrogancia de los extranjeros, se negó a ello y arrojó al suelo la Biblia que se le había ofrecido. Pizarro dio entonces la señal de ataque: los soldados procedieron a emboscar y disparar a discreción y la caballería cargó contra los desconcertados e indefensos indígenas. Al cabo de media hora de matanza, varios centenares de incas yacían muertos en la plaza y su soberano era retenido como rehén por los españoles. A los pocos días, Atahualpa, temeroso de que sus captores pretendieran restablecer en el poder a Huáscar, ordenó desde su cautiverio el asesinato de su hermanastro. Unos meses más tarde, Pizarro decidió acusar a Atahualpa de idolatría, fratricidio y traición; fue condenado a la muerte en la hoguera, pena que el Inca vio conmutada por la de garrote, al abrazar la fe católica antes de ser ejecutado, el 29 de agosto de 1533. La noticia de su muerte dispersó a los ejércitos incas que rodeaban Cajamarca, lo cual facilitó la conquista del imperio y la ocupación sin apenas resistencia de Cusco por los españoles, en el mes de noviembre de 1533.

ATATÜRK, MUSTAFÁ KEMAL *(Tesalónica, actual Grecia, 1881-Estambul, 1938) Político turco.* Participó, en calidad de oficial, en la guerra ítalo-turca (1911-1912), en la que obtuvo la victoria en Tripolitania, y en la guerra balcánica de 1912-1913. Durante la Primera Guerra Mundial, ya con el grado de coronel y posteriormente el de general, venció en los Dardanelos (1915), aunque dicha victoria no pudo evitar la final derrota turca. Mostró su desacuerdo con el armisticio de Mudros (1918), lo que le llevó a crear el Partido Nacionalista Turco, con el que organizó la resistencia nacional. En 1920 fue nombrado presidente de la Asamblea Nacional, cargo desde el que se enfrentó militarmente a Grecia y Armenia, países a los que arrebató los territorios que habían recibido por el tratado de Sèvres (1920). El tratado de Lausana (1923) otorgó a Turquía los territorios conquistados, al tiempo que proclamaba la independencia de la joven República. En 1922 abolió el sultanato y en 1923 proclamó la República turca, de la que se erigió en máximo dirigente. Desde el primer momento, su política al frente del gobierno estuvo encaminada hacia un único objetivo, basado en la construcción de una nación turca a imagen y semejanza de los países occidentales. Para ello, promulgó un decreto a favor de la laicización de la Administración e introdujo importantes reformas, como la implantación de la monogamia, la puesta en marcha de un sistema educativo y una legislación laicos, y la introducción del calendario gregoriano y el alfabeto latino. Fue reelegido presidente en 1927, 1931 y 1935. Así mismo, en 1934 la Asamblea Nacional le concedió el título de «Atatürk» o «Padre de los turcos». En política económica impulsó la modernización e industrialización del país, y en cuestiones de política interior marginó a las minorías griega y kurda en aras de la unicidad étnica turca.

ATAÚLFO *(?-Barcelona, 415) Rey visigodo.* A la muerte de su cuñado Alarico, a finales del 410, Ataúlfo se convirtió en el nuevo rey de los visigodos. Tras abandonar Italia, marchó con todo su pueblo hacia la Galia, se cree que con la intención de destruir el poder del usurpador Jovino, para lo cual contaba con el beneplácito del emperador Honorio. Parece ser que cuando llegó a la Galia, en el 412, aparecieron diversos desacuerdos con los romanos y, al no recibir los suministros que le habían sido prometidos, empezó a actuar por cuenta propia. Tomó rapidamente Narbona, Toulouse y Burdeos, y las convirtió en el núcleo de un nuevo reino bárbaro. Para mejorar las relaciones con la población romana, mayoritaria en sus nuevos territorios, Ataúlfo casó con Gala Placidia, hermana del emperador, que había permanecido como rehén desde el saqueo de Roma. La sedentarización que proponía Ataúlfo no gustó a muchos, y en el 415 murió asesinado en Barcelona, adonde había acudido en busca de pertrechos para poder continuar su guerra con Honorio.

ATILA, llamado *el Azote de Dios (?-cerca de Budapest, 453) Rey de los hunos (433-453)*. Accedió al gobierno junto a su hermano Bleda en el 433. Su dominio no se limitaba a los hunos, sino que comprendía un gigantesco conglomerado de tribus germanas, en especial de ostrogodos del Mar Negro y alanos, que habían caído bajo su yugo. Tras lograr que el emperador de Oriente, Teodosio, le pagase un rescate de 700 libras de oro, Atila, que gobernaba un gran imperio que se extendía desde las estepas hasta Germania, se dirigió al oeste, empujando a muchas tribus germánicas a cruzar el *limes* del Rin. Tras la muerte de su hermano (445), gobernó en solitario e incrementó su agresividad: exigió un nuevo tributo a Constantinopla y luego invadió la Galia, pero fue derrotado por el general romano Aecio, aliado con los francos, los visigodos y los burgundios, en los Campos Cataláunicos. Tras reorganizar sus tropas, Atila invadió Italia (452), y marchó sobre Roma, pero fue disuadido de su propósito de proseguir en su avance por el papa León I *el Grande*.

ATTLEE, LORD CLEMENT RICHARD *(Londres, 1883-id., 1967) Estadista británico*. Profesor asociado de ciencias sociales en la London School of Economics y uno de los líderes más prestigiosos del Partido Laborista, fue elegido diputado en 1921. Durante la Segunda Guerra Mundial participó en los gabinetes de coalición del primer ministro Winston Churchill, al que derrotó en las elecciones de 1945, dando por vez primera el poder al Partido Laborista. Como primer ministro, llevó a término una política de reformas sociales y políticas, como la creación del Servicio Nacional de Salud, y llevó a cabo una serie de nacionalizaciones. Sin embargo, el ala más radical de su partido criticó duramente la moderación de las reformas. Tras ser derrotado en las elecciones convocadas en 1951, continuó al frente del Partido Laborista, cargo al que renunció en el año 1955 por razones de salud. Al año siguiente fue ennoblecido con el título de lord.

▲ *Wystan Hugh **Auden**, el principal de los cuatro poetas de Oxford y uno de los exponentes del realismo británico de los años treinta.*

«*A*lgunos libros son inmerecidamente olvidados; ninguno es inmerecidamente recordado.»

Wystan Hugh Auden

▲ *Clement Richard **Attlee** en 1946, cuando era primer ministro. El líder laborista puso en marcha, tras la guerra, el llamado «Estado del bienestar».*

AUB, MAX *(París, 1903-Ciudad de México, 1972) Escritor español*. Hijo de un alemán y una francesa, sus padres se establecieron en España en 1914. La influencia del surrealismo se evidenció en sus primeras obras, *Geografía* (1929) y *Luisa Alvareza Petreña* (1934). La guerra civil española interrumpió su producción literaria, y más adelante, en 1942, fue deportado a Argelia. Ese mismo año emigró a México, donde residiría hasta su muerte. Su obra literaria, de un humorismo crítico y una expresión barroca, abarca la narrativa, el teatro el ensayo y la poesía. La serie novelesca *El laberinto mágico*, integrada por *Campo cerrado* (1943) y *Campo francés* (1958), es su obra más destacada. En ella evoca los acontecimientos bélicos desde una perspectiva realista, y crítica respecto al régimen franquista. Volvió a España en los años sesenta, y retrató el ambiente de posguerra en *Las vueltas* (1964) y en *La gallina ciega* (1971).

AUDEN, WYSTAN HUGH *(York, Reino Unido, 1907-Viena, 1973) Poeta, ensayista y libretista estadounidense de origen británico*. Nacido en el seno de una familia católica, manifestó una pronta atracción por la poesía. Su reputación en este campo empezó a verse reconocida a partir de 1928, en que Stephen Spender, compañero de estudios en la Universidad de Oxford, hizo una edición privada de sus poemas. Tras graduarse ese mismo año, impartió clases en distintos centros británicos, colaborando con su compañero de la infancia, Christopher Isherwood, en dramas en verso como *El perro bajo la piel* (1935) y *La subida del F-6* (1936). El tono profético y el contenido social de sus poemas lo convirtieron en el poeta clave de la lírica británica de la década de 1930. El convencimiento que expresan las obras de este período de que la fuerza de la palabra y la acción política podían cambiar el curso de la historia, se vio trágicamente cuestionado a raíz del estallido de la guerra civil española. La derrota de la causa republicana y el avance del fascismo en Europa le obligaron a replantearse su concepción del arte: lejos de influir en el curso de la historia, aquél no era más que un producto de ésta. A pesar de las críticas que le llegaban desde su patria por lo que se consideraba una «huida», en 1939 fijó su residencia en Estados Unidos. Allí conoció a Chester Kallman, un joven poeta con el cual compartiría el resto de su vida. Fruto de la colaboración entre ambos fueron algunos de los más perfectos libretos de ópera de la historia del género: *La carrera del libertino* (1951), con música de Stravinski; *Elegía para jóvenes amantes* (1961) y *Los basáridas* (1966), ambas para Henze. Su última etapa creativa estuvo marcada por su aproximación al cristianismo y su preocupación por la adecuación entre arte y verdad: *La edad de la ansiedad* (1947), *El escudo de Aquiles* (1955), *En torno a la casa* (1965).

AUGUSTO [Cayo Julio César Octavio Augusto] *(Roma, 63 a.C.-Nola, actual Italia, 14 d.C.) Primer emperador romano (27 a.C.-14 d.C.).* Miembro de una de las familias más ricas de Roma, Octavio (que en el 27 a.C. recibiría el título de Augusto, nombre por el que es más conocido) fue adoptado como hijo por Julio César, su tío abuelo, cuando contaba dieciocho años (45 a.C.). Tras la conspiración republicana que acabó con la vida de César, el 15 de marzo del 44 a.C., Roma quedó sumida en la confusión política. Ante la incapacidad del Senado para gobernar, las reacciones amenazadoras del pueblo y del ejército, fieles a la memoria del dictador, favorecieron las aspiraciones de Marco Antonio, uno de los más estrechos colaboradores de César, así como las de Octavio, un joven aparentemente tímido y sin buena presencia, que reclamó sin vacilar la herencia y el nombre de César. Hábil y calculador, Octavio se comprometió a servir a la República, se enfrentó a Marco Antonio, partidario de un poder autocrático, y, con la ayuda de Cicerón, obtuvo del Senado, por una parte, el permiso para reclutar un ejército personal, y por otra, el *imperium* proconsular (el poder militar de comandante en jefe), lo cual le permitió vencer a Marco Antonio en Módena. No obstante, ambos rivales no tardaron en superar sus diferencias, y en octubre del 43 a.C. constituyeron junto a Lépido, antiguo jefe de la caballería de César, el segundo triunvirato. Se instituyó por ley una nueva magistratura, especie de triple dictadura, que les otorgaba plenos poderes durante cinco años a fin de restaurar la República. La primera acción del triunvirato fue eliminar la oposición anticesariana mediante proscripciones y presentar batalla en Oriente a Bruto y Casio, dos de los asesinos de César, quienes fueron derrotados y muertos en Filipos (42 a.C.). Alcanzada la paz, en el 40 a.C., el acuerdo de Brindisi permitió a los triunviros repartirse el territorio romano: Octavio recibió Occidente, Marco Antonio Oriente y Lépido África, quedando Italia como zona co-

▲ *Camafeo de ónice del s. I conocido como la «Gema Augustea», en el que aparece* **Augusto** *junto a la diosa Roma (una mano sostiene el laurel sobre la cabeza del emperador).*

▼ *Busto del emperador* **Augusto** *de joven, conservado en el Museo Romano de Mérida.*

mún. Al año siguiente, la renuncia de Lépido abrió las puertas a un nuevo enfrentamiento entre Octavio y Marco Antonio, quien no tardaría en ser acusado de querer crear un Estado en Oriente junto con la soberana egipcia Cleopatra. Habiendo recibido el poder tribunicio (36 a.C.), Octavio promovió la guerra contra Egipto, y en el 31 a.C. fue nombrado cónsul para luchar contra Marco Antonio y Cleopatra. El suicidio de ambos, tras ser vencidos en la batalla naval de Actium, supuso la incorporación del territorio egipcio a Roma y dejó a Octavio solo al frente del Estado (septiembre del 31 a.C.). Pese a haber manifestado el deseo de restaurar la República, en el 27 a.C., dos años después de conseguir la dignidad de *princeps*, Octavio recibió la de Augusto, lo cual le permitió concentrar todo el poder de Roma en sus manos e instaurar un régimen imperial. Años más tarde, en el 12 a.C., se convirtió también en la máxima autoridad religiosa al ser nombrado *pontifex maximus*. Consciente de los riesgos que implicaba una expansión constante del imperio, Augusto realizó una política exterior claramente pacifista, de modo que, tras dominar la Hispania interior (19 a.C.) y anexionarse Armenia, en el 17 a.C. proclamó la *pax romana* o *augusta*, tan sólo alterada por una fallida campaña contra Germania, que estableció la frontera septentrional de Roma en el Rin (4-9 d.C.). En el interior, Augusto llevó a cabo una profunda reorganización de la administración romana: reformó el Senado y creó nuevas instituciones de gobierno, redefinió la estructuración territorial con una nueva división provincial, saneó la hacienda pública con la introducción de nuevos impuestos e impulsó la creación de importantes infraestructuras viarias. A su muerte (19 de agosto del 14 d.C.), el imperio pasó a manos de su hijo adoptivo Tiberio.

AURELIANO [Lucio Domicio] *(?, 215-cerca de Bizancio, hoy Estambul, 275) Emperador romano de origen ilirio (270-275).* De origen humilde, pronto destacó en diversos cargos de la administración romana, y llegó a ser embajador en Persia (260). Estuvo implicado en los conflictos internos que sacudieron el imperio, y combatió contra los godos y los alamanes a las órdenes de Claudio II, *el Gótico*. Al llegar al poder hubo de hacer frente a numerosas invasiones germánicas, a las que derrotó en una serie de batallas; a continuación marchó a Oriente, que había caído en manos de Zenobia de Palmira, e inició una doble ofensiva a través de Egipto y Asia Menor, que culminó en la batalla de Emesa (273), donde la infantería romana fue determinante. Tras destruir el reino de Palmira, se dedicó a consolidar la situación interna, por lo que tuvo que sofocar varias rebeliones, al tiempo que volvía a incorporar la parte occidental del imperio. Murió en Tracia, mientras preparaba una campaña contra Persia.

AUSTEN, JANE *(Steventon, Gran Bretaña, 1775-Winchester, id., 1817) Novelista británica.* Su padre, un clérigo protestante, era rector de la parroquia de Steventon. Séptima hija de una familia de ocho hermanos, su padre se encargó personalmente de su educación. En 1801, los Austen se trasladaron a Bath y, tras la muerte del cabeza de familia, en 1805, primero a Southampton y luego a Chawton, un pueblo de Hampshire, donde la escritora redactó la mayoría de sus novelas. La suya fue una vida sin grandes acontecimientos, apenas sin nada que turbara la placidez de una existencia pequeñoburguesa y provinciana; sólo muy de tarde en tarde realizaba algún que otro viaje a Londres. Tampoco llegó a contraer matrimonio. Sus novelas reflejan en gran medida este mundo rural y acomodado que le tocó vivir, el tipo de personas que la rodeaban y sus dramas a pequeña escala. Tampoco hay grandes sorpresas en las tramas que urde para sus personajes, pero sí un agudo tratamiento psicológico de los complejos nudos de

▶ *Steventon Manor House, casa natal de Jane **Austen**, donde la escritora pasó gran parte de su vida.*

▲ *Silueta de Jane **Austen** dibujada por una de sus hermanas. El boceto apareció en la segunda edición de* El parque de Mansfield.

> *«La mitad del mundo no puede comprender los placeres de la otra mitad.»*
>
> Jane Austen

relaciones personales, sentimientos y deseos que los definen y recortan su identidad. Sus obras ofrecen una visión amable del mundo de la clase media provinciana del sur de Inglaterra, aunque matizado por una ironía sutil que impregna todo el texto. Las seis novelas que escribió conviene agruparlas en dos períodos diferentes. Durante el primero vieron la luz una serie de títulos, algunos de los cuales tardaron más de quince años en ser editados. Éste fue el caso de *Orgullo y prejuicio (Pride and prejudice)*, considerada la mejor de sus novelas, cuya redacción emprendió el año 1796, aunque no se publicaría hasta 1813. En ella, Austen relata la historia de las cinco hermanas Bennet y las tribulaciones de sus respectivos amoríos. También son de este período *Sentido y sensibilidad (Sense and sensibility,* 1811), centrada otra vez en la historia de dos hermanas y sus asuntos amorosos, caracterizada por su realismo, y *La abadía de Northanger (Northanger Abbey,* 1818), una especie de parodia sobre la novela gótica, tan en boga a finales del siglo XVIII. Su segunda etapa creativa empezó en 1811, y marcó su recuperación tras doce años de esterilidad creadora. *El parque de Mansfield (Mansfield Park,* 1814), *Emma* (1816) y *Persuasión (Persuasion,* publicada póstumamente) son títulos que corresponden a este momento, y todos ellos narran los enredos románticos de sus tres heroínas, tratados con gracia y profundidad. Tiempo después de su muerte aparecieron varias novelas incompletas, como *Los Watson, Fragmentos de una novela, Plan para una novela* y su correspondencia, publicada bajo el título de *Cartas.* Jane Austen contó desde un principio con una acogida excelente para sus novelas, en un momento en que la temática romántica parecía agotada. Son relatos en que predominan la observación incisiva y los detalles meticulosos en una trama que consigue dar fuerza a acontecimientos en apariencia triviales y cotidianos, y que rescatan, incluso para los personajes secundarios, un cierto sentido de universalidad que tan gratos los hizo a los lectores y por los cuales la escritora se convirtió en uno de los grandes difusores de la novela británica.

AUSTIN, JOHN LANGSHAW *(Lancaster, Reino Unido, 1911-Oxford, id., 1960) Filósofo británico.* Principal representante de la denominada «filosofía del lenguaje ordinario» de Oxford, se distinguió en esta universidad como estudioso de lenguas clásicas, hasta que en 1933 fue acogido como *fellow* en el All Souls College. Más tarde pasó a ser *fellow* tutor del Magdallen College, también en Oxford. Durante la Segunda Guerra Mundial trabajó en los servicios de inteligencia del ejército británico, donde alcanzó el grado de teniente coronel. En 1952 obtuvo la cátedra de filosofía moral de Oxford. En su obra más importante, titulada *Cómo hacer cosas con palabras* (1952), lleva a cabo una serie de análisis del lenguaje bajo el principio general de que la mayoría de problemas filosóficos desaparecerían si las palabras se usasen de modo adecuado. En especial, esta obra impuso los conceptos de «acto de habla» y de «fuerza ilocucionaria», que dieron mayor precisión y alcance práctico a las teorías del «segundo» Wittgenstein, y a sus críticas a la concepción logicista y referencialista del lenguaje.

AVEDON, RICHARD *(Nueva York, 1923) Fotógrafo estadounidense.* Empezó a practicar la fotografía a la edad de diez años: su primer modelo fue el compositor ruso Serguéi Rachmaninov, amigo personal de sus padres. Estudió la disciplina en la New School of Social Research, después de lo cual realizó trabajos para revistas de moda como *Harper's Bazaar* (1946-1965), *Vogue* (1966-1990) y el semanario *The New Yorker.* Avedon se convirtió en uno de los fotógrafos de moda más influyentes del siglo, con un estilo caracterizado por el constante juego entre contrastes, tanto visuales (negro y blanco) como conceptuales (sofisticación y frivolidad). Entre sus trabajos más destacados cabe señalar así mismo numerosos retratos, a menudo austeros y hieráticos. En 1959 se publicó la primera antología de su obra fotográfica, *Observations*, seguida más adelante por *Nothing personal* (1974) y *Portraits* (1976), entre otras.

AVEMPACE [Ibn Badcha] *(Zaragoza, s. XI-Fez, Marruecos, 1138) Filósofo musulmán.* Considerado como el primer filósofo famoso de los musulmanes españoles, gozó

▲ *Averroes, uno de los más importantes filósofos del Medievo, intentó congraciar el racionalismo aristotélico con una metafísica monoteísta.*

▼ *Dibujo de la anatomía humana, realizado por* **Avicena***. Los hallazgos de este médico persa, que intentó amalgamar la ciencia y la filosofía, estuvieron plenamente vigentes hasta el Renacimiento.*

de un gran prestigio en la corte de los almorávides. Escribió diversas obras filosóficas y científicas, siendo la más destacada el *Régimen del solitario*, de la que sólo se conserva el resumen que en el siglo XIV redactó el filósofo hebreo Moshé de Narbona. En ella convierte el problema aristotélico del intelecto en un camino para elevar y purificar al hombre, llevando así una cuestión lógica y metafísica al terreno de la mística y la religión. De orientación también aristotélica es su *Del alma*, así como la *Carta del adiós*, de las que hace mención Averroes. Según algunos autores musulmanes, murió envenenado.

AVERROES, llamado *Ibn Rushd* (El Commentator) *(Córdoba, 1126-?, 1198) Filósofo musulmán.* Hijo y nieto de jueces, estudió teología, jurisprudencia, medicina, matemáticas y filosofía, llegando a ocupar diversos puestos judiciales, hasta que en 1182 fue nombrado médico del califa Yusuf. Pero su sucesor, Almanzor, desterró a Averroes a Elisana, cerca de Córdoba, acusado de promover la filosofía aristotélica con menoscabo de la religión islámica. Toda su obra, sin embargo, es un intento de conciliar ambas doctrinas, pues, según él, la teología expresa alegóricamente lo que la filosofía conoce científicamente –aunque los teólogos averroístas cristianos consideraron independientes ambas verdades–. Entre sus obras destacan los *Comentarios*, las *Cuestiones* y las *Disertaciones físicas*, todas ellas referidas a la obra aristotélica.

AVICENA [Abu'Ali al-Husayn ibn'abd Allah ibn Sina] *(Bujara, actual Irán, 980-Hamadan, id., 1037) Médico y filósofo persa.* Sus trabajos abarcaron todos los campos del saber científico y artístico de su tiempo, e influyeron en el pensamiento escolástico de la Europa medieval, especialmente en los franciscanos. Educado por su padre en Bujara, a los diez años ya había memorizado el Corán y numerosos poemas árabes. Estudió medicina durante su adolescencia, hasta recibir, con sólo dieciocho años, la protección del príncipe Nuh ibn Mansur, lo cual le permitió entrar en contacto con la biblioteca de la corte samánida. Su vida sufrió un brusco cambio con la muerte de su padre y la caída de la casa samánida por obra del caudillo turco Mahmud de Ghazna. Durante el siguiente período de su vida ejerció la medicina en diversas ciudades de la región de Jorasan, hasta recalar en la corte de los príncipes Buyid, en Qazvin. En estos lugares no encontró el soporte social y económico necesario para desarrollar su trabajo, por lo que se trasladó a Hamadan, ciudad gobernada por otro príncipe Buyid, Shams ad-Dawlah, bajo cuya protección llegó a ocupar el cargo de visir, lo que le valió no pocas enemistades que le obligaron a abandonar la ciudad tras la muerte del príncipe. Fue en esta época cuando escribió sus dos obras más conocidas. El *Kitab ash-shifa'* es una extensa obra que versa sobre lógica, ciencias naturales (incluso psicología), el *quadrivium* (geometría, astronomía, aritmética y música) y sobre metafísica, en la que se reflejan profundas influencias aristotélicas y neoplatónicas. El *al-Qanun fi at-tibb* (*Canon de medicina*), el libro de medicina más conocido de su tiempo, es una compilación sistematizada de los conocimientos sobre fisiología adquiridos por médicos de Grecia y Roma, a los cuales se añadieron los aportados por antiguos eruditos árabes y, en menor medida, por sus propias innovaciones. Por último, se trasladó a la corte del príncipe 'Ala ad-Dawlah, bajo cuya tutela trabajó el resto de sus días.

AVOGADRO DI QUAREGNA, AMEDEO *(Turín, 1776-id., 1856) Químico y físico italiano.* Fue catedrático de física en la Universidad de Turín durante dos períodos (1820-1822 y 1834-1850). En sus escritos publicados por el *Journal de Physique* (*Manera de determinar las masas relativas de las moléculas y las proporciones en las que éstas combinan*), establece la famosa hipótesis de que volúmenes de gases iguales a las mismas condiciones de temperatura y presión, contienen igual número de moléculas. Determinó que los gases simples como el hidrógeno y el oxígeno son diatómicos (H_2, O_2) y asignó la fórmula (H_2O) para el agua. Las leyes de Avogadro resolvieron el conflicto entre la teoría atómica de Dalton y las experiencias de Gay-Lussac. El número de partículas en un «mol» de sustancia fue denominado constante o número de Avogadro en su honor.

AYER, SIR ALFRED JULES *(Londres, 1910-id., 1989) Filósofo británico.* Introductor y difusor de los hallazgos del positivismo lógico en la filosofía británica a través de la publicación de *Lenguaje, verdad y lógica* (1936), Ayer consideraba que el principal cometido de la filosofía era, más que la construcción de sistemas metafísicos, el análisis del lenguaje. Así, negó que las aproximaciones metafísicas pudieran resultar esclarecedoras o aportar conocimiento y trató la teología, los valores éticos y la estética como meras expresiones emocionales. Aunque al principio se interesó en la epistemología y la metodología filosófica, sus trabajos posteriores reflejaron el peso de la influencia del empirismo inglés, aunque mantuvieron la aproximación lingüística a los problemas. Así, en *El problema del conocimiento* (1956) considera varios tipos de escepticismo al tiempo que realza la confianza en el sentido común.

AYLWIN, PATRICIO *(Santiago, 1919) Político y jurista chileno.* Miembro fundador del Partido Demócrata Cristiano chileno en 1957, fue elegido senador en 1964 y pasó a presidir la cámara senatorial tras del triunfo de la coalición de la Unidad Popular de Salvador Allende, aunque en 1972 abandonó su cargo. Enfrentado al gobierno de Allende, creó el Bloque de Derechas que apoyaría inicialmente al gobierno del general Augusto Pinochet (1973-1990), que derrocó al régimen constitucional de Salvador Allende. Con el tiempo, sin embargo, su postura fue variando, y pasó a liderar la oposición democrática. Las elecciones de 1990 lo convirtieron en el primer presidente constitucional tras diecisiete años de dictadura militar, cargo en el que permaneció hasta 1994, en que fue elegido presidente Eduardo Frei Ruiz-Tagle.

AZAÑA, MANUEL *(Alcalá de Henares, España, 1880-Montauban, Francia, 1940) Político y escritor español.* Uno de los políticos e intelectuales más destacados del republicanismo español, en 1900 se doctoró en derecho por la Universidad de Zaragoza. Tras ocupar por unos años plaza de

▼ Manuel **Azaña**, presidente de la Segunda República española, posa junto a los mandos militares de la época. Abajo, cartel propagandístico de Izquierda Republicana, partido fundado en 1934 por Marcelino Domingo y el propio Azaña.

funcionario de la Dirección General de Registros y Notariado, en 1911 marchó a París a ampliar estudios. A su regreso colaboró en periódicos como *El Sol* y se relacionó con el movimiento reformista liderado por Melquíades Álvarez. Poco más tarde se pasó a las filas republicanas y participó en la fundación de Acción Republicana, formación que proponía un mensaje social exento de demagogia, pese a lo cual fue disuelta durante la dictadura de Primo de Rivera. En un contexto de gran conflictividad social, Azaña colaboró intensamente al advenimiento de la Segunda República como miembro del comité revolucionario de 1930. Tras la abdicación de Alfonso XIII, formó parte del gobierno presidido por Niceto Alcalá Zamora. Como ministro de la Guerra reorganizó el ejército, y como parlamentario influyó en el tono laico de la nueva Constitución; en 1933, presionado por la oposición conservadora, se vio obligado a dimitir. En 1935 reagrupó su partido y, junto con Marcelino Domingo, fundó Izquierda Republicana, formación que constituyó la principal referencia del Frente Popular, alianza de izquierdas que obtuvo la victoria en las elecciones de 1936. Azaña accedió entonces a la jefatura del gobierno y poco después, tras la destitución de Alcalá Zamora, a la presidencia de la República. Pero la sublevación militar del 18 de julio que desencadenó la guerra civil trastocó de modo irreversible sus proyectos gubernamentales. En 1939, poco antes de finalizar la contienda, pasó a París, donde se refugió en la embajada española, en la que dimitió de su cargo a poco de su llegada. La obra escrita de Azaña ocupa lugar destacado en la historia de la cultura española del siglo XX. Intelectual lúcido y riguroso, fue autor de ensayos, históricos unos, como *Reims y Verdún* (1917) y *La política francesa contemporánea* (1919), y literarios otros, como *Vida de don Juan Valera* (1926), por el que se le concedió el Premio Nacional de Literatura.

AZNAR, JOSÉ MARÍA *(Madrid, 1953) Político español.* Estudió derecho y trabajó en el ministerio de Hacienda en los primeros años de la transición política española. Miembro de Alianza Popular desde 1979 y diputado a Cortes por Ávila en 1982, en

▲ *José María* **Aznar**, *líder del Partido Popular y presidente del gobierno español tras las elecciones de 1996, reelegido en 2000.*

▼ *Azorín, uno de los miembros más destacados de la Generación del 98, compartió con ellos el interés por reflejar el paisaje y el espíritu castellanos.*

1987 fue elegido presidente de la Comunidad Autónoma de Castilla y León. Abandonó el cargo en 1989 y, con el respaldo de Manuel Fraga, asumió la presidencia del Partido Popular (PP), desde la cual reorganizó el centroderecha español. En 1994, el PP ganó las elecciones al Parlamento Europeo, aunque la definitiva implantación de la formación política llegó con la victoria en las elecciones generales de 1996, que llevaron a Aznar a la presidencia del gobierno. Los buenos resultados económicos posibilitaron su reelección en las elecciones generales de 2000, en las que obtuvo la mayoría absoluta.

AZORÍN [José Martínez Ruiz] *(Monóvar, España, 1873-Madrid, 1967) Escritor español.* De formación esencialmente autodidacta, pese a haber cursado estudios universitarios, en su juventud se sintió atraído por el anarquismo y tradujo obras de Hamon y Kropotkin. Miembro destacado de la Generación del 98, etiqueta que él contribuyó a consolidar, su obra literaria posee un contenido en gran medida autobiográfico, en especial la trilogía novelesca que inició con *La voluntad*, en 1902. El escritor ensalza en sus textos lo que da título a su primera novela, *El alma castellana* (1900), a través de la evocación del paisaje y de la asunción de un determinado espíritu y una actitud que pretende reflejar la idiosincrasia de la tierra castellana, ideal compartido con el resto de los miembros de su generación literaria. Escrita con una prosa austera, hecha de frases cortas y precisas, carente de ornamentaciones, aunque punteada de pinceladas plásticas y detallistas, su obra está integrada por algunas novelas y obras de teatro, y, sobre todo, por libros de paisajes, ensayos políticos y artículos de opinión. Hombre zigzagueante en política, durante los años veinte apoyó la dictadura de Primo de Rivera, para declararse republicano en 1931. Residió en París durante la guerra civil, a cuyo término regresó a España, se estableció en Madrid y se declaró simpatizante del nuevo régimen. Destacan, entre sus libros de esta época, sus *Memorias: Madrid y Valencia* (1941), y la novela *El escritor* (1941). Su última obra, publicada en 1966, fue el ensayo *España clara*.

B

BABEL, ISAAK EMMANUÍLOVICH *(Odessa, Rusia, 1894-Moscú, 1940) Escritor soviético.* De origen judío, pertenecía a la generación de escritores surgidos de la Revolución de Octubre. Sus relatos, de gran maestría literaria, beben de la literatura francesa, en especial del naturalismo, y los primeros fueron publicados bajo la supervisión de Gorki, aunque pronto se dejaron de publicar en su periódico debido a su tono erótico y agresivo. Participó en la guerra civil y en la campaña de Polonia, experiencias en las que se basa la novela *Caballería roja* (1926), donde da parte de las dos facciones de la Revolución, por lo que recibió algunas críticas. En los *Cuentos de Odessa* (1931), su obra más reconocida, sigue la línea autobiográfica y retrata la vida de la burguesía provincial judía en la Rusia prerrevolucionaria, ambiente que también recreó en piezas teatrales. Con la subida de Stalin al poder, fue arrestado y fusilado por el régimen estaliniano, contrario al individualismo romántico de los primeros tiempos de la Revolución.

BABEUF, FRANÇOIS NOËL *(Saint Quentin, Francia, 1760-Vendôme, id., 1797) Teórico y revolucionario francés.* Durante los años anteriores a la Revolución Francesa, trabajó como funcionario al servicio de la aristocracia terrateniente de provincias. Entusiasta partidario de la Revolución, arremetió tanto contra el Terror jacobino como contra el régimen que surgió con la reacción termidoriana. Utilizó su propio periódico, *Le Tribun du Peuple*, donde firmaba como Gracchus Babeuf, para exponer sus teorías comunistas, como la abolición de la propiedad privada, la co-

▼ *Johann Christian Bach, cuya obra musical es testimonio de la transición de las formas barrocas a las clásicas.*

lectivización de la tierra y la abolición del derecho de herencia. A principios de 1796, aliado con jacobinos y antiguos terroristas, intentó derrocar el Directorio y establecer un nuevo régimen en la conspiración de los Iguales. El plan fue denunciado por un infiltrado, y los conjurados fueron detenidos; poco después, Babeuf sería condenado a muerte y, posteriormente, ejecutado.

BABINET, JACQUES *(Lusignan, Francia, 1794-París, 1872) Físico francés.* Estudió en la Escuela Politécnica. Ejerció como profesor en la Sorbona y en 1840 fue elegido miembro de la Academia de Ciencias. Su trabajo se centró fundamentalmente en la difracción de la luz. Determinó con más precisión las longitudes de onda y realizó estudios teóricos sobre los sistemas de difracción (teorema de Babinet). Interesado por las propiedades ópticas de los minerales, desarrolló nuevos instrumentos para la medición de ángulos y polarizaciones: el polariscopio, el goniómetro de colimador para medir índices de refracción, etc. También estudió fenómenos meteorológicos, en especial los de naturaleza óptica como el arco iris. Babinet fue el primer científico en sugerir que la longitud de onda de una línea espectral podía usarse como estándar fundamental de longitud.

BACH, JOHANN CHRISTIAN *(Leipzig, 1735-Londres, 1782) Compositor alemán.* Conocido como el «Bach de Londres», fue el menor de los hijos de Johann Sebastian. A la muerte de su padre en 1750, su hermano mayor, Carl Philipp Emanuel, se hizo cargo de su educación. A diferencia de los miembros de su familia, todos ellos centrados en la música instrumental y sacra, Johann Christian cultivó la ópera, género con el que se familiarizó durante su estancia en Milán, primero como discípulo del padre Martini y después, desde 1760, como organista de la catedral. *Artaserse* (1761) fue su primera incursión en el teatro, a la que siguieron *Catone in Utica* (1761), *Alessandro nell'Indie* (1762) y *Orione* (1763). Esta última fue la primera de las estrenadas en Londres, donde se estableció en 1762. En la capital británica compuso cerca de noventa sinfonías y oberturas, amén de numerosos conciertos, sonatas y composiciones de cámara, que encarnan a la perfección el espíritu de la música galante y anuncian el posterior estilo clásico. En este sentido, es destacable la influencia que ejerció sobre un Mozart de ocho años durante la visita que éste realizó a Londres en 1764.

BACH, JOHANN SEBASTIAN *(Eisenach, actual Alemania, 1685-Leipzig, 1750) Compositor alemán.* Considerado por muchos como el más grande compositor de todos los tiempos, nació en el seno de una dinastía de músicos e intérpretes que desempeñó un papel determinante en la música alemana durante cerca de dos siglos y cuya primera mención documentada se remonta a 1561. Hijo de Johann Ambrosius, trompetista de la corte de Eisenach y director de la música de dicha ciudad, la música rodeó a Bach desde el principio de sus días. A la muerte de su padre en 1695, se hizo cargo de él su hermano mayor, Johann Christoph, a la sazón organista de la iglesia de San Miguel de Ohrdruf. Bajo su dirección, el pequeño Bach se familiarizó rápidamente con los instrumentos de teclado, el órgano y el clave, de los que sería un consumado intérprete durante toda su vida. Su formación culminó en el convento de San Miguel de Lüneburg, donde estudió a los grandes maestros del pasado, entre ellos Heinrich Schütz, al tiempo que se familiarizaba con las nuevas formas instrumentales francesas que podía escuchar en la corte. A partir de estos años, los primeros del siglo XVIII, Bach estaba ya preparado para iniciar su carrera como compositor e intérprete. Una carrera que puede dividirse en varias etapas, según las ciudades en las que el músico ejerció: Arnstadt

JOHANN SEBASTIAN BACH
OBRAS MAESTRAS

MÚSICA VOCAL: *PASIÓN SEGÚN SAN JUAN* (1724); *PASIÓN SEGÚN SAN MATEO* (1727); *MAGNIFICAT EN RE MAYOR* (1731); *ORATORIO DE NAVIDAD* (1734); *MISA EN SI MENOR* (1749), alrededor de 200 cantatas sacras y 22 profanas; corales, motetes, cantos espirituales. **MÚSICA ORQUESTAL:** 6 *CONCIERTOS DE BRANDEMBURGO* (1721); 4 *SUITES ORQUESTALES*: en Do mayor (h. 1720), si menor (h. 1730), Re mayor (h. 1723) y Re mayor (h. 1723), 2 conciertos para violín y uno para 2 violines, 7 conciertos para clave, 3 para 2 claves, 2 para 3 claves y uno para 4 claves. **MÚSICA DE CÁMARA E INS-** **TRUMENTAL:** 6 sonatas y partitas para violín solo (1720), 6 suites para violoncelo solo (h. 1720), 6 sonatas para violín y clave (1723); *MUSIKALISCHES OPFER* (*Ofrenda musical*, 1747); *DIE KUNST DER FUGE* (1749). **MÚSICA PARA TECLADO:** 2 libros de *DAS WOHLTEMPERIERTE CLAVIER* (*El clave bien temperado*, 1722, 1742); 6 *SUITES INGLESAS* (1722); 6 *SUITES FRANCESAS* (1722); *CONCERTO ITALIANO* (1734); *VARIACIONES GOLDBERG* (1742), corales, invenciones, suites, danzas, tocatas, fugas, capriccios, passacaglias, preludios y fantasías para órgano y clave.

(1703-1707), Mühlhausen (1707-1708), Weimar (1708-1717), Köthen (1717-1723) y Leipzig (1723-1750). Si en las dos primeras poblaciones, sobre todo en Mühlhausen, sus proyectos chocaron con la oposición de ciertos estamentos de la ciudad y las propias condiciones locales, en Weimar encontró el medio adecuado para el desarrollo de su talento. Nombrado organista de la corte ducal, Bach centró su labor en esta ciudad sobre todo en la composición de piezas para su instrumento músico: la mayor parte de sus corales, preludios, tocatas y fugas para órgano datan de este período, al que también pertenecen sus primeras cantatas de iglesia importantes. En 1717 abandonó su puesto en Weimar a raíz de haber sido nombrado maestro de capilla de la corte del príncipe Leopold de Anhalt, en Köthen, uno de los períodos más fértiles en la vida del compositor, durante el cual vieron la luz algunas de sus partituras más célebres, sobre todo en el campo de la música orquestal e instrumental: los dos conciertos para violín, los seis *Conciertos de Brandemburgo*, el primer libro de *El clave bien temperado*, las seis sonatas y partitas para violín solo y las seis suites para violoncelo solo. Durante los últimos veintisiete años de su vida fue *Kantor* de la iglesia de Santo Tomás de Leipzig, cargo éste que comportaba también la dirección de los actos musicales que se celebraban en la ciudad. A esta etapa pertenecen sus obras corales más impresionantes, como sus dos *Pasiones*, la monumental *Misa en si menor* y el *Oratorio de Navidad*. En los últimos años de su existencia su producción musical descen-

▼ *Retrato de Johann Sebastian Bach. El músico alemán, con una extensa obra que abarca varios géneros, es uno de los más grandes compositores de todos los tiempos.*

◄ *Fragmento de la partitura original de la* Pasión según san Mateo, *una de las obras maestras de* **Bach**.

▼ *Retrato del político y filósofo inglés Francis* **Bacon** *después de ser nombrado lord canciller por el rey Jacobo I.*

dió considerablemente a causa de unas cataratas que lo dejaron prácticamente ciego. Casado en dos ocasiones, con su prima Maria Barbara Bach la primera y con Anna Magdalena Wilcken la segunda, Bach tuvo veinte hijos, entre los cuales descollaron como compositores Wilhelm Friedemann, Carl Philipp Emanuel, Johann Christoph Friedrich y Johann Christian. Pese a que tras la muerte del maestro su música, considerada en exceso intelectual, cayó en un relativo olvido, compositores como Mozart o Beethoven siempre reconocieron su valor. Recuperada por la generación romántica, desde entonces la obra de Johann Sebastian Bach ocupa un puesto de privilegio en el repertorio. La razón es sencilla: al magisterio que convierte sus composiciones en un modelo imperecedero de perfección técnica, se une una expresividad que las hace siempre actuales.

BACON, FRANCIS (*Londres, 1561-id., 1626*) *Filósofo y político inglés.* Su padre era un alto magistrado en el gobierno de Isabel I, y fue educado por su madre en los principios del puritanismo calvinista. Estudió en el Trinity College de Cambridge y en 1576 ingresó en el Gray's Inn de Londres para estudiar leyes, aunque pocos meses después marchó a Francia como miembro de una misión diplomática. En 1579, la muerte repentina de su padre lo obligó a regresar precipitadamente y a reemprender sus estudios, falto de recursos para llevar una vida independiente. En 1582 empezó a ejercer la abogacía, y fue magistrado cuatro años más tarde. En 1584 obtuvo un escaño en la Cámara de los Comunes por mediación de su tío, el barón de Burghley, a la sazón lord del Tesoro; durante treinta y seis años se mantuvo como parlamentario y fue miembro de casi todas las comisiones importantes de la cámara baja. La protección de Robert Devereux, segundo conde de Essex, le

permitió acceder al cargo de abogado de la reina. Su situación mejoró con la subida al trono de Jacobo I, quien lo nombró procurador general en 1607, fiscal de la Corona en 1613 y lord canciller en 1618, además de concederle los títulos de barón Verulam de Verulam y de vizconde de St. Albans. Sin embargo, en 1621, procesado por cohecho y prevaricación, fue destituido de su cargo y encarcelado. Aunque fue puesto en libertad al poco tiempo, ya nunca recuperó el favor real. Durante toda su carrera persiguió una reforma coherente de las leyes y el mantenimiento del Parlamento y los tribunales a salvo de las incursiones arbitrarias de los gobernantes; pero, sobre todo, su objetivo era la reforma del saber. Su propósito inicial era redactar una inmensa «historia natural», que debía abrir el camino a una nueva «filosofía inductiva», aunque la acumulación de cargos públicos le impidió el desarrollo de la tarea que se había impuesto, a la que, de hecho, sólo pudo dedicarse plenamente los últimos años de su vida. Sometió todas las ramas del saber humano aceptadas en su tiempo a revisión, clasificándolas de acuerdo con la facultad de la mente (memoria, razón o imaginación) a la que pertenecían; llamó a este esquema «la gran instauración», y muchos de los escritos dispersos que llegó a elaborar, como *El avance del conocimiento* (*Advancement of Learning*, 1605) –superado más tarde por el *De augmentis scientiarum*–, estaban pensados como partes de una *Instauratio magna* final. Criticando el planteamiento aristotélico, consideró que la verdad sólo puede ser alcanzada a través de la experiencia y el

▼ *Francis* **Bacon** *(izquierda) junto a la portada (derecha) de* Sylva sylvarum, *edición póstuma de la obra en que el pensador desarrollaba su filosofía natural.*

razonamiento inductivo, de acuerdo con un método del que dio una exposición incompleta en su *Novum organum scientiarum* (1620). El método inductivo que elaboró pretendía proporcionar un instrumento para analizar la experiencia, a partir de la recopilación exhaustiva de casos particulares del fenómeno investigado y la posterior inducción, por analogía, de las características o propiedades comunes a todos ellos. Según Bacon, ese procedimiento había de conducir, gradualmente, desde las proposiciones más particulares a los enunciados más generales. Aun cuando el método baconiano ejerció, nominalmente, una gran influencia en los medios científicos, lo cierto es que el filósofo desarrolló su pensamiento al margen de las corrientes que dieron lugar al surgimiento de la ciencia moderna, caracterizada por la formulación matemática de sus resultados, a la que él mismo no concedió la importancia debida. Bacon concibió la ciencia como una actividad social ligada a la técnica, elaborando una utopía, *Nueva Atlántida* (*The New Atlantis*, publicada póstumamente en 1627), basada en la organización científica de la sociedad.

BACON, FRANCIS *(Dublín, 1909-Madrid, 1992) Pintor inglés de origen irlandés*. Tras vivir un tiempo en Berlín, donde se familiarizó con la obra realista de Grosz , Dix y Beckmann, regresó a Londres y trabajó como pintor, decorador e ilustrador. Su actividad artística se inaugura propiamente con la angustiosa pintura *Tres estudios de figuras para la base de una crucifixión* (1944). Bacon fue un artista figurativo, pero que supo plasmar la dolorosa condición del ser humano desde la más absoluta subjetividad. Recurrió al informalismo, el expresionismo y a la evocación de los sueños característica del surrealismo, pero sus composiciones obedecen al racionalismo más estricto. Partiendo de imágenes ya existentes, como fotogramas de películas de Buñuel o representaciones médicas de enfermedades bucales, las recompuso para dotarlas de una violencia al estilo de Munch o Grünewald. De entre sus obras destacan *El papa Inocencio X de Velázquez* (1961) y *Mujer vaciando un cuenco y niño paralítico gateando según Muybridge* (1965).

BACON, ROGER, llamado *Doctor Mirabilis (Ilchester, actual Reino Unido, 1220-Oxford, id., 1292) Filóso-*

«*Sólo obedeciéndola se doblega a la naturaleza.*»

Francis Bacon
Novum organum

▶ *El filósofo y científico Roger **Bacon** representado mientras trabaja en su laboratorio. Este monje franciscano fue uno de los principales impulsores de la ciencia medieval.*

▼ *El pintor de origen irlandés Francis **Bacon** posa para una fotografía al lado de una de sus obras. Parte de su trabajo se basa en la interpretación de imágenes previas sacadas de fotografías, del cine o de otras pinturas.*

fo inglés. Estudió matemáticas, astronomía, óptica, alquimia y lenguas en las universidades de Oxford y París. Fue el primer europeo en describir el proceso de producción de la pólvora. Considerado el mayor reformador medieval de las ciencias experimentales, consideró la experiencia y no el razonamiento como fuente de la certeza y acentuó la importancia de las matemáticas en la búsqueda de las leyes que rigen la naturaleza. Bacon pretendía utilizar esta «ciencia de transformar los fenómenos» para posibilitar una reorganización del mundo bajo la estructura de una «república cristiana», en la que la filosofía había de quedar bajo la teología.

Algunas de sus ideas hicieron que fuera perseguido en su tiempo. Sus obras principales son: *Opus maius, Opus minus* y *Opus tertium*.

BAEYER, ADOLF VON *(Berlín, 1835-Starnberg, Alemania, 1917) Químico alemán*. Estudió con Robert Bunsen, pero fue A. Kekulé quien ejerció mayor influencia en su formación como especialista en química orgánica. Enseñó química en las universidades de Estrasburgo y Munich. Entre sus muchos logros científicos destacan el descubrimiento de la fenolftaleína y la fluoresceína, los derivados del ácido úrico como el ácido barbitúrico, y las resinas de fenol-formaldehído. Baeyer es conocido sobre todo por haber conseguido, tras más de dieciséis años de investigación, la síntesis del índigo. En 1883 estableció su estructura, pero hasta 1928, por medio de la cristalografía de rayos X, no se determinó que la estereoquímica del doble enlace era trans y no cis como proponía Baeyer. En 1905 recibió el Premio Nobel de Química.

BAEZ, JOAN *(Nueva York, 1941) Cantante folk estadounidense.* Figura clave del movimiento de la canción protesta en Estados Unidos durante la década de 1960, sus inicios musicales se orientaban hacia el *bel canto*, a causa de su voz portentosa, aunque acabó abandonándolo para dedicarse a la música popular. Su fama ha estado muy vinculada a su activismo político, el cual le ha valido algunas estancias en la cárcel. Su oposición a la intervención estadounidense en Vietnam, su lucha contra la discriminación racial y sexual y el apoyo constante al tercer mundo, han tenido un claro reflejo en su música. *Play Me Backwards* es considerado por la crítica como el mejor disco de su carrera. Sus primeras canciones fueron temas compuestos por Bob Dylan, por quien la cantante sentía una gran admiración, aunque ya en la década de 1970 Baez se lan-

▲ *Federico Martín* **Bahamontes**, *durante una etapa del Tour de Francia. Su talento natural para el ciclismo sobresalió sobre todo en la alta montaña.*

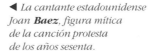

◀ *La cantante estadounidense Joan* **Baez***, figura mítica de la canción protesta de los años sesenta.*

zó a componer temas como *Diamonds and Rust*. Posteriormente su figura fue perdiendo actualidad, aunque supo mantener su carácter y popularidad.

BAHAMONTES, FEDERICO MARTÍN *(Santo Domingo, España, 1928) Ciclista español.* Siendo todavía un niño se trasladó, junto con su familia, a Toledo, ciudad en la que su padre encontró trabajo como guardia jurado. En 1948 dispuso de su primera bicicleta, y aquel mismo año demostró sus extraordinarias cualidades para la práctica del ciclismo al obtener la victoria en la Vuelta a Ávila, la primera carrera por etapas en la que participó. Profesional desde 1954, destacó por su habilidad en la gran montaña, así como por su carácter temperamental y excéntrico. Fue el mejor escalador en seis ediciones del Tour de Francia, competición que ganó en 1959. Ello lo convirtió en el primer español en conseguir este logro y a su regreso a España fue recibido con honores de campeón y nombrado mejor deportista del año. En esta misma prueba, la más importante del calendario ciclista, obtuvo un segundo puesto en 1960 y un tercero en 1961. Llamado por su procedencia «el Águila de Toledo», en su palmarés figuran también un Campeonato de España, dos Vueltas a Asturias, una Vuelta a Madrid y una Vuelta a los Puertos. Se retiró del deporte en 1965, tras lo cual abrió una tienda de material deportivo en Toledo.

BAIRD, JOHN LOGIE *(Helensburgh, Reino Unido, 1888-Bexhill-on-Sea, id., 1946) Físico británico.* Estudió ingeniería eléctrica en el Real Colegio Técnico y fue uno de los pioneros de la televisión. En 1922 investigó la posibilidad de transmitir imá-

▶ *El físico británico John* **Baird***, considerado el «inventor» de la televisión, junto a uno de sus aparatos.*

genes a distancia y en 1926 realizó en Londres la primera demostración pública de su sistema. En 1928 consiguió transmitir imágenes de Londres a Nueva York. Al año siguiente, su sistema de 240 líneas de barrido mecánico fue adoptado de manera experimental por la British Broadcasting Corporation (BBC), hasta que fue sustituido por el sistema de 405 líneas de barrido electrónico desarrollado por las industrias Marconi-EMI. Baird continuó sus investigaciones, y consiguió poner a punto diversos procedimientos para transmitir por televisión imágenes en color y estereoscópicas.

BAKUNIN, MIJAÍL ALEXANDROVICH *(Priamujino, actual Rusia, 1814-Berna, 1876) Teórico político y agitador revolucionario anarquista ruso.* Hijo de un terrateniente de ideas liberales, estudió en la escuela de artillería de San Petersburgo y llegó a ser oficial de la guardia imperial. Enviado a una unidad militar en la frontera polaca, se ausentó sin permiso y a punto estuvo de ser juzgado por deserción. Tras abandonar el ejército, comenzó a interesarse por la filosofía, principalmente por la obra de los alemanes Fichte y Hegel, y fue a estudiar dicha materia en Moscú y San Petersburgo. En 1840 viajó a Europa; en Berlín tuvo oportunidad de conocer las teorías de los neohegelianos de izquierda y de los socialistas utópicos franceses. Más tarde se trasladó a Dresde, ciudad en la que publicó un periódico radical que se puede considerar su primer manifiesto revolucionario. Por último, recaló en París, donde residió entre los años 1842 y 1848, coincidiendo con Herzen, Proudhon y Marx, y participó en las revoluciones que estallaron en este último año en la capital francesa y en Praga y Dresde. Detenido y condenado a muerte, la pena no se ejecutó y Bakunin fue entregado al gobierno ruso, el cual lo encarceló por siete años y en 1857 lo desterró a Siberia. Según parece, el gobernador de Siberia, Muraviev, era primo de la madre de Bakunin y gracias a ello se le concedió un permiso para salir de allí; un barco estadounidense lo llevó a Japón, luego a Estados Unidos y finalmente, en 1861, se trasladó a Londres, donde residiría cuatro años. En 1864 fundó en Ginebra la Hermandad Internacional de la Democracia Social, organización revolucionaria que se disolvió al integrarse en la Primera Internacional, en 1867. En este mismo año se dirigió a Suiza, donde apoyó la Liga por la

▲ *Bakunin retratado en un diario alemán en 1876. El revolucionario ruso, considerado el fundador del anarquismo como fuerza internacional organizada, dejó también una copiosa obra teórica.*

«*La pasión por la destrucción es también una pasión creativa.*»

Mijaíl A. Bakunin
La reacción en Alemania

paz y la libertad, a la que pertenecían personalidades como Garibaldi, Louis Blanc, Victor Hugo y Stuart Mill. Posteriormente formó la llamada Alianza Internacional de la Democracia Socialista, cuyo programa reivindicaba una serie de reformas que constituían la base de su doctrina política: la supresión de los Estados nacionales y la formación en su lugar de federaciones constituidas por libres asociaciones agrícolas e industriales; la abolición de las clases sociales y de la herencia, la igualdad de sexos y la organización de los obreros al margen de los partidos políticos. En 1870 fundó el Comité para la Salvación de Francia, asociación que dirigió la insurrección de la Comuna de Lyon. Las diferencias entre sus ideas y el autoritarismo de Marx llevaron a la expulsión de los anarquistas del seno de la organización durante el congreso de La Haya de la Primera Internacional, celebrado en 1872. Bakunin pasó sus últimos años en Suiza, viviendo pobremente y sin más aliento que la correspondencia que mantenía con pequeños grupos anarquistas. Expuso su pensamiento en una voluminosa obra y fue su discípulo James Guillaume quien, entre los años 1907 y 1913, en París, se encargaría de recopilar y editar todos sus libros. Del conjunto de su extensa obra destacan: *El llamamiento a los eslavos*, que denuncia a la burguesía como fuerza intrínsecamente antirrevolucionaria y propugna la creación en Europa Central de una federación libre de gentes eslavas; *El catecismo revolucionario* y *El Estado y la anarquía.*

BALAGUER, JOAQUÍN *(Santiago de los Caballeros, República Dominicana, 1907) Político dominicano.* Durante la dictadura de Rafael Leónidas Trujillo fue agente diplomático, ministro de Asuntos Exteriores y vicepresidente, antes de suceder como presidente de la nación al propio Trujillo, en 1960. Tras el asesinato de éste en 1961 se convirtió en un hombre decisivo para la política estadounidense en la isla, pero un año después Balaguer fue depuesto por el ejército y se vio obligado a exiliarse. Regresó a su país después de la intervención militar de Estados Unidos en 1965 y, con el apoyo estadounidense y al frente del Partido Reformista, ganó las elecciones presidenciales de 1966. Reelegido nuevamente en 1970 y 1974, consiguió mejorar la situación económica y dinamizar el desarrollo dominicano, y actuó con dureza frente a la agitación social y la actividad de la guerrilla. En 1976 perdió las elecciones frente al socialdemócrata S. A. Roldán. Pero en 1986, con setenta y ocho años, fue elegido de nuevo presidente, como líder de su antiguo partido, que pasó a llamarse Partido Reformista Socialcristiano. En 1990 y 1994 repitió los triunfos electorales, aunque en esta última ocasión fue acusado de fraude electoral. En 1996 pactó con su oponente Juan Bosch para impedir el triunfo del candidato socialista José Francisco Peña y situar en el poder a Leonel Fernández.

BALANCHIN, GEORGE [Georges Melitonovich Balanchivadze] *(San Petersburgo, 1904-Nueva York, 1984) Bailarín y coreógrafo ruso, nacionalizado estadounidense.* Formado en la tradición académica rusa de la Escuela Imperial de Ballet, se dio a conocer como miembro de los Ballets Rusos de Diaghilev, compañía para la que creó las coreografías de *Apollon Musagète* (1928), de Stravinski, y *El hijo pródigo* (1929), de Prokofiev. En ellas, sobre todo en la primera, dio los primeros ejemplos del depurado y personal estilo neoclásico que caracterizó toda su trayectoria y que aún resultaría más evidente en sus posteriores colaboraciones con Stravinski: *Danzas concertantes* (1944), *Orfeo* (1948) y *Agon* (1957). Estos trabajos los realizó ya en Estados Unidos, país en el que se estableció en 1933, después de una etapa, tras la muerte de su protector Diaghilev, como director de los Ballets Rusos de Montecarlo. Balanchin ha sido uno de los coreógrafos más influyentes del siglo XX, sobre todo a través de su labor al frente del New City Ballet, que él mismo había fundado.

BALBOA, VASCO NÚÑEZ DE *(Jerez de los Caballeros, España, 1475-Acla, actual Panamá, 1519) Descubridor español.* De origen gallego y linaje incierto, es probable que fuera hijo del hidalgo Nuño Arias de Balboa y de una dama de Badajoz. En 1501 emprendió su primer viaje con la expedición de Rodrigo de Bastidas a través de las islas del Caribe que pertenecen a la actual Colombia (Santa Marta, Cartagena y golfo de Urabá o Darién). Permaneció en La Española, pero no tuvo suerte en ella y se vio obligado a abandonarla. En 1508, Alonso de Ojeda y Diego de Nicuesa crearon dos nuevas gobernaciones en las tierras comprendidas

▲ *Joaquín **Balaguer**, varias veces reelegido presidente de la República Dominicana, desempeñó un papel crucial en la política del país desde 1960 hasta 1996, cuando era ya casi nonagenario.*

▼ *Grabado en el que aparece **Balboa** rodeado de una inscripción que lo proclama descubridor del Mar del Sur, nombre que se dio entonces al océano Pacífico.*

entre los cabos de la Vela (Venezuela) y de Gracias a Dios. A la más oriental denominó Nueva Andalucía, y a la situada al oeste del golfo de Urabá, Castilla del Oro. Un año más tarde huyó de sus acreedores de Santo Domingo y se embarcó como polizón en la expedición mandada por Enciso que salía al encuentro de Fernando Alonso de Ojeda, quien había fundado el establecimiento de San Sebastián de Urabá, en Nueva Andalucía, dejando en él a un grupo de hombres al mando de Francisco Pizarro. Poco después de su llegada, Balboa adquirió popularidad entre sus compañeros gracias a su carisma y a su conocimiento de la tierra. Más tarde, el regimiento se trasladó a Darién, donde Balboa fundó en 1510 el primer establecimiento permanente en tierras continentales americanas, Santa María de la Antigua del Darién. Elegido alcalde, envió emisarios a Nicuesa invitándolo a establecerse como gobernador en la Antigua, pero éste consideró el gesto como una intromisión y encabezó una misión de castigo, contra Balboa, pero éste venció, y Nicuesa fue abandonado a su suerte en un barco que se perdió en el mar. En 1511, Balboa obtuvo el cargo de gobernador; movido por el propósito de descubrir el mar del que hablaban los indígenas, se internó en el continente y el 25 de septiembre de 1513 culminó una de las mayores hazañas de la conquista española de América, el descubrimiento del Mar del Sur, nombre éste que dieron entonces al océano Pacífico. Tras la llegada de Pedrarias Dávila, el nuevo gobernador, Balboa conservó los cargos de adelantado de la Mar del Sur y gobernador de Panamá y Coiba, y emprendió la exploración de la costa pacífica. Al tener noticias de que su suegro iba a ser sustituido, regresó a Acla para prestarle apoyo, pero Pedrarias lo acusó de conspirar contra la Corona, y el descubridor fue juzgado, condenado a muerte y ejecutado en Acla.

BALBUENA, BERNARDO DE *(Valdepeñas, España, 1568-San Juan de Puerto Rico, 1627) Religioso y poeta español.* Marchó muy joven a México, donde ingresó en un seminario y fue ordenado sacerdote. En 1620 fue nombrado obispo de San Juan de Puerto Rico. Balbuena, dotado de un gran talento como versificador, se muestra afín a los postulados de Ariosto y Boiardo en sus poemas épicos, y a los de Teócrito y Virgilio en los pastoriles. Entre los primeros destacan *Bernardo o la victoria de Roncesvalles*, escrito en 1624 y que tiene como figura central a Bernardo del Carpio, y *La grandeza mexicana*, poema que ensalza la colonización española al evocar un imperio en el que nunca se pone el sol, cuya gran gesta es haber trasplantado su modo de vida a un territorio salvaje e inferior. Cabe destacar así mismo *El siglo de oro en las selvas de Erifile* (1608), novela pastoril en prosa y verso.

BALDUINO I *(?- 1118) Rey de Jerusalén.* Hermano de Godofredo de Bouillon, fue el primer rey cruzado de Jerusalén, si bien nunca utilizó este título y prefirió denominarse «defensor del Santo Sepulcro». Participó en la Primera Cruzada que conquistó Jerusalén a los turcos en 1099; recibió el condado de Edesa, y a la muerte de su hermano (1100) fue coronado rey del recién fundado reino cristiano de Jerusalén, que Balduino organizó según el modelo feudal francés, además de oponerse a los intentos de la Iglesia de reclamar para sí el nuevo reino. Su política exterior estuvo marcada por las luchas contra los Fatimíes de Egipto, que bloquearon la progresión de los cruzados hacia el sur, y por los conflictos territoriales con los bizantinos por el control de Edesa y Antioquía. A su muerte le sucedió su primo Balduino II.

BALDUNG, HANS, llamado *Grien (Gmünd, actual Alemania, h. 1484-Estrasburgo, actual Francia, 1545) Pintor, dibujante y artista gráfico alemán.* Se formó en el taller de Durero, pero se distinguió de su maestro por un acentuado gusto por los colores brillantes y por la distorsión voluntaria de las figuras. Desarrolló su actividad sobre todo en Estrasburgo y secundariamente en Friburgo, donde ejecutó el retablo mayor de la catedral, considerado su obra maestra. Entre sus numerosas realizaciones de temática religiosa, mitológica, alegórica, retratos y diseños para vidrieras y tapices, las más características de su estilo son aquellas en las que aparece algún componente macabro, como *Las edades y la muerte* o *La muerte y la doncella*. Algunas de sus obras y muchos de sus grabados están impregnados de contenido erótico y sensual.

BALENCIAGA, CRISTÓBAL *(Guetaria, España, 1895-Valencia, 1972) Modisto español.* A partir de la muerte de su padre, ya desde los diez años, tuvo que ayudar a su madre

▲ *Un gesto característico de Severiano **Ballesteros**, después de conseguir un emboque difícil en el Open británico de golf.*

▼ *José Manuel **Balmaceda**. Tras ocupar varios ministerios, fue presidente de Chile desde 1886 hasta 1891, año en que fue vencido por las tropas del Congreso, en el curso de una guerra civil.*

en el oficio de costurera para sustentar a la familia. A los veinte ya tenía su propio establecimiento en San Sebastián, y al estallar la guerra civil española se trasladó a París, donde se convirtió en uno de los diseñadores más influyentes, con propuestas nuevas, elegantes y a menudo llenas de pasión en el color y las formas. Permaneció siempre como una figura enigmática, alejada del mundo de la moda. En los años cincuenta, contrario al éxito del *new look*, lanzó el vestido camisero, el traje chaqueta y el tacón bajo, manteniendo la sobriedad de su estilo. Con la llegada del *prêt-à-porter*, la figura del diseñador de exclusivos fue relegada por la fórmula de la colección. Balenciaga no supo o no quiso adaptarse y se retiró en 1968. En 1973, con motivo de la reapertura del Instituto de la Indumentaria en el Metropolitan Museum de Nueva York, expuso más de un centenar de sus modelos.

BALLESTEROS, SEVERIANO *(Pedreña, España, 1957) Golfista español.* Hijo de un remero de la trainera de su localidad natal y sobrino de Ramón Sota, uno de los mejores golfistas españoles, inició su carrera como *caddie*. Profesional desde 1973, fecha en que se convirtió en el jugador más joven del circuito, consiguió su primera gran victoria en 1979, al imponerse en el Open británico. Al año siguiente obtuvo uno de los más preciados torneos, el Masters de Augusta, triunfo que repitió en 1983. Elegido mejor jugador de la década de los ochenta, a partir de 1992 su juego empezó a decaer, sobre todo debido a distintas lesiones que lo mantuvieron alejado de los campos de golf. Ello no impidió, sin embargo, que capitaneara el equipo europeo que consiguió la victoria en la Ryder Cup de 1997, competición que ya había ganado en 1985 y 1987. Muy carismático, obtuvo el favor de los aficionados merced a su espectacular juego, caracterizado por el ataque constante y su facilidad para salir airoso de situaciones en principio complicadas. Así mismo, se le reconoce su esfuerzo en la popularización de un deporte tradicionalmente elitista.

BALMACEDA, JOSÉ MANUEL *(Santiago, 1840-id., 1891) Político chileno.* Nacido en el seno de una familia de acomodados agricultores, cursó estudios en el seminario de Santiago, lo cual, a su juicio, influyó notablemente en su posterior radicalismo anticlerical. A los veinticuatro años de edad fue elegido diputado, y entre 1881 y 1886 ocupó, sucesivamente, las carteras de

Asuntos Exteriores, Defensa e Interior en el gobierno de Domingo Santa María. En 1886, y gracias al apoyo de Santa María, fue elegido presidente de la República. Durante su mandato, el país conoció un acelerado crecimiento económico, que aprovechó para aprobar un ambicioso plan de obras públicas que abarcaba la mejora de las infraestructuras ferroviarias, la construcción de puentes y caminos, así como la renovación del sistema educativo. Así mismo, impulsó la colonización de los territorios del sur y modernizó el ejército. Sin embargo, a medida que se acercaba al término de su legislatura, Balmaceda comenzó a sufrir los efectos de la extraordinaria agitación de la política interna que vivía el país. Enfrentado abiertamente al Congreso, en el que era mayoría la oposición, no pudo obtener la aprobación de los presupuestos de 1891, ante lo cual reaccionó prorrogando el del año anterior. El Congreso ordenó su destitución y estalló una guerra civil. Finalmente, el ejército congresista venció a las tropas de Balmaceda, quien, derrotado, renunció al cargo y se refugió en la embajada argentina, donde se quitó la vida el mismo día que debía haber expirado su mandato.

BALMES, JAIME *(Vic, España, 1810-id., 1848) Filósofo, sacerdote y periodista español.* Recibió el doctorado en leyes civiles y canónicas de la Universidad de Cervera, de donde regresó a su Vic natal para enseñar física y matemáticas. Fomentó el resurgimiento del escolasticismo como soporte teórico del catolicismo. Su sistema de pensamiento se enfrenta a las corrientes filosóficas del siglo XIX, tanto al kantismo como al idealismo hegeliano. En Madrid fundó y editó el semanario *El Pensamiento de la Nación.* Su obra más conocida es *El protestantismo comparado con el catolicismo en sus relaciones con la civilización europea* (1842-1844), en la que defiende el catolicismo romano frente a las acusaciones de poco progresista y reaccionario que recibía desde el campo protestante. Otras obras suyas de interés son *El criterio* (1843) y *Filosofía fundamental* (1846), así como su *Curso de filosofía elemental* (1847).

BALZAC, HONORÉ DE *(Tours, Francia, 1799-París, 1850) Novelista francés.* En 1814 se trasladó con su familia a París, donde estudió derecho y empezó a trabajar en un bufete, pero su afición a la literatura le movió a abandonar su carrera y escribir el drama *Cromwell* (1820), que fue un rotundo fra-

▶ *Retrato de Honoré de* **Balzac**, *conservado actualmente en la casa que el escritor francés tenía en París.*

HONORÉ DE BALZAC

OBRAS MAESTRAS

LA COMEDIA HUMANA (LA COMÉDIE HUMAINE, título global ideado en 1841); EL ÚLTIMO CHUAN (LE DERNIER CHOUAN, 1829); LA OBRA MAESTRA DESCONOCIDA (LE CHEF D'OEUVRE INCONNU, 1831); LA PIEL DE ZAPA (LA PEAU DE CHAGRIN, 1831); EUGENIA GRANDET (EUGÉNIE GRANDET, 1833); LA BÚSQUEDA DE LO ABSOLUTO (LA RECHERCHE DE L'ABSOLU, 1834); PAPÁ GORIOT (LE PÈRE GORIOT, 1835); EL LIRIO DEL VALLE (LE LYS DANS LA VALLÉE, 1835); LAS ILUSIONES PERDIDAS (LES ILLUSIONS PERDUES, 1837-1839); GRANDEZA Y DECADENCIA DE CÉSAR BIROTTEAU (GRANDEUR ET DÉCADENCE DE CÉSAR BIROTTEAU, 1837).

▼ *Jaime* **Balmes** *de joven. El pensador catalán fue uno de los filósofos tradicionalistas españoles más notables del s. XIX.*

caso. Sin embargo, el apoyo de Mme. de Berny, mujer casada y bastante mayor que él, le permitió seguir publicando novelas históricas y melodramáticas bajo seudónimo, que no le reportaron beneficio alguno. Emprendió varios negocios, que acabaron en fracaso y le cargaron de deudas, que, sumadas a las derivadas de su afición al coleccionismo de arte y su tendencia al derroche, lo pusieron en una difícil situación. Sin embargo, con *El último chuan* (1829), la primera novela que publicó con su apellido, obtuvo un gran éxito. A partir de entonces inició una febril actividad, escribiendo entre otras novelas *La fisiología del matrimonio* (1829) y *La piel de zapa* (1831), con las que empezó a consolidar su prestigio. La amistad con la duquesa de Abrantes le abrió las puertas de los salones de sociedad y literarios. En 1834, tras la publicación de *La búsqueda de lo absoluto*, concibió la idea de configurar una sociedad ficticia haciendo aparecer los mismos personajes en distintos relatos, lo que empezó a dar a su obra un sentido unitario. Por entonces inició su intercambio epistolar con la condesa polaca Eveline Hanska, con quien mantuvo una intensa relación, aunque sus encuentros fueron breves hasta la muerte del marido de ella (1843). En 1847, poco antes de morir, se casó con Eveline, pero entretanto mantuvo relaciones con sus otras amantes. En los últimos años de su vida fue presidente de la Société des Gens de Lettres (desde 1839) e intervino en numerosos asuntos públicos como director de la *Revue Parisienne*, al tiempo que sufría el acoso de sus acreedores. En 1841 se inició la publicación de sus voluminosas obras completas bajo el título de *La comedia humana*, por más que de las 137 novelas que debían integrarla, cincuenta quedaron incompletas. Balzac es considerado a menudo como el fundador de la novela moderna, y su preocupación por el realismo y el detallismo descriptivo se halla en la base de la posterior novela francesa, aunque su realismo convive siempre con elementos románticos y trazos del Balzac «visionario», tal como lo definió Baudelaire. Su obra constituye un valioso testimonio del proceso histórico que, iniciado en su tiempo y consolidado con posterioridad, condujo a la preeminencia del poder económico por encima de los valores sociales de la aristocracia. Junto con una muestra irrefutable de gran fuerza imaginativa aúna también un valor documental de primer orden.

BANDARANAIKE, SIRIMAVO [Ratwatte Sirimavo] *(Ratnapura, actual Sri Lanka, 1916) Política cingalesa, esposa de Solomon Bandaranaike.* Tras el asesinato de su marido (1959), le sucedió en la jefatura del gobierno. Aprobó una ley que convirtió el cingalés en lengua oficial del país y que fue contestada por la minoría tamil (1961). Sirimavo decretó entonces el estado de emergencia y declaró ilegal el Partido Federal Tamil. Derrotada en las elecciones de 1965, se impuso en las de 1970 y formó un nuevo gobierno de coalición con diferentes partidos de izquierda. Una revolución campesina en 1974 la obligó a

▲ *Roger **Bannister** (en cabeza) durante la carrera en que batió el récord mundial de la milla, en 1954, rebajando la barrera «psicológica» de los cuatro minutos.*

◀ *Sirimavo **Bandaranaike**, primera ministra de Sri Lanka, en el momento de llegar a Londres para una cumbre de la Commonwealth, en 1971.*

establecer el estado de sitio y a declarar fuera de la ley a los grupos izquierdistas. Su popularidad sufrió entonces un acusado descenso y en las elecciones de 1977 su partido sufrió una severa derrota.

BANNISTER, SIR ROGER *(Harrow, Reino Unido, 1929) Atleta británico.* Se educó en la Universidad de Oxford, donde inició los estudios de medicina que completaría posteriormente en el hospital de Saint Mary. El 6 de mayo de 1954 batió por primera vez el récord mundial de la milla, con un registro de 3.59.4 minutos. Dos meses después, el corredor australiano John Landy le arrebató su marca, con un tiempo de 3.58 minutos, pero al cabo de pocos meses ambos se enfrentaron en competición en la misma distancia y Bannister, pese a no lograr un nuevo récord, venció a Landy; ambos marcaron un tiempo por debajo de los cuatro minutos. En diciembre del mismo año, Bannister abandonó la competición para dedicarse al ejercicio de la medicina. Un año más tarde se publicó su autobiografía, *La milla de cuatro minutos* (1955). En 1975 se le concedió el título de sir.

BÁNZER, HUGO *(Santa Cruz, Bolivia, 1926) Militar y político boliviano.* Ministro de Educación con el presidente René Barrientos y director de la Academia Militar entre 1969 y 1971, con el apoyo de Estados Unidos y la Falange Socialista Boliviana dirigió el golpe de Estado que derrocó al general Torres en 1971. Apoyó su gobierno en las Fuerzas Armadas y declaró ilegales los partidos políticos y las asociaciones sindicales. Depuesto en 1978 por un golpe militar, fue derrotado en las urnas cuando se presentó al frente de su partido, Acción Democrática Nacionalista, a las elecciones de 1980. Tras varios años en la oposición, en las elecciones de 1997 fue elegido, en segunda vuelta, presidente de la República.

▶ *Hugo **Bánzer**, escoltado por el número dos de Acción Democrática Nacionalista, Jorge Quiroga, celebra la victoria que le llevó a la presidencia de Bolivia en 1997.*

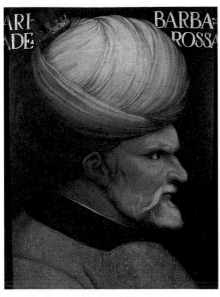

*◄ Jayr al-Din, corsario turco llamado **Barbarroja**, en una pintura que forma parte en la actualidad de la colección Giovanna que se conserva en Florencia.*

BARBARROJA [Jayr al-Din] *(?-?, 1546) Corsario turco.* Al parecer converso de origen griego, Barbarroja se labró su fama de corsario en los primeros años del siglo XVI junto a su hermano Aruy, que también recibió este mismo apelativo. Desde su base en Argel, llevó a cabo una fuerte campaña de hostigamiento contra la navegación cristiana, al tiempo que se enfrentaba a los pobladores del interior del país. El desarrollo de la piratería berberisca representó un escollo insalvable para la expansión norteafricana propugnada por Cisneros. Tras la muerte de Aruy, el sultán otomano Selim I no dudó en aceptar la petición de ayuda de Barbarroja para mantener su dominio sobre Argel, amenazado por una sublevación de la población local. Una vez sofocada ésta, Barbarroja continuó con sus actividades de piratería, y en 1519 derrotó una expedición al mando de Hugo de Moncada. Tras un paréntesis durante el cual se vio obligado a replegarse a causa de una nueva rebelión en Argel, en 1520, esta vez en combinación con un ataque desde Túnez, Barbarroja volvió a pasar a la ofensiva. Recuperó Argel para conquistar, a continuación, el peñón de Gibraltar, defendido por una guarnición española, echando por tierra las esperanzas del emperador Carlos I. En 1533, convertido en almirante de la flota otomana, unió sus fuerzas con las de Francisco I de Francia para desencadenar

*▼ Retrato que el compositor español Francisco Asenjo **Barbieri** dedicó a un amigo y que él mismo firmó como «el maestro Seguidilla».*

una contundente ofensiva contra Carlos I que le llevaría a conquistar Túnez y saquear las Baleares, Reggio, Niza y la costa catalana, a pesar de los esfuerzos del almirante genovés al servicio de España Andrea Doria, a quien derrotó. Sólo la paz de Crépy, concertada entre Francia y España en 1544, puso freno a sus ataques.

BARBIERI, FRANCISCO ASENJO *(Madrid, 1823-id., 1894) Compositor y musicólogo español.* La trascendencia de Francisco Asenjo Barbieri en la música española es triple: fue un excelente compositor, un director de orquesta capaz, a quien se debe la introducción en el país de muchas obras sinfónicas del continente europeo, y un incansable musicólogo, responsable de la recuperación y edición del patrimonio antiguo español. Atraído por la ópera desde su más tierna infancia, cuando asistía a las representaciones de óperas italianas que se ofrecían en el Teatro de la Cruz, en el que trabajaba su abuelo, Barbieri estudió clarinete, canto y composición en el Conservatorio de Madrid. Al finalizar sus estudios, realizó diversas tareas, desde copista hasta maestro de coro, al tiempo que intentaba dar a conocer sus primeras composiciones, entre ellas la ópera italiana *Il buontempone* (1847). Las dificultades para estrenarla hicieron que centrara su interés en la zarzuela, género a cuya recuperación contribuyó después de más de un siglo de olvido. En 1850 debutó en este campo con *Gloria y peluca*, a la que siguieron *Jugar con fuego* (1851), *Los diamantes de la corona* (1854), *Pan y toros* (1864) y *El barberillo de Lavapiés* (1874), su obra maestra. Su aportación en este campo se circunscribe a los intentos por parte de diversos compositores de dotar a España de un teatro musical propio que acabara con la primacía de la ópera italiana. Para ello, Barbieri buscó su inspiración en las melodías y los ritmos del pueblo, a pesar de que sus obras no pudieron desprenderse de cierta influencia italiana. Fundador en 1866 de la Sociedad de Conciertos de Madrid, bajo su dirección pudo escucharse por vez primera en España una sinfonía completa de Beethoven, la *Séptima*. Como musicólogo, su principal aportación fue la de haber publicado el *Cancionero musical de Palacio*, una de las joyas del repertorio hispano de los siglos XV y XVI.

▶ *Desde que irrumpió en el panorama artístico a comienzos de la década de 1980, se considera a Miquel **Barceló** uno de los más sobresalientes pintores de las últimas generaciones.*

BARCELÓ, MIQUEL *(Felanitx, España, 1957) Pintor español*. Formado en Barcelona, adquirió notoriedad internacional tras la *Documenta* 7 de Kassel (1982), en la cual expuso obras primerizas en las que se reflejaba la influencia del neoexpresionismo alemán y la transvanguardia italiana. Su pintura, siempre dentro del marco del figurativismo, incorpora numerosos referentes culturales, entre los que cabe destacar en una primera etapa el trasfondo mediterráneo, y a raíz de una prolongada estancia en Mali, iniciada en 1988, el paisaje y la forma de vida africanos; más recientemente ha introducido en su obra complejas e intelectualizadas reflexiones sobre el entorno privado del artista: su taller, su biblioteca, etc. Otro ámbito destacado de su actividad artística es la ilustración de libros, capítulo en el cual ha ilustrado obras de Paul Bowles y Enrique Juncosa, entre otros. En 1996 fue objeto de una doble exposición retrospectiva celebrada en los museos parisinos del Jeu de Paume y el Centro Pompidou.

BARDEEN, JOHN *(Madison, EE UU, 1908-Boston, id., 1991) Físico estadounidense*. Galardonado en dos ocasiones con el Premio Nobel de Física, en 1956 y 1972, el suyo constituye un caso excepcional en el mundo de la ciencia moderna. Compartió su primer premio con William B. Shockley y Walter H. Brattain, por la invención del transistor, y el segundo, con Leon N. Cooper y John R. Schrieffer, por el desarrollo de la teoría BCS de la superconductividad. Se licenció en ingeniería eléctrica en la Universidad de Wisconsin (Madison) y obtuvo el doctorado en física matemática en la Universidad de Princeton. Desarrolló su labor científica en primer lugar en el laboratorio del departamento de Ordenanza Naval de Estados Unidos durante la Segunda Guerra Mundial. Al término de la contienda pasó a dirigir los laboratorios de la Bell Telephone Inc., donde investigó las propiedades electrónicas de los materiales semiconductores, trabajos que culminaron con el invento del transistor, elemento que abrió toda una amplísima gama de nuevas perspectivas en el campo de la microelectrónica y la computación. Desde 1951 hasta 1975 ejerció como profesor en la Universidad de Illinois. Durante este período desarrolló, en colaboración con Cooper y Schrieffer, la labor teórica en la cual se cimentaron todas las investigaciones posteriores en el terreno de la superconductividad, denominada teoría BCS por las iniciales de los apellidos de sus creadores.

BARENTS, WILLEM *(?, h. 1550-?, 1597) Navegante holandés*. En la última década del siglo XVI emprendió tres expediciones desde los Países Bajos con el objetivo de llegar a Asia por el noroeste. En la primera ocasión zarpó el 5 de junio de 1594 y consiguió llegar hasta el extremo noreste de Nueva Zembla. Un año más tarde se hizo a la mar al frente de una nueva expedición compuesta por siete naves, pero

▼ *Grabado noruego que recrea una escena de la expedición al océano Ártico capitaneada por el navegante Willem **Barents**, en el año 1596.*

la estación del año no era propicia para la navegación y la misión fracasó. Finalmente, una tercera expedición zarpó en mayo de 1596 y durante la travesía descubrió el archipiélago de las Spitzbergen (hoy Svalbard). Fue en este punto donde los dos únicos barcos del convoy se separaron. La embarcación de Barents sufrió un duro invierno y la tripulación padeció múltiples penalidades. A principios de verano del año siguiente, Barents falleció, antes de que la diezmada tripulación lograse alcanzar las costas de Laponia, donde fue rescatada por el segundo barco de la expedición inicial.

BARILLAS, MANUEL LISANDRO *(Quetzaltenango, Guatemala, 1844-Ciudad de México, 1907) Político guatemalteco.* Dirigió el Partido Democrático en el movimiento revolucionario que derrocó al presidente Vicente Cerna y llevó al poder al general Justo Rufino Barrios. Como gobernador del departamento de Quetzaltenango, sofocó un intento de sublevación del general Martín Barrundia, lo que le llevó a ocupar interinamente la presidencia en 1885. Al año siguiente fue ratificado en el cargo mediante sufragio, tras lo cual reprimió con violencia diferentes intentos de derrocarlo. Su política intransigente se tradujo en la expulsión del arzobispo Ricardo Casanova y en el fusilamiento del general Barrundia en 1890. Fue sucedido en el cargo por José María Reina Barrios en 1892. Murió asesinado en México.

BARNARD, CHRISTIAAN *(Beaufort West, actual Sudáfrica, 1922) Cirujano sudafricano.* Tras completar sus estudios de doctorado en la Universidad de Minnesota (1956-1958), regresó a Sudáfrica, donde empezó a experimentar con el trasplante de corazón en perros y en otros animales. Como jefe de cirugía cardiotorácica del Hospital Groote Schuur de Ciudad de El Cabo, el 3 de diciembre de 1967 dirigió un equipo de veinte cirujanos durante el primer intento exitoso de trasplante humano de corazón de la historia. El receptor del órgano, sin embargo, murió a los dieciocho días a causa de la destrucción de su sistema inmunitario provocada por los medicamentos administrados durante el postoperatorio. En la década de 1970 Barnard fue depurando sus técnicas de trasplante y muchos de sus pacientes llegaron a sobrevivir varios años. Permaneció en el cargo de director de la unidad cardíaca del Groote Schuur hasta su jubilación de la actividad médica en 1983.

PÍO BAROJA

OBRAS MAESTRAS

TIERRA VASCA: *LA CASA DE AIZGORRI* (1900), *AVENTURAS, INVENTOS Y MIXTIFICACIONES DE SILVESTRE PARADOX* (1901); *CAMINO DE PERFECCIÓN* (1902); *EL MAYORAZGO DE LABRAZ* (1903); *LA LUCHA POR LA VIDA: LA BUSCA* (1904); *LA MALA HIERBA* (1904) y *AURORA ROJA; PARADOX REY* (1906); *ZALACAÍN EL AVENTURERO* (1909); *EL ÁRBOL DE LA CIENCIA* (1911); *EL MAR: LAS INQUIETUDES DE SHANTI ANDÍA* (1911), *EL LABERINTO DE LAS SIRENAS* (1923), *LOS PILOTOS DE ALTURA* (1929) y *LA ESTRELLA DEL CAPITÁN CHIMISTA* (1930); *MEMORIAS DE UN HOMBRE DE ACCIÓN* (serie de 22 volúmenes, 1913-1935); *DESDE LA ÚLTIMA VUELTA DEL CAMINO* (memorias, 1944-1949).

▶ *Fotografía de un joven Pío Baroja en su estudio. El novelista vasco se convirtió en uno de los puntales de la llamada Generación del 98.*

▼ *El cirujano sudafricano Christiaan Barnard, que dirigió en 1967 en Ciudad de El Cabo el primer intento con éxito de trasplante de corazón a un ser humano.*

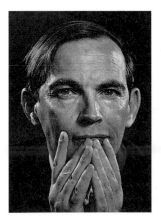

BAROJA, PÍO *(San Sebastián, 1872-Madrid, 1956) Novelista español.* Tras renunciar al ejercicio de la medicina y abandonar la administración de una panadería en la que trabajaba junto a su hermano, en 1900 publicó el libro de relatos *Vidas sombrías*, y dos años más tarde *Camino de perfección*, que tuvo una feliz acogida en el mundo literario de la época. A partir de entonces inició una ingente producción, recogida en setenta y cinco volúmenes, que abarca todos los géneros, incluida la biografía. El propio autor agrupó sus novelas más importantes en diez trilogías, de entre las que destacan *La lucha por la vida* y *Tierra vasca,* y una tetralogía, *El mar,* que refleja la pasión por los viajes que demostró Baroja durante toda su vida. La novela era para él un género en el que cabía casi todo, desde la autobiografía hasta el relato de viajes, aunque en general sus novelas están plagadas de aventuras, narradas con un estilo directo y desprovisto de retórica. Quizá su obra más famosa sea *El árbol de la ciencia,* cuyo protagonista muestra importantes afinidades con Baroja, algo que se ha señalado con frecuencia en sus novelas; en ella se hace evidente también su visión pesimista e individualista del mundo, lindante en ocasiones con el nihilismo. La influencia del filósofo alemán Friedrich Nietzsche se encuentra latente en toda su obra, así como la de Arthur Schopenhauer. Baroja también plasmó su ideología en la crítica de las instituciones y la vehemencia anticlerical que impregna toda su obra, sin que ello supusiera su adscripción al bando republicano al estallar la guerra civil. Durante la contienda se trasladó a Francia, de donde regresó en 1940 para establecerse en Madrid.

BARRAGÁN, LUIS *(Guadalajara, México, 1902-Ciudad de México, 1988) Arquitecto mexicano.* Las primeras influencias en la obra de este arquitecto autodidacto que había estudiado ingeniería, provinieron de un viaje que realizó por Europa entre 1924 y 1926, donde conoció el *International Style,* la Alhambra de Granada y las construcciones de los pueblos griegos. Más tarde volvería a Europa, para asistir a conferencias de Le Corbusier y conocer a Ferdinand Bac, quienes se convertirían también en influencias importantes de su ulterior producción. Especialmente a partir de 1944, con la libertad que le concedía su doble papel de arquitecto y promotor de sus propias obras, su arquitectura alcanzó una definición plena. Entre las características distintivas de sus obras cabe destacar el respeto absoluto por el paisaje, la sorprendente combinación de lo natural y lo producido por el hombre y la síntesis del internacionalismo funcionalista y la arquitectura tradicional mexicana. En 1980 obtuvo el Premio Pritzker de arquitectura.

▲ *El médico español Ignacio* ***Barraquer****, innovador genial en el campo de la oftalmología.*

▼ *Fotografía del barrio de la Ciudad Satélite en la que se divisan las célebres torres diseñadas por* ***Luis Barragán****, en Ciudad de México.*

BARRAQUER, IGNACIO *(Barcelona, 1884-id., 1965) Oftalmólogo español.* Hijo de José Antonio Barraquer i Ribalta, pionero de la oftalmología en España. Estudió medicina en la Universidad de Barcelona, licenciándose en 1907. Profesor en esta misma institución (1918-1923) y en la Universidad Autónoma (1933), ejerció como médico en el hospital de la Santa Creu i Sant Pau, en el cual realizó miles de operaciones, amén de tratar a eminentes pacientes de todo el mundo. Además de sus numerosos escritos científicos, cabe destacar la introducción de numerosas innovaciones técnicas como el erisífaco (instrumento para la intervención quirúrgica oftalmológica) o la facoéresis, un proceso de extracción del cristalino hoy en día implantado en todo el mundo. En 1974 fundó el Instituto Barraquer de Barcelona, considerado como una de las instituciones punteras en investigación oftalmológica.

BARRAS, PAUL, VIZCONDE DE *(Fox-Amphoux, Francia, 1755-Chaillot, id., 1829) Revolucionario francés de ascendencia noble.* De origen aristocrático y miembro de la Convención Nacional de 1792, fue uno de los dirigentes del golpe de Estado de Termidor contra Robespierre y los jacobinos. Reprimió una insurrección realista contra la Convención y se convirtió en la máxima figura del Directorio. Intrigante y de vida licenciosa, en un principio apoyó la ascensión de Napoleón Bonaparte y mantuvo una actitud de consentimiento durante los acontecimientos que llevaron a Napoleón al Consulado y acabaron con el Directorio. Acusado de estar implicado en una conspiración contra Bonaparte, fue desterrado a Roma en 1810 y, posteriormente, encarcelado en Montpellier. Restaurada la monarquía, regresó a París.

BARRET, ELIZABETH → Browning, Robert.

BARRET, SID → Pink Floid.

BARRIOS, JUSTO RUFINO *(San Lorenzo, Guatemala, 1835-Chalchuapa, El Salvador, 1885) Político guatemalteco.* Apoyó la sublevación de Miguel García Granados contra el presidente Vicente Cerna en 1871. Nombrado comandante en jefe del ejército, en 1873 fue elegido para suceder a García Granados en la presidencia. Durante su gobierno acometió una serie de reformas y debilitó el poder de la Iglesia. En 1879 fue elegido de nuevo presidente, ejerciendo un gobierno personal y autoritario. Su gran ambición era integrar a los

cinco Estados independientes de América Central en una federación, pero no obtuvo el apoyo de los demás países centroamericanos. Aun así, declaró la Federación y se dispuso a sostenerla con las armas. Murió en el campo de batalla, cuando trataba de invadir con sus tropas el pueblo salvadoreño de Chalchuapa.

BARTH, HEINRICH *(Hamburgo, 1821-Berlín, 1865) Geógrafo y explorador prusiano.* Hombre de grandes inquietudes intelectuales y dotado de un especial talento para la geografía, llevó a cabo su primera expedición entre 1850 y 1855, cuando realizó un viaje por Sudán acompañado de Richardson y Overweg, quienes perecieron en la empresa. Durante este viaje recorrió el Sahara, entre Trípoli y el Chad, el Uadai, el Barguimi y toda la zona central de Sudán, desde el lago Chad hasta Tomboctú. Utilizó las notas sobre sus descubrimientos y las peripecias del viaje para escribir la obra en cinco volúmenes, publicada entre 1857 y 1858, *Viajes y descubrimientos en el norte y centro de África.* Sus exploraciones fueron las de mayor valor científico junto con las de los ingleses Mungo Park a lo largo del Níger, John H. Speke, descubridor de los lagos Victoria y Tanganica, y Livingstone y Stanley, que exploraron el África ecuatorial y austral.

BARTOK, BELA *(Nagyszenmiklós, hoy Sinnicolau Mare, actual Rumania, 1881-Nueva York, 1945) Compositor húngaro.* Junto a su compatriota Zoltán Kodály, Bela Bartok es el compositor más importante que ha dado la música húngara a lo largo de su historia y una de las figuras imprescindibles en las que se fundamenta la música contemporánea. Hijo de un maestro de la Escuela de Agricultura de Nagyszenmiklós, los siete primeros años de vida del futuro músico transcurrieron en esta pequeña localidad, hoy perteneciente a Rumania. Fallecido su padre en 1888, su infancia se desarrolló en las diversas poblaciones húngaras a las que su madre, institutriz, era destinada. Aunque los primeros pasos de Bartok en el mundo de la música se decantaron hacia la interpretación pianística (en 1905 llegó a presentarse al prestigioso Concurso Rubinstein de piano, en el que fue superado por un joven Wilhelm Backhaus), pronto sus intereses se inclinaron decididamente por la composición musical. De trascendental importancia fue el descubrimiento del folclor húngaro que Bartok, junto al mencionado Kodály, estudió de manera

▲ *Arriba, Bela **Bartok** (sentado a la izquierda) en 1910 junto a los componentes del cuarteto Waldbauer-Kerpely. Abajo, retrato del compositor que se conserva en su casa-museo de Budapest.*

apasionada de pueblo en pueblo y de aldea en aldea, con ayuda de un rudimentario fonógrafo y papel pautado. Su influencia en su propia labor creadora sería determinante, hasta convertirse en la principal característica de su estilo y permitirle desvincularse de la profunda deuda con la tradición romántica anterior –en especial de la representada por autores como Liszt, Brahms y Richard Strauss– que se apreciaba en sus primeras composiciones, entre las que figura el poema sinfónico *Kossuth.* No sólo el folclor húngaro atrajo sus miras: también lo hicieron el eslovaco, el rumano, el turco o el árabe. Con todo, no hay que pensar por ello que en sus obras se limitara a citarlo o a recrearlo, antes al contrario: el folclor era sólo el punto de partida para una música absolutamente original, ajena a los grandes movimientos que dominaban la creación musical de la primera mitad del siglo XX, el neoclasicismo de Stravinski y el dodecafonismo de Schönberg, por más que en ocasiones utilizara algunos de sus recursos. Si bien en ciertas composiciones se conserva total o

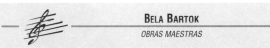

BELA BARTOK
OBRAS MAESTRAS

MÚSICA ESCÉNICA: *EL CASTILLO DE BARBA AZUL* (1911); *EL PRÍNCIPE DE MADERA* (1916); *EL MANDARÍN MARAVILLOSO* (1919). **MÚSICA ORQUESTAL:** *KOSSUTH* (1903); *SUITE DE DANZAS* (1923); *MÚSICA PARA CUERDAS, PERCUSIÓN Y CELESTA* (1936); *DIVERTIMENTO* (1939); *CONCIERTO PARA ORQUESTA* (1943), 2 conciertos para violín (1908 y 1938) y 3 para piano (1926, 1931 y 1945). **MÚSICA DE CÁMARA:** *SONATA PARA DOS PIANOS Y PERCUSIÓN* (1937); 6 cuartetos de cuerda (1908, 1917, 1927, 1928, 1934 y 1939), 2 sonatas para violín y piano (1921 y 1922). **MÚSICA INSTRUMENTAL:** *MIKROKOSMOS* para piano (1939); *SONATA PARA VIOLÍN SOLO* (1944).

parcialmente la melodía original (*Cuarenta y cuatro dúos para dos violines*), en otras, sobre todo en las más maduras, se asiste a la total absorción de los ritmos y las formas populares, de manera tal que, pese a no existir referencias directas, se advierte en todo momento su presencia. Páginas como las de la única ópera escrita por el músico, *El castillo de Barba Azul*, los ballets *El príncipe de madera* y *El mandarín maravilloso*, el *Concierto para piano núm. 1* y el *Allegro bárbaro* para piano contribuyeron a hacer de Bartok un autor conocido dentro y fuera de las fronteras de su patria, a pesar del escándalo que suscitaron algunas de ellas por lo atrevido de su lenguaje armónico, rítmico y tímbrico. Profesor de piano en la Academia de Música de Budapest desde 1907 y director adjunto de esta misma institución desde 1919, en 1934 abandonó los cargos docentes para proseguir su investigación en el campo de la musicología popular, al mismo tiempo que, como pianista, ofrecía recitales de sus obras en toda Europa y continuaba su tarea creativa, con partituras tan importantes como *Música para cuerdas, percusión y celesta* y la *Sonata para dos pianos y percusión*. El estallido de la Segunda Guerra Mundial le obligó, como a tantos otros de sus colegas, a buscar refugio en Estados Unidos. Allí, a pesar de algunos encargos puntuales como la *Sonata para violín solo* o el *Concierto para orquesta*, Bartok pasó por serias dificultades económicas, agravadas por su precario estado de salud. A su muerte, a causa de una leucemia, dejó inacabadas algunas composiciones, como el *Concierto para piano núm. 3* y el *Concierto para viola*, ambas culminadas por su discípulo Tibor Serly.

BASILIO EL GRANDE, SAN *(Cesarea, actual Turquía, h.329-id., 379) Padre de la Iglesia griega, obispo de Cesarea y Capadocia.* Tras renunciar a la carrera de retórico, optó por la vida monástica y redactó las dos *Reglas monásticas* en las que se inspirarían los dos grandes legisladores monásticos de Occidente: Casiano y san Benito. Nombrado obispo en 370, participó, junto a su hermano Gregorio de Nisa y Gregorio Nacianceno, en el concilio de Constantinopla (381), que resolvió el conflicto suscitado por el arrianismo y restauró la unidad de la fe cristiana. Escribió, entre otras obras, *Contra Eunomio*, *Tratado del Espíritu Santo*, *Homilías sobre el Hexamerón* y *Carta sobre los estudios griegos*.

▲ *Bautismo de santa Lucila, óleo sobre lienzo pintado por Jacopo da Ponte* **Bassano** *en 1580, que se conserva en el Museo de Bassano del Grappa.*

▼ *Directa o indirectamente, Fulgencio* **Batista** *ejerció el poder en Cuba durante más de veinte años, de 1933 a 1957.*

BASSANO, JACOPO DA PONTE *(Bassano, actual Italia, h. 1515-id., 1592) Pintor italiano.* Salvo una breve estancia de estudio en Venecia, no se movió de su Bassano natal, a la que debe su nombre, lo mismo que su padre, Francisco el Viejo, y sus cuatro hijos, que también fueron pintores. Jacopo es el más conocido de la familia por haber convertido los cuadros de tema religioso en ocasión para reproducir escenas campestres y hogareñas tomadas del natural, en las que suelen desempeñar un papel importante los animales (*Entrada de los animales en el Arca*). Su obra se considera, por este motivo, anticipadora de la pintura de género y de las naturalezas muertas que se desarrollaron en los siglos siguientes. Hacia el final de su carrera introdujo en sus cuadros espectaculares efectos luminosos inspirados en los pintores venecianos.

BATISTA, FULGENCIO *(Banes, Cuba, 1901-Guadalmina, España, 1973) Militar y político cubano.* Nacido en el seno de una familia humilde, ingresó en el ejército más por necesidad que por vocación. El año 1928 fue ascendido al grado de sargento taquígrafo y destinado al Campamento de Columbia, en La Habana, donde entró en contacto con círculos militares opuestos a la dictadura de Gerardo Machado, de los que se erigió en máximo representante. En septiembre de 1933, tras la subida al poder de Carlos Miguel de Céspedes, articuló, junto con una serie de organizaciones estudiantiles, también descontentas con la situación política, un motín militar que dio como resultado la constitución de un gobierno provisional encabezado por Ramón Grau San Martín. Ascendido a coronel, y nombrado jefe del ejército entre 1933 y 1939, Batista, verdadero hombre fuerte del país, se mantuvo en la sombra y otorgó la presidencia a distintos hombres de confianza, hasta que finalmente, en 1940, se hizo cargo del gobierno. Durante su primer mandato, que se prolongó hasta 1944, legalizó el Partido Comunista Cubano e introdujo una serie de reformas financieras y sociales que mejoraron parcialmente la maltrecha situación económica. Su mejor aliado, no obstante, continuó siendo el gobierno estadounidense, al que permitió el uso de sus bases militares durante la Segunda Guerra Mundial. Tras acceder a ser sustituido en la presidencia por Grau San Martín, se trasladó a Florida, donde escribió *Sombras de América*, obra publicada en México en 1946. Regresó a Cuba en 1948, fecha en que fue elegido senador, cargo desde el que se dispuso a preparar su candidatura a la presidencia del país para las elecciones que debían celebrarse en junio de 1952. Sin embargo, poco antes de esta fecha, protagonizó un golpe militar, tras el cual disolvió el Congreso, suspendió la Constitución de 1940 e ilegalizó todas las formaciones políticas. Erigido en dictador, consiguió reprimir la primera intentona contra su gobierno en 1953, encarcelando a Fidel Castro y sus seguidores. En el año 1957, con Castro al frente, la guerrilla relanzó sus ataques y la noche de fin de año de 1958, con la oligarquía latifundista, los sectores conservadores y la población en contra, Batista se vio obligado a huir. Se estableció primero en la República Dominicana, luego en Madeira y por último en Guadalmina, cerca de Marbella (España), donde murió.

BATTANI, AL → Albatenius.

BAUDELAIRE, CHARLES *(París, 1821-íd., 1867) Poeta francés.* Huérfano de padre desde 1827, comenzó sus estudios en Lyon en 1832 y los prosiguió en París, de 1836 a 1839. Su padre adoptivo, el comandante Aupick, descontento con la vida liberal y a menudo libertina que llevaba el joven Baudelaire, lo envió en un largo viaje a las Antillas entre 1841 y 1842 (según algunas fuentes, podría haber llegado también a la India). De regreso en Francia, se instaló de nuevo en la capital y volvió a sus antiguas costumbres desordenadas. Empezó a frecuentar los círculos literarios y artísticos y escandalizó a todo París con sus relaciones con Jeanne Duval, la hermosa mulata que le inspiraría algunas de sus más brillantes y controvertidas poesías. Destacó pronto como crítico de arte: el *Salón de 1845*, su primera obra, llamó ya la atención de sus contemporáneos, mientras que su nuevo *Salón*, publicado un año después, llevó a la fama a Delacroix (pintor, entonces, todavía muy discutido) e impuso la concepción moderna de la estética de Baudelaire. Buena muestra de su trabajo como crítico son sus *Curiosidades estéticas*, recopilación póstuma de sus apreciaciones acerca de los salones, al igual que *El arte romántico* (1868), obra que reunió todos sus trabajos de crítica literaria. Fue así mismo pionero en el campo de la crítica musical, donde destaca sobre todo la opinión favorable que le mereció la obra de Wagner, que consideraba como la síntesis de un arte nuevo. En literatura, los autores Hoffmann y Edgar Allan Poe, del que realizó numerosas traducciones (todavía las únicas existentes en francés), alcanzaban, también según Baudelaire, esta síntesis vanguardista; la misma que persiguió él así mismo en *La Fanfarlo* (1847), su única novela, y en sus distintos esbozos de obras teatrales. Comprometido por su participación en la revolución de 1848, la publicación de *Las flores del mal*, en 1857, acabó de desatar la violenta polémica que se creó en torno a su persona. Los poemas (las *flores*) fueron considerados «ofensas a la moral pública y las buenas costumbres» y su autor fue procesado. Sin embargo, ni la orden de suprimir seis de los poemas del volumen ni la multa de trescientos francos que le fue impuesta impidieron la reedición de la obra en 1861. En esta nueva versión aparecieron, además, unos treinta y cinco textos inéditos. El mismo año de la publicación de *Las flores del mal*, e insistiendo en la misma materia, emprendió la creación de los *Pequeños poemas en prosa*, editados en versión íntegra en 1869 (en 1864, *Le Figaro* había publicado algunos textos bajo el título de *El esplín de París*). En esta época también vieron la luz los *Paraísos artificiales* (1858-1860), en los cuales se percibe una notable influencia de De Quincey; el estudio *Richard Wagner et Tannhäuser à Paris*, aparecido en la *Revue européenne* en 1861; y *El pintor de la vida moderna*, un artículo sobre Constantin Guys publicado por *Le Figaro* en 1863. Pronunció una serie de conferencias en Bélgica (1864), adonde viajó con la intención de publicar sus obras completas, aunque el proyecto naufragó muy

«*P*ara ser justa, es decir, para tener razón de ser, la crítica debe ser parcial, apasionada, política; es decir, hecha desde un punto de vista que abra el máximo de horizontes.»

Charles Baudelaire
Salón de 1846

▼ *Galerada de* Las flores del mal, *con el acuerdo para la impresión firmado por* **Baudelaire**. *Abajo, detalle de un cuadro de Gustave Courbet en el que aparece el poeta leyendo en su estudio.*

pronto por falta de editor, lo cual lo desanimó sensiblemente en los meses siguientes. La sífilis que padecía le causó un primer conato de parálisis (1865), y los síntomas de afasia y hemiplejía, que arrastraría hasta su muerte, aparecieron con violencia en marzo de 1866, cuando sufrió un ataque en la iglesia de Saint Loup de Namur. Trasladado urgentemente por su madre a una clínica de París, permaneció sin habla pero lúcido hasta su fallecimiento, en agosto del año siguiente. Su epistolario se publicó en 1872, los *Journaux intimes* (que incluyen *Cohetes* y *Mi corazón al desnudo*), en 1909; y la primera edición de sus obras completas, en 1939. Charles Baudelaire está considerado por muchos como el gran profeta de la poesía moderna.

BAYACETO I, llamado *el Rayo (?, 1354-Aksehir, actual Turquía, 1402) Sultán otomano (1389-1402).* Sucedió a su padre, Murad I, muerto en 1389 durante la batalla de Kosovo, en la que derrotó a los serbios. Bayaceto continuó con la política expansiva de su padre en los Balcanes, culminando la conquista de Bulgaria, y se apoderó de Tesalia, Lócrida y Focea. Estos éxitos, y el peligro que suponían para Constantinopla, llevaron a Francia, Borgoña, Inglaterra, Escocia, Saboya, Lombardía, Alemania y Bohemia, entre otras potencias, a promover una cruzada en apoyo de Hungría para detenerlo. Pero Bayaceto logró derrotar a los cristianos en la batalla de Nicópolis (1396) consolidando su poder en Europa y Anatolia. Más adelante, el sultán turco sufrió un grave revés frente a los mongoles de Tamerlán, que lo derrotaron en la batalla de Angora (1402).

BAZÁN, ÁLVARO DE *(Granada, 1526-Lisboa, 1588) Marino español, primer marqués de Santa Cruz.* Hijo del capitán general de las galeras de España, en 1554 se destacó al mando de la armada que combatía a los corsarios franceses, y años después tuvo a su cargo la escuadra encargada de la vigilancia del estrecho de Gibraltar. Desde su base en Nápoles, participó en la guerra naval contra los turcos, y fue nombrado marqués de Santa Cruz por Felipe II. Al mando de la escuadra de reserva en la batalla de Lepanto, desempeñó un papel crucial en la misma, lo cual propició su posterior nombramiento de capitán general de las galeras de España. Durante la guerra con Portugal intervino con éxito en las Azores, donde derrotó a la flota fran-

▲ *Don Álvaro de **Bazán** flanqueado por su primera esposa (izquierda), doña Juana de Zúñiga, y su segunda esposa (derecha), doña María. El cuadro se conserva actualmente en el palacio del Viso del Marqués, en Ciudad Real.*

▼ *El atleta estadounidense Bob **Beamon** en el aire en el momento de batir el récord mundial de salto de longitud durante los Juegos Olímpicos de México de 1968, en un salto excepcional que en su momento se calificó de «propio del siglo XXI».*

cesa. Nombrado capitán general de la mar océana, Felipe II le encomendó los preparativos para la expedición de la Armada Invencible, pero murió antes de poder concluir su labor.

BAZILLE, FRÉDÉRIC *(Montpellier, Francia, 1841-Beaune-la-Rolande, id., 1870) Pintor francés.* Fue uno de los primeros integrantes del grupo de los impresionistas, junto con Monet, Renoir y Sisley, a los que conoció en el taller de Gleyre, en París. El desahogo económico que le permitía su origen familiar constituyó una gran ayuda en los inicios de la carrera de los impresionistas, uno de cuyos centros de reunión fue precisamente el estudio de Bazille. Al estallar la guerra franco-prusiana fue llamado a filas y murió en el frente, a los veintinueve años de edad, cuando apenas había comenzado su carrera pictórica. Sus escasas obras son en su mayor parte de concepción moderna pero no propiamente impresionistas, sino más bien anticipadoras del movimiento. Destacan *Reunión familiar* y *El estudio del pintor*, donde aparecen retratados Manet, Monet, Renoir, Zola y el propio Bazille.

BEAMON, BOB *(Nueva York, 1946) Atleta estadounidense.* Inició su carrera deportiva en la Jamaica High School, en Long Island, Nueva York, y después se trasladó a Carolina del Norte, donde ingresó en el Agricultural and Technical College. Posteriormente formó parte de los equipos de atletismo de la Universidad de Texas y de la Universidad Adelphi (Long Island, Nueva York). En esta última institución, además de participar en las competiciones de salto de longitud, formó parte del equipo de baloncesto. En los Juegos Olímpicos de 1968, celebrados en México, obtuvo la medalla de oro en salto de longitud con una marca de 8,90 metros, superando en 55 centímetros el anterior récord mundial. Su marca se mantuvo imbatida hasta 1991, año en que Mike Powell estableció un nuevo récord con un salto de 8,95 metros. Se retiró poco después de obtener la medalla de oro y no participó en la siguiente convocatoria olímpica, aunque en 1973 regresó a la alta competición. Posteriormente ejerció como entrenador y colaboró con el Comité Organizador de los Juegos Olímpicos de Los Ángeles de 1984.

BEARDSLEY, AUBREY VINCENT (*Brighton, Reino Unido, 1872-Menton, Francia, 1898*) *Ilustrador británico.* Su interés por el dibujo se manifestó ya durante su infancia, pero no inició estudios de arte hasta los diecinueve años, en la Westminster School, al entablar relación con el pintor prerrafaelista sir Edward Burne-Jones. En 1894 fue nombrado ilustrador y redactor de la revista *The Yellow Book* y más tarde de *The Savoy.* Sus ilustraciones participaban del estilo curvilíneo característico del *Art Nouveau* y de la plasmación del espacio que había observado en los grabados japoneses, lo que dio como resultado obras de gran sensualidad. Entre sus ilustraciones más famosas se encuentran la obra *Salomé* de Oscar Wilde (1894) y, por su erotismo más explícito, la *Lisístrata* de Aristófanes (1896). Pese a que se mantenía bastante al margen de los escándalos que rodeaban a Wilde, el rechazo que éste sufrió debido a su homosexualidad le supuso algunos perjuicios a escala profesional. Inválido desde 1896, murió a la edad de veinticinco años, tras haber sido aceptado por la Iglesia Católica.

BEATLES, THE, *grupo británico de música pop, integrado de forma estable a partir de 1961 por* **JOHN LENNON** (*Liverpool, 1940-Nueva York, 1980*), **PAUL MCCARTNEY** (*Liverpool, 1942*), **GEORGE HARRISON** (*Liverpool, 1943*) *y* **RINGO STARR** (*Liverpool, 1940*). Es difícil dar una fecha exacta de cuándo se formaron The Beatles. En la segunda mitad de la década de 1950, John Winston Lennon y su amigo Peter Shotton (que lo abandonaría poco después) formaron un grupo de música al que llamaron *The Quarrymen*, al cual en 1957 se añadió Paul McCartney, seguido poco más tarde por George Harrison. *The Quarrymen* empezó a tocar en diversos locales de Liverpool, momento en el que se les unió el bajista Stuart Sutcliffe. Ya por entonces resultaba evidente la necesidad de incorporar a un batería. El nombre del grupo iría sufriendo nuevas variaciones, desde *Johnny and the Moondogs* hasta –a raíz de la moda de poner nombres de

THE BEATLES

OBRAS MAESTRAS

PLEASE, PLEASE ME (1963): *PLEASE, PLEASE ME, LOVE ME DO*; MEET THE BEATLES (1964): *I WANT TO HOLD YOUR HAND, ALL MY LOVING*; THE BEATLES SECOND ALBUM (1964): *SHE LOVES YOU, A HARD DAY'S NIGHT* (1964): *A HARD DAY'S NIGHT, AND I LOVE HER, CAN'T BUY ME LOVE*; BEATLES FOR SALE (1964): *EIGHT DAYS A WEEK*; HELP! (1965): *HELP!, YOU'RE GOING TO LOSE THAT GIRL, YESTERDAY*; RUBBER SOUL (1965): *MICHELLE*; REVOLVER (1965): *ELEANOR RIGBY, HERE, THERE AND EVERYWHERE, YELLOW SUBMARINE*; SGT. PEPPER'S LONELY HEARTS CLUB BAND (1967): *WITH A LITTLE HELP FROM MY FRIENDS, LUCY IN THE SKY WITH DIAMONDS*; MAGICAL MISTERY TOUR (1967): *THE FOOL ON THE HILL, STRAWBERRY FIELDS FOREVER, PENNY LANE, ALL YOU NEED IS LOVE*; THE WHITE ALBUM (1968): *OB-LA-DI, OB-LA-DA*; ABBEY ROAD (1969); HEY JUDE (1970); LET IT BE (1970): *LET IT BE, THE LONG AND WINDING ROAD.*

▶ *Portada del disco* Sgt. Pepper's Lonely Hearts Club Band, *obra del grupo británico* **The Beatles**. *Con este elepé, el cuarteto de Liverpool revolucionó la música pop.*

animales a los grupos musicales y jugando con la denominación de su estilo de música (*Beat*)– *The Silver Beatles* y *The Beatles*, que a la postre resultaría el definitivo. Por último incorporaron a un batería, Peter Best, y consiguieron un concierto para tocar en Hamburgo, en un local de dudosa fama llamado Kaiserkeller. Su primera aventura alemana terminó prematuramente con la expulsión de Harrison del país debido a su minoría de edad y la posterior expulsión de McCartney y Best por gamberrismo. En 1961 volverían a Alemania, para regresar de nuevo al Reino Unido sin pena ni gloria. Best dejó el grupo por profundas desavenencias con el resto de sus miembros y fue sustituido por Ringo Starr (Richard Starkey). Poco después, Sutcliffe moría en Alemania víctima de un derrame cerebral. La formación de The Beatles quedó definitivamente consolidada con John Lennon, Paul McCartney, George Harrison y Ringo Starr. En 1962, tras escucharles en una actuación, el productor Brian Epstein, entusiasmado, los contrató para grabar un sencillo. Este primer trabajo discográfico se tituló *Love me do* y logró situarse en las listas de éxitos del Reino Unido. Ya en 1963, *Please, please me* y poco después *From me to you* y *She loves you* accederían de nuevo a puestos de honor en las listas británicas. Ese año puede ser considerado el del nacimiento de la «beatlemanía», un fenómeno de idolatría hacia el grupo cuyo máximo exponente eran los accesos de histeria que el público femenino sufría en los conciertos de la formación. La «beatlemanía» se extendió un año más tarde a Estados Unidos, donde temas como *Love me do, She loves you* o *I want to hold your hand* alcanzaron el primer puesto en las listas de éxitos. Simultáneamente, The Beatles

rodaron diversas películas aprovechando su popularidad, entre las que cabe destacar *¡Qué noche la de aquel día!* (1964) y *El submarino amarillo* (1968). El grupo siguió encadenando discos a una media de dos anuales, la mayoría de cuyas canciones fueron escritas por ellos mismos, lo que da idea de su extraordinaria fecundidad. En 1967 saldría al mercado su obra más revolucionaria, *Sgt. Pepper's Lonely Hearts Club Band*, un elepé que marcaría el nacimiento de la música psicodélica y supuso un rotundo éxito mundial para el grupo británico, que alcanzó el número uno simultáneamente en las listas británicas y estadounidenses. Tras la publicación de *Let it be*, en 1970, las desavenencias en el seno de la formación acabaron con la disolución de la misma, y cada miembro continuó su carrera musical en solitario, sin que fructificase ninguno de los intentos de volver a reunirlos. La muerte de Lennon en 1980 a manos de un perturbado tuvo un gran impacto en todo el mundo, y terminó con cualquier sueño de sus fans en este sentido. La influencia de la obra de *The Beatles* a lo largo de las décadas subsiguientes ha sido inmensa, hasta el punto de dejarse sentir poderosamente en el fenómeno musical denominado *brit pop*, uno de los más significativos de los años noventa. Al margen de su indudable importancia meramente artística, *The Beatles* quedaron por siempre como el símbolo de un estilo de vida que entroncó perfectamente con las profundas inquietudes juveniles de la década de 1960.

BEAUMARCHAIS, PIERRE-AUGUSTIN CARON DE *(París, 1732-id., 1799) Dramaturgo, editor, financiero, músico y aventurero francés.* Hijo de un relojero, fue expulsado de su casa por descuidar en exceso el oficio, tras lo cual inició una vida aventurera cuyas intrigas y peripecias nada tienen que envidiar a las urdidas en sus comedias. Amante de la esposa del proveedor de la corte, con la que contrajo matrimonio en 1756, tomó el apellido Beaumarchais de una de las propiedades de ella. A los treinta años era ya escudero y consejero real. Socio del más importante banquero de su tiempo, Pâris-Duverney, sus negocios le llevaron, entre otras actividades, a proveer a las tropas españolas, traficar con esclavos para las colonias, construir carreteras y naves, convencer al rey y sus ministros de la necesidad de apoyar la insurrección estadounidense y editar las obras de Voltaire. Dentro de esta vorágine, la literatura era sólo una de sus muchas ocupaciones. Su primera comedia,

▲ *Retrato de Pierre de* ***Beaumarchais****, personaje polifacético que consiguió un notable reconocimiento a finales del s. XVIII por sus obras dramáticas.*

Eugenia, inspirada en un viaje que hizo a España para vengar el honor de su hermana, data de 1767. A la muerte de su socio, en 1770, la familia de éste acusó a Beaumarchais de falsificador. En 1775 consiguió ver estrenada *El barbero de Sevilla*, escrita en 1772. Concebida como una *opéra comique*, él mismo se encargó de ponerle música, como más tarde hicieron Paisiello, Rossini y Morlacchi. En 1778 escribió *Las bodas de Fígaro*, protagonizada por los mismos personajes que la anterior. El antagonismo social que aparece en *El barbero de Sevilla* se acrecienta en la nueva comedia: amo y criado son puestos al mismo nivel, aunque se destaca el superior sentido práctico del segundo, Fígaro, y, por ende, el de su clase social. Aún seguiría una tercera parte, *La madre culpable* (1792), cuyo tono desengañado se corresponde con la situación creada por la Revolución de 1789.

BEAUVOIR, SIMONE DE [Lucie-Ernestine-Marie-Bertrand] *(París, 1908-id., 1986) Filósofa existencialista.* Nacida en el seno de una acomodada familia burguesa, estudió filosofía en la Sorbona, donde conoció a Jean-Paul Sartre, quien sería su colega y amante durante el resto de su vida. Su ensayo titulado *El segundo sexo* (1949) marcó la transición del feminismo decimonónico al neofeminismo de los años sesenta y setenta. Junto con Sartre, defendió un marxismo crítico, que le llevó a escribir *La larga marcha* (1957), acerca de la revolución china, y a unirse a los disidentes rusos, ya en los años setenta. En 1966 fue nombrada miembro del Tribunal Russell. Hay que destacar también su trabajo en el campo de la novela, con obras como *Los mandarines* (1954), que mereció el Premio Goncourt.

«No se trata de enunciar verdades eternas sino de describir el fondo común en el que se origina cada existencia femenina particular.»

Simone de Beauvoir

▶ *Simone de* ***Beauvoir*** *lee en su estudio. La ensayista y novelista francesa fue una de las principales renovadoras del feminismo de la segunda mitad del s. XX.*

BEBEL, AUGUST *(Deutz, actual Alemania, 1840-Passugg, Suiza, 1913) Político socialista alemán.* Hijo de un militar prusiano, en su adolescencia trabajó como aprendiz en un taller, donde tras cuatro años de aprendizaje obtuvo el título de maestro tornero. En 1861 se trasladó a Leipzig, donde abrió un negocio propio, y se afilió a la sociedad de artesanos local. Poco después ingresó en la Internacional, en lo que puede considerarse como su bautizo político. En 1867 fue elegido diputado en el Parlamento (Reichstag) de Alemania del Norte y, al año siguiente, intervino en el congreso de Nuremberg, en el que los socialistas alemanes decidieron su incorporación a la Primera Internacional. En 1869 participó en el congreso de Eisenach, del que surgió el Partido Obrero Socialdemócrata. Tras el estallido de la guerra franco-prusiana, se erigió en líder de la oposición a la política expansionista de Bismarck, quien ordenó su detención. Acusado de alta traición por haberse negado a votar los créditos de guerra, fue condenado a dos años de prisión. Tras su puesta en libertad, en 1874 fundó una pequeña empresa, que dirigió hasta 1889. Así mismo, tras recobrar la libertad, fue reelegido diputado, cargo desde el que se opuso a la política gubernamental y consolidó su posición, ya privilegiada, entre la cúpula dirigente del Partido Socialdemócrata. A la muerte de su secretario general, Wilhelm Liebknecht, acaecida en 1900, pasó a ocupar el liderazgo del partido, que se convirtió en una de las principales formaciones políticas del país, gracias al giro al centro inspirado por él y al abandono de las posiciones más radicales. Se opuso a la flota de guerra reclamada por Guillermo II y propuso, como medida alternativa al mantenimiento de un ejército permanente, la formación de milicias populares. Su doctrina política, en la que sobresale la praxis por encima de la teoría, quedó reflejada en *La mujer y el socialismo*, ensayo escrito en 1883 que se convirtió en la obra de referencia de todos los socialistas alemanes, y llegó a conocer cincuenta ediciones en poco más de treinta años.

BECERRA, GASPAR *(Baeza, España, 1520-Madrid, 1570) Escultor y pintor español.* Se formó en Italia como ayudante de Vasari, pero a partir de 1556 desarrolló su carrera en España, donde difundió el manierismo y las formas corpulentas de Miguel Ángel. Su obra escultórica más importante es el retablo mayor de la catedral de Astorga, realización de evidente ascendencia miguelangelesca. Desde 1562, en que fue nombrado pintor de Felipe II, trabajó al servicio del rey, para quien realizó el fresco de *Perseo y las Gorgonas* en la torre del palacio del Pardo. Por su estilo italianizante, fue un artista muy valorado en su tiempo.

BECKETT, SAMUEL *(Dublín, 1906-París, 1989) Novelista y dramaturgo irlandés.* Estudió en la Portora Royal School, una escuela protestante de clase media en el norte de Irlanda, y luego ingresó en el Trinity College de Dublín, donde obtuvo la licenciatura en lenguas románicas y posteriormente el doctorado. Trabajó también como profesor en París, donde escribió un ensayo crítico sobre Marcel Proust y conoció a su compatriota James Joyce, del cual fue traductor y a quien pronto le unió una fuerte amistad. En 1930 regresó a Dublín como lector de francés de la universidad, pero abandonó el trabajo al año siguiente, tras lo cual viajó por Francia, Alemania e Italia, desempeñando todo tipo de trabajos para incrementar los insuficientes ingresos de la pensión anual que le enviaba su padre (cuya muerte, en 1933, supuso para el escritor una dura experiencia), hasta que en 1937 se estableció definitivamente en París. En 1942, y después de haberse adherido a la Resistencia, tuvo que huir de la Gestapo para afincarse en el sur de Francia, que estaba libre de la ocupación alemana, donde escribió su novela *Watt*. Finalizada la contienda, se entregó de lleno a la escritura: terminó la trilogía novelística *Molloy, Malone muere* y *El innombrable*, y escribió dos piezas de teatro. Aunque utilizaba indistintamente el francés o el inglés como lenguas literarias, a partir de 1945 la mayoría de su producción está escrita en francés, y él mismo vertió sus obras al inglés. La difícil tarea de encontrar editor no se resolvió hasta 1951, cuando su compañera, Suzanne Deschevaux-Dumesnil, que más tarde se convertiría en su esposa, encontró uno para *Molloy*. El éxito relativo de esta novela propició la publicación de otras, y en especial dio pie a la representación de *Esperando a Godot* en el teatro Babylone de París; el resonante éxito de crítica y público que obtuvo la obra le abrió las puertas de la fama. Su ruptura con las técnicas tradicionales dramáticas y la nueva estética que proponía le acercaban al rumano E. Ionesco, y suscitó la etiqueta de «anti-teatro» o «teatro del absurdo». Se trata de un teatro estático, sin

▲ *El novelista y dramaturgo irlandés Samuel **Beckett**, autor de una obra muy personal y de difícil clasificación.*

SAMUEL BECKETT

OBRAS MAESTRAS

NOVELA: *MURPHY* (1938); *MOLLOY* (1951); *WATT* (1953); *MALONE MUERE* (*MALONE MEURT*, 1951); *EL INNOMBRABLE* (*L'INNOMMABLE*, 1953); *CÓMO ES* (*COMMENT C'EST*, 1961); *MERCIER Y CAMIER* (*MERCIER ET CAMIER*, 1970). **TEATRO:** *ESPERANDO A GODOT* (*EN ATTENDANT GODOT*, 1953); *FINAL DE PARTIDA* (*FIN DE PARTIE*, 1957); *DÍAS FELICES* (*OH, LES BEAUX JOURS*, 1963); *ACTO SIN PALABRAS* (*ACTE SANS PAROLES*, 1957 y 1962). **POESÍA:** *POEMAS* (*POÈMES*, 1978).

acción ni trucos escénicos, con decorados desnudos, de carácter simbólico, personajes esquemáticos y diálogos apenas esbozados. Es la apoteosis de la soledad y la insignificancia humanas, sin el menor atisbo de esperanza. Se considera en general que su obra maestra es *Esperando a Godot* (1953). La pieza se desarrolla en una carretera rural, sin más presencia que la de un árbol y dos vagabundos, Vladimir y Estragón, que esperan, un día tras otro, a un tal Godot, con quien al parecer han concertado una cita, sin que se sepa el motivo. Durante la espera dialogan interminablemente acerca de múltiples cuestiones, y divagan de una a otra, con deficientes niveles de comunicación. En otra de sus piezas, *Días felices* (1963, escrita en inglés en 1961), lo impactante es su original puesta en escena: la cincuentona Winnie se halla enterrada prácticamente hasta el busto en una especie de promontorio. Habla y habla sin tregua, mientras su marido Willie, siempre cerca pero siempre ausente, se limita a emitir de vez en cuando, como réplica o asentimiento, un gruñido. Winnie repite a diario los mismos actos, recuenta las pertenencias de su bolso, siempre idénticas, y, sobre todo, recuerda las mismas cosas triviales e intrascendentes, pero que constituyen sus «días felices». El teatro de Beckett adquiere tonos existencialistas, en su exploración de la radical soledad y el desamparo de la existencia humana y en la drástica reducción del argumento y los personajes a su mínima expresión, lo cual se refleja así mismo en su prosa, austera y disciplinada, aunque llena de un humor corrosivo. En el año 1969 fue galardonado con el Premio Nobel de Literatura.

BÉCQUER, GUSTAVO ADOLFO (*Sevilla, 1836-Madrid, 1870) Poeta español*. Huérfano a los diez años, estudió en el colegio de San Telmo y fue acogido por su madrina, Manuela Monahay. Leyó desde muy joven a los poetas románticos (Victor Hugo, Byron, Espronceda), y a los doce años escribió una *Oda a la muerte de don Alberto Lista*. Estudió humanidades en el Instituto de Segunda Enseñanza de Sevilla, y pintura con su hermano Valeriano en el taller de su tío Joaquín Domínguez Bécquer. En 1854 se trasladó a Madrid para emprender su carrera literaria, pero su ambicioso proyecto de escribir una *Historia de los templos de España* fracasó,

▲ *El poeta romántico Gustavo Adolfo **Bécquer**, retratado por su hermano Valeriano. Abajo, portada del primer y único tomo publicado de la* Historia de los templos de España.

> **«¿*Qué es poesía?*»**
> *—dices mientras clavas/ en mi pupila tu pupila azul./ ¿Qué es poesía? ¿Y tú me lo preguntas?/ Poesía... eres tú.*
>
> Gustavo Adolfo Bécquer
> *Rimas, XXI*

y sólo consiguió publicar un tomo, años más tarde. Para vivir tuvo que dedicarse al periodismo (*El Mundo, El Porvenir, El Correo de la Moda, La España Musical y Literaria*) y a hacer adaptaciones de teatro extranjero en colaboración con su amigo Luis García Luna. En 1958, de vuelta en Sevilla, estuvo nueve meses en cama a causa de una grave enfermedad, probablemente tuberculosis, aunque algunos biógrafos se decantan por la sífilis. Durante su convalecencia conoció a Julia Espín, inspiradora de algunas de sus rimas, aunque la musa que inspiró sus rimas más amargas fue Elisa Guillén, con quien el poeta mantuvo una relación amorosa hasta que ella lo abandonó en 1860. Al año siguiente contrajo matrimonio con Casta Esteban, hija de un médico, con la que tuvo tres hijos. El matrimonio nunca fue feliz, y Bécquer se refugió en la escritura o en la compañía de su hermano Valeriano en las escapadas de éste a Toledo para pintar. Su etapa más prolífica fue entre 1861 y 1865, años en los que compuso la mayor parte de sus *Leyendas*, escribió crónicas periodísticas, algunas *Rimas*, y redactó las *Cartas literarias a una mujer*, donde expone sus teorías sobre la poesía y el amor. Una temporada que pasó en el monasterio de Veruela en 1864 le inspiró *Cartas desde mi celda*, un conjunto de hermosas descripciones paisajísticas. Económicamente las cosas mejoraron para el poeta a partir de 1866, en que obtuvo el empleo de censor oficial de novelas, lo cual le permitió dejar sus crónicas periodísticas y concentrarse en sus *Leyendas* y sus *Rimas*, publicadas en parte en *El Museo Universal*. Pero con la revolución de 1868, el poeta perdió su trabajo, y su esposa lo abandonó ese mismo año. Se trasladó entonces a Toledo con su hermano Valeriano, y allí acabó de reconstruir el manuscrito de las *Rimas*, cuyo primer original había desaparecido cuando su casa fue saqueada durante la revolución septembrina. De nuevo en Madrid, fue nombrado director de la revista *La Ilustración de Madrid*, en la que también trabajó su hermano como dibujante. El fallecimiento de éste, en septiembre de 1870, deprimió extraordinariamente al poeta, quien, presintiendo su propia muerte, entregó a su amigo Narciso Campillo sus originales para que se hiciese cargo de ellos tras su óbito, que ocurriría tres meses después del de Valeriano. La inmensa fama literaria de Bécquer se basa en sus *Rimas*, que iniciaron la corriente romántica de poesía intimista inspirada en Heine y opuesta a la retórica y la ampulosidad de los poetas románticos anteriores. La crítica literaria del momento, sin embargo, no acogió bien sus poemas, aunque su fama no dejaría de crecer en los años siguientes. Su prosa destaca, al igual que su poesía, por la gran musicalidad y la sencillez de la expresión, cargada de sensibilidad; siguiendo los pasos de Hoffmann y Poe, sus *Leyendas* recrean ambientes fantásticos y envueltos en una atmósfera sobrenatural y misteriosa.

BECQUEREL, ANTOINE-HENRI *(París, 1852-Le Croisic, Francia, 1908) Físico francés, descubridor de la radiactividad.* Educado en el seno de una familia constituida por varias generaciones de científicos, entre los que destacaron su abuelo, Antoine-César, y su padre, Alexandre-Edmond, estudió en el Lycée Louis-le-Grand, para ingresar el 1874 en la École des Ponts et Chaussées (Escuela de Caminos y Puentes), donde permaneció durante tres años. En 1894 fue nombrado jefe de ingenieros del Ministerio francés de Caminos y Puentes. En su primera actividad en el campo de la experimentación científica investigó fenómenos relacionados con la rotación de la luz polarizada, causada por campos magnéticos. Posteriormente se dedicó a examinar el espectro resultante de la estimulación de cristales fosforescentes con luz infrarroja. Tras el descubrimiento, a finales de 1895, de los rayos X por Wilhelm Röntgen, Becquerel observó que éstos, al impactar con un haz de rayos catódicos en un tubo de vidrio en el que se ha hecho el vacío, se tornaban fluorescentes. A raíz de esta observación, se propuso averiguar si existía una relación fundamental entre los rayos X y la radiación visible, de tal modo que todos los materiales susceptibles de emitir luz, estimulados por cualquier medio, emitan, así mismo, rayos X. Para comprobar esta hipótesis, colocó cristales sobre una placa fotográfica envuelta en papel opaco, de tal forma que sólo la radiación invisible, correspondiente a los rayos X, pudiera revelar la emulsión contenida en la placa; previamente excitó los cristales mediante exposición a la luz solar. Al cabo de unas horas comprobó que la placa revelaba la silueta perfilada por los cristales. En un experimento posterior, intercaló una moneda entre los cristales y la envoltura opaca;

tras unas horas de exposición, verificó que la imagen de la moneda se perfilaba en la placa. El 24 de febrero de 1896 informó del resultado de estos experimentos a la Academia de las Ciencias francesa, advirtiendo en su informe la particular actividad mostrada por los cristales constituidos por sales de uranio. Ocho días después comprobó que las sales de uranio eran activas sin necesidad de ser expuestas a una fuente energética. Marie Curie bautizó este fenómeno con el nombre de radiactividad, tras el descubrimiento por parte del matrimonio Curie de nuevos elementos como el torio, el polonio y el radio, materiales que muestran un comportamiento análogo al del uranio. En 1903 compartió el Premio Nobel de Física con el matrimonio Curie.

BEDA EL VENERABLE, SAN *(Jarrow, actual Reino Unido, h. 672-id., 735) Teólogo e historiador anglosajón.* No se conocen datos de su familia, pero se sabe que a la edad de diecinueve años fue ordenado diácono en el monasterio de Saint Paul, en Jarrow, y a los treinta, sacerdote. Fuera de algunos viajes a Lindisfarne y York, no parece haber salido nunca de Wearmouth-Jarrow, donde fue enterrado. Sus restos fueron posteriormente trasladados a la catedral de Durham. Su obra se desarrolla en tres planos distintos: el gramatical y científico, el de comentario de los textos sagrados y el histórico-biográfico. Autor de una *Historia eclesiástica del pueblo inglés*, crónica de la conversión al cristianismo de las tribus anglosajonas, definió un método para datar acontecimientos histórico-religiosos, como la encarnación o el nacimiento de Jesucristo, que fue conocido y adoptado en la mayor parte de Europa. También se hicieron célebres sus comentarios de las Escrituras, basados en interpretaciones por lo general de tipo alegórico y simbólico.

BEETHOVEN, LUDWIG VAN *(Bonn, 1770-Viena, 1827) Compositor alemán.* Nacido en el seno de una familia de origen flamenco, su padre, ante las evidentes cualidades para la música que demostraba el pequeño Ludwig, intentó hacer de él un segundo Mozart, aunque con escaso éxito. La verdadera vocación musical de Beethoven no comenzó en realidad hasta 1779, cuando entró en contacto con el organista Christian Gottlob Neefe, quien se convirtió en su maestro. Él fue, por ejemplo, quien le introdujo en el estudio de Bach, músico al que Beethoven siempre

▲ *Fotografía de Antoine-Henri **Becquerel**, descubridor de la radiactividad y galardonado, junto al matrimonio Curie, con el Premio Nobel de Física.*

> *«Hacer todo el bien posible. Amar la libertad sobre todas las cosas y, aun cuando fuera por un trono, no traicionar jamás la verdad.»*
>
> Ludwig van Beethoven

▶ *Famoso retrato de **Beethoven** realizado por Joseph Karl Stieler. A la izquierda, la portada de la primera edición de la* Tercera Sinfonía, *«*Heroica*», dedicada al príncipe Lobkowitz.*

cluso fue la época en que creó sus obras más impresionantes y avanzadas. La tradición divide la carrera de Beethoven en tres grandes períodos creativos o estilos, y si bien el uso los ha convertido en tópicos, no por ello resultan menos útiles a la hora de encuadrar su legado. La primera época abarca las composiciones escritas hasta 1800, caracterizadas por seguir de cerca el modelo establecido por Mozart y Haydn y el clasicismo en general, sin excesivas innovaciones o rasgos personales. A este período pertenecen obras como el célebre *Septimino* o sus dos primeros conciertos para piano. Una segunda manera o estilo abarca desde 1801 hasta 1814, período este que puede considerarse de madurez, con obras plenamente originales en las que el compositor hace gala de un dominio absoluto de la forma y la expresión (la ópera *Fidelio*, sus ocho primeras sinfonías, sus tres últimos conciertos para piano, el *Concierto para violín*). La tercera etapa comprende hasta la muerte del músico y está dominada por sus obras más innovadoras y personales, incomprendidas en su tiempo por la novedad de su lenguaje armónico y su forma poco convencional; la *Sinfonía núm. 9*, la *Missa solemnis* y los últimos cuartetos de cuerda y sonatas para piano representan la culminación de este período y del estilo beethoveniano. En estas obras, Beethoven anticipó ya muchos de los rasgos que habían de caracterizar la posterior música romántica e, incluso, la del siglo xx. La obra de Ludwig van Beethoven se sitúa entre el clasicismo de Mozart y Haydn y el romanticismo de un Schumann o un Brahms. No cabe duda de que como compositor señala un antes y un después en la historia de la música y refleja, quizá como ningún otro –a excepción de su contemporáneo Francisco de Goya–, no sólo el cambio entre el gusto clásico y el romántico, entre el formalismo del primero y el subjetivismo del segundo, sino también entre el Antiguo Régimen y la nueva situación social y política surgida de la Revolución Francesa. Efectivamente, en 1789 caía la Bastilla y con ella toda una concepción del mundo que incluía el papel del artista en su sociedad. Siguiendo los pasos de su admirado Mozart, Beethoven fue el primer músico que consiguió independizarse y vivir de los encargos que se le realizaban, sin estar al servicio de un príncipe o un aristócrata, si bien, a diferencia del salzburgués, él logró triunfar y ganarse el respeto y el reconocimiento de sus contemporáneos.

pr[...]saría una profunda devoción. Miembro de la orquesta de la corte de Bonn desde 1783, en 1787 realizó un primer viaje a Viena con el propósito de recibir clases de Mozart. Sin embargo, la enfermedad y el posterior deceso de su madre le obligaron a regresar a su ciudad natal pocas semanas después de su llegada. En 1792 viajó de nuevo a la capital austriaca para trabajar con Haydn y Antonio Salieri, y se dio a conocer como compositor y pianista en un concierto que tuvo lugar en 1795 con gran éxito. Su carrera como intérprete quedó bruscamente interrumpida a consecuencia de la sordera que comenzó a afectarle a partir de 1796 y que desde 1815 le privó por completo de la facultad auditiva. Los últimos años de su vida estuvieron marcados también por la soledad y una progresiva introspección, pese a lo cual prosiguió su labor compositiva, e in-

LUDWIG VAN BEETHOVEN
OBRAS MAESTRAS

ÓPERAS: *FIDELIO* (1814). **MÚSICA ORQUESTAL:** *CONCIERTO PARA PIANO NÚM. 3* (1803); *SINFONÍA NÚM. 3 «HEROICA»* (1804); *CONCIERTO PARA VIOLÍN* (1806); *CONCIERTO PARA PIANO NÚM. 4* (1806); *SINFONÍA NÚM. 5* (1808); *SINFONÍA NÚM. 6 «PASTORAL»* (1808); *CONCIERTO PARA PIANO NÚM. 5 «EMPERADOR»* (1809); *SINFONÍA NÚM. 7* (1812); *SINFONÍA NÚM. 8* (1812); *SINFONÍA NÚM. 9 «CORAL»* (1824). **MÚSICA DE CÁMARA:** *SEPTIMINO* (1800); *SONATA PARA VIOLÍN Y PIANO NÚM. 5 «PRIMAVERA»* (1801); *SONATA PARA VIOLÍN Y PIANO NÚM. 9 «KREUTZER»* (1803); *3 CUARTETOS DE CUERDA «RAZUMOVSKY»* (1806); *TRÍO CON PIANO NÚM. 7 «ARCHIDUQUE»* (1811); *GRAN FUGA PARA CUARTETO DE CUERDA* (1825). **MÚSICA INSTRUMENTAL:** *SONATA PARA PIANO NÚM. 8 «PATÉTICA»* (1799); *SONATA PARA PIANO NÚM. 14 «CLARO DE LUNA»* (1801); *SONATA PARA PIANO NÚM. 17 «LA TEMPESTAD»* (1802); *SONATA PARA PIANO NÚM. 23 «APPASSIONATA»* (1805); *SONATA PARA PIANO NÚM. 29 «HAMMERKLAVIER»* (1818); *SONATA PARA PIANO NÚM. 32* (1822); *VARIACIONES DIABELLI* (1823). **MÚSICA VOCAL:** *CRISTO EN EL MONTE DE LOS OLIVOS* (1803); *A LA AMADA LEJANA* (1816); *MISSA SOLEMNIS* (1823).

BELAÚNDE TERRY, FERNANDO *(Lima, 1912) Político y arquitecto peruano.* Ocupó el cargo de decano de la facultad de arquitectura de la Universidad Nacional de Ingeniería (UNI). En 1963 accedió a la presidencia de la República con el Partido de Acción Popular, en coalición con los democristianos y con el apoyo del Partido Comunista. En su primer gobierno extendió la gratuidad de la educación a todos los niveles, creó el régimen municipal por sufragio universal obligatorio y secreto, construyó 1 500 km de la Carretera Marginal de la selva, e incrementó la capacidad eléctrica y las áreas de cultivo en todo el territorio nacional. Se enfrentó con graves problemas sindicales y políticos, así como de seguridad con la aparición de una facción guerrillera de un partido de la izquierda radical, por lo que no dudó en recurrir al ejército, aunque acabaría perdiendo el apoyo de los militares, que lo depusieron en 1968. Volvió a ocupar la presidencia (1980-1985) tras la caída del régimen militar, pero el acoso del grupo guerrillero Sendero Luminoso y la creciente crisis económica y política acabaron con su crédito electoral.

BELGRANO, MANUEL *(Buenos Aires, 1770-id., 1820) Político y militar argentino.* Terminó sus estudios de derecho en España y fue nombrado secretario del consulado creado en Buenos Aires por Carlos IV. Desde su cargo llevó a cabo una política de corte liberal, tendente a mejorar el comercio y la enseñanza. Participó activamente en la Revolución de Mayo y, más tarde, fue elegido vocal de la Primera Junta de gobierno. Fue derrotado al frente de la expedición libertadora a Paraguay (1811), pero se impuso a las tropas realistas en las batallas de Tucumán (1812) y Salta (1813), Enarboló la que sería bandera nacional en las barrancas del Paraná. A finales de 1813, tras sufrir una derrota frente a los españoles en el Alto Perú (actual Bolivia), se vio obligado a ceder el mando de sus tropas al general José de San Martín. A partir de ese momento se dedicó al desempeño de tareas diplomáticas, tanto en Europa como en el ámbito de las antiguas colonias, en las cuales llevó a cabo una tarea de pacificación interna.

BELISARIO *(?, 494-Constantinopla, hoy Estambul, 565) General bizantino.* Inició su carrera militar durante el reinado de Justino,

▲ *Retrato del político argentino Manuel **Belgrano**, de talante liberal.*

▼ *Fotografía que recoge el histórico momento en el que Alexander Graham Bell realizó la primera llamada telefónica a larga distancia, de Nueva York a Chicago, en 1892.*

pero fue con su sucesor, Justiniano, cuando alcanzó la fama. Tras ser derrotado por los persas en Calínico (530), se encargó de aplastar de forma cruel el motín popular del hipódromo en Constantinopla (532), salvando así la Corona de Justiniano. A continuación embarcó con un pequeño ejército hacia Cartago y se la arrebató a los vándalos de Gelimer. En el 535, cayó sobre Italia, y en una ágil campaña derrotó a los ostrogodos y conquistó Roma. Luego emprendió una nueva campaña contra los persas (544) y en el 559 se enfrentó a los búlgaros, pero la gratitud imperial demostró ser efímera, y el victorioso general cayó en desgracia. Sólo sería rehabilitado poco antes de morir.

BELL, ALEXANDER GRAHAM *(Edimburgo, 1847-Beinn Bhreagh, Canadá, 1922) Científico y logopeda estadounidense de origen escocés.* Inventor del teléfono. Nacido en el seno de una familia dedicada a la locución y corrección de la pronunciación, Bell fue educado junto a sus hermanos en la tradición profesional familiar. Estudió en la Royal High School de Edimburgo, y asistió a algunas clases en la Universidad de Edimburgo y el University College londinense, pero su formación fue básicamente autodidacta. En 1864 ocupó la plaza de residente en la Weston House Academy de Elgin, donde desarrolló sus primeros estudios sobre sonido; en 1868 trabajó como asistente de su padre en Londres, ocupando su puesto tras la marcha de éste a América. La repentina muerte de su hermano mayor a causa de la tuberculosis, enfermedad que también había terminado con la vida de su hermano menor, repercutió negativamente tanto en la salud como en el estado de ánimo de Bell. En estas circunstancias, en 1870 se trasladó a una localidad cercana a Brantford (Canadá) junto al resto de su familia, donde pronto su estado comenzó a mejorar. Un año después se instaló en Boston, donde orientó su actividad a dar a conocer el sistema de aprendizaje para sordos ideado por su padre, recogido en la obra *Visible Speech* (1866). Los espectaculares resultados de su trabajo pronto le granjearon una bien merecida reputación, recibiendo ofertas para dar diversas conferencias, y en 1873 fue nombrado profesor de fisiología vocal en la Universidad de Boston. En esta época, con la entusiasta colaboración del joven mecánico

Thomas Watson y el patrocinio de los padres de George Sanders y Mabel Hubbard (con quien se acabaría casando el año 1877), dos estudiantes sordos que habían recibido clases de Bell, diseñó un aparato para interconvertir el sonido en impulsos eléctricos. El invento, denominado teléfono, fue inscrito en el registro de patentes estadounidense en 1876. En un primer momento, el teléfono levantó todo tipo de comentarios irónicos, pero al revelarse como un medio de comunicación a larga distancia viable, provocó controvertidos litigios por la comercialización de la patente. En 1880 recibió el Premio Volta. El dinero obtenido con este premio lo invirtió en el desarrollo de un nuevo proyecto, el *grafófono*, en colaboración con Charles Sumner Tainter, uno de los primeros sistemas de grabación de sonidos conocido. Tras su muerte, acaecida en 1922, dejó como herencia dieciocho patentes a su nombre y doce más compartidas con sus colaboradores.

BELLINI, FAMILIA; JACOPO *(Venecia, h. 1400-id., 1470/1471) y sus hijos* **GENTILE** *(Venecia, 1429-id., 1507) y* **GIOVANNI** *(Venecia, h. 1430-id., 1516) Familia de pintores italianos.* Jacopo fue un pintor de renombre en la Venecia del siglo XV, donde tuvo un próspero taller en el cual se formaron sus hijos Gentile y Giovanni. El primero heredó el taller familiar y practicó una pintura pintoresca, por lo general de grandes dimensiones, en la que reflejó la vida veneciana de la época, como en *Procesión en la plaza de San Marcos*. De 1479 a 1480 trabajó en Constantinopla al servicio de Mehmet II, de quien realizó un retrato. Su hermano Giovanni fue el artista más importante de la familia. Su mérito reside principalmente en haber transformado Venecia, una ciudad sin ninguna importancia artística por entonces, en uno de los grandes centros del Renacimiento italiano. Con Giovanni Bellini se formaron, por ejemplo, Tiziano y Giorgione, en los que ejerció una gran influencia. Su pintura, que incluye retratos, temas mitológicos y religiosos, se caracteriza por los efectos tonales y por su carácter eminentemente lírico. En su producción artística destacan en particular sus *Vírgenes*.

BELLINI, VINCENZO *(Catania, Italia, 1801-Puteaux, Francia, 1835) Compositor italiano.* De padre organista, cursó sus estudios bajo la dirección del célebre Zingarilli. Compuso música sacra (motetes, misas, etc.), de cámara y sinfónica, pero es la ópera el género musical que le dio fama. Sus óperas más conocidas son *Adelson y*

▼ *Retrato anónimo de Andrés* **Bello**. *El filólogo y pedagogo venezolano intentó impulsar la enseñanza en Iberoamérica y fue el fundador de la Universidad de Chile.*

▼ *Detalle de la* Transfiguración, *óleo sobre tabla que Giovanni* **Bellini** *realizó en torno a 1474 y que se conserva en la Galería Nacional de Capodimonte, en Nápoles.*

Salvini (1824), *El pirata* (1827), *La extranjera* (1829), *Capuletos y Montescos* (1830), *La sonámbula* (1831), *Norma* (1831) *y Los puritanos*(1835). Su obra maestra es *Norma*, obra en la que destaca su obertura y en donde se conjuntan una gravedad clásica con un apasionamiento muy romántico en la expresión. Si en el siglo XIX fue Wagner su admirador más conocido, en el XX fue Stravinski quien reivindicó la facilidad de Bellini para la melodía, contraponiéndola a las dificultades que parecía encontrar Beethoven en este terreno.

BELLO, ANDRÉS *(Caracas, 1781-Santiago, 1865) Filólogo, jurista y pedagogo venezolano.* Interesado desde muy joven por la lectura de los clásicos y educado en la filosofía enciclopedista, completó su formación con estudios de literatura, filología y derecho. Trató de implantar en Iberoamérica un moderno sistema de enseñanza y contribuyó decididamente a la fundación de la Universidad de Chile (1842) y a la promoción de la cultura en sus más diversas manifestaciones. Entre 1809 y 1829 residió en Londres, donde conoció al ministro chileno Mariano Egaña, quien le invitó a incorporarse a la administración de la joven nación. Una vez en ella, desarrolló una importante labor en pro de la mejora de la educación pública, además de redactar el Código Civil chileno. Sus obras completas ocupan 26 volúmenes. Fue un refinado poeta neoclásico, y realizó recopilaciones históricas, pero su aportación más importante tuvo lugar en el ámbito filológico con la publicación de la *Gramática de la lengua castellana destinada al uso de los americanos* (1847).

BELLOW, SAUL *(Lachine, Canadá, 1915) Escritor canadiense.* Estudió sociología y antropología en la Universidad de Chicago. Ya desde sus primeras novelas aborda su condición de judío (*La víctima*, 1948), tema que será una constante en su obra y que le ha valido la etiqueta de escritor judeoamericano. Su prosa ha evolucionado desde un estilo contenido y equilibrado hasta un barroquismo de gran versatilidad e inventiva verbal que se ha mantenido, de forma más o menos acusada, a lo largo de su producción. La obra que le ha valido el reconocimiento internacional es *Herzog* (1964), en la que se reafirma en su denuncia de la presión que ejerce sobre los individuos el sueño americano del éxito, asedio que en muchos casos se convierte en impulso hacia una huida desesperada que acaba siendo una afirmación de uno mismo. En 1976 fue galardonado con el Premio Nobel de Literatura.

BELZU, MANUEL ISIDORO *(La Paz, 1808-id., 1865) Militar y político boliviano.* En 1848 encabezó una sublevación contra José Ballivián y utilizó sus humildes orígenes para enardecer los ánimos de los indígenas y los mestizos contra la oligarquía, para hacerse con el poder el mismo año. Su gobierno se caracterizó por la inestabilidad política, ya que eran muchos los que deseaban derrocarle. Después de sofocar más de treinta levantamientos, dimitió en 1855. Le sucedió su yerno, Jorge Córdoba, a quien Belzu impuso en la presidencia. Entretanto, él se retiró a Europa, donde vivió durante diez años rodeado de lujos extremos. Cuando regresó a su país, los indígenas de La Paz se sublevaron en su favor, y Belzu entró triunfante en la ciudad tras vencer a Mariano Melgarejo, pero fue muerto por éste en el palacio presidencial.

BEN GURIÓN, DAVID *(Plonsk, Polonia, 1886-Tel Aviv, Israel, 1973) Político israelí.* En 1906 se trasladó a Palestina, donde entró en contacto con activistas del movimiento sionista, del que fue uno de los máximos impulsores. Fue miembro fundador de la organización Trabajadores de Sión, de tendencias socialistas, y su primer presidente, cargo desde el que impulsó el desarrollo de las primeras colonias agrícolas. Entre 1912 y 1914 residió en Estambul, en donde cursó estudios de derecho, y a su regreso a Palestina fue expulsado por las autoridades turcas, que en aquel momento controlaban la región. Obligado a emprender el exilio, se diri-

▲ *Ben Gurión proclama la independencia de Israel en Tel Aviv, en 1948, bajo un retrato de Theodor Herzl, fundador del movimiento sionista.*

▲ *Retrato del dramaturgo Jacinto **Benavente**, autor cuya extensa obra supuso un revulsivo para el teatro español.*

gió a Estados Unidos, donde colaboró en la organización del movimiento sionista local. Ingresó en la organización Legión Judía, con la que emprendió, protegido por las autoridades militares británicas, el regreso a Palestina en 1918. A partir de este momento centró sus esfuerzos en la fundación y posterior consolidación del Mapai, primer partido político laborista. Así mismo, compatibilizó sus funciones en el Mapai con la secretaría general de la Histadrutj, la Federación General de Trabajadores de Israel, cargo que desempeñó entre 1921 y 1935. En esta última fecha fue elegido presidente del ejecutivo sionista, cuyo objetivo fundamental era la creación de un Estado judío en Palestina. La resolución de la ONU de 1947, que recomendaba la creación de dicho Estado, significó el espaldarazo definitivo a sus aspiraciones. El 14 de mayo de 1948, el gobierno provisional proclamó la creación del Estado de Israel, del cual Ben Gurión fue nombrado primer ministro y ministro de Defensa. Se mantuvo en el gobierno hasta 1953, año en el que se retiró a una colonia agrícola, si bien regresó a la política activa en 1955 y fue primer ministro hasta 1963, fecha en que se retiró definitivamente de la vida pública. Durante este segundo mandato dirigió la guerra árabe-israelí de 1956 (expedición de Suez).

BENAVENTE, JACINTO *(Madrid, 1866-id., 1954) Dramaturgo español.* Autor muy fecundo, destacó como creador de dramas realistas que buscan el diálogo ingenioso, minuciosamente elaborado, a través del cual se sugiere la psicología de los personajes, cuyas pasiones, sin embargo, no se expresan nunca de un modo abierto, a diferencia del teatro más histriónico de autores coetáneos como Echegaray. Alcanzó el éxito con *El nido ajeno* (1894), obra en la que se reafirma como escritor de lo que se denomina «alta comedia». Seguirían en la misma línea, ganando en profundidad psicológica e influido por el simbolismo y el naturalismo, algunos dramas, entre los que destacan *Los intereses creados* (1907), de tono satírico y humorístico, *Señora ama* (1908) y *La malquerida* (1913), ambas de ambiente rural. Posteriormente, sus piezas, de las que escribió un centenar, se centraron en la crítica aguda y humorística, siempre dentro de los límites del decoro y del respeto a las gentes bienpensantes de la sociedad madrileña de su tiempo. En 1922 recibió el Premio Nobel de Literatura.

BENEDETTI, MARIO *(Paso de los Toros, Uruguay, 1920) Escritor uruguayo.* Su obra, integrada básicamente por cuentos y novelas cortas, intenta plasmar, con un estilo sencillo y sin complicaciones formales, la realidad de la clase media montevideana, sumida en la rutina y retratada en sus pequeñas mezquindades. Prueba de ello son los relatos recogidos en el volumen *Montevideanos* (1959) y las novelas *La tregua* (1960), considerada su mejor obra, y *Gracias por el fuego* (1965). Así mismo, ha escrito varios volúmenes de poesía, de tono reflexivo y discursivo, y matizada por toques de ironía que la aproximan a su obra en prosa (*Poemas de la oficina*, 1956, *Poemas de hoy por hoy*, 1961, etc.). En 1971 publicó la novela *El cumpleaños de Juan Ángel*, y más tarde ensayos como *La realidad y la palabra* (1991) y la novela *Andamios* (1996). En 1999 fue galardonado con el Premio Reina Sofía de Poesía Iberoamericana.

BENITO DE NURSIA, SAN *(Nursia, actual Italia, h. 480-Montecasino, id., 547) Patriarca de los monjes de Occidente y fundador de la orden de los benedictinos.* Nacido en el seno de una familia patricia, estudió retórica, filosofía y derecho en Roma. Los datos disponibles de su vida, relatada por san Gregorio Magno en el segundo libro de sus *Diálogos*, son de escasa fiabilidad. Se cuenta que a los veinte años huyó al desierto de Subiaco, donde el monje Román le impuso el hábito monástico. En poco tiempo fundó doce monasterios. La fama de su santidad le valió la enemistad de otros sacerdotes vecinos, por lo que abandonó Subiaco y se instaló en Montecasino, donde hizo construir un monasterio sobre las ruinas de un antiguo templo pagano. Allí redactó, hacia el año 540, sus célebres *Reglas*, que establecen la humildad, la abnegación y la obediencia como ejes fundamentales de la vida del monje. El convento es definido como una comunidad aislada del mundo por la clausura y vinculada a él por la hospitalidad. Adoptados por san Benito de Aniano, los preceptos de san Benito de Nursia fueron ampliamente difundidos durante la época carolingia y siguen rigiendo en la actualidad en la orden benedictina.

BENTHAM, JEREMY *(Londres, 1748-id., 1832) Filósofo y teórico social inglés.* Hijo de un jurista, obtuvo la licenciatura en leyes por la Universidad de Oxford en 1763, y, a pesar de que nunca ejerció, tomó parte en diversas causas de reforma de las leyes británicas de su época mientras fue

▲ *Representación pictórica de san **Benito de Nursia**, fundador de la orden benedictina.*

miembro de un grupo de «filósofos radicales», entre los cuales se contaba también John Stuart Mill. Conocido como el padre del utilitarismo, que él extrajo a su vez de Hume, sostenía que el objetivo tanto de los individuos como de las instituciones en el comportamiento social debía ir dirigido a proporcionar la mayor felicidad posible al mayor número de gente. Suele atribuirse a Bentham un utilitarismo «hedonista», por cuanto creía que una conducta positiva era determinada por el balance entre placer y dolor que produjera. Su obra más reconocida es *Introducción a los principios morales y legales* (1789). Tras su muerte, y a petición propia, fue decapitado y embalsamado con una cabeza réplica de su rostro; actualmente aún se le conserva en este estado en la Universidad de Londres.

BENZ, KARL *(Karlsruhe, Alemania, 1844-Ladenburg, id., 1929) Ingeniero alemán.* Diseñador del primer automóvil impulsado por un motor de combustión interna (1885). Hijo de un ingeniero ferroviario, en 1877 realizó sus primeros experimentos sobre motores de combustión, de los que dotó a un vehículo de dos ruedas. En 1883 fundó en Mannheim la casa Benz y Cía., orientada al desarrollo de los motores de combustión interna. El primer coche fabricado por la empresa, un triciclo al que se denominó *Motorwagen*, que actualmente se conserva en Munich, fue patentado en 1886. En 1893 construyó, con características similares al anterior, su primer vehículo de cuatro ruedas. En 1899 vio la luz el modelo inicial de su primera serie de coches de carreras. En 1926, la casa Benz y Cía. se fusionó con la Daimler Motoren Gesellschaft de Gottlieb Daimler, formando la Daimler-Benz, la firma productora de los automóviles Mercedes Benz, y primera empresa automovilística en incorporar el motor Diesel a los vehículos de pasajeros. Con anterioridad, en 1906, Benz había abandonado la empresa para fundar la K. Benz Söhne en Ladenburg, junto a sus hijos Eugen y Richard.

▶ *Triciclo automóvil fabricado por **Benz** en 1886 y que se expone actualmente en Munich. Este vehículo, llamado Motorwagen, es el primero que realizó el ingeniero alemán.*

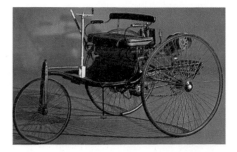

BERCEO, GONZALO DE *(Berceo?, España, s. XII-?-s. XIII) Escritor español.* Fue clérigo, no se sabe si secular o regular, y vivió en el monasterio de San Millán de la Cogolla (Logroño), donde se ordenó sacerdote, y en el de Santo Domingo de Silos (Burgos). Es el primer representante del llamado «mester de clerecía», escuela medieval de hombres de letras (una calificación que en aquella época casi coincidía con la de sacerdote) cuya principal aportación fue la difusión de la cultura latina. Su obra, escrita en cuaderna vía como era habitual en el «mester», es estrictamente religiosa y se suele dividir entre obras de santos, obras marianas y obras de temática religiosa más amplia, de tipo doctrinal. Destacan los *Milagros de Nuestra Señora*, su obra más conocida, llena de notas folclóricas y detalles cómicos. Inspirada por una colección de milagros en latín, está compuesta por una introducción alegórica y veinticinco poemas que cuentan milagros atribuidos a la Virgen, descrita como un personaje cercano que ampara a los fieles. Berceo, en su ánimo de acercarse al pueblo, se hizo portavoz de una religiosidad emotiva y llena de sucesos con la que fácilmente podían identificarse sus oyentes, alejándose así de la aridez teológica propia de los tratados latinos. Probablemente difundida de forma oral por los juglares, su obra tiene un claro objetivo didáctico. Se caracteriza por un tratamiento sencillo y popular del lenguaje, a menudo hace referencia a sus propios avatares biográficos y da muestras, con su expresión realista y auténtica, del gusto de Berceo por la recreación de detalles pintorescos y cotidianos. Su forma de narrar los sucesos religiosos y de intentar acercarlos al pueblo por medio de un estilo y una forma de sentir humilde y sencilla hizo de Berceo un autor de gran valor simbólico para la Generación del 98.

BERG, ALBAN *(Viena, 1885-id., 1935) Compositor austriaco.* La ópera del siglo XX tiene en Alban Berg a uno de sus compositores más representativos e influyentes. Sus dos incursiones en este género, *Wozzeck* y *Lulu*, constituyen dos obras maestras que han ejercido una notable influencia en varios autores contemporáneos, como el británico Benjamin Britten, los alemanes Hans Werner Henze y Bernd Alois Zimmermann, y el ruso Alfred Schnittke, entre otros. Discípulo de Arnold Schönberg desde 1904, la carrera compositiva de Berg había comenzado algunos años

▲ *Página del manuscrito de* Del sacrificio de la misa, *obra de Gonzalo de* **Berceo** *que se conserva en la Biblioteca Nacional de Madrid.*

▼ *Retrato de Alban* **Berg** *pintado por Lilly Steiner. El austriaco es uno de los principales compositores de ópera del s. XX.*

antes, cuando, sin apenas haber recibido instrucción musical reglada alguna, escribió breves melodías con acompañamiento de piano, algunas de las cuales serían recuperadas, revisadas y orquestadas por el propio compositor bajo el título *Siete lieder de juventud.* El contacto con Schönberg y con su condiscípulo Anton Webern –con los que integra la llamada Segunda Escuela de Viena– le facilitó el conocimiento necesario de las formas y técnicas musicales sobre las que cimentaría su estilo, que en sus obras más personales y maduras se caracteriza, por un lado, por un obsesivo grado de perfección formal y, por otro, por un exacerbado lirismo que hunde sus raíces en el Romanticismo poswagneriano de autores como Gustav Mahler, Franz Schreker y Hugo Wolf. En su música, esta tradición coexiste con la aplicación de las nuevas técnicas de composición propugnadas por su maestro Schönberg, el atonalismo (*Cuarteto de cuerda Op. 3, Altenberg-Lieder, Tres piezas para orquesta, Wozzeck*) y el dodecafonismo (*Suite lírica, El vino, Lulu, Concierto para violín «A la memoria de un ángel»*), pero adaptadas en todo momento a su personal modo de hacer, del que no quedan excluidas las referencias al sistema tonal tradicional. Este eclecticismo y la indudable calidad comunicativa de su música explican el favor de que su obra goza entre el público en general, incluido aquel no especialmente afecto a la música contemporánea.

BERGMAN, INGMAR *(Uppsala, Suecia, 1918) Director cinematográfico sueco.* Hijo de un estricto pastor protestante, Bergman cursó estudios en la Universidad de Estocolmo y obtuvo la licenciatura en literatura e historia del arte con una tesis sobre Strindberg. Hasta 1942 dirigió el teatro universitario y, posteriormente, fue ayudante de dirección del Gran Teatro Dramático de Estocolmo. En 1943, la productora Svensk Filmindustri (SF) lo contrató para el departamento de guiones.

ALBAN BERG
OBRAS MAESTRAS

ÓPERAS: *WOZZECK* (1922); *LULU* (1935). **MÚSICA ORQUESTAL:** *TRES PIEZAS PARA ORQUESTA* (1915); *CONCIERTO DE CÁMARA* (1925); *TRES PIEZAS DE LA SUITE LÍRICA* (1928); *SINFONÍA «LULU»* (1934); *CONCIERTO PARA VIOLÍN «A LA MEMORIA DE UN ÁNGEL»* (1935). **MÚSICA DE CÁMARA:** *CUARTETO DE CUERDA,* *OP. 3* (1910); *CUATRO PIEZAS PARA CLARINETE Y PIANO* (1913); *SUITE LÍRICA PARA CUARTETO DE CUERDA* (1926). **MÚSICA INSTRUMENTAL:** *SONATA PARA PIANO, OP. 1* (1908). **MÚSICA VOCAL:** *SIETE LIEDER DE JUVENTUD* (1908); *CUATRO LIEDER, OP. 2* (1909); *ALTENBERG-LIEDER* (1912); *EL VINO* (1929).

INGMAR BERGMAN
OBRAS MAESTRAS

JUEGOS DE VERANO (1950); UN VERANO CON MÓNICA (1952); NOCHE DE CIRCO (1953); SONRISAS DE UNA NOCHE DE VERANO (1955); EL SÉPTIMO SELLO (1956); FRESAS SALVAJES (1957); EL ROSTRO (1958); EL MANANTIAL DE LA DONCELLA (1959); COMO EN UN ESPEJO (1960); LOS COMULGANTES (1961); EL SILENCIO (1963); ESAS MUJERES (1964); PERSONA (1966); EL RITO (1969); GRITOS Y SUSURROS (1972); SECRETOS DE UN MATRIMONIO (1973); LA FLAUTA MÁGICA (1974); EL HUEVO DE LA SERPIENTE (1977); FANNY Y ALEXANDER (1982).

Un año más tarde, la misma empresa produjo una película a partir de su novela corta *Tortura*, que dirigió Alf Sjöberg. Entre 1944 y 1955 fue responsable artístico del teatro municipal de Helsingborg, etapa en la que también dirigiría su primera película, *Crisis* (1946), producida por la SF, y realizó una serie de adaptaciones para el productor independiente Lorens Malmstedt, en las cuales aparecen ya sus preocupaciones existencialistas y que merecieron cierto reconocimiento entre el público y la crítica de su país. Sin embargo, hasta la aparición de la comedia *Sonrisas de una noche de verano* el nombre de Bergman no empezó a ser internacionalmente conocido. El éxito que alcanzó esta película en el Festival de Cannes de 1956 lo convirtió en el autor de moda dentro del cine europeo, y ello propició que se recuperaran numerosos filmes anteriores suyos. El cine de Bergman recoge la influencia formal del expresionismo y de la tradición sueca, en especial la de Victor Sjöström, y destaca por su gran sentido plástico, casi pictórico, y el aprovechamiento de las posibilidades del blanco y negro. Además, gira en torno de una serie de constantes temáticas, en especial la muerte y el amor, marcadas por las preocupaciones existencialistas y religiosas del autor, y abordadas con un tono metafísico y una densidad de diálogos motivada por sus inicios en el teatro. En el amplio conjunto de su obra ha escrito, producido y dirigido películas que abarcan desde la comedia ligera al drama psicológico o filosófico más profundo. En sus comedias, el contenido sexual está en mayor o menor medida presente, si bien tratado con extremo lirismo. Película emblemática dentro de su filmografía por su amplia repercusión entre el público y la crítica, *El séptimo sello* (1956) constituye una lúgubre alegoría que indaga en la relación del hombre con Dios y la muerte, para la cual empleó recursos narrativos basados en la iconografía cristiana, si bien incorporando audacias personales de gran eficacia. Su

> «*He* tenido la capacidad de atar los demonios delante del carro de combate. Los he obligado a ser útiles. Ellos, a su vez, se han dedicado a torturarme y a avergonzarme en mi vida privada.»
>
> Ingmar Bergman

▼ *Henri **Bergson** consideraba que el pensamiento es un proceso continuo que queda desvirtuado al ser dividido en partes.*

> «*La* inteligencia se caracteriza por una incomprensión natural de la vida.»
>
> Henri Bergson
> *La evolución creadora*

virtuosismo técnico se hace evidente en *Fresas salvajes* (1957), recreación de su propia infancia para la que utilizó una estructura de narraciones superpuestas. La posición de Bergman como director se consolidó plenamente a lo largo de la década de 1960. La obra más representativa de esta etapa es quizá *Persona* (1966), donde destacan las simetrías compositivas, los primerísimos planos y el empleo evocador del sonido y la música. Bergman continúa explorando en esta película el alma humana, su incapacidad para la comunicación, para sentir y recibir amor. Los setenta son ya años de pleno reconocimiento internacional para el director, en que los éxitos y los premios se suceden: Cannes, Hollywood, Venecia, Berlín... Su dedicación al cine no le impidió, sin embargo, continuar trabajando para el teatro y la televisión. En 1976 abandonó su país por problemas fiscales y se instaló en Munich, donde creó su propia productora. De estos años data la película más encantadora y vital de su filmografía, *Fanny y Alexander* (1982), de la que el mismo autor comentó: «Por fin quiero dar forma a la alegría que, a pesar de todo, llevo dentro de mí y a la que tan rara vez y tan vagamente doy vida en mi trabajo.» Más tarde, Bergman publicó sus memorias en dos volúmenes, *Linterna mágica* (1988) e *Imágenes* (1990), y también escribió guiones cinematográficos otros directores, entre ellos su hijo Daniel.

BERGSON, HENRI *(París, 1859-id., 1941)* Filósofo francés. Nacido en el seno de una familia judía, es considerado uno de los máximos exponentes del llamado «vitalismo». En 1914 fue elegido miembro de la Academia Francesa y varios gobiernos le confiaron misiones diplomáticas durante la guerra de 1914-1918 y después de ella. En obras como *Ensayo sobre los datos inmediatos de la conciencia* (1889) desarrolló su particular concepto de «duración», resultado de su análisis de la experiencia directa del tiempo, que, según Bergson, resulta imposible de traducir a los términos espaciales de la razón científica. En *La evolución creadora* (1907) recoge los principios del darwinismo desde un punto de vista crítico con el mecanicismo y el finalismo biológico, en favor de lo que él denominó «*élan vital*» (impulso vital), que produce vida a través del cambio, es decir, enfrentándose al principio inerte de la materia. Bergson se acercó al cristianismo en *Las dos fuentes de la moral y de la religión* (1932). Recibió el Premio Nobel de Literatura en 1927.

BERING O BEHRING, VITUS *(Horsens, Dinamarca, 1681-isla de Bering, 1741) Marino y explorador danés.* Siendo muy joven embarcó en una expedición que recorrió la India. En 1703 se alistó en la marina rusa a las órdenes de Pedro *el Grande,* participó en la Gran Guerra Nórdica y fue enviado a Kamchatka para levantar un mapa del área marítima entre Siberia y Alaska y encontrar una conexión terrestre entre ambas zonas. En 1725 abandonó San Petersburgo y constató, al cabo de dos años de viajes, que Asia no estaba unida a América. Regresó a Europa después de tres años, y en 1741 emprendió un nuevo viaje que le llevó a descubrir las Aleutianas, la isla Kodiak y Alaska, pero las adversas condiciones climatológicas y una epidemia de escorbuto abortaron su última expedición. Una tempestad lo arrojó a la isla de Avacha, que posteriormente tomó el nombre de Bering, en la cual murió. Además de sus descubrimientos, fue célebre su descripción de la vaca marina de Steller, un animal desconocido que habitaba la isla donde había naufragado y que se extinguió algunos años después.

BERKELEY, GEORGE *(Dysert, Irlanda, 1685-Cloyne, id., 1753) Filósofo irlandés.* Profundamente religioso, dedicó su obra a fundar la fe en el discurso racional, a contracorriente del espíritu librepensador de su época, que, con el auge del empirismo, había quedado marcada por un cierto escepticismo. Tras estudiar en Dublín y ordenarse sacerdote, en 1710 escribió su obra fundamental, titulada *Los principios del conocimiento humano,* y en 1734 fue nombrado obispo anglicano de Cloyne (al sur de Irlanda). Berkeley adoptó desde el principio un inmaterialismo que lo enfrentó a Hobbes y a Locke; según él, afirmar que las cosas existen independientemente de nuestra percepción implica una contradicción, sobre todo desde un empirismo consecuente. En efecto, si no debemos aceptar nada sobre lo que no exista una certeza absoluta, y puesto que de las cosas «sólo conocemos su relación con nuestros sentidos», no lo que son en sí mismas, únicamente podemos aceptar como ciertas las representaciones mentales. Berkeley inauguró con ello el principio del idealismo, según el cual «el ser» de las cosas es su «ser percibidas», de tal modo que la sustancia no es ya la materia, sino únicamente la sustancia espiritual, de cuya existencia nuestros pensamientos son la prueba irrefutable, de acuerdo con su contemporáneo Descar-

«*T*odos reclaman la verdad, pero pocos se ocupan de ella.»

George Berkeley

◀ *Retrato del filósofo George* **Berkeley***, pintado por J. Smibert en 1730 y que en la actualidad se expone en la National Gallery of Portraits de Londres.*

tes. Sin embargo, si los objetos no existen como fundamento de nuestras representaciones mentales, tenía que haber algo existente que, permaneciendo fuera de nuestra mente, suscitase nuestras percepciones, un principio que Berkeley halló en Dios. Como producto de su radicalización del empirismo, Berkeley tuvo que redefinir el concepto de causa. Así, consideró que las causas físicas no eran verdaderas causas, sino únicamente signos que la ciencia debía interpretar para asegurar la supervivencia. La filosofía de Berkeley tuvo escasa aceptación entre sus contemporáneos, a pesar de sus esfuerzos por hacerla más popular y accesible en *Los tres diálogos entre Hylas y Philonus* (1713).

BERLIOZ, HECTOR *(La Côte-Saint-André, Francia, 1803-París, 1869) Compositor francés.* El Romanticismo tiene en Hector Berlioz una de sus figuras paradigmáticas: su vida novelesca y apasionada y su ansia de independencia se reflejan en una música osada que no admite reglas ni convenciones y que destaca, sobre todo, por la importancia concedida al timbre orquestal y a la inspiración extramusical, literaria. No en balde, junto al húngaro Franz Liszt, Berlioz fue uno de los principales impulsores de la llamada música programática. Hijo de un reputado médico de Grenoble, fue precisamente su padre quien le transmitió su amor a la música. Aconsejado por él, el joven Hector aprendió a tocar la flauta y la guitarra y a

HECTOR BERLIOZ

OBRAS MAESTRAS

ÓPERAS: *BENVENUTO CELLINI* (1838); *LOS TROYANOS* (1860); *BÉATRICE ET BÉNÉDICT* (1862). **MÚSICA ORQUESTAL:** *SINFONÍA FANTÁSTICA* (1830); *EL REY LEAR* (1831); *HAROLD EN ITALIA* (1834); *ROMEO Y JULIETA* (1839); *SINFONÍA FÚNEBRE Y TRIUNFAL* (1840); *EL CARNAVAL ROMANO* (1844); *EL CORSARIO* (1852). **MÚSICA CORAL:** *GRAND MESSE DES MORTS* (1837); *LA DAMNATION DE FAUST* (1846); *TE DEUM* (1849); *L'ENFANCE DE CHRIST* (1854); *LÉLIO* (1854). **MÚSICA VOCAL:** *LA MORT DE CLÉOPÂTRE* (1829); *LES NUITS D'ÉTÉ* (1841).

◀ ▼ *Dibujo que muestra a **Berlioz** mientras dirige una formación orquestal. Abajo, portada de una partitura de* La Damnation de Faust, *que reproduce un cuadro de Gustave Frapont.*

componer pequeñas piezas para diferentes conjuntos. Sin embargo, no era la música la carrera a la que le destinaba su progenitor; y así, en 1821 Berlioz se trasladó a París para seguir los estudios de medicina en la universidad. No los concluyó: fascinado por las óperas y los conciertos que podían escucharse en la capital gala, el futuro músico abandonó pronto la carrera médica para seguir la musical, en contra de la voluntad familiar. Gluck, primero, y Weber y Beethoven, después, se convirtieron en sus modelos musicales más admirados, mientras Shakespeare y Goethe lo eran en el campo literario. Admitido en el Conservatorio en 1825, fue discípulo de Jean François Lesueur y Anton Reicha y consiguió, tras varias tentativas fracasadas, el prestigioso Premio de Roma que anualmente concedía esa institución. Ello fue en 1830, el año que vio nacer la obra que lo consagró como uno de los compositores más originales de su tiempo: la *Sinfonía fantástica*, subtitulada «*Episodios de la vida de un artista*». Página de inspiración autobiográfica, fruto de su pasión no correspondida por la actriz británica Harriet Smithson, en ella se encuentran todos los rasgos del estilo de Berlioz, desde su magistral conocimiento de la orquesta a su predilección por los extremos –que en ocasiones deriva en el uso de determinados efectismos–, la superación de la forma sinfónica tradicional y la subordinación a una idea extramusical. La orquesta, sobre todo, se convierte en la gran protagonista de la obra: una orquesta de una riqueza extrema, llena tanto de sorprendentes hallazgos tímbricos como de combinaciones sonoras novedosas, que en posteriores trabajos el músico amplió y refinó más aún, y que hallaron en su *Tratado de ins-*

▼ *Mosaico que representa a **Bernardo de Claraval**. Sus dotes oratorias atrajeron a la orden cisterciense un gran número de nuevas vocaciones.*

trumentación y orquestación su más lograda plasmación teórica. Fue tal el éxito conseguido por la *Sinfonía fantástica* que inmediatamente se consideró a su autor a la misma altura que Beethoven, comparación exagerada pero que ilustra a la perfección la originalidad de la propuesta de Berlioz, en una época en que muchas de las innovaciones del músico de Bonn aún no habían sido asimiladas por público y crítica. Tras el estreno de esta partitura, la carrera del músico francés se desarrolló con rapidez, aunque no por ello estuvo libre de dificultades. En 1833 consiguió la mano de Harriet Smithson, con lo cual se cumplía uno de los sueños del compositor, aunque la relación entre ambos distara luego de ser idílica. Otras sinfonías programáticas, *Harold en Italia*, basada en un texto de lord Byron, y *Romeo y Julieta*, y un monumental *Réquiem* incrementaron la fama de Berlioz durante la década de 1830, a pesar del fracaso de su ópera *Benvenuto Cellini*. Un nuevo trabajo lírico, la ambiciosa epopeya *Los troyanos*, le iba a ocupar durante cuatro años, de 1856 a 1860, sin que llegara a verla nunca representada íntegra en el escenario. Los infructuosos esfuerzos por estrenarla, junto a la indiferencia y aun hostilidad con que era recibida cada una de sus nuevas obras en Francia, son algunas de las razones que explican que los últimos años de vida de Berlioz estuvieran marcados por el sentimiento de que había fracasado en su propio país.

BERNARDO DE CLARAVAL, SAN *(Fontaines-lès-Dijon, Francia, 1090-Claraval, id., 1153) Abad de Claraval y doctor de la Iglesia.* Ingresó en la abadía de Cîteaux en 1112 y tres años más tarde fue enviado por el abad del monasterio para fundar la abadía de Claraval (Clairvaux), de la cual fue su primer abad. Su cargo y su personalidad le otorgaron un papel central en el Císter, orden que alcanzó por entonces una mayor influencia que la de Cluny. Defensor de la autoridad papal, predicó la Segunda Cruzada y combatió por igual a cátaros y cluniacenses. Su obra teológica, compuesta por sermones y epístolas, se opone al racionalismo de Pedro Abelardo y constituye la expresión más acabada del misticismo medieval francés. Señaló tres etapas en el camino hacia la experiencia mística: la vida práctica, la vida contemplativa y el éxtasis, momento en que el alma se une a Dios. Bernardo mostró una ferviente devoción a la Virgen, manifestación esta última que se convirtió en propia de la orden cisterciense.

BERNAT DE VENTADORN *(Ventadorn, Francia, s. XII-monasterio de Dalon, id.) Trovador occitano.* Poco se sabe sobre su vida, aparte de algunos detalles extraídos de sus poemas. Su obra consta de tres ciclos de canciones, todas ellas amorosas y al parecer dedicadas a Margarita de Turena. La poesía de Bernat de Ventadorn se sitúa en la modalidad del *trobar leu*, es decir, de dicción sencilla y sin complicaciones formales, ni en los versos ni en la rima, y expresa con claridad los contenidos, hecho que se contrapone al hermetismo imperante en la poesía trovadoresca. Equilibrados y bien estructurados, sus poemas traducen sus estados de ánimo, expresados a través de correspondencias con los elementos naturales, sin concesiones al detalle cotidiano y con un toque de irrealidad. Es considerado uno de los mejores trovadores amorosos.

BERNHARD, SARAH [Rosine Bernard] *(París, 1844-id., 1923) Actriz francesa de origen judío.* Conocida como «la divina Sarah», fue la gran dominadora de la escena teatral francesa del último cuarto del siglo XIX y las dos primeras décadas del XX. Sus principios, sin embargo, no fueron fáciles: miembro de la compañía de la Comédie Française desde 1862, sus primeras actuaciones suscitaron escaso entusiasmo entre el público. Su consagración en este prestigioso centro del teatro francés hubo de esperar diez años, hasta que consiguió hacerse un nombre en la compañía del Odéon. A partir de ese momento, su carrera se proyectó con suma rapidez a ambos lados del Atlántico. Su innegable presencia escénica y su acusado talento para el melodrama fueron aprovechados por dramaturgos como Edmond Rostand o Victorien Sardou, quienes escribieron algunas obras para ella, así mismo autora de tres dramas. A pesar de haber sufrido la amputación de una pierna en el año 1914, siguió actuando hasta su muerte.

BERNINI, GIAN LORENZO *(Nápoles, 1598-Roma, 1680) Escultor, arquitecto y pintor italiano.* Bernini es el gran genio del Barroco italiano, el heredero de la fuerza escultórica de Miguel Ángel y principal modelo del Barroco arquitectónico en Europa. Aprendió los rudimentos de la escultura en el taller de su padre, Pietro (1562-1629), un escultor manierista de cierto relieve. Fue también su padre quien lo puso en contacto con algunos de los mecenas más importantes de su tiempo, lo que le permitió manifestar su talento de

▲ *Bernat de Ventadorn componía él mismo las melodías que debían acompañar a sus canciones, tal como era habitual entre los trovadores. Sólo se han conservado diecinueve melodías suyas.*

▼ *Planta circular cubierta con cúpula de la iglesia de la Assunzione en Ariccia, que evoca el Panteón romano. Ésta fue una de las últimas grandes obras de Bernini.*

una forma bastante precoz. En sus obras más tempranas (*Eneas, Anquises y Ascanio, El rapto de Proserpina*) resultan ya evidentes la ruptura con el manierismo tardío y una concepción radicalmente distinta de la escultura; el intenso dramatismo, la grandiosidad y la búsqueda de efectos escenográficos están ya presentes en estas primeras creaciones. En 1629, Bernini fue nombrado arquitecto de la basílica de San Pedro por el papa Urbano VIII. Desde entonces hasta su muerte trabajó ininterrumpidamente para los sumos pontífices, salvo un cierto paréntesis durante el pontificado de Inocencio X, quien prefirió a otros artistas y le encargó pocas obras. De sus realizaciones para San Pedro destacan el gran baldaquino sobre el altar mayor y el grupo escultórico de los *Padres de la Iglesia* que, observado a través de las columnas del baldaquino, ofrece efectos de una gran fuerza teatral, tal como pretendía el artífice. Su mejor aportación a la basílica de San Pedro fue, sin embargo, la columnata que rodea la plaza, justo delante del templo, que le ha valido elogios continuos por su armonía y sus efectos escenográficos. Esta columnata representó una gran novedad, no sólo por sus dimensiones, sino sobre todo por su disposición elíptica, una forma muy cara a los arquitectos barrocos, inclinados a conferir a todas sus obras efectos de movimiento. Las monumentales estatuas que la rematan en su parte superior dotan al conjunto de un aire todavía más majestuoso y solemne si cabe. Aunque en menor medida, Bernini trabajó también para mecenas privados, y fruto de esa colaboración es la obra quizá más representativa de su estilo escultórico, el

▶ *Baldaquino de San Pedro de Roma. Esta obra, de 26 metros de altura, y realizada en bronce, fue el primer encargo oficial que recibió* **Bernini** *de la Santa Sede.*

GIAN LORENZO BERNINI

OBRAS MAESTRAS

ESCULTURA: *ENEAS, ANQUISES Y ASCANIO* (1618-1619; Galería Borghese, Roma); *EL RAPTO DE PROSERPINA* (1621-1622; Galería Borghese, Roma); *DAVID* (1623; Galería Borghese, Roma); *APOLO Y DAFNE* (1622-1625; Galería Borghese, Roma); *SAN LONGINO* (1629-1638; basílica de San Pedro, Roma); *COSTANZA BUONARELLI* (h. 1645; Museo del Bargello, Florencia); *FUENTE DE LOS CUATRO RÍOS* (1648-1651; piazza Navona, Roma); *ÉXTASIS DE SANTA TERESA* (1645-1652; Santa Maria della Vittoria, Roma); *LUIS XIV* (1665; Palacio de Versalles); *LOS PADRES DE LA IGLESIA* (basílica de San Pedro; Roma); *BEATA LUDOVICA ALBERTONI* (1671-1674; San Francesco a Ripa, Roma). **OBRAS ARQUITECTÓNICAS:** Baldaquino de la basílica de San Pedro; columnata de la plaza de San Pedro (comenzada en 1656; Roma); San Andrea al Quirinale (1658-1670; Roma); palacio Chigi-Odescalchi (comenzado en el año 1664; Roma).

Éxtasis de santa Teresa. Resulta difícil concebir una mayor intensidad dramática y una mayor fuerza dinámica en una realización de pequeñas dimensiones ejecutada mediante un tratamiento exquisito del mármol. Por su condición de elemento para la decoración de una capilla y sus magníficos efectos de claroscuro, se considera esta obra como un compendio magistral de las tres artes mayores, arquitectura, escultura y pintura, y por ello ha quedado como modelo incomparable de la escultura barroca. De sus realizaciones como arquitecto, la más valorada, además de la columnata de San Pedro, es la pequeña iglesia de San Andrea al Quirinale, en la que arquitectura y escultura se unen en una búsqueda de efectismo destinada a crear un ambiente adecuado para suscitar la fe y los sentimientos religiosos. El palacio Chigi-Odescalchi, que ejerció una influencia decisiva en toda Europa, es uno de sus edificios civiles más conseguidos. Con sus hermosos edificios barrocos, Bernini coadyuvó como nadie en la renovación urbanística de Roma, a la cual aportó así mismo multitud de estatuas y algunas fuentes monumentales que todavía contribuyen en la actualidad a la belleza de la urbe. La que le encargó Inocencio X para decorar la piazza Navona, llamada *Fuente de los cuatro ríos*, es la más espectacular de estas realizaciones. Pintor por afición, sus obras se conservan hoy en los museos más reputados por su gran calidad, lo mismo que sus dibujos, que figuran en las mejores colecciones del mundo.

BERNOULLI, FAMILIA; JAKOB *(Basilea, Suiza, 1654-id., 1705),* **JOHANN** *(Basilea, 1667-id., 1748) y* **DANIEL** *(Groninga, Países Bajos, 1700-Basilea, 1782) Familia de científicos suizos.* Jakob, el iniciador de la dilatada saga de los Bernoulli, nació en el seno de una familia de comerciantes procedentes de los Países Bajos. Tras licenciarse en teología y haber estudiado matemáticas y astronomía contra la voluntad familiar, entre 1677 y 1682 viajó a Francia (donde se familiarizó con el pensamiento de Descartes), los Países Bajos e Inglaterra. De regreso en Suiza, desde 1683 enseñó mecánica en Basilea y en secreto introdujo en el estudio de las matemáticas a su hermano Johann, a quien su padre había destinado a la medicina. En 1687 se hizo cargo de la cátedra de matemáticas en la Universidad de Basilea. Con su hermano, estudió las aportaciones de G. W. Leibniz al cálculo infinitesimal, el cual aplicó al estudio de la catenaria (la curva que forma una cadena suspendida por sus extremos), y en 1690 introdujo el término de integral en su sentido moderno. Al año siguiente, Johann solucionó el problema de la catenaria, lo cual le valió situarse entre los matemáticos de primera línea de la época; de los dos hermanos, él fue el más intuitivo y el que con mayor soltura manejaba el formulismo matemático, mientras que Jakob era de inteligencia más lenta pero más penetrante. Ambos compartieron un exagerado afán por ver reconocidos sus méritos, e incluso mantuvieron frecuentes disputas de prioridad entre ellos y con otros autores. Johann inició en el cálculo infinitesimal creado por Leibniz al marqués de L'Hôpital, quien aprovechó las lecciones para publicar el primer libro de texto sobre el tema. En 1695, Johann decidió aceptar el ofrecimiento de ocupar una cátedra de matemáticas en Groninga, perdidas las esperanzas de obtener plaza en Basilea en vida de su hermano Jakob, y resentido con él por la actitud condescendiente con que lo trataba. En 1697, Johann dio una brillante solución al problema de la braquistócrona, que él mismo había planteado el año anterior. Jakob analizó también la cuestión y aportó su propia solución, mucho menos elegante, pero que lo condujo a las puertas de una nueva disciplina, el cálculo de variaciones, en cuyo ámbito propuso a su vez el llamado problema isoperimétrico. Johann subestimó la complejidad del tema, que resolvió de forma incompleta; las despiadadas críticas que por ello le dedicó su hermano supusieron el inicio del abierto enfrentamiento entre ambos.

Johann regresó a Basilea como sucesor de Jakob a la muerte de éste, debido a la cual quedó incompleta e inédita su gran obra sobre el cálculo de probabilidades, el *Ars conjectandi*, publicada en 1713 por su sobrino Nikolaus, hijo de Johann y hermano mayor de Daniel Bernoulli. Este último, que se doctoró en medicina en Basilea (1721) con una tesis sobre la respiración, en 1725 fue nombrado profesor de matemáticas en la Academia de San Petersburgo; se trasladó a Rusia en compañía de su hermano Nikolaus, quien falleció al año siguiente de su llegada; en San Petersburgo contó, desde 1727, con la colaboración de L. Euler, discípulo de su padre y de su tío Jakob, que sucedió a Daniel cuando, en 1732, éste regresó a Basilea como catedrático de anatomía y de botánica. Autor de notables contribuciones a la teoría de las ecuaciones diferenciales, el tercer Bernoulli destacó sobre todo por su estudio de la mecánica de fluidos; su obra principal, *Hydrodynamica*, se publicó en 1738, aunque ya la había concluido en 1734. Contiene la idea de lo que más tarde se conoció como teorema de Bernoulli, así como los fundamentos de la moderna teoría cinética de los gases. Desde 1750 hasta 1776 ocupó la cátedra de física en Basilea; se distinguió por ilustrar sus clases con interesantísimos experimentos que le valieron grandes éxitos de audiencia.

BERNSTEIN, CARL → Woodward, Bob.

BERNSTEIN, LEONARD *(Lawrence, EE UU, 1918-Nueva York, 1990) Director de orquesta, pianista y compositor estadounidense.* Nacido en el seno de una familia de judíos rusos emigrados, fue el primer director de orquesta de Estados Unidos que alcanzó renombre universal. Músico polifacético, sus dotes y su innegable talento no sólo le permitieron brillar en el campo de la interpretación, sino que también consiguió triunfar en la composición, tanto en la llamada «seria» como en la comedia musical. Dos de sus incursiones en este último género, *On the Town* (1944) y *West Side Story* (1957), ambas popularizadas por el cine, le procuraron un amplio reconocimiento entre el público. Los primeros pasos de Bernstein como director de orquesta estuvieron alentados por Serge Koussevitzky, su mentor en su etapa de estudiante en Tanglewood. En esta faceta, su defensa de una interpretación abiertamente subjetiva, dentro de la más pura tradición romántica, le hacía obtener sus mejores frutos en las obras de com-

▶ *Grabado que muestra a Daniel **Bernoulli** en actitud meditativa. El menor de los hermanos Bernoulli, matemático y doctor en medicina, destacó por sus estudios en los campos de la elasticidad y la hidrodinámica.*

▼ *Jakob **Bernoulli**, el primero de la familia de famosos científicos suizos, destacó, con su hermano Johann, en el estudio de las matemáticas.*

▼ *Fotografía de Leonard **Bernstein** dirigiendo un concierto, en 1962.*

positores con un alto componente expresivo en su música, como Franz Liszt (su versión de la *Sinfonía Fausto* es un clásico de la fonografía), Gustav Mahler o Dimitri Shostakóvich, mientras que en el repertorio clásico sus logros, pese a ser apreciables, no alcanzaban idéntica altura. Así mismo, Bernstein fue un entusiasta defensor y divulgador de la nueva música estadounidense: autores como Aaron Copland, Charles Ives y Gershwin formaron parte de sus programas de concierto hasta su muerte. Fiel reflejo de sus variadas aficiones y gustos, que en música se extendían desde el clasicismo de Haydn hasta el jazz, el estilo del Bernstein compositor se distingue por su eclecticismo. Una ópera, *A Quiet Place* (1984), tres sinfonías de amplias proporciones (1942, 1949 y 1963), una *Serenade* (1954) y varias canciones, constituyen lo más granado de su catálogo. Sin embargo, a pesar de su apreciable valor, ninguna de estas partituras ha logrado alcanzar el nivel de popularidad de sus comedias musicales.

BERRUGUETE, ALONSO *(Paredes de Nava, España, 1490-id., h. 1555) Escultor y pintor español.* Hijo del pintor Pedro Berruguete, iniciador del Renacimiento pictórico en España, fue seguramente discípulo de su padre antes de trasladarse a Italia en 1504 para completar su formación. No se conocen obras de su período italiano, durante el cual se sabe que estudió sobre todo las creaciones de Miguel Ángel y las obras maestras de la Antigüedad clásica. Su única actividad artística documentada de esta etapa es la finalización de la *Coronación de la Virgen* de Filippino Lippi. Se cree que Alonso Berruguete llegó a Italia siendo esencialmente un pintor y que regresó a España convertido en un escultor por la enorme influencia que ejercieron en él las obras de Miguel Ángel y el *Laocoonte*. Pero su formación italianizante desembocó en un arte singular, de fuerte personalidad, signado por una intensa plasmación de la espiritualidad y por la traducción en patético de cualquier sentimiento. Retornó a España hacia el año 1518 y poco después fue nombrado pintor de la corte de Carlos I, pese a lo cual trabajó principalmente como escultor. Valladolid y Toledo fueron sus dos centros de actividad. En la primera de estas dos ciudades realizó el retablo del monasterio de San Benito. En la segunda esculpió la sillería alta del coro de la catedral, dos obras maestras que permiten considerar a Berruguete el principal escultor español del siglo XVI y una de las grandes figuras de la escultórica hispánica de todos los tiempos. En el grandioso retablo de San Benito, realizado entre 1528 y 1532, el estilo más peculiar de Berruguete se presenta ya en toda su plenitud. Sus figuras recuerdan las de Miguel Ángel por la musculatura poderosa y la fuerza emocional, pero se aproximan, anticipándolas, a las del Greco en cuanto a estilización y expresionismo. Por todas estas características se considera a este artista el introductor del manierismo en España. Del retablo de San Benito, el grupo más valorado es el *Sacrificio de Isaac*, en el que alcanza su cima el trazo nervioso típico del artífice, que modela con cierto frenesí los cabellos, los ropajes

▲ San Juan Bautista, *obra que forma parte de la sillería alta del coro de la catedral de Toledo, realizada por Alonso* **Berruguete** *entre 1539 y 1548.*

▶ Detalle de Auto de fe presidido por santo Domingo de Guzmán, *encargado por el inquisidor Torquemada al pintor Pedro* **Berruguete**.

y las carnes. También son muy conocidos el *San Jerónimo* y el *San Sebastián*, dotados de gran patetismo, con un realismo triste en los rostros y los gestos. Por la importancia de su actividad en la ciudad de Valladolid a partir de 1517 y hasta su traslado a Toledo, se considera a Berruguete el fundador de la escuela vallisoletana de escultura, uno de los principales focos del arte español del Renacimiento y el Barroco. Su trayectoria artística culminó con la sillería alta del coro de la catedral de Toledo, que ocupó los últimos años de su actividad. En cada sitial del coro, el autor talló una figura en altorrelieve con la expresividad y la fuerza dramática que le son características: todo un repertorio de personajes bíblicos en las actitudes más diversas, fruto, en cada caso, de un detallado estudio psicológico. Esta obra magistral culmina en el grupo de la *Transfiguración*, labrado en alabastro por encima del sitial central y que compendia en sí todas las cualidades artísticas de este escultor único.

BERRUGUETE, PEDRO *(Paredes de Nava, España, h. 1450-id., h. 1504) Pintor español.* Se formó en Palencia antes de marchar a Italia, donde trabajó al servicio del señor de Urbino en la decoración de la biblioteca de su palacio. Regresó en 1482 a España, donde trabajó primero en Toledo y, a partir de 1495, en Ávila. Para el convento de los dominicos de esta última ciudad realizó su obra más famosa, diez tablas con *Escenas de la vida de santo Domingo*, en las que brilla su estilo de dibujo vigoroso, robusto, modelado y de ale-

ALONSO BERRUGUETE
OBRAS MAESTRAS

ESCULTURA: *SEPULCRO DE JUAN SELVAGIO* (1518, Museo de Zaragoza); *RETABLO DE LA MEJORADA* (Museo Nacional de Escultura, Valladolid); *RETABLO MAYOR DEL MONASTERIO DE SAN BENITO* (Museo Nacional de Escultura); *RETABLO DE LA ADO-* RACIÓN DE LOS REYES (iglesia de Santiago, Valladolid); *RETABLO DE LA CAPILLA DEL COLEGIO DE LOS IRLANDESES* (Salamanca); *RETABLO DE LA* TRANSFIGURACIÓN (iglesia del Salvador, Úbeda). **PINTURA:** CORONACIÓN DE LA VIRGEN (Museo del Louvre).

gre colorido. Tanto en estas creaciones como en sus tablas sobre milagros de santos y en general en toda su obra, se advierte la característica fusión que llevó a cabo entre el estilo hispanoflamenco, de corte realista, y el estilo italianizante, clasicista y de gran refinamiento. Esta fusión está, sin duda, en la base de sus peculiaridades estilísticas.

BERTHOLLET, CLAUDE-LOUIS *(Talloires, Francia, 1748-Arcueil, id., 1822) Químico francés.* Estudió medicina en Turín (1768) y posteriormente se trasladó a París. Académico electo en 1780, sus investigaciones con el ácido hidrociánico (prúsico) y con el cianhídrico le condujeron a discrepar de A. Lavoisier en la cuestión de si la presencia de oxígeno es esencial en todos los ácidos. Berthollet descubrió la composición del amoníaco e introdujo el uso del cloro como agente blanqueador. En su obra sobre la teoría de las afinidades químicas *Ensayo de estática química* (1803) propone una ley de proporciones indefinidas para las combinaciones químicas opuesta a la de Proust de proporciones definidas. Aunque esta ley fue rechazada, la idea de Berthollet de que la masa influye el curso de las reacciones químicas fue posteriormente vindicada en la ley de acción de masas enunciada por Guldberg y Waage.

BERWICK, JAMES STUART FITZ-JAMES, DUQUE DE *(Moulins, Francia, 1670-Philippsburg, actual Alemania, 1734) Mariscal de Francia.* Hijo natural de Jacobo II de Inglaterra, recibió su primera educación en Francia y luego pasó a Inglaterra. Después de la revolución de 1688 y el consiguiente destronamiento de su padre, regresó a Francia, desde donde preparó la campaña jacobita en Irlanda, que terminaría derrotada en la batalla del Boyne. Al servicio de Luis XIV, que lo había nombrado lugarteniente general de sus ejércitos, combatió en España al frente de las tropas francesas que participaban en la guerra de Sucesión española a favor de los derechos a la Corona alegados por el duque de Anjou (el futuro Felipe V), nieto de Luis XIV. En esta contienda obtuvo diversos éxitos que reforzaron su prestigio militar. Entre ellos destaca, en 1707, la victoria de Almansa frente a las fuerzas del archiduque Carlos de Austria, que permitió la posterior conquista de Valencia y Aragón. Prosiguió su ofensiva sobre Cataluña, y en la primavera de 1714 inició el asedio a la ciudad de Barcelona, que no conquistaría hasta el mes de septiembre. Concluida la

▲ *Óleo de R. Balaca en el cual se representa al alto mando del ejército francés en la batalla de Almansa, en la que el duque de* **Berwick** *condujo a la victoria a las fuerzas borbónicas.*

▼ *Ilustración del libro* Elementos de Química, *de Jöns Jacob* **Berzelius** *(París, 1833).*

ocupación, se dedicó a imponer en Cataluña las nuevas leyes centralistas, de inspiración francesa (Decreto de Nueva Planta), con las que se suprimieron las instituciones tradicionales catalanas. Su fidelidad a la Corona francesa quedó de manifiesto cuando declinó el ofrecimiento de Felipe V de permanecer a su servicio y regresó a Francia. Así, en 1719 no dudó en combatir contra Felipe V, desde la frontera navarra y catalana, para obligarle a aceptar los dictados de la Cuádruple Alianza. Con anterioridad, en 1715, había rechazado el mando de las fuerzas jacobitas, para seguir como un eficaz servidor de Francia. En 1734, durante el asedio de Philippsburg, en la guerra de Sucesión de Polonia, un proyectil de cañón lo dejó muerto en el campo.

BERZELIUS, JÖNS JACOB *(Väfversunda, Suecia, 1779-Estocolmo, 1848) Químico sueco.* Estudió medicina en la Universidad de Uppsala y fue profesor de medicina, farmacia y botánica en el Karoline Institute de Estocolmo. En un período de diez años estudió alrededor de 2 000 compuestos químicos. Tomando el oxígeno como base de referencia (100) determinó el peso atómico de los demás elementos; los resultados fueron publicados en 1818 en una tabla de pesos atómicos de 42 elementos. Paralelamente, sus experimentos sobre la electrólisis le condujeron a proponer la teoría de que los compuestos están constituidos por una parte eléctricamente positiva y otra negativa, siendo ello aplicable tanto para compuestos inorgánicos como orgánicos. Introdujo la notación química actual y los conceptos de isomería, halógeno, acción catalítica y radical orgánico. Descubridor de los elementos cerio (1803), selenio (1817) y torio (1828), también consiguió aislar el silicio (1823), el circonio (1824) y el titanio (1825).

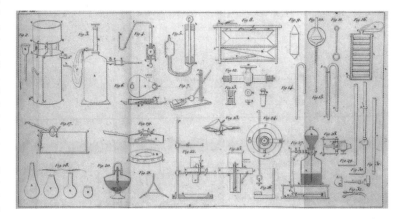

BESSEL, FRIEDRICH *(Minden, Alemania, 1784-Königsberg, hoy Kaliningrado, 1846) Astrónomo alemán.* Fue fundador (1813) y primer director vitalicio del observatorio de Königsberg. En 1804 calculó la órbita del cometa Halley. En los *Fundamentos de astronomía* (1818), catalogó con extrema precisión la posición de 50 000 estrellas, lo que le permitió, en 1838, ser el primero en medir la paralaje y la distancia a una estrella (0,31' y 10,3 años luz para 61 Cygni). En 1844 sugirió el carácter de sistema binario para Sirio y Proción, hipótesis que quedaría confirmada posteriormente con el descubrimiento de Sirio B y Proción B. Análogamente, sugirió la existencia del planeta Neptuno. En matemáticas, introdujo las funciones, que utilizó para determinar el movimiento de tres cuerpos bajo mutua influencia gravitacional, hoy conocidas como «funciones de Bessel».

BESTEIRO, JULIÁN *(Madrid, 1870-Carmona, España, 1940) Dirigente socialista español.* Catedrático de lógica fundamental en la Universidad de Madrid, en 1912 ingresó en las filas socialistas. Sucesor de Pablo Iglesias, se opuso a participar junto con los partidos burgueses en el plan para derribar la dictadura de Primo de Rivera (pacto de San Sebastián), y dimitió de sus cargos en el partido cuando se impusieron las tesis colaboracionistas (febrero de 1931), aunque mantuvo sus cargos sindicales. Elegido presidente de las Cortes Constituyentes de la República, pasó a representar los postulados más moderados y reformistas del socialismo, frente al ascenso del radicalismo de Largo Caballero. Al final de la guerra civil apoyó al coronel

Casado frente al gobierno de Juan Negrín y su política de resistencia a toda costa. Se negó a exiliarse al final del conflicto, y condenado a treinta años de prisión, murió en la cárcel de Carmona.

BETANCOURT, RÓMULO *(Guatire, Venezuela, 1908-Nueva York, 1981) Político y periodista venezolano.* Fue desterrado por participar en una sublevación contra el presidente Juan Vicente Gómez. Tras su regreso a Venezuela, se convirtió en el líder de la izquierda no comunista, y en 1945 fue el principal instigador de la sublevación contra el presidente Isaías Medina Angarita y presidió una junta revolucionaria de gobierno. Esta nueva situación duró poco, ya que un año después el golpe de Estado de Marcos Pérez Jiménez lo obligó a tomar el camino del exilio de nuevo, hasta la caída de éste en 1958. Elegido presidente de la República en 1959, la experiencia del poder hizo que su partido se fraccionara en sucesivas ocasiones mientras su gobierno patrocinaba una política de acercamiento a Estados Unidos y de entendimiento con la oligarquía criolla. Fue sucedido en 1963 por Raúl Leoni, y su intento de recuperar la presidencia en 1973 concluyó en fracaso.

BETANCUR, BELISARIO *(Amagá, Colombia, 1923) Político colombiano.* Nacido en el seno de una familia humilde y numerosa, cursó estudios de derecho y de arquitectura en la Universidad de Medellín. Tras su graduación, en 1947, trabajó como periodista para varios diarios y revistas, en cuyas páginas puso de manifiesto tanto su erudición como sus ideas conservadoras. Éstas, muy críticas con el régimen dictatorial de Rojas Pinilla (1953-1957), provocaron su detención y posterior encarcelamiento. En 1963 fue nombrado ministro de Trabajo en el gabinete de Guillermo León Valencia, y entre 1976 y 1978 fue embajador en España. En 1982, tras haber sufrido tres derrotas electorales, fue elegido presidente de la República. Su mandato, que se prolongó hasta 1986, se caracterizó por la clara voluntad de erradicar la violencia. Con este fin, logró que tres de los cuatro principales grupos guerrilleros (FARC, M-19 y ELP) firmaran un acuerdo de paz que, sin embargo, no llegó a materializarse. Por otro lado, el incremento de la presión sobre los grandes narcotraficantes, acostumbrados a la tradicional pasividad del gobierno en sus asuntos, motivó el asesinato de su ministro de Justicia en abril de 1984 y el inicio de una nueva espiral de violencia protagonizada por los ejércitos privados de los narcotrafican-

▼ *Rómulo **Betancourt**, con traje blanco, presidiendo un acto oficial. El periodista venezolano fue uno de los protagonistas destacados de la vida política de su país durante la segunda mitad del s. XX.*

tes. La toma del Palacio de Justicia por el grupo guerrillero M-19, el 6 de noviembre de 1985, fue reprimida enérgicamente por el ejército, hecho que supuso la mayor crisis de todo su mandato. En política exterior, integró Colombia en el grupo de países no alineados, apostó por la paz en América Central (Grupo de Contadora) e incrementó las relaciones bilaterales entre España y Colombia. Por todo ello, en 1983 fue galardonado con el Premio Príncipe de Asturias a la Cooperación Iberoamericana. Tras la vuelta de los liberales a la presidencia, se mantuvo alejado de la escena política, limitándose a actuar como consejero del papa Juan Pablo II en temas de justicia y paz y a colaborar con distintas instituciones culturales, como la Fundación Santillana, el Museo de los Niños, la Casa de Poesía Silva y el Museo de Arte Moderno. En 1998 rompió su silencio para dar a conocer su apoyo al candidato Andrés Pastrana, que sería el ganador de las elecciones presidenciales.

BETHE, HANS ALBRECHT *(Estrasburgo, actual Francia, 1906) Físico alemán, nacionalizado estadounidense.* Especializado en física nuclear, estudió en las universidades de Frankfurt y Munich, donde se doctoró el año 1928. Fue profesor en Alemania hasta 1933, año en que se trasladó al Reino Unido para en 1935 establecerse en Estados Unidos. En 1937 obtuvo la cátedra de física de Cornell, que conservaría hasta su jubilación (1975). Durante la Segunda Guerra Mundial fue nombrado director del departamento de física teórica del centro de investigación de Los Álamos. Su labor se destaca por ofrecer un mayor acercamiento y comprensión de los fenómenos físicos a nivel de núcleo atómico. En 1936 publicó un famoso artículo bajo el título de *La producción de energía en las estrellas,* en el cual por primera vez se elabora un mecanismo, preciso y plausible, para explicar la producción de energía en las estrellas. Siguiendo un mecanismo en cadena, que comienza con la interacción de un núcleo de hidrógeno (un protón) con un átomo del isótopo 12 del carbono, éstos se combinan para producir un núcleo de nitrógeno-13. En sucesivos estadios de la reacción en cadena son tres protones los involucrados en el proceso. El resultado neto de la fusión son cuatro núcleos de helio, procedentes de los cuatro protones, responsables de la emisión de energía, mientras que el carbono-12 se regenera cíclicamente a partir del nitrógeno-13 formado. Por esta y otras valiosas aportaciones (como el cálculo de la energía producida por el Sol), recibió el Premio Nobel de Física en

▲ *El físico de nacionalidad estadounidense Hans Albrecht* **Bethe** *fue uno de los más destacados investigadores en el campo de la energía atómica. En 1967 recibió el Premio Nobel de Física.*

▼ Objetos dobles, *obra de Joseph* **Beuys** *realizada entre 1974 y 1979, que alude al tránsito entre la enfermedad y la curación.*

1967. Así mismo, H. A. Bethe ha intervenido en asuntos de interés público, principalmente como asesor del gobierno estadounidense en el tema del progresivo desmantelamiento del arsenal nuclear.

BETHENCOURT, JUAN DE *(Grainville-la-Teinturière, Francia, 1359-?, 1442) Navegante y explorador normando.* Nacido en el seno de una aristocrática familia normanda, estuvo al servicio del duque de Anjou, de Carlos V de Francia y del duque de Turena. Enrique III de Castilla concedió a su tío Roberto de Braquemont el privilegio de conquistar el archipiélago canario, y éste delegó la misión en él. Asociado con Godifer de la Salle, Juan de Bethencourt partió de La Rochela en mayo de 1402 y un año más tarde había conquistado la isla de Lanzarote, tras lo cual fue nombrado rey feudatario de Canarias por Enrique III. Posteriormente conquistó Fuerteventura y, tras marchar a Francia, reanudó la campaña conquistadora ocupando las islas de Hierro y Gomera. En 1412 entró al servicio de Juan II, el nuevo rey de Castilla, y regresó a Francia para tomar parte en la Guerra de los Cien Años. Durante la contienda la fortuna no le favoreció y terminó arruinado. Acosado por sus acreedores, en 1418 vendió sus derechos sobre las islas Canarias al conde de Niebla.

BEUYS, JOSEPH *(Krefeld, Alemania, 1921-Düsseldorf, id., 1986) Artista alemán.* Más que por su producción como escultor, para la que se sirvió sobre todo de materiales como la cera, la grasa y el fieltro, alcanzó renombre internacional por su con

cepción teórica del arte y por su labor docente, que llevó a cabo en la Kunstakademie de Düsseldorf. Según Beuys, la personalidad del artista y sus acciones son más importantes que su resultado, la obra de arte concreta. También lograron un gran impacto sus *performances*, sobre todo la que lleva por título *Cómo explicar cuadros a una liebre muerta*: Beuys se paseó por una exposición con una liebre muerta en brazos a la que le explicaba pacientemente el sentido de los cuadros. Artista innovador y de una fuerte personalidad, se le considera una de las figuras más influyentes en el arte de las décadas de 1970 y 1980.

BEVIN, ERNEST *(Winsford, Reino Unido, 1881-Londres, 1951) Político británico.* Huérfano a los siete años de edad, durante su infancia y adolescencia no pudo asistir a la escuela, por lo que su educación fue completamente autodidacta. Ya en su juventud se sintió atraído por el sindicalismo y por la Iglesia Baptista, y durante un tiempo pensó en hacer carrera eclesiástica. Tras desechar la idea, entró a trabajar en el sindicato de los trabajadores del muelle y, en 1920, alcanzó gran popularidad al obtener, en un célebre enfrentamiento con uno de los más destacados abogados del momento, casi todas las reivindicaciones del sindicato. Fue el artífice del servicio nacional de transporte y fundó la Unión General de Trabajadores, de la cual fue secretario general entre 1921 y 1940. En esta última fecha fue elegido diputado al Parlamento por el Partido Laborista, y poco después, entró a formar parte del gobierno de coalición de W. Churchill, como titular de la cartera de Trabajo. Posteriormente, a la llegada al poder del Partido Laborista, fue ministro de Asuntos Exteriores (1945-1951).

BHUTTO, BENAZIR *(Karachi, Pakistán, 1953) Política paquistaní.* Hija del político Zulfikar Alí Bhutto, condenado a muerte y ahorcado en 1979. Tras la muerte de su padre, Benazir y su madre se pusieron al frente del Partido Popular de Pakistán. El régimen militar reaccionó entonces poniendo a Benazir bajo arresto domiciliario. Exiliada en Inglaterra, regresó en 1986 cuando se levantó la ley marcial. Triunfó en las elecciones de noviembre de 1988 y

▲ Benazir **Bhutto** fue destituida en 1996 de su cargo de primera ministra por el presidente Ishak Khan, en lo que se consideró un golpe de Estado institucional.

fue la primera mujer que en un país musulmán ocupó el cargo de primera ministra (diciembre de 1988). Su actividad política, no obstante, estuvo rodeada de incertidumbre y acusaciones de corrupción. Dos años después de su elección fue destituida, y su partido perdió las elecciones siguientes. Deportada a la ciudad de Karachi en 1992, regresó a la vida política en 1993 y fue elegida de nuevo primera ministra, aunque fue destituida en 1996 y condenada a prisión por corrupción en 1998.

BIKILA, ABEBE *(Mout, Etiopía, 1932-Addis Abeba, id., 1973) Atleta etíope.* En 1953 ganó un *cross* celebrado en el ejército y en 1959 empezó a entrenar bajo las órdenes del sueco Olli Niskanen, instructor deportivo en Addis Abeba. En 1960 recorrió la distancia del maratón en la capital etíope, a dos mil metros de altitud, en 2 horas, 21 minutos y 23 segundos, por lo que fue seleccionado para los Juegos Olímpicos de Roma, donde ganó la prueba corriendo descalzo. Repitió el triunfo cuatro años más tarde, en Tokio, y participó en la misma distancia en México en 1968, pero tuvo que retirarse a los diecisiete kilómetros de carrera. En 1969 sufrió un aparatoso accidente de coche por la noche, y permaneció hasta la mañana siguiente tendido en el suelo, sin poder moverse. Quedó paralítico en una silla de ruedas, en la que asistió a los Juegos Olímpicos de Munich en 1972.

BINCHOIS, GILLES *(Mons, actual Bélgica, 1400-Soignies, id., 1460) Compositor francoflamenco.* Son pocas las noticias sobre su vida que han llegado hasta nosotros. Formado con los niños de coro de la catedral de Cambrai, a partir de 1424 estuvo al servicio del conde de Suffolk, lo que ha llevado a pensar en una posible estancia del compositor en Inglaterra. Aunque tal hipótesis es hoy desestimada, es innegable, a juzgar por sus obras, que conoció con detalle la música inglesa. En 1430 entró a formar parte de la capilla del duque Felipe *el Bueno* de Borgoña, para la que compuso misas, motetes e himnos. Desde 1452 fue preboste de la iglesia de San Vicente de Soignies. La balada *Mort tu as navré de ton dart*, de Ockeghem, y el rondó *En triumphant de Cruel Dueil*, de Du-

▲ Dibujo donde aparece el compositor Gilles **Binchois** junto a su colega Guillaume Dufay y que forma parte de un manuscrito del s. XV.

fay, escritos a la muerte de Binchois, atestiguan la reputación que el compositor alcanzó en vida, basada sobre todo en su magisterio en el cultivo de la *chanson* polifónica, género del que se ha conservado medio centenar de piezas de su autoría. Entre ellas cabe mencionar *Vostre tres doulx*, *Dueil angoisseus*, *Jamais tant* y *Amours et souvenir de celle*.

BINET, ALFRED *(Niza, 1857-París, 1911) Pedagogo y psicólogo francés.* Especializado en psicofisiología por la Sorbona, trabajó junto a Charcot en el Hospital de la Salpêtrière. Sus investigaciones con los niños inadaptados y con bajo rendimiento intelectual se exponen en sus libros *La sugestibilidad* (1900) y *Estudio experimental de la inteligencia* (1903). En *La escala métrica de la inteligencia*, publicado en 1905 conjuntamente con Théodore Simon, por encargo del gobierno francés, elaboró una escala de tests de dificultad progresiva para medir el desarrollo de la inteligencia en los niños, adaptados a la capacidad de respuesta correspondiente a la edad. Los resultados del test se expresan en términos de «coeficiente de inteligencia», que se obtiene al dividir la «edad mental», derivada de los resultados de la prueba, por la edad cronológica del niño multiplicada por cien. En 1908 publicó una revisión del test que modificaba algunos ítems del cuestionario, a la que sucedieron otras revisiones en años posteriores.

BIOY CASARES, ADOLFO *(Buenos Aires, 1914-id., 1999) Escritor argentino.* Uno de los más destacados autores de la literatura fantástica universal. Su carrera se inició con la publicación de algunos volúmenes de relatos como *Prólogo* (1929), *Caos* (1934), *La estatua casera* (1936) y *Luis Grave, muerto* (1937). Habitualmente se considera que su obra maestra es la novela *La invención de Morel* (1940). Alrededor de 1935 conoció a J. L. Borges, con quien colaboró en la revista *Sur*. Entre otras colecciones literarias editaron, junto a Silvina Ocampo, la esposa de Bioy Casares, una *Antología de la literatura fantástica* (1940). Bajo el seudónimo común de H. Bustos Domecq, escribieron *Seis problemas para don Isidro Parodi* (1942) y *Crónicas de Bustos Domecq* (1967). En la misma línea de literatura fantástica cabe situar *Plan de evasión* (1945), *La trama celeste* (1948) e *Historia prodigiosa* (1956). Con poste-

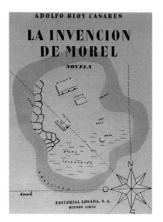

▲ *Portada de una edición argentina de la novela* La invención de Morel, *considerada la obra cumbre del escritor Adolfo* **Bioy Casares**.

«*T*odo procedimiento científico es sólo un instrumento, que debe ser utilizado por una mano inteligente.»

Alfred Binet

▼ *Cuadro que representa las negociaciones de paz al término de la guerra franco-prusiana, entre representantes de las dos potencias beligerantes, en presencia de Otto von* **Bismarck** *(a la derecha, sentado).*

rioridad, su literatura pasó a ser más realista, sin renunciar no obstante a ciertos elementos sobrenaturales. *El sueño de los héroes* (1954), *El lado de la sombra* (1964) y *Diario de la guerra del cerdo* (1969) son las obras más representativas de esta etapa. Otras obras de Casares, que abarcan desde la alegoría dramática hasta el cuento filosófico, son: *Historias fantásticas* (1973) y *El héroe de las mujeres* (1978). En 1990 recibió el Premio Cervantes de Literatura. Su narrativa se caracteriza por un racionalismo calculado y por un anhelo de geometrizar sus composiciones literarias. El contrapunto a este afán ordenador viene dado por un constante uso de la paradoja, y por un agudísimo sentido del humor. A su muerte, acaecida en 1999, se anunció la publicación de las conversaciones entre Borges y Bioy Casares, recopiladas por este último durante las muchas décadas que duró la amistad entre ambos escritores.

BISMARCK, OTTO VON, PRÍNCIPE DE *(Schönhausen, actual Alemania, 1815-Friedrichsruh, id., 1898) Político alemán.* Miembro de la aristocracia protestante de Brandeburgo, estudió en la Universidad de Gotinga y se dedicó a la gestión de sus posesiones hasta 1847, año en que fue elegido diputado de Prusia en el Landtag. Más tarde ingresó en la Dieta de Frankfurt (1851-1859), de la cual trató de apartar al Imperio Austrohúngaro, al que consideraba un obstáculo para la unificación de la nación alemana. Como embajador en San Petersburgo, entre 1859 y 1862, y en París este último año, cultivó las relaciones necesarias para poder constituir las alianzas internacionales que poco más adelante afianzarían el poder de Prusia en el continente europeo. Monárquico convencido y ultraconservador, se mostró hostil a las ideas liberales y a cualquier forma de expresión democrática. Designado jefe de gobierno por Guillermo I en 1862, instauró una dictadura tras minimizar la capacidad política del Landtag, boicotear la Dieta de Frankfurt, impedir la entrada de Austria en el Zollverein (unión aduanera de los Estados alemanes) y convertir el ejército prusiano en la primera fuerza militar de Europa. En tales circunstancias, una vez asegurada la neutralidad de Rusia y Francia, Bismarck atacó a Austria y derrotó a sus ejércitos en la batalla de Sadowa, en 1866. Por el tratado de Praga, firmado ese mismo año, se reconstituyó la Confederación de Alemania del Norte bajo la hegemonía de Prusia, que se anexionó Hannover, Hesse y Frankfurt a expensas del Imperio Austrohúngaro. Concluida esta primera fase, en 1870 se volvió contra Francia. Tras la victoria de Sedán, Prusia se anexionó los estados meridionales, y el 18 de enero de 1871, en Versalles, se concretó la unificación alemana, proclamándose a Guillermo I emperador del II Reich. Por su parte, Bismarck fue nombrado canciller de Alemania y presidente del Consejo de Prusia. Aunque refractario a las formas parlamentarias, para llevar a cabo su política de reformas se alió con el Partido Liberal-Nacional de sustrato burgués, al tiempo que se enfrentaba con los sectores más conservadores de la aristocracia y con los católicos, a quienes repugnaba su proyecto de reducir la influencia de la Iglesia. A partir de 1878, reorientó su política y llegó a un acuerdo con el Partido Católico y la aristocracia para combatir el socialismo, al que consideraba una grave amenaza. Valiéndose de estos apoyos, de una serie de medidas represoras y de un paquete de leyes sociales para conseguir la adhesión de las masas obreras, intentó en vano frenar el avance de los socialistas, cuyos votos aumentaron espectacularmente en los años siguientes. Mejores resultados dio su política en el plano internacional, donde estableció alianzas con Rusia y Austria frente a Francia e impuso su arbitraje en el Congreso y en la Conferencia de Berlín de 1878 y 1884. En esta última cumbre intervino directamente en el reparto colonial de África. Tras la muerte de Guillermo I y el breve reinado de Federico III, subió al trono Guillermo II. Éste vio en el excesivo autoritarismo de Bismarck un serio obstáculo para imponer sus deseos de aumentar su poder efectivo en el Reich. La gran fuerza política de los socialistas y la peligrosidad de unas alianzas internacionales basadas en la beligerancia fueron las causas determinantes de la caída de Bismarck, a quien se conocía como *el Canciller de Hierro*, si bien los detonantes concretos de su destitución, en 1890, fueron su propósito de ceder a su hijo la cancillería imperial y las conversaciones que mantuvo a tal fin con diversos partidos políticos a espaldas del emperador. Retirado a sus posesiones de Varzin, en Pomerania, Bismarck, el artífice de la unidad alemana, dedicó los últimos años de su existencia a escribir sus *Memorias* y panfletos contra el emperador.

▲ *Retrato de Georges **Bizet** pintado por C. Mida. Tras una producción escasa y no muy bien acogida, triunfó con su obra maestra,* Carmen.

▲ *Con el primer ministro británico Tony **Blair** se dan los primeros pasos importantes para la solución del conflicto en el Ulster.*

> «*La política no es una ciencia exacta.*»
>
> Otto von Bismarck

BIZET, GEORGES *(París, 1838-Bougival, Francia, 1875) Compositor francés.* Muy exigente consigo mismo, su producción es escasa y cuenta con muchas obras inacabadas y retiradas por el mismo compositor y sólo recuperadas póstumamente, como es el caso de la *Sinfonía en Do mayor* (1855). Nacido en el seno de una familia de músicos, ingresó en el Conservatorio de París con tan sólo nueve años. La consecución en 1857 del prestigioso Gran Premio de Roma de composición le permitió proseguir su formación en Italia durante dos años. Su ópera *Don Procopio* data de aquella época. A su regreso a Francia, compuso las óperas *Los pescadores de perlas* (1863) y *La hermosa muchacha de Perth* (1867), ambas acogidas con frialdad por el público. No corrieron mejor suerte las dos obras que más han contribuido a la fama del compositor: la música de escena para el drama *La arlesiana* (1872), de Alphonse Daudet, y sobre todo la considerada obra maestra del teatro lírico galo, *Carmen* (1875), cuyo controvertido estreno se dice que precipitó la muerte del compositor.

BLAIR, TONY *(Edimburgo, Reino Unido, 1953) Político británico.* Cursó estudios primarios y secundarios en Edimburgo y, posteriormente, estudió derecho en la Universidad de Oxford. En 1976 inició su carrera de abogado, que se vio interrumpida tras ser elegido, en 1983, diputado laborista al Parlamento por Sedgefield. Entre 1985 y 1987 fue portavoz del Tesoro, y portavoz de Industria entre 1987 y 1988. En esta última fecha fue elegido miembro del gobierno en la oposición como responsable de Energía y, más adelante, de Trabajo (1989) e Interior (1992). En 1994 fue elegido secretario general del Partido Laborista y en las elecciones legislativas de 1997 accedió a la jefatura del gobierno por una aplastante mayoría. Su primer logro en su nuevo cargo fue el acuerdo de paz alcanzado en Irlanda del Norte. De talante más europeísta que sus predecesores, propuso un programa político de carácter centrista que denominó «Tercera Vía» y en el cual aglutinó reformas sociales propias de la socialdemocracia europea con propuestas económicas procedentes del liberalismo.

BLAKE, WILLIAM *(Londres, 1757-id., 1827) Pintor, grabador y poeta británico.* Estudió dibujo e hizo prácticas de grabado con James Basire, antes de ingresar en la Royal Academy of Art, institución que abandonó en 1780 al no adaptarse a sus métodos de enseñanza. Empezó a trabajar como grabador, dando pruebas desde el principio de su desbordante imaginación y de una acusada tendencia hacia lo místico y lo visionario. De hecho, toda su obra es sumamente fantasiosa y extraña en la forma, y está repleta de imágenes y simbolismos difíciles de interpretar. Existe una estrecha relación entre su creación plástica y su creación literaria, a través de la cual expresó sus complejos pensamientos filosóficos, basados en la idea de que el mundo sensible no es más que una envoltura engañosa de la realidad espiritual. Esta unidad artisticoliteraria llegó a su punto culminante a partir de 1787, cuando empezó a poner en práctica un nuevo método de imprimir sus poemas ilustrados, conocido con el nombre de «impresiones iluminadas» (en inglés, *illuminated printings*). Pretendía que en sus libros, al igual que en los manuscritos medievales, texto e imágenes guardaran una estrecha relación, por lo que diseñaba personalmente cada una de las páginas, en las que el texto se escribía a mano y las ilustraciones se grababan. Con esta técnica realizó al menos cuatro libros, entre los que destaca *El matrimonio del cielo y el infierno*. Ninguna de estas obras tuvo éxito, y se vio obligado a recurrir a la ayuda de algunos mecenas, como Thomas Butts, y sobre todo el pintor Linell, para el que ilustró el *Libro de Job* y la *Divina Comedia*; las acuarelas para la obra de Dante, en las que trabajó hasta su muerte, se cuentan entre lo mejor de su producción. En nuestros días se le considera una de las personalidades más destacadas del Romanticismo, pero en su época fue un incomprendido (se le tenía por un excéntrico) y su figura no fue realmente valorada hasta finales del siglo XIX.

BLANKERS-COHEN, FANNY, llamada *la Holandesa Volante (Amsterdam, 1918) Atleta holandesa*. A los dieciocho años participó en los Juegos Olímpicos de Berlín de 1936. Aunque no consiguió ninguna medalla, empezó a destacar al quedar sexta en salto de altura y cuarta en la prueba de relevos de 4 × 100 metros. Su ilusión por participar en los dos siguientes Juegos Olímpicos se vio frustrada por el inicio de la Segunda Guerra Mundial, que obligó a suspender estos acontecimientos deportivos. A los veintidós años se casó con su entrenador, Jan Blankers. Recibió el apodo por el que fue conocida en los Juegos Olímpicos de Londres de 1948, y fue la primera mujer que consiguió alcanzar la fama en el mundo del atletismo. Emuló a Owens, ganando cuatro

▲ Piedad, *grabado coloreado realizado por William **Blake** en 1795 y que se exhibe en la Tate Gallery de Londres. La escena recrea una descripción ofrecida por Shakespeare en Macbeth.*

medallas de oro: triunfó en los 100 metros, 200 metros, 80 metros vallas y en relevos de 4 × 100 metros. A su regreso a Amsterdam fue acogida por los holandeses como una verdadera heroína. A los treinta años, siendo ya madre de dos hijos, participó en once competiciones en tan sólo ocho días y no perdió ninguna de ellas. Su versatilidad era tal, que brillaba en todas las disciplinas, incluidas las carreras, los saltos y el lanzamiento de jabalina. Durante su carrera deportiva, a lo largo de dos décadas, estableció veinte récords del mundo. Tras participar por última vez en unos Juegos Olímpicos, en Helsinski, con treinta y cuatro años y fracasar en su intento de conseguir una última medalla, se retiró de la competición.

WILLIAM BLAKE

OBRAS MAESTRAS

POESÍA *(illuminated printings)***:** *CANTOS DE LA INOCENCIA* (1789); *EL MATRIMONIO DEL CIELO Y EL INFIERNO* (1793); *CANTOS DE LA EXPERIENCIA* (1794); *JERUSALÉN* (h. 1800). **ILUSTRACIONES PARA OBRAS LITERARIAS:** *PENSAMIENTOS NOCTURNOS DE E. YOUNG* (1797); *EL LIBRO DE JOB* (h. 1818); *LA DIVINA COMEDIA DE DANTE ALIGHIERI* (1824-1827). **OBRAS DIVERSAS:** *LA CREACIÓN DE ADÁN* (1795, Tate Gallery, Londres); *LA ESCALA DE JACOB* (h. 1800; British Museum, Londres); *CATÁLOGO DESCRIPTIVO* (1809); *LAS VISIONES DE EZEQUIEL* (Museum of Fine Arts, Boston).

BLANQUI, LOUIS-AUGUSTE, llamado *el Encarcelado* o *el Mártir (Puget-Théniers, Francia, 1805-París, 1881) Político y revolucionario francés*. Hijo del subprefecto de su villa natal, en 1818 se trasladó, junto a su hermano Adolphe, a París, para estudiar derecho y medicina. Participó en las manifestaciones estudiantiles antiborbónicas y, tras la revolución de 1830, de la que quedó profundamente insatisfecho, ingresó en la Société des Amis du Peuple (Sociedad de los Amigos del Pueblo), siendo encarcelado en dos ocasiones, en 1831 y 1836. En 1839, tras organizar una insurrección armada que fracasó, fue detenido y condenado a muerte, pena que posteriormente le fue conmutada por la de cadena perpetua. Fue puesto en libertad poco antes de la revolución de 1848, en la que participó activamente, lo cual motivó su vuelta a la cautividad, en la que permaneció hasta 1859. No sería la última vez que reingresara en prisión. De hecho, pasó treinta y siete años de su vida entre rejas, y de ahí el sobrenombre de *el Encarcelado* con el que fue conocido. Entre 1859 y 1861, años durante los cuales disfrutó de libertad, se encargó de organizar varias sociedades secretas. En 1865 se fugó de la prisión y huyó a Bruselas, pero volvió a ser detenido en la víspera de la Comuna de París, de la que, no obstante, fue nombrado presidente y posteriormente, aunque permaneciera todavía en prisión, elegido diputado por Burdeos. Autor de varios artículos y ensayos, la mayoría recopilados bajo el título de *Crítica social* (*Critique sociale*), volumen publicado póstumamente, Blanqui se caracterizó por su espíritu revolucionario y por su doctrina teórica, de carácter profundamente socialista.

BLASCO IBÁÑEZ, VICENTE *(Valencia, 1867-Menton, Francia, 1928) Escritor y político español.* Estudió derecho en Valencia y pronto ingresó en las filas del Partido Republicano. Durante un tiempo estuvo ligado al valencianismo propugnado por Teodoro Llorente, pero poco después se distanció de él; el talante polémico de que dio muestras en esta primera época le valió un breve exilio en París, ciudad en la cual entró en contacto con el naturalismo francés, que ejerció una notable influencia en su obra, especialmente en *Arroz y tartana* (1894), con la que inauguró su ciclo de novelas regionales, ambientadas en la región valenciana, la más famosa de las cuales sería *Sangre y arena* (1908), dedicada al mundo de la tauromaquia. En 1894 fundó el periódico *El Pueblo*, que sería su plataforma política, primero como portavoz del republicanismo federal liderado por Pi i Margall y después, cuando se separó de éste, para difundir su propio ideario político, que pasaría a ser denominado *blasquismo* y que había de alcanzar una importante repercusión popular, sobre todo a raíz de la dura campaña contra los gobiernos de la Restauración que llevó a cabo desde las páginas del periódico. Procesado, encarcelado y condenado de nuevo al exilio (1896), dos años después regresó a España y fue elegido diputado a Cortes en seis legislaturas, hasta que en 1908 decidió abandonar la política. Buscó fortuna entonces en Argentina, donde intentó

▶ *Cuadro que muestra a **Blasco Ibáñez** escribiendo en su casa, a orillas del Mediterráneo. El escritor valenciano, de ideas republicanas, participó activamente en la política de su tiempo.*

VICENTE BLASCO IBÁÑEZ

OBRAS MAESTRAS

NOVELA: *ARROZ Y TARTANA* (1894); *FLOR DE MAYO* (1895); *LA BARRACA* (1898); *ENTRE NARANJOS* (1900); *CAÑAS Y BARRO* (1902); *LA CATEDRAL* (1903); *EL INTRUSO* (1904); *LA BODEGA* (1905); *SANGRE Y ARENA* (1908); *LOS CUATRO JINETES DEL APOCALIPSIS* (1914); *LOS ARGONAUTAS* (1915); *LOS ENEMIGOS DE LA MUJER* (1919). **ENSAYO:** *HISTORIA DE LA REVOLUCIÓN ESPAÑOLA DESDE LA GUERRA DE LA INDEPENDENCIA HASTA LA RESTAURACIÓN EN SAGUNTO* (1891); *HISTORIA DE LA GUERRA EUROPEA*, *LA VUELTA AL MUNDO DE UN NOVELISTA* (1927).

▼ *Dibujo del monoplano con el que el francés Louis **Blériot** efectuó en 1909 la primera travesía aérea del canal de la Mancha.*

llevar a cabo dos proyectos utópicos de explotación agrícola que acabaron en sendos fracasos. Partió hacia París y en 1914 publicó la novela que le daría fama internacional, *Los cuatro jinetes del Apocalipsis*. En el año 1921 decidió retirarse a su casa de Niza, donde escribió sus últimas novelas, más pensadas para gustar al público que las de sus años de más efectiva lucha política, en las que intentó reflejar las injusticias sociales desde una óptica anticlerical, dentro del más puro estilo realista, como sucede en *La barraca* (1898). Fue un autor muy prolífico; vinculado en muchos aspectos al naturalismo francés, sus obras carecen de la escrupulosa documentación y rigor compositivo de un Zola, por ejemplo. Por otra parte, la explícita intención político-social de algunas de sus novelas, aunada al escaso bagaje intelectual del autor, lo mantuvo alejado de los representantes de la Generación del 98. No obstante, su vigorosa imaginación y poder descriptivo hicieron de él el último gran autor del realismo decimonónico. Su obra tuvo una gran proyección internacional, ampliada por las versiones cinematográficas de algunas de sus novelas, las más famosas de las cuales tal vez sean las dos versiones de *Los cuatro jinetes del Apocalipsis*, una interpretada por Rodolfo Valentino, y la segunda dirigida por Vincente Minnelli.

BLÉRIOT, LOUIS *(Cambrai, Francia, 1872-París, 1936) Aviador e ingeniero francés.* Ingeniero de profesión, consiguió amasar una modesta fortuna al diseñar y vender diversos complementos automovilísticos, tales como faros y otros accesorios. Tras experimentar con deslizadores, en 1900 diseñó un primer prototipo de aparato

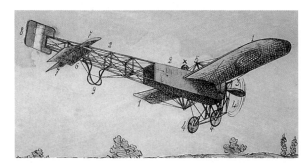

dotado de motor, con una potencia de dos caballos, que logró despegar, aunque solamente recorrió en vuelo unos metros. En 1906, en asociación con otros pioneros como Voisin y Levavasseur, construyó el *Blériot IV*, un biplano mucho más elaborado que, sin embargo, no consiguió elevarse. Dos años más tarde introdujo una cola en el *Blériot VIII*, un modelo de media tonelada de peso y un motor de cuarenta caballos que en octubre logró recorrer de forma ininterrumpida el trayecto entre las pequeñas localidades de Toury y Artenay. Fruto de dicho éxito fue el *Blériot XI*, un monoplano de veintiocho caballos con el que, el 25 de julio de 1909, realizó el primer vuelo con motor desde el puerto francés de Calais a la localidad británica de Dover, con lo que se convirtió en el primer hombre que atravesó el canal de la Mancha a bordo de un ingenio aéreo autopropulsado. La hazaña, cuyo relato recorrió el mundo como un reguero de pólvora, le hizo acreedor así mismo de un premio de 1 000 libras otorgado por un periódico británico. Durante la Primera Guerra Mundial contribuyó al esfuerzo bélico francés, primero a través de prototipos basados en sus propios diseños, y posteriormente en colaboración con la fábrica de aeroplanos Spad, cuyos aparatos fueron grandes protagonistas de la contienda aérea. Finalizado el conflicto, fundó su propia compañía de aviación y realizó numerosas aportaciones al desarrollo de la aeronáutica civil.

BLUM, LÉON *(París, 1872-Jouy-en-Josas, Yvelines, Francia, 1950) Político francés.* Afamado crítico literario y teatral, se relacionó con la política y fundó, con Jaurès, el periódico *L'Humanité*, órgano del Partido Socialista francés. De junio de 1936 a junio de 1937 presidió el primer gobierno del Frente Popular, pero la división de la izquierda, surgida a raíz de la política de no intervención en la guerra civil española, provocó su caída. Detenido por el gobierno de la Francia ocupada establecido en Vichy, en 1943 fue entregado a los alemanes. Liberado por los aliados en 1945, y convertido en referente moral de su partido, presidió un breve gobierno de transición que posibilitó los mecanismos constitucionales de la IV República.

BOABDIL, llamado *el Chico* [Muhammad XI] *(Granada, 1464-Vado de Bacuna, Marruecos, 1527) Último emir musulmán del reino nazarí de Granada (1482-1492).* Hijo de 'Abú-l-Hasán (Muley Ha-

▲ *Pintura donde se muestra al emir* **Boabdil** *llorando por la pérdida de Granada, último reino musulmán de la península Ibérica.*

▲ *Léon* **Blum** *fotografiado cuando era presidente del gobierno. Partidario en un principio de ayudar a la República durante la guerra civil española, más tarde cambió su posición.*

cén), en 1482 se sublevó contra él en Guadix y lo destronó con la ayuda de la familia de los Abencerrajes. Sin embargo, al año siguiente cayó prisionero de los Reyes Católicos durante su ataque a Lucena, situación que aprovechó Muley Hacén para recuperar el trono granadino, apoyado por su hermano Muhammad ibn Sa'd *al-Zagal*, señor de Málaga. Para fomentar la discordia entre los musulmanes, los Reyes Católicos liberaron a Boabdil a cambio de su vasallaje (pacto de Córdoba, 1483). Durante la guerra civil que se desarrolló entre 1483 y 1487, Boabdil estableció su corte en Almería, pero tuvo que abandonar la ciudad y buscar la protección de los Reyes Católicos ante la presión de *al-Zagal*. En 1487, la muerte de su padre y la derrota de su tío ante los cristianos en Vélez-Málaga le permitieron tomar la Alhambra y convertirse en único señor de Granada. Sin embargo, la debilidad musulmana fue aprovechada por los castellanos para avanzar sobre el reino nazarí, conquistando Málaga y Marbella (1487), Almería y Guadix (1489) y Baza (1490). En 1491, los cristianos pusieron sitio a Granada y bloquearon su vía de comunicación por el río Genil al construir la fortaleza de Santa Fe. Sin ayuda del norte de Africa, el emir de Granada se vio obligado a firmar los acuerdos de capitulación de Santa Fe (25 de abril de 1491), y el 2 de enero de 1492 entregó la ciudad a los Reyes Católicos. Confinado inicialmente en Las Alpujarras, en el año 1493 se trasladó a Fez, donde encontró la muerte luchando contra los jaríes en la batalla librada en el Vado de Bacuna (1527).

BOAS, FRANZ *(Minden, actual Alemania, 1858-Nueva York, 1942) Antropólogo estadounidense de origen alemán.* Cursó estudios en las universidades de Heidelberg y Bonn y, en 1881, se doctoró en física y geografía por la Universidad de Kiel. En 1886 participó en una expedición científica a Canadá y Estados Unidos, país este último en el que decidió establecerse. Tras ejercer la docencia en varias universidades estadounidenses, en 1899 ingresó en la Universidad de Columbia, en la que dirigió el departamento de antropología más influyente del país. Especialista en las lenguas y culturas de la sociedad indígena americana, fue fundador de la escuela relativista, cuyo campo de estudio era la cultura y su evolución desde las sociedades primitivas. En 1911 escribió *La mente del hombre primitivo*, obra que fue considerada, desde su publicación, como uno de los textos fundamentales de la antropología, disciplina que Boas contribuyó en gran medida a asentar y difundir. Fue cofundador de la Asociación Americana de Antropología y, desde 1931, presidente de la Asociación Americana para el Desarrollo de la Ciencia.

BOBADILLA, FRANCISCO DE *(? - en el mar, 1502) Gobernador español de las Indias.* Se sabe que nació en Aragón, si bièn se ignoran la fecha y el lugar. De origen noble, sirvió como oficial en la casa real y fue caballero de la orden militar de Calatrava. Los Reyes Católicos lo nombraron juez pesquisidor en mayo de 1499 y gobernador de las Indias para imponer el orden en La Española, donde la insatisfacción de los colonos por las imposiciones de Cristóbal Colón y de sus hermanos Bartolomé y Diego había degenerado en enfrentamientos. Al parecer, a estos motivos de índole política se unieron tanto la sospecha de actuación desleal del almirante, en cuanto a que aprovechaba su cargo para su enriquecimiento personal al margen de la Corona, como la firme voluntad de los soberanos de mantener un estrecho control sobre los territorios americanos. Sea como fuere, la dureza de la decisión pospuso durante un año la ejecución del plan. El 23 de agosto de 1500, Bobadilla llegó a Santo Domingo al mando de dos carabelas que embarcaban alrededor de 500 hombres y 14 indígenas esclavos que Colón había llevado a España en un viaje anterior y que fueron devueltos a su tierra. Al cabo de un mes de resistencia por parte de los Colón a dejar el mando, Bobadilla decidió proceder de manera más contundente: ordenó prender a Diego Colón, luego al propio almirante y por último a Bartolomé, y confiscó sus bienes. Enviados a España a primeros de octubre de 1500, los hermanos Colón expusieron sus protestas ante los reyes, y Bobadilla fue re-

◀ *Cristóbal Colón es detenido por Francisco de* **Bobadilla***, gobernador de las Indias, según un grabado de la época.*

▲ *Página de un manuscrito autógrafo de* **Boccaccio***, con versos de* La Teseida*, poema escrito por el autor italiano en 1339.*

«En una bandada de blancas palomas, un cuervo negro añade un aumento de belleza como no lo haría el candor de un cisne.»

Giovanni Boccaccio

levado por Nicolás de Ovando el 3 de septiembre de 1501. Cuando regresaba a España, la embarcación en que viajaba zozobró a consecuencia de un huracán, y Bobadilla pereció en el naufragio.

BOCCACCIO, GIOVANNI *(?, 1313-Certaldo, actual Italia, 1375) Escritor italiano.* Hijo natural del mercader y banquero florentino Boccaccio da Chellino, agente de la poderosa compañía financiera de los Bardi, no conoció la identidad de su madre. Las leyendas que el propio Boccaccio se encargó de difundir acerca de su vida no permiten determinar si nació en París, Certaldo o Florencia. Lo cierto es que creció en esta última ciudad, en el barrio de San Pietro Maggiore, y fue educado por Giovanni Mazzuoli da Strada, quien le inculcó la pasión por Dante que lo dominaría toda su vida. Tras demostrar escasas aptitudes para las finanzas y el comercio, fue enviado por su padre a Nápoles, donde adquirió una sólida formación literaria gracias a las enseñanzas de los más ilustres eruditos de la corte napolitana: Paolo da Perugia y Andalo Delnevo. Lo que más le impresionó del ambiente napolitano fueron el refinamiento y la voluptuosidad que reinaban en la corte de los Anjou, en la cual convergían las culturas italiana, bizantina y árabe. En ese contexto de intrigas y ambiciones cortesanas, amores prohibidos y sensualidad se sitúa su obra maestra, *El decamerón*, centrada en la figura cambiante y fascinadora de Fiammetta, hija ilegítima de Roberto de Anjou, y en sus propias aventuras juveniles, debidamente enriquecidas mediante brillantes ornamentos literarios e invenciones de todo tipo. El personaje de Fiammetta, a quien el autor pretendió haber amado, recorre obsesivamente toda su literatura anterior. En Nápoles escribió tres obras relevantes: *Filocolo* (h. 1336), adaptación de la historia medieval de Floris y Blancaflor; *Filostrato* (1338), poema adscrito al ciclo de la guerra de Troya; y el poema épico *La Teseida* (1339-1340). La quiebra del banco de los Bardi le obligó a volver a Florencia (1340), donde sufrió graves penurias económicas y problemas domésticos. Su situación no lo apartó de su quehacer literario, que, por el contrario, salió reforzado de esa experiencia, que le acercó al ambiente picaresco de mercaderes del que provenía su familia. En esos años compuso el idilio pastoril *Ameto, La amorosa visión, La elegía de doña Fiammetta*, escrita en prosa, y *Las ninfas de Fiésole*, en el que recreó, con versos octosílabos, amores puros y nobles. La peste que asoló Florencia en 1348 le inspiró la idea de *El decamerón*, que redactó entre ese año y el de 1353. La obra obtuvo un gran éxito, lo cual le valió, en adelante, ser promovido con frecuencia a cargos oficiales honoríficos. Desempeñó funciones de embajador, primero en Aviñón y luego en Roma. De esos años son *Poema bucólico*, conjunto de dieciséis églogas compuestas en latín e inspiradas en Virgilio, y dos obras de signo totalmente opuesto: *Corbacho*, violenta sátira social y sexual, y *De las mujeres notables*, que contiene una larga serie de edificantes biografías femeninas. En 1362, sin haber resuelto sus problemas financieros, se retiró a Certaldo, donde sufrió una crisis espiritual que lo llevó a renegar de *El decamerón* y a volcarse en el estudio y en las prácticas piadosas. Tras su ordenación sacerdotal, pasó a ocupar el cargo de confesor en 1360. El humanismo que caracteriza las obras de madurez de Boccaccio, dedicado a comentar la obra de Dante en la iglesia de San Stefano de Badia por encargo de la nobleza florentina y a confeccionar una erudita compilación de la mitología clásica, se anticipa en buena medida al pensamiento y a la cultura renacentistas. Ese giro humanístico y religioso guarda relación con la amistad que por esos años entabló con Petrarca, cuya muerte, acaecida en octubre de 1374, lo sumió en una profunda tristeza. Durante lo poco que le quedaba de vida, todos sus escritos serían un constante lamento por la pérdida del gran amigo y el abandono espiritual en que lo había dejado. Pero su legado literario más valioso, el que lo convierte en el fundador de la prosa italiana, son los cien cuentos que componen *El decamerón*, que dan cuenta de su visión a la vez cínica e indulgente de las flaquezas, los pecados y las corrupciones de los hombres de su época.

BOCCHERINI, LUIGI *(Lucca, actual Italia, 1743-Madrid, 1805) Compositor y violoncelista italiano.* Dentro del período clásico, Luigi Boccherini es siempre el gran olvidado, y ello pese a la estima que le profesaron músicos como Franz Joseph Haydn, quien reconocía su singular aportación al desarrollo de la música de cámara. Formado en su ciudad natal como violoncelista, instrumento poco considerado entonces, en 1768 se trasladó a París, donde recibió la oferta de entrar al servicio de la corte española como músico de cámara del infante don Luis. Estableci-

do en Madrid, prosiguió su labor creadora, dando a la imprenta algunas de sus obras más célebres, como las basadas en motivos españoles, y en especial el *Quintettino Op. 30 núm. 6 «La musica notturna di Madrid»* (1780) o el *Quinteto de cuerda Op. 50 núm. 2 «Del Fandango»*

◄ *Giovanni* **Boccaccio** *sosteniendo un libro en una pintura de Andrea del Castagno. El escritor recogió la tradición cuentística medieval en* El decamerón, *y sentó las bases del Renacimiento literario.*

GIOVANNI BOCCACCIO

OBRAS MAESTRAS

FILOCOLO (IL FILOCOLO, 1336-1340); FILOSTRATO (IL FILOSTRATO, 1337-1339); LA TESEIDA (TESEIDA, 1339-1340); AMETO (NINFALE D'ANETO, 1341); LA AMOROSA VISIÓN (L'AMOROSA VISIONE, 1342); LA ELEGÍA DE DOÑA FIAMMETTA (ELEGIA DI MADONNA FIAMMETTA, 1343); EL DECAMERÓN (IL DECAMERONE, 1349-1351); POEMA BUCÓLICO (BUCOLICUM CARMEN, 1350-1365); CORBACHO (IL CORBACCIO, 1354-1355); DE CASOS DE HOMBRES ILUSTRES (DE CASIBUS VIRORUM ILLUSTRIUM, 1355-1360); DE LAS MUJERES NOTABLES (DE CLARIS MULIERIBUS, 1360-1362); VIDA DE DANTE (TRATATELLO IN LAUDE DI DANTE, 1357-1362); GENEALOGÍA DE LOS DIOSES PAGANOS (DE GENEALOGIIS DEORUM GENTILIUM, 1347-1360); LAS NINFAS DE FIÉSOLE (IL NINFALE FIESOLANO, 1477).

◄ *Cuadro de Pompeo Batoni que representa a Luigi* **Boccherini** *tocando el violoncelo. Además de ser uno de los grandes virtuosos de este instrumento, el músico italiano también fue un prolífico compositor.*

(1788). Durante sus últimos años hubo de ver cómo su música y su persona caían en el olvido. Autor prolífico, se le deben un *Stabat Mater* (1781), 26 sinfonías, entre las que destaca la subtitulada *La casa del diablo*, 125 quintetos y 91 cuartetos.

BOCCIONI, UMBERTO *(Reggio di Calabria, Italia, 1882-Verona, id., 1916) Pintor y escultor italiano.* Figura clave del movimiento futurista italiano, fue también uno de sus más destacados teóricos. Se inició en el divisionismo de la mano de Giacomo Balla. Después de pasar algún tiempo en París, Rusia, Padua y Venecia, se instaló definitivamente en Milán y se interesó por todo lo referente a la sociedad industrial moderna. Influido por el simbolismo y por el expresionismo de Munch, y tras varios encuentros con Marinetti, Carrà y Russolo, la obra de Boccioni se desarrolló a partir de 1910 alrededor de dos conceptos clave: dinamismo y simultaneidad. Entre sus obras cabe destacar *La ciudad que surge* (1910) y *La calle ante la casa*, pinturas que, aun siendo formalmente distintas, ha-

▼ Autorretrato con la muerte tocando el violín, *obra que Arnold **Böcklin** realizó en 1874. La influencia simbolista se traduce en la presencia de motivos oníricos y alegóricos.*

cen referencia al mismo tema, la ciudad, que para los futuristas simbolizaba la modernidad, el movimiento y la velocidad. En cuanto a su actividad escultórica, que desarrolló paralelamente a la pictórica, fue pionero en el uso de nuevos materiales, como el cristal, el cemento o el hierro, así como en el aprovechamiento de la luz eléctrica.

BÖCKLIN, ARNOLD *(Basilea, 1827-San Domenico di Fiesole, Italia, 1901) Pintor suizo.* Se formó en la Academia de Düsseldorf y viajó a Bruselas, Amberes, Suiza, París y Basilea. Hacia 1850 se instaló en Roma, donde descubrió el ideal clásico de la Antigüedad, que le inspiró varias de sus obras. Tras una estancia de dos años como profesor de la Academia de Weimar, regresó a Italia y visitó esta vez Nápoles y Pompeya, cuyas pinturas al fresco le influyeron decisivamente. De vuelta en Basilea en 1866, pintó frescos de personajes mitológicos y hacia 1871 se trasladó a Munich, donde vivió unos años de intensa creatividad. Tras una estancia de cuatro años en Florencia, en 1895 se instaló en San Domenico di Fiesole, donde vivió sus últimos años. Aunque su obra entroncaba fuertemente con la corriente simbolista, su rigor en la composición era todavía heredero del realismo. La atmósfera misteriosa, sombría, y la inquietante inmovilidad de sus cuadros, que evocan realidades y sueños al mismo tiempo, guardan mucha relación con el Romanticismo alemán.

BODIN, JEAN *(Angers, Francia, 1530-Laon, id., 1596) Economista y filósofo francés.* Fue abogado del Parlamento de París, secretario del duque de Anjou (1571), lugarteniente general de la bailía de Laon (1584-1588) y procurador del rey (1588) en la misma sede. En su tratado *Methodus ad facilem historiarum cognitionem* (1566) defendió la importancia del conocimiento de la historia para la comprensión del derecho y de la política. Como economista se mostró favorable a la libertad de cambio y analizó, en *Respuesta a las paradojas de M. de Malestrot* (1568), el fenómeno del alza general de precios del siglo XVI, que relacionó con la llegada masiva de metales preciosos de América. Su obra más relevante es tal vez *La República* (1576), en la que defiende la monarquía absoluta, aunque sostiene que el soberano no es en ningún caso el dueño de los bienes de sus súbditos y que no puede establecer nuevos impuestos sin el consentimiento de los Estados Generales.

◀ En esta ilustración de un manuscrito del s. XV, la filosofía, con el nombre de las siete artes liberales escrito en el vestido, se aparece a **Boecio** en sueños.

BOECIO [Ancio Manlio Torcuato Severino] *(Roma, h. 480-id., 524) Político, filósofo y poeta latino.* Hijo de un cónsul romano, completó su formación en Atenas. Su gran ambición era traducir al latín todas las obras de Platón y Aristóteles, con el objetivo de hacerlas accesibles. No llevó a término su propósito, y tradujo sólo algunos de los tratados lógicos de Aristóteles, los *Elementos* de Euclides y la *Isagoge* de Porfirio, aparte de escribir numerosos comentarios y tratados de divulgación. Como obra propia escribió *Acerca de la consolación de la filosofía*, célebre tratado de reflexión cercano al estoicismo, aunque incorpora nociones cristianas. Protagonizó una brillante carrera política, al lado del rey godo Teodorico, aunque más tarde fue acusado de traición, encarcelado y ejecutado. Tuvo una gran influencia en la Edad Media, que le debe en gran medida la conservación y transmisión del saber antiguo.

BOFF, LEONARDO *(Concórdia, Brasil, 1938) Teólogo brasileño.* Profesor de teología en el Instituto de Teología Franciscano de Petrópolis, dirigió la *Revista eclesiástica brasileira*. Boff es considerado uno de los mayores renovadores de la teología de la liberación latinoamericana, cuyo referente principal es la figura de Cristo como defensor de los pobres. Su doctrina quedó expuesta principalmente en obras como *Pasión de Cristo, pasión del mundo* (1977), *Las comunidades de base reinventan la Iglesia* (1979) o *La vida religiosa en el pro-*

▼ Humphrey **Bogart** junto a Lauren Bacall en una escena de El sueño eterno, del director Howard Hawks.

▼ Niels **Bohr** durante una conferencia. El físico danés colaboró en el Proyecto Manhattan para la creación de la primera bomba atómica.

ceso de liberación (1979). En el año 1985 fue reprobado por la Iglesia en razón de la heterodoxia de su doctrina, y condenado al silencio público, aunque conservó su influencia en Latinoamérica. En 1991 abandonó la cátedra de teología de Petrópolis por discrepancias con el cardenal Joseph Ratzinger; un año más tarde resignó el ministerio presbiteral y renunció al hábito de la orden franciscana.

BOGART, HUMPHREY *(Nueva York, 1899-Hollywood, 1957) Actor estadounidense.* Combatió encuadrado en la marina de su país en la Primera Guerra Mundial. En 1935 actuó en la obra de teatro *El bosque petrificado*, cuya posterior versión en la gran pantalla le reportó un clamoroso éxito. Ello le permitió participar en *El halcón maltés* (1941), dirigida por John Huston. En sus siguientes películas, *Casablanca* (1942) y *Pasaje a Marsella* (1944), consolidó su imagen de tipo duro y frío, pero a la vez honesto y sentimental. En 1945 participó en *Tener o no tener*, en cuyo rodaje conoció a Lauren Bacall, con quien contrajo matrimonio poco después, y en 1951 obtuvo el Oscar por su interpretación en *La reina de África*. Rodó su última película, *Más dura será la caída*, en 1956, ya enfermo de cáncer de esófago, dolencia que le causó la muerte al año siguiente. Poco amigo de los convencionalismos de Hollywood, se erigió en portavoz del nutrido grupo de actores contrarios a la caza de brujas promovida por el senador McCarthy.

BOHR, NIELS *(Copenhague, 1885-id., 1962) Físico danés.* Hijo de un profesor de fisiología, en el año 1911 se doctoró por la Universidad de Copenhague; durante sus estudios demostró unas excepcionales dotes para el deporte. En 1912 obtuvo una beca para ampliación de estudios en el extranjero, otorgada por la Fundación Carlsberg, y se trasladó al Reino Unido, donde colaboró con Joseph John Thompson, en Cambridge, y con Ernest Rutherford, en Manchester. Fruto de esta última cooperación fue la formulación del llamado «modelo atómico de Bohr», que, resultado de la combinación del modelo atómico del propio Rutherford y de los postulados de la teoría atómica de M. Planck, le condujo a postular un revolucionario modelo de la estructura íntima de la materia. Su enunciado, entre otras cosas, le permitió calcular teóricamente la posición de las rayas del espectro de absorción correspondiente al hidrógeno (el elemento más simple), las cuales, al coincidir con las que con anterioridad se habían detectado mediante técnicas experimentales, confirmaron su teoría. El modelo de Rutherford se basaba en un núcleo con carga positiva alrededor del cual giraban cargas negativas; presentaba la desventaja de que las cargas negativas en movimiento debían radiar energía, lo cual lo haría inestable. Para mejorarlo, Bohr propuso un modelo atómico en el cual el átomo poseía un determinado número de órbitas estacionarias en las que los electrones no emitían energía; según este modelo, además, los electrones orbitan en torno del núcleo de tal manera que la fuerza centrífuga que actúa sobre ellos se equilibra exactamente con la atracción electrostática existente entre las cargas opuestas de núcleo y electrones; por último, los saltos de los electrones desde estados de mayor energía a otros de menor y viceversa suponen una emisión o, por el contrario, una absorción de energía (energía electromagnética). En 1916 regresó a Copenhague, donde ocupó plaza de profesor en la universidad. En 1921, fue nombrado primer director del Instituto Nórdico de Física Teórica, que con el paso del tiempo sería más conocido como Instituto Niels Bohr, cargo que desempeñó hasta su muerte. En 1923 enunció el principio de correspondencia, que afirma, en esencia, que la mecánica cuántica debe tender a la física clásica en el caso de los fenómenos macroscópicos, es decir, cuando las constantes cuánticas son despreciables. Cinco años más tarde (1928) formuló el llamado principio de complementariedad de la mecánica cuántica, según el cual, los fotones y los electrones se comportan en ciertas ocasiones como ondas y en otras como partículas. Además, sus propiedades no pueden observarse de manera simultánea, si bien se complementan mutuamente y son necesarias para la correcta interpretación de los fenómenos. Esta concepción sería la base de la llamada Escuela de Copenhague de la mecánica cuántica. La ocupación de Dinamarca por los alemanes durante la Segunda Guerra Mundial lo obligó a exiliarse en 1943 en Suecia, a cuyas costas llegó a bordo de una barca

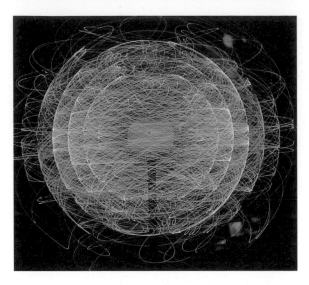

▲ *Representación gráfica del modelo de átomo postulado por Niels **Bohr**.*

▲ ***Bokassa*** *sentado en su fastuoso trono de oro y brillantes. El dictador centroafricano, que se distinguió por su afán de ostentación y su megalomanía, se proclamaba epígono de Napoleón.*

de pesca, junto con su familia. Más tarde se trasladó a Estados Unidos, donde colaboró, hasta 1945, en el proceso de creación de la primera bomba atómica (Proyecto Manhattan) bajo el seudónimo de Nicholas Baker; su aportación al proyecto consistió en el llamado «modelo de la gota líquida», que permitió explicar los procesos de fusión nuclear. Concluida la contienda mundial regresó a Dinamarca y recuperó la medalla de oro que le fuera entregada con el Nobel de Física, en el año 1922, la cual había disuelto en ácido antes de abandonar su país. Recibió también el Premio Átomos para la Paz (1957), que le concedió la fundación Ford en reconocimiento a sus esfuerzos en favor de la utilización pacífica de la energía nuclear.

BOKASSA, JEAN BÉDEL *(Bobangui, República Centroafricana, 1921-Bangui, id., 1996) Militar y político centroafricano.* Tras el asesinato de su padre, un jefe local, y el suicidio de su madre, fue educado por misioneros occidentales. En 1939 ingresó en el ejército francés, con el que participó en la guerra de Indochina. Tras la independencia de la República Centroafricana, su presidente, David Dacko, lo llamó para que se hiciera cargo del ejército nacional centroafricano. Abandonó el ejército francés y fue nombrado jefe del Estado Mayor de la Defensa. Valiéndose de su cargo, en diciembre de 1965 derrocó a Dacko y asumió la presidencia de la República. En 1972 fue nombrado presidente vitalicio y en diciembre de 1976 se proclamó a sí mismo emperador. Su mandato, caracterizado por la represión política, la recesión económica, la corrupción y su enriquecimiento personal, fue corto, ya que en 1979 fue derrocado por un golpe de Estado apoyado por Francia, que repuso al ex presidente Dacko. Obligado a exiliarse, se trasladó a Costa de Marfil y, posteriormente, a Francia. A pesar de haber sido juzgado *in absentia* y condenado a muerte, en 1986 regresó a la República Centroafricana, donde fue detenido y acusado de asesinato por haber participado personalmente en una masacre de estudiantes. Condenado a cadena perpetua, en 1993 fue liberado.

Bolívar, Simón *(Caracas, 1783-Santa Marta, Colombia, 1830) Estadista y militar venezolano.* Hijo de Juan Vicente Bolívar y Ponte, rico hacendado perteneciente a una familia vasca afincada en América desde finales del siglo XVI, y de María de la Concepción Palacios Blanco, quedó huérfano a temprana edad. Bajo la protección de sus familiares, recibió una esmerada educación a cargo de cualificados maestros, entre ellos Andrés Bello y, sobre todo, Simón Rodríguez, pedagogo rousseauniano que influyó decisivamente en su pensamiento. A Rodríguez se le atribuye haber inculcado al joven Bolívar el ideario republicano y la pasión por la libertad. En 1797 comenzó su instrucción militar en el Regimiento de Milicias de Voluntarios Blancos de los Valles de Aragua, al tiempo que continuaba sus estudios de matemáticas, dibujo topográfico, geografía y física, entre otras materias, bajo la tutela de fray Francisco de Andújar. Dos años más tarde, a los catorce de edad, marchó a España, en cuya capital prosiguió sus estudios y conoció a María Teresa Rodríguez del Toro y Alayza, con quien casó en 1802 y a la que perdió al año siguiente, ya en Venezuela. Volvió de nuevo a Europa en 1804 y residió en París durante dos años, al cabo de los cuales decidió regresar a su país y planear la lucha por la independencia, tras los intentos de Miranda. En 1810 viajó a Londres, con Andrés Bello y Luis López Méndez, por encargo de la junta patriótica. Ya en su patria, se adhirió a la proclamación de la independencia e ingresó en el ejército con el grado de coronel. Bajo las órdenes de Miranda, sometió Valencia, pero en 1812 no pudo mantener Puerto Cabello. Sofocada la rebelión patriótica por los realistas, huyó a Cartagena de Indias, donde dio a conocer su *Memoria dirigida a los ciudadanos de la Nueva Granada por un caraqueño*, en la que exponía sus ideas políticas y las causas que habían motivado el fracaso de la revolución. Entró en el ejército de Nueva Granada y poco después inició la llamada «Campaña admirable», que concluyó en 1813 con la proclamación de la Segunda República. Sin embargo, la subsiguiente guerra civil fue adversa para Bolívar y Mariño, quienes se vieron obligados a refugiarse en el oriente del país. Cuestionado por los caudillos militares, regresó a Nueva Granada, donde apoyó la integración de Bogotá a las Provincias Unidas, pero en 1815, y ante la posibilidad de que estallara una nueva guerra civil, pasó primero a Jamaica, donde dio a conocer su *Carta de Jamaica*, y después a Haití, desde donde en-

▲ La firma del acta de la independencia de Venezuela*, de Tovar y Tovar. La Junta Suprema proclamó la independencia de Venezuela en presencia de **Bolívar**.

cabezó dos expediciones a Venezuela, antes de instalar su cuartel en Angostura en 1817. Aquí estableció un gobierno y, aliado con Páez, inició la «Campaña del Centro» contra el general realista Pablo Morillo. Tras convocar el Congreso Constituyente de Angostura en febrero de 1819, emprendió la liberación de Nueva Granada. Durante la campaña obtuvo la decisiva victoria de Boyacá. Antes de finalizar el año, el Congreso proclamó una nueva Constitución y la República de Colombia, que comprendía los territorios de las actuales Colombia, Venezuela, Ecuador y Panamá. Tras un breve armisticio, *el Libertador* –sobrenombre con el que fue conocido– derrotó definitivamente a Morillo en Carabobo, en donde se enfrentó a las tropas de Miguel de La Torre, en 1821, y entró triunfante en Caracas. En seguida inició la liberación de Ecuador y concluyó la campaña de Perú, iniciada por el argentino San Martín, con quien se había entrevistado en Guayaquil en 1822. Con la batalla de Ayacucho, ganada por Sucre en 1824, concluyó la presencia española en el continente. Un año después Bolívar renunció a los poderes militares excepcionales que se le habían concedido, así como a las recompensas ofrecidas. En los años siguientes tuvieron lugar largas negociaciones en relación a la formación de los distintos países y sus nuevas Constituciones, y en torno a la idea de una Gran Colombia. Pero no tardaron en aflorar los intereses de los caudillos locales, Páez en Venezuela y Santander en Colombia, provocando conflic-

▼ El Libertador *Simón **Bolívar**, obra realizada por el pintor Antonio Salguero que se conserva en el Museo Municipal de Quito.*

tos que hicieron inviable el proyecto unificador. Bolívar presentó su renuncia el 27 de abril de 1830 y aquel mismo año intentó embarcarse para Europa con el fin de mejorar su salud, pero estando en Cartagena recibió la noticia del asesinato del general Sucre y la orden de destierro dictada contra su persona. Falleció en la hacienda de un amigo pocos días después, no sin antes dictar una última proclama en la cual exhortaba a la consolidación de la Gran Colombia.

BÖLL, HEINRICH *(Colonia, 1917-Bornheim, Alemania, 1985) Escritor alemán.* Llamado a filas por el ejercito del Reich durante la Segunda Guerra Mundial, luchó en varios frentes. Al concluir la contienda, volvió a su ciudad natal, que estaba en ruinas, e inició su labor literaria con relatos y novelas centrados en la experiencia bélica como vacío y absurdo, y sobre las contradicciones del sentimiento de culpabilidad alemán. La temática de la guerra queda superada en la novela *Opiniones de un payaso* (1963), donde, a través de la figura de un clown, lanza una mirada crítica al conformismo y la relativa prosperidad en que se ha sumido la sociedad alemana con la «restauración» de la República. Luchó, a través de artículos y panfletos, por la libertad de expresión en los países del Este, preocupación que de forma indirecta está presente en *El honor perdido de Katharina Blum* (1974), sobre el poder del lenguaje periodístico. Su reconocimiento internacional fue sancionado en 1972 con la concesión del Premio Nobel de Literatura.

BOLTZMANN, LUDWIG *(Viena, 1844-Duino, Italia, 1906) Físico austriaco.* Estudió en la Universidad de Viena, por la que recibió su doctorado en 1866. Fue profesor de física y matemáticas en Viena, Graz, Munich y Leipzig. Boltzmann contribuyó de forma fundamental al desarrollo de la teoría cinética de los gases. Estableció la ley de equipartición de la energía y la ley de distribución de Maxwell-Boltzmann, que constituyen los fundamentos de la mecánica estadística. Supuso que las leyes y propiedades de la termodinámica son el resultado del comportamiento de gran número de moléculas y, por tanto, susceptibles de ser interpretadas por la mecánica estadística. Su trabajo fue finalmente reconocido al ser el único método capaz de explicar con éxito el movimiento browniano. Se suicidó, víctima de la enfermedad y de la depresión.

▲ *Portada de una edición española de* Opiniones de un payaso, *del escritor alemán Heinrich* **Böll**, *en la que ataca las hipocresías de la sociedad alemana de posguerra.*

▲ *Imagen del papa* **Bonifacio VIII**, *incansable defensor de la independencia y autoridad eclesiásticas.*

BOLZANO, BERNHARD *(Praga, actual República Checa, 1781-id., 1848) Matemático checo.* Tras estudiar teología, filosofía y matemáticas, fue ordenado sacerdote en 1805. Profesor de religión en Praga y matemático aficionado, en 1820 las autoridades le prohibieron ejercer cualquier actividad académica a causa de su posicionamiento crítico con respecto a las condiciones sociales vigentes en el Imperio Austrohúngaro. Las inquietudes científicas de Bolzano resultaron muy avanzadas para su tiempo, preocupado como estaba por los fundamentos de varias ramas de la matemática, a saber, la teoría de las funciones, la lógica y la noción de cardinal. Tras demostrar el teorema del valor intermedio, dio el primer ejemplo de una función continua no derivable sobre el conjunto de los números reales. En el campo de la lógica, trató la tabla de verdad de una proposición e introdujo la primera definición operativa de deducibilidad. Así mismo estudió, con anterioridad a Cantor, los conjuntos infinitos.

BONIFACIO VIII [Benedetto Gaetani] *(Anagni, actual Italia, 1235-Roma, 1303) Papa (1294-1303).* Intentó aprovechar el debilitamiento del Imperio Alemán para afianzar el poder del Papado, en el marco de las tesis teocráticas defendidas por la curia de Roma. En 1300 instituyó el jubileo papal en Roma, y se enfrentó a Felipe *el Hermoso* de Francia, quien, necesitado de dinero, había impuesto una tasa sobre las rentas del clero. Este hecho, visto por el Papado como una interferencia en los asuntos de la Iglesia, respondía a los planteamientos regalistas de la corte del rey francés, que ignoró las quejas del Papa y acusó de traición a un obispo. Bonifacio promulgó entonces la bula *Unam Sanctam*, en la que defendía la autoridad eclesiástica y su independencia. Capturado en Anagni por los gibelinos, fue liberado por el pueblo, pero murió pocos días después de recobrar la libertad.

BONNARD, PIERRE *(Fontenay-aux-Roses, Francia, 1867-Le Cannet, id., 1947) Pintor y grabador francés.* Simultaneó los estudios de leyes con los artísticos en la Academia Julian de París. En 1890 abandonó su empleo en una oficina gubernamental y se instaló en un estudio con Maurice Denis y André Vuillard, en compañía de los cuales fundaría el grupo de los Nabis, artistas a caballo del simbolismo y predecesores de los fauvistas. En 1900 aportó su estilo suave e intimista a las ilustraciones de la colección de poesías de Paul Verlaine *Parallèlement*. Con la obra *Desnudo frente a una lumbre* (1908), Bonnard se aventuró en el gran formato y un cromatismo más atrevido, que se prolongaría en trabajos posteriores a medida que crecía su admiración por la escuela veneciana. Hacia 1915, influido por Cézanne, fue abandonando su obsesión por el color para explorar cuestiones de estructura; unos años después realizaría su célebre serie sobre una mujer desnuda en el baño. Aunque nunca cedió a las extravagancias cromáticas de los fauvistas, se le considera como uno de los más grandes coloristas del siglo.

BOOLE, GEORGE *(Lincoln, Reino Unido, 1815-Ballintemple, actual Irlanda, 1864) Matemático británico.* Procedía de una familia venida a menos y tuvo que desestimar la idea de convertirse en monje al verse obligado a mantener a sus padres. A los dieciséis años enseñaba matemáticas en un colegio privado y más tarde fundó uno propio. A los veinticuatro, tras la publicación de su primer escrito, pudo ingresar en Cambridge, pero desestimó la oferta, de nuevo a causa de sus deberes respecto a su familia. En 1849 le nombraron profesor de matemáticas del Queen's College, en Cork, donde permaneció el resto de su vida. El gran descubrimiento de Boole fue aplicar una serie de símbolos a operaciones lógicas y hacer que estos símbolos y operaciones –por elección cuidadosa– tuvieran la misma estructura lógica que el álgebra convencional. En el álgebra de Boole, los símbolos podían manipularse según reglas fijas que producirían resultados lógicos. En 1854 publicó *Investigación sobre las leyes del pensamiento*, libro que trataba por completo de la lógica simbólica y su álgebra. La influencia de esta lógica matemática sobre las matemáticas modernas tendría una evolución lenta: si en un primer momento no parecía más que un intrincado juego de palabras, más adelante se vio que era de lo más útil, y hasta completamente indispensable para conseguir la matemática lógica. Boole se casó a la edad de cuarenta años y tuvo cinco hijas, a las que no llegó a ver adolescentes.

BOPP, FRANZ *(Maguncia, actual Alemania, 1791-Berlín, 1867) Lingüista alemán.* Con su trabajo *El sistema de conjugación del sánscrito comparado con el de las lenguas griega, latina, persa y germánica* (1816) inauguró los estudios de gramáti-

▲ Desnudo*, pintado por Pierre **Bonnard** en 1919. La figura está tratada en función de la luz y del color, elementos ambos que adquieren un gran protagonismo expresivo.*

ca comparada del indoeuropeo, pocos años después de que Grimm hubiera establecido bajo esta denominación el origen común de varias lenguas. El trabajo comparativo lo realizó a partir del estudio de las distintas flexiones verbales, y años más tarde intentó encontrar un sistema de flexión común, originario, de todas las lenguas indoeuropeas, aunque no llegó a conseguirlo. Su estudio fue ampliándose a lo largo de los años con la inclusión de otras lenguas y culminó en la obra capital *Gramática comparada de las lenguas indoeuropeas, que comprende el sánscrito, el zend, el armenio, el griego, el latín, el lituano, el antiguo eslavo, el gótico y el alemán* (1833-1852).

BORBÓN, CARLOS MARÍA ISIDRO DE *(Madrid, 1788-Trieste, actual Italia, 1855) Pretendiente a la Corona española.* Hijo de Carlos IV, entre 1808 y 1814 estuvo encarcelado en Francia por motivos políticos. Tras su puesta en libertad, manifestó su intención de suceder a su hermano Fernando VII al frente de la Corona española. A su juicio, las disposiciones en este sentido de Felipe V en 1713 eran, a pesar de las múltiples revocaciones posteriores, todavía válidas y, por ende, lo situaban a él como único pretendiente legal a la sucesión de su hermano. Éste, sin embargo, nombró sucesora a su hija Isabel, quien a su vez contaba con el apoyo de los liberales. Carlos María, a pesar de su condición de católico y de su ideología conservadora, nunca hasta el momento había querido acercarse a las posiciones de los absolutistas radicales. No obstante, falto de apoyos y sabedor de la necesidad de contar con el respaldo de la elite eclesiástica y aristocrática, aceptó de buen grado convertirse en el candidato de los absolutistas radicales. Ello motivó que se formaran dos movimientos políticos de sucesión al trono, liderado uno por los liberales, con Isabel como candidata, y liderado el otro por los absolutistas, con Carlos María de pretendiente. Fernando VII falleció en septiembre de 1833, tras lo cual Carlos María fue nombrado rey por sus partidarios, aunque su coronación sólo contó con el apoyo de Inglaterra. Ello motivó el inicio de la Primera Guerra Carlista, que tuvo como principal escenario las provincias del País Vasco. En julio de 1834, Carlos María se puso al frente de las tropas carlistas, lideradas por el general Tomás de Zumalacárregui. Tras varios años de lucha intermitente, en agosto de 1839 carlistas y liberales firmaron el convenio de Vergara, que estableció el fin de la contienda y la promulgación de las prerrogativas especiales para el País Vasco reclamadas por los carlistas. Carlos María se exilió y poco después, en 1845, renunció a sus reivindicaciones al trono con la esperanza, luego fallida, de que fuera su hijo Carlos Luis de Borbón, a través de su matrimonio con Isabel II, quien lo obtuviera.

BORBÓN Y DE BRAGANZA, CARLOS LUIS DE *(Madrid, 1818- Trieste, Italia, 1861) Pretendiente a la Corona española.* Hijo de Carlos María Isidro (Carlos V) y sobrino de Fernando VII, intentó desde muy joven que le fueran reconocidos sus derechos monárquicos a la Corona española. El primero de dichos intentos, propuesto tras el fin de la Primera Guerra Carlista, fue propugnado por Jaime Balmes, un carlista moderado. Se trataba de unir en matrimonio a Carlos Luis de Borbón y a Isabel II, para contentar tanto a liberales como a carlistas. Para ello, en mayo de 1845, Carlos María Isidro abdicó en favor de su hijo, quien a su vez tomó el título de conde de Montemolín, convirtiéndose en Carlos VI. Sin embargo, la operación casamentera no fraguó, puesto que los liberales habían vencido en la Primera Guerra Carlista y no estaban dispuestos a hacer concesiones políticas a los vencidos. Ante esta situación, Carlos Luis se fugó de Bourges, enclave francés donde esperaba su regreso a España, y se dirigió al Reino Unido, adonde llegó en 1846. Desde este país, y a finales de aquel mismo año, escribió un manifiesto en el que amenazaba con reavivar la lucha armada si se torpedeaba, como de hecho se hacía, una salida negociada. Dicha amenaza se cumpliría meses después, cuando en 1847 estalló la Segunda Guerra Carlista (guerra dels Matiners), que tuvo su foco más importante en Cataluña. Tras las primeras batallas, en las que la victoria sonrió siempre a las tropas isabelinas, mandadas por el general Pavía, el ejército carlista pidió la presencia de su líder, Carlos Luis, y éste se vio obligado a abandonar su exilio en Inglaterra y trasladarse a España. Al llegar a los Pirineos, fue detenido por los aduaneros franceses y hecho prisionero. Ello puso fin a la contienda, pero no se solucionó el conflicto. Una nueva intentona, llevada a cabo en 1860, acabó también en fracaso y al ser detenido Carlos Luis fue obligado a firmar su renuncia al

▲ *Carlos María Isidro de* **Borbón**, *hermano de Fernando VII, según un retrato de Vicente López que se conserva en la Academia de San Fernando de Madrid.*

▼ *El peculiar revés a dos manos se convirtió en uno de los golpes más famosos del tenista sueco Björn* **Borg**.

trono de España. Poco después intentó invalidar el documento arguyendo que lo había firmado bajo presión, pero antes de que fuera aceptado le sobrevino la muerte, parece probable que a causa de un envenenamiento.

BORG, BJÖRN *(Södertälje, Suecia, 1956) Tenista sueco.* A los dieciséis años empezó a destacar en el circuito por su gran concentración, su potencia y un juego intenso, cualidades que le llevarían a ser reconocido mundialmente y a liderar el equipo vencedor de la copa Davis del año 1972 contra Nueva Zelanda, victoria que repetiría en 1975 contra Australia. Obtuvo el triunfo cinco veces en el torneo de Wimbledon (de 1976 a 1980) y en seis ocasiones en el de Roland Garros (1974, 1975, 1978, 1979, 1980, 1981). Sus cualidades físicas, en especial la potencia de sus golpes de revés, y la extrema concentración de su juego, dieron un giro decisivo al deporte de la raqueta durante la década de 1970, creando una nueva manera de jugar al tenis. En 1983 disputó su último torneo en Montecarlo, y se retiró del tenis profesional para crear una marca de ropa deportiva. En 1991, problemas económicos y fiscales le llevaron a reaparecer fugazmente en los circuitos de alta competición, aunque poco después se retiraría de nuevo para limitar en lo sucesivo sus intervenciones a torneos de veteranos y de exhibición.

BORGES, JORGE LUIS *(Buenos Aires, 1899- Ginebra, Suiza, 1986) Escritor argentino.* Hijo de un profesor, estudió primero en Argentina y, durante su juventud, en el Reino Unido y Suiza. En este país entró en contacto con los expresionistas alemanes, y en 1918, a la conclusión de la Primera Guerra Mundial, se relacionó en España con los poetas ultraístas, que influyeron poderosamente en su primera obra lírica. Tres años más tarde, ya de regreso en Argentina, introdujo en este país el ultraísmo a través de la revista *Proa*, que fundó junto a Güiraldes, Bramón, Rojas y Macedonio Fernández. Por entonces inició también su colaboración en las revistas *Sur*, dirigida por Victoria Ocampo y vinculada a las vanguardias europeas, y *Revista de Occidente*, fundada y dirigida por el filósofo español José Ortega y Gasset. Más tarde escribió, entre otras publicaciones, en *Mar-*

tín Fierro, una de las revistas clave de la historia de la literatura argentina de la primera mitad del siglo xx. No obstante su formación europeísta, reivindicó temáticamente sus raíces argentinas, y en particular porteñas, en poemarios como *Fervor de Buenos Aires* (1923), *Luna de enfrente* (1925), *Cuaderno de San Martín* (1929), y en los cuentos *Historia Universal de la Infamia* (1935), *Ficciones* (1944) y *El Aleph* (1949). Compuso letras de tango y milonga, si bien rehuyó «la sensiblería del inconsolable tango-canción y el manejo sistemático del lunfardo, que infunde un aire artificioso a las sencillas coplas». En sus letras y algunos relatos se narran las dudosas hazañas de los cuchilleros, a los que muestra en toda su despojada brutalidad. Pero si la poesía fue uno de los fundamentos de su quehacer literario, el ensayo y la narrativa fueron los géneros que le reportaron el reconocimiento universal. Dotado de una vasta cultura, elaboró una obra de gran solidez intelectual sobre el andamiaje de una prosa precisa y austera, a través de la cual manifestó un irónico distanciamiento de las cosas a la vez que un delicado lirismo. Sus estructuras narrativas alteran las formas convencionales del tiempo y del espacio para crear mundos alternativos de gran contenido simbólico, construidos a partir de reflejos, inversiones y paralelismos. Los relatos de Borges toman la forma de acertijos, o de potentes metáforas de trasfondo metafísico. Fue profesor de literatura inglesa en la Universidad de Buenos Aires, presidente de la Asociación de Escritores Argentinos y director de la Biblioteca Nacional, cargo del que fue destituido por el régimen peronista y en el que fue repuesto a la caída de éste, en 1955. Tradujo al castellano a importantes escritores estadounidenses, como William Faulkner, y publicó con Bioy Casares una *Antología de la literatura fantástica* (1940) y una *Antología de la poesía gauchesca* (1956), así como una serie de narraciones policíacas, entre ellas *Seis problemas para don Isidro Parodi* (1942) y *Crónicas de Bustos Domecq* (1967), que firmaron con el seudónimo conjunto de H. Bustos Domecq. La ceguera no impidió que prosiguiera con su actividad. Algunos de los más importantes premios que Borges recibió fueron el Nacional de Literatura, en 1957; el Internacional de Editores, en 1961; el Formentor, compartido con Samuel Beckett, en 1969; el Cervantes, máximo galardón literario en lengua castellana, compartido con Gerardo Diego, en 1979; y el Balzan, en 1980. Tres años más tarde, el

◄ *Jorge Luis **Borges** (con un bastón entre las manos) y Gerardo Diego en el momento de recibir el Premio Cervantes de 1979. A la derecha, portada de* El Aleph.

gobierno español le concedió la Gran Cruz de la Orden de Alfonso X el Sabio. A pesar de su enorme prestigio intelectual y el reconocimiento universal que ha merecido su obra, no fue distinguido con el Premio Nobel de Literatura.

BORIS GODUNOV *(?, 1551-?, 1605) Zar de Rusia.* Perteneciente a la pequeña nobleza de origen tártaro, Boris llegó a ser el favorito del legendario Iván *el Terrible* (Iván IV), en especial tras el matrimonio de su hermana con el hijo del zar, Fiódor Ivanovich, afectado al parecer por algún tipo de enfermedad mental. Gravemente enfermo, el zar nombró a Boris guardián y regente de Fiódor, quien subió al trono como Fiódor I Ivanovich (1584-1598) a la muerte de

> *«Que otros se jacten de las páginas que han escrito; a mí me enorgullecen las que he leído.»*
>
> Jorge Luis Borges
> *Elogio de la sombra*

JORGE LUIS BORGES
OBRAS MAESTRAS

POESÍA: *FERVOR DE BUENOS AIRES* (1923); *LUNA DE ENFRENTE* (1925); *CUADERNO DE SAN MARTÍN* (1929); *EL OTRO, EL MISMO* (1968); *ELOGIO DE LA SOMBRA* (1969); *LA ROSA PROFUNDA* (1976); *LA MONEDA DE ORO* (1976); *LA MONEDA DE HIERRO* (1977); *HISTORIA DE LA NOCHE* (1978); *LA CIFRA* (1981); *LOS CONJURADOS* (1985). **ENSAYOS:** *INQUISICIONES* (1925); *EL IDIOMA DE LOS ARGENTINOS* (1928); *EVARISTO CARRIEGO* (1930); *HISTORIA DE LA ETERNIDAD* (1936); *OTRAS INQUISICIONES* (1952); *LEOPOLDO LUGONES* (1957); *MACEDONIO FERNÁNDEZ* (1962); *INTRODUCCIÓN A LA LITERATURA INGLESA* (1965); *LITERATURAS GERMÁNICAS MEDIEVALES* (1967). **NARRACIONES:** *HISTORIA UNIVERSAL DE LA INFAMIA* (1935); *EL JARDÍN DE LOS SENDEROS QUE SE BIFURCAN* (1941); *FICCIONES* (1944); *EL ALEPH* (1949); *EL HACEDOR* (1960); *EL INFORME DE BRODIE* (1970); *EL LIBRO DE ARENA* (1976).

▲ *Boris Godunov según
una miniatura de la época.
Bajo este controvertido zar
Rusia vivió un período de
grandes convulsiones sociales.*

▼ *Aleksandr **Borodin**.
Su dedicación a la química
explica su escasa producción
como compositor, ya que,
para él, la música no era
más que una afición.*

su padre. Convertido en el hombre más poderoso de Rusia, Boris proyectó una labor de debilitación de la todavía pujante aristocracia de los boyardos con el apoyo de la Iglesia rusa: convirtió Moscú en un patriarcado y reemprendió la colonización de Siberia. También se le acusó de haber sido el responsable de la muerte del hijo menor del zar Iván IV, Demetrio, el último heredero al trono, en cuyo nombre la nobleza intentó una fallida sublevación en 1584. Al morir Fiódor en 1598, Boris fue elegido zar, y una de sus primeras medidas fue desterrar a los Romanov. Tras derrotar a Suecia (1590-1595), Rusia entró en un período de gran convulsión social. Para asegurar la mano de obra necesaria en un momento de crisis demográfica, reconoció a los terratenientes el derecho de persecución sobre los campesinos fugitivos y retiró a éstos el derecho a cambiar de amo durante cierto tiempo, con lo que prácticamente quedaron vinculados a la tierra. Estas duras condiciones dieron lugar a numerosas revueltas campesinas. En 1604, un usurpador al trono, que pretendía ser el asesinado Demetrio, consiguió captar muchos partidarios y encabezó una rebelión contra Boris. Fue derrotado, pero el zar murió en plena contienda civil.

BORODIN, ALEKSANDR *(San Petersburgo, 1833-id., 1887) Compositor y químico ruso.* Como la mayoría de sus compañeros del Grupo de los Cinco, Aleksandr Borodin no fue un músico profesional. Químico de reconocido prestigio internacional, autor de importantes tratados sobre esta disciplina, su dedicación al arte de los sonidos se vio siempre supeditada a su labor científica, lo que explica su reducida producción. Hijo ilegítimo de un príncipe georgiano, había recibido una esmerada educación musical, familiarizándose desde su infancia con las obras de los clásicos vieneses. La relación con el crítico Stassov y el que sería su compañero de grupo Balakirev, atrajo su atención hacia un estilo musical específicamente ruso que buscaba sus raíces en Oriente, pero alejado del exotismo de Rimski-Korsakov. De su reducido catálogo se destacan tres sinfonías (1867, 1876 y 1886, ésta inacabada), el poema sinfónico *En las estepas del Asia Central* (1880), el *Cuarteto de cuerda núm. 2* (1881), célebre por su nostálgico *Nocturno*, y, sobre todo, la ópera *El príncipe Igor*, partitura en la que trabajó desde 1869 hasta su muerte. Inconclusa a su fallecimiento, fue finalizada por Rimski-Korsakov y Glazunov.

BORRASSÀ, LLUÍS *(Gerona, h. 1360-Barcelona, h. 1425) Pintor español.* Nacido en el seno de una familia de pintores, se formó probablemente con Pere Serra, a quien debe las influencias sienesas y francesas que caracterizan su estilo. A su primera etapa corresponden el retablo del convento franciscano de Vilafranca del Penedès y el *Santo entierro* de Manresa, obras en las que los efectos dramáticos predominan sobre la elegancia característica del estilo de madurez. Hacia 1411 realizó el retablo del monasterio de Santes Creus, donde despliega todo su talento narrativo en la acumulación de figuras y detalles. Del retablo de *San Pedro* de Terrassa, obra ya de plena madurez, se conservan trece fragmentos magistrales con escenas de la vida del santo que explican la absoluta primacía de Borrassà en la pintura catalana del primer cuarto del siglo XV. A la última etapa de su vida corresponde el retablo de *Santa Clara*, considerado su obra maestra. Se trata de una realización de grandes dimensiones, con pasajes de la leyenda áurea, en los que el pintor convierte el linealismo y la elegancia en las claves estilísticas y compositivas. El vigor de la policromía y el cuidado tratamiento de la figura humana aparecen también en el posterior retablo de Sant Miquel de Cruïlles. Los historiadores consideran a Borrassà el introductor del estilo gótico internacional en España.

BORROMEO, CARLOS → Carlos Borromeo.

BORROMINI, FRANCESCO [Francesco Castelli] *(Bissone, actual Italia, 1599-Roma, 1667) Arquitecto italiano.* Trabajó como cantero en las obras de la catedral de Milán, antes de trasladarse a Roma en 1619, donde fue cincelador en el taller de Carlo Maderno, quien lo introdujo en el mundo de la arquitectura romana al tomarlo como colaborador para la realización de obras como el palacio Barberini. Cuando Bernini triunfaba ya como arquitecto y empezaban a desplegarse las formas del Barroco, Borromini recibió su primer encargo en solitario: el conjunto de San Carlo alle Quattro Fontane, ligeramente anterior al convento de los filipenses. Bastaron estas dos obras para hacer de Borromini un arquitecto reconocido y con un estilo muy bien definido, en el que las superficies curvas (cóncavas, convexas, elípticas, sinuosas) dan fluidez al conjunto arquitectónico, tanto en el exterior como en el interior, a veces con un carácter suave y en otras ocasiones con mayor dramatismo. Se

alejó de las tendencias de su época en los interiores a base de paredes meramente revocadas, con sencillas ornamentaciones, a menudo doradas, ensambladas a la perfección con las formas arquitectónicas. Su incansable deseo de superación se concretó en el estudio constante de manuales de arquitectura (algunos de los que integraban su biblioteca tenían notas de su puño y letra) y en la profundización en la obra de Miguel Ángel, de quien fue un gran admirador. Hombre de carácter difícil, mantuvo relaciones muy tensas con sus patrocinadores y estuvo siempre enfrentado a Bernini, más por diferencias de temperamento y cultura que por particulares lances biográficos. Sus principales valedores fueron el Papado y las órdenes religiosas, que apreciaron su arquitectura más orientada a los sentimientos que a la razón. La década de 1650 fue la más fecunda de su carrera, gracias al papa Inocencio X, quien le confió la restauración y transformación de la basílica de San Juan de Letrán, aunque con grandes cortapisas, y la construcción de Sant'Ivo alla Sapienza, iglesia que el arquitecto remató con una espectacular linterna-aguja helicoidal, de prodigioso impulso ascendente. En la década de 1660 emprendió el ambicioso proyecto del colegio de Propaganda Fide, donde su gusto por las fachadas movidas alcanzó límites insuperables. La totalidad de su ca-

▲ *Cubierta (arriba) y fachada (abajo) de la iglesia de San Carlo alle Quattro Fontane de Roma, obra que ocupó a* **Borromini** *desde 1634 hasta su muerte, en 1667.*

rrera transcurrió en Roma, con la única excepción de una breve estancia en Nápoles, a partir de 1635, para la realización del retablo de la iglesia de los Santi Apostoli. Aunque se le conoce sobre todo por sus obras religiosas, Borromini fue también un solicitado arquitecto de palacios y casas particulares, entre los que destacan los palacios Spada y Falconeri. Su última obra fue la fachada de San Carlo alle Quattro Fontane, iniciada por él en 1665 y finalizada en 1682 por su sobrino Bernardo, después de que Borromini se quitara la vida en 1667, según algunos debido a los terribles celos que sentía de Bernini. Su naturaleza desconfiada y atormentada hizo desgraciado a un hombre que lo tenía todo a su favor, ya que desde su consagración como arquitecto nunca le faltaron los encargos y pasó a la posteridad como uno de los genios indiscutibles del Barroco romano. En opinión de algunos expertos, sus excéntricas formas arquitectónicas fueron fruto de su rivalidad con Bernini. Es indudable, en todo caso, que, en oposición a la composición modular y antropomórfica de la época, prefirió la composición geométrica, que heredó, continuó y llevó hasta sus últimas consecuencias Guarini.

BOSCÁN, JUAN (*Barcelona, 1487-id., 1542*) Poeta español. Nacido en el seno de una familia catalana de letrados y mercaderes, sirvió en las cortes de Fernando *el Católico* y Carlos I desde 1514, y fue preceptor del duque de Alba. En 1539 abandonó la corte y se estableció en Barcelona, y ese mismo año contrajo matrimonio con Ana Girón de Rebolledo; su casa se convirtió en un centro de tertulia literaria. A Juan Boscán se le debe la introducción en la lírica castellana de la métrica y la versificación italianas. La idea se la sugirió el embajador veneciano Andrés Navaggiero, durante una conversación en Granada, y contó enseguida con la aprobación de Garcilaso de la Vega, amigo de Boscán. Las composiciones de ambos, que aparecieron conjuntamente en 1543, en tres volúmenes, muestran la evolución de la versificación castellana del primer libro de poemas a la ya definitiva adopción de la métrica italiana en las poesías del segundo libro, precedido por la carta a la duquesa de Somma, en la que expone y justifica su elección y que constituye un auténtico tratado de poética renacentista. En este primer libro italianizante aparecen sonetos y canciones, mientras que en el siguiente, en el que se encuentra el poema clásico *Hero y Leandro*, escrito en endecasílabos blancos, Boscán incorporó el cultivo de nuevas formas, como la elegía, la epístola en tercetos y el uso de la octava real en poemas de mayor extensión. En su lírica se encuentran unidas con gran acierto las más puras imágenes petrarquistas con las imágenes un poco más rudas de Ausias March, con lo que sentó también las bases de la influencia del poeta valenciano en la lírica castellana del siglo XVI. Junto a su obra poética, hay que citar la traducción al español de *El cortesano*, de Baltasar de Castiglione, publicada en el año 1534.

BOSCO, EL [Hieronymus Bosch] (*Hertogenbosch, actual Países Bajos, h. 1450-id., 1516*) *Pintor holandés*. Debe su nombre a su ciudad natal, en la que al parecer permaneció durante toda su vida. Fue hijo y nieto de pintores, por lo que su educación tuvo lugar probablemente en el taller familiar, y realizó un matrimonio ventajoso, que le permitió vivir desahogadamente, entregado a su vocación por la pintura, que le reportaría un gran éxito. No muchos años después de su muerte, personalidades como el rey Felipe II fueron coleccionistas fervorosos de sus obras, que se hallan repartidas por todo el mundo y de las que existe una excelente muestra en el Museo del Prado. Aunque se desconoce la cronología de su producción artística, se cree que pertenecen a la primera época sus obras más convencionales, como *El charlatán* o *La crucifixión*. En el centro de su carrera se sitúan sus realizaciones más famosas, una serie de creaciones abarrotadas de figuras, completamente al margen de la iconografía de la época, ambientadas en paisajes imaginarios y repletas de elementos fantásticos y monstruosos, tales como demonios o figuras medio humanas y medio animales, que conviven con figuras diáfanas y paisajes tranquilos y encantadores. En esta línea se sitúan los trípticos de *Las tentaciones de San Antonio*, *El carro del heno* y *El jardín de las delicias*, en los que más allá de la fantasía turbulenta y de la dificultosa interpretación de la simbología, triunfan una técnica excelente, fluida y pictórica, y un color brillante, en los que reside buena parte de su belleza. Después de estas obras magistrales, en las que algunos intérpretes ven la representación de la locura humana, realizó cuadros más tranquilos y positivos (*El hijo pródigo*), para cerrar su carrera con una serie de obras sobre la Pasión de Cristo, en las cuales la

▲ *Fragmento del tríptico* El jardín de las delicias, *obra de **El Bosco** datada entre 1500 y 1505. La imagen corresponde al panel donde se representa el paraíso terrenal.*

▲ *El artista Fernando **Botero** posa junto a una de las figuras obesas que caracterizan su singular producción.*

figura bondadosa del Salvador aparece rodeada de una muchedumbre de seres deformes y de rostros bestiales.

BOSSUET, JACQUES-BÉNIGNE (*Dijon, Francia, 1627-París, 1704*) *Orador y escritor francés*. Fue arcediano en Metz, y más tarde se estableció en París, donde pronto alcanzó fama gracias a sus dotes como orador, lo que le llevó a pronunciar en 1662 los sermones de cuaresma ante el rey y su corte. Mayor reputación aún le reportaron los sermones fúnebres pronunciados con motivo del fallecimiento de Ana de Austria (1667), Enriqueta de Francia (1669) y Enriqueta de Inglaterra (1670). Abandonó su tarea de predicador para dedicarse a educar, durante diez años, al hijo de Luis XIV, para el que escribió algunas obras didácticas, como el *Discurso sobre la historia universal* (1681). Cumplida su misión, fue nombrado obispo de Meaux, cargo que sería ya definitivo. Como eclesiástico mantuvo una intensa actividad y luchó contra la Reforma. Al final de su vida volvió a cultivar la oratoria sagrada.

BOTERO, FERNANDO (*Medellín, Colombia, 1932*) *Pintor y escultor colombiano*. Se graduó en 1950 en el Liceo de la Universidad de Antioquia, ubicado en su ciudad natal. Posteriormente viajó a España para estudiar a los grandes maestros de la pintura española (en especial a Goya y Velázquez). Sus primeras obras de retratos, paisajes y escenas costumbristas están realizadas con una pincelada muy suelta, que se irá empastando progresivamente, al tiempo que tanto la perspectiva como las figuras se hacen arbitrarias. A principios de los años sesenta se estableció en Nueva York, donde sus pinturas le granjearon una notable popularidad en el mercado artístico estadounidense. Entre sus obras más conocidas cabe destacar *La alcoba nupcial*, *Mona Lisa a los doce años* y *El quite*. Su traslado a París coincidió con sus primeros trabajos escultóricos, que compartían las características de su obra pictórica. El estilo de Botero, plenamente figurativo, se caracteriza en lo plástico por cierto aire naïf y en lo temático, por la representación de personas y animales siempre como figuras corpulentas, incluso claramente obesas. En la década de 1980 se convirtió en uno de los artistas vivos más cotizados del mundo, y algunas esculturas suyas realizadas en bronce, mármol y resina fundida (*Mujer a caballo*, *Perro*, *La corrida*, etcétera) pasaron a ser parte integrante del paisaje urbano de muchas ciudades.

BOTTICELLI, SANDRO [Alessandro di Maria-no Filipepi] *(Florencia, 1445-id., 1510) Pintor italiano*. Muy valorado en la actualidad, no se cuenta entre los grandes innovadores del Renacimiento, sino que se inscribe más bien en un grupo de pintores que rehuyó el realismo a ultranza y se inclinó por un estilo basado en la delicadeza, la gracia y un cierto sentimentalismo. Uno de ellos fue Filippo Lippi, maestro e inspirador de la obra de Botticelli. Éste comenzó su trayectoria artística con obras de temática religiosa, en particular vírgenes que, como la *Virgen del Rosal*, denotan un gran vigor compositivo. En 1470, Botticelli, que contaba ya con un taller propio, se introdujo en el círculo de los Médicis, para los que realizó sus obras más famosas. Un primo de Lorenzo *el Magnífico*, Pier Francesco de Médicis, le encargó la alegoría de *La primavera* y también, al parecer, *El nacimiento de Venus* y *Palas y el centauro*. Fue toda una novedad en aquella época realizar obras de gran formato que no fueran de temática religiosa, y ello se debió seguramente a la vinculación del mecenas con la filosofía neoplatónica, cuyo carácter simbólico debían reproducir las obras encargadas. De ellas se han realizado interpretaciones de enorme complejidad, que van mucho más allá de su gracia evocadora. A la misma época corresponden también *La adoración de los Reyes Magos* y el *Díptico de Judit*, obras así mismo emblemáticas. El hecho de que en 1481 fuera llamado a Roma para decorar al fresco la Capilla Sixtina junto con otros tres grandes maestros, hace suponer que ya gozaba de un gran prestigio. A su regreso a Florencia realizó obras, como la *Natividad mística*, más solemnes y redundantes, probablemente influido por la predicación tremendista de Savonarola. Se le deben también bellísimos dibujos para un manuscrito de la *Divina Comedia* de Dante. Eclipsado por las grandes figuras del siglo XVI italiano, Botticelli ha permanecido ignorado durante siglos, hasta la recuperación de su figura y su obra a mediados del siglo XIX. Su estilo se perpetuó en cierto modo a través de los artistas formados en su taller, entre ellos el hijo de Filippo Lippi, Filippino Lippi.

BOUCHER, FRANÇOIS *(París, 1703-id., 1770) Pintor francés*. Salvo una breve estancia en Italia de 1727 a 1731, donde conoció el arte de G. B. Tiepolo, residió y trabajó siempre en París, donde fue una de las grandes figuras del rococó. Su estilo cautivador, brillante y superficial, totalmente desvinculado del natural, constituye un fiel reflejo de la corte francesa de mediados del siglo XVIII. Esta comunión entre sus tendencias estilísticas y los gustos de la época está en la base de la enorme fama de que gozó y de los numerosos cargos y honores que recibió, los más prestigiosos de la época. Madame de Pompadour, la célebre amante de Luis XV, lo consideró su artista preferido. Entre sus obras destacan las de tema alegórico y mitológico, en las que Boucher se recreó en la sensualidad del cuerpo femenino, acentuando sus formas redondeadas. *El triunfo de Venus* y *El baño de Diana* se inscriben en esta línea.

BOUGAINVILLE, LOUIS ANTOINE *(París, 1729-id., 1811) Marino y explorador francés*. Empezó su carrera militar en el ejército francés, participando en numerosas campañas durante la guerra de los Siete Años. En 1763, se alistó en la marina e inició una expedición que lo llevó al Atlántico Sur. Durante este viaje fundó una colonia en las islas Malvinas, que se vio obligado a abandonar debido a las pretensiones españolas sobre el archipiélago. Entre 1766 y 1769 encabezó una expedición científica a bordo de las fragatas *Bordeaux* y *Étoile*, en la que descubrió diversos archipiélagos de la Polinesia. Recorrió Tahití, Samoa, las islas Salomón y las Nuevas Hébridas. En 1769 regresó a Francia, y dos años más tarde narró las vicisitudes de su extenso itinerario en la obra *Voyage autour du monde*.

▲ *El arte de* **Botticelli** *alcanza su punto culminante con* El nacimiento de Venus, *lienzo fechado en 1482 que se conserva en la Galería de los Uffizi de Florencia.*

▼ *Louis Antoine* **Bougainville** *iza la bandera de Francia en una roca en el estrecho de Magallanes, según un grabado de la época.*

BOULEZ, PIERRE *(Montbrison, Francia, 1925) Compositor y director de orquesta francés.* Tras recibir una completa formación como matemático en su localidad natal, estudió en París desde 1942 con Olivier Messiaen y René Leibowitz, quienes le descubrieron el universo de la música contemporánea. Alineado con las posturas estéticas de la escuela de Darmstadt, su defensa intransigente del serialismo integral –en la que cabe situar su polémico artículo «Schönberg ha muerto», escrito poco después de la muerte del maestro vienés– dio paso, a partir de 1960, a una mayor libertad compositiva basada en una aleatoriedad controlada y una aguda sensibilidad tímbrica, heredada de Debussy. *Polyphonie X* (1951), *Le marteau sans maître* (1955), *Pli selon pli* (1962) y *Notations* (1980) son algunas de sus obras. Como director, su estilo objetivo y analítico se adapta especialmente al repertorio contemporáneo, aunque también se le deben algunas versiones referenciales de obras de Berlioz y Wagner. Boulez ocupa un puesto de privilegio en la música de vanguardia posterior a la Segunda Guerra Mundial tanto en su faceta creativa como en la de intérprete.

▲ *El director de orquesta francés Pierre* **Boulez**, *en 1968.*

BOURBAKI, NICOLAS, *grupo de matemáticos de diversas nacionalidades, principalmente francesa.* El eminente pero ficticio matemático Nicolas Bourbaki nació en la década de 1930 por iniciativa de una docena de matemáticos fundamentalmente franceses y, en un momento u otro de su carrera, estudiantes de la École Normale Supérieure de París, interesados en ofrecer una visión moderna de la matemática contemporánea que, al propio tiempo, en-

▲ *Detalle de la tabla central del tríptico titulado* Última Cena, *dedicado a la Eucaristía. Dierik* **Bouts** *pintó este óleo sobre tabla entre 1464 y 1467.*

fatizara el componente axiomático de la misma. Poderosamente influidos por la obra del eminente matemático alemán David Hilbert, integraban el grupo figuras tan destacadas como los franceses Claude Chevalley, André Weil, Henri Cartan y Jean Dieudonné, y el estadounidense Samuel Eilenberg. Eligieron como seudónimo el nombre real de un general francés que, durante la guerra franco-prusiana de 1870-1871, intentó una ofensiva contra el frente prusiano que se saldó con un rotundo y humillante fracaso. Entre las condiciones inicialmente establecidas para su constitución, los miembros del grupo acordaron retirarse de éste a la edad de cincuenta años y ser sustituidos mediante la sucesiva incorporación de nuevos miembros por estricta invitación. En 1939 apareció la primera monografía de lo que sería la obra objeto de la atención fundamental de Bourbaki, los *Éléments de mathématique*, una especie de compendio omnicomprensivo del que a finales de los años noventa se habían publicado más de 30 entregas y que ha ejercido una decisiva influencia en la conformación de la matemática moderna gracias a su rigor, moderno planteamiento y exhaustividad. En 1960 apareció la obra *Éléments d'histoire des mathématiques*, en la cual se recogen las referencias históricas empleadas.

BOUTS, DIERIC *(Haarlem, actual Países Bajos, h. 1415-Lovaina, actual Bélgica, 1475) Pintor flamenco.* Trabajó principalmente en Lovaina, donde fue pintor oficial a partir de 1457. Sólo se conservan dos obras suyas documentadas, el tríptico de la *Última Cena* para la iglesia de San Pedro de la ciudad y dos tablas sobre la *Justicia del emperador* que realizó para el ayuntamiento de Lovaina. Pese a ello, su estilo de figuras esbeltas y graciosas sobre bellos fondos de paisaje y la acentuada poesía de sus composiciones, ha permitido atribuirle con certeza muchas otras creaciones, en su mayor parte de temática religiosa. La delicadeza de los efectos luminosos y la fuerza del colorido se cuentan también entre los rasgos característicos de su pintura. Tuvo numerosos seguidores y discípulos, entre otros sus dos hijos, cuya fama se basó principalmente en las imágenes devocionales.

BOWIE, DAVID [David Robert Jones] *(Londres, 1947) Actor y cantante pop británico.* Artista camaleónico, ha cambiado varias veces de estilo y ha recogido múltiples influencias, sobre todo de la psicodelia y el punk, que le hicieron adoptar en los años setenta un provocativo aspecto andrógino, anticipándose a personajes como Boy George. Ha trabajado junto a artistas de la talla de Mick Jagger, Iggy Pop, John Lennon o Brian Eno. También ha colaborado con jóvenes artistas, a cuya fama ha contribuido notablemente, como es el caso de Lenny Krawitz. *Hunky dory* (1971), *Ziggy Stardust* (1972) o *Let's dance* (1983) son algunos de los discos míticos de su carrera, jalonada siempre por el éxito y la polémica. En 1993, el compositor Philip Glass presentó una versión orquestal del tema *Low* compuesta por Brian Eno y el propio Bowie. También han sido frecuentes las incursiones de Bowie en el mundo cinematográfico; su película más celebrada es *Feliz Navidad, Mr. Lawrence* (1983), de Naghisa Oshima.

BOYLE, ROBERT *(Lisemore, actual Irlanda, 1627-Londres, 1691) Químico inglés, nacido en Irlanda.* Pionero de la experimentación en el campo de la química, en particular en lo que respecta a las propiedades de los gases, sus razonamientos sobre el comportamiento de la materia a nivel corpuscular fueron los precursores de la moderna teoría de los elementos químicos. Fue también uno de los miembros fundadores de la Royal Society de Londres. Nacido en el seno de una familia de la nobleza, estudió en los mejores colegios ingleses y europeos. De 1656 a 1668 trabajó en la Universidad de Oxford como asistente de Robert Hooke, con cuya colaboración contó en la realización de una serie de experimentos que establecieron las características físicas del aire, así como el papel que éste desempeña en los procesos de combustión, respiración y transmisión del sonido. Los resultados de estas aportaciones fueron recogidos en su *Nuevos experimentos físico-mecánicos acerca de la elasticidad del aire y sus efectos* (1660). En la segunda edición de esta obra (1662) expuso la famosa propiedad de los gases conocida con el nombre de ley de Boyle-Mariotte, que establece que el volumen ocupado por un gas (hoy se sabe que esta ley se cumple únicamente aceptando un teórico comportamiento *ideal* del gas), a temperatura constante, es inversamente proporcional a su presión. En 1661 publicó *The Sceptical Chemist*, obra en la que ataca la vieja teoría aristotélica de los cuatro elementos (tierra, agua, aire, fuego), así como los tres principios defendidos por Paracelso (sal, sulfuro y mercurio). Por el con-

▲ *Portada de* Héroes, *disco publicado por David* **Bowie** *en 1977. Considerado uno de los máximos impulsores del movimiento musical del glam, su personalidad artística ha influido notablemente al mundo del rock.*

▼ *Robert* **Boyle***, quien estableció junto a Mariotte las leyes básicas sobre la presión de los gases.*

trario, Boyle propuso el concepto de partículas fundamentales que, al combinarse entre sí en diversas proporciones, generan las distintas materias conocidas. Su trabajo experimental abordó así mismo el estudio de la calcinación de varios metales; también propuso la forma de distinguir las sustancias alcalinas de las ácidas, lo cual dio origen al empleo de indicadores químicos. Protestante devoto, invirtió parte de su dinero en obras como la traducción y publicación del Nuevo Testamento en gaélico y turco.

BRADBURY, RAY DOUGLAS *(Waukegan, EE UU, 1920) Escritor estadounidense.* Se dio a conocer como escritor de relatos fantásticos en revistas especializadas, y alcanzó la fama con la recopilación de sus mejores relatos en el volumen *Crónicas marcianas* (1950), que obtuvieron un gran éxito y le abrieron las puertas de prestigiosas revistas. Se trata de narraciones de ciencia ficción que podrían calificarse de poéticas más que de científicas, en las que lleva a cabo una crítica de la sociedad y la cultura actuales, amenazadas por un futuro tecnocratizado. En 1953 publicó su primera novela, *Fahrenheit 451*, que obtuvo también un éxito importante y fue llevada al cine por François Truffaut. En ella pone de manifiesto el poder de los medios de comunicación y el excesivo conformismo que domina la sociedad. Más tarde ha escrito otras novelas que, sin embargo, no han alcanzado el nivel de la anterior, así como adaptaciones teatrales y guiones cinematográficos.

BRADLEY, JAMES *(Sherborne, Inglaterra, 1693-Chalford, id., 1762) Astrónomo inglés.* Aprendió astronomía de su tío, el reverendo J. Pound, también astrónomo. En 1718 fue elegido miembro de la Royal Society y a partir de 1721 ejerció como profesor en la Universidad de Oxford. En 1742 sustituyó a E. Halley como director del observatorio de Greenwich. Fue el descubridor de la aberración de la luz estelar, resultado de la velocidad finita de la luz y del movimiento orbital de la Tierra. En base a la cuantificación de la aberración para la estrella Gamma Draconis, confirmó la velocidad de 250 000 kilómetros por segundo para la luz y aportó la primera prueba en favor de la teoría de Copérnico. En 1748 reveló la existencia del movimiento nodal del eje de la Tierra (nutación). De 1750 a 1762 efectuó unas 60 000 observaciones estelares, que más adelante serían utilizadas para la determinación de paralajes por F. W. Bessel.

BRAGG, FAMILIA; SIR WILLIAM HENRY (*Westwood, Reino Unido, 1862-Londres, 1942*) y su hijo **SIR WILLIAM LAWRENCE** (*Adelaida, Australia, 1890-Londres, 1971*) *Físicos británicos*. Educado en varias escuelas británicas, William Henry Bragg estudió en la Universidad de Cambridge, donde se graduó en 1884. Tras dedicarse durante un año a las tareas de investigación bajo la tutela de J. J. Thomson, viajó a Australia para ocupar la cátedra de física y matemáticas de la Universidad de Adelaida. En 1909 regresó a su país para dar clases en la Universidad de Leeds, y más tarde en el University College de Londres. William Bragg inició tarde sus propias investigaciones, primero sobre radiaciones alfa (1904), para centrarse más adelante en los rayos X. Aceptó la naturaleza ondulatoria de este tipo de radiación basándose en los fenómenos de difracción que experimentan dichos rayos al atravesar un cristal, observados por Max von Laue, y en 1915 construyó el primer espectrómetro para medir las longitudes de onda de los rayos X. Colaboró con su hijo William Lawrence en el estudio de fenómenos cristalográficos mediante rayos X. Ambos compartieron el Premio Nobel de Física en el año 1915. Con posterioridad, intentó ampliar el campo de aplicación de los rayos X al estudio de las sustancias orgánicas. William Lawrence Bragg estudió en las universidades de Adelaida y Cambridge. A la conclusión de la Primera Guerra Mundial fue nombrado profesor de física de la Universidad de Manchester. Tras un breve período (1937) como director del National Physical Laboratory, sucedió a Ernest Rutherford como jefe del Cavendish Laboratory y pasó a ocupar la cátedra Cavendish de la Universidad de Cambridge. Finalmente, en el año 1953 fue nombrado director de la Royal Institution de Londres. El mismo año en que Von Laue describió el fenómeno de la difracción de los rayos X, W. Lawrence Bragg formuló la ley que lleva su nombre, que establece la relación existente entre la longitud de onda del haz de rayos X y el ángulo de incidencia del mismo en el cristal. Parte de la labor que desarrolló en este campo se recoge en su obra *X-rays and Crystal Structure*, publicada en 1915.

▲ *El astrónomo danés Tycho* **Brahe** *trabajando en su estudio, según un grabado de 1587. Sus exactas observaciones sobre los movimientos astrales fueron utilizadas posteriormente por Kepler.*

▲ *Dibujo del castillo de Uraniborg, en cuyo observatorio astronómico trabajó Tycho* **Brahe** *durante casi dos décadas.*

BRAHE, TYCHO (*Knudstrup, Dinamarca, 1546-Benatky, actual Chequia, 1601*) *Astrónomo danés*. Hijo mayor de un miembro de la nobleza danesa, cuando contaba tan sólo un año fue literalmente secuestrado por su tío, quien no tenía descendencia y se ocupó de su educación con el consentimiento del padre de Brahe. Orientado por su familia a la carrera política, en 1559 fue enviado a Copenhague para estudiar filosofía y retórica, tras lo cual cursó estudios de derecho en Leipzig (1562-1565); sin embargo, en 1560, año en que presenció un eclipse de sol, decidió dedicarse a la astronomía, disciplina que durante una primera época estudió por su cuenta. Su primer trabajo astronómico, publicado en 1573, estuvo dedicado a la aparición de una nova en la constelación de Casiopea, observación que había efectuado en noviembre del año anterior. Tras haber establecido, mediante cuidadosas comprobaciones, la ausencia de paralaje y de movimiento retrógrado, llegó a la conclusión de que la estrella no era un fenómeno sublunar, y que tampoco estaba situada en ninguna de las esferas planetarias. El resultado contradecía la tesis aristotélica de la inmutabilidad de la esfera de las estrellas fijas. Pronto Brahe empezó a gozar de una sólida reputación como astrónomo. Tras su matrimonio en 1573 con una campesina, que pudo realizarse después de que la oposición de la familia se suavizara merced a la intervención del rey Federico II, éste le concedió una pensión y le regaló de por vida la isla de Hveen, en el Sund, donde Brahe edificó el castillo de Uraniborg, dotado de un observatorio. Concluida su construcción en 1580 (aunque nunca lo consideró acabado a su entera satisfacción), lo equipó con todo tipo de instrumentos, algunos de colosales proporciones, como es el caso de un enorme cuadrante mural cuya invención se le atribuyó erróneamente. Estaba convencido de que el progreso de la astronomía dependía, en aquellos momentos, de realizar una serie continuada y prolongada de observaciones del movimiento de los planetas, el Sol y la Luna. La precisión que alcanzó en dichas observaciones fue notable, con un error inferior en ocasiones al medio minuto de arco, lo cual le permitió corregir casi todos los parámetros astronómicos conocidos y determinar la práctica totalidad de las perturbaciones del movimiento lunar. Tycho Brahe es conocido por ser el introductor de un sistema de mecánica celeste que vino a ser una solución de compromiso entre el sistema geocéntrico tolemaico y el heliocéntrico elaborado por Copérnico: la Tierra se sitúa en el centro del universo y es el centro de las órbitas de la Luna y del Sol, mientras que los restantes planetas giran alrededor de este último. En realidad, el sistema es idéntico al copernicano, en cuanto a que los cálculos de las posiciones de los planetas arrojan los mismos resultados en uno y otro sistema; pero conserva formalmente el principio aristotélico de presunta inmovilidad de la Tierra y su posición central en el universo. La discusión del movimiento del cometa avistado en 1577 le brindó la oportunidad de exponer su sistema en un texto del que algunos ejemplares circularon, en 1588, entre sus amigos y corresponsales, si bien no se editó propiamente hasta 1603; en dicho texto demostró la condición de objetos celestes de los cometas (contra la atribución de un origen y naturaleza atmosféricos que les hizo Aristóteles), y observó que su órbita podía no ser exactamente circular, sino parecida a un óvalo. A la muerte de Federico II y durante la minoría de edad de su sucesor, Brahe perdió su pensión y los derechos sobre la isla; en 1597 abandonó Dinamarca y, tras una estancia en Hamburgo, en 1599 llegó a Praga y se instaló en el cercano castillo de Benatky gracias a la acogida que le dispensó Rodolfo II. En 1600, un todavía joven Johannes Kepler aceptó la invitación de Brahe para iniciar una colaboración a la que, dos años más tarde, puso fin la repentina muerte de éste; con todo, gracias a las observaciones de los movimientos planetarios realizadas por Brahe pudo Kepler culminar su propia obra.

BRAHMS, JOHANNES *(Hamburgo, 1833-Viena, 1897) Compositor alemán.* En una época en que la división entre partidarios y detractores de Richard Wagner llegó a su grado más alto, la figura de Brahms encarnó para muchos de sus contemporáneos el ideal de una música continuadora de la tradición clásica y de la primera generación romántica, opuesta a los excesos y las megalomanías wagnerianos. No por ello cabe considerarlo un músico conservador: como bien demostró en las primeras décadas del siglo XX un compositor como Arnold Schönberg, la obra del maestro de Hamburgo se situaba mucho más allá de la mera continuación de unos modelos y unas formas dados, para presentarse cargada de posibilidades de futuro. Su original concepción de la variación, por ejemplo, sería asimilada provechosamente por los músicos de la Segunda Escuela de Viena. Respetado en su tiempo como uno de los más grandes compositores y considerado a la misma altura que Bach y Beethoven, con los que forma las tres míticas «B» de la historia de la música, Brahms nació en el seno de una modesta familia en la que el padre se ganaba la vida tocando en tabernas y cervecerías. Músico precoz, el pequeño Johannes empezó pronto a acompañar a su progenitor al violín interpretando música de baile y las melodías entonces de moda. Al mismo tiempo estudiaba teoría musical y piano, primero con Otto Cossel y más tarde con Eduard Marxsen, un gran profesor que

◀ *El compositor Johannes* **Brahms** *a los 58 años de edad en un retrato de Ludwig Michalek. A la derecha, detalle de la partitura de su* Tercera Sinfonía.

> «*El metrónomo no tiene ningún valor... pues jamás he creído que mi sangre se avenga demasiado con un instrumento mecánico.*»
>
> Johannes Brahms
> *Carta a George Henschel, 1880*

JOHANNES BRAHMS
OBRAS MAESTRAS

MÚSICA ORQUESTAL: *CONCIERTO PARA PIANO NÚM. 1* (1858); *VARIACIONES SOBRE UN TEMA DE HAYDN* (1873); *SINFONÍA NÚM. 1* (1876); *SINFONÍA NÚM. 2* (1877); *CONCIERTO PARA VIOLÍN* (1878); *OBERTURA ACADÉMICA* (1880); *OBERTURA TRÁGICA* (1880); *CONCIERTO PARA PIANO NÚM. 2* (1881); *SINFONÍA NÚM. 3* (1883); *SINFONÍA NÚM. 4* (1885); *DOBLE CONCIERTO PARA VIOLÍN Y VIOLONCELO* (1887). **MÚSICA DE CÁMARA:** *QUINTETO CON PIANO* (1864); *SEXTETO NÚM. 2* (1865); *TRÍO PARA VIOLÍN, TROMPA Y PIANO* (1865); *SONATA PARA VIOLÍN Y PIANO NÚM. 1* (1879); *QUINTETO DE CUERDA NÚM. 1* (1882); *QUINTETO CON CLARINETE* (1891). **MÚSICA INSTRUMENTAL:** *SONATA PARA PIANO NÚM. 3* (1853); *VARIACIONES Y FUGA SOBRE UN TEMA DE HAENDEL* (1861); *VARIACIONES SOBRE UN TEMA DE PAGANINI* (1863); *DANZAS HÚNGARAS* (1869). **MÚSICA VOCAL:** *CANCIONES POPULARES ALEMANAS* (1858); *LA BELLA MAGUELONE* (1868); *UN RÉQUIEM ALEMÁN* (1868); *RINALDO* (1868); *CANTO DEL DESTINO* (1871); *CUATRO CANTOS SERIOS* (1896).

supo ver en su joven alumno un talento excepcional, mucho antes de que éste escribiera su *Opus 1*. Marxsen le proporcionó una rigurosa formación técnica basada en los clásicos, inculcándole también la pasión por el trabajo disciplinado, algo que Brahms conservó toda su vida: a diferencia de algunos de sus contemporáneos que explotaron la idea del artista llevado del arrebato de la inspiración, del genio, el creador del *Réquiem alemán* dio siempre prioridad especial a la disciplina, el orden y la mesura. Excelente pianista, se presentó en público el 21 de septiembre de 1848 en su ciudad natal con gran éxito, pese a que, más que la interpretación, su verdadera vocación era la composición. En el arduo camino que siguió hasta alcanzar tal meta, Marxsen constituyó un primer eslabón, pero el segundo y quizá más importante fue Robert Schumann. Tras una corta estancia en Weimar, ciudad en la que conoció a Franz Liszt, Brahms se trasladó a Düsseldorf, donde entabló contacto con Schumann, quien quedó sorprendido ante las innegables dotes del joven artista. La amistad entre ambos, así como entre el compositor y la esposa del autor de *Manfred*, se mantuvo durante toda su vida. Siguiendo los pasos de Beethoven, en 1869 Brahms fijó su residencia en Viena, capital musical de Europa desde los tiempos de Mozart y de Haydn. Allí se consolidó su personal estilo, que, desde unos iniciales planteamientos influidos por la lectura de los grandes de la literatura romántica alemana y cercanos a la estética de Schumann, derivó hacia un posicionamiento más clásico que buscaba sus modelos en la tradición de los clásicos vieneses y en la pureza y austeridad de Bach. Brahms, que al principio de su carrera se había centrado casi exclusivamente en la producción pianística, abordó entonces las grandes formas instrumentales, tales como sinfonías, cuartetos y quintetos, obras todas ellas reveladoras de un profundo conocimiento de la construcción formal. A diferencia de la mayoría de sus contemporáneos, y al igual que su rival Bruckner, Brahms siempre fue partidario de la música abstracta y en ningún caso abordó ni el poema sinfónico ni tampoco la ópera o el drama musical. Donde se advierte más claramente su inspiración romántica es en sus numerosas colecciones de lieder. Por otra parte, en el resto de su producción, de una gran austeridad y nobleza de expresión, eludió siempre cualquier confesión personal.

▲ *El alfabeto para invidentes inventado por Louis Braille, así como algunos signos de puntuación y las principales notas de la escala musical.*

▼ *Vista interior del templete San Pedro in Montorio de Roma, realizado en 1502 por Bramante en el lugar donde, según la tradición, fue crucificado el apóstol Pedro.*

BRAILLE, LOUIS *(Coupvray, Francia, 1809-París, 1852) Educador e inventor francés del sistema de lectura para invidentes que lleva su nombre.* A los tres años de edad sufrió un accidente casero que lo dejó ciego. Tras obtener una beca de estudios, en 1819 se trasladó a París, donde ingresó en el Instituto Nacional para Jóvenes Ciegos, institución en la que posteriormente ejerció como profesor. En este mismo centro conoció a Charles Barbier, inventor de un sistema de lectura para ciegos que Braille reformó y completó hasta convertirlo en el que iba a ser el sistema universal de lectura para los afectados de ceguera. Dicho sistema, llamado Braille en honor a su inventor, consta de 63 caracteres formados de uno a seis puntos y que al ser impresos en relieve en papel permiten la lectura mediante el tacto. Así mismo, los caracteres que integran el sistema, que Braille publicó en 1829 y 1837, están adaptados a la notación musical, lo cual facilita su comprensión. Enfermo de tuberculosis durante los últimos años de su vida, a su muerte fue enterrado en su localidad natal y, en 1952, sus restos fueron trasladados a París e inhumados en el Panteón.

BRAMANTE, DONATO D'ANGELO *(Monte Asdruvaldo, actual Italia, 1444-Roma, 1514) Arquitecto y pintor italiano.* Fue el mayor arquitecto del Renacimiento italiano, a caballo entre los siglos XV y XVI, heredero de Brunelleschi y Alberti e inspirador de muchas de las grandes figuras de la arquitectura posterior, de Sansovino a Antonio de Sangallo *el Joven*. Aprendió de

Brunelleschi y Alberti el arte de la creación de espacios armoniosos y proporcionados, y añadió al estilo de aquéllos un interés nuevo por la perspectiva que le llevó a crear singulares efectos de profundidad y espacio en sus obras. Un ejemplo emblemático de ello es el templete de San Pietro in Montorio, en Roma, una pequeña construcción circular en el centro de un patio rectangular, proyectada para ser el centro de un recinto porticado que debía acentuar sus efectos escenográficos. Se formó probablemente en Urbino, y en 1477 está documentada su presencia en Bérgamo, trabajando en la decoración al fresco del palacio del Podestà. En 1480 se estableció en Milán, donde desplegó una gran actividad como pintor y arquitecto que puede sintetizarse en el impactante *Cristo a la columna* y, sobre todo, en la construcción de Santa Maria presso San Satiro, donde dotó al coro, de pocos centímetros, de una gran sensación de profundidad. En 1499, tras la caída de Ludovico *el Moro*, se trasladó a Roma, donde trabajó principalmente al servicio del papa Julio II. En 1503 proyectó el patio del Belvedere y en 1506 se hizo cargo del proyecto de la nueva basílica de San Pedro. Ninguna de las dos obras se llevó a cabo tal como Bramante había previsto, pero la genialidad de las soluciones por él propuestas imprimió una nueva orientación, más monumental y escenográfica, a la arquitectura del Renacimiento. Intervino también en la sistematización de algunos barrios de Roma, ofreciendo con su palacio Caprini un nuevo prototipo de residencia urbana.

BRANCUSI, CONSTANTIN *(Pestiani, Rumania, 1876-París, 1957) Escultor rumano.* Estudió escultura en la Academia de Bucarest y perfeccionó sus conocimientos en Viena y Munich, antes de establecerse en París (1904), donde desarrolló la mayor parte de su carrera. Tuvo unos comienzos difíciles, durante los cuales pasó penurias y privaciones, pero tras la Primera Guerra Mundial se consagró como uno de los grandes escultores de la vanguardia artística. Con la eliminación de todos los atributos accesorios, evolucionó progresivamente hacia una mayor esencialidad formal para crear formas puras y elementales. En sus obras, Brancusi buscaba una belleza pura y espiritual, expresada a través de sus figuras favoritas (el pájaro, el huevo, las cabezas femeninas) y resaltada mediante el pulido de los materiales (bronce, mármol y, ocasionalmente, madera).

Realizó varios viajes a Estados Unidos, donde celebró con éxito exposiciones personales. En 1937 regresó a Rumania para llevar a cabo algunos encargos, como la *Columna sin fin*, de casi 30 m de altura, para el parque público de Tirgu Jiu, cerca de su ciudad natal. Ese mismo año fue a la India para proyectar el Templo de la Meditación, por encargo del maharajá de Indore. *Mademoiselle Pogany, El recién nacido* y *Pájaro en el espacio*, tres de sus creaciones más apreciadas, constituyen otras tantas muestras de esa búsqueda de la forma pura que llevó a Brancusi hasta los límites de la abstracción, aunque sin abandonar por completo el figurativismo.

BRANDO, MARLON *(Omaha, EE UU, 1924) Actor cinematográfico estadounidense.* Formado en el método interpretativo naturalista del Actor's Studio, aportó un aire renovador al panorama cinematográfico de Estados Unidos. Debutó en el cine de la mano del director grecoestadounidense Elia Kazan en su adaptación de la obra teatral homónima de Tennessee Williams *Un tranvía llamado Deseo* (1951), por cuya interpretación fue nominado al Óscar, nominación que repitió en 1952 con el filme *¡Viva Zapata!*, dirigido también por Kazan. En 1953 fue nominado de nuevo por su actuación en *Julio César* a las órdenes de Joseph L. Mankiewicz. Por fin, en 1954 recibió el reconocimiento de la Academia de Hollywood por su trabajo en *La ley del silencio*, de Kazan. Otro filme destacable de aquellos años fue *El baile de los malditos* (1958), que permitió a Brando dar muestra de su versatilidad interpretativa al encarnar el papel de un capitán de la Wehrmacht alemana, al que dio un carácter más humano, que difería del imperante en los filmes bélicos de la época. Su acusada personalidad no dejó a nadie indiferente y consiguió que un sector del público y de la crítica estadounidenses le admirase incondicionalmente, mientras que la mayoría le volvía la espalda. En 1962 rodó *Rebelión a bordo*, un *remake* del filme homónimo de 1935 de Frank Lloyd. En 1967 protagonizó, a las órdenes de Charles Chaplin, *La condesa de Hong-Kong*, y en 1972 dio vida al mafioso Vito Corleone en *El padrino*, de Francis Ford Coppola, película con la que obtuvo un nuevo Oscar. En el año 1979, y junto al mismo director, realizó *Apocalypse Now*. En los últimos años, salvo esporádicas apariciones en algunas películas, se ha mantenido al margen de la industria cinematográfica.

▲ *Cabeza de mujer,*
uno de los temas habituales
del escultor rumano
Constantin **Brancusi***,*
realizada en mármol blanco.

▼ *Marlon* **Brando** *como*
el líder de una banda de
motoristas en Salvaje *(1954),*
una de las películas
de su primera etapa.

BRANDT, WILLY [Herbert Karl Frahm] *(Lübeck, Alemania, 1913-Berlín, 1992) Político alemán.* Se adhirió al movimiento obrero de su ciudad natal en 1930, cuando contaba dieciséis años. Como militante socialista participó activamente en la oposición al nazismo, hasta que, en 1933, se vio obligado a huir a Noruega. Allí adoptó la nacionalidad noruega y cambió de nombre y apellido: Karl Herbert Frahm se convirtió en Willy Brandt. Durante la guerra civil española combatió en el bando republicano. De regreso en Noruega se graduó en la Universidad de Oslo y se dedicó al periodismo. La invasión alemana de Noruega en 1940 le obligó a exiliarse a Suecia, donde actuó de enlace entre los movimientos de resistencia noruego y alemán. Acabada la Segunda Guerra Mundial, regresó a Alemania en 1945 y se instaló en Berlín, donde se afilió al Partido Socialdemócrata (SPD). Tres años más tarde recuperó la nacionalidad alemana, y entró en el Bundestag en 1949. Merced a su dinamismo personal y su habilidad política, revitalizó el socialismo democrático y trazó las coordenadas que seguiría su partido durante los momentos más tensos de la guerra fría entre las potencias occidentales y la URSS. Como alcalde de Berlín, entre 1957 y 1966 destacó por su firme actitud frente a soviéticos y alemanes del Este. No obstante su prestigio internacional, sus intentos de 1961 y, después de haber sido elegido presidente del SPD, de 1965 por alcanzar la cancillería de la RFA se saldaron con sendos fracasos. Al formarse la «gran coalición» presidida por Kiesinger, desempeñó la cartera de Asuntos Exteriores entre 1966 y 1969, año este en que su partido ganó las elecciones y él, con el apoyo de los liberales del FPD, se convirtió en canciller, cargo para el que fue reelegido en 1972. Como primer mandatario, impulsó un paquete de reformas sociales en el plano interior, y en el exterior apoyó la unidad económica y política de Europa y, partidario del equilibrio entre los bloques, propició la *ostpolitik*, política de apertura hacia el Este, que supuso el reconocimiento *de facto* de la RDA, la firma de sendos tratados con la URSS y Polonia y el acuerdo de Helsinki entre las potencias. De hecho, la política de distensión promovida por Brandt, cuyos frutos le fueron reconocidos con la concesión del Premio Nobel

▲ *Willy* **Brandt** *fotografiado ante la Puerta de Brandeburgo de Berlín, símbolo de la división de Alemania. Como canciller de la República Federal Alemana intentó un acercamiento a la Alemania del Este.*

▼ *Hombre con guitarra, óleo sobre tela pintado en 1911 por Georges* **Braque**, *conservado actualmente en el MOMA de Nueva York.*

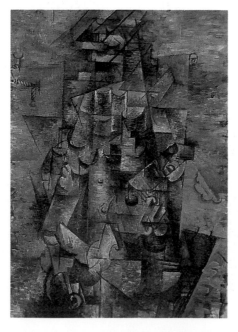

de la Paz en 1971, le permitió volcar sus energías en la construcción de la unidad europea. El escándalo del «caso Guillaume», que desveló el espionaje de su secretario personal en favor de la RDA, fue utilizado por sus enemigos políticos para apartarlo del poder. Dimitió de la cancillería federal en mayo de 1974, y dos años más tarde fue elegido presidente de la Internacional Socialista, cargo que desempeñó durante dieciséis años, hasta su muerte, causada por un cáncer.

BRAQUE, GEORGES *(Argenteuil, Francia, 1882-París, 1963) Pintor francés.* Hijo de un pintor de brocha gorda, oficio que siguió en un principio, Braque estudió a partir de 1900 en la Escuela de Bellas Artes de París y hacia 1906 se adhirió al fauvismo, bajo la influencia de su amigo Othon Friesz, con obras como *El embarcadero del puerto de l'Estaque*. En 1907, una exposición de Cézanne y el encuentro con Picasso pusieron a Braque en la senda del cubismo, tendencia de la que es cofundador. Desde entonces hasta su movilización en la Primera Guerra Mundial, trabajó en estrecha colaboración con Picasso, dando vida a la fase llamada cubismo analítico (*Naturaleza muerta con instrumentos musicales*), y más tarde a la denominada cubismo sintético (*Vaso y violín*). A diferencia de Picasso, que plasmó con frecuencia la figura humana, Braque prefirió, a lo largo de toda su trayectoria artística, la naturaleza muerta, en la que introdujo novedades significativas, como el empleo del collage o la incorporación de letras y números. En sus bodegones cubistas juega con el espectador, invitándole a reconstruir los objetos a partir de las diversas perspectivas que de ellos introduce en sus obras. Después de la guerra de 1914-1918, el artista prescindió de los trazos angulosos y las líneas fuertemente geométricas de su etapa anterior para inclinarse hacia la línea curva en un nuevo repertorio de temas: los *Guéridons* (naturalezas muertas sobre una mesa redonda), las *Pequeñas chimeneas* (1919-1927), las *Canéforas* (1922) y, sobre todo, los *Ateliers* (1948-1955), donde recrea ambientes interiores en clave simbólica. Braque, que fue también ilustrador, escenógrafo, escultor y grabador, alcanzó un importante reconocimiento en vida y dejó una profunda huella en el desarrollo de la pintura.

BRASSENS, GEORGES *(Sète, Francia, 1921-id., 1981) Poeta y cantautor francés.* Se consideraba a sí mismo como «un poeta que cantaba para subsistir», y definía su música como «un texto sin pretensiones y una música lo mejor posible». En 1954 obtuvo el Gran Premio del Disco de la Academia Charles Cros, y en 1967 el Premio de Poesía de la Academia Francesa. Diez años antes había actuado en la famosa película de René Clair *Puerta de las lilas*. Utilizó letras de renombrados poetas como Villon, Hugo, Verlaine y Aragon. Murió víctima de un cáncer en 1981, en su Languedoc natal. De entre sus temas más populares cabe destacar los siguientes títulos: *Le gorille, La mauvaise réputation, Aux trois baudets, La chasse aux papillons, L'Auvergnat, Le Testament, Putain de Toi, Au Bois de Mon Coeur, Les Copains d'abord* y *Complainte pour être enterré en plage de Sète*.

BRATTAIN, WALTER HOUSER *(Amoy, China, 1902-Seattle, EE UU, 1987) Físico estadounidense.* En 1929 empezó a trabajar como físico en los Bell Telephone Laboratories. Su principal campo de investigación fue el estudio de las propiedades de las superficies de los sólidos, y en particular el de la estructura atómica de un material a nivel superficial, la cual difiere de la del interior. Registró diversas patentes y es autor de numerosos artículos sobre física del estado sólido. En 1956 compartió el Premio Nobel de Física con John Bardeen y William B. Shockley por el diseño del transistor de germanio, ingenio cuyo posterior desarrollo fue la base de los modernos microprocesadores.

◄ *De izquierda a derecha, Shockley, **Brattain** y Bardeen, galardonados con el Premio Nobel de Física en 1956 por la invención del transistor.*

▼ *El físico estadounidense Wernher von **Braun** posa en la fotografía con el satélite* Explorer.

BRAUN, KARL FERDINAND *(Fulda, actual Alemania, 1850-Nueva York, 1918) Físico alemán.* Se doctoró en 1872 por la Universidad de Berlín. Fue profesor en las universidades de Marburgo, Estrasburgo, Karlsruhe y Tubinga. En 1874, Braun observó que ciertos cristales semiconductores actuaban como rectificadores, convirtiendo la corriente alterna en continua y permitiendo el paso de la misma en una sola dirección, todo lo cual fundamentó la invención del receptor de radio de transistores hacia finales de siglo. En 1897 desarrolló el osciloscopio al adaptar un tubo de rayos catódicos de manera que el chorro de electrones fuera dirigido hacia una pantalla fluorescente por medio de campos generados por tensión alterna. En 1909 recibió el Premio Nobel de Física por las mejoras técnicas (circuitos resonantes magnéticamente acoplados) que introdujo en el sistema de transmisión de Marconi para la telegrafía sin hilos.

BRAUN, WERNHER VON *(Wyrks, actual Polonia, 1912-Alexandria, EE UU, 1977) Físico estadounidense de origen alemán.* Movido por su interés por los cohetes, se unió a un grupo de investigadores liderados por H. Oberth que, encuadrados en la Sociedad Alemana para el Fomento de la Astronáutica, estudiaban las aplicaciones de la propulsión de reacción. En 1932, tras el abandono de Oberth y el fallecimiento de Vaher en el curso de una prueba, asumió la dirección de las investigaciones. Bajo el patrocinio del ejército, se hizo cargo, como director técnico, del Centro de Investigaciones de Peenemünde, en el cual diseñó algunas de las famosas «armas secretas» de Hitler, entre las que hay que destacar la V-2, una bomba volante precursora de los misiles actuales que causó graves preocupaciones a los aliados en 1944, cuando fue utilizada para bombardear Londres. Acabada la Segunda Guerra Mundial fue llevado a Estados Unidos, donde pasó a trabajar para el ejército de tierra, en el desarrollo de misiles, y participó en el diseño de cohetes y estaciones espaciales. En 1955 se nacionalizó estadounidense. Tras el fracaso del proyecto *Vanguard* de la marina, y ante la ventaja adquirida por los soviéticos en la carrera espacial a raíz del lanzamiento del *Sputnik*, fue puesto al frente del desarrollo de los cohetes de Estados Unidos. En 1958, su aplicación del cohete de varias fases resultó crucial para colocar en órbita el primer satélite estadounidense, el *Explorer*. A partir de

«*El nuevo teatro de la era científica concibe* [...] *la revolución teatral como sólo un aspecto de la revolución total.*»

Bertolt Brecht

▲ *Retrato de R. Schlichter del escritor Bertolt **Brecht**, autor de una extensa obra teatral marcada por el compromiso político.*

este momento, Von Braun intervino en la mayoría de los proyectos de la NASA, creó los cohetes Saturno y participó en el proyecto *Apolo,* que acabaría por llevar al hombre a la Luna. En 1972, tras un recorte presupuestario de la NASA, dimitió de sus cargos y pasó a la industria privada. Fue siempre un defensor de la utilización de la astronáutica para fines pacíficos, así como también un decidido impulsor de la investigación espacial.

BRECHT, BERTOLT *(Augsburgo, Alemania, 1898-Berlín, 1956) Dramaturgo y poeta alemán.* Cursó el bachillerato en su ciudad natal y empezó a estudiar medicina y filosofía en Munich (1917), estudios que abandonaría más tarde para dedicarse por completo a la literatura. Debido a sus conocimientos de medicina, durante la Primera Guerra Mundial trabajó en un hospital militar, en donde vivió y padeció los horrores de la guerra. Finalizada la confrontación bélica se instaló en Munich y entró en contacto con los círculos políticos de la izquierda del Partido Socialdemócrata y con los círculos artísticos relacionados con el expresionismo. En 1924 apareció ya como autor teatral en el Berlin Deutsches Theater, bajo la dirección de Max Reinhardt, y en 1928 escribió, junto al compositor alemán Kurt Weill, un drama musical, *La ópera de los tres peniques,* que se convirtió en un gran éxito teatral. En él, Brecht realiza una sátira del capitalismo, en la línea de compromiso con el marxismo que marcó la mayor parte de su obra, a pesar de lo cual su relación con la ortodoxia soviética fue siempre difícil. La pieza consolidó la transición del teatro brechtiano desde técnicas y temas propios del expresionismo hacia un teatro renovador, con finalidades didácticas y en el que puso a prueba una nueva técnica teatral, el llamado «teatro épico del distanciamiento». Con el objetivo de evitar la identificación del espectador con los personajes y la ac-

ción dramática, introdujo una serie de elementos para provocar distanciamiento o extrañamiento, como los apartes cantados o el uso de máscaras, para mantener la capacidad crítica del espectador. También eludió la identificación del actor con su personaje y anuló la espontaneidad del espectador contándole previamente el argumento, que era tratado, además, a diversos niveles de la obra (en el diálogo, cantado, en paráfrasis...). Esta técnica quería favorecer el carácter didáctico de su obra y convertirla en un teatro frío en cierto sentido, un teatro de ideas en el que pretendía educar a las masas coartando la respuesta emocional y forzando la reflexión. Ejemplos de este tipo de concepción son las piezas *La excepción y la regla* y *El que dice sí y el que dice no.* Cuando Hitler subió al poder, Brecht se vio obligado a exiliarse: fijó su residencia primero en Dinamarca (1933-1939), y más tarde en Suecia, Finlandia y finalmente Estados Unidos (California). A este período corresponden algunas de sus piezas mayores, como *Vida de Galileo* (1939), en la que cuestiona el papel y la responsabilidad de los intelectuales en la sociedad, o *Madre Coraje y sus hijos,* además de obras contra el nazismo, como *La increíble ascensión de Arturo Ui.* En Estados Unidos trabajó en Hollywood como guionista cinematográfico para el director Fritz Lang. Terminada la guerra, continuó en Estados Unidos hasta que tuvo que comparecer ante el Comité de Actividades Antinorteamericanas (1947), experiencia que le indujo a trasladarse otra vez a Europa, para fijar definitivamente su residencia en Berlín Oriental. Allí formó su propia compañía teatral, la Berliner Ensemble, con la que desarrolló sus teorías sobre el teatro con obras como *El círculo de tiza caucasiano.* Al final de su carrera realizó adaptaciones personales de piezas clásicas, tales como la *Antígona* de Sófocles y el *Coriolano* de Shakespeare.

BRENTANO, FRANZ *(Marienberg, actual Alemania, 1838-Zurich, 1917) Filósofo alemán.* Se ordenó sacerdote católico en 1864, estado que abandonó diez años más tarde, en 1873. Investigó las cuestiones metafísicas mediante un análisis lógico-lingüístico, con lo que se distinguió tanto de los empiristas ingleses como del kantismo académico. Sus estudios en el campo de la psicología introdujeron el concepto de «intencionalidad», que tendría una influencia directa en Husserl, según el cual los fenómenos de la conciencia se

---

BERTOLT BRECHT
OBRAS MAESTRAS

UN HOMBRE ES UN HOMBRE (MANN IST MANN, 1926); LA ÓPERA DE LOS TRES PENIQUES (DIE DREIGROSCHENOPER, 1928); ASCENSIÓN Y CAÍDA DE LA CIUDAD DE MAHAGONNY (AUFSTIEG UND FALL DER STADT MAHAGONNY, 1930); SANTA JUANA DE LOS MATADEROS (DIE HEILIGE JOHANNA DER SCHLACHTHÖFFE, 1932); LOS FUSILES DE LA SEÑORA CARRAR (DIE GEWEHRE DER FRAU CARRAR, 1937); TERROR Y MISERIA DEL III REICH (FURCHT UND ELEND DES DRITTEN REICHES, 1938); EL INTERROGATORIO DE LÚCULO (DAS VERHÖR DES LUKULLUS, 1939); VIDA DE GALILEO (DAS LEBEN DES GALILEI, tres versiones, 1939, 1945-1947 y 1954-1956); MADRE CORAJE Y SUS HIJOS (MUTTER COURAGE UND IHRE KINDER, 1941); EL CÍRCULO DE TIZA CAUCASIANO (DER KAUKASISCHE KREIDEKREIS, 1954).

distinguen por tener un contenido, es decir, por «referirse» a algún objeto. Definió a su vez la «existencia intencional», que corresponde, por ejemplo, a los colores o los sonidos. Entre sus obras cabe destacar: *De la múltiple significación del ser según Aristóteles* (1862), *El origen del conocimiento moral* (1889) y *Aristóteles y su cosmovisión* (1911).

BRETON, ANDRÉ *(Tinchebray, Francia, 1896-París, 1966) Escritor francés.* Participó durante tres años en el movimiento dadaísta, al tiempo que investigaba el automatismo psíquico a partir de las teorías de Charcot y Freud sobre el inconsciente, que había descubierto durante sus estudios de medicina. Por último, en 1924 rompió con Tristan Tzara, acusándole de conservadurismo, y escribió el texto fundacional de un nuevo movimiento, el *Manifiesto del surrealismo*. Con una prosa casi poética y un estilo emotivo y exaltado, postulaba la existencia de una realidad superior, a la que sería posible acceder poniendo en contacto dos mundos, la vigilia y el sueño, que tradicionalmente se habían mantenido separados. Reivindicaba la liberación del mundo del subconsciente y con ello una nueva forma de pensar que terminara con la dictadura exclusiva de la lógica y la moral. El nuevo grupo surrealista nació con un fuerte componente sectario, promovido en gran parte por el propio Breton, quien desde la

▲ *El compositor y director de orquesta español Tomás* **Bretón**, *autor de una extensa y variada producción musical.*

▼ *André* **Breton** *fotografiado en su estudio en 1965. Su* Manifiesto *del surrealismo* inauguró una corriente estética *de gran influencia en el arte del s. XX.*

«ortodoxia» surrealista denunció numerosas «desviaciones», la menor de las cuales no fue, sin embargo, su propio intento de politizar el movimiento a raíz de su afiliación al Partido Comunista (1927). El *Segundo Manifiesto surrealista* (1930) responde a la voluntad de insertar el surrealismo en unas coordenadas políticas y revolucionarias, lo que provocó grandes disensiones en el grupo. Sin embargo, en 1935 Breton rompió con el Partido Comunista y viajó a México, donde su relación con Trotski le llevó a redactar un tercer manifiesto en 1941. Entre sus obras destaca la novela *Nadja* (1928), a la cual siguieron otras, como *La inmaculada concepción* (1930) o *Los vasos comunicantes* (1932). En 1946 regresó a su país y fundó nuevas revistas surrealistas, al tiempo que mostraba su oposición al realismo imperante en literatura, y en especial a Albert Camus.

BRETÓN, TOMÁS *(Salamanca, 1850-Madrid, 1923) Compositor y director de orquesta español.* Discípulo de Emilio Arrieta en el Conservatorio de Madrid, durante su juventud se ganó la vida tocando el violín en diversas orquestas y cafés. En 1875 estrenó con gran éxito su primera tentativa operística, *Guzmán el Bueno*. En la década de 1880 prosiguió su formación en Roma, Milán, Viena y París. A su regreso a España, dirigió la Orquesta de la Sociedad de Conciertos, con la que realizó una valiosa labor en la introducción del repertorio sinfónico europeo. Como compositor, e influido por la corriente nacionalista en boga en otros países europeos, apoyó decididamente la causa de la ópera española con títulos como *Los amantes de Teruel* (1889) y *La Dolores* (1894), ninguna de las cuales ha obtenido el éxito de *La verbena de la Paloma*. Por una de esas paradojas que se dan a veces, Tomás Bretón, que durante toda su vida luchó por la creación de una ópera nacional española, hoy día es recordado por una obra que él consideraba menor, *La verbena de la Paloma* (1894), uno de los retratos musicales más acabados y llenos de vida del Madrid de finales del siglo XIX.

BREUER, MARCEL *(Pecs, Hungría, 1902-Nueva York, 1981) Arquitecto y diseñador estadounidense, de origen húngaro.* Tras una corta estancia en Viena, cuando tenía dieciocho años, marchó a Alemania para estudiar en la Bauhaus de Weimar. Cinco años más tarde diseñó la primera silla de tubo de acero, y poco después accedió a la docencia en la prestigiosa escuela ale-

◀ *Silla diseñada por Marcel **Breuer**, uno de los últimos representantes del funcionalismo.*

mana fundada por Walter Gropius. Cuando Hitler alcanzó la presidencia de la República, emigró al Reino Unido y de allí a Estados Unidos, donde desarrolló la faceta más creativa y original de su carrera. En 1937 inició su carrera como arquitecto, y hasta 1941 colaboró con Gropius, que había sido su maestro en la Bauhaus y ejercía como profesor de arquitectura en la Universidad de Harvard. Entre 1953 y 1958 construyó el edificio de la Unesco en París, en colaboración con Nervi y Zehrfuss, y el Centro de Arte Dramático del Sarah Lawrence College.

BREZHNEV, LEONID ILICH *(Dneprodzerhinsk, actual Ucrania, 1906-Moscú, 1982) Político soviético.* Secretario del Partido Comunista en Ucrania, durante la Segunda Guerra Mundial fue comisario político del Ejército Rojo, y alcanzó el rango de general de división. Elegido presidente del Presidium del Sóviet Supremo en 1960, tres años después sustituyó a Jruschov como líder del Partido. Potenció al máximo el desarrollo industrial y agrícola y desarrolló la llamada «doctrina Brezhnev», plasmada en la invasión de Checoslovaquia por las tropas del Pacto de Varsovia en 1968, al tiempo que impulsaba una política de distensión con Estados Unidos. Continuó su política imperialista con la invasión de Afganistán en 1979, aunque ese mismo año firmó en Viena con el presidente estadounidense Carter el Tratado SALT II. A su muerte, Yuri Andropov le sustituyó en el cargo.

BRITTEN, LORD BENJAMIN *(Lowestoft, Reino Unido, 1913-Aldeburgh, id., 1976) Compositor, director de orquesta y pianista británico.* Músico precoz, desde su más

▲ *El compositor, director y pianista Benjamin **Britten**, que aparece aquí trabajando en su estudio, fue uno de los principales renovadores de la ópera contemporánea.*

tierna infancia se sintió atraído por la composición. Su *Simple Symphony*, escrita a partir de temas melódicos compuestos en aquella época, da rápida cuenta de la originalidad y valor de esos primeros ensayos. Estudió con Frank Bridge, quien le descubrió el universo sonoro de la Segunda Escuela de Viena, uno de cuyos integrantes, Alban Berg, sería uno de sus referentes durante toda su vida. A mediados de la década de 1930, comenzó a trabajar para el cine y la radio. En estos medios su música empezó a adquirir una fisonomía propia, basada en la síntesis personal de elementos de distinta procedencia: desde la artificiosa vocalidad de Monteverdi hasta la obsesión formal y expresiva del mencionado Berg, pasando por Puccini, Musorgski, Mahler y Purcell. El estreno, en 1941 de la *Sinfonía de réquiem* marcó un punto de inflexión en su carrera: fue entonces cuando el director de orquesta Serge Koussevitzky le encargó una ópera, *Peter Grimes*, la cual marcaría el verdadero inicio de la carrera del músico británico como compositor. *La violación de Lucrecia, Billy Budd, Otra vuelta de tuerca, Sueño de una noche de verano* y *Muerte en Venecia* son algunos de los títulos que le convirtieron en uno de los autores operísticos más aclamados del siglo xx. En ellos, Britten trata temas como el enfrentamiento del individuo con la sociedad o la pérdida de la inocencia, que se convertirán en constantes a lo largo de su producción. El cultivo de la ópera no le impidió, sin embargo, sobresalir en otros géneros, en especial en la música vocal, con obras como *Les illuminations*, la *Serenata para tenor, trompa y cuerdas* o el monumental *Réquiem de guerra*. Britten fue, así mismo, un sobresaliente director de orquesta, de quien se conservan excelentes grabaciones, no tan sólo de su propia música, sino también de obras del repertorio tradicional de concierto.

BENJAMIN BRITTEN
OBRAS MAESTRAS

ÓPERAS: *PETER GRIMES* (1945); *LA VIOLACIÓN DE LUCRECIA* (1946); *ALBERT HERRING* (1947); *BILLY BUDD* (1951); *OTRA VUELTA DE TUERCA* (1954); *SUEÑO DE UNA NOCHE DE VERANO* (1960); *OWEN WINGRAVE* (1971); *MUERTE EN VENECIA* (1973). **MÚSICA ORQUESTAL:** *SIMPLE SYMPHONY* (1934); *CONCIERTO PARA PIANO* (1939); *CONCIERTO PARA VIOLÍN* (1939); *SINFONÍA DE RÉQUIEM* (1940); *GUÍA DE ORQUESTA PARA JÓVENES* (1946); *SINFONÍA CONCERTANTE PARA VIOLONCELO* (1963). **MÚSICA DE CÁMARA:** *CUARTETO DE CUERDAS NÚM. 2* (1945); *SONATA PARA VIOLONCELO Y PIANO* (1961); *CUARTETO DE CUERDAS NÚM. 3* (1975). **MÚSICA INSTRUMENTAL:** 3 *SUITES PARA VIOLONCELO SOLO* (1964, 1967, 1971). **MÚSICA VOCAL Y CORAL:** *LES ILLUMINATIONS* (1939); 7 *SONETOS DE MIGUEL ÁNGEL* (1940); *A CEREMONY OF CAROLS* (1942); *SERENATA PARA TENOR, TROMPA Y CUERDAS* (1943); *CANTICLE II, ABRAHAM AND ISAAC* (1952); *RÉQUIEM DE GUERRA* (1962); *PHAEDRA* (1975).

BROCENSE, EL [Francisco Sánchez de las Brozas] *(Brozas, España, 1523-Valladolid, 1600) Humanista y gramático español.* Catedrático de lenguas clásicas en la Universidad de Salamanca desde 1559, pronto se convirtió en una de las personalidades más influyentes de la época en el campo de la erudición y la filosofía. Sus atrevidos comentarios y sentencias a menudo le enfrentaron a sus superiores y llegó a tener problemas con la Inquisición. Interesado a un tiempo por los clásicos y los modernos, tradujo los sonetos de Petrarca, editó a Ovidio y Virgilio y publicó comentarios a Horacio y a Garcilaso de la Vega, entre otros. Escribió un tratado de retórica, el *Órganon dialéctico y retórico* (1579), aunque su estudio más influyente sería *Minerva o las causas de la lengua latina* (1587), donde desarrollaba innovadores y penetrantes análisis de la gramática y el lenguaje.

BROGLIE, LOUIS-VICTOR, PRÍNCIPE DE *(Dieppe, Francia, 1892-París, 1987) Físico francés.* Miembro de una familia perteneciente a la más distinguida nobleza de Francia, sus parientes destacaron en un amplio rango de actividades, como pueden ser la política, la diplomacia o la carrera militar. Su hermano Maurice, de quien De Broglie heredó el título de duque tras su fallecimiento, destacó así mismo en el campo de la física experimental concerniente al estudio del átomo. Por su parte, Louis-Victor centró su atención en la física teórica, en particular en aquellos aspectos a los que se refirió con el nombre de «misterios» de la física atómica, o sea, a problemas conceptuales no resueltos en aquel entonces por la ciencia. Estudió física teórica en la Sorbona de París, y, persuadido por su familia, historia de Francia. Finalmente, se doctoró en física en esta misma universidad. En su tesis doctoral, habiendo entrado previamente en contacto con la labor de científicos de la talla de Einstein o Planck, abordó directamente el tema de la naturaleza de las partículas subatómicas, en lo que se vino a constituir en teoría de la dualidad onda-corpúsculo, según la cual las partículas microscópicas, como pueden ser los electrones, presentan una doble naturaleza, pues, además de un anteriormente identificado comportamiento ondulatorio, al desplazarse a grandes velocidades se comportan así mismo como partículas materiales, de masa característica, denominada masa relativista, lógicamente muy pequeña y debida a la elevada velocidad.

Esta nueva concepción teórica sobre la naturaleza de la radiación completamente revolucionaria prontó encontró una contrastación experimental (efecto Compton, en el que se fundamenta el diseño de las células fotoeléctricas). De Broglie fue galardonado con el Premio Nobel de Física del año 1929.

BRONTË, HERMANAS; CHARLOTTE *(Yorkshire, Reino Unido, 1816-id., 1855),* **EMILY** *(Yorkshire, 1818-id., 1848)* y **ANNE** *(Yorkshire, 1820-id., 1849) Poetisas y novelistas británicas.* Nacidas en el seno de una familia irlandesa anglicana, las Brontë tenían dos hermanas más, Elizabeth y Maria, que murieron muy jóvenes, y un hermano, Patrick, con el cual escribieron una larga colección de textos en los primeros años de sus vidas. Su padre, Patrick Brontë, fue rector de Haworth, cargo que desempeñó hasta su muerte. Su madre, Maria, murió cuando eran niñas, en 1821. En 1820 la familia se trasladó a Haworth. Durante su infancia, las hermanas Brontë fueron educadas en casa, excepto un año, 1823, en que Charlotte y Emily estudiaron en la escuela religiosa de Cowan Bridge, en Lancashire. Charlotte evocaría en *Jane Eyre* (1847) la historia dolorosa de esa época. En 1842, Charlotte y Emily, tras haberse dedicado un tiempo a la enseñanza, se trasladaron a Bruselas con la intención de aprender idiomas, pero Emily regresó pronto a Haworth. En 1846, las tres her-

▲ *El físico francés Louis-Victor de* **Broglie.** *Recibió el Premio Nobel de Física en 1929 por sus trabajos sobre electricidad y mecánica.*

▼ *En su casa de campo crearon las hermanas* **Brontë** *sus intensos relatos sentimentales. En la imagen, Charlotte, Emily y Anne pintadas por P. B. Brontë en 1834.*

manas publicaron conjuntamente los *Poemas de Currer, Ellis y Acton Bell*, lo que significó la ruptura con su hermano, aunque sólo vendieron dos copias. Sin embargo, un año después, aparecieron tres obras que fascinaron a los lectores: *Jane Eyre*, de Charlotte, *Agnes Grey*, de Anne, y *Cumbres borrascosas*, de Emily. Atravesada por pasiones incontroladas y una atmósfera romántica y sobrecogedora, esta última se ha convertido en un clásico de la novela gótica. Poco antes de la muerte de su hermano y de Emily, ambos fallecidos en 1848, Anne publicó *El inquilino de Wildfell Hall*, su última obra, ya que murió sólo un año después. En los años siguientes, Charlotte fue varias veces a Londres, para promover la publicación de su obra, y a Manchester, donde visitó a su futura biógrafa, la novelista Elizabeth Gaskell, a quien invitó a Haworth. *Villette* apareció en 1853. Durante estos años, Charlotte rechazó tres propuestas matrimoniales, para casarse finalmente, en 1854, con Arthur Bell Nicholls. Todavía empezó otro libro, *Emma*, que no consiguió terminar.

BROUWER, ADRIAEN (*Oudenaarde, actual Bélgica, 1605/1606-Amberes, 1638) Pintor flamenco.* Repartió su vida y su carrera entre Haarlem, donde recibió la influencia de Frans Hals, y Amberes, donde tuvo al parecer algunos problemas con la administración española. En sus cuadros reprodujo con enorme realismo manifestaciones de la vida campesina de su tiempo, que incluyen peleas, juegos, escenas de taberna o visitas de médicos rurales, con figuras a menudo grotescas pero plasmadas con estilo delicado y brillante. Ma-

▼ *Retrato de John* **Brown**. *Sus profundas convicciones antiesclavistas le llevaron a organizar una guerrilla para luchar en favor del abolicionismo.*

▼ *Campesinos escuchando a un rascatripas, cuadro pintado en 1630 por Adriaen* **Brouwer**, *magnífico retratista de la vida cotidiana de su época.*

yor refinamiento estilístico se advierte en sus paisajes, también de inspiración realista y de gran sobriedad tonal, que se cuentan entre los mejores de su tiempo. Fue una figura relevante, que ejerció una gran influencia en las generaciones siguientes y contribuyó a la difusión de la pintura de género. Rembrandt y Rubens coleccionaron sus obras.

BROWN, JOHN (*Torrington, EE UU, 1800-Charlestown, id., 1859) Activista abolicionista estadounidense.* Nacido en el seno de una familia de profundas convicciones religiosas, pasó buena parte de su adolescencia en una comunidad proabolicionista en Ohio. Entre 1825 y 1855 residió en Pensilvania, Massachusetts y Nueva York, ejerciendo diversos oficios. Muy activo políticamente, era un acérrimo defensor de las ideas antiesclavistas. En 1849 se trasladó con su familia a una comunidad de color fundada en North Elba, en el estado de Nueva York, cuyas tierras habían sido donadas por el filántropo antiesclavista Gerrit Smith. En 1855, cinco de sus hijos le pidieron que fuera a Kansas en su ayuda, donde habían entrado en conflicto con un grupo de terratenientes proesclavistas por el control del territorio. Llevó consigo un cargamento de armas y municiones y se asentó en Osawatomic, erigiéndose rápidamente en líder de las guerrillas proabolicionistas de la región. Al año siguiente, los grupos proesclavistas atacaron la localidad de Lawrence; Brown lideró una expedición armada a Pottawatomie, campamento proesclavista, y ahorcó a cinco de sus ocupantes. El suceso, que Brown defendió afirmando que no sólo estaba justificado, sino que incluso había sido inspirado por Dios, agravó el conflicto de fondo que daría pie a la guerra civil. En 1858 organizó un encuentro interracial con el objetivo de fundar, en los estados de Maryland y Virginia, una comunidad que acogiera a los esclavos fugitivos. Convertido en portavoz del movimiento abolicionista, promulgó una Constitución provisional en la que se erradicaba la esclavitud y, en este estado dentro del Estado, le fue otorgado el cargo de comandante en jefe. Sin embargo, su suerte se torció en el verano de 1859, cuando, tras atacar una plaza militar federal, fue apresado, juzgado y ahorcado.

BROWNING, JOHN MOSES (*Ogde, EE UU, 1855-Herstal, Bélgica, 1926) Inventor estadounidense.* A la edad de trece años fabricó su primera pistola en la armería de su padre. En 1879 patentó un rifle de dis-

◀ ▼ *Robert Browning
(retratado abajo) junto a su
esposa Elizabeth en la
primera visita a Italia
después de su boda,
momento recogido
en un dibujo de
Edmund J. Sullivan.*

Italia renacentista, por la que el autor, de manera similar a sus contemporáneos prerrafaelistas, sentía una gran debilidad, como lo demuestra que también la utilizara como escenario de otras composiciones posteriores, como los grandes monólogos *Fra Filippo Lippi* y *Andrea del Sarto*, ambos incluidos en el volumen *Hombres y mujeres* (1855). En 1845, conoció a Elizabeth Barrett, que un año después se convertiría en su esposa, al escribirle ella para alabar su poesía. Su noviazgo dio lugar a la obra más alabada de la producción de Elizabeth, *Sonetos del portugués* (1850). Anteriores fueron los libros *El Serafín y otros poemas* (1838) y *Poemas* (1844), con los que llamó la atención de los círculos literarios por la personal sensibilidad demostrada en ellos. Establecidos en Florencia, Elizabeth compuso *Las ventanas de la Casa Guidi* (1851) y el poema didáctico *Aurora Leigh* (1856). A su muerte, Robert regresó al Reino Unido, en donde publicó dos obras mayores, *Dramatis personae* (1864) y *El anillo y el libro* (1869), cuya influencia sobre los autores posteriores, entre ellos T. S. Eliot, fue decisiva.

BROZ, JOSIP → Tito

BRUCKNER, ANTON (*Ansfelden, Austria, 1824-Viena, 1896*) *Compositor y organista austriaco.* Nacido en el seno de una familia de maestros de escuela, parecía destinado a seguir la misma profesión, a la que se dedicó entre 1841 y 1855, compaginándola con la función de organista. Su habilidad como intérprete le valió en 1856 el nombramiento de maestro de órgano de la catedral de Linz. En esta ciudad descubrió la música de Beethoven y Wagner, que le reveló un universo expresivo insospechado. Su *Sinfonía núm. 1* (1866) fue el fruto de esta revelación. A partir de ella, Bruckner fue forjando un estilo definido y personal, después de unas primeras composiciones influidas por la anticuada tradición clásica en la que se había educado. Ocho nuevas sinfonías, la última inacabada, siguieron a ésta. Incomprendidas en su tiempo, expresan el amor a la naturaleza y la profunda fe del compositor, al tiempo que constituyen una original síntesis entre la más atrevida armonía romántica y la tradición contrapuntística más severa. Su obra ejerció una gran influencia sobre Gustav Mahler.

paro único que vendió a la Winchester Repeating Arms Company. Diseñó otras armas para las compañías Colt, Remington, Stevens y Winchester, todas ellas con su apellido (Browning) grabado. En el año 1918, el rifle automático Browning fue adoptado por el ejército de Estados Unidos. Hasta el final de la década de 1950, las fuerzas armadas estadounidenses utilizaron distintos modelos, según su uso, de armas automáticas Browning. También diseñó varios tipos de armas de fuego deportivas, entre las que destaca la escopeta de doble cañón fabricada en Bélgica.

BROWNING, ROBERT (*Londres, 1812-Venecia, 1889*) *y* **ELIZABETH BARRETT** (*Durham, Reino Unido, 1806-Florencia, 1861*) *Matrimonio de poetas británicos.* La poesía de la época victoriana alcanzó con ellos su más elevada expresión. Tras contraer matrimonio en 1846, cuando ambos eran ya autores consagrados, supieron mantener su independencia creativa. Robert fue un maestro del monólogo dramático, mientras que Elizabeth se distinguió por cultivar una poesía más intimista, casi mórbida, influida por una larga enfermedad que la mantuvo aislada durante casi una década. La carrera literaria de Robert fue precoz, pues publicó su primer texto en 1833. De 1835 data una de sus primeras obras importantes, *Paracelso*, poema dramático cuya acción transcurría en la

▼ *El compositor austriaco
Anton Bruckner según
un retrato de Ferry Bératon.
Gran organista, Bruckner
contribuyó a la renovación
del lenguaje musical
emprendida por Wagner.*

BRUEGHEL *EL VIEJO*, PIETER *(Breda, Países Bajos, h. 1525-Bruselas, 1569) Pintor holandés.* Principal pintor holandés del siglo XVI, en la actualidad es considerado una de las grandes figuras de la historia de la pintura. Realizó sobre todo cuadros de paisaje, de género y de escenas campesinas, en los que con un estilo inspirado en el Bosco reflejó la vida cotidiana con realismo, abundancia de detalles y un gran talento narrativo. Aprendió el oficio con Pieter Coeke, en 1551 se incorporó al gremio de pintores de Amberes e inmediatamente después emprendió un viaje por Europa, que lo llevó a Francia, Italia y Suiza. Lo que más le impresionó de su periplo fueron los paisajes de los Alpes, de los que realizó a su vuelta una serie de dibujos que fueron grabados. En 1563 se trasladó a Bruselas y contrajo matrimonio. Se centró entonces en la pintura y produjo numerosas obras, muchas de ellas por encargo de famosos personajes. Para el banquero Niclaes Jonghelinck realizó, por ejemplo, la famosa serie de los *Meses*, que incluye *Cazadores en la nieve* (noviembre-diciembre) y *La vuelta del ganado* (septiembre-octubre), entre otras obras maestras. En el folclor y los refranes populares buscó la inspiración para sus obras más descriptivas y pintorescas, desde *La parábola de los ciegos* y *Juegos de niños* hasta *El banquete de bodas*. También realizó obras religiosas, en particular entre los años 1562 y 1567, que, aunque no constituyen lo mejor de su producción, dan pruebas de su gran originalidad estilística. Tuvo dos hijos pintores, Pieter *el Joven* (Bruselas, 1564-Amberes, 1638) y Jan (Bruselas, 1568-Amberes, 1625). El

▲ El banquete de bodas, *cuadro pintado por Pieter* **Brueghel** *en 1568, un año antes de su óbito. Esta obra forma parte de la serie de pinturas costumbristas realizadas por el artista.*

segundo fue muy reputado como pintor de flores y se ganó el sobrenombre de Brueghel de «velours» (terciopelo) por su magistral tratamiento de las texturas delicadas. El primero realizó copias y variaciones de las pinturas de su padre, a menudo de gran calidad, con las que se ganó muy bien la vida.

BRUNELLESCHI, FILIPPO *(Florencia, 1377-id., 1445) Arquitecto y escultor italiano.* Fue el arquitecto italiano más famoso del siglo XV y, con Alberti, Donatello y Masaccio, uno de los creadores del estilo renacentista. Se formó como escultor y orfebre e inició su carrera en el ámbito de la escultura. No es de extrañar, por tanto, que participara en el concurso para la realización de las puertas del baptisterio de Florencia en 1401, certamen en el que quedó segundo, después de Ghiberti. Se dice que su decepción por este relativo fracaso fue tal que en lo sucesivo decidió dedicarse casi exclusivamente a la arquitectura. Sus hondos conocimientos de matemáticas y su entusiasmo por esta ciencia le facilitaron el camino, además de llevarle al descubrimiento de la perspectiva, la clave del arte del Renacimiento. A Brunelleschi se debe, de hecho, la formulación de las leyes de la perspectiva central, tal como afirma Alberti en su famoso tratado *Della pintura*. Pero en su época, su fama estuvo asociada, sobre todo, a la cúpula de la catedral de su ciudad natal, Florencia, ya que sus conocimientos de ingeniería le permitieron solventar los problemas, en apariencia insolubles, de la construcción de dicha cúpula, por lo que sus con-

---

PIETER BRUEGHEL *EL VIEJO*
OBRAS MAESTRAS

PAISAJE CON LA CAÍDA DE ÍCARO (h. 1558; Musées Royaux des Beaux-Arts, Bruselas); *DISPUTA ENTRE EL CARNAVAL Y LA CUARESMA* (1559; Kunsthistorisches Museum, Viena); *LOS REFRANES HOLANDESES* (1559; Museum Mayer van der Bergh, Amberes); *JUEGOS DE NIÑOS* (1560; Kunsthistorisches Museum, Viena); *DULLE GRIET* (h. 1562; Museum Mayer van der Bergh, Amberes); *EL TRIUNFO DE LA MUERTE* (h. 1562; Prado, Madrid); *DOS MONOS* (1562; Staatliche Museen, Berlín); *LA TORRE DE BABEL* (1563; Kunsthistorisches Museum, Viena); *CABEZA DE CAMPESINA* (después de 1564; Alte Pinakothek, Munich); *REGRESO DEL GANADO* (1565; Kunsthistorisches Museum, Viena); *LA COSECHA DEL HENO* (h. 1565; Narodní Gallery, Praga); *CAZADORES EN LA NIEVE* (1565;

Kunsthistorisches Museum, Viena); *LA COSECHA DEL TRIGO* (1565; Metropolitan Museum, Nueva York); *DÍA SOMBRÍO* (1565; Kunsthistorisches Museum, Viena); *LA MATANZA DE LOS INOCENTES* (1566; Kunsthistorisches Museum, Viena); *BODA DE ALDEANOS* (1566; The Detroit Institute of Arts, Detroit); *EL CENSO EN BELÉN* (1566; Museés royaux des Beaux-Arts, Bruselas); *LA CONVERSIÓN DE SAN PABLO* (1567; Kunsthistorisches Museum, Viena); *JAUJA* (1567; Alte Pinakothek, Munich); *BAILE DE LABRIEGOS* (1568; Kunsthistorisches Museum, Viena); *LA PARÁBOLA DE LOS CIEGOS* (1568; Museo Nacional de Capodimonte, Nápoles); *INVÁLIDOS* (1568; Louvre, París); *EL BANQUETE DE BODAS* (1568; Kunsthistorisches Museum, Viena).

◀▲ *A la izquierda, detalle de la capilla Pazzi de Florencia. Arriba, cúpula de la catedral de Santa Maria del Fiore, ambas diseñadas por **Brunelleschi**.*

ciudadanos lo reverenciaron. De hecho, en la actualidad la cúpula continúa siendo su obra más admirada. A partir de los monumentos clásicos y de las realizaciones del románico toscano, creó un estilo arquitectónico muy personal, en el que desempeñan un papel fundamental las matemáticas, las proporciones y los juegos de perspectiva. En todos los edificios que llevan su firma, las partes se relacionan entre sí y con el todo por medio de fórmulas matemáticas, de modo que, por ejemplo, una sección es la mitad o la cuarta parte del todo, etc. También entran en juego las combinaciones de diferentes figuras geométricas (cuadrado, círculo, triángulo), ya que para Brunelleschi, como buen renacentista, la estética no era un juego de azar sino el resultado de la correcta aplicación de una serie de leyes preestablecidas. Precisamente por ello, sus edificios no son aptos para suscitar emociones sino para intentar comprender fría y racionalmente las leyes que el artista quiso plasmar a través de sus realizaciones. Su arquitectura elegante y moderadamente ornamental queda compendiada a la perfección en dos espléndidas creaciones: la capilla Pazzi y la Sacristía Vieja de San Lorenzo. Son dos obras de planta central, basadas en la armonía visual y en la alternancia, característica del artista, entre arenisca gris y estuco blanco. Pese a la importancia de su figura, la influencia de Brunelleschi en las generaciones posteriores fue muy limitada. Sin embargo, quien sin duda se inspiró de algún modo en él para sus realizaciones arquitectónicas fue Miguel Ángel.

FILIPPO BRUNELLESCHI

OBRAS MAESTRAS

CÚPULA DE LA CATEDRAL DE FLORENCIA (1419-1434); HOSPITAL DE LOS INOCENTES (1419, Florencia); BASÍLICA DE SAN LORENZO (1420, Florencia); BASÍLICA DEL SANTO SPIRITO (1426, Florencia); CAPILLA PAZZI (Florencia); MODELO EN BRONCE PARA LAS PUERTAS DEL BAPTISTERIO DE FLORENCIA (1401; Museo del Bargello, Florencia); CRUCIFIJO DE MADERA PINTADA (h. 1412; Santa Maria Novella, Florencia).

▶ *El filósofo italiano Giordano **Bruno**, según una litografía del s. XIX. Sus doctrinas mezclan la magia y el misticismo religioso con modernas concepciones astronómicas.*

BRUNO, GIORDANO *(Nola, actual Italia, 1548-Roma, 1600) Filósofo italiano.* Hijo de un militar de familia distinguida, fue bautizado con el nombre de Filippo, y adoptó el de Giordano cuando, en 1563, ingresó en la orden dominica. En 1572 fue ordenado sacerdote, pero sus actitudes poco ortodoxas lo hicieron pronto sospechoso de herejía, de la que finalmente fue acusado, lo cual determinó que en 1576 huyera del convento de Nápoles donde residía. Tras abandonar los hábitos, viajó por Europa, hasta llegar en 1581 a París, donde sus clases públicas atrajeron la atención del rey Enrique III, quien, cuando Bruno se trasladó a Inglaterra en 1583, lo recomendó ante el embajador francés en Londres. Éste lo alojó durante dos años y lo protegió de las reacciones provocadas por la edición clandestina de sus escritos mágicos sobre el arte de la memoria, publicados primeramente en Francia; además, lo introdujo en la corte de Isabel I, donde entabló amistad con personajes influyentes. Durante su primer verano en Inglaterra inició en Oxford una serie de lecciones que pronto se vieron interrumpidas por la recepción hostil de que fueron objeto su exposición del copernicanismo y su defensa de la realidad del movimiento de la Tierra. De regreso en Londres, emprendió la redacción de los seis *Diálogos italianos* que constituyen la primera exposición sistemática de su filosofía. Tres de ellos son cosmológicos y contienen su concepción de un universo infinito, en especial *Del universo infinito y los mundos* (*De l'infinito universo e mondi*, 1584), poblado por innumerables mundos esencialmente similares al sistema solar, concebido éste en términos

heliocéntricos. Contra el dualismo aristotélico entre los mundos sublunar y supralunar, Bruno defendió la existencia de una sustancia única, en la que forma y materia están íntimamente vinculadas y donde toda diferencia se disuelve, ya que en la infinita unidad del ser todos los opuestos coinciden, concepción que expuso en *sobre la causa, el principio y el uno* (*Della causa, principio e uno*, 1584). En los otros tres diálogos, Bruno criticó la ética cristiana, oponiendo una exaltación de la dignidad de todas las actividades humanas al principio calvinista de la salvación a través exclusivamente de la fe y exhortando a los hombres a conquistar la virtud y la verdad fundiendo su alma con el uno infinito: *Los furores heroicos* (*De gli eroici furori*, 1585). En el otoño de 1585 regresó a París, pero el escándalo provocado por sus tesis contra los peripatéticos lo obligó a abandonar Francia en la primavera siguiente, pasando a Alemania. Permaneció dos años en Wittenberg, donde fue titular de una cátedra, pero la progresiva influencia del calvinismo en esa ciudad lo llevó, a finales de 1588, a instalarse en Helmstadt, en la que escribió tres poemas en latín cuyos temas coinciden, en parte, con los diálogos londinenses. En ellos trató Bruno de conciliar su teoría monista con la pluralidad efectiva de las cosas y la realidad de sus cambios, desarrollando una concepción atomista de la materia, aunque finalmente la considerase penetrada en su totalidad por un alma universal, única e indivisible. En 1591 regresó a Venecia, invitado por el patricio Giovanni Mocenigo, quien, defraudado por las enseñanzas mnemotécnicas de Bruno, de las que esperaba extraer el secreto de la sabiduría, acabó por denunciarlo a la Inquisición. Trasladado a Roma en 1593, permaneció en las cárceles del Santo Oficio durante los siete años que duró su proceso; su declaración final, en la que afirmaba ignorar sobre qué había de retractarse, dio pie a que el papa Clemente VIII lo condenase a morir en la hoguera como herético impenitente.

BRYCE ECHENIQUE, ALFREDO (*Lima, 1939*) *Escritor peruano nacionalizado español.* En 1968 inició su actividad literaria con la publicación del libro de relatos *Huerto cerrado*. Ha desarrollado una narrativa muy próxima al cuento oral, donde se difumi-

▲ *Las tesis de Giordano Bruno le llevaron a un enfrentamiento con la Iglesia por lo que fue condenado por el tribunal de la Inquisición a ser quemado vivo.*

▼ *Sergéi Bubka realiza un salto con pértiga, modalidad deportiva en la que el atleta ucraniano fue el dominador absoluto en las dos últimas décadas del s. XX.*

nan las fronteras entre realidad y ficción, pues el autor recurre a sus propias experiencias para configurar un relato vivo y plagado de giros y peripecias. Profundo conocedor de la sociedad limeña, clasista y contradictoria, apela a la ironía para lograr un humorismo que pretende provocar, según el propio autor, «la sonrisa lúcida». Es el creador del antihéroe latinoamericano en Europa, caracterizado por sus contradicciones personales y una constante evocación de su país. En 1998 fue galardonado en España con el Premio Nacional de Narrativa por su novela *Reo de nocturnidad* (1997). Entre sus principales obras figuran *Un mundo para Julius* (1970), *La vida exagerada de Martín Romaña* (1981), *La mudanza de Felipe Carrillo* (1988), *No me esperen en abril* (1995) y *La amigdalitis de Tarzán* (1999).

BUBKA, SERGÉI (*Voroshilovgrad, hoy Lugansk, actual Ucrania, 1963*) *Atleta ucraniano.* Uno de los más extraordinarios atletas del siglo XX, y el mejor sin duda en su disciplina, el salto de pértiga. Residente en Berlín, donde es miembro del Olympische Sport Club, se ha proclamado campeón del mundo de salto de pértiga en seis mundiales de atletismo (Helsinki, 1983; Roma, 1987; Tokio, 1991; Stuttgart, 1993; Göteborg, 1995; Atenas, 1997), logrando con ello un récord histórico. También venció en los tres certámenes de atletismo indoor en que participó (Indianápolis, 1987; Sevilla, 1991 y Barcelona 1995). Fue así mismo campeón de Europa en pista cubierta en Atenas (1985) y Stuttgart (1986), y en los Juegos Olímpicos de Seúl de 1988 consiguió la medalla de oro. Durante los años 1984 a 1992 batió 33 veces el récord del mundo, en casi todas las ocasiones superando su propia marca; en 1994 lo estableció en 6,14 m al aire libre y 6,15 m en pista cubierta.

BUCARELI Y URSÚA, ANTONIO MARÍA (*Sevilla, 1717-Ciudad de México, 1779*) *Militar y administrador español.* Fue gobernador de Cuba desde 1766 hasta 1771, año en que fue nombrado virrey de Nueva España. Preocupado por las exploraciones rusas en América del Norte, envió dos expediciones al mando de Juan Pérez (1774) y Bruno Heceta, los cuales, tras dirigirse al norte y explorar las costas occidentales, no hallaron en la zona presencia alguna de rusos. Por otra parte, le encargó el mando de una expedición a Juan Bautista de Anza, que ocupó el puerto de San Francisco y fundó la ciudad homónima en 1776. En otros campos, Bucarelli se dedicó a mejorar la defensa del virreinato –reforzó con fortificaciones la frontera norte– y emprendió una política de austeridad y rigor fiscal que sirvió para sanear la situación económica deficitaria que encontró al posesionarse del cargo.

BUCHANAN, JAMES *(Pensilvania, EE UU, 1791-id., 1868) Político estadounidense.* Miembro moderado del Partido Demócrata, fue diputado de la Asamblea General de Pensilvania y del Congreso de Estados Unidos, y en 1845 fue nombrado secretario de Estado en el gobierno del presidente James Knox Polk. Elegido presidente de Estados Unidos en 1856, era bien visto inicialmente tanto por los demócratas del Norte como por los sureños moderados, pero su situación empezó a hacerse insostenible cuando apoyó el ingreso del estado esclavista de Kansas en la Unión. Con su partido escindido, y en medio de la crisis secesionista, Buchanan intentó mantener la paz a cualquier precio, haciendo concesiones a los secesionistas sudistas. Su descrédito y aislamiento crecieron hasta tal punto que hubo de abandonar la presidencia (1861) en medio de una situación política cada vez más convulsa.

BUDA [Siddharta Gautama] *(Kapilavastu, actual frontera entre Nepal y la India, h. 560 a.C.-Kusinagara, hoy Kasia, actual India, h. 480 a.C.) Príncipe indio del clan de los Sakyas, fundador del budismo.* Las menciones biográficas acerca de la vida de Buda son escasas y fragmentarias, y proceden, en su mayoría, de tres grandes fuentes, a saber: los *vinaya*, los *sutta-pitaka* y el *buddhacarita* de Asvaghosa, todos ellos textos posteriores a su tiempo. Por otro lado, en su biografía se mezclan distintas leyendas y tradiciones, todo lo cual imposibilita el conocimiento exacto de fechas y actos. Hay, sin embargo, cierto consenso en ubicar su nacimiento en el seno de una familia de casta elevada. Su padre, Suddhodana, era monarca de los Sakya, clan de la región de Kapilavastu. A su madre, Maya, no llegó a conocerla, pues falleció una semana después de que él naciera. Tras una infancia y una adolescencia propias de su procedencia cortesana, contrajo matrimonio con su prima Yasodhara, con quien tuvo un hijo varón al que llamaron Rahula. A los veintinueve años, hastiado de su condición principes-

◄ *Buda representado en su advocación de Shadakshari Lokesvara en un* thanka *tibetano del s. XVIII, conservado en la colección privada Maraini de Florencia.*

> *«Todas las cosas condicionadas son transitorias. Tratad de cumplir vuestra tarea con diligencia.»*
>
> Buda

ca y muy afectado por los sufrimientos de sus semejantes, decidió abandonar el palacio paterno para encontrar la causa del dolor humano y una vía hacia la libertad. Con este fin, se entregó al ascetismo más riguroso, del cual, sin embargo, no extrajo ningún conocimiento. Tras varios años de infructuosa meditación, el día de luna llena de Vesakha (mayo del 523 a.C.) se sentó bajo una higuera sagrada en Uruvela, a orillas de un afluente del río Ganges, dispuesto a no moverse de allí hasta alcanzar el verdadero conocimiento. Éste le sobrevino durante la noche, una vez superadas las tentaciones que para alejarlo de su fin dispuso el dios Mara, y Gautama obtuvo la iluminación, y se convirtió desde entonces en el Buda, que significa *el Iluminado*. A partir de aquel instante dedicó el resto de su existencia a predicar el *dharma*, es decir, la doctrina o ley suprema de todas las cosas. Sus primeros discípulos fueron cinco ascetas, antiguos compañeros suyos, ante quienes pronunció en Benarés su primer sermón, conocido como *Discurso sobre el movimiento de la rueda del dharma*, y en el cual explicó por vez primera la doctrina de las Cuatro Verdades. Estos cinco ascetas fueron los primeros integrantes de la *sangha* («la comunidad»), la cual fue ampliándose durante los siguientes años, dedicados íntegramente por Buda a la difusión de la nueva fe y a la organización de la *bhikku*, la comunidad monástica del naciente budismo. Tras escapar de un intento de asesinato a manos de su primo Devadatta, acontecido ocho años antes de su muer-

▼ *Buda en un bronce dorado sobre un pedestal de loto que se conserva en el Metropolitan Museum de Nueva York y que data del año 447.*

te, y conseguida la conversión de su esposa y su hijo a la nueva doctrina, Buda enfermó de disentería, dolencia que le produjo la muerte a los ochenta años de edad. Su cuerpo fue incinerado y sus cenizas y reliquias, que con el tiempo habían de convertirse en objeto de culto, se repartieron entre sus discípulos más aventajados y fueron por último encerradas en diez *stupas* o monumentos funerarios. Buda no dejó ninguna obra escrita. Sus enseñanzas se transmitieron oralmente hasta su transcripción, cuatro siglos después, en el *Canon Pali*. La nueva doctrina revelada por él otorgaba un papel secundario al conjunto de divinidades, estaba abierta a los miembros de todas las clases sociales y defendía que el ser está sometido al *samsara*, la rueda de los nacimientos y las muertes, en movimiento hasta que la acción (*karma*) no la detenga, entendiendo por *karma* el destino de un ser vivo condicionado por los actos realizados en sus anteriores vidas. De este planteamiento inicial surgen las Cuatro Verdades Nobles, a saber: el mundo es sufrimiento; éste deriva de los deseos humanos; el único camino hacia la salvación pasa por la renuncia voluntaria al deseo; la salvación se consigue por la vía de los ocho nobles principios: la comprensión recta, el pensamiento recto, la palabra recta, la acción recta, el medio de existencia recto, el esfuerzo recto, la atención recta y la concentración recta. Cuando el ser humano los aplica se consigue la vía media, que abre las puertas a una existencia equilibrada. El objetivo final de la existencia es el *nirvana*, al cual se llega tras el agotamiento del *karma* y de la perenne cadena de las reencarnaciones.

BUENAVENTURA, SAN [Giovanni Fidanza] *(Bagnorea, actual Italia, 1221-Lyon, Francia, 1274) Teólogo franciscano.* Ingresó en la orden franciscana y se trasladó a París para completar los estudios teológicos en la Sorbona. Poco después, daba lecciones a los frailes menores. Adquirió pronto prestigio y respeto dentro de la orden, que utilizó para defender a los clérigos mendicantes en su conflicto con los seculares. En 1257 fue elegido general de los franciscanos y desde esta posición intentó calmar las corrientes contrarias que iban surgiendo en la orden. Con su texto *Vida de san Francisco de Asís* fijó la tradición del santo. Escribió diversas obras teológicas en las que queda reflejado su misticismo, entre las que destaca su obra maestra, *Itinerarium mentis in Deum*

▲ *Fotografía del dramaturgo Antonio Buero Vallejo, figura clave en la evolución del teatro español a partir de la década de 1940.*

▼ *Retrato de Buffalo Bill y cartel de propaganda para su espectáculo, la Wild West Fair, en el Madison Square Garden.*

(1259). Nombrado cardenal por Gregorio X y canonizado en el año 1482 por Sixto IV, el papa Sixto V le otorgó el título de Doctor de la Iglesia.

BUERO VALLEJO, ANTONIO *(Guadalajara, España, 1916-Madrid, id., 2000) Dramaturgo español.* Estudió bellas artes con la intención de dedicarse a la pintura, pero optó finalmente por el teatro. Durante el franquismo estuvo seis años en prisión. Se reveló en 1949 con el estreno de dos obras, *Las palabras de arena* y, sobre todo, *Historia de una escalera*, que obtuvo un gran éxito y supuso la aparición de una voz crítica en la escena española. Su reflexión gira tanto en torno a los condicionantes externos y sociales que afectan al individuo como sobre sus resortes psicológicos y sus debates internos. Prosiguió su carrera de dramaturgo con una serie de obras en las que explota la técnica del teatro psicológico y existencialista, para evolucionar, a partir de la década de 1960, hacia un teatro de tipo más brechtiano, en el que destacan piezas como *El tragaluz* (1967) o *El sueño de la razón* (1969).

BUFFALO BILL [William Frederick Cody] *(Scott County, EE UU, 1846-Denver, id., 1917) Explorador, cazador y empresario de espectáculos estadounidense.* Huérfano de padre a los once años, se vio obligado a buscar el sustento como mensajero a caballo, en Kansas. Antes de cumplir los veinte años ya era un consumado jinete, rastreador y tirador. Durante su dilatada vida aventurera participó

en la guerra de Secesión, trabajó para el Pony Express, probó suerte como buscador de oro y fue explorador civil en las campañas del Quinto de Caballería contra la resistencia india al oeste del Mississippi. Pronto se ganó una buena reputación como conocedor del terreno y de las costumbres nativas. Pero la actividad que le valiera el seudónimo que le hizo famoso (*Buffalo Bill*) fue la caza del búfalo, que ejerció con inigualable pericia entre 1867 y 1868 para proporcionar alimento a los obreros del ferrocarril: en ocho meses abatió 4 280 piezas. En breve, la fama de sus correrías lo convirtió en una leyenda viva de la conquista del Oeste, y en un héroe popular que llenaba las páginas de periódicos y novelas, que relataban cómo, supuestamente, se había batido en duelo con el indio cheyene Cabellera Amarilla, a quien había conseguido herir de bala, apuñalar en el corazón y arrancar la cabellera en menos de cinco segundos. En la cumbre de su fama, las clases acomodadas de la Costa Este, así como la nobleza europea, reclamaban sus servicios como guía en sus partidas de caza. Consciente de la admiración que despertaba su figura, el año 1883 fundó su propio espectáculo, una mezcla de actuación circense y lección de historia en la que dramatizaba la vida del lejano Oeste e incluía pintorescas exhibiciones de puntería, monta y conducción de diligencias. En su reparto figuraban grandes tiradores, indios (el mismo Toro Sentado llegó a formar parte de él) y animales. La mala gestión de su negocio lo llevó a la ruina y se retiró del mundo del espectáculo apenas dos meses antes de su fallecimiento.

BUFFON, GEORGES LOUIS LECLERC, CONDE DE *(Montbard, Francia, 1707-París, 1788) Naturalista francés.* Hijo de un funcionario de la región de Borgoña, ingresó por indicación paterna en la Universidad de Dijon para estudiar derecho. En 1728 se trasladó a Angers para satisfacer su verdadera vocación, y allí estudió medicina, botánica y matemáticas. Tras permanecer dos años en Italia y Gran Bretaña, con ocasión de la muerte de su madre regresó a Francia y se instaló en la heredad familiar de Montbard. En 1739 fue nombrado administrador de los Reales Jardines Botánicos, y se le encomendó la elaboración del catálogo de la documentación sobre historia natural perteneciente a las colecciones reales. Este encargo le sirvió de excusa para preparar una obra general y sistemática que comprendiera todos los

▲ *Lámina de crustáceos e insectos de la* Historia natural *del conde de* **Buffon**.

« *La vida es trivial. ¡Afortunadamente!.*»

Antonio Buero Vallejo
El tragaluz

▼ *Mechero inventado por R.W.* **Bunsen** *y ampliamente utilizado en los laboratorios de todo el mundo.*

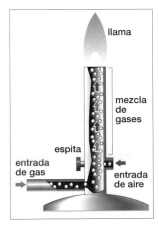

llama

mezcla de gases

espita

entrada de gas

entrada de aire

conocimientos de la época en historia natural, geología y antropología, y que tituló *Histoire naturelle, générale et particulière.* El proyecto original constaba de cincuenta volúmenes, de los que sólo pudo publicar en vida treinta y seis, dispuestos en cuatro entregas de quince (1749-1767), siete (1774-1789), nueve (1770-1783) y cinco (1783-1788) volúmenes, respectivamente. Profusamente ilustrada y escrita en un estilo ampuloso, fue muy leída en toda Europa, pero también recibió duras críticas. En la sección más conocida de la obra, *Époques de la nature*, Buffon fue el primero en dividir la historia geológica en una serie ordenada de etapas, introduciendo el concepto de «evolución» en el ámbito de la historia natural. Nominalista y antilinneano, sus nociones sobre «especies perdidas» ejercieron gran influencia en la paleontología. En su estudio del ser humano se mostró fuertemente influido por Descartes. Así mismo sugirió que el origen de los planetas pudiera ser el choque entre el Sol y un cometa errante. Aunque no fue un enciclopedista, abogó por una labor científica no mediatizada por juicios aprioristicos (especialmente de índole religiosa).

BULNES, MANUEL *(Concepción, Chile, 1799-Santiago, 1866) Militar y político chileno.* Inició siendo aún muy joven la carrera militar en el ejército colonial español, que pronto abandonó para unirse al bando independentista chileno y participar en la lucha a las órdenes del general San Martín. Fue ascendido a general de división e intervino en la campaña contra la Confederación Perú-Boliviana entre 1837 y 1839, que amenazaba la hegemonía de Chile. Tras ocupar Lima en agosto de 1838, el 20 de enero siguiente derrotó definitivamente a las tropas de la Confederación en la batalla de Yungay. El prestigio ganado entonces le valió ser elegido presidente de la República en 1841, cargo que ocupó durante diez años, en el período conocido como «decenio de Bulnes», durante el cual el país experimentó extraordinarios avances económicos, sociales y culturales. Durante su mandato, España reconoció la independencia de Chile (1844).

BUNSEN, ROBERT WILHELM *(Gotinga, Alemania, 1811-Heidelberg, id., 1899) Químico alemán.* Se doctoró en 1830 por la Universidad de Gotinga. Ejerció como profesor de química en Kassel (1836), en Marburgo (1841) y Heidelberg (1852-1899). En el campo de la química orgánica destacan sus *Estudios de las series cacodilo* (1837-1842), resultado de su trabajo sobre los compuestos de cacodilo que permitieron profundizar en el concepto de radical y que fundamentarían la química de compuestos organometálicos. En el campo de la química inorgánica y analítica destaca su invención de la pila que lleva su apellido y su método de separación de metales (magnesio, aluminio, sodio, bario, calcio y litio) por electrodeposición. Colaboró con Kirchhoff en el estudio de los espectros de emisión; en 1860 desarrolló el análisis espectroscópico, que le permitió descubrir dos nuevos elementos: el cesio y el rubidio. En la actualidad todavía se utiliza en trabajos de laboratorio el famoso mechero Bunsen (1855).

BUÑUEL, LUIS *(Calanda, España, 1900-Ciudad de México, 1983) Director de cine español*. Uno de los grandes maestros de la historia del cine. Compañero de Dalí y García Lorca, se sintió atraído durante su juventud por las nuevas formas de expresión surgidas a raíz del surrealismo, cuyas innovaciones intentó aplicar en sus obras. En colaboración con Dalí, rodó en París dos de sus primeras y más emblemáticas películas, el cortometraje *Un perro andaluz* (1929) y *La edad de oro* (1930). En ellas se dan ya todas las claves que definen el estilo de madurez del cineasta: una actitud provocadora e iconoclasta con respecto a los valores burgueses, anticlericalismo y compromiso social. En 1932 rodó *Tierra sin pan*, un impresionante documental sobre la precaria situación de Las Hurdes. Exiliado tras la guerra civil de 1936-1939, después de combatir en el bando republicano, prosiguió su carrera en México, donde contribuyó a impulsar la cinematografía azteca a nivel internacional con títulos como *Él* (1952), *Ensayo de un crimen* (1955), *Nazarín* (1958), *El ángel exterminador* (1962) y *Simón del desierto* (1965). En 1961 volvió a España sólo para rodar una coproducción hispanomexicana, *Viridiana*. Pese a haber obtenido el Gran Premio en el Festival de Cannes, la película, considerada sacrílega, fue censurada por las autoridades franquistas. Trabajó también en Francia, país en el cual realizó películas como *Diario de una camarera* (1964), *Belle de jour* (1966), *La Vía Láctea* (1968), *Tristana* (1970) y *El discreto encanto de la burguesía* (1972), galardonada con el Oscar a la mejor película extranjera. Catherine Deneuve y Fernando Rey son los dos actores fetiche de esta etapa cinematográfica de Buñuel. Su último filme fue *Ese*

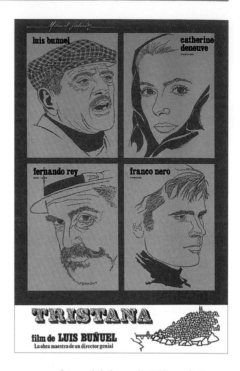

▶ *Cartel anunciador de* Tristana, *de Luis* **Buñuel**. *El director aragonés regresó a España en 1969 para rodar esta película, inspirada libremente en la novela homónima de Benito Pérez Galdós.*

▼ *Luis* **Buñuel** *fotografiado durante el rodaje de uno de sus filmes. Con una obra muy personal, el cineasta de Calanda es posiblemente el realizador de cine español más internacional.*

oscuro objeto del deseo (1979), rodada en Francia y España. En 1982 publicó un libro autobiográfico con el título de *Mi último suspiro*, escrito con la colaboración del guionista Jean-Claude Carrière, con quien llevaba dos décadas trabajando. Casado con Jeanne Rucard en los años cuarenta, el cineasta vivió en México desde que se exilió hasta el final de su vida.

BURNE-JONES, SIR EDWARD COLEY *(Birmingham, Reino Unido, 1833-Londres, 1898) Pintor y diseñador británico*. En su época llegó a ser considerado uno de los grandes artistas británicos, y su importan-

cia se debe tanto a su trayectoria dentro del movimiento prerrafaelista como a su defensa del «artista-artesano» y a su trabajo junto a William Morris, precursor del movimiento *Arts & Crafts*. Durante sus estudios en el Exeter College de Oxford conoció a Morris y al pintor Dante Gabriel Rossetti, quien se convirtió en su mentor y fue el detonante del abandono de sus estudios. Respondiendo a los principios prerrafaelistas, sus obras recrean, con grandes dosis de misticismo romántico, historias medievales de caballeros en las que aparecen melancólicas figuras que recuerdan las imágenes de los pintores renacentistas italianos Filippino Lippi y Sandro Botticelli. Ennoblecido en 1894, su mayor influencia se dejó sentir durante los años siguientes en el ámbito decorativo y de ilustración de libros.

BUSH, GEORGE *(Milton, EE UU, 1924) Político estadounidense.* Tras hacer fortuna en Texas con el negocio del petróleo, en 1966 inició su andadura política al ser elegido para el Congreso por el Partido Republicano. Embajador de Estados Unidos ante las Naciones Unidas durante la presidencia de Richard Nixon y director de la Agencia Central de Inteligencia. Elegido vicepresidente formando tándem con Ronald Reagan en las elecciones de 1980 y 1984, en 1988 accedió a la presidencia del país. Apoyó sin reservas la unificación de las dos Alemanias e inauguró, junto a Mijaíl Gorbachov, la política de desarme y la limitación de la presencia de fuerzas convencionales soviéticas en Europa. En política internacional, autorizó la invasión de Panamá para capturar al general Noriega, y auspició y nutrió con fuerzas estadounidenses la fuerza multinacional de la ONU que expulsó a Irak de Kuwait en 1990. En 1993 fue derrotado en las elecciones presidenciales por el demócrata Bill Clinton.

BUXTEHUDE, DIETRICH *(Oldesloe, actual Alemania, h. 1637-Lübeck, id. 1707) Compositor y organista alemán, de origen danés.* Hijo de un organista, aprendió de su padre la técnica del órgano y la composición. Desde 1657 fue organista de la iglesia de Santa María de Helsingborg y desde 1660 de la de Helsingør. En 1668, y tras desposar, según la costumbre, a la hija de su predecesor, Franz Tunder, accedió al puesto de organista de la Marienkirche de Lübeck. En esta iglesia, en la que se halla uno de los mejores órganos de toda Alemania, permaneció hasta su muerte, labrándose una extraordinaria reputación

▲ *Pintura de 1675 donde se retrata al compositor y virtuoso organista alemán Dietrich **Buxtehude** junto a J. Theile y J. A. Reincken.*

▲ *George **Bush** fotografiado en el Despacho Oval de la Casa Blanca. Durante su mandato presidencial fue testigo del derrumbe del bloque soviético y de la unificación de Alemania.*

como intérprete de su instrumento músico y como compositor. Es célebre la historia, quizá legendaria pero en todo caso ilustrativa de su maestría, que narra el viaje de trescientos kilómetros, de Arnstadt a Lübeck, que realizó a pie Johann Sebastian Bach cuando tenía veinte años sólo para escucharlo. Buena parte de su fama se debía a la organización de los *Abendmusiken*, ciclos de conciertos públicos en los cuales se ofrecían obras instrumentales y vocales.

BYRD, WILLIAM *(Lincoln, Inglaterra, h. 1543-Stondon Massey, id., 1623) Compositor, organista y virginalista inglés.* Discípulo de Thomas Tallis, compartió con su maestro el cargo de organista de la capilla real inglesa desde 1572. Tres años más tarde, la reina Isabel otorgó a ambos músicos el privilegio para la impresión y venta de música en Inglaterra, lo que significaba el monopolio de tales actividades en suelo inglés. En esta imprenta, Byrd publicó la mayor parte de su producción, en la cual se cuentan ejemplos de todos los géneros en boga en su época: misas, motetes, himnos, madrigales, composiciones para diversos conjuntos instrumentales... Su aportación es particularmente notable en el ámbito de la música para teclado por la trascendencia de sus innovaciones técnicas y su alta calidad artística. Formas como la variación adquieren en ella un desarrollo insospechado, al mismo tiempo que su audaz armonía, rica en cromatismos y disonancias, le presta una sonoridad profundamente expresiva.

BYRON, LORD [George Gordon] *(Londres, Gran Bretaña, 1788-Missolonghi, actual Grecia, 1824) Poeta británico.* Perteneciente a una familia de la aristocracia de su país, perdió a su padre a los tres años. En 1798, al morir su tío abuelo William, quinto barón Byron, heredó el título y las propiedades. Educado en el Trinity College de Cambridge, etapa en la que curiosamente se distinguió como deportista, a pesar de tener un pie deforme de nacimiento, vivió una juventud amargada por su cojera y por la tutela de una madre de temperamento irritable. A los dieciocho años publicó su primer libro de poemas, *Horas de ocio,* y una crítica adversa aparecida en el *Edimburgh Review* provocó su violenta sátira titulada *Bardos ingleses y críticos escoceses,* con la que alcanzó cierta notoriedad. En 1809, al ser declarado mayor de edad, emprendió una serie de viajes en los que recorrió España, Portugal, Grecia y Turquía. A su regreso publicó, como memoria poética de su viaje, los dos primeros cánticos de *La peregrinación de Childe Harold,* que le valieron rápidamente la fama. El héroe del poema, Childe Harold, parece basado en elementos autobiográficos, aunque sin duda recreados y aumentados para configurar lo que sería el típico héroe byroniano –al que él mismo trató de emular en su vida–, caracterizado por la rebeldía frente a la moral y las convenciones establecidas y marcado por una vaga nostalgia y exaltación de sentimientos, en especial el sufrimiento por un indeterminado pecado original. En 1815 se casó con Anna Isabella Mibanke, con quien tuvo una hija, Augusta Dada, aunque se separaron al cabo de un año. El personaje libertino y amoral que encarnaba frente a la sociedad terminó por volverse contra él, sobre todo a partir de los rumores sobre sus relaciones incestuosas con su hermanastra Augusta, por lo que terminó por abandonar el Reino Unido en 1816, para no regresar jamás y convertirse en poeta errante por Europa. En Suiza, de donde había llegado procedente de Bélgica, convivió con el poeta Shelley y sostuvo relaciones amorosas con Claire Clairmont. Tras una estancia en Génova, se trasladó a Venecia, donde inició, en 1819, una nueva y turbulenta relación amorosa con la condesa Guiccioli y llevó una vida fastuosa y salpicada de escándalos; más tarde fue a Ravena. En esta época terminó el cuarto canto de *Childe Harold* y su *Manfredo* (1817), que le permitió sostener correspondencia con Goethe, quien diría de él que se trataba del «primer talento de su siglo». En 1819 inició su famoso *Don Juan,* considerada por muchos como su mejor obra, en la que recrea al mítico personaje en un tono que oscila entre la gravedad y la ironía. En 1822, y junto a los poetas Shelley y Leigh Hunt, fundó en Pisa la revista *The Liberal,* cuya publicación se interrumpió enseguida debido a la muerte del primero y a la disputa de Byron con Hunt. Orientado cada vez más hacia la causa liberal, en 1823, a raíz de la rebelión de los griegos contra los turcos, reclutó un regimiento para la causa de la independencia griega, aportó sumas económicas importantes y se reunió con los insurgentes en julio de 1823 en Missolonghi. Murió de unas fiebres en esta misma ciudad poco después, a los treinta y seis años de edad. La fama de que gozó en su época se ha visto reducida en gran medida con el paso de los años y el aumento de la perspectiva histórica. Se ha discutido el valor literario y sobre todo el carácter innovador de sus composiciones líricas, mientras que su facilidad versificadora y su expresión ágil e incisiva mantienen el interés de sus sátiras y composiciones narrativas. Byron encarnó para sus coetáneos el ideal del héroe romántico, tanto en su obra como en su vida, y como tal fue considerado y admirado por no pocos escritores, José de Espronceda y Gustavo Adolfo Bécquer entre ellos.

▲ *El poeta Byron, retratado con atuendo albanés. Debajo, ilustración y portada de una edición francesa de 1842 de* Los amores secretos de lord Byron.

LORD BYRON
OBRAS MAESTRAS

POESÍA: *HORAS DE OCIO (HOURS OF IDLENESS,* 1807); *BARDOS INGLESES Y CRÍTICOS ESCOCESES (ENGLISH BARDS AND SCOTCH REVIEWERS,* 1809); *LA PEREGRINACIÓN DE CHILDE HAROLD (CHILDE HAROLD'S PILGRIMAGE,* cuatro cantos: I y II, 1812; III, 1816; IV, 1818); *LA DESPOSADA DE ABYDOS (THE BRIDE OF ABYDOS,* 1813); *EL CORSARIO (THE CORSAIR,* 1814); *EL CERCO DE CORINTO (THE SIEGE OF CORINTH,* 1816); *LARA* (1817); *BEPPO* (1818); *MAZEPPA* (1819); *DON JUAN* (1819-1824). **TEATRO:** *MANFREDO (MANFRED,* tragedia, 1817); *MARINO FALIERO* (1821); *LOS DOS FOSCARI (THE TWO FOSCARI,* 1821); *SARDANAPALUS* (1821).

CABALLÉ, MONTSERRAT *(Barcelona, 1933) Soprano española.* Desde su consagración internacional en el Metropolitan Opera House de Nueva York, en 1965, con *Lucrecia Borgia* de Donizetti, la carrera de esta soprano ha sido una continua sucesión de éxitos que la han llevado a actuar en los más prestigiosos teatros líricos del mundo (Milán, Londres, Viena, Berlín, Barcelona, Nueva York,...). Su excepcional técnica y musicalidad le han permitido dominar un amplísimo repertorio, en el que tienen cabida todos los estilos, desde Mozart (*Fiordiligi, Così fan tutte*) hasta Wagner (*Tristán e Isolda*) y Strauss (*Salomé, Elektra*), pasando por los más difíciles roles del repertorio italiano (*Norma, La Traviata, Tosca, La bohème*). En la década de 1970 colaboró en la recuperación de algunos títulos olvidados de Donizetti. Aunque no se ha prodigado tanto en este terreno, ha intervenido también en algunas obras contemporáneas, como *Wozzeck* de Berg o *Cristóbal Colón* de Lleonard Balada, en cuyo estreno compartió protagonismo con el tenor José Carreras.

CABALLERO, FERNÁN → Fernán Caballero.

CABET, ÉTIENNE *(Dijon, Francia, 1788-Saint Louis, EE UU, 1856) Teórico socialista francés.* Ejerció como profesor y como abogado y, ya desde muy joven, se interesó por los acontecimientos políticos del país. Fue carbonario y participó activamente en la revolución de 1830. Aceptó, posteriormente, la coronación de Luis Felipe, lo cual le permitió ser nombrado procurador general de la isla de Córcega. A pesar de sus opiniones políticas, de marcado carácter progre-

▲ *Montserrat **Caballé** fotografiada en su camerino. Durante su dilatada y exitosa carrera, la soprano ha cantado en los más prestigiosos escenarios de todo el mundo.*

sista y a menudo muy críticas con el sistema vigente, fue elegido diputado en 1831. Más adelante, en 1834, fundó *Le Populaire*, periódico cuyas páginas utilizó para dar a conocer su ideario político. Ello le acarreó varios problemas con la justicia gala, que a la postre lo condenó. Para evitar la condena, buscó refugio en el Reino Unido, donde tuvo ocasión de conocer de primera mano las tesis de Owen. Éstas causaron en él una profunda impresión e influyeron en sus obras posteriores. En 1940 publicó *Viaje a Icaria*, novela que le reportó una merecida fama y en la que trazó las líneas generales de lo que debería ser una sociedad ideal. En todas sus obras se mostró partidario de implantar un régimen económico basado en la colectivización de las fuerzas de producción. Así mismo, quiso implantar dicha sociedad ideal en Francia, pero al no conseguirlo se trasladó, junto a varios centenares de sus seguidores, a Estados Unidos. En 1856 fundó en Saint Louis una nueva Icaria, y no tardaron en formarse nuevas comunidades socialistas. No obstante, fueron perdiendo progresivamente el espíritu original y Cabet, muy desengañado, se suicidó.

CABEZA DE VACA, ÁLVAR NÚÑEZ *(Jerez de la Frontera, España, 1507-Sevilla, 1559) Explorador y gobernador de las Indias español.* Nació en el seno de una familia ennoblecida en pago de los servicios prestados a la Corona española durante la Reconquista. En 1526 partió en la expedición de Pánfilo de Narváez a Florida, pero resultó ser el único superviviente del trágico naufragio de la embarcación. Durante los ocho años siguientes, se dedicó a recorrer la parte meridional de Estados Unidos y

México. En 1537 regresó a España, donde obtuvo el cargo de gobernador del Río de la Plata, en la actual Argentina, hacia donde se dirigió en 1541. Desembarcó en Brasil y un año más tarde llegó a Asunción, desde donde intentó repoblar Buenos Aires y envió dos infructuosas expediciones al Chaco. Sin embargo, su sistema de gobierno, en exceso personalista y favorable a los indígenas, provocó en 1543 un alzamiento, a raíz del cual fue hecho prisionero y enviado a España, donde fue juzgado y desterrado a Orán durante ocho años hasta que Felipe II le indultó en 1553. Fue nombrado miembro del Tribunal Supremo en Sevilla. Escribió *Naufragios* y unos *Comentarios*.

CABEZÓN, ANTONIO DE *Compositor y organista español (Castrillo de Matajudíos, Burgos, 1510-Madrid, 1566)*. Ciego desde la niñez, fue el organista de la capilla real de Felipe II. En 1548 acompañó al todavía príncipe Felipe en sus viajes por Europa. El compositor fue muy bien recibido en las cortes de varios países por los grandes músicos de su época, especialmente en Heidelberg, donde entró en contacto con la tradición heredada de la música de Schlick. Es conocido por sus variaciones instrumentales, las primeras de la música española, recopiladas por su hermano Hernando a título póstumo, entre otras muchas composiciones, con el título de *Obra para música para tecla, arpa y vihuela* (1578). Anteriormente, L. Venegas Henestrosa había reunido el resto de su obra en el *Libro de cifra nueva para tecla* (1557).

CABOTO, FAMILIA; JUAN *(Génova?, h. 1450-?, 1498)* y su hijo **SEBASTIÁN** *(Venecia, h. 1480-Londres, 1537) Navegantes y exploradores de origen genovés*. Residente en Venecia desde los once años, Juan Caboto partió de esta ciudad para recorrer Oriente y establecer lazos comerciales. Caboto pretendía organizar expediciones en busca de un paso hacia el noroeste que posibilitase el acceso a las Indias Orientales. En 1490 pasó a Bristol, en Inglaterra, donde entró al servicio del rey Enrique VII. El monarca le otorgó una carta patente, con monopolio comercial, para realizar una expedición a Occidente. Embarcó en la nave *Matthew*, con su hijo Sebastián como tripulante, y en 1497 llegó a la *Terra de prima vista* o isla de Cabo Bretón, pasando también por Terranova, Saint-Pierre y Miquelon. En 1498 emprendió un

▲ *El navegante y explorador Juan Caboto pintado junto a un globo terráqueo. De origen genovés, Caboto sirvió como explorador para Inglaterra.*

▼ *Cabrera Infante es uno de los escritores cubanos contemporáneos más reconocidos. Su oposición frontal al régimen castrista lo llevó al exilio.*

nuevo viaje, que lo condujo hasta la costa oriental de Groenlandia y a la península del Labrador, aunque parece ser que quien realmente dirigió esta travesía fue su hijo Sebastián. Éste entró más tarde al servicio del emperador Carlos I y alcanzó el estuario del Plata y remontó el Paraná. En el año 1549, de nuevo al servicio de Inglaterra, organizó la expedición de Willoughby y Chancellor para buscar el paso del noroeste. Se le debe el alzado de un importante mapamundi, que se conserva en la Biblioteca Nacional de París.

CABRAL, PEDRO ÁLVARES → Álvares Cabral, Pedro.

CABRAL DE MELO NETO, JOÃO *(Recife, Brasil, 1920-id. 1999) Poeta brasileño*. Se dedicó a la diplomacia en España y Francia, y la poesía de estos dos países ejerció una influencia determinante en su obra. Su producción literaria comenzó en 1942, cuando contaba veintidós años. En 1954 agrupó sus primeras obras en el volumen *Poemas reunidos*, y en 1968 publicó una segunda recopilación titulada *Poesías completas*. Su lírica se caracteriza por el intento de lograr una mayor objetividad, concreción y austeridad, gracias a una forma cuidada y al rechazo de ornamentos y sentimentalismos, rasgos que le han llevado a ser considerado como el mejor poeta de la generación de 1945. Sus obras más destacadas son *Pedra no sono* (1942), *O engenheiro* (1945), *O cao sem plumas* (1950), *Terceira feira* (1961), *La educación por la piedra* (1966) y *Museo de todo* (1975).

CABRERA INFANTE, GUILLERMO *(Gibara, Cuba, 1929) Escritor cubano, nacionalizado británico*. Fundó en 1951 la cinemateca de Cuba, de la cual fue director hasta que el general Batista ordenó su cierre, labor que compaginaba con sus artículos de crítica cinematográfica para la revista *Carteles*, que publicaba bajo el seudónimo de G. Caín (1954-1960). Dirigió así mismo la revista literaria *Lunes de Revolución*, prohibida en 1961 por Castro. En 1968 publicó su primera novela de renombre, *Tres tristes tigres*, cuyo carácter experimental radica en el uso ingenioso del lenguaje en su registro más coloquial y el juego constante de guiños y referencias a otras obras literarias. Fue diplomático en Bruselas, hasta que rompió definitivamente con el régimen castrista y se instaló en Londres. Ha escrito otras novelas destacadas, como *Vista del amanecer en el trópico* (1964), *La Habana para un infante difunto* (1979), considerado por el propio autor como su libro más íntimo, y ensayos como *Vidas para leerlas* (1998). En el año 1998 recibió el Premio Cervantes.

CÁCERES DÍAZ DE ARISMENDI, LUISA *(Caracas, 1799-íd., 1866) Patriota venezolana.* En 1814 contrajo matrimonio con Juan Bautista Arismendi, uno de los más destacados jefes patriotas; poco después de su boda debieron trasladarse a la isla Margarita, de la que Arismendi fue nombrado gobernador. Cuando la flota del general español Morillo invadió la isla (1815), Arismendi logró huir, pero Luisa fue apresada por el comandante español Cobián y encarcelada en el castillo de Santa Rosa, con la intención de atraer a su esposo. Poco después, las tropas republicanas lanzaron un ataque contra las fuerzas realistas, y lograron detener a Cobián; pero Arismendi rechazó la propuesta de las autoridades españolas de intercambiar a su esposa por el prisionero. Luisa Cáceres fue sometida entonces a diversas torturas y vejaciones, que la hicieron perder el hijo que estaba esperando. Posteriormente, fue trasladada a La Guaira, a Caracas y, por último, a España, donde fue juzgada. Absuelta de culpa, le fue permitido regresar a Venezuela. A su llegada a la isla Margarita, en el año 1818, fue recibida como una heroína.

CADALSO, JOSÉ *(Cádiz, 1741-Gibraltar, 1782) Escritor español.* Se orientó hacia la carrera militar, llegando a obtener con el tiempo el grado de coronel. Siguiendo sus diversos destinos, residió en varias ciudades españolas, sobre todo en Madrid, donde entró en contacto con los círculos literarios del momento. Se inició en la literatura con una serie de dramas de corte neoclásico, como *Sancho García* (1771), algunos de los cuales fueron prohibidos por la censura, a los que siguió una sátira contra la pedantería de ciertas clases sociales, *Los eruditos a la violeta* (1772), con la que obtuvo su primer éxito literario. Siguiendo en la misma actitud crítica, próxima al espíritu de la Ilustración, escribió su obra más famosa, las *Cartas marruecas* (1789), inspirada en las *Cartas persas* de Montesquieu. En ellas, la España de su época es presentada en sus contradicciones y ambigüedades a través de la mirada exterior de un viajero de origen marroquí.

CAGLIOSTRO, ALESSANDRO, CONDE DE [Giuseppe Balsamo] *(Palermo, actual Italia, 1743-San Leo, íd., 1795) Aventurero ita-*

▼ *El escritor José* **Cadalso** *según un retrato de Castro Romero. Como ilustrado, realizó una crítica inteligente de la España de su época.*

liano. Hijo de una familia en extremo humilde, creció y se educó en la calle. Por causa de una serie de pequeñas fechorías se vio obligado a abandonar Sicilia, e inició entonces un largo periplo por el Mediterráneo que le llevó a Grecia, Egipto, Persia y Rodas, donde presumiblemente estudió alquimia. En 1768 contrajo matrimonio con la dama romana Lorenza Feliciani, en compañía de la cual visitó las principales ciudades europeas, exhibiendo sus supuestos poderes ocultos. Entre sus muchas ocupaciones, vendía filtros amorosos y elixires de juventud y ejercía la videncia y las curaciones milagrosas. En 1785, cuando era una de las figuras más frecuentadas por la alta sociedad parisina, su amistad con el cardenal Louis de Rohan le implicó en el escándalo del collar de María Antonieta, lo que conllevó su reclusión en la Bastilla y su posterior expulsión de Francia. Detenido por la Inquisición (1791) acusado de masón, permaneció en prisión hasta su muerte.

CALDER, ALEXANDER *(Filadelfia, EE UU, 1898-Nueva York, 1976) Escultor estadounidense.* Nació en el seno de una familia de artistas, pero no se sintió inclinado inicialmente hacia el arte y cursó estudios de ingeniería mecánica, que más adelante le fueron de gran utilidad. Hasta 1923 no se matriculó en una escuela de arte, en la que comenzó haciendo esbozos rápidos de viandantes. En 1931 ingresó en la asociación Abstraction-Creation, y el mismo año creó una obra a la que Marcel Duchamp bautizó como *móvil.*

▶ Móvil, *obra de Alexander* **Calder**. *El escultor abstracto estadounidense fue el creador de los* móviles, *esculturas dotadas de movimiento.*

Precisamente son los móviles las creaciones que elevaron a Calder a las más altas cimas de la escultura moderna. Con ellos se propuso crear obras abstractas dotadas de movimiento, que reflejaran, gracias a su dinamismo, los efectos cambiantes de la luz. Realizó móviles de muy distintos tamaños, algunos gigantescos, en los que se sirvió de piezas coloreadas de latón de formas abstractas, unidas por alambres o por cuerdas; suspendidos por lo general del techo, que eran fácilmente movidos por el aire. Con estas obras, fue el primero en incorporar el movimiento a la obra de arte y se convirtió en el precursor del arte cinético. Destacan particularmente *Steel Fish* y *Red Petals*.

CALDERA RODRÍGUEZ, RAFAEL *(San Felipe Yaracuy, Venezuela, 1916) Político venezolano.* Católico convencido y con inquietudes sociales, se licenció en derecho y fundó el año 1946 Acción Nacional, convertida más tarde en Partido Social Cristiano. Presidente de la Cámara de Diputados, en 1969 tomó posesión de su cargo de presidente de la República, y como tal inauguró una audaz política de legalización de la oposición de izquierdas y acercamiento a la guerrilla. Finalizado su mandato en 1974, fue nombrado senador vitalicio. Elegido nuevamente presidente en 1993, hubo de afrontar el hondo deterioro político y social del país, lo que se tradujo en la suspensión de las garantías constitucionales hasta 1995 y en la introducción de una serie de medidas de emergencia («Quinto Plan Caldera») para contrarrestar la grave crisis económica. En 1999 cedió el cargo a Hugo Chávez.

CALDERÓN DE LA BARCA, PEDRO *(Madrid, 1600-id., 1681) Dramaturgo español.* Educado en un colegio jesuita de Madrid, estudió en las universidades de Alcalá y Salamanca. En 1620 abandonó los estudios religiosos y tres años más tarde se dio a conocer como dramaturgo con su primera comedia, *Amor, honor y poder.* Como todo

▲ Rafael **Caldera** *fotografiado durante un homenaje. El político venezolano, dos veces presidente de su país, ostenta el cargo de senador vitalicio.*

▼ *Retrato del dramaturgo español* **Calderón de la Barca** .

joven instruido de su época, viajó por Italia y Flandes y, desde 1625, proveyó a la corte de un extenso repertorio dramático entre el que figuran sus mejores obras. Tras granjearse un sólido prestigio en el Palacio Real, en 1635 escribió *El mayor encanto, el amor,* para la inauguración del teatro del palacio del Buen Retiro. Nombrado caballero de la Orden de Santiago por el rey, se distinguió como soldado en el sitio de Fuenterrabía (1638) y en la guerra de Cataluña (1640). Ordenado sacerdote en 1561, poco tiempo después fue nombrado capellán de Reyes Nuevos de Toledo. Por entonces ya era el dramaturgo de más éxito de la corte. En 1663, el rey lo designó capellán de honor, por lo que se trasladó definitivamente a Madrid. Según el recuento que él mismo hizo el año de su muerte, su producción consta de ciento diez comedias y ochenta autos sacramentales, loas, entremeses y otras obras menores. Como todo coetáneo suyo, Calderón no podía por menos que partir de las pautas dramáticas establecidas por Lope de Vega. Pero su obra, ya plenamente barroca, tal vez alcance mayor grado de perfección técnica y formal que la de Lope. De estilo más sobrio, Calderón pone en juego menor número de personajes y los centra en torno al protagonista, de manera que la obra tiene un centro de gravedad claro, un eje en torno al cual giran todos los elementos secundarios, lo que refuerza la intensidad dramática. A. Valbuena ha señalado que en su estilo cabe distinguir dos registros. El primero consiste en reordenar y condensar lo que en Lope aparece de manera difusa y caótica y en estilizar las notas de su realismo costumbrista. Así, reelabora temas originales de Lope en varias de sus obras maestras. En ellas aparece una rica galería de personajes representativos de su tiempo y de su condición social, todos los cuales tienen en común un tema del siglo: el honor, el patrimonio del alma enfrentado a la justicia de los hombres, caso de *El alcalde de Zalamea,* o las pasiones amorosas que ciegan el alma, cuestión que aborda en *El mayor monstruo, los celos* o en *El médico de su honra.* Pero no es ése, desde luego, el principal motivo de su obra. En su segundo registro, el dramaturgo inventa, más allá del repertorio caballeresco, una forma poético-simbólica desconocida antes de él y que configura un teatro esencialmente lírico, cuyos personajes se elevan hacia lo simbólico y lo espiritual. Calderón destaca, sobre todo, como creador de esos personajes barrocos, íntimamente desequilibrados por una pasión trágica, que aparecen en *El mágico prodigioso* o *La devoción de la cruz.* Su perso-

---

PEDRO CALDERÓN DE LA BARCA
OBRAS MAESTRAS

AMOR, HONOR Y PODER (1623); *CASA CON DOS PUERTAS, MALA ES DE GUARDAR* (1629); *EL PRÍNCIPE CONSTANTE* (1629); *LA DAMA DUENDE* (1629); *LA VIDA ES SUEÑO* (1631-1635); *EL ASTRÓLOGO FINGIDO* (1633); *LA DEVOCIÓN DE LA CRUZ* (1634); *LA CENA DEL REY BALTASAR* (1634); *EL MAYOR MONSTRUO, LOS CELOS* (1635); *EL MAYOR ENCANTO, EL AMOR* (1635); *EL ALCALDE DE ZALAMEA* (1636); *LOS DOS AMANTES DEL CIE-* *LO* (1636); *EL MÉDICO DE SU HONRA* (1637); *A SECRETO AGRAVIO, SECRETA VENGANZA* (1637); *EL MÁGICO PRODIGIOSO* (1637); *NO HAY COSA COMO CALLAR* (1639); *EL GRAN TEATRO DEL MUNDO* (1645); *GUÁRDATE DEL AGUA MANSA* (1649); *EL PINTOR DE SU DESHONRA* (1650); *LA HIJA DEL AIRE* (1653); *EL SANTO REY DON FERNANDO* (1671); *LA NIÑA DE GÓMEZ ARIAS* (1672); *LA ESTATUA DE PROMETEO* (1677).

naje más universal es el desgarrado Segismundo de *La vida es sueño*, considerada como la cumbre del teatro calderoniano. Esta obra, paradigma del género de comedias filosóficas, recoge y dramatiza las cuestiones más trascendentales de su época: el poder de la voluntad frente al destino, el escepticismo ante las apariencias sensibles, la precariedad de la existencia, considerada como un simple sueño y, en fin, la consoladora idea de que, incluso en sueños, se puede todavía hacer el bien. Con él adquirieron así mismo especial relevancia la escenografía –lo que él llamaba «maneras de apariencia»– y la música. En sus obras el concepto de escena se vio revalorizado de una manera general, en la línea del teatro barroco. En cuanto a su lenguaje, se puede considerar que es la culminación teatral del culteranismo. Su riqueza expresiva y sus complejas metáforas provienen de un cierto conceptismo intelectual, acorde con el temperamento meditabundo propio de sus personajes de ficción.

CALDERÓN FOURNIER, RAFAEL ÁNGEL *(Nicaragua, 1949) Político costarricense.* Hijo del político exiliado Calderón Guardia, se graduó como abogado y notario público en la Universidad de Costa Rica. Inició pronto una rápida carrera política que le llevó a desempeñar la cartera de Asuntos Exteriores entre 1978 y 1980; tras presentarse infructuosamente a las elecciones de 1982 y 1986 a la presidencia de la República, en 1990 obtuvo la victoria con el Partido Unidad Social Cristiana (PUSC). Intentó rebajar el déficit público mediante la mejora de la eficiencia tributaria y la disminución del gasto, al tiempo que buscaba la reactivación de la economía a través del aumento de la movilidad laboral y la persecución de los monopolios. Dirigió también un ambicioso proyecto de reconstrucción y mejora de la capital, San José. En 1994, José María Figueres Olsen le sucedió en la presidencia de la República.

CALDERÓN GUARDIA, RAFAEL ÁNGEL *(San José, 1900-id., 1970) Político costarricense.* Hijo del político Calderón Muñoz, estudió medicina y protagonizó una ascendente carrera política que le llevó a la presidencia de la República en 1940 con el Partido Republicano Nacional (PRN). Su presidencia destacó por un ambicioso proyecto de reforma social, que cuajó en la creación del Seguro Social, la aprobación del Código de Trabajo y la incorporación a la Constitución, en 1943, del capítulo de Garantías Sociales. Tras una dura campaña contra el candidato

> *«¿Qué es la vida? un frenesí;/ ¿qué es la vida? una ilusión,/ una sombra, una ficción,/ y el mayor bien es pequeño;/ que toda la vida es sueño,/ y los sueños, sueños son.»*
>
> Pedro Calderón de la Barca
> *La vida es sueño*

▼ *Moneda de oro acuñada por el emperador romano **Calígula**. Tras una buena gestión inicial, respaldada por el pueblo y el Senado, su gobierno viró hacia formas muy autoritarias.*

Otilio Ulate Blanco, se negó a aceptar la victoria de éste, circunstancia que desembocó en la revolución de 1948, al declarar el Congreso la nulidad de las elecciones. El triunfo de Figueres Ferrer llevó a Calderón al exilio en Nicaragua, desde donde intentó recuperar el poder por la fuerza (en 1948 y 1955), aunque sin éxito. En 1962 regresó al país.

CALÍGULA [Cayo César Augusto Germánico] *(Antium, hoy Porto d'Anzio, actual Italia, 12 d.C.-Roma, 41 d.C.) Emperador romano.* La figura de Calígula aparece bastante deformada por el retrato que hacen de él autores senatoriales como Suetonio y Tácito. Su ascensión al poder tras la muerte de Tiberio, en el año 37, fue muy bien acogida por el pueblo. Parece ser que los primeros meses de su reinado fueron óptimos, según el punto de vista de los historiadores senatoriales: respetó al Senado, devolvió a la Asamblea popular el derecho a elegir a los magistrados, decretó amplias amnistías para los que habían sido condenados en tiempos de Tiberio y organizó grandes espectáculos circenses. Sin embargo, las cosas cambiaron de manera dramática tras una grave enfermedad, cuando empezó a dar muestras de un carácter autoritario y de unos modos que lo acercaban más a las formas de gobierno de las monarquías orientales que a las apariencias republicanas del Imperio. Eliminó rápidamente y sin proceso a su primo Tiberio Gemelo y al jefe de los pretorianos Macrón e impuso un protocolo monárquico en la corte en el que se impulsaba una divinización en vida del emperador. Intentó gobernar apoyándose en el pueblo y en directa oposición al Senado, reivindicando un pasado familiar que, a través de su abuela Antonia, lo vinculaba a Marco Antonio. Las arcas del Imperio Romano se vaciaron rápidamente ante la necesidad de pagar a las tropas y las fiestas en la corte, circunstancia que le obligó a subir los impuestos y reanudar la política de eliminación física de senadores para apoderarse a continuación de sus posesiones. Su política exterior fue un reflejo de las pulsiones orientalizantes que marcaron su vida: aumentó el número de reinos vasallos en Oriente, al tiempo que reducía la autonomía de los territorios occidentales. En el año 39 llevó a cabo una expedición a Germania y la Galia septentrional. Tras una conspiración fallida encabezada por Cneo Cornelio Léntulo y Marco Emilio Lépido, este último casado con Drusila, hermana del emperador, una nueva conspiración, organizada por su propia guardia, tuvo éxito el 24 de enero del año 41 y acabó con el emperador.

Calímaco *(Cirene, actual Libia, h. 310 a.C.-Alejandría, Egipto, h. 235 a.C.) Poeta y erudito alejandrino.* Maestro en Eleusis, recibió el encargo de ordenar la biblioteca de Alejandría. La gran erudición que demostró en esta labor se hace evidente en las notas que acompañaban la clasificación y ordenación de los autores, un trabajo que ha sido de gran valor para los posteriores estudios bibliográficos y literarios realizados sobre el período clásico. De su obra poética se han conservado algunos fragmentos, seis *Himnos* y 63 epigramas, así como un breve poema épico, *Hecale*, con el que se reafirmó en su particular concepción de la epopeya, sobre la cual polemizó con Apolonio de Rodas, discípulo suyo. Su obra más conocida es el poema *La cabellera de Berenice*, que ha llegado a nosotros, sin embargo, no en su versión original, sino a través de una imitación de Catulo.

Calixto II [Guy de Borgoña] *(?, h. 1060-Roma, 1124) Papa (1119-1124).* Llegó a un acuerdo con Enrique V de Alemania, materializado en el concilio de Worms, en 1122, para poner fin a la querella de las Investiduras, que enfrentaba a los seguidores del Papa, conocidos como *güelfos*, y los del emperador, los *gibelinos*. De esta manera se reconocía la potestad del Papa para elegir los obispos y abades, y al mismo tiempo se daba al emperador el derecho a dar su consentimiento antes de la consagración, al tiempo que era él quien concedía la investidura de los bienes temporales, las *regalías*. Con ello, el emperador conservaba el poder terrenal sobre las posesiones de los obispados y las abadías. A continuación, Calixto II participó en el primer concilio de Letrán, en el cual se refrendaron los acuerdos de Worms.

Calixto III [Alfonso Borja] *(Xàtiva, España, 1378-Roma, 1458) Papa (1455-1458).* Miembro de una influyente familia originaria de Xàtiva, en 1429 fue nombrado obispo de Valencia y en 1444 obtuvo el capelo cardenalicio. Cuando fue elegido Papa, con el nombre de Calixto III, tenía una edad muy avanzada. El mismo año de su elección promulgó una bula en la que predicaba la cruzada contra los turcos, que dos años antes se habían apoderado de Constantinopla. También inició la revisión del proceso contra Juana de Arco y canonizó a san Vicente Ferrer. Su pontificado se caracterizó por el acceso de muchos de sus familiares a altos cargos de la curia papal, lo que atrajo contra los

▼ *El papa **Calixto II** en una inicial miniada del s. XII perteneciente al Codex Calixtinus, que se conserva en el archivo de la catedral de Santiago de Compostela.*

«catalanes» la hostilidad de las familias de la oligarquía romana, entre las que se encontraban los Orsini. A su muerte se desencadenó una persecución feroz contra sus familiares y seguidores.

Callas, María [Maria Anna Sofia Cecilia Kalogeropoulos] *(Nueva York, 1923-París, 1977) Soprano estadounidense de origen griego.* Convertida en un mito que sobrepasa con mucho el estrecho círculo de los amantes de la ópera, a ello han contribuido, sin duda, su portentosa voz, capaz de los matices y colores más insospechados, y su personal forma de abordar la interpretación de los personajes en escena. Verista, sensual y moderno, su estilo revolucionó los usos y costumbres de los grandes divos y divas de su época, mucho más estáticos en sus movimientos. También ayudaron a la gestación del mito, en buena medida, su desdichada vida privada y su prematura muerte. Hija de un emigrante griego, María Callas regresó con su familia a Atenas cuando contaba trece años. Poco después ingresó en el Conservatorio de la capital helena, donde tuvo como profesora de canto a Elvira de Hidalgo. Su formación fue lenta y nada había en ella que permitiera presagiar a la futura diva; miembro de la compañía de la Ópera de Atenas desde 1940 hasta 1945, tuvo oportunidad de familiarizarse con los grandes papeles de su cuerda y de ganar experiencia escénica. El estreno de la ópera de Manolis Kalomiris *El contramaestre*, uno de los pocos títulos del repertorio contemporáneo que abordó en su carrera, y los papeles titulares de

▶ *A la derecha, la soprano María **Callas**. Sus portentosas cualidades para el canto, así como su talante innovador y su tormentosa vida personal, han hecho de ella un mito.*

Suor Angelica y Tosca de Puccini y de la Leonora del Fidelio beethoveniano, fueron algunos de los títulos que interpretó en esta primera época. Tras rechazar un contrato en el Metropolitan Opera House de Nueva York, marchó a Italia, donde debutó en la Arena de Verona en 1947 con La Gioconda de Ponchielli. El éxito que obtuvo en esas representaciones atrajo sobre ella la atención de otros prestigiosos teatros italianos. Su carrera estaba desde entonces lanzada: protegida por el eminente director de orquesta Tullio Serafin, cantó Turandot, de Puccini, Aida y La forza del destino, de Verdi, e incluso Tristán e Isolda, de Wagner, ésta en versión italiana. Su personificación de la protagonista de la Norma de Bellini en Florencia, en 1948, acabó de consagrarla como la gran soprano de su generación y una de las mayores del siglo. La década de 1950 fue la de sus extraordinarios triunfos: en absoluta plenitud de sus medios vocales, protagonizó veladas inolvidables, muchas de ellas conservadas en documentos fonográficos de inestimable valor, en las que encarnó los grandes papeles del repertorio italiano belcantista y romántico para soprano. Además, inició la recuperación de algunas obras olvidadas de autores como Cherubini (Medea, una de sus creaciones más impresionantes y cargadas de dramatismo), Gluck (Ifigenia en Táuride), Rossini (Armida) o Donizetti (Poliuto), práctica esta que sería imitada por otras insignes sopranos como Joan Sutherland o Montserrat Caballé. En esos años, el director de cine y teatro Lucchino Visconti firmó para ella algunos de sus montajes más importantes, tales como La Traviata que se vio en 1955 en la Scala de Milán o la Anna Bolena. Su vida personal, sin embargo, distó mucho de ser afortunada: su primer matrimonio (1949) con el empresario G. B. Meneghini se rompió al cabo de diez años, y su posterior relación con el millonario griego Aristóteles Onassis tampoco le aportó estabilidad. Su carrera perdió fuerza en la década de 1960, y en 1965 anunció que se retiraba de los escenarios a consecuencia de su frágil salud. No obstante, no abandonó el canto, y así, en 1974 realizó junto al tenor Giuseppe Di Stefano una exitosa gira de conciertos por Europa, Estados Unidos y Extremo Oriente.

> «La riqueza sin la virtud no basta a los hombres, ni la virtud es suficiente sin la riqueza.»
>
> Calímaco
> Himno a Júpiter

▼ Plutarco Elías **Calles** en el momento de jurar la Constitución, tras ser elegido presidente de México, en 1924. Durante su mandato impulsó una serie de reformas obreras y agrarias.

CALLEJA, FÉLIX MARÍA (Medina del Campo, España, h. 1755-Valencia, 1828) Militar y político español. Llegó a México en 1789 y se convirtió en terrateniente en San Luis de Potosí. Defendió con éxito los intereses de la Corona española a raíz de la sublevación independentista, y derrotó a las tropas de Hidalgo en San Jerónimo Aculco. Ello le permitió tomar sin dificultad Guanajuato, y en 1811 Guadalajara, tras obtener la victoria de Puente Calderón. Nombrado virrey de México en 1813 en sustitución de F. J. Venegas, armó un gran ejército con el que consiguió frenar la revolución, y en 1816 viajó a España, donde dos años después se le concedió el título de conde de Calderón. En 1818, cuando se disponía a regresar a México, Riego se alzó en Cabezas de San Juan, lo cual impidió que salieran las tropas expedicionarias. Detenido, Calleja permaneció confinado en una cárcel en Mallorca durante todo el trienio liberal.

CALLES, PLUTARCO ELÍAS (Guaymas, México, 1877-Cuernavaca, íd., 1945) Político mexicano. Maestro de escuela en Sonora, en 1912 se unió a la revolución mexicana y luchó contra el presidente Victoriano Huerta a las órdenes de Álvaro Obregón. Como gobernador de Sonora, durante el mandato del presidente Carranza destacó por su política social, y en 1919 ya era secretario de Industria, Comercio y Trabajo. Apoyó el Plan de Agua Prieta con que Obregón destituyó a Carranza de la presidencia, y tras el triunfo electoral de aquél, se convirtió en su hombre de confianza y su sucesor, al ser elegido él mismo presidente en 1924. En 1927 reformó la Constitución para buscar la reelección de Obregón, quien fue asesinado siendo presidente electo. Al término de su mandato presidencial, Calles se convirtió en el hombre fuerte del país, de manera que el período de 1928 a 1936 se conoce como «maximato» debido a la sumisión de los presidentes en torno a la figura de Calles, apodado el «jefe máximo». Se le considera el constructor del México moderno por ser el fundador de un gran número de instituciones como el Banco Nacional de México, el Banco de Crédito Agrícola, el sistema de seguridad social y el Partido Nacional Revolucionario (actual Partido Revolucionario Institucional). Además, Calles reorganizó el ejército mexicano, dio impulso a la reforma agraria, combatió la rebelión cristera e impulsó la educación pública. Su injerencia en la política de sus sucesores terminó de manera abrupta en 1936, cuando el presidente Cárdenas decidió desterrarlo. Exiliado en Estados Unidos, pudo volver a su país en 1945.

CALVIN, MELVIN *(Saint Paul, EE UU, 1911-Berkeley, id., 1997) Químico estadounidense.* Se doctoró en 1935 en la Universidad de Minnesota. Fue director del Lawrence Radiation Laboratory y del laboratorio de Biodinámica Química en la Universidad de Berkeley. En 1961 obtuvo el Premio Nobel de Química por sus quince años de investigaciones sobre la serie de reacciones conocidas como ciclo de Calvin, es decir, los procesos bioquímicos de la fase oscura (que no precisan luz) de la fotosíntesis de las plantas, en los que se produce la fijación del dióxido de carbono y su reducción gracias a una aportación protónica determinada. Su trabajo se apoyó en gran medida en el uso de las nuevas herramientas de análisis desarrolladas durante la guerra, como la cromatografía y el marcaje radiactivo con el isótopo carbono-14. Es autor, entre otras obras, de *Teoría de la química orgánica* (1941) y *Evolución química* (1961).

CALVINO, ITALO *(Santiago de las Vegas, Cuba, 1923-Siena, Italia, 1985) Escritor italiano.* Hijo de un ingeniero agrónomo, se trasladó de San Remo, donde transcurrió la mayor parte de su infancia, a Turín, para seguir los mismos estudios que su padre, pero enseguida los abandonó a causa de la guerra, durante la cual luchó como partisano contra el fascismo. En 1944 se afilió al Partido Comunista Italiano. Tres años más tarde publicaba, gracias a la ayuda de Cesare Pavese, su primera novela, *Los senderos de los nidos de araña*, en la que relataba su experiencia en la resistencia. A la conclusión de la guerra, siguió estudios literarios en la Universidad de Turín, en la que se licenció con una tesis sobre Joseph Conrad, y empezó a trabajar para la editorial Einaudi, con la que colaboraría toda su vida. Tras publicar algunas antologías de relatos, de tipo fabulístico, con las cuales se alejaba de la escritura realista de sus inicios, escribió la trilogía *Nuestros antepasados*, integrada por *El vizconde demediado*, *El barón rampante* y *El caballero inexistente*, máxima

▲ *El estadounidense Melvin* **Calvin** *extrae látex de unos cactus. En 1961 le fue concedido el Premio Nobel de Química por sus trabajos sobre la fotosíntesis.*

ITALO CALVINO

OBRAS MAESTRAS

Los senderos de los nidos de araña (Il sentiero dei nidi di ragno, 1947); I racconti (1958); Nuestros antepasados, El vizconde demediado, El barón rampante, El caballero inexistente (I nostri antenati: Il visconte dimezzato, Il barone rampante, Il cavaliere inesistente, 1952-1959); Las cosmicómicas (Le Cosmicomiche, 1965); Las ciudades invisibles (Le città invisibili, 1972); Si una noche de invierno un viajero (Se una notte d'inverno un viaggiatore, 1979); Palomar (antología de relatos escritos para Il Corriere della Sera); Seis propuestas para el próximo milenio (Lezioni americane, ensayo, 1988).

expresión de este tipo de narración fantástica y poética, plagada de elementos maravillosos, en la que planteaba el papel del escritor comprometido políticamente. Por esa época, su relación con el PCI estaba ya muy degradada, hasta que, en 1957, acabó por desvincularse de él por completo. Gracias a su labor de crítico literario en la revista *Il Menabò*, que codirigía junto con Elio Vittorini, entró en contacto con la obra de Raymond Queneau y del grupo experimental francés Oulipo, a cuyos planteamientos literarios, basados en el juego formal y la combinatoria de formas y de estructuras posibles, se acercó de modo progresivo. Así, la novela *Si una noche de invierno un viajero* (1979) está escrita en gran parte en segunda persona y sus protagonistas son el Lector y la Lectora.

CALVINO, JEAN [Jean Chauvin] *(Noyon, Francia, 1509-Ginebra, 1564) Teólogo protestante francés.* Aunque por voluntad paterna hubo de estudiar leyes, tras la muerte de su padre en 1531 el joven pudo seguir su auténtica vocación por los clásicos y la teología, descubierta en sus primeros años de estudio. En su principal obra teológica, *Institutio religionis christianae* (1536), presenta una visión de Cristo como profeta, pastor y rey, del Espíritu Santo como inspirador de la fe y,

▶ *Jean* **Calvino***, tercero por la izquierda, en el monumento dedicado a los reformadores religiosos en Ginebra. Calvino llevó al extremo las tesis luteranas, predicando una rigurosa conducta moral.*

sobre todo, de la Biblia como autoridad final. Su convicción de que la doctrina cristiana debe ser extraída por el creyente a través de la lectura directa de la Biblia, sin mediación de la Iglesia, fue lo que suscitó más controversia y lo que generó la escisión de la Iglesia romana. Además de adoptar el legado de Lutero y negar con éste la eficacia de los sacramentos, Calvino rechazó la existencia del purgatorio, el valor de la misa y de las indulgencias, y negó la presencia de Cristo en la eucaristía. Mayor polémica aún generó su doctrina de la predestinación, según la cual la salvación sólo dependía de la soberana piedad de Dios –ejemplificada en el perdón de Cristo– y nunca de la voluntad humana. Desde Ginebra, ciudad en la que residió durante la mayor parte de su vida adulta, ejerció una profunda influencia, que se extendió por Francia, Inglaterra y Escocia, donde más tarde halló continuidad en la obra del escocés John Knox.

CAMBÓ, FRANCESC *(Verges, España, 1876-Buenos Aires, 1947) Político español.* Militante de la Lliga Regionalista, partido conservador de orientación catalanista, fue diputado por Barcelona y defendió la concesión de un estatuto especial a Cataluña. Durante la crisis de 1917 promovió la solución de un gobierno de concentra-

▼ *El escritor portugués* **Camões** *llevó una vida llena de aventuras. Durante su estancia en la guarnición de Ceuta perdió un ojo, tal como se aprecia en este grabado del s. XVI.*

◄ *Francesc* **Cambó** *fue uno de los principales representantes del catalanismo conservador, así como un gran mecenas de la cultura catalana. También participó en la política estatal como ministro.*

ción para salvar la monarquía. Convertido en máximo dirigente de la Lliga después de la muerte de Prat de la Riba, en 1918 fue nombrado ministro de Fomento, y en 1921, de Finanzas. Diputado en las Cortes de la Segunda República, a pesar de oponerse al alzamiento militar de 1936, su carácter conservador y el temor al avance del comunismo le llevaron a apoyar a los insurrectos. Después de la guerra civil española vivió en Suiza y Estados Unidos hasta que finalmente se trasladó a Argentina, donde residió hasta su muerte. Fue un gran mecenas de la cultura y legó gran parte de su patrimonio artístico a la ciudad de Barcelona.

CAMÕES, LUIS VAZ DE *(Lisboa, 1524-id., 1580) Escritor portugués.* Frecuentó la corte real de Lisboa, pero la indiferencia que le mostró el rey le incitó a afincarse en Ceuta (1547), donde formó parte de la guarnición de la plaza. A finales de 1549 se hallaba de vuelta en Lisboa, y una rencilla con un criado de palacio le supuso la cárcel en 1552, a pesar de lo cual al año siguiente pudo emprender el viaje que había planeado hacia la India. En 1555 se hallaba en Goa, y no tardó en embarcarse de nuevo en una expedición. Instalado en Macao, fue acusado de prevaricación y viajó hasta la India para defenderse. En el viaje de regreso a Goa, en 1559, su barco naufragó. En 1567 emprendió el viaje de vuelta a Portugal, y, tras una estancia de varios años en Mozambique, llegó a Lisboa en 1570. Como poeta lírico, Camões asimiló la tradición petrarquista y fue un maestro del soneto y de la égloga. Es autor también de tres comedias: *Anfitrión, El rey Seleuco* (1545) y *Filodemo* (1555). Pero su verdadera importancia como escritor radica en la poesía épica. En 1572 apareció la obra que le hizo célebre, *Los Lusíadas,* epopeya semimítica en verso en la línea de Virgilio y Tasso que evoca las hazañas ultramarinas de los portugueses, y que incluye pasajes tan significativos para la historia de Portugal como la muerte de Inés de Castro.

CAMPANELLA, TOMMASO *(Stilo, Italia, 1568-París, 1639) Filósofo italiano.* Ingresó muy joven en la orden de los dominicos y estudió matemáticas, filosofía y derecho. En 1599 organizó una revuelta campesina que perseguía la instauración de una república teocrática, por la que sufrió diversos procesos eclesiásticos y una condena a cadena perpetua, de la que finalmente fue liberado en 1634 por Urbano VIII. Durante los años de condena escribió lo esencial de su obra: *Metaphysica, Monarchia Messiae, Atheismus triomphatus* y *Philosophia rationalis*, y preparó la obra más representativa de su pensamiento, *La ciudad del sol* (1623). Esta última, estrechamente vinculada al movimiento de la Contrarreforma, proyecta un sistema sociopolítico centrado en la idea de una religión natural, es decir, de una religión fundamentada filosóficamente.

CAMPBELL, MALCOLM *(Chislehurst, Reino Unido, 1885-Reigate, id., 1948) Piloto británico de automóviles y de canoa de motor.* Se especializó en tentativas para batir el récord del mundo de velocidad en la especialidad del kilómetro lanzado, que consiguió por primera vez en 1924 con el vehículo de fabricación propia *Bluebird I*, a bordo del cual estableció la marca de 235,218 km/h, registro que mejoraría en sucesivos intentos hasta alcanzar los 484,62 km/h en 1935. Compitió también por el récord de velocidad sobre agua, que estableció en tres ocasiones. Tras su muerte, a causa de un paro cardíaco, su hijo Donald, botánico de profesión, recuperó en 1964 el título para su familia con el *Bluebird II*, dejándolo en 648,728 km/h. Donald falleció en el año 1967 en un accidente cuando intentaba superar la marca de 300 millas por hora en canoa.

CAMPIN, ROBERT *(Tournai, Francia, h. 1375-id., 1444) Pintor flamenco.* Existen muchas dudas en lo relativo a la identidad y la trayectoria de este pintor, pese a lo cual es unánime el reconocimiento de la importancia de su figura, a la que se atribuye, junto con Jan van Eyck, la creación del estilo flamenco. En la actualidad se tiende a identificarlo con el maestro de Flémalle y el maestro de Mérode, dadas las similitudes estilísticas de las obras agrupadas bajo estos nombres convencionales con las de Jacques Daret y Rogier van der Weyden, que consta que se formaron con Robert Campin. En la obra de éste, el decorativismo del gótico internacional deja paso a un detallismo y un naturalismo aplicados a escenas religiosas protagonizadas por figuras de gran fuerza volumétrica e intensidad dramática. Su obra más famosa es el retablo de Mérode.

CAMPOAMOR, RAMÓN DE *(Navia, España, 1817-Madrid, 1901) Poeta español.* Fue el poeta por excelencia de la Restauración. Afiliado al Partido Moderado, tanto su práctica política como sus ensayos y panfletos polémicos defienden el orden esta-

▲ *El poeta español Ramón de **Campoamor** retratado por Suárez Llanés. De ideas conservadoras, ocupó varios cargos públicos. Su obra viró del aliento romántico inicial a una poética cercana a la prosa.*

▲ *Detalle del retablo de la* Anunciación, *tríptico pintado en 1425 por Robert **Campin**, considerado como uno de los fundadores del realismo flamenco.*

blecido y demuestran su preferencia por la estabilidad. Su poesía responde a esta concepción política y a menudo es el instrumento utilizado para verter contenidos filosóficos y morales afines, que trató de forma ensayística en algunas obras teóricas. Si bien sus dos primeros libros de poemas se inscriben en la estética romántica, pronto se centró en el cultivo de una poesía discursiva, próxima a la prosa, escrita en un lenguaje llano y sin demasiadas concesiones formales. Destacan sus *Pequeños poemas* (1872-1874), con los que alcanzó la popularidad, y colecciones posteriores, como las *Humoradas* (1886-1888), que constituyen la máxima expresión de sus ideales poéticos.

CAMPOMANES, PEDRO RODRÍGUEZ DE *(Santa Eulalia de Sorriba, España, 1723-Madrid, 1803) Político, economista e historiador español.* Nacido en el seno de una familia hidalga venida a menos, su madre, al enviudar, hubo de confiarlo a un tío suyo, un canónigo de Oviedo, quien se hizo cargo de su educación. Años después, se trasladó a Oviedo y Sevilla, en donde estudió leyes, y a los diecinueve años se mudó a Madrid para trabajar como abogado. En 1747 publicó *Disertaciones históricas del orden y caballería de los Templarios*, cuya erudición le valió el ingreso, al año siguiente, en la Real Academia de la Historia. En 1755 obtuvo el puesto de director general de Correos y Postas, y en 1762 Carlos III lo nombró ministro de Hacienda, cargo desde el cual introdujo una amplia serie de medidas encaminadas a la reforma de la economía española. Entre ellas, cabe destacar la regulación del libre comercio (1765), la prohibición de que los religiosos desempeñasen cargos judiciales o administrativos, la suspensión de los conventos no autosuficientes y las disposiciones para frenar el aumento de los bienes catalogados como «manos muertas», capítulo que abordó en la obra *Tratado de la valía de amortización* (1765). Bien recibida por el conjunto de la clase política del momento, su actuación al frente del Ministerio de Hacienda encontró siempre la oposición de la clase eclesiástica, temerosa, con fundada razón, de las intenciones de Campomanes, convencido de la necesidad de entregar a agricultores no propietarios las tierras de la Iglesia sin cultivar. En 1766, tras los acontecimientos políticos derivados del motín de Esquilache, el conde de Aranda, su más fiel aliado en política de Estado, le encargó la elaboración de un informe para depurar responsabilidades, las cuales reca-

◀ *Retrato de Pedro Rodríguez de **Campomanes** actualmente conservado en la Academia de Historia de Madrid. Ministro de Carlos III, fue uno de los más destacados representantes del despotismo ilustrado.*

1939 publicó *Bodas,* conjunto de artículos que incluyen numerosas reflexiones inspiradas en sus lecturas y viajes. En 1940 marchó a París, donde pronto encontró trabajo como redactor en *Paris-Soir.* Empezó a ser conocido en 1942, cuando se publicaron su novela corta *El extranjero,* ambientada en Argelia, y el ensayo *El mito de Sísifo,* obras que se complementan y que reflejan la influencia que sobre él tuvo el existencialismo. Tal influjo se materializa en una visión del destino humano como absurdo, y su mejor exponente quizá sea el «extranjero» de su novela, incapaz de participar en las pasiones de los hombres y que vive incluso su propia desgracia desde una indiferencia absoluta, la misma, según Camus, que marca la naturaleza y el mundo. Sin embargo, durante la Segunda Guerra Mundial se implicó en los acontecimientos del momento: militó en la Resistencia y fue uno de los fundadores del periódico clandestino *Combat,* y de 1945 a 1947, su director y editorialista. En sus primeras obras de teatro, *El malentendido* y *Calígula,* se prolonga esta línea de pensa-

yeron en los jesuitas, que fueron expulsados del país en abril de 1767. Si bien desempeñaba el cargo interinamente desde 1783, en 1786 fue oficialmente nombrado presidente del Real Consejo de Castilla, y en 1789 abrió las cortes españolas, en las cuales intentó que se restableciera la ley que permitía reinar a las mujeres, sin éxito, pues a la postre el monarca no publicó la correspondiente pragmática. Tras la subida al trono de Carlos IV, Campomanes perdió influencia en los asuntos de Estado, sobre todo debido al favoritismo del nuevo soberano por el conde de Floridablanca. Éste, a su vez, lo destituyó de todos sus cargos en 1791, oficialmente debido a la imposibilidad de Campomanes de desempeñar sus obligaciones a causa de su notoria ceguera. Tras la destitución, se dedicó a recuperar y corregir varias de sus obras inéditas, y si bien conservó su puesto en el Consejo de Estado, su fama de afrancesado le impidió recuperarse políticamente.

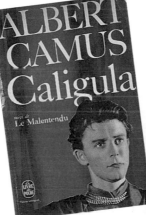

CAMUS, ALBERT *(Mondovi, Argelia, 1913-Villeblerin, Francia, 1960) Novelista, dramaturgo y ensayista francés.* Nacido en el seno de una modesta familia de emigrantes franceses, su infancia y gran parte de su juventud transcurrieron en Argelia. Inteligente y disciplinado, empezó estudios de filosofía en la Universidad de Argel, que no pudo concluir debido a que enfermó de tuberculosis. Formó entonces una compañía de teatro de aficionados que representaba obras clásicas ante un auditorio integrado por trabajadores. Luego, ejerció como periodista durante un corto período de tiempo en un diario de la capital argelina, mientras viajaba intensamente por Europa. En

*▲ ▶ A la derecha, el escritor francés Albert **Camus** poco después de recibir el Premio Nobel de Literatura en 1957. Arriba, portada de su obra dramática* Calígula.

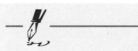

ALBERT CAMUS
OBRAS MAESTRAS

NOVELA: *EL EXTRANJERO (L'ÉTRANGER,* 1942); *LA PESTE* (1947); *LA CAÍDA (LA CHUTE,* 1956); *EL EXILIO Y EL REINO (L'EXIL ET LE ROYAUME,* 1957); *UNA MUERTE FELIZ (LA MORT HEUREUSE,* 1971). **TEATRO:** *EL MALENTENDIDO (LE MALENTENDU,* 1944); *CALÍGULA (CALIGULA,* 1945); *ESTADO DE SITIO (L'ÉTAT DE SIÉGE,* 1948).

ENSAYO: *BODAS (NOCES,* 1939); *EL MITO DE SÍSIFO (LE MYTHE DE SISYPHE,* 1942); *ACTUELLES* (3 volúmenes, 1950, 1953 y 1958); *EL HOMBRE EN REBELDÍA (L'HOMME RÉVOLTÉ,* 1951); *EL VERANO (L'ÉTÉ,* 1954); *CUADERNOS (CARNETS,* 2 volúmenes, 1962 y 1964).

▲ *José **Canalejas** en el momento de ejercer el voto. Líder del Partido Liberal, fue jefe de gobierno de 1910 a 1912, año en que cayó asesinado por un anarquista en la Puerta del Sol de Madrid.*

miento que tanto debe al existencialismo, mientras los problemas que había planteado la guerra le inspiraron *Cartas a un amigo alemán*. Su novela *La peste* (1947) supone un cierto cambio en su pensamiento: la idea de la solidaridad y la capacidad de resistencia humana frente a la tragedia de vivir se impone a la noción del absurdo. *La peste* es a la vez una obra realista y alegórica, una reconstrucción mítica de los sentimientos del hombre europeo de la posguerra, de sus terrores más agobiantes. El autor precisó su nueva perspectiva en otros escritos, como el ensayo *El hombre en rebeldía* (1951) y en relatos breves como *La caída* y *El exilio y el reino*, obras en que orientó su moral de la rebeldía hacia un ideal que salvara los más altos valores morales y espirituales, cuya necesidad le parece tanto más evidente cuanto mayor es su convicción del absurdo del mundo. Si la concepción del mundo lo emparenta con el existencialismo de Jean-Paul Sartre y su definición del hombre como «pasión inútil», las relaciones entre ambos estuvieron marcadas por una agria polémica. Mientras Sartre lo acusaba de independencia de criterio, de esterilidad y de ineficacia, Camus tachaba de inmoral la vinculación política de aquél con el comunismo. De gran interés es también su serie de crónicas periodísticas *Actuelles*. Tradujo al francés *La devoción de la cruz*, de Calderón, y *El caballero de Olmedo*, de Lope de Vega. En 1962 y 1964 se publicaron, con el título de *Cuadernos*, sus notas de diario escritas entre 1935 y 1942. Galardonado en 1957 con el Premio Nobel de Literatura, falleció en un accidente de automóvil.

> «*No hay más que un problema filosófico verdaderamente serio: el del suicidio.*»
>
> Albert Camus
> *El mito de Sísifo*

CANALEJAS Y MÉNDEZ, JOSÉ *(El Ferrol, España, 1854-Madrid, 1912) Político español.* Cursó los estudios secundarios en el colegio de Santonja y en el instituto de San Isidro. En 1871 se licencio en derecho y en filosofía y letras; un año después, se doctoró en ambas disciplinas. En 1881 fue elegido diputado por Soria, y desde su escaño representó al Partido Republicano, por entonces liderado por Ruiz Zorrilla y partidario de la lucha armada. Esto motivó su ingreso en el Partido Liberal, presidido por Sagasta, el cual lo nombró, en 1888, ministro de Fomento y, posteriormente, de Gracia y Justicia y de Hacienda. A raíz de los acontecimientos de 1898 y la pérdida de Cuba y las Filipinas, se enfrentó a Sagasta. Así mismo, potenció su discurso renovador, al que dotó de un fuerte mensaje anticlerical, y supo ganarse el apoyo de las burguesías vasca y catalana, de las que se convirtió en principal valedor. Aun así, Sagasta le encomendó el Ministerio de Agricultura y Obras Públicas (1902). Tras el fallecimiento de su valedor, en el año 1903, Canalejas se erigió en líder de la facción progresista del Partido Liberal, que, dividido en exceso, perdió las elecciones de 1907. Recuperó el poder, empero, en 1909, después de los acontecimientos de la Semana Trágica, cuando el rey Alfonso XIII le encargó formar gobierno. Su primera medida gubernamental fue la promulgación de un generoso indulto, a la que siguieron la supresión del impuesto de consumos (mayo de 1911), el establecimiento del servicio militar obligatorio (julio de 1911) y la promulgación de la Ley de Mancomunidades (julio de 1912). Su gobierno, sin embargo, se caracterizó por la precariedad, tanto por la falta de apoyo a su política reformista en el seno de su propio partido como por la oleada de protestas y huelgas llevadas a cabo por sectores obreros y republicanos. A su muerte, acaecida en 1912 en atentado, era miembro de la Real Academia Española, decano del Colegio de Abogados y presidente del Ateneo de Madrid.

CANALETTO [Antonio Canale] *(Venecia, 1697-id., 1768) Pintor italiano.* Hijo de un pintor que trabajaba como escenógrafo, comenzó su carrera artística pintando decorados para el teatro. Un viaje a Roma en 1719 lo encaminó hacia el género de la *veduta*, que por entonces triunfaba de la mano de artistas como Pannini y Carlevaris. De 1723 datan sus primeras vistas de Venecia, caracterizadas por intensos efectos de claroscuro que deben mucho a su anterior profesión de escenógrafo. Más tarde, su paleta se aclaró para dar vida a las obras que mejor caracterizan su creación artística, inundadas de luminosidad. Todos los rincones de la Venecia de la época aparecen retratados en las vistas de Canaletto con una precisión casi arqueológica y animados por la presencia de pequeñas figuras dedicadas a sus actividades cotidianas. Había a la sazón una gran demanda de este tipo de obras, en especial por parte de ingleses adinerados que visitaban la ciudad y, en ocasiones, encargaban al artista toda una serie de vistas de igual tamaño o sobre el mismo tema. Uno de sus principales mecenas fue el cónsul inglés Joseph Smith, para quien realizó varias series de vistas y una excepcional colección de aguafuertes. En 1746, Canaletto se trasladó a Inglaterra, donde permaneció casi diez años pintando vistas de Londres. Regresó a Venecia en el año 1755 y siguió activo hasta el fin de sus días, si bien el inventario de sus bienes efectuado a su muerte reveló que no poseía una gran fortuna, algo extraño dado el éxito de que gozó en vida y la gran cantidad de encargos que cumplimentó. Al ser su clientela preferentemente inglesa, las mejores colecciones de su obra se encuentran en los museos del Reino Unido. Canaletto fue, sin duda, el paisajista más famoso del siglo XVIII y su obra ha conservado con el paso del tiempo el favor del público.

CANETTI, ELIAS *(Ruscuc, hoy Ruse, Bulgaria, 1905-Zurich, 1994) Escritor búlgaro en lengua alemana.* De origen sefardita, pasó su infancia y su juventud en diversas ciudades europeas. En Berlín entró en contacto con las vanguardias literarias y escribió su primera y única novela, *Auto de fe* (1935), parábola sobre la oposición entre la cultura de masas y la dignidad individual. Enlazando con esta preocupación, el clima creciente de totalitarismo se tradujo en una serie de obras teatrales centradas en el abuso de poder y sus consecuencias sobre el individuo. Alcanzó la celebridad a partir de 1960, año de la publicación del ensayo antropológico *Masa y poder*, en el que se manifiesta contrario a las teorías freudianas sobre la psicología de masas. También alcanzaron un gran éxito sus memorias, sobre todo el primero de sus tres volúmenes, titulado *La lengua absuelta* (1977). En el año 1981 fue galardonado con el Premio Nobel de Literatura.

CANO, ALONSO *(Granada, 1601-id. 1667) Escultor, pintor, arquitecto y dibujante español.* Su padre, maestro ensamblador, se estableció en 1615 en Sevilla, ciudad en la que se formó Alonso como pintor y escultor en los dos talleres más importantes de la época: el de Pacheco, donde tuvo como compañero a Velázquez, y el de Martínez Montañés. Permaneció en Sevilla hasta 1638, trabajando fundamentalmente como escultor, faceta en la que logró un gran reconocimiento. Sus esculturas suaves, tranquilas y de expresión un tanto melancólica no reflejan en absoluto el temperamento del artista, hombre impetuoso y violento, encarcelado en varias ocasiones y a quien se llegó a acusar de haber asesinado a su esposa. Realizó retablos y figuras exentas, y sobre todo en estas últimas creó una tipología propia, caracterizada por siluetas esbeltas, ensanchadas en el centro y estrechadas hacia los pies. También consiguió dar un sello propio al tratamiento de los ropajes, en los que predomina la línea curva. Además de las cuatro estatuas de santos para el convento del Santo Ángel de Granada, su obra más valorada y quizá la más representativa de su estilo es la *Inmaculada Concepción* de la catedral granadina. En 1638, el conde-duque de Olivares lo nombró pintor de cámara, por lo que se

▲ Veduta *veneciana de* **Canaletto**, *el más afamado* vedutista *veneciano del s. XVIII, conservada en el Museo Cognac-Jay de París.*

▼ Inmaculada, *estatua de madera policromada realizada por Alonso* **Cano**.

trasladó a Madrid, donde más adelante Felipe IV le encomendó la restauración de las colecciones reales. En la capital, Cano trabajó sobre todo como pintor, faceta en la que evolucionó desde un estilo marcado por los fuertes contrastes de claroscuro hacia obras de tonalidades más claras, influidas por el colorido veneciano. La última etapa de su actividad tuvo como escenario Granada, ciudad en la que residió a partir de 1652 y en la que obró la fachada de la catedral (que sustituyó a la de Diego de Siloé), una de las realizaciones más originales y atrevidas del barroco español. Fue también un gran dibujante, y precisamnte por haber cultivado todas las artes mayores ha sido calificado a veces de «Miguel Ángel español».

CANOVA, ANTONIO *(Possagno, actual Italia 1757-Venecia, 1822) Escultor italiano.* A causa de sus modestos orígenes familiares, no pudo realizar estudios artísticos y comenzó practicando otros oficios. En 1768, a raíz de su traslado a Venecia, empezó a dedicarse a la escultura y rápidamente alcanzó una fama y un prestigio que mantuvo durante toda su vida. Sus primeras obras venecianas, como *Orfeo y Eurídice* o *Dédalo e Ícaro*, están impregnadas todavía del espíritu barroco que reinaba en la ciudad de la laguna. Cuando era ya un artista consagrado, se estableció en Roma (1781), donde definió el estilo que lo caracteriza, inspirado en la Antigüedad clásica y poderosamente influido por los principios teóricos de Winckelman, Milizia y otros autores cuyas doctrinas se hallan en la base del nacimiento del estilo neoclásico. Sus primeras obras del período romano, como *Teseo y el Minotauro*, manifiestan ya la maestría técnica y la perfección en el acabado que le eran habituales. De hecho, todas sus obras fueron fruto de una larga elaboración, de una ejecución realizada con un detallismo casi artesanal. No fue Canova un escultor nato

ANTONIO CANOVA
OBRAS MAESTRAS

DÉDALO E ÍCARO (1779; Museo Correr, Venecia); *TESEO Y EL MINOTAURO* (1781-1783; Victoria and Albert Museum, Londres); *TUMBA DEL PAPA CLEMENTE XIV* (1783-1787; Iglesia de los Apóstoles, Roma); *TUMBA DE CLEMENTE XIII* (1787-1792; basílica de San Pedro, Roma); *PAULINA BORGHESE* (1805-1807; Galería Borghese, Roma); *NAPOLEÓN DESNUDO* (1810; dos versiones: Pinacoteca Breba, Milán, y Wellington Collection, Londres); *LAS TRES GRACIAS* (castillo de Belvoir, Reino Unido); *PSIQUE REANIMADA POR EL BESO DE AMOR* (dos versiones: Museo del Louvre, París, y Museo del Ermitage, San Petersburgo).

y de cincel fácil, sino que se forjó a través del estudio y el trabajo; mediante la práctica diaria del dibujo, por ejemplo, perfeccionó su plasmación del desnudo y superó las deficiencias de sus primeros estudios anatómicos. En su estudio romano desplegó una enorme actividad para poder atender todos los encargos que recibía de las más destacadas personalidades del momento, desde Napoleón hasta Catalina *la Grande* de Rusia. Era ya por entonces el principal escultor del estilo neoclásico, condición esta con la que se ha perpetuado su figura en la historia del arte. El nombre de Canova se asocia esencialmente a esculturas de mármol de acabado y pulido perfectos, que encarnan la belleza ideal y son frías y distantes, libres de la expresión de cualquier sentimiento o turbación. Este escultor, que encarna de maravilla el gusto de su tiempo, plasmó la belleza natural en reposo, libre de cualquier movimiento espontáneo y con una monocromía y simplicidad que contrastan vivamente con la etapa precedente. En esta línea se inscriben sus dos creaciones más conocidas: el retrato de la hermana de Napoleón, Paulina Borghese, y *Las tres Gracias*. *Paulina Borghese* está esculpida como una Venus, sobre un diván, con la elegancia y la ligereza características de Canova. *Las tres Gracias* encarnan el desnudo femenino en toda su perfección, y en ellas el artista parece querer reflejar algo de su mundo interior. Canova tiene, además, el mérito de haber renovado profundamente el género del sepulcro monumental, gracias a los que esculpió para los papas Clemente XIII y Clemente XIV. Entre las muchas efigies oficiales que realizó es particularmente célebre el *Napoléon desnudo*, cabal ilustración de los ideales neoclásicos. Su fama como artista le abrió numerosas puertas y lo convirtió en un hombre enormemente influyente, a quien el Papado encomendó algunas misiones delicadas, como la recuperación de las obras de arte expoliadas por Napoleón.

◀ ▲ *Dos obras del italiano Antonio* **Canova***, uno de los principales escultores del s. XVIII. Arriba,* Amor y Psique*; a la izquierda,* Paulina Bonaparte Borghese como Venus victoriosa.

CÁNOVAS DEL CASTILLO, ANTONIO *(Málaga, 1828-Santa Águeda, España, 1897) Político e historiador español.* Hijo de un modesto maestro de escuela, su padre murió cuando él tenía trece años, dejando a la familia en una precaria situación. Cursó el bachillerato en Málaga, y en 1845 marchó a Madrid donde inició la carrera de derecho. Pronto se ganó la confianza del general Leopoldo O'Donnell, para quien redactó el Manifiesto de Manzanares (1854), en el cual éste legitimaría su golpe de Estado. A partir de entonces Cánovas no volvería a secundar ningún acto revolucionario, para derivar hacia una posición conservadora y legalista. Militante de Unión Liberal, fue responsable del Ministerio de Gobernación y de Ultramar a las órdenes de O'Donnell. Cuando los gobiernos de Isabel II se fueron decantando hacia la derecha y los miembros de su partido comenzaron a conspirar, abandonó la vida pública y se entregó a su trabajo como intelectual. Elegido académico de la historia en 1860, ingresó en la Academia Española en 1867. Dos años más tarde publicó *Bosquejo histórico de la casa de Austria en España*, reflejo de su capacidad como historiador. Durante la revolución de 1868 permaneció neutral, y la evidencia de las deficiencias del sistema político español durante el Sexenio Democrático (1868-1874) le llevaron a diseñar un sistema político pragmático y de orden, amparado en la institución monárquica. Durante su última etapa al frente de la presidencia del Consejo de Ministros debió hacer frente a los graves problemas derivados del independentismo de las colonias ultramarinas. Murió asesinado por el anarquista italiano Angiolillo, cuando se hallaba descansando en el balneario de Santa Águeda.

CANTINFLAS [Mario Moreno Reyes] *(Ciudad de México, 1911-id., 1993) Actor cómico mexicano.* Se hizo mundialmente célebre con el nombre de su personaje Cantinflas, al que dio vida en la mayoría de los filmes que rodó. De orígenes humildes, se enroló en una compañía de cómicos ambulantes y recorrió todo México. En las carpas (teatros de variedad itinerantes) desarrolló todo tipo de trabajos, entre ellos interpretar pequeños papeles. A finales de los años veinte comenzó a actuar en los locales de Ciudad de México y creó la imagen prototípica con la que se haría famoso. En 1930 era ya el cómico más famoso del país. En 1934 conoció a la actriz de origen ruso Valentina Subarev, con quien contrajo matrimonio y

◄ *Cánovas del Castillo*, *en un retrato de Ricardo Madrazo. Líder del Partido Conservador y ferviente monárquico, fue el alma, junto al liberal Sagasta, del sistema político de la Restauración.*

tuvo a su único hijo, Mario Arturo. En 1936 se inauguró el teatro Folies Bergère, del cual Cantinflas se convirtió en estrella exclusiva, y ese mismo año se incorporó al mundo de la publicidad, donde obtuvo un éxito tan rotundo que la productora decidió filmar películas con su personaje. A partir de su éxito como protagonista en la película *Ahí está el detalle* (1940), el actor, con sus casi cincuenta filmes, batió récords de recaudación en las salas de exhibición hispanoamericanas durante tres décadas seguidas. Excepcionalmente, participó en la superproducción estadounidense *La vuelta al mundo en ochenta días* (1957). La película obtuvo una buena acogida, que propició que el actor rodara *Pepe*, dirigida por George Sidney, en 1960. El fracaso del filme decidió a Mario Moreno a no volver a probar fortuna fuera de las fronteras de su propio país, con la única salvedad del largometraje español *Don Quijote cabalga de nuevo*, dirigido por Manuel Delgado, con quien había trabajado en filmes como *El bolero de Raquel* (1956) y *El padrecito* (1965), el primer largometraje que el actor rodó en color. En sus interpretaciones denunciaba las desigualdades sociales y el egoísmo; se cuenta que en la vida real realizaba obras caritativas y llegó a montar una oficina para los necesitados. La última etapa de su vida, después de enviudar en 1966, estuvo marcada por su participación en gran número de actos sociales y políticos. Pero lo cierto es que Cantinflas será recordado por hacer triunfar a un pícaro («pelado») de buen corazón que presenta cierto paralelismo con el Charlot de Charles

«Política es el arte de aplicar en cada época de la Historia aquella parte del ideal que las circunstancias hacen posible.»

Antonio Cánovas del Castillo
Discurso, 19-V-1884

▼ *Mario Moreno,* **Cantinflas**, *con su indumentaria habitual, barre la calle en la película de 1950* El portero, *una de las más populares del cómico mexicano.*

▲ *Mario Moreno* **Cantinflas**
en La vuelta al mundo en
ochenta días *(1956), uno de
los pocos filmes que el actor
rodó fuera de su México natal.*

Chaplin, si bien la clave del mexicano estuvo siempre vinculada a su disparatada e inagotable verborrea, característica que lo convirtió en el genio cómico más popular que México ha dado.

CANTOR, GEORG FERDINAND *(San Petersburgo, 1845-Halle, Alemania, 1918) Matemático alemán de origen ruso.* El joven Cantor permaneció en Rusia junto a su familia durante once años, hasta que la delicada salud de su padre les obligó a trasladarse a Alemania. En 1862 ingresó en la Universidad de Zurich, pero tras la muerte de su padre, un año después, se trasladó a la Universidad de Berlín, donde estudió matemáticas, física y filosofía. Se doctoró en 1867 y empezó a trabajar como profesor adjunto en la Universidad de Halle. En 1874 publicó su primer trabajo sobre teoría de conjuntos. Entre 1874 y 1897, demostró que el conjunto de los números enteros tenía el mismo número de elementos que el conjunto de los números pares, y que el número de puntos en un segmento es igual al número de puntos de una línea infinita, de un plano y de cualquier espacio. Es decir, que todos los conjuntos infinitos tienen «el mismo tamaño». Consideró estos conjuntos como entidades completas con un número de elementos infinitos completos. Llamó a estos números infinitos completos «números transfinitos» y articuló una aritmética transfinita completa. Por este trabajo fue ascendido a profesor en 1879. Sin embargo, el concepto de infinito en matemáticas había sido tabú hasta entonces, y por ello se granjeó algunos enemigos, especialmente Leopold Kronecker, que hizo lo imposible por arruinar su carrera. Estancado en una institución docente de tercera clase, privado del reconocimiento por su traba-

▼ *El matemático Georg*
Cantor, *en la fotografía,
sentó las bases para la
elaboración de la
teoría de conjuntos.*

jo y constantemente atacado por Kronecker, sufrió su primera crisis nerviosa en 1884. Sus teorías sólo fueron reconocidas a principios del siglo XX, y en 1904 fue galardonado con una medalla de la Sociedad Real de Londres y admitido tanto en la Sociedad Matemática de Londres como en la Sociedad de Ciencias de Gotinga. En la actualidad se le considera como el padre de la teoría de conjuntos, punto de partida de excepcional importancia en el desarrollo de la matemática moderna. Murió recluido en una institución mental.

CANUTO I *EL GRANDE (?, 995-Shaftesbury, actual Reino Unido, 1035) Rey de Inglaterra (1014-1035), Dinamarca (1018-1035) y Noruega (1028-1035).* Su padre Sven, rey de los daneses, estaba enfrentado al rey inglés Etelredo. Muerto su padre, Canuto prosiguió la guerra, y tras la muerte de Etelredo se convirtió en el nuevo rey de Inglaterra. Instauró una sensata política de apaciguamiento entre daneses y sajones, para lo que contó con el apoyo del sajón Godwin, a quien nombró conde de Wessex. En poco tiempo Canuto logró forjar un gran imperio que comprendía Inglaterra, Dinamarca, Suecia y Noruega, lo que le convirtió en uno de los monarcas más respetados de su tiempo. A su temprana muerte, este gran entramado político, aún sin consolidar, se resquebrajó, e Inglaterra quedó sumida en las luchas internas entre los seguidores de Godwin y los de Eduardo *el Confesor,* hijo de Etelredo.

CAPA, ROBERT [Andrei Friedmann] *(Budapest, 1913-Thai Binh, Vietnam, 1954) Fotógrafo y corresponsal de guerra húngaro.* Exiliado de Hungría en 1931 por su relación con grupos de tendencia izquierdista, estudió periodismo en Alemania y trabajó para la agencia Dephot. En 1936, junto con su compañera Gerda Taro, inventó la figura de Robert Capa, fascinante periodista estadounidense, y bajo este seudónimo presentó la primera exposición de sus trabajos, que alcanzaron precios exorbitantes. Aunque la ficción no tardó en ser descubierta, decidió conservar ese nombre. El prestigio internacional le llegó sobre todo a partir de sus reportajes sobre la guerra civil española y sobre la Segunda Guerra Mundial para la revista *Life,* al captar con su cámara episodios bélicos como los bombardeos japoneses sobre China, las campañas del norte de África y el desembarco de Normandía. En 1947, con Henri Cartier-Bresson, Rodger, Vandiver, y David (*Chim*) Seymour, fundó Magnum Photos,

◄ *El fotógrafo y corresponsal de guerra Robert **Capa**, a la izquierda, se prepara para saltar en paracaídas junto a las tropas estadounidenses durante la gran ofensiva aliada de 1945.*

la primera agencia cooperativa de fotógrafos independientes. Un año después se desplazó a Oriente Medio para fotografiar los combates en Palestina. Tras la creación de Magnum se dedicó a enseñar a fotógrafos más jóvenes, hasta que en 1954 decidió cubrir la guerra de Indochina, que luchaba por independizarse de Francia. Este mismo año murió destrozado por la explosión de una mina que pisó inadvertidamente.

CAPABLANCA, JOSÉ RAÚL *(La Habana, 1888-Nueva York, 1942) Ajedrecista cubano.* Aprendió a jugar al ajedrez a la edad de cuatro años, observando la técnica de su padre. En 1902 participó en el primer campeonato nacional cubano de ajedrez, clasificándose en cuarta posición. A partir de entonces tomó parte en diversas competiciones, que le llevaron a recorrer Europa y Estados Unidos. Entre 1912 y 1915 publicó una revista de ajedrez en La Habana. Durante la Primera Guerra Mundial permaneció en Nueva York, donde ganó varios torneos de ajedrez entre 1915 y 1918. Ganó el campeonato mundial de ajedrez en 1921, tras derrotar a Lasker en La Habana. En ese mismo año publicó su obra *Fundamentos del ajedrez* y contrajo matrimonio en la capital cubana. Capablanca continuó compitiendo y ganó, entre otros torneos, el New York International en 1927. Este año perdió su título mundial frente a Alekhine. También fue embajador de Cuba, participó como actor en la película *Chess Fever*, en 1925, y se casó en segundas nupcias con una princesa rusa. Falleció en 1942, a los cincuenta y tres años, a consecuencia de un ataque cardíaco que sufrió en el Club de Ajedrez de Manhattan. Fue sepultado en La Habana.

CAPONE, AL [Alphonse Capone], llamado *Scarface* (Caracortada) *(Nueva York, 1889-Miami Beach, 1947) Gángster y contrabandista estadounidense.* Hasta los nueve años estudió en una escuela de Brooklyn, pero la abandonó para pasar a formar parte de las bandas de la ciudad. Pronto ingresó en la Five Points Gang, liderada por Johnny Torrio, gángster que en 1909 se trasladó a Chicago, donde comenzó a trabajar a las órdenes de Big Jim Colosino. Johnny Torrio pasó a dirigir la banda gracias al asesinato de su jefe, no se sabe con seguridad si eliminado por Capone o por Frankie Yale. En cualquier caso, Torrio confió a Capone, ya en los años veinte, la dirección de la organización de la banda, dedicada a la explotación de la prostitución, el juego ilegal y el tráfico de alcohol. En 1925 Torrio se retiró y Capone tomó el mando. Se adueñó del hampa de Chicago después de eliminar a todos sus rivales en una serie de guerras mafiosas, cuyo detonante fue el asesinato de O'Banion. Hacia 1926 ejercía el control de la mafia de la ciudad y reunía a todas las bandas excepto dos, la de Aiello y la de Bugs. Capone y sus hombres mataron a todos los miembros de la banda de Aiello en menos de un mes. Los enfrentamientos culminaron con el acribillamiento en un garaje de los cinco jefes de la banda de Bugs, el día de San Valentín de 1929. Tras deshacerse de sus rivales, siguió enriqueciéndose gracias al tráfico ilegal de bebidas alcohólicas ocasionado por la Ley Seca, y a través de su

▲ ► *A la derecha, Al **Capone** durante su época como jefe de la mafia en Chicago. Arriba, el mítico gángster en una foto policial tomada en 1939, mientras cumplía condena por evasión de impuestos.*

vasta red clandestina de salas de juego. Se calcula que en 1927 la fortuna de Capone ascendía a cien millones de dólares. Tras años de persecución policial infructuosa, y ante la falta de pruebas, fue detenido finalmente por evasión de impuestos, y en el año 1931, condenado a once años de prisión. Ingresó en la cárcel de Atlanta en 1932, y en 1934 fue trasladado al centro penitenciario de Alcatraz. Tras una permanencia de ocho años en prisión, se le concedió la libertad condicional: su deterioro mental y físico era ya considerable, al parecer a causa de la sífilis. Tras pasar un tiempo ingresado en el hospital, se retiró a su mansión de Miami Beach, donde residió hasta el final de sus días.

CAPOTE, TRUMAN [Truman Streckfus Persons] *(Nueva Orleans, EE UU, 1924-Los Ángeles, 1984) Novelista estadounidense.* Escritor precoz, se dio a conocer a los veinticuatro años con *Otras voces, otros ámbitos* (1948), que obtuvo cierto éxito y generó importantes expectativas sobre su futura obra. Tras publicar varias novelas, entre ellas *Un árbol de noche* y *El arpa de hierba* (1951), de contenido simbólico y onírico, Capote se dedicó a trabajar su estilo y consolidar su concepción novelística, resultado de lo cual fue la publicación de *Desayuno en Tyffany's* (1958), novela de estilo ágil y sutil poesía, llevada al cine en 1961 con el título de *Desayuno con diamantes*. Su interés por el periodismo y su intensa colaboración con la revista *New Yorker* lo acercaron a la disciplina del re-

▲ *James Stewart es un ingenuo senador que se opone a la corrupción política en* Caballero sin espada *(1939), película que supuso para Frank* **Capra** *la cuarta nominación al Oscar y la tercera de las estatuillas doradas con que fue premiado a lo largo de su carrera.*

▼ *El escritor Truman* **Capote**, *uno de los novelistas estadounidenses más destacados del s. xx. Junto a autores como Wolfe y Mailer, se le considera el padre del nuevo periodismo.*

portaje de investigación, lo que dio como fruto su célebre obra *A sangre fría*, creadora del género de la *non-fiction novel*, que relata el caso real del asesinato de la familia Cutters, basándose en documentos policiales y el testimonio de los implicados. Por esta novela, junto con Norman Mailer y Tom Wolfe, Capote es considerado uno de los padres del *new journalism* (nuevo periodismo), que combina la ficción narrativa y el periodismo de reportaje, dentro de una nueva concepción de la relación entre realidad y ficción. En 1969 publicó *El invitado del día de Acción de Gracias*, seguido de *Los perros ladran* (1973), colección de ensayos, y *Música para camaleones* (1980), que combina la ficción y la realidad, una de las obras más celebradas de este autor.

CAPRA, FRANK *(Palermo, Italia, 1897-La Quinta, EE UU, 1991) Director cinematográfico estadounidense de origen italiano.* Cuando él contaba seis años de edad, su familia emigró a Estados Unidos. Cursó estudios en el California Institute of Technology, y, tras su graduación (1918), obtuvo un empleo como profesor en el ejército. En 1921 inició su carrera cinematográfica, y en 1931 consiguió su primer gran éxito como director con *La mujer milagro*. Máximo exponente de la comedia estadounidense clásica, consiguió el Oscar al mejor director en tres ocasiones: en 1936 por *El secreto de vivir*, en 1938 por *Vive como quieras* y en 1939 por *Caballero sin espada*. Durante la Segunda Guerra Mundial realizó documentales al servicio del ejército de Estados Unidos, y en 1947 dirigió *¡Qué bello es vivir!*, considerado uno de su mejores filmes, pero que no obtuvo el aplauso del público. A partir de los años cincuenta, su fórmula cinematográfica pareció agotarse. En 1982 recibió el homenaje del American Film Institute por el conjunto de su obra.

CARACALLA [Marco Aurelio Antonino] *(Lyon, actual Francia, 188-Edesa, actual Turquía, 217) Emperador romano (212-217).* Hijo de Septimio Severo, en el 212 asesinó a su hermano Geta, que se había convertido en su principal rival en el poder, y a continuación se dedicó a eliminar en la corte a todos los partidarios de aquél. Dejó los asuntos de gobierno en manos de su madre, Julia Domna, y publicó un edicto por el que se concedía la ciudadanía romana a todos los habitantes del imperio. Realizó diversas campañas en las fronteras y combatió en el Danubio y en Oriente, si bien no logró avances significativos. En el 215 saqueó la ciudad de Alejandría por haber prestado apoyo a su hermano. Su crueldad y su falta de tacto le granjearon una amplia oposición, que se vio incrementada por el descontento provocado por los resultados de la guerra contra los partos. En abril del 217, el emperador fue asesinado en un complot urdido por Macrino, el prefecto del pretorio.

CARAVAGGIO [Michelangelo Merisi] *(Caravaggio, actual Italia, 1571-Porto Ercole, id., 1610) Pintor italiano.* Principal figura de la pintura italiana de su tiempo, aprendió el arte pictórico de un maestro de segunda fila, Simone Peterzano, y sobre todo a partir del estudio de las obras de algunos artistas venecianos. De 1592 a 1606 trabajó en Roma, donde no tardó en destacar no sólo por su original enfoque de la obra pictórica, sino también por su vida irregular, en la que se sucedían lances, peleas y episodios reveladores de su carácter tempestuoso y su falta de escrúpulos. De Caravaggio se ha dicho que fue un revolucionario tanto por su vida turbulenta como por su pintura, en la que planteó una oposición consciente al Renacimiento y al manierismo. Sus primeras creaciones son fundamentalmente pinturas de género que combinan la figura humana con escenas de bodegón y naturaleza muerta. Constituye un ejemplo emblemático de esta primera etapa creativa *El tocador de laúd.* En estas obras resulta ya evidente el empleo estético de Caravaggio de los juegos de luces y sombras, si bien el claroscuro sólo sirve aquí como creador de volúmenes y de profundidad, sin añadir a la acción efectos de dramatismo, como sería habitual en las creaciones posteriores del artista. *La cena de Emaús,* una de sus obras maestras, caracterizada por suntuosos tonos oscuros, sombras envolventes y haces de luz clara que inciden en puntos determinados, señala el comienzo del período de madurez del artista, quien se decanta abiertamente por la temática religiosa y trabaja por encargo de los grandes comitentes de la época. Algunas de sus obras son rechazadas por el naturalismo con que aborda los pasajes bíblicos, pero no faltan los mecenas laicos dispuestos a adquirir de buen grado aquellos cuadros que el clero no ve con buenos ojos. A esta época corresponden las dos grandes realizaciones del artista: los

retablos de la capilla Contarelli de San Luis de los Franceses y de la capilla Cerasi de Santa Maria del Popolo, con *La vocación de san Mateo* y *El martirio de san Mateo* el primero, y *La crucifixión de san Pedro* y *La conversión de san Pablo* el segundo. Son obras, todas ellas, dominadas por una intensa acción dramática, muy estudiadas desde el punto de vista compositivo y en las que se obtienen resultados espléndidos con una gran economía de medios. En 1606, Caravaggio mató a un hombre en una reyerta y se vio obligado a huir de Roma, adonde, muy a su pesar, nunca pudo volver. Murió cuatro años después en una playa solitaria, aquejado de malaria. En esta última época había pintado algunas obras en las que su dramatismo característico dejaba paso a una gran serenidad.

▲ ▼ *Caravaggio fue el principal representante del tenebrismo. Arriba,* La vocación de san Mateo, *y abajo,* Muchacho con cesto de fruta, *su presunto autorretrato.*

CARAVAGGIO
OBRAS MAESTRAS

Baco (h. 1595; Uffizi, Florencia); *Muchacho con cesto de fruta* (h. 1595; Galería Borghese, Roma); *La buenaventura* (h. 1595; Museo del Louvre, París); *El tocador de laúd* (h. 1596); *La cena de Emaús* (h. 1598-1600; National Gallery, Londres); *La vocación de san Mateo* (1599-1600; destruido); *La crucifixión de san Pedro* (1600-1601; Santa Maria del Popolo, Roma); *La conversión de san Pablo* (1600-1601; Santa Maria del Popolo, Roma); *El santo entierro* (1602-1604; Museos del Vaticano, Roma); *La Virgen de los palafreneros* (1605; Galería Borghese, Roma); *La muerte de la Virgen* (1605-1606; Museo del Louvre, París); *La decapitación de san Juan Bautista* (1608; catedral de La Valetta, Malta); *Narciso* (Galería Nacional de Arte Antiguo, Roma); *Medusa* (Uffizi, Florencia).

CARDANO, GEROLAMO [Jérôme Cardan] *(Pavía, actual Italia, 1501-Roma, 1576) Matemático italiano.* Se graduó en la Universidad de Pavía y se doctoró en medicina (1526) en la de Padua. En 1536 se trasladó a Milán, donde empezó a ejercer como profesor de matemáticas. En 1539 publicó su primera obra en dicha materia, la *Práctica de matemáticas y mediciones individuales,* en la que recogió el contenido de sus clases. Ese mismo año fue admitido en la facultad de medicina, de la que al poco fue nombrado rector. En 1543, ya con una sólida fama como médico (a él se debe la primera descripción clínica de la fiebre tifoidea), se trasladó de nuevo a Pavía. Dos años después publicó su obra científica más importante, el *Ars magna,* donde se recoge un exhaustivo estudio de las ecuaciones de tercer grado o cúbicas, y en la que se ofrece la regla para la resolución de las mismas que lleva su nombre. Por la publicación de dicho resultado fue duramente criticado por el también matemático Niccolò Tartaglia, quien se lo había revelado con la condición de que lo mantuviera en secreto y no lo divulgara, si bien Cardano, al descubrir otra fuente en la que se contenía dicha regla, se creyó liberado de su promesa. Otras obras suyas de importancia fueron el *Libro sobre juegos y azar,* en el cual ofreció la primera aproximación sistemática a la teoría de la probabilidad y enunció la ley de los grandes números, resultados todos ellos que no serían abordados de nuevo (por Blaise Pascal y Pierre de Fermat) hasta un siglo más tarde. Así mismo, publicó títulos de contenido filosófico, como *La sutileza de las cosas,* que fueron muy leídos en su tiempo. Los últimos años de su vida estuvieron plagados de desgracias, desde la ejecución en el año 1560 de uno de sus hijos, acusado de asesinato, hasta un proceso por herejía por el que llegó a ser encarcelado (1570). Absuelto un año después, fue privado del derecho de publicar obra alguna.

CARDENAL, ERNESTO *(Granada, Nicaragua, 1925) Poeta nicaragüense.* Poeta revolucionario y sacerdote católico, se dio a conocer con las obras *La ciudad deshabitada* (1925) y *Proclama del conquistador* (1947). Comprometido políticamente con los conflictos sociales de su país, en 1954 participó en un movimiento armado que intento asaltar al dictador Somoza, y posteriormente, en 1957, fue ordenado sacerdote, tras lo cual residió durante un tiempo en un monasterio de Estados Unidos. Esta reclusión religiosa supuso para el poeta un oasis de serenidad frente a la deslumbrante ciudad

▲ *El poeta y sacerdote nicaragüense Ernesto **Cardenal**. Cercano a la teología de la liberación, mantuvo siempre un estrecho compromiso con la realidad política de su país.*

▼ *Retrato de Lázaro **Cárdenas**, presidente mexicano que supo impulsar importantes proyectos de reforma.*

moderna. De regreso en Nicaragua fundó una comunidad en la isla de Solentiname. Su poesía, reflejo de su radicalismo personal, denunció el sufrimiento y la explotación de las llamadas repúblicas bananeras, temática que centra su *Canto nacional.* En un seminario, en Colombia, lugar donde realizaba estudios sacerdotales, escribió *Salmos* (1964) y *Oración por Marilyn Monroe y otros poemas* (1965). Ministro de Cultura durante la década de la revolución sandinista, recibió una reprimenda pública del papa Juan Pablo II cuando, en su primera visita a Nicaragua, en 1984, lo llamó a regularizar su situación como sacerdote.

CÁRDENAS, LÁZARO *(Jiquilpán, México, 1895-Ciudad de México, 1970) Militar y político mexicano.* Se unió muy joven al ejército revolucionario (1913) y fue uno de los principales defensores del credo socialista. Seguidor de Madero, cuando éste fue asesinado se unió las tropas de Plutarco Elías Calles que combatían al general Huerta, en apoyo del constitucionalismo de Venustiano Carranza y Alvaro Obregón. General en 1925, gobernador de Michoacán (1928) y presidente del Partido Nacional Revolucionario en 1930; secretario de Gobernación (1931) y de Guerra y Marina (1933) y presidente de la República en el período 1934-1940. Cárdenas transformó al PNR en el Partido de la Revolución Mexicana (1938) y distribuyó millones de hectáreas entre más de 750 000 familias campesinas. En 1937 nacionalizó las compañías ferroviarias, y cuando las empresas petroleras se negaron a cumplir las leyes laborales (1938), nacionalizó la industria, expropiando sus tierras, pozos petrolíferos y oficinas e inauguró una nueva era de independencia económica. Favoreció a las organizaciones sindicales e impulsó una gran campaña para la integración del indígena y la educación de las masas, en la cual creó numerosas escuelas y secularizó la enseñanza. Apoyó a la República durante la guerra civil española y dio asilo a numerosos refugiados republicanos. Su defensa de los intereses campesinos y obreros, así como de los recursos del país frente al capital extranjero, que caracterizó toda su acción política, le dio una autoridad moral que perduró aun después de su alejamiento del poder. En 1950 se adhirió al Movimiento Mundial de la Paz, del que llegó a ser vicepresidente, después de recibir en el año 1955 el premio Stalin de la Paz. Su última actuación en la esfera internacional fue como miembro del tribunal Russell para juzgar los crímenes de guerra estadounidenses en Vietnam (1966-1968).

◀ *Fernando **Cardoso**, presidente de Brasil. Sus éxitos al frente del ministerio de Hacienda lo llevaron a la presidencia del país en 1994.*

CARDOSO, FERNANDO HENRIQUE *(Río de Janeiro, 1931) Político brasileño.* Sociólogo e intelectual de prestigio y profesor de la Universidad de São Paulo, se convirtió en un referente de la izquierda brasileña a lo largo de la década de 1960. A raíz del golpe de Estado militar en 1964 se vio obligado a exiliarse. A su regreso, tres años más tarde, las autoridades militares le prohibieron el ejercicio de la docencia en cualquier universidad brasileña. En 1969 fundó el Centro Brasileño de Planificación y Análisis, en torno al cual se agruparon intelectuales y académicos progresistas del país. Senador por São Paulo y socio fundador del Partido Socialdemócrata Brasileño, como ministro de Hacienda consiguió reducir la inflación espectacularmente en poco menos de un año, éxito que contribuyó a su victoria en las elecciones presidenciales de 1994 y a su posterior reelección en 1998.

CARDUCHO, HERMANOS; BARTOLOMÉ *(Florencia, 1560-El Pardo, España, 1608)* y **VICENTE** *(Florencia, 1576-Madrid, 1638) Pintores italianos que trabajaron en España.* En 1585, Bartolomé se trasladó a España para trabajar como colaborador de Federico Zuccaro en El Escorial. Rápidamente se labró un nombre en el ambiente artístico español y en 1598 fue nombrado pintor de la corte, cargo que le supuso la realización de numerosos encargos. Cuando se trasladó a España, Bartolomé llevó consigo a su hermano Vicente, que tenía entonces nueve años, por lo que se formó artísticamente en España. Gracias a la buena posición de su hermano, Vicente realizó una carrera triunfal (pintor de corte en 1609) y gozó de mayor prestigio y honores que Bartolo-

mé. En la actualidad, sin embargo, se valora más su obra teórica (*Diálogos de la pintura*) que su creación artística. Al final de su vida fue eclipsado por Velázquez.

CARLOMAGNO [Carlos I *el Grande*] *(?, 742-Aquisgrán, actual Alemania, 814) Rey de los francos (768-814) y emperador de los romanos (800-814).* Hijo del monarca franco Pipino *el Breve*, fundador de la dinastía carolingia y forjador de un gran Estado que comprendía Austrasia, Neustria, Borgoña, Auvernia, Aquitania, Septimania y Provenza, en el 768 heredó de su padre la mitad occidental del reino de los francos, con capital en Noyon, mientras que su hermano Carlomán recibía la mitad oriental, cuya capital era Soissons. Luego de tres años de intrigas y rivalidades, en que cada hermano buscó alianzas con el duque de Baviera, la monarquía lombarda y el Papado para debilitar la posición del otro, la prematura muerte de Carlomán permitió a Carlomagno restablecer la unidad territorial del reino franco (771). En el año 773, el rey lombardo Desiderio entró en Roma y sometió al papa Adriano I, quien hubo de pedir ayuda a Carlomagno. Éste, viendo la posibilidad de intervenir en Italia, no dudó en acudir en auxilio del pontífice, y al año siguiente derrotó a Desiderio en Pavía, victoria que le permitió proclamarse rey de los lombardos y recibir del Papa el título de *patricio* o protector de la Iglesia. Mucho más dura resultó la conquista de Sajonia, entre el bajo Rin y el Elba, ya que durante más de treinta años, del 772 al 804, los sajones, encabezados por el noble Widukind, opusieron tenaz resistencia tanto a la dominación franca como a la penetración del cristianismo. Tan sólo una veintena de campañas militares y la aplicación de métodos muy violentos como las ejecuciones, las deportaciones y las conversiones forzosas en masa permitieron a Carlomagno someter y cristianizar a los sajones, no sin antes haber sufrido serios reveses. No obstante, en los Pirineos, en el paso de Roncesvalles, tras intentar tomar Zaragoza y devastar Pamplona, fue donde el ejército franco sufrió su derrota más humillante, al ser aniquilada su retaguardia por vascos y gascones, acción en que perdieron la vida diversos notables de la corte, como el duque Rolando (778); la batalla daría origen al célebre

▼ *En la imagen, el emperador **Carlomagno** recibe noticias de un mensajero, en una miniatura que se conserva en el Museo Goya de Castres, Francia.*

De plusieurs batailles que Charlemaine eut alenrout

cantar de gesta conocido como la *Chanson de Roland*. Este desastre convenció a Carlomagno de la necesidad de establecer una *marca* (zona fronteriza fortificada) frente a los musulmanes, deseo que se concretó en la creación de la *Marca Hispánica* en el nordeste de la península Ibérica, una vez conquistadas las ciudades de Gerona (785) y Barcelona (801). Paralelamente, en Europa septentrional, el monarca franco sometió a los frisones (785), mientras que, en el este, incorporó Baviera y Carintia (788) e instituyó una especie de protectorado sobre los ávaros en la Panonia superior (805). El día de Navidad del año 800, y de nuevo Carlomagno en Roma para restablecer al Papa en sus funciones, perturbadas por desordenes locales, León III lo coronó emperador, título que le confería un rango superior al resto de monarcas cristianos. La pretensión de restablecer el Imperio de Occidente, sin embargo, provocó el recelo de Bizancio y una guerra con los griegos por el dominio de Venecia y Dalmacia, conflicto que concluyó con la aceptación de la dignidad imperial del rey franco por parte del emperador bizantino Miguel I (812). Gran protector de las letras y de las artes, Carlomagno fue, además, el promotor del llamado *renacimiento carolingio*, un movimiento intelectual y literario surgido en la corte imperial e impulsado por sabios como Alcuino de York, Eguinardo, Pablo Diácono, Pablo de Pisa y Teodulfo, que promovió una profunda renovación cultural en el Occidente europeo. A su muerte, acaecida en Aquisgrán el 28 de enero del 814, el Imperio Carolingio pasó a manos de su hijo Ludovico Pío y entró en una lenta pero irreversible decadencia.

▲ *Ilustración de un manuscrito del s. XIV que recoge el momento en que* **Carlomagno** *es coronado por el papa León III como nuevo emperador de la cristiandad.*

> *«La esperanza es el sueño de los que están despiertos.»*
>
> Carlomagno

CARLOS I *(Dunfermline, Gran Bretaña, 1600-Whitehall, id., 1649) Rey de Inglaterra, Escocia e Irlanda.* Segundo hijo de Jacobo I, accedió al trono en 1625. Casó con la princesa francesa y católica Enriqueta María. Como los gastos de la guerra contra España incrementaran la oposición de sucesivos parlamentos a las demandas reales, se insistió en fijar los límites de las prerrogativas reales, pero el monarca se negó a escuchar las reclamaciones de sus súbditos. En 1628, el Parlamento remitió al rey la *petición de derechos*, que limitaba las atribuciones reales. Carlos, que creía firmemente en los derechos monárquicos y estaba muy comprometido con la Iglesia de Inglaterra, fingió aceptar la petición, pero dejó de respetarla al cabo de poco tiempo, y disolvió el Parlamento en 1629. Empezaron entonces los once años de gobierno absolutista, durante los que el monarca impuso el culto anglicano, persiguió a los puritanos ingleses y extendió la liturgia inglesa a Escocia en 1636, lo cual provocó la revuelta de la Escocia presbiteriana. Apremiado por la necesidad de dinero, no tuvo otra salida que convocar, en mayo de 1640, un Parlamento («Parlamento corto»), que rechazó las peticiones reales y fue disuelto. En noviembre de 1640 el rey convocó, nuevamente por urgencias económicas, un nuevo Parlamento («Parlamento largo»), que, presidido por John Pym, encarceló primero y ejecutó después a los dos consejeros del rey, el arzobispo de Canterbury, William Laud, y el conde de Strafford. Estalló entonces en Irlanda una sublevación, detrás de la cual se sospechó

▶ *El rey inglés* **Carlos I** *retratado por el pintor flamenco Van Dyck. La sublevación del Parlamento, encabezada por Oliver Cromwell, acabó con su reinado y con su vida.*

que estaba el propio Carlos, y se desencadenó luego la guerra civil, en que los ejércitos reales fueron derrotados en Naseby (1645). Entregado por los escoceses al Parlamento inglés, la evasión de Carlos en 1647 dio origen a una nueva guerra civil, pronto decidida por los *ironsides* (caballería) de Cromwell. El nuevo Parlamento juzgó y condenó al monarca, que murió decapitado en el cadalso.

CARLOS I DE ESPAÑA Y V DE ALEMANIA *(Gante, actual Bélgica, 1500-Yuste, España, 1558) Rey de España (1516-1556) y emperador de Alemania (1519-1556).* Hijo de Felipe *el Hermoso*, archiduque de Austria, y de Juana *la Loca*, reina de Castilla. Merced al complejo proceso de herencias derivado de las alianzas dinásticas de la casa de Austria, por un lado, y de los Reyes Católicos, por otro, se convirtió en el monarca más poderoso de su tiempo. Los territorios bajo su soberanía comprendían: Luxemburgo, los Países Bajos, Artois y el Franco Condado, recibidos en 1506, a la muerte de su padre; Navarra, Aragón, Castilla, Nápoles, Sicilia, Cerdeña y las colonias españolas de América, heredados a la muerte de su abuelo Fernando de Aragón, en 1516; finalmente, las posesiones germanas de los Habsburgo que le legó su abuelo Maximiliano, en 1519. A partir de su coronación como emperador del Sacro Imperio Romano Germánico, consagró su vida a la construcción de una «monarquía universal» y cristiana, lo cual implicaba el enfrentamiento con la Reforma luterana en el interior de sus propios territorios germanos, al tiempo que la lucha contra el Imperio Otomano. Carlos instaló su corte en España, desde donde inició la primera de su larga serie de campañas, en este caso contra Francisco I de Francia —el último baluarte en Europa frente a la hegemonía de la casa de los Habsburgo que él representaba—, a quien venció en Bicoca (1522) y en Pavía (1525). Sin embargo, el monarca francés, aliado con los príncipes italianos independientes y el papa Clemente VII, volvió a romper las hostilidades y obligó a

▲ **Carlos I** a caballo, *cuadro pintado por Tiziano en 1548. La impresionante figura del emperador recorre el escenario de la batalla tras la victoria en Mühlberg contra los protestantes.*

> «*Hablo en español a Dios, en italiano a las mujeres, en francés a los hombres y en alemán a mi caballo.*»
>
> Carlos I de España y V de Alemania

las tropas imperiales a marchar sobre Roma, ciudad que saquearon en 1527. La paz de Cambrai, firmada dos años más tarde, por la que Carlos I se aseguraba el control sobre Italia, pero que entregaba a Francia el ducado de Borgoña, no representó sino una corta tregua. Los príncipes protestantes alemanes, que habían rechazado la Dieta de Augsburgo (1530), por la que el emperador intentó restaurar de forma pactada la unidad religiosa del continente, formaron la Liga de Smalkalda y, en alianza con Francisco I, aliado a su vez del turco Solimán, reanudaron la guerra en 1532. El conflicto se prolongó doce años, al cabo de los cuales se firmó la paz de Crépy, por la que se obligó a Francia a romper sus lazos con los otomanos. Mientras tanto, el problema religioso planteado por los luteranos se había agravado, pese a la actitud conciliadora de Carlos, quien por último se vio obligado a lanzar sus tropas contra los príncipes alemanes, a los que derrotó en Mühlberg (1547). Enrique II, sucesor de Francisco I en el trono francés, acudió entonces en socorro de aquéllos y, tras ocupar Metz, Toul y Verdún, impuso en 1555 la paz de Augsburgo, por la que el emperador aceptó la libertad religiosa. La política imperial también fue, al principio, motivo de conflictos en España, donde la pequeña nobleza y la burguesía inspiraron, entre 1519 y 1523, los levantamientos de las Comunidades de Castilla y de las Germanías de Valencia y Mallorca, movimientos cuya derrota benefició a la aristocracia terrateniente. Sin embargo, la ampliación de los mercados y la incorporación de nuevos productos llegados de los territorios de América propiciaron una fase de prosperidad económica, al tiempo que se modernizaban las instituciones del Estado. Esta circunstancia —no obstante los problemas estructurales que originarían más adelante la ruina del reino español—, junto con la identificación de la mayoría de los súbditos españoles con los fundamentos religiosos de las guerras imperiales, tanto contra los protestantes como contra los otomanos, determinó que Carlos I tuviera a España como el centro de su imperio. Por ello, en 1556, enfermo de gota y consciente de la imposibilidad de conseguir sus objetivos de unidad imperial, abdicó en favor de su hijo Felipe II, a quien dejó las «posesiones españolas», y de su hermano Fernando, a quien cedió los «dominios imperiales germánicos», y se retiró a la paz del monasterio extremeño de Yuste, donde falleció dos años más tarde.

CARLOS II *EL CALVO (?, 823-Maurienne, actual Francia, 877) Emperador franco.* Hijo de Luis *el Piadoso* y de su segunda esposa Judith. Las maquinaciones de ésta, y del grupo de nobles que la rodeaban, hicieron que sobre Carlos recayese una buena parte de la herencia paterna, y se rompiera la unidad imperial en la figura del primogénito, Lotario. A la muerte de Luis *el Piadoso*, en el 840, Lotario, Carlos y Luis, sus tres hijos, se enfrentaron entre ellos, sin que ninguno lograse la supremacía, por lo que todos quedaron debilitados ante la nobleza. Así, en el tratado de Verdún del 843, resolvieron repartirse el imperio, y a Carlos le correspondió la parte occidental. Cuando la rama familiar de Lotario, que ostentaba el título imperial, se extinguió en el año 875, Carlos consiguió hacerse coronar emperador en Roma, pero, atacado por Luis, se vio forzado a regresar para hacerle frente. Muerto Luis, Carlos no pudo vencer al hijo de éste, Luis *el Tartamudo*, y falleció, abandonado por sus nobles, en el curso de una expedición a Italia.

CARLOS II *EL HECHIZADO (Madrid, 1661-id., 1700) Rey de España (1665-1700).* Hijo de Felipe IV y de Mariana de Austria, ya desde su infancia fue un niño anormal y enfermizo. A pesar de ser educado por los grandes preceptores de la época, no logró superar sus deficiencias intelectuales. Contrajo matrimonio en dos ocasiones, la primera con María Luisa de Orleans y la segunda con Mariana de Neoburgo, aunque con ninguna de ellas tuvo descendencia. Su falta de carácter y determinación lo dejaron con frecuencia a merced de las opiniones de su madre y de sus sucesivas esposas. Era un niño de cuatro años cuando heredó el trono, por lo que ejerció la regencia su madre, Mariana de Austria, que desconocía por completo los negocios de Estado. En 1676 nombró ministro y grande de España a Fernando de Valenzuela, lo cual provocó

▲ *Retrato de* **Carlos II el Hechizado***, último rey español de la casa de Austria, en un cuadro de Sánchez Coello que se exhibe en el Museo del Prado de Madrid.*

▲ ***Carlos II* el Calvo***, emperador de la parte occidental del Imperio Carolingio, representado en una miniatura de la Biblia de Tours, del s. x (Biblioteca Nacional, París).*

▶ **Carlos III***, óleo sobre lienzo de Anton Mengs que se conserva en el Museo del Prado de Madrid. El monarca español aparece retratado con la bengala de mando.*

la reacción de la aristocracia y su agrupamiento en torno a la figura de Juan José de Austria, hermanastro de Carlos, que ejerció como primer ministro. Pero su política fracasó al perder España el Franco Condado y otras regiones fronterizas en la paz de Nimega (1679), por lo que fue sustituido en el ministerio por el duque de Medinaceli y más tarde por Oropesa, quien entre 1685 y 1691 llevó a cabo una política inteligente y estabilizadora. Aun así, nunca la Corona española de los Austrias había llegado a una situación tan decadente, y en el exterior la monarquía se vio envuelta en cuatro guerras debido al expansionismo de Luis XIV. La falta de descendencia obsesionó en sus últimos días al rey, quien temía la desmembración del legado de sus mayores. En su último testamento, pese a las pretensiones de los Habsburgo y la aversión personal que sentía por todo lo francés, nombró heredero del trono al duque de Anjou, el futuro Felipe V.

CARLOS III *(Madrid, 1716-id., 1788) Duque de Parma y de Toscana, rey de Nápoles (1734-1759) y rey de España (1759-1788).* Hijo de Felipe V e Isabel Farnesio, en 1734 renunció a los ducados de Parma y Toscana (1731-1734) para convertirse en rey de Nápoles, y en 1759, a la muerte de su hermanastro Fernando VI, en rey de España. En 1736 contrajo matrimonio con María Amalia de Sajonia. Durante su largo reinado se reveló como un soberano inteligente, perfecto modelo del monarca ilustrado, y emprendió una serie de reformas

destinadas a modernizar las estructuras administrativas y productivas del Estado. Para este cometido contó con ministros como Esquilache, Aranda y Floridablanca, eficaces ejecutores de los planes reales. El radicalismo con que comenzó a aplicarse el plan de reformas chocó enseguida con los intereses del clero y la aristocracia, sectores que aprovecharon una serie de disposiciones de policía (recorte de las capas y del ala de los sombreros) para promover el llamado «motín de Esquilache», en 1766. A pesar de estas reacciones, el proceso reformista siguió adelante. Al año siguiente ordenó la expulsión de los jesuitas, quienes se oponían al control estatal de las cátedras de las universidades y de los colegios mayores, y poco después sometió el Santo Oficio al poder de la Corona. En materia agraria promovió el reparto de las tierras comunales, la división de los latifundios y la colonización del campo, en particular en Sierra Morena, y limitó los privilegios de la Mesta en beneficio de los agricultores, y los de los gremios para favorecer la industrialización. Decretó también la libertad del comercio de granos y el libre tráfico con los territorios de América, donde introdujo las intendencias en 1768, y reorganizó el mapa politicoadministrativo al crear en 1776 el virreinato del Río de la Plata y, al año siguiente, la capitanía de Venezuela. En el capítulo de la Hacienda pública, racionalizó el sistema fiscal y amplió su base de aplicación, lo cual provocó reacciones tanto en la península Ibérica como en América, la más grave de las cuales fue la de los comuneros de Nueva Granada, en 1781; introdujo el papel moneda y fundó el Banco de San Carlos, la primera banca estatal. Reformó así mismo la administración de la justicia y, mediante las conocidas «ordenanzas» que promulgó, logró su propósito de convertir el ejército y la marina en verdaderas fuerzas armadas del Estado. La política exterior de Carlos III se orientó al mantenimiento de la paz en el Mediterráneo y del equilibrio de fuerzas entre las potencias del continente. Firmó con el Imperio Otomano (1782), y con las regencias berberiscas de Trípoli, Argelia y Túnez, tratados de paz que garantizaron la seguridad de las costas españolas y revitalizaron el comercio con el norte de África y el Próximo Oriente. Por otra parte, suscribió un nuevo pacto de familia, en 1761, con los Borbones franceses, tendente a crear una alianza contra Gran Bretaña, que representaba una seria amenaza para la hegemonía espa-

▲ *Carlos III firma la autorización del libre comercio con Filipinas. A partir de 1778 se promulgaron una serie de decretos que liberalizaron el comercio con ultramar.*

▼ *Carlos IV, hombre de poco carácter, estuvo muy influenciado en la última etapa de su reinado por Manuel Godoy, su valido. La desastrosa política de ambos facilitó la invasión francesa de España en 1808.*

ñola en América. En este contexto, se implicó en la guerra de los Siete Años –que concluyó en 1763 con la firma del tratado de París, con resultado adverso para España– y en la de emancipación de las colonias norteamericanas, y, tras un acuerdo de alianza con Portugal, en la nueva guerra contra Gran Bretaña, que se inició en 1779 y concluyó en 1783 con el tratado de Versalles. Este último conflicto fue favorable a la Corona española, que si bien no recuperó el peñón de Gibraltar, reconquistó Menorca y Florida. Carlos III, quien encarnó como ningún otro monarca el despotismo ilustrado en España, transformó las costumbres sociales y modernizó las estructuras del reino, situándolo en los umbrales de la Revolución Industrial. Sin embargo, en América el esfuerzo reformista que implantó no fue suficiente para contener el proceso que desembocaría más adelante en las guerras de emancipación.

CARLOS IV *(Nápoles, 1748-Roma, 1819) Rey de España (1788-1808).* Hijo de Carlos III y María Amalia de Sajonia, fue hombre de carácter débil, lo que se reflejó en su acción de gobierno. En los primeros años, bajo el impulso del conde de Floridablanca, continuaron tímidamente las medidas del reformismo ilustrado. El sucesor de Floridablanca, el conde de Aran-

da, se mantuvo en un plano neutral respecto a la Revolución Francesa, pero su caída, en noviembre de 1792, puso el gobierno en manos de Godoy, un joven guardia de corps protegido de la reina, de quien se decía que era su amante. En 1793 declaró la guerra a Francia, que acabó con la derrota española y la firma del tratado de Basilea (1795), hecho que provocó un cambio de orientación de la diplomacia de España, que se alió con su antiguo enemigo francés (tratado de San Ildefonso de 1796) y entró en guerra con Gran Bretaña. Las presiones de Napoleón llevaron a Carlos IV a enfrentarse a Portugal, conflicto en el que se apoderó de la plaza de Olivenza. La paz de Amiens de 1802 supuso un breve paréntesis en la lucha con los ingleses y la recuperación de Menorca. Pero dos años después se reanudó la guerra y llevó al desastre de Trafalgar (octubre de 1805). La bancarrota en que quedó sumido el país provocó el descrédito de Godoy y la conspiración para hacer rey al príncipe de Asturias. En febrero de 1808, las tropas francesas entraban en España, y meses después estallaba el motín de Aranjuez, que obligó a Carlos IV a abdicar en su hijo Fernando. Aquél recurrió a Napoleón, el cual citó a Fernando VII en Bayona para exigirle que devolviera la corona a su padre. En última instancia, el resultado fue la cesión de la misma al emperador francés. Luego, Carlos marchó al exilio, en donde murió, pues Fernando VII, ya rey, nunca le permitió regresar a España.

CARLOS IX *(Saint-Germain-en-Laye, Francia, 1550-Vincennes, id., 1574) Rey de Francia (1560-1574).* Segundogénito de Enrique II y Catalina de Médicis. Siendo menor de edad, durante los primeros años de su reinado quien gobernó Francia fue su madre, de cuya influencia no podría librarse durante toda su vida. Madre e hijo asistieron juntos a las entrevistas de Bayona (1565) y al Edicto de Saint-Germain (1570), pero con el tiempo el rey quiso apartarse de la tutela de Catalina y otorgó la confianza a Coligny, partidario de la reconciliación entre católicos y protestantes. El pacto con éstos, no obstante, se rompió a raíz de la venganza planeada por Catalina y sus seguidores católicos. Obligado a aceptar una matanza de hugonotes en las calles de París, el rey traicionó a su consejero Coligny, quien pereció en la sangrienta matanza de la noche de San Bartolomé (24 de agosto de 1572).

▲ *Grabado de san* **Carlos Borromeo** *que se conserva en la Biblioteca Nacional de Madrid. Arzobispo de Milán y cardenal, se distinguió durante el concilio de Trento.*

«*E*l trabajo es el gran remedio de todas las enfermedades y miserias que siempre asediaron al hombre.»

Thomas Carlyle
Discurso rectoral

CARLOS BORROMEO, SAN *(Arona, actual Italia, 1538-Milán, 1584) Cardenal y arzobispo de Milán.* Nacido en el seno de una familia noble –su madre era Margarita de Médicis, hermana del papa Pío IV–, estudió latín en Milán y en 1522 pasó a la Universidad de Pavía, donde en 1559 obtuvo el grado de doctor en derecho civil y derecho canónico. Un año después, su tío, el papa Pío IV, le llamó a Roma para que fuera su secretario y administrador de los Estados Pontificios. El mismo año, cuando sólo contaba veintidós, fue nombrado cardenal y protector de Portugal, los Países Bajos y los cantones católicos de Suiza, así como de varias órdenes religiosas. Desde su posición en la Iglesia combatió activamente la Reforma y promovió las ideas establecidas en el entonces reciente concilio de Trento (1545-1563). Carlos Borromeo se había hecho cargo también de su familia tras la muerte de su padre, y cuando falleció su hermano (1562) dudó entre casarse para dar descendencia a su estirpe o proseguir la carrera religiosa. Finalmente se decidió por la segunda opción y se dedicó plenamente a la tarea emprendida por la Contrarreforma: promovió cambios en los libros litúrgicos y la música religiosa (él mismo tocaba el laúd y el violoncelo como aficionado), y con este fin encargó la *Misa del papa Marcelo.* Además, envió a Milán a treinta jesuitas para consolidar la Contrarreforma y adoptó medidas encaminadas a reformar la actividad del clero: ordenó poner rejas en los locutorios de las religiosas y pidió más severidad y rigor en el cumplimiento de los deberes cristianos. Estas iniciativas le costaron muchos ataques e incluso agresiones físicas: parece ser que fue atacado por un clérigo llamado Farina, miembro de la orden de los Humillados, que disparó contra él mientras estaba entregado a la oración. La Iglesia siempre lo tuvo, sin embargo, como una figura emblemática, y el papa Paulo V lo canonizó en 1610.

CARLOS MARTEL *(?, 688-Quierzy, actual Francia, 741) Mayordomo de palacio franco.* Hijo de Pipino de Heristal, alcanzó el rango de mayordomo del *Palatium,* y gobernó el reino franco ante la inactividad de los últimos monarcas merovingios. La figura de Carlos adquirió gran popularidad gracias a su victoria, en el 732, sobre las fuerzas del emir de al-Andalus Abd al-Rahman al-Gafiquí, cerca de Poitiers, gracias a la cual los francos lograron contener una incursión musulmana dentro de su territorio. La detención del avance del islam, que hasta ese momento había parecido imparable, y la posterior contraofensiva de los francos, que se apoderaron de la Provenza, en el 739, supusieron a Carlos su elevación a campeón de la cristiandad y su sobrenombre *Martel*: «el Martillo». A su muerte, dejó el cargo de mayordomo a su hijo, Pipino *el Breve*, el cual acabaría por coronarse rey e iniciaría la dinastía de los carolingios, nombre que tomó de Carlos Martel.

CARLYLE, THOMAS *(Ecclefechan, Gran Bretaña, 1795-Londres, 1881) Historiador y ensayista británico.* Hijo de una familia de profundas convicciones calvinistas, cursó estudios en la Universidad de Edimburgo. Tras desechar la carrera eclesiástica, a la que le orientaba su padre, fue profesor de matemáticas en Annan y en Kirkcaldy. En diciembre de 1819 regresó a Edimburgo, donde estudió derecho, colaboró con la *Edinburgh Encyclopedia*, tradujo a Goethe y escribió *Sartor Resartus* (1833-1834), su primera gran obra. En 1834 se trasladó a Londres, ciudad en la que inició la redacción de su *Historia de la Revolución Francesa*. Su publicación, en 1837, le reportó estabilidad económica y el respeto del mundo académico, lo cual le permitió concentrarse, durante los años siguientes, en el estudio y la redacción de varias otras obras de historia y filosofía, entre ellas *La historia de Federico II de Prusia*, publicada entre 1858 y 1865. En 1865 fue nombrado rector de la Universidad de Edimburgo. La pérdida de su esposa, acontecida en el año 1866, le dejó sumido en una profunda depresión que no superó: a partir de entonces se retiró de la vida pública y prácticamente dejó de escribir.

CARNAP, RUDOLF *(Runsdorf, Alemania, 1891-Los Ángeles, 1970) Filósofo alemán.* Fue uno de los principales representantes, junto con Otto Neurath y Kurt Gödel, del denominado Círculo de Viena, fundado por Moritz Schlick. En 1929 el Círculo editó un manifiesto titulado *La concepción científica del mundo: el Círculo de Viena*, redactado por Neurath y firmado por Carnap y el matemático Hans Hahn, en el cual se expresaban los principios fundamentales del neopositivismo, en especial el rechazo a la metafísica como desprovista de sentido. Partiendo de las tesis del *Tractatus logico-philosophicus* (1921) de Wittgenstein, el Círculo enfatizó la impor-

▲ *Carlos Martel afirmó el ascenso carolingio y fue reconocido como «duque de los francos», tras restablecer la unidad de su reino frente a sajones, frisones y alamanes.*

tancia del principio de verificabilidad, llegando al punto de afirmar que el sentido de un término depende de su verificación empírica. Interesado en mostrar que la mayoría de problemas filosóficos provienen de un uso impropio o excesivo del lenguaje, Carnap se interesó especialmente por la construcción de sistemas lógicos capaces de evitarlo, así como por el análisis del discurso científico, en obras como *La estructura lógica del mundo* (1928) o *La sintaxis lógica del lenguaje* (1934). También realizó importantes aportaciones a la estadística, recogidas en *Fundamentos lógicos de la probabilidad* (1950). Carnap fue profesor en Viena en la época del Círculo (1926-1931) y en Praga (1931-1936). Antes de que estallara la Segunda Guerra Mundial se trasladó a Estados Unidos, donde enseñó en Chicago (1938-1952), en Princeton (1952-1954) y en Los Ángeles, ya en los últimos años de su carrera académica (1954-1962).

CARNOT, NICOLAS LÉONARD SADI *(París, 1796-id., 1832) Ingeniero y científico francés.* Describió el ciclo térmico que lleva su nombre (ciclo de Carnot), a partir del cual se deduciría el segundo principio de la termodinámica. Hijo del revolucionario Lazare Carnot, en 1812 ingresó en la École Politechnique y se graduó dos años después, en la época en que se iniciaba el declive del imperio napoleónico y los ejércitos extranjeros asediaban París. Muchos estudiantes, entre ellos Carnot, participaron en las escaramuzas que se produjeron en las afueras de la capital francesa. Tras la guerra con el Reino Unido, Francia tuvo que importar de ese país la maquinaria de vapor más avanzada de la época, lo cual reveló a Carnot lo atrasada que se encontraba Francia con respecto a los demás países industrializados. Este hecho, unido a las inspiradoras conversaciones que mantuvo con el eminente científico e industrial Nicolas Clément-Desormes, lo impulsaron a centrar su actividad en el desarrollo de las máquinas movidas por vapor. En su ensayo publicado en 1824 bajo el título *Reflexiones sobre la potencia motriz del fuego*, Carnot, sin perderse en detalles técnicos, describió el ciclo energético de una máquina idealizada, cuyo rendimiento depende únicamente de las temperaturas inicial y final de la sustancia que impulsa la máquina (vapor o cualquier otro fluido), con independencia de la naturaleza de la misma. Este trabajo, aunque no fue mal acogido por la comunidad científica, cayó en el olvido hasta 1934, cuando fue rescatado por el ingeniero ferroviario francés Émile Clapeyron. A partir de entonces influyó de forma definitiva en la labor de desarrollo de la teoría termodinámica encabezada por Rudolf Clausius en Alemania y William Thomson (lord Kelvin) en el Reino Unido. Carnot siguió con su labor científica hasta su temprana muerte en el año 1832, víctima de la epidemia de cólera que asoló París en esas fechas.

CARO, RODRIGO *(Utrera, España, 1573-Sevilla, 1647) Escritor español.* Estudió leyes en la Universidad de Osuna y hacia 1620 pasó a trabajar para el obispado de Sevilla. Se relacionó con Quevedo, Pacheco y Rioja. Su obra más conocida es la *Canción a las ruinas de Itálica*, durante largo tiempo atribuida a Francisco Rioja. En ella trata el tópico de la fragilidad y la vanidad del mundo, en un tono cercano al estoicismo. También destaca su vasta obra teórica sobre la arqueología y la historia:

Antigüedades de Sevilla y chorographia de su convento jurídico (1634) y *El memorial de Utrera* (publicada, póstumamente, en el año 1833). Compuso así mismo una interesante colección de biografías: *Claros varones en letras naturales en la ilustrísima ciudad de Sevilla* y *Días geniales o lúdicos* (1883), amplio catálogo folclórico que contiene datos inéditos sobre las costumbres de la época. Su ambiciosa obra *Dioses antiguos de España* se ha perdido. Se le ha atribuido la autoría de la *Epístola moral a Fabio*, que se suponía también obra de Rioja.

CAROTHERS, WALLACE HUME *(Burlington, EE UU, 1896-Filadelfia, id., 1937) Químico estadounidense.* Se doctoró en 1924 por la Universidad de Illinois. En 1928 se incorporó a la compañía Du Pont, en Wilmington, con el cargo de director de investigación de química orgánica. Especializó su trabajo en los procesos de polimerización. Obtuvo su primer éxito en 1931 al producir neopreno, un caucho sintético derivado del vinilacetileno, y en muchos aspectos superior al caucho natural. De su investigación sistemática de sustitutivos sintéticos de fibras naturales como la seda y la celulosa, consiguió varios poliésteres y poliéteres. En 1935 obtuvo la primera fibra sintética que sería producida a escala industrial, la poliamida Nylon 66. Se suicidó a los cuarenta años tras sufrir una larga depresión.

CARPACCIO, VITTORE *(Venecia, 1460-id., 1526) Pintor renacentista veneciano.* Las principales creaciones de este pintor de la escuela veneciana son los cuatro ciclos dedicados a santa Úrsula, san Jerónimo, la vida de la Virgen y la vida de san Esteban, algunos de ellos actualmente dispersos o desaparecidos. Gentile Bellini (1429-1504) y Antonello da Messina (1430-1479) fueron los pintores que mayor influencia ejercieron sobre la obra de Carpaccio, cuyas creaciones se caracterizan por el interés en la realidad circundante y por un elevado detallismo. La introducción de Venecia en sus escenas lo convierte en el primer gran pintor de *vedute* (vistas), tema pictórico relativo a dicha ciudad que gozó de gran popularidad y tradición posterior. La recuperación de Carpaccio en el siglo XIX se debió al influyente crítico británico John Ruskin, quien admiró la precisión en el estudio de la arquitectura y la luminosidad en la representación de la atmósfera presente en las creaciones del veneciano.

▲ *El químico Wallace Hume* **Carothers** *destacó en el estudio de las fibras sintéticas, y obtuvo, entre otras, el neopreno, el caucho sintético y el nailon.*

«Estos, Fabio, ¡ay dolor!, que ves ahora/ campos de soledad, mustio collado,/ fueron un tiempo Itálica famosa.»

Rodrigo Caro
Canción a las ruinas de Itálica

CARPENTIER, ALEJO *(La Habana, 1904-París, 1980) Novelista cubano.* Nació en Cuba, pero su padre, un arquitecto francés, pronto lo llevó a París, donde pasó la infancia. De vuelta en La Habana, en 1921 empezó a estudiar arquitectura aunque no tardó en dedicar todo su tiempo a la escritura y a la música. Durante estos años vivió del periodismo, al ser nombrado jefe de redacción de la revista *Carteles* en 1924. Encarcelado en 1927 a causa de su oposición a la dictadura de Machado, una vez en libertad se exilió en París, donde entró en contacto con el grupo de Breton y participó en la revista *Révolution Surréaliste*, movimiento del que pronto se distanció pero cuyas enseñanzas le llevaron a la elaboración de su teoría sobre «lo real maravilloso», con la que postula una sobredimensión de la realidad para el mundo latinoamericano. En 1933 viajó a Madrid donde publicó su primera novela *Ecue-Yamba-O*, basada en el folclor y la mitología de la población afrocubana. En 1937 asistió al II Congreso de la Defensa de la Cultura celebrado en Valencia. De entre su producción novelística, escrita en un estilo barroco y con gran dominio de la técnica narrativa, destacan especialmente las novelas *Los pasos perdidos* (1953) y *El siglo de las luces* (1962), rico fresco de la sociedad antillana en los años de la Revolución Francesa y reflexión sobre las dificultades y contradicciones de la práctica revolucionaria. Otras obras suyas son *La ciudad de las columnas* (1970), sobre la arquitectura de La Habana; *El recurso del método* (1974), que retrata la figura del tirano ilustrado; *Concierto barroco* (1975); *La consagración de la primavera* (1978), de signo marcadamente autobiográfico; y *El arpa y la sombra* (1979), su última novela, inspirada en la persona de Cristóbal Colón. En 1977 recibió el Premio Cervantes.

CARRANZA, VENUSTIANO *(Cuatro Ciénagas, México, 1859-Tlaxcalantongo, id. 1920) Político mexicano.* Descendiente de una rica familia de hacendados, estudió leyes en Ciudad de México. Se unió al movimiento revolucionario de Francisco I. Madero, quien lo nombró ministro de Guerra y Marina. Más tarde desempeñó el cargo de gobernador de su estado natal. Tras el asesinato de Madero, en 1913 formuló el Plan de Guadalupe y luchó contra Victoriano Huerta, en cabeza de las fuerzas constitucionalistas que derrocaron a éste en 1914, a raíz de lo cual se convirtió en jefe provisional del nuevo gobierno. Sin embargo, la negativa de Zapata y Villa a su exigencia de que desmovilizaran sus res-

▲ *Portada de* El siglo de las luces, *de Alejo* **Carpentier**. *El novelista cubano fue el primero en utilizar el término «lo real maravilloso» para referirse a la novela hispanoamericana.*

▲ *Retrato que muestra a Venustiano* **Carranza** *escribiendo en su despacho. La Constitución que promulgó en 1917 fortaleció el poder del Estado.*

pectivos ejércitos, sumada a la desconfianza de uno y otro respecto al talante moderado de Carranza, dieron como resultado que la Convención de Aguascalientes reconociera en su lugar a Eulalio Gutiérrez. Expulsado de Ciudad de México, Carranza consiguió vencer luego a Villa en las batallas de Celaya y Aguascalientes. Inició la reforma agraria y convocó un congreso que proclamó la Constitución de 1917, año en que se celebraron las elecciones generales, de las que salió presidente constitucional electo. Su mandato sólo duró tres años, durante los cuales puso en marcha proyectos que habrían de cambiar el rumbo del país. Reorganizó el despacho de Hacienda y regularizó la circulación monetaria, repartió casi dos mil hectáreas de tierra, reconstruyó los sistemas de comunicación y revitalizó la actividad económica de México. A él se debe la promulgación de la Constitución Política Mexicana en 1917.

CARREL, ALEXIS *(Ste. Foy-les-Lyon, Francia, 1873-París, 1944) Biólogo y cirujano francés.* Estudió en la Universidad de Lyon y se unió al equipo clínico del Instituto Rockefeller, en el que permaneció durante más de un cuarto de siglo. Sus estudios se centraron fundamentalmente en la cirugía cardiovascular, campo en el que introdujo una revolucionaria técnica de sutura de los vasos sanguíneos, y en el trasplante de órganos, labor en la que colaboró con el célebre aviador Charles E. Lindbergh, con la pretensión de diseñar un corazón artificial. Destaca así mismo su invención de nuevos métodos para la conservación de tejidos. Durante la Primera Guerra Mundial desarrolló, en colaboración con Henry Drysdale Dakin, un tratamiento para la esterilización de las heridas profundas. En 1912 recibió el Premio Nobel de Medicina.

CARREÑO DE MIRANDA, JUAN *(Avilés, España, 1614-Madrid, 1685) Pintor español.* Hijo de un hidalgo asturiano de modestas posibilidades económicas, hacia el año 1625 se trasladó a Madrid, donde ingresó en el taller de Pedro de las Cuevas. En general, sus obras de juventud fueron de temática religiosa, caracterizadas por un acentuado barroquismo, un colorido suntuoso y una pincelada vibrante. Desde 1669, año en que fue nombrado pintor real, se dedicó esencialmente al retrato y se convirtió en un fiel intérprete de la corte de Carlos II. Dejó numerosos retratos del monarca, dominados por la severidad, y así mismo retratos de muchos otros personajes de la corte, dotados de mayor movimiento y vivacidad.

Algunos de ellos, como los del *Duque de Pastrana* y el del *Embajador ruso Potemkin*, constituyen verdaderas obras maestras.

CARRERA, JOSÉ MIGUEL *(Santiago, 1785-Mendoza, Argentina, 1821) Militar y político chileno.* Miembro de una aristocrática familia criolla, luchó contra los franceses en la guerra de Independencia española, lo que hizo surgir en él el afán por conseguir también la de su propio país. Tras regresar a Chile en 1811, y con el apoyo de sus hermanos, Juan José y Luis, también militares, se hizo cargo del poder. Convertido en dictador, en 1812 promulgó una Constitución provisional, que dejaba al rey de España sin autoridad efectiva, a lo que el virrey Abascal respondió enviando tropas a Chile. Enfrentado con el ejército realista, en 1813 fue vencido en Chillán, y la junta de gobierno de Santiago lo destituyó y situó a O'Higgins en su lugar. Tras la debacle de Rancagua (octubre de 1814), que no llegó a contar con el apoyo de las tropas de Carrera, se exilió en Montevideo; intentó luego recuperar el poder en Chile, pero tanto él como sus hermanos fueron capturados y fusilados.

CARRERA, RAFAEL *(Ciudad de Guatemala, 1814-id., 1865) Político guatemalteco.* Procedente de una familia de escasos recursos económicos, ingresó en el ejército federal de América Central a los doce años, en calidad de tamborilero. La derrota ante las tropas de Francisco Morazán en 1829 motivó su abandono del ejército, en el que había ascendido a las posiciones de mando tras su destacada participación en la guerra civil que azotó el país durante los años previos a su dimisión. Permaneció alejado de los acontecimientos políticos hasta 1837, año en que participó, al mando de un ejército popular, en la revuelta que acabó con el gobierno de Mariano Gálvez y dio pie, a instancias del propio Carrera, a su sustitución por Pedro Valenzuela. En marzo de 1840, Carrera y Morazán volvieron a enfrentarse militarmente, con victoria del primero, lo cual significó la desaparición de la Federación de América Central, en manos de Morazán, y la consolidación del poder militar de Carrera, convertido a partir de aquel momento y hasta su muerte en la máxima figura del ejército guatemalteco. En diciembre de 1844, asumió la presidencia de

▲ *La reina Mariana de Austria (1671), cuadro pintado por Juan **Carreño de Miranda**. Los retratos de este pintor de la corte de Carlos II beben directamente de los grandes artistas del Barroco español Velázquez y Ribera.*

Guatemala, y, en marzo de 1847, proclamó la República. Su gobierno, de talante conservador, fue boicoteado por la oposición liberal, que consiguió, en agosto de 1848, forzar su dimisión y su posterior exilio en México. El nuevo gobierno liberal, sin embargo, no logró solucionar los problemas económicos que tenía planteados el país, lo cual motivó el regreso de Carrera (1849) al frente de un «ejército de restauración», compuesto mayoritariamente por indígenas y cuya victoria ante las tropas liberales supuso la vuelta del cabecilla a la presidencia guatemalteca. A partir de 1854 gobernó dictatorialmente, si bien, desde su posición, mejoró las relaciones con España y potenció las exportaciones de café, lo cual permitió una mejora de la situación económica de Guatemala. En lo referente a política interna promulgó leyes a favor de los indígenas y los mestizos, a quienes facilitó la entrada en la administración y el ingreso en el ejército.

CARRIÓN, BENJAMÍN *(Loja, Ecuador, 1897-id., 1979) Político y escritor ecuatoriano.* Como periodista, se distinguió por la defensa de los derechos humanos y los valores americanos. Escribió numerosos ensayos sobre historia, entre los que destaca *Atahualpa* (1930), así como estudios sobre diversas figuras literarias de su tiempo (Miguel de Unamuno y Gabriela Mistral, entre otras) y novelas como *El desencanto de Miguel García* (1929). Embajador en México, Colombia y Chile, fue miembro destacado del Partido Socialista y su carrera política le llevó a ocupar la cartera de Educación Pública. Colaboró activamente en la difusión de la cultura de su país, sobre todo a través de la creación de la Casa de la Cultura Ecuatoriana.

CARROLL, LEWIS [Charles Lutwidge Dogson] *(Daresbury, Reino Unido, 1832-Guildford, id., 1898) Lógico, matemático, fotógrafo y novelista británico.* Tras licenciarse en el Christ Church (1854), empezó a trabajar como docente y a colaborar en revistas cómicas y literarias, adoptando el seudónimo por el que sería universalmente conocido. En 1857 obtuvo una plaza como profesor de matemáticas, y cuatro años después fue ordenado diácono. En 1862, en el curso de uno de sus paseos habituales con la pequeña Alice Liddell y sus dos hermanas, hijas del deán del Christ Church, les relató

> *«Preocúpate del sentido, y las palabras saldrán por cuenta propia.»*
>
> Lewis Carroll

LEWIS CARROLL
OBRAS MAESTRAS

NOVELA: ALICIA EN EL PAÍS DE LAS MARAVILLAS (ALICE'S ADVENTURES IN WONDERLAND, 1865); A TRAVÉS DEL ESPEJO Y LO QUE ALICIA ENCONTRÓ ALLÍ (THROUGH THE LOOKING-GLASS AND WHAT ALICE FOUND THERE, 1871). **POESÍA:** FANTASMAGORÍA Y OTROS POEMAS (PHANTASMAGORIA AND OTHER POEMS, 1869); LA CAZA DEL SNARK (THE HUNTING OF THE SNARK, 1876); TRES CREPÚSCULOS Y OTROS POEMAS (THREE SUNSETS AND OTHER POEMS, 1898). **TRATADOS:** EUCLIDES Y SUS MODERNOS RIVALES (EUCLID AND HIS MODERN RIVALS, 1879); EL JUEGO DE LA LÓGICA (THE GAME OF LOGIC, 1887).

◀ *Ilustración de Tennel para una edición de* Alicia en el país de las maravillas, *de Lewis* **Carroll** *(en la foto). El libro se convirtió enseguida en un gran éxito.*

una historia fantástica, «Las aventuras subterráneas de Alicia». El libro se publicó en 1865, con el título de *Alicia en el país de las maravillas*; él mismo costeó la edición, que fue un éxito de ventas y recibió los elogios unánimes de la crítica, factores que impulsaron a Carroll a escribir una continuación, titulada *A través del espejo y lo que Alicia encontró allí* (1871). La peculiar combinación de fantasía, disparate y absurdo, junto a incisivas paradojas lógicas y matemáticas, permitieron que las obras se convirtieran a la vez en clásicos de la literatura infantil y en inteligentes sátiras morales, llenas de apuntes filosóficos y lógicos, aunque naturalmente para un público adulto y atento. Por otra parte, han sido objeto de diversas especulaciones las tendencias sexuales de Carroll, sobre todo en lo referente a sus numerosas amistades con niñas, a las que gustaba de fotografiar en las poses más variadas, ataviadas con multitud de vestimentas, e incluso desnudas. Escribió también poesía, campo en el que destaca en su producción el poema narrativo *La caza del snark*, plagado así mismo de elementos fantásticos. Además de diversos textos matemáticos, fue autor de trabajos dedicados a la lógica simbólica, con el propósito explícito de popularizarla, en los cuales apunta su inclinación por explorar los límites y las contradicciones de los principios aceptados.

▼ *El matemático Élie* **Cartan** *estudió la teoría de equivalencias y su relación con las integrales. Su hijo, Henri, fue uno de los fundadores del grupo Bourbaki.*

CARTAN, FAMILIA; ÉLIE *(Dolomieu, Francia, 1869 -París, 1951)* y su hijo **HENRI** *(Nancy, Francia, 1904) Matemáticos franceses.* Admitido en la École Normale Supérieure en 1888, Élie Cartan ocupó sucesivos puestos como profesor de matemáticas en las universidades de Montpellier, Nancy y Lyon antes de ingresar en la Sorbona (1909). Autor de numerosas e importantes aportaciones a la teoría del álgebra lineal asociativa, en 1910 introdujo el concepto de *spinor*, un vector complejo mediante el cual puede agotarse el conjunto de las rotaciones espaciales de una representación bidimensional. Su hijo Henri estudió así mismo en la École Normale, en la cual se doctoró en 1928. Durante su etapa como profesor en la Universidad de Lille fundó con su colega Henri Dieudonné el grupo Bourbaki. La labor científica de Henri Cartan se ha centrado en el análisis de las funciones holomorfas y en la axiomatización del álgebra homológica. También desarrolló la teoría de los haces, base de la moderna topología algebraica.

CARTER, SIR HOWARD *(Swaffham, Reino Unido, 1873-Londres, 1939) Arqueólogo y egiptólogo británico.* Entre 1891 y 1899 fue miembro de la Misión Arqueológica en Egipto. En 1892 colaboró con el egiptólogo Flinders Petrie en la excavación de Tell el-Amarna. Fue también designado inspector jefe del departamento de Antigüedades del gobierno egipcio. Sus descubrimientos más importantes fueron las tumbas del faraón Tutmés IV y de la reina Hatshepsut. Sin embargo, el hallazgo arqueológico que le supuso convertirse en una celebridad mundial fue el descubrimiento, junto con lord Carnarvon, en 1922, de la tumba del joven faraón Tutankamón, situada en el Valle de los Reyes. Lo extraordinario del hallazgo no fue tanto la importancia histórica del faraón como el hecho de que la tumba se encontrara intacta y que contuviese un espléndido tesoro, que actualmente se exhibe en el Museo Egipcio de El Cairo.

CARTIER, JACQUES *(Saint-Malo, Francia, 1491-id.,1557) Navegante y explorador francés*. En 1534 el rey Francisco I le confió el mando de una expedición encargada de abrir la ruta del noroeste hacia China. Zarpó de Saint-Malo y atravesó el Atlántico hasta llegar a Terranova; cruzó luego el estrecho de Belle-Isle y puso proa al sur para desembarcar en Gaspé, en el golfo de San Lorenzo. Un año más tarde llevó a cabo una nueva expedición en la que remontó el río San Lorenzo hasta Stadacona (la actual Quebec) y Hochelaga, gran centro indígena, al cual dio el nombre de Mont-Royal (la actual Montreal). De regreso en Francia, aseguró al rey que en Canadá abundaban el oro y las especias. También habló de un cereal que todavía no se conocía en Europa: el maíz. Un tercer viaje, emprendido en 1541, lo llevó hasta los rápidos de Lachine, después de remontar por segunda vez el San Lorenzo.

CARTIER-BRESSON, HENRI *(Chanteloup, Francia, 1908) Fotógrafo francés*. Después de una primera etapa como dibujante y pintor, a partir de 1930 inició un decisivo viraje hacia la fotografía por medio de sus publicaciones en la revista *Vu*. En 1937 filmó *Victoire de la vie*, una película documental sobre la España republicana; a partir de entonces se especializó en el reportaje fotográfico, siendo uno de los primeros en utilizar la cámara de 35 mm. Durante la Segunda Guerra Mundial estuvo internado en diversos campos alemanes de prisioneros. Consiguió fugarse al fin y llegar a París, donde se encuadró en la Resistencia francesa. Realizó reportajes fotográficos sobre la ocupación y la retirada alemanas de Francia. En 1945 dirigió para la oficina de información bélica de Estados Unidos el documental *Le retour*, y dos años después organizó una exposición de sus fotografías en el Museo de Arte Moderno de Nueva York (MOMA). Ese mismo año fundó con Robert Capa, R. Seymour y otros fotógrafos la agencia cooperativa internacional Magnum Photos, bajo cuyos auspicios recorrió diferentes países de Oriente. Es mundialmente famoso su reportaje sobre la muerte de Gandhi. Sus fotografías, recopiladas en diferentes colecciones (*El momento decisivo*, *El mundo de Henri Cartier-Bresson*), se definen por el rigor de su composición, la yuxtaposición de elementos y por un sentido estético de la composición derivado de su experiencia en las artes plásticas. Al teorizar sobre la fotografía, exaltó lo que él llamaba el «momento decisivo»,

▲ *El fotógrafo Henri **Cartier-Bresson** encuadra con las manos una de sus propias fotografías expuesta en el Museo del Louvre en 1966.*

▲ *Cartel promocional de una de las actuaciones de Enrico **Caruso**, uno de los mejores tenores de todos los tiempos.*

que el fotógrafo debe descubrir sobre el terreno y en el que capta aquel instante único y significativo, cuando la escena adquiere su máximo sentido expresivo. Por lo que respecta a su técnica, se basó en positivar los negativos completos, sin encuadres ni recortes. Expuso en Nueva York (1946 y 1967), Londres (1955), París (1967 y 1969) y Madrid (1983). A partir de 1973 se dedicó con preferencia al dibujo.

CARUSO, ENRICO *(Nápoles, 1873-id., 1921) Tenor italiano*. Debutó en su ciudad natal en 1894, aunque fue en Milán donde obtuvo su primer gran éxito en 1898 con la interpretación de la ópera *Fedora*, de Umberto Giordano. Sus giras le llevaron por todo el mundo, con actuaciones en San Petersburgo, Roma, Lisboa y Montecarlo. Destacó en su magnífica interpretación de *La bohème* de Giacomo Puccini. Con su fama ya firmemente afianzada, debutó en el Covent Garden de Londres con *Rigoletto* de Verdi, ópera con la que también debutó en el Metropolitan Opera House de Nueva York en 1903, con un extraordinario éxito. La belleza y fuerza de su voz le ganó al público del Metropolitan. Una de las razones de su fama mundial se debió, además de a una voz de tenor casi perfecta, con una potencia soberbia, a la difusión a través del fonógrafo de sus interpretaciones, lo cual supuso el inicio de un nuevo fenómeno de masificación de la música. Su amplio repertorio operístico incluía más de cuarenta obras, en su mayoría italianas. Cantó así mismo papeles en *Adriana Lecouvreur*, del italiano Francesco Cilea, y en *La fanciulla del West* de Puccini. Su interpretación de Canio en *Pagliacci*, de Ruggero Leoncavallo, fue especialmente memorable. Cantó por última vez el 24 de diciembre de 1920 en Nueva York, en el Metropolitan Opera House.

CARVAJAL, FRANCISCO DE *(Salamanca, 1464-Jaquijaguana, actual Perú, 1548) Conquistador español.* Sus primeros combates como soldado del ejército español fueron en Italia, en donde tomó parte en la batalla de Pavía y en el saco de Roma. Tras regresar a España en 1536, marchó a Perú, donde luchó contra la sublevación de Manco Cápac II. Sus éxitos militares le valieron una recompensa de Francisco Pizarro, que le ofreció una encomienda en la jurisdicción de Cusco. En la guerra entre los partidarios de Almagro y los de Pizarro luchó contra los primeros y reconquistó el Cusco, pero, desposeído de su encomienda por las Leyes Nuevas aplicadas en 1542 por el nuevo virrey Blasco Núñez de Vela, se sublevó con el resto de los encomenderos de Cusco, dirigidos por Gonzalo Pizarro, hermano del conquistador Francisco. Derrotados los rebeldes en Jaquijaguana, Carvajal fue ejecutado junto con Gonzalo Pizarro.

CASALS, PAU O PABLO *(El Vendrell, España, 1876-San Juan, Puerto Rico, 1973) Violoncelista, director de orquesta y compositor español.* El nombre de Pau Casals está indisolublemente unido a un instrumento músico, el violoncelo. No obstante, fue algo más que un prodigioso violoncelista: buen pianista, además de director de orquesta y apreciable compositor, fue uno de los primeros que supo conciliar la tradición virtuosa del Romanticismo con un creciente respeto a la partitura. Más aún, en su caso quizá sea más importante el hecho de que su gran talla como intérprete se viera correspondida con su calidad humana, representada por su incansable labor en pro de la democracia, las libertades y los derechos de los pueblos. Hijo de un modesto organista y profesor de música de la parroquia de El Vendrell, Casals se inició pronto en el arte musical, aunque no fue sino hasta una edad relativamente tardía, los once años, cuando oyó por vez primera el sonido de un violoncelo. A partir de ese momento, ya no tuvo ninguna duda sobre su vocación. Tras estudiar en Barcelona y Madrid, se consagró rápidamente como violoncelista en el ámbito internacional. Su exquisita concepción del fraseo, su perfecta afinación y su prodigiosa técnica, le hicieron triunfar ante los auditorios más exigentes, como los de Londres, París o Viena, al lado de las más grandes orquestas, batutas e intérpretes. Con dos de éstos, el violinista Jacques Thibaud y el pianista Alfred Cortot, constituyó a partir de 1905 un trío mítico. Parale-

◀ *Pau **Casals** dirigiendo un concierto celebrado en Israel. Dotado de una extraordinaria técnica para el violoncelo, fue también el compositor, entre otras piezas, del* Himno a las Naciones Unidas.

lamente a su actividad como solista, el músico empezó a prodigarse como director de orquesta, fundando en Barcelona, en 1920, la Orquesta Pau Casals. La derrota en la guerra civil española de la causa republicana, a la que se había adherido, le obligó a exiliarse. De su producción como compositor cabe destacar el oratorio *El pessebre* (1960), el *Himno a las Naciones Unidas* (1971) y, por encima de todo, *El cant dels ocells*, una emotiva pieza que toma su melodía de un tema popular catalán.

CASANOVA, GIACOMO GIROLAMO *(Venecia, 1725-Dux, actual República Checa, 1798) Escritor y aventurero veneciano.* Célebre por su vida disoluta, sus incontables amores y sus relaciones con personalidades de la época, fue seminarista, secretario del cardenal Acquaviva en Roma, violinista y protegido de un senador de Venecia. Viajero infatigable, visitó numerosos países y regresó a Venecia en 1755. Ese mismo año, por su afición al juego, los trucos de magia y la publicación de unos sonetos satíricos considerados demasiado licenciosos, fue condenado a cinco años de reclusión en la cárcel de los Plomos de Venecia, de la cual se evadió tres años después, protagonizando una audaz fuga. Refugiado en Francia, creó en este país la lotería pública, que funcionó desde 1762 hasta 1836. Obligado a abandonar París tras perder una de sus muchas causas judiciales, recuperó su afición por los viajes y visitó numerosas ciudades europeas. Después de una prolongada estancia en Turín y Trieste, consiguió el perdón y regresó a Venecia en

> «*La música, ese maravilloso lenguaje universal, debería ser un motivo de comunicación entre todos los hombres. (...) Que cada uno de nosotros contribuya en la medida de sus posibilidades hasta el día en que este ideal se cumpla en toda su gloria.*»
>
> Pau Casals

1774, año hasta el que llegan sus famosas *Memorias*. Sobre su vida posterior se sabe, a través de informes de policía firmados por él, que fue agente secreto al servicio de los inquisidores del Estado. En 1782, obligado a huir una vez más de Venecia por sus numerosos litigios, regresó a Trieste y después se trasladó a París, ciudad en la que trabó amistad con el conde de Waldstein, quien le instaló con todo lujo y comodidades en su castillo de Dux, Bohemia, y lo nombró bibliotecario. Allí se dedicó a la escritura e imprimió *Historia de mi fuga de las prisiones de Venecia que se conocen con el nombre de los Plomos* (1788), y *L'Icosameron* (1788). Las *Memorias de Jacobo Casanova de Seingalt*, redactadas en francés, no se imprimieron hasta después de su muerte.

CASANOVA, RAFAEL *(Moià, España, 1660-Sant Boi de Llobregat, id., 1714) Patriota catalán.* Su carrera política se inició en 1706, al ser nombrado miembro del Consell de Cent. En 1713, durante la guerra de Sucesión española, asediada Barcelona por las tropas borbónicas, Casanova fue elegido *conseller en cap* de la ciudad, cuya defensa dispuso con determinación y eficacia; para ello movilizó a todos los varones de más de catorce años y, junto con el comandante de la plaza, Villarroel, organizó las milicias gremiales (llamadas *regiments de la coronela*). El mismo Casanova combatió en las murallas hasta septiembre de 1714, en que, tras haber aprobado una propuesta de capitulación debido a las desesperadas condiciones de la ciudad, cayó herido. Sus paisanos lo hicieron pasar por muerto y permaneció oculto en la población de Sant Boi de Llobregat durante cinco años, tras los cuales volvió a ejercer la abogacía en Barcelona y sus bienes le fueron restituidos (1719). Con el tiempo, Casanova se convertiría en una figura emblemática del nacionalismo catalán.

CASARES, JULIO *(Granada 1887-Madrid 1964) Crítico literario y lexicógrafo español.* En 1921 ingresó en la Real Academia, cuya secretaría desempeñó desde 1936. Sus inicios literarios se remontan a 1914 con la publicación de *Crítica profana*, obra en la que critica las innovaciones propugnadas por el modernismo. En 1918 publicó *Crítica efímera*, donde se reúnen artículos sobre escritores contemporáneos. En 1942 apareció el *Diccionario ideológico de la lengua española*, que alcanzó varias ediciones. Otros trabajos suyos son *Cosas del lenguaje* (1943), *Introducción a la lexicografía moderna* (1950) y *El humanismo y otros ensayos* (1961).

▲ *Autorretrato de Ramón* ***Casas*** *al volante de su automóvil.*

▼ *Cartel de Ramón* ***Casas*** *anunciando Els Quatre Gats, local emblemático de la bohemia barcelonesa de principios del s. XX, frecuentado por artistas de la talla de Santiago Rusiñol, Miguel Utrillo y Pablo Picasso.*

CASAS, RAMÓN *(Barcelona, 1866-id., 1932) Pintor y dibujante español.* Se formó artísticamente en Barcelona con Joan Vicens y se perfeccionó en París, donde residió de 1890 a 1894, con Rusiñol y Utrillo, entre otros. En sus primeras obras plasmó interiores y exteriores parisinos empleando con soltura el toque y la concepción impresionista. A su regreso a Barcelona siguió cultivando esta tendencia inicial de su pintura, sobre todo en sus cuadros de interiores con figuras femeninas, pero se sintió atraído también por la pintura histórica, en particular por la plasmación de acontecimientos contemporáneos. Ello se concretó en cuadros de gran formato, con multitud de figuras y dotados, en algunos casos, de intensos efectos de dramatismo, como es el caso, por ejemplo, de *Garrote vil*, una de sus obras más conocidas. Las procesiones y los bailes populares se contaron también entre sus temas preferidos. Para dinamizar el ambiente artístico de la Barcelona de la época, en 1897, Rusiñol, Romeu, Utrillo y él abrieron la cervecería Els Quatre Gats, donde se celebraron famosas tertulias, y fundaron la revista del mismo nombre, que más tarde se publicó con el título de *Pel & Ploma*. Por esa misma época, comenzó los doce óleos para el salón del fumador del Liceo de Barcelona, y seguramente por entonces entró en contacto con muchas de las personalidades de la sociedad barcelonesa, a las que retrató en sus incisivos dibujos al carbón (más de doscientos), que lo acreditan como un gran dibujante y que ejercieron una influencia considerable en Picasso. No menos interesante es su actividad como diseñador de carteles (Anís del Mono, Cigarrillos París) y su participación en las fiestas modernistas de Sitges, de las que arranca la fama de dicha ciudad. Ramón Casas fue, sin lugar a dudas, una de las grandes figuras del modernismo pictórico.

CASAS Y NOVOA, FERNANDO DE *(Santiago de Compostela, España, ?-?, 1749) Arquitecto español.* Fue el principal representante de la arquitectura barroca en Galicia. En 1711 sucedió a su maestro, fray Gabriel Casas, al frente de las obras del claustro de la catedral de Lugo, finalizado en 1714. En esta obra y en los conventos de los capuchinos de La Coruña y de las dominicas de Belvis de Santiago adoptó soluciones clasicistas, inspiradas en la arquitectura del siglo XVI. Pero a partir de 1725 evolucionó hacia el barroco más puro y vibrante, estilo al que pertenecen sus obras maestras: la capilla de Nuestra Señora de los Ojos Grandes, en la catedral de Lugo, y, sobre todo, la fachada del Obradoiro, de la catedral de Santiago de Compostela, en la que movimiento, decoración y empuje vertical crean efectos del más puro sabor barroco.

CASIMIRO III EL GRANDE *(?, 1310-?, 1370) Rey de Polonia (1333-1370).* En 1333 sucedió a Ladislao IV, con quien había comenzado la recuperación polaca. Se vio forzado a ceder Bohemia y Silesia (1335) a fin de poder desligarse del imperio y tener así las manos libres para promulgar una legislación que tendía a unificar el país. En 1340 inició la expansión polaca hacia la Galitzia, y en 1347 promulgó el estatuto de Wislica, que contenía unas cláusulas muy favorables a los campesinos, y fundó la Universidad de Cracovia. A su muerte, debida a una caída de caballo, le sucedió su tío Luis I de Anjou, *el Grande*, quien gobernó pensando más en Hungría, de donde era rey desde 1347, que en Polonia.

CASSAT, MARY *(Allegheny City, EE UU, 1844-Château de Beaufresne, Francia, 1926) Pintora impresionista estadounidense.* Junto a Berthe Morissot, fue una de las pocas mujeres del círculo impresionista. Sus obras más populares son las que representan escenas familiares de madres cuidando a sus hijos y situaciones de la vida social. Pese a que nunca fue alumna suya, en sus obras se percibe una clara influencia de Edgar Degas, especialmente en el trabajo con el pastel y en la asi-

▲ *Fachada del Obradoiro de la catedral de Santiago de Compostela, realizada por el arquitecto gallego Fernando de* **Casas y Novoa** *entre 1738 y 1750.*

▼ *Verano, obra de la estadounidense Mary* **Cassat**, *una de las pocas mujeres que formaron parte del movimiento impresionista.*

metría compositiva. Tras la exposición de pintura japonesa en París, fascinada, como todos los impresionistas, por la captación del espacio de los grabados orientales, realizó dibujos que recordaban las representaciones de los maestros Utamaro y Toyokuni. Debido a problemas de visión, dejó de pintar en 1914. Gracias a sus contactos y relaciones, contribuyó de manera decisiva a la difusión mundial de la obra de los pintores impresionistas.

CASSINI, GIAN DOMENICO *(Perinaldo, actual Italia, 1625-París, 1712) Astrónomo ítalofrancés.* Fue profesor de astronomía en la Universidad de Bolonia, donde estudió y tabuló las posiciones de los satélites de Júpiter. En 1669 asumió la dirección del Observatorio de París, por petición expresa del rey Luis XIV, y en 1673 se le concedió la ciudadanía francesa. Continuando los estudios iniciados en Italia, Cassini descubrió los satélites de Saturno: Japeto (1671), Rea (1672), Tetis (1684) y Dione (1684). En 1675 detectó el espacio oscuro que separa los anillos A y B de Saturno y que lleva su nombre, división de Cassini. Fue el primero en considerar la luz zodiacal como un fenómeno de origen cósmico y no meteorológico (*Los elementos de astronomía verificados*, 1693). Cassini rechazaba la teoría de Johannes Kepler de órbitas planetarias elípticas y propuso trayectorias a través de curvas ovales, las denominadas óvalos de Cassini.

CASSIRER, ERNST *(Breslau, hoy Wroclaw, Polonia, 1874-Nueva York, 1945) Filósofo alemán.* Destacado representante de la escuela neokantiana de Marburgo. Profesor en Berlín y Hamburgo, en 1933 se exilió en Suecia y posteriormente en Estados Unidos, donde enseñó en la Universidad de Princeton (1941-1944). Reelaborando la epistemología kantiana, Cassirer buscó una forma de interpretar la función trascendental del sujeto que no privilegiara exclusivamente su vertiente científica o racional. Así, centró su atención en la capacidad simbólica del hombre, cuya clave de vuelta sería en último término el lenguaje, y dentro de la cual tendrían cabida la estructuración del mundo operada por el mito o el arte, al lado de la objetivación científica. La obra más importante de su producción es *Filosofía de las formas simbólicas* (1923).

CASTAGNO, ANDREA DEL [Andrea di Bartolo di Bargilla] *(Castagno di San Godenzo, actual Italia, h. 1420-Florencia, 1475) Pintor italiano.* Fue uno de los grandes maestros de la pintura florentina del siglo XV. Comenzó su carrera en Venecia, donde se han perdido algunas obras de cierta importancia que se consideran suyas, aunque se conservan los frescos de San Zaccaria. Hacia 1444 se estableció en Florencia, donde pasó el resto de su vida. Realizó varias obras notables, casi siempre frescos para iglesias y conventos, pero su fama está vinculada esencialmente a la serie de frescos sobre la *Pasión de Cristo* que pintó para el monasterio de Santa Apolonia. Destacan en ellos el dibujo vigoroso y la fuerza expresiva de las figuras, que han sido comparadas con las esculturas de Donatello. En particular su representación de la *Última Cena* se considera uno de los hitos de la historia de la pintura. Murió a los treinta y siete años de edad, víctima de la peste.

▼ *Emilio* **Castelar** *en un retrato realizado por Joaquín Sorolla que se exhibe en el Congreso de los Diputados de Madrid. El político republicano destacó por sus cualidades oratorias.*

▼ Última Cena, *obra de Andrea del* **Castagno** *que forma parte de los frescos con los que decoró, entre 1445 y 1450, el convento florentino de Santa Apolonia.*

CASTAÑOS, FRANCISCO JAVIER *(Madrid, 1756-id., 1852) Militar español.* Combatió en la guerra contra Gran Bretaña y participó en la lucha contra la República francesa, época en que alcanzó el grado de general. Nombrado comandante del Campo de Gibraltar en 1802, no dudó en pactar con el gobernador británico de la ciudadela para defender los intereses de España en la guerra de Independencia. En 1808 venció a las fuerzas napoleónicas del general Dupont en la batalla de Bailén. Concluida la guerra, siguió acumulando honores por sus méritos en las campañas militares, y pasó a ser miembro del Consejo de Estado en 1814. Nombrado capitán general de Cataluña por Fernando VII y depuesto del cargo durante el trienio liberal, en la última etapa del reinado absolutista fernandino aceptó la presidencia del Consejo de Castilla pero buscó el apoyo de los liberales. Se le concedió el título de duque de Bailén en 1833.

CASTELAR, EMILIO *(Cádiz, 1832-San Pedro del Pinatar, España, 1899) Político y escritor español.* Muy joven, debido a la prematura muerte de su padre y a la precaria situación económica de su familia, abandonó su Andalucía natal para trasladarse a Elda (Alicante), donde cursó los estudios primarios y secundarios. A su término ingresó en la Universidad de Madrid, en la que se doctoró en derecho y filosofía en 1857. A partir de dicha fecha se convirtió en asiduo colaborador de varios diarios y revistas, entre ellos *El Tribuno, La Soberanía Nacional* y *La Discusión.* Poco después, en 1863, fundó el diario *La Democracia,* cuyas páginas transformó en el púlpito desde el que defendió un republicanismo individualista de fuerte oposición al gobierno y a la monarquía. La publicación de un artículo abiertamente antimonárquico supuso su apartamiento de la cátedra de historia crítica y filosófica de España, que había ganado por oposición en 1857. Fue acusado de conspirar contra Isabel II y condenado a muerte, pero consiguió escapar a Francia, país en que residió entre 1866 y 1868. Tras la revolución de septiembre de 1868, se le permitió regresar a España y se le repuso en la cátedra. Así mismo, fue elegido diputado, cargo desde el que destacó por la exquisita retórica de sus discursos. Tras la proclamación de la Primera República (1873) fue nombrado ministro de Estado y, tras la dimisión de Salmerón, pasó a ocupar la presidencia del ejecutivo. Su gobierno fue derrocado por el alzamiento del general Pavía en enero de 1874. A partir de entonces regresó a su actividad académica, que combinó con la publicación de artículos periodísticos y con las obligaciones derivadas de su escaño en las Cortes, cargo para el que fue sucesivamente reelegido entre 1876 y 1888 en representación del Partido Posibilista, de ideología republicana y del cual él fue miembro fundador. En esta última fecha se retiró de la escena política. Ocupó sus últimos años en escribir obras históricas y literarias, entre las que sobresalen *Nerón* (1891-1893) e *Historia de Europa en el siglo XIX* (1895-1901, continuada bajo la dirección de Manuel Seles y Ferré).

CASTELLI, JUAN JOSÉ (*Buenos Aires, 1764-id. 1812*) *Patriota argentino.* Licenciado en jurisprudencia en Charcas, colaboró activamente en la revolución de mayo y, junto con Belgrano, fue uno de los principales vocales de la Junta revolucionaria que gobernó el virreinato desde 1810. Ejerció también de comisario político al llevar la revolución a los pueblos del interior. Tras asumir el mando del ejército del norte y vencer en Sulpacha, penetró en el Alto Perú para difundir el ideal revolucionario. Vencido por las tropas realistas en Huaqui, a mediados de 1811, se vio obligado a regresar a Buenos Aires. Se incoó un proceso contra él para que rindiera cuentas de su conducta, pero falleció antes de que concluyera el procedimiento legal

CASTELO BRANCO, CAMILO (*Lisboa, 1825-São Miguel de Ceide, Portugal, 1890*) *Escritor portugués.* Huérfano a los diez años, su infancia transcurrió en el pequeño pueblo de Tras-os-Montes. Recibió las órdenes menores, pero renunció y no llegó a ordenarse sacerdote, tal vez debido a su creciente interés por la poesía, género con el cual se inició en su carrera de escritor, para pasar después a cultivar la novela, con la que consiguió sus mayores logros literarios. A su primera novela, *Los misterios de Lisboa* (1854), de tipo folletinesco y con una clara influencia de Balzac y Sue, matizada por la pasionalidad romántica de las imágenes, siguieron obras en las que recreó la vida burguesa y provinciana del norte de Portugal, y expuso ideas anticlericales y de instigación a la revolución de clases. De su extensa producción, en la que llegó a abordar todos los géneros, destacan las novelas pasionales *Amor de perdición* (1862) y *Amor de salvación* (1864), *Cuentos del Miño* (1875-1877), retrato realista del ambiente rural en doce volúmenes, o la novela histórica *El judío* (1866). Destacó también como crítico y polemista (*Los críticos del cancionero alegre*, 1879) y como autor de algunas sátiras y dramas. La crítica ha señalado su humor y su sarcasmo, a veces con toques de ternura, en el tratamiento de la sociedad burguesa de su tiempo, enfrentada a la aristocracia, así como su habilidad en crear algunos tipos literarios que han pasado a formar parte de la memoria literaria de Portugal, hasta el punto de calificarlo de Eça de Queirós contemporáneo. Nombrado vizconde de Correia-Botelho en 1885, pasó a vivir de una pensión del Estado; cinco años después, afectado de una ceguera progresiva e irreversible, se suicidó.

CASTELO BRANCO, HUMBERTO (*Fortaleza, Brasil, 1900-id., 1967*) *Militar y político brasileño.* Teniente coronel durante la Segunda Guerra Mundial, Castelo Branco actuó como jefe de operaciones de la fuerza expedicionaria brasileña que luchó en la campaña de Italia (1943-1945). En abril de 1964, junto con otros militares, derrocó al presidente João Goulart. Tras ser elegido presidente provisional por el Congreso el 11 de abril, consiguió superar diversas crisis políticas, amplió sus poderes y prolongó su mandato hasta marzo de 1967, año en que fue sustituido en el poder por el mariscal Costa e Silva, elegido presidente en octubre de 1966 como candidato del partido oficialista.

CASTILLA, RAMÓN (*Tarapacá, actual Perú, 1797-Tiviliche, id., 1867*) *Militar y político peruano.* Empezó su carrera militar en las filas del ejército español, en lucha contra las fuerzas independentistas mandadas por el general argentino José de San Martín. En 1817 fue hecho prisionero, pero consiguió escapar y regresó a Perú. En 1822, ante el cariz que tomaban los acontecimientos, decidió abandonar el ejército español y ofrecer sus servicios al general San Martín. Poco después, en 1824, ingresó en el ejército de Simón Bolívar, a cuyas órdenes participó en la batalla de Ayacucho, por la que Perú selló su independencia. En 1825, Castilla fue nombrado gobernador de la provincia de Tarapacá, cargo desde el que impulsó una política de talante conservador, opuesta a los criterios más progresistas de Bolívar y en consonancia con los reclamos de la elite criolla. Durante la segunda presidencia del general Agustín Gamarra (1839-1841) se le encomendó la cartera de Tesoro, ministerio desde el que organizó las primeras exportaciones de guano. Éstas se incrementaron notablemente a partir de

▲ *En la fotografía, imagen característica de Camilo* ***Castelo Branco****, autor de varias novelas con las que el Romanticismo portugués llegó a su plenitud literaria*

▼ *Ramón* ***Castilla****. El militar y político peruano empezó sirviendo en el ejército español, para pasar después a combatir a los realistas a las órdenes de San Martín y de Bolívar.*

1845, fecha en que fue elegido presidente de la República. Durante su primer mandato, que se extendió hasta 1851, las exportaciones de guano se multiplicaron, gracias a sus convenios con la firma británica Anthony Gibbs, que se encargó de su comercialización en el Reino Unido, y la francesa Montané, que hizo lo propio en Francia. Así mismo, para facilitar su transporte desde los centros de producción, realizó destacadas obras públicas (primera línea de ferrocarril entre Lima y Callao en 1851), al tiempo que introducía importantes reformas económicas y financieras. En 1851 traspasó la presidencia al general José Rufino Echenique, a quien el propio Castilla había elegido como sucesor, pero pronto se manifestaron las diferencias entre ambos y acabaron enfrentándose militarmente (1854-1855). Castilla, que se había aliado con los liberales, los cuales le obligaron a suprimir la esclavitud y el tributo indígena, acabó recuperando el poder en el año 1855. Durante su segundo mandato, que se prolongó hasta 1862, declaró la guerra a Ecuador (1859), en la que Perú consiguió la victoria, y promulgó una nueva Constitución (1860).

CASTILLO ARMAS, CARLOS *(Santa Lucía de Cotzumalguapa, Guatemala, 1914-Guatemala, 1957) Militar y político gutemalteco.* Dirigió la Academia Militar y perdió las elecciones presidenciales de 1950 ante Jacobo Arbenz. Empezó a conspirar contra el régimen y, tras un golpe de Estado fallido, se exilió en

▲ *El historiador español Américo **Castro**, cuyas obras hacen especial hincapié en el concepto de «hispanidad».*

▼ *El líder cubano Fidel **Castro** captado en los primeros años de la Revolución, mientras pronunciaba uno de sus característicos discursos.*

La Habana y después en Honduras. Tras conseguir el apoyo de Estados Unidos, hostil al gobierno de Arbenz por su reforma agraria, que afectaba a la United Fruit Co., las fuerzas de Castillo Armas entraron en Guatemala secundadas por la aviación estadounidense. Antes de que las tropas llegaran a Tegucigalpa, la Junta Mayor obligó a Arbenz a dimitir, con lo cual Castillo Armas asumió la presidencia del país en 1954 y dos años más tarde revocó la Constitución, abolió las leyes de la reforma agraria y reintegró las tierras expropiadas por Arbenz a la United Fruit Co. Tras disolver el congreso, reprimir la libertad de prensa e interrumpir el programa a favor de los indígenas, Castillo Armas fue asesinado por uno de sus guardias en el palacio presidencial.

CASTRO, AMÉRICO *(Cantagallo, Brasil, 1885-Lloret de Mar, España, 1972) Filólogo, historiador y ensayista español.* Nacido en Brasil de padres españoles, regresó con ellos a España en 1890. En 1904 se licenció por la Universidad de Granada y posteriormente amplió estudios en la Universidad de la Sorbona. Luego ingresó en el Centro de Estudios Históricos de Madrid, donde colaboró con Menéndez Pidal y Giner de los Ríos. Entre 1915 y 1937 fue profesor de historia de la lengua española en la Universidad Central de Madrid. Entre sus muchas obras destacan: *Vida de Lope de Vega* (1919), *El pensamiento de Cervantes* (1925), *Iberoamérica, su presente y su pasado* (1941), *España y su historia* (1948) y *De la edad conflictiva* (1961). En las dos últimas defendió su concepto de la «hispanidad», que según Castro es fruto de la convivencia, durante largos siglos, de culturas tan distintas como la cristiana, la musulmana y la judía. Embajador de la Segunda República en Berlín, en 1937 se exilió en Estados Unidos, donde fue catedrático en las universidades de Wisconsin (1937-1939), Texas (1939-1940) y Princeton (1940-1953).

CASTRO, FIDEL *(Mayarí, Cuba, 1927) Político cubano.* Hijo de un rico plantador de azúcar de origen español, en 1945 ingresó en la Universidad de La Habana, donde entró en contacto con grupos revolucionarios. Con uno de ellos participó dos años más tarde en una insurrección contra el dictador dominicano Rafael Leónidas Trujillo, movimiento cuyo fracaso le obligó a exiliarse en México. De regreso en Cuba, se afilió al Partido Ortodoxo, con el que concurrió a las elecciones legislativas de 1952, que el golpe de Estado de Fulgencio Batista dejó sin efecto. Optó entonces por la lucha armada, y el 26 de julio del año siguiente dirigió el asalto al cuartel de Moncada, de Santiago. Capturado, fue sometido a un proceso judicial en el cual asumió su propia defensa, que convirtió en un alegato contra la dictadura. Condenado por el tribunal a quince años de cárcel, no llegó a cumplir ni dos: fue puesto en libertad en mayo de 1955, a raíz de una amnistía general decretada por el régimen. Tras una breve estancia en Estados Unidos, pasó a México, donde fundó el grupo 26 de Julio y planificó la insurrección contra Batista. A principios de diciembre de 1956 partió de México a bordo del yate *Granma* y desembarcó clandestinamente en las costas de la provincia cubana de Oriente al frente de ochenta hombres, entre quienes se hallaban su hermano Raúl, Camilo Cienfuegos y Ernesto *Che* Guevara. Con ellos fijó su base de operaciones en Sierra Maestra y, con el apoyo de los campesinos, inició la lucha guerrillera. Los avances logrados en marzo de 1958 le indujeron a convocar a la «guerra total». La insurrección se generalizó, y a finales de ese mismo año lanzó la ofensiva que culminó con la huida de Batista del país y la entrada de los revolucionarios en La Habana en enero de 1959. El gobierno revolucionario que encabezó Castro decretó la reforma agraria y nacionalizó las grandes propiedades y refinerías petroleras, en su mayoría de capital estadounidense. Al mismo tiempo, estableció relaciones diplomáticas con los países socialistas y del Tercer Mundo. La reacción de Estados Unidos se tradujo en el embargo de las exportaciones a Cuba, la ruptura de las relaciones diplomáticas y el apoyo, a través de los servicios secretos, de la frustrada invasión de la Bahía de Cochinos en 1961. Este incidente llevó a Estados Unidos a decretar el bloqueo total de la isla, al tiempo que Castro buscaba el soporte en la URSS, proclamando su orientación marxista-leninista. Convertida Cuba en un punto de gran importancia estratégica en el marco de la guerra fría, en 1962 estalló la «crisis de los misiles», a raíz de la oposición estadounidense al establecimiento de cohetes soviéticos en la isla que estuvo muy cerca de convertirse en un enfrentamiento abierto entre las dos grandes potencias. A partir de 1968, los negativos efectos del bloqueo económico estadounidense y la nueva situación en América Latina indujeron a Castro a comprometerse aún más con el régimen soviético, del que dependía en gran medida la economía cubana. Hacia 1976 inició una tibia etapa aperturista, que continuó con la nueva Constitución de 1992, promulgada tras la desaparición de la URSS

y a raíz de los devastadores efectos del bloqueo estadounidense. Estas dificultades promovieron así mismo un tímido acercamiento al Vaticano, que motivó en 1998 la visita a Cuba del papa Juan Pablo II.

CASTRO, GUILLÉN DE *(Valencia, 1569-Madrid, 1631) Dramaturgo español.* De familia ilustre, en 1606 marchó a Italia como gobernador de Scigliano, y regresó hacia 1609 a Valencia, para instalarse poco después en Madrid, a las órdenes del primogénito del duque de Osuna. Compuso gran variedad de obras teatrales, siempre bajo la estela de Lope de Vega, a quien conoció y admiró. Su drama más célebre es *Las mocedades del Cid*, que más tarde adaptaría Corneille. Entre el resto de su producción destacan también dramas históricos como *El más impropio verdugo* y *Las hazañas del Cid*, obras de capa y espada como *Los mal casados de Valencia*, y piezas mitológicas, como *Progne y Filomena* y *Los amores de Dido y Eneas*. De entre sus comedias cabe destacar *El perfecto caballero*.

CASTRO, ROSALÍA DE *(Santiago de Compostela, España, 1837-Padrón, id., 1885) Escritora española en lenguas castellana y gallega.* Hija ilegítima, su juventud estuvo marcada por la inestabilidad emocional que le produjo este hecho, así como por sus constantes enfermedades, que la aque-

▲ *En la fotografía, el papa Juan Pablo II y Fidel* **Castro** *durante su encuentro en 1998, que significó el inicio de la normalización de las relaciones entre Cuba y el Vaticano.*

▼ *Retrato de Rosalía de* **Castro** *que aparece en la portada de una edición de su obra* Follas novas *(1880), en la que la escritora gallega alcanza su mayor fuerza lírica.*

OBRAS SELECTAS
Rosalía de Castro

Follas novas

jaron a lo largo de toda su vida. En 1857 publicó unos versos en *El Museo Universal*, al tiempo que aparecía su primer libro de poesía, titulado *La flor*, en el que se aprecia la influencia de Espronceda. Pronto sería reconocida como una de las figuras del renacimiento literario gallego, lo que la llevó a conocer a un crítico admirador suyo, Manuel Martínez Murguía, con quien contrajo matrimonio en 1858. Después de publicar dos novelas menores, *La hija del mar* (1859) y *Flavio* (1861), en 1863 apareció *A mi madre*, una de sus obras poéticas más celebradas, cuyos temas son la soledad y el dolor, sentimientos que se acentuaron durante sus primeros años de matrimonio a causa de la muerte de su madre y de uno de sus hijos, y también por las dificultades económicas por que atravesó el matrimonio. El mismo año 1863 publicó *Cantares gallegos*, cuyos versos, basados en el cantar popular y la expresión oral gallega, exhortan la reivindicación patriótica y la denuncia social. En 1867 escribió *El caballero de las botas azules*, una de las novelas más originales de su época, extraña mezcla de lirismo e ironía. Su obra maestra, no obstante, apareció en 1880 y lleva por título *Follas novas*, texto extraído de la raíz folclórica de *Cantares gallegos*, que aborda una temática metafísica y ahonda en los problemas derivados de la soledad existencial que ya había tratado en el libro de poemas *A mi madre*. La implicación y la denuncia política de algunos de sus versos la convirtieron en uno de los primeros poetas sociales de España; así mismo, sus innovaciones métricas prefiguraron la llegada del modernismo. *Primer loco* (1881) y *En las orillas del Sar* (1885) fueron sus últimas aportaciones literarias.

CATALINA II *LA GRANDE* [Sofía Augusta] *(Stettin, hoy Szazecin, actual Polonia, 1729-San Petersburgo, 1796) Emperatriz de Rusia (1762-1796)*. Princesa alemana de la dinastía Anhalt-Zerbst, fue enviada por su familia a Rusia para contraer matrimonio con el gran duque Pedro, nieto de Pedro *el Grande*. Una vez establecida en San Petersburgo cambió su nombre original, Sofía Augusta, por el de Catalina Alexeievna y entró en la Iglesia Ortodoxa rusa, gesto que se reveló decisivo para su futuro político. Casó en 1745 con el gran duque, quien accedió al trono ruso en enero de 1762 con el nombre de Pedro III. La desdeñosa actitud de éste ante las tradiciones rusas y, sobre todo, su política iconoclasta y de secularización de bienes le granjearon la enemistad de numerosos sectores, encabe-

> *«**A**dios rios, adios fontes,/ adios regatos pequenos,/ adios vista dos meus ollos/ non sei cando nos veremos.»*
>
> Rosalía de Castro
> *Cantares gallegos*

▼ *En la imagen, **Catalina II la Grande** acompañada de su séquito. Durante su reinado impulsó la modernización del país, hasta hacer de Rusia la principal potencia de Europa Oriental.*

zados por la Iglesia y la guardia imperial. Dadas estas circunstancias y el escaso entendimiento de la pareja real, Catalina protagonizó a finales de junio siguiente un golpe de Estado, «para la defensa de la ortodoxia y la gloria de Rusia». Los hermanos Orlov sublevaron los regimientos de la guardia imperial y el zar fue detenido, obligado a abdicar y, poco después, asesinado. El hecho de que este crimen se mantuviera en secreto fue aprovechado por Pugachev, entre 1773 y 1774, para soliviantar a las masas populares en nombre de Pedro III. Mientras tanto, Catalina tomó la dirección del imperio, dispuesta a transformar profundamente sus estructuras administrativas y productivas de acuerdo con las tendencias que habían de definir el despotismo ilustrado. Impregnada del espíritu iluminista de la época, Catalina mantuvo relaciones poco disimuladas con numerosos amantes, pero supo ganarse el respeto de la mayoría de los gobernantes europeos y de los intelectuales ilustrados de la época, como es el caso de Diderot, uno de sus más próximos consejeros. Gracias a su influencia, en 1764 la zarina impuso como rey de Polonia a Estanislao Poniatowski, antiguo amante suyo, y algo más tarde logró que las leyes polacas estuviesen bajo su observancia. Dueña de un poder de dudosa legitimidad, Catalina hubo de apoyarse en la aristocracia terrateniente rusa para desarrollar su programa de reformas liberalizadoras y racionalistas. Para ganarse este respaldo, no sólo mantuvo los anti-

guos privilegios de la nobleza, sino que la dispensó del servicio militar y reforzó su poder sobre los siervos, al conceder a los nobles el derecho a deportarlos a Siberia (1765) e instituir la servidumbre en Ucrania (1783). Estas concesiones le permitieron, por otro lado, instaurar una serie de medidas liberalizadoras, como la de secularizar los bienes de la Iglesia (1764). Tras vencer en la guerra contra Turquía en el año 1774, emprendió una reforma politicoadministrativa del territorio que consolidó el centralismo autocrático y suprimió la autonomía ucraniana. En política exterior mantuvo una política expansionista, apoderándose de Lituania, la Rusia Blanca –tras los repartos de Polonia de 1772, 1793 y 1795– Crimea y, previa victoria de nuevo sobre Turquía, el territorio situado entre el Dniéster y el Bug. Durante su reinado, la economía rusa creció considerablemente merced a la gratuidad de gran parte de la mano de obra, a las medidas liberalizadoras del comercio y de la industria y a una política inmigratoria que favoreció la colonización agrícola, especialmente entre Crimea y Kuban, y la fundación de ciudades como Sebastopol y Jerson. La emperatriz desarrolló al propio tiempo su programa iluminista en el campo de la enseñanza (fundó numerosas escuelas) y trató de europeizar el país, para lo que favoreció la penetración de las ideas ilustradas, invitó a la corte a numerosos intelectuales europeos e impulsó el uso de la lengua francesa en los círculos nobiliarios y cortesanos. En materia religiosa adoptó una política de tolerancia que terminó con la persecución de los disidentes de la Iglesia Ortodoxa.

CATALINA DE ARAGÓN *(Toledo, 1485-Kimbolton, Inglaterra, 1536) Noble española, reina de Inglaterra (1509-1533).* Era hija de los reyes Católicos, que concertaron su matrimonio con Arturo, príncipe de Gales, con quien Catalina se desposó en 1501. A los pocos meses falleció Arturo, y entonces se convino el enlace de la viuda con el hermano de éste, Enrique, aunque la ceremonia no se llevó a cabo hasta 1509, cuando el príncipe se convirtió en Enri-

▲ *Retrato de Sofia Augusta de Anhalt-Zerbst, (que se encuentra en el Museo de Versalles París). Perteneciente a una dinastía alemana, se convirtió a la Iglesia Ortodoxa y cambió su nombre por el de* **Catalina** *para contraer matrimonio con el futuro zar ruso Pedro III.*

▼ *Capitulaciones matrimoniales entre* **Catalina de Aragón** *y Arturo, príncipe de Gales.*

que VIII. Durante años, esta unión fue el baluarte que mantuvo a Francia diplomáticamente aislada, al estrechar la alianza entre Inglaterra y España. De los seis hijos nacidos del matrimonio, sólo uno sobrevivió, María Tudor. Preocupado por la falta de descendencia masculina, Enrique VIII nombró duque de Richmond a su hijo ilegítimo, Enrique Fitzroy, y antepuso los derechos de éste a los de su esposa y María. Catalina quedó relegada a un segundo plano por la pasión que su marido sentía por Ana Bolena, y en 1525 Enrique VIII solicitó el divorcio al papa Clemente VII. En plena efervescencia protestante, las presiones en contra opuestas por Carlos I de España y por la propia Catalina, encendieron una polémica sobre la primacía papal en la que intervinieron teólogos e intelectuales de toda Europa. El Papa se mostró indeciso y conciliador, y no se atrevió a conceder el divorcio debido al control político y militar que por entonces Carlos I ejercía sobre Roma. Por último, en 1533, Enrique VIII consiguió que el arzobispo de Canterbury Thomas Cranmer declarase nulo el matrimonio con Catalina y casó con Ana Bolena, ya embarazada de la futura reina Isabel I. Con esta decisión, el monarca se separaba de la obediencia de la Iglesia Católica de Roma, para convertirse en el jefe supremo de la nueva Iglesia Anglicana. Catalina acabó sus días recluida en un castillo, aunque nunca renunció a sus derechos de reina.

CATALINA DE MÉDICIS *(Florencia, 1519-Blois, Francia, 1589) Reina de Francia.* Hija de Lorenzo II de Médicis y de Madeleine de La Tour d'Auvergne, en 1533 casó con Enrique, hijo de Francisco I de Francia. Fue madre de diez hijos, y al fallecimiento de su primogénito Francisco II, accedió al trono, con el nombre de Carlos IX, el segundo hijo de Catalina, que fue designada regente. Fue entonces cuando reveló toda su capacidad para el ejercicio del poder, hasta el punto de convertirse en el centro de la política europea de la época. Acusada ya en su tiempo de maquiavelismo, la recreación romántica de su figura ha tejido una cierta leyenda negra en torno a

▶ *Fragmento de* La matanza de San Bartolomé, *de François Valois.* **Catalina de Médicis** *y su hijo Carlos IX, rey de Francia, fueron los inspiradores de la cruenta acción, temerosos ambos del creciente poder de los hugonotes.*

▲ *Retrato de* **Catalina de Médicis**. *Regente de Francia durante la minoridad de su hijo Carlos IX, intentó instaurar una política estrictamente dinástica, al margen de las intrigas cortesanas y de banderías religiosas.*

ella: la falta de escrúpulos, el carácter intrigante y una serie interminable de seducciones y asesinatos jalonaron su regencia. Sin embargo, y pese a haberse probado numerosos hechos que abonarían esta imagen, los historiadores han tendido a recuperar su figura, que han enmarcado en las circunstancias de su época para destacar el papel crucial que desempeñó en el mantenimiento del equilibrio y la unidad en el país, completamente dividido por las diferencias religiosas, y la tolerancia que mostró en este campo, inhabitual en un tiempo dominado en gran medida por el fanatismo religioso. Con todo, no pudo evitar que la intransigencia católica de Francisco, duque de Guisa, provocara la matanza de Wassy, el 1 de marzo de 1562, y desencadenara con ella las guerras de religión en Francia. Por coherencia política se vio obligada a tomar partido por el bando católico y ordenó la persecución de los hugonotes. En este contexto, el rey fue proclamado mayor de edad y Gaspar de Coligny, un destacado miembro de la facción protestante que había entrado en el Consejo Real, comenzó a ejercer una fuerte influencia sobre él, y lo indujo a que declarase la guerra a Felipe II de España y favoreciera secretamente las acti-

vidades militares de los hugonotes. Catalina, por su parte, consideraba que una guerra con España supondría el desastre para Francia si se llevaba a cabo en aquel momento. Preocupada por este motivo, y también por la creciente influencia de Coligny sobre su hijo, trató de asesinar a su oponente. Fracasada en su intento y temerosa de la previsible reacción, decidió adelantarse: con objeto de promover una matanza de protestantes, informó al rey de que éstos tramaban asesinarle tras la boda de su hermana, Margarita de Valois, con Enrique de Navarra. Presionado por su madre y el bando católico y, muy particularmente por su hermano Enrique, duque de Anjou, y así mismo por el duque de Guisa, la noche del 24 de agosto de 1572 Carlos IX ordenó el masivo asesinato que ha pasado a la historia como la matanza de la noche de San Bartolomé. En ella murieron asesinados en París más de 3 000 hugonotes, incluido Coligny, y otros muchos perecieron en toda Francia en el transcurso de los días siguientes. Tras la muerte del rey, en 1574, y gracias a sus intrigas políticas, Catalina consiguió que su hijo Enrique fuera investido soberano de Polonia y, poco después, el mismo año 1574, coronado rey de Francia con el nombre de Enrique III.

CATILINA, LUCIO SERGIO *(?, 109 a.C.-Pistoia, actual Italia, 62 a.C.) Patricio romano.* Antiguo seguidor de Sila, en el 69 a.C. fue gobernador en África y se le acusó de abuso de poder durante el ejercicio de su cargo. Figura denostada por la historiografía romana, Catilina inició una serie de conspiraciones para hacerse con el poder, en las cuales estuvo implicada una parte de la joven nobleza romana, entre la que se encontraba César, quien, acuciado por las deudas, buscaba la manera de acceder al poder dictatorial para librarse de ellas. Tras fracasar en sus dos primeras conjuras, sin que pudiera ser probado nada contra él, Catilina hizo un último intento en el 62. Para su desgracia, la conspiración fue descubierta por Cicerón, su principal adversario, quien hizo tomar Roma militarmente. Catilina compareció ante el Senado y Cicerón, mediante cuatro brillantes discursos (*Catilinarias*), le denunció y lo forzó a huir de Roma. Catilina se reunió entonces en Etruria con el ejército de C. Manlius, que pronto fue vencido por las tropas leales a la república. Catilina pereció en la batalla de Pistoia, mientras Cicerón ejecutaba a sus seguidores en Roma y César era nombrado gobernador de España.

CATÓN, MARCO PORCIO llamado e*l Censor*
*(Tusculum, actual Italia, 232 a.C.-?, 147
a.C.) Político romano.* Luchó contra Aníbal
a las órdenes de Fabio y estuvo en la batalla
de Zama. Como cónsul, en el 195 a.C. mandó un ejército en Hispania con el cual aplastó una revuelta de los iberos cerca de Am-
purias, y pacificó las nuevas provincias.
Abandonó la península Ibérica con un botín
muy cuantioso, en su mayor parte procedente de la venta de la población sometida
como esclava. En su calidad de censor, Catón ha pasado a la historia por su labor en
defensa de las antiguas tradiciones romanas, que él creía amenazadas por el contacto con el mundo helenístico. Famoso por su
honestidad y su vida frugal, su política consistió, no obstante, en el expolio y la represión de los pueblos vencidos y en la ostentación del poder militar romano, modelo
que siguieron los gobernantes posteriores.
Enfrentado con los Escipiones, a los cuales
veía como los principales propagandistas
del helenismo, escribió una obra de historia llamada *Orígenes del pueblo romano* y
un compendio de sentencias morales titulado *Carmen de moribus.* Fue uno de los
más enconados enemigos de Cartago, e incentivó al Senado y al pueblo romano, mediante sus discursos, para que ordenase la
destrucción total de la capital púnica.

▲ *Retrato de Augustin-Louis*
Cauchy, uno de los máximos
exponentes del rigor lógico
en análisis matemático.

«Los hombres pasan,
pero sus hechos
permanecen.»

Augustin-Louis,
barón de Cauchy

◄ *Estatua de Catón (Museo*
Lateranense). Como cónsul
romano afirmó el dominio
sobre Hispania y se enfrentó
al ejército de Aníbal en la
Tercera Guerra Púnica.

CATULO, CAYO VALERIO *(Verona, actual Italia, h. 87 a.C.-Roma, h. 54 a.C.) Poeta latino.* De familia acomodada, a partir del año
70 a.C. frecuentó en Roma el círculo de los
«nuevos poetas», deudores de la poesía alejandrina, cuyo tema poético principal es el
amor, expresado en metros nuevos. Los
versos de Catulo, especialmente los dedicados a su amor por Lesbia, seudónimo de
Clodia, hermana del tribuno Clodio, son de
gran realismo y fuerza expresiva. Conocido
como *doctus* por su gran dominio de la poesía griega, dejó 116 poemas de valor e inspiración muy desiguales. Junto a poemas
cultos y mundanos como *Las bodas de Tetis
y Peleo*, en el que rivalizó con Calímaco,
compuso numerosos epigramas satíricos,
así como epitalamios y poemas de tema mitológico. Sin embargo, la importancia de su
poesía reside principalmente en las elegías
amorosas; por otra parte, ha sido el fundador de la elegía romana, que se distingue
de la griega por su carácter autobiográfico e
intimista. Influyó en la poesía latina posterior tanto en el aspecto formal como en su
variedad temática.

CAUCHY, AUGUSTIN-LOUIS, BARÓN DE *(París,
1789-Sceaux, Francia, 1857) Matemático
francés.* Era el mayor de los seis hijos de un
abogado católico y realista, que hubo de retirarse a Arcueil cuando estalló la Revolución. Allí sobrevivieron de forma precaria,
por lo que Cauchy creció desnutrido y débil. Fue educado en casa por su padre y no
ingresó en la escuela hasta los trece años,
aunque pronto empezó a ganar premios
académicos. A los dieciséis entró en la École Polytechnique parisina y a los dieciocho
asistía a una escuela de ingeniería civil, donde se graduó tres años después. Su primer
trabajo fue como ingeniero militar para Napoleón, ayudando a construir las defensas
de Cherburgo. A los veinticuatro años volvió a París y dos más tarde demostró una
conjetura de Fermat que había superado a
Euler y Gauss. Con veintisiete años ya era
uno de los matemáticos de mayor prestigio
y empezó a trabajar en las funciones de variable compleja, publicando las 300 páginas
de esa investigación once años después. En
esta época publicó sus trabajos sobre límites, continuidad y sobre la convergencia
de las series infinitas. En 1830 se exilió en
Turín, donde trabajó como profesor de física matemática hasta que regresó a París
(1838). Pasó el resto de su vida enseñando
en la Sorbona. Publicó un total de 789
trabajos, entre los que se encuentran el concepto de límite, los criterios de convergencia, las fórmulas y los teoremas de in-

tegración y las ecuaciones diferenciales de Cauchy-Riemann. Su extensa obra introdujo y consolidó el concepto fundamental de rigor matemático.

CAUPOLICÁN *(Pilmaiquén, actual Chile, ?-Cañete, id., 1558) Caudillo araucano*. Destacado guerrero del pueblo mapuche o araucano, luchó con valor contra la invasión española. Fue elegido *toqui* (caudillo para una situación excepcional), y en 1553 se alzó con Lautaro, otro cabecilla indígena, contra los españoles dirigidos por Pedro de Valdivia. Con gran habilidad, guió a sus hombres al combate y logró derrotar a Valdivia en Tucapel, acción en la que el español perdió la vida. Tras la muerte de Lautaro, se convirtió en el jefe supremo de los araucanos y continuó la lucha contra los españoles. En la batalla de Millasapue sufrió una importante derrota de la que no llegó a recuperarse. Fue apresado en una emboscada por Alonso de Reinoso y conducido hasta Cañete, donde murió en el suplicio del empalamiento. La historia de Caupolicán fue inmortalizada por Alonso de Ercilla en su poema épico *La araucana*.

CAVALCANTI, GUIDO *(Florencia, h. 1260-Sarzana, actual Italia, 1300) Poeta italiano*. De familia noble y próxima al partido de los güelfos, se casó con Beatrice, hija del jefe gibelino Farinata degli Uberti, demostrando su escaso interés por las luchas partidistas de la época. Estudió retórica y filosofía, recibiendo la influencia del averroísmo. Amigo de Dante, juntos encabezaron el movimiento poético italiano del *dolce stil nuovo*, que entronca con la lírica medieval del amor cortés, y cuyo manifiesto podría considerarse el poema de Cavalcanti *Donna mi prega...* Peregrinó a Santiago de Compostela, y se cree que fue durante el viaje, en Toulouse o en Nimes, cuando conoció a la dama que aparece en sus poemas, Mandetta. Fue entonces también cuando escribió una de sus baladas más conocidas, *Perch'io non spero*. El 24 de julio de 1300 fue expulsado de Florencia, con motivo del recrudecimiento de las luchas entre las dos facciones enfrentadas, güelfos y gibelinos, y tuvo que exiliarse en Sarzana, donde contrajo el paludismo, enfermedad que le llevó a la muerte.

CAVALIERI, BONAVENTURA FRANCESCO *(Milán, 1598-Bolonia, 1647) Matemático italiano*. Jesuita y discípulo de Galileo, fue desde 1629 catedrático de astronomía en Bolonia. De su numerosa obra destacan *Un*

▲ *Retrato de Guido* **Cavalcanti**, *cuyos escritos intentan incorporar toda la cultura de entonces (filosofía escolástica, es decir, teológica; fraseo jurídico; supuesto de la medicina) al tema del amor.*

▼ *Grabado de Bonaventura Francesco* **Cavalieri**, *uno de los precursores del concepto moderno de integral, junto con Barrow. Sus ideas se relacionan con el concepto de volumen, en tanto que Barrow fue el primero en destacar la dualidad entre integral y derivada.*

cierto método para el desarrollo de una nueva geometría de continuos indivisibles (1635) y *Seis ejercicios de geometría* (1649), en donde establece y perfecciona su teoría de los indivisibles, precursora del cálculo integral. Realizó la primera demostración rigurosa del teorema de Papus relativo al volumen de un sólido de revolución. Popularizó el empleo de los logaritmos en Italia gracias a la publicación de su obra *Un directorio general de uranometría* (1632).

CAVALLI, PIER FRANCESCO [Pier Francesco Caletti] *(Crema, actual Italia, 1602-Venecia, 1676) Compositor italiano*. Hijo del maestro de capilla de la catedral de Crema, fue su padre quien le procuró sus primeros conocimientos musicales. A instancias de su protector Federigo Cavalli –de quien tomaría el apellido en 1639, siguiendo la costumbre de la época–, en 1616 entró como cantor en la capilla de San Marcos de Venecia, donde prosiguió su formación bajo la dirección de Monteverdi. Desde ese momento hasta su muerte, Cavalli permaneció ligado durante toda su carrera a esta catedral, de la que fue nombrado maestro de capilla en 1668 y para la que escribió el grueso de su producción sacra. La proliferación de teatros de ópera en la ciudad de los canales orientó, sin embargo, su trabajo creativo hacia este género teatral, con una cuarentena de títulos entre los que sobresalen *Le nozze di Teti e di Peleo* (1639), *L'Ormindo* (1644), *Giasone* (1649), *La Calisto* (1652), *Serse* (1655) y *Ercole amante* (1662), esta última compuesta por el músico y estrenada en París a instancias del cardenal Mazarino.

CAVENDISH, LORD HENRY *(Niza, Francia, 1731-Londres, 1810) Físico y químico británico*. Estudió en la Universidad de Cambridge, y en 1760 fue nombrado miembro de la Royal Society. Fue el primero en distinguir la presencia en el aire de dióxido de carbono y de hidrógeno. En 1783 publicó *Experimentos sobre el aire*, donde afirmaba que el aire consiste en una mezcla de oxígeno y nitrógeno en una relación 1:4. Impuso la evidencia de que el agua no era un elemento sino un compuesto. A través de sus experimentos consiguió sintetizar ácido nítrico y agua. Así mismo fueron notables sus trabajos en el campo de la electricidad al introducir el concepto de potencial, medir la capacitancia y anticipar la ley de Ohm. También determinó la densidad y la masa de la Tierra por medio de una balanza de torsión.

CAVENDISH, THOMAS *(Suffolk, Inglaterra, h. 1555-en alta mar, 1592) Navegante y corsario inglés.* Tercer navegante que consiguió dar la vuelta al mundo, Cavendish pretendió emular las hazañas de sir Francis Drake, para lo que contó con el decidido apoyo de la reina Isabel I. Tras partir de Inglaterra en 1586, llegó hasta la costa de Argentina, donde fundó Port Desire (actualmente Puerto Deseado). Inició entonces una intensa actividad corsaria, se dirigió al estrecho de Magallanes y tras cruzarlo cayó sobre las colonias españolas de la costa occidental de América del Sur en una campaña de saqueo y hostigamiento de la navegación. A continuación cruzó el Pacífico hasta las Filipinas y Java, para continuar hasta el cabo de Buena Esperanza y atracar en Plymouth en septiembre de 1588. Falleció durante el viaje de vuelta de una nueva expedición al Pacífico.

CAVOUR, CAMILLO BENSO, CONDE DE *(Turín, 1810-id., 1861) Político italiano.* Miembro de una antigua familia piamontesa, fue uno de los principales artífices de la unidad italiana. Inició la carrera militar en la academia de Turín, pero, obligado a dejarla a causa de sus ideas liberales, se retiró en 1831 a Leri y Grinzana. Al cabo de nueve años, durante los cuales se dedicó a la administración de sus propiedades, volvió a la actividad política y difundió a través de diversos periódicos el liberalismo mercantil como vía de progreso. En 1847 fundó *Il Risorgimento*, periódico que constituiría la plataforma ideológica de la unidad italiana bajo la casa de Saboya. Su actuación como diputado durante los dos años siguientes lo convirtió en uno de los políticos más destacados del Parlamento turinés, lo que le supuso desempeñar sucesivamente los ministerios de Agricultura, Industria y Comercio, en 1850, y el de Finanzas, en 1851, durante el gobierno presidido por Azeglio. Teniendo en cuenta su habilidad política y su lealtad a la monarquía, el rey Víctor Manuel II lo nombró en 1852 jefe del gobierno de Piamonte-Cerdeña, cargo que, salvo dos breves intervalos de tiempo, conservó, hasta su muerte. Aliado con el partido de centro-izquierda de Ratazzi, formó un gabinete de corte liberal con el que llevó adelante un plan de gobierno cuyos principales objetivos eran la modernización del Estado, la lucha contra Austria y la unificación de Italia. Para ello, su política interior se orientó a la limitación del poder de la Iglesia, bajo el lema «una Iglesia libre en un Estado libre», por lo que fue excomulgado por el papa Pío IX. Promovió así mismo la

▲ *Retrato del conde de **Cavour** pintado por M. Gordigiani. Nombrado por el rey Víctor Manuel II jefe del gobierno de Piamonte-Cerdeña, Cavour fue, junto a Garibaldi, el gran artífice de la unidad italiana.*

▼ *Cuadro que representa la votación en pro de la anexión al reino de Italia, efectuada en la Universidad de Nápoles. **Cavour** fue el político encargado de extender el estatuto piamontés a todo el territorio italiano.*

liberalización del comercio, el estímulo de la agricultura mediante obras de regadío, el libre cambio financiero internacional (para lo cual apoyó la creación de una banca nacional sarda), el tendido de vías férreas, en las que veía el símbolo del progreso, y la preparación de un ejército moderno y eficaz. La mayoría de los liberales y revolucionarios italianos, incluidos algunos republicanos como Garibaldi, vio en Cavour al hombre idóneo para dirigir los Estados italianos hacia su unificación. En 1855, en una maniobra política que sería decisiva para los intereses de la Italia unificada, envió tropas a la guerra de Crimea en apoyo del Reino Unido y Francia, potencia ésta que le había otorgado un importante préstamo para sufragar las obras públicas impulsadas por su gobierno. Esta acción le valió participar al año siguiente en el congreso de París, donde reivindicó la unidad italiana y expuso sus reclamaciones contra Austria. La coincidencia de intereses geoestratégicos con Francia se concretó en 1859, durante la entrevista de Plombières, en la que acordó con Napoleón III una alianza militar contra Austria y el apoyo francés para organizar Italia en cuatro reinos. Poco después de esta entrevista estalló la guerra, en la que Austria fue derrotada en las batallas de Solferino y Magenta. La victoria francopiamontesa sobre las fuerzas austriacas activó el movimiento revolucionario en toda la península italiana. Luego, el armisticio de Villafranca de Verona (julio de 1859) suscrito entre Francia y Austria fue rechazado por Cavour, quien dimitió. Llamado otra vez por el rey, Cavour entabló nuevas negociaciones con Napoleón III, mientras las tropas del Piamonte y las de Garibaldi, que ya habían sometido el reino de las Dos Sicilias, ocupaban los Estados Pontificios. Tras estas acciones, en enero de

1861, representantes de todos los reinos peninsulares se reunieron en Turín y proclamaron la unidad de Italia bajo la corona del rey piamontés Víctor Manuel II.

CAYLEY, ARTHUR *(Richmond, Reino Unido, 1821-Cambridge, id., 1895) Matemático británico.* Hijo de comerciantes, los primeros ocho años de su infancia transcurrieron en San Petersburgo. En 1838 ingresó en el Trinity College de Cambridge, donde estudió matemáticas y derecho. Nombrado profesor de esta primera disciplina, permaneció en Cambridge durante el resto de sus días. Uno de los matemáticos más prolíficos de la historia, Cayley publicó a lo largo de su vida más de novecientos artículos científicos. Considerado como uno de los padres del álgebra lineal, introdujo el concepto de matriz y estudió sus diversas propiedades. Con posterioridad empleó estos resultados para estudiar la geometría analítica de dimensión n; en 1859 concluyó que la geometría métrica se encontraba incluida en la proyectiva, noción que recogería Felix Klein en su estudio de las geometrías no euclídeas. Entre 1854 y 1878 escribió diversos artículos en los que desarrolló por vez primera la teoría de los invariantes.

CEAUSESCU, NICOLAE *(Pitesti, Rumania, 1918-Tirgoviste, id., 1989) Político rumano.* Miembro destacado de las Juventudes Comunistas durante la década de 1930, fue por ello encarcelado en repetidas ocasiones durante los años previos a la Segunda Guerra Mundial. Tras la llegada al poder de los comunistas (1947), fue nombrado ministro de Agricultura, cargo que ocupó entre 1948 y 1950. A partir de esta última fecha fue ministro de Defensa, y se le otorgó el rango de general, y en diciembre de 1967, fue nombrado jefe de Estado. Su voluntad de mantenerse al margen de la órbita soviética quedó plasmada tras la retirada de Rumania, no oficial pero sí de hecho, del Pacto de Varsovia, así como por su condena de la invasión soviética de Checoslovaquia (1969) y la ocupación de Afganistán (1979). Sin embargo, a medida que se distanció de la URSS, recuperó los valores del comunismo más ortodoxo, censurando las opiniones contrarias al régimen y coartando las libertades. Potenció la policía secreta, nombró a familiares y allegados para los puestos de mayor responsabilidad y decretó una política de exportaciones que llevó al país al colapso financiero. En 1989 ordenó disparar contra la multitud que había salido a las calles de Timisoara para pedir un cambio político en consonancia con los nuevos aires

▼ *El escritor Camilo José* **Cela** *durante la apertura del I Congreso Internacional de la Lengua Española, celebrado en la localidad mexicana de Zacatecas.*

CAMILO JOSÉ CELA

OBRAS MAESTRAS

NOVELA: *LA FAMILIA DE PASCUAL DUARTE* (1942); *PABELLÓN DE REPOSO* (1944); *NUEVAS ANDANZAS Y DESVENTURAS DE LAZARILLO DE TORMES* (1945); *LA COLMENA* (1951); *MRS. CALDWELL HABLA CON SU HIJO* (1953); *LA CATIRA* (1955); *TOBOGÁN DE HAMBRIENTOS* (1962); *SAN CAMILO 1936* (1969); *OFICIO DE TINIEBLAS, 5* (1973); *MAZURCA PARA DOS MUERTOS* (1983); *MADERA DE BOJ* (1999). **POESÍA:** *PISANDO LA DUDOSA LUZ DEL DÍA* (1945). **OTROS:** *EL BONITO CRIMEN DEL CARABINERO* (1947); *VIAJE A LA ALCARRIA* (1948); *EL GALLEGO Y SU CUADRILLA Y OTROS APUNTES CARPETOVETÓNICOS* (1949); *DEL MIÑO AL BIDASOA* (1952); *CUATRO FIGURAS DEL 98* (1961); *VIAJE AL PIRINEO DE LÉRIDA* (1965); *DICCIONARIO SECRETO* (1968).

de libertad que recorrían la Europa del Este. El ejército, al que se había aferrado durante los últimos años, le dio la espalda, y cuando intentaba abandonar el país fue detenido, juzgado y, pocos días después, ejecutado.

CELA, CAMILO JOSÉ *(Iria Flavia, hoy Padrón, España, 1916) Escritor español.* Estudió de medicina, derecho y filosofía y letras en la Universidad de Madrid, sin llegar a terminar ninguna de las carreras. Acabada la guerra civil regresó a Madrid, donde residió hasta que en 1954 decidió instalarse en Mallorca. Se movía ya por los círculos literarios matritenses, en casa de María Zambrano, cuando en 1942 se publicó su primera novela, *La familia de Pascual Duarte*, dura historia ambientada en un pequeño pueblo extremeño, que logró escapar de la censura. Escrita con una prosa desgarrada y cruda, fue todo un acontecimiento y dio lugar incluso a una efímera corriente, el «tremendismo». Sin embargo, el autor no siguió el camino por él marcado, y en 1944 publicó *Pabellón de reposo*, sobre la vida solitaria de los tuberculosos internados en sanatorios, y su primer libro de poemas, *Pisando la dudosa luz del día* (1945), que denota la influencia de la Generación del 27 y en el cual manifiesta una tendencia surrealista de fondo que se ha mantenido a lo largo de su obra. Ese mismo año contrajo matrimonio con Rosario Conde (*Charo*), de la que tendría un hijo, y escribió una especie de recreación de un clásico castellano, *Nuevas andanzas y desventuras de Lazarillo de Tormes*, con el que trataba de actualizar el género picaresco, aunque no tuvo demasiado éxito. En 1946 decidió emular la aventura paisajística de la Generación del 98 y empezó a recorrer a pie paisajes de Castilla, experiencia que se materializaría en varios libros de viajes, como el famosísimo *Viaje a la Alcarria* (1948), escrito en una prosa muy depurada. Un año después publicó *El gallego y su cuadrilla y otros apuntes carpetovetónicos*, donde se acentúa su tendencia a la esquematización psicológica y al juego formal. En 1951 apareció en Buenos Aires la novela que había de consagrarle definitivamente, *La colmena*, retrato calidoscópico de una extensa y variada galería de personajes del Madrid deprimido de la posguerra. En 1953 publicó *Mrs. Caldwell habla con su hijo* (1953), uno de los libros preferidos del autor, y *La catira* (1955), novela ambientada en Venezuela. Es miembro de la Real Academia Española desde 1957, año en que empezó a dirigir la revista *Papeles de Son Armadans*. Entre su abundante producción posterior figuran: *Cajón de sastre*

(1957), *Historias de España. Los ciegos. Los tontos* (1958), *La cucaña* (1959), *Primer viaje andaluz* (1959), *Cuatro figuras del 98* (1961), *Tobogán de hambrientos* (1962), *Viaje al Pirineo de Lérida* (1965), *El ciudadano Iscariote Reclús* (1965), *Al servicio de algo* (1969), *San Camilo 1936* (1969), *El tacatá oxidado* (1973), *Oficio de tinieblas, 5* (1973) y *Rol de cornudos* (1976). Su aportación específicamente lingüística incluye libros de gran éxito, como *Diccionario secreto* (1968) y *Diccionario del erotismo*, iniciado en 1976. En 1984 obtuvo el Premio Nacional de Literatura por *Mazurca para dos muertos*, galardón al que siguieron el Premio Príncipe de Asturias de las Letras en 1987, el Nobel de Literatura en 1989 y el Premio Cervantes en 1995.

CÉLINE, LOUIS-FERDINAND [Louis Ferdinand Destouches] *(Courbevoie, Francia, 1894-París, 1961) Novelista y médico francés.* Participó como voluntario en la Primera Guerra Mundial, durante la cual fue gravemente herido. Se doctoró en medicina en 1924 y ejerció su profesión para la Sociedad de las Naciones en África y en Estados Unidos, así como en los suburbios de París. Su trabajo le puso en contacto con la miseria humana, que condicionó notablemente su pensamiento. En 1932 apareció su primera novela, que tuvo una gran acogida por parte del público y la crítica, *Viaje al fin de la noche*, ácida y desgarrada historia de trasfondo autobiográfico que constituye una violenta sátira contra la humanidad entera. Su estilo, coloquial hasta lo soez, pletórico de vigor y plasticidad, significó una ruptura total con el academicismo, que quedó confirmada con *Muerte a crédito*. La rebeldía nihilista y violenta de Céline y sus conocidas posturas antisemitas, expresadas en *Bagatelas para una masacre* (1938), lo hicieron sospechoso de colaboracionismo con los nazis durante la ocupación alemana, por lo que se vio obligado a abandonar París, en junio de 1944. Se exilió entonces en Alemania y Dinamarca; sin embargo, fue amnistiado por el gobierno francés y regresó de nuevo a París en el año 1951. A su etapa como exiliado pertenecen sus novelas *De un castillo a otro* y *Norte*. De publicación póstuma fueron otras dos, *El puente de Londres* y *Rigodón* (1969).

CELLINI, BENVENUTO *(Florencia, 1500-id., 1571) Escultor y orfebre italiano.* Su personalidad es una de las mejor conocidas del

▲ *Estatua en bronce de* Perseo*, una de las cumbres del manierismo escultórico realizada por Benvenuto* **Cellini** *entre 1545 y 1554, que puede admirarse en la Loggia dei Lanzi de Florencia.*

▼ *Busto de Cosme I de Médicis realizado por Benvenuto* **Cellini** *en 1545, obra que muestra la capacidad del florentino como retratista y broncista, y también su maestría como orfebre, patente en el minucioso labrado de la armadura.*

Renacimiento italiano gracias a su autobiografía (*Vita*, h. 1558-1566), que gozó de gran fama en los siglos XVII-XVIII, hasta el extremo de encumbrar al artista por encima de sus merecimientos. La obra muestra a un Cellini orgulloso de sí mismo y narra una vida llena de aventuras y de anécdotas que dan origen a páginas de gran interés, reveladoras del ambiente cultural y social de su época. De 1519 a 1540 residió fundamentalmente en Roma, donde se sabe que recibió encargos del Papa y de otros comitentes destacados, pese a lo cual sólo se conservan de aquel período algunos sellos, monedas y medallas. En 1540 se trasladó a Francia para trabajar al servicio de Francisco I en Fontainebleau. Por entonces realizó el celebérrimo *Salero* de oro con esmaltes, que constituye la mejor creación de la orfebrería renacentista gracias a su plasmación en pequeño tamaño y con multitud de detalles de un grupo escultórico digno de haber sido realizado en gran escala. La *Ninfa de Fontainebleau* es la primera escultura que se conoce de su mano, fechada poco antes de su regreso a Florencia motivado por problemas con la corte, en 1545. En esta ciudad trabajó al servicio de Cosme I de Médicis, para quien realizó bustos y esculturas en metal, entre las cuales se cuenta el famoso *Perseo* en bronce de la Loggia dei Lanzi, que se considera su obra maestra. Todas estas creaciones se caracterizan por el trazo nervioso y la riqueza de detalles, transposición a la escultura de su formación como orfebre. Escribió dos tratados (de escultura y de orfebrería), de carácter eminentemente práctico, en los que incluyó detalladas descripciones de sus obras y noticias sobre otros artistas de su tiempo.

CELSIUS, ANDERS *(Uppsala, Suecia, 1701-íd., 1744) Físico y astrónomo sueco.* Profesor de astronomía en la Universidad de Uppsala (1730-1744), supervisó la construcción del observatorio de la ciudad, del que fue nombrado director en 1740. En 1733 publicó una colección de 316 observaciones de auroras boreales. En 1736 participó en una expedición a Laponia para medir un arco de meridiano terrestre, lo cual confirmó la teoría de Newton de que la Tierra era achatada por los polos. En una memoria que presentó a la Academia de Ciencias Sueca propuso la escala centígrada de temperaturas, conocida posteriormente como escala Celsius.

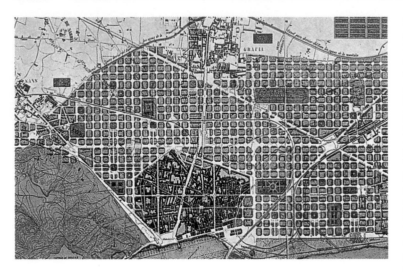

CERDÁ, ILDEFONSO *(Centelles, España, 1816-Caldas de Besaya, id., 1876) Ingeniero, urbanista y político español.* Después de obtener el título de ingeniero de caminos en Madrid, trabajó como ingeniero del Estado en diversas ciudades españolas, hasta que en 1849 se estableció en Barcelona. Fue diputado a Cortes por Barcelona y presidente de la Diputación barcelonesa. Pero por lo que realmente se le recuerda es por su aportación teórica y práctica al urbanismo. Como teórico publicó *Teoría general de la urbanización* (1867), tratado en que analizaba y solucionaba los problemas planteados en las ciudades como consecuencia de la concentración demográfica y el desarrollo industrial. Su gran realización fue el *Proyecto de Reforma Interior y Ensanche de Barcelona*, un plan pensado para la remodelación de la ciudad de Barcelona que se basaba en un plano en cuadrícula integrado por ejes viarios de gran amplitud con cruces en ángulo recto; cada cuadrícula encerraba manzanas de casas, en las cuales, además de bloques de pisos de altura limitada, debía haber zonas verdes y equipamientos reservados para servicios sociales y culturales. Este plan, aceptado en 1855 por el ayuntamiento barcelonés, fue luego rechazado por el consistorio de 1859 e impuesto por real decreto ese mismo año. Finalmente, el denominado Plan Cerdá se aplicó sólo en parte, ya que por afán especulador no se respetaron los espacios que debían destinarse a zonas verdes y servicios y también se vulneró la altura máxima prevista de los edificios. Con todo, el Ensanche barcelonés constituye un modelo de urbanismo racional y su espaciosidad, en particular en los chaflanes, continúa siendo algo fuera de lo común.

▲ *Plano general del Ensanche de Barcelona, diseñado por el urbanista e ingeniero Ildefonso **Cerdá** según el proyecto llamado Plan Cerdá, que transformó la fisonomía de la ciudad a finales del s. XIX.*

▼ *Retrato de Luis **Cernuda** dibujado por Gregorio Prieto. El poeta formó parte de la Generación del 27, y su obra* La realidad y el deseo *es una de las más brillantes creaciones de la lírica del s. XX escrita en castellano.*

CERNUDA, LUIS *(Sevilla, 1902-Ciudad de México, 1963) Poeta español.* Residió hasta 1928 en Sevilla, en cuya universidad conoció a Pedro Salinas. En 1929 publicó *Un río, un amor* que junto a la colección siguiente, *Los placeres prohibidos* (1931), marca los inicios literarios de una de las voces más puras, según palabras de García Lorca, de la poesía contemporánea. Entre 1929 y 1938 residió en Madrid, y durante la guerra civil de adhirió a la causa republicana. Tras la guerra emigró al Reino Unido, para trasladarse en 1947 a Estados Unidos, donde ejerció como profesor de literatura española, hasta que en 1952 se instaló en México. Perteneciente a la Generación del 27, su poesía se caracteriza por una elevada reflexión moral en torno al amor y la soledad, además del dolor por una realidad que aparece muerta en su crudeza. Publicada en distintos libros, la mayor parte de su obra poética fue agrupada por el propio autor en el volumen *La realidad y el deseo* (1936). Posteriormente, publicó nuevos volúmenes poéticos, el último de ellos titulado *La desolación de la quimera* (1962). Escribió también varios ensayos críticos sobre literatura española y universal, y tradujo a Hölderlin y Shakespeare.

CERVANTES SAAVEDRA, MIGUEL DE *(Alcalá de Henares, España, 1547-Madrid, 1616) Escritor español.* Cuarto hijo de un modesto médico, Rodrigo de Cervantes, y de Leonor de Cortinas, vivió una infancia marcada por los acuciantes problemas económicos de su familia, que en 1551 se trasladó a Valladolid, a la sazón sede de la corte, en busca de mejor fortuna. Allí inició el joven Miguel sus estudios, probablemente en un colegio de jesuitas. Cuando en 1561 la corte regresó a Madrid, la familia Cervantes hizo lo propio, siempre a la espera de un cargo lucrativo. La inestabilidad familiar y los vaivenes azarosos de su padre (que en Valladolid fue encarcelado por deudas) determinaron que su formación intelectual, aunque extensa, fuera más bien improvisada. Aun así, parece probable que frecuentara las universidades de Alcalá de Henares y Salamanca, puesto que en sus textos aparecen copiosas descripciones de la picaresca estudiantil de la época. En 1569 salió de España, probablemente a causa de algún problema con la justicia, y se instaló en Roma, donde ingresó en la milicia, en la compañía de don Diego de Urbina, con la que participó en la batalla de Lepanto (1571). En este combate naval contra los turcos fue herido de un arcabuzazo en la

◀ *Dibujo que representa uno de los episodios más famosos del* Quijote, *de Miguel de* **Cervantes**: *la escena en que el caballero ha acometido lanza en ristre un molino de viento, pese a la cuerda advertencia de Sancho Panza de que el molino era tal, no un gigante.*

▶ *Retrato de Miguel de* **Cervantes** *Saavedra. Héroe de Lepanto, cautivo en Argel, también se ocupó de acopiar víveres para la Armada Invencible en Andalucía. Más tarde estuvo vinculado a la vida de la corte tanto en Madrid como en Valladolid.*

mano izquierda, que le quedó anquilosada. Cuando, tras varios años de vida de guarnición en Cerdeña, Lombardía, Nápoles y Sicilia (donde adquirió un gran conocimiento de la literatura italiana), regresaba de vuelta a España, la nave en que viajaba fue abordada por piratas turcos (1575), que lo apresaron y vendieron como esclavo, junto a su hermano Rodrigo, en Argel. Allí permaneció hasta que, en 1580, un emisario de su familia logró pagar el rescate exigido por sus captores. Ya en España, tras once años de ausencia, encontró a su familia en una situación aún más penosa, por lo que se dedicó a realizar encargos para la corte durante unos años. En 1584 casó con Catalina Salazar de Palacios, y al año siguiente se publicó su novela pastoril *La Galatea*. En 1587 aceptó un puesto de comisario real de abastos que, si bien le acarreó más de un problema con los campesinos, le permitió entrar en contacto con el abigarrado y pintoresco mundo del campo que tan bien reflejaría en su obra maestra, el *Quijote*, que apareció en 1605. El éxito de este libro fue inmediato y considerable, pero no le sirvió para salir de la miseria. Al año siguiente la corte se trasladó de nuevo a Valladolid, y Cervantes con ella. El éxito del *Quijote* le permitió publicar otras obras que ya tenía escritas: los cuentos morales de las *Novelas ejemplares*, el *Viaje del Parnaso* y *Comedias y entremeses*. En 1616, pocos meses antes de su muerte, envió a la imprenta el segundo tomo del *Quijote*, con lo que quedaba completa la obra que lo sitúa como uno de los más grandes escritores de la historia y como el fundador de la novela en el sentido moderno de la palabra. A partir de una sátira corrosiva de

> «*Si acaso doblares la vara de la justicia, no sea con el peso de la dádiva, sino con el de la misericordia.*»
>
> Miguel de Cervantes Saavedra

las novelas de caballerías, el libro construye un cuadro tragicómico de la vida y explora las profundidades del alma a través de las andanzas de dos personajes arquetípicos y contradictorios, el iluminado don Quijote y su prosaico escudero Sancho Panza. Las dos partes del *Quijote* ofrecen, en cuanto a técnica novelística, notables diferencias. De ambas, la segunda (de la que se publicó en Tarragona una versión apócrifa, conocida como el *Quijote* de Avellaneda, que Cervantes tuvo tiempo de rechazar y criticar por escrito) es, por muchos motivos, más perfecta que la primera, publicada diez años antes. Su estilo revela mayor cuidado y el efecto cómico deja de buscarse en lo grotesco y se consigue con recursos más depurados. Los dos personajes principales adquieren también mayor complejidad, al emprender cada uno de ellos caminos contrapuestos, que conducen a don Quijote hacia la cordura y el desengaño, mientras Sancho Panza siente nacer en sí nobles anhelos de generosidad y justicia. Pero la grandeza del *Quijote* no debe ocultar el valor del resto de la producción literaria de Cervantes, entre la que destaca la novela itinerante *Los trabajos de Persiles y Sigismunda*, su auténtico testamento poético.

MIGUEL DE CERVANTES SAAVEDRA
OBRAS MAESTRAS

LA GALATEA (1585); *EL INGENIOSO HIDALGO DON QUIJOTE DE LA MANCHA* (1605-1616); *NOVELAS EJEMPLARES* (1613), doce novelas: *LA GITANILLA, EL AMANTE LIBERAL, RINCONETE Y CORTADILLO, LA ESPAÑOLA INGLESA, EL LICENCIADO VIDRIERA, LA FUERZA DE LA SANGRE, EL CE-* *LOSO EXTREMEÑO, LA ILUSTRE FREGONA, LAS DOS DONCE-LLAS, LA SEÑORA CORNELIA, EL CASAMIENTO ENGAÑOSO Y EL COLOQUIO DE LOS PERROS; EL VIAJE DEL PARNASO* (1614); *COMEDIAS Y ENTREMESES* (1615); *LOS TRABAJOS DE PERSILES Y SIGISMUNDA* (1616).

CERVERA, PASCUAL *(San Fernando, España, 1832-Puerto Real, id., 1909) Marino militar español.* Tras graduarse en la escuela naval, intervino en varias operaciones en Marruecos, y luego en las islas Sulu y en Filipinas. Participó, así mismo, en la primera guerra de Cuba (1868-1878), si bien fue obligado a regresar a España en 1873 para combatir en Vascongadas contra las tropas carlistas. En abril de 1898 fue nombrado contraalmirante de la escuadra española y enviado a defender Cuba de un inminente ataque de la flota estadounidense, que había bloqueado Santiago de Cuba y cuyo gobierno, el 25 de abril, había declarado oficialmente la guerra a España. Arribada a Santiago de Cuba, adonde llegó el 19 de mayo, la flota española recibió la orden de atacar, orden que fue ejecutada por Cervera aun a sabiendas de que sus posibilidades de victoria eran nulas, puesto que no contaba con navíos acorazados ni tenía armamento ni combustible suficientes. En Madrid, sin embargo, se prefirió atacar debido a la presión de la opinión pública. Tras la batalla, en la que toda la flota española fue hundida o gravemente dañada, el gobierno español aceptó la rendición incondicional. Cervera fue juzgado por un tribunal militar, que dictaminó su inocencia. En 1901 fue nombrado vicealmirante y, al año siguiente, le fue encargada la dirección de la Armada española. Así mismo, dos años más tarde, en 1903 fue nombrado senador vitalicio, aunque prefirió mantenerse alejado de la escena política.

CÉSAR, CAYO JULIO *(Roma, 100 a.C.-id., 44 a.C.) Político, militar y escritor romano.* Miembro de la antigua familia patricia Julia, tuvo como maestro al célebre gramático y retórico Marco Antonio Grifón y desde muy joven participó en la vida pública romana. En el 84 a.C. casó con Cornelia, hija de uno de los enemigos de Sila, y, tras negarse a repudiarla como pretendía el dictador, huyó a Asia (82 a.C.). A la muerte de Sila (78 a.C.), volvió a Roma y destacó por su defensa de los derechos de las clases populares de la ciudad y por su oposición a la política del partido aristocrático en el poder, pero las deudas le obligaron a marchar a Rodas, donde estudió oratoria junto al sabio Molón (77-75 a.C.). En el 74 a.C. mandó el ejército que venció a Mitríades VI, rey del Ponto, victoria que le va-

▲ *Busto de Julio César, que se encuentra en el Museo Nacional de Nápoles. Gran militar y político, César alcanzó el mayor poder obtenido nunca por un romano durante la República.*

«*Los hombres tienden a creer aquello que les conviene.*»

Cayo Julio César

▼ *Moneda de oro en la que aparecen grabados la imagen de un elefante y el nombre de César, en honor a las victorias militares del general romano.*

CAESAR

lió ser nombrado tribuno militar. Nuevamente en Roma, sus dotes oratorias cautivaron al pueblo y le permitieron ocupar diversos cargos públicos: cuestor en Hispania (69 a.C.), edil curul (65 a.C.) y pontífice máximo (63 a.C.). Aunque se sospechó su implicación en la conjuración de Catilina, que se proponía asesinar a los cónsules, la carrera política de César continuó en ascenso: en el 62 a.C. se convirtió en pretor, y al año siguiente partió hacia la Hispania Ulterior como propretor, magistratura que le proporcionó en poco tiempo una cuantiosa fortuna con la que pudo saldar las numerosas deudas que lo acuciaban. De regreso en Roma, en el 60 a.C., pactó con Pompeyo, un valeroso general, y Craso, un rico ciudadano, la formación del primer triunvirato. Como triunviro, promulgó varias leyes agrarias en favor de los soldados licenciados y ejerció un fuerte control sobre el Senado. Entre los años 58 y 54 a.C. conquistó las Galias y sometió a celtas, galos, germanos y helvecios, y realizó una expedición a Britania, campañas que le reportaron un gran prestigio militar. Tras la crisis política que estalló en Roma a la desaparición del triunvirato a raíz de la muerte de Craso en Siria (53 a.C.), en el 52 a.C. el Senado nombró dictador a Pompeyo, quien intentó mermar el poder de César ordenando la disolución de sus legiones. Éste, sin embargo, decidió cruzar el río Rubicón, límite entre la Galia Cisalpina y la península Italiana, y marchar con sus tropas sobre Roma, acción que inició la cruenta guerra civil que lo enfrentó a Pompeyo y a la oligarquía senatorial (49 a.C.). En pocos meses, se apoderó de la península y entró en Roma, donde fue nombrado primero dictador y posteriormente, elegido cónsul. A principios del 48 a.C., una vez vencidos los pompeyanos de Hispania en Ilerda, César persiguió a su oponente hasta Grecia y lo derrotó en Farsalia (9 de agosto). En su huida hacia Oriente, Pompeyo se refugió en la corte egipcia, donde murió asesinado poco antes de la llegada de César, quien, durante su estancia en Egipto, apoyó a Cleopatra VII en el enfrentamiento de ésta con su hermano Tolomeo XIII. Tras vencer a los últimos pompeyanos en África (Tapso, 46 a.C.) y luego en Hispania (cerca de Munda, 45 a.C.), César se convirtió en dictador perpetuo y emprendió una política destinada a limitar el poder del Senado, sanear las finanzas del Estado y el acceso a las magistraturas, reformar el sistema monetario, mejorar el gobierno de las provincias y fomentar la celebración de juegos públicos en Roma. El 15 de marzo del 44 a.C. murió apuñalado en el Senado por un grupo de republicanos opuestos a su poder autocrático. Como escritor, destacan sus *Comentarios sobre la guerra de las Galias* (*Commentarii de bello gallico*, 52-51 a.C.) y los *Comentarios sobre la guerra civil* (*Commentarii de bello civile*, 45 a.C.), que constituyen fuentes de información histórica de inestimable valor.

CÉSPEDES, CARLOS MANUEL DE *(Bayano, Cuba, 1819-San Lorenzo, id., 1874) Revolucionario cubano.* Nacido en el seno de una familia dedicada a la producción de azúcar, estudió en la Universidad de La Habana, donde se graduó en 1840. En España, país al que se trasladó con la intención de proseguir sus estudios de derecho, frecuentó los círculos próximos a la masonería y participó en actividades revolucionarias y antigubernamentales, siendo detenido y obligado a exiliarse en Francia. Tras regresar a Cuba, y convencido de la necesidad de oponerse militarmente a la metrópoli como única vía para alcanzar la independencia de la isla, entró en contacto con otros opositores al régimen colonial, entre ellos Salvador Cisneros Betancourt, Bartolomé Masó y Pedro Figueredo. La mayoría de los opositores, al igual que el propio Céspedes, procedía de familias azucareras asentadas en el extremo oriental de la isla. En octubre de 1868, en su ingenio La Demajagua, y sin consultar previamente al resto de opositores, liberó a los esclavos de su plantación, provocando una gran inquietud en los demás propietarios, y dando inicio de esa forma a la llamada guerra de los Diez Años. Así mismo, y tras arengar a sus seguidores a favor de la confrontación armada contra la metrópoli, instándolos a luchar siguiendo los ejemplos de otros libertadores, como Simón Bolívar y José de San Martín, proclamó la independencia de la isla (Grito de Yara). España incrementó más aún su represión militar tras conocer la revuelta inspirada por Céspedes, que en abril de 1869 había sido nombrado presidente de la recién proclamada República en Armas, en la Asamblea Constituyente en Guáimaro en abril de 1869. Ello, junto con la proliferación de luchas internas entre los miembros más destacados de la revuelta, debilitó el poder de Céspedes, el cual, en 1873, fue depuesto por los miembros de la Asamblea de la República en Armas y, poco después, muerto en el curso de un enfrentamiento con las tropas españolas.

CEVALLOS, PEDRO FERMÍN *(Ambato, Ecuador, 1812-Quito, 1893) Historiador y político ecuatoriano.* Estudió jurisprudencia en la ciudad de Quito y a los treinta y cinco años fue elegido diputado por la provincia de Pichincha. Partidario del gobierno liberal de José María Urvina (1851-1856), apoyó desde la Secretaría de la Cámara de Diputados la expulsión de la Compañía de Jesús del Ecuador y la abolición de la esclavitud. Primer presidente de la Academia ecuatoriana de la Lengua, en 1875 fue nombrado presidente de la Corte Suprema de Justicia. Escritor multifacético, además de obras costumbristas es autor de tratados históricos y jurídicos. Sus títulos más destacados son: *Breve catálogo de los errores que se cometen no sólo en el lenguaje familiar sino en el culto y hasta en el escrito*, donde señala los numerosos anglicismos de uso común, y *Resumen de la historia del Ecuador desde su origen hasta 1845*, primer importante esfuerzo decimonónico de sistematización de la historia ecuatoriana, y que tuvo como base su propio *Cuadro sinóptico de la República del Ecuador.*

CÉZANNE, PAUL *(Aix-en-Provence, Francia, 1839-id., 1906) Pintor francés.* Hijo de un banquero, comenzó sus estudios en el colegio Bourbon de su ciudad natal, donde entabló relación con Émile Zola. Prosiguió en la escuela de dibujo y posteriormente se matriculó, por influencia paterna, en la facultad de derecho, aunque pronto com-

▲ *Retrato de Carlos Manuel de* **Céspedes***, que aparece superpuesto al escudo de Cuba. El político cubano fue uno de los iniciadores del movimiento independentista en la entonces colonia española.*

▼ *Naturaleza muerta con cesta de frutas, óleo sobre lienzo pintado entre 1888 y 1890 por Paul* **Cézanne** *actualmente conservado en el Musée d'Orsay de París.*

PAUL CÉZANNE
OBRAS MAESTRAS

VISTAS DE L'ESTAQUE, varias obras (Art Institute, Chicago; Musée d'Orsay, París); *LA CASA DEL AHORCADO* (Musée d'Orsay, París); *RETRATO DEL ARTISTA* (Musée d'Orsay, París); *PAISAJE EN AUVERS*; *LA MONTAÑA DE SAINTE-VICTOIRE*, 3 versiones (Kunsthaus, Zurich; Kunstmuseum, Basilea); *JUGADORES DE CARTAS*, varias versiones (Musée d'Orsay, París); *EL HOMBRE DE LA PIPA*, *LA MUJER DE LA CAFETERA* (Musée d'Orsay, París); *BAÑISTAS*, diversas versiones (Museum of Art, Filadelfia).

prendió que su verdadera vocación era la pintura. Instaló su primer estudio en la casa de campo de su padre, hasta que en 1861 su madre y su hermana le apoyaron para reunirse en París con su amigo Zola, que se había trasladado allí un año antes. Una vez en la capital francesa, se inscribió en la Academia Suiza para preparar el examen de ingreso en la de Bellas Artes. En el Museo del Louvre descubrió la obra de Caravaggio y de Velázquez, y este hallazgo marcó profundamente su evolución artística. Sintiéndose incapaz de pintar, regresó a Aix y aceptó un empleo en el banco de su padre, pero en 1862 decidió volver a París para consagrarse definitivamente a la pintura. Allí reanudó su amistad con Zola y continuó sus estudios en la Academia Suiza, donde conoció a Guillaumin y a Pissarro. Gracias al contacto con este último, Cézanne daría un giro radical en su estilo, desligándose de toda norma académica y de la paleta sombría y fuertemente empastada que le caracterizaba. En 1886 su obra fue rechazada por el Salón de Otoño por vez primera, lo que se repetiría una y otra vez hasta el final de sus días y provo-

có en él un profundo resquemor. Conoció por entonces a la modelo Hortense Fiquet, de la que tendría un hijo, y se trasladó con ella a L'Estaque, localidad en la que pintó paisajes y bodegones en los que se aprecia una mayor fluidez y vivacidad de los colores merced a la influencia de los impresionistas. Como sus coetáneos, se convenció de la importancia de pintar al aire libre, y, tras volver nuevamente a París en 1872, realizó una colección de paisajes en Louveciennes junto a Pissarro y otros artistas que inauguraron su denominado «período impresionista». En 1878 se estableció casi permanentemente en Provenza, alcanzando progresivamente la madurez expresiva que iba a configurar uno de los estilos más representativos e influyentes del arte del siglo XX. Llevó a cabo su actividad pictórica en una reclusión casi total, acentuada por la ruptura con su antiguo amigo Zola a raíz de la publicación de *La obra*, en la que Cézanne creyó reconocerse en el personaje de Lantier, un pintor fracasado. En 1886 murió su padre y Cézanne abandonó a Hortense, su esposa desde 1884, y a su hijo en París, pasando a instalarse en Aix, donde pintaría la serie de cuadros de la montaña de Sainte-Victoire. Cézanne continuó con su actividad prácticamente en el anonimato, hasta que en 1895 el marchante Ambroise Vollard organizó, con el apoyo de Pissarro, Renoir y Monet, una exposición sobre su obra que fue bien recibida por la crítica, lo que le abrió las puertas del Salón de los Independientes cuatro años más tarde. El primer Salón de Otoño de 1904 le dedicó una sala de forma exclusiva, en lo que sería un acontecimiento fundamental para el devenir de las primeras vanguardias y una especie de reconocimiento casi póstumo, pues el artista moriría apenas dos años después. Dicha exposición confirmó a Cézanne como el padre de cubistas y fauvistas, y ejerció un gran impacto sobre artistas como Picasso, Braque o Dérain. La tendencia constructivista de Cézanne fue la semilla que germinó en el movimiento cubista, además de ser pionero en su concepción del color, que trató como elemento pictórico independientemente de la forma. Compaginó así el estilo directo y vivaz del impresionismo con la precisión en la composición, el ritmo y la cadencia en un intento de «solidificar el impresionismo», como él mismo declaró. Consagrado definitivamente en la retrospectiva que se le dedicó un año después de su muerte, Cézanne es considerado una de las figuras más influyentes del arte del siglo XX.

▼ *Autorretrato de **Cézanne**. El pintor francés, poseedor de un estilo propio desligado de todo movimiento y toda regla, fue considerado un maestro por cubistas y fauvistas.*

◀ La aldea y yo, *óleo pintado en 1911 por* **Chagall** *que se exhibe en el MOMA de Nueva York. El artista recrea oníricamente la vida rural de su Rusia natal.*

▼ *Piotr Ilich* **Chaikovski** *retratado por el pintor Nikolai Kuznetsov en 1893, año en que el compositor ruso murió aquejado de cólera.*

CHAGALL, MARC *(Vitebsk, actual Rusia, 1887-Saint-Paul-de-Vence, Francia, 1985) Pintor francés de origen ruso.* Criado en una pequeña aldea rusa, la obra de Chagall está marcada por sus vivencias en Vitebsk, por la imaginería del folclor popular ruso y por su condición de judío, que se refleja en la influencia de los ritos y las tradiciones hebreas. Estudió junto a Léon Bakst, en San Petersburgo, la obra de Cézanne, Gauguin y Van Gogh, y en 1910 se trasladó a París. En contacto con la vanguardia parisina asimiló al mismo tiempo el lenguaje cubista (*El poeta*, 1911, y *Homenaje a Apollinatre,* 1912) y el fauvista (*El padre*), pero los adaptó de forma muy personal, confiriendo a sus obras un carácter simbólico próximo a la fábula. En 1914 volvió a Rusia y diez años más tarde marchó a Alemania, país del que tuvo que huir durante la Segunda Guerra Mundial, refugiándose en Francia y Estados Unidos. Concluida la persecución de los judíos al finalizar la guerra, regresó a Francia. Sumamente representativa de su imaginería e iconografía particular es la pintura *La caída del ángel* (1947). Por otro lado, cultivó también otras disciplinas, como la cerámica, la escultura o el vitral.

CHAIKOVSKI, PIOTR ILICH *(Votkinsk, Rusia, 1840-San Petersburgo, 1893) Compositor ruso.* A pesar de ser contemporáneo estricto del Grupo de los Cinco, su estilo no puede encasillarse dentro de los márgenes del nacionalismo imperante entonces en su Rusia natal. Su música, de carácter cosmopolita en lo que respecta a las influencias –entre ellas y en un lugar preponderante la del sinfonismo alemán–, aunque no carente de elementos rusos, es ante todo profundamente expresiva y personal, reveladora de la personalidad del autor, compleja y atormentada. Alumno de composición de Anton Rubinstein en San Petersburgo, los primeros pasos de Chaikovski en el mundo de la música no revelaron un especial talento ni para la interpretación ni para la creación. Sus primeras obras, como el poema sinfónico *Fatum* o la *Sinfonía núm. 1 «Sueños de invierno»,* mostraban una personalidad poco definida. Sólo tras la composición, ya en la década de 1870, de partituras como la *Sinfonía núm. 2 «Pequeña Rusia»* y, sobre todo, del célebre *Concierto para piano y orquesta núm. 1,* su música empezó a adquirir un tono propio y característico, en ocasiones efectista y cada vez más dado a la melancolía. Gracias al sostén económico de una rica viuda, Nadejda von Meck –a la que paradójicamente nunca llegaría a conocer–, Chaikovski pudo dedicar, desde finales de esa década, todo su tiempo a la composición. Fruto de esa dedicación exclusiva fueron algunas de sus obras más hermosas y originales, entre las que sobresalen sus ballets *El lago de los cisnes, La Cenicienta, La bella durmiente* y *Cascanueces,* sus óperas *Evgeny Oneguin* y *La dama de picas,* y las tres últimas de sus seis sinfonías. La postrera de ellas, subtitulada *«Patética»,* es especialmente reveladora de la compleja personalidad del músico y del drama íntimo que rodeó su existencia, atormentada por una homosexualidad reprimida y un constante y mórbido estado depresivo. El mismo año de su estreno, 1893, se declaró una epidemia de cólera; contagiado el compositor, la enfermedad puso fin a su existencia.

PIOTR ILICH CHAIKOVSKI
OBRAS MAESTRAS

MÚSICA ESCÉNICA: Óperas: *EVGENY ONEGUIN* (1878); *MAZEPPA* (1883); *LA DAMA DE PICAS* (1890); *YOLANDA* (1891); Ballets: *EL LAGO DE LOS CISNES* (1877); *LA BELLA DURMIENTE* (1889); *CASCANUECES* (1892). **MÚSICA ORQUESTAL:** *SINFONÍA NÚM. 1, «SUEÑOS DE INVIERNO»* (1866); *FATUM* (1868); *ROMEO Y JULIETA* (1869-1880); *SINFONÍA NÚM. 2, «PEQUEÑA RUSIA»* (1872); *LA TEMPESTAD* (1873); *CONCIERTO PARA PIANO Y ORQUESTA NÚM. 1* (1875); *SINFONÍA NÚM. 3, «POLACA»* (1875); *MARCHA ESLAVA* (1876); *FRANCESCA DA RIMINI* (1876); *VARIACIONES SOBRE UN TEMA ROCOCÓ* (1876); *SINFONÍA NÚM. 4* (1878); *CONCIERTO PARA VIOLÍN* (1878); *CAPRICHO ITALIANO* (1880); *SERENATA PARA CUERDAS* (1880); *OBERTURA 1812* (1882); *MANFRED* (1885); *SINFONÍA NÚM. 5* (1888); *SINFONÍA NÚM. 6, «PATÉTICA»* (1893). **MÚSICA DE CÁMARA:** *CUARTETO DE CUERDA NÚM. 3* (1876); *TRÍO CON PIANO* (1882); *RECUERDO DE FLORENCIA* (1890). **MÚSICA VOCAL Y CORAL:** *LITURGIA DE SAN JUAN CRISÓSTOMO* (1878); *MOSCÚ* (1883).

CHAIN, ERNST BORIS *(Berlín, 1906-?, Irlanda, 1979) Bioquímico británico de origen alemán, que trabajó en colaboración con el patólogo australiano* **HOWARD WALTER FLOREY** [barón Florey de Adelaida] *(Adelaida, Australia, 1898-Oxford, Reino Unido, 1968)* Florey, tras iniciar sus estudios de medicina en Adelaida, se trasladó a Oxford, donde se licenció en 1924. En 1936 invitó a Chain, un judío alemán obligado a emigrar al Reino Unido tres años antes, a unirse a su equipo de investigación en el Departamento de Patología de la Universidad de Oxford. Interesados en la posible aplicación terapéutica de la penicilina, cuyas propiedades inhibidoras de la actividad bacteriana habían sido observadas por Fleming diez años antes, Chain y Florey lograron aislar y purificar dicha sustancia. Había nacido la era de los antibióticos, los agentes antibacterianos más potentes jamás descubiertos hasta el momento. Su aplicación durante la Segunda Guerra Mundial, en sustitución de las sulfamidas, permitió salvar un número ingente de vidas y evitar los graves problemas secundarios de aquéllas. En 1945, Chain, Florey y Fleming fueron galardonados con el Premio Nobel de Medicina.

CHAMBERLAIN, JOSEPH *(Londres, 1836-Birmingham, Reino Unido, 1914) Político británico.* Hijo de un acaudalado industrial, a los dieciséis años abandonó los estudios para trabajar en el negocio familiar. Dos años después se trasladó a Birmingham para trabajar en la empresa dirigida por un primo suyo. Su habilidad para los negocios le reportó una inmensa fortuna, por lo que en 1874, a los treinta y ocho años de edad, pudo abandonarlos y dedicarse a la política. Su primer cargo de responsabilidad fue la alcaldía de Birmingham, que ocupó entre 1873 y 1876. En esta última fecha fue elegido diputado al Parlamento por el Partido Liberal y, en 1880, fue nombrado ministro de Comercio. Su actividad al frente del ministerio se caracterizó por un acusado radicalismo ideológico, reforzado por su indiferencia a los valores o compromisos del partido y dirigido hacia la defensa de un ideal único: el engrandecimiento y mantenimiento del imperio. Ello motivó su oposición a la Home Rule, proyecto de ley que concedía un alto grado de autonomía a Irlanda y que había sido redactado por sus propios compañeros de partido. Dicha oposición desencadenó una escisión en el seno del Partido Liberal, y Chamberlain y sus partidarios formaron el Partido Libe-

▲ *El bioquímico Ernst Boris* **Chain**, *que obtuvo, junto a Fleming y Florey, el Premio Nobel de Medicina en 1945 por sus trabajos sobre la acción terapéutica de la penicilina.*

«*E*n la guerra, sea quien sea el que se pueda llamar vencedor, no hay ganadores, sólo perdedores.»

Neville Chamberlain
Discurso, 4-IV-1938

▼ *Neville* **Chamberlain** *fotografiado durante un viaje a Ginebra. El primer ministro británico fue uno de los promotores de la política de contención respecto al expansionismo de Hitler.*

ral Unionista. Éste, a su vez, apoyó al Partido Conservador, que tras la escisión de su principal oponente gobernó ininterrumpidamente entre 1886 y 1906. A cambio de su apoyo, el Partido Conservador introdujo una serie de reformas sociales, inspiradas por Chamberlain, quien, a su vez, fue nombrado ministro de las Colonias. Desde dicho cargo, que ocupó entre 1896 y 1903, desarrolló una política imperialista que, aunque le reportó una gran popularidad, tuvo nefastas consecuencias para la política exterior británica, debido a la pérdida de respeto internacional que supuso su participación en la guerra de Sudáfrica (1899-1902), en la que el ejército británico sufrió una importante derrota. No obstante, Chamberlain nunca fue responsabilizado por ello, y su política imperialista sentó las bases de la que desarrollaría el gobierno británico durante los siguientes decenios.

CHAMBERLAIN, NEVILLE *(Birmingham, Reino Unido, 1869-Heckfield, id., 1940) Político británico.* Hijo del estadista británico Joseph Chamberlain, en su juventud se hizo cargo de las plantaciones de éste en las Bahamas. De regreso en Birmingham, se enriqueció con sus negocios en el sector del metal, y en 1915 fue elegido alcalde de la ciudad. En 1916 ingresó en el gabinete de Lloyd George, pero dimitió al año siguiente. En 1918 fue elegido diputado por el Partido Conservador, y en 1923 fue nombrado ministro de Sanidad, cartera que volvió a ocupar entre 1924 y 1929 y, brevemente, en 1931. En 1937 fue elegido primer ministro, cargo desde el que intentó una política de pacificación (*appeasement*), cuyo primer objetivo era que Italia permaneciera alejada de la influencia alemana. A tal fin reconoció la supremacía italiana en Etiopía y se comprometió a no intervenir en la guerra civil española. Así mismo, para evitar el estallido de una confrontación militar a escala europea, firmó el acuerdo de Munich de 1938, aceptando las reclamaciones territoriales alemanas en Checoslovaquia. A pesar de afirmar, a su regreso, que había logrado la paz, ordenó incrementar la producción de armamento y, tras la invasión de Checoslovaquia por Alemania, en 1939, puso fin a su política de contención. En septiembre de 1939 respondió al ataque germano a Polonia declarando la guerra a Alemania. Incluyó entonces a su principal adversario político, Winston Churchill, en su gabinete de guerra, aunque no logró evitar las críticas. Así mismo, los iniciales fracasos militares del ejército británico provocaron la pérdida de confianza entre los militantes de su propio partido, ante lo cual, en mayo de 1940, presentó la dimisión. Se mantuvo al frente del Partido Conservador hasta septiembre del mismo año, fecha en que se vio obligado abandonar el cargo debido a problemas de salud que, pocas semanas más tarde, motivaron su fallecimiento.

CHAMBERLAIN, WILT, llamado *Wilt the Stilt* (*el Zancos*) (*Filadelfia, EE UU, 1936-Los Ángeles, 1999*) *Jugador de baloncesto estadounidense*. Tuvo que recorrer innumerables colegios y universidades antes de conseguir que lo aceptara el equipo de baloncesto de la Overbrook High School de Filadelfia. Su juego ofensivo era tan brillante y eficaz que fue muy codiciado por las diferentes universidades. Jugó dos años en la Universidad de Kansas y al año siguiente entrenó con el equipo de los Harlem Globetrotters, tras lo cual inició su andadura en la NBA como jugador de los Warriors de Filadelfia. De 1965 a 1968 formó parte del equipo Philadephia 76ers y acabó su carrera en Los Angeles Lakers. Durante los catorce años que permaneció en la NBA consiguió 31 419 puntos, es decir, un promedio de 30,1 puntos por partido, y llegó a sumar hasta cien puntos en un solo encuentro, cifra que nadie ha igualado. Sus increíbles registros anotadores le valieron ser considerado uno de los mejores jugadores ofensivos de la historia del baloncesto. No falta quien afirme que la organización de la NBA llegó a establecer nuevos reglamentos que, en la práctica, suponían una restricción de sus habilidades como anotador, de manera que su simple presencia no desequilibrara excesivamente el nivel de juego. Pocos atletas han alcanzado las cotas que Chamberlain demostró a lo largo de su carrera como jugador de baloncesto. Su récord anotador total estuvo vigente hasta 1984, en que fue batido por el también mítico Kareen Abdul Jabbar.

CHAMORRO, VIOLETA (*Rivas, Nicaragua, 1929*) *Política nicaragüense*. Esposa del periodista Pedro Joaquín Chamorro, director del periódico *La Prensa* y firme opositor a la dictadura política de los Somoza, tras el asesinato de su marido en 1978 se hizo cargo de la dirección del periódico. Miembro de la Junta de Gobierno de Reconstrucción Nacional, dimitió a los pocos meses en desacuerdo con la ideología marxista del Frente Sandinista de Liberación Nacional (FSLN), y su periódico pasó a denunciar la

▲ *El jugador de baloncesto estadounidense Wilt* **Chamberlain** *encesta para los Philadelphia 76ers. El legendario pívot ha sido uno de los máximos anotadores de la historia de la NBA.*

▼ *Violeta* **Chamorro**, *con la banda presidencial, saluda tras su toma de posesión como presidenta de Nicaragua; su victoria electoral puso fin al período sandinista.*

política revolucionaria del nuevo régimen. El presidente sandinista Ortega se vio finalmente obligado, en 1990, a convocar unas elecciones en las que venció Violeta Chamorro, al frente de la Unión Nacional Opositora. Su mandato, que se extendió hasta 1996, se caracterizó por los esfuerzos por reconciliar a los nicaragüenses, lo cual le valió la crítica del ejército por devolver propiedades confiscadas y desde Estados Unidos por mantener a sandinistas en el gobierno. Trabajó también por la reconstrucción económica del país.

CHAMPAIGNE, PHILIPPE DE (*Bruselas, 1602-París, 1674*) *Pintor francés de origen flamenco*. Se formó en su Bruselas natal, pero en 1621 se trasladó a París y algunos años más tarde se nacionalizó súbdito francés. Fue el retratista más famoso y brillante de la Francia del siglo XVII, al servicio de Luis XIII y de María de Médicis. Se le recuerda especialmente por un *Autorretrato*, conocido a través de copias, y por dos retratos del *Cardenal Richelieu*, del que transmite la esencia de la personalidad renunciando al esteticismo y el ennoblecimiento característicos del retrato barroco. También se le deben obras religiosas, en particular para el convento jansenista de Port-Royal, secta que ejerció una gran influencia en él hacia el final de su vida y también en su hija, que fue monja.

CHAMPOLLION, JEAN-FRANÇOIS (*Figeac, Francia, 1790-París, 1832*) *Arqueólogo francés, creador de la egiptología*. Apasionado desde su juventud por las incripciones jeroglíficas, a partir de 1821 inició sus trabajos para descifrar los caracteres

◄ *Cuadro que muestra a **Champollion**, sentado, durante uno de sus trabajos de campo en Egipto. El arqueólogo francés es considerado el padre de la egiptología.*

de los jeroglíficos egipcios de la piedra de Roseta, que contenía un edicto en honor de Tolomeo V (196 a.C.) inscrito en griego y en escrituras egipcias jeroglífica y demótica. El estudio de la piedra le permitió identificar los nombres de los personajes del documento, y a partir de este hallazgo fundamental estableció una pauta para la interpretación de la escritura jeroglífica. Nombrado conservador oficial de la colección egipcia del Museo del Louvre, en 1828 dirigió una expedición científica a Egipto, al regreso de la cual el Collège de France creó para él la cátedra de arqueología egipcia. Entre sus obras cabe mencionar *Manual de la escritura jeroglífica*, *Gramática egipcia* y *Diccionario egipcio en escritura jeroglífica*, las dos últimas de publicación póstuma.

CHANEL, COCO *(Gabrielle Bonheur) (Saumur, Francia, 1883-París, 1971) Modista francesa.* De origen humilde y huérfana desde temprana edad, triunfó en los salones de moda y se convirtió en una de las personalidades de la alta sociedad parisiense. Comenzó con una pequeña tienda en Deauville, y sus diseños atrajeron pronto la atención por la sencillez y el confort, su aire descuidado y, en definiti-

▲ *El general **Chang Kai-shek** y su esposa en Nankín, en diciembre de 1937, poco antes de la invasión de la ciudad por tropas japonesas.*

◄ *La fotografía muestra a la modista francesa Coco **Chanel**, que revolucionó el mundo de la moda durante los años veinte.*

va, elegante. En 1914 lanzó una colección de jerseys con una estética parecida a la de la ropa marinera. Dos años después abrió su primera *boutique* en París gracias a la ayuda del duque de Westminster. Tras revolucionar el vestuario femenino con la introducción del traje de punto y el pantalón, obtuvo un éxito mundial con el perfume Chanel nº 5. Elevado a la categoría de mito en su tiempo y aún hoy uno de los más vendidos del mundo, le permitió sostener un imperio que comprendía una casa de modas, una empresa textil, unos laboratorios de cosmética y una joyería.

CHANG KAI-SHEK *(Ningbo, China, 1887-Taipeh, Taiwan, 1975) Político chino.* Ingresó en la Academia Militar de Paoting, y en 1906 se trasladó a Japón, donde se licenció. En 1909 ingresó en el ejército japonés, en el cual permaneció hasta 1911, fecha en que regresó a China para participar en las revueltas populares contra la monarquía manchú. En 1918 se unió a Sun Yat-sen, líder del Partido Nacionalista (Guomindang), aliado con la URSS. A la muerte de Yat-sen, acaecida en 1925, se puso al frente del partido y se enfrentó al ala comunista del mismo, que había ido copando los puestos de mayor responsabilidad. Para poner fin a las disputas internas, en 1927 los expulsó del partido, decisión que provocó la ruptura de relaciones entre el Guomindang y la URSS. En 1928, tras la victoria en Pekín del ejército nacionalista, del que era comandante en jefe, consiguió implantar un gobierno nacionalista, con sede en Nankín, del que se convirtió en máximo responsable. Sin embargo, dicho gobierno no controlaba todo el territorio. El norte, Manchuria, estaba en manos de los japoneses, y el sur continuaba en poder de los sóviets comunistas. Aunque en el primer momento prefirió luchar contra los comunistas, en teoría más débiles, a la larga se vio obligado a aliarse con ellos, porque sin su ayuda no podía hacer frente a Japón. La alianza perduró hasta el fin de la Segunda Guerra Mundial y la rendición de Japón en 1945, fecha en que se reanudaron las hostilidades entre nacionalistas y comunistas. En esta nueva guerra civil obtuvieron la victoria los comunistas, y el gobierno de Chang Kai-shek se vio obligado a refugiarse en Taiwan (1949). En dicho territorio se creó la nueva República de la China Nacionalista, protegida militar y económicamente por Estados Unidos y a la que Chang Kai-shek dotó de un régimen autoritario y abierto al modo de producción occidental.

CHAPÍ, RUPERTO *(Villena, España, 1851-Madrid, 1909) Compositor español.* Hijo de un barbero, ya desde su infancia dio muestras de una asombrosa facilidad para la música. Tras aprender a tocar el flautín y el cornetín, a los catorce años dirigía ya la banda de música de su localidad natal. En 1867, Chapí ingresó en el Conservatorio de Madrid. Desde 1870 ocupó la plaza de cornetín en la orquesta del Circo de Price, donde coincidió con Tomás Bretón. Su obra *Las naves de Cortés* (1874) le proporcionó una beca del gobierno español para ampliar sus estudios en Roma, Milán y París, fruto de la cual fueron las óperas *La hija de Jefté* (1876) y *Roger de Flor* (1878). Tras su regreso a Madrid, su labor creadora se centró en la composición de zarzuelas, con más de un centenar de títulos, entre ellos *Música clásica* (1880), *La tempestad* (1882), *La bruja* (1887), *Las hijas de Zebedeo* (1889), *El rey que rabió* (1891), *El tambor de granaderos* (1894) y, sobre todo, *La revoltosa* (1897), inigualado exponente del casticismo madrileño. Se le deben también cuatro cuartetos de cuerda y obras orquestales como *Los gnomos de la Alhambra* (1889).

▲ *Chapí* sentado en una mecedora junto a unos amigos. El compositor español fue el creador de varias de las zarzuelas más celebradas del repertorio del género.

CHAPLIN, CHARLES *(Londres, 1889-Corsier-sur Vevey, Suiza, 1977) Director, actor y productor de cine de origen británico, creador del mítico personaje de Charlot.* Hijo de un humilde matrimonio de artistas de variedades, su padre falleció siendo él muy pequeño y su madre sufría trastornos mentales, por lo que pasó parte de su infancia y su adolescencia en la calle o acogido en distintos orfanatos. Debutó en escena a los ocho años de edad y continuó actuando en distintas compañías ambulantes hasta que logró destacar en una de las más célebres de Londres. A los veintiún años se trasladó a Estados Unidos, donde se dedicó al medio cinematográfico. En el filme *Carreras de autos para niños,* del año 1914, aparece por primera vez el personaje de Charlot: un vagabundo que viste pantalones de anchas perne-

▼ *Cartel publicitario de Charlot. El personaje creado por Charles* **Chaplin** *se ha convertido en uno de los símbolos del cine.*

ras, calza unos zapatos desmesurados, se toca con un bombín, lleva un bastón de bambú y luce un característico bigote. En 1915, contratado por Essanay, realizó varias películas, entre las que destaca *El vagabundo,* en las cuales quedó definitivamente fijado el peculiar universo de Charlot. De la Essanay pasó a la Mutual, en 1916; en aquel momento era ya el actor de cine mejor pagado de la época. Al mismo tiempo comenzó a asumir responsabilidades de dirección. En 1918 fue contratado por un millón de dólares por la First National para realizar ocho películas en un lapso de cinco años; se consagró entonces como genio de la pantalla con filmes como *Vida de perro, Armas al hombro* y *El chico.* En 1919 fundó junto con Mary Pickford, Douglas Fairbanks y D.W.Griffith la United Artists Corporation, que duraría hasta el año 1952. Sin embargo, hasta el final de su contrato con la National no pudo empezar a trabajar en su propia productora. En 1921 realizó un viaje por todo el mundo. Su fama ya era universal y fue acogido triunfalmente en todas partes. Una vez pudo disponer de absoluta libertad para escribir, dirigir y producir sus propios proyectos, el carácter humorístico y sentimental de sus películas derivó hacia la tragedia y la sátira, siempre manteniendo un estilo interpretativo inimitable, cimentado en el arte del mimo y del payaso circense. La llegada del cine sonoro a finales de los años veinte no perjudicó la efectividad de su pantomima: sus filmes encontraban permanentemente nuevas audencias. Engrosaron su filmografía *Una mujer de París, La quimera del oro, El circo, Luces de la ciudad* y *Tiempos modernos,* donde se agudiza su crítica social. Todas ellas fueron sendos éxitos de taquilla. Siguieron luego las dos últimas películas que rodó en Estados Unidos: su primera cinta sonora, *El gran dictador,* en la que Charlot es la contrafigura de Hitler, y *Monsieur Verdoux,* donde aparece por última vez el personaje de Charlot. La mordacidad con que Chaplin criticaba problemas sociales y satirizaba muchos de los aspectos de la vida estadounidense creó mucha polémica. Acusado de comunista en el ambiente enrarecido de la llamada caza de brujas, y perseguido por el escándalo que originó el último de sus cuatro matrimonios, con Oona O'Neill, la hija del famoso dramaturgo, que contaba sólo dieciocho años, terminó por abandonar Estados Unidos. Viajó a Europa y se instaló en Vevey (Suiza). Aún produjo tres filmes más, en Londres: *Candilejas, La condesa de*

🎞 **CHARLES CHAPLIN**

OBRAS MAESTRAS

LARGOMETRAJES: *UNA MUJER DE PARÍS (A WOMAN OF PARIS,* 1919); *EL CHICO (THE KID,* 1921); *LA QUIMERA DEL ORO (THE GOLD RUSH,* 1925); *EL CIRCO (THE CIRCUS,* 1928); *LUCES DE LA CIUDAD (CITY LIGHTS,* 1931); *TIEMPOS MODERNOS (MODERN TIMES,* 1936); *EL GRAN DICTADOR (THE GREAT DICTATOR,* 1940); *MONSIEUR VER-* *DOUX* (1947); *CANDILEJAS (LIMELIGHT,* 1952); *UN REY EN NUEVA YORK (A KING IN NEW YORK,* 1957). **CORTOMETRAJES:** *CHARLOT EN LA CALLE DE LA PAZ (EASY STREET,* 1917); *CHARLOT EMIGRANTE (THE IMMIGRANT,* 1917); *VIDA DE PERRO (A DOG'S LIFE,* 1918); *ARMAS AL HOMBRO (SHOULDER ARMS,* 1918); *DÍA DE PAGA (PAY DAY,* 1922).

▲ *El dictador Hynkel* (**Chaplin**) *frente a su «colega» Napoloni (Jack Oakie) en* El gran dictador, *aguda sátira contra el nazismo.*

Hong Kong y *Un rey en Nueva York.* Como fruto de su matrimonio con Oona nació Geraldine Chaplin, que seguiría los pasos de su padre como actriz de cine. En 1972 regresó a Estados Unidos a recoger el Oscar que le había concedido la Academia de Hollywood por el conjunto de su obra. A lo largo de una trayectoria de 79 películas, combinó prodigiosamente lo humorístico, lo dramático y lo satírico. Por su genial creación del personaje de Charlot, un hombrecillo cómico y patético al mismo tiempo, se ha convertido en un mito del siglo XX.

CHARCOT, JEAN-MARTIN *(París, 1825-Morvan, Francia, 1893) Neurólogo francés.* Antes de licenciarse en medicina en la Universidad de París (1853), Charcot ya había entrado en contacto con la Salpê-

▶ *Lección en la Salpêtrière, cuadro de A. Brouillet.* **Charcot** *(de pie, en el centro) se distinguió por sus investigaciones sobre las enfermedades mentales. Sus hallazgos sobre la histeria influyeron en Freud, que fue alumno suyo.*

trière de París, una de las instituciones médicas más importantes de Europa y pionera en el tratamiento científico de las enfermedades mentales, especialmente tras la labor de modernización efectuada por Philippe Pinel a finales del siglo anterior. A pesar de ello, según consta en sus escritos, encontró en la Salpêtrière más de 5 000 enfermos mentales sin tratamiento descrito alguno, un auténtico «pandemonio de insania». Entre sus numerosos estudios sobre las enfermedades mentales, cabe destacar su análisis exhaustivo de la histeria, largamente considerada como una afección derivada de la malformación del útero femenino, y de la que Charcot desveló su origen tanto psicológico como neurológico. Consiguió definir con precisión todos sus síntomas y distinguió entre el caso normal de histeria y la que él denominó «crisis general de histeria», actualmente conocida como esquizofrenia paranoide. Con respecto al ámbito psicológico de la enfermedad, Charcot fue un pionero en la aplicación de técnicas como la hipnosis en el tratamiento de afecciones psiquiátricas. Éste fue uno de los aspectos que más impresionaron a Sigmund Freud, durante varios años alumno suyo en la Salpêtrière, al igual que otros nombres ilustres, todos ellos atraídos por su extraordinaria fama como profesor. En el campo de la neuropatología, Charcot fue el primero en dilucidar el origen y la sintomatología de enfermedades como la esclerosis amiotrópica lateral, la esclerosis múltiple, la denominada enfermedad de Charcot (el proceso de desintegración de ligamentos provocada por la ataxia locomotriz), la hemorragia cerebral y su relación con los aneurismas miliares, etc.

CHARDIN, JEAN-BAPTISTE-SIMÉON *(París, 1699-id., 1779) Pintor barroco francés.* Su carrera profesional se inició oficialmente al ser admitido como miembro de la Real Academia de Pintura en 1728. Considerado actualmente el más importante pintor de bodegones del siglo XVIII, combinó la representación de este tema con la de escenas costumbristas. La observación tranquila en el tratamiento de los objetos lo acerca más a la pintura austera de los hermanos Le Nain que a la de sus contemporáneos, mucho más preocupados por el brillo superficial y la fastuosidad. Los personajes de sus obras, sin embargo, no son los campesinos humildes de Le Nain, sino burgueses parisinos representados con la máxima suavidad. Su época llegó a tenerlo en gran consideración e incluso Denis

◄ Madre e hija, *óleo realizado en 1840 por Jean-Baptiste-Simeón* **Chardin**, *uno de los principales pintores realistas del s. XVIII. Este cuadro se conserva en el Museo del Louvre de París.*

Diderot le dedicó críticas artísticas en las que se refería a él como al «gran mago» que tanto admiraba. Hacia el final de su vida sufrió progresivamente el rechazo de la Academia, que se concentró en la pintura de historia y fue perdiendo cualquier interés por unas obras que representaban la belleza de la realidad más inmediata.

CHARLES, JACQUES-ALEXANDRE-CÉSAR *(Beaugency, Francia, 1746-París, 1823) Físico y químico francés.* Fue profesor de física en el Conservatorio de Artes y Oficios de París. En 1783, conjuntamente con los hermanos Robert, construyó el primer globo rellenado con hidrógeno y capaz de alcanzar altitudes superiores a un kilómetro. En 1787 descubrió la relación entre el volumen y la temperatura de un gas a presión constante, aunque hasta 1802 no publicó sus resultados, que pasarían a ser conocidos como «ley de Charles y Gay-Lussac». En 1795 fue elegido miembro de la Academia de las Ciencias.

CHARPENTIER, MARC-ANTOINE *(París, h. 1634-id., 1704) Compositor francés.* Fue el conocimiento de la música de Giacomo Carissimi en Roma, donde se encontraba estudiando pintura, lo que inclinó la vocación de Charpentier hacia el arte de los sonidos. Discípulo de este maestro italiano, a su vuelta a París en 1672 Molière lo tomó como compositor de su compañía de teatro, lo que le granjeó la enemistad del influyente Lully, que hasta entonces había sido el más directo colaborador del dramaturgo. Charpentier escribió para Molière la música de espectáculos como *El enfermo imaginario* y *El misántropo.*

▼ *Retrato del vizconde de* **Chateaubriand**. *El escritor francés fue un precursor del primer Romanticismo en su país, y renovó el panorama literario con temas y personajes exóticos.*

En 1679 fue nombrado maestro de capilla del delfín, puesto que perdió a consecuencia de la oposición de Lully. Desde 1698 hasta su muerte fue maestro de capilla de la Sainte-Chapelle. Charpentier realizó en su obra la síntesis de las tradiciones italiana y francesa, sobre todo en el ámbito de la música vocal sacra, a la que pertenece su célebre *Te Deum.* Sobresalió también en la ópera, faceta en la que dejó títulos como *Les arts florissants* (1673), *Actéon* (1690) y *Medée* (1693).

CHATEAUBRIAND, FRANÇOIS-RENÉ, VIZCONDE DE *(Saint-Malo, Francia, 1768-París, 1848) Escritor y político francés.* Nacido en una rancia familia aristocrática venida a menos, fue educado junto con sus cinco hermanos en el castillo de Combourg, cerca de Saint-Malo, y estudió en los colegios de Dol y Rennes, antes de superar la prueba de admisión a guardiamarina en Brest, en 1782. En el verano de 1783 ingresó en el colegio eclesiástico de Dinan, que abandonó en 1784 para dedicar dos años a la lectura y la meditación, que suscitaron en él una pasión especial por Rousseau. En 1786 se enroló en Cambrai y aprovechó los largos permisos para frecuentar los círculos literarios de París, en los cuales lo introdujo su hermano Jean-Baptiste, magistrado y nieto político de Malesherbes. Conoció así a Fontanes y Guingené y fue presentado en la corte de Luis XVI. Disuelto su regimiento al principio de la Revolución Francesa, en 1791 resolvió emigrar. Regresó a Francia en enero de 1792 e ingresó en el ejército contrarrevolucionario; en febrero, su madre le obligó a contraer matrimonio con Céleste Buisson de la Vigne. Exiliado de nuevo en Bélgica, en 1793 se desplazó a Londres, donde, en medio de grandes dificultades económicas, redactó el *Ensayo histórico, político y moral sobre las revoluciones.* En abril del año siguiente, su hermano, Jean-Baptiste, fue guillotinado, al igual que Malesherbes. Por entonces Chateaubriand enseñaba francés en Beccles y gozaba de

---

FRANÇOIS-RENÉ, VIZCONDE DE CHATEAUBRIAND

OBRAS MAESTRAS

ENSAYO, MEMORIAS: *ENSAYO HISTÓRICO, POLÍTICO Y MORAL SOBRE LAS REVOLUCIONES (ESSAI HISTORIQUE, POLITIQUE ET MORAL SUR LES RÉVOLUTIONS,* 1797); *EL GENIO DEL CRISTIANISMO (LE GÉNIE DU CHRISTIANISME,* 1802); *ITINERARIO DE PARÍS A JERUSALÉN (ITINÉRAIRE DE PARIS À JÉRUSALEM,* 1811); *SOBRE BONAPARTE Y LOS BORBONES (DE BUONAPARTE ET DES BOURBONS,* 1814); *VIDA DE RANCÉ (VIE DE RANCÉ,* 1844); *MEMORIAS DE ULTRATUMBA (MÉMOIRES D'OUTRE-TOMBE,* 1848). **NOVELA:** *RENÉ* (1805); *ATALA* (1805); *LOS NATCHEZ (LES NATCHEZ,* 1826); *LOS MÁRTIRES (LES MARTYRS,* 1809); *EL ÚLTIMO ABENCERRAJE (LES AVENTURES DU DERNIER ABENCERAGE,* 1826).

cierto renombre en los salones de la «alta emigración», gracias a su crítica de los filósofos del siglo XVIII. Las muertes de su madre, en 1798, y de su hermana, poco más tarde, lo sumieron en una profunda crisis religiosa que le determinó a abandonar Inglaterra. Regresó a París y publicó el primer tomo de *De las bellezas poéticas y morales de la religión cristiana* (1800), redactado en respuesta a un poema «pagano» de Parny. Gracias a ciertas relaciones de Fontanes, conoció cuatro años de paz, durante los cuales se relacionó con Joubert y la condesa Pauline de Beaumont. Seducido por el ímpetu con el que ésta se proponía restablecer el orden religioso, compuso en su compañía los episodios de *Atala* y *René*, publicados en *El genio del cristianismo* y reeditados por separado en 1805. En 1803, Napoleón lo nombró secretario de embajada en Roma, a las órdenes del cardenal Fesch. Tras la muerte de Pauline de Beaumont, y a raíz de numerosos conflictos con el embajador, fue destituido de su cargo y nombrado embajador en el Valais. A pesar de este ascenso, la ejecución del duque de Enghien, en 1804, le enemistó con Bonaparte. Dimitió y emprendió un viaje a Grecia, Creta y Palestina que relató en *Itinerario de París a Jerusalén*. Ardiente defensor del sistema monárquico, Napoleón le prohibió residir en los alrededores de París. Sin embargo, en 1811, la Academia Francesa lo admitió entre sus miembros, elogiando su *Itinerario*. Su vida política comenzó a la caída del imperio. Nombrado par de Francia, embajador no residente en Suecia y, más tarde, ministro del Interior, fue destituido en 1815; entró en la oposición ultramonárquica, y hasta 1820 publicó artículos políticos muy polémicos en *El*

▲ *Ilustración para* Atala, *de* **Chateaubriand**, *incluida en la primera edición francesa, de 1814. La obra abrió el camino al exotismo romántico.*

> «*No disputemos a nadie sus sufrimientos; ocurre con los dolores lo mismo que con las patrias, cada uno tiene la suya.*»
>
> François-René, vizconde de Chateaubriand
> Memorias de ultratumba

▼ *Geoffrey* **Chaucer** *según un manuscrito del s. XV. El poeta inglés es autor, entre otras obras, de* Los cuentos de Canterbury.

Conservador. Con la Restauración, entre 1820 y 1824, obtuvo sucesivamente los puestos de embajador plenipotenciario en Berlín, embajador en Londres y comisionado en el congreso de Verona. Como ministro de Asuntos Exteriores, organizó la expedición de los Cien Mil Hijos de San Luis, pero Villèle lo destituyó en 1824. Sin reconocer nunca la legitimidad de Luis Felipe de Orleans, pronunció su último discurso en la Cámara de los Pares en agosto de 1830 y se refugió en una vida de escritor independiente. Fiel a los Borbones, compuso todavía algunos panfletos edificantes, como *¡Madame, su hijo es mi rey!* y visitó al rey, exiliado en Praga. Durante los últimos años de su existencia subsistió gracias a las rentas que le proporcionaba su obra maestra, *Memorias de ultratumba*.

CHAUCER, GEOFFREY *(?, h. 1343-Londres, 1400) Poeta inglés*. Hijo de un vinatero proveedor de la corte, se cree que asistió a la escuela de gramática latina de la catedral de San Pablo y que estudió leyes en el Inns of Court. En 1357 era paje de la condesa del Ulster, y más tarde (h. 1367) escudero de Eduardo III. Hombre cercano a la corte, alrededor de 1366 contrajo matrimonio con Philippa Roet, dama de compañía de la reina. Desempeñó los cargos de interventor de aduanas en el puerto de Londres (1374-1386) y luego de juez de paz en Kent, parlamentario y encargado de los jardines y palacios reales. En comisiones reales, realizó diversos viajes al reino de Navarra, a Francia e Italia, lo que le sirvió para conocer la obra de Dante, de Petrarca y de Boccaccio. Al final de su vida alquiló una casa en las proximidades de la abadía de Westminster, y obtuvo el privilegio de ser enterrado en ésta. Buen conocedor de la literatura cortesana francesa (Deschamps, Machault), su influencia se deja sentir en la primera parte de su obra; se le atribuye la traducción al inglés del célebre *Roman de la rose*, del que sólo se conservan algunos fragmentos. Esta influencia es así mismo patente en el *Libro de la duquesa* (*Book of the Duchesse*, h. 1374), su primera obra, escrita en tono elegíaco y dedicada a su protector, Juan de Gante, con motivo de la muerte de su primera esposa, Blanche. Su primera estancia en Italia data de 1372, cuando se trasladó a Génova para cerrar un acuerdo comercial, y con este motivo entró en contacto con la literatura italiana, de cuya influencia son una clara muestra sus poemas *La casa de la Fama* (*The House of*

Fame, 1380) y *El parlamento de las aves* (*The Parlement of Fowls*, 1382). El primero, de dos mil versos, refiere en tono humorístico el accidentado viaje del poeta a lomos de un águila dorada rumbo al palacio de la diosa Fama. El segundo, que contiene muchos de los elementos típicos de los géneros cortesanos de la época, describe una reunión de toda clase de aves, con motivo de la fiesta de San Valentín, para elegir su pareja, lo cual da motivo a una águda sátira llena de comicidad. Entre sus obras de influencia italiana figura también *Troilo y Crésida* (*Troilus and Criseyde*, 1383-1385), un extenso poema de ocho mil versos que relata una historia de amores desgraciados en el marco de la guerra de Troya, y que al parecer ofendió a la esposa de Ricardo II, Ana de Bohemia. *La leyenda de las mujeres virtuosas* (*The Legende of Good Women*, obra inconclusa escrita al año siguiente, 1386), podría obedecer a la voluntad de desagraviar a la dama. El poeta se acusa en el prólogo de haber cantado a una mujer infiel, y se propone, para redimirse, la tarea de cantar las vidas de toda una galería de mujeres fieles que murieron por amor. La obra más ambiciosa de Chaucer es, sin embargo, *Los cuentos de Canterbury* (*Canterbury Tales*), conjunto de relatos en verso inspirados en el *El decamerón*, que debió de componer entre 1386 y 1400. El poeta escribió en realidad sólo la cuarta parte de los cuentos que planeó en un principio, aunque la muestra recoge ya casi todos los géneros de la cuentística medieval. La obra desempeñó un papel crucial en la fijación de la gramática y la lengua inglesas. Chaucer se revela como gran artista y profundo psicólogo, capaz de imprimir gran vivacidad a la narración e impregnarla de un humor malicioso y profundamente humano. El hilo conductor de la obra es la peregrinación de una serie de personajes, procedentes de todos los estamentos sociales, a la catedral de Canterbury, donde se encuentra la tumba de santo Tomás Becket. En el conjunto de estos relatos se advierte la misma ambigüedad en la relación con la Iglesia y la religión que marca otras obras del poeta: los poemas satíricos y picantes alternan con los de temática piadosa, aunque los primeros son mucho más numerosos. Sin embargo, la obra termina con una confesión en la que el autor se retracta de los cuentos menos edificantes, así como de obras anteriores suyas, como *Troilo y Crésida*. El reconocimiento de Chaucer creció notable-

mente durante el Renacimiento, si bien su posición fundacional en la literatura inglesa no ha dejado de reconocerse con posterioridad.

CHAVES, ÑUFLO DE *(Trujillo, España, h. 1518-Charcas, actual Paraguay, 1568) Conquistador español*. Formó parte de la expedición a América que Alvar Núñez Cabeza de Vaca emprendió en 1520. Desembarcó en la isla de Santa Catalina y atravesó el territorio brasileño hasta llegar a Asunción en 1542. Sirvió al gobernador Martínez de Irala, quien le encomendó dos viajes al norte para alcanzar la codiciada Sierra de la Plata, y en 1548 lo envió a Lima con el fin de reclamar la gobernación del Río de la Plata. Las luchas entre La Gasca y Gonzalo Pizarro para hacerse con el control de la región obligaron a Chaves a detenerse en Chuquisaca. En 1557 organizó por su cuenta una expedición que lo condujo a la sierra de Chiquitos, donde en 1560 fundó Nueva Asunción. Con posterioridad obtuvo del virrey Hurtado de Mendoza el título de lugarteniente de la gobernación de Moxos. Murió en Charcas en un enfrentamiento con los indígenas itatines.

CHÁVEZ, CARLOS *(Ciudad de México, 1899-id., 1978) Compositor y director de orquesta mexicano*. Prácticamente autodidacto, Chávez se inició como compositor a edad temprana, y a los dieciséis años contaba ya

▲ *Chaucer* en una miniatura flamenca de principios del s. XVI, conservada en el Museo Británico de Londres. La obra del poeta contribuyó a fijar definitivamente el idioma inglés.

▼ *Compositor y director de orquesta, Carlos **Chávez** fue el fundador y primer director de la Orquesta Sinfónica de México.*

con una sinfonía escrita. Sus primeras composiciones maduras se enmarcan dentro de la estética nacionalista vigente en México en la primera mitad del siglo XX. Acorde con ella, el músico buscaba su inspiración en temas históricos y legendarios de su tierra natal, reinventando, y no citando, su folclor. El contacto con la vanguardia europea, a raíz de un viaje efectuado en 1922, le llevó a adoptar un lenguaje armónico y rítmico más avanzado, inspirado en Stravinski, aunque sin que el músico perdiera por ello nunca sus raíces. Excelente director de orquesta, se le debe la fundación de la Orquesta Sinfónica de México, a la cual dirigió desde el año 1928 hasta 1949. Su catálogo incluye los ballets *Los cuatro soles* (1925) y *Antígona* (1940), siete sinfonías, entre las que destaca la llamada *Sinfonía india* (1935), y un *Concierto para piano y orquesta* (1940).

CHÉJOV, ANTÓN PÁVLOVICH *(Taganrog, Rusia, 1860-Badenweiler, Alemania, 1904) Narrador y dramaturgo ruso.* Hijo de un tendero y nieto de un siervo liberado, su padre se arruinó y toda su familia emigró a Moscú, aunque Chéjov y su hermano permanecieron aún cierto tiempo en su pueblo natal. Para contribuir a la maltrecha economía familiar, dio clases particulares y, a instancias de su hermano, empezó a enviar cuentos y artículos humorísticos a varias revistas. En 1879 se trasladó a Moscú e ingresó en la facultad de medicina sin dejar de escribir. En 1884 obtuvo la licenciatura en medicina y publicó, sufragada por él mismo, la primera colección de cuentos. Ese mismo año se manifestaron los primeros síntomas de tuberculosis, enfermedad que lo acompañaría hasta la muerte. Con la publicación del volumen *Cuentos variopintos* (1886) consiguió llamar la atención de Suvorin, director de la revista *Novoie Vrema*, que le publicaría numerosos cuentos. Chéjov abandonó los seudónimos bajo los que publicaba habitualmente sus cuentos, y su nombre empezó a ser conocido en Moscú, lo cual lo animó a dedicarse con mayor profesionalidad a la literatura. Procuró que sus narraciones fueran más cuidadas y fue enriqueciendo su gama de personajes y ambientes, trascendiendo en cierto modo el humorismo inicial. Sus narraciones sientan las bases del relato breve moderno: emplea un lenguaje llano pero expresivo, con el que, a través de pequeños detalles y con gran economía de medios, sugiere el universo psicológico de sus personajes, tratado con una lúcida ironía que, a medida que pasaron los años, se tornó

ANTÓN PÁVLOVICH CHÉJOV

OBRAS MAESTRAS

RELATOS: *CUENTOS VARIOPINTOS* (1886); *AL ATARDECER* (1887); *DISCURSOS INOCENTES* (1887); *CUENTOS* (1889); *EL PABELLÓN N.º 6* (1892); *HISTORIA DE MI VIDA* (1896); *LOS CAMPESINOS* (1897); *EN LA BARRANCA* (1900). **TEATRO:** *PLATONOV* (1880-1881); *IVANOV* (1887); *LA GAVIOTA* (1896); *TÍO VANIA* (1897); *LAS TRES HERMANAS* (1901); *EL JARDÍN DE LOS CEREZOS* (1903).

▶ *Cubierta, con la foto del autor, de una edición rusa de las obras de Antón **Chéjov**. El escritor ruso destacó sobre todo por sus cuentos y sus obras dramáticas.*

> *«Cuando sobre una enfermedad se sugieren innumerables remedios, significa que es incurable.»*
>
> Antón Pávlovich Chéjov
> *El jardín de los cerezos*

▼ *Fotografía de un joven **Chéjov**. Con una gran maestría para la novela corta, sus obras dramáticas hacen de él la primera figura del teatro ruso.*

cada vez más desencantada. A menudo, toda la tensión expresiva del relato se concentra en un único detalle, mínimo pero significativo, a través del cual se abre de golpe ante el lector la interioridad del personaje o de la situación. Los intereses literarios de Chéjov se orientaron entonces hacia el teatro y, tras unas primeras adaptaciones de sus propias narraciones a la escena, escribió las piezas teatrales iniciales, empezando con sainetes cortos y emprendiendo proyectos más ambiciosos como *Ivanov*, su primera obra de éxito, estrenada en 1887. Tras la muerte de su hermano, tuberculoso como él, en 1890, emprendió un largo viaje a Sajalín, en Siberia, para realizar una investigación sociológica sobre la situación de los deportados al penal de la isla, cuyos resultados expuso en *La isla de Sajalín* (1893). Al regreso, su salud había empeorado, lo que no le impidió viajar a Europa ni ejercer la medicina, en lucha contra la carestía y las epidemias que asolaban la Rusia meridional. A partir de 1891 se instaló en una propiedad rural en Mélijovo, donde mantuvo una intensa relación con escritores e intelectuales admiradores que iban a visitarlo, y se dedicó a su labor literaria, a la vez que, filantrópicamente, ayudaba y aconsejaba a los campesinos, contribuyendo económicamente a la construcción de tres escuelas. Fue allí donde escribió sus mejores obras, consolidándose como un dramaturgo de los «estados de ánimo», con lo que consiguió, alejándose de la concepción clásica de acción dramática, dar un paso decisivo en el teatro europeo; recreó ambientes y personajes de la Rusia zarista abocados a vivir un destino mediocre que contemplan con pasividad o angustia, sin que puedan hacer nada por evitarlo. Sin embargo, su enfermedad no le daba tregua, y a partir de 1897 se vio obligado llevar una vida más retirada. Más tarde, decidió trasladarse a Crimea, donde el clima parecía serle más favorable; vivía en soledad, cultivando la tierra, mientras en Moscú sus obras se representaban continuamente, con gran éxito. En 1901 conoció a la que sería su esposa, la actriz Olga Knipper. Fue un matrimonio inusual, ya que Chéjov permaneció retirado en Crimea mientras su esposa continuaba su carrera artística en Moscú, aunque mantuvieron una intensa relación epistolar que constituye un documento de gran valor literario. En el año 1904 la situación física del escritor se deterioró gravemente y, en un último intento por salvarse, partió en compañía de Olga hacia el balneario alemán de Baden-weiler, donde murió.

CHÉNIER, ANDRÉ DE (*Constantinopla, hoy Estambul, 1762-París, 1794) Poeta francés.* Su madre le transmitió el amor por la Antigüedad clásica que habría de conformar su gusto estético: su poesía, en este sentido, responde a la ambición de conjugar la mentalidad de su tiempo con la estética clásica. Su culto a la perfección formal y a la serenidad en la expresión es la inquietud propia de un ilustrado. La mayor parte de su obra fue descubierta póstumamente, en 1819, y gozó de una gran acogida. Partidario teórico de los principios de la Revolución Francesa, en 1790 decidió abandonar Londres para regresar a París, donde pudo observar directamente la dinámica revolucionaria, en la cual intuyó grandes contradicciones, que no tardó en señalar. Acabó defendiendo a Luis XVI, motivo por el cual, tras la ejecución de éste, fue detenido y encarcelado. En prisión escribió sus últimos poemas, que se caracterizan por un cariz más intimista. Murió en la guillotina.

▲ *Retrato, realizado por Ingres, del compositor y pedagogo italiano Luigi **Cherubini** quien, como director del Conservatorio de París, ejerció una gran influencia sobre los compositores franceses de su época.*

▼ *Retrato del poeta francés André de **Chénier**, realizado por F. Thomisse, que se conserva actualmente en el Museo de Bellas Artes de Béziers.*

CHERUBINI, LUIGI (*Florencia, 1760-París, 1842) Compositor y pedagogo italiano.* Hijo de un clavecinista, se formó como compositor al lado de Giuseppe Sarti. Pronto empezó a destacar en la composición de música sacra y escénica, los dos géneros a los cuales iba a dedicar sus mayores esfuerzos. El éxito de su ópera *Giulio Sabino* en Londres, en 1786, le procuró el reconocimiento público. Establecido en París desde ese mismo año, allí renovó el modelo operístico propugnado por Gluck con unas obras que ejercieron una decisiva influencia sobre los compositores franceses de su tiempo; *Lodoïska* (1791) y *Medea* (1797), su obra maestra, son las más importantes de ellas. Caído en desgracia durante el régimen de Napoleón, en 1822 fue nombrado director del Conservatorio de París, cargo que ejerció de manera autoritaria (es célebre su oposición a Berlioz, entonces estudiante de dicho centro) y en el que permaneció hasta su muerte. De entre su producción sacra destacan una *Misa en La mayor* (1825) y un *Réquiem en re menor* (1836), este último compuesto para sus propios funerales.

CHILLIDA, EDUARDO (*San Sebastián, 1924) Escultor español.* Estudió arquitectura en la Universidad de Madrid, pero hacia 1947 se decantó por la escultura. Un año más tarde se trasladó a París, donde permaneció tres años, período durante el cual descubrió el hierro como material escultórico. De vuelta en España realizó su primera escultura, *Estela funeraria* (1951) y prosiguió sus trabajos en hierro, forjando él mismo estructuras depuradísimas que fueron derivando hacia la abstracción, como mostró en el primer Salón de Escultura Abstracta de Denise René, en 1954. En 1958 obtuvo el Premio de Escultura de la Bienal de Venecia. Desde entonces continuó estudiando formas geométricas de simplicidad extrema y de rigor ascético, atendiendo tanto a las formas como a los vacíos que éstas delimitan. Aparte de sus trabajos en hierro, ha realizado también esculturas en madera, entre ellas *Abesti Gogorra* (1959); en granito, como *Abesti Gogorra V* (1966); en acero, como su trabajo para la Unesco de París *El peine del viento IV* (1969), y en alabastro (*Homenaje a Kandinsky,* 1965). Sus monumentales piezas de hormigón armado plantean problemas compositivos de tal orden que han adquirido dimensiones arquitectónicas y urbanísticas: *Elogio del horizonte* (1990).

CHIPPENDALE, THOMAS *(Otley, Gran Bretaña, 1718-Londres, 1779) Diseñador de muebles británico.* No se tiene conocimiento de sus detalles biográficos hasta su matrimonio con Catherine Redshaw, celebrado en Londres en 1748. En 1753 abrió un taller en St. Martin Lane, que mantendría y convertiría en su casa durante toda su vida. En 1754 publicó *Gentleman and Cabinet-Maker's Director,* obra de referencia que le reportó una inmediata popularidad. En ella realizaba un extenso repaso al diseño y al mobiliario de la época. A su popularidad, así mismo, contribuyeron varios de sus diseños, en especial de sillas y gabinetes, en los cuales adoptó distintas variantes del gótico y del rococó. A partir de 1760 acusó la influencia del diseñador inglés Robert Adam y sus obras se acercaron al neoclasicismo en boga en la época. Su éxito motivó que varias piezas de mobiliario del hogar se conocieran, a partir de entonces, como «Chippendale», de manera muy destacada en las colonias americanas, en las cuales su obra fue especialmente bien recibida.

CHIRAC, JACQUES *(París, 1932) Político francés.* Muy próximo al pensamiento político del general Charles de Gaulle, se presentó como representante de la candidatura gaullista a la Asamblea Nacional en 1967. Ministro de Agricultura y del Interior con Pompidou, el seguidor de éste en el cargo de presidente, Giscard d'Estaing, nombró a Chirac primer ministro, cargo del que dimitió en 1976 para fundar su propio partido, Agrupación para la República. En 1986 fue de nuevo primer ministro con el socialista François Mitterrand como presidente de la República, en una experiencia política bautizada con el nombre de «cohabitación». Era alcalde de París cuando consiguió la victoria, en 1995, en el que era su tercer intento de llegar a la presidencia de la República. La experiencia de la cohabitación continuó, pero invertida a la suya con Mitterrand, al ganar los socialistas las elecciones legislativas en 1997 y convertirse su líder, Lionel Jospin, en primer ministro.

▶ *Héctor y Andrómaca, pintado por Giorgio de* ***Chirico*** *en 1917. El pintor italiano estuvo en contacto con las vanguardias en París y fue uno de los precursores del surrealismo.*

«*El genio no puede ser juzgado más que por el genio.*»

Giorgio de Chirico

▼ *El presidente francés Jacques* ***Chirac***. *Heredero político de Charles de Gaulle, consiguió llegar a la presidencia de la República en 1995, tras dos intentos anteriores fallidos.*

CHIRICO, GIORGIO DE *(Bolos, Grecia, 1888-Roma, 1978) Pintor italiano.* Nacido en Grecia de padres italianos, estudió a partir de 1906 en Munich, donde conoció la filosofía alemana y recibió influencias pictóricas de Klinger y, sobre todo, de Böcklin. Con la obra de este último guardan evidente relación las primeras creaciones que realizó el artista a su regreso a Italia, por ejemplo, el *Centauro herido* (1909). En 1910 se trasladó a París, donde trabó amistad con Paul Valéry y Guillaume Apollinaire; sin embargo, no se interesó por las diversas corrientes de vanguardia que se desarrollaban en la capital francesa y se mantuvo ajeno a ellas durante toda su vida. Fue entonces cuando comenzó una búsqueda autónoma de soluciones pictóricas, que no tardó en desembocar en un empleo peculiar de arquitecturas y maniquíes para definir un espacio intemporal y solitario que resulta extraño y misterioso; las arquitecturas (*Melancolía otoñal*) no cumplen la función de definir el espacio, sino la de acentuar el vacío y la soledad; los maniquíes (*El gran metafísico, Héctor y Andrómaca*) representan al hombre-autómata contemporáneo. Después de ser llamado a filas en 1915, en 1917 ingresó herido en el hospital militar, donde conoció al pintor Carlo Carrà, con quien enunciaría los postulados de la pintura metafísica, corriente artística de corta duración, pero la más fecunda y original en la carrera de De Chirico, y según los surrealistas, precursora de su propia corriente artística. La década de 1920 fue para el artista la de los caballos solitarios en playas salpicadas de elementos clásicos. Su obra abrió un camino de búsqueda que siguieron muchos otros pintores.

CHOCANO, JOSÉ SANTOS → Santos Chocano, José.

CHODERLOS DE LACLOS → Laclos, Pierre-Ambroise-François Choderlos de.

CHOMSKY, NOAM ABRAHAM *(Filadelfia, EE UU, 1928) Lingüista y filósofo estadounidense.* Fue introducido en la lingüística por su padre, especializado en lingüística histórica del hebreo. Estudió en la Universidad de Pensilvania, donde se doctoró en 1955 con una tesis sobre el análisis transformacional, elaborada a partir de las teorías de Z. Harris, de quien fue discípulo. Entró entonces a formar parte como docente del Massachusetts Institute of Technology, en donde es profesor desde 1961. Es autor de una aportación fundamental a la lingüística moderna, con la formulación teórica y el desarrollo del concepto de gramática transformacional, o generativa, cuya principal novedad radica en la distinción de dos niveles diferentes en el análisis de las oraciones: por un lado, la «estructura profunda», conjunto de reglas de gran generalidad a partir de las cuales se «genera», mediante una serie de reglas de transformación, la «estructura superficial» de la frase. Este método permite dar razón de la identidad estructural profunda entre oraciones superficialmente distintas, como sucede entre el modo activo y el pasivo de una oración. En el nivel profundo, la persona posee un conocimiento tácito de las estructuras fundamentales de la gramática, que Chomsky consideró en gran medida innato; basándose en la dificultad de explicar la competencia adquirida por los hablantes nativos de una lengua a partir de la experiencia deficitaria recibida de sus padres, consideró que la única forma de entender el aprendizaje de una lengua era postular una serie de estructuras gramaticales innatas, las cuales serían comunes, por tanto, a toda la humanidad. En este sentido, podría hablarse de una *gramática universal,* a cuya demostración y desarrollo se han dedicado los numerosos estudios que han partido de las ideas de Chomsky. Aparte de su actividad en el terreno lingüístico, ha intervenido a menudo en el político, provocando frecuentes polémicas con sus denuncias al sistema político y económico de Estados Unidos.

CHOPIN, FRÉDÉRIC [Fryderyk Franciszek Chopin] *(Zelazowa Wola, actual Polonia, 1810-París, 1849) Compositor y pianista polaco.* Si el piano es el instrumento romántico por excelencia se debe en gran parte a la aportación de Frédéric Chopin: en el extremo opuesto del pianismo orquestal de su contemporáneo Liszt –representante de la faceta más extrovertida y apasionada, casi exhibicionista, del Romanticismo–, el compositor polaco exploró un estilo intrínsecamente poético, de un lirismo tan refinado como sutil, que aún no ha sido igualado. Pocos son los músicos que, a través de la exploración de los recursos tímbricos y dinámicos del piano, han hecho «cantar» al instrumento con la maestría con qué él lo hizo. Y es que el canto constituía, precisamente, la base, la esencia, de su estilo como intérprete y como compositor. Hijo de un maestro francés emigrado a Polonia, Chopin fue un niño prodigio que desde los seis años empezó a frecuentar los grandes salones de la aristocracia y la burguesía polacas, donde suscitó el asombro de los asistentes gracias a su sorprendente talento. De esa época datan así mismo sus primeras incursiones en la composición. Wojciech Zywny fue su primer maestro, al que siguió Jozef Elsner, director de la Escuela de Música de Varsovia. Sus valiosas enseñanzas proporcionaron una sólida base teórica y técnica al talento del muchacho, el cual desde 1829 emprendió su carrera profesional como solista con una serie de conciertos en Viena. El fracaso de la revo-

NOAM ABRAHAM CHOMSKY

OBRAS MAESTRAS

LAS ESTRUCTURAS SINTÁCTICAS (*SYNTACTIC STRUCTURES*, 1957); ASPECTOS DE LA TEORÍA DE LA SINTAXIS (*ASPECTS OF THE THEORY OF SYNTAX*, 1965); LA LINGÜÍSTICA CARTESIANA (*CARTESIAN LINGUISTICS*, 1966); EL LENGUAJE Y EL ENTENDIMIENTO (*LANGUAGE AND MIND*, 1968); EL PODER ESTADOUNIDENSE Y LOS NUEVOS MANDARINES (*AMERICAN POWER AND THE NEW MANDARINS*, 1969); PROBLEMAS DEL CONOCIMIENTO Y LA LIBERTAD (*PROBLEMS OF KNOWLEDGE AND FREEDOM*, 1972); POR RAZONES DE ESTADO (*FOR REASONS OF STATE*, 1973).

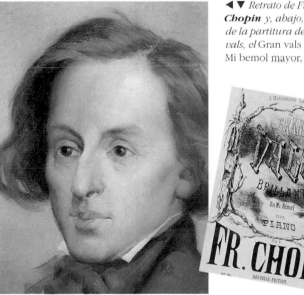

◀▼ *Retrato de Frédéric* **Chopin** *y, abajo, la portada de la partitura de su primer vals, el* Gran vals brillante en Mi bemol mayor.

lución polaca de 1830 contra el poder ruso provocó su exilio en Francia, donde muy pronto se dio a conocer como pianista y compositor, hasta convertirse en el favorito de los grandes salones parisinos. En ellos conoció a algunos de los mejores compositores de su tiempo, como Berlioz, Rossini, Cherubini y Bellini, así como, en 1836, a la que había de ser uno de los grandes amores de su vida, la escritora George Sand. Por su índole novelesca y lo incompatible de los caracteres de uno y otro, su relación se ha prestado a infinidad de interpretaciones. Se separaron en 1847. Para entonces Chopin se hallaba gravemente afectado por la tuberculosis que apenas dos años más tarde lo llevaría a la tumba. En 1848 realizó aún una última gira de conciertos por Inglaterra y Escocia, que se saldó con un extraordinario éxito. Excepto los dos juveniles conciertos para piano y alguna otra obra concertante (*Fantasía sobre aires polacos Op. 13, Krakowiak Op. 14*) o camerística (*Sonata para violoncelo y piano*), toda la producción de Chopin está dirigida a su instrumento musical, el piano, del que fue un virtuoso incomparable. Sin embargo, su música dista de ser un mero vehículo de lucimiento para este mismo virtuosismo: en sus composiciones hay mucho de la tradición clásica, de Mozart y Beethoven, y también algo de Bach, lo que confiere a sus obras una envergadura técnica y formal que no se encuentra en otros compositores contemporáneos, más afectos a la estética de salón. La melodía de los operistas italianos, con Bellini en primer lugar, y el folclor de su tierra natal polaca, evidente en sus series de mazurcas y polonesas, son otras influencias que otorgan a su música su peculiar e inimitable fisonomía. A todo ello hay que añadir la propia personalidad del músico, que si bien en una primera etapa cultivó las formas clásicas (*Sonata núm. 1*, los dos conciertos para piano), a partir de mediados de la década de 1830 prefirió otras formas más libres y sencillas, como los *impromptus*, preludios, fantasías, *scherzi* y danzas. Son obras éstas tan brillantes –si no más– como las de sus predecesores John Field y Carl Maria von Weber, pero que no buscan tanto la brillantez en sí misma como la expresión de un ideal secreto; música de salón que sobrepasa los criterios estéticos de un momento histórico determinado. Sus poéticos nocturnos constituyen una excelente prueba de ello: de exquisito refinamiento expresivo, tienen una calidad lírica difícilmente explicable con palabras.

FRÉDÉRIC CHOPIN

OBRAS MAESTRAS

MÚSICA ORQUESTAL: *KRAKOWIAK OP. 14* (1828); *CONCIERTO PARA PIANO NÚM. 2* (1829); *CONCIERTO PARA PIANO NÚM. 1* (1830); *GRAN POLONESA PARA PIANO Y ORQUESTA* (1831). **MÚSICA DE CÁMARA:** *SONATA PARA VIOLONCELO Y PIANO* (1846). **MÚSICA INSTRUMENTAL:** *SONATA PARA PIANO NÚM. 2 «FÚNEBRE»* (1839); 24 estudios, 56 mazurcas, 21 nocturnos, 15 polonesas, 26 preludios, 19 valses.

▼ *Miniatura de* Lancelot du Lac, *manuscrito francés del s. XV.* **Chrétien de Troyes** *obtuvo su principal fuente de inspiración en los temas de la llamada «materia de Bretaña».*

CHRÉTIEN DE TROYES *(?, h. 1135-?, h. 1183) Escritor francés.* Escasean los datos biográficos sobre este creador de primer orden, a menudo considerado como el fundador de la novela moderna. A lo sumo, se sabe que desarrolló su actividad literaria entre 1164 y 1190, bajo el patrocinio de María de Champaña y de Felipe de Alsacia, conde de Flandes. Es probable que naciera en la ciudad de Troyes, pero ningún documento lo certifica. Chrétien encontraría la fuente de su inspiración innovadora en los «cuentos de aventura» bretones, que todavía pervivían entre los bardos de Bretaña. Sus novelas, escritas en verso octosílabo, narran una serie de aventuras y hazañas caballerescas, aunque la estudiada trabazón de los elementos simbólicos, la oposición de personajes arquetípicos y el planteamiento de las situaciones las convierte en auténticas novelas de tesis. En *Erec y Enide* (*Érec et Énide,* h. 1170), su primera novela, plantea el conflicto entre los valores caballerescos y el amor, nuevo ideal puesto en boga por los trovadores provenzales. El tema del siglo, el amor, reaparece en *Cligés o la falsa muerta* (*Cligès,* h. 1176), donde su fuerza es tal que encuentra aliados incluso para superar la propia muerte. *Lanzarote o el caballero de la carreta* (*Lancelot ou le Chevalier à la charrete,* h.1170) presenta similitudes con la leyenda de Tristán, y fue concluido por Godefroi de Lagny. Se suele considerar que Chrétien escribió la obra por encargo de María de Champaña, cuya corte era un centro difusor de los valores del amor cortés, y que le habría impuesto el tema y el tono del relato. Lanzarote, transportado por el amor ciego y trágico que siente por Ginebra, trata de rescatarla de su secuestrador, Meleagante. Reivindicación del amor trágico frente a los valores del matrimonio y la caballería, es posible que Chrétien dejara la obra inconclusa por estar en desacuerdo con estas ideas, tan opuestas a las que había defendido en el *Erec.* En *Yvain o el caballero del león* (*Yvain ou le Chevalier au lion,*1177-1179) vuelve al tema inicial del amor y la aventura, conflicto que resuelve en esta ocasión con un compromiso entre Yvain y su amada, Laudina. Su última novela, *Perceval o el cuento del Grial* (*Perceval ou le conte du Graal,* h. 1182), gira alrededor del tópico caballeresco de la búsqueda del santo Grial; Chrétien, que, tal como escribió uno de sus continuadores, Gerbert de Montreuil, falleció sin poder terminar la obra, ejerció una gran influencia en los escritores posteriores, e inspiró a Wagner en el famoso *Parsifal.*

CHRISTIÁN III *(Gottorp, actual Dinamarca, 1503-Koldinghus, id., 1559) Rey de Dinamarca (1533-1559).* Hijo de Federico I de Dinamarca, quien había conseguido el trono al desposeer, con el apoyo de la nobleza, a Cristián II. Federico se había mostrado muy tolerante con la Reforma luterana, y ésta había progresado en Dinamarca, por lo que a su muerte los obispos católicos se opusieron a Cristián III, lo cual provocó una guerra civil que se vio agravada por diversas revueltas campesinas. Al lograr Cristián III la victoria en 1536, el reino estaba arruinado, y el rey aprovechó la pérdida de popularidad de la Iglesia, que era vista como responsable del conflicto, y procedió a destruirla y a confiscar sus tierras; luego, en 1539, constituyó una Iglesia nacional protestante, con fuerte influencia luterana y muy ligada a la monarquía, que fue impuesta en Noruega e Islandia, los otros territorios dependientes de la Corona danesa.

CHRISTIÁN IV *(Frederiksborg, Dinamarca, 1577-Copenhague, 1648) Rey de Dinamarca y Noruega.* En 1588, siendo aún niño, sucedió en el trono danés a su padre, Federico II, aunque no ejerció un gobierno efectivo hasta 1595, al alcanzar la mayoría de edad. Ese año fue coronado y asumió la dirección del reino en momentos en que la presión sueca amenazaba los derechos de navegación daneses en el estrecho de Sund. La breve guerra que sostuvo con Suecia en 1611 le fue favorable, pero más tarde llevó al reino a intervenir en la guerra de los Treinta Años. La evolución del conflicto le fue adversa y en 1629 se vio obligado a firmar la paz de Lübeck. Mientras tanto, su política interior favoreció el comercio, la industria y la navegación, y fue el artífice de la reconstrucción de Oslo, a la que denominó Cristianía. En 1643, los elevados aranceles que impuso sobre la navegación por el estrecho de Sund motivaron un nuevo conflicto con Suecia, que, aliada con los Países Bajos, logró imponer sus intereses al cabo de dos años, en el tratado de Brömsebro.

CHRISTIE, AGATHA *(Torquay, Reino Unido, 1891-Wallingford, id., 1976) Novelista y dramaturga británica.* Sus novelas policíacas son algunas de las más leídas internacionalmente. Se dio a conocer en 1920 con *El misterioso caso de Styles*. En este primer relato, escrito mientras trabajaba como enfermera durante la Primera Guerra Mundial, aparece el famoso investigador Hércules Poirot, al que pronto combi-

▶ *La novelista británica Agatha **Christie**. En sus novelas creó personajes inolvidables como los de Miss Marple o el detective Hércules Poirot.*

▲ *Edición española de* La casa torcida*, una de las numerosas novelas con las que Agatha **Christie** se convirtió en la escritora policíaca que mayor número de ejemplares ha vendido en la historia.*

nó en otras obras con Miss Marple, una perspicaz señora de edad avanzada. La estructura de la trama, basada en la tradición del enigma por descubrir, es siempre similar, y su desarrollo está en función de la observación psicológica. Algunas de sus novelas fueron adaptadas al teatro por la propia autora, y diversas de ellas han sido llevadas al cine. Con el seudónimo de Mary Westmacott escribió varias novelas psicológicas. Entre sus títulos más populares se encuentran *Asesinato en el Orient-Express* (1934), *Muerte en el Nilo* (1937) y *Diez negritos* (1939), aunque su mejor obra sea quizá una de las primeras, *El asesinato de Roger Ackroyd* (1926). En su última novela, *Telón* (1974), la muerte del personaje Hércules Poirot concluye una carrera ficticia de casi sesenta años. Agatha Christie fue también autora teatral de éxito, con obras como *La ratonera* o *Testigo de cargo*. La primera, estrenada en 1952, se representó en Londres ininterrumpidamente durante más de veinticinco años; la segunda fue llevada al cine en 1957 en una magnífica versión dirigida por Billy Wilder.

CHRISTO [Christo Javacheff] *(Gabrovo, Bulgaria, 1935) Artista estadounidense de origen búlgaro.* Estudió cuatro años en la Academia de Sofía, después en Checoslovaquia y posteriormente (1957) en la Academia de Bellas Artes de Viena. Instalado en París desde 1958, comenzó a desarrollar la actividad artística que le ha hecho mundialmente famoso: el embalaje de objetos, casi siempre de dimensiones monumentales, aunque se inició envolviendo botellas, latas o cajas con tela o plástico. En 1964 se afincó en Nueva York e inició el embalaje de edificios públicos, como el *Packed Kunsthalle*, además de sus conocidas intervenciones en la naturaleza, entre las que hay que destacar el *Wrapped coast*, embalaje de la costa de Little Bay, en Australia, así como *La cortina del Valle* en Colorado (1972). Su obra de mayores dimensiones, la *Running Fence*, fue realizada cuatro años después y consistía en una pared de nailon de 5,5 m de altura, que extendió a lo largo de 40 km a través de dos condados de California. Más tarde, el director cinematográfico Albert Maysles aprovechó este montaje para realizar un filme. En 1980 rodeó de una inmensa tela rosa de polipropileno unas islas de la costa de Miami. Sus intervenciones en grandes ciudades son también numerosas. En 1976 realizó un proyecto de embalaje del monumento a Colón en Barcelona. En 1985 empaquetó el histórico Pont-Neuf de la ciudad de París, aunque el envoltorio más polémico que ha llevado a cabo es el del Reichstag, en Berlín, efectuado en 1995. Ha sido el pionero de la vanguardia artística que con el tiempo fue conocida como *land-art*. La modificación del medio ambiente y del comportamiento humano continúa siendo su meta esencial.

▼ *El compositor español Federico* **Chueca**, *autor de numerosas zarzuelas.*

▼ *Foto aérea de la sede del Reichstag en Berlín, envuelta en tela en 1995, en uno de los trabajos más polémicos del artista estadounidense de origen búlgaro* **Christo**.

CHRISTOPHE, HENRI *(isla de Granade, 1767-Puerto Príncipe, Haití, 1820) Soberano haitiano.* Esclavo negro liberto, intervino en las insurrecciones de esclavos en Santo Domingo y colaboró con Toussaint Louverture en la liberación de Haití. Los intentos de mantener la esclavitud a pesar de las transformaciones suscitadas por la Revolución Francesa provocaron la insurrección de los esclavos, que, tras algunos años de lucha, organizaron en 1804 el segundo territorio independiente de América y la primera república negra del mundo. Henri Christophe planeó el asesinato de Dessalines, y gobernó Haití como rey Enrique I entre 1806 y 1820. Durante su tiránico reinado, emprendió la construcción de la Ciudadela Henri Christophe, una majestuosa y colosal fortaleza cuya función era proteger al país de una posible invasión francesa. Aunque fue inaugurada en 1813, la Ciudadela aún no había sido terminada cuando falleció el soberano haitiano. También ordenó construir el fuerte Jacques & Alexandre, así mismo con el propósito de defender Haití de una hipotética invasión francesa. Se suicidó en 1820, en su palacio de Sans Souci, cuando las crueldades de su reinado provocaron una rebelión.

CHUECA, FEDERICO *(Madrid, 1846-id., 1908) Compositor español.* El de Federico Chueca es uno de los casos más sorprendentes de la música española. Prácticamente sin formación teórica alguna (su familia le obligó a interrumpir sus estudios en el conservatorio para iniciar la carrera de medicina), se ganó el aprecio del público de su tiempo merced a unas obras de inspiración fresca y espontánea, de indudable raigambre popular. Su carrera musical comenzó cuando Francisco Asenjo Barbieri orquestó y estrenó unos valses escritos por Chueca después de que hubiera sido encarcelado por su participación en una revuelta estudiantil. El éxito obtenido le animó a tomar la decisión de abandonar la carrera de medicina para dedicarse a la música, en especial a la teatral. Nació así toda una serie de zarzuelas, la mayoría en un acto, entre las que se cuentan *La canción de la Lola* (1880), *La Gran Vía* (1886), *Cádiz* (1886), *El año pasado por agua* (1889), *El chaleco blanco* (1890), *Agua, azucarillos y aguardiente* (1897), *La alegría de la huerta* (1900) y *El bateo* (1901). Buena proporción de ellas fueron escritas en colaboración con Joaquín Valverde, quien, así mismo, se encargó de las orquestaciones.

CHURCHILL, SIR WINSTON [Leonard Spencer] *(Blenheim Palace, Reino Unido, 1874-Londres, 1965) Político y escritor británico.* Hijo mayor del político conservador Randolph Churchill, estudió en Harrow y Sandhurst, pero las mediocres calificaciones que obtuvo le llevaron, a los veintiún años, a ingresar en el ejército. Como oficial del Cuarto de Húsares, en 1895, fue observador en la guerra de Independencia cubana, luchó en la India en 1898 y, al año siguiente, en África del Sur, destinos donde también ejerció como corresponsal de guerra para periódicos londinenses, en lo que fue el inicio de una carrera literaria que continuaría a lo largo de toda su vida. Durante el conflicto sudafricano de los bóers cayó prisionero, pero la espectacular fuga que protagonizó y su posterior actuación en las fuerzas que rompieron el cerco de Ladysmith le dieron popularidad e influyeron en no poca medida en su elección como diputado conservador por Oldham. Sin embargo, sus ideas favorables al libre cambio le movieron a abandonar esta formación política y pasarse al Partido Liberal. Fue subsecretario de Estado para las Colonias y, en el ministerio de Asquith, ocupó las carteras de Comercio e Interior. Apoyó la *Home Rule* irlandesa y la concesión de autonomía a los bóers y logró la aprobación de un importante paquete de leyes sociales, si bien empleó el ejército para reprimir una huelga de mineros galeses. Hacia 1911, al incrementarse la tensión internacional, fue nombrado primer lord del Almirantazgo, puesto desde el cual impulsó una rápida modernización de la marina y el desarrollo de la aviación, convencido de que el estallido de la guerra era inevitable. En 1915, considerado responsable del desastre de Gallípoli, en el intento de abrir los Dardanelos, dimitió de su cargo, reingresó en el ejército y combatió en el frente occidental. Llamado de nuevo por Lloyd George, fue designado ministro de Armamento en 1917 y de Guerra y del Aire en 1918, y secretario de Colonias en 1921. Como titular de este último puesto trató de solucionar el conflicto de Próximo Oriente, y para ello viajó a El Cairo y Jerusalén y nombró consejero de Asuntos Árabes a T. E. Lawrence. La escasa beligerancia de los liberales con los socialistas y su personal hostilidad hacia el régimen revolucionario ruso estuvieron en el origen de su ruptura con aquéllos y su reincorporación, en 1924, al Partido Conservador. Su oposición a hacer concesiones a la India y el escaso eco que tenían en el gobierno sus advertencias sobre el

peligro que representaba para la seguridad internacional el desarrollo del nazismo en Alemania, lo marginaron durante largo tiempo de los puestos gubernamentales. En 1939, en vísperas del estallido de la Segunda Guerra Mundial, Chamberlain lo restituyó en su cargo en el Almirantazgo y, al año siguiente, ya iniciadas las hostilidades, se convirtió en primer ministro, al frente de un gobierno de coalición. Churchill supo representar el espíritu de resistencia del pueblo británico mejor que nadie, con férrea voluntad y con la promesa al pueblo británico de «sangre, sudor y lágrimas». Mantuvo una incesante actividad durante todo el conflicto: fue el responsable de las principales decisiones durante el ataque de la Luftwaffe a las islas Britá

«Jamás en la historia de los conflictos humanos, tantos debieron tanto a tan pocos.»

Sir Winston Churchill
Discurso en los Comunes refiriéndose a los pilotos de la RAF

◀ El bulldog británico, *retrato de* **Churchill** *tomado durante la Segunda Guerra Mundial. La leyenda cuenta que el fotógrafo, Yusuf Karsh, arrebató a Churchill su sempiterno puro para lograr esa expresión de fiereza.*

SIR WINSTON CHURCHILL

OBRAS MAESTRAS

SAVROLA (1900); *VIDA DE LORD RANDOPH CHURCHILL* (*LORD RANDOLPH CHURCHILL*, 1906); *LA CRISIS MUNDIAL* (*THE WORLD CRISIS*, 1923-1929), *MARLBOROUGH* (*MARLBOROUGH: HIS LIFE AND TIMES*, 1933-1938); *LA SEGUNDA GUERRA MUNDIAL* (*THE SECOND WORLD WAR*, 6 vols., 1948-1953); *HISTORIA DE LOS PUEBLOS DE HABLA INGLESA* (*A HISTORY OF THE ENGLISH-SPEAKING PEOPLES*, 1956-1958).

◀ *Foto oficial de la Conferencia de Yalta, en febrero de 1945. Sentados, de derecha a izquierda, Stalin, Roosevelt y* **Churchill**; *tras cada uno de ellos, de pie, sus respectivos ministros o secretarios de Asuntos Exteriores.*

nicas y participó en la preparación de la campaña de El Alamein (1942), además de desempeñar un papel crucial en la conservación de la frágil alianza con Stalin. Mantuvo estrecho contacto con el presidente estadounidense Roosevelt, con quien firmó la Carta del Atlántico, germen de la futura OTAN. Tuvo así mismo una intervención decisiva en las conferencias de Casablanca, El Cairo, Teherán, Yalta y Potsdam, que cambiaron el curso de la guerra y diseñaron el mapa político del mundo de la segunda mitad del siglo XX. En 1945, concluida la contienda, perdió las elecciones, pero en 1951 accedió una vez más al cargo de primer ministro, que desempeñó hasta 1955. En 1953 recibió el Premio Nobel de Literatura y, en 1963, el Congreso de Estados Unidos lo nombró ciudadano honorario de este país.

CHURRIGUERA, FAMILIA; JOSÉ SIMÓN *(Barcelona?, ?-Madrid, 1682)* y sus hijos **JOSÉ BENITO** *(Madrid, 1665-id., 1725),* **JOAQUÍN** *(Madrid, 1674-Salamanca o Plasencia, 1724)* y **ALBERTO** *(Madrid, 1676-Orgaz, España, 1750) Familia de arquitectos y escultores españoles, activos en Castilla durante los siglos XVII y XVIII.* José Simón nació en el seno de una familia de artistas y se estableció en Madrid hacia 1664, donde nació su hijo José Benito, el principal escultor y arquitecto de la familia, al que se debe la denominación de estilo «churrigueresco» que se aplica a las obras realizadas por él y por algunos de sus hermanos, en las que el recargamiento decorativo es lo esencial y domina sobre los elementos sustentantes hasta el punto de ocultarlos en algunos casos. Trabajó en Segovia (capilla del Sagrario de la catedral) y en Madrid (catafalco de la reina María Luisa de Orleans), antes de establecerse en 1692 en Salamanca, donde fue maestro mayor de la catedral nueva y esculpió multitud de retablos, a los que debe esencialmente su fama; entre todos ellos, destaca el retablo mayor del convento de San Esteban, una de sus obras maestras. Proyectó más tarde el palacio de Goyeneche (hoy Academia de San Fernando) y el complejo urbanístico de Nuevo Baztán (1709-1713), modelo paradigmático de la planificación urbanística de la época. Su hermano Joaquín, arquitecto y escultor, dejó obras en Salamanca (en particular, el colegio de Calatrava) y en León. Como retablista (retablo mayor del convento de Santa Clara de Salamanca, retablo del Tránsito de la Virgen de la catedral de Palencia) se le deben obras complicadas, de estilo fastuoso y es-

▼ *Detalle de la Plaza Mayor de Salamanca. Alberto* **Churriguera** *proyectó en 1728 la plaza, cuyas obras fueron terminadas por Andrés García de Quiñones en 1755.*

MARCO TULIO CICERÓN

OBRAS MAESTRAS

DISCURSOS: *VERRINAES* (h. 70 a. C.); *DE LEGE AGRARIA* (63 a. C.); *CATILINARIAS (CATILINAM ORATIONES,* 63 a.C.); *FILÍPICAS (IN M. ANTONIUM ORATIONES PHILIPPICAE,* 44 a. C.). **TRATADOS:** *SOBRE LA RETÓRICA (DE ORATORE,* 55 a.C.); *SOBRE LA REPÚBLICA (DE REPUBLICA,* 54-55 a.C.); *SOBRE LAS LEYES (DE LEGIBUS,* 52 a.C.); *CATO MAIOR* (46 a.C.); *SOBRE LA VEJEZ (DE SENECTUTE,* 46 a.C.); *SOBRE LA ADIVINACIÓN (DE DIVINATIONE,* h. 45 a.C.); *SOBRE LA AMISTAD (LAELEIUS O DE AMICITIA,* 45 a.C.); *DE FINIBUS BONORUM ET MALORUM* (45 a.C.); *HORTENSIUS* (45 a.C.); *SOBRE LA NATURALEZA DE LOS DIOSES (DE NATURA DEORUM,* 45 a.C.); *SOBRE EL DEBER (DE OFFICIIS,* 44 a.C.).

---

pectacular escenografía. Alberto, hermano de los anteriores, después de realizar la sacristía y el coro de la catedral nueva de Salamanca (1724), se ocupó de la magnífica plaza Mayor de la misma ciudad, concluida por A. García de Quiñones en 1755.

CICERÓN, MARCO TULIO *(Arpino, actual Italia, 106 a.C.-Formies, id., 43 a.C.) Orador, político y filósofo latino.* Perteneciente a una familia plebeya de rango ecuestre, desde muy joven se trasladó a Roma, donde asistió a lecciones de famosos oradores y jurisconsultos y, finalizada la guerra civil (82 a.C.), inició su carrera de abogado, para convertirse pronto en uno de los más famosos de Roma. Posteriormente, se embarcó rumbo a Grecia con el objetivo de continuar su formación filosófica y política. Abierto a todas las tendencias, fue discípulo del epicúreo Fedro y del estoico Diodoto, siguió lecciones en la Academia y fue a encontrar a Rodas al maestro de la oratoria, Molón de Rodas, y al estoico Posidonio. De regreso en Roma, prosiguió su carrera política, y en el lapso de trece años consiguió las más altas distinciones. Empezó como cuestor en Sicilia en el 76 a.C., y en el 70 a.C. aceptó defender a los sicilianos oprimidos por el antiguo magistrado Verres, para quien sus alegatos (*Verrinaes*) supusieron la condena, lo cual lo hizo muy popular entre la plebe y contribuyó a consolidar su fama de abogado. Decidido partidario del republicanismo, admitía la necesidad de un hombre fuerte para dotar de estabilidad al Estado, figura que reconocía en Pompeyo; sus simpatías por él, sin embargo, no fueron siempre correspondidas. Su carrera política fue fulgurante: en un año fue elegido edil, en el 66 a.C. pretor, cargo desde el que propulsó un acercamiento entre caballeros y senadores (*concordia ordinum*), y dos años después obtuvo la elección de cónsul del Senado. Desde esta posición, hizo fracasar la reforma agraria propuesta por Rullo, hizo frente a los *populares*, liderados por Craso y César, y llevó a cabo una de las batallas más dramáticas y peligrosas de su carrera: su oposición a la conspiración de Catilina. Derrotado en las elecciones, éste se disponía a promover levantamientos para instaurar una dictadura. Los cuatro discursos (*Catilinarias*) pronunciados por Cicerón ante el Senado a fin de conseguir la ejecución de los conspiradores constituyen la muestra más célebre de su brillante oratoria, de gran poder emotivo. Sin embargo, su actuación acabó por significarle el exilio

◀▲ *Busto de Marco Tulio* **Cicerón***. Arriba, manuscrito de su* De Republica, *una de las obras fundamentales del político y filósofo romano, famoso también por su oratoria.*

«*No se puede decir nada tan absurdo que no haya sido dicho por algún filósofo.*»

Marco Tulio Cicerón
De divinatione

▼ *Miniatura que muestra la venganza de Rodrigo Díaz, el* **Cid Campeador***, por la muerte de su padre. La ilustración forma parte de la* Crónica de 1344, *que se encuentra en la Academia de las Ciencias de Lisboa.*

años más tarde, cuando Clodio, elegido tribuno de la plebe (58 a.C.) gracias a César, consiguió el reconocimiento de una ley que sancionaba con la pena de muerte a todo ciudadano romano que hubiera hecho ejecutar a otro sin el previo consentimiento del pueblo. Tras buscar, sin éxito, el apoyo de Pompeyo, Cicerón marchó al exilio. Regresó a Roma apenas un año y medio más tarde, pero para entonces su carrera política estaba prácticamente acabada, situación que pareció hacerse definitiva con la dictadura de César (48-44 a.C.). Sólo cuando éste fue asesinado, Cicerón volvió a la escena política para promover la restauración del régimen republicano. En un principio, mientras Marco Antonio aún no se había afianzado en el cargo, gozó de cierto poder y consiguió la amnistía para los asesinos de César, pero apenas aquél se sintió seguro, Cicerón se encontró con una fuerte resistencia, a la que hizo frente verbalmente con las catorce *Filípicas*. En vano intentó entonces aliarse con Octavio, hijo de César, contra Marco Antonio: tras la batalla de Módena, Octavio se reconcilió con Marco Antonio y unió sus fuerzas con las de éste y con el ejército de Lépido para la formación del segundo triunvirato (43 a.C.). Ese mismo año, Cicerón fue apresado y ejecutado. Formado en las principales escuelas filosóficas de su tiempo, mostró siempre una actitud antidogmática y recogió aspectos de las diversas corrientes. La originalidad de sus obras filosóficas es escasa, aunque con sus sincréticas exposiciones se convirtió en un elemento crucial para la transmisión del pensamiento griego. Al final de su tratado *De Repu-*

blica contrasta su probabilismo con una exaltación religiosa de signo neoplatónico. Como literato, se convirtió en el modelo de la prosa latina clásica, con un estilo equilibrado y de largos y complejos períodos, por más que perfectamente enlazados (*De divinatione*).

CID CAMPEADOR, EL [Rodrigo Díaz de Vivar] *(Vivar, actual España, h. 1043-Valencia, 1099) Caballero castellano.* Hijo de Diego Laínez, descendiente del semilegendario Laín Calvo, quedó huérfano a tierna edad y fue educado junto al infante Sancho, hijo del rey Fernando I de Castilla y León, quien, al acceder al trono castellano, lo nombró alférez real (1065). Hacia 1066, el prestigio de Rodrigo Díaz se vio notablemente incrementado a raíz de su victoria en el combate singular que mantuvo con el caballero navarro Jimeno Garcés, para dirimir el dominio de unos castillos fronterizos que se disputaban los monarcas de Castilla y Navarra; el triunfo le valió el sobrenombre de *Campeador*. Como jefe de las tropas reales, Rodrigo participó en la guerra que enfrentó a Sancho II de Castilla con su hermano Alfonso VI de León, el cual, derrotado en las batallas de Llantada (1068) y Golpejera (1072), se vio obligado a buscar refugio en la corte musulmana de Toledo. El destino, sin embargo, quiso que Sancho II muriera en 1072, cuando intentaba tomar Zamora, con lo que Alfonso VI se convirtió en soberano de Castilla y León. El nuevo monarca no sólo no manifestó resenti-

miento hacia el Campeador, sino que, consciente de la valía de sus servicios, lo honró concediéndole la mano de su sobrina, doña Jimena, con quien casó el Cid en julio de 1074. No obstante, unos años después, en 1081, una inoportuna expedición a tierras toledanas sin el premiso real, que puso en grave peligro las negociaciones emprendidas por Alfonso VI para obtener la emblemática ciudad de Toledo, provocó su destierro de Castilla y la confiscación de todas sus posesiones. Al frente de su mesnada, el Campeador ofreció sus servicios primero a los condes Ramón Berenguer II y Berenguer Ramón II de Barcelona, pero, como fuera rechazado, decidió ayudar a al-Muqtadir, rey de Zaragoza, en la lucha que mantenía con su hermano al-Mundir, rey de Lérida, Tortosa y Denia, quien contaba con el apoyo de los condes de Barcelona y del monarca Sancho I Ramírez de Aragón. Al servicio de al-Muqtadir, venció en Almenar a Berenguer Ramón II (1082) y cerca de Morella a al-Mundir y el soberano aragonés (1084). Durante este período fue cuando recibió el sobrenombre de *Cid*, derivado del vocablo árabe *sid*, que significa *señor*. En 1086, la derrota de Alfonso VI frente a los almorávides en Sagrajas propició la reconciliación del monarca con Rodrigo Díaz, quien recibió importantes dominios en Castilla. De acuerdo con el soberano castellanoleonés, el Cid partió hacia Levante, donde, entre 1087 y 1089, hizo tributarios a los monarcas musulmanes de las taifas de Albarracín y de Alpuente e impidió que la ciudad de Valencia, gobernada por al-Qadir, aliado de los castellanos, cayera en manos de al-Mundir y Berenguer Ramón II. En 1089, sin embargo, una nueva disensión con Alfonso VI provocó su definitivo destierro de Castilla, acusado de traición por el rey. Rodrigo decidió regresar al oriente peninsular, se convirtió en protector de al-Qadir y derrotó una vez más a Berenguer Ramón II en Tévar (1090). Muerto su protegido, decidió actuar en interés propio, y en julio de 1093 puso sitio a Valencia, aprovechando el conflicto interno entre partidarios y opuestos a librar la ciudad a los almorávides. El 15 de junio de 1094, el Cid entró en Valencia y organizó una taifa cristiana que tuvo una vida efímera tras su muerte, acaecida el 10 de julio de 1099. Doña Jimena, su viuda y sucesora, con la ayuda del conde Ramón Berenguer III de Barcelona, casado con su hija María en 1098, consiguió defender la ciudad hasta el año 1101, en el que cayó en poder de los almorávides.

▲ *El primer autogiro que remontó el vuelo, en una fotografía tomada el 9 de junio de 1923 en el aeródromo de Getafe (Madrid). El invento de Juan de la* **Cierva y Codorníu** *es un precursor directo del helicóptero.*

▼ *Portada de* Las mocedades del **Cid***, de Guillén de Castro, otra de las obras inspiradas en el legendario caballero castellano. El ejemplar se conserva en la Biblioteca Nacional de Madrid.*

CIERVA Y CODORNÍU, JUAN DE LA *(Murcia, 1895-Croydon, Reino Unido, 1936) Ingeniero español.* Hijo del político Juan de la Cierva, desde niño sintió pasión por el arte de volar. En 1910 presenció la primera exhibición aérea en Barcelona, y a los dieciséis años construyó un biplano con dos amigos suyos, al que llamó BCD.1, que se elevó con éxito. En Madrid obtuvo los títulos de ingeniero de caminos, especialista en construcción aeronáutica, y de piloto aviador. A partir de entonces, y conmocionado por el accidente aéreo del capitán Julio Ríos, se dedicó a proyectar una aeronave más segura, con alas giratorias, que llamaría autogiro. El proyecto se hizo realidad en 1923, cuando el autogiro realizó el primer vuelo entre los aeródromos de Cuatro Vientos y de Getafe, en Madrid. De la Cierva buscó apoyo financiero en Estados Unidos, y desde allí dio a conocer el autogiro en toda Europa. En 1931 comenzó su comercialización, y las sucesivas innovaciones que introdujo, como el mando directo o el despegue vertical, posibilitaron el desarrollo de múltiples modelos de autogiro. De la Cierva murió a los cuarenta y un años en un accidente aéreo.

CIMABUE, GIOVANNI [Cenni de Peppi] *(Florencia, h. 1240-Pisa, Italia, 1302) Pintor italiano.* Se trata de una figura incierta, ya que se conserva de él una sola obra documentada (un fragmento de un mosaico en Pisa) y todo lo demás son atribuciones, bastante probables pero no absolutamente seguras. Su fama se debe a que Dante lo menciona en la *Divina Comedia* junto a su discípulo Giotto, a raíz de lo cual ha venido siendo considerado como la figura a partir de la cual la pintura italiana comenzó su evolución desde el bizantinismo hacia el Renacimiento. Si la *Majestad de Santa Trinidad* y el *Crucifijo* de Santa Croce son realmente obra suya, se le puede

◀ Virgen en majestad, *temple sobre madera datado hacia 1290 y realizado por Giovanni* **Cimabue***, que se encuentra actualmente en la galería de los Uffizi de Florencia.*

considerar sin reservas el gran maestro de la generación anterior a Giotto. También se le atribuyen algunos frescos de la iglesia superior de Asís, y ciertos documentos indican su presencia en 1272 en Roma, donde pudo conocer el realismo de los mosaístas romanos.

CIMAROSA, DOMENICO *(Aversa, actual Italia, 1749-Venecia, 1801) Compositor italiano.* La ópera napolitana tiene uno de sus últimos representantes en Cimarosa, cuya música, por la calidad de sus melodías y la inventiva de su instrumentación, constituye el precedente más directo de la de Rossini. De origen modesto, sus grandes dotes musicales le valieron ser admitido en el Conservatorio de Santa María de Loreto, en Nápoles, en 1761. En esta misma ciudad debutó, en 1772, como compositor escénico con la ópera bufa *Le stravaganze del conte*, a la que siguieron títulos como *I tre amanti* (1777), *Il pittor parigino* (1781) e *Il fanatico burlato* (1787). Aclamado en toda Europa, en el año 1787 Catalina *la Grande* le concedió el cargo de maestro de capilla de la corte de San Petersburgo. Establecido en Viena en 1792, allí estrenó su obra maes-

▼ *Domenico* **Cimarosa***, uno de los compositores más representativos del teatro lírico italiano de la segunda mitad del s. XVIII, brilló especialmente en el campo de la ópera cómica.*

tra, *Il matrimonio segreto*. En 1799 fue arrestado por la monarquía napolitana por su apoyo a una revuelta republicana. Tras pasar cuatro meses en prisión, el músico se trasladó a Venecia, donde murió dejando inacabada su ópera *Artemisia*.

CIOLKOVSKIJ, KONSTANTIN *(Izevskoje, Rusia, 1857-Kaluga, id., 1935) Físico ruso.* Destacado pionero de la astronáutica. En su obra más importante, *La exploración del espacio cósmico por medio de los motores de reacción* (1903), anticipó las teorías de la moderna astronáutica y expuso por primera vez la posibilidad de viajar a través del espacio extraatmosférico por medio de la propulsión de cohetes de reacción. Estableció la relación de masas en los cohetes, y la fórmula fundamental de la astronáutica, como consecuencia de ésta; propuso el sistema de cohetes segmentados, sistema adoptado después universalmente. Propuso también la sustitución del combustible sólido que se utilizaba en la época por el propergol líquido, el cual daba mayor rendimiento.

CIRILO DE ALEJANDRÍA, SAN *(Alejandría, h. 376/380-id., 444) Patriarca de Alejandría y doctor de la Iglesia.* En el año 412 sucedió a su tío Teófilo en el patriarcado de Alejandría. Tras su proclamación, se reveló como un líder autoritario y ortodoxo, enconado perseguidor de cualquier profesión de fe alejada de la ortodoxia. Se enfrentó a los judíos y a los paganos, y parece ser que fue el instigador del asesinato de la filósofa y matemática griega Hipatia, asaltada por una multitud de cristianos que acabó con su vida. También luchó contra la herejía, y consiguió la condenación de las doctrinas de su rival Nestorio, patriarca de Constantinopla, en el concilio de Éfeso en el año 431. Sus postulados doctrinales se centraron en la idea de la Encarnación, la cual desarrolló en su obra *De incarnatione Unigeniti*. Fue depuesto temporalmente por orden de Teodosio II, emperador romano de Oriente, pero pronto regresó a su sede. Entre sus escritos destaca la colección epistolar conocida con el título de *Homilías pascuales*.

CIRO II *EL GRANDE (?, 579 a.C.-?, 530 a.C.) Rey persa (550 a.C.-530 a.C.).* Hijo de Cambises, de la casa de los Aqueménidas, y de la princesa meda Mandane, hija del rey de los medos Astiages (Ishtuwegu), de

quien Cambises era un fiel vasallo. En 559 a.C. sucedió a su padre en Pasargada, en 550 a.C. se puso al frente de una rebelión de los persas contra los medos, en la cual triunfó gracias a la poca fidelidad de las tropas que seguían al medo. Esta victoria no significó la supresión de los medos, sino que, como el propio Ciro se encargó de demostrar al perdonar a Astiages, la ascensión de los Aqueménidas sirvió para fortalecer la unión de ambos pueblos. Esta política de integración se convirtió en uno de los referentes principales de su política exterior, junto con su tolerancia religiosa. Una vez asegurada su posición en la meseta del Elam, se dispuso a continuar con su expansión territorial, marchando sobre el reino de los lidios en Anatolia, a los que derrotó en Pteria. Tras perseguir al rey de los lidios, Creso, hasta la Anatolia Occidental, lo volvió a derrotar en el «Campo de Ciro» y lo capturó al conquistar Sardes, la capital lidia. Una vez asegurada Anatolia, Ciro puso sus ojos en Babilonia, regida por el rey Nabónido. Aprovechando hábilmente la situación de debilidad de los neobabilonios, y la crisis religiosa que enfrentaba al rey con el influyente culto al dios Marduk, la deidad de la ciudad, logró llevar a cabo una rápida campaña que acabó con la sumisión de la antaño poderosa ciudad de Mesopotamia (539 a.C.). Entre las disposiciones de Ciro hay que destacar la liberación de los judíos y la orden de reconstrucción del templo de Jerusalén. Como fruto del gran prestigio que estas conquistas le granjearon, la mayoría de los reyes de Siria, junto con las ciudades fenicias, le rindieron vasallaje, con lo que los persas consiguieron los servicios de las flotas de éstas. En el 530 a.C., emprendió una campaña contra los masagetas en el norte de su reino, en el curso de la cual encontró la muerte.

▲ *Mausoleo en Pasargada, Irán, de* **Ciro** *el Grande, el fundador del Imperio Persa: a su muerte, sus dominios se extendían desde el Mediterráneo hasta el Indo.*

▼ *Francisco Jiménez de* **Cisneros***, retratado por Juan de Borgoña. El cardenal fue regente de Castilla desde la muerte del rey Fernando el Católico hasta la llegada de Carlos I a tierras castellanas.*

CISNEROS, FRANCISCO JIMÉNEZ DE *(Torrelaguna, España, 1436-Roa, id., 1517) Eclesiástico y estadista español.* Procedente de una familia de la baja nobleza, cursó estudios de teología en Alcalá, Salamanca y Roma. Tras su finalización, en 1471, fue nombrado arcipreste de Uceda, pero varios enfrentamientos con el arzobispo de Toledo motivaron su ingreso en prisión. En 1480, y merced a su amistad con el cardenal Mendoza, fue nombrado vicario general de la diócesis de Sigüenza, cargo que desempeñó hasta 1484, fecha en que decidió ingresar en la orden franciscana. Permaneció retirado por espacio de ocho años, hasta 1492, cuando, debido al nombramiento de Hernando de Talavera como arzobispo de Granada, quedó vacante la plaza de confesor de la reina Isabel, quien lo eligió para el cargo. Al año siguiente fue nombrado arzobispo de Toledo, puesto desde el cual emprendió una serie de reformas de la Iglesia, no siempre bien recibidas entre los eclesiásticos. En este sentido, luchó por recuperar el espíritu original de la orden de san Francisco, intentó dificultar la creciente concesión de inmunidades y privilegios a las órdenes seculares y se sumergió en una campaña reformista que se plasmó en la celebración de sendos sínodos en Alcalá (1497) y en Talavera (1498). En 1499, obedeciendo órdenes reales, viajó a Granada para dirigir personalmente el proyecto de conversión de los mudéjares andaluces, sin demasiado éxito, puesto que éstos pronto se pusieron en su contra y emprendieron una guerra de guerrillas en Las Alpujarras que no finalizó hasta 1502, fecha en que finalmente obtuvo de los Reyes Católicos potestad para obligarlos a convertirse o, en su defecto, emigrar. En 1504, tras la muerte de Isabel, Cisneros ocupó la regencia, se convirtió en defensor de Fernando *el Católico* e impidió el ascenso al trono de Felipe *el Hermoso*. Fue, así mismo, el principal impulsor del acuerdo al que ambos llegaron en septiembre de 1505. Cuando Fernando volvió de Italia, a instancias del propio Cisneros, éste fue recompensado con el capelo cardenalicio, otorgado por el Papa, y con la dirección de la Inquisición. A partir de entonces presidió la Junta de Regencia, cargo desde el cual organizó diversas expediciones de conquista en el norte de África (Mazalquivir, 1507, y Orán, 1508). Impulsó también la creación de la Universidad de Alcalá (1498), a la cual se propuso dotar de los mejores teólogos y los mejores textos. En este sentido, cabe destacar su notable aportación a la edición de la *Biblia políglota complutense* (1514-1517). Fiel en todo momento a Fernando, éste le asignó la regencia del reino a su muerte (enero de 1516). Un año después murió camino de Valladolid, adonde se dirigía para encontrarse con el futuro monarca Carlos I, quien recientemente lo había confirmado en su cargo de regente del reino.

CITROËN, ANDRÉ *(París, 1878-id., 1935) Ingeniero e industrial francés.* Fundador de la empresa automovilística francesa que lleva su apellido. En sus inicios como director industrial coordinó con éxito la fabricación de engranajes de dientes angulares. Inició su trayectoria en el sector de la automoción en 1908, en la fábrica de automóviles Mors, donde consiguió aumentar de manera espectacular la producción de vehículos. A comienzos de la Primera Guerra Mundial inauguró su propia factoría, Citroën, concebida originariamente para producir municiones y que comenzó a fabricar automóviles al acabar la guerra. En 1934, Citroën presentó el primer vehículo con tracción delantera, pero las grandes inversiones que determinó la innovación lo llevaron a presentar suspensión de pagos y la empresa Michelin Tire Company se hizo cargo de su reorganización. El fracaso de su proyecto afectó finalmente su salud y murió al año siguiente. En los años sesenta, la empresa Citroën absorbió a varias casas automovilísticas, pero en 1976 fue absorbida a su vez por Peugeot para evitar una nueva quiebra, aunque las dos marcas de vehículos están estrictamente diferenciadas.

CLAIR, RENÉ *(París, 1898-id., 1981) Director de cine francés.* Se inició como realizador con el mediometraje *París dormido* (1923), y un año después rodó *Entr'-acte*, un cortometraje de inspiración dadaísta en cuyo guión había colaborado Francis Picabia. En 1927 realizó *Un sombrero de paja de Italia*, adaptación de un vodevil que rompía con su etapa vanguardista anterior para situar en un medio social burgués una sátira de costumbres. Su producción sonora se inició con *Bajo los techos de París* (1930) y *El millón*, de 1931, año en que dirigió también *Viva la libertad*, imagen satírica de la civilización industrial que inspiraría a Chaplin su filme *Tiempos modernos*. El declive de su carrera desde mediados de

▲ *El cardenal **Cisneros** pintado por Francisco Jover. Bajo el impulso del cardenal, fueron imponiéndose en España las posturas más rígidas en cuanto a la disciplina del clero.*

▼ *Eric **Clapton**, músico de gran influencia tanto como guitarrista durante su etapa en el grupo Cream como en su etapa de compositor en solitario, esta última centrada en el blues.*

los años treinta le obligó a trasladarse al Reino Unido y, tras estallar la Segunda Guerra Mundial, a Estados Unidos. En Hollywood, rodó cuatro películas, la más destacada de las cuales es *La llama de Nueva Orleans* (1941), protagonizada por Marlene Dietrich. Finalizado el conflicto bélico regresó a Francia y siguió rodando películas como *El silencio es oro* (1947) o *Puerta de las Lilas* (1957). En 1960 fue elegido miembro de la Academia Francesa, y en 1980 le fue otorgado el Gran Premio Nacional de Artes y Letras de Francia en la especialidad de cine.

CLAPTON, ERIC *(Ripley, Reino Unido, 1945) Guitarrista británico de blues.* «Eric Clapton is God» (Eric Clapton es Dios), así reza un popular grafito aparecido en las calles de Londres a finales de los años sesenta que sirve de muestra indicativa de la popularidad y el entusiasmo que este extraordinario guitarrista despertó en la sociedad británica. Clapton tocó en diversos grupos, como John Mayal & The Bluesbreakers, Yardbirds o Cream, hasta que, en 1972, tras un período de desintoxicación de su adicción a la heroína, inició definitivamente su carrera en solitario y reapareció ante el público en 1973. A partir de ese momento Clapton ha ido editando diversos elepés, como *Behind in the sun* (1985), *Journeyman* (1989) o *From the cradle* (1994), en los cuales ha mantenido siempre su estilo rhythm & blues. Ganador de varios premios Grammy, Clapton está considerado como uno de los más grandes guitarristas de blues. *Cocaine, I can't stand it, Layla* o *Let it grow* son algunos de sus temas más destacados, así como *Tears in Heaven*, un tema que el músico dedicó a su hijo Conor, muerto a los cuatro años a consecuencia de un trágico accidente.

CLARÍN [Leopoldo Alas y Ureña] *(Zamora, 1852-Oviedo, 1901) Novelista español.* Aunque nació en Zamora, donde su padre había sido nombrado gobernador civil, era de familia asturiana y a partir de los siete años vivió en Oviedo, ciudad a la que le uniría una estrecha relación y que se convertiría, de alguna manera, en la protagonista de su obra maestra, *La Regenta*. Estudió en Oviedo, con brillantes calificaciones, tanto en el colegio como en la universidad. Muy joven manifestó una exaltada afición por la literatura y una no-

▶ *Portada de* La Regenta, *obra cumbre de* **Clarín**. *La acción de la novela transcurre en Vetusta, una ciudad imaginaria que no es otra que Oviedo.*

▼ *Retrato de Leopoldo Alas, que inició su carrera como escritor en 1875, a través de colaboraciones en la prensa, con el seudónimo de* **Clarín**, *que acabaría por prevalecer sobre el apellido del literato.*

CLARÍN

OBRAS MAESTRAS

NOVELA: *LA REGENTA* (1884); *SU ÚNICO HIJO* (1890). **RELATOS:** *DOÑA BERTA, CUERVO, SUPERCHERÍA* (1892); *EL SEÑOR Y LO DEMÁS SON CUENTOS* (1892); *CUENTOS MORALES* (1896); *EL GALLO DE SÓCRATES* (1901). **ARTÍCULOS:** *SOLOS DE CLARÍN* (1881); *SERMÓN PERDIDO* (1885); *NUEVA CAMPAÑA* (1887); *MEZCLILLA* (1888); *ENSAYOS Y REVISTAS* (1892); *PALIQUE* (1893). **TEATRO:** *TERESA* (1895).

table aptitud para el teatro y el periodismo satírico. La revolución de 1868 despertó sus simpatías por la causa republicana y liberal, y sus años en Madrid (1871-1882), donde estudió filosofía y letras y se doctoró en leyes, le permitieron tener contacto con el círculo intelectual krausista, cuya influencia, muy en especial la de su profesor Francisco Giner de los Ríos, fue decisiva en su formación. Con el seudónimo de *Clarín*, se convirtió, a partir de 1875, en uno de los colaboradores más activos de la prensa «democrática». En 1883 contrajo matrimonio y obtuvo la cátedra de economía y estadística en la Universidad de Zaragoza. Al año siguiente logró su traslado a la Universidad de Oviedo, donde enseñó derecho romano, actividad que alternó con las de articulista y escritor. Sus artículos literarios y satíricos, publicados mayoritariamente en la revista *Madrid Cómico*, alcanzaron gran popularidad, pero su mordacidad le valió numerosas enemistades e incluso algún duelo. A su llegada a la capital asturiana, emprendió la redacción de *La Regenta*, cuyo primer volumen aparecería en 1884. Dentro de su producción crítica destacan los *Folletos literarios*, una serie de ocho opúsculos publicados entre 1886 y 1891. Lector infatigable y estudioso concienzudo, sus más de dos mil artículos filosóficos, políticos y literarios publicados

lo convirtieron en el mayor crítico literario de su tiempo, y en una autoridad intelectual influyente y respetada. Su ideología progresista y su adscripción a la ética liberal del krausismo entroncan con la voluntad política, característica de ese fin de siglo, de superar la tradicional inercia cultural española. Sin embargo, a partir de 1890, al sentir que no pertenecía a ninguna de las clases sociales históricamente activas y despreciando a una burguesía cuya única aspiración se limitaba al beneficio, poco a poco sustituyó ese dinamismo histórico por una moral más bien individual que reivindicaba la emancipación del hombre por la cultura. Para él, la posibilidad del progreso social estaba íntimamente ligada al progreso moral del hombre. Esa nueva orientación lo llevó a concentrarse más en su obra literaria y a revisar sus convicciones positivistas. Sin alejarse definitivamente de la ciencia, relativizó su poder y centró sus esfuerzos literarios en la descripción de la interioridad humana. Para Clarín, no hay valor auténticamente humano que no sea valor de interioridad. De ahí sus implacables críticas a la Iglesia institucional y su repugnancia por la falsedad, la impostura y la hipocresía, componentes centrales de la sociedad provinciana y decadente que describe magistralmente su novela *La Regenta*. El centro de su pensamiento filosófico y religioso se articula entre el reconocimiento del poder de la razón y la permanente intuición del misterio. El «realismo humano» de Clarín adopta las enseñanzas de movimientos y personajes tan dispares como el naturalismo de Victor Hugo, el psicologismo de Bourget o el racionalismo espiritual de Renan. Si bien es indiscutible que la gran obra que deja Clarín es su novela *La Regenta*, sus relatos breves y su teatro son parte insoslayable de su producción y destacan por la ironía y la ternura inteligente. En cuanto a su vocación teatral, en 1885 estrenó *Teresa*, obra considerada actualmente como uno de los intentos más notables de renovación del teatro español del siglo XIX.

CLAUDIO I [Tiberio Claudio Nerón Druso Germánico] *(Lyon, 10 a.C.-Roma, 54 d.C.) Historiador y emperador romano.* Subió al trono en el 41, cuando tenía más de cincuenta años; hasta ese momento había permanecido apartado de la política y las intrigas de la corte debido a su carácter retraído y al hecho de que era tullido de nacimiento, por lo que la familia imperial lo había mantenido en un segundo plano.

Claudio era además un erudito, autor de una *Historia de Etruria* y otra de Cartago, dos pueblos considerados «malditos» por la historiografía tradicional romana; tan peculiar afición y tan poco atractivos temas de estudio no debieron de hacer otra cosa que reforzar la percepción de sus contemporáneos de que se trataba de un excéntrico. Convertido en emperador por la guardia pretoriana, trató de estabilizar la institución imperial, respetando al Senado, y así reorganizó las finanzas y el correo e incrementó la burocracia del imperio, que quedó en manos de los libertos de la casa imperial. Este hecho provocó muchas tensiones con el Senado, que veía la ascensión de éstos como un atentado contra las atribuciones de las clases senatoriales y ecuestres. En otro orden de cosas, Claudio, buen conocedor de la historia de Roma, intentó llevar a cabo una política de integración de las elites gobernantes de la Galia en el Senado, cosa que volvió a atraerle las iras de éste, descontento ante la entrada de aquellos «bárbaros» en una institución tan genuinamente romana. Estas tensiones se tradujeron en diversas rebeliones, como la del legado de Dalmacia, y en conjuras como la de la propia esposa del emperador, Mesalina, que fueron, sin embargo, rápidamente sofocadas. La política exterior de Claudio se centró en la ocupación efectiva de Britannia (43 d.C.), a cargo de Plaucio Silvano, en cuyas operaciones iniciales estuvo presente el emperador. La muerte de Claudio está envuelta en misterio, ya que se cree que fue causada por su segunda esposa Agripina, quien lo habría envenenado para asegurar el ascenso al trono de su hijo Nerón, fruto de un anterior matrimonio de ella, en perjuicio de Británico, hijo del emperador y de Mesalina.

CLAUSEWITZ, KARL VON *(Magdeburgo, actual Alemania, 1780-Breslau, id., 1831) Militar y teórico de la guerra prusiano.* Ingresó en el ejército en 1792, y nueve años más tarde fue admitido en el Instituto de la Guerra de Berlín. Bajo la tutela de Gerhard von Scharnhorst estudió ciencia militar y se introdujo en los ambientes cortesanos, convirtiéndose pronto en ayudante del príncipe Augusto. Tras la invasión napoleónica de Rusia (1812) entró, como muchos otros militares prusianos, al servicio de este último país. A su regreso a Prusia, dos años después, fue nombrado general y tuvo un papel destacado en la batalla de Waterloo (1815). En su obra más importante, *Sobre la guerra*, analizó

▲ *Estatua de **Claudio** divinizado como Júpiter, que se expone en el Museo Pío Clementino de Roma.*

▲ *Rudolf Emanuel **Clausius**, físico alemán al que se debe la formulación del segundo principio de la termodinámica.*

▼ *Josep Anselm **Clavé** en un óleo pintado por J. Casanovas.*

los diferentes aspectos tácticos y estratégicos de la actividad militar, concediendo especial importancia a los factores psicológicos y accidentales, y a la capacidad de respuesta a los mismos. La estrategia, según Clausewitz, debía centrarse en tres objetivos principales: las fuerzas del enemigo, sus recursos y su voluntad de combatir. Sus escritos ejercieron una notable influencia en la conformación de la teoría militar durante más de un siglo.

CLAUSIUS, RUDOLF EMANUEL *(Koszalin, actual Polonia, 1822-Bonn, 1888) Físico alemán.* Se doctoró en 1848 por la Universidad de Halle. Fue profesor de física en la Escuela Real de Artillería e Ingeniería de Berlín (1850-1855) y en las universidades de Zurich (1855-1867), Wurzburgo (1867) y Bonn (1869). Fue uno de los fundadores de la termodinámica. En 1850 enunció el segundo principio de la termodinámica como la imposibilidad de flujo espontáneo de calor de un cuerpo frío a otro caliente, sin la aplicación de un trabajo externo. En 1865 introdujo el término entropía, definido como la capacidad del calor para desarrollar trabajo, y demostró que la entropía del sistema se incrementa en un proceso irreversible. Llevó a cabo así mismo investigaciones sobre la teoría cinética de los gases y los fenómenos electroquímicos.

CLAVÉ, JOSEP ANSELM *(Barcelona, 1824-id., 1874) Maestro de coro, compositor, poeta y político español.* Nacido en el seno de una familia acomodada venida a menos, Clavé fue el principal introductor del movimiento coral obrero en España. De formación musical autodidacta, concibió la idea de crear una asociación coral integrada por trabajadores y artesanos mientras cumplía una condena de dos años de prisión por su participación en los acontecimientos revolucionarios sucedidos en Barcelona en 1843. La primera sociedad de estas características fue La Aurora, fundada en 1845, a la que siguió en 1850 La Fraternidad, más tarde rebautizada como Euterpe, con la cual llevó a cabo una importante labor cultural en la periferia industrial de Barcelona. El éxito de su propuesta motivó la aparición de sociedades euterpenses en toda España. Mantienen todavía una estimable popularidad algunas de sus composiciones corales, con textos casi siempre suyos, tanto en catalán como en castellano. *Els xiquets de Valls*, *La maquinista* y *Les flors de maig* son algunas de ellas.

◀ Cassius **Clay**, en las cuerdas, intenta esquivar los golpes que le lanza George Foreman. El púgil estadounidense abrazó el islam y cambió su nombre por el de Muhammad Alí.

CLAY, CASSIUS, posteriormente Muhammad Alí *(Louisville, EE UU, 1942) Boxeador estadounidense*. Campeón olímpico de los pesos semipesados en Roma (1960), en 1964 pasó al campo profesional, proclamándose campeón mundial de los pesos pesados ese mismo año tras derrotar al entonces campeón Sonny Liston. También en 1964 se convirtió al islam y adoptó el nombre de Muhammad Alí. A partir de ese momento la polémica acompañó su trayectoria profesional: en 1967 se negó a incorporarse al ejército, alegando su condición de musulmán y de objetor de conciencia. Acusado de desertor, fue desposeído de su título, que quedó vacante. En 1970 volvió de nuevo al ring, pero perdió el combate por el título con Joe Frazier en marzo de 1971. Revocada su condena por el Tribunal Supremo de Estados Unidos, reapareció con todos los honores en 1974: derrotó a Frazier y recuperó el título de los pesos pesados al dejar fuera de combate al campeón, George Foreman, en Kinshasa (Zaire). Cuatro años más tarde (1978) lo perdió ante Leo Spinks en Las Vegas, y meses después consiguió recuperarlo tras derrotar a ese mismo rival en Nueva Orleans. Anunció su retirada en 1979, pero al año siguiente retó al que era entonces campeón mundial Larry Holmes, quien lo venció con claridad. Su carácter temperamental y fanfarrón le hizo siempre acreedor a un puesto preferente en la prensa deportiva.

▼ Georges **Clemenceau**. El político francés alcanzó gran reputación por defender abiertamente a Dreyfus desde L'Aurore, periódico que él fundó.

▼ *Miniatura de las* Decretales clementinas, *del s. XV, obra que recoge las constituciones de* **Clemente V**, *papa que trasladó la sede pontificia a la ciudad francesa de Aviñón.*

CLEMENCEAU, GEORGES *(Mouilleron-en-Pareds, Francia, 1841-París, 1929) Político francés*. Médico de profesión, pronto se inclinó por el periodismo y durante la guerra civil estadounidense fue corresponsal de *Paris Temps*. A partir de 1870 se dedicó a la política. Fue elegido diputado en las elecciones de 1871 y pasó a liderar la extrema izquierda parlamentaria en 1876. Contribuyó decisivamente a la caída de los gobiernos de Gambetta (1882) y Jules Ferry (1885), lo que le valió el sobrenombre político de *el Tigre*. Se opuso activamente a la política colonial de J. Ferry y apoyó la revisión del proceso Dreyfus. Elegido senador (1902), fue nombrado presidente del Consejo y ministro del Interior en 1906. Prosiguió la política de separación de Iglesia y Estado y creó un ministerio de Trabajo, pero acabó rompiendo con los socialistas, que le reprochaban su intransigencia y la represión de las huelgas de mineros del Pas-de-Calais. Tras salir del gobierno fundó el diario *L'Homme Libre*, desde el que alertó sobre el peligro que representaba Alemania. En 1917, en un momento crítico de la Primera Guerra Mundial, el presidente de la República Poincaré le encargó la formación de un gobierno de unidad nacional, desde el que organizó e intensificó el esfuerzo de guerra y consiguió que el mando único de las fuerzas aliadas recayese en el general francés Foch. Tras participar en la conferencia de París y en las negociaciones del tratado de Versalles (1919), fue derrotado por Deschanel en las elecciones presidenciales de 1920.

CLEMENTE V [Bertrand de Goth] *(Villandraut, Francia, ?-Aviñón, id., 1314) Papa (1305-1314)*. Persona de débil carácter, durante su pontificado no fue más que un simple juguete en las manos de Felipe IV *el Hermoso* de Francia, quien le persuadió de que se trasladase a Aviñón, para su propia protección. El asentamiento de la suntuosa corte papal en Aviñón, en 1309, causó muy mala impresión en el resto de Europa, y en especial en Inglaterra, enfrentada a Francia. La debilidad del Papa ante las pretensiones del rey francés contrastaba con la energía de su predecesor, Bonifacio VIII. Así, Clemente cedió ante las acusaciones de la Inquisición contra la orden de los templarios, y en el concilio de Vienne accedió, a través de su bula *Ad providam Christi vicarii*, a suprimir dicha orden, encarcelar a sus dirigentes y confiscar sus bienes, parte de los cuales fueron a manos de Felipe IV.

◀ *Retrato de* **Clemente VII**, *óleo sobre lienzo realizado por Sebastiano del Piombo en 1526. Bajo su pontificado se produjeron el saco de Roma, el arraigo de la reforma de Lutero y el cisma anglicano.*

▼ *Fotografía de Bill* **Clinton** *con su esposa Hillary. Si en el primer mandato presidencial fue ésta la que estuvo sometida a una fuerte presión por parte del Congreso y de la opinión pública, en el segundo fue Clinton el más cuestionado a raíz del escándalo Lewinsky.*

▼ *Detalle de un relieve que representa a* **Cleopatra VII**, *reina de Egipto. Mujer de extraordinaria belleza, fue amante de Julio César y luego de Marco Antonio.*

CLEMENTE VII [Giulio de Médicis] *(Florencia, 1478-Roma, 1534) Papa (1523-1534).* Tras haber sido secretario de Estado, ocupó el solio pontificio a la muerte de Adriano VI. El pontificado de Clemente VII se caracterizó por su honestidad personal y por su voluntad de mantener la independecia papal frente a la monarquía hispánica, así como por la eclosión de la Reforma luterana, que se extendió por Europa y acabó provocando la ruptura con Enrique VIII de Inglaterra. En 1527 se vio forzado a huir de Roma ante el avance de las tropas imperiales amotinadas, que sometieron a la ciudad a un espantoso saqueo (saco de Roma). A pesar de su alianza con Francisco I de Francia, el Papa no pudo evitar la supremacía en Italia del emperador Carlos I, y se vio compelido a acercarse a éste ante los saqueos de Barbarroja y el creciente poderío de los turcos, paradójicamente aliados de Francia.

CLEOPATRA VII *(Alejandría, actual Egipto, 69 a.C.-?, 30 a.C.) Reina de Egipto (51-30 a.C.).* Hija de Tolomeo XII, Cleopatra VII Tea Filopátor subió con diecisiete años al trono de Egipto, junto con su hermano Tolomeo XIII, de tan sólo diez años, a la muerte de su padre (51 a.C.). Inteligente, seductora y ambiciosa, fue enviada al exi-

lio por los ministros de su hermano por haber conspirado contra él (49-48 a.C.). En el 48 a.C., sin embargo, Cleopatra consiguió el apoyo de Julio César, quien, tras llegar a Alejandría, obligó a ambos hermanos a compartir el poder. Disconforme con esta medida, Tolomeo XIII se rebeló, pero fue derrotado y muerto por las tropas de Cleopatra, con la ayuda de los romanos (47 a.C.). Amante de César, de quien tuvo un hijo, Cesarión, acudió con él a Roma. Después del asesinato del dictador romano (44 a.C.), Cleopatra regresó a Egipto e inició una etapa de próspero gobierno personal. En el 41 a.C., la reina egipcia conoció en Tarso a Marco Antonio, quien, tras constituir con Octavio Augusto y Lépido el segundo triunvirato romano (43 a.C.), había vencido a los asesinos de César en Filipos (42 a.C.). Enamorado de Cleopatra, Marco Antonio repudió, en el año 32 a.C., a su esposa Octavia, hermana de Octavio Augusto. Éste, humillado, promovió la guerra contra Egipto, acusando a Marco Antonio y Cleopatra de conspirar contra Roma y pretender crear un Estado propio en Oriente. El 2 de septiembre del 31 a.C., la flota romana aniquiló a la escuadra egipcia en la batalla de Accio. Después de huir a Alejandría, Marco Antonio se dio muerte al creerse traicionado por Cleopatra. Ésta, por su parte, trató de obtener la clemencia de Octavio Augusto, pero que fue en vano, por lo que decidió suicidarse para evitar la vejación de verse obligada a participar en el triunfo del vencedor (30 a.C.).

CLINTON, BILL [William Jefferson Blythe] *(Hope, EE UU, 1946) Cuadragesimosegundo presidente de Estados Unidos.* Fue congresista por el Partido Demócrata en 1974, fiscal general de Arkansas (1976) y gobernador del mismo estado a los treinta y dos años. Se presentó como candidato por el Partido Demócrata y derrotó a George Bush en 1992, al basar su candidatura en el aumento de las inversiones estatales y la mejora de la educación y la sanidad públicas. Apoyó el Tratado de Libre Comercio entre Estados Unidos, México y Canadá, pero una de las principales esperanzas de su mandato, la propuesta de reforma sanitaria, al frente de la cual puso a su esposa Hillary, fracasó. En política exterior concluyó el embargo comercial a Vietnam, no se pronunció en la guerra civil de Bosnia e intervino militarmente en Somalia. Reelegido en 1996, una serie de procesos dirigidos contra él por el fiscal Starr, primero por acoso sexual y más adelante por negar relaciones –luego probadas– con la becaria Monica Lewinsky, lo colocaron al borde de la dimisión. Su buena gestión económica y abandono de la táctica de continua presión por parte del Partido Republicano permitieron a Bill Clinton mantenerse en el cargo. En política exterior, su mandato estuvo marcado por las intervenciones militares en Irak y Yugoslavia.

CLIVE, ROBERT, PRIMER BARÓN DE *(Styche, Gran Bretaña,1725-Londres, 1774) Político británico.* En 1743 ingresó en la Compañía de las Indias y participó en las acciones militares que enfrentaron a británicos y franceses por el control del subcontinente índico y las islas adyacentes. En 1755 fue nombrado capitán de las fuerzas armadas británicas para recuperar el llamado «Black Hole» de Calcuta y, tras dos años de enfrentamientos, finalmente derrotó a la alianza francoindia en Plassey. A partir de 1757, y tras recuperar el control del territorio, se erigió en máxima autoridad de Bengala, si bien oficialmente carecía de título. En 1760 regresó a Inglaterra, donde fue elegido miembro del Parlamento y nombrado barón (1762). Poco después, en 1765, volvió a Calcuta para derrotar al gobierno civil recientemente elegido y reimplantar la autoridad militar británica. Tras recuperar el poder, reprimió duramente a los miembros y simpatizantes del anterior gobierno, lo cual motivó una denuncia que, tras llegar a Londres, supuso la formación de una comisión encargada de llamarlo al orden y, posteriormente, obligarlo a abandonar el poder y regresar a Londres, disposición que Clive cumplió en 1767.

▲ *Miniatura medieval que representa el momento del bautismo en Reims del rey franco **Clodoveo**, oficiado por el obispo Remigio.*

▼ Francisco I, *efigie del monarca francés datada hacia 1540. Este dibujo, obra de la escuela de los **Clouet**, forma parte de la colección del Museo Condé de Chantilly.*

◄ *Cuadro que muestra al general inglés Robert **Clive**, artífice del dominio británico en la India tras haber expulsado a los franceses del territorio.*

CLODOVEO o **CLOVIS I** *(?, h. 466-París, 511) Rey de los francos salios (481-511) y de los francos ripuarios (h. 509-511).* Hijo del monarca merovingio Childerico I, a quien sucedió en el año 481 como rey de los francos salios. Cinco años más tarde, derrotó y ejecutó cerca de Soissons a Sigiario, gobernador romano del norte de la Galia, lo que le permitió controlar en poco tiempo todo el territorio comprendido entre el Somme y el Loira. En el 496, tras vencer y someter a los alamanes, abrazó el catolicismo, siendo bautizado en Reims por el obispo Remigio, el día de Navidad. Su conversión le propició la adhesión incondicional del episcopado, contribuyó decisivamente a la sumisión de los galorromanos. En el año 508, tras derrotar a los visigodos, recibió de Anastasio I el título honorífico de cónsul y estableció en París la capital de su reino, que abarcaba ya toda la Galia, con la excepción de Borgoña, Provenza y Septimania. Poco después, hacia el 509, su elección como rey de los francos ripuarios supuso la unificación de todo el pueblo franco en un solo Estado. En el 511, el mismo año de su muerte, convocó en Orleans un concilio que contó con la participación de 32 obispos galos y ordenó la codificación de la ley consuetudinaria de los francos salios, conocida con el nombre de Ley Sálica.

CLOUET, FAMILIA; JEAN *(?, h. 1475/1480-París, 1540/1541)* y su hijo **FRANÇOIS** *(Tours, Francia, h. 1510-París,1572) Pintores flamencos afincados en Francia.* Jean, hijo de Jean Clouet *el Viejo*, es una personalidad mal documentada. Al parecer, gozó de una gran fama, pero todas las obras que se conservan son atribuciones, en particular retratos, imbuidos de naturalismo flamenco, y dibujos, realizados con un estilo muy personal y en los que desempeñan un papel relevante los sombreados y los juegos de luces y sombras. Su hijo François, fue pintor de la corte y destacó sobre todo como retratista. Se le atribuye un famoso retrato de *Francisco I* y es suya con seguridad la *Dama en el baño*, de la que se dijo sin fundamento alguno que era un retrato de Diana de Poitiers. Su estilo muestra claras tendencias italianizantes.

COCTEAU, JEAN *(Maisons-Laffitte, Francia, 1889-Milly-la-Foret, id., 1963) Escritor, dramaturgo, actor, pintor y director cinematográfico francés.* Hijo de una familia burguesa aficionada al arte y a la cultura, publicó su primer libro de poemas, *La lámpara de Aladino* (1909), a los diecinueve años de edad. Afincado en el barrio parisino de Montparnasse, trabó amistad con los artistas más significativos de la época. Escribió varias obras de teatro, como *Antígona* (1924) y *Orfeo* (1927), novelas, como *Los niños terribles* (1929) y *La máquina infernal* (1934), y también ensayos, entre los que destaca *Diario de un desconocido* (1954). En 1932 estrenó su primera película, *La sangre de un poeta*, a la que siguieron *La bella y la bestia* (1946) y una recreación de *Orfeo* (1950). Por lo que se refiere a su actividad como pintor, cabe destacar los frescos del ayuntamiento de Menton y los de la capilla de Saint-Pierre en Villefranche-sur-Mer. La obra de Cocteau destaca por su falta de convencionalismo y por su gran versatilidad, e influyó poderosamente sobre otros autores.

COELLO, CLAUDIO *(Madrid, 1642-id., 1693) Pintor español.* Se le considera el último gran pintor de la escuela madrileña del siglo XVII. Artista dotado de gran dominio del pincel y excelente colorista, en su obra se advierte la influencia de los pintores venecianos, en particular Tiziano, a los que estudió en las colecciones reales. Se formó en Madrid con Francisco Ruiz, de quien heredó el gusto por las composiciones escenográficas y monumentales. En 1686 sucedió a Carreño como pintor del rey (ya trabajaba en la corte), y a partir de entonces realizó una cumplida serie de obras de temática religiosa que culminó en *La adoración de la Sagrada Forma*, su realización más conseguida. El mérito de este

▲ *Jean* **Cocteau** *junto a la actriz italiana Gina Lollobrigida en el Festival de Cine de Cannes de 1954. El polifacético escritor francés también realizó incursiones en el cine, en el campo de la dirección.*

◄ Adoración de la Sagrada Forma, *óleo sobre lienzo de 1865, obra del pintor madrileño Claudio* **Coello** *que se conserva en la sacristía del monasterio de El Escorial de Madrid.*

cuadro reside en que combina la temática religiosa con el retrato, así como en la arquitectura que enmarca la escena; en ella se ve a Carlos II y su corte (una magnífica galería de retratos) en la sacristía de El Escorial (recreada con una perspectiva de tipo ilusionista) en un acto de adoración de la Sagrada Forma. Se trata, sin duda, de una obra muy original, que proporcionó al artista un éxito considerable, pese a lo cual no fue elegido para ejecutar un importante programa decorativo en El Escorial, obra que le fue encomendada al italiano Luca Giordano. Este fracaso entristeció a tal punto al artista, que en lo sucesivo sólo trabajó en la catedral de Toledo, donde decoró al fresco el techo de la sacristía, y en la madrileña casa de la Panadería, en la cual llevó a cabo decoraciones, así mismo al fresco, que se cuentan entre lo mejor de su obra. Cultivó casi exclusivamente la temática religiosa y el retrato, género este último en el que mostró particular habilidad.

COHEN, STANLEY *(Nueva York, 1922) Bioquímico estadounidense.* Se doctoró en 1948 por la Universidad de Michigan. En 1952 se incorporó a la Universidad de Washington como investigador, y en 1967 se trasladó a la Universidad Vanderbilt como profesor de bioquímica. En asociación con Rita Levi-Montalcini, aisló un primer factor de crecimiento de células nerviosas. Cohen descubrió más tarde un segundo factor de crecimiento celular que denominó «factor de crecimiento epidérmico» (EGF). Junto con su equipo investigador, consiguió purificar y analizar completamente sus propiedades químicas y evidenciar los mecanismos en los que interviene el EGF a nivel celular. Sus trabajos, que tienen aplicación en la cicatrización de heridas cutáneas y de la córnea, le valieron ser galardonado en 1986, junto con Levi-Montalcini, con el Premio Nobel de Fisiología y Medicina.

COLBERT, JEAN-BAPTISTE *(Reims, Francia, 1619-París, 1683) Estadista francés.* Nacido en el seno de una familia dedicada al comercio textil, inició su actividad pública como funcionario del Ministerio de Guerra. Posteriormente fue nombrado intendente de los bienes personales del cardenal Mazarino, quien le encomendó la misión de intermediario entre él y la reina regente Ana de Austria, durante la época de la Fronda. Ya al servicio de Luis XIV, a partir de 1661 inició una rápida ascensión en el poder, ocupando los cargos de con-

trolador general de Finanzas (1665), secretario de Estado de la Casa del Rey (1668) y de la Marina (1669) y, finalmente, ministro de Estado. Su obra de gobierno se desarrolló a partir de un sistema económico denominado colbertismo, inspirado en los principios mercantilistas, mediante los cuales pretendía equilibrar las diferentes ramas de la actividad económica nacional. Para lograr sus objetivos, limitó las importaciones y fomentó la industria nacional con medidas proteccionistas, como la subvención de las manufacturas reales destinadas a producir los artículos que antes eran importados. La supresión de las aduanas interiores, la reforma del sistema de comunicaciones y la creación de puertos francos favorecieron así mismo la actividad comercial. Las medidas aplicadas por Colbert supusieron la reducción de la deuda pública y el aumento de la capacidad financiera del Estado, la cual, por otra parte, se vio contrarrestada por la cuantía de los dispendios de la guerra franco-holandesa (1672-1679), que obligaron, entre otras cosas, a imponer el monopolio del tabaco y aplicar el impopular impuesto del timbre. Colbert creó la contabilidad pública moderna y desarrolló las marinas mercante y de guerra, e impulsó una política cultural también ligada a su visión centralizadora.

COLERIDGE, SAMUEL TAYLOR *(Ottey Saint Mary, Gran Bretaña, 1772-Londres, 1834) Poeta, crítico y filósofo británico.* Hijo de un pastor anglicano y huérfano desde su niñez, estudió en el Jesus College de Cambridge, donde trabó amistad con el poeta Robert Southey. Ambos siguieron con entusiasmo los acontecimientos de la Revolución Francesa, hasta el punto de que su

SAMUEL TAYLOR COLERIDGE

OBRAS MAESTRAS

POESÍA: *EL VIEJO MARINO (THE RIME OF THE ANCIENT MARINER, 1797-1798); BALADAS LÍRICAS (LYRICAL BALLADS,* en colaboración con Wordsworth, 1798); *CHRISTABEL* (1800); *ABATIMIENTO: UNA ODA (DEJECTION, AN ODE, 1802); KUBLA KHAN (1816); ESCARCHA A MEDIANOCHE (FROST AT MIDNIGHT); EL RUISEÑOR (THE NIGHTINGALE); HOJAS SIBILINAS (SYBILLINE LEAVES, 1817).* **ENSAYO Y CRÍTICA:** *BIOGRAFÍA LITERARIA (BIOGRAPHIA LITERARIA, 1817); AYUDAS PARA LA REFLEXIÓN (AIDS TO REFLECTION, 1825); IGLESIA Y ESTADO (ON THE CONSTITUTION OF THE CHURCH AND STATE, 1830).*

▼ *El escritor y filósofo Samuel Taylor* **Coleridge** *integra, junto a Southey y Wordsworth, el grupo de los llamados «laquistas», primera generación de románticos ingleses.*

fracaso les llevó a planear la fundación de una comunidad regida por principios democráticos, proyecto que nunca llevarían a la práctica. En esta época, Coleridge se casó con Sarah Fricker, aunque en realidad no la amaba, por lo que el matrimonio no fue feliz. En 1795 conoció a William Wordsworth y entabló amistad con él, relación que se plasmó en la escritura en colaboración de *Baladas líricas* de 1798, obra con la que introdujeron el Romanticismo en la literatura inglesa. Fueron años de plenitud creativa, plasmada en poemas como *Kubla Khan*, que escribió en un arrebato de inspiración y bajo los efectos del opio, según su propia confesión. Destacan la exótica imaginería y el verso brillante y musical, aunque el carácter visionario del poema ha llevado a algunos críticos a negarle un sentido unitario. A esta época corresponde también la balada *El viejo marino* (1797-1798), uno de los mejores ejemplos, junto con la anterior, de la que ha dado en llamarse «poesía de misterios». El hermético simbolismo del poema, en el que un viejo y solitario marino mata, sin que se sepa el motivo, a un albatros, para sufrir a partir de entonces una serie de penalidades y tormentos, ha dado lugar a numerosas interpretaciones, aunque parece claro que está relacionado con el tema romántico de la culpabilidad y la pérdida del contacto entre el hombre y la naturaleza. En el otoño de 1798, Coleridge y Wordsworth realizaron un viaje por Alemania, durante el cual aprendió alemán y recibió la influencia de las nuevas corrientes filosóficas germanas, en especial a través la obra de Immanuel Kant, los escritos místicos de Jakob Boehme y la crítica literaria del dramaturgo G. E. Lessing, influencia que trasladaría a Gran Bretaña. En 1800 regresó a su patria y poco después se instaló con su familia y sus amigos en Keswick, en el distrito de los Lagos. Su enamoramiento de Sara Hutchinson agudizó los problemas matrimoniales; escribió entonces *Abatimiento: una oda* (1802), inicialmente una carta dirigida a su nuevo amor, composición que representa casi su adiós a la poesía. La obra está escrita en el estilo de su «poesía conversacional», de tradición dieciochesca pero a la que imprime una mayor intensidad romántica. A esta etapa corresponden el deterioro acelerado de su salud y su adicción al consumo de opio. Para recuperar la salud se trasladó a Malta, donde fue secretario del gobernador sir Alexander Ball, y en 1806 visitó Italia. A su regreso a Inglaterra dictó su famosa serie de conferencias sobre literatura y filosofía. Los últimos años de su vida se vieron ensombrecidos por graves desequilibrios nerviosos, lo cual lo alejó de su familia y le llevó a aceptar la protección y los cuidados de un admirador suyo, el médico James Gillman, en cuya residencia londinense se instaló en 1816. Su labor como crítico resultó crucial para la crítica literaria inglesa, a la que aportó nuevos criterios y conceptos; su obra fundamental en el citado cambio es *Biografía literaria* (1817). Alabado por sus contemporáneos por su espíritu europeísta, poeta y crítico literario de primer orden, concibió la imaginación poética como el elemento mediador entre las diversas culturas modernas, idea central de la estética romántica.

COLETTE, GABRIELLE-SIDONIE *(Saint-Sauveur-en-Puisaye, Francia, 1873-París, 1954) Escritora francesa.* Casada con el escritor Henri Ganthier-Villars, *Willy,* comenzó a publicar siendo muy joven la serie de novelas *Claudina* (1900-1903), que fueron firmadas por su marido. En 1906 se divorció, y continuó su carrera literaria firmando ya con su apellido, mientras trabajaba como actriz y mimo en los *music-halls,* ocupación que abandonaría durante la Segunda Guerra Mundial para ejercer el periodismo y la crítica musical. Sus novelas exploran el universo femenino y las vivencias del amor y sus contradicciones, con un tono de confidencia e intimismo a través del cual da vida a personajes que se mueven, sutilmente, entre la voluptuosidad y la recreación en la belleza (*El trigo verde*, 1923; *Al rayar el día*, 1928; etc.). Entre su extensa producción se encuentran varios libros de memorias y una recopilación de sus artículos periodísticos.

COLLINS, MICHAEL *(Clonakilty, Irlanda, 1890-Beal-na-Blath, id., 1922) Político y revolucionario irlandés.* Después de trabajar durante unos años en Londres, regresó a Irlanda en 1916, poco antes de los acontecimientos de la Semana Santa (Easter Rising). Su participación en ellos motivó que fuera detenido, juzgado y encarcelado en la prisión de Frongcoch. En diciembre de aquel mismo año fue puesto en libertad, tras lo cual prosiguió su militancia en el Sinn Fein. En 1918 fue uno de los 27 miembros del Sinn Fein elegidos para asistir a la Asamblea de Irlanda (Dail Eireann), compuesta en total por 73 dipu-

▲ *Ilustración de Gustave Doré para* El viejo marino, *de* **Coleridge**, *obra que anticipa a Poe y que constituye uno de los mejores ejemplos de la «poesía de misterio».*

▼ *Fernando* **Collor de Mello** *fotografiado en 1990, cuando era presidente de Brasil.*

tados y cuya resolución final fue favorable a la opción republicana. En ella, sin embargo, no estuvieron presentes ni el presidente del Sinn Fein, Eamon De Valera, ni su vicepresidente, Arthur Griffith, ambos encarcelados, por lo que Collins, que era el secretario de interior de dicha organización, fue uno de sus máximos representantes. Tras organizar la huida de la cárcel de De Valera, Collins fue nombrado director de Inteligencia del Ejército Republicano Irlandés (IRA), cargo desde el que combatió la presencia militar británica en la isla. Dicha lucha le reportó un alto prestigio popular, así como el privilegio de ocupar el primer lugar en la lista de personas más buscadas por los servicios secretos británicos, que ofrecieron una recompensa de 10 000 libras esterlinas por su persona. En julio de 1921, tras los primeros contactos entre el gobierno británico y el Sinn Fein, Collins y Griffith viajaron a Londres para discutir el plan de paz para Irlanda. Tras arduas negociaciones, el 6 de diciembre de aquel mismo año Collins accedió a firmar un tratado que, a su juicio, y aun a sabiendas del rechazo que suscitaría, era lo mejor a lo que Irlanda podía aspirar. Si bien concedía a Irlanda autonomía política, la previsión de división del territorio y el juramento de fidelidad a la Corona motivaron que ni De Valera ni la mayor parte de la Asamblea Irlandesa lo aceptaran, lo cual significó el comienzo de la guerra civil. Collins, nombrado primer ministro del gobierno provisional, asumió el mando del ejército y, tras la muerte de Griffith, el 12 de agosto, la jefatura del gobierno. Diez días después, mientras procedía a una inspección militar, fue objeto de un atentado que acabó con su vida.

COLLOR DE MELLO, FERNANDO *(Río de Janeiro, 1949) Político brasileño.* Hijo de una influyente familia vinculada al mundo de la comunicación, en 1979 fue elegido alcalde de Maceio, en el nordeste de Brasil. Diputado federal de Alagoas y gobernador del mismo estado, en 1990 se convirtió en el presidente más joven de Brasil. Inmediatamente puso en marcha un entusiasta «plan de choque» de inspiración liberal, con el cual intentó modernizar la economía brasileña y reducir la inflación, así como el número de funcionarios de la Administración. Sin embargo, dos años después fue acusado de corrupción por la Cámara de Diputados y hubo de ceder su puesto al vicepresidente, Itamar Franco. Una vez iniciado el juicio, dimitió como presidente del país y fue inhabilitado para el ejercicio de cualquier cargo público durante ocho años.

COLÓN, BARTOLOMÉ *(Génova?, 1437-Santo Domingo, 1514) Navegante genovés.* Dotado de una sólida formación como marino, y con dilatada experiencia en los viajes por el Atlántico, no tomó parte en el primer viaje de su hermano Cristóbal, rumbo a América, por encontrarse en una misión en Inglaterra. Tras llegar a España y saber que Cristóbal había partido de nuevo, en su segundo viaje, logró que los Reyes Católicos le fletasen una pequeña escuadra de tres naves con las que partió hacia las Indias. Consiguió encontrar a su hermano, enfermo por entonces, quien lo nombró su adelantado, así como gobernador civil y militar de la isla de La Española. Más adelante, ratificado en su cargo por los Reyes Católicos, fundó la ciudad de Santo Domingo.

COLÓN, CRISTÓBAL *(Génova?, 1451-Valladolid, 1506) Descubridor, navegante y mercader genovés.* De origen humilde –sus padres eran artesanos–, comenzó vinculado al negocio de tejeduría de su padre. Poco se sabe de los primeros años de su vida. Aficionado a la navegación desde muy joven, se formó en ella de modo autodidacta y sus primeras prácticas fueron al servicio de diferentes casas mercantiles genovesas. En 1476 se dirigió a Flandes como integrante de la tripulación de una flota comercial, pero a la altura del cabo de San Vicente su barco naufragó, al parecer a causa de un ataque de piratas, aunque también podría haber sido la escuadra francesa; Colón consiguió salvarse alcanzando la costa a nado. Desde entonces fijó su residencia en Lisboa, donde pasó al servicio de la colonia genovesa. Casó con Felipa Moniz De Perestrello, cuyo padre se hallaba vinculado a las empresas descubridoras portuguesas, que a la sazón estudiaban la manera de encontrar una alternativa a la ruta de las especias; gracias a ello, se fue orientando hacia empresas geográficas y científicas, y poco a poco abandonó las comerciales. Estudió cartografía, matemáticas y astronomía, y al fin, siguiendo las teorías, aunque erróneas, del humanista florentino Toscanelli sobre la esfericidad de la Tierra, presentó a Juan II de Portugal el proyecto de alcanzar el gran foco del mercado oriental de

▲ *Itinerario del primer viaje de* **Colón** *en el que descubrió el continente americano.*

▲ *Retrato de Cristóbal* **Colón** *posterior a su muerte. No existe ningún retrato contemporáneo del navegante, por lo que el pintor se basó en la descripción que le facilitó su hijo, Hernando Colón.*

las especias navegando hacia occidente. Se creía más breve esta ruta, puesto que los mapas no consideraban la presencia intermedia de otro continente. Rechazada la propuesta, acudió a la corte de Castilla, donde la idea se sometió a una junta. Colón, desalentado, comenzaba a plantearse la posibilidad de presentarse al rey de Francia, cuando los reyes castellanos apoyaron la expedición, dado que, en caso de éxito, suponía una excelente oportunidad de expansión. En abril de 1492 se firmaron las capitulaciones de Santa Fe, donde se concedió a Colón el título de virrey y almirante, además de los derechos sobre la décima parte de lo obtenido en las tierras alcanzadas. El descubridor partió de Huelva con tres embarcaciones llamadas *Santa María, Pinta* y *Niña.* El viaje resultó más largo de lo previsto, debido a la confusión geográfica inicial. En octubre del mismo año, la flotilla alcanzó las tierras de Guanahaní, en las Bahamas, isla que Colón bautizó como San Salvador; después arribaron a las islas Fernandina, Isabela, Santa María, Juana (Cuba) y La Española. En esta última Colón instaló un fuerte y dejó la nao *Santa María.* Regresó con las otras dos carabelas, que, a causa de un temporal, llegaron por separado, una a Galicia y la otra a Lisboa, hecho este que dio origen a una disputa diplomática entre Juan II de Portugal y los Reyes Católicos acerca de los derechos sobre las islas descubiertas. Entre 1493 y 1502 Colón realizó tres viajes más. Primero alcanzó Puerto Rico y Jamaica. En La Española, su fuerte había sido devastado por los indígenas, por lo que hubo de reconstruirlo. Después llegó a la desembocadura del Orinoco, a Trinidad y Venezuela. Por últi-

◀ *Carta autógrafa de Cristóbal **Colón** a su hijo Diego escrita en Sevilla y datada el 5 de febrero. La firma bajo el texto (Christoferens) significa «servidor de Cristo».*

mo, descubrió la costa de América Central, a la altura de Panamá, Veragua, Costa Rica y Nicaragua. No obstante, fracasó por completo como gobernador de aquellas tierras. Se ha creído que el descubridor murió pobre y no fue así, ya que conservó de por vida sus privilegios. Pocos personajes históricos han sido tan investigados como Cristóbal Colón, y su biografía ha suscitado todo tipo de polémicas acerca de su origen, las fechas de su nacimiento y su muerte, e incluso cuál fue el primer lugar en que puso pie. Lo que sí se debe señalar es que murió convencido de que había alcanzado tierras asiáticas. A Américo Vespuccio correspondería desvelar la verdadera identidad del llamado Nuevo Mundo.

COLÓN, DIEGO *(Lisboa o Porto Santo, Portugal, h. 1478-Puebla de Montalbán, España, 1526) Almirante y virrey español.* Primogénito de Cristobal Colón, en 1508 protagonizó lo que se conoce como los Pleitos Colombinos, en los que reclamó a la Corona sus privilegios. Contrajo matrimonio con María de Toledo, sobrina del duque de Alba, noble que le apoyó para que fuese nombrado gobernador de las Indias y Tierra Firme, pero no así virrey. Un año más tarde, con la flota de su tío Bartolomé llegaba a Santo Domingo, momento a partir del cual ejerció sus funciones con el empeño de poblar otras islas e incrementar tanto la producción agrícola como la explotación minera. En 1511, una sentencia del Consejo Real le reconoció el

▼ *Relieve que muestra a Diego **Colón**, hijo de Cristóbal, durante su estancia en el monasterio de la Rábida al cuidado de los monjes franciscanos.*

virreinato, a pesar de lo cual no consiguió ningún aumento de poder efectivo. En 1515 volvió a Castilla para velar por sus negocios, y permaneció en España hasta 1520. Inició entonces su segunda gobernación que duró hasta 1523, año en que regresó definitivamente a la metrópoli.

COLONIA, FAMILIA; JUAN DE *(Colonia, actual Alemania, ?-Burgos?, 1481)* y su hijo **SIMÓN DE** *(Burgos?, h. 1450-?, h. 1512) Familia de arquitectos y escultores españoles de origen alemán.* El arquitecto alemán Juan de Colonia llegó a Castilla hacia 1440 y trabajó sobre todo en Burgos, de cuya catedral fue maestro de obras. Introdujo en España formas del gótico nórdico y, más concretamente, del gótico flamígero, del cual dio una buena muestra en las flechas que remataban las torres de la catedral, destruidas en 1539. Su hijo Simón le sucedió como maestro de obras de la catedral burgalesa y se ocupó de la construcción de la capilla del Condestable, en el propio templo catedralicio. Se le considera uno de los grandes representantes del estilo Isabel y por ello se le han atribuido las fachadas del colegio de San Gregorio y de la iglesia de San Pablo en Valladolid, obras ambas que se asignan así mismo a Gil de Siloé, a quien sucedió en las obras de la cartuja de Miraflores.

COLT, SAMUEL *(Hartford, EE UU, 1814-id., 1862) Armero estadounidense.* Hijo de Christopher Colt y Sarah Caldwell. Durante un viaje en barco desde Boston a Calcuta, siendo joven, desarrolló su idea de un cilindro rotativo para el cargador de un arma de fuego inspirado en las ruedas del barco. En 1832 inventó una pistola con este sistema a la que denominó «revólver». Tras varios intentos fallidos, Colt logró fabricar un revólver provisto de un cilindro giratorio de seis cámaras, que muy pronto alcanzaría gran difusión. En 1846, el capitán Walker y catorce *rangers* de Texas cayeron en una emboscada preparada por ochenta guerreros comanches. Sin embargo, Walker y sus hombres derrotaron a los indios gracias a la nueva arma de Colt. El revólver tuvo también una importancia capital durante la guerra con México. En el año 1847, Colt fundó en Hartford la fábrica homónima de armas para la producción de numerosos tipos de revólveres, que tomaron así mismo su nombre. Por otro lado, inventó el primer utensilio de mando a distancia y fue pionero en la aplicación del cable submarino a las comunicaciones.

COLTRANE, JOHN *(Hamlet, EE UU, 1927-Nueva York, 1967) Saxofonista estadounidense de jazz.* Fue una de las grandes figuras del be-bop, junto al pianista Thelonious Monk y al trompetista *Dizzy* Gillespie, en cuya banda tocó en 1949. Además de Gillespie, Coltrane tocó con figuras de la talla de Charlie Parker, Miles Davis y el citado Monk. Entre una banda de jazz y otra, Coltrane pasó por ciertos períodos de inactividad derivados de sus problemas de adicción a las drogas, que finalmente superó. En 1957 inició su carrera en solitario y empezó a grabar discos con antiguos compañeros, si bien ya tenía un nombre consolidado en el mundo del jazz. Hacia la década de 1960, con la aparición del free-jazz, representado en la figura de Ornette Coleman, Coltrane dio un giro a su música, atraído por el nuevo estilo. Como discos más reseñables cabe mencionar *The Champ* (1951), *Soultrane* (1958), *Milestones* (1960) o *Expression* (1967), el último que publicó antes de fallecer de cáncer y en el que sólo participaron el saxofonista, su mujer, Alice, al piano y el percusionista Rushied Ali.

COMANECI, NADIA *(Bucarest, Rumania, 1961) Gimnasta rumana, nacionalizada estadounidense.* Descubierta por quien acabaría siendo su entrenador, Bela Karolyi, cuando tenía sólo seis años de edad, empezó a obtener sus primeras victorias en categorías juveniles en 1970. En 1974 ya era campeona juvenil mundial. En la categoría absoluta, en su primera actuación en competición internacional durante los Campeonatos de Europa celebrados en Skien (Noruega), en 1975, demostró sus excepcionales cualidades, dado que superó con cuatro victorias individuales a la rusa Lyudmila Turishcheva, pentacampeona de Europa. En 1976 triunfó en Nueva York, donde, además de hacerse con la victoria en la Copa América, se convirtió en la primera mujer que realizaba el dificilísimo doble mortal de espaldas en la salida de su ejercicio de asimétricas. Fue, sin embargo, en los Juegos Olímpicos de Montreal (1976) donde se reveló como un auténtico prodigio de la gimnasia: obtuvo siete máximas puntuaciones (10) y las medallas de oro en las disciplinas de paralelas asimétricas y de barra de equilibrio, así como en la general individual. Sus gráciles vuelos la convirtieron en una popularísima figura del deporte, y en su país fue recibida como una heroína nacional. Tras unos años de irregulares resultados en competición, que no le impidieron ganar

▲ *Portada del disco* A love Supreme, *publicado por John* **Coltrane** *en 1965. Extraordinario saxofonista, supo sintetizar el blues, la herencia del be-bop y el renovador free-jazz.*

▼ *Nadia* **Comaneci** *durante un ejercicio de suelo en los Juegos Olímpicos de Montreal en 1976. En este certamen la gimnasta rumana sorprendió al mundo, al conseguir siete «dieces».*

el Campenato del Mundo de Estrasburgo (1978), obtuvo dos nuevas medallas de oro en los Juegos Olímpicos de Moscú (1980), en suelo y barra de equilibrio, y el segundo puesto en la general individual. En 1984 se retiró de la competición activa para convertirse en entrenadora del equipo rumano, primero, y del canadiense, después. En 1989 se instaló en Estados Unidos, donde siete años más tarde contrajo matrimonio con el gimnasta estadounidense Bart Conner.

COMENIUS [Jan Amos Komensky] *(Ubersky Brod, actual República Checa, 1592-Amsterdam, 1670) Escritor y humanista checo.* Tras estudiar en Moravia y Alemania, obtuvo el título de doctor y fue ordenado sacerdote (1616). En 1623 escribió su primera novela filosófica: *El laberinto del mundo y el paraíso del corazón,* síntesis de su pensamiento humanista de inspiración cristiana. La persecución a la que Fernando II sometió a los protestantes le obligó a exiliarse en Polonia, donde redactó *Puerta abierta a las lenguas* (1631), un nuevo método para el estudio de los idiomas. La publicación de *Didactica magna* (1632) y de *Orbis pictus* (1654) difundió por toda Europa su fama de humanista y pedagogo. En 1650 aceptó hacerse cargo de la reforma de las escuelas de Transilvania. Tras perder todos sus bienes en el incendio de Leszno, se trasladó a los Países Bajos, donde permaneció hasta su muerte. Está considerado como el principal precursor de la pedagogía moderna, que fue el primero en concebir como ciencia autónoma.

COMPTON, ARTHUR HOLLY *(Wooster, EE UU, 1892-Berkeley, id., 1962) Físico estadounidense.* En 1916 se doctoró por la Universidad de Princeton. De 1923 a 1945 fue profesor de física en las universidades de Minnesota, Saint Louis y Chicago. Compton es recordado principalmente por el descubrimiento y explicación, en 1923, del efecto que lleva su nombre, el efecto Compton, que le valió el Premio Nobel de Física, juntamente con C. Th. R. Wilson, en 1927. Compton explicó que el cambio que se producía en la longitud de onda de los rayos X tras colisionar con electrones se debía a la transferencia de energía desde el fotón al electrón; este descubrimiento confirmó la naturaleza dual (onda-partícula) de la radiación electromagnética. También es notable su trabajo sobre los rayos cósmicos puesto que confirmó la variación de su distribución en función de la latitud.

COMTE, AUGUSTE *(Montpellier, 1798-París, 1857) Filósofo francés.* A los diecinueve años fue nombrado secretario de Saint-Simon, con quien colaboró estrechamente de 1817 a 1823. Tras una violenta ruptura con su mentor, desarrolló su propia «sociología positiva» a lo largo de más de diez años, viéndose su trabajo interrumpido en ocasiones por ataques de locura y dificultado por acuciantes necesidades económicas, resueltas sólo en parte gracias a la ayuda de sus amigos. Elaboró un *Curso de filosofía positiva* (1830-1842), publicado en seis volúmenes, en el que fundamentó su método epistemológico, modelado sobre el ejemplo de la ciencia experimental. Según su «teoría de los tres estadios», la sociedad sigue necesariamente una evolución en tres fases: teológica, metafísica y positivista, hallándose él mismo y la sociedad de su tiempo en la última. A cada uno de los estadios corresponde una estructura de las creencias y de las normas morales, derivando su teoría, por lo tanto, hacia un relativismo moral. El método empleado por Comte, correspondiente al modelo de conocimiento del último estadio, parte siempre de los «hechos», entendidos como los fenómenos comprobables empíricamente, mediante la intervención de los sentidos. En 1844, año de la aparición de *Discurso sobre el espíritu positivo*, conoció a Clotilde de Veux, quien murió dos años después. Con ella mantuvo una apasionada relación que le condujo hacia el misticismo, motivo por el cual, a partir de 1845, quiso hacer derivar de su filosofía una religión para la humanidad. Desde 1848 hasta su muerte vivió sumido en la pobreza, lo cual no fue obstáculo para que entre los años 1852 y 1854 apareciera *El sistema de la política positiva*. Comte es considerado el fundador de la sociología y el punto de partida del positivismo.

CONDORCET, MARIE-JEAN-ANTOINE NICOLAS DE CARITAT, MARQUÉS DE *(Ribemont, Francia, 1743-Bourg-la-Reine, id., 1794) Filósofo, matemático y político francés.* Autor de un *Ensayo sobre el cálculo integral* (1765), fue admitido como miembro en la Academia de Ciencias en 1769. Redactó artículos de economía política para la *Enciclopedia* de Diderot, en los que se mostró partidario de la fisiocracia. Como diputado de la Asamblea legislativa de la Convención, propuso un proyecto de reforma de la instrucción pública (1792). Durante el período revolucionario del Terror cayó en desgracia por su adhesión a la facción de los girondinos y fue encarcelado. En prisión escribió su obra más importante, *Bosquejo de un cuadro histórico de los progresos del espíritu humano*, en la que, convencido del progreso indefinido de las ciencias, afirmaba que el perfeccionamiento moral e intelectual de la humanidad puede asegurarse por medio de una enseñanza bien orientada. Condenado a muerte, prefirió envenenarse antes que subir al cadalso. Sus ideas económicas se basan fundamentalmente en la doctrina de Turgot, mientras que en filosofía anticipa las teorías de Auguste Comte.

CONFUCIO, nombre castellanizado de Kongzi o Kongfuci *(Lu, hoy Shandong, actual China, 552 a.C.-id., 479 a.C.) Pensador, maestro, moralista y teórico político chino, fundador de la doctrina filosófica conocida como confucianismo.* Era hijo de un militar de ascendencia noble que murió cuando él contaba tres años de edad, con lo que la familia se vio abocada a la pobreza, sin que por ello se viera afectada en modo alguno su educación. Casó a los diecinueve años de edad con una joven que lo abandonó tras darle un hijo, Bo You, mientras él trabajaba como criado del jefe del distrito donde residía, obligado por sus precarias circunstancias económicas. Tras la muerte de su madre en el año 527 a.C., comenzó su carrera de maestro, y su fama de hombre sabio se propagó rápidamente en el principado de Lu. En la segunda mitad de la época de la dinastía Zhou, el gobierno central había degenerado en China y predominaban el vicio y el crimen. El desorden general imperante derivaba, según Confucio, de la falta de modelos morales y por ello se dedicó a enseñar a sus seguidores la literatura china, para que pudieran encontrar en ella

> *«Aprender sin pensar es inútil. Pensar sin aprender es peligroso.»*
>
> Confucio

▲ ▼ *Arriba,* **Confucio,** *fundador del confucianismo, según un grabado del s. XVIII. Abajo, templo de Confucio en Qufu, en la actual provincia de Shandong, donde nació el pensador en el s. VI a.C.*

modelos a seguir. Según la tradición, parece que fue nombrado magistrado en Lu, o al menos accedió a un cargo de funcionario, desde el cual atendió con gran éxito tareas administrativas. Para conseguir restaurar el orden y erradicar el crimen, resultaba fundamental que los ciudadanos se sintieran estimulados por un gobernante cuya vida fuese un ejemplo de rectitud moral. Los principios del pensamiento de Confucio no son de carácter religioso sino ético y práctico. Esto constituye un dato interesante si se tiene presente que el confucianismo llegó a declararse religión universal en el siglo XIX, aunque en el año 1922 perdió su oficialidad. De entre las virtudes que propugnaba Confucio, las principales son la compasión y la equidad; por la compasión socorremos a nuestros semejantes, y la equidad nos hace respetar los bienes ajenos y la jerarquía social. Ambas virtudes nos conducen hacia la perfección. La veneración a los padres durante toda la vida es otro de sus conceptos claves. El deber del hombre es respetar el principio de orden de carácter divino, aprender de los grandes hombres del pasado y adquirir la sabiduría mediante el estudio, la reflexión y el esfuerzo. Así mismo, los individuos tienen el deber de cumplir rigurosamente todas sus obligaciones hacia el Estado. El emperador es considerado como divino y primer sacerdote del imperio: si obra mal, se producen catástrofes naturales cuya responsabilidad a él atañe. La función de Confucio como administrador estatal finalizó en el año 496 a.C. y se cuenta que, desde entonces, él y sus discípulos erraron durante trece años por diversas regiones de China, con la vana esperanza de que otro gobernante aceptara sus medidas de reforma. Hasta el final de sus días viviría consagrado a la enseñanza; murió en Lu, y según la tradición sus discípulos le guardaron tres años de luto. Su doctrina moral no nos ha llegado de su propia mano, sino a través de los escritos de sus seguidores; la información más fidedigna sobre su vida proviene de las *Analectas*, compuestas por la segunda generación de discípulos. En cuanto a *Anales de primavera y otoño*, cuyo autor parece ser el propio Confucio, aunque este extremo no ha podido confirmarse, es un análisis de la historia de China en el estado de Lu desde el año 722 a.C. al 481 a.C. El confucianismo ocupó un lugar central en la ideología y la vida cotidiana de China e influyó en países como Corea, Vietnam y Japón, aunque en ninguno de ellos existe hoy como religión.

▲ *El novelista británico Joseph* **Conrad** *recoge a menudo en sus obras las experiencias que vivió en su juventud como marinero.*

> «*L*as palabras, como es bien sabido, son grandes enemigos de la realidad.»
>
> Joseph Conrad
> *Bajo la mirada de Occidente*

CONRAD, JOSEPH [Jozef Teodor Konrad Korzeniowski] *(Berdichev, Polonia, 1857-Bishopsbourne, Reino Unido, 1924) Novelista británico.* Hijo de un escritor polaco exiliado en Rusia, a los diecisiete años se enroló como marino y navegó con la flota francesa hasta 1878. Este mismo año viajó al Reino Unido y pasó a servir a la marina británica. Sus experiencias viajeras desempeñarían más adelante un importante papel en sus novelas. En 1890 empezó a escribir en inglés, y cinco años después apareció su primera obra, *La locura de Almayer* (1895). Su siguiente novela, *El negro del Narcissus* (1897), refleja ya el interés por los temas que iban a marcar su literatura posterior, en que las aventuras del héroe le enfrentan inevitablemente a situaciones límite, donde revela su trasfondo marcado por la traición y la barbarie. Así sucede en *Lord Jim* (1900), en la que el protagonista pretende redimirse de la cobardía, sin lograrlo. *El corazón de las tinieblas* (1902), una de sus obras más celebradas, muestra las profundidades del ser humano como sede del horror y la brutalidad. La obra de Conrad huye siempre de planteamientos morales, por lo que ha sido acusado de nihilismo. En 1904 publicó *Nostromo*, que refleja su postura sobre el colonialismo, antagónica de la de Kipling. De 1907 es su novela *El agente secreto* y de 1911, *Bajo la mirada de Occidente* que, pese a transcurrir en un escenario distinto del habitual en Conrad, la Rusia zarista con ansias revolucionarias, incide en los mismos temas abordados por el autor, cuya influencia en la posterior narrativa anglosajona es innegable.

CONRADO IV HOHENSTAUFEN *(Andria, actual Italia, 1228-Lavello, id., 1254) Emperador de Alemania (1250-1254), y rey de Sicilia (1237-1254).* Su padre Federico II le entregó en 1237 el gobierno de Sicilia, hasta entonces en manos de su hermano Enrique. A la muerte de su padre, Conrado IV se convirtió en el nuevo emperador de Alemania, con la oposición papal. Su reinado se caracterizó por las convulsiones que sacudieron Alemania, donde parte de la nobleza se negaba a reconocer la autoridad de los Hohenstaufen y, apoyada por el Papa había escogido, en vida aún de Federico, a Guillermo de Holanda como emperador. Sicilia e Italia estaban revueltas por las luchas entre los partidarios del Papa (güelfos) y los del emperador (gibelinos). A su temprana muerte, dejó la Corona y sus pretensiones imperiales a su hermano Manfredo.

CONSTABLE, JOHN *(East Bergholt, Gran Bretaña, 1776-Londres, 1837) Pintor británico.* Sin duda, uno de los mayores paisajistas británicos de la historia, manifestó un talento artístico precoz, pero no comenzó su formación hasta 1799, cuando ingresó en las escuelas de la Royal Academy. Contrajo matrimonio en 1816, año en que la muerte de su padre, un propietario de molinos, le proporcionó el desahogo económico necesario para formar una familia. La década de 1820 fue la más brillante de su carrera. En 1821 ganó una medalla de oro en el Salón de París con *El carro de heno*, y a partir de entonces sus cuadros empezaron a venderse bien, aunque nunca fue demasiado admirado por sus coetáneos. Sus obras encontraron mejor aceptación en Francia, donde influyeron considerablemente en los pintores de la escuela de Barbizon, y más tarde en los impresionistas. La muerte de su esposa supuso un duro golpe para el artista y se tradujo en un sensible oscurecimiento de la paleta en las obras de sus últimos años. El mérito de Constable reside en haber rechazado los paisajes idealizados típicos de la época para copiar del natural, lo cual no era nada corriente por entonces. Solía realizar, al aire libre, bocetos al óleo de sus paisajes preferidos, que luego remataba con un cuidado trabajo de taller. El copiar del natural le permitió captar los efectos cambiantes de la luz y la atmósfera de una forma totalmente innovadora. Sus obras constituyen, en cierto modo, un reflejo del profundo amor que sentía por la naturaleza, adquirido en su tierra natal, protagonista principal de sus creaciones. Sus esbozos de tamaño natural, realizados con pinceladas de gran libertad y frescura, gozan en algunos casos de mayor aceptación que sus obras acabadas. En 1829 fue admitido, por mayoría de un solo voto, como miembro de la Royal Academy.

CONSTANCIO I CLORO [Cayo Fabio Valerio Constancio] *(?, 225-York, actual Reino Unido, 306) Emperador romano (293-306).* Fue nombrado césar por Maximiano, y se convirtió en uno de los cuatro gobernantes del Imperio Romano según la nueva estructura de poder instaurada por Diocleciano. Como ayudante de Maximiano, que era su augusto, Constancio se hizo cargo de la Galia y de Britania. Se enfrentó a la tarea de recuperar el control de esta última provincia, así como los diversos puertos de la Galia que habían caído en manos del usurpador Carausio, lo que logró en el 296. Tras la renuncia al poder de Diocleciano,

en el 305, Maximiano tuvo que atenerse a la ley y hacer lo propio, gracias a lo cual Constancio se convirtió en uno de los dos nuevos augustos, pero no estuvo de acuerdo en los nombramientos de los nuevos césares a cargo del otro augusto, Galerio. A su muerte, acaecida en combate contra una incursión de los pictos, el ejército aclamó a su hijo Constantino como augusto.

CONSTANT, BENJAMIN *(Lausana, Suiza, 1767-París, 1830) Novelista francosuizo.* En 1794 se adhirió a los ideales defendidos por la Revolución Francesa, se divorció de su mujer y renunció a su trabajo como asistente de un noble. Tras el golpe de Estado del 18 de Brumario (1799) alcanzó el tribunado, pero al ser considerado contrario a los intereses bonapartistas, fue obligado a marcharse de París (1803). En 1808 contrajo matrimonio con Charlotte von Hardenberg. En 1816 publicó su novela *Adolphe*, obra que anticipó la moderna novela psicológica. En 1819, reconciliado con el régimen bonapartista, se convirtió en uno de los líderes del periodismo liberal y fue elegido diputado. A partir de 1824, y hasta 1831, apareció en cinco volúmenes su obra *De la religión considerada en sus fuentes, sus formas y sus desarrollos*, y tras la revolución de julio de 1830 fue nombrado presidente del Consejo de Estado, cargo que no tuvo tiempo de desempeñar

CONSTANTINO I *EL GRANDE* [Flavio Valerio Constantino] *(Nis, actual Serbia, h. 280-Nicomedia, hoy Izmit, actual Turquia, 337) Emperador romano (312-337).* Hijo de Constancio I Cloro, augusto de Occidente (305-306), y de Helena, Flavio Valerio Constantino fue educado en la corte del emperador Diocleciano, en Nicomedia. En el verano del año 306, durante una campaña contra la tribu escocesa de los pictos, Constancio Cloro murió en Britania e inmediatamente el ejército aclamó a su hijo como augusto de Occidente. En un principio, Galerio, augusto de Oriente, reconoció a Constantino la dignidad de césar, pero al fin tuvo que aceptarlo como augusto. Al año siguiente, sin embargo, la tetrarquía, el sistema de gobierno del Imperio Romano ideado por Diocleciano, entró en crisis a causa de las rivalidades entre los diferentes tetrarcas, hasta que en el 308 estalló una cruenta guerra civil que enfrentó entre sí a los cuatro augustos legales (Galerio, Constantino, Licio y Maximino Daya) y un césar ilegítimo (Majencio). Muerto Galerio (311), Majencio y Maximino Daya se aliaron para luchar contra Constantino

> «*La libertad no es otra cosa que aquello que la sociedad tiene el derecho de hacer y el Estado no tiene el derecho de impedir.*»
>
> Benjamin Constant

▲ *Retrato anónimo del novelista Benjamin Constant.*

▲ *Relieve conservado en el Museo de Argel, alusivo a la decisiva victoria de Constantino sobre Majencio en el puente Milvio, cerca de Roma, en el año 312.*

y Licio, quienes también se vieron obligados a unir sus fuerzas. De hecho, hasta entonces Constantino no había tomado parte en la guerra civil, ocupado en su sede de Arevi en la organización del ejército y en rechazar los ataques de francos y alamanes contra la Galia. Sus tropas, en cuyas filas formaban numerosos bárbaros, se encontraban, en consecuencia, en condiciones relativamente buenas. Por este motivo, cuando irrumpió en Italia, se impuso con facilidad al ejército de Majencio en el valle del Po y pudo marchar rápidamente sobre Roma. Ya cerca de esta ciudad, el 28 de octubre del 312, derrotó en la decisiva batalla del puente Milvio al propio Majencio, quien se ahogó en el Tíber en su intento de huir. En el 313, Constantino y Licinio promulgaron el edicto de Milán, por el que reconocían a la religión cristiana iguales derechos que a los cultos paganos. Ese mismo año, la victoria de Licinio sobre Maximino Daya en Asia Menor permitió a los dos augustos vencedores repartirse el imperio: Tracia, Egipto y las provincias asiáticas quedaron bajo la jurisdicción de Licinio, mientras que el resto del territorio fue para Constantino (314). Tras casi un decenio de paz, en el 323, una nueva guerra hizo de Constantino el emperador único, tras derrotar en Nicomedia a Licinio, quien murió al poco tiempo (324). Instalado en Oriente y dedicado a la protección de la frontera del Danubio, Constantino nombró césares a sus cuatro hijos y les encargó el gobierno de diferentes regiones: la defensa del Rin fue confiada a Crispo, su primogénito, a quien acabaría por ordenar ejecutar; Hispania, Galia y Britania, a Constantino; Italia, Iliria y África, a Constante; y Egipto y las provincias asiáticas, a Constancio. Esta descentralización del poder se hizo más efectiva por la existencia de cuatro prefectos del pretorio colocados al frente de las prefecturas de Oriente, Iliria, Italia y Galia. Aunque Constantino mantuvo siempre el principio formal de tolerancia religiosa, durante toda su vida promovió la expansión del cristianismo, que convirtió de hecho en religión oficial. El emperador participó personalmente en asuntos eclesiásticos, y así, intervino en el cisma donatista (314) y convocó el primer concilio de Nicea (325), que condenó la herejía arriana. Con todo, posteriormente se inclinó por el arrianismo, y poco antes de su muerte, fue bautizado por el obispo arriano de Nicomedia. En el 330, trasladó la capital del imperio a orillas del Bósforo, a la antigua colonia griega de Bizancio, ciudad que fue reconstruida y cambió su

▲ *Cabeza de mármol de* **Constantino** **el Grande**, *primer emperador romano que abrazó la fe cristiana. Datada a principios del s. IV, tiene 2,60 metros de altura y formaba parte de una estatua colosal del emperador.*

▼ *El navegante y descubridor James* **Cook**, *según un retrato de N. Dance.*

nombre por el de Constantinopla. Tras haber derrotado a los godos (332), el emperador falleció cerca de Nicomedia, en el año 337, mientras preparaba una campaña contra los persas.

CONSTANTINO XI PALEÓLOGO [Constantino Dragasse] *(?, 1405-Constantinopla, hoy Estambul, 1453) Último emperador bizantino (1449-1453).* Déspota de Morea, al morir el emperador Juan VIII sin descendencia, en 1448, se convirtió en emperador de los últimos reductos de lo que antes fue el Imperio Romano de Oriente. Con su capital, Constantinopla, aislada del resto de sus posesiones en medio de territorio turco, Constantino XI hizo todo lo posible para preparar la ciudad contra la inevitable ofensiva final de los turcos. En 1453, el sultán otomano Mehmet II puso cerco a la capital bizantina, que sólo contaba para su defensa con una guarnición de nueve mil hombres. Constantino luchó con todas sus energías, pero los Estados europeos, una vez más, no lograron articular una respuesta conjunta, y el emperador murió luchando en las murallas de la ciudad el 29 de mayo de 1453, durante el asalto definitivo de los sitiadores turcos.

CONTRERAS, ALONSO DE *(Madrid, 1582-?, 1641) Militar y aventurero español.* De origen humilde, se alistó siendo adolescente en las tropas de Flandes, para luego desertar de ellas. Posteriormente se enroló en las galeras de Pedro de Toledo, con quien pronto ascendió a capitán de fragata, y como tal llevó a cabo durante algunos años campañas de corso contra los turcos. Regresó a España para llevar una vida de retiro como ermitaño en el Moncayo, donde residía cuando cayó sobre él la acusación de ser el rey secreto de los moriscos en Hornachos. Fue procesado y absuelto, pero su azarosa existencia lo convirtió en fuente de inspiración de Lope de Vega, que le dedicó la comedia *El rey sin reino*. Más tarde participó en nuevas batallas en Flandes e Italia, y viajó hasta Puerto Rico. En 1630 inició la redacción de su autobiografía, *Discurso de mi vida*, que fue publicada casi tres siglos más tarde, en el año 1900, con el título de *Vida del capitán Alonso de Contreras*.

COOK, JAMES *(Marton, Gran Bretaña, 1728-Kealakekua Bay, Hawai, 1779) Explorador británico.* Hijo de un inmigrante escocés ocupado en tareas rurales, asistió a la escuela hasta los doce años. Más tarde, obtuvo trabajo como aprendiz en una empresa naviera, y así entró en contacto con el mar y los barcos, que habrían de ser su gran pasión. Sus habilidades para el oficio en el duro Mar del Norte le valieron que a los veintisiete años se le ofreciera el mando de un barco. Pero el joven Cook decidió ingresar como voluntario en la Armada Real, donde hizo una brillante carrera. Fue cartógrafo en la costa del Atlántico Norte, y en 1768 llevó a cabo el primero de sus tres grandes viajes de exploración: al mando de la nave *Endeavour*, transportó a un grupo de astrónomos y al botánico Joseph Banks a la isla de Tahití. De allí siguió hasta Nueva Zelanda, donde cartografió un mapa de la costa tan preciso que se siguió utilizando durante casi un siglo. Así mismo, comprobó que Nueva Zelanda no formaba parte de una estructura continental mayor (lo que algunos sostenían entonces), para lo cual la circunnavegó por completo. Cruzó también el estrecho que separa las dos islas mayores y que lleva hoy su nombre. Luego pasó a la costa oriental de Australia, que cartografió y a la que bautizó como Nueva Gales del Sur, además de izar la bandera británica en este territorio. Antes de regresar, navegó así mismo entre las islas de Java y Sumatra y demostró así que eran dos bloques de tierra separados. Un hecho de suma importancia en este viaje fue que ningún hombre de su tripulación murió de escorbuto, afección que había diezmado muchas expediciones marítimas anteriores. Ello se debió a una especial preocupación de Cook por mejorar las condiciones de hi-

giene y la dieta de sus subordinados durante el viaje, en la que incluyó los cítricos como preventivos de la enfermedad, según un descubrimiento del médico inglés Lind. Una vez en Inglaterra, fue promovido a comandante y presentado al rey Jorge III. En 1772, partió al mando de la nave *Resolution* en busca de la Terra Australis, un continente del cual se pensaba que Australia era sólo una parte. Lo secundaba otro barco, el *Adventure*. Navegó rumbo sur hasta la Antártida y el 16 de enero de 1773 consiguió atravesar el círculo antártico. Luego llegó a las islas que hoy llevan su nombre (a las que él denominó Hervey), y al año siguiente alcanzó las islas Vanuatu, las Marquesas y la isla de Pascua. De regreso, descubrió las islas Sandwich del Sur y las Georgias del Sur. Esta expedición demostró que no existía tal continente austral, sino la masa de hielo antár-

▲ *Mapa de los* Nuevos descubrimientos realizados entre 1765 y 1767 en los Mares del Sur, *extraído del atlas* Zatta, *impreso en Venecia en 1776. A la izquierda, mapa actual con las rutas seguidas por* **Cook** *.en sus tres viajes.*

tica. A su regreso recibió un nuevo ascenso y fue condecorado con la medalla Copley y nombrado miembro de la Royal Society. En su tercer gran viaje, en julio de 1776, nuevamente al frente del buque *Resolution*, fue en busca de un paso entre los océanos Atlántico y Pacífico por el noroeste. En su camino encontró un conjunto de islas nuevas pertenecientes al grupo de las Sandwich, hoy llamadas Hawai. No tuvo éxito en su objetivo original de encontrar aquella comunicación, pero cartografió la costa occidental de Alaska y presentó un informe preciso sobre gran parte de la hidrografía americana con desembocadura en el Atlántico. Llegó hasta el estrecho de Bering, pero hubo de retroceder a causa del hielo. En el viaje de regreso a Inglaterra, la expedición fondeó de nuevo en las islas Sandwich, en donde debió permanecer más tiempo del previsto a causa de dificultades climáticas que hacían imposible la navegación. Esto generó tensiones con los indígenas del lugar a causa de la escasez de provisiones, y, luego de algunas reyertas, Cook mató a un nativo, y fue a su vez apuñalado mortalmente. Pese a haber pasado gran parte de su vida en el mar, tuvo ocasión de formar una familia; a la edad de treinta y cuatro años casó con Elizabeth Batts, matrimonio del que nacieron seis hijos, la mitad de los cuales murieron en la infancia. De los tres hijos restantes, dos fueron marinos.

COOPER, GARY [Frank James Cooper] *(Helena, EE UU, 1901-Los Ángeles, 1961) Actor estadounidense.* Hijo de un juez del Tribunal Supremo de Montana, abandonó sus estudios para trasladarse a Hollywood, donde trabajó como extra en varios westerns. En 1926 fue contratado por la Metro-Goldwyn-Mayer, y aquel mismo año participó en *The Winning of Barbara Worth*, tras la cual se convirtió en uno de los actores más populares de Hollywood. Posteriormente rodó varias comedias con Lubitsch y Capra, si bien se especializó en películas de aventuras y westerns. A lo largo de su trayectoria artística fue galardonado con tres Oscar: en 1941 por su interpretación en *El sargento York*, en 1952 por *Solo ante el peligro* y en 1961 al conjunto de su carrera. La gran popularidad que alcanzó se basaba en su estilo sobrio y natural a la hora de actuar. Entre el resto de su filmografía cabe destacar sus interpretaciones en *Adiós a las armas* (1932), *Por quién doblan las campanas* (1943), *Los inconquistables* (1947), *Tambores lejanos* (1951) y *Veracruz* (1954).

▲ *Dibujo de Nicolás* **Copérnico**, *cuya teoría heliocéntrica revolucionó la ciencia de su época y abrió una nueva perspectiva en el estudio del cosmos.*

> *«El movimiento de la Tierra sola basta, pues, para explicar tantas desigualdades aparentes en los cielos.»*
>
> Nicolás Copérnico
> *Commentariolus*

▼ *Gary* **Cooper**, *que siempre representó papeles de hombre íntegro, en una de sus más famosas películas:* Solo ante el peligro, *dirigida por Fred Zinnemann en 1952.*

COPÉRNICO, NICOLÁS *(Torun, actual Polonia, 1473-Frauenburg, id., 1543) Astrónomo polaco.* Nacido en el seno de una rica familia de comerciantes, a los diez años quedó huérfano y se hizo cargo de él su tío materno, canónigo de la catedral de Frauenburg y luego obispo de Warmia. En 1491 ingresó en la Universidad de Cracovia, siguiendo las indicaciones de su tío y tutor. En 1496 pasó a Italia para completar su formación en Bolonia, donde cursó derecho canónico y recibió la influencia del humanismo italiano; el estudio de los clásicos, revivido por este movimiento cultural, resultó más tarde decisivo en la elaboración de su obra astronómica. No hay constancia, sin embargo, de que por entonces se sintiera especialmente interesado por la astronomía; de hecho, tras estudiar medicina en Padua, se doctoró en derecho canónico por la Universidad de Ferrara en 1503. Ese mismo año regresó a su país, donde se le había concedido entretanto una canonjía por influencia de su tío, y se incorporó a la corte episcopal de éste en el castillo de Lidzbark, en calidad de su consejero de confianza. Fallecido el obispo en 1512, Copérnico fijó su residencia en Frauenburg y se dedicó a la administración de los bienes del cabildo durante el resto de sus días; mantuvo siempre el empleo eclesiástico de canónigo, pero sin recibir las órdenes sagradas. Se interesó por la teoría económica, ocupándose en particular de la reforma monetaria, tema sobre el que publicó un tratado en 1528. Practicó así mismo la medicina, y cultivó sus intereses humanistas. Hacia 1507, elaboró su primera exposición de un sistema astronómico heliocéntrico en el cual la Tierra orbitaba en torno al Sol, en oposición con el tradicional sistema tolemaico, en el que los movimientos de todos los cuerpos celestes tenían como centro nuestro planeta. Una serie limitada de copias manuscritas del esquema circuló entre los estudiosos de la astronomía, y a raíz de ello Copérnico empezó a ser considerado como un astrónomo notable; con todo, sus investigaciones se basaron principalmente en el estudio de los textos y de los datos establecidos por sus predecesores, ya que apenas superan el medio centenar las observaciones de que se tiene constancia que realizó a lo largo de su vida. En 1513 fue invitado a participar en la reforma del calendario juliano, y en 1533 sus enseñanzas fueron expuestas al papa Clemente VII por su secretario; en 1536, el cardenal Schönberg escribió a Copérnico desde Roma urgiéndole a que hiciera públicos sus descubrimientos. Por entonces, él ya había completado la redacción de su gran obra, *Sobre las revoluciones de los orbes celestes*, un tratado astronómico que defendía la hipótesis heliocéntrica. El texto se articulaba de acuerdo con el modelo formal del *Almagesto* de Tolomeo, del que conservó la idea tradicional de un universo finito y esférico, así como el principio de que los movimientos circulares eran los únicos adecuados a la naturaleza de los cuerpos celestes; pero contenía una serie de tesis que entraban en contradicción con la antigua concepción del universo, cuyo centro, para Copérnico, dejaba de ser coincidente con el de la Tierra, así como tampoco existía, en su sistema, un único centro común a todos los movimientos celestes. Consciente de la novedad de sus ideas y temeroso de las críticas que podían suscitar al hacerse públicas, el autor no dio la obra a la imprenta. Su publicación se produjo gracias a la intervención de un astrónomo protestante, Georg Joachim von Lauchen, conocido como *Rheticus*, quien visitó a Copérnico de 1539 a 1541 y lo convenció de la necesidad de imprimir el tratado, de lo cual se ocupó él mismo. La obra apareció pocas semanas antes del fallecimiento de su autor; iba precedida de un prefacio anónimo, obra del editor Andreas Osiander, en el que el sistema copernicano se presentaba como una hipótesis, a título de medida precautoria y en contra de lo que fue el convencimiento de Copérnico.

▶ *Aaron* **Copland** *dirige la orquesta durante un concierto. El compositor estadounidense es autor de música para la escena y el cine, de cámara y sinfónica.*

▼ *«Planisferio copernicano», grabado del libro* Harmonia macrocosmica, *obra escrita por A. Cellarius y actualmente conservada en la Biblioteca Nacional de Madrid. En el dibujo aparecen representados* **Copérnico** *y Galileo.*

COPLAND, AARON *(Brooklyn, EE UU, 1900-North Tarrytown, id., 1990) Compositor y director de orquesta estadounidense.* Nacido, como su colega y amigo Leonard Bernstein, en el seno de una familia judía de origen ruso, Copland inició su educación musical en Nueva York. En 1921 se trasladó a París, donde durante tres años recibió clases de composición de la célebre Nadia Boulanger. Sus obras más representativas se enmarcan dentro de una corriente que buscaba sus motivos de inspiración en el folclore estadounidense, a veces –como en el *Concierto para clarinete*, compuesto en 1948 para Benny Goodman– con reminiscencias del jazz. Los ballets *Billy the Kid* (1939), *Rodeo* (1942) y *Primavera apalache* (1944) son las partituras más destacadas y aplaudidas de esta etapa creativa de Copland, que cabría calificar de nacionalista. Con posterioridad, su estilo fue haciéndose más austero y abstracto, integró técnicas más comprometidas con su tiempo histórico, como el dodecafonismo (*Connotations*, de 1962). Como director de orquesta se prodigó en la interpretación de su propia música.

COPPOLA, FRANCIS FORD *(Detroit, EE UU, 1939) Director, guionista y productor de cine estadounidense.* Hijo de una familia de emigrantes napolitanos, a los nueve años contrajo la poliomielitis, lo cual le obligó a permanecer en cama durante una larga temporada y a depender, en su primera adolescencia, de los cuidados de sus mayores. Tras graduarse en la escuela de cine de la Universidad de Los Ángeles, colaboró con Roger Corman en varias películas de terror, tarea que compatibilizó con sus primeros trabajos como director, los cuales recibieron una tibia respuesta del público y la crítica. En 1969 fundó sus propios estudios y, aquel mismo año, recibió un Oscar por su trabajo como guionista de *Patton*. Ello motivó que en 1972 la Paramount le encargara el guión y la dirección de *El padrino*, basada en la novela de Mario Puzo y galardonada con tres Oscar. Una segunda parte, rodada en 1974,

«Una casa es una máquina donde vivir.»

Le Corbusier
Hacia una arquitectura

▲ *El arquitecto y urbanista francés Le* **Corbusier**, *iniciador del funcionalismo arquitectónico.*

▶ *Con la* Cité radieuse, *una de sus «unidades de habitación», construida en Marsella entre 1947 y 1952,* Le **Corbusier** *pretendía conciliar la vida humanizada de las pequeñas comunidades con las ventajas de la gran ciudad.*

LE CORBUSIER

OBRAS MAESTRAS

CASA DE AMÉDÉE OZENFANT (1922, París); *CASA COOK* (1926, Boulogne-sur-Seine); *VILLA STEIN* (1927, Garches); *VILLA SABOYE* (1929, Poissy); *CENTRO SOYUZ* (1929-1933, Moscú); *PABELLÓN SUIZO DE LA CIUDAD UNIVERSITARIA* (1930-1933, París); *MINISTERIO DE EDUCACIÓN NACIONAL* (1936-1943, Río de Janeiro, en colaboración con Lúcio Costa; *MINISTERIO DE CULTURA* (1936-1943, Río de Janeiro, en colaboración con Lúcio Costa); *UNIDADES DE HABITACIÓN* (1947-1952, Marsella; 1952-1957, Nantes-Rezé; 1955-1960, Briey; 1957, Berlín; *CAPILLA DE NOTRE-DAME-DU-HAUT* (1950-1955, Ronchamp); *CAPITOLIO* (1950-1962, Chandigarh); *CASAS JAOUL* (1953-1956, Neuilly-sur-Seine); *CASA SHODHAM* (1956, Ahmadabad); *CENTRO CULTURAL* (1956, Ahmadabad); *PABELLÓN BRASILEÑO DE LA CIUDAD UNIVERSITARIA* (1959, París; en colaboración con Lúcio Costa); *CONVENTO DE LA TOURETTE* (1957-1960, Evreux); *CARPENTER CENTER FOR THE VISUAL ARTS* (1964, Universidad de Harvard).

cosechó idéntico éxito. No así su primer proyecto personal de cierta envergadura, *Apocalypse Now*, cuyo fracaso económico le obligó a rodar películas de menor presupuesto, como *La ley de la calle* (1983), *Rebeldes* (1983) o *Cotton Club* (1984). Con posterioridad realizó una tercera parte de *El padrino*, en 1991, una nueva versión de *Drácula* (1992), *Jack* (1996) y *The Rainmaker* (1997).

CORBUSIER, LE [Charles-Édouard Jeanneret] *(La Chaux-de-Fonds, Suiza, 1887-Cap Martin, Francia, 1965) Arquitecto, urbanista y pintor francés de origen suizo.* Se formó en la Escuela de Artes Aplicadas de su ciudad natal, pero en realidad fue un autodidacto que conoció la arquitectura en sus viajes por Europa a partir de 1907 y forjó sus concepciones artísticas a través de sus contactos con el cubismo en París. En sus viajes tuvo ocasión de colaborar por un tiempo con los mejores arquitectos de la época, como Josepf Hoffmann, Tony Garnier, Auguste Perret y Peter Behrens, y conoció las construcciones de las islas Cícladas, que le causaron profundo impacto. Después de ejercer brevemente como profesor en la escuela de La Chaux-de-Fonds, en 1917 se estableció en París, donde conoció a Amédée Ozenfant –que se convirtió en su esposa unos años más tarde– y entró en contacto con su primo Pierre Jeanneret, con quien abrió el estudio de la calle Sèvres que mantuvo hasta su muerte. A su llegada a París, Le Corbusier, que adoptó este seudónimo justamente por entonces, era sobre todo un pintor, que publicó, en colaboración con Ozenfant, *Après le cubisme*, donde teorizaba acerca de la corriente pictórica del purismo. En 1922-1923, sin renunciar por completo a la pintura, se orientó hacia la arquitectura, con obras como la casa de Amédée Ozenfant en París y las casas gemelas de Pierre Jeanneret y Raoul La Toche en Auteuil. De hecho, aunque algunas de sus realizaciones pictóricas son destacables, Le Corbusier es recordado sobre todo como uno de los arquitectos más innovadores del siglo xx, una personalidad que ha ejercido una profunda influencia en la forma de concebir los espacios y los edificios. Se considera que su primera obra maestra fue la villa Saboye, en Poissy, en la cual llevó a la práctica algunas de las ideas que teorizó posteriormente en su obra más influyente, *Los tres establecimientos humanos*. En la casa de Poissy, la edificación está separada del suelo mediante unos elementos de sustentación llamados *pilotis* por el arquitecto, las paredes exteriores se sustituyen por grandes paneles de vidrio y la cobertura es de tejado plano: son las tres grandes innovaciones de Le Corbusier como arquitecto, a quien también se deben la reducción de los edificios a formas geométricas, la ausencia absoluta de elementos ornamentales y la continuidad entre los espacios interior y exterior. La década de 1930 fue la de la internacionalización de Le Corbusier, que trabajó en la URSS y en Brasil, entre otros países. Tras el paréntesis de la Segunda Guerra Mundial, se dedicó a sus imponentes «unidades de habitación», con las que llevó a la práctica sus teorías sobre el aprovechamiento del espacio. En 1950 adoptó el módulo, una escala de proporciones ideada por él a partir del número áureo renacentista, gracias a la cual sus realizaciones perdieron algo de frialdad y se tornaron más poéticas. De esta época datan, por ejemplo, obras tan emblemáticas como la capilla de Notre-Dame-du-Haut en Ronchamp o el Capitolio de Chandigarh, capital del Punjab. En lo sucesivo sus construcciones fueron cada vez más audaces, como lo demuestra, entre otras obras, el convento de la Tourette en Evreux. Durante toda su vida, Le Corbusier compaginó la praxis arquitectónica con la actividad teórica, principalmente a través de los artículos publi-

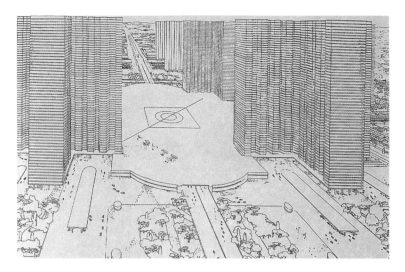

cados en la revista *L'Esprit Nouveau* y algunas otras creadas por él, fuera en solitario o en colaboración. Su análisis teórico versó sobre arquitectura, pintura y urbanismo, campo este último en el que ideó conceptos como el de separación zonal, plasmados en planos que no se llevaron a la práctica, salvo en el caso de Chandigarh, donde pudo trazar un conjunto urbanístico acorde con sus teorías.

CORELLI, ARCANGELO (*Fusignano, Italia, 1653-Roma, 1713*) *Compositor italiano*. Estudió violín en Bolonia con los maestros Benvenuti y Brugnoli, y luego se trasladó a Roma para aprender contrapunto. En 1679 viajó a Alemania, donde permaneció dos años, y a su vuelta se estableció definitivamente en Roma. Pronto se dio a conocer en los círculos musicales, y ello le permitió entrar en contacto con los cardenales Panfili y Pietro Ottoboni. Este último lo tomó a su servicio y organizó espectaculares conciertos en los que Corelli introdujo las grandes orquestas (llegó a reunir hasta 150 músicos). Su estilo sobrio, que evita las tensiones dramáticas y el canto, alterna el grupo de solistas con el conjunto de la orquesta. Su obra ejerció una gran influencia en la música instrumental de la época y fomentó la técnica y el virtuosismo de los instrumentos de cuerda, y más concretamente del violín. En 1681 publicó su primera colección de sonatas en forma de trío, destinadas a tocarse en iglesia, al igual que la tercera (1689); la segunda (1685) y la cuarta (1694) fueron compuestas para cámara. Publicó así mismo una colección de sonatas para violín y bajo (1700), y finalmente sus célebres *concerti grossi*, publicados póstumamente en

▲ *Esta propuesta para el centro de una ciudad ideal forma parte del proyecto* Plan Voisin de Paris, *presentado por Le **Corbusier** en 1925 para la Exposición de Artes Decorativas.*

▼ *Arcangelo **Corelli**, pintado por Jan Frans van Douven hacia 1700. Por su carácter innovador, la música de este compositor influyó claramente en autores posteriores.*

«*La libertad no es nada cuando todo el mundo es libre...*»

Pierre Corneille

1714. Su obra alcanza la madurez del estilo barroco italiano, con la culminación del *concerto grosso* y la composición de la forma sonata preclásica, que tan importante iba a ser a lo largo del siglo XVIII. Al mismo tiempo, su desarrollo técnico del violín convirtió sus composiciones en el fundamento de la escuela violinística clásica, que hoy día mantiene aún su vigencia pedagógica. Corelli murió en la cumbre de la fama, y fue inhumado en el Panteón de Roma.

CORNEILLE, PIERRE (*Ruán, Francia, 1606-París, 1684*) *Dramaturgo francés*. Hijo de un abogado, en 1615 ingresó en el colegio de los jesuitas de Ruán, donde pronto llamaron la atención sus composiciones en versos latinos y algunos poemas dedicados a Catherine Hue. Se licenció en derecho en 1624, y hasta el año 1628, en que su padre le consiguió dos cargos jurídicos, realizó prácticas como abogado en el Parlamento de Ruán. Su primera comedia, *Melita*, inspirada por una frustrada pasión juvenil, la estrenó en París, en 1629, la compañía de Mondory y Le Noir. Gracias al éxito de la obra, la compañía se estableció en el teatro del Marais, en el que se estrenarían todas las creaciones de Corneille hasta 1647. Durante siete años, mientras empezaba a ejercer como abogado, sus comedias se sucedieron con rapidez (*Clitandro o la inocencia liberada, La galería del palacio*); además, escribió su primera tragedia, *Medea*. En 1635, designado por Richelieu como uno de los Cinco Autores, participó en la elaboración de *la comedia de las Tullerías* (1635). El arrollador éxito de la tragicomedia *El Cid*, en enero de 1637, hizo que sólo dos meses después de su presentación circularan ya las primeras copias. La obra suscitó también una enconada polémica, conocida como «la querella del Cid», en parte debida a la acusación de plagio (la obra está basada en *Las mocedades del Cid*, de Guillén de Castro), pero sobre todo porque rompía con las tres unidades teatrales clásicas (de tiempo, de lugar y de acción), verdadero dogma para el teatro de la época; su osadía le valió incluso la condena oficial de la Academia. Entre 1640 y 1642, las tragedias *Horacio* y *Cinna* lo confirmaron como el mayor dramaturgo de su época; en ellas, el autor se mantuvo dentro de los límites de las unidades clásicas, tal como haría a partir de entonces, y demostró el absoluto dominio que tenía sobre ellas. En 1641 contrajo matrimonio con Marie de Lampérière. A la

PIERRE CORNEILLE
OBRAS MAESTRAS

COMEDIA: *MELITA* (*MÉLITE*, 1629); *LA VIUDA O EL TRAIDOR TRAICIONADO* (*LA VEUVE OU LE TRAÎTRE TRAHI*, 1632); *LA GALERÍA DEL PALACIO O LA AMIGA RIVAL* (*LA GALERIE DU PALAIS OU L'AMIE RIVALE*, 1934); *RODOGUNA, PRINCESA DE LOS PARTOS* (*RODOGUNE, PRINCESSE DES PARTHES*, 1645); *ANDRÓMEDA* (*ANDROMÈDE*, 1650); *DON SANCHO DE ARAGÓN* (*DON SANCHE D'ARAGON*, 1649). **TRAGEDIA:** *MEDEA* (*MÉDÉE*, 1935); *HORACIO* (*HORACE*, 1640); *CINNA O LA CLEMENCIA DE AUGUSTO* (*CINNA OU LA CLÉMENCE D'AUGUSTE*, 1642); *POLIEUCTO* (*POLYEUCTE*, 1643); *HERACLIO, EMPERADOR DE ORIENTE* (*HÉRACLIUS, EMPEREUR D'ORIENT*, 1647); *NICOMEDES* (*NICOMÈDE*, 1651); *EDIPO* (*OEDIPE*, 1659); *TITO Y BERENICE* (*TITE ET BÉRÉNICE*, 1670). **TRAGICOMEDIA:** *EL CID* (*LE CID*, 1637); *CLITANDRO O LA INOCENCIA LIBERADA* (*CLITANDRE OU L'INNOCENCE DÉLIVRÉE*, 1632).

▲ *Retrato del dramaturgo Pierre **Corneille** fechado en 1647, el mismo año en que fue admitido en la Academia Francesa.*

▼ *Ilustración de* El mentiroso, *comedia escrita por **Corneille** en 1644. Sus obras gozaron de gran éxito entre la nobleza francesa de su tiempo.*

muerte de Richelieu, gozó de la protección de Mazarino y fue admitido en la Academia Francesa (1647). En 1650, la maquinaria necesaria para la puesta en escena de *Andrómeda*, presentada como su obra maestra, justificó la construcción del Théâtre du Petit-Bourbon. Durante la Fronda, renunció al ejercicio de la abogacía para sustituir al procurador general de Normandía, quien fue restablecido en sus funciones en 1651 sin que Corneille pudiera recuperar sus cargos anteriores. *Nicomedes*, la tragedia que siguió entonces, lo enemistó con Mazarino por su apoyo implícito a Condé, su adversario político. Perdido el apoyo económico oficial, y hundido en una profunda crisis moral, acentuada por el fracaso de *Pertharite*, en 1652 anunció que abandonaba el teatro. Hasta 1658 se dedicó a la traducción en verso de *La imitación de Jesucristo* y a la composición laboriosa del *Teatro*, obra en tres volúmenes que se editaron en 1660. Fouquet le inspiró el tema de *Edipo*, la tragedia con la que volvió al escenario. Su carrera literaria se prolongó aún quince años más, pero ya no volvió a conocer los éxitos de etapas anteriores. En 1662 se instaló en París con su familia, y a partir de 1663 recibió una pensión anual por figurar, junto con Molière y otros autores, en la lista de las gratificaciones reales. Compuso en esa época unos poemas panegíricos de Luis XIV y tradujo obras piadosas. Por estos años, la opinión pública estaba divida entre sus admiradores y los de Racine, si bien su *Tito y Berenice*, en 1670, fue peor recibida por público y crítica que la obra de su rival sobre el mismo tema (*Berenice*). Corneille se retiró en 1674. A partir de 1677 sus tragedias fueron recuperadas y llevadas de nuevo al escenario, y en 1682 se volvió a editar *Teatro*. Corneille es, por excelencia, el autor de la tragedia clásica francesa; creó héroes admirables, tanto por su grandeza moral como por su afán de gloria, y

representó pasiones extremadamente violentas gracias al vigor inigualable de su estilo oratorio.

COROT, JEAN-BAPTISTE CAMILLE *(París, 1796-id., 1875) Pintor francés.* Tras formarse durante dos años con pintores paisajistas como Michallon y Bertin, comenzó su trayectoria pintando al aire libre, fuertemente influido por el estilo italiano. Sus primeras obras, como *El puente de Narni*, se caracterizan por una pálida luminosidad y una sutil expresividad poética. Presencia habitual en los Salones de Otoño, a principios de 1830 se decantó por una temática más modesta, aunque sin apartarse del paisajismo o el retrato (*Jinete del caballo blanco*, 1833). Regresó a Italia en 1843, momento a partir del cual fue matizando su paleta para captar con suave lirismo la textura luminosa de amaneceres y crepúsculos, en una especie de romanticismo calmo y reposado cuya técnica de pincelada corta anuncia el impresionismo (*La danza de las ninfas*, 1850). En esta última etapa, la pintura de Corot alcanzó un supremo equilibrio entre idealismo y realismo, que se tradujo en obras maestras tales como *Mujer de la perla* (1868-1870) o *Mujer en azul* (1874).

CORREGGIO, IL [Antonio Allegri] *(Correggio, actual Italia, 1489-id., 1534) Pintor italiano.* Nada se sabe acerca de la formación de este artista, conocido con el nombre de su pequeña ciudad natal, que fue uno de los pintores más atrevidos y originales de comienzos del siglo XVI y uno de los que ejercieron mayor influencia en la posterior pintura barroca. Se especula con la posibilidad de que efectuara un viaje a Roma hacia 1518, pero Vasari afirma que nunca estuvo en dicha ciudad y que en realidad conoció la pintura de Rafael y Miguel Ángel, en la que sin duda se inspiró, a través de dibujos y grabados. Estos dos artistas fueron referentes básicos en la formación de su estilo, pero también bebió en Mantegna, del cual tomó la perspectiva ilusionista, y en Leonardo, de cuyo esfumado se sirvió para dotar a sus obras de una elegancia sentimental. Comenzó su carrera artística en Correggio, con obras de temática religiosa en las que manifestó particular predilección por la composición en diagonal. Se recreó, sobre todo, en el tema de la *Virgen con el Niño*, antes de trasladarse hacia 1518 a Parma, donde pintó las obras a las que debe esencialmente su fama. El primer encargo importante que recibió allí fue la decoración de la cámara de la abadesa del convento de San Pablo; inspirándose en *La cámara de los esposos* de Mantegna, realizó una pintura ilusionista sobre el tema de Diana, con *putti* surgiendo entre cañizos cubiertos de follaje. En esta misma línea se inscriben las cúpulas de la iglesia de San Juan Evangelista y de la catedral de Parma, decoradas, respectivamente, con la *Ascensión* y la *Asunción de la Virgen*, de tal manera que el acentuado escorzo de la figura central crea magníficos efectos de profundidad. La novedad de estas obras demuestra que Correggio era un pintor de enorme inventiva, rasgo evidente también en algunas de sus obras mitológicas, a las cuales dotó de una sensualidad inusual en su tiempo.

CORTÁZAR, JULIO *(Bruselas, 1914-París, 1984) Escritor argentino.* Hijo de padres argentinos, a los cinco años se desplazó con ellos a Argentina, para radicarse en la provincia andina de Mendoza. Tras completar sus estudios primarios, siguió los de magisterio y letras y durante cinco años fue maestro rural. Pasó más tarde a Buenos Aires, y en 1951 viajó a París con una beca. Concluida ésta, su trabajo como traductor de la Unesco le permitió afincarse definitivamente en la capital francesa. Por entonces ya había publicado en Buenos Aires el poemario *Presencia* con el seudónimo de Julio Denis, el poema dramático *Los reyes* (1949) y la primera de sus series de relatos breves, *Bestiario* (1951), en la que se advierte la profunda influencia de Jorge Luis Borges. La literatura de Cortázar parte del cuestionamiento vital, cercano a los planteamientos existencialistas, en obras de marcado carácter experimental, que lo convierten en uno de los mayores innovadores de la lengua y la narrativa en lengua castellana. Como en Borges, sus relatos ahondan en lo fantástico, aunque sin abandonar por ello el referente de la realidad cotidiana, por lo que sus obras tienen siempre una deuda abierta con el surrealismo. Para él, la realidad inmediata significa una vía de acceso a otros registros de lo real, donde la plenitud de la vida alcanza múltiples formulaciones. De ahí que su narrativa constituya un permanente cuestionamiento de la razón y de los esquemas convencionales de pensamiento. El instinto, el azar, el goce de los sentidos, el humor y el juego terminan por identificarse con la escritura, que es a su vez la formulación del existir en el mundo. Las rupturas de los órdenes cronológico y espacial sacan al lector de su punto de vista convencional, proponiéndole

diferentes posibilidades de participación, de modo que el acto de la lectura es llamado a completar el universo narrativo. Tales propuestas alcanzaron sus más acabadas expresiones en las novelas, especialmente en *Rayuela* (1963), considerada una de las obras fundamentales de la literatura en lengua castellana, y en sus cuentos, entre ellos *Casa tomada*, *Las babas del diablo*, ambos llevados al cine, y *El perseguidor*, cuyo protagonista evoca la figura del saxofonista negro Charlie Parker. Muy pronto, Cortázar se convirtió en una de las principales figuras del llamado boom de la literatura hispanoamericana, y disfrutó del reconocimiento internacional. A su sensibilidad artística sumó su preocupación social: se identificó con los pueblos marginados y estuvo muy cerca de los movimientos de izquierdas. En este sentido, su viaje a Cuba en 1962 constituyó una experiencia decisiva en su vida. Merced a su concienciación social y política, en 1970 se desplazó a Chile para asistir a la ceremonia de toma de posesión como presidente de Salvador Allende y, más tarde, a Nicaragua para apoyar al movimiento sandinista. Como personaje público, intervino con firmeza en la defensa de los derechos humanos, y fue uno de los promotores y miembros más activos del Tribunal Russell. Como parte de este compromiso escribió numerosos artículos y libros, entre ellos *Dossier Chile: el libro negro*, sobre los excesos del régimen del general Pinochet, y *Nicaragua, tan violentamente dulce*, testimonio de la lucha sandinista contra la dictadura de Somoza, en el que incluye el cuento *Apocalipsis en Solentiname* y el poema *Noticias para viajeros*. Tres años antes de morir solicitó y obtuvo la nacionalidad francesa, aunque sin renunciar a la argentina.

▲ *Arriba, Julio* **Cortázar** *fotografiado en 1983. Sobre estas líneas, portada de* Rayuela. *Como en el juego, la novela permite al lector seguir su propio camino saltando de casilla en casilla.*

«*Para gentes como ella, el misterio empezaba precisamente con la explicación.*»

Julio Cortázar
Rayuela

JULIO CORTÁZAR

OBRAS MAESTRAS

POESÍA: *LOS REYES* (1949); *PAMEOS Y MEOPAS* (1971); *SALVO EL CREPÚSCULO* (1984). **NOVELA:** *LOS PREMIOS* (1960); *RAYUELA* (1963); *62/MODELO PARA ARMAS* (1968); *EL LIBRO DE MANUEL* (1973). **CUENTOS:** *BESTIARIO* (1951); *FINAL DE JUEGO* (1956); *LAS ARMAS SECRETAS* (1959); *HISTORIAS DE CRONOPIOS Y DE FAMAS* (1962); *TODOS LOS FUEGOS, EL FUEGO* (1966); *OCTAEDRO* (1974); *ALGUIEN QUE ANDA POR AHÍ* (1977); *UN TAL LUCAS* (1979); *QUEREMOS TANTO A GLENDA* (1981).

CORTE-REAL, GASPAR *(?, h. 1450-?, h. 1501)*
Navegante portugués. Miembro de una familia de navegantes portugueses, Gaspar fue el más joven de tres hermanos que se hicieron famosos por sus viajes de exploración. En el año 1500, bajo los auspicios del rey Manuel I, realizó un viaje a las costas septentrionales de América en el que llegó hasta Terranova. En un segundo viaje, realizado un año después, continuó su exploración en las costas de Terranova, Labrador y acaso Groenlandia, exploración de la que no regresó. Su hermano Miguel desapareció al naufragar el navío con el que había partido en su busca. Finalmente, el monarca portugués Manuel I mandó en el año 1503 una nueva expedición al mando del tercer hermano, Vasqueanes, para encontrar el paradero de los desaparecidos, y tampoco ésta tuvo éxito en su misión.

CORTÉS, HERNÁN *(Medellín, España, 1485-Castilleja de la Cuesta, id., 1547) Conquistador español.* Nacido en el seno de una familia hidalga, aunque de escasos medios económicos, a los catorce años fue enviado a estudiar leyes a Salamanca, ciudad que abandonó dos años más tarde, guiado por su afán de aventuras. Tras varios intentos fallidos, por una parte, de embarcar para las Indias, y, por otra, de participar en las campañas de Gonzalo Fernández de Córdoba en Italia, en la primavera de 1504 zarpó hacia la isla de La Española, donde se instaló como plantador y funcionario colonial. En 1511 participó en la expedición de conquista de Cuba dirigida por el gobernador Diego Velázquez, de quien recibió tierras y esclavos en la isla, en la cual llegó a ser nombrado alcalde de Santiago de Ba-

▶ *Escena de la conquista de México por Hernán* **Cortés**, *en un cuadro pintado por Miguel González en 1698, que se conserva en el Museo de América de Madrid.*

> *«En circunstancias especiales, el hecho debe ser más rápido que el pensamiento.»*
>
> Hernán Cortés

▼ *Pintura realizada hacia finales del s. XVIII en la que se representa el primer encuentro entre* **Cortés** *y los enviados del emperador azteca Moctezuma en Veracruz.*

racoa. Encarcelado por el gobernador, acusado de conspiración, y tras haberse reconciliado luego con él, en 1518 Velázquez le confió el mando de una expedición a la península del Yucatán. Relevado al poco tiempo, en febrero de 1519 Cortés se hizo clandestinamente a la mar con una fuerza de 550 hombres, 11 barcos, 16 caballos y 14 cañones. Una vez en tierra, los españoles sometieron con facilidad a los mayas de la zona de Tabasco, quienes les ofrecieron ricos presentes y diversas mujeres, entre las que se encontraba Malinche, o doña Marina, la futura amante, intérprete y consejera del conquistador; éste fundó poco después la ciudad de Villarrica de la Veracruz, donde se hizo investir capitán general, en un acto de clara insubordinación respecto al gobernador de Cuba. En agosto, después de hundir su flota para evitar deserciones en sus escasos efectivos, Cortés decidió adentrarse en el Imperio Azteca y avanzar sobre la capital, Tenochtitlán (actual Ciudad de México), ayudado por los tlaxcaltecas, un pueblo enemigo de los aztecas. En noviembre, los españoles fueron acogidos pacíficamente en Tenochtitlán por el emperador Moctezuma II, convencido de que Cortés era el dios Quetzalcóatl, pero ante el recelo de la población indígena, el conquistador tomó como rehén al soberano azteca y le obligó a reconocerse vasallo del rey de España. Unos meses más tarde, en abril de 1520, Cortés tuvo que dejar la capital para salir al encuentro de la expedición enviada contra él por Velázquez, cuyos hombres pasaron a engrosar sus fuerzas tras ser derrotados. De regreso en Tenochtitlán, tuvieron que hacer frente a una sublevación azteca —en el transcurso de la cual murió Moctezuma— y retirarse de la ciudad, acción en la que sufrieron numerosas bajas (la Noche Triste, 30 de ju-

nio-1 de julio), aunque a los pocos días lograron rehacerse y vencer a los indígenas en Otumba. En agosto de 1521, al cabo de cuatro meses de asedio, Cortés reconquistó Tenochtitlán a pesar de la tenaz defensa que opuso el nuevo emperador Cuauhtémoc, y puso fin al Imperio Azteca. Al año siguiente, el conquistador extremeño fue nombrado gobernador y capitán general de Nueva España (México) por el soberano Carlos I, después de lo cual incorporó Honduras y Guatemala a la Corona española (1524-1526). Sin embargo, acusado de varios delitos por el Consejo de Indias, en 1528 hubo de volver a España para defenderse ante el rey, quien, además de concederle el título de marqués del Valle de Oaxaca, lo confirmó en el cargo de capitán general, pero no en el de gobernador. De regreso en Nueva España, se estableció en Cuernavaca, desde donde exploró el área del golfo de California (1535). En 1540 se desplazó de nuevo a España para obtener más honores del monarca y participó en la expedición a Argel de 1541. Ante la indiferencia de la corte, decidió retornar a las Indias, pero enfermó y falleció, el 2 de diciembre de 1547, mientras se dirigía a Sevilla con el propósito de embarcar.

COSA, JUAN DE LA *(Santoña, España, h. 1449-?, 1510) Cartógrafo y piloto español.* Hijo de una ilustre saga de marinos, en 1492 tomó parte en el primer viaje de Colón como piloto de la *Santa María*. En la segunda expedición (1493-1496) al Nuevo Mundo fue también contratado, y además de la de piloto mayor se le encomendó la misión de levantar las cartas de las costas recorridas. Realizó un tercer viaje a América, esta vez como piloto de la expedición de Alonso de Ojeda (1499-1500). Llevó a cabo diversos viajes más al Nuevo Continente, en calidad de piloto y cartógrafo, obteniendo reconocimiento y prestigio. En el año 1509 se embarcó de nuevo con rumbo a Santo Domingo, donde se unió al duque de Osuna, quien, en contra de la voluntad de Juan de la Cosa, emprendió una campaña contra los indígenas, en el curso de la cual perdió la vida el célebre marino y cartógrafo.

«Lo importante no es ganar, sino participar.»

Pierre de Coubertin
Discurso en los Juegos Olímpicos de 1908

▼ *Manuscrito original de Juan de la* **Cosa**. *El cartógrafo español, que acompañó a Colón en sus dos primeros viajes, levantó dos excelentes mapas: uno de África y el otro de la América conocida.*

COUBERTIN, PIERRE DE *(París, 1863-Ginebra, Suiza, 1937) Pedagogo francés y fundador de los Juegos Olímpicos modernos.* Tras prepararse para seguir la carrera militar, se dedicó a la difusión del ideal deportivo mediante la creación de numerosas sociedades deportivas y la publicación de artículos en diarios y revistas. En 1888 reunió en la Universidad de la Sorbona a representantes de 14 naciones europeas en un «Congreso para el restablecimiento de los Juegos Olímpicos». Tras asumir la presidencia del Comité Olímpico, cargo que ostentaría hasta 1925, propuso y logró que Atenas acogiera simbólicamente los primeros Juegos modernos (1896), para los cuales se restauró el estadio de mármol de Pericles, con la ayuda del financiero griego Georges Averof. De su erudita obra teórica, destaca un interesante tratado sobre *La función pedagógica del deporte*, en el que defiende la necesidad de reservar un lugar importante al deporte en la formación del individuo.

COULOMB, CHARLES *(Angulema, Francia, 1736-París, 1806) Físico francés.* Su celebridad se basa sobre todo en que enunció la ley física que lleva su nombre (ley de Coulomb), que establece que la fuerza existente entre dos cargas eléctricas es proporcional al producto de las cargas eléctricas e inversamente proporcional al cuadrado de la distancia que las separa. Las fuerzas de Coulomb son unas de las más importantes que intervienen en las reacciones atómicas. Después de pasar nueve años en las Indias Occidentales como ingeniero militar, regresó a Francia con la salud maltrecha. Tras el estallido de la Revolución Francesa, se retiró a su pequeña propiedad en la localidad de Blois, donde se consagró a la investigación científica. En 1802 fue nombrado inspector de la enseñanza pública. Influido por los trabajos del inglés Joseph Priestley (ley de Priestley) sobre la repulsión entre cargas eléctricas del mismo signo, desarrolló un aparato de medición de las fuerzas eléctricas involucradas en la ley de Priestley, y publicó sus resultados entre 1785 y 1789. También estableció que las fuerzas generadas entre polos magnéticos iguales u opuestos son in-

▲ François **Couperin** según un retrato anónimo datado en 1695. Virtuoso del clavecín y del órgano, es considerado, junto a Rameau, como el máximo representante del Barroco francés.

▼ Courbet con el perro negro, autorretrato pintado en 1842 que se exhibe en el Petit Palais de París. **Courbet** sitúa la escena en un paisaje del Bonneaux, su tierra natal.

versamente proporcionales al cuadrado de la ditancia entre ellos, lo cual sirvió de base para que, posteriormente, Simon-Denis Poisson elaborara la teoría matemática que explica las fuerzas de tipo magnético. También realizó investigaciones sobre las fuerzas de rozamiento, y sobre molinos de viento, así como también sobre la elasticidad de los metales y las fibras de seda. La unidad de carga eléctrica del Sistema Internacional lleva el nombre de culombio (simbolizado C) en su honor.

COUPERIN, FRANÇOIS *(París, 1668-id., 1733) Compositor, clavecinista y organista francés.* Conocido por sus contemporáneos como *el Grande*, François Couperin es el más destacado representante de una dinastía de músicos galos cuyos orígenes se remontan al siglo XVI. Es al mismo tiempo, junto a Jean-Philippe Rameau, el más universal de los compositores del Barroco francés. Hijo del organista Charles Couperin, que fue así mismo su primer maestro, François accedió en 1685 al cargo de organista de Saint-Gervais de París, puesto tradicionalmente asignado a miembros de su familia. Su maestría en la interpretación facilitó en 1693 su entrada en la corte como organista de la capilla real de Luis XIV, donde tuvo a su cargo, además, la educación musical del delfín. Clavecinista de la cámara del rey desde 1701, en 1702 recibió el título de caballero de la Orden de Letrán. Los problemas de salud que le aquejaron durante los últimos años de su vida le obligaron a abandonar progresivamente los puestos oficiales para los que había sido nombrado. Aunque es autor de una valiosa producción vocal de carácter sacro –de la que cabe destacar sus motetes y, sobre todo, sus *Leçons de ténèbres* (1715)–, Couperin fue ante todo un extraordinario compositor de música instrumental. Sus obras para órgano, clave y distintas agrupaciones camerísticas revelan, por un lado, la asunción de la tradición musical francesa y, por otro, una curiosidad innata reflejada en la influencia de la música italiana, en particular de las sonatas de Arcangelo Corelli. Dos *Misas* para órgano (1690), los cuatro libros de *Piezas para clave* –publicados entre 1713 y 1730, e integrados por 230 breves partituras pintorescas y descriptivas, de títulos tan evocadores como *Le carillon de Cythère*, *Le rossignol en amour* o *Les petits moulins à vent*–, y las colecciones *Concerts royaux* (1715), *Les goût réunies* (1724), *Les Nations* (1726), constituyen sus principales aportaciones en este campo. Se le debe también un tratado, *L'art de toucher le clavecin*, que ejerció una notable influencia en el músico alemán Johann Sebastian Bach.

COURBET, GUSTAVE *(Ornans, Francia, 1819-La-Tour-de-Peilz, Suiza, 1877) Pintor francés.* Instalado en París desde 1839, estudió en la Academia suiza la obra de los principales representantes de las escuelas flamenca, veneciana y holandesa de los siglos XVI y XVII. Sin embargo, no alcanzó plenamente su madurez artística hasta que descubrió las obras de Rembrandt en un viaje que realizó a los Países Bajos en el año 1847. Hombre revolucionario y provocador, abrazó la filosofía anarquista de Proudhon, tomó parte en 1871 en la Comuna de París y fue encarcelado durante seis meses, hasta que se refugió en Suiza, hacia 1873. Escandalizó al público con su nueva visión realista en cuadros sobre hechos cotidianos, como en *L'après diner a Ornans* (1849), *El entierro en Ornans* (1850), o *Los paisanos de Flagey volviendo del campo* (1850), puesto que los personajes están representados con toda su vulgaridad, o con una sensualidad comprometedora.

COUSTEAU, JACQUES-YVES *(Saint André de Cubzac, Francia, 1910-París, 1997) Oceanógrafo francés.* Ingresó en la Academia Naval Francesa en 1930, y, tras servir en Extremo Oriente y aprender a pilotar aviones, en 1943 probó por primera vez una máscara subacuática. Durante mucho tiempo, la movilidad necesaria para permitir una exploración ágil del fondo marino y el mantenimiento de la respiración bajo el agua por un período razonable parecieron objetivos inconciliables. El pesado buzo, con su escafandra convencional, se movía con torpeza en el medio subacuático, siempre amarrado a su cuerda salvavidas. Sin embargo, Jacques Cousteau diseñó nuevos equipos: en plena lucha clandestina contra la ocupación alemana, inventó, en colaboración con el ingeniero Émile Gagnan, la escafandra autónoma, dispositivo que conjugaba dos inventos anteriores: el regulador o reductor de presión Rouquayrol-Denayrouse y la botella de aire comprimido del comandante Le Prieur. Este mecanismo, denominado *aqualung*, hizo posible el nacimiento del submarinismo como deporte. Con el fin de acercar el mundo submarino al espectador, Cousteau diseñó también una cámara destinada especialmente a las grabaciones submarinas, con la que empezó a trabajar en sus inmersiones oceánicas. Tras la película *Pecios* (1945), Cousteau rodó *Paisajes del silencio* (1947), *Tarjeta de inmersiones* (1950), *El mundo del silencio* (1955) y *El mundo sin sol* (1964). Dirigió también el programa experimental de supervivencia en el fondo marino, denominado «Precontinente», en el que se utilizó tecnología punta, como habitáculos submarinos y cámaras de descompresión. Inventor de numerosos ingenios de exploración submarina, Cousteau, a bordo de su famosa nave *Calypso*, fue capaz de llevar a los hogares los misterios y las maravillas del mundo submarino, y fue uno de los pioneros en la defensa de las causas ecologistas. Sus trabajos en la exploración, divulgación y conservación de las maravillas del mundo subacuático le valieron tanto incontables galardones como el reconocimiento internacional.

COVARRUBIAS, ALONSO DE *(Torrijos, España, 1488-id., 1570) Arquitecto español.* Fue uno de los representantes más ilustres del plateresco español. Una de sus primeras obras es la capilla de Santa Librada, en la catedral de Sigüenza, con un retablo que se caracteriza por su exuberancia decorativa. También en la catedral de Sigüenza, pero en fecha algo posterior, realizó la sacristía mayor, llamada de las «cabezas» por estar adornada la bóveda con trescientas cuatro pequeñas cabezas. Después de ocuparse de la iglesia del beaterio de la Piedad, en Guadalajara, intervino en la construcción del hospital de la Santa Cruz,

▲ *Fotografía que muestra la imagen más típica del oceanógrafo francés Jacques-Yves **Cousteau**: con traje de neopreno y tocado con su inseparable gorro rojo.*

▼ *El Doctor Johannes Scheuring, pintado por **Cranach** el Viejo en 1529. Este retrato, una de las obras maestras del autor, pertenece a los Museos Reales de Bellas Artes de Bruselas.*

en Toledo, cuya fachada y patio con escalera se cuentan entre las mejores muestras de su primer estilo. No obstante, el patio del palacio arzobispal de Alcalá de Henares todavía supera en belleza y armonía al de Toledo. En 1531 comenzó la capilla de los Reyes Nuevos en la catedral de Toledo, por encargo del arzobispo Fonseca. Esta obra, una de las más bellas del plateresco español, supuso su consagración definitiva, siendo nombrado arquitecto del emperador Carlos I. A su última fase, de sobrio y desnudo clasicismo, corresponden el hospital de San Juan Bautista o de Tavera, en Toledo, y el Alcázar de la misma ciudad, construcción en la que destaca el patio (reconstruido), con sus esbeltos arcos.

CRAMER, GABRIEL *(Ginebra, Suiza, 1704-Bagnols-sur-Cèze, Francia, 1752) Matemático suizo.* Fue catedrático de matemáticas (1724-1727) y de filosofía (1750-1752) en la Universidad de Ginebra. En 1750 expuso en *Introducción al análisis de las curvas algebraicas* la teoría newtoniana referente a las curvas algebraicas, clasificándolas según el grado de la ecuación. Reintrodujo el determinante, algoritmo que Leibniz ya había utilizado al final del siglo XVII para resolver sistemas de ecuaciones lineales con varias incógnitas. Editó las obras de Jakob Bernoulli y parte de la correspondencia de Leibniz.

CRANACH *EL VIEJO*, LUCAS [Lucas Müller] *(Cranach, hoy Kronach, actual Alemania, 1472-Weimar, id., 1553) Pintor renacentista alemán.* Las primeras obras conservadas de este artista datan de 1502 y coinciden con su estancia en Viena, donde cambió su nombre por el de su ciudad natal. De aquella época datan varios cuadros suyos de asunto religioso, de expresividad muy acentuada: las dos *Crucifixiones*, la de 1500 y la de 1503. La tabla *Alto en la huida a Egipto* (1504) destaca, en cambio, por su amplia concepción idílica. En 1505, llamado por el elector Federico *el Sabio* de Sajonia, se trasladó a Wittenberg, ciudad en la que permaneció hasta 1550 como pintor de la corte, y en donde destacó, además, como ciudadano, llegando a ocupar diversos cargos. Se convirtió así mismo en el representante artístico de la causa protestante con su serie de retratos de Martín Lutero y su círculo, aunque el retrato del arzobispo de Maguncia, Alberto de Brandeburgo, demuestra que no había roto con las destacadas figuras del catolicismo. Precisamente son los retratos lo que más caracteriza la obra de Cranach, como el del *Duque Enrique el Piadoso y su esposa Catalina* y el *Autorretrato* que se encuentra en los Uffizi. Entre otras obras de esta época son de destacar *El martirio de santa Catalina, El juicio de Paris, Cacería en Torgau* y sus versiones de *Adán y Eva*. Su estilo se encuentra plenamente formado en 1515 y desde ese momento experimenta pocos cambios, con tendencia al final de su vida hacia la recuperación de los ritmos lineales góticos, en obras en las que se disuelven los límites entre lo sagrado y lo profano. Considerado en su época como «el más rápido de los pintores», según reza en su lápida, esta forma de trabajo se trasluce en una cierta irreflexión en las composiciones.

CRICK, SIR FRANCIS HARRY *(Northampton, Reino Unido, 1916-?) Biofísico británico.* Agregado del Almirantazgo británico como físico militar durante la Segunda Guerra Mundial, mejoró las minas magnéticas. Finalizada la contienda, se dedicó a la biología y trabajó en diversos laboratorios, como el Strangeways Research Laboratory. En 1951, coincidió con el biólogo estadounidense James Watson en la unidad de investigación médica de los laboratorios Cavendish de Cambridge. Utilizando los trabajos de difracción de los rayos X llevados a cabo por Maurice Wilkins, ambos estudiaron los ácidos nucleicos, en especial el ADN, considerado como fundamental en la transmisión hereditaria de la célula. A través de estos estudios llegaron a la formulación de un modelo que reconstruía las propiedades

▼ *Alfredo* **Cristiani** *en una fotografía de 1990, cuando ya era presidente de El Salvador. En 1992, con la mediación de la ONU, firmó la paz con la guerrilla.*

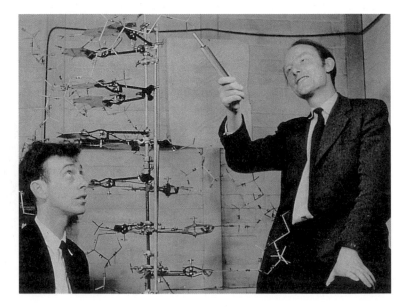

▼ *Los biofísicos James Watson y Francis Harry* **Crick** *(éste a la derecha) posan ante su modelo de molécula de ADN, en los Laboratorios Cavendish de Cambridge, Reino Unido.*

físicas y químicas del ADN, compuesto por cuatro bases orgánicas que se combinaban en pares de manera definida para formar una doble hélice, lo cual determinaba una estructura helicoidal. Así, Crick y Watson pusieron de manifiesto las propiedades de replicación del ADN y explicaron el fenómeno de la división celular a nivel cromosómico. Al mismo tiempo establecieron que la secuencia de las cuatro bases del ADN representaba un código que podía ser descifrado, y con ello sentaron las bases de los futuros estudios de genética y biología molecular. Por este descubrimiento, considerado como uno de los más importantes de la biología del siglo XX, Crick, Watson y Wilkins fueron galardonados con el Premio Nobel de Fisiología y Medicina en 1962. A partir de 1977, Crick se dedicó a la enseñanza en el prestigioso Salk Institute for Biological Research Studies de San Diego.

CRISTIANI, ALFREDO *(San Salvador, 1947) Político salvadoreño.* Líder empresarial y de gremiales productores de café. En 1985 relevó en la presidencia de la Alianza Republicana Nacionalista (ARENA) al mayor retirado Roberto D'Aubuisson, un líder de la extrema derecha. Durante el gobierno de José Napoleón Duarte, Cristiani se esforzó por ampliar la base social de su partido e incrementó su popularidad. Fue elegido presidente en 1989 y comenzó negociaciones de paz con el guerrillero Frente Farabundo Martí para la Liberación Nacional (FMLN). A principios de 1992, bajo la presión de Estados Unidos y con la mediación de las Naciones Unidas, el gobierno de Cristiani suscribió con el FMLN un acuerdo de paz que terminó con doce años de guerra civil. Ese mismo año, el Tribunal Internacional de La Haya dictaminó sobre los límites fronterizos entre El Salvador y Honduras. Entregó la presidencia en 1994 al candidato de su partido, Armando Calderón Sol, elegido en los comicios del mismo año.

CRISTINA DE SUECIA *(Estocolmo, 1626-Roma, 1689) Reina de Suecia.* Hija de Gustavo Adolfo II, a quien sucedió a la temprana edad de seis años bajo la tutela del canciller Oxenstierna. En 1644, a los dieciocho años, fue declarada mayor de edad y reinó personalmente. En 1645 firmó el tratado de Brömsebro con Dinamarca, obteniendo importantes concesiones, y agilizó las negociaciones de los tratados de Westfalia (1648), dando un decisivo paso para la conversión de Suecia en una gran potencia. Persona muy culta y con una gran inquietud intelectual, fue protectora de las letras y las artes, y se rodeó de los sabios más eminentes de su época, entre los que destacan Descartes y Grocio, con quienes organizaba largos debates en los que siempre aportaba reflexiones interesantes. Después de apartar del poder a Oxenstierna, emprendió una política de dispendio y se mostró poco interesada en la hacienda del reino, lo que afectó gravemente las finanzas suecas y minó su popularidad. De temperamento sensible, inestable y nervioso, rechazó el matrimonio, y para gobernar siguió el consejo de una corte de personajes intrigantes, como el médico francés Bourdelot, el conde de La Gardie, Pimentel, Tott y otros. En 1654 renunció al trono en favor de su primo Carlos Gustavo, príncipe del Palatinado, que fue coronado como Carlos X Gustavo. A partir de entonces se dedicó a viajar y pasó largas estancias en diversos países europeos, estableciéndose en Bruselas. Once años más tarde, durante su estancia en Innsbruck, anunció su conversión al catolicismo y se trasladó primero a Roma y más tarde a Francia, para fijar al fin su residencia en Fontainebleau, donde se vio envuelta en el asesinato, el 10 de noviembre de 1657, de su presunto amante, el caballerizo mayor Monaldeschi. Tras el escándalo, se trasladó de nuevo a Roma, ciudad en la que pasó los últimos años de su vida rodeada de intelectuales.

CROCE, BENEDETTO *(Pescasseroli, Italia, 1866-Nápoles, 1952) Filósofo y político italiano.* Oriundo de una familia de tradición religiosa, monárquica y conservadora, entró en el Senado en 1910 y fue ministro de

▲ *La reina* **Cristina** *de Suecia retratada por Sébastien Bourdon. Sus inclinaciones católicas, en un país de base luterana, la empujaron a abdicar en favor de su primo Carlos Gustavo.*

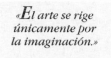

«*El arte se rige únicamente por la imaginación.*»

Benedetto Croce
Estética

◄ *En la imagen, el italiano Benedetto* **Croce**. *Su filosofía, inspirada en el idealismo de Hegel y en Vico, ha ejercido honda influencia en el pensamiento contemporáneo.*

Educación en 1920. Tras un breve flirteo con el fascismo no opuso finalmente a Mussolini, aunque fue tolerado por el régimen. Tras la Segunda Guerra Mundial volvió a ocupar la cartera de Educación (1944), fue nuevamente senador (1948) y fundó el Instituto Italiano de Estudios Históricos (1947). Su filosofía pertenece al idealismo historicista, y está profundamente marcada por la tradición de Hegel y Vico. Reinterpretó la dialéctica hegeliana, estableciendo cuatro momentos del espíritu: dos teóricos, correspondientes a la estética y la lógica (la «conciencia de lo individual» y la «conciencia de lo universal»), y dos momentos prácticos, la «voluntad de lo individual», estudiado desde la economía, y la «voluntad de lo universal», estudiado por la ética. Su obra fundamental es la *Filosofía del espíritu*, publicada en cuatro volúmenes entre 1902 y 1917.

CROMWELL, OLIVER *(Huntingdon, actual Reino Unido, 1599-Londres, 1658) Político inglés.* Educado en un ambiente protestante puritano y hondamente anticatólico, que confirió a su actuación política un sentido místico y providencialista, en 1628 fue elegido miembro de la Cámara de los Comunes, disuelta al año siguiente por el rey Carlos I. Entre 1629 y 1640, el monarca inglés gobernó sin el Parlamento, impuso una política absolutista y aumentó los privilegios y las prerrogativas de la aristocracia en perjuicio de los intereses de la naciente burguesía. En 1640, no obstante, el rey se vio obligado a reinstaurar el Parlamento, en el que Cromwell, como representante de Cambridge, destacó por su defensa del puritanismo, su oposición al episcopalismo de la Iglesia de Inglaterra y sus ataques a la arbitrariedad real. Al poco tiempo, el soberano, acusado de ineptitud a raíz de la sublevación católica de Irlanda, intentó encarcelar a los principales miembros de la oposición, lo cual provocó la insubordinación del Parlamento y obligó a Carlos a huir al oeste de Inglaterra para unirse a sus partidarios. Tras ello, en 1642 estalló una cruenta guerra civil, que enfrentó a los realistas (Iglesia Anglicana, ciertos sectores de la burguesía y buena parte de la *gentry*, la aristocracia inglesa) con los partidarios del Parlamento (los pequeños propietarios agrícolas, la burguesía, el pueblo llano y los puritanos). En ese momento, Cromwell, hombre práctico y dotado de gran talento militar, organizó un ejército revolucionario, el *New Model Army*, y, tras sufrir algunos reveses, consiguió por último vencer a las tropas realistas en Marston Moore (1644) y Naseby (1645). Un año más tarde, la captura de Carlos I suscitaba un serio conflicto entre el Parlamento, favorable a la restitución del monarca en el trono controlando su poder, y el ejército puritano, decidido a librarse del rey y a controlar la Cámara de los Comunes. Aprovechando el intento de huida de Carlos (1647) y tras haber depurado el Parlamento (1648), Cromwell hizo juzgar y ejecutar al soberano (30 de enero de 1649), suprimió la monarquía y la Cámara de los Lores y proclamó la República o Commonwealth (mayo de 1649). Durante los años siguientes, realizó dos campañas para someter a los católicos irlandeses (1649-1650), y en las batallas de Dunbar y Worcester (1650-1651) aplastó a los realistas escoceses, que habían proclamado rey a Carlos II, primogénito del soberano

▲ *Retrato anónimo de Oliver* **Cromwell**. *Al frente del ejército del Parlamento, sus famosos* ironsides, *derrocó al monarca Carlos I y se autoproclamó lord protector, con amplios poderes.*

ajusticiado. La Cámara de los Comunes trató esforzadamente de controlar al ejército, pero todo fue en vano: en 1653, Cromwell la disolvió, cedió el poder legislativo a 139 personas de su confianza y tomó el título de lord protector de Inglaterra, Escocia e Irlanda, con poderes más amplios que aquellos de que había gozado el monarca. Durante su mandato reorganizó la hacienda pública, fomentó la liberalización del comercio, a fin de asegurar la prosperidad de la burguesía mercantil, promulgó el Acta de Navegación (1651), a través de la cual impuso a los Países Bajos la supremacía marítima inglesa, derrotó a las Provincias Unidas (1654), arrebató Jamaica a España (1655), persiguió a los católicos y situó a Inglaterra a la cabeza de los países protestantes europeos. A su muerte (3 de septiembre de 1658), sin embargo, la República se vio inmersa en un período de caos, que acabó con la restauración de la monarquía en la persona de Carlos II por parte del Parlamento (1660). A pesar de su prudencia, el nuevo monarca no dudó en ordenar la exhumación del cadáver del hombre que había firmado la sentencia de muerte de su padre, para cortarle la cabeza y exponerla en la torre de Londres.

CROOKES, SIR WILLIAM *(Londres, 1832-id., 1919) Químico y físico británico.* Estudió en el Colegio Real de Química de Londres. Después de trabajar en el Observatorio Radcliffe en Oxford y en el Colegio Chester de la Ciencia, volvió a Londres, donde fundó y dirigió la publicación *Chemical News* (1859-1906). En 1861, mientras realizaba observaciones espectrográficas de depósitos seleníferos, descubrió y aisló el talio, del que determinó su peso molecular y propiedades. En 1875 construyó el radiómetro, el cual se emplearía más adelante para evidenciar la teoría cinética de los gases. Inventó y diseñó el tubo electrónico con cátodo frío, conocido como «tubo de Crookes». Demostró así mismo que los rayos catódicos se desplazan en línea recta y producen calor y fosforescencia al impactar en ciertos materiales. En el año 1907 fue galardonado con el Premio Nobel de Química.

> «*Confiad en Dios, muchachos, y mantened la pólvora seca.*»
>
> Oliver Cromwell
> (arenga dirigida a sus tropas antes de entrar en combate en Dunbar)

CRUYFF, JOHAN *(Amsterdam, 1947) Jugador y entrenador de fútbol holandés.* Hijo de una familia de modesta situación económica, a los diez años ingresó en el Ajax de Amsterdam, club en el cual permanecería hasta 1973 y con el que obtendría seis títulos de Liga y tres copas de Europa. Entre 1973 y 1978 jugó en el F. C. Barcelona, con el cual consiguió el Campeonato de Liga de 1974. Durante dichos años fue nombrado mejor futbolista europeo en tres ocasiones (1971, 1973 y 1974) y en 1974 fue designado mejor jugador del Mundial disputado aquel año. Tras su paso por el F.C. Barcelona recaló brevemente en la liga estadounidense y luego en el Levante español, para incorporarse de nuevo al Ajax como jugador, poco antes de retirarse de la práctica activa. Su posterior faceta de entrenador, que inició en el Ajax, estaría tan plagada de éxitos como la de jugador. Destacó sobre todo por su talante ofensivo y logró sus mayores victorias con el F.C. Barcelona, club al que entrenó entre 1988 y 1996. Durante dichos años logró cuatro ligas consecutivas (1991, 1992, 1993 y 1994) y una copa de Europa (1992).

CRUZ, CELIA *(La Habana, 1920) Cantante cubana de salsa.* Conocida como «la Reina de la Salsa», Celia Cruz ha sido considerada como una de las mejores improvisadoras de la música latina, y ha hecho célebre su grito «¡Azúcar!», que incluye en todas sus actuaciones. En sus inicios, a comienzos de la década de 1940, actuó con el grupo Las Mulatas del Fuego en Argentina y México, donde grabó su primer elepé. A principios de la década de 1950 volvió a Cuba, donde se convirtió en la cantante solista del grupo La Sonora Matancera, con el que logró éxitos como los temas *Burundanga* o *Caramelos*, que la llevó a debutar en 1957 en Nueva York. En 1960 salió de Cuba huyendo de la revolución castrista y se instaló en Estados Unidos, donde contrajo matrimonio con el trompetista de la orquesta, Peter Knight. Un gran descenso de su popularidad llevó a la cantante a separarse de la Matancera en 1972, pero más adelante, tras una inmersión en la música brasileña y portorriqueña, volvió con la orquesta, con la que consiguió en 1988 el premio Grammy por *Ritmo en el corazón.*

CUAUHTÉMOC *(Tenochtitlán?, hoy Ciudad de México, 1502?-Yucatán, actual Honduras, 1525) Soberano azteca.* Hijo de Ahuitzotl y primo de Moctezuma, fue el último *tlatoani,* rey azteca. Cuauhtémoc, nombre que significa «águila que cae», fue

▲ *Una de las leyendas del fútbol como jugador y como entrenador, el holandés Johan **Cruyff**, posa para una foto con la camiseta del F.C. Barcelona.*

▼ *Pintura que representa al rey azteca **Cuauhtémoc** en el momento de recibir a los conquistadores españoles. Cuauhtémoc, cuyo nombre significa «águila que cae», fue el último soberano azteca.*

un encarnizado enemigo de los españoles, especialmente después de la matanza perpetrada por Pedro de Alvarado en Tenochtitlán, el 23 de mayo de 1520. La brutal acción del conquistador español provocó la reacción del pueblo azteca, que lapidó a Moctezuma II y sitió a los extranjeros, aunque éstos consiguieron huir de la capital azteca la noche del 30 de junio al 1 de julio, posteriormente llamada Noche Triste. Mientras Hernán Cortés y sus hombres, apoyados por los tlaxcaltecas, se preparaban para ocupar de nuevo Tenochtitlán, Cuitláhuac, hermano de Moctezuma II, asumió el trono azteca. Pero murió a los pocos meses, víctima de la epidemia de viruela que, introducida por los españoles procedentes de Cuba, causaba estragos en los aztecas. Le sucedió su primo Cuauhtémoc, que se había distinguido por su arrojo contra los españoles. Ante la nueva ofensiva de los invasores, el *tlatoani* organizó la defensa de Tenochtitlán, que resistió durante tres meses el sitio, aunque, cayó finalmente en poder de los españoles, y Cuauhtémoc fue hecho prisionero el 13 de agosto del mismo año, cuando intentaba huir hacia Texcoco. Desde entonces y hasta el momento de su muerte permaneció cautivo, siendo torturado para que revelase el lugar donde se ocultaba el tesoro real. Finalmente, ante el temor de que organizara una nueva rebelión, Cortés lo llevó consigo junto a otros nobles aztecas en una expedición al territorio de la actual Honduras. Durante la misma, un tal Mexicalcingo lo acusó de haber participado en una supuesta conspiración, y fue ahorcado junto con otros aztecas principales.

▲ *Merce* **Cunningham** *durante una de sus actuaciones. El bailarín y coreógrafo puso al servicio de su danza una visión revolucionaria de la concepción escénica.*

▼ *El matrimonio* **Curie**, *en la foto en su laboratorio, descubrió, fruto de sus trabajos sobre radiactividad, dos nuevos elementos químicos: el polonio y el radio.*

CUITLÁHUAC *(?-Tenochtitlán, hoy Ciudad de México, 1520) Soberano azteca*. Hijo de Axayácatl, sucedió a su hermano Moctezuma II en junio de 1520. Opuesto desde un principio a los españoles, organizó la resistencia y dirigió la rebelión de los aztecas de Tenochtitlán contra las tropas de Hernán Cortés y las obligó a retirarse en la célebre Noche Triste, el 30 de junio. Trató de oponerse a la reacción de Hernán Cortés y formar una poderosa confederación de ciudades, pero la desconfianza y los recelos generados por los largos años de dominio azteca hicieron fracasar todos sus esfuerzos. Asediado en Tenochtitlán por Cortés y sus aliados, falleció a causa de la viruela, enfermedad contra la que los indígenas americanos apenas tenían defensas orgánicas y que habían introducido los propios españoles. Le sucedió su sobrino Cuauhtémoc.

CUMBERLAND, WILLIAM AUGUSTUS, DUQUE DE *(Londres, 1721-id., 1765) Militar británico*. Hijo de Jorge II, a mediados de la guerra de Sucesión al trono austriaco (1740-1748) fue nombrado comandante en jefe de las fuerzas aliadas y, poco después de ocupar el cargo, fue derrotado por las tropas del comandante francés Maurice de Saxe en la batalla de Fontenoy (1745). No obstante, aquel mismo año fue llamado por el depuesto monarca Jorge II para hacer frente a la revuelta jacobita del pretendiente Carlos Eduardo, a quien venció en la batalla de Culloden Moor de abril de 1746 y en la cual murieron cerca de mil escoceses. En la represión que siguió al enfrentamiento armado ejecutó a alrededor de 120 prisioneros de guerra, lo cual motivó que desde entonces se le conociera con el apodo de «el Carnicero». Posteriormente, y tras permanecer en Escocia durante tres meses, regresó al frente francés, donde en julio de 1747 perdió la batalla de Lauffeld. En julio de 1757, tras ser nuevamente derrotado por el ejército francés, firmó la convención de Klosterzeven, mediante la cual se comprometía a evacuar Hannover. Ello le enfrentó a su padre, propietario de dicho territorio, de resultas de lo cual se retiró.

CUNNINGHAM, MERCE *(Centralia, EE UU, 1919) Coreógrafo y bailarín estadounidense*. Formado como bailarín en la compañía de Martha Graham, de la que fue solista, esta coreógrafa fue quien incitó a Cunningham a crear sus primeras coreografías en 1943. En 1945, año del estreno de su trabajo *Mysterious Adventure*, abandonó esta compañía para iniciar su carrera en solitario. La estrecha colaboración con el compositor John Cage marcó la evolución de su estilo, dando lugar a trabajos como el ballet *The Seasons* (1947), cuya concepción abstracta, basada en el movimiento puro desprovisto de cualquier implicación emocional, iba a ser desarrollada en coreografías posteriores. Con *Suite by Chance*, Cunningham se convirtió, en 1952, en el primer coreógrafo en utilizar como base una composición electrónica. En la misma línea, y en el mismo año, se sitúa su creación *Symphonie pour un homme seul*, el clásico de la música concreta de Pierre Schaeffer y Pierre Henry. Uno de sus últimos trabajos fue *Quartets* (1983).

CURIE, MARIE [Marie Sklodowska] *(Varsovia, 1867-cerca de Sallanches, Francia, 1934)* y **PIERRE** *(París, 1859-id., 1906) Matrimonio de químicos franceses*. Polaca de nacimiento, Marie Sklodowska se formó en su país natal y en 1891 marchó a París para ampliar estudios en la Sorbona. Se licenció por dicha universidad en el año 1893, y se doctoró diez años más tarde. Poco después de su llegada a Francia conoció al físico francés Pierre Curie, con quien se casó en 1895. Fruto de esta unión serían sus dos hijas, Ève e Irène. Marie fue inicialmente profesora de la Escuela Normal Femenina de Sèvres (1900), y luego ayudante de Pierre Curie en su laboratorio a partir de 1904. Al suceder a su marido, a la muerte de éste, en su cargo de profesor de la Universidad de la Sorbona, se convirtió en la primera mujer en ocupar un puesto de estas características en Francia. Pierre Curie, licenciado por

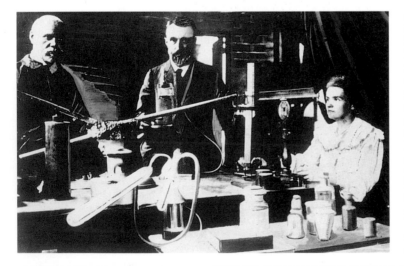

la Sorbona y doctorado en 1895 por esta misma universidad, había sido nombrado profesor de esta institución en el año 1900. Antes de iniciar su colaboración con Marie, trabajó en el campo de la cristalografía en colaboración con su hermano, descubriendo la piezoelectricidad (1880). En 1895 comprobó que los cuerpos ferromagnéticos se transforman en paramagnéticos a partir de una cierta temperatura conocida hoy como «punto de Curie». Determinó la relación entre paramagnetismo y temperatura (ley de Curie) y estableció la diferencia entre paramagnetismo y diamagnetismo. Se le debe también la invención de una balanza de torsión, conocida como balanza Curie-Chèneveau, que permite efectuar pesadas de alta precisión. En 1896 inició la colaboración con su esposa en el estudio de la radiactividad, descubierta por el físico francés H. Becquerel, trabajos que darían como principal fruto el descubrimiento de la existencia de dos nuevos elementos, en 1898: el polonio, nombre que se le dio en recuerdo de la patria de Marie, y el radio. La dificultad de estos estudios se evidencia si se tiene en cuenta que para obtener un solo gramo de cloruro de radio puro el matrimonio tuvo que tratar ocho toneladas del mineral conocido como pechblenda. A partir de entonces, Marie se concentró en la obtención de radio metálico, lo cual logró en colaboración con A. Debierne, mientras que Pierre estudió las propiedades químicas, fisiológicas y luminosas de las emisiones radiactivas, que clasificó, según su carga, en positivas (rayos alfa), neutras (rayos gamma) y negativas (rayos beta). Tras el fallecimiento de Pierre, Marie continuó los trabajos y fundó el Instituto del Radio (1914), en el que llevó a cabo un profundo estudio de las aplicaciones de los rayos X y de la radiactividad en campos como el de la medicina, y consiguió la obtención de numerosas sustancias radiactivas con diversas aplicaciones. Entre las muestras de dicha colección destaca la que, en 1921, le entregó el presidente de Estados Unidos, Harding, que había sido costeada con aportaciones voluntarias de innumerables mujeres del país americano. Los esposos Curie fueron galardonados en 1903, junto a H. Becquerel, con el Premio Nobel de Física por el descubrimiento de la radiactividad. Ocho años más tarde, Marie recibió el Premio Nobel de Química en reconocimiento por los trabajos que le permitieron aislar el radio metálico, con lo cual se convirtió en la primera persona en la historia merecedora en dos ocasio-

▲ *Congreso Solvay de 1911 que reunió a numerosos científicos, entre ellos a Marie Curie, la única mujer. Detrás de ella aparecen Rutherford y, a la derecha, Einstein.*

nes de dicho galardón. Su hija, Irène, casada con el físico francés Frédéric Joliot, ayudante de Marie Curie desde 1925, continuó sus estudios en el campo de la radiactividad y descubrió, en 1934, en colaboración con su marido, la existencia de la llamada radiactividad artificial.

Cusa, Nicolás de → Nicolás de Cusa.

Custer, George Armstrong *(New Rumley, EE UU, 1839-Little Big Horn, id., 1876) Militar estadounidense.* Nacido en el seno de una familia de granjeros, desde muy joven se sintió inclinado hacia la carrera militar. En 1861 fue nombrado segundo teniente del Segundo de Caballería, for-

> «*Nunca te das cuenta de lo que ya has hecho, sólo puedes ver lo que queda por hacer.*»
>
> Marie Curie
> *Carta a su hermano*

◀ *Retrato del militar estadounidense George Armstrong **Custer**. El legendario general de caballería pereció junto a los hombres de la unidad a su mando en la batalla de Little Big Horn.*

mación con la que participó en la defensa de Washington, si bien no pudo acabar la campaña por problemas de salud. Una vez recuperado, fue destinado al Quinto de Caballería, en el que ocupó el puesto de primer teniente. Poco después, en junio de 1863, fue nombrado brigada de los regimientos de Michigan, con los que participó, con un notable éxito, en la batalla de Gettysburg y la campaña de Virginia. Su decisiva participación en la batalla de Yellow Tavern, le valió el nombramiento de coronel. Convertido ya en uno de los comandantes más aclamados del ejército, su nombre empezó a ser conocido por el resto de la población, fama que se incrementó tras su hazaña en Richmond, en abril de 1865, al desarticular la defensa enemiga y liberar a todos los prisioneros unionistas, así como el armamento perdido y el terreno cedido al enemigo. A partir de ese momento participó en todas las grandes acciones en que intervino el Quinto de Caballería, del cual era uno de sus más populares coroneles. Ascendido con grandes honores a general, su tradicional suerte le fue esquiva a orillas del río Big Horn, donde murió en combate con los indios sioux.

CUVIER, GEORGES BARÓN DE (*Montbéliard, Francia, 1769-París, 1832) Zoólogo francés.* Se le considera el padre de la anatomía comparada y de la paleontología. Estudió en Stuttgart, y en 1795 fue nombrado asistente en el Museo de Historia Natural de París por recomendación del zoólogo Étienne Geoffroy; ambos publicaron conjuntamente un estudio sobre clasificación de los mamíferos. Ese mismo año se le nombró miembro de la Académie

▲ *El naturalista francés barón de **Cuvier**, que aparece aquí sentado con un fósil y una lupa, está considerado el fundador de la anatomía comparada y de la paleontología.*

▼ *Litografía coloreada a mano de un mandril macho, publicada en* Histoire Naturelle des Mammíferes, *obra de Georges **Cuvier** y E. G. St. Hilaire.*

des Sciences, de la que más tarde fue secretario. Designado inspector imperial para la reforma de la educación pública en Francia, se le otorgó, en atención a sus servicios, el título de caballero. Entre 1800 y 1805, basándose en sus trabajos y lecciones magistrales, publicó *Leçons d'anatomie comparée*, en las que introdujo el principio de «correlación de las partes», según el cual las características funcionales y estructurales de los órganos del cuerpo de un animal están necesariamente relacionadas entre sí y con el entorno. Así, según Cuvier, los hábitos de un animal determinan su forma anatómica, de modo que, por ejemplo, los animales con cuernos y pezuñas tendrán siempre una dentición herbívora. También fue capaz de reconstruir especies fósiles desconocidas a partir del estudio de sólo algunos fragmentos óseos, y recurrió a la teoría del catastrofismo para explicar la desaparición de algunas especies. Para Cuvier, las especies no habían cambiado desde la Creación. Resumió sus conclusiones en *Recherches sur les ossements fossiles de quadrupèdes*. En 1817 publicó *Le Règne animal distribué d'après son organisation*, en el que organiza a las especies animales en cuatro grandes grupos, lo que significó un notable avance respecto al sistema de clasificación que en el siglo XVII había establecido Linneo.

CYRANO DE BERGERAC, HECTOR SAVINIEN *(París, 1619-id., 1655) Escritor francés.* Se dedicó a la carrera militar hasta que una herida sufrida en el sitio de Arrás (1641) le obligó a renunciar a ella. Regresó a París, donde frecuentó los círculos libertinos y llevó una vida disipada, a la que no siempre podía hacer frente económicamente, y acabó buscando la protección del duque de Arpajon, quien le retiró su confianza tras el estreno de su primera pieza teatral, *La mort d'Agrippine* (1653), motivo de escándalo por su intención antirreligiosa. Su obra más reconocida y ambiciosa es *Historia cómica de los estados e imperios de la Luna* (1657), seguida en 1662 por *Historia cómica de los estados e imperios del Sol*, una especie de utopía fantasiosa donde expuso sus concepciones filosóficas, astronómicas y físicas. Edmond Rostand recrearía su figura como la de un personaje romántico y aventurero en su tragicomedia *Cyrano de Bergerac* (1897).

D

Da Gama, Vasco *(Sines, Portugal, 1469-Cochin, actual India, 1524) Navegante portugués.* Nacido en el seno de una familia noble, en 1497 el rey Manuel I *el Afortunado* le encomendó abrir una ruta por mar a las tierras productoras de especias. Con ello se pretendía equilibrar la ventaja que el descubrimiento de Colón había ofrecido a España. La expedición, compuesta por cuatro navíos, zarpó con la intención de bordear la costa africana hasta alcanzar el cabo de Buena Esperanza y continuar rumbo este, para abrir intercambios comerciales y arrebatar a los árabes el tráfico mercantil. En marzo de 1498 la expedición entró en contacto con algunas comunidades indígenas que comerciaban con la India, y dos meses después abordaron el norte de Calicut, finalizando el periplo que llevó a Vasco da Gama a completar el descubrimiento de la ruta marítima hasta la India. Era la primera vez que la civilización europea entraba en contacto con la india, un acontecimiento fundamental para el decurso de la historia. A finales de agosto de 1499, precedido por uno de los navíos de la expedición, Vasco da Gama consiguió regresar a Portugal, permitiendo con su hazaña un éxito comercial sin precedentes, que determinaría en buena medida el próspero beneficio comercial que iba a desarrollarse a partir de entonces; por sus servicios, fue nombrado almirante y colmado de privilegios. En 1502, el navegante volvió a hacerse a la mar, esta vez al mando de una flota de veinte navíos, con la que se apoderó de Qui-

▼ *Bajo estas líneas, Gottlieb* **Daimler***, pionero de la industria automovilística, fotografiado en 1891 junto con sus socios, al mando de uno de los modelos construidos en su factoría.*

loa (Kilwa) y Sofala, en Mozambique. Logró eliminar a los rivales árabes e instauró la hegemonía marítima portuguesa en el litoral índico, construyendo en Cochin la primera factoría portuguesa en Asia. En 1503 regresó a Lisboa y ya no volvió a navegar hasta 1524, cuando fue nombrado virrey de la India. Sin embargo, sólo pudo ejercer el cargo unos meses, ya que falleció el mismo año que llegó a la India.

Daguerre, Louis Jacques *(Cormeilles, Francia, 1789-Bry-sur-Marne, id., 1851) Inventor y pintor francés.* Inició su actividad como pintor de decorados de ópera. En 1822, en colaboración con C. M. Bouton, desarrolló el diorama, decorado que se estructura en diversos planos de exposición para producir un efecto de perspectiva. Durante el período comprendido entre 1829 y 1833 trabajó conjuntamente con J. N. Niepce en el desarrollo del proceso heliográfico de fijación de imágenes. Tras la muerte de Niepce, Daguerre continuó experimentando, hasta que, en 1839, presentó el primer proceso práctico de fotografía, el daguerrotipo, capaz de fijar imágenes en una placa de cobre cubierta de una capa compuesta de yoduro y bromuro de plata sensible a la luz.

Daimler, Gottlieb *(Schorndorf, Alemania, 1834-Cannstatt, id., 1900) Ingeniero alemán.* Una de las figuras más relevantes de la historia de la primitiva automoción. Estudió en la Escuela Politécnica de Stuttgart. Tras su graduación trabajó en diversas empresas alemanas relacionadas con la ingeniería mecánica, en las que fue adquiriendo experiencia en materia de motores, hasta ser designado en 1872 director técnico de la firma presidida por Nikolaus A. Otto, el inventor del motor de cuatro tiempos. En 1882, abandonó la firma de Otto y fundó, junto con Wilhelm Maybach, su propia industria, dedicada a la construcción de motores de combustión interna. Tres años después patentaron uno de los primeros motores capaces de impulsar un vehículo con cierta velocidad, y desarrollaron el primer carburador que permitió el empleo de gasolina como combustible. Este motor de gasolina fue incorporado por primera vez a una bicicleta (posiblemente la primera motocicleta) en 1885; en 1886 se aplicó a un vehículo de cuatro ruedas, y un año más tarde a una embarcación. De todos modos, no fue hasta 1889 cuando ambos ingenieros realizaron su primer diseño orientado a la construcción de un automóvil de cuatro ruedas. En 1890 fundaron la Daimler Motoren Gesellschaft, en Cannstatt, industria que, nueve años más tarde, construyó el primer coche de la marca Mercedes.

DALAI LAMA [Tenzin Giatso] *(Tatkse, actual China, 1935) Líder nacionalista y religioso tibetano.* Con sólo dos años de edad, las visiones proféticas del Lama del monasterio de Sera, Kewtsang Rinpoche, lo identificaron como el XIV Dalai Lama. Según la religión tibetana, los Dalai Lama son seres santos que renuncian al Nirvana, la paz eterna, y acceden a reencarnarse para continuar guiando a los humanos durante su larga travesía terrena. A los cinco años fue entronizado como tal. Estudió filosofía budista, disciplina en la que se doctoró en 1950. Ese año asumió las responsabilidades políticas propias de su cargo, y en 1954 mantuvo conversaciones de paz con Mao y otros líderes políticos chinos, entre los que se encontraba Teng Hsiao-Ping. La represión del movimiento nacionalista tibetano por el ejército chino, en 1959, lo obligó a emprender un largo exilio en Dharamsala, India, sede del gobierno tibetano expatriado. Allí se ha erigido en un símbolo de la lucha pacífica por los derechos de los pueblos. Sus largos viajes por todo el mundo han suscitado las simpatías por la causa tibetana y la admiración ante su abnegada dedicación. Sus comparecencias ante la Asamblea General de las Naciones Unidas y las repetidas resoluciones de este organismo en favor de la autodeterminación del Tíbet, pusieron su figura, durante los años se-

▶ *El **Dalai Lama** durante una estancia en España, en la ciudad de Barcelona. El líder tibetano se ha convertido en un símbolo de la lucha por la libertad de su pueblo.*

senta, en el centro de atención de los países occidentales. Desde entonces, los incontables galardones internacionales que ha recibido, como el Premio Nobel de la Paz, en 1989, le han valido el reconocimiento generalizado, e incluso la puesta en escena de su biografía cinematográfica (*Kundun*, 1998). Profundamente comprometido con la paz mundial y con el medio ambiente, en 1987 propuso hacer del Tíbet un santuario mundial de ambas causas. En 1992 se comprometió a abandonar sus responsabilidades políticas y convertirse en un ciudadano normal cuando el Tíbet alcanzara la independencia.

SALVADOR DALÍ

OBRAS MAESTRAS

NATURALEZA MUERTA (1924, colección particular, Madrid); RETRATO DE SU HERMANA (1925, colección particular); RETRATO DE SU PADRE (1925, Museo de Arte Moderno, Barcelona); CESTA DE PAN (1926, Florida); EL GRAN MASTURBADOR (1929, colección particular); SENICITAS (1928, Centro de Arte Reina Sofía, Madrid); RETRATO DE PAUL ÉLUARD (1929, colección particular); PERSISTENCIA DE LA MEMORIA (1931, Museum of Modern Art, Nueva York); LA JIRAFA ARDIENTE (1935); PRESAGIO DE LA GUERRA CIVIL (1936); CANIBALISMO OTOÑAL (1936); EVOCACIÓN DE LENIN (1937); METAMORFOSIS DE NARCISO (1937, Tate Gallery, Londres); MADONA DE PORT LLIGAT (1945, Universidad, Wisconsin); EQUILIBRIO INTERACTIVO DE UNA PLUMA DE CISNE (1946, colección particular); LAS TENTACIONES DE SAN ANTONIO (1947); LEDA ATÓMICA (1949, Museo Dalí, Figueras); EL CRISTO DE SAN JUAN DE LA CRUZ (1950, Art Museum, Glasgow); CRUCIFIJO O CORPUS HIPERCUBICUS (1954, Museum of Modern Art, Nueva York); LA ÚLTIMA CENA (1955, National Gallery, Washington); DESCUBRIMIENTO DE AMÉRICA POR CRISTÓBAL COLÓN (1959); LA BATALLA DE TETUÁN (1962, colección particular).

DALÍ, SALVADOR *(Figueras, España, 1904-id., 1989) Pintor español.* Tras estudiar dibujo en su ciudad natal, en 1921 se trasladó a Madrid para matricularse en la Escuela de Bellas Artes de San Fernando. En la residencia de estudiantes trabó amistad con García Lorca, Barradas, Buñuel y otros artistas y escritores que no tardaron en incorporarse a movimientos de vanguardia. En esta primera etapa creativa siguió tendencias cubistas, metafísicas y realistas que se tradujeron en diversos retratos familiares y en obras como la famosa *Cesta de pan.* En 1929 se estableció en París, donde, con la ayuda de Miró, entró en contacto con el grupo surrealista, al cual se incorporó. Gracias a su facilidad para autopromocionarse y a su conducta excéntrica, llegó a convertirse en el más famoso de los surrealistas. Sus producciones de esta época (*El gran masturbador, Persistencia de la memoria*) son consideradas por algunos críticos como sus mejores obras. Fue, de hecho, en este período cuando Dalí creó su método paranoicocrítico, según el cual para la creación artística debía recurrirse sistemáticamente a la sinrazón, pero haciendo de este recurso una opción lúcida. En 1937 realizó un viaje a Italia que le puso en contacto con los clásicos, lo cual se tradujo en la adopción de la temática religiosa y en un mayor

academicismo en la representación de la figura humana. Precisamente, el rasgo más destacado de la pintura de Dalí es la aplicación de una rigurosa técnica académica a la representación de temas oníricos, alucinantes y extraños. De 1940 a 1955 residió en Estados Unidos, donde alcanzó una fama considerable. Sin embargo, a su regreso a España optó por una vida retirada, con escasas apariciones públicas. Vivió en compañía de Elena Diakonova (Gala), esposa de su amigo Paul Éluard, a la que convirtió en su musa e inmortalizó en innumerables retratos. Hasta el final de sus días mostró siempre predilección por determinados temas, tales como relojes blandos, cajones abiertos, los insectos o los espejos. Además de a la pintura, se dedicó a la ilustración de libros, el diseño de joyas, el teatro y el cine, a éste en colaboración con Buñuel.

DALTON, JOHN *(Eaglesfield, Gran Bretaña, 1766-Manchester, 1844) Químico y físico británico.* En 1822 fue elegido miembro de la Royal Society, y, en 1830, miembro de la Academia de Ciencias de París. Sus primeros trabajos versaron sobre meteorología, y aparecieron en 1793 bajo el título *Observaciones y ensayos meteorológicos.* En 1794 publicó *Hechos extraordinarios relativos a la visión de los colores*, donde se señala por primera vez la alteración conocida como daltonismo, que él mismo padecía. En 1803 dio a conocer la ley de las presiones parciales. De singular importancia fue su posterior enunciado de la ley de las proporciones múltiples, que rige

▲ El gran masturbador, *óleo pintado por Salvador **Dalí** en 1929. Este cuadro tiene su versión escrita, en un poema del mismo título publicado en 1930.*

▼ *El físico británico John **Dalton** en un cuadro en el que aparece observando la emisión de gases de las aguas pantanosas. Sus investigaciones se desarrollaron en campos diversos, desde la meteorología a la química.*

las reacciones químicas. En su obra fundamental, *Nuevo sistema de filosofía química* (1808), expuso de forma cualitativa y cuantitativa una teoría atómica que permitió una mejor comprensión de la teoría cinética de los gases y de las leyes ponderales de la química.

DANIEL *(s. VII a.C.) Profeta bíblico.* Según las referencias aparecidas en la Biblia, Daniel era miembro de la tribu de Judá, cautiva en Babilonia tras la destrucción de Jerusalén a manos de Nabucodonosor. Según el Libro de Daniel, éste era uno de los sirvientes de Nabucodonosor, de quien se convirtió en consejero tras lograr impresionar al monarca con su interpretación de un sueño. Más tarde fue arrojado, a causa de su fe, al foso de los leones, del que salió indemne, con lo cual mostró al rey Baltasar el poder de Yahvé. La figura de Daniel es preciso entenderla en el momento histórico en el cual fue escrito su libro: durante el reinado de Antíoco Epífanes, cuando la cultura y la religión judías se encontraban amenazadas. Se trata de una historia ejemplar, que muestra la devoción de un hombre a su Dios en las más difíciles circunstancias, al tiempo que profetiza, como primer ejemplo de literatura apocalíptica, el final de los tiempos para dar paso al reino de Dios.

D'ANNUNZIO, GABRIELE *(Pescara, Italia, 1863-Gardone Riviera, id., 1938) Poeta y dramaturgo italiano.* Hijo de un influyente terrateniente de Pescara, se educó en la Universidad de Roma. A la edad de dieciséis años publicó sus primeros poemas, *Primer verso* (1879), que alcanzaron un estilo más personal en *Canto nuevo* (1882). En la novela autobiográfica *El placer* (1898) introdujo su pasión por el «superhombre» nietzscheano, al igual que en *El*

inocente (1892). Su fama comenzó cuando apareció su novela más conocida, *El triunfo de la muerte* (1894). En su siguiente novela importante, *Las vírgenes de las rocas* (1896), revisó minuciosamente su devoción por los héroes amorales nietzscheanos. Su trabajo poético más destacado fue la colección *Alabanza del cielo, del mar, de la tierra y de los héroes* (1899), cuyo tercer libro, *Alción* (1904), una recreación del verano de la Toscana, se considera como una de las obras poéticas más bellas de la literatura universal. En 1894, empezó una larga relación con la actriz Eleonora Duse, para quien presumiblemente escribió los dramas *La Gioconda* (representado en 1899) y *Francesca da Rimini* (estrenado en 1901). Cuando rompió con Eleonora dio a conocer su intimidad en la novela erótica *El fuego* (1900) y sus miedos y supersticiones en su más importante drama *La hija de Jorio* (representado en 1904). En 1910 se trasladó a Francia, pero cuando estalló la Primera Guerra Mundial regresó a su patria para participar en el conflicto como aviador; perdió un ojo en combate. D'Annunzio llegó a ser un conspicuo fascista y fue condecorado por Benito Mussolini con un título y una edición nacional de sus obras. Tras retirarse a Lombardía, escribió memorias y confesiones.

DANTE ALIGHIERI *(Florencia, 1265-Ravena, 1321) Poeta italiano.* Si bien sus padres, Alighiero de Bellincione y Gabriella (Bella), pertenecían a la burguesía güelfa florentina, Dante aseguró siempre que procedía de familia noble, y así lo hizo constar en el *Paraíso* (cantos XV y XVI), en donde trazó un vínculo familiar con su supuesto antepasado Cacciaguida, quien habría sido armado caballero por el emperador Conrado II de Suabia. Durante sus años de estudio coincidió con el poeta Guido Cavalcanti, representante del *dolce stil nuovo*, unos quince años mayor que él, con quien intimó y de quien se convirtió en discípulo. Según explica en su autobiografía más o menos recreada poéticamente *Vida nueva*, en 1274 vio por primera vez a Beatriz Portinari, cuando ella contaba ocho años y él tan sólo uno más; el apasionado y platónico enamoramiento de Dante tendría lugar al coincidir de nuevo con ella nueve años más tarde. En 1285 tomó parte en el asedio de Poggio di Santa Cecilia, defendido por los aretinos, y dos años más tarde se trasladó a Bolonia, quizás a estudiar, si bien se tienen dudas en lo referente a su paso por la

▲ *Retrato del escritor italiano Gabriele* ***D'Annunzio***. *Ferviente nacionalista, participó en la Primera Guerra Mundial como aviador y posteriormente se alineó con el fascismo de Mussolini.*

▼ *Dante y su poema, representación alegórica de aspectos de la vida y la obra de* ***Dante Alighieri***. *Su* Divina Comedia *está considerada el mayor poema de la cristiandad.*

universidad de dicha ciudad. Sí hay pruebas, en cambio, de su participación, en calidad de «feritore» de a caballo, en la batalla de Campaldino, en la cual se enfrentó a los gibelinos de Arezzo. En 1290 murió Beatriz, y un año más tarde Dante contrajo matrimonio con Gemma di Manetto, con quien tuvo cuatro hijos. En 1295 se inscribió en el gremio de médicos y boticarios, y a partir del mes de noviembre empezó a interesarse por la política municipal florentina; entre mayo y septiembre del año siguiente fue miembro del Consejo de los Ciento, y en 1298 participó en la firma del tratado de paz con Arezzo. En 1300, y en calidad de embajador, se trasladó a San Gimignano para negociar la visita de representantes de la Liga Güelfa a Florencia, y entre el 15 de junio y el 14 de agosto ocupó el cargo de prior, máxima magistratura florentina. En octubre de 1301, y tras oponerse al envío de tropas para ayudar al papa Bonifacio VIII, fue designado embajador ante el pontífice, a quien ofreció un tratado de paz. El Papa, sin embargo, lo retuvo en Roma en contra de su voluntad, con la intención de ayudar en Florencia a la facción güelfa opuesta a la de Dante, sector que a la postre se hizo con el control de la ciudad y desterró a sus oponentes. Acusado de malversación de fondos, Dante fue condenado a multa, expropiación y exilio, y más tarde a muerte en caso de que regresara a Florencia. A partir de esta fecha inició un largo exilio que iba a durar el resto de su vida: residió en Verona, Padua, Rímini, Lucca y, finalmente, Ravena, ciudad en la cual fue huésped de Guido Novello de Polenta y donde permaneció hasta su muerte. La in-

fluencia de la poesía trovadoresca y estilnovista sobre el escritor queda reflejada en su *Vida nueva*, conjunto de poemas y prosas dirigidos a Beatriz, razón de la vida del poeta y también de sus tormentos, y sus *Rime Petrose*, dirigidas a una amada supuesta, a la que escribe sólo para disimular ante los demás su verdadero amor. El juego poético-amoroso oscila entre la pasión imposible y la espiritualizada idealización de la figura de su amada, aunque las rígidas formas del estilnovismo adquieren una fuerza y sinceridad nuevas en manos de Dante. El experimentalismo de sus poemas y la búsqueda consciente de un estilo propio culminarán finalmente en *La Divina Comedia*, una de las cumbres de la literatura universal. Escrita en tercetos, se resume en ella toda la cosmología medieval mediante la presentación del recorrido del alma de Dante, guiada primero por Virgilio y más adelante por Beatriz, en la expiación de sus pecados en tres cantos: el Infierno, el Purgatorio y el Paraíso. Con un lenguaje vívido y de gran riqueza expresiva, el poeta mezcla los elementos simbólicos con referencias explícitas a personajes históricos y mitológicos, hasta construir una equilibrada y grandiosa síntesis del saber acumulado por el hombre desde los días de la Antigüedad clásica hasta la Edad Media.

DANTON, GEORGES-JACQUES *(Arcis-sur-Aube, Francia, 1759-París, 1794) Político francés.* Hijo de un modesto procurador, estudió derecho, siguiendo la tradición paterna, y como abogado ocupó altos cargos en la administración real. En 1785 entró en el Consejo del Rey y mantuvo su cargo hasta 1791, tras el estallido de la Revolución Francesa. Orador brillante, tomó parte activa en los acontecimientos revolucionarios, y tampoco fue ajeno a las contradicciones políticas y el juego de ambiciones personales que dominaron el proceso. Republicano moderado, junto a Marat y Desmoulins, entre otros, fundó en 1790 la Sociedad de los Derechos del Hombre y del Ciudadano, más conocida por el club de los Cordeliers, nombre que el pueblo daba a los franciscanos, pues la sede se instaló en uno de los antiguos conventos de esta orden. Más tarde formó parte de la Comuna y del directorio del departamento de París, desde el cual dirigió la revuelta republicana que siguió a la huida del rey y fue sangrientamente reprimida. Luego de un corto exilio en Gran Bretaña, en 1792 regresó a París y, tras participar en la insurrección de agosto, fue nombrado ministro de Justicia. Al formar parte del Consejo de Gobierno y al mismo tiempo ser miembro de la Comuna revolucionaria se convirtió en el hombre con más poder de Francia. Su talante contradictorio se puso de manifiesto al votar a favor de la ejecución de Luis XVI, poco después de haber solicitado que la pena se redujera a su destierro. Abogó por exportar la revolución republicana a otras naciones para garantizar la consolidación del sistema en Francia. Con este mismo propósito participó en la creación del Tribunal Revolucionario y del Comité de Salvación Pública, entidades que institucionalizaron la represión y el terror en todo el país. A pesar de ello, el carácter moderado de Danton se muestra en su continuado intento de pacificar el país e instaurar una política de conciliación con los girondinos y otros grupos opositores, pero los sectores más radicales frustraron sus propósitos. En 1793 Robespierre lo desplazó de la jefatura del Comité. A pesar de ello, Danton lo apoyó frente a la facción extremista de Hébert, al tiempo que se oponía a la continuidad del Terror desde el llamado grupo de los «indulgentes». Sus contactos secretos con las potencias extranjeras, con el objetivo de reducir la tensión internacional y con ello acabar con el terror político interno, motivaron la reacción del Comité de Salvación Pública. La implicación de Danton en la fraudulenta liquidación de la Compañía de Indias, según la denuncia formulada por Saint-Just, fue el pretexto en que se basó su detención, el subsiguiente proceso y la condena a muerte. Junto a él fueron guillotinados casi todos los componentes de su grupo.

DAOÍZ, LUIS *(Sevilla, 1767-Madrid, 1808) Militar español.* Perteneciente a una familia aristocrática navarra, hizo la carrera militar en Segovia. Tras participar en las defensas de Ceuta y Orán, en 1794 fue hecho prisionero durante la campaña del Rosellón en la guerra contra Francia. Tres años después tomó parte en la defensa de Cádiz contra la escuadra del almirante Nelson y, posteriormente, tras ser ascendido a capitán, realizó dos viajes a América. En 1808 fue trasladado al parque de artillería de Madrid junto a Velarde, con el cual decidió proporcionar armas a los sublevados del 2 de mayo. Murió luchando contra las tropas francesas en el parque de Monteleón.

DARÍO, RUBÉN [Félix Rubén García Sarmiento] *(Metapa, hoy Ciudad Darío, Nicaragua, 1867-León, id., 1916) Poeta nicaragüense.* Periodista y diplomático, viajó

▲ *La escena inicial de la* Divina Comedia *en un manuscrito de la época.* **Dante** *es acosado por tres fieras que representan otros tantos de los siete pecados capitales.*

▲ *Retrato de* **Danton** *que se encuentra en el Museo Carnavalet de París. Creador del Tribunal Revolucionario y del Comité de Salvación Pública, su moderación le llevó a la guillotina en 1794.*

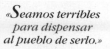

«*Seamos terribles para dispensar al pueblo de serlo.*»

Georges-Jacques Danton

por Europa y América en calidad de cónsul y de embajador de su país, y pasó largas temporadas en Buenos Aires, París y Mallorca. Su precocidad como escritor le permitió publicar desde muy joven, y después de pasar una etapa trabajando en la Biblioteca Nacional de Managua, viajó a El Salvador y luego a Chile. Fue en Santiago donde consolidó su cultura literaria, al estudiar a fondo las nuevas corrientes poéticas europeas. Tras publicar en 1887 tres libros de poemas, *Abrojos*, *Canto épico a las glorias de Chile* –libro de exaltación patriótica y enraizado en la poesía tradicional–, y *Rimas*, tributo a Bécquer, al año siguiente apareció *Azul*, la obra que sentaría las bases del modernismo. Reconocido como jefe de filas de este movimiento, consolidó su posición con *Prosas profanas y otros poemas* (1896-1901), *Cantos de vida y esperanza* (1905) y *El canto errante* (1907), tres libros con los cuales alcanzó su madurez lírica y que aparecieron articulados en un prólogo común que constituye la más clara exposición de su poética. Antes, en 1896, en Buenos Aires, donde dirigía junto a Ricardo Jaime Freyre la *Revista de América*, había publicado la colección de artículos titulada *Los raros*, dedicada a personajes literarios (en su mayoría franceses, aunque también se incluían otros como José Martí, Ibsen o Poe) que Darío consideraba próximos a la renovación literaria que llevaba a cabo. Cultivó así mismo la prosa, especialmente a modo de diario personal e histórico basado en las experiencias de sus viajes y estancias en países extranjeros, como en *Peregrinaciones* (1901). En 1899 arribó a Barcelona, donde escribió sus primeras crónicas; posteriormente, en Madrid, tuvo ocasión de frecuentar a los componentes de la nueva generación de escritores españoles: Unamuno, Valle-Inclán, Machado, Azorín, Baroja, Juan Ramón Jiménez, etc. También en Madrid conoció a la que sería su esposa, Francisca Sánchez, con quien en 1907 tuvo su primer hijo, Rubén Darío Sánchez, nacido en París. Durante estos años fue cónsul de Nicaragua en París y luego en Madrid, pero en 1910 la revolución de Estrada lo destituyó de todos sus cargos. Colaboró entonces en revistas literarias y escribió el libro de versos *Poema de otoño*. A finales de

▲ *El nicaragüense Rubén Darío, principal exponente de la poesía modernista. Su obra, muy innovadora, se distingue por el sentido musical del lenguaje.*

▼ *Bajorrelieve que representa al rey persa Darío I el Grande, conservado en la Tesorería de Persépolis, en Irán.*

1912 se trasladó a Palma de Mallorca, donde escribió *Canto a la Argentina y otros poemas* y dos obras autobiográficas: *La isla de oro* (1913) y *La vida de Rubén Darío escrita por él mismo* (1914), donde relata los últimos años de su vida, cuando era ya un hombre alcoholizado y enfermo. Inspirador y máximo representante del modernismo, destaca por la riqueza y musicalidad de su poesía y por las invenciones métricas que aportó a la lírica en lengua castellana, inspiradas en parte en Victor Hugo.

DARÍO I *EL GRANDE (?, 550 a.C.-?, 485 a.C.) Rey de Persia (521 a.C.-485 a.C.)* Hijo de Histaspes, que era miembro de una rama secundaria de los Aqueménidas. Muerto el rey Cambises en 522 a.C., los desórdenes que habían sacudido el Imperio Persa durante los últimos años de su reinado desembocaron en el levantamiento de Gautama, quien accedió al poder con el apoyo de la casta sacerdotal. Darío, que entonces era sátrapa de Partia, tomó parte en una conspiración para asesinarlo y, una vez muerto, parece que por sus propias manos, se proclamó rey. Tras llevar a cabo varias campañas destinadas a aplastar diversos focos de rebelión, a finales del 521 a.C. reinó nuevamente la paz y Darío pudo dedicarse a la reorganización de su imperio y a la construcción de una suntuosa capital: Persépolis. Bajo su reinado, se reforzaron las formas de gobierno absoluto y personalista y se incrementó el ceremonial de la corte. Sin embargo, la acentuación del poder real no disminuyó la tolerancia religiosa, de la que Darío como el resto de los Aqueménidas, siguió haciendo gala. Tras una fallida expedición contra los escitas, su política exterior se centró en los Balcanes y en Asia Menor, para hacer frente a la guerra contra los griegos. La rebelión de las ciudades jónicas del Asia Menor, entre el 500 a.C y 494 a.C., que se encontraban bajo la soberanía persa, obligó a Darío a dedicar muchos esfuerzos para sofocarla y lo llevó a una guerra contra algunas ciudades de Grecia, entre ellas Atenas, que apoyaban a los sublevados. Una vez aplastada la sublevación, Darío decidió cortar el problema de raíz y envió una expedición de castigo contra Atenas. El ejército persa fue derrotado por los atenienses en la llanura de Maratón en 490 a.C., por lo que Darío nunca pudo ver cumplido su sueño de aplastar a los griegos, ya que una nueva oleada de sublevaciones en Mesopotamia y Egipto distrajo su atención y sus fuerzas.

DARWIN, CHARLES ROBERT (*Shrewsbury, Reino Unido, 1809-Down, id., 1882) Naturalista británico.* Era hijo de un médico de buena posición y nieto del famoso médico, filósofo, naturalista y poeta inglés Erasmus Darwin. A pesar de cursar estudios de medicina en Edimburgo y de teología en Cambridge, inducido al parecer por su padre, muy preocupado por su futuro, su interés principal, estimulado entre otros motivos por la lectura de las obras del alemán Humboldt, se centraba en las ciencias naturales. Este interés le impulsó a incorporarse, en calidad de naturalista de la expedición, al periplo alrededor del mundo del *H.M.S. Beagle* (1831-1836), al mando del capitán Robert Fitzroy, lo cual lo llevó a viajar por América del Sur, las islas del Pacífico, Australia, Nueva Zelanda y el sur de África. Durante los viajes acopió gran cantidad de materiales de todo tipo y realizó las detalladas observaciones que le permitieron, a su regreso al Reino Unido, enunciar la llamada teoría de la evolución, cuyos primeros esbozos comenzaron a tomar forma en 1837 y que tardaría más de dos décadas en ver la luz. Aunque esta teoría le valió el reconocimiento universal, sus investigaciones le permitieron también confirmar la llamada teoría uniformista del geólogo escocés Charles Lyell (1749-1875), comprobar las relaciones existentes entre las rocas plutónicas y la lava volcánica y establecer las bases de la llamada teoría de la deformación. Así mismo, formuló la teoría acerca de la formación de los arrecifes coralinos en vigor en la actualidad. Entre sus diversas observaciones, tuvieron gran importancia los estudios efectuados en las islas Galápagos acerca de la gran diversidad de pinzones de aquellas latitudes, todos ellos perfectamente adaptados a diferentes nichos ecológicos. La combinación entre sus trabajos de campo y la lectura de una obra muy en boga por entonces, *Ensayo sobre el principio de la población,* de Malthus, le inspiró el desarrollo de la concepción básica de la teoría de la selección natural. El fruto de sus trabajos, basados en métodos que han constituido auténticos modelos para la investigación científica posterior, lo plasmó, esencialmente, en su obra *Sobre el origen*

◄ *Charles **Darwin** retratado por John Collier. El naturalista británico revolucionó el panorama científico con su teoría sobre la evolución de las especies, que también le granjeó la enemistad eclesiástica.*

▼ *Dibujo satírico en el que aparecen un mono y **Darwin** con cuerpo de mono. La teoría evolucionista fue recibida a la par con optimismo y desconfianza por la sociedad europea decimonónica.*

de las especies, que se agotó el mismo día de su publicación (24 de noviembre de 1859) y fue traducida casi de inmediato a la mayoría de los idiomas cultos. En dicha obra, Darwin propone, por un lado, que las especies no son inmutables, evolucionan con el tiempo y descienden unas de las otras y, por otro, que la principal causa de la evolución es la llamada selección natural, es decir, la supervivencia de los mejor adaptados, que, gracias a dicha adaptación, disponen de mayor cantidad de oportunidades para salir airosos en la lucha por la obtención de unos recursos limitados (alimentos, etc.), imprescindibles para su supervivencia. La publicación de su obra principal le granjeó la animadversión de amplios sectores de la Iglesia Anglicana, opuestos a cuestionar la interpretación liberal de la Biblia, y suscitó innumerables polémicas acerca de la evolución del mono al hombre. Darwin, que había reflexionado largamente respecto a la conveniencia o no de publicar sus trabajos, y que los dio a conocer, en colabo-

CHARLES ROBERT DARWIN

OBRAS MAESTRAS

SOBRE EL ORIGEN DE LAS ESPECIES (*ON THE ORIGIN OF SPECIES BY MEANS OF NATURAL SELECTION*, 1859); *LA VARIACIÓN DE LOS ANIMALES Y DE LAS PLANTAS BAJO LA DOMESTICACIÓN* (*THE VARIATION OF ANIMALS AND PLANTS UNDER DOMESTICATION*, 1868); *LA DESCENDENCIA HUMANA Y LA SELECCIÓN SEXUAL* (*THE DESCENT OF MAN, AND SELECTION IN RELATION TO SEX*, 1871);

LOS EFECTOS DE LA FECUNDACIÓN DIRECTA Y DE LA FECUNDACIÓN CRUZADA EN EL REINO VEGETAL (*THE EFFECTS OF CROSS- AND SELF-FERTILISATION IN THE VEGETABLE KINGDOM*, 1876); *LAS DIFERENTES FORMAS DE FLORES EN PLANTAS DE LA MISMA ESPECIE* (*THE DIFFERENT FORMS OF FLOWERS ON PLANTS OF THE SAME SPECIES*, 1877).

▲ *Una de las caricaturas de* **Daumier***. El pintor francés, que cultivó también el dibujo, la acuarela y el óleo, destacó sobre todo en las litografías caricaturescas.*

▶ *El mítico* **David***, rey de Israel, tocando la lira, según una miniatura etíope del s.* XV *que se conserva en la Biblioteca Nacional de París.*

ración con Wallace, impulsado por una comunicación que le daba noticia de hallazgos similares por otros investigadores, no participó directamente en las polémicas y dejó que fuera el biólogo británico Th. H. Huxley el encargado de asumir el peso de la defensa de su teoría de la evolución. Sus restos mortales fueron inhumados en Westminster, en el panteón de hombres ilustres del Reino Unido.

DAUMIER, HONORÉ *(Marsella, 1808-Valmondois, Francia, 1879) Caricaturista, pintor y escultor francés.* Destacó sobre todo como caricaturista, con litografías de sátira política, social y de costumbres que aparecieron en publicaciones periódicas como *La Silhouette, Caricature* y *Charivari.* Se cree que realizó más de 4000 litografías caricaturescas con un dibujo muy expresivo, capaz de ilustrar una idea con sólo un gesto o una actitud. A partir de 1860 se dedicó también al dibujo, la pintura al óleo y la acuarela. Estas obras, de colorido cálido, composición simplificada y grandes contrastes de luces y sombras, no gozaron del favor del público. Daumier fue valorado tan sólo por algunos entendidos, como Delacroix y Corot, y este último le prestó importantes ayudas económicas para impedir que acabara en la miseria. Entre sus pinturas destaca la serie en la que presenta a Don Quijote como un héroe inmortal.

DAVID *(Belén, h. 1040 a.C.-Jerusalén, h. 970 a.C.) Segundo rey de Israel (h.1002 a.C.-h. 970 a.C.) y figura central del Antiguo Testamento.* Octavo y último hijo de Jesé o Isaí, miembro de una de las principales familias de la tribu de Judá, el profeta Samuel lo ungió en secreto soberano de los hebreos cuando no era más que un muchacho que cuidaba los rebaños paternos en Belén. Siendo aún adolescente, su habilidad musical y la célebre victoria que obtuvo, según la tradición, sobre el gigante filisteo Goliat le ganaron el favor del rey Saúl, monarca que había conseguido unificar en un solo Estado los antiguos reinos de Judá e Israel, y con cuya hija Micol contrajo matrimonio. Pese a su aprecio inicial, Saúl acabó recelando de la popularidad de David, quien se vio obligado a huir de la corte y vagar durante años por las montañas de Judá, período en que llegó a ponerse temporalmente al servicio de los filisteos. A la muerte de Saúl, las tribus del sur lo proclamaron rey de Judá en Hebrón (h. 1010 a.C.), pero tuvo que derrotar a Isbóset, hijo y sucesor del anterior monarca, en una larga guerra civil, para ser reconocido también como soberano de Israel por las tribus septentrionales (h. 1002 a.C.). Gracias a una decidida política exterior expansionista, David logró extender los límites de su reino desde el mar Mediterráneo hasta el río Éufrates, y desde el Líbano hasta el Mar Rojo, tras someter a los pueblos vecinos (amonitas, arameos, edomitas, filisteos y moabitas) y arrebatar la ciudad de Jerusalén a los jebuseos. En política interior, desarrolló una intensa labor unificadora y centralizadora, plasmada en la constitución de una clase de funcionarios, la creación de un ejército profesional y, sobre todo, la elección de Jerusalén como capital política y centro religioso de Israel. Su reinado, sin embargo, se vio empañado por las tensiones entre las diferentes tribus hebreas y por las intrigas palaciegas urdidas por sus numerosas esposas e hijos, como fueron la sublevación de Absalón, muerto por el general Joab después de haberse proclamado rey en Jerusalén, o la rebelión de Adonías, primogénito del soberano, agravado por la decisión paterna de designar como sucesor al trono a su hermanastro Salomón. El mayor logro político de David fue, sin duda, la creación de una nación unida y poderosa, de carácter marcadamente teocrático, aunque de corta vida, ya que desapareció poco después de la muerte de su hijo Salomón (929 a.C.), mientras que en la esfera religiosa destacan sus composiciones poéticas –se le reconoce la autoría de un total de 73 salmos– y el proyecto de construir un gran templo en Jerusalén para albergar el Arca de la Alianza, edificio que habría de erigir su sucesor en el trono. La trascendencia de la obra davídica propició que la figura del monarca fuese muy pronto idealizada por el pueblo hebreo como modelo mesiánico, arquetipo que fue posteriormente adoptado por el cristianismo al presentar a Cristo como descendiente de David —«el árbol de Jesé»— e identificar a la Iglesia con «el nuevo Israel». Por este motivo, ha sido representado con frecuencia en el arte cristiano, unas veces como rey y otras como músico, en este último caso retomando la temática iconográfica pagana de Orfeo. Cabe destacar, no obstante, las representaciones escultóricas que nos han legado algunos de los más importantes artistas del Renacimiento italiano, entre las cuales sobresale la de Miguel Ángel, en la que David aparece con la apariencia apolínea del pastor adolescente vencedor de Goliat.

DAVID, GÉRARD *(Oudewater, actuales Países Bajos, 1460–Brujas, actual Bélgica, 1523) Pintor holandés.* Es considerado el último gran maestro de la escuela de Brujas, ciudad a la cual llegó tras iniciar su formación en Haarlem. En Brujas estudió las principales obras de los hermanos Van Eyck y Rogier van der Weyden, entre otros, y trabajó junto a Hans Memling.

▼ *Célebre pintura ecuestre de Louis* **David** *titulada* Napoleón cruzando los Alpes, *realizada en 1801 en homenaje a las gestas del emperador, del que David era pintor oficial.*

Sus obras más famosas son sus grandes retablos, entre ellos el *Bautismo de Cristo*, en Brujas, y sobre todo *Madonna con Ángeles y Santos*, en Ruán. Estas obras se caracterizan, a pesar de su severidad, por la riqueza cromática y por el hábil tratamiento de la luz, el volumen y el espacio. En sus últimas obras adoptó un aire más humanizado e intimista en el tratamiento de los temas religiosos, que había observado en las obras de Quentin Metsys. Fue un artista controvertido, criticado por aquellos que opinaban que su recuperación de la manera arcaica era debida a su falta de dominio técnico, y defendido por quienes lo consideraban un artista que buscaba en los grandes maestros las herramientas para el avance de la pintura.

DAVID, LOUIS *(París, 1748-Bruselas, 1825) Pintor francés.* Comenzó su formación con Boucher, un pariente lejano, y la completó con Vien, con quien viajó a Roma en 1776, después de haber obtenido el año anterior el Prix de Rome con *Antíoco y Estratonice.* Su estancia en Italia resultó decisiva, no sólo porque le permitió entrar en contacto con los clásicos, sino también porque lo sumergió en el clima artístico de la época, caracterizado por la difusión de los escritos de Mengs y Winckelmann que dieron origen al neoclasicismo. Abrazó con convicción la nueva tendencia y llegó a convertirse en uno de los principales protagonistas del neoclasicismo europeo. Para David, el neoclasicismo fue el vehículo para oponerse a la frivolidad del rococó y superarla, y también para exaltar a través de la pintura unos ideales éticos, como la honestidad o el triunfo del sentido del deber, y ello hasta tal punto que en su obra el regreso a los ideales del clasicismo está al servicio de finalidades éticas, lo que resulta evidente en la mayoría de los temas elegidos. En 1784, *El juramento de los Horacios* lo consagró como un gran maestro de la pintura; el rigor compositivo, la solemnidad y la intransigente subordinación del color al dibujo constituyen toda una exaltación de los ideales del neoclasicismo. Desde entonces hasta su muerte, fue una figura reconocida. Participó activamente en la Revolución Francesa (fue diputado y organizador cultural) y después de un breve paso por la cárcel se convirtió en pintor oficial de Napoleón, del que realizó excelentes retratos, con particular mención para *La coronación de Napoleón* y *Napoleón cruzando los Alpes*. De sus obras del período revolucionario son emblemáticas el inacabado *Juramento del Jeu de Paume* y *Marat asesinado*, que forma parte de una trilogía de exaltación a los héroes de la Revolución. Tras la caída de Napoleón, se exilió en Bruselas, donde nunca consiguió superar sus creaciones anteriores.

DAVIS, BETTE [Ruth Elisabeth] *(Lowell, EE UU, 1908-París, 1989) Actriz estadounidense.* Cursó estudios de arte dramático en Nueva York e inició su carrera como actriz protagonizando breves papeles en Broadway. La imposibilidad de conseguir papeles de mayor envergadura motivó su traslado a Hollywood, donde sus comienzos fueron igualmente difíciles. Fue rechazada por George Cukor y los estudios Universal le rescindieron el contrato tras un par de películas. El éxito no le sonrió hasta 1934, fecha en que trazó una soberbia interpretación en *Cautivo del deseo*. Al año siguiente, ya convertida en una de las actrices más respetadas de Hollywood, obtuvo un Oscar por su papel en *Miedo a amar*. Con *Jezabel* (1939) recibió su segundo Oscar, y posteriormente interpretó el papel de mujer dura, fría y temperamental en películas como *Eva al desnudo* (1950). Protagonista, a su vez, de una turbulenta vida sentimental, conoció cuatro matrimonios y tuvo un sinfín de amantes. Fue presidenta de la Academia de Ciencias Cinematográficas y siguió trabajando hasta poco antes de su fallecimiento.

DAVIS, JEFFERSON *(Christian County, EE UU, 1808-Nueva Orleans, id., 1889) Político estadounidense.* Cursó estudios en la Academia Militar de West Point, en la que se graduó en 1828. Poco después sirvió como teniente en Wisconsin, a las órdenes del futuro presidente Zachary Taylor. En 1835 abandonó el ejército y se retiró a una plantación de su propiedad. En 1845 fue elegido diputado y al año siguiente combatió, con el grado de comandante, en la guerra de México, de la que regresó convertido en héroe nacional tras su victoria en la batalla de Buena Vista (1847). En 1853 fue nombrado ministro de la Guerra y en 1860, tras la declaración de independencia de Carolina del Sur y, más adelante, de Mississippi, se mostró favorable al

▲ *Bette Davis, una de las actrices más célebres de Hollywood, se especializó en papeles de heroína romántica y de mujeres de fuerte carácter.*

▲ *Jefferson Davis fue elegido en 1861 presidente de los Estados Confederados de América, que serían vencidos por los unionistas del Norte en la guerra de Secesión estadounidense.*

▶ *El trompetista Miles Davis durante una actuación. Davis es una de las figuras legendarias del jazz, en el que introdujo numerosas innovaciones.*

derecho de secesión de los estados de la Unión. En 1861, los estados del Sur crearon los Estados Confederados de América, y Davis fue elegido presidente. Aunque consiguió armar y organizar el ejército sudista, el potencial de los estados del Norte en la guerra civil fue muy superior, lo cual facilitó su victoria. A la conclusión de la contienda, en 1865, Davis fue detenido y encarcelado, si bien recuperó la libertad dos años después.

DAVIS, MILES *(Alton, EE UU, 1926-Santa Mónica, id., 1991) Trompetista estadounidense de jazz.* Excelente trompetista, supo estar siempre en la vanguardia del jazz, siendo pionero en diversos estilos: en la década de 1940 se sumergió en el *be-bop*, junto a figuras como Charlie Parker, Charles Mingus, Thelonious Monk o John Coltrane, y en la década siguiente fue uno de los máximos exponentes del *cool jazz*, mucho más sobrio que el *be-bop*. En la década de 1960, con la aparición del *free-jazz*, Davis mantuvo la sobria ortodoxia del *cool*, y en 1970 publicó su grabación más comercial, *Bitches Brew*, abriendo de nuevo sus perspectivas musicales. Posteriormente, colaboró con músicos de otros ámbitos, como la cantante de pop Cindy Lauper en la balada *Time after time* (1983) o el guitarrista John McLaughlin, en 1990, año en el cual también grabó a dúo con el guitarrista de blues John Lee Hooker la banda sonora de la película *The Hot Spot*.

DAVY, SIR HUMPHRY *(Penzance, Gran Bretaña, 1778-Ginebra, 1829) Químico inglés.* De formación autodidacta, se le considera el fundador de la electroquímica, junto con Volta y Faraday. En 1798 ingresó en la Medical Pneumatic Institution para investigar sobre las aplicaciones terapéuticas de gases como el óxido nitroso (el gas hilarante). En 1803 fue nombrado miembro de la Royal Society, institución que llegaría a presidir. De sus investigaciones en electroquímica destaca la obtención de los elementos de un compuesto por medio de la electrólisis. En 1807 consiguió aislar el sodio y el potasio a partir de sus hidróxidos, y en 1808, los metales alcalinotérreos. Descubridor del boro a partir del bórax, fijó la relación correcta entre el hidrógeno y el cloro en el ácido clorhídrico, y explicó la acción blanqueante del primero por el desprendimiento de oxígeno en el agua. En 1816 ideó la conocida como lámpara de Davy para evitar las explosiones en las minas.

▲ *Sir Humphry **Davy** está considerado como uno de los fundadores de la electroquímica por sus trabajos sobre la electrólisis. Gracias a este procedimiento consiguió aislar nuevos metales.*

DAYAN, MOSHE *(Degania, actual Israel, 1915-Tel Aviv, 1981) Político y militar israelí.* Partidario de la vía armada como camino para la consecución de un Estado judío, en 1938 ingresó en la Haganá, organización ilegal de carácter militar. Por este motivo fue detenido y encarcelado por las autoridades británicas (1939-1941). Tras su liberación, ingresó en el ejército judío, en el cual rápidamente fue escalando posiciones. En 1948, ya con el grado de coronel, participó en la primera guerra de independencia. Posteriormente, en 1953, fue elegido jefe del Estado Mayor del Ejército, cargo desde el que dirigió la invasión de la península del Sinaí (1956). Dicha operación le reportó un amplio reconocimiento popular y fue recibido con honores de héroe militar. En año 1958 abandonó el ejército para dedicarse a la política. En junio de 1967, cuando la tercera guerra árabe-israelí parecía inminente, fue nombrado ministro de Defensa y dirigió, junto con el primer ministro Isaac Rabin, las operaciones de la guerra de los Seis Días (5-10 de junio). En dicha contienda se reafirmó como un militar brillante. Sin embargo, los acontecimientos de octubre de 1973, cuando fuerzas sirias y egipcias lanzaron un ataque sorpresa sobre posiciones de los israelíes al que éstos no pudieron hacer frente, precipitaron su salida del gobierno. Regresó al primer plano de la actualidad política en 1977, cuando fue nombrado ministro de Asuntos Exteriores por el primer ministro Menahem Begin. Durante sus años al frente de esta cartera fue uno de los arquitectos de los acuerdos de Camp David. En octubre de 1979, tras enfrentarse a Begin por su política sobre los territorios ocupados de Cisjordania, presentó la dimisión. A su muerte, acaecida dos años después, estalló una fuerte polémica a causa de su importante colección de antigüedades, que había reunido de forma irregular.

DE BAKEY, MICHAEL ELLIS *(Lake Charles, EE UU, 1908) Médico y cirujano cardiovascular estadounidense.* El mismo año de su graduación en medicina por la Universidad de Tulane (1932) diseñó un aparato de bombeo que se reveló crucial en las operaciones a corazón abierto como instrumento para mantener el flujo sanguíneo entre dicho órgano y los pulmones. Tres años más tarde se doctoró por la misma institución, trasladándose a Texas para ocupar la cátedra de cirugía de la Universidad Baylor. Ya en su nuevo puesto, desarrolló un método eficaz para el tratamiento de los aneurismas aórticos mediante la sustitución de los vasos sanguíneos dañados por injertos de otros conservados en congelación. En 1956 per-

◄ *El general israelí Moshe **Dayan** atiende a los periodistas durante una de sus campañas. Dayan fue protagonista de excepción en todas las guerras en que se enfrentaron árabes e israelíes.*

▶ *Considerado uno de los más importantes cardiólogos estadounidenses, Michael **de Bakey** desarrolló un método eficaz para el tratamiento de los aneurismas aórticos.*

feccionó este último método al sustituir la técnica del injerto por la introducción de pequeños conductos de plástico. En 1963 anunció el primer implante con éxito de un mecanismo de asistencia cardíaca a un ser humano. Ese mismo año recibió el Premio Lasker, galardón médico más importante de Estados Unidos. En principio reacio a los trasplantes de corazón, más tarde se convenció de su utilidad.

DE GASPERI, ALCIDE *(Trento, Italia, 1881-Valsugana, id., 1954) Político italiano.* Nacido en la región del Tirol del sur, que por aquella época pertenecía al Imperio Austrohúngaro, estudió en la Universidad de Viena y llegó a ser director del periódico *Il Nuovo Trentino.* Como diputado del Parlamento austriaco, defendió los derechos de la minoría italiana. Ya como ciudadano italiano, tras la incorporación a Italia, después de la Primera Guerra Mundial, del Trentino-Alto Adigio, fue elegido diputado en 1922 y presidente del grupo parlamentario democristiano. Opositor irreductible al régimen de Mussolini y miembro activo de la Resistencia italiana, en 1944 fue nombrado ministro de Asuntos Exteriores, y un año después jefe de gobierno, cargo en el que se mantuvo hasta el año 1953.

DE KOONING, WILLEM *(Rotterdam, 1904-East Hampton, EE UU, 1997) Pintor estadounidense de origen holandés.* Junto a Jackson Pollock, se convirtió en el artista más destacado del expresionismo abstracto estadounidense. Tras cursar estudios de arte en la Academia de Rotterdam, viajó a Estados Unidos en 1926 y se estableció en la ciudad de Nueva York. Las pinturas de De Kooning, así como los trabajos escultóricos que desarrolló a partir de 1969, combinan figuración y abstrac-

▲ *El político italiano Alcide de Gasperi fotografiado en 1952. De Gasperi, fundador de la poderosa Democracia Cristiana, fue jefe de gobierno desde 1945 hasta 1953.*

ción. En un primer período intentó una síntesis entre el cubismo sintético y el fauvismo, a la que añadió, experimentando con el automatismo y de manera progresiva, enérgicas manchas de color y personalísimos trazos negros. La figura humana es el tema favorito del artista, siempre representada de manera cruel y desgarradora, no exenta, sin embargo, de lirismo. En la década de 1950 realizó su magistral serie de *Mujeres,* plasmadas de manera grotesca, realzando rasgos sexuales entre un caos de violentos brochazos de color. De Kooning logró el equilibrio entre la gestualidad del trazo y la emotividad inmediata del color, dotando sus composiciones de una vitalidad sorprendente.

DE MILLE, CECIL BLOUNT *(Ashfield, EE UU, 1881-Hollywood, 1959) Director y productor cinematográfico estadounidense.* Hijo del dramaturgo Henry Churchill De Mille, en cuyas obras participó durante su infancia y primera adolescencia, cursó estudios en el Colegio Militar de Pennsylvania y en la Academia de Artes Dramáticas de Nueva York. Tras su graduación, inició su carrera como director de teatro y de cine mudo y, en 1913, fundó la Jesse Lasky Feature Play junto a Samuel Goldwyn y otros. En 1915 dirigió *La marca del fuego,* aclamada por crítica y público. A ésta siguieron varias comedias y, en 1923, dirigió *Los diez mandamientos,* su obra maestra y con la cual inició una larga lista de superproducciones (género en el que se especializó), entre las cuales cabe destacar *Rey de Reyes* (1927), *Cleopatra* (1934) y *El mayor espectáculo del mundo* (1952). De talante muy conservador y periódicamente enfrentado con los sindicatos, no consiguió que la crítica respondiera a sus películas con el mismo entusiasmo demostrado por el público.

◀ *Willem* **de Kooning** *trabajando en su estudio. El artista empleó asiduamente la técnica de la pintura gestual.*

▶ *El director Cecil Blount* **de Mille** *da indicaciones a un extra durante el rodaje de su segunda versión de* Los diez mandamientos, *realizada en 1956.*

DE QUINCEY, THOMAS *(Manchester, 1785-Edimburgo, 1859) Escritor, ensayista y crítico británico.* El humor cáustico de Jonathan Swift tuvo su más ilustre heredero en la persona de Thomas De Quincey, gracias sobre todo a su corrosiva obra *Del asesinato considerado como una de las bellas artes* (1829). Alumno de la Grammar School de su ciudad natal desde los quince años, a los diecisiete huyó de esta institución para ir a Gales y de allí a Londres, donde llevó una vida bohemia. Tras reconciliarse con su familia en 1803, ingresó en la Universidad de Oxford, aunque abandonó sus estudios en 1808. Fue en Oxford donde De Quincey tuvo su primer contacto con el opio, droga a la que sería adicto durante toda su vida. Sus experiencias como opiómano se vieron reflejadas en la que quizá sea su obra más célebre, *Confesiones de un opiómano inglés.* Escrita en 1820 y publicada un año después en el *London Magazine,* su inesperado éxito le procuró una inmediata fama y le ayudó a paliar su maltrecha situación económica, agravada por la necesidad de mantener una familia cada vez más numerosa. Antes, en 1809, llevado por su temprano entusiasmo por las baladas líricas de Samuel Taylor Coleridge y William Wordsworth, se había establecido en Grasmere, donde entabló relación con estos dos poetas, así como con Robert Southey. También fue allí donde inició su colaboración como crítico y comentarista con algunos periódicos, dirigiendo él mismo la *Westmorland Gazette.* En 1828 se trasladó a Edimburgo, donde residió hasta su muerte. Además de las mencionadas, entre sus obras cabe destacar el ensayo *Leyendo a las puertas de Macbeth* (1823), uno de los clásicos de la crítica shakespeariana del siglo XIX, valioso por el agudo análisis psicológico que informa sus páginas, *Suspira de Profundis* (1845), *Juana de Arco* (1847), *El coche correo inglés* (1849) y *Apuntes autobiográficos* (1853).

DE SICA, VITTORIO *(Florencia, 1901-París, 1974) Actor y director cinematográfico italiano.* De niño se trasladó a Roma, donde en la década de 1930 consiguió tener su propia compañía teatral e iniciar una fecunda carrera cinematográfica como actor y director. Sus primeros trabajos como director se encuadran dentro del llamado neorrealismo italiano de posguerra, género al que aportaría alguna de sus

▲ *El líder nacionalista Eamon* **de Valera** *en una fotografía de 1953, cuando era primer ministro de Irlanda. De Valera fue uno de los protagonistas de la independencia de su país.*

▼ *James* **Dean** *junto a Natalie Wood en* Rebelde sin causa *(1955). Con apenas tres películas interpretadas en su carrera, su muerte prematura lo convirtió en leyenda.*

piezas maestras, como *El ladrón de bicicletas* (1948), *Milagro en Milán* (1950) y *Umberto D* (1952). A partir de esta época, De Sica se fue alejando del cine «de autor» para participar en proyectos menos ambiciosos y con una mayor carga comercial. En la década de 1970 volvió el De Sica más personal, con películas como *El jardín de los Finzi Contini* y el que sería su último filme, *El viaje* (1974).

DE VALERA, EAMON *(Nueva York, 1882-Dublín, 1975) Político irlandés.* Licenciado en matemáticas por la Royal University de Dublín, participó en la revuelta antibritánica de 1916, a consecuencia de lo cual fue detenido y encarcelado. Poco después fue elegido presidente del Sinn Fein, y, tras escapar de la prisión en la que se encontraba recluido, se trasladó a Estados Unidos para recaudar fondos entre la colonia irlandesa. Regresó a su país en 1921, fecha en que se iniciaron las conversaciones de paz entre las autoridades irlandesas y británicas. Con esta intención envió a Londres a dos miembros de su partido, los cuales firmaron un tratado que De Valera rechazó. La aprobación de dicho tratado por parte de la Asamblea Irlandesa motivó una fractura entre las fuerzas nacionalistas que desembocó en un enfrentamiento civil. A su término, De Valera fundó un nuevo partido, el Fianna Fail, que ganó las elecciones de 1932, con lo cual se erigió en primer ministro, cargo desde el cual entabló nuevas negociaciones con el Reino Unido y declaró la neutralidad de Irlanda en la Segunda Guerra Mundial. Volvió a ocupar el cargo entre 1951 y 1954 y entre 1957 y 1959. De 1959 a 1973, así mismo, fue presidente de la República.

DEAN, JAMES *(Marion, EE UU, 1931-Paso Robles, id., 1955) Actor estadounidense.* Tras cursar estudios de arte dramático en Nueva York, inició su carrera trabajando en pequeños teatros de Broadway. Su interpretación en *El inmoralista,* pieza teatral de A. Gide, le valió la oportunidad de firmar un contrato en Hollywood, donde, al año siguiente, rodó *Al este del Edén,* dirigida por Elia Kazan. En 1955 se puso a las órdenes de Nicholas Ray para protagonizar, junto a Natalie Wood y Sal Mineo, *Rebelde sin causa,* en la cual Dean daba vida a un adolescente incomprendido y en desacuerdo con la realidad que le rodeaba. Poco después actuó en *Gigante,* dirigida por G. Stevens a partir de la novela de E. Ferber y en la que Dean, en esta ocasión un peón de rudos modales, consolidó su imagen de joven inconformista. Dicha imagen, así como su férrea oposición a la guerra de Corea y su trágica muerte en accidente automovilístico poco antes del estreno de la película, lo convirtieron en símbolo para toda una generación marcada por sus ansias de libertad y en perenne conflicto con sus mayores.

▲ Claude **Debussy**, considerado el primer músico vanguardista del s. XX, en un retrato realizado por Blanche en 1903, que se conserva en el Centro Claude Debussy de Saint-Germain-en-Laye.

DEBUSSY, CLAUDE *(Saint-Germain-en-Laye, Francia, 1862-París, 1918) Compositor francés.* Para el compositor y director de orquesta Pierre Boulez, «sólo a Debussy podemos situarlo junto a Webern en una misma tendencia a destruir la organización formal preexistente en la obra, en un mismo recurrir a la belleza del sonido por sí mismo, en una misma pulverización elíptica del lenguaje». En detrimento de la tríada Stravinski, Schönberg y Bartok, para Boulez el verdadero precursor de la música contemporánea es este músico francés: sin su obra no se entendería no ya la de Ravel, sino tampoco la de Edgard Varèse u Olivier Messiaen. Fue Debussy quien, al romper con la forma clásico-romántica de su tiempo, descubrió un lenguaje musical nuevo, libre, oscilante, abierto a posibilidades infinitas. Un lenguaje que, aunque tenía su origen en Wagner, establecía una alternativa diferente al modelo propuesto por éste en todos los parámetros que rigen la composición musical. A pesar de ello, no hay que ver en Claude Debussy a un artista iconoclasta que reacciona contra el legado del pasado: la tradición, sobre todo la del Barroco francés, reviste una trascendental importancia en su música, particularmente en sus últimas composiciones, tales como las tres sonatas de cámara. Esta dualidad otorga al legado debussysta su perenne actualidad.

Nacido en el seno de una familia modesta sin preocupaciones artísticas, desde pequeño gozó de la protección de un acaudalado mecenas, Achille Rosa. Una discípula de Chopin, madame Mauté de Fleurville, lo preparó para afrontar las pruebas de acceso de París, que Debussy superó con brillantez cuando contaba diez años. En la época que pasó en dicha institución, el joven músico empezó a distinguirse por su inconformismo, su desprecio por las reglas académicas y su singular imaginación en el terreno de la armonía, cualidades que le acarrearon la enemistad de los profesores más conservadores. Aun así, en 1884 obtuvo el máximo galardón que concedía el Conservatorio, el prestigioso Premio de Roma. Sus obras de ese período revelan la fascinación que el futuro autor de *Pelléas et Mélisande* sentía entonces por la música de Wagner. Su estilo no empezó a adquirir un carácter personal hasta *La demoiselle élue*, cantata de inspiración simbolista que en su ambigua armonía y su gusto por lo indeterminado, la insinuación matizada y el ornamento refinado anuncia ya algunas constantes de su producción. Aunque en numerosas ocasiones se ha calificado su música de «impresionista», lo cierto es que se halla más cerca de la poética simbolista que del impresionismo pictórico de Monet o Pissarro. En 1894 llegó su primera gran obra maestra, el *Preludio a la siesta de un fauno*, partitura orquestal inspirada en un poema de Mallarmé en la cual la música adquiere una dimensión puramente sonora. Algo similar puede decirse del posterior *Pelléas et Mélisande*, drama lírico que sobresale por su atmósfera evocadora e indefinida, alejada de todo *pathos* posromántico. Su estreno convirtió a Debussy en el jefe de filas de la nueva generación de músicos franceses, a pesar de la hostilidad con que esta ópera innovadora y audaz fue acogida por la crítica y un sector del público. El tríptico sinfónico *La mer* supuso un nuevo salto adelante en el desarrollo de su estilo y un alejamiento de la estética de *Pelléas* que no todos sus seguidores comprendieron. Estrenada esta partitura en 1905, ese mismo año estuvo marcado por el escándalo público que supuso el divorcio del músico y su unión con Emma Bardac, esposa de un rico banquero. Los últimos años de Debussy estuvieron marcados por el cáncer que acabaría con su vida y por la Primera Guerra Mundial, a raíz de la cual su ideología y su música derivaron hacia posicionamientos de clara inspiración nacionalista.

CLAUDE DEBUSSY
OBRAS MAESTRAS

ÓPERA: *PELLÉAS ET MÉLISANDE* (1902). **MÚSICA INCIDENTAL:** *LE MARTYRE DE SAINT SÉBASTIEN* (1911). **BALLETS:** *JEUX* 1912); *KHAMMA* (1912). **MÚSICA ORQUESTAL:** *PRINTEMPS* (1887); *FANTASÍA PARA PIANO Y ORQUESTA* (1889); *PRELUDIO A LA SIESTA DE UN FAUNO* (1894); *NOCTURNES* (1900); *DANZA SAGRADA Y PROFANA* (1903); *LA MER* (1905); *IMAGES* (1906-1912). **MÚSICA DE CÁMARA:** *CUARTETO DE CUERDAS* (1893); *SONATA PARA VIOLONCELO Y PIANO* (1915); *SONATA PARA FLAUTA, VIOLA Y ARPA* (1915); *SONATA PARA VIOLÍN Y PIANO* (1917). **MÚSICA INSTRUMENTAL:** *SUITE BERGAMASQUE* (1890-1905); *POUR LE PIANO* (1896-1901); *ESTAMPES* (1903); *IMAGES* (1905-1908); *PRÉLUDES* (1910-1913); *SYRINX PARA FLAUTA* (1912); *ÉTUDES* (1915). **MÚSICA VOCAL Y CORAL:** *CINQ POÈMES DE BAUDELAIRE* (1889); *ARIETTES OUBLIÉES* (1888); *TROIS CHANSONS DE BILITIS* (1897); *FÊTES GALANTES* (1892-1904); *TROIS BALLADES DE FRANÇOIS VILLON* (1910); *TROIS POÈMES DE STÉPHANE MALLARMÉ* (1913).

DEDEKIND, JULIUS WILHELM RICHARD *(Brunswick, actual Alemania, 1831-id., 1916) Matemático alemán.* Estudió en la Universidad de Gotinga, donde tuvo como profesor a Gauss. Mientras trabajaba como *privatdozent* en dicha institución (1854-1858), entró en contacto con la obra de Dirichlet y se percató de la necesidad de abordar una redefinición de la teoría de los números irracionales en términos de sus propiedades aritméticas. En 1872 desarrolló el método denominado *corte de Dedekind*, mediante el cual definió un número irracional en función de las propiedades relativas de las dos particiones de elementos en que éste dividía el continuo de los números reales. Siete años más tarde propuso el concepto de «ideal», un conjunto de enteros algebraicos que satisfacen ecuaciones polinómicas que tienen como coeficientes números enteros ordinarios; así, el ideal principal de un entero «a» es el conjunto de múltiplos de dicho entero. Esta teoría posibilitó la aplicación de métodos de factorización a muchas estructuras algebraicas anteriormente descuidadas por el análisis matemático.

DEFOE, DANIEL *(Londres, 1660-Moorfields, actual Reino Unido, 1731) Escritor británico.* Abandonó la carrera eclesiástica para dedicarse al comercio, primero en una empresa textil, hasta 1692, y luego en otra de ladrillos, actividades que propiciaron frecuentes viajes por Europa. En 1695 entró a formar parte del gobierno, y en 1701 obtuvo cierto éxito con *El verdadero inglés*, novela en la que atacaba los prejuicios nacionales en defensa de su admirado rey Guillermo III, de origen holandés. Al año siguiente publicó el libelo *El medio más eficaz para con los disidentes*, siendo acusado de blasfemo, multado y condenado a una pena que finalmente no cumplió, aunque, al parecer, a cambio debió trabajar para el gobierno como agente secreto bajo la protección de Robert Harley. Tras fracasar en sus negocios, trabajó como periodista para el progubernamental *The Review*. En 1719 publicó su primera obra de ficción, *Vida y extraordinarias y portentosas aventuras de Robinsón Crusoe de York*, obra con la que obtuvo una gran popularidad, basada en parte en la historia real del marino Alexander Selkirk, abandonado en la isla de Más a Tierra (hoy Juan Fernández), en el Pacífico. En 1722 publicó *Fortunas y adversidades de la famosa Moll Flanders*, considerada la primera gran novela social de la literatura inglesa, centrada en la vida de una prostituta. Ese mismo año

▲ *El escritor británico Daniel* **Defoe** *según un grabado de M. U. Gucht. Su trabajo como periodista quedó reflejado en el estilo de algunas de sus obras, que parecen reportajes.*

aparecieron *El coronel Jack* y *Diario del año de la peste*, prototipo del reportaje periodístico; durante mucho tiempo se creyó que no se trataba de una novela, sino de un verdadero diario. En 1727 publicó *El perfecto comerciante inglés*, y poco antes de su fallecimiento, un «manual» destinado a evitar robos callejeros.

DEGAS, EDGAR *(París, 1834-id., 1917) Pintor francés.* Hijo de un rico banquero, su padre lo orientó hacia los estudios de derecho, pero no se opuso a su vocación artística cuando Edgar manifestó el deseo de ingresar en la Escuela de Bellas Artes, donde se formó con un discípulo y admirador de Ingres. Más tarde, completó su formación en el Louvre y realizó dos viajes a Italia. En el Louvre, mientras copiaba un cuadro de Velázquez, conoció a Manet, quien lo introdujo en el círculo de los impresionistas. Este hecho transformó la orientación originaria de la pintura de Degas, de la que constituyen una buena muestra *Jóvenes espartanos* o el retrato de la *Familia Bellelli*. Con los impresionistas participó en siete de las ocho exposiciones que celebró el grupo, pero siempre fue un caso especial. Se diferenciaba de los demás seguidores del movimiento pictórico por su posición social y su holgada economía, de una parte, y por otra, por su desinterés por la naturaleza (llegó a afirmar incluso que la naturaleza «le aburría»). No se dedicó, por tanto, a plasmar los efectos de la luz sobre el paisaje, sino que eligió la figura humana como tema pictórico y aplicó la modernidad en la concepción del cuadro al estudio de cada movimiento, a la captación de un instante fugaz en la evolución

---

EDGAR DEGAS

OBRAS MAESTRAS

LA FAMILIA BELLELLI (1858-1860, Museo d'Orsay, París); *MUJER CON CRISANTEMOS* (1865, Metropolitan Museum, Nueva York); *EL DESFILE* (1869, Museo d'Orsay, París); *LA PLANCHADORA* (h. 1869, Bayerische Staatgemäldesammlungen, Munich); *MÚSICOS EN LA ORQUESTA* (1870-1871, Städtische Galerie, Frankfurt); *EL FOYER DE LA ÓPERA, RUE LE PELETIER* (1872, Museo d'Orsay, París); *EN EL HIPÓDROMO. ANTES DE LA PARTIDA* (anterior a 1873, National Gallery, Washington); *LA OFICINA DE ALGODÓN EN NUEVA ORLEANS* (1873, Museo de Bellas Artes, Pau); *CABALLOS DE CARRERA* (h. 1873, The Cleveland Museum of Art); *LA CLASE DE DANZA* (1874, Museo d'Orsay, París); *ENSAYO DEL BALLET EN ESCENA* (1874, Museo d'Orsay, París); *EL PALCO* (1874, Courtauld Institute Galleries, Londres); *BAÑOS DE MAR* (1876, National Gallery, Londres); *EL AJENJO* (1876, Museo d'Orsay, París); *LA CANCIÓN DEL PERRO* (h. 1876-1877, Metropolitan Museum, Nueva York); *LA ESTRELLA O BAILARINA EN ESCENA* (h. 1876-1878, Museo d'Orsay, París); *BAILARINA CON RAMO SALUDANDO* (h. 1877-1878, Museo d'Orsay, París); *CANTANTE DE CAFÉ* (1878, Fogg Art Museum, Cambridge); *BAILARINA CON RAMO* (h. 1878-1880, Museum of Art, Providence); *LAS PLANCHADORAS* (h. 1884, Museo d'Orsay, París); *MUJER PEINÁNDOSE* (h. 1885, Ermitage, San Petersburgo); *LA TINA* (1885-1886, Hill Stead Museum, Farmington); *SEIS AMIGOS DEL ARTISTA* (1885, Museum of Art, Providence).

de sus modelos preferidos, que fueron ante todo las bailarinas de ballet, pero también los ambientes de café, teatro y circo. Se interesó así mismo por el mundo de los caballos y los jinetes, que dio pie a sus únicas obras ambientadas al aire libre, aunque con un espíritu muy distinto del de los demás impresionistas, ya que también en este caso busca el momento fugitivo en el movimiento y no en la luz. Por su formación académica, el dibujo le interesó más que cualquier otro aspecto de la pintura, por lo que la modernidad de su obra se deriva de la cotidianidad de los temas tratados, además de los rasgos ya mencionados.

DELACROIX, EUGÈNE *(Charenton-Saint-Maurice, Francia, 1798-París, 1863) Pintor francés.* Aunque nacido en el seno de una familia formada por Charles Delacroix, político de profesión, y Victoire Oeben, que pertenecía a una familia de artesanos y dibujantes, se da prácticamente por seguro que su padre fue Talleyrand, un diplomático amigo de la familia. Se formó en el estudio de Pierre Guérin, pero debe sus rasgos estilísticos a Géricault y Gros, coetáneos a los que admiró, y también a Rubens y los venecianos. Fue así mismo un gran admirador de la pintura inglesa. En 1822 presentó por primera vez una obra en el Salón, *La barca de Dante*, y en 1824 compareció de nuevo en el certamen con *La matanza de Quíos*, cuadros ambos que fueron adquiridos por el Estado francés, a pesar de la fuerte polémica que provocaron. El pintor se inclina en estas primeras obras por temas que le permiten expresar una gran intensidad emocional, plasmada con colores brillantes y gran libertad expresiva. Son estas creaciones las que lo convierten en la gran figura

▲ Mujer secándose el cuello, *cuadro realizado por Edgar* **Degas** *en 1893 que se conserva en el Musée d'Orsay de París. Degas eligió la figura humana como tema predilecto.*

del Romanticismo francés, estilo del que se consideran obras particularmente significativas *La muerte de Sardanápalo* y *La Libertad guiando al pueblo*. En ambas, las figuras dibujan una línea diagonal, que constituye el eje compositivo del cuadro, al estilo de Rubens, creando una intensa sensación de movimiento y vitalidad. Su viaje a Marruecos en 1832 marca el inicio de su segundo período estilístico, en el que abundan los temas marroquíes (*Mujeres de Argel*), en composiciones mucho más pausadas aunque también típicas del Romanticismo por su carácter exótico y por el uso del color, que adquiere un protagonismo constructivo y compositivo inhabitual hasta entonces. Al final de su vida se convirtió en el gran decorador de interiores de París, con obras relevantes para el palacio Borbón, el palacio de Luxemburgo, el Louvre y la iglesia de Saint-Sulpice. Fue uno de los personajes más ilustres de su tiempo, amigo de Charles Baudelaire y Victor Hugo entre muchos otros, y dejó un *Diario* que constituye una interesante y valiosa fuente de información respecto a su vida y su época.

DELAUNAY, ROBERT *(París, 1885-id., 1941) Pintor francés.* Comenzó su trayectoria pictórica influido por el trabajo de Seurat, pasó luego por una breve etapa fauvista y derivó posteriormente hacia un estilo propio y colorista, basado en los principios del cubismo analítico. Delaunay investigó exhaustivamente las relaciones existentes entre forma y color: las obras que corresponden a su período de madurez se caracterizan por la utilización sistemática de formas circulares en colores planos, con el fin de dotar de movimiento a sus composiciones, tal y como aprendió de la teoría de simultaneísmo cromático de Chevreul. Desde 1912 abrazó la abstracción, sin abandonar jamás su línea de experimentación, y hacia 1932 se adhirió al grupo Abstracción-Creación. De entre sus pinturas destacan las series de Saint-Severin, de la torre Eiffel y de *Ventanas sobre la ciudad*, de la que partió el concepto de orfismo desarrollado por Apollinaire. Desde mediados de los años treinta, participó en diversos proyectos de integración del arte pictórico en la arquitectura de gran envergadura.

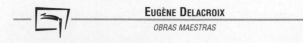

EUGÈNE DELACROIX
OBRAS MAESTRAS

LA BARCA DE DANTE (1822, Louvre, París); *LA MATANZA DE QUÍOS* (1824, Louvre, París); *LA MUERTE DE SARDANÁPALO* (1827, Louvre, París); *LA LIBERTAD GUIANDO AL PUEBLO* (1830, Louvre, París); *ENCUENTRO DE LOS JINETES MAORÍES* (1833, The Walters Gallery, Baltimore); *MUJERES DE ARGEL* (1834, Louvre, París); *MEDEA FURIOSA* (1838, Museo de Lille); *PINTURAS DEL PALACIO BORBÓN: SALÓN REAL* (1833-1837), *BIBLIOTECA* (1838-1847, París); *JUSTICIA DE TRAJANO* (1840, Museo de Ruán); *MUERTE DE MARCO AURELIO* (1841, Museo de Lyon); *EL SOLDADO DE MARRUECOS* (1845, Museo de Toulouse); *PINTURAS DE LA BIBLIOTECA DEL PALACIO DE LUXEMBURGO* (1841-1846, París); *PINTURAS DE LA CAPILLA DE LOS ÁNGELES DE LA IGLESIA DE SAINT-SULPICE* (1853-1861, París).

DELBRÜCK, MAX *(Berlín, 1906-Pasadena, EE UU, 1981) Biólogo alemán, nacionalizado estadounidense.* Pionero en el estudio de la biofísica y de la biología molecular, su interés por los bacteriófagos nació durante su permanencia como ayudante de investigación en el Kaiser Wilhelm Institut de Berlín (1932-1937). Refugiado de la Alemania nazi, se estableció en Estados Unidos como miembro docente del California Institute of Technology (1937-1939; 1947-1981) y de la Vanderbilt University (1940-1947). En 1939, ideó un proceso de una sola etapa para el cultivo y crecimiento de bacteriófagos, que, tras un período latente de una hora, se multiplicaban en varios cientos de miles. En 1943 publicó, junto con Salvador Luria, un artículo en el que se enunciaba una ecuación que describía la relación de mutación en cultivos de bacterias. En 1946, Delbrück y Alfred Day Hershey, descubrieron que el material genético de diferentes clases de virus podía recombinarse dando origen a nuevos tipos de virus. En 1969 recibió, con Hershey y Luria, el Premio Nobel de Medicina y Fisiología por su contribución a estas ciencias.

DELIBES, LÉO *(Saint-Germain-du-Val, Francia, 1836-París, 1891) Compositor francés.* Aunque carece del genio de Bizet o la inspiración de Gounod, la música de Delibes ocupa un puesto de privilegio en el repertorio lírico galo. Formado en el Conservatorio de París, donde tuvo como maestro a Charles Adam, se dio a conocer como compositor de operetas, la primera de las cuales fue *Dos céntimos de carbón*, estrenada con éxito en 1856. Le siguieron títulos como *Seis señoritas casaderas* (1856), *La tortilla a la Follembuche* (1859) y *Mi amigo Pierrot* (1862), partituras en las que el músico hacía gala de una inventiva y un desenfado poco comunes. Su consagración, empero, hubo de esperar hasta el estreno, en 1870, de su ballet *Coppélia*, que aún hoy sigue siendo uno de los más populares del repertorio. Su éxito se repitió en 1876 con *Sylvia*. La Opéra Comique de París representó en 1833 su ópera más ambiciosa y lograda, *Lakmé*, exótica historia de amor ambientada en la India que le procuró un éxito resonante. En 1999 fue galardonado con el Premio Nacional de Narrativa por su novela *El hereje*.

DELORME, PHILIBERT *(Lyon, h. 1510-París, 1570) Arquitecto francés.* Fue una de las grandes figuras de la arquitectura renacentista en Francia. Estudió a fondo la

▲ *El estadounidense Max* **Delbrück***, pionero en el estudio de la biofísica y especialista en genética, recibió el Premio Nobel de Medicina en 1969 por sus investigaciones sobre los bacteriófagos.*

▲ *Suleymán* **Demirel***, en la fotografía ataviado con vestimenta tradicional. El político turco, de ideas moderadas y prooccidentales, fue nombrado presidente de su país en 1993.*

obra de Vitruvio y, para completar su formación clásica, marchó a Roma, donde residió de 1533 a 1536. Al regresar a su país, organizó una galería renacentista en Lyon que bastó para otorgarle un gran prestigio. Inmediatamente, el cardenal Du Bellay y Enrique II lo tomaron a su servicio, y para ellos realizó sus mejores obras, en particular el castillo de Saint-Maur-les-Fossès y el castillo de Anet. En este último, Delorme fundió los elementos clasicistas con la tradición de la arquitectura medieval francesa, lo que constituye su principal mérito. Al ser sustituido, a la muerte de Enrique II, en el cargo de arquitecto del rey, se retiró a la abadía de Yvry y se dedicó a la redacción de tratados teórico-prácticos de arquitectura: *Nuevas invenciones para construir bien y barato* y *El primer tomo de la arquitectura*, entre otros.

DEMIREL, SULEYMÁN *(Islamköy, Turquía, 1924) Político turco.* Jefe de filas del Partido de la Justicia, fue nombrado primer ministro por vez primera cuando su partido ganó las elecciones en 1965. Moderado prooccidental, lideró con desigual suerte una difícil situación interna caracterizada por la violencia política y terrorista, la deslealtad de ciertos sectores del ejército y el deterioro progresivo de las condiciones sociales y económicas, pese a todo lo cual ocupó su cargo de primer ministro, en sucesivas reelecciones, por espacio de diez años. Conforme a la nueva Constitución de 1982 y como jefe del Partido de la Justa Vía, Demirel fue nombrado presidente de la República de Turquía en 1993, cuando fue elegido por el Parlamento para suplir en el cargo al fallecido Turgut Ozal.

DEMÓCRITO DE ABDERA *(Abdera?, hoy desaparecida, actual Grecia, h. 460 a.C.-id.?, h. 370 a.C.) Filósofo griego.* Fue tan famoso en su época como Platón o Aristóteles y debió de ser uno de los autores más prolíficos de la Antigüedad, aunque sólo se conservan fragmentos de algunas de sus obras, en su mayoría las dedicadas a la ética, pese a que se le atribuyen diversos tratados de física, matemáticas, música y cuestiones técnicas. Fundó la doctrina atomista, que concebía el universo constituido por innumerables corpúsculos o átomos sustancialmente idénticos, indivisibles («átomo» significa, en griego, inseparable), eternos e indestructibles, que se encuentran en movimiento en el vacío infinito y difieren entre sí únicamente en cuanto a sus dimensiones, su forma y su posición.

La inmutabilidad de los átomos se explica por su solidez interior, sin vacío alguno, ya que todo proceso de separación se entiende producido por la posibilidad de penetrar, como con un cuchillo, en los espacios vacíos de un cuerpo; cualquier cosa sería infinitamente dura sin el vacío, el cual es condición de posibilidad del movimiento de las cosas existentes. Todo cuanto hay en la naturaleza es combinación de átomos y vacío: los átomos se mueven de una forma natural e inherente a ellos y, en su movimiento, chocan entre sí y se combinan cuando sus formas y demás características lo permiten; las disposiciones que los átomos adoptan y los cambios que experimentan están regidos por un orden causal necesario. En el universo, las colisiones entre átomos dan lugar a la formación de torbellinos a partir de los que se generan los diferentes mundos, entre los cuales algunos se encuentran en proceso de formación, mientras que otros están en vías de desaparecer. Los seres vivos se desarrollan a partir del cieno primitivo por la acción del calor, relacionado con la vida como también lo está el fuego; de hecho, los átomos del fuego y los del alma son de naturaleza similar. La ética de Demócrito se basa en el equilibrio interno, conseguido mediante el control de las pasiones por el saber y la prudencia, sin el recurso a ninguna idea de justicia o de naturaleza que se sustraiga a la interacción de los átomos en el vacío. Según Demócrito, la aspiración natural de todo individuo no es tanto el placer como la tranquilidad de espíritu (*eutimia*); el placer debe elegirse y el dolor, evitarse, pero en la correcta discriminación de los placeres radica la verdadera felicidad.

DEMÓSTENES *(Atenas, 384 a.C.-Calauria, actual Grecia, 322 a.C.) Orador y político ateniense.* A partir del año 354 a.C. intervino en asuntos políticos y se hizo famoso por sus discursos. Entre los primeros destaca *Para los megalopolitanos*, que atrajo la atención de los atenienses sobre el peligro que representaba el poder de Esparta. Denunció la ambición de Filipo de Macedonia en las famosas *Filípicas*, discursos pronunciados durante un largo proceso en la asamblea ateniense. En el 340 a.C. dejó la oposición y pasó a ser jefe del partido dirigente. A lo largo de la década siguiente intentó ser coronado por sus méritos cívicos, pero Esquines se opuso a su propuesta y Demóstenes terminó siendo condenado al exilio. Tras la muerte de Alejandro Magno, volvió a desempeñar un papel importante en Atenas

RENÉ DESCARTES

OBRAS MAESTRAS

DISCURSO DEL MÉTODO (DISCOURS DE LA MÉTHODE POUR BIEN CONDUIRE SA RAISON ET CHERCHER LA VÉRITÉ DANS LES SCIENCES, PLUS LA DIOPTRIQUE, LES MÉTÉORES ET LA GÉOMÉTRIE, QUI SONT DES ESSAIS DE CETTE MÉTHODE, 1637); LAS MEDITACIONES (MEDITATIONES DE PRIMA PHILOSOPHIA. 1641); LOS PRINCIPIOS DE LA FILOSOFÍA (PRINCIPIA PHILOSOPHIAE, 1644); LAS PASIONES DEL ALMA (LES PASSIONS DE L'ÂME, 1649); TRATADO DEL MUNDO (LE MONDE DE M. DESCARTES OU LE TRAITÉ DE LA LUMIÈRE, 1664); TRATADO DEL HOMBRE (L'HOMME DE RENÉ DESCARTES ET UN TRAITÉ DE LA FORMATION DU FŒTUS, 1664); REGLAS PARA LA DIRECCIÓN DEL ESPÍRITU (REGULAE AD DIRECTIONEM INGENII, 1701).

▼ *Frontispicio de una edición francesa de 1668 del* Discurso del método, *obra capital de René* **Descartes**, *en la que el filósofo proponía una duda metódica como principio de todo conocimiento.*

durante la revuelta contra Antípatro. Tras la derrota ateniense, huyó a la isla de Calauria, donde se suicidó por envenenamiento. Se conservan unos setenta discursos suyos, aunque fue ante todo un hombre de acción, que luchó para que Atenas recobrase la hegemonía y contuviera el avance de Filipo. La fuerza de sus discursos y la precisión de sus argumentos, con pocas figuras retóricas, le otorgan una originalidad excepcional.

DENG HSIAO-PING → Teng Hsiao-Ping.

DERRIDA, JACQUES *(El-Biar, Argelia, 1930) Filósofo y crítico literario francés.* Profesor en la École Normale Supérieure de París (1965-1984) y más tarde de la École des Hautes Études, sus teorías han dado lugar a la corriente llamada «deconstruccionismo», cuya influencia ha sido importante tanto en Europa como en Estados Unidos. «No hay fuera de texto» podría ser el polémico lema de su filosofía, cuyos argumentos tratan de desarticular la tradición filosófica occidental, mostrando el juego de conceptos implícitos que la sostiene y poniendo en tela de juicio distinciones fundamentales como la de «significante» y «significado», sentido literal y sentido figurado. A pesar de su nombre, la «deconstrucción» no se propone una tarea meramente destructiva, sino que trata de apropiarse de esta estructura lingüística de la experiencia y utilizarla a su favor. Sus obras más importantes son *La escritura y la diferencia* y *De la grammatologie*, ambas publicadas en 1967.

DESCARTES, RENÉ *(La Haye, Francia, 1596-Estocolmo, 1650) Filósofo y matemático francés.* Se educó en el colegio jesuita de La Flèche (1604-1612), donde gozó de un cierto trato de favor en atención a su delicada salud. Obtuvo el título de bachiller y de licenciado en derecho por la facultad de Poitiers (1616), y a los veintidós años partió hacia los Países Bajos, donde sirvió como soldado en el ejército de Mauricio de Nassau. En 1619 se enroló en las filas del duque de Baviera; el 10 de noviembre, en el curso de tres sueños sucesivos, experimentó la famosa «revelación» que lo condujo a la elaboración de su método. Tras renunciar a la vida militar, viajó por Alemania y los Países Bajos y regresó a Francia en 1622, para vender sus posesiones y asegurarse así una vida independiente; pasó una temporada en Italia (1623-1625) y se afincó luego en París, donde se relacionó con la mayoría de científicos de la época. En 1628 decidió instalarse en los Países Bajos, lugar que consideró más favorable para cumplir los objetivos filosóficos y científicos que se había fijado, y residió allí hasta 1649. Los cinco primeros años los dedicó principalmente a elaborar tanto su propio sistema del mundo como su concepción del hombre y del cuerpo humano, que estaba a punto de completar en 1633 cuando, al tener noticia de la condena de Galileo, renunció a la publicación de su obra, que apareció póstumamente. En 1637 publicó su famoso *Discurso del método*, presentado como prólogo a tres ensayos científicos. Descartes proponía una duda metódica, que sometiese a juicio todos los conocimientos de la época, aunque, a diferencia de los escépticos, la suya era una duda orientada a la búsqueda de principios últimos sobre los cuales cimentar sólidamente el saber. Este principio lo halló en la existencia de la propia conciencia que duda, en su famosa formulación «pienso, luego existo». Sobre la base de esta primera evidencia, pudo desandar en parte el camino de su escepticismo, hallando en Dios el garante último de la verdad de las evidencias de la razón, que se manifiestan como ideas «claras y distintas». El método cartesiano, que propuso para todas las ciencias y disciplinas, consiste en descomponer los problemas complejos en partes progresivamente más sencillas hasta hallar sus elementos básicos, las ideas simples, que se presentan a la razón de un modo evidente, y proceder a partir de ellas, por síntesis, a reconstruir todo el complejo, exigiendo a cada nueva relación establecida entre ideas simples la misma evidencia de éstas. Los ensayos científicos que seguían, ofrecían un compendio de sus teorías físicas, entre las que destaca su formulación de la ley de inercia y una especificación de su método para las matemáticas. Los fundamentos de su física mecanicista, que hacía de la extensión la principal propiedad de los cuerpos materiales, los situó en la metafísica que expuso el año 1641, en donde enunció así mismo su demostración de la existencia y la perfección de Dios y de la inmortalidad del alma. El mecanicismo radical de sus teorías físicas, sin embargo, determinó que fuesen superadas más adelante. Pronto su filosofía empezó a ser conocida y comenzó a hacerse famoso, lo cual le acarreó amenazas de persecución religiosa por parte de algunas autoridades académicas y eclesiásticas, tanto en los Países Bajos como en Francia. En 1649 aceptó la invitación de la reina Cristina de Suecia y se desplazó a Estocolmo, donde murió cinco meses después de su llegada

▲ *La reina Cristina y su corte, de P. Dumesnil. En el cuadro aparece* **Descartes** *a la izquierda de la reina de Suecia, que le había mandado llamar para que le diera clases de filosofía.*

«El sentido común es la cosa mejor repartida del mundo, pues todos creen estar tan bien provistos de él que incluso los más difíciles de contentar en cualquier otro aspecto no acostumbran desear más del que poseen.»

René Descartes
Discurso del método

a consecuencia de una neumonía. Descartes es considerado como el iniciador de la filosofía racionalista moderna por su planteamiento y resolución del problema de hallar un fundamento del conocimiento que garantice la certeza de éste, y como el filósofo que supone el punto de ruptura definitivo con la escolástica.

DESMOULINS, CAMILLE *(Guise, Francia, 1760-París, 1794) Político francés.* Jurista de profesión, contribuyó con vehemencia al clima prerrevolucionario con textos como *La filosofía del pueblo francés* (1788) y *Francia libre* (1789). Con la llegada de la Revolución, ejerció una gran influencia a través de sus artículos y discursos, y fundó un periódico, *Les révolutions de la France et de Brabant*, para difundir su ideología, de sesgo jacobino y contraria a los girondinos. Influido en un principio por Robespierre, acabó aproximándose más a Danton, quien lo nombró secretario general del ministerio de Justicia tras su participación en la Revolución de 1792. Con la llegada del Terror, se manifestó contrario a la actuación jacobina y abogó por la creación de un comité de clemencia. Por este motivo fue procesado y finalmente guillotinado, por orden de Robespierre. Su esposa también fue ejecutada, ocho días más tarde.

DESPREZ, JOSQUIN *(?, h. 1440-Condé-sur-Escaut, Francia, 1521) Compositor francoflamenco.* Considerado por sus contemporáneos como el más grande autor de su época, destacó gracias a una obra en la que los más osados y complejos procedimientos contrapuntísticos se unen en una síntesis perfecta con el texto cantado, siempre en busca de la expresión. A pesar de la fama que le acompañó en vida, y que le valió el sobrenombre de *princeps musicorum*, poco es lo que se sabe de su existencia: discípulo de Okeghem, entre 1459 y 1479 fue cantor en la catedral de Milán. Pasó más tarde al servicio de la capilla papal en Roma, entre 1486 y 1494, y de allí a Florencia, Módena y Ferrara. En 1509 regresó a su tierra natal borgoñona, donde, desde 1515 hasta su muerte, fue preboste de la colegiata de Nuestra Señora de Condé-sur-Escaut. Su extensa producción incluye misas –como las que llevan por título *L'homme armé* y *La sol fa re mi*, ambas publicadas en 1502–, motetes y *chansons*, entre las que destaca la titulada *Mille regretz*, la canción favorita del emperador Carlos I.

DEWAR, SIR JAMES *(Kincardine-on-Forth, Reino Unido, 1842-Londres, 1923) Químico y físico británico.* Estudió en la Universidad de Edimburgo y ejerció más tarde la docencia en la Universidad de Cambridge y en la Royal Institution de Londres. Propuso diferentes estructuras para el benceno, descubrió el explosivo llamado cordita y dedicó más de 25 años a investigaciones espectroscópicas, pero su trabajo principal se desarrolló en el campo de las bajas temperaturas y licuefacción de gases. En 1891 construyó una máquina para producir oxígeno líquido en gran cantidad. En 1892 inventó el vaso Dewar, recipiente de vidrio de paredes plateadas y dobles entre las que se ha hecho el vacío, y es capaz de almacenar gases licuados a temperaturas cercanas al cero absoluto, y cuyas versiones industriales se denominan termos. Fue el primero que consiguió licuar el hidrógeno y solidificarlo.

JOHN DEWEY
OBRAS MAESTRAS

ESTUDIOS SOBRE LA TEORÍA LÓGICA (*STUDIES IN LOGICAL THEORY*, 1903); *DEMOCRACIA Y EDUCACIÓN* (*DEMOCRACY AND EDUCATION*, 1916); *RECONSTRUCCIÓN FILOSÓFICA* (*RECONSTRUCTION IN PHILOSOPHY*, 1920); *EXPERIENCIA Y NATURALEZA* (*EXPERIENCE AND NATURE*, 1925); *LA BÚSQUEDA DE LA CERTEZA* (*THE QUEST FOR CERTAINTY*, 1929); *FILOSOFÍA Y CIVILIZACIÓN* (*PHILOSOPHY AND CIVILIZATION*, 1931); *LÓGICA COMO TEORÍA DE LA INVESTIGACIÓN* (*ESSAYS IN EXPERIMENTAL LOGIC*, 1938); *LIBERTAD Y CULTURA* (*FREEDOM AND CULTURE*, 1939); *TEORÍA DE LA VALORACIÓN-ENCICLOPEDIA INTERNACIONAL DE LA CIENCIA UNIFICADA* (*THEORY OF VALUATION-INTERNATIONAL ENCYCLOPEDIA OF UNIFIED SCIENCE*, 1939).

▲ *John* **Dewey**, *uno de los más destacados filósofos estadounidenses, fotografiado mientras observa con atención una figura china, uno de los regalos recibidos en su nonagésimo cumpleaños.*

▼ *El físico* **Dewar** *realiza una demostración del vaso Dewar en la British Academy de Londres.*

DEWEY, JOHN *(Burlington, EE UU, 1859-Columbia, id., 1952) Filósofo estadounidense.* Miembro destacado de la Escuela de Chicago, se prodigó en algunas de las entonces nacientes disciplinas humanístico-científicas, como la sociología o la psicología, y sobre todo en la pedagogía, en cuyo campo llevó a cabo una importante renovación de conceptos, y en el que obtuvo mayor fama en su tiempo. Se le considera el fundador de la «escuela activa»: propuso la sustitución del alumno pasivo y de la técnica de la memorización por el fomento de las iniciativas y la integración del aprendizaje en un proceso activo y cooperativo. Este conjunto de ideas tendría una amplia resonancia, y sería el punto de partida de los trabajos de la pedagoga Maria Montessori. Además, conectan directamente con sus tesis «filosóficas», aunque el autor evitaba esta distinción y tendía a ver una total continuidad en su pensamiento. Las influencias de Dewey explican bien el carácter interdisciplinar de su obra: de Hegel toma el monismo, en la medida en que participa de una noción de realidad unitaria en la cual las oposiciones se producen en un segundo momento; de James, la exigencia de multiplicar y diversificar los métodos de conocimiento, a fin de propiciar una reforma del mismo; del darwinismo, las nociones básicas de evolución y adaptación al entorno; finalmente, con Peirce y Mead comparte el común patrimonio del pragmatismo y la idea de una «razón instrumental». Ya en vida, Dewey gozó del reconocimiento académico por su labor, y en 1899 fue elegido presidente de la American Psychological Association, y de la American Philosophical Association en 1905. Esto le brindó la posibilidad de divulgar ampliamente su obra en los círculos académicos de todo el mundo, hasta el punto de que llegó a impartir clases en Japón y China (1919-1921) y en la Unión Soviética. Producto del monismo hegeliano heredado, Dewey entiende que la experiencia la conforman el componente subjetivo (humano) y el objetivo (la naturaleza):

en la medida en que el hombre se encuentra inscrito en el mundo, éste lo condiciona hasta el punto de que mundo y hombre constituyen un todo «orgánico». Pero, además, frente al cognoscitivismo, opone una experiencia compleja cuyo carácter preferente no es el conocimiento. Éste es una forma de experiencia más, entre otras: ante todo el ser y el tener. Un hombre, por ejemplo, puede dudar de cuál es la enfermedad que le aqueja y le provoca la serie de molestias que tiene, pero de lo que no duda nadie es de las molestias que sufre, pese a que ignore sus causas y la relación que entre ellas exista. Opuesta a la experiencia estrictamente positiva (mensurable) del empirismo, la de Dewey queda expuesta al error y a la incertidumbre, por lo que deja al conocimiento en una situación de precariedad. Con ello, neutraliza la divinización histórica del conocimiento y evita que éste acabe ahogando al hombre en la estrechez de su parcialidad, elevada a absoluto. Sin embargo, esta operación sirve precisamente para ubicar el conocimiento en su justo lugar: «Existen dos dimensiones de las cosas experimentadas; una es la de "tenerlas" y la otra la de "conocerlas" para tenerlas de un modo más significativo y seguro». Así, el valor del conocimiento se cifra en su carácter instrumental. No se trata ya de que reduzca el mundo a la certeza absoluta, tal como pretendía Descartes, sino de que, aun cuando subyazca la precariedad constitutiva de la experiencia incierta y oscura, sirva a los hombres tanto como sea posible. A pesar de que mantiene un componente irreductible en la experiencia, Dewey aboga por cierta noción de progreso en la medida en que entiende que el conocimiento puede servir para transformar la realidad en beneficio del hombre. Pero, por lo mismo, la utilidad de un conocimiento funciona como su concepto regulador; éste sólo es válido mientras sirva para operar en el mundo con miras a hacer la realidad más conforme a los fines humanos.

DI MAGGIO, JOE (*Martinez, EE UU, 1914-Hollywood, id., 1999*) *Jugador de béisbol estadounidense, de origen italiano.* Hijo de un pescador siciliano emigrado a California a principios del siglo XX, inició su carrera deportiva siguiendo los pasos de su hermano mayor, Vince, también jugador de béisbol e integrado en la disciplina de los San Francisco Seals. En dicho equipo, Joe Di Maggio tuvo su primera oportunidad, tras la cual fue fichado por los New York Yankees en 1936. Durante su carrera deportiva, que duró hasta 1949, fue designado en tres ocasiones (1939, 1941 y 1947) mejor jugador de la temporada y batió todos los récords establecidos hasta la fecha. Ello lo convirtió en uno de los deportistas más populares del país y en el primer gran mito de la historia del béisbol. En 1939 contrajo matrimonio con la actriz Dorothy Arnold y, después de divorciarse (1944), con Marilyn Monroe, de quien se divorció a los nueve meses. Tras su retirada, abrió un restaurante, invirtió sus ahorros en varios negocios, no siempre rentables, y en 1968 regresó a la competición como entrenador de los Oakland Athletics.

DI STÉFANO, ALFREDO (*Buenos Aires, 1926*) *Jugador y entrenador de fútbol argentino, nacionalizado español.* Hijo de padres italianos, debutó en primera división en 1944, y cinco años más tarde ingresó en la plantilla del Millonarios de Bogotá. El presidente del Real Madrid, Santiago Bernabeu, vio en él al jugador ideal para formar un equipo poderoso a nivel europeo, y lo fichó en 1953, no sin polémica con el Fútbol Club Barcelona, que también lo pretendía. Fue a partir de entonces cuando comenzó a ser conocido como «la saeta rubia». Con el Real Madrid ganó ocho ligas, una Copa de España, la Copa Intercontinental en 1960 y cinco Copas de Europa, y fue Balón de Oro europeo en 1957 y 1959. En 1964 fichó por el Real Club Deportivo Español de Barcelona donde jugó hasta su retirada, a los cuarenta años. Posteriormente fue entrenador del Boca Juniors, el Sporting de Lisboa y el River Plate. Regresó a España como preparador del Valencia, con el que ganó la liga en 1971, y más tarde del Real Madrid durante dos temporadas. En 1989 recibió un Balón de Oro especial como mejor jugador de todos los tiempos.

DIAGHILEV, SERGE DE (*Gruzino, Rusia, 1872-Venecia, 1929*) *Empresario, director artístico y crítico de arte ruso.* Es uno de los nombres clave en la renovación experimentada por el ballet en el transcurso del siglo XX. A él se debe la fundación, en 1909, en París, de los Ballets Rusos, compañía que aglutinó a los mejores bailarines y coreógrafos (Balanchine, Fokine, Karsavina, Massine, Nijinska, Nijinski), pintores (Bakst, Benois, Braque, Derain, Matisse, Picasso) y compositores (Debussy, Falla, Prokofiev, Ravel, Satie, Strauss) del momento. El gran éxito de sus espectáculos, no exento de escándalo por su estética revolucionaria y antiacadémica, supuso el descubrimiento y la confirmación de diversos artistas jóvenes. Uno de ellos fue Igor Stravinski, cuya colaboración con Diaghilev dio como fru-

▲ *El jugador de béisbol Joe* **Di Maggio** *con el uniforme de los New York Yankees. Auténtico mito del deporte estadounidense, su boda con Marilyn Monroe incrementó más aún su popularidad.*

▼ *Dibujo realizado por Picasso de Serge de* **Diaghilev**, *fundador en 1909 de los Ballets Rusos, que fueron claves para la renovación de la danza clásica en el s. XX.*

▲ *Fotografía tomada a la princesa **Diana de Gales** en Venecia en junio de 1995, cuando visitaba la ciudad para asistir a su célebre Bienal de las Artes.*

▼ *Detalle del retrato ecuestre de Porfirio **Díaz** realizado en 1901 por Josep Cusachs. El político ostentó el poder en México durante un largo período de tiempo, conocido como el «porfiriato».*

to algunas de las obras paradigmáticas del repertorio musical contemporáneo, como *El pájaro de fuego, Petrushka, La consagración de la primavera* y *Pulcinella*.

DIANA DE GALES, llamada *Lady Di (Sandringham, Reino Unido, 1961-París, 1997) Princesa de Gales*. Hija del vizconde Althorp (posteriormente conde Spencer) y su primera esposa, Frances, cursó estudios en Norfolk y Suiza. En julio de 1981 contrajo matrimonio con el príncipe Carlos de Inglaterra, en una ceremonia retransmitida en directo por televisión y seguida por millones de telespectadores. Tras dar a luz a dos hijos, colaboró con varias organizaciones benéficas, especialmente las dedicadas a la lucha contra el sida y contra las minas antipersona. Su elegancia y su carisma motivaron que fuera objetivo permanente de los fotógrafos de las revistas del corazón, acoso del que se quejó en reiteradas ocasiones. Profundas desavenencias conyugales, así como mutuas acusaciones de adulterio, llevaron a la separación del matrimonio en 1992 y a su divorcio en 1996. Tras éste, Diana perdió el título de princesa, pero no el aprecio de millones de personas. En agosto de 1997 falleció en París junto a su compañero sentimental Dodi al-Fayed en un accidente de automóvil.

DÍAZ, PORFIRIO *(Oaxaca, México, 1830-París, 1915) Político mexicano*. Tras el triunfo de la revolución de Ayutla (1854), en la que participó, fue nombrado secretario de la Prefectura de Ixtlán. Posteriormente ingresó en el ejército, y alcanzó el grado de general en 1861. Sus primeros triunfos militares, que le reportaron una rápida popularidad, tuvieron a los franceses como antagonistas. En mayo de 1862 participó en la victoria mexicana en la batalla de Puebla, y en octubre de 1966 consiguió expulsar a las tropas francesas de Oaxaca y avanzar sobre Puebla, que conquistó el 2 de abril. Entró triunfante en la capital el 21 de junio de 1867. A pesar de su gran popularidad no pudo acceder a la presidencia del país, que disputó y perdió con Juárez en 1867 y 1871, y con Lerdo de Tejada en 1875. Sublevado en 1871, mediante el plan de Noria, tuvo que abandonar el país, pero volvió y se rebeló nuevamente en 1876, mediante el plan de Tuxtepec, y alcanzó la presidencia de la República. Al término de su mandato presidencial fue nombrado gobernador del estado de Oaxaca, cargo que desempeñó hasta las elecciones presidenciales de 1884, en las que fue reelegido. Hizo lo propio en las convocatorias de 1888, 1892, 1904 y 1910.

Aunque en un principio intentó llevar a cabo una política de reconciliación nacional, pronto su gobierno fue encaminándose hacia un régimen dictatorial, suprimiendo las libertades y censurando las opiniones de signo contrario. Se apoyó en Estados Unidos, que le brindó ayuda política y económica, y en la oligarquía terrateniente, a la que satisfizo con ayudas gubernamentales y concesiones de tierras. La modernización del país, lograda a partir de la inversión extranjera y la apropiación de tierras de cultivo, polarizó la riqueza, lo cual, aunado a la falta de una legislación laboral, empobreció a las mayorías de obreros y campesinos. El sistema se mantuvo hasta 1900, fecha en que la depresión económica, la corrupción de la Administración y la represión institucional, así como las dudas sobre su capacidad para seguir dirigiendo el país a causa de su avanzada edad y precaria salud, provocaron en las clases medias y populares un fuerte sentimiento de oposición al régimen. Aunque consiguió mantenerse en el poder, su intención de volver a presentarse a las elecciones presidenciales de 1910 acabó exasperando los ánimos de las fuerzas opositoras que, en dicha fecha y dirigidas por Francisco Madero, organizaron una revuelta contra su régimen. Ésta acabó triunfando y en mayo de 1911 se vio obligado a renunciar a la presidencia y, a finales de aquel mismo mes, a exiliarse en París, donde permaneció hasta su muerte.

DÍAZ DE GUZMÁN, RUY *(Asunción, 1560-id. 1629) Primer historiador del Paraguay y del Río de la Plata*. De origen mestizo, su abuelo era el gobernador Martínez de Irala. Formó parte de las tropas reales que combatieron a los indígenas tupíes del Paraná y a los criollos sublevados en 1580. Dos años después fundó Salta, y más adelante las ciudades de Santiago de Jerez y San Pedro de Guzmán. Ostentó diversos cargos, como los de alguacil y alférez real en Salta, y el de gobernador de Guairá y de Asunción. Su obra histórica, titulada *Anales del descubrimiento y conquista del Río de la Plata*, se centra en la recopilación de las crónicas de las conquistas, exploraciones y fundaciones realizadas desde el Paraguay, en la zona rioplatense, hasta el momento de la fundación de Santa Fe, a partir tanto de la documentación escrita como de la tradición oral.

DÍAZ DE SOLÍS, JUAN *(Lebrija, España, h. 1470-Río de la Plata, 1516) Navegante y descubridor español*. Miembro de una familia de comerciantes, cursó estudios de cartografía y entró primero al servicio de

Portugal en la Casa da India y más tarde al servicio de la Corona castellana. En 1508 participó en una expedición para hallar un paso o estrecho que facilitara el comercio con las islas de las Especias, que fracasó. Fue nombrado piloto mayor de la Casa de Contratación de Sevilla. Después del descubrimiento del Pacífico, Solís firmó una capitulación para buscar el paso sur del continente. Partió de Sanlúcar en octubre de 1515, navegó a lo largo de las costas brasileñas y uruguayas hasta llegar al Río de la Plata (1516), que llamó Mar Dulce, se adentró en su estuario y continuó luego aguas arriba por el río Paraná. Desembarcó en aquel lugar y fue atacado por los charrúas o guaraníes, indígenas antropófagos, que le dieron muerte.

DÍAZ DEL CASTILLO, BERNAL. *(Medina del Campo, España, 1492-Guatemala, 1584) Conquistador y cronista español.* Hijo del regidor de su población natal, a la edad de veintidós años se embarcó hacia América con Pedrarias Dávila, que acababa de ser nombrado gobernador de Tierra Firme. Posteriormente se dirigió a Cuba, donde estuvo al servicio del gobernador de la isla, Diego de Velázquez. Formó parte de la expedición de Francisco de Córdoba a Yucatán (1517). Un año después, acompañó a Juan de Grijalva a Tabasco y, finalmente, participó en la conquista de México a las órdenes de Hernán Cortés. Durante algún tiempo permaneció en la villa del Espíritu Santo, población de la que fue regidor. Durante aquella época participó en algunas campañas militares, que tenían como fin someter a los indígenas, y formó parte de la expedición que organizó Cortés a Honduras. Arruinado, a la edad de cuarenta y siete años regresó a España, donde, en agradecimiento por sus servicios, fue nombrado regidor perpetuo de Guatemala. Durante los últimos años de su vida escribió la crónica *Historia verdadera de la conquista de Nueva España*, motivado, según él mismo, por las inexactitudes que observó en la *Historia General de las Indias y conquista de México*, de Francisco López de Gómara, que enaltecía la figura de Cortés y dejaba en el olvido a los coexpedicionarios que hicieron posible la empresa conquistadora.

DICKENS, CHARLES *(Portsmouth, Reino Unido, 1812-Gad's Hill, id., 1870) Escritor británico.* En 1822, su familia se trasladó de Kent a Londres, y dos años más tarde su padre fue encarcelado por deudas. El futuro escritor entró a trabajar entonces en una fábrica de calzados, donde conoció las duras

▲ Retrato de un joven Charles **Dickens**. El escritor británico fue el más brillante cronista de la sociedad de su tiempo.

«*I*ngresos anuales, veinte libras, gasto anual diecinueve y algo, resultado la felicidad. Ingresos anuales, veinte libras, gasto anual más de veinte, resultado la ruina...»

Charles Dickens
David Copperfield

condiciones de vida de las clases más humildes, a cuya denuncia dedicó gran parte de su obra. Autodidacto, si se excluyen los dos años y medio que pasó en una escuela privada, consiguió empleo como pasante de abogado en 1827, pero aspiraba ya a ser dramaturgo y periodista. Aprendió taquigrafía y, poco a poco, consiguió ganarse la vida con lo que escribía; empezó redactando crónicas de tribunales para acceder, más tarde, a un puesto de periodista parlamentario y, finalmente, bajo el seudónimo de Boz, publicó una serie de artículos inspirados en la vida cotidiana de Londres (*Esbozos por Boz*). El mismo año, casó con Catherine Hogarth, hija del director del *Morning Chronicle*, el periódico que difundió, entre 1836 y 1837, el folletín de *Los papeles póstumos del Club Pickwick*, y los posteriores *Oliver Twist* y *Nicholas Nickleby*. La publicación por entregas de prácticamente todas sus novelas creó una relación especial con su público, sobre el cual llegó a ejercer una importante influencia, y en sus novelas se pronunció de manera más o menos directa sobre los asuntos de su tiempo. En estos años, evolucionó desde un estilo ligero a la actitud socialmente comprometida de *Oliver Twist*. Estas primeras novelas le proporcionaron un enorme éxito popular y le dieron cierto renombre entre las clases altas y cultas, por lo que fue recibido con grandes honores en Estados Unidos, en 1842; sin embargo, pronto se desengañó de la sociedad estadounidense, al percibir en ella todos los vicios del Viejo Mundo. Sus críticas, reflejadas en una serie de artículos y en la novela *Martin Chuzzlewit*, indignaron en Estados Unidos, y la novela supuso el fracaso más sonado de su carrera en el Reino Unido. Sin embargo, recuperó el favor de su público en 1843, con la publicación de *Canción de Navidad*. Después de unos viajes a Italia, Suiza y Francia, realizó algunas incursiones en el campo teatral y fundó el *Daily News*, periódico que tendría una corta existencia. Su etapa de madurez se inauguró con *Dombey e hijo* (1848), novela en

---

CHARLES DICKENS

OBRAS MAESTRAS

ESBOZOS POR BOZ (*SKETCHES BY BOZ*, 1836); LOS PAPELES PÓSTUMOS DEL CLUB PICKWICK (*THE POSTHUMOUS PAPERS OF THE PICKWICK CLUB*, 1837); OLIVER TWIST (1837-1838); LA TIENDA DE ANTIGÜEDADES (*THE OLD CURIOSITY SHOP*, 1840-1841); BARNABY RUDGE (1840-1841); MARTIN CHUZZLEWIT (1843-1844); CANCIÓN DE NAVIDAD (*A CHRISTMAS CAROL*, 1843); DOMBEY E HIJO (*DOMBEY AND SON*, 1848); DAVID COPPERFIELD (1849-1850); LA CASA DESIERTA (*BLEAK HOUSE*, 1852-1853); TIEMPOS DIFÍCILES (*HARD TIMES*, 1854); HISTORIA DE DOS CIUDADES (*A TALE OF TWO CITIES*, 1859); GRANDES ESPERANZAS (*GREAT EXPECTATIONS*, 1861); NUESTRO MUTUO AMIGO (*OUR MUTUAL FRIEND*, 1864-1865).

la que alcanzó un control casi perfecto de los recursos novelísticos y cuyo argumento planificó hasta el último detalle, con lo que superó la tendencia a la improvisación de sus primeros títulos, en que daba rienda suelta a su proverbial inventiva a la hora de crear situaciones y personajes, responsable en ocasiones de la falta de unidad de la obra. En 1849 fundó el *Houseold Words*, semanario en el que, además de difundir textos de autores poco conocidos, como su amigo Wilkie Collins, publicó *La casa desierta* y *Tiempos difíciles*, dos de las obras más logradas de toda su producción. En las páginas del *Houseold Words* aparecieron también diversos ensayos, casi siempre orientados hacia una reforma social. A pesar de los diez hijos que tuvo en su matrimonio, las crecientes dificultades provocadas por las relaciones extramatrimoniales de Dickens condujeron finalmente al divorcio en 1858, al parecer a causa de su pasión por una joven actriz, Ellen Teman, que debió de ser su amante. Dickens hubo de defenderse del escándalo social realizando una declaración pública en el mismo periódico. En 1858 emprendió un viaje por el Reino Unido e Irlanda, donde leyó públicamente fragmentos de su obra. Tras adquirir la casa en donde había transcurrido su infancia, Gad's Hill Place, en 1856, pronto la convirtió en su residencia permanente. La gira que inició en 1867 por Estados Unidos confirmó su notoriedad mundial, y así, fue aplaudido en largas y agotadoras conferencias, entusiasmó al público con las lecturas de su obra e incluso llegó a ser recibido por la reina Victoria poco antes de su muerte, acelerada por las secuelas que un accidente de ferrocarril dejó en su ya quebrantada salud.

◀ *Portada de* Esbozos *por Boz, recopilación publicada en 1836 de narraciones costumbristas de Charles* **Dickens**, *en la que aparecen algunos de los personajes de la obra.*

▲ *Retrato de Denis* **Diderot**, *pintado por Van Loo (Museo del Louvre, París). Diderot fue, junto con D'Alembert, director de la* Enciclopedia, *la obra que contribuyó decisivamente al desarrollo del espíritu revolucionario de finales del s. XVIII.*

DENIS DIDEROT

OBRAS MAESTRAS

ENSAYO: *PENSAMIENTOS FILOSÓFICOS (PENSÉES PHILOSOPHIQUES, 1746); CARTA SOBRE LOS CIEGOS PARA USO DE LOS QUE PUEDEN VER (LETTRE SUR LES AVEUGLES À L'USAGE DE CEUX QUI VOIENT, 1749); PENSAMIENTOS SOBRE LA INTERPRETACIÓN DE LA NATURALEZA (PENSÉES SUR L'INTERPRÉTATION DE LA NATURE, 1753); SALONES (LES SALONS, 1759-1981); EL SUEÑO DE D'ALEMBERT (LE RÊVE DE D'ALEMBERT, 1769); ENSAYO SOBRE LA PINTURA (ESSAI SUR LA PEINTURE, 1795); LA PARADOJA DEL COMEDIANTE (PARADOXE SUR LE COMÉDIEN, 1830). FICCIÓN: LAS JOYAS INDISCRETAS (LES BIJOUX INDISCRETS, 1748); EL SOBRINO DE RAMEAU (LE NEVEU DE RAMEAU, 1774); LA RELIGIOSA (LA RELIGIEUSE, 1796); JACQUES EL FATALISTA (JACQUES LE FATALISTE ET SON MAÎTRE, 1796).*

DIDEROT, DENIS *(Langre, Francia, 1713-París, 1784) Filósofo y escritor francés.* Fue el hijo mayor de un acomodado cuchillero, cuyas virtudes burguesas de honradez y amor al trabajo había de recordar más tarde con admiración. A los diez años ingresó en el colegio de los jesuitas en Langres y en 1726 recibió la tonsura por imposición de su familia con el propósito –luego frustrado– de que sucediera como canónigo a un tío materno. En 1728 marchó a París para continuar sus estudios; por la universidad parisiense se licenció en artes en 1732, e inició entonces una década de vida bohemia en la que se pierde el hilo de sus actividades. En 1741 conoció a la costurera Antoinette Champion, que no tardó en convertirse en su amante y con la cual se casaría dos años más tarde contra la voluntad de su padre, quien trató de recluirlo en un convento para abortar sus planes. Fue un matrimonio desdichado, marcado por la muerte de los tres primeros hijos en la infancia (sólo sobrevivió la cuarta hija, más tarde autora de la biografía de su padre). En 1745 inició una relación amorosa con Madame de Puisieux, la primera de una serie de amantes que terminaría con Sophie Volland, de la cual se enamoró en 1755 y con quien mantuvo un intercambio epistolar que constituye la parte más notable de su correspondencia. En 1746, la publicación de sus *Pensamientos filosóficos*, en los que proclama su deísmo naturalista, le acarreó la condena del Parlamento de París. Ese mismo año entró en contacto con el editor Le Breton, quien le encargó la dirección, compartida con D'Alembert, de la *Enciclopedia*. Durante más de veinte años, Diderot dedicó sus energías a hacer realidad la que fue, sin duda, la obra más emblemática de la Ilustración, a la cual contribuyó con la redacción de más de mil artículos y, sobre todo, con sus esfuerzos por superar las múltiples dificultades con que tropezó el proyecto. En 1749, la aparición de su *Carta sobre los ciegos para uso de los que pueden ver* le valió ser encarcelado durante un mes en Vincennes por «libertinaje intelectual», a causa del tono escéptico del texto y sus tesis agnósticas; en la cárcel recibió la visita de Rousseau, a quien conocía desde 1742 y que en 1758 acabó por distanciarse de él. En 1750 apareció el prospecto divulgador destinado a captar suscriptores para la *Enciclopedia*, redactado por Diderot; pero en enero de 1752 el Consejo Real prohibió que continuara la publicación de la obra, cuando ya habían aparecido los dos primeros

volúmenes, aunque la intercesión de Madame de Pompadour facilitó la revocación tácita del decreto. En 1759, el Parlamento de París, sumándose a la condena de la Santa Sede, ordenó una nueva suspensión, D'Alembert, intimidado, abandonó la empresa, pero el apoyo de Malesherbes permitió que la impresión prosiguiera oficiosamente. En 1764, Diderot comprobó que se censuraban sus escritos; tras conseguir que los diez últimos volúmenes del texto se publicaran en 1766, abandonó las responsabilidades de la dirección. Inició entonces un período de intensa producción literaria, que había dado ya frutos notables durante sus años de dedicación al proyecto enciclopédico. A finales de 1753 habían aparecido sus *Pensamientos sobre la interpretación de la naturaleza*, donde proclamaba la superioridad de la filosofía experimental sobre el racionalismo cartesiano. Lo más notable de su producción lo integraron obras que permanecieron inéditas hasta después de su muerte, aunque fueron conocidas por sus amigos. Entre ellas destacan, sobre todo, dos novelas filosóficas: *La religiosa* y *Jacques el fatalista*, así como el magistral diálogo *El sobrino de Rameau*, traducido al alemán por Goethe en 1805.

DIEGO, ELISEO *(La Habana, 1920) Poeta cubano*. Se formó en el círculo de escritores que rodeaba a la revista *Orígenes*, y se dio a conocer como poeta con *Calzada de Jesús del Monte* (1949) y *Por los extraños pueblos* (1958), a las que siguieron los poemarios *El oscuro esplendor* (1966), *El libro de las maravillas de Boloña* (1967) y *Versiones* (1970), entre otros. Su poesía transita desde la rea-

▲ *Imagen que reproduce los trabajos de lavado de mineral en una mina. El dibujo pertenece a la* Enciclopedia, *obra emblemática de la Ilustración, redactada por D'Alembert y* **Diderot**.

> «*Una revolución que se retrasa un día, quizá no se haga jamás.*»
>
> Denis Diderot

▼ *En la fotografía, Rudolf* **Diesel**. *El ingeniero alemán patentó en 1892 el motor que lleva su nombre, que obtuvo un gran éxito gracias a su alto rendimiento y sencillo diseño.*

lidad más cercana hasta la experiencia más personal y hermética, y refleja una preocupación constante por temas como el amor o la muerte. Escribió también un libro de cuentos, *Noticias de la quimera* (1975), y diversas obras de crítica literaria.

DIELS, OTTO PAUL HERMANN *(Hamburgo, Alemania, 1876-Kiel, id., 1954) Químico alemán*. En 1899 se doctoró en la Universidad de Berlín bajo la supervisión de E. Fischer. Desde 1916 hasta su retiro en 1948 fue profesor de química en la Universidad de Kiel. En 1906 descubrió un nuevo óxido de carbono extremadamente reactivo, el anhídrido malónico. Desarrolló un método de deshidrogenación selectiva en el que utilizó selenio como catalizador; este método permitió deducir la estructura de los esteroides. Su principal descubrimiento, la síntesis diénica o reacción de Diels-Alder, consiste en una reacción en la que un dieno (compuesto con dos dobles enlaces) se añade a un compuesto con un doble enlace flanqueado por grupos carbonilo o carboxilo, lo que conforma una estructura anillada. En 1950 recibió el Premio Nobel de Química conjuntamente con su ayudante Kurt Alder.

DIESEL, RUDOLF CHRISTIAN KARL *(París, 1858-en el canal de la Mancha, 1913) Ingeniero alemán*. Diesel vivió en París hasta 1870, fecha en que, tras el estallido de la guerra franco-prusiana, su familia fue deportada a Inglaterra. Desde Londres fue enviado a Augsburgo, donde continuó con su formación académica hasta ingresar en la Technische Hochschule de Munich, donde estudió ingeniería bajo la tutela de Carl von Linde. En 1880 se unió a la empresa que Von Linde poseía en París. Su primera preocupación en materia de motores fue el desarrollo de un motor de combustión interna cuyo rendimiento energético se aproximara lo máximo posible al rendimiento teórico de la máquina ideal propuesta por Carnot. En 1890, año en que se trasladó a Berlín para ocupar un nuevo cargo en la empresa de Von Linde, concibió la idea que a la postre se traduciría en el motor que lleva su nombre. Obtuvo la patente alemana de su diseño en 1892, y un año después publicó, con el título *Theorie und Konstruktion eines rationellen Wäremotors*, una detallada descripción de su motor. Con el patrocinio de la Maschinenfabrik Augsburg y de las industrias Krupp, Diesel produjo una serie de modelos cada vez más eficientes que culminó en 1897 con la presentación de un motor de cuatro tiempos capaz de desarrollar una potencia de 25 caballos de vapor.

La alta eficiencia de los motores Diesel, unida a un diseño relativamente sencillo, se tradujo rápidamente en un gran éxito comercial, que reportó a su creador importantes beneficios.

DIETRICH, MARLENE [Maria Magdalena Dietrich von Losch] *(Berlín, 1901-París, 1992) Actriz alemana, nacionalizada estadounidense.* Sus inicios en el teatro berlinés de la década de 1920 le permitieron participar con pequeños papeles en películas mudas de la época. Cuando el director Josef von Sternberg la descubrió, contó inmediatamente con ella para rodar *El ángel azul* (1930), y la llamaría después a Hollywood para protagonizar largometrajes del éxito de *Marruecos* (1930), *El expreso de Shanghai* (1932) o *El demonio es una mujer* (1935). Además de con Von Sternberg, trabajó con directores de la talla de Fritz Lang (*Encubridora*, 1952), Billy Wilder (*Berlín-Occidente*, 1948, y *Testigo de cargo*, 1958) o Alfred Hitchcock (*Pánico en la escena*, 1950). Marlene Dietrich es mundialmente conocida por su grabación de la versión inglesa del tema *Lily Marlen*, a petición de la Oficina Americana de Servicios Estratégicos durante la Segunda Guerra Mundial, donde destaca la sensualidad y personalidad que sabe imprimir a su interpretación.

DILLINGER, JOHN *(Indianápolis, EE UU, 1902/1903-Chicago, 1934) Famoso delincuente estadounidense.* Durante su adolescencia vivió en una granja cercana a Mooresville y, en 1923, ingresó en el ejército. Pasados unos meses desertó, y en 1924 fue acusado de robo y encarcelado. Du-

▲ *Descubierta por Josef von Sternberg en 1930 en* El ángel azul, *Marlene **Dietrich** se convirtió en un mito cinematográfico encarnando a la «mujer fatal».*

▲ *El filósofo alemán Wilhelm **Dilthey**, quien realizó una rigurosa distinción entre las «ciencias de la naturaleza» y las «ciencias del espíritu».*

◀ *El célebre atracador estadounidense John **Dillinger**, cuyas andanzas le hicieron un personaje famoso y le valieron convertirse en «el enemigo público número uno».*

rante sus años en prisión conoció a diversos atracadores, los cuales le enseñaron técnicas y trucos que empleó tras recobrar la libertad en 1933. En pocos meses atracó cinco bancos y, tras ser detenido, varios de sus socios le ayudaron a fugarse. Rostro habitual en las primeras páginas de los periódicos y conocido en todo el país, atracó todavía varios bancos en Indiana, Wisconsin, Florida y Arizona, donde fue nuevamente detenido y encarcelado. Poco después, sin embargo, y valiéndose de una pistola falsa hecha de madera, burló a los guardias que lo custodiaban y escapó. Tras nuevos atracos, fue tiroteado y muerto por el FBI a la salida de un teatro de Chicago.

DILTHEY, WILHELM *(Biebrich, actual Alemania, 1833-Seis, actual Austria, 1911) Filósofo alemán.* Estudió teología en Heidelberg, y ocupó la cátedra de filosofía de la Universidad de Berlín entre 1882 y 1905. Intentó fundar el estatuto de las «ciencias del espíritu» frente a las «ciencias de la naturaleza», al considerar que los métodos de éstas eran inaplicables a campos como la historia, el derecho o el arte. Las ciencias humanas deben tender a «comprender» los fenómenos objeto de su estudio, lo cual significa que deben partir siempre de la realidad histórica en que tienen lugar, e implica inevitablemente la propia experiencia personal del investigador. Sus estudios están en la base de la hermenéutica filosófica posterior, y quedan reflejados en obras como *Introducción a las ciencias del espíritu. Intento de una fundamentación para el estudio de la sociedad y de la historia* (1883) y *Origen de la hermenéutica* (1900).

DIOCLECIANO [Cayo Aurelio Valerio Diocleciano] *(Salona, actual Croacia, h. 245-Spalato, hoy Split, id., 316) Emperador romano (284-305).* Nacido en el seno de una humilde familia iliria, Cayo Aurelio Valerio Diocleciano emprendió una carrera militar que, sin ser excesivamente brillante, le permitió convertirse primero en comandante de la guardia imperial y más tarde en cónsul. Tras el asesinato del emperador Numeriano, en el 284, Diocleciano dio muerte a Arrio Aper, el presunto homicida, y fue proclamado emperador por el ejército de Asia Menor. Un año más tarde, en el 285, desaparecido Carino, coemperador y hermano de Numeriano, el Senado le reconoció la dignidad imperial. Aquel mismo año, a fin de acabar con las usurpaciones militares y las tendencias centrífugas que amenazaban con des-

▼ *Fragmento de un grupo escultórico que representa a los tetrarcas* **Diocleciano** *y Maximiano Galerio, conservado en la plaza de San Marcos de Venecia.*

▼ *En la foto, Christian* **Dior** *hace los últimos arreglos de un vestido. El modisto francés consolidó su marca como una de las más prestigiosas del mundo.*

membrar el imperio, Diocleciano decidió asociar al poder a otro oficial ilirio de su confianza, Maximiano, a quien cedió el control de la mitad occidental del imperio, primero con el título de césar y después con el de augusto *Herculius* (286). Se reservó para sí el gobierno de la mitad oriental y la dignidad de augusto *Iovius*, la cual, al vincularlo a Júpiter, la principal divinidad romana, le confería un poder superior al de Maximiano. La bipolarización de la autoridad imperial dio buenos resultados, pues Maximiano reprimió el movimiento bagauda surgido en las Galias, mientras Diocleciano recuperaba Armenia, aprovechando en beneficio propio las divisiones internas de los persas. Sin embargo, los conflictos políticos y sociales en el imperio iban en aumento, razón por la que, en mayo del 293, Diocleciano vinculó al poder en calidad de césares a otros dos militares: Constancio Cloro para Occidente y Galerio para Oriente. Con la aparición de estos colaboradores de jerarquía inferior, la dirección del imperio quedó en manos de una *tretrarquía*, forma de gobierno que permitía, por una parte, asegurar la unidad territorial y, por otra, solucionar los problemas de cada región con celeridad y eficacia. Así, Diocleciano, que había fijado su capital en Nicomedia, se ocupó de la parte de Oriente; Galerio, que residía en Sirmio, atendió los asuntos de las zonas situadas al sur del Danubio, desde los Alpes hasta el Mar Negro; Maximiano, que alternaba residencia entre Milán y Aquileia, tenía a su cargo África, Hispania e Italia; y, por último, Constancio Cloro vigilaba desde Tréveris las Galias y Britania. En ambas partes del imperio los tetrarcas obtuvieron grandes victorias militares: aplastaron la rebelión de Carausio en Britania (296), acabaron con las revueltas sociales de Egipto (297) y fijaron la frontera romana en el río Tigris, tras derrotar a los persas (298). Paralelamente, Diocleciano llevó a cabo una serie de importantes reformas internas que perseguían centralizar el poder, racionalizar la administración, sanear la economía y reorganizar el ejército. Así, por ejemplo, recortó la autoridad del Senado, transformó las 57 provincias existentes en 96 y las agrupó en 12 diócesis, separó en cada provincia el gobierno civil del militar para impedir las usurpaciones imperiales, estableció nuevos impuestos, tanto territoriales como personales (capitación), e hizo obligatorio el culto a Júpiter como elemento cohesionador del imperio, lo cual provocó una cruenta persecución contra los cristianos entre los años 303 y 311. En el 305, ya enfermo, renunció a sus responsabilidades políticas, abdicó en favor de Galerio y obligó a Maximiano a hacer otro tanto en beneficio de Constancio Cloro. Dedicado a la vida contemplativa, que sólo abandonó para intentar solucionar sin éxito las disputas existentes entre los tetrarcas (307), murió en su retiro de Spalato en el 316.

DIONISIO AREOPAGITA, SAN *(Atenas, ?-id., s. 1) Obispo y mártir ateniense.* Según los *Hechos de los Apóstoles*, era miembro del Areópago ateniense, y más tarde se convirtió al cristianismo, por influencia de Pablo. Según la misma fuente, habría sido el primer obispo de Atenas y habría sufrido el martirio bajo el emperador Domiciano. Durante siglos se le atribuyeron diferentes obras que actualmente se consideran escritas por otro autor, a quien se llama «Seudo-Dionisio», y que habría vivido en Siria o Egipto. Estas obras, de inspiración claramente neoplatónica, tuvieron una amplia influencia en la escolástica europea de la Edad Media.

DIOR, CHRISTIAN *(Granville, Francia, 1905-Montecatini, Italia, 1957) Modisto francés.* Tras la quiebra de la empresa familiar, se convirtió en dibujante de modas para Agnès y Schiaparelli, y más tarde fue diseñador de modelos en la casa Piguet. En 1947 fundó su propia firma de alta costura, que llevaba su nombre y que tenía su sede en París. Fue así como lanzó la moda de lo que se llamó el *new look*, vestidos de hombros estrechos y faldas hasta media pierna. Un año más tarde abrió una sucursal en Nueva York, lo que da prueba de su fulgurante éxito en el mundo de la moda, que le permitió consolidar su casa como una de las más prestigiosas de todos los tiempos. Cuando murió, Dior tenía salones en 24 países. Primero Yves Saint-Laurent y luego Marc Bohan se encargaron con éxito de perpetuar la firma.

DIOSCÓRIDES *(Anazarbus, actual Turquía, h. 40-?, h. 90) Médico y farmacólogo griego.* Sus viajes en compañía de las legiones romanas en calidad de médico militar le permitieron recopilar información sobre las propiedades curativas de más de un millar de plantas. Discutió, entre muchas otras, cuestiones sobre el valor medicinal y dietético de derivados animales como la leche y la miel, así como la preparación, las aplicaciones y la posología de productos químicos como el mercurio, el arsénico, el acetato de plomo o el óxido de cobre. También trató el valor anestésico de pociones elaboradas a partir del opio o la mandrágora. Las obras de Dioscórides, recogidas originalmente en cinco volúmenes, conocieron no menos de siete traducciones y constituyeron el manual básico de uso de la farmacología hasta finales del siglo XV.

DIRAC, PAUL *(Bristol, Reino Unido, 1902-Tallahassee, EE UU, 1984) Físico británico.* Hijo de un profesor de francés de origen suizo, estudió en la escuela en que impartía clases su padre, donde pronto demostró particular facilidad para las matemáticas. Cursó estudios de ingeniería eléctrica en la Universidad de Bristol, interesándose especialmente por el asiduo empleo de aproximaciones matemáticas de que hace uso la ingeniería para la resolución de todo tipo de problemas. Sus razonamientos posteriores se basaron en el aserto de que una teoría que intente

▲ *El médico griego* **Dioscórides** *representado en una miniatura de 1229 de su obra* Materia médica, *que se encuentra actualmente en la Biblioteca del Museo de Topkapi, en Estambul.*

▶ *En la foto, los tres físicos que más contribuyeron al desarrollo de la mecánica cuántica; de izquierda a derecha: Schrödinger,* **Dirac** *y Heisenberg, reunidos para la ceremonia de recepción del Premio Nobel de los dos primeros, en 1933 (Heisenberg lo había obtenido el año anterior).*

explicar leyes fundamentales del comportamiento de la naturaleza puede construirse sólidamente sobre la base de aproximaciones sugeridas por la intuición, sin llegar a tener la certeza de cuáles son en realidad los hechos acontecidos, puesto que éstos pueden llegar a ser de una complejidad tal que difícilmente pueden llegar a ser descritos con exactitud, por lo cual el físico deberá contentarse con un conocimiento tan sólo aproximado de la realidad. Tras su graduación tuvo dificultades para encontrar trabajo, circunstancia ésta que le llevó a ejercer la docencia casi de forma casual en el St. John's College de Cambridge. Su superior en la mencionada escuela, R. H. Fowler, fue colaborador de Niels Bohr en su labor pionera dentro del campo de la física atómica, una afortunada coincidencia merced a la cual Dirac no tardó en ponerse al corriente de los avances experimentados en esta área de la física. Pronto, en 1926, realizó su mayor contribución a esta ciencia al enunciar las leyes que rigen el movimiento de las partículas atómicas, de forma independiente, y tan sólo unos meses más tarde de que lo hicieran otros científicos de renombre como Max Born o Pascual Jordan, aunque se distinguió de éstos por su mayor generalidad y simplicidad lógica en el razonamiento. Suya fue también la revolucionaria idea según la cual el comportamiento del electrón puede ser descrito mediante cuatro funciones de onda que simultáneamente satisfacen cuatro ecuaciones diferenciales. Se deduce de estas ecuaciones que el electrón debe rotar alrededor de su eje (espín electrónico), y también que se puede encontrar en estados energéticos de signo negativo, lo cual no parece corresponder con la realidad física. A este respecto, Dirac sugirió que la deficiencia energética de un electrón en ese estado sería equivalente a una partícula de vida corta y cargada positivamente; esta sugerencia fue corroborada posteriormente por C. D. Anderson merced al descubrimiento de las partículas denominadas positrones. Estas y otras geniales contribuciones, como la teoría cuántica de la radiación o la mecánica estadística de Fermi-Dirac, le valieron el Premio Nobel de Física del año 1933, compartido con Erwin Schrödinger, tras haber obtenido el año anterior la cátedra Lucasiana de matemáticas en Cambridge, que mantuvo hasta 1968. Acabó por trasladarse a Estados Unidos, donde fue nombrado en 1971 profesor emérito de la Universidad de Tallahassee.

DIRICHLET, PETER GUSTAV LEJEUNE *(Düren, actual Alemania, 1805-Gotinga, id., 1859) Matemático alemán.* Cursó sus estudios en París, relacionándose con matemáticos como Fourier. Tras graduarse, fue profesor en las universidades de Breslau (1826-1828), Berlín (1828-1855) y Gotinga, en donde ocupó la cátedra dejada por Gauss tras su muerte. Sus aportaciones más relevantes se centraron en el campo de la teoría de los números, prestando especial atención al estudio de las series, y desarrolló la teoría de las series de Fourier. Consiguió una demostración particular del problema de Fermat, aplicó las funciones analíticas al cálculo de problemas aritméticos y estableció criterios de convergencia para las series. En el campo del análisis matemático perfeccionó la definición y concepto de función, y en mecánica teórica se centró en el estudio del equilibrio de sistemas y en el concepto de potencial newtoniano.

DISNEY, WALT *(Chicago, 1901-Los Ángeles, 1966) Dibujante, productor y director cinematográfico estadounidense.* Tras cursar estudios en el Art Institute and School of Design de Kansas City, inició su carrera en un periódico de Chicago, en el cual publicaba una tira cómica. Tras el intervalo motivado por la Primera Guerra Mundial, en la que participó como miembro de la Cruz Roja, conoció a Ub Iwerks, junto al que fundó un pequeño estudio. Posteriormente, y después de trasladarse ambos a Los Ángeles para asociarse con su hermano Roy Disney, crearon su primer personaje de éxito, el conejo Oswald, cuyas películas empezaron a distribuir. Más tarde aparecieron el ratón Mickey, el pato Donald y los perros Pluto y Goofy. En 1935 dirigió la película de dibujos animados *Blancanieves y los siete enanitos,* muy bien recibida por el público, a la que siguieron *Pinocho* (1940), *Dumbo* (1941), *Alicia en el país de las maravillas* (1951) y *Peter Pan* (1953), entre muchas otras. En 1955 abrió sus puertas Disneylandia, un gran parque temático situado cerca de Los Ángeles y, poco después de su fallecimiento, se inauguró otro en Orlando.

DISRAELI, BENJAMIN, CONDE DE BEACONS-FIELD, llamado *Dizzy (Londres, 1804-id., 1881) Político británico.* De ascendencia italojudía, una disputa de su padre con la sinagoga local conllevó que fuera bautizado como cristiano, lo que a la postre resultaría fundamental para su futura carrera política. Tras fracasar en varias operacio-

> «*N*ingún gobierno puede estar seguro por mucho tiempo sin una oposición que le inspire temor.»
>
> Benjamin Disraeli
> *Coningsby* (1844)

▼ *Dibujo en el que aparece Walt* **Disney** *junto a dos «enanitos» y Mickey Mouse, algunos de los personajes más famosos creados por el dibujante y cineasta estadounidense.*

▶ *Retrato de Benjamin* **Disraeli***, ministro de Finanzas y posteriormente primer ministro del Reino Unido. Durante su mandato se sentaron las bases de la expansión colonial británica.*

nes especulativas en Sudáfrica, debió asumir deudas tan cuantiosas que no pudo saldarlas hasta su madurez. En 1832, tras regresar al Reino Unido de un largo viaje por Próximo Oriente, frecuentó los círculos sociales y literarios de la capital, llegando incluso a publicar varias novelas a lo largo de su vida. Al cabo de varios intentos infructuosos, logró el escaño *tory* por Taunton en 1835. Cuatro años más tarde reafirmó su posición social al casarse con la viuda de Wyndham Lewis, beneficiaria de una jugosa renta anual. Su peso en el partido fue aumentando hasta alcanzar un liderazgo que aprovechó para reorganizarlo y modernizarlo, convirtiéndolo en una alternativa práctica al gobierno *whig* de Palmerston. Tras ocupar por tres veces la cancillería del Tesoro, en 1868 sustituyó a Derby como primer ministro, siendo ese mismo año desplazado por Gladstone, con quien mantendría a lo largo de los años una enconada rivalidad política que se extendió al ámbito personal. En 1874 accedió de nuevo a la jefatura del gobierno, e inició una etapa dominada por el principio de la «democracia *tory*», que se concretó en medidas como la acreditación de personalidad jurídica a los comités obreros para la negociación colectiva, diversas mejoras de las condiciones laborales, como la reducción de horarios, mayores exigencias de higiene y seguridad en el trabajo, etc. En el campo de la política exterior, el gobierno de Disraeli se caracterizó por la consolidación de las ambiciones imperiales británicas, concretada en acciones como la adquisición del canal de

Suez (1875), la aproximación a Rusia como contrapoder de la Alemania de Bismarck, la coronación de la reina Victoria como soberana de la India o la anexión de Chipre (1878). Una fuerte crisis económica acabó con su mandato en 1880.

DIX, OTTO *(Unternhaus, Alemania, 1891-Singen, id., 1969) Pintor alemán.* Estudió en la Academia de Dresde, hasta que en 1914 se alistó en el ejército alemán. Su participación en la Primera Guerra Mundial le afectó profundamente, e introdujo en su obra una mordacidad que antes no existía. Por otro lado, si antes de esta experiencia su pintura respondía a los principios de la pintura impresionista, su creación se vería influida por los diferentes movimientos de vanguardia. Finalmente, desarrolló un estilo personal dentro del movimiento conocido como «Nueva Objetividad», denominado «verismo». Algunas de sus obras más notables son *El obrero* (1921), *La gran ciudad* (1927) y *La guerra* (1929-1932). Debido al marcado carácter antimilitarista de sus obras, éstas fueron clasificadas por el régimen nazi como «arte degenerado» e incluidas en la famosa exposición homónima de 1937. Dos años más tarde fue encarcelado, acusado de formar parte de un complot contra la vida de Adolf Hitler. A partir de 1945, sus obras dan muestras de un nuevo misticismo religioso, y en los últimos años retomó uno de los grandes temas de sus obras, el retrato.

DO AMARAL, TARSILA *(Capivari, Brasil, 1886-São Paulo, 1973) Pintora brasileña.* En 1916 comenzó sus estudios de arte en São Paulo y en 1920 los continuó en París, donde estudió con los pintores cubistas franceses André Lhote, Fernand Léger y Albert Gleizes. Celebró su primera exposición individual en París en 1926, y en ella se pudo ver la que sería su obra más emblemática, *La Negra* (1923). Su relación con el escritor brasileño Oswald Andrade, con quien vivió durante unos años, contribuyó al intercambio de ideas entre artistas brasileños de vanguardia y escritores y artistas franceses. Sus telas reflejan una gran diversidad de influencias. Por lo general, representan paisajes de su país con una vegetación y fauna de vívidos colores, de formas geométricas y planas con influencias cubistas. Al igual que otros artistas brasileños de su época, estaba interesada en los orígenes africanos de su cultura y solía incorporar a su obra elementos afrobrasileños. A finales de la década de 1920 comenzó a pintar una serie de paisajes brasileños de corte onírico in-

▲ Los padres del artista, cuadro del pintor expresionista Otto **Dix**. Su obra fue incluida en la famosa exposición de «arte degenerado» organizada por los nazis en 1937.

▼ Sala de conciertos del Palau de la Música Catalana, obra de Lluís **Domènech i Montaner** levantada entre 1905 y 1908, uno de los ejemplos más emblemáticos del modernismo arquitectónico.

fluidos por el surrealismo francés. Tras un viaje a Moscú en 1931, incorporó aspectos del realismo socialista, estilo artístico oficial aprobado por el gobierno soviético en el que se representaba a obreros y campesinos en posturas monumentales y heroicas. Sin embargo, pronto retornó a sus temas iniciales, y pintó cuadros surrealistas de figuras alargadas en los que plasmó las brillantes tonalidades rosas y anaranjadas de la tierra brasileña.

DOLLFUSS, ENGELBERT *(Texing, Austria, 1892-Viena, 1934) Político austriaco.* Jefe del Partido Social Cristiano, en 1932 fue nombrado canciller y se alió con la Guardia Nacional, grupo vinculado ideológicamente con el fascismo italiano. Llevó a cabo una reorganización de Austria a partir de principios autoritarios y corporativos, afines al modelo del fascismo italiano, a los cuales incorporó el espíritu de algunas de las encíclicas de León XIII. Ilegalizó el partido nazi austriaco, que reclamaba la unión con Alemania por los conservadores y su aliado, B. Mussolini. No obstante, al verse presionado no dudó en utilizar el ejército para eliminar a las milicias obreras de Viena y su extrarradio, que estaban en huelga general (febrero de 1934). Fue asesinado durante una tentativa frustrada de golpe de Estado nacionalsocialista el 25 de julio de 1934.

DOMÈNECH I MONTANER, LLUÍS *(Barcelona, 1850-id., 1923) Arquitecto español.* Después de obtener el título de arquitecto en 1873, se ocupó de la construcción de varios edificios de estilo ecléctico en el Ensanche barcelonés (edificio de la editorial Montaner y Simón, hoy Fundación Tàpies, casa Thomàs), antes de convertirse, a par-

tir de 1900, en uno de los grandes representantes del modernismo en Cataluña. En el café-restaurante El Castell dels Tres Dragons (hoy Museo de Zoología), construido en 1888 en el recinto de la futura Exposición Universal de Barcelona, dio las primeras muestras de su personalísimo estilo, inspirado en las formas del goticismo nórdico. Pero hasta bastantes años más tarde (1905) no completó la primera de sus obras maestras, la casa Lleó-Morera del paseo de Gracia de Barcelona. Ese mismo año comenzó su realización más admirada, el Palau de la Música Catalana, donde llevó hasta sus últimas consecuencias la premisa modernista de amalgamar la arquitectura con las artes decorativas. Otra muestra de su gran genialidad creativa, es el Hospital de Sant Pau. Hacia comienzos del siglo XX, creó, en colaboración con Gallissà, un taller de artes aplicadas, en el que se trabajaban el hierro forjado, la cerámica esmaltada, el barro cocido y otros materiales que los modernistas contribuyeron a revalorizar. De este taller salieron algunos de los motivos ornamentales de sus edificios y en él se formaron figuras punteras de las artes industriales de la época.

DOMICIANO, TITO FLAVIO *(Roma, 51-id., 96) Emperador romano (81-97).* Hijo de Vespasiano, a la muerte de su hermano Tito fue proclamado emperador e inició un reinado que ha sido considerado de manera muy negativa por los historiadores. Persona ruda y autoritaria –se hacía llamar *dominus*–, se enfrentó a la corrupción y trató de solucionar la crisis agraria que afectaba al país. En las fronteras tuvo que hacer frente a las continuas incursiones de Decébalo, rey de los dacios, así como a la

▲ *Plácido **Domingo** ante el atril durante una actuación. El español ha sido uno de los intérpretes que más han contribuido a acercar la música clásica al gran público.*

▼ *Ilustración perteneciente a la* Historia de la vida de Santo Domingo*, que se conserva en la Galería Nacional de Capodimonte, en Nápoles. **Domingo de Guzmán** aparece a la derecha de la imagen.*

presión de los germanos y los sármatas, todo lo cual le forzó a firmar un acuerdo con aquél. La revuelta de Saturnino, en la Germania Superior, que fue aplastada, marcó el inicio de una serie de conspiraciones por parte de la aristocracia romana, que comportaron durísimas represalias del emperador, hasta que él mismo cayó asesinado en un complot en el cual estaba implicada su propia esposa, Domicia.

DOMINGO, PLÁCIDO *(Madrid, 1941) Tenor y director de orquesta español.* Hijo de cantantes de zarzuela, su infancia transcurrió en México, país en el que sus padres se habían instalado con su propia compañía lírica, en el seno de la cual dio sus primeros pasos como tenor. Formado en el Conservatorio de la capital azteca, Domingo cantó su primer gran papel, Alfredo de *La Traviata*, en Monterrey, en 1961. Ha destacado en los grandes roles de su cuerda del repertorio francés (*Carmen, Sansón y Dalila, Werther*) e italiano (*Don Carlo, Otello, Tosca*), cultivando con especial fortuna en la década de 1990 el drama wagneriano (*Tannhäuser, Lohengrin, Parsifal*). *El poeta* (1980), de Federico Moreno Torroba, *Goya* (1986), de Giancarlo Menotti, y *Divinas palabras* (1997), de Antón García Abril, son tres de las óperas que ha estrenado. En asociación artística con Luciano Pavarotti y José Carreras, ha actuado en numerosas ocasiones en macroconciertos, bajo el epígrafe «Los Tres Tenores». A partir de 1973, y cada vez con mayor frecuencia, ha practicado también la dirección de orquesta.

DOMINGO DE GUZMÁN, SANTO *(Caleruega, actual España, 1170-Bolonia, actual Italia, 1221) Religioso español.* Canónigo de Osma en 1203, combatió a los albigenses, nombre dado a los cátaros que durante el siglo XII y principios del XIII se extendieron por el sur de Francia y que rechazaban la institución eclesiástica y los sacramentos. Guzmán se unió a los legados papales para la conversión pacífica de los herejes y, en 1215, después de la cruzada contra los albigenses, en la que no quiso intervenir, fundó la Orden de Predicadores en la iglesia de San Román de Tolosa. La pequeña comunidad de predicadores fue aprobada por Honorio III en 1216 y desde entonces se dedicó a la organización de la orden, que tomó forma definitiva en su primer capítulo general, en 1220, cuando obtuvo el estatuto «original de pobreza mendicante». En 1234 fue canonizado por Gregorio IX.

DONATELLO

OBRAS MAESTRAS

San Marcos (1411-1413, Orsanmichele, Florencia); *San Jorge* (1415-1417, Museo del Bargello, Florencia); *Cantoría* (1433-1439, Museo de la catedral de Florencia); *Zuccone* (1436, Museo de la catedral de Florencia); *David* (1440; Museo del Bargello, Florencia); *El milagro de la Eucaristía* (1446-1448, retablo de la basílica de San Antonio, Padua); *El milagro del corazón del avaro* (1446-1450, retablo de la basílica de San Antonio, Padua); *Gattamelata* (Padua); *María Magdalena* (h. 1455, Museo de la catedral de Florencia).

▲ ▶ *Arriba,* David, *estatua en bronce esculpida por* **Donatello** *en 1440. Derecha, el* Condottiero Gattamelata, *obra realizada por el escultor italiano entre 1447 y 1452 por encargo de la ciudad de Padua.*

DONATELLO [Donato di Betto Bardi] *(Florencia, 1386-id., 1466) Escultor italiano.* Junto con Alberti, Brunelleschi y Masaccio, fue uno de los creadores del estilo renacentista y uno de los artistas más grandes del Renacimiento. Su formación junto a Ghiberti le dejó un importante legado técnico pero casi ningún vestigio estilístico, ya que desde sus comienzos desarrolló un estilo propio basado en la fuerza emocional y en un singular sentido del movimiento. Su revolucionaria concepción de la escultura resulta evidente ya en las grandes estatuas para nichos destinadas a Orsanmichele y la catedral de Florencia. La gravedad y el realismo de estas monumentales figuras de mármol contrastan vivamente con la gracia y el decorativismo del gótico internacional, el estilo vigente en Europa hasta entonces. Donatello comenzó esta serie en 1411 con el *San Marcos* y la concluyó en 1436 con el llamado *Zuccone.* A esta serie pertenece también el *San Jorge,* su primera obra famosa, de la que Vasari afirmó: «Posee el maravilloso don de moverse dentro de la piedra». Tras asociarse con su aprendiz Michelozzo, Donatello emprendió a partir de 1427 la realización en Pisa de la tumba del cardenal Brancacci, en la que esculpió en relieve el tema de la *Asunción de la Virgen.* Poco después, la tumba de Baldasare Coscia para el baptisterio de Florencia permitió al artista dar sus primeros pasos en el difícil arte de la fundición en bronce. El viaje a Roma que realizó el escultor hacia 1430-1432 condicionó de manera decisiva toda su producción posterior, ya que le brindó la oportunidad de conocer en directo el arte de la Antigüedad. A su regreso a Florencia comenzó la famosa *Cantoría* para la catedral, en la que recreó libremente algunos de los motivos clásicos admirados en Roma. Poco posterior es su escultura exenta más famosa, el

David en bronce, comparable en ciertos aspectos al *San Jorge* de su etapa anterior. En 1443, el artista se estableció en Padua, seguramente después de haber recibido el encargo de esculpir la estatua ecuestre de *Gattamelata,* la primera de tamaño natural desde la Antigüedad. Realizada al estilo del Marco Aurelio romano, posee la fuerza expresiva característica de sus estatuas anteriores, una fuerza que se transmite también al caballo, representado con brío y vitalidad. En la misma ciudad obró el retablo mayor del santuario de San Antonio, en el cual combinó siete estatuas y cuatro relieves, en una disposición que fue modificada en el siglo XVI. En estos relieves, que representan los milagros de san Antonio, son por igual magistrales el sentido dramático y la organización del espacio. Donatello volvió en 1454 a Florencia, donde esculpió sus obras de mayor fuerza emocional, en las que trabajó las posibilidades expresivas de la deformación. A este período corresponden *Judit y Holofernes* y la sublime *María Magdalena,* en madera. Aunque no tuvo un heredero directo, Donatello influyó de forma decisiva en la escultura florentina hasta comienzos del siglo XVI.

DONEN, STANLEY *(Columbia, EE UU, 1924) Director cinematográfico y coreógrafo estadounidense.* Responsable de alguno de los musicales más significativos de la historia del cine. Debutó como bailarín en el musical de Broadway *Pal Joey,* protagonizado por el gran Gene Kelly. Contratado como coreógrafo por Metro-Goldwyn-Mayer, el productor de musicales Arthur Freed le confió la dirección de *Un día en la ciudad (On the Town,* 1949), emblemático clásico del género que dirigió junto con Gene Kelly. Juntos volvieron a rodar el que se considera como el musical por excelencia, *Cantando bajo la lluvia (Singin' in the Rain,* 1952), y *Siempre hace buen tiempo (It's Always Fair Weather,* 1955), secuela de *Un día en la ciudad,* en la cual Kelly y Frank Sinatra volvieron a compartir protagonismo. En solitario, rodó otros tres importantes musicales: *Bodas reales (Royal Wedding,* 1950), con Fred Astaire; *Siete novias para siete hermanos (Seven Brides for Seven Brothers,* 1954) y *Cara de ángel (Funny Face,* 1956), ésta con Fred Astaire y Audrey Hepburn. En su filmografía destacan también la comedia con toques «a lo Hitchcock» *Charada (Charade,* 1963) y la agridulce visión del matrimonio que ofrece en *Dos en la carretera (Two for the Road,* 1967). En 1998 recibió un Oscar honorífico por el conjunto de su carrera.

DONIZETTI, GAETANO

PIGMALIONE (1816); ENRICO DI BORGOGNA (1818); ZORAIDE DI GRANATA (1822); EMILIA DI LIVERPOOL (1824); ANNA BOLENA (1830); L'ELISIR D'AMORE (1832); LUCREZIA BORGIA (1833); MARIA STUARDA (1834); MARINO FALIERO (1835); LUCIA DI LAMMERMOOR (1835); IL CAMPANELLO (1836); ROBERTO DE-VEREUX (1837); LA FILLE DU RÉGIMENT (1840); LA FAVORITA (1840); LES MARTYRS O POLIUTO (1840); ADELIA (1841); MARIA PADILLA (1841); LINDA DI CHAMOUNIX (1842); DON PASQUALE (1842); MARIA DI ROHAN (1843); DOM SÉBASTIEN, ROI DE PORTUGAL (1843); CATERINA CORNARO (1844).

◄ *Retrato de un **Donizetti** ya enfermo que se conserva en el Museo Donizetti de Bérgamo. El compositor italiano vivió sus últimos años internado en un manicomio.*

JOHN DONNE
OBRAS MAESTRAS

POESÍA: SÁTIRAS (SATIRES, escritas entre 1590 y 1617; publicadas en 1633); CANCIONES Y SONETOS (SONGS AND SONNETS, 1590-1617; 1633); ELEGÍAS (ELEGIES, 1590-1615; 1633); SONETOS SAGRADOS (HOLY SONETS, 1601-1615; 1633); ANIVERSARIOS (en dos partes: THE FIRST ANNIVERSARIE. AN ANATOMIE OF THE WORLD, 1610; THE SECOND ANIVERSARIE: OF THE PROGRESS OF THE SOULE, 1611-1612). **PROSA:** BIATHANATOS (1604-1607; 1644); PSEUDO-MÁRTIR (PSEUDO-MARTYR, 1610); ENSAYOS SOBRE LA DIVINIDAD (ESSAYS IN DIVINITY, 1611); PARADOJAS Y PROBLEMAS (PARADOXES AND PROBLEMS, 1613); DUELO DE LA MUERTE (DEATH'S DUEL, sermones; 1631).

▼ *John **Donne** en un retrato de 1595. Con un estilo sensual, intelectual y preciosista, Donne es considerado el más grande de los poetas metafísicos ingleses.*

DONIZETTI, GAETANO *(Bérgamo, actual Italia, 1797-id., 1848) Compositor italiano.* Junto a Rossini y Bellini, Gaetano Donizetti conforma la tríada de compositores italianos que dominó la escena operística hasta la eclosión de Verdi. Representantes los tres de la corriente belcantista, Donizetti fue el más prolífico, con 71 óperas en su haber, escritas entre 1816 y 1844. Quinto hijo de una modesta familia, fue admitido a los nueve años en las Lezioni Caritatevoli, una escuela gratuita de música destinada a formar coristas e instrumentistas para las funciones litúrgicas. Sus tempranas dotes musicales llamaron la atención del creador de dicha institución, el compositor alemán Simon Mayr, quien decidió tomarlo bajo su protección. Bajo su guía, y más tarde bajo la del padre Mattei –el maestro de Rossini– en Bolonia, Donizetti se inició en los secretos de la composición, escribiendo con increíble facilidad cuartetos de cuerda, sinfonías y su primera ópera, el *intermezzo* en un acto *Pigmalione*. La ópera sería el género al que dedicaría sus mayores esfuerzos creativos. La primera oportunidad de darse a conocer en este campo le llegó en 1818 con *Enrico di Borgogna*, obra que, a pesar de su irregularidad, obtuvo una calurosa acogida. La madurez de su estilo, y con ella sus primeras obras maestras, llegaron en la década de 1830, con títulos como *Anna Bolena*, *L'elisir d'amore*, *Maria Stuarda* y *Lucia di Lammermoor*. Aclamado en toda Europa, su última gran creación, *Don Pasquale*, se dio a conocer en 1843 en París. En sus últimos años, la salud del músico fue decayendo irremediablemente: internado en un manicomio en París y luego en su Bérgamo natal, murió aquí prácticamente perdida la razón al parecer a causa de la sífilis terciaria. Aunque no toda su producción alcanza el mismo nivel de calidad, su música, al tiempo que permite el lucimiento de los cantantes, posee una incontestable fuerza dramática y un arrebatado lirismo que lo convierten en el más directo precursor del arte verdiano.

DONNE, JOHN *(Londres, 1572-id., 1631) Poeta inglés.* Considerado el mejor poeta en lengua inglesa del siglo XVII, John Donne nació en el seno de una familia de honda tradición católica. Estudió en las universidades de Oxford y Cambridge, aunque no obtuvo título alguno, pues su condición de católico se lo impedía. Viajó durante algunos años, y en 1598 conoció a sir Thomas Egerton, guardasellos del rey, quien lo nombró su ayudante particular, cargo que desempeñó durante los cinco años siguientes. Sin embargo, parece que se mantuvo en el puesto más por su relación con Egerton, con quien le unía una buena amistad, que por la eficiencia de su trabajo, pues Donne huía de las responsabilidades para refugiarse en sus versos, por aquellas fechas ya numerosos y siempre dirigidos a alguna dama a la que conocía. Inspirado en parte en Ovidio, sus versos se alejan del petrarquismo en boga para dirigirse a la mujer de carne y hueso a través de una poesía de gran intensidad emocional, que evita las fórmulas en busca de un lenguaje más directo. Una de estas damas, Anne More, iba a convertirse, en 1601, en su esposa, pero el matrimonio debió celebrarse en secreto a causa de la férrea oposición del padre de la novia. Éste, una vez conoció la unión de Donne con su hija, a la que dejó sin dote, hizo encarcelar al poeta, al tiempo que obligó a su protector a despedirlo inmediatamente. Vetado así mismo para ejercer cualquier cargo público, los diez años siguientes fueron para Donne y su familia –su esposa le dio doce hijos– de extrema pobreza. Sobrevivieron merced a la caridad de la familia de su esposa y a los trabajos ocasionales que Donne conseguía. A pesar de la miseria, el poeta produjo durante estos años una vasta obra, tanto en verso como en prosa. En 1609, una grave enfermedad le acercó a la religión y empezó a escribir sus primeros poemas de corte religioso. Dos años más tarde entró a trabajar al servicio de sir Robert Drury, impresionado éste por una elegía que había compuesto Donne a la muerte de su hija. Con Drury, para quien escribió *La anatomía del mundo*, reflexión poética sobre la decadencia espiritual de la humanidad, viajó por Francia y los Países Bajos. A su vuelta, y tras haberle sido denegado por el rey un puesto de trabajo en la corte, Donne se convenció de su fe religiosa y se ordenó sacerdote de la Iglesia Anglicana (1615). Posteriormente, se doctoró en teología y se convirtió en profesor de dicha disciplina en Lincoln's Inn. Durante estos años se especializó en la redacción de sermones, cuyo éxito le valió ser nombrado, en 1621, deán de la catedral londinense de San Pablo. Una nueva enfermedad, ésta en 1623, le inspiró nuevos poemas religiosos; a partir de entonces se dedicó sobre todo a redactar sermones, gracias a los cuales fue conocido popularmente y lo convirtieron en el predicador favorito de los reyes Jacobo I y Carlos I.

▼ El escritor chileno José **Donoso** se consolidó como escritor experimental e innovador con El obsceno pájaro de la noche.

▼ De entre las numerosas aplicaciones prácticas del efecto **Doppler** cabe destacar su utilización en medicina. Abajo, radiografía del flujo sanguíneo en la que el efecto Doppler permite determinar la velocidad con que se mueven los glóbulos rojos.

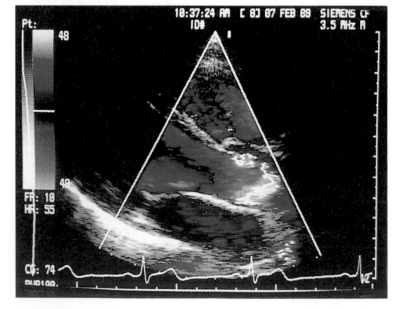

DONOSO, JOSÉ *(Santiago, 1924-id., 1996) Escritor chileno.* Influido por la literatura anglosajona contemporánea, sus primeras publicaciones fueron relatos, hasta que en 1957 apareció su primera novela, *Coronación*, un amplio fresco de la sociedad de Santiago. Habitualmente se le considera parte de la llamada «Generación de los 50» chilena, caracterizada por una común intención de denunciar, a través de la ficción novelesca, la decadencia de las clases aristocráticas y la alta burguesía. En 1967 publicó *El lugar sin límites*, y en 1970 se consolidó como escritor experimental e innovador con *El obsceno pájaro de la noche*, su novela más aplaudida por la crítica. A raíz del golpe de Estado de Pinochet se exilió voluntariamente en España, desde donde reflexionó y escribió sobre la situación política de su país y su propia condición de escritor. En 1972 publicó *Historia personal del boom*, y en 1973 *Tres novelitas burguesas*, relatos en los que recrea ambientes de la burguesía de Barcelona. De nuevo en Chile, publicó *Casa de campo* (1978), una de sus novelas más destacadas; *La misteriosa desaparición de la marquesita de Loria* (1979), exquisito divertimento erótico; *El jardín de al lado* (1981), una novela acerca de la creación y el exilio; *Cuatro para Delfina* (1982), colección de novelas cortas; y *La desesperanza* (1986), que gira en torno al tema del regreso del exiliado al Chile de Pinochet.

DOPPLER, CHRISTIAN *(Salzburgo, actual Austria, 1803-Venecia, 1853) Físico austriaco.* Estudió en la Politécnica de Viena, y fue director del Instituto de Física y profesor de física experimental en la Universidad de Viena. En su trabajo *Sobre la coloración de la luz en las estrellas dobles* (1842) ya se incluían los fundamentos teóricos del efecto que lleva su nombre, el efecto Doppler; en él se enuncia que la frecuencia observada de una onda de luz o sonido depende de la velocidad relativa de la fuente respecto al observador. El desplazamiento que se aprecia en el espectro de los cuerpos celestes en función de la velocidad con que se desplacen respecto a la Tierra se utiliza para medir su distancia relativa a la misma.

DORÉ, GUSTAVE *(Estrasburgo, 1832-París, 1883) Pintor e ilustrador francés.* Fue uno de los más fecundos e influyentes dibujantes de la segunda mitad del siglo XIX. A los quince años, presentó sus dibujos, de gran calidad, a Philipon, quien hizo que colaborara en el *Journal pour Rire*, y publicó su primer álbum de litografías sobre *Los Trabajos de Hércules*. Sus exuberantes fantasías constituyeron una importante fuente de inspiración para los pintores románticos, quienes compartían la atracción por el mundo onírico que Doré representaba. En 1847 se trasladó a París, y entre 1848 y 1851 publicó semanalmente caricaturas en el *Journal pour Rire*, así como diversos álbumes de litografías. Debe su fama, sobre todo, a sus xilografías destinadas a la ilustración de más de noventa libros, entre los que se encuentran las *Oeuvres*, de Rabelais (1854), *Les Contes drolatiques*, de Balzac (1855), el *Infierno*, de Dante (1861), o *Las aventuras del barón de Münchhausen* (1866). La mayor parte de las grandes ilustraciones de Rabelais son grabados interpretativos; él indicaba sobre la madera o a la aguada la composición principal y los principales valores. Luego, hábiles especialistas como Pannemaker, Gusman y Pisan se encargaban de terminar la obra. Una de sus litografías más valiosas representa la muerte trágica de Gérard de Nerval (1855). Experimentó con la pintura, representando escenas de carácter histórico o religioso, y con la escultura, pero sus creaciones en estos medios nunca alcanzaron la vivacidad de sus ilustraciones.

DORIA, ANDREA (*Oneglia, actual Italia, 1466-Génova, id., 1560) Almirante genovés.* Estuvo al servicio de diversos príncipes italianos, entre ellos el Papa y Alfonso II de Nápoles. Después de que Carlos VIII de Francia se apoderase de Nápoles, y del contraataque de Gonzalo de Córdoba, «el Gran Capitán», que puso el reino en manos de Fernando II de Aragón, Doria rechazó la invitación del comandante español de unirse a su ejército y se puso al servicio de los Sforza de Milán. Vuelto a Génova, reorganizó las fuerzas navales de la ciudad y realizó diversas campañas: reconquistó Córcega y derrotó a los turcos en la batalla naval de Pianosa, en 1519. En los años siguientes se alió con Francia en su guerra contra el emperador Carlos I y luchó para reconquistar Génova, que en 1522 había caído en manos de las tropas del emperador, lo cual consiguió en 1527. Además, tomó Salerno y Sorrento y venció en la batalla naval de Rapallo. Con el tiempo fue distanciándose del rey de Francia, por disentir de su política. Esto lo llevó a pasarse, en 1528, al bando de Carlos I, para quien recuperó Génova, a cambio de la salvaguarda de las libertades de

▲ *Ilustración de Gustave* **Doré** *para* Le chemin des écoliers. *El pintor francés, especializado en las ilustraciones de libros, fue uno de los más influyentes dibujantes del s. XIX.*

«*Si se ha de destruir en los hombres la creencia en la inmortalidad, no sólo el amor sino cualquier fuerza de las que mantiene vivo el mundo deberá ser anulada. Más aún, nada será inmoral, todo deberá ser permitido, incluso el canibalismo.*»

Fiódor Mijailovich
Dostoievski
Los hermanos Karamazov

▶ *La fotografía muestra el escritorio de Fiódor* **Dostoievski** *en su última casa de San Petersburgo. Su obra, de gran penetración psicológica, abrió cauces para la novela contemporánea.*

la ciudad. Ese mismo año derrotó a la escuadra de Barbezieux e impidió que ésta reforzase el asedio de Nápoles. En los años siguientes, al tiempo que reorganizaba, de manera férrea, el gobierno de Génova y establecía un régimen oligárquico, llevó a cabo varias operaciones navales en las costas de África y Grecia. Participó en un intento fallido de forzar la entrada del puerto de Marsella en 1536. En 1541 tuvo un destacado papel en la campaña de Carlos I contra Argel.

DOS PASSOS, JOHN (*Chicago, 1896-Baltimore, 1970) Novelista estadounidense.* Pasó la infancia en Europa y estudió en la Universidad de Harvard. Durante la Primera Guerra Mundial sirvió como sanitario en el servicio de ambulancias, experiencia en la que se basó para escribir su primera novela, *Tres soldados*, apasionado alegato antibelicista. La obra que le dio fama fue *Manhattan Transfer* (1925), donde registraba la vida cotidiana de Manhattan en un día cualquiera, a modo de un grandioso y caótico mural. Con la trilogía *USA* hizo una ácida crítica de los valores morales estadounidenses. Figura clave de la «generación perdida», Dos Passos fue uno de los novelistas sociales más innovadores de su época. Otras obras suyas son *Aventuras de un joven* (1940), *Los hombres que hicieron la nación* (1957) y *Grilletes de poder* (1966).

DOSTOIEVSKI, FIÓDOR MIJAILOVICH (*Moscú, 1821-San Petersburgo, 1881) Novelista ruso.* Educado por su padre, un médico de carácter despótico y brutal, encontró protección y cariño en su madre, que murió prematuramente. Al quedar viudo, el padre se entregó al alcohol, y envió finalmente a su hijo a la Escuela de Ingenieros de San Petersburgo, lo que no impidió que el joven Dostoievski se apasionara por la literatura y empezara a desarrollar sus cualidades de escritor. A los dieciocho años, la noticia de la muerte de su padre, torturado y asesinado por un grupo de campesi-

nos, estuvo cerca de hacerle perder la razón. Ese acontecimiento lo marcó como una revelación, ya que sintió ese crimen como suyo, por haber llegado a desearlo inconscientemente. Al terminar sus estudios, tenía veinte años; decidió entonces permanecer en San Petersburgo, donde ganó algún dinero realizando traducciones. La publicación, en 1846, de su novela epistolar *Pobres gentes*, que estaba avalada por el poeta Nekrásov y por el crítico literario Belinski, le valió una fama ruidosa y efímera, ya que sus siguientes obras, escritas entre ese mismo año y 1849, no tuvieron ninguna repercusión, de manera que su autor cayó en un olvido total. En 1849 fue condenado a muerte por su colaboración con determinados grupos liberales y revolucionarios. Indultado momentos antes de la hora fijada para su ejecución, estuvo cuatro años en un presidio de Siberia, experiencia que relataría más adelante en *Recuerdos de la casa de los muertos*. Ya en libertad, fue incorporado a un regimiento de tiradores siberianos y contrajo matrimonio con una viuda con pocos recursos, Maria Dmítrievna Isáieva. Tras largo tiempo en Tver, recibió autorización para regresar a San Petersburgo, donde no encontró a ninguno de sus antiguos amigos, ni eco alguno de su fama. La publicación de *Recuerdos de la casa de los muertos* (1861) le devolvió la celebridad. Para la redacción de su siguiente obra, *Memorias del subsuelo* (1864), también se inspiró en su experiencia siberiana. Soportó la muerte de su mujer y de su hermano como una fatalidad ineludible. En 1866 publicó *El jugador*, y la primera obra de la serie de grandes novelas que lo consagraron definitivamente como uno de los mayores genios de su época, *Crimen y castigo*. La presión de sus acreedores lo llevó a abandonar Rusia y a viajar indefinidamente por Europa junto a su nueva y joven esposa, Ana Grigorievna. Durante uno de esos viajes su esposa dio a luz una niña que moriría pocos días después, lo cual sumió al escritor en un profundo dolor. A partir de ese momento sucumbió a la tentación del juego y sufrió frecuentes ataques epilépticos. Tras nacer su segundo hijo, estableció un elevado ritmo de trabajo que le permitió publicar obras como *El idiota* (1868) o *Los endemoniados* (1870), que le proporcionaron una gran fama y la posibilidad de volver a su país, en el que fue recibido con entusiasmo. En ese contexto emprendió la redacción de *Diario de un escritor*, obra en la que se erige como guía espiritual de Rusia y reivindica un nacionalismo ruso arti-

FIÓDOR MIJAILOVICH DOSTOIEVSKI
OBRAS MAESTRAS

POBRES GENTES (1846); *CORAZÓN DÉBIL* (1848); *NOCHES BLANCAS* (1848); *EL SUEÑO DEL TÍO* (1859); *HUMILLADOS Y OFENDIDOS* (1861); *RECUERDOS DE LA CASA DE LOS MUERTOS* (1861); *UN PERCANCE DESAGRADABLE* (1862); *NOTAS DE INVIERNO SOBRE IMPRESIONES DE VERANO* (1863); *MEMORIAS DEL SUBSUELO* (1864); *CRIMEN Y CASTIGO* (1866); *EL JUGADOR* (1866); *EL IDIOTA* (1868); *EL ETERNO MARIDO* (1870); *LOS ENDEMONIADOS* (1870); *DIARIO DE UN ESCRITOR* (revista, 1873-1881); *BOBOK* (1873); *EL ADOLESCENTE* (1875); *LOS HERMANOS KARAMAZOV* (1879-1880).

▲ *El novelista ruso* **Dostoievski**, *uno de los maestros de la literatura universal, retratado aquí por Perov en un cuadro que se conserva en la Galería Tretiakov de Moscú.*

▼ *Caricatura del escritor británico Conan* **Doyle** *donde se le representa «prisionero» de uno de los personajes creados por él: el célebre detective Sherlock Holmes.*

culado en torno a la fe ortodoxa y opuesto al decadentismo de Europa occidental, por cuya cultura no dejó, sin embargo, de sentir una profunda admiración. En 1880 apareció la que el propio escritor consideró como su obra maestra, *Los hermanos Karamazov*, que condensa los temas más característicos de su literatura: agudos análisis psicológicos, la relación del hombre con Dios, la angustia moral del hombre moderno y las aporías de la libertad humana. Máximo representante, según el tópico, de la «novela de ideas», en sus obras aparecen evidentes rasgos de modernidad, sobre todo en el tratamiento del detalle y de lo cotidiano, en el tono vívido y real de los diálogos y en el sentido irónico que apunta en ocasiones junto a la tragedia moral de sus personajes.

DOYLE, SIR ARTHUR CONAN (*Edimburgo, 1859-Crowborough, Reino Unido, 1930*) *Novelista británico.* Estudió medicina en Edimburgo y trabajó como médico en Portsmouth, donde escribió su primera novela, *Estudio en escarlata* (1882). En ella creó una de las parejas más célebres de la literatura británica, la del detective Sherlock Holmes y el doctor Watson, y estableció la fórmula definitiva de la novela policíaca, cuyo primer antecedente había sido Poe, treinta años antes. Dicha fórmula se basa en el «método deductivo» que sigue el proceso de sus investigaciones. En 1889 publicó la novela histórica *Micah Clarke* y *El signo de los cuatro* (1890), en la que reaparecían Holmes y Watson. Dos años más tarde reunió en un volumen *Las aventuras de Sherlock Holmes* (1892), relatos que habían alcanzado una gran popularidad apareciendo en el *Strand magazine*. También se dedicó intensamente al género histórico, escribiendo obras como *Las hazañas del brigadier Gerard* (1895) y *Rodney Stone* (1896). En 1898 participó como médico en la campaña del Sudán y en la guerra de los bóers (1902), y publicó varios escritos justificando la intervención. Ese mismo año apareció la obra más conocida de Sherlock Holmes, *El perro de los Baskerville*, y tres años después *El regreso de Sherlock Holmes* (1905), en la que el autor «resucitó» a Holmes a petición popular. Publicó también novelas de ciencia ficción, como *El mundo perdido* (1912). Aunque en 1902 le fue concedido el título de sir, en la Primera Guerra Mundial combatió como soldado raso. La experiencia de la guerra y la muerte de su hijo, le orientaron hacia la mística sobrenatural, y llegó a publicar una *Historia del espiritismo*.

DRAKE, SIR FRANCIS *(Devonshire, actual Reino Unido, 1540-Portobelo, Panamá, 1596) Navegante y explorador inglés*. Ingresó muy joven en la marina y se adiestró con el capitán John Hawkins. En 1572 dirigió una expedición contra los puertos españoles del Caribe. En este viaje, en el curso del cual divisó por primera vez el océano Pacífico, saqueó el puerto de Nombre de Dios, en Panamá, y la ciudad de Cartagena de Indias, en Colombia, y regresó a su patria con un cargamento de plata española. La reina Isabel I de Inglaterra no tardó en encomendarle una nueva expedición secreta contra las colonias españolas del Pacífico. Zarpó en 1577 al mando de cinco barcos y más de un centenar de hombres. Cruzó el Atlántico, llegó al Río de la Plata y más tarde al estrecho de Magallanes. En 1579 reemprendió el viaje de vuelta por el Pacífico, pero se dirigió hacia el oeste; llegó a las Molucas, después a Java y Célebes, en Indonesia, y dobló el extremo meridional de África. Arribó en 1580 a Inglaterra, donde fue recibido triunfalmente y aclamado como el primer inglés que había circunnavegado el mundo (con anterioridad, sólo Juan Sebastián Elcano había podido llevar a cabo tal hazaña). Drake, portador de especias y tesoros saqueados a los españoles, recibió de manos de la reina Isabel I el título de sir en una ceremonia celebrada a bordo del *Golden Hind*. También se le llegó a nombrar alcalde en 1581 y fue miembro del Parlamento en 1584 y 1585. En este mismo año partió de nuevo hacia las Indias Occidentales con el mismo fin de su viaje anterior. Atacó, entre otras, la colonia española de San Agustín (hoy Florida) y fundó el primer asentamiento inglés del Nuevo Mundo, en la isla de Roanoke (a la altura de Carolina del Norte). La tradición atribuye a Drake la introducción del tabaco en Inglaterra, precisamente al regreso de este último viaje. En 1587, la guerra entre España e Inglaterra ya era inevitable,

e Isabel I le encargó una nueva misión: destruir la flota española surta en el puerto de Cádiz, operación que culminó con éxito. Luego, participó en calidad de vicealmirante en la batalla naval en que en 1589 los ingleses dispersaron la Armada Invencible de Felipe II, aunque no logró aniquilar la formidable escuadra enemiga, como era su objetivo. Tras esta victoria, regresó a la ciudad de Plymouth y a su escaño en el Parlamento. En 1595 emprendió un último viaje a las Indias Occidentales por mandato de la reina, pero esta expedición contra los españoles resultó un fracaso y Drake falleció en el Caribe a consecuencia de una disentería.

DREYER, CARL THEODOR *(Copenhague, 1889-id., 1968) Director de cine danés*. Lo absoluto es el gran tema de la filmografía de Carl Theodor Dreyer, reducida en cuanto a número de películas (sólo veintidós en más de cincuenta años de carrera), pero de una importancia capital dentro de la historia del séptimo arte. Reconocido por cineastas como Ingmar Bergman como un referente imprescindible, Dreyer se inició en el mundo del cine como adaptador y guionista, pasando a la dirección en 1918. Su primera gran obra llegó en 1928 con *La pasión de Juana de Arco*. Rodada en Francia, en esta película Dreyer despoja la trama de todo elemento accesorio para concentrarse en la exploración del drama interior del personaje. Las imágenes, frecuentemente estáticas, se convierten en símbolos de una verdad metafísica y poética. A ella siguieron *Vampyr* (1932), su primera incursión en el sonoro, *Dies Irae* (1943) y, sobre todo, *Ordet* (*La palabra*, 1955), considerada su obra maestra. Rodó su última película, *Gertrude*, en el año 1964.

▲ *Sir Francis **Drake**, corsario y vicealmirante de la armada inglesa, en un retrato anónimo del s. XVI que se exhibe en la Galería Nacional de Retratos de Londres.*

▼ *Grabado del s. XVII que representa el ataque a la ciudad de Santo Domingo de los buques de sir Francis **Drake**. El corsario inglés mantuvo en jaque durante años a la armada española.*

DREYFUSS, ALFRED *(Mulhouse, Francia, 1859-París, 1935) Oficial del ejército francés.* De origen judío, fue víctima y protagonista involuntario de un gran escándalo político, que generó una fractura social e intelectual en Francia al enfrentar posturas antimilitaristas y radicales nacionalistas, que aprovecharon el caso como plataforma de una furibunda campaña antisemita. En 1894, Dreyfuss, por entonces capitán de artillería, fue acusado de traición a favor de los alemanes, y condenado a cadena perpetua en el penal de la Isla del Diablo. A medida que fueron desvelándose datos que apuntaban hacia una conspiración de otros oficiales del ejército francés, la oposición a la condena de Dreyfuss fue ganando adeptos entre figuras destacadas de la intelectualidad, como Anatole France, Marcel Proust o Georges Clémenceau. Cabe destacar en este sentido el artículo *J'accuse*, publicado por Émile Zola en el diario *L'Aurore* en 1898, en el que condenaba al estamento militar por negarse a la revisión del caso aun siendo conocedor de la falsedad de la acusación original. En el marco de fuertes presiones nacionalistas y disturbios antisemitas, en 1899 fue levantada la condena a Dreyfuss, aunque su inocencia no se reconoció hasta 1906.

DRUMMOND DE ANDRADE, CARLOS *(Itabira, Brasil, 1902-Río de Janeiro, 1985) Poeta y narrador brasileño.* Cursó estudios de farmacia y trabajó como funcionario. En 1930 publicó *Alguna poesía*, el punto de partida de su carrera literaria. Su obra tiende a la renovación de la poesía de su país, y está considerado como uno de los principales poetas contemporáneos brasileños. Influido por Valéry, manifiesta un humor escéptico, disfrazado en ocasiones de hermetismo. Su obra narrativa, ensayos incluidos, comprende: *Brezal de las almas* (1934), *Sentimiento del mundo* (1940), *Confesiones de Minas*, (1944), *La rosa del pueblo* (1945), la novela *El gerente* (1945), *Cuentos de aprendiz* (1951) y *La bolsa o la vida*, (1966). Entre sus obras poéticas destacan *Poesía hasta ahora* (1947), *Hacendero del aire* (1954), *La vida pasada a limpio* (1959), *Lección de cosas* (1962) y *Los buenos tiempos* (1968).

DRYDEN, JOHN *(Aldwinkle All Saints, actual Reino Unido, 1613-Londres, 1700) Poeta, dramaturgo y crítico inglés.* Perteneciente a una familia puritana, abandonó sus estudios antes de terminarlos y se instaló en Londres. Se dio a conocer en el panorama literario de la Restauración con una obra en verso con motivo de la muerte de

▲ *El escritor inglés John* **Dryden***. El desempeño del puesto de historiógrafo real le facilitó seguir de cerca la vida de la corte, lo que le permitió escribir sus célebres sátiras políticas.*

Cromwell, *Estancias heroicas* (*Heroic Stanzas*, 1659). En 1663 contrajo matrimonio con la hija del conde de Berkshire, lady Elizabeth Howard, y ese mismo año publicó su primera pieza dramática, *El galanteador* (*The will gallant*), inicio de una fecunda carrera como dramaturgo que duraría hasta 1693, y que se tradujo en una treintena de dramas en los que consiguió aunar el espíritu de Corneille y los clásicos franceses con la idiosincrasia inglesa, entre los que destacan *La conquista de Granada* (*The Conquest of Granada*, 1666), *Aurengzebe* (1675) y *Todo por amor* (*All for Love*, 1678). Consiguió hacerse un puesto en la corte como historiógrafo real, quizá gracias a la fama conseguida con el poema *Annus mirabilis* (1666), por el cual fue nominado poeta laureado. En la corte tuvo la posibilidad de conocer de cerca las intrigas políticas, que utilizó en la sátira *Absalón y Aquitofel* (*Absalom and Achitophel*, 1681). Sin embargo, con el fin de la revolución de 1668, en cuanto católico, religión a la cual se acababa de convertir y que había defendido con *La cierva y la pantera* (*The Hind and the Panter*, 1687), no pudo prestar el juramento requerido y cesó en todos sus cargos. Sus traducciones de clásicos latinos y griegos son notables, y los prólogos y prefacios resultan de gran interés. La renovación que llevó a cabo de la poesía dramática y el gusto y la elegancia de su estilo lo convirtieron en un clásico indiscutible de la literatura en lengua inglesa.

DUARTE, EVA → Perón, Eva Duarte de.

DUARTE, JOSÉ NAPOLEÓN *(San Salvador, 1925-id., 1990) Político salvadoreño.* Alcalde de San Salvador, fundador del Partido Demócrata Cristiano (PDC) en 1960 y defensor de las libertades públicas para su país, en 1972 hubo de exiliarse en Venezuela. Tras regresar al país en 1979, se integró un año después en una Junta de Gobierno cívico-militar, que lo nombró presidente hasta 1982; cedió la presidencia a un gobierno provisional encabezado por Álvaro Magaña. Dos años más tarde resultó elegido presidente e inició pláticas de paz con la guerrilla del Frente Farabundo Martí para la Liberación Nacional (FMLN). Trató de llevar la disciplina al seno de las fuerzas armadas con el procesamiento de algunos de sus miembros acusados de violaciones de los derechos humanos. Fue un entusiasta del plan de paz de Esquipulas, firmado en 1987 para pacificar Centroamérica. Después de nuevas elecciones en 1989, fue sucedido en la presidencia por Alfredo Cristiani.

▼ *José Napoleón* **Duarte** *fotografiado cuando era presidente de El Salvador. El político salvadoreño fue el iniciador del proceso de paz con la guerrilla de su país.*

DUARTE, JUAN PABLO *(Santo Domingo, La Española, 1813-Caracas, Venezuela, 1876) Político dominicano.* Nacido en el seno de una familia española de origen humilde, se adhirió a la causa revolucionaria y fue uno de los fundadores de la sociedad secreta independentista La Trinitaria, activa entre 1838 y 1844, por lo que se lo considera el artífice de la independencia dominicana. En 1843 se vio obligado a exiliarse en Venezuela a causa de la represión ejercida contra los nacionalistas dominicanos, que ese año ganaron las elecciones. Una vez obtenida la independencia y constituida la Junta Central Gubernativa, regresó a la isla procedente de Curaçao y en 1844 fue nombrado presidente del primer gobierno republicano. Duarte, que era el jefe de los liberales, se enfrentó a los conservadores de Pedro Santana. Éste, después de vencer a las tropas haitianas, se volvió contra Duarte y provocó su derrocamiento y la posterior expulsión del país cuando apenas había comenzando su gobierno.

DUBCEK, ALEXANDER *(Uhrowec, Eslovaquia, 1921-Praga, 1992) Político eslovaco.* Entre 1955 y 1958 estudió en la Escuela Superior Política de Moscú. A su regreso a Checoslovaquia fue elegido miembro del comité central del Partido Comunista y, en 1968, primer secretario del mismo. Su elección no estuvo motivada por una voluntad reformista, sino por el intento de perpetuar el régimen con un simple cambio de formas. Lo que cambió, sin embargo, fue el partido, al que renovó por completo, así como los postulados políticos que había seguido hasta la fecha. Tras su llegada al poder se convirtió en abanderado de la denominada «Primavera de Praga», movimiento político de tendencias progresistas que empezó a fraguarse a finales de 1964. Sus principales líneas de actuación tenían como meta la consecución de un «socialismo con rostro humano», del que se derivaba un alejamiento de las directrices políticas y económicas impuestas desde Moscú y un sistema que garantizara las libertades individuales, al tiempo que potenciase un desarrollo económico que fuera capaz de situar al país entre las sociedades industrializadas más avanzadas. Dicha política, que consiguió ganarse el apoyo de la población y la admiración de los

▶ Alexander **Dubcek** *saluda al presidente turco Cevdet Sunay durante su etapa como embajador. Dubcek, al frente del Partido Comunista, fue el impulsor de la llamada «Primavera de Praga».*

líderes comunistas occidentales, chocó frontalmente con la voluntad soviética, cuyos dirigentes temieron que pudiera ir demasiado lejos y despertar similares esperanzas en los países vecinos. Ello motivó la intervención militar de Moscú, cuyas tropas ocuparon Praga en agosto de 1968 con intención de restablecer el orden en las calles y la ortodoxia en el partido. Dubcek, detenido y encarcelado, se vio obligado a firmar un tratado por el que se comprometía a dar marcha atrás en las reformas emprendidas. Poco después fue relevado de su cargo y, en marzo de 1970, excluido del partido. Posteriormente se le obligó a aceptar un puesto de trabajo en la empresa Bosques del Estado de Eslovaquia Occidental, en la que permaneció veinte años. Regresó a la escena política en 1989, fecha en la que la caída del régimen comunista propició su nombramiento como presidente de la Asamblea Parlamentaria.

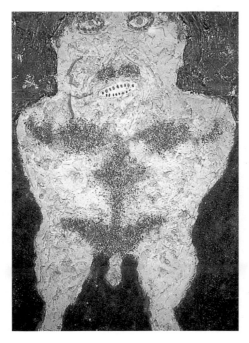

▼ Voluntad de poder, *obra pintada por Jean **Dubuffet** en 1946 que se exhibe en el Museo Guggenheim de Nueva York. La figuración casi infantil es una característica del* art brut, *del que el pintor francés es uno de los representantes más conspicuos.*

DUBUFFET, JEAN *(El Havre, Francia, 1901-París, 1985) Artista francés.* Estudió pintura, pero se dedicó al comercio de vinos hasta 1942, año en que emprendió con carácter definitivo la carrera artística. Desde entonces hasta su muerte se convirtió en uno de los artistas más innovadores del panorama mundial. Su nombre está vinculado en particular al *art brut*, tendencia que toma como referencia el arte popular, el arte de los niños o de los enfermos mentales, es decir, que aspira a una forma de creación en la que la espontaneidad y el instinto prevalezcan sobre la razón y la formación técnica. La importancia del arte de Dubuffet radica, por ello, en haber sido uno de los primeros artistas modernos en renunciar a los materiales y las técnicas tradicionales. Esta actitud provocó en los comienzos un gran escándalo, pero al final de sus días Dubuffet gozaba ya de renombre y consideración mundiales. Como es obvio, su creación artística se distingue por el carácter primario del impulso creativo y por el empleo de diversos materiales en unión con la pintura, como arena, barro, yeso o detritus orgánicos. A partir de 1966 se dedicó principalmente a la realización de esculturas y de montajes, algunos de los cuales se encuentran en diversas ciudades europeas. Para estas obras, por lo general de grandes dimensiones, se sirvió siempre de materiales de desecho, a los que según sus propias afirmaciones pretendió dar un nuevo valor, una nueva dignidad. En sus últimos años, y principalmente en las obras pictóricas, aplicó el color con menos violencia y de forma más estudiada, creando composiciones menos agresivas y que encierran algo de lirismo.

DUCCIO DI BUONINSEGNA (*Siena, actual Italia, h. 1260-id., h. 1318-1319*) *Pintor italiano.* Durante los siglos XIII y XIV, Siena rivalizó con Florencia por ser el centro principal y más dinámico del arte italiano. Y del mismo modo que Giotto revolucionó por esas fechas el arte florentino, Duccio introdujo aires nuevos en el arte sienés, del que fue la figura más sobresaliente. De su vida sólo se sabe que fue multado en varias ocasiones por delitos menores. Su creación artística no está mejor documentada que su trayectoria vital, pero por consta con certeza su autoría de una obra capital, que define sus cualidades plásticas y su estilo: la *Maestà*, encargada para la catedral de Siena en 1308 e instalada con gran fasto en su lugar de destino en 1311. Se trata de una tabla de considerables dimensiones (213 × 396 cm) pintada por ambos lados. La parte frontal está ocupada por una Virgen con el Niño en majestad, rodeada de sendos grupos de ángeles y santos; en la base había una predela, y un friso remataba la zona superior. En la parte posterior figuran veintiséis episodios de la Pasión de Cristo. En la actualidad, la obra se conserva en su mayor parte en la catedral de Siena, pero muchos paneles del friso han desaparecido y algunos, en particular de la predela, se encuentran en museos de prestigio, como la Na-

▼ Virgen de los franciscanos, *obra realizada por* **Duccio di Buoninsegna** *hacia 1295. El pintor italiano se erigió como el principal renovador e impulsor del gótico en el s. XIII.*

tional Gallery de Londres. Aunque la obra denota todavía evidentes influencias del arte bizantino, supone un verdadero cambio de estilo. No está documentada con plena seguridad ninguna otra obra del artista, pero se le atribuye la *Virgen de Rucellai* y también algunos retablos, aunque no existe ninguna prueba de que pintara al fresco como la otra gran figura de su tiempo, Giotto. Ejerció una influencia esencial en la escuela sienesa, donde tuvo discípulos de la talla de Simone Martini, y los ecos de su arte llegaron también a otros países, en particular Francia.

DUCHAMP, MARCEL (*Blainville, Francia, 1887-Neuilly, id., 1968*) *Artista francés nacionalizado estadounidense.* El más joven de seis hermanos, cuatro de los cuales seguirían así mismo la carrera artística (de ellos fueron especialmente notorios los dos mayores, Jacques y Raymond), recaló en París a la edad de diecisiete años. En su faceta como pintor, que hubo de simultanear con el trabajo de caricaturista, pasó rápidamente por todas las tendencias artísticas en boga –impresionismo, postimpresionismo, fauvismo, cubismo– sin comprometerse con ninguna; este afán experimentador e inquieto iba a ser una de las constantes de su fecunda trayectoria. En 1912 presentó su *Desnudo bajando una escalera, n.° 2*, obra personalísima en la que aunó elementos cubistas con futuristas y sus propias inquietudes sobre la representación del movimiento. La pintura fue rechazada por el Salón de los Independientes y tuvo que esperar un año para ser expuesta, esta vez en el Armory Show de Nueva York, donde fue recibida con tanto entusiasmo como sorpresa. Tras realizar unos pocos cuadros más, abandonó la pintura, en lo que iba a ser un giro permanente en su trayectoria. En 1913 inició los estudios preparatorios para la obra *El gran vidrio, o la novia desnudada por sus pretendientes*, una especie de síntesis entre pintura y escultura de radical originalidad. Durante esa misma época realizó sus primeros *ready-made*, esto es, objetos cualesquiera sometidos a muy escasa y en ocasiones nula alteración material, elevados a la categoría de arte por la mera voluntad del artista. Uno de ellos, un orinal firmado con seudónimo que tituló *Fuente*, constituye uno de los iconos más significativos del arte del siglo XX. En 1917 se reencontró en Nueva York con su amigo Francis Picabia, al que secundó en su tarea de dar a conocer el movimiento dadá en Estados Unidos, para lo cual participó en la creación de revistas adscritas al movimiento como *291* o *El ciego*. Durante buena parte de las décadas de 1920 y 1930 abandonó la práctica artística por la semiprofesional del ajedrez, juego del que llegó a ser un moderado experto. Desde 1934 estableció fuertes lazos con el movimiento surrealista, y especialmente con André Breton, autor que en 1935 publicó el primer estudio concienzudo de su obra. Poco a poco, Duchamp fue recluyéndose en el anonimato con la única compañía de su esposa, Teeny Sattler, con quien había contraído matrimonio en el año 1954.

DUCOMMUN, ÉLIE *(Ginebra, 1833-Berna, 1906) Escritora y editora suiza.* Realizó una labor profesional como editora de revistas y periódicos en Berna y, posteriormente, pasó a ser secretaria general de la Compañía de Ferrocarriles Jura-Simplón. Dedicó gran parte de su tiempo libre a actividades para la paz, e intervino de forma activa en el movimiento de formación de la Unión Europea, editando los *Estados Unidos de Europa*, periódico de la Liga Internacional para la Paz y la Libertad, fundada en 1867. En el año 1902, compartió con Charles-Albert Gobat el Premio Nobel de la Paz.

DUDLEY, JOHN *(?, h. 1502-Londres, 1553) Político inglés, vizconde de Lisle, conde de Warwick y duque de Northumberland.* Durante el reinado de Enrique VIII combatió en las tropas reales frente a franceses y escoceses. En 1551, aprovechando el apoyo de los protestantes radicales, derrotó a Somerset, que había asumido temporalmente el gobierno. Tras ceñir la corona el nuevo rey Eduardo VI, participó en una serie de intrigas palaciegas, y en 1549 organizó una dura represión para dominar las sublevaciones campesinas. Defensor a ultranza de la monarquía absoluta, favoreció las corrientes de la Iglesia más próximas al protestantismo. Ante el empeoramiento de la situación económica y su creciente impopularidad, utilizó su influencia para alterar la sucesión al trono. Pero la muerte de Eduardo VI desbarató sus planes de nombrar reina de Inglaterra a su ahijada Jane

▲ Rueda de bicicleta *es el primero de los numerosos* ready-made *realizados por Marcel* **Duchamp** *a partir de 1913. Perdida la obra original, la de la imagen es una reproducción de 1964.*

▼ Desnudo bajando una escalera, *pintura con la que* **Duchamp** *irrumpió en 1912 en el mundo artístico como uno de los más destacados vanguardistas.*

Grey. La nueva soberana, María, legítima heredera, condenó a muerte a Dudley, quien fue ejecutado en 1553.

DUEÑAS, FRANCISCO *(San Salvador, 1811-San Francisco, EE UU, 1884) Político salvadoreño.* Fue fraile mercedario hasta 1851, fecha en la cual el presidente Doroteo Vasconcelos asumió la jefatura del ejército y cedió a Dueñas el poder ejecutivo. Su gestión permitió construir el edificio de la universidad y organizar la hacienda pública. Tras la derrota de Vasconcelos en la batalla de Aranda, el Congreso lo eligió presidente en 1852; cuatro años después fue nombrado vicepresidente, pero continuó ejerciendo como jefe de Estado. Durante su mandato firmó la paz con Guatemala y ordenó la participación de tropas salvadoreñas en la acción conjunta de los Estados de Centroamérica para derrotar al filibustero estadounidense William Walker, quien había restituido la esclavitud en Nicaragua; construyó el tendido telegráfico y fundó la Escuela Militar. El apoyo del gobernante guatemalteco Rafael Carrera lo llevó de nuevo a la presidencia en 1863. Una rebelión apoyada por el presidente de Honduras, José María Medina, lo derrocó y procesó en 1871, por lo que se exilió en Estados Unidos.

DUFAY, GUILLAUME *(?, h. 1400-Cambrai, Francia, 1474) Compositor francés.* Hasta 1426 estuvo al servicio de la familia de los Malatesta, en Rímini, donde entre 1419 y 1420 compuso sus primeras obras de datación segura. Entre 1428 y 1433 ocupó en Roma el cargo de chantre de la capilla pontificia, y gracias a un permiso especial pudo ejercer como maestro de capilla para el duque de Saboya. El año 1453, a raíz de una insurrección, el Papa tuvo que abandonar Roma, al tiempo que Dufay volvía a su puesto de chantre pontificio, esta vez en Florencia y Bolonia. Un año después fue nombrado canónigo de la catedral de Cambrai, cargo que conservó hasta el fin de sus días. En la época en que Dufay empezó a escribir música, inmerso en el espíritu del Renacimiento, la composición musical atravesaba un período de regulación establecida, de la que fue partícipe. No fue hasta sus obras de madurez, sobre todo con algunas misas y motetes, cuando empezó a introducir elementos novedosos, como el canto a cuatro voces o la técnica conocida como «canto armonización», una forma de combinar las distintas voces melódicas inusual hasta entonces. No cabe pensar en este período en el romántico concepto de originalidad, con lo cual sería imprecisa la aproximación a un músico como Dufay, quien no sólo destacó por introducir nuevos elementos que ayudaron al desarrollo musical occidental, sino también por su habilidad y precisión para manejar los componentes musicales de la época. Ese rigor musical ejerció una decisiva influencia en compositores inmediatamente posteriores, como Josquin, Martini, Obrecht y Ockeghem.

DÜHRING, KARL EUGÈNE *(Berlín, 1833-id., 1921) Profesor de mecánica, abogado, filósofo y economista alemán.* Una enfermedad ocular le llevó a dejar la abogacía en 1859. Se dedicó a impartir clases de filosofía en la Universidad de Berlín, y creó un sistema que intentaba conciliar el positivismo de Comte con el materialismo ateo de Feuerbach. En él se afirma la bondad natural del hombre a la manera de Fourier, lo que en última instancia debería suponer la superación de la contradicción entre individuo y sociedad. Sus pensamientos socioeconómicos, en cambio, no propugnaban la eliminación del capitalismo, sino sólo la de sus abusos, mediante un sólido movimiento obrero. Sus obras más conocidas son *Naturaleza de la dialéctica* (1865), *Historia crítica de la economía política y el socialismo* (1871) y *Curso de economía política y social* (1873).

DULONG, PIERRE-LOUIS *(Ruán, Francia, 1785-París, 1838) Químico y físico francés.* Fue profesor de física (1820) y director de la Escuela Politécnica (1830). En 1813 descubrió de forma accidental el tricloruro de nitrógeno, altamente explosivo. Los trabajos más importantes de Dulong en el campo de la física los llevó a cabo conjuntamente con Alexis Thérèse Petit, profesor de física de la Escuela Politécnica. Sus experimentos sobre dilatación y medida de las temperaturas, transferencia del calor, y calor específico de los gases, le condujeron a establecer la ley empírica sobre calores específicos conocida como «ley de Dulong y Petit» (1819), que posteriormente sería utilizada en la determinación de pesos atómicos.

DUMAS, ALEXANDRE *(Villers-Cotterêts, Francia, 1802-Puys, id., 1870) Novelista francés.* Hijo de un general del ejército francés que dejó a su familia prácticamente en la ruina al morir, en 1806, Alexandre Dumas tuvo que abandonar pronto sus estudios. Llegó a París en 1823, tras una primera experiencia como pasante de abogado, lleno de ambiciones literarias. Gracias a su puesto de escribiente para el duque de Orléans, que

> *«Suprimir la distancia es aumentar la duración del tiempo. De ahora en adelante, no se vivirá más tiempo; solamente se vivirá más deprisa.»*
>
> Alexandre Dumas
> *Mis memorias*

ALEXANDRE DUMAS

OBRAS MAESTRAS

NOVELA: *GEORGES* (1843); *LOS TRES MOSQUETEROS* (*LES TROIS MOUSQUETAIRES*, 1844); *VEINTE AÑOS DESPUÉS* (*VINGT ANS APRÉS*, 1845); *LA REINA MARGARITA* (*LA REINE MARGOT*, 1845); *EL CONDE DE MONTE-CRISTO* (*LE COMTE DE MONTE-CRISTO*, 1846); *EL VIZCONDE DE BRAGELONNE* (*LE VICOMTE DE BRAGELONNE*, 1848); *LA CONDESA DE CHARNY* (*LA COMTESSE DE CHARNY*, 1852); *ANGE PITOU* (1853). **TEATRO:** *ENRIQUE III Y SU CORTE* (*HENRI III ET SA COUR*, 1829); *ANTONY* (1831); *KEAN O DESORDEN Y GENIO* (*KEAN OU DÉSORDRE ET GÉNIE*, 1836); *LA TORRE DE NESLE* (*LA TOUR DE NESLE*, 1845). **MEMORIAS:** *MIS MEMORIAS* (*MES MÉMOIRES* 1852-1854).

obtuvo por recomendación del general Foy, consiguió completar su formación de manera autodidacta. Desde 1825, editó poemas y relatos largos, y representó vodeviles en teatros de variedades, pero el verdadero inicio de su carrera como dramaturgo se produjo en 1829, con *Enrique III y su corte*, primera manifestación de la nueva generación literaria romántica, anticipándose un año al *Hernani*, de Victor Hugo. *Antony*, en 1831, marcó los principios de una etapa de creación infatigable de dramas, tragedias y melodramas, casi todos de exaltación de la historia nacional de Francia. Gran admirador de Walter Scott, a partir de 1832 escribió también novelas históricas, aprovechando el auge del género propiciado por su publicación por entregas en los periódicos. A pesar del poco éxito de sus primeras novelas, la aparición de *Los tres mosqueteros*, en 1844, significó su salto a la fama. Las sumas ingentes de dinero que le ofrecían, en razón de la creciente demanda de sus novelas por parte del público, motivaron una verdadera explosión en la producción de Dumas. Trabajando incontables horas al día, y con la ayuda de varios colaboradores, entre los que destacó el historiador Auguste Maquet, con quien trabajó de 1839 a 1851, llegó a producir ochenta novelas, de desigual calidad. La mayoría de ellas pertenecen al género histórico o al de aventuras, en el que destaca sin duda *El conde de Montecristo*. La escasa profundidad psicológica de los personajes se ve ampliamente compensada por una exuberante inventiva a la hora de crear las intrigas, y por el perfecto dominio de los diálogos, siempre ágiles y vivaces. Sin duda, éste fue el motivo de que sus obras fueran frecuentemente trasladadas al teatro. Con este fin fundó en 1847 el Théâtre Historique, en París, empresa que cuatro años más tarde quebró a causa de las deudas contraídas, a pesar del éxito obtenido. La enorme vitalidad de Dumas le llevó a probar todos los géneros de la literatura y, si bien es cierto que sus ensayos históricos no tuvieron mucha relevancia, la serie de sus *Impresiones de viaje* (1835-1859), en cambio, lo convirtió en el primer maestro del gran reportaje. Realizó una breve incursión en el universo político; fue nombrado capitán de la Guardia Nacional parisina, pero se enemistó con Luis Felipe, y, tras un estrepitoso escándalo en las Tullerías, rechazó el nuevo régimen y volvió a la literatura. Tras dos fracasos electorales sucesivos, en marzo y junio de 1848, en 1851, huyendo más de sus acreedores que de Luis Napoleón, se exilió en Bélgica, donde redactó sus apasionantes y pintorescas memorias, y com-

◀▲ *Fotografía que muestra a un maduro Alexandre **Dumas**. A la izquierda, portada de una publicación semanal de 1905 con* Los tres mosqueteros.

puso nuevas novelas de aventuras. Regresó a Francia en 1853 y fundó la revista satírica *El mosquetero*, que se transformó, en 1857, en *El Monte-Cristo*. Ante la continua censura de Napoleón III, abandonó de nuevo Francia y se sumó a la expedición de Garibaldi en Sicilia, en 1860. Se encargó de comprar armas para el revolucionario italiano y se instaló, durante cuatro años, en Nápoles, donde Garibaldi lo nombró conservador del museo de la ciudad. Enemistado con el cardenal Francesco Zamparini, fue expulsado por los napolitanos, e impulsó en París nuevos intentos periodísticos, que abortaron al poco tiempo. Arruinado, vivió los últimos años de su vida a costa de su hijo natural, el también escritor Alejandro Dumas (París, 1824-Marly-le-Roi, Francia, 1895), cuya carrera se decantó principalmente hacia el teatro; su obra más popular es *La dama de las camelias*, estrenada en 1852. En sus obras dramáticas, Dumas hijo defendió los derechos de los débiles y criticó los prejuicios sociales.

DUNANT, HENRI *(Ginebra, 1828-Heiden, Suiza, 1910) Filántropo suizo.* Testigo presencial de la batalla de Solferino (1859), acción militar que se cobró más de 40 000 víctimas, Dunant propuso la creación de unos servicios organizados de ayuda a los heridos y demás afectados de resultas de un conflicto militar, sin distinción de bando o creencia. De esta manera nacieron en

▲ *El veterinario británico John **Dunlop** inventó el neumático de caucho. Fundador de la compañía que lleva su nombre, años después suspendió su actividad en ella y volvió al ejercicio de su profesión de veterinario.*

1864 la Cruz Roja, así como las primeras asociaciones nacionales a ella vinculadas, y la Convención de Ginebra. A pesar del rápido éxito de su iniciativa, Dunant cayó en el anonimato, arruinado. Sin embargo, continuó realizando una importante labor en pro de un tratamiento más humano de los prisioneros de guerra, así como por la abolición de la esclavitud, el desarme y el establecimiento de una patria judía. Redescubierto en 1895 por un periodista en su retiro de Heiden, Dunant fue al fin reconocido internacionalmente. En 1901 se le concedió el Premio Nobel de la Paz.

DUNCAN, ISADORA [Duncan, Angela] *(San Francisco, 1878-Niza, 1927) Bailarina estadounidense.* Figura mítica de la danza contemporánea, más por el aura que rodea a su persona que por el valor intrínseco de su aportación, Isadora Duncan fue una de las grandes renovadoras de su disciplina, a la que despojó de todo academicismo en favor de una mayor naturalidad y libertad de expresión. Influida en su concepción del baile por el clasicismo y sensualidad del arte griego, en sus coreografías perseguía la armonía corporal, el culto al cuerpo. Isadora fue también la primera en emplear como base para sus espectáculos música de concierto, no necesariamente escrita para ser bailada. Establecida en Europa, fue en este continente donde obtuvo sus mayores éxitos, relacionándose con las figuras más destacadas de la intelectualidad progresista de la época, incluidos Lenin y los principales dirigentes bolcheviques. Su estilo ha ejercido una poderosa influencia sobre las nuevas corrientes de la danza, lideradas por bailarinas como Mary Wigman o Martha Graham.

DUNLOP, JOHN BOYD *(Dreghorn, Reino Unido, 1840-Dublín, 1921) Inventor británico.* De 1867 a 1887 ejerció como veterinario en la ciudad de Belfast. En 1887 inventó un procedimiento para amortiguar las vibraciones en los vehículos rodados que consistía en introducir un tubo de caucho lleno de aire (cámara) entre la llanta y la cubierta de las ruedas. En 1888 patentó el neumático, y al año siguiente fundó una compañía de manufacturación de neumáticos de bicicleta. En 1869, Dunlop registró la compañía en el Reino Unido como Byrne Brothers India Rubber Company, Ltd., que más tarde sería la Dunlop Rubber Company Ltd. (1900); en 1906 empezó a fabricar neumáticos para automóviles. Poco después, Dunlop se retiró de la actividad industrial y retornó a la práctica de la veterinaria.

DURÁN Y BAS, MANUEL *(Barcelona, 1823-id., 1907) Jurista y político español*. Estudió derecho en la Universidad de Barcelona, de la que fue más tarde profesor, y catedrático a partir de 1862. Su prestigio como jurista le llevó a ocupar los cargos de decano del Colegio de Abogados de Barcelona (1885-1891) y rector de la universidad de la misma ciudad (1896-1899), en la cual creó las cátedras de literatura y derecho civil catalán. Paralelamente, desarrolló una brillante carrera política, primero como diputado a las Cortes generales en numerosas ocasiones y más tarde como senador (1886), cargo que se convertiría en vitalicio a partir de 1891. En 1899 fue nombrado ministro de Gracia y Justicia, aunque pronto se vio obligado a dimitir ante las resistencias con que tropezaba su programa reformista. En conjunto, su actuación se caracterizó por la defensa de las instituciones catalanas y del derecho foral catalán

DURAS, MARGUERITE *(Gia Dinh, Vietnam, 1914-París, 1995) Escritora francesa*. Las experiencias que vivió junto a su madre en Indochina, donde residió hasta 1932, le inspiraron la novela *Un dique contra el Pacífico*, con la que se dio a conocer en 1950, tras publicar varias novelas de escaso éxito. En París, participó en la Resistencia, por lo que fue deportada a Alemania. Una vez terminada la contienda, inició su intensa actividad en los campos del periodismo, la novela, el teatro y el cine, y escribió y dirigió varias películas y obras teatrales. Encuadrada inicialmente en los moldes del neorrealismo de posguerra (*Los caballitos de Tarquinia*, 1953) y afín al movimiento existencialista, se acercó después a los postulados del «nouveau roman», aunque sus novelas no se limitan nunca al mero experimentalismo, sino que dejan traslucir un aliento intensamente personal y vivido, como sucede en *Moderato cantabile*. Escribió el guión de la célebre película *Hiroshima, mon amour* (1958), dirigida por Alain Resnais con gran éxito. Los temas de Duras fueron siempre los mismos: el amor, el sexo, la muerte, la soledad. En 1969 publicó *Destruir, dice* y dos años después *El amor* (1971), que anticipa en ciertos aspectos su obra más celebrada, *El amante* (1984), ganadora, entre otros, del Premio Goncourt. Al año siguiente apareció el relato con fondo autobiográfico *El dolor*, que fue escrito en 1945, y en 1990 su última novela, *La lluvia de verano*. La agitada vida de Marguerite Duras rivaliza y se combina con su obra hasta el punto de ser ambas difícilmente comprensibles por separado.

▲ *La escritora francesa Marguerite **Duras** fotografiada en su vejez. La autora de* El amante *reflejó aspectos de su agitada vida en algunas de sus obras.*

▲ *Primer* Autorretrato *de **Durero**, en el que el pintor sostiene entre las manos unas flores de cardo. Esta pintura de 1493 pertenece al Museo del Louvre de París.*

DURERO, ALBERTO [Albrecht Dürer] *(Nuremberg, actual Alemania, 1471-id., 1528) Pintor y grabador alemán*. Fue sin duda la figura más importante del Renacimiento en Europa septentrional, donde ejerció una enorme influencia como transmisor de las ideas y el estilo renacentistas, a través de sus grabados. Se formó en una escuela latina y recibió conocimientos sobre pintura y grabado a través de su padre, orfebre, y de Michael Wolgemut, el pintor más destacado de su ciudad natal. Como era habitual en la época, al concluir sus estudios realizó un viaje, que lo llevó a diversas ciudades de Alemania y a Venecia (1494), ciudad a la que regresaría entre 1505 y 1507 y en la cual recibiría las influencias de Mantegna y Giovanni Bellini, además de asimilar los principios del humanismo. Previamente había contraído matrimonio y abierto un taller en su Nuremberg natal, donde se dedicó a la pintura (*Retablo Paumgärtner*) y sobre todo al grabado. A esta época pertenecen las series de grabados *El Apocalipsis*, *La Gran Pasión* y la *Vida de la Virgen*, convencionales en cuanto a temática pero revolucionarios por lo que se refiere a su concepción y su complejidad técnica. Las figuras, plenas de expresividad, son esculturales y están definidas por una multitud de detalles. La minuciosidad es precisamente uno de los rasgos destacados del estilo de Durero, carácter que es probable que heredara del oficio paterno. Después de su segunda estancia en Italia, pintó algunas obras de grandes dimensiones como *El martirio de los diez mil*, en las que incorporó la riqueza del colorismo veneciano en composiciones de gran dinamismo y repletas de figuras. También por entonces pintó las figuras de tamaño natural de *Adán y Eva*, pieza clave de su creación artística. Tal era su fama que fue nombrado pintor de corte del emperador Maximiliano I (1512); también Carlos I lo reclamó. De Maximiliano realizó retratos de carácter, animados por la riqueza y variedad

---

ALBERTO DURERO
OBRAS MAESTRAS

PINTURAS: *AUTORRETRATO* (1498, Museo del Prado, Madrid); *AUTORRETRATO* (1500, Alte Pinakothek, Munich); *ESTUDIO DE UNA LIEBRE* (1502, Galería Albertina, Viena); *LA ADORACIÓN DE LOS REYES MAGOS* (1504, Uffizi, Florencia); *RETABLO PAUMGÄRTNER* (1504, Alte Pinakothek, Munich); *LA FIESTA DEL ROSARIO* (1506, Narodni Galerie, Praga); *ADÁN Y EVA* (1508, Museo del Prado, Madrid); *EL MARTIRIO DE LOS DIEZ MIL* (1508, Kunsthistorisches Museum, Viena); *LA ADORACIÓN DE LA TRINIDAD* (1511, Kunsthistorisches Museum, Viena); *LOS CUATRO APÓSTOLES* (1523-1526, Alte Pinakothek, Munich). **GRABADOS:** *EL APOCALIPSIS* (1498); *LA GRAN PASIÓN* (1510); *EL CABALLERO, LA MUERTE Y EL DIABLO* (1513, Museo del Louvre, París); *SAN JERÓNIMO EN SU ESTUDIO* (1514); *MELANCOLÍA I* (1514, Guildhall Library, Londres).

de las texturas, que rivalizan en perfección con los *Autorretratos*, quizá lo más conocido de su obra pictórica. Alberto Durero gustó de retratarse a sí mismo desde la temprana edad de trece años y mantuvo siempre esta costumbre, reflejo del nuevo interés renacentista por el hombre, y en especial el artista. Sin embargo, son los grabados las realizaciones en que dio una muestra más cabal de su genio; destacan los de 1513-1514, sobre temas imaginativos y que permiten varios niveles interpretativos: *El caballero, la muerte y el diablo, San Jerónimo en su estudio* y la triste *Melancolía I,* su obra cumbre como grabador, que constituye una compleja alegoría sobre las dificultades con que tropieza el artista en la realización de su obra creativa. Durante los últimos años de su vida, Durero se centró en la ejecución de un retablo para su ciudad natal: *Los cuatro apóstoles.* Esta obra, de grandes dimensiones e intenso colorido, refleja el trabajo de toda una vida, en particular los numerosos estudios que había hecho sobre las proporciones y la monumentalidad de la figura humana. Se recuerdan también como obras de un maestro algunos de sus dibujos de plantas y animales, así como las acuarelas pintadas por puro placer a partir de paisajes que había contemplado durante sus viajes, y los dibujos de gentes y lugares de los Países Bajos, que constituyen un testimonio histórico inapreciable. Erasmo de Rotterdam le dedicó la mejor alabanza que un humanista podía hacer de un pintor, al definirlo como el «Apeles de las líneas negras».

DURKHEIM, ÉMILE *(Épinal, Francia, 1858-París, 1917) Sociólogo francés.* Enseñó en las universidades de Burdeos y París. Formado en el positivismo, intentó aplicar los métodos científicos al estudio de las sociedades humanas, cuyo comportamiento colectivo consideraba distinto a la suma de comportamientos individuales. Tras un primer estudio dedicado al suicidio (*El suicidio, un estudio sociológico,* 1897), trató de ofrecer una teoría capaz de explicar la función social de la religión, basándose en los materiales que llegaban de observaciones antropológicas realizadas en Oceanía y América. En el ensayo titulado *Las formas elementales de la vida religiosa* (1912), explica el fenómeno religioso como mecanismo regulador de la sociedad. Aunque sus tesis fueron pronto puestas en duda, sobre todo a causa del escaso rigor empleado a la hora de discriminar sus fuentes, su importancia fue capital en la constitución de la moderna sociología como ciencia autónoma, separada y distinta de la filosofía.

▲ *Portada de la edición alemana de* La promesa, *obra de Friedrich* **Dürrenmatt,** *cuyas sátiras de la moderna sociedad civilizada y burguesa adoptan a menudo la forma de fábulas.*

▲ *François* **Duvalier** *fotografiado en Puerto Príncipe en 1963.* Papa Doc, *como era conocido, instauró una rígida dictadura personal y fue sustituido a su muerte por su hijo Jean-Claude.*

DÜRRENMATT, FRIEDRICH *(Konolfingen, Suiza, 1921-Nuremberg, Alemania, 1990) Dramaturgo y novelista suizo en lengua alemana.* Irrumpió en la escena teatral en 1947 con *Está escrito,* una pieza que escandalizó y lo señaló como escritor inconformista. Su teatro propone una nueva concepción de la obra dramática, alejada tanto de la norma aristotélica clásica como del teatro épico de Brecht, en un intento de acercarse a la realidad contemporánea, que hace imposible hablar de héroes. Para dar cuenta de esta realidad, la forma más apropiada ya no es, por tanto, la tragedia, sino la comedia, y mejor la comedia grotesca. Destacan, en este sentido, *La visita de la vieja dama* (1955) y *Los físicos* (1962), convertidas ya en sus «clásicos». Ha escrito también novelas policíacas, en las cuales desmitifica la figura del detective para demostrar la imposibilidad de controlar el azar (*La promesa,* 1958), y ensayos sobre literatura y filosofía de la historia, así como guiones para radio y televisión.

DUVALIER, FRANÇOIS, llamado *Papa Doc (Puerto Príncipe, 1909-id., 1971) Político haitiano.* Estudió medicina y ejerció como médico rural antes de ser nombrado director del Servicio Nacional de Salud, y, más adelante, ministro de Trabajo. En 1957 fue nombrado presidente, momento en el cual lanzó una dura represión contra los sectores dominantes del país, la oligarquía y el ejército, apoyándose en los *tontons macoutes,* un cuerpo policial que se labró una siniestra reputación, y de esta forma logró eliminar toda posible oposición. Para reforzar su posición, instauró una política cercana al populismo, con la que se ganó a la población negra; restableció la práctica del vudú y se ganó la hostilidad de la Iglesia Católica. En política exterior supo ganarse el apoyo de Estados Unidos, con la excusa de contener el comunismo en el Caribe. Presidente vitalicio desde 1964, al morir dejó su cargo a su hijo Jean-Claude.

DVORAK, ANTON *(Nelahozeves, actual República Checa, 1841-Praga, 1904) Compositor checo.* «Aunque me he movido en el gran mundo de la música, seguiré siendo lo que siempre he sido: un sencillo músico checo.» Con estas palabras se definía Anton Dvorak, autor de una música que expresa en el grado más alto la esencia melódica, popular y universal al mismo tiempo, de su tierra. Nacido en el seno de una humilde familia de posaderos y carniceros,

ANTON DVORAK
OBRAS MAESTRAS

ÓPERAS: *DIMITRI* (1882); *EL JACOBINO* (1888); *EL DIABLO Y CATERINA* (1899); *RUSALKA* (1900). **MÚSICA ORQUESTAL:** *3 RAPSODIAS ESLAVAS* (1875); *SERENATA PARA CUERDAS* (1875); *DANZAS ESLAVAS, OP. 46* (1878); *SUITE CHECA* (1879); *SINFONÍA NÚM. 6* (1880); *SCHERZO CAPRICCIOSO* (1883); *SINFONÍA NÚM. 7* (1885); *DANZAS ESLAVAS, OP. 72* (1887); *SINFONÍA NÚM. 8* (1889); *EN LA NATURALEZA* (1892); *CARNAVAL* (1892); *OTELLO* (1892); *SINFONÍA NÚM. 9, «DEL NUEVO MUNDO»* (1893); *CONCIERTO PARA VIOLONCELO* (1895); *EL DUENDE DE LAS AGUAS* (1896); *LA BRUJA DEL MEDIODÍA* (1896); *LA RUECA DE ORO* (1896); *LA PALOMA DE LOS BOSQUES* (1896). **MÚSICA DE CÁMARA:** *QUINTETO CON PIANO, OP. 81* (1887); *TRÍO CON PIANO «DUMKY»* (1891); *CUARTETO DE CUERDA, OP. 96 «AMERICANO»* (1893); *CUARTETO DE CUERDA, OP. 106* (1895). **MÚSICA VOCAL Y CORAL:** *HYMNUS* (1872); *STABAT MATER* (1877); *SANTA LUDMILA* (1886); *RÉQUIEM* (1890); *TE DEUM* (1892).

◄ *Retrato de Anton **Dvorak** cuando era director del Conservatorio de Nueva York, donde desarrolló una labor magnífica y compuso dos de sus mejores obras.*

el medio rural en el que transcurrió su infancia dejó una profunda huella en el espíritu del músico, que siempre mostró su apego a la tierra y sus tradiciones. Estudiante de la Escuela de Órgano de Praga desde 1857, su verdadera formación como compositor la recibió mientras actuaba como viola en la orquesta del Teatro Nacional de la capital bohemia. El exitoso estreno en 1873 de su partitura coral *Hymnus* le valió ser considerado, junto a Smetana, el abanderado del nacionalismo musical checo. Sin embargo, a diferencia de Smetana, Dvorak supo ser también un músico cosmopolita, cuya obra revela una asumida deuda con el sinfonismo germánico. Las *Sinfonías núms. 6, 7 y 8*, la *Suite checa*, las tres *Rapsodias eslavas*, las dos series de *Danzas eslavas* y el *Stabat Mater* fueron algunas de las partituras que cimentaron su fama dentro y fuera de las fronteras de su patria. Debido a su creciente reputación, en 1891 recibió la oferta de dirigir el Conservatorio Nacional de Nueva York, ciudad a la que se trasladó un año más tarde. Aunque sólo permaneció tres años en Estados Unidos, su estancia en este país fue decisiva en la gestación de dos de sus obras más populares y difundidas: el *Concierto para violoncelo y orquesta* y, sobre todo, la *Sinfonía núm. 9, «Del Nuevo Mundo»*. Empujado por la nostalgia, Dvorak regresó a su país natal en 1895. En sus últimos años de vida, su estilo –con poemas sinfónicos como *La bruja del mediodía*– se situó entre los más avanzados de su tiempo, señalando la entrada de la música checa en el siglo xx.

> *«Un artista también tiene una patria en la que debe depositar su fe y a la que debe honrar siempre.»*
>
> Anton Dvorak

DYLAN, BOB [Robert Alan Zimmerman] *(Duluth, EEUU, 1941) Cantante y compositor estadounidense de folk y rock.* Su admiración por el poeta Dylan Thomas le llevó a adoptar el apellido artístico por el que se ha hecho popular. En la década de 1960 creó un estilo propio a partir de la recuperación de la música folk, a la cual añadió unas letras cargadas de simbolismo y reivindicaciones, que le convirtieron en un líder para la juventud contestataria de su país. Canciones como *Blowin' in the Wind*, *Maters of war* o *Talkin' World War III blues* revolucionaron el pop mundial y abrieron nuevos caminos tanto para cantautores como para bandas de rock. En 1965 recurrió a los instrumentos eléctricos e inició una serie de bruscos virajes, tanto estilísticos como espirituales, que le valieron numerosas críticas de los seguidores más puristas del folk. Tras un largo período de silencio discográfico, volvió a llamar la atención con un trabajo recopilatorio grabado en directo y sin instrumentos eléctricos, *Unplugged* (1995).

► *Bob **Dylan** ofrece una conferencia de prensa en París, en 1966. El cantautor estadounidense fue una de las máximas figuras de la canción folk y de protesta durante los años sesenta.*

◄ *El creador de la cámara Kodak, George **Eastman**, durante un safari en África en 1926.*

EASTMAN, GEORGE *(Waterville, EE UU, 1854-Rochester, id., 1932) Inventor y empresario estadounidense, fundador de la industria fotográfica Kodak.* Tras realizar los estudios en la escuela pública de Rochester, trabajó durante un breve período en una compañía de seguros y como empleado de banca. Impulsado por su afición a la fotografía, experimentó y perfeccionó la placa fotográfica de gelatina de bromuro. En 1880, en colaboración con R. Strong, fundó la Eastman Dry Plate and Film Company e inició la fabricación en pequeña escala de placas secas. Su logro más importante fue la puesta a punto de la cámara instantánea, lanzada al mercado en 1888 con el nombre de cámara Kodak. Un año más tarde introdujo la película fotográfica transparente y en 1892 reorganizó el negocio bajo el nuevo nombre de Eastman Kodak Company. En 1900 lanzó la cámara Brownie, ideada para uso infantil, al precio de un dólar. En 1924 donó la mitad de su fortuna, más de setenta y cinco millones de dólares, al Instituto Tecnológico de Massachusetts y a la Universidad de Rochester, que invirtió parte del dinero en la fundación de la Escuela de Música East-

► *Retrato de Ana de Mendoza, princesa de **Éboli**, en el que aparece con su característico parche en el ojo. Su vinculación con Antonio Pérez le valió ser condenada al exilio.*

man. A partir de 1927, la compañía Kodak ejerció virtualmente el monopolio de la industria fotográfica estadounidense durante un largo período, y en la actualidad todavía se mantiene como una de las más importantes empresas de Estados Unidos en su campo. Eastman se suicidó a los setenta y ocho años de edad.

ÉBOLI, ANA MENDOZA DE LA CERDA, PRINCESA DE *(?, 1540-Pastrana, España, 1592) Noble española.* Hija de Diego Hurtado de Mendoza, y miembro de una de las más importantes familias de la nobleza castellana, casó muy joven con Ruy Gómez de Silva, príncipe de Éboli, persona muy allegada al rey Felipe II y líder del partido pa-

cifista de la corte, que propugnaba una salida negociada al problema de Flandes. Muerto su esposo en 1573, ella misma se convirtió en una de las figuras más destacadas de este grupo, junto a Antonio Pérez, el secretario del rey. Su estrecha relación con Antonio Pérez, de quien quizás era la amante, la acabó mezclando en los turbios sucesos que provocaron la caída del secretario real. Así, cuando Pérez fue acusado de instigar el asesinato de Rafael de Escobedo, secretario de Juan de Austria y antiguo colaborador suyo, para que no descubriese sus contactos secretos con los rebeldes holandeses, la princesa de Éboli se vio implicada y fue arrestada. Privada de la tutela de sus hijos, fue exiliada a Pastrana, donde falleció.

ECHEGARAY, JOSÉ *(Madrid, 1832-id., 1916) Dramaturgo español.* Hombre polifacético, fue ingeniero, economista y político, a la vez que autor teatral de gran éxito en su momento. Catedrático de física matemática en la Universidad de Madrid, dio a conocer en España nuevas teorías matemáticas, como el cálculo de variaciones, y paralelamente desarrolló una brillante carrera política. De ideología liberal, desempeñó en dos ocasiones el cargo de ministro (de Fomento, 1869-1872, y de Hacienda, 1874), fue diputado por Asturias y fundó el Banco de España. En 1882 fue elegido académico de la Real Academia Española y en 1904 compartió con Frédéric Mistral el Premio Nobel de Literatura, distinciones ambas que no fueron bien recibidas por parte de los jóvenes noventayochistas y modernistas. Adepto de la estética y las fórmulas neorrománticas y de alta comedia, o comedia de costumbres, su teatro plantea dramas pasionales, con temas como el honor ultrajado, el suicidio por amor o el adulterio, tanto en sus obras ambientadas en la época como en las de tema histórico. Su técnica teatral se basa en el golpe de efecto –a menudo imaginaba un truculento y sorprendente final y a partir de él construía toda la trama–, razón por la cual sus textos resultan a veces altisonantes y desmesurados, aunque con un verso o una prosa rítmica y fácil. Sus dramas, entre los que destacan *O locura o santidad* (1877), *El gran galeoto* (1881), *Lo sublime en lo vulgar* (1890), *Mancha que no limpia* (1895) y *A fuerza de arrastrarse* (1905), fueron muy bien acogidos por el público del Madrid de la Restauración. Escribió también algunas obras científicas, de escaso interés, y un año después de su fallecimiento se publicaron sus *Recuerdos*.

> *«Puedo estar en un error, pero no puedo hallarme en herejía, ya que el primero pertenece al orden de la inteligencia, mientras que la segunda es del orden de la voluntad.»*
>
> Meister Johann Eckhart

▼ *José Echegaray, dos veces ministro, fue un hombre polifacético. Sus dramas gozaron de gran éxito en su momento, y le llevaron a ganar el Nobel de Literatura en 1904.*

▼ *El italiano Umberto Eco, uno de los más conspicuos semiólogos del momento, autor de importantes trabajos sobre la comunicación de masas, es también autor de novelas de gran éxito.*

ECKHART, MEISTER JOHANN *(Hochheim, actual Alemania, 1260-Aviñón, actual Francia, 1327) Místico alemán.* Estudió en Colonia, donde recibió el título de maestro en teología (1303). En 1320 fue nombrado maestro de teología del Studium Generale de Colonia, aunque la heterodoxia de sus doctrinas hizo que el papa Juan XXII condenara sus doctrinas en 1329. El movimiento místico de Eckhart busca la unión del alma con Dios, a través de una serie de estadios: el alma reconoce primero que el ser pertenece sólo a Dios, mientras que ella misma no es nada por sí; en un segundo momento se descubre como imagen de Dios, cuando se ha olvidado de sí; en el tercer estadio, el alma se reconoce como idéntica a Dios, tesis que dio pie a la acusación de panteísmo, y acerca de cuyo sentido se ha discutido abundantemente; el último estadio supone la superación de Dios como creador, en su anterioridad exenta de determinaciones y que se identifica, por tanto, con la nada. Las obras principales de Eckhart son: *Opus tertium* (que dejó inconclusa) y *Quaestiones parisienses*.

ECO, UMBERTO *(Alessandria, Italia, 1932) Filósofo, semiólogo y novelista italiano.* Estudió filosofía en la Universidad de Turín y desarrolló su actividad docente en Florencia, Milán y Turín. Actualmente es titular de la cátedra de semiótica de la Universidad de Bolonia. Se le considera uno de los pensadores más cualificados en el campo de la semiótica, y ha realizado una importante tarea de difusión y clarificación de conceptos fundamentales como signo, código, metáfora o símbolo, sobre todo en su *Tratado de semiótica general* (1976). Como teórico de la literatura, ha defendido el carácter especial del discurso literario a partir de su estructura autorreferente y abierta a múltiples interpretaciones (*Obra abierta*, 1962). Es autor también de varias novelas: *El nombre de la rosa* (1980), perteneciente al género policíaco y ambientada en la Edad Media, cuyo éxito fue espectacular, *El péndulo de Foucault* (1988) y *La isla del día antes* (1995).

EDDINGTON, SIR ARTHUR STANLEY *(Kendal, Reino Unido, 1882-Cambridge, 1944) Astrónomo, físico y matemático británico.* Fue el astrónomo más reputado del período de entreguerras. Alumno brillante, se graduó en 1902 por el Owens College y en 1905 por la Universidad de Cambridge. En el año 1906 fue nombrado director asistente del Royal Observatory de Greenwich, en 1913, profesor de astronomía y filosofía experimental de la Universidad de Cambridge y, en 1914, director del observatorio de la Universidad. De 1921 a 1923 presidió la Royal Astronomical Society, siendo nombrado caballero en 1930. Entre sus trabajos más importantes destacan los relacionados con el movimiento, la estructura interna y la evolución de las estrellas, descritos en su obra titulada *La constitución interna de las estrellas* (1916). Mostró por primera vez la importancia del efecto de la presión de radiación en el equilibrio interno de una estrella, en el cual las fuerzas de atracción gravitatorias debían estar compensadas con las de repulsión ejercidas por la presión de los gases y de la propia presión de radiación. Enunció la relación entre masa estelar y luminosidad, lo que hizo posible calcular la masa de las estrellas. Eddington, además de contribuir a comprobar experimentalmente algunas de las predicciones de la teoría de la relatividad de Einstein, fue el principal introductor de la misma al mundo de habla inglesa. Realizó también numerosos trabajos sobre la expansión del universo.

EDISON, THOMAS ALVA *(Milan, EE UU, 1847-West Orange, id., 1931) Inventor estadounidense.* Fue educado en casa por su propia madre, que era maestra, pues a los siete años había sido expulsado de la escuela por «retrasado». Su interés se centró en especial en los temas relativos a los campos de la física y la química. Con tan sólo doce años empezó a trabajar como vendedor ambulante de periódicos en los ferrocarriles. Más tarde inició la impresión de un semanario y montó su primer laboratorio en un vagón de tren. Después de trabajar un tiempo como telegrafista en Boston para la compañía Western Union, en 1869 se trasladó a Nueva York con la intención de establecerse como inventor independiente. A pesar del poco éxito de su primera patente, relativa a una máquina destinada al recuento de votos, su afortunada intervención en la reparación de un indicador de precios del oro en la Bolsa, cuya avería había causado una crisis, le valió un contrato de la Western Union para introducir ciertas mejoras en dicho aparato, trabajo por el cual percibió la cantidad de 40 000 dólares. Con este dinero pudo establecerse por fin, primero en Bewark, más tarde en Menlo Park (1876) y finalmente en West Orange (1887). En esta población fundó el Laboratorio Edison –en la actualidad monumento nacional de Estados Unidos–, en el que tuvo como colaboradores, entre otros personajes destacados,

▲ *El astrofísico británico Arthur* **Eddington***, autor de importantes trabajos sobre los sistemas estelares. En 1916 estudió el equilibrio de radiación de las estrellas.*

«*El genio consiste en un uno por ciento de inspiración y un noventa y nueve por ciento de transpiración.*»

Thomas Alva Edison

▼ *Thomas Alva* **Edison** *fotografiado en junio de 1921 en su laboratorio de West Orange, Nueva Jersey, mientras examinaba uno de sus «Diamond Disc Records».*

al físico e inventor estadounidense de origen croata Nikola Tesla. La magnitud del conjunto de la obra de investigación llevada a cabo por Edison puede apreciarse en sus justas proporciones indicando que obtuvo casi 1 100 patentes, por lo que se le considera el mayor inventor de todos los tiempos. Entre otras de las muchas invenciones salidas de las manos y el ingenio de Edison destacan el telégrafo impresor, el telégrafo cuádruplex (1874), el micrófono de carbón (que mejoraba el desarrollado por A. G. Bell, inventor de la telefonía), el fonógrafo (1877), una máquina de dictado, el antecedente más directo del cine de los hermanos Lumière (el kinetoscopio, 1889), las pilas alcalinas (acumulador de ferroníquel, 1883) y diversos tipos de cemento y de hormigón. Sin embargo, su invención más popular fue el procedimiento práctico de utilización de la iluminación eléctrica, para lo cual creó, antes de haber desarrollado por completo el invento, la Compañía de Iluminación Eléctrica Edison, que recibió apoyo financiero inmediato gracias al gran prestigio personal de que el inventor gozaba ya por aquel entonces. La primera demostración práctica, coronada con un éxito completo, tuvo lugar en Menlo Park, el 21 de octubre de 1879, y dio paso a la inauguración del primer suministro de luz eléctrica de la historia, instalado en la ciudad de Nueva York en 1882, y que inicialmente contaba con 85 abonados. Para poder atender este servicio, Edison perfeccionó la lámpara de vacío con filamento de incandescencia, conocida popularmente con el nombre de bombilla, construyó la primera central eléctrica de la historia (la de Pearl Street, Nueva York) y desarrolló la conexión en paralelo de las bombillas, gracias a la cual, aunque una

de las lámparas deje de funcionar, el resto de la instalación continúa dando luz. Además de sus numerosas invenciones, Edison contribuyó a la investigación científica con el descubrimiento del denominado efecto termoeléctrico (1883), también conocido en la actualidad como efecto Edison, el cual permitiría, años más tarde, el desarrollo del dispositivo electrónico conocido como diodo (Lee De Forest), que daría paso al advenimiento de la moderna revolución de la electrónica.

EDITH PIAF → Piaf, Edith.

EDUARDO, llamado *el Príncipe Negro* (*Woodstock, actual Reino Unido, 1330-Westminster, id., 1376) Príncipe de Gales.* Brillante militar, tras firmar una alianza con Carlos de Évreux, rey de Navarra, se enfrentó a Juan II *el Bueno* de Francia, en la guerra de los Cien Años. En 1356, al frente de un pequeño ejército de 7 000 hombres, logró en Poitiers una gran victoria sobre la caballería pesada francesa, acción en la cual hizo prisionero al rey de Francia y volvió a poner de relieve la eficacia de los arqueros ingleses contra las pesadas armaduras de la nobleza gala. Tras la firma del tratado de Bretigny en 1360, se trasladó a Castilla, donde se alió con Pedro I *el Cruel* en su lucha contra Enrique de Trastámara, que estaba apoyado por los franceses. Nuevamente la capacidad militar del *Príncipe Negro* se puso de manifiesto y en la batalla de Nájera sus tropas lograron derrotar a las del Trastámara. A pesar de lo destacado de su participación, sus desacuerdos con Pedro I le hicieron retirarse de la lucha y marchar de vuelta a Aquitania.

EDUARDO III (*Windsor, actual Reino Unido, 1312-Sheen, id., 1377) Rey de Inglaterra (1327-1377).* Primogénito de Eduardo II e Isabel de Francia, creció en un ambiente enrarecido por las disputas territoriales de sus progenitores. En 1325, su madre abandonó Inglaterra y se trasladó a Francia, desde donde, con la ayuda de su amante Roger Mortimer, planeó invadir Inglaterra y deponer a su marido. En 1327, tras invadir Inglaterra y forzar la huida de Eduardo II, la reina y los nobles lo auparon al trono con el nombre de Eduardo III. Al contar sólo quince años de edad, su madre ejerció la regencia. Al año siguiente, en 1328, contrajo matrimonio con Phillippa de Hainault. Poco después, obligó a su madre a abandonar el poder y ordenó la ejecución

▲ *El rey de Inglaterra* **Eduardo III**, *promete fidelidad al soberano francés Felipe IV. El enfrentamiento entre ambos monarcas inició la guerra de los Cien Años.*

▼ *Fotografía de* **Eduardo VIII**, *monarca británico que abdicó en favor de su hermano Jorge VI para poder contraer un matrimonio que se consideró «morganático».*

de Mortimer, lo cual le permitió reinar en solitario. Combatió contra los escoceses, cuyo rey David II se vio obligado a buscar refugio en Francia, y a partir de 1337 reclamó su derecho al trono francés, lo cual motivó el inicio de la guerra de los Cien Años. Durante los primeros años de dicha confrontación, destruyó la flota francesa en Sluys (1340) y venció en la batalla de Crécy (1346).

EDUARDO IV (*Ruán, actual Francia, 1442-Westminster, actual Reino Unido, 1483) Rey de Inglaterra (1461-1483).* Junto a su padre, Ricardo, duque de York, se enfrentó al rey Enrique VI, al cual derrotó gracias al apoyo del conde de Warwick, Ricardo Neville. Tras deponer a Enrique VI y encerrarlo en la Torre de Londres, fue coronado rey, pero al poco tiempo perdió el apoyo del duque de Warwick, quien liberó a Enrique y lo presentó como rey para utilizarlo contra él. Obligado Eduardo IV a huir a Francia, desde allí buscó el apoyo de las clases medias y de Carlos *el Temerario* de Borgoña. En 1471, desembarcó de nuevo en Inglaterra y derrotó a Warwick en la batalla de Barnet, en la cual éste pereció, para, a continuación, hacer lo mismo con las fuerzas de la reina Margarita en Tewkesbury. Con la reina encerrada en la Torre de Londres y Enrique VI asesinado, Eduardo se afirmó en el poder, con medidas como la creación de la «Cámara Estrellada». A su muerte, dejó el reino a su hijo Eduardo V, aún niño, bajo la tutela de su hermano Ricardo.

EDUARDO VIII (*Richmond, Reino Unido, 1894-París, 1972) Rey británico (1936).* Hijo primogénito de Jorge V, luchó en la Primera Guerra Mundial y, como príncipe de Gales, adquirió una gran popularidad entre los británicos. Persona de carácter inconstante, con el paso de los años fue mostrando ciertas tendencias autoritarias que le llevaron a expresar su simpatía por los regímenes nazis y fascistas. Su decisión de casarse con Wallis Simpson, una estadounidense divorciada, provocó una crisis constitucional, ya que el gobierno de Baldwin no lo aceptó. Eduardo VIII se vio forzado a abdicar en su hermano Jorge VI, en una controvertida decisión, el mismo año de su subida al trono. A partir de entonces mostró una actitud muy favorable a la Alemania nazi, y llegó a ser huésped de Adolf Hitler, cosa que fue utilizada por la propaganda alemana y le originó dificultades con el Foreign Office.

EDWARDS, JORGE *(Santiago de Chile, 1931) Escritor y diplomático chileno.* Dedicado a la carrera diplomática, fue el primer representante del gobierno de Salvador Allende ante Fidel Castro en Cuba. También fue consejero cultural de la embajada de Chile en París, junto con Pablo Neruda. Tras el advenimiento de la Junta Militar, se exilió en España. Ha publicado narraciones como la novela *El peso de la noche* (1964) y las recopilaciones de relatos *El patio, Gente de la ciudad, La selva gris* y *Las máscaras,* todas ellas en la década de los sesenta. Una de sus obras más conocidas fuera de Chile es su novela autobiográfica *Persona non grata,* publicada el año 1973, en la cual recoge su experiencia diplomática en Cuba y su posterior expulsión a causa de sus críticas al régimen castrista. En 1978 regresó a Chile y ese mismo año dio a conocer la novela *Los convidados de piedra.* Más tarde publicó *El museo de cera* (1980) *La mujer imaginaria* (1986), *El anfitrión* (1987), y en 1990, el libro autobiográfico *Adiós, poeta...,* en el que rinde homenaje a su amigo Pablo Neruda. En 1999 fue galardonado con el Premio Cervantes.

EGAS, FAMILIA; HANEQUIN [Hanequin de Bruselas], su hermano **EGAS CUEMAN** y los hijos de éste **ENRIQUE** (h. 1455-1534) y **ANTÓN**, *Familia de escultores y arquitectos de origen flamenco, activos en España durante los siglos XV y XVI.* Egas Cueman y su hermano Hanequin de Bruselas llegaron a España en torno a 1448 y trabajaron jun-

▲ *El escritor y diplomático chileno Jorge* **Edwards** *durante una rueda de prensa, tras recibir el Premio Comillas en 1990.*

▼ *Paul* **Ehrlich** *fotografiado a la edad de 29 años. El médico y bacteriólogo alemán recibió en 1908 el Premio Nobel de Medicina por sus trabajos sobre inmunología.*

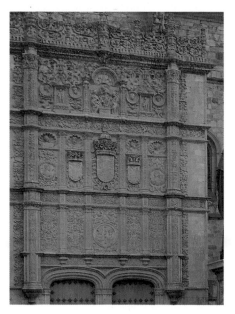

◄ *Detalle de la fachada de la Universidad de Salamanca, cumbre del estilo plateresco. La fotografía recoge el espléndido tapiz en piedra realizado por Enrique* **Egas** *hacia 1533.*

tos en la realización de la sillería del coro de la catedral de Cuenca y en la puerta de los Leones de la catedral de Toledo. Egas Cueman, buen conocedor de la pintura flamenca, introdujo en España el arte del norte de Europa, como se advierte en el trasaltar de la catedral de Toledo, ejecutado en colaboración con Juan Guas. Trabajó también en el monasterio de Guadalupe, donde dejó los sepulcros de Gonzalo de Illescas y Alonso de Velasco, además de algunos grupos escultóricos en el claustro. Su hijo Enrique Egas se formó al intervenir en los encargos familiares y trabajó con frecuencia en colaboración con su hermano Antón. Fue uno de los grandes arquitectos españoles del período comprendido entre finales del gótico y comienzos del Renacimiento. Su primera actuación fuera del marco familiar fue su intervención en el palacio del Infantado de Guadalajara, obra de Juan Guas, a quien sucedió, en 1496, como maestro de obras de la catedral de Toledo y del monasterio de San Juan de los Reyes, cuyo claustro es obra suya. Por encargo de los Reyes Católicos, se ocupó, a partir del año 1500, de la construcción de los hospitales de Santiago de Compostela, Toledo y Granada, sin duda sus obras de mayor mérito. Según el modelo adoptado por Filarete para el hospital de Milan, Enrique Egas construyó estos tres edificios con planta de cruz griega y cuatro patios en los ángulos, lo que constituyó una absoluta novedad en la época. En Granada dirigió así mismo las obras de la Capilla Real.

EHRLICH, PAUL *(Strzelin, actual Polonia, 1854-Bad Homburg, Alemania, 1915) Médico alemán.* Estudiante de medicina en las universidades de Breslau y Estrasburgo, consiguió un puesto de asistente en un hospital de Berlín. En 1883 desarrolló un método de tinción que permitía detectar el bacilo de la tuberculosis, a la sazón recién descubierto por Koch, en la sangre del paciente. El mismo Koch le llamó para ofrecerle la dirección del departamento de antitoxinas del prestigioso Instituto para las Enfermedades Infecciosas de Berlín. En las décadas siguientes, Ehrlich sentó las bases de la inmunología moderna: estudió el aspecto cuantitativo de las alteraciones químicas orgánicas y desveló el proceso generador de los anticuerpos. Así mismo, desarrolló los principios de la quimioterapia, disciplina concebida por él mismo y cuya primera aplicación práctica fue el salvarsán, compuesto de arsénico, empleado para combatir la sífilis. En 1908 le fue concedido el Premio Nobel de Medicina.

EIFFEL, GUSTAVE *(Dijon, Francia, 1832-París, 1923) Ingeniero y arquitecto francés.* Tras graduarse en la Escuela de Artes y Oficios de París en 1855, se especializó en la construcción de puentes metálicos. Su primera obra de este tipo la realizó en Burdeos en 1858; en 1877 diseñó el impresionante arco de metal de 160 metros del puente sobre el Duero, cerca de Oporto. Poco más tarde superó su propia marca con el viaducto de Garabit, durante muchos años el tendido artificial más alto del mundo (120 metros). Pionero a la hora de considerar el factor aerodinámico en sus construcciones, hasta el punto de construir en Auteuil el primer laboratorio de aerodinámica, se incluyen en su haber obras tan diversas como el domo móvil del observatorio de Niza o la estructura metálica de la célebre estatua de la Libertad, en Nueva York. Sin embargo, su mayor logro fue la impresionante torre de acero situada en París y que fue bautizada con su nombre.

EINSTEIN, ALBERT *(Ulm, Alemania, 1879-Princeton, EE UU, 1955) Físico alemán, nacionalizado suizo y, más tarde, estadounidense.* Cursó la primera enseñanza en el instituto católico de Munich, ciudad a la que se había trasladado su familia cuando él contaba pocos años de edad. En 1894, su padre, tras un revés en los negocios, marchó a Italia, mientras que Albert permaneció en Alemania para acabar el bachillerato, que concluyó con calificaciones mediocres, salvo en matemáticas. Más tarde, la familia se trasladó a Suiza, donde ingresó en la Academia Politécnica de la ciudad de Zurich, por la que se graduó en 1900. Acaba-

▶ *Albert* **Einstein** *en su vejez. Tras ejercer un papel destacado como impulsor del Proyecto Manhattan, manifestó en sus últimos años un convencido activismo antinuclear.*

«*La imaginación es más importante que el conocimiento.*»

Albert Einstein

▼ *Ejemplar de una edición inglesa de la* Teoría de la relatividad *de* **Einstein**.

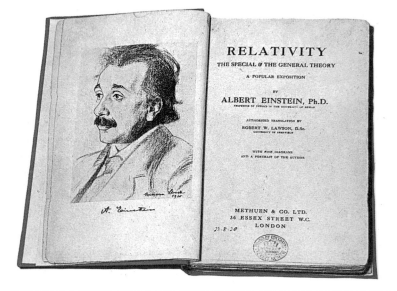

RELATIVITY
THE SPECIAL & THE GENERAL THEORY

A POPULAR EXPOSITION

BY

ALBERT EINSTEIN, Ph.D.
PROFESSOR OF PHYSICS IN THE UNIVERSITY OF BERLIN

AUTHORISED TRANSLATION BY

ROBERT W. LAWSON, D.Sc.
UNIVERSITY OF SHEFFIELD

WITH FIVE DIAGRAMS
AND A PORTRAIT OF THE AUTHOR

METHUEN & CO. LTD.
36 ESSEX STREET W.C.
LONDON

23.8.20

dos los estudios, y dado que no tenía la nacionalidad suiza, tuvo grandes dificultades para encontrar trabajo, por lo que terminó aceptando, en 1901, un puesto como funcionario en la Oficina Suiza de Patentes de la ciudad de Berna. Los estudios teóricos que llevaba a cabo mientras tanto dieron sus primeros frutos en 1905, con la publicación de cinco de sus trabajos, todos ellos de gran importancia para el desarrollo de la física del siglo XX. Uno de ellos versaba sobre el efecto fotoeléctrico, según el cual la energía de los electrones emitidos no depende de la intensidad de la luz incidente. Aplicando la hipótesis cuántica formulada por M. Planck cinco años antes, logró dar una explicación satisfactoria del fenómeno, trabajo que fue premiado en 1921 con la concesión del Premio Nobel de Física. El segundo trabajo, publicado un par de meses después del primero, trataba del movimiento browniano, que es el característico de una partícula en suspensión en un líquido, para el cual ofreció un modelo matemático plausible. Sin embargo, debe su fama a la formulación de la teoría de la relatividad restringida, basada en los resultados del experimento de Michelson-Morley en cuanto a la detección de diferencias de velocidad de la luz al cambiar de dirección cuando atravesaba el «éter». Gracias a sus trabajos logró demostrar que a partir de la hipótesis de la constancia de la velocidad de la luz y de la relatividad del movimiento, el experimento podía explicarse en el marco de las ecuaciones de la electrodinámica formuladas por J.C. Maxwell. Así mismo, demostró que el efecto de contracción de la longitud y el de aumento de la masa pueden deducirse del hecho de que la velocidad de la luz en el vacío es la máxima posible a la cual puede transmitirse cualquier señal. En el marco de esta teoría, Einstein expuso la relación existente entre la energía (E) y la masa (m) mediante la famosa ecuación: $E = mc^2$, en la que c representa la velocidad de la luz en el vacío. En 1909

consiguió finalmente, no sin muchos esfuerzos, un puesto de profesor en la Universidad de Zurich. Su fama, que continuaba creciendo de forma imparable, le llevó en 1913 al Instituto de Física Káiser Guillermo de Berlín. En plena Primera Guerra Mundial publicó un trabajo definitivo en el que expuso la teoría de la relatividad general (1915), en el cual establecía las ecuaciones que habrían de cambiar la visión del universo y de su evolución. Esta teoría, de la cual la cosmología newtoniana pasa a ser un caso particular, permitió justificar fenómenos como la precesión del perihelio de Mercurio, la deflexión de los rayos de luz por la presencia de grandes concentraciones de masa (comprobada experimentalmente en 1919 durante una expedición de la Royal Society en la que tomó parte sir Arthur Eddington), el corrimiento hacia el rojo del espectro de galaxias lejanas a causa de la presencia de campos gravitatorios intensos, etc. La llegada al poder de Hitler en Alemania coincidió con un ciclo de conferencias que estaba impartiendo en California, por lo que se estableció en Princeton, donde entró a formar parte del Instituto de Estudios Avanzados. Durante la Segunda Guerra Mundial, y ante la creciente evidencia de que Alemania estaba desarrollando el arma atómica, dirigió una famosa carta al presidente F. D. Roosevelt en la que le urgía a que desarrollase la bomba atómica. Cuando el Proyecto Manhattan dio finalmente sus frutos, con los bombardeos atómicos sobre Hiroshima y Nagasaki, la magnitud de la devastación le movió a expresar públicamente su rechazo hacia el arma que había contribuido a crear. Los últimos años de su vida los dedicó al desarrollo de una teoría del campo unificado que pudiera hacer compatibles las teorías sobre los fenómenos electromagnéticos y gravitatorios, aunque, al igual que Heisenberg, no llegó a conseguirlo.

EINTHOVEN, WILLEM *(Semarang, actual Indonesia, 1860-Leiden, Países Bajos, 1927) Fisiólogo holandés.* Se graduó en la Universidad de Utrecht e ingresó como profesor de fisiología en la de Leiden, donde permaneció desde 1886 hasta su muerte. En 1903 desarrolló el galvanómetro que lleva su nombre, gracias al cual logró medir las diferencias de potencial eléctrico experimentadas por el corazón durante las contracciones sistólicas y diastólicas y reproducirlas gráficamente. Este procedimiento, que llamó electrocardiograma, le permitió descubrir que diferentes afecciones cardíacas producían distintos registros. Entre 1908

▲ *El fisiólogo holandés Willem* **Einthoven** *fue el inventor del electrocardiógrafo, aparato que le permitió profundizar en el estudio de las enfermedades cardíacas.*

▼ *Reunión de los mandos militares aliados durante la Segunda Guerra Mundial. Sentado en el centro, el general estadounidense* **Eisenhower***, que organizó el desembarco de Normandía en 1944.*

y 1913 estudió el funcionamiento de corazones sanos para así delimitar un cuadro de referencia, gracias al cual estudiar las desviaciones provocadas por la enfermedad. Sus descubrimientos, que revolucionaron el estudio, diagnóstico y tratamiento de las patologías cardíacas, le valieron el Premio Nobel de Medicina en 1924.

EISENHOWER, DWIGHT *(Denison, EE UU, 1890-Washington D.C., id., 1969) Político y militar estadounidense.* Fue el tercero de los siete hijos de David Jacob e Ida Elisabeth Eisenhower. El fracaso en los negocios del padre le obligó a hacerse cargo, desde muy joven, de la educación de sus hermanos menores, por lo que tuvo que compaginar el trabajo y los estudios. Quizá por este motivo nunca fue un buen estudiante, y durante su paso por el instituto sólo destacó en el equipo de fútbol americano. Su interés en este deporte, más que sus inquietudes militares, lo llevó a matricularse en la academia militar de West Point; sin embargo, una grave lesión en la rodilla le apartó del equipo. Su prematura retirada lo sumió en una profunda depresión y al graduarse, en 1915, ocupó el puesto 61 de un total de 164 cadetes. Por aquellas fechas conoció a *Mamie* Geneva Doud, con quien contrajo matrimonio en julio de 1916; de la relación nacieron dos hijos, el primero de los cuales murió a los cuatro años de edad. En 1917, poco después de que Estados Unidos entrara en la Primera Guerra Mundial, Eisenhower ascendió a capitán, pero no llegó a entrar en combate, pues cuando estaba a punto de ser embarcado hacia Europa la guerra terminó. Tras varios cargos poco significativos, en 1922 fue destinado al ca-

▲ *El general Dwight* **Eisenhower**, *fotografiado por el* New York Times *en abril de 1956, durante el primero de sus dos mandatos como presidente de Estados Unidos.*

▼ *Fotograma perteneciente a la célebre escena de la escalinata de Odessa del filme* El acorazado Potemkin *(1925), dirigido por el realizador soviético Serge* **Eisenstein**.

nal de Panamá a las órdenes del general Fox Conner, la persona que ejerció en él una mayor influencia. Junto a él, Eisenhower volvió a recuperar la ilusión perdida y decidió convertirse en un militar de elite. Para ello se graduó con el número uno en la academia militar de Leavenworth, en Kansas, y cursó estudios en el Colegio de la Guerra de Washington. En 1933 se convirtió en ayudante del general Douglas MacArthur, el hombre que dirigiría las operaciones del ejército estadounidense en el Pacífico durante la Segunda Guerra Mundial. En el transcurso de esta contienda realizó el ascenso más rápido nunca visto en el ejército de Estados Unidos. Si en 1940 era un simple ayudante completamente desconocido para los mandos militares, dos años más tarde había ascendido ya a general y a sus órdenes operaba la División de Operaciones, responsable del desembarco aliado en África y, posteriormente, de la invasión de Italia, cuyo éxito motivó que Eisenhower fuera designado responsable del desembarco en Normandía, que finalmente se produjo en junio de 1944. Todo ello le valió el ascenso al grado de general de cinco estrellas, el máximo rango al que un militar podía optar, y ser recibido como un héroe en Estados Unidos. Concluida la guerra, el presidente Truman lo nombró sustituto del general Marshall al frente del ejército, cargo que ocupó hasta 1948, fecha en que abandonó la milicia para desempeñar el cargo de rector de la Universidad neoyorquina de Columbia. Tampoco en dicho cargo permaneció mucho tiempo, pues en 1950 Truman lo nombró comandante general de la recién creada Organización del Tratado del Atlántico Norte (OTAN). Visto su currículum, así como su popularidad entre el pueblo, tanto el Partido Demócrata como el Partido Republicano acudieron a él para incorporarlo a sus filas y, si era posible, convertirlo en candidato a la presidencia de Estados Unidos. Eisenhower, por su parte, declaró que siempre había sido republicano y en 1952, formando equipo con Richard Nixon, aceptó el reto: ganaron la carrera a la Casa Blanca por un amplio margen de votos y el condecorado general se convirtió en el trigésimo cuarto presidente estadounidense. Su política se denominó «republicanismo moderno», y sus ejes principales giraron alrededor de la rebaja de los impuestos y el control estatal de la economía, en cuanto a política interior, y el fin de la guerra de Corea y la lucha contra el avance del comunismo en lo referente a política internacional. Este último aspecto dominó su segundo mandato, durante el cual rompió relaciones con la Cuba de Fidel Castro e impuso lo que se conoció como doctrina Eisenhower, con la cual intentaba asegurar el control estadounidense en el Próximo Oriente en detrimento de la Unión Soviética.

EISENSTEIN, SERGE (*Riga, Letonia, 1898-Moscú, 1948) Director, montador y teórico cinematográfico soviético.* Hijo de padre judío y madre eslava, estudió arquitectura y bellas artes antes de enrolarse en las milicias populares que participaron en la Revolución de Octubre. En el Ejército Rojo entró en contacto con el teatro al trabajar como responsable de decorados y como director e intérprete de pequeños espectáculos para la tropa. Su experiencia como director de escena del Teatro Obrero (1920) lo impulsó a estudiar dirección teatral en la escuela estatal, donde desarrolló una personal concepción del arte dramático basada en la yuxtaposición de imágenes de fuerte contenido emocional. Su primer contacto con el cine fue el rodaje de un pequeño cortometraje incluido en el montaje de la obra teatral *El sabio* que llevaba por título *El diario de Glomov.* Empezó a interesarse activamente por el nuevo medio artístico y rodó el largometraje *La huelga* (1924), con una famosa secuencia en que utilizó la imagen de ganado sacrificado en el matadero intercalada con otra de trabajadores fusilados por soldados zaristas. Alejado ya del Teatro Obrero, recibió el encargo de rodar una película conmemorativa de la Revolución de 1905 que se convertiría en su obra más célebre: *El* *acorazado Potemkin* (1925). Considerada uno de los mayores logros del cine mudo, la escena del amotinamiento en el barco y la vertiginosa escena de acción de la escalinata constituyen hitos decisivos en la configuración del lenguaje cinematográfico. Inmerso en la redacción de sus primeros ensayos sobre el montaje de atracción, realizó la genial *Octubre* (1927), reconstrucción de los decisivos acontecimientos de 1917, basada en la obra del periodista estadounidense John Reed *Los diez días que conmovieron al mundo*. Comenzó entonces a tener serios problemas con la censura soviética, que le llevaron a firmar un contrato con la Paramount y trasladarse a Estados Unidos. Sin embargo, no consiguió el permiso de residencia ni poner en marcha ningún proyecto. Marchó entonces a México, donde rodó el incompleto *¡Que viva México!*, filme en el que ensayó diferentes montajes aproximativos. La Metro adquirió en una subasta parte de los negativos, que luego utilizó en *¡Viva Villa!*, mientras otra parte pasó al productor Sol Lesser, quien con ellos realizó *Tormenta sobre México*. Una amiga del propio Eisenstein, Mary Seaton, utilizó otra parte en la película *Tiempo al sol*, de influencia decisiva en el posterior desarrollo del cine mexicano. Tras su poco exitosa experiencia como cineasta en el exilio, decidió regresar a la Unión Soviética. De nuevo tropezó con grandes dificultades para desarrollar su trabajo; así, el rodaje de *El prado de Bezhin*, basada en un cuento de Ivan Turgeniev, fue interrumpido por la censura. Se dedicó entonces a la redacción de brillantes textos teóricos, mientras arreciaban los ataques políticos contra su obra y su persona; ataques que no impidieron que rodase *Alexander Nevski* (1938), su primera película sonora –con música de Serguéi Prokofiev–, con la que ganó el Premio Stalin. Con *Iván el Terrible* (1942) inició un ambicioso proyecto biográfico en torno a la figura del zar Iván IV, cuya estructura original se componía de tres partes; la obra fue interpretada por la burocracia soviética como una denuncia al culto a la personalidad de Stalin. La segunda parte del proyecto, *La conjura de los boyardos*, estuvo prohibida hasta la muerte del dictador en 1953, cinco años después del fallecimiento del propio director cinematográfico. Serge Eisenstein destacó como teórico con obras como *Teoría y técnica cinematográfica*, *La forma en el cine*, *Reflexiones de un cineasta* y *La realización cinematográfica*, amén de innumerables artículos y ensayos.

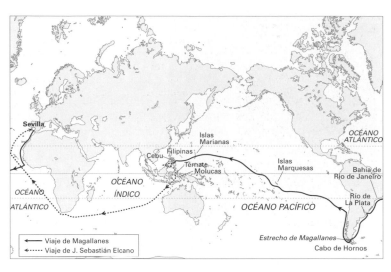

ELCANO, JUAN SEBASTIÁN *(Guetaria, actual España, h. 1476-en el océano Pacífico, 1526) Navegante y descubridor español, que consiguió dar la vuelta al mundo por vez primera*. Se alistó en la expedición de Fernando de Magallanes para descubrir la ruta occidental hacia las islas de las Especias como maestre de la nao *Concepción*. Tras invernar en la bahía de San Juan, en la Patagonia, el 28 de noviembre de 1520 alcanzaron el Mar del Sur, al que denominaron mar Pacífico. Durante tres meses navegaron por él, mientras el escorbuto diezmaba la tripulación. Magallanes murió en las Filipinas y Elcano dirigió la expedición a las Molucas. De las cinco naves sólo quedaba la *Victoria*, con la que cruzó el Índico, dobló el cabo de Buena Esperanza y puso rumbo al norte. Después de tres años y catorce días de navegación, entraba en el Puerto de Santa María. Elcano falleció en un segundo viaje a las Molucas, durante la travesía del Pacífico.

ELGAR, SIR EDWARD *(Broadheath, Reino Unido, 1857-Worcester, id., 1934) Compositor británico*. Hijo de un organista y propietario de una tienda de música, Elgar fue un músico autodidacto que no recibió ninguna formación académica formal, lo que no deja de ser sorprendente si se tiene en cuenta el impecable dominio técnico que demuestran sus composiciones y la complejidad de las mismas. De su padre recibió las primeras y prácticamente únicas lecciones de música. A partir de ahí, el trabajo cotidiano sobre el violín y el órgano, junto a la lectura de partituras, fueron configurando una personalidad y un estilo musical propios, al margen de las grandes corrientes importantes en el Reino Unido de

▲ *Mapa en el que se muestra el recorrido de la primera vuelta al mundo, iniciada por Fernando de Magallanes y culminada por Juan Sebastián* **Elcano**.

▲ *Retrato anónimo de Juan Sebastián* **Elcano** *que se encuentra en el Archivo de Indias de Sevilla. El navegante español fue el primero en completar una vuelta al mundo.*

◄ *Sir Edward **Elgar**, músico autodidacto que demuestra un dominio técnico total en sus complejas composiciones. Su obra sinfónica se inscribe en el posromanticismo europeo de finales del s. XIX.*

la época. De hecho, su música más característica, sin dejar de ser inconfundiblemente británica en el tono de muchas de sus obras (por ejemplo, las cinco marchas que integran *Pompa y circunstancia*), refleja una clara influencia del sinfonismo germánico, de Wagner y Brahms, inscribiéndose de lleno en el posromanticismo vigente en la Europa continental de finales del siglo XIX y principios del XX. Es el caso de sus dos extensas sinfonías (1908 y 1911), sus dos conciertos –para violín (1910) y para violoncelo (1919)–, el *Cuarteto de cuerda Op. 83* (1918) y el *Quinteto con piano* (1919). Otro rasgo de su personalidad que ejerció una notable influencia en el carácter de su estilo fue su profunda fe católica, perceptible en partituras como *El sueño de Geroncio* (1900) y, sobre todo, *Los apóstoles* (1903). En ellas, sus convicciones religiosas se conjugan con un género tan arraigado en la tradición musical británica como el oratorio. Conocido allende las fronteras de su patria hacia 1900, gracias sobre todo a la excelente acogida dispensada a otra de sus obras más populares, las *Variaciones sobre un tema original «Enigma»* (1899), Elgar pasó los últimos años de su vida en una especie de retiro artístico, aislado del nuevo rumbo que estaba tomando la música.

ELÍAS CALLES, PLUTARCO → Calles, Plutarco Elías.

ELÍO, FRANCISCO JAVIER (*Pamplona 1767-Valencia, 1822) Militar español.* Participó en las campañas contra los franceses en el Rosellón, Navarra y Guipúzcoa. En 1805 partió a Sudamérica, donde liberó Buenos Aires y el Río de la Plata, que estaban bajo el poder británico. Al regresar a España intervino en la última fase de la guerra de In-

▼ *Retrato del poeta angloamericano T. S. **Eliot**, galardonado con el Premio Nobel de Literatura en 1948. Notable erudito, es autor también de numerosos ensayos sobre literatura.*

dependencia y asumió la capitanía general de Valencia al ser evacuada por los franceses. En 1814 apoyó a Fernando VII para que se proclamara monarca absoluto. Elío se convirtió entonces en uno de los más crueles perseguidores de los liberales contrarios al régimen, ordenando numerosos fusilamientos. Tras el triunfo liberal en 1820, el nuevo capitán general, duque de Almodóvar, lo encarceló para evitar que el pueblo lo linchara. Acusado de dirigir un motín desde la prisión, fue condenado a garrote vil y ajusticiado.

ELIOT, THOMAS STEARNS (*Saint Louis, EE UU, 1888-Londres, 1965) Poeta británico de origen estadounidense.* Cursó estudios de filosofía y psicología en Harvard, donde también estudió el sánscrito, y en París. Ejerció como profesor de filosofía en Harvard y en Londres, en el Highgate College, para ingresar después en el Lloyd Bank londinense, aunque pronto abandonó toda actividad que no estuviera relacionada con su labor literaria: se dedicó a su obra y paralelamente fundó y dirigió la revista *The Criterion* (1922-1939), en la que publicó algunos de sus más caracterizados ensayos críticos. Admirador de Dante, Henry James, John Donne y los poetas metafísicos, se interesó por el teatro isabelino y el movimiento simbolista francés, y bajo estas lecturas fue elaborando su poética. No cesó de experimentar en sus obras un nuevo lenguaje poético: escapando de la excesiva estilización y codificación que había caracterizado la lírica inglesa hasta entonces, utilizó con frecuencia el verso libre y buscó un lenguaje actual. Sobre la base de las técnicas simbolistas, donde las imágenes visuales y las asociaciones verbales tienen un papel importante, su expresión poética es contenida y consigue mantener siempre la conciencia crítica, según la tradición de los poetas críticos ingleses, cuyo mejor ejemplo es *La tierra yerma* (1922), obra que se articula en torno a la crisis de valores en que se encuentra el hombre moderno. En sus poste-

---

THOMAS STEARNS ELIOT
OBRAS MAESTRAS

POESÍA: *PRUFROCK Y OTRAS OBSERVACIONES* (*PRUFROCK AND OTHER OBSERVATIONS*, 1917); *LA TIERRA YERMA* (*THE WASTE LAND*, 1922); *LOS HOMBRES VACÍOS* (*THE HOLLOW MEN*, 1925); *MIÉRCOLES DE CENIZA* (*ASH WEDNESDAY*, 1930); *CUATRO CUARTETOS* (*FOUR QUARTETS*, 1945). **TEATRO:** *ASESINATO EN LA CATEDRAL* (*MURDER IN THE CATHEDRAL*, 1935); *REUNIÓN DE FAMILIA* (*THE FAMILY REUNION*, 1939); *THE COCKTAIL PARTY* (1950); *EL SECRETARIO CONFIDENCIAL* (*THE CONFIDENTIAL CLERK*, 1954). **ENSAYO:** *DANTE* (1929); *ELIZABETHIAN ESSAYS* (1934); *LA IDEA DE UNA SOCIEDAD CRISTIANA* (*THE IDEA OF A CHRISTIAN SOCIETY*, 1939); *NOTAS PARA UNA DEFINICIÓN DE LA CULTURA* (*NOTES TOWARDS A DEFINITION OF CULTURE*, 1948).

riores poemas apareció una nueva preocupación existencial, relacionada con su conversión, en 1927, al anglicanismo: *Ash Wednesday* (1930) es la primera obra en la que aborda el problema de la conciencia religiosa. Entre 1935 y 1943 escribió *Cuatro cuartetos*, considerada como su obra maestra, en la que Eliot muestra su apego al pasado y a la tradición. Entre sus obras teatrales destaca la tragedia lírica *Asesinato en la catedral* (1935), basada en la fuerza del lenguaje y carente de efectos escénicos. En 1948 le fue concedido el Premio Nobel de Literatura.

ELLINGTON, DUKE [Edward Kennedy Ellington] *(Washington D.C., 1899-Nueva York, 1974) Pianista, compositor, arreglista y líder de grupo de jazz estadounidense.* Con sólo diecisiete años debutó profesionalmente en su ciudad natal. Desde 1919 tocó con varios grupos de la capital estadounidense hasta que en 1922 fue llamado para actuar en Nueva York, el punto de referencia para todo músico de jazz. Aunque no logró triunfar, adquirió la experiencia necesaria para formar su propio quinteto, The Washingtonians, con los que adquirió renombre suficiente como para realizar unas pruebas en el celebérrimo local neoyorquino Cotton Club, en Harlem. A partir de ese momento, su fama y su prestigio se fueron consolidando; las emisiones radiofónicas de sus conciertos se hicieron habituales y las apariciones de Duke Ellington and The Washingtonians en diferentes películas, junto a las diversas giras que realizó por Estados Unidos y Europa, contribuyeron a fomentar su creciente popularidad. El quinteto original fue incorporando nuevos miembros, hasta completar un total de doce en sus primeras apariciones en el Cotton Club. A principios de los años treinta, composiciones como *Mood Indigo* (1930) o *Sophisticated lady* (1933) se convirtieron en grandes éxitos y marcaron el inicio de la época dorada para el músico y su *big band*. Hacia el fin de la Segunda Guerra Mundial, abordó la composición de obras de mayor aliento temático y formal, por lo común en forma de suites sinfónicas, como *Black, brown and beige* (1944), *Frankie and Johnnie* (1945) o *Deep South Suite* (1946). Pero en esa misma época el formato de gran orquesta dejó de gustar a un público que, inmerso en la revolución *bop*, se decantaba por formaciones más reducidas y con mayor peso de un instrumento solista. A pesar de ello, Duke Ellington decidió permanecer fiel a los que siempre fueron su estilo y su

▲ *El gran músico de jazz Duke **Ellington** al piano. Ellington, que se hizo famoso en el célebre Cotton Club de Nueva York, fue el introductor de las grandes orquestas de jazz. Abajo, carátula de uno de sus discos.*

manera de entender la música, e incluso aumentó aún más el nivel de exigencia de los componentes de su formación, entre los que se contaron a lo largo de los años figuras como el trompetista Cootie Williams o el saxofonista Johnny Hodges. Su aparición en el Festival de Jazz de Newport en 1956 significó el relanzamiento de The Washingtonians, con los que inició una serie de giras por el extranjero que incrementaron su ya considerable fama internacional. Durante la década de 1960 grabó con una larga serie de jóvenes músicos de gran talento como Charlie Mingus, John Coltrane o Max Roach. Simultáneamente empezó a interesarse por la música litúrgica y compuso piezas como *In the beggining of God.* Permaneció al frente de su orquesta hasta su fallecimiento, momento en el cual tomó el relevo su hijo Mercer Ellington.

ELTSIN, BORIS → Yeltsin, Boris.

ÉLUARD, PAUL [Eugène Grindel] *(Saint-Denis, Francia, 1895-Charenton-le-Pont, id., 1952) Poeta francés.* Recibió la influencia del dadaísmo y, sobre todo, del surrealismo. Su obra, escrita a veces en colaboración con Breton, constituye la más alta manifestación poética de este último movimiento, gracias a una poesía musical y lírica, y en cierto sentido muy personal (*Capital del dolor*, 1926). Sin embargo, su obra evolucionó hacia un tipo de poesía más militante y comprometida, que lo distanció del movimiento y lo llevó a una expresión menos hermética e intimista, con *La rosa pública*, 1932, *Noches compartidas*, 1935, etc. Durante la Segunda Guerra Mundial se afilió al Partido Comunista y se convirtió en la voz poética de la Resistencia. Acabado el conflicto, retomó el tono lírico anterior, con poemas esencialmente amorosos (*Poesía ininterrumpida*, 1946).

EMERSON, RALPH WALDO *(Boston, 1803-Concord, EE UU, 1882) Escritor y filósofo estadounidense.* Se graduó en Harvard, y en 1829 se ordenó pastor unitario en Boston, para renunciar tres años después. Viajó a Europa, donde entró en contacto con el idealismo alemán y con los poetas románticos ingleses Coleridge y Wordsworth. En 1836, de regreso en Estados Unidos, publicó sus conferencias sobre cuestiones éticas, con las que fijaba los principios de una corriente filosófica denominada trascendentalismo. Poco después, publicó diversas poesías en la revista *The Dial*, en las cuales se dejaba traslucir la filosofía trascendentalista, que preconiza una superioridad de la conciencia individual frente a los dogmas religiosos. En esta época publicó sus lecciones sobre los *Reformadores de Nueva Inglaterra* y tuvo como discípulos a Nathaniel Hawthorne, Henry Thoreau y George Ripley. Viajó luego por segunda vez a Europa, donde pronunció conferencias sobre los *Hombres representativos* y recopiló las notas de las que más adelante se sirvió para escribir *Inglaterra y el carácter inglés* (1856). Al regresar, fue nombrado director del *Atlantic Monthly*, donde publicó *The conduct of life* (1860) y *Letters and socials* (1875).

EMPECINADO, EL [Juan Martín Díaz] *(Castrillo de Duero, España, 1775-Roa, id., 1825) Guerrillero y militar español.* Combatió en la guerra del Rosellón contra Francia (1793-95), y cuando las tropas napoleónicas invadieron España formó un grupo guerrillero. Obtuvo importantes victorias en las provincias de Cuenca y Guadalajara, cuya capital tomó en 1812. Durante la regencia fue nombrado mariscal de campo, pero su petición a Fernando VII de que restableciese la Constitución de 1812 le granjeó la enemistad del monarca, por lo que fue desterrado a Valladolid. Durante el trienio liberal fue nombrado gobernador militar de Zamora, pero al producirse la invasión absolutista de los Cien Mil Hijos de San Luis huyó a Portugal. Capturado en Roa en 1823, fue condenado a morir en la horca. En el momento de ser conducido al patíbulo se liberó de las cadenas que lo sujetaban y sus guardianes lo mataron a bayonetazos. Aun así, su cadáver fue colgado en la horca de manera ejemplar.

◄ *Retrato de Juan Martín Díaz, el* **Empecinado**. *Como jefe de una guerrilla, tuvo en jaque a las fuerzas napoleónicas durante toda la guerra de la Independencia española.*

> «No hace falta ver
> la realidad
> tal como yo soy.»
>
> Paul Éluard

▼ *Portada de una edición facsímil del* Cancionero de Juan del **Encina**. *También dramaturgo y músico, se le considera uno de los fundadores del teatro en lengua castellana.*

EMPÉDOCLES DE AGRIGENTO *(Acragas, Sicilia, 484 a.C.-?, 424 a.C.) Filósofo y poeta griego.* Para dar cuenta de los cambios a los que está sometido el mundo, Empédocles afirmaba que debe haber más de un principio, por lo cual postuló la existencia de cuatro elementos: la tierra, el aire, el fuego y el agua, de cuyas combinaciones surgen todas las cosas. Por ello, nada es verdaderamente destruido, sino sólo transformado en otra combinación. El amor y el odio serían los principios de atracción y repulsión que dominan alternativamente el curso del universo, en un ciclo siempre repetido. Empédocles desempeño también un papel muy importante en el desarrollo de la escuela de medicina de Sicilia y al parecer salvó a la ciudad de Sileno de una plaga. Una leyenda explica que, cansado de la vida y de que la gente no creyera en su carácter divino, Empédocles se suicidó saltando al cráter del volcán Etna.

ENCINA, JUAN DEL [Juan de Fermoselle Encina] *(Encinas, España, 1469-León, id., 1529) Poeta, músico y dramaturgo español.* Hijo de un menestral, ingresó en la catedral de Salamanca como mozo de coro y entró más tarde al servicio del hermano del duque de Alba, quien le financió los estudios de bachiller en leyes en la Universidad de Salamanca, donde probablemente tuvo como maestro a Antonio de Nebrija. En la corte ducal presentó sus primeras composiciones poéticas y musicales, de carácter festivo, con gran éxito. A principios del siglo XVI viajó a Roma, donde gozó del favor papal, y en 1519, habiendo recibido el orden sacerdotal, peregrinó a Tierra Santa. A su vuelta se instaló definitivamente en España, adscrito como capellán a la catedral de León desde 1523. Su obra musical, de la que se han conservado 68 piezas, se encuentra reunida en el *Cancionero* musical de Barberini (1890); representativo del arte polifónico castellano, viene a reforzar la expresividad del texto. El *Cancionero* (Salamanca, 1496) está formado por sus composiciones juveniles, de tono popular, y lo precede un tratado, *Arte de la poesía castellana*, a la manera de la poética trovadoresca, que anuncia ya la preceptiva renacentista. Como dramaturgo, Encina se sitúa a caballo del teatro medieval y el renacentista. En las quince églogas que de él se conservan, se percibe el tránsito de un inicial marco medieval en la concepción de las representaciones pastoriles a una nueva perspectiva renacentista y pagana, que coincide con su estancia en Roma, en obras como la *Égloga de Fileno, Zambardo y Cardonio*, escrita en octavas de arte mayor, la *Égloga de Cristino y Febea* o la *Égloga de Plácida y Victoriano*, en las que trata el amor, de tipo erótico, como un destino trágico que los dioses paganos logran evitar al final.

ENGELS, FRIEDRICH *(Barmen, actual Alemania, 1820-Londres, 1895) Teórico socialista alemán.* Nacido en el seno de una familia de industriales protestantes, estudió en la Universidad de Berlín, donde entró en contacto con el grupo de los «jóvenes hegelianos», cuyo pensamiento cuestionó más tarde en sus obras. En 1842 conoció en Colonia, en la redacción del *Rheinische Zeitung*, a Karl Marx, con quien inició una larga amistad. Con la excusa de visitar una fábrica que la empresa de su padre tenía en Manchester, se trasladó a esta ciudad, donde analizó las características de la sociedad inglesa. Fruto de estas investigaciones fue su obra *La condición de la clase obrera en Inglaterra*, que dio a conocer en 1845. El año anterior había mantenido en París un encuentro con Marx que sería decisivo para la futura colaboración de ambos pensadores. La primera obra que realizaron juntos fue *La Sagrada Familia*, publicada en 1845, que constituye una crítica de los jóvenes hegelianos y del idealismo. Tres años más tarde le siguió el más célebre de sus escritos realizados en colaboración, el *Manifiesto comunista*. En la primavera de ese mismo año (1848), Engels y Marx regresaron a Alemania para prestar su apoyo a la Liga de los Comunistas. En Colonia fundó con Marx el *Neue Rheinische Zeitung*, en el que publicó sus tesis revolucionarias y sus reflexiones sobre la Europa de la época. Fracasada la revolución, Engels regresó al Reino Unido y continuó colaborando con Marx. Miembro destacado de la Primera Internacional, continuó su relación con los socialistas alemanes, a los que aconsejó en los momentos clave del desarrollo del movimiento obrero. Durante los últimos años de su vida escribió otros libros reveladores de su pensamiento, entre ellos *El origen de la familia, la propiedad privada y el Estado*, en 1884.

ENNIO, QUINTO *(Rudia, actual Italia, 239 a.C.-Roma, 169 a.C.) Poeta latino.* Formado en la cultura helénica, fue llamado por Catón *el Viejo* a Roma, donde impartió lecciones de griego y entró en contacto con personajes influyentes, como los Escipiones o

▲ *Retrato de Friedrich* **Engels**. *El pensador alemán elaboró junto con Karl Marx el* Manifiesto comunista *(1848) y otras obras fundamentales del pensamiento socialista.*

FRIEDRICH ENGELS

OBRAS MAESTRAS

LA CONDICIÓN DE LA CLASE OBRERA EN INGLATERRA (*DIE LAGE DER ARBEINTENDEN KLASSE IN ENGLAND*, 1845); *LA SAGRADA FAMILIA* (*DIE HEILIGE FAMILIE*, 1845), en colaboración con K. Marx; *LA IDEOLOGÍA ALEMANA*, (*DIE DEUTSCHE IDEOLOGIE*, 1845-1846); *MANIFIESTO COMUNISTA* (*MANIFIEST DER KOMMUNISTISCHEN*, 1848), en colaboración con Karl Marx; *DIALÉCTICA DE LA NATURALEZA* (*DIALEKTIK DER NATUR*, 1873-1883); *LA SUBVERSIÓN DE LA CIENCIA POR EL SEÑOR EUGEN DÜHRING*, más conocida como *ANTI-DÜHRING* (*HERRN EUGEN DÜHRINGS UMWÄLZUNG DER WISSENSCHAFT*, 1878); *EL ORIGEN DE LA FAMILIA, LA PROPIEDAD PRIVADA Y EL ESTADO* (*DER URSPRUNG DER FAMILIE, DES PRIVATEIGENTUMS UND DES STAATES*, 1884); *LUDWIG FEUERBACH Y EL FIN DE LA FILOSOFÍA CLÁSICA ALEMANA* (*LUDWIG FEUERBACH UND DAS ENDE DER KLASSISCHEN DEUTSCHEN PHILOSOPHIE*, 1888).

Marco Fulvio, a los que fue introduciendo en la cultura griega. Adaptó entonces obras de poetas griegos, tanto clásicos como contemporáneos, al gusto romano. Escribió también obras originales, como los *Anales*, poema épico en dieciocho libros, compuesto en hexámetros, en donde narra la historia de Roma, y que tuvo una gran influencia en poetas posteriores, o las *Sátiras*, género nuevo en la tradición romana. Así mismo, es autor de una veintena de tragedias, que toman como modelo a Eurípides. El conjunto de su obra tuvo una gran importancia en la consolidación de la poesía nacional romana e influyó notablemente sobre poetas como Lucrecio y Virgilio.

ENRIQUE I DE GUISA, llamado *le Balafré (Caracortada) (?, 1550-Blois, Francia, 1588) Político y militar francés, primer duque de Guisa.* Líder de la facción ultracatólica de la corte francesa, tomó parte activa en la guerra civil intermitente que enfrentó a católicos y hugonotes entre 1562 y 1598. Fue uno de los protagonistas de la matanza de la Noche de San Bartolomé, en 1572. Cuatro años más tarde organizó a los católicos en la llamada Liga Santa con el objetivo de presionar al rey Enrique III para que anulase el edicto de Beaulieu, que instituía una cierta tolerancia religiosa. En 1577 el rey recortó mediante un nuevo edicto las libertades del anterior, pero disolvió la Liga Santa de Enrique de Guisa y sus seguidores, quienes tampoco estaban satisfechos con la nueva paz alcanzada. La muerte del duque de Alençon, en 1584, convirtió al hugonote Enrique de Navarra en el heredero al trono de Francia, dado que el rey no tenía descendencia. El posible acceso de un protestante al trono francés no sólo repugnaba a la Liga, sino que también preocupaba a Felipe II de España, quien optó por ayudar económicamente al duque de Guisa. La presión de la Liga obligó a ceder de nuevo al monarca, quien apartó a Enrique de Navarra del orden sucesorio y revocó todos los edictos de tolerancia. Ante esta situación, el de Navarra se sublevó, con lo cual se inició la llamada guerra de los Tres Enriques. La situación del rey era muy comprometida: sin apenas tropas, dependía por entero del duque de Guisa, y éste se aprovechó de ello. En 1588, el soberano trató de recuperar su independencia y contrató fuerzas mercenarias, pero frustró el intento una sublevación del pueblo en París (el llamado «día de las barricadas»), orquestada por el embajador español Mendoza y el mismo duque de Guisa. Así, el rey Enrique, con su ejército disperso, no pudo enviar ayuda a Inglaterra, amenazada por la Armada Invencible. Los católicos de la Liga convocaron nuevos Estados Generales en Blois, en los cuales Enrique hubo de soportar la humillación de tener que aceptar todas sus propuestas y nombrar al duque de Guisa teniente general del reino. Entonces, el rey jugó su última baza y tendió una trampa al de Guisa, quien cayó asesinado por unos sicarios en los mismos aposentos reales.

ENRIQUE II *(Le Mans, Francia, 1133-Chinon, id., 1189) Rey de Inglaterra (1154-1189).* Hijo de Godofredo de Anjou y de Matilde, nieta de Guillermo *el Conquistador*. En 1152 casó con Leonor de Aquitania, convirtiéndose en señor de un extenso reino atlántico que se extendía desde los Pirineos hasta Escocia. En 1154 fue reconocido como rey de Inglaterra y cuatro años más tarde se apoderó de Bretaña. En Inglaterra, se caracterizó por su labor de reorganización del reino, consolidó la Cámara Real de Cuentas y organizó un cuerpo de jueces itinerantes, encargados de hacer valer la justicia real y controlar a los barones del reino y a los oficiales reales, a los que había otorgado amplios poderes para hacer frente a los señores feudales. Además, estableció entre los nobles el derecho de *écutage*, que les permitía quedar exentos del servicio de armas previo pago de una suma. Así pudo financiar un ejército de mercenarios para operar en el continente, sin depender de los barones ingleses, lo cual reducía la influencia de este grupo social, siempre problemático. La necesidad de financiación para llevar a cabo sus empresas lo enfrentó con la Iglesia, encabezada por su antiguo amigo Thomas Becket, al que había hecho nombrar arzobispo de Canterbury, con la esperanza de que se atenuase la oposición eclesiástica. Becket, en cambio, defendió los derechos de la Iglesia frente a la promulgación de la Constitución de Clarendon en 1164, que otorgaba a la justicia real el poder de juzgar los crímenes cometidos por eclesiásticos. El asesinato de Becket a manos de dos caballeros del rey atrajo sobre Enrique II la repulsa general y lo obligó a infeudar sus territorios al Papa. En los últimos años de su vida tuvo que enfrentarse en repetidas ocasiones a sus hijos, pero consiguió consolidar el poder real en Inglaterra de forma duradera.

▼ *Detalle de* La Virgen de Tobed, *atribuida a los hermanos Jaume y Pere Serra, en la que aparecen* **Enrique II** *de Castilla y su hijo, el futuro Juan I.*

ENRIQUE II DE TRASTÁMARA, llamado *el Bastardo (Sevilla, 1334-Santo Domingo de la Calzada, actual España, 1379) Rey de Castilla (1369-1379).* Hijo ilegítimo de Alfonso XI y de Leonor de Guzmán, enemistado con su hermanastro Pedro I *el Cruel*, se exilió en Francia, donde recabó el apoyo de la Corona francesa, de Pedro *el Ceremonioso* de Aragón y el de otros nobles castellanos descontentos con Pedro. Tras sufrir una derrota en Nájera, en 1367, a manos del aliado de su hermanastro, el *Príncipe Negro*, consiguió imponerse en la lucha gracias a las «compañías blancas» de Beltrán de Guesclin. Con Pedro asesinado en Montiel en 1369, Enrique se convirtió en el nuevo rey de Castilla, para lo que tuvo que recompensar ampliamente a la nobleza que había luchado a su lado, al tiempo que protegía a los judíos, a los cuales había atacado inicialmente, como elemento propagandístico, ya que necesitaba de sus servicios.

ENRIQUE III *(Fontaineblau, Francia, 1551-Saint-Cloud, id., 1589) Rey de Francia (1574-1589).* Tercer hijo de Enrique II y Catalina de Médicis, de joven fue nombrado duque de Anjou. Protegido por su madre, fue nombrado jefe del ejército en la lucha contra los hugonotes durante el reinado de su hermano Carlos IX. En 1573 fue coronado rey de Polonia, pero, muerto su hermano, al año siguiente regresó a Francia para ser coronado rey. Durante su rei-

▶ **Enrique III**, rey de Francia, *retratado por François Quesnel en 1585. En el lienzo, el pintor refleja la expresión amarga de un hombre enfermo y prematuramente envejecido.*

nado otorgó libertad de culto a los hugonotes, lo cual motivó la fundación, por parte de los católicos, de la Santa Liga, y la continuación de las guerras de religión que asolaron Francia entre 1562 y 1598. Tras la muerte de su hermano Francisco y no teniendo él mismo descendencia masculina, nombró sucesor al hugonote Enrique de Navarra, lo cual dio inicio a un conflicto de sucesión (guerra de los Tres Enriques). En mayo de 1588, el alzamiento armado de los partidarios de la Liga («día de las barricadas») le obligó a abandonar París y buscar refugio en Chartres. Así mismo, se vio obligado a convocar los Estados Generales. Al verse derrotado, se alió con Enrique de Navarra para invadir París, pero poco antes de hacerlo fue asesinado.

ENRIQUE IV *(Pau, Francia, 1553-París, 1610) Rey de Navarra (1562-1610) y rey de Francia (1589-1610).* Hijo de Antonio de Borbón y de Juana de Albret, se puso del lado de los hugonotes en las guerras de religión que asolaron Francia. Casado con Margarita de Valois, para promover la reconciliación del reino se vio forzado a abjurar del protestantismo tras la Noche de San Bartolomé, pero, después de huir de la corte de los Valois, volvió a la religión reformada. A la muerte de Enrique III, el último monarca Valois, se convirtió en el heredero de la Corona francesa, para lo que tuvo que abrazar de nuevo la religión católica. Esto, unido a su creciente prestigio, hizo que fuese aceptado por el pueblo, indignado por la intervención española, en apoyo de la ultracatólica Liga, en los conflictos internos de Francia. De esta manera logró imponerse a la oposición interior y unir al reino en la guerra contra España. Tras la paz de Vervins, con la situación restablecida, Enrique IV se dedicó a recuperar la paz interna mediante una política de tolerancia religiosa.

ENRIQUE V *(Monmouth, actual Reino Unido, 1387-Vincennes, actual Francia, 1422) Rey de Inglaterra (1413-1422).* A la muerte de su padre, Enrique IV, ciñó la corona con la firme decisión de recuperar los territorios continentales en poder de la Corona francesa que los monarcas ingleses habían reclamado durante siglos. Con un pequeño pero disciplinado ejército desembarcó en Francia en 1415, y tomó la ciudad de Harfleur. Enrique decidió realizar una incursión hasta Calais, a través de territorio enemigo. Bloqueado en Azincourt por una fuerza muy superior de caballería pesada francesa, presentó batalla y, contra

▲ *Grabado de Jacques Callot en el que aparece el rey* **Enrique IV** *dirigiendo las operaciones militares para la ocupación de París, una de las obsesiones del monarca.*

▲ *Detalle de un retrato ecuestre de* **Enrique IV** *de Francia. Tras su boda con Margarita de Valois y las matanzas de la Noche de San Bartolomé, abjuró de su confesión protestante.*

todo lo previsible, venció, gracias a los arcos largos (*long bow*) británicos, que destrozaron a la flor y nata de la nobleza francesa. La continuación de la guerra con Francia, conocida como la guerra de los Asedios, le reportó la conquista de Normandía, y con el tratado de Troyes, en 1420, la mano de la princesa Catalina, hija de Carlos IV de Francia.

ENRIQUE VIII *(Greenwich, actual Reino Unido, 1491-Westminster, id., 1547) Rey de Inglaterra (1509-1547).* Segundo hijo de Enrique VII, se convirtió en heredero del trono al morir su hermano Arturo (1502), con cuya viuda, Catalina de Aragón, se había casado antes de ceñir la corona (1509). Durante los primeros años de su reinado, su política exterior estuvo dirigida por el ministro Wolsey, quien moderó la influencia de Fernando II de Aragón, padre de Catalina, y del papa Clemente VII. Aun así, en 1511 se adhirió a la Liga Santa contra Francia, a cuyo ejército venció en 1513 en Guinegatte. A pesar de la paz firmada al año siguiente, la guerra contra Francia se reanudó más adelante, merced a su alianza con Carlos I de España. Sin embargo, alertado por la victoria de éste en Pavía, en 1525, sobre Francisco I de Francia, y ante el creciente poder imperial en el continente, optó por aliarse con el monarca francés. Durante esta época escribió un panfleto contra Lutero (*Assertio septem sacramentorum,* 1521) por el que recibió del Papa el título de «defensor de la fe». En el interior, gobernó inicialmente consultando a la Cámara de los Comunes y apoyó las artes. Así mismo, modernizó y transformó las estruc-

▲ El rey **Enrique VIII**,
a la izquierda, representado
en un acto institucional
junto al obispo Sherburne.
El soberano inglés
protagonizó un cisma
eclesiástico que dio origen
a la Iglesia Anglicana.

▶ Retrato de **Enrique VIII**
de Inglaterra. La venta
de los bienes eclesiásticos
secularizados le permitió
organizar y potenciar una
flota que se convertiría
en la primera del mundo.

turas feudales del reino y centralizó el poder en sus manos. Se anexionó Irlanda, de la cual se hizo coronar rey en 1541, unificó los territorios bajo su dominio y asimiló a Inglaterra el país de Gales; por último, ocupó Escocia, a cuyas tropas derrotó en la batalla de Flodden (1513) y en la campaña de Solway Moss (1542). La preocupación por asegurar su sucesión y el intento de evitar las guerras civiles que habían convulsionado el reino durante el siglo XV lo llevaron a eliminar a los posibles pretendientes al trono y a buscar un descendiente varón, puesto que de los seis hijos que le había dado Catalina sólo había sobrevivido María Tudor. Con este propósito, e influido por su pasión por Ana Bolena, solicitó el divorcio. Sin embargo, su esposa Catalina no quiso concedérselo y el Papa, presionado por Carlos I, no lo autorizó. Aunque siempre se había alineado con los católicos, Enrique VIII se revolvió entonces con-

tra Roma y en 1533 rompió con el Vaticano. Mientras tanto, el Parlamento aceptó el divorcio y su matrimonio con Ana Bolena. Al año siguiente, el Acta de Supremacía consagró la escisión de la Iglesia Anglicana de la obediencia de Roma, aunque mantuvo su doctrina, como quedó de manifiesto en el Acta de los Seis Artículos de 1539. La ruptura supuso la disolución de las órdenes religiosas, la confiscación de los bienes eclesiásticos y la represión de los católicos, entre cuyas víctimas figuraron Tomás Moro y John Fisher. La situación, que había provocado la caída de Wolsey, llevó al monarca a aproximarse a Cromwell y Cramer, favorables a las tendencias protestantes. Tres años después de su matrimonio con Ana Bolena, ordenó su ejecución, acusada de infidelidad, y la sustituyó por Juana Seymour, que murió dejándole un hijo, el futuro Eduardo VI. A ella siguieron Ana de Clèves, a quien repudió en 1540, el mismo año de su matrimonio con ella, Catalina Howard, a la que hizo ejecutar, acusándola de infidelidad, tras divorciarse de ella, y Catalina Parr, quien le sobrevivió e influyó en su política de mayor tolerancia religiosa al final de su vida. Enrique VIII impulsó el desarrollo de la flota que haría de Inglaterra una potencia marítima, el comercio y la industria, merced a los ingentes ingresos que obtuvo procedentes de la venta de los bienes eclesiásticos secularizados. Su política económica no favoreció la producción agrícola ni al campesinado, sobre el cual recayeron pesadas cargas fiscales, al tiempo que la propiedad era afectada por el cercado de los campos. Los desequilibrios estructurales de la economía producidos durante su reinado no tardaron en afectar al sistema financiero del país, de lo cual derivó una crisis que se prolongó luego en tiempos de sus sucesores.

ENRIQUE EL NAVEGANTE (Oporto, 1394-Vila do Infante, Portugal, 1460) Infante de Portugal. Hijo del rey Juan I de Portugal y de Felipa de Lancaster, compartió con sus hermanos mayores, Duarte y Pedro, una esmerada formación humanística, especialmente notable en disciplinas como la política y la literatura, y en el arte de la guerra. En 1415, con tan sólo veintiún años, demostró sus aptitudes militares en el transcurso de la conquista de Ceuta, ciudad de la que posteriormente fue gobernador. De regreso en Portugal, recibió los títulos de duque de Viseu y señor de Covilha. Poco tiempo después fundó en Sagres, poblacion situada en el Algarve, un centro de estudios náuticos, geográficos y

◄ *El infante **Enrique el Navegante**, sentado, sostiene un pequeño casco de barco. Pese a que no llegó a embarcarse nunca, fomentó la navegación a través de la escuela náutica de Sagres.*

astronómicos, por el que pasaron los más destacados navegantes y cartógrafos de la época y desde donde el príncipe organizó diversas expediciones marítimas a las costas occidentales del continente africano, empresas que tenían una finalidad tanto comercial como evangelizadora. Tras algunos viajes a las costas marroquíes y de reconocimiento de Madeira (1418) y las Azores (1432), Gil Eanes, en 1434, inició la etapa de los grandes descubrimientos geográficos lusitanos al doblar el cabo Bojador, límite meridional de las exploraciones portuguesas en época medieval. Unos años más tarde, Nuno Tristão llegó al cabo Blanco (1443) y a la desembocadura del río Gambia (1446). La última expedición financiada por Enrique *el Navegante* culminó con el descubrimiento, en 1456, de las islas de Cabo Verde y del río Senegal por Alvise da Cadamosto. Gracias al mecenazgo del infante, las técnicas de navegación experimentaron un avance sin precedentes en Portugal, un progreso que, algunos años después de su muerte, acaecida el 13 de noviembre de 1460, permitiría a Bartolomeu Dias doblar el cabo de Buena Esperanza y abrir una nueva ruta comercial a Asia bordeando las costas de África (1487).

ENRÍQUEZ DE ALMANSA, MARTÍN *(Castilla, España, ?-Lima, 1583) Administrador español.* Cuarto virrey de Nueva España entre 1568 y 1580, luchó contra los indios huachiles, que habían realizado incursiones contra algunos lugares del virreinato. Por este motivo reforzó las defensas con los fuertes de San Felipe, Ojuelos y Portezue-

▼ *Retrato anónimo del marqués de la **Ensenada** que se exhibe en el Museo Provincial de Huesca. Sus reformas y su política pro francesa le enemistaron con los sectores conservadores de España.*

los. Durante su gobierno reprimió numerosas revueltas indígenas y tomó medidas para la institución formal del Santo Oficio en México. Además, impulsó el empleo de la técnica de la amalgama, la cual revalorizó la producción de plata en Nueva España, que a partir de entonces sería siempre superior a la de oro. También promovió la exportación a España de maderas tintóreas, palo brasil y lanas, recibiendo a cambio mercurio, paños y artículos de lujo. Dicho comercio se realizaba a través de Veracruz, de cuyo puerto partía anualmente, desde 1563, una flota con destino a la metrópoli. Enríquez de Almansa fue nombrado en 1581 virrey de Perú, cargo que mantuvo por espacio de dos años y durante cuyo ejercicio hizo posible el establecimiento del servicio postal en el virreinato del Perú; su gobierno estuvo marcado también por los estragos del terremoto de Arequipa (1582).

ENRÍQUEZ DE GUZMÁN, LUIS *(?, h. 1600-?, h. 1661) Administrador español.* Virrey de Nueva España entre 1650 y 1653, durante su gobierno la colonia perdió buena parte de la población indígena a causa de las pestes, las minas de plata entraron en decadencia y las comunicaciones con la metrópoli se hicieron cada vez más difíciles a causa de la piratería. También se establecieron los rasgos de las grandes haciendas o dominios, la concentración de las funciones de justicia y policía locales y se tendió a una vida de tipo patriarcal. Guzmán intentó ayudar, sin éxito, a la isla de Jamaica, que finalmente cayó en manos de los ingleses, y reprimió una sublevación de los indígenas tarahumaras originada por los abusos de los colonos. Promovido a virrey de Perú (1655 y 1661), chocó con la Inquisición y con el arzobispo Villagómez, y reprimió una sublevación de los calchaquíes en la provincia de Tucumán. Así mismo, proyectó la derogación de la institución de la mita, fuente de excesos contra los indígenas y de su permanente malestar.

ENSENADA, ZENÓN DE SOMODEVILLA Y BENGOECHEA, MARQUÉS DE LA *(Alesanco, España, 1702-Medina del Campo, id., 1781) Estadista español.* Nacido en el seno de una familia de la baja nobleza, inició su carrera en la marina, y tomó parte en la conquista de Orán (1732). Por su brillante actuación en esta operación, así como en su puesto de intendente de los ejércitos de Carlos VII de Nápoles (el futuro Carlos III de España), fue recompensado en 1736 con el título de marqués de la Ensenada. Al año siguiente fue promovido al cargo de secretario del Consejo del Almirantazgo, y colaboró como intendente de Marina en la reconstrucción naval. Mantuvo sus cargos después de la muerte de Felipe V y dedicó buena parte de sus esfuerzos a la reorganización del comercio con las colonias americanas, por lo que encargó la redacción de *Las noticias secretas sobre América*, para tener un conocimiento directo y actualizado de la situación. Inició la recaudación directa de los impuestos por el Estado, prescindiendo de los arrendadores, y formuló un avanzado proyecto de «Única contribución» que no llegó a buen término. Imbuido del espíritu mercantilista de su época, impulsó medidas proteccionistas para la industria y el comercio y, siguiendo los postulados regalistas, con la firma del concordato de 1753 consiguió que la Corona obtuviese de Roma el patronato universal sobre los beneficios eclesiásticos. En política exterior, mantuvo una actitud pro francesa, y su caída estuvo relacionada con la crisis política abierta en 1754, en la que prevalecieron los intereses británicos y antijesuitas. Ensenada fue desterrado a Granada hasta 1760, año en que, reinando ya Carlos III, volvió a la corte, pero poco después fue desterrado de nuevo por su implicación en el motín de Esquilache.

ENVER PACHÁ *(Estambul, 1881-cerca de Baldjuan, actual Tayikistán, 1922) General y político turco.* Destacó en el ejército como uno de los jefes del Comité de Unión y Progreso, grupo éste que forzó al sultán Abdülhamid a reinstaurar la Constitución de 1876 tras la revolución de los Jóvenes Turcos de 1908. Luchó en la guerra ítalo-turca de 1911 y en las guerras balcánicas (1912-1913). Designado ministro de la Guerra en 1914, y para reorganizar el desmoralizado ejército turco, se alió con Alemania, a la que prestó su apoyo durante la Primera Guerra Mundial. Tras la victoria aliada del año 1918, se refugió en Asia Central, donde, después de un inicial acercamiento a los soviéticos, murió luchando contra las tropas bolcheviques en defensa de los musulmanes.

EPICURO *(isla de Samos, actual Grecia, h. 342 a.C.-Atenas, h. 270 a.C.) Filósofo griego.* Perteneció a una familia de la nobleza ateniense, procedente del demo ático de Gargetos e instalada en Samos, en la que muy probablemente nació el propio Epicuro y donde, con toda seguridad, pasó también sus años de infancia y adolescencia. Cuando los colonos atenienses fueron

▲ *El general turco* **Enver Pachá** *fotografiado en su despacho de Andrinópolis en 1914. Como ministro de la Guerra, reorganizó el ejército turco, aliado con los alemanes.*

«*La filosofía es una actividad que con discursos y razonamientos procura la vida feliz.*»

Epicuro

expulsados de Samos, la familia se refugió en Colofón, y Epicuro, a los catorce años de edad, se trasladó a Teos, al norte de Samos, para recibir las enseñanzas de Nausifanes, discípulo de Demócrito. A los dieciocho años se trasladó a Atenas, donde vivió un año; viajó luego a Colofón, Mitilene de Lesbos y Lámpsaco, y entabló amistad con algunos de los que, como Hemarco de Mitilene, Metrodoro de Lámpsaco y su hermano Timócrates, formaron luego el círculo más íntimo de los miembros de su escuela. Ésta, que recibió el nombre de escuela del Jardín, la fundó Epicuro en Atenas, en la que se estableció en el 306 a.C. y donde transcurrió el resto de su vida. El Jardín se hizo famoso por el cultivo de la amistad y por estar abierto a la participación de las mujeres, en contraste con lo habitual en la Academia platónica y en el Liceo aristotélico. De hecho, Epicuro se opuso a platónicos y peripatéticos, y sus enseñanzas quedaron recogidas en un conjunto de obras muy numerosas, según el testimonio de Diógenes Laercio, pero de las que ha llegado hasta nosotros una parte muy pequeña, compuesta esencialmente por fragmentos. Con todo, el pensamiento de Epicuro quedó inmortalizado en el poema latino *La naturaleza de las cosas*, de Tito Lucrecio Caro. La doctrina epicúrea preconiza que el objetivo de la sabiduría es suprimir los obstáculos que se oponen a la felicidad. Ello no significa, sin embargo, la búsqueda del goce desenfrenado, sino, por el contrario, la de una vida mesurada en la que el espíritu pueda dis-

▶ *Busto de* **Epicuro**, *filósofo griego que fundó en Atenas la escuela del Jardín, abierta a la participación de las mujeres, hecho excepcional en la época clásica.*

frutar de la amistad y del cultivo del saber. La felicidad epicúrea ha de entenderse como el placer reposado y sereno, basado en la satisfacción ordenada de las necesidades elementales, reducidas a lo indispensable. El primer paso que se debe dar en este sentido consiste en eliminar aquello que produce la infelicidad humana: el temor a la muerte y a los dioses, así como el dolor físico. Es célebre su argumento contra el miedo a la muerte, según el cual, mientras existimos, ella todavía no existe, y cuando ella existe, nosotros ya no, por lo que carece de sentido angustiarse; en un sentido parecido, Epicuro llega a aceptar la existencia posible de los dioses, pero deduce de su naturaleza el inevitable desinterés frente a los asuntos humanos; la conclusión es la misma: el hombre no debe sufrir por cuestiones que existen sólo en su mente. La ética epicúrea se completa con dos disciplinas: la canónica (o doctrina del conocimiento) y la física (o doctrina de la naturaleza). La primera es una teoría de tipo sensualista, que considera la percepción sensible como la fuente principal del conocimiento, lo cual permite eliminar los elementos sobrenaturales de la explicación de los fenómenos; la causa de las percepciones son las tinísimas partículas que despiden continuamente los cuerpos materiales y que afectan a los órganos de los sentidos. Por lo que se refiere a la física, se basa en una reelaboración del atomismo de Demócrito, del cual difiere principalmente por la presencia de un elemento original, cuyo propósito es el de mitigar el ciego determinismo de la antigua doctrina: se trata de la introducción de una cierta idea de libertad o de azar, a través de lo que Lucrecio denominó el *clinamen*, es decir, la posibilidad de que los átomos experimenten espontáneamente ocasionales desviaciones en su trayectoria y colisionen entre sí. En este sentido, el universo concebido por Epicuro incluye en sí mismo una cierta contingencia, aunque la naturaleza ha sido siempre como es y será siempre la misma. Éste es, para la doctrina epicúrea (y en general para el espíritu griego), un principio evidente del cosmos que no procede de la sensación, y la contemplación de este universo que permanece inmutable a través del cambio es uno de los pilares fundamentales en los que se cimenta la serenidad a la que el sabio aspira.

▲ *Arriba, el humanista* **Erasmo de Rotterdam** *escribe en su estudio, retrato pintado por Quentin Metsys. Sobre estas líneas, página de la obra del erudito holandés* De ratione conscribendi, *en la que se puede observar cómo la Inquisición censuró partes de su texto.*

ERASMO DE ROTTERDAM, DESIDERIO *(Rotterdam, h. 1466/1469-Basilea, Suiza, 1536) Erudito y escritor holandés.* Tras quedar huérfano, y como consecuencia de la mala administración que, al parecer, los tutores hicieron de su patrimonio, se vio obligado, al igual que su hermano, a abrazar la vida conventual. Ingresó en la orden de canónigos regulares del monasterio agustino de Steyn, cercano a Gouda, donde pronunció los votos en 1488 y fue ordenado sacerdote en 1492. Su fama de buen latinista le permitió salir del convento y ocupar, en 1493, el cargo de secretario del obispo de Cambrai, con quien viajó por los Países Bajos. En 1495 obtuvo autorización para trasladarse a París, donde continuó su formación, y en 1499 viajó a Inglaterra y conoció a Tomás Moro y John Colet. Gran humanista y erudito, editó diversos textos clásicos y de los Padres de la Iglesia y, en particular, a partir de 1504, abordó la revisión de la Vulgata y trabajó en una nueva versión crítica del Nuevo Testamento. Ese mismo año publicó su *Enquiridión* o *Manual del caballero cristiano* (*Enchiridion militis christiani*), en el que propugnaba una reforma religiosa mediante el retorno a las Escrituras. Como preceptor de los hijos del médico de Enrique VII de Inglaterra, de 1506 a 1509 pudo recorrer Italia; de regreso en Londres, redactó en pocos meses el *Elogio de la locura* (*Encomium moriae seu laus stultitiae*, 1509), que se hizo célebre por su crítica mordaz de la estupidez, el egoísmo y la vanidad. Tras cinco años de estancia en Inglaterra como enseñante de teología y griego en Cambridge, en 1514 se trasladó a Alemania, donde fue objeto de una gran acogida; en 1516 recibió el título honorífico de consejero de Carlos I, a quien dedicó su *Instrucción de un príncipe cristiano* (*Institutio principis christiani*, 1515), obra en que defendía la educación en la racionalidad como clave de una regeneración de la vida pública. Ese mismo año apareció su edición del Nuevo Testamento, que fue objeto de algunas controversias. Al iniciarse la Reforma, la acogió con simpatía; él mismo había condenado la doctrina de la absolución mediante la penitencia, al igual que criticaba el poder temporal del clero y el formalismo de la Iglesia de su tiempo. Propugnó la consecución de la paz y la armonía a través del incremento del saber y del desarrollo de una religiosidad activa e interiorizada, enemiga de todo formalismo o superstición, como base de una *philosophia Christi*. En 1519 se opuso a la condena de Lutero por parte de León X, aunque ya estaba claro para Erasmo que su ideal de reforma era completamente distinto del proyecto luterano; con todo, abogó siempre por una actitud conciliadora, ya que su deseo era mantener la Iglesia unida en torno a los dogmas principales, incluido el de la autoridad papal, bien que limitada a materia de fe. La ambigua combinación de su libre ejercicio de la crítica con su postura tolerante le acarreó la enemistad tanto de católicos como de protestantes. Duramente criticado por sus colegas de Lovaina, en 1521 se mudó a Basilea y en 1524 se pronunció contra la tesis luterana de la sumisión del albedrío humano a la voluntad divina en *Disquisición acerca del libre albedrío* (*De libero arbitrio diatribe sive collatio*), en la que defendía su concepción humanista de la dignidad del hombre. Cuando la Reforma se impuso en Basilea, en 1529, se trasladó a Friburgo, donde residió hasta poco antes de su muerte. Previamente había rechazado la invitación que le hizo el papa Paulo III, futuro fundador del Tribunal de la Inquisición, para que participara en la preparación del concilio de Trento.

ERATÓSTENES DE CIRENE (*Cirene, actual Libia, 276 a.C.-Alejandría, 194 a.C.*) *Astrónomo y geógrafo griego*. Director de la biblioteca de Alejandría y tutor del hijo del rey Tolomeo III. Fue el primero en medir la circunferencia de la Tierra, y su cálculo contiene un error de sólo 90 kilómetros respecto a los cálculos actuales. También midió la oblicuidad de la eclíptica (la inclinación del eje terrestre) con gran precisión y se cree que llegó a compilar un catálogo de hasta 675 estrellas. Sus trabajos de matemáticas se conocen fundamentalmente gracias a los escritos de Pappo de Alejandría; ideó un método conocido como la «criba de Eratóstenes» que permite la elaboración de una tabla de números primos.

ERAUSO, CATALINA, llamada *la Monja Alférez* (*San Sebastián, España, 1592-Veracruz, actual México, 1635*) *Aventurera española*. Nacida en un hogar de familia noble, que pretendió consagrarla a la vida religiosa, ingresó en un convento dominico siendo adolescente. Su afán aventurero, que la llevaría a

▲ *Portada de una edición, impresa en Madrid en 1733, de* La Araucana, *obra que Alonso de* **Ercilla** *dedicó al rey Felipe II.*

▼ *Grabado del s. XIX que muestra al poeta Alonso de* **Ercilla** *trabajando en su estudio. En el lado izquierdo del pecho luce la cruz de caballero de Santiago.*

ser conocida como *la Monja Alférez*, hizo que se escapara en 1607. Disfrazada de hombre, se enroló como grumete en un barco que partía rumbo a América. Una vez allí, se distinguió por su arrojo en la lucha contra los araucanos en Chile, lo que le valió alcanzar el grado de alférez. Nadie descubrió que era una mujer hasta que, en 1624, ella misma lo confesó tras ser gravemente herida en un duelo. Enviada a España para su restablecimiento, Felipe IV recompensó sus valerosas acciones con una pensión y el papa Urbano VIII la recibió complacido. Años más tarde regresó a América, adoptando de nuevo una identidad masculina, y desapareció al desembarcar en Veracruz. Se conoce una autobiografía titulada *Historia de la Monja Alférez Doña Catalina de Erauso, escrita por ella misma*, que algunos han considerado apócrifa.

ERCILLA, ALONSO DE (*Madrid, 1533-id., 1594*) *Poeta español*. Educado en la corte, donde su madre era dama de la emperatriz, sirvió como paje al príncipe Felipe, futuro Felipe II, y le acompañó en sus viajes por Flandes e Inglaterra. Desde Londres partió hacia Chile (1555), donde se habían sublevado los araucanos. Participó en diversas batallas y empezó a escribir *La Araucana*, poema épico de exaltación militar en 37 cantos, donde narra los hechos más significativos de la expedición. Tras intervenir en unas campañas en Lima y Panamá, regresó a España (1563), donde publicó su gran obra (1569), dedicada a Felipe II, y fue nombrado gentilhombre de la corte y caballero de Santiago, tras lo cual participó en diversas acciones diplomáticas. En 1570 casó con María de Bazán, y se instaló en Madrid, donde terminó las partes segunda y tercera de su poema.

ERHARD, LUDWIG (*Fürth, Alemania, 1897-Bonn, id., 1977*) *Político y economista alemán*. Profesor de economía política en la Universidad de Nuremberg y miembro del Bundestag, el prestigio alcanzado con su programa de reforma de divisas hizo que el canciller Konrad Adenauer lo nombrara ministro federal de Asuntos Económicos en 1949. Durante el tiempo que permaneció en el cargo, realizó una extraordinaria labor de recuperación económica, conocida popularmente como el «milagro alemán». Nombrado vicecanciller en 1957, sucedió a Adenauer en la cancillería en 1963 y, dos años después, su partido, el cristianodemócrata, obtuvo una gran victoria electoral. Acusado de inmovilista por su propio partido y rechazado su plan de reformas económicas por el Parlamento, dimitió en 1966.

ERIK EL ROJO [Erik Thorvaldsson] *(?, h. 940-?, h. 1007) Explorador noruego.* Miembro de una familia de origen noruego que había emigrado a Islandia a causa de un asesinato cometido por Thorvald, el padre de Erik. Él mismo se vio pronto envuelto en diversos altercados, y, tras estar dos veces complicado en asesinatos, fue desterrado por tres años. Tras embarcarse, con su familia y sus sirvientes, en el 983, navegó hacia el oeste y descubrió y exploró Groenlandia. Acabado su exilio en el 986, volvió a Islandia, desde donde organizó una nueva expedición con unos veinticinco barcos y setecientos colonos, para asentarse en las nuevas tierras. Sólo catorce barcos y trescientos cincuenta colonos lograron llegar y fundar dos asentamientos. Hacia el año 1000, su hijo Leiv partió en un viaje de exploración, más hacia el oeste, en el cual parece ser que llegó hasta las costas de América del Norte, posiblemente a Terranova, en donde estableció una efímera colonia.

ERNST, MAX *(Brühl, Alemania, 1891-París, 1976) Pintor y escultor alemán.* Formó parte del movimiento dadaísta de Colonia, aunque desde 1919 ya realizaba asociaciones en sus obras que pueden considerarse surrealistas. Practicó diversas y originales técnicas pictóricas, siempre dentro de la estética de lo absurdo y dictadas por el automatismo característico del surrealismo. Empleó durante toda su vida el procedimiento del *collage*, como en *La mujer de cien cabezas* (1929). Mediante el balanceo de una lata de pintura agujereada experimentó la técnica del goteo, claro antecedente del futuro *dripping* de Jackson Pollock. También usó el recurso de la decalcomanía, con el que duplicaba manchas de forma simétrica, y el método del *frottage*, que consistía en la reproducción de texturas, al pintar sobre un papel superpuesto a una superficie con relieves. Con este procedimiento trabajó sus colecciones de *Bosques* y de la *Historia Natural* entre 1926 y 1928. Gran parte de su producción se caracteriza por una temática inquietante y por la aparición de formas orgánicas y minerales que crean una atmósfera de pesadilla.

ESCHENBACH, WOLFRAM VON *(Eschenbach, actual Alemania, 1170-?, h. 1220) Poeta alemán.* Pertenecía a la nobleza y frecuentó la corte del conde Hermann de Turingia. A la muerte de éste, en 1217, se trasladó a Wildenberg. Su obra denota un amplio conocimiento de la realidad, fundado en la propia experiencia y con cierta desconfianza frente a la erudición meramente libresca. Sus *Lieder* (1200-1205), de corte realista, satirizan los tópicos más exaltados del Minnesang. Su obra maestra, *El Parzival* (1200-1210), consta de 25 000 versos rimados, y su tema procede del Perceval francés de Chrétien de Troyes. La epopeya narra la vida del protagonista, desde su infancia cortesana protegida por la madre hasta su entendimiento final con Dios. Este trasfondo, síntesis de los ideales cristiano y caballeresco,

▲ *Mapa que muestra la travesía de* **Erik el Rojo** *por el Atlántico, en el curso de la cual descubrió Groenlandia. En el mapa aparece representada así mismo la ruta de la expedición de su hijo Leiv hacia Terranova.*

◄ *Max* **Ernst***, a la izquierda, fotografiado junto al ministro de Asuntos Exteriores francés y alcalde de Amboise, Michel Debré, ante una fuente donada por el artista alemán a la citada localidad.*

▲ *Miniatura de un manuscrito del s. XII del* Parzival *de* **Eschenbach** *conservado en la biblioteca estatal de Baviera, en Munich. Para esta obra, el poeta alemán se basó en el* Perceval *de Chrétien de Troyes.*

▼ *Busto del general romano Publio Cornelio* **Escipión**, *que dio a Roma algunas de sus más rotundas victorias. Por la lograda ante Aníbal en Zama fue apodado* el Africano.

sería recogido por Wagner en el siglo XIX para componer su famosa ópera homónima (*Parsifal*). Eschenbach también escribió poesías líricas de tradición cortesana, como *Titurel* y *Willehalm*, ambas inacabadas.

ESCIPIÓN, PUBLIO CORNELIO, llamado *el Africano (?, 235 a.C.-Liternum, actual Italia, 183 a.C.) Militar romano.* Hijo de Publio Cornelio, y sobrino de Cneo Cornelio, participó en la batalla de Tesino contra el ejército de Aníbal, en la cual salvó la vida a su padre. Más tarde combatió en Cannas, donde sobrevivió a la terrible derrota que sufrieron las legiones romanas. Tras la muerte de su padre y su tío en Hispania, fue nombrado procónsul a los veinticinco años y se le asignó el mando de un ejército encargado de combatir a los cartagineses en la península Ibérica. Pronto demostró sus dotes de mando, dado que poco después de su llegada tomó por sorpresa la capital cartaginesa en Hispania, Cartago Nova, en el 209 a.C. Este éxito le reportó la alianza de muchos caudillos ibéricos como Indíbil y Mandonio, que se unieron a sus filas. En los años siguientes combatió a los cartagineses en Hispania, derrotándolos en Bécula e Ilipa, y aunque no pudo impedir que el ejército de Asdrúbal, el hermano de Aníbal, lo eludiera, se dirigiese hacia el norte y marchara sobre Italia en el 208 a.C., consiguió arrojar a los cartagineses de la península Ibérica tras la toma de Cádiz en el

206 a.C. En el 204 a.C., con la autorización del Senado, reunió un ejército en Sicilia y desembarcó en las cercanías de Útica, en el norte de África. Allí derrotó a los ejércitos cartagineses que se le opusieron en la batalla de los Campos Magnos y forzó unas conversaciones de paz con Cartago que pronto se rompieron con el regreso de Aníbal de Italia. En la batalla de Zama, Escipión logró infligir la primera derrota importante a Aníbal gracias a contar por primera vez con superioridad en caballería por su alianza con el rey de Numidia Masinisa. Así Cartago se vio obligada a rendirse, con lo que concluyó la Segunda Guerra Púnica. En el año 190 a.C. participó con su hermano Lucio en una campaña en Asia, a raíz de la cual fue acusado en Roma de corrupción en las finanzas de la guerra. Escipión renunció a defenderse públicamente, quemó sus documentos personales y se retiró a Liternum, donde pasó los últimos años de su vida.

ESCIPIÓN EMILIANO, PUBLIO CORNELIO, llamado *Africano el Menor* o *Numantino (?, 185 a.C.-?, 129 a.C.) Militar romano.* Hijo de Paulo Emilio, adoptado por Publio Cornelio Escipión, *el Africano*, se educó en un ambiente helenístico y fue amigo de Polibio. En el 151 a.C. participó en las campañas en Hispania de Galba y Lúculo, como lugarteniente de este último, y se distinguió en las guerras contra las tribus celtíberas de la Meseta. Iniciada la Tercera Guerra Púnica contra Cartago, Escipión Emiliano se trasladó a África como tribuno militar, pero fue requerido para resolver un conflicto sucesorio en el reino de Numidia, obligado por la amistad del viejo rey Masinisa con los Escipiones. Habiendo solucionado el problema, marchó sobre Cartago para reforzar el asedio de la ciudad con tropas númidas. En esta acción, Escipión Emiliano tuvo un papel muy destacado, sobre todo ante la escasa efectividad de los cónsules encargados del asedio. En el 147 a.C. le fue concedido el consulado, así como el mando de las fuerzas encargadas de tomar Cartago. Restableció la disciplina entre las tropas, y, gracias a sus grandes conocimientos de la *poliercética*, el arte del asedio, consiguió estrechar el cerco sobre la capital púnica. Lenta pero metódicamente, los romanos asaltaron, uno tras otro, los barrios de Cartago hasta apoderarse de toda la ciudad, que fue finalmente pasto de las llamas. Trasladado a Hispania, se dedicó a someter a las tribus celtíberas que tantos quebraderos de cabeza estaban dando a Roma. Lo mismo que en Cartago, procedió primero a reorganizar las legiones, para lo cual utilizó los métodos más duros. A continuación avanzó contra Numancia, el foco principal de la resistencia antirromana, y la sometió a un cruel asedio (134-133 a.C.) tras cercarla con una doble empalizada, para impedir tanto las salidas de la guarnición como la llegada de refuerzos. De esta manera, la ciudad fue rendida por hambre, lo cual le valió que le fuese concedido el triunfo a su regreso a Roma. En su actividad política fue contrario a los repartos de tierras a la plebe. Murió asesinado en su propio lecho.

ESCOBEDO, MARIANO *(Galeana, México, 1826-Ciudad de México, 1902) Militar y político mexicano.* Ingresó en la Guardia Nacional, con la que participó en la guerra contra Estados Unidos (1846-1847). De tendencias liberales, apoyó el Plan de Ayutla, y entre 1854 y 1855 luchó, a las órdenes de Santiago Vidaurri, contra las tropas de Santa Anna, líder de las fuerzas conservadoras. Vencido éste, luchó en el bando liberal durante la guerra de Reforma (1857-1860). En esta ocasión, Escobedo volvió a empuñar las armas a las órdenes de Vidaurri. Tras la victoria liberal asumió la presidencia Benito Juárez (1858-1872). La decisión de este último de suspender el pago de la deuda externa provocó la reacción de Francia, que invadió México e impuso el Segundo Imperio (1864-1867), sentando en su trono a Maximiliano I. Escobedo luchó contra los franceses, a su vez ayudados por los conservadores, en Puebla, donde fue detenido. Sin embargo, las victorias liberales sobre los ejércitos imperiales facilitaron su salida de prisión, y en 1865, como jefe del Ejército del Norte, tomó Nuevo León, donde ejerció como gobernador. Al mando de las tropas que sitiaron Querétaro en 1867 capturó al emperador Maximiliano, que fue condenado a muerte junto a sus generales Miramón y Mejía. Durante el mandato presidencial de Sebastián Lerdo de Tejada (1872-1876), de quien era íntimo amigo, fue nombrado senador y ministro de la Guerra (1876). En 1877 luchó contra Porfirio Díaz, quien derrocó a Lerdo de Tejada e impuso una dictadura que se prolongó hasta 1911. Fracasó en su intento de restaurar a Lerdo de Tejada, pero consiguió un acta de diputado que mantuvo hasta su muerte.

▲ *Retrato anónimo de Georges-Auguste **Escoffier**, promotor de prestigio de la alta cocina francesa.*

▼ *Retrato ecuestre de Mariano **Escobedo**, conservado actualmente en el castillo mexicano de Chapultepec. El militar mexicano destacó en su lucha contra la invasión estadounidense.*

ESCOFFIER, GEORGES-AUGUSTE *(Villeneuve-Loubet, Francia, 1847-Montecarlo, Mónaco, 1935) Cocinero y gastrónomo francés.* Aprendió el arte culinario en un restaurante de Niza propiedad de su tío, donde entró a trabajar a la edad de trece años. Alcanzó gran renombre en las ciudades de París y Cannes, donde, en su tiempo, se concentraba la alta sociedad francesa e internacional. Durante la guerra francoprusiana de 1870, dirigió el servicio de cocina del mariscal Bizaine, y luego el del emperador alemán Guillermo II, quien le otorgó el título de "emperador de los cocineros". En 1890 se trasladó a Londres para ponerse al frente de la cocina del prestigioso hotel Savoy, y de la del hotel Arlton en 1898. Entre sus creaciones más celebradas cabe citar el melocotón Melba y los filetes de lenguado Coquelin. Por otra parte, entre sus obras de divulgación culinaria, *Mi cocina* (1934) ha conocido una amplia difusión y continuas reediciones. También son de su autoría *La guía culinaria* (1903), una de las primeras obras dedicadas a la alta cocina que mantiene su vigencia en el panorama gastronómico internacional, *El libro de los menús* (1912) y *El arroz* (1927). Escoffier fue uno de los *chefs* que consolidó el prestigio internacional que la cocina francesa ha adquirido en la era moderna.

ESCOPAS *(isla de Paros, actual Grecia, -?, s. IV a.c.) Escultor griego.* Junto con Praxíteles y Lisipo, se le considera la tercera gran figura de la escultura griega del siglo IV a.C. Se sabe que trabajó en el templo de Artemisa en Éfeso, en el de Atenea Alea en Tegea y, hacia el final de su carrera, cuando era ya un artista consagrado, en el mausoleo de Halicarnaso. Su obra se conoce sobre todo a través de copias del período helenístico. Destacan la decoración escultórica de los frontones de Tegea y la Amazonomaquia del mausoleo de Halicarnaso. En ellas se advierte un estilo de gran originalidad, caracterizado por el trazo nervioso, la fastuosidad de los drapeados y una considerable intensidad dramática, que anticipa la carga emocional propia de la escultura helenística. Constituye una magnífica síntesis de su estilo la famosísima *Ménade*, que encarna el movimiento y la gracia.

«*El* conocimiento
natural de los primeros
principios no significa
sino que, cuando
los términos simples
han sido entendidos
y combinados, el
entendimiento asiente
inmediatamente a la
verdad del principio.»

John Duns Escoto

▲ *El escocés* **Escoto** *está
considerado uno de los
iniciadores de la escolástica.
Su doctrina, enfrentada
al tomismo, es un intento
de armonizar platonismo
y aristotelismo.*

▲ *El sacerdote español*
Escrivá de Balaguer,
*fundador y presidente general
del Opus Dei, fue beatificado
en 1992 por Juan Pablo II.*

ESCOTO, JOHN DUNS, llamado *Doctor Subtilis* (*Maxton, actual Reino Unido, h. 1266-Colonia, actual Alemania, 1308) Filósofo escocés.* Estudió en París (1293-1296) y más tarde se trasladó a Oxford. En 1302 regresó a París, aunque fue desterrado al año siguiente por haber apoyado al partido pontificio contra Felipe IV, tras lo cual enseñó en Colonia hasta el fin de sus días. Sus textos más importantes son los *Comentarios sobre las Sentencias*, realizados a partir de las *Sentencias* del teólogo italiano Pedro Lombardo, y algunos tratados, entre ellos *Quaestiones quodlibetales* y *Sobre el principio primero*. El suyo es, junto al de Tomás de Aquino, el sistema más influyente de la escolástica medieval, y dio origen al escotismo, que compitió largo tiempo con el tomismo. Distinguió, como santo Tomás, la teología de la filosofía, considerando que ambas eran complementarias y nunca podían entrar en contradicción, aunque se apartó de aquél al considerar que la teología era ante todo una ciencia práctica, y no especulativa. Dio también mayor peso que santo Tomás a los particulares en la teoría del conocimiento, y destacó la libertad de la voluntad tanto humana como divina.

ESCRIVÁ DE BALAGUER, JOSEMARÍA *(Barbastro, España, 1902-Roma, 1975) Eclesiástico español.* Fue ordenado sacerdote en 1925. Tras ejercer el ministerio en diversas localidades rurales, accedió a sucesivos puestos de profesor de filosofía, ética y derecho romano en las universidades de Madrid y Zaragoza. En 1928 fundó el Opus Dei, institución cuyo objetivo es potenciar y difundir la llamada religiosa en el ejercicio del trabajo profesional. La libre incorporación de laicos, tanto hombres como mujeres, le permitió extenderse rápidamente y durante el régimen franquista ejerció una importante influencia política. Escrivá se trasladó a Roma en 1946, donde permaneció hasta su muerte. El papa Juan Pablo II le beatificó en 1992, en decisión que suscitó cierta polémica. Entre sus obras destaca *Camino* (1939), colección de aforismos de contenido religioso.

ESOPO *(s. VI a.C.) Fabulista griego.* Pocos datos ciertos existen sobre su vida, y ya en la época clásica su figura se vio rodeada de elementos legendarios. Según la tradición más difundida, nació en Frigia, aunque hay quien lo hace originario de Tracia, Samos, Egipto o Sardes. Sobre él se conocen numerosas anécdotas e incluso descripciones sobre su físico recogidas en la *Vida de Esopo*, escrita en el siglo XIV por Planudo, un monje benedictino, si bien es dudosa su validez histórica. Lo que sí parece cierto es que Esopo fue un esclavo, y que viajó mucho con su último amo, el filósofo Janto. Las fábulas a él atribuidas, conocidas como *Fábulas esópicas*, fueron reunidas por Demetrio de Falero hacia el 300 a.C. Se trata de breves narraciones protagonizadas por animales, de carácter alegórico y contenido moral, que ejercieron una gran influencia en la literatura de la Edad Media y el Renacimiento.

ESPAÑOLETO, EL → Ribera, José de.

ESPARTACO *(?, 113 a.C.-?, 71 a.C.) Gladiador romano.* Esclavo de origen tracio, en el año 73 a.C. lideró una revuelta en la escuela de gladiadores de Capua, tras lo cual, con un reducido grupo de fugitivos, se refugió en el Vesubio. Allí organizó un pequeño ejército de esclavos fugitivos y logró derrotar a las tropas enviadas contra él. Sus fuerzas fueron creciendo, y tras derrotar a las dos legiones del pretor Varilio, su ejército llegó a los 70 000 efectivos, con lo cual inició una marcha hacia el norte, arrasando las ciudades que hallaba a su paso, con el objetivo de abandonar Italia. Pero cuando parecía tener el camino libre, cambió de idea y marchó hacia el sur, en unos momentos en que Roma estaba movilizando un gran número de tropas y había llamado a sus ejércitos de fuera de Italia. Con una abrumadora superioridad numérica, estas fuerzas, al mando de Craso, Pompeyo y Lúculo, cercaron a los esclavos y los aniquilaron en los campos de Silaro.

ESPARTERO, BALDOMERO *(Granátula de Calatrava, España, 1793-Logroño, id., 1879) Militar y político español.* Nacido en el seno de una familia humilde, cursó sus primeros estudios en el seminario dominico de Almagro, en Ciudad Real. Sin embargo, el estallido de la guerra de la Independencia (1808-1814) motivó su incorporación al ejército. Al finalizar aquélla, y con el grado de subteniente, embarcó para luchar en América contra los independentistas. Regresó a España en 1825, tras ser apresado por Bolívar y escapar al fusilamiento. En 1836 fue nombrado comandante supremo del ejército del Norte y se le encomendó la lucha contra los carlistas, que se habían apoderado de varias zonas del País Vasco. Su primera gran victoria fue el levantamiento del cerco carlista sobre Bilbao, que logró tras la batalla de Luchana y que le reportó, además de una gran popularidad, el condado homónimo. Poco después negoció con Ma-

roto, comandante en jefe del ejército carlista, el convenio de Vergara (1839), que significó el fin de la guerra en el norte de España y le supuso el título de duque de la Victoria. Terminada la contienda, y gracias a su popularidad, obtuvo la presidencia del gobierno regente. Sus primeras medidas, de corte abiertamente progresista, fueron muy bien recibidas por las clases populares, pero los favoritismos de su gobierno fueron minando el apoyo que le brindaban. Finalmente, en julio de 1843, el pronunciamiento de Narváez, Serrano, O'Donnell y Prim le obligó a emigrar a Londres, donde permaneció hasta 1849. A su regreso se mantuvo alejado de la escena política, a excepción del período comprendido entre los años 1854 y 1856, durante el cual ocupó la presidencia del gobierno, si bien en realidad a las órdenes de O'Donnell. Tras la revolución de 1868 se le ofreció, desde sectores progresistas, la Corona de España, que rechazó alegando motivos de salud.

ESPEJO, FRANCISCO EUGENIO DE SANTA CRUZ Y *(Quito, 1747-id., 1795) Político y escritor ecuatoriano.* Estudió medicina, campo en el cual destacó su defensa de la vacunación, sobre todo en sus *Reflexiones acerca de un método seguro para preservar a los pueblos de las viruelas* (1783). Su talante liberal y su extraordinaria erudición lo convirtieron en una de las principales figuras de la Ilustración en América. Criticó a los jesuitas en su *Nuevo Luciano, o despertador de los ingenios* (1779), libro que inició una polémica que prosiguió con *Marco Porcio Catón* y *La ciencia Blancardina*, ambos de 1880. Su posición favorable a la emancipación le llevó al destierro en Bogotá, en 1787. De regreso en Ecuador, en 1791 contribuyó a la creación de

*◄ Retrato de Baldomero **Espartero** en el que éste luce sus múltiples condecoraciones militares. El general se convirtió en uno de los protagonistas de la política española de mediados del s. XIX.*

*▼ Retrato de Francisco **Espoz y Mina** que se encuentra en el Museo Romántico de Madrid. Héroe de la guerra de la Independencia, se significó en la defensa de la causa liberal.*

la Sociedad Económica de Amigos del País y un año más tarde fundó el periódico *Primicias de la Cultura de Quito.* En 1795 fue encarcelado por las autoridades españolas.

ESPINOSA, GASPAR DE *(Medina de Rioseco, España, entre 1467 y 1477-Cusco, actual Perú, 1537) Explorador y político español.* Nació en el seno de una familia de comerciantes y banqueros que dirigían el comercio entre Flandes y Castilla. Más tarde se instalaron en Sevilla, donde el comercio con las Indias les permitió incrementar su fortuna. Ya en edad madura, se embarcó hacia La Española, y en 1513 fue elegido alcalde mayor de Castilla del Oro. Un año más tarde formó parte de la expedición de Pedrarias Dávila al Darién. Participó en la fundación de la ciudad de Panamá (1519) y fue nombrado alcalde mayor de Santa María la Antigua. Dirigió la expedición por el litoral pacífico de América Central y fue uno de los artífices del descubrimiento del golfo de Nicoya. Regresó entonces a España, pero nombrado poco después regidor de Santo Domingo y Panamá, volvió a embarcarse hacia América. Finalmente fue a Perú, donde financió, con la ayuda de su familia, la expedición de Pizarro y Almagro, e intentó, sin éxito, la reconciliación entre ambos.

ESPINOSA, PEDRO DE *(Antequera, España, 1578-Sanlúcar de Barrameda, id., 1650) Poeta español.* En 1603 se afincó en Valladolid y entró en contacto con los literatos más famosos de su época. Dos años después compiló una antología de poetas de su época bajo el título de *Flores de poetas ilustres* (1605). Fue ordenado sacerdote y, a partir de 1618, pasó a ser rector del Colegio de San Ildefonso y capellán de los duques de Medina-Sidonia. Entre sus obras cabe destacar la *Soledad de Pedro de Jesús,* con una minuciosa catalogación de flores silvestres; *Oda a la navegación de san Raimundo desde Mallorca a Barcelona;* y la obra en prosa de corte satírico-moral *El perro y la calentura, novela peregrina,* de influencia quevediana. La poesía de Espinosa, tanto por su matiz exótico como por la revitalización de los antiguos tópicos italianos, es una clara muestra de poesía barroca.

ESPOZ Y MINA, FRANCISCO [Francisco Espoz e Ilundain] *(Idocín, España, 1781-Barcelona, 1836) Militar español.* Durante la guerra de la Independencia consiguió unir una gran fuerza de guerrilleros, con la cual hostigó a los franceses. En 1813, y con ayuda de los británicos, tomó Tafalla y participó en la toma de Zaragoza. Concluida la guerra, con

◀ *Tumba de* **Espoz y Mina** *que se encuentra en el claustro de la catedral de Pamplona, España. El militar español combatió tanto a las fuerzas carlistas como a las absolutistas en Navarra y Cataluña.*

el grado de general, en 1814 protagonizó un levantamiento fallido contra el régimen absolutista en Pamplona y huyó a Francia. Regresó en 1820, tras el pronunciamiento de Riego, y combatió en Cataluña a las partidas absolutistas, así como la invasión de los Cien Mil Hijos de San Luis (abril de 1823). Exiliado en el Reino Unido y Francia, en 1834 regresó y luchó contra los carlistas del norte. Nombrado capitán general de Cataluña, continuó las operaciones contra aquéllos, pero murió poco después.

ESPRIU, SALVADOR *(Santa Coloma de Farners, España, 1913-Barcelona, 1985) Escritor español en lengua catalana.* Irrumpió en la escena literaria catalana con narraciones breves que supusieron una significativa renovación de la estética novecentista. Siguió una serie de piezas teatrales muy marcadas por la reciente guerra civil, en las que, a través de la mitología clásica, trata el tema de las guerras fratricidas (*Antígona*, 1955; *Primera historia de Ester*, 1948). La preocupación por la situación contemporánea de su pueblo, unida a una profunda reflexión metafísica, son los ejes sobre los que se articula su obra posterior, básicamente poética, escrita durante la posguerra. Por la gran resonancia que tuvo en el ámbito hispánico, cabe destacar del conjunto de su obra poética *La piel de toro* (1960), poema en el que vuelve sobre el drama histórico de España a través de una reflexión plagada de simbolismos, y que le consagró como uno de los más importantes escritores catalanes del siglo, reconocido internacionalmente.

ESPRONCEDA, JOSÉ DE *(Almendralejo, España, 1808-Madrid, 1842) Poeta español.* Hijo de una familia hidalga de fuerte raigambre militar, estudió con Alberto Lista, de quien se convirtió en aventajado discípulo. Des-

▼ *El poeta Salvador* **Espriu**, *uno de los principales estandartes de la literatura y la cultura catalanas durante la dictadura franquista.*

JOSÉ DE ESPRONCEDA

OBRAS MAESTRAS

POESÍA: *DON PELAYO; EL ESTUDIANTE DE SALAMANCA* (1836-1837); *EL DIABLO MUNDO* (1840); *A JARIFA EN UNA ORGÍA; POESÍAS DE DON JOSÉ DE ESPRONCEDA* (1840; incluye *LA CANCIÓN DEL PIRATA*). **TEATRO:** *BLANCA DE BORBÓN* (escrita en colaboración con Moreno López, 1870). **NOVELA:** *SANCHO SALDAÑA O EL CASTELLANO DE CUÉLLAR* (1834); *LA PATA DE PALO* (1835).

de muy joven se sintió atraído por la literatura y por la actividad política, aficiones ambas que definirían su carrera futura. En 1823, y a raíz de la ejecución del general Riego, fundó, junto a Patricio de la Escosura, una sociedad secreta en pro de la libertad cuyos jóvenes miembros se hacían llamar los Numantinos. La represión política que siguió al trienio liberal motivó su encierro en un convento de Guadalajara, donde emprendió la redacción de *Don Pelayo*, poema épico de corte neoclásico que dejó inacabado. Tras recobrar la libertad, regresó a Madrid, pero los acontecimientos políticos del país lo impulsaron a marchar al extranjero. Partió hacia Gibraltar, y de allí pasó a Lisboa, de donde fue expulsado, por lo que hubo de refugiarse en Londres, por aquel entonces punto de reunión de los liberales españoles, en cuyas reuniones participó. En Londres conoció a Teresa Mancha, con quien mantuvo una accidentada relación sentimental. Informado de los acontecimientos revolucionarios que se producían en julio de 1830 en París, allí acudió para participar y, poco después, formó parte de la frustrada expedición liberal del coronel Chapalangarra que intentó entrar en España. Durante su ausencia de Londres, su antigua amante, Teresa, había contraído matrimonio con un comerciante, por lo que ambos decidieron fugarse juntos. Tras otra breve estancia en París, en 1833 regresaron a España, donde Espronceda ingresó en el cuerpo de la Guardia Real. Sus inquietudes políticas, sin embargo, le valieron un destierro en Cuéllar, en 1834, y posteriormente el traslado a Badajoz. También debió esconderse tras la llegada al poder de Toreno, contra cuyo gobierno se rebeló. Durante sus breves etapas en Madrid, participó activamente en la vida literaria de la capital, y a pesar de sus frecuentes encarcelamientos y destierros pudo escribir sus primeras obras. El contacto con la poesía romántica europea (Byron, Scott) influyó en él poderosamente y orientó su propia producción poética hacia un romanticismo exaltado, pletórico de ritmo, color y fantasía. En 1834 publicó *Sancho Saldaña*, una novela histórica, y por las mismas fechas escribió varias comedias y el drama histórico *Blanca de Borbón*, que se editó póstumamente. El reconocimiento público, sin embargo, le llegó gracias a su producción lírica, publicada a partir de entonces en varios diarios y revistas. La aparición de su ambicioso poema titulado *El estudiante de Salamanca* en el periódico *El Español* (1836) supuso su primer gran éxito; revisitación del mito literario de don Juan, el héroe se tiñe

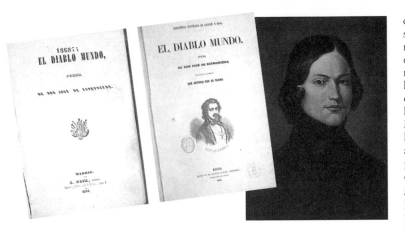

en esta versión de caracteres románticos y se enfrenta a la sociedad y a Dios desde una postura de abierta rebeldía. *El diablo mundo*, el segundo de sus grandes poemas, constituye una visión épica y moral de la España de su tiempo, que trasciende a epopeya de la humanidad entera. En paralelo, incrementó su actividad política, en especial tras la publicación del opúsculo *El ministerio Mendizábal* (1836), en el que incluía ideas de Saint-Simon. Por aquellas fechas, la relación con Teresa era ya insostenible y ésta le abandonó, lo cual lo sumió en una fuerte depresión. Posteriormente mantuvo relaciones con Carmen de Osorio y con Bernarda de Beruete. En septiembre de 1040, la victoria liberal y la posterior regencia de Espartero le permitieron dar el salto a la primera fila de la palestra política española: elegido diputado a Cortes por Almería, luego fue nombrado secretario de la legación española en La Haya. A su muerte, acontecida súbitamente en 1842, era considerado el mejor poeta español del momento, amén de un político de prometedora trayectoria. Ello motivó que su entierro, en el que se dieron escenas de hondo dolor popular, fuera uno de los actos más multitudinarios de la época.

ESQUILACHE, LEOPOLDO DE GREGORIO, MARQUÉS DE *(Mesina, actual Italia, 1700-Venecia, 1785) Político siciliano al servicio de España.* Empezó a trabajar en Nápoles como contable de una casa comercial que tenía a su cargo el aprovisionamiento del ejército de Carlos VII (más tarde rey de España como Carlos III), quien en 1746 lo nombró administrador de aduanas y luego secretario de Hacienda. Sus servicios fueron recompensados con el título de marqués de Squilace. En 1759 el rey pasó a España para hacerse cargo del trono, y se llevó a Esquilache entre su séquito. Ya

*▲ A la derecha, retrato de un joven **Espronceda**, uno de los más significados poetas románticos españoles. A la izquierda, dos ediciones de* El diablo mundo.

*▼ Grabado de la Biblioteca Nacional de Bellas Artes de Madrid donde se muestra cómo los alguaciles hacen cumplir a los madrileños las disposiciones de **Esquilache** sobre la indumentaria masculina, lo que dio lugar al llamado motín de Esquilache.*

en Madrid, sustituyó al conde de Valparaíso como secretario de Hacienda y continuó progresando en su carrera (secretarías de Guerra, y de Gracia y Justicia interinamente) hasta convertirse en uno de los políticos más influyentes. Aspectos positivos de su gestión claramente reformista fueron la creación del Colegio de Artillería, del Montepío militar y de la Junta del Catastro; la regulación de las importaciones, de la acuñación de monedas y del precio del pan; la construcción de suntuosos edificios como la Casa de Correos; etc. Sin embargo, nunca fue popular, debido en gran parte a su condición de extranjero y a los rumores de su enriquecimiento ilícito. Su situación política se agravó al dictar el célebre bando que prohibía el uso de capas largas y sombreros de ala ancha, lo cual dio lugar al llamado motín de Esquilache, tras el cual Carlos III se vio obligado a removerlo de sus cargos y expulsarlo del país, a pesar del afecto que le profesaba. En 1766 se embarcó hacia Sicilia, donde permaneció hasta que el monarca lo nombró embajador español en Venecia.

ESQUILO *(Eleusis, actual Grecia, 525 a.C.-Gela, Sicilia, 456 a.C.) Trágico griego.* Vivió en un período de grandeza para Atenas, tras las victorias contra los persas en las batallas de Maratón y Salamina, en las que participó directamente. Tras su primer éxito, *Los persas* (472 a.C.), realizó un viaje a Sicilia, llamado a la corte de Hierón, adonde volvería unos años más tarde para instalarse definitivamente. De las noventa obras que escribió, sólo se han conservado completas siete, entre ellas una trilogía, la *Orestíada* (*Agamenón*, *Las coéforas* y *Las Euménides*, 478 a.C.). Se le considera el fundador del género de la tragedia griega, a partir de la lírica coral, al introducir un segundo actor en escena, lo cual permitió independizar el diálogo del coro, aparte

de otras innovaciones en la escenografía y la técnica teatral. Llevó a escena los grandes ciclos mitológicos de la historia de Grecia, a través de los cuales reflejó la sumisión del hombre a un destino superior incluso a la voluntad divina, una fatalidad eterna (*moira*) que rige la naturaleza y contra la cual los actos individuales son estériles. El género trágico representó una perfecta síntesis de las tensiones culturales que vivía la Grecia clásica entre las creencias religiosas tradicionales y las nuevas tendencias racionalistas y democráticas. Amén de las citadas, las obras de Esquilo que se han conservado son: *Las suplicantes* (c. 490), *Los siete contra Tebas* (467) y *Prometeo encadenado*, obra sobre cuya autoría existen aún dudas.

ESQUIVEL, ASCENSIÓN *(Rivas, Nicaragua, 1848-Caracas, 1927) Político costarricense.* Licenciado en derecho y abogado de profesión, se presentó a las elecciones presidenciales de 1889, de las que salió derrotado por un escaso número de votos. Sin embargo, a causa de la inestabilidad política fue elegido presidente interino entre los meses de mayo y agosto de aquel mismo año. Posteriormente fue ministro de Estado, y entre 1902 y 1906 volvió a ser presidente; su mandato se vio afectado por una profunda crisis económica, provocada por el súbito desplome de los precios del café, sumado al gran crecimiento experimentado por la población, a consecuencia de lo cual aumentaron el desempleo y el déficit comercial del país. Todo ello se tradujo en una acalorada campaña para las elecciones de 1906, en las que se impuso Cleto González Víquez. En política exterior, Esquivel intentó solucionar la cuestión fronteriza con Panamá e impulsó un tratado de paz con Nicaragua. Tras su salida del gobierno, reemprendió su actividad como abogado, y entre 1917 y 1920 fue presidente del Tribunal Supremo de Justicia.

ESTEBAN I *EL SANTO* *(Esztergom, actual Hungría, h. 975-Buda, id., 1038) Duque (997-1000) y primer rey de Hungría (1001-1038).* Hijo del duque magiar Géza e introductor del cristianismo en tierras húngaras, fue bautizado en el 985, al mismo tiempo que su padre, a quien sucedió al frente de las tribus magiares en el 997. Poco después, Esteban I fundó el obispado de Esztergom y empren-

▲ *Busto del dramaturgo griego* ***Esquilo***. *En sus obras, el destino mueve totalmente a sus personajes, que no pueden modificar su trágico final.*

▼ ***Euclides***, *a la derecha, junto a Tolomeo, otro insigne miembro de la Escuela de Alejandría, en una miniatura medieval conservada en la Bodleian Library de Oxford, Reino Unido.*

dió la cristianización de Hungría con la ayuda de numerosos misioneros benedictinos llegados del exterior. Ardiente defensor del Papado, en 1001 fue proclamado rey de Hungría por el pontífice Silvestre II, quien le ofreció la corona llamada «de San Esteban», que con el tiempo habría de convertirse en el símbolo de la independencia húngara. Bajo la influencia del modelo administrativo de los soberanos carolingios, el monarca magiar dividió en condados y obispados el país, que quedó estructurado como un Estado feudal. Fue canonizado por el papa Gregorio VII en 1083, junto a su hijo Eimerico.

ESTIGARRIBIA, JOSÉ FÉLIX *(Caraguatay, Paraguay, 1888-Altos, 1940) Militar y político paraguayo.* Realizó una brillante carrera militar, en la que llegó al rango de mayor en 1922. Tras defender al gobierno de Eusebio Ayala en la guerra civil del mismo año, pasó a dirigir la Escuela Militar hasta 1924, momento en que viajó a Francia para estudiar en la Escuela Superior de Guerra. A su regreso tuvo una participación decisiva en la Guerra del Chaco (1930-1935): logró detener el avance boliviano hacia el río Paraguay e infligió numerosas pérdidas al enemigo mediante la táctica de guerrillas. El golpe militar que derrocó al presidente Eusebio Ayala en 1936 llevó a Estigarribia al exilio en Montevideo, de donde regresó en 1938 para negociar la paz definitiva con Bolivia. Considerado un héroe nacional, ese mismo año fue elegido presidente de la República. Promulgó una nueva Constitución en 1940 que reforzaba el poder del ejecutivo. Murió en un accidente de aviación, y a título póstumo le fue otorgado el grado de mariscal.

EUCLIDES *(?, h. 330 a.C.-?, h. 275 a.C.) Matemático griego.* Poco se conoce a ciencia cierta de la vida de quien fue el matemático más famoso de la Antigüedad. Se educó probablemente en Atenas, lo que explicaría su buen conocimiento de la geometría elaborada en la escuela de Platón, aunque no parece que estuviera familiarizado con las obras de Aristóteles. Enseñó en Alejandría, donde alcanzó un gran prestigio en el ejercicio de su magisterio durante el reinado de Tolomeo I Sóter; se cuenta que éste lo requirió para que le mostrara un procedimiento abreviado para acceder al conocimiento de las matemáticas, a lo cual Euclides repuso que no existía una vía regia para llegar a la geometría (el epigrama, sin embargo, se atribuye también a Menecmo como réplica a una demanda similar por parte de Alejandro Magno). La tradición ha conservado una imagen de Euclides como hombre de notable amabilidad y modestia, y ha transmitido así mismo una anécdota relativa a su enseñanza, recogida por Juan Estobeo: un joven principiante en el estudio de la geometría le preguntó qué ganaría con su aprendizaje; Euclides, tras explicarle que la adquisición de un conocimiento es siempre valiosa en sí misma, ordenó a su esclavo que diera unas monedas al muchacho, dado que éste tenía la pretensión de obtener algún provecho de sus estudios. Fue autor de diversos tratados, pero su nombre se asocia principalmente a uno de ellos, los *Elementos*, que rivaliza por su difusión con las obras más famosas de la literatura universal, como la Biblia o el *Quijote*. Se trata, en esencia, de una compilación de obras de autores anteriores (entre los que destaca Hipócrates de Quíos), que las superó de inmediato por su plan general y la magnitud de su propósito. De los trece libros que la componen, los seis primeros corresponden a lo que se entiende todavía como geometría elemental; recogen las técnicas geométricas utilizadas por los pitagóricos para resolver lo que hoy se consideran ejemplos de ecuaciones lineales y cuadráticas, e incluyen también la teoría general de la proporción, atribuida tradicionalmente a Eudoxo. Los libros del séptimo al décimo tratan de cuestiones numéricas y los tres restantes se ocupan de geometría de los sólidos, hasta culminar en la construcción de los cinco poliedros regulares y sus esferas circunscritas, que había sido ya objeto de estudio por parte de Teeteto. La influencia posterior de los *Elementos* fue decisiva; tras su aparición, se adoptó inmediatamente como libro de texto ejemplar en la enseñanza inicial de la matemática, con lo cual se cumplió el propósito que debió de inspirar a Euclides. Más allá, incluso, del ámbito estrictamente matemático, fue tomado como modelo, en su método y exposición, por autores como Galeno, para la medicina, o Espinoza, para la ética. De hecho, Euclides estableció lo que, a partir de su contribución, había de ser la forma clásica de una proposición matemática: un enunciado deducido lógica-

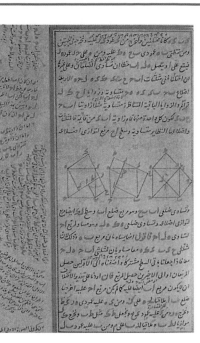

▲ *Manuscrito persa del s. XV de los* Elementos *de **Euclides**, con comentarios de al-Tusi. La obra del matemático griego ha sido la base de la geometría durante dos mil años.*

▼ *Retrato de **Eugenia María de Montijo**. Hija del conde de Montijo, un aristócrata español, casó con Napoleón III y se convirtió en emperatriz de Francia, donde ejerció la regencia por tres veces.*

mente a partir de unos principios previamente aceptados. En el caso de los *Elementos*, los principios que se toman como punto de partida son veintitrés definiciones, cinco postulados y cinco axiomas o nociones comunes. La naturaleza y el alcance de dichos principios han sido objeto de frecuente discusión a lo largo de la historia, en especial por lo que se refiere a los postulados y, en particular, al quinto (postulado de las paralelas). Su condición distinta respecto de los restantes postulados fue ya percibida desde la misma Antigüedad, y hubo diversas tentativas de demostrarlo como teorema; los esfuerzos encaminados a encontrarle una demostración prosiguieron en el tiempo hasta el siglo XIX, cuando se puso de manifiesto que era posible definir geometrías consistentes, a las que se denominó «no euclidianas», en las que no se cumpliera la existencia de una única paralela trazada a una recta por un punto exterior a ella.

EUDOXO DE CNIDOS *(Cnidos, actual Turquía, 400 a.C.-id., 350 a.C.) Astrónomo y matemático griego*. Estudió matemáticas con Arquites, filosofía en la escuela de Platón en Atenas y astronomía en Heliópolis. Fue el primero en dar una explicación sistemática de los movimientos del Sol, la Luna y los planetas: para ello, construyó un modelo de 27 esferas concéntricas en el que la esfera exterior correspondía a las estrellas como puntos fijos en el cielo y en el centro, la esfera Tierra. Así mismo, dividió la esfera celeste en grados de longitud y latitud. En matemáticas se atribuye a Eudoxo la teoría de la proporción que se encuentra en el libro V de Euclides, además de la elaboración de un método de calcular áreas y volúmenes delimitados por curvas.

EUGENIA MARÍA DE MONTIJO *(Granada, 1826-Madrid, 1920) Emperatriz de Francia (1853-1871)*. Hija de un aristócrata español que había luchado en el bando francés durante la guerra de la Independencia, cursó estudios en Francia y en el Reino Unido. En 1853 contrajo matrimonio con Napoleón III, presidente de la Segunda República desde diciembre de 1848, quien poco antes se había autoproclamado emperador. Tras el nacimiento del príncipe imperial, Napoleón Eugenio Luis Bonaparte, en 1856, aumentó su interés por los asuntos de Estado, en los que intervino manifestando siempre sus propios puntos de vista, a menudo opuestos a los de su marido. Favorable al partido ultramontano, que rechazaba la política imperialista del gobierno en Italia, se caracterizó por su profunda fe religiosa y por su lealtad a las directrices del Papado. Desempeñó la regencia en tres ocasiones (1859, 1865 y 1870), la primera de ellas durante la campaña de Italia de Napoleón III, que motivó una sustancial pérdida de poder por parte del Vaticano. En 1861 abogó por la intervención francesa en México, que concluyó con la invasión de dicho país y la coronación como emperador de Maximiliano I. En 1869 asistió a la inauguración del canal de Suez, obra de ingeniería cuyo fin era demostrar el desacreditado liderazgo francés en el escenario político mundial. Así mismo, y debido a sus raíces españolas, a las que nunca renunció, se opuso férreamente al candidato prusiano a la Corona española, disputa que acabó con el enfrentamiento bélico entre Francia y Prusia en 1870. Tras el descalabro militar francés en la batalla de Sedan en septiembre de 1870, ese mismo mes huyó junto con su familia a Londres y luego se afincó en Chislehurst. Desde dicho refugio, participó en las conversaciones que desembocaron en la capitulación de Metz y, tras la liberación de su marido, se reunió con él. A la muerte de éste, (1873) se puso al frente del partido bonapartista, aunque oficialmente se lo entregó a Rouher. Tras el fallecimiento del príncipe imperial (1879) mantuvo su residencia en el Reino Unido, aunque con frecuentes estancias en España.

EULER, LEONHARD *(Basilea, actual Suiza, 1707-San Petersburgo, 1783) Matemático suizo.* Las facultades que desde temprana edad demostró para las matemáticas pronto le ganaron la estima del patriarca de los Bernoulli, Johann, uno de los más eminentes matemáticos de su tiempo y profesor de Euler en la Universidad de Basilea. Tras graduarse en dicha institución en 1723, cuatro años más tarde fue invitado personalmente por Catalina I para convertirse en asociado de la Academia de Ciencias de San Petersburgo, donde coincidió con otro miembro de la familia Bernoulli, Daniel, a quien en 1733 relevó en la cátedra de matemáticas. A causa de su extrema dedicación al trabajo, dos años más tarde perdió la visión del ojo derecho, hecho que no afectó ni a la calidad ni al número de sus hallazgos. Hasta 1741, año en que por invitación de Federico *el Grande* se trasladó a la Academia de Berlín, refinó los

▼ *Portada de una edición francesa de los* Elementos de Álgebra, *de* **Euler**.

▶ *Retrato del matemático suizo Leonhard* **Euler**, *considerado el mejor de su época e inventor del sistema de funciones que llevan su nombre.*

métodos y las formas del cálculo integral (no sólo gracias a resultados novedosos, sino también a un cambio en los habituales métodos de demostración geométricos, que sustituyó por métodos algebraicos), que convirtió en una herramienta de fácil aplicación a diversos problemas de física. Con ello configuró en buena parte las matemáticas aplicadas de la centuria siguiente (a las que contribuiría luego con otros resultados destacados en el campo de la teoría de las ecuaciones diferenciales lineales), además de desarrollar la teoría de las funciones trigonométricas y logarítmicas (introduciendo de paso la notación *e* para definir la base de los logaritmos naturales). En 1748 publicó la obra *Introductio in analysim infinitorum*, en la que expuso el concepto de función en el marco del análisis matemático, campo en el que así mismo contribuyó de forma decisiva con resultados como el teorema sobre las funciones homogéneas y la teoría de la convergencia. En el ámbito de la geometría desarrolló conceptos básicos como los del ortocentro, el circuncentro y el baricentro de un triángulo, y revolucionó el tratamiento de las funciones trigonométricas al adoptar ratios numéricos y relacionarlos con los números complejos mediante la denominada «identidad de Euler»; a él se debe la moderna tendencia a representar cuestiones matemáticas y físicas en términos aritméticos. En el terreno del álgebra obtuvo así mismo resultados destacados, como el de la reducción de una ecuación cúbica a una bicuadrada y el de la deter-

minación de la constante que lleva su nombre. A lo largo de sus innumerables obras, tratados y publicaciones introdujo gran número de nuevas técnicas y contribuyó sustancialmente a la moderna notación matemática de conceptos como función, suma de los divisores de un número y expresión del número imaginario «raíz de menos uno». También se ocupó de la teoría de números, campo en el cual su mayor aportación fue la ley de la reciprocidad cuadrática, enunciada en 1783. A raíz de ciertas tensiones con su patrón Federico *el Grande*, regresó nuevamente a Rusia en 1766, donde al poco de llegar perdió la visión del otro ojo. A pesar de ello, su memoria privilegiada y su prodigiosa capacidad para el tratamiento computacional de los problemas le permitieron continuar su actividad científica; así, entre 1768 y 1772 escribió sus *Lettres à une princesse d'Allemagne*, en las que expuso concisa y claramente los principios básicos de la mecánica, la óptica, la acústica y la astrofísica de su tiempo. De sus trabajos sobre mecánica destacan, entre los dedicados a la mecánica de fluidos, la formulación de las ecuaciones que rigen su movimiento, y su estudio sobre la presión de una corriente líquida, y, en relación a la mecánica celeste, el desarrollo de una solución parcial al problema de los tres cuerpos –resultado de su interés por perfeccionar la teoría del movimiento lunar–, así como la determinación precisa del centro de las órbitas elípticas planetarias, que identificó con el centro de la masa solar. Tras su muerte, se inició un ambicioso proyecto para publicar la totalidad de su obra científica, compuesta por más de ochocientos tratados, lo cual lo convierte en el matemático más prolífico de la historia.

EURICO *(?, 420-Arlés, actual Francia, 484) Rey visigodo (466-484)*. Hijo de Teodoredo, subió al trono tras asesinar a su hermano Teodorico II. Eurico no fijó su sede en un lugar concreto y prefirió tener una corte itinerante; Tolosa, Arlés y Burdeos fueron los lugares en los que se estableció más a menudo. Hábil político, supo aprovecharse de su condición de federado con los romanos para extender sus territorios y conseguir una mayor proporción de tierras para su pueblo. Su reino se extendió hacia el Loira y los Alpes, en la Galia, mientras que en Hispania ocupó la Cartaginense, la Lusitania y la Bética, hasta llegar a apoderarse de la Tarraconense. Con una corte completamente romanizada, promulgó el *Código de Eurico*, en el cual compiló el

EURÍPIDES

OBRAS MAESTRAS

LOS PELÍADAS (455 a.C.); *ALCESTES* (438 a.C.); *MEDEA* (431 a.C.); *LOS HERÁCLIDAS* (430-427 a.C.); *HIPÓLITO* (428 a.C.); *ANDRÓMACA* (c. 426 a.C.); *HÉCUBA* (c. 424 a.C.); *HÉRCULES FURIOSO* (c. 424 a.C.); *LAS SUPLICANTES* (c. 422 a.C.); *ION* (c. 418 a.C.); *LAS TROYANAS* (415 a.C.); *IFIGENIA EN TÁURIDE* (414 a.C.); *ELECTRA* (413 a.C.); *HELENA* (412 a.C.); *LAS FENICIAS* (409 o 408 a.C.); *ORESTES* (408 a.C.); *IFIGENIA EN ÁULIDE* (representada en el 415 a.C.); *LAS BACANTES* (representada en el 405 a.C.).

▶ *Mosaico pompeyano del s. 1 a.C. en el que se representa el sacrificio de Ifigenia, según la tragedia de **Eurípides** Ifigenia en Áulide*

derecho germano consuetudinario. A su muerte le sucedió su hijo Alarico II.

EURÍPIDES *(Salamina, actual Grecia, h. 484 a.C.-Pella, hoy desaparecida, actual Grecia, 406 a.C.) Poeta trágico griego*. Tuvo como maestros a Anaxágoras, a los sofistas Protágoras y Pródicos y a Sócrates, cuyas enseñanzas se reflejan en su obra. En el 455 a.C. presentó a concurso su primera tragedia, *Los Pelíadas*, con la que obtuvo el tercer puesto. Seguirían 92 obras más, de las cuales se han conservado diecisiete tragedias, como *Medea, Electra, Las suplicantes* o *Las troyanas*. Sólo obtuvo cuatro victorias en los festivales anuales que se celebraban en Atenas, por lo que hacia el final de su vida decidió trasladarse a Macedonia para incorporarse a la corte del rey Arquelao (408 a.C.), donde escribió *Las bacantes*, dedicada a Dioniso. Sus obras representan un cambio de concepción del género trágico, de acuerdo con las nuevas ideas que había aprendido de los sofistas; así, su escepticismo frente a las creencias míticas y religiosas es manifiesto en sus obras, que rebajan el tono heroico y espiritual que habían cultivado Esquilo y Sófocles a un tratamiento más cercano al hombre y la realidad corrientes. El héroe aparece retratado con sus flaquezas y debilidades, dominado por oscuros y secretos sentimientos que le impiden enfrentarse a su destino, del cual final-

▼ *Juez representado en una miniatura de las* Leges Barbarorum, *del año 973, que se encuentra en la abadía de Saint-Gall, Suiza. El primer código germánico fue promulgado por **Eurico**.*

◀ Busto de **Eurípides** que se conserva en los Museos Vaticanos de Roma. Innovó la tragedia griega al reducir el papel del coro e introducir un prólogo.

mente es liberado por la intervención de los dioses al término de la obra (recurso llamado *deus ex machina*, por los artilugios escénicos de que se servía para introducir al dios); otras innovaciones suyas son la introducción de un prólogo y la asignación de un papel más reducido al coro. En sus tragedias pasa a primer término el tratamiento psicológico de los personajes, de gran profundidad. Incomprendido en su época, se convirtió en modelo a imitar ya por los trágicos latinos, y luego su influencia prosiguió durante el neoclasicismo y el Romanticismo alemán (Lessing, Schiller, Goethe).

EVANS, SIR ARTHUR JOHN *(Nash Mills, Reino Unido, 1851-Boar Hill, id., 1941) Arqueólogo británico.* Hijo del pionero de la arqueología europea sir John Evans. Estudió

▲ Fotografía de Yevgeni **Evtushenko**. La popularidad del poeta ruso no se limitó a su país, y su reconocimiento en Occidente le hizo acreedor a multitud de galardones literarios.

◀ El arqueólogo británico sir Arthur **Evans** en una pintura que le representa durante sus excavaciones en Creta, en el palacio de Cnosos, donde descubrió la existencia de la antigua civilización minoica.

en Oxford y Gotinga y realizó varias excavaciones en Finlandia y los Balcanes antes de embarcarse en la empresa que le daría más fama: los trabajos que realizó en Creta, a partir de 1894, y que culminaron en 1899 con el inicio de la excavación de las ruinas del palacio de Cnosos. Los hallazgos realizados le permitieron establecer la existencia de una civilización en el segundo milenio antes de Cristo, que él denominó «minoica», en referencia al mítico rey Minos. Sus estudios de la civilización minoica sacaron a la luz una sociedad sofisticada, centralizada alrededor de unos palacios monumentales, extrañamente carentes de defensas. Lo intrincado del diseño de estas construcciones estaba en consonancia con la belleza y personalidad de las pinturas murales que allí se descubrieron.

EVTUSHENKO, YEVGENI *(Zima, actual Rusia, 1933) Poeta ruso.* Se formó en el Instituto Literario de Moscú, y se ganó una pronta reputación con su poema narrativo *Estación Zima* (1956). Lideró las ansias de libertad poética y literaria de la generación posterior a Stalin, en defensa de un arte basado en inquietudes estéticas y no sometido a los dictados de la política. Ello le atrajo las críticas de algunos sectores oficiales, que aumentaron con su poema titulado *Baby Yar* (1961), en el que llora la masacre nazi de judíos ucranianos y ataca el antisemitismo aún presente en la Unión Soviética, y más tarde por *Una autobiografía precoz* (1963). Trató de dar una proyección internacional a su obra, y realizó múltiples lecturas en Europa y Estados Unidos. Su obra incluye también varias novelas (*Siberia, tierra de bayas*, 1982; *No mueras antes de morir*, 1997), en las que refleja las circunstancias de la historia de su país.

EZEQUIEL *(s. VI a.C.) Profeta hebreo.* Según la tradición bíblica, era hijo de Buzzi, un sacerdote de Jerusalén. Cuando el rey babilónico Nabucodonodor destruyó Jerusalén, Ezequiel siguió a sus habitantes en su exilio a Babilonia. Según la cronología comúnmente aceptada, el primer período de profecía de Ezequiel se sitúa entre el año 592 a.C. y el 585 a.C., y el segundo período a partir de 572 a.C. En la primera de dichas etapas anunció la pronta destrucción de Jerusalén, debido a la proliferación de la injusticia y el aumento de los ritos paganos; en la segunda, anunció la restauración de la casa de Israel por intermediación de la gracia divina y aconsejó a los exiliados que abandonaran la diáspora y regresaran a la tierra de la cual procedían.

F

FAHD, IBN ABDELAZIZ AL-SAUD *(Riyad, actual Arabia Saudí, 1923) Monarca saudí.* Hijo de Ibn Saud, fundador del reino, y de Hassa Sudairi, fue nombrado ministro de Educación en 1953, cargo desde el cual estableció un sistema de educación pública. En 1962 pasó a ocupar la cartera de Interior y en 1975 el monarca Khalid, hermanastro suyo, lo nombró príncipe heredero, rango que le sirvió para gobernar *de facto* el país a partir de esta fecha, si bien no fue coronado rey hasta 1982. Aliado con Estados Unidos, con cuyas empresas petrolíferas se asoció, organizó un frente antisoviético en el Próximo Oriente, para lo cual ayudó económicamente a los Estados más débiles de la zona. Aun a pesar de su talante moderado, ajeno a todo radicalismo, no se opuso a la permanencia del wahabismo, variante religiosa de corte conservador y defensora del estricto cumplimiento de las leyes coránicas. En 1990, tras la invasión iraquí de Kuwait y el estallido de la guerra del Golfo, pidió la unión de las fuerzas árabes para luchar, junto a Estados Unidos y sus aliados, contra el régimen establecido en Irak por Saddam Hussein.

▲ *Fahd*, *el rey de Arabia Saudí, fotografiado en su palacio de Mina. Tras la invasión iraquí de Kuwait permitió el establecimiento en su país de tropas estadounidenses en lucha contra Saddam Hussein.*

FAHRENHEIT, DANIEL GABRIEL *(Danzig, hoy Gdansk, actual Polonia, 1686-La Haya, 1736) Físico holandés de origen polaco.* Permaneció la mayor parte de su vida en la República de Holanda. Autor de numerosos inventos, entre los que cabe citar los termómetros de agua (1709) y de mercurio (1714), su aportación teórica más relevante fue el diseño de la escala termométrica que lleva su nombre, aún hoy la más empleada en Estados Unidos y también en el Reino Unido, hasta la adopción por este país del sistema métrico decimal. Fahrenheit empleó como valor cero de su escala la temperatura de una mezcla de agua y sal a partes iguales, y los valores de congelación y ebullición del agua convencional quedaron fijados en 32 y 212 respectivamente. En consecuencia, al abarcar un intervalo más amplio, la escala Fahrenheit permite mayor precisión que la centígrada a la hora de delimitar una temperatura concreta. Así mismo se le atribuye el descubrimiento de que la temperatura de ebullición de los líquidos depende de la presión atmosférica.

FAIRBANKS, DOUGLAS [Douglas Elton Ulman] *(Denver, EE UU, 1883, Santa Monica, id., 1939) Actor estadounidense.* Tras iniciar su carrera como actor en Broadway, debutó en el cine en 1915 de la mano de D. W. Griffith. En los años veinte se convirtió en uno de los actores más populares de Holly-

▶ *Douglas* **Fairbanks** *en el papel protagonista de la película* El ladrón de Bagdad, *rodada en 1924 por Raoul Walsh.*

wood, y fue uno de los puntales sobre los cuales se sostuvo el *star-system* original. Fairbanks se caracterizó por sus aptitudes atléticas, que le sirvieron para encarnar a los héroes del cine de acción. Entre sus películas más importantes cabe destacar: *El signo del Zorro* (1920), *Los tres mosqueteros* (1921), *Robín de los bosques* (1923), *El ladrón de Bagdad* (1924) y *La máscara de hierro* (1929). En 1919, junto con su futura esposa, Mary Pickford, D. W. Griffith y Charles Chaplin, fundó la United Artists, que rompió el control que las grandes productoras ejercían sobre los actores. Con la edad, su forma física decayó, hasta que, en 1934, anunció su retiro como actor.

FALLA, MANUEL DE *(Cádiz, 1876-Alta Gracia, Argentina, 1946) Compositor español.* Con los catalanes Isaac Albéniz y Enrique Granados, el gaditano Manuel de Falla es el tercero de los nombres que conforman la gran trilogía de la música nacionalista española. Fue también uno de los primeros compositores de esta tradición que, cultivando un estilo tan inequívocamente español como alejado del tópico, supo darse a conocer con éxito en toda Europa y América, y con ello superó el aislamiento y la supeditación a otras tradiciones a que la música hispana parecía condenada desde el siglo XVIII. Nunca fue un compositor prolífico, pero sus creaciones, todas ellas de un asombroso grado de perfección, ocupan prácticamente sin excepción un lugar de privilegio en el repertorio. Recibió sus prime-

▼ *Bajo estas líneas, una página de* El amor brujo, *la obra más popular de Manuel de* **Falla**, *y unas notas para la composición del cuadro escénico. Abajo, célebre retrato por Ignacio Zuloaga del compositor gaditano en su vejez.*

ras lecciones musicales de su madre, una excelente pianista que, al advertir las innegables dotes de su hijo, no dudó en confiarlo a mejores profesores. Tras trabajar la armonía, el contrapunto y la composición en su ciudad natal con Alejandro Odero y Enrique Broca, ingresó en el Conservatorio de Madrid, donde tuvo como maestros a José Tragó y Felip Pedrell. La influencia de este último sería decisiva en la conformación de su estética: fue él quien le abrió las puertas al conocimiento de la música autóctona española, que tanta importancia había de tener en la producción madura falliana. Tras algunas zarzuelas, hoy perdidas u olvidadas, como *Los amores de Inés*, los años de estudio en la capital española culminaron con la composición de la ópera *La vida breve*, que se hizo acreedora del primer premio de un concurso convocado por la Real Academia de Bellas Artes de San Fernando. Aunque las bases del concurso estipulaban que el trabajo ganador debía representarse en el Teatro Real de Madrid, Falla hubo de esperar ocho años para dar a conocer su partitura, y ello ni siquiera fue en Madrid sino en Niza. Francia, precisamente, iba a ser la siguiente etapa de su formación: afincado en París desde 1907, allí entró en relación con Debussy, Ravel, Dukas y Albéniz, cuya impronta es perceptible en sus composiciones de ese período, especialmente en *Noches en los jardines de España*, obra en la que, a pesar del innegable aroma español que presenta, está latente cierto impresionismo en la instrumentación. La madurez creativa de Falla empieza con su regreso a España, en el año 1914. Es el momento en que compone sus obras más célebres: la pantomima *El amor brujo* y el ballet *El sombrero de tres picos* (éste compuesto para cumplimentar un encargo de los célebres Ballets Rusos de Serge de Diaghilev), las *Siete canciones populares españolas* para voz y piano y la *Fantasía bética* para piano. Su estilo fue evolucionando a través de estas composiciones desde el nacionalismo folclorista que revelan estas primeras partituras, inspiradas en temas, melodías, ritmos y giros andaluces o castellanos, hasta un nacionalismo que buscaba su inspiración en la tradición musical del Siglo de Oro español y al que responden la ópera para marionetas *El retablo de maese Pedro*, una de sus obras maestras, y el *Concierto para clave y cinco instrumentos*. Mientras que en sus obras anteriores Falla hacía gala de una extensa paleta sonora, heredada directamente de la escuela francesa, en estas últimas

MANUEL DE FALLA
OBRAS MAESTRAS

MÚSICA ESCÉNICA: *LOS AMORES DE INÉS* (1902); *LA VIDA BREVE* (1905); *EL RETABLO DE MAESE PEDRO* (1923); *LA ATLÁNTIDA* (1925-1946, inacabada). **BALLETS:** *EL AMOR BRUJO* (1915); *EL SOMBRERO DE TRES PICOS* (1919). **MÚSICA ORQUESTAL:** *NOCHES EN LOS JARDINES DE ESPAÑA* (1916); *CONCIERTO PARA CLAVE Y CINCO INS-* *TRUMENTOS* (1926); *HOMENAJES* (1939). **MÚSICA INS-TRUMENTAL:** *CUATRO PIEZAS ESPAÑOLAS* (1908); *FANTA-SÍA BÉTICA* (1919); *LE TOMBEAU DE DEBUSSY* (1920); *POUR LE TOMBEAU DE PAUL DUKAS* (1935). **MÚSICA VO-CAL:** *SIETE CANCIONES POPULARES ESPAÑOLAS* (1915); *PSYCHÉ* (1924); *SONETO A CÓRDOBA* (1927).

composiciones su estilo fue haciéndose más austero y conciso, y de manera especial en el *Concierto*. Los últimos veinte años de su vida, el maestro los pasó trabajando en la que consideraba había de ser la obra de su vida: la cantata escénica *La Atlántida*, sobre un poema del poeta en lengua catalana Jacint Verdaguer, que le había obsesionado desde su infancia y en el cual veía reflejadas todas sus preocupaciones filosóficas, religiosas y humanísticas. El estallido de la guerra civil española le obligó a buscar refugio en Argentina, donde le sorprendería la muerte sin que hubiera podido culminar su última obra. La tarea de finalizarla según los esbozos dejados por el maestro correspondió a su discípulo Ernesto Halffter.

FALLOPIO o **FALOPIO, GABRIELE** [Gabriel Fallopiuul *(Módena, actual Italia, 1523 Padua, id., 1562) Anatomista italiano*. Estudió medicina en Ferrara, y más tarde se trasladó a Pisa (1548) y a la prestigiosa Universidad de Padua (1551), donde fue alumno de Andrea Vesalio y su sucesor en la cátedra de anatomía. Realizó innumerables disecciones de cadáveres humanos, y efectuó importantes hallazgos que publicó en la obra *Observationes anatomicae* (1561), uno de los tratados de anatomía más influyentes del siglo XVI. Entre los objetos de su estudio destacaron la naturaleza de las inflamaciones y los tumores, siendo el primero en distinguir entre «benigno» y «maligno» al referirse a estos últimos. Estudió así mismo el sistema nervioso craneal y el sistema reproductor, ámbito este último en el que descubrió los conductos que unen el ovario y el útero (y que llevan desde entonces el nombre de trompas de Falopio), amén de acuñar los términos anatómicos modernos para la vagina, la placenta, el clítoris, el paladar, etcétera. También fue responsable de una descripción exhaustiva de las estructuras del oído interno. En el año 1584 se publicó una edición íntegra de sus obras médicas, impresa en Venecia.

▲ *Fotografía de Manuel de Falla, cuya obra maestra* El amor brujo *(1915) fue inicialmente una pieza en la que se conjugaban bailes, canciones y voces gitanas. En una segunda versión realizada por el propio compositor, la obra se transformó en un ballet con algunos pasajes de cante.*

▶ *El legendario piloto argentino Juan Manuel* **Fangio** *al volante de su bólido durante un gran premio de Fórmula 1. Fangio se proclamó campeón del mundo en cinco ocasiones.*

FANGIO, JUAN MANUEL *(Balcarce, 1911-Buenos Aires, 1995) Corredor automovilístico argentino*. Hijo de emigrantes italianos y de origen humilde, empezó a competir en 1938. Su población natal le subvencionó un Chevrolet de Turismo Carretera con el que ganó «los 1.000» de Argentina de 1939 y el Gran Premio del Norte, de 1940, una prueba de 9 445 km disputada en 13 etapas, con el itinerario Buenos Aires-Lima-Buenos Aires, victoria que lo lanzó al estrellato nacional. Las Temporadas Argentinas de 1948-1949 lo dieron a conocer internacionalmente, y esa misma temporada, financiado por el Automóvil Club Argentino, acudió a Europa y triunfó en San Remo, Pau, Perpiñán y Marsella, con Maserati, y en Monza, al volante de un Ferrari. Incluido por Alfa Romeo en su equipo, fue subcampeón mundial en 1950, y campeón en 1951. Víctima de un grave accidente en Monza en 1952, estuvo dos temporadas alejado de los autódromos; una vez recuperado, se proclamó campeón del Mundo en 1954 (Maserati y Mercedes), 1955 (Mercedes), 1956 (Lancia-Ferrari) y 1957 (Maserati), año en que obtuvo la que tal vez haya sido su más legendaria victoria –y la última– en el Gran Premio de Alemania, a los cuarenta y seis años de edad. Se retiró de la competición en 1958. Ha sido el único piloto que ha conseguido cinco títulos mundiales, además de lo cual ha sido el campeón del Mundo que ha ganado el título a edad más avanzada. Disputó 51 Grandes Premios puntuables, de los que ganó 24, tomó la salida en la primera línea de la parrilla en 29 y puntuó consecutivamente en 21 ocasiones, cifras y porcentajes que están muy por encima de los obtenidos por todos los rivales de su tiempo y por los pilotos de épocas siguientes, por lo que está considerado como el corredor automovilista más destacado de la segunda mitad del siglo XX. Desde su retirada de los circuitos y hasta poco antes de su fallecimiento, siguió relacionado con el deporte del motor, admirado y aplaudido por las nuevas generaciones de aficionados que no le habían visto correr.

FARADAY, MICHAEL *(Newington, Gran Bretaña, 1791-Londres, 1867) Científico británico.* Uno de los físicos más destacados del siglo XIX, nació en el seno de una familia humilde y recibió una educación básica. A temprana edad tuvo que empezar a trabajar, primero como repartidor de periódicos, y a los catorce años en una librería, donde tuvo la oportunidad de leer algunos artículos científicos que lo impulsaron a realizar sus primeros experimentos. Tras asistir a algunas conferencias sobre química impartidas por sir Humphry Davy en la Royal Institution, Faraday le pidió que lo aceptara como asistente en su laboratorio. Cuando uno de sus ayudantes dejó el puesto, Davy se lo ofreció a Faraday. Pronto se destacó en el campo de la química, con descubrimientos como el benceno y las primeras reacciones de sustitución orgánica conocidas, en las que obtuvo compuestos clorados de cadena carbonada a partir de etileno. En esa época, el científico danés Hans Christian Oersted descubrió los campos magnéticos generados por corrientes eléctricas. Basándose en estos experimentos, Faraday logró desarrollar el primer motor eléctrico conocido. En 1831 colaboró con Charles Wheatstone e investigó sobre fenómenos de inducción electromagnética. Observó que un imán en movimiento a través de una bobina induce en ella una corriente eléctrica, lo cual le permitió describir matemáticamente la ley que rige la producción de electricidad por un imán. Así mismo, realizó varios experimentos electroquímicos que le permitieron relacionar de forma directa materia con electricidad. Tras observar cómo se depositan las sales presentes en una cuba electrolítica al pasar una corriente eléctrica a su través, determinó que la cantidad de sustancia depositada es directamente proporcional a la cantidad de corriente circulante, y que, para una cantidad de corriente dada, los distintos pesos de sustancias depositadas están relacionados con sus respectivos equivalentes químicos. Posteriores aportaciones que resultaron definitivas para el desarrollo de la física, como es el caso de la teoría del campo electromagnético introducida por James Clerk Maxwell, se fundamentaron en la labor pionera que había llevado a cabo Michael Faraday.

FARINELLI [Carlo Broschi] *(Andria, Nápoles, 1705-Bolonia, 1782) Cantante castrato italiano.* Perteneciente a una familia aristocrática, su padre Salvatore fue el responsable de su primera educación musical. Castrado en su niñez, mantuvo la voz de soprano durante toda su vida. Con el tiempo pasó a ser

▲ *Michael **Faraday**, uno de los científicos más notables de su tiempo, es considerado como uno de los fundadores de la electroquímica y el electromagnetismo.*

▲ *Caricatura de **Farinelli** realizada por P. L. Ghezzi que representa al célebre castrato en su caracterización femenina.*

▶ *El escudo de los Farnesio representa a una familia de gran raigambre en Italia, consolidada a partir de Alejandro **Farnesio**.*

el protegido de una rica familia napolitana, de la cual adoptó el apellido Farinelli. Su primera actuación ante el gran público tuvo lugar en Nápoles, donde obtuvo un gran éxito con *Angelica e Medoro*. Su consagración se produjo tres años después al interpretar en Roma el papel principal de *Adelaida*, y en los años siguientes cantó en los escenarios más prestigiosos de Europa. Durante su estancia de tres años en Londres la entonación de su voz alcanzó el máximo nivel de pureza, y en 1737 se retiró de los escenarios para instalarse de modo permanente en la corte española de Felipe V. En Madrid se convirtió en el máximo impulsor de la ópera, y llegó a gozar de gran ascendiente sobre el monarca y su esposa, Bárbara de Braganza. En 1750 recibió la Orden de Calatrava de manos de Fernando VI, aunque luego, al morir este rey en 1759 y subir al trono Carlos III, Farinelli fue expulsado de España. Sus últimos veinte años transcurrieron en Bolonia, uno de los centros teatrales y operísticos de Europa.

FARNESIO, ALEJANDRO *(Roma, 1545-Arras, Francia, 1592) Duque de Parma y militar, al servicio de España.* Hijo de Ottavio Farnesio, duque de Parma, y Margarita de Parma, hija natural de Carlos I. Siendo adolescente pasó a la corte de España, donde se educó; en 1565 casó con la princesa María de Portugal, nieta de Manuel I *el Afortunado*. Como militar al servicio de la Corona española, destacó en la defensa de las posesiones hispanas en los Países Bajos. En 1577, Juan de Austria lo puso al frente de los tercios de Italia, con los cuales empren-

dió la campaña de Flandes. Farnesio derrotó a los sublevados en Gembloux y recuperó las provincias católicas meridionales. Un año después, Felipe II confirmó la decisión tomada poco antes de morir por su hermanastro, Juan de Austria, de nombrarlo gobernador de los Países Bajos. En 1586, al morir su padre, heredó los ducados de Parma, Plasencia y Guastalla, pero cedió su administración a su hijo Ranuccio para continuar en Flandes. Un año más tarde se enfrentó con éxito a una fuerza inglesa mandada por el duque de Leicester, que había acudido en ayuda de la Unión de Utrecht. Sin embargo, el desastre de la Armada Invencible debilitó su posición y comprometió el poder español en la zona. Aun así, en 1590 pasó a Francia en ayuda de la Liga Católica y derrotó al ejército de Enrique IV en la batalla de Ligny, después de haberlo obligado a levantar el asedio de París. Inmediatamente después debió acudir en auxilio de Nimega, sitiada por las tropas de Mauricio de Nassau. Tras liberarla, las hostilidades continuaron extendiéndose en los distintos frentes y cada vez se le hizo más difícil mantener los territorios, dado el agotamiento de sus tropas y el mayor peso de la ayuda inglesa a los rebeldes. En 1592, su ejército liberó Ruán, cercada por el ejército francés de Enrique IV, al que venció de nuevo en la batalla de Aumale, con lo que aseguró el abastecimiento de París. Poco después regresó a Flandes, donde falleció a consecuencia de las heridas recibidas en el combate de Caudebec, librado contra los ejércitos franceses.

FARNESIO, ISABEL *(Parma, actual Italia, 1692-Aranjuez, España, 1766) Reina de España (1714-1746).* Hija de Eduardo III, duque de Parma, en 1714 se convirtió en la segunda esposa de Felipe V. Dotada de una gran cultura y de indudable atractivo, a pesar de padecer las secuelas de la viruela, supo ganarse la voluntad del rey e imponer sus propios criterios en la corte. Así, logró ejercer una gran influencia en la política española: apartó de la corte a los elementos profranceses y patrocinó el ascenso de Alberoni y Ripperdá. Su política exterior estuvo centrada, sobre todo, en Italia, donde luchó por situar a sus hijos. De esta forma, Carlos (el futuro Carlos III de España) obtuvo Nápoles, y Felipe, Milán y Parma. Tras la muerte de su esposo, consiguió mantener su influencia en la política italiana, y llegó a la regencia española al morir sin sucesión su hijastro Fernando (Fernando VI) en 1759, a la espera que su hijo Carlos llegase desde Nápoles para ocupar el trono.

FARUK I *(El Cairo, 1920-Roma, 1965) Rey de Egipto (1936-1952) y de Sudán (1951-1952).* Sucedió a su padre Fuad I. A pesar de su hostilidad hacia el partido Wafd, de corte nacionalista, no tuvo más remedio que aceptar, en 1942, la presencia en su gobierno de Nahhas Bajá, impuesto por el Reino Unido con el propósito de lograr un acercamiento a los nacionalistas ante la amenaza del Eje. La derrota frente a Israel, en 1948, y la creciente corrupción, unida a la destitución de Nahhas Bajá en 1952, provocaron, en julio, un golpe de Estado militar dirigido por el general Muhammad Naguib y por el teniente coronel Gamal Abdel Nasser. Obligado a abdicar en favor de su hijo Fuad, de corta edad, depuesto al poco tiempo, Faruk fue privado de la nacionalidad egipcia (1958) y murió en el exilio.

FAULKNER, WILLIAM [William Falkner] *(New Albany, EE UU, 1897-Oxford, id., 1962) Escritor estadounidense.* Pertenecía a una familia tradicional y sudista, marcada por los recuerdos de la guerra de Secesión, sobre todo por la figura de su bisabuelo, el coronel William Clark Falkner, personaje romántico y autor de una novela de éxito pasajero. En Oxford, la poca atención que prestaba Faulkner a sus estudios y al puesto que le consiguió su familia en Correos anduvo paralela a su avidez lectora, bajo la guía de un amigo de la familia, el abogado Phil Stone. A pesar de que su vida transcurrió en su mayor parte en el Sur, que le serviría de inspiración literaria casi inagotable, viajó bastante: conocía perfectamente ciu-

▲ *Retrato de **Faruk I**, rey de Egipto y efímero soberano de Sudán, y de su esposa, la reina Narriman Sadek.*

▼ *El escritor estadounidense William **Faulkner** fotografiado en su juventud. Sus novelas reflejan la vida del sur de Estados Unidos con una extraordinaria carga de intensidad y dramatismo.*

dades como Los Ángeles, Nueva Orleans, Nueva York o Toronto y vivió casi cinco años en París, donde cabe destacar que no frecuentó los círculos literarios de la llamada Generación Perdida. Perseguía muy conscientemente el éxito literario, que no alcanzó, sin embargo, hasta la publicación de *El ruido y la furia* (1929), novela de marcado tono experimental, en que la anécdota es narrada por cuatro voces distintas, entre ellas la de un retrasado mental, siguiendo la técnica del «torrente de conciencia», es decir, la presentación directa de los pensamientos que aparecen en la mente antes de su estructuración racional. El experimentalismo de Faulkner siguió apareciendo en sus siguientes novelas: en *¡Absalón, Absalón!* (1936), la estructura temporal del relato se convierte en laberíntica, al seguir el hilo de la conversación o del recuerdo, en vez de la linealidad de la narración tradicional, en tanto que *Las palmeras salvajes* (1939) es una novela única formada por dos novelas, con los capítulos intercalados, de modo que se establece entre ellas un juego

de ecos e ironías nunca cerrado por sus lectores ni por los críticos. El mito presenta al autor como un escritor compulsivo, que trabajaba de noche y en largas sesiones, mito que cultivó él mismo y que encuentra su mejor reflejo en su personalísimo estilo, construido a partir de frases extensas y atropelladas, de gran barroquismo y potencia expresiva, que fue criticado en ocasiones por su carácter excesivo, pero a cuya fascinación es difícil sustraerse y que se impuso finalmente a los críticos. A pesar de haber conseguido el reconocimiento en vida, e incluso relativamente joven, Faulkner vivió muchos años sumido en un alcoholismo destructivo. La publicación, en 1950, de sus *Narraciones completas*, unida al Premio Nobel que recibió ese mismo año, le dio el espaldarazo definitivo que necesitaba para ser aceptado, en su propio país, como el gran escritor que era. Su existencia cambió a partir de este momento: recibió numerosos honores, escribió guiones de cine para productoras cinematográficas de Hollywood (trabajo que aceptaba principalmente por motivos económicos, dado su elevado ritmo de gasto) y se convirtió, en suma, en un hombre público, e incluso fue nombrado embajador itinerante por el presidente Eisenhower. Los últimos años de su vida, que transcurrieron entre conferencias, colaboraciones con el director de cine Howard Hawks, viajes, relaciones sentimentales efímeras y curas de desintoxicación, dan la impresión de una angustia creciente y nunca resuelta. «No se escapa al Sur, uno no se cura de su pasado», dice uno de los personajes de *El ruido y la furia*, y, en efecto, el escenario de la mayoría de sus novelas es el imaginario condado sureño de Yoknapatawpha, cuyas connotaciones y poder simbólico le confieren un aura casi bíblica. En este sentido, la obra de Faulkner debe ser contemplada como un todo, en la medida en que toda ella se halla marcada por esta voluntad de recrear la vida del sur de Estados Unidos, por más que tal localismo no impide que sus personajes y sus obsesiones, tan circunscritos a un tiempo y un lugar concretos, adquieran una proyección universal.

> «*D*ios mío, realmente soy el mejor escritor de Estados Unidos.»
>
> William Faulkner

▶ *Portada de una edición estadounidense de la novela* Mosquitos, *de William* **Faulkner**. *En ella, el escritor describe la bohemia de Nueva Orleans en un clima nostálgico y decadente.*

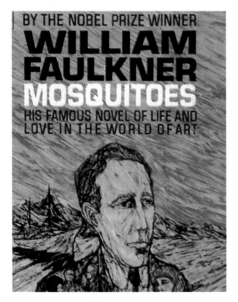

BY THE NOBEL PRIZE WINNER
WILLIAM FAULKNER
MOSQUITOES
HIS FAMOUS NOVEL OF LIFE AND LOVE IN THE WORLD OF ART

WILLIAM FAULKNER
OBRAS MAESTRAS

NOVELA: *LA PAGA DE LOS SOLDADOS* (*SOLDIER'S PAY*, 1926); *MOSQUITOS* (*MOSQUITOES*, 1927); *EL RUIDO Y LA FURIA* (*THE SOUND AND THE FURY*, 1929); *MIENTRAS AGONIZO* (*AS I LAY DYING*, 1930); *SANTUARIO* (*SANCTUARY*, 1931); *LUZ DE AGOSTO* (*LIGHT IN AUGUST*, 1932); *¡ABSALÓN, ABSALÓN!* (*ABSALOM, ABSALOM*, 1936); *LOS INVICTOS* (*THE UNVANQUISHED*, 1938); *LAS PALMERAS SALVAJES* (*THE WILD PALMS*, 1939); *DESCIENDE, MOISÉS* (*GO DOWN, MOSES*, 1942); *INTRUSO EN EL POLVO* (*INTRUDER IN THE DUST*, 1948); *NARRACIONES COMPLETAS* (*COLLECTED STORIES*, 1950); *RÉQUIEM POR UNA MONJA* (*REQUIEM FOR A NUN*, 1951); *LOS RATEROS* (*THE REIVERS*, 1962). **POESÍA:** *EL FAUNO DE MÁRMOL* (*THE MARBLE FAUN*, 1924).

FAURÉ, GABRIEL *(Pamiers, Francia, 1845-París, 1924) Compositor, pedagogo y pianista francés.* Por la elegancia de su escritura, la perfección de la forma, la constante búsqueda de la belleza y su intenso melodismo, Gabriel Fauré es uno de los músicos franceses por antonomasia. Es también una de las figuras clave de la evolución de la música francesa desde el Romanticismo hasta la modernidad del siglo XX, represen-

◀ *Retrato de Gabriel **Fauré**. El prolífico compositor francés ejerció gran influencia en su país, tanto a través de su música como por medio de sus enseñanzas.*

tada por Claude Debussy y Maurice Ravel. Discípulo y más tarde amigo de Camille Saint-Saëns, Fauré se inició en la música como organista en diversas parroquias de París, antes de que le fuera concedido el cargo de maestro de coro de la Madeleine en 1877. Primer organista de esta iglesia desde 1896, ese mismo año entró en el Conservatorio de París como profesor. Excelente pedagogo, siempre abierto y respetuoso con las nuevas corrientes musicales, contó entre sus alumnos con algunos de los nombres más destacados de la música francesa de las primeras décadas del siglo XX, como Maurice Ravel, Charles Koechlin, Florent Schmitt, Nadia Boulanger o el rumano George Enesco. En 1905 alcanzó la cúspide de su carrera profesoral al ser nombrado director de dicha institución. Dimitió de este cargo en 1920 a causa de la sordera, que en los últimos años de su vida fue total. Como compositor, Fauré destacó sobre todo en la creación de música de cámara y para piano, y de melodías para voz y piano. Sus dos sonatas para violín y piano (1876 y 1917), sus dos cuartetos con piano (1879 y 1886), los *Nocturnos* para piano solo (1875-1921) o el ciclo de melodías sobre poemas de Verlaine *La bonne chanson* (1894), entre otras obras, representan lo mejor de su talento en este campo. Sin embargo, no se deben olvidar algunas de sus incursiones en la escena lírica, con títulos como *Prométhée* (1900) y *Pénélope* (1913), o la música incidental compuesta para el drama de Maurice Maeterlinck *Pelléas et Mélisande* (1898), uno de cuyos fragmentos, *Siciliana*, se ha convertido con el tiempo en una de las páginas más divulgadas del compositor francés.

FEDERICO I *BARBARROJA* (?, b. 1125-Cilicia, actual Turquía, 1190) *Emperador del Sacro Imperio Romano Germánico (1155-1190), rey de Alemania (1152-1190) y du-*

▼ *Relieve de la antigua Puerta Romana del castillo de los Sforza en Milán que representa a **Federico I Barbarroja**.*

que de Suabia (Federico III) (1147-1190). Hijo del duque Federico II de Suabia y de Judit de Baviera, sucedió a su padre en el gobierno del ducado suabo en 1147, año en que participó en la Segunda Cruzada junto a su tío, el emperador Conrado III, quien lo nombró heredero. A la muerte de éste, en 1152, Federico *Barbarroja* fue designado rey de Alemania por aclamación de la Asamblea de príncipes, que vieron en él un monarca enérgico y valeroso, capaz de acabar con los enfrentamientos que, desde 1125, mantenían en todo el reino los gibelinos, partidarios de los Hohenstaufen, procedentes de Suabia, y los güelfos, seguidores de los Welf de Baviera. A fin de alcanzar la paz, Federico I, miembro de la familia Hohenstaufen, cedió a su primo Enrique *el León*, duque de Baviera y el más poderoso de los jefes güelfos, el ducado de Sajonia y le confió la dirección de la expansión alemana hacia el este. La ambición del monarca, sin embargo, iba mucho más allá de las fronteras de Alemania, pues, considerándose continuador de la obra de Carlomagno y Otón I, Federico *Barbarroja* tenía el firme propósito de crear un imperio universal que restaurase la grandeza del Imperio Romano, para lo cual era preciso someter al Papado y a las ciudades italianas. Con este propósito, en 1153, durante la dieta de Constanza, prometió ayudar al papa Eugenio III a sofocar la rebelión de los romanos, que, con Arnaldo de Brescia al frente, se habían constituido en municipio libre y expulsado al pontífice. Federico I entró con su ejército en Italia en 1154, y al año siguiente fue coronado en Roma emperador del Sacro Imperio Romano Germánico por el papa Adriano IV, tras haber derrotado y apresado a Arnaldo de Brescia, quien murió en la hoguera como hereje. De nuevo en Alemania, extendió sus dominios hasta los territorios de Polonia y Escandinavia y contrajo matrimonio con Beatriz, hija y heredera de Reinaldo III de Borgoña. Otra vez en suelo italiano, tomó Milán en 1158, y ese mismo año, en la dieta de Roncaglia, asumió todos los derechos de los antiguos emperadores romanos, entre ellos el de designar personalmente los cónsules de las ciudades italianas, si bien muchos municipios declararon su oposición frontal a la política imperial y el Papado le privó de ejercer estas prerrogativas en los Estados Pontificios. Un año más tarde, la elección como papa de Alejandro III, firme defensor de la teocracia pontificia y, por tanto, de la sumisión del emperador a la autoridad papal, agravó el conflicto e impulsó a

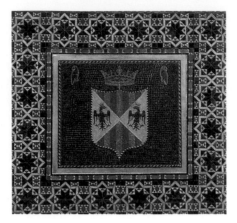

> «*La diferencia que hay entre una convicción y un prejuicio es que una convicción podemos explicarla sin alterarnos.*»
>
> Federico II *el Grande*

▼ *Retrato del rey prusiano* **Federico II** el Grande *que se exhibe en el Museo de Versalles de París. El monarca prusiano estuvo profundamente influenciado por la Ilustración francesa.*

Federico I a apoyar el nombramiento, sucesivamente, de los antipapas Víctor IV (1159) y Pascual III (1164). En 1167, las ciudades del norte de Italia constituyeron la poderosa Liga Lombarda, que, tras años de lucha, logró una victoria decisiva sobre las tropas imperiales en Legnano (1176). A raíz de esta derrota, Federico *Barbarroja* se vio obligado a firmar, en 1177, la paz de Venecia, por la que reconoció al papa Alejandro III –a quien hubo de someterse– y, en 1183, la paz de Constanza, en la que aceptó las libertades comunales, aunque conservó sus dominios de Toscana, Spoleto y Ancona. En la dieta de Maguncia (1188), el emperador, decidido a liberar Jerusalén, a la sazón en poder del sultán Saladino, se comprometió a encabezar la Tercera Cruzada, y así, en el año 1189 partió con tal propósito hacia Cilicia, donde murió, el 10 de junio de 1190, mientras se bañaba en el río Salef (Cydnos).

FEDERICO II *EL GRANDE* *(Berlín, 1712-Potsdam, actual Alemania, 1786) Rey de Prusia (1740-1786).* Arquetipo del déspota ilustrado, desde muy joven mostró un espíritu inquieto, gustos refinados e inclinación al estudio de las ciencias y las artes, acaso por influencia de su preceptor, un hugonote francés llamado Jacques Duhan de Jandun. Dado su carácter sensible, chocó continuamente con su padre, Federico Guillermo I, hombre de temperamento autoritario. A los dieciocho años huyó de la corte acompañado de su amigo Katte; detenidos, éste fue ejecutado y Federico encerrado en Küstrin hasta que reanudó sus estudios y se sometió a la disciplina paterna. En 1736 le fue entregado el castillo de Rheinsberg para que mantuviera su propia corte, lo cual le permitió satisfacer sus ansias de vida cultural y cortesana. Accedió al trono en 1740, a la muerte del *Rey Sar-*

gento, como era conocido su padre. Su afán de gloria y conquistas y la voluntad de liberar a Prusia de la dependencia de Austria lo movieron a enviar las tropas a Silesia, donde obtuvo la brillante victoria de Mollwitz, que rubricó la eficacia del ejército organizado por su padre y su propio talento como estratega. La debilidad de los Habsburgo fomentó una alianza con Francia que se mantuvo hasta 1742, año en que se retiró del conflicto, con la posesión de Silesia asegurada. Sin embargo, las circunstancias del enfrentamiento, que se prolongó en la guerra de Sucesión de Austria, le obligaron a entrar de nuevo en liza en 1744; en esta segunda campaña salvó en varias ocasiones a su ejército del desastre gracias a su brillantez como militar. Por la paz de Dresde (1745), Austria reconoció de nuevo la posesión de Silesia a Prusia, pero quedaron latentes todos los conflictos que enfrentaban a las potencias europeas, hecho que acabaría por determinar en 1756 la coalición de Austria, Rusia, Francia y Suecia contra Prusia, a su vez apoyada por Gran Bretaña; ello significó el comienzo de la guerra de los Siete Años, de la que Prusia salió arruinada, pero convertida en una gran potencia militar: conservó Silesia y recuperó Pomerania, Sajonia y otros territorios ocupados por sus oponentes. La muerte de la zarina Isabel en Rusia y el acceso al trono de Pedro III primero y de Catalina II poco después abrieron a Federico el camino para una alianza que le permitió emprender la reconstrucción del país y convertirse en uno de los soberanos más influyentes del continente. En política interior impulsó una serie de reformas iluministas, apoyándose en la nobleza, a la que respetó sus privilegios: establecimiento de una administración centralizada; reorganización de la hacienda pública, con aumento de la presión fiscal; supresión de las aduanas interiores; creación de una banca estatal; reforma de la administración de justicia, con abolición de la tortura; e introducción de nuevos cultivos, como la patata y el nabo, y aplicación de modernas técnicas productivas. Propició el comercio y la industria sobre bases mercantilistas que favorecieron el desarrollo económico, fomentó la tolerancia religiosa y, en continuidad con la línea militarista emprendida por su antecesor, perfeccionó la organización y el funcionamiento del ejército e incrementó sus efectivos. Hombre de vasta cultura, Federico II atrajo a su corte a intelectuales y artistas como Voltaire y Bach, quien le dedicó su *Ofrenda musical.* Por su parte, el propio monarca compuso al-

◀ *Federico II* **el Grande**
*gran aficionado a la música
tocando la flauta en un
concierto privado en el
castillo de Sans-Souci*

gunas piezas musicales, como una *Sinfonía en Re mayor*, escribió tratados en los que expuso su pensamiento político y sus particulares ideas acerca del Estado, como *Antimaquiavelo* (1739), *Testamentos políticos* (1752-1768) y *Ensayo sobre las formas de gobierno* (1777), participó en el trazado de los planos de los palacios de Sans-Souci y Potsdam y del edificio de la Ópera de Berlín, y puso su sello a un estilo que transita entre el rococó y el neoclásico. También tuvo participación directa en el reordenamiento urbano de Berlín, una ciudad que durante su reinado se convirtió en una urbe moderna y dinámica. Fomentó así mismo las ciencias a través de la Academia de Berlín y sancionó la obligatoriedad de la enseñanza primaria.

FEDERICO GUILLERMO I, llamado *el Rey Sargento (Berlín, 1688-Potsdam, actual Alemania, 1740) Rey de Prusia (1713-1740)*. Hijo y sucesor de Federico I. Tras su subida al trono acabó con el boato cortesano y los dispendios que habían caracterizado el reinado de su padre, revelando su carácter autoritario y austero. Dada su enorme capacidad de trabajo, exigió a sus colaboradores una labor intensa y libre de errores. Poco dado a las diversiones y con escaso sentido del humor, lo único que al parecer le relajaba era ir al Tabakskollegium, para fumar en pipa y beber cerveza con sus amigos más íntimos. Favoreció el desarrollo económico mediante una estricta reglamentación financiera que abolía los privilegios y las exenciones y una fuerte centralización de la administración del Estado. En consonancia con este propósito, protegió la industria y la agricultura y propició

la colonización interior. Gracias a esta política llevó adelante de forma sistemática la reconstrucción del NE de la Prusia oriental, con pobladores de otras regiones menos favorecidas del país. Sólo en Prusia, un ducado que había quedado despoblado por la peste de 1709-1710, la población experimentó un fuerte crecimiento, las fábricas proliferaron y el rendimiento de la tierra conoció un notable aumento. Sin embargo, la principal preocupación del monarca fue el fortalecimiento del ejército. Para ello organizó un reclutamiento nacional regular y creó la Escuela de Cadetes de Berlín (1722). El resultado fue que los soldados prusianos conformaron un ejército eficiente y disciplinado: la herramienta que convertiría a Prusia en la mayor potencia militar de Europa. Durante su reinado no emprendió ninguna guerra, salvo la campaña de 1720 contra Carlos XII de Suecia, al que derrotó en Poltava, lo cual le permitió, mediante el favorable tratado de Estocolmo, incorporar la Pomerania occidental, Stettin y las bocas del Oder.

FEDERICO GUILLERMO III *(Potsdam, actual Alemania, 1770-Berlín, 1840) Rey de Prusia (1797-1840)*. Rechazado por su padre, el emperador Federico Guillermo II, accedió al trono a la muerte de éste, acaecida en 1797. Poco antes, en 1793, había contraído matrimonio con Luisa de Mecklemburgo-Strelitz, quien ejerció sobre él una gran influencia. Tras su coronación, se afanó en modificar varias de las medidas adoptadas por su padre, entre ellas las referentes a la tolerancia religiosa, que restableció, y las relacionadas con la hacienda pública. No modificó, empero, las bases absolutistas sobre las que se asentaba el poder de la Corona, a la que siguió prestando su apoyo la aristocracia, si bien accedió, tal como le aconsejaron sus consejeros Stein y Hardenberg, a modificar el estatus de la alta burocracia y del funcionariado. En política social, se mostró reacio a adoptar medidas liberalizadoras, temeroso de la expansión de corrientes progresistas que relacionaba con el jacobinismo, y en lo que respecta a la política interna se limitó a otorgar dietas provinciales. El 26 de septiembre de 1806 entró en guerra con Napoleón, y sus ejércitos fueron derrotados

▼ *Retrato de* **Federico Guillermo I** *pintado por Georg Wenceslaus von Knobelsdorf en 1737. Fue el primer monarca prusiano en imponer una férrea disciplina a un ejército que, con el tiempo, llegaría a ser el más potente de Europa.*

con facilidad en Jena y Auerstedt. Tras el descalabro militar, se vio obligado a firmar el tratado de Tilsit (julio de 1807), por el que Prusia perdía todas sus provincias al oeste del río Elba, aproximadamente, la mitad de su territorio. Aliado con el emperador ruso Alejandro I, asistió al congreso de Viena de 1815 con la esperanza de recuperar varios territorios de Renania, los cuales le fueron retornados gracias a su buena relación con el canciller austriaco Klemens von Metternich. El compromiso final alcanzado en el congreso le otorgó, además, Westfalia y Sajonia, lo cual consiguió restablecer, en parte, el potencial económico y el crédito político de Prusia, seriamente dañados tras su fallido enfrentamiento con Francia. Ello no significó, empero, un crecimiento sustancial de la economía prusiana, aunque bajo su mandato se realizó el primer intento de unión aduanera (Zollverein), en 1834.

FEDERICO GUILLERMO IV, llamado *el Rey Romántico (Berlín, 1795-Potsdam, actual Alemania, 1861) Rey de Prusia (1840-1861).* Hijo de Federico Guillermo III y de Luisa de Mecklemburgo-Strelitz, accedió al trono a la muerte de su padre, acaecida en 1840. Educado por maestros civiles, nunca sintió afecto alguno por el ejército, a pesar de proceder de una familia de militares, antes al contrario, prefirió la compañía de intelectuales, artistas y humanistas. Por ello, y por sus convicciones políticas, le fue otorgado el sobrenombre de *Rey Romántico.* Dichas convicciones políticas, de talante profundamente conservador, se fundamentaban en el ideario politicofilosófico alemán de los siglos XVI y XVII. Esta nostalgia del pasado, y sobre todo por el Sacro Imperio Romano Germánico, le impidió acomodarse a las nuevas corrientes liberales del siglo XIX. Por este motivo, y aunque su gobierno nunca fue absolutista, se negó a promulgar una nueva Constitución, más acorde con los nuevos tiempos. Sin embargo, tras la revolución liberal de 1848, que sembró las calles de Berlín de barricadas y cadáveres, se vio obligado a aceptar la celebración de una Asamblea Nacional Prusiana. Posteriormente, promulgó una nueva Constitución, en la que incluyó varias de las reivindicaciones liberales, si bien sus capítulos fundamentales restauraban el poder de la Corona y de sus instrumentos de gobierno. En abril del año siguiente, los diputados reunidos en la Asamblea de Frankfurt, en la que estaban presentes varios de los líderes de la revolución ante-

> «*No hay inconveniente en mirar con ternura el humo de la patria, siempre que el humo de la patria no ciegue al que lo mira.*»
>
> Fray Benito Jerónimo Feijoo
> *Teatro crítico universal*

▲ *Federico Guillermo IV, rey de Prusia, en un retrato que pertenece a la Colección Batarelli. La revolución de Berlín en 1848 le obligó a introducir en su política interior reformas de carácter liberal.*

▶ *Retrato del escritor español fray Benito Jerónimo* **Feijoo** *que se conserva en la Calcografía Nacional de Madrid. El monje benedictino, de espíritu reformista, se opuso a la clásica escolástica.*

rior, le ofrecieron la Corona imperial, que rechazó, alegando que sólo podía aceptarla si el ofrecimiento procedía de los príncipes alemanes. Con ello demostró su aversión a la democracia y su voluntad de mantener la estructura imperial inalterable, al tiempo que tendía una mano a la dinastía austriaca de los Habsburgo, de la que se consideraba un simple vasallo. Sin embargo, poco después cambió de opinión y potenció la unión alemana bajo liderazgo prusiano, lo que se vino a llamar Pequeña Alemania, la cual, como no podía ser de otra forma, contó con el rechazo de Austria. Amenazado militarmente, Federico Guillermo se vio obligado a dar marcha atrás (Olmutz, 1850) y a mantener a Prusia en la Dieta Federal de Frankfurt. En 1858, tras perder la razón a causa de un ataque cerebral que derivó en parálisis parcial, se hizo cargo de la regencia su hermano Guillermo I de Prusia.

FEIJOO, FRAY BENITO JERÓNIMO *(Casdemiro, España, 1676-Oviedo, 1764) Ensayista español.* Cursó estudios en Salamanca y, en 1690, tomó el hábito benedictino. En 1709 ingresó en el convento de San Vicente, en Oviedo, donde ocupó diversas cátedras de teología. Fue maestro general de su orden y consejero de Fernando VI. En 1925 se trasladó a Madrid para preparar su obra *Teatro crítico universal* (1726-1740), a la que siguió *Cartas eruditas y curiosas* (1742-1760), obras que le consagraron en toda Europa como un importante pensador ilustrado, como ya apuntaba su

obra *Ilustración apologética* (1729). Feijoo abarcó prácticamente todos los ámbitos de la reflexión, incluso la medicina (*Apología del escepticismo médico*, 1725) y la agricultura (*Honra y provecho de la agricultura*, 1739), con lo que se ganó tanto distinguidos honores como una importante afluencia de discípulos.

FELIPE I *EL HERMOSO* *(Brujas, actual Bélgica, 1478-Burgos, 1506) Rey de España (1504-1506).* Hijo de Maximilano I, emperador de Alemania, y de María de Borgoña, casó con la infanta Juana de Castilla dentro de los planes diplomáticos de Fernando *el Católico*, padre de ésta, encaminados a aislar a Francia. Tras la muerte de la reina Isabel, logró instrumentalizar los recelos de la nobleza castellana contra su suegro para conseguir la regencia del reino, ante la supuesta incapacidad de Juana, su esposa. Las estrechas relaciones entre Castilla y Flandes, centradas en el comercio de la lana, jugaron a su favor, y en 1506 Fernando volvió a Aragón, después de firmar el acuerdo de Villafáfila, por el cual cedía el gobierno de la Corona castellana a Felipe I y Juana. Más adelante, Fernando se retractó, y Felipe no logró que las cortes de Valladolid le dejasen reinar en solitario. Su muerte, al poco tiempo, dejó el reino de Castilla sumido en el desorden.

FELIPE II *(Valladolid, 1527-El Escorial, España, 1598) Rey de España (1556-1598).* Hijo del emperador Carlos I y de Isabel de Portugal, llegó a ser el monarca más poderoso de su tiempo: sus dominios, en total una quinta parte de la Europa occidental, se extendían desde España, Sicilia y los Países Bajos hasta América y las Filipinas, archipiélago del Pacífico sur que debe a él su nombre. El largo reinado de su padre y el gran número de campañas en que éste participó le dieron tiempo para recibir una completa educación y adquirir experiencia en los asuntos de Estado, sobre todo durante sus regencias de 1543 y 1551, que precedieron a su acceso al trono en 1556. Hombre de alto sentido del deber y profunda religiosidad, su vida y su gobierno se basaron en su preocupación por la defensa de la fe católica, principio al cual dio proyección universalista dado el carácter imperial del legado recibido. En 1543, a los dieciséis años, desempeñó su primera regencia y contrajo matrimonio con su prima María Manuela de Portugal,

▼ *El rey **Felipe I** el **Hermoso** en una miniatura del* Libro del Toisón de Oro, *que se conserva en el Instituto de Valencia de Don Juan, en Madrid.*

▼ *Litografía de la Biblioteca Nacional de Madrid en la que aparecen **Felipe II**, a la izquierda, y Maximiliano de Austria, como símbolo de la concordia entre las dos ramas de los Habsburgo.*

quien falleció dos años más tarde al dar a luz al príncipe don Carlos. Cinco años después, en 1548, y siguiendo instrucciones de su padre, realizó una «gran vuelta» por Italia, Alemania y los Países Bajos para conocer los territorios y las gentes de su futuro reino. Al cabo de tres años regresó a España, de la que ya no saldría durante el resto de su vida. En 1554 recibió de su padre los reinos de Nápoles y Sicilia, y su matrimonio con María Tudor lo convirtió en rey consorte de Inglaterra. Al año siguiente obtuvo el gobierno de los Países Bajos y, en 1556, Carlos I abdicó de la Corona española y del título imperial en su favor. A partir de ese momento, dedicó por completo y de modo casi obsesivo sus energías a los asuntos de gobierno. Su reinado comenzó con la ruptura de la tregua de Vaucelles y el estallido de una nueva guerra con Francia, a cuyas fuerzas venció en las batallas de San Quintín, la única en que participó directamente, y Gravelinas. La paz de Cateau-Cambrésis de 1559, que puso fin al conflicto, estableció la hegemonía española en el continente y sentó las bases para un mejor entendimiento entre España y Francia (un año antes había muerto María Tudor, por lo que la esperanza de una alianza angloespañola se había desvanecido). Como reafirmación del pacto, Felipe contrajo matrimonio con Isabel de Valois, hija de Enrique II. La nueva amistad hispanofrancesa tenía por objeto contener el avance del protestantismo, una de las mayores preocupaciones del monarca español. En este sentido, instó la reanudación del concilio de Trento, que confirió un carácter combativo a la Contrarreforma, y revitalizó la Inquisición para actuar contra la herejía. Esta actitud desencadenó a partir de 1568 la sublevación de los moriscos de las Alpujarras y la de los Países Bajos, reprimidas por don Juan de Austria y el duque de Alba, respectivamente. Tales revueltas coincidieron con una fuerte ofensiva otomana en el Mediterráneo, que detuvo en 1571, cuando la flota de la Liga Santa logró la concluyente victoria de Lepanto. Fallecida Isabel de Valois en 1568, dos años más tarde contrajo nuevo matrimonio con Ana de Austria, con lo cual aseguraba la continuidad de los lazos familiares y políticos con la rama austriaca de los Habsburgo. En 1580, al asumir la Corona de Portugal, consumó el proceso de unificación de la península Ibérica iniciado por los Reyes Católicos. Sin embargo, las

◄ *Retrato de **Felipe II** con uniforme militar, obra del pintor Sánchez Coello. El monarca aparece con gesto firme y sujetando el bastón de mando con una mano.*

crisis económicas eran constantes, a pesar de la masiva entrada de plata americana, que se consumía casi inmediatamente en el mantenimiento de las ambiciosas campañas en defensa de la fe católica, circunstancia que sentó las bases de la posterior decadencia española. El enfrentamiento con Inglaterra terminó en 1588 con el desastre de la expedición de la Armada Invencible, con la que pretendía ocupar la isla, derrota naval que señala el principio del fin de la hegemonía española en Europa.

FELIPE II AUGUSTO *(París, 1165-Nantes, Francia, 1223) Rey de Francia (1180-1223).* Hijo de Luis VII, al poco de subir al trono tuvo que enfrentarse a una revuelta feudal, que logró sofocar. Su política se basó en la conquista de las posesiones continentales de los Plantagenet, y, en 1190, se unió a la Tercera Cruzada, junto con Ricardo *Corazón de León*, y participó en la toma de Acre. No obstante, regresó rápidamente Francia y aprovechó la ausencia del inglés para apoderarse de sus territorios franceses, en connivencia con el hermano de éste, Juan sin Tierra. Tras la muerte de Ricardo, Felipe II acusó a Juan de felonía y lo desposeyó de sus feudos franceses, por los cuales este último era vasallo del rey de Francia. Con gran celeridad ocupó Normandía, Maine, Anjou y Turena, así como Bretaña. En 1214, derrotó a las tropas de Otón IV, aliado de Juan, en Bouvines, triunfo con el cual su posición quedó consolidada.

FELIPE III *(Madrid, 1578-id., 1621) Rey de España y Portugal (1598-1621).* Hijo de Felipe II y su cuarta esposa Ana de Austria, su padre supuso que se dejaría gobernar por otros, como así fue, de tal

> *« Y aun si mi hijo fuera hereje, yo mismo traería leña para quemarle.»*
>
> Felipe II

▼ ***Felipe III** según un retrato pintado por Juan Pantoja de la Cruz en 1608. Aunque por entonces rozaba ya la treintena, en el lienzo aparece un rey juvenil y con aspecto cortesano.*

modo que la política del reino fue dirigida por sus favoritos, conocidos como validos, que fueron don Francisco de Sandoval y Rojas, duque de Lerma, y don Rodrigo Calderón, marqués de Siete Iglesias. Ni uno ni otro estaban capacitados para afrontar los graves problemas ante los que se hallaba la monarquía hispánica en cuestiones tan cruciales como la economía, la demografía o la política exterior. Felipe III, que ciñó la corona en 1598, casó en 1599 con Margarita de Austria y pronto se desentendió de los asuntos de Estado. Durante su reinado, la política exterior española se caracterizó por el intento de mantener su posición como potencia hegemónica tanto en el plano europeo como en el colonial, todo ello con unos recursos cada vez más menguados. Prosiguió la guerra contra Holanda, y pese a éxitos parciales como la toma de Ostende por parte de Spínola, pronto fue evidente que no existían muchas posibilidades de solventar favorablemente el conflicto, por lo que en el año 1609 se firmó la tregua de los Doce Años que daba la independencia de hecho a las Provincias Unidas de Holanda. También se produjo el conflicto derivado del control del «Camino Español», que unía las posesiones italianas de los Austria con Flandes, los cuales desembocaron en la ocupación de la Valtellina, a lo que se añadió la implicación española en favor del emperador austriaco en las primeras fases de la guerra de los Treinta Años, con la invasión del Palatinado por los tercios de Flandes. En la política interna hay que resaltar la expulsión de los moriscos, acusados de ser aliados de los piratas berberiscos y de no aceptar el catolicismo, lo cual provocó una grave crisis de la agricultura a causa de la pérdida de un gran contingente de mano de obra especializada.

FELIPE IV *(Valladolid, 1605-Madrid, 1665) Rey de España (1621-1665).* Heredó el trono a la muerte de su padre, Felipe III, en 1621. Importantes personajes de la corte, entre quienes se hallaba don Gaspar de Guzmán, el futuro conde-duque de Olivares, habían concebido grandes esperanzas de que sería el soberano que llevara a la monarquía hispánica a recuperar su prestigio y su poder. No se cumplieron esas expectativas, pues el rey, ya fuese por propia inclinación o por el dinamismo de Olivares, nunca se adaptó al modelo de rey burócrata inspirado en Felipe II, de tan grato recuerdo en la corte. Por otra parte, las reformas iniciales de Olivares no pasaron de ser sino meros arreglos superficiales en el ruinoso edificio de la monarquía española. Su política exterior, muy agresiva, no contribuyó a que pudieran llevarse a cabo las transformaciones precisas para reconducir la situación interna de los reinos de España. Una vez finalizada la tregua de los Doce Años, se reanudó la guerra con Holanda, que al principio fue victoriosa, con la toma de Breda por Spínola, la reconquista de Bahía, en Brasil, que estaba en manos de los holandeses, y el fracaso de la expedición angloholandesa contra Cádiz, todo ello en 1625; ahora bien, los recursos de la monarquía hispana estaban siendo forzados al límite. Por otro lado, en la guerra naval con Holanda se acumulaban las derrotas; especialmente grave para los intereses españoles fue la captura de la flota de la plata (1628). En 1635, las tropas españolas derrotaron a las suecas en Nördlingen, lo que arrastró a Francia a entrar en la guerra de los Treinta Años. La prolongación de las hostilidades llevó a España a una situación insostenible, sobre todo a partir de 1640, con las revueltas de Cataluña y Portugal, al ver estos reinos amenazadas sus libertades por la política de unificación propugnada por Olivares. En 1643, los repetidos fracasos en los campos de batalla significaron la caída del conde-duque. Su sustituto, Luis de Haro, trató de atenuar los efectos de la derrota todo lo posible. Las paces de Westfalia (1648) y de los Pirineos (1659) corroboraron la definitiva pérdida de importancia sufrida por España en el concierto internacional.

FELIPE IV *EL HERMOSO* (Fontainebleau, actual Francia, 1268-id., 1314) Rey de Francia (1285-1314).

Felipe IV intentó desligar el poder real de las interferencias exteriores, en especial las de la Iglesia, y para ello se apoyó en sus consejeros, Nogaret, Plaisians y Flote. Para paliar la crisis financiera, procedió a devaluar la moneda e inició una agresiva política fiscal sobre las rentas eclesiásticas que lo llevó a un duro enfrentamiento con el papa Bonifacio VIII. Al mismo tiempo, llevó a cabo una política de anexión en Flandes que se tradujo en la derrota en 1302 en la «batalla de las espuelas de oro». La muerte del Papa, tras el atentado de Anagni, en 1303, y la elección del débil Clemente V, supusieron una victoria de Felipe IV, ya que el nuevo pontífice se mostró mucho más dócil a las pretensiones reales, y refrendó decisiones del monarca tales como la expulsión de los judíos, decretada en 1306, o la supresión de la orden de los Templarios, con la consiguiente confiscación de sus bienes.

▲ *Felipe IV* de España retratado por Velázquez hacia 1626. Su reinado significó el principio de la decadencia política y económica de España, aunque, por otra parte, fue un período de gran esplendor artístico.

FELIPE V (Versalles, Francia, 1683-Madrid, 1746) Rey de España (1700-1746).

Segundo hijo del gran delfín Luis de Francia y de María Ana Cristina de Baviera, fue designado heredero de la Corona de España por el último rey español de la dinastía de los Habsburgo, Carlos II. La coronación de Felipe de Anjou en 1700 supuso el advenimiento de la dinastía borbónica al trono español. En su primera etapa, el reinado de Felipe V estuvo tutelado por su abuelo, Luis XIV de Francia, a través de una camarilla de funcionarios franceses encabezada por la princesa de los Ursinos. Esta circunstancia indignó a la alta nobleza y la oligarquía españolas y creó un clima de malestar que se complicó cuando el archiduque Carlos de Austria comenzó a hacer efectivas sus pretensiones a la Corona española, con el apoyo de los antiguos reinos de la Corona de Aragón, pues los catalanes mantenían su resentimiento hacia los franceses a raíz de la pérdida del Rosellón y la Cerdaña transpirenaicos. Tras contraer matrimonio con María Luisa Gabriela de Saboya, Felipe marchó a Nápoles en 1702 para combatir a los austriacos. Poco después regresó a España para hacer frente a los ataques de la coalición angloholandesa que apoyaba al archiduque austriaco y que precedieron al estallido de la guerra de Sucesión en 1704. El largo conflicto internacional adquirió en España un carácter de guerra civil en la que se en-

▶ *Felipe V* visto por Hyacinthe Rigaud en un cuadro que se conserva en el Museo del Louvre de París. Con este monarca se inicia la dinastía borbónica en España.

frentaron las antiguas Coronas de Castilla y Aragón. En 1707, la situación se tornó crítica para el soberano español, dado que, si bien había obtenido algunas victorias importantes, perdió el apoyo de Luis XIV, quien hubo de retirarse de la contienda a raíz de los reveses sufridos en el continente. Sin embargo, al margen de las alternativas en el campo de batalla, la muerte del emperador austriaco José I y la coronación del archiduque pretendiente como Carlos VI de Austria en 1711 dieron un vuelco radical a las cosas. Si el origen del conflicto había sido el peligro de una unión de Francia y España, a pesar de la cláusula que lo impedía en el testamento de Carlos II, la nueva situación dio lugar a que británicos y holandeses dejaran de apoyar a Austria, también por razones geoestratégicas, y negociaran con España los tratados de Utrecht, de 1713, y de Rastadt, del año siguiente, por los que Felipe V cedía su soberanía sobre los Países Bajos, Menorca, Gibraltar, la colonia de Sacramento y otras posesiones europeas, al tiempo que renunciaba a sus derechos sucesorios en Francia, a cambio de lo cual era reconocido como rey de España. Los catalanes, que entretanto habían proseguido la guerra en solitario, capitularon finalmente en 1715. El monarca emprendió entonces una profunda reforma administrativa del Estado de carácter centralista, cuyas líneas más significativas fueron el fortalecimiento del Consejo de Castilla y el Decreto de Nueva Planta de la Corona de Aragón, por el que disolvía sus principales instituciones y reducía al mínimo su autonomía. Tras enviudar, casó enseguida con Isabel de Farne-

▲ La familia de Felipe V, *óleo de Van Loo en el que aparece* **Felipe V** *junto con su segunda esposa, Isabel de Farnesio, y el futuro rey Fernando VI.*

sio, quien se convirtió en su principal consejera y, tras apartar al grupo francés, tomó las riendas del poder con el propósito de asegurar el futuro de sus hijos, Carlos y Felipe. A través del cardenal Alberoni, promovió las campañas de Italia y de los Pirineos con la intención de recuperar los territorios perdidos a raíz de la guerra, pero la intervención británica impidió su propósito. En 1723, a la muerte del regente francés, Felipe V abdicó en favor de su hijo Luis con la esperanza de reinar finalmente en Francia. Sin embargo, la muerte de Luis I ese mismo año a causa de la viruela lo llevó de nuevo al trono español. Esta segunda etapa de su reinado estuvo señalada por el avance de su enfermedad mental y el control que su esposa ejercía sobre los asuntos del reino. Las guerras de Sucesión de Polonia y Austria originaron los pactos de familia con Francia de 1733 y 1743, que clarificaron el futuro de los hijos de Isabel de Farnesio, al asegurar al infante Carlos el trono de España y al infante Felipe el Milanesado, Parma y Plasencia. La ocupación de este territorio suscitó el bloqueo naval por parte de Gran Bretaña, cuyas graves consecuencias económicas para España no llegó a ver el rey Felipe.

FÉLIX, MARÍA [María de los Ángeles Güereña] *(Álamos, México, 1915) Actriz cinematográfica mexicana.* Dotada de una enigmática belleza latina, estudió arte dramático en la Escuela de Teatro de Guadalajara y en 1942 debutó en la gran pantalla como pareja del galán Jorge Negrete, en la película *El peñón de las ánimas.* La celebridad artística le llegó tras su matrimonio con el compositor Agustín Lara, y se consolidó con sus numerosas interpretaciones de mujer fatal entre

▶ *María* **Félix** *fotografiada durante su época de mayor éxito. La actriz mexicana se especializó en papeles de mujer apasionada. Trabajó a las órdenes de directores como Armendáriz, Buñuel y Renoir.*

distante y apasionada. Rodó sus mejores filmes a las órdenes Emilio *el Indio* Fernández, de cuyas producciones destacan *Enamorada* (1946) y *Río escondido* (1948). Trabajó también para Jean Renoir en el filme *French can-can* (1958). Tras el fracaso de su matrimonio, en 1952 casó con Jorge Negrete, de quien enviudó un año más tarde. Otras de las películas en que participó fueron *El rapto* (1953), *La escondida* (1955), *La cucaracha* (1958), y *La fiebre sube a El Pao*, dirigida en 1959 por Luis Buñuel. A partir de 1960, sus apariciones cinematográficas se hicieron cada vez menos frecuentes.

FELLINI, FEDERICO *(Rímini, Italia, 1920-Roma, 1993) Director de cine italiano.* Su infancia, evocada posteriormente en películas como *Ocho y medio* y *Amarcord*, en gran parte autobiográficas, transcurrió en su ciudad natal, Rímini, donde estudió en la escuela del asilo San Vincenzo. Sus primeras grandes aficiones, antes de descubrir su pasión por el cine, fueron el dibujo y la caricatura. A los diecisiete años publicó en una revista sus primeras caricaturas, que representaban a los compañeros del campamento de verano de la organización juvenil del Partido Nacional Fascista al que había asistido en el verano de 1936. A partir del año siguiente colaboró en los semanarios *La Domenica del Corriere* y el político-satírico florentino *420*, en los cuales publicó relatos, viñetas y dibujos, todo ello bajo el seudónimo de «Fellas». En 1939, junto con su madre y su hermana, se trasladó a Roma con la intención de cursar estudios de derecho y jurisprudencia en la Universidad de Roma, estudios que nunca terminó. En Roma adquirió cierta notoriedad, sobre todo entre los lectores más jóvenes, gracias a las viñetas y los cuentos por entregas que publicó en la revista *Marco Aurelio*. Por aquellas fechas, así mismo, conoció al cómico Aldo Fabrizi, con quien colaboró intensamente en los años siguientes como autor de *gags* para sus espectáculos de variedades. En 1940, tras un breve paso por la radio, hizo su primera incursión en el mundo del celuloide al participar, en calidad de guionista, en la película *¡El pirata soy yo!*, dirigida por Mario Mattoli. Fue el primero de una larga lista de filmes en los cuales se ocupó de preparar el guión. En 1943 se casó con Giuletta Masina, una joven actriz de teatro. En marzo de 1945, el primer y único hijo del matrimonio murió a las dos semanas de nacer. Fecha clave para Fellini en su relación con el cine fue 1944, año en que conoció a Roberto Rossellini,

---

FEDERICO FELLINI

OBRAS MAESTRAS

LOS INÚTILES (I VITELLONI, 1953); *LA STRADA* (1954); *ALMAS SIN CONCIENCIA (IL BIDONE*, 1955); *LAS NOCHES DE CABIRIA (LE NOTTI DI CABIRIA*, 1957); *LA DOLCE VITA* (1960); *OCHO Y MEDIO (OTTO E MEZZO*, 1963); *GIULETTA DE LOS ESPÍRITUS (GIULETTA DEGLI SPIRITI*, 1965); *FELLINI SATYRICON* (1969); *ROMA* (1972); *AMARCORD* (1973); *CASANOVA* (1976); *ENSAYO DE ORQUESTA (PROVA D'ORCHESTA*, 1978); *LA CIUDAD DE LAS MUJERES (LA CITTÀ DELLE DONNE*, 1980); *Y LA NAVE VA (E LA NAVE VA*, 1983); *GINGER Y FRED (GINGER E FRED*, 1986).

---

uno de los más importantes directores del neorrealismo italiano. Junto a Rossellini, quien se convirtió en su tutor, colaboró como guionista en *Roma, ciudad abierta* y otras películas suyas. En 1951 se estrenó como director, primero codirigiendo, junto a Alberto Lattuada, el filme *Luces de varieté*, y posteriormente en su ópera prima *El jeque blanco*, basada en una idea de Michelangelo Antonioni. Al año siguiente ganó su primer premio: un León de Plata por *Los inútiles* en la Mostra de Venecia. En 1954, y en aquel mismo certamen, ganó un León de Plata por su siguiente película, *La strada*, su primer filme de resonancia internacional y que le reportaría, así mismo, su primer Oscar; protagonizada por su esposa, esta realización inicia la transición del director desde el neorrealismo hacia un cine más personal, de marcado tono autobiográfico y repleto de elementos fantásticos. Sus siguientes películas recibieron todo clu se de premios internacionales, como la Palma de Oro en el Festival de Cannes por *La dolce vita*, con la cual obtuvo un importante éxito comercial y supuso el inicio de su colaboración con el actor Marcello Mastroianni, que se convertiría en habitual a partir de entonces. *Ocho y medio* (1963)

▼ *Cartel promocional de* Amarcord *(1973), uno de los filmes más emblemáticos de* **Fellini***, ganador del Oscar a la mejor película extranjera de ese año.*

◄ **Fellini** *durante el rodaje de* Ocho y medio, *película de tintes autobiográficos en la que el director inicia una segunda etapa en su filmografía, en la cual se aparta del neorrealismo para reflejar un mundo más personal.*

> *«Mi vocación más auténtica es representar todo cuanto veo, todo aquello que me golpea, me fascina, me sorprende.»*
>
> Federico Fellini

▼ *Retrato del arzobispo* **Fénelon** *realizado por J. Vivien. Preceptor de uno de los nietos de Luis XIV, sus ideas le enfrentaron con la jerarquía vaticana.*

▼ *El francés Pierre de* **Fermat** *es autor de importantes aportaciones en el campo de las matemáticas, sobre todo en lo referente al cálculo de probabilidades.*

marca claramente el comienzo de la segunda etapa del cine felliniano, de exuberante fantasía y barroquismo y con un humor de rasgos surrealistas. *Giulietta de los espíritus* (1965) originó cierta polémica, que se repetiría en otras películas, por el impúdico erotismo que la atraviesa y por la ironía con que se trata a sí mismo y a la sociedad italiana, especialmente la Iglesia. Películas como *Roma* o *Y la nave va* marcan la posterior producción de este cineasta, dueño de un universo muy personal y de un estilo extremadamente libre. En 1993, poco antes de su muerte, recibió su quinto Oscar al conjunto de su carrera en una conmovedora ceremonia en la que estuvo flanqueado por Sofia Loren y Marcello Mastroianni, sus dos más célebres actores, y su esposa, Giulietta Masina.

FÉNELON, FRANÇOIS DE SALIGNAC DE LA MOTHE *(Fénelon, Francia, 1651-Cambrai, id., 1715) Prelado y escritor francés.* Estuvo un tiempo al servicio de la familia Colbert, período durante el cual escribió su primera obra, *La educación de las jóvenes* (1687). En los años siguientes fue nombrado arzobispo de Cambrai, y en condición de tal publicó su obra titulada *Explicación de las máximas de los santos* (1697), en la que se reflejaba una tendencia hacia el quietismo. Esto desató una dura polémica con Bossuet, que acabó con la condena papal de algunas partes del libro y el destierro de Fénelon. Pese a sus buenas relaciones con el recién nombrado papa Clemente XI, la publicación no autorizada de la novela política *Las aventuras de Telémaco* (1699) impidió su rehabilitación eclesiástica, puesto que de ella se podían extraer duras críticas al reinado de Luis XIV.

FERMAT, PIERRE DE *(Beaumont, Francia, 1601-Castres, id., 1665) Matemático francés.* Poco se conoce de sus primeros años, excepto que estudió derecho, posiblemente en Toulouse y Burdeos. Interesado por las matemáticas, en 1629 abordó la tarea de reconstruir algunas de las demostraciones perdidas del matemático griego Apolonio relativas a los lugares geométricos; a tal efecto desarrollaría, contemporánea e independientemente de René Descartes, un método algebraico para tratar cuestiones de geometría por medio de un sistema de coordenadas. Diseñó así mismo un algoritmo de diferenciación mediante el cual pudo determinar los valores máximos y mínimos de una curva polinómica, amén de trazar las correspondientes tangentes, logros todos ellos que

abrieron el camino al desarrollo ulterior del cálculo infinitesimal por Newton y Leibniz. Tras asumir correctamente que cuando la luz se desplaza en un medio más denso su velocidad disminuye, demostró que el camino de un rayo luminoso entre dos puntos es siempre aquel que menos tiempo le cuesta recorrer; de dicho principio, que lleva su nombre, se deducen las leyes de la reflexión y la refracción. En 1654, y como resultado de una larga correspondencia, desarrolló con Blaise Pascal los principios de la teoría de la probabilidad. Otro campo en el que realizó destacadas aportaciones fue el de la teoría de números, en la que empezó a interesarse tras consultar una edición de la *Aritmética* de Diofanto; precisamente en el margen de una página de dicha edición fue donde anotó el célebre teorema que lleva su nombre y que tardaría más de tres siglos en demostrarse. De su trabajo en dicho campo se derivaron importantes resultados relacionados con las propiedades de los números primos, muchas de las cuales quedaron expresadas en forma de simples proposiciones y teoremas. Desarrolló también un ingenioso método de demostración que denominó «del descenso infinito». Extremadamente prolífico, sus deberes profesionales y su particular forma de trabajar (sólo publicó una obra científica en vida) redujeron en gran medida el impacto de su obra.

FERMI, ENRICO *(Roma, 1901-Chicago, 1954) Físico estadounidense de origen italiano.* Hijo de un ferroviario, pronto destacó por su inteligencia; a los diecisiete años entró en la Reale Scuola Normale Superior, y a los veintiuno se había doctorado en física. Continuó sus estudios, centrados en la física cuántica, en la Universidad de Gotinga, con el físico Max Born. De regreso en Italia, reunió un equipo de físicos con el que desarrolló un método estadístico (estadística de Fermi-Dirac) con el cual pueden estudiarse las propiedades de diversas partículas elementales, en particular de los fermiones. Desarrolló la teoría cuántica de los campos de interacciones débiles, que arrojaba nueva luz sobre la radiactividad. Al bombardear uranio-92 con neutrones lentos obtuvo sustancias radiactivas que no fue capaz de identificar; muchos físicos creyeron que se trataba de un nuevo elemento con el número atómico 93, sospechando que el uranio habría capturado el neutrón, y con ello incrementado su peso atómico. Se estaban abriendo las puertas a la fisión nuclear. En 1938 le fue concedido el Premio Nobel, y aprovechó el viaje a Suecia, para recoger el premio, para huir de Italia con su familia, ya que no simpatizaba con el fascismo. Al descubrir los avances alemanes en el terreno de la fisión nuclear no dudó, junto con otros físicos, en dirigir una carta al presidente de Estados Unidos, F. D. Roosevelt, advirtiéndole del peligro que podía suponer para la paz que los nazis dispusieran de armamento atómico. Esto representó el origen del Proyecto Manhattan, para el desarrollo de la bomba atómica, en el cual Fermi participó al crear la pila atómica y conseguir, en 1942, la primera reacción en cadena sostenida, en la Universidad de Chicago.

FERNÁN CABALLERO [Cecilia Böhl de Faber] *(Morge, España, 1796-Sevilla, 1877). Escritora española.* Hija de un hispanista alemán, pasó su infancia en la provincia de Cádiz, y en 1805 se trasladó a Hamburgo. Tras enviudar de su primer marido, con quien había marchado a Puerto Rico en 1816, volvió a España y contrajo nuevas nupcias con el marqués de Arco-Hermoso. Entre 1820 y 1835 redactó dos novelas en alemán: *La familia de Albareda* y *Sola*, publicada en Hamburgo en 1840. Fallecido su segundo esposo contrajo matrimonio con Antonio Arrom, con quien viajó a Manila y después a Australia, al ser nombrado éste cónsul de España. En 1849 aparecieron varias novelas suyas: *La gaviota, Una en otra* y *Elia* y, un año después, *Lágrimas, Callar en vida y perdonar en muerte* y *No transige la conciencia.* Durante la década de 1850 publicó más obras (*Cuentos populares andaluces,* 1852; *Clemencia,* 1852; *Más largo es el tiempo que la fortuna,* 1853; *Simón Verde,* 1853; *Un verano en Bornos,* 1855; *Un servilón y un liberalito,* 1859), hasta que en 1865 logró un gran éxito con *La farisea.* Tras haber obtenido el favor de Isabel II y trabado amistad con los duques de Montpensier, vivió varios años en el Alcázar de Sevilla, que hubo de abandonar en 1868. La virtud más destacable de sus novelas es la movilidad de los personajes y cuadros de costumbres y la creación de una atmósfera narrativa, que hace muy amena la lectura, por sus tramas ligeras e intencionadamente ingenuas.

FERNÁN GONZÁLEZ *(?-Burgos, 970) Primer conde independiente de Castilla (930-970).* Personaje teñido de tintes legendarios, poco se

▲ *El físico Enrico **Fermi** desarrolla en la pizarra una de sus teorías. Galardonado con el Premio Nobel en 1938, huyó de Italia y fue uno de los más destacados científicos del Proyecto Manhattan.*

▼ Piedad, *esculpida en 1617 por Gregorio **Fernández**, originalmente para el convento de San Francisco de Valladolid, y que hoy se encuentra en el Museo Nacional de Escultura de esta ciudad.*

sabe de su origen, salvo que era miembro de la influyente familia de los Lara. Tuvo un papel destacado en la batalla de Simancas (939), y a continuación conquistó Sepúlveda y la repobló. Viendo su poder acrecentado, empezó a actuar de manera cada vez más independiente de su señor, y, siguiendo esta política, se casó con Sancha, hermana del rey de Navarra García Sánchez I. Ante esto, Ramiro II le hizo encarcelar en el 944, y lo mantuvo retenido durante tres años, hasta que Fernán González se avino a renovarle su juramento de fidelidad. Muerto Ramiro II en el 951, el reino de León quedó sumido en una crisis dinástica que Fernán González supo aprovechar en su favor, asegurando lentamente su posición como señor hereditario del condado independiente de Castilla. Al morir dejó el trono a su hijo García Fernández.

FERNÁNDEZ, EMILIO, llamado *el Indio (El Hondo, México, 1904-Ciudad de México, 1986) Director y actor cinematográfico mexicano.* Militar durante su juventud, llegó a California en 1923 tras escapar de una cárcel mexicana a la que había ido a parar después de participar en un alzamiento contra el general Obregón. Trabajó como actor en Hollywood y en 1933 regresó a su país, donde dirigió e interpretó el filme *La isla de la pasión* (1941). Colaboró con el fotógrafo Gabriel Figueroa. En la faceta de director alcanzó fama internacional en 1944 con la película *María Candelaria,* que ganó la Palma de Oro en el Festival de Cannes, si bien continuó participando como actor en numerosas producciones tanto mexicanas como estadounidenses. Dirigió, entre otros, los filmes *Soy puro mexicano* (1942), *Flor silvestre* (1943), *Las abandonadas* y *Bugambilia* (ambas de 1944), *La perla* (1945), *Río escondido* (1948), *Duelo en las montañas* (1949), *Acapulco* (1951), *Pueblito* (1951), *El crepúsculo de un dios* (1968) y *Zona roja* (1975). Fue considerado uno de los mejores realizadores del cine de posguerra. Rodó su última película, *Erótica,* en 1978.

FERNÁNDEZ, GREGORIO *(Sarria, España, 1576-Valladolid, 1636) Escultor español.* Fue uno de los grandes maestros de la escultura religiosa en madera policromada de la llamada escuela castellana de los siglos XVI-XVII. A partir de 1605 tuvo su propio taller en Valladolid. De su primera etapa, las obras más destacadas son el retablo de San Miguel de Valladolid y la *Piedad* del convento de San Francisco, en la misma ciudad. A su segunda época, la más fecunda y de mayor calidad, corresponden el extraordinario *Cristo yacente* del Museo Natural de Escultura, una talla de un verismo difícilmente superable, y los pasos procesionales del *Descendimiento* y la *Flagelación*, realizados para la iglesia de la Vera Cruz de Valladolid. Creó varios tipos iconográficos (la Inmaculada, santa Teresa, la Magdalena penitente) que fueron después muy imitados y alcanzó un alto grado de virtuosismo en sus realizaciones, tanto en los retablos, de gran sobriedad ornamental, como en las figuras aisladas y los pasos procesionales, que suscitaron en su tiempo un gran fervor popular.

FERNÁNDEZ, MACEDONIO (*Buenos Aires, 1874-id., 1952*) *Escritor argentino.* Autor de narraciones fantásticas que muestran su escepticismo ante la aplicación práctica de las teorías filosóficas. Su obra ha sido revalorizada después de que Jorge Luis Borges reconociera en él los orígenes de su narrativa. Formó parte de la generación «martinfierrista» e influyó en la obra narrativa de Leopoldo Marechal y en la poética de González Lanuza, sobre todo a través de la estrecha relación amistosa que mantuvo con ellos. En 1922 dirigió junto a Borges la segunda época de la revista *Proa*, que se prolongó hasta el año 1925. De todas sus obras, sólo llegó a publicar una, *No toda es vigilia la de los ojos abiertos*, en 1928. El resto de su producción literaria se editó posteriormente gracias al interés de sus amigos. Algunas de sus obras más destacadas son *Papeles de recién venido* (1930), *Una novela que comienza* (1941), *Continuación de la nada* (1945), *Poemas* (1953) y *Museo de la novela de la Eterna* (1967).

▲ *Fotografía de Macedonio* **Fernández**, *cuyas narraciones cortas influyeron notablemente en la obra de los grandes cuentistas argentinos del s. XX.*

▼ *Retrato anónimo de Gonzalo* **Fernández de Córdoba**, *llamado* el Gran Capitán. *Tras destacarse en la guerra de conquista del reino musulmán de Granada, se apoderó del reino de Nápoles para los Reyes Católicos.*

FERNÁNDEZ DE CÓRDOBA, GONZALO, llamado *el Gran Capitán (Montilla, España, 1453-Granada, 1515) Militar español al servicio de los Reyes Católicos.* Nacido en una familia noble andaluza, combatió en la guerra civil castellana a favor de la reina Isabel *la Católica* frente a los partidarios de Juana *la Beltraneja*, y más tarde intervino valerosamente en la guerra de Granada. En 1494, Fernando II de Aragón lo envió al frente de un ejército al reino de Nápoles, amenazado por Carlos VIII de Francia. Tras tocar en Sicilia, desembarcó en Calabria y se enfrentó a las tropas francesas en Seminara, sufriendo una derrota. Las tropas hispanas, compuestas de infantería y caballería ligeras, aptas para la guerra de movimientos contra los musulmanes, no tenían suficiente potencia para hacer frente a la infantería pesada suiza al servicio de Francia. Fernández de Córdoba se retiró a Reggio y entrenó a sus tropas en las nuevas tácticas de guerra. Los infantes españoles se adaptaron muy bien a las grandes formaciones, a las que dotaron de mayor movilidad y potencia de fuego gracias a los arcabuceros y la artillería. Con esta nueva disposición táctica, Fernández de Córdoba pasó a la ofensiva y derrotó a los franceses repetidamente, hasta obligarlos a abandonar el sur y el centro de Italia; tras tomar Ostia, entró en Roma en 1497. En 1500 volvió a Italia para defender las pretensiones de los Reyes Católicos sobre Apulia y Calabria, lo que desembocó en una guerra con Francia por conseguir el dominio del centro de la península. Tras una fase defensiva a causa de sus escasos efectivos, Fernández de Córdoba recibió refuerzos y derrotó a los franceses en Ceriñola y Garellano, afianzando el control de Fernando II sobre Nápoles. El rey, que desconfiaba de él, lo obligó a regresar a España (1507) junto al resto de funcionarios castellanos (Nápoles era una posesión patrimonial de Aragón), y *el Gran Capitán* se retiró de la vida pública.

FERNÁNDEZ DE OVIEDO, GONZALO *(Madrid, 1478-Santo Domingo, 1557) Historiador, cronista de Indias y administrador español.* En 1497 marchó a Italia, donde desempeñó diversos oficios, a través de los cuales conoció a artistas como Leonardo y Miguel Ángel, y se distinguió como militar en diversas guerras. Tras una breve estancia en España, marchó a las Indias en 1513 con la expedición de Pedrarias Dávila, gobernador de Castilla del Oro. Una vez allí, ejerció los cargos de veedor de las fundiciones del oro y escribano real. Su obra más famosa fue *Historia general y natural de las Indias,* en la que describe el descubrimiento y la colonización de las Indias americanas desde la óptica de un minucioso observador de la naturaleza y las costumbres del Nuevo Mundo. En sus memorandos se reveló como un firme defensor de los conquistadores y un encarnizado enemigo de los indígenas. También fue autor, entre otras, de la novela de caballerías *Don Claribalte,* de 1519, y de las *Quincuagenas de la nobleza de España,* de 1555, que constituyeron un fiel informe sobre la nobleza.

FERNANDO I DE HABSBURGO *(Alcalá de Henares, España, 1503-Viena, 1564) Emperador de Alemania (1556-1564).* Hermano menor de Carlos I de España, se educó en Castilla y fue visto con cierta simpatía por la nobleza castellana. Tras la elección de Carlos como emperador, Fernando se convirtió en uno de sus más fiables colaboradores, y le fueron concedidos amplios territorios, como Austria, Estiria, el Tirol y Alsacia, así como el título de Rey de Romanos. Tras la batalla de Mohács, en 1526, en la que murió el último rey Jagellon, Fernando logró hacerse con la Corona húngara, aumentando así sus dominios en el centro de Europa, lo cual lo dejó en la primera línea frente a la presión turca, que llegó a amenazar Viena en 1529. En el conflicto con los protestantes, Fernando se mostró más flexible que su hermano. Cuando éste abdicó, en el año 1556, la Corona imperial pasó a Fernando y quedó asociada en lo sucesivo a su línea familiar.

FERNANDO I EL MAGNO *(?, h. 1017-León, 1065) Rey de Castilla (1037-1065).* Hijo de Sancho III *el Mayor* de Navarra, que había instaurado la dinastía navarra en Castilla y León al apoderarse de León y casar a Fernando con Sancha, hermana de Bernardo III de León, muerto en la batalla de Tamarón. Fernando se convirtió así en el primer rey de la «belicosa Castilla», en expresión de un historiador de la época.

▶ *Miniatura en la que aparece el rey **Fernando I** de Castilla junto al copista Pedro, quien le entrega el* Libro de horas *(1055), encargado por el monarca.*

▲ *Retrato de **Fernando I de Habsburgo**. Hermano menor del emperador Carlos I, recibió las posesiones de los Habsburgo en Europa Central, lo que le obligó a combatir la expansión turca.*

No tardó en verse enfrentado a su hermano García de Navarra, al cual derrotó y dio muerte en Atapuerca, en 1054, con lo cual reafirmó su posición entre los reinos cristianos. La debilidad del califato de Córdoba, por entonces en pleno proceso de desintegración en reinos de taifas, le permitió avanzar hacia el sur, campaña en la cual conquistó diversos territorios en el valle del Duero y sometió a vasallaje a varios reinos musulmanes.

FERNANDO II EL CATÓLICO *(Sos, España, 1452-Madrigalejo, id., 1516) Rey de Aragón (1479-1516) y rey consorte de Castilla (1474-1516).* Hijo de Juan II de Aragón, en 1469 casó con Isabel de Castilla, en una maniobra política dirigida a reforzar la posición de ambos contrayentes. El enlace sirvió para establecer una nueva organización de los reinos de Castilla y Aragón, que seguían manteniendo sus propias leyes, así como sus instituciones de autogobierno, pero que eran administrados indistintamente por ambos, ya que Fernando e Isabel firmaban siempre conjuntamente sus documentos oficiales (de aquí la leyenda de su escudo: «tanto monta»). Fernando logró defender los derechos de su esposa con brillantez en el campo de batalla, derrotando a los partidarios de Juana *la Beltraneja,* hija de Enrique IV, que era tildada de ilegítima, en Toro y Albuera en 1476. A continuación, Isabel y Fernando dirigieron su atención al reino de Granada, en cuya conquista empeñaron sus esfuerzos durante once años (1481-1492). Aprovechando las rencillas internas del reino musulmán, Fernando fue capaz de oponer sagazmente a los diferentes bandos en litigio, de forma que los cabecillas granadinos nunca pudieron ofrecer una resistencia unificada. Otros campos de lucha de Fernando fueron Italia, donde se opuso con éxito a los intentos franceses de apoderarse de Nápoles; el norte de África, que fue escenario de diversas operaciones militares castellanas; el Rosellón, que consiguió recuperar por la vía diplomática; y Navarra, de la cual se apoderó en 1512. Aparte del descubrimiento de América en 1492, en el terreno internacional se caracterizó por la voluntad de aislar diplomáticamente a Francia. Tras la muerte de Isabel en 1504, la regencia de Castilla pasó a manos de Felipe *el Hermoso*, y Fernando, a causa de la poca simpatía que tenía a su yerno, se retiró a Aragón, donde contrajo matrimonio con Germana de Foix, con la cual tuvo un hijo que murió muy joven, por lo que no se rompió la unión de los reinos de Castilla y Aragón. Tras la muerte de Felipe, Fernando volvió a hacerse cargo del gobierno de Castilla, en calidad de regente de su nieto, el futuro Carlos I.

FERNANDO III *EL SANTO (Valparaíso, España, 1199-Sevilla, 1252) Rey de Castilla (1217-1252) y de León (1230-1252).* Hijo de Alfonso IX de León y de Berenguela, hermana y sucesora de Enrique I de Casti-

◀ *Fernando III* **el Santo** *flanqueado por un león y un castillo, símbolos de sus reinos, en una miniatura del Tumbo A, cartulario de los ss. XII y XIII.*

▲ *Relieve de la Capilla Real de Granada que recoge la entrada de* **Fernando II** *de Aragón e Isabel I de Castilla, los Reyes Católicos, en el reino nazarí de Granada en 1492, con lo que se cerraban casi ocho siglos de Reconquista cristiana.*

lla, la cual, en 1217, le cedió sus derechos sobre la Corona castellana. A fin de consolidar su poder, Fernando III tuvo que vencer la oposición de Álvaro Núñez de Lara y hacer frente a las pretensiones de su padre sobre Castilla, conflicto que resolvió el tratado de paz de Toro (1218). Tras acabar con los interminables enfrentamientos nobiliarios y pacificar las tierras castellanas, el soberano aprovechó la crisis del poder almohade para iniciar el avance cristiano sobre el valle del Guadalquivir, tomando Andújar, Martos y Baeza (1225). A la muerte de su padre, en 1230, Fernando III consiguió que sus hermanastras, Sancha y Dulce, le cedieran sus derechos al trono leonés y se convirtió en rey de León. De esta manera, los reinos de Castilla y León, separados por el testamento de Alfonso VII (1157), quedaban definitivamente unidos. Desde entonces, el soberano dedicó todos sus esfuerzos a la conquista y repoblación del norte y el oeste de Andalucía, sometiendo Úbeda (1233), Córdoba (1236), Jaén (1246) y Sevilla (1248). Paralelamente, su primogénito, el futuro Alfonso X, después de firmar el tratado de Almizra con Jaime I de Aragón (1244), ocupaba el reino sarraceno de Murcia y tomaba Cartagena (1246), victoria que proporcionó a los castellanos una salida al Mediterráneo. A la muerte de Fernando III, acaecida en 1252, la presencia musulmana en la península Ibérica había quedado reducida al reino de Granada, convertido en un Estado vasallo de Castilla. Debido a su decisiva contribución al proceso de reconquista, que entendió en un sentido tanto político como religioso, el monarca castellano fue canonizado en 1671.

FERNANDO VI *(Madrid, 1713-Villaviciosa de Odón, España, 1759) Rey de España.* Hijo de Felipe V y María Luisa Gabriela de Saboya, subió al trono en 1746, a la muerte de su padre. Su escasa predisposición para los asuntos de gobierno hizo que delegase muchas de sus atribuciones en ministros como el marqués de la Ensenada o José de Carvajal. En el plano internacional se benefició de la política de neutralidad española en los conflictos que enfrentaban a

◄ *Fernando VI según
A. González Ruiz,
en una pintura conservada
en el Museo de Bellas Artes
de Madrid. Su reinado se
caracterizó por la neutralidad
de España y el desarrollo
cultural del país.*

Gran Bretaña y Francia, en un momento en el que el reino se encontraba agotado. Aun así, ambas potencias pugnaban por conseguir la alianza con España, lo que se tradujo en el ascenso de Ricardo Wall, defensor de un acercamiento a Gran Bretaña. Después de la muerte de su esposa en 1758, Fernando, aquejado de demencia, se retiró a Villaviciosa de Odón, donde falleció.

FERNANDO VII (*El Escorial, España, 1784-Madrid, 1833) Rey de España (1808-1833),* Hijo de Carlos IV y María Luisa de Parma, fue el último monarca absolutista de España. Educado e influido por el canónigo Juan de Escoiquiz, fue inducido por éste a intrigar contra sus padres y, sobre todo, contra Manuel de Godoy, primer ministro y favorito de la reina. El fuerte ascendiente del preceptor sobre el príncipe quedó mitigado tras el matrimonio de Fernando, en 1802, con María Antonia de Nápoles, aunque a la muerte de ésta, cuatro años más tarde, Escoiquiz recuperó toda su influencia. El descubrimiento de las negociaciones secretas del clérigo con Napoleón para casar a Fernando con una princesa de la familia Bonaparte motivaron el proceso de El Escorial y la humillación pública del príncipe, el cual fue obligado a pedir perdón a sus padres en 1808. El pueblo interpretó que Fernando era víctima del poder de Godoy y ello creó el clima que propició meses más tarde el motín de Aranjuez. A raíz de esta revuelta se produjeron la caída de Godoy y la abdicación de Carlos IV en favor del príncipe de Asturias, quien accedió al trono con el nombre de Fernando VII. Por esas mismas fechas, el ejército de Napo-

▼ Fernando VII a caballo,
en un lienzo pintado por
Francisco de Goya que se
encuentra en la Academia
de Bellas Artes de San
Fernando, en Madrid.
Con **Fernando VII**
concluyó en España
la figura del soberano
absoluto.

león penetraba en España, y el rey marchó confiado al encuentro con el emperador en Bayona, acompañado de Escoiquiz, su hermano Carlos y su tío Antonio, entre otros. Sin embargo, una vez allí, Napoleón obligó a Fernando a restituir la Corona a Carlos IV, quien a su vez la cedió a José Bonaparte, mientras Fernando y sus allegados quedaban confinados en el palacio de Valençay. Todos estos hechos tuvieron una honda repercusión en España y en los dominios españoles de América. En la primera comenzó la guerra de Independencia y se proclamó la Constitución liberal de 1812, mientras que en los segundos se desencadenó el proceso que concluiría con la emancipación de las colonias en poco más de una década. En 1813, Napoleón firmó la paz con Fernando VII y lo dejó en libertad. De regreso en España, con el apoyo del general Elío y un grupo de diputados absolutistas, autores del «Manifiesto de los Persas», Fernando VII derogó la Constitución, restauró el absolutismo e inició una implacable represión de los liberales. Mientras la situación económica era cada día más crítica y los esfuerzos por mantener las posesiones ultramarinas se hacían cada vez más difíciles, los perseguidos liberales intentaron sin éxito varios pronunciamientos de signo constitucional, hasta que, en enero de 1820, Riego y otros oficiales se alzaron en Cabezas de San Juan al frente de las tropas destinadas a sofocar la rebelión americana y obligaron al rey a acatar la Constitución de 1812. Tras algunas intentonas fallidas, el monarca pidió ayuda a la Santa Alianza y ésta envió al duque de Angulema al frente de la expedición de los Cien Mil Hijos de San Luis, que penetró en España y restituyó el absolutismo en 1823. Comenzó entonces la «década ominosa», caracterizada por la sangrienta persecución de los liberales. Al tiempo que reprimía a éstos, el rey quiso distanciarse de los absolutistas más radicales, agrupados en torno a su hermano Carlos, quien aspiraba a sucederle. En este sentido, rechazó el restablecimiento de la Inquisición y el empleo de los voluntarios realistas como fuerza armada, ordenó la formación de un cuerpo de policía y reorganizó el ejército. En 1829 contrajo cuartas nupcias con María Cristina de Nápoles, y al año siguiente promulgó la Pragmática Sanción que derogaba la Ley Sálica y permitía el acceso de una mujer al trono español. De este modo, su hija Isabel se convirtió en heredera de la Corona en detrimento del aspirante, el príncipe Carlos, hermano del rey, circunstancia que años después daría lugar a las guerras carlistas, al comenzar las conspiraciones de Carlos y sus partidarios, apoyados por los sectores tradicionalistas y la Iglesia. Enfermo de gravedad el soberano en 1832, su esposa asumió la regencia e inició con su aprobación una apertura del régimen, con un acercamiento a los liberales.

FERRÁN Y CLÚA, JAIME *(Corbera de Ebro, España, 1852-Barcelona, 1929) Médico y bacteriólogo español.* En 1873 se licenció en medicina por la Universidad de Barcelona. Fue director del Laboratorio Microbiológico Municipal de Barcelona. En colaboración con Inocencio Paulí, desarrolló una vacuna contra el cólera, que suscitó, sin embargo, una fuerte oposición entre la clase médica francesa y española; finalmente, le fue reconocida su efectividad por la Academia de Ciencias de París, que le concedió en 1907 el Premio Bréant. En 1887 creó una vacuna antitífica y otra antirrábica siguiendo el método supraintensivo de vacunación, a las que siguió una tercera vacuna, ésta antituberculosa. Entre sus publicaciones destacan: *Etiología del paludismo* (1883) y *La inoculación preventiva contra el cólera morbo* (1886).

FERRARI, ENZO *(Módena, Italia, 1898-id., 1988) Piloto automovilista y constructor de automóviles italiano.* Obligado a abandonar la escuela tras la muerte de su padre, trabajó como instructor de conducción. Participó en la Primera Guerra Mundial, y posteriormente trabajó como piloto de pruebas en Turín a finales de 1918. Su debut al volante de un bólido data de 1920, cuando participó en la Parma-Berceto. En el mismo año comenzó su relación con Alfa Romeo, que se prolongaría durante veinte años. En 1929 fundó la Escudería Ferrari en Módena, cuyo propósito inicial era organizar carreras para los miembros de su equipo oficial. En 1933, la escudería se transformó en una división de carreras de Alfa Romeo, hasta que en 1940 se estableció como compañía independiente bajo el nombre de *Auto Avio Costruzioni Ferrari.* Durante la Segunda Guerra Mundial la empresa se trasladó a Maranello y fue bombardeada en 1944. En 1946, tras una completa reconstrucción, la factoría produjo el primer vehículo de posguerra. En 1965, Ferrari se asoció a FIAT, que adquirió todas las acciones de la mítica factoría.

▲ *Enzo* **Ferrari**, *en mangas de camisa, supervisa la puesta a punto de uno de los prototipos de Fórmula 1 creados por la escudería fundada por él.*

▶ *Campesina del s. XV, según un detalle del* Retablo de la huida a Egipto, *cuya autoría se atribuye a Jaume* **Ferrer Bassa**.

FERREIRA, ANTÓNIO *(Lisboa, 1528-id., 1569) Poeta portugués.* Conocido también como «el Horacio portugués», estudió derecho y desempeñó el cargo de juez. Miembro destacado del humanismo renacentista, de clara influencia italiana, en 1558 compuso la obra *Tragedia de Inés de Castro*, en la que posteriormente se inspiraría Jerónimo Bermúdez para escribir su *Nise lastimosa.* La tragedia se compone de cinco actos escritos en endecasílabos y reproduce en sus coros el estilo de Séneca, con lo cual el poeta enfatizaba su manifiesta ascendencia clasicista y se hacía merecedor de su sobrenombre. Su hijo publicó póstumamente sus *Poemas lusitanos* (1598), integrados por sonetos, epigramas, odas, elegías, epístolas y epitafios, lo cual deja patente el completo dominio de Ferreira de todos los géneros poéticos que se desarrollaron en el curso del siglo XVI.

FERRER BASSA, JAUME *(?, h. 1285/1290-?, 1348) Pintor y miniaturista catalán.* Dirigió un activo taller, en el que también trabajó su hijo Arnau, y gozó de un prestigio enorme en su tiempo, pero tan sólo se conserva una obra de atribución segura: los frescos de la capilla de San Miguel en el claustro del monasterio de Pedralbes. Esta obra, en la que resulta evidente la influencia de Giotto, hace que se le considere el principal representante del estilo italianizante en la Corona de Aragón y que se especule con un posible viaje a Italia antes de su realización, fechada entre 1345 y 1346. Trabajó esencialmente al servicio de los reyes de la Corona de Aragón, para los

que se cree que realizó numerosas obras no conservadas, en particular retablos. Cultivó con igual maestría la pintura sobre tabla y al fresco y la miniatura, campo este último en el que destaca la decoración de los *Usatges* y del *Libro de horas de la reina María de Navarra*. Se cree que falleció durante la epidemia de peste de 1348.

FERRER Y GUARDIA, FRANCISCO *(Alella, España, 1859-Barcelona, 1909) Político y pedagogo español.* Hijo de una humilde familia de campesinos, emigró a Barcelona a los catorce años. Adherido al republicanismo y a la masonería, participó en el frustrado pronunciamiento de Farnés (1886), lo que le obligó a exiliarse en Francia. Regresó a España en 1901 y fundó en Barcelona la Escuela Moderna, a la cual se asociaron diversos librepensadores y anarquistas. Tras el atentado de 1906 contra Alfonso XIII, fue detenido y juzgado por complicidad. Al año siguiente fue declarado inocente y se trasladó sucesivamente a Francia y a Bélgica, donde fundó la Liga Internacional para la educación racional de la infancia. De vuelta en España en 1909, se convirtió en la víctima propiciatoria a raíz de los sucesos de la Semana Trágica y fue acusado de conspiración. Tras un agitado proceso, fue condenado a muerte y fusilado en los fosos del castillo de Montjuic, en Barcelona. Su ejecución suscitó una oleada de protestas en toda Europa y provocó la caída de Maura y su gobierno.

▲ *Retrato del filósofo alemán Ludwig* **Feuerbach**.
Discípulo de Hegel, su crítica histórica y filosófica a la religión influyó en las primeras obras de Marx, discípulo suyo.

◄ *Cartel editado por el bando republicano durante la guerra civil española en homenaje a la figura de Francisco* **Ferrer y Guardia**, *ilustre pedagogo y creador de la Escuela Moderna.*

▶ *El físico estadounidense Richard Philips* **Feynman**, *quien, entre otras muchas teorías, enunció la de los partones, que con el tiempo daría origen al concepto moderno de quark.*

FEUERBACH, LUDWIG *(Landshut, actual Alemania,1804-Nuremberg, id., 1872) Filósofo alemán.* Abandonó sus estudios de teología para estudiar filosofía en Berlín junto a Hegel, a quien más tarde se opondría. Centró sus intereses en la elaboración de una interpretación humanística de la teología, en obras como *Pensamientos sobre la muerte y la inmortalidad* (1830) y *La esencia del cristianismo* (1841), su obra más destacada, en la que considera a Dios como una hipóstasis del hombre. Definido en términos abstractos pero pensado como ente sensible, Dios es en sí mismo una noción contradictoria, según Feuerbach; su filosofía trata de reconducir esta y otras «espiritualizaciones» a la realidad del «hombre singular», el hombre físico, con sus sentimientos y necesidades concretas. Ludwig Feuerbach es una de las principales figuras del llamado «hegelianismo de izquierdas».

FEYNMAN, RICHARD PHILIPS *(Nueva York, 1918-Los Ángeles, 1988) Físico teórico estadounidense.* Revisó todo el panorama de la electrodinámica cuántica y revolucionó el modo en que la ciencia entendía la naturaleza de las ondas y las partículas elementales. En 1965 compartió el Premio Nobel de Física con el estadounidense Julian S. Schwinger y el japonés Tomonaga Shinichiro, científicos que de forma independiente desarrollaron teorías análogas a la de Feynman, aunque la labor de este último destaca por su originalidad y alcance. Las herramientas que ideó para resolver los problemas que se le plantearon, como, por ejemplo, las representaciones gráficas de las interacciones entre partículas, conocidas como diagramas de Feynman, o las denominadas integrales de Feynman, permitieron el avance en muchas áreas de la física teórica a lo largo del período iniciado tras la Segunda Guerra Mundial. Descendiente de judíos rusos y polacos, estudió física en el Instituto Tecnológico de Massachusetts, y se doctoró luego en la Universidad de Princeton, donde colaboró en el desarrollo de la física atómica entre 1941 y

1942. Los tres años siguientes lideró el grupo de jóvenes físicos teóricos que colaboraron en el Proyecto Manhattan en el laboratorio secreto de Los Álamos, bajo la dirección de Hans Bethe. En los años cincuenta justificó, desde el punto de vista de la mecánica cuántica, la teoría macroscópica del físico soviético L. D. Landau, que daba explicación al estado superfluido del helio líquido a temperaturas cercanas al cero absoluto, estado caracterizado por la extraña ausencia de fuerzas de rozamiento. En 1968 trabajó en el acelerador de partículas de Stanford, período en el que introdujo la teoría de los partones, hipotéticas partículas localizadas en el núcleo atómico, que daría pie más tarde a la introducción del moderno concepto de quark. Su aportación a la física teórica ha quedado recogida en títulos tales como *Quantum Electrodynamics* (1961) y *The Theory of Fundamental Processes* (1961).

FICHTE, JOHANN GOTTLIEB (*Rammenau, actual Alemania, 1762-Berlín, 1814*) *Filósofo alemán.* Profesor en la Universidad de Jena hasta 1794, una acusación de ateísmo lo obligó a trasladarse a Berlín, de cuya universidad fue primero docente y más tarde rector. En 1797 aparecieron la primera y segunda introducciones de su *Doctrina de la ciencia* (*Wissenschaftslehre*), que refundiría y desarrollaría incansablemente en sucesivas ediciones (1794, 1801, 1804). Su sistema filosófico abrió el llamado «idealismo alemán», y ejerció una notable influencia en Hegel y Schelling, entre otros. La búsqueda de un fundamento absoluto, partiendo del criticismo kantiano pero superando los límites que imponía, le llevó a afirmar un «Yo absoluto» que, a diferencia del kantiano, no se conoce como «representación», sino que se autoconstituye en la aprehensión intuitiva de sí mismo. Establecido así un fundamento para su sistema, afirmó que el Yo encontraba la resistencia del no-Yo, lo exterior a él, que sin embargo se manifestaba sólo por la previa presencia o autoposición del Yo. Este juego dialéctico viene determinado por el intento del Yo de superar aquella resistencia y «apropiarse» de lo externo, y su meta sería la libertad absoluta del sujeto. Típico de Fichte y del idealismo alemán es el intento de superar las aporías de la epistemología kantiana a partir de la vertiente moral del sujeto, difuminando las fronteras entre razón teórica y práctica. A pesar de su idealismo, Fichte afianzó la entronización del sujeto propia del Romanticismo. Su producción incluye una serie de tratados so-

▲ *Aguafuerte de **Fichte** con el uniforme de la guardia cívica de Berlín, según un dibujo de Clemens von Zimmermann, de 1813.*

«*Dime qué es lo que verdaderamente amas, lo que buscas con todo tu empeño, esperando encontrarlo, y me habrás dado con ello una expresión de tu vida. Amas lo que vives.*»

Johann Gottlieb Fichte

▶ *Página de los* Diálogos *de Platón, dedicados por su traductor, Marsilio **Ficino**, a Lorenzo de Médicis. El italiano contribuyó en gran medida a la difusión del platonismo durante el Renacimiento.*

bre cuestiones de índole económica y social, como *El estado comercial cerrado* (1808) y el *Discurso a la nación alemana* (1807-1808).

FICINO, MARSILIO (*Figline, actual Italia, 1433-Florencia, 1499*) *Filósofo y humanista italiano.* Estudió en Florencia y Pisa, interesándose especialmente por el griego y el hebreo. El apoyo del mecenas florentino Cosme de Médicis le permitió abrir una renovada Academia platónica cerca de Florencia. Junto con Pico della Mirandola desempeñó un papel fundamental en el impulso de los estudios humanísticos y sobre todo en la difusión del pensamiento de Platón, a quien tradujo y comentó abundantemente, junto a Plotino y algunos neoplatónicos. En 1473 fue ordenado sacerdote. El objetivo de Ficino era conectar la filosofía griega con la revelación cristiana, considerando que la verdad se revelaba en ambas, y que era precisamente su escisión la responsable de la degradación que habían sufrido. Sus ideas fueron decisivas para el desarrollo del Renacimiento poético, contribuyendo a la formulación de las diversas teorías del amor, a las que tanto recurrieron los poetas de su tiempo. Ensalzó la figura del reformador dominico Girolamo Savonarola, y, cuando éste fue condenado y ejecutado en la horca, decidió huir, una vez hubo comprobado la amenaza que pesaba sobre él. Entre sus obras destaca su *Teología platónica* (1482).

FIDIAS *(Atenas, h. 490 a.C.-?,431 a.C.) Escultor griego.* Fue el artista más famoso del mundo clásico, y el maestro que llevó la escultura a las cotas más altas de perfección y armonía. Apenas se sabe nada de su formación, si bien se cree que tenía experiencia como grabador, pintor y repujador. Vivió en la época de Pericles, estadista empeñado en hacer de la Acrópolis de Atenas un signo majestuoso de la grandeza de la ciudad, que se convirtió en el principal protector de Fidias, quien básicamente trabajó en y para Atenas. Sobresalió tanto en la escultura exenta como en el relieve. La primera obra que se conoce de él es la *Atenea Lemnia*, una estatua de la diosa destinada a la Acrópolis de Atenas, de la que se conservan dos copias parciales: un busto en el Museo Arqueológico de Bolonia y una figura casi completa en el Albertinum de Dresde. En el 438 a.C. se consagró la *Atenea Partenos*, la obra que le significó la fama. La patrona de Atenas está representada en esta estatua de nueve metros de altura como una diosa guerrera, con escudo y casco, preparada para la defensa de la ciudad. La obra, perdida, se conoce a través de copias de tamaño mucho menor. Además de la *Atenea* para el Partenón, realizó otra estatua criselefantina, ésta para el santuario de Olimpia: la efigie de *Zeus*, incluida por los antiguos entre las siete maravillas del mundo. Era una estatua sedente del dios, de doce metros de altura, que destilaba grandeza y majestuosidad; es conocida a través de reproducciones en monedas y joyas. Pero lo que engrandeció el nombre del artista ya en su tiempo y ha mantenido inalterada su fama a través de los siglos son las esculturas del Partenón. Finalizada la construcción del templo, Fidias y su taller se ocuparon de la decoración escultórica, que incluía un friso en bajorrelieve de unos ciento sesenta metros de longitud, dos frontones decorados con figuras exentas y noventa y dos metopas en altorrelieve. Si bien diseñó todo el conjunto, se cree que Fidias ejecutó una pequeñísima parte, pese a lo cual esta obra constituye una muestra indiscutible de su genio. Las piezas que se conservan se encuentran en su mayoría en el British Museum. Gozan de particular celebridad el grupo de las *Tres Parcas* y los fragmentos de la *Procesión de las Panateneas*, sobre todo el grupo de los dioses del Olimpo, donde es de admirar el magistral tratamiento de las telas, que se adhieren al cuerpo y dibujan

▲ *Detalle del friso del lado este del Partenón. Pericles encargó a* **Fidias** *su decoración, así como la dirección general de las obras de la Acrópolis de Atenas.*

▼ *Escultura que muestra, pese a su deterioro, el equilibrio y la belleza de la obra de* **Fidias**, *el máximo exponente del arte griego clásico.*

sus contornos, una faceta creativa que ha contribuido decisivamente a la fama del arte fidíaco; también los caballos, poderosos y dinámicos, y sus fieros jinetes denotan la maestría del escultor. Entre las restantes obras que se le atribuyen, conocidas por copias, se encuentran el *Apolo Parnopios*, estatua de bronce erigida en la Acrópolis de Atenas; el *Anadumeno de Olimpia*, en bronce, que se identifica como el Farnesio de mármol del British Museum de Londres; la *Amazonas de Éfeso*, creada en competencia con Policleto y Cresilas; y el *Anacreonte*, que se ha identificado con la estatua Borghese de Copenhague. Los últimos años de la vida de Fidias están envueltos en el misterio. A la caída de su protector, Pericles, el escultor fue acusado de malversación del oro destinado a la estatua de Atenea, y pese a demostrar su inocencia, fue encarcelado so pretexto de impiedad, por haber incluido su retrato y el de Pericles en el escudo de la diosa Atenea. Según algunos cronistas, murió en la cárcel; al decir de otros, consiguió fugarse y se exilió en Olimpia, enclave donde en 1954-1958 se excavaron los restos de su taller. Su influencia se extendió tanto a la pintura de vasos coetánea como a la escultura de los siglos siguientes.

FIELDING, HENRY *(Glastonbury, Gran Bretaña, 1707-Lisboa, 1754) Escritor británico.* Procedente de la aristocracia, escribió numerosas obras de teatro, casi todas ellas comedias. En 1735 se casó con una mujer rica, cuya fortuna dilapidó en poco tiempo. En 1737 tuvo problemas con una obra en la que parodiaba al ministro Walpole, motivo por el cual decidió empezar a ejercer como abogado. A pesar de ello, no abandonó su interés por la literatura y escribió una sátira de la novela de Richardson *Pamela* (1740) titulada *Las aventuras de Joseph Andrews* (1742). Sus *Misceláneas* (1743) tratan todo tipo de temas desde su perspectiva incisiva y burlesca. En 1749 apareció su obra maestra y una de las grandes novelas de la literatura universal, *Tom Jones, o la historia de un expósito*, donde, sin eludir el realismo más preciso, trazó una sarcástica caricatura de la sociedad inglesa de su tiempo. En 1751 publicó *Amelia*, la obra más seria de su producción, que aborda los conflictos del matrimonio. Poco antes de morir viajó a Portugal, donde escribió *Diario de un viaje a Lisboa* publicada póstumamente (1755).

FIGUERAS Y MORAGAS, ESTANISLAO *(Barcelona, 1819-Madrid, 1882) Político español.* Licenciado en derecho, en 1844 se trasladó a Tarragona, donde inició su carrera como abogado. Ingresó en el Partido Progresista y participó en las revueltas liberales de 1848. En 1855 fue elegido diputado a Cortes, donde lideró la minoría republicana, y votó a favor de la instauración de un régimen republicano, opción que no contó con el favor de la cámara. Al año siguiente, durante la elaboración del proyecto del que debía surgir una nueva Constitución, abogó en favor de la descentralización del Estado y de las desamortizaciones, postura que lo enfrentó con los sectores más próximos a la Iglesia. En 1867 fue condenado a prisión, lo cual motivó su fuga a Portugal, país del que pudo volver a España merced al triunfo de la revolución de septiembre de 1868. A su regreso ingresó en el Partido Federal, liderado por Pi i Margall, y fundó el periódico *La Igualdad.* En febrero de 1873 fue elegido presidente de la Primera República, cargo que ocupó hasta junio del mismo año, en que la crisis económica, así como la división interna en el seno de su propio partido y la proclamación del Estat Català, motivaron su sustitución por Pi i Margall.

FIGUERES FERRER, JOSÉ *(Alajuela, Costa Rica, 1906-San José, 1990) Político costarricense.* Hijo de un médico catalán, a causa de sus denuncias públicas contra el gobierno del presidente Rafael Ángel Calderón hubo de exiliarse en México (1942-1944). A su regreso fundó el Partido Social Demócrata, y cuando en 1948 Calderón pretendió desconocer el resultado de las elecciones, que otorgaban la victoria a Otilio Ulate, Figueres lideró el movimiento revolucionario que alcanzó finalmente el poder. Como presidente de la Junta Provisional, promovió la elaboración de una nueva Constitución y dictó un conjunto de medidas de gran trascendencia, como la disolución del ejército y el reconocimiento del sufragio femenino, antes de entregar el poder a Otilio Ulate. Más tarde, elegido presidente (1953-1958) por el Partido de Liberación Nacional, desarrolló una política reformista y reforzó la democracia; mantuvo buenas relaciones con Estados Unidos. En 1970 volvió a la presidencia del país, y dedicó sus esfuerzos a la creación de infraestructuras como el Instituto Costarricense de Electricidad (ICE), el Instituto Nacional de Vivienda y Urbanismo (INVU) y la Universidad Nacional de Heredia. Su labor de gobierno lo convirtió en un referente para la izquierda democrática de Latinoamérica.

▲ *Dibujo que muestra a Estanislao **Figueras** laureado por la República. Tras la abdicación de Amadeo I, propuso la proclamación de la Primera República, de la que fue el primer presidente.*

▼ *Robert James **Fischer** durante la partida en la que se proclamó campeón de Estados Unidos en 1958 con sólo catorce años de edad. Su figura fue utilizada como baza propagandística durante la guerra fría.*

FIGUERES OLSEN, JOSÉ MARÍA *(?, 1954) Político costarricense.* Hijo de José Figueres, que fuera presidente de Costa Rica, en 1979 se graduó en ingeniería industrial en la Academia Militar estadounidense de West Point. Se puso al frente de las empresas creadas por su padre, y con su actividad facilitó que el país saliera de la crisis que vivía; por otra parte, impulsó también la creación de nuevas empresas. Así mismo, desempeñó importantes cargos en los gobiernos del presidente Óscar Arias Sánchez, entre ellos la cartera de Comercio y, más tarde, la de Agricultura (1988-1990). En 1994 fue elegido presidente de Costa Rica. Aplicó un plan para reducir la deuda pública, que contemplaba la subida de impuestos y una política de privatizaciones. En las elecciones presidenciales de 1998 fue derrotado por el candidato socialcristiano Miguel Ángel Rodríguez Echeverría.

FILIPO II *(Pela, actual Grecia, 382 a.C.-Aigai, id., 336 a.C.) Rey de Macedonia (356-336 a.C.).* Hijo de Amintas III de Macedonia, fue enviado a Tebas como rehén y allí entró en contacto con la cultura helénica. En el 364 a.C. volvió a Macedonia y actuó como regente durante la minoría de edad de su sobrino Amintas, hasta que en el 356 se apoderó del trono. Reorganizó el ejército macedónico e incrementó la potencia de choque de la falange al combinarla con la caballería pesada y la infantería ligera. Aprovechó la debilidad interna de las ciudades griegas para extender allí su dominio. Atenas se vio obligada a negociar con Filipo (346 a.C.), quien se convirtió en árbitro de los asuntos políticos griegos. En un último intento de resistírsele, Atenas se alió con Tebas, pero ambas ciudades fueron derrotadas en la batalla de Queronea (338). Filipo fue asesinado dos años más tarde.

FISCHER, ROBERT JAMES *(Chicago, 1943) Ajedrecista estadounidense.* Aprendió a jugar al ajedrez a los seis años de edad, y a los dieciséis abandonó sus estudios para dedicarse por completo a dicho deporte. En 1958 obtuvo la victoria en el campeonato nacional estadounidense. Durante el campeonato mundial de candidatos de 1972 ganó 20 partidas consecutivas y se impuso en la final al campeón vigente, el soviético Tigran Petrosian. Al año siguiente, en Reykjavik, se convirtió en el primer ajedrecista estadounidense en obtener el título de campeón del mundo, tras imponerse al entonces campeón Boris Spassky, de la Unión Soviética. Héroe nacional en Estados Unidos, sus duelos contra los jugadores soviéticos se convirtieron en cuestiones de Estado y fueron fiel reflejo de las relaciones entre ambas potencias durante la guerra fría. En 1975, tras su negativa a enfrentarse al campeón soviético Anatoli Karpov, la Federación Internacional de Ajedrez le sancionó con la pérdida del título mundial, lo que motivó su abandono de la competición, a la que sólo regresó en 1992 para enfrentarse, en un encuentro privado, al ex campeón soviético Boris Spassky.

FISCHER-DIESKAU, DIETRICH *(Berlín, 1925) Barítono alemán.* Formado en su Berlín natal, sus primeros pasos como cantante tuvieron como inhabitual escenario el campo de prisioneros italiano en el que se hallaba recluido al fin de la Segunda Guerra Mundial. Liberado en 1947, su debut oficial tuvo lugar un año más tarde con una interpretación del *Réquiem alemán* de Brahms, realizada en Badenweiler. A su portentosa voz y extraordinaria técnica, Fischer-Dieskau une un innegable talento dramático que ha hecho de él uno de los cantantes más versátiles de su generación. Su extenso repertorio abarca los grandes papeles de su cuerda, pero sobresale en Mozart y en la ópera y los lieder románticos alemanes (su Schubert es referencial). Es también un excepcional intérprete de música contemporánea, para quien han escrito algunos de los más destacados autores del siglo XX, como Britten (*Canciones y proverbios de William Blake*), Henze (*Elegía para jóvenes amantes*), Lutoslawski (*Los espacios del sueño*) y Reimann (*Lear*).

FISHER, SIR RONALD AYLMER *(Londres, 1890-Adelaida, Australia, 1962) Matemático y biólogo británico.* Se graduó por la Universidad de Cambridge en 1912. Pionero en la aplicación de métodos estadísticos al diseño de experimentos científicos, en 1919 comenzó a trabajar en la estación experimental de Rothamsted, donde realizó trabajos estadísticos relacionados con la reproducción de las plantas. Desarrolló técnicas para obtener mayor cantidad de información útil a partir de muestras de datos más pequeñas, introdujo el principio de aleatoriedad en la recogida de muestras y el análisis de la varianza o análisis multivariacional. Publicó su metodología estadística en 1925 en *Methods for Research Workers.* Trasladó sus investigaciones al campo de la genética en *The Genetical Theory of Natural Selection* (1930), que resume sus puntos de vista sobre la eugenesia y el papel de control que ejercen los genes sobre los caracteres dominantes, y en el que con-

▲ Dietrich **Fischer-Dieskau** *fotografiado momentos antes de una actuación. El barítono alemán ha destacado tanto en el ámbito operístico como en el lied, particularmente en los repertorios clásico y romántico.*

sidera la selección como la fuerza directriz de la evolución, más que la mutación. En 1933 ocupó la cátedra Galton de eugenesia en la Universidad de Londres, y de 1943 a 1957, la cátedra Balfour de genética en la Universidad de Cambridge. Los últimos años de su vida los pasó trabajando para la Commonwealth Scientific and Industrial Research Organization en Adelaida.

FITTIPALDI, EMERSON *(São Paulo, 1946) Corredor automovilista brasileño.* Hijo de Wilson Fittipaldi, un famoso periodista deportivo brasileño, tuvo como ídolos a Juan Manuel Fangio, Jim Clark y Graham Hill. Trabajó como mecánico de karts antes de dedicarse a la competición profesional, y debutó en la Fórmula 1 en 1970, a la edad de veinticuatro años. En 1972 se convirtió en el piloto más joven que había conquistado el título de campeón mundial, el cual revalidó en 1974, ganando también los subcampeonatos mundiales en 1973 y 1975. Al margen de los circuitos, pero siempre vinculado a ellos, colaboró con la franquicia Hugo Boss en el diseño de los equipos de piloto, y abrió en Miami la primera tienda de la firma en Estados Unidos. Se retiró de los circuitos a los cincuenta años, tras sufrir un grave accidente en la Copa Marlboro 500 en Brooklyn. Posteriormente se dedicó a impulsar su línea personalizada de moda y accesorios del motor, la Fittipaldi Motor Accesories, y a ejercer como comentarista deportivo. Reside con su familia entre São Paulo y Cayo Vizcaíno.

▶ Emerson **Fittipaldi** *en la línea de salida, poco antes de empezar una carrera. El piloto brasileño, una leyenda en su país, se convirtió en 1972 en el campeón mundial más joven de la Fórmula 1.*

FITZGERALD, ELLA *(Newport News, EE UU, 1918-Los Ángeles, 1996) Cantante estadounidense de jazz.* Inició su carrera en la década de 1930 y fue calificada de «primera dama del jazz» por su elegancia y por su técnica vocal, que la dotaba de una gran versatilidad en su repertorio. Fue, junto al genial trompetista Louis Armstrong, la principal figura del Scat, y trabajó, entre otros, con Chick Webb, el ya mencionado Louis Armstrong y Duke Ellington. Entre 1957 y 1958 interpretó, en colaboración, una vez más, con Louis Armstrong, la ópera de George Gershwin *Porgy and Bess*, en una extraordinaria versión jazz de la misma. En 1960 organizó un concierto en la Deutschlandhalle de Berlín, donde Adolf Hitler había pronunciado un discurso condenando a dos grandes intelectuales alemanes como fueron Kurt Weill y Bertolt Brecht, hecho que la cantante conmemoró en un homenaje a los mismos intelectuales y que terminó en un apoteósico *Mack The Knife (Weill-Brecht)*. Este simbólico acto acentuó aún más la leyenda mundial de esta diva del jazz. En su extensa discografía destacan grabaciones como *Lady be good* (1946) o *A Tisket A Taked* (1968).

FITZGERALD, FRANCIS SCOTT *(Saint Paul, EE UU, 1896-Hollywood, 1940) Escritor estadounidense.* Estudió en Princeton, aunque su escaso interés por los estudios le incitó a abandonarlos para enrolarse en el ejército (1917). Durante su entrenamiento se enamoró de Zelda Sayre, ejemplo de los modos y las ambiciones de los años veinte; el éxito de su novela *A este lado del paraíso*, publicada en 1920, le dio el dinero suficiente para casarse con su amada y cos-

▲ *Ella **Fitzgerald** fotografiada durante una actuación. La «primera dama del jazz», como fue conocida, se caracterizó por su amplio registro vocal y su brillante sentido rítmico.*

▼ *Cartel promocional de la película* Nanuk el esquimal, *dirigida por John **Flaherty** entre 1920 y 1921, cuya realización sentó las bases del documental moderno.*

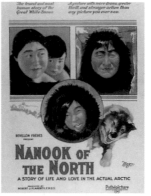

◄ *El escritor estadounidense Francis Scott **Fitzgerald**, acompañado por su familia, durante la travesía en barco que le condujo hasta Francia, donde terminó su novela* El gran Gatsby *(1925).*

tear la agitada y lujosa vida que ella deseaba, aunque las dificultades para mantener este elevado ritmo de gasto le obligaron a escribir incansablemente: publicó hasta 150 relatos en diversas revistas y periódicos, con notable éxito, muchos de los cuales fueron recogidos en varias recopilaciones, como *Cuentos de la edad del jazz* (1922). Sus ficciones reflejan su época y, en gran medida, su propia vida, marcada por el ritmo desenfrenado y la desorientación vital de la «era del jazz», como él la denominó. En 1924 el matrimonio se trasladó a la Riviera francesa, donde Fitzgerald terminó su célebre novela *El gran Gatsby* (1925), en la que el «sueño americano» aparece retratado en su íntima fragilidad. A partir de 1930, su matrimonio se deterioró a causa del progresivo desequilibrio mental de su esposa, quien fue ingresada en un sanatorio. *Suave es la noche* (1934) constituye casi una confesión del novelista, y es considerada por muchos como su obra maestra. Diversos problemas personales, entre ellos su creciente afición a la bebida, le obligaron a aceptar el oficio de guionista en Hollywood, etapa final y decadente de su vida que le inspiró la novela inacabada *El último magnate*. En 1945 se publicó *The crack-up*, un volumen que recoge varios ensayos autobiográficos. El desarraigo y la huida constante, sin objetivo preciso, que marcaron su vida lo incluyen en la llamada «generación perdida» de novelistas estadounidenses.

FLAHERTY, JOHN *(Mountain, EE UU, 1884-Dummerston, id., 1951) Director cinematográfico estadounidense.* A los seis años de edad se trasladó, junto con su familia, a Canadá, en cuyas regiones más norteñas descubrió su pasión por lo desconocido, que posteriormente trasladó a la gran pantalla. Rodó su primer documental, *Nanuk el esquimal*, tras convivir, entre 1920 y 1922, dieciséis meses con una familia esquimal. El resultado fue un filme de éxito internacional que sentó las bases del documental moderno. Por éste y por sus siguientes trabajos, Flaherty fue reconocido como padre del género. En 1923 empezó a trabajar en *Moana*, documental en el que describió la vida cotidiana y las costumbres de una tribu indígena, asentada en Oceanía, que todavía no había entrado en contacto con la civilización occidental. Sus siguientes documentales fueron *Tabú* (1931), codirigido junto con F. W. Murnau, *Industrial Britain* (1932), dirigido en compañía del también reconocido documentalista John Grierson, *Hombres de Aran* (1934), *The land* (1942) y *Louisiana Story* (1948).

FLAMSTEED, JOHN *(Denby, Inglaterra, 1646-Greenwich, id., 1719) Astrónomo inglés.* En 1675 se convirtió en el primer director del Real Observatorio de Greenwich, cargo que ejerció a lo largo de toda su vida. Sus trabajos hicieron posible la corrección de un gran número de errores en las tablas astronómicas, y ayudó a fijar el comienzo de la moderna astronomía práctica. Su *Historia caelestis britannica* (1725), en la cual enumera más de 3 000 estrellas, registra sus observaciones personales, a las que añade buena parte del *corpus* astronómico de su época. En su *Atlas caelestis* ideó un sistema de proyección en el que el meridiano correspondiente a la mitad del mapa y todos los paralelos son líneas rectas, mientras que los meridianos son curvos. Las observaciones lunares efectuadas por Flamsteed sirvieron de base a sir Isaac Newton en sus estudios de la teoría de la gravitación.

FLAUBERT, GUSTAVE *(Ruán, Francia, 1821-Croisset, id., 1880) Escritor francés.* Hijo de un médico, su precoz pasión por la literatura queda patente en la pequeña revista literaria *Colibrí*, que redactaba íntegramente, y en la que de una manera un tanto difusa pero sorprendente se reconocen los temas que desarrollaría el escritor adulto. Estudió derecho en París, donde conoció a Maxime du Camp, cuya amistad conservó toda la vida, y junto al que realizó un viaje a pie por las regiones de Turena, Bretaña y Normandía. A este viaje siguió otro, más importante (1849-1851), a Egipto, Asia Menor, Turquía, Grecia e Italia, cuyos recuerdos le servirían más adelante para su novela *Salambó*. Excepto durante sus viajes, pasó toda su vida en su propiedad de Croisset, entregado a su labor de escritor. Entre 1847 y 1856 mantuvo una relación inestable pero apasionada con la poetisa Louise Colet, aunque su gran amor fue sin duda Elisa Schlésinger, quien le inspiró el personaje de Marie Arnoux de *La educación sentimental* y que nunca llegó a ser su amante. Los viajes desempeñaron un papel importante en su aprendizaje como novelista, dado el valor que concedía a la observación de la realidad. Flaubert no dejaba nada en sus obras a merced de la inspiración, antes bien, trabajaba con empeño y precisión el estilo de su prosa, desterrando cualquier lirismo, y movilizaba una energía extraordinaria en la concepción de sus obras, en las que no deseaba nada que no fuera real; ahora bien, esa realidad debía tener la belleza de la irrealidad, de modo que tampoco le interesaba dejar traslucir en su escritura la experiencia personal que la alimentaba, ni se permitía verter opiniones propias. Su voluntad púdica y firme de permanecer oculto en el texto, estar (como Dios), en todas partes y en ninguna, explica el esfuerzo enorme de preparación que le supuso cada una de sus obras (no consideró publicable *La tentación de san Antonio* hasta haberla reescrito tres veces), en las que nada se enunciaba sin estar previamente controlado. Las investigaciones eruditas que llevó a cabo para escribir su novela *Salambó*, por ejemplo, tuvieron que ser completadas con otro viaje al norte de África. Su primera gran novela publicada, y para muchos su obra maestra, es *Madame Bovary* (1856), cuya protagonista, una mujer mal casada que es víctima de sus propios sueños románticos, representa, a pesar de su propia mediocridad, toda la frustración que, según Flaubert, había producido el siglo XIX, siglo que él odiaba por identificarlo con la mezquindad y la estupidez que a su juicio caracterizaba a la burguesía. De esa misma sátira de su tiempo participa toda su producción, incluido un brillante, aunque inacabado, *Diccionario de los lugares comunes*. La publicación de *Madame Bovary*, que supuso su rápida consagración literaria, le creó también serios problemas. Atacado por los moralistas, que condenaban el trato que daba al tema del adulterio, fue incluso sometido a juicio, lo cual lo decidió a emprender un proyecto fantasioso y barroco,

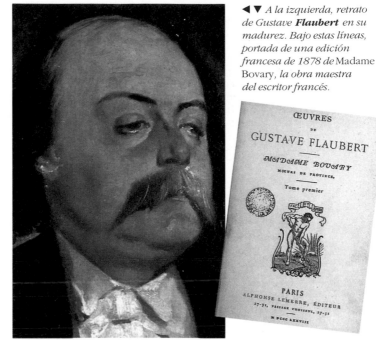

◀ ▼ *A la izquierda, retrato de Gustave **Flaubert** en su madurez. Bajo estas líneas, portada de una edición francesa de 1878 de* Madame Bovary*, la obra maestra del escritor francés.*

> *«Lo que me impide tomarme en serio, aunque tenga el ánimo bastante grave, es que me encuentro muy ridículo, no con el ridículo relativo que es el cómico teatral, sino con el ridículo intrínseco a la misma vida humana, y que resurge de la acción más simple o del gesto más ordinario.»*
>
> Gustave Flaubert
> *Carta a Louise Colet,* 1840.

GUSTAVE FLAUBERT

OBRAS MAESTRAS

MADAME BOVARY (1856); *SALAMBÓ* (*SALAMBÓ*, 1862); *LA EDUCACIÓN SENTIMENTAL* (*L'ÉDUCATION SENTIMENTALE*, 1869); *LA TENTACIÓN DE SAN ANTONIO* (*LA TENTATION DE SAINT-ANTOINE*, 1874); *TRES CUENTOS* (*TROIS CONTES*, 1877); *BOUVARD Y PÉCUCHET* (*BOU-* *VARD ET PÉCUCHET*, póstuma, 1881); *CORRESPONDENCIA* (*CORRESPONDANCE*, póstuma,1887-1893); *MEMORIAS DE UN LOCO* (*MÉMOIRES D'UN FOU*, póstuma,1900); *DICCIONARIO DE LOS LUGARES COMUNES* (*DICTIONNAIRE DES IDÉES REÇUES*, póstumo, 1911).

▼ *Bajo estas líneas, Alexander* **Fleming** *se dirige, en París, a la Academia Francesa de Medicina. Debajo, el bacteriólogo británico, que revolucionó la medicina con el descubrimiento de la penicilina, trabajando en su laboratorio.*

lo más alejado posible de su realidad: *Salambó*, que relataba el amor imposible entre una princesa y un mercenario bárbaro en la antigua Cartago. Su siguiente gran obra, *La educación sentimental* (1869), fue, en cambio, la más cercana a su propia experiencia, pues se proponía describir las esperanzas y decepciones de la generación de la revolución de 1848. Su última gran obra, *Bouvard y Pécuchet*, que quedaría inconclusa a su muerte, es una sátira a la vez terrible y tierna del ideal de conocimiento de la Ilustración. La abundancia de los trabajos que posteriormente se han dedicado a Flaubert, y en particular a su estilo, confirma el papel central que desempeñó en la evolución del género novelístico hasta la mitad del siglo XX.

FLEMING, SIR ALEXANDER *(Darvel, Reino Unido, 1881-Londres, 1955) Médico y bacteriólogo británico*. Estudió en la Universidad de Londres, por la que se licenció en 1906. Fue profesor de bacteriología e investigador de esta universidad, así como del Real Colegio de Cirujanos del Reino Unido. En 1951 fue nombrado rector de la Universidad de Edimburgo. Sus trabajos se

centraron básicamente en la búsqueda de sustancias capaces de atacar a las bacterias que afectan al ser humano, con el objetivo de destruirlas sin causar daños en el paciente. La primera sustancia de este tipo que descubrió, trabajando en colaboración con Allison, fue una enzima con propiedades antibióticas, llamada lisozima, que está presente en fluidos corporales tales como la saliva o las lágrimas, así como también en la clara de huevo. Sin embargo, el descubrimiento que mayor fama le dio lo efectuó en 1928, cuando, de forma accidental, unos cultivos de estafilococos que estaba preparando se contaminaron con *Penicillium notatum*, lo cual le permitió observar que alrededor del moho se formaban zonas circulares en las cuales no se detectaba presencia de bacterias. Sus trabajos posteriores lo llevaron a aislar, a partir del moho, una sustancia, a la cual bautizó con el nombre de penicilina, que se caracterizaba por su gran poder antibacteriano, extremo éste que había sido observado con anterioridad, concretamente en 1896, por Duchesne. El descubrimiento de Fleming cayó en el olvido durante décadas, hasta que en el curso de sus investigaciones en la Universidad de Oxford, y debido a la necesidad de disponer de sustancias antibacterianas para mejorar el tratamiento de los soldados aliados heridos durante la Segunda Guerra Mundial, H. W. Florey y E. B. Chain lograron aislar y producir cantidades suficientes de penicilina como para aplicarla a la curación de seres humanos, con lo cual la penicilina se convirtió en el primer antibiótico con aplicaciones prácticas de la historia y se abrió el camino a una auténtica revolución en la medicina del siglo XX. Los trabajos de búsqueda de sustancias con poder antibacteriano, que se desarrollaron tanto en el Reino Unido como en Estados Unidos, se iniciaron con preparados que contenían únicamente un 1% de penicilina. En 1945 se habían conseguido ya preparaciones cuyas concentraciones eran suficientes para inhibir la actividad bacteriana, aun estando diluidas. La penicilina sería a partir de entonces uno de los antibióticos más utilizados, debido, en gran parte, a su bajísima toxicidad, lo que la hace adecuada en un amplio campo de aplicaciones. El descubrimiento de Fleming le valió el Premio Nobel de Fisiología y Medicina en 1945, que compartió con el patólogo británico, de origen australiano, H. W. Florey y con el bioquímico británico, de origen alemán, E. B. Chain, los dos científicos que lograron aislar y producir el antibiótico.

FLORES, MANUEL ANTONIO *(Sevilla, h. 1720-Madrid, 1799) Marino y administrador colonial español.* Se alistó en la marina en 1736, cuando contaba dieciséis años de edad, y protagonizó una meteórica ascensión que le llevó al cargo de capitán general de la Armada. Entre 1771 y 1775 fue comandante general del departamento de El Ferrol, y un año más tarde fue nombrado virrey de Nueva Granada, colonia que comprendía los actuales Estados de Colombia, Panamá, Venezuela y Ecuador. El secretario de despacho de Indias, José de Gálvez, le ordenó abrir al tráfico marítimo los puertos de Santa Marta y Riohacha. Reprimió con dureza la revuelta de los comuneros de Nueva Granada, y estableció en su virreinato la primera imprenta pública. En 1787 asumió el virreinato de Nueva España, y durante su mandato reorganizó el ejército y mandó construir el Real Estudio Botánico. En 1789 abandonó su cargo por motivos de salud y regresó a España.

FLOREY, HOWARD WALTER → Chain, Ernst Boris , y Fleming, sir Alexander.

FLORIDABLANCA, JOSÉ MOÑINO, CONDE DE *(Murcia, 1728-Sevilla, 1808) Estadista e intelectual español.* Estudió leyes, y en 1766 fue nombrado fiscal del Consejo de Castilla. Intervino en los procesos del motín de Esquilache y en las actuaciones que concluyeron con la expulsión de los jesuitas en 1767. Ocupó el cargo de embajador en Roma, en 1772, y gracias a ello consiguió la intervención de Clemente XIV en contra de la Compañía de Jesús. Como secretario de Estado, y en estrecha colaboración con Campomanes, desde 1777 impuso su criterio de reformismo moderado; su ideología política, en consonancia con el reformismo ilustrado, consistía en «reformar desde el poder». En el exterior intervino contra Gran Bretaña, y, junto a Francia, en la guerra de Independencia norteamericana. Fue acumulando cargos hasta que, tras la creación de la Junta Suprema de Estado, una especie de precedente del Consejo de Ministros, de la que ocupó la presidencia, sus rivales políticos iniciaron una campaña contra él. Floridablanca presentó entonces su dimisión, pero no le fue aceptada por Carlos IV. A partir de 1790, ante el afianzamiento de la Revolución Francesa, encabezó la reacción en España, pero no pudo impedir su caída en 1792. Fue desterrado y posteriormente encarcelado y procesado en Pamplona, acusado de enriquecimiento ilícito y de abuso del poder público. Después del motín de

◄ *Retrato del conde de* **Floridablanca***, óleo pintado por Francisco de Goya. El estadista español, varias veces ministro, era un reformista moderado influido por las ideas de la Ilustración.*

Aranjuez, fue completamente rehabilitado, y tras la ocupación de España por las tropas napoleónicas, pasó a dirigir la Junta de Murcia y fue nombrado presidente de la Junta Suprema Central en septiembre de 1808, poco antes de su muerte.

FO, DARIO *(Sangiano, Italia, 1926) Dramaturgo, actor y director teatral italiano.* Se dio a conocer en Italia con la recitación de monólogos en radio y televisión (1952-1959), actividad que compaginaba con actuaciones en cabarés y revistas (1953-1955). En 1958 fundó, junto con Franca Rame, su propia compañía, con la que representó y dirigió comedias y farsas, género con el que se ha consolidado. Así mismo, fundó dos colectivos teatrales: la Nuova Scena, próxima al Partido Comunista, y La Comuna (1970). Con *Misterio bufo* (1969), donde, siguiendo el esquema del teatro de marionetas, presenta un tipo de teatro-juego conducido por la figura de un juglar, alcanzó renombre internacional. Sus obras posteriores, siempre dentro de una concepción del teatro como juego y subversión de papeles, próximo al teatro del absurdo, se han caracterizado por la certera crítica de diversos aspectos de la sociedad (el capitalismo, la droga, el terrorismo). Fue galardonado con el premio Nobel de Literatura en 1997.

FOCIO *(Constantinopla, hoy Estambul, h. 820-?, 891) Teólogo griego.* Se formó en el rico ambiente cultural surgido en Constantinopla alrededor de la figura del erudito León de Tesalónica. En el año 858, el

▲ *Dario* **Fo** *responde sonriente a los periodistas tras recibir la noticia de que se le había concedido el Premio Nobel de Literatura de 1997. Su obra se caracteriza por un marcado carácter político y subversivo.*

césar Bardas, que gobernaba en nombre de su sobrino, el emperador Miguel III, lo nombró patriarca de Constantinopla en lugar del legítimo titular, Ignacio, persona de gran rigidez y austeridad. Este hecho disgustó al papa Nicolás I, que intentó reponer a Ignacio. Focio, con gran habilidad, solivió a los griegos frente a la supuesta injerencia romana y logró ser reafirmado en el sínodo de 867. Estos acontecimientos llevaron al cisma entre Oriente y Occidente, con la separación de la Iglesia Ortodoxa. Después de los asesinatos de Bardas y Miguel III, Focio fue depuesto por Basilio I, quien quería intentar un acercamiento a Roma, y no fue sino hasta la muerte de éste cuando Focio recuperó su sede.

FORD, HENRY *(Dearborn, EE UU, 1863-id., 1947) Industrial estadounidense.* Nacido en el seno de una familia de origen irlandés, de niño combinaba sus estudios en una pequeña escuela local con el trabajo en la granja paterna. Su primer contacto con el mundo de la mecánica tuvo lugar en la ciudad de Detroit, adonde acudió en busca de trabajo en un taller. Fue jefe de mantenimiento eléctrico en la fábrica de la Edison Company, donde se le exigía disponibilidad durante las veinticuatro horas del día, pese a lo cual conseguía dedicar tiempo a sus investigaciones. Empecinado en construir un motor de gasolina de combustión interna, en 1896 aplicó el ingenio a su primer carruaje sin caballos, el «cuadriciclo», llamado así porque estaba montado sobre cuatro ruedas de bicicleta. Dedicó también sus esfuerzos a la construcción de varios automóviles de carreras que obtuvieron diversas marcas de velocidad. Tras trabajar en diversas factorías del ramo, fundó en 1903 la Ford Motor Company, con una inversión inicial de 28 000 dólares que recaudó principalmente entre pequeños inversores. La iniciativa empresarial había de revolucionar el mundo del transporte, así como el de la producción industrial, en muchos sentidos. Los inicios no fueron fáciles, dado que tuvo que enfrentarse a diversas dificultades legales y a varios pleitos. En alguna ocasión, sus propios inversores se plantearon demandarlo por dedicar una parte excesiva de los beneficios a ampliar la empresa y mejorar

▶ *Fotografía del interior de la fábrica de automóviles de Henry* **Ford***. La organización interna del trabajo, consistente en una cadena de montaje sincronizada, no tardó en ser adoptada por otros sectores de la producción industrial.*

▼ *Un joven Henry* **Ford** *al mando de uno de sus «cuadriciclos», su primer modelo de automóvil. Después de haber trabajado en varias factorías, en 1903 fundó la Ford Motor Company.*

sus productos e instalaciones. Ford tenía una obsesión, «construir un vehículo de motor para las masas», y dedicó todos los medios de que disponía a este lema y a su inquietud por la innovación tecnológica. Cumplió su objetivo el mítico modelo T, del cual se venderían más de 16 millones de unidades en todo el mundo, y con el que se inició una era en la que el automóvil dejó de ser un lujo de privilegiados para convertirse en una realidad ya cotidiana para el conjunto de la población. Su éxito se cimentó en varios factores: mejora de salarios, aumento de la capacidad y rapidez de producción y abaratamiento de costes y precios. Lo primero le valió ser acusado de socialista, ya que, además de mejorar el sueldo de sus operarios, redujo la jornada laboral de nueve a ocho horas. Él, sin embargo, insistía en que su estrategia no tenía nada que ver con razones humanitarias: por un lado conseguía articular una producción continuada durante las veinticuatro horas del día, basada en tres turnos de ocho horas; por otro, mejoraba la motivación de los trabajadores, amén de convertirlos en potenciales compradores del producto. La rapidez de producción se mejoró merced a una coordinación de procesos casi coreográfica, gracias a la cual logró terminar un T cada 24 segundos. Desde los 728 minutos necesarios inicialmente para acabar el chasis de un vehículo, consiguió reducir los tiempos de producción a sólo 93: montaje en cadena, submontaje de componentes en talleres subsidiarios, trabajo en serie, flexibilidad de inventarios y reducción de stocks no son sino algunos de los conceptos que Ford introdujo y que rigen hoy la producción industrial en el mundo. No contento con el éxito obtenido, continuó su búsqueda constante de innovaciones técnicas, y creó los motores de seis y de ocho cilindros. Murió, justo cien años después de que sus padres desembarcaran en Estados Unidos, dueño de una fortuna sin parangón y propietario de multitud de industrias subsidiarias, entre las que se contaban minas de carbón y empresas madereras y tapiceras, que había adquirido para asegurarse una producción autárquica e independiente de los ciclos económicos.

FORD, JOHN [Sean Aloysius O'Feeney] *(Cape Elizabeth, EE UU, 1895-Palm Desert, id., 1973) Director de cine estadounidense.* Miembro de una familia de emigrantes irlandeses, era el menor de trece hermanos. Su hermano Francis Ford, actor y director, fue quien le introdujo en el mundillo del cine, en el que recorrió todo el escalafón antes de trabajar como ayudante de David W. Griffith y Allan Dwan. En 1917 sustituyó a su hermano en la dirección de un western de corta duración. Ésta fue la primera de las 150 películas que habría de dirigir, más de setenta de las cuales pertenecen al período del cine mudo. Sus trabajos más importantes de esta etapa fueron para la Universal: *Straight Shooting, Marked Men* o *Caminos de desesperación*. A mediados de los años veinte inició su colaboración en exclusiva con el productor William Fox, resultado de la cual fueron títulos como *El caballo de hierro* (1924), que lo consagró como uno de los grandes directores estadounidenses, *Tres hombres malos* o *El legado trágico*, la primera de sus películas dedicadas a temas irlandeses, que obtuvo un gran éxito. Con la irrupción del sonoro, el cine de Ford experimentó una evolución no ya en lo temático, donde siguió abordando con gran hondura psicológica temas como la forma de vida propiamente estadounidense (en películas corales como la trilogía protagonizada por Will Rogers) o el comportamiento del individuo frente a acontecimientos que lo desbordan (entre los que cabe encuadrar títulos como *La patrulla perdida* o *La diligencia*, de 1934 y 1935 respectivamente), sino en lo visual y narrativo, terreno en el que se hizo patente la influencia del expresionismo alemán y en el que Ford fue aumentando poco a poco el alcance de su cámara para introducir como elemento clave del filme el entorno paisajístico (en particular, el Monument Valley de Utah). Títulos desta-

▲ *John **Ford** da órdenes durante un rodaje. Uno de los mayores genios del cine, para presentarse a sí mismo decía: «Me llamo John Ford y hago westerns».*

> *«Hizo westerns.»*
> *(Único texto de la necrológica publicada en el* Daily Variety *con motivo de su muerte.)*
>
> John Ford

▼ *Fotograma de* La diligencia, *película de John **Ford** que fue uno de los grandes logros del género cinematográfico conocido como western. Desde un punto de vista técnico, este director fue el primero en filmar grandes espacios naturales abiertos como el desierto de Arizona.*

cados de las décadas de 1930 y 1940 fueron, amén de los citados, *El delator* (1935), por la que obtuvo su primer Oscar, *El joven Lincoln* (1939), *Las uvas de la ira* (1940), adaptación de la novela homónima de John Steinbeck que le supuso su segundo galardón de la Academia, *Hombres intrépidos* (1940) y *Qué verde era mi valle* (1941), retrato de una zona minera galesa y tercer Oscar para el director. Mención aparte merecen westerns como la trilogía dedicada a la caballería estadounidense (*Fort Apache*, 1948; *La legión invencible*, 1949; *Río Grande*, 1950) o *Pasión de los fuertes* (1946), centrada en el legendario tiroteo del OK Corral, que sentaron las bases del género y le valieron el beneplácito de crítica y público. Además de contar siempre con un sólido elenco de secundarios (entre los que destacan nombres como los de Ward Bond o Walter Brennan), dos actores repitieron protagonismo en varios de estos títulos y se convirtieron en los rostros más característicos de su cine: Henry Fonda y John Wayne, que en 1952 aparecería de nuevo en el reparto de una de las obras maestras del director, *El hombre tranquilo* (1952), la historia de un boxeador estadounidense que, acosado por el fantasma de un homicidio involuntario, regresa a su Irlanda natal, en un intento de huir de sí mismo. Tras el cuarto

Oscar obtenido por este último título, Ford se convirtió en una auténtica leyenda viva de la cinematografía de Estados Unidos, a la que continuó enriqueciendo con nuevos filmes de creciente depuración estilística y formal como *Mogambo* (1953), una especie de western ambientado en África y una de sus películas más populares, la obsesiva *Centauros del desierto* (1956) y otras dos nuevas obras maestras: *Dos cabalgan juntos* (1961) y *El hombre que mató a Liberty Valance* (1962), ambas protagonizadas por James Stewart. El año 1966 dirigió *Siete mujeres*, un filme rodado en su totalidad en estudio, que narra los últimos momentos de una misión estadounidense en China y con el cual se despidió de la profesión.

▲ *E. M.* **Forster**, *visto por D. Carrington en un cuadro que se encuentra en la National Gallery of Portraits de Londres.*

FORMENT, DAMIÁN *(Valencia ?, h. 1480-Santo Domingo de la Calzada, España, 1540) Escultor español.* Fue la gran figura de la escultura renacentista en Aragón. Los especialistas discrepan sobre su formación: según algunos, aprendió el oficio en Valencia con su padre, también escultor; al decir de otros, se formó en Florencia. En cualquier caso, parece bastante probable una estancia en Italia, ya que su escultura es plenamente renacentista en un momento en que este estilo aún no había cuajado por completo en España. En 1509 está documentada su presencia en Zaragoza, donde el primer encargo importante que cumplimentó fue el retablo del altar mayor de la basílica del Pilar. Forment concibió esta obra, de grandes dimensiones, con una estructura arquitectónica todavía gótica que acoge figuras ya plenamente renacentistas, monumentales y de gran elegancia en las poses y las ac-

▼ La vicaría*, obra de Marià* **Fortuny** *realizada en 1870 y cuyo tema surgió a raíz de la boda de su hija Cecilia. Actualmente se conserva en el Museo de Arte Moderno de Barcelona.*

titudes. Hacia 1512 aproximadamente comenzó el retablo de la catedral de Huesca, que presenta grandes similitudes estilísticas con el del Pilar. En Zaragoza realizó algunas otras obras que se han perdido o sólo se conservan en parte. En 1527 fue contratado por los monjes del monasterio de Poblet para que labrara el retablo mayor de la iglesia. En él, Forment abandonó por primera vez las formas góticas de la arquitectura del retablo y creó una estructura renacentista con figuras más solemnes y elegantes, si cabe, que las de sus realizaciones anteriores. Diez años más tarde está documentada su presencia en Santo Domingo de la Calzada, donde obró un gran retablo para la iglesia de la localidad. Fue ésta la primera y única vez en que no empleó el alabastro como material, sino la madera, que más adelante fue dorada y policromada. La muerte le sorprendió cuando aún trabajaba en esta obra, que, sin embargo, dejó prácticamente concluida.

FORSTER, EDWARD MORGAN *(Londres, 1879-Coventry, Reino Unido, 1970) Escritor británico.* En Grecia e Italia, donde pasó algunas temporadas en su juventud, descubrió la cultura y la forma de vida mediterráneas, que Forster consideró todo un ejemplo de espontaneidad y que convirtió, en su obra novelística, en el contrapunto constante de la sociedad victoriana, cuya rigidez y exceso de convencionalismo trató siempre de poner en evidencia, a menudo en un tono satírico e irónico. En este sentido son destacables *Una habitación con vistas* (1908) y *Howards End* (1910), ambas llevadas al cine. Un viaje a la India le inspiró su obra maestra, *Pasaje a la India* (1924), y póstumamente apareció su novela más autobiográfica, *Maurice* (1971), terminada desde 1914 pero que no había podido publicar a causa de su contenido homosexual. Es autor, así mismo, de diversos libros de relatos, libros de viajes y ensayos políticos y de crítica literaria.

FORTUNY I MARSAL, MARIÀ *(Reus, España, 1838-Roma, 1874) Pintor español.* Se formó en la escuela de la Llotja de Barcelona, con Claudio Lorenzale, pero no hay nada que recuerde a este artista en el estilo de Fortuny, fácil y brillante, de pincelada suelta y ágil, a veces tan separadas unas de otras que preludian el impresionismo. Con Rosales, es la gran figura del siglo XIX español, y su fama traspasó ampliamente las fronteras del país. En 1856, la Junta de Comercio lo premió con una beca que le permitió viajar a Roma, donde trabajó durante varios años. En 1860, la Diputación de Barcelona le otorgó una pensión para que se trasladara al norte de África como cronista gráfico al objeto de que reflejara las hazañas de los soldados catalanes en la guerra de Marruecos. De esta estancia, y otra que realizó por su cuenta en 1862, surgieron obras como *Corriendo la pólvora* y *Marroquíes*, en las que triunfan el ambiente y el colorido norteafricanos. Un hecho decisivo en la vida de Fortuny fue su traslado a Madrid en 1866. En la capital de España, además de copiar obras del Museo del Prado, contrajo matrimonio con una hija del pintor Federico de Madrazo y conoció al marchante Goupil, a quien debió en buena medida el triunfo internacional de su obra. *El coleccionista de estampas* (1866) lo catapultó a una fama que alcanzó su cenit con *La vicaría* (1870), cuadro que fue expuesto en París y es considerado su obra maestra, la mejor expresión de su estilo minucioso, abierto a la modernidad, luminoso y de color festivo. Precisamente el amor a la luz lo hizo volver a Italia, donde se estableció en Portici (cerca de Nápoles) y pintó delicados lienzos, como *Los hijos del pintor en el salón japonés*. Murió prematuramente, a los treinta y seis años. Su hijo, Marià Fortuny i Madrazo, también fue pintor.

FOSCOLO, NICCOLÒ UGO *(isla de Zante, Grecia, 1778-Turham Greene, Reino Unido, 1827) Escritor italiano.* A los seis años se trasladó a Venecia y desde muy joven se interesó por la literatura. En 1797, tras la cesión de Venecia a Austria realizada por Bonaparte, la composición de *A Bonaparte liberatore* obligó a Foscolo a abandonar Venecia. Tras breves estancias en Milán y en Bolonia se alistó en el ejército cisalpino, en el que alcanzó el rango de

▲ *Las leyes del péndulo fueron objeto de estudio durante el s. XIX. El dibujo reproduce el experimento realizado por Léon* **Foucault** *en la nave central del Panteón de París.*

◄ *Foscolo, visto por A. Appiani. En el retrato, que se conserva en la Pinacoteca de Brera de Milán, se sugiere el aire romántico de la obra del italiano.*

oficial. Al regresar de la fallida invasión del Reino Unido, trabajó arduamente en su novela autobiográfica *Ultime lettere di Jacopi Orti* (1802), y en 1807 publicó el libro de versos *De los sepulcros*. Dos años más tarde obtuvo la cátedra de literatura de la Universidad de Pavía. En 1815, exiliado en Suiza, apareció *Le Grazie*, máximo exponente de su producción lírica, y un año después marchó al Reino Unido.

FOUCAULT, LÉON *(París, 1819-id., 1868) Físico francés.* Empezó estudiando medicina, pero pronto mostró sus preferencias por la física experimental. Su principal aportación fueron sus mediciones sobre la velocidad de la luz. En el año 1850 estableció que la velocidad de la luz en el agua es menor que en el aire, lo que apoyaba la teoría ondulatoria de la luz, en contraposición a las teorías que defendían su naturaleza corpuscular. En 1862, utilizando un aparato con un espejo rotatorio, consiguió medir con precisión, por vez primera, la velocidad de la luz. Su experimento más famoso empezó en 1850, cuando observó que un péndulo permanecía oscilando en el mismo plano mientras se hacía rotar el aparato. Foucault usó entonces el péndulo para demostrar la rotación de la Tierra. Enunció una ecuación en la que se relacionaba el período de rotación del plano con la latitud de la Tierra, y, en una exhibición pública, suspendió una esfera de hierro de 28 kilogramos de un cable de acero de 67 metros, desde la cúpula del Panteón en París, cuyo comportamiento vino a corroborar sus cálculos. Se le concedió la medalla Copley de la Royal Society of London y fue nombrado físico asistente del Observatorio Imperial de París. También descubrió la existencia de las llamadas «corrientes de Foucault» en un disco de cobre, cuando éste se mueve en un campo magnético intenso.

FOUCAULT, MICHEL *(Poitiers, Francia, 1926-París, 1984) Filósofo francés.* Estudió filosofía en la École Normale Supérieure de París y ejerció la docencia en las universidades de Clermont-Ferrand y Vincennes, tras lo cual entró en el Collège de France (1970). Influido por Nietzsche, Heidegger y Freud, en su ensayo titulado *Las palabras y las cosas* (1966) desarrolló una importante crítica al concepto de progreso de la cultura, al considerar que el discurso de cada época se articula alrededor de un «paradigma» determinado, y que por tanto resulta incomparable con el discurso de las demás. Del mismo modo, no podría apelarse a un su-

jeto de conocimiento (el hombre) que fuese esencialmente el mismo para toda la historia, pues la estructura que le permite concebir el mundo y a sí mismo en cada momento, y que se puede identificar, en gran medida, con el lenguaje, afecta a esta misma "esencia" o convierte este concepto en inapropiado. En una segunda etapa, Foucault dirigió su interés hacia la cuestión del poder, y en *Vigilar y castigar* (1975) realizó un análisis de la transición de la tortura al encarcelamiento como modelos punitivos, para concluir que el nuevo modelo obedece a un sistema social que ejerce una mayor presión sobre el individuo y su capacidad para expresar su propia diferencia. De ahí que, en el último volumen de su *Historia de la sexualidad*, titulado *La preocupación de sí mismo* (1984), defendiese una ética individual que permitiera a cada persona desarrollar, en la medida de lo posible, sus propios códigos de conducta. Otros ensayos de Michel Foucault son *Locura y civilización* (1960), *La arqueología del saber* (1969) y los dos primeros volúmenes de la *Historia de la sexualidad*: *Introducción* (1976) y *El uso del placer* (1984).

FOUQUET, JEAN (*Tours, Francia, h. 1420-id., h. 1481) Pintor y miniaturista francés*. No existen datos precisos sobre su actividad hasta 1443, fecha en que está documentada su presencia en Roma. Permaneció en esta ciudad hasta 1447 y pintó un retrato del papa Eugenio IV, hoy desaparecido. A su regreso a Francia empezó una carrera meteórica como pintor de corte, que culminó en 1475 con su nombramiento como pintor real. Al servicio de su primer mecenas en la corte francesa, el noble Étienne Chevalier, realizó algunas de sus mejores creaciones, donde los mayores logros de la pintura gótica se unen a los ensayos de perspectiva aprendidos en Italia. Estos rasgos se advierten en el retrato de *Étienne Chevalier con san Esteban*, unido inicialmente en un díp-

▲ *Sobre estas líneas, el filósofo Michel **Foucault** fotografiado en su despacho en 1966, año en el que publicó* Las palabras y las cosas, *del que a la izquierda se puede ver la portada de una edición española.*

▼ Carlos VII, *óleo realizado probablemente antes de 1445 por Jean **Fouquet**, pintor de cámara del monarca francés, que se exhibe en el Museo del Louvre de París.*

tico a la *Virgen con el Niño* del Museo de Amberes, su obra más famosa; las figuras, definidas con un dibujo delicado y preciso, adquieren formas volumétricas gracias a un peculiar empleo de la perspectiva, orientado a resaltar las formas. Más productivo que su obra pictórica fue su trabajo como miniaturista, desde el *Libro de las horas* de Étienne Chevalier hasta las *Antigüedades judías* y la *Gran Crónica de Francia*. Impresiona en estas obras la gran variedad de soluciones, tanto en la representación de interiores, en los que no faltan las arquitecturas vistas en Italia, como de exteriores, con esplendorosos paisajes. El descriptivismo y una minuciosidad en los detalles inspirada en la pintura flamenca enriquecen unas escenas con abundantes personajes que se van simplificando con el tiempo en aras de una mayor claridad narrativa. Cronista figurativo de la Francia de su tiempo, Fouquet fue también el mejor pintor del siglo XV en su país, en vísperas de la llegada del Renacimiento.

FOURIER, CHARLES (*Besançon, Francia, 1772-París, 1837) Filósofo y economista francés*. Hijo de una rica familia de comerciantes, perdió su fortuna durante la Revolución Francesa y trabajó sucesivamente como viajante de comercio y contador, antes de dedicarse enteramente a la elaboración de su proyecto de reforma económica, social y humana. Publicó varios tratados de economía: *Teoría de los cuatro movimientos* (1808), *Tratado de la asociación doméstica y agrícola* (1822), y *El nuevo mundo industrial y societario* (1829), y fundó la revista *Le Phalanstère*. Criticó por igual a la sociedad burguesa y las doctrinas de Saint-Simon y Owen. La organización societaria que reivindican sus obras tiene por objetivo la creación de falansterios, pequeñas cooperativas nacidas de la asociación de trabajadores. El resultado utópico de este proyecto sería la «armonía universal». A pesar de su empeño, Fourier nunca logró realizar su proyecto de falansterio, lo que no le impidió ganar, a lo largo del siglo, multitud de adeptos, de manera especial en Francia, el Reino Unido y Estados Unidos, que serían conocidos como la «escuela societaria».

FOURIER, JEAN-BAPTISTE-JOSEPH (*Auxerre, Francia, 1768-París, 1830) Ingeniero y matemático francés*. Era hijo de un sastre, y fue educado por los benedictinos. Los puestos en el cuerpo científico del ejército estaban reservados para familias de estatus reconocido, así que aceptó una cátedra militar de matemáticas. Tuvo un papel destacado durante la Revolución en su propio distrito, y fue recompensado con una candidatura para una cátedra en la École Polytechnique. Fourier acompañó a Napoleón en su expedición oriental de 1798, y fue nombrado gobernador del Bajo Egipto. Aislado de Francia por la flota británica, organizó los talleres con los que el ejército francés debía contar para sus suministros de munición. También aportó numerosos escritos sobre matemáticas al Instituto Egipcio que Napoleón fundó en El Cairo. Tras las victorias británicas y la capitulación de los franceses al mando del general Menou en 1801, Fourier volvió a Francia, donde fue nombrado prefecto del departamento de Isère, y empezó sus experimentos sobre la propagación del calor. Se trasladó a París en 1816, y en 1822 publicó *Teoría analítica del calor*, basándose en parte en la ley del enfriamiento de Newton. A partir de esta teoría desarrolló la denominada «serie Fourier», de notable importancia en el desarrollo del análisis matemático, y con interesantes aplicaciones a la resolución de numerosos problemas de física (más tarde, Dirichlet consiguió una demostración rigurosa de diversos teoremas que Fourier dejó planteados). Dejó inacabado su trabajo sobre resolución de ecuaciones, que se publicó en 1831 y que contenía una demostración de su teorema sobre el cálculo de las raíces de una ecuación algebraica.

FRANCE, ANATOLE [Anatole François Thibault] *(París, 1844-La Béchellerie, Saint-Cyr-sur-Loire, 1924) Escritor francés.* Tras publicar dos libros de poemas, *Poemas áureos* (1873) y *Las bodas de Corinto* (1876), trabajó como crítico literario en el periódico *Le Temps*. Escribió así mismo varias novelas (entre otras, *El crimen de Silvestre Bonnard*, 1881; *Thaïs*, 1890 y *El lirio rojo*, 1894). En 1896 fue nombrado miembro de la Académie Française. Su estilo es clásico, y aunque su generación corresponde a la de los simbolistas Verlaine y Mallarmé, se mostró indiferente a las innovaciones introducidas por éstos. En la última etapa de su vida su escritura se centró en los problemas políticos y sociológicos de su tiempo, como demuestran sus últimos ensayos (*Historia contemporánea*, 1897-1901; *Opiniones sociales*, 1902) y novelas (*La isla de los pingüinos*, 1908; *Los dioses tienen sed*, 1912). En 1921 obtuvo el Premio Nobel de Literatura.

PIERO DELLA FRANCESCA

OBRAS MAESTRAS

POLÍPTICO DE LA VIRGEN DE LA MISERICORDIA (1445; Pinacoteca, Sansepolcro); *EL BAUTISMO DE CRISTO* (h. 1450; National Gallery, Londres); *LA RESURRECCIÓN DE CRISTO* (1450; Sansepolcro); *FLAGELACIÓN* (1450-1460; palacio ducal, Urbino); *LEYENDA DE LA VERA CRUZ* (h. 1452-1465; ciclo de frescos en San Francesco de Arezzo); *DÍPTICO DE URBINO* (1465; Uffizi, Florencia); *NATIVIDAD* (1470-1475; National Gallery, Londres); *LA VIRGEN Y EL NIÑO CON FEDERICO DE MONTEFELTRO* (h. 1475; Brera, Milán); *SAN JERÓNIMO EN EL DESIERTO* (Staatliche Museen, Berlín); *LA VIRGEN DE SENIGALIA* (Galería Nacional, Urbino).

▼ *El rey francés **Francisco I**, retratado aquí por Tiziano. Este monarca impulsó la expansión francesa en Europa, rivalizando con España por los territorios italianos.*

FRANCESCA, PIERO DELLA [Piero di Benedetto] *(Borgo San Sepolcro, actual Italia, h. 1416-id., 1491) Pintor italiano.* Por su profundo conocimiento de la pintura florentina, se cree que pasó una larga temporada en Florencia, pero su presencia en dicha ciudad sólo está documentada en 1439, cuando colaboraba con Domenico Veneziano en los frescos (perdidos) de San Egidio. Su aprendizaje florentino parece indudable en obras como el *Bautismo de Cristo*, deudoras del vigoroso planteamiento plástico de Masaccio, del riguroso orden compositivo de Fra Angélico o de la luminosidad de las gamas cromáticas de Domenico Veneziano. Después de realizar otros frescos, hoy perdidos, hacia 1452 Piero della Francesca empezó a trabajar en el coro de San Francesco de Arezzo, donde dejó un magnífico ciclo sobre la *Leyenda de la Vera Cruz*. Esta obra, que es considerada la más sobresaliente de toda su producción, está basada en una leyenda medieval muy compleja, y plasmada con grandiosidad y solemnidad, mediante un perfecto estudio de las proporciones, de tal forma que naturaleza, arquitectura y personajes se entrelazan y relacionan con una armonía y un equilibrio perfectos. Al acabar esta obra (1465), Piero fue llamado a la corte humanista de Federico de Montefeltro, en Urbino, donde permaneció casi hasta el final de sus días. Allí pintó el famoso *Díptico de Urbino*, con los retratos y los «triunfos» de Federico y su esposa, una de las obras más notables del *Quattrocento* italiano, y la enigmática *Flagelación*, de la que se han hecho numerosas interpretaciones. Tras *La Virgen y el Niño con Federico de Montefeltro* (h. 1475) y la inacabada *Natividad*, Piero dejó la pintura, quizá porque se estaba quedando ciego. A partir de este momento se dedicó al estudio de las matemáticas y la perspectiva, y escribió tratados sobre ambas materias. Después de su muerte, su obra cayó en un completo olvido y hasta el siglo XX no se produjo una auténtica revalorización de su figura.

FRANCISCO I *(Cognac, actual Francia, 1494-Rambouillet, id., 1547) Rey de Francia (1515-1547).* Continuó con la política agresiva de sus antecesores en Italia y gracias a la victoria de Marignano, en 1515, logró apoderarse de Milán. A la muerte de Maximiliano de Austria, en 1519, presentó su candidatura al trono imperial, pero en la elección fue derrotado por Carlos I de España (y a partir de ese momento, Carlos V de Alemania). El hecho de verse Francisco I aislado por Carlos y sus posesiones alrededor de Francia, los llevó a enfrentarse en varias ocasiones. La primera acabó de manera desastrosa para Francisco en Pavía, en 1525, con el ejército francés aplastado y el propio rey prisionero. Tras ser liberado, rompió los compromisos a que había llegado con Carlos, y continuó la guerra de manera intermitente en los siguientes años y no dudó en aliarse con los turcos, lo que le atrajo numerosas críticas. Otro nuevo intento de Francisco I, en 1542, se saldó, una vez más, con un fracaso, que le llevó a firmar la desfavorable paz de Crespy, en 1544.

FRANCISCO II *(Florencia, 1768-Viena, 1835) Emperador de Alemania.* Último emperador del Sacro Imperio Romano Germánico, sucedió a su padre Leopoldo II en 1792, y en 1804 se convirtió en el primer emperador hereditario de Austria con el nombre de Francisco I. La guerra contra Francia, que le acarrearía las derrotas de Austerlitz y Wagram, llevaron a la desaparición del Sacro Imperio, dejándole sólo el título de emperador de Austria. Si bien en 1810 ofreció a Napoleón la mano de su hija María Luisa, se dejó aconsejar por Metternich y tomó parte en la coalición que acabó por vencer al emperador francés. Rechazó en 1814 la restauración del Sacro Imperio, convirtiéndose en presidente de la Confederación Germánica, antesala de la actual Alemania. Como gobernante, se unió a la Santa Alianza para velar por los intereses en Europa de los regímenes absolutistas, reprimiendo duramente las rebeliones en sus dominios.

FRANCISCO DE ASÍS, SAN [Francisco Assisi] *(Asís, actual Italia, 1182-id., 1226) Fundador de la orden franciscana.* Hijo de un rico mercader llamado Pietro di Bernardone, Francisco era un joven mundano de cierto renombre en su ciudad. En 1202 fue encarcelado por unos meses a causa de su participación en un altercado entre las ciudades de Asís y Perugia. Tras este lance, aquejado por una enfermedad e insatisfecho con el tipo de vida que llevaba, decidió entre-

▲ *Francisco II, emperador del Sacro Imperio Romano Germánico.*

▼ El papa Inocencio III confirmando la regla de la orden franciscana, *obra realizada por Giotto en 1296 que se encuentra en la basílica de **San Francisco** en Asís, Italia.*

garse al apostolado y servir a los pobres. En 1206 renunció públicamente a los bienes de su padre y vivió a partir de entonces como un ermitaño. Predicó la pobreza como un valor y propuso un modo de vida sencillo basado en los ideales de los Evangelios. El papa Inocencio III aprobó su modelo de vida religiosa, le concedió permiso para predicar y lo ordenó diácono. Con el tiempo, el número de sus adeptos fue aumentando y Francisco comenzó a formar una orden religiosa, la de los franciscanos. Además, con la colaboración de santa Clara, fundó la rama femenina de su orden, que recibió el nombre de clarisas. Sin embargo, la dirección de la orden no tardó en pasar a los miembros más prácticos, como el cardenal Ugolino (que luego fue Papa) y el hermano Elías, y él pudo dedicarse por entero a la vida contemplativa. Durante este retiro, recibió los estigmas (las heridas de Cristo en su propio cuerpo), según testimonio de él mismo, y compuso el poema *Cántico de las criaturas* o *Cántico del hermano sol*, que influyó en buena parte de la poesía mística española posterior. Fue canonizado dos años después de su muerte, el 15 de julio de 1228, y sus sucesores lo admiraron tanto por su modelo de austeridad como por su sensibilidad poética.

FRANCISCO JAVIER, SAN *(Castillo de Javier, España, 1506-Isla de Sancián, 1552) Jesuita español.* Nacido en el seno de una familia noble venida a menos, estudió humanidades y se graduó como maestro de artes en París (1530), donde conoció a Ignacio de Loyola, junto al que realizó el voto de servir a Cristo en pobreza y castidad, e ir en peregrinación a Tierra Santa. Ordenado sacerdote en 1537 y aprobada la Compañía de Jesús por Paulo III (1538), partió para la India portuguesa como provincial de la nueva orden y nuncio y legado del Papa. Llegado a Goa, organizó las primeras comunidades cristianas en la costa de la Pesquería, Travancor y Cochin (1542-1545), en Ceilán y las Molucas (1545-1547), en la India (1548) y en Malaca (1549). En 1549 inició la predicación del evangelio en Japón. De vuelta a Goa en 1551, organizó las nacientes comunidades de la orden. Decidido a predicar también en China, murió durante el viaje a ese país. Pionero de las misiones cristianas modernas, Francisco Javier creó el colegio de San Pablo en Goa, primer seminario de misiones, y propugnó una catequización más directa y la traducción del catecismo y de los evangelios a las lenguas vernáculas de las colonias.

FRANCISCO JOSÉ I *(Palacio de Schönbrunn, Viena, 1830-id., 1916) Emperador de Austria (1848-1916) y rey de Hungría (1867-1916).* Hijo del archiduque Francisco Carlos, se definió a sí mismo como «el último monarca de la vieja escuela». A la edad de dieciocho años sucedió en el trono a su tío Fernando, obligado a abdicar a raíz de la revolución liberal de 1848, qué él aplastó violentamente con ayuda del ejército. Convencido de que la supervivencia del imperio frente a los nacionalismos dependía de la instauración de un régimen plenamente autoritario, refrendó en un principio la Constitución de 1849, que abolía cual quier forma de representación popular, y poco después acabó por derogarla. Con el canciller Schwarzenberg, impulsó un ambicioso proyecto político, cuyo objetivo era la construcción de la Gran Alemania bajo hegemonía austriaca, en una confederación que incluyera a todos los pueblos sometidos por el imperio. Sin embargo, la anexión de Schleswig y la ocupación de Holstein por parte de Prusia, en 1866, desencadenaron la desastrosa guerra austro-prusiana. La paz de Praga sancionó la pérdida de la influencia austriaca en el proyecto de unificación de Alemania, que pasó a la órbita prusiana, y la paz de Viena supuso la pérdida del Véneto. Esta situación obligó a Francisco José a reorganizar el imperio y, atendiendo a las reivindicaciones húngaras, lo dividió en dos Estados, por lo que también ciñó la corona del reino de Hungría. En 1898, su esposa Isabel, popularmente llamada *Sissi,* murió asesinada en Ginebra, Suiza, por un anarquista, drama que se sumó a los del fusilamiento de su hermano Maximiliano en México, en 1867, y el suicidio de su hijo Rodolfo junto con su amante, María Vetsera, en el palacio de Mayerling. Así mismo, otra tragedia familiar marcó el principio del fin del imperio: en el año 1914, su sobrino y heredero, el archiduque Francisco Fernando, y su esposa, Sophie Chotek, fueron asesinados en Sarajevo por un nacionalista serbio. El atentado llevó a Francisco José a declarar la guerra a Serbia con el apoyo de Alemania, lo que determinó que se accionara el dispositivo de alianzas que mantenía en Europa la paz armada y estallase la Primera Guerra Mundial.

▲ *Sobre estas líneas, retrato del emperador* **Francisco José I** *en su vejez. Arriba, el emperador retratado durante un baile palaciego. El cuadro refleja el momento de esplendor del Imperio Austrohúngaro.*

FRANCK, CÉSAR-AUGUSTE *(Lieja, Bélgica, 1822 París, 1890) Compositor, organista y pedagogo belga, naturalizado francés.* Ocupa un lugar privilegiado en la historia de la música francesa no sólo por el valor incuestionable de su producción, sino, sobre todo, por su decisiva influencia en toda una generación de compositores. Profesor de órgano en el Conservatorio de París desde 1872, tuvo como alumnos a los músicos que constituyeron el núcleo de la moderna escuela instrumental francesa, entre ellos Vincent d'Indy, Ernest Chausson, Henri Duparc y Louis Vierne. Niño prodigio, Franck se había dado a conocer a edad temprana en su Bélgica natal como organista y pianista. Alumno del Conservatorio de París desde 1837, en esta institución descubrió la música de J. S. Bach, cuya impronta iba a ser determinante en su obra posterior. Establecido en la capital gala de manera definitiva desde 1843, en 1858 fue nombrado organista de la iglesia de Santa Clotilde, cargo en el que permaneció hasta su muerte. Aunque reconocido como uno de los más destacados intérpretes de órgano de su tiempo, su aceptación como compositor fue tardía: si su primera obra importante, el oratorio *Ruth,* data de 1845, no fue hasta la década de 1870 cuando empezó a ser valorado, no sin polémica, como algo más que un organista que también componía. Los oratorios *Redención* (1875) y *Las beatitudes* (1879), los poemas sinfónicos *El cazador maldito* (1883) y *Les Djinns* (1885), la *Sonata para violín y piano* (1886) y la *Sinfonía en re menor* (1889) son algunas de las composiciones más destacadas de su no muy extenso catálogo. En todas ellas, Franck hace gala de un lenguaje armónico de acentuado cromatismo que, aunque remite a Wagner y Liszt, tiene su verdadero origen en Bach, al igual que su cultivo del contrapunto. Otro elemento que debe destacarse es el respeto a las formas heredadas de la tradición y la introducción de la forma cíclica, por la que la repetición de uno o varios temas a lo largo de toda la partitura asegura su unidad.

FRANCO BAHAMONDE, FRANCISCO *(El Ferrol, España, 1892-Madrid, 1975) Militar y político español*. Miembro de una familia gallega vinculada a las fuerzas armadas, estudió en la Academia de Infantería de Toledo y se graduó en 1910. Destinado a Marruecos, intervino en diversas acciones militares y protagonizó una fulgurante carrera de ascensos. En 1917, con el grado de comandante, regresó a España e intervino en la represión de los mineros asturianos, a las órdenes del general Burguete. Luego, regresó a África, en esta ocasión como oficial del Tercio de Extranjeros. En 1923, Alfonso XIII lo nombró gentilhombre de cámara y apadrinó su boda con Carmen Polo. Ascendido a teniente coronel, asumió el mando del Tercio de Extranjeros, con el que se distinguió en la lucha contra el rifeño Abd el-Krim y ascendió hasta convertirse, en 1926, en el general más joven de Europa. Al año siguiente, Primo de Rivera lo nombró director de la Academia General Militar de Zaragoza. Clausurada ésta por el gobierno de la República en 1931, permaneció sin destino durante un año antes de ser enviado a La Coruña primero y a Baleares después. Allí se encontraba cuando, en 1934, el gobierno de Lerroux le encomendó la represión de la huelga revolucionaria de Asturias, represión que se distinguió por su dureza y por las ejecuciones que tuvieron lugar una vez sofocado el levantamiento. Tras el triunfo electoral del Frente Popular (1936), el nuevo gobierno lo nombró gobernador militar de Canarias ante los rumores de un posible levantamiento militar. Sin embargo, desde Canarias Franco continuó jugando un papel destacado en las conspiraciones que de-

▲ *El compositor belga César-Auguste **Franck** en una fotografía de 1870 que transmite la imagen de austeridad y pulcritud características de su personalidad.*

«Haga como yo, no se meta en política.»

Francisco Franco Bahamonde

▶ *El general Francisco **Franco Bahamonde** filma las evoluciones de sus tropas durante la batalla del Ebro, uno de los principales episodios de la guerra civil española de 1936-1939.*

sembocaron en el alzamiento militar contra la República del 18 de julio de 1936 y en la guerra civil española. Muerto el general Sanjurjo, la junta militar rebelde instalada en Burgos lo nombró generalísimo de los ejércitos y jefe de Estado de la España llamada nacional (29 de septiembre). Alemania e Italia prestaron ayuda militar y logística a Franco, cuyo gobierno reconocieron pronto, mientras que Francia, el Reino Unido y Estados Unidos no lo hicieron hasta el fin de la contienda civil. Franco condujo a la victoria al ejército sublevado, mejor estructurado y más profesional que el de la República, y, concluido el enfrentamiento el 1 de abril de 1939, desencadenó una dura represión contra los «rojos», adoptó disposiciones para recuperar la castigada economía del país y comenzó el proceso de institucionalización de un régimen corporativo y dictatorial dirigido por él y que perduraría casi cuarenta años, basado en el modelo de la Italia fascista. Iniciada la Segunda Guerra Mundial, tras entrevistarse en octubre de 1940 con Hitler en Hendaya, mantuvo la neutralidad de España, aunque el envío de un contingente, la llamada División Azul, para combatir en el frente ruso al lado de la Werhmacht, provocó la posterior hostilidad de las potencias occidentales, que, durante varios años, marginaron a España de la ONU y de los beneficios económicos del Plan Marshall. El aislamiento del régimen comenzó a romperse en los años cincuenta, cuando el gobierno franquista negoció con Estados Unidos el establecimiento de bases militares en territorio español y la ONU admitió el ingreso del país como Estado miembro. En 1966, las Cortes aprobaron una ley orgánica que esta-

blecía la separación de los cargos de jefe de Estado y de gobierno, aunque Franco retuvo ambos en su persona; tres años más tarde designó al príncipe Juan Carlos de Borbón como su sucesor, sentando las bases para la transición a la monarquía. Mientras tanto, el creciente malestar social se ponía de manifiesto en las protestas callejeras de los estudiantes, sobre todo a raíz del proceso de Burgos, hasta el punto de que conmutó las penas de muerte decretadas contra un grupo de miembros de la banda terrorista ETA. En 1973 cedió la jefatura del gobierno al almirante Carrero Blanco, lo cual podía interpretarse como una opción continuista, truncada al ser asesinado Carrero poco después por ETA. A partir de ese momento, la decadencia del régimen fue paralela al declive físico del dictador. Considerado a menudo más como militar y «hombre de orden» que como ideólogo, su dictadura evolucionó desde posturas cercanas al fascismo hacia una apertura lenta y marcada por el pragmatismo, y se apoyó siempre en la Iglesia Católica española, motivo por el cual su régimen recibió el nombre de «nacionalcatolicismo».

FRANCO BAHAMONDE, RAMÓN *(El Ferrol, España, 1896-en el Mediterráneo, 1938) Militar español.* Hermano de Francisco Franco, ingresó en el arma de Infantería en 1911, y tres años después alcanzó el grado de oficial. Tras ser destinado a aeronáutica fue trasladado a Marruecos en 1921. En 1926 realizó un vuelo transatlántico a bordo de un hidroavión Dornier, el *Plus Ultra*, que le dio popularidad mundial al batir la mayoría de récords aéreos de aquella época. Intentó luego, sin éxito, viajar a Nueva York, y a raíz del fracaso de este vuelo hizo unas declaraciones que le granjearon la

▲ *Francisco Franco Bahamonde y su esposa, Carmen Polo, en Burgos en 1939, con motivo de la concesión del subsidio a familias numerosas, parte de su política de fomento de la natalidad.*

▼ *Páginas del* Diario de Anna Frank*, en el que aparece una fotografía suya. El libro, publicado tras su muerte, constituye un trágico testimonio de las penalidades que vivió.*

enemistad de Primo de Rivera. Durante la Segunda República pasó a formar parte del gobierno, al ser nombrado jefe de Aeronáutica Militar y diputado por Sevilla y Barcelona. En 1936, al estallar la guerra civil española, se unió al bando nacionalista; destinado en Mallorca, desapareció en el mar en un vuelo de combate.

FRANK, ANNA *(Frankfurt, 1929-campo de concentración de Bergen-Belsen, Alemania, 1945) Escritora alemana.* Hija de una familia germana de origen judío, se trasladó con los suyos a los Países Bajos en 1933. Durante la Segunda Guerra Mundial, huyendo de la persecución nazi, tuvieron que refugiarse en un pequeño apartamento de Amsterdam, donde consiguieron esconderse durante unos años, de 1942 a 1944, en unas habitaciones traseras, abandonadas y aisladas, de un edificio de oficinas. Anna llevó un diario de ese período de reclusión, que su padre, único superviviente de la familia, dio a conocer acabada la guerra, después de que Anna y el resto de la familia hubieran sido detenidos y confinados en campos de exterminio, en los que murieron. El *Diario* constituye un conmovedor testimonio de ese tiempo de terror y persecuciones. Albert Hackett y Frances Goodrich lo adaptaron al teatro, y George Stevens lo llevó al cine en 1959.

FRANKLIN, ARETHA *(Memphis, EE UU, 1942) Cantante estadounidense de soul.* Se inició en la música cantando gospel en la iglesia en la que su padre ejercía de párroco, en Chicago. Aprovechando sus excelentes dotes para la música, inició su carrera en so-

◄ Aretha **Franklin** durante una actuación realizada bajo las luces del National Christmas Tree de Washington. Tras sus inicios en el gospel, se convirtió en la Reina del Soul.

litario con un repertorio de música soul que conservaba la influencia del gospel, un rasgo que caracterizaría siempre su estilo. En la segunda mitad de la década de 1960 llegó al apogeo de su popularidad y comenzó a ser conocida como la Reina del Soul o *Lady Soul*. De su álbum *I Never Loved a Man* se vendió más de un millón de copias en 1967, y su versión del tema de Otis Readding *Respect* logró encaramarse al número uno de las listas de éxitos tanto en Estados Unidos como en el Reino Unido. Con *Live at the Fillmore West* (1971) y *Young, Gifted and Black* (1971), temas en los que la cantante decidió incluir el *rythm and blues* en su estilo, consiguió un Grammy. A lo largo de treinta años de una carrera incansable, Aretha Franklin ha visto publicados unos sesenta trabajos.

FRANKLIN, BENJAMIN *(Boston, 1706-Filadelfia, 1790) Político, científico e inventor estadounidense.* Decimoquinto hermano de un total de diecisiete, cursó únicamente estudios elementales, y éstos sólo hasta la edad de diez años. A los doce comenzó a trabajar como impresor en una empresa propiedad de uno de sus hermanos. Más tarde, fundó el periódico *La Gaceta de Pensilvania*, que publicó entre los años 1728 y 1748. Publicó además el *Almanaque del pobre Richard* (1732-1757) y fue responsable de la emisión de papel moneda en las colonias británicas de América (1727). Su interés por los temas científicos comenzó

«*Amas la vida? No desperdicies el tiempo porque es la sustancia de que está hecha.*»

Benjamin Franklin

▶ Retrato de Benjamin **Franklin**, considerado uno de los fundadores de Estados Unidos. Participó muy activamente en la redacción de la Declaración de Independencia y de la Constitución estadounidense.

a mediados de siglo y coincidió con el inicio de su actividad política, que se centró en diversos viajes a Londres, entre 1757 y 1775, con la misión de defender los intereses de Pensilvania. Participó de forma muy activa en el proceso que conduciría finalmente a la independencia de las colonias británicas de América, intervino en la redacción de la Declaración de Independencia (1776) junto a Jefferson y J. Adams, y se desplazó a Francia en busca de ayuda para proseguir la campaña contra las tropas británicas. Finalizada la guerra, fue partícipe en las conversaciones para concluir el tratado de paz que pondría fin al conflicto y contribuyó a la redacción de la Constitución estadounidense. Por lo que respecta a su actividad científica, durante su estancia en Francia, en 1752, llevó a cabo el famoso experimento de la cometa que le permitió demostrar que las nubes están cargadas de electricidad y que, por lo tanto, los rayos son esencialmente descargas de tipo eléctrico. Para la realización del experimento, no exento de riesgo, utilizó una cometa dotada de un alambre metálico unido a un hilo de seda que, de acuerdo con su suposición, debía cargarse con la electricidad captada por el alambre. Durante la tormenta, acercó la mano a una llave que pendía del hilo de seda, y observó que, lo mismo que en los experimentos con botellas de Leyden que había realizado con anterioridad, saltaban chispas, lo cual demostraba la presencia de electricidad. Este descubrimiento le permitió inventar el pararrayos, cuya eficacia dio lugar a que ya en 1782, en la ciudad de Filadelfia, se hubiesen instalado 400 de estos ingenios. Sus

▲ *Cuadro pintado en 1746 en el que aparece Benjamin **Franklin** en el momento de efectuar su célebre experimento de la cometa, a partir del cual inventó el pararrayos y avanzó en sus investigaciones sobre la electricidad.*

trabajos acerca de la electricidad le llevaron a formular conceptos tales como el de la electricidad negativa y positiva, a partir de la observación del comportamiento de las varillas de ámbar, o el de conductor eléctrico, entre otros. Así mismo, expuso una teoría acerca de la electricidad en la que consideraba que ésta era un fluido sutil que podía presentar un exceso o un defecto, descubrió el poder de las puntas metálicas al observar que un cuerpo con carga eléctrica se descarga mucho más deprisa si termina en punta, y enunció el principio de conservación de la carga eléctrica. Inventó también el llamado horno de Franklin y las denominadas lentes bifocales. La gran curiosidad que sentía por los fenómenos naturales le indujo a estudiar, entre otros, el curso de las tormentas que se forman en el continente americano, y fue el primero en analizar la corriente cálida que discurre por el Atlántico norte y que en la actualidad se conoce con el nombre de corriente del Golfo. Su temperamento activo y polifacético lo impulsó a participar también en las cuestiones de ámbito local, por ejemplo, en la creación de instituciones como el cuerpo de bomberos de Filadelfia, la biblioteca pública y la Universidad de Pensilvania, así como la Sociedad Filosófica Americana. Fue el único americano de la época colonial británica que alcanzó fama y notoriedad en la Europa de su tiempo.

FRASER, DAWN *(Balmain, Australia, 1937) Nadadora australiana.* Fue la primera nadadora de la historia en obtener medallas de oro en tres Juegos Olímpicos consecu-

▼ *La nadadora australiana Dawn **Fraser** fotografiada durante un descanso en un entrenamiento. Fraser fue la primera mujer en nadar en menos de un minuto los 100 metros libres.*

tivos. Las dos primeras las logró en los de 1956, celebrados en Melbourne, en los que venció en las modalidades de 100 y 400 metros libres. En los siguientes Juegos, disputados en Roma en 1960, obtuvo la medalla de oro en los 100 metros libres y la de plata en 400 libres y en 400 metros por equipos. En Tokio, cuatro años más tarde, repitió la hazaña al imponerse en los 100 metros libres y clasificarse en segunda posición en los 400. En el Campeonato Nacional de Estados Unidos de 1957 consiguió la victoria en la modalidad de 110 yardas (medida equivalente a los 100 metros). Por otra parte, y al margen de sus logros olímpicos, entre 1956 y 1964 batió el récord del mundo de los 100 metros libres en nueve ocasiones. Su mejor marca, 58,9 segundos, establecida en Sydney en 1964, no fue superada hasta 1972.

FRAUNHOFER, JOSEPH VON *(Straubing, actual Alemania, 1787-Munich, 1826) Físico alemán.* Trabajó como óptico en el Instituto de Óptica Untzschneider, cerca de Munich. En 1814, mientras estaba midiendo los índices de refracción de diferentes clases de vidrio que utilizaba como prismas, observó que en el espectro producido por una llama de sodio aparecían unas finas líneas oscuras, que más tarde serían conocidas como «líneas de Fraunhofer». Estudió con detalle cientos de líneas espectrales e identificó las principales con letras de la A a la G. Observó que la posición relativa de las líneas del espectro de los elementos era constante, independientemente de si el espectro lo producían metales incandescentes, los rayos directos del Sol o la luz reflejada por la Luna y los planetas.

FREGE, GOTTLOB *(Wismar, actual Alemania, 1848-Bad Kleinen , id., 1925) Matemático, filósofo y lógico alemán.* Hijo de un humilde profesor, ingresó en la Universidad de Jena en 1869, y dos años después se trasladó a la de Gotinga para completar sus estudios de matemáticas, física, química y filosofía. De regreso a Jena, ejerció la docencia como profesor de matemáticas, función que desempeñaría hasta su muerte. En 1879 publicó la obra *Escritura conceptual* (*Begriffsschrift*), en la que dio carta de naturaleza a la lógica matemática moderna, mediante la introducción de una nueva sintaxis, en la que destaca la inclusión de los llamados *cuantificadores* («para todo» o «para algún caso de»), siendo el primero en separar la caracterización formal de las leyes lógicas de su contenido semántico. Una vez fijados los principios axiomáticos de la

◀ *El filósofo y matemático Gottlob **Frege** fue uno de los fundadores de la lógica moderna. Introdujo la lógica en la aritmética y también incorporó conceptos importantes en filosofía del lenguaje.*

▶ *El político presidencial democristiano chileno Eduardo **Frei Montalva** fotografiado en su despacho en otoño de 1964. Durante el gobierno de Allende, dirigió la oposición a éste hasta el golpe militar de Pinochet.*

lógica, acometió la tarea de edificar la aritmética sobre la base de aquélla; su obra *Los fundamentos de la aritmética* apareció en 1884. En 1893 volvió sobre el proyecto iniciado en sus *Fundamentos* con el primer volumen de *Las leyes básicas de la aritmética*, en el que presentó un riguroso desarrollo de los principios expuestos en aquéllos. En 1902, con las pruebas corregidas del segundo volumen ya en la imprenta, recibió una carta de Russell en la que le advertía acerca de una grave inconsistencia en su sistema lógico, conocida más adelante como la *paradoja de Russell*. Frege introdujo a toda prisa una modificación en uno de sus axiomas, de la que dejó constancia en un apéndice de la obra. Este golpe a la estructura de su obra prácticamente puso fin a su actividad académica. Ante la casi total indiferencia de sus contemporáneos, tras la muerte de su esposa se recluyó en Bad Kleinen y murió en el anonimato.

FREI MONTALVA, EDUARDO *(Santiago, 1911-id., 1982) Político chileno.* Diputado y senador por el Partido Demócrata Cristiano, fue derrotado por Jorge Alessandri en las elecciones presidenciales del año 1958. En 1964 se presentó una vez más y logró derrotar a Salvador Allende. Como presidente, emprendió diversas reformas que, no obstante, no lograron apaciguar la creciente contestación social y fue perdiendo apoyo popular. Tras la victoria de la Unión Popular de Allende, Frei, desde el Senado, dirigió la oposición al nuevo gobierno y no se opuso al golpe de Pinochet

> *«Un buen filósofo es, al menos a medias, un matemático, y un buen matemático es, al menos a medias, un filósofo.»*
>
> **Gottlob Frege**

en 1973, aunque no tardó en distanciarse de los golpistas, rehusó formar parte del Consejo de Estado y fue el líder moral de la oposición al régimen militar.

FREI RUIZ-TAGLE, EDUARDO *(Santiago, 1942) Político chileno.* Hijo del presidente Eduardo Frei Montalva, en 1958 ingresó en el Partido Demócrata Cristiano y participó en la campaña que llevó a su padre a la presidencia en 1964. Impulsor del Comité de Elecciones Libres contra la dictadura del general Augusto Pinochet, fue candidato de la Concertación de Partidos por la Democracia, coalición que ganó la convocatoria electoral de 1993, por lo que accedió a la presidencia de la República de Chile. La prosperidad económica constituyó su gran baza frente a los problemas políticos por los que atravesaba el país, entre otros los derivados de la pretendida reforma de la Constitución, vigente desde 1980. En 1996 logró la integración de Chile en el Mercosur y a finales de su mandato tuvo que hacer frente al problema derivado de la detención y proceso de extradición de Pinochet. Finalmente, en 2000 fue relevado en el cargo por el socialista Ricardo Lagos.

FREIRE, PAULO *(Recife, Brasil, 1921-São Paulo, 1997) Pedagogo brasileño.* Estudió filosofía en la Universidad de Pernambuco e inició su labor como profesor en la Universidad de Recife, como profesor de historia y filosofía de la educación. En 1947 inició sus esfuerzos para la alfabetización de adultos, que durante los años sesenta trataría de llevar a la práctica en el nordeste de Brasil, donde existía un elevado índice de analfabetismo. A partir de entonces, y desde unas creencias profundamente cristianas, concibió su pensamiento pedagógico, que es un pensamiento político. Promovió una educación humanista, que buscase la integración del individuo en su realidad nacional. Fue la suya una pedagogía del oprimido, ligada a postulados de ruptura y de transformación total de la sociedad, que encontró la oposición de ciertos sectores sociales. Publicó, entre otros títulos, *La educación como práctica de la libertad* (1967), *Pedagogía del oprimido* (1969) y *Educación y cambio* (1976).

FREIRE, RAMÓN *(Santiago, 1787-id., 1851) Militar y político chileno.* Tras ingresar en el ejército nacional en 1811, participó en las luchas por la independencia. Durante la restauración del régimen colonial español (1814-1817), se exilió en Buenos Aires, y desde allí regresó a Chile en las filas del Ejército libertador. En 1819 fue nombrado intendente de Concepción, cargo desde el que se opuso a la política gubernamental del presidente Bernardo O'Higgins. En 1823, y tras varias disputas con el gobierno central, protagonizó un pronunciamiento que derrocó a O'Higgins y le permitió ocupar el poder. Durante su gobierno, en realidad un régimen dictatorial, impulsó una política liberal y nacionalista, cuyos principales objetivos fueron promulgar una nueva Constitución y conseguir la incorporación definitiva de Chiloé, todavía en manos españolas, al territorio nacional. Logro importante de su mandato fue también la abolición definitiva de la esclavitud en Chile (1823). Todo ello le reportó cierto favor popular, pero la creciente crisis económica, a la que no supo poner freno ni encontrar remedio, le enemistó con la clase política, que pronto lo abandonó. Sin apoyos, y sin unas estructuras administrativas suficientemente consolidadas para gobernar, decidió renunciar al poder. Presentó la dimisión en julio de 1826, si bien regresó en 1827, durante un breve período, para poner fin a un motín militar. En 1830, descontento con el gobierno conservador que había alcanzado el poder, organizó una revuelta, cuya culminación, en la batalla de Lircay (abril de 1830), fue adversa a sus intereses. Derrotado y hecho prisionero, fue deportado a las islas Juan Fernández. Desde allí escapó a Tahití y no pudo regresar a Chile hasta 1841, fecha en que fue concedida una amnistía.

◀▲ *Retrato del compositor y organista italiano* Girolamo **Frescobaldi**, *uno de los más importantes autores de música para órgano del s. XVII. Sobre estas líneas, portada de su obra* Il secondo libro di toccate-canzone, *editado en 1637.*

FRESCOBALDI, GIROLAMO *(Ferrara, actual Italia, 1583-Roma, 1643) Compositor y organista italiano.* En una época de predominio absoluto de la música vocal, la aportación de Frescobaldi contribuyó decisivamente a la creación y consolidación de un repertorio instrumental independiente. Discípulo de Luzzasco Luzzaschi, Frescobaldi gozó en vida de una merecida reputación como compositor y como organista. Como instrumentista ocupó distintos puestos a lo largo de su vida, entre los que cabe destacar los de organista de Santa María in Trastevere y de San Pedro de Roma, cargo este último que ocupó hasta su muerte. Después de haber publicado una primera colección de madrigales en 1608, Frescobaldi se inclinó decididamente por el cultivo de la música instrumental, terreno en el que iba a conseguir sus mayores logros y que le proporcionaría renombre internacional. *Ricercari e canzone francese* (1615), dos libros de *Toccate* (1615 y 1616) y los *Capricci sopra diversi soggetti* (1624) son algunos de los títulos de sus colecciones instrumentales.

FRESNEL, AUGUSTIN-JEAN *(Broglie, Francia, 1788-Ville d'Avray, id., 1827) Físico francés.* Ejerció como ingeniero en Francia, pero perdió el cargo con la llegada de Napoleón al poder, debido a su apoyo a la causa monárquica. Durante este período emprendió sus estudios en el campo de la óptica. En 1813 fue nombrado miembro de la Academia de Ciencias Francesa. Fresnel estableció hipótesis sobre la naturaleza ondulatoria de la luz, y demostró que ésta se propaga por ondas transversales, de acuerdo con el fenómeno de polarización que experimenta. Diseñó dispositivos como el biprisma de franjas, o de Fresnel, que, colocado delante de la fuente de luz, es capaz de dividir el rayo en dos partes y generar una zona de franjas de interferencia. Sustituyó el uso de espejos metálicos en los faros costeros de marina por un juego de lentes compuestas, también conocidas como «lentes de Fresnel».

FREUD, SIGMUND *(Freiberg, actual República Checa, 1856-Londres, 1939) Psiquiatra austriaco, fundador del psicoanálisis.* De origen judío, su familia se trasladó a Viena, donde residió prácticamente toda su vida. En 1883 se licenció en medicina, para especializarse luego en psicopatología. Dos años más tarde obtuvo una beca para estudiar en el hospital de la Salpêtrière de París con Charcot. De regreso en su país, se estableció en una consulta privada junto con su colega y amigo Breuer, donde trataban a los pacientes neuróticos mediante la técnica de sugestión hipnótica de Charcot. Sin embargo, a partir de una primera experiencia de Breuer con una paciente con síntomas de histeria, él y Freud empezaron a interesarse por la técnica de la asociación libre, consistente en animar al paciente a hablar libremente, sin un control consciente, lo que los llevó a constatar mejoras, producidas al parecer por el simple hecho de verbalizar determinados conflictos; ambos publicaron estas experiencias clínicas en *Estudios sobre la histeria* (1895). Freud estableció la hipótesis de que este material provenía del inconsciente, parcela de la psique humana habitualmente escondida o fuera del acceso de la conciencia. A diferencia de Breuer, sostuvo que la fuerza determinante en estos casos era la libido, o energía sexual, contra cuyos deseos la psique establecía defensas; del éxito o el fracaso a la hora de alcanzar un compromiso entre ambas dependía la formación de síntomas neuróticos, que no eran más que la satisfacción desviada del deseo (o «pulsión»). También consideró que el material conflictivo almacenado en el inconsciente procedía en gran medida de traumas de la infancia, más que de problemas actuales. A partir de estas intuiciones originales, y

▲ *Al físico francés Augustin-Jean **Fresnel** se deben numerosos descubrimientos en el campo de la óptica. Mejoró la iluminación de los faros de marina mediante la invención de lentes compuestas.*

▼ *Dos imágenes del psiquiatra austriaco Sigmund **Freud**, creador del psicoanálisis: un retrato al carbón de 1926, realizado por F. Schumutzer, y fotografiado en su despacho.*

rota ya su relación con Breuer, Freud trató de fundamentar su teoría sobre un individuo «normal», es decir, él mismo, llevando a cabo su autoanálisis. La vía de acceso a su propio inconsciente fueron los sueños, que, según Freud, manifestaban un sentido tras su apariencia absurda, aunque la relativa pervivencia del control consciente obligaba a manifestarlo de modo indirecto, mediante mecanismos tales como la condensación o el desplazamiento; en los sueños se satisfacían las pulsiones inconscientes de modo alucinatorio. Los resultados se reflejaron en *La interpretación de los sueños* (1900), y en posteriores estudios Freud extendió sus análisis a los olvidos y lapsus del habla corriente, y también a los chistes. En 1905 aparecieron sus *Tres ensayos sobre una teoría sexual*, uno de los primeros estudios de sexología, en los que postulaba una importante actividad sexual en el niño y definía una serie de fases en su desarrollo, marcadas por diferentes zonas erotógenas; la fase fundamental de esta evolución está marcada por un conflicto –que llamó complejo de Edipo–, en el que se producen complejas relaciones de atracción y rechazo respecto a los propios padres; del éxito relativo en la superación del conflicto depende el desarrollo de una vida sexual normal, o bien, el de perversiones sexuales. A pesar del escándalo que provocaban sus teorías, ya a partir de 1900 se empezó a formar un grupo de investigadores y alumnos alrededor de él –que en 1908 se denominó Sociedad Psicoanalítica de Viena–, cuya vida estaría marcada por las rupturas y los cismas, en especial los de Adler y Jung. En 1916, Freud publicó *Introducción al psicoanáli-*

SIGMUND FREUD

OBRAS MAESTRAS

ESTUDIOS SOBRE LA HISTERIA (STUDIE ÜBER DIE HYSTERIE, 1895); LA INTREPRETACIÓN DE LOS SUEÑOS (DIE TRAUM-DEUTUNG, 1900); PSICOPATOLOGÍA DE LA VIDA COTIDIA-NA (ZUR PSYCHOPATHOLOGIE DES ALLTAGSLEBENS, 1904); EL CHISTE Y SU RELACIÓN CON LO INCONSCIENTE (DER WITZ UND SEINE BEZIEHUNG ZUM UNBEWUSSTEN, 1905); TRES ENSAYOS SOBRE LA TEORÍA SEXUAL (DREI ABHANDLUNGEN ZUR SEXUALTHEORIE, 1905); TOTEM Y

TABÚ (TOTEM UND TABU, 1913); INTRODUCCIÓN AL NAR-CISISMO (ZUR EINFÜHRUNG DES NARZISSMUS, 1914); INTRODUCCIÓN AL PSICOANÁLISIS (EINFÜHRUNG IN DIE PSY-CHOANALYSE, 1916); MÁS ALLÁ DEL PRINCIPIO DEL PLA-CER (JENSEITS DES LUSTPRINZIPS, 1920); NUEVAS APORTACIONES AL PSICOANÁLISIS (NEUE FOLGE DER VOR-LESUNGEN ZUR EINFÜHRUNG IN DIE PSYCHOANALYSE, 1932); EL YO Y EL ELLO (DAS ICH UN DAS ES, 1923).

sis, obra en la que ampliaba y clarificaba su teoría al definir el Ello, el Superyó y el Yo, entre los que se dirimía la relación entre el principio del placer y el principio de realidad, aunque más tarde superpondría en parte a estos principios el eros (principio de vida) y el thanatos (principio de muerte). En 1938 se refugió en Londres, huyendo de la ocupación de su país por los nazis, y ya gravemente afectado por un cáncer palatal que le había sido diagnosticado en el año 1923.

FRIEDAN, BETTY *(Peoria, EE UU, 1921) Psicóloga y escritora estadounidense.* Licenciada en psicología en el Smith College en 1942, amplió estudios en la Universidad de California. En 1947 contrajo matrimonio, después de haber trabajado en Nueva York durante algún tiempo. Su infelicidad en su papel de madre y esposa la llevó a escribir el ensayo *La mística de la feminidad* (1963), que causó un gran impacto. Con esta obra, que explora las causas de las frustraciones de la mujer estadounidense de la posguerra en sus papeles tradicionales, se convirtió en figura destacada del feminismo, movimiento con el que se comprometió cada vez más. Cofundadora y directora de la Community Research Pool para la educación posescolar y de la National Organization for Women (NOW), es autora también de *It Changed My Life* (1976), obra que agrupa varios ensayos, discursos y entrevistas realizados durante sus campañas en pro del movimiento feminista durante la década de 1960, y *La segunda fase* (1981).

FRIEDMAN, MILTON *(Nueva York, 1912) Economista estadounidense.* Estudiante en las universidades de Rutgers y Chicago, se doctoró en Columbia en 1946. Se reunió con su antiguo profesor Frank H. Knight en la Universidad de Chicago, a cuyo cuerpo docente se incorporó en 1947. Firme partidario de un enfoque monetarista de la

▲ *El escritor suizo Max* **Frisch** *cuya obra, escrita en alemán e influida por Brecht, pretende denunciar las convenciones de la sociedad burguesa.*

▼ *Milton* **Friedman** *durante una conferencia. El economista estadounidense, uno de los máximos defensores del monetarismo y del control del gasto público, es considerado el teórico del llamado neoliberalismo.*

economía centrado en el estudio de la masa monetaria y los tipos de interés, Friedman destacó por sus ataques contra el keynesianismo y otras formas de análisis centradas en la demanda, defensoras de la intervención estatal en la actividad económica. Autor de numerosísimos libros, ensayos y artículos científicos, entre los que destaca la monumental *Historia monetaria de Estados Unidos, 1867-1960*, las ideas de Friedman y, en general, de la Escuela de Chicago de pensamiento económico, ejercieron gran influencia en las políticas gubernamentales de la década de 1980 y son el fundamento teórico del denominado neoliberalismo. En 1976 se le concedió el Premio Nobel de Economía.

FRISCH, MAX *(Zurich, 1911-id., 1991) Novelista y dramaturgo suizo en lengua alemana.* Tras estudiar en Zurich, viajó por Europa como corresponsal. Instalado nuevamente en Suiza, estudió arquitectura y ejerció durante años como arquitecto, pero en 1955 decidió abandonar su carrera para dedicarse a la literatura. Se dio a conocer con la obra de teatro *Ahora vuelven a cantar. Ensayo de réquiem* (1945), centrada en el nazismo y que generó una fuerte polémica. *La muralla china*, estrenada al año siguiente, una farsa que contiene abundantes elementos experimentales, tiene como tema la dictadura. Influida por Brecht y Thornton Wilder, su obra pretende combatir el convencionalismo y los prejuicios impuestos por la sociedad, como queda reflejado en su *Diario 1946-1949* (1965) y en las novelas *No soy Stiller* (1954), reflexión en torno a la alienación del individuo, y *Homo Faber* (1957).

FRISCH, RAGNAR *(Oslo, 1895-id., 1973) Economista noruego.* Se doctoró por la Universidad de Oslo en 1926. Cinco años más tarde se le ofreció en la misma universidad una cátedra especialmente creada para él, en la que permaneció hasta 1965. Frisch fue uno de los pioneros en la creación, desarrollo y aplicación de la econometría, disciplina a caballo entre la economía y la matemática, que se ocupa del análisis de los datos empíricos por medio de herramientas estadísticas, con el objeto último de validar las hipótesis de la teoría económica. Los primeros modelos econométricos operativos fueron diseñados en la década de 1930 fundamentalmente por el economista holandés Jan Tinbergen, a la sazón asesor económico de la Sociedad de Naciones. Ambos recibieron conjuntamente el Premio Nobel de Economía en 1969.

FROISSART, JEAN *(Valenciennes, Francia, 1337-Chimay, id., 1404) Historiador y poeta francés.* Vivió entre la nobleza de varias cortes europeas. Viajó por Francia, Italia, Escocia y la península Ibérica, y en Inglaterra sirvió al rey Eduardo III y a sus hijos. Fue capellán del conde de Blois y canónigo de Chimay. Dedicó toda su vida a la redacción de las *Chroniques* (1371-1400), donde narró los avatares de la guerra de los Cien Años. A modo de fábulas, estas crónicas comprenden detalles sobre bodas, funerales y batallas, y a ellas se debe buena parte del conocimiento que se tiene de la Francia del siglo XIV. De su obra poética destaca *El relojero del amor*, canto alegórico del amor cortesano. Cultivó también la novela de caballerías con *Méliador*.

FUENTES, CARLOS *(Panamá, 1928) Escritor mexicano.* Fue embajador de su país en Francia y cofundador de la *Revista Mexicana de Literatura*. Se consagró con *La región más transparente* (1958), novela repleta de monólogos interiores y reiteradas referencias al pasado. Le siguieron *La muerte de Artemio Cruz* (1962) y *Terra Nostra* (1975), extensa y ambiciosa ficción elaborada sobre bases mitológicas e históricas. Fue uno de los constructores del llamado *boom* de la literatura hispanoamericana en la década de 1960. Cultivó también el ensayo (*La nueva novela hispanoamericana*, 1969), el relato (*Los días enmascarados*, 1954) y el drama (*El tuerto es rey*, 1970). Su obra, que combina lo fantástico con lo periodístico, constituye una mirada crítica a la sociedad de su país, particularmente en *Los años con Laura Díaz* (1999). Entre los múltiples galardones que ha recibido figuran el Premio Nacional de Literatura 1984, el Rómulo Gallegos de novela (1982) y el Cervantes (1987).

FUJIMORI, ALBERTO *(Lima, 1938) Político peruano.* Licenciado en ciencias exactas, ingeniero agrónomo, rector de la facultad de agronomía de la Universidad Nacional Agraria de La Molina y presidente de la Asamblea Nacional de Rectores. En 1990 se convirtió en uno de los candidatos a la presidencia de Perú con una formación política personalista, Cambio 90, y aunque perdió en la primera vuelta frente al novelista Mario Vargas Llosa, consiguió una amplia victoria en la segunda. Cumplió con los términos establecidos por el Fondo Monetario Internacional y puso en marcha un plan económico que ordenó la economía de Perú. So pretexto de la lucha contra el grupo terrorista Sendero Luminoso, en 1992 di-

► Wilhelm **Furtwängler** en una imagen captada durante un momento de descanso. Director durante muchos años de la Filarmónica de Berlín, destacó por su repertorio de románticos alemanes.

▼ El escritor mexicano Carlos **Fuentes** durante la entrega del Premio Cervantes en 1987. Su obra es una mirada crítica a la realidad de México.

▼ El presidente peruano Alberto **Fujimori**, ataviado con vestimentas indígenas, durante la campaña electoral de 1995. Tras su llegada al poder en 1990, reformó la Constitución e impulsó el liberalismo como principal doctrina económica.

solvió el Congreso, modificó la Constitución y detuvo a sus rivales políticos. El líder de Sendero, Abimael Guzmán, fue detenido y condenado a cadena perpetua. Fujimori renovó mandato en las elecciones de 1995 frente al ex secretario general de la ONU Javier Pérez de Cuéllar, y de nuevo en 2000, tras la retirada del candidato de la oposición en la segunda vuelta.

FURTWÄNGLER, WILHELM *(Berlín, 1886-Baden-Baden, Alemania., 1954) Director de orquesta y compositor alemán.* Exponente de una manera subjetiva e hiperexpresiva de entender la interpretación orquestal, fue uno de los directores que mejor supo expresar la grandeza épica y la emoción interiorizada de las grandes páginas del repertorio romántico y tardorromántico germano, de los que fue un maestro indiscutible. Sus versiones de Beethoven, Wagner, Bruckner o Richard Strauss, muchas de ellas preservadas por el disco, superan el estadio de recreación para convertirse en verdaderas creaciones. Hijo de un reputado arqueólogo, Furtwängler se formó en su ciudad natal. Después de transitar por diversos teatros de ópera de segunda fila, en 1920 sucedió a Richard Strauss al frente de los conciertos sinfónicos de la Ópera de Berlín. Dos años más tarde hizo lo propio con Arthur Nikisch en la Gewandhaus de Leipzig y la Filarmónica de Berlín. Su asociación con esta última formación llegaría a ser mítica y se mantuvo intacta hasta la muerte del director, con una única y breve interrupción después de la Segunda Guerra Mundial, cuando Furtwängler, acusado de colaboracionismo con el régimen hitleriano, fue sometido a un proceso de desnazificación durante el cual fueron prohibidas sus actuaciones. Su relación con el nazismo es precisamente uno de los puntos más controvertidos de su biografía, ya que permaneció y trabajó durante ese período en Alemania, pero ha de reconocerse que en más de una ocasión se enfrentó a los jerarcas nacionalsocialistas para defender obras y compositores condenados por el III Reich.

G

GABLE, CLARK *(Cadiz, EE UU, 1901-Hollywood, id., 1960) Actor cinematográfico estadounidense.* Tras ejercer los más variopintos oficios, probó suerte como actor de teatro. A partir de 1924 empezó a actuar en películas mudas, y, tras su exitoso paso al cine sonoro, fue contratado por la Metro-Goldwyn-Mayer, productora en la que permaneció hasta 1954. Durante esos años fue uno de los actores más populares de Hollywood, en especial debido a su papel en *Sucedió una noche* (1934), que le valió un Oscar, y a su interpretación en *Lo que el viento se llevó* (1939), en la cual encarnó al inolvidable Rhett Butler. Consagrado como héroe romántico por excelencia, tras el estallido de la Segunda Guerra Mundial se alistó en el ejército y combatió en Europa. A su regreso a Hollywood, su estrella empezó a declinar, aunque participó en varias películas de éxito, tales como *Hagan juego* (1949), *Mogambo* (1953), *Los implacables* (1955) y *La esclava libre* (1956). Su carrera terminó con una sublime interpretación en *Vidas rebeldes* (1961), junto a Marilyn Monroe y Montgomery Clift.

GABO, NAUM [Naoum Pevsner] *(Briansk, Rusia, 1890-Waterbury, Reino Unido, 1977) Escultor ruso nacionalizado estadounidense.* Fundó el movimiento constructivista, en el que abogaba por la realización de esculturas a partir de materiales industriales. Fue autor, junto con su hermano, Anton Pevsner, del *Manifiesto realista* (1920), que recogía los principios en que se fundamentaba el nuevo arte. Se fue de la URSS y vivió en Alemania hasta 1932, y allí realizó parte de su trabajo, como la *Columna*, obra construida a base de cristal, metal y

▲ Clark **Gable**, *una de las grandes estrellas de la historia del cine. Sus interpretaciones lo convirtieron en uno de los héroes de Hollywood de la década de 1940.*

plástico. Durante la Segunda Guerra Mundial apareció en Londres su *Construcción lineal*. En 1946 fijó su residencia en Estados Unidos. De este período es una de sus obras más sobresalientes: un monumento en forma de árbol efectuado para el edificio Bijenkorf de Rotterdam, que conmemoraba a los caídos de la ciudad durante los bombardeos alemanes de 1940.

GABOR, DENNIS *(Budapest, 1900-Londres, 1979) Ingeniero británico de origen húngaro.* En 1927 se doctoró en ingeniería por la Universidad de Berlín. En 1933 se trasladó a Inglaterra y en 1948 ingresó en el Colegio Imperial de Londres, donde ejerció desde 1958 como profesor de física aplicada. Gabor es reconocido fundamentalmente por la invención de la holografía, técnica que permite grabar y reproducir fotográficamente imágenes tridimensionales. En los experimentos iniciales utilizó luz filtrada proveniente de una lámpara de mercurio, pero hasta 1960 la holografía no se perfeccionó ostensiblemente, gracias a la introducción del láser. En 1971 recibió el Premio Nobel de Física.

GABRIELI, GIOVANNI *(Venecia, h. 1557-id., 1612) Compositor veneciano.* Salvo un paréntesis de cuatro años en la corte de Munich (1575-1579), su carrera transcurrió en Venecia, ciudad en la cual se hallaba vigente el estilo policoral, que él llevó a su máximo esplendor. Discípulo de su tío Andrea Gabrieli, a su muerte, en 1586, le sucedió como primer organista de la catedral veneciana de San Marcos, cargo que ocupó hasta el final de sus días. Su colección de *Sacrae Symphoniae* (1597) inaugura una serie de composiciones elaboradas a partir de diversas y complejas combinaciones vocales e instrumentales, que van desde el madrigal sacro hasta el motete concertado, con la inclusión de movimientos y *sinfonie*, confiados únicamente al conjunto instrumental. El resultado son unas obras espectaculares, de una riqueza sonora y expresiva desconocida hasta entonces. Bajo la dirección de Gabrieli se formaron algunos de los grandes maestros del tránsito al Barroco, como Heinrich Schütz.

GADAMER, HANS-GEORG *(Marburgo, Alemania, 1900) Filósofo alemán.* Se licenció con una tesis doctoral en filosofía que dirigió Martin Heidegger en Friburgo (1922). Enseñó estética y ética en su ciudad natal (1933), en Kiel (1934-1935) y de nuevo en Marburgo, donde fue nombrado profesor extraordinario (1937). Dos años más tarde consiguió una cátedra en la Universidad de Leipzig, para trasladarse luego a las universidades de Frankfurt del Main (1947-1949) y Heidelberg (1949). Llegó a ser profesor emérito en 1968. Su obra más importante, *Verdad y método* (1960), fijó los presupuestos y objetivos de la corriente hermenéutica, según la cual no existe *el* mundo, sino diversas acepciones históricas de *mundo*. A pesar del relativismo que conlleva esta concepción, en sus escritos, Gadamer remite siempre a una convergencia última en la que es posible la comunicación y la expresión de su sentido. También escribió *Pequeños escritos* (1967) y *Diálogo y dialéctica* (1980), un compendio de ensayos sobre los diálogos de Platón.

GADDAFI, MUAMMAR AL- *(Sirte, Libia, 1942) Político libio.* Estudió en la Universidad de Libia y en la academia militar de Bengasi, en la cual se graduó en 1963. Tras ingresar en el ejército, fue miembro fundador del grupo de Oficiales Unionistas Libres (1964) y ya desde fecha muy temprana empezó a conspirar contra el rey Idris I. Tras el golpe de Estado que derrocó al monarca en sep-

CANTO

CONCERTI DI ANDREA,

ET DI GIO: GABRIELI
ORGANISTI
DELLA SERENISS. SIG. DI VENETIA.
Continenti Muſica DI CHIESA Madrigali,
& altro, per voci, & ſtromenti Muſi-
cali, à 6. 7. 8. 10. 11. & 16.

Nouamente con ogni diligentia dati in luce,

LIBRO PRIMO ET SECONDO.
CON PRIVILEGIO.

IN VENETIA.
Appreſſo Angelo Gardano. 1587.

▲ *Portada de los libros primero y segundo de los* Conciertos de Andrea *y* Digio, *de Giovanni* **Gabrieli**, *editados en Venecia en 1587.*

> *«Nunca es demasiado tarde para la razón.»*
>
> Hans-Georg Gadamer

◄ *Retrato de Muammar al-*Gaddafi *en una jaima. El presidente libio ha instaurado en Libia una línea de acción política que intenta conjugar el socialismo y el nacionalismo panarabista.*

tiembre de 1969, del cual fue uno de los principales instigadores, fue nombrado comandante en jefe de las Fuerzas Armadas y elegido presidente del Consejo de la Revolución, nuevo gobierno del país. Poco después de convertirse en jefe del Estado, ordenó el desmantelamiento de las bases militares británicas y estadounidenses, y expulsó a los miembros de las comunidades italiana y judía. Su línea de actuación política se caracterizó desde el primer momento por un difícil sincretismo entre socialismo y nacionalismo panarabista, basado en una estricta y siempre subjetiva lectura de las principales leyes coránicas, y con un profundo odio hacia las potencias occidentales como telón de fondo. Todo ello quedó reflejado en *El libro verde*, alegato político salido de su propia pluma y de obligada lectura para los escolares libios. En 1973 nacionalizó todos los bienes extranjeros en el país y orquestó una campaña contra los intereses franceses, estadounidenses y británicos en todo el mundo. Para ello proporcionó ayuda logística y económica a grupos terroristas palestinos, europeos (IRA) y a organizaciones de protesta (Black Panthers) de Estados Unidos; este país respondió a dichas acciones con un ataque aéreo sobre territorio libio (1986), en el que murieron varios de los familiares y estrechos colaboradores de Gaddafi.

GADES, ANTONIO [Antonio Esteve Ródenas] *(Elda, España, 1936) Bailarín y coreógrafo español.* Se formó en la compañía flamenca de Pilar López, y en ella alcanzó el puesto de primer bailarín. Posteriormente, trabajó en Italia como coreógrafo, y a su regreso en España en el año 1964, organizó su propia compañía, con la que sorprendió al público con sus montajes escénicos y coreográficos, impregnados de un fuerte dramatismo y en los que la danza se convierte en expresión profunda de la tragedia y de la alegría de un pueblo. En 1978 fue nombrado director del Ballet Nacional de España, al que consiguió dar categoría y reconocimiento internacionales. Cabe destacar especialmente la versión coreográfica de *Bodas de sangre,* de García Lorca, que estrenó en 1974 y que tiempo después Carlos Saura llevó a la pantalla, como hizo posteriormente con *El amor brujo* (1982) y *Carmen* (1984).

GAGARIN, YURI *(Gjask, actual Rusia, 1934, cerca de Moscú, 1968) Cosmonauta soviético.* Ingresó en las Fuerzas Aéreas en 1957, y en 1961 fue elegido para el cuerpo de cosmonautas de la URSS. El 12 de abril de ese mismo año fue lanzado a bordo de la nave espacial *Vostok I.* La pequeña cápsula esférica, de poco más de dos metros de diámetro, entró en órbita a una velocidad de 28 000 km por hora, y orbitó casi hora y media, tiempo en el cual el vehículo llegó a dar dos vueltas a la Tierra y convirtió a Gagarin en el primer hombre que alcanzaba el espacio exterior. Culminó su misión con éxito, y aterrizó indemne en el lugar previsto. Por esta gesta, fue condecorado con las más altas distinciones de su país y ascendió al grado de coronel. Convertido en un héroe nacional de la URSS y en leyenda de la astronáutica mundial, falleció en 1968 en un accidente de aviación.

GAINSBOROUGH, THOMAS *(Sudbury, Gran Bretaña, 1727-Londres, 1788) Pintor británico.* De 1740 a 1748 residió en Londres, donde se formó con el grabador francés H. F. Gravelot, y en 1752 se estableció en Ipswich como retratista. En esta época trabajó sobre todo para los comerciantes de la ciudad y los terratenientes de la zona, para los que realizó principalmente retratos de busto y de medio cuerpo. Debía de ser ya un artista prestigioso cuando en 1759 se trasladó a Bath, la ciudad balnearia frecuentada por la sociedad elegante de la época, y allí desarrolló su estilo personal, consistente en retratos de cuerpo entero (muy poco habituales hasta entonces) ambientados sobre hermosos fondos de paisaje. El propio Gainsborough reconoció en ocasiones que el paisaje era su verdadera pasión y que se dedicaba al retrato con un espíritu esencialmente profesional, es decir, para ganarse la vida. Pero logró compatibilizar la realización de retratos con obras de otros géneros, incluido el paisaje. Sus paisajes (cuadros y numerosos dibujos) parecen realistas, porque están inspirados en lugares concretos, pero constituyen en realidad una transformación poética del dato real; entre los más conocidos se encuentran *El abrevadero* y *Carreta para el mercado.* Su vena creativa se manifestó también en las denominadas *fancy pictures,* de tema campesino idealizado, al igual que los paisajes. A partir de 1774 trabajó en Londres, donde perfeccionó el estilo retratístico iniciado en Bath. En 1768 se fundó la Royal Academy, de la que formó parte. A su muerte, Reynolds, la máxima autoridad artística de la época, con quien no compitió pese a ser ambos retratistas, alabó su pincelada fluida y brillante y su estilo de toques que «gracias a una especie de magia, a una cierta distancia, se convierte en el trazo deseado».

▶ *Conversación en un parque (1746, Museo del Louvre), óleo sobre lienzo de* Thomas **Gainsborough**. *Se trata de una obra característica del género llamado* conversation pieces, *en el que dos o más personajes sostienen una animada conversación.*

▼ *Retablo de* **Gala Placidia** *con su hijo Valentiniano III, que en el año 425 fue nombrado emperador de Occidente.*

GALA PLACIDIA *(?, h. 389-Roma, 450) Princesa romana.* Hija del emperador Teodosio I, fue hecha prisionera cuando los visigodos de Alarico asolaron Roma en el 410, y en el 414, en Narbona, contrajo matrimonio con el rey visigodo Ataúlfo, del cual tuvo un hijo. Tras el asesinato de su marido, Gala fue restituida a su hermano, el emperador Honorio, quien volvió a casarla, en esta ocasión con el futuro emperador Constancio II. Sin embargo, no tardó en huir a Constantinopla a causa de la muerte repentina de su esposo y de las desavenencias con su hermano Honorio. Allí consiguió en el 425 que Bizancio reconociera como emperador de Occidente a su hijo (Valentiniano III). Mientras éste fue menor de edad, Gala ejerció la regencia, y más adelante siguió tomando importantes decisiones como consejera.

GALENO *(Pérgamo, actual Turquía, 129-id., 216) Médico y filósofo griego.* Su pensamiento ejerció profunda influencia en la medicina practicada en el Imperio Bizantino, que se extendió con posterioridad a Oriente Medio, para acabar llegando a la Europa medieval, donde pervivió hasta entrado el siglo XVII. Educado como hombre de letras, a los dieciséis años decidió orientar su actividad al estudio de la medicina. Con este objeto viajó a Esmirna y finalmente a Alejandría, para regresar de nuevo a Pérgamo en el año 157, donde ejerció de médico de la tropa de gladiadores. En el 162 se trasladó a Roma, donde pronto se hizo célebre por las curas practicadas a miembros de familias patricias que con anterioridad habían sido desahuciados, así como por el empleo de una elocuente retórica en discusiones de carácter público. Fue médico de los emperadores Marco Aurelio, Cómodo y Septimio Severo, antes de volver de nuevo a Pérgamo, donde murió en el 216. Influido por la doctrina hipocrática, sostuvo como tesis que la salud del individuo se basa en el equilibrio entre la sangre y una serie de humores conocidos como bilis amarilla, bilis negra y flema. Fue pionero en la observación científica de los fenómenos fisiológicos, y practicó numerosas disecciones, que le permitieron identificar siete pares de nervios craneales, describir las válvulas del corazón, e incluso establecer las diferencias estructurales entre venas y arterias. Así mismo, logró demostrar que las arterias no transportaban aire, como entonces se creía, sino sangre. Autor de más de trescientas obras, en la actualidad se conservan de ellas, total o parcialmente, unas ciento cincuenta.

GALILEO GALILEI *(Pisa, actual Italia, 1564-Arcetri, id., 1642) Físico y astrónomo italiano.* Fue el primogénito del florentino Vincenzo Galilei, músico por vocación aunque obligado a dedicarse al comercio para sobrevivir. En 1574 la familia se trasladó a Florencia, y Galileo fue enviado un tiempo –quizá como novicio– al monasterio de Santa Maria di Vallombrosa, hasta que, en 1581, su padre lo matriculó como estudiante de medicina en la Universidad de Pisa. Pero en 1585, tras haberse iniciado en las matemáticas fuera de las aulas, abandonó los estudios universitarios sin obtener ningún título, aunque sí había adquirido gusto por la filosofía y la literatura. En 1589 consiguió una plaza, mal remunerada, en el Estudio de Pisa. Allí escribió un texto sobre el movimiento, que mantuvo inédito, en el cual criticaba los puntos de vista de Aristóteles acerca de la caída libre de los graves y el movimiento de los proyectiles; una tradición apócrifa, pero muy divulgada, le atribuye haber ilustrado sus críticas con una serie de experimentos públicos realizados desde lo alto del Campanile de Pisa. En 1592 pasó a ocupar una cátedra de matemáticas en Padua e inició un fructífero período de su vida científica: se ocupó de arquitectura militar y de topografía, realizó diversas invenciones mecánicas, reemprendió sus estudios sobre el movimiento y descubrió el isocronismo del péndulo. En 1599 se unió a la joven veneciana Marina Gamba, de quien se separó en 1610 tras haber tenido con ella dos hijas

▲ *Frontispicio de la obra* Spiegel der Arzney, *del botánico alemán Otto Brunfels, en la que aparece el célebre médico* **Galeno**.

▶ *Galileo Galilei en una pintura del s. XIX. El heliocentricismo enunciado por Copérnico y reafirmado por Galileo constituyó una de las mayores revoluciones científicas de la historia.*

y un hijo. En julio de 1609 visitó Venecia y tuvo noticia de la fabricación del anteojo, a cuyo perfeccionamiento se dedicó, y con el cual realizó las primeras observaciones de la Luna; descubrió también cuatro satélites de Júpiter y observó las fases de Venus, fenómeno que sólo podía explicarse si se aceptaba la hipótesis heliocéntrica de Copérnico. Galileo publicó sus descubrimientos en un breve texto, *El mensajero sideral*, que le dio fama en toda Europa y le valió la concesión de una cátedra honoraria en Pisa. En 1611 viajó a Roma, en donde el príncipe Federico Cesi lo hizo primer miembro de la Accademia dei Lincei, fundada por él, y luego patrocinó la publicación (1612) de las observaciones de Galileo sobre las manchas solares. Pero la profesión de copernicanismo contenida en el texto provocó una denuncia ante el Santo Oficio; en 1616, tras la inclusión en el Índice de libros prohibidos de la obra de Copérnico, Galileo fue advertido de que no debía exponer públicamente las tesis condenadas. Su silencio no se rompió hasta que, en 1623, alentado a raíz de la elección del nuevo papa Urbano VIII, publicó *El ensayador*, donde expuso sus criterios metodológicos y, en particular, su concepción de las matemáticas como lenguaje de la naturaleza. La benévola acogida del libro por parte del pontífice lo animó a completar la gran obra con la que pretendía poner punto final a la controversia sobre los sistemas astronómicos, y en 1632 apareció, finalmente, su *Diálogo sobre los dos máximos sistemas del mundo*; la crítica a la distinción

aristotélica entre física terrestre y física celeste, la enunciación del principio de la relatividad del movimiento, así como el argumento del flujo y el reflujo del mar presentado (erróneamente) como prueba del movimiento de la Tierra, hicieron del texto un verdadero manifiesto copernicano. El Santo Oficio abrió un proceso a Galileo que terminó con su condena a prisión perpetua, pena suavizada al permitírsele que la cumpliera en su villa de Arcetri. Allí transcurrieron los últimos años de su vida, ensombrecidos por la muerte de su hija Virginia, por la ceguera y por una salud cada vez más quebrantada. Consiguió, con todo, acabar la última de sus obras, los *Discursos y demostraciones matemáticas en torno a dos nuevas ciencias*, donde, a partir de la discusión sobre la estructura y la resistencia de los materiales, demostró las leyes de caída de los cuerpos en el vacío y elaboró una teoría completa sobre el movimiento de los proyectiles. El análisis galileano del movimiento sentó las bases físicas y matemáticas sobre las que los científicos de la siguiente generación edificaron la mecánica física.

GALLEGO, FERNANDO *(?, h. 1440-?, después de 1507) Pintor español*. Se desconocen los orígenes de este pintor, el principal de los activos en Castilla durante el siglo XV. Trabajó sobre todo en Salamanca, ciudad en la cual se conserva la obra cumbre de su carrera: la bóveda de la biblioteca de la universidad, en la que el artista reprodujo un cielo estrellado con los signos del zodíaco, temática inusual en su tiempo. Previamente, por encargo del cardenal Juan de Mella, había pintado el retablo para la capilla de San Ildefonso de la catedral de Zamora, obra así mismo de gran originalidad. Su firma aparece también en el retablo de Toro, una pieza desmembrada en la actualidad en la que se aprecia el estilo de Gallego, a base de figuras poderosas, de grandes dimensiones y escasa expresividad, aunque con mayor tendencia al aspecto amable y distendido que a la tensión dramática. Una obra menor es el tríptico de *La Virgen, san Andrés y san Cristóbal* para la catedral nueva de Salamanca.

GALLEGOS, RÓMULO *(Caracas, 1884-id., 1969) Novelista y político venezolano*. Uno de los más destacados representantes del regionalismo latinoamericano de principios del siglo XX, adquirió fama con la novela *Doña Bárbara* (1929), que describe la violencia y la brutalidad que imponen tanto el medio natural como la tiranía de los hom-

> *«La filosofía está escrita en ese inmenso libro que continuamente está abierto ante nuestros ojos (me refiero al Universo), pero no puede comprenderse sin antes aprender a entender su lenguaje y a conocer los caracteres que lo componen. Está escrita en lengua matemática y los caracteres son triángulos, círculos y otras figuras geométricas, sin las cuales es humanamente imposible entender ni una sola de las palabras que contiene.»*
>
> Galileo Galilei

▼ *Retrato de Évariste* **Galois**, *genio científico precoz cuyas aportaciones a la ciencia matemática fueron de notable interés.*

bres. Elegido senador por el estado de Apure en 1931, ese mismo año tuvo que exiliarse por su oposición al dictador Juan Vicente Gómez. Tras permanecer cinco años en el exilio, en 1947 fue elegido presidente de la República. Derrocado por un golpe militar en 1948, hubo de exiliarse de nuevo por diez años. Inició su actividad literaria en 1909 con su participación en la fundación de la revista *Alborada*. Cuatro años más tarde publicó su primer libro de relatos, *Los aventureros*, seguido de la novela *El último Solar* (1920), en la que predominan el rigor técnico, una intención costumbrista y la introspección psicológica. Estas características se mantienen en *Los inmigrantes* (1922), *La rebelión* (1922) y la ya citada *Doña Bárbara* (1929). En todas ellas se manifiestan los duros contrastes entre civilización y barbarie y los problemas sociales derivados de la injusta distribución de la tierra. Otras novelas de su pluma son *Cantaclaro* (1934), *Canaima* (1935), *Sobre la misma tierra* (1943) y *Tierra bajo los pies* (1971), publicada póstumamente.

GALOIS, ÉVARISTE *(Bourg-la-Reine, Francia, 1811-París, 1832) Matemático francés*. Hijo de una familia de políticos y juristas, fue educado por sus padres hasta los doce años, momento en el que ingresó en el Collège Royal de Louis-le-Grand, donde enseguida mostró unas extraordinarias aptitudes para las matemáticas. Con sólo dieciséis años, interesado en hallar las condiciones necesarias para definir si una ecuación algebraica era susceptible de ser resuelta por el método de los radicales, empezó a esbozar lo que más adelante se conocería con el nombre genérico de «teoría de Galois», analizando todas las permutaciones posibles de las raíces de una ecuación que cumplieran unas condiciones determinadas. Mediante dicho proceso, que en terminología actual equivale al de hallar el grupo de automorfismos de un cuerpo, sentó las bases de la moderna teoría de grupos, una de las ramas más importantes del álgebra. Galois intuyó que la solubilidad por medio de radicales estaba sujeta a la solubilidad del grupo de automorfismos relacionado. Pese a sus revolucionarios descubrimientos, o tal vez por esa misma causa, todas las memorias que publicó con sus resultados fueron rechazadas por la Academia de las Ciencias, algunas de ellas por matemáticos tan eminentes como Cauchy, Fourier o Poisson. Subsiguientes intentos de entrar en la Escuela Politécnica se saldaron con sendos fracasos, lo cual le sumió en una profunda crisis personal, agravada en 1829 por el suicidio de su padre. Miembro activo de la oposición antimonárquica, se vio implicado en un duelo cuyas motivaciones aún hoy permanecen confusas. Previendo su más que posible muerte en el lance, trabajó febrilmente en una especie de testamento científico que dirigió a su amigo Auguste Chevalier. A los pocos días tuvo lugar el duelo y el matemático, herido en el vientre, falleció unas horas después, apenas cumplidos los veintiún años.

GALSWORTHY, JOHN *(Kingston Hill, Reino Unido, 1867-Londres, 1933) Escritor británico.* Trabó amistad con Joseph Conrad, quien influyó en su decisión de abandonar la abogacía para dedicarse a la literatura. Firmó sus primeras novelas con el seudónimo de John Sinjohn. En 1906 publicó *El propietario*, primer volumen de un ciclo narrativo integrado por cinco libros y titulado *La saga de los Forsyte* (1906-1921). Este ciclo, que supuso su consagración y alcanzó una gran popularidad, se centra en los avatares de una familia de la alta burguesía inglesa de la época victoriana, escrito en tono realista y crítico. Este ciclo narrativo fue completado con una segunda serie, compuesta por tres novelas, titulada *Una comedia moderna* (1924-1928), que reanuda la historia de la familia Forsyte tras la Primera Guerra Mundial. Autor también de piezas teatrales, en 1932 le fue otorgado el Premio Nobel de Literatura.

GALTIERI, LEOPOLDO *(Buenos Aires, 1926) Militar y político argentino.* Fue uno de los militares argentinos que conspiraron para derribar a la presidenta constitucional María Estela Martínez de Perón en 1976. Posteriormente formó parte de la Junta Militar de gobierno dirigido por el general Jorge Rafael Videla que suspendió las garantías constitucionales, disolvió las asociaciones políticas y sindicales y puso en funcionamiento una maquinaria represiva sin precedentes. Designado a la presidencia por la Junta en 1981, Galtieri fue el responsable de la invasión de las islas Malvinas y el subsiguiente enfrentamiento armado con el Reino Unido en abril de 1982. El ejército argentino se rindió el 14 de junio y Galtieri dimitió el 17 del mismo mes. Restablecidas las libertades públicas, fue juzgado y condenado por el Consejo Supremo de las Fuerzas Armadas durante el gobierno del presidente Raúl Alfonsín.

GALVANI, LUIGI *(Bolonia, actual Italia, 1737-id., 1798) Médico y físico italiano.* En 1759 se graduó en medicina en la Universidad

▲ *El escritor John* ***Galsworthy****, autor de la popular obra* La saga de los Forsyte.

▼ *Grabado en el que se muestra a Luigi* ***Galvani*** *efectuando uno de sus famosos experimentos sobre la contracción muscular de las ancas de rana por estimulación eléctrica.*

de Bolonia. Paulatinamente, fue interesándose por la fisiología y, en especial, por la interacción entre ésta y la electricidad. A lo largo de la década de 1780 llevó a cabo numerosos experimentos en dicho campo, algunos de ellos célebres, como el de la contracción muscular experimentada por las extremidades de una rana muerta al tocarlas Galvani con unas tijeras metálicas durante una tormenta eléctrica. En los años siguientes siguió reuniendo evidencia empírica de la naturaleza eléctrica de la actividad neurológica, hasta la publicación en 1791 de su ensayo *Comentario sobre el efecto de la electricidad en la movilidad muscular*, donde expuso la teoría de la existencia de una fuerza vital de naturaleza eléctrica que regiría los sistemas nervioso y muscular. Los enfrentamientos personales con las autoridades napoleónicas de su Bolonia natal agriaron los últimos años de su existencia.

GÁLVEZ, BERNARDO DE *(Macharaviaya, España, 1746-Ciudad de México, 1786) Militar y administrador español.* Hijo de Matías de Gálvez, vizconde de Galveston y virrey de Nueva España. Se alistó como voluntario en las tropas que combatían contra Portugal y poco después marchó a América, donde en 1765 ya había adquirido fama en sus combates contra los apaches. Al cabo de siete años regresó a España, y posteriormente sirvió en Francia durante algún tiempo. Participó en la expedición de O'Reilly en el desembarco de Argel, donde fue herido de gravedad y ascendido a teniente coronel. En 1776 pasó a América como gobernador de Luisiana, donde casó

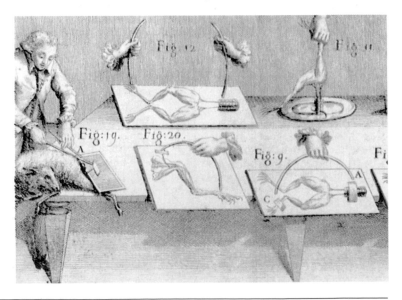

con una nativa mestiza india-francesa, con la que tuvo tres hijos. Gálvez fue partidario de los independentistas norteamericanos contra los ingleses. Se le concedieron el título de conde de Gálvez y la capitanía general de Luisiana y Florida. Tras su designación como capitán general de Cuba, en 1784 sucedió a su padre como virrey de Nueva España, puesto en el que debió afrontar los efectos de una grave hambruna, que combatió impulsando importantes obras públicas.

GAMARRA, AGUSTÍN *(Cusco, actual Perú, 1785-Ingavi, Bolivia, 1841) Militar y político peruano.* Combatió primeramente al lado de los realistas españoles, pero luego pasó a luchar al lado de los patriotas peruanos. Nombrado jefe del Estado Mayor del ejército libertador en la batalla de Ayacucho, en 1824, ascendió a mariscal el año 1828, tras la invasión de Bolivia. A raíz de la derrota peruana en la guerra contra Colombia, derrocó al presidente La Mar y firmó la paz con este país en 1829. Este mismo año fue nombrado presidente constitucional, cargo que desempeñó hasta 1833. Durante su mandato trató de construir el Gran Perú, un ideal cuya realización requería la anexión de Bolivia y que provocó un enfrentamiento continuo con los bolivianos. Exiliado en Chile, regresó en 1838 con la expedición de Bulnes, durante la guerra contra la Confederación Peruboliviana. En 1839 fue designado otra vez presidente del Perú, y redactó una nueva Constitución de signo conservador y nacionalista. En 1841 declaró la guerra a Bolivia, y falleció en la batalla de Ingavi.

GAMBETTA, LÉON *(Cahors, Francia, 1838-Sèvres, id., 1882) Político francés.* Tras cursar estudios de derecho se dedicó a la abogacía, y en 1869, el mismo año que era elegido diputado por París y Marsella, pronunció su célebre «programa de Belleville», en el que sentó las bases de la reivindicación de justicia e igualdad individuales y sociales que caracterizarían el radicalismo francés. En 1870, su patriotismo le hizo sumarse a la causa francesa en la guerra contra Prusia y encabezar la revuelta que hizo proclamar la Tercera República (4 de septiembre de 1870). Tras la captura de Napoleón III por los prusianos, Gambetta se puso durante cinco meses, al frente del gobierno provisional en Tours, el cual abandonó tras la rendición de Metz. Fundador del periódico *La République Française*, se caracterizó por ser uno de los miembros más radicales de la Cámara de los Diputados, de la cual sería nombrado presidente en 1879

▶ *Ilustración de Alfred Petit para la revista humorística* Le Grelot *(1882) sobre el gobierno de Léon* **Gambetta**, *durante la Tercera República Francesa. La postura crítica de la prensa tuvo un carácter decisivo para orientar a la opinión pública.*

▼ *Ilustración alegórica y caricaturesca dedicada al físico George* **Gamow**.

para, dos años después, encabezar el «gran ministerio», que encontró fuerte oposición debido a la beligerancia de las propuestas formuladas por el propio Gambetta.

GAMOW, GEORGE [Georgi Antonóvich Gamov] *(Odessa, actual Ucrania, 1904-Boulder, EE UU, 1968) Físico nuclear estadounidense de origen ruso.* Estudió en las universidades de San Petersburgo y Gotinga. Sus primeros hallazgos en el campo de la mecánica cuántica le hicieron merecedor de un puesto de investigador en el Instituto de Física Teórica de Copenhague (1928), donde propuso el modelo atómico de la «gota de agua», base de las modernas teorías sobre la fisión y la fusión nuclear. En 1934 emigró a Estados Unidos y entró en contacto con el también físico Edward Teller, con quien elaboró conjuntamente la hipótesis del origen termonuclear de la energía solar. En una obra publicada en 1948, *El origen de los elementos químicos*, Gamow elaboró una nueva exposición de la teoría de la expansión cósmica y acuñó el término *big bang*, además de proponer un modelo que explicaba la creación de la materia a partir de pares y tripletes originarios que hubieran ido capturando neutrones y generado así núcleos atómicos diferenciados. En 1954 avanzó el concepto de código genético y definió correctamente su estructura.

GANDHI, INDIRA *(Allahabad, India, 1917-Nueva Delhi, 1984) Estadista india.* Hija única de Jawaharlal Nehru, primer presidente de la India independiente, estudió en las universidades de Visva-Bharati y de Oxford. En 1938 ingresó en el Partido del Congreso y durante los siguientes años participó activamente en la lucha por la independencia, en la que colaboró con Gandhi. En 1959 fue elegida presidenta del partido y en 1964, el primer ministro Shastri, quien había sucedido a Nehru, la nombró ministra de Información y Radiodifusión, cargo que ocupó hasta 1973. Sin embargo, la prematura muerte de Shastri, acaecida en 1966, la impulsó hacia la secretaría general del Partido del Congreso y, por extensión, al puesto de primer ministro. Su actuación en el desempeño del cargo, para el que fue sucesivamente reelegida hasta 1977, se caracterizó por su política progresista, lo cual provocó serias disputas en el seno de su propio partido, y por una clara voluntad de potenciar los vínculos entre los países no alineados. Aceptó, no obstante, la ayuda soviética durante el conflicto armado que enfrentó a la India y Pakistán y facilitó la posterior creación de Bangladesh. En 1975, la creciente oposición hizo tambalear su permanencia en el cargo y optó por declarar el estado de emergencia y suprimir las libertades individuales. Ello, unido a una serie de medidas que no contaron con el favor de la población, contribuyó a su derrota en las elecciones de 1977. En 1980 recuperó el poder tras obtener el triunfo en las elecciones, a las que se presentó con el Nuevo Congreso, partido que había creado poco tiempo antes, tras la escisión del Partido del Congreso. En junio de 1984, en un intento de acabar con el terrorismo sij, ordenó el ataque a un templo sij en el que murieron cerca de 450 personas. Pocos meses después de estos hechos fue asesinada por dos miembros de su guardia personal, de origen sij y vinculados a un grupo terrorista de dicha etnia.

GANDHI, MOHANDAS KARAMCHAND, llamado *Mahatma* (gran alma) *(Porbandar, India, 1869-Nueva Delhi, id., 1948) Político y pensador indio.* Hijo de una familia acomodada y tradicionalista, contrajo matrimonio a los trece años con Kasturbai Makanji y estudió derecho en el Salmandas College y más adelante en Oxford. Regresó a la India en 1891, y ejerció la abogacía; en 1893 aceptó una oferta de un bufete indio instalado en Natal. Su estancia en Sudáfrica representó un contacto brutal con la discriminación a la que estaban sometidos los

▲ *En su actuación como primer ministro, Indira **Gandhi** se caracterizó por su política progresista en un país de gran complejidad como es la India, tanto por sus tradiciones como por su superpoblación.*

▼ ***Gandhi** junto a Nehru en la conferencia de Judea. Gandhi fue el gran motor de los cambios políticos de la India a lo largo del s. xx.*

nativos y los indios en aquel lugar, lo cual reforzó su postura de luchar contra la injusticia y por la dignidad de los indios. En este contexto, inició una campaña contra una ley que pretendía privar a éstos del derecho al voto en Sudáfrica, y si bien no pudo evitar que el texto legal fuese aprobado, su campaña atrajo la atención de muchos periódicos británicos. Durante la guerra de los bóers, animó a los indios de Natal a ponerse al servicio de las autoridades británicas, como ciudadanos de pleno derecho, y organizó un cuerpo de ambulancias. Nada de esto sirvió para que el gobierno sudafricano modificara su actitud respecto los indios, y en 1906, al hacerse pública una regulación contraria a éstos, Gandhi inició una campaña de resistencia pasiva, lo que dio vida al concepto de *satyagraha*, «devoción a la verdad», que consistía en una lucha no violenta, carente de rencor contra el adversario; a pesar de las penalidades que comportó para los indios de Sudáfrica, esta nueva técnica de lucha política puso al gobierno en una situación tan insostenible que lo obligó a aceptar un compromiso. En 1914, Gandhi regresó a la India, y, una vez terminada la Primera Guerra Mundial, dirigió una campaña de desobediencia civil (*hartal*) contra las disposiciones británicas que prorrogaban el estado de excepción. La campaña se basaba en un modelo similar al que había aplicado en Sudáfrica: no aceptación de la legislación británica, no participación en la vida pública, negativa a pagar los impuestos, y no violencia. Los disturbios provocados a lo largo de la campaña por los elementos más radicales del emergente nacionalismo indio acabaron en la matanza de Amrístar, en la cual 379 indios murieron

tiroteados por las fuerzas británicas. Esto no hizo más que reforzar el liderazgo de Gandhi y sus planteamientos espirituales de confrontación pacífica. En 1921 fue encarcelado por las autoridades británicas y condenado a seis años de cárcel, de los cuales cumplió tres; ya en libertad, excarcelado por los problemas de salud que padecía, dedicó sus energías a reorganizar el Partido del Congreso, que se había escindido en diferentes facciones. En los años siguientes, llevó a cabo varias campañas contra el impuesto para la sal, que afectaba especialmente a los segmentos más humildes de la sociedad india. En 1931 viajó al Reino Unido para participar en una mesa redonda, que resultó muy decepcionante, ya que no trató de la cuestión del autogobierno. Al regresar a la India, el gobierno británico había iniciado una durísima represión contra el Partido del Congreso, y fue detenido. En prisión llevó a cabo los llamados «ayunos épicos» para oponerse a las regulaciones británicas que segregaban a los intocables. De nuevo en libertad, participó en las conversaciones con el Reino Unido sobre el autogobierno, en plena Segunda Guerra Mundial, y, al considerar que la oferta británica era insuficiente, auspició una nueva campaña de desobediencia civil, por lo que fue encarcelado; a ello respondió otra vez por medio del ayuno. En 1943 murió su esposa, y al año siguiente fue puesto en libertad. Acabada la contienda mundial, se opuso a la partición de la India en dos Estados, uno musulmán y el otro hindú, pero no consiguió convencer a los líderes políticos. Durante uno de sus ayunos, cayó asesinado a manos de un fanático.

GARAY, JUAN DE (*Orduña, España, 1528-cerca del Río de la Plata, 1583*) *Explorador y colonizador español*. Se puso al servicio de la Corona española, y marchó al Perú en 1543 junto a su tío Pedro de Zárate en la expedición de Blasco Núñez. En Perú participó en varias campañas de conquista, y fue nombrado alguacil mayor de Asunción. Por encargo del gobernador de esta plaza, y para facilitar las comunicaciones entre Asunción y la metrópoli, Garay emprendió una expedición por el Paraná que culminó con la fundación, el 15 de noviembre de 1573, de la ciudad de Santa Fe, en la confluencia de los ríos Paraná y Salado. Siete años más tarde, el 11 de junio de 1580, con el cargo de capitán general del Plata, llevó a cabo la segunda fundación de Buenos Aires, desde la cual al año siguiente partió en busca de la mítica ciudad de los Césares, llegando hasta las inmediaciones de la actual Mar del Plata.

▲ Greta **Garbo**, uno de los grandes mitos de la historia del cine, cuya famosa frialdad ante las cámaras sólo se quebró en Ninotchka, película en la que el director Ernst Lubitsch la filmó riendo en una secuencia.

FEDERICO GARCÍA LORCA

OBRAS MAESTRAS

POESÍA: *LIBRO DE POEMAS* (1921); *CANCIONES* (1927); *ROMANCERO GITANO* (1928); *POEMA DEL CANTE JONDO* (1931); *DIVÁN DEL TAMARIT, LLANTO POR IGNACIO SÁNCHEZ MEJÍAS* (1936); *POETA EN NUEVA YORK* (1940). **TEATRO:** *EL MALEFICIO DE LA MARIPOSA* (1920); *MARIANA PINEDA* (1927); *EL PÚBLICO, LA ZAPATERA PRODIGIOSA* (1930); *AMOR DE DON PERLIMPLÍN CON BELISA EN SU JARDÍN* (1931); *BODAS DE SANGRE* (1933); *YERMA* (1934); *DOÑA ROSITA LA SOLTERA O EL LENGUAJE DE LAS FLORES* (1935); *LA CASA DE BERNARDA ALBA* (1936). **PROSA:** *IMPRESIONES Y PAISAJES* (1918).

En marzo de 1583, en el trayecto de Buenos Aires a Santa Fe, cayó en una emboscada de los aborígenes de la zona y pereció junto a doce de sus hombres.

GARBO, GRETA [Greta Lovisa Gustafson] (*Estocolmo, 1905-Nueva York, 1980*) *Actriz de cine sueca*. Hija de una familia humilde, tras estudiar en el Teatro Real de Estocolmo conoció a Mauritz Stiller, quien acuñó su nombre artístico, Greta Garbo, y le dio un papel en la película *Gösta Berling Saga* (1923). Rodó luego en Alemania *La calle sin alegría* (1925). Cuando Stiller fue contratado por la Metro-Goldwyn-Mayer, logró que la contratasen también a ella. Tras unos comienzos difíciles, el éxito le llegó con *El demonio y la carne* (1926), de Clarence Brown. Pronto su belleza hierática y sus cualidades artísticas –naturalidad ante las cámaras y capacidad de lograr el registro interpretativo más adecuado– convencieron tanto al público como a la crítica. Su absoluta indiferencia ante la opinión pública y el aislamiento que desde la muerte de Stiller en 1928 envolvía su vida privada, acrecentaron más aún su imagen de figura mítica. En el cine sonoro se recuerdan sus interpretaciones en *La reina Cristina de Suecia* (1933), de Rouben Mamoulian; *Ana Karenina* (1935), de Clarence Brown; *Margarita Gautier*, de George Cukor (1936); *María Walewska* (1937), de Clarence Brown; *Ninotchka* (1939), de Ernst Lubitsch; y *La mujer de las dos caras* (1941), de George Cukor. Retirada de la vida artística a los treinta y seis años, en 1954 recibió un Oscar honorífico por el conjunto de su carrera.

GARCÍA DE LA HUERTA, VICENTE (*Zafra, España, 1734-Madrid, 1787*) *Dramaturgo español*. Bajo la protección del duque de Alba, ingresó en la Academia Española y en la de San Fernando, pero fue encarcelado en Orán debido a los sarcasmos que dirigió contra el conde de Aranda. Su primera y más destacada obra, *Raquel*, estrenada en Barcelona en 1775 y escrita en verso endecasílabo heroico, está considerada como la mejor muestra del teatro neoclásico español. Publicó también *Agamenón vengado*, adaptación de la *Electra* de Sófocles, y tradujo a Voltaire. Su última obra es una antología algo arbitraria del teatro español en 16 volúmenes, *Teatro español* (1785-1786).

GARCÍA LORCA, FEDERICO (*Fuente Vaqueros, España, 1898-Víznar, id., 1936*) *Poeta y dramaturgo español*. Los primeros años de su infancia transcurrieron en el ambiente rural de su pequeño pueblo granadino, para después ir a estudiar a un colegio de Almería. Continuó sus estudios superiores en la Universidad de Granada: estudió filosofía y letras y se licenció en derecho. En la universidad hizo amistad con Manuel de Falla, quien ejerció una gran influencia en él, transmitiéndole su amor por el folclor y lo popular. A partir de 1919, se instaló en Madrid, en la Residencia de Estudiantes, donde conoció a Juan Ramón Jiménez y a Machado, y trabó amistad con poetas de su generación y artistas como Buñuel o Dalí. En este ambiente, se dedicó con pasión no sólo a la poesía, sino también a la música y el dibujo, y empezó a interesarse por el teatro. Sin embargo, su primera pieza teatral, *El maleficio de la mariposa*, fue un fracaso. En 1921 publicó su primera obra en verso, *Libro de poemas*, con la cual, a pesar de acusar las influencias románticas y modernistas, consiguió llamar la atención. Sin embargo, el reconocimiento y el éxito literario le llegaron con la publicación, en 1927, de *Canciones* y, sobre todo, con las aplaudidas y continuadas representaciones en Madrid de *Mariana Pineda*, drama patriótico. Entre 1921 y 1924, al mismo tiempo que trabajaba en *Canciones*, escribió una obra basada en el folclor andaluz, el *Poema del cante jondo* (publicado en 1931), un libro ya más unitario y maduro, con el que experimenta por primera vez lo que será un rasgo característico de su poética: la identificación con lo popular y su posterior estilización culta, y que llevó a su plena madurez con el *Romancero gitano* (1928), que obtuvo un éxito inmediato. En él se funden lo popular y lo culto para cantar al pueblo perseguido de los gitanos, personajes marginales marcados por un trágico destino. Formalmente, Lorca consiguió un lenguaje personal, inconfundible, que reside en la asimilación de elementos y formas populares combinados con audaces metáforas, y con una estilización propia de las formas de poesía pura con que se etiquetó a su generación. Tras este éxito, viajó a Nueva York, ciudad en la que residió como becario durante el curso 1929-1930. Las impresiones que la ciudad imprimió en su ánimo se materializaron en *Poeta en Nueva York* (1940), un canto angustiante, con ecos de denuncia social, contra la civilización urbana y mecanizada de hoy. Las formas tradicionales y populares de sus anteriores obras dejan paso en esta otra a visiones apocalípticas, hechas de imágenes ilógicas y oníricas, que entroncan con la corriente surrealista francesa, aunque siempre dentro de la poética

▲ *Retrato de **García Lorca**, uno de los poetas más celebrados del s. XX. Aparte de la calidad literaria de su obra, su extraordinaria personalidad y su trágica muerte al comienzo de la guerra civil española, contribuyeron a realzar el mito. Sobre estas líneas, emblema de La Barraca, compañía teatral que el poeta dirigió entre 1932 y 1935.*

> «*Que yo no tengo la culpa, / que la culpa es de la tierra / y de ese olor que te sale / de los pechos y las trenzas.*»
>
> Federico García Lorca
> *Bodas de sangre*

personal de Lorca. De nuevo en España, en 1932 fue nombrado director de La Barraca, una compañía de teatro universitario que se proponía llevar a los pueblos de Castilla el teatro clásico del Siglo de Oro. Su interés por el teatro, tanto en su vertiente creativa como de difusión, responde a una progresiva evolución hacia lo colectivo y un afán por llegar de la forma más directa posible al pueblo. Así, los últimos años de su vida los consagró al teatro, a excepción de dos libros de poesía: *Diván del Tamarit*, conjunto de poemas inspirados en la poesía arabigo-andaluza, y el *Llanto por Ignacio Sánchez Mejías* (1936), hermosa elegía dedicada a su amigo torero, donde combina el tono popular con imágenes de filiación surrealista. Sus últimas obras son piezas teatrales, cuyo elemento común es la condición femenina dentro del contexto social de su tiempo, entre las que destaca *La casa de Bernarda Alba* (1936), considerada su obra maestra, y también la última, ya que ese mismo año, al estallar la guerra civil, fue detenido por las fuerzas franquistas y fusilado diez días más tarde. Autor de una de las obras poéticas más emblemáticas de la historia de la literatura española, las condiciones de su muerte contribuyeron a convertirlo en mito.

GARCÍA MÁRQUEZ, GABRIEL (*Aracataca, Colombia, 1928*) Novelista colombiano. Afincado desde muy joven en la capital de Colombia, estudió derecho en la Universidad Nacional e inició sus primeras colaboraciones periodísticas en el diario *El Espectador*. A los veintisiete años publicó su primera novela, *La hojarasca*, en la que ya apuntaba los rasgos más característicos de su obra de ficción, llena de desbordante fantasía. A partir de esta primera obra, su narrativa entroncó con la tradición literaria hispanoamericana, al tiempo que hallaba en algunos creadores estadounidenses, sobre todo en William Faulkner, nuevas fórmulas expresivas. Comprometido con los movimientos de izquierda, siguió de cerca la insurrección guerrillera cubana hasta su triunfo en 1959. Amigo de Fidel Castro, participó por entonces en la fundación de Prensa Latina, la agencia de noticias de Cuba. Tras la publicación de los nuevos libros de ficción, en 1965 fue galardonado en su país con el Premio Nacional. Sólo dos años después, y al cabo de no pocas vicisitudes con diversos editores, logró que una editorial argentina publicase la que constituye su obra maestra y una de las novelas de mayor importancia de la literatura universal del siglo XX, *Cien años de soledad* (1967). La obra, en la que trabajó más de veinte años, recrea a través de la saga familiar de los Buendía la peripecia histórica de Macondo, pueblo imaginario que es el trasunto de su propio pueblo natal y al tiempo, el de su país y su continente. De perfecta estructura circular, el relato alza un mundo propio, recreación mítica del mundo real de Latinoamérica que ha venido en llamarse «realismo mágico», por el encuentro constante de elementos realistas con apariciones y circunstancias fantasiosas. Esta fórmula narrativa entronca con la tradición literaria latinoamericana, iniciada con las crónicas de los conquistadores, plagadas también de leyendas y elementos sobrenaturales originados por el profundo choque entre el mundo conocido y la cultura de los españoles que emigraban y la exuberante y extraña presencia del continente latinoamericano. Tras una temporada en París, en 1969 se instaló en Barcelona, donde entabló amistad con intelectuales españoles, como Carlos Barral, y sudamericanos, como Vargas Llosa. Su estancia allí fue decisiva para la concreción de lo que se conoció como boom de la literatura hispanoamericana, del que fue uno de sus mayores representantes. En 1972 consiguió el Premio Internacional de Novela Rómulo Gallegos, y algunos años más tarde regresó a América Latina, para residir alternativamente en Cartagena de Indias y Ciudad de México, debido sobre todo a la inestabilidad política de su país. Su prestigio literario, que en 1982 le valió el Premio Nobel de Literatura, le confirió autoridad para hacer oír su voz sobre la vida política y social colombiana. Su actividad como periodista queda reflejada en *Textos costeños*, de 1981, *Entre cachacos*, de 1983, compendios de artículos publicados en la prensa escrita, o *Noticias de un secuestro*, amplio reportaje novelado editado en 1996 que trata de la dramática peripecia de nueve periodistas secuestrados por orden del narcotraficante Pablo Escobar. *Relato de un náufrago*, re-

---

GABRIEL GARCÍA MÁRQUEZ
OBRAS MAESTRAS

NOVELA: *LA HOJARASCA* (1955); *EL CORONEL NO TIENE QUIEN LE ESCRIBA* (1961); *LA MALA HORA* (1962); *CIEN AÑOS DE SOLEDAD* (1967); *RELATO DE UN NÁUFRAGO* (1968); *EL OTOÑO DEL PATRIARCA* (1975); *CRÓNICA DE UNA MUERTE ANUNCIADA* (1981); *EL AMOR EN LOS TIEMPOS DEL CÓLERA* (1986); *EL GENERAL EN SU LABERINTO* (1989). **CUENTOS:** *LOS FUNERALES DE LA MAMÁ GRANDE* (1962); *OJOS DE PERRO AZUL* (1972); *LA INCREÍBLE Y TRISTE HISTORIA DE LA CÁNDIDA ERÉNDIRA Y SU ABUELA DESALMADA* (1972); *DOCE CUENTOS PEREGRINOS* (1992); *DEL AMOR Y OTROS DEMONIOS* (1994). **ARTÍCULOS Y REPORTAJES:** *TEXTOS COSTEÑOS* (1981); *ENTRE CACHACOS* (1983); *LA AVENTURA DE MIGUEL LITTIN CLANDESTINO EN CHILE* (1986); *NOTICIAS DE UN SECUESTRO* (1996). **TEATRO:** *DIATRIBA DE AMOR CONTRA UN HOMBRE SENTADO* (1987).

◀▼ *A la izquierda portada de la primera edición de* Cien años de soledad *(1967), considerada una de las obras maestras de la literatura contemporánea, impulsora del boom latinoamericano y paradigma del llamado «realismo mágico» de* Gabriel **García Márquez** *Bajo estas líneas, el escritor asistiendo a un banquete.*

GABRIEL GARCÍA MÁRQUEZ
CIEN AÑOS DE SOLEDAD

---

portaje sobre un caso real publicado en forma de novela corta en 1968, constituye un brillante ejemplo de «nuevo realismo» y refleja su capacidad para cambiar de registro. En cine ha intervenido en la redacción de numerosos guiones, a veces adaptaciones de sus propias obras, y desde 1985 comparte, con el cineasta argentino Fernando Birri, la dirección de la Escuela Internacional de Cine de San Antonio de Los Baños.

GARCÍA MORENO, GABRIEL (*Guayaquil, Ecuador, 1821-Quito, 1875*) *Político ecuatoriano.* Nacido en el seno de una aristocrática familia de propietarios latifundistas, se doctoró en jurisprudencia por la Universidad de Quito. Participó en el movimiento revolucionario que logró la deposición del presidente Flores y el triunfo de la administración Roca en 1846. Cinco años más tarde comenzó su primer período de exilio, cuando Flores ganó de nuevo la presidencia. Fue presidente de Ecuador en los períodos 1861-1865 y 1869-1875. Durante su mandato prosperaron las grandes obras públicas y se reformó la enseñanza, pero impuso un régimen autocrático, suprimió la libertad de prensa e instituyó tribunales eclesiásticos. Su presidencia estuvo marcada por la proclamación de una Constitución cuyo conservadurismo le valió ser conocida como «Carta Negra», y por la virulenta persecución de los liberales. Fue asesinado durante una campaña desencadenada contra él tras su reelección en 1875.

GARCILASO DE LA VEGA (*Toledo, 1501?-Niza, 1536*) *Poeta castellano.* Perteneciente a una noble familia castellana, participó ya desde muy joven en las intrigas políticas de Castilla. En 1510 ingresó en la corte del emperador Carlos I y tomó parte en numerosas batallas militares y políticas. Participó en la expedición a Rodas (1522) junto con Boscán y en 1523 fue nombrado caballero de Santiago. En 1530 se desplazó con Carlos I a Bolonia, donde éste fue coronado.

Permaneció allí un año, hasta que, debido a una cuestión personal mantenida en secreto, fue desterrado a la isla de Schut, en el Danubio, y después a Nápoles, donde residió a partir de entonces. Herido de muerte en combate, durante el asalto de la fortaleza de Muy, en Provenza, fue trasladado a Niza, donde murió. Su escasa obra conservada, escrita entre 1526 y 1535, fue publicada póstumamente junto con la de Boscán, en Barcelona, bajo el título de *Las obras de Boscán con algunas de Garcilaso de la Vega* (1543), libro que inauguró el Renacimiento literario en las letras hispánicas. Sin embargo, es probable que antes hubiera escrito poesía de corte tradicional, y que fuese ya un poeta conocido. Garcilaso se sumó rápidamente a la propuesta de su amigo Juan Boscán de adaptar el endecasílabo italiano a la métrica castellana, tarea que llevó a cabo con mejores resultados que éste, pues adoptó un castellano más apto para la acentuación italiana y la expresión de los nuevos contenidos poéticos, de tono neoplatónico, propios de la poética italiana renacentista. Muchas de sus composiciones reflejan la pasión de Garcilaso por la dama portuguesa Isabel Freyre, a quien el poeta conoció en la corte en 1526 y cuya muerte, en 1533, le afectó hondamente. Los 40 sonetos y las tres églogas que escribió se mueven dentro del dilema entre la pasión y la razón que caracteriza la poesía petrarquista y en ellos el autor recurre, como el mismo Petrarca, al paisaje natural como correlato de sus sentimientos, mientras que las imágenes de que se sirve y el tipo de léxico empleado dejan traslucir la influencia de Ausias March. Escribió también cinco canciones, dos elegías, una elegía a Boscán y tres odas latinas, inspiradas en la poesía horaciana y virgiliana.

GARCILASO *EL INCA* [Garcilaso de la Vega] *(Cusco, actual Perú, 1539-Córdoba, España, 1616) Escritor e historiador peruano.* Hijo del conquistador español Sebastián Garcilaso de la Vega y de la princesa incaica Isabel Chimpo Ocllo. Gracias a la privilegiada posición de su padre, que perteneció a la facción de Francisco Pizarro hasta que se pasó al bando del virrey La Gasca, recibió en Cusco una esmerada educación al lado de los hijos de Francisco y Gonzalo Pizarro, mestizos e ilegítimos como él. A los veintiún años se trasladó a España, donde siguió la carrera militar. Con el grado de capitán, participó en la represión de los moriscos de Granada, y más tarde combatió también en Italia, donde conoció al filóso-

▲ *Garcilaso de la Vega*, en un grabado de D. B. Vázquez, según dibujo de J. A. Maea (Real Academia de Bellas Artes de San Fernando, Madrid).

▼ *Imagen de la película* Tango bar. *La gran popularidad de Carlos* **Gardel** *hacía que el público exigiera que se rebobinaran los rollos en las proyecciones y se repitieran una y otra vez sus canciones.*

fo neoplatónico León Hebreo. En 1590, y muy probablemente dolido por la poca consideración en que se le tenía en el ejército por su condición de mestizo, abandonó la milicia y entró en religión. Frecuentó los círculos humanísticos de Sevilla, Montilla y Córdoba y se volcó en el estudio de la historia y en la lectura de los poetas clásicos y renacentistas. Fruto de esas lecturas fue la traducción del italiano de los *Diálogos de amor*, de León Hebreo, que dio a conocer en Madrid el mismo año de su retiro. Siguiendo las corrientes humanistas en boga, inició un ambicioso y original proyecto historiográfico centrado en el pasado americano, y en especial en el del Perú. Considerado como el padre de las letras del continente, en 1605 dio a conocer en Lisboa su *Historia de la Florida y jornada que a ella hizo el gobernador Hernando de Soto*, título que quedó sintetizado en *La Florida del Inca*. La obra contiene la crónica de la expedición de aquel conquistador, de acuerdo con los relatos que recogió él mismo durante años, y defiende la legitimidad de imponer en aquellos territorios la soberanía española para someterlos a la jurisdicción cristiana. Su título más célebre, sin embargo, fueron los *Comentarios reales*, la primera parte de los cuales apareció en 1609, también en Lisboa. Escrito a partir de sus propios recuerdos de infancia y juventud, de contactos epistolares y visitas a personajes destacados del virreinato del Perú, el relato constituye, pese a los problemas de sus fuentes orales y escritas y a las incongruencias de muchas fechas, uno de los intentos más logrados de salvaguardar la memoria de las tradiciones de la civilización andina. Por esta razón es considerada su obra maestra y se la ha reconocido como el punto de partida de la literatura hispanoamericana. La segunda parte fue publicada en Córdoba, en 1617.

GARDEL, CARLOS [Charles Romuald Gardés] *(Toulouse, Francia, 1890-Medellín, Colombia, 1935) Cantante de tangos, compositor y actor argentino de origen francés.* Su madre emigró a Uruguay cuando el joven Gardès contaba tres años de edad, momento en el que lo inscribió en el censo de Montevideo; dicha circunstancia explica la polémica que durante años se mantuvo acerca de su origen. En su primera época como cantante, establecido en Buenos Aires y con el apodo *el Morocho* (el Moreno), se dedicó a dar recitales privados en domicilios particulares, casas de amigos y cafés de barrio. Su debut en el teatro Esmeralda (hoy teatro Maipo) de la capital argentina supuso un fuerte impulso a su carrera. En 1915 formó dúo con José Razzano y dos años más tarde viajó a Europa, donde consiguió grabar sus primeros discos. En 1920 su fama se había extendido ya por todo el continente latinoamericano, y ello le permitió rodar diversos filmes, entre los que cabe mencionar *Luces de Buenos Aires* y *Melodía de arrabal*, sus dos películas más destacadas. En el año 1925, una afección en la garganta obligó a Razzano a abandonar su carrera musical; Gardel, ya en solitario, volvió a Europa y debutó en París y en el Teatro Apolo de Madrid. A finales de la década de 1920, la identificación de Gardel con el tango era ya un fenómeno de ámbito universal. Para promocionar su carrera y abrirla a otros mercados, el cantante se trasladó a Estados Unidos, donde su música y sus películas fueron muy bien recibidas. Sin embargo, su añoranza por el público latinoamericano le indujo a realizar una gira por América del Sur, durante la cual sufrió un accidente aéreo en Medellín, en el que perdió la vida. Entre los temas de su copiosa producción destacan *El día que me quieras*, *Mi Buenos Aires querido*, *Volver*, *Caminito* y *La cumparsita*.

GARGALLO, PABLO *(Maella, España, 1881-Reus, id., 1934) Escultor español*. Estudió en la Escuela de Bellas Artes de Barcelona y sus primeros trabajos estuvieron vinculados a la tradición realista, inspirados, sobre todo, por las esculturas de Aristide Maillol. Sin embargo, en 1911 su tendencia artística experimentó un profundo cambio a raíz de su encuentro con Picasso durante una estancia en París: la influencia del arte primitivo estuvo presente en la realización de sus máscaras y de sus figuras de metal. En 1914 regresó a Barcelona, donde le fue asignada la cátedra de escultura de la Escuela Superior de Artes y Oficios, en la que ejerció hasta 1924. Durante estos años realizó el busto del monumento al actor Acisclo Soler, la estatua funeraria de la señora Pidelasserra, dos mármoles para la plaza de Cataluña de Barcelona y obras destinadas a la Exposición Internacional de 1929. Con el advenimiento de la dictadura de Primo de Rivera volvió a París, donde se afincó definitivamente. En su última etapa creativa, la pintura de Modigliani influyó en el desarrollo de sus figuras, de entre las cuales destaca *El profeta* (1933). En los museos de arte moderno de Barcelona, Madrid y París se encuentran otras conocidas obras suyas, como *Muchacha de Caspe* (1919), *El virtuoso* (1920), *Buey vasco* (1930) *Greta Garbo* (1930) o *Bailarina española* (1931).

▲ *Pieza de hierro de Pablo **Gargallo** realizada en 1930 y que lleva el título de Greta Garbo (Museo Nacional Centro de Arte Reina Sofía, Madrid).*

▼ *Batalla de Calatafini, según un cuadro de R. Legat. Giuseppe **Garibaldi** fue el organizador de la fuerza militar revolucionaria conocida como los «camisas rojas».*

GARIBALDI, GIUSEPPE *(Niza, 1807-Caprera, Italia, 1882) Militar y político italiano*. Durante su juventud siguió los pasos de su padre, un marino de origen genovés, y estuvo embarcado durante más de diez años. En 1832 consiguió el título de capitán de buques mercantes y tomó parte en un motín republicano en el Piamonte que resultó fallido. Si bien pudo escapar, fue condenado al exilio. Por aquel entonces había entrado en contacto con la obra de Giuseppe Mazzini, el gran profeta del nacionalismo italiano, y la del socialista francés Saint-Simon. Entre 1836 y 1848 vivió en Sudamérica, donde participó en varios acontecimientos bélicos, siempre al lado de quienes combatían por la libertad o la independencia. En 1848 regresó a Europa para luchar en Lombardía contra el ejército austriaco y dar un primer paso hacia la unificación de Italia, que fue su objetivo durante las tres siguientes décadas. Su intento de hacer retroceder a los austriacos no prosperó y debió refugiarse primero en Suiza y posteriormente en Niza. A finales de 1848, sin embargo, el papa Pío IX, temeroso de las fuerzas liberales, abandonó Roma, adonde se dirigió Garibaldi junto a un grupo de voluntarios. En febrero de 1849 fue elegido diputado republicano en la asamblea constituyente, ante la cual defendió que Roma debía convertirse en una república independiente. En abril se enfrentó a un ejército francés que intentaba restablecer la autoridad papal, y lo propio hizo en mayo ante una formación na-

politana. Si bien no tenía opción alguna de evitar la caída de la ciudad, su lucha se convirtió en uno de los más épicos y recordados pasajes del Risorgimiento. El 1 de julio, Roma no resistió el asalto final, y Garibaldi y sus hombres se refugiaron en el territorio neutral de San Marino. Condenado por segunda vez al exilio, residió en Tánger, Staten Island (Nueva York) y Perú, donde regresó a su antiguo oficio de capitán de buque mercante. En 1854, Cavour, el primer ministro piamontés, creyó que si le permitía volver a Italia, Garibaldi se alejaría del republicano Mazzini. Para ello, le concedió el mando de las fuerzas piamontesas en lucha con las austriacas. Venció en Varese y Como, en mayo de 1859, y entró en Brescia al mes siguiente, con lo cual el Reino de Lombardía se apropió del Piamonte. Conseguida la paz en el norte del país, Garibaldi se dirigió a Italia central. Víctor Manuel II, rey piamontés, dio al principio su apoyo a un ataque contra los territorios papales, pero a última hora le pareció demasiado peligroso y le obligó a abandonar el proyecto. Garibaldi aceptó la renuncia y se mantuvo fiel, pero la cesión de Niza y Saboya a Francia por parte de Cavour y Víctor Manuel le pareció un acto de traición y decidió actuar por su cuenta. Como por el norte un acuerdo era imposible, decidió forzar la unificación conquistando el Reino de Nápoles, bajo soberanía borbónica. En mayo de 1860, al frente de un ejército de un millar de hombres (la expedición de los mil o de los «camisas rojas»), se apoderó de Sicilia y en septiembre entró en Nápoles, que cedió a Víctor Manuel II. En 1861 se proclamó el nuevo Reino de Italia, pero desde sus inicios Garibaldi se mantuvo en la oposición, pues Roma continuaba siendo ciudad papal. Con la consigna de «Roma o la muerte», intentó durante varios años luchar contra el poder pontificio, sin demasiado éxito, hasta que en 1862, en la batalla de Aspromonte, cayó herido y fue hecho prisionero. Tras ser amnistiado, pasó a presidir el Comité Central Unitario Italiano y ofreció sus servicios a Francia. Fue elegido diputado para la Asamblea de Burdeos (1871) y diputado al Parlamento italiano (1875), el cual pocos años antes de su muerte le asignó una pensión vitalicia por los servicios prestados.

GASSENDI, PIERRE *(Champtercier, Francia, 1592-París, 1655) Matemático y filósofo francés.* Alrededor de 1614 se doctoró en teología por la Universidad de Aviñón. En sus obras buscó la reconciliación del atomismo mecanicista con la doctrina cristiana

▶ *Fotografía de Bill* **Gates** *junto a un póster de promoción de Microsoft Windows 95. La comercialización de este sistema operativo le permitió convertirse en el empresario más rico del mundo.*

«*No puedo ofrecer ni honores ni dinero. Les ofrezco hambre, sed, marchas forzadas, batallas y muerte. El que ame a la patria, que me siga.*»

Giuseppe Garibaldi

ANTONIO GAUDÍ

OBRAS MAESTRAS

COOPERATIVA MATARONENSE (1878-1882, inacabada; Mataró); EL *CAPRICHO* (h. 1883-1900; Comillas, Cantabria); *SAGRADA FAMILIA* (1883-1926, inacabada; Barcelona); *CASA VICENS* (finalizada en 1888; Barcelona); *COLEGIO DE LAS TERESIANAS* (finalizado en 1890; Barcelona); *PALACIO GÜELL* (1886-1891; Barcelona); *PALACIO EPISCOPAL* (a partir de 1889, inacabado; Astorga); *PROYECTO DE MISIÓN PARA TÁNGER* (1892-1893, irrealizado); *CASA CALVET* (después de 1898; Barcelona); *CASA DE LOS BOTINES* (1892-1902; León); *BELLESGUARD* (1900-1902; Barcelona); *CASA BATLLÓ* (1904-1906; Barcelona); *CASA MILÁ* O *LA PEDRERA* (1906-1910; Barcelona); *COLONIA GÜELL* (1908-1914, inacabada; Santa Coloma de Cervelló); *PARQUE GÜELL* (1900-1914, inacabado; Barcelona).

por medio de un rechazo del aristotelismo y de la intuición cartesiana en favor de un empirismo inspirado en el pensamiento de Epicuro. En la obra *Syntagma philosophicum*, publicada póstumamente en 1658, Gassendi abogó por el método inductivo aplicado a la experiencia sensible como base para el conocimiento; aceptó sin embargo el razonamiento deductivo en disciplinas como las matemáticas. Consideró la armonía de la naturaleza y la capacidad del hombre para percibirla como la prueba definitiva de la existencia de Dios. Siguiendo los pasos de su admirado Epicuro, definió la felicidad como el fin motivador –en último término inalcanzable– del hombre.

GATES, BILL [William Henry Gates III] *(Seattle, EE UU, 1955) Empresario estadounidense.* A los diecinueve años de edad abandonó sus estudios en la Universidad de Harvard para fundar Microsoft, junto con su ex compañero de escuela Paul G. Allen. En 1980 vendieron la licencia de su sistema operativo MS-DOS, que acababan de crear, a la empresa IBM, la cual lo incorporó a las primeras computadoras personales que salieron al mercado. El éxito de dicho sistema operativo tuvo continuidad tras la comercialización, a partir de 1990, de Windows, nuevo sistema que facilitaba el manejo de la computadora al permitir el uso del «ratón». Microsoft, así mismo, se erigió durante estos años en la compañía líder de ventas de programas y aplicaciones informáticas. En 1998, convertido ya en el empresario más rico del mundo, Gates fue demandado por el gobierno estadounidense al considerar ilegal la inclusión, en la versión de Windows comercializada aquel mismo año, de un navegador para Internet, puesto que con ello monopolizaba el mercado de navegadores.

GAUDÍ, ANTONIO *(Reus, España, 1852-Barcelona, 1926) Arquitecto español.* La obra de Antonio Gaudí se inscribe dentro del movimiento modernista, aunque lo supera ampliamente por la originalidad de sus concepciones y su capacidad para romper moldes y crear nuevas soluciones. Nacido en el seno de una familia de caldereros, se trasladó a Barcelona para estudiar arquitectura, disciplina en la que se graduó en 1878. Inicialmente colaboró en algunos despachos de renombrados arquitectos de la época (con José Fonseré proyectó la cascada, las rejas metálicas y las puertas del parque de la Ciudadela de Barcelona), antes de abordar en solitario el proyecto de la Cooperativa Mataronense, un ambicioso complejo del que sólo se llevaron a cabo la fábrica y un quiosco de servicios. En 1883 fue nombrado arquitecto del templo expiatorio de la Sagrada Familia, la obra que ocupó toda su vida y que se considera su principal realización artística, a pesar de que quedó inconclusa y sin un proyecto bien definido. En los primeros años, se encargó de la construcción de la cripta (1883-1891) y el ábside (1891-1893) y compaginó su trabajo en el templo con diversos encargos civiles, como la villa denominada *El Capricho,* en Comillas (Cantabria) o la casa Vicens, en la calle Carolinas de Barcelona. Por entonces entró en contacto con el conde de Güell, con quien mantuvo una relación casi de mecenazgo renacentista. Güell le encargó en primer lugar algunos pabellones para su finca de Pedralbes y el palacio de la calle Nou de la Rambla de Barcelona (1886-1891), donde Gaudí introdujo nuevos elementos constructivos como el arco parabólico. Se ocupó después del colegio de las teresianas de la calle de Ganduxer (Barcelona) y del palacio episcopal de Astorga, que no terminó a consecuencia de la muerte de su mentor, el obispo Juan Bautista Grau Vallespinós. Bastan estas obras de la primera época para individualizar algunas de las constantes de la arquitectura gaudiniana, desde su peculiar recreación del gótico hasta su predilección por las formas curvas y dinámicas, la aplicación a la arquitectura de técnicas de decoración artesanas (vidrieras, hierro forjado, muebles diseñados por él mismo) y su singular empleo de los mosaicos de fragmentos de cerámica de vivos colores. En 1891 abordó la fachada del Nacimiento de la Sagrada Familia, de cuyas cuatro torres sólo se había construido una a la muerte del arquitecto, la que dio la pauta para el bosque de torres en que debía convertirse el templo. Poco después de 1892, los Fernández y Andrés le

▼ *Retrato de Antonio **Gaudí**, que en los últimos años de su vida residió en la Sagrada Familia, absorbido por la realización de la obra. Abajo, la Sagrada Familia a finales de la década de 1920, cuando aún no se habían terminado las torres de la fachada del Nacimiento, la única de las tres fachadas previstas que el arquitecto pudo ver finalizada.*

encargaron una casa en León, conocida como *Casa de los Botines,* y por las mismas fechas realizó un proyecto de misión para Tánger que no se llevó a cabo. En lo sucesivo, sus principales encargos fueron inmuebles de pisos, como la casa Calvet, la casa Batlló y la casa Milá, más conocida como *La Pedrera* y culminación en cierto modo del genio de Gaudí por la singular concepción de su fachada ondulada de piedra y hierro forjado y por el conjunto de chimeneas helicoidales de la azotea. Su mecenas, Eusebio Güell, le confió dos encargos de gran envergadura: una colonia obrera en Santa Coloma de Cervelló, de la cual sólo se completó la iglesia, sorprendentemente integrada en el paisaje, y una ciudad-jardín, que también quedó inconclusa y es en la actualidad un parque público (el parque Güell, en Barcelona), que integra los distintos pabellones realizados por el arquitecto, así como un espacio columnado (que según el proyecto original debía destinarse al mercado) y la plaza, con un original banco corrido de azulejería. En el año 1926, cuando murió atropellado por un tranvía, Gaudí era un arquitecto reconocido por sus coetáneos dentro y fuera de las fronteras españolas, pero su singular genio innovador y creativo no fue aceptado universalmente hasta bastantes décadas más tarde. En la actualidad, su figura es internacionalmente reconocida y su obra se cuenta entre las más admiradas de la arquitectura de todos los tiempos.

GAUGUIN, PAUL *(París, 1848-Atuona, Polinesia francesa, 1903) Pintor y escultor francés.* Hijo de un periodista y con sangre peruana por parte de madre, tras el golpe de Estado de Napoleón III (1851) huyó con sus padres a Lima. Cuando era todavía un adolescente se hizo a la mar; en 1871 regresó a París y entró a trabajar en una empresa financiera de la capital. En esta época empezó a desarrollar un fuerte interés por el arte que le condujo a tomar clases de pintura y a reunir una impresionante colección de obras impresionistas que comprendía trabajos de Manet, Cézanne, Monet y Pissarro. En 1875 trabó conocimiento personal con este último y empezó a trabajar con él; resultado de tan fecunda colaboración fue la invitación a participar en la quinta Exhibición Impresionista de 1880, que sería reiterada en los dos años siguientes. En 1883, su creciente interés por la pintura se unió al desplome de la Bolsa parisina para conducirle a tomar la decisión de dedicarse íntegramente a la actividad artística. Al año siguiente se trasladó a Copenhague, residencia familiar del padre de su esposa, en busca de apoyo económico, pero su empeño fracasó rotundamente y poco después abandonaría a esposa e hijos. A partir de ese momento vivió en la penuria, rechazado por una sociedad que con anterioridad le había abierto los brazos y que en breve iba a aborrecer. Entre 1886 y 1888 su obra experimentó un giro radical, cuyo origen cabe buscar en dos experiencias vitales de gran importancia: su encuentro con Van Gogh y su primer viaje a la Martinica. Gauguin conoció al pintor holandés en París y quedó fuertemente impresionado por el modo en que éste conseguía plasmar sus inquietudes vitales en unos lienzos rebosantes de

PAUL GAUGUIN

OBRAS MAESTRAS

LA VISIÓN DESPUÉS DEL SERMÓN (1888; National Gallery of Scotland, Edimburgo); *EL CRISTO AMARILLO* (1890; Albright-Knox Art Gallery, Buffalo); *DOS MUJERES TAHITIANAS EN LA PLAYA* (1891; Louvre, París); *DOS MUJERES TAHITIANAS EN UN PAISAJE* (1892; Kunstmuseum, Viena); *EL CABALLO BLANCO* (1899; Musée d'Orsay, París); *¿DE DÓNDE VENIMOS? ¿QUÉ SOMOS? ¿A DÓNDE VAMOS?* (1897; Museum of Fine Arts, Boston).

▼ *Cuadro de Paul* **Gauguin** *que lleva por título* ¿De dónde venimos? ¿Qué somos? ¿A dónde vamos? *La obra, de manifiesta intención alegórica, transmite la atmósfera onírico-poética característica de la última etapa del pintor.*

expresividad. En 1888 incluso se desplazó a Arles con la intención de trabajar conjuntamente, pero las incompatibilidades de carácter dieron espectacularmente al traste con el proyecto al cabo sólo de pocas semanas. Poco antes, Gauguin se había trasladado durante un tiempo a la colonia francesa de la Martinica, donde entró en contacto con un paisaje repleto de sensual colorido y una sociedad, la indígena, en estrecha convivencia con la naturaleza. Ambos factores se unieron para despertar en el artista una aguda nostalgia por lo primitivo, cauce en el que iba a encontrar una vía idónea para expresar una emotividad no contaminada por el naturalismo propio del arte refinado. Tras su desastrosa experiencia en Arles, Gauguin regresó a París, donde su interés por las formas del arte popular se acrecentó por vía de su amistad con el joven artista Émile Bernard. De resultas de sus propias experiencias en la Martinica y del aporte teórico de Bernard iba a surgir el *sintetismo*, estilo personal caracterizado por la representación no imitativa y la separación de la imagen pictórica en zonas de color fuertemente contrastadas y a menudo delineadas en negro. Dicho estilo, con su rechazo frontal al uso de trucos formales para recrear la percepción visual, significó una ruptura absoluta, desde el punto de vista conceptual, con el impresionismo que otrora había abrazado, razón por la cual es categorizado por la moderna historiografía del arte como postimpresionista (junto con Van Gogh y Cézanne). Entre 1891 y 1903 efectuó largas estancias en Tahití y las islas Marquesas, donde su primitivismo fue atemperándose al abrirse a la influencia de neoclásicos como Ingres o contemporáneos como el *nabi* Puvis de Chavannes.

Este proceso corrió de la mano de un creciente refinamiento tonal y de la presencia en su producción de una aura onírico-poética que en modo alguno parece reflejar la enfermedad y los conflictos personales –particularmente sus enfrentamientos con las autoridades locales en defensa de las comunidades indígenas– que marcaron los últimos años de su vida.

GAULLE, CHARLES DE *(Lille, Francia, 1890-Colombey-les-Deux-Églises, id., 1970) Militar y político francés.* Cursó la carrera militar en la Academia de Saint-Cyr, en la que se graduó en 1912. Acabados sus estudios, sirvió a las órdenes del entonces coronel Pétain en el 33 regimiento de infantería. Durante la Primera Guerra Mundial participó en la batalla de Verdún, en la cual fue herido y hecho prisionero (1916) por los alemanes en Fort Douaumont. Tras el armisticio integró la misión militar francesa en Polonia, donde conoció al mariscal Pilsudski e intervino en la guerra polaco-soviética (1919-1920). De regreso en su país, enseñó historia militar en Saint-Cyr (1921) y en los años siguientes formó parte del Consejo Superior de Guerra de Pétain y de los estados mayores del ejército del Rin y de Beirut. Preocupado por la carrera armamentista iniciada por la Alemania de Hitler, en 1934 publicó *Hacia el ejército profesional*, libro en el que exponía la importancia que en la guerra futura tendrían los carros de combate y los aviones. En tal sentido, abogaba por la modernización del ejército, el fomento de la aviación y el desarrollo de los carros blindados. Seis años más tarde, informó al ejército de la posibilidad de una ofensiva alemana. Cuando ésta se produjo, obtuvo algunos éxitos aislados al frente de la 4.ª división blindada (Montcornet, Abbeville) en el contexto del derrumbamiento general de las defensas francesas. Luego, a petición del presidente Reynaud, se hizo cargo de la subsecretaría de Estado para la defensa nacional y la guerra. Tras la derrota francesa, pasó a Londres, desde donde rechazó la rendición firmada por Pétain y la aceptación de la ocupación alemana de su país y, a través de los micrófonos de la BBC, llamó a sus compatriotas a la resistencia. A pesar de los desaires de que fue objeto por parte de Churchill y en especial de Roosevelt, que veía en él un aventurero, consiguió el apoyo del gobierno británico a su Comité de la Francia Libre. Entre 1942 y 1943 logró, no sin esfuerzo, la unidad de las colonias francesas. Su marginación de la conferencia de Casablanca y el reconocimiento aliado de la autoridad del

▲ *Arriba, Charles de* **Gaulle***, de pie en su coche oficial durante un desfile por las calles de París. Abajo, de uniforme, saluda militarmente. En los años sesenta, su mandato se debilitó debido a su política conservadora respecto a la guerra de Argelia y la erosión originada por la revuelta estudiantil de mayo de 1968.*

> «*F*rancia no puede ser Francia sin grandeza.»
>
> **Charles de Gaulle**
> *Memorias de guerra*

representante del gobierno de Vichy en Argel provocaron su enérgica protesta y favorecieron la constitución de un Comité Francés de Liberación Nacional, que asumió las funciones de gobierno provisional. Una semana después del desembarco aliado en Normandía regresó a Francia, y el 25 de agosto de 1944 entró triunfalmente en París. Dos meses más tarde, su gobierno fue reconocido por los aliados, que tampoco esta vez lo invitaron a asistir a las conferencias de Yalta y Potsdam. Elegido presidente, promovió la creación de la Cuarta República, pero dimitió al no lograr que la Asamblea Constituyente fortaleciera la autoridad presidencial. El alejamiento del cargo no supuso su apartamiento de la política, y en abril de 1947 fundó el Rassemblement du Peuple Français (RPF), partido de talante conservador y anticomunista. Durante los once años siguientes, mientras escribía sus memorias, permaneció atento a la evolución política. La oportunidad que aguardaba se presentó en mayo de 1958, a raíz de la revuelta derechista de Argelia que significó la caída de la Cuarta República. De Gaulle formó un Gobierno de Salvación Nacional y fundó la Quinta República. Su política favorable a la independencia de Argelia suscitó la reacción de los colonos franceses y las actividades terroristas de la extrema derecha, pero el triunfo electoral que obtuvo en 1962 le aseguró el éxito de su proyecto. Alentó la unidad europea y la independencia de Francia en el seno de la OTAN, y autorizó la creación de una fuerza de disuasión nuclear francesa. Sin embargo, el anquilosamiento del sistema propició la agitación obrera y estudiantil, que alcanzó el carácter de revuelta en mayo de 1968. Realizó concesiones insuficientes y, ante los adversos resultados del referéndum de apoyo a su gestión que había convocado, dimitió el 28 de abril de 1969.

GAUSS, KARL FRIEDRICH *(Brunswick, actual Alemania, 1777-Gotinga, id., 1855) Matemático, físico y astrónomo alemán*. Nacido en el seno de una familia humilde, desde muy temprana edad dio muestras de una prodigiosa capacidad para las matemáticas, hasta el punto de ser recomendado al duque de Brunswick por sus profesores de la escuela primaria. El duque le proporcionó asistencia financiera en sus estudios secundarios y universitarios, que efectuó en la Universidad de Gotinga entre 1795 y 1798. Su tesis doctoral (1799) versó sobre el teorema fundamental del álgebra (que establece que toda ecuación algebraica de coeficientes complejos tiene soluciones igualmente complejas), que Gauss demostró. En 1801 publicó una obra destinada a influir de forma decisiva en la conformación de la matemática del resto del siglo, y particularmente en el ámbito de la teoría de números, las *Disquisiciones aritméticas*, entre cuyos numerosos hallazgos cabe destacar: la primera prueba de la ley de la reciprocidad cuadrática; una solución algebraica al problema de cómo determinar si un polígono regular de *n* lados puede ser construido de manera geométrica (sin resolver desde los tiempos de Euclides); un tratamiento exhaustivo de la teoría de los números congruentes; y numerosos resultados con números y funciones de variable compleja (que volvería a tratar en 1831, describiendo el modo exacto de desarrollar una teoría completa sobre los mismos a partir de sus representaciones en el plano *x, y*) que marcaron el punto de partida de la moderna teoría de los números algebraicos. Su fama como matemático creció considerablemente ese mismo año, cuando fue capaz de predecir con exactitud el comportamiento orbital del asteroide Ceres, avistado por primera vez pocos meses antes, para lo cual empleó el método de los mínimos cuadrados, desarrollado por él mismo en 1794 y aún hoy día la base computacional de modernas herramientas de estimación astronómica. En 1807 aceptó el puesto de profesor de astronomía en el Observatorio de Gotinga, cargo en el que permaneció toda su vida. Dos años más tarde, su primera esposa, con quien había contraído matrimonio en 1805, falleció al dar a luz a su tercer hijo; más tarde se casó en segundas nupcias y tuvo tres hijos más. En esos años maduró sus ideas sobre geometría noeuclidiana, esto es, la construcción de una geometría lógicamente coherente que prescindiera del postulado de Euclides de las paralelas; aunque no publicó sus conclusiones, se adelantó en

▲ *Retrato de Karl Friedrich* **Gauss***, uno de los científicos más completos de todos los tiempos, que incidió en campos de la física y de la matemática tan dispares como la aritmética, la geometría, la óptica y la mecánica.*

▼ *Théophile* **Gautier** *pintado por A. de Chatillon en 1839. El escritor Baudelaire definió a su colega como «perfecto mago de las letras francesas».*

más de treinta años a los trabajos posteriores de Lobachewski y Bolyai. Alrededor de 1820, ocupado en la correcta determinación matemática de la forma y el tamaño del globo terráqueo, desarrolló numerosas herramientas para el tratamiento de los datos observacionales, entre las cuales destaca la curva de distribución de errores que lleva su nombre, conocida también con el apelativo de distribución *normal* y que constituye uno de los pilares de la estadística. Otros resultados asociados a su interés por la geodesia son la invención del heliotropo, y, en el campo de la matemática pura, sus ideas sobre el estudio de las características de las superficies curvas que, explicitadas en su obra *Disquisitiones generales circa superficies curvas* (1828), sentaron las bases de la moderna geometría diferencial. También mereció su atención el fenómeno del magnetismo, que culminó con la instalación del primer telégrafo eléctrico (1833). Íntimamente relacionados con sus investigaciones sobre dicha materia fueron los principios de la teoría matemática del potencial, que publicó en 1840. Otras áreas de la física que estudió fueron la mecánica, la acústica, la capilaridad y, muy especialmente, la óptica, disciplina sobre la que publicó el tratado *Investigaciones dióptricas* (1841).

GAUTIER, THÉOPHILE *(Tarbes, Francia, 1811-París, 1872) Escritor francés*. Fue director de la *Révue de Paris* y de *L'Artiste*. Antes de decantarse por la poesía se dedicó a la pintura y frecuentó los ambientes bohemios de París. Defensor del movimiento romántico encabezado por Victor Hugo, cultivó los géneros más diversos. En el campo de la novela destacan *Mademoiselle de Maupin* (1835), que contenía un prólogo en el que defendía la concepción del *arte por el arte*, y *El capitán Fracasse* (1863), en la que con vivo colorido y humor narra las aventuras de una compañía de comediantes. De entre sus obras líricas cabe mencionar *Esmaltes y camafeos* (1852), que sirvió de inspiración a los poetas parnasianos; se trata de un conjunto de poemas breves que recogen la rápida impresión causada en el autor por un paisaje o un sentimiento. Un sutil juego de imágenes y una muy elaborada concisión técnica constituyen los mayores logros de estos poemas. Escribió así mismo novela histórica (*La novela de la momia*, 1858) y relatos de viajes. Cultivó, por último, el ensayo de crítica literaria en *Historia del Romanticismo* (1874), y el de arte en *Las bellas artes en Europa* (1855).

GAYARRE, JULIÁN *(Valle del Roncal, España, 1844-Madrid, 1890) Tenor español.* La calidad de su voz –calificada por sus admiradores como «la voz de un ángel»– y su temprana muerte, cuando aún no había cumplido los cuarenta y seis años de edad, hicieron de Gayarre una figura mítica de la interpretación operística en España. Formado en Madrid, los primeros pasos en una escena lírica los dio como intérprete de zarzuela en 1868. Tras un período en el que perfeccionó su técnica en Italia, inició una carrera internacional que le llevó a cantar los grandes papeles de tenor lírico-dramático del repertorio wagneriano, italiano y francés (Nemorino, de *L'elisir d'amore*; Arvino, de *I lombardi*; Arturo, de *I puritani*; Nadir, de *Los pescadores de perlas*; Fernando, de *La favorita*) en los principales escenarios internacionales. Entre los estrenos que protagonizó cabe destacar el de *La Gioconda* de Amilcare Ponchielli, en 1876.

GAY-LUSSAC, JOSEPH-LOUIS *(Saint-Léonard-de-Noblat, Francia, 1778-París, 1850) Físico francés.* Se graduó en la École Polytechnique parisina en 1800. Abandonó una posterior ampliación de sus estudios tras aceptar la oferta de colaborador en el laboratorio de Claude-Louis Berthollet, bajo el patrocinio de Napoleón. En 1802 observó que todos los gases se expanden una misma fracción de volumen para un mismo aumento en la temperatura, lo que reveló la existencia de un coeficiente de expansión térmica común que hizo posible la definición de una nueva escala de temperaturas, establecida con posterioridad por lord Kelvin. En 1804 efectuó una ascensión en globo aerostático que le permitió corroborar que tanto el campo magnético terrestre como la composición química de la atmósfera permanecen constantes a partir de una determinada altura. En 1808, año en que contrajo matrimonio, enunció la ley de los volúmenes de combinación que lleva su nombre, según la cual los volúmenes de dos gases que reaccionan entre sí en idénticas condiciones de presión y temperatura guardan una relación sencilla.

GEHRY, FRANK O. *(Toronto, Canadá, 1929) Arquitecto estadounidense de origen canadiense.* Estudió arquitectura en la Universidad de California del Sur y urbanismo en la de Harvard. En 1962 fundó su propia empresa, Frank O. Gehry & Associates. Su obra mostró muy pronto una actitud totalmente contrapuesta a las formas del modernismo arquitectónico en boga, particularmente en lo referente a su obsesión por

▲ *El arquitecto Frank Gehry, que se ha consagrado como uno de los grandes renovadores de la arquitectura en las últimas décadas del s. XX, fotografiado en el Museo Guggenheim bilbaíno, una de sus realizaciones capitales.*

▼ *El físico estadounidense Murray Gell-Mann, uno de los creadores de la teoría de los quarks, en una imagen tomada en 1979 en el CERN (Suiza).*

los materiales «limpios» y el monolitismo. Por el contrario, Gehry gustó de emplear metal acanalado, madera contrachapada y otros materiales reciclados y de bajo coste, especialmente en sus diseños urbanos (Casa Frank O. Gehry, 1979), así como enfatizar la escala humana de los edificios y dividir el volumen total en pequeñas unidades significativas respetando la integridad contextual (Museo Vitra, 1987). Todo ello ha desembocado en un lenguaje expresivo personalísimo, aunque no por ello reacio al uso de las más modernas tecnologías (Museo Guggenheim, Bilbao, 1997).

GEIGER, HANS *(Neustadt, Alemania, 1882-Potsdam, id., 1945) Físico alemán.* Se doctoró en 1906 por la Universidad de Erlangen. Entre 1907 y 1912 colaboró con E. Rutherford en la Universidad de Manchester. En 1912, ya en Alemania, ocupó el puesto de director del Laboratorio de Física Alemán y en 1925 el de profesor en la Universidad de Kiel. Durante su estancia en el Reino Unido construyó la primera versión del detector y contador de partículas que lleva su nombre, indispensable en la identificación de la naturaleza de las partículas alfa como núcleos de helio efectuada por Rutherford y él mismo. En 1928, en colaboración con W. Müller, perfeccionó su invento haciéndolo capaz de detectar partículas beta (electrones) y fotones electromagnéticos ionizados.

GELL-MANN, MURRAY *(Nueva York, 1929) Físico teórico estadounidense.* Niño prodigio, ingresó en la Universidad de Yale a la edad de quince años, y se licenció en física a los diecinueve. En 1951 se doctoró por el Massachusetts Institute of Technology con una tesis sobre el tema que iba a ocupar la mayor parte de su trayectoria investigadora: las partículas subatómicas. Un año después se unió al equipo del Instituto de Estudios Nucleares de la Universidad de Chicago, para finalmente asentarse en el California Institute of Technology, en el cual ocupó la cátedra Millikan de física teórica en 1967. Varias son las aportaciones de Gell-Mann al campo de la física de partículas, de la que está considerado como una de las figuras más relevantes. En 1953 definió una nueva propiedad cuántica, que bautizó como «extrañeza», para explicar las extrañas pautas de desintegración de ciertas clases de mesones (partículas de espín uno o cero, características de las interacciones fuertes). En 1961, él y el físico israelí Yuval Neeman propusieron de forma simultánea pero independiente un sistema de clasificación de las partículas elementales pesadas descubiertas poco antes, al cual denominaron método óctuplo. Dicho esquema agrupaba mesones y bariones en multipletes de 18 o 27 miembros en función de sus propiedades, como la carga eléctrica; las partículas de cada multiplete se considerarían entonces como estados variables de una misma partícula elemental. Como consecuencia de dicha teoría, Gell-Mann predijo la existencia de una nueva partícula que denominó omega negativa, efectivamente detectada ese mismo año mediante el acelerador de partículas de Brookhaven. Tres años después propondría la existencia de unos componentes de la materia aún más fundamentales que las partículas elementales, a los que bautizó con el literario nombre de quark. En 1969 se le concedió el Premio Nobel de Física.

GENET, JEAN *(París, 1910-id., 1986) Escritor francés.* Pasó buena parte de su juventud en un reformatorio. A partir de 1930 vivió como un vagabundo y se movió por el submundo de la prostitución y la delincuencia. Encarcelado en 1940, se le concedió el indulto en 1949. En sus años de reclusión leyó abundantemente, completó su formación y escribió numerosas obras de ficción, entre ellas las novelas *Nuestra señora de las flores* (1944), *Miracle de la rose* (1946) y *Diario de un ladrón* (1949), retrato de los bajos fondos escrito en primera persona, en el que reflejaba su pasión por el mal, según su propia expresión, que oponía a los valores socialmente establecidos. La pieza teatral *Las criadas* (1946), que anticipaba los caminos del teatro del absurdo, lo reveló como uno de los dramaturgos más destacados del teatro de vanguardia. Ya en libertad, escribió las piezas teatrales *El balcón* (1956) y *Los biombos* (1961), que pretendían poner al descubierto los prejuicios sociales. Su original postura atrajo a intelectuales de la talla de Sartre, y en 1983 fue galardonado con el Premio de Honor de las Letras Francesas.

GENGIS JAN o **GENGIS KAN** [Temujin] *(Chita, actual Rusia, h. 1167-Gansu, actual China, 1227) Fundador del imperio mongol.* Hijo de Yesugei, miembro del clan real Borjigin, de religión chamanista, que había dominado la Mongolia oriental hasta que fue prácticamente aniquilada por los tárta-

▲ *Miniatura en la que aparece* **Gengis Jan** *con dos sirvientes bajo una sombrilla. El fundador del imperio de los mongoles tuvo unos orígenes difíciles, marcados por la miseria.*

▼ *Jean* **Genet**, *fotografiado durante una manifestación. El escritor francés es uno de los grandes representantes de las corrientes contraculturales surgidas en el ámbito de la literatura tras la Segunda Guerra Mundial.*

ros a mediados del siglo XII. Perdió a su padre cuando tenía nueve o diez años, lo cual sumió en la miseria a su familia, que hubo de hacer frente a grandes dificultades para sobrevivir. Unos años más tarde, el joven Temujin encontró refugio en Ulan Bator, entre la tribu de los kerait, dirigida por Toghril Beg. Ayudado por éste y por Jamuka, un amigo de la infancia, congregó un temible ejército que derrotó a los merkit, tribu del norte de Mongolia, y a los tártaros (1198-1202). El valor y la astucia demostrados por Temujin hicieron que muchos nobles se unieran a él y lo aclamaran como jefe, decisión que provocó la rivalidad de sus antiguos aliados. Se enfrentó a ellos y venció y dio muerte a Toghril, Jamuka y los demás y ordenó la dispersión de los kerait entre las diferentes tribus mongolas (1203-1204). En 1206, Temujin, dueño y señor de la estepa, fue proclamado Gengis Jan, o Kan, por una gran asamblea de príncipes mongoles reunida a orillas del río Onon. Tras haber unificado las tribus mongolas y turcomongolas del Gobi bajo su mando y reorganizado su ejército según la división decimal de unidades de combate, consideró llegado el momento de acometer su empresa más ambiciosa: la conquista del mundo. La epopeya de Gengis Jan se inició con la conquista de China, donde se dirigió primero hacia el oeste para someter el reino tangut de Hsi Hsia, en el río Amarillo (1209), y después hacia el nordeste con el objetivo de dominar Manchuria. En 1215, la ciudad de Cambaluc (actual Pekín) caía en su poder. A continuación, encomendó al general Mukali la conquista sistemática del norte de China, mientras él penetraba en el reino de Kara-Kitay, en el Kazajstán. Tras adentrarse más en las tierras occidentales de Asia, entre 1219 y 1221 se enfrentó a los chas Corasmia, a quienes arrebató las ciudades de Bujara, Samarkanda y Urguench, y saqueó Tiflis, en Georgia, y Sudak en Crimea. Posteriormente, devastó Afganistán en una rápida campaña, al tiempo que el ejército de una coalición de príncipes ucranianos era derrotado por sus generales a orillas del Kalka y su hijo Tului invadía Jorezm, la mayor potencia musulmana de Asia Central. En 1225, Gengis Jan regresaba triunfante a Mongolia, y dos años después, preparaba una nueva expedición contra el reino de Hsi Hsia. No llegó a realizarla: el 18 de agosto de 1227 moría a consecuencia de las heridas sufridas al caer del caballo. Tras su desaparición, el imperio mongol por él forjado, que se extendía desde Corea hasta el mar Caspio, se dividió entre sus cuatro hijos, bajo la autoridad del tercero de ellos, Ogodei, quien fue elegido gran jan por la asamblea de príncipes mongoles (1229). Ogodei consolidó las conquistas de su padre, completó la sumisión del norte de China (1234) y Corea (1236), ensanchó el imperio, estableció el protectorado mongol sobre Georgia, Armenia y el Cáucaso y penetró en Rusia y en la llanura del Danubio (1237-1240). A pesar de su fama de conquistador cruel y despiadado, Gengis Jan fue un soberano hábil e inteligente, que impuso la paz y el orden cn sus dominios, acabó con las seculares rivalidades tribales y con el bandolerismo, creó nuevas vías de comunicación, respetó las diferentes creencias de sus súbditos y, sin saber leer, supo valorar la utilidad del lenguaje escrito.

GEORGE, STEFAN (*Büdesheim, Alemania, 1868-Locarno, Suiza, 1933*) *Poeta alemán.* Estudió historia del arte y filosofía en varios países de Europa Occidental, y en París se impregnó de los postulados del movimiento simbolista francés. De regreso en Alemania, se adhirió a la escuela antinaturalista agrupada en torno a Hofmannsthal, que editaba la revista *Blätter für die Kunst* en Berlin, por entonces centro del naturalismo predominante. Si sus primeras obras, entre las cuales destacan *Himnos* (1890), *Peregrinajes* (1891) y *Algabal* (1892), están profundamente influidas por el simbolismo, su poética posterior evolucionó hacia una profunda humanización, patente en *El séptimo anillo* (1907) y *La estrella de la alianza* (1914). Tras la subida de Hitler al poder en 1933, se exilió en Suiza.

GÉRICAULT, THÉODORE (*Ruán, Francia, 1791-París, 1824*) *Pintor francés.* Fue una figura singular en el panorama de la pintura francesa y un pionero del Romanticismo, ideal que encarnó también en su tumultuosa vida y en su prematura muerte, a los treinta y tres años, a causa de un accidente de equitación. En 1798 se trasladó con su familia a París, donde se formó artísticamente en los estudios de Vernet y de Pierre Guérin. No obstante, su estilo se debe en buena medida a las copias de obras maestras que realizó en el Louvre y a una estancia en Italia (1816-1817), donde entró en contacto con la obra de Miguel Ángel y con el barroco romano. La carrera de Géricault como pintor se extiende apenas a lo largo

▲ *Retrato de Stefan* **George** *al estilo de los grandes poetas simbolistas franceses. Su estancia en París influyó profundamente en su acercamiento a los postulados de este movimiento.*

▼ *En* La balsa de la Medusa *(1819),* Théodore **Géricault** *representa la violencia destructiva del mar, tema romántico por excelencia, aunque la obra fue considerada una alegoría política y un pretexto para atacar a la monarquía borbónica.*

de diez años, pese a lo cual su obra es notable y abundante. En sus primeras realizaciones (*La muerte de Hipólito, La captura del caballo salvaje*), un planteamiento todavía clásico va acompañado de una materia pictórica rica y pastosa, y de un modelado de las figuras a través de la luz, que son ya rasgos claramente románticos. En 1819 pintó y expuso en el Salón de aquel año, en París, su pintura más famosa: *La balsa de la Medusa*, que ganó una medalla y produjo una profunda conmoción por ser antitética de las tendencias clasicistas entonces en boga. El cuadro aludía al naufragio de la *Medusa* en 1816, un acontecimiento de la época con fuertes connotaciones políticas, tratado con acentos épicos. Tanto por el tema como por el enfoque (la energía y la fuerza pasional son las notas dominantcs), el lienzo era de una absoluta novedad y ejerció una influencia duradera. De 1820 a 1822, Géricault estuvo en el Reino Unido, donde pintó sobre todo carreras de caballos, en respuesta a su gran afición al mundo de la hípica. Hacia 1822-1823 realizó una excepcional serie de retratos de enfermos mentales, como preparación para una obra que no llegó a ejecutar; son retratos de sorprendente esencialidad y de un realismo crudo, connatural este último a su estilo. Fue amigo de Delacroix, su principal epígono y continuador artístico.

GERMANA DE FOIX (*?, h. 1488-Liria, España, 1537*) *Reina de Aragón.* Hija de Juan de Foix y de María de Orleans y sobrina de Luis XII de Francia. El tratado franco-hispano de Blois concertó su boda por poderes con Fernando *el Católico* en 1505. Su dote,

▲ *Retrato de la reina*
Germana de Foix
*(1488-1537), segunda esposa
de Fernando* el Católico.
*Tras enviudar, tomó parte
activa en la política española,
al ser encargada por
Carlos I de la pacificación
del reino de Valencia.*

▼ *George* **Gershwin** *en
una interpretación al piano.
Al lado, cartel de presentación
de la ópera* Porgy and Bess,
*compuesta por Gershwin
en 1935 y considerada
la ópera estadounidense
por antonomasia.*

otorgada por su tío Luis XII, incluía la cesión de los derechos de Francia sobre el reino de Nápoles y el título de rey de Jerusalén, donación que retornaría a Francia en el caso de que el matrimonio no tuviese descendencia, como así sucedió. Tras enviudar del monarca, Germana de Foix contrajo matrimonio con el marqués de Brandeburgo en 1519, una unión que contrarió a Castilla y Aragón. En 1523 fue nombrada lugarteniente general del reino de Valencia, y reprimió con severidad el movimiento de las germanías, reacción de los reinos catalanoaragoneses, entre 1519 y 1523, contra las medidas antiforales del emperador Carlos I. Tras la muerte de su segundo esposo, casó en 1526 con Fernando de Aragón, duque de Calabria, y se instalaron en calidad de virreyes en Valencia, en donde se rodearon de una corte notable por su intensa actividad cultural.

GERSHWIN, GEORGE [Jacob Gershvin] *(Brooklyn, EE UU, 1898-Beverly Hills, id., 1937) Compositor estadounidense.* En un país que, hasta el final de la Primera Guerra Mundial, había dependido en el ámbito musical casi exclusivamente de modas, compositores e intérpretes llegados de Europa, George Gershwin fue el primero en hacer oír una voz inequívocamente autóctona, aunque capaz, al mismo tiempo, de conquistar el éxito fuera de las fronteras de su patria. Y lo hizo a través de unas obras en que hábilmente se sintetizaban elementos procedentes del jazz y de la tradición clásica, y que le permitieron destacar por igual en campos tan dispares como el de la música sinfónica y la popular. Hijo de una familia de inmigrantes rusos de origen judío, su talento para la música se manifestó a temprana edad, cuando, mediante un voluntarioso aprendizaje autodidacto, aprendió a tocar el piano de oído. Ante su entusiasmo, su padre decidió hacerle estudiar en serio con un profesor, Charles Hambitzer, quien le descubrió el mundo sonoro de compositores como Listz, Chopin o Debussy. Sin embargo, los grandes referentes de Gershwin en aquellos primeros años fueron Irving Berlin y Jerome Kern, reyes del Broadway de la época gracias a sus canciones y sus comedias musicales. El deseo de triunfar como compositor en las salas de concierto, aunque latente entonces, no tomaría forma hasta años más tarde. Así, abandonó en 1914 sus estudios para trabajar en unos almacenes de música en los que, sentado al piano, presentaba al público las melodías de moda. Pronto se animó él mismo a componer sus primeras canciones, algunas de las cuales consiguieron cierta popularidad y, sobre todo, le valieron la oportunidad de escribir su primer musical para Broadway, *La, la, Lucille.* Su inmediato éxito significó el verdadero comienzo de su carrera como compositor. A éste siguieron otros títulos como *Lady Be Good, Oh Kay!, Funny Face, Girl Crazy* y *Of Thee I Sing,* que contribuyeron a cimentar su fama y a convertirlo en un personaje aún más popular que sus admirados Kern y Berlin. A partir de la década de 1920, inició también la composición de otros trabajos destinados a las salas de conciertos. Fecha señalada en este sentido fue la del 12 de febrero de 1924, cuando estrenó en el Aeolian Hall de Nueva York su *Rhapsody in blue,* una pieza para piano y orquesta en la que de manera original se sintetizaban algunos elementos del jazz, como la síncopa, con otros de procedencia clásica. La obra fue polémica, sobre todo a causa de esa misma mezcla de estilos «serio» y «ligero» que constituye su esencia, pero en poco tiempo consiguió hacerse con un puesto en el repertorio de los mejores solistas y las más destacadas orquestas. El éxito no hizo olvidar a Gershwin sus numerosas lagunas técnicas, por lo que prosiguió sus estudios musicales con la intención de enriquecer su estilo y abordar metas más ambiciosas. En 1925 llegó otra composición concertante, el *Concierto para piano en fa,* a la que siguió tres años más tarde la pieza sinfónica *Un americano en París*. La culminación de su carrera como compositor llegó en 1935 con la ópera *Porgy and Bess*, convincente retrato de la vida de una comunidad negra en el sur de Estados Unidos, en la que el autor, fiel a su estilo, sintetizó las dos tradiciones que conocía: la estadounidense, representada por el jazz y el espiritual, y la sinfónica europea. A pesar de algunas dificultades iniciales, *Porgy and Bess* se impuso rápidamente en los escenarios de todo el mundo, hasta el punto de que hoy es la ópera estadounidense por antonomasia. Gershwin, sin embargo, no pudo disfrutar durante mucho tiempo de su éxito: un tumor cerebral truncó prematuramente su vida, privando a la música estadounidense de uno de sus compositores más representativos y universales.

GESUALDO, CARLO (*Nápoles, h. 1560-id., 1613) Compositor y laudista italiano.* La poco documentada vida de Carlo Gesualdo ha entrado en los terrenos de la leyenda, hasta el punto de convertirse en materia de inspiración operística para compositores contemporáneos como Franz Hummel y Alfred Schnittke. El asesinato en 1590 de su esposa y el amante de ésta, a los que sorprendió *in fraganti*, le ha procurado una aureola de personaje tenebroso que su música, disonante, expresiva e inusualmente moderna, no ha hecho sino incrementar. Príncipe de Venosa y conde de Conza, Gesualdo cultivó el arte musical más para su propio placer que por necesidad profesional. Sólo así pueden explicarse lo avanzado de su lenguaje armónico, de un cromatismo extremo, y sus originales innovaciones formales. De su producción, no demasiado abundante, destacan los seis volúmenes de madrigales a cinco voces, muchos de los cuales están escritos sobre textos de Torquato Tasso, a quien conoció en Ferrara durante los años que pasó en esa ciudad después de su doble crimen. En ellos es posible seguir la evolución del compositor desde las primeras partituras, influidas por el ejemplo de su maestro Pomponio Nenna, hasta las de madurez, con la muerte y el dolor como temas más frecuentes. De carácter estático y contrastado, compuestas de frases muy

GEORGE GERSHWIN

OBRAS MAESTRAS

MÚSICA ESCÉNICA: *LA, LA, LUCILLE* (1919); *OUR NELL* (1922); *LADY BE GOOD* (1924); *OH KAY!* (1926); *FUNNY FACE* (1927); *GIRL CRAZY* (1930); *OF THEE I SING* (1931); *PORGY AND BESS* (1935). **MÚSICA ORQUESTAL:** *RHAPSODY IN BLUE* (1924); *CONCIERTO PARA PIANO EN FA* (1925); *UN AMERICANO EN PARÍS* (1928); *RAPSODIA NÚM. 2* (1932); *OBERTURA CUBANA* (1932); *VARIACIONES PARA PIANO «I GOT RHYTHM»* (1934). **MÚSICA INSTRUMENTAL:** *TRES PRELUDIOS PARA PIANO* (1926). **MÚSICA VOCAL:** *GEORGE GERSHWIN'S SONG BOOK* (1932).

▼ Sacrificio de Isaac, *obra de Lorenzo **Ghiberti** vencedora del concurso convocado en 1401 por el gremio de pañeros para contratar la realización de la segunda puerta del baptisterio de Florencia. Su estilo, pese a su carácter innovador, entronca con el gótico tardío.*

breves, en ocasiones desprovistas de temas melódicos propiamente dichos, en su abigarrada expresividad y su hábil empleo de la disonancia anuncian y preceden el universo barroco. Junto a otro libro de madrigales a seis voces, que nos ha llegado incompleto, y dos de motetes, conforman la parte más interesante y sorprendente de su catálogo, aquella que convierte a Gesualdo en uno de los mayores compositores de su época, comparable a sus contemporáneos, tan diferentes y a la vez complementarios, Luca Marenzio y Claudio Monteverdi.

GETTY, JEAN PAUL (*Minneapolis, EE UU, 1892-Sutton Place, Reino Unido, 1976) Empresario estadounidense.* Tras graduarse por la Universidad de Oxford en 1913, compró varios terrenos petrolíferos en Tulsa, Oklahoma, e inició sus actividades mercantiles como empresario petrolero. En pocos años acumuló una considerable fortuna merced a la compraventa de múltiples compañías de petróleo, y a partir de 1916 se trasladó a California, donde invirtió en otros sectores igualmente lucrativos. Todo ello le convirtió en uno de los principales empresarios estadounidenses y en propietario de un inmenso imperio mercantil. En 1949 firmó un contrato con el gobierno saudí que le concedió la extracción de petróleo durante sesenta años. De talante abierto y poco amigo de los convencionalismos, contrajo matrimonio en cinco ocasiones, y tras la Segunda Guerra Mundial se instaló en una mansión de Surrey, en Inglaterra. En 1953 abrió en Malibú, California, un museo en el que expuso los cuadros y otros diversos objetos de arte que coleccionó a lo largo de su vida. A su muerte, acontecida en 1976, estaba considerado la persona más rica del mundo.

GHIBERTI, LORENZO (*Florencia, 1378-id., 1455) Escultor y orfebre italiano.* Comenzó su actividad artística como orfebre, pero fue una personalidad modesta hasta 1401, cuando participó con *El sacrificio de Isaac* en el concurso para la realización de las segundas puertas (o puertas norte) del baptisterio de Florencia, en el que resultó ganador, imponiéndose, entre otros, a Brunelleschi. Este hecho marcó su vida, ya que una obra de tal envergadura requirió la creación de un importante taller, que fue el principal de Florencia a lo largo de medio siglo, por lo que se formaron en él destacadas figuras, como Donatello, Michelozzo, Uccello, Masolino y Filarete. Las puertas norte, realizadas de 1403 a 1424, incluyen veinte episodios de la vida de Cristo y ocho figuras de santos, talladas con el estilo elegante y minucioso, lleno de detalles, que caracteriza la escultura gótica. En 1425, el gremio de comerciantes de Florencia, satisfecho con su trabajo, le pidió que se ocupara también de las puertas este, que centraron su actividad hasta 1452. Sus diez grandes plafones de bronce dorado representan escenas del Antiguo Testamento en un estilo que nada tiene que ver con el anterior, por sus figuras poderosas, construidas sobre fondos de paisaje en los que se aplican con rigor las reglas de la perspectiva renacentista. En sus últimos años escribió tres *Commentarii*, con valiosas referencias a pintores y escultores italianos, y una autobiografía, la primera que se conserva de un artista.

GHIRLANDAIO, IL [Domenico di Tomaso Bigordi] *(Florencia, 1449-id., 1494) Pintor italiano*. Hijo de un orfebre, su maestro fue A. Baldovinetti, de quien heredó su depurado formalismo y su estilo sereno. Trabajó con sus hermanos Davide (1452-1525) y Benedetto (1458-1497) en el taller familiar, uno de los más prósperos de la Florencia de la época, del que salieron innumerables obras para la burguesía de la ciudad. Sus trabajos denotan al principio influencias de Filippo Lippi y el realismo flamenco de Hugo van der Goes, y más tarde la de Verrocchio. Resulta muy indicativo de la reputación del pintor el hecho de que en 1481 fuera llamado a Roma para participar en la decoración de la Capilla Sixtina, en la que se conserva de él *La vocación de los apóstoles Pedro y Andrés*. Pero su obra más valorada la realizó a partir de 1486 en la capilla mayor del templo florentino de Santa Maria Novella, donde pintó *Escenas de la vida de la Virgen* y de *san Juan Bautista*. Estos frescos, de brillante colorido, constituyen un retrato de la sociedad burguesa de Florencia, plasmado con minucioso detallismo y gusto por el boato. En 1488 pintó *La Adoración de los Magos* para el Ospedale degli Innocenti y en 1491 ejecutó su última tabla, *La Visi-*

▲ Annette (1961) *pertenece a la última etapa creativa de Alberto **Giacometti**, cuando el escultor se dedicó al estudio y la plasmación de la figura humana con un acabado tosco, que le permitía recoger los juegos de luces y sombras sobre la figura.*

▼ La Adoración de los Magos, *pintada por Domenico **Ghirlandaio** hacia 1488. La influencia del tríptico Portinari del maestro flamenco Hugo van der Goes se evidencia en el minucioso realismo del conjunto.*

tación, hoy en el Museo del Louvre. De sus excelentes retratos, el más significativo es *Abuelo con nieto*, tela en la que se aúna una sorprendente combinación de ternura y crudo realismo.

GIACOMETTI, ALBERTO *(Stampa, Suiza, 1901-Chur, id., 1966) Escultor y pintor suizo*. Nació en un ambiente artístico, ya que su padre, Giovanni, era un pintor impresionista. Se inició en el dibujo y la plástica en la Escuela de Artes y Oficios de Ginebra, antes de trasladarse a París para seguir los cursos de escultura de E. A. Bourdelle en la Academia de Grand Chaumière. En la capital francesa entró en contacto con el ambiente cubista, y más tarde con el grupo surrealista, del que formó parte de 1930 a 1935. En las obras de este período, muy personales, se reconoce la idea surrealista del simbolismo de los objetos. El abandono del surrealismo y la vuelta al arte figurativo constituyen el preludio de la llegada de Giacometti a su estilo más singular y característico, el que desarrolló a partir de comienzos de la década de 1940. Aparecen entonces sus figuras humanas alargadas y de apariencia nerviosa, muy delgadas y de superficie áspera, a menudo de tamaño natural, que pueden estar representadas solas o en grupo. Son estas obras las que han hecho de Giacometti uno de los artistas más originales del siglo XX, también en pintura, donde sus obras se caracterizan por figuras rígidas y frontales, simbólicamente aisladas en el espacio. En estas creaciones que representan la soledad y el aislamiento del hombre se ha querido ver un trasunto de la filosofía existencialista, y de hecho J.-P. Sartre, el máximo representante de la tendencia, reconoció en la obra de Giacometti algunas de sus ideas y escribió sobre ella. La familia y los amigos del artista fueron sus modelos preferidos, en particular su hermano Diego, al que reprodujo en numerosas esculturas, pinturas y dibujos.

GIAP, VÕ NGUYÊN *(An Xa, Vietnam, 1912) Político y militar vietnamita*. Se licenció en derecho y ejerció como profesor de historia. En 1941 ingresó en un grupo independentista de Vietnam del Norte, al que ayudó a organizar unas milicias armadas. Este movimiento se unió al de Ho Chi Minh y en agosto de 1945 declararon la independencia de Vietnam. Nombrado jefe del ejército, en mayo de 1954 derrotó a las tropas francesas en la batalla de Dien Bien Phu, lo cual motivó el fin de la guerra de Indochina y, por extensión, del régimen colonial francés en la región. Especialista en la guerra de guerrillas, tras la división del país lideró las fuerzas armadas de Vietnam del Norte, a las cuales llevó a la victoria en el conflicto armado que las enfrentó a Vietnam del Sur y Estados Unidos entre 1966 y 1973. Tras la reunificación del país, en 1976, y hasta 1980, desempeñó la cartera de Defensa. Conservó su condición de miembro del Politburó del Partido Comunista de Vietnam hasta el año 1982. En 1995 se entrevistó con los generales estadounidenses a los que había vencido en la guerra de Vietnam.

GIBBON, EDWARD (*Putney, Gran Bretaña, 1737-Londres, 1794) Historiador británico.* Hijo de una familia de holgada posición económica, cursó estudios en la Westminster School y en el Magdalen College, tras los cuales fue enviado a Lausana, en parte debido a su inclinación hacia el catolicismo, religión de la que posteriormente renegó. En 1763 emprendió un viaje que lo llevó a París, donde estudió a Diderot y a D'Alembert, y a Roma, donde pudo contemplar *in situ* las ruinas del Imperio Romano, que posteriormente estudiaría. En 1770 regresó a Londres, ciudad en la que publicó varios escritos que le dieron cierta fama. Esa popularidad se incrementó notablemente tras la publicación, en 1776, de los primeros volúmenes de *Historia del ocaso y caída del Imperio Romano,* su obra magna, en la que estuvo ocupado hasta 1788 y en la cual trazó un pormenorizado estudio del Imperio Romano desde el siglo II a.C. hasta la caída de Constantinopla en 1453. Esta obra, así como los demás libros que escribió, hicieron de él el más importante historiador británico de la época.

GIBBS, JOSIAH WILLARD (*New Haven, EE UU, 1839-id., 1903) Físico y químico estadounidense.* A la edad de quince años ingresó en la Universidad de Yale, donde·obtuvo el primer doctorado en ingeniería concedido por la mencionada institución. Durante un viaje a Europa, entró en contacto con los físicos y matemáticos de mayor prestigio de la época, cuyas novedosas aportaciones estudió con interés. Centró durante un tiempo su atención en el estudio de la máquina de vapor de Watt; ocupado en el análisis del equilibrio de la máquina, Gibbs empezó a desarrollar un

▲ *Fotografía de Vô Nguyên Giap, general en jefe de las fuerzas armadas de Vietnam del Norte, que vencieron a las de Estados Unidos y Vietnam del Sur en la guerra que los enfrentó a finales de la década de 1960 y principios de la siguiente.*

▼ *André Gide, uno de los poetas que mejor representan el paso del simbolismo a las vanguardias de principios del s. XX.*

método mediante el cual calcular las variables involucradas en los procesos de equilibrio químico. Dedujo la regla de las fases, que permite determinar los grados de libertad de un sistema fisicoquímico en función del número de componentes del sistema y del número de fases en que se presenta la materia involucrada. Así mismo, definió una nueva función de estado del sistema termodinámico, la denominada energía libre o energía de Gibbs (G), que permite prever la espontaneidad de un determinado proceso fisicoquímico (como puedan ser una reacción química o bien un cambio de estado) experimentado por un sistema sin necesidad de interferir en el medio ambiente que le rodea. En 1871 fue designado profesor de física matemática en Yale, tras la publicación de su labor fundamental, que incluyó los títulos *Métodos gráficos en termodinámica de fluidos* y *Sobre el equilibrio de sustancias heterogéneas,* este último de importancia trascendental para la posterior evolución de la física y la química modernas. La descripción adecuada de los procesos termodinámicos desde el punto de vista de la física llevó a Gibbs a desarrollar una innovadora herramienta científica, la mecánica estadística, que con posterioridad se reveló útil para la moderna mecánica cuántica.

GIDE, ANDRÉ (*París, 1869-id., 1951) Escritor francés.* Los efectos de una educación rígida y puritana condicionaron el principio de su carrera literaria, que se inició con *Los cuadernos de André Walter* (1891), prosa poética de orientación simbolista y cierto tono decadente. Se ganó el favor de la crítica con *Los alimentos terrestres* (1897), que constituía una crítica indirecta a toda disciplina moral, en la cual afirmaba el triunfo de los instintos y la superación de antiguos prejuicios y temores. Esta exigencia de libertad adquirió posteriormente expresión narrativa en *L'immoraliste* (1902), *La porte étroite* (1909), *Isabelle* (1912) y la *Symphonie pastorale* (1919). Después del éxito de *Los alimentos terrestres,* publicó *Prometeo mal encadenado* (1899), reflexión sobre la libertad individual, obstaculizada por los remordimientos de conciencia. Idéntica preocupación por lo moral y la gratuidad reflejan *Los sótanos del Vaticano* (1914) y *Corydon* (1924), esta última un diálogo en defensa de la homosexualidad, que supuso un auténtico escándalo. Participó en la fundación de *La Nouvelle Révue Française* (1908) y publicó ensayos sobre viajes, literatura y política. *Los monederos falsos* (1925) es una de las novelas más reveladoras del período de entreguerras y gira en torno a su propia construcción y a la condición de escritor, aunque su obra más representativa tal vez sea su *Journal* (1889-1942), que constituye una especie de *Bildungsroman* (aprendizaje de novelista). En 1947 fue galardonado con el Premio Nobel de Literatura.

GIL DE HONTAÑÓN, RODRIGO *(Rascafría, España, 1500-Segovia, 1577) Arquitecto español.* Fue hijo natural del también arquitecto Juan Gil de Hontañón (h. 1480-1526), con quien se formó y colaboró luego en diversas obras, como la construcción de las catedrales de Salamanca y Segovia. Rodrigo superó a su padre en maestría y prestigio, hasta convertirse en una de las grandes figuras de la arquitectura renacentista en España. Fue un arquitecto muy prolífico, que se ocupó por igual de obras religiosas y civiles, aunque entre estas últimas se encuentran sus obras maestras. En 1537 sucedió a Juan de Álava al frente de las obras de la catedral de Plasencia y del claustro de la catedral de Santiago de Compostela, ciudad en la que intervino también en las trazas y la construcción de algunos de los lados de la plaza de las Platerías. A partir de 1538 se encargó en Salamanca de la construcción de la casa de la Salina y del palacio de Monterrey, una de sus mejores creaciones, con su delicada ornamentación plateresca y el remate en cretería. En estos años comenzó su logro maestro, la fachada de la Universidad de Alcalá de Henares, finalizada en 1553; esta obra es uno de los grandes hitos del plateresco español.

GIL VICENTE → Vicente, Gil.

GILBERT, WILLIAM *(Colchester, Inglaterra, 1544-Londres, 1603) Físico y médico inglés.* Fue uno de los pioneros en el estudio experimental de los fenómenos magnéticos. Estudió medicina en la Universidad de Cambridge y en 1603 fue nombrado miembro del Real Colegio de Médicos. De 1601 a 1603 sirvió como médico de la reina Isabel I y del rey Jacobo I. En 1600 publicó *Sobre el imán, cuerpos magnéticos, y el gran imán de la Tierra*, donde se compilan sus investigaciones sobre cuerpos magnéticos y atracciones eléctricas; en él se concluye que la aguja de la brújula apunta al norte-sur y gira hacia abajo debido a que

▲ *Fachada de la Universidad de Alcalá de Henares (1551-1553), obra cumbre del arquitecto Rodrigo **Gil de Hontañón** y paradigma del arte constructivo del s. XVI español.*

▼ *Retrato de Alberto **Ginastera**, cuyas composiciones se inspiraron en un inicio en el folclor argentino, para luego derivar hacia otras técnicas como el dodecafonismo y la microtonalidad.*

el planeta Tierra actúa como si fuera un gigantesco imán. Fue el primero en introducir los términos atracción eléctrica, fuerza eléctrica y polo magnético.

GINASTERA, ALBERTO *(Buenos Aires, 1916-Ginebra, 1983) Compositor argentino.* Talento precoz, realizó sus estudios musicales en el Conservatorio Nacional de Buenos Aires bajo la tutela de Athos Palma y José André, y con el tiempo sería nombrado director del Conservatorio de La Plata. Fue así mismo fundador del Centro Latinoamericano de Altos Estudios Musicales, así como de la Facultad de Ciencias y Artes Musicales de la Universidad Católica de Argentina. Sus primeras producciones se enmarcan en una estética nacionalista que se inspira en el folclor argentino, pero con elementos rítmicos y tímbricos tomados de la vanguardia. Los ballets *Panambí* (1937) y *Estancia* (1952) son las partituras más representativas de esta etapa inicial. En 1946 se trasladó a Estados Unidos, donde recibió orientaciones de Aaron Copland. Con posterioridad, el lenguaje de Ginastera abandonó los ritmos y las melodías de su tierra para integrar técnicas como el dodecafonismo, la aleatoriedad y la microtonalidad. En esta línea se inscriben su concierto para arpa (en cuyo tercer movimiento es todavía perceptible cierto influjo de motivos melódicos argentinos), el de violín y los dos para piano y para violoncelo. Sus obras instrumentales más relevantes son *Obertura para el Fausto Criollo* (1943), *Sinfonía elegíaca* (1944), *Cuartetos* núm. 1 y núm. 2 (1951, 1958), *Sonata para piano* (1953) y *Variaciones concertantes* (1953), conocida como ballet con el título de *Tender Night*, con coreografía de John Taras. Compuso varios conciertos para instrumentos solistas y orquesta. De su música vocal destacan *Hieremiae prophetae lamentationes* (1946) para coro mixto, la *Cantata para América mágica* (1961) para soprano y percusión, y *Milena* (1970), con texto de Kafka. Cabe destacar también sus óperas *Don Rodrigo* (1964), *Bomarzo* (1967) y *Beatrix Cenci* (1971).

GINER DE LOS RÍOS, FRANCISCO *(Ronda, España, 1839-Madrid, 1915) Pedagogo y escritor español.* Estudió derecho en Barcelona y Granada. Establecido en Madrid desde 1863, se adhirió a las ideas krausistas del catedrático Julián Sanz del Río. En 1866 renunció a la cátedra de derecho internacional que había ganado en solidaridad con Sanz del Río y otros catedráticos, destituidos por mostrarse en desacuerdo con el programa oficial de enseñanza. Restablecido en su cátedra en 1868, participó en las reformas educativas. Tras la Restauración fue desterrado a Cádiz. Ya de nuevo en Madrid, en 1876 fundó, junto con otros intelectuales, la Institución Libre de Enseñanza y colaboró con distintas publicaciones. En 1881 recuperó nuevamente su cátedra, cuyo desempeño compaginó con la dirección de la Institución. Entre sus obras pedagógicas cabe citar *Estudios sobre educación* (1866), *Pedagogía universitaria* (1910) y *Resumen de la filosofía del derecho* (1912).

GINSBERG, ALLEN *(Newark, EE UU, 1926-Nueva York, 1997) Poeta estadounidense.* Era hijo de un profesor de inglés y de una maestra de escuela rusa que permaneció internada durante años en un frenopático. Pasó por la Columbia University, de la que fue expulsado junto con otros compañeros como Jack Kerouac o William Burroughs. Los tres constituyeron el núcleo fundamental del llamado movimiento beat (*beat generation*), que rompió con la estética académica y llevó a cabo una auténtica revolución cultural claramente marcada por su denuncia del sistema de vida estadounidense. La publicación del poema *Aullido* (*Howl*, 1956), de Ginsberg, fue el detonante que consolidó la poesía beat y le dio forma concreta. Otra gran creación es el largo poema dedicado a su madre, *Kaddish* (1961), una confesión personal, casi catártica. Acompañando estos dos poemas, publicó algunas canciones, de metro más corto y expresión más simple, con títulos tan populares como *El peso del mundo es amor*. En 1963 apareció su tercer libro de poemas, *Sándwiches de realidad*, al que siguieron nuevos títulos, como *Planet news* (1968) y *La caída de América* (1972); en 1984 se publicó el volumen *Collected Poems, 1947-1980*, recopilación de su obra.

GIORGIONE [Zorzi da Castelfranco] *(Castelfranco Veneto, actual Italia, h. 1477-Venecia, 1510) Pintor italiano.* Es una de las figuras más oscuras de la historia del arte, ya que nada se sabe de su vida y muy poco

▲ Pala de Castelfranco, óleo pintado por **Giorgione** en 1504. La pantalla de terciopelo rojo genera un misterioso espacio interior con el trono de la Virgen y la campiña al fondo.

GIOTTO

OBRAS MAESTRAS

HISTORIA DE SAN FRANCISCO (h. 1290; iglesia superior de Asís); MOSAICO DE LA NAVICELLA DE SAN PEDRO (h. 1295; Roma); SAN FRANCISCO RECIBIENDO LOS ESTIGMAS (h. 1300; Louvre, París); FRESCOS DE LA CAPILLA DE LOS SCROVEGNI (1305-1306; Padua); MADONNA DE OGNISSANTI (1305-1310; Uffizi, Florencia); VIDA DE SAN FRANCISCO (1320; capilla Bardi, iglesia de la Santa Croce, Florencia); VIDA DE SAN JUAN BAUTISTA (1320; capilla Peruzzi, iglesia de la Santa Croce, Florencia); CRUCIFIJO (templo Malatestiano de Rímini); RETRATOS DE HOMBRES ILUSTRES (Nápoles, perdidos); RETABLO STEFANESCHI (1328; Vaticano).

de su obra, sobre la que existen numerosos problemas de atribución, entre otras razones porque dejó varios cuadros inacabados, que completaron otros pintores. Pese a ello, puede afirmarse sin lugar a dudas que el artista fue un innovador, una figura fundamental en la evolución de la pintura veneciana. Llegó a Venecia hacia el año 1500 y se formó en el taller de Giovanni Bellini, antes de establecerse por su cuenta en asociación con Vincenzo Catena. Participó en dos importantes encargos públicos: un lienzo para la sala de audiencias del palacio ducal (perdido) y los frescos exteriores del Fondaco dei Tedeschi, en colaboración con Tiziano. Además, pintó por encargo para coleccionistas privados, y en esto se diferencia de los otros artistas de su tiempo, que trabajaron sobre todo para grandes instituciones públicas o de la Iglesia. Se le considera el inventor del paisaje emocional, es decir, de la naturaleza representada en función del estado de ánimo del artista. Constituye una buena muestra de ello su obra más admirada, *La tempestad*, donde el tema parece un mero pretexto para la realización de un ejercicio de imaginación creadora; este cuadro, de colores fríos y saturados, ejerció una gran influencia en la pintura posterior. Un papel de primer orden desempeña también el paisaje en otra de las grandes creaciones de Giorgione, *Los tres filósofos*, una pintura de significado incierto en la que resulta muy innovador el que la pincelada se oriente casi exclusivamente a la creación de efectos cromáticos. Obras de atribución segura son también el retrato de *Laura* y *Venus dormida*. Giorgione murió de forma prematura, probablemente a causa de la peste, cuando contaba poco más de treinta años de edad.

GIOTTO [Giotto di Bondone] *(Colle di Vespignano, actual Italia, 1267-Florencia, 1337) Arquitecto y pintor italiano.* Fue el primer creador italiano en superar las tendencias bizantinas de la pintura de su tiempo y explorar unas orientaciones que acabaron por desembocar en la gran revolución artística del Renacimiento. Existen discrepancias en cuanto a sus orígenes y su formación, pero parece seguro que se formó con Cimabue, en cuya tradición iconográfica se inscriben algunas de sus creaciones, como el *Crucifijo* de Santa Maria Novella, donde la figura de Cristo está dotada de un sentido humano más profundo que en su maestro. La obra más antigua que se le atribuye son los frescos de la iglesia superior de Asís, en concreto la *Historia de san Francisco*, si bien esta atribución constituye uno de los problemas más debatidos de la historia del arte. Está documentada con seguridad la presencia de Giotto en Asís hacia 1290, pero existen demasiadas diferencias estilísticas entre esta obra y otras asignadas con seguridad al maestro. En 1304 Giotto se trasladó a Padua para pintar los frescos que la familia Scrovegni le encargó en una capilla de su propiedad. Los frescos de esta capilla, denominada de los Scrovegni o de la Arena, son los únicos que se asignan con certeza al maestro. Incluyen un *Juicio Final* (muro oeste), una *Anunciación* (arco del presbiterio) y escenas de la *Vida de la Virgen* y de la *Pasión de Cristo* (muros restantes), bajo los cuales figuran personificaciones de virtudes y vicios pintadas en grisalla con objeto de crear efectos de relieve. La obra en su conjunto denota una nueva concepción de la pintura por la atención que presta el artista tanto a la creación de efectos de perspectiva como a la unificación del espacio, que acierta a integrar las figuras con los elementos arquitectónicos que les sirven de marco. Realza la solemnidad y el dramatismo que impregnan estas escenas el empleo de colores puros y matizados. Desde la finalización de la capilla de Padua hasta el comienzo de su otra gran obra al fresco, Giotto se ocupó en realizaciones de orden menor, como la *Madonna de Ognissanti* y el *Crucifijo* del templo Malatestiano de Rímini. A partir de 1317, el maestro trabajó en Florencia, en la decoración de dos capillas de la iglesia de la Santa Croce; las escenas de la *Vida de san Francisco* pintadas en la capilla Bardi anuncian los ideales pictóricos del *Quattrocento*; los frescos sobre la *Vida de san Juan Bautista* en la capilla Peruzzi anticipan las conquistas espaciales de Masaccio. Con posterioridad, Giotto trabajó para Roberto de Anjou, en Nápoles, y para los Visconti, en Milán. Pero la obra más relevante de los últimos años de su vida fue el *campanile* de la catedral de Florencia, del que trazó los planos y comen-

▲ *En los frescos que ornan la capilla paduana de la Arena, decorada entre 1305 y 1313, el estilo de **Giotto** llega a su máxima expresión al dar preeminencia absoluta a la figura humana.*

▼ *William Ewart **Gladstone**, flanqueado por una dama y un caballero, en un coche de posta. Gladstone fue primer ministro de Gran Bretaña durante la época de la Revolución Industrial.*

zó la construcción. El arte profundamente innovador del maestro no dejó indiferentes a sus coetáneos, y ya en su tiempo gozó de una fama inmensa. Figuras de su época como Dante o Boccaccio lo elogiaron, y muchos discípulos perpetuaron sus conquistas hasta finales del siglo XIV, aunque se considera que sus verdaderos epígonos artísticos fueron Masaccio y Miguel Ángel.

GIRARDON, FRANÇOIS *(Troyes, Francia, 1628-París, 1715) Escultor francés*. Durante una estancia en Roma en su juventud estudió a fondo el arte de la Antigüedad, hecho que marcó decisivamente su producción posterior, la más cercana al clasicismo del período barroco francés. Al regresar a Francia en 1652, trabajó principalmente para Luis XIV. Por encargo del soberano realizó numerosas obras para los jardines de Versalles bajo la dirección de Le Brun, en particular el famoso *Apolo servido por las ninfas*, considerado una de las grandes obras de la escultura francesa del siglo XVII. Resultan más interesantes estas obras mitológicas que las de carácter áulico y celebrativo, como el monumento al cardenal Richelieu de la iglesia de la Sorbona o la desaparecida estatua ecuestre de Luis XIV. Se le deben también numerosos retratos en forma de busto.

GLADSTONE, WILLIAM EWART *(Liverpool, 1809-Hawarden, id., 1898) Político británico*. Hijo del político John Gladstone, estudió en Eton y en la Christ Church (Oxford). Dirigió sus primeros pasos hacia la carrera eclesiástica, pero ante la oposición de su padre la abandonó. Elegido diputado por Newark en diciembre del año 1832 en representación del Partido Conservador y, poco después, se le designó vicesecretario del Tesoro durante el mandato de Robert Peel (1834-1835), de quien se declaraba admirador. Sin embargo, fue distanciándose progresivamente de él, y a partir de 1843 las diferencias entre ambos eran ya patentes, merced al giro hacia el liberalismo iniciado por Gladstone. En esta última fecha fue nombrado ministro de Comercio, cargo desde el que impulsó una serie de reformas que mejoraron sustancialmente las condiciones de vida de los empleados del puerto de Londres. De ello, junto con otras medidas demasiado alejadas de los planteamientos conservadores, derivó un creciente malestar en el seno del gobierno, que sólo finalizó tras presentar su dimisión. Se reincorporó a las funciones gubernamentales en 1845, como ministro de Colonias. Tras la muerte de Peel, acaecida en 1850, se acercó ideológicamente al Partido Liberal, ingresó en sus filas y llegó a ser su líder a partir de 1868. Entre 1853 y 1866 fue director de la Cancillería del Exchequer y, tras la dimisión de Disraeli, la reina Victoria le encomendó la formación de gobierno. Durante su primer mandato (1868-1874) impulsó la polémica *Home Rule*, que debía ser el primer paso hacia un proceso de autonomía política de Irlanda y que acabó con la secesión del Partido Liberal. En 1885, ya falto de apoyo, dimitió; de nuevo primer ministro en 1892, ejerció un segundo mandato hasta 1894.

GLINKA, MIJAIL IVANOVICH *(Novospaskoie, Rusia, 1804-Berlín, 1857) Compositor ruso.* Considerado el padre de la escuela nacionalista rusa, Glinka nació en el seno de una familia de pequeños propietarios. La acomodada situación familiar le permitió recibir una esmerada y cosmopolita educación musical con maestros privados, italianos y alemanes. Durante un viaje a Italia realizado en 1830 tuvo la oportunidad de ampliar sus conocimientos al lado de compositores como Bellini y Donizetti. Tras regresar a su patria, en 1834, entró en contacto con los cenáculos literarios más importantes del momento, entablando amistad con Pushkin y Gogol. La labor de éstos en pos de una literatura nacional incitó al compositor a escribir una ópera sobre un episodio histórico ruso: *La vida por el zar.* Su estreno en 1836 significó el nacimiento de un estilo nacional inspirado en el folclor y libre de las influencias alemana e italiana. A esta obra siguió en 1842 *Ruslán y Ludmila*, cuya estética fantástica y popular iba a marcar la producción del Grupo de los Cinco. Glinka compuso también páginas orquestales (*Jota aragonesa*, 1845) y música de cámara (*Trío patético*, 1827).

GLUCK, CHRISTOPH WILLIBALD *(Erasbach, actual Alemania, 1714-Viena, 1787) Compositor y teórico alemán.* El lugar destacado que ocupa en la

▲ *Retrato de Christoph Willibald **Gluck** por Jean-Baptiste Greuze. Autor clave en la evolución de la ópera, gozó de gran celebridad en su época, y su obra influyó en la de Mozart y más adelante en la de Berlioz, Wagner y Strauss.*

▼ *Robert Hutchings **Goddard**, pionero en el campo de la propulsión de cohetes, junto a uno de sus prototipos*

historia de la música radica, sobre todo, en la reforma que llevó a cabo del género operístico, que propugnaría Richard Wagner un siglo después. Hijo de un guarda forestal, en 1736 el príncipe Lobkowitz tomó a Gluck a su servicio en Viena, y un año después el príncipe Melzi se lo llevó consigo a Milán, en Italia, donde recibió lecciones de composición de Giovanni Battista Sammartini. Fruto de estas enseñanzas fue su primera ópera seria, *Artajerjes*, compuesta en 1741 según el estilo italiano entonces imperante. Dado el éxito alcanzado, Gluck dio a la escena nuevos títulos, entre ellos *Il Tigrane* (1743), *La clemencia de Tito* (1752) y *La Cinesi* (1754). Ninguno de ellos dejaba entrever las innovaciones que lo harían célebre, antes al contrario: se adaptaban plenamente a las convenciones formales de la ópera seria. Determinante en su posterior evolución fue el conocimiento de la ópera francesa, la *tragédie-lyrique* de Lully y Rameau, que tuvo oportunidad de estudiar en Viena. Influido por ella, dio a conocer en 1762 la obra que inauguraba su reforma, *Orfeo y Eurídice*, con libreto de su colaborador Raniero de Calzabigi. Esta reforma, sistematizada con detalle en el prólogo de su posterior trabajo, *Alceste* (1767), intentaba devolver a la ópera el espíritu de la tragedia griega. Con ese fin, Gluck eliminó el aria *da capo*, adecuó las voces a los personajes, sustituyó los recitativos *secchi* por otros acompañados por la orquesta, a la que enriqueció en efectivos y otorgó un mayor protagonismo, y difuminó las diferencias entre estos recitativos y las arias. El resultado fueron unas obras en las que Gluck devolvía a la ópera su contenido teatral, perdido en el Barroco. La reforma no consiguió consolidarse en Viena, pero sí en Francia, país en el cual el músico se estableció en el año 1773, y en el cual dio a conocer con éxito *Ifigenia en Áulide* (1774), *Armide* (1777) e *Ifigenia en Táuride* (1779).

GODDARD, ROBERT HUTCHINGS *(Worcester, EE UU, 1882-Baltimore, id., 1945) Inventor estadounidense.* Fascinado desde niño por la idea de los viajes espaciales, mientras estudiaba en el instituto diseñó los principios de un sistema de transporte en un tubo de vacío donde los vehículos viajarían impulsados gracias a la acción de electroimanes. En 1908, la Universidad Clark de su ciudad natal le permitió instalarse en un pequeño laboratorio, donde Goddard fue el primero en demostrar que el empuje y la propulsión podían tener lugar en el vacío, y posteriormente, en desarrollar un motor de combustible líquido (oxígeno y gasolina) que, en 1926, consiguió elevar brevemente un pequeño cohete. Gracias al apoyo financiero de instituciones como el Smithsonian o el Guggenheim Fund y de personalidades como Charles Lindbergh, Goddard pudo disponer de mayores medios y contar con unas pequeñas instalaciones en Roswell, donde trabajaría incansablemente en una constante búsqueda de mayor velocidad y altura. Desarrolló también la técnica de cohetes de fases múltiples, e ideó el arma contracarro conocida como bazuka.

GÖDEL, KURT *(Brünn, actual Austria, 1906-Princeton, EE UU, 1978) Lógico y matemático estadounidense de origen austriaco.* En 1930 entró a formar parte del cuerpo docente de la Universidad de Viena. Por su condición de judío se vio obligado a abandonar la ciudad durante la ocupación alemana de Austria y a emigrar a Estados Unidos, donde pasó a ocupar una plaza de profesor en el Instituto de Estudios Avanzados de Princeton, institución que ya había visitado con anterioridad. En 1931 publicó el artículo «Sobre proposiciones formalmente indecidibles del *Principia Mathematica* y sistemas relacionados», en el que propuso sus dos teoremas de la incompletitud, el primero de los cuales establece que ninguna teoría finitamente axiomatizable y capaz de derivar los postulados de Peano (esto es, abarcar un nivel mínimo de complejidad) es a la vez consistente y completa. En otras palabras, si se intenta elaborar una teoría fundacional de las matemáticas que establezca los axiomas y las reglas de inferencia asociadas a los mismos, de modo que sea posible estipular con precisión qué es y qué no es un axioma, la teoría resultante será o bien insuficiente (no permitirá derivar los postulados de Peano), incompleta (existirá al menos una proposición matemáticamente válida que no será derivable de la teoría) o inconsistente. El segundo teorema de la incompletitud, corolario del primero, afirma que si una teoría es finitamente axiomatizable, consistente y capaz

▲ *El matemático Kurt* **Gödel***, cuyos teoremas sobre la incompletitud de los sistemas axiomáticos dieron el golpe de gracia a los empeños formalistas de Hilbert.*

▼ *Retrato de* **Godoy** *realizado por Goya. La monarquía española sufrió con Carlos IV una progresiva erosión de su prestigio, agravada por la actuación de Godoy, quien chocó con los intereses del clero y la nobleza y se mostró incapaz de solventar el problema colonial.*

de derivar los postulados de Peano, entonces dicha teoría no puede probar su propia consistencia. Mediante la demostración de las imperfecciones del sistema axiomático como herramienta, heredada de los antiguos griegos, para la elaboración de teorías complejas, completas y consistentes, la obra de Gödel echó definitivamente por tierra las empresas formalistas (Hilbert) y logicistas (Russell y Whitehead) y, en definitiva, más de un siglo de intentos de desarrollar una fundamentación de las matemáticas basados en dicho instrumento.

GODOY, MANUEL *(Badajoz, 1767-París, 1851) Político español.* Con tan sólo veinticinco años recibió el Toisón de Oro y fue nombrado primer ministro del Estado. Una vez en el poder, su primera intervención consistió en intentar salvar al rey Luis XVI de la guillotina. Finalmente, la ejecución del monarca francés llevó a España a declarar la guerra a Francia. Dos años después, el curso del conflicto era tan desfavorable que Godoy tuvo que negociar y firmar el tratado de Basilea. En 1798 se vio obligado a abandonar su cargo, debido a las presiones del Directorio francés, que dudaba de su lealtad; fue sustituido por Saavedra y más tarde por Urquijo, pero siguió contando con la confianza de Carlos IV. Prueba de ello es que apenas dos años después, tras una actuación desafortunada de Urquijo, volvió a empuñar las riendas del gobierno. Fue por aquel entonces cuando, ayudado por los franceses, logró ganar «la guerra de las Naranjas» contra Portugal. Poco después Francia firmó la paz de Amiens con el Reino Unido, pero la calma duró sólo un año: España, junto a Francia, declaró de nuevo la guerra al Reino Unido. La política de Godoy empezó a provocar animadversiones, y se fraguó una conspiración contra él dirigida por el príncipe de Asturias (el futuro rey Fernando VII), que culminó con la invasión del palacio de Aranjuez. Manuel Godoy fue hecho prisionero, si bien, liberado poco después por orden de Napoleón, se dirigió hacia Bayona, donde se reunió con el príncipe Fernando y los reyes. Estos últimos abdicaron, dejando el trono de España en manos de Napoleón. A los setenta y dos años se exilió en París, donde escribió sus *Memorias.*

GOEBBELS, JOSEPH *(Rheydt, Alemania, 1897-Berlín, 1945) Político alemán.* Nacido en el seno de una familia católica acomodada, recibió una educación esmerada y pronto destacó por su inteligencia. Un defecto físico en las piernas le eximió de incorporarse a filas en la Primera Guerra Mundial. En 1921 se graduó en filología germánica por la Universidad de Heidelberg y trató de vivir como escritor y periodista, pero tuvo escaso éxito. Paralelamente, sus puntos de vista fueron derivando hacia planteamientos cada vez más cercanos al nacionalsocialismo, hasta que acabó por ingresar en el partido nazi en 1923. Tras una rápida ascensión hacia la cúpula del poder, en 1926 fue nombrado *Gauleiter* de Berlín, puesto en el cual empezó a dar muestras de su habilidad como orador provocativo y hábil propagandista en una serie de campañas locales. En 1930 se convirtió en el jefe de la División de Propaganda, trasladó su estrategia regional a un nivel nacional y sentó los principios de la manipulación de las masas a través de la propaganda. Con la llegada al poder de Hitler, fue nombrado ministro de Ilustración Popular y Propaganda, cargo desde el que trató de ganar la voluntad de los alemanes en favor del partido nazi. Con el estallido de la Segunda Guerra Mundial, su actividad propagandística se incrementó considerablemente, en un esfuerzo por mantener alta la moral del ejército y el pueblo alemán a lo largo del conflicto, al tiempo que justificaba las atrocidades cometidas por el régimen. En este sentido, se convirtió en uno de los más acérrimos defensores de los puntos de vista de Hitler y en su más cercano colaborador. El hecho de que el curso de la guerra fuera definitivamente en contra del Reich no hizo más que acentuar su fanatismo. Por fin, ante la inminente caída de Berlín, envenenó a sus seis hijos antes de suicidarse junto a su esposa en el bunker de Hitler.

GOERING, HERMANN *(Rosenheim, Alemania, 1893-Nuremberg, id., 1946) Militar y político alemán.* Piloto durante la Primera Guerra Mundial, se anotó 22 victorias en combate y llegó a asumir la jefatura de la escuadrilla de Von Richthofen cuando éste cayó derribado. En la posguerra se afilió pronto al partido nazi, del que se convirtió en una de sus figuras más destacadas. Tuvo una señalada actuación en el fracasado *putsch* de Munich (1923), en el cual resultó herido y huyó a Suecia. Diputado en

---

JOHANN WOLFGANG GOETHE

OBRAS MAESTRAS

TEATRO Y EPOPEYA: *FAUSTO*, primer boceto (*URFAUST*, 1774); *CLAVIGO* (1774); *IFIGENIA* (*IPHIGENIE UND TAURIS*, 1787); *EGMONT* (1788); *TORQUATO TASSO* (1790); *HERMANN Y DOROTEA* (*HERMANN UND DOROTHEA*, 1797); *FAUSTO. PRIMER FRAGMENTO* (*FAUST, EIN FRAGMENT*, 1790; primera parte, 1808; segunda parte, póstuma, 1832). **POESÍA:** *EPIGRAMAS VENECIANOS* (*VENEZIANISCHE EPIGRAMME*, 1796); *ELEGÍA DE MARIENBAD* (*MARIENBADER ELEGIE*, 1827); *DIVÁN OCCIDENTAL-ORIENTAL* (*WEST-ÖSTLICHER DIVAN*, 1814). **NOVELA:** *LOS SUFRIMIENTOS DEL JOVEN WERTHER* (*DIE LEIDEN DES JUNGEN WERTHERS*, 1774); *LOS AÑOS DE APRENDIZAJE DE WILHELM MEISTER* (*WILHELM MEISTERS LEHRJAHRE*, 1795); *LOS AÑOS DE PEREGRINACIÓN DE WILHELM MEISTER* (*WILHELM MEISTERS WANDERJAHRE*, 1821-1829); *LAS AFINIDADES ELECTIVAS* (*DIE WAHLVERWANDTSCHAFTEN*, 1809). **ENSAYO:** *LA TEORÍA DE LOS COLORES* (*ZUR FARBENLEHRE*, 1810); *POESÍA Y VERDAD* (*AUS MEINEM LEBEN; DICHTUNG UND WAHRHEIT*, 1811-1831).

▼ *Retrato del poeta Johann Wolfgang **Goethe** realizado por Joseph Karl Stieler. La publicación de su obra* Los sufrimientos del joven Werther *abrió el camino al Romanticismo en toda Europa.*

1928 y presidente del Reichstag en 1932, un año más tarde, con el acceso de los nazis al poder, Hitler lo nombró jefe del gobierno de Prusia y ministro de aviación, arma que transformó en una fuerza de combate formidable. Fundó la policía prusiana, la Gestapo, aunque el mando recayó luego en Himmler. A partir de 1936 coordinó las actividades de los ministerios relacionados con la economía. Concibió un plan para la producción de material de guerra, proyecto que chocó con los intereses de otros jerarcas nazis, pese a lo cual logró amasar una inmensa fortuna. El estallido de la Segunda Guerra Mundial y los éxitos iniciales de la fuerza aérea, la Luftwaffe, le hicieron ganar mucha popularidad, que se desvaneció poco a poco a raíz de las primeras derrotas alemanas y la clara incapacidad de la aviación de detener la ofensiva aérea aliada sobre Alemania. Mariscal de campo, presidente del Consejo de Economía de Guerra, mariscal del Reich (1940) y presidente del Consejo de Guerra, estuvo considerado como el lugarteniente del Führer (quien, sin embargo, antes de suicidarse traspasó la jefatura del Estado al almirante Doenitz). Detenido por el ejército estadounidense en mayo de 1945, fue juzgado y condenado a muerte por crímenes de guerra en los juicios de Nuremberg. Horas antes de la ejecución se envenenó con cianuro.

GOETHE, JOHANN WOLFGANG *(Frankfurt, 1749-Weimar, actual Alemania, 1832) Escritor alemán.* Nacido en el seno de una familia patricia burguesa, su padre se encargó personalmente de su educación. En 1765 inició los estudios de derecho en Leipzig, aunque una enfermedad le obligó a regresar a Frankfurt. Una vez recuperada la salud, se trasladó a Estrasburgo para proseguir sus estudios. Fue éste un período decisivo, ya que en él se produjo un cambio radical en su orientación poética. Frecuentó los círculos literarios y artísticos del Sturm und Drang, germen del primer Romanticismo, y conoció a Herder, quien lo invitó a descubrir a Homero, Ossian, Shakespeare y la poesía popular. Fruto de estas influencias, abandonó definitivamente el estilo rococó de sus comienzos y escribió varias obras que iniciaban una nueva poética, entre ellas *Canciones de Sesenheim*, poesías líricas de tono sencillo y espontáneo, y *Sobre la arquitectura alemana* (1773), himno en prosa dedicado al arquitecto de la catedral de Estrasburgo, y que inaugura el culto al genio. En 1772 se trasladó a Wetzlar, sede del Tribunal Imperial, donde conoció a Charlotte Buff, prometida de su amigo Kestner, de la cual se prendó. Esta pasión frustrada inspiró su primera novela, *Los sufrimientos del joven Werther*, obra que causó furor en toda Europa y que constituyó la novela paradigmática del nuevo movimiento que estaba naciendo en Alemania, el Romanticismo. De vuelta en Frankfurt, escribió algunos dramas teatrales menores e inició la composición de su obra más ambiciosa, *Fausto*, en la que trabajaría hasta su muerte; en ella, la recreación del mito literario del pacto del sabio con el diablo sirve a una amplia alegoría de la humanidad, en la cual se refleja la transición del autor desde el Romanticismo hasta el personal clasicismo de su última etapa. En 1774, aún en Frankfurt, anunció su compromiso matrimonial con Lili Schönemann, aunque rompió el noviazgo dos años más tarde; tras aceptar el puesto de consejero del duque Carlos Augusto, se trasladó a Weimar, donde estableció definitivamente su residencia. Empezó entonces una brillante carrera política (llegó a ser ministro de Finanzas en 1782), al tiempo que se interesaba también por la investigación científica. La actividad política y su amistad con una dama de la corte, Charlotte von Stein, influyeron en una nueva evolución literaria que le llevó a escribir obras más clásicas y serenas, abandonando los postulados individualistas y románticos del Sturm und Drang. En esa época empezó a escribir *Los años de aprendizaje de Wilhelm Meister* (1795), novela de formación que influiría notablemente en la literatura alemana posterior. En 1786 abandonó Weimar y la corte para realizar su sueño de juventud, viajar a Italia, el país donde mejor podía explorar su fascinación por el mundo clásico. De nuevo en Weimar, tras pasar dos años en Roma, siguió al duque en las batallas prusianas contra Francia, experiencia que recogió en *Campaña de Francia* (1822). Poco después, en 1794, entabló una fecunda amistad con Schiller, con años de rica colaboración entre ambos. Sus obligaciones con el duque cesaron (tan sólo quedó a cargo de la dirección del teatro de Weimar), y se dedicó casi por entero a la literatura y a la redacción de obras científicas. La muerte de Schiller, en

▲▼ La habitación de Vincent en Arles, *cuadro pintado probablemente por razones sentimentales, que representa el cuarto de la pensión en la que residió Vincent van **Gogh** desde febrero de 1888 hasta mayo de 1889. Bajo estas líneas,* Autorretrato, *de 1889.*

1805, y una grave enfermedad hicieron de Goethe un personaje cada vez más encerrado en sí mismo y atento únicamente a su obra. En 1806 se casó con Christiane Vulpius, con la que ya había tenido cinco hijos. En 1808 se publicó *Fausto* y un año más tarde apareció *Las afinidades electivas*, novela psicológica sobre la vida conyugal y que se dice inspirada por su amor a Minna Herzlieb. Movido por sus recuerdos, inició su obra más autobiográfica, *Poesía y verdad* (1811-1831), a la que dedicó los últimos años de su vida, junto con la segunda parte de *Fausto*.

GOGH, VINCENT VAN (*Groot-Zundert, Países Bajos, 1853-Auvers-sur-Oise, Francia, 1890*) *Pintor holandés.* Vincent era el mayor de los seis hijos de un pastor protestante, y mantuvo con su hermano Theo, cuatro años menor que él, una relación que sería determinante en su existencia y su trayectoria artística. La correspondencia que ambos intercambiaron a lo largo de toda la vida es el testimonio de la intensidad de esta relación. Tras recibir una esmerada educación en un internado privado, con dieciséis años entró como aprendiz en la filial de La Haya de la galería de arte parisina Goupil & Cie., fundada por su tío Vincent; allí conoció las obras de la escuela de Barbizon. El traslado de Vincent a Londres en 1873 señaló el inicio de una primera etapa creativa. Tras un rechazo amoroso, se volvió cada vez más solitario, hasta que en 1878 se vio impelido por la necesidad de entregarse a sus semejantes, y tras intentar estudiar teología, decidió satisfacer su vocación uniéndose a los mineros de la Borinage. En este período realizó una serie

---

VINCENT VAN GOGH
OBRAS MAESTRAS

LOS COMEDORES DE PATATAS (1885; Rijksmuseum Vincent van Gogh, Amsterdam); *AUTORRETRATO* (dedicado a Paul Gauguin, 1888; Fogg Art Museum, Cambridge); *LA CASA AMARILLA (LA CASA DE VINCENT,* 1888; Rijksmuseum Vincent van Gogh, Amsterdam); *TERRAZA DEL CAFÉ DE LA PLACE DE FORUM EN ARLES POR LA NOCHE* (1888; Rijksmuseum Kröller-Müller, Otterlo); *CATORCE GIRASOLES EN UN JARRÓN* (1889; Rijksmuseum Vincent van Gogh, Amsterdam); *AUTORRETRATO CON LA OREJA VENDADA* (1889; Courtauld Institute Galeries, Londres); *LA NOCHE ESTRELLADA (CIPRESES Y PUEBLO,* 1889; The Museum of Modern Art, Nueva York); *LA HABITACIÓN DE VINCENT EN ARLES* (1889; Musée d'Orsay, París); *LA SIESTA (SEGÚN MILLET)* (1890; Musée d'Orsay, París); *LA IGLESIA DE AUVERS* (1890; Musée d'Orsay, París); *RETRATO DEL DOCTOR GACHET* (1890; Colección privada); *TRIGAL CON CUERVOS* (1890; Rijksmuseum Vincent van Gogh, Amsterdam).

de dibujos de los mineros. Hacia 1880, tras ser expulsado por su excesiva implicación, descubrió en la pintura su auténtica vocación, considerándola una vía para consolar a la humanidad. En los primeros años de la década de 1880 estudió con diversos pintores, entre los que cabe destacar a Anton Mauve. Su rápida evolución y el conocimiento de los impresionistas lo llevaron a abandonar la enseñanza académica y a reunirse con Theo en París en 1876. Su hermano le presentó a Pissarro, Seurat y Gauguin, y esta situación coincidiría con la definición de su pintura. Su paleta se tornó definitivamente colorista y su visión, menos tradicional, dando forma a su personal visión del postimpresionismo. Su interés por el color y por la captación de la naturaleza lo indujo a trasladarse a Arles, donde su obra fue progresivamente expresando con mayor claridad sus sentimientos sobre lo representado y su propio estado mental. Con la pretensión de crear el grupo de los «impresionistas del sur», alquiló una casa donde invitó a los artistas con quienes compartía intereses y en la que Gauguin pasaría dos meses. La primera crisis mental, en la que se cortó parte de la oreja izquierda, tuvo lugar en la Navidad del mismo año 1888. En abril del año siguiente, ante el temor a perder su capacidad para trabajar, pidió ser ingresado en el hospital psiquiátrico de Saint-Rémy-de-Provence donde permaneció doce meses. Tras sufrir diversos ataques y ante la imposibilidad de salir al exterior a pintar, realizó obras relacionadas con el hospital, retratos de médicos y reinterpretaciones de obras de Rembrandt, Delacroix y Millet. La pérdida de contacto con la realidad y una progresiva sensación de tristeza son las claves de este período en el que desarrolló un estilo basado en formas dinámicas y en el uso vigoroso de la línea, de lo cual resultó una pintura más intrépida y visionaria que la de Arles. Sin conseguir superar el estado de melancolía y soledad en que se encontraba, en mayo de 1890 se trasladó a París para visitar a su hermano Theo. Por consejo de éste, viajó a Auvers-sur-Oise, donde fue sometido a un tratamiento homeopático por el doctor, y pintor aficionado, Paul-Ferdinand Gachet. En este pequeño pueblo retrató el paisaje y sus habitantes, intentando captar su espíritu. Su estilo evolucionó formalmente hacia una pintura más expresiva y lírica, de formas imprecisas y colores más brillantes. Pese a que unos meses más tarde el doctor Gachet consideró que se encontraba plenamente curado, su estado de ánimo no mejoró debido a los sentimientos de culpa

▲ *Retrato de Nikolai Vasilievich* **Gogol** *realizado por A. F. Muller (1841-1842). Los relatos del escritor ucraniano abrieron el camino al realismo en la literatura rusa.*

▼ *Portada de una edición inglesa de* El señor de las moscas (1954), *de William* **Golding**, *en el que el autor relata el proceso de pérdida de civilización que sufre un grupo de niños en una isla desierta.*

provocados por la dependencia de su hermano Theo y por su fracaso profesional. Sumido en esta situación de angustia, el 27 de julio se descerrajó un disparo en el pecho; murió dos días más tarde.

GOGOL, NIKOLAI VASILIEVICH *(Sorochintsi, actual Ucrania, 1809-Moscú, 1852) Escritor ucraniano en lengua rusa.* Hijo de un pequeño terrateniente, a los diecinueve años se trasladó a San Petersburgo para intentar, sin éxito, labrarse un futuro como burócrata de la administración zarista. En 1831 se incorporó como profesor de historia a la universidad, donde conocería a Pushkin. De su colaboración regular con distintas publicaciones nacieron las *Veladas en la finca de Dikanka* (1831-1832), que constituyeron un enorme éxito y lo llevaron, en 1835, a abandonar la universidad para centrarse definitivamente en la literatura. Ese mismo año publicó *Mirgorod* y *Arabescos*, que suponían su paso al realismo crítico. *Mirgorod* es una continuación de las *Veladas* y contiene cuatro relatos, entre ellos el poema épico *Taras Bulba*. En 1836 publicó la comedia *El inspector*, una sátira de la corrupción de la burocracia que obligó al escritor a abandonar temporalmente el país. Instalado en Roma, en 1842 escribió buena parte de su obra más importante, *Almas muertas*, donde describía sarcásticamente la Rusia feudal. También en ese año publicó *El abrigo*, obra que ejercería una enorme influencia en la literatura rusa. Después de una corta estancia en Moscú, y de regreso en Roma, empezó a escribir la segunda parte de *Almas muertas*. Inmerso en una profunda crisis espiritual que le llevaría, en 1848, a peregrinar a Jerusalén. En los últimos años de su vida escribió artículos; en los *Fragmentos escogidos de la correspondencia con los amigos* (1847) defiende la religión ortodoxa. Al borde de la locura, poco antes de morir quemó el manuscrito de la segunda parte de *Almas muertas*. Gogol marcó el inicio de la tradición realista en la literatura rusa.

GOLDING, WILLIAM *(Saint Colum, Reino Unido, 1911-Penanarworthal, id.) Escritor británico.* Obtuvo un enorme éxito con la publicación, en 1954, de su primera novela, *El señor de las moscas*. Esta obra, que narra la lucha por la supervivencia de un grupo de niños atrapados en una isla desierta tras sufrir un accidente aéreo, constituye una parábola del miedo, la violencia y el ansia de dominación que caracterizan al hombre y la sociedad. Entre sus obras, de estilo llano y teñidas de un hondo pesimismo, destacan las novelas *Los herederos* (1955), *Pincher Martin* (1956), *Caída libre* (1959) y *Ritos de pasaje* (1980), la pieza teatral *La mariposa de latón* (1958) y los poemas recogidos en *Poems* (1954). En 1983 le fue otorgado el Premio Nobel de Literatura.

GOLDONI, CARLO *(Venecia, 1707-París, 1793) Dramaturgo italiano.* Estudió derecho en Pavía y en 1731 empezó a ejercer la abogacía, profesión que compaginó inicialmente con su vocación por el teatro. En sus primeras obras, como *La mujer distinguida* (1743) o *Arlequín servidor de dos amos* (1745), osciló entre el empleo de los personajes característicos de la *commedia dell'arte* y la búsqueda de una comicidad más discreta y cotidiana. En *El abogado veneciano* (1750), *El café* (1750) o *La posadera* (1753) superó la comicidad de la *commedia dell'arte* con una caracterización más profunda de los personajes y un lenguaje más espontáneo y realista. En 1762 se trasladó a París para dirigir la Comedia Italiana, y allí escribió *El cascarrabias bondadoso* (1771) y sus *Memorias* (1783-1787), ambas en francés. Creador de la comedia realista italiana, sufrió la oposición de los autores más tradicionalistas.

GOLDSMITH, OLIVER *(Pallasmore, actual Irlanda, 1728-Londres, 1774) Escritor irlandés.* Hijo de un clérigo, se educó en Dublín y más tarde se trasladó a Edimburgo para estudiar medicina. En 1756 se instaló en Londres, tras un largo viaje por la Europa continental, y colaboró en distintas publicaciones. *The Public Ledger* publicó sus ensayos acerca de las costumbres británicas, recopilados posteriormente bajo el título de *El ciudadano del mundo* (1762). En *El viajero* (1764) relató las experiencias vividas durante sus viajes, que influyeron en la novela *El vicario de Wakefield*. Esta obra, que ofrece un irónico retrato de la vida rural y familiar, le dio un gran prestigio. *El hombre de buen carácter* (1768) y *Humillarse para vencer* (1773) son sus comedias más importantes, mientras que en poesía destaca *La aldea abandonada* (1770).

GOLDWYN, SAMUEL [Schmuel Gelbfisz] *(Varsovia, 1879-Los Ángeles, 1974) Productor de cine estadounidense de origen polaco.* Huérfano desde muy joven, emigró a Londres y, posteriormente, a una pequeña localidad cercana a Nueva York, en donde trabajó en una fábrica de guantes; a los dieciocho años, tras una meteórica carrera, era ya socio de la empresa. En 1913, junto con su cuñado Jesse Lasky, fundó una produc-

▲ *Retrato de Carlo **Goldoni** por P. Longhi. El dramaturgo veneciano traza en su teatro un cuadro clasicista en cuanto a la estructura, y a la vez realista, por el uso que hace del lenguaje.*

▼ *Oliver **Goldsmith** pintado por J. Reynolds, hacia 1770. Su obra destaca sobre todo por su personal sentido del humor.*

tora cinematográfica, en la cual pronto ingresó el director Cecil B. De Mille, quien aportó sus primeras películas, y que en 1924 se refundó en la Metro-Goldwyn-Mayer. Al frente de dicha productora, pronto convertida en una de las más importantes y acreditadas de Hollywood, Goldwyn supo rodearse de los mejores guionistas, directores y actores. Entre estos últimos, descubrió a Bebe Daniels, Pola Negri y Will Rogers, y de todas las películas en las cuales colaboró directamente, sobresalen *La loba* (1941), protagonizada por Bette Davis, *Los mejores años de nuestra vida* (1946), y los musicales *Guys and Dolls* (1955) y *Porgy and Bess* (1959).

GOLGI, CAMILLO *(Corteno, actual Italia, 1843-Pavía, id., 1926) Médico y citólogo italiano.* Tras estudiar medicina en la Universidad de Pavía, en 1872 entró a trabajar en el pabellón de los incurables de un hospital de la localidad de Abbiategrasso. Pese a la escasez de medios, consiguió notables resultados experimentales entre los que destaca el método de la tintura con nitrato de plata, que revolucionó el estudio en el laboratorio del tejido nervioso. Empleando su método, identificó una clase de célula nerviosa, bautizada con su nombre, dotada de unas extensiones (o dendritas) mediante las cuales conectaba entre sí otras células nerviosas. Su descubrimiento permitió al anatomista Wilhelm von Waldeyer-Haltz plantear la hipótesis, más tarde demostrada por el histólogo español Santiago Ramón y Cajal, de que las células nerviosas son las unidades estructurales básicas del sistema nervioso. En 1876 regresó a la Universidad de Pavía y continuó su detenido examen de las células nerviosas, obteniendo pruebas de la existencia de una red irregular de fibrillas, cavidades y gránulos (denominada aparato de Golgi) que desempeña un papel esencial en operaciones celulares tan diversas como la construcción de la membrana, el almacenamiento de lípidos y proteínas o el transporte de partículas a lo largo de la membrana celular. Entre 1885 y 1893 se dedicó al estudio del paludismo, obteniendo, entre otros, resultados tan importantes como la distinción entre el paludismo terciano y cuartano en cuanto patologías provocadas por dos especies diferentes de un mismo protozoo parásito denominado *Plasmodium*, y la identificación del mencionado acceso febril como originado por la liberación por parte de dicho organismo de esporas en el flujo sanguíneo. En 1906 compartió con Ramón y Cajal el Premio Nobel de Fisiología y Medicina.

GÓMEZ, JUAN VICENTE *(San Antonio de Táchira, Venezuela, 1859-Maracay, id., 1935) Militar y político venezolano.* En 1899 encabezó, junto con Cipriano Castro, la Revolución Restauradora que derrocó al presidente Ignacio Andrade. Fue gobernador del Distrito Federal y más tarde vicepresidente (1904), dos años después de haber sofocado, al mando del ejército, la rebelión acaudillada por Manuel Matas. En 1908, el presidente Castro se desplazó a Europa por motivos de salud y Gómez se hizo cargo del ejecutivo, al frente del cual se mantuvo interinamente hasta que, dos años después, fue ratificado por elección constitucional. Debido a su gran ascendiente entre el estamento militar, desempeñó la jefatura de las fuerzas armadas aun en las épocas en las que no ocupó la presidencia. Su dictadura, ejercida en el marco de un sistema de partido único, se prolongó hasta su muerte, a pesar de la enérgica oposición popular, manifiesta, sobre todo, en las revueltas estudiantiles de 1928.

GÓMEZ, MÁXIMO *(Baní, República Dominicana, 1836-La Habana, 1905) Militar revolucionario cubano.* Llegó a Cuba en 1865, al mando de las tropas españolas de reserva, pero al cabo de un año abandonó el ejército y se dedicó a la explotación de sus plantaciones. En 1869 se reincorporó a la milicia y, por sus méritos en campaña, alcanzó el generalato. Conoció a José Martí a finales de los años ochenta, en su peregrinar por Santo Domingo, Jamaica y Nueva York, y colaboró con él en la organización del Partido Revolucionario Cubano. En 1895, Martí y Maceo propusieron a Gómez que encabezase una nueva lucha por la liberación cubana y lo designaron jefe militar de las fuerzas insurrectas. En calidad de tal firmó la orden de levantamiento y el manifiesto de Montecristi. Gómez emprendió en Las Villas la campaña de la Reforma, cuyo objetivo era distraer a las tropas españolas con un mínimo de fuerzas. En febrero de 1899, finalmente, Gómez entró en La Habana. Tenía a la sazón setenta y cinco años y había dedicado más de la mitad de su vida a la lucha por la liberación de Cuba. Terminada la guerra, se negó a aceptar la presidencia de la República, y fue depuesto como general en jefe a causa de su reticencia a colaborar con Estados Unidos.

GÓMEZ DE LA SERNA, RAMÓN *(Madrid, 1888-Buenos Aires, 1963) Escritor español.* Licenciado en derecho por la Universidad de Oviedo, dedicó su vida exclusivamente a la actividad literaria, en la que se mostró

▶ *El escritor Ramón **Gómez de la Serna**, cuyas obras fueron un punto de referencia importante para los grandes artistas del surrealismo español, entre ellos Buñuel, Dalí y García Lorca.*

RAMÓN GÓMEZ DE LA SERNA

OBRAS MAESTRAS

NOVELA: *ENTRANDO EN FUEGO* (1905); *MORBIDECES* (1908); *MIS SIETE PALABRAS* (1910); *EL DOCTOR INVEROSÍMIL* (1914); *LA VIUDA BLANCA Y NEGRA* (1917); *EL GRAN HOTEL* (1922); *EL SECRETO DEL ACUEDUCTO* (1922); *LA QUINTA DE PALMYRA* (1923); *EL NOVELISTA* (1923); *CINELANDIA* (1923); *EL TORERO CARACHO* (1926); *SEIS FALSAS NOVELAS* (1927); *EL DUEÑO DEL ÁTOMO* (1928). **TEATRO:** *EL DRAMA DEL PALACIO DESHABITADO* (1909); *EL TEATRO EN SOLEDAD* (1912); *LOS MEDIOS SERES* (1929); *LAS ESCALERAS* (1935). **OTROS:** *POMBO* (I y II, 1919-1924); *GOLLERÍAS* (1926); *EL RASTRO* (1931); *RETRATOS CONTEMPORÁNEOS* (1941); *AUTOMORIBUNDIA* (1948); *CARTAS A MÍ MISMO* (1956); *DIARIO PÓSTUMO* (1972).

como un escritor fecundo y pionero de un tipo de literatura que, dentro de la más pura vanguardia, se erige como una construcción personal de gran originalidad. Sus primeras obras muestran una actitud crítica e innovadora frente al panorama literario español, dominado por los noventayochistas, y coinciden con la dirección, asumida desde 1908, de la revista *Prometeo*, receptora y difusora de los primeros manifiestos vanguardistas en España, de los que fue su primer e incondicional defensor e impulsor. Animador indiscutible de la vida literaria madrileña, en 1914 creó una de las tertulias más frecuentadas y famosas con que ha contado Madrid, la del Café Pombo. Su particular visión de la literatura, concebida dentro de los presupuestos del arte por el arte, sin ningún intento de reflexión ideológica, dio lugar a un género inventado por él, las *greguerías*, definidas por el propio autor como «metáfora más humor». Consisten en frases breves, de tipo aforístico, que no pretenden expresar ninguna máxima o verdad, sino que retratan desde un ángulo insólito realidades cotidianas con ironía y humor, a base de expresiones ingeniosas, alteraciones de frases hechas o juegos conceptuales o fonéticos. Su vasta producción literaria incluye desde artículos o ensayos, algunos agrupados en libros, hasta dramas de tema erótico y obras más o menos novelísticas, muchas de ellas basadas en una trama truculenta, al modo de los folletines costumbristas, que por las incoherencias en la narración, las imágenes de tipo surrealista o el barroquismo de la expresión se convierten en una forma de absurdo que destruye todo sentimentalismo y las acerca a lo patético y grotesco. En 1936, a raíz del estallido de la guerra civil española, se exilió en Buenos Aires con su esposa, la escritora Luisa Sofovich, y en 1948 publicó la obra autobiográfica *Automoribundia*, testimonio de su vida y compendio de su estilo y su personal concepción literaria.

GÓMEZ DE MORA, JUAN *(Madrid, 1586-id., h. 1648) Arquitecto español.* Se formó con su tío, Francisco de Mora. El Renacimiento italiano y la obra de Juan de Herrera fueron las dos fuentes en las que se inspiró para sus edificios, ordenados y dominados por la simetría, aunque enriquecidos con una mayor profusión decorativa que los de sus modelos. Trabajó principalmente en Madrid, al servicio de la corte, y fue uno de los grandes arquitectos del siglo XVII. Entre sus obras maestras se encuentran el convento madrileño de la Encarnación, la Plaza Mayor de Madrid, la Quinta de la Zarzuela y la Clerecía de Salamanca, en la que destaca el trascoro. Aunque las líneas de sus obras son esencialmente clasicistas, por su tendencia al enriquecimiento decorativo sus edificios se consideran de transición al Barroco.

GONÇALVES, NUNO *(s. XV) Pintor portugués, documentado de 1450 a 1467.* Nada se sabe de la vida de este artista, al que determinadas fuentes de la época consideran como el mejor pintor de su país a lo largo del siglo XV. Se especula con un posible viaje a Flandes, por las claras influencias que existen en su obra de la pintura borgoñona y flamenca, en particular de Dierik Bouts. En 1463 figura como pintor de la corte de Alfonso V, y probablemente con esa condición realizó una de las pocas obras que se le atribuyen con certeza, el *Políptico de san Vicente*, pintado hacia 1460-1470. Se trata de una obra grandiosa, constituida por seis paneles y en la que aparecen unas sesenta figuras, casi de tamaño natural. A pesar de una cierta estilización de los personajes, los rasgos estilísticos dominantes son el realismo y la sobriedad, que eluden cualquier concesión al decorativismo y el descriptivismo. El mérito de la obra reside en la galería de retratos de miembros de la corte, que le acreditan como excelente retratista, atento a la plasmación de la realidad. Se le atribuye un retablo de san Vicente para la catedral de Lisboa, pero se trata de una obra desaparecida, por lo que el conocimiento de este artista se circunscribe en la práctica al políptico mencionado, que se conserva en Lisboa, en el Museo Nacional de Arte Antiguo.

▲ *Los hermanos Edmond-Louis y Jules-Alfred Huot de* **Goncourt***, según un dibujo de Gavarni (1853). Su obra literaria prefigura el naturalismo de Zola.*

«Era del año la estación florida / en que el mentido robador de Europa / -media luna las armas de su frente, / y el sol todos los rayos de su pelo-, / luciente honor del cielo, / en campos de zafiro pace estrellas.»

Luis de Góngora y Argote
Soledad primera

LUIS DE GÓNGORA Y ARGOTE

OBRAS MAESTRAS

LA MÁS BELLA NIÑA DE NUESTRO LUGAR (1580); *HERMANA MARICA, MAÑANA QUE ES FIESTA* (1580); *ENTRE LOS SUELTOS CABALLOS* (1585); *SONETO A CÓRDOBA* (1585); *ROMANCES* (1589); *ROMANCE DE ANGÉLICA Y MEDORO* (1602); *ODA A LA TOMA DE LARACHE* (1610); *FÁBULA DE POLIFEMO Y GALATEA* (1612); *SOLEDADES* (1613); *PANEGÍRICO AL DUQUE DE LERMA* (1617); *FÁBULA DE PÍRAMO Y TISBE* (1617); *SONETOS* (1627).

GONCOURT, HERMANOS; EDMOND-LOUIS DE *(Nanoy, Francia, 1822-Champrosay, id., 1896)* y **JULES-ALFRED HUOT DE** *(París, 1830-id., 1870) Escritores franceses.* Su colaboración literaria empezó muy pronto, dada su complementariedad: Edmond atendía a la estructura y Jules al estilo. Su primera obra fue *Historia de la sociedad francesa durante la Revolución* (1854). En 1860 publicaron su primera novela, *Charles Demailly*, a la que seguirían diversas obras, entre las que destaca *Madame Gervaisais* (1869). Tras la muerte de Jules, Edmond continuó dedicándose a la literatura, con títulos como *Los hermanos Zemganno* (1879). La obra de los hermanos Goncourt, cercana al realismo imperante en la literatura de su tiempo, se centraba en personajes en situaciones extremas de crisis emocional que preludiaban en cierto modo el advenimiento del naturalismo.

GÓNGORA Y ARGOTE, LUIS DE *(Córdoba, 1561-id., 1627) Poeta español.* Nacido en el seno de una familia acomodada, estudió en la Universidad de Salamanca. Nombrado racionero en la catedral de Córdoba, desempeñó varias funciones que le brindaron la posibilidad de viajar por España. Su vida disipada y sus composiciones profanas le valieron pronto una amonestación del obispo (1588). En 1603 se hallaba en la corte, que había sido trasladada a Valladolid, buscando con afán alguna mejora de su situación económica. En esa época escribió algunas de sus más ingeniosas *letrillas*, trabó una fecunda amistad con Pedro Espinosa y se enfrentó en terrible y célebre enemistad con su gran rival, Francisco de Quevedo. Instalado definitivamente en la corte a partir de 1617, fue nombrado capellán de Felipe III, lo cual, como revela su correspondencia, no alivió sus dificultades económicas, que lo acosarían hasta la muerte. Aunque en su testamento hace referencia a su «obra en prosa y en verso», no se ha hallado ningún escrito en prosa, salvo las 124 cartas que conforman su epistolario, testimonio valiosísimo de su tiempo. A pesar de que no publicó en vida casi ninguna de sus obras poéticas, éstas corrieron de mano en mano y fueron muy leídas y comentadas. En sus primeras composiciones (hacia 1580) se adivina ya la implacable vena satírica que caracterizará buena parte de su obra posterior. Pero al estilo ligero y humorístico de esta época se le unirá otro, elegante y culto, que aparece en los poemas dedicados del Greco o a la muerte de Rodrigo Calderón. En la *Fábula de Píramo y Tisbe* (1617) se producirá la unión perfecta de ambos registros, que hasta entonces se habían mantenido separados. Entre 1612 y 1613 compuso los poemas extensos *Soledades* y la *Fábula de Polifemo y Galatea*, ambos de extraordinaria originalidad, tanto temática como formal. Las críticas llovieron sobre estas dos obras, en parte dirigidas contra las metáforas extremadamente recargadas, y a veces incluso «indecorosas» para el gusto de la época. En un rasgo típico del Barroco, pero que también suscitó polémica, Góngora rompió con todas las distinciones clásicas entre géneros lírico, épico e incluso satírico. Juan de Jáuregui compuso su *Antídoto contra las Soledades* y Quevedo lo atacó con su malicioso poema *Quien quisiere ser culto en sólo un día*... Sin embargo, Góngora se felicitaba de la incomprensión con que eran recibidos sus intrincados poemas extensos: «Honra me ha causado hacerme oscuro a los ignorantes, que ésa es la distinción de los hombres cultos». El estilo gongorino es sin duda muy personal, lo cual no es óbice para que sea considerado como una magnífica muestra del culteranismo barroco. Su lenguaje destaca por el uso reiterado del cultismo, sea del tipo léxico, sea sintáctico (acusativo griego o imitación del ablativo absoluto latino). La dificultad que entraña su lectura se ve acentuada por la profusión de inusitadas hipérboles barrocas, hiperbatones y desarrollos paralelos, así como por la extraordinaria musicalidad de las aliteraciones y el léxico colorista y rebuscado. Su peculiar uso de recursos estilísticos, que tanto se le criticó, ahonda de hecho en una vasta tradición lírica que se remonta a Petrarca, Mena o Herrera. A la manera del primero, gusta Gón-

▲▶ *A la derecha,* **Luis de Góngora y Argote** *pintado por Velázquez. Su influencia se ha perpetuado hasta el s. XX, al ser considerado como punto de referencia esencial por una generación literaria tan decisiva como fue la del 27. Sobre estas líneas, portada de la edición, llamada de Hoces, de sus obras completas.*

▼ *Fotografía de Felipe* **González**, *presidente del gobierno español desde 1982 hasta 1996, período durante el cual desempeñó en dos ocasiones la presidencia de la Unión Europea, en 1989 y 1995.*

gora de las correlaciones y plurimembraciones, no ya en la línea del equilibrio renacentista sino en la del retorcimiento barroco. Sus perífrasis y la vocación arquitectónica de toda su poesía le dan un aspecto oscuro y original, extremado si cabe por todas las aportaciones simbólicas y mitológicas de procedencia grecolatina. Su fama fue enorme durante el Barroco, aunque su prestigio y el conocimiento de su obra decayeron luego hasta bien entrado el siglo XX, cuando la celebración del tercer centenario de su muerte (en 1927) congregó a los mejores poetas y literatos españoles de la época (conocidos desde entonces como la Generación del 27) y supuso su definitiva revalorización crítica.

GONZÁLEZ, FELIPE (*Sevilla, 1942*) *Político español.* Miembro del Partido Socialista Obrero Español desde 1964 y licenciado en derecho, entre 1965 y 1974 trabajó en Sevilla como abogado laboralista. Elegido secretario general del partido en el Congreso de Suresnes de 1974, después de la muerte del general Franco tomó parte en las negociaciones políticas que llevarían a la transición democrática. En 1979 su partido abandonó el marxismo y adoptó los postulados socialdemócratas vigentes en Europa. Elegido presidente del gobierno en 1982, fue reelegido en las sucesivas convocatorias electorales de 1986, 1989 y 1993. Firmó el Tratado de Adhesión a la Unión Europea, incorporó España a la OTAN y asumió por dos veces la presidencia de la Unión Europea (1989 y 1995). En 1996 fue sustituido como presidente del gobierno por José María Aznar y, poco después, dimitió de la secretaría general del PSOE.

GONZÁLEZ, JULIO *(Barcelona, 1876-Arcueil, Francia, 1942) Escultor y pintor español.* Nacido en una familia de orfebres catalanes, aprendió el oficio de la forja y marchó a París en 1910. Inició su carrera pictórica influido por la figura de Puvis de Chavannes y años más tarde comenzó a realizar sus primeras esculturas en bronce. Sin embargo, hasta los cincuenta años no se consagró definitivamente a la escultura, y en poco tiempo se convirtió en uno de los mayores renovadores de la escultura moderna. Aplicó los principios del cubismo en la creación de formas y desde 1930 colaboró con Picasso en el desarrollo de sus primeras esculturas en hierro forjado. Tras la guerra civil española realizó la expresiva y patética figura de *La Montserrat* (1936-1937) como homenaje a los republicanos. Progresivamente fue derivando hacia la abstracción. De entre sus esculturas destacan: *Arlequín* (1927-1930), *Mujer peinándose* (1931), *Campesino en pie* (1933) y, de su última etapa abstracta, *Hombre-cactus* (1939-1940).

GONZÁLEZ PRADA, MANUEL *(Lima, 1844-id., 1918) Escritor y político peruano.* Perteneciente a una familia aristocrática de origen colonial, se definió desde su juventud como un político de ideología próxima al anarquismo y, en un intento de luchar contra la corrupción del sistema, acabó por fundar la Unión Nacional (1891) y publicar diversos ensayos y artículos en los que ponía de manifiesto su radicalismo político, anticlerical e indigenista (*Páginas libres*, 1894, *Horas de lucha*, 1908). Durante la guerra entre Perú y Chile (1879) luchó en las filas peruanas, y con la posterior ocupación chilena de su país se recluyó por tres años en su casa como señal de protesta. En 1912 fue nombrado director de la Biblioteca Nacional (1912-1914 y 1916-1918), fundó el Círculo Literario (1886) y se erigió en el guía político y literario de un sector de la juventud peruana. Su formación literaria, autodidacta, se centra en los clásicos españoles, los simbolistas franceses y algunos autores alemanes (Goethe, Schiller, Körner...) que él mismo tradujo. Sobre esta base, llevó a cabo una renovación métrica y rítmica de la lírica en castellano, que expuso en el tratado titulado *Ortometría. Apuntes para una rítmica* (publicado en 1877), e introdujo estrofas métricas provenientes de la lírica medieval francesa e italiana, y composiciones persas que conoció en su adaptación inglesa. Su poesía es fruto de un minucioso trabajo, y aunque se halla temáticamente vinculada a un romanticismo rebelde, que deja traslucir sus preocupaciones políticas

▲ *Mujer peinándose, escultura de Julio* **González**. *La idea de dibujar en el espacio y el empleo del hierro forjado constituyen sus dos aportaciones fundamentales a la escultura moderna.*

▼ *Mijail* **Gorbachov***, impulsor de la* perestroika *en la antigua Unión Soviética. Premio Nobel de la Paz en 1990.*

y sociales, su expresión es siempre contenida y exacta, deudora del simbolismo. En vida sólo llegó a publicar tres libros de poemas (*Minúsculas*, 1901, *Presbiterianas*, 1909 y *Exóticas*, 1911); póstumamente aparecieron *Trozos de vida* (1933), *Baladas peruanas* (1935), *Grafitos* (1937) y *Adoración* (1946), un canto de amor a su esposa, Adriana Verneuil, que se incluye dentro de la temática erótica de la poesía pradiana.

GONZÁLEZ SUÁREZ, FEDERICO *(Quito, 1844-id., 1904) Arqueólogo e historiador ecuatoriano.* Nacido en el seno de una familia de escasos recursos económicos, profesó en la Iglesia católica y llegó a ser nombrado arzobispo de Quito, en 1895. Su labor intelectual como historiador quedó reflejada en su *Historia general de la República del Ecuador*, extensa obra en nueve volúmenes cuya publicación, iniciada en 1894, prosiguió hasta su muerte. En ella se deja traslucir el espíritu nacionalista que animó a González Suárez, y constituye la primera obra historiográfica completa y sistemática aparecida en el país. Otros trabajos suyos son *Historia eclesiástica del Ecuador* (1881), *Atlas arqueológico* (1892) y *Defensa de mi criterio histórico* (póstuma). Su obra se caracteriza por una gran erudición.

GORBACHOV, MIJAIL. *(Privólnoie, Rusia, 1931) Político soviético.* De padres campesinos, estudió la carrera de derecho en Moscú y durante este período se afilió al Partido Comunista de la Unión Soviética (PCUS). Volvió a su región natal, donde concilió su carrera política con estudios de ingeniería agraria. Progresivamente ascendió de cargo en la jerarquía del partido, bajo la protección de Andropov, quien le aseguró el ingreso en el Politburó. En 1982, Andropov sucedió en el poder a Brezhnev, hecho que marcó el futuro político de Gorbachov. Tras la muerte de Andropov ocurrida dos años más tarde, y durante el breve mandato de Chernenko, pasó a dirigir la comisión de Asuntos Exteriores del Politburó. Muerto Chernenko, Gromiko fue designado presidente del Presídium del Sóviet Supremo y Gorbachov ocupó la secretaría general del PCUS; en 1988, al dimitir aquél de su cargo, Gorbachov se convirtió en el político soviético más joven en acceder al poder supremo en la URSS desde Stalin. Como presidente del Presídium del Sóviet Supremo instauró la *perestroika* o reestructuración: en política interior impulsó la lucha contra la corrupción política, introdujo medidas liberalizadoras y tendió a la descentralización de la economía. Con el nombre de *glasnost* (o transparencia) puso en marcha profundas reformas referentes a la libertad de expresión y de información. Reformó la Constitución para introducir la pluralidad de partidos políticos y realizó modificaciones dentro de su partido para lograr una auténtica democratización. Ello implicó el voto secreto, la diversidad de partidos políticos y el acceso a los ciudadanos no afiliados. Otro aspecto importante fue la concesión de una generosa amnistía política en favor de los disidentes. Pero si sus decisiones en el campo de los asuntos internos del país fueron innovadoras, aún más trascendentes resultaron sus medidas en lo que se refiere a la política exterior. Su objetivo principal fue lograr la distensión política con Estados Unidos. Retiró de Afganistán las tropas soviéticas y redefinió sus relaciones con China. En 1991 se produjo un golpe de Estado que lo colocó tres días bajo arresto domiciliario. El deterioro de la economía soviética era tal que los comunistas de la línea dura exigían la independencia de las diferentes repúblicas. Los reformistas consiguieron restaurar en el poder a Gorbachov, pero éste suspendió las actividades del partido, dimitió como secretario del PCUS y concedió la independencia a los países bálticos. En 1991, la Unión de Repúblicas Socialistas Soviéticas se desintegró en distintas repúblicas y Gorbachov dimitió como presidente de la URSS. Boris Yeltsin accedió al poder como presidente de Rusia, aunque Gorbachov siguió participando en la política y se enfrentó al nuevo gobierno. En 1992 fue expulsado del PCUS, acusado de haber contribuido a su caída. Con anterioridad, el gobierno le había prohibido salir al extranjero por negarse a comparecer ante el Tribunal Constitucional. Al final del mismo año, viajó a Estados Unidos y Japón. Gran parte de los ingresos que han generado las conferencias internacionales por él pronunciadas se han destinado al apoyo de la Fundación para la Investigación Social, Económica y Política de Moscú, creada en 1991. Por su esfuerzo para dar fin a la guerra fría, al acabar con la dominación de posguerra que la Unión Soviética ejercía sobre Europa Oriental, en 1990 se le concedió el Premio Nobel de la Paz.

▲ *El general **Gordon** en el sitio de Jartum, rodeado por los rebeldes ante los que pereció.*

> «*N*ingún país o nación puede ser considerado de forma separada de otro, y mucho menos opuesto a otro. Esto es lo que llamamos internacionalismo, e implica la promoción de los valores humanos universales.»
>
> Mijail Gorbachov
> *Perestroika,*
> *mi mensaje al mundo*

GORDON, CHARLES GEORGE, llamado *Gordon Bajá (Woolwich, Reino Unido, 1833-Jartum, Sudán, 1885) Militar británico.* Hijo de un artillero del ejército británico, ingresó en los Royal Engineers. Su actuación en la guerra de Crimea (1853-1856) le valió el ascenso al grado de capitán en 1859. Al año siguiente ingresó voluntario en el ejército destacado en China, a la sazón en lucha contra las autoridades locales. Estuvo presente en la ocupación de Pekín, en octubre de 1860, y dirigió personalmente la destrucción del palacio de verano del emperador. En mayo de 1862 le fue encomendada la misión de defender los intereses occidentales en Shanghai, amenazados por una insurreción popular. Para ello organizó una fuerza compuesta por 3 500 civiles fieles a las autoridades británicas, conocida como «Ever-Victorious Army» (el ejército siempre victorioso), con la cual consiguió, tras 18 meses de lucha, derrotar a las tropas insurrectas. Regresó al Reino Unido en 1865, convertido en héroe nacional, y fue aclamado por las masas, que acudieron a recibirle como *Chinese Gordon.* Permaneció en el Reino Unido hasta 1874, fecha en que las autoridades egipcias, entonces bajo tutela británica, lo nombraron gobernador en Sudán. Problemas de salud lo obligaron, en 1880, a abandonar el cargo y regresar a la patria. Ya una vez recuperado, dirigió varias operaciones militares en la India, China, islas Mauricio y Sudáfrica. En 1884 regresó a Sudán, enviado por el gobierno británico con la misión de apoyar a las tropas egipcias destacadas en Jartum, amenazadas por el ejército islámico de Muhammad Ahmad al-Mahdi. A poco de su llegada a Jartum, en febrero de dicho año, la plaza fue sitiada por el ejército rebelde. Desoyendo las órdenes gubernamentales que le instaban a ello, Gordon se negó a evacuar la plaza, la cual cayó en poder de las tropas rebeldes en enero de 1885. Tanto Gordon como sus hombres cayeron durante la defensa.

GORKI, MÁXIMO [Alexei Maximovich Piechkov] *(Nizhni Novgorod, hoy Gorki, Rusia, 1868-Moscú, id., 1936) Escritor ruso.* De familia humilde y huérfano a muy temprana edad, tuvo que abandonar sus estudios a los diez años; autodidacto a partir de entonces, recorrió Rusia trabajando en distintos oficios. En sus primeros relatos, que retratan la marginación de vagabundos y trabajadores, combinó el realismo ruso con el romanticismo revolucionario. La publicación, en 1895, del relato *Chelkash* extendió su fama por toda Rusia. *Fomá Gordéiev* (1899), *Tres* (1900), la obra dramática *Los bajos fondos* (1902) y, sobre todo, *La madre* (1908) supusieron su consagración en todo el mundo. En estas obras quedaba patente ya la protesta contra la injusticia social que caracterizaría toda su obra. Encarcelado por poco tiempo a raíz de su activa participación en la revolución de 1905, ya libre viajó por Francia, el Reino Unido, Estados Unidos e Italia. En Capri escribió la novela *La confesión* (1908). En 1913 regresó a Rusia e inició la trilogía de carácter autobiográfico integrada por *Mi infancia* (1913-1914), *En el mundo* (1915-1916) y *Mis universidades* (1922). Participó también en la revolución de 1917 y colaboró activamente en la organización de la vida cultural soviética. En 1921 se instaló en Sorrento, donde concluyó la redacción de su trilogía y permaneció hasta 1928; tres años antes había publicado *Los Artamonov* y comenzado a escribir la redacción de *La vida de Klim Shanguia* (1925-1936). A su retor-

▲ *Los hijos del rey Cristián II de Dinamarca, Noruega y Suecia, en una pintura realizada en 1525 por el artista flamenco Jan* **Gossaert**, *llamado Mabuse.*

◀ *Máximo* **Gorki** *en un grabado de una publicación francesa de 1902. Fuera de Rusia, el escritor fue visto desde muy pronto como cabeza literaria de las agitaciones sociales prerrevolucionarias.*

no a Rusia se consagró como líder indiscutible de la literatura soviética y escribió ensayos sobre política y acerca de los grandes autores rusos. El estilo fluido y vital de su obra, que se enraizaba en el sentido heroico de la lucha social, está en el origen del realismo socialista soviético.

GOSSAERT, JAN, llamado *Mabuse (Maubeuge, actual Países Bajos, h. 1478-Middelburg, id., h. 1543) Pintor flamenco.* Se formó en la corporación de pintores de Amberes y entró al servicio de los duques de Borgoña, lo que le permitió visitar Roma en 1508-1509. Este hecho circunstancial convirtió a Jan Gossaert en una figura destacada, ya que aprendió aspectos del arte italiano que después introdujo en su país natal. Se le considera, por tanto, el importador del estilo italianizante en Flandes. En sus obras se advierte una clara diferencia entre el antes y el después del viaje a Roma, pese a que su estilo conservó siempre detalles flamencos. Realizó excelentes retratos, obras de tema religioso y obras mitológicas que fueron toda una novedad en su país y que resultan un tanto extravagantes por su peculiar interpretación del estilo italiano. Durero consideraba que Gossaert sobresalía más como artesano que como buen creador.

GOUNOD, CHARLES *(París, 1818-Saint-Cloud, id., 1893) Compositor francés.* Sus primeros pasos en el mundo de la música estuvieron guiados por su madre, excelente pianista. Alumno del Conservatorio de París desde 1835, en 1839 le fue concedido el prestigioso Gran Premio de Roma, lo que le permitió proseguir sus estudios en la capital italiana. Allí descubrió la música de los antiguos maestros polifónicos, en especial la de Palestrina, la cual iba a ejercer una profunda influencia sobre su producción religiosa. De regreso en París, Gounod centró su actividad compositiva en la ópera, con títulos como *Safo* (1851), *Fausto* (1859), su obra más conocida, *Mireya* (1864) y *Romeo y Julieta* (1867), que fue alternando con la creación de música sacra (*Misa de santa Cecilia*, de 1855). El refinamiento y la inspiración de sus melodías, junto a la calidad de su escritura orquestal, hacen de sus obras las más apreciadas y representativas del repertorio galo anterior a la aparición de Bizet y Massenet.

GOYA Y LUCIENTES, FRAN-CISCO JOSÉ DE *(Fuente-todos, España, 1746-Bur-deos, Francia, 1828) Pintor y grabador español.* Fue el artista europeo más importante de su tiempo y el que ejerció mayor influencia en la evolución posterior de la pintura, ya que sus últimas obras se consideran precursoras del impresionismo. Aprendió de su padre el oficio de dorador, pero, decidido a dedicarse a la pintura, se trasladó a Madrid para formarse junto a Francisco Bayeu, con cuya hermana se casó en 1775, año de su establecimiento definitivo en Madrid. Bayeu le proporcionó trabajo en la Real Fábrica de Tapices, para la que realizó sesenta y tres cartones, en su mayor parte con escenas idílicas y de la vida diaria, plasmadas con colores claros y vivos e impregnadas de alegría y romanticismo. Simultáneamente, Goya empezó a pintar retratos y obras religiosas que le dieron un gran prestigio, hasta el punto de que en 1785 ingresó en la Academia de San Fernando y en 1789 fue nombrado pintor de corte por Carlos IV. Diez años más tarde, en 1799, pintó para el soberano el famoso retrato *La familia de Carlos IV*, que se considera una de sus obras maestras. Es un retrato oficial, formal en apariencia, pero en el que el autor se permite cierta ironía al plasmar a los personajes con un realismo crítico. Goya trabajó como retratista no sólo para la familia real, sino también para la aristocracia madrileña, y de hecho entre es-

▲▼ La maja desnuda, de Francisco de **Goya**. *Abajo*, Autorretrato en el taller.

tos retratos se encuentran algunas de sus obras más valoradas, como *La condesa de Chinchón* o las famosas *La maja vestida* y *La maja desnuda*; sobre estas últimas dice la leyenda popular que representan a la duquesa de Alba, quien habría mantenido con el artista una relación de tintes escandalosos. En los retratos de Goya destaca, en líneas generales, su atento estudio de las posturas y las expresiones, así como los contrastes de luces y sombras que realzan la figura del protagonista. Hacia 1799, el pintor concluyó una de sus grandes series de grabados, *Los caprichos*, ochenta y dos aguafuertes que constituyen una crítica feroz de la sociedad civil y religiosa de la época. En esta serie aparecen ya algunos personajes extraños y macabros que acabarán protagonizando obras posteriores del maestro. Por esos mismos años se ocupó de la decoración al fresco de la ermita de San Antonio de la Florida, donde realizó una obra de gran impacto escenográfico. En 1808, la invasión de España por las tropas napoleónicas colocó al artista en una situación delicada, ya que mantuvo su puesto de pintor de corte con José Bonaparte. Pese a todo, no se privó de plasmar los horrores de la guerra en obras como *El 2 de mayo* y *Los fusilamientos del 3 de mayo*, que reflejan los dramáticos acontecimientos de aquellas fechas en Madrid. Además, en los sesenta y seis grabados de *Los desastres de la guerra* (1810-1814), dio testimonio de las atrocidades cometidas por los dos bandos y acentuó visualmente la crueldad de la guerra como protesta contra ella lanzada a la posteridad desde la impotencia. Por haber trabajado para José Bonaparte, el artista cayó en desgracia tras la restauración de Fernando VII, y en 1815 se retiró de la vida pública. En 1819 experimentó una recaída en la misteriosa enfermedad que en 1792 lo había dejado completamente sordo. Ello, unido a su nueva vida en soledad en la Quinta del Sordo, casa solariega que había comprado poco antes, debió de contribuir a la exacerbación imaginativa de que el artista dio muestras en la decoración de su nueva vivienda: catorce murales de gran tamaño con predominio de los tonos marrones, grises y negros, sobre temas macabros y terroríficos. Estas obras, conocidas en la ac-

---

FRANCISCO JOSÉ DE GOYA Y LUCIENTES
OBRAS MAESTRAS

PINTURAS: *LA GLORIA DEL NOMBRE DE DIOS* (1771-1772; basílica del Pilar, Zaragoza); *LA DAMA DEL PARASOL* (cartón para tapiz; 1777, Museo del Prado, Madrid); *LA MAJA Y LOS EMBOZADOS* (cartón para tapiz, 1777, Museo del Prado, Madrid; 1786, colección particular, Florencia; cartón para tapiz, 1788, Museo del Prado, Madrid); *LA GALLINA CIEGA* (cartón para tapiz; 1789, Museo del Prado, Madrid); *FRESCOS DE LA ERMITA DE SAN ANTONIO DE LA FLORIDA* (1798); *LA MAJA VESTIDA* (1798; Museo del Prado, Madrid); *EL ENTIERRO DE LA SARDINA* (h. 1800; Academia de San Fernando, Madrid); *CARLOS IV A CABALLO* (1799; Museo del Prado, Madrid); *LA FAMILIA DE CARLOS IV* (1799-1800; Museo del Prado, Madrid); *LA CONDESA DE CHINCHÓN* (1800; colección particular); *LA MAJA DESNUDA* (1802; Museo del Prado, Madrid); *EL COLOSO* (1812; Museo del Prado, Madrid); *EL 2 DE MAYO O LA CARGA DE LOS MAMELUCOS* (1814; Museo del Prado, Madrid); *LOS FUSILAMIENTOS DEL 3 DE MAYO O DE LA MONTAÑA DEL PRÍNCIPE PÍO* (1814; Museo del Prado, Madrid); *ÚLTIMA COMUNIÓN DE SAN JOSÉ DE CALASANZ* (1819; Escuelas Pías de San Antonio, Madrid); *PINTURAS NEGRAS* (1820-1823, Museo del Prado, Madrid; 1827-1828, Museo del Prado, Madrid). **GRABADOS:** *LOS CAPRICHOS* (1793-1799); *LA TAUROMAQUIA* (1815); *LOS DISPARATES* (1819); *LOS DESASTRES DE LA GUERRA* (1810-1814); *LOS TOROS DE BURDEOS* (1825).

tualidad como *Pinturas negras*, han contribuido con el paso de los años a la consolidación del reconocimiento del genio de Goya, tanto por su originalidad temática como por su técnica pictórica de pincelada amplia y suelta. El pintor se trasladó en 1824 a Burdeos, donde residió hasta su muerte sin dejar de cultivar la pintura y el grabado. *La lechera de Burdeos* y algunos retratos ilustran la evolución del genio hacia una concepción de los valores plásticos que anuncia el impresionismo. Su obra, fecunda y versátil, de gran libertad técnica y brillantez de ejecución, no ha dejado de acrecentar la importancia de su figura hasta nuestros días.

GOYTISOLO, HERMANOS; *literatos españoles,* **JOSÉ AGUSTÍN** *(Barcelona 1928-id., 1999), poeta,* **JUAN** *(Barcelona, 1931)* y **LUIS** *(Barcelona, 1935), novelistas.* José Agustín, representante de la llamada «poesía social», escribió *El retorno* (1955), *Salmos al viento* (1958) y *Claridad* (1960), agrupados en 1960 en el volumen *Años decisivos.* El sarcasmo de sus poemas cívicos se ve equilibrado por un tono intimista. Otras publicaciones: *Algo sucede* (1968), *Bajo tolerancia* (1974), *Taller de arquitectura* (1977) y *Final de un adiós* (1984). Entre las primeras obras de Juan destacan la trilogía *El pasado efímero* (1958-1959) y *Campos de Níjar* (1960). En una segunda etapa, rompió con la tradición realista para centrarse en la preocupación formal y en la crítica al conformismo de la sociedad burguesa. A partir de los años ochenta, sus prolongadas estancias en Marrakech le llevaron a introducir muchos elementos de la cultura islámica en sus obras, tal como sucede en el ensayo *Crónicas sarracenas* (1982). La novelística de Luis traza una elaborada crónica generacional que parte de recuerdos personales. Tras *Las afueras* (1958) y *Las mismas palabras* (1963), publicó la tetralogía *Antígona* (1983), su realización más ambiciosa.

GRACIÁN, BALTASAR *(Belmonte de Calatayud, España, 1601-Tarazona, id., 1658) Escritor y jesuita español.* Hijo de un funcionario, estudió en un colegio jesuita de Calatayud y en la Universidad de Huesca, tras lo cual ingresó, en 1619, en la Compañía de Jesús, probablemente en Tarragona, donde se encontraba el noviciado de la provincia. Se dispone de escasa información sobre su vida entre esta fecha y 1635, año de su ordenación sacerdotal. Se sabe que en 1628 se encontraba en el colegio de Calatayud, donde es presumible que ejer-

▲ *Retrato anónimo de Baltasar* **Gracián***, uno de los grandes maestros literarios del estilo barroco conceptista, del que también participó Quevedo.*

> *«Lo bueno, si breve, dos veces bueno; y aun lo malo, si poco, no tan malo. Más obran quintas esencias que fárragos.»*
>
> Baltasar Gracián
> *El criticón*

▼ *Steffi* **Graf** *alza la copa tras ganar por quinta vez el torneo de Roland Garros. Graf es una de las jugadoras de la historia del tenis que más títulos del Gran Slam han conseguido.*

ciera como docente, y que su posterior paso por el colegio de Huesca le permitió entrar en contacto con medios muy cultos. Dotado de gran inteligencia y de una elocuencia a la vez rica y límpida, a partir de 1637 se dedicó en exclusiva a la predicación. En Zaragoza fue nombrado confesor del virrey Nochera, a quien acompañó a Madrid, donde residió por dos veces entre 1640 y 1641, por lo que frecuentó la corte y trabó amistad con el célebre poeta Hurtado de Mendoza. Después de una corta estancia en Navarra con el virrey, ambos se dirigieron a Cataluña para sofocar la revuelta. En 1642, Nochera murió violentamente como consecuencia de su oposición a la sañuda política represiva que había adoptado la Corona en Cataluña. Ejerció por un tiempo de secretario de Felipe IV, tras lo cual fue enviado, en parte como castigo de la Compañía por sus ideas y escritos, a combatir contra los franceses en el sitio de Lérida (1646). Poco después se trasladó a Zaragoza como catedrático de la universidad. En 1650 había empezado a preparar *El comulgatorio* (publicado con su apellido en 1655), obra que comprende cincuenta meditaciones para la comunión y constituye una valiosa muestra de oratoria culterana. En 1657 se instaló en Tarazona, donde su petición de ingresar en una orden monástica le fue denegada por la Compañía. La concepción pesimista sobre el hombre y el mundo predomina en sus primeras obras: *El héroe* (1637), *El discreto* (1646) y *Oráculo manual y arte de prudencia* (1647), en las que da consejos sobre la mejor manera de triunfar. El estilo de Gracián, considerado el mejor ejemplo del conceptismo, se recrea en los juegos de palabras y los dobles sentidos. En *Agudeza y arte de ingenio* (1648) teorizó acerca del valor del ingenio y sobre los «conceptos», que él entiende como el establecimiento de relaciones insospechadas entre objetos aparentemente dispares; el libro se convirtió en el código de la vida literaria española del siglo XVII y ejerció una duradera influencia a través de pensadores como La Rochefoucauld o Schopenhauer. La obra cumbre de su producción literaria, *El criticón*, emprende el ambicioso proyecto de ofrecer una amplia visión alegórica de la vida humana en forma novelada.

GRAF, STEFFI [Stefania Maria Graf] *(Bruhl, Alemania, 1969) Tenista alemana.* En 1982 debutó en los circuitos profesionales, en los que fue consolidándose como una tenista capaz de una gran concentración y con una potencia inusitada en sus golpes.

En 1987 ganó el Roland Garros y el Master de Nueva York, lo que le permitió al año siguiente convertirse en la primera figura del circuito femenino al conseguir el Gran Slam y la medalla de oro en los Juegos Olímpicos de Seúl. A partir de entonces su nombre empezó a ser sinónimo de victorias, y se convirtió en una de las tenistas más difíciles de vencer. Ganadora del Open de Australia (1989, 1990 y 1994), de Roland Garros (1993, 1995 y 1999), de Wimbledon (1989, 1991, 1992, 1993, 1995 y 1996) y del Open de Estados Unidos (1989, 1993, 1995 y 1996), entre otros certámenes, diversos problemas fiscales y familiares empañaron un tanto la brillantez de su carrera en los últimos años de la década de 1990. Se retiró de la práctica activa del tenis en 1999.

GRAHAM, MARTHA *(Allegheny, EE UU, 1894-Nueva York, 1991) Coreógrafa y bailarina estadounidense.* La renovación experimentada por el lenguaje de la danza durante el siglo XX tuvo uno de sus puntales en la aportación de esta bailarina. Según su concepción, la danza, como el drama hablado, debe explorar la esencia espiritual y emocional del ser humano. En este sentido es como hay que interpretar coreografías tan innovadoras en su día como *Frontier,* estrenada en 1935, y *Carta al mundo,* de 1940, o toda la serie de trabajos que realizó sobre temas de la mitología clásica, como *Errand into the Maze* (1947), *Viaje nocturno* (1948), *Alcestis* (1960), *Fedra* (1962) y *Circe* (1963). En una órbita diferente y más convencional se sitúa uno de sus mayores éxitos: *Primavera apalache* (1944), con música de Copland, ejemplo del interés de Graham por las danzas indias. En 1980 su estilo giró hacia el neoclasicismo. De su compañía han surgido algunas de las grandes figuras del ballet contemporáneo, como Merce Cunningham.

GRAMSCI, ANTONIO *(Ales, Italia, 1891-Roma, 1937) Político y teórico marxista italiano.* Estudió en la Universidad de Turín, y en 1914 se afilió al Partido Socialista. Cinco años después fundó la revista *L'Ordine Nuovo.* En el congreso de Livorno fue uno de los impulsores de la escisión que dio lugar a la creación del Partido Comunista Italiano. Detenido en 1926, fue condenado a veinte años de prisión. En 1935, gravemente enfermo, fue excarcelado para ingresar en una clínica de Roma, donde murió. Durante sus años de reclusión escribió diversos textos, agrupados y publicados póstumamente bajo el título de *Cuadernos de la cárcel* (1948). Sus *Cartas desde la cárcel*

▲ *La innovadora bailarina y coreógrafa estadounidense Martha* **Graham** *en una interpretación de la obra* Carta al mundo, *de 1940, basada en textos de la poetisa Emily Dickinson.*

▼ *Enrique* **Granados** *en un retrato de su juventud. Entre 1887 y 1889 estudió en París, ciudad donde amplió su formación musical junto a Charles Bériot.*

fueron editadas también después de su fallecimiento. Su obra se centra en la importancia de los fenómenos culturales en la transformación de la sociedad occidental, y en el control ejercido por las clases dominantes a través de la cultura.

GRANADOS, ENRIQUE *(Lérida, 1867-en el canal de la Mancha, 1916) Compositor y pianista español.* Un lamentable suceso, el hundimiento del barco en el que regresaba de Estados Unidos a España por una acción de guerra de un submarino alemán, puso fin de manera trágica a la vida de Enrique Granados, justo cuando su obra estaba dando muestras de haber alcanzado una sólida madurez. Había viajado al continente americano para asistir al estreno, en el Metropolitan Opera House de Nueva York, de la ópera *Goyescas,* su obra maestra. Alumno de Felipe Pedrell en Barcelona y de Charles de Beriot en París, Granados se formó como compositor dentro de la estética romántica y nacionalista. Excelente pianista, dedicó a su instrumento músico gran parte de su producción, con obras tan representativas como los cuatro volúmenes de *Danzas españolas* (1892) y los dos cuadernos de *Goyescas* (1908), serie de piezas inspiradas en los cartones y las pinturas de Francisco de Goya, que así mismo darían origen a su ópera homónima. De estilo refinado y brillante, ora cercanas a la música de salón, ora a la tradición pianística de Chopin y Schumann, con recreaciones de elementos tomados del folclor hispánico, sus obras representan su aportación más original a la música, muy superior en cuanto a sus logros a otras partituras más ambiciosas –como el poema sinfónico *Divina Comedia* (1908), la suite sinfónica *Elisenda* (1910) o el *Trío con piano* (1905)–, hoy olvidadas. Junto a la música para piano, la ópera fue el otro género que atrajo la atención de Granados, pero sin demasiada fortuna en este caso. De las escritas, tanto en catalán como en castellano, sólo *Goyescas* (1916) ha conseguido hacerse un hueco en el repertorio habitual de los grandes teatros de ópera del mundo. El *Intermezzo* de la obra, además, ha obtenido una gran difusión como página de concierto.

GRANT, CARY [Archibald Alexander Leach] *(Bristol, Reino Unido, 1904-Davenport, EE UU, 1986) Actor cinematográfico estadounidense de origen británico.* Hijo de una familia humilde, en su juventud se unió a un grupo de teatro ambulante con el que en 1920 recorrió Estados Unidos. Tras emigrar a este país, trabajó en varias compañías teatrales de Broadway, con irregular éxito. En 1932 rodó *Esta es la noche*, su primera película, en la cual interpretó un papel secundario pero que significó el comienzo de una fulgurante carrera. Durante los años siguientes se convirtió en uno de los más destacados actores de Hollywood, en especial merced a su porte aristocrático y sus dotes para la comedia. *La fiera de mi niña* (1938), de Howard Hawks, e *Historias de Filadelfia* (1940), de George Cukor, ambas interpretadas junto a Katharine Hepburn, fueron las dos películas que lo lanzaron al estrellato. Entre otros muchos filmes en que participó durante estos años destacan *La pícara puritana* (1937), *La novia era él* (1940), *Sospecha* (1941), *Arsénico por compasión* (1944), *Encadenados* (1946), *Me siento rejuvenecer* (1953), *Atrapa a un ladrón* (1955) y *Con la muerte en los talones* (1959). En la década de 1960 protagonizó *Charada* (1962), de Stanley Donen, y *Apartamento para tres* (1966), de Walters. Se retiró en 1966 y en el año 1970 recibió un Oscar honorífico por el conjunto de su carrera.

GRANT, ULYSSES SIMPSON *(Point Pleasant, EE UU, 1822-Mount McGregor, id., 1885) Militar y político estadounidense.* En 1843, tras graduarse en West Point, fue destinado a Saint Louis, donde conoció a Julia Boggs Dent, con quien contrajo matrimonio en 1848. Entre 1845 y 1848 participó, a las órdenes del general Zachary Taylor, en la

▲ *Cary **Grant** con Marlene Dietrich en* La venus rubia *(1932). A lo largo de su carrera, el actor actuó a las órdenes de grandes directores como Howard Hawks y Alfred Hitchcock, con quienes cuajó sus mejores interpretaciones.*

▼ *Ulysses S. **Grant**, general cuya audacia estratégica fue decisiva para el triunfo del ejército unionista en la guerra de Secesión. Concluida la guerra civil, fue presidente de la nación entre 1869 y 1877.*

guerra de México, como encargado de logística, sin que entrara en combate hasta poco antes de finalizar la contienda. En julio de 1852, su regimiento zarpó de Nueva York con destino a la costa Oeste, por lo que se vio obligado a abandonar a su familia. Fue destinado en Port Vancouver, Oregón, donde intentó, sin éxito, montar varios negocios con los que redondear el sueldo y así poder reunir a su familia. En agosto de 1853 fue trasladado a Fort Humbolt, California, donde no tuvo mejor suerte, por lo que decidió abandonar el ejército en abril de 1854. Tras su renuncia, emigró a Missouri, donde el padre de su esposa cedió a la pareja un terreno de aproximadamente 30 hectáreas. Al comienzo de la guerra civil, en abril de 1861, reclutó un regimiento de voluntarios en esta última ciudad y lo trasladó a Springfield, sede del cuartel general. Gracias a las negociaciones del congresista por Galena Elihu B. Washburne, Grant fue nombrado comandante en jefe de la división militar correspondiente al territorio de Missouri. En enero de 1862, cansado de utilizar su potencial sólo en misiones defensivas, obtuvo permiso del general Henry Wager Halleck para lanzar un ataque sobre posiciones enemigas, que se produjo a mediados de febrero y supuso la primera victoria de las tropas de la Unión. Ascendido a general tras la hazaña, poco después, en marzo de 1863, fue designado comandante en jefe del ejército unionista. Bajo su mando, los nordistas lograron el triunfo definitivo en 1865 y Grant fue nombrado secretario de Guerra en la Administración del presidente Andrew Johnson. En 1868, varios desacuerdos con Johnson en cuestiones relativas a la reorganización del ejército motivaron su dimisión, hecho que lo acercó a las posiciones de los republicanos más conservadores y le valió la nominación como candidato presidencial a finales de año. Su amplia victoria en las urnas ante el candidato demócrata, el gobernador de Nueva York Horatio Seymour, lo llevó a la Casa Blanca en marzo de 1869, a los cuarenta y seis años de edad (el presidente estadounidense más joven de la historia, sólo superado luego por J. F. Kennedy). Reelegido sin dificultad en 1872, su mandato se caracterizó por su protección de los derechos civiles de la población de color y por la amnistía política concedida a los líderes de la Confederación. Favoreció, así mismo, a los grandes industriales con medidas proteccionistas y se enfrentó a los partidarios de medidas liberalizadoras. No estuvo, sin embargo, exento de críticas, y varios escándalos financieros al final de su mandato salpicaron a sus más cercanos colaboradores. Ello le hizo perder simpatizantes dentro de su propio partido y fue superado por James A. Garfield en las elecciones primarias de 1877, por lo que no pudo presentar su candidatura para un tercer mandato presidencial.

GRASS, GÜNTER *(Danzig, hoy Gdansk, actual Polonia, 1927) Escritor alemán.* En su adolescencia militó en las Juventudes Hitlerianas. En 1944 se enroló en el ejército, fue herido en combate y cayó prisionero. Liberado en 1946, estudió artes plásticas en Düsseldorf. El éxito literario le llegó con la novela *El tambor de hojalata* (1956), que constituye una visión crítica de la Alemania de la primera mitad del siglo XX. A esta obra, caracterizada por una original perspectiva narrativa, siguieron *El gato y el ratón* (1961), *Años de perro* (1963) y las piezas teatrales *Faltan diez minutos para Buffalo* (1957) y *Los plebeyos ensayan la rebelión* (1966), donde analiza la actitud de Bertolt Brecht ante el levantamiento obrero de Berlín en 1953. A partir de 1960 participó activamente en la vida política de su país junto a Willy Brandt. Entre sus obras posteriores destacan las novelas *El rodaballo* (1977) y *Encuentro en Telgte* (1979); las piezas teatrales *Antes* y *Davor,* ambas de 1969; los volúmenes de poemas *Vía triangular* (1960) e *Interrogado* (1967); y los libros de ensayos *Sobre mi maestro Döblin y otras conferencias* (1968), *Sobre lo evidente* (1968) y *El burgués y su voto* (1974). Una selección de su obra gráfica integra el volumen *En honor de María* (1973), que incluye también montajes fotográficos. En 1999 recibió el Premio Príncipe de Asturias y el Nobel de Literatura.

GRAU SAN MARTÍN, RAMÓN *(La Palma, Cuba, 1889-La Habana, 1969) Médico y político cubano.* Profesor de fisiología en la Universidad de La Habana, realizó numerosos estudios científicos. En 1933 participó en la insurrección contra el dictador Gerardo Machado, por lo cual fue encarcelado y des-

Günter Grass
Die Blechtrommel
Danziger Trilogie 1

Sammlung
Luchterhand

▲ *Portada de la edición alemana de* El tambor de hojalata *(1956), el primer gran éxito literario de Günter* **Grass**.

▼ El entierro del conde de Orgaz, *uno de los cuadros más importantes no sólo de El* **Greco**, *sino de la historia de la pintura española.*

terrado. Sucedió a Céspedes como presidente de la República entre 1933 y 1934, año en que fue depuesto por el coronel Fulgencio Batista. En 1940 se presentó a las elecciones como representante del Partido Auténtico Revolucionario, pero la victoria fue para Batista. En 1944 fue elegido de nuevo presidente por el partido Alianza Republicana. Su administración acabó con la censura y realizó importantes mejoras en educación, vivienda y trabajo. En 1948 le sucedió en la presidencia Prío Socarrás. En 1956 volvió a presentar su candidatura, pero las condiciones impuestas por la dictadura de Batista le indujeron a retirarla. Escribió *La revolución cubana ante América*.

GRAY, THOMAS *(Londres, 1716-Cambridge, Gran Bretaña, 1771) Poeta inglés.* Estudió en Eton y Cambridge, donde entabló una duradera amistad con Horace Walpole, a quien acompañó en sus viajes a Italia y a Francia (1739). Pasó la mayor parte de su vida estudiando a los clásicos, arqueología y ciencias naturales. En 1747 escribió *Oda a un paisaje lejano de Eton College*. La publicación en 1751 de la *Elegía escrita en un cementerio rural* le valió la fama. Junto a Collins, fue el poeta más significativo del período de transición de la lírica inglesa entre el clasicismo formal y el romanticismo temático. Cultivador de una poesía elegante y melancólica, se inspiró en los poemarios islandés y celta para componer algunas de sus obras. Su *Diario* (1775) narra un viaje por los lagos ingleses y sus cartas, espontáneas y espirituales, abundan en juicios estéticos y literarios. Fue nombrado profesor de historia moderna en la Universidad de Cambridge en 1768, tres años antes de su fallecimiento. Fue sepultado en el cementerio que celebra su *Elegía*.

GRECO, EL [Doménicos Theotocópoulos] *(Candía, hoy Heraklion, actual Grecia, 1541-Toledo, 1614) Pintor español.* Aunque nacido en Creta, isla que en aquella época pertenecía a la República de Venecia, el Greco desarrolló su peculiar estilo y la mayor parte de su trayectoria artística en España. Se formó en su isla natal como pintor de iconos, antes de trasladarse a

Venecia, donde conoció la obra de Tiziano y Tintoretto, artistas que, junto con Miguel Ángel, fueron los que más influyeron en su pintura. A partir de 1570, tras una estancia de siete años en Roma, se trasladó a Toledo por invitación del canónigo Diego de Castilla, quien le encargó un retablo para la iglesia de Santo Domingo el Antiguo. Llevaba diez años en Toledo cuando Felipe II le encomendó una obra para el monasterio de El Escorial; pero *El martirio de san Mauricio* no gustó al soberano español, quien ya nunca volvió a contar con el artista. Ello supuso una decepción enorme para el Greco, ya que aspiraba a convertirse en pintor de corte, pero no entorpeció su carrera, puesto que era ya un pintor solicitadísimo tanto por los aristócratas como por los eclesiásticos toledanos. No es de extrañar, por tanto, que su obra sea extraordinariamente fecunda. Se conocen algunas de sus creaciones anteriores a su llegada a España, lo cual permite afirmar que creó su peculiar estilo después de su establecimiento en Toledo, seguramente influido por el fervoroso ambiente religioso de la ciudad. Sus figuras alargadas, pintadas con pincelada fluida, parecen criaturas inmateriales, carentes de solidez física e imbuidas de una intensa espiritualidad. A ello hay que añadir su paleta originalísima, de colores fríos, que consigue efectos sorprendentes con los rojos, los azules y en particular los blancos, de una rara intensidad y nitidez. Aunque pintó sobre todo obras religiosas, se le deben también importantes retratos (*Félix Paravicino*, *El caballero de la mano en el pecho*) y algunos cuadros de temática diversa. Su obra más admirada es *El entierro del conde de Orgaz*, por el hecho de que el artista se valió de este acontecimiento para dejar constancia del momento en que le tocó vivir; para ello, dividió el cuadro en dos planos, uno celestial en la parte superior y otro terrenal en la inferior, de tal modo que la obra es al mismo tiempo un cuadro religioso y un retrato de grupo. El plano superior, el celestial, no se aparta de sus restantes obras religiosas y presenta idéntico hondo misticismo y parecida intensidad dramática; la novedad se encuentra en el plano terrenal, donde los principales personajes del Toledo de la época, incluidos el propio pintor y su hijo, aparecen reproducidos con absoluta fidelidad. De la conspicua producción religiosa del Greco cabe destacar *El Expolio de Cristo*, *El Bautismo de Cristo*, *La Adoración de los pastores* y diversos *Apóstoles*, en los que resulta admirable la expresividad de los rostros y los ademanes.

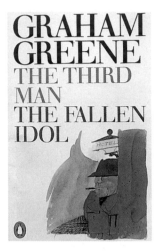

▲ *Portada de una edición inglesa de* El tercer hombre *(1950), novela de Graham* **Greene** *que dio pie a la realización de la película homónima de Carol Reed, protagonizada por Orson Welles y Joseph Cotten.*

EL GRECO

OBRAS MAESTRAS

La Asunción de la Virgen (1577; Art Institute, Chicago); *El Expolio de Cristo* (1577-1579; sacristía de la catedral de Toledo); *La Trinidad* (1577-1579; Museo del Prado, Madrid); *La Adoración del nombre de Jesús o El sueño de Felipe II* (1579; monasterio de El Escorial); *El martirio de san Mauricio o La Legión tebana* (1580-1582; Museo de El Escorial); *El entierro del conde de Orgaz* (1586-1588; iglesia de Santo Tomé, Toledo); *El Bautismo de Cristo* (1596-1600; Museo del Prado, Madrid); *Paisaje de Toledo* (1604-1614; Metropolitan Museum, Nueva York); *Laocoonte* (h. 1610; National Gallery, Washington); *La Adoración de los pastores* (1612-1614; Museo del Prado, Madrid); *El caballero de la mano en el pecho* (Museo del Prado; Madrid); *Las lágrimas de san Pedro* (Nasjonalgalleriet, Oslo).

En los últimos años de su carrera el artista pintó dos celebrados *Paisajes de Toledo* y un cuadro mitológico, *Laocoonte*, que sorprende por su temática, inusual en la España del momento. Sobre un fondo de hermoso paisaje, las figuras de Laocoonte y sus hijos se retuercen en su lucha contra las serpientes y el artista se sirve hábilmente de sus contorsiones para dotar a la obra de una composición admirable. Máximo exponente del manierismo pictórico en España, el Greco es también la primera figura de proyección universal de la pintura española y uno de los grandes genios de la historia del arte.

GREENE, GRAHAM *(Berkhamstead, Reino Unido, 1904-Vevey, Suiza, 1991) Novelista y periodista británico.* Estudió historia en Oxford. En 1926 empezó a ejercer como periodista en *The Times*, del que más tarde fue subdirector. En sus primeras novelas, entre las cuales destacan *Orient Express* (1932) y *Una pistola en venta* (1936), combinó las técnicas de la narrativa de espionaje con un hábil tratamiento de la psicología de los personajes. A estas obras siguieron *Brighton, parque de atracciones* (1938), *El poder y la gloria* (1940), *El revés de la trama* (1948), *El tercer hombre* (1950) y *El fin de la aventura* (1951). Todas ellas presentan personajes presionados por el factor ambiental, que luchan por su liberación o su afirmación. La problemática católica —el autor se convirtió al catolicismo en su juventud— no afecta ni entorpece el curso ágil de sus tramas argumentales ni convierte la acción redentora de los personajes en una lección moral. *El tercer hombre* es quizá su novela más conocida, debido a la adaptación cinematográfica de Carol Reed —con guión del propio Greene—, donde Orson Welles interpretó magistralmente a Harry Lime, una de las grandes creaciones del escritor. Acentuó la visión pesimista que tenía de la condición humana en novelas posteriores como *El americano impasible* (1955), *Nuestro hombre en La Habana* (1958), *Un caso acabado* (1961), *El cónsul honorario* (1973) y *El factor humano* (1978). Autor prolífico, también cultivó el relato y el drama. *El cuarto de estar* (1951) es la pieza más conocida de su producción teatral.

GRENVILLE, GEORGE *(Londres, 1712-id., 1770) Político británico.* Fue elegido miembro del Parlamento en 1741 y posteriormente ocupó varias carteras ministeriales. En 1763 Grenville fue nombrado primer ministro. Desde dicho cargo, que ocupó hasta 1765, dictaminó el cobro de impuestos en las colonias americanas (*Revenue Act* de 1764 y *Stamp Act* de 1765), decisión que motivó el malestar en éstas y el enfrentamiento diplomático que culminó con la guerra de Independencia americana. Dicha medida, muy criticada por los miembros del partido de la oposición, así como los escasos logros conseguidos hasta la fecha por su gobierno, impulsaron a su destitución al monarca Jorge III, a quien había sustituido durante varios meses como regente cuando enfermó. A partir de entonces permaneció en la oposición, desde donde se enfrentó a los políticos contrarios al cobro de impuestos a las colonias americanas y apoyó la *Revenue Act* de 1767, relacionada con esta iniciativa y que motivó el definitivo deterioro de las relaciones entre la colonia y la metrópoli.

GRIEG, EDVARD (*Bergen, Noruega, 1843-id., 1907) Compositor noruego.* La música escandinava tiene en el noruego Edvard Grieg una de sus primeras figuras internacionales. Formado en Leipzig en la tradición sinfónica alemana, su obra se desvincula de los principios de esta escuela de composición para buscar su inspiración en el folclor de su tierra natal. Aunque en la mayor parte de sus composiciones evita citar de manera literal melodías populares, su música las recrea con sorprendente habilidad. El contacto con su compatriota, y también compositor, Rikard Nordraak alentó en él este temprano interés por los cantos y las danzas tradicionales de su tierra. Ambos fueron los fundadores de la Sociedad Euterpe, creada para promover la música nacional escandinava, pero la prematura muerte de Nordraak en 1866 dejó a Grieg como único impulsor y responsable del proyecto. La creación de una Academia de Música Noruega en 1867 dio mayor impulso a la labor de protección y difusión de la cultura musical autóctona. Mientras tanto, Grieg había ido haciéndose un nombre como compositor fuera de las fronteras de su patria: de 1869 data el estreno en Copenhague, con el propio compositor como solista, de una de sus obras más célebres, el *Concierto para piano y orquesta en la menor.* Pocos años más tarde, en 1875, la composición de la música de escena para el *Peer Gynt* de Henrik Ibsen, divulgada en todo el mundo a través de dos suites de concierto, lo consagró como uno de los compositores más originales de su tiempo. Paradójicamente, Grieg compuso esta partitura con desgana y nunca la tuvo en demasiada estima. Más que en esta obra,

la originalidad de su estilo se aprecia mejor en los diez volúmenes de *Piezas líricas* para piano que publicó a lo largo de treinta y cuatro años: breves y melancólicas, de un sutil nacionalismo, le han valido el calificativo de «Chopin del Norte».

GRIFFITH, DAVID WARK (*Floydsfork, EE UU, 1875-Hollywood, id., 1948) Director cinematográfico estadounidense.* Su infancia estuvo influida por sus ávidas lecturas de Walter Scott, Shakespeare y Dickens, así como por las historias de guerra que su padre, antiguo coronel del ejército confederado, le explicaba. Se inició en el mundo del espectáculo en el teatro, sin mucho éxito. A propuesta de un amigo, vendió algunas de sus ideas a la joven industria cinematográfica, y concretamente a E. Porter, director de la Edison Film Company, y a la Biograph Company, empresa para la que trabajó durante cinco años. Para ella dirigió más de cuatrocientas películas de un rollo, y sometió su técnica a un perfeccionamiento constante que lo llevaría a ser considerado el padre de la sintaxis cinematográfica moderna. Introdujo, entre otros recursos, los planos cortos, los paisajísticos de larga duración y los *fade-in* y *fade-out*, así como los rodajes realizados en lugares diferentes y su adecuada combinación para crear sensación de simultaneidad. Tras dejar Biograph, fue contratado por Mutual Films, para la cual produciría dos películas que le dieron un puesto en la historia. La primera, *El nacimiento de una nación*

▲ *Notable virtuoso del piano, como compositor Edvard* **Grieg** *supo conjugar elementos del folclor noruego con las técnicas compositivas modernas.*

◀▼ *David Wark* **Griffith** *sujetando a un puma. Bajo estas líneas, cartel promocional de* El nacimiento de una nación, *considerada como la primera obra maestra de la historia del cine.*

(1915), revolucionó el incipiente arte de la cinematografía. Sus técnicas innovadoras suscitaron la admiración del público, que acudió en masa a las salas, de modo que el filme se convirtió en la película más taquillera hasta entonces. Sin embargo, sus planteamientos racistas le valieron numerosas condenas, así como la censura de la obra en muchas ciudades, entre ellas Nueva York. *Intolerancia* (1916) fue su siguiente gran película; considerada por muchos críticos la culminación artística del cine mudo, la cinta es una apología contra la censura. En ella invirtió –y en buena parte, perdió– las ganancias obtenidas en su éxito anterior. Fue fundador junto con Ch. Chaplin y M. Pickford (actriz a quien él mismo descubrió) de la United Artists.

GRIJALVA, JUAN DE *(Cuéllar, España, 1490-Olancho, América Central, 1527) Explorador y conquistador español.* Acompañó a su tío Pánfilo de Narváez a La Española, desde donde partió en la expedición de Diego Velázquez a Cuba. Siete años más tarde, salió de Santiago de Cuba para explorar la costa del Golfo de México. La necesidad de reparar algunos desperfectos de las naves obligó a la flota a cruzar un estrecho situado entre tierra firme y una isla que antes les había pasado desapercibida. El piloto mayor de la escuadra, Antón de Alaminos, creyó que Yucatán era una isla y la llamó Isla Rica. Juan de Grijalva llegó al territorio de Tabasco, donde entró en contacto con los aztecas, y más tarde desembarcó en las proximidades de la actual Veracruz, llamando a aquellas tierras San Juan de Ulúa. Tras regresar a Cuba, fue destituido por Diego Velázquez, circunstancia que lo llevó a ponerse a las órdenes del gobernador Pedrarias Dávila. Firme partidario de la sumisión pacífica de los indígenas, paradójicamente murió víctima de un ataque de éstos en el transcurso de una exploración por América Central.

GRIMM, HERMANOS; JAKOB *(Hanau, actual Alemania, 1785-Berlín, 1863)* y **WILHELM** *(Hanau, 1786-Berlín, 1859) Cuentistas y filólogos alemanes.* Conocidos sobre todo por sus colecciones de canciones y cuentos populares, así como por los trabajos de Jakob en la historia de la lingüística y de la filología alemanas, eran los dos hermanos mayores de un total de seis, hijos de un

▲ *Los hermanos* **Grimm***, creadores de obras que seguían el modelo de leyendas populares de gusto romántico, destinadas mayoritariamente a los niños.*

▼ *Portada de* El aventurero Simplex Simplicissimus *(1669), la obra maestra de Hans Jakob Christoffel* **Grimmelshausen***, considerada como la primera gran novela de la literatura alemana.*

Grimmelshausen
Simplicissimus

Mit Zeichnungen von Fritz Kredel
insel taschenbuch

abogado y pastor de la Iglesia Calvinista. Siguiendo los pasos de su padre, estudiaron derecho en la Universidad de Marburgo (1802-1806), donde iniciaron una intensa relación con C. Brentano, quien les introdujo en la poesía popular, y con F. K. von Savigny, el cual los inició en un método de investigación de textos que supuso la base de sus trabajos posteriores. Así mismo, se adhirieron a las ideas sobre poesía popular del filósofo J. G. Herder. Publicaron una colección de cuentos recogidos de diferentes tradiciones mundiales, generalmente conocida como *Los cuentos de hadas de los hermanos Grimm* (1812-1822). El gran mérito de Wilhelm fue el de mantener en esta publicación el carácter original de los relatos. Siguió luego otra colección de leyendas históricas germanas, *Leyendas alemanas* (1816-1818). Jakob, por su parte, volvió al estudio de la filología con un trabajo sobre gramática, *La gramática alemana* (1819-1837), que ha ejercido gran influencia en los estudios contemporáneos de lingüística. En 1829 se trasladaron a la Universidad de Gotinga, y de ésta, invitados en 1840 por el rey Federico Guillermo IV de Prusia, a la de Berlín, en calidad de miembros de la Real Academia de las Ciencias. Allí comenzaron su más ambiciosa empresa, el *Diccionario alemán*, un complejo trabajo (del que editaron solamente el primer volumen) que ha requerido muchas colaboraciones y no se concluyó hasta comienzos de la década de 1860.

GRIMMELSHAUSEN, HANS JAKOB CHRISTOFFEL VON *(Gelnhausen, actual Alemania, h. 1621-Renchen, id., 1676) Novelista alemán.* La guerra de los Treinta Años lo marcó profundamente en su juventud. Tras ejercer varios empleos burocráticos, se convirtió al catolicismo en 1665, y dos años después fue nombrado alcalde de Renchen. Poco después publicó la popular novela *Simplex Simplicissimus* (1669), deudora en parte de la picaresca española, en cuyas páginas se narran las aventuras de Simplicissimus, personaje que a lo largo de cinco capítulos se ve envuelto en multitud de embrollos, ya sea como soldado, bufón, amante, curandero o ermitaño. Con esta obra, el autor ofreció un vasto panorama de la Alemania de su época y sentó las bases de la novela barroca en lengua alemana.

GRIS, JUAN [José Victoriano González] *(Madrid, 1887-Boulogne-sur-Seine, Francia, 1927) Pintor español.* Fue el máximo representante del cubismo sintético. Cursó estudios en la Universidad de Madrid, pero pronto se consagró a la pintura. Sus composiciones están dotadas de gran armonía gracias a una rigurosa metodología en la estructuración de las formas. Se desvinculó de la estética cubista de Braque y de Picasso, coloreando y sombreando objetos puntuales, con lo cual consiguió un ritmo visual elegante y personal. Se trasladó a París en 1906 y se instaló en el Bateau-Lavoir, donde fue vecino de Picasso. Pintó sus primeras acuarelas al mismo tiempo que publicaba ilustraciones humorísticas en distintas revistas. Sus primeras muestras cubistas datan de 1911 y en ellas se aprecia la influencia de Cézanne, aunque pronto derivó hacia un estilo geométrico muy colorista, con predominio del azul, el verde y el violeta ácido, que culminó con la conquista de la abstracción. En 1912 empleó por primera vez la técnica del collage, franqueando de esta manera la línea divisoria que separa lo real de lo irreal. Destacan en su obra: *Vaso y damero* (1914), *El tapiz azul* (1925) y *Guitarra y partitura de música* (1926).

▲ *Collage de Juan Gris, uno de los grandes maestros del cubismo, por más que pronto se desvinculó de esta tendencia para crear el llamado cubismo sintético.*

▼ *Walter Gropius, fundador de la Bauhaus, escuela de arquitectura y artes aplicadas determinante en el desarrollo de las vanguardias europeas.*

GROCIO, HUGO [Huigh van Groot] *(Delft, Países Bajos, 1583-Rostock, actual Alemania, 1645) Jurista y diplomático holandés.* Nombrado historiógrafo de Holanda (1603) y síndico pensionario de Rotterdam (1613), cayó en desgracia y fue condenado a cadena perpetua por ser partidario del arminianismo y de Oldenbarnevelt. Logró huir del castillo de Loewenstein (1621), en el que se hallaba preso, y refugiarse en Francia, donde fue protegido y nombrado embajador en Suecia por Luis XIII. En 1604 escribió *De iure praedae*, tratado que permaneció inédito durante dos siglos. En 1609 publicó *Mare liberum*, obra en la que defendía el principio de la libertad de los mares frente a españoles, portugueses e ingleses. Su obra más famosa, *De iure belli ac pacis* (1625), es un alegato contra la esclavitud y un intento de prevenir y reglamentar las guerras, y constituyó uno de los primeros códigos de derecho internacional público. Grocio está considerado como uno de los padres del derecho internacional y como el creador de la escuela racionalista del derecho natural, que definió como uniforme y universal, derivado del carácter racional del hombre.

GROPIUS, WALTER *(Berlín, 1883-Boston, EE UU, 1969) Arquitecto, diseñador y profesor alemán.* La vocación arquitectónica le llegó por tradición familiar, ya que su padre y su abuelo fueron reputados arquitectos. En 1907, una vez finalizada la carrera de arquitectura, comenzó a trabajar en Berlín, en el estudio de Peter Behrens. Tres años más tarde se estableció por su cuenta y empezó a desarrollar su actividad como arquitecto y como diseñador industrial para la Deutsche Werkbund. Su primer edificio importante, construido en 1911, fue la fábrica Fagus, donde triunfan los postulados del racionalismo arquitectónico en una estructura diáfana de hierro y vidrio. En estos años fue madurando su deseo de vencer, por medio del racionalismo artístico, la irracionalidad de un mundo que tendía a la violencia y también su ilusión de transmitir a los jóvenes una ética profesional. Fruto de estos deseos fue, seguramente, la fundación de la Bauhaus, en la que Gropius logró reunir a numerosos artistas contemporáneos de primer rango. Nacida con la finalidad de unir todas las artes bajo la primacía de la arquitectura, la Bauhaus contribuyó de forma decisiva al desarrollo de las vanguardias artísticas europeas. Gropius dirigió la escuela de 1918 a 1928 y proyectó el emblemático edificio de Dessau, en colaboración con sus alumnos y los profesores. En 1928 abrió un estudio en Berlín, del que salieron innumerables proyectos, entre ellos el Siemenstadt, un barrio obrero alrededor de su fábrica. La llegada al poder del nacionalsocialismo le obligó a trasladarse al Reino Unido, donde trabajó en colaboración con Maxwell Fry. Finalmente, en 1937, aceptó una oferta de trabajo de la Harvard University de Boston y se trasladó a Estados Unidos. En 1945 fundó el TAC (The Architects Collaborative), grupo de trabajo que proyectó numerosos e importantes edificios en distintas partes del mundo.

GROS, ANTOINE-JEAN *(París, 1771-Meudon, Francia, 1835) Pintor francés.* Su padre, que trabajaba como miniaturista, lo introdujo en el mundo del arte, pero se formó principalmente con J.-L. David, a quien admiraba. Sin embargo, su carácter apasionado lo impulsó a crear un estilo muy distinto del equilibrado neoclasicismo de su maestro. Se caracterizó por las composiciones complejas y repletas de detalles, realistas y de intenso colorido, que ejercieron una influencia considerable en Géricault y en Delacroix y, por ende, en el desarrollo del Romanticismo. Por todo ello, se considera a Gros un precursor de la tendencia pictórica romántica. Desde 1803 trabajó al servicio de Napoleón, para quien realizó sus mejores composiciones: *La batalla de Eylan* y *Napoleón y los apestados de Jaffa*. A la caída del emperador, se vio relegado de los ambientes oficiales y se sumió en un creciente pesimismo que le llevó al suicidio. Fue también un retratista excelente.

GRÜNEWALD, MATTHIAS [Mathis Gothardt] *(Wurzburgo, actual Alemania, h. 1480- Halle, id., 1528) Pintor alemán.* La fecha de nacimiento de Grünewald, apellido concedido por su biógrafo en el siglo XVII, es incierta; aunque se le localiza hacia 1500, su primera obra fechada es de 1503. En 1509 fue nombrado pintor oficial en la corte del elector de Maguncia, cargo que tuvo que abandonar en 1525 debido a sus simpatías por la revuelta campesina. Al parecer se aproximó también a la causa protestante. Las alas del retablo del monasterio de Isenheim, con escenas basadas en las revelaciones místicas de santa Brígida de Suecia, se consideradan como su obra más importante. Dotó a sus escenas religiosas de una fuerte expresividad dramática a través de

▲ Napoleón y los apestados de Jaffa, *obra encargada por Napoleón a Antoine-Jean* **Gros** *en 1804. La escena del hospital transcurre en el claustro de un patio gótico, y se divisa, al fondo, una ciudad difuminada entre la niebla.*

▼ El locutorio de las monjas, *de Francesco* **Guardi** *. Esta escena cotidiana del s. XVIII muestra una imagen amable de la vida veneciana de la época.*

la intensidad cromática y la agitación de la línea. A finales del siglo XIX fue rescatado del olvido por las vanguardias, que vieron en su obra un antecedente de su propia reacción contra la representación naturalista tradicional.

GUAICAIPURO *(Los Teques, actual Venezuela, ?-?, 1568) Cacique teque.* Logró formar una poderosa confederación de tribus, con la que se enfrentó a los españoles, por el control del valle de Caracas. Los españoles, primero al mando de Pedro de Miranda y más tarde al de Juan Rodríguez Suárez, fueron expulsados de estos territorios, y el propio Rodríguez Suárez pereció en la lucha. En 1562, logró derrotar a una expedición de Luis Narváez, y los españoles, ante la violencia de los ataques de los indígenas, se vieron obligados a refugiarse en la isla Margarita. No pudo repetir este éxito contra Diego de Losada en su intento de apoderarse de la ciudad de Caracas, fundada por el propio Losada, quien contraatacó y sorprendió a Guaicaipuro en la batalla de Maracapana. Acorralado en su vivienda, el cacique se enfrentó a sus atacantes, a los que opuso una desesperada resistencia hasta la muerte.

GUARDI, FRANCESCO *(Venecia, 1712-id., 1793) Pintor italiano.* La primera muestra de su genio la constituyen *Escenas de la vida de Tobías*, pintadas para la iglesia de San Rafael de Venecia. Aunque los críticos discrepan en cuanto a si estos cuadros son obra suya o de su hermano Giovanni Antonio, por la maestría de la realización y el carácter evanescente de los fondos parece más probable que se deban a Francesco, quien muy poco después manifestó unas dotes extraordinarias para el paisaje. En efecto, en 1760, a la muerte de su hermano, abandonó los encargos del taller familiar para dedicarse en exclusiva a un género, el de la *veduta*, que estaba por entonces en pleno florecimiento gracias a Canaletto. Estas realizaciones (en su mayoría vistas de Venecia) y no las de la primera época son las que definen la personalidad artística de Guardi, cuyo genio, sin embargo, no fue reconocido hasta la aparición de los impresionistas. Aunque cumplimentó encargos de la República de Venecia, en su tiempo no fue un pintor demasiado valorado, y murió en la pobreza.

GUAS, JUAN *(?, ?-Toledo, 1496) Arquitecto y escultor español.* Era hijo del francés Pedro Guas y quizá nació en Francia, pero trabajó en Castilla durante el reinado de los Reyes Católicos y fue uno de los grandes exponentes del estilo Isabel. Está documentada su presencia en Toledo en 1453, cuando trabajaba al servicio de Hanequín de Bruselas en la puerta de los Leones de la catedral, probablemente en calidad de escultor. Después de una labor fugaz en la catedral de Ávila, también como escultor, en 1472 fue nombrado maestro de obras del claustro de la catedral de Segovia. En esta ciudad, donde desplegó una febril actividad, compaginó su trabajo principal con la intervención en la capilla mayor del monasterio del Parral y en el claustro de la cartuja del Paular. Entre 1480 y 1483 se ocupó de la construcción del palacio del Infantado, en Guadalajara, obra clave de la arquitectura española del siglo XV y pieza fundamental en la trayectoria artística de Guas. En Toledo, construyó la iglesia de San Juan de los Reyes, finalizada en 1495 y realizada a mayor gloria de los Reyes Católicos; en su capilla mayor triunfa plenamente la tendencia al recargamiento y la exuberancia decorativa. Poco antes de su fallecimiento fue designado maestro de obras de la catedral de Toledo.

GUAYASAMÍN, OSWALDO *(Quito, 1919-?, id 1999). Pintor ecuatoriano.* Autor de una extensa y monumental obra, ha gozado de un gran reconocimiento, tanto en su país, donde en 1981 se creó una Fundación que lleva su nombre, como internacionalmente. Recibió

▲ *Fachada principal del palacio del Infantado de Guadalajara, construido en 1480 por Juan* **Guas**. *Se caracteriza por la decoración con sillares en forma de puntas de diamante y la cornisa coronada con mocárabes.*

▼ *Ilustración del experimento de Magdeburgo, realizado por Otto von* **Guericke** *en 1654. Se trata de una de las pruebas más conocidas que el físico e ingeniero alemán llevó a cabo en sus estudios sobre el vacío.*

en vida diversos premios, entre ellos, el Gran Premio de Pintura de la III Bienal Hispanoamericana de Arte (1955), donde expuso su primera serie de envergadura, *Huacayñán* («El camino del llanto»), integrada por más de cien telas de temática indigenista, y el Premio Mejor Pintor de Sudamérica (Bienal de São Paulo, 1957). Su obra, de gran fuerza expresiva, mantiene siempre un carácter de denuncia social, y plasma los grandes dramas del hombre de nuestro tiempo, de forma especialmente relevante en su segundo gran trabajo, *La edad de la ira* (1968), compuesto por unas 260 obras.

GUERICKE, OTTO VON *(Magdeburgo, actual Alemania, 1602-Hamburgo, 1686) Físico e ingeniero alemán.* Estudió derecho en la Universidad de Jena y matemáticas en la de Leiden. Durante la guerra de los Treinta Años sirvió como ingeniero en el ejército de Gustavo Adolfo de Suecia. De sus estudios sobre el vacío concluyó que éste admitía la propagación de la luz pero no la del sonido, y que determinados procesos como la combustión, y por tanto la respiración animal, no podían tener lugar en condiciones de ausencia de aire. En 1654 realizó su famoso experimento de los hemisferios de Magdeburgo, en el que dos semiesferas de cobre de 3,66 metros de diámetro quedaron unidas con tal fuerza por el efecto de un vacío parcial creado en su interior que ni con la tracción ejercida por dieciséis caballos fue posible separarlas.

GUERRERO, FRANCISCO *(Sevilla, 1528-id., 1599) Compositor español.* Junto a la de Cristóbal de Morales y Tomás Luis de Victoria, su música representa la cima de la polifonía sacra española. Poco se sabe de los primeros años de vida de este compositor, salvo que fue discípulo de su hermano Pedro y del mencionado Morales, de quien aprendió contrapunto. Maestro de capilla

en distintas catedrales españolas (Jaén, Sevilla), Guerrero llevó una existencia itinerante que le condujo a capitales como Lisboa, Roma y Venecia. En 1588 inició una peregrinación a Tierra Santa, cuyas vicisitudes quedaron plasmadas en el libro *El viaje de Jerusalén* (1611). Creador prolífico, se le deben dos colecciones de misas (1566 y 1582) y dos de motetes (1570 y 1589), además de himnos, salmos y magníficats. Fue uno de los pocos compositores españoles de la época que cultivaron la canción profana en castellano, aunque virada a lo divino, en su volumen *Canciones y villanescas espirituales* (1589).

GUEVARA, CHE [Ernesto Guevara] *(Rosario, Argentina, 1928-Higueras, Bolivia, 1967) Revolucionario cubano de origen argentino.* Nacido en el seno de una familia acomodada, en 1953 se licenció en medicina en la Universidad de Buenos Aires. Durante su época estudiantil participó en algunas algaradas contra el gobierno de Perón, viajó por varios países latinoamericanos y tomó conciencia de la realidad social del continente. Apenas acabados sus estudios, marchó a Bolivia, donde el MNR intentaba impulsar una reforma agraria. Poco después siguió viaje hasta Guatemala, donde lo sorprendió la insurrección promovida por Estados Unidos contra el gobierno revolucionario de Jacobo Arbenz. Tras fracasar en su intento de formar un grupo de resistencia, pasó a México, donde conoció a Fidel Castro y otros exiliados cubanos que preparaban la lucha contra la dictadura de Fulgencio Batista. Se unió al grupo y participó, en diciembre de 1956, en el desembarco del *Granma*; consiguió refugiarse en

▲ *Portada de una partitura del compositor español Francisco **Guerrero**.*

▼ *Ernesto* Che ***Guevara**, revolucionario cubano de origen argentino. Abajo, en una plantación de caña de azúcar, junto a un grupo de guajiros cubanos.*

la Sierra Maestra, donde se estableció un foco guerrillero. A pesar de las dificultades que le planteaba su asma crónica, pronto destacó en sus acciones bélicas y se le asignó el grado de comandante y el mando de la columna Ciro Redondo. Al cabo de dos años de lucha, él y Camilo Cienfuegos fueron los primeros en entrar victoriosos en La Habana. Convertido en uno de los principales consejeros de Castro, éste lo nombró presidente del Banco Nacional, puesto que desempeñó hasta 1961, en que pasó a encargarse del ministerio de Industria. Desde estos cargos organizó la economía y promovió la reforma agraria. Realizó diversos viajes por países del Tercer Mundo y del bloque socialista, y también presidió la delegación cubana en la Conferencia de Punta del Este, en 1961. Este mismo año publicó sus *Pasajes de la guerra revolucionaria*, donde expresaba su concepción revolucionaria alejada de la ortodoxia comunista, y sus ideas acerca del «hombre nuevo»; tres años más tarde apareció *Intervención en Punta del Este*, libro en que abordaba el carácter imperialista de la política estadounidense y el sometimiento a ella de los países latinoamericanos. Coherente con este pensamiento y convencido de la necesidad y legitimidad de la lucha armada como vía de liberación de los pueblos, en 1965 renunció a todos sus cargos públicos y se trasladó a África, donde se unió a las guerrillas de Pierre Mulele y Sumaliot. Sin embargo, la inconsistencia ideológica de algunos jefes, entre ellos Laurent Kabila, le indujo a trasladarse a Bolivia, con la esperanza de establecer un foco guerrillero capaz de iniciar la revolución en todo el continente. Por entonces publicó *Polémica con Bettelheim* sobre la transición al socialismo, y definió sus puntos de vista sobre los focos revolucionarios en *Crear dos, tres, muchos Vietnam*. No pudo lograr del campesinado el apoyo que esperaba y, abandonado a su suerte por el Partido Comunista boliviano, su grupo fue diezmado y él mismo herido, capturado y ejecutado por el ejército de Bolivia. El radicalismo de su pensamiento y su entrega por la revolución contribuyeron a forjar su leyenda y convertirlo en el símbolo de las juventudes rebeldes que se movilizaron contra el sistema a partir de 1968. Su cadáver, en ignorado paradero durante treinta años, fue localizado junto con los de otros compañeros en una fosa común en el campo de aviación boliviano de Vallegrande por un equipo de investigadores argentinocubano. Sus restos fueron trasladados a la ciudad cubana de Santa

Clara, donde fueron inhumados el día 17 de octubre de 1997, en una ceremonia presidida por Fidel Castro.

GUEVARA, FRAY ANTONIO DE *(Treceño?, España, 1480-Mondoñedo, id., 1545) Escritor español.* Perteneciente a la orden franciscana desde 1504, en 1521 Carlos I lo nombró capellán e historiador de la corte, con la tarea de escribir la crónica del monarca. Dos años después fue designado inquisidor, en 1528 obispo de Guadix y, en 1537, de Mondoñedo. Publicó de forma clandestina en Sevilla su *Libro áureo del emperador Marco Aurelio* (1528), que pretendía ser una propuesta al emperador Carlos sobre el modelo de monarca. Un año más tarde esta obra se convirtió en libro doctrinal y ejemplar del perfecto modo de gobernar, y fue traducida a varios idiomas. Pese a lo que pueda parecer debido a la analogía con Maquiavelo, cabe considerar a Antonio de Guevara un autor todavía muy medieval y reacio a los cambios y las innovaciones introducidos por el humanismo renacentista, como se concluye de la lectura de obras como *Epístolas familiares* (1539-1542) o *Menosprecio de corte y alabanza de aldea* (1539), que obtuvieron un importante éxito en su época.

GUGGENHEIM, PEGGY *(Nueva York, 1898-Venecia, 1979) Coleccionista y galerista de arte estadounidense.* Hija de una familia acaudalada, en 1922, incómoda con el lujo que la rodeaba y su papel de joven acomodada, contrajo matrimonio con Lawrence Vail y más tarde se trasladó a París, donde entró en contacto con los círculos artísticos e intelectuales del momento. En 1941, tras el fracaso de su matrimonio, se unió al pintor Max Ernst, de quien se divorció en 1946. En 1942 regresó a Nueva York, donde abrió la galería de arte Art of This World, en la que dio cabida a artistas poco conocidos. Al término de la Segunda Guerra Mundial se instaló en Venecia, en cuyo palacio Venier dei Leoni, a la orilla del Gran Canal, agrupó su colección artística, abierta al público y en la que se encontraban obras de Jackson Pollock, Robert Motherwell, Mark Rothko y Hans Hofmann, entre muchos otros. Un volumen con sus memorias, en el que se incluían escritos ya publicados, apareció póstumamente (1980) bajo el título de *Confessions of an Art Addict*.

▶ *Códice alemán del s. XII en el que aparece el teórico de la música* **Guido d'Arezzo** *con su discípulo Teobaldo (a la derecha).*

▼ *Peggy* **Guggenheim** *fotografiada en Venecia con sus perros. Famosa coleccionista y galerista de arte, ha dado nombre a dos grandes museos de arte contemporáneo, uno de ellos en Nueva York y el otro en Bilbao.*

GUIDO D'AREZZO *(Arezzo, actual Italia, h. 91-?, h. 1033) Teórico de la música italiano.* Conocido también con el nombre de *Guido Aretinus*, Guido d'Arezzo fue un monje benedictino que ha pasado a la historia de la música como uno de los más importantes reformadores del sistema de notación musical. Después de haber seguido estudios en la abadía benedictina de Pomposa, en Ferrara, hacia 1025 ingresó como maestro en la escuela catedralicia de Arezzo, donde sobresalió en la enseñanza del arte vocal y escribió su tratado principal, el *Micrologus de disciplina artis musicae*. En 1029 se retiró al convento de Avellana, en el que posiblemente murió en fecha que no se ha logrado precisar. A Guido se debe la fórmula que permite memorizar la entonación precisa de las notas del hexacordo mayor, cuya nomenclatura (*ut* o *do, re, mi, fa, sol, la*) extrajo de las sílabas iniciales de cada hemistiquio del himno de san Juan *Ut queant laxis*.

GUIDO o **GUITTONE D'AREZZO** *(Arezzo, actual Italia, 1225-Florencia, 1293) Poeta italiano.* Hijo de un administrador comunal, en 1261 entró en el convento de los hermanos de Santa María de Bolonia, donde vivió en comunidad hasta 1285. Antes de morir fue uno de los fundadores del monasterio de Agnes, en Florencia. Siguió los postulados de la poesía provenzal e introdujo en Toscana la escuela poética siciliana. Autor de poemas amorosos y políticos, escribió *Letras*, de contenido moral, que constituyen una tentativa de fundar una prosa literaria. Autor también de dos colecciones de *Rimas* que constituyen un fiel testimonio de sus sentimientos religiosos, su obra se sitúa entre la escuela siciliana y el *dolce stil nuovo*.

GUILLAUME DE LORRIS *(Lorris-en-Gâtinais, h.1235-?) Poeta francés.* Fue autor de una única obra, el *Roman de la Rose*, que dejó inacabada. Compuesta por unos 4 000 versos, fue concluida por Jean de Meung entre 1275 y 1280 e impresa por primera vez en 1485. Aunque se ignora casi todo de este poeta medieval, se sabe que inició su obra a los veinticinco años y murió joven. Probablemente era clérigo y, sin duda, erudito. Conocía *El arte de amar* de Ovidio, de quien toma numerosos elementos, y la tradición literaria medieval sobre el tema del amor cortés, desarrollado en los *romans* de Chrétien de Troyes y por la lírica trovadoresca. Con su obra, en la cual empleó sistemáticamente un lenguaje alegórico de exquisita frescura y virtuosa ejecución, dio un sentido más abstracto y místico al amor cortés.

GUILLÉN, JORGE *(Valladolid, 1893-Málaga, 1984) Escritor español.* Estudió filosofía y letras. De 1917 a 1923 fue lector en la Sorbona de París y, de regreso en España, enseñó en distintas universidades (Murcia, Sevilla). En 1928 publicó *Cántico*, volumen de poemas que amplió luego y no dio por finalizado hasta 1950. De 1929 a 1931 fue lector de español en la Universidad de Oxford. En 1938, a causa de la guerra civil española, se exilió en Estados Unidos, donde empezó la redacción de *Clamor*, formado por los primarios *Maremágnum* (1957), *Que van a dar en la mar* (1960) y *A la altura de las circunstancias* (1962). Agrupó toda su poesía en un único volumen, *Aire nuestro* (1968), que completó en 1973 con *Y otros poemas* (1973). Además de su obra poética, destaca el ensayo *Lenguaje y poesía* (1962). Miembro de la Generación del 27, su obra constituye un esfuerzo por alcanzar una poesía pura, despojada de toda anécdota y caracterizada por el empleo reiterado de la metáfora. Premio Cervantes en 1977, fue nombrado académico de honor por la Real Academia Española.

▲ *Retrato de Jorge Guillén, miembro destacado de la Generación del 27, cuya producción lírica constituye un esfuerzo por alcanzar la llamada poesía pura.*

▲ *Fotografía de Nicolás Guillén, poeta cubano abanderado de la llamada poesía negrista y con posterioridad, de la revolución castrista.*

GUILLÉN, NICOLÁS *(Camagüey, Cuba, 1902-La Habana, 1989) Poeta cubano.* Su obra se constituyó en paradigma de la poesía negrista, conjugando los motivos afroantillanos con la actitud combativa en poemarios como *Sóngoro cosongo*, de 1931. El homenaje y la defensa de su raza y la denuncia de su precaria condición social se enmarcan en un movimiento social generalizado contra la dictadura de Machado. En 1937 asistió al II Congreso de la Defensa de la Cultura celebrado en Valencia, en plena guerra civil española, y posteriormente se afilió al Partido Comunista de Cuba. Entre 1937 y 1938 dirigió la revista *Mediodía*, y en 1944 fue miembro editor de la *Gaceta del Caribe*. En 1959, tras el triunfo de la Revolución, fue nombrado presidente de la Unión de Escritores y Artistas de Cuba. Sus principales obras son *Motivos del son* (1930), *West Indies, Ltd.* (1934), *El son entero* (1947), *¿Puedes?* (1959), *Poemas de amor* (1964), *Poemas del zoo* (1967) y *El diario que a diario* (1971).

GUILLERMO I *(La Haya, 1772-Berlín, 1843) Rey de los Países Bajos y gran duque de Luxemburgo (1815-1840).* Hijo de Guillermo V de Nassau, en 1795 se enfrentó a la invasión francesa al mando de las tropas holandesas, pero fue vencido. Tras la derrota de Napoleón, se convirtió en rey de los Países Bajos (1815) e impulsó diversas reformas contrarias a la Iglesia Católica. Esta política le atrajo el descontento de las provincias belgas, las cuales se independizaron en 1830 a raíz de la conferencia de Londres y bajo el auspicio de las grandes potencias europeas Francia y el Reino Unido. A Guillermo I no le quedó otra opción que aceptar este hecho en 1839, un año antes de abdicar en su hijo Guillermo II. Se instaló entonces en Berlín, donde pasó sus últimos años.

GUILLERMO I DE PRUSIA *(Berlín, 1797-id., 1888) Rey de Prusia (1861-1888) y emperador de Alemania (1871-1888).* Segundo hijo de Federico Guillermo III de Prusia y de la reina Luisa, recibió formación militar desde su niñez. La ocupación francesa de su patria en 1806 le causó verdadera conmoción, de modo que al estallar la rebelión en Prusia Oriental seis años más tarde no dudó en participar en ella a pesar de su juventud. En 1813, cuando su padre declaró la guerra a Francia, intervino en ella y colaboró en la reconstrucción de Prusia. Durante el reinado de su hermano Federico Guillermo IV actuó con dureza para sofocar la insurrección republicana de Baden de 1849, y al año siguiente mostró su disgusto ante la indecisión del monarca a la hora de unificar Alemania excluyendo a Austria, lo cual permitió que este país obligara a Prusia a la retirada de Olmütz. La locura de su hermano en 1858 le dio la regencia y allanó el camino para su coronación en 1861. Partidario de una monarquía fuerte, emprendió inmediatamente una profunda reorganización del ejército con el objetivo de hacer realidad la *realpolitik*, el proyecto de unidad alemana. El Landtag, el parlamento bicameral, no aprobó las partidas presupuestarias necesarias para su financiación, pero Bismarck, su nuevo canciller, hizo caso omiso tanto del voto parlamentario como de las protestas de la oposición y llevó adelante los planes. Después de la guerra de los Ducados (1864-1865), autorizó, no sin reparos, la guerra contra Austria, que fue derrotada en Sadowa. Tras la victoria militar, se anexionó los estados de Schleswig, Holstein, Hannover, Hesse electoral, Hesse-Nassau y Frankfurt, logró el apoyo de otros en el seno de la Confederación Alemana del Norte y firmó alianzas militares con los estados del sur. Aun así, el rey no se mostró favorable a la idea de su primer ministro de provocar la guerra con Francia y consintió en retirar la candidatura al trono español de Leopoldo de Hohenzollern, propuesta que constituía el principal punto de tensión. Sin embargo, Bismarck, decidido a no cejar en sus propósitos, modificó los términos del telegrama real, ardid que ocasionó el estallido del conflicto franco-prusiano en 1870. Después de una fulgurante campaña, las tropas prusianas vencieron a las francesas en la decisiva batalla de Sedán y ocuparon París. Eliminados los obstáculos externos, se consumó la unidad de Alemania bajo la hegemonía de Prusia y Guillermo I fue coronado emperador en Versalles el 18 de enero de 1871. Nació de este modo una gran potencia económica, en cuyo interior el monarca debió afrontar los avances del socialismo y la creciente radicalización de las masas obreras. Apoyó a su canciller en la sanción de leyes sociales de carácter pro-

▲ *Guillermo I*, rey de Prusia, en el momento de ser proclamado emperador de Alemania en Versalles, en 1871.

▼ Retrato de *Guillermo I* de Orange-Nassau, príncipe flamenco perseguido por la Corona española en tiempos de Felipe II.

teccionistas que tendían a debilitar la influencia de los socialistas, contra quienes se dictaron duras medidas represivas que no impidieron su crecimiento entre el electorado. Pronto también se vio enfrentado a la Iglesia Católica, a raíz de las leyes laicas y el *kulturkampf* que impulsaba Bismarck, hasta que logró de éste actitudes más moderadas. En política exterior, advirtió el peligro que suponía el establecimiento de alianzas militares que consolidaban la paz armada en el continente y hacían de éste un verdadero polvorín. Sin embargo, la dinámica expansionista en la que había entrado Alemania de la mano de Bismarck le indujo a firmar, en 1872, la alianza de los tres emperadores, que al deshacerse siete años más tarde, cuando los intereses germanos y austriacos chocaron con los rusos en los Balcanes, fue sustituida por la Dúplice Alianza austroalemana, coalición a la que también se sumó Italia en 1882.

GUILLERMO I DE ORANGE-NASSAU, llamado *el Taciturno (Dillenburg, Alemania, 1533-Delft, actual Países Bajos, 1584) Príncipe de Orange*. Noble flamenco, se educó en la corte de Carlos I, y durante los primeros años del reinado de Felipe II formó parte del Consejo de Estado de Flandes, encargado de asesorar a la princesa Margarita de Parma. Su oposición al cardenal Granvela, el principal abogado de las pretensiones centralizadoras de Felipe II, que atentaban contra los intereses de la nobleza de los Países Bajos, así como su temor a las actitudes de intransigencia religiosa con los protestantes y calvinistas emanadas de la corte española, lo fueron alejando paulatinamente de su lealtad a su rey. Aun así, se mostró indeciso durante los disturbios iconoclastas que agitaron Flandes en el año 1566, pero la llegada del duque de Alba con sus tercios, y la terrible represión ejercida con la instauración del Tribunal de Tumultos que condenó a diversos nobles flamencos como Egmont y Horn, lo obligaron a exiliarse entre los hugonotes franceses con su hermano Luis de Nassau. Los acontecimientos de 1572, que culminaron con la toma de Brill por los «mendigos del mar» y provocaron la defección de Holanda y Zelanda, propiciaron una base territorial para conducir la lucha contra España. El motín de los tercios, que saquearon Amberes en 1576, y la hostilidad general contra Felipe II, a causa de la represión ejercida por el duque de Alba, fueron hábilmente utilizados por Guillermo de Orange para atraerse a las ciudades del sur de Flandes y reunir las Diecisiete Provincias en un frente conjunto para alcanzar un acuerdo con Felipe II que salvaguardase las libertades religiosas y las instituciones de los Países Bajos. Esta unidad se rompió pronto, y los intentos de Guillermo de Orange de imponer un gobernante extranjero en la persona del duque de Anjou terminaron en fracaso. Finalmente, Felipe II lo declaró fuera de la ley y puso precio a su cabeza. En respuesta al monarca español, Guillermo de Orange publicó su *Apología*, escrito en el que se cimenta la «Leyenda Negra» contra España y en el cual defiende su lucha por la libertad. En 1583 fue asesinado por el fanático realista Baltasar Gerard.

GUILLERMO I EL CONQUISTADOR *(Falaise, actual Francia, h. 1028-Ruán, id., 1087) Rey de Inglaterra (1066-1087) y duque de Normandía con el nombre de Guillermo II (1035-1087).* Hijo natural del duque Roberto I de Normandía, llamado *el Diablo*, fue reconocido como heredero por su padre antes de partir hacia Tierra Santa, donde encontró la muerte (1035). La presencia de un niño bastardo al frente del ducado normando, no obstante, no fue bien aco-

▼ *Detalle del tapiz de Bayeux en el que se muestra al rey* **Guillermo I el Conquistador** *mientras cruza el canal de la Mancha antes de vencer al soberano anglosajón Harold II en la batalla de Hastings (1066). Tras conquistar con rapidez toda Inglaterra, fue coronado en Westminster.*

gida por buena parte de la nobleza feudal ni por sus propios parientes, razón por la que, a lo largo de su minoría, se sucedieron las rebeliones nobiliarias que sumieron a Normandía en la anarquía, ante la incapacidad de los tutores del pequeño duque de hacerse con el control de la situación. En 1046, Guillermo decidió sofocar personalmente una nueva sublevación de la nobleza y, con la ayuda de las tropas del rey Enrique I de Francia, su señor feudal, venció a los rebeldes en la batalla de Val-des-Dunes, lo cual le permitió imponer su autoridad en el ducado (1047). Sin embargo, la amistad con Enrique I se truncó pronto, a causa del matrimonio de Guillermo con Margarita de Flandes, que hizo temer a Francia la posibilidad de una alianza entre Normandía y Flandes. Inquieto por el creciente poder del duque, el monarca francés lo atacó en varias ocasiones, aunque fue derrotado en Mortemer (1054) y Varaville (1058). Así mismo, Guillermo tuvo que hacer frente al intento de invasión de Godofredo Martel, conde de Anjou, a quien el normando acabó por arrebatar el condado del Maine (1064). En 1066, la muerte sin herederos del rey Eduardo I de Inglaterra, llamado *el Confesor*, proporcionó a Guillermo la oportunidad de optar al trono inglés, ya que el difunto monarca le había nombrado sucesor años antes (1051). A pesar de esta designación, una rápida maniobra permitió al conde Harold de Essex, cuñado de Eduardo *el Confesor*, coronarse rey (Harold II). En defensa de sus derechos sucesorios, Guillermo se apresuró a reunir un gran ejército para conquistar Inglaterra, no sin antes conseguir la bendición papal y asegurarse la neutralidad del emperador Enrique IV. Tras desembarcar en Pevensey, el entonces duque de Normandía derrotó y dio muerte a Harold II el 14 de octubre de 1066, en la batalla de Hastings, victoria que le permitió entrar en Londres y ceñir la corona de Inglaterra en Westminster el día de Navidad de aquel mismo año. La implantación de la nueva dinastía real inglesa integró al país en el Occidente europeo, dado que su monarca era vasallo del rey de Francia, provocó la sustitución de los funcionarios sajones por normandos e introdujo un sistema feudal férreamente controlado por la autoridad real, lo que convirtió a Inglaterra en el Estado mejor organizado de Europa. Sometidos los territorios de la otra orilla del canal de la Mancha, Guillermo hubo de enfrentarse con su hijo Roberto, quien, apoyado por el rey Felipe I de Francia, le disputaba el ducado de Normandía y el condado del

Maine (1075). En 1086 ordenó la redacción en Inglaterra de una precisa compilación catastral, conocida con el nombre de *Domesday Book*, a fin de verificar las transferencias de tierras, cuya propiedad estaba esencialmente en manos de la nobleza normanda desde la conquista, y fijar con exactitud los derechos fiscales de la monarquía en todo el país. Un año más tarde, el 9 de septiembre de 1087, Guillermo I *el Conquistador* moría en Ruán, ciudad que formaba parte del ducado de Normandía.

GUILLERMO II *(castillo de Potsdam, 1859-Doorn, Países Bajos, 1941) Rey de Prusia y emperador de Alemania (1888-1918).* Hijo de Federico III, fue proclamado emperador de Alemania en 1888, tras el breve reinado de su padre. Destituyó al canciller Bismarck e inició un plan de reformas internas que lanzaría a Alemania a la industrialización, pero no pudo impedir, sin embargo, que el Partido Socialdemócrata alemán se impusiera progresivamente como primera fuerza política. En materia de asuntos exteriores, promovió las acciones colonialistas como réplica a la política expansionista del Reino Unido, país al que forzó a establecer la alianza con Francia y Rusia; por su parte, Guillermo impulsó la Triple Alianza, quedando con ello definidos los dos bloques que serían los futuros contendientes de la Primera Guerra Mundial. Durante el conflicto, el emperador fue cediendo el poder militar a Hindenburg y Ludendorff e intentó mantener el poder político; así, puso todo su empeño en prolongar las hostilidades hasta el armisticio de 1918, conseguido lo cual se exilió en los Países Bajos, donde fallecería.

GUILLERMO III DE ORANGE *(La Haya, 1650-Kensington, Gran Bretaña, 1702) Estatúder de las Provincias Unidas de los Países Bajos (1672-1702) y rey de Inglaterra.* Hijo de Guillermo de Orange-Nassau y de María Estuardo, perdió sus derechos como miembro de la casa real después de que la burguesía republicana holandesa dictara el Acta de Exclusión. A pesar de ello, en 1670 logró ingresar en el Consejo de Estado y dos años después fue proclamado estatúder, a raíz de la revuelta popular orangista que se produjo tras la invasión de las tropas de Luis XIV. En una hábil maniobra diplomática, Guillermo desposó a María, hija del futuro monarca inglés Jacobo II, con lo cual consolidaba una alianza protestante que, a la postre, le serviría para frenar el avance francés. En 1678 firmó la paz de Nimega en unas condiciones claramente be-

▲ *Guillermo II*
de Orange dirigió la llamada Revolución Gloriosa y logró destronar a Jacobo II para luego ser nombrado rey de Inglaterra, Escocia e Irlanda.

▼ *Guillermo II, rey de Prusia y emperador de Alemania, junto con varios oficiales del ejército alemán.*

neficiosas para las Provincias Unidas. El acercamiento de Jacobo II a Francia provocó tanto su temor como la preocupación de las clases dominantes inglesas, dadas las afinidades católicas del rey Estuardo. Guillermo dirigió entonces la llamada Revolución Gloriosa, que en 1689 destronó al monarca inglés, tras lo cual se coronó él mismo. Sofocadas las revueltas en Escocia e Irlanda, esta última apoyada por Luis XIV, se mostró beligerante en política exterior, hasta que en 1692 venció a la escuadra francesa en la Hougue. Al frente de las dos grandes potencias marítimas europeas, Guillermo accedió a firmar la paz de Ryswick (1697), en la que Luis XIV se vio obligado a reconocerlo como rey de Inglaterra, lo cual abría las puertas a la hegemonía inglesa. En 1700, la muerte del rey español Carlos II sin herederos y su disposición testamentaria, en la que nombraba a Felipe de Anjou su sucesor, llevó a Guillermo a promover la segunda Gran Alianza, que intervino en la guerra de Sucesión española.

GUILLERMO TELL *(s. XIV) Héroe legendario suizo.* Según la tradición, Guillermo Tell era un ballestero, famoso por su puntería, que desafió la autoridad del gobernador Gessler al negarse a saludar a su sombrero, expuesto bajo el tilo de Altdorf. Gessler lo condenó a tener que atravesar con una flecha de su ballesta una manzana colocada sobre la cabeza de su propio hijo, prueba que Guillermo superó con éxito. Encarcelado por Gessler, Guillermo Tell consiguió evadirse y darle muerte. Esta leyenda, que contiene muchos elementos de tradiciones anteriores, hay que entenderla dentro del contexto de la lucha que los cantones suizos llevaron a cabo contra el Imperio alemán de los Habsburgo, y que terminó con la victoria de los suizos y la consecución de la independencia del país.

GUIZOT, FRANÇOIS *(Nîmes, Francia, 1787-Val-Richer, id., 1874) Político e historiador francés.* En 1794 su padre fue ejecutado por la Convención y tanto él como su madre debieron abandonar el país. En 1805 regresó a París, donde estudió derecho y frecuentó círculos contrarios a Napoleón. Tras la restauración de 1814 se unió a los doctrinarios, partidarios de la monarquía constitucional, y hasta 1830 se dedicó mayoritariamente a la investigación y a la redacción de obras de historia. En 1832 fue nombrado ministro de Educación, cargo que ocupó hasta 1837 y desde el cual promulgó la Ley Guizot, que convertía en universal la educación primaria. Tras un breve período como embajador en Londres, pasó a desempeñar la cartera de Asuntos Exteriores y, *de facto*, la jefatura del gobierno, en razón de la avanzada edad del primer ministro Soult, a quien sustituyó en 1847. El estallido revolucionario del año siguiente le obligó a dimitir, poco después de lo cual cayó la monarquía y se instauró la república. Tras ello se alejó de la escena política y volvió a su labor como historiador.

GUSTAVO ADOLFO II *(Estocolmo, 1594-Lützen, actual Alemania, 1632) Rey de Suecia (1611-1632).* Brillante estratega, introdujo en el ejército sueco muchas de las innovaciones que habían aparecido en los últimos años: el incremento de la artillería de campaña, las barreras de fuego móviles, las formaciones en línea, así como la recluta de la infantería entre la población. De esta manera, Suecia, país relativamente poco poblado, logró levantar un poderoso y disciplinado ejército. Las primeras campañas de Gustavo Adolfo lo enfrentaron a Polonia, gobernada por su primo Segismundo Vasa. En 1621 se apoderó de la ciudad de Riga, uno de los principales enclaves comerciales en el Báltico, para, en 1625, penetrar en Polonia y aniquilar al ejército polaco en Wallhof. A pesar de todo, la guerra se fue prolongando hasta que en 1629, por mediación de Francia, que quería que Gustavo Adolfo luchase en Alemania contra los Habsburgo, se firmó la paz de Altmark entre los contendientes. En 1631, Gustavo Adolfo se adentró en Alemania al mando de un aguerrido ejército, y se enfrentó al general de la Liga Católica, Tilly, en Breitenfeld. Las nuevas tácticas dieron resultado y los suecos, gracias a su superioridad en artillería y bocas de fuego, desbarataron a las nutridas formaciones de infantería de Tilly, al tiempo que, haciendo gala de su disciplina y capacidad de maniobra, taponaron el hueco creado por la huida de sus poco fiables aliados sajones. Esta batalla cambió de golpe el cariz de la guerra, hasta entonces favorable al imperio y sus aliados católicos. En 1632, Gustavo Adolfo cayó sobre Baviera y la devastó, derrotando de nuevo a Tilly en el Lech. Desesperado, el emperador Fernando dio todo su apoyo a su mejor general: Wallenstein. Éste contraatacó cautelosamente con grandes fuerzas, y el sueco, sabiéndose muy alejado de sus bases, no tuvo más remedio que retirarse; pero Wallenstein cometió el error de enviar buena parte de sus efectivos a los cuarteles de invierno, ocasión que aprovechó Gustavo

▲ **Gustavo Adolfo II** *de Suecia, retratado por el pintor flamenco Antoon van Dyck. El rey sueco acentuó el carácter absolutista de la monarquía de su país.*

▼ *Grabado de 1584 en el que se representa a Johannes G.* **Gutenberg***, inventor de la imprenta de caracteres móviles.*

Adolfo para atacarlo y derrotarle en Lützen, si bien él mismo pereció en el campo de batalla.

GUTENBERG, JOHANNES GENSFLEISCH [Johann Gensfleisch zur Laden zum Gutenberg] *(Maguncia, actual Alemania, h. 1390-id., 1468) Inventor alemán.* Entre 1428 y 1430 tuvo que trasladarse a Estrasburgo tras una feroz disputa entre los gremios y los patricios, en la que se vio implicado su padre. Hasta 1444 trabajó en dicha ciudad como artesano en la talla de gemas y desarrolló, en el máximo de los secretos, una imprenta de su invención que adoptaba la revolucionaria idea de los tipos móviles. En 1450 se asoció con el financiero Johann Fust; por aquel entonces se cree que llevaba ya dos años trabajando en la edición de una Biblia latina a dos columnas. La célebre *Biblia de Gutenberg* o *Biblia de 42 líneas* apareció en su versión definitiva en 1455, año en el que Gutenberg perdió el juicio que su socio Fust había entablado contra él, molesto por el retraso en la devolución de la inversión realizada. A consecuencia de este fallo judicial tuvo que ceder tanto los derechos sobre los tipos de la Biblia como los de su segunda gran obra, el *Mainzer Psalterium* (1457).

GUTIÉRREZ NÁJERA, MANUEL *(Ciudad de México, 1859-id., 1895) Poeta y escritor mexicano.* Pasó toda su vida en Ciudad de México, excepto breves visitas a Querétaro y Veracruz y algunas temporadas en una hacienda familiar de Puebla, donde se sitúa la dramática acción de su cuento *La mañanita de San Juan.* Cultivó diversos géneros literarios en prosa y en verso, y perteneció a la primera generación modernista. Influido por el marcado afrancesamiento de su ciudad, se inspiró en Verlaine, Gautier y Musset, aunque admiró así mismo a los místicos españoles. En su madurez poética se inclinó por los parnasianos, el simbolismo y el modernismo, el cual contribuyó a difundir desde 1894 a través de la publicación de *Azul*, revista clave del movimiento. Entre sus obras destacan *Cuentos frágiles* (1883) y *Cuentos de color de humo* (1894). Falleció a los treinta y seis años, y su obra lírica fue recopilada en 1896 en el volumen *Poesías*.

H

HABER, FRITZ *(Wroclaw, actual Polonia, 1868-Basilea, 1934) Químico alemán.* Estudió en las universidades de Berlín y Heidelberg, y fue profesor de química y física en la Escuela Técnica de Karlsruhe. En 1911 fue nombrado director del Instituto Kaiser Wilhelm y en 1933 tuvo que exiliarse a Inglaterra debido al antisemitismo reinante en Alemania. Trabajó en el campo de la electroquímica (*Teoría base de la electroquímica técnica*) y en el de la termodinámica (*Termodinámica de las reacciones con gases*). En 1909, en colaboración con C. Bosch, ideó un método de fijación del nitrógeno atmosférico en gran escala que permite obtener amoníaco a partir de nitrógeno e hidrógeno gracias al empleo de catalizadores (esencialmente hierro), desarrollo en la actualidad conocido como el proceso de Haber-Bosch. En 1918 recibió el Premio Nobel.

HABERMAS, JÜRGEN *(Düsseldorf, Alemania, 1929) Sociólogo y filósofo alemán.* Principal representante de la llamada «segunda generación» de la Escuela de Frankfurt, entre 1955 y 1959 trabajó en el conocido Instituto de Investigación Social de la ciudad. Enseñó filosofía en Heidelberg y sociología en Frankfurt, y dirigió el Instituto Max Planck de Starnberg entre 1971 y 1980. Su ingente obra filosófica trata de recuperar un punto de contacto entre teoría y praxis, frente a la pretendida neutralidad de los saberes positivos y científicos. Según Habermas, no es posible una objetividad ajena a valores e intereses, razón por la cual aquellos saberes resultan reductores, en la medida en que se basan en una razón meramente instrumental. Resultado de ello, de

▲ *El químico alemán Fritz* **Haber***, cuyos trabajos versaron principalmente sobre electroquímica y termodinámica.*

acuerdo con su crítica, es la creciente burocratización de la sociedad a todos los niveles y la despolitización de los ciudadanos. Habermas propone una «razón comunicativa», cuyo fundamento sería el carácter intersubjetivo y consensual de todo saber, y que devolvería a la sociedad el control crítico y la orientación consciente de fines y valores respecto de sus propios procesos.

HAECKEL, ERNST *(Potsdam, actual Alemania, 1834-Jena, id., 1919) Biólogo alemán.* Estudió medicina en las universidades de Berlín, Wurzburgo y Viena, tras lo cual se incorporó, en calidad de asistente de zoología, a la Universidad de Jena, de la que sería catedrático (1865-1909). Las contribuciones de Haeckel a la zoología fueron una mezcla de investigación y especulación. Abogó por el monismo y por una visión totalmente materialista de la vida y el universo. Amplió las ideas de su mentor, Johannes Müller, argumentando que las etapas embrionarias en un animal recapitulan la historia de su evolución, y que por tanto la ontogénesis reproduciría la filogénesis. Sus estudios acerca de la biología marina, realizados en colaboración con Müller, le condujeron a comparar la simetría de los cristales con la de los animales más simples, y a postular un origen inorgánico para los mismos. En 1866 anticipó el hecho de que la clave de los factores hereditarios reside en el núcleo de la célula. Provocó una fuerte controversia al proponer que todos los animales multicelulares se originaron a partir de un ser hipotético, a la vez endodermo y ectodermo, al que denominó *gastraea*. Muy valiosas fueron sus aportaciones al estudio de los invertebrados, como las medusas, los radiolarios, los sifonóforos y las esponjas calcáreas, entre otros. Fue también el primero en distinguir entre seres unicelulares y pluricelulares y entre protozoos y metazoos. Ferviente darwinista, en *Morfología general de los organismos* (1866) presentó sus ideas evolucionistas, pero la comunidad científica apenas prestó atención a su obra. Organizó varias expediciones zoológicas y fundó el Museo Filético de Jena.

HAENDEL, GEORG FRIEDRICH *(Halle, actual Alemania, 1685-Londres, 1759) Compositor alemán naturalizado inglés.* Estricto contemporáneo de Johann Sebastian Bach –aunque difícilmente podrían hallarse dos compositores más opuestos en cuanto a estilo y aspiraciones–, Haendel representa no sólo una de las cimas de la época barroca, sino también de la música de todos los tiempos. Músico prolífico como pocos, su producción abarca todos los géneros de su época, con especial predilección por la ópera y el oratorio, a los que, con su aportación, contribuyó a llevar a una etapa de gran esplendor. Oponiéndose a los deseos de su padre, quien pretendía que siguiera estudios de derecho, la carrera de Haendel como músico comenzó en su Halle natal, donde tuvo como profesor al entonces célebre Friedrich Wilhelm Zachau, organista de la Liebfrauenkirche; fue tal su aprovechamiento que en 1702 fue nombrado organista de la catedral de su localidad y, un año más tarde, violinista de la Ópera de la corte de Hamburgo, donde entabló contacto con Reinhard Keiser, un compositor que le introdujo en los secretos de la composición para el teatro. En Hamburgo, precisamente, estrenó Haendel en 1705 su primera ópera, *Almira*, que fue bien acogida por el público. Un año más tarde, el músico emprendió un viaje a Italia que había de tener especial importancia, ya que le dio la oportunidad de familiarizarse con el estilo italiano e introducir algunas de sus características en su propio estilo, forjado en la tradición contrapuntística alemana. Las óperas *Rodrigo* y *Agrippina* y el oratorio *La Resurrezione* datan de esa época. En 1710, de regreso en Alemania, fue nombrado maestro de capilla de la corte del Elector de Hannover, puesto que abandonó al final de ese mismo año para trasladarse a Inglaterra, donde pronto se dio a conocer como autor de óperas italianas. El extraordinario triunfo de la segunda de su autoría, *Rinaldo*, le decidió a afincarse en Londres a

▲ *Haendel*, *según un retrato pintado por Philipe Mercier. El músico alemán fue uno de los grandes compositores del Barroco, junto a Bach y Vivaldi.*

▼ *Portada de la partitura de* Las canciones y sinfonías de Acis y Galatea, *compuestas por* **Haendel**.

partir de 1712. Dos años más tarde, su antiguo patrón, el Elector de Hannover, fue coronado rey de Inglaterra con el nombre de Jorge I, y el compositor reanudó su relación con él, interrumpida tras el abandono de sus funciones en la ciudad alemana. Fueron años éstos de gran prosperidad para Haendel: sus óperas triunfaron en los escenarios londinenses sin que los trabajos de autores rivales como Bononcini y Porpora pudieran hacerles sombra. Sin embargo, a partir de la década de 1730, la situación cambió de modo radical: a raíz de las intrigas políticas, las disputas con los divos –entre ellos el *castrato* Senesino–, la bancarrota de su compañía teatral y la aparición de otras compañías nuevas, parte del público que hasta entonces lo había aplaudido le volvió la espalda. A partir de ese momento, Haendel volcó la mayor parte de su esfuerzo creativo en la composición de oratorios: si *Deidamia*, su última ópera, data de 1741, de ese mismo año es *El Mesías*, la obra que más fama le ha reportado. Con temas extraídos de la Biblia y textos en inglés, los oratorios –entre los que cabe citar *Israel en Egipto*, *Sansón*, *Belshazzar*, *Judas Maccabeus*, *Solomon* y *Jephta*– constituyen la parte más original de toda la producción del compositor y la única que, a despecho de modas y épocas, se ha mantenido en el repertorio sin altibajos significativos, especialmente en el Reino Unido, donde el modelo establecido por Haendel ha inspirado la concepción de sus respectivos oratorios a autores como Edward Elgar o William Walton. No obstante, no hay que olvidar otras facetas de su producción, en especial la música instrumental, dominada por sus series de *Concerti grossi* y conciertos para órgano. Los últimos años de vida del compositor estuvieron marcados por la ceguera originada a consecuencia de una fallida operación de cataratas. A su muerte fue inhumado en la abadía de Westminster junto a otras grandes personalidades británicas.

GEORG FRIEDRICH HAENDEL
OBRAS MAESTRAS

ÓPERAS: *ALMIRA* (1705); *RINALDO* (1711); *AMADIGI DI GAULA* (1715); *OTTONE* (1723); *GIULIO CESARE* (1724); *ORLANDO* (1733); *ALCINA* (1735). **MÚSICA ORQUESTAL:** *6 CONCERTI GROSSI OP. 3* (1734); *MÚSICA ACUÁTICA* (1717); *12 CONCERTI GROSSI OP. 6* (1740); *MÚSICA PARA LOS REALES FUEGOS DE ARTIFI-CIO* (1749). **MÚSICA INSTRUMENTAL:** *SUITE DE PIEZAS PARA CLAVE* (1720); *SUITE DE PIEZAS PARA CLAVE* (1733). **MÚSICA VOCAL:** *LA RESURREZIONE* (1708); *SAÚL* (1739); *ISRAEL EN EGIPTO* (1739); *EL MESÍAS* (1741); *BELSHAZZAR* (1745); *JUDAS MACCABEUS* (1747); *SOLOMON* (1749); *JEPHTA* (1752).

HAGGARD, SIR HENRY RIDER (*Brandenham Hall, Reino Unido, 1856-Londres, 1926) Escritor británico*. En su juventud vivió en Transvaal, donde escribió sus primeras novelas y combatió en la guerra de los bóers. Ejerció funciones administrativas en el gobierno colonial de Sudáfrica, y a su regreso al Reino Unido se dedicó a la literatura. Escribió novelas de aventuras ambientadas en paisajes exóticos; las más conocidas son *Aurora* (1884), *La cabeza de la bruja* (1885), *Las minas del rey Salomón* (1885), *Ella* (1887), *Jess* (1887), *Ayesha* (1905) y *El viejo Allan* (1920). La más famosa es *Las minas del rey Salomón*, no sólo por la aventura que narra sino por la adaptación cinematográfica realizada en Hollywood.

HAHN, OTTO (*Frankfurt, Alemania, 1879-Gotinga, id., 1968) Químico alemán, descubridor de la fisión nuclear*. Estudió química en la Universidad de Marburgo, en la que se doctoró en 1901. Tres años más tarde se trasladó a Londres, donde colaboró con sir William Ramsay en investigaciones relacionadas con los fenómenos radiactivos. Ya en esta época, al intentar purificar una muestra de radio, identificó la presencia de una nueva sustancia radiactiva a la que denominó radiotorio. Animado por este descubrimiento, viajó hasta Montreal (donde trabó amistad con Ernest Rutherford) para ampliar sus conocimientos sobre la radiactividad. A su regreso a Alemania, en 1906, trabajó con la física austriaca Lise Meitner, con la que se trasladó al nuevo Instituto Químico Káiser Guillermo de Berlín, cinco años más tarde, para dirigir el departamento de radioquímica. Tras la Primera Guerra Mundial, Hahn y Meitner estuvieron entre los primeros en aislar el isótopo 231 del protactinio, uno de los últimos elementos radiactivos naturales descubiertos. En 1934, el físico italoestadounidense Enrico Fermi observó que, tras bombardear con neutrones el uranio, proceso en el que se libera una ingente cantidad de energía, se forman una serie de productos radiactivos. A finales de 1938, Hahn, en colaboración con el joven Strassman, pues Meitner se vio obligada a huir de Alemania a causa de la persecución nazi contra los judíos, concluyó, en contra de las expectativas iniciales, que uno de los productos de la desinte-

▲ *Retrato del investigador Otto **Hahn**. Su descubrimiento del fenómeno de la fisión nuclear le valió el Premio Nobel de Química en 1944.*

▼ *El emperador etíope **Haile Selassie** (derecha) retratado con su familia. Desde el principio de su reinado defendió la independencia económica de su país frente a las presiones de Italia, cuyas tropas invadieron Etiopía en 1935.*

gración del uranio es un isótopo radiactivo de un elemento de mucho menor peso, el bario, lo cual indujo a pensar que el átomo de uranio se divide en dos átomos más ligeros tras el proceso de bombardeo con neutrones. El fenómeno, que fue bautizado con el nombre de fisión nuclear, le supuso a su descubridor el Premio Nobel de Química de 1944. Después de haber abandonado Alemania durante los años de la Segunda Guerra Mundial para instalarse en el Reino Unido, regresó a su país convertido en una figura de relieve social, comprometido con la causa vinculada al desarme nuclear.

HAILE SELASSIE [Tafari Makonnen] (*Harer, Etiopía, 1892-Addis Abeba, id., 1975) Emperador etíope (1930-1974)*. Hijo de un consejero del emperador Menelik II, recibió una educación occidental, destinada a convertirlo en estadista. Ocupó su primer cargo político tras ser nombrado gobernador de Sidamo. En 1911 contrajo matrimonio con Wayzaro Menen, nieta de Menelik II. En 1916, la hija de Menelik II, Zauditu, fue coronada emperatriz y Tafari, ahora Ras (príncipe) Tafari, designado regente, si bien poco a poco fue acaparando el control del Estado, que dirigió con talante reformista y espíritu centralista. En 1923 consiguió que Etiopía fuera admitida en la Sociedad de Naciones y prohibió la esclavitud. A la muerte de la emperatriz, en noviembre de 1930, fue coronado emperador (negus) con el nombre de Haile Selassie (El poder de la Trinidad). En 1935, tras la invasión italiana de Etiopía, se vio obligado a exiliarse, y, tras conseguir el apoyo británico, organizó la reconquista del país. Expulsado el invasor, regresó a Addis Abeba. A su vuelta reinstauró su régimen centralista, lo que motivó el empobrecimiento de las provincias más alejadas de la capital y facilitó el incremento de la corrupción. Aniquiló cualquier tipo de oposición y consolidó su régimen dictatorial. Todo ello condujo al país a la bancarrota económica y, a partir de 1960, a la aparición de frecuentes hambrunas entre la población. En 1974 fue derrocado por un golpe militar, que instauró en Etiopía un gobierno provisional de orientación prosoviética.

▲ Las regentes del asilo de ancianos de Haarlem, *óleo pintado en 1664 por Frans* **Hals**, *que murió en este mismo asilo dos años después de pintar el cuadro.*

HALE, GEORGE ELLERY *(Chicago, 1868-Pasadena, EE UU, 1938) Astrónomo estadounidense.* Estudió física en el Instituto Tecnológico de Massachusetts y fue profesor de astrofísica en la Universidad de Chicago. Organizó y dirigió los observatorios Kenwood (1888-1891) y Yerkes (1895-1905), ambos en Chicago, y los observatorios de Monte Wilson (1904-1923) y Monte Palomar (1923-1938), en California. Se especializó en la construcción de telescopios de grandes dimensiones, como el de Monte Palomar, de 5,08 metros de diámetro. También inventó el espectroheliógrafo, instrumento que permite fotografiar el Sol en una determinada longitud de onda.

HALLEY, EDMUND *(Londres, 1656-Greenwich, Gran Bretaña, 1742) Astrónomo inglés.* Fue el primero en catalogar las estrellas del cielo austral, en su obra *Catalogus stellarum australium.* En 1682 observó y calculó la órbita del cometa al que daría nombre, y anunció su regreso para finales de 1758, de acuerdo con una teoría suya que defendía la existencia de cometas de trayectoria elíptica asociados al sistema solar. En la más relevante de sus obras, *Synopsis astronomiae cometicae* (1705), aplicó las leyes del movimiento de Newton a todos los datos disponibles sobre los cometas. Entre otras aportaciones en el campo de la astronomía, demostró que todas las estrellas tienen su propio movimiento, desarrolló los métodos para calcular la distancia entre la Tierra y el Sol, y estudió la revolución completa de la Luna a lo largo de un período de dieciocho años. Sus *Tablas astronómicas*, elaboradas a lo largo de muchos años estuvieron vigentes durante mucho tiempo.

HALS, FRANS *(Amberes, h. 1580-Haarlem, actual Países Bajos, 1666) Pintor holandés.* Sus padres, de origen flamenco, se establecieron en 1591 en Haarlem, ciudad en la que se formó como pintor y donde desarrolló la totalidad de su carrera. En 1610 aparece ya inscrito en la guilda y, a partir de 1620, recibió multitud de encargos que le permitieron desplegar una gran actividad pictórica. Pese a ello, tuvo siempre dificultades económicas, que se han achacado a su condición de bebedor empedernido, fama que le acompañó siempre, aunque no es absolutamente seguro que responda a la realidad. Se casó en dos ocasiones, tuvo diez hijos o más y al final de su larga vida su penuria era tal que el ayuntamiento de Haarlem le concedió un modesto subsidio económico para que pudiera subsistir. *El banquete de los oficiales de la milicia cívica de San Jorge,* pintado en 1616, constituye el punto de partida de su estilo más característico: el de retratista de grupo que capta a sus personajes, no en alineación estática como hasta entonces, sino en el momento de participar conjuntamente en una actividad común, a menudo un banquete. El éxito de esta obra le supuso recibir numerosos encargos más en la misma línea, cuya culminación la constituyen dos indiscutibles obras maestras: *Los regentes del asilo* y *Las regentes del asilo,* en las cuales Hals utilizó dramáticamente los contrastes de blanco y negro. El artista compaginó la realización de estas obras con retratos individuales, efectuados por encargo o por el mero placer de pintar (mujeres, bebedores, ciegos), que destacan por la inmediatez, tanto en la captación del modelo (plasmado en un gesto, en una actitud fugaz) como en la aplicación de la pincelada (se cree que nunca trazó dibujos preparatorios). Su pintura de toques, de puro color, fue ignorada durante las dos centurias siguientes, pero sirvió de inspiración, en el siglo XIX, a los precursores del impresionismo.

HAMANN, JOHANN GEORG *(Königsberg, hoy Kaliningrado, actual Rusia, 1730-Munich, 1788) Filósofo prusiano.* Maestro de Herder y amigo de Kant, fue el claro prefigurador del romanticismo alemán y ejerció una gran influencia en el posterior *Sturm und Drang.* Opuso, contra el pensamiento ilustrado, su concepción del «sentimiento» como principio del pensamiento teórico y abanderó la idea del «genio» como espontánea expresión de la naturaleza, frente al artificio de la razón. Accedió a la religiosidad a causa de una experiencia reveladora, religiosidad que impregna obras como *Diario de un cristiano* y *Pensamientos sobre mi vida* (1758-1759). Sus obras completas fueron editadas por J. Nadler (1949-1957).

HAMILTON, LADY EMMA *(Great Nelson, Gran Bretaña, 1761-Calais, Francia, 1815) Amante del almirante inglés Horatio Nelson.* Hija de un herrero, su amante Charles Francis Greville la mandó a Nápoles como forma de pago de las deudas que había contraído con su tío, el embajador británico sir William Hamilton, de quien primero fue amante y posteriormente, tras contraer matrimonio en 1791, esposa. Dotada de una cautivadora belleza y muy popular entre la sociedad francesa de la época, en 1793 conoció al almirante inglés Horatio Nelson, a quien supuestamente ayudó en su victoria sobre el ejército francés en la batalla del Nilo. Poco después de dicha victoria, Nelson y lady Emma se convirtieron en amantes y, tras la muerte de su marido, acontecida en 1803, vivieron juntos y tuvieron dos hijas. Si bien heredó una considerable fortuna, tanto de Hamilton como de Nelson, pronto se vio acorralada por las deudas. Fue encarcelada (1813-1814) y murió arruinada en el exilio.

HAMMETT, DASHIELL *(Maryland, EE UU, 1894-Nueva York, 1961) Novelista estadounidense.* Trabajó en una agencia de detectives privados antes de participar en la Primera Guerra Mundial, de la que regresó gravemente enfermo. A partir de 1934 participó activamente en la política de izquierdas de su país, motivo por el cual en 1951, durante la era McCarthy, fue condenado a prisión. Inició su carrera literaria con algunas novelas cortas, publicadas desde 1924 y reunidas bajo el título de *El gran golpe* (1966). En 1929 publicó la novela *Cosecha roja*, a la que siguieron *El halcón maltés* (1930), *El hombre delgado* (1934) y *La llave de cristal* (1931), entre otras. Con estas obras, que reflejan con toda crudeza los aspectos más violentos de una sociedad corrupta e inmersa en una lucha sin tregua por el poder y el dinero, se apartó del modelo típico de novela policíaca y creó un nuevo género: la novela negra.

HAMMURABI *(?-?, 1750 a.C.) Rey de Babilonia (1792 a.C.-1750 a.C.).* Su reinado representó la ascensión de Babilonia y de los nómadas amorreos, que se habían instalado en la región, a una posición preponderante entre las ciudades de Mesopotamia. Hammurabi se dedicó a asegurar sus posesiones frente a las apetencias territoriales de la ciudad de Larsa y de su rey Rim-Sin, por lo que sus primeras campañas militares se orientaron hacia el sur. El séptimo año de su reinado, Hammurabi ya le había arrebatado a su rival dos de sus más importantes posesiones: Isin y Uruk. Una vez consolidadas sus posesiones en el sur, el monarca volvió su atención en otras direcciones, y así cuatro años más tarde se apoderó de las ciudades de Rapiqum y Shabili y realizó expediciones contra el país de Emutbal, al este de Babilonia. El poder de Babilonia se había incrementado de tal forma con la concentración de ciudades en su bando, que rápidamente se formó una coalición de ciudades del Tigris, para hacerle frente. En la subsiguiente guerra de los Dos Ríos, la coalición del Tigris fue derrotada y en el año trigesimoprimero de su reinado Hammurabi se autoproclamó rey de Sumer y Akkad, título que simbolizaba el dominio sobre Mesopotamia. Esto no detuvo sus campañas expansionistas, en las que derrotó a las ciudades de Mari, Malgium y Subartu (Asiria). Su obra legislativa culminó con el código que lleva su nombre, una compilación de leyes y jurisprudencia ya vigente, en algunos casos puesta al día, que sirvió como modelo para muchos otros códigos posteriores. A pesar de su falta de originalidad, es un documento valiosísimo para el estudio de la sociedad mesopotámica de la primera mitad del segundo milenio antes de nuestra era. A su muerte sobrevino un período de anarquía en el que varios personajes, que aparecen mencionados en las fuentes como «hijos de nadie» —haciendo quizá referencia a su nula vinculación familiar con el rey—, se disputaron el trono.

HAMSUN, KNUT [Knut Pedersen] *(Garmostraeet, Noruega, 1859-Nörholm, id., 1952) Escritor noruego.* Tras abandonar los estudios de periodismo y trasladarse a Estados Unidos, donde se vio obligado a mendigar, regresó a su país con la intención de dedicarse a la literatura. Pronto se convirtió en el principal representante del neorromanticismo, gracias al éxito que obtuvo con su primera obra, *Hambre* (1890), en la que describe los efectos psicológicos de la hambruna. Con obras como *Un vagabundo toca con sordina* (1906), esta primera etapa de Hamsun se caracteriza por la aproximación a personajes de compleja y atormentada psicología, alejados voluntariamente de una sociedad a la que odian. Desde este posicionamiento fue evolucionando hacia la problemática social, que abordó, por ejemplo, en *Bendición de la*

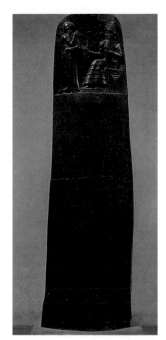

▲ *Estela del Código de* **Hammurabi***, en la cual aparece el monarca con el dios Shamash y, debajo, grabado bajo el relieve, el texto de las leyes.*

▼ *Retrato de Knut* **Hamsun** *pintado por Henrik Lund. El escritor arremetió contra la anterior generación de literatos, en una serie de conferencias en las que atacaba a autores consagrados como Ibsen o Tolstoi.*

tierra (1917), considerada su obra más importante. Recibió el Premio Nobel en 1920, con lo cual alcanzó la cumbre de su fama. Durante la invasión nazi en la Segunda Guerra Mundial defendió la ocupación, por lo que fue acusado, con Quisling, de colaboracionista, aunque debido a su avanzada edad se le concedió no ser fusilado.

HANEQUIN DE BRUSELAS → Egas, familia.

HARDY, OLIVER → Laurel, Stan.

HARDY, THOMAS *(Upper Bockhampton, Reino Unido, 1840-Dorchester, id., 1928) Escritor británico.* Aunque se decantó inicialmente por la arquitectura, obtuvo el favor del público con la novela *Remedios desesperados* (1871) y, sobre todo, *Lejos del mundanal ruido* (1874), a las que siguieron *Tess, la de los Urbervilles* (1881) y *Judas el oscuro* (1895), entre otras. Tras el escándalo que provocó esta última, decidió centrarse en la poesía y publicó *Poemas de Wessex* (1888), *Poemas del pasado y del presente* (1901) y *Palabras de invierno* (1928). El tono coloquial y exento de retórica de su obra poética, que versaba sobre la vejez, el amor y la muerte, influyó en la reacción antirromántica. Por lo que respecta a su producción en prosa, destaca por un fuerte arraigo en las tierras del sur de Inglaterra, así como por una aguda observación del sufrimiento.

HARRISON, BENJAMIN *(North Bend, EE UU, 1833-Indianápolis, id., 1901) Político estadounidense.* Nieto de William Henry Harrison, noveno presidente de Estados Unidos, tras finalizar sus estudios de derecho se trasladó a Indianápolis, donde ingresó en el Partido Republicano. Tras combatir en el bando unionista durante la guerra civil (1861-1865), abandonó la abogacía para dedicarse de lleno a la política. A pesar de la derrota en las elecciones a gobernador de Indiana, a las que se presentó en 1876, su campaña electoral le permitió ser conocido en todo el país y, en 1881, ser elegido senador. En 1888 ganó las elecciones presidenciales, si bien el candidato demócrata, Grover Cleveland, obtuvo 90 000 votos populares más. Su mandato se caracterizó por el incremento de las relaciones comerciales con el exterior, dirigidas por su secretario de Estado, James G. Blaine, y las dificultades en política interior debido a la crisis económica que

▼ *Retrato del escritor Thomas* **Hardy**, *cuya capacidad de penetración psicológica se refleja en la complejidad de sus personajes.*

▼ *Pintura en la que aparece William* **Harvey** *explicando su teoría sobre la circulación de la sangre a Carlos I de Inglaterra, que lo nombró médico de la Real Cámara y le confirió el cuidado de la salud de sus hijos.*

afectó al sector agrario, al cual se enfrentó, circunstancia ésta que impidió su reelección en 1893, año en que regresó a Indianápolis para reanudar el ejercicio de la abogacía.

HARRISON, GEORGE → Beatles, The.

HARUM AL-RASHID *(Rayy, actual Irán, 766-Tus, id., 809) Quinto califa abasí (786-809).* Es uno de los personajes principales de *Las mil y una noches.* Durante su reinado se produjo la ascensión y la posterior caída de la familia de los bamarkíes. Aplicó una política religiosa muy severa con los herejes y favoreció claramente a los musulmanes, discriminando a cristianos y judíos. El imperio abasí empezó a desmembrarse con él y su soberanía no fue reconocida por los Aglabíes de Túnez, como tampoco por los Idrisíes de Marruecos y los Omeyas de España. Entre los años 786 y 794 los Jarayíes ocuparon temporalmente Mosul y devastaron Armenia y Azerbaiján, y la Transoxiana se alzó contra el propio califa. Murió cuando se disponía a sofocar una rebelión jarayí en el Jurasán. Desde el punto de vista cultural, su corte fue uno de los centros más brillantes de su época.

HARVEY, WILLIAM *(Folkestone, Inglaterra, 1578-Londres, 1657) Médico y fisiólogo inglés.* Tras graduarse en Cambridge en 1597, viajó a Padua para estudiar en su escuela de medicina, considerada la mejor de Europa. Tras regresar a Inglaterra, obtuvo el permiso para ejercer la profesión médica en 1604 e ingresó en el Royal College de Londres. En 1607, gracias a su matrimonio con la hija del médico personal del rey Jacobo I, entró como residente en el hospital de St. Bartholomew, donde desarrollaría la mayor parte de su carrera profesional y científica. En aquellos años, la teoría ortodoxa sobre la circulación sanguínea, heredada de Aristóteles y certificada por la entonces incuestionable autoridad de Galeno, comprendía un sistema arterial y otro venoso cuyo movimiento venía dado por la contracción de las paredes de dichos conductos; la sangre arterial se mezclaría con aire en la parte izquierda del corazón y, mediante unos orificios en la partición de dicho órgano, se uniría a la sangre venosa, cuyo origen situaban en el hígado. En 1628 publicó la obra *Ejercicio anatómico concerniente al movimiento del corazón y la sangre en los animales,* en la que expuso un modelo esencialmente correcto de circulación sanguínea, explicando el papel de las válvulas del corazón (las aurículas y los ventrículos) en los procesos de succión y bombeo de la sangre, y en el mecanismo de intercambio entre sangre usada (que llegaría al corazón por el sistema venoso) y sangre oxigenada (que se distribuiría por el cuerpo a través del sistema arterial). Únicamente olvidó mencionar el papel de los capilares, que, por otra parte, no eran observables mediante los instrumentos ópticos de la época. La obra se hizo famosa en toda Europa, aunque suscitó una fuerte polémica, de la que su autor permaneció siempre al margen. Médico personal del rey Carlos I desde 1726, sufrió el hostigamiento gubernamental durante el Protectorado de Cromwell, aunque conservó su puesto en el Colegio de Médicos y mantuvo una continua, si bien modesta, actividad como médico privado hasta poco antes de su muerte.

HASÁN II *(Rabat, 1929-id., 1999) Rey de Marruecos.* Tras cursar estudios de derecho en Burdeos, fue nombrado comandante de las fuerzas armadas marroquíes (1955), y posteriormente diputado (1960). A la muerte de su padre, el monarca Muhammad V (1961), le sucedió en el trono. Sus primeros años al frente del país fueron especialmente difíciles, debido a la fuerte oposición de las fuerzas populares, a las que se enfrentó en reiteradas ocasiones. Para zanjar cualquier tipo de rebelión, en 1965 decretó el estado de excepción, lo cual le permitió reinar autoritariamente y sin oposición. A partir de 1970, fecha en que la situación se estabilizó, introdujo leves reformas democráticas. Promulgó una nueva Constitución (1970) e instituyó un nuevo Parlamento, aunque dotado de escasas atribuciones. Tras los atentados de que fue objeto en 1971, 1972 y 1973, de los cuales salió indemne, se hizo cargo personalmente de las fuerzas armadas. En 1975, con la intención de mostrar el apoyo popular a la causa y, por extensión, a su propia persona, organizó la denominada «Marcha verde» sobre el Sáhara Occidental, que fue ocupado por 100 000 civiles desarmados y obligó a la población saharaui a buscar refugio en Argelia. Dicho territorio, a la postre repartido entre Mauritania y Marruecos, pidió posteriormente la celebración de un referéndum de autodeterminación supervisado por la ONU, al que Hasán II se opuso desde el principio. En política exterior, su línea de actuación se caracterizó por un acercamiento a las potencias occidentales, en especial Estados

Unidos, y un apoyo ambiguo a la causa árabe. En este sentido cabe destacar el abandono de Marruecos de la OUA, en 1984, la dimisión del monarca como presidente de la Liga Árabe, en 1986, la posterior reconciliación con Argelia y la entrada de Marruecos en la Unión del Magreb Árabe en 1989. En 1992 convocó un referéndum que aprobó una nueva Constitución, en la cual se advertía una leve democratización del espectro político, si bien marginaba, a instancias de los países occidentales, a los grupos integristas islámicos. Así mismo, y con intención de beneficiarse de las ayudas de la UE, a mediados de la década de 1990 instauró una política intervencionista en lo referente al tráfico de estupefacientes elaborados en Marruecos y a la salida del país de inmigrantes ilegales.

HASEK, JAROSLAV *(Praga, 1883-Lipnice, actual República Checa, 1923) Novelista, humorista, escritor de cuentos y periodista checo.* Junto con Franz Kafka, fue una de las principales figuras de la literatura de Praga. Durante la Primera Guerra Mundial, Hasek sirvió en los ejércitos checo, ruso y austriaco. En 1915 fue capturado por los rusos y condenado a un campo de concentración en Ucrania, desde el cual fue posteriormente trasladado a los Urales. En 1918, los bolcheviques lo nombraron comisario político de su Quinto Ejército. Dos años más tarde regresó a Praga, junto con una esposa rusa, con la que se había casado sin divorciarse de su mujer checa. Comenzó a redactar su obra más conocida, la novela satírica *Las aventuras del buen soldado Svejk en tiempos de la Gran Guerra,* escrita entre 1920 y 1923, de marcado tono antimilitarista. Su protagonista es un soldado desmotivado y pícaro, cuya peripecia desenmascara una guerra absurda. La obra fue terminada por el periodista K. Vanek, pues Hasek murió dejándola inconclusa.

▲ *Hasán II durante los actos de celebración del trigesimoquinto aniversario de su entronización. Con ocasión de esta conmemoración, el monarca marroquí anunció la formación de un Parlamento.*

HASTINGS, WARREN *(Churchill, Gran Breta-*
ña, 1732-Daylesford, Reino Unido, 1818)
Político inglés. Hijo de un clérigo, su padre
le abandonó siendo él todavía muy joven,
tras lo cual fue adoptado por su tío, quien
le sufragó los estudios en la Westminster
School de Londres. A los diecisiete años
encontró empleo en la Compañía de las Indias Orientales, que por aquella fecha monopolizaba el comercio con las Indias, y se
embarcó hacia Bengala. Tras varios años
de servicio, en 1765 volvió a su patria, pero
dificultades económicas le llevaron a regresar a la India. En 1772 fue nombrado
gobernador general de la India, cargo que
ocupó hasta 1785. Durante dicho período
consolidó el proceso de colonización inglesa y creó las bases del sistema administrativo vigente hasta principios del siglo XX.
No obstante, los métodos empleados para
ello y las disputas internas en el propio
consulado le valieron que, tras su regreso a
Gran Bretaña, en 1785, fuera acusado de
actuación indebida. En el posterior juicio,
que se prolongó hasta 1795, fue absuelto
de todos los cargos, tras lo cual se retiró a
la campiña inglesa.

HATSHEPSUT *(1520 a.C.-1484 a.C.) Reina*
de Egipto de la XVIII dinastía. Subió al trono tras la muerte de su esposo, Tutmés II,
hijo bastardo de Tutmés I, basándose en
su autoproclamada condición de hija del
dios Amón. De esta manera se produjo un
hecho absolutamente excepcional en la
historia de Egipto: que el país estuviese
gobernado por una mujer. Hatshepsut
abandonó el militarismo de sus anteceso-

▲ *Retrato de Gerbart*
Hauptmann, *pintado*
por K. Bauer en 1903.
Influido por Goethe,
siguió más el modelo de su
juvenil «tempestad y empuje»
que el de su época clasicista.

▼ *Fotografía de Vaclav*
***Havel**, presidente*
de la República Checa
y también escritor prolífico,
autor de múltiples ensayos,
novelas y obras dramáticas.

◀ *La reina egipcia*
***Hatshepsut** representa*
en este busto a Osiris,
dios de los muertos.

res y se apoyó en la burocracia y la jerarquía sacerdotal para mantenerse en el poder. Algunos de sus colaboradores, como
Senenmut y Hapusenb (ambos figuras destacadas del culto a Amón), acumularon un
gran poder. A su muerte fue sucedida por
su sobrino Tutmés III, hijo de Tutmés II y
una concubina, quien se casó con una de
sus hijas, ya que ella tampoco tuvo descendencia masculina.

HAUPTMANN, GERHART *(Obersalzbrunn, ac-*
tual Alemania, 1862-Agnetendorf, id.,
1946) Dramaturgo alemán. Hijo de una
acomodada familia, estudió escultura en
Roma e interpretación en Berlín. Hacia
1885 descubrió su vocación de dramaturgo bajo la influencia directa de los inspiradores del naturalismo alemán. Sus primeros títulos, entre los que se cuentan *Antes*
del amanecer (1889), *Los tejedores* (1892),
La piel del castor (1893) y *La campana su-*
mergida (1896), son dramas teñidos de un
fuerte compromiso social que tienen al
pueblo como absoluto protagonista. En sus
obras posteriores, como *El hereje de Soana*
(1918), evolucionó hacia un complejo simbolismo metafísico y religioso, mientras
que en sus últimos años se interesó por el
teatro griego y la literatura clásica: escribió
una tetralogía de los atridas y *El gran sueño*
(1942), basado en la *Divina Comedia* de
Dante. En 1912 se le otorgó el Premio Nobel de Literatura.

HAVEL, VACLAV *(Praga, 1936) Dramaturgo,*
ensayista y político checo. Nacido en el
seno de una familia de la alta burguesía, la
nacionalización comunista lo desplazó al
otro extremo de la escala social y le vetó el
acceso a la universidad. A los quince años
entró como asistente en un laboratorio químico, mientras seguía cursos nocturnos. En
1960 fue contratado por el teatro de la Ba-
laustrada, y tres años después empezó a
escribir piezas teatrales, que pronto obtuvieron un gran éxito internacional. Participó de manera destacada en las actividades
clandestinas organizadas por la disidencia,
y fue nombrado presidente del Círculo de
Escritores Independientes. Después de la
invasión de Checoslovaquia, en 1968, fue
puesto bajo vigilancia permanente. Fundador de la Carta 77, que la oposición lanzó
en 1977 en pro de los derechos humanos,
y condenado a prisión en numerosas ocasiones, permaneció encarcelado cinco
años. Líder indiscutible de la oposición, en
1989 fue elegido presidente de la República. La figura del individuo frente al poder
corrupto perfila la temática de muchas de

sus obras, como *El poder de los sin poder* (1978) o *Cartas a Olga* (1983). Su obra dramática se sitúa entre el teatro del absurdo y la herencia de Kafka. En un primer período, incidió en la temática del individuo ante los mecanismos sociales; a esta etapa pertenecen *Las fiestas del jardín* (1963) y *Memorándum* (1965). En una segunda época, sus obras, más densas y de mayor complejidad, reflejan la experiencia de la disidencia. A este ciclo pertenecen *Audiencia* (1975) y *La inauguración* (1975), sin duda muy autobiográficas, y *Largo desolato* (1984). Hay todavía en su producción un tercer período, que sintetiza los dos precedentes y al cual pertenece, entre otras obras, la pieza *Tentación* (1989).

HAWKING, STEPHEN WILLIAM *(Oxford, Reino Unido, 1942) Físico teórico británico.* Estudió matemáticas y física en el University College de Oxford, donde se licenció en 1962. En 1966 se doctoró en el Trinity Hall de Cambridge. A principios de los años sesenta tuvo los primeros síntomas de esclerosis lateral amiotrófica (ELA), enfermedad degenerativa neuromuscular que no le ha impedido progresar en su actividad intelectual. Su interés científico se centró en el campo de la relatividad general, en particular en la física de los agujeros negros. En 1971 sugirió la formación, a continuación del *big-bang*, de numerosos objetos, denominados «miniagujeros negros», que contendrían alrededor de mil millones de toneladas métricas de masa, pero ocuparían sólo el espacio de un protón, circunstancia que originaría enormes campos gravitatorios, regidos por las leyes de la relatividad. En 1974 propuso, de acuerdo con las predicciones de la física cuántica, que los agujeros negros emiten partículas subatómicas hasta agotar su energía, para finalmente estallar. Ese mismo año fue elegido miembro de la Royal Society; tres años más tarde fue nombrado profesor de física gravitacional en Cambridge, donde dos años más tarde obtuvo la cátedra Lucasiana de matemáticas, la misma que ocupó Isaac Newton. Sus esfuerzos para describir desde un punto de vista teórico las propiedades de los agujeros negros, así como la relación que estas propiedades guardan con las leyes de la termodinámica clásica y de la mecánica cuántica, se recogen en sus obras *The Large Scale Structure of Space-Time* (1973, en colaboración con G.F.R. Ellis), *Superspace and Supergravity* (1981), *The Very Early Universe* (1983), y el best-seller *Historia del tiempo: del Big Bang a los agujeros negros* (1988).

▲ *Fotografía de Stephen William* **Hawking**. *Su teoría sobre la física de los agujeros negros ha supuesto una conmoción en el campo de la astronomía.*

▶ *Fotografía de Howard* **Hawks** *con Marilyn Monroe, durante el rodaje de* Los caballeros las prefieren rubias.

HAWKINS, SIR JOHN *(Plymouth, actual Reino Unido, 1532-en aguas de Puerto Rico, 1595) Aventurero inglés.* Comerciante de Plymouth, en 1562 se embarcó en una flotilla rumbo a América, cargada de esclavos y telas, sin contar con el permiso de la Corona española. Tras el éxito del primer viaje volvió a repetir la empresa en dos ocasiones más, pero en la segunda, en 1567, a causa de una tormenta, se vio obligado a buscar abrigo en la bahía de San Pedro de Ulúa, en la costa de México, y allí fue atacado por una flota española y a duras penas logró escapar. En los años que siguieron a este combate, Hawkins y Drake, que también había estado presente, realizaron numerosas expediciones corsarias contra los buques españoles. En 1578, Hawkins se convirtió en tesorero de la Marina y se distinguió por su honestidad y su visión, preparando galeones bien artillados y manejables. En 1588, a bordo del *Victory*, fue uno de los capitanes de la flota inglesa que derrotó a la Armada Invencible. Murió navegando cerca de Puerto Rico y su cuerpo fue entregado al mar.

HAWKS, HOWARD *(Goshen, EE UU, 1896-Palm Springs, id., 1977) Director de cine estadounidense.* En 1922, tras haberse dedicado durante varios años al automovilismo, actividad en la que no tuvo especial fortuna, se trasladó a Hollywood con intención de iniciar una carrera en la industria cinematográfica. Tras desempeñar diversos trabajos y rodar varias películas y documentales menores, en 1928 dirigió *Una novia en cada puerto*, su primer gran éxito. Siguieron a éste varios filmes igual-

mente bien recibidos, en los cuales consolidó un estilo propio que le convirtió en uno de los directores más respetados y aplaudidos de los años treinta, cuarenta y cincuenta. Su cine se caracteriza por la perenne presencia de un héroe resignado a su suerte, pero a la postre siempre victorioso. Fue pionero, así mismo, en el uso del primer plano, el cual dotaba a sus películas de mayor intensidad y emotividad. Cultivó varios géneros, entre ellos la comedia, con películas como *Siglo XX* (1934); el western, en el que dirigió clásicos de la talla de *Río Bravo* (1959) y *El Dorado* (1967); cine de aventuras, con *Sólo los ángeles tienen alas* (1939), y *¡Hatari!* (1962), y cine negro, con la genial *Tener o no tener* (1944).

HAWTHORNE, NATHANIEL *(Salem, EE UU, 1804-Plymouth, id., 1864) Novelista estadounidense*. Su procedencia de una familia puritana de Nueva Inglaterra explica que captase a la perfección la esencia de la comunidad calvinista, que luego registraría en sus obras. Estudió en el Bowdoin College de Maine y empezó a trabajar en la aduana de Boston. Su primera novela, *Fanshawe* (1828), estuvo influida por el romanticismo europeo. No obstante, la mayor parte de las narraciones de esta primera etapa son cuentos, que agrupó bajo el título *Cuentos narrados dos veces* (1837-1842). En 1843, tras haber convivido con una comunidad trascendentalista en una granja llamada Brook Farm, contrajo matrimonio y se trasladó a Concord, donde escribió la colección de cuentos *Musgos de una vieja granja* (1846). Entre 1846 y 1849 volvió a trabajar como inspector de aduanas, esta vez en Salem, y un año después publicó *La letra escarlata* (1850), su obra más conocida, en la que aborda el tema del adulterio y la consiguiente represión de la sociedad puritana, tema recurrente sobre el que volvería en *La casa de las siete torres* (1851). Un año después se basó en sus experiencias en la Brook Farm para escribir *La granja de Blitheldale*, poco antes de viajar a Europa, donde permaneció hasta 1860 como cónsul en Liverpool, gracias a un nombramiento que le propició su antigua amistad con Pierce, quien había sido elegido presidente de Estados Unidos. Sus viajes por Italia le inspiraron *El fauno de mármol* (1860), una novela de trasfondo autobiográfico y más próxima a la poesía que sus anteriores obras. El resto de sus relatos se incluyó en una edición titulada *La imagen de niebla y otros cuentos narrados dos veces* (1851).

▲ *Raúl **Haya de la Torre**. Sus creencias y actividades políticas declaradamente antiimperialistas y a favor de las minorías le obligaron a exiliarse de Perú en numerosas ocasiones a lo largo de su vida.*

▲ *Retrato de Nathaniel **Hawthorne**. Sus relatos están marcados por los conflictos de la moral puritana y calvinista que vivió en su localidad natal de Salem.*

HAYA DE LA TORRE, VÍCTOR RAÚL *(Trujillo, Perú, 1895-Lima, 1979) Político peruano, fundador del APRA*. Luchó contra la dictadura del presidente Leguía, y pasó su juventud en el exilio en países como Panamá, Cuba y México. En este último país fundó la Alianza Popular Revolucionaria Americana (APRA) en 1924. Nuevamente en su patria, su partido defendió una política de defensa de los indígenas, contraria al imperialismo y profundamente reformista, que le valió a él la cárcel y al partido la ilegalización en el año 1931. En 1945, los apristas dieron su apoyo al candidato José Luis Bustamante en las elecciones presidenciales con la promesa de introducir mejoras y reformas, que la oposición conservadora se encargó de hacer imposible. Un nuevo golpe de Estado del general Odría (1948) forzó una vez más a Haya de la Torre al exilio en México hasta 1956. Cuando finalmente consiguió la elección presidencial en 1962, un golpe le impidió tomar posesión y, en unas nuevas elecciones, fue elegido Fernando Belaúnde Terry. En 1979 fue elegido representante a la Asamblea Constituyente, de la que ocupó su presidencia. Autor de *Por la emancipación de la América Latina* (1927), entre otros tratados.

HAYDN, FRANZ JOSEPH *(Rohrau, Austria, 1732-Viena, 1809) Compositor austriaco*. Con Mozart y Beethoven, es el tercer gran representante del clasicismo vienés. Aunque no fue apreciado por la generación romántica, que lo consideraba excesivamente ligado a la tradición anterior, lo cierto es que sin su aportación la obra de los dos primeros, y tras ellos la de Schubert o Mendelssohn, nunca habría sido lo que fue. Y es que a Haydn, más que a ningún otro, se debe el definitivo establecimiento de formas como la sonata y de géneros como la sinfonía y el cuarteto de cuerda, que se mantuvieron vigentes sin apenas modificaciones hasta bien entrado el siglo XX. Nacido en el seno de una humilde familia, el pequeño Joseph recibió sus primeras lecciones de su padre, quien, después de la jornada laboral, cantaba acompañándose al arpa. Dotado de una hermosa voz, en 1738 Haydn fue enviado a Hainburg, y dos años más tarde a Viena, donde ingresó en el coro de la catedral de San Esteban y tuvo oportunidad de perfeccionar sus conocimientos musicales. Allí permaneció hasta el cambio de voz, momento en que, tras un breve período como asistente del compositor Nicola Porpora, pasó a servir como maestro de capilla en la residencia del conde Morzin, para quien compuso sus primeras sinfonías y di-

FRANZ JOSEPH HAYDN
OBRAS MAESTRAS

ÓPERAS: *IL MONDO DELLA LUNA* (1777); *L'ISOLA DISABITATA* (1779); *ORLANDO PALADINO* (1782). **MÚSICA ORQUESTAL:** *SINFONÍA NÚM. 45 «LOS ADIOSES»* (1772); *SINFONÍA NÚM. 72 «LA CAZA»* (1782); *SINFONÍA NÚM. 82 «EL OSO»* (1786); *SINFONÍA NÚM. 94 «LA SORPRESA»* (1791); *SINFONÍA NÚM. 100 «MILITAR»* (1794); *SINFONÍA NÚM. 104 «LONDRES»* (1795); *CONCIERTO PARA TROMPETA* (1796). **MÚSICA DE CÁMARA:** *6 CUARTETOS OP. 20* (1772); *3 CUARTETOS OP. 74* (1793); *6 CUARTETOS ERDÓDY OP. 76* (1797); *LAS SIETE ÚLTIMAS PALABRAS DE CRISTO EN LA CRUZ* (1787). **MÚSICA VOCAL:** *MISA NELSON* (1798); *LA CREACIÓN* (1798); *LAS ESTACIONES* (1801).

◀ *Retrato de* **Haydn**, *cuya aportación a la historia de la música clásica fue de gran importancia, ya que consolidó la estructura de la sinfonía, la sonata y el cuarteto de cuerda.*

▲ *Frontispicio del oratorio* Las estaciones, *que junto con* La Creación *representa el momento culminante de la madurez artística y creativa de* **Haydn**.

vertimentos. El año 1761 se produciría un giro decisivo en la carrera del joven músico. fue entonces cuando los príncipes de Esterházy –primero Paul Anton y poco después, a la muerte de éste, su hermano Nikolaus– lo tomaron a su servicio. Haydn tenía a su disposición una de las mejores orquestas de Europa, para la que el compositor escribió la mayor parte de sus obras orquestales, operísticas y religiosas. El fallecimiento en 1790 del príncipe Nikolaus y la decisión de su sucesor, Paul Anton, de disolver la orquesta de la corte motivó que Haydn, aun sin abandonar su cargo de maestro de capilla, instalara su residencia en Viena. Ese año, y por mediación del empresario Johann Peter Salomon, el músico realizó su primer viaje a Londres, al que siguió en 1794 un segundo. En la capital británica, además de dar a conocer sus doce últimas sinfonías, tuvo ocasión de escuchar los oratorios de Haendel, cuya impronta es perceptible en su propia aproximación al género con *La Creación* y *Las estaciones*. Fallecido Paul Anton ese mismo año de 1794, el nuevo príncipe de Esterházy, Nikolaus, lo reclamó de nuevo a su servicio, y para él escribió sus seis últimas misas, entre las cuales destacan las conocidas como *Misa Nelson* y *Misa María Teresa*. Los últimos años de su existencia vivió en Viena, entre el reconocimiento y el respeto de todo el mundo musical. La aportación de Haydn fue trascendental en un momento en que se asistía a la aparición y consolidación de las grandes formas instrumentales. Precisamente gracias a él, dos de esas formas más importantes, la sinfonía y el cuarteto de cuerda, adoptaron el esquema en cuatro movimientos que hasta el siglo XX las ha caracterizado y definido, con uno primero estructurado según una forma sonata basada en la exposición y el desarrollo de dos temas melódicos, al que seguían otro lento en forma de aria, un minueto y un rondó conclusivo. No es, pues, de extrañar que Haydn haya sido considerado el padre de la sinfonía y del cuarteto de cuerda: aunque ambas formas existían como tales con anterioridad, por ejemplo entre los músicos de la llamada Escuela de Mannheim, fue él quien les dio una coherencia y un sentido que superaban el puro divertimento galante del período anterior. Si trascendental fue su papel en este sentido, no menor fue el que tuvo en el campo de la instrumentación, donde sus numerosos hallazgos contribuyeron decisivamente a ampliar las posibilidades técnicas de la orquesta sinfónica moderna.

HAYEK, FRIEDRICH AUGUST VON *(Viena, 1899-Friburgo, Alemania, 1992) Economista británico de origen austriaco.* Estudió derecho y psicología en la Universidad de Viena, por la que se doctoró en economía en 1923. Tras desempeñar durante siete años el cargo de director del Instituto Austriaco de Investigación Económica, en 1931 se trasladó a Londres y entró a formar parte del profesorado de la prestigiosa London School of Economics. Fue considerado el más destacado representante de la segunda generación de la Escuela Austriaca del pensamiento económico, de la que recogió su énfasis en la liberalización de los mercados como premisa básica de la eficiencia distributiva. Al margen de sus importantísimas aportaciones a la ciencia económica, fue un ardiente opositor del comunismo, y en su obra más célebre de teoría política, *Camino de servidumbre* (1944), argumentó que las premisas básicas del edificio teórico marxista contenían la semilla del totalitarismo. En 1974 le fue concedido el Premio Nobel de Economía.

HAYWORTH, RITA [Margarita Cansino] *(Nueva York, 1918-id., 1975) Actriz de cine.* Actriz en papeles secundarios desde 1935, pareja de Fred Astaire en 1941, sus primeras películas como protagonista en Hollywood fueron *Sangre y arena* (1941) y *Los modelos* (1944). No obstante, su fama como mito erótico no empezó a gestarse hasta su actuación en *Gilda* (1946), de Charles Vidor, donde recibía una famosa bofetada del coprotagonista Glenn Ford. Repitió pareja de reparto en *La dama de Trinidad*, otro filme policíaco en el que se consolidó como una buena actriz dramática. Mención especial merece *La dama de Shangai* (1948), obra maestra de Orson Welles, con quien estaba casada por aquel entonces. Esta película, en la que hacía de malvada perversa en el que es probablemente el papel más logrado de su carrera, marcó el inicio de su declive como estrella de Hollywood, aunque en los años cincuenta interpretó algunos papeles destacados en *Salomé* (1953), *La bella del Pacífico* (1953), *Pal Joey* (1957) y *Mesas separadas* (1958), junto a Burt Lancaster y David Niven. Los últimos años de su vida estuvieron marcados por la degradación física y psicológica provocada por la enfermedad de Alzheimer.

HEARST, WILLIAM RANDOLPH *(San Francisco, EE UU, 1863-Beverly Hills, id., 1951) Magnate de la prensa estadounidense.* Inició estudios en Harvard, pero fue expulsado a los dos años. En 1887 asumió la dirección del *San Francisco Examiner,* diario que su padre había adquirido en 1880. Consiguió aumentar espectacularmente la tirada mediante el aprovechamiento de recursos visuales como la fotografía o el gran titular, cuyo concepto moderno de «escaparate» de contenidos puede atribuirse a él. En 1895 amplió su papel en el ámbito periodístico estadounidense con la compra del *New York Morning Journal,* y entró en directa competencia con *The World* de Pulitzer. Su estilo informativo se caracterizaba por un acusado sensacionalismo tanto en el tratamiento de los temas como en su elección (criminalidad, seudociencia), acompañado de un periodismo de investigación al total servicio de la ideología y las ambiciones políticas de Hearst, cuyo máximo ejemplo fue la campaña desatada contra España, que contribuyó en buena parte al estallido de la guerra de 1898. Tras fracasar en sus intentos de resultar elegido gobernador del estado de Nueva York (1907) y alcalde de la ciudad homónima (1905 y 1909), se retiró a una fantástica mansión construida por él mismo desde donde se dedicó a dirigir

▶ *El magnate William Randolph **Hearst** apoyado en un cañón. Hearst fue dueño de uno de los mayores imperios informativos de su tiempo.*

▲ *Rita **Hayworth** en una de las escenas más emblemáticas de la película* Gilda.

su imperio periodístico (en su momento de máximo apogeo, a mediados de los años treinta, llegó a ser propietario de 28 diarios y 18 revistas), amén de escribir guiones y producir películas para su amante, la actriz Marion Davis. La Gran Depresión, así como la impopularidad de sus convicciones políticas (fue contrario a la entrada de Estados Unidos en la Primera Guerra Mundial y a su ingreso en la Sociedad de Naciones), redujeron considerablemente su influencia y su fortuna, hasta el punto de que pasó los últimos años de su vida en total reclusión. El personaje protagonista del filme de Orson Welles *Ciudadano Kane* (1941) está inspirado en la figura de Hearst.

HEGEL, GEORG WILHELM FRIEDRICH *(Stuttgart, actual Alemania, 1770-Berlín, 1831) Filósofo alemán.* Estudió primero en el instituto de su ciudad natal, y entre 1788 y 1793 siguió estudios de teología en Tubinga, donde fue compañero del poeta Hölderlin y del filósofo Schelling, gracias al cual se incorporó en 1801 como docente a la Universidad de Jena, que sería clausurada a la entrada de Napoléon en la ciudad (1806). Al tiempo que se introducía en la obra de pensadores como Schiller, Herder, Lessing y Kant, compartió con sus compañeros el entusiasmo por la Revolución Francesa. Aunque al principio se hallaba muy próximo al idealismo de Fichte y Schelling, a medida que fue elaborando su propio sistema filosófico, ya profesor en la

GEORG WILHELM FRIEDRICH HEGEL
OBRAS MAESTRAS

DIFERENCIA DE LOS SISTEMAS DE FILOSOFÍA DE FICHTE A SCHELLING (DIFFERENZ DES FICHTENSCHEN UND SCHELLINGSCHEN SYSTEMS DER PHILOSOPHIE, 1801); *SISTEMA DE LA CIENCIA I. FENOMENOLOGÍA DEL ESPÍRITU (SYSTEM DER WISSENSCHAFT. I TEIL. DIE PHÄNOMENOLOGIE DES GEISTES,* 1807); *LA CIENCIA DE LA LÓGICA (WISSENSCHAFT DER LOGIK,* 2 vols., 1812-* 1816); *ENCICLOPEDIA DE LAS CIENCIAS FILOSÓFICAS (ENZYKLOPÄDIE DER PHILOSOPHISCHEN WISSENSCHAFTEN IM GRUNDRISSE,* 1817, ampliada en 1827 y 1830); *FUNDAMENTOS DE LA FILOSOFÍA DEL DERECHO (GRUNDLINIEN DER PHILOSOPHIE DES RECHTS ODER NATURRECHT UND STAATSWISSENSCHAFT IM GRUNDRISSE,* 1821).

◀ *Retrato de **Hegel***. *Su obra constituye uno de los grandes sistemas de la historia de la filosofía, y ha influido en ámbitos del pensamiento tan diversos como la historia, la sociología, la economía, el arte y las ciencias.*

> *«Que haya en el fondo de la historia, y esencialmente en la historia del mundo, un fin absoluto, que este fin sea realizado y se realice en ella (esto es lo que se llama "plan providencial"), y que la razón exista, en general, en la historia, esto es lo que la filosofía debe expresamente admitir, y admitir como una necesidad absoluta.»*
>
> Georg Wilhelm Friedrich Hegel
> *Enciclopedia*

Universidad de Heidelberg (1816-1818) y luego en Berlín (1818-1831), se alejó progresivamente de ellos. El propio Hegel calificaba el idealismo de Fichte de «subjetivo», el de Schelling de «objetivo» y el suyo como «Absoluto» para denunciar la incapacidad de éstos para resolver la contradicción, tarea que para él constituía el objetivo último de la filosofía: «La supresión de la diferencia es la tarea fundamental de la filosofía». No en vano el de Hegel es el último de los grandes sistemas concebidos en la historia de la filosofía. La «contradicción» significa aquí el conjunto de oposiciones que había venido determinando la historia de las ideas desde el pensamiento clásico: lo singular y lo universal, la Naturaleza y el Espíritu, el bien y el mal, etc. La superación de la contradicción debe llevarse a cabo a partir del pensamiento «dialéctico», cuyas fuentes están en Heráclito y en Platón. Si la filosofía alemana del momento se hallaba dominada por el concepto kantiano de noúmeno, que establecía el límite más allá del cual el conocimiento no podía avanzar, para Hegel «la filosofía tiene que dejar de ser "tendencia" al saber para ser un efectivo y pleno "saber", para ser ciencia (*Wissenschaft*)».

HEIDEGGER, MARTIN *(Messkirch, Alemania, 1889-Todtnauberg, id., 1976) Filósofo alemán.* Discípulo de Husserl, su indiscutible preeminencia dentro de la filosofía continental se ha visto marcada siempre

▼ *Portada de la edición española de* Ser y tiempo, *donde **Heidegger** abordó su proyecto de llevar a cabo una «fenomenología de la vida».*

EL SER Y EL TIEMPO
por Martin Heidegger

por la polémica, sobre todo a causa de su adhesión al régimen nacionalsocialista, manifestada en el discurso que pronunció en la toma de posesión de la cátedra en la Universidad de Friburgo (1933). La renuncia a la cátedra, muy poco después de ocuparla, no evitó que en 1945 fuera destituido como docente en Friburgo, tras la ocupación de Alemania por los aliados. Sólo en el año 1952 se reincorporó, si bien su actividad académica fue ya mucho menos constante. Aunque recibió de algunos de sus discípulos, como Marcuse, la sugerencia insistente de que se retractara públicamente de su discurso de 1933, el filósofo desestimó el consejo y nunca quiso dar explicaciones. Desde la filosofía analítica, su obra ha sido criticada con dureza, sobre todo por Carnap. Pero el pensamiento heideggeriano también ha suscitado adhesiones entusiastas: así, la filosofía francesa de las décadas de 1960 y 1970 (Derrida, Lévinas, Ricoeur) admiró la capacidad de precisión de su lenguaje, así como su aportación al discurso humanístico. La obra de Heidegger suele entenderse como separada en dos períodos distintos. El primero viene marcado por *Ser y tiempo*, obra que, pese a quedar incompleta, plantea buena parte de las ideas centrales de todo su pensamiento. En ella, el autor parte del presupuesto de que la tarea de la filosofía consiste en determinar plena y completamente el sentido del ser, no de los entes, entendiendo por «ser» (aunque la definición de este concepto ocupa toda la obra del autor, y es en cierto sentido imposible), en general, aquello que instala y mantiene a los entes concretos en la existencia. En la comprensión heideggeriana, el hombre es el ente privilegiado al que interrogar por el ser, pues sólo a él «le va» su propio ser, es decir, mantiene una específica relación de reconocimiento con él. La forma específica de ser que corresponde al hombre es el «Ser-ahí» (*Dasein*), en cuanto se halla en cada caso abocado al mundo, lo cual define al «Ser-ahí» como «Ser-en-el-mundo». La dimensión temporal del ser, en cuanto *proyecto* del «ser-ahí» y enfrentamiento a la muerte (el «ser-ahí» es también «ser-para-la-muerte»), sería el otro gran olvido de la filosofía clásica. El esfuerzo de Heidegger por pensar el ser como relación de los entes en el tiempo está en la base del posterior movimiento hermenéutico. En la segunda etapa de su pensamiento, el filósofo estudia la historia de la metafísica como proceso de olvido del ser, desde Platón, y como caída inevitable en el nihi-

MARTIN HEIDEGGER

OBRAS MAESTRAS

LA DOCTRINA DEL JUICIO EN EL PSICOLOGISMO (DIE LEHRE VOM URTEIL IM PSYCHOLOGISMUS. EIN KRITISCH-POSITIVER BEITRAG ZUR LOGIK, 1914); EL CONCEPTO DE TIEMPO EN LA CIENCIA HISTÓRICA (DER ZEITBEGRIFF IN DER GESCHICHTSWISSENSCHAFT, 1916); SER Y TIEMPO (SEIN UND ZEIT, I, 1927); KANT Y EL PROBLEMA DE LA METAFÍSICA (KANT UND DAS PROBLEM DER METAPHYSIK, 1929); ¿QUÉ ES LA METAFÍSICA? (WAS IST METAPHY-
SIK?, 1929); HÖLDERLIN Y LA ESENCIA DE LA POESÍA (HÖLDERLIN UND DAS WESEN DER DICHTUNG, 1937); CARTA SOBRE EL HUMANISMO (BRIEF ÜBER DEN HUMANISMUS, 1947); INTRODUCCIÓN A LA METAFÍSICA (ÜBERWINDUNG DER METAPHYSIK, 1956); ¿QUÉ ES LA FILOSOFÍA? (WAS IST DAS, DIE PHILOSOPHIE?, 1956); IDENTIDAD Y DIFERENCIA (IDENTITÄT UND DIFFERENZ, 1957); NIETZSCHE (1961).

◀ *Retrato de Martin **Heidegger**. Su obra sigue marcando, en gran medida, la frontera entre los distintos modos de hacer filosofía.*

> *«La interpretación no es el tomar conocimiento de lo comprendido, sino el desarrollo de las posibilidades proyectadas en el comprender.»*
>
> Martin Heidegger
> *Ser y tiempo*

lismo (cuando se piensa el ente tan sólo, éste termina por aparecer vacío). En sus últimas obras, realiza un acercamiento al arte como lugar privilegiado donde se hace presente el ser. Para Heidegger, se hace también necesario rehabilitar los saberes teórico-humanísticos, a fin de mostrar que lo que constituye a todo hombre en cuanto tal no es su capacidad material de alterar el entorno, sino la posibilidad que tiene de hacer el mundo habitable: el hombre debe comprender que no es «el señor del ente sino el pastor del ser» y que «el lenguaje es la casa del ser». Antes que la técnica, el lenguaje, y en general la conciencia (la capacidad de interrogarse del *Dasein*), son los dos elementos que constituyen al hombre en cuanto existente o, lo que es lo mismo, en cuanto hombre.

HEIFETZ, JASHA [Iossif Robertovich Heifetz] *(Vilna, actual Lituania, 1901-Los Ángeles, 1987) Violinista ruso nacionalizado estadounidense.* Dotado de un talento prodi-

▶ *Caricatura de Basman en la que aparecen Jasha **Heifetz** como violinista, Rubinstein al piano y Gregor Patigorsky al violoncelo.*

gioso y asombrosamente precoz, a los seis años se dio a conocer en público, en Kovno, interpretando el *Concierto en mi menor* de Mendelssohn, y debutó a los once con el de Chaikovski junto a la Filarmónica de Berlín y bajo la batuta de Arthur Nikisch. A partir de entonces, su carrera internacional se desarrolló vertiginosamente, siempre acompañada por el éxito. En 1917, tras el triunfo de la Revolución bolchevique, el músico abandonó su patria para establecerse en Estados Unidos, país en el que se nacionalizó en 1925. Además de las obras de gran repertorio y de algunos encargos efectuados a compositores modernos (Korngold, Rózsa, Walton), Heifetz gustaba de ofrecer en sus programas numerosas transcripciones para su instrumento musical, realizadas por él mismo, que daban cuenta de su técnica virtuosística, brillante pero también algo fría. Por motivos de salud, se retiró en 1973.

HEINE, HEINRICH *(Düsseldorf, actual Alemania, 1797-París, 1856) Poeta prusiano.* De origen judío, estudió literatura, derecho y filosofía en Bonn y Berlín; entre sus profesores y amistades se contaron Schlegel, Hegel y Schleiermaier. De 1822 datan sus primeras composiciones líricas, claramente influidas por Byron y Fouqué. En 1823 publicó *Intermezzo lírico*, obra unida a dos tragedias (*Almanzor* y *Ratcliff*) de la que cabe destacar su vena melódica, y en 1826 la primera parte de los *Cuadros de viaje*, cuya edición en cuatro volúmenes completó en 1831. Estos primeros textos en prosa conjugan un ferviente lirismo juvenil con una mordaz sátira contra personas e instituciones diversas. La prosa irónica y ágil de esta obra influyó en los autores alemanes posteriores y sentó las bases de un estilo que en un mismo texto fusionaba géneros como la poesía, el relato, el ensayo político, la crónica periodística y la autobiografía. En 1827 vio la luz *Libro de canciones*, fuente

de inspiración de compositores como Schumann, Schubert y Brahms. Su radicalismo y sus cínicos ataques a la Academia alemana le indujeron a trasladarse a París (1831), donde conoció a personajes de la talla de Victor Hugo, Musset o George Sand. En 1835 publicó un ensayo sobre la cultura alemana, *La escuela romántica*, y estudios sobre Shakespeare y Cervantes. Ese mismo año fueron prohibidas todas sus obras en Alemania, país al que dedicó los versos satíricos de *Alemania, un cuento de invierno* (1844). Murió tras varios años de enfermedad, durante los que compuso el ciclo poético *Romancero* (1851). Póstumamente, en 1869, aparecieron sus *Últimos poemas*.

HEISENBERG, WERNER KARL *(Wurzburgo, Alemania, 1901-Munich, 1976) Físico alemán.* Hijo de un profesor de humanidades especializado en la historia de Bizancio, se formó en la Universidad de Munich, donde asistió a las clases de A. Sommerfeld y por la que se doctoró en el año 1923. También colaboró con M. Born, en la Universidad de Gotinga. Durante su formación fue compañero de W. Pauli tanto en Munich como en Gotinga. Más adelante trabajó con N. Bohr en Copenhague (1924-1927) y desempeñó, sucesivamente, los cargos de profesor de la Universidad de Leipzig (1927), director del Instituto Káiser Wilhelm de Berlín (1942) y del Max Planck de Gotinga (1946), así como del de Munich (1958). Entre 1925 y 1926 desarrolló una de las formulaciones básicas de la mecánica cuántica, teoría que habría de convertirse en una de las principales revoluciones científicas del siglo XX. En 1927 enunció el llamado principio de incertidumbre o de indeterminación, que afirma que no es posible conocer, con una precisión arbitraria y cuando la masa es constante, la posición y el momento de una partícula. De ello se deriva que el producto de las incertidumbres de ambas magnitudes debe ser siempre mayor que la constante de Planck. El principio de incertidumbre expuesto por Heisenberg tiene diversas formulaciones equivalentes, una de las cuales relaciona dos magnitudes fundamentales como son la energía y el tiempo. El enunciado del principio de incertidumbre causó una auténtica revolución entre los fí-

▲ *Heinrich* **Heine**, *uno de los poetas más destacados del movimiento romántico alemán, junto con Hölderlin y Goethe.*

▼ *Werner Karl* **Heisenberg**, *cuyo principio de incertidumbre hizo tambalear las bases del determinismo científico clásico.*

sicos de la época, pues suponía la desaparición definitiva de la certidumbre clásica en la física y la introducción de un indeterminismo que afecta a los fundamentos de la materia y del universo material. Por otro lado, este principio supone la práctica imposibilidad de llevar a cabo mediciones perfectas, ya que el observador, con su sola presencia, perturba los valores de las demás partículas que se consideran e influye sobre la medida que está llevando a cabo. Así mismo, Heisenberg predijo, gracias a la aplicación de los principios de la mecánica cuántica, el espectro dual del átomo de hidrógeno y logró explicar también el del átomo de helio. En 1927 ideó una relación matemática para explicar las rayas espectrales. Para ello, y sobre la base del álgebra de matrices, desarrolló la llamada mecánica matricial, que justificaba las longitudes de onda de las rayas espectrales y que, más tarde, Von Neumann demostraría que era equivalente a la mecánica ondulatoria formulada por el físico austriaco E. Schrödinger. Fue autor también de importantes contribuciones a campos de la física tales como la teoría del ferromagnetismo, el estudio de las formas alotrópicas del hidrógeno molecular, la introducción de las fuerzas de intercambio y del isoespín y la teoría de la difusión. Sus trabajos acerca de la teoría nuclear le permitieron predecir que la molécula de hidrógeno podía existir en dos estados, uno como ortohidrógeno, es decir, en que los núcleos de los dos átomos girasen en la misma dirección, y otro como parahidrógeno, en que dichos núcleos girarían en direcciones contrarias. Esta predicción, que se confirmó finalmente en 1929, tendría gran importancia años más tarde para el desarrollo de la astronáutica, ya que permitía frenar la evaporación del hidrógeno líquido en las grandes concentraciones de esta sustancia que se necesitan para propulsar los cohetes de combustible líquido. Igual que Einstein, acabada la Segunda Guerra Mundial centró sus esfuerzos en el desarrollo de una teoría no lineal del campo unificado, aunque no obtuvo el resultado buscado en su empeño, tal como le sucedió a su ilustre colega. El desarrollo de la llamada mecánica cuántica matricial le valió la concesión del Premio Nobel de Física en 1932.

▶ *La popularidad de las novelas de **Hemingway** y su exuberante biografía hacen olvidar a veces la influencia decisiva que su estilo seco y cortante, casi telegráfico, ha tenido en la literatura del s. XX.*

ERNEST HEMINGWAY

OBRAS MAESTRAS

EN NUESTRO TIEMPO (*IN OUR TIME*, 1924); *DIEZ RELATOS* (*TEN STORIES*, 1924); *FIESTA* (*THE SUN ALSO ARISES*, 1926); *ADIÓS A LAS ARMAS* (*A FAREWELL TO ARMS*, 1929); *MUERTE EN LA TARDE* (*DEATH IN THE AFTERNOON*, 1932); *LAS VERDES COLINAS DE ÁFRICA* (*THE GREEN HILLS OF AFRICA*, 1935); *POR QUIÉN DOBLAN LAS CAMPANAS* (*FOR WHOM THE BELL TOLLS*, 1940); *A TRAVÉS DEL RÍO Y ENTRE LOS ÁRBOLES* (*ACROSS THE RIVER AND INTO THE TREES*, 1951); *EL VIEJO Y EL MAR* (*THE OLD MAN AND THE SEA*, 1952); *PARÍS ERA UNA FIESTA* (*A MOVEABLE FEAST*, póstuma, 1964).

HELMHOLTZ, HERMANN LUDWIG FERDINAND VON *(Potsdam, actual Alemania, 1821-Charlottenburgo, id., 1894) Fisiólogo y físico alemán.* Se doctoró en medicina en 1842 por el Instituto Friedrich Wilhelm de Berlín. Ejerció como profesor de fisiología en Königsberg (1849-1855), Bonn (1855-1858) y Heidelberg (1858-1871), y de física en Berlín (1871-1888); finalmente fue nombrado director del Instituto Físico-Técnico de Charlottenburgo. De sus muchas aportaciones a la ciencia destacan el invento del oftalmoscopio, instrumento diseñado para inspeccionar el interior del ojo, y del oftalmómetro, para medir su curvatura. Descubrió que el interior del oído resuena para ciertas frecuencias y analizó los sonidos complejos en sus componentes armónicos. Mostró los mecanismos de los sentidos y midió la velocidad de los impulsos nerviosos. Estudió la actividad muscular y fue el primero en formular matemáticamente el principio de conservación de la energía.

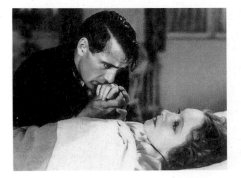

▶ *Gary Cooper y Helen Hayes en* Adiós a las armas *(1932), adaptación cinematográfica de la famosa novela de* **Hemingway***.*

HEMINGWAY, ERNEST *(Oak Park, EE UU, 1899-Ketchum, id., 1961) Escritor estadounidense.* El modelo de novelista moderno que encarna Hemingway descansa sobre su leyenda personal, en la que su obra y su vida se confunden; leyenda que si bien no creó él mismo, sí alimentó sin descanso. Marcado por la relación conflictiva con su padre, que se suicidaría en 1928, se aficionó desde joven al deporte y la caza. Al acabar sus estudios medios, en 1917, renunció a entrar en la universidad y consiguió trabajo en el rotativo *Star* de Kansas City. Al implicarse Estados Unidos en la Primera Guerra Mundial, quiso alistarse en el ejército, pero fue declarado inútil a causa de una antigua herida en el ojo, por lo que hubo de conformarse con servir en la Cruz Roja. Fue conductor de ambulancias en el frente italiano, donde resultó herido de gravedad poco antes de cumplir diecinueve años. De vuelta en su país (1919), se casó con una amiga de infancia. Pronto volvió a Europa para instalarse en París como corresponsal del *Toronto Star*. Allí inició su formación de escritor, apadrinado por Gertrude Stein y Ezra Pound. Con su primera novela, *Fiesta* (1926), le llegó la fama, que consolidó en 1929 *Adiós a las armas*, basada en sus experiencias en la guerra. En 1927 regresó a Estados Unidos, donde se casó en segundas nupcias y en 1930 compró su casa en Cayo Hueso (Florida), que desde entonces sería su «base» y su lugar de trabajo, pesca y descanso. Su presencia en España durante la guerra civil como corresponsal le inspiró una de sus más relevantes novelas, *Por quién doblan las campanas*, y su única obra de teatro, *La quinta columna*. Tras la Segunda Guerra Mundial, prosiguió sus viajes, fuente inagotable de material literario, por sus países preferidos: España y Cuba. También frecuentó África, donde pudo dedicarse libremente a su segunda gran pasión, la caza. La publicación en 1951 de *A través del río y entre los árboles* marcó una fase de cierto divorcio con el público, que enmendó unos años más tarde con una novela corta, *El viejo y el mar*, que aspira a un profundo simbolismo a partir de personajes y situaciones casi esquemáticos, y gracias a la que recuperó el favor de público y crítica. En 1954 recibió el Premio Nobel de Literatura y, poco antes de suicidarse de un escopetazo, redactó su testamento literario, *París era una fiesta* (póstuma, 1964), que relata los recuerdos de sus primeros años en París, en los que, según sus propias palabras, «éramos pobres y muy felices», su encuentro con los miembros de la *Gene-*

ración perdida, que acabó capitaneando, y sus primeros pasos en la literatura. Si bien debe su fama principalmente a la novela, sus primeros escritos, que muchos críticos han coincidido en señalar como lo mejor de su producción, son relatos breves; las narraciones de la serie dedicada a Nick Adams constituyen un ciclo educativo único, de un volumen a otro, a pesar de su aparente desorden. En ellos se encuentran todos los grandes temas que informan su literatura posterior y se establecen sus rasgos más característicos: la obsesión por la muerte, la voluntad de reconducir un mundo personal, imaginario, consciente de sus propios límites y de su fragilidad, la evocación constante del exilio y del viaje, y una cierta forma, precaria pero intensa, de épica moderna, en esencia a través de la caza, el toreo y la guerra. Hemingway constituye, junto a Faulkner, la figura más relevante de la literatura estadounidense de la primera mitad del siglo XX y uno de los escritores contemporáneos más influyentes e innovadores, tanto por su estilo seco y preciso, en el que algunos críticos han querido ver una tendencia al «telegrafismo», como por su capacidad para resumir en sus héroes su propia vida y las tensiones morales de la década de 1920.

HENDRIX, JIMI [James Marshall Hendrix] *(Seattle, EE UU 1942-Londres, 1970) Guitarrista estadounidense de rock.* Según la discografía oficial, tiene unos veinte discos editados, si bien tan sólo publicó tres en vida: *Are you Experienced?* (1967), *Bold as Love* (1967) y *Electric Ladyland* (1968). Sin embargo, su genio y originalidad han perdurado de tal modo que treinta años después de su fallecimiento sigue siendo el referente principal de los grandes guitarristas. Desarrolló la técnica y los efectos de la guitarra eléctrica hasta dotarla de una entidad propia, mediante la saturación de sonido en los amplificadores y el uso del pedal wah-wah para generar efectos sonoros. Hendrix encontró el éxito en el Reino Unido, durante la gira que realizó con su grupo The Jimi Hendrix Experience entre 1966 y 1967, y a su regreso a Estados Unidos se convirtió en un mito gracias a sus memorables actuaciones en los festivales de Monterrey (1967) y Woodstock (1970). Su adicción a las drogas y el alcohol acabó por ocasionarle la muerte prematura.

▲ *Hans Werner **Henze** dirigiendo un concierto. El músico alemán ha levantado siempre una abundante polémica a su alrededor.*

▼ *Jimi **Hendrix** interpreta a la guitarra eléctrica, durante un concierto. Su impresionante habilidad le permitía tocar la guitarra con los dientes, por encima de su cabeza o de cualquier forma que su inagotable imaginación le sugiriese.*

HENRÍQUEZ, CAMILO *(Valdivia, Chile, 1769-Santiago, 1825) Religioso y político chileno.* Ordenado sacerdote en Perú, en la Congregación de los Frailes de la Buena Muerte, fue juzgado por el Santo Oficio a causa de sus ideas ilustradas. Fue uno de los más activos impulsores del movimiento independentista chileno, y en 1811, bajo el seudónimo de *Quirino Lemáchez*, hizo circular una encendida proclama en la que reclamaba la independencia total del país. A través de sus periódicos, *La Aurora de Chile*, el primer diario nacional chileno, y *El Monitor Araucano*, difundió el pensamiento liberal y continuó apoyando la independencia de su país. En 1812 escribió *El catecismo de los patriotas*, donde realiza una vigorosa defensa de la libertad y la razón frente al despotismo, la superstición y la ignorancia. La derrota de los ejércitos patriotas en Rancagua, en 1814, obligó a Henríquez, a la sazón presidente del Senado, a exiliarse en Buenos Aires. Regresó a su país en 1822 y participó en la redacción de la nueva Constitución chilena. Especial reconocimiento merece su incansable actividad periodística, destacando como articulista y fundador de diversos periódicos.

HENZE, HANS WERNER *(Gütersloh, Alemania, 1926) Compositor y director de orquesta alemán.* Sin duda, se trata de uno de los talentos más eclécticos, fascinantes y controvertidos que ha dado la segunda mitad del siglo XX a la música. Alumno de Wolfgang Fortner y René Leibowitz, Henze dio sus primeros pasos como compositor bajo la influencia del dodecafonismo posweberniano de la Escuela de Darmstadt, aunque pronto abandonó los rígidos sistemas propugnados por ésta para abordar una música mucho más personal, síntesis admirable de elementos en apariencia incompatibles, tradicionales y vanguardistas. Para él, cada obra es un problema nuevo que se ha de resolver, diferente del planteado por la precedente, lo cual explica la inusitada variedad de lenguajes que caracteriza su producción, desde el neoclasicismo stravinskiano de una ópera como *El joven Lord*, hasta el barroquismo monteverdiano de *Venus y Adonis*, pasando por el neorromanticismo de *El príncipe de Homburg* o el antirromanticismo de *El mar traicionado*. Henze ha dedicado al género operístico una especial atención desde los inicios de

HANS WERNER HENZE
OBRAS MAESTRAS

MÚSICA ESCÉNICA: *Óperas: BOULEVARD SOLITUDE* (1952); *EL REY CIERVO* (1956); *EL PRÍNCIPE DE HOMBURG* (1960); *ELEGÍA PARA JÓVENES AMANTES* (1961); *EL JOVEN LORD* (1965); *LOS BASÁRIDES* (1966); *POLLICINO* (1980); *EL GATO INGLÉS* (1983); *EL MAR TRAICIONADO* (1990); *VENUS Y ADONIS* (1997); *Ballets: EL IDIOTA* (1952); *ONDINE* (1958); *ORPHEUS* (1979). **MÚSICA ORQUESTAL:** *SINFONÍA NÚM. 1* (1948); *SINFONÍA NÚM. 4* (1955); *CONCIERTO PARA CONTRABAJO* (1967); *SINFONÍA NÚM. 6* (1969); *TRISTÁN* (1973); *BARCAROLA* (1980); *SINFONÍA NÚM. 7* (1984); *FANDANGO* (1986); *RÉQUIEM* (1992); *SINFONÍA NÚM. 8* (1993). **MÚSICA DE CÁMARA:** *CUARTETO DE CUERDA NÚM. 3* (1976); *SONATA PARA VIOLA Y PIANO* (1980); *QUINTETO PARA PIANO Y VIENTO* (1991). **MÚSICA VOCAL Y CORAL:** *BEING BEAUTEOUS* (1964); *CANTATA DELLA FIABA ESTREMA* (1965); *LA BALSA DE LA MEDUSA* (1968); *EL CIMARRÓN* (1970); *LA CUBANA* (1973); *EL REY DE HARLEM* (1980); *SINFONÍA NÚM. 9* (1997).

su carrera. Sus trabajos en este campo se distinguen por una capacidad comunicativa y un sentido dramático poco frecuentes, perceptibles también en sus composiciones instrumentales y vocales, entre las que pueden señalarse la monumental *Séptima sinfonía*, el *Réquiem* y la *Sinfonía núm. 9*, ésta con intervención coral. Junto a los señalados, otro elemento importante del estilo del compositor alemán es su compromiso político, manifestado –sobre todo a partir del estreno en 1968 del oratorio *La balsa de la Medusa*, dedicado al Che Guevara– por su vinculación a la izquierda radical. La *Sinfonía núm. 6*, *El cimarrón* y *La cubana* son algunas otras de sus obras que participan de esta misma tendencia, quizás la más avanzada y difícil musicalmente hablando. Tras ella, a partir de la década de 1980, el músico ha retomado un estilo más accesible y expresivo, sin perder por ello su motivación humanista.

HEPBURN, KATHARINE *(Hartford, EE UU, 1909) Actriz estadounidense.* Dio sus primeros pasos como actriz aficionada a la temprana edad de tres años, en diversos espectáculos feministas organizados por su madre, una activa sufragista. Inició estudios de física, pero abandonó la universidad para introducirse en el mundo del teatro, en el que debutó en 1928. Tras destacar en numerosos papeles shakespearianos, en 1932 fue contratada por la productora RKO, que le ofreció el papel protagonista de *Doble sacrificio*, un filme dirigido por George Cukor, realizador con quien llegaría a trabajar en siete ocasiones. Un año después recibió el primero de sus cuatro Oscar al mejor papel protagonista, por su actuación en *Gloria de un día*. En 1938, el fracaso de *La fiera de mi niña*, de Howard Hawks, uno de los papeles por los que ha sido más recordada, rebajó considerablemente su valoración a ojos de la

▼ *Katharine* **Hepburn** *en* Historias de Filadelfia, *de George Cukor. Hepburn es la actriz que más Oscar ha obtenido en la historia del cine.*

industria y la obligó a renunciar al cine durante dos años. En esta época regresó a la actividad teatral de la mano de una comedia encargada y producida por ella misma, cuyo éxito originó una versión cinematográfica que supondría su regreso al celuloide por la puerta grande: *Historias de Filadelfia* (1941). Con un espléndido contrato con MGM bajo el brazo, Hepburn realizó para dicho estudio un total de once películas durante la década de 1940, muchas de ellas en compañía del gran amor de su vida, el actor Spencer Tracy, y cuyo máximo exponente sería la exitosa *La costilla de Adán* (1949). Durante los años cincuenta y sesenta rebajó mucho su ritmo de trabajo, lo cual no le impidió cosechar grandes éxitos como *La reina de África* (1951), que coprotagonizó con Humphrey Bogart, o *Adivina quién viene a cenar esta noche* (1967) y *El león en invierno* (1968), por los que obtuvo sendos Oscar de forma consecutiva. Acusando su ya avanzada edad, redujo su presencia cinematográfica a papeles esencialmente de apoyo, con la notable salvedad de *En el estanque dorado* (1981), auténtico testamento fílmico por el que se le concedió su cuarto Oscar y en el que compartió cartel con otra gloria del cine clásico estadounidense, Henry Fonda.

HERÁCLITO *(Éfeso, hoy desaparecida, actual Turquía, h. 540 a.C.-id., h. 470 a.C.) Filósofo griego.* Muy poco se sabe de la vida de Heráclito de Éfeso, apodado *el Oscuro* por el carácter enigmático que revistió a menudo su estilo, como testimonia un buen número de los fragmentos conservados de sus enseñanzas. Éstas, según Diógenes Laercio, quedaron recogidas en una obra titulada *De la naturaleza*, que trataba del universo, la política y la teología –aunque probablemente esta subdivisión la introdujera una compilación alejandrina de los textos de Heráclito–, pero lo que ha llegado hasta nosotros de su doctrina se encuentra en forma fragmentaria y sus fuentes son citas, referencias y comentarios de otros autores. Algunos de estos fragmentos presentan, sin embargo, la apariencia de aforismos completos, lo cual apoya la idea de que su estilo de pensamiento fue oracular. Ello ha dado pie, incluso, a formular la hipótesis de que Heráclito no escribió, en realidad, ningún texto, sino que sus enseñanzas fueron exclusivamente orales, y que fueron sus discípulos los encargados de reunir lo esencial de ellas en forma de sentencias. Sea como fuere, la oscuridad de Heráclito ha quedado caricaturizada en la leyenda acerca de su muerte: enfermo de hidropesía, preguntaba enigmáticamente a los médicos si podrían de la lluvia hacer sequía; como ellos no lo entendiesen, se enterró en estiércol en la suposición de que el calor de éste absorbería las humedades, con el resultado de que aceleró el fatal desenlace. De creer a Diógenes Laercio, la causa de la afección habría sido su retiro en el monte, donde se alimentaba de hierbas, movido por su misantropía. El desprecio de Heráclito por el común de los mortales concordaría con sus orígenes, pues parece cierto que procedía de una antigua familia aristocrática, así como que sus ideas políticas fueron contrarias a la democracia de corte ateniense y formó, quizá, parte del reducido grupo, integrado por nobles principalmente, que simpatizaba con el rey persa Darío, a cuyos dominios pertenecía Éfeso por entonces, contra la voluntad de la mayoría de sus ciudadanos. A estos últimos, en cualquier caso, no debió de apreciarlos en demasía, y los colmó de improperios cuando expulsaron de la ciudad a su amigo Hermodoro. A tenor de lo que se desprende de los diversos fragmentos, Heráclito explicó la práctica totalidad de los fenómenos naturales, atribuyendo al fuego el papel de constituyente común a todas las cosas y causa de todos los cambios que se producen en la naturaleza. La importancia que concedió a la afirmación de que todo está expuesto a un cambio y un flujo incesantes, seguramente fue exagerada por Platón, quien contribuyó de manera decisiva a perpetuar la imagen del filósofo efesio como exponente de un relativismo radical. El universo de Heráclito está, ciertamente, formado por contrarios en perpetua oposición, lo cual es condición del devenir de las cosas y, al mismo tiempo, su ley y principio; pero los contrarios se ven conducidos a síntesis armónicas por el *logos,* proporción o medida común a todo, principio normativo del universo y del hombre que, en varios aspectos, resulta coextensivo con el elemento cósmico primordial, el fuego, por lo que algunas interpretaciones los identifican. Cada par de opuestos es una pluralidad y, a la vez, una unidad que depende de la reacción equilibrada entre ambos; el equilibrio total del cosmos se mantiene merced a la interacción sin fin entre los opuestos, garantía de que el cambio en una dirección acabará por conducir a otro

▲ *Detalle del famoso cuadro de Rafael* La escuela de Atenas. *Sentado al pie de la escalera se encuentra* **Heráclito** *de Éfeso, llamado* el Oscuro.

> «*S*obre los que se bañan en los mismos ríos fluyen siempre distintas aguas.»
>
> Heráclito

▶ *Retrato de Johann* **Herder***, cuya obra marcó el paso de la Ilustración al Romanticismo. Junto con Kerl, dictó las bases teóricas del* Sturm und Drang.

cambio en la dirección contraria. El *logos* expresa la coherencia subyacente de las cosas, que los hombres deben tratar de comprender, ya que la sabiduría consiste en entender cómo se conduce el mundo, y ese entendimiento ha de ser la base de la moderación y el autoconocimiento, que Heráclito postuló como ideales éticos del hombre.

HERDER, JOHANN GOTTFRIED VON *(Mohrungen, hoy Morag, actual Polonia, 1744-Weimar, actual Alemania, 1803) Filósofo y escritor alemán.* Nacido en el seno de una familia humilde, en 1762 inició estudios de filosofía, teología y literatura en Königsberg, donde siguió los cursos impartidos por Immanuel Kant, de quien fue discípulo, y trabó amistad con J. G. Hamann, destacado crítico de la Ilustración. Ordenado pastor protestante en 1764, se trasladó a Riga para enseñar en la escuela catedralicia. Allí escribió, inspirado por Lessing y por Hamann, los *Fragmentos sobre una nueva literatura alemana* (1767), donde rechazaba la imitación de los clásicos y defendía una poesía nutrida de vigor popular. En 1769 realizó un viaje a Francia, donde entró en contacto con Diderot, D'Alembert y los enciclopedistas, estudió las obras de Rousseau y publicó, desarrollando los principios expuestos en los *Fragmentos,* sus *Silvas críticas* (1769). En 1770 se trasladó a Hamburgo, donde conoció a Lessing, y después a Darmstadt, donde encontró a Caroline Flachsland, con quien se casaría tres años después. En 1771 viajó a Estras-

burgo, en donde permaneció unos meses recuperándose de una dolencia que le afectaba a los ojos. En esta ciudad conoció al joven Goethe, en quien ejercería una notable influencia y, a través de él, en toda la literatura alemana. En 1771 se trasladó a Bückeburg en calidad de consejero consistorial. Entre 1778 y 1779 escribió *Las voces de los pueblos en cantos*, donde agrupaba los grandes poemas antiguos de la Biblia, Homero u Ossian junto con poemas originales de él mismo, de Goethe y de Matthias Claudius. Esta colección de cantos populares, que contenía poemas que no se ajustaban estrictamente al dogma del arte popular, indica una influencia clásica sobre Herder, quien, gracias a la intervención de Goethe, en 1776 había sido nombrado superintendente, predicador de la corte y miembro del consistorio de Weimar, centro del clasicismo alemán y ciudad en la que, salvo una estancia en Italia entre 1778 y 1779, permanecería hasta su muerte. Además de su doctrina del lenguaje, Herder elaboró una vasta filosofía de la historia en *Otra filosofía de la historia de la humanidad* (1774). En *Ideas sobre la filosofía de la historia de la humanidad* (1784-1791), que dejó inacabada, intentó revelar la estrecha relación entre la naturaleza y la evolución cultural de la raza humana.

HERGÉ [Georges Rémi] *(Etterbeek, Bélgica, 1907-Bruselas, 1983) Dibujante y guionista de cómics belga.* En 1929 apareció la primera de las célebres aventuras del peculiar reportero Tintín, titulada *Tintín y los soviets*, que por su carácter anticomunista no fue reimpresa hasta el año 1977. A partir de esa primera entrega, Hergé no dejó de publicar nuevos episodios de las aventuras del personaje que le hizo mundialmente famoso, Tintín, gracias al cual se convirtió en uno de los más prestigiosos maestros de la historieta. Los argumentos de Tintín se vuelcan siempre en la habilidad de su protagonista para resolver los más rocambolescos misterios, en numerosas ocasiones con implicaciones políticas candentes en el momento. Hergé fue uno de los primeros dibujantes en introducir el sistema del «bocadillo» para la inclusión de los diálogos en los dibujos, lo que contribuyó a su pretensión de un cómic diáfano en su presentación y de personajes psicológicamente definidos. Entre ellos cabe destacar al profesor Tornasol, al capitán Haddock y a los hermanos Dupont y Dupond, además de Tintín.

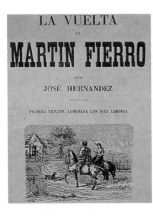

▼ *Portada de* La vuelta de Martín Fierro, *de José **Hernández**, libro de poemas considerado como uno de los grandes clásicos de la literatura argentina.*

▼ *Portada de la edición francesa de* Las joyas de la Castafiore. *El personaje de Tintín creado por **Hergé** es uno de los más populares de la historia del cómic.*

HERMITE, CHARLES *(Dieuze, Francia, 1822-París, 1901) Matemático francés.* Fue profesor en la Escuela Politécnica y en la Sorbona de París. En 1873 publicó la primera demostración de que *e* es un número trascendente y no la raíz de una ecuación algebraica o polinómica con coeficientes racionales. Fue una figura destacada en el desarrollo de la teoría de formas algebraicas, la teoría aritmética de las formas cuadráticas y la teoría de las funciones abelianas y elípticas.

HERNÁNDEZ, GREGORIO → Fernández, Gregorio.

HERNÁNDEZ, JOSÉ *(San Martín, prov. de Buenos Aires, 1834-Buenos Aires, 1886) Poeta argentino.* Militar en su juventud, se inició como periodista en *El Argentino* en 1863. En 1867 fue nombrado fiscal del Estado, y un año más tarde, ministro de Hacienda. En 1869 fundó el periódico *Río de la Plata*. Al año siguiente, tras el asesinato de Urquiza, huyó a Brasil, donde utilizó el periodismo como instrumento de propaganda contra el reclutamiento del gaucho para luchar contra los indígenas. Con este tema de fondo irrumpió en 1872 desde las páginas del diario *La República*, con *El gaucho Martín Fierro*, un largo poema narrativo en el que criticaba las levas del ministerio de Guerra y el programa de reformas auspiciado por el gobierno, que se agotó en los primeros dos meses. El éxito conseguido le llevó a editar su continuación en 1879, *La vuelta de Martín Fierro*, con el cual completó una de las obras maestras de la literatura hispanoamericana y que supuso para él la consideración de poeta nacional argentino. Hernández puso en boca de Fierro gran parte del poema, encajándolo en la ficción de una serie de relatos (payadas) con los que, acompañados de sus vihuelas, compiten los diferentes personajes. El valor literario de la producción de Hernández se centra en esta obra maestra, aunque se conservan de él otras dos composiciones en prosa: *La vida del Chacho* (1863), defensa del general Peñaloza, asesinado poco antes, e *Instrucción del estanciero* (1882), pequeño manual de agricultura. En 1878 abrió un negocio propio, la Librería del Plata, y en 1879 ingresó en el Congreso de los Diputados. Allí actuó en defensa de la federalización de la capital, en el Monte de Piedad y en la Fundación de la Plata con una moderación que contrastaba con su ímpetu juvenil.

HERNÁNDEZ, MIGUEL *(Orihuela, España, 1910-Alicante, 1942) Poeta español.* Trabajó como pastor desde la infancia, mientras se procuraba una formación autodidacta. Su primera actividad literaria data de su colaboración en la revista local *El gallo Crisis*, dirigida por su amigo Ramón Sijé. Durante sus estancias en Madrid se relacionó con Jorge Guillén, Vicente Aleixandre, José Bergamín, José María de Cossío y Neruda, con quien colaboró en la revista madrileña *Caballo verde para la poesía.* En 1935 estuvo en la URSS con una misión cultural para asistir a un festival de teatro. Al estallar la guerra civil española se alistó en el ejército republicano y desplegó una intensa actividad cultural como miembro de las Misiones Pedagógicas. Formó parte del 5º regimiento y, tras la derrota republicana, fue encarcelado en la prisión de Alicante, donde contrajo una pleuresía y falleció. En sus primeras obras, entre las que destacan *Perito en lunas* (1933) y *El rayo que no cesa* (1936), demostró un extraordinario dominio de la métrica tradicional, con clara influencia de Garcilaso de la Vega y Quevedo, pero adaptada a su propia sensibilidad. De sus obras posteriores destacan: *Viento del pueblo* (1937), *El hombre acecha* (1939) y *Cancionero y romancero de ausencias: 1938-1941* (1958), éste escrito en la cárcel y publicado póstumamente, y considerado uno de sus mejores libros. En 1961 fueron editadas en Buenos Aires sus obras completas, entre las cuales se encuentran varias piezas teatrales como *Quién te ha visto y quién te ve y sombra de lo que eras* (1934), auto sacramental compuesto según el modelo calderoniano, y *Los hijos de la piedra* (1935). Autor comprometido, cultivó también el drama social en *Teatro en la guerra* (1939) y *El labrador de más aire* (1937).

HERODES ANTIPAS *(?, 20 a.C.-Lyon, 39 d.C.) Tetrarca de Judea.* Hijo de Herodes *el Grande*, a la muerte de su padre, Augusto le concedió el gobierno de Galilea y Perea. Herodes Antipas casó, de manera escandalosa, con Herodías, la esposa de su hermanastro Herodes Filipo, para lo que tuvo que repudiar a su anterior esposa, hija del poderoso Aretas IV, rey de los nabateos. Sólo la intervención del gobernador de Siria, Vitelio, le evitó una derrota completa a manos del nabateo. Herodes Antipas continuó la labor constructora de su padre e hizo alzar la fortaleza de Betramta y la ciudad de Tiberíades, a orillas del lago Genesaret. Por instigación de Herodías reclamó a Calígula, recién nombrado emperador, la corona de rey de los judíos, pero Calígula prefirió concedérsela a su amigo Agripa, al tiempo que ordenaba deportar a Herodes Antipas y su mujer a Lyon.

HERODES EL GRANDE *(Ascalón, actual Israel, 73 a.C.-Jerusalén, 4 a.C.) Rey de Judea (39 a.C-4 a.C.).* Hijo de Antípatro, perteneciente a una familia idumea, Herodes logró ganarse la confianza de los romanos apoyando a los diferentes bandos a lo largo de los enfrentamientos civiles que pusieron fin a la República, y así obtuvo su apoyo para imponerse a la familia rival en el poder, los asmoneos, emparentados con los macabeos. Dotado de una gran habilidad para la intriga, consiguió ir eliminando a los diferentes líderes asmoneos, entre ellos a Antígono, hijo de Aristóbulo II, gracias a su alianza con el rival de éste, Hircano, a través de una boda con su hija, Mariana. Una vez aniquilada la oposición, Herodes, que había obtenido de los romanos el título de rey sobre unos territorios casi tan amplios como en tiempos de David, se dedicó a limpiar los caminos de bandidos para complacer a sus protectores. Hecho esto, y en un intento de mejorar su imagen ante el pueblo –que lo aborrecía–, se embarcó en una política de grandes obras públicas, entre las que cabe resaltar la reconstrucción del Templo de Jerusalén o la fundación de la ciudad de Cesarea. Sin embargo, no consiguió ganarse las simpatías de sus súbditos, que seguían viéndolo como un advenedizo. El aire helenístico de su corte, y su desconfianza hacia todos los que lo rodeaban, que lo llevaron a eliminar a todos cuantos estuviesen emparentados con los asmoneos –incluida su esposa y los hijos que había tenido de ella–, no ayudaron a mejorar su imagen. A pesar de todo, Herodes fue un gobernante eficaz; aseguró la paz interna, impulsó el comercio y veló por su pueblo, como lo demuestra el hecho de que despojase de riquezas sus palacios para comprar trigo en Egipto con el que hacer frente a la hambruna del 25 a.C.

HERODOTO *(Halicarnaso, actual Turquía, h. 484 a.C.-?, h. 425 a.C.) Historiador griego.* Participó en la insurrección contra el tirano Ligdamis. En el año 444 a.C. se sumó a la expedición para fundar la colonia de Turios, donde fijó su residencia. Visitó todo el mundo conocido en su época y con las experiencias adquiridas durante sus viajes redactó sus *Historias*, su única obra conservada. Dividida en nue-

> *«La cebolla es escarcha / cerrada y pobre: / escarcha de tus días / y de mis noches. / Hambre y cebolla: / hielo negro y escarcha / grande y redonda.»*
>
> Miguel Hernández
> *Nanas de la cebolla*

▼ *Busto de* **Herodoto** *(Museo Arqueológico Nacional, Nápoles). En sus* Historias, *Herodoto se propuso escribir «para que ni los hechos de los hombres queden olvidados ni las grandes hazañas sin gloria».*

ve libros, narra con objetividad y precisión las guerras médicas, al tiempo que describe ciudades y regiones, costumbres, anécdotas y creencias de su tiempo. Este trabajo, que contiene además observaciones propias del autor, constituye la primera gran descripción del mundo antiguo que nos ha llegado. A pesar de que en su obra aún se explican muchos acontecimientos mediante la intervención de los dioses, Herodoto ha sido considerado como el padre de la historia.

HERÓN DE ALEJANDRÍA, llamado *el Viejo (s. I) Matemático e inventor griego*. En su principal trabajo sobre geometría (*Métrica*) enumera diferentes maneras de hallar el área de triángulos, cuadriláteros, polígonos regulares de tres a doce lados, círculos, elipses y superficies y volúmenes de cilindros, conos y esferas. En él se incluyen, además, la conocida fórmula que permite calcular el área de un triángulo a partir de la longitud de sus lados, y un método aproximado para hallar la raíz cuadrada de un número, usado hoy día por los modernos ordenadores. En otro libro, *Neumática*, describe el diseño de sifones, de máquinas que funcionan con monedas y del aelopilo, que vendría a ser el equivalente de una turbina de vapor.

HERRÁN, PEDRO ALCÁNTARA *(Santafé de Bogotá, 1800-id., 1872) Militar y político colombiano.* Entre 1821 y 1824 luchó en la guerra de la independencia a las órdenes del mariscal Antonio José de Sucre, con

▲ *Ilustración del libro* Neumática, *de* **Herón de Alejandría**. *El esquema muestra una serie de tubos y cuerdas que se encargan de provocar el efecto sifón de un sistema que funciona como una turbina de vapor.*

▼ *Plano general del Monasterio de El Escorial, del arquitecto Juan de* **Herrera**, *una de las figuras más destacadas del Renacimiento arquitectónico español.*

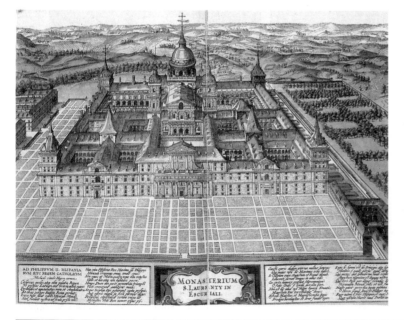

quien participó en la batalla de Ayacucho, y al que acompañó en los años siguientes durante su gobierno en Bolivia. Posteriormente se dedicó a la política, y ocupó diversos cargos. Como presidente de la República de Nueva Granada (1841-1845), promulgó la Constitución de 1843 y, aplicando una política conservadora, suprimió la libertad de prensa y otorgó al clero el monopolio de la educación, además de permitir el retorno de los jesuitas. Dado el alcance de las reformas conservadoras y el papel de la Iglesia en la sociedad, los liberales no tardaron en reaccionar violentamente. Tras abandonar la presidencia, fue secretario de Guerra, senador, general en jefe del ejército y, por último, embajador en Washington.

HERRERA, FERNANDO DE *(Sevilla, 1534-id., 1597) Poeta español.* De familia pobre, fue beneficiado de la parroquia de San Andrés de Sevilla, aunque no llegó a ordenarse sacerdote, y los réditos le permitieron dedicarse a escribir durante el resto de su vida. Participó en las reuniones literarias organizadas por el conde de Gelves, a cuya esposa dedicó numerosos poemas de amor, reunidos y publicados en 1582 bajo el título de *Algunas obras de Fernando de Herrera*. En verso escribió también numerosas odas patrióticas y heroicas, como la *Canción por la victoria de Lepanto*. En prosa es autor de unas *Anotaciones a Garcilaso* (1580), por quien estuvo enormemente influido, una *Relación de la guerra de Chipre y batalla naval de Lepanto* (1572) y un *Elogio de la vida y muerte de Tomás Moro* (1592). Estas dos últimas obras son una muestra de su labor como historiador. Principal representante de los poetas renacentistas andaluces del siglo XVI, fue también uno de los primeros críticos literarios de España.

HERRERA, JUAN DE *(Mobellán, España, 1530-Madrid, 1593) Arquitecto español.* Figura típica del Renacimiento, se interesó por todas las ramas del saber y manifestó siempre un espíritu aventurero y un gran afán de novedades. Su *Discurso sobre la figura cúbica* revela, por ejemplo, sus notabilísimos conocimientos de geometría y matemáticas, y su participación en algunas de las campañas militares de Carlos I (en Alemania, Flandes e Italia) habla de su talante inquieto. En 1563 pasó a ser colaborador de Juan Bautista de Toledo en la construcción de El Escorial y, a la muerte de éste en 1567, le sucedió en la dirección de las obras. Sin duda este monasterio fue la gran realización de tan singular arquitecto, cuyo apellido ha dado nombre a un estilo, el herreriano, que siguieron destacados alarifes españoles, sobre todo en el siglo siguiente. Herrera modificó y amplió los planos primitivos e intervino decisivamente en la ornamentación interior de la iglesia y la traza de su fachada, así como en la concepción de la fachada del monasterio. En estas obras se encuentran las líneas maestras de su estilo, basado en la horizontalidad, la uniformidad compositiva y una absoluta sobriedad en la decoración, que se reduce al empleo ordenado de las formas constructivas y las líneas arquitectónicas. Antes de la finalización de El Escorial en 1584, intervino en algunos proyectos, por ejemplo la fachada sur del Alcázar de Toledo, pero su otra gran realización la comenzó en 1585; se trata de la catedral de Valladolid, obra de gran envergadura para la cual el arquitecto ideó una estructura de enorme complejidad pero que lamentablemente quedó inconclusa. La obra de Herrera supuso toda una novedad en el panorama arquitectónico del Renacimiento español, dominado por el decorativismo del plateresco y por las formas italianizantes. Con sus realizaciones, el artífice creó una arquitectura singular que ha dado imagen al reinado de Felipe II.

HERRMANN, BERNARD (*Nueva York, 1911-Los Ángeles, 1975*) *Compositor y director de orquesta estadounidense.* Referencia indiscutible de la música para el cine, su nombre es indisociable del de dos de sus colaboradores habituales, los realizadores Orson Welles y Alfred Hitchcock. El primero fue quien lo hizo debutar en el mundo de la composición cinematográfica con *Ciudadano Kane* (1940), después de unos años dedicado a la creación de bandas sonoras radiofónicas. Para el segundo firmó algunas de las mejores partituras de la historia del séptimo arte, como *El hombre que sabía demasiado* (1956), *Vértigo* (1958), *Con la muerte en los talones* (1959) y *Psicosis* (1960). Suya es también la música de *Ultimátum a la Tierra* (1951) –una de las primeras bandas sonoras que incluyen instrumentos electrónicos–, *El séptimo viaje de Simbad* (1958), *Viaje al centro de la Tierra* (1959) y *Taxi Driver* (1975), su último trabajo. Fuera del ámbito del cine, Herrmann compuso algunas interesantes e infravaloradas obras, entre las que se cuenta la ópera *Cumbres borrascosas* (1950).

▲ *Sir William **Herschel** fue el primer astrónomo que, gracias al desarrollo técnico y a la mayor potencia de los telescopios fabricados a principios del s. XIX, pudo dedicarse a la exploración sistemática del cielo.*

▼ *Telescopio de **Herschel** construido por el propio astrónomo. Sus telescopios fueron los más famosos de la época, y con ellos observó y estudió la estructura de la Vía Láctea.*

HERSCHEL, SIR WILLIAM (*Hannover, actual Alemania, 1738-Slough, Reino Unido, 1822*) *Astrónomo germanobritánico.* Comenzó como músico, la misma profesión de su padre. En 1757, escapando de la ocupación francesa de Hannover, emigró a Inglaterra, donde se ganó la vida como copista musical hasta 1767, año en que fue elegido organista de una iglesia en Bath. En 1772, su hermana Carolina, con quien compartía la pasión por la astronomía, se fue a vivir con él a Bath. Su interés por la teoría de la música le condujo a las matemáticas y, en última instancia a la astronomía. Herschel construía sus propios telescopios de grandes espejos, los cuales fueron reconocidos como los mejores de su época, incluso superiores a los que se usaban en Greenwich. En 1781 se ganó una enorme reputación con el descubrimiento del planeta Urano, el primero descubierto desde la Antigüedad, tras lo cual fue galardonado por la Royal Society de Londres con la medalla Copley. En 1782, el rey Jorge III lo nombró astrónomo real, y se trasladó entonces a Datchet, cerca del castillo de Windsor. En 1786 se instalaría definitivamente en Slough. Herschel, a diferencia de sus contemporáneos, y gracias a la calidad de sus telescopios, concentró sus observaciones en los cuerpos celestes más distantes. Catalogó 2 000 nuevas nebulosas, 800 estrellas dobles, 2 satélites de Urano (Titania y Oberon), 2 de Saturno (Mimas y Encelado) y los cometas de los años 1807 y 1811. Estudió las estrellas dobles, y le corresponde la determinación de que esta duplicidad no era debida a un efecto de perspectiva sino a un vínculo físico entre las estrellas. También son destacables sus aportaciones teóricas sobre la estructura del universo y su evolución. Defensor de la composición estelar de las nebulosas, fue el primero en discernir la estructura de nuestra galaxia, la Vía Láctea.

HERTZ, HEINRICH (*Hamburgo, 1857-Bonn, 1894*) *Físico alemán.* En 1880 se doctoró con la calificación de *magna cum laude* en la Universidad de Berlín, donde fue alumno de Hermann von Helmholtz. En 1883 se interesó por la teoría electromagnética de James Clerk Maxwell, y dos años más tarde, ejerciendo la docencia en la Universidad Politécnica de Karlsruhe, produjo ondas electromagnéticas en el laboratorio, de las que midió su velocidad y longitud

▲ *Heinrich* **Hertz** *fue uno de los grandes científicos del s. XIX. Sus experimentos en el campo del electromagnetismo constituyen la base para entender el desarrollo del llamado mundo de las comunicaciones.*

▼ *Detalle de un vaso ático en el que se representan faenas agrícolas, labores a las que* **Hesíodo** *dedica versos en su poema* Los trabajos y los días.

de onda. Observó que las ondas muestran tanto la misma naturaleza vibratoria como la misma susceptibilidad a los fenómenos de reflexión y refracción que las correspondientes a la luz o las radiaciones térmicas, estableciendo, más allá de toda duda, que tanto la luz como el calor son manifestaciones energéticas de naturaleza ondulatoria. En 1889 fue nombrado profesor de física en la Universidad de Bonn, donde continuó experimentando con descargas eléctricas sobre gases enrarecidos. Las traducciones al inglés de los artículos científicos que escribió fueron recogidas en tres volúmenes, *Electric Waves* (1893), *Miscellaneous Papers* (1896) y *Principles of Mechanics* (1899). En reconocimiento a su labor, la unidad de frecuencia de una onda lleva el nombre de hertz (hercio).

HERVÁS Y PANDURO, LORENZO *(Horcajo de Santiago, España, 1735-Roma, 1809) Jesuita español.* Estudió artes y teología en la Universidad de Alcalá de Henares y hacia 1760 fue ordenado sacerdote. Al ser expulsados de España los jesuitas, en 1767, se trasladó a Italia. A partir de 1774 vivió en Roma, donde el papa Pío VII lo nombró bibliotecario del Quirinal. Su obra más conocida es el *Catálogo de las lenguas de las naciones conocidas* (1805), que expone y evalúa la filiación entre las diferentes lenguas y para cuya redacción se procuró manuales gramaticales de lenguas exóticas. En 1778 se inició la publicación de *Idea del universo*, ambicioso proyecto enciclopédico que quedaría inconcluso a su muerte. También escribió una *Historia de la vida del hombre* (1789-1799), concebida desde el punto de vista de las ciencias naturales, morales y políticas; *El viaje estático al mundo planetario* y *Un vocabulario políglota, con prolegómenos sobre más de CL lenguas* (1787).

HERZL, THEODOR *(Budapest, 1860-Edlach, actual Austria, 1904) Fundador del sionismo.* En 1878 se trasladó junto con su familia, de holgada situación económica, a Viena, en cuya universidad ingresó para estudiar derecho. Licenciado en 1884, nunca ejerció la abogacía y durante la mayor parte de su vida trabajó como periodista. En 1896 publicó *El Estado judío*, obra con la cual dio forma y contenido al por entonces incipiente sionismo, que convirtió en manifestación política. En dicho escrito reivindicó el trasfondo político de la problemática sobre el Estado de Israel y manifestó la necesidad de convocar una conferencia internacional con la presencia de diversos Estados y naciones para dirimir la cuestión. Posteriormente, organizó la primera Conferencia Mundial Sionista, celebrada en Suiza en agosto de 1897 y durante el transcurso de la cual se fundó la Organización Sionista Mundial, de la que fue nombrado presidente. Tras su muerte fue enterrado en Viena, pero, conforme a sus deseos, sus restos fueron trasladados posteriormente a Jerusalén.

HESÍODO *(Ascra, hoy Palaioppanagia, actual Grecia, s. VIII a.C.-id.) Poeta griego.* Después de Homero, es el más antiguo de los poetas helenos, y durante buena parte del siglo XIX la crítica llegó a dudar de su existencia real, aunque ésta parece fuera de toda duda en la actualidad. La familia de Hesíodo estableció su residencia en Beocia, procedente de Cumas (Eolia), lugar de origen de su padre. Poco se sabe de su vida; parece que fue fundamental en ella la enemistad con su hermano Perses a causa de la herencia paterna, y este tema abordó en su obra *Los trabajos y los días*. Muerto su padre, Hesíodo se estableció en Naupaktos, donde pasó su juventud al cuidado de un rebaño de ovejas y llevando la vida plácida y sencilla de los campesinos griegos. Los actuales especialistas sitúan como contemporáneo de Homero a Hesíodo, mas su poesía, muy alejada del estilo épico y grandioso de la de aquél, está destinada a instruir más que a exaltar. Se sabe también que en Calcis (Eubea) participó en un concurso de aedos y obtuvo la victoria. Murió al parecer en Ascra y sus cenizas se conservaron en Orcómono, donde se le rindieron honores como a un fundador de la ciudad.

Muchas de las obras que durante la Antigüedad se atribuían a Hesíodo, como los poemas sobre arte adivinatorio *La ornitomancia*, *Los versos mánticos* y *Las explicaciones de los prodigios*, no son realmente suyas. Lo que parece probado con seguridad es que fue el autor de *Los trabajos y los días*, de la *Teogonía*, que explica el origen del universo y la genealogía de los dioses, y de los cincuenta y cuatro primeros versos del *Escudo de Heracles*. Junto con las de Homero, las obras de Hesíodo se convertirían en parte del *corpus* fundacional de la cultura griega, gracias a su labor de sistematización del conjunto de mitos heredados y al inicio de su interpretación en un sentido moral y práctico. La cultura griega se caracterizaría en todo momento por la compleja relación que mantendría con el conjunto de concepciones mitológicas y religiosas de sus propias tradiciones, tanto para rechazarlas como para reverenciarlas, aunque siempre extraería de allí sus más fecundas intuiciones.

HESS, GERMAIN HENRY *(Ginebra, 1802-San Petersburgo, 1850) Químico ruso de origen suizo*. Estudió medicina en la Universidad de Dorpat (1822-1825) y, tras ejercer como médico en Irkutsk durante varios años, se trasladó a San Petersburgo, donde fue profesor de química en el Instituto Tecnológico. Sus primeras investigaciones versaron sobre la oxidación de los azúcares. En 1834 publicó un libro de química que durante muchos años fue un texto de obligada referencia en Rusia. En 1840 enunció la «ley de Hess», que establece que en una reacción química la cantidad de calor producido es constante e independiente del número de etapas de reacción que tengan lugar, ley que de hecho se podría considerar como un caso especial del principio general de la conservación de la energía.

HESS, RUDOLF *(Alejandría, Egipto, 1894-Berlín Oeste, 1987) Político alemán*. En 1920 se afilió al Partido Nacionalsocialista y tres años más tarde tomó parte en el *putsch* de Munich. Meses después, en Landsberg, fue condenado a prisión junto con Hitler, de quien se convirtió en secretario desde 1925. En 1932 fue nombrado presidente del Comité Central del partido y en 1939, segundo sucesor de Hitler, después de Goering. En 1941 realizó un extraño

«*Ningún trabajo es vergonzoso, sólo el ocio es una vergüenza.*»

Hesíodo
Teogonía

▲ *Portada de* El diario del Este, *de Hermann* **Hesse**.

▼ *Rudolf* **Hess** *(en el centro y sin auriculares) en una de las sesiones del juicio de Nuremberg.*

vuelo a Escocia. Detenido, declaró que pretendía persuadir al gobierno británico de la necesidad de firmar la paz con Alemania. Acusado en Nuremberg de crímenes de guerra y condenado a muerte, la pena le fue conmutada por la de cadena perpetua, que cumplió en la prisión de Spandau, en Berlín Occidental, de la que fue el único ocupante durante once años: desde 1966 hasta su fallecimiento.

HESSE, HERMANN *(Calw, Alemania, 1877-Montagnola, Suiza, 1962). Novelista alemán*. A los catorce años abandonó a su familia y trabajó en distintos oficios hasta que consiguió publicar con éxito la novela *Peter Camenzind* (1904), donde expresaba la rebeldía de los hijos contra los padres, tema que volvió a tratar en *Bajo la rueda* (1906). En su obra siguiente, *Gertrudis* (1910), narró la historia de un matrimonio desgraciado como fue el suyo, y un año después realizó un viaje a la India, que le inspiraría *Siddharta* (1922). En 1923 adquirió la nacionalidad suiza. Antes había publicado *Demian* (1919), su obra más conocida junto a *El lobo estepario*. Su última novela fue *El juego de abalorios* (1943), una tentativa de síntesis de la filosofía oriental y la occidental. En 1946 le fue otorgado el Premio Nobel de Literatura.

HICKS, SIR JOHN RICHARD *(Leanington, Reino Unido, 1904-Blockley, id., 1989) Economista inglés*. Tras graduarse, ejerció como profesor de la London School of Economics (1926-1935) y de las universidades de Cambridge (1935-1938), Manchester (1938-1946) y, finalmente, Oxford, desde 1946 hasta su retiro de la actividad académica. En 1939 publicó su obra más importante, *Valor y capital*, donde llevó a cabo una destacada labor de unificación entre las teorías del ciclo económico y del equilibrio general. En el ámbito de la teoría de la distribución, demostró que el factor de producción de mayor crecimiento (en el caso de las economías occidentales, el capital) veía reducida su participación en el total de ingresos de la economía. Así mismo realizó decisivas aportaciones a la economía financiera, especialmente en el campo de los derivados. En 1972 le fue concedido el Premio Nobel de Economía, que compartió con el estadounidense Kenneth Joseph Arrow.

HIDALGO, MIGUEL *(Hacienda de Corralejo, actual México, 1753-Chihuahua, id., 1811) Patriota mexicano.* Conocido como el padre de la patria mexicana, fue el iniciador de la lucha por la independencia. Oficiaba como vicario en la parroquia de Dolores cuando, influido por la Ilustración y por su propio talante reformista, encabezó, el 15 de septiembre de 1810, el levantamiento contra el dominio colonial español, conocido como *el grito de Dolores.* Las ideas del cura Hidalgo sobre la liberación y su promesa de reformas le hicieron ganar rápidamente adeptos entre la población rural e indígena. Los indígenas pasaron a engrosar las filas de un ejército popular que venció a los españoles en San Miguel, Celaya y Trujillo, entre otras localidades. Cuando la caída de México capital era inminente, Hidalgo decidió retrasar su ocupación para reorganizar sus tropas en Guadalajara, lo que permitió a los realistas del general Calleja rehacerse y derrotarlo en Aculco y Guadalajara. Repudiado por sus tropas, el sacerdote fue capturado y ejecutado por los españoles.

HIERRO, JOSÉ *(Santander, 1922) Poeta español.* Miembro de la llamada generación de posguerra, su obra se caracteriza en una primera etapa por su conciencia social, para luego derivar hacia una subjetividad lírica e intimista. Colaboró en las revistas *Corcel* y *Proel*, donde publicó sus primeros poemas. *Tierra sin nosotros* (1947), *Alegría* (1947),

▲ *Pintura en la que se representa a Miguel* **Hidalgo** *en el momento de lanzar la proclama independentista conocida como «el grito de Dolores». El sacerdote mexicano fue derrotado y ejecutado por los realistas.*

▼ *La escritora estadounidense Patricia* **Highsmith** *fue una de las grandes plumas del género negro y policíaco.*

Quinta del 42 (1953) y *Estatuas yacentes* (1953) son sus libros de juventud. Sus obras de madurez llevan por título *Cuanto sé de mí* (1957) y *Libro de las alucinaciones* (1964), donde la conciencia del tiempo y el sentimiento son los temas recurrentes. En 1981 vio la luz *Agenda,* una antología de su obra poética, y el mismo año obtuvo el Premio Príncipe de Asturias de las Letras. En 1997 publicó *Cuaderno de Nueva York* y un año después obtuvo el Premio Cervantes.

HIGHSMITH, PATRICIA *(Texas, 1921-Locarno, Suiza, 1995) Novelista estadounidense.* A los seis años de edad se trasladó con sus padres a Nueva York, y a los dieciséis empezó a escribir profesionalmente, actividad que compaginó siempre con su afición por la pintura y, sobre todo, la escultura. A partir de 1963 residió en Europa. Sus novelas, que se inscriben dentro del género negro y policíaco, están dotadas de un fuerte contenido psicológico y repletas de personajes complejos y tortuosos, en especial Ripley, cuya personalidad maleable y cínica sirve de hilo conductor de muchas de sus novelas, varias de las cuales han sido llevadas al cine, como *Extraños en un tren* (1950), *El talento de Ripley* (1955) y *El juego de Ripley* (1974).

HILBERT, DAVID *(Wehlan, actual Alemania, 1862-Gotinga, id., 1943) Matemático alemán.* Su padre era juez, y fue destinado al poco de su nacimiento a Königsberg, donde David recibió su educación y en cuya universidad inició los estudios de matemáticas. Estudió también en las universidades de Heidelberg y de Berlín, asistiendo en esta última a los cursos de Weierstrass, Kummer, Helmholtz y Kronecker. A finales de 1884 se doctoró en Königsberg, poco antes de que hiciera lo propio su amigo Hermann Minkowski. La tesis de Hilbert trataba de los invariantes algebraicos, un tema que le propuso su joven profesor F. Lindemann, quien dos años antes había demostrado que π es un número trascendente. Viajó después a Leipzig, donde asistió a las clases de Felix Klein, y a París, donde conoció a Henri Poincaré, Camille Jordan y Charles Hermite. De regreso a Königsberg, en 1886 inició allí su carrera académica como *privatdozent*; siete años más tarde, cuando Lindemann marchó a Berlín, Hilbert accedió al cargo de profesor ordinario por recomendación de Klein, por entonces profesor en Gotinga; a esta universidad se incorporó también Hilbert en 1895, de nuevo por intervención de Klein, y en ella desarrolló el resto de su carrera profesional. En Gotinga, centró su atención en la geometría, tratando de plasmar en ese nuevo interés una idea que alimentaba desde mucho antes: lo importante no es la naturaleza de los objetos geométricos, sino la de sus interrelaciones. En su obra de 1899, dedicada a proporcionar a la geometría euclidiana una fundamentación estrictamente axiomática y que ha ejercido una gran influencia sobre el desarrollo de la matemática en el siglo XX, realizó el primer esfuerzo sistemático y global para hacer extensivo a la geometría el carácter puramente formal que ya habían adquirido la aritmética y el análisis matemático. En el Congreso Internacional de Matemáticas celebrado en París en 1900, Hilbert presentó una lista de veintitrés problemas que a la sazón no habían sido resueltos todavía; a su juicio, las probables líneas de desarrollo que iba a seguir la matemática del siglo XX habrían de estar en buena medida vinculadas a la resolución de dichas cuestiones. Sus trabajos posteriores desembocaron en la concepción de los espacios de infinitas dimensiones llamados espacios de Hilbert, base del moderno análisis funcional. A partir del año 1904, empezó a desarrollar un programa para dotar de una base axiomática a la lógica, la aritmética y la teoría de conjuntos, con el objetivo último de axiomatizar toda la matemática. Aunque su propósito de demostrar la consistencia de la aritmética había de verse frustrado por los resultados posteriores (1931) obtenidos por Kurt Gödel, el programa de formalización de Hilbert contribuyó al desarrollo de la llamada *metamatemática*, como método para establecer la consistencia de cualquier sistema formal.

HILLARY, SIR EDMUND *(Auckland, Nueva Zelanda, 1919) Alpinista y explorador neozelandés.* Apicultor de oficio pero con gran experiencia como escalador y montañero, en 1953 fue elegido por el coronel C. John Hunt para completar su expedición al Everest. En mayo, el grupo alpinista, compuesto por médicos, científicos y técnicos, alcanzó una altitud de casi 6500 metros, pero no pudo conquistar la cima pese a realizar diversos intentos. Entonces Hillary, acompañado del sherpa Tensing, intentó alcanzar la cumbre el 29 de mayo, y pisaron por vez primera el techo del mundo, de 8848 metros, a las 11.30 horas, deteniéndose en ella apenas un cuarto de hora. La noticia llegó a Londres al tiempo que se celebraba la coronación de la reina Isabel II, el 2 de junio; a su regreso a Inglaterra, el veterano Hillary, de treinta y cuatro años, fue nom-

▲ *David **Hilbert** fue uno de los matemáticos más eminentes de su época, pero su fe en la consistencia de las matemáticas no se vio refrendada por los hechos. Su programa queda inconcluso por inalcanzable.*

▼ *Edmund **Hillary** y el sherpa Norgay Tensing, los dos integrantes de la expedición británica al Himalaya de 1953 que consiguieron culminar por primera vez la ascensión al Everest.*

brado Caballero por la reina. Posteriormente, participó en diversas expediciones de carácter científico, entre ellas la que realizó la gesta de atravesar el continente Antártico hasta el polo Sur, lo cual hizo en compañía del doctor Fuchs, que encabezaba la expedición de la Commonwealth Trans-Antarctic Expedition (1957-1958); también consiguió ascender por primera vez al Herschel. Fue nombrado presidente honorario del New York's Explorers Club, y durante la década de 1970 regresó al Everest, pero en esta ocasión no para escalarlo, sino para ayudar a la población nepalesa a construir escuelas y hospitales, persuadiendo al gobierno de Nueva Zelanda para que enviara la ayuda necesaria, tanto económica como tecnológica. De esta forma consiguió la fundación del Parque Nacional del Everest, para la conservación de la región y su medio ambiente. Hillary desempeñó durante muchos años el cargo de Alto Comisionado de Nueva Zelanda en la India.

HIMMLER, HEINRICH *(Munich, 1900-Lüneburg, Alemania, 1945) Político y militar alemán.* Se afilió al partido nazi poco después de su creación y tomó parte en el fallido golpe de Estado (*putsch*) de 1923. Desempeñó diversos cargos en la burocracia del partido antes de ponerse al frente de una fuerza de seguridad interna de elite, las *Schutz Staffel* o SS, puesto desde el que fue ganando ascendiente ante Hitler. En 1933 asumió también el mando de la *Gestapo*, y procedió a instaurar el estado policial. Ayudó a organizar los campos de concentración y exterminio en los cuales perecerían millones de seres humanos. A lo largo de la Segunda Guerra Mundial fue

creando un gigantesco conglomerado económico basado en la expoliación de los territorios ocupados, al tiempo que las SS se convertían en una especie de ejército particular del partido nazi. A raíz del atentado de 1944 contra Hitler, Himmler se convirtió en ministro del Interior y llevó a cabo una dura represión. Tras la derrota del Eje trató de huir de Alemania, pero, identificado y detenido, se suicidó ingiriendo una cápsula de cianuro.

HINAULT, BERNARD (*Yffinac, Francia, 1954*) *Ciclista francés*. Debutó en 1971 en las filas del Club Olímpico Briochin. Posteriormente perteneció al Gitane, al Renault y, a partir de 1983, a La Vie Claire. En 1978 ganó su primer Tour de Francia, hazaña que repitió en 1979, 1981, 1982 y 1985, lo que le permitió convertirse en el tercer ciclista de la historia, tras Jacques Anquetil y Eddy Merckx, en vencer en cinco ediciones de la prestigiosa carrera ciclista. El último de ellos se lo adjudicó tras recuperarse de una grave lesión que lo mantuvo alejado de la práctica del deporte durante varios meses. Venció así mismo en tres ocasiones (1980, 1982 y 1983) en el Giro de Italia, y en la Vuelta a España en dos (1978 y 1983). A dichos triunfos cabe añadir varias victorias en el Giro de Lombardía (1979, 1984), en el Gran Premio de las Naciones (1978, 1979, 1982 y 1984) y en la Flecha Valona (1979 y 1983), entre otras muchas. Tras retirarse en 1986, se empleó en una empresa de espectáculos.

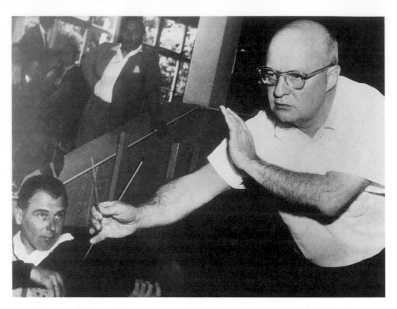

▲ *Paul **Hindemith**
dirige una orquesta.
Cuando se tomó esta
fotografía, llevaba ya años
viviendo en Estados Unidos.*

◀ *Bernard **Hinault**
al frente del pelotón.
Apodado «el caimán»
por su espíritu combativo,
se caracterizaba por una
gran potencia que le permitía
destacar en todos los terrenos:
era a la vez un excelente
rodador, escalador
y contrarrelojista.*

HINDEMITH, PAUL (*Hanau, Alemania, 1895-Frankfurt, id., 1963*) *Compositor, director de orquesta y pedagogo alemán*. Dotado de un talento musical prodigioso que le hizo descollar como intérprete de un gran número de instrumentos, entre ellos el violín y la *viola d'amore*, como compositor Paul Hindemith saltó a la fama con una serie de obras de marcado talante provocador, entre las que sobresalen las óperas *Asesino, esperanza de mujeres* (1919), con libreto del pintor Oskar Kokoschka, y *Santa Susana* (1921), calificada de blasfema en su día. Poco a poco, su radicalismo fue derivando hacia posiciones más conservadoras, que tomaban como principal modelo a los grandes maestros del Barroco y basaban sus principios estéticos en la supremacía del sistema armónico tonal. La ópera *Matías el pintor* (1935) es el ejemplo más concluyente de esta segunda etapa del músico. Considerado por los nazis como un destacado representante de la música degenerada, sobre todo por sus producciones juveniles, Hindemith se vio obligado a tomar el camino del exilio en 1936, estableciéndose en Estados Unidos.

HINDENBURG, PAUL VON (*Poznan, actual Polonia, 1847-Berlín, 1934*) *General y político alemán*. Tomó parte en la guerra austro-prusiana y en la franco-prusiana. General en 1905, en 1914 estuvo al frente del VIII ejército alemán destacado en la frontera rusa. Junto al también general y experto estratega Erich Ludendorff, consiguió dos aplastantes victorias sobre las fuerzas rusas, numéricamente superiores, en Tannenberg y en los lagos Masurianos. Ascendido a mariscal de campo, se puso al frente, junto a Ludendorff, de todas las fuerzas alemanas, y condujo una serie de violentas ofensivas en el frente occidental, en 1918. Tras la derrota germana, recomendó la solicitud de un armisticio, pero no dudó en culpar del desastre a los políticos de la naciente República de Weimar. Elegido presidente de la República en 1925, fue reelegido en 1932, en pleno auge del Partido Nacionalsocialista. Tras nombrar canciller a Adolf Hitler en enero de 1933, Hindenburg, anciano y enfermo, se convirtió en una figura decorativa.

HIPARCO DE NICEA *(?-Rodas, actual Grecia, h. 127 a.C.) Astrónomo y geógrafo griego.* Llevó a cabo sus observaciones en Rodas, donde construyó un observatorio, y en Alejandría. El año 127 a.C. es citado habitualmente como la última fecha conocida de sus trabajos; sin embargo, el astrónomo francés Jean Delambre (1749-1822) demostró que algunas de las observaciones de Hiparco sobre la estrella Eta Canis Majoris tuvieron que ser realizadas en una fecha posterior. Ninguno de sus estudios ha llegado hasta nuestros días, pero tenemos noticia de ellos gracias a los escritos de Estrabón y de Tolomeo. En el 134 a.C. observó una nueva estrella en la constelación de Escorpión; estimulado por el descubrimiento, elaboró un catálogo de alrededor de 850 estrellas, clasificadas según su luminosidad de acuerdo con un sistema de seis magnitudes de brillo, similar a los actuales. Comparó la posición de las estrellas de su tiempo con los resultados obtenidos siglo y medio antes por Timocharis, y calculó que la diferencia era mayor de lo que cabría esperar de posibles errores en la medición (concretamente, de 45 segundos de arco en un año, valor muy próximo a los 50,27 segundos aceptados actualmente), y dedujo que tal diferencia no era debida al movimiento de las estrellas, sino al movimiento o precesión de este a oeste del punto equinoccial (es decir, el punto de intersección de la eclíptica con el ecuador celeste). Precisó el período del año solar en 365 días y 6 horas. Se sabe poco acerca de los instrumentos que utilizaba para sus observaciones, aunque Tolomeo le atribuye la invención de un teodolito que mejoró la medición de los ángulos. En el campo de la geografía destacan sus trabajos sobre trigonometría esférica, gracias a los cuales le fue posible precisar la localización de puntos en la superficie terrestre por medio de su latitud y longitud.

◄ *Hindenburg, en el centro de la imagen, consulta unos mapas con oficiales alemanes para decidir una acción estratégica, durante la Primera Guerra Mundial.*

HIPÓCRATES DE COS, llamado *el Grande (Isla de Cos, actual Grecia, 460 a.C.-Larisa, id., h. 370 a.C.) Médico griego.* Según la tradición, descendía de una estirpe de magos de la isla de Cos y estaba directamente emparentado con Esculapio, el dios griego de la medicina. Contemporáneo de Sócrates y Platón, éste lo cita en diversas ocasiones en sus obras. Al parecer, durante su juventud visitó Egipto, donde se familiarizó con los trabajos médicos que la tradición atribuye a Imhotep. Aunque sin base cierta, se le considera autor de una especie de enciclopedia médica de la Antigüedad constituida por varias decenas de libros (entre 60 y 70). En sus textos, que en general se aceptan como pertenecientes a su escuela, se defiende la concepción de la enfermedad como la consecuencia de un desequilibrio entre los llamados humores líquidos del cuerpo, es decir, la sangre, la flema y la bi-

▼ *A la izquierda, **Hipócrates** representado en un tratado de urología del s. XIV. En torno a su figura se agrupan las prácticas y concepciones más extendidas de la medicina en la Grecia Antigua. Bajo estas líneas, fragmento del llamado «juramento hipocrático», según un manuscrito griego del s. XV. El famoso texto de Hipócrates no ha dejado de ser comentado a través de sus múltiples versiones, como demuestran las anotaciones al margen en tinta roja.*

lis amarilla o cólera y la bilis negra o melancolía, teoría que desarrollaría más tarde Galeno y que dominaría la medicina hasta la Ilustración. Para luchar contra estas afecciones, el *corpus* hipocrático recurre al cauterio o bisturí, propone el empleo de plantas medicinales y recomienda aire puro y una alimentación sana y equilibrada. Entre las aportaciones de la medicina hipocrática destacan la consideración del cuerpo como un todo, el énfasis puesto en la realización de observaciones minuciosas de los síntomas y la toma en consideración del historial clínico de los enfermos. En el campo de la ética de la profesión médica se le atribuye el célebre juramento que lleva su nombre, que se convertirá más adelante en una declaración deontológica tradicional en la práctica médica, que obliga a quien lo pronuncia, entre otras cosas, a «entrar en las casas con el único fin de cuidar y curar a los enfermos», «evitar toda sospecha de haber abusado de la confianza de los pacientes, en especial de las mujeres» y «mantener el secreto de lo que crea que debe mantenerse reservado». Aunque inicialmente atribuida en su totalidad a Hipócrates, la llamada colección hipocrática es en realidad un conjunto de escritos de temática médica que exponen tendencias diversas, que en ciertos casos pueden incluso oponerse entre sí. Estos escritos datan, por regla general, del período comprendido entre los años 450 y 350 a.C., y constituyen la principal fuente a través de la cual es posible hoy hacerse una idea de las prácticas y concepciones médicas anteriores a la época alejandrina. En esta colección, la llamada «Antigua medicina» es uno de los tratados más antiguos y más célebres y en él sugiere el autor, entre otras propuestas, investigar el origen del arte que practica, origen que halla en el deseo de ofrecer al ser humano un régimen de vida y, en especial, una forma de alimentación que se adapte de una manera completamente racional a la satisfacción de sus necesidades más inmediatas. Por este motivo, considera por ejemplo el aprendizaje de la correcta cocción de los alimentos como una primera manifestación de la búsqueda de una existencia mejor. Por otro lado, los textos de la colección hipocrática demuestran sin lugar a dudas que la práctica de la observación precisa no era en el conjunto de la medici-

▲ *Retrato de* **Hirohito** *con sus galas militares. Durante su reinado se instauró la política expansionista de Japón, alentada por la camarilla de militares ultranacionalistas que de hecho desempeñó las funciones de gobierno.*

na griega una conquista de la época clásica, sino que más bien constituía una tradición sólidamente afianzada en el pasado y que a mediados del siglo V había alcanzado ya un notable nivel de desarrollo.

HIROHITO *(Tokio, 1901-id., 1989) Emperador de Japón.* Hijo del emperador Yoshihito, de la dinastía de los Jimmu, fue educado por importantes figuras militares. Entre 1921 y 1926 desempeñó la regencia debido a una enfermedad de su padre, y casó con la princesa Nagako Kuni, con quien tuvo seis hijos. Al subir al trono en 1926, dio por inaugurada la era Showa («brillante armonía»), aunque en realidad no ejerció su poder político durante los primeros diecinueve años de su reinado, sino que dejó el gobierno de su país en manos de militares ultranacionalistas. Este hecho trajo consigo la política expansionista de Japón: en 1931 ocupó Manchuria y se creó el Estado de Manchukuo. Fuerzas japonesas atacaron China en 1932 y 1937, y en 1940 el país se alió con las potencias del Eje, con lo que se involucró en la Segunda Guerra Mundial: en 1941 atacó la base militar estadounidense de Pearl Harbor en las islas Hawai, sin previa declaración de guerra. En 1945, cuando estallaron las bombas atómicas en Hiroshima y Nagasaki, el emperador actuó en nombre propio por primera vez para solicitar personalmente la rendición de Japón: se dirigió por radio al pueblo japonés, y con ello rompió una tradición ancestral por la cual el emperador no hablaba con sus súbditos. Hirohito mantenía la idea sintoísta de la divinidad imperial, pero en aquel momento renunció a sus atributos como monarca absoluto; el 1 de enero de 1946 negó públicamente su divinidad y en 1947 aprobó la Constitución por la que se instauraba la monarquía constitucional. Convirtió a Japón en un Estado democrático colaborando con las fuerzas de ocupación estadounidenses, y desde entonces limitó su papel político a aspectos ceremoniales y trató de devolver a la familia imperial el prestigio perdido a causa de su connivencia con el militarismo. Implicado como cómplice de los planes bélicos japoneses, no fue sometido a juicio por los crímenes de guerra, y toda la responsabilidad recayó sobre el general y primer ministro Tojo Hideki. Fue el primer emperador de Japón que salió de su país y realizó viajes de buena voluntad a Europa occidental en 1971, y a Estados Unidos en 1975. En 1952, su hijo Akihito fue nombrado príncipe heredero. Por otra parte, Hirohito efectuó notables estudios en el campo de la biología marina que han encontrado amplio reconocimiento mundial.

HIROSHIGE, ANDO *(Tokio, 1797 -id., 1858) Pintor japonés.* Fue discípulo de Utagawa Toyohiro, a la muerte del cual rechazó convertirse en artista de estudio como sucesor de su maestro. Comenzó trabajando como retratista, pero no tardó en orientarse hacia el paisaje, con la serie de *Vistas famosas de Edo.* En 1832 tuvo que viajar, para cumplir una misión oficial, de Edo (hoy Tokio) a Kioto por la llamada ruta de Tokaido, y fruto de ese viaje fueron las *Cincuenta y tres etapas de la ruta de Tokaido,* con las que adquirió una extraordinaria popularidad como paisajista. A partir de entonces se centró en los paisajes, realizados siempre en series sobre ciudades, lagos, rutas o naturaleza. Sus obras, caracterizadas por la suavidad, el lirismo y el detallismo atento, ejercieron en Occidente una gran influencia. Las *Sesenta y nueve estaciones del Kisokaido* se cuentan también entre sus realizaciones más conseguidas.

HITA, ARCIPRESTE DE → Arcipreste de Hita.

HITCHCOCK, ALFRED *(Londres, 1899-Hollywood, 1980) Director de cine británico nacionalizado estadounidense.* Hijo de un carnicero, cursó estudios en el Colegio de San Ignacio y, posteriormente, en la Universidad de Londres, donde estudió ingeniería. En 1920 empezó a trabajar en la industria cinematográfica, primero como publicista para la Paramount y pronto como guionista y ayudante de dirección. En 1925 se trasladó a Alemania, donde tuvo la oportunidad de trabajar como ayudante de dirección en los estudios UFA y entrar en contacto con el expresionismo alemán, un género del que siempre se consideró deudor. Tras regresar al Reino Unido, en 1929 rodó *Blackmail*, filme que se convirtió en el primer éxito del cine sonoro inglés; títulos como *El hombre que sabía demasiado* (1934) o *39 escalones* (1935), de bien trabada trama policíaca, atrajeron sobre él la atención de David O. Selznick, quien lo contrató en 1940 para trabajar en Hollywood. Su primer filme allí,

▲ *Grabado de Ando* **Hiroshige** *titulado* Nevada nocturna en Kambara. *El grabado pertenece a la serie* Cincuenta y tres etapas de la ruta de Tokaido, *realizada entre 1832 y 1833.*

«*N*unca he dicho que los actores sean ganado. Lo que digo es que se les debe tratar como si fueran ganado.»

Alfred Hitchcock

▶ *Alfred* **Hitchcock** *junto a un cuervo, en una foto de promoción de su película* Los pájaros, *donde imaginó una extraña situación de pesadilla: un pueblo entero es atacado por una nutridísima bandada de aves.*

Rebeca, fue un éxito rotundo tanto de crítica como de público. A partir de este momento y durante las tres décadas siguientes, dirigió películas en Hollywood a razón de una por año, reservándose en todas ellas una breve aparición (cameo), siempre sin diálogo. Sus argumentos giraron a menudo alrededor de tramas policíacas o de espionaje, siempre con un dominio absoluto del suspense. Si, por un lado, el tipo de argumento explica el éxito comercial de sus películas, por otro, y de acuerdo con la célebre «teoría de McGuffin», del propio Hitchcock, este suspense sirve sólo como un señuelo para captar la atención del espectador, mientras que en otro plano el filme remite a más ambiciosos contenidos psicológicos, como en *Marnie la ladrona*, donde una cleptómana traumática se redime por el amor, religiosos, como en *Yo confieso*, o incluso metafísicos, como en *Los pájaros*, cuyo simbolismo ha dado pie a múltiples interpretaciones. Sobre la relación del director con el psicoanálisis, manifiesta y bien lograda en unas películas (*De entre los muertos*), en otras se ha considerado en exceso reduccionista (así se ha afirmado respecto a *Recuerda*), y en general los críticos han sobreinterpretado sus filmes en este sentido. El virtuosismo de Hitchcock se hace también evidente en el manejo de la cámara, de gran inventiva y audacia, y en el montaje, extremadamente fragmentado y estudiado en ocasiones, como en la conocidísima escena del asesinato en la ducha de *Psicosis*, tal vez su película más célebre, cuyo rodaje costó casi

ALFRED HITCHCOCK

OBRAS MAESTRAS

EL HOMBRE QUE SABÍA DEMASIADO (*THE MAN WHO KNEW TOO MUCH*, 1934); *39 ESCALONES* (*THE THIRTY-NINE STEPS*, 1935); *ALARMA EN EL EXPRESO* (*THE LADY VANISHES*, 1938); *POSADA JAMAICA* (*JAMAICA INN*, 1939); *LA SOMBRA DE UNA DUDA* (*SHADOW OF A DOUBT*, 1943); *NÁUFRAGOS* (*LIFEBOAT*, 1944); *RECUERDA* (*SPELLBOUND*, 1945); *ENCADENADOS* (*NOTORIOUS*, 1946); *EXTRAÑOS EN UN TREN* (*STRANGERS ON A TRAIN*, 1951); *YO CONFIESO* (*I CON-FESS*, 1952); *LA VENTANA INDISCRETA* (*REAR WINDOW*, 1954); *PERO,¿QUIÉN MATÓ A HARRY?* (*THE TROUBLE WITH HARRY*, 1955); *DE ENTRE LOS MUERTOS* (*VERTIGO*, 1958); *CON LA MUERTE EN LOS TALONES* (*NORTH BY NORTHWEST*, 1959); *PSICOSIS* (*PSYCHO*, 1960); *LOS PÁJAROS* (*THE BIRDS*, 1963); *MARNIE LA LADRONA* (*MARNIE*, 1964); *CORTINA RASGADA* (*TORN CURTAIN*, 1966); *TOPAZ* (1969); *FRENESÍ* (*FRENZY*, 1972); *LA TRAMA* (*FAMILY PLOT*, 1976).

una semana entera. Cierta leyenda negra de Hollywood afirma que en su relación con los actores era áspero y despótico, y también fue muy criticada su fijación con respecto a las mujeres rubias de aspecto más o menos asexuado, modelo de la mayoría de sus protagonistas femeninas, y a las que perseguía en ocasiones durante el rodaje, como sucedió con Kim Novak. A partir de 1948 se convirtió en su propio productor, y desde los inicios de la década de 1950 pudo contar con elevados presupuestos y con los mejores actores y actrices de Hollywood, alcanzada ya la fama internacional. Más tarde quiso recrudecer los argumentos y dotarlos de mayores dosis de suspense, aunque hubo ciertas excepciones, como fueron *Cortina rasgada* (1966) y *Topaz* (1969), de temática anticomunista, que no tuvieron tanto éxito. Todas las películas de Hitchcock llevan el sello particular de su estilo, cuya influencia ha llegado a muchos otros directores, entre ellos algunos miembros de la *nouvelle vague*, como Truffaut y Godard.

HITLER, ADOLF *(Brannau-am-Inn, actual Austria, 1889-Berlín, 1945) Político alemán de origen austriaco*. De niño demostró una gran inteligencia, así como un carácter obstinado. En 1905 abandonó la escuela secundaria para ir a Viena, con la intención de ingresar en la Academia de Artes y convertirse en pintor; rechazado en el examen de ingreso, decidió no regresar a Linz, donde vivía su madre, y quedarse en Viena viviendo una existencia bohemia. La estancia en la capital del Imperio Austrohúngaro marcó profundamente su vida y su pensamiento, al ponerlo en contacto con los círculos pangermanistas y antisemitas de esa ciudad. En 1913 marchó a Munich, donde se hallaba al inicio de la Primera Guerra Mundial. Se alistó en el ejército alemán y se distinguió en acción en el frente occidental, lo que le valió la Cruz de Hierro de Primera Clase. En la fase final de la guerra resultó afectado por un ataque con gas, y se encontraba aún convaleciente cuando se firmó el armisticio. La derrota de Alemania representó un duro golpe para Hitler, quien, como muchos alemanes, pensaba que aquello sólo podía deberse a una «puñalada por la espalda» de los políticos. Por ello dedicó sus energías a destruir a la naciente República de Weimar, a la que culpaba de todos los males de Alemania. Se afilió al pequeño Partido de los Trabajadores Alemanes, del que asumió el poder rápidamente, para convertirlo en el Partido Nacionalsocialista Alemán del Trabajo (NSDAP), el partido nazi. Los nazis empezaron a ganar fuerza en la turbulenta política alemana de principios de los años veinte y pronto se vieron involucrados en diferentes complots para derribar el gobierno, hasta el fallido intento de golpe de Estado conocido como el *putsch* de 1923. Los dos cabecillas de la intentona, Hitler y Ludendorff, fueron detenidos y juzgados; las penas, empero, fueron muy leves, y él aprovechó la reclusión para escribir *Mein Kampf*, libro en el que condensaba todo su pensamiento político. La situación de marginalidad del partido nazi cambió súbitamente con la crisis económica de 1929, que le hizo ganar tantos votos provenientes de las clases medias, que se convirtió en el segundo partido de Alemania. En 1933, Hitler fue nombrado canciller con el apoyo de los partidos de derechas. Ya en el poder, se apresuró a poner en práctica su programa político basado en el control de todos los aspectos de la vida pública por los nazis, al tiempo que vaciaba de contenido las instituciones democráticas, rearmaba al ejército e iniciaba una campaña contra los judíos. Su agresiva política exterior, que buscaba recuperar los territorios arrebatados a Alemania a raíz de la firma del tratado de Versalles, incrementó la tensión internacional hasta el punto de conducir a la guerra, cuando Alemania invadió Polonia en septiembre de 1939. Al principio Hitler se benefició de la neutralidad soviética, que le permitió concentrar sus fuerzas contra Francia y el Reino Unido. En 1940, el ejército alemán aplastó a Francia después de haber ocupado Bélgica, Holanda, Dinamarca, Noruega y Polonia, pero la incapacidad de la aviación germana de doblegar a los ingleses lo indujo a atacar a la Unión Soviética para hacer realidad su sueño de erigir un Imperio Alemán en el este. El ataque contra los soviéticos comenzó en 1941 y, a pesar de un avance inicial rápido y victorioso, la gran ofensiva fue detenida finalmente a las mismas puertas de Moscú. La guerra con-

«*La gran masa del pueblo... puede caer más fácilmente víctima de una mentira muy grande que de una pequeña.*»

Adolf Hitler
Mein Kampf

▲ *El canciller alemán Adolf* **Hitler**, *máximo responsable del mayor genocidio de la historia de la humanidad y del desencadenamiento de la Segunda Guerra Mundial.*

tra la URSS se convirtió en un descalabro, y Hitler decidió asumir personalmente el mando del ejército. En 1944, poco después del desembarco aliado en Normandía, sufrió un atentado, organizado por sectores descontentos del ejército, del cual salió con algunas heridas leves. La represión que luego siguió contra los conspiradores fue implacable. La desesperada situación de Alemania a finales de 1944 no disuadió a Hitler ni a los demás jerarcas nazis de continuar el genocidio sistemático contra los judíos, que se cobraría millones de víctimas. Cuando las tropas soviéticas entraban ya en Berlín, se suicidó junto con su amante y secretaria Eva Braun, con quien había contraído matrimonio horas antes, el 30 de abril de 1945.

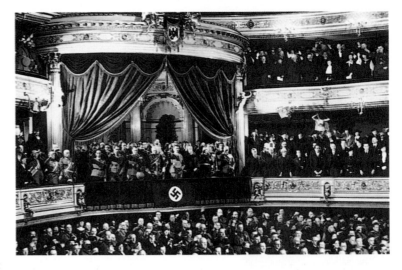

▲ *Una de las grandes concentraciones del partido nazi, lideradas por* **Hitler**. *Por regla general se celebraban en grandes estadios, pero en ocasiones también tuvieron lugar en otros sitios, como teatros de la ópera.*

HO CHI MINH [Nguyen ai Quoc Nguyen Tat Thant] *(Hoang Tru, actual Vietnam, 1890-Hanoi, id., 1969) Político vietnamita.* Hijo de un maestro de escuela de escasos recursos económicos, estudió en un instituto técnico de Saigón. Al dejar las aulas, se enroló como cocinero en un mercante francés. En 1915 se trasladó a Londres, donde permaneció hasta 1917, en que se mudó a París. En la capital francesa entró en contacto con los partidos socialista y comunista, al tiempo que se convertía en líder del grupo de exiliados vietnamitas que pedía el fin de la política colonial francesa en el sudeste asiático. En 1923 viajó a Moscú, donde intervino en la V Internacional. Su participación en dicho congreso fue significativa, puesto que sentó las bases de lo que se convertiría en el comunismo de los oprimidos, cuya doctrina difería del comunismo obrero. También aprovechó el encuentro para distanciarse del Partido Comunista francés, al que acusó de ser poco crítico con el colonialismo. En 1930 fue miembro fundador del Partido Comunista de Indochina (PCI), que presidió desde Moscú, adonde regresó exiliado. En 1938 emigró a China, donde fue huésped de Mao Tse-tung. Poco después, y junto a otros disidentes vietnamitas, fundó el Vietminh (Liga para la Independencia de Vietnam), y regresó a Vietnam. El fin de la Segunda Guerra Mundial le dejó el camino expedito para realizar sus aspiraciones políticas, puesto que habían sido aniquilados sus dos principales enemigos: el ejército francés con base en Indochina, por las tropas japonesas y éstas, a su vez, por los aliados. Ello le permitió, el 2 de septiembre de 1945, proclamar la independencia de Vietnam y convertirse, al año siguiente, en el primer presidente del país. Sin embargo,

▼ *El político vietnamita* **Ho Chi Minh** *dedicó su vida a la lucha contra la política colonialista de los estados occidentales.*

el nuevo presidente de Francia, Charles de Gaulle, se opuso a abandonar las posesiones francesas en Indochina y declaró la guerra al gobierno nacionalista de Ho Chi Minh (guerra de Indochina), quien no fue reconocido como presidente hasta 1954, tras los acuerdos de Ginebra, en los cuales se decidió la división del país en Vietnam del Sur y Vietnam del Norte, territorio que pasó a manos del gobierno de Ho Chi Minh. A partir de entonces, éste dirigió todos sus esfuerzos hacia la reunificación nacional, para lo cual organizó la lucha armada contra el ejército survietnamita y, posteriormente, contra el estadounidense, aliado de aquél (guerra de Vietnam).

HOBBES, THOMAS *(Westport, Inglaterra, 1588-Hardwick Hall, id., 1679) Filósofo inglés.* Hijo de un eclesiástico, quedó a cargo de su tío cuando aquél abandonó a su familia, tras participar en una pelea en la puerta de su iglesia. Estudió en el Magdalen Hall de Oxford, y en 1608 entró al servicio de la familia Cavendish como preceptor de uno de sus hijos, a quien acompañó en sus viajes por Francia e Italia entre 1608 y 1610. A la muerte de su alumno, en 1628, regresó de nuevo a Francia para entrar al servicio de Gervase Clifton. En dicho país permaneció hasta 1631, cuando los Cavendish lo solicitaron de nuevo, como preceptor de otro de sus hijos. En 1634, acompañando a su nuevo alumno, realizó otro viaje al continente, ocasión que aprovechó para entrevistarse con Galileo y otros pensadores y científicos de la época. En 1637 volvió a Inglaterra, pero el mal ambiente político, que anunciaba ya la guerra civil, lo llevó a abandonar su patria e instalarse en París en 1640. Poco

THOMAS HOBBES
OBRAS MAESTRAS

OBJECIONES A LAS MEDITACIONES DE DESCARTES (OB-JECTIONES AD CARTESII MEDITATIONES, 1641); *ELE-MENTOS DE FILOSOFÍA (ELEMENTA PHILOSOPHIAE)*, en tres partes: *DE CIVE* (1642), *DE CORPORE* (1655) Y *DE HOMINE* (1658); *ELEMENTOS DE LA LEY NATURAL Y PO-LÍTICA (THE ELEMENTS OF LAW, NATURAL AND POLITIC): HUMAN NATURE, OR THE FUNDAMENTAL ELEMENTS OF* *POLICY* (1650) Y *DE CORPORE POLITICO, OR THE ELE-MENTS OF LAW, MORAL AND POLITIC* (1650); *LEVIATÁN, O LA MATERIA, LA FORMA Y EL PODER DE UN ESTADO ECLE-SIÁSTICO Y CIVIL (LEVIATHAN, OR THE MATTER, FORM, AND POWER OF A COMMONWEALTH ECCLESIASTICAL AND CIVIL*, 1651); *LIBERTAD Y NECESIDAD (OF LIBERTY AND NECESSITY*, 1654).

▲ *Junto a Hume y Berkeley, Thomas* **Hobbes** *es un destacado representante de la corriente filosófica conocida como empirismo inglés del s. XVII.*

▼ Retrato de un artista (Piscina con dos personajes), *pintado por David* **Hockney** *en 1971. Hockney es una de las máximas figuras del movimiento pop del arte contemporáneo.*

tiempo antes había hecho circular entre sus amigos un ejemplar manuscrito de sus *Elementos de la ley natural y política*, de los que, en forma de dos tratados distintos, se editaron dos partes en 1650. En París comenzó a publicar las distintas partes de su sistema, empezando con el *De cive* en 1642. En 1651 abandonó Francia y regresó a Inglaterra, llevándose consigo el manuscrito del *Leviatán*, sin duda la más conocida de sus obras, que se editaría en Londres ese mismo año. En 1655 publicó la primera parte de los *Elementos de filosofía* y en 1658, la segunda. Estas dos obras completaban la trilogía iniciada con *De cive*. Tras la restauración de 1660 gozó del favor real, pero las acusaciones de ateísmo que le lanzaron los estamentos eclesiásticos lo llevaron a retirarse de la vida pública. Durante los últimos años de su vida hizo una traducción en verso de la *Ilíada* y la *Odisea*, y escribió una autobiografía en versos latinos. Los contactos que Hobbes tuvo con científicos de su época, que fueron decisivos para la formación de sus ideas filosóficas, le llevaron a fundir su preocupación por los problemas políticos y sociales con su interés por la geometría y el pensamiento de los filósofos

mecanicistas. Su pensamiento político pretende ser una aplicación de las leyes del mecanicismo a los campos de la moral y la política. Las leyes que rigen el comportamiento humano son, según Hobbes, las mismas que rigen el universo, y son de origen divino. De acuerdo con ellas, el hombre en estado natural es antisocial por naturaleza y sólo se mueve por el deseo y el temor. Su primera ley natural, que es la autoconservación, lo induce a imponerse sobre los demás, de donde se deriva una situación de permanente conflicto: «la guerra de todos contra todos», en la que «el hombre es un lobo para el hombre». Para poder construir una sociedad es necesario, pues, que cada individuo renuncie a una parte de sus deseos y llegue a un acuerdo mutuo de no aniquilación con los demás. Se trata de establecer un «contrato social», de transferir los derechos que el hombre posee naturalmente sobre todas las cosas en favor de un soberano dotado de derechos ilimitados. Este monarca absoluto, cuya soberanía no reside en el derecho divino sino en los derechos transferidos, sería el único capaz de hacer respetar el contrato social y garantizar, así, el orden y la paz, ejerciendo el monopolio de la violencia, que desaparecería de este modo de la relación entre individuos.

HOCKNEY, DAVID *(Bradford, Reino Unido, 1937) Pintor y grabador británico.* Es el exponente más destacado de la segunda generación del *pop-art* inglés. Cursó estudios en el Royal College of Art y comenzó su trayectoria muy influido por el expresionismo de Bacon, con una mezcla de formas figurativas y abstractas plasmadas mediante pinceladas gestuales, signos infantiles y graffiti, a los que añadía su particular toque humorístico. A partir de 1960 se instaló en Estados Unidos, donde trabajó a caballo entre Nueva York y California. Cultivó indistintamente la técnica de la pintura, del grabado y sobre todo de la fotografía, configurando grandes *collages* de imágenes yuxtapuestas tomadas con una Polaroid. En cuanto a la temática de sus obras, destacan sus series de *Piscinas*, tratadas a partir de superficies frías y colores lisos; el figurativismo sirve en estas obras para explorar el terreno de la abstracción. En *Matrimonios de estilo*, otro de sus trabajos más conocidos, extrae imágenes de revistas populares con distintas parejas posando en su entorno doméstico.

HOFF, JACOBUS HENDRIKUS VAN'T → Van't Hoff, Jacobus Hendrikus.

HOFFMANN, ERNEST THEODOR AMADEUS, *(Königsberg, hoy Kaliningrado, Rusia, 1776-Berlín, 1822) Escritor y compositor alemán.* Hijo de un abogado, su tercer nombre era originalmente Wilhelm, pero más tarde adoptó el de Amadeus en honor a Mozart. Estudió derecho en Königsberg, y empezó en Glogau su carrera administrativa, que lo llevó a Berlín, Poznan y Plock. De 1804 a 1807 residió en Varsovia, donde vivió una época de intensa actividad profesional y artística: creó una orquesta, organizó conciertos y se dedicó a la composición. La invasión napoleónica le obligó a regresar a Berlín, ciudad que abandonó en 1808 para trasladarse a Bamberg, en Baviera, donde residió hasta 1813 viviendo en exclusiva de su arte: trabajó en el teatro que dirigía su amigo Holbein y se dedicó a tareas tan diferentes como director de orquesta y arquitecto. Fue en esta época cuando publicó sus *Fantasías a la manera de Callot* (1814-1815). En 1814 aceptó el cargo de consejero de justicia del tribunal de Berlín, sin que por ello se resintiera su ingente producción literaria de aquellos años. Su fama se debe más a su obra como escritor que a sus composiciones. Adscrito al Romanticismo, donde más destacó su gran personalidad fue en sus cuentos fantásticos, en los que se mezclan el misterio y el horror, y que han alcanzado fama universal. En ellos crea una atmósfera en ocasiones de pesadilla alucinante, y aborda temas como el desdoblamiento de la personalidad, la locura y el mundo de los sueños, que ejercieron gran influencia en escritores como Victor Hugo, Edgar Allan Poe y el primer Dostoievski. Las historias de Hoffmann son «siniestras», en el sentido que dio Freud a esta expresión: el efecto de horror y extrañamiento que produce la repentina realización en el mundo real de los temores supersticiosos o infantiles. Muchas de sus novelas cortas más famosas fueron reunidas en dos volúmenes bajo el título de *Piezas fantásticas* (1814-1815), que también contienen una colección de crítica musical y sus propias ilustraciones.

▶ *Carta de **Hoffmann** con ilustración. En su escrito invita a un amigo, el actor Devrient, a tomar un ponche y a fumar una pipa.*

▲ *Autorretrato de **Hoffmann**, uno de los primeros escritores románticos europeos, y el gran precursor de la literatura fantástica.*

> «*D*onde acaba el lenguaje empieza la música.»
>
> Ernest Theodor Amadeus Hoffmann

El cariz fantástico de la mayor parte de estas obras atestigua la viva imaginación del autor, que se apoya en sus grandes y sutiles dotes de observación. Sueño y realidad se confunden en el espíritu del autor que percibe —como él mismo dejó dicho— las cosas «invisibles para los ojos terrenos». La rica imaginería literaria de Hoffmann inspiró a Jacques Offenbach su ópera *Cuentos de Hoffmann*, tal como Chaikovski transformó su cuento *Cascanueces* en un ballet en 1892 y Léo Delibes se basó también en el escritor para la creación de su ballet *Coppélia* en 1870. Del mismo modo, Kreisler, uno de los personajes de uno de sus cuentos de *Las opiniones del gato Murr sobre la vida*, inspiró a Robert Schumann su obra para piano *Kreisleriana*. Hoffmann escribió también numerosas piezas para piano, música de cámara, lieder, coros, música religiosa y óperas, entre las que destaca por su calidad *Ondina* (1816), ópera romántica que ejerció cierta influencia sobre Weber. En su labor como crítico musical, fue un entusiasta de Beethoven.

ERNEST THEODOR AMADEUS HOFFMANN
OBRAS MAESTRAS

FANTASÍAS A LA MANERA DE CALLOT (FANTASIESTÜCKE NACH CALLOTS MANIER, 1814-1815); *LOS ELIXIRES DEL DIABLO (DIE ELIXIERE DES TEUFELS*, 1815-1816); *RELATOS NOCTURNOS (NACHTSTÜCKE*, 1817); *LAS OPINIONES DE SERAPIÓN (DIE SERAPIONSBRÜDER*, 1819-1821); *LA SEÑORITA DE SCUDÉRY (DAS FRÄULEIN VON SCUDÉRY*, 1819); *LAS OPINIONES DEL GATO MURR SOBRE LA VIDA (LEBENSANSICHTEN DES KATERS MURR*, 1820-1822); *LA PRINCESA BRAMBILLA (PRINZESSIN BRAMBILLA*, 1821); *MAESE PULGA (MEISTER FLOH*, 1822).

HOFMANNSTHAL, HUGO VON *(Viena, 1874-Rodaun, Austria, 1929) Escritor austriaco.* Su primer drama en verso se representó cuando sólo tenía diecisiete años. A *Ayer* (1891) siguieron *La muerte de Tiziano* (1892), *El loco y la muerte* (1893) y *El pequeño teatro del mundo* (1897), que giraban en torno a las transformaciones que sufre la personalidad del individuo y la tensión entre realidad y apariencia. Posteriormente escribió algunas versiones de tragedias antiguas, como *Electra* (1904), que Richard Strauss convertiría en ópera. Con Strauss colaboró escribiendo los libretos de las óperas *El caballero de la rosa* (1911), *Ariadna en Naxos* (1912) y *La mujer sin sombra* (1919), entre otras. Tras componer algunas obras en prosa, volvió al drama con *Cada cual* (1911) y *La torre* (1925). Fue uno de los fundadores del Festival de Salzburgo.

HOGARTH, WILLIAM *(Londres, 1697-id., 1764) Pintor y grabador inglés.* A partir de 1720 comenzó a trabajar en Londres como grabador, oficio en el que se había formado y que compaginó con la asistencia a clases de pintura en la Saint Martin's Lane Academy y en el estudio de sir James Thornhill, con cuya hija se casó en 1729. En los inicios de su actividad como pintor trabajó como retratista, con obras que en algunos casos alcanzaron un éxito considerable. Hombre extraordinariamente inquieto y muy descontento con la sociedad de su tiempo, decidió poner su arte al servicio de la sátira y la crítica social. Comenzó así la realización de series de telas sobre un mismo tema, que asimiló con representaciones teatrales, de modo que estableció un paralelismo entre cuadro y escenario, figuras y actores. Entre sus numerosas secuencias de pinturas anecdóticas destacan *La carrera de prostituta* (seis escenas), *La carrera de libertino* (ocho escenas), *Matrimonio a la moda* (seis escenas) y *Campaña electoral.* Todas ellas se grabaron después de pintadas, lo cual contribuyó a su difusión y su éxito, que se produjo por igual en todas las capas sociales. La riqueza de detalles y matices psicológicos, así como la intensidad dramática y el acierto compositivo contribuyeron, sin duda, a la buena aceptación de estas obras, que constituyen un punzante retrato de la sociedad inglesa de la época. Aunque éstas son sus creaciones más apreciadas, Hogarth no abandonó nunca el retrató y se dedicó también a plasmar por escrito sus ideas estéticas en *La anatomía de la belleza*, obra que gozó así mismo de gran éxito. A partir de 1735 dirigió una academia de pintura que fue la precursora de la Royal Academy. En sus últimos años, a raíz de haber sido nombrado pintor del rey, se mostró más conservador y perdió en parte el espíritu de lucha que hasta entonces había caracterizado toda su vida.

▲ *Óleo de William* **Hogarth**, *escena de la serie* Matrimonio a la moda.

▼ Flores de cerezo, *obra de* **Hokusai**, *uno de los más importantes maestros de la pintura paisajística japonesa.*

HOKUSAI, KATSUSHIKA *(Edo, hoy Tokio, 1760-id., 1849) Pintor, dibujante y grabador japonés.* Siendo niño fue adoptado por los Nakajima, familia de honda tradición artística. A los dieciocho años se convirtió en pupilo de un destacado maestro del *ukiyo-e* (literalmente, «escenas del mundo flotante»), género artístico que floreció durante el período Kamakura y que tendría en Hokusai a su más depurado estilista. Tras la muerte de su mentor, se estableció de forma independiente e inició una brillante carrera artística en la que utilizó toda clase de técnicas, desde el grabado hasta la ilustración de libros. Hasta 1806 concentró su atención básicamente en la representación de paisajes y escenas históricas, aunque tras la muerte de su hijo mayor se introdujo en el más comercial soporte del «libro de ilustraciones», entre los que destacan sus *Treinta y seis vistas del Monte Fuji* (1826-1833), culminación del *ukiyo-e* y una de las más delicadas muestras artísticas japonesas de todos los tiempos.

HOLBEIN EL JOVEN, HANS *(Augsburgo, actual Alemania, 1497-Londres, 1543) Pintor alemán.* Fue hijo y discípulo de Hans Holbein *el Viejo*, un pintor del gótico tardío que se especializó en los retablos y desarrolló un estilo muy influido por el detallismo flamenco. Holbein *el Joven* se trasladó hacia 1514 a Basilea, donde comenzó a trabajar como ilustrador para los impresores

HÖLDERLIN, JOHANN CHRISTIAN FRIEDRICH

(Lauffen am Neckar, Alemania, 1770-Tubinga, id., 1843) Poeta alemán. Al morir su padre, administrador del seminario protestante de Lauffen, cuando él tenía dos años, su madre casó en segundas nupcias con Johann Christoph Gock, consejero municipal de Nürtingen, donde Hölderlin se crió junto con su hermana y su hermanastro. En 1784 ingresó en un colegio preparatorio para el seminario, en Denkendorf, y en 1788 entró como becario en el seminario de Tubinga, donde trabó amistad con Hegel y Schelling, a partir de 1791. Muy influido por Platón y por la mitología y cultura helénicas, se apartó sensiblemente de la fe protestante. En 1793 salió del seminario provisto de la licencia que le permitía ejercer el ministerio evangélico, pero decidió no dedicarse a su carrera, sino emplearse como preceptor. Schiller le proporcionó una plaza para ocuparse del hijo de Charlotte von Kalb, en Waltershausen, aunque pronto abandonó su puesto, dada la limitada influencia que ejercía sobre su alumno, y se instaló en Jena, uno de los principales centros intelectuales del país. Asistió a clases impartidas por Fichte, y Schiller le publicó un fragmento del *Hiperión* en su revista *Thalia.* Falto de recursos, volvió a Nürtingen en 1795, antes de ser introducido en casa del banquero Gontard, en Frankfurt, siempre como preceptor. Susette, la esposa de Gontard, mujer al parecer de gran belleza y sensibilidad, habría de convertirse en su gran amor; tanto en sus poemas como en el *Hiperión* se referiría a ella con el nombre de «Diotima». Su amor fue correspondido, y el

de la ciudad. De 1516 data su primer retrato (*El burgomaestre Meyer y su esposa*), con el cual inició una carrera de retratista que lo sitúa entre los mejores de todos los tiempos en su género. En 1517 trabajó en Lucerna, y se cree que de allí pasó a Lombardía, por los cambios estilísticos que manifestó a su regreso a Basilea en 1519. En los años siguientes compaginó el retrato (*Bonifacius Amerbach*) con la pintura religiosa (*Retablo de la Pasión*) y los encargos oficiales (decoración de la sala del gran Consejo del Ayuntamiento con escenas de Justicia). Pero lo más sobresaliente de este período son los retratos de *Erasmo de Rotterdam*, representado en su estudio, y la serie de xilografías sobre la *Danza de la muerte.* Por su visión crítica de la Reforma protestante, hubo de trasladarse a Inglaterra en 1526, portador de una carta de recomendación de Erasmo para Tomás Moro. En Londres ejecutó un retrato de la familia de Moro que constituye un hito en la retratística europea por representar a todos los personajes de cuerpo entero y en el interior de su propia vivienda, algo totalmente inhabitual por entonces. En 1528 regresó a Basilea, pero los cambios en el ambiente de la ciudad lo movieron a trasladarse de nuevo a Londres (1529), donde poco después fue nombrado pintor de Enrique VIII. En estos años realizó una magnífica serie de retratos del rey y su familia, así como el retrato *Los embajadores*, una de sus obras maestras. Por el equilibrio compositivo, la característica riqueza de colorido y la profundización psicológica, sus retratos constituyen creaciones artísticas difícilmente superables.

▲ *Detalle de* Los embajadores, *pintado por* **Hans Holbein** *en 1533, durante su estancia en Inglaterra. Los numerosos objetos representados en la pintura atestiguan el interés de los personajes en la música, las ciencias y la literatura.*

▶ *Retrato pintado por F.K.Hiemer que representa a* **Hölderlin***, el gran impulsor del idealismo filosófico alemán y, junto con Goethe, el mayor poeta de las letras alemanas.*

(JOHANN CHRISTIAN) FRIEDRICH HÖLDERLIN

OBRAS MAESTRAS

POESÍA: La primera selección de poesías fue publicada en 1826, por Uhland y Schwab, a la que siguieron nuevas ediciones. Entre sus poemas cabe destacar: *A LAS PARCAS* (*AN DIE PARZEN*), *CANTO DEL DESTINO DE HIPERIÓN* (*HYPERIONS SCHICKSALSLIED*), anteriores a 1802; *A MEDIO CAMINO DE LA VIDA* (*HÄLFTE DES LEBENS*), *PAN Y VINO* (*BROT UND WEIN*), *EL RIN* (*DER RHEIN*), *EL ÚNICO* (*DER EINZIGE*), *PATMOS*, entre 1802 y 1808. **NOVELA:** *HIPERIÓN* (*HYPERION*, 2 vols., 1797-1799). **TEATRO:** *LA MUERTE DE EMPÉDOCLES* (*DER TOD DES EMPEDOKLES*, inacabada, 1798-1799).

poeta describió su relación en una carta como «una eterna, feliz y sagrada amistad». A pesar de su trabajo y de los viajes que debió efectuar con la familia Gontard a causa de la guerra, fue una época de intensa actividad literaria, y en 1799 finalizó su novela epistolar *Hiperión*. En septiembre de 1798, tuvo que abandonar la casa de los Gontard, después de vivir una penosa escena con el marido de Susette. Se entrevistó varias veces en secreto con ella, hasta que se trasladó a Homburg, por consejo de su amigo Isaak von Sinclair. Emprendió entonces su tragedia *La muerte de Empédocles* e intentó lanzar una revista intelectual y literaria, que fracasó. En 1800 fue invitado a Stuttgart, donde tuvo tiempo para dedicarse a la poesía y traducir a Píndaro, que ejercería una gran influencia sobre sus himnos. A finales del año aceptó otro puesto como preceptor en Hauptwil, Suiza; se ignora por qué razones, abandonó su trabajo, en abril de 1801, y volvió con su madre, a Nürtingen. Hasta enero de 1802, cuando obtuvo un cargo en casa del cónsul de Hamburgo en Burdeos, trabajó ininterrumpidamente en su obra poética. Al aparecer los primeros síntomas de su enfermedad mental, en abril abandonó una vez más su puesto. Sinclair le comunicó por carta la muerte de Susette Gontard, el 22 de junio de 1803, en Frankfurt. Hölderlin tardó casi un mes en llegar, andando, a casa de su madre, donde apareció totalmente trastornado, explicando que había sido «golpeado por Apolo» y en avanzado estado de esquizofrenia. Tras un período de gran violencia, su trastorno mental pareció remitir. Sinclair lo llevó de viaje a Ratisbona y Ulm y, a la vuelta, escribió *El único* y *Patmos*, dos de sus obras maestras. Por influencia de su amigo, obtuvo la plaza de bibliotecario de la corte, en el palacio del landgrave de Homburg. Como sus crisis mentales se hicieran cada vez más frecuentes, en 1806 fue internado en una clínica de

> *«El hombre es un dios cuando sueña y un mendigo cuando reflexiona, y cuando el entusiasmo desaparece, ahí queda, como un hijo pródigo a quien el poder echó de casa, contemplando los miserables céntimos con que la compasión alivió su camino.»*
>
> Friedrich Hölderlin
> *Hiperión*

▼ *Portada de un disco de Billie **Holiday**, cantante cuya voz marcó la evolución del blues y del soul en toda la segunda mitad del s. XX.*

BILLIE HOLIDAY "THE GOLDEN YEARS" VOLUME II

Tubinga, sin que se produjera mejoría en su estado. Un ebanista de la misma ciudad, entusiasmado por la lectura del *Hiperión*, lo acogió en su casa en 1807. Allí permaneció hasta su muerte, en unas condiciones de locura pacífica que se prolongaron durante treinta y seis años.

HOLIDAY, BILLIE [Eleanora Fagan] *(Filadelfia, 1915-Nueva York, 1959) Cantante de jazz estadounidense.* Huérfana desde temprana edad, su vida estuvo marcada por el infortunio: violada a los diez años, con doce empezó a prostituirse, hecho por el cual estuvo cuatro meses en prisión. Su suerte cambió a partir de su participación en un *casting* para un puesto de bailarina en el Pod's & Jerry's, donde, tras un estrepitoso fracaso, el pianista del local la invitó a cantar, lo cual permitió que el crítico y productor John Hammond descubriese en ella unas extraordinarias cualidades vocales, a pesar de su nula formación musical. Hammond logró que la joven grabase su primer disco junto al mítico clarinetista Benny Goodman cuando la cantante tenía dieciocho años. Tras esta grabación, le llegó a Holiday una época de grandes éxitos, durante la cual actuó con artistas de la talla de Teddy Wilson, Lester Young, con quien realizó algunas de sus mejores grabaciones, William *Count* Basie o Artie Shaw. Su particular timbre de voz y su libertad rítmica hicieron de ella una de las cantantes más personales e influyentes del mundo del jazz. Sin embargo, Holiday no supo asimilar el éxito: consumidora habitual de drogas y alcohol, poco a poco entró en un proceso de decadencia artística, al que se sumó una desafortunada vida sentimental que la condujo a una profunda depresión. Durante este período de decadencia siguió actuando, acompañada por músicos mediocres, grabó su peor repertorio y fue consumiendo el merecido crédito que había obtenido en su primera época. Sin embargo, a mediados de la década de 1950 consiguió rehacer su carrera, aunque su persistente adicción a los estupefacientes acabó finalmente con ella en 1959, a causa de una sobredosis de heroína. En 1956 había aparecido su autobiografía, *Lady Sings the Blues*.

HOMERO *(s. VIII a.C.) Poeta griego.* En palabras de Hegel, Homero es «el elemento en el que el mundo griego vive como el hombre vive en el aire». Admirado, imitado y citado por todos los poetas, filósofos y artistas griegos que le siguieron, es el poeta por an-

◀ *Busto de* **Homero** *(Museo Capitalino, Roma). Si bien se duda de la existencia real del poeta, todo parece indicar que su obra fue escrita durante el s. VIII a.C.*

tonomasia de la literatura clásica, a pesar de lo cual su figura aparece rodeada del más profundo misterio, hasta el punto de que su propia existencia histórica ha sido puesta en tela de juicio. Las más antiguas noticias sobre él sitúan su nacimiento en Quíos, aunque ya desde la Antigüedad fueron siete las ciudades que se disputaron ser su patria: Colofón, Cumas, Pilos Ítaca, Argos, Atenas, Esmirna y la ya mencionada Quíos. Para Simónides de Amorgos y Píndaro, sólo las dos últimas podían reclamar el honor de ser su cuna. Aunque son varias las vidas de Homero que han llegado hasta nosotros, su contenido, incluida la famosa ceguera del poeta, es legendario y novelesco. La más antigua, atribuida sin fundamento a Herodoto, data del siglo V a.C. En ella, Homero es presentado como el hijo de una huérfana seducida, de nombre Creteidas, que le dio a luz en Esmirna. Conocido como Melesígenes, pronto destacó por sus cualidades artísticas, iniciando una vida bohemia. Una enfermedad lo dejó ciego, y desde entonces pasó a llamarse Homero. La muerte, siempre según el seudo Herodoto, lo sorprendió en Íos, en el curso de un viaje a Atenas. Los problemas que plantea Homero cristalizaron a partir del siglo XVII en la llamada «cuestión homérica», iniciada por François Hédelin, abate de Aubignac, quien sostenía que los dos grandes poemas a él atribuidos, la *Ilíada* y la *Odisea*, eran fruto del ensamblaje de obras de distinta procedencia, lo que explicaría las numerosas incongruencias que contienen. Sus tesis fueron seguidas por filólogos como Friedrich August Wolf. El debate entre los partidarios de la corriente analítica y los unitaristas, que defienden la paternidad homérica de los poemas, sigue abierto en la actualidad.

▼ *Fotografía de* **Honecker** *(en el centro) cuando todavía estaba al frente del poder de la República Democrática Alemana. Al caer el muro de Berlín fue acusado de corrupción y de otros crímenes, pero no llegó a ser juzgado debido a su avanzada edad.*

HONDA, SOICHIRO *(Hamamatsu, Japón, 1906-Tokio, 1991) Industrial japonés.* Hijo de un herrero, abandonó los estudios a la edad de siete años y trabajó durante seis años en Tokio, en un taller de reparación de coches. A los veintiséis años fundó la *Toukai presition machine company*, que se dedicaba a la producción de anillos de pistón. Al mismo tiempo, cursó estudios en la Escuela de Ingeniería de Hamamatsu. Tras la Segunda Guerra Mundial, vendió su factoría a Toyota, y con el dinero de la venta fundó en 1946 el Instituto Tecnológico Honda en su ciudad. En esta ocasión se fabricaron motocicletas, que alcanzaron rápidamente un gran prestigio y popularidad. Su reputación aumentó en 1949 con la fabricación de la motocicleta *Dream*, a la que siguió la *Cab*, un éxito de ventas arrollador. Posteriormente, Honda se dedicó también a la producción de coches, pero la empresa se hizo famosa como la mejor fabricante de motocicletas del mundo.

HONECKER, ERICH *(Neunkirchen, Alemania, 1912-Santiago de Chile, 1994) Político alemán.* Hijo de un minero afiliado al Partido Comunista, a los doce años de edad ingresó en las juventudes comunistas, de cuyo comité nacional fue miembro a partir de 1934. Tras la llegada al poder de Hitler, organizó la oposición antinazi en el norte de Alemania, por lo cual fue detenido por la Gestapo y condenado a diez años de cárcel. Fue liberado por las tropas rusas cuando entraron en Alemania, tras lo cual fundó la Freie Deutsche Jugend, organización que dirigió hasta 1955. En 1958 fue elegido secretario del comité central del Partido Socialista Unificado (SED), cargo que mantuvo al ser nombrado, en 1960, secretario del consejo de la defensa nacional. Al año siguiente se le encargó la planificación de la construcción del muro de Berlín, del que fue uno de sus máximos valedores. En 1967 fue designado sucesor del líder de la RDA, Walter Ulbricht, quien dimitió en 1971, año en que Honecker se convirtió en secretario general del SED y en jefe del Estado, con lo que controlaba a un tiempo el partido y el ejecutivo. Bajo su gobierno, la RDA se convirtió en el Estado con mayor represión política, pero también en el país con mayor crecimiento económico de los pertenecientes a la órbita soviética. Permitió el establecimiento de ciertos lazos financieros con la RFA, de la cual recibió ayuda económica, y consiguió que Bonn reconociera la existencia de la RDA como Estado independiente. A mediados de la década de 1980, su relación con el presidente ruso, Mijail Gorbachov, se fue enfriando progresivamente, pues Honecker no estaba dispuesto a permitir que el primero llevara a cabo su plan de reformas. Debido a dicha negativa a ejecutar las directrices rusas, fue obligado a dimitir, en octubre de 1989, y posteriormente, acusado de corrupción, abusos de poder y otros crímenes. Para evitar ser juzgado, se refugió en una base militar y, en 1991, se trasladó a Moscú, donde pidió asilo en la embajada de Chile. No obstante, en 1992 fue deportado a la Alemania reunificada, donde al año siguiente un tribunal de Berlín dictaminó que, debido a su avanzada edad y precario estado de salud, no se encontraba en condiciones de afrontar un juicio y, por consiguiente, era libre de emigrar a Chile, país al que deseaba trasladarse, puesto que en él residían varios familiares suyos.

HONEGGER, ARTHUR *(El Havre, Francia, 1892-París, 1955) Compositor francés de origen suizo.* Formado en Zurich y París, fue uno de los compositores integrantes del llamado Grupo de los Seis, aunque sus convicciones estéticas clasicistas, su admiración por la tradición contrapuntística del Barroco alemán, en especial de Bach, y la gravedad y austeridad de su estilo, provocaron su temprano distanciamiento del ideario lúdico y provocador de sus compañeros. Aun así, merecen mencionarse su participación en el ballet colectivo *Los novios de la Torre Eiffel* (1921) y obras como *Pacific 231* (1923) y *Rugby* (1928). Su producción posterior intentó sintetizar el formalismo clásico con una expresividad netamente romántica, como en su ambiciosa *Sinfonía núm. 3 «Litúrgica»* (1946) o sus óperas *Antígona* (1927), *Judith* (1926) y, sobre todo, *Juana de Arco en la hoguera* (1938). Honegger realizó una valiosa aportación en el ámbito de la música para cine, con bandas sonoras como las de los filmes *Napoleón* (1927) y *Los miserables* (1934).

HOOKE, ROBERT *(Freshwater, Inglaterra, 1635-Londres, 1703) Físico y astrónomo inglés.* En 1655 colaboró con Robert Boyle en la construcción de una bomba de aire. Cinco años más tarde formuló la ley de la elasticidad que lleva su nombre, que establece la relación de proporcionalidad directa entre el estiramiento sufrido por un cuerpo sólido y la fuerza aplicada para producir ese estiramiento. En esta ley se fundamenta el estudio de la elasticidad de los materiales. Hooke aplicó sus estudios a

▲ *Fotografía de Arthur* **Honegger**, *uno de los músicos franceses más destacados del s. XX.*

▲ *Edgar H.* **Hoover**, *que fue director del FBI desde 1924 a 1972. Sus casi cincuenta años al frente del aparato policial estadounidense hicieron de él una de las personas más poderosas del s. XX.*

la construcción de componentes de relojes. En 1662 fue nombrado responsable de experimentación de la Royal Society de Londres, siendo elegido miembro de dicha sociedad al año siguiente. En 1664, con un telescopio De Gregory de construcción propia, descubrió la quinta estrella del Trapecio, en la constelación de Orión; así mismo fue el primero en sugerir que Júpiter gira alrededor de su eje. Sus detalladas descripciones del planeta Marte fueron utilizadas en el siglo XIX para determinar su velocidad de rotación. Un año más tarde fue nombrado profesor de geometría en el Gresham College. Ese mismo año publicó su obra *Micrographia*, en la cual incluyó estudios e ilustraciones sobre la estructura cristalográfica de los copos de nieve y discusiones sobre la posibilidad de manufacturar fibras artificiales mediante un proceso similar al que siguen los gusanos de seda. Sus estudios sobre fósiles microscópicos le llevaron a ser uno de los primeros impulsores de la teoría de la evolución de las especies. En 1666 sugirió que la fuerza de gravedad se podría determinar mediante el movimiento de un péndulo, e intentó demostrar la trayectoria elíptica que la Tierra describe alrededor del Sol. En 1672 descubrió el fenómeno de la difracción luminosa; para explicar este fenómeno, Hooke fue el primero en atribuir a la luz un comportamiento ondulatorio.

HOOVER, JOHN EDGAR *(Washington, 1895-id., 1972) Político estadounidense.* Cursó estudios de derecho en la Universidad George Washington, tras lo cual entró a trabajar en el departamento de Justicia. En 1924 fue nombrado director del Federal Bureau of Investigation (FBI), institución que modernizó y convirtió en la más poderosa agencia de investigación mundial. Para ello fundó una escuela de espías y detectives, la FBI National Academy, y organizó un extenso banco de huellas dactilares, en el cual figuraban centenares de miles de personas. Su afán por investigar a cualquier sospechoso de cometer actividades ilegales o subversivas le llevó a investigar desde miembros del Ku Klux Klan hasta al pastor Martin Luther King, así como a numerosos actores, actrices, escritores u otros profesionales liberales. Tampoco escaparon a su control los sucesivos presidentes y fiscales generales, a quienes, en ocasiones, amenazó con desvelar supuestos escándalos en caso de ser destituido, lo que le permitió, a pesar de las críticas, permanecer en el cargo hasta su muerte en 1972.

HORACIO FLACO, QUINTO *(Venusia, actual Italia, 65 a.C.-Roma, 8 a.C.) Poeta latino.* Hijo de un pequeño propietario liberto en Apulia, fue enviado a estudiar a Roma. Se trasladó luego a Atenas para estudiar filosofía, pero fue reclutado por Bruto y nombrado tribuno militar de su ejército. Después de participar en la batalla de Filipos (42 a.C.), decidió volver a Roma y pasó una etapa de apuros económicos. Mientras empezaba a escribir poesía, entró a trabajar en la administración como escribano. Conocer a Virgilio le permitió acceder a los círculos de poder, concretamente a Mecenas, quien a su vez le presentó al emperador Augusto. Su amistad con Mecenas, que le daría soporte económico para el resto de sus días, lo llevó a dedicarle sus primeras *Sátiras*. El patricio, a su vez, le obsequió con una mansión en la Sabina, lo cual permitió a Horacio dedicarse plenamente a la escritura. Desde entonces llevó una vida a medio camino entre el estoicismo del encierro literario y los placeres epícureos, modo de vida que le indujo a rechazar una oferta de Augusto, que lo quería como secretario personal. Las *Odas*, publicadas en el 23 a.C., no tuvieron la acogida del público que él esperaba, pero cinco años después fue laureado en los Juegos Seculares por *Carmen Saeculare*, himno compuesto por encargo del emperador en honor a Apolo y Diana. En el 14 a.C. apareció su *Arte poética*, en la que expuso su teoría literaria, basada en la perfección técnica del metro y en el equilibrio de lo ameno y lo instructivo en relación a los temas tratados. En este sentido, las *Odas* publicadas en el 13 a.C. constituyen la máxima expresión de la poética horaciana, que marcaría las pautas de la poesía clásica y sería retomada por los humanistas renacentistas como modelo a seguir. Dicho modelo está marcado por la estructura y el carácter estrófico y regular, basado en un número limitado de combinaciones métricas. Otra obra es *Épodos*, inspirada en Arquíloco y compuesta en metros yámbicos. Al igual que Virgilio, Horacio ejerció como propagandista oficial del imperio, de acuerdo con una vía pragmática y con renuncia a heroísmos y dogmatismos.

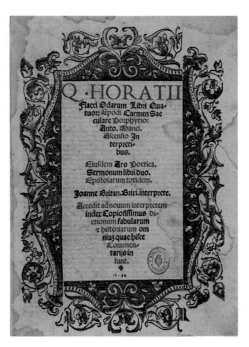

▲ *Portada de una edición en latín de la obra* Odarum, libro IV, *de* **Horacio**, *autor que con Ovidio y Virgilio sentó las bases de la poesía clásica en la Roma imperial.*

▼ *El pianista Vladimir* **Horowitz** *ha sido uno de los grandes maestros del piano del s. XX.*

HORKHEIMER, MAX *(Stuttgart, Alemania, 1895-Nuremberg, id., 1973) Filósofo y sociólogo alemán.* Fue cofundador (1931) y primer director del Instituto de Investigación Social de Frankfurt, institución alrededor de la cual surgió la escuela homónima, de inspiración marxista. En 1934, con Hitler en el poder, abandonó su país y se afincó en Nueva York, donde dirigió una segunda etapa del Instituto. Al finalizar el conflicto regresó a Frankfurt. Partícipe del proyecto emancipador denominado «teoría crítica», tras la guerra puso en duda algunos de sus principios en el ensayo *Dialéctica de la Ilustración* (1948), escrito en colaboración con Adorno. El desarrollo posterior de su pensamiento se centra en la crítica de la «razón instrumental» propia del mundo moderno, que considera necesariamente reduccionista.

HOROWITZ, VLADIMIR *(Berdichev, Ucrania, 1903-Nueva York, 1989) Pianista estadounidense de origen ruso.* Empezó a estudiar piano con su madre cuando tenía seis años, y a los quince entró en el Conservatorio de su ciudad natal, donde fue alumno aventajado de Félix Blumenfeld. Ofreció su primer recital en Jarkov (1922), obteniendo un gran éxito; la temporada 1924-1925 realizó más de setenta conciertos, algo insólito en aquella época. A partir de ese año, invirtiendo su propio dinero, emprendió diversas giras por Alemania, Francia y el Reino Unido, y pronto fue reconocido como uno de los grandes pianistas de su tiempo. En París, el representante estadounidense Arthur Judson le ofreció un contrato para realizar una gira por Estados Unidos en 1928. Su debut tuvo lugar en el Carnegie Hall y el concierto, como la posterior gira, lo consolidaron como uno de los más importantes pianistas del siglo XX. En 1933 emprendió una gira con Arturo Toscanini para tocar como solista el concierto *Emperador*, de Beethoven, gracias a lo cual conoció a Wanda, la hija del legendario director, con la que se casaría poco después en Milán. En 1940 se estableció en Nueva York, y dos años después le fue concedida la nacionalidad estadounidense. En 1953 de-

▲ *Vestíbulo del hotel Tassel (1892-1893), de Victor **Horta**, en Bruselas. La principal aportación de este creador radica en la decoración de los interiores.*

cidió retirarse de los escenarios, y durante doce años se dedicó a formar jóvenes talentos del piano, y a realizar sus primeras grabaciones. En 1965 volvió al escenario concertístico y continuó grabando sus interpretaciones, de entre las que destacan las obras de Chopin, Liszt, Skriabin, Debussy y Prokofiev, aunque sus excelentes dotes musicales le permitían abordar con sumo virtuosismo todo repertorio. En 1986 efectuó una histórica visita a Rusia, que levantó gran expectación. Mantuvo sin altibajos su actividad pianística casi hasta el final de su vida.

HORTA, VICTOR *(Gante, Bélgica, 1861-Bruselas, 1947) Arquitecto belga.* En los inicios de su carrera, a partir de 1893, creó un lenguaje original, basado en el predominio de la línea curva y en la integración entre elementos arquitectónicos y decorativos, con el que se convirtió en uno de los pioneros y principales representantes del modernismo arquitectónico. En el hotel Tassel, en Bruselas, su primera realización, se advierte ya esta orientación estilística, que culminó en el hotel Solvay, caracterizado por una original decoración diseñada por él mismo e inspirada en motivos vegetales. Posteriormente evolucionó hacia una mayor sobriedad y, tras una estancia en Estados Unidos a comienzos del siglo XX, pasó a cultivar una arquitectura purista con la que no logró tanto éxito como había obtenido con sus edificios modernistas.

HOUDINI, HARRY *(Budapest, 1874-Detroit, 1926) Mago estadounidense de origen húngaro.* Hijo de un rabino húngaro emigrado a Estados Unidos, desde niño participó, por lo general como trapecista, en espectáculos circenses ambulantes. En 1894 contrajo matrimonio con Beatrice Houdini, que posteriormente se convirtió en su principal ayudante en el escenario. A partir de 1900 empezó a ser conocido merced a sus espectaculares juegos de magia, la mayoría de los cuales interpretaba al aire libre ante miles de espectadores y en los que casi siempre arriesgaba la vida. Su fama aumentó tras aparecer, entre 1916 y 1923, en numerosas películas. Durante sus últimos años en escena criticó con vehemencia a magos, ilusionistas y espiritistas que afirmaban estar dotados de poderes mentales o sobrenaturales, contra quienes escribió *Miracle Mongers and Their Methods* y *A Magician Among the Spirits*, obras publicadas en 1920 y 1924, respectivamente.

▲ *Harry **Houdini** durante uno de sus célebres números de escapismo, en los cuales lograba hacer lo que parecía imposible.*

HOXHA, ENVER *(Gjirokaster, Albania, 1908-Tirana, 1985) Político albanés.* Hijo de un comerciante musulmán, estudió en el Liceo Francés de Korce y, gracias a una beca estatal, en la Universidad de Montpellier. Entre 1934 y 1936 fue secretario del consulado albanés en Bruselas, ciudad a cuya universidad también acudió. A su regreso a Albania ingresó como profesor en su antiguo colegio, si bien fue despedido poco después por su negativa a ingresar en el Partido Fascista albanés. En 1941, con ayuda de los comunistas yugoslavos, fundó el Partido Comunista de Albania (luego llamado Partido del Trabajo). Tras el fin de la Segunda Guerra Mundial fue elegido primer ministro (cargo que ostentó hasta 1954), amén de conservar la secretaría general de su partido y, por extensión, el control del gobierno, hasta su muerte. Admirador de Stalin, cuyas purgas políticas importó a Albania, colectivizó la propiedad agrícola, nacionalizó la industria y prohibió cualquier tipo de manifestación religiosa. En 1948 rompió relaciones con Yugoslavia, en 1961 con la URSS y en 1978 con China.

HOYLE, SIR FRED *(Bingley, Reino Unido, 1915) Astrónomo británico.* Estudió y fue profesor de astronomía en la Universidad de Cambridge. De 1967 a 1973 dirigió el Instituto de Astronomía Teórica de la misma universidad. En 1957 fue elegido miembro de la Royal Society. Hoyle es uno de los más tenaces defensores de la teoría del universo propuesta por Thomas Gold y Hermann Bondi, la teoría del estado estacionario, según la cual la continua expansión del universo vendría compensada por una constante creación de materia, que mantendría inalterada su densidad. Por el contrario, la mayoría de los cosmólogos actuales defienden la teoría del *big-bang*. Hoyle también formuló diversas teorías sobre el origen de las estrellas y el de los elementos, y es autor de numerosas obras de divulgación científica.

HUÁSCAR *(Cusco, Perú, 1491-Cotabamba, id., 1532) Soberano inca.* Llamado oficialmente Tupic Cusi Hualpa, fue el duodécimo Inca del Tahuantinsuyo. Hijo de Huayna Cápac y de su esposa legítima Araua Ocllo. Tras la conquista de Quito, su padre la convirtió en segunda capital y residencia del Inca, viviendo en ella con una princesa quiteña y el hijo que había tenido con ésta, Atahualpa. Huáscar, por su parte, siguió residiendo en Cusco junto a su madre. A la muerte de Huayna Cápac, en 1525, Huáscar fue proclamado Inca con el apoyo de la nobleza tradicional y en contra de la última voluntad de su padre. Coronado en Cusco, fue reconocido en todo el imperio, excepto en el reino de Quito, donde gobernaba su hermanastro Atahualpa, que fue elegido Inca por el ejército y el pueblo. Estalló entonces la guerra civil y los dos hermanos se enfrentaron en Riobamba. Atahualpa, que disponía del ejército del norte y había establecido su base en Cajamarca, envió sus fuerzas contra Cusco. Aparte de las pretensiones de ambos por ceñirse la *mascapaisha*, símbolo de la autoridad del Inca, en el sangriento conflicto concurrieron otras causas, entre ellas los intereses de la vieja nobleza y el clero, que apoyaban a Huáscar, y de los generales, quienes hacían lo propio con Atahualpa. La guerra se prolongó hasta 1533, cuando los ejércitos rivales se enfrentaron en la batalla de Cotabamba, junto al río Apurímac. Si bien inicialmente la suerte favoreció a las tropas de Huáscar, éste cayó en una emboscada tendida por los generales de Atahualpa, Quisquis y Calcuchimac, en Gusavara. Atahualpa recibió la noticia de la victoria sobre su hermanastro cuando él también era prisionero de los conquistadores españoles, que lo habían sorprendido en Cajamarca. Aun así, Atahualpa ordenó que Huáscar fuese ejecutado, y con él sus hermanos, esposas e hijos. La guerra entre los dos hermanastros debilitó el Imperio Inca y favoreció los planes de conquista de Francisco Pizarro.

HUAYNA CÁPAC, llamado *el Grande (?, h. 1465-Quito, 1525) Emperador inca.* Hijo de Inca Yupanqui, subió al trono a pesar de haber sido apartado de la sucesión por su padre, gracias al apoyo de su tío Huaman Acachi. Al llegar a la mayoría de edad se hizo cargo del gobierno del imperio y dirigió su expansión hacia los territorios del actual Ecuador. Con todo, su reinado fue bastante apacible; las pocas guerras que tuvieron lugar, sin contar algunas pequeñas insurrecciones, fueron de carácter fronterizo. Una epidemia, posiblemente de viruela, transmitida por un contingente de indígenas chiriguayo durante una incursión a través del Chaco, y que a su vez había sido introducida por una colonia española del Río de la Plata, diezmó la población y acabó con la vida del mismo emperador. Muerto sin haber designado un sucesor, el imperio quedó sumido en la guerra civil.

▲ *Hubble* en 1936 en su despacho del observatorio del Monte Wilson, en Estados Unidos. Enunció la teoría de la expansión del universo, que supuso un cambio radical en los conocimientos astronómicos.

▲ El emperador **Huayna Cápac** en una pintura sobre tabla en la que se representa la genealogía de los incas desde Manco Cápac y Mama Oclla.

HUBBLE, EDWIN POWELL *(Marshfield, EE UU, 1889-San Marino, id., 1956) Astrónomo estadounidense.* Aunque se graduó en derecho por la Universidad de Oxford, tras sólo un año como abogado abandonó la práctica legal e ingresó en la Universidad de Chicago para estudiar astronomía, disciplina en la que se doctoró en 1917. Finalizada la Primera Guerra Mundial, entró a trabajar en el observatorio del Monte Wilson, en California. Entre 1922 y 1924, en base a un concienzudo estudio de cierto tipo de estrellas denominadas cefeidas, estableció la existencia de nebulosas situadas fuera de la Vía Láctea. Estos cuerpos celestes constituirían, según Hubble, galaxias en sí mismas, tesis que de inmediato cambió la noción vigente sobre las auténticas dimensiones del cosmos y abrió el camino a la exploración extragaláctica (esto es, más allá de la Vía Láctea). Seguidamente afrontó la tarea (1926) de su clasificación en función de su forma, clasificación que continúa vigente hoy día. El estudio pormenorizado de su estructura le permitió realizar otro hallazgo fundamental, a saber, que las nebulosas extragalácticas se alejan de la Vía Láctea, y que lo hacen a mayor velocidad cuanto más alejadas se encuentran de ella. Las implicaciones de dicho descubrimiento pronto resultaron evidentes: el universo, durante largo tiempo considerado estático, en realidad estaba en expansión. En 1929 determinó la existencia de una relación constante entre distancia y velocidad de separación, constante que desde entonces lleva su nombre. Para medir dicha velocidad, se basó en el desplazamiento hacia la región infrarroja de las líneas espectrales de la radiación emitida, fenómeno que se denominó «corrimiento hacia el rojo», y que permitió posteriores evaluaciones de la edad del universo que la situaron en unos 15 000 millones de años. En 1961 se publicó póstumamente el *Atlas Hubble de las galaxias*, fruto de sus más de treinta años de observaciones.

HUERTA, VICTORIANO *(Colotlán, México, 1854-El Paso, EE UU, 1916) Militar y político mexicano.* De padres indígenas, siguió la carrera militar, y durante el régimen de Porfirio Díaz alcanzó las más altas graduaciones. Aunque era un gran admirador de Díaz, sirvió a su sucesor, el liberal Francisco Madero. Sofocó con éxito la rebelión de

▲ Victoriano **Huerta**,
el político que incentivó
la aparición en México
de grupos revolucionarios
con la dura represión
instaurada en los primeros
lustros del s. XX.

Orozco en Chihuahua, pero aliado con Bernardo Reyes y Félix Díaz fingió defender al presidente de una rebelión comandada por aquellos, en la llamada «decena trágica». Más tarde apresó a Madero y al vicepresidente José María Pino Suárez, los obligó a dimitir y luego, una vez logrado su nombramiento como presidente de la República, los hizo ejecutar. Poco después, disolvió las Cámaras federales, instauró una dictadura militar e inició una dura represión contra todos aquellos que se oponían a su régimen (entre otros, Venustiano Carranza, Álvaro Obregón, Pancho Villa y Emiliano Zapata), lo que fomentó la proliferación de grupos rebeldes. Ante el nuevo cariz de la situación, el presidente de Estados Unidos, Woodrow Wilson, negó su apoyo a Huerta, e incluso permitió que importantes cargamentos de armas llegasen a manos de los rebeldes. También ordenó el desembarco de fuerzas navales estadounidenses en Veracruz, aunque éstas no llegaron a participar en las luchas civiles, ya que las fuerzas revolucionarias no tardaron en vencer a las tropas de Victoriano Huerta, quien se vio obligado a dimitir. Abandonó México, se trasladó a España y al año siguiente se desplazó a Estados Unidos, donde fue detenido bajo la acusación de fomentar la rebelión en México. Murió poco despúes.

HUGHES, HOWARD *(Houston, EE UU, 1905-Texas, 1976) Empresario y productor de cine estadounidense.* Cursó estudios en el California Institute of Technology de Pasadena y en el Rice Institue of Technology de Houston. A los diecisiete años de edad, tras la muerte de su padre, abandonó los estudios y se hizo cargo de la empresa familiar. Posteriormente, en 1926, se trasladó a Hollywood, donde produjo *Los Ángeles del infierno* (1930) y *Scarface, el terror del hampa* (1932). Fue así mismo responsable del lanzamiento de Jean Harlow y Paul Muni. En 1935, a los mandos de un avión diseñado por él mismo, batió el récord de velocidad y posteriormente rebajó el tiempo de viaje entre Estados Unidos y Europa a 7 horas y 28 minutos. Como accionista mayoritario de la empresa de aviación TWA se enfrentó al comité antimonopolio, que falló en su contra. De talante reservado, fue protagonista de un sonado escándalo cuando se descubrió que su autobiografía, publicada en varios periódicos y revistas, era falsa y escrita sin su consentimiento. Durante los últimos años de su vida, y con el objetivo de pasar desapercibido, cambió de domicilio de forma incesante en innumerables ocasiones.

▲ Magnate del petróleo,
productor de cine, diseñador
de aviones, propietario
de hoteles y casinos, Howard
Hughes fue sin duda
uno de los empresarios
más enigmáticos y
sorprendentes del s. XX.

HUGO I CAPETO *(?, 938-París, 996) Rey de Francia (987-996).* Hijo de Hugo *el Grande*, estaba casado con la carolingia Adelaida de Poitou. Su familia pertenecía a los «robertianos», los condes de París, que en el siglo IX habían disputado la corona a los debilitados reyes carolingios. Fue proclamado rey de Francia (987) por los nobles más importantes del país, tras la muerte del último rey carolingio, Luis V, y en medio de un clima de apatía general. Con la base de su poder centrada en sus posesiones patrimoniales en los territorios situados entre el Sena medio y el Loira, y en las ciudades de París y Orleans, tuvo que hacer frente a las pretensiones de la nobleza, en especial de las casas de Anjou y Champagne, que intentaban apoderarse de las últimas posesiones pertenecientes a la Corona. La situación de Hugo I Capeto fue muy precaria ya que el poder real se encontraba muy debilitado, en especial en el sur, y por otra parte, al haber sido elegido de entre ellos, la mayoría de los nobles lo consideraban como a un igual, a pesar de reconocer su soberanía en el plano teórico. Para hacer frente a esta situación, Hugo Capeto, como también harían sus sucesores, utilizó la astucia y el tacto en sus relaciones con la nobleza, por lo que asoció a su hijo, Roberto I *el Piadoso*, al gobierno real, para así realzar su posición de monarca en el momento en que tuviese que hacerse cargo de la herencia. Además, buscó el apoyo de la Iglesia, práctica común de los monarcas de la época enfrentados a los violentos embates del feudalismo que socavaban la autoridad real. De esta manera logró mantener su posición y asegurar la corona para su familia en la persona de Roberto I.

HUGO, VICTOR *(Besançon, Francia, 1802-París, 1885) Escritor francés.* Su infancia transcurrió en Besançon, salvo dos años (1811-1812) en que residió con su familia en Madrid, donde su padre había sido nombrado comandante general. De temprana vocación literaria, ya en 1816 escribió en un cuaderno escolar: «Quiero ser Chateaubriand o nada». En 1819 destacó en los Juegos Florales de Toulouse y fundó el *Conservateur littéraire*, junto con sus hermanos Abel y Eugène, pero su verdadera introducción en el mundo literario se produjo en 1822, con su primera obra poética: *Odas y poesías diversas*. En el prefacio de su drama *Cromwell* (1827) proclamó el principio de la «libertad en el arte», y definió su tiempo a partir del conflicto entre la tendencia espiritual y el apresamiento en lo carnal del hombre. Pronto considerado como el jefe de filas del Romanticismo, su virtuosismo se puso de manifiesto en *Las Orientales* (1829), que satisfizo el gusto de sus contemporáneos por el exotismo oriental. La censura de *Marion Delorme* retrasó su aparición en la escena teatral hasta el estreno de *Hernani* (1830), obra maestra que triunfó en la Comédie Française. En 1830 inició una fase de singular fecundidad literaria, en la cual destacaron, además de distintos libros de poesía, su primera gran novela, *Nuestra Señora de París*, y el drama *Ruy Blas*. En 1841 ingresó en la Academia Francesa pero, desanimado por el rotundo fracaso de *Los burgraves*, abandonó el teatro en 1843. La muerte de su hija Léopoldine, acaecida mientras él estaba de viaje, sumada al desengaño por la traición de su esposa con su amigo Sainte-Beuve, lo sumieron en una honda crisis. Entregado a una actividad política cada vez más intensa, fue nombrado par de Francia en 1845. Pese a presentarse a las elecciones de 1848 en apoyo de la candidatura de Luis Napoleón Bonaparte, sus discursos sobre la miseria, los asuntos de Roma y la ley Falloux anticiparon su ruptura con el Partido Conservador. El 17 de julio de 1851 denunció las ambiciones dictatoriales de Luis Napoleón y, tras el golpe de Estado, huyó a Bélgica. Si bien es cierto que no publicó ninguna obra entre 1843 y 1851, concibió su novela *Los miserables* y compuso numerosos poemas que aparecieron posteriormente. En 1852 se instaló, con su familia, en Jersey (Reino Unido), de donde pasó en 1856 a Guernesey. Allí permaneció, en su propiedad de Hauteville-House, hasta 1870. Republicano convencido, denunció sin tregua los vicios del régimen conservador de su país y en 1859 rechazó la amnistía que le ofrecía Napoleón III. De este exilio de veinte años nacieron *Los castigos*, brillante sarta de poesías satíricas, la trilogía de *El fin de Satán*, *Dios* y *La leyenda de los siglos*, ejemplo de poesía filosófica, en la que traza el camino de la humanidad hacia la verdad y el bien desde la época bíblica hasta su tiempo, y su novela *Los miserables*, denuncia de la situación de las clases más humildes. De vuelta a París, tras la caída de Napoleón III (1870), fue aclamado públicamente y elegido diputado. Fue derrotado en los comicios siguientes, pero en 1876 obtuvo el escaño de senador de París, posición desde la que defendió la amnistía de los partidarios de la Comuna. Sin embargo, desengañado por la política, regresó a Hauteville-House (1872-1873). El ritmo de su producción disminuía, pero su prestigio se acrecenta-

> *«Admiremos a los grandes maestros, no les imitemos.»*
>
> Victor Hugo

ba sin cesar: un banquete conmemoró el quincuagésimo aniversario de *Hernani*; en 1881, su cumpleaños fue celebrado oficialmente y los senadores, en la tribuna, se levantaron sin excepción en su honor. A su muerte, el gobierno francés decretó un día de luto nacional y sus restos fueron trasladados al Panteón. Considerado como uno de los mayores poetas franceses, su influencia posterior sobre Baudelaire, Rimbaud e incluso Mallarmé y los surrealistas es innegable.

HUGUET, JAUME *(Valls, España, h. 1415-Barcelona, 1492) Pintor catalán.* Apenas existe documentación acerca de los inicios de este pintor del siglo XV, figura cumbre de la pintura gótica catalana. La hipótesis más extendida sitúa los años de formación de Huguet y los inicios de su carrera, al menos

▲ *Retrato de Victor **Hugo**, el poeta más emblemático del Romanticismo francés, realizado por L. Bonnat. El escritor participó también en la vida pública, siendo elegido en la asamblea legislativa en 1849. A la izquierda, ilustración de* Los miserables. *Este «miserable», en concreto, es la triste y maltratada niña Cosette, y el cartel sirvió para anunciar la versión musical de la novela.*

VICTOR HUGO
OBRAS MAESTRAS

POESÍA: *ODAS Y POESÍAS DIVERSAS* (*ODES ET POÉSIES DIVERSES*, 1821); *ODAS Y BALADAS* (*ODES ET BALLADES*, 1826); *LAS ORIENTALES* (*LES ORIENTALES*, 1829); *HOJAS DE OTOÑO* (*LES FEUILLES D'AUTOMNE*, 1831); *LOS CANTOS DEL CREPÚSCULO* (*LES CHANTS DU CRÉPUSCULE*, 1835); *VOCES INTERIORES* (*LES VOIX INTÉRIEURES*, 1837); *LOS CASTIGOS* (*LES CHÂTIMENTS*, 1853); *LAS CONTEMPLACIONES* (*LES CONTEMPLATIONS*, 1856); *LA LEYENDA DE LOS SIGLOS* (*LA LÉ-GENDE DES SIÈCLES*, 1859-1863); *EL FIN DE SATÁN* (*LA FIN DE SATAN*, 1886); *DIOS* (*DIEU*, 1891). **TEATRO:** *CROMWELL* (1827); *MARION DELORME* (1831); *HERNANI* (1830); *EL REY SE DIVIERTE* (*LE ROI S'AMUSE*, 1832); *LOS BURGRAVES* (*LES BURGRAVES*, 1843). **NOVELA:** *HAN DE ISLANDIA* (*HAN D'ISLANDE*, 1823); *NUESTRA SEÑORA DE PARÍS* (*NOTRE DAME DE PARIS*, 1831); *LOS MISERABLES* (*LES MISÉRABLES*, 1862); *EL HOMBRE QUE RÍE* (*L'HOMME QUI RIT*, 1869).

parcialmente, en Aragón. Se ha llegado a esta conjetura a raíz de la atribución al pintor de algunas obras de origen aragonés, entre ellas el *Retablo de Cervera de Cañada* y el magnífico *San Jorge* del Museo de Arte Nacional de Cataluña. Ya en estas primeras realizaciones se advierten algunos rasgos estilísticos que caracterizan toda su trayectoria. El más evidente es su predilección por las figuras, que plasma con estilización, elegancia y refinamiento, en detrimento de la composición y del estudio espacial. Por otra parte, la obra de Huguet resulta singular por la simbiosis entre el naturalismo del *quattrocento* italiano y el preciosismo de la pintura flamenca y del norte de Europa. Este último rasgo se acentúa tras su establecimiento en Barcelona hacia 1448, donde abrió un floreciente taller de pintura que recibió numerosos encargos, sobre todo de gremios y corporaciones, y en el que trabajaron innumerables discípulos y colaboradores. La primera obra barcelonesa fue el *Retablo de san Vicente* de Sarriá, preludio de las realizaciones más apreciadas de su trayectoria, dominadas por suntuosos fondos dorados: el *Retablo de san Abdón y Senén*, en Tarrasa, y el *Retablo del Condestable*, en Barcelona, el único realizado por encargo real. La última obra documentada de Jaume Huguet es el grandioso *Retablo de san Agustín*, en Barcelona, donde destacan como siempre las figuras, aunque en este caso, en un contexto de gran solemnidad. Otras obras, como la *Transfiguración* de Tortosa, se deben a su escuela, que fue muy prolífica y duradera.

HUIDOBRO, VICENTE *(Santiago, 1893-Cartagena, Chile, 1948) Poeta chileno.* Fue uno de los impulsores de la poesía de vanguardia en América Latina. En 1914 se declaró fundador del creacionismo en el manifiesto *Non serviam*, que proclamaba la necesidad de superar las formas tradicionales de expresión y convertía al poeta en un auténtico «dios creador». En 1916 se instaló en París, donde publicó *Horizonte cuadrado* (1917), *Torre Eiffel* (1917) y *Hallalli* (1918), todas en francés. En Madrid participó en la creación del ultraísmo y pu-

▲ *Retrato de* **Humboldt** *en su despacho, atiborrado de libros. La imagen pertenece a su última etapa en Berlín, cuando trabajaba en su monumental obra* Cosmos.

▼ *Mapa de la zona comprendida entre Venezuela y Brasil que recorrió* **Humboldt** *a principios del s. XIX, y en la que el naturalista obtuvo multitud de datos sobre el clima, la fauna y la flora amazónicos.*

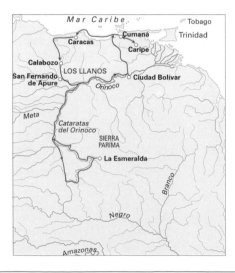

blicó *Ecuatorial* (1918) y *Poemas árticos* (1918), obras de una absoluta libertad formal. Tras su regreso a Chile, fue candidato a la presidencia de la República en 1925. A esa época pertenecen *Estaciones escogidas* (1921), *Otoño regular* (1929) y *Altazor* (1931), su obra más importante. Fue retratado por Picasso y Juan Gris.

HUMBOLDT, ALEXANDER VON *(Berlín, 1769-id., 1859) Naturalista y explorador alemán.* Recibió una excelente educación en el castillo de Tegel y se formó intelectualmente en Berlín, Frankfurt del Oder y en la Universidad de Gotinga. Apasionado por la botánica, la geología y la mineralogía, tras estudiar en la Escuela de Minas de Freiberg y trabajar en un departamento minero del gobierno prusiano, en 1799 recibió permiso para embarcarse rumbo a las colonias españolas de América del Sur y Centroamérica. Acompañado por el botánico francés Aimé Bonpland, con quien ya había realizado un viaje a España, recorrió casi diez mil kilómetros en tres grandes etapas continentales. Las dos primeras en Sudamérica, desde Caracas hasta las fuentes del Orinoco y desde Bogotá a Quito por la región andina, y la tercera por las colonias españolas en México. Como resultado de su esfuerzo, logró acopiar cantidades ingentes de datos sobre el clima, la flora y la fauna de la zona, así como determinar longitudes y latitudes, medidas del campo magnético terrestre y unas completas estadísticas de las condiciones sociales y económicas que se daban en las colonias mexicanas de España. Entre 1804 y 1827 se estableció en París, donde se dedicó a la recopilación, ordenación y publicación del material recogido en su expedición, contenido todo él en treinta volúmenes que llevan por título *Viaje a las regiones equinocciales del Nuevo Continente*. De entre los hallazgos científicos derivados de sus expediciones cabe citar el estudio de la corriente oceánica de la costa oeste de Sudamérica que durante mucho tiempo llevó su nombre, un novedoso sistema de representación climatológica en forma de isobaras e isotermas, los estudios comparativos entre condiciones climáticas y ecológicas y, sobre todo, sus conclusiones sobre el vulcanismo y su relación con la evolución de la corteza terrestre. En 1827 regresó a Berlín, donde desempeñó un destacado papel en la recuperación de la comunidad académica y científica alemana, maltratada tras décadas de conflicto bélico. Fue nombrado chambelán del rey y se convirtió en uno de sus principales consejeros, por lo que realizó numerosas misiones diplomáticas. En 1829, por encargo del zar, efectuó un viaje por la Rusia asiática, en el curso del cual visitó Dzhungaria y el Altai. Durante los últimos veinticinco años de su vida, se concentró principalmente en la redacción de *Cosmos*, monumental visión global de la estructura del universo, de la que en vida vio publicados cuatro volúmenes. Humboldt está considerado como uno de los últimos grandes ilustrados, con una vasta cultura enciclopédica, cuya obra abarcaba campos tan dispares como los de las ciencias naturales, la geografía, la geología y la física.

HUME, DAVID *(Edimburgo, 1711-id., 1776) Filósofo inglés.* Nació en el seno de una familia emparentada con la aristocracia, aunque de modesta fortuna. Estudió durante un tiempo leyes en la Universidad de Edimburgo por voluntad de su familia, pero su falta de interés determinó que abandonara la carrera y se viese obligado a buscar la manera de ganarse la vida. Tras una breve tentativa de iniciarse en el comercio, decidió dedicarse al estudio. En 1734 marchó a Francia, donde pasó tres años, la mayor parte de ellos en La Flèche, dedicado a la redacción de su primera obra, *Tratado de la naturaleza humana*, que completó tras su regreso a Londres y se empezó a publicar en 1739. El tratado no despertó ningún interés, y Hume se retiró a la casa familiar en Ninewells. La favorable acogida que obtuvo la publicación en Edimburgo de la primera parte de sus *Ensayos morales y políticos* en 1742, le hizo olvidar su primer fracaso. Trabajó como preceptor del marqués de Annandale (1745-1746) y luego como secretario del general St. Clair (1746-1748), a quien acompañó en misión diplomática a Viena y Turín. Nombrado bibliotecario del Colegio de Abogados de Edimburgo, emprendió la redacción de una historia de Inglaterra, que publicó desde 1754 hasta 1762 en varias entregas, algunas bastante mal recibidas por la burguesía liberal. En 1763 aceptó la invitación de lord Hertford de incorporarse a la embajada en París, ciudad donde residió hasta 1766 y en la que se relacionó con los enciclopedistas. En 1769 regresó definitivamente a Edimburgo con el propósito de disfrutar de la fortuna que le habían proporcionado tanto sus cargos como, finalmente, sus obras. Se ha considerado a Hume como uno de los máximos representantes del llamado empirismo inglés; su análisis crítico del conocimiento, que ejerció sobre Kant una decisiva y reconocida influencia, insistió en la importancia de investigar el origen de las ideas, que él entendía como copias o imágenes de las impresiones (sensaciones, pasiones, emociones). Concibió el razonamiento como la actividad de descubrir relaciones entre ideas, que podían ser de dos tipos: las existentes entre hechos (objeto del razonamiento probable, fundado en la experiencia) y relaciones entre ideas (objeto del razonamiento demostrativo, basado en el principio de no contradicción). Estimando imposible cualquier otra forma de razonamiento, lo que suponía rechazar como falsas las proposiciones de la metafísica o la teología, sometió a crítica toda clase de ideas, y refutó en especial las de sustancia, existencia y relación causal. Respecto de esta última, sin negar la posibilidad de que exista una causalidad real, afirmó que era imposible conocerla: el origen de la idea de causa hay que buscarlo, por tanto, en el hábito psicológico de percibir determinadas sensaciones de forma simultánea o sucesiva, sin que dicha idea encierre ninguna necesidad lógica o racional.

HUMPERDINCK, ENGELBERT *(Siegburg, Alemania, 1854-Neustrelitz, id., 1921) Compositor, crítico y pedagogo alemán.* Seguidor de las propuestas estéticas y musicales de Richard Wagner, a quien había conocido en Nápoles en 1880 y con quien colaboró en la puesta en escena de *Parsifal* (1882), Engelbert Humperdinck ha pasado a la posteridad especialmente por una única obra: la ópera *Hansel y Gretel* (1893). Su original mezcla de wagnerismo e ingenuas melodías populares, junto a su argumento mágico, han hecho de esta partitura una de las favoritas del gran público, sobre todo en los países del área germánica. El resto de su producción escénica no ha superado la prueba del tiempo, aunque algunos de sus títulos, como *Los hijos del rey* (1910), se reponen de vez en cuando. Su especial sensibilidad hacia el mundo infantil es palpable también en *Los siete Geislein* (1895) y en los *Cuatro lieder para niños* (1901). Su labor como pedagogo le llevó a trabajar por breve tiempo en el Conservatorio de Barcelona (1885-1886).

DAVID HUME

OBRAS MAESTRAS

TRATADO DE LA NATURALEZA HUMANA (A TREATISE OF HUMAN NATURE, 1739-1740); ENSAYOS MORALES Y POLÍTICOS (ESSAYS, MORAL AND POLITICAL, 1741-1742); INVESTIGACIÓN SOBRE EL CONOCIMIENTO HUMANO (AN ENQUIRY CONCERNING HUMAN UNDERSTANDING, 1748); INVESTIGACIÓN SOBRE LOS PRINCIPIOS DE LA MORAL (AN ENQUIRY CONCERNING THE PRINCIPLES OF MORALS, 1751); ENSAYOS POLÍTICOS (POLITICAL DISCOURSES, 1752); HISTORIA NATURAL DE LA RELIGIÓN (THE NATURAL HISTORY OF RELIGION, 1755); HISTORIA DE INGLATERRA BAJO LA CASA TUDOR (HISTORY OF ENGLAND UNDER THE HOUSE OF TUDOR, 1759).

▲ *David **Hume** fue uno de los fundadores del empirismo, cuya premisa básica es que la experiencia constituye la única fuente fidedigna para conocer el mundo.*

«*La razón es, y sólo debe ser, una esclava de las pasiones, y no puede pretender otro oficio que el de servirlas y obedecerlas.*»

David Hume

HURTADO DE MENDOZA, DIEGO *(Granada, 1503-Madrid, 1575) Político y escritor español.* Estudió humanidades en Granada y Salamanca bajo la tutela de Pedro Mártir de Anglería. En 1537 fue nombrado por Carlos I embajador en Inglaterra, y dos años después en Venecia, para luego representar al emperador en el concilio de Trento, donde se enfrentó al papa Paulo III para defender la presencia de tropas españolas en Italia. En 1547 fue nombrado embajador en Roma, y obtuvo el cargo de gobernador y capitán general de Siena, donde pacificó a los sieneses, que habían pactado con Francia para librarse del dominio español. Su estancia en Italia, no obstante, llegó a su fin en 1551, debido a las presiones del nuevo papa Julio III. De regreso en Madrid pasó a formar parte del Consejo de Estado y fue ungido caballero de la Orden de Alcántara. En 1568, tras fracasar en una misión que el rey le había encomendado en tierras aragonesas, y a raíz de sus desavenencias con el duque de Leyva, Felipe II lo desterró a Granada, donde participó en la lucha contra los moriscos, sublevados en las Alpujarras. Sofocada la revuelta con la ayuda de su sobrino el marqués de Mondéjar, consiguió que la orden de destierro fuera revocada y pudo regresar a Madrid, donde nunca recuperó su influencia en la corte. En cuanto a su obra literaria, cabe destacar *La guerra de Granada* (1627), en la que narra la revuelta de los moriscos, y también su producción poética, como el *Diálogo entre Caronte y el alma de Pedro Luis Farnesio*, donde combina los modelos métrico italiano y el de corte tradicional.

HUSAK, GUSTAV *(Bratislava, actual Eslovaquia, 1913-id., 1991) Político eslovaco.* Cursó estudios de derecho en la Universidad Comenius, tras los cuales ejerció la abogacía y participó en actividades ilegales del Partido Comunista, por lo que fue encarcelado, entre 1940 y 1943. Recuperada la libertad, fue elegido miembro del comité central del partido y participó en la revuelta antifascista de 1944. Víctima de las purgas estalinistas, entre 1954 y 1960 fue nuevamente encarcelado, y, en 1968, durante las reformas de A. Dubcek, fue nombrado diputado. En agosto de aquel mismo año, la Unión Soviética, cuyos dirigentes no veían con buenos ojos la apertura de Dubcek, invadió Checoslovaquia y Husak se erigió en líder de los comunistas opuestos a las reformas, lo que le permitió, tras la caída de Dubcek, ser nombrado líder del Partido Comunista y, por exten-

▲ *Husayn I de Jordania (a la derecha) junto a Yasser Arafat durante la reunión que desembocó en la firma de los acuerdos de paz de Wye Plantation.*

▲ *El político iraquí Saddam **Hussein**.*

sión, jefe del Estado. Conservó el cargo hasta 1989, en que por su oposición a la «perestroika», el conjunto de reformas aperturistas propuesto por el presidente soviético M. Gorbachov, fue obligado a dimitir.

HUSAYN I *(Ammán, Jordania, 1935-id., 1999) Rey de Jordania.* Nieto de Abdullah ibn Hussein, en 1952 subió al trono de Jordania. Enfrentado al panarabismo de Nasser, fue objeto de numerosas conspiraciones y atentados, aunque, finalmente, aceptó aliarse con Egipto y Siria en 1967. La guerra de los Seis Días se saldó con una dura derrota frente a los israelíes, la pérdida de Cisjordania y el consiguiente establecimiento en suelo jordano de grupos palestinos. El desafío a su autoridad por parte de los guerrilleros palestinos le obligó a enviar contra ellos al ejército en el llamado «Septiembre Negro» de 1970. A pesar de ser aliado de Estados Unidos, se avino a prestar su apoyo a las reivindiaciones de la OLP con respecto a los territorios ocupados, y se puso del lado de Saddam Hussein durante la guerra del Golfo, consciente de que ésta era la voluntad de su pueblo. Intervino en la firma de los acuerdos de paz entre Israel y la OLP en 1993 y hasta su muerte fue uno de los principales valedores del diálogo en la región.

HUSSEIN, SADDAM *(Takrit, Irak, 1937) Político iraquí.* Estudió en las universidades de Bagdad y El Cairo, y en 1957 se afilió al Partido Baas. Su radicalismo nacionalista lo llevó a atentar contra la vida de Abd-el-Karim Kassem (1959), por lo que hubo de exiliarse durante cuatro años. De regreso en su país, continuó con su actividad política y en 1968 tomó parte en el golpe de Estado baasista encabezado por el general Ahmad Hassam al-Bakr, de quien se convirtió en el hombre de confianza. Como vicepresidente del Consejo de la Revolución se mantuvo en segundo plano hasta 1979, cuando fue nombrado presidente de la República. Al año siguiente, con el propósito de eliminar la amenaza de Jomeini, atacó a Irán, lo que desencadenó la guerra con este país. Tras ocho años de cruento conflicto, un Irán desgarrado aceptó el armisticio de las Naciones Unidas e Irak se declaró vencedor. En 1990, Saddam Hussein, tras solicitar en vano un aumento del precio del petróleo que le hubiese reportado las divisas necesarias para paliar la difícil situación económica, invadió Kuwait reclamando antiguos derechos sobre su territorio. Tal violación del derecho internacional provocó la condena de las potencias occidentales, que vieron peligrar además sus intereses económicos y estratégicos en la zona. La crisis desembocó en la llamada guerra del Golfo, en la que fuerzas internacionales obligaron al ejército iraquí a retirarse, y las Naciones Unidas impusieron un boicot total que afectó gravemente a la economía iraquí y a las condiciones de vida del pueblo. Sin embargo, Saddam Hussein aún se revolvió contra los kurdos en el norte y los chiíes en el sur, y sólo las amenazas internacionales lograron disuadirlo de proseguir con su propósito. Los informes de la CIA asegurando la existencia de fábricas y arsenales de armas químicas y bacteriológicas en Irak motivaron el envío de comisiones de desarme de la ONU, cuyo trabajo, entorpecido por Hussein, dio origen a periódicas crisis internacionales.

HUSSERL, EDMUND *(Prossnitz, hoy Prostejov, actual República Checa, 1859-Friburgo, Alemania, 1938) Filósofo y lógico alemán.* Nacido en el seno de una acomodada familia judía, estudió física, matemáticas, astronomía y filosofía en las universidades de Leipzig, Berlín y Viena. En Viena asistió a los cursos que impartía el sociólogo Franz Brentano, quien influiría decisivamente en su formación filosófica. A partir de 1887 fue profesor en Halle, y en Gotinga desde 1906. En 1916 pasó a ser profesor titular de la Universidad de Friburgo, donde ejercería la docencia hasta su jubilación, en 1928. En sus primeros textos, como *Filosofía de la aritmética,* obra publicada en 1891, analizó la génesis y el empleo de los símbolos numéricos. Sus escritos propiamente filosóficos comenzaron con la publicación, en 1900-1901, de *Investigaciones lógicas,* en que polemizó con el psicologismo y con la cual se abre su pensamiento más original. Su intención era establecer una base epistemológica para la filosofía que la convirtiera en propiamente científica, base que halló en el método que llamó «fenomenológico» y que representa en cierta medida una modernización del trascendentalismo kantiano. La conciencia (el ego) es la condición de posibilidad de cualquier conocimiento, y tiene la característica de ser «intencional», término tomado de Brentano, según el cual la conciencia es siempre «conciencia de algo», es decir, se refiere a un objeto. La evidencia primera viene dada por esta aparición del objeto a la conciencia, previa a cualquier interpretación subjetiva, y que constituye propiamente la esencia de los objetos. En este sentido, su lema fue volver «a las cosas mismas», aunque en realidad se refiere al objeto que aparece a la conciencia (fenómeno).

EDMUND HUSSERL
OBRAS MAESTRAS

FILOSOFÍA DE LA ARITMÉTICA (PHILOSOPHIE DER ARITHMETIK, 1891); *INVESTIGACIONES LÓGICAS (LOGISCHE UNTERSUCHUNGEN,* 1900-1901); *IDEAS SOBRE UNA FENOMENOLOGÍA PURA (IDEEN ZU EINER REINEN PHÄNOMENOLOGIE,* 1913); *FENOMENOLOGÍA DE LA CONCIENCIA DEL TIEMPO INMANENTE (VORLESUNGEN ZUR PHÄNOMENOLOGIE DES INNEREN ZEITBEWUSSTSEINS,* 1928); *LÓGICA FORMAL Y LÓGICA TRASCENDENTAL (FORMALE UND TRANSZENDENTALE LOGIK,* 1929); *MEDITACIONES CARTESIANAS (MÉDITATIONS CARTÉSIENNES. INTRODUCTION À LA PHÉNOMÉNOLOGIE,* 1931); *LA CRISIS DE LAS CIENCIAS EUROPEAS Y LA FENOMENOLOGÍA TRASCENDENTAL (DIE KRISIS DER EUROPÄISCHEN WISSENSCHAFTEN UND DIE TRANSZENDENTALE PHÄNOMENOLOGIE,* 1936).

En su voluntad de resolver la clásica oposición entre racionalismo y empirismo, lo que propone el filósofo es la superación de una actitud naturalista y psicologista a través de un método por el cual el yo se convierte en espectador desinteresado de sí mismo y es capaz, de este modo, de reconstruir la estructura de la conciencia y el mundo como fenómeno que aparece en ella. La aspiración metodológica de la fenomenología evolucionó hacia una concepción propiamente idealista, según la cual la conciencia es lo que funda tanto el mundo objetivo como la intersubjetividad, esto es, la relación entre las personas, en un intento de sentar una aproximación renovada a la vida y a la independencia moral del sujeto. Con la llegada del nazismo al poder en 1933, fue apartado de la docencia. Su filosofía se encuentra en la base de la llamada «escuela fenomenológica», de la que partieron Max Scheler y Martin Heidegger, en quien vio a su legítimo continuador, aunque las ideas de éste expuestas en *Ser y tiempo* motivaron la ruptura entre ambos.

HUSTON, JOHN *(Missouri, EE UU, 1906-Newport, Reino Unido, 1987) Director de cine estadounidense.* Hijo del actor teatral y cinematográfico Walter Huston, colaboró como escenógrafo con grandes directores como Raoul Walsh y Howard Hawks. La primera película que dirigió fue *El halcón maltés* (1941), protagonizada por Humphrey Bogart, actor que intervendría en algunos de sus mejores filmes, como *El tesoro de Sierra Madre* (1947), *Cayo Largo* (1948) y *La reina de África* (1951). Casi todas las estrellas de Hollywood actuaron a las órdenes de Huston (entre ellas, y por citar algunas, Marlon Brando, Montgomery Clift, Marilyn Monroe, Elizabeth Taylor, etc.), en cuya filmografía se cuentan algunas obras maestras de la historia del cine, como *La jungla de asfalto* (1950), *Vidas rebeldes* (1961) o *Los muertos* (1987), adaptación del cuento del mismo título de Joyce que filmó poco antes de fallecer.

▲ *Retrato de Edmund* **Husserl**, *fundador de la fenomenología y, junto a Wittgenstein y Heidegger, uno de los pensadores que más ha influido en la filosofía contemporánea.*

▼ *El director de cine John* **Huston**, *en su faceta de actor, interpreta a Moisés, en* La Biblia *(1965).*

HUXLEY, ALDOUS (*Godalming, Reino Unido, 1894-Los Ángeles, 1963*) *Novelista y crítico británico.* Hijo del humanista Leonard Huxley, se educó en Eton y se graduó en Oxford en 1916, año en que publicó su primer libro. Colaboró en la revista *Athenaeum* de 1919 a 1921. De aquí en adelante se entregó al desarrollo de su propia escritura. Pasó largas temporadas en Italia hasta los años treinta, y luego se afincó en California. Se consagró ya como un autor de talla a raíz de la publicación de sus dos primeras novelas, *Amarillo cromo* (1921) y *Círculo vicioso* (1923), una y otra sátiras de la Inglaterra literaria e intelectual de la época. El mismo cariz tiene *Contrapunto*, aparecida en 1928. Sus previsiones respecto de la futura evolución de la tecnología y la sociedad mediática del siglo XX hallaron su expresión en *Un mundo feliz* (1932). Como muchos de sus contemporáneos, encontró en el pensamiento hindú y en el misticismo una vía alternativa a la cultura occidental. De ese interés derivaron obras como *Ciego en Gaza* (1936) o *La filosofía perenne* (1946). Uno de sus trabajos posteriores más brillantes fue *Los demonios de Loudun* (1952), un complejo estudio de una posesión demoníaca en la Francia del siglo XVII. También son de resaltar sus investigaciones con las drogas, por ejemplo, la alucinógena mescalina, experiencias que describió y analizó en *Las puertas de la percepción* (1954), obra que se convirtió en un libro de culto para las nuevas generaciones. Abordó así mismo los campos de la poesía (*Leda*, 1920); de la dramaturgia (*El mundo de la luz*, 1931); y del ensayo (*Literatura y ciencia*, 1963).

HUXLEY, THOMAS HENRY (*Ealing, Reino Unido, 1825-Eastbourne, id., 1895*) *Biólogo británico.* A pesar de haber ido sólo dos años a la escuela, su formación autodidacta le permitió entrar en el hospital Charing Cross, donde estudió y se graduó en medicina. En 1846 se enroló como cirujano en el *Rattlesnake*, y durante la travesía estudió la vida marina en las aguas tropicales, en especial de las medusas, lo que le valió el reconocimiento de la Royal Society, de la que fue nombrado miembro en 1851. Tres años más tarde ingresó en la Escuela Real de Minas, que luego sería el Real Colegio de la Ciencia. Ferviente darwinista, intervino en agrias polémicas en defensa del evolucionismo. Fue también autor de numerosos trabajos sobre embriología, zoología y paleontología.

▲ *Aldous* **Huxley** *concebía la novela como un instrumento para discutir ideas e hipótesis.*

> «*El destino habitual de las verdades nuevas es comenzar como herejías y acabar como supersticiones.*»
>
> Thomas Henry Huxley

▼ *Thomas Henry* **Huxley** *fue uno de los grandes seguidores e impulsores de la teoría evolucionista de Darwin.*

HUYGENS, CHRISTIAAN (*La Haya, 1629-id., 1695*) *Matemático, astrónomo y físico holandés.* Hijo del poeta renacentista Constantin Huygens, pronto demostró un gran talento para la mecánica y las matemáticas. Estudió en la Universidad de Leiden y en el Colegio de Breda. Huygens adquirió una pronta reputación en círculos europeos por sus publicaciones de matemáticas y por sus observaciones astronómicas, que pudo realizar gracias a los adelantos que introdujo en la construcción de telescopios. Destacan, sobre todo, el descubrimiento del mayor satélite de Saturno, Titán (1650), y la correcta descripción de los anillos de Saturno, que llevó a cabo en 1659. Más tarde se trasladó a París, donde permaneció desde 1666 a 1681, fecha de su regreso a La Haya. En 1666 fue miembro fundador de la Academia Francesa de Ciencias. En 1673 se publicó su famoso estudio sobre *El reloj de péndulo*, brillante análisis matemático de la dinámica pendular en el que se incluyeron las soluciones completas a problemas como el período de oscilación de un péndulo simple y las leyes de la fuerza centrífuga para un movimiento circular uniforme. Contemporáneo de Isaac Newton, su actitud mecanicista le impidió aceptar la idea de fuerzas que actúan a distancia. El mayor logro de Huygens fue el desarrollo de la teoría ondulatoria de la luz, descrita ampliamente en el *Traité de la lumière* (1690), y que permitía explicar los fenómenos de la reflexión y refracción de la luz mejor que la teoría corpuscular de Newton.

HUYSMANS, JORIS-KARL (*París, 1848-id., 1907*) *Escritor francés.* En 1868 entró como funcionario de bajo nivel en el ministerio del Interior. Sus primeras novelas se inscriben escrupulosamente en el naturalismo de Zola, como sucede en *Marta* (1876) y *Las hermanas Vatard* (1879). Con *Al revés* (1884) dio, sin embargo, un giro radical a su estética. La novela, que se convirtió en modelo a seguir para simbolistas y decadentistas, expresa una delicada espiritualidad, explora toda clase de sensaciones y matices de la experiencia, y significó, además, un espaldarazo importante para Mallarmé y otros poetas, hasta el momento ignorados. Su fascinación por el mundo religioso se refleja claramente en sus siguientes novelas, como *Allá lejos* (1891), que lo llevaría a convertirse al catolicismo, evolución personal que describió en una tetralogía escrita entre 1895 y 1906.

I

IBARBOUROU, JUANA DE [Juana Fernández Morales] *(Melo, Uruguay, 1895-Montevideo, 1979) Escritora y poetisa uruguaya.* Próxima al modernismo, conjugó sensualidad, belleza, paganismo y telurismo en una poesía jubilosa cuyos cantos a la naturaleza le valieron el homenaje internacional como *Juana de América* en 1929. Miembro de la Academia Uruguaya desde 1947, fue Premio Nacional de Literatura en 1959. Una de sus obras más conocidas es *Las lenguas de diamante*, de 1919, cuyo título alude al lenguaje silente de la mirada y que constituye una apasionada celebración de la vida en todos los detalles que la componen, como la risa, la magia, el esplendor del paisaje o la luz. Otros libros de poesía suyos son *Raíz salvaje* (1922), *La rosa de los vientos* (1930), *Romances del destino* (1955). De su aportación en prosa destacan las novelas *Estampas de la Biblia* (1934) y *Chico Carlo* (1944), y la pieza teatral *Los sueños de Natacha* (1945).

IBÁRRURI, DOLORES, llamada *La Pasionaria (Gallarta, España, 1895-Madrid, 1989) Líder comunista española.* Hija de una familia de mineros de Gallarta, en Vizcaya, contrajo matrimonio con Julián Ruiz, un minero socialista, con el que tuvo una numerosa familia. Mujer prácticamente analfabeta, aunque de gran inteligencia natural y coraje, tomó parte en la huelga general de 1917 e ingresó en la agrupación socialista de Somorrostro, con la que fue derivando hacia el comunismo. Así, en 1923 participó en el primer Congreso del Partido Comunista de España, de cuyo comité central formó parte en 1930. En 1936 fue elegida diputada por

▲ *La escritora uruguaya Juana de **Ibarbourou**, una de las poetisas sudamericanas de más poderosa vena lírica del s. XX.*

Asturias. Al estallar la guerra civil pasó a ser una de las más importantes propagandistas del bando republicano, con el famoso lema de «no pasarán». Después de la guerra vivió exiliada en la URSS y fue elegida secretaria general y presidenta del partido en el exilio. En 1977 regresó a España, y fue elegida diputada al Congreso por Oviedo en las primeras elecciones de la transición.

IBN ARABÍ *(Murcia, 1165-Damasco, 1241) Filósofo, teósofo y místico musulmán.* Reconocido por la tradición sufí como el mayor maestro, fue un monista integral y un teórico de la unicidad del ser: su obra reconoce en toda experiencia el rostro de Dios y en toda imagen o forma, la huella divina. Mantuvo que el mundo se ofrece al hombre como la celebración perpetua de la presencia divina. A pesar de sus esfuerzos por mantenerse dentro de la ortodoxia islámica, admitió la equivalencia de todas las creencias religiosas, en cuya variedad de rituales y leyes veía formalizaciones singulares destinadas a verbalizar el fervor religioso que habita en los hombres. Al situar dicha experiencia religiosa más allá de cualquier medida moral, negaba de modo implícito la existencia del infierno y afirmaba que el Paraíso acogería eternamente a todas las criaturas sin distinción. Ello le valió la hostilidad de numerosos teólogos sunnitas, entre ellos el sirio Ibn Taymiyya (siglo XIII). Su poemario *La intérprete de los ardientes deseos*, inspirado por una mujer persa, amalgama figuras bíblicas y coránicas. Por lo que se refiere a sus vastas *Conquistas espirituales*, constituyen sin duda la enciclopedia más completa del sufismo.

IBSEN, HENRIK *(Skien, Noruega, 1828-Cristianía, hoy Oslo, id., 1906) Dramaturgo noruego.* Tras vivir una infancia difícil debido a la quiebra de los negocios familiares y a la separación de sus padres, en 1844 se trasladó a Grimstad para trabajar como mancebo en una farmacia. Estudió por su cuenta y logró superar el examen que permitía el acceso a la universidad, donde pretendía cursar medicina. Sin embargo, su vocación de autor dramático se impuso, y en 1851 fue contratado como autor por el Teatro Nacional de Bergen, del que llegó a ser director de escena. Seis años más tarde regresó a Cristianía para asumir la dirección del Teatro Noruego, pero las dificultades económicas y el escaso éxito obtenido le llevaron, en 1864, a abandonar su país para afincarse primero en Italia y luego en Alemania. No regresaría a Noruega hasta 1892. Autor prolijo, el verdadero reconocimiento de su obra no se produjo hasta la publicación, en 1866, de *Brandt*, poema dramático de corte romántico que presentaba al héroe ideal y formaba parte de una trilogía que completaban *Peer Gynt*, el antihéroe, y *La comedia del amor*, las tres obras, muy poéticas, reflejaban un profundo sentimiento nacionalista. La publicación, en 1877, de *Los pilares de la sociedad* señaló el inicio de una serie de obras de temática social y marcadas por un fuerte realismo, entre las que destacan *Casa de muñecas* (1879), *Espectros* (1881) y *Un enemigo del pueblo* (1882). El simbolismo que había presidido toda su producción domina otra vez su etapa de madurez, por ejemplo en *Hedda Gabler* (1890), donde analiza la situación conflictiva de la mujer en la sociedad, y *John Gabriel Borkman* (1896).

ICAZA CORONEL, JORGE *(Quito, 1906-id., 1978) Escritor ecuatoriano.* Tras una primera etapa de dedicación al teatro durante la cual fue miembro de la Compañía Dramática Nacional, inició su carrera literaria con la pieza teatral *El intruso* (1929), a la que siguieron nuevas obras dramáticas. Sin embargo, su gran aportación a la literatura ecuatoriana vino con la introducción, en la literatura nacional, de la temática indigenista, a la que dio un tratamiento de denuncia social. Esta corriente se inició con un primer volumen de cuentos, *Barro de la Sierra* (1933), y se consolidó con *Huasipungo* (1934), su obra más conocida y traducida. Dentro de esta misma tendencia, en 1948 publicó *Huairapamushcas*. En 1935 recibió el Premio Nacional de Novela por la obra *En las calles*. Entre su producción posterior destacan sus novelas *El chulla Romero y Flores* (1958) y *Atrapados* (1973).

▲ *Retrato de Henrik **Ibsen** que forma parte de una serie pintada por Erik Werenkiold en 1895.*

▼ *Julio **Iglesias**, cantante español con gran proyección internacional. Sus discos se han mantenido en las listas de superéxitos durante más de treinta años.*

IDRIS I [Muhammad Idris al-Mahdi al-Sanusi] *(Yarabud, Libia, 1890-El Cairo, Egipto, 1983) Rey de Libia.* En 1917, al morir su tío Sayyid, se convirtió en jefe de los sanusíes de la Cirenaica. Dirigió la resistencia contra los italianos, que le forzaron a exiliarse en Egipto. En 1947 pudo regresar de nuevo a la Cirenaica y, reunida la Asamblea Nacional Libia el 3 de diciembre de 1950, fue elegido rey de Libia con el nombre de Idris I. Incorporó a su país a la Liga Árabe (1953) y a las Naciones Unidas (1955), apoyó a sus vecinos árabes durante la guerra de los Seis Días contra Israel, si bien Libia no participó directamente en el conflicto bélico, y se acercó a la URSS. En 1969 fue derrocado por un grupo de oficiales, entre los que se encontraba Muammar al-Gaddafi, que declararon abolida la monarquía y proclamaron la República Árabe de Libia Popular y Socialista.

IGLESIAS, JULIO *(Madrid, 1943) Cantante melódico español.* Es el músico melódico español de mayor renombre internacional. A los diecinueve años, un accidente de coche le incapacitó para la práctica del fútbol, al que se dedicaba, y durante la convalecencia compuso el tema *La vida sigue igual*, con el que ganaría el Festival de Benidorm en 1968. En el año 1970 representó a Radio Televisión Española en el Festival de Eurovisión, logrando la cuarta plaza con el tema *Gwendoline*, que catapultó al cantante al estrellato en Europa. En 1980 sacó el que hasta el momento ha sido su disco más comercial en lengua castellana, *Hey*, y en 1984 editó su primer disco en inglés *1100 Bel Air Place*, que incluía el «hit» *All of you*, cantado a dúo con Diana Ross. También contribuyeron mucho al éxito en su carrera la manera de actuar en el escenario y la sensualidad de su voz y sus gestos, que le han valido el apoyo incondicional de un público mayoritariamente femenino.

IGNACIO DE LOYOLA, SAN [Íñigo de Óñez y Loyola] *(Azpeitia, España, 1491-Roma, 1556) Fundador de la Compañía de Jesús.* Nacido en el seno de una familia de la nobleza vasca, se crió en casa del contador de los Reyes Católicos, donde conoció a Antonio Manrique, virrey de Navarra, junto a quien desarrolló su carrera militar. Sin embargo, herido en una pierna durante el asedio de los franceses a Pamplona (1521), Ignacio de Loyola se dedicó durante la convalecencia a leer textos religiosos, a pesar de que hasta entonces había mostrado muy poca inclinación por la fe. Tras descubrir de este modo su vocación, peregrinó al monasterio de Montserrat para confesarse, tomó el hábito de penitente y se recluyó en una cueva cerca de Manresa, donde inició la redacción de su obra más famosa, los *Ejercicios espirituales*. Más adelante viajó como peregrino a Roma, Venecia y Jerusalén, al tiempo que iba profundizando en sus conocimientos humanísticos. Luego volvió a España para estudiar latín en Barcelona (1524-1526) y filosofía en Alcalá (1526-1527) y Salamanca (1527). En París obtuvo su título de maestro en Artes (1534) y empezó a estudiar teología de un modo riguroso. En este mismo período congregó a sus primeros compañeros y acólitos, seis en total, con quienes hizo el llamado «voto de Montmartre», que comprendía el de pobreza, el de castidad y el de ir a Jerusalén en peregrinación para dedicar luego sus vidas a procurar la salvación de las almas. Tras el voto, los seis compañeros fueron con él a Roma, donde recibieron las órdenes sagradas, aunque la guerra entre turcos y venecianos les impidió viajar a Tierra Santa. Predicaron entonces en la ciudad de Roma, donde Ignacio de Loyola concibió una orden que debería ser como una milicia religiosa, a la que dio el nombre de Compañía de Jesús. Reconocida por el papa Paulo III en 1541, la Compañía tendría una gran expansión, y se convertiría en uno de los principales bastiones de la Contrarreforma.

IMHOTEP *(h. 2700 a.C.) Arquitecto y médico egipcio*. Además de arquitecto, fue un famoso médico al servicio del rey Zoser, de la III dinastía. Para él construyó la pirámide de Saqqara, que tiene el mérito de ser el primer edificio funerario de estas características en Egipto. La obra se singulariza por estar construida en piedra, en lugar del ladrillo o la madera que eran habituales hasta entonces, y por ser escalonada, como si se tratara de una serie de mastabas superpuestas. En la misma necrópolis de Saqqara, además de la pirámide, se le deben los templos. Después de su muerte alcanzó una gran celebridad, hasta el extremo de que, en el período helenístico, los griegos lo divinizaron, asimilándolo a Asclepio. Resulta, por ello, casi imposible conocer su auténtica biografía, ya que se le atribuyeron todo tipo de hechos extraordinarios y milagrosos.

INCA ROCA *(?-?, h. 1246) Soberano inca*. Sucedió a su padre Cápac Yupanqui y mantuvo su misma política expansionista. Du-

▲ *Cuadro de Rubens en el que se representa a **Ignacio de Loyola** curando a los posesos. El fundador de la orden jesuítica fue canonizado en el año 1662.*

▼ *Escultura que representa al arquitecto y médico **Imhotep**, constructor de la primera gran pirámide de la historia de Egipto, la pirámide escalonada de Saqqara, para el rey Zoser, de la III dinastía.*

rante su reinado, el dominio de los incas se extendió más allá del valle de Cusco. Logró reafirmar su posición entre las diferentes tribus confederadas, lo cual comportó una importante concentración de poder en sus manos, que le permitió emprender una serie de reformas internas a nivel tanto político como religioso. La expansión territorial comportó numerosas dificultades, ya que el poderío de los incas aún no se había desarrollado hasta los extremos que alcanzó en los siglos sucesivos. Así, Inca Roca se vio obligado a establecer acuerdos con otros pueblos, como los ayarmaka, a los que tuvo incluso que dejar a su hijo Yahuar Huacac en custodia, a causa de un conflicto matrimonial. A su muerte dejó el trono a Yahuar Huacac, quien se convirtió en el séptimo emperador inca.

INDÍBIL *(?-Ager Sedetanus, actual España, 205 a.C.) Caudillo ilergeta*. Jefe de los ilergetas, una de las tribus ibéricas más importantes del nordeste de la península Ibérica, al estallar la Segunda Guerra Púnica se alió con los cartagineses, al igual que la mayor parte de los pueblos ibéricos del interior de Cataluña. La ofensiva inicial romana de los Escipiones, que culminó con la derrota de los cartagineses y sus aliados en la batalla de Cissa (218 a.C.), lo obligó a huir de sus tierras. A pesar de esto, los guerreros ilergetas, dirigidos por él, tuvieron una participación destacada en la batalla de Cástulo, que cambió el sentido de la guerra en la Península a favor de los púnicos. La llegada de Publio Cornelio Escipión transformó el equilibrio de fuerzas gracias a un ataque por sorpresa sobre Cartago Nova, que cayó en poder de los romanos. Los rehenes iberos que los cartagineses retenían para garantizar la lealtad de sus aliados peninsulares fueron liberados por el joven Escipión, con miras a atraerse a las tribus a las cuales pertenecían. Así, Indíbil, el ilercavón Mandonio y el edetano Edecón no dudaron en cambiar de bando para unirse a los romanos en el 208 a.C., si bien la actuación de éstos provocó la posterior rebelión de las tribus indígenas, uno de cuyos líderes fue Indíbil, quien, tras la victoria de Escipión, tuvo que negociar la paz. Ante las duras condiciones impuestas por los romanos, al año siguiente encabezó un levantamiento general en el que participó gran número de tribus ibéricas del nordeste peninsular. La intervención de los procónsules Léntulo y Acidino al mando de un poderoso ejército combinado de romanos y mercenarios iberos terminó por dominar la rebelión, e Indíbil pereció en la batalla del Ager Sedetanus.

INDURÁIN, MIGUEL *(Villava, Navarra, 1964) Ciclista español.* Hijo de una humilde familia rural, durante su adolescencia practicó varios deportes, para decantarse finalmente por el ciclismo. Tras pertenecer durante ocho años al Villavés, en 1983 fichó por el Reynolds, equipo en el que se convirtió en profesional. Aquel mismo año logró el Campeonato de España, su primera gran victoria. En 1985 participó por primera vez en el Tour de Francia, del que tuvo que retirarse; se adjudicó su primer Tour en 1991 y repitió la victoria en las cuatro ediciones siguientes. Así mismo, merced a su resistencia en la montaña y a su dominio en las pruebas contrarreloj, se adjudicó el Giro de Italia en 1992 y 1993, obtuvo la medalla de oro en los Juegos Olímpicos de Atlanta de 1996 y ganó innumerables pruebas menores. Por todo ello fue considerado el mejor ciclista mundial de la década de 1990.

INÉS DE CASTRO *(?, h. 1320-Coimbra, Portugal, 1355) Dama noble gallega.* Hija bastarda de Pedro Fernández de Castro, formaba parte del séquito de Constanza, cuando ésta fue a Portugal a contraer matrimonio con el infante Pedro, hijo de Alfonso IV. El rey portugués nunca aceptó que su hijo se enamorase de Inés, y que, tras la muerte de Constanza, mantuviese relaciones amorosas con ella, de las cuales nacieron varios hijos. Tras la boda secreta de Inés y Pedro, Alfonso y la nobleza portuguesa, disgustados por la influencia de ella y sus hermanos en la política del reino, que había provocado su implicación en la guerra civil castellana, hicieron asesinar a la dama gallega. Esto provocó el alzamiento de Pedro, quien se apoderó de la corona en 1357 y se tomó una terrible venganza contra la corte, pues obligó a los nobles a besar la mano del cadáver de Inés sentado en el trono. Al mismo tiempo, logró que el rey de Castilla le entregase a dos de los asesinos de su amada.

INGLÉS, JORGE *(s. XV) Pintor de origen inglés, activo en Castilla.* Su nombre parece indicar su procedencia de las Islas Británicas, pero es innegable su formación flamenca, lo que hace suponer un período de estudio o de actividad en Flandes. Sin embargo, lo único documentado es su actividad en la segunda mitad del siglo XV en Castilla,

▲ *Induráin en pleno esfuerzo, durante una contrarreloj. Ciclista completo, vencedor de cinco Tours, ha sido uno de los mejores corredores contra el cronómetro de la historia del ciclismo.*

donde recibió numerosos encargos, a través de los cuales introdujo en esa zona de España el estilo flamenco. Realizó sobre todo retablos, entre los que sobresale el de la iglesia del hospital de Buitrago (actualmente en la colección del duque del Infantado), en el que aparecen como donantes el marqués de Santillana y su esposa. Su estilo se caracteriza esencialmente por la acentuación de los perfiles, la tendencia al detalle minucioso y el recargamiento ornamental.

INGRES, JEAN-AUGUSTE-DOMINIQUE *(Montauban, Francia, 1780-París, 1867) Pintor francés.* Estudió en la Academia de Toulouse, antes de trasladarse en 1797 a París, donde fue alumno de J.-L. David. En 1801 ganó el Prix de Rome con *Aquiles y los enviados de Agamenón*, pero no pudo ir a Italia por motivos políticos y comenzó a trabajar como pintor en París. Cumplió peticiones privadas, sobre todo retratos (*Mademoiselle Rivière*) y encargos oficiales (*Bonaparte, primer cónsul* y *Napoleón emperador*). En 1807 pudo establecerse por fin en Roma, subvencionado por el gobierno francés y, cuando se le acabó la beca, decidió permanecer en la ciudad por su cuenta. No le faltaron los encargos, en particular de la colonia francesa y de Napoleón, para quien decoró su palacio en Roma. Tras una estancia de cuatro años en Florencia a partir de 1820, regresó a París. En 1824, el *Voto de Luis XIII*, de Ingres, se expuso en el Salón al lado de la *Matanza de Quíos*, de Delacroix; el contraste entre ambas obras dio un gran prestigio a Ingres, que abrió un estudio en París, donde trabajó incansablemente hasta su muerte. Sólo abandonó la capital francesa durante un breve período (1835-1841) para dirigir

JEAN-AUGUSTE-DOMINIQUE INGRES
OBRAS MAESTRAS

AQUILES Y LOS ENVIADOS DE AGAMENÓN (1801; Escuela de Bellas Artes, París); *GILBERT* (1805; Museo Ingres, Montauban); *MADEMOISELLE RIVIÈRE* (1805; Museo del Louvre, París); *BONAPARTE, PRIMER CÓNSUL* (1804; Museo de Bellas Artes, Lieja); *NAPOLEÓN EMPERADOR* (1806; Museo del Ejército, París); *LA GRAN BAÑISTA* (1808; *EDIPO Y LA ESFINGE* (1808; Museo del Louvre, París); *RETRATO DE J.-A. MOLTEDO* (1810; Metropolitan Museum, Nueva York); *JÚPITER Y TETIS* (1811; Museo Granet, Aix-en-Provence); *EL TRIUNFO DE RÓMULO SOBRE ACRÓN* (1812; Escuela de Bellas Artes, París); *EL SUEÑO DE OSSIÁN* (1813; Museo Ingres, Montauban); *LA GRAN ODALISCA* (1814; Museo del Louvre, París); *MADAME DE SENONNES* (1814-1816; Museo de Bellas Artes, Nantes); *ROGER LIBERANDO A ANGÉLICA* (1819; Museo del Louvre, París); *LA FUENTE* (1820-1856; Museo de Orsay, París); *LA APOTEOSIS DE HOMERO* (1827; Museo del Louvre, París); *EL MARTIRIO DE SAN SINFORINO* (1834; Museo del Louvre, París); *LA ODALISCA CON LA ESCLAVA* (1839; Fogg Art Museum, Cambridge, Massachusetts); *ANTÍOCO Y ESTRATONICE* (1834-1840; Museo Condé, Chantilly); *BARONESA DE ROTHSCHILD* (1844-1848; colección particular, París); *JUANA DE ARCO* (1851-1854; Museo del Louvre, París); *EL BAÑO TURCO* (1862; Museo del Louvre, París).

la Academia de Francia en Roma. Además de obras alegóricas de gran envergadura (*La apoteosis de Homero* para el palacio del Louvre; *El sueño de Ossián*) y de cuadros mitológicos, pintó retratos y obras de desnudo femenino, que fueron su gran especialidad y las que han perpetuado su nombre. En *La gran bañista* (1808), *La gran odalisca* (1814), *La fuente* (1856) o *El baño turco* (1862), Ingres une al dominio y la expresividad de la línea que le eran connaturales una sensualidad contagiosa que les confiere buena parte de su atractivo. Fue considerado el mejor pintor de su tiempo y ha pasado a la historia del arte como un genio de la pintura académica y caligráfica.

INOCENCIO III [Lotario di Segni] *(Anagni, actual Italia, 1160-Perugia, id., 1216) Papa romano (1198-1216).* De familia noble, tras estudiar teología y derecho canónico en Roma, París y Bolonia, en 1190 fue nombrado cardenal diácono por el papa Clemente III. De este período datan algunas de sus principales obras teológicas y ascéticas, entre las que cabe destacar *De contemptu mundi,* donde enunció la doctrina teocrática, según la cual todos los monarcas debían someterse al pontífice, quien, por ser vicario de Cristo, ostentaba la supremacía absoluta tanto en las cuestiones espirituales como en las temporales. Elegido Papa a la muerte de Clemente III, en 1198, Lotario di Segni adoptó el nombre de Inocencio III e inició un pontificado que supuso el apogeo del absolutismo papal. So pretexto de salvaguardar la fe católica, no dudó en intervenir en la política de los diferentes reinos cristianos siempre que lo consideró oportuno. Así, en Bulgaria ungió como zar a Kalojan, fundador del segundo Imperio Búlgaro (1202); en Alemania, participó en la disputa por el trono del Sacro Imperio Romano Germánico, abierta a la muerte de Enrique VI (1197), entre Felipe de Suabia y Otón de Brunswick, querella en la que al principio favoreció al segundo, a quien coronó emperador como Otón IV (1209), para excomulgarlo más tarde y apoyar al futuro Federico II, hijo de Enrique VI, de quien era tutor (1210). En Francia, actuó contra el rey Felipe Augusto por haber repudiado a su esposa, Isambourg de Dinamarca, y le impidió llevar a cabo una ambiciosa expedición de con-

▲ El baño turco, *óleo de* **Ingres** *donde se conjuga la estética orientalizante con la esplendidez clásica del desnudo femenino.*

▼ Visión del papa Inocencio III, *según una pintura de Giotto.* **Inocencio III** *ejerció una gran influencia sobre todos los reyes cristianos de la Europa de su tiempo.*

quista contra Inglaterra; en Italia, amplió las posesiones de los Estados Pontificios, que con él abarcaron desde la región romana hasta Ravena, las Marcas, Ancona y el antiguo ducado de Spoleto; en Inglaterra, por último, excomulgó al monarca Juan sin Tierra para obligarlo a rendirle homenaje y tributo como vasallo (1213), algo que por entonces ya habían hecho o harían poco después los soberanos de Aragón, Bulgaria, Castilla, Dinamarca, Hungría, Polonia, Portugal y Suecia. Como cabeza espiritual de la cristiandad, Inocencio III predicó la Cuarta Cruzada (1202-1204), que, de estar dirigida en principio contra Egipto, fue desviada por los venecianos contra Constantinopla, ciudad en la que los cruzados fundaron el Imperio Latino de Constantinopla (1204). El pontífice condenó esta acción, pero no vaciló en aprovecharla para intentar la sumisión de la Iglesia griega e imponer un patriarca latino en la capital bizantina. Así mismo, promovió la cruzada contra la herejía cátara, o albigense, en el Languedoc (1213-1215), expedición que pronto se convirtió en una guerra de conquista, que permitió la obtención de los Estados del conde de Tolosa por la monarquía francesa y supuso el principio del fin de la floreciente civilización occitana. De forma paralela, el Papa favoreció una profunda reforma eclesiástica a través de la aprobación de nuevas órdenes religiosas, esencialmente urbanas, entre las que cabe destacar las órdenes mendicantes que seguían las enseñanzas de san Francisco de Asís: los franciscanos (1209) y las clarisas (1212). Su pontificado culminó, en 1215, con la celebración del IV Concilio de Letrán, el duodécimo de los ecuménicos y el más importante de los medievales, que representó sin duda la máxima expresión de la teocracia pontificia y en el que se debatieron temas como la preparación de la que sería la Quinta Cruzada (1217-1220); la desposesión del conde Ramón IV de Tolosa de sus dominios; la intensificación de la lucha contra el catarismo; la imposición de la obligatoriedad de la confesión y la comunión anual para todos los cristianos; y la condena de la doctrina mística enunciada por Joaquín de Fiore. Al año siguiente, 1216, el día 16 de julio, Inocencio III fallecía en la ciudad de Perugia.

▲ *Retrato de* **Inocencio X** *pintado por Velázquez, con ocasión de su segundo viaje a Italia, realizado en 1649.*

EUGÈNE IONESCO

OBRAS MAESTRAS

LA CANTANTE CALVA (*LA CANTATRICE CHAUVE*, 1949); *LA LECCIÓN* (*LA LEÇON*, 1951); *LAS SILLAS* (*LES CHAISES*, 1952); *EL RINOCERONTE* (*LE RHINOCÉROS*, 1959); *EL REY SE MUERE* (*LE ROI SE MEURT*, 1962); *LA SED Y EL HAMBRE* (*LA SOIF ET LA FAIM*, 1965); *EL HOMBRE DE LAS MALETAS* (*L'HOMME AUX VALISES*, 1975); *EL SOLITARIO* (*LE SOLITAIRE*, 1973); *ANTÍDOTOS* (*ANTIDOTES*, 1975); *EL BLANCO Y EL NEGRO* (*LE BLANC ET LE NOIR*, 1985).

▼ *Fotografía de Eugène* **Ionesco**, *considerado, junto a Samuel Beckett, el gran maestro del teatro del absurdo.*

INOCENCIO X [Giambattista Pamphili] *(Roma, 1574-id., 1655) Papa (1644-1655).* Nuncio en Nápoles y legado en Francia y España, fue nombrado cardenal en 1629, con lo que consolidó una posición influyente en el seno de la Iglesia. Elegido Papa con el nombre de Inocencio X, con la oposición del gobierno francés encabezado por Mazarino, criticó los apartados religiosos del tratado de Westfalia y sentó las bases de la estructura administrativa de la que derivaría la secretaría de Estado. Se opuso al principio de la Iglesia de Estado y condenó las doctrinas jansenistas, propugnadas por un movimiento político y religioso iniciado con la publicación del *Augustinus* de Jansenio en 1640. Dicha obra sostenía, basándose en los conceptos de san Agustín, la predestinación gratuita por la gracia de Dios, y cuestionaba el primado del Papa sobre los obispos. También protegió a Bernini y Borromini, los grandes maestros del Barroco romano, de quienes ejerció como mecenas.

IONESCO, EUGÈNE *(Slatina, Rumania, 1912-París, 1994) Dramaturgo francés de origen rumano.* Hijo de padre rumano y madre francesa, pasó su niñez en Francia. En 1925 se trasladó a Rumania, su tierra natal, donde estudió francés en la Universidad de Bucarest. En 1937 contrajo matrimonio con Rodica Burileano –con quien tendría una hija en 1944– y en 1938 regresó a París, donde fijó su residencia definitiva. Con el estreno de *La cantante calva*, en 1949, inauguró lo que desde entonces se ha dado en llamar teatro del absurdo; la obra destruye las convenciones de la técnica escénica para mostrar la lucha inútil del hombre al tratar de comprender la irracionalidad del mundo que le rodea. Los diálogos de la pieza, incoherentes, repletos de tópicos y frases hechas, de falsas formas y juegos de lenguaje, denuncian la ausencia de comunicación en las relaciones humanas, que el autor trató también en *La lección* y *Las sillas*. El escaso éxito de estas obras fue compensado por el que obtuvieron después *El rinoceronte*, *El rey se muere* y *La sed y el hambre*. Autor de una única novela *El solitario*, publicada en 1973, escribió diversos ensayos, como *El blanco y el negro* o *Antídotos*. Al igual que en sus piezas teatrales, en los ensayos abordó el argumento de la ausencia de contacto entre seres aislados por barreras infranqueables. La obra de Ionesco supuso un punto de referencia para otros autores en la búsqueda de nuevas formas de teatro. En 1970 fue nombrado miembro de la Academia Francesa.

IRENE *(Atenas, actual Grecia, 752-Lesbos, id., 803) Emperatriz de Bizancio.* Procedente de una modesta familia, casó con León IV, hijo de Constantino V, y se convirtió en regente tras la temprana muerte de aquél. Reinstauró el culto a las imágenes después de un período marcado por la iconoclastia. Para lograrlo, con la colaboración del patriarca Tarasio, organizó un concilio general en Nicea, en el 787. Descontenta con su hijo, el hasta entonces débil Constantino VI, que empezaba a dar muestras de querer gobernar por cuenta propia, organizó una conspiración palaciega, y con el apoyo de la Iglesia y el ejército, lo desposeyó y ordenó que fuera cegado. La desastrosa marcha de la guerra contra los árabes, los búlgaros y los eslovacos, unida a la coronación de Carlomagno, en el 800, como emperador, que fue vista en Constantinopla como una afrenta, fueron restando apoyos a la emperatriz, hasta el punto de que acabó por ser derrocada por Nicéforo, el cual la desterró.

ISABEL I *(Greenwich, actual Reino Unido, 1533-Richmond, id., 1603) Reina de Gran Bretaña e Irlanda (1558-1603).* Hija de Enrique VIII y Ana Bolena, vivió desde niña las intrigas políticas y religiosas de las distintas facciones de pretendientes al trono. Tras la ejecución de su madre en 1536, el Parlamento la declaró ilegítima, pero le restableció sus derechos a la Corona ocho años más tarde, durante el reinado de su hermanastro Eduardo VI. A la muerte de Eduardo subió al trono María Tudor, hija de Enrique VIII y Catalina de Aragón, e Isabel fue encarcelada como parte de la campaña desatada contra los protestantes. Tales vicisitudes, con las consiguientes graves y constantes amenazas para su vida, forjaron su personalidad, cuyos rasgos más destacados fueron la inteligencia, la prudencia, la desconfianza y el alto sentido de la autoridad que encarnaba. Al suceder a María I (a tenor del orden sucesorio establecido por el Parlamento en 1544), se rodeó de consejeros capaces, como Cecil, cuyo ministerio dominó gran parte de su reinado, conocido como la «época isabelina». Rechazó la oferta de matrimonio de Felipe II de España, y permanecería soltera durante toda su vida, lo que le valió sobrenombres como «la reina virgen», en absoluto justificados dadas las prolongadas relaciones que mantuvo con diversos amantes, en especial con los condes de Leicester y de Essex. Mientras la legitimidad de su coronación era cuestionada por los católicos escoceses, encabezados por los

Estuardo, y la sucesión quedaba en suspenso ante la falta de herederos de Isabel, restableció el anglicanismo como religión de Estado. Lo hizo sobre las bases del *Acta de Supremacía*, dictada en su momento por Enrique VIII, que completó con el *Acta de uniformidad* de 1559 y los *Treinta y nueve artículos* de 1563. Establecido el cuerpo jurídico del orden religioso de su reino, emprendió la persecución tanto de católicos como de calvinistas. Así mismo, para conjurar el peligro que representaban los católicos escoceses, apoyó, por el tratado de Edimburgo de 1560, al Partido Protestante de Escocia, cuya victoria, ocho años más tarde, conllevó la abdicación de María Estuardo, quien buscó refugio al lado de Isabel. También, a pesar del tratado de paz firmado con Francia, apoyó bajo cuerda a los hugonotes y a los protestantes de los Países Bajos enfrentados a Felipe II de España. Preocupada por la hegemonía española en la colonización de América, ignoró el tratado de Tordesillas y autorizó la fundación de la colonia inglesa de Virginia. La tensión entre Inglaterra y España alcanzó su punto culminante en 1587, cuando las dos potencias se declararon la guerra. Ese mismo año, Isabel, no sin reparos, hizo ejecutar a María Estuardo, ante el temor de que sus derechos sucesorios alentaran una conspiración católica. El triunfo de la flota inglesa sobre la Armada Invencible enviada por Felipe II al año siguiente dio a Inglaterra la supremacía marítima. Gracias a esta nueva circunstancia pudo afrontar la difícil situación de Irlanda, sanear las finanzas del reino, impulsar cierto desarrollo industrial y atender con leyes especiales las necesidades de los campesinos pobres. Durante su reinado, Inglaterra experimentó un notable renacimiento cultural y artístico, cuyos mejores exponentes fueron la proliferación de teatros populares y el altísimo nivel de la producción dramática. Así, en 1576 se construyó el primer teatro público de Londres, al tiempo que se daban a conocer autores de la talla de John Lyly, dramaturgo titular de la corte, Christopher Marlowe, Ben Johnson y William Shakespeare. En los últimos años de su reinado, Isabel fue perdiendo influencia en el Parlamento, principal fundamento de su autoridad desde que subiera al trono, merced a los avances de los calvinistas, favorecidos por la relajación de la Iglesia Anglicana.

▲ *Retrato de la reina inglesa* **Isabel I** *pintado por Zuccari. A la muerte de la soberana en 1603, los Estuardo reinaron en Inglaterra e instauraron el catolicismo, lo que provocó tensiones con el Parlamento protestante.*

▼ *Retrato de juventud de* **Isabel I** *la Católica. La tradición dice que fue la reina quien apoyó el proyecto de Colón de navegar hacia Occidente hasta alcanzar las Indias.*

ISABEL I *LA CATÓLICA (Madrigal de las Altas Torres, España, 1451-Medina del Campo, id., 1504) Reina de Castilla y León (1474-1504) y de la Corona de Aragón (1479-1504).* Hija de Juan II de Castilla y de Isabel de Portugal, tenía sólo tres años cuando su hermano Enrique IV ciñó la corona castellana (1454). En 1468, el monarca, hombre de carácter débil e indeciso, reconoció a la princesa Isabel como heredera al trono en el pacto de los Toros de Guisando, con lo cual privó de sus derechos sucesorios a su propia hija, la princesa Juana, llamada *la Beltraneja,* a quien la maledicencia suponía hija de Enrique Beltrán de la Cueva, duque de Alburquerque. Con el objetivo de consolidar su posición política, los consejeros de Isabel acordaron su boda con el príncipe Fernando, primogénito de Juan II de Aragón, enlace que se celebró en secreto, en Valladolid, el 19 de octubre de 1469. Al año siguiente, molesto por este matrimonio, Enrique IV decidió desheredar a Isabel y rehabilitar en su condición de heredera a Juana, que fue desposada con Alfonso V de Portugal. La consecuencia fue que, a la muerte del rey, en 1474, un sector de la nobleza proclamó a Isabel soberana de Castilla, mientras que otra facción nobiliaria reconocía a Juana (1475), lo cual significó el inicio de una sangrienta guerra civil. A pesar de la ayuda del monarca portugués a *la Beltraneja,* el conflicto sucesorio se decantó a favor de Isabel en 1476, a raíz de la grave derrota infligida a los partidarios de aquélla por el príncipe Fernando de Aragón en la batalla de Toro. Los combates, sin embargo, se sucedieron en la frontera castellanoportuguesa hasta 1479, en que el tratado de Alcáçobas supuso el definitivo reconocimiento de Isabel como reina de Castilla por parte de Portugal, además de delimitar el área de expansión castellana en la costa atlántica de África. Aquel mismo año, por otra parte, el óbito de Juan II posibilitó el acceso de Fernando II al trono de la Confederación catalanoaragonesa, y la consiguiente unión dinástica de Castilla y la Corona de Aragón. Las líneas maestras de la política conjunta que desarrollaron Isabel I y Fernando II fueron el afianzamiento y la expansión del poder real, el estímulo de la economía, la conclusión de la reconquista total a los musulmanes del territorio peninsular y el fortalecimiento de la fe católica. Para consolidar y prestigiar la monarquía, la reina implantó la

Santa Hermandad, institución encargada de garantizar la estabilidad del orden público y la administración de justicia (1476), abolió las prerrogativas otorgadas a la nobleza por Enrique IV (1480) y convirtió el Consejo Real en el principal órgano de gobierno del reino, en detrimento de las Cortes. En el aspecto económico, saneó la hacienda pública merced a un estricto sistema fiscal e incentivó el desarrollo de la ganadería ovina y del comercio lanero. Además, supo canalizar la tradición militar y expansiva de Castilla hacia la conquista del reino nazarí de Granada, último bastión islámico en la Península (1492), y la guerra contra los musulmanes norteafricanos, a los que arrebató Melilla (1497). Con todo, el mayor logro de la política exterior isabelina fue, sin duda, la financiación de la expedición que culminaría con el descubrimiento de América por Cristóbal Colón (1492). En materia religiosa, por último, la soberana llevó a cabo una profunda reforma eclesiástica con la ayuda del cardenal Cisneros, creó el tribunal de la Inquisición para que vigilara la aparición de herejías (1478), y culminó el proceso de unificación religiosa con la expulsión de los judíos (1492) y los mudéjares (1502). A su muerte, acaecida el 26 de noviembre de 1504, el trono castellano pasó a su hija Juana, llamada *la Loca*, madre del futuro monarca Carlos I de España.

ISABEL II *(Londres, 1926) Reina del Reino Unido de Gran Bretaña e Irlanda del Norte (1953).* Primogénita de los duques de York y tercera nieta del rey Jorge V de Inglaterra, se convirtió en la heredera del trono cuando su padre fue coronado en 1936 con el nombre de Jorge VI, tras la abdicación del hermano de éste, Eduardo VIII. En marzo de 1945, poco antes de que concluyera la Segunda Guerra Mundial, ingresó en el Servicio Auxiliar de Transporte. Dos años más tarde contrajo matrimonio con el teniente Felipe de Mountbatten, príncipe de Grecia y Dinamarca y duque de Edimburgo. Fruto de esta unión nacieron Carlos, príncipe de Gales, en 1948, Ana, en 1950, Andrés, en 1960, y Eduardo, en 1964. Isabel fue consciente de su papel desde muy joven, y asumió con responsabilidad sus obligaciones de princesa heredera. En 1952 se hallaba en Kenia, entonces colonia británica convulsionada por las acciones terroristas de los mau mau, cuando recibió la

▲ *Sello de un privilegio rodado otorgado por los Reyes Católicos,* **Isabel** *y Fernando, en el que se funden las armas de Castilla y Aragón.*

▼ *Fotografía de la familia real británica el día de la coronación de* **Isabel II** *(2 de junio de 1953). En el centro, la reina; a su derecha, la princesa Margarita; a su izquierda, la reina madre Isabel.*

noticia del óbito de su padre. El 2 de junio del año siguiente fue coronada en la antigua abadía de Westminster, en una fastuosa ceremonia a la que asistieron jefes de Estado y representantes de las casas reales europeas y que miles de personas pudieron seguir por primera vez a través de la televisión. A pesar del reducido papel político al que se vio reducida la monarquía británica tras la Segunda Guerra Mundial, esencialmente simbólico, y los cambios que se produjeron en la relación con las antiguas colonias, la reina procuró preservar el carácter unificador de la Corona en el espacio político del antiguo imperio, convertido tras la descolonización en la Commonwealth. En este sentido, viajó por todo el mundo como no lo había hecho ningún otro monarca británico, para estrechar vínculos con súbditos de las más diversas razas, creencias y culturas. Incluso en Australia instauró la costumbre de los paseos más o menos espontáneos, para mezclarse y saludar sin protocolo a la gente de la calle. En otro orden de cosas, en 1960 dispuso que los miembros de la familia real que no fuesen príncipes o altezas reales llevasen el apellido Mountbatten-Windsor. No obstante la popularidad y el respeto que le dispensan sus súbditos, Isabel II no ha podido evitar que los escándalos familiares denoten la existencia de cierto anquilosamiento en las estructuras de la monarquía. Los frustrados matrimonios de sus hijos Andrés con Sarah Ferguson, y Carlos, el heredero de la corona, con Diana Spencer, y las repercusiones que las desavenencias conyugales de sus hijos tuvieron en la opinión pública la han inducido a buscar nuevos caminos de acercamiento al pueblo. En este sentido cabe interpretar decisiones tan dispares como la de pagar impuestos sobre sus bienes e ingresos, dar un tono popular y familiar a la celebración de sus bodas de oro matrimoniales o visitar a las víctimas de actos terroristas. Sobre todo a raíz de la muerte en accidente automovilístico (agosto de 1997) de la ex esposa de su primogénito, la princesa Diana de Gales, en quien el pueblo veía una víctima tanto del comportamiento adúltero del príncipe de Gales como de la insensibilidad de la familia real, Isabel II ha debido trabajar con toda intensidad a fin de no perder la identificación con el pueblo.

ISABEL II DE BORBÓN *(Madrid, 1830-París, 1904) Reina de España (1833-1868).* Hija de Fernando VII y María Cristina de Borbón, seis meses antes de su nacimiento, su padre reinstauró la Pragmática Sanción de 1789, que dejaba sin efecto la ley Sálica, por la que las mujeres quedaban excluidas del trono. A raíz de esta disposición, en junio de 1833, dos meses antes del fallecimiento de Fernando VII, Isabel fue proclamada heredera del trono español en detrimento de su tío Carlos María Isidro. Coronada el 24 de octubre del mismo año, el conflicto dinástico que se planteó dio lugar a las guerras carlistas, la primera de las cuales se desarrolló durante el período de regencia de su madre, María Cristina. Ésta, en tales circunstancias, buscó el apoyo de los liberales frente al Partido Apostólico que sostenía al pretendiente Carlos. La desamortización de los bienes eclesiásticos emprendida por el ministro Mendizábal promovió el triunfo de la revolución liberal y un cierto auge económico que favoreció fundamentalmente a las clases pudientes. Sin embargo, la hostilidad de la regente hacia los liberales progresistas y su preferencia por los moderados dieron lugar al malestar social que alimentó el pronunciamiento de 1840. María Cristina abandonó el país, tras lo cual su hija Isabel quedó bajo la tutela de Argüelles y de la condesa de Espoz y Mina, y María Fernanda. Espartero, héroe de la guerra carlista, asumió entonces el gobierno y la regencia. Durante su mandato sofocó un golpe palaciego promovido por la propia María Cristina, pero sus desaciertos originaron su caída en 1843 y la proclamación anticipada de la mayoría de edad de Isabel a los trece años. A los nueve días del inicio de su reinado, Isabel II destituyó a Salustiano Olózaga, jefe del Partido Progresista y principal valedor de su causa, para dar entrada al Partido Moderado, el cual dominó la escena política durante los diez años siguientes. En este período tuvieron lugar la reforma de la Hacienda y el matrimonio de la reina con su primo Francisco de Asís de Borbón, quien la aproximó a los sectores más conservadores y clericales. Por el concordato de 1851, la Iglesia aceptó la desamortización efectuada hasta entonces, a cambio de que la reina paralizara el proceso de venta de lo que aún quedaba y financiase la restauración de conventos e iglesias y las ayudas sociales. Con el apoyo del

▲ *Retrato de* **Isabel II de Borbón** *pintado por Bernardo López. Hija de Fernando VII, la reina sufrió desde el principio de su reinado la enemistad de los grupos conservadores españoles.*

▼ *La infanta* **Isabel Clara Eugenia** *retratada en 1579 por Sánchez Coello.*

general Narváez, cerró el paso a los progresistas, ante el temor de que éstos reanudasen el proceso desamortizador, y favoreció los gobiernos ultramontanos de Bravo Murillo y San Luis. La corrupción se había generalizado y se habían enriquecido rápidamente las camarillas próximas al poder y a la soberana. En 1854 estalló una revolución progresista que entregó el poder a Espartero y promulgó una nueva Constitución. Dos años más tarde, la reina recurrió a la Unión Liberal encabezada por O'Donnell para desplazar a los progresistas. Comenzó entonces un período de siete años caracterizado por la prosperidad económica y cierta calma política. Sin embargo, las tendencias reaccionarias de Isabel volvieron a desestabilizar el gobierno. En 1866 se produjo un conato revolucionario que fue sofocado. La crisis económica, el descontento popular y la conducta libertina de la reina dieron lugar en septiembre de 1868 a la revolución contra «la raza espuria de los Borbones». Isabel II, huyó a Francia mientras en España se abría un proceso que desembocaría en la Primera República. Sin el apoyo de los monárquicos, la reina fue depuesta en 1868 y dos años más tarde abdicó en favor de su hijo Alfonso, el futuro Alfonso XII.

ISABEL CLARA EUGENIA *(Balsaín, España, 1566-Bruselas, 1633) Princesa española.* Hija del rey Felipe II y de Isabel de Valois. Tras la muerte de su esposa y alegando la ascendencia materna de Isabel, Felipe II luchó infructuosamente por conseguir para su hija el trono de Francia. Casada en primeras nupcias con el archiduque Ernesto, enviudó y contrajo nuevo matrimonio con el archiduque Alberto, con quien compartió, en 1598, la designación real de soberanos de los Países Bajos, con una independencia nominal que no pudo detener la guerra. En 1621 la princesa quedó viuda de nuevo sin haber tenido descendencia, y el principado de Flandes volvió a la Corona española. Isabel mantuvo el cargo de gobernadora y residió allí durante el resto de su vida, alternando algunos éxitos, como el de Breda en 1625, con fracasos, como los de Bois-le-Duc (1629) y Maastricht (1632), en el marco de la guerra que los Austrias no podían ganar y que culminó con el reconocimiento de la independencia de los Países Bajos en la paz de Westfalia de 1648.

ISABEL DE VALOIS *(Fontainebleau, Francia, 1546-Madrid, 1568) Reina de España.* Hija de Enrique II de Francia y Catalina de Médicis, de la dinastía Valois, antigua casa reinante de Francia. Aunque en su niñez estuvo prometida al futuro Eduardo VI de Inglaterra, al morir éste entró en las negociaciones previas del tratado de Cateau-Cambrésis, por el cual se acordó su boda con el príncipe Carlos de España, en 1559. Ese mismo año, la muerte de María Tudor, segunda esposa de Felipe II, y la influencia del cardenal Granvela y sus consejeros de los Países Bajos, determinaron que se convirtiera en la tercera esposa del monarca español, y como tal, en reina de España. La unión de las coronas española y francesa fue acogida con entusiasmo en Francia. Gracias a su matrimonio y a la intervención de Isabel en favor de la firma de los acuerdos de Bayona con Francia (1565), Felipe II estrechó la alianza contra el protestantismo. La reina francesa, de carácter sensible y exiliada en la corte española, mantuvo a lo largo de toda su vida una inextinguible nostalgia de su país. De su unión con el soberano español nacieron dos hijas, Isabel Clara Eugenia, nacida en 1566, y Catalina Micaela, en 1567. Isabel murió al año siguiente al dar a luz a su tercer hijo. Sus restos mortales reposan en el monasterio de El Escorial. Felipe II intentó, en 1593, reivindicar el trono de Francia para su hija mayor basándose en la ascendencia materna de Isabel Clara Eugenia, pero el propósito fracasó a causa de la división de la Liga Católica y la conversión al catolicismo de Enrique IV de Borbón.

ISAÍAS *(Jerusalén, h. 760 a.C.-?) Profeta hebreo.* Según la tradición bíblica, Isaías fue el autor del libro del Antiguo Testamento que lleva su nombre, si bien los modernos comentaristas sólo le atribuyen los primeros 39 capítulos. Hijo de una familia aristocrática, predicó durante la segunda mitad del siglo VIII a.C., en los reinados de Ajaz y Ezequías. Según la tradición judía, fue martirizado hacia el 701 a.C. Profetizó la invasión de Israel y la destrucción de Jerusalén por parte de los asirios. Merced a su lenguaje, muy rico y poético, se le considera el profeta de Dios por excelencia. A él se debió también la profecía que anunciaba el nacimiento del Mesías de una mujer virgen.

ISIDORO DE SEVILLA, SAN *(Sevilla, h. 560-id., 636) Obispo y teólogo de la España visigoda.* Hacia el año 600 sucedió a su hermano Leandro como arzobispo de Sevilla, cargo que ostentó hasta su muerte. Promovió

▲ *Retrato de **Isabel de Valois**, en la copia realizada por Pantoja de la Cruz de una obra de Sánchez Coello. La princesa era hija de los reyes de Francia y en 1559 contrajo matrimonio con el monarca español Felipe II.*

▼ *El profeta **Isaías** pintado por Miguel Ángel en la Capilla Sixtina. Isaías es considerado como uno de los profetas de lenguaje más sublime.*

la creación de escuelas catedralicias y presidió el concilio de Toledo, que marcó la unificación litúrgica de la España visigoda e impulsó la formación cultural del clero. Autor prolijo, escribió tratados filosóficos, lingüísticos e históricos. De entre sus numerosas obras destacan: *De natura rerum, De ordine creaturarum, Regula monachorum* y, sobre todo, *Etymologiae.* Dividida en veinte libros, constituye un enorme tratado en el que se contemplan todos los ámbitos de saber de la época, desde las artes hasta el derecho o la mineralogía. Muy leído durante la Edad Media, fue el primero de los grandes compiladores medievales. Fue canonizado en 1598, y en 1722 el papa Inocencio XIII lo declaró doctor de la Iglesia.

ISMAIL I *(Ardabil, Azerbaiján, 1487-id., 1524) Sha de Persia (1501-1524).* Miembro de la dinastía de los safawíes, consiguió la independencia del reino persa por primera vez desde la época árabe. Confinado por sus hermanos mayores en una fortaleza del Fars, hubo de esperar a la muerte de uno de ellos para huir al Gilan. Se dedicó a agrupar a su alrededor a los discípulos de su padre, el jeque Haydar, y a las tribus turcomanas chiitas llamadas Kizil Bash. Tras derrotar a las tropas del rey de Sirwan, se erigió en señor de Azerbaiyán y, en 1501, fue coronado *padishak,* o sha, de Persia. Proclamó la chiita como religión oficial, y posteriormente fue anexionando nuevos territorios a su Estado multiétnico, como el Fars y el Irak oriental en 1503 o Bagdad en 1508. En su afán de unificar el Estado safawí, emprendió una última ofensiva militar durante la cual logró ocupar Georgia. En política interior intentó equilibrar el papel del ejército y el de la burocracia, y en política exterior buscó en vano una alianza con las potencias occidentales contra los otomanos.

ISMAIL BAJÁ *(El Cairo, 1830-Estambul, 1895) Quinto bajá (1863-1866) y primer jedive (1866-1879) de Egipto.* Segundogénito de Ibrahim Bajá, realizó diversas misiones diplomáticas y militares a las órdenes de su tío Saíd. Tras comenzar su gobierno efectivo en 1864, aplicó una política independentista y expansiva, y se propuso la europeización de su país. En 1866 fue nombrado jedive, el título particular que designaba al virrey de Egipto, y sus prerrogativas fueron aumentando hasta obtener la independencia egipcia de hecho en 1873. Consolidó la conquista del Sudán, favoreció la inmigración europea e inauguró el canal de Suez en 1869. En 1878 se vio obligado a acatar el control franco-inglés de las finanzas egipcias tras haber sido acusado de conducir al Estado a la bancarrota con sus reformas. Tras su deposición, y habiendo conseguido modificar el régimen sucesorio y reservar el trono para el primogénito en lugar del hermano mayor, abdicó en favor de su hijo Tawfiq en 1879 y pasó sus últimos años en Estambul.

ITURBIDE, AGUSTÍN DE *(Valladolid, actual México, 1783-Padilla, id., 1824) Militar y político mexicano.* Hijo de un terrateniente español y una criolla noble, se enroló en el ejército realista a la edad de catorce años. Se negó a participar en la insurrección contra los españoles, dirigida por el cura Hidalgo, y defendió la ciudad de Valladolid contra las fuerzas revolucionarias; su notable actuación le valió el ascenso a capitán. Con este nuevo grado, combatió a las guerrillas indígenas, y acabó por capturar a Albino Licéaga y Rayón, logro que le valió un nuevo ascenso. Posteriormente, fue nombrado comandante general de la provincia de Guanajuato, donde se distinguió por su implacable persecución de los rebeldes. Diversas acusaciones (abuso de autoridad y malversación) propiciaron que el virrey Calleja lo destituyera, pero fue absuelto de todos los cargos gracias al apoyo del auditor Bataller. Con treinta y siete años fue nombrado comandante general del Sur y se le encomendó la tarea de sofocar la insurrección de Vicente Guerrero, una de las últimas que continuaban en liza. Al no conseguirlo, se reunió con éste y, juntos, presentaron el denominado Plan de Iguala, en el que se proclamaban tres garantías: la independencia de México, la igualdad de derechos para españoles y criollos y, por último, la supremacía de la Iglesia Católica. Rápidamente, el ejército trigarante pasó a dominar todo el país. En vista de ello, el nuevo representante del rey de España, Juan O'Donojú, firmó los tratados de Córdoba, que reconocían la independencia de México. Un año más tarde, Iturbide se autoproclamó emperador (Agustín I), si bien muy pronto hubo de enfrentarse a una conspiración de carácter republicano. Decidió entonces disolver el Congreso y nombró una Junta que actuaba por completo a su servicio. En contra de estas medidas, el gobernador de Veracruz, el general Santa Anna, resolvió proclamar la República, e inmediatamente recibió el apoyo de otros generales, e incluso de las tropas que en principio debían acabar con la revuelta. Por último, Iturbide se vio obligado a abdicar. Se exilió en Europa en 1823 y un año

después volvió a su país, ignorante de que allí había sido condenado a muerte. Detenido a su llegada, fue fusilado a la edad de cuarenta y un años.

ITZCÓATL *(?, h. 1380-?, h. 1440) Soberano azteca.* Hijo del rey Acamapichtli y de una concubina, llegó al trono en 1428, tras la muerte de sus sobrinos Huitzilíhuitl y Chimalpopoca, posiblemente asesinados por él. Decidido a terminar con la hegemonía de los tepanecas, y apoyado por su consejero Tlacaélel, logró forjar una alianza con diversos pueblos de la zona, gracias a la cual se impuso al monarca tepaneca Maxtla, en 1430. Tras esto, estableció una nueva alianza con las ciudades de Texcoco y Tlacopán, sobre la cual cimentó la preponderancia de los aztecas en la región.

IVÁN IV VASILIEVICH, llamado *el Terrible (Kolomenskoie, actual Rusia, 1530-Moscú, 1584) Zar de Rusia (1547-1584).* Hijo de Basilio III y de Elena Glinski y nieto de Iván III Vasilevich *el Grande,* al casarse con Sofía Paleólogo, sobrina del último emperador de Bizancio, asumió la tradición imperial y transmitió a su hijo el título de zar. Sin embargo, Iván IV fue el primero de los grandes príncipes rusos en hacerse llamar oficialmente «zar de todas las Rusias». Muerto su padre en 1533, cuando él contaba tres años, fue coronado y gobernó en calidad de regente su madre, quien cinco años más tarde fue asesinada a consecuencia de las intrigas entre las familias boyardas que se disputaban el poder. Durante los años que precedieron a su gobierno personal fue utilizado políticamente tanto por los Glinski, familia a la que pertenecía su madre, como por los Bielski y los Shuiski. A partir de 1547, el joven monarca, a la sazón de dieciocho

▲ *Entrada de* **Iturbide** *en México con el ejército trigarante poco antes de que el rey de España reconociera la independencia de México.*

▼ *Retrato de Agustín de* **Iturbide**, *efímero emperador de México, pintado entre 1822 y 1823 y que se encuentra expuesto en el castillo de Chapultepec.*

años, gobernó con la ayuda de la Rada, consejo privado entre cuyos miembros más influyentes figuraban el sacerdote Silvestre, Macario, su preceptor, y su secretario Alexei Adashev, a quien se debió el talante moderado de los doce primeros años del reinado de Iván. También influyó en este sentido la princesa Anastasia Románov, con quien había casado en 1547. La tendencia más notoria que manifestó al principio fue la de alejar de su lado a la nobleza boyarda, al tiempo que procuraba sentar las bases de una administración estatal unificada y centralizada y crear instituciones con participación popular. Reunió y codificó las ordenanzas del reino en un código (el «Sudiébnik», 1550), en 1549 convocó por primera vez los «Zemski-Sobor», especie de estados generales rusos, y dos años después, un concilio para organizar una Iglesia afín a sus propósitos. Así mismo, fijó los campesinos a la gleba, para lo cual determinó el origen de la servidumbre establecida en 1581, y formó su propio cuerpo armado, el de los «streltsí», cuyos miembros eran recompensados con parcelas de tierra, con la finalidad de fortalecer el poder del monarca frente al de la gran aristocracia, además de reorganizar y modernizar el ejército. Cumplidos los objetivos de esta primera etapa de su reinado, dedicada fundamentalmente a la organización interior, emprendió una política expansiva que lo condujo a las conquistas de Kazán, en 1552, y Astrakán, dos años más tarde. Ocupó también el valle del Volga y se dispuso a extender el imperio hasta la región de los Urales y Siberia. Con miras a contar con una salida al Mar Báltico, se volvió contra Livonia, pero allí chocó con los intereses de Lituania, Suecia, Polonia y Dinamarca. Temerosas del auge del nacionalismo ruso, las potencias occidentales bloquearon el principado de Moscovia e impidieron así que recibiera técnicos y armamento europeos. La prolongación del conflicto originó una profunda crisis económica que motivó la reacción de los boyardos y del clero. La muerte de su esposa en 1560 acentuó el autoritarismo de Iván, quien mostró los primeros síntomas psicopáticos, que, agravados más adelante, lo llevaron a cometer todo tipo de atrocidades –a las cuales debió el apelativo de *el Terrible*– y a una religiosidad exacerbada y próxima al delirio. Entre 1560 y 1564, valiéndose de los «streltsí» y con el propósito de reforzar su poder frente a la aristocracia, desencadenó una sangrienta represión contra los boyardos y el clero, prescindiendo de los

▲ *Iván IV Vasilievich*, llamado el Terrible, *en una ilustración realizada por Weigel. La Rusia del s. XVI estuvo marcada por su reinado, que extendió su dominio a todo el valle del Volga y, hacia el este.*

▼ *Fotografía de Charles* **Ives**, *uno de los grandes innovadores de la música moderna a través de su experimentación con la polirritmia y la atonalidad, cuya producción se caracteriza por conceder un amplio margen a la improvisación.*

consejeros de la Rada. Incluso atacó y devastó en 1570 las antiguas ciudades libres de Novgorod y Pskov, y, en 1581, hizo asesinar a su primogénito. Sin encontrar solución para el conflicto de Livonia, éste se prolongó hasta 1583. Agotadas sus tropas y acosado por la crisis económica y los problemas sociales y políticos del imperio, se vio obligado a ceder Livonia a Polonia y las regiones de Ingria y Carelia meridional a Suecia y a renunciar a su pretensión de disponer de un puerto en el Mar Báltico.

IVES, CHARLES *(Danbury, EE UU, 1874-Nueva York, 1954) Compositor estadounidense.* En un país como Estados Unidos, dominado por la influencia de la música europea a lo largo de todo el siglo XIX, Charles Ives fue uno de los primeros que buscaron y supieron hallar una voz musical inequívoca y propia para su país. Así mismo, fue un pionero de la música moderna, autor de una obra revolucionaria cuya importancia sólo fue reconocida tardíamente. Hijo de un director de banda militar, Ives fue un músico autodidacto que supo compaginar los negocios –en 1907 fundó una próspera agencia de seguros– y la música. Alentado por su padre, no tardó en improvisar libremente al piano sin tener en cuenta las reglas de composición académicas. La curiosidad por la libre organización del sonido –a la que no era ajeno el interés por denunciar el conservadurismo de los músicos de su nación– se convertiría en una constante de su estilo. De esta manera, y sin tener conocimiento directo de las corrientes vanguardistas europeas, Ives se adelantó a su tiempo en el empleo de técnicas como la politonalidad, la atonalidad, la polirritmia y los cuartos de tono, abriendo también nuevas vías a la escritura orquestal. Una obra tan temprana como *Variations on America* (1891), para órgano, está ya escrita siguiendo un esquema politonal. El músico de Danbury fue también uno de los primeros en intuir todas las posibilidades del *collage* en la música. En este sentido, muchas de sus composiciones emplean como base elementos heterogéneos, entre ellos melodías tradicionales estadounidenses, himnos religiosos y marchas militares. Es el caso de *Three Places in New England* (1904), *Central Park in the Dark* (1907) o sus tres primeras sinfonías (1898, 1902, 1904). Otras obras importantes son la monumental *Concord Sonata* para piano (1915), la *Sinfonía núm. 4* (1916) y *The Unanswered Question* (1908).

J

JACKSON, ANDREW *(Waxhaw, EE UU, 1767-Nashville, id., 1845) Estadista estadounidense.* A los trece años de edad se vio obligado a abandonar los estudios debido a la guerra de Independencia, en la cual participó como soldado raso. La muerte de su madre y de dos de sus hermanos a consecuencia del conflicto armado le causó un grave trauma, que motivó un odio visceral hacia los ingleses que mantuvo toda su vida. En 1781 cayó prisionero de los ingleses y durante su período de reclusión, un oficial británico, a quien se negó a limpiarle las botas, le infligió con el sable una profunda herida en el rostro, cuya cicatriz perduró de por vida. Una vez finalizada la contienda, estudió derecho en la Universidad de Salisbury y en 1788 se trasladó a Nashville, donde ejerció la abogacía. En 1796 fue miembro de la comisión encargada de redactar la Constitución del naciente estado de Tennessee y al año siguiente fue elegido senador por dicho estado. Pronto, sin embargo, dimitió, y entre los años 1788 y 1804 fue juez en el tribunal supremo de Carolina del Sur. Al estallar la segunda guerra con el Reino Unido, fue nombrado comandante del ejército estadounidense, conquistó Nueva Orleans (1815) y dirigió una operación de castigo contra los indígenas semínolas de Florida (1818). Poco después fue nombrado gobernador de este último estado y posteriormente senador demócrata (1823). A pesar de sus reticencias iniciales, en 1824 aceptó ser candidato a la presidencia en las elecciones, que perdió. Fue elegido presidente en la siguiente convocatoria (noviembre de 1828). Desde la Casa Blanca dio inicio al *spoils system*, fórmula según la cual los altos cargos administrativos pasaban a manos de personas de su confianza, y dio un nuevo impulso al sistema democrático al garantizar la fidelidad de las instituciones administrativas y erradicar la corrupción que las caracterizaba. En 1836 abonó el camino para que su secretario de Estado, Martin Van Buren, fuera elegido presidente, y si bien al término de su mandato se retiró a Nashville, continuó ejerciendo honda influencia en aquél, razón por la cual los años comprendidos entre 1825 y 1840 se conocen con el nombre de la «era Jackson».

▼ *Andrew **Jackson** inició su trayectoria como soldado raso en la guerra de la Independencia estadounidense y llegó a ser presidente de Estados Unidos.*

JACKSON, MICHAEL *(Gary, EE UU, 1958) Cantante estadounidense de pop.* Considerado «el rey del pop», es uno de los personajes más famosos y controvertidos del mundo de la música desde la publicación de *Thriller* (1982), el disco con más récords de la historia: cuarenta millones de copias vendidas en el mundo, doce nominaciones a los Grammy y siete singles extraídos del disco, que consiguieron estar entre las diez mejores canciones del momento en Estados Unidos. En *Thriller*, además, aparecen otras dos constantes de sus éxitos: una gigantesca lista de profesionales de renombre y reputación consolidada que colaboraron en su realización (Quincy Jones, Eddie Van Halen, Paul McCartney, Vincent Price, etc.), y su tema principal, que es presentado en un magnífico videoclip con excelentes efectos especiales, en el que además de cantar baila, con una coreografía cuidada y muy trabajada. Su vida excéntrica y ambigua ha dejado en segundo plano una carrera musical que inició a los cinco años de edad junto a sus hermanos, en el conjunto The Jackson Five.

JACOBI, CARL GUSTAV *(Potsdam, actual Alemania, 1804-Berlín, 1851) Matemático alemán.* Hijo de una familia de banqueros de origen judío, estudió en la Universidad de Berlín, donde se doctoró en 1825. Convertido al cristianismo, tuvo oportunidad de acceder a un puesto de profesor en la Universidad de Königsberg. Destacadísimo pedagogo, influyó en numerosas generaciones posteriores de matemáticos alemanes. Sus trabajos más relevantes se produjeron en el campo del álgebra, en el que introdujo y desarrolló el concepto de determinante, aplicándolo así mismo al estudio de las funciones de variables múltiples. Entre 1826 y 1827 estableció, independientemente del noruego Niels Henrik Abel, los principios fundamentales de la teoría de las funciones elípticas. En el ámbito de la teoría de números, demostró el teorema de Bachet sobre el total de las descomposiciones posibles de un entero, y en el de la mecánica física trató con profundidad y rigor el problema de los tres cuerpos. Su obra más notable es *Sobre la formación y propiedades de los determinantes* (1841).

JACOBO I *(Edimburgo, 1566-Theobalds Park, Escocia, 1625) Rey de Escocia (1567-1625) y de Inglaterra (1603-1625).* Hijo de María Estuardo y del segundo marido de ésta, el barón Darnley, subió al trono tras la abdicación de su madre. Cercano al modelo de príncipe maquiavélico, fue un monarca ilustrado y redactó varios ensayos sobre política general. Su reinado en Escocia se caracterizó por el equilibrio que supo establecer entre los distintos clanes aristocráticos y por controlar las exigencias de la éli-

▲ *Michael **Jackson** durante una de sus actuaciones, que constituyen auténticos espectáculos de masas en los que priman los efectos especiales y la puesta en escena.*

> «*La auténtica finalidad de la ciencia es el honor del espíritu humano.*»
>
> Carl Gustav Jacobi

◀ ***Jacobo I** pintado por Paulus van Somer. El rey escocés consolidó su monarquía absoluta después de someter a los puritanos, protestantes opuestos al episcopalismo.*

▶ ***Jacobo II**, revestido de su armadura y con un bastón rematado en una cruz, testimonio de su conversión al catolicismo en 1672.*

te presbiteriana, que pretendía reducir el poder del monarca. Así mismo, exigió los derechos sucesorios al trono inglés, al que accedió en 1603. Mal recibido por sus nuevos súbditos, debido a su nacionalidad escocesa y buena relación con la Corona española, en Inglaterra se enfrentó con el Parlamento, poco dispuesto a aumentar sus rentas, tal como era su deseo. En materia religiosa, continuó adelante con la reforma anglicana, si bien disminuyó la presión contra católicos y puritanos.

JACOBO II *(Londres, 1633-Saint-Germain-en-Laye, Francia, 1701) Rey de Inglaterra, Escocia e Irlanda (1685-1688).* Segundo hijo de Carlos I. Tras la ejecución de su padre, marchó al exilio, hasta la restauración de la monarquía en Inglaterra en la persona de su hermano Carlos II (1660). Como gran almirante de la flota y con el título de duque de York, arrebató Nueva Amsterdam a los holandeses, y la ciudad recibió el nombre de Nueva York en su honor. Su acercamiento al catolicismo, y su posterior conversión en 1672, hicieron que el Parlamento promulgase los *Test Acts*, que vetaban el acceso a los cargos públicos a los católicos. A pesar de ello, Jacobo ratificó su postura religiosa al contraer matrimonio con la católica María Beatriz de Módena. A la muerte de su hermano (1685), subió al trono y no hizo nada para disminuir los temores de absolutismo real de sus súbditos, a los que puso en su contra tras las terribles represalias («juicios sangrientos») adoptadas contra la fracasada rebelión del duque de Monmouth. Además, su negativa a convocar el Parlamento y su alianza con Luis XIV no hi-

cieron más que acentuar la hostilidad de su pueblo. Por otra parte, sus injerencias en el ejército y en la Iglesia le granjearon la enemiga de anglicanos y *tories*, que antes lo habían apoyado. Esta situación llegó al límite con el nacimiento de su hijo Jacobo Eduardo, que garantizaba la continuidad dinástica. La oposición llamó entonces a Guillermo de Orange-Nassau, estatúder de las Provincias Unidas, para ofrecerle el trono de Inglaterra. Tras la llamada Revolución Gloriosa de 1688 y la consiguiente huida del monarca, Jacobo II trató de recuperar el poder con el apoyo de Luis XIV. Derrotado en la batalla de Boyne, se refugió en Francia.

JAGGER, MICK → Rolling Stones.

JAIME I *EL CONQUISTADOR* (*Montpellier, actual Francia, 1208-Valencia, 1276*) *Rey de Aragón, conde de Barcelona y señor de Montpellier (1213-1276), rey de Mallorca (1229-1276) y de Valencia (1239-1276).* Hijo del rey Pedro II *el Católico* y de María de Montpellier, se convirtió en soberano de la Corona de Aragón con tan sólo cinco años, al morir su padre en la batalla de Muret, frente a los cruzados de Simón de Montfort en defensa de sus vasallos languedocianos (1213). Tras una larga y turbulenta minoría de edad, en que los regentes del joven monarca, sus tíos el conde Sancho I de Rosellón y el infante Fernando de Aragón, sucesivamente, tuvieron que sofocar las continuas rebeliones de la nobleza aragonesa, Jaime I asumió la dirección de sus Estados en 1225 e intentó sin éxito conquistar Peñíscola. Dos años después, la paz de Alcalá rubricó el definitivo triunfo de la monarquía sobre los nobles de Aragón y proporcionó al rey la estabilidad necesaria para permitirle iniciar sus campañas militares dirigidas contra los musulmanes del levante peninsular. Ante el perjuicio que la competencia comercial y la piratería de los sarracenos de las Baleares ocasionaban a los mercaderes catalanes, Jaime I emprendió en 1229 la conquista de Mallorca con la victoriosa batalla de Portopí. Tras la toma de Ciudad de Mallorca (diciembre de 1229), se apoderó de la isla en pocos meses, salvo un pequeño núcleo de resistencia musulmana, que logró mantenerse en la sierra de Tramontana hasta 1232. Entretanto, el monarca estableció un protectorado sobre Menorca, rubricado por el tratado de Capdepera, por el cual los sarracenos menorquines aceptaron su soberanía (1231). Por último, cedió la sumisión de Ibiza a la alta aristocracia catalana, que la hizo efectiva en 1235. Dominadas las Baleares, asumió

▲ *Miniatura del* Llibre dels privilegis *de* **Jaime I el Conquistador**. *El monarca catalanoaragonés concedió privilegios a algunas ciudades, además de controlar el reparto de tierras.*

> «Dios ama a los reyes que a sus pueblos aman.»
>
> Jaime I *el Conquistador*

▼ *Detalle del sepulcro de* **Jaime I el Conquistador**, *rey de Cataluña y Aragón. Fue restaurado por Federico Marés y se encuentra en el monasterio de Poblet (Tarragona).*

en 1232 la dirección de la conquista de Valencia. Tanto en Mallorca como en Valencia, Jaime I decidió crear reinos autónomos, pero integrados en la Confederación catalanoaragonesa. Los últimos años de vida de Jaime I fueron amargos, ya que, por una parte, asistió al fracaso de sus dos tentativas de realizar una cruzada en Tierra Santa (1269 y 1274) y, por otra, tuvo que hacer frente a la rebelión de su primogénito, el infante Pedro. Hombre culto e inteligente, Jaime I impulsó la expansión comercial catalana por el Mediterráneo, protegió a los judíos, organizó el Consell de Cent o gobierno municipal de Barcelona, promovió la redacción del *Libro del Consulado de Mar*, una compilación de derecho marítimo, y él mismo escribió o dictó una autobiografía conocida como *Llibre dels feyts*. A su muerte, acaecida en Valencia el 27 de julio de 1276, dividió sus reinos entre sus hijos Pedro, al que correspondieron Aragón, Cataluña y Valencia, y Jaime, quien recibió las Baleares, el Rosellón y Montpellier.

◄ *Portada de la obra del lingüista Roman **Jakobson*** Preliminares al análisis del habla, rasgos distintivos y sus correlatos.

JAKOBSON, ROMAN *(Moscú, 1896-Boston, EE UU, 1982) Lingüista ruso-estadounidense.* Considerado como uno de los renovadores de la lingüística moderna y creador de la fonología, perteneció a la escuela formalista rusa. Entre 1933 y 1939 enseñó en la Universidad de Brno, en Checoslovaquia, en cuya capital, Praga, había participado en la fundación del Círculo Lingüístico. En 1941, en plena Segunda Guerra Mundial, se trasladó a Estados Unidos, donde fue profesor en las universidades de Columbia y Harvard y en el Instituto de Tecnología de Massachusetts. Para Jakobson, el estudio del lenguaje debía ser abordado como una estructura que se organiza a partir de su función como sistema de co-

▼ *Henry (izquierda) y William **James**. Los dos hermanos fueron grandes exploradores de la psicología humana, aunque usaron distintas vías: la literatura y la filosofía, respectivamente.*

municación. Sus principales obras son: *Lenguaje infantil, afasia y leyes generales del lenguaje, Fundamentos del lenguaje* y *Ensayos sobre lingüística y poética.*

JAMES, HENRY *(Nueva York, 1843-Londres, 1916) Novelista estadounidense, naturalizado británico.* Hijo de un teólogo de origen irlandés y hermano del psicólogo William James, empezó sus estudios en Nueva York pero pronto se trasladó a Europa. Tras pasar varios años en Ginebra, Londres, París y Bolonia, regresó a Estados Unidos y empezó a estudiar derecho en Harvard. Publicó sus relatos en revistas estadounidenses, y a los veinticinco años ya era considerado uno de los mejores autores de cuentos del país. En 1869 volvió a Europa, de cuya tradición literaria se consideraba deudor, y siete años después fijó su residencia en el Reino Unido. Un año antes había publicado su primera novela, *Roderick Hudson* (1875), a la que siguieron *El americano* (1877), *Daisy Miller* (1879), *Washington Square* (1881) y *Retrato de una dama* (1881). Preocupado siempre por el punto de vista narrativo, sus primeras obras reflejaban el conflicto entre la espontaneidad y la exuberancia de la cultura estadounidense (que James personificaba en las figuras femeninas de sus novelas) y la secular tradición de la cultura británica, por la que sintió siempre una gran afinidad. En *Las bostonianas* (1886), *La princesa Casamassima* (1886) y *La musa trágica* (1890), el autor abandonó la temática anterior para centrarse en los caracteres ya típicamente ingleses. Con *Lo que Maisie sabía* (1897) y *Otra vuelta de tuerca* (1898), su literatura adquirió la complejidad dramática y la enorme penetración psicológica que iba a culminar en sus novelas de madurez: *Las alas de la paloma* (1902), *Los embajadores* (1903) y *La urna dorada* (1904). Exponente de la literatura realista, Henry James adquirió la nacionalidad británica un año antes de su muerte.

JAMES, WILLIAM *(Nueva York, 1842-Chocorua, EE UU, 1910) Filósofo estadounidense.* La peculiaridad del pragmatismo de James se debe a que su formación, a caballo entre Europa y Estados Unidos, quedó abierta a influencias de diversa índole. Por una parte, su trabajo es deudor del padre del pragmatismo, Peirce, aunque por otra también lo es del espiritualismo europeo de la época, especialmente el de Bergson. El filósofo parte de la tesis pragmatista de que «la percepción y el pensamiento existen sólo con miras a la conducta»; todo procedimiento de investigación está dirigido hacia la de-

terminación de una creencia, tal como había afirmado ya Peirce, cuya propuesta metodológica adopta también James: se trata de determinar las creencias involucradas en un sistema científico y aceptar como preferente la que sea más susceptible de rectificación. Si para Peirce este método debe servir para asegurar la validez objetiva de la ciencia, la lectura que realiza James del pragmatismo es más instrumentalista. Según su punto de vista, la única diferencia entre las creencias seculares y las religiosas reside en que estas últimas suponen para quien las adopta un riesgo mayor, precisamente por cuanto se trata de una creencia ambiciosa. Puesto que las creencias sirven a la acción y funcionan como una apuesta del sujeto a fin de poder llevar una vida mejor, la creencia religiosa no ha perdido validez, según James, pese a la secularización progresiva de Occidente. Por otra parte, James entiende que, dado que toda afiliación a una creencia comporta un riesgo, lo que hace falta es mirar hasta qué punto una creencia compensa el riesgo derivado de adoptarla, según la utilidad que reporte, tal como defiende en *La voluntad de creer* (1897). Este planteamiento deja al descubierto el hecho de que para James el pragmatismo sirve de puente hacia un relativismo subjetivista, que defiende un mundo plural (tantos mundos como individuos), opuesto a la noción tradicional de universo y que ofrece sólo, si acaso, un «pluriverso» (*Un universo pluralista*, 1909). Su obra programática se titula *Pragmatismo. Un nombre nuevo para algunos antiguos modos de pensar* (1907). Interesado en diversas disciplinas, James enseñó psicología (1889-1897) y filosofía (1897-1907) en la Universidad de Harvard.

JANACEK, LEOS *(Hukvaldy, actual República Checa, 1854-Loravská Ostrava, id., 1928) Compositor checo.* Aunque heredera de la escuela musical checa representada por Smetana y Dvorak, la música de Janacek es difícil de clasificar. Aunque su estilo bebe tanto del Romanticismo como del nacionalismo del siglo XIX, asumió ambas tradiciones con absoluta independencia y originalidad. Al propio tiempo, sus últimas composiciones, por lo novedoso de su lenguaje armónico y tímbrico, se inscriben en las tendencias renovadoras de las primeras décadas del siglo XX. Nacido en el seno de una familia de maestros, Janacek creció en un ambiente que concedía una especial importancia a la música. Miembro del coro del convento de los agustinos de Brno desde los once años, fue

LEOS JANACEK

OBRAS MAESTRAS

ÓPERAS: *JENUFA* (1904); *LOS VIAJES DEL SEÑOR BROUCEK* (1920); *KATIA KABANOVA* (1921); *LA ZORRITA ASTUTA* (1924); *EL CASO MAKROPOULOS* (1926); *DE LA CASA DE LOS MUERTOS* (1928, inacabada). **MÚSICA ORQUESTAL:** *IDILIO* (1878); *DANZAS MORAVAS* (1890); *TARAS BULBA* (1918); *BLANÍK* (1920); *SINFONIETTA* (1926). **MÚSICA DE CÁMARA:** *CUENTO DE HADAS PARA VIOLONCELO Y PIANO* (1910); *CUARTETO DE CUERDA NÚM. 1* (1924); *MLÁDÍ PARA SEXTETO DE VIENTO* (1924); *CONCERTINO PARA PIANO Y CONJUNTO* (1925); *CAPRICHO PARA PIANO Y CONJUNTO* (1926); *CUARTETO DE CUERDA NÚM. 2 «CARTAS ÍNTIMAS»* (1928). **MÚSICA PARA PIANO:** *SONATA 1.X.1905* (1905); *POR LOS SENDEROS DE HIERBA* (1908). **MÚSICA VOCAL Y CORAL:** *AMARUS* (1897); *DIARIO DE UN DESAPARECIDO* (1919); *MISA GLAGOLÍTICA* (1926).

▶ ▲ *El nacionalismo del compositor checo Leos* **Janacek** *no se manifiesta en sus composiciones en un sentido patriótico, sino en la asimilación de las propias raíces de la tradición musical germánica y eslava. Sobre estas líneas María Jeritza en el papel protagonista de* Jenufa.

el director de esta formación el primero en advertir las extraordinarias aptitudes del pequeño Leos, a quien tomó a su cargo. Se iniciaba así un largo período de aprendizaje en ciudades como Praga, Leipzig y Viena, además de Brno. Organista y maestro de coro, las primeras obras de Janacek como compositor mostraban su deuda con la tradición inmediatamente anterior. No fue sino hasta una edad relativamente tardía cuando su estilo adquirió un aspecto definido y personal. *Jenufa*, estrenada en Brno en 1904, fue la primera obra en la que éste se manifestó en toda su plenitud. Sin ser una ópera folclorista, *Jenufa* nace de la experiencia del folclor de Janacek, quien, convencido de la relación existente entre melodía y lenguaje hablado, se propuso crear una música que reprodujera las inflexiones propias de la lengua checa. En sus posteriores trabajos para la escena, Janacek profundizó sus investigaciones en esta dirección, escribiendo una serie de obras que desafiaban todas las convenciones del género operístico y que se caracterizaban por la búsqueda de una expresividad naturalista, un desnudo dramatismo y la persecución de lo esencial sin adornos superfluos, elementos que, junto a su compromiso patriótico, definen también sus obras instrumentales de madurez.

JANEQUIN, CLÉMENT *(Châtellerault, actual Francia, h. 1485-París, 1558) Compositor francés.* Fue uno de los grandes maestros de la canción polifónica descriptiva francesa de la primera mitad del siglo XVI. De su infancia y su juventud se desconoce prácticamente todo; es posible que fuera discípulo de Josquin Desprez, el composi-

tor más destacado de la época. Ordenado sacerdote, ocupó diversos cargos en parroquias de la región de Burdeos, entre ellos el de maestro de música de la catedral de Angers. En 1549 se trasladó a París, donde entró al servicio del duque de Guisa. A partir del año 1555 su producción experimentó un profundo cambio de orientación: Janequin abandonó los textos profanos y satíricos para musicar otros de carácter edificante, salmos y motetes de un interés menor. Al final de su vida fue nombrado compositor ordinario del rey. *La bataille de Marignan, Les cris de Paris, Le chant des oiseaux* y *La chasse* son algunas de sus canciones más célebres, del total de 250 que escribió.

JANSENIO [Cornelis Otto Jansen] *(Acquoi, actual Países Bajos, 1585-Ypres, actual Bélgica, 1638) Fundador del jansenismo.* En 1602 ingresó en la Universidad de Lovaina para estudiar teología. En dicha institución entró en contacto con la obra de san Agustín, cuya doctrina decidió desarrollar junto al también teólogo Jean Duvergier. Entre los años 1612 y 1614 dirigió el colegio episcopal de Bayona y, a partir de 1617, tras regresar a Lovaina, el colegio de Sainte-Pulchérie. En 1635 fue nombrado rector de la universidad y al año siguiente obispo de Ypres. Durante los últimos veintidós años de su vida trabajó en el *Augustinus*, su gran obra, amén de varios escritos contra los protestantes. En ella afirmó que la bondad no es razón suficiente para alcanzar la salvación, puesto que ésta depende de la voluntad del Señor y en el hombre viene predestinada, sin que pueda hacer nada por alcanzarla. Publicada a título póstumo, pronto se convirtió, amén de las bulas papales, en pieza clave para la expansión del nuevo agustinismo que, con el paso de los años, acabó por llamarse jansenismo.

JARUZELSKI, WOJCIECH *(Lublin, Polonia, 1923) Militar y político polaco.* Exiliado en la URSS tras la invasión alemana de Polonia, volvió a su país con el ejército polaco que combatió a los nazis. Ministro de Defensa a partir de 1969, con motivo de las movilizaciones sociales contra el gobierno comunista que impulsó el sindicato católico Solidaridad fue promovido a los cargos de primer ministro (febrero de 1981) y primer secretario del Partido Obrero Unificado Polaco. Presionado por la URSS, que veía con temor para sus intereses el nuevo rumbo del comunismo polaco, Jaruzelski interrumpió el proceso de reformas eco-

▲ *Retrato de Corneille Otto Jansen,* **Jansenio***, pintado por L. Dutielt. La obra del teólogo holandés fue el punto de partida del jansenismo, basado en una relectura del pensamiento agustiniano.*

▼ *El general* **Jaruzelski** *durante un acto conmemorativo de la Segunda Guerra Mundial en Gdansk, la antigua Danzig.*

nómicas y políticas de su gobierno y encarceló a los principales líderes del sindicato Solidaridad. Una vez controlada la oposición, concedió una amnistía en 1984 y se mantuvo en el poder hasta la celebración de las primeras elecciones democráticas, en 1990.

JEAN, PAUL [Johann Paul Friedrich Richter] *(Wundsiedel, actual Alemania, 1763-Bayreuth, id., 1825) Poeta y novelista alemán.* Cursó estudios de teología en Leipzig y adoptó el seudónimo francés *Jean-Paul* al publicar su primera obra, *Procesos groenlandeses* (1783) en la que se refleja la influencia de Swift, y que tuvo escaso éxito. Trabajó como maestro y llegó a dirigir una escuela en Schwarzenbach. Posteriormente, el éxito alcanzado por sus novelas, sobre todo *Hesperus* (1795), le permitió dedicarse exclusivamente a la literatura. Lirismo, musicalidad y humor caracterizan la obra de este «romántico de la novela» influenciado por Rousseau. Su idealismo lo condujo a explorar la «patria de la imaginación», con un estilo siempre marcado por el humor y el ingenio, lo que le hizo muy popular. De su obra se desprende la máxima de que lo que hay de ideal en la poesía no es otra cosa que la representación del infinito. Entre sus numerosas obras cabe destacar *Vida del alegre maestrillo Maria Wuz in Auenthal* (1793), *Hesperus* (1795), *Siebenkäs* (1796) y la novela educativa *El titán* (1800-1803), considerada su obra maestra.

JEFFERSON, THOMAS *(Shadwell, EE UU, 1743-Monticello, id., 1826) Político estadounidense.* Hijo de un rico plantador de Virginia, recibió una esmerada educación y desde muy joven se comprometió con la causa de los colonos frente a los abusos del soberano inglés Jorge III. En 1774 fue elegido diputado por Virginia en el primer Congreso continental, que se celebró en Filadelfia. Al año siguiente estallaba la guerra de Independencia de las colonias americanas. Inspirándose en la Declaración de los Derechos Humanos redactada por George Mason y adoptada por la Convención de Virginia, Jefferson escribió en 1776 un borrador de la Declaración de Independencia. Fuertemente influida por la filosofía política de Locke, la Declaración proclamaba la igualdad de los ciudadanos ante la ley y reconocía una serie de derechos naturales e inalienables para toda persona: «la vida, la libertad y la búsqueda de la felicidad». Por otro lado, reivindicaba el derecho de los pueblos a disponer de ellos mismos y reconocía su derecho a la resistencia frente a cualquier gobierno que no garantice los derechos humanos. La Declaración constituyó el documento fundacional de la nación estadounidense y significó un paso decisivo en la instauración de la democracia moderna, al establecer que el fin, la forma y la legitimidad del poder político emanan de la posibilidad del individuo de desarrollarse en libertad. Sin embargo, la búsqueda de las estructuras políticas sobre las que habría de erigirse el nuevo Estado supuso un arduo proceso, que Jefferson vivió como gobernador de Virginia, entre 1779 y 1781, más tarde como embajador en Francia durante los cuatro años que precedieron al estallido de la Revolución Francesa –de la que se declaró partidario, a pesar de sus excesos–, y por último como secretario de Asuntos Exteriores, entre 1790 y 1794, durante la presidencia de George Washington. Defensor de la autonomía de los estados frente al poder central, se convirtió en la principal figura del partido Antifederalista o Republicano (germen del futuro Partido Demócrata), con el que concurrió a las elecciones presidenciales de 1797. En aplicación de la ley que asignaba la vicepresidencia al candidato que obtenía el segundo lugar en las votaciones, accedió a este cargo tras el triunfo del federalista John Adams, con lo que se mantuvo un equilibrio de fuerzas entre una y otra tendencia. Paradójicamente, al convertirse en el tercer presidente de Estados Unidos en 1801, le correspondió inaugurar la ciudad de Washington como capital federal del país. Su actuación como presidente dio la orientación definitiva a las instituciones del nuevo Estado, de acuerdo con su idea de reservar al ámbito estatal la política interior, mientras el poder federal se ocupaba de la política exterior. Durante su gestión saneó el tesoro público, compró Luisiana a Francia por menos de 15 millones de dólares y envió una expedición exploradora al valle del Columbia. Reelegido para un nuevo mandato, mantuvo la neutralidad de su país durante las guerras napoleónicas en Europa, pero hubo de afrontar la recesión mercantil derivada del bloqueo continental, así como las tensiones con el Reino Unido a raíz de los abordajes a que la armada británica sometía a los buques neutrales en busca de desertores. Tras rechazar una tercera reelección, apoyó con éxito la candidatura del también virginiano y republicano James Madison. Hombre de gran erudición, aunque eminentemente práctico, se entregó a las más diversas actividades, desde la geografía a la botánica,

▲ *Arriba, cuadro de J. Trumbull que representa el momento de la firma de la Declaración de Independencia de Estados Unidos, redactada por Thomas **Jefferson**.*

▼ *El método de Edward **Jenner** para la obtención de la vacuna de la viruela significó un gran avance de la medicina en el campo de la inmunología.*

e impulsó un orden arquitectónico neoclásico en oposición al canon colonial británico por entonces imperante, cuyos ejemplos más significativos son la Universidad de Charlottesville, los capitolios de Washington y Richmond y su mansión de Monticello, en el alzado de cuyos planos intervino directamente.

JENNER, EDWARD (*Berkeley, Gran Bretaña, 1749-id., 1823*) *Médico inglés.* A los trece años entró al servicio de un cirujano local, con el que permaneció hasta los veintiuno, momento en el que se trasladó a Londres y se convirtió en pupilo de John Harvey. En 1773 regresó a Berkeley para abrir una consulta local, en la que adquirió notable prestigio. En el siglo XVIII, la viruela era una de las enfermedades epidémicas con un mayor índice de mortalidad. El único tratamiento conocido en la época era de naturaleza preventiva, y consistía en inocular a un sujeto sano materia infectada procedente de un paciente aquejado de un ataque leve de viruela. Dicho principio se basaba en la evidencia empírica de que un individuo que hubiera superado la enfermedad no la volvía a contraer. Sin embargo, la persona inoculada no siempre desarrollaba una versión leve de la enfermedad, y a menudo fallecía; además, podía actuar como foco de infección para los que lo rodeaban. Jenner se percató de que una variante de la enfermedad, la viruela de las vacas, también ejercía el mismo efecto inmunitario con respecto a la viruela convencional en las personas que la habían contraído. En 1796 extrajo materia infectada de un sujeto afectado por la viruela de las vacas y la inoculó a un niño sano de ocho años, que prontamente desarrolló una fiebre leve y pequeñas lesiones. Dos meses después inoculó nuevamente al niño, pero esta vez con el virus de la viruela convencional, sin que la enfermedad llegara a desarrollarse. La memoria con los resultados obtenidos fue rechazada por la Royal Society, pero él la publicó en 1798, incluyendo también los resultados favorables de otras pruebas posteriores. No sin problemas, la práctica de la vacunación se fue extendiendo desde el campo de la acción médica particular al ámbito nacional, continental y mundial. Jenner, convertido en un personaje célebre, disfrutó desde 1802 de una cuantiosa suma anual concedida por el Parlamento, retirándose de la actividad científica en 1815.

JENÓFANES DE COLOFÓN *(Colofón?, actual Grecia, 570 a.C.-Elea, actual Italia, 470 a.C.) Filósofo griego.* Fundador de la denominada escuela eleática y reconocido autor satírico, una antigua tradición supone que, en los últimos años de su vida, se vio obligado a subsistir como rapsoda de sus propios versos. Jenófanes suscitó una importante polémica en torno al politeísmo y la concepción antropomórfica que los griegos tenían de los dioses. Así, se burló de Hesíodo y Homero por cuanto, según él, habían transferido a los dioses los peores atributos de los hombres, y propuso sustituir esta concepción tradicional por la idea de un dios único, indivisible, de naturaleza radicalmente distinta a la humana. Su dios es todo ojo, todo oído, todo conocimiento, todo *logos* (razón), no creado e inmortal. Despojando sus ideas del carácter religioso con que fueron presentadas, las bases de un nuevo punto de vista en la solución al problema del universo aparecen ya planteadas en sus textos, aunque serían finalmente sistematizadas en el pensamiento de Parménides.

JENOFONTE *(Atenas, 430 a.C.-Corinto?, actual Grecia, 355 a.C.) Historiador y filósofo griego.* Autor, entre otras obras, de *Apología de Sócrates, Economía* y *Ciropedia* o *Educación de Ciro*, destacó también por su carrera militar, sobre todo por una memorable hazaña que protagonizó después de la batalla de Cunaxa: condujo a los 10 000 griegos supervivientes de regreso a su patria, haciendo un recorrido de 4 000 kilómetros. Este episodio se conoce con el nombre de *Anábasis* o *Retirada de los diez mil,* tal como es relatado por el propio autor. Tuvo

▲ *Detalle de la capilla Sixtina en el que aparece el profeta* **Jeremías***. La representación de Miguel Ángel lo muestra con una expresión a medio camino entre la meditación y el pesar.*

▼ *Busto de* **Jenofonte***. Este historiador griego explicó en la* Anábasis *o* Retirada de los diez mil *de forma realista y sobria, un episodio del que fue testigo directo.*

por maestros a Filóstratos, Isócrates y Pródico, además de a Sócrates, quien, según cuenta la tradición, le encontró un día en la calle y, prendado de sus cualidades, lo tomó por su discípulo predilecto. Jenofonte era miembro de una familia acaudalada y recibió una formación militar e intelectual muy completa. Autor versátil, se prodigó en los géneros histórico, filosófico, financiero, político, didáctico y literario. Por lo que respecta a sus escritos filosóficos, se le puede clasificar como un socrático, dado que aboga por la vida práctica y útil como ideal de vida armoniosa.

JEREMÍAS *(Anatot, actual Israel, 570 a.C.-?) Profeta hebreo.* Autor del libro del Antiguo Testamento que lleva su nombre, según la tradición bíblica recibió la llamada de Dios hacia el 627 a.C., tras lo cual inició su trayectoria profética. Su mensaje, plagado de referencias a las injusticias sociales, mantuvo una relación directa con los acontecimientos políticos de su tiempo. Contemporáneo de la toma de Jerusalén por los babilonios, fue hecho prisionero y trasladado a Egipto. Opuesto a la rigidez del templo y de sus administradores, inició el camino hacia una religión de corte más espiritual. Su libro, al que posteriormente se le añadieron numerosos párrafos, es un conjunto de oráculos cuya parte fundamental anuncia un nuevo pacto entre Dios y los habitantes de Israel, tras el cual se superaría la ley mosaica. Dicho pacto, grabado por Dios en los corazones de los hombres, permitiría que todos y cada uno de los creyentes conocieran a Dios y obtuvieran su perdón.

JERÓNIMO *(Clifton, EE UU, 1829-Fort Sill, id., 1909) Jefe guerrero apache.* Último gran jefe de la tribu de los apaches chiricahuas, fue uno de los más decididos opositores al dominio de los blancos. En 1874 asumió el mando de la tribu apache deportada a la reserva de Fort Sill en San Carlos, Arizona. A partir de 1880, muerto el jefe Victorio, se puso al frente de un grupo de guerreros e inició el hostigamiento de las fuerzas del general George F. Crook para evitar la cesión de su territorio. En 1884 fue apresado, pero se evadió y continuó oponiendo una encarnizada resistencia durante dos años. Por último, ya sin recursos, decidió entregarse voluntariamente al general Miles, con la condición de ser reintegrado a Arizona. Sin embargo, fue considerado como un criminal y condenado a varios años de trabajos forzados. Recobrada la libertad, en 1894 se instaló en Oklahoma con su familia y se dedicó a trabajar el campo y a vender sus propias fotografías en las exposiciones. Se convirtió al cristianismo en el año 1903 y dictó su autobiografía poco antes de su fallecimiento.

JESÚS *(Belén, actual Israel, h. 6 a.C.-Jerusalén, h. 30 d.C.) Fundador del cristianismo.* Dada la parquedad de las noticias que los autores latinos aportan acerca de la vida de Jesús, la fuente principal cuando se trata de establecer las circunstancias de su existencia son los textos cristianos, en especial los Evangelios, redactados por diversos autores en la segunda mitad del siglo I d.C. Las divergencias entre los cuatro Evangelios canónicos y con los considerados apócrifos, y, sobre todo, el sentido eminentemente religioso y evangelizador de estos escritos, hace difícil establecer su veracidad histórica. Parece que la fecha de su nacimiento sería unos años anterior a la transmitida por la tradición, en base a los datos de diversas fuentes. Hijo de un carpintero llamado José y de María, ambos de la estirpe de David, segundo rey de Israel, fue identificado por Juan *el Bautista* con el Mesías, «el ungido de Dios que salvará a su pueblo», al cual aludían los profetas del Antiguo Testamento. Según el testimonio de los cuatro Evangelios, nació en Belén, pequeña aldea próxima a Jerusalén, adonde habían acudido sus padres a empadronarse en cumplimiento de una orden dada, al parecer, por Quirino, gobernador romano de Siria. Este hecho podría no ser exacto, según creen muchos historiadores, y así, el supuesto nacimiento de Jesús en Belén bien podría ser un añadido realizado *a posteriori* para hacer concordar su persona con el Mesías, que supuestamente debía nacer en ese lugar. Durante su juventud, en Nazaret, Jesús habría aprendido el oficio de su padre, al tiempo que leía los textos sagrados judíos del Antiguo Testamento y escuchaba con particular atención a los maestros de las sinagogas. Hacia el «decimoquinto año del gobierno de Tiberio», siempre según los Evangelios, Juan *el Bautista* anunció el advenimiento de Cristo y de su reino y comenzó a bautizar en las aguas del Jordán, donde reconoció a Jesús como aquel que anunciaban las Escrituras. Los cuatro Evangelios informan del carácter de su doctrina y de los hechos que su prédica suscitó en la sociedad palestina de

▲ *Junto a Cochisse,* **Jerónimo** *es el jefe apache más conocido por la resistencia que opuso al ejército de Estados Unidos.*

▼ **Jesús** *en la cruz ocupa el centro de este tríptico del s. XIV, de procedencia desconocida.*

la época; ante todo, la labor de Jesús debe entenderse dentro de unas coordenadas culturales que contemplaban la llegada de un Mesías que redimiría al pueblo judío y lo liberaría de los romanos. Su cuestionamiento de la jerarquía sacerdotal y de ciertas interpretaciones farisaicas de la Ley, que anteponían la apariencia y el ritual al contenido moral, y su idea del sacrificio y del amor a Dios y al prójimo como fuentes de salvación, constituyeron una verdadera revolución en el sistema religioso judío basado en el Antiguo Testamento. El profundo conocimiento del espíritu humano y de los problemas cotidianos y la sencillez con que Jesús elaboró su mensaje le granjearon la confianza y admiración del pueblo, circunstancia que provocó el rencor y la virulenta reacción de la jerarquía religiosa representada por el Sanedrín, cuyos miembros conspiraron para acabar con él. Los Evangelios describen que fue traicionado por Judas, uno de los doce discípulos encargados de difundir su palabra, y que fue apresado luego de haber celebrado la cena de Pascua. Acusado por el Sanedrín de anunciar la destrucción del Templo y cuestionar la autoridad del César, fue enviado ante Poncio Pilato, gobernador romano de Palestina. No sin reparos, pues consideraba que se trataba de una cuestión religiosa que debían resolver los propios judíos y que Jesús no representaba un peligro para Roma, Pilato terminó cediendo a la presión de la jerarquía sacerdotal y lo condenó a morir crucificado el 7 de abril del año 30 d.C.; según los Evangelios, resucitó tres días después, y se apareció en diversas ocasiones a sus discípulos. En los años siguientes, el cristianismo se expandió con gran fuerza por todo el Imperio Romano.

JEVONS, WILLIAM STANLEY *(Liverpool, 1835-Hastings, Reino Unido, 1882) Economista británico.* En 1854 abandonó sus estudios en el University College de Londres para viajar a la ciudad australiana de Sydney, donde se interesó por la economía política y los estudios sociales. A su regreso a Londres, en 1859, escribió varias obras de contenido económico, en las cuales expuso los principios de la teoría marginalista, de forma contemporánea a K. Menger. Dicha teoría arrumbó la del valor-trabajo heredada de la escuela clásica, proponiendo en su lugar un enfoque basado en la subjetividad de la satisfacción personal experimentada por el consumidor, expresada en función de lo que denominó «utilidad marginal». Así mismo, fue pionero en la introducción de un mayor rigor matemático en la disciplina, tendencia que iría generalizándose en años posteriores. Entre 1866 y 1876 fue profesor de política económica del Owens College de Manchester y, a partir de la última fecha, del University College londinense.

JEZABEL *(s. IX a.C.) Reina de Israel*. Princesa fenicia, enlazó con Ajab, rey de Israel, para sellar una alianza política contra los arameos de Damasco. Gracias a esta alianza, Ajab pudo recuperar la Transjordania septentrional, a la vez que reforzaba los intercambios comerciales con las ciudades de la costa de Canaán. Esta situación, unida a las nuevas formas de gobierno real más autoritario, impulsado por la propia Jezabel, levantaron un fuerte descontento popular, que se vio agravado por el culto religioso al dios fenicio Baal, introducido por la reina. Tras la muerte de Ajab, en Ramot de Galaad, frente a los arameos, reinaron sus hijos Ocozías y Jorán, que no resolvieron el distanciamiento de los reyes de su pueblo. Así, cuando Yehú se sublevó en el 841 a.C., su insurrección triunfó rápidamente, y Jorán y Jezabel fueron asesinados, junto con todos los miembros de la casa de Omri y los seguidores del dios Baal.

JIMÉNEZ, JUAN RAMÓN *(Moguer, España, 1881-Santurce, Puerto Rico, 1958) Poeta español*. Inició estudios de derecho, que abandonó para consagrarse a la literatura. En 1900 se trasladó a Madrid, y al estallar la guerra civil española se exilió en Cuba, Estados Unidos y Puerto Rico. Si en sus primeras obras, entre las que destacan *Rimas* (1902) y *Jardines lejanos* (1904), cultivó la complejidad formal del verso modernista, con *Elegías puras* (1908) y *Poemas mágicos y dolientes* (1911) inició la búsqueda de una poesía desnuda de todo artificio, más pura. A la publicación del relato autobiográfico *Platero y yo* (1914) siguieron sus poemas de plenitud: *Sonetos espirituales 1914-1915* (1916), *Diario de un poeta recién casado* (1917) y *Eternidades* (1918); la primera, una de sus mejores composiciones, que aportaba abundantes elementos innovadores, como el verso libre, fue escrita a raíz de su matrimonio con Zeno-

▲ *El estilo de Juan Ramón* **Jiménez**, *arriba, pintado por Vázquez-Díaz, influyó en la poesía española del s. XX. A la derecha, dibujo perteneciente a una de las primeras ediciones de* Platero y yo.

▼ *El que fue el primer presidente de Pakistán, Mohamed Alí* **Jinnah** *fotografiado junto a su hermana Fátima.*

bia Camprubí. De su etapa madrileña destacan así mismo su actividad crítica en el diario madrileño *El Sol* y la fundación de revistas poéticas como *Índice* o *Sí*. Su influencia en los círculos culturales de la capital de España fue en aumento, hasta ser considerado, como Ortega y Gasset y Valle-Inclán, uno de los más eximios intelectuales del momento. La Generación del 27 lo reivindicó como uno de sus maestros líricos. La última etapa de su vida transcurrió en el exilio, donde escribió los libros de poesía *La estación total* (1946) y *Animal de fondo* (1949). Una desnudez expresiva en ocasiones ininteligible caracteriza sus postreros versos. Así mismo, cultivó la crítica literaria, y recopiló los artículos de su autoría en el volumen *Españoles de tres mundos* (1942), que contiene caricaturas literarias de contemporáneos. En 1956 obtuvo el Premio Nobel de Literatura, y en 1978 se publicó póstumamente una antología de sus poemas con el título de *Leyenda*.

JIMÉNEZ DE QUESADA, GONZALO *(Granada, 1509-Mariquita, Colombia, 1579) Conquistador y cronista español*. Nacido en el seno de una familia humilde, estudió derecho en Salamanca. En 1535 emprendió viaje, con el cargo de justicia mayor, en la expedición mandada por Pedro Fernández de Lugo que se dirigía a Santa Marta. Un año más tarde capitaneó otra expedición que debía remontar el río Magdalena. Tras soportar las duras condiciones del territorio, enajenados por la leyenda de Eldorado, llegaron a principios de 1537 a las mesetas interiores, habitadas por los chibchas, con quienes entablaron una feroz lucha que se prolongó durante dos años. Antes de volver a España, Jiménez de Quesada fundó Santa Fe de Bogotá (abril de 1539) sobre un antiguo poblado, y dio el nombre de Nueva Granada a los territorios conquistados. Durante sus últimos y penosos años escribió obras históricas que han quedado como crónicas de la época: *Compendio historial, Relación de la conquista, Ratos de Suesca* y *Antijovio*, publicado en Bogotá en 1952.

JINNAH, MOHAMED ALÍ *(Karachi, actual Pakistán, 1876-id., 1948) Estadista paquistaní*. Hijo de un próspero comerciante, entre 1892 y 1896 residió en Londres, donde cursó estudios de derecho y se familiarizó con el sistema parlamentario inglés. A su regreso a Karachi dividió su tiempo entre la abogacía y la actividad política. En 1910 fue elegido diputado por el Partido del Congreso, y en 1913 ingresó en la Liga Musulmana. Su ideario político se asentaba sobre dos grandes ejes: el nacionalismo indio y la creencia en que hindúes y musulmanes podían, y debían, vivir conjuntamente. Esta segunda creencia se comprobó que era inaplicable, y a partir de 1937 el Partido del Congreso rehusó incorporar a políticos musulmanes en sus gobiernos provinciales, lo cual motivó los primeros enfrentamientos violentos entre ambos grupos. Esto convenció a Jinnah de la necesidad de crear un Estado musulmán, Pakistán, que, tras vencer la resistencia británica e hindú, se proclamó independiente en 1947. Jinnah, que había sido su máximo abanderado, fue elegido presidente del nuevo país.

JOHANSSEN, WILHELM LUDVIG (*Copenhague, 1857-id., 1927*) *Biólogo danés.* Cursó los estudios en la universidad de su ciudad natal, de la que posteriormente sería profesor. También ejerció la docencia en el Instituto de Agricultura de Dinamarca. Considerado como uno de los padres de la genética, inició su carrera estudiando la fisiología de las plantas, pero pronto orientó sus esfuerzos hacia la investigación de los factores hereditarios. En sus estudios sobre la clase de alubias princesa observó la existencia de lo que denominó líneas puras, esto es, individuos genéticamente idénticos. Johanssen se mostró partidario de la teoría de la mutación propuesta por Hugo de Vries, que sostenía que la variación en el genotipo (la aparición de un nuevo carácter) podía ocurrir de forma repentina y espontánea e independiente de la selección natural.

JOHNSON, ANDREW (*Raleigh, EE UU, 1808-Carter's Station, id., 1875*) *Político estadounidense.* Admirador, en su juventud, del séptimo presidente de Estados Unidos, Andrew Jackson, natural como él de la región de las Carolinas y primer presidente no originario de la Costa Este, decidió muy pronto dedicarse a la política. Ingresó, también como Jackson, en el Partido Demócrata, y en 1843 consiguió su primer éxito electoral al ser nombrado diputado al Congreso. Poco después se trasladó a Tennessee, donde en 1853 fue elegido gobernador,

▲ *La etapa de Andrew **Johnson** como presidente de Estados Unidos tan sólo duró tres años y se vio marcada por los conflictos derivados de la guerra civil.*

▼ *Lyndon B. **Johnson** presta juramento como sucesor del asesinado presidente Kennedy. Presidió Estados Unidos en los años sesenta, una época de gran conflictividad social.*

cargo que desempeñó hasta su nombramiento de senador en 1857. A pesar de sus diferencias con los planteamientos del Partido Demócrata en lo referente al intento de secesión de los estados del Sur, Lincoln lo nombró gobernador militar de Tennessee y, con posterioridad, vicepresidente (1864). Tras el asesinato de Lincoln, a principios de 1865, pasó a ocupar la presidencia, en la que se mantuvo hasta 1868. Desde la Casa Blanca planteó una política moderada respecto a los logros de la población de color, lo cual le acarreó varios conflictos con miembros de su propio partido y con el Congreso, que en 1866 votó en su contra y le advirtió de la inconstitucionalidad de su política segregacionista. En este sentido, perdió la batalla en pro de la no aprobación, por parte del Congreso y de los distintos estados federales, de la enmienda referente a los derechos de los ciudadanos, a su juicio demasiado progresista. Tampoco pudo sacar adelante una ley que sancionaba a los dirigentes políticos que habían gobernado en los Estados sudistas durante la guerra de Secesión. Acusado de traición a la patria, no llegó a ser condenado. Solucionó la enemistad y su discordancia política con varios miembros de su partido removiéndolos de sus cargos (destitución de E. M. Stanton, secretario de Guerra). En marzo de 1867 ordenó la adquisición de Alaska, por aquellas fechas posesión rusa, y a fin de anular la presencia francesa en México, amenazó a París con una intervención militar.

JOHNSON, LYNDON BAYNES (*Gillespie County, EE UU, 1908-San Antonio, id., 1973*) *Político estadounidense.* De origen humilde, ejerció como maestro de escuela y en 1932 se trasladó a Washington para trabajar como asesor del congresista Richard M. Kleberg. En 1937 resultó elegido congresista demócrata por Texas, cargo que ocupó los doce años siguientes y en el cual destacó por su discurso moderado y su capacidad para el diálogo. En 1960, aun estando en condiciones de optar a la presidencia, aceptó la propuesta de J. F. Kennedy de acompañarle como vicepresidente. Tras el asesinato de éste, en 1963, se convirtió en trigesimosexto presidente de Estados Unidos, cargo desde el cual consolidó las reformas civiles y sociales de su predecesor. Reelegido en 1964 por amplia mayoría, mantuvo su política renovadora, pero la guerra de Vietnam le restó popularidad. Tras rechazar presentarse a la reelección, al término de su mandato se retiró a un rancho de Texas, donde redactó su versión de los acontecimientos vividos en su actividad política, *The Vantage Point*, libro de memorias publicado en 1971.

JOLIOT, FRÉDÉRIC *(París, 1900-Arcouest, Francia, 1958)* e **IRÈNE CURIE** *(París, 1897-id., 1956) Matrimonio de físicos franceses.* Irène era hija del matrimonio formado por Pierre y Marie Curie, y en 1918 colaboró como asistente de su madre en el Institut du Radio de París. En 1925 se doctoró con una tesis sobre los rayos alfa del polonio. Ese mismo año conoció al que sería su marido, Frédéric Joliot, graduado en ingeniería por la École de Physique et de Chimie Industrielle, cuando entró, en calidad de colaborador, en el laboratorio de Marie Curie tras ser recomendado por el prestigioso físico Paul Langevin. En octubre del año siguiente la pareja contrajo matrimonio. Joliot siguió ampliando estudios en la École d'Électricité Industrielle Charliat hasta 1928, fecha en la que inició la colaboración con su esposa en materia científica. En sus primeras investigaciones obtuvieron isótopos radiactivos de elementos que originariamente no lo son, a saber, nitrógeno, fósforo y aluminio. Este descubrimiento reveló la posibilidad de emplear elementos radiactivos producidos artificialmente en el seguimiento de los cambios químicos que se producen en los procesos fisiológicos. El método de obtención de isótopos radiactivos desarrollado por el matrimonio Joliot-Curie valió a la pareja el Premio Nobel de Química en 1935. Comprometidos con causas progresistas, en 1934 se incorporaron a las filas del Partido Socialista francés, y al cabo de un año al Comité de Vigilancia de Intelectuales Antifascistas. En 1936 tomaron parte en favor de los republicanos tras el estallido de la guerra civil española. Irène Curie fue una de las tres mujeres que formaron parte del último gobierno del Frente Popular. Tras la ocupación nazi de Francia y la ejecución del físico teórico J. Solomon, Frédéric Joliot se afilió al Partido Comunista francés. Creó la Société d'Études des Applications des Radio-éléments Artificiels, empresa que sirvió como tapadera para evitar la deportación de científicos franceses a Alemania. Tras la liberación de Francia, el matrimonio prosiguió su labor científica, desempeñando simultáneamente cargos públicos, de los que serían

▲ *Frédéric* **Joliot** *y su esposa Irène Curie en su laboratorio de París. Ambos cónyuges adoptaron el apellido compuesto Joliot-Curie en homenaje a los padres de Irène.*

▼ *Ben* **Jonson** *vivió oscurecido por la poderosa figura de su contemporáneo William Shakespeare, aunque fue sin duda uno de los grandes maestros del teatro inglés.*

relegados a principios de los años cincuenta a causa del ambiente anticomunista que vivió Europa occidental durante la época de la guerra fría. Repentinamente, la salud de ambos comenzó a resquebrajarse; una leucemia, como en el caso de su madre, terminó con la vida de Irène en 1956. Dos años más tarde, a causa de una hepatitis, falleció Frédéric.

JONSON, BEN *(Westminster, Inglaterra, 1572 o 1573-Londres, 1637) Dramaturgo inglés.* Hijo póstumo de un predicador escocés, trabajó como albañil hasta que se alistó en el ejército. Hacia 1597 se estableció en Londres para dedicarse al teatro como actor y dramaturgo. En 1598 logró su primer triunfo como autor al representar la compañía de Shakespeare su comedia *Cada hombre en su humor* en el Globe Theater. A este éxito siguieron los de *Cada hombre fuera de su humor* (1599), *Las fiestas de Cynthia* (1600), *El poetastro* (1602) y la tragedia *Sejano* (1603). Renovó el género conocido como «comedia de carácter» con obras que tuvieron una influencia perdurable, entre las que cabe citar *Volpone o el zorro* (1605), *Epicene o la mujer silenciosa* (1609), *El alquimista* (1610), *La feria de san Bartolomé*, audaz sátira del puritanismo, *El diablo es un asno* (1616), *La posada nueva* (1629) y *La dama magnética* (1632).

JORDAENS, JACOB *(Amberes, actual Bélgica, 1593-id., 1678) Pintor flamenco.* Se formó con su yerno, Adam van Noort, pero fue en realidad un gran admirador de Rubens, con el que colaboró a menudo. A la muerte de este último, se convirtió en el principal pintor flamenco, y forma, junto con el mencionado artista y Van Dyck, el gran trío de la pintura barroca en Flandes. Su copiosa producción abarca todos los géneros, de la mitología al retrato, el cuadro de tema religioso o de género, así como aguafuertes y cartones para tapices. Pero la variedad temática se funde en un denominador común estilístico, consistente en la ampulosidad de las formas, en intensos contrastes de luces y sombras y en un empaste muy grueso. Mostró particular predilección por algunos temas de género, en particular los titulados *El sátiro y el campesino*, *El rey bebe* y *El concierto familiar*, y los repitió en numerosas ocasiones con cambios en la composición y la luz. Entre los numerosos encargos que recibió de toda Europa destaca *El triunfo de Frederik Hendrik*, un gran lienzo de fastuosa pompa barroca que realizó para la mansión du Bois, cerca de La Haya.

JORDAN, CAMILLE *(Lyon, 1838-París, 1922) Matemático francés.* Tras graduarse en la École Polytechnique de París, ingresó en la Escuela de Minas y obtuvo un empleo como responsable de la red de canteras de la capital. Desde 1872 simultaneó dicho cargo con el de profesor en la Polytechnique. Jordan fue el primero en comprender plenamente la trascendental relevancia de las aportaciones de Galois; en 1870 abordó la sistematización de la teoría de los grupos de sustitución de este último, así como su aplicación en el campo de las ecuaciones algebraicas. Desarrolló también importantes conceptos matemáticos, como el de grupo cociente, los homomorfismos y las sucesiones de subgrupos; definió las sucesiones de Jordan-Hölder y, en topología, enunció el teorema de separación de Jordan-Brouwer. Fundamentalmente, y por encima de sus aportaciones científicas, Jordan destacó por la novedosa exposición de sus resultados, actuó como ligazón entre diversos campos de la matemática de su tiempo y fue un muy destacado pedagogo.

JORDAN, MICHAEL *(Nueva York, 1963) Jugador de baloncesto estadounidense.* En 1981 ingresó en el equipo de la Universidad de Carolina del Norte, y ya al año siguiente era elegido mejor jugador de la temporada. Aquel mismo año fue miembro de la selección de Estados Unidos, que ganó la medalla de oro en los Juegos Olímpicos de Los Ángeles, experiencia que repitió en los Juegos de Barcelona de 1992. En 1984 fue fichado por los Chicago Bulls, equipo en el que permaneció a lo largo de toda su carrera deportiva y con el cual obtuvo seis campeonatos de la NBA. Máximo encestador en diez temporadas, obtuvo un prome-

▲ La familia del pintor, obra de Jacob **Jordaens**. *El retrato presenta a la familia del artista, en una escena que transmite una impresión de tranquilidad y sencillez.*

▼ *Michael **Jordan** llora de emoción en 1991, tras conseguir con los Chicago Bulls el título de campeón de la NBA, el primero de los seis que conseguiría.*

dio de 32 puntos por partido, récord absoluto de la NBA, y fue elegido mejor jugador en 1988, 1991, 1992, 1996 y 1998. En octubre de 1993, tras el asesinato de su padre, abandonó la competición, pero regresó a la NBA en marzo de 1995. Considerado el mejor jugador de baloncesto de todos los tiempos, dentro de la cancha destacó por su rapidez, elegancia e inteligencia, y fuera de ella, por su sencillez y honestidad. A principios de 1999 anunció su definitiva retirada del deporte activo.

JORGE I *(Copenhague, 1845-Tesalónica, Grecia, 1913) Rey de Grecia.* Hijo del monarca danés Cristián IX, fue coronado en 1863 tras ser derrocado Otón I. La ayuda de las naciones protectoras, sobre todo del Reino Unido, fue decisiva para que Jorge I accediera al trono. La implantación de la monarquía parlamentaria fue acaso el logro político más relevante de su reinado, al promulgar la primera Constitución de la historia de Grecia. En política exterior, amplió las fronteras políticas del país con la adquisición de las islas jónicas, de Tesalia, y también de Epiro, Macedonia y Creta, estas últimas anexionadas tras la derrota turca en la primera guerra balcánica, en la que él intervino. Después de la conquista de la ciudad de Salónica, murió asesinado en esa misma ciudad. Le sucedió su hijo Constantino, que había intervenido en las campañas militares de la guerra turco-rusa.

JORGE II *(Hannover, actual Alemania, 1683-Londres, 1760) Rey de Gran Bretaña e Irlanda (1727-1760) y elector de Hannover (1727-1760).* Hijo del príncipe alemán Jorge I, monarca inglés entre 1714 y 1727, y Sofía Dorotea de Celle. Su reinado se caracterizó por su desinterés hacia la política ordinaria, que dejó en manos de sus ministros y, en ocasiones, de su esposa, Carolina de Ansbach. Walpole, el primero de sus ministros, fue obligado a dimitir en 1742 y lo sustituyó por Carteret, quien lo convenció para intervenir en la guerra de Sucesión austriaca (1740-1748), decisión por la que fue acusado de gobernar en favor de sus intereses alemanes. En noviembre de 1744, el Parlamento le obligó a aceptar la dimisión de Carteret, a quien sustituyó por Pitt, hasta entonces en la oposición. Alejado de sus obligaciones políticas, desarrolló una fuerte pasión por lo militar, pues no en vano fue el último monarca inglés en estar presente en el campo de batalla (batalla de Dettingen, 1743), y por la música, campo en el que fue mecenas de importantes artistas, como el compositor alemán G. F. Haendel.

JORGE III *(Londres, 1738-id., 1820) Rey de Gran Bretaña e Irlanda (1760-1820), elector de Hannover (1760-1814) y rey de Hannover (1814-1820).* Hijo de Federico Luis y de la princesa Augusta de Sajonia-Gotha, subió al trono en 1760, tras la muerte de su abuelo, Jorge II, con quien estuvo siempre políticamente enfrentado. De poca lucidez mental (no aprendió a leer hasta los once años), fue fácilmente influenciado por sus ministros, en especial por Frederick North y William Pitt, quienes se responsabilizaron, de hecho, de la gestión gubernamental. Así mismo, se dejó aconsejar en todo momento por John Stuart, tercer conde de Bute, quien a su vez se convirtió en una de las más poderosas figuras de la corte. Bajo su reinado, Gran Bretaña obtuvo la victoria en la guerra de los Siete Años, pero perdió las colonias americanas en la guerra de Independencia. Tras la Revolución Francesa, no obstante, Gran Bretaña se erigió en una de las potencias europeas. A partir de 1811, y debido a su desequilibrio mental, cedió el gobierno a su hijo, el futuro Jorge IV, quien desempeñó la regencia durante los nueve años que aún vivió su padre.

JORGE IV *(Londres, 1762-Windsor, Reino Unido, 1830) Rey de Gran Bretaña e Irlanda y rey de Hannover (1820-1830).* Primo-

génito de Jorge III y Sofía de Mecklenburg-Strelitz, fue coronado el 29 de enero de 1820. Sin embargo, reinó *de facto* desde febrero de 1811, fecha en que asumió la regencia debido a los problemas mentales de Jorge III. En 1785 contrajo matrimonio con María Fitzhebert, si bien la unión fue invalidada por la falta de consentimiento de su padre, con quien sostuvo una tensa relación desde su adolescencia, debido, fundamentalmente, a la afición de Jorge IV a la bebida y a las mujeres y a su amistad con varios políticos *whig* opuestos a la política del monarca. Tras su coronación, delegó las tareas de gobierno en sus ministros, manteniéndose al margen de la vida política. De talante conciliador y amante de las artes, fue mecenas del arquitecto John Dash, autor del plan urbanístico de Regent Street y del Regent's Park de Londres, y de sir Jeffry Wyatville, quien restauró el castillo de Windsor.

JORGE V *(Londres, 1865-Sandingham, Reino Unido, 1936) Rey de Gran Bretaña e Irlanda del Norte y emperador de la India (1910-1936).* Segundo hijo de Eduardo VII y de la reina Alejandra, se convirtió en príncipe heredero cuando su hermano, el duque de Clarence, murió prematuramente en 1892. Jorge contaba por entonces veintisiete años, y su padre inició su educación encaminada a prepararlo para sus futuras obligaciones. Llegó al trono con cuarenta y cinco años y fue coronado un año más tarde. Casó con la princesa Mary of Teck, novia de su difunto hermano, y tuvo con ella seis hijos: Edward, George, Mary, Henry, George (duque de Kent) y John. A lo largo de su reinado, se enfrentó a múltiples dificultades, y en el plano político tuvo que solucionar un grave problema, de carácter constitucional: la moderación del poder de la Cámara de los Lores. Su comedida actuación permitió el progreso de la monarquía constitucional, debido, en buena parte, a que las intervenciones que protagonizaba eran previamente consensuadas con las fuerzas políticas y con sus consejeros. Durante la Primera Guerra Mundial cambió la denominación de la casa real, que de Sajonia-Coburgo pasó a ser Windsor. En el curso del conflicto, sus diversas visitas a Francia le granjearon un notable prestigio internacional. Por otro lado, tuvo también que hacer frente a los cambios que se iban produciendo en el imperio colonial y buscar soluciones a la penuria económica de la posguerra. Monarca prudente y conciliador, gozó siempre del

▲ *Jorge II fue el último monarca inglés que estuvo presente en un campo de batalla.*

▼ *Jorge III pintado al óleo por Gainsborough. La escasa capacidad del monarca no impidió que durante su reinado Gran Bretaña se convirtiera en la primera potencia mundial.*

◀ *Comitiva real y desfile militar en la India, en honor del rey **Jorge V** quien también fue emperador de la India.*

▶ *Retrato de la familia real británica, con el rey **Jorge VI** a la izquierda, su esposa Isabel A. Bowes-Lyon, y las princesas Margarita e Isabel, ésta futura reina de Inglaterra.*

afecto del pueblo británico, que en 1935, en una multitudinaria manifestación popular, le expresó su cariño con ocasión de los actos de celebración de sus bodas de plata como rey. De salud delicada desde 1928, murió a los setenta y un años de edad a causa de una neumonía.

JORGE VI (*Sandringham, Reino Unido, 1895-id., 1952) Rey de Gran Bretaña e Irlanda del Norte (1936-1952) y emperador de la India (1936-1947)*. Hijo de Jorge V, en 1913 ingresó en el ejército, en el que permaneció hasta 1919, fecha en que inició sus estudios en el Trinity College de Cambridge. En abril de 1923 contrajo matrimonio con Isabel Ángela Bowes-Lyon, unión de la que nacieron la princesa Isabel, futura reina Isabel II, y la princesa Margarita. En 1936, tras la abdicación de su hermano Eduardo VIII, fue coronado rey. Su reinado se caracterizó por su apoyo al primer ministro Neville Chamberlain y a su política de «apaciguamiento» hacia Alemania e Italia, y, tras la dimisión de éste, a su sustituto, Winston Churchill. Durante la Segunda Guerra Mundial trató de elevar la moral del ejército y mantuvo una estrecha relación con el presidente estadounidense Franklin D. Roosevelt. Tuvo un papel destacado en la conversión del Imperio Británico en la Commonwealth, organismo al que se sumaron, tras sus respectivas independencias, la India y Pakistán. En 1948 su salud empezó a empeorar; falleció cuatro años más tarde, a poco de someterse a una operación para extirpar un cáncer de pulmón.

▼ *José I Bonaparte, hermano de Napoleón, quien sucesivamente le otorgó las coronas de Nápoles y de España.*

JOSÉ I (*Lisboa, 1714-id, 1777) Rey de Portugal (1750-1777)*. Hijo de Juan V y Mariana de Austria, ocupó el trono de Portugal a partir de 1750 y nombró secretario de Estado al marqués de Pombal, quien cuatro años más tarde pasó a ser primer ministro. Este personaje se convirtió en una pieza clave de la política portuguesa, aplicando sus ideas ilustradas a una intensa labor reformista y a la restauración de la institución monárquica. Pombal, por cuyo consejo José I expulsó del país a los jesuitas, dirigió de hecho los asuntos de Estado hasta la muerte del rey. Bajo el reinado de José I, Portugal mantuvo su alianza con Gran Bretaña, una alianza que provocó el enfrentamiento con España en la guerra de los Siete Años. Otro enfrentamiento hispano-portugués de esta época fue el derivado de la posesión de la colonia de Sacramento. Cuando José I cayó enfermo, en febrero de 1775, nombró regente a su esposa Mariana Victoria de Borbón, que destituyó inmediatamente a Pombal.

JOSÉ I BONAPARTE (*Ajaccio, Francia, 1768-Florencia, 1844) Rey de España (1808-1812)*. Hermano mayor de Napoleón Bonaparte, estudió derecho y se dedicó al comercio. Su hermano lo nombró rey de Nápoles y, luego, en 1808, de España, país al que se trasladó de inmediato. Cuando llegó a Madrid, España se encontraba sublevada a causa del motín del 2 de mayo, y apenas tuvo tiempo de instalarse, pues hubo de marchar presuroso ante la derrota francesa en Bailén. Tras la intervención del propio Napoleón, con el grueso del ejército francés, pudo establecer su gobierno en la capital del reino, pero sus medidas liberales e ilustradas toparon con la hostilidad popular, que lo hacía víctima de burlas respecto a su supuesto alcoholismo (se le apodó *Pepe Botella*). Tras la batalla de los Arapiles, y ante el avance de Wellington, dejó Madrid, con gran cantidad de riquezas, según sus detractores, y se trasladó a Vitoria, donde se enfrentó al inglés y fue derrotado. Tras la caída de Napoleón, vivió en Estados Unidos y en Italia.

JOSEFINA [Marie-Josèphe Rose Tascher de la Pagerie] *(Trois-Ilets, Martinica, 1763-Malmaison, Francia, 1814) Emperatriz de los franceses.* Casó con el vizconde Alexandre de Beauharnais, con quien tuvo dos hijos, aunque el matrimonio se separó a causa de las «maneras provincianas» de Josefina, a los ojos de él. Durante la Revolución su marido fue ejecutado y ella misma estuvo confinada hasta el 9 de Termidor. A través de Barras conoció a Napoleón Bonaparte, con quien contrajo matrimonio. Sus contactos sirvieron para que Napoleón fuera nombrado general en jefe del ejército de Italia. Coronada emperatriz en 1805, Josefina consiguió enlazar la alta aristocracia, a la cual conocía a raíz de su primer matrimonio, con la nueva clase dirigente. En 1809, no obstante, su vida disipada le llevó a ser repudiada por Napoleón, quien, además, quería volver a casarse para tener un hijo varón que pudiera heredar el trono.

JOSEFO, FLAVIO *(Jerusalén, 37 d.C.-?, c. 100) Historiador judío.* Miembro del partido de los fariseos, descendía de una antigua familia de sacerdotes. En el año 64 se vio implicado en Roma en el proceso contra los judíos deportados por orden del procurador Félix. Salió con bien del proceso gracias al apoyo de Popea, esposa de Nerón. Al iniciarse la guerra contra Roma organizó la administración y la defensa de Galilea, pero tuvo que capitular en el 67 y fue conducido ante Vespasiano, quien le concedió el perdón al predecirle Josefo que se convertiría en emperador de Roma. Cumplida la profecía, Josefo pasó a ser Flavio Josefo y se instaló en Roma, donde gozó del beneficio de una pensión imperial. Escribió en lengua griega *La guerra de los judíos, Antigüedades judaicas* y *Contra Apión,* tratado contra el antisemitismo grecorromano.

JOSELITO [José Gómez Ortega] *(Gelves, España, 1895-Talavera de la Reina, id., 1920) Matador de toros español.* Miembro

▲ La coronación de Napoleón, *cuadro pintado por Jacques-Louis David, en el que se ve a* **Josefina** *arrodillada ante Napoleón para ser coronada emperatriz.*

▼ *José Gómez,* **Joselito,** *conocido también como* Gallito, *uno de los máximos exponentes del torero artista.*

de la familia Gómez, de la que formaron parte ilustres matadores de toros. A los doce años ya estaba integrado en una cuadrilla infantil, y posteriormente capitaneó, junto con *Limeño,* la famosa cuadrilla de *niños sevillanos,* que cosechó numerosos éxitos. Mató su primer toro en Sevilla en 1911, y allí tomó la alternativa un año más tarde, de manos de su hermano Rafael. Pronto se reveló como un torero brillante e intuitivo, además de un gran banderillero, con especial talento para los naturales en redondo. Además de una técnica innata a la vez que responsable, ofreció a su público una amplia variedad de lances de capa y mató siempre de manera rápida y directa. Coincidió con Belmonte en numerosas ocasiones, y pronto se convirtieron en una pareja competidora célebre. En 1920, el toro *Bailaor* le asestó una cornada mortal en el coso de Talavera de la Reina.

JOULE, JAMES PRESCOTT *(Salford, Reino Unido, 1818-Sale, id., 1889) Físico británico.* Estudió en la Universidad de Manchester. En 1840 publicó *Producción de calor por la electricidad voltaica,* en la que estableció la ley que lleva su nombre y que afirma que el calor originado en un conductor por el paso de la corriente eléctrica es proporcional al producto de la resistencia del conductor por el cuadrado de la intensidad de corriente. En 1843, después de numerosos experimentos, obtuvo el valor numérico del equivalente mecánico del calor. De ese modo quedaba firmemente establecida la relación entre calor y trabajo, ya avanzada por Rumford, que sirvió de piedra angular para el posterior desarrollo de

◄ *Jovellanos*, uno de los más destacados intelectuales ilustrados españoles, pintado por Goya durante la breve etapa en que aquél fue secretario de Gracia y Justicia bajo el gobierno de Godoy.

seau, libro prohibido en aquel momento, y por ello fue encarcelado y deportado a Mallorca (marzo de 1801). Hasta mayo de 1802 residió en la cartuja de Valldemosa, en la cual escribió *Memoria sobre educación pública*, obra en la que defendía la necesidad de establecer la enseñanza del catalán en Mallorca, al tiempo que proponía la creación de un centro educativo en la isla. Posteriormente fue confinado en el castillo de Bellver, en donde sufrió un período de incomunicación forzosa que aprovechó para redactar varias obras, entre las que destacan las *Memorias históricas sobre el castillo de Bellver*, publicadas póstumamente, y un *Tratado teoricopráctico de la enseñanza*. Sólo fue liberado tras el motín de Aranjuez, en marzo de 1808, tres años antes de su muerte.

JOVELLANOS, SALVADOR *(Asunción, Paraguay, 1833-?, h. 1876) Político paraguayo.* Se vio obligado a pasar su juventud en Argentina, y participó más tarde en la guerra de la Triple Alianza, conflicto que, entre 1864 y 1870, enfrentó a Paraguay con Argentina, Brasil y Uruguay. Acabado éste con la derrota paraguaya, que supuso la pérdida casi total de su población –la cual quedó reducida a menos de un tercio y compuesta por casi un noventa por ciento de mujeres– y de parte de su territorio a favor de Argentina y Brasil, Jovellanos colaboró decididamente en las tareas de reconstrucción nacional. Ocupó primero el cargo de ministro de Hacienda y con posterioridad la vicepresidencia de la República y, tras la renuncia del presidente Cirilo Antonio Rivarola, la presidencia entre 1871 y 1874. Jovellanos intentó impulsar un proceso de recuperación de la economía, pero finalmente obligado a ceder a las presiones brasileñas, hubo de dejar el gobierno en manos del vicepresidente Juan Bautista Gil.

la termodinámica estadística. Enunció también el principio de conservación de la energía mecánica.

JOVELLANOS, GASPAR MELCHOR DE *(Gijón, España, 1744-Vega, id., 1811) Político y escritor español.* Hijo de una familia de la pequeña nobleza, estudió en Oviedo, Ávila y Alcalá, en cuyo colegio de San Ildefonso se doctoró en cánones a los veintiún años de edad. Tras finalizar los estudios, ingresó en la Administración, y en 1767 fue trasladado a Sevilla para desempeñar el cargo de alcalde del Crimen. Ya en fecha muy temprana empezó a compatibilizar sus tareas laborales con su afición por el estudio y la escritura, influido siempre por las corrientes ilustradas. En 1787 presentó el drama *El delincuente honrado*, escrito en 1773, y por las mismas fechas se aproximó a la poesía con las epístolas *Jovino a sus amigos de Salamanca*, de tono moralizante y neoclásico, y *A sus amigos de Sevilla*, de contenido sentimental. En 1797, tras un breve período como embajador en Rusia, fue nombrado secretario de Gracia y Justicia, pero sólo pudo ocupar el cargo durante un año debido a las presiones ejercidas por Godoy para lograr su destitución. Durante este breve período destacó por su voluntad reformista y por su lucha contra la Inquisición y las propiedades de la Iglesia. Tras ser relevado del cargo regresó a Gijón, donde ejerció como consejero de Estado, aunque también por poco tiempo, puesto que se vio afectado por la oleada de conservadurismo antiilustrado de la época. Se le acusó de haber introducido en España una copia del *Contrato social* de Rous-

▼ *James* **Joyce** *es uno de los escritores que más han influido en el desarrollo de la novelística del s. XX. A la derecha, portada de la edición francesa del* Ulises, *la obra maestra del autor, donde la técnica del monólogo interior adquiere su más lograda expresión.*

JOYCE, JAMES *(Dublín, 1882-Zurich, 1941) Escritor irlandés en lengua inglesa.* Nacido en el seno de una familia de arraigada tradición católica, estudió en el colegio de jesuitas de Belvedere entre 1893 y 1898, año en que se matriculó en la National University de Dublín, en la que comenzó a aprender varias lenguas y a interesarse por la gramática comparada. Su formación jesuítica, que siempre reivindicó, le inculcó un espíritu riguroso y metódico que se refleja incluso en sus composiciones literarias más innovadoras y experimentales. Manifestó cierto rechazo por la búsqueda nacionalista de los orígenes de la identidad irlandesa, y su voluntad de preservar su propia experiencia lingüística, que guiaría todo su trabajo literario, le condujo a reivindicar su lengua materna, el inglés, en detrimento de una lengua gaélica que estimaba readoptada y promovida artificialmente. En 1902 se instaló en París, con la intención de estudiar literatura, pero en 1903 regresó a Irlanda, donde se dedicó a la enseñanza. En 1904 se casó y se trasladó a Zurich, donde vivió hasta 1906, año en que pasó a Trieste, donde dio clases de inglés en una academia de idiomas. En 1907 apareció su primer libro, el volumen de poemas *Música de cámara* (*Chamber Music*) y en 1912 volvió a su país con la intención de publicar una serie de quince relatos cortos dedicados a la gente de Dublín, *Dublineses* (*Dubliners*), que apareció finalmente en 1914. Durante la Primera Guerra Mundial vivió pobremente junto a su mujer y sus dos hijos en Zurich y Locarno. La novela semiautobiográfica *Retrato del artista adolescente* (*Portrait of the Artist as a Young Man*), de sentido profundamente irónico, que empezó a publicarse en 1914 en la revista *The Egoist* y apareció dos años después en forma de libro en Nueva York, lo dio a conocer a un público más amplio. Pero su consagración literaria completa sólo le llegó con la publicación de su obra maestra, *Ulises* (*Ulysses*, 1922), novela experimental en la que intentó que cada uno de sus episodios o aventuras no sólo condicionara, sino también «produjera» su propia técnica literaria: así, al lado del «flujo de conciencia» (técnica que había usado ya en su novela anterior), se encuentran capítulos escritos al modo periodístico o incluso imitando los catecismos. Inversión irónica del Ulises de Homero, la novela explora meticulosamente veinticuatro horas en la vida del protagonista, durante las cuales éste intenta *no volver* a casa, porque sabe que su mujer le está siendo infiel. Una breve estancia en Inglaterra, en 1922, le sugirió el tema de una nueva obra, que emprendió en 1923 y de la que fue publicando extractos durante muchos años, pero que no alcanzaría su forma definitiva hasta 1939, fecha de su publicación, con el título de *Finnegan's wake*. En ella, la tradicional aspiración literaria al «estilo propio» es llevada al extremo y, con ello, al absurdo, pues el lenguaje deriva experimentalmente, desde el inglés, hacia un idioma propio del

> *«La historia es una pesadilla de la que estoy tratando de despertarme.»*
>
> James Joyce
> Augustine Aloysius

texto y de Joyce. Para su composición, el autor amalgamó elementos de hasta sesenta idiomas diferentes, vocablos insólitos y formas sintácticas completamente nuevas. Durante la Segunda Guerra Mundial se trasladó de nuevo a Zurich, donde murió ya casi completamente ciego. La obra de Joyce está consagrada a Irlanda, aunque vivió poco tiempo allí, y mantuvo siempre una relación conflictiva con su realidad y conflicto político e histórico. Sus innovaciones narrativas, entre ellas el uso excepcional del «flujo de conciencia», así como la exquisita técnica mediante la que desintegra el lenguaje convencional y lo dobla de otro, completamente personal, simbólico e íntimo a la vez, y la dimensión irónica y profundamente humana que, sin embargo, recorre toda su obra, lo convierten en uno de los novelistas más influyentes y renovadores del siglo XX.

JRUSCHOV, NIKITA SERGUÉIEVICH (*Kalínovka, Rusia, 1894-Moscú, 1971*) *Político soviético.* Nacido en el seno de una humilde familia campesina, desde muy joven trabajó como minero. Durante la Revolución de Octubre encabezó un comando guerrillero que luchó en el norte de Ucrania. Acabada la guerra, estudió en la Universidad de Jarkov, donde trabó amistad con Kaganovich, gracias al cual fue elegido miembro del Comité Central del Partido Comunista Ucraniano en 1924. Tras ocupar varios cargos de responsabilidad en el PCUS (1932-1939), participó en la Segunda Guerra Mundial como teniente general de las guerrillas ucranianas. Tras la muerte de Stalin (1953), fue elegido secretario del partido y participó en la pugna por el poder, imponiéndose progresivamente a sus rivales Beria, Malenkov y Bulganin. En 1958 se convirtió en el jefe de gobierno y máximo dirigente de la URSS. Desde su posición denunció la política estalinista como contraria al marxismo-leninismo, y criticó el culto a la personalidad. Tales manifestaciones provocaron una crisis general en el movimiento comunista y marcaron el inicio de la desestalinización. A partir de 1958 se hizo con los dos cargos políticos más importantes de la URSS, el de jefe del gobierno y el de presidente del Consejo de Ministros. Su política internacional

▼ *Nikita* **Jruschov**, *que inició su mandato en la Unión Soviética con el llamado proceso de desestalinización, terminó siendo destituido por emplear a su vez métodos dictatoriales.*

se caracterizó por un acercamiento a los países occidentales, en especial Estados Unidos, de acuerdo con su doctrina de coexistencia pacífica, que tuvo uno de sus momentos culminantes en la cumbre que mantuvo con Kennedy en Viena (junio de 1961). A pesar de las crisis internacionales que amenazaban con debilitar su política, sus esfuerzos se vieron recompensados con la firma del tratado de no proliferación de armas nucleares de 1963. Jruschov consiguió una disminución importante de la tensión internacional, aunque su mandato también marcó el inicio del conflicto chino-soviético. Acusado de practicar métodos dictatoriales, fue destituido de todas sus funciones el 14 de octubre de 1964 y desapareció de la vida pública.

JUAN II *(Medina del Campo, actual España, 1398-Barcelona, 1479) Rey de Aragón (1458-1479) y de Navarra (1425-1479).* Segundo hijo de Fernando de Antequera, casó con Blanca, reina de Navarra, por lo que se convirtió en rey consorte de este reino. Enfrentado a su hijo, Carlos de Viana, lo derrotó y desheredó. Tras la muerte de su hermano Alfonso, Juan se convirtió en rey de Aragón, pero la reacción popular de sus nuevos súbditos lo obligó a liberar a Carlos de Viana, a la sazón encarcelado, y a reconocerlo como heredero, a través de las capitulaciones de Vilafranca en 1461. Muerto Carlos, y con el reino en desorden a causa de los enfrentamientos entre la oligarquía, atrincherada en la Generalitat, y los sectores populares y los payeses *remenses*, que buscaban el apoyo real, se produjo un alzamiento que obligó a Juan a abandonar Cataluña. Tras lograr ayuda exterior, contraatacó y recuperó Barcelona en 1472, pero se mostró muy comedido en las represalias. A su fallecimiento, Aragón pasó a su hijo Fernando, por entonces ya casado con Isabel de Castilla.

JUAN IV *(Villaviciosa, España, 1604-Lisboa, 1656) Rey de Portugal (1640-1656).* Hijo de Teodosio II y de Ana de Velasco. El peso de las guerras con los Países Bajos provocó en 1640 una sublevación en Lisboa, tras la cual el duque de Braganza adoptó el título de rey Juan IV, y con ello dio origen a una nueva dinastía y rompió la unión monárquica con España. Como sucesor más directo de la antigua dinastía real portuguesa, se convirtió en el emblema de emancipación del país. Con la instauración del nuevo soberano se abrió un largo período de conflictos con España, que no reconoció al de Braganza y no cejó

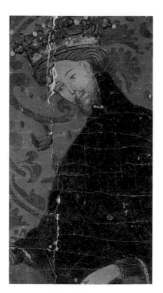

▲ *Detalle del retablo de San Martín de Tours, en el que se ve a* **Juan II** *de Aragón rodeado de patricios barceloneses, integrantes de la Biga, a quienes el rey apoyó en detrimento del partido de artesanos y menestrales, la Busca.*

▼ **Juan VI** el Clemente, *rey de Portugal y emperador de Brasil, en un cuadro pintado por José Leandro de Carvalho.*

en sus esfuerzos por anexionarse Portugal hasta 1668, con la firma del tratado de Lisboa. Juan IV estableció alianzas con Francia, Dinamarca y Suecia, países enemigos de los Austria, y en 1641 pactó una tregua de diez años con las Provincias Unidas. Ejerció como mediador entre catalanes (también sublevados) y franceses y derrotó a los españoles en Montijo en 1644. Todas las colonias portuguesas, excepto Ceuta, le reconocieron como rey, y las aumentó con la recuperación de Brasil, que habían ocupado los holandeses, y de Angola.

JUAN V *el Magnánimo (Lisboa, 1689-id., 1750) Rey de Portugal (1706-1750).* Hijo de Pedro II y de María de Neoburgo, fue coronado como Juan V, rey de Portugal, en 1706. Por su matrimonio con Mariana de Austria se alió con los Habsburgo contra el pretendiente borbónico en la guerra de Sucesión de la vecina España. Las campañas de esta guerra no le fueron favorables y le costaron las derrotas de Almansa (1707) y de Caia (1709). Defensor de las artes y las letras, fundó una Academia Real de Historia (1720), dentro del creciente clima ilustrado que se propagaba por Europa. No obstante, la magnificencia de sus celebraciones y el gusto por el lujo le llevó a dilapidar su fortuna. En 1744 un ataque lo dejó paralítico y tuvo que renunciar a gobernar el país. Cedió los poderes de máximo mandatario a su confesor Gaspar de Incamacão.

JUAN VI *el Clemente (Lisboa, 1767-id., 1826) Rey de Portugal (1816-1826).* Hijo de Pedro III y de la reina María I, fue coronado rey de Portugal como Juan VI en el año 1816, después de que desde 1792, debido a la locura que afectó a su madre, se encargara de la regencia del país. En las guerras napoleónicas, se puso del lado de Inglaterra, por lo que Napoleón invadió Portugal en 1807, y Juan VI tuvo que exiliarse en Brasil. Sólo pudo volver a su país en 1821, cuando aceptó la Constitución votada por las cortes de Portugal. Sin embargo, a su marcha de América perdió Brasil, colonia que se proclamó independiente, siendo aclamado emperador de la nueva nación el primogénito del monarca portugués, Pedro, en 1822.

JUAN XXII [Jacques Duèse] *(Cahors, actual Francia, 1276-Aviñón, id., 1334) Papa (1316-1334).* Al acceder al solio pontificio, el Papado, instalado en Aviñón, se había convertido en una herramienta en manos de los reyes franceses, y era duramente criticado por la suntuosidad de su corte y por su política fiscal. En este orden de cosas, Juan XXII se enfrentó al sector extremista de la orden franciscana, que predicaba la pobreza absoluta, y la prohibió. Al mismo tiempo mantuvo una actitud beligerante con el imperio, que se encontraba secundado por teólogos de la talla de Guillermo de Ockham y Marsilio de Padua. En su actividad pontificia destaca su impulso a las lenguas antiguas en las universidades de Bolonia, Oxford y París, así como la canonización de Tomás de Aquino.

JUAN XXIII [Angelo Giuseppe Roncalli] *(Sotto il Monte, Italia, 1881-Roma, 1963) Papa (1958-1963).* Fue uno de los trece hijos de Giovanni Roncalli, un modesto agricultor establecido en Sotto il Monte, pequeña aldea situada a diez kilómetros escasos de la ciudad de Bérgamo, en Lombardía. Angelo Giuseppe, por su parte, estuvo siempre orgulloso de su procedencia, al tiempo que, una vez que empezó a ocupar cargos de responsabilidad, se mostró muy estricto en cuanto a las ventajas que su situación podía reportar a su familia. Aunque nunca fue un estudiante brillante, obtuvo por méritos propios una plaza para estudiar teología en Roma, adonde se trasladó en 1901. Un año más tarde, sin embargo, debió abandonar los estudios para cumplir el servicio militar, lo que realizó en un cuartel de su Bérgamo natal. Tras licenciarse, regresó a Roma, donde fue ordenado sacerdote en 1904, a los veintitrés años de edad. En 1905 fue promovido a secretario particular del obispo de Bérgamo, Giacomo Radini-Tedeschi, conocido como el prelado más progresista de Italia, quien influyó poderosamente en el joven Roncalli. Durante nueve años simultaneó esta tarea con la docencia en el seminario, del cual fue nombrado director espiritual en 1918. Tras haber regresado a Roma a petición del papa Pío XI, fue nombrado obispo (1925) y designado visitador apostólico en Bulgaria. En 1944, el papa Pío XII le confió una misión de alta responsabilidad: sustituir al nuncio de París Valero Valeri, defenestrado por haber colaborado con el general Philippe Pétain, y con ello restablecer las relaciones entre el gobierno del general De Gaulle y

▲▼ *Arriba, el papa* **Juan XXIII***, impulsor del concilio Vaticano II. Abajo, sesión del concilio Vaticano II.*

el Vaticano, seriamente dañadas por las posiciones germanófilas defendidas por la sede parisina durante la Segunda Guerra Mundial. Su éxito en dicha tarea fue recompensado en 1953, fecha en que recibió el capelo cardenalicio y la designación de patriarca de Venecia. Cuando parecía que había llegado a su más alto destino, en octubre de 1958 sorprendió al mundo entero al ser elegido Papa. En un primer momento, se pensó que su pontificado sería de transición, dada su avanzada edad y el poco relieve que su figura había tenido hasta la fecha dentro de la curia romana, pero pronto volvió a sorprender por su deseo de celebrar un concilio ecuménico, un sínodo para las diócesis de Roma y proceder a una reforma del derecho canónico. Abrió las sesiones del concilio Vaticano II –el primero en casi un siglo– en octubre de 1962, con un discurso inaugural en el que expresó su intención de acometer una reforma de la Iglesia basada en el *aggiornamento*, es decir, su puesta al día. Si bien sólo se celebró una sesión bajo su pontificado, ésta sirvió para originar una apertura sin precedentes en el seno de la Iglesia Católica.

JUAN BAUTISTA, SAN *(s. I d.C.) Jefe de una secta judía emparentada con los esenios.* La tradición cristiana considera a Juan Bautista como precursor de Jesús. Los esenios eran una de las muchas sectas judaicas de la época, como las de los saduceos, fariseos y celotes, que esperaban la llegada de un Mesías. Entre los esenios había un grupo, llamado de los bautistas, que daba gran importancia al rito bautismal. Gracias a los Evangelios se conoce la historia del grupo liderado por Juan Bautista, que llevaba una vida ascética en el desierto de Judá, rodeado por sus discípulos. En sus predicaciones, que tuvieron gran acogida por parte del pueblo, exhortaba a la penitencia, basándose en las exigencias de los antiguos profetas bíblicos. Jesús recibió el bautismo de Juan a orillas del río Jordán. El tono mesiánico del mensaje del Bautista inquietó considerablemente a las autoridades de Jerusalén, por lo que Herodes Antipas tomó la decisión de encarcelarlo. Juan murió decapitado el año 28 d.C.

JUAN CARLOS I *(Roma, 1938) Rey de España (desde 1975).* Hijo de Juan de Borbón y Battenberg, y nieto de Alfonso XIII. Nació en el exilio, pero en 1948 llegó a España, tras un acuerdo entre su padre y el general Francisco Franco, para restablecer la monarquía en su persona. En 1962 contrajo matrimonio con la hija del rey Pablo de Grecia, Sofía, con quien tuvo tres hijos: Elena, Cristina y Felipe. En 1969, las Cortes le nombraron sucesor de Franco a título de rey, y, muerto éste, lo proclamaron rey el 22 de noviembre de 1975. Comprometido con el restablecimiento de la democracia, nombró presidente del gobierno, en sustitución de Arias Navarro, a Adolfo Suárez (1976), quien sería el encargado de llevar a cabo la transición. La nueva Constitución de 1978 definió sus poderes como los propios de cualquier monarca constitucional y, con su decidida oposición a la intentona golpista del 23 de febrero de 1981, se ganó el respeto de los partidos políticos y las instituciones democráticas. Desde entonces ha presidido la transformación liberal de la sociedad española y su interpretación en la Unión Europea.

JUAN DAMASCENO, SAN *(Damasco, fin. s. VII-cerca de Jerusalén, h. 749) Doctor de la Iglesia griega.* Pese a ejercitar la dialéctica y defender la verdad de la filosofía frente al escepticismo, sostuvo que tanto una como otra quedaban subordinadas a la teología. Combatió duramente la herejía iconoclasta, lo que le enfrentó al emperador bizantino León III. Su obra más importante, *El origen del conocimiento* (revisada en 743), fue capital en la conformación de los principios de la Iglesia Ortodoxa griega. Compuesta de tres partes, en ella Damasceno elaboró una síntesis teológica que bebía de Porfirio, Epífano y Aristóteles, de cuyo sistema lógico ofreció una introducción. Su estilo de exposición formal ejercería con posterioridad una gran influencia sobre la escolástica medieval.

JUAN DE AUSTRIA *(Ratisbona, actual Alemania, 1545-Namur, actual Bélgica, 1578) Militar español.* Hijo natural de Carlos I y Bárbara de Blomberg, fue criado en secreto por el mayordomo del emperador, y sirvió como paje de su padre, de quien ignoraba que fuera su progenitor. En 1559 fue reconocido como hermano por Felipe II, quien, dado su carácter belicoso, hizo que siguiese la carrera de las armas. En 1569 fue enviado a someter la rebelión morisca de las Alpujarras, acción en la que puso de manifiesto su capacidad como general y

▲ *Juan Carlos I de España en 1992, en el acto inaugural de la Exposición Universal de Sevilla.*

▼ *Juan de Austria, a los veinte años, con galas militares, en un cuadro pintado por Sánchez Coello en 1565.*

sus cualidades de líder. Luego le fue encomendado el mando de la flota cristiana, formada por la alianza de España, Venecia y los Estados Pontificios, que se había armado para oponerse a la presión turca en el Mediterráneo. El 7 de octubre de 1571 entabló combate contra la flota de Alí Bajá en el golfo de Lepanto y obtuvo una victoria concluyente, aunque lo avanzado de la estación y la ruptura de la alianza le impidieron aprovechar su éxito. Su siguiente acción se desarrolló en Túnez y Bizerta, que cayeron en 1573, y todo parece indicar que abrigaba la pretensión de coronarse en Túnez y establecer su propio reino. Las dificultades de su hermano en Flandes lo obligaron a abandonar su empresa africana y desplazarse allí como gobernador, para desarrollar una misión pacificadora que en nada concordaba con su carácter. Trató de mantener una actitud conciliadora con los sublevados, y, falto de tropas y recursos, vio cómo se esfumaban sus sueños de conseguir un reino. En un intento desesperado de conseguir fondos para su nueva empresa –invadir Inglaterra, liberar a María, reina de los escoceses, y casarse con ella–, envió a su secretario Juan de Escobedo para que convenciese al rey. Para su desgracia, Felipe II no estaba interesado en una guerra con Inglaterra, y Escobedo murió asesinado por instigación de Antonio Pérez, el secretario del monarca, para evitar que desvelase que éste mantenía contactos con los rebeldes de Flandes. Fracasados sus intentos, Juan de Austria tomó el castillo de Namur, llamó a los tercios, reanudó la guerra y derrotó a los sublevados en Glembours (1578). Al poco tiempo enfermó de tifus y murió, dejando el mando de su ejército a Alejandro Farnesio.

JUAN DE JUANES [Vicente Juan Masip] *(Valencia?, h. 1523-Bocairente, España, 1579) Pintor valenciano.* Se formó en el taller de su padre, el pintor Vicente Masip (Valencia, 1475-1550), del que se sabe muy poco, pero que se muestra en sus obras como un pintor italianizante de considerable nivel técnico y artístico. Vicente Juan, conocido como Juan de Juanes, siguió el estilo paterno, influido por la tendencia dibujística e idealizante de la escuela de Rafael. Fue el pintor más importante de la Valencia de su tiempo y tuvo multitud de discípulos y seguidores. Entre sus obras, de luminoso colorido y perfecto equilibrio compositivo, es particularmente destacable la *Santa Cena*. Las *Escenas de la vida de san Esteban* constituyen también un ejemplo notable de su delicado estilo.

JUAN DE LA CRUZ, SAN [Juan de Yepes Álvarez] *(Fontiveros, España, 1542-Úbeda, id., 1591) Poeta y religioso español*. Nacido en el seno de una familia hidalga empobrecida, empezó a trabajar muy joven en un hospital y recibió su formación intelectual en el colegio jesuita de Medina del Campo. En 1564 comenzó a estudiar artes y filosofía en la Universidad de Salamanca, donde conoció, en 1567, a santa Teresa de Jesús, con quien acordó fundar dos nuevas ordenes de carmelitas. Su orden reformada de carmelitas descalzos tropezó con la abierta hostilidad de los carmelitas calzados, a pesar de lo cual logró desempeñar varios cargos. Tras enseñar en un colegio de novicios de Mancera, fundó el colegio de Alcalá de Henares. Más adelante se convirtió en el confesor del monasterio de santa Teresa. En 1577 prosperaron las intrigas de los carmelitas calzados y fue encarcelado en un convento de Toledo durante ocho meses. Tras fugarse, buscó refugio en Almodóvar. Pasó el resto de su vida en Andalucía, donde llegó a ser vicario provincial. En 1591 volvió a caer en desgracia y fue depuesto de todos sus cargos religiosos, por lo que se planteó emigrar a América, proyecto que frustró su prematuro óbito. Canonizado en 1726, fue proclamado Doctor de la Iglesia en 1926. Aunque los versos que de él se conservan son escasos y no fueron publicados hasta después de su muerte, se le considera como uno de los mayores poetas españoles de la época y como el máximo exponente de la poesía mística. *Noche oscura, Cántico espiritual* y *Llama de amor viva* son sus tres obras poéticas capitales, a las cuales corresponden varias obras en prosa que les sirven de corolario explicativo, dado el hermetismo simbólico de su poesía: *Subida al monte Carmelo, Noche oscura del alma, Llama de amor viva* (las tres reunidas en el volumen *Obras espirituales que encaminan a un alma a la unión perfecta con Dios*) y *Cántico espiritual*. Combinando la antigua simbología del *Cantar de los cantares* con las fórmulas propias del petrarquismo, produjo una rica literatura mística, que hunde sus raíces en la teología tomista y en los místicos medievales alemanes y flamencos. Su producción refleja una amplia formación religiosa, aunque deja traslucir la influencia del cancionero tradicional del siglo XVI, sobre todo en el uso del amor profano (las figuras del amante y de la amada) para simbolizar y representar el sentimiento místico del amor divino. La estrofa más empleada en sus poemas es la lira, aunque demuestra igual soltura en el uso del romance octosílabo. Toda su doctrina gira en torno al símbolo de la «noche oscura», imagen que ya era usada en la literatura mística, pero a la que él dio una forma nueva y original. La noche, al borrar los límites de las cosas, le sugiere, en efecto, lo eterno, y de esa manera pasa a simbolizar la negación activa del alma a lo sensible, el absoluto vacío espiritual. Noche oscura llama también san Juan a las «terribles pruebas que Dios envía al hombre para purificarlo»; ateniéndose a este último significado, habla de una noche del sentido y de una noche del espíritu, situadas, respectivamente, al fin de la vía purgativa y de la iluminativa, tras las cuales vendría la vía unitiva, aspiración última del alma atormentada por la distancia que la separa de Dios, y realización de su deseo de fusión total con Él. Antes de acceder a la experiencia mística de unión con Dios, el alma experimenta una desoladora sensación de soledad y abandono, acompañada de terribles tentaciones que, si consigue vencer, dejan paso a una nueva luz, pues «Dios no deja vacío sin llenar». San Juan utiliza determinados recursos estilísticos con una profusión y madurez poco frecuentes, dando un nuevo y más profundo sentido a las expresiones paradójicas («vivo sin vivir en mí», «cautiverio suave») y las exclamaciones estremecedoras («¡Oh, llama de amor viva!») habituales en los cancioneros. Lo que mejor define su poesía es su extraordinaria intensidad expresiva, gracias a la perfecta adecuación y el equilibrio de cada una de sus imágenes. A ello contribuye así mismo su tendencia a abandonar el registro discursivo y eliminar nexos neutros carentes de valor estético para buscar una yuxtaposición constante de elementos poéticos de gran plasticidad.

▲ *La poesía mística pocas veces ha alcanzado tal grado de perfección como en algunos de los poemas de san **Juan de la Cruz**.*

> *«¿**A**dónde te escondiste, / Amado, y me dejaste con gemido? / Como el ciervo huíste / habiéndome herido; / salí tras ti clamando y eras ido.»*
>
> San Juan de la Cruz
> *Cántico espiritual*

▶ *A san **Juan Evangelista**, autor del cuarto Evangelio, también se le atribuye el* Apocalipsis.

JUAN EVANGELISTA, SAN *(?-Éfeso, hoy Salçuk, actual Turquía; s. I) Apóstol de Jesús.* Hijo de Zebedeo, un pescador, y de Salomé, quien frecuentaba el círculo de discípulos, según la tradición cristiana fue, junto a su hermano Santiago, uno de los primeros apóstoles de Cristo. Se le atribuye la autoría del cuarto Evangelio, de las cuatro epístolas que llevan su nombre y del libro del *Apocalipsis.* Así mismo, se cree que fue responsable de la evangelización de Asia Menor, por lo cual recibió el castigo de los romanos. Su evangelio relata, de forma detallada, varios aspectos de la vida de Jesús, y su redacción suele fecharse entre los años 90 y 100. Ya desde fecha muy lejana varias ciudades rivalizaron por acoger los restos de san Juan. En el siglo II d.C. el obispo de Éfeso aseguró haber identificado su tumba. Irineo, obispo de Lyon en 180 d. C., respaldó dicha hipótesis, al tiempo que afirmó que su obra la había escrito en parte en Éfeso y en parte en Patmos, y, a partir del siglo VI, la iglesia de Éfeso aseguró también poseer el manuscrito original del cuarto Evangelio. La Iglesia Católica lo conmemora el 27 de diciembre.

JUAN JOSÉ DE AUSTRIA *(Madrid, 1629-id., 1679) Príncipe español.* Hijo natural del rey Felipe IV y de la actriz María Calderón. Predestinado a la carrera eclesiástica por su condición de bastardo, recibió una educación privilegiada. A los doce años fue reconocido por el rey y nombrado prior de Consuegra. Consiguió participar en algunas expediciones militares durante el reinado de su padre, pero ante sus sucesivos fracasos en Flandes y Portugal, fue desposeído de su cargo y relegado a Consuegra hasta la muerte del rey. Desde su residencia inició una campaña contra la regente Mariana de Austria y contra su valido, el padre Nithard. Caído éste (1669), creyó llegado el momento de desplazar a la regente, pero temiendo el ataque de las fuerzas reales, pactó su marcha a Zaragoza con los títulos de virrey y vicario general de la Corona de Aragón. La mala gestión política de Fernando Valenzuela, sustituto del desterrado Nithard, contribuyó a que la nobleza apoyase a Juan José en su intención de destituir por la fuerza a Mariana de Austria. Al frente de un ejército marchó en diciembre de 1676 sobre la capital del reino y, tras la huida de Valenzuela, pasó a ser el primer ministro de su hermanastro Carlos II. Sin embargo, su intención era apoderarse del gobierno con el apoyo político de la Corona de Aragón. Aunque el pueblo confiaba plenamente en el nuevo ministro,

EL CONDE LVCANOR.
Compuesto por el excelentissimo principe don Iuan Manuel, hijo del Infante don Manuel, y nieto del sancto rey don Fernando.
Dirigido
Por Gonçalo de Argote y de Molina, al muy Illustre señor DON PEDRO MANVEL Gentil hombre de la Camara de su magestad, y de su Consejo.

Impresso en Seuilla, en casa de Hernando Diaz. Año de 1575.
CON PRIVILEGIO REAL.

▲ *Frontispicio de* El Conde Lucanor, *obra de don* ***Juan Manuel****, impresa en Sevilla en 1575.*

▼ *La ambición de* ***Juan José de Austria*** *por ocupar el trono de España lo llevó a enemistarse con su padre, el rey Felipe IV.*

éste fracasó por completo en su labor de gobierno. Pronto su honradez chocó con los intereses de la aristocracia que le había encumbrado. Al mismo tiempo rechazó las condiciones de paz que le ofrecía Luis XIV, pero las derrotas sufridas en 1678 lo obligaron a aceptar el tratado de Nimega. Por otro lado, sus ideas renovadoras no pudieron superar los obstáculos de la realidad socioeconómica de la época, y el hambre y la necesidad que provocaron las malas cosechas aumentaron el descontento de la población, cuya frustración se hizo patente en la indiferencia que mostró en el momento de su muerte.

JUAN MANUEL, DON *(Escalona, actual España, 1282-Córdoba, 1348) Escritor castellano.* Hijo del infante don Manuel y sobrino de Alfonso X *el Sabio,* heredó el título de gobernador general del reino de Murcia y participó activamente en las luchas políticas de su tiempo. Así, apoyó en un principio a Fernando IV durante su minoría de edad, para pasarse después al bando de Alfonso de la Cerda cuando éste fue proclamado rey. A su caída, volvió junto a Fernando IV, y tras la muerte de éste participó en las luchas nobiliarias sobre la regencia del menor Alfonso XI (1327-1337), quien le había prometido el gobierno del reino de Toledo; cuando el regente incumplió la promesa, le retiró su favor y abogó por el infante don Juan. Juan Manuel se casó tres veces: con la infanta Isabel de Mallorca, con Constanza de Aragón y con Blanca, heredera de la casa de Lara, con lo que consiguió incrementar considerablemente su fortuna y su prestigio nobiliario. Posteriores problemas con el rey lo alejaron por un tiempo de la política y se refugió entonces en la labor literaria. Fue uno de los hombres más cultos de su época y contribuyó de forma importante a dar un impulso decisivo a la prosa castellana. Basándose en fuentes latinas, creó una obra personal, de intención didáctica, de gran unidad lingüística y estilística. Sus obras iban dirigidas a formar a los jóvenes caballeros nobiliarios, instruyéndolos en una moral práctica destinada a darles recursos para desenvolverse en la vida de la corte. Su obra más importante es el *Libro de los enxiemplos del Conde Lucanor et de Patronio,* una colección de cincuenta *enxiemplos,* inspirados en cuentos de origen tradicional, que el ayo Patronio le narra al conde Lucanor con el fin de instruirle. Destacan también en su producción el *Libro del cavallero et del escudero,* influido por Ramon Llull, el *Libro de caza* y el *Libro de*

▲ **Juan Pablo II**
genuflexo ante la Virgen
en un acto celebrado en 1991.

los estados. Preocupado por la transmisión de su obra, algo insólito en la Edad Media, depositó todos los originales en el monasterio de Peñafiel con el objeto de asegurarse de que no sufrieran alteración alguna por parte de los copistas.

JUAN PABLO II [Karol Wojtyla] *(Wadowice, Polonia, 1920) Papa (desde 1978).* Cursó estudios de eslavística en la Universidad de Cracovia y, al ser invadido su país por los ejércitos hitlerianos, trabajó de incógnito en una industria química. En esta época decidió hacerse sacerdote y acudió al seminario clandestino que el arzobispo Sapieha había organizado en el propio palacio episcopal. Fue ordenado en 1946 y viajó a Roma para graduarse en teología. Durante estos años entró en contacto con la organización Juventud Obrera Católica (JOC). De regreso en Polonia, ejerció de vicario en una pequeña localidad, en donde reencontró los valores del catolicismo tradicional. En 1958 fue consagrado obispo y alternó su actividad pastoral con la docencia universitaria. En 1964 fue elegido obispo y, tres años después, Pablo VI lo nombró cardenal. Durante los años que estuvo al frente de la diócesis de Cracovia, su actuación respecto al gobierno comunista polaco fue de una gran diplomacia. Tras ser finalmente designado Papa, en 1978, se mostró como un pontífice viajero: fue a México, Polonia, Irlanda y Estados Unidos; en 1980 visitó Turquía y con posterioridad numerosos países de África y Latinoamérica. En 1998 efectuó una histórica visita a Cuba. A pesar de sufrir un atentado el año 1981 que debilitó mucho su salud, su actividad pastoral no menguó.

▼ *El rey* **Juan sin Tierra**
según una miniatura
del manuscrito Cotton.
En 1215, los barones
ingleses le impusieron
la Carta Magna,
que es la base de las
libertades de lo que
hoy es el Reino Unido.

La doctrina difundida por Juan Pablo II a lo largo de su pontificado se ha distinguido por su fervor mariano, su gran preocupación por el hombre, llamado a realizarse a través de su conocimiento de Cristo, y una estricta moral sexual contraria al aborto y los métodos de planificación familiar. Son conocidas sus encíclicas: *Redemptor hominis* (1979), *Dives in misericordia* (1980), *Laborem exercens* (1981) y *Redemptoris Mater* (1987).

JUAN SIN TIERRA *(Oxford, actual Reino Unido, 1167-Newark, id., 1216) Rey de Inglaterra (1199-1216).* Cuarto hijo de Enrique II, recibió su sobrenombre por el hecho de no heredar, inicialmente, ni un pedazo de tierra de los amplios dominios de su padre. Mientras su hermano mayor, el rey Ricardo *Corazón de León*, se encontraba participando en la Tercera Cruzada, Juan conspiró, infructuosamente, con el rey de Francia, Felipe Augusto, para apoderarse de sus posesiones. Muerto Ricardo, Juan heredó el reino y entonces tuvo que enfrentarse a su antiguo aliado, Felipe Augusto, quien, tras acusarle de felonía, lo desposeyó de sus feudos en Francia y los ocupó. Fracasada su alianza con el emperador Otón IV, Juan tuvo que hacer frente a una revuelta de sus barones, que, disgustados con la política continental de los Plantagenet, muy onerosa, y aliados a la burguesía y el clero, lo forzaron a conceder la Carta Magna, que limitaba el poder real.

JUANA I LA LOCA *(Toledo, España, 1479-Tordesillas, id., 1555) Reina de Castilla (1504-1555).* Hija de los Reyes Católicos, de acuerdo con las alianzas matrimoniales de su padre, que tendían a aislar a Francia, contrajo matrimonio con el archiduque Felipe *el Hermoso*, primogénito de Maximiliano I de Austria. Muertos sus hermanos Juan e Isabel, y su sobrino Miguel de Portugal, fue reconocida, junto con su marido, heredera de la Corona de Aragón, pero sólo en el caso de que su padre no tuviera ningún otro hijo varón legítimo. En 1503, Felipe se instaló en Flandes, dejando a la reina en España, donde empezó a dar muestras de desequilibrio mental, que se acentuaron al reunirse con su esposo en Flandes en 1504. Este mismo año, al morir Isabel *la Católica,* se planteó la sucesión de Castilla, reino del que Fernando había heredado el título de gobernador según el testamento de la reina. La nobleza castellana, sin embargo, no aprobaba el gobierno del rey aragonés, y pasó a negociar con Felipe *el Hermoso*. Con el respal-

◀ Miniatura del Devocionario de la infanta Juana. Conocida como **Juana la Loca**, la hija de los Reyes Católicos no pudo reinar a causa de su evidente desequilibrio mental.

cía al alcance de una campesina analfabeta: dirigir el ejército francés, coronar como rey al delfín en Reims y expulsar a los ingleses del país. En 1428, viajó hasta Vaucouleurs con la intención de unirse a las tropas del príncipe Carlos, pero fue rechazada. A los pocos meses, el asedio de Orleans por los ingleses agravó la delicada situación francesa y obligó al delfín a refugiarse en Chinon, localidad a la que acudió Juana, con una escolta facilitada por Roberto de Baudricourt, para informar a Carlos acerca del carácter de su misión. Éste, no sin haberla hecho examinar por varios teólogos, accedió al fin a confiarle el mando de un ejército de cinco mil hombres, con el que la joven consiguió derrotar a los ingleses y levantar el cerco de Orleans, el 8 de mayo de 1429. A continuación, realizó una serie de campañas victoriosas que franquearon al delfín el camino hacia Reims y permitieron su coronación como Carlos VII de Francia (17 de julio de 1429). Acabado su cometido, Juana dejó de oír sus voces interiores y pidió permiso para volver a casa, pero ante la insistencia de quienes le pedían que se quedara, continuó combatiendo, primero en el infructuoso ataque contra París de septiembre de 1429, y luego en el asedio de Compiègne, donde fue capturada por los borgoñones

do de la monarquía francesa, Felipe exigió que Fernando se retirase a Aragón, lo que logró en junio de 1506 gracias a la Concordia de Villafáfila. Meses después, no obstante, la muerte de Felipe permitió a Fernando volver al poder hasta 1516, aunque fue el cardenal Cisneros quien gobernó el país con el cargo de regente. Durante estos diez años, la salud de Juana empeoró ostensiblemente y fue recluida en Tordesillas. A la muerte de su padre (1516), heredó los estados aragoneses, cuyo gobierno delegó en su hijo Carlos, como haría con Castilla un año después. En lo sucesivo vivió apartada del poder, aunque los comuneros trataron, infructuosamente, de ganarla para su causa.

JUANA DE ARCO, SANTA (*Domrémy, Francia, 1412-Ruán, id., 1431*) *Santa y heroína francesa.* Nacida en el seno de una familia campesina acomodada, su infancia transcurrió durante el sangriento conflicto enmarcado en la guerra de los Cien Años que enfrentó al delfín Carlos, primogénito de Carlos VI de Francia, con Enrique VI de Inglaterra por el trono francés, y que provocó la ocupación de buena parte del norte de Francia por las tropas inglesas y borgoñonas. A los trece años, Juana confesó haber visto a san Miguel, a santa Catalina y a santa Margarita y declaró que sus voces la exhortaban a llevar una vida devota y piadosa. Unos años más tarde, se sintió llamada por Dios a una misión que no pare-

▼ **Juana de Arco**, la Doncella de Orleans, sentada junto a Carlos VII, que reinó en Francia al terminar la guerra de los Cien Años en 1453.

el 24 de mayo de 1430. Entregada a los ingleses, fue trasladada a Ruán y juzgada por un tribunal eclesiástico acusada de brujería, con el argumento de que las voces que le hablaban procedían del diablo, con lo cual se pretendía presentar a Carlos VII como seguidor de una bruja para desprestigiarlo. Tras un proceso inquisitorial de tres meses, fue declarada culpable de herejía y hechicería; pese a que ella había defendido siempre su inocencia, acabó por retractarse de sus afirmaciones, y ello permitió conmutar la sentencia de muerte inicial por la de cadena perpetua. Días más tarde, sin embargo, recusó la abjuración y reafirmó el origen divino de las voces que oía, por lo que, condenada a la hoguera, fue ejecutada el 30 de mayo de 1431 en la plaza del mercado viejo de Ruán. Durante unos años, corrió el rumor de que no había muerto quemada en la hoguera, ya que habría sido sustituida por otra muchacha, para casarse posteriormente con Roberto des Armoises. En 1456, Juana de Arco fue rehabilitada solemnemente por el papa Calixto III, a instancias de Carlos VII, quien promovió la revisión del proceso. Considerada una mártir y convertida en el símbolo de la unidad francesa, fue beatificada en 1909 y canonizada en 1920, año en que Francia la proclamó su patrona.

JUANA ENRÍQUEZ *(Barcelona, 1425-?, 1468) Reina de Aragón.* Hija de Fadrique Enríquez, almirante de Castilla, perteneciente a una familia opuesta a Álvaro de Luna, casó con Juan II de Aragón y I de Navarra. Enfrentada con el príncipe Carlos de Viana, hijo del rey en su anterior matrimonio con Blanca de Navarra, a causa del posible enlace de éste con Isabel, hermana de Enrique IV, enemigo de su familia, a la muerte de Carlos se trasladó a Barcelona, en ca-

▲ *Retrato de sor **Juana Inés de la Cruz** pintado por Andrés de Islas en 1772. Aunque realizado ochenta años después de su muerte, este retrato es una fiel copia de la imagen de la gran poetisa.*

«*Hombres necios que acusáis / a la mujer sin razón, / sin ver que sois la ocasión / de lo mismo que culpáis:/ si con ansia sin igual / solicitáis su desdén, / ¿por qué queréis que obre bien / si la incitáis al mal?*»

Sor Juana Inés de la Cruz

◀ ***Juana Enríquez**, madre de Fernando el Católico, acompañada de algunos dignatarios, en una miniatura del manuscrito de fundación del mayorazgo de Villena.*

lidad de regente de su hijo Fernando. Su gestión llevó al enfrentamiento entre los sectores populares de la Busca, en los que Juana buscaba apoyo, y la Biga, representante de los intereses de la oligarquía catalana que controlaba la Generalitat. Esto, y un conflicto entre *remenses* y señores, llevó al estallido de la guerra civil. Acusada de haber ordenado el envenenamiento de Carlos, Juana huyó con su hijo a Gerona, en busca de la protección de los *remenses* y del obispo, y tuvo que soportar el asedio de las tropas de la diputación.

JUANA INÉS DE LA CRUZ, SOR [Juana Inés de Asbaje y Ramírez] *(San Miguel de Nepantla, actual México, 1651-Ciudad de México, 1695) Poetisa mexicana.* Fue la mayor figura de las letras hispanoamericanas del siglo XVII. Niña prodigio, aprendió a leer y escribir a los tres años, y a los ocho escribió su primera loa. Admirada por su talento y precocidad, a los catorce fue dama de honor de Leonor Carreto, esposa del virrey Antonio Sebastián de Toledo. Apadrinada por los marqueses de Mancera, brilló en la corte virreinal de Nueva España por su erudición y habilidad versificadora. Pese a la fama de que gozaba, en 1667 ingresó en un convento de las carmelitas descalzas de México y permaneció en él cuatro meses, al cabo de los cuales lo abandonó por problemas de salud. Dos años más tarde entró en un convento de la Orden de San Jerónimo, esta vez definitivamente. Dada su escasa vocación religiosa, parece que prefirió el convento al matrimonio para seguir gozando de sus aficiones intelectuales: «Vivir sola... no tener ocupación alguna obligatoria que embarazase la libertad de mi estudio, ni rumor de comunidad que impidiese el sosegado silencio de mis libros», escribió. Su celda se convirtió en punto de reunión de poetas e intelectuales, como Carlos de Sigüenza y Góngora, pariente y admirador del poeta cordobés, cuya obra introdujo en el virreinato, y también del nuevo virrey, Tomás Antonio de la Cerda, marqués de la Laguna, y de su esposa, Luisa Manrique de Lara, condesa de Paredes, con quien le unió una profunda amistad. En su celda también llevó a cabo experimentos científicos, reunió una nutrida biblioteca, compuso obras musicales y escribió una extensa obra que abarcó diferentes géneros, desde la poesía y el teatro, en los que se aprecia la influencia de Góngora y Calderón, hasta opúsculos filosóficos y estudios musicales. Perdida gran parte de esta obra, entre los escritos en prosa que se han conservado cabe señalar la carta *Respuesta a sor Filotea de la Cruz*, seudónimo de Manuel Fernández de la Cruz, obispo de Puebla. En 1790, éste había hecho publicar la *Carta atenagórica*, en la que sor Juana hacía una dura crítica al «sermón del Mandato» del jesuita portugués António Vieira sobre las «finezas de Cristo», acompañada de una «Carta de sor Filotea de la Cruz», en la que, aun reconociendo el talento de la autora, le recomendaba que se dedicara a la vida monástica, más acorde con su condición de monja y mujer, que a la reflexión teológica, ejercicio reservado a los hombres. A pesar de la contundencia de su respuesta, en la que daba cuenta de su vida y reivindicaba el derecho de las mujeres al aprendizaje, pues el conocimiento «no sólo les es lícito, sino muy provechoso», la crítica del obispo la afectó profundamente, tanto, que poco después vendió su biblioteca y todo cuanto poseía, destinó lo obtenido a beneficencia y se consagró por completo a la vida religiosa. Murió mientras ayudaba a sus compañeras enfermas durante la epidemia de cólera que asoló México en el año 1695. La poesía del Barroco alcanzó con ella su momento culminante, y al mismo tiempo introdujo elementos analíticos y reflexivos que anticipaban a los poetas de la Ilustración del siglo XVIII. Sus obras completas se publicaron en España en tres volúmenes: *Inundación castálida de la única poetisa, musa décima, sor Juana Inés de la Cruz* (1689), *Segundo volumen de las obras de sor Juana Inés de la Cruz* (1692), *Fama y obras póstumas del Fénix de México* (1700).

▲ *Iglesia del convento de las monjas Jerónimas, entre cuyos muros transcurrieron más de cinco lustros de la vida de sor **Juana Inés de la Cruz**.*

▼ *Mural en el que se representa al político mexicano Benito **Juárez**.*

JUANA *LA BELTRANEJA* *(Madrid, 1462-Lisboa, 1530) Infanta de Castilla.* Hija de Enrique IV de Castilla y de Juana de Portugal, los sectores de la corte favorables a Isabel, hermana de Enrique, hicieron correr el rumor de que era ilegítima y que su verdadero progenitor era Beltrán de la Cueva. De esta manera, se presionó al rey para que reconociese a su hermana como heredera, lo que Enrique hizo en 1468. Así, alrededor de Juana se agruparon los sectores de la corte favorables a una alianza con Portugal, mientras que los defensores de la unión con Aragón lo hacían alrededor de Isabel. Cuando Enrique IV murió, en 1474, tanto Isabel como Juana se proclamaron reinas y se desencadenó una guerra civil, en la que Juana fue derrotada por la habilidad tanto diplomática como militar de Fernando, el esposo de Isabel, y después de la batalla de Toro, favorable a ésta, sus posibilidades se desvanecieron. Tras retirarse a un convento en Coimbra, aún hizo varios intentos de convencer a los reyes de Portugal para que la apoyasen en sus reivindicaciones al trono de Castilla.

JUÁREZ, BENITO *(San Pablo Guelatao, México, 1806-Ciudad de México, 1872) Político mexicano.* Hijo de Marcelino Juárez y Brígida García, matrimonio indígena de humilde condición, quedó huérfano siendo niño y cursó sus primeros estudios en su pueblo natal. Tenía veinte años cuando ingresó en el Instituto de Ciencias de Oaxaca, donde se licenció en derecho. Su preo-

cupación por la realidad social y en particular por la situación de los campesinos lo llevó a expresar sus puntos de vista liberales y a participar activamente en política. En 1831 fue elegido regidor del ayuntamiento de Oaxaca y al año siguiente, diputado al Congreso del Estado. La energía con que defendió los intereses que representaba le valió en 1846 ser diputado por Oaxaca ante el Congreso de la Unión. Un año más tarde fue designado gobernador de su estado natal, cargo en el que permaneció hasta 1852. Su oposición al tratado de Guadalupe-Hidalgo, por el que México perdió vastas zonas de su territorio en favor de Estados Unidos, encontró cauce en las filas liberales y en la defensa de un proyecto federalista. Sin embargo, los conservadores tomaron el poder en 1853, acaudillados por el general Santa Anna, y él se vio obligado a exiliarse en Cuba. Al cabo de dos años regresó y se adhirió al plan de Ayutla, entre cuyos firmantes figuraban los generales Villarreal, Comonfort y Álvarez. Al triunfar el pronunciamiento fue designado consejero de Estado y, bajo la presidencia de Ignacio Comonfort, ministro de Justicia. Como tal promulgó una serie de leyes que restablecían las libertades de enseñanza, imprenta y trabajo y anulaban las prerrogativas del clero y el ejército. Sus disposiciones legislativas, que inspiraron la Constitución de 1857, de corte liberal, motivaron la reacción de los conservadores, quienes se pronunciaron al año siguiente en el plan de Tacubaya. Comonfort pactó con ellos, dio un golpe de Estado y encarceló a Juárez, lo cual fue el detonante de la guerra de Reforma. Como presidente de la Corte Suprema de Justicia, Juárez, que había conseguido huir, se convirtió en el presidente legítimo, de acuerdo con la Constitución, y estableció el gobierno en Veracruz. Desde allí expidió las leyes de Reforma, aún más radicales. Con la ayuda de Estados Unidos, los liberales derrotaron finalmente a los conservadores en 1860. Sin embargo, las graves dificultades económicas por las que pasaba el país lo obligaron a suspender el pago de la deuda externa. La medida motivó la intervención del Reino Unido, España y Francia en 1861. Las promesas de Juárez determinaron la retirada de las dos primeras potencias, pero Francia, en connivencia con los conservadores, invadió México en 1863. Ante la instauración del Imperio de Maximiliano, al año siguiente se retiró a Paso del Norte y desde allí organizó la resistencia. Después de tres años

▲ *Retrato de **Juárez** y su esposa. El dirigente mexicano fue elegido siete veces presidente de México a lo largo de su agitada trayectoria política.*

▼ ***Judas** recibe una bolsa con treinta monedas como pago a su traición. Detalle de un fresco pintado por Giotto en la capilla Scovegui de Padua.*

de guerra entró en la capital y ordenó fusilar a Maximiliano en Querétaro. Con el país empobrecido y desunido, fue reelegido por séptima vez en agosto de 1867, restauró la República federal y, al tiempo que daba vigencia a las leyes de Reforma, adoptó una serie de medidas para fortalecer la autoridad presidencial. Este hecho y el temor a que buscara perpetuarse en el cargo, motivaron la reacción dentro de su propio partido. A pesar de las dificultades económicas, de la hostilidad del Congreso y de numerosos pronunciamientos, en 1872 fue nuevamente reelegido. Lerdo de Tejada, quien había fundado el Partido Lerdista, se alió a Porfirio Díaz y juntos se alzaron contra Juárez, revuelta que pudo ser sofocada. Tras su muerte, a causa de un ataque cardíaco, el Congreso lo declaró Benemérito de la Patria y de las Américas.

JUÁREZ, MIGUEL (*Córdoba, Argentina, 1844-Arrecifes, id., 1909*) *Político argentino.* Cursó estudios de derecho y fue diputado, senador y ministro de la provincia de Córdoba. Entre 1880 y 1883 presidió el gobierno de la provincia, y posteriormente fue elegido senador nacional. De tendencia marcadamente liberal, abogó por la educación laica y sucedió en la presidencia de la República a su cuñado, el general Julio A. Roca. Su gobierno se caracterizó por un desarrollo sin precedentes de las obras públicas y del comercio exterior, así como por un importante aumento de la inmigración extranjera. Los problemas financieros derivados del excesivo dispendio de la administración y del aumento de la deuda pública provocaron una crisis que sumió al país en un estado de perturbación política que desembocó en una revolución el 26 de julio de 1890. El levantamiento fue sofocado tres días más tarde, pero la reputación del presidente había sido dañada ya de un modo irreversible, por lo que dimitió poco después y se retiró definitivamente de la política.

JUDAS ISCARIOTE (*s. I*) *Apóstol de Jesús.* Uno de los apóstoles de Jesús de Nazaret, siguió a su maestro durante su predicación por Palestina y, según los Evangelios, fue el traidor que reveló a los miembros del Sanedrín el lugar donde podían prender a su maestro sin que sus seguidores interfiriesen, tal como el propio Jesús había anunciado en la Santa Cena. Él mismo fue quien dirigió a los guardias que arrestaron a Jesús y les indicó quién era besándole. Por su traición fue recompensado con treinta denarios, pero al poco tiempo se arrepintió de sus actos, intentó devolver las monedas a los sacerdotes que se las habían dado, y al no aceptarlas éstos, las arrojó en el templo. Luego, desesperado ante la magnitud de su delación, se suicidó ahorcándose de un árbol. Por ello, la figura de Judas ha pasado a la tradición cristiana posterior convertida en la del traidor por antonomasia.

JUDD, DONALD (*Excelsior Springs, EE UU, 1928-Nueva York, 1994) Escultor estadounidense.* Su trayectoria artística pasó de una primera etapa como pintor abstracto de composiciones geométricas bastante austeras a una segunda etapa como crítico de arte (durante los años cincuenta) y a una tercera como escultor, desde comienzos de la década de 1960. Este último período es el que lo convirtió en una figura de proyección universal y en uno de los principales representantes y teóricos del minimalismo. En sus primeras realizaciones utilizó la madera, pero pronto incorporó el plexiglás y el acero inoxidable, su material más característico. Con ellos creó obras basadas en yuxtaposiciones y superposiciones mediante las que intentó expresar relaciones afines a las progresiones matemáticas. Todas sus creaciones son obras frías, carentes de cualquier intención decorativa o implicación emocional, en las que a menudo utiliza el color para acentuar la estructura de las piezas.

▲ *Pieza de aluminio y plexiglás llamada* Sin título, *de Donald* **Judd***, quien, además de escultor, fue uno de los grandes teóricos del minimalismo.*

> *«El péndulo de la mente oscila entre sentido y sinsentido, no entre correcto e incorrecto.»*
>
> Carl Gustav Jung
> *Memorias*

◀ *Retrato del papa* **Julio II** *pintado por Rafael. Elegido en 1503, formó parte de la Liga de Cambrai y se caracterizó por su oposición a la intervención de los franceses en Italia.*

JULIO II [Giuliano della Rovere] *(Albisola, actual Italia, 1443-Roma, 1513) Papa (1503-1513).* Sacerdote franciscano, accedió al cardenalato cuando su tío se convirtió en el papa Sixto IV. Antes de acceder él mismo al solio pontificio, en 1503, tuvo tres hijas ilegítimas y amasó una fortuna. Trató de recuperar la independencia política de la Santa Sede mediante una activa diplomacia, que le llevó a entrar de lleno en el complejo juego político y militar por el control de Italia. Tras apartar a César Borgia, se unió a la Liga de Cambrai en 1508, junto a Francia, el Imperio Alemán, Mantua, Ferrara y España, para apoderarse de los territorios de Venecia. La victoria concluyente en la batalla de Agnadello le hizo ver que la mayor favorecida era Francia, lo cual deshacía el equilibrio de manera peligrosa, por lo que no dudó en aliarse a Fernando *el Católico*, Maximiliano de Habsburgo, Suiza y la misma Venecia para atacar a los franceses, a los cuales derrotaron en la batalla de Ravena, y los expulsaron, temporalmente, del Milanesado. Como la mayoría de los papas del Renacimiento, fue un mecenas de las artes y protegió a Miguel Ángel, Bramante y Rafael.

JUNG, CARL GUSTAV *(Kesswil, Suiza, 1875-Küsnacht, id., 1961) Psicólogo y psiquiatra suizo.* Se le considera, según los casos, como el antagonista o el verdadero sucesor de Freud. Su relación con éste se inició en 1907 y su colaboración se mantuvo hasta la publicación de *Transformaciones y símbolos de la libido* (1912), origen de la ruptura a causa de las crecientes divergencias teóricas entre ambos. Las investigaciones de Jung, a menudo incursiones en terrenos aparentemente alejados del suyo,

como la alquimia o la astrología (*Psicología y religión*, 1937; *Psicología y alquimia*, 1944), abren un camino sugestivo marcado por profundas intuiciones: el concepto de inconsciente colectivo, el de arquetipo como descubrimiento de mitos universalmente repetidos, o el del «sí», distinto del «yo», totalidad del hombre que incluye su inconsciente. Definió así mismo los tipos básicos de «introvertido» y «extravertido». La heterodoxia de este autor le ha valido juicios contrapuestos, que abarcan desde la indiferencia a la admiración.

JÜNGER, ERNST *(Heidelberg, Alemania, 1895-Wilflingen, id., 1998) Filósofo y escritor alemán.* A los diecisiete años se alistó en la Legión Extranjera francesa, experiencia que posteriormente evocaría en *Juegos africanos* (1936). De su participación en la Primera Guerra Mundial resultaría una de sus obras más importantes, *Tormentas de acero* (1920). En 1923 abandonó el ejército y emprendió estudios de filosofía y zoología. A principios de la década de 1930 publicó *La movilización total* (1931) y *El trabajador* (1932), en las que dio forma a su visión ideal de la condición humana, influida en gran medida por el filósofo alemán Nietzsche y que otorga un papel central al individuo y a las relaciones de poder. Participó en la Segunda Guerra Mundial en labores de intendencia, aunque tanto su novela alegórica *En los acantilados de mármol* (1939) como su posterior *Diario* (1941-1944) evidencian un total desapego con la ideología nazi. Notable fue también su investigación sobre las drogas, de la que resultaron la novela *Visita a Godenholm* (1952) y el ensayo *Aproximaciones, drogas y ebriedad* (1970).

◄ *Tras sus primeros pasos como seguidor de Freud, **Jung** se distanció del creador del psicoanálisis para elaborar su propio sistema teórico.*

▲ *Ernst **Jünger**, uno de los pensadores más complejos del s. XX. Más allá de su vinculación al nazismo, Jünger se convirtió en un personaje polémico porque su reacción contra el nacionalsocialismo vino dada desde la altivez aristocrática prusiana.*

▼ *Relieve de Juan de **Juni** que ilustra la quema de libros en un proceso inquisitorial contra un monje hereje.*

JUNI, JUAN DE *(Joigny, Francia, h. 1507-Valladolid, 1577) Escultor de origen borgoñón que trabajó en España.* Se desconoce prácticamente todo acerca de su período de formación, si bien por sus rasgos estilísticos se supone que se formó en su Borgoña natal y que completó sus conocimientos en una estancia en Italia. Lo seguro es que en 1533 trabajaba en León, y que en lo sucesivo residió siempre en España (se le considera, de hecho, el gran escultor español del siglo XVI, junto con Alonso Berruguete). Fue un artista versátil, que trabajó indistintamente la madera y la piedra, el barro cocido y el alabastro, y se dedicó por igual al retablo, la sepultura monumental y las esculturas exenta y decorativa. Sus obras destacan de manera particular por su acentuado dramatismo, que se deriva de los gestos exagerados de los personajes y de los acentuados escorzos, y también del tratamiento de los ropajes, que a menudo adquieren gran volumen y se retuercen en pliegues y repliegues que envuelven el cuerpo de las figuras. Estuvo activo en León y Salamanca antes de establecerse en 1540 en Valladolid, donde se conservan sus obras más admiradas, en particular la *Virgen de los Cuchillos*, en la iglesia vallisoletana de las Angustias, que constituye la culminación de su estilo exaltador de los sentimientos, y el *Santo Entierro* del Museo Nacional de Escultura, del cual existe otra versión igualmente notable en la catedral de Segovia. De su producción restante, lo más destacado es la decoración en piedra del convento de San Marcos de León y el magnífico retablo mayor de la Antigua de Valladolid, en el que sobresale la escena del *Abrazo en la Puerta Dorada*.

JUNKERS, HUGO *(Rheydt, actual Alemania, 1859-Gauting, id., 1935) Constructor aeronáutico alemán.* Dedicado primeramente al estudio de los motores y la compresibilidad de los gases, orientó después su interés hacia la aeronáutica. En 1910 fundó en Dessau una factoría de aviones con su nombre. En 1915 construyó el *J-1 Blechesel*, el primer avión totalmente metálico (concretamente, de planchas de duraluminio) que revolucionó la industria aeronáutica y, paralelamente, la del automóvil. Así mismo, introdujo el motor Diesel en la aviación y diseñó algunos de los primeros turborreactores. Durante la Segunda Guerra Mundial, la empresa por él fundada proveyó a las fuerzas aéreas alemanas, la Luftwaffe, con los aparatos *Ju-52*, un monoplano trimotor empleado fundamentalmente en el transporte de tropas y material, el *Ju-87*, un monomotor de bombardeo en picado más conocido por la abreviatura «Stuka», y el *Ju-88*, un bimotor de bombardeo de alcance medio.

JUSTINIANO I *el Grande (Tauresio, actual Serbia, 482-Constantinopla, hoy Estambul, actual Turquía, 565) Emperador bizantino (527-565).* Nacido en el seno de una familia iliria, adquirió una sólida formación

▲ *Avión trimotor Junkers Ju-52 en su versión de 1932, diseñado por Hugo **Junkers** para la compañía alemana Lufthansa. Considerado prácticamente indestructible fue el aparato de transporte de la Luftwaffe durante la Segunda Guerra Mundial.*

▼ *Mosaico bizantino de la iglesia de San Vital, en Ravena, que representa a **Justiniano** y su corte. El emperador no aparece como un hombre sexagenario, como correspondería al momento que representa la escena, el año 547.*

como estadista en la corte del emperador Justino I, su tío, a quien sucedió, en el 527, al frente del Imperio Bizantino. Hombre de extraordinaria cultura, dedicó todos sus esfuerzos a conseguir la reconstrucción del antiguo Imperio Romano, para lo cual supo rodearse de buenos asesores, entre los cuales destacaron Teodora, su esposa y principal consejera, una emperatriz inteligente, atractiva y tenaz, el general Belisario, reconocido estratega, y Triboniano, un prestigioso jurista. Con el propósito de recuperar las que fueran otrora provincias occidentales de Roma, en manos de diferentes pueblos germánicos que habían establecido en ellas sus propios estados, el emperador bizantino reorganizó el ejército y preparó una flota poderosa, destinada a asegurarle el dominio del Mediterráneo, dado que era capaz de alcanzar con prontitud incluso las costas más alejadas de Hispania. Gracias al control de las rutas marítimas, Bizancio opuso a los germánicos, que dominaban las mesetas y las montañas del interior, un tipo de guerra basado en asedios y bloqueos. Así, en Occidente, tras largas y duras campañas, los hábiles generales de Justiniano (Narsés, Mundo, Juan Troglita, Bessas, Liberio y, sobre todo, Belisario) se adueñaron del norte de África, arrebataron Numidia a los vándalos y se impusieron a los insumisos mauros (533-548), conquistaron el sudeste de la península Ibérica a los visigodos, así como las Baleares (549-554), y llegaron a dominar toda Italia, incluidas las islas de Córcega, Cerdeña y Sicilia, después de vencer a los ostrogodos y tomar Ravena, su capital (535-554). El continuado esfuerzo desplegado en las provincias del oeste, sin em-

bargo, facilitó las incursiones de bárbaros y persas en las fronteras orientales. Así, los eslavos penetraron en los Balcanes, asolaron Grecia hasta el Peloponeso y amenazaron Tesalónica y Constantinopla desde las costas del Epiro. Más al este, los hunos, un pueblo nómada procedente de Asia, saquearon los puertos de Crimea y de Tracia. Por último, la conquista de Antioquía por parte del ejército del rey persa Cosroes y su avance hacia las costas del Mediterráneo oriental obligó a los bizantinos a concertar una humillante paz con Persia (562). En política interior, Justiniano pretendió mejorar la administración del imperio, para lo cual sometió al control de los obispos la gestión de los gobernadores, que en las provincias fronterizas ejercían tanto el poder militar como el civil, a la vez que reducía la extensión de las provincias más ricas y vastas a fin de evitar el excesivo poder de sus administradores. Paralelamente, en materia religiosa intentó conciliar la ortodoxia cristiana y la herejía monofisita, que negaba la coexistencia de las naturalezas humana y divina de Cristo, sostenida por la emperatriz Teodora a pesar de que había sido condenada en el concilio de Calcedonia. No obstante, la empresa más importante y duradera de Justiniano fue, sin duda, la compilación y unificación de todas las leyes romanas en un solo código, el *Corpus Iuris Civilis*, recopilación que incluye diversos textos: el *Codex Iustinianeus* (529), el *Digesto* o *Pandectae* (533), las *Institutiones* (533), el *Codex repetitae praelectionis* (534) y las *Novellae constitutiones*. Esta obra, cuya elaboración fue confiada a una comisión de diez eminentes juristas encabezada por Triboniano, es fundamental para el conocimiento del derecho romano y ha influido decisivamente en la evolución jurídica europea.

JUVARA, FILIPPO *(Mesina, actual Italia, 1676-Madrid, 1736) Arquitecto italiano.* Después de un período de formación artesana en Sicilia, se trasladó a Roma, donde cursó estudios de arquitectura, y en 1706 fue admitido en la Academia de San Lucas. En los primeros años de actividad profesional compaginó la arquitectura con la escenografía, en la que introdujo el nuevo concepto de «escena-cuadro». En 1714, Víctor

► *Grabado de una edición renacentista de las obras de* **Juvenal**, *cuya obra satírica es a la vez costumbrista y de contenido político.*

▼ *Alzado de la basílica de Superga de Turín, una de las obras más emblemáticas del arquitecto italiano Filippo* **Juvara**, *en la que adoptó soluciones próximas a las de Bernini.*

Amadeo II de Saboya lo nombró primer arquitecto y se trasladó a Turín, donde transcurrió la etapa más fecunda de su carrera. De las numerosas obras que realizó en la ciudad piamontesa y sus alrededores, las más logradas son la basílica de Superga, la escalinata y la fachada del palacio Madama y el pabellón de caza de Stupinigi, donde brillan su estilo barroco y su concepción escenográfica de la arquitectura. En 1735 viajó a Madrid por invitación de Felipe V, para quien proyectó el Palacio Real de Madrid y el palacio de La Granja de San Ildefonso, que construyeron sus discípulos después de su muerte, alterando en algún caso los planos originales.

JUVENAL, DÉCIMO JUNIO *(Aquino, actual Italia, h. 60-Roma, h. 128) Poeta latino.* Resentido con el emperador Domiciano porque no le había concedido un puesto administrativo a su servicio, escribió una sátira que le valió el destierro a la ciudad egipcia de Syene, la posterior Asuán. No pudo regresar a Roma hasta la defunción de Domiciano, en el año 97. Su obra, de tono patriótico y retrospectivo, consta de dieciséis *Sátiras* en verso hexamétrico repartidas en cinco libros. Inspiradas en los clásicos latinos y valoradas por sus sentencias y versos lapidarios, en ellas denunciaba la decadencia y la corrupción que imperaban en la sociedad romana del siglo I. Relegadas al olvido tras la muerte del poeta, fueron revalorizadas a partir del siglo IV y admiradas de forma especial por los escritores cristianos.

K

KAFKA, FRANZ *(Praga, 1883-Kierling, Austria, 1924) Escritor checo en lengua alemana.* Nacido en el seno de una familia de comerciantes judíos, se formó en un ambiente cultural alemán, y se doctoró en derecho. Pronto empezó a interesarse por la mística y la religión judías, que ejercieron sobre él una notable influencia y favorecieron su adhesión al sionismo. Su proyecto de emigrar a Palestina se vio frustrado en 1917 al padecer los primeros síntomas de tuberculosis, que sería la causante de su muerte. A pesar de la enfermedad, de la hostilidad manifiesta de su familia hacia su vocación literaria, de sus cinco tentativas matrimoniales frustradas y de su empleo de burócrata en una compañía de seguros de Praga, se dedicó intensamente a la literatura. Su obra, que nos ha llegado en contra de su voluntad expresa, pues ordenó a su íntimo amigo y consejero literario Max Brod que, a su muerte, quemara todos sus manuscritos, constituye una de las cumbres de la literatura alemana y se cuenta entre las más influyentes e innovadoras del siglo XX. En la línea de la Escuela de Praga, de la que es el miembro más destacado, su escritura

▼ *Bajo estas líneas, portada de la revista* Hyperion, *editada en Munich desde 1908. En ella publicó Franz* **Kafka** *sus primeros textos. Abajo, el escritor junto a Felice Bauer en 1917.*

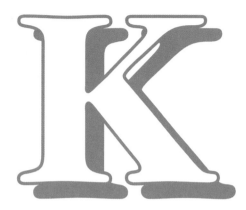

se caracteriza por una marcada vocación metafísica y una síntesis de absurdo, ironía y lucidez. Ese mundo de sueños, que describe paradójicamente con un realismo minucioso, ya se halla presente en su primera novela corta, *Descripción de una lucha,* que apareció parcialmente en la revista *Hyperion,* que dirigía Franz Blei. En 1913, el editor Rowohlt accedió a publicar su primer libro, *Meditaciones,* que reunía extractos de su diario personal, pequeños fragmentos en prosa de una inquietud espiritual penetrante y un estilo profundamente innovador, a la vez lírico, dramático y melodioso. Sin embargo, el libro pasó desapercibido; los siguientes tampoco obtendrían ningún éxito, fuera de un

FRANZ KAFKA
OBRAS MAESTRAS

MEDITACIONES (BETRACHTUNG, 1913); LA CONDENA (DAS URTEIL, 1913); LA METAMORFOSIS (DIE VERWANDLUNG, 1916); CARTA AL PADRE (BRIEF AN DEN VATER, 1919); EN LA COLONIA PENITENCIARIA (IN DER STRAFKOLONIE, 1919); UN MÉDICO RURAL (EIN LANDARZT, 1919); UN ARTISTA DEL HAMBRE (EIN HUNGERKÜSNTLER, 1924); EL PROCESO (DER PROZESS, póstuma, 1925); EL CASTILLO (DAS SCHLOSS, póstuma, 1926); AMÉRICA (AMERIKA, póstuma, 1927); LA MURALLA CHINA (BEIM BAU DER CHINESISCHEN MAUER, póstuma, 1931); DIARIOS (TAGEBÜCHER, póstumos, 1937); CARTAS A MILENA (BRIEFE AN MILENA, póstuma, 1952); CARTAS A FELICE (BRIEFE AN FELICE, póstuma, 1967).

◀ *Panorámica de la «plaza Vieja» de Praga. La capital checa ha convertido a **Kafka**, en figura emblemática de su intensa vida artística y cultural.*

círculo íntimo de amigos y admiradores incondicionales. El estallido de la Primera Guerra Mundial y el fracaso de un noviazgo en el que había depositado todas sus esperanzas señalaron el inicio de una etapa creativa prolífica. Entre 1913 y 1919 escribió *El proceso*, *La metamorfosis* y *La condena* y publicó *El chófer*, que incorporaría más adelante a su novela *América*, *En la colonia penitenciaria* y el volumen de relatos *Un médico rural*. En 1920 abandonó su empleo, ingresó en un sanatorio y, poco tiempo después, se estableció en una casa de campo en la que escribió *El castillo*; al año siguiente conoció a la escritora checa Milena Jesenska-Pollak, con la que mantuvo un breve romance y una abundante correspondencia, no publicada hasta 1952. El último año de su vida encontró en otra mujer, Dora Dymant, el gran amor que había anhelado siempre, y que le devolvió brevemente la esperanza. La existencia atribulada y angustiosa de Kafka se refleja en el pesimismo irónico que impregna su obra, que describe, en un estilo que va desde lo fantástico de sus obras juveniles al realismo más estricto, trayectorias de las que no se consigue captar ni el principio ni el fin. Sus personajes, designados frecuentemente con una inicial (Joseph K o simplemente K), son zarandeados y amenazados por instancias ocultas. Así, el protagonista de *El proceso* no llegará a conocer el motivo de su condena a muerte, y el agrimensor de *El castillo* buscará en vano el rostro del aparato burocrático en el que pretende integrarse. Los elementos fantásticos o absurdos, como la transformación en escarabajo del viajante de comercio Gregor Samsa en *La metamorfosis*, introducen en la realidad más cotidiana aquella distorsión que permite desvelar su propia y más profunda inconsistencia, un método que se ha llegado a considerar como una especial y literaria reducción al absurdo. Su originali-

▼ El marco, *autorretrato de Frida **Kahlo**. En los autorretratos es donde la pintora mexicana muestra más claramente las principales características de su obra: el simbolismo y un surrealismo espontáneo y metafórico. En la fotografía inferior, Frida junto a su esposo, el muralista mexicano Diego Rivera.*

dad irreductible y el inmenso valor literario de su obra le han valido *a posteriori* una posición privilegiada, casi mítica, en la literatura contemporánea.

KAHLO, FRIDA *(Coyoacán, México, 1907-id., 1954) Pintora mexicana.* Aunque se movió en el ambiente de los grandes muralistas mexicanos de su tiempo y compartió sus ideales, creó una pintura absolutamente personal, ingenua y profundamente metafórica al mismo tiempo, derivada de su exaltada sensibilidad y de varios acontecimientos que marcaron su vida. A los dieciocho años sufrió un gravísimo accidente que la obligó a una larga convalecencia, durante la cual aprendió a pintar, y que influyó con toda probabilidad en la formación del complejo mundo psicológico que se refleja en sus obras. Contrajo matrimonio con el muralista Diego Rivera. En 1932 tuvo un aborto que afectó en lo más hondo su delicada sensibilidad y le inspiró dos de sus obras más valoradas: *Henry Ford Hospital* y *Frida y el aborto*, cuya compleja simbología se conoce por las explicaciones de la propia pintora. También son muy apreciados sus autorretratos, así mismo de compleja interpretación: *Autorretrato con monos*, *Las dos Fridas*. Cuando André Breton conoció la obra de Frida Kahlo dijo que era una surrealista espontánea y la invitó a exponer en Nueva York y París, ciudad esta última en la que no tuvo una gran acogida. Nunca se sintió cerca del surrealismo, y al final de sus días decidió que esa tendencia no se correspondía con su creación artística. En su búsqueda de las raíces estéticas de México, realizó espléndidos retratos de niños y obras inspiradas en la iconografía

mexicana anterior a la conquista, pero son las telas que se centran en ella misma y en su azarosa vida las que la han convertido en una de las figuras más destacadas de la pintura mexicana del siglo XX.

KAMERLINGH ONNES, HEIKE *(Groninga, Países Bajos, 1853-Leiden, id., 1926) Físico holandés, descubridor del fenómeno de la superconductividad.* De 1871 a 1873 estudió en la Universidad de Heidelberg, donde fue alumno de los físicos alemanes Robert Bunsen y Gustav Kirchhoff, y se doctoró en la Universidad de Groninga (1879). De 1878 a 1882 fue profesor en la Escuela Politécnica de Delft, puesto que dejó ese mismo año para ocupar el de profesor de física en la Universidad de Leiden hasta que se retiró, en 1923. Influenciado por el trabajo de su compatriota Johannes van der Waals, dedujo una de las ecuaciones de estado aplicable a los gases, que lleva su nombre. Así mismo, estudió las propiedades termodinámicas de los gases y líquidos en una amplia escala de presiones y temperaturas. En 1894 fundó el Laboratorio Criogénico de Leiden, que actualmente lleva su nombre. Descubrió la casi total ausencia de resistencia al paso de la electricidad de ciertas sustancias a temperaturas cercanas al cero absoluto, fenómeno conocido como superconductividad, y en 1908 consiguió licuar por primera vez helio a baja temperatura. La tentativa de solidificar helio no prosperó hasta 1926, fecha en que W. H. Keesom, uno de sus discípulos, logró llevar a cabo la experiencia.

KANDINSKY, WASSILY *(Moscú, 1866-Neuilly-sur-Seine, Francia, 1944) Pintor de origen ruso, nacionalizado alemán y posteriormente francés.* Compaginó sus estudios de derecho y economía con clases de dibujo y pintura. Al tiempo que se interesaba por la cultura primitiva y las manifestaciones artísticas populares rusas, muy especialmente por el arte propio de la región de Volodga, rico en ornamentos, también descubrió la obra de Rembrandt y Monet. Cuando cumplió los treinta años abandonó la docencia y fue a estudiar pintura a Munich, renunciando a un porvenir académico ya consolidado. En esta ciudad asistió a las clases de F. Stuck y en ellas conoció a Paul Klee, con el que mantendría una sincera y prolongada amistad. Su interés por el color está presente desde el comienzo de su carrera, y se puede apreciar en sus primeras pinturas la influencia del postimpresionismo, el fauvismo y el Jugendstil alemán. Entre 1902 y 1907 realizó diferen-

tes viajes a Francia, Países Bajos, Túnez, Italia y Rusia, para instalarse finalmente en Murnau, donde pintó una serie de paisajes alpinos entre los años 1908 y 1910. Tal como narra él mismo en su biografía, por entonces se dio cuenta de que la representación del objeto en sus pinturas era secundaria e incluso perjudicial y que la belleza de sus obras residía en la riqueza cromática y la simplificación formal. Este descubrimiento le condujo a una experimentación continuada que culminó, a finales de 1910, con la conquista definitiva de la abstracción. Kandinsky refundió la libertad cromática de los fauvistas con la exteriorización del impulso vivencial del artista propuesto por los expresionistas alemanes de la órbita de Dresde, en una especie de síntesis teñida de lirismo, espiritualidad y una profunda fascinación por la naturaleza y sus formas. Entre 1910 y 1914 pintó numerosas obras que agrupó en tres categorías: las *impresiones*, inspiradas en la naturaleza; las *improvisaciones*, expresión de emociones interiores; y las *composiciones*, que aunaban lo intuitivo con el más exigente rigor compositivo. Estos cuadros se caracterizan por la articulación de gruesas líneas negras con vivos colores y en ellos se percibe todavía un poco la

▲ Sobre el blanco II, *obra realizada por W* ***Kandinsky*** *en 1923 que se exhibe en el Centro Georges Pompidou de París. El pintor, de origen ruso, fue uno de los creadores de la abstracción pictórica.*

WASSILY KANDINSKY
OBRAS MAESTRAS

IMPROVISACIÓN III (1909, Museo Nacional de Arte Moderno, París); *PRIMERA ACUARELA ABSTRACTA* (1910, Museo Nacional de Arte Moderno, París); *EL ARCO NEGRO* (1912, Museo Nacional de Arte Moderno, París); *COMPOSICIÓN VI* (1913, Ermitage, San Petersburgo); *COMPOSICIÓN VIII* (1923); *AMARILLO, ROJO, AZUL* (1925, Museo Nacional de Arte Moderno, París); *MOVIMIENTO I* (1935, col. particular, París); *AZUL CELESTE* (1940, Museo Nacional de Arte Moderno, París); *IMPULSO MODERADO* (1944, Museo Nacional de Arte Moderno, París).

◀ *Xilografía en color de* **Kandinsky** *que ilustró la portada del almanaque de «Der Blaue Reiter» (1911).*

presencia de la realidad. En 1911 fundó junto a Franz Marc y August Macke el grupo Der Blaue Reiter, organizando diversas exposiciones en Berlín y Munich. Paralelamente a su labor creativa, reflexionó sobre el arte y su estrecho vínculo con el yo interior en muchos escritos, sobre todo en *De lo espiritual en el arte* (1910) y el *Almanaque* de Der Blaue Reiter, en el que, junto a dibujos y grabados de miembros del grupo, aparecían otras manifestaciones artísticas, como partituras de Schönberg (Kandinsky mantuvo una constante y fructífera relación con la música durante toda su vida) y muestras del arte popular e infantil. Al estallar la Primera Guerra Mundial volvió a Moscú y allí emprendió varias actividades organizativas en el marco del Departamento de Bellas Artes del Comisariado Popular de la Educación. En 1917 se casó con Nina Andreievsky y cuatro años más tarde se trasladó con ella a Alemania para incorporarse a la Bauhaus en la primera etapa de Weimar, donde continuaría como profesor hasta poco antes de su disolución. La influencia del entorno de la Bauhaus se dejó sentir, y su obra experimentó una transición hacia una mayor estructuración, tanto compositiva como formal, que se ha dado en llamar el período *arquitectural* de su pintura, al cual siguió otro de transición en que experimentó con los trazos circulares y concéntricos (*Círculos*, 1926). También escribió manifiestos para la Bauhaus y publicó el libro *Punto y línea sobre el plano*. En 1933, clausurada la Bauhaus por los nazis, el pintor se instaló en Francia. En esta última etapa de su vida continuó en su particular búsqueda de *formas inventadas*, que plasmó por medio de colores combinados de manera compleja e inspirándose en signos geométricos y en motivos decorativos eslavos, como hiciera ya al comienzo de su trayectoria pictórica.

KANG-HI *(Pekín, 1654-id., 1723) Emperador manchú de China (1662-1723).* Segundo emperador de la dinastía manchú (Qing) asumió el poder tras un período de regencia durante su minoría de edad. Se caracterizó por una voluntad de apertura al exterior, en especial respecto a los países de Europa Occidental, mientras mantenía una actitud de firmeza frente a sus vecinos geográficos como Rusia y los nómadas turcos y mongoles. En el interior, Kang-Hi actuó de manera expeditiva a la hora de aplacar las revueltas, como la de 1676, y consolidar el dominio de los manchúes en todo el país; por ello se enfrentó a la nobleza feudal y ocupó la isla de Formosa. En el terreno cultural, su reinado representa un momento de florecimiento de las artes y las ciencias, como la astronomía y las matemáticas. Su gobierno, de carácter centralista, redujo los impuestos respecto al anterior período Ming, lo que repercutió positivamente en la economía.

▶ *Dibujo datado en el s. XVII que representa a* **Kang-Hi**, *segundo emperador de la dinastía Qing, paseando a caballo por sus jardines seguido por sus esposas.*

KANT, IMMANUEL *(Königsberg, hoy Kaliningrado, actual Rusia, 1724-id., 1804) Filósofo alemán.* Hijo de un modesto guarnicionero, fue educado en el pietismo. En 1740 ingresó en la Universidad de Königsberg como estudiante de teología y fue alumno de Martin Knutzen, quien lo introdujo en la filosofía racionalista de Leibniz y Wolff, y le imbuyó así mismo el interés por la ciencia natural, en particular, por la mecánica de Newton. Su existencia transcurrió prácticamente por entero en su ciudad natal, de la que no llegó a alejarse más que un centenar de kilómetros cuando residió por unos meses en Arnsdorf como preceptor, actividad a la cual se dedicó para ganarse el sustento luego de la muerte de su padre, en 1746. Tras doctorarse en la Universidad de Königsberg a los treinta y un años, ejerció en ella la docencia y en 1770, después de fracasar dos veces en el intento de obtener una cátedra y de haber rechazado ofrecimientos de otras universidades, por último fue nombrado profesor ordinario de lógica y metafísica. La vida que llevó ha pasado a la historia como paradigma de existencia metódica y rutinaria. Es conocida su costumbre de dar un paseo vespertino, a diario a la misma hora y con idéntico recorrido, hasta el punto de que llegó a convertirse en una especie de señal horaria para sus conciudadanos; se cuenta que la única excepción se produjo el día en que la lectura del *Emile,* de Rousseau, lo absorbió tanto como para hacerle olvidar su paseo, hecho que suscitó la alarma de sus conocidos. En el pensamiento de Kant suele distinguirse un período inicial, denominado precrítico, caracterizado por su apego a la metafísica racionalista de Wolff y su interés por la física de Newton. En 1770, tras la obtención de la cátedra, se abrió un lapso de diez años de silencio durante los que acometió la tarea de construir su nueva filosofía crítica, después de que el contacto con el

▲ *El alemán Immanuel* **Kant***, autor de una obra que abrió nuevas perspectivas para la filosofía e influyó decisivamente en los pensadores de los ss.* XIX *y* XX.

*«**O**bra siempre de tal modo que la humanidad, sea en tu persona o en la de otro, se considere siempre un fin y nunca como un mero medio.» (Segunda formulación del imperativo categórico, en la* Fundamentación de la metafísica de las costumbres.*)*

Immanuel Kant

empirismo escéptico de Hume le permitiera, según sus propias palabras, «despertar del sueño dogmático». En 1781 se abrió el segundo período en la obra kantiana, al aparecer finalmente la *Crítica de la razón pura,* en la que trata de fundamentar el conocimiento humano y fijar así mismo sus límites; el giro copernicano que pretendía imprimir a la filosofía consistía en concebir el conocimiento como trascendental, es decir, estructurado a partir de una serie de principios *a priori* impuestos por el sujeto que permiten ordenar la experiencia procedente de los sentidos; resultado de la intervención del entendimiento humano son los fenómenos, mientras que la cosa en sí (el *nóumeno*) es por definición incognoscible. Pregunta fundamental en su *Crítica* es la posibilidad de establecer juicios sintéticos (es decir, que añadan información, a diferencia de los analíticos) y *a priori* (con valor universal, no contingente), cuya posiblidad para las matemáticas y la física alcanzó a demostrar, pero no para la metafísica, pues ésta no aplica las estructuras trascendentales a la experiencia, de modo que sus conclusiones quedan sin fundamento; así, el filósofo puede demostrar a la vez la existencia y la no existencia de Dios, o de la libertad, con razones válidas por igual. El sistema fue desarrollado por Kant en su *Crítica de la razón práctica,* donde establece la necesidad de un principio moral *a priori,* el llamado imperativo categórico, derivado de la razón humana en su vertiente práctica; en la moral, el hombre debe actuar como si fuese libre, aunque no sea posible demostrar teóricamente la existencia de esa libertad. El fundamento último de la moral procede de la tendencia humana hacia ella, y tiene su origen en el carácter a su vez nouménico del hombre. Kant trató de unificar ambas *Críticas* con una tercera, la *Crítica del juicio,* que estudia el llamado goce estético y la finalidad en el campo de la naturaleza. Cuando en la posición de fin interviene el hombre, el juicio es estético; cuando el fin está en función de la naturaleza y su orden peculiar, el juicio es teleológico. En ambos casos cabe hablar de una desconocida raíz común, vinculada a la idea de libertad. A pesar de su carácter oscuro y hermético, los textos de Kant operaron una verdadera revolución en la filosofía posterior, cuyos efectos llegan hasta la actualidad.

KAPITSA, PIOTR LEONIDOVICH *(Kronstadt, actual Rusia, 1894-Moscú, 1984) Físico ruso.* Estudió en el Instituto Politécnico de Petrogrado y permaneció en él como profesor

---

IMMANUEL KANT

OBRAS MAESTRAS

HISTORIA GENERAL DE LA NATURALEZA Y TEORÍA DEL CIELO (*ALLGEMEINE NATURGESCHICHTE UND THEORIE DES HIMMELS,* 1755); CRÍTICA DE LA RAZÓN PURA (*KRITIK DER REINEN VERNUNFT,* 1781); PROLEGÓMENOS A TODA METAFÍSICA FUTURA QUE PUEDA PRESENTARSE COMO CIENCIA (*PROLEGOMENA ZU EINER JEDEN KÜNFTIGEN METAPHYSIK, DIE ALS WISSENSCHAFT WIRD AUFTRETEN KÖNNEN,* 1783); FUNDAMENTACIÓN DE LA METAFÍSICA DE LAS COSTUMBRES (*GRUNDLEGUNG ZUR METAPHYSIK DER SITTEN,* 1785); PRINCIPIOS METAFÍSICOS DE LA CIENCIA NATURAL (*METAPHYSISCHE ANFANGSGRÜNDE DER NATURWISSENSCHAFT,* 1786); CRÍTICA DE LA RAZÓN PRÁCTICA (*KRITIK DER PRAKTISCHEN VERNUNFT,* 1788); CRÍTICA DEL JUICIO (*KRITIK DER URTEILSKRAFT,* 1790); LA RELIGIÓN DENTRO DE LOS LÍMITES DE LA MERA RAZÓN (*DIE RELIGION INNERHALB DER GRENZEN DER BLOSSEN VERNUNFT,* 1793); PARA LA PAZ PERPETUA (*ZUM EWIGEN FRIEDEN, EIN PHILOSOPHISCHER ENTWURF,* 1795); EL CONFLICTO DE LAS FACULTADES (*DER STREIT DER FAKULTÄTEN,* 1798).

universitario hasta 1921. Tras la muerte de su esposa y de sus dos hijos pequeños por enfermedad durante la guerra civil rusa, emigró al Reino Unido para estudiar en la Universidad de Cambridge, donde trabajó con E. Rutherford. En 1924 fue nombrado director asistente para la investigación del magnetismo en el Cavendish Laboratory; allí creó dispositivos capaces de generar campos magnéticos de muy elevada intensidad, y que no serían superados hasta 1956. Miembro del Trinity College y de la Royal Society, en 1932 se construyó especialmente para él, en Cambridge, el Royal Society Mond Laboratory, del que fue nombrado director. En 1934, durante un viaje profesional a la Unión Soviética, fue detenido por orden directa de Stalin. Al año siguiente era nombrado director del Instituto para Problemas de Física, en Moscú. Continuó con las investigaciones iniciadas en Cambridge sobre la física de bajas temperaturas y la conducción del calor en helio líquido. Descubrió que el helio II (forma estable de helio líquido por debajo de los 2,2 °K) fluía sin presentar apenas viscosidad. Sus investigaciones sobre la superfluidez se publicaron en los artículos «Transferencia de calor y superfluidez en el helio II» e «Investigaciones sobre el mecanismo de la transferencia de calor en el helio II», ambos de 1941. Recibió grandes honores por parte del gobierno soviético, hasta que perdió el favor de Stalin cuando se negó a trabajar para el desarrollo de armas nucleares. En 1955, tras la muerte del dictador, fue restituido en su puesto de director del Instituto. En 1978, después de cuarenta años de investigación, fue galardonado con el Premio Nobel de Física.

KARAJAN, HERBERT VON *(Salzburgo, actual Austria, 1908-Anif, id., 1989) Director de orquesta austriaco.* Reverenciado y detestado, siempre polémico, si hay un músico que represente mejor que nadie la dirección orquestal durante el siglo XX, ése ha sido Von Karajan. Por un lado su carisma, su forma apasionada de acercarse a la música, su capacidad única para arrancar las más brillantes sonoridades a la orquesta y, por otro, tanto su culto a la técnica y los estudios de grabación como su profundo conocimiento del mercado discográfico lo convirtieron en la batuta más popular y aclamada de toda la centuria y también en una de las más vilipendiadas por quienes le criticaban su afán megalómano, su superficialidad a la hora de afrontar el repertorio y su conservadurismo estético, cerrado a las nuevas corrientes musicales de su

▲ *El director de orquesta austriaco Herbert von* **Karajan** *en una fotografía de madurez. Personaje polémico por su fuerte personalidad, destacó en el repertorio romántico, especialmente con Beethoven.*

▼ *Konstantinos* **Karamanlis**, *en julio de 1974, durante el acto de toma de posesión de su cargo como primer ministro de Grecia. Tras diez años de dictadura militar, Karamanlis volvió del exilio para presidir un gobierno civil.*

tiempo. La música fue algo habitual para Karajan desde su más tierna infancia: su padre era clarinetista aficionado y su hermano, organista. El primer instrumento del pequeño Herbert fue el piano, en cuya práctica se inició en el prestigioso Mozarteum de su ciudad natal. Alentado por su maestro Bernhard Paumgartner, se trasladó a Viena, donde su interés derivó hacia la dirección orquestal. Su debut en tal disciplina, al frente de una orquesta de estudiantes, tuvo lugar en la Academia de Música de la capital austriaca en 1928. El oficial, al frente de una orquesta profesional, la de Salzburgo, se produjo poco después, en 1929, año, además, en que fue nombrado director de orquesta del modesto teatro de la Ópera de Ulm, cargo en el que permaneció hasta 1934 y en el cual adquirió, mediante la práctica diaria, experiencia y técnica. Posteriormente, debutó en las óperas de Viena (1937) y Berlín (1938), la segunda de las cuales dirigió como titular desde 1939 hasta el final de la Segunda Guerra Mundial. La derrota de Alemania frenó temporalmente su carrera al serle prohibida toda actuación por su clara vinculación al régimen hitleriano, veto que se mantuvo hasta 1947. En 1948 fue nombrado titular de la Philharmonic Orchestra de Londres, con la que realizó una larga serie de grabaciones que hicieron de él una estrella internacional. A la muerte de Wilhelm Furtwängler en 1954, Von Karajan abandonó la formación londinense para aceptar la dirección de la Filarmónica de Berlín, la orquesta cuya dirección había constituido desde siempre uno de sus más anhelados objetivos y al frente de la que ya había debutado en 1938. Desde 1955 hasta 1989, cuando presentó su dimisión por motivos de salud, fue titular de esta formación, una de las más prestigiosas del mundo. Con ella, así como con la Filarmónica de Viena, realizó sus mejores grabaciones discográficas, con un repertorio que abarcaba desde la música de autores barrocos, como Johann Sebastian Bach, hasta alguna incursión en el repertorio contemporáneo, con obras de Stravinski y la Segunda Escuela de Viena. Aunque tras su muerte la calidad de su legado ha sido cuestionada por algunos críticos, lo cierto es que Von Karajan es, por derecho propio, uno de los mayores directores que ha dado el siglo XX.

KARAMANLIS, KONSTANTINOS *(Proti, actual Grecia, 1907-Atenas, 1998) Político griego.* En 1955 sucedió al general Papagos como jefe del gobierno griego. Desaconsejó la anexión de Chipre e intervino en el acuerdo de Zurich, que concedió a la isla su independencia. De 1955 a 1963 desempeñó casi ininterrumpidamente la presidencia del Consejo de Ministros mientras dirigía el partido derechista Unión Nacional Radical. Derrotado por la Unión del Centro, de Andreas Papandreu, marchó al exilio. Opuesto al régimen dictatorial llamado «de los coroneles», aguardó pacientemente hasta su caída, que se produjo en julio de 1974. A su regreso, participó como líder del partido Nueva Democracia, en las elecciones celebradas el mismo año, en las que consiguió la mayoría absoluta. Abolida la monarquía y aprobada la nueva Constitución en 1975, permaneció en el cargo hasta 1985, año en que dimitió por sus desavenencias con Papandreu. En 1990 volvió a ganar las elecciones y fue presidente hasta 1995.

KARLOFF, BORIS *(Londres, 1887-Midhurst, Reino Unido, 1969) Actor británico.* Emigró a Canadá en 1909, y al año siguiente se unió a una compañía de teatro que realizaba una gira a lo largo del país. A partir de 1918 intervino, en calidad de extra o interpretando pequeños papeles, en numerosas películas mudas y en varias obras de teatro presentadas en Broadway. Su primera gran oportunidad le llegó en 1931, de la mano de J. Whale, que le llamó para el papel principal de *Frankenstein*, película de éxito internacional que le reportó el aplauso del público y de la crítica. Posteriormente participó en *La novia de Frankenstein* (1935) y *El hijo de Frankenstein* (1939). Considerado uno de los principales actores de cine de terror de la década de 1930, también intervino en *La momia* (K. Freund, 1932) y *Scarface, el terror del hampa* (H. Hawks, 1933), entre otras. En 1941 regresó a los escenarios de Broadway, donde en 1950 fue aclamado por su interpretación del Capitán Hook en *Peter Pan*. Posteriormente, trabajó en programas de radio e intervino en series de televisión.

KÁRPOV, ANATOLI *(Zlatoust, actual Rusia, 1951) Ajedrecista ruso.* Su profesor en el arte del ajedrez fue el campeón del mundo Mijaíl Botvinnik, y ya en 1969 obtuvo el título de campeón mundial en la categoría juvenil. En 1975, el entonces campeón mundial Bobby Fischer renunció a enfrentarse con Kárpov para la revalidación del título, por lo que quedó adjudicado a éste, que consiguió mantenerlo durante diez años. En 1985 se enfrentó a Kasparov en un estado psicológico de fuerte depresión,

▲ *Boris Karloff caracterizado como el monstruo protagonista de Frankenstein, filme dirigido por James Whale en 1931. El actor británico se convirtió en uno de los principales mitos del cine de terror.*

▼ *Garri Kasparov recibe exultante la corona que le proclama vencedor del Campeonato del mundo de ajedrez en 1985, tras su primer intento fallido en el año anterior.*

que le condujo a la pérdida del título tras una accidentada confrontación. En los dos años siguientes intentó sin éxito la recuperación del título perdido.

KASPAROV, GARRI *(Bakú, actual Azerbaiján, 1963) Ajedrecista ruso.* Hijo de padre judío y madre armenia, se inició en la práctica del ajedrez a los seis años de edad. A los trece se convirtió en campeón soviético juvenil y a los dieciséis se adjudicó su primer torneo internacional. Su imparable progresión se debió, en buena medida, a los cuidados de Mijail Botvinnik, antiguo campeón mundial en cuya escuela estudió entre 1973 y 1978. A partir de esta última fecha se puso a las órdenes de Aleksandr Nitkin. Maestro internacional desde 1980, en 1985 se convirtió en el campeón del mundo más joven de la historia al derrotar a su compatriota Anatoli Kárpov. De talante rebelde y contestatario, se enfrentó al presidente de la Federación Internacional de Ajedrez, el filipino Florencio Campomanes, y en su país, aplaudido como héroe nacional, criticó el anquilosamiento del régimen comunista. Conservó su corona mundial durante toda la década de 1990, y, en 1996, derrotó a un potente ordenador apodado *Deep Blue*, en una serie de partidas que atrajeron la atención mundial, aunque un año después, en una segunda confrontación, la victoria correspondió a la máquina.

KAUNDA, KENNETH DAVID *(Lubwa, actual Zambia, 1924) Político zambiano.* Hijo de maestros, en 1950 fue nombrado secretario general del Congreso Nacional Africano, la principal organización anticolonial de Rodesia del Norte. Poco después ingresó en el Congreso Nacional Africano de Zambia, cuyo liderazgo utilizó para oponerse al plan británico de crear una federación formada por sus tres colonias de África central. Ello motivó su encarcelamiento por parte de las autoridades. Tras su puesta en libertad en 1960, fue elegido presidente del Partido Unificado y con la independencia de Zambia, de la que fue el principal artífice, se convirtió en su primer presidente. En 1972 impuso un sistema político de partido único y al año siguiente dotó al país de una nueva Constitución. Durante la década de 1970, nacionalizó las empresas mineras, en perjuicio del sector agrícola, lo cual llevó al progresivo empobrecimiento del país y al aumento acelerado del desempleo. Reelegido en todas las elecciones presidenciales desde 1968, en 1991 fue derrotado por el Movimiento para la Democracia Multipartidista.

KAVAFIS, CONSTANTIN [Konstantínos Pétrou Kaváfis] *(Alejandría, actual Egipto, 1863-Atenas, 1933) Poeta griego.* A pesar de que vivió la mayor parte de su vida en Alejandría, generalmente hablaba inglés y era un gran amante de las literaturas francesa e inglesa. A partir de 1907 colaboró en las revistas literarias *Néa Zoé* y *Grammata.* Fue un escritor prolífico, pero su talante extremadamente crítico hizo que sólo publicara doscientos poemas. Su cínica actitud respecto a los valores de la cultura del mundo occidental se apuntaló en un hecho histórico que le era muy próximo: la decadencia del Imperio Helenístico y el declive de la colonia griega de Egipto. El estilo refinado y a la vez ácido con el que trató en su lírica estos temas hizo de Cavafis uno de los poetas más singulares del siglo XX. Sus *Poemas* aparecieron el mismo año de su muerte y fueron reeditados en 1949.

KEATON, BUSTER *(Piqua, EE UU, 1895-Woodland Hills, id.,1966) Actor y director cinematográfico estadounidense.* Hijo de actores, en su niñez participó en el espectáculo de sus padres, llamado *Three Keatons,* en el cual se mezclaban mímica y acrobacia. Atraído por el cine, decidió abandonar el music-hall, y en 1917 rodó su primera película, *The Butcher Boy,* tras la cual dirigió varios cortometrajes protagonizados por el actor *Fatty* Arbuckle. Su primera actuación importante data de 1920, en *The Saphead,* de Herbert Blake, donde interpretó a un rico heredero cuya soledad lo lleva a encerrarse en un obstinado mutismo. Entre 1920 y 1928 escribió, dirigió y, en ocasiones, protagonizó diecinueve cortometrajes, entre los que destacan *Una semana* (1920) y *La mudanza* (1922). En ellos daba vida a un personaje en constante lucha con la realidad que le rodeaba y a la cual no siempre le era fácil adaptarse, con el que se hizo famoso. La originalidad de su estilo se manifestó desde su primer largometraje, *Las tres edades* (1923), una parodia de *Intolerancia,* de Griffith. Durante la década de 1920 rodó otros once largometrajes, entre los que se hallan algunas obras maestras de la historia del cine, como *La ley de la hospitalidad* (1923), *El navegante* (1924), *El maquinista de la General* (1927), *Cameraman* (1928) y *El comparsa* (1929). Su productora se disolvió en 1928, y Keaton firmó entonces un contrato con la Metro-Goldwyn-Mayer. Intentó adaptarse sin éxito a las nuevas exigencias del cine sonoro, y su carrera entró en franco declive a partir de su actuación en *De frente..., marchen* (1931). Desde 1939 se

▲ *John **Keats**, el más joven de los grandes poetas del romanticismo.*

▼ *Uno de los mitos del cine mudo, Buster **Keaton**, hace el papel de un detective aficionado* en El moderno Sherlock Holmes, *película protagonizada y dirigida por él en 1924.*

dedicó a parodiar los éxitos de su época dorada, y los únicos papeles interesantes que interpretó fueron el payaso musical de *Candilejas* (1952), la última película de Charles Chaplin, y el simbólico panadero suicida de *L'incantevole nemica* (1953), de Claudio Gora. A partir de los años cincuenta, cuando sus viejos filmes volvieron a proyectarse, recobró su popularidad y pudo intervenir en nuevas producciones, tales como *El mundo está loco, loco, loco* (1963). Su última aparición en la pantalla fue en un episódico y breve papel en *Golfus de Roma* (1966), muy poco antes de su fallecimiento.

KEATS, JOHN *(Londres, 1795-Roma, 1821) Poeta británico.* Empezó a estudiar en un pequeño colegio de Enfield, donde se inició en la obra de Virgilio y Spenser. El fallecimiento de su padre en 1804 y los problemas de su madre con su segundo esposo le llevaron a vivir con su abuela en Edmonton. A los dieciséis años entró a trabajar con el cirujano y farmacéutico Thomas Hammons, para luego ingresar en el Guy's Hospital. Publicó su primer poema, *O Solitude* (1816), en *The Examiner,* periódico dirigido por Leigh Hunt, a través de quien conoció a Shelley. En 1817 publicó el primer volumen titulado *Poems,* en el cual destacan los poemas «Yo estaba de puntillas» y «Sueño y poesía». Por aquel entonces ya había decidido abandonar la medicina para dedicarse exclusivamente al cultivo de la poesía. *Endymion,* una alegoría barroquizante basada en el mito griego de la búsqueda de la belleza, mereció críticas feroces, y él mismo llegó a calificar la obra de sensiblera. En 1820 publicó la más conocida de sus obras, *Lamia, Isabella, la víspera de santa Inés y otros poemas,* entre los que cabe destacar el «Hiperión», donde se percibe la influencia de Milton y Shakespeare. También su serie de odas se cuenta entre los poemas más destacados de este libro: *Oda a un ruiseñor, Oda a una urna griega, Oda al otoño, Oda a la melancolía,* etc. Todos sus poemas, no obstante, tienen en común el estilo narrativo y las imágenes de extrema sensualidad con que el autor suaviza la tensión entre vida y muerte, juventud y vejez. Aquel mismo año, su quebrantada salud le indujo a emigrar al sur de Europa, con la finalidad de encontrar un clima más seco que mitigara sus accesos tuberculosos, pero murió a los pocos meses de su llegada. Sus cartas y poemas se publicaron póstumamente en 1848. Keats formó parte de la segunda generación de poetas románticos ingleses.

KEFRÉN *(?, 2575 a.C.-?, 2465 a.C.) Faraón egipcio.* Hijo del faraón Keops, subió al trono de Egipto tras la muerte de su hermano Djedefre, convirtiéndose en el cuarto faraón de su dinastía. Durante su reinado se hizo construir una gran pirámide en Gizeh, la segunda más grande después de la de su padre. El esplendor de su tumba contrasta con la modestia con la que muchos de sus familiares fueron enterrados. Entre otras construcciones suyas cabe destacar la avenida que comunicaba su pirámide con el complejo religioso asociado a ella, que estaba marcada en su recorrido por grandes monolitos de granito y estatuas del faraón esculpidas en diorita. Otra de las obras monumentales de Gizeh, la Gran Esfinge, podría haberse labrado también durante su reinado y se especula con que sus facciones correspondieran a las del propio Kefrén.

KEKKONEN, URHO *(Pielavesi, Finlandia, 1900-Helsinki, 1986) Político finlandés.* Figura clave de la política finlandesa a lo largo de más de tres décadas, hizo especial hincapié en el estatus de independencia de Finlandia con respecto al resto de sus vecinos nórdicos y de su poderoso vecino soviético. Ardiente antifascista, miembro del Parlamento desde 1936 y luego ministro de Justicia y del Interior, primer ministro en 1950 y presidente de la República de 1956 a 1981, Kekkonen se convirtió en una institución de la vida política finlandesa, y permaneció más años en el poder o en sus aledaños que cualquier otro estadista europeo contemporáneo. Contribuyó al progreso de Finlandia y, en plena guerra fría, supo mantener relaciones amistosas con la cercana Unión Soviética.

KEKULÉ, FRIEDRICH AUGUST *(Darmstadt, actual Alemania, 1829-Bonn, 1896) Químico alemán.* Empezó estudiando arquitectura, pero pronto orientó sus esfuerzos al estudio de la química. En 1858 fue profesor de dicha disciplina en Gante (Bélgica), y a partir de 1867 enseñó la misma materia en la Universidad de Bonn. Se le reconoce el establecimiento de las bases de la moderna teoría estructural de la química orgánica. En 1858 demostró que el carbono es tetravalente y que sus átomos pueden unirse entre sí formando largas cadenas, lo que facilitó la comprensión de los compuestos orgánicos. Mención destacada merece también su descubrimiento de la estructura cíclica o anular de los compuestos aromáticos, como el benceno, de gran importancia en el posterior desarrollo de la síntesis de los colorantes.

▲ *Urho* **Kekkonen** *pasa revista a las tropas italianas que le rinden honores como presidente de la República de Finlandia, durante una visita oficial de tres días a Roma.*

▶ *Grace* **Kelly** *fotografiada en 1956. Durante el festival de Cannes, en mayo de 1955, la actriz estadounidense conoció al príncipe Rainiero de Mónaco, quien la llevó al altar al poco tiempo.*

KELLY, GENE *(Pittsburgh, EE UU, 1912-Beverly Hills, id., 1996) Bailarín, coreógrafo, actor y director de cine estadounidense.* Talento polifacético y versátil, la imagen de Gene Kelly aparece indisolublemente unida a algunos de los musicales míticos de Hollywood de los años cincuenta, como *Cantando bajo la lluvia*, *Un día en Nueva York* y *Un americano en París*, de los que él mismo firmó las coreografías, y aun participó como codirector en los dos primeros. Intervino también en otros musicales como *Brigadoon* (1954), *Las girls* (1957) y *Las señoritas de Rochefort* (1966), y en 1956 realizó *Invitación a la danza*. Su estilo ágil y atlético, combinado con una depurada técnica clásica, revolucionó el concepto de la danza masculina en el campo del musical cinematográfico.

KELLY, GRACE *(Filadelfia, 1929-Montecarlo, Mónaco, 1982). Actriz estadounidense.* Hija de una familia de origen irlandés de holgada posición económica, en 1947 ingresó en la Academia Americana de Arte Dramático. Dos años después debutó en Broadway y en 1951 rodó *Catorce horas*, su primera película. Durante los cinco años siguientes participó en una docena de filmes y se erigió en una de las más aclamadas actrices de Hollywood. De entre dichas películas, cabe mencionar *Mogambo* (1953) y *La angustia de vivir* (1953), por la que fue galardonada con un Oscar, así como varios de los filmes que rodó a las

órdenes de Alfred Hitchcock, tales como *La ventana indiscreta* (1954) y *Atrapa a un ladrón* (1955). Este mismo año conoció al príncipe Rainiero de Mónaco, con quien contrajo matrimonio poco después. De dicha unión, tras la cual abandonó su carrera cinematográfica, nacieron la princesa Carolina, el príncipe Alberto y la princesa Estefanía. Acompañada de esta última, en 1982 sufrió un accidente de circulación nunca bien aclarado que acabó con su vida.

KELVIN, LORD WILLIAM THOMSON *(Belfast, Reino Unido, 1824-Netherhall, id., 1907) Físico británico.* Hijo de un profesor de matemáticas, fue un niño precoz, se matriculó a la temprana edad de diez años en la Universidad de Glasgow y, posteriormente, en la de Cambridge. Enseñó filosofía natural en Glasgow durante cincuenta y tres años, y fue presidente de la Royal Society. Elaboró una teoría general de la termodinámica, llevó a cabo numerosos trabajos sobre electricidad y magnetismo e inventó diversos dispositivos para realizar mediciones físicas, entre ellos el galvanómetro de imán móvil. Junto con Joule, estudió la difusión de los gases. Definió el cero absoluto de temperaturas e ideó una escala termométrica absoluta (escala Kelvin). Construyó un dispositivo capaz de resolver mecánicamente ecuaciones diferenciales, considerado como precursor de las calculadoras analógicas.

KENNEDY, JOHN FITZGERALD *(Brookline, EE UU, 1917-Dallas, id., 1963) Político estadounidense.* Fue el segundo de los nueve hijos de Rose Fitzgerald y Joseph Patrick Kennedy, un financiero que fue embajador en el Reino Unido durante la presidencia de Franklin D. Roosevelt. De educación católica, se graduó en Harvard. En 1941 se alistó en la marina y fue destinado al Pacífico, donde resultó herido cuando mandaba una lancha torpedera. No obstante, logró llegar a puerto con su tripulación salva, por lo cual fue condecorado como héroe de guerra. De regreso en Boston, decidió dedicarse a la política, y con tan sólo veintinueve años fue elegido diputado por el Partido Demócrata, escaño que mantuvo durante seis años. En 1952 resultó elegido senador por el estado de Massachusetts. Su imagen adquiría creciente popularidad merced a su apoyo a las políticas para mejorar las condiciones de la clase trabajadora, conseguir mayor seguridad social para la tercera edad y rebajar los alquileres y los precios. En 1953 contrajo matrimonio con Jacqueline Bouvier, con quien tendría dos

▲ *John F. **Kennedy**, junto a su esposa Jacqueline, sonríe a la multitud en las calles de Dallas, momentos antes de ser asesinado.*

«*No preguntéis qué es lo que vuestro país puede hacer por vosotros, sino qué podéis hacer vosotros por vuestro país.*»

John Fitzgerald Kennedy

▼ *J. F. **Kennedy** durante su famoso discurso de toma de posesión en 1961. En ese momento se convertía en el primer presidente católico y en el más joven de la historia de Estados Unidos.*

hijos. Durante sus años como senador se convirtió en el líder del ala liberal del Partido Demócrata, y consiguió la nominación de candidato para las elecciones presidenciales del año 1960. Su rival fue el vicepresidente Richard M. Nixon, a quien venció por un estrecho margen de votos, para convertirse en el primer presidente católico de Estados Unidos y en el más joven de toda la historia del país. La campaña del candidato demócrata hizo hincapié en el desempleo, la alicaída economía y el nuevo gobierno prosoviético surgido en Cuba. En su primer discurso como presidente, J. F. Kennedy definió a los enemigos comunes del hombre como «la tiranía, la pobreza, la enfermedad y la guerra». En política exterior, formó los Cuerpos de Paz y promovió la creación de la Alianza para el Progreso, con el objetivo principal de favorecer la cooperación social y económica con Iberoamérica. En su primer año como presidente, debió enfrentarse a una grave crisis originada por la fallida acción de bahía de Cochinos, un intento de invadir Cuba planificado por disidentes del régimen de Fidel Castro que contaban con el apoyo de la Central Americana de Inteligencia (CIA), plan que el nuevo mandatario heredó de la administración anterior. El desembarco se saldó con un rotundo fracaso militar. Las tensiones con la URSS aumentaron aún más cuando Kennedy decidió establecer el bloqueo naval de Cuba, ante la comprobación de que en la isla se estaban montando misiles soviéticos de alcance medio, en octubre de 1962. Luego de negociaciones mantenidas por vía diplomática con el primer ministro Nikita Jruschov, se acordó el desmantelamiento de los misiles a cambio de la suspensión del bloqueo y de la promesa de que Cuba no sería invadida. Al acuerdo, considerado un triunfo personal del presidente, siguieron otros, como la firma de un tratado con la URSS y el Reino Unido que prohibía la experimentación con armas nucleares. Kennedy murió asesinado en Dallas (Texas) en plena campaña para la reelección. Según la versión oficial, los disparos mortales fueron efectuados por Lee Harvey Oswald, quien fue a su vez asesinado días después por Jack Ruby, propietario de un club nocturno local. Una comisión formada especialmente para tratar de aclarar las circunstancias del magnicidio, la Comisión Warren, descartó cualquier posible complot para matar al presidente y mantuvo que Oswald había actuado por su cuenta, aunque otras teorías señalan la presencia de al menos dos francotiradores, que habrían sido respaldados por una conspiración urdida por cubanos anticastristas y miembros de la CIA o de la mafia.

KENYATTA, JOMO [Kamau Johnstone] *(Kiambu, Kenia, 1891-Mombasa, id., 1978) Primer presidente de la República de Kenia.* Miembro de la tribu de los kikuyu, trabajó como funcionario del gobierno colonial en Nairobi y participó en actividades contra la dominación británica. Inició después una etapa de viajes por Europa que le llevó a conocer al antropólogo británico Malinowski, mientras escribía su libro *Frente al monte Kenia* (1938). Nuevamente en Kenya, en 1946 se convirtió en presidente de la Unión Africana de Kenia; en 1952 fue arrestado y encarcelado durante siete años, bajo la acusación de dirigir la rebelión de los mau-mau. Una vez en libertad, en 1963 fue proclamada la independencia de Kenya. Elegido presidente de la República (1964), gobernó el nuevo Estado hasta su muerte en agosto de 1978, en medio de un clima de relativa estabilidad. La defensa de los intereses de la nueva burguesía africana hizo que su política fuera más conservadora en los últimos años.

KEOPS *(?-?, 2566 a.C.) Segundo faraón de la IV dinastía (h. 2589 a.C.-2566 a.C.).* Hijo y sucesor de Snefrú, gobernó, a menudo con crueldad, un estado estructurado en diferentes nomos o distritos administrativos, dirigidos por miembros de la familia real y de la clase alta egipcia, que también desempeñaban diversas tareas de la administración. Amante del lujo, envió una expedición al Sinaí a la búsqueda de turquesas y explotó las canteras de diorita situadas en el noroeste de Abu Simbel. De acuerdo con el rito funerario egipcio, el

▲ *El primer presidente de Kenia independiente, Jomo* **Kenyatta**, *fotografiado en octubre de 1971 durante un encuentro con su homólogo tanzano para discutir sobre los problemas fronterizos entre los dos países.*

▶ *Retrato de Johannes* **Kepler**. *El matemático y astrónomo alemán, discípulo de Brahe, adoptó la teoría heliocéntrica de Copérnico, que completó tras 16 años de trabajo en sus célebres leyes.*

faraón ordenó construir la mayor de las tres grandes pirámides de Gizeh, símbolo de su poder más allá del tiempo. La tumba de Keops, cuyos planos fueron modificados en tres ocasiones, mide 147 m de altura y 230 m de lado, y está edificada con bloques de piedra local, de calidad mediocre, cuidadosamente unidos y recubiertos en su origen por piezas de piedra caliza blanca y pulida, hoy desaparecidas, que la hacían brillar en el desierto. Sus cuatro caras están orientadas a los cuatro puntos cardinales. En su interior, al que se llega tras recorrer un complicado sistema de corredores y pasillos que quedaron clausurados sepultando el faraón, se encuentra la cámara mortuoria con el sarcófago. Al este de la pirámide se levantaba un templo funerario al que se llegaba por una calzada de piedra que desembocaba, abajo en el valle, en un templo que acogía la barca con el cuerpo del soberano en el momento de los funerales. Tras la muerte de Keops, acaecida en el año 2566 a.C., el destino de Egipto quedó en manos de sus hijos Dudufra, primero, y Kefrén, después.

KEPLER, JOHANNES *(Würtemburg, actual Alemania, 1571-Ratisbona, id., 1630) Astrónomo, matemático y físico alemán.* Hijo de un mercenario —que sirvió por dinero en las huestes del duque de Alba y desapareció en el exilio en 1589— y de una madre sospechosa de practicar la brujería, superó las secuelas de una infancia des-

graciada y sórdida merced a su tenacidad e inteligencia. Tras estudiar en los seminarios de Adelberg y Maulbronn, ingresó en la Universidad de Tubinga (1588), donde cursó los estudios de teología y fue también discípulo del copernicano Michael Mästlin. En 1594, sin embargo, interrumpió su carrera teológica al aceptar una plaza como profesor de matemáticas en el seminario protestante de Graz. Cuatro años más tarde, unos meses después de contraer un matrimonio de conveniencia, el edicto del archiduque Fernando contra los maestros protestantes le obligó a abandonar Austria y en 1600 se trasladó a Praga invitado por Tycho Brahe. Cuando éste murió repentinamente al año siguiente, Kepler lo sustituyó como matemático imperial de Rodolfo II, con el encargo de acabar las tablas astronómicas iniciadas por Brahe y en calidad de consejero astrológico, función a la que recurrió con frecuencia para ganarse la vida. En 1611 fallecieron su esposa y uno de sus tres hijos; poco tiempo después, tras el óbito del emperador y la subida al trono de su hermano Matías, fue nombrado profesor de matemáticas en Linz. Allí residió hasta que, en 1626, las dificultades económicas y el clima de inestabilidad originado por la guerra de los Treinta Años lo llevaron a Ulm, donde supervisó la impresión de las *Tablas rudolfinas*, iniciadas por Brahe y completadas en 1624 por él mismo utilizando las leyes relativas a los movimientos planetarios que aquél estableció. En 1628 pasó al servicio de A. von Wallenstein, en Sagan (Silesia), quien le prometió, en vano, resarcirle de la deuda contraída con él por la Corona a lo largo de los años. Un mes antes de morir, víctima de la fiebre, había abandonado Silesia en busca de un nuevo empleo. La primera etapa en la obra de Kepler, desarrollada durante sus años en Graz, se centró en los problemas relacionados con las órbitas planetarias, así como en las velocidades variables con que los planetas las recorren, para lo que partió de la concepción pitagórica según la cual el mundo se rige en base a una armonía preestablecida. Tras intentar una solución aritmética de la cuestión, creyó encontrar una respuesta geométrica relacionando los intervalos entre las órbitas de los seis planetas entonces conocidos con los cinco sólidos regulares. Juzgó haber resuelto así un «misterio cosmográfico» que expuso en su primera obra, *El misterio cosmográfico* (*Mysterium cosmographicum*), de la que envió un ejemplar a Brahe y otro a Galileo, con el cual mantuvo una esporádica relación epistolar

> «*H*e robado los vasos de oro de los egipcios para erigir con ellos un tabernáculo a mi Dios, lejos de los confines de Egipto.»
>
> Johannes Kepler

▼ *Aleksandr F. **Kerenski**, en pie en el coche, visita las tropas rusas en el frente en 1917, durante su breve etapa como primer ministro del gobierno provisional tras la Revolución de Febrero.*

y a quien se unió en la defensa de la causa copernicana. Durante el tiempo que permaneció en Praga, realizó una notable labor en el campo de la óptica: enunció una primera aproximación satisfactoria de la ley de la refracción, distinguió por vez primera claramente entre los problemas físicos de la visión y sus aspectos fisiológicos, y analizó el aspecto geométrico de diversos sistemas ópticos. Pero su trabajo más importante fue la revisión de los esquemas cosmológicos conocidos a partir de la gran cantidad de observaciones acumuladas por Brahe (en especial, las relativas a Marte), labor que desembocó en la publicación, en 1609, de la *Nueva astronomía* (*Astronomia nova*), la obra que contenía las dos primeras leyes llamadas de Kepler, relativas a la elipticidad de las órbitas y a la igualdad de las áreas barridas, en tiempos iguales, por los radios vectores que unen los planetas con el Sol. Culminó su obra durante su estancia en Linz, en donde enunció la tercera de sus leyes, que relaciona numéricamente los períodos de revolución de los planetas con sus distancias medias al Sol; la publicó en 1619 en *Sobre la armonía del mundo* (*De harmonices mundi*), como una más de las armonías de la naturaleza, cuyo secreto creyó haber conseguido desvelar merced a una peculiar síntesis entre la astronomía, la música y la geometría.

KERENSKI, ALEKSANDR FEODOROVICH (*Simbirsk, hoy Ulyanovsk, Rusia, 1881-Nueva York, 1970*) *Político ruso*. Tras licenciarse en derecho por la Universidad de San Petersburgo, ingresó en el Partido Socialista Revolucionario. En 1912 fue elegido miembro de la Duma y, al contrario que la mayoría de políticos socialistas, apoyó decididamente la participación rusa en la Primera Guerra Mundial. Descontento con la política militar zarista, apoyó la caída de la monarquía durante la revolución de febrero de 1917. Poco después, fue nombrado ministro de Justicia del primer gobierno provisional y, tras la crisis de gobierno de julio, fue elegido primer ministro. Desde dicho cargo se enfrentó a los bolcheviques, quienes tras la Revolución de Octubre se hicieron con el poder. Huyó al frente e intentó en vano reconquistar Petrogrado (actual San Petersburgo). Escondido hasta mayo de 1918, en esta fecha abandonó el país e inició un largo peregrinaje por varios países europeos. En 1940 emigró a Estados Unidos, donde fue profesor universitario y publicó varias obras sobre la Revolución Rusa.

KEROUAC, JACK *(Lowell, EE UU, 1922-St. Petersburgh, Estados Unidos, 1969) Escritor estadounidense.* Fue un genuino representante de la forma de vida y de la creación literaria de la llamada Generación beat, cuyos otros dos integrantes más conocidos fueron William Burroughs y Allen Ginsberg. A esta generación se le atribuyó la etiqueta de movimiento contracultural, que hacía del erratismo marginal, las drogas, el sexo, la música de jazz y la filosofía oriental sus referentes. En 1957 publicó *En el camino*, que fue aclamada como un verdadero manifiesto, exaltación del sentimiento salvaje de la vida y de la locura. Otras novelas suyas son *El pueblo y la ciudad* (1950), *Los vagabundos del dharma* (1958), *El vagabundo solitario* (1960), *Big Sur* (1962), *Visiones de Gerard* (1963), *Ángeles de desolación* (1965) y *Satori en París* (1966).

KERR, JOHN *(Ardrossan, Reino Unido, 1824-Glasgow, id., 1907) Físico británico.* Estudió en la Universidad de Glasgow bajo la supervisión de lord Kelvin. Investigó el comportamiento de los rayos luminosos en un medio transparente (particularmente, líquidos y cristales cúbicos) al que se aplica transversalmente un intenso campo eléctrico. Kerr observó que dicho medio se tornaba birrefringente, es decir, que la luz se resuelve en dos componentes (una paralela y otra perpendicular al campo), de manera que el rayo de luz emerge del medio polarizado circularmente, ya que las dos componentes se propagan a distinta velocidad y, por tanto, en diferente fase. Este efecto electroóptico, denominado efecto Kerr, ha encontrado importantes aplicaciones en el estudio sobre el láser y las comunicaciones.

KEYNES, JOHN MAYNARD *(Cambridge, Reino Unido, 1883-Firle, id., 1946) Economista británico.* Hijo del economista John Neville Keynes, cursó sus estudios secundarios en Eton, para posteriormente graduarse en matemáticas y economía en el King's College de Cambridge, donde fue discípulo de Marshall y Pigou. En esta universidad entabló amistad con escritores y artistas del denominado grupo de Bloomsbury, entre los que se contaban figuras como Virginia Woolf, Clive Bell, Duncan Grant o Lytton Strachey. Terminados los estudios, en 1905 ingresó en la Oficina de Asuntos Indios. Tras permanecer en el país asiático hasta 1908, de regreso en

▲ *John Maynard **Keynes** junto a su esposa, la bailarina Lidya Lopokova, pintados por William Roberts. Sus tesis influyeron notablemente en la economía europea desde los años treinta.*

▼ *El economista John Maynard **Keynes** durante sus años jóvenes, en un cuadro que se conserva en la National Gallery of Portraits de Londres.*

Cambridge se dedicó a la docencia hasta 1915, cuando, ya iniciada la Primera Guerra Mundial, entró a trabajar en el Tesoro. Fue asesor económico del primer ministro británico Lloyd George en la conferencia de paz de Versalles, en la que no fueron atendidas sus recomendaciones de disminuir las reparaciones de guerra alemanas para lograr así una rápida recuperación de la economía de los vencidos. Expuso sus desavenencias sobre este tema en *Las consecuencias económicas de la paz* (1919), obra en la que mostraba también su oposición al retorno al patrón oro. En 1930 publicó *Tratado sobre el dinero*, donde avanzó algunas de las ideas que expondría en obras posteriores. Durante la Gran Depresión mostró su preocupación por el paro permanente de los trabajadores británicos. En 1936 apareció su monumental *Teoría general de la ocupación, el interés y el dinero*, obra revolucionaria en la que atacó el mecanismo de ajuste automático del desempleo mediante el descenso de los salarios reales que se encontraba en la base de las teorías clásicas y neoclásicas sobre el mercado de trabajo. Por el contrario, Keynes sostuvo que el equilibrio económico no tenía necesariamente por qué conllevar una situación de pleno empleo. El modelo keynesiano partía de considerar la renta nacional como dependiente de la demanda efectiva (en términos agrega-

«*Los hombres prácticos, que se creen libres de toda influencia intelectual, son usualmente esclavos de algún economista difunto.*»

John Maynard Keynes
Teoría general

dos), concepto que recogió de Malthus. En consecuencia, la renta pasaba a depender de los componentes de dicha demanda, a saber: el consumo y la inversión. A su vez, el primero estaba determinado por la propensión marginal al consumo (o parte de la renta personal que se destina al mismo), mientras que la segunda estaba influenciada por la propensión a invertir, el multiplicador de la inversión y la relación entre la eficiencia marginal del capital y el tipo de interés. El tipo de interés adquiría el valor de equilibrio entre la preferencia por la liquidez y la cantidad de dinero en circulación. Cuanto más alta fuera la diferencia entre eficiencia marginal del capital y el tipo de interés, mayor sería la propensión a invertir. La relación entre la economía monetaria y la real vendría de la mano del mismo tipo de interés, ya que, por medio de la preferencia por la liquidez, dependería el comportamiento del ahorro, y, en consecuencia, de su variable complementaria: la propensión al consumo. De este modelo se desprendía, por tanto, como medidas para la disminución del paro permanente involuntario, la adopción de una serie de políticas económicas intervencionistas, a saber: aumento de la creación de dinero, lo que redundaría en un descenso del tipo de interés; aumento del gasto público, especialmente en

inversión en infraestructuras, con el fin de potenciar la demanda efectiva; una activa redistribución de la renta y, por último, una política comercial proteccionista, para defender los empleos de las industrias nacionales. En todos estos aspectos, las teorías económicas keynesianas se convirtieron en el nuevo paradigma que debían seguir los gobiernos occidentales tras la posguerra, y pueden considerarse como las bases del moderno Estado del bienestar. En 1944, Keynes participó en la conferencia de Bretton Woods, en la que presentó el plan británico, de carácter fuertemente expansivo, que no fue adoptado en aras del Plan White, auspiciado por Estados Unidos, partidario de la vuelta al patrón oro.

KHACHATURIAN, ARAM (*Tiflis, Rusia, 1904-Moscú, 1978*) *Compositor y director de orquesta soviético.* De origen armenio, estudió en el Conservatorio de Moscú con Maiakovski. Sus raíces armenias están presentes en toda su producción, lo cual confiere su característico color e inconfundible ímpetu rítmico a su música. Tuvo gran éxito fuera y dentro de la Unión Soviética, pese a algunas voces discrepantes que desde los estamentos oficiales lo acusaban de formalismo antirrevolucionario. En 1932 compuso su *Primera Sinfonía*, y cuatro años después, el *Concierto* para piano y orquesta. Su fama se debe, sobre todo, a sus ballets *Gayaneh* (1942), en el que se incluye la celebérrima *Danza del sable*, y *Espartaco* (1954). Autor así mismo de varias bandas sonoras cinematográficas, entre ellas destaca la de *La batalla de Stalingrado*.

KHAYYAM, OMAR (*Nishapur, actual Irán, 1048-id., 1131*) *Poeta, matemático y astrónomo persa.* Se educó en las ciencias en su nativa Nishapur y en Balkh. Posteriormente se instaló en Samarcanda, donde completó un importante tratado de álgebra. Bajo los auspicios del sultán de Seljuq, Malik-Shah, realizó observaciones astronómicas para la reforma del calendario, además de dirigir la construcción del observatorio de la ciudad de Isfahán. De nuevo en Nishapur, tras peregrinar a La Meca, se dedicó a la enseñanza y a la astrología. La fama de Khayyam en Occidente se debe fundamentalmente a la *Rubáiyát*, una colección de cuartetas cuya autoría se le atribuye y que fueron versionadas en 1859 por el poeta británico Edward Fitzgerald.

KHOMEINI O JOMEINI, RUHOLLAH (*Jomein, Irán, 1900-Teherán, 1989*) *Jefe religioso chiíta y líder político revolucionario iraní.*

▼ *Una multitudinaria manifestación desfila por las calles de Teherán portando retratos de R* **Khomeini**. *El líder religioso regresó del exilio en el año 1979 para ponerse al frente de la revolución chiíta.*

Hijo y nieto de líderes religiosos chiítas, su padre fue asesinado por un terrateniente local poco después de nacer él. En 1930 adoptó el nombre de su ciudad natal como apellido propio, y en 1960 fue nombrado gran «ayatolá», es decir, uno de los líderes supremos de la comunidad chiíta iraní. Sus continuos ataques al sha y su gobierno le valieron una detención de un año y su posterior exilio en 1964. Desde París organizó la revolución que derrocó al sha iraní, aprovechando la insatisfacción pública general. Realizó grabaciones magnetofónicas que incitaban a la desobediencia civil, que fueron transmitidas clandestinamente a través de radios de onda corta en el interior de Irán. En 1979, regresó triunfalmente a Teherán y fue proclamado líder religioso de la revolución iraní. Fijó su residencia en Qum. El sha abandonó el país en febrero de 1979. En diciembre del mismo año, Khomeini fundó la República Islámica de Irán y se convirtió en el líder supremo del país, tanto religioso como político. Se propuso desde el principio eliminar todo tipo de influencia occidental –sobre todo la estadounidense, aunque era hostil a las dos superpotencias– y cualquier oposición al régimen teocrático chiíta, además de prestar apoyo directo a acciones terroristas. A pesar del radicalismo de su gobierno y de sus altos costes humanos y económicos, Khomeini gozó de un amplio apoyo popular. El día de su muerte se vivió como un auténtico duelo nacional y su tumba es hoy centro de peregrinaciones multitudinarias.

KHWARIZMI, AL- *(Bagdad, 780-?, 850) Matemático y astrónomo árabe.* Su principal aportación fue la de transmitir a los matemáticos europeos los numerales indoarábigos y los principios fundamentales del álgebra. Al-Khwarizmi vivió en Bagdad bajo los califatos de al-Ma'mum y al-Mu'tasim, en la edad de oro de la ciencia islámica. Su obra *Kitab al-jabr wa al-muqabalah* fue traducida al latín en el siglo XII dando origen al término álgebra; en ella se compilan una serie de reglas para obtener las soluciones aritméticas de las ecuaciones lineales y de las cuadráticas. Otra obra, de la que sólo se conserva su traducción al latín, es *Algoritmi de numero Indorum,* de la que se derivó a su vez el término algoritmo.

KIERKEGAARD, SÖREN *(Copenhague, 1813-id., 1855) Filósofo danés.* Hijo del segundo matrimonio de un acaudalado comerciante de estricta religiosidad, era el menor de siete hermanos. Jorobado de nacimiento, la opresiva educación religiosa que vivió en la casa paterna está en la base de su temperamento angustiado y su atormentada religiosidad, origen de numerosas crisis. Sin embargo, de puertas afuera mantuvo una disipada vida social, en la que se distinguía por la brillantez de su ironía y su sentido del humor. Sin razón aparente, renunció a su compromiso con Regina Olsen cuando estaban a punto de casarse, en 1841, al parecer a causa de una nueva crisis que le empujó a abrazar una vida religiosa, en el peculiar sentido que ello tenía para él. Sin embargo, antes de defender la fe como la única vía para evitar la caída en la desesperación, los primeros escritos de Kierkegaard trataban de los dos estadios previos de la existencia humana, según la teoría de los tres estadios que propuso en *O lo uno o lo otro,* que guarda cierto paralelo con su propia existencia, distinguió, en este sentido, el estadio estético y el ético, que se completarían con el ya mencionado estadio religioso. Escribió bajo seudónimo los libros en que reconstruía el discurso del esteta, y también los que dedicó al estadio ético. Sólo cuando entró en la fase del estadio religioso, a

◀ *Página manuscrita de una de las obras de Sören* **Kierkegaard**, *que se conserva en la Biblioteca Nacional de París. Se puede considerar al filósofo danés el padre del existencialismo.*

▲ *Retrato de juventud de Sören* **Kierkegaard**, *cuya vida estuvo condicionada por la deformidad física de nacimiento y por la severa educación religiosa que le inculcó su padre, aspecto decisivo en su pensamiento filosófico.*

SÖREN KIERKEGAARD
OBRAS MAESTRAS

SOBRE EL CONCEPTO DE IRONÍA (OM BEGREBET IRONI, 1841); O LO UNO O LO OTRO (ENTEN-ELLER, 1841); LA REPETICIÓN (GJENTAGELSEN, 1843); TEMOR Y TEMBLOR (FRYGT OG BOEVEN, 1843); MIGAJAS FILOSÓFICAS O UN POCO DE FILOSOFÍA (PHILOSOPHISKE SMULER ELLER SMULE PHILOSOPHI, 1844); EL CONCEPTO DE LA ANGUSTIA (BEGREBET ANGEST, 1844); ESTADIOS EN EL CAMINO DE LA VIDA (STADIER PAA LIVETS VEJ, 1845); LA ENFERMEDAD MORTAL (SYGDOMMEN TIL DÖDEN, 1849).

partir del año 1848, abandonó el uso de seudónimos. Éstos no respondían a la voluntad de ocultar su identidad, sino a la intención de dar a cada personaje un nombre y apellido propios (Victor Eremita, Nicolaus Notabene, Johannes Climacus, Johannes de Silentio, Constantin Constantinus...) con los cuales caricaturizar una de las múltiples formas en que los hombres resuelven su existencia. El esteta sería aquel individuo que, angustiado ante la imposibilidad de determinar por sí mismo la buena dirección de su propia vida, suspendiese las decisiones para evitar equivocarse: nada es preferible excepto si produce placer. Por eso, el esteta acabará dedicando toda su vida a encontrar la fórmula en que haya quedado absolutamente desterrada la angustia. Esta figura encuentra su mejor ejemplo en *Diario de un seductor*, donde el goce de la vida como momentos aislados de placer es lo único que guía al protagonista. El hombre ético, en cambio, confía en que, al contrario, su razón le proporcione los elementos necesarios y suficientes para evaluar en cada momento la oportunidad de sus actos y, con ello, guiar rectamente el curso de su vida; sin embargo, y en abierta oposición a Hegel, para Kierkegaard esta figura queda atrapada en el espacio mediocre y alienante de lo público, el concepto compartido, nivelador, en el que desaparece el individuo. Por último, el religioso albergará en sí mismo la tensión entre los dos estadios anteriores; sentirá la dificultad para actuar, pero a la desesperación opondrá no su razón, sino la pasión que el esteta derrochaba en las gestas amorosas, empleada ahora en sentir hasta el final su temor a equivocarse, mientras no puede por menos que actuar. Instalado en el absurdo de la existencia y en la angustia radical de la aspiración a la eternidad, el religioso afirma únicamente su fe, y a través de ella su propia y radical singularidad. Kierkegaard abordó la temática religiosa de un modo heterodoxo, ya que no indagó en la naturaleza de la fe desde la premisa de la existencia de Dios sino desde la subjetividad del individuo, que, a través del inevitable ejercicio de su libertad, ve en el sentimiento religioso la única forma de vivir una existencia digna, no tanto a los ojos de Dios como a los suyos propios. Además de su prolijidad, lo que hace notable al filósofo es la originalidad de su trabajo, muy próximo a algunas de las corrientes filosóficas más relevantes del siglo por venir, sobre todo el existencialismo.

▶ *Kim Il Sung*, *a la izquierda, junto a su hijo Kim Chong Il. Tras la Segunda Guerra Mundial, Il Sung instauró en Corea del Norte una rígida dictadura, que transmitió a su hijo tras su muerte en 1994.*

KIM IL SUNG [Kim Song Ju] *(Man'gyondae, actual Corea del Norte, 1912-Pyongyang, id., 1994) Político coreano.* En 1925 huyó, junto con su familia, del dominio japonés de Corea y se trasladó a Manchuria. Poco después ingresó en la guerrilla coreana en lucha contra la ocupación nipona, donde destacó por su eficacia, y fue seleccionado por las autoridades militares soviéticas para cursar estudios en la URSS. Durante la Segunda Guerra Mundial fue mayor del Ejército Rojo y tras la rendición incondicional japonesa regresó a Corea del Norte para establecer un régimen comunista bajo supervisión soviética. En 1950 intentó reunificar ambas Coreas, lo cual motivó el estallido de la guerra. Habiendo fracasado en su intento, al finalizar el conflicto liquidó cualquier tipo de oposición interna e inició un gobierno basado en el culto a su personalidad. Tras un breve período de crecimiento, desde mediados de los años setenta el país inició un proceso de progresivo empobrecimiento económico y reclusión interior, con China y la Unión Soviética como únicos países aliados. A su fallecimiento, en 1994, le sucedió su hijo Kim Chong Il.

KING, B. B. [Ben Riley King] *(Indianola, EE UU, 1925) Guitarrista estadounidense.* Blues Boy (B. B.) inició su andadura en la música como disc-jockey en una importante emisora de radio de Memphis, a través de la cual daría a conocer su propia música y popularizaría su nombre artístico. Esta importante promoción le permitió firmar por una discográfica independiente californiana, con la que trabajó durante diez años y para la que grabó tanto su primer disco (1949) como el que le lanzaría definitivamente a la fama, *Three o'clock blues*.

> «*Si te casas, te arrepentirás; si no te casas, también te arrepentirás. Te cases o no te cases, lo mismo te arrepentirás.* [...]*Si te ríes de las locuras del mundo, lo sentirás; si las lloras, también lo sentirás. Las rías o las llores, lo mismo lo sentirás.* [...]*Si te ahorcas, te pesará; si no te ahorcas, también te pesará. Te ahorques o no te ahorques, lo mismo te pesará. Tanto si te ahorcas como si no te ahorcas, te pesará igualmente. Éste es, señores, el resumen de toda la sabiduría de la vida.»*
>
> Sören Kierkegaard
> *Estudios estéticos*

Una de las máximas figuras del *rhythm and blues*, King creó escuela con su guitarra y en los años noventa, ya al final de su vida, muchos grupos consagrados seguían solicitando su colaboración: así, los Rolling Stones o U2. Dotado de una voz potente y de una personalísima técnica interpretativa, King fue el espejo donde se miraron los *bluesmen* más eminentes de las nuevas generaciones, como Albert King o Eric Clapton.

KING, MARTIN LUTHER *(Atlanta, 1929-Memphis, EE UU., 1968) Pastor baptista estadounidense, defensor de los derechos civiles.* Hijo de un ministro baptista, estudió teología en la Universidad de Boston. Desde joven tomó conciencia de la situación de segregación social y racial que vivían los negros de su país, y en especial los de los estados sureños. Convertido en pastor baptista, en 1954 se hizo cargo de una iglesia en la ciudad de Montgomery, Alabama. Muy pronto dio muestras de su carisma y de su firme decisión de luchar por la defensa de los derechos civiles con métodos pacíficos, inspirándose en la figura de Mahatma Gandhi y en la teoría de la desobediencia civil de Henry David Thoreau. Al poco de llegar a Montgomery organizó y dirigió un masivo boicot de casi un año contra la segregación en los autobuses municipales. Su fama se extendió rápidamente por todo el país y enseguida asumió la dirección del movimiento pacifista estadounidense, primero a través de la Sou-

> *«Tengo un sueño: que algún día todos los hombres sean iguales.»*
>
> Martin Luther King

▼ *El líder de la lucha por los derechos civiles, Martin Luther **King**, durante la Segunda Marcha de Selma. La marcha, protegida por el gobierno, recorrió ochenta kilómetros a lo largo de cuatro días.*

thern Cristian Leadership Conference y más tarde del Congress of Racial Equality. Así mismo, como miembro de la Asociación para el Progreso de la Gente de Color, abrió otro frente para lograr mejoras en sus condiciones de vida. En 1960 aprovechó una sentada espontánea de estudiantes negros en Birmingham, Alabama, para iniciar una campaña de alcance nacional. En esta ocasión, fue encarcelado y posteriormente liberado por la intercesión de John Fitzgerald Kennedy, entonces candidato a la presidencia de Estados Unidos, pero logró para los negros la igualdad de acceso a las bibliotecas, los comedores y los estacionamientos. En el verano de 1963, su lucha alcanzó uno de sus momentos culminantes cuando encabezó una gigantesca marcha sobre Washington, en la que participaron unas doscientas cincuenta mil personas, ante las cuales pronunció uno de sus más bellos discursos por la paz y la igualdad entre los seres humanos. Él y otros representantes de organizaciones antirracistas fueron recibidos por el presidente Kennedy, quien se comprometió a agilizar su política contra el segregacionismo en las escuelas y en la cuestión del desempleo, que afectaba de modo especial a la comunidad negra. No obstante, ni las buenas intenciones del presidente, quien moriría asesinado meses más tarde, ni el vigor ético del mensaje de King, Premio Nobel de la Paz en 1964, parecían suficientes para contener el avance de los grupos nacionalistas de color contrarios a la integración y favorables a la violencia, como Poder Negro, Panteras Negras y Musulmanes Negros. La permeabilidad de los colectivos de color, sobre todo de los que vivían en los guetos de Nueva York y de otros estados del norte, a la influencia de estos grupos violentos, ponía en peligro el núcleo del mensaje de King, el pacifismo. En marzo de 1965 encabezó una manifestación de miles de defensores de los derechos civiles que recorrieron casi un centenar de kilómetros, desde Selma, donde se habían producido actos de violencia racial, hasta Montgomery. Su lucha tuvo un final trágico: el 4 de abril de 1968 fue asesinado en Memphis por James Earl Ray. Mientras se celebraban sus funerales, una ola de violencia se extendió por todo el país.

KING, STEPHEN *(Portland, EE UU, 1947) Escritor estadounidense.* Estudió lengua y literatura inglesas en la Universidad de Maine, donde participó activamente en las movilizaciones estudiantiles contra la guerra de Vietnam. Trabajó un tiempo en una lavandería, mientras publicaba ya relatos en varias revistas, y en 1971 empezó a impartir clases de inglés. Se ganó el favor de la crítica con su primera novela, *Carrie* (1974), a la cual siguieron *El resplandor* (1975), que le valió un gran prestigio internacional, *It* (*Eso*, 1986), *Misery* (1987) e *Insomnio* (1994), por mencionar sólo algunos de sus mayores éxitos. Su estilo efectivo y directo, unido a su gran capacidad para destacar los aspectos más inquietantes de la cotidianidad, le han convertido en un especialista de la literatura de terror.

KINGMAN, EDUARDO *(Loja, Ecuador, 1911-Quito, 1997) Pintor ecuatoriano.* Con su primera muestra de pintura, expuesta en 1931 en Guayaquil bajo el título *Barrios obreros y retratos desafiantes*, Kingman se definió como pintor de lo popular, del indígena y del mestizo urbano, temática que caracterizaría toda su obra posterior, la cual sigue la corriente expresionista propia de la pintura latinoamericana del siglo XX. Tras algunas exposiciones, en su país y fuera de él, y la realización de un gran mural para el pabellón del Ecuador en la Feria Mundial de Nueva York de 1939, se fue consolidando como pintor, nacional e internacionalmente, y recibió numerosos premios y galardones. Otros interesantes murales de Kingman se pueden admirar en el templo de la Patria y en el ministerio de Agricultura de Quito.

KINSEY, ALFRED *(Hoboken, EE UU, 1894-Bloomington, id., 1956) Científico estadounidense.* Se doctoró en 1920 por la Uni-

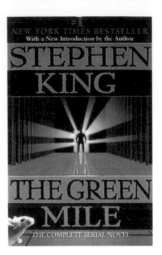

▲ *Portada de* La milla verde, *una de las obras de Stephen **King**. El escritor estadounidense es uno de los que más ejemplares ha vendido en la historia de la literatura.*

▲ *Rudyard **Kipling** pintado mientras trabajaba en su estudio. La obra, realizada por P. Burne-Jones en 1899, se conserva en la National Gallery of Portraits de Londres.*

◀ *Alfred **Kinsey** durante una entrevista destinada a su estudio sobre la sexualidad de la gente corriente, punto de partida de todos los estudios posteriores sobre el tema.*

versidad de Harvard, en la que fue profesor de zoología y botánica, y más tarde ingresó en la Universidad de Indiana. Catedrático a partir de 1929, en 1942 fundó el Institute for Sex Research, centro afiliado a la universidad y dedicado a la investigación del comportamiento sexual de los seres humanos. En 1948 publicó *Comportamiento sexual en el hombre*, obra a la que siguió, en 1953, *Comportamiento sexual en la mujer*. Escritas a partir de entrevistas realizadas a cerca de 18.500 personas, ambas obras demostraban la amplia variedad de conductas sexuales que escondía la llamada gente corriente, y constituyen el punto de arranque de los estudios sobre el comportamiento sexual.

KIPLING, RUDYARD *(Bombay, actual India, 1865-Londres, 1936) Novelista y poeta británico.* Su padre, John Lockwood Kipling, un artista y erudito que influyó notablemente en los trabajos de su hijo, fue comisario en el museo de Lahore. Su madre, Alice MacDonald, estaba relacionada con muchos altos cargos políticos. Llevado a Inglaterra por sus padres a los seis años, vivió durante cinco en Southsea, experiencia desafortunada que relata en *Baa, baa, oveja negra* (1888). Regresó a la India en 1882 y trabajó como periodista durante siete años. En 1886 publicó *Canciones administrativas y otros versos*, en 1888 la colección de cuentos *Cuentos sencillos de las colinas*, y entre 1887 y 1889 completó seis volúmenes de novelas cortas. A su retorno al Reino Unido, en 1889, su fama le había precedido y en menos de un año fue aclamado como uno de los más brillantes prosistas del siglo. Su reputación quedó confirmada con la publicación de los versos *Baladas del cuartel* (1892). En este mismo año se casó con Caroline Balestier y se establecieron en Vermont, Estados Unidos. En este país publicó *Capitanes intrépidos* (1897), *Kim* (1901) y *El libro de la selva* (1894-1895). Desde 1902 hasta su muerte residió en Sussex, escenario de muchos de sus últimos escritos, como *El duende de la colina de Pook* o *Recompensas y hadas* (1910). Una de sus últimas obras fue *Cargos y créditos* (1926). Fue galardonado con el Premio Nobel de Literatura en 1907.

KIRCHHOFF, GUSTAV *(Königsberg, hoy Kaliningrado, actual Rusia, 1824-Berlín, 1887) Físico alemán.* Estrecho colaborador del químico Robert Bunsen, aplicó métodos de análisis espectrográfico para determinar la composición del Sol. En 1845 enunció las denominadas leyes de Kirchhoff aplicables al cálculo de voltajes, intensidades y resistencias en una malla eléctrica, entendidas como una extensión de la ley de la conservación de la energía, basándose en la teoría del físico Georg Simon Ohm, según la cual la intensidad de una corriente eléctrica es proporcional a la diferencia de potencial o voltaje existente entre los extremos del conductor. En 1847 ejerció como *Privatdozent* (profesor emérito) en la Universidad de Berlín, y al cabo de tres años aceptó el puesto de profesor de física en la Universidad de Breslau. En 1854 fue nombrado profesor en la Universidad de Heidelberg, donde entabló amistad con R. W. Bunsen. Merced a la colaboración entre ambos se desarrollaron las primeras técnicas de análisis espectrográfico, que condujeron al descubrimiento de dos nuevos elementos, el cesio (1860) y el rubidio (1861). En su intento de determinar la composición del Sol, averiguó que cuando la luz pasa a través de un gas, éste absorbe las longitudes de onda que emitiría a cierta temperatura. Aplicó con éxito este principio para explicar las numerosas líneas oscuras que aparecen en el espectro solar, conocidas como líneas de Fraunhofer. Este descubrimiento marcó el inicio de una nueva era en el ámbito de la astrofísica. En 1875 fue nombrado catedrático de física matemática en la Universidad de Berlín.

KISSINGER, HENRY *(Furth, Alemania, 1923) Político estadounidense de origen alemán.* En 1938 su familia se trasladó a Estados Unidos huyendo de la persecución nazi, y en 1943 obtuvo la nacionalidad estadounidense. Tras participar en la Segunda Guerra Mundial, en 1954 se doctoró por la Universidad de Harvard, de la que posteriormente fue profesor. Entre 1955 y 1968 fue consejero para cuestiones de seguridad de los presidentes Eisenhower, Kennedy y Johnson y, entre 1973 y 1977, secretario de Estado. Durante la presidencia de Nixon desempeñó un papel determinante en el acercamiento entre China y Estados Unidos, al tiempo que fue uno de los máximos artífices del tratado de París (1973), punto final de la guerra de Vietnam. En reconocimiento a dicha labor fue galardonado, a la par que su homólogo vietnamita Le Duc Tho, con el Premio Nobel de la Paz ese mismo año. En 1983, el presidente Reagan lo nombró presidente de la Comisión Nacional sobre América Central. Asiduo articulista, conferenciante y autor de varios libros sobre diplomacia y política internacional, en 1986 fundó la empresa de asesoría política Kissinger Associates.

▲ *Gustav **Kirchhoff** retratado en su madurez. El físico alemán, junto a Fraunhofer y Bunsen, fue el primero en experimentar las bases teóricas y experimentales de la espectroscopia.*

▲ *El político Henry **Kissinger** fotografiado durante su visita oficial a China de 1971, en el marco de la política de acercamiento a la potencia asiática promovida por Nixon.*

▶ Senecio, *obra realizada por Paul **Klee** en 1922. Klee, uno de los fundadores de Der Blaue Reiter, llegó a un arte abstracto propio a partir de influencias cubistas y surrealistas.*

KLEE, PAUL *(Münchenbuchsee, Suiza, 1879-Muralto-Locarno, id., 1940) Pintor suizo.* Su padre, profesor de música, le convirtió en un virtuoso del violín, aunque su inclinación por la pintura lo llevó a ingresar en la Academia de Munich en 1898. Su período de aprendizaje y formación se prolongó en la práctica hasta 1910, y consistió, en buena medida, en viajes (Italia, París) que le permitieron conocer a los grandes maestros de la pintura. Cézanne, al que denominó el «maestro por excelencia», y Matisse ejercieron una profunda influencia sobre él. Su adhesión a Der Blaue Reiter en 1911, a partir de la cual mantuvo una estrecha amistad con Kandinsky, y un viaje a Túnez (1914) que, según sus propias palabras, le llevó a la simbiosis con el color, constituyen dos hitos fundamentales en la formación de su original estilo artístico. Llevó una vida tranquila y de intenso trabajo, que se tradujo en una producción copiosa (más de 8 000 obras) en el terreno de la pintura y también de la ilustración, el dibujo y el grabado. Sus obras se mueven con soltura entre la figuración y la abstracción, y se centran en la plasmación de la luz, el color, el movimiento y la temporalidad. Su ingreso en la Bauhaus como profesor en 1921, en nada modificó su estilo pictórico ni su análisis teórico. De hecho, los años dedicados a la docencia en la Bauhaus (hasta 1931), primero en Weimar y luego en Dessau, se cuentan entre los más prolíficos de su carrera. Su posterior incorporación a la Academia de Düsseldorf se vio truncada por la condena de su arte por el nazismo, que le obligó a abandonar Alemania para establecerse en Berna. Fue

PAUL KLEE
OBRAS MAESTRAS

HAMMANET CON MEZQUITA (1904, colección particular, París); *CALLE CON CARRO* (1907, colección particular, Cincinnati); *ESTÁN PICANDO* (1920, Tate Gallery, Londres); *SENECIO* (1922, Öffentliche Kunstsammlung, Basilea); *PAISAJE CON PÁJAROS AMARILLOS* (1923, colección particular, Basilea); *CALLE PRINCIPAL Y TRANSVERSALES* (1929, Wallraf-Richartz Museum, Colonia); *FLORES EN ESPIRAL* (1926, colección particular); *VISTA PARCIAL DE G...* (1927, colección particular, Nueva York); *GAMA DE COLORES CON DOMINANTE GRIS* (h. 1923-1930, Fundación Klee, Berna); *VERDE SOBRE VERDE* (1938, colección particular, Berna); *POBRE ÁNGEL* (1939, Fundación Klee, Berna); *TAÑEDOR DE TÍMPANOS* (1940, Fundación Klee, Berna); *PRISIONERO* (1940, colección particular, Nueva York); *MUERTE Y FUEGO* (1940, Fundación Klee, Berna); *PEQUEÑO CUADRO DE PINO* (Kunsthalle, Basilea); *CANTO DE AMOR EN LUNA NUEVA* (Fundación Klee, Berna); *SUMERGIDO EN EL GRIS DE LA NOCHE* (Fundación Klee, Berna); *TEATRO DE MARIONETAS* (Fundación Klee, Berna).

entonces cuando aparecieron los primeros síntomas de esclerodermia, enfermedad degenerativa que lo llevó a la muerte en 1940, cuando disfrutaba ya de gran prestigio internacional. Entre sus escritos teóricos destaca *Cuadernos de apuntes pedagógicos*, dedicado al arte.

KLEIN, FELIX *(Düsseldorf, actual Alemania, 1849-Gotinga, id., 1925) Matemático alemán*. Tras graduarse en la Universidad de Bonn, se trasladó a París para continuar sus estudios. Entre 1869 y 1870 cooperó estrechamente con su colega noruego Sophus Lie, colaboración de la cual se derivó el trabajo de este último sobre los denominados grupos continuos, trabajo que Klein incorporaría posteriormente en su propia obra. En 1872, tras ingresar como profesor en la Universidad de Erlangen, pronunció una conferencia inaugural en la que ofreció una visión general de la geometría desde el punto de vista de la teoría de grupos, que se conocería como programa de Erlangen y que había de ejercer una poderosa influencia en el desarrollo ulterior de la disciplina. El contenido del programa afirmaba que cada geometría (esto es, la euclidiana tradicional y las no euclidianas desarrolladas con anterioridad por J. Bolyai y N. Lobachevski) podía ser explicada mediante la teoría de los invariantes según un grupo particular de transformaciones. Klein probó la independencia de la geometría proyectiva del axioma de Euclides de las paralelas, demostrando así que tanto la geometría euclidiana como la no euclidiana se encontraban comprendidas en la geometría proyectiva y que eran igualmente verdaderas con respecto a una métrica particular. Realizó así mismo destacadas aportaciones en los campos de las funciones elípticas, modulares y muy especialmente en el de las funciones auto-

▼ *Retrato de Felix* **Klein**. *Las tesis del matemático alemán sobre la geometría desde la teoría de grupos ejerció una gran influencia en estudios posteriores.*

▼ *Otto* **Klemperer** *dirige la orquesta durante unos ensayos. Dentro de su labor como director destaca su recuperación para el público de las obras de Gustav Mahler.*

morfas. En 1880 se trasladó a Leipzig y, seis años después, a Gotinga, donde residió el resto de su vida. En 1895 impulsó el proyecto de la *Enzyklopädie*, que supervisó hasta su muerte. Figura activa en el ámbito académico, destacó por sus iniciativas en pro de la reforma educativa en Alemania.

KLEIST, HEINRICH VON *(Frankfurt, 1777-Berlín, 1811) Poeta y dramaturgo alemán*. Inició estudios de leyes y filosofía en Frankfurt y se interesó profundamente por la obra de los más destacados pensadores e intelectuales de la época, como Kant, cuya influencia se refleja en su primer drama, *La familia Schroffenstein* (1810). Más tarde rechazó lo que consideraba un excesivo culto a la razón y se acercó a la filosofía de Rousseau, lo cual motivó que abandonara sus estudios y a su prometida y realizara varios viajes a Francia y Suiza. En esta época inició la escritura de *Robert Guiskard* (1803), que quedó inconclusa. Convertido en funcionario del Estado en 1804, la caída de Prusia en 1806 reavivó sus sentimientos patrióticos, por lo que fue encerrado en el fuerte de Joux por los franceses. Recobrada la libertad, residió dos años en Dresde. Por esta época redactó *Anfitrión* (1806) y *El jarro roto* (1806), una comedia realista. Siguieron a estas obras *Pentesilea* (1807), *Käthchen von Heilbronn* (1808) y *La batalla de Arminio* (1809), de firme voluntad patriótica. Más contradictorio fue su último y más celebrado drama, *El príncipe de Homburg* (1810), basado en un episodio de la guerra de los Treinta Años. A su regreso en Berlín, ingresó en el círculo romántico de Arnim, Fouqué y Brentano y editó la revista *Berliner Abendblätter*. Luchó infatigablemente por incitar a sus compatriotas a la resistencia contra Napoleón. Puso fin a su atormentada vida a los treinta y cuatro años suicidándose en el lago Wannsee. La obra de Kleist, entre el clasicismo y el romanticismo, constituye una de las cimas de la dramaturgia alemana.

KLEMPERER, OTTO *(Breslau, actual Alemania, 1885-Zurich, 1973) Director de orquesta y compositor alemán*. Fue uno de los principales artífices del creciente interés experimentado en la segunda mitad del siglo XX hacia las monumentales sinfonías de Gustav Mahler, después de años de incomprensión. Alumno del compositor Franz Pfitzner en Berlín, Klemperer debutó en 1906 con una partitura tan alejada de sus futuros intereses musicales como la opereta *Orphée aux Enfers*, de Offenbach.

Un año clave en su trayectoria fue el de 1927: nombrado director de la Ópera Kroll de Berlín, a través de ella dio a conocer numerosas obras contemporáneas de autores como Stravinski, Hindemith, Janacek y Schönberg. Exiliado a causa del nazismo, desde 1955 hasta su muerte dirigió la Philharmonic Orchestra de Londres. En su madurez, su repertorio se centró en la gran tradición sinfónica germana, destacando especialmente sus interpretaciones de Beethoven y Bruckner, además de Mahler. Como compositor se le deben seis sinfonías y una ópera.

KLERK, FREDERIK WILLEM DE *(Johannesburgo, 1923) Político sudafricano.* Procedente de una familia bóer de significada tradición política, se licenció en derecho en 1958. Posteriormente fundó un bufete de abogados en Vereeniging y, en 1972, fue elegido diputado al Parlamento por el Partido Nacional. Durante los siguientes años ocupó varias carteras ministeriales: entre 1979 y 1982, la de Minas y Energía; entre 1982 y 1985, la de Interior; y entre 1984 y 1989, la de Asuntos Exteriores. En esta última fecha sustituyó a P. W. Botha en la presidencia del gobierno, cargo desde el cual inició una política de reformas encaminada a la superación del *apartheid.* Para ello derogó las leyes segregacionistas, liberó a políticos negros encarcelados, entre ellos a Nelson Mandela, legalizó el Congreso Nacional Africano (CNA) y dotó al país de una nueva Constitución. En 1993 acordó con el CNA la formación de un gobierno de transición y la celebración, al año siguiente, de elecciones presidenciales; tras el triunfo del CNA en las elecciones, De Klerk entró en el gobierno de unidad nacional formado por Mandela. Ambos dirigentes recibieron el Premio Nobel de la Paz en 1993.

KLIMT, GUSTAV *(Viena, 1862-id., 1918) Pintor austriaco.* Fue la figura más representativa del modernismo pictórico (Jugendstil) en el mundo de habla alemana. Se formó en la escuela de artes aplicadas de su ciudad natal y triunfó como autor de grandes pinturas decorativas en un estilo de corte academicista, del que constituyen un buen exponente las pinturas de la escalera del Museo de Historia del Arte de Viena. En 1897, su interés por el arte de vanguardia lo llevó a abandonar la Asociación de Artistas Vieneses y a fundar, con algunos amigos, la famosa Secesión Vienesa, de la que fue el primer presidente y máximo exponente. Las pinturas murales alegóricas para la Universidad de Viena,

en las que se advierte ya un evidente cambio de estilo, suscitaron duras críticas, por lo que el artista abandonó el encargo antes de finalizarlo (las que había concluido las destruyó un incendio en 1945). Como consecuencia de este episodio, ya no volvió a recibir encargos oficiales, pese a lo cual realizó gran cantidad de telas, en primer lugar paisajes plasmados con una concepción muy peculiar de la perspectiva y en los que predominan las tonalidades verdes, y después, sobre todo, figuras femeninas, que constituyen lo más conocido y valorado de su producción. En estas obras supo combinar el realismo del retrato con un decorativismo extremo en los fondos y los vestidos, en los que predominan los tonos amarillos y dorados y los motivos inspirados en las alas de mariposa o las colas de pavo real. Destacan, entre otras muchas obras, *El beso, Salomé* y *Judit I,* imbuidas todas ellas de una sensualidad palpable. El Österreichisches Museum de Viena conserva una excelente colección de su pintura.

▲ *El presidente de Sudáfrica, Frederick W. de* **Klerk,** *recibe el Premio Nobel de la Paz por su contribución al final del* apartheid *en su país.*

▼ Las tres edades de la mujer, *cuadro pintado por* **Klimt** *en 1908. La obra del pintor austriaco constituye un ejemplo de síntesis entre el simbolismo y el decorativismo.*

KLOPSTOCK, FRIEDRICH GOTTLIEB *(Quedlinburg, actual Alemania, 1724-Hamburgo, 1803) Poeta y dramaturgo alemán.* Considerado por J. J. Bodmer como un «poeta de la religión y de la patria», marcó una etapa decisiva en la historia de la literatura de su país, al iniciar el retorno a los orígenes germánicos y contribuir a la afirmación de una identidad nacional alemana. Ello no le impidió mantener intacto su espíritu cosmopolita y celebró, como tantos escritores y filósofos alemanes de su época, el advenimiento de la Revolución Francesa, lo que le valió ser nombrado ciudadano de honor de la República (1792). Más adelante condenaría los excesos de la época del Terror. Su *La Mesíada* (1748-1777), poema épico religioso cuya exaltación mística responde a los cánones del pietismo predominante en su época, consagró su fama literaria. También escribió *Odas* y tragedias bíblicas (*Salomón*, 1764; *David*, 1772).

KNOX, JOHN *(Haddington, actual Reino Unido, 1514-Edimburgo, 1572) Reformador religioso escocés, fundador del presbiterianismo.* Tras ser ordenado sacerdote en 1540, ocupó diversos cargos en la curia de Saint Andrews. Pocos años después se unió a la corriente reformista. Su implicación en la muerte de un arzobispo hizo que fuera condenado a galeras. Indultado por el rey Eduardo VI, se convirtió en su capellán, cargo que simultaneó con la redacción de los artículos anglicanos y otras obras de naturaleza religiosa a las que dotó de una fuerte orientación calvinista. El ascenso de María Tudor forzó su exilio al continente, donde, por petición expresa de Calvino, asumió el ministerio de la colonia de refugiados ingleses afincados en Frankfurt. En 1555 regresó a Escocia, y cinco años después logró que el Parlamento aprobara la *Confessio Scotica*, donde se perfilaban ya los principios del presbiterianismo, movimiento protestante caracterizado por una acentuación de la forma de organización eclesial propuesta por Calvino. Knox fue un destacado opositor a la reina María Estuardo.

▲ *Retrato del escritor alemán Friedrich* **Klopstock**. *El autor de* La Mesíada *fue el gran impulsor de la recuperación de los mitos germánicos.*

▼ *John* **Knox** *visto por Samuel Sidley. Muy influenciado por las tesis de Calvino, Knox fue el principal promotor del presbiterianismo.*

KOCH, ROBERT *(Klausthal, actual Alemania, 1843-Baden-Baden, id., 1910) Médico y fisiólogo alemán.* Tras graduarse en medicina por la Universidad de Gotinga, trabajó como cirujano de campo durante la guerra franco-prusiana (1870-1871). A continuación fue nombrado médico del distrito de Wollsstein, donde construyó un pequeño laboratorio y empezó a estudiar los agentes patógenos. Apoyándose en las teorías microbiológicas de Henle, Pasteur y Davaine, estudió el ciclo de vida del ántrax y descubrió el proceso de enquistamiento en esporas que lo mantenía virulento durante años aun en entornos hostiles. Después perfeccionó la técnica de los cultivos bacterianos puros, desarrolló un método para la preservación y microfotografía de las bacterias y realizó un exhaustivo estudio sobre la etiología de las infecciones provocadas por heridas, para lo que inyectó fluidos putrefactos en animales y demostró que podían producirse varias enfermedades sépticas clínicamente diferentes. Convertido en un investigador de gran prestigio, la Oficina de la Salud del gobierno alemán puso a su disposición un laboratorio microbiológico. Durante sus estudios sobre la etiología de la tuberculosis, participó en una comisión que se desplazó a Egipto para estudiar un brote de cólera. La epidemia cesó de forma inesperada, por lo que viajó a la India para continuar sus investigaciones; allí aisló el bacilo causante de la enfermedad y estableció su etiología y, en particular, su capacidad de transmisión mediante la ingestión de agua y comida o el contacto con ropas contaminadas. En 1882 anunció el aislamiento y cultivo del bacilo de la tuberculosis o bacilo de Koch, origen de todas las variantes de la enfermedad; en aquellos años, la tuberculosis era la primera causa de muerte de origen infeccioso entre la población infantil europea. Así mismo, estableció diversas medidas profilácticas e intentó desarrollar, sin éxito, un agente curativo. En 1905 le fue concedido el Premio Nobel de Medicina y Fisiología.

◄ *Helmut **Kohl** durante una conferencia de la Unión Europea. El canciller alemán, uno de los artífices de la reunificación alemana, fue una figura clave en la articulación de la idea europeísta.*

KOHL, HELMUT (*Ludwigshafen, Alemania, 1930*) *Político alemán.* Creció en el seno de una familia católica conservadora. Cuando todavía era un adolescente, fue reclutado e inició su formación militar, pero la Segunda Guerra Mundial finalizó antes de que fuese destinado al frente. Por aquel entonces empezó a interesarse en la política, y a la edad de diecisiete años participó en la formación del grupo Unión Democrática Cristiana (CDU), de su pueblo natal. Se doctoró en ciencias políticas en la Universidad de Heidelberg a los veintiocho años. Un año después fue elegido diputado al Parlamento, como representante de Renania-Palatinado, y en 1969 fue elegido jefe de gobierno de este estado federal. Ocupó luego la presidencia de su formación política, en sustitución de R. Barzel. Casi diez años después, fue nombrado canciller de la RFA Su política, apoyada por el partido liberal (FDP), se basó, entre otros factores, en el fomento de la competitividad y en auspiciar un crecimiento económico que asegurara bajos niveles de desempleo. Sus reformas fiscales y sanitarias recibieron duras críticas de la oposición y de los sindicatos. Desempeñó un papel muy importante en la reunificación de las dos Alemanias (1987), acontecimiento tras el cual se convirtió en el primer canciller de la nueva Alemania reunificada. Reelegido en 1994, por quinta vez consecutiva, gracias, en bue-

▼ *Cartel pintado por Oskar **Kokoschka** para una representación teatral. Adscrito en sus inicios a la escuela expresionista alemana, su obra derivó posteriormente hacia una mayor elaboración cromática.*

na parte, al prestigio que adquirió a raíz del proceso de reunificación, dos años después pasó a ser el jefe de gobierno democráticamente elegido que más tiempo había permanecido en el poder, al superar los catorce años de Konrad Adenauer. Ese mismo año recibió el Premio Príncipe de Asturias de la Cooperación Internacional. En 1997, con Vaclav Klaus, primer ministro checo, firmó un tratado de reconciliación que daba por zanjado el conflicto entre Alemania y la antigua Checoslovaquia, que duraba desde la Segunda Guerra Mundial. Como en las elecciones generales de 1998 el CDU fue superado por el partido socialdemócrata, se vio en la tesitura de poner su cargo a disposición de su partido. Las buenas relaciones que Alemania estableció, durante sus mandatos, con la Francia de Mitterrand, propiciaron un clima económico e ideológico que le valió ser considerado por muchos una pieza clave en el desarrollo del europeísmo.

KOKOSCHKA, OSKAR (*Pöchlarn, actual Austria, 1886-Montreux, Suiza, 1980*) *Pintor austriaco.* Se formó en la Escuela de Artes Decorativas, inmerso en el clima decadente de la Viena de fin de siglo. Fiel a la pintura figurativa durante toda su trayectoria artística, Kokoschka trató de captar el trasfondo psicológico y existencial del hombre, y representó la agonía del alma humana a través de unos rostros poderosamente trágicos, próximos a la caricatura y de una intensísima violencia cromática. Influida por las figuras de Klimt y Munch, por la pintura fauvista y el grupo Die Brücke, la obra de Kokoschka es de un marcado expresionismo. En 1912 participó en la exposición del grupo Der Blaue Reiter en Munich y en 1917 en la exposición dadá de Zurich, junto a Ernst, Klee y Kandinsky. La fuerza sobrecogedora de Kokoschka se hace evidente en su cartel de la *Piedad* (1908) y en su famosísima pintura *La novia del viento* (1914). Durante la invasión nazi muchas de sus obras serían requisadas por considerarlas «arte degenerado».

translation [tRans*lays*hn] *οὐσ.* μετάφρασις ‖ ἐξήγη-σις ‖ μετάφρασις, μεταφρασθὲν ἔργον ‖ ἀπόδοσις εἰς ξένην γλῶσσαν ‖ μετακίνησις, μετάθεσις ‖ (*μηχ.*) παράλληλος μετατόπισις.

KOSCIUSZKO, TADEUSZ *(Mereczowsczyzna, actual Bielorrusia, 1746-Solothurn, Suiza, 1817) Patriota polaco.* Tras cursar estudios militares en Varsovia y París, marchó a Estados Unidos para luchar en la guerra de la Independencia, donde destacó por sus conocimientos de ingeniería militar. De regreso en Polonia, en 1784, se comprometió con las reformas y luchó contra la invasión rusa de 1792; forzado a huir a Sajonia, organizó un alzamiento general contra los ocupantes rusos y logró una gran victoria en Raclawice (1794), pero se vio obligado a replegarse a Varsovia ante la presión de los ejércitos rusos y prusianos que lo asediaban. Allí dio nuevas muestras de su maestría como ingeniero militar y logró que los prusianos se retirasen, pero, derrotado en Maciejowice, cayó prisionero de los rusos y la causa polaca se desmoronó. Cuando fue liberado, marchó a Estados Unidos, aunque regresó más tarde a Europa para defender de nuevo la independencia de Polonia, pero sus gestiones no tuvieron éxito ni frente a Napoleón ni ante el zar de Rusia Alejandro I.

KOSUTH, JOSEPH *(Toledo, EE UU, 1945) Artista estadounidense.* Formado básicamente en el campo artístico, también llevó a cabo estudios de filosofía y antropología. Su trayectoria demuestra su conocimiento y afinidad con los métodos de investigación propuestos por los filósofos del lenguaje L. Wittgenstein y A. J. Ayer. Artísticamente parte de la obra de M. Duchamp, al

▲ Translation, *obra realizada por Joseph* **Kosuth** *en 1966, que pertenece a la Colección Dakis Joannou, de Atenas. Kosuth es uno de los artistas más radicales del arte conceptual.*

▼ *El ciclo de* **Krebs** *constituye una explicación de los procesos mediante los cuales obtienen energía los seres vivos a partir de los alimentos.*

considerar que el arte moderno o conceptual se inicia con el primer *ready-made*, en cuanto paso de la apariencia al concepto. La obra de 1969 *Art after Philosophy* es su principal manifiesto y el lugar donde desarrolla la base teórica de sus obras. Sus creaciones más conocidas llevan por título *Investigaciones*, en clara alusión a Wittgenstein, y consisten en dispositivos que examinan y reclasifican realidades mediante el uso del texto, de acuerdo con su voluntad de explorar la naturaleza del arte y conducirlo a su desmaterialización. Pese a su intención inicial de superar la existencia mercantilista del arte, actualmente su obra se exhibe en los más importantes museos del mundo.

KRAUS, ALFREDO *(Las Palmas de Gran Canaria, 1927-Madrid, 1999) Tenor español.* Tras debutar en El Cairo en 1956, su carrera le llevó a actuar en varios escenarios del mundo. De origen alemán, supo crear un repertorio, si no demasiado extenso, sí escogido, lo que junto a su técnica perfecta le permitió cantar superados los setenta años en plena posesión de sus facultades vocales. Fue artista titular del Metropolitan de Nueva York. Además de las zarzuelas, su especialidad fue la ópera francesa e italiana del siglo XVII, y de él se recuerdan interpretaciones señeras de papeles como los de Werther, Fausto, el duque de Mantua (*Rigoletto*) y Alfredo (*La Traviata*). Sin duda, se trata de uno de los grandes tenores del siglo XX.

KREBS, SIR HANS ADOLF *(Hildesheim, Alemania, 1900-Oxford, Reino Unido, 1981) Bioquímico británico de origen alemán.* Estudió en las universidades de Gotinga, Friburgo, Munich, Berlín y Hamburgo. En 1932, en colaboración con el bioquímico Kurt Henseleit, identificó el conjunto de reacciones químicas conocidas posteriormente como ciclo de la urea. Se dedicó a la docencia hasta 1933, año en que el auge del nazismo le impulsó a abandonar Alemania e instalarse en el Reino Unido, donde trabajó como profesor de bioquímica en la Universidad de Sheffield. Continuó los trabajos emprendidos por Carl y

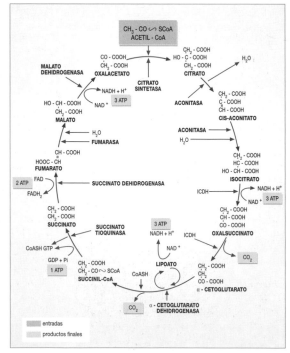

Gerty Cori sobre la fragmentación del glucógeno en el organismo y la consiguiente generación de ácido láctico. Al analizar dicho proceso (en concreto, en el músculo pectoral de una paloma), fue capaz de integrar todos los elementos reconocidos del proceso en un único esquema coherente conocido como el ciclo del ácido cítrico o ciclo de Krebs. Éste daba cuenta de la formación de la reserva de energía química de la célula a partir del ácido láctico procedente del catabolismo glucídico y lipídico. Con posterioridad, el también bioquímico F. Lipmann completaría detalladamente el ciclo. Ambos recibieron en 1953 el Premio Nobel de Medicina. Adscrito a la Universidad de Oxford entre los años 1954 y 1967, entre sus obras cabe destacar *Transformaciones energéticas en la materia viva* (1957, en colaboración con el bioquímico británico H. Kornberg) y la autobiográfica *Recuerdos y reflexiones* (1981, con A. Martin). Fue nombrado caballero en 1958 y recibió la medalla Copley de la Royal Society en 1961.

KREISKY, BRUNO *(Viena, 1911-id., 1990) Político austriaco.* En 1934 se afilió al Partido Socialdemócrata austriaco, por lo que fue perseguido y encarcelado durante el nazismo, cuando Austria formaba parte del III Reich. Exiliado en Estocolmo entre 1939 y 1946, regresó a Viena tras la Segunda Guerra Mundial e ingresó en el cuerpo diplomático. En 1959 fue nombrado ministro de Asuntos Exteriores, cartera que desempeñó hasta 1966. Designado en 1967 presidente de su partido, propició varias coaliciones con los liberales que le dieron el triunfo en las elecciones de marzo de 1970 y el cargo de primer ministro. Su mandato se caracterizó por la incidencia en una política de distensión entre el Este y el Oeste y la implementación de diversas reformas orientadas al desarrollo del Estado del bienestar. En 1974, tras la muerte del presidente Franz Jonas, alcanzó la presidencia interina de la República. Kreisky prolongó su mandato, tras sucesivas reelecciones, hasta 1983, cuando las numerosas rivalidades que acumuló durante su gestión provocaron la pérdida de la mayoría absoluta de los socialistas en los comicios.

KREUTZER, RODOLPHE *(Versalles, Francia, 1766-Ginebra, Suiza, 1831) Violinista, compositor, pedagogo y director de orquesta francés.* Su nombre es hoy conocido, sobre todo, por la dedicatoria que Beethoven le hizo de su *Sonata para vio-*

▲ *El político socialdemócrata austriaco Bruno* **Kreisky**. *Como primer ministro de su país se distinguió por sus esfuerzos en favor de la distensión Este-Oeste durante la guerra fría.*

«*Los números enteros son obra de Dios; el resto lo ha inventado el hombre.*»

Leopold Kronecker

▼ *Retrato de Leopold* **Kronecker**, *matemático alemán que se distinguió por sus importantes estudios sobre las funciones elípticas y la teoría de los números.*

lín y piano Op. 47, una monumental partitura que, paradójicamente, Kreutzer nunca interpretó por considerarla inabordable. Hijo de un violinista, fue su padre quien le enseñó los primeros rudimentos de su instrumento músico; prosiguió con sus estudios musicales bajo la tutela de Anton Stamitz. A los trece años, debutó, en París, en la doble faceta de compositor e intérprete, con un concierto de violín de su autoría, iniciando desde ese momento una carrera de virtuoso que le ganó el aplauso de toda Europa. Su estilo destacó por su carácter *cantabile* e interiorizado, alejado del exhibicionismo propio de otros violinistas. La mayor parte de su producción musical, en la que se cuentan diecinueve conciertos para violín, cuarenta estudios para violín y una cuarentena de páginas escénicas, entre óperas y ballets, no ha superado la prueba del tiempo.

KRONECKER, LEOPOLD *(Liegnitz, hoy Legnica, Polonia, 1823-Berlín, 1893) Matemático alemán.* Estudió en la Universidad de Berlín, donde tuvo como profesores a Jacobi y Dirichlet. Más tarde retomaría el contacto con otro antiguo profesor y eminente matemático, Ernst Kummer, cuya influencia sobre su trabajo resultó decisiva. Kronecker fue uno de los primeros en comprender plenamente los resultados de Galois; así, en 1870, ofreció la primera definición axiomática de un grupo conmutativo finito. En 1882 introdujo el concepto de sistema modular, gracias al cual estudió la divisibilidad del anillo de los polinomios de grado *n*. Su consideración de que todo teorema de existencia debía estar fundado en una construcción efectiva y ser desarrollado en un número finito de etapas le condujo a rechazar frontalmente la teoría de conjuntos propuesta por su contemporáneo Cantor y generó un enconado debate que polarizó las matemáticas de su tiempo.

KROPOTKIN, PIOTR ALEKSEIEVICH, PRÍNCIPE *(Moscú, 1842-Dmitrov, Rusia, 1921) Anarquista ruso.* Nacido en el seno de una familia aristocrática rusa, recibió una selecta y esmerada educación en la corte zarista de San Petersburgo. Contrario a la política del zar, caracterizada por una dura represión, en particular la que siguió a la sublevación polaca de 1863, abandonó el ejército y se dedicó al estudio de las ciencias. Establecido en Suiza desde 1872, entró en contacto con los socialdemócratas y se adhirió a la Primera Internacional. Inicialmente seguidor de Marx, enseguida se sintió más identificado con los postulados anarquistas de Mijaíl Bakunin. Convertido en un importante ideólogo de las tesis bakuninistas, regresó a su país, donde hizo propaganda anarquista entre los trabajadores. Por esta causa fue detenido en 1874, pero se fugó de la cárcel y se dedicó a recorrer diversos países europeos, frecuentando la amistad de personalidades como Brousse, Malatesta o Réclus. De nuevo en Suiza, en 1878 fundó el periódico *Le Révolté* para difundir sus ideas anarcosindicalistas con mayor efectividad. Entre 1882 y 1886 estuvo de nuevo en prisión por participar en la rebelión de los obreros de la seda en Lyon. Cuando salió de la cárcel, fijó su residencia en el Reino Unido, donde publicó gran parte de sus principales obras. En ellas combate las teorías darwinistas sobre la evolución de las especies y la selección natural del más fuerte, y establece la cooperación como ley básica en la evolución de la vida humana. Kropotkin propuso el anarcocomunismo como modelo ideal de sociedad, regido por la máxima de «de cada uno según su capacidad, a cada uno según sus necesidades». Durante la revolución de 1917 se manifestó en contra de los bolcheviques, y volvió a Rusia para participar en la creación de la nueva sociedad proletaria.

KRUPP, ALFRED *(Essen, actual Alemania, 1812-id., 1887) Industrial alemán.* Su padre, Friedrich Krupp, había levantado una de las mayores empresas siderúrgicas de Europa a partir de la pequeña fábrica de acero y derivados que había heredado, en gran medida gracias al empleo de tecnología innovadora. Alfred fue el encargado de mantener y ampliar el negocio paterno, y a los catorce años comenzó a dirigir la fundición. En 1850 presentó en la Gran Exposición de Londres un lingote de acero de una sola masa que pesaba dos toneladas; a partir de entonces el negocio familiar se especializó en la fabricación de cañones, y se enriqueció gracias al suministro de material bélico al ejército germano. Alfred Krupp pasó a ser conocido como *el rey del cañón.* En 1862 introdujo en Europa el procedimiento Bessemer, basado en el Convertidor B, una retorta de revestimiento ácido en la que el arrabio fundido se transforma en acero por insuflación de aire a presión. A su muerte, su hijo Friedrich Alfred heredó un imperio industrial de primera magnitud.

PIOTR ALEKSEIEVICH KROPOTKIN

OBRAS MAESTRAS

PALABRAS DE UN REBELDE (1885); *LA CONQUISTA DEL PAN* (1888); *AYUDA MUTUA* (1892); *LA GRANDE RÉVOLUTION* (1893); *CAMPOS, FÁBRICAS Y TALLERES* (1898); *MEMORIAS DE UN REVOLUCIONARIO* (1902)

▼ *Grabado en el que se representa al industrial alemán Alfred* **Krupp**.

▼ *Miniatura perteneciente al* Libro de las maravillas del mundo, *redactado por Marco Polo en 1293, en la que aparece el emperador* **Kubilai Jan** *durante una cacería con halcón.*

KUBILAI JAN *(?, 1215-?, 1294) Gran kan de los mongoles (1260-1294) y primer emperador chino de origen mongol (1277-1294).* Era nieto de Gengis Jan o Kan, fundador del imperio mongol, y hermano del emperador Mongke, quien en 1252 le encomendó la administración de la parte oriental del Imperio, que incluía el norte de China. Tras la muerte de Mongke (1259), Kubilai logró hacerse proclamar gran kan de los mongoles (1260), a pesar de la oposición de su hermano Arigboge, que le disputó el kanato hasta 1264. Señor de la China septentrional como sucesor de Mongke, en 1267 estableció su capital en Pekín e inició la conquista de la China meridional, en manos de la dinastía Song, que quedó completada con la sumisión de Cantón (1277). Kubilai trató de convertirse en un auténtico soberano chino, por lo que adoptó la civilización china, favoreció el budismo y, desde 1271, dio a su dinastía el nombre chino de Yuan. El abandono de las costumbres ancestrales provocó un fuerte malestar entre numerosos grupos mongoles, que cristalizó en revueltas como las del Turkestán (1267) y Manchuria (1277). Impulsado por el sueño universalista de Gengis Jan, Kubilai consiguió el vasallaje de los reinos de Birmania y Annam e impuso su dominio sobre Corea, pero sus dos tentativas de conquistar Japón se saldaron con sendos fracasos (1274 y 1281). Durante su reinado se produjo la visita a China de Marco Polo, quien, de regreso en Europa, exaltó la grandeza del emperador mongol y la fastuosidad de su corte. A la muerte de Kubilai Jan (1294), una serie de catástrofes naturales y luchas intestinas facilitaron la desmembración de la parte occidental del imperio y produjeron un progresivo debilitamiento de la dinastía Yuan, que desapareció en 1368.

KUBITSCHEK, JUSCELINO *(Diamantina, Brasil, 1902-Río de Janeiro, 1976) Médico y político brasileño.* De origen checoslovaco, se doctoró en medicina en 1927 y durante unos años ejerció como médico en Europa, antes de regresar a Brasil y dedicarse a la política. En 1956 se convirtió en presidente de la República, representando a una coalición progresista contraria a los intereses de la oligarquía. Durante los cuatro años que duró su gobierno puso en marcha numerosos proyectos, entre los que destaca el inicio de las obras de la nueva capital, Brasilia, una decisión que fue duramente criticada por el dispendio estatal que implicaba. Además, los esfuerzos que realizó por industrializar el país desembocaron en una creciente inflación. En política exterior intentó un acercamiento a Estados Unidos. A raíz del golpe de Estado de 1964 perdió todos sus derechos políticos y se vio obligado a exiliarse. Tres años más tarde, sin embargo, regresó a su país y trató de oponerse al régimen militar desde una formación política centrista. Falleció a causa de un accidente de tráfico.

KUBRICK, STANLEY *(Nueva York, 1928-Harpenden, Reino Unido, 1999) Director de cine estadounidense.* Fotógrafo de la revista *Look* desde los diecisiete años de edad, realizó su primer cortometraje en 1951 y su primera película en 1953. Sin embargo, no gozó del aplauso unánime del público y de la crítica hasta el estreno de *Senderos de gloria* (1957), filme antibelicista en el que describió un célebre caso de fusilamientos por supuesta deserción durante la Primera Guerra Mundial. Sus siguientes películas, *Espartaco* (1960), *Lolita* (1962), basada en la obra de V. Nabokov, y *Teléfono rojo, ¿volamos hacia Moscú?* (1964) le consolidaron como un director meticuloso y perfeccionista, en ocasiones hasta un nivel enfermizo, con preferencia por temas escabrosos o polémicos, particularmente las diferentes formas del ejercicio del poder. En 1968 asombró al mundo con *2001: una odisea del espacio*, basada en un relato corto del escritor de ciencia ficción Arthur C. Clarke y en la que el director dio rienda suelta a su inigualable sentido estético en el marco de una historia de fuerte contenido metafísico y especulativo que destacó por sus perfectos efectos especiales y la poderosa carga simbólica de algunas de sus imágenes. Tres años más tarde estrenó su filme más polémico, censurado durante años en múltiples países, *La naranja mecánica* (1971), descarnada reflexión sobre la violencia individual y colectiva. Sus siguientes

▲ *Juscelino **Kubitschek**, presidente de Brasil en el cuatrienio 1956-1960, fotografiado en diciembre de 1956 durante una visita oficial al Reino Unido. Kubitschek impulsó la creación de Brasilia.*

▼ *El director estadounidense Stanley **Kubrick** durante el rodaje de uno de sus filmes más polémicos, La naranja mecánica, realizado en 1971, que constituye una áspera reflexión sobre la violencia.*

obras, *Barry Lyndon* (1975), *El resplandor* (1980), película de terror basada en la obra homónima de Stephen King, y *La chaqueta metálica* (1987), abundaron en un esteticismo abrumador por el que fue acusado de una excesiva frialdad. En 1997 inició el rodaje de *Eyes wide shut*, poco antes de cuya finalización le sobrevino la muerte.

KUHN, THOMAS S. *(Cincinnati, EE UU, 1922-Cambridge, id., 1997) Filósofo de la ciencia estadounidense.* Fue profesor en la Universidad de Princeton y desde 1979 en el Massachusetts. Influido por el pensamiento de historiadores como Koyré o filósofos como Quine, consideró que el estudio histórico es necesario para entender cómo se han desarrollado las teorías científicas y para conocer por qué en ciertos momentos unas teorías han sido aceptadas antes que otras. Para Kuhn la ciencia es elaborada en el seno de una comunidad científica y no individualmente; la comunidad sirve de base a los desarrollos científicos mediante la elaboración o asunción de un paradigma del cual se derivan reglas que fijan las regularidades. El paradigma es un contexto de validez respecto al cual la investigación procede en una forma similar a la solución de acertijos. Cuando un paradigma ha sido establecido por el colectivo de científicos al que sirve, los fundamentos del mismo nunca son puestos en duda. Sin embargo, y dado que los paradigmas pierden validez históricamente, Kuhn explica que cuando se multiplican las anomalías (cuando son más los casos en que no se da lo previsto que aquellos en los que sí se cumple) hasta el punto de que ya no se las puede obviar, el paradigma queda inservible de modo que se hace necesaria una nueva forma de validez. La naturaleza del conocimiento científico tal y como queda descrito por Kuhn hace comprensible el hecho de que en determinados momentos históricos coexistan

dos o más paradigmas. Autor fundamental de la moderna filosofía de la ciencia, y uno de los primeros en analizar la lógica del descubrimiento científico basándose en su dimensión sociológica y psicológica, muchas escuelas partidarias del relativismo cultural han querido apropiarse de sus ideas, pese al rechazo de Kuhn hacia dicha doctrina. Su pensamiento quedó plasmado fundamentalmente en la obra *La estructura de las revoluciones científicas* (1962).

KUN, BÉLA *(Szihgycsen, actual Hungría, 1886-?, 1939) Revolucionario húngaro.* Tras realizar un viaje a Moscú, regresó a Hungría en 1918 para poner en marcha la revolución comunista. En 1919, el presidente del gobierno entregaba el poder a Béla Kun y a los comunistas, que proclamaron inmediatamente la República Soviética de Hungría. Poco después lanzó una ofensiva militar contra los ejércitos checos y, tras una serie de victorias, creó una República Soviética en Eslovaquia, aunque hubo de abandonar su posición ante la invasión de su país por parte del ejército rumano. Con una revuelta de campesinos opuestos a las colectivizaciones y un gobierno contrarrevolucionario en Szeged, la nueva república socialista se desmoronó ante la invasión de las tropas rumanas. Béla Kun marchó a Viena y después a la Unión Soviética, donde llegó a tener una posición destacada en la III Internacional. Acusado de trotskista años después, fue ejecutado en una de las purgas estalinistas.

KUNDERA, MILAN *(Brno, actual República Checa, 1929) Escritor checo, nacionalizado francés.* Tras la invasión rusa de 1968 perdió su puesto de profesor en el Instituto Cinematográfico de Praga, sus libros fueron retirados de la circulación y tuvo que exiliarse en Francia. Después de su primera novela, *El libro de los amores ridículos* (1968), publicó *La broma* (1968), *La insoportable levedad del ser* (1984) y *La inmortalidad* (1990), entre otras. Ha escrito también una obra de teatro, *Jacques y su amo* (1971), y algunos ensayos. Sus novelas se sitúan a medio camino entre la ficción y el ensayo, y hacen uso frecuente de la ironía, la presencia de diversas voces narrativas, la confusión entre elementos reales y ficticios y la digresión. En ellas el autor se enfrenta a sus propios fantasmas personales, el totalitarismo y el exilio, al tiempo que ahonda en

▲ *El suizo Hans* **Küng** *es uno de los teólogos más importantes del s. XX. Participó en el Concilio Vaticano II, donde sus posiciones reformistas le enfrentaron con la jerarquía vaticana.*

▼ *El director de cine japonés Akira* **Kurosawa** *fotografiado con su gorra y gafas característicos. El León de Oro que consiguió en Venecia en 1950 dio a conocer en todo el mundo la cinematografía japonesa.*

los grandes temas de la libertad y la eticidad desde un profundo desengaño, a veces difícil de percibir tras su estilo aparentemente ligero y amable.

KÜNG, HANS *(Sursee, Suiza, 1928) Teólogo suizo.* Estudió filosofía (1951) y teología (1955) en la Universidad Gregoriana de Roma y se doctoró en teología en el Instituto Católico de París. Durante un breve tiempo fue sacerdote en una parroquia de Lucerna, tras lo cual se dedicó a la enseñanza, llegando a ser profesor de la facultad de teología en Tubinga. Se le ha considerado uno de los principales promotores de la reforma moderna de la Iglesia. Juan XXIII le nombró experto del Concilio Vaticano II. Sin embargo, a causa del carácter polémico de sus posiciones, la Congregación para la Doctrina de la Fe le retiró, en 1979, su estatuto de profesor y teólogo católico. Entre sus obras cabe destacar *Concilio y reunificación* (1960), *¿Existe Dios?* (1977) y *24 tesis sobre el problema de Dios* (1979).

KUROSAWA, AKIRA *(Tokio, 1910-id., 1998) Director de cine japonés.* Pintor frustrado por su propia autoexigencia, decidió dedicarse al cine, en el que se inició como guionista. Recorre su obra este pasado pictórico, en forma de una cuidadísima fotografía, un profundo humanismo y una habilidad narrativa por la que fue considerado como el más occidental de los directores japoneses. En 1950 obtuvo el León de Oro de la Mostra de Venecia y el Oscar a la mejor película extranjera con su filme *Rashomon*, una refinada versión de un relato tradicional japonés que le situó en el mapa cinematográfico internacional. En 1954 repitió máximo galardón en el certamen veneciano con *Los siete samurais*, filme objeto de un célebre *remake* con el título de *Los siete magníficos*. En 1965, *Barbarroja* sufrió un rechazo de crítica y público que se repitió en su siguiente obra, *Dodes Ka-den*, circunstancia que le empujó a un intento de suicidio en 1971. Agotado su crédito en su país natal, en 1975 logró que las autoridades soviéticas financiaran la película *Dersu Uzala*, rotundo triunfo que le permitió obtener su segundo Oscar y financiar *Ran* (1985), una espectacular adaptación de *El rey Lear*, de William Shakespeare, en el marco del Japón medieval, que se convirtió en uno de sus títulos más conocidos.

L

LA BRUYÈRE, JEAN DE *(París, 1645-Versalles, Francia, 1696) Escritor francés.* Tutor y secretario del duque de Borbón, más tarde alcanzó un gran prestigio como hombre de letras gracias a la publicación de *Los caracteres* (1688), una traducción y adaptación de una obra de Teofrasto. La Bruyère arremetió en ella, mediante la fórmula de la máxima y el comentario crítico, contra la decadencia de la moral y las costumbres en su época, así como contra la corrupción imperante entre los gobernantes. De estilo directo y conciso, alejado de los artificios estilísticos de sus contemporáneos, la mencionada obra fue ampliamente leída (nueve ediciones hasta 1696) y dio celebridad a su autor, quien, pese a la oposición de sus detractores, ingresó finalmente en la Academia Francesa en 1693.

LA FAYETTE, MARIE-JOSEPH MOTIER, MARQUÉS DE *(Saint-Roc de Chavaniac, Francia, 1757-París, 1834) Militar y político francés.* Inició su carrera militar muy joven y a los dieciséis años ya tenía el grado de teniente. En París conoció a Benjamin Franklin, cuya amistad lo impulsó a viajar a América para luchar por la independencia americana. En abril de 1777, pese a la prohibición del rey, se unió los rebeldes de las colonias inglesas de América del Norte, y al año siguiente entró en combate como general de las tropas que se opusieron a las inglesas en el frente de Virginia. Regresó a su país en 1779, y su opinión fue muy importante en la decisión de Francia de apoyar a los independentistas estadounidenses. Volvió en 1870 a Améri-

▲ *El escritor francés Jean de* **La Bruyère** *según un retrato atribuido a Nicolas de Largillière que se encuentra en el Museo de Versalles en París.*

▶ *El marqués de* **La Fayette** *durante el juramento en la fiesta de la Federación, en París, el 14 de julio de 1790. El cuadro se conserva en el Museo Carnavalet de París.*

ca, donde combatió de nuevo y comenzó a frecuentar la amistad del masón Necker. En la Asamblea de los Notables celebrada en Francia en 1788, apoyó la doble representación del tercer estado y un año más tarde fue nombrado diputado de la nobleza de Riom. Propuso también una primera declaración europea de los Derechos del Hombre y del Ciudadano e intentó que el rey obtuviese el derecho de declarar la guerra y decretar la paz, pero las reservas de la reina y la envidia de Mirabeau le impidieron cumplir este propósito. Miembro del club de los Feuillants, moderados adictos al rey y contrarios a la agitación social, y partidario de una monarquía constitucional, presionó al rey Luis XVI para que entrase en guerra, durante la cual fue hecho prisionero por los austriacos. Cuando regresó a Francia tras el golpe de Estado de Brumario, se retiró de la vida pública y pasó a residir en su castillo de la Grange-Bléneau. En 1824 viajó de nuevo a Estados Unidos, donde fue objeto de una triunfal acogida y obsequiado con tierras y una renta vitalicia. De nuevo en Francia, tras la revolución de 1830 estuvo al frente de la oposición liberal y apoyó la candidatura de Luis Felipe de Orleans al trono francés. Poco después, abandonó definitivamente la política.

LA FAYETTE, MARIE-MADELEINE PIOCHE DE LA VERGNE, CONDESA DE *(París, 1634-id., 1693) Escritora francesa.* Nacida en el seno de una familia de la pequeña nobleza, en 1655 contrajo matrimonio con François Motier, conde de La Fayette. Promotora de una de las tertulias literarias más importantes de la época, conoció a Enriqueta de Inglaterra, Madame de Sévigné, Jean de La Fontaine y La Rochefoucauld, con quien mantuvo una estrecha relación. Tras la publicación de las novelas *La princesa de Montpensier* (1662) y *Zaïde* (1670), ambas de corte tradicional, se interesó por la novela histórica y emprendió la redacción de *Historia de Enriqueta de Inglaterra*, inédita hasta 1720. En 1678 apareció su obra cumbre, *La princesa de Clèves*, ambientada en la corte de Francisco II, el penetrante análisis psicológico de los personajes la convierte quizás en la primera novela moderna en lengua francesa.

LA FONTAINE, JEAN DE *(Château-Thierry, Francia, 1621-París, 1695) Escritor francés.* De origen burgués, abandonó la abogacía para ganarse la vida como escritor bajo la protección de personajes como Nicolas Fouquet, a quien dedicaría los poemas *Aux nymphes de Vaux* (1662) y *Ode au roi* (1662). En 1665 publicó el primer volumen de sus *Cuentos y relatos en verso*, inspirados en autores como Boccaccio o La Salle, cuyas historias alteró notablemente; nuevas entregas vieron la luz entre 1667 y 1684. Todavía mayor fama obtuvo, sin embargo, con sus *Fábulas*, conjunto de narraciones en verso protagonizadas por animales que actúan como seres racionales, y cuyo objetivo es ofrecer una enseñanza moral. Inspiradas en las fábulas clásicas y dotadas de un agudo sentido del humor, fueron agrupadas en doce libros y publicadas entre 1668 y 1694. Nombrado miembro de la Academia Francesa en 1684, a través de sus fábulas legó a la posteridad una visión irónica y un tanto escéptica de la sociedad.

▲ *Retrato de Marie-Madeleine Pioche de La Vergne, condesa de* **La Fayette***. Promotora de tertulias literarias, sus obras adelantan la novela moderna francesa.*

▼ *El duque de* **La Rochefoucauld** *según una pintura anónima del s. XVII. El filósofo francés se hizo famoso por sus* Máximas.

▼ *Jean de* **La Fontaine***, autor de las célebres* Fábulas*, retratado por De Largillière en un cuadro que se conserva en el Museo de Versalles de París.*

LA METTRIE, JULIEN OFFROY DE *(Saint-Malo, Francia 1709-Berlín, 1751) Médico y filósofo francés.* Nacido en el seno de una familia de comerciantes, se educó con los jesuitas y estudió medicina en París y Reims. Causó polémica su interpretación materialista de los fenómenos físicos, que le llevó a negar la existencia de Dios y el alma humana. Por ello se vio obligado a exiliarse primero en los Países Bajos y luego en la corte de Federico II de Prusia, de la que fue médico. Su mecanicismo radical quedó expuesto en *El hombre máquina* (1748), ensayo en el que interpreta el pensamiento como el resultado de la acción de los componentes del cerebro y propone una continuidad entre los animales y el hombre. También propuso considerar a ciertos criminales como enfermos. Típicamente ilustrado, su pensamiento pone una fe sin límites en el progreso científico y ataca con saña la religión y la ignorancia médica.

LA ROCHEFOUCAULD, FRANÇOIS, DUQUE DE *(1613-1680) Filósofo y moralista francés.* Tal como él mismo relató en sus *Memorias* (1662), los primeros años de su vida adulta los pasó entre el ejército y la corte francesa, involucrado en hechos de armas y aventuras amorosas. Sin embargo, en 1652, debido a una herida que sufrió en la batalla de Faubourg Saint-Antoine que lo obligó a guardar reposo por un tiempo, volvió a París y entró en contacto con los círculos literarios. Concibió entonces su obra más conocida, las *Máximas* (1658-1663), colección de 700 epigramas que constituyen un hito del clasicismo francés. Tomando el egoísmo natural como la esencia de toda acción, La Rochefoucauld atacó el autoengaño y descubrió con hondura e ingenio las contradicciones de la psicología humana.

LA SERNA, JOSÉ DE *(Jerez de la Frontera, España, 1770-Cádiz, 1832) Militar y administrador colonial español.* Cursó la carrera militar y desempeñó un destacado papel en la guerra de Independencia española. Su actuación contra los franceses le valió el ascenso a teniente general, y en 1815 fue destinado a las colonias americanas como general en jefe del ejército del Alto Perú. Este territorio se había convertido, gracias a la actuación del virrey Abascal, en un reducto realista casi inexpugnable durante todo el período de las guerras emancipadoras americanas. Abascal ocupó militarmente el Alto Perú, sofocó la insurrección de Chile e incrementó su virreinato con la audiencia de Quito. En 1816, el ejército de De La Serna conquistó Salta, pero abandonó este territorio al recibir noticias de la caída de Chile, después de que el ejército mandado por el general San Martín cruzara la cordillera de los Andes desde las Provincias Unidas del Río de la Plata. En 1821, a raíz del pronunciamiento militar de Aznapuquio que culminó con la destitución del virrey Pezuela, José de la Serna fue designado virrey del Perú, título que más tarde fue confirmado oficialmente. Un año antes, José de San Martín, tras desembarcar en Paracas, se había dirigido al norte y proclamado la independencia peruana en Ica. Constituyó también un primer Reglamento Provisional, pero De la Serna no aceptó la independencia del país y se enfrentó a las fuerzas del general argentino. Sin embargo, en 1821 llegó a un pacto con él que no dio ningún resultado. Meses más tarde, Lima fue ocupada por los independentistas y San Martín se proclamó protector. De la Serna trasladó entonces la capital del virreinato a Cusco y continuó combatiendo hasta su derrota final en la batalla de Ayacucho (1824), que supuso para España la pérdida definitiva de sus posesiones en el continente americano. En el año 1825 fue repatriado a España junto con otros militares.

LABE, LOUISE *(Lyon, h. 1516-Parcieux-en-Dombes, Francia, 1565) Poetisa francesa.* Hija de un rico cordelero, recibió una esmerada educación que comprendía el estudio del latín y el italiano, el canto, la equitación y la práctica de armas. Sus ansias de libertad, que jamás ocultó, le valieron una fama de cortesana disipada, y su matrimonio, también con un cordelero o fabricante de cuerdas, el sobrenombre de *la Belle Cordelière*. A la muerte de su marido inició una apasionada relación amorosa con el escritor Olivier de Magny, quien, junto a Maurice Scève, Pernette du Guillet y la propia Louise Labé, pertenecía a la escuela lionesa. Su obra lírica, de tono apasionado y gran vitalidad, constituye una síntesis de la literatura amorosa europea; comprende el diálogo en prosa *Debate entre locura y amor*, tres *Elegías* y veinticuatro *Sonetos*, y fue editada en 1555.

LACAN, JACQUES *(París, 1901-id., 1981) Filósofo y psiquiatra francés.* Estudió medicina en la Sorbona y obtuvo su doctorado en 1932, en la especialidad de psiquiatría. Su interés por el psicoanálisis le llevaría a ingresar en la Sociedad Psicoanalítica de París, aunque sus diferencias sobre la interpretación de Freud lo impulsaron a fundar, en 1964, la Escuela Freudiana de París. Pro-

«*El discurso del inconsciente está estructurado como un lenguaje.*»

Jacques Lacan

▶ *El psiquiatra francés Jacques **Lacan** fotografiado en sus años de madurez. Profundamente interesado por el psicoanálisis, elaboró una relectura de Freud desde el punto de vista estructuralista.*

▲ *Louise **Labé**, apodada la Belle Cordelière, en un grabado de Pierre de Woeriot realizado en 1555 que se encuentra en la Biblioteca Nacional de París.*

puso una reinterpretación de Freud en términos estructuralistas, que tuviera en cuenta la importancia del lenguaje. Así, afirmó que el sujeto estaba articulado en dos niveles: el consciente (lenguaje de la cultura) y el inconsciente (lenguaje del deseo), cuya relación era también de carácter lingüístico. Publicó, entre otras obras, *La familia* (1932) y *Psicoanálisis, radiofonía y televisión* (1973), así como sus seminarios, recogidos en varios volúmenes (*El seminario*, 1973, 1978, 1986 y 1991).

LACLOS, PIERRE-AMBROISE-FRANÇOIS CHODERLOS DE *(Amiens, Francia, 1741-Tarento, Italia, 1803) Escritor francés.* Militar en periodo de paz, vivió la existencia de cuartel en las guarniciones de Estrasburgo, Grenoble, Besançon y Aix-en-Provence, donde escribió la extensa novela por la que sería conocido, *Las amistades peligrosas*, publicada en 1782. La obra obtuvo un éxito fulgurante, y también numerosas críticas. Su análisis de la hipocresía de la sociedad mundana y aristocrática de su época, expuesto a través de la vida del libertino Valmont y sus relaciones eróticas con diversas mujeres de la nobleza, no podía complacer a sus superiores, pertenecientes a la misma clase social que satirizaba la novela. A pesar de todo, en 1788 fue trasladado a Toulon y entró al servicio de Felipe de Orleans, para quien trabajó activamente durante todo el período revolucionario. Tras haber estado encarcelado en diversas ocasiones, el acceso de Napoleón al poder le permitió reintegrarse en el ejército, donde alcanzó el rango de general. De menor valor literario, pero interesante para comprender la sensibilidad de Laclos, es el tratado *De l'education des femmes*, que se publicó un siglo después de su muerte, en 1903.

LAGRANGE, JOSEPH-LOUIS DE *(Turín, 1736-París, 1813) Matemático francés de origen italiano.* Estudió en su ciudad natal y hasta los diecisiete años no mostró ninguna aptitud especial para las matemáticas. Sin embargo, la lectura de una obra del astrónomo inglés Edmund Halley despertó su interés y, tras un año de incesante trabajo, era ya un matemático consumado. Nombrado profesor de la Escuela de Artillería, en el año 1758 fundó una sociedad, con la ayuda de sus alumnos, que se convertiría en la Academia de Ciencias de Turín. En su obra *Miscellanea taurinensia*, escrita por aquellos años, obtuvo, entre otros resultados, una ecuación diferencial general del movimiento y su adaptación para el caso particular del movimiento rectilíneo y la solución a muchos problemas de dinámica mediante el cálculo de variantes. Escribió así mismo numerosos artículos sobre cálculo integral y las ecuaciones diferenciales generales del movimiento de tres cuerpos sometidos a fuerzas de atracción mutuas. A principios de 1760 era ya uno de los matemáticos más respetados de Europa, a pesar del flagelo de una salud extremadamente débil. Su siguiente trabajo sobre el equilibrio lunar, donde razonaba la causa de que la Luna siempre mostrara la misma cara, le supuso la concesión, en 1764, de un premio por la Academia de Ciencias de París. Hasta que se trasladó a la capital francesa en 1787, escribió gran variedad de tratados sobre astronomía, resolución de ecuaciones, cálculo de determinantes de segundo y tercer orden, ecuaciones diferenciales y mecánica analítica. En 1795 se le concedió una cátedra en la recién fundada École Normale, que ocupó tan sólo durante cuatro meses. Dos años más tarde, tras la creación de la École Polytechnique, Lagrange fue nombrado profesor, y quienes asistieron a sus clases las describieron como «perfectas en forma y contenido». Sus enseñanzas sobre cálculo diferencial forman la base de sus obras *Te-*

▲ *Choderlos de* **Laclos** *en una pintura atribuida a Quentin de La Tour. Su novela* Las amistades peligrosas *constituye un extraordinario retrato de la aristocracia de su época.*

> *«Espero demostrar que la Naturaleza posee los medios y las facultades que le son necesarios para producir por sí misma lo que admiramos en ella.»*
>
> Jean-Baptiste Lamarck
> *Philosophie zoologique*

oría de las funciones analíticas y *Resolución de ecuaciones numéricas* (1798). En 1810 inició una revisión de su *Teoría*, pero sólo pudo concluir dos terceras partes antes de su muerte.

LAMARCK, JEAN-BAPTISTE DE MONET DE *(Bazantin, Francia, 1744-París, 1829) Biólogo francés.* Siguió la carrera eclesiástica hasta los diecisiete años por voluntad de su padre, a cuya muerte se enroló en la infantería, donde sirvió desde 1761 a 1768 y de la que se desvinculó a causa de su delicada salud. Se trasladó a París, y estudió medicina y botánica. Discípulo de Bernard de Jussieu, en 1778 publicó *Flora francesa*, obra en la que, por primera vez, se clasificaba sistemáticamente la flora por medio de una clave dicotómica. Miembro de la Academia Francesa de Ciencias, trabajó como botánico del Jardin du Roi hasta que la institución se reconvirtió, durante la Revolución, en el Museo Nacional de Historia Natural. Nombrado director del Departamento de los Animales sin Esqueleto, a los que posteriormente asignó su denominación moderna de invertebrados, efectuó la primera subdivisión del mismo en los hoy día habituales grupos de arácnidos, insectos, crustáceos y equinodermos. Compendio de sus estudios son los siete volúmenes de su obra principal, *Historia natural de los invertebrados* (1815-1822). Así mismo publicó tratados sobre temas tan diversos como meteorología, geología, química y paleontología, entre los que cabe citar *Investigaciones sobre las causas de los principales fenómenos físicos* (1794), *Investigaciones sobre la organización de los seres vivos* e *Hidrología* (1802). La diversidad de sus inquietudes resultó decisiva en la formulación de su teoría de la evolución, basada en tres leyes fundamentales, las dos primeras de las cuales versaban sobre el ascenso de los seres vivos hasta formas más evolucionadas y la tercera, por extensión identificada con la corriente de pensamiento conocida actualmente como lamarckismo, establecía que los caracteres adquiridos durante dicho proceso evolutivo eran hereditarios. Lamarck fue el primero en utilizar el término biología, en 1802, pero en la historia de esta ciencia se le considera más un precursor que un fundador. Murió ciego y en la indigencia.

LAMARTINE, ALPHONSE DE *(Maçon, Francia, 1790-París, 1869) Escritor y político francés.* Nacido en el seno de una familia de clase alta, completó su educación en Lyon y Belley, y concluyó con éxito la carrera diplomática. En 1816 conoció a madame Julie Charles y se enamoró profundamente de ella. Julie falleció un año después de conocer a Lamartine, quien tardaría mucho tiempo en superar su pérdida. En 1820 obtuvo un gran éxito con la publicación de las *Meditaciones poéticas*, donde expresa el romanticismo tradicional a través de una nueva sensibilidad. Aunque sus inquietudes le condujeron al ejercicio de la diplomacia –fue agregado y secretario de embajada en Italia– no abandonó nunca la literatura, y dio a conocer varios poemarios entre 1823 y 1830. Tras la subida al trono de Luis Felipe de Orleans, abandonó su cargo en la embajada y se dedicó a viajar por Oriente (1832-1833). A su regreso fue nombrado diputado, y mantuvo una posición moderada dentro de la oposición. A su producción poética sumó en esta época realizaciones novelísticas de neto corte romántico. En 1848 fue nombrado ministro de Asuntos Exteriores del gobierno provisional, y alcanzó tal popularidad que logró convencer a los manifestantes socialistas de que la bandera francesa tricolor no debía ser sustituida por la roja. Su carisma político fue disminuyendo progresivamente y su fracaso en las elecciones presidenciales y el golpe de Estado de Luis Napoleón le indujeron a retirarse definitivamente de la vida pública. Durante el Segundo Imperio continuó su producción literaria con obras de distinto género, entre ellas algunas de tinte biográfico, como *L'Insolent*, *Le wallon*, *Le lac* y *L'Automne* y el ensayo *Curso de literatura familiar*. Pasó sus últimos años acosado por las deudas, que intentó sufragar con la publicación de libros.

LANDAU, LEV DAVIDOVICH *(Bakú, Azerbaiján, 1908-Moscú, 1968) Físico ruso.* De padre ingeniero y madre médica, pronto se le encaminó hacia la ciencia. Estudió en las universidades de Bakú (1922-1924) y Leningrado (1924-1927). En 1929, tras una breve estancia en Gotinga y Leipzig, se trasladó a Copenhague para trabajar en el Instituto de Física Teórica dirigido por Niels Bohr, del que siempre se consideró discípulo. De vuelta en la URSS, fue enviado a Jarkov para dirigir el complejo de instalaciones científicas recién creadas en el lugar, y que respondían a la intención de las autoridades soviéticas de convertirlo en el nuevo centro de investigaciones

ALPHONSE DE LAMARTINE

OBRAS MAESTRAS

POESÍA: *MEDITACIONES POÉTICAS* (1820); *NUEVAS MEDITACIONES POÉTICAS* (1823); *LA MUERTE DE SÓCRATES* (1823); *ARMONÍAS POÉTICAS Y RELIGIOSAS* (1830). **NOVELA Y RELATOS:** *JOCELYN* (1836); *LA CAÍDA DE UN ÁNGEL* (1838); *HISTORIA DE LOS GIRONDINOS* (1847); *HISTORIA DE LA REVOLUCIÓN DE 1848* (1849); *GENOVEVA, HISTORIA DE UNA CRIADA* (1851).

▲ *El escritor y político francés Alphonse de* **Lamartine**, *uno de los poetas románticos más influyentes de su época.*

▼ *Lev D.* **Landau** *en su estudio. El científico ruso se interesó principalmente por la física teórica y la física nuclear, y obtuvo el Premio Nobel en 1962.*

físicoteóricas del país. En colaboración con E. M. Lifchitz, escribió una serie de monografías editadas en siete volúmenes, y que fueron publicadas en 1938 bajo el título de *Curso de física teórica*. En respuesta al requerimiento del físico experimental P. Kapitsa, especializado en el estudio de las bajas temperaturas, se trasladó a Moscú para dirigir el departamento de teoría del Instituto de Problemas de la Física. En él, Landau desarrolló una teoría para explicar las propiedades, descubiertas por Kapitsa, de superfluidos y superconductividad del helio II, estado del helio líquido por debajo de los 2,2 °K. Por este trabajo fue galardonado con el Premio Nobel de Física en 1962. Ese mismo año sufrió un accidente de circulación del cual ya no se recuperaría. Las aportaciones de Landau abarcaron prácticamente todos los campos de la física: desde la de bajas temperaturas hasta la nuclear, de la del estado de plasma a la de los rayos cósmicos. Además del Premio Nobel, recibió a lo largo de su vida muchos otros galardones, entre los que cabe destacar el título de Héroe del Trabajo y el Premio Lenin, en la Unión Soviética, y fue reconocido como miembro asociado por la Royal Society de Londres y por las academias de Países Bajos, Dinamarca y Estados Unidos.

LANDSTEINER, KARL *(Viena, 1868-Nueva York, 1943) Patólogo e inmunólogo estadounidense de origen austriaco.* Mientras trabajaba como ayudante en el Instituto de Patología de Viena detectó varias diferencias en la sangre humana, directamente relacionadas con los problemas de rechazo experimentados durante las transfusiones. En 1901 demostró la existencia de, al menos, tres tipos básicos de sangre humana que se diferenciaban por el tipo y la canti-

dad de antígenos que poseían. Landsteiner acuñó los términos A, B y 0 para designar estos tres tipos o grupos sanguíneos distintos. Un cuarto grupo, poseedor de antígenos de los grupos A y B, fue descubierto un año después. Más tarde añadió a la lista los denominados M y N (1927), así como el factor Rh (1940). En el año 1909 fue designado profesor de patología en Viena; posteriormente emigró a Estados Unidos y entró a trabajar en el Instituto Rockefeller de Investigación Médica (1922-1943). En 1930 le fue concedido el Premio Nobel de Fisiología y Medicina.

LANG, FRITZ *(Viena, 1890-Los Ángeles, 1976) Director de cine austriaco, naturalizado estadounidense.* Considerado como autor expresionista, aunque él mismo abominara de tal calificativo, se inició en el mundo del cine como guionista antes de dar el salto a la realización en 1919. Hijo de un arquitecto, Lang parecía destinado a seguir la misma carrera de su padre. A tal propósito empezó a estudiar arquitectura y, aunque no acabó la carrera, su influencia sería determinante en la gestación y fisonomía de sus primeras grandes películas. Es el caso de la serie en dos partes *Los nibelungos* (1924) y de la futurista *Metrópolis* (1927), en las que la importancia de los volúmenes arquitectónicos le diferencia de otros maestros del cine expresionista germano, como Robert Wiene. Aunque fueron estas dos películas las que cimentaron su fama, es obligado mencionar así mismo su primer éxito, *Las arañas* (1919), la hermosa *La muerte cansada* (1921) y, sobre todo, *El doctor Mabuse* (1922), primera aparición de un personaje recurrente en la filmografía languiana. Sus dos primeras películas sonoras –*M, el vampiro de Düsseldorf* (1931) y *El testamento del doctor Mabuse* (1933)– suscitaron una gran controversia por su acerada crítica al nacionalsocialismo. Paradójicamente, Goebbels le ofreció la dirección de la industria cinematográfica alemana. La respuesta de Lang consistió en abandonar precipitadamente Alemania. En 1936 se trasladó a Estados Unidos, donde realizó veintidós filmes, entre los que destacan su aportación al género negro –*La mujer del cuadro* (1944), *Perversidad* (1945), *Los sobornados* (1953)–, el western *Encubridora* (1952) y el social *Furia* (1936). El tema, tan caro a Lang, de la lucha del hombre contra su propio destino encuentra en ellos su más clarividente plasmación. En 1959, el cineasta regresó a Alemania para rodar el díptico de aventuras *El tigre de Esnapur* y *La tumba*

▼ *Cartel anunciador de* Metrópolis, *película dirigida por Fritz* **Lang** *en 1927 durante su etapa alemana y considerada uno de los grandes títulos de la historia del cine.*

india, sobre un guión propio escrito en los inicios de su carrera, y *Los crímenes del doctor Mabuse* (1960), la película que cierra su filmografía.

LANGEVIN, PAUL *(París, 1872-id., 1946) Físico francés.* Estudió en Cambridge, en el Laboratorio Cavendish y en París. Se doctoró en 1902 en la Sorbona bajo la supervisión de P. Curie. Fue profesor de física en el Colegio de Francia y en la Sorbona. Tras el descubrimiento de la piezoelectricidad, Langevin investigó sobre las aplicaciones de las vibraciones ultrasónicas. Los ultrasonidos se reflejan más ampliamente debido a que su longitud de onda es menor que la del rango de sonidos audibles, principio que constituye el fundamento del sonar. Así mismo, estableció los fundamentos teóricos de la relación inversa, constatada experimentalmente, entre movimiento electrónico paramagnético y temperatura; estudió también el movimiento browniano y numerosos aspectos de la termodinámica.

LAO-TSÉ *(s. VI a.C.) Religioso chino.* Considerado uno de los fundadores del taoísmo, poco o nada se sabe a ciencia cierta acerca de su vida. La única fuente de que se dispone es una biografía escrita por Su-ma Chien. En ella, el historiador, que escribe cinco siglos más tarde, señala que Lao-Tsé nació en la actual provincia de Hunan y que era uno de los estudiosos de la corte de la dinastía Chou. La tradición, así mismo, le atribuye la autoría del *Dao Dejing* (o *Tao te-king*), una de las primeras obras taoístas. Sin embargo, en la actualidad se cuestiona la posibilidad de que dicho libro fuera escrito por una sola persona y, según los casos, se duda incluso de la existencia histórica del propio Lao-Tsé. Sea como fuere, el libro enseña los caminos del *tao* (es de-

► *Retrato anónimo de* **Lao-Tsé** *que se conserva en la Biblioteca Nacional de París. El filósofo chino fue considerado durante siglos como uno de los fundadores del taoísmo, pero hoy se discute la veracidad del aserto.*

cir, la vía, camino o principio supremo) y del *te* (su propia virtud). Ambos conceptos se añadieron a los empleados por otros pensadores, tales como Yang Chu y Zhuangzi, para sentar los principos fundamentales del taoísmo.

LAPLACE, PIERRE-SIMON, MARQUÉS DE *(Beaumont-en-Auge, Francia, 1749-París, 1827) Matemático francés*. Hijo de un granjero, inició sus estudios primarios en la escuela local, pero gracias a la intervención de D'Alembert, profundamente impresionado por un escrito del joven sobre los principios de la mecánica, pudo trasladarse a la capital, donde consiguió una plaza en la École Militaire. Entre 1771 y 1789 desarrolló la mayor parte de su trabajo sobre astronomía, particularmente su estudio sobre las desigualdades planetarias, seguido por algunos escritos sobre cálculo integral y ecuaciones diferenciales en derivadas parciales. Destaca entre su producción del período 1784-1787 la determinación de la atracción de un esferoide sobre una partícula situada en su exterior, para cuya determinación introduciría el análisis de armónicos o coeficientes de Laplace y el concepto de potencial. En 1796 publicó su *Exposición del sistema del mundo*, en el que ofreció una versión divulgativa de la mecánica newtoniana y una exposición del sistema solar. Sus resultados analíticos sobre la mecánica estelar se publicaron en los cinco volúmenes del *Tratado de mecánica celeste* (1799-1825). En los dos primeros volúmenes describió métodos para el cálculo del movimiento de los planetas y sus satélites, y determinó sus trayectorias. El tercero contiene la aplicación de estos métodos y muchas tablas astronómicas. En 1814, Laplace publicó un ensayo sobre probabilidades orientado al lector profano, que le serviría de base para la segunda introducción de su *Teoría analítica de las probabilidades* (tratado publicado en 1812), donde incluyó una exposición del método de los mínimos cuadrados, base de toda la teoría de los errores.

LARA, AGUSTÍN *(Tlacotalpán, México, 1897-Ciudad de México, 1970) Compositor de canción melódica mexicano*. Por su formación autodidacta, su prolífica producción y su incontestable éxito, Agustín Lara ha sido considerado en numerosas ocasiones como el Irving Berlin de la canción mexicana. Conocido como *el Flaco de Oro*, son incontables las canciones compuestas por este músico que han conquistado una fama imperecedera: *Granada* –inmortalizada

▲ *El marqués de* **Laplace** *fue uno de los más preclaros matemáticos de la época napoleónica. Destacaron sobre todo sus estudios sobre corriente eléctrica y cálculo de probabilidades.*

«*Quien conoce a los otros es sabio. Quien se conoce a sí mismo es iluminado..*»

Lao-Tsé
Tao te-king

▶ *Francisco* **Largo Caballero***, una de las principales figuras del socialismo revolucionario durante la Segunda República española y la guerra civil, en un retrato de L. Quintanilla.*

por el tenor Mario Lanza–, el chotis *Madrid, Noche criolla, La Cumbancha, Noche de ronda, Solamente una vez, Palmera* o *María bonita* –escrita para su esposa, la actriz María Félix–, son sólo algunas de las más célebres. Adaptadas a numerosos idiomas y cantadas en los más diferentes estilos, su éxito en el Viejo y el Nuevo Mundo procuró a su autor los mayores honores y el reconocimiento general. Junto con la canción melódica, Lara también sobresalió en la composición de música para cine; suya es, por ejemplo, la partitura de *Santa*, una de las primeras películas sonoras realizadas en México.

LARGO CABALLERO, FRANCISCO *(Madrid, 1869-París, 1946) Político y líder sindicalista español*. Joven militante de la Unión General de Trabajadores y miembro del Partido Socialista Obrero Español, fue encarcelado tras la huelga general de 1917. Un año más tarde se convirtió en secretario general del sindicato socialista, desde donde preconizó una política de entendimiento con la dictadura de Primo de Rivera. Proclamada la Segunda República, fue ministro de Trabajo en el gobierno de Manuel Azaña, lo cual fue motivo de desavenencia con Julián Besteiro, quien no aprobaba la colaboración con la República burguesa. Iniciada ya la guerra civil, presidió el gobierno del Frente Popular, del que dimitió cuando se produjeron los que se conocieron como sucesos de mayo de 1937. Exiliado en Francia desde enero de 1939, el gobierno de Vichy lo detuvo y fue internado en el campo de concentración nazi de Oranienburg, del que sería liberado en 1945, finalizada la Segunda Guerra Mundial.

Munguía. Ambas publicaciones fueron prohibidas por la censura al cabo de poco tiempo. En 1829 casó con Josefa Wetoret, en lo que fue un matrimonio desgraciado que pronto acabó en separación. En 1833 inició una nueva etapa de su carrera, con el seudónimo de Fígaro, en la *Revista Española* y *El Observador*, donde además de sus cuadros de costumbres insertó crítica literaria y política al amparo de la relativa libertad de expresión propiciada por la muerte de Fernando VII; son famosos sus artículos *Vuelva usted mañana*, *El castellano viejo*, *Entre qué gentes estamos*, *En este país* y *El casarse pronto y mal*, entre otros. En 1834 publicó la novela histórica *El doncel de don Enrique el Doliente* y estrenó la pieza teatral *Macías*, ambas basadas en la trágica vida del poeta medieval Macías y en sus amores adulterinos, argumento que, en cierta manera, reflejaba la relación adúltera que en aquellos momentos mantenía Larra con Dolores Armijo. En 1835 emprendió un viaje a Portugal, Londres, Bruselas y París, donde conoció a Victor Hugo y Dumas. De regreso en Madrid, trabajó para los periódicos *El Redactor General* y *El Mundo*. En esta época, la preocupación política dominaba en sus escritos. Además, decidió intervenir en la política activa a favor de los conservadores, e incluso llegó a ser elegido diputado por Ávila (1836), aunque el motín de La Granja impidió que entrara en funciones. Su desaliento e inconformidad ante los males que asediaban a la sociedad española y el dolor que le produjo su separación definitiva de Dolores Armijo, quedaron reflejados en su escrito *El día de difuntos de 1836*, publicado en *El Español*, y en el que detrás de su habitual ironía aparecía un hondo pesimismo. Tras una nueva discusión con Dolores Armijo, se suicidó de un pistoletazo en su domicilio, a los veintiocho años. Aunque no compartió los postulados literarios del romanticismo, su agitada vida y su muerte lo acercan a los ideales y modelos románticos. Su figura sería reivindicada, años más tarde, por los integrantes de la Generación del 98.

LARRA, MARIANO JOSÉ DE *(Madrid, 1809-id., 1837) Escritor español.* Su familia hubo de emigrar a Burdeos con la expulsión de las tropas napoleónicas, en 1813, pues era sospechosa de afrancesamiento, dado el cargo de cirujano militar al servicio de José Bonaparte que había desempeñado su padre. Gracias a la amnistía concedida por Fernando VII en 1818, la familia regresó a Madrid, y su padre se convirtió en médico personal del hermano del rey Fernando. Larra estudió medicina en Madrid, aunque no llegó a terminar la carrera; en 1825 se trasladó a Valladolid para cursar derecho, estudios que continuaría en Valencia. Al parecer, por esta época se enamoró de una mujer de la que más tarde supo que era la amante de su padre, lo que fue una dura experiencia para él. Los años que residió en Francia podrían estar en el origen de su mordaz sentido crítico con la realidad de España; sus artículos, aparecidos en el folleto mensual *El Duende Satírico del Día* y que firmaba con el seudónimo «el Duende», le reportaron pronta fama como periodista. Su imagen de agudo observador de las costumbres y de la realidad social, cultural y política, se afianzó con la publicación de su revista satírica *El Pobrecito Hablador*, en la cual escribió con el seudónimo de Juan Pérez de

▲ *Sobre estas líneas, retrato de Mariano José de* **Larra***. El escritor y periodista español fue uno de los espíritus críticos más importantes de la España de su época. Arriba, detalle de algunas de sus publicaciones, junto a la pistola con la que se suicidó a la edad de veintiocho años.*

LAS CASAS, FRAY BARTOLOMÉ DE *(Sevilla, 1484?-Valladolid, 1566) Fraile dominico y teólogo español.* De familia noble, las noticias sobre la primera época de su vida no son muy fiables, pero se sabe que en 1502 embarcó para América y que durante los años siguientes participó en guerras contra los indígenas y se dedicó a explotar sus tierras, para lo cual empleó nativos. En 1507 fue ordenado sacerdote en Roma, pero hasta 1514 no fue consciente de que su misión era mejorar las deplorables condiciones en que vivían los indígenas. Tras contactar con los dominicos, fray Pedro de Córdoba lo envió a España para criticar el sistema de encomiendas y los abusos de los colonos españoles. Tras varias entrevistas infructuosas, el cardenal Cisneros le otorgó el título de Procurador Universal y Protector de los Indios y envió junto a él como gobernadores a tres frailes jerónimos, a quienes debía asesorar. En 1520 realizó un nuevo viaje a España, y logró poner en marcha un plan de penetración pacífica en la costa de la actual Venezuela. Fracasado el proyecto, un año más tarde se retiró a un convento de Santo Domingo, donde inició la redacción de la *Historia de las Indias*, que se prolongaría hasta 1552 y constituye un terrible testimonio sobre la colonización española en América. Tras varios viajes como predicador y en defensa de los indígenas a Perú, Panamá, Nicaragua, México y Guatemala, marchó de nuevo a España (1540) y logró que Carlos I convocara las Juntas de Valladolid, en las que Las Casas expuso frente a una comisión de clérigos y juristas su *Brevísima relación de la destrucción de las Indias,* y defendió que la evangelización sólo estaba justificada por medios pacíficos. Como resultado, las Leyes Nuevas de 1542 abolieron la esclavitud, eliminaron las encomiendas y establecieron que las nuevas colonizaciones debían hacerse bajo supervisión religiosa. Nombrado obispo de Chiapas, viajó a México, en donde encontró seria oposición para aplicar los nuevos principios. De retorno en España, consiguió que en 1550 se hiciera una nueva convocatoria en Valladolid, en la que se enfrentó a Ginés de Sepúlveda en defensa de los indígenas. Sin embargo, la falta de conclusiones y de una política concreta le hicieron renunciar a su obispado y entregarse por completo a sus gestiones y publicaciones en pro de los americanos autóctonos.

LASSALLE, FERDINAND *(Breslau, actual Polonia, 1825-Ginebra, Suiza, 1864) Político y pensador alemán.* Nacido en el seno de una familia de comerciantes judíos, cursó estudios en Breslau y Berlín. Tras una breve estancia en París, que le permitió conocer el movimiento socialista francés, en 1845 se afilió a la Liga de los Justos. Durante su participación en la revolución alemana de 1848, por la que fue encarcelado, entabló amistad con Karl Marx. Ese mismo año, convertido en uno de los máximos exponentes del socialismo alemán, fundó la Asociación General de Trabajadores Ale-

▲ *Bartolomé de **Las Casas** bajo la portada de su* Brevísima relación de la destrucción de las Indias *(1552), en la que denunciaba los atropellos perpetrados por los conquistadores en América.*

▲ *Portada del manuscrito que contiene los Salmos penitenciales compuestos por Roland de **Lassus**. El dibujo, obra de Hans Mielich, muestra al músico a la edad de cuarenta años.*

manes, el primer movimiento socialista con cierta trascendencia del país. Disfrutó de una alta consideración entre los trabajadores, pero su ideario, aunque influido por Marx, desarrolló posturas opuestas al marxismo sobre la estrategia revolucionaria y no realizó grandes aportaciones teóricas al pensamiento socialista. Lassalle, que no llegó a comprender los principios del materialismo histórico, defendió la unificación alemana y a Bismarck como su necesario artífice, lo cual lo situó al lado del Estado y frente a la burguesía. Esta toma de posición, que expuso en *La guerra italiana y la misión de Prusia* (1859), en donde también se mostraba contrario a la guerra franco-prusiana, lo enfrentó directamente a Marx, que apoyaba a la burguesía contra el Estado prusiano. También discrepó de Marx en su idea del sufragio universal como un instrumento de democratización del Estado. Lassalle esperaba que Bismarck considerase a los obreros como pilares en la formación del Estado prusiano y, en consecuencia, que se impusiera el socialismo. La idea del sufragio universal directo ejerció una innegable atracción entre los trabajadores alemanes, que se movilizaron a través de su asociación por creer que con el voto podrían controlar el Estado de acuerdo con sus intereses de clase. Otras obras suyas son *Heráclito el oscuro* (1857) y *Sistema de derechos adquiridos* (1861).

LASSUS, ROLAND DE *(Mons, actual Bélgica, 1532-Munich, 1594) Compositor franco-flamenco.* Conocido también como Orlando di Lasso, su nombre viene a completar la gran tríada de la música polifónica del siglo XVI, de la que también forman parte Palestrina y Victoria. Sus primeros pasos en el mundo de la música los dio como niño cantor en su localidad natal. En 1544, con sólo doce años, entró al servicio de Ferdinando Gonzaga, al que siguió en sus viajes por Italia y Francia. Tras desempeñar distintos cargos en Nápoles y Roma, en 1555 se estableció en Amberes y publicó sus primeras obras, como una serie de madrigales sobre textos de Petrarca. Su excelente acogida propició que un año más tarde fuera aceptado en la corte del duque Alberto V de Munich, primero, hasta 1563, como tenor y después, hasta su muerte, como maestro de capilla. Autor prolífico y versátil, ha dejado una producción que supera las dos mil composiciones y que incluye todos los géneros cultivados en su época, desde la misa hasta la *chanson* profana en varios idiomas, pasando por el motete latino, himnos, madrigales y villanescas.

LAUREL, STAN [Arthur Stanley Jefferson] *(Ulverston, Reino Unido, 1890-Santa Mónica, EE UU, 1965). Actor estadounidense de origen británico que formó pareja habitual con el actor de la misma nacionalidad* **OLIVER HARDY** [Oliver Norvell Hardy Jr.] *(Harlem, EE UU, 1892-North Hollywood, id., 1957).* Conocidos popularmente como *el Gordo* (Oliver Hardy) y *el Flaco* (Stan Laurel), formaron la pareja de cómicos más famosa de los años treinta y cuarenta, durante los cuales interpretaron casi noventa películas. Se conocieron en 1926, fecha en que ambos acudieron al estudio del productor Hal Roach, quien les convenció para que trabajaran juntos. La clave de su éxito, fulgurante desde sus primeras comedias, residió en la perfecta explotación de la comicidad de sus físicos y caracteres contrapuestos; así, mientras Laurel daba vida a un tipo de maneras y movimientos torpes, Hardy interpretaba a un personaje serio y desesperado con las meteduras de pata de su compañero. Entre sus muchas películas, en su mayoría dirigidas por Leo McCarey, sobresalen *Fra Diávolo* (1933), *Laurel y Hardy en el Oeste* (1937) y *Estudiantes en Oxford* (1940).

LAUTARO *(?, 1534-Mataquito, actual Chile, 1557) Caudillo araucano.* Hijo del cacique araucano Curiñanca, tras servir como caballerizo a las órdenes de Valdivia, gobernador de Chile, decidió escapar y ponerse al frente de la resistencia de su pueblo contra los conquistadores españoles. Hábil estratega, logró desconcertar a sus enemigos gracias a la rapidez y lo imprevisible de sus movimientos. Esto le permitió asaltar Tucapel y destruirla, y luego sorprender a Valdivia cuando éste llegaba con refuerzos y aniquilar sus fuerzas en el enfrentamiento. Con estas victorias fue acrecentado su prestigio, al tiempo que la ausencia de un mando unificado sembraba el desorden entre los españoles. Durante sus correrías conquistó la ciudad de Concepción y realizó asaltos infructuosos a Santiago, La Imperial y Valdivia, hasta que fue bloqueado por un ejército dirigido por Villagrán; Lautaro no llegó a participar en la batalla ya que fue asesinado en su tienda antes de que ésta diera comienzo.

LAUTRÉAMONT, CONDE DE [Isidore-Lucien Ducasse] *(Montevideo, 1846-París, 1870) Poeta francés.* Pasó su infancia en Uruguay, donde su padre era canciller en el consulado francés. Enviado a estudiar a Francia, fue alumno interno del Liceo de Tarbes, y en 1867 se trasladó a París con la intención

▲ *Arriba, Stan* **Laurel***, el Flaco, de pie en la acera, contempla a su compañero Oliver Hardy, el Gordo. Abajo, cartel de una de las películas de la genial pareja de cómicos.*

▼ *Portada de* Los cantos de Maldoror*, obra de Isidore Ducasse, conde de* **Lautréamont***. Esta edición, con ilustraciones de René Magritte, fue impresa en Bruselas en 1948.*

de ingresar en la École Polytechnique, pero desde ese momento su vida ha quedado casi en la oscuridad, lo cual ha generado toda una leyenda que lo presenta como un personaje enigmático y extravagante. En 1869 publicó, ya bajo el seudónimo de *Conde de Lautréamont, Los cantos de Maldoror*, que no se llegaron a distribuir a causa del miedo del editor a posibles represalias. El contenido de la obra, un canto a la violencia y la destrucción como encarnación del mal, presentado a través de imágenes apocalípticas, la relegó al olvido hasta 1920, cuando los surrealistas la reivindicaron como un antecedente suyo. También publicó, con su verdadero apellido, un volumen de *Poesías* (1870).

LAVALLEJA, JUAN ANTONIO *(Minas, actual Uruguay, 1784-?, 1853) Militar y político uruguayo.* Fue uno de los lugartenientes de José Gervasio Artigas, destacándose por su acción en la batalla de Las Piedras. A sus órdenes, luchó en la guerra contra los portugueses, cuya victoria implicó la anexión de la Banda Oriental a Brasil; Lavalleja fue hecho prisionero y estuvo en cautiverio entre 1818 y 1822. Una vez recobrada la libertad, preparó su contraataque y puso en marcha la estrategia para obtener la liberación de su país. Con la ayuda de buenos Aires, emprendió en 1825 una expedición que desembarcó en territorio uruguayo y que se conoce como la Cruzada Libertadora de los Treinta y Tres Orientales, con la cual se inició el proceso de independencia de la Banda Oriental respecto de Brasil, y su incorporación a las Provincias Unidas del Río de la Plata. Tres años más tarde intervino en la guerra del Imperio de Brasil con las Provincias Unidas, a cuya finalización se reconoció la total emancipación uruguaya en la Convención Preliminar de Paz (1828). En abril de 1830 fue elegido presidente provisional, cargo que conservó hasta la instauración, ese mismo año, del primer presidente de la República uruguaya, Fructuoso Rivera, contra quien se levantó en armas (1832-1834). En 1853 integró, junto con Rivera y Venancio Flores, un efímero triunvirato de gobierno.

LAVER, ROD *(Rockhampton, Australia, 1938) Tenista australiano.* Hijo de tenistas, empezó a practicar el deporte de la raqueta a edad muy temprana. A los dieciocho años ingresó en el equipo australiano de Copa Davis, y en 1959 ganó su primer trofeo al imponerse, junto a Robert Mark, en la categoría de dobles del torneo de Australia. Aquel mismo año, en esta ocasión junto a Darlene Hard, obtuvo el triunfo en la categoría de dobles mixtos en el torneo de Wimbledon. Al año siguiente ganó el campeonato australiano y en 1961 obtuvo su primera victoria en solitario en Wimbledon, triunfo que repitió en 1962, 1968 y 1969. En este mismo torneo revalidó su título en la categoría de dobles mixtos en 1960 y se impuso en la de dobles masculinos once años después. En 1962 se convirtió en el primer jugador de la historia en obtener la victoria en los cuatro torneos «grandes» (Australia, Roland Garros, Wimbledon y Abierto de Estados Unidos) en un mismo año, logro que repitió siete años más tarde. Profesional desde 1963, fue el jugador mejor pagado del circuito tenístico hasta 1978.

▲ *Rod **Laver** devuelve un golpe difícil durante un torneo en Australia. El tenista australiano fue el primero en ganar los cuatro grandes torneos que se disputan en el mundo.*

LAVOISIER, ANTOINE-LAURENT DE *(París, 1743-id., 1794) Químico francés, padre de la química moderna.* Orientado por su familia en un principio a seguir la carrera de derecho, recibió una magnífica educación en el Collège Mazarino, en donde adquirió no sólo buenos fundamentos en materia científica, sino también una sólida formación humanística. Ingresó luego en la facultad de derecho de París, donde se graduó en 1764, por más que en esta época su actividad se orientó sobre todo hacia la investigación científica. En 1766 recibió la medalla de oro de la Academia de Ciencias francesa por un ensayo sobre el mejor método de alumbrado público para grandes poblaciones. Con el geólogo J.-E. Guettard, confeccionó un atlas mineralógico de Francia. En 1768 presentó una serie de artículos sobre análisis de muestras de agua, y fue admitido en la Academia, de la que fue director en 1785 y tesorero en 1791. Su esposa, Marie Paulze,

con quien se casó en 1771, fue además su más estrecha colaboradora, e incluso tradujo al inglés los artículos redactados por su esposo. Un año antes, éste se había ganado una merecida reputación entre la comunidad científica de la época al demostrar la falsedad de la antigua idea, sostenida incluso por Robert Boyle, de que el agua podía ser convertida en tierra mediante sucesivas destilaciones. La especulación acerca de la naturaleza de los cuatro elementos tradicionales (aire, agua, tierra y fuego) lo llevó a emprender una serie de investigaciones sobre el papel desempeñado por el aire en las reacciones de combustión. Presentó a la Academia los resultados de su investigación en 1772, e hizo hincapié en el hecho de que cuando se queman el azufre o el fósforo, éstos ganan peso por absorber «aire», mientras que el plomo metálico formado tras calentar el plomo mineral lo pierde por haber perdido «aire». A partir de los trabajos de Priestley, acertó a distinguir entre un «aire» que no se combina tras la combustión o calcinación (el nitrógeno) y otro que sí lo hace, al que denominó oxígeno (productor de ácido). Los resultados cuantitativos y demás evidencias que obtuvo se oponían a la teoría del flogisto, aceptada incluso por Priestley, según la cual una sustancia hipotética –el flogisto– era la que se liberaba o se adquiría en los procesos de combustión de las sustancias. Publicó en 1786 una brillante refutación de dicha teoría, que logró persuadir a gran parte de la comunidad científica del momento, en especial la francesa, en 1787 se publicó el *Méthode de nomenclature chimique*, bajo la influencia de las ideas de Lavoisier, en el que se clasificaron y denominaron los elementos y compuestos entonces conocidos. En 1789, en colabora-

► *Antoine-Laurent de **Lavoisier**, considerado el padre de la química moderna, aparece retratado aquí junto a su esposa, en un cuadro de Jacques-Louis David que se conserva en el Museo Metropolitano de Nueva York.*

ción con otros científicos, fundó *Annales de Chimie*, publicación monográfica dedicada a la nueva química. La expansión de la doctrina defendida por Lavoisier se vio favorecida con la publicación en 1789 de su obra *Tratado elemental de química*. De este libro, que contiene una concisa exposición de su labor, cabe destacar la formulación de un primer enunciado de la ley de la conservación de la materia. También efectuó investigaciones sobre la fermentación y sobre la respiración animal. De los resultados obtenidos tras estudiar el intercambio de gases durante el proceso de respiración, en una serie de experimentos pioneros en el campo de la bioquímica, concluyó que la respiración es un tipo de reacción de oxidación similar a la combustión del carbón, con lo cual se anticipó a las posteriores explicaciones del proceso cíclico de la vida animal y vegetal. Fue así mismo un destacado personaje de la sociedad francesa de su tiempo. De ideas moderadas, desempeñó numerosos cargos públicos en la Administración del Estado, si bien su adhesión al impopular *Ferme Générale* le supuso la enemistad con el revolucionario Marat. Un año después del inicio del Terror, en mayo de 1794, tras un juicio de tan sólo unas horas, un tribunal revolucionario lo condenó a la guillotina.

LAWRENCE, DAVID HERBERT *(Eastwood, Reino Unido, 1885-Vence, Francia, 1930) Escritor británico.* Hijo de un minero y una maestra, se graduó en la Universidad de Nottingham en 1908 y tres años más tarde publicó su primera novela, *El pavo blanco*. En 1912 apareció *El merodeador*, que causó un gran escándalo por la minuciosa descripción de escenas de sexo, aspecto que caracterizaría sus obras y que le supondría numerosos problemas con la censura y la moral de la época. Su primera novela de madurez, *Hijos y amantes* (1913), describe en gran medida su propia juventud, al tiempo que refleja su preocupación por los efectos de la naciente sociedad industrial. En 1915 publicó *El arco iris*, prohibido por la censura de su país, con la que tuvo serias dificultades durante la Primera Guerra Mundial, lo cual le obligó a marcharse y a viajar de una parte a otra al término de ésta. En Italia escribió *La vara de Aarón* (1922) y empezó la redacción de un volumen de crítica literaria, *Estudios sobre literatura clásica americana*, que publicó en 1923. Antes de partir hacia Australia encontró editor para una serie de relatos agrupados bajo el título *Mujeres enamoradas*, que había empezado a escribir en 1921. En Australia es-

▲ *David Herbert* **Lawrence** *pintado por J. C. Zuta en 1920. El tratamiento explícito del sexo en sus novelas le acarreó grandes problemas con la censura en su época.*

«*El desierto ha ejercido siempre una atracción irresistible sobre los pensadores de la gran ciudad. No creo que encuentren a Dios en el desierto, pero sí es verdad que pueden escuchar mejor el verbo vivo que llevan dentro de sí mismos.*»

Lawrence de Arabia

cribió *Canguro* (1923) y más tarde se trasladó a México, que le inspiró *La serpiente emplumada* (1926), y por último regresó a Florencia, donde escribió *El amante de Lady Chatterley* (1928), su obra más celebrada y de mayor rigor literario, que influyó, entre otros, en Henry Miller. Aunque murió de tuberculosis en Francia, fue inhumado por deseo expreso en Nuevo México.

LAWRENCE, ERNEST ORLANDO *(Canton, EE UU, 1901-Palo Alto, id., 1958) Físico estadounidense, el primero en concebir un acelerador de partículas.* En 1925 se doctoró en física por la Universidad de Yale, donde fue profesor asistente de 1927 a 1928, fecha en que se trasladó a la Universidad de Berkeley, donde ocupó una plaza de residente antes de ser nombrado profesor en 1930. Lawrence concibió la idea del ciclotrón el año 1929. Uno de sus alumnos, M. Stanley Livingstone, se apropió de su idea y construyó un artefacto capaz de acelerar protones hasta suministrarles una energía de 13 000 electrón-voltios (eV). Animado por el éxito de su alumno, Lawrence diseñó otro ciclotrón, capaz de comunicar a las partículas subatómicas una energía de hasta 1 200 000 eV, energía suficiente para provocar la desintegración del núcleo atómico. Para continuar con el proyecto, promovió la fundación del Radiation Laboratory de Berkeley, del que fue nombrado director (1936) y que actualmente lleva su nombre. En uno de sus ciclotrones, consiguió aislar por primera vez el tecnecio, el primer elemento no presente en la naturaleza obtenido de forma artificial. Con el ciclotrón también obtuvo fósforo radiactivo y otros isótopos para uso médico; así mismo advirtió la utilidad de los haces de neutrones en el tratamiento de enfermedades cancerígenas. Durante la Segunda Guerra Mundial trabajó en el Proyecto Manhattan como jefe del departamento encargado del proceso electromagnético de separación del isótopo 235 del uranio para la bomba atómica. En 1957 fue galardonado con el Premio Fermi. Aparte de su labor estrictamente teórica, Lawrence patentó un modelo de tubo catódico para televisores en color. En reconocimiento a su labor, se denomina laurencio el elemento 103 de la tabla periódica.

LAWRENCE DE ARABIA [Thomas Edward Lawrence] *(Tremadoc, Reino Unido, 1888-Moreton, id., 1935) Escritor y militar británico.* Hijo ilegítimo de un aristócrata, creció bajo la influencia de una madre dominante. Estudió lenguas clásicas y arqueología en Oxford y viajó por Francia, donde las fortalezas medievales despertaron su interés por las Cruzadas y las culturas del Próximo Oriente; con este destino partió en 1910 en una expedición arqueológica con el equipo del Museo Británico. Recorrió en bicicleta Siria, Líbano, Palestina y otros puntos de Mesopotamia, lo cual le permitió conocer los pueblos y la lengua árabes. En el yacimiento de Carchemish conoció a Sheik Ahmed, un muchacho de quince años con quien se quedó a vivir, para escándalo de los nativos que trabajaban en la excavación. En 1914, poco antes del estallido de la Primera Guerra Mundial, entró en la Sinai Survey, compañía topográfica dirigida por lord Kitchener, que era en realidad una tapadera del espionaje militar británico, a cuya oficina de El Cairo fue trasladado al cabo de unos meses. Trabajaba en ella cuando dos años más tarde se le encomendó la misión que le abriría las puertas de la leyenda. Fue enviado a la ciudad de Jidda para que convenciera al rey Hussein de que generalizara la revuelta árabe que tímidamente habían comenzado sus hijos Abdullah y Feisal contra los turcos. La corriente de simpatía mutua que se estableció entre él y el emir Feisal fue decisiva para el éxito de su cometido, el cual implicó la ardua tarea de coordinar a las ariscas tribus beduinas. Ascendido a coronel, participó en las operaciones militares árabes, durante las cuales resultó herido varias veces e incluso fue apresado, torturado y vejado por un bey otomano, sin que en la ocasión llegara a revelar su identidad. Transmitió a los árabes la idea de unidad nacional, al mismo tiempo que apoyaba las acciones del general Allenby: ataque a la línea férrea Damasco-Medina y toma, en julio de 1917, del estratégico puerto de Akaba. Durante el invierno siguiente, Lawrence y los árabes mantuvieron las acciones de apoyo del flanco derecho del ejército de Allenby en Palestina hasta que, el 1 de octubre de 1918, entraron con el general británico en Damasco. Poco después, comprobó que su idea de crear una federación árabe ligada al Reino Unido había quedado abortada dos años antes, merced al tratado Sykes-Picot, por el cual su país cedía a Francia un mandato sobre Siria, reparto que se confirmó en el tratado de paz de Versalles de 1919. Aunque profundamente decepcionado, en 1921 aceptó un cargo en la Oficina de Colonias como consejero de Churchill, a quien asesoró en asuntos árabes y acompañó a Egipto y Palestina. En este cometido, medió entre árabes y judíos y al mismo tiempo contribuyó

a consolidar políticamente a Abdullah, hermano de su amigo Feisal, como rey de Transjordania. Poco más tarde decidió retirarse y, rechazando las condecoraciones que quiso concederle Jorge V, se alistó en la RAF bajo el nombre de John Hume Ross. Descubierta su nueva identidad, en 1923 se enroló, también con nombre falso, en una unidad acorazada. Durante dos años sirvió como soldado raso en la India, antes de reingresar en la RAF como mecánico. Sus vivencias en el desierto las recogió en *Los siete pilares de la sabiduría* (*The Seven Pillars of Wisdom*, 1926). Póstumamente se editaron *La mina* (*The mint*, 1936) y una recopilación de sus *Cartas*. El 19 de mayo de 1935 falleció en un accidente de motocicleta al intentar esquivar a dos ciclistas. Sólo Churchill y unas pocas personas más, aparte de sus parientes próximos, supieron que el Thomas Shaw que había muerto en el hospital militar de Wool era el legendario Lawrence de Arabia.

LÊ DUC THO (*Nam Ha, Vietnam, 1911-Hanoi, 1990*) *Político vietnamita.* En 1930 cofundó el Partido Comunista de Indochina y, debido a sus actividades políticas, fue detenido y encarcelado por las autoridades francesas. Fue puesto en libertad en 1936, si bien fue nuevamente encarcelado tres

◄ *Mapa de las campañas llevadas a cabo por* **Lawrence de Arabia** *durante la Segunda Guerra Mundial.*

▲ *El británico Thomas Edward Lawrence, llamado* **Lawrence de Arabia**, *fotografiado en 1916. Tras conseguir la unidad de las tribus beduinas, derrotó a los turcos y tomó Damasco en 1918.*

▼ *Lê Duc Tho fotografiado en su madurez. En 1973 recibió el Nobel de la Paz, junto a Kissinger, por conseguir el cese de las hostilidades en la guerra del Vietnam, aunque él rechazó la distinción.*

Mapa:

TURQUÍA

Alexandretta

Aleppo

CHIPRE

SIRIA

Beirut

MAR MEDITERRÁNEO

Damasco

Jerusalén

Gaza

PALESTINA

ARABIA

SINAÍ

El Akaba

EGIPTO

Nilo

HEJAZ

MAR ROJO

Medina

Yenbo

Yidda

La Meca

Fuerzas árabes con T. E. Lawrence
Fuerzas francesas
Fuerzas aliadas

años más tarde. En 1944, tras recuperar la libertad, se trasladó a Hanoi, donde colaboró activamente con el Viet Minh, organización independentista vietnamita, y con el Partido Comunista, de cuyo Politburó fue miembro desde 1955 hasta 1986. Durante la guerra de Vietnam permaneció en Vietnam del Sur y, entre 1968 y 1973, participó en las conferencias de paz de París. Merced a su cargo de portavoz de la delegación norvietnamita, fue uno de los principales artífices del acuerdo de alto al fuego, el cual selló la retirada del ejército estadounidense y puso fin a la contienda. Por ello, en 1973 fue galardonado, junto al secretario de Estado estadounidense, Henry Kissinger, con el Premio Nobel de la Paz, distinción que rechazó.

LE NÔTRE, ANDRÉ *(París, 1613-id., 1700) Arquitecto y diseñador de jardines francés.* De su padre y su abuelo, famosos jardineros reales, aprendió todo lo referente al arte de la jardinería, aunque se formó también como arquitecto y pintor. En 1637 sucedió a su padre en el cargo de jardinero real, en el desempeño del cual llegó a convertirse en uno de los diseñadores de jardines más famosos de todos los tiempos. De las numerosas obras que realizó (proyectos completos, ampliaciones o modificaciones), su gran creación fue, sin duda, los jardines de Versalles, donde impuso una concepción geométrica conocida más tarde como jardín francés y muy imitada hasta el siglo XVIII, cuando apareció el jardín inglés. Los jardines de Le Nôtre, de concepción monumental, se caracterizan por composiciones variadas en las cuales combinan parterres geométricos, flores, fuentes y esculturas.

▶ *El patio de Mármol del palacio de Versalles. La fachada fue realizada por* **Le Vau** *para Luis XIV. Las tres ventanas de la balconada central pertenecen a las habitaciones reales.*

LE VAU, LOUIS *(París, 1612-id., 1670) Arquitecto francés.* Fue el más destacado del siglo XVII, en particular desde que en 1655 fue nombrado arquitecto y consejero de Luis XIV. Con anterioridad había realizado algunas mansiones parisinas, como el Hôtel Lamber, en las que se aprecia ya su gusto por la arquitectura escenográfica. Al servicio del rey, su primera gran realización fue el castillo de Vaux-le-Vicomte, donde los planteamientos constructivos del arquitecto triunfaron plenamente, dado que a continuación se le encomendó la construcción del palacio de Versalles. De este último realizó el bloque central, con la fachada sobre el parque y las dos alas sobre el patio. Un sentido grandioso y volumétrico propio de la arquitectura barroca preside la concepción de estas obras, al igual que su intervención en el diseño del Louvre. Entre sus restantes creaciones cabe destacar el hospital de la Salpêtrière.

LEAKEY, FAMILIA; LOUIS *(Kabete, Kenia, 1903-Londres, 1972);* **MARY DOUGLAS** *(Londres, 1913-Nairobi, Kenia, 1996);* **RICHARD** *(Nairobi, Kenia, 1944). Paleontólogos y antropólogos kenianos.* Louis, hijo de misioneros británicos establecidos en Kenia, estuvo durante su juventud en estrecho contacto con tribus nativas. Tras estudiar en Cambridge, en 1924 inició sus trabajos paleontológicos en África oriental, y dos años después descubrió los restos fósiles de un primate superior relacionado con los homínidos, al que denominó *Proconsul Zinjanthropus.* Junto a su segunda esposa, Mary Douglas Leakey, y su hijo Richard, desarrolló una extraordinaria carrera paleontológica, llena de reveladores resultados, con la que desmintió las creencias anteriores respecto a la evolución de los antepasados del hombre. Los descubrimientos de los Leakey demostraron que la aparición del hombre tuvo lugar mucho antes de lo estimado hasta entonces, y además, que su evolución se desarrolló en África y no en Asia. Entre las obras de Louis Leakey destacan *Las culturas prehistóricas*

▼ *El palacio y los espléndidos jardines de Versalles, diseñados por André* **Le Nôtre**, *reproducidos en un cuadro de Pierre Patel que se encuentra en el Museo de Versalles de París.*

◄ *El paleontólogo y antropólogo Louis **Leakey** comparando, de izquierda a derecha, un cráneo humano, el de un homínido sudafricano, el del homínido encontrado en Olduvai y el de un gorila.*

de Kenia (1931), *La garganta de Olduvai* (1951) y *El proceso y la evolución del hombre en África* (1961). Su esposa, Mary Douglas, arqueóloga británica, dirigió desde 1961 las excavaciones en la garganta de Olduvai, en Tanzania, iniciadas por su esposo en 1931. En 1959 descubrió el fósil de un homínido –más tarde bautizado como *Australopitecus*– cuya antigüedad se calculaba en casi dos millones de años. Es autora del tercer volumen de *La garganta de Olduvai* (1971) y de numerosos trabajos sobre paleontología y prehistoria africanas. Sus trabajos alentaron así mismo las investigaciones sobre el comportamiento de gorilas y chimpancés, estudiados en sus hábitats naturales. El hijo de ambos, Richard, durante los años sesenta efectuó varias expediciones por los países de la falla africana, y en 1968 inició una exploración sistemática de las márgenes orientales del lago Rodolfo, donde localizó numerosos restos de homínidos fósiles. Encontró diversos restos del género *Homo* de más de 2,5 millones de años de antigüedad (el más conocido de los cuales es la mandíbula de *Austrolopitecus boisei*, hallada en Tanzania, de 1,5 millones de años); según sus teorías, los géneros *Homo* y *Austrolopitecus* convivieron en África oriental hace tres millones de años. Nombrado director del Museo de Ciencias Naturales de Nairobi en 1974, entre sus publicaciones destacan *Las gentes del lago: el hombre, sus orígenes, naturaleza y futuro* (1979), *El proceso evolutivo de la humanidad* (1981), ambos con R. Lewin, y *Los orígenes de la humanidad* (1982).

LEAN, DAVID *(Croydon, Reino Unido, 1908-Londres, 1991) Director de cine británico.* Hijo de una familia cuáquera, inició su carrera cinematográfica en 1928, año en que obtuvo un empleo en los estudios Gaumont. Entre 1944 y 1945 adaptó varias obras del dramaturgo Noël Coward, entre ellas *Breve encuentro* (1945). Posteriormente dirigió *Oliver Twist* (1948), basada en la novela de Charles Dickens. Ambas

▲ *Fotografía perteneciente a la portada de uno de los discos de Ernesto **Lecuona**, pianista y compositor cubano que triunfó en Europa y América gracias a sus canciones.*

películas le convirtieron en el director más aclamado de la escena británica de la posguerra. En 1955 dirigió *Locuras de verano*, su primera película fuera del Reino Unido, y en 1957 *El puente sobre el río Kwai*, uno de sus filmes mejor recibidos (le valió el Oscar inicial de los dos que obtuvo) y la primera de una serie de espectaculares superproducciones caracterizadas por su aliento épico y su magnífico ritmo narrativo: *Lawrence de Arabia* (1962), por la que recibió su segunda estatuilla dorada, *El doctor Zhivago* (1965), *La hija de Ryan* (1970). Tras un largo período de inactividad, en 1984 adaptó la novela de E. M. Forster *Pasaje a la India* y, poco después, intentó hacer lo propio con *Victoria*, de Conrad, película que, sin embargo, no pudo terminar debido a su precario estado de salud.

LECUONA, ERNESTO *(La Habana, 1896-Santa Cruz de Tenerife, España, 1963) Compositor y pianista cubano.* Excelente pianista, dedicó la mayor parte de su creatividad musical a este instrumento, con obras en las que explotaba, de manera imaginativa y original, los ritmos y las melodías caribeños. Nacido en el seno de una familia de músicos, sus inicios en la composición fueron muy precoces (escribió su primera canción a los once años). Precisamente han sido sus canciones, más que su música instrumental, las que le han valido el reconocimiento de muchos melómanos. De entre su amplia producción en este campo destacan las tituladas *Andalucia, Malagueña, Siempre en mi corazón, La comparsa, El crisantemo, Mariposa* y, sobre todo, *Siboney*, su pieza más recordada. Junto a ellas, merecen citarse también las zarzuelas *Rosa la China, María la O* y *El cafetal*, en las que supo encontrar un estilo propio, independiente de los modelos tradicionales españoles y con ciertos puntos de contacto con la comedia musical estadounidense.

LEE, ROBERT EDWARD *(Westmoreland County, EE UU, 1807-Lexington, id., 1870) Militar estadounidense.* Graduado en West Point como el segundo de su promoción (1829), participó en la guerra contra México, en la que fue ascendido a coronel. Acabado el conflicto, fue superintendente de West Point (1852-1855) y sirvió luego con la caballería en Texas. La secesión de Virginia y el inicio de la guerra civil llevaron a Lee, quien siempre mostró una gran fidelidad por su estado natal, a abandonar su cargo en el ejército federal y convertirse en el comandante en jefe de las tropas virginianas. En junio de 1861, con el rango de general del ejército confederado, se convirtió en asesor militar del presidente Davis. Tomó el mando del ejército de Virginia del Norte en 1862, lanzando una ofensiva, que sería conocida como los Siete Días de Lee, mediante la cual rechazó la amenaza del ejército federal del Potomac sobre Richmond y a continuación derrotó a Pope en la segunda batalla de Manassas. Sufrió su primera derrota importante en Gettysburg (1-3 de julio de 1863). Con su diezmado ejército, opuso resistencia a la posterior ofensiva de Grant sobre Richmond causando 50 000 bajas a los federales. Con la marcha de Sherman sobre Georgia y Carolina del Sur, Lee fue nombrado jefe de todas las fuerzas confederadas y trató de retirar su ejército para unirlo al de Johnston, pero fue cercado y obligado a rendirse en Appomattox el 9 de abril de 1865. Tras la guerra, Lee se convirtió en uno de los principales abogados de la reconciliación nacional.

LEEUWENHOECK, ANTON VAN *(Delft, actual Países Bajos, 1632-id., 1723) Naturalista holandés.* De formación autodidacta, construía sus propios microscopios basándose en una sola lente de gran calidad; en aquella época, estas lentes, simples pero de distancia focal muy pequeña, eran preferibles a las lentes compuestas, que presentaban una considerable aberración cromática. La calidad de sus instrumentos, unida a sus grandes dotes para la observación, posibilitaron que realizara descubrimientos de vital importancia, entre los que se cuentan la identificación y catalogación de los protozoos, bacterias, infusorios, glóbulos de la sangre, espermatozoides, etc. La evidencia presentada por Leeuwenhoeck acerca de la existencia de los «animálculos» (protozoos y bacterias), tal como fueron bautizados en su tiempo, y el ciclo reproductor de ciertos insectos, condujo al rechazo de las antiguas doctrinas sobre generación espontánea. En 1680 fue nombrado miembro de la Royal Society.

LEGAZPI, MIGUEL LÓPEZ DE *(Zumárraga, España, 1510-Manila, 1572) Navegante y conquistador español.* Miembro de la baja nobleza, en 1545 viajó a México, donde trabajó como funcionario al servicio del virreinato de Nueva España. En 1564, el virrey Luis de Velasco lo puso al mando de una flotilla, con el encargo de establecer en Filipinas una colonia permanente. En 1565, Legazpi llegó a la isla de Cebú, que utilizó como base de operaciones para extender el dominio español en el resto de islas. Tras

▼ *Este pequeño instrumento, menor que una caja de cerillas, es un microscopio de la colección de Anton van* **Leeuwenhoeck** *construido especialmente para el estudio de especímenes microscópicos.*

▶ *Franz* **Lehár**, *a la derecha de la imagen, con los intérpretes de su opereta* Amor gitano, *estrenada en Viena en 1910.*

ser nombrado gobernador y capitán general, tomó la isla de Luzón (1569), importante enclave comercial, donde fundó en mayo de 1571 la ciudad de Manila, futura capital del archipiélago.

LEGENDRE, ADRIEN-MARIE *(París, 1752-Auteuil, Francia, 1833) Matemático francés.* Tras completar sus estudios en el Collège Mazarin, entró a trabajar en la Escuela Militar, para la que completó un estudio sobre la trayectoria de los proyectiles que le supuso el Premio de la Academia de Berlín en 1782. A partir de 1795 enseñó matemáticas en la École Normale. En sus primeros trabajos, centrados en la mecánica, introdujo conceptos como la función que lleva su nombre o la primera demostración del método de los mínimos cuadrados. Tras los pasos de Euler y Lagrange, estudió las funciones elípticas y las redujo a tres formas básicas. Fue el primero en dedicar una obra estrictamente a la teoría de números, ámbito en el que obtuvo resultados fundamentales como la demostración en 1830 de la ley de la reciprocidad cuadrática. En 1794 publicó los *Elementos de geometría*, una versión reordenada y simplificada de la obra original de Euclides, que fue traducida a más de treinta idiomas.

LEHÁR, FRANZ *(Komáron, actual Hungría, 1870-Bad Ischl, Austria, 1948) Compositor austriaco de origen húngaro.* Si Johann Strauss representa la edad de oro de la opereta vienesa, Franz Lehár constituye el máximo representante de lo que se ha dado en llamar su edad de plata. Hijo del

director de una banda militar, sus primeros pasos en el mundo de la música los dio en la misma dirección que su padre y como violinista. La composición, no obstante, le atrajo desde edad temprana. Tras una decepcionante incursión en el campo operístico con *Kukuska* (1896), la acogida triunfal de su opereta *Die Rastelbinder* (1902) acabó de orientar su carrera hacia el cultivo de este género ligero, al que él, con sus aportaciones de madurez, otorgó una calidad dramática y expresiva desconocida hasta entonces. *La viuda alegre* (1905) acabó de consagrarlo, convirtiéndose en su partitura más apreciada y difundida. Son dignas de mención también *El conde de Luxemburgo* (1909), *Amor gitano* (1910), *Frasquita* (1922), *Paganini* (1925), *El país de la sonrisa* (1929) y *Giuditta* (1934), su despedida de los escenarios.

LEIBNIZ, GOTTFRIED WILHELM *(Leipzig, actual Alemania, 1646-Hannover, id., 1716) Filósofo y matemático alemán.* Su padre, profesor de filosofía moral en la Universidad de Leipzig, falleció cuando él contaba seis años. Capaz de escribir poemas en latín a los ocho años, a los doce empezó a interesarse por la lógica aristotélica a través del estudio de la filosofía escolástica. En 1661 ingresó en la universidad de su ciudad natal para estudiar leyes, y dos años después se trasladó a la Universidad de Jena, donde estudió matemáticas con E. Weigel. En 1666, la Universidad de Leipzig rechazó, a causa de su juventud, concederle el título de doctor, que obtuvo sin embargo en Altdorf; tras rechazar el ofrecimiento que allí se le hizo de una cátedra, en 1667 entró al servicio del arzobispo elector de Maguncia como diplomático, y en los años siguientes desplegó una intensa actividad en los círculos cortesanos y eclesiásticos. En 1672 fue enviado a París con la misión de disuadir a Luis XIV de su propósito de invadir Alemania; aunque fracasó en la embajada, permaneció cinco años en París, donde desarrolló una fecunda labor intelectual. De esta época datan su invención de una máquina de calcular capaz de realizar las operaciones de multiplicación, división y extracción de raíces cuadradas, así como la elaboración de las bases del cálculo infinitesimal. En 1676 fue nombrado bibliotecario del duque de Hannover, de quien más adelante sería consejero, además de historiador de la casa ducal. A la muerte de Sofía Carlota (1705), la esposa del duque, con quien Leibniz tuvo amistad, su papel como consejero de príncipes empezó a declinar.

Dedicó sus últimos años a su tarea de historiador y a la redacción de sus obras filosóficas más importantes, que se publicaron póstumamente. Representante por excelencia del racionalismo, Leibniz situó el criterio de verdad del conocimiento en su necesidad intríseca y no en su adecuación con la realidad; el modelo de esa necesidad lo proporcionan las verdades analíticas de las matemáticas. Junto a estas verdades de razón, existen las verdades de hecho, que son contingentes y no manifiestan por sí mismas su verdad. El problema de encontrar un fundamento racional para estas últimas lo resolvió afirmando que su contingencia era consecuencia del carácter finito de la mente humana, incapaz de analizarlas por entero en las infinitas determinaciones de los conceptos que en ellas intervienen, ya que cualquier cosa concreta, al estar relacionada con todas las demás siquiera por ser diferente de ellas, posee un conjunto de propiedades infinito. Frente a la física cartesiana de la extensión, defendió una física de la energía, ya que ésta es la que hace posible el movimiento. Los elementos últimos que componen la realidad son las mónadas, puntos inextensos de naturaleza espiritual, con capacidad de percepción y actividad, que, aun siendo simples, poseen múltiples atributos; cada una de ellas recibe su principio activo y cognoscitivo de Dios, quien en el acto de la creación estableció una armonía entre todas las mónadas. Esta armonía preestablecida se manifiesta en la relación causal entre fenómenos, así como en la concordancia entre el pensamiento racional y las leyes que rigen la naturaleza. Las contribuciones de Leibniz en el campo del cálculo infinitesimal, efectuadas con independencia de los trabajos de Newton, así como en el ámbito del análisis combinatorio, fueron de enorme valor. Introdujo la notación actualmente utilizada en el cálculo diferencial e integral. Los trabajos que inició en su juventud, la búsqueda de un lenguaje perfecto que reformara toda la ciencia y permitiese convertir la lógica en un cálculo, acabaron por desempeñar un papel decisivo en la fundación de la moderna lógica simbólica.

LEIDEN, LUCAS DE *(Leiden, actual Países Bajos, 1494-id., 1533) Pintor y grabador holandés.* Se formó y trabajó en su ciudad natal, pero viajó mucho, sobre todo por los Países Bajos y Flandes, y se cree que llevó una vida un tanto disoluta. Sin embargo, ello no le impidió llevar a cabo una copio-

▲ *Retrato de Gottfried W.* ***Leibniz****, un verdadero «hombre renacentista» por su absoluto dominio de las matemáticas, la física, el derecho o la teología. En filosofía, el pensador alemán se sitúa en la corriente racionalista de Descartes.*

«*Este universo debe de ser efectivamente el mejor de los universos posibles.*»

Gottfried Wilhelm Leibniz
Teodicea

GOTTFRIED WILHELM LEIBNIZ

OBRAS MAESTRAS

DISCURSO DE METAFÍSICA (DISCOURS DE MÉTAPHYSIQUE, 1686); NUEVO SISTEMA DE LA NATURALEZA (SYSTÈME NOUVEAU DE LA NATURE, 1695); TEODICEA (ESSAIS DE THÉODICÉE SUR LA BONTÉ DE DIEU, LA LIBERTÉ DE L'HOMME ET L'ORIGINE DU MAL, 1710); MONADOLOGÍA (MONADOLOGIE, 1714); NUEVO TRATADO SOBRE EL ENTENDIMIENTO HUMANO (NOUVEAUX ESSAIS SUR L'ENTENDEMENT HUMAIN, 1765).

sa producción, tanto de grabados como de pinturas. Se le considera una de las grandes figuras de la historia del arte en la técnica del grabado, con un estilo similar al de Durero, aunque más imaginativo y con mayor gusto por lo anecdótico y caricaturesco. Aplicó a su pintura gran imaginación y una envidiable capacidad de observación. En sus cuadros, sobre todo religiosos y de costumbres, se da una unión muy armoniosa entre figura humana y paisaje. Es particularmente destacable el tríptico del *Juicio Final*, realizado con la pincelada fluida típica de este artista, que gozó de gran celebridad ya en su tiempo.

LEIV ERIKSSON, llamado *Leiv el Afortunado (?, Islandia, h. 970-?, Groenlandia, h. 1021) Explorador vikingo*. Segundo hijo de Erik *el Rojo*, fundador de la primera colonia europea en Groenlandia tras su exilio de Islandia, Leiv fue marino como su padre. Según la tradición, hacia el año 1000 viajó desde su hogar familiar en Groenlandia hasta Noruega, la tierra de sus antepasados, donde entró al servicio del rey Olav I como guardia personal, y se convirtió al cristianismo. Enviado de regreso a Groenlandia con la misión de convertir a la nueva fe a los colonos vikingos, perdió la ruta y fue arrastrado por las corrientes hacia las costas de América del Norte, a la que llamó *Vinland* (Tierra de Viñedos). Existe otra versión, al parecer más fidedigna, según la cual Leiv tuvo noticia de la existencia del continente a través de un mercader islandés. Leiv intentó fundar una colonia en aquellas tierras, pero la agresividad de los nativos hizo que ésta tuviera una corta vida.

LEIVA, JUAN FRANCISCO *(Alcalá de Henares, España, 1604-Pastrana, id., h.1678) Administrador colonial español*. Perteneciente a la nobleza española, fue virrey de Nueva España entre 1660 y 1664. Sus deficiencias en política administrativa agravaron los problemas de la autoridad

◀ La partida de naipes, *obra de juventud del holandés Lucas de* **Leiden**, *realizada en 1511. El cuadro pertenece a la colección del conde de Pembroke, en Wilton House, Inglaterra.*

▼ *Luis Federico* **Leloir** *fotografiado en su laboratorio tras obtener el Premio Nobel de Química en 1970.*

▼ *Recorrido de* **Leiv Eriksson** *desde Noruega hasta la costa de América del Norte.*

colonial en la región, tales como revueltas indígenas, conflictos entre la autoridad civil y eclesiástica, choques entre el clero regular y el secular y disputas administrativas entre el virrey y la Audiencia. La población indígena descendió de modo alarmante durante su mandato, lo cual repercutió en la economía y provocó la consolidación de las haciendas con peonaje acasillado, esto es, obligado a trabajar en la hacienda para pagar sus deudas. Contribuyó al descontento popular la tolerancia de Leiva con los excesos de su camarilla e incluso los de su hijo Pedro. Finalmente fue denunciado ante la corte y regresó a España, donde tras ser separado de todo cargo público, ingresó en un convento de carmelitas; fue ordenado sacerdote en 1676.

LELOIR, LUIS FEDERICO *(París, 1906-Buenos Aires, 1987) Bioquímico argentino*. Se doctoró en 1932 por la Universidad de Buenos Aires, en la que permaneció hasta 1943 estudiando la oxidación de los ácidos grasos así como la hipertensión arterial nefrógena. En el año 1943 se trasladó al Reino Unido para trabajar en el laboratorio bioquímico de Cambridge. En 1944 regresó a Argentina y prosiguió su labor en el Instituto de Investigación Bioquímica, que dio como fruto el descubrimiento de un mecanismo alternativo al proceso de Cori para la síntesis del glucógeno. De 1962 a 1965 volvió a trabajar en el departamento de bioquímica de la Universidad de Buenos Aires, donde publicó varios artículos sobre las enzimas que intervienen en la síntesis de los polisacáridos animales y vegetales. En 1970 fue galardonado con el Premio Nobel de Química.

LENIN [Vladimir Ilich Ulianov] *(Simbirsk, hoy Ulianovsk, Rusia, 1870-Nizni Novgorod, actual Gorki, id., 1924) Revolucionario y político ruso.* Nacido en un hogar de ideas liberales, desde muy joven fue consciente de los abusos del zarismo; su hermano Aleksandr Ulianov, tres años mayor que él, fue ahorcado por su participación en el atentado contra Alejandro III. A raíz de sus actividades opuestas al régimen, en 1891 fue expulsado de la Universidad de Kazan y debió pasar a la de San Petersburgo, donde dos años más tarde se licenció en derecho. Durante ese tiempo se relacionó con grupos marxistas y se convirtió en discípulo de Pléjanov, exiliado en Suiza. Desde el principio se preocupó por armonizar la teoría y la práctica revolucionarias al tiempo que rechazaba los métodos terroristas utilizados por los populistas de Naródnik. Tras una visita que efectuó en 1895 a Pléjanov, en Suiza, fue arrestado y deportado a Siberia. Durante los tres años de cautiverio que sufrió allí, contrajo matrimonio con Nadiezhda Krúpskaia y escribió un original análisis de la Revolución Industrial, *El desarrollo del capitalismo en Rusia.* Cumplida la condena, residió sucesivamente en Bruselas, París, Londres y Ginebra. En esta última ciudad fundó el diario *Iskra* y redactó en 1902 *¿Qué hacer?*, obra en que detallaba las condiciones políticas necesarias para la lucha del proletariado, y en 1904 *Un paso adelante, dos pasos atrás*, donde defendía la teoría de una revolución socialista sin pasar por el estadio de una revolución burguesa. Sus tesis chocaron con las de Pléjanov, y en el congreso de Bruselas-Londres los socialistas quedaron escindidos en bolcheviques (mayoritarios), entre los que se hallaba Lenin, y mencheviques (minoritarios). Fundó el periódico *Vperiod* y regresó a Rusia en 1905, pero el fracaso del golpe de los sóviets lo obligó a huir a Finlandia, para dos años más tarde instalarse de nuevo en Suiza. En 1909 vio la luz una de sus obras fundamentales, *Materialismo y empiriocriticismo*, y tres años después logró la publicación en San Petersburgo del periódico *Pravda*, desde cuyas páginas denunció las hostilidades iniciadas en 1914 como un conflicto imperialista y animó al proletariado a convertir la guerra de naciones en guerra de clases. Con la ayuda de Alemania entró una vez más en Rusia, donde se opuso al gobierno

▲ *Vladimir Ilich Ulianov,* **Lenin**, *lee en su despacho el diario* Pravda (La Verdad), *que él mismo había fundado en 1912 como órgano de expresión del Partido Comunista.*

«*La libertad es un bien tan precioso que hay que racionarlo.*»

Lenin

de Kerenski y le exigió en sus célebres tesis de abril un acuerdo inmediato de paz y el traspaso del poder a los sóviets. El fracaso de este intento revolucionario lo llevó, en julio de 1917, a Finlandia, donde escribió *El Estado y la revolución*, libro en el que exponía el carácter del Estado bajo el poder del proletariado. El 23 de octubre regresó a Rusia y se instaló en el Instituto Smolny, desde donde dirigió el alzamiento definitivo (6-8 de noviembre). Como presidente del Consejo de Comisarios del Pueblo, el nuevo órgano de gobierno nacionalizó la propiedad, la industria y los bancos y autorizó la paz por separado con Alemania mediante el tratado de Brest-Litovsk. Trasladó la capital a Moscú, e impuso un duro plan económico (comunismo de guerra) de nacionalizaciones y requisas para hacer frente tanto al conflicto civil en que se debatía el país como a la intervención extranjera. Encargó a Trotski la organización del Ejército Rojo y, concluida la guerra civil, impulsó la Nueva Política Económica (NEP), con la que intentaba una transición menos traumática al comunismo, al permitir la propiedad privada de pequeños productores y comerciantes, y buscó la solución de la cuestión de las nacionalidades, con la fundación de la Unión de Repúblicas Socialistas Soviéticas (URSS) en 1922. A partir de este año, Lenin, que había sobrevivido a un atentado en 1918, sufrió una serie de ataques de hemiplejía premonitorios de la muerte.

▶ **Lenin** *arenga a la multitud. Tras la Revolución burguesa de Febrero, el líder bolchevique proclamó la de Octubre bajo el lema «todo el poder para los sóviets».*

LENNON, JOHN → Beatles, The.

LEÓN, FRAY LUIS DE *(Belmonte, España, 1527-Madrigal de las Altas Torres, id., 1591) Escritor español en lenguas castellana y latina.* De ascendencia judía, desde muy joven militó en la orden agustina. Estudió en las universidades de Alcalá de Henares y de Salamanca, donde obtuvo dos cátedras: la primera de filosofía moral y la segunda de Sagradas Escrituras, que abandonó más tarde para dedicarse a su orden. Fray Luis fue detenido por la Inquisición y encarcelado durante casi cuatro años (1573-1576) a causa de su *Comentario al Cantar de los Cantares* (1561), traducción al castellano del texto bíblico, entonces prohibido. Fray Luis fue un gran humanista de espíritu cristiano y muy buen conocedor de los clásicos latinos. Destacó ante todo como prosista en castellano: su conciencia estilística, que se manifiesta en los efectos rítmicos que introdujo en su prosa, y su empeño en conseguir un lenguaje cuidado y natural lo convierten en un escritor fundamental para la consolidación de la prosa castellana. Destacan en este sentido *La perfecta casada* (1583), sobre las virtudes de la mujer cristiana, y, sobre todo, *De los nombres de Cristo* (1574-1575), comentario erudito que constituye sin duda su obra más conseguida estilísticamente. Sin embargo, su fama literaria se debe a sus composiciones poéticas, veintitrés poemas publicados por primera vez por Quevedo en 1637 en un intento de ofrecer contramodelos a la corriente gongorina. Tan riguroso como en su prosa, su poesía demuestra un gran dominio del ritmo y del tono. Siguió las innovaciones métricas introducidas por Boscán y Garcilaso, pero se decantó exclusivamente por la lira. Máximo representante de la corriente horaciana, consiguió una expresión poética de gran perfección formal y fuerza expresiva, de ejemplar sencillez. Sobre la base de su pensamiento platónico-agustiniano, cantó el ideal de vida retirada y el anhelo de plenitud que prefigura la vida celestial.

LEÓN XIII [Vincenzo Gioacchino Pecci] *(Carpineto Romano, actual Italia, 1810-Roma, 1903) Papa (1878-1903).* Sucedió a Pío IX como Sumo Pontífice en 1878, cargo desde el que inmediatamente destacó por una expresa voluntad de mantener buenas relaciones con todas las potencias europeas, así como de intentar la conciliación entre ellas. Su doctrina se fundamentó en la intención de ofrecer respuestas a los cambios

▲ *Grabado del s. XIX, obra de J. Maea, que representa a fray Luis de **León**, una de las figuras señeras del Siglo de Oro español.*

▼ *León XIII, conocido como el «Papa de los obreros» por su preocupación ante los problemas que generaban los cambios sociales, graba, a inicios del s. XX, la bendición en un fonógrafo.*

surgidos en la sociedad industrial, al mismo tiempo que defendió el derecho de autoridad de los dirigentes políticos (encíclica *Diuturnum*, en 1881, tras el asesinato del zar Alejandro II). Condenó la masonería y amplió en su definición los límites de las libertades del pueblo, ganándose el sobrenombre de «Papa social» y «Papa de los obreros», calificativo que ratificó con la publicación de la encíclica *Rerum novarum* (1891), acerca de la condición del trabajador; pese a todo ello, combatió el socialismo y ensalzó el valor de la familia cristiana frente al aumento de divorcios en la época.

LEÓN FELIPE [Felipe Camino Galicia] *(Tábara, España, 1884-Ciudad de México, 1968) Poeta español.* Tras ejercer de farmacéutico en distintas ciudades de España, formó parte de una compañía teatral y después fue profesor de literatura en Estados Unidos. En 1938 se exilió definitivamente en México. En sus primeras obras, como *Versos y oraciones de caminante* (1920 y 1929) y *Baja una estrella* (1933), planteó una problemática de carácter humano y religioso. El inicio de la guerra civil española le inspiró una serie de obras llenas de tristeza y desesperación, entre las que destacan *El payaso de las bofetadas* (1938), *El hacha* (1939) y *El español del éxodo y del llanto* (1939). En sus posteriores obras expresó su deseo de justicia y libertad con un lenguaje apasionado. A esta etapa pertenecen *Ganarás la luz* (1943), *Llamadme republicano* (1950) y *Oh, este viejo y roto violín* (1968), entre otras.

LEONARDO DA VINCI *(Vinci, actual Italia, 1452-Clos-Lucé, Francia, 1519) Pintor, escultor, ingeniero y erudito italiano.* Hijo natural de un terrateniente de la localidad de Vinci, en los Apeninos, a los dieciséis años se trasladó con su padre a Florencia, donde ingresó en el taller de Verrocchio. Allí aprendió pintura y escultura y hacia 1473 colaboró con su maestro en su importante *Bautismo de Cristo*. En 1481, cuando ya se había establecido por su cuenta, los monjes del convento de San Donato de Spoleto le encargaron la *Adoración de los Magos*, que quedó inacabada; en ella aparecen ya los principales rasgos innovadores de la pintura de Leonardo: los nuevos modelos iconográficos, su forma de distribuir las masas y el uso del *sfumato*, técnica creada por él y de la que se sirve en casi todas sus obras para crear una realidad plástica más expresiva y poética a base de diluir los contornos y suavizar los colores. En 1482, al enterarse de que Ludovico *el Moro* quería levantar una estatua en memoria de su padre, se trasladó a Milán para ofrecerle sus servicios; obtuvo el encargo, lo cual le proporcionó bienestar material. Para el duque de Milán realizó trabajos de muy diversa índole (organización de torneos y fiestas, decoración del castillo de los Sforza, etcétera), sin abandonar en ningún momento la pintura, hasta el punto de que a esta etapa de su vida corresponden dos de sus mejores creaciones: *La Virgen de las Rocas*, donde el magistral empleo de la luz y el *sfumato* crean esa atmósfera irreal tan característica de su estilo, y *La Última Cena*, fresco que supuso la consagración definitiva del maestro. Puede considerarse esta obra como uno de los puntales del arte del Renacimiento por su equilibrio compositivo y la impresión de profundidad que produce en el espectador el paisaje de fondo. La caída del ducado de Milán en 1499 supuso para Leonardo el final de una etapa especialmente satisfactoria de su carrera. Marchó en primer lugar a Mantua, a la corte de Isabel de Este, después se trasladó a Venecia (1500), a Romaña (1502) y finalmente regresó a Florencia, donde dio muestras de la madurez de su arte en una serie de obras geniales, entre las que destacan *La Gioconda* y *Leda y el cisne*. Son obras que definen el arte idealizado de Leonardo a través de los rostros melancólicos y enigmáticos de las figuras, iluminados por una peculiar sonrisa. Tras el fracaso de sus estudios y planos para desviar el curso del Arno, volvió de nuevo a Milán, donde realizó una estatua ecuestre para la tumba de Trivulzio (1511-1512). Después marchó a Roma, donde permaneció dos años, y en 1516, por invitación de Francisco I, se trasladó a Francia. Pasó sus últimos años en el castillo de Clos-Lucé, cerca de Amboise, donde se dedicó a sus investigaciones y realizó proyectos arquitectónicos para el rey francés. Ninguno de sus proyectos arquitectónicos ni escultóricos llegó a concretarse, de manera que se conocen tan sólo a través de sus dibujos y croquis. La personalidad de Leonardo, sin embargo, supera ampliamente sus facetas artísticas. Se le puede considerar como el máximo ejemplo del universalismo renacentista, por cuanto sus intereses abarcaban casi todos los campos del saber. Se adelantó a su época al comprender la importancia de la observación rigurosa para la ciencia; en este sentido, produjo multitud de anotaciones, croquis y comentarios a propósito de los más variados temas, aunque nunca llegó a plasmarlos en un tratado sistemático. La novedad radical de sus estudios e investiga-

ciones hizo que en buena parte pasaran desapercibidos en su tiempo, al que se adelantó en demasía. Entre sus muchas aportaciones, destacan las efectuadas en el campo de la anatomía, pues estudió la circulación sanguínea y el funcionamiento del ojo; en el de la meteorología, anticipó la influencia de la Luna sobre las mareas y las teorías modernas acerca de la formación de los continentes. Sentó así mismo las bases de la hidráulica, y destacó como inventor: llegó a construir un traje de buzo, y son célebres sus experimentos con máquinas voladoras que, a pesar de su fracaso práctico, adelantaron muchos aspectos de la aerodinámica.

▲ *A la izquierda, el autorretrato de* **Leonardo da Vinci** *en el que el artista aparece representado en su vejez. Sobre estas líneas, su pintura más famosa,* La Gioconda, *realizada en 1507 y que se exhibe en el Museo del Louvre de París.*

LEONARDO DE PISA [Leonardo Fibonacci] *(Pisa, actual Italia, h. 1180-?, h. 1250) Matemático italiano.* Hijo de un comerciante toscano, emigró con su familia a Argelia, en lo que fue el primero de una serie de viajes que le llevarían a Egipto, Sicilia, Grecia y Siria. Regresó a Italia provisto de amplios conocimientos sobre la matemática árabe y plenamente convencido de la superioridad de su sistema de notación. En 1202 publicó su obra más célebre, el *Liber abaci*, donde trató cuestiones como la notación posicional, diversos métodos de cálculo y la resolución de ecuaciones de primer y segundo grado. En escritos posteriores analizó diversos problemas clásicos propuestos por Pitágoras, para lo que empleó generalmente los métodos algebraicos propios de las matemáticas árabes. Es así mismo célebre por el descubrimiento de la denominada *serie de Fibonacci*, entre cuyas propiedades cabe citar su recurrencia en numerosas formaciones orgánicas naturales.

LEONCAVALLO, RUGGERO *(Nápoles, 1857-Montecatini, Italia, 1919) Compositor italiano.* El triunfal estreno el 21 de mayo de 1892, en el Teatro dal Verme de Milán, de la ópera *Pagliacci* consagró a Ruggero Leoncavallo como compositor. Dicho trabajo supuso además, junto a *Cavalleria rusticana* –estrenada sólo dos años antes en Roma–, de Pietro Mascagni, el nacimiento de una corriente que dominaría la escena lírica italiana hasta la década de 1920: el verismo. El éxito de su ópera –basada en un hecho real que el compositor había conocido durante su infancia– dio un giro decisivo a la trayectoria de este músico, hasta entonces prácticamente desconocido. Formado en el Conservatorio de Nápoles, Leoncavallo había compuesto su primera ópera, *Tommaso Chatterton*, en 1878 sobre un libreto redactado por él mismo, práctica que sería habitual en su carrera. Su juventud transcurrió en diversas capitales europeas, en las que se ganaba la vida como pianista de café, a pesar de lo cual la composición fue siempre su principal objetivo. Influido por Wagner, en la década de 1880 concibió una ambiciosa trilogía sobre el Renacimiento italiano, titulada *Crepusculum* e integrada por *I Medici, Girolamo Savonarola* y *Cesare Borgia*. No obstante, una disputa con el editor Ricordi, que debía encargarse de su publicación y representación, y el extraordinario éxito obtenido por *Pagliacci*, hicieron que el músico abandonara la culminación del proyecto. De sus tres partes, sólo la primera sería concluida, siendo estrenada en 1893 sin despertar demasiado interés. La misma fría acogida fue dispensada a la juvenil *Tommaso Chatterton*, representada por vez primera en 1896, y a posteriores trabajos del compositor. Al igual que su contemporáneo Mascagni, Leoncavallo sería conocido únicamente por una obra, la citada *Pagliacci*. A pesar de algunos éxitos aislados (*La bohème*, eclipsada por el título homónimo de Puccini; *Zazà*), ninguna de sus partituras posteriores ha conseguido hacerse un hueco en el repertorio.

LEÓNIDAS I *(?-Termópilas, actual Grecia, 480 a.C.) Rey de Esparta (490-480 a.C.).* Miembro de la familia de los Agiadas, en el 480 a.C. dirigió un pequeño contingente de 300 espartanos hasta el paso de las Termópilas, que controlaba la entrada al corazón de Grecia, para unirse al ejército de las ciudades griegas; allí resistió durante dos días los asaltos masivos de las tropas del persa Jerjes. Los griegos fueron traicionados por Efialtes de Tesalia, quien mostró a Jerjes un paso por el otro lado de la montaña. Ente-

▲ *Arriba, retrato del escritor italiano Giacomo* **Leopardi**. *Sobre estas líneas, manuscrito de* El Infinito *(1819), una de las más memorables obras poéticas del romanticismo europeo.*

▲ **Leopardi** *en su lecho de muerte, según un grabado de un dibujo de G. Turchi que figura en el frontispicio de una edición de las* Obras *de Leopardi impresa en 1865.*

> «*C*ada cual es tan infeliz como cree serlo.»
>
> Giacomo Leopardi
> *Zibaldone*

rado Leónidas, decidió que el grueso de las fuerzas griegas, compuesto sobre todo por atenienses, se retirase, mientras él cubría su repliegue con sus espartanos y 700 soldados de Tespis. Leónidas cayó con sus hombres bajo una lluvia de flechas persas, pero gracias a su resistencia el ejército griego pudo escapar de la trampa. Con su sacrificio, Esparta, antes reticente a alinearse junto a Atenas, se implicó de manera decisiva en la lucha contra la invasión persa.

LEONTIEF, WASSILY *(San Petersburgo, Rusia, 1906-1999) Economista estadounidense de origen ruso.* En 1932 se trasladó a la Universidad de Harvard, donde impulsó y encabezó el Proyecto de Investigación Económica. En 1941 publicó una obra clave del análisis estructural de la historia económica: *Estructura de la economía americana, 1919-1929*. Seis años después estructuró el análisis *input-output*, expuesto en su totalidad en el tratado *Análisis económico input-output* (1966). Se trata de un método matemático que analiza las relaciones que se establecen entre los diferentes sectores de la economía, y que abrió las puertas al estudio detallado de los efectos cruzados que se producen en los cada vez más complejos sistemas económicos globales. Otra destacada obra suya es *Ensayos sobre economía* (1978). En 1973 le fue concedido el Premio Nobel de Economía.

LEOPARDI, GIACOMO *(Recanati, Italia, 1798-Nápoles, id., 1837) Escritor italiano.* Educado en el ambiente austero de una familia aristocrática provinciana y conservadora, manifestó precozmente una gran aptitud para las letras. Estudió en profundidad a los clásicos griegos y latinos, a los moralistas franceses del siglo XVII y los filósofos de la Ilustración. A pesar de su formación autodidacta, impresionó muy pronto a sus hombres de letras y los filólogos de su tiempo con su erudición y sus impecables traducciones del griego. Su frágil salud se resintió gravemente a causa de esa dedicación exclusiva al estudio. La lectura de los clásicos despertó su pasión por la poesía y formó su gusto. En *Discurso de un italiano sobre la poesía romántica* (*Discorso di un Italiano intorno alla poesia romantica*) tomó partido por los clásicos en la disputa que planteaba el romanticismo, argumentando que la poesía clásica establece una intimidad profunda entre el hombre y la naturaleza con una simplicidad y una nobleza de espíritu inalcanzables para la poesía romántica, prisionera de la vulgaridad y del intelectualismo modernos. El tema del declive político y moral de la civilización occidental y, en particular, de Italia, es central en sus primeros poemas, que pasaron a formar parte de los *Cantos* (*Canti*, 1831), obra que pone de relieve el divorcio del hombre moderno y la naturaleza, considerada como única fuente posible de amor. A partir de 1817 mantuvo una asidua relación epistolar con Pietro Giordani, que fue a la vez su mentor y amigo. También en ese período inició la redacción de su ensayo *Zibaldone,* en el que trabajó durante años, precisó progresivamente lo que llamaría su «sistema filosófico» y elaboró el material literario que le serviría para sus obras mayores. Ese trabajo de introspección favoreció el desarrollo de su faceta lírica e intimista, que se expresa en versos de gran musicalidad: entre 1819 y 1821 compuso los *Idilios* (*Idilli*). Leopardi elaboró un lenguaje poético moderno que, asumiendo la imposibilidad de evocar los mitos antiguos, describe las afecciones del alma y el paisaje familiar, transfigurado en paisaje ideal. A partir de 1825 residió en Milán, Bolonia, Florencia y Pisa y se acercó a los medios políticos liberales. Tras la revolución de 1831 fue elegido diputado de las Marcas en la Asamblea Constituyente de Bolonia, pero, tras perder su confianza en el movimiento liberal, renunció a su escaño; su crítica a los liberales la expresó en la obra *Paralipómenos de la Batracomiomaquia* (*Paralipomeni della Batracomiomachia*, 1834). Entre 1833 y 1837 residió en Nápoles, en casa de su amigo Antonio Rainieri. Los *Zibaldone de pensamientos* (*Zibaldone dei pensieri*), en los que trabajó desde el verano de 1817 hasta 1832, se publicaron póstumamente en 1898; se trata de un conjunto de notas personales, en las cuales anota sus ideas acerca de la literatura, el lenguaje y casi cualquier tema de política, religión o filosofía, y en las que refleja su original recepción de los debates de su tiempo. Como poeta, su estilo melancólico y trágico recuerda inevitablemente a los románticos, pero su fondo de escepticismo, su expresión precisa y luminosa y el pudor con que contiene la efusión de sentimientos le acercan más a los clásicos, tal como él mismo deseaba.

LEOPOLDO I (*Coburgo, actual Alemania, 1790-Laeken, Bélgica, 1865) Rey de Bélgica (1831-1865).* Luchó en las guerras napoleónicas y en 1831 fue elegido rey de los belgas por decisión del Congreso Nacional belga, nombramiento que aceptó en 1832,

▲ *Boda de* **Leopoldo I***, primer rey de los belgas, y Luisa de Orleans, en la capilla del castillo de Compiège.*

▼ *El rey belga* **Leopoldo II***. Su reinado se caracterizó por el matiz liberal de sus convicciones y por la expansión belga en África.*

tras la ratificación de las fronteras de su país. Un año antes le había sido ofrecida la Corona de Grecia, que rechazó. Su política exterior se basó en buscar la protección tanto de Francia como del Reino Unido frente a los Países Bajos, hasta lograr la declaración de Bélgica como Estado neutral en 1839. Por otra parte, su política interior estuvo principalmente orientada al mantenimiento de la unidad nacional, para lo cual, cuando fue necesario, pactó con católicos y liberales. No obstante, su progresiva orientación hacia posturas cada vez más autoritarias desembocó en una situación en la que los principales partidos le retiraron su apoyo incondicional y lo obligaron a asumir el papel de rey constitucional.

LEOPOLDO I DE HABSBURGO (*Viena, 1640-id., 1705) Archiduque y emperador de Austria (1658-1705) y rey de Hungría (1655-1705) y Bohemia (1656-1705).* Hijo de Fernando III y de la infanta María Ana de Austria. Luchó con éxito contra los turcos y repelió varios de sus ataques, hasta que finalmente firmó la paz de Karlowitz en 1699. En virtud de este acuerdo, los turcos se retiraron de Hungría y Transilvania. Los Habsburgo hicieron de Austria el corazón del Sacro Imperio Romano, que desde el siglo XVI al siglo XVIII consiguió frenar los avances turcos. Leopoldo estableció alianzas con Inglaterra y los Países Bajos para combatir el expansionismo francés, defendió activamente los derechos de los Austria, en concreto los de su hijo el archiduque Carlos, sobre el trono español, y luchó contra Luis XIV de Francia en la guerra de Sucesión española. Llevó a cabo una activa política imperialista y extendió su reino hacia Oriente. Puso en marcha varias reformas administrativas y dedicó un especial interés a la cultura.

LEOPOLDO II (*Bruselas, 1835-Laeken, Bélgica, 1909) Rey de Bélgica (1865-1909).* Llegó al trono sucediendo a su padre Leopoldo I, y llevó a cabo una hábil política de neutralidad, gracias a la cual logró obtener partido de la rivalidad entre las principales potencias europeas. Esto se tradujo, en el terreno colonial, en el establecimiento del Estado Libre del Congo, ratificado en la Conferencia de Berlín de 1885, a cambio de permitir el libre comercio en su territorio. De este modo, el Congo pasó a ser una especie de posesión personal, ya que no era propiedad del Estado belga, sino que estaba bajo el control de la Asociación Internacional Africana, de la cual el monarca era el presidente. Ello le reportó grandes beneficios comerciales a través del monopolio que controlaba sobre el caucho y el marfil, así como a través de su participación en las diferentes empresas que operaban allí. En 1908, ante las denuncias de los abusos cometidos en el Congo, Leopoldo II cedió su soberanía al Estado belga.

LEOVIGILDO *(?-Toledo, 586) Rey visigodo (573-586).* Sucedió a su padre Luiva I en el 573 y estableció la capital del reino en Toledo en el 576, y allí organizó la corte según el patrón imperial romano. Leovigildo llevó a cabo una enérgica campaña contra el reino suevo de Galicia, que conquistó en el 585, así como contra los vascones, a los que arrebató amplios territorios. Fundador de la ciudad de Vitoria, reforzó los órganos de poder del reino y acuñó moneda propia, pero con todos estos gestos no pudo evitar la división interna a causa de la religión. La nobleza visigoda arriana seguía alejada del grueso de la población, de obediencia católica romana, circunstancia que se tradujo en el enfrentamiento de Leovigildo con su hijo Hermenegildo, el cual, siendo gobernador de la Bética, dio su apoyo a los católicos y provocó con ello un conflicto interno que se decidió por las armas. Derrotado Hermenegildo, su padre lo exilió a Tarragona, donde pereció asesinado. A su muerte le sucedió su otro hijo, Recaredo, quien había destacado al rechazar a los francos y los burgundios de la Septimania.

LERDO DE TEJADA, SEBASTIÁN *(Jalapa, México, 1827-Nueva York, 1889) Político mexicano.* Luchó junto al presidente Benito Juárez contra la invasión francesa de México. En 1871 se opuso a la reelección de Juárez y abandonó el Partido Liberal para constituir su propia agrupación política, el Partido Lerdista. Fue nombrado presidente de la Suprema Corte de Justicia y, tras la muerte de Juárez, pasó a presidir el país entre 1872 y 1876. Lerdo continuó el proceso de cambio iniciado con las leyes de Reforma de Juárez, cuya aplicación se había visto interrumpida por la intervención francesa. Como nuevo presidente, elevó estas leyes a la categoría de constitucionales, lo cual le atrajo la oposición del clero,

▲ *El rey visigodo* **Leovigildo** *en la conquista de Cantabria, representada en un cofre de mármol de San Millán de la Cogolla (España). El cofre perteneció a Sancho III de Navarra.*

▼ *Francisco Gómez de Sandoval, duque de* **Lerma**, *pintado por J. Pantoja de la Cruz en un cuadro que pertenece al Palacio de Pilatos, en Sevilla.*

cuyos intereses afectó. En el año 1876, cuando había sido reelegido, tuvo lugar el alzamiento que encumbró a Porfirio Díaz en el poder. Lerdo emigró a Estados Unidos, donde pasó el resto de su vida.

LERMA, FRANCISCO GÓMEZ DE SANDOVAL, DUQUE DE *(Tordesillas, España, 1553-id., 1623) Valido de Felipe III.* Durante la juventud del futuro rey, Felipe III se fue ganando su confianza; cuando éste subió al trono, su poca disposición para atender los asuntos de Estado hizo que resignara en su valido gran parte de sus funciones. Persona afable pero hábil en las intrigas de la corte, el duque de Lerma supo consolidar su posición y acrecentar así su fortuna y su prestigio personal, hasta el extremo de que, en 1612, el rey delegó en él su firma, y lo puso al frente de manera efectiva de todos los asuntos del reino. Su política exterior reveló la incapacidad por parte de la Corona española de continuar sosteniendo económicamente la guerra contra las Provincias Unidas, circunstancia que forzó la firma de la tregua de La Haya, en 1609; así mismo intentó un acercamiento diplomático con Francia. Ese mismo año llevó a cabo la expulsión de los moriscos de España. Tras caer en desgracia, y ante una oposición creciente encabezada por su propio hijo, abandonó la corte en 1618.

LERMONTOV, MIJAÍL *(Moscú, 1814-Piatigorsk, actual Rusia, 1841) Poeta ruso.* Tras cursar estudios universitarios, ingresó en la escuela militar de San Petersburgo. Influido inicialmente por Pushkin, en 1837 le dedicó la elegía *La muerte del poeta*, en la que culpaba a la nobleza del duelo en que éste encontró la muerte, a causa de lo cual Lermontov tuvo que exiliarse al Cáucaso. Ese mismo año publicó el poema romántico *Canto del zar Iván Vasílievich*, al que siguieron la sátira social *La mujer del tesorero* (1838) y la novela *Un héroe de nuestro tiempo* (1840). Esta última obra, que reúne ciertos rasgos autobiográficos en la figura del protagonista, constituye una dura crítica social y es clave en el paso del romanticismo al realismo en la literatura rusa. A esta etapa pertenecen también los poemas narrativos *El novicio* (1840) y *Demonio* (1841). Junto con Pushkin, Lermontov es el poeta más representativo del romanticismo ruso. Murió también en un duelo.

LERROUX, ALEJANDRO (*Córdoba, 1864-Buenos Aires, 1949*) *Político español.* Hijo de militar, se inició como periodista en *El País* y fue fundador de *El Progreso, El Intransigente* y *El Radical*, medios en los que dio buena muestra de su capacidad para la oratoria y la demagogia. Trasladado a Barcelona en 1898, se hizo famoso por su mensaje seudorrevolucionario, fuertemente anticlerical y antinacionalista. En 1908 fundó el Partido Radical, que iría evolucionando hacia posiciones más moderadas. Miembro del gobierno provisional de 1931, fue jefe de gobierno después de las elecciones de 1933 e incluyó entre sus ministros a representantes de la CEDA. El desprestigio en que cayó Lerroux a consecuencia del escándalo del estraperlo hizo que su partido se hundiera en las elecciones de 1936. Apoyó a los sublevados contra la República durante la guerra civil, al término de la cual se exilió.

LESAGE, ALAIN-RENÉ (*Sarzeau, Francia, 1669-Boulogne-sur-Mer, id., 1747*) *Novelista y dramaturgo francés.* Abogado de escasa fortuna, se hizo escritor profesional y dedicó sus primeros esfuerzos a la traducción de dramaturgos españoles, antes de conocer el éxito con *Crispín, rival de su amo* (1707), comedia inspirada en Hurtado de Mendoza. Escribió también una novela satírica, *El diablo cojuelo* (1707), que adapta la obra del español Vélez de Guevara, y *Gil Blas de Santillana* (1715-1735), perteneciente a la tradición picaresca, para la que se basó también en fuentes españolas e italianas. Su estilo efectivo y realista le permitió describir la sociedad de su época desde un punto de vista crítico y con gran penetración humana y psicológica.

LESSEPS, FERDINAND, VIZCONDE DE (*Versalles, Francia, 1805-La Chênaie, id., 1894*) *Diplomático y administrador francés.* Siguiendo la tradición paterna, estudió la carrera diplomática, siendo destinado sucesivamente a Lisboa, Túnez y El Cairo, donde fue cónsul entre 1833 y 1838. Durante la epidemia de peste en Alejandría apoyó a las autoridades egipcias y trabó gran amistad con Said, heredero del trono egipcio. Influido por las ideas de Saint-Simon, consiguió una concesión para construir un canal que uniese el Mediterráneo y el mar Rojo. Pese a la oposición británica, el proyecto se hizo realidad y el canal fue inaugurado en 1869. En 1842, su carrera le llevó a Barcelona, donde ejerció como cónsul hasta 1848. Se trasladó luego a Roma, donde fracasó en su misión de pactar un arreglo amistoso entre el Papa y la Repú-

▲ Alejandro **Lerroux** *fotografiado durante su etapa al frente del gobierno de la Segunda República española, de la cual presidió seis gabinetes en dos años (1933-1935).*

▲ *La escritora británica Doris **Lessing** en la puerta de su casa en West Hampstead, Londres. La novelista se ha distinguido por la gran diversidad de su producción literaria.*

blica romana. Decepcionado por este fracaso, abandonó la diplomacia en 1849. La experiencia del canal egipcio le alentó a repetir la misma obra en América Central, y en 1881 fundó la Compañía Universal del Canal Interoceánico de Panamá. Sin embargo, y pese al optimismo inicial, esta empresa no resultó tan exitosa como la anterior. La mala administración, las dificultades técnicas imprevistas, la fiebre amarilla, que causó gran mortandad entre los obreros, y la corrupción de algunos políticos frustraron el proyecto. La compañía quebró en 1889, innumerables pequeños inversores se arruinaron y se suscitó una grave crisis política. Lesseps fue juzgado junto con su hijo mayor, Charles, por malversación de fondos y mala administración, cargos por los que fueron condenados a cinco años de cárcel y a pagar una multa de cien mil francos, que luego les fue condonada. Lesseps abandonó la vida pública y pasó sus últimos años en la localidad francesa de La Chênaie, retirado a causa de la enfermedad que le llevaría a la muerte.

LESSING, DORIS (*Kirmanshah, Irán, 1919*) *Novelista británica de origen iraní.* Se crió en Rodesia (actual Zimbabwe), donde se procuró una formación autodidacta. Instalada en Londres desde 1949, inició una etapa de fuerte compromiso político que la llevó a afiliarse al Partido Comunista (1952). Entre 1952 y 1969 vio la luz una serie de cinco novelas inspiradas en su propia vida, con el título de *Hijos de la violencia*, y en 1962 publicó *El cuaderno dorado* (1962), obra aclamada por el movimiento feminista que le proporcionó un gran prestigio internacional. En 1971 publicó *Instrucciones para un viaje al infierno*, que plantea la crisis de la civilización contemporánea, mientras que en *Memorias de una superviviente* (1974) trazó una especie de autobiografía en la que se ve a sí misma a través de una proyección en el futuro. Con *Planeta colonizado 5: Shikasta* (1979) inició una serie de relatos de ciencia ficción, que posteriormente abandonaría para escribir de nuevo novelas de corte realista, como *El diario de una buena vecina* (1983), publicado bajo seudónimo, o *La buena terrorista* (1985), donde plasma la dimensión trágica de una violencia estúpida y absurda.

LESSING, GOTTHOLD EPHRAIM (*Kamenz, actual Alemania, 1729-Brunswick, id., 1781*) *Escritor y dramaturgo alemán.* Hijo de un pastor protestante, cursó estudios de teología en Leipzig, que no tardó en abandonar para dedicarse plenamente a la literatura.

Su teatro va alejándose de la tragedia francesa para integrar la influencia de Shakespeare y los clásicos griegos, sobre todo a partir de *Miss Sara Sampson* (1755), primer drama realista burgués. Sus ideas sobre estética quedaron reflejadas en su *Laocoonte* (1766), centrada en los vínculos entre la poesía y la pintura, y en sus trabajos de crítica teatral, recogidos en *La dramaturgia hamburguesa* (1767-1769). Máximo representante de los valores del clasicismo alemán, su drama *Natán el sabio* (1779) es una apología de la tolerancia, mientras en *La educación del género humano* (1780) afirma su fe en el perfeccionamiento moral indefinido de la humanidad.

LÉVI-STRAUSS, CLAUDE *(Bruselas, 1908) Antropólogo francés de origen belga.* Nació en el seno de una familia judía que poco después se trasladó a París. Se licenció en filosofía y derecho en la Sorbona y, tras ejercer unos años como profesor en Francia, aceptó un puesto en la Universidad de São Paulo. Este viaje despertó su pasión por la antropología, ciencia que ya nunca abandonaría. A lo largo de su vida ejerció tareas docentes en Nueva York, Brasil y París. Las teorías estructuralistas del lingüista Roman Jakobson ejercieron una gran influencia en él, y trató de aplicar el mismo método a la antropología. Así, defendía una antropología estructural, es decir, que confería mayor valor a la combinación de los elementos que a éstos por sí mismos. Su estudio más famoso se refiere a la prohibición del incesto, que se hallaría implícita en el entramado de relaciones sociales y de parentesco tanto de las sociedades llamadas primitivas como de las modernas. Su materialismo convencido le llevó a afirmar un determinismo estructural absoluto. Entre otras obras, publicó *Las estructuras elementales del parentesco* (1949), *Tristes trópicos* (1955), *Antropología estructural* (1958) y *El totemismo en la actualidad* (1962).

LEWIS, CARL *(Birmingham, EE UU, 1961) Atleta estadounidense.* Con sólo diecinueve años ya formaba parte del equipo olímpico estadounidense de atletismo, pero el boicot de su país a los Juegos Olímpicos de Moscú en 1980 le impidió competir. Debutó como olímpico en los Juegos de Los Ángeles (1984), en los que obtuvo cuatro medallas de oro. Consiguió con ello igualar la marca mítica de Jesse Owens en los Juegos de Berlín (1936). En los dos siguientes Juegos en los que participó –Seúl

> *«La sociedad pertenece al reino de la cultura, mientras que la familia es la emanación, a nivel social, de aquellos requisitos naturales sin los cuales no podría existir la sociedad y, en consecuencia, tampoco la humanidad.»*
>
> Claude Lévi-Strauss

▲ *El antropólogo y sociólogo Claude **Lévi-Strauss**, considerado uno de los máximos representantes del estructuralismo, ha ejercido profunda influencia en el terreno de las ciencias sociales.*

▼ *Carl **Lewis**, con la bandera estadounidense, celebra el triunfo en una prueba. El Hijo del Viento como fue apodado, marcó un antes y un después de él en las pruebas de velocidad y salto de longitud.*

1988 y Barcelona 1992–, consiguió ampliar su medallero. En los primeros, además de convertirse en el primer atleta en ganar la competición de salto de longitud en dos Juegos consecutivos, protagonizó una polémica victoria en los 100 m lisos, prueba en la que fue medalla de oro pese a haber cruzado la meta en segundo lugar, ya que el vencedor, el atleta canadiense Ben Johnson, fue descalificado a raíz de los resultados de la posterior prueba antidóping. En 1991 estableció el récord mundial en los 100 m lisos con una marca de 9,86 segundos, y en Barcelona renovó su título en longitud y volvió a ser oro en relevos. En los Juegos de Atlanta (1996) no logró la clasificación por tiempos en las pruebas de velocidad, y no pudo formar parte del equipo de relevos estadounidense, en una polémica decisión. Sin embargo, volvió a vencer en longitud (su noveno oro olímpico). Atleta frío y calculador, no consiguió batir la marca legendaria de Bob Beamon en salto de longitud (8,90 m) antes de que Mike Powell lo hiciera en 1991. Con todo, en 1982 había superado una distancia de 9,14 m en un salto que fue nulo por un escasísimo margen.

LEZAMA LIMA, JOSÉ *(La Habana, 1910-íd., 1976) Poeta y escritor cubano.* La novela *Paradiso* (1966), que recuerda la trayectoria personal del autor hacia la poesía, descubrió a la crítica un narrador brillante y complejo. Fue director, entre otras, de la revista *Orígenes* (1944-1957), alrededor de la cual congregó a una generación de escritores que propugnaba el retorno a una poesía esencialista y la búsqueda de las raíces cubanas. La que se dio en llamar «Generación de *Orígenes*» fue una de las más fecundas en la historia de la literatura cubana, y su influencia en los diversos campos de la narrativa se ha dejado sentir en numerosas obras posteriores de muy diversos autores. Las ideas de Lezama se nutren de un amplio abanico conceptual que abarca desde la filosofía oriental hasta los postulados religiosos y filosóficos medievales. Su profundo conocimiento del Siglo de Oro español y de los simbolistas franceses quedó reflejado en toda su obra, en la que destacan los poemarios *Enemigo rumor* (1941), *La fijeza* (1949) y *Dador* (1960), quizás el ejemplo más acabado de su estilo barroco y simbólico. También publicó numerosos ensayos, como *Analecta del reloj* (1953) o *La expresión americana* (1957). Póstumamente se editó su novela *Oppiano Licario* (1977).

LICHTENSTEIN, ROY *(Nueva York, 1923-id., 1997) Pintor estadounidense.* Su serie más famosa apareció en la década de 1960, cuando presentó una serie de piezas que partían de imágenes tomadas del mundo del cómic, presentadas en formatos grandes sobre una trama tipográfica de puntos, sobre fondo blanco. Su intención era despojarlas de toda intencionalidad y reducirlas a meros elementos decorativos, a lo que contribuía la restricción de colores, reducidos a amarillo, rojo y azul, perfilados por gruesas líneas negras. De entre sus pinturas, siempre de gran formato, cabe destacar *Takka, Takka* (1962) y el óleo *Nos elevamos lentamente* (1964), donde se aprecia la voluntaria exención de dramatismo mediante la homogeneidad de la malla de puntos, el cromatismo plano y brillante y la supresión de la gestualidad en la pincelada, para representar una escena de temática siempre banal. A partir de 1979 realizó también esculturas. Lichtenstein es una de las más destacadas figuras del movimiento del *pop-art* estadounidense de los años sesenta, presidido por el apropacionismo de la realidad y por la adaptación de imágenes procedentes del mundo del consumo.

LIE, SOPHUS *(Nordfjodreid, Noruega, 1842-Oslo, 1899) Matemático noruego.* Estudió en la Universidad de Cristiania (actual Oslo), antes de trasladarse a Berlín en 1869, donde conoció a Felix Klein. Ambos viajaron a París y entraron en contacto con los recientes trabajos sobre teoría de grupos efectuados por Camille Jordan. Inspirado por la obra de ambos, en 1874 introdujo varios conceptos básicos en el campo de las transformaciones geométricas que denominó grupos finitos y grupos continuos, a los que asoció lo que actualmente se conoce como álgebra de Lie. En 1883 desarrolló los grupos infinitos de transformaciones continuas como soluciones de ecuaciones diferenciales.

LIEBIG, JUSTUS, BARÓN DE *(Darmstadt, actual Alemania, 1803-Munich, 1873) Químico alemán.* Se doctoró en 1822 por la Universidad de Erlangen. Discípulo de Gay-Lussac en París, fue más tarde profesor en las universidades de Glessen y Munich. En Glessen revolucionó la enseñanza de la química y creó una de las más prestigiosas escuelas de investigación. Su primer descubrimiento significativo, el isomerismo (compuestos distintos con la misma fórmula molecular), lo realizó con la ayuda de F. Wöhler. Más tarde desarrolló una teoría sobre los radicales químicos, y elaboró un

▲ *Justus **Liebig**, uno de los mayores impulsores de la química moderna, realizaba sus investigaciones en equipo, tal como muestra la ilustración superior. Sobre estas líneas, el químico alemán en pleno trabajo en su laboratorio.*

procedimiento para la preparación de extractos cárnicos. Interesado en cuestiones químicas relacionadas con la agricultura, en 1840 publicó una obra fundamental para el posterior desarrollo de dichas cuestiones: *Química orgánica y su aplicación a la agricultura y a la fisiología.*

LINCOLN, ABRAHAM *(Hodgenville, EE UU, 1809-Washington, 1865) Político estadounidense.* Nació en el seno de una familia de colonos cuáqueros. Durante su infancia y su juventud, marcadas por la pobreza de su familia, recorrió el Missisippi y vivió de cerca las condiciones infrahumanas que padecían los esclavos negros. Tenía veintitrés años cuando dejó la granja donde trabajaba para combatir como soldado raso en la guerra contra los indios. Mientras tanto, emprendió su formación autodidacta y hacia 1836 logró licenciarse en derecho. Dos años antes, su actitud contraria a la esclavitud lo había conducido a intervenir en política, lo que le valió su elección como diputado de Illinois para el período 1834-1842. Merced a su defensa de mejores condiciones de vida para los negros y a su gran elocuencia, logró una gran popularidad en todo el estado. En 1846 alcanzó la jefatura del partido Whig, y como diputado del Congreso federal apoyó a los abolicionistas de Washington. Sin embargo, su decidida oposición a la guerra contra México, a cuya finalización Estados Unidos obtuvo los territorios de Alta California, Nuevo México, el norte de Sonora, Coahuila y Tamaulipas y la anexión definitiva de Texas, le hizo perder muchos votos, y fracasó en las elecciones senatoriales de 1849. Decepcionado, se retiró de la política y durante seis años trabajó como procurador. Su regreso a la vida pública se produjo en 1854, cuando la cuestión de la esclavitud volvió al plano político a raíz de que la

▲ *El presidente Abraham* **Lincoln** *visita al general unionista George McClellan en su campamento, en 1862, en pleno asedio a Yorktown (Virginia), durante la guerra de Secesión.*

> *«Se puede engañar a todo el mundo por un tiempo y a algunos siempre, pero no a todos siempre.»*
>
> Abraham Lincoln

Kansas-Nebraska Act propugnara extenderla a los estados del noroeste. Si bien él inicialmente no apoyaba la abolición de la esclavitud en los estados en los que ya existía, sobre todo en los del sur, se oponía a que se instaurase en aquellos otros en los que no estaba autorizada. Particularmente célebre por la vehemencia de su verbo y la solidez de sus argumentaciones fue su discurso antiesclavista *Peoria*, en 1854. Comprometido con la causa contra la esclavitud, se afilió al Partido Republicano dos años más tarde. Derrotado de nuevo en las elecciones al Senado de 1858, la intensidad de la campaña antiesclavista y los duelos dialécticos que mantuvo con el candidato demócrata Stephen A. Douglas, elegido en la ocasión, le devolvieron la popularidad perdida. La moderación de sus posiciones fue decisiva para que en 1860 la convención republicana de Chicago lo eligiera candidato a la presidencia en detrimento de William H. Seward, representante de los abolicionistas más radicales. Al año siguiente, favorecido por las divisiones internas de los demócratas, ganó las elecciones a la presidencia de la Unión, lo que desencadenó la reacción de los estados sudistas. Antes de que asumiera oficialmente la presidencia, éstos, encabezados por Carolina del Sur, se declararon independientes. Aunque el estallido de la guerra ci-

vil parecía inevitable, Lincoln intentó detenerla y restaurar la unidad formando un gobierno de coalición con los sudistas. Iniciada la guerra de Secesión pese a todo, el presidente promulgó en 1862 la Homestead Act, para la colonización del Oeste, y propuso una abolición progresiva de la esclavitud, con el íntimo propósito de promover un acercamiento a la Confederación sudista que acelerara el fin de la contienda. Tras comprobar una vez más la intransigencia del otro bando, el 1 de enero de 1863 decretó la emancipación de los esclavos en todo el territorio de la Unión. Al año siguiente, cuando las fuerzas del Norte ya dominaban casi por completo la situación y el fin del enfrentamiento bélico se veía próximo, Lincoln fue reelegido para un nuevo mandato con un programa de reconstrucción nacional que no pudo realizar: a los cinco días de finalizar la guerra de Secesión, fue asesinado mientras asistía a una función teatral en Washington por un actor sudista llamado John Wilkes Booth.

LINDBERGH, CHARLES *(Detroit, 1902-Miami, 1974) Aviador estadounidense.* Inició su carrera como piloto de aviones correo, con lo que adquirió mucha experiencia en el vuelo en las condiciones más adversas. Con grandes dotes para los recorridos de larga distancia, gracias a su buen sentido de la orientación y su habilidad para ahorrar combustible en la navegación, decidió intentar la travesía del Atlántico en solitario. El 20 de mayo de 1927 despegó de las cercanías de Nueva York a bordo de un monoplano, el *Spirit of Saint Louis*, y, tras treinta y tres horas y media de vuelo, aterrizó en París; esto lo convirtió en una celebridad, pues era el primer aviador que lograba cruzar el Atlántico en solitario. En 1932, el rapto y posterior asesinato de su hijo lo llevaron de nuevo al primer plano de la actualidad. Durante la década de 1930 mostró cierta admiración por la Alemania nazi, que visitó en diversas ocasiones, relación que los nazis utilizaron como elemento propagandístico para realzar el poderío aéreo alemán. Esta circunstancia dañó su popularidad. No obstante, cuando Estados Unidos entró en la Segunda Guerra Mundial, Lindbergh no vaciló en alistarse, a pesar de su edad. Sirvió como ayudante del general Vandenberg, jefe del Estado Mayor de las fuerzas aéreas del país; sus conocimientos sobre cazas de gran radio de acción fueron decisivos para planificar la operación en que se derribó el aparato en que volaba el almirante japonés Yamamoto: su recomendación de utilizar, para la misión

► *El aviador estadounidense Charles* **Lindbergh**, *el primero en atravesar el Atlántico sin escalas, junto al avión con el que realizó la proeza, el* Spirit of Saint Louis.

el caza pesado P-38 *Lightning* demostró ser plenamente acertada. A pesar de todo, decidió abandonar el cargo burocrático para encuadrarse en una escuadrilla de combate, con la que participó en cincuenta misiones. Acabada la guerra, fue asesor de algunas de las principales empresas constructoras de aviones de Estados Unidos.

LINIERS, SANTIAGO *(Niort, Francia, 1753-Cabeza del Tigre, actual Argentina, 1810) Marino y político español de origen francés.* En 1775 se alistó en la armada española y un año más tarde era alférez de fragata. Pasó a América, y en 1788 llegó al virreinato del Río de la Plata, donde combatió heroicamente a los británicos durante las invasiones de 1806 y 1807. En este último año reconquistó Buenos Aires y Montevideo. Fue nombrado gobernador de la provincia de Misiones en 1792, además de virrey del Río de la Plata, capitán general y jefe de la armada. En 1808 se opuso a la invasión napoleónica y proclamó su adhesión a Fernando VII y rechazó una oferta de José Bonaparte. Sin embargo, fue destituido por la Junta Central por su condición de francés en 1809, siendo sustituido por Hidalgo de Cisneros. Durante la insurrección independentista de 1810, Liniers intentó mantener su posición en Córdoba, además de hacer un intento desesperado de negociar con los franceses la entrega del virreinato. Sin embargo, su ejército se desmembró y él fue apresado mientras huía y ejecutado por orden de la Junta de Buenos Aires.

LINNÉ, CARL VON [*Carolus Linnaeus* en latín; *Linneo* en castellano] *(Råshult, Suecia, 1707-Uppsala, id., 1778) Botánico sueco.* Su temprano interés por las plantas hizo que a la edad de ocho años se le conociera ya por el apodo del *Pequeño Botánico,* si bien compaginó esta vocación con los estudios de medicina, que cursó en las universidades de Lundt y Uppsala, y con su establecimiento, en 1738, en esta última ciudad como médico privado y como profesor de medicina en su universidad (1741). Además de realizar expediciones botánicas a Laponia, por cuenta de la Academia de Ciencias de Uppsala, amplió sus estudios de medicina en los Países Bajos, y recorrió otros países europeos, como Gran Bretaña y Francia. Fue catedrático de botánica en la Universidad de Uppsala (1742). Consi-

▼ *Retrato de Santiago* **Liniers** *perteneciente al Museo Naval de Madrid. Por su origen francés, fue destituido como virrey del Río de la Plata durante la invasión napoleónica de España.*

▼ *Carl von* **Linné** *representado durante un viaje que realizó a Laponia para estudiar la flora local. Su notable clasificación de los seres vivos prefigura la taxonomía moderna.*

derado el creador de la clasificación de los seres vivos o taxonomía, desarrolló un sistema de nomenclatura binomial (1731) que se convertiría en clásico, basado en la utilización de un primer término, escrito en mayúscula, correspondiente al género y una segunda parte, indicativa del nombre específico de la especie descrita, escrita en letra minúscula. Por otro lado, agrupó los géneros en familias, las familias en clases, las clases en tipos (*fila*) y los tipos en reinos. Con anterioridad a sus trabajos habían existido ya intentos de introducir cierto orden en la aparente confusión que supone la ingente proliferación de seres vivos. El primero que trató de establecer una clasificación fue J.-P. de Tournefort (1656-1708) mediante la introducción de un sistema clasificatorio natural basado en la «realidad objetiva de las especies, los géneros y las clases». Casi simultáneamente John Ray redactó una obra monumental, *Historia plantarum generalis* (1686-1704), en la que intentó distribuir de una manera racional las plantas y definir con precisión, básicamente, la noción de especie a través del establecimiento de sus relaciones con una comunidad de origen. Los trabajos de Tournefort y Ray tuvieron continuidad en las investigaciones iniciales de Linné en el campo de la botánica, que se centraron en el estudio de los estambres y los pistilos, y que le indujo a pensar que podría introducir una nueva y mejor clasificación de las plantas, basada en el estudio de su aparato reproductor (sistema sexual). Sin embargo, al tener en cuenta únicamente el carácter de la flor, el sistema, incluso en opinión del propio autor, resultaba demasiado artificial. Este problema quedó solucionado con la introducción de la llamada clasificación binaria, que le permitió clasificar más de 8 000 especies animales y 6 000 vegetales. Así mismo, fue el primer científico que utilizó los símbolos del escudo y la lanza de Marte y el espejo de Venus para indicar, respectivamente, macho y hembra. Sus trabajos le valieron la concesión de un título nobiliario en su país. La publicación de su obra *Las especies de las plantas* (*Species plantarum*) en 1753 se considera el inicio oficial de la aplicación de la nomenclatura moderna en la biología. Defensor de la inmutabilidad de las especies –contrario, por tanto, a la idea de la evolución–, consideraba que todas ellas se habían creado por separado en el inicio de los tiempos. Tras su muerte, sus colecciones fueron adquiridas por un naturalista inglés, que las llevó al Reino Unido, donde sirvieron de núcleo aglutinador de la famosa Linnaean Society.

LIPPI, FAMILIA; FILIPPO *(Florencia, h. 1406-Spoleto, actual Italia, 1469)* y su hijo **FILIPPINO** *(Prato 1457-Florencia, 1504) Pintores italianos.* Fra Filippo Lippi fue uno de los pintores renacentistas de vida más azarosa y turbulenta, aunque hoy se piensa que algunos lances han sido exagerados por las fuentes antiguas. Sus padres, que no aceptaron de buen grado su nacimiento, lo dejaron bajo la custodia de la comunidad carmelita del Carmine florentino, donde se crió y donde profesó como fraile en 1421. Pero su vocación no era sincera, por lo que al cabo de algunos años tuvo una aventura amorosa con la monja Lucrecia Buti, que le dio dos hijos y con la que finalmente recibió autorización para casarse. Cuando todavía estaba en el convento, Lippi vio trabajar a Masaccio en la iglesia del Carmine y, según escribe Vasari, ése fue el detonante de su inclinación a la pintura. Realmente, sus primeras obras traslucen una gran influencia de Masaccio, pero hoy se le recuerda a Lippi, sobre todo, por su estilo más genuino, el que desarrolló a partir de 1440 aproximadamente. Desde entonces pintó especialmente Vírgenes con el Niño imbuidas de poesía, delicadeza y una cierta melancolía, rasgos todos ellos que las hacen inconfundibles. Su estilo lineal y decorativista lo heredó su hijo y discípulo, Filippino Lippi, que fue alumno también de Botticelli, discípulo, a su vez, de Filippo Lippi. El primer encargo que recibió Filippino fue la

▲ *Apoxiómeno, escultura que se conserva en el vaticano Museo Pío Clementino. Se trata de una copia romana del original, obra del escultor griego* **Lisipo**.

▼ *Coronación de la Virgen (1441-1447), obra del pintor renacentista italiano Filippo* **Lippi**.

finalización de los frescos de Masaccio en la capilla Brancacci de Santa Maria del Carmine (Florencia), obra que realizó con tal acierto que resulta difícil distinguir la parte que corresponde a cada uno de los pintores. En lo sucesivo trabajó por igual al fresco (*Historias de los santos Felipe y Juan* en la capilla Strozzi de Santa Maria Novella, Florencia) y sobre tabla (*La visión de san Bernardo*). Tanto Filippo como Filippino Lippi gozaron de gran prestigio en su tiempo, y el primero de ellos contó con la protección de los Médicis.

LISIPO *(s. IV a.C.) Escultor griego, documentado de h. 360 a.C. a h. 305 a.C.* Fue uno de los escultores más famosos de la Grecia clásica y precursor del estilo helenístico. De las 1500 esculturas de bronce que realizó, según Plinio, no se ha conservado ninguna, pero se conocen algunas de sus creaciones a través de copias helenísticas y romanas. Su obra más famosa es el *Apoxiómeno*, un atleta que se limpia el cuerpo con el estrígilo, y que ejemplifica uno de sus rasgos estilísticos más característicos: una mayor profundidad espacial, conseguida en este caso mediante la proyección de los brazos hacia adelante. El acentuado realismo de sus estatuas, otra de sus singularidades, se advierte en el *Hércules Farnesio*, considerado una copia del Hércules de Sición. Las figuras de Lisipo son siempre altas y esbeltas, lo que corrobora la tradición según la cual sustituyó el canon de Policleto por uno nuevo, en el que la cabeza representa una octava parte de la altura del cuerpo.

LIST, FRIEDRICH *(Reutlingen, actual Alemania, 1789-Kufstein, id., 1846) Economista alemán.* De formación autodidacta, sus méritos académicos le valieron un profesorado de economía política en la Universidad de Tubinga (1816). Fue elegido miembro de la Dieta en 1819 y condenado a trabajos forzados dos años más tarde por sus ideas liberales, lo que le empujó a exiliarse en Estados Unidos. De regreso en Alemania, participó en la consolidación del Zollverein. List es considerado como el fundador de la escuela historicista alemana de teoría económica, cuyos presupuestos posteriormente desarrollarían miembros de la segunda generación como G. Schmoller y otros. List, en oposición a la escuela clásica inglesa, sostuvo la pertinencia del proteccionismo (especialmente para la industria y el comercio) en una primera fase de desarrollo nacional, con el objetivo de favorecer un tamaño mínimo que capacitara a dichos sectores para competir con el exterior.

LISZT, FRANZ *(Raiding, actual Hungría, 1811-Bayreuth, Alemania, 1886) Compositor y pianista húngaro.* Su vida constituye una de las novelas más apasionantes de la historia de la música. Virtuoso sin par, durante toda su trayectoria vital, y sobre todo durante su juventud, se rodeó de una aureola de artista genial, violentamente escindido entre el arrebato místico y el éxtasis demoníaco. Paradigma del artista romántico, fue un niño prodigio que llegó a provocar el entusiasmo del mismo Beethoven, músico poco dado por naturaleza al elogio. Alumno en Viena de Carl Czerny y Antonio Salieri, sus recitales causaron sensación y motivaron que se trasladara con su padre a París, donde en 1825 dio a conocer la única ópera de su catálogo, *Don Sanche, ou Le Château d'amour,* fríamente acogida por un público que veía en el pequeño más un prodigioso pianista que un compositor. En la capital gala conoció a dos de los músicos que habían de ejercer mayor influencia en su formación: el compositor Hector Berlioz con su *Sinfonía fantástica* y, en mayor medida aún, el violinista Niccolò Paganini. La audición de un recital de este último en 1831 constituyó una revelación que incidió de modo decisivo en la forma de tocar del joven virtuoso: desde aquel momento, el objetivo de Liszt fue lograr al piano los asombrosos efectos que Paganini conseguía extraer de su violín. Y lo consiguió, en especial en sus *Estudios de ejecución trascendente.* Ídolo de los salones parisinos, del año 1834 data su relación con Marie d'Agoult, condesa de Flavigny, de la cual nació su hija Cosima, futura esposa del director de orquesta Hans von Bülow primero, y de Richard Wagner después. Su carrera musical, mientras tanto, proseguía imparable, y en 1848 obtuvo el puesto de maestro de capilla de Weimar, ciudad que convirtió en un foco de difusión de la música más avanzada de su tiempo, en especial la de Wagner, de quien estrenó *Lohengrin,* y la de Berlioz, del que representó *Benvenuto Cellini.* Si hasta entonces su producción se había circunscrito casi exclusivamente al terreno pianístico, los años que vivió en Weimar marcaron el inicio de su dedicación a la composición de grandes obras para orquesta, entre las que sobresalen las sinfonías *Fausto* y *Dante,* sus más célebres poemas sinfónicos (*Tasso, Los preludios, Mazeppa, Orfeo*) y las versiones definitivas de sus dos conciertos para piano y orquesta. Fue la época más prolífica en cuanto a nuevas obras, favorecida por el hecho de que el músico decidió abandonar su carrera como virtuoso para centrarse en la creación y la dirección. Sin embargo, diversos conflictos e intrigas con las autoridades de la corte y el público lo indujeron a dimitir de su cargo en 1858. Se iniciaba así la última etapa de su vida, dominada por un profundo sentimiento religioso que le llevó a recibir en 1865 las órdenes menores y a escribir una serie de composiciones sacras entre las que brillan con luz propia los oratorios *La leyenda de santa Isabel de Hungría* y *Christus,* aunque no por ello el abate Liszt —como empezó a ser conocido desde aquel momento— perdió su afición a los placeres terrenales. Su aportación a la historia de la música puede resumirse en dos aspectos fundamentales: por un lado amplió los recursos técnicos de la escritura y la interpretación pianísticas, y por otro dio un impulso concluyente a la música de programa, aquella que nace inspirada por un motivo extramusical, sea éste literario o pictórico. Padre del poema sinfónico, su influencia en este campo fue decisiva en la obra de músicos posteriores como Smetana, Saint-Saëns, Franck o Richard Strauss.

FRANZ LISZT
OBRAS MAESTRAS

ÓPERAS: *DON SANCHE, OU LE CHÂTEAU D'AMOUR* (1825). **MÚSICA ORQUESTAL:** *CONCIERTO PARA PIANO NÚM. 1* (1835); *CONCIERTO PARA PIANO NÚM. 2* (1839); *TASSO* (1845); *LOS PRELUDIOS* (1848); *MAZEPPA* (1851); *ORFEO* (1854); *HUNGARIA* (1854); *SINFONÍA DANTE* (1856); *SINFONÍA FAUSTO* (1857); *HAMLET* (1858). **MÚSICA INSTRUMENTAL:** *ARMONÍAS POÉTICAS Y RELIGIOSAS* (1835); *AÑOS DE PEREGRINAJE* (1837-1849); *TRES SONETTI DEL PETRARCA* (1845); *ESTUDIOS DE EJECUCIÓN TRASCENDENTE* (1851); *SONATA EN SI MENOR* (1853); *LA LÚGUBRE GÓNDOLA* (1882). **MÚSICA VOCAL:** *LA LEYENDA DE SANTA ISABEL DE HUNGRÍA* (1862); *CHRISTUS* (1866).

▲ *Retrato de Franz **Liszt** durante su juventud. Uno de los mayores virtuosos del piano en su época, sus composiciones le sitúan en la cúspide del romanticismo musical.*

LIVINGSTONE, DAVID *(Blantyre, Reino Unido, 1813-Chitambo, actual Zambia, 1873) Misionero y explorador británico.* Trabajó un tiempo en una factoría, y más tarde cursó estudios de medicina en Glasgow, al término de los cuales, en 1841, emprendió un viaje a Kuruman (África del Sur) como misionero médico de la Sociedad Misionera de Londres. En 1845 contrajo matrimonio con Mary Moffat, con quien cuatro años más tarde realizó una expedición a la región del desierto del Kalahari, en el curso de la cual descubrieron el lago Ngami, lo cual dio cierta fama al explorador y le valió la medalla de oro de la Royal Geographical Society. En 1852 envió a su esposa y a sus cuatro hijos al Reino Unido, y continuó sus exploraciones en solitario. La primera, entre 1852 y 1856, pretendía encontrar una ruta hacia el Atlántico que eludiera las regiones controladas por los hostiles bóers; Livingstone

▼ *El misionero británico David **Livingstone** exploró África desde 1841 hasta el momento de su muerte, en 1873, cuando se hallaba en las fuentes del Nilo.*

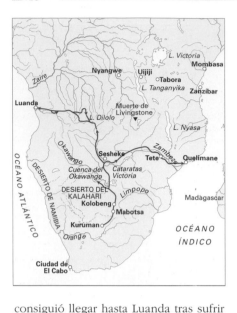

◀ *Recorrido de las exploraciones realizadas por David **Livingstone** en el continente africano.*

▼ *Carlos **Lleras Restrepo** durante su etapa como presidente de Colombia. Su programa reformista tropezó con la oposición del Congreso y del Ejército.*

▼ *Página miniada de las* Décadas *del historiador romano Tito **Livio***. *Su obra es apreciada tanto por los datos históricos como por su estilo poético.*

consiguió llegar hasta Luanda tras sufrir grandes penalidades, para regresar luego hacia el Índico por la inexplorada región del Zambeze, ruta en la que descubrió las cataratas Victoria. Al término de esta gran expedición regresó al Reino Unido, donde recibió todo tipo de honores y distinciones, y pudo equilibrar la situación económica de su familia, en parte gracias al éxito de su libro *Misiones e investigaciones en el sur de África* (*Missionary Travels and Researches in South Africa*, 1857). En 1858 partió en una nueva expedición del África interior, esta vez con medios materiales y humanos muy superiores. Sin embargo, pronto aparecieron disensiones en el seno del grupo y se advirtió la imposibilidad de remontar en barco el río Zambeze; la esposa de Livingstone falleció en Shupanga (1862). Tras una nueva estancia en el Reino Unido, entre 1864 y 1866, emprendió su tercera gran expedición. Esta vez su propósito era hallar las fuentes del Nilo, para lo cual llegó hasta el lago Tanganica por la región del lago Nyasa. En 1871 contactó con él la expedición de Henry Morton Stanley, que había partido en su busca, y ambos prosiguieron la exploración de la región norte de Tanzania, sin poder hallar las fuentes del Nilo. Un año más tarde, Stanley trató de convencerlo para que regresara junto a él al Reino Unido, a lo que Livingstone no accedió. Poco después, la enfermedad terminó con él.

LIVIO, TITO (*Patavium, hoy Padua, actual Italia, h. 64 a.C.-id., 17 d.C.*) *Historiador latino*. Instalado en Roma probablemente a partir del año 30 a.C., se interesó por la retórica y escribió diálogos morales, que después dejó de lado para consagrarse a la redacción de una gran historia de Roma, *Ab urbe condita libri* (más conocida como las *Décadas*), que le valió el favor del emperador Augusto. Sólo se conservan 35 libros de los 142 que componían la obra, que cubre desde la fundación de la ciudad hasta el año 9 a.C. Pieza cumbre de la prosa latina del final del período clásico, intercala pequeñas reflexiones en medio de la narración, marcada por un tono épico y dramático. Livio concebía la historia desde un punto de vista moral, y, más que una obra científicamente construida, la suya es la aportación de un poeta que canta con entusiasmo el esplendor del pueblo romano.

LLERAS RESTREPO, CARLOS (*Bogotá, 1908-id., 1994*) *Político colombiano*. Abogado, diputado y profesor de finanzas públicas, fue presidente del Partido Liberal, además de ministro del Tesoro, vicepresidente del Consejo Económico y Social de las Naciones Unidas y partícipe en la conferencia de Ginebra de 1964. Como presidente de la República (1966-1970) trato de impulsar una vía reformista, llamada de transformación nacional, que incluía directrices económicas como la regulación de la inversión extranjera y la modificación del comercio internacional del café, y socioculturales, como la protección de la familia y el refuerzo de las instituciones culturales más populares. El Congreso, en el que no contaba con mayoría suficiente, le impidió llevar a la práctica muchos de sus proyectos. Dos días después de las elecciones presidenciales de 1970, se enfrentó a un posible golpe de Estado del general Rojas Pinilla, del cual salió indemne, pudiendo entregar el poder a Pastrana Borrero el 7 de agosto.

LLIMONA, JOSEP (*Barcelona, 1864-id., 1934*) *Escultor español*. Frecuentó el taller de Frederic Trías y completó sus estudios en la Escuela de Llotja. En 1880 marchó a Roma. Con las obras que realizó en Roma, entre otras un esbozo para la estatua ecuestre de Ramón Berenguer *el Grande*, consiguió ya premios y una gran reputación. Desde su regreso a Barcelona, los encargos fueron constantes. Tras un período dominado por la temática religiosa (*Primera comunión*, 1897), se orientó hacia el desnudo femenino, campo en el que se inscriben algunas de sus obras maestras (*Desconsuelo, Juventud*). En otras obras, como *El forjador*, la ternura de los desnudos deja paso a una agresividad contenida. Se le deben también, un monumento al doctor Robert, en Barcelona.

LLOYD GEORGE, DAVID *(Manchester, 1863-Ty-Newydd, Reino Unido, 1945) Político británico.* Su padre, un profesor de escuela, murió un año después de su nacimiento, dejando a su madre en una precaria situación económica. Por este motivo, ambos se trasladaron a Llanystumdwy, donde se alojaron en la casa de un tío materno. Miembro del Partido Liberal, en 1890 consiguió un escaño en el Parlamento, donde pronto se labró merecida fama de buen orador y hábil negociador. En 1905 fue nombrado presidente de la Junta de Comercio, y en 1908, ministro de Hacienda. Entre 1910 y 1911 consiguió que se aprobaran diversas medidas sociales, entre ellas la National Health Insurance Act, que protegía a los trabajadores contra los estados de desempleo, enfermedad e invalidez. Después de ocupar varios cargos de responsabilidad, y con el apoyo de los conservadores, en 1916 fue elegido primer ministro. Durante su mandato, que se extendió hasta 1922, participó en las conferencias de paz de Versalles, que cerraron la Primera Guerra Mundial, y dirigió las negociaciones de las que resultó la independencia irlandesa (1921), con la creación del Estado Libre de Irlanda (Eire) y una administración autónoma en la zona septentrional de la isla (Irlanda del Norte o Ulster). Entre 1926 y 1931 fue presidente del Partido Liberal y durante los años siguientes escribió varias memorias sobre sus años como primer ministro. En 1940, Winston Churchill le propuso ingresar en su gabinete de guerra, ofrecimiento que declinó debido a su avanzada edad.

▲ *David **Lloyd George** fotografiado en el número 10 de Downing Street, durante su etapa como primer ministro británico, en la que la República de Irlanda se independizó del Reino Unido.*

> «*Cada ciencia debe utilizar los vocablos que mejor le ayuden a manifestarse (...) y si no la dotamos de aquellos vocablos que requiere, cometemos acto de injuria* »
>
> Ramon Llull
> *Libro del gentil y de los tres sabios*

LLULL, RAMON O RAIMUNDO LULIO *(Palma de Mallorca, 1235-id., 1315) Filósofo y escritor catalán.* Hijo de un barcelonés emigrado a Mallorca poco antes de que él naciera, Llull estuvo desde muy joven relacionado con los ambientes cortesanos. Durante su juventud fue senescal del heredero del reino, el infante don Jaime, y hasta cumplir la treintena llevó una vida disoluta y exenta de preocupaciones, a pesar de su matrimonio con Blanca Picany, con quien tuvo dos hijos; en esta época se dedicó a escribir poesía de corte trovadoresco. A los treinta y dos años, y según cuenta en *Vida coetánea*, se le apareció el propio Jesucristo. Su interpretación de los hechos fue decisiva para su carrera posterior: Cristo le pedía que abandonara la mundanidad y se pusiera a su servicio. Abandonó, pues, corte, esposa e hijos y emprendió una peregrinación a Santiago de Compostela, desde donde se trasladó a Barcelona y posteriormente a su isla natal, en la cual se entregó durante los

▼ *Estatua yacente de Ramon **Llull** realizada en el s. XV, que pertenece al sepulcro del filósofo en la iglesia de San Francisco, en Palma de Mallorca.*

nueve años siguientes al estudio y a la contemplación. Luego, y con la intención de proseguir allí su acercamiento a Dios, se retiró al monte, donde, según relata en *Vida coetánea*, Dios lo iluminó y le inspiró la escritura de un libro que sirviera para convertir al cristianismo a los paganos, obra que cabe identificar con *Arte abreviado de encontrar verdad*. En 1276, y merced a una subvención del infante don Jaime, Llull fundó el colegio de Miramar, del que se convirtió en director, y posteriormente emprendió un viaje a París para exponer sus ideas en la Sorbona y obtener el magisterio en artes. Así mismo, expuso ante el papa Nicolás IV un proyecto para una nueva Cruzada en tierras paganas, pero al no contar con el favor del pontífice partió en solitario hacia Chipre y Armenia. Durante esta época combinó sus innumerables viajes con la redacción de gran cantidad de libros. En 1307 cayó prisionero en Bugía, en el norte de África, y a punto estuvo de sufrir un linchamiento público. De ahí se trasladó a Pisa, a la que llegó milagrosamente, tras un naufragio, y luego, de nuevo a París. En 1311 asistió al concilio de Viena, convocado por el papa Clemente V, ante el cual expuso un plan para evangelizar Tierra Santa que tampoco fraguó, y en 1311 regresó a Mallorca. Poco después emprendió otro viaje al norte de África, en esta ocasión a Túnez, donde escribió su última obra de la que se tienen referencias, el *Liber de maiore fine et intellectus amoris et honoris*, fechada en 1315. En conjunto se conservan doscientas cuarenta y tres obras de Llull, en latín y en catalán. Escribió también en árabe, a menudo traducciones directas de sus obras, pero no se ha conservado ninguna. Por lo que se refiere al catalán, fue el primero en utilizarlo para fines filosóficos, lo cual contribuyó a dotarlo de una prosa culta y especializada. En

✒ RAMON LLULL
OBRAS MAESTRAS

Libro del gentil y de los tres sabios (*Llibre del gentil e los tres savis*, h. 1272); *Libro de contemplación de Dios* (*Llibre de contemplació de Déu*, 1272); *Libro de la orden de caballería* (*Llibre de l'orde de cavalleria*, 1275); *Arte abreviado de encontrar verdad* (*Art abreujada d'atrobar veritat*, h. 1274); *Libro de amigo y amado* (*Llibre d'amic e amat*, 1282-1287); *Blanquerna* (1283-1285); *Libro de maravillas* (*Llibre de meravelles*, 1286); *Árbol de ciencia* (*Arbor scientiae*, 1295); *El desconsuelo* (*Lo desconhort*, h. 1295); *Libro de los animales* (*Llibre de les bèsties*); *Árbol de filosofía de amor* (*Arbre de filosofia d'amor*, 1298); *Canto de Ramón* (*Cant de Ramon*, 1299); *Planto de la Virgen* (*Plant de la Verge*, 1300); *Vida coetánea* (*Vida coetània*, 1311).

---

cuanto a su corpus filosófico, que recibe el nombre de *Ars magna*, pretende ser el vehículo para la conversión de infieles, a los cuales se convence a través de premisas racionales fuera de toda duda y en las que desempeña un papel capital el uso de la lógica y de la mnemotécnica.

LOBACHEVSKI, NIKOLAI IVANOVICH (*Nizhni Novgorod, Rusia, 1792-Kazán, id., 1856*) *Matemático ruso.* Hijo de una familia de funcionarios de baja cualificación, entró en la Universidad de Kazán a la edad de catorce años. En 1820 fue nombrado decano de la Facultad de Física y Matemáticas; en 1827, rector. El tiempo y la atención demandados por sus obligaciones administrativas no impidieron a Lobachevski desarrollar una importantísima labor académica, que cristalizó en 1829 con la publicación de una geometría particular, la denominada hiperbólica, que no respetaba el postulado de las paralelas de Euclides, pero que aun así era lógicamente correcta. Al demostrar la coherencia interna de esta geometría «no euclídea», probó así mismo que el postulado de las paralelas no podía deducirse del resto de los postulados propuestos por Euclides. A pesar de la trascendencia de sus descubrimientos, la obra de Lobachevski fue poco apreciada en su tiempo y apenas trascendió de un estrecho círculo de especialistas en su Rusia natal, y tuvo que esperar a los trabajos de B. Riemann y F. Klein sobre los fundamentos de la geometría para alcanzar una postrera repercusión.

▲ *Retrato de Nikolai Ivanovich* **Lobachevski**. *El matemático ruso, rector de la Universidad de Kazán en 1827, fue uno de los primeros en fundamentar la geometría no euclídea.*

LOCKE, JOHN (*Wrington, actual Reino Unido, 1632-Oates, id., 1704*) *Filósofo inglés.* Perteneciente a una familia protestante de tendencia puritana, cursó estudios primarios en Westminster y se trasladó a Oxford para seguir sus estudios superiores. Permaneció varios años en el colegio Christ Church como lector de retórica y griego, aunque sus intereses intelectuales iban en-

▲ *El filósofo inglés John* **Locke**, *máximo representante del empirismo, derivaba todo conocimiento posible de la experiencia sensorial.*

caminados a la filosofía, la medicina y las ciencias naturales. Finalmente, siguió la carrera de medicina, en la que se licenció en 1674, y estudió con detenimiento la filosofía cartesiana. En 1665 ingresó en el servicio diplomático y, en 1667, lord Ashley lo tomó a su servicio, pasando a ser uno de sus principales asesores cuando éste, en 1672, fue nombrado conde de Shaftesbury y lord canciller de Inglaterra; fue aceptado también como miembro de la recién creada Royal Society. Debido a problemas de salud y a su escasa simpatía por los Estuardo, entre 1675 y 1679 residió en Montpellier, donde entró en contacto con cartesianos y gassendistas. A su regreso a Inglaterra, continuó al servicio del conde de Shaftesbury, hasta que las intrigas de éste contra Jacobo II le llevaron, por temor a posibles represalias, a los Países Bajos, donde permaneció hasta el final de la revolución inglesa de 1688, momento en que regresó a Inglaterra, donde desempeñó, a partir de entonces y hasta el final de sus días, diversos cargos administrativos. Locke ha pasado a la historia de la filosofía como el gran teórico del empirismo. Su investigación epistemológica queda recogida en *Ensayo sobre el conocimiento humano* (1690), donde expuso su doctrina sobre el origen y la estructura del conocimiento. En contra del racionalismo cartesiano, afirmó que no existían ideas innatas, sino que la mente es como una página en blanco sobre la que se imprimen las ideas a partir de la experiencia. Defensor de un realismo representacionalista, según Locke no hay modo de verificar la correspondencia efectiva de la representación subjetiva con la realidad objetiva, aunque toda idea proceda, en último término, del contacto con esa realidad exterior. En *Carta sobre la tolerancia* (1689), confirió a la idea de Dios el estatuto de verdad revelada o intuida, y elaboró una explicación sobre el origen de la religión, según la cual todas las religiones se equipararían en un sustrato común, una especie de religión natural, sobre cuya base se elaborarían las distintas ideas de religión de la humanidad, siempre asumidas de forma libre, sin ningún tipo de coacción. La misma libertad presidía, según Locke, la soberanía política, que residía en último término en los individuos. Así lo expresó en el llamado *Ensayo sobre el gobierno civil* (1690), su segundo tratado sobre el gobierno, en el que expuso su teoría contractualista y afirmó la existencia de derechos naturales del hombre que el Estado es el encargado de garantizar, estando justificada la revuelta en caso contrario; a diferencia de Rousseau y otros contractualistas, incluyó entre estos derechos el de la propiedad, considerando que la apropiación queda legitimada por el trabajo. Sus tesis políticas se convertirían en el principal sustrato teórico del liberalismo, al tiempo que su elaboración de la doctrina empirista, que más tarde radicalizó David Hume, ha ejercido una gran influencia en el pensamiento occidental, sobre todo en el ámbito anglosajón.

LOEWY, RAYMOND *(París, 1893-Mónaco, id., 1986) Diseñador estadounidense de origen francés.* Cursó estudios en la Universidad de París y en la École de Lanneau, en la que se licenció en 1918 tras un paréntesis debido a su participación en la Primera Guerra Mundial. En 1919 se trasladó a Estados Unidos, donde trabajó para la revista *Vogue*. Posteriormente, en 1929, fundó su propia empresa de diseño, uno de cuyos productos, una nevera encargada por Sears, Roebuck and Co., fue un éxito de ventas y le supuso el primer premio en la Exposición Universal de París de 1937. En 1945 fundó, junto con otros cinco socios, la empresa Raymond Loewy Associates, que se convirtió, con el paso de los años, en la mayor firma mundial de diseño industrial. Entre sus obras cabe destacar el botellín de cristal de Coca-Cola, quizá su diseño más conocido, y el paquete de tabaco de Lucky Strike, entre otros muchos. A partir de 1960 trabajó para la Administración estadounidense, colaborando en el diseño del avión del presidente J. F. Kennedy y de los satélites *Apollo* y *Skylab*.

LOMBROSO, CESARE *(Verona, Italia, 1835-Turín, 1909) Psiquiatra y antropólogo italiano.* Estudió en París y Padua, y fue profesor de psiquiatría en la Universidad de Pavía (1862). Entre 1896 y 1905 impartió las asignaturas de psiquiatría y práctica psiquiátrica, así como la de antropología criminal en la Universidad de Turín. En 1892 presentó un estudio sobre la pelagra. También llevó a cabo investigaciones sobre criminología y desarrolló una teoría propia según la cual el criminal es fruto de una degeneración biológica, lo cual dio lugar a encendidas controversias. Sus obras más conocidas son *El genio y la locura* (1864), *Genio y degeneración* (1898) y *El crimen, causas y remedios* (1900), compendio de toda su obra.

LONDON, JACK [John Griffith Chaney] *(San Francisco, 1876-Ellen, EE UU, 1916) Novelista estadounidense.* Desde los catorce años trabajó en los oficios más dispares, entre ellos los de marino y pescador, y en

▶ Jack **London** *fotografiado mientras escribía a bordo de un barco. Las obras del novelista estadounidense destacan por su culto a la naturaleza, la acción y el peligro.*

JOHN LOCKE

OBRAS MAESTRAS

CARTA SOBRE LA TOLERANCIA (EPISTOLA DE TOLERANTIA, 1689); ENSAYO SOBRE EL ENTENDIMIENTO HUMANO (ESSAY CONCERNING HUMAN UNDERSTANDING, 1690); TRATADOS SOBRE EL GOBIERNO CIVIL (TWO TREATISES OF GOVERNMENT, 1690); ALGUNAS CONSIDERACIONES SOBRE LAS CONSECUENCIAS DE LA BAJA DEL INTERÉS Y EL AUMENTO DEL VALOR DE LA MONEDA (SOME CONSIDERATIONS OF THE CONSEQUENCES OF THE LOWERING OF INTEREST AND RAISING THE VALUE OF MONEY, 1691); PENSAMIENTOS SOBRE LA EDUCACIÓN (SOME THOUGHTS CONCERNING EDUCATION, 1693); EL CRISTIANISMO RACIONAL (REASONABLENESS OF CHRISTIANITY, AS DELIVERED IN THE SCRIPTURES, 1695).

▼ Henry Wadsworth **Longfellow** *retratado en su vejez. Considerado el primer poeta clásico de la literatura estadounidense, gozó de un enorme éxito en su tiempo.*

1897 fue a Alaska, en plena fiebre del oro. A partir de su regreso, un año más tarde, comenzó a ejercer como periodista. Exponente del realismo estadounidense, su primera novela, *El hijo del lobo* (1900), tuvo ya un gran éxito popular. Entre las cincuenta novelas que siguieron destacan *La llamada de la selva* (1903) y *Colmillo blanco* (1906), en las que explora la relación entre naturaleza y civilización desde su profundo convencimiento, extraído de sus lecturas de Nietzsche, de que la animalidad y la lucha por la supervivencia se hallan muy cerca de cualquier cultura. Estas ideas, sin embargo, no le impidieron ser un activo militante comunista. Algunas de sus obras tienen un claro trasfondo autobiográfico, como *Martin Eden* (1909), cuyo bohemio protagonista sabe que su destino ineluctable es el fracaso y la muerte. Se suicidó a los cuarenta años.

LONGFELLOW, HENRY WADSWORTH *(Portland, EE UU, 1807-Cambridge, id., 1882) Poeta estadounidense.* Alcanzó un gran reconocimiento por parte de sus contemporáneos gracias a obras como *Ultramar* (1835), una narración que recoge sus viajes por Europa, y más tarde su primera obra poética, *Las voces de la noche* (1839), en la que destacan los «Salmos de la vida». A continuación vino *Baladas*, con la que alcanzó la cumbre de su inspiración poética en poemas como *Excelsior*, *El naufragio del Hésperos* o *El guerrero del pueblo*. En sus obras posteriores se decantó hacia temas de carácter popular e histórico; así, en el poema narrativo *Evangeline* (1847) remcmoraba el éxodo de los acadios y en *Hiawatha* (1855) recurría a las leyendas y al folclor de los indios. De su producción más tardía cabe destacar *La petición de mano de Miles Standish* (1858), *Cuentos de una hostería* (1863) y una traducción de Dante (1865-1867).

LONGHENA, BALDASSARE *(Venecia, 1598-id., 1682) Arquitecto y escultor italiano.* Fue una de las grandes figuras de la arquitectura barroca italiana, cuyo mérito reside en haber contribuido de forma decisiva a la imagen urbanística de Venecia con ciertas obras muy características. Para todas sus realizaciones se inspiró libremente en Sansovino y Palladio, a cuyos esquemas otorgó, mediante añadidos extravagantes y suntuosos, una dimensión barroca. Su obra más admirada es la iglesia de Santa Maria della Salute, de planta octogonal, con ábside elíptico y gran cúpula central; la tendencia barroca se advierte sobre todo en el exterior del edificio, de gran recargamiento decorativo. Sus restantes edificios religiosos no revisten tanto interés como los civiles, en particular Ca'Rezzonico y Ca'Pesaro, inspirados directamente en Palladio. Aunque su actividad como escultor no fue tan brillante, se conservan algunas obras de mérito.

LOPE DE VEGA → Vega Carpio, Lope Félix de.

LÓPEZ, CARLOS ANTONIO *(Asunción, 1792-id., 1862) Político paraguayo.* Durante su juventud, y a instancias de sus padres, siguió la carrera eclesiástica, pero la abandonó para estudiar derecho. Tras doctorarse en jurisprudencia, fue catedrático del colegio de San Carlos. A causa de la enemistad y la discordancia política que lo separaban del dictador Francia, de quien era sobrino, vivió un tiempo alejado de Asunción, adonde volvió a la muerte de éste. Junto con Mariano Roque Alonso, en 1841 fue elegido segundo cónsul, cargo que desempeñó hasta 1844, fecha en que el Congreso lo nombró presidente de la República. Fue reelegido para la presidencia en 1854 y 1857. Durante sus años al frente del gobierno impulsó un régimen autoritario, aunque sin caer en las prácticas dictatoriales de Francia, y dotó al país de una nueva Constitución y de un ejército moderno. En política económica reformó la agricultura y firmó tratados comerciales con Francia, Estados Unidos y el Reino Unido, y en política interior concedió la ciudadanía a los indígenas. Así mismo,

▼ *José Hilario **López** ataviado con uniforme de gala. El militar y político colombiano, héroe de la independencia, llegó a la presidencia de la República en 1849.*

▼ *Osvaldo **López Arellano** en el momento de asumir oficialmente la presidencia de Honduras, en junio de 1965, tras el golpe de Estado que lideró en 1963.*

bajo su gobierno, y a instancias de éste, se fundó el periódico *El Paraguayo Independiente*, órgano oficial del ejecutivo. Con el fin de paliar el desempleo, dio un nuevo impulso a las obras públicas y dotó a la Administración, que reorganizó por completo, de mayor presupuesto para la contratación de personal. En política exterior trató con los países vecinos para afianzar las fronteras paraguayas y logró que varios países reconocieran la independencia de Paraguay, al tiempo que renovó las relaciones diplomáticas con varios Estados, rotas durante los años de la dictadura. A su muerte, había abonado el camino para que su hijo, Francisco Solano López, a quien anteriormente había confiado cargos de responsabilidad, lo sucediera en la presidencia del país.

LÓPEZ, JOSÉ HILARIO *(Popayán, actual Colombia, 1798-Neiva, id., 1869) Político colombiano.* Se distinguió en la guerra de Independencia, gracias a su participación en las batallas de Boyacá y en las campañas de Cúcuta, Apure y Pasto. Más tarde se sublevó contra Bolívar (1828) en defensa de la Constitución de 1821 y de los principios liberales, y ocupó diferentes cargos de responsabilidad hasta llegar a la presidencia de la República en 1849, como candidato de los radicales. Inició una reforma aplicando una serie de medidas aperturistas, como la supresión de la pena de muerte por delitos políticos, la abolición de la esclavitud y el establecimiento del sufragio universal y de la enseñanza obligatoria y gratuita. En la revolución de 1859 luchó del lado de los federalistas y fue comandante en jefe del ejército.

LÓPEZ ARELLANO, OSWALDO *(Danlí, Honduras, 1919) Militar y político hondureño.* En 1939 ingresó en la rama aérea del ejército, y más tarde obtuvo el grado de teniente de aviación. Siendo coronel del ejército hondureño, se puso al frente del golpe de Estado que en 1963 derrocó al presidente constitucional Ramón Villeda Morales. Estados Unidos, bajo la administración del presidente Kennedy, se negó a reconocer a su gobierno, aunque la administración Johnson acabó por hacerlo tras la celebración de un simulacro de elecciones en 1966. En el año 1971 cedió el poder al candidato vencedor Ramón Ernesto Cruz, aunque lo derrocó al año siguiente. Acusado de tomar parte en un soborno por parte de la empresa estadounidense United Brands, fue destituido por el Consejo de las Fuerzas Armadas, y sustituido en la presidencia por el coronel Juan Alberto Melgar Castro.

LÓPEZ DE AYALA, ADELARDO *(Guadalcanal, España, 1828-Madrid, 1879) Político y dramaturgo español.* Estudió derecho en Sevilla y en 1849 se trasladó a Madrid. Miembro del Partido Moderado, se pasó a la Unión Liberal de O'Donnell, y a la caída de éste se unió a Serrano. Tras desembarcar en Cádiz, redactó el manifiesto de la Revolución de 1868 y fue ministro de Ultramar en el primer gobierno de Serrano. A la caída de éste, pactó con Cánovas del Castillo y en 1875, bajo el reinado de Alfonso XII, ocupó de nuevo el ministerio de Ultramar. En 1878 fue elegido presidente del Congreso. Miembro de la Academia Española, entre sus obras destacan los dramas históricos *Los dos Guzmanes* (1851) y *Rioja* (1854), *Un hombre de Estado* (1851) y las comedias moralizantes *El tejado de vidrio* (1856), *El tanto por ciento* (1861), *El nuevo Don Juan* (1863) y *Consuelo* (1870).

LÓPEZ DE AYALA, PERO *(Vitoria, 1332-Calahorra, 1407) Historiador, político y poeta español.* Inicialmente al servicio de Pedro I de Castilla, más tarde lo abandonó para apoyar a Enrique de Trastámara. Hecho prisionero por Pedro en la batalla de Nájera (1367), tras el triunfo de Enrique obtuvo cargos gubernamentales y en 1398 fue nombrado canciller del reino. En sus *Crónicas de los reyes de Castilla*, que comprenden los reinados de Pedro I, Enrique II, Juan I y Enrique III, supo caracterizar a los distintos monarcas con notable objetividad, a través sobre todo de los diálogos. Cultivó así mismo la poesía en su *Rimado de palacio*, poema didáctico y moralizador que constituye una manifestación tardía del mester de clerecía. Considerado el primer historiador moderno en lengua castellana, destacan también sus traducciones de obras de Tito Livio, Boccio, san Isidoro y Boccaccio.

LÓPEZ PORTILLO, JOSÉ *(Ciudad de México, 1920) Político mexicano.* Perteneciente a una familia de políticos y hombres de leyes, estudió derecho y ciencias políticas. Ocupó la secretaría de Hacienda con el presidente Echeverría Álvarez y desde este puesto puso en marcha una ambiciosa reforma fiscal que aumentó considerablemente los ingresos del erario público. Su éxito hizo que el PRI (Partido Revolucionario Institucional) le nombrara sucesor de Echeverría y ganara, sin contendiente opositor, las elecciones presidenciales en 1976. Llevó a cabo una política desarrollista y trató de mejorar el aprovechamiento de las reservas de petróleo del país, con la intención de reducir

▲ *El dramaturgo Adelardo **López de Ayala**, autor de dramas históricos y comedias, tuvo una activa participación política: redactó el manifiesto revolucionario de 1868 y fue ministro y presidente del Congreso.*

▼ *José **López Portillo** en su etapa como presidente de México. Durante su mandato intentó llevar a cabo una política desarrollista, que se vio ensombrecida por las acusaciones de corrupción.*

su dependencia respecto a Estados Unidos. Favoreció la lucha contra la corrupción política dentro de su propio partido y dio mayor protagonismo político a la oposición. Sin embargo, en 1982 su gobierno fue acusado de corrupción, al tiempo que la deuda pública alcanzaba cifras muy elevadas, todo lo cual marcó su declive.

LOREN, SOFIA [Sofia Scicolone] *(Roma, 1934) Actriz de cine italiana.* Su deslumbrante belleza le abrió las puertas del cine italiano y pronto comenzó a participar en comedias donde explotaba su atractivo físico. Tras una serie de papeles secundarios en películas poco trascendentes, inició su carrera como protagonista de la mano del que se convertiría en su marido, en 1957, el productor Carlo Ponti. Poco a poco fue ganándose una imagen en toda Europa, lo que le permitiría rodar en Hollywood a partir de la segunda mitad de la década de 1950. Trabajó con directores de la talla de George Cukor, Michael Curtiz, Stanley Donen, Charles Chaplin, Robert Altman o Vittorio De Sica, con el que en 1960 rodó el filme *Dos mujeres*, por el cual la actriz obtendría su primer y único Oscar a la mejor interpretación protagonista. Su gran versatilidad, puesta de manifiesto en interpretaciones tanto cómicas (*La ladrona, su padre y el taxista*, 1955) como dramáticas (*El Cid*, 1961), le permitió desarrollar una larga carrera que abarcó hasta bien entrada la década de 1990; así, en *Prêt-à-porter*, de Robert Altman, lució todavía una excelente presencia física. En 1991 recibió un Oscar honorífico por el conjunto de su carrera.

LORENTZ, HENDRICK ANTOON *(Arnhem, Países Bajos, 1853-Haarlem, id., 1928) Físico holandés.* Se doctoró en 1875 y fue profesor de física matemática en la Universidad de Leiden. El cuerpo central de su trabajo científico se basa en el desarrollo de una teoría capaz de dar cuenta en forma unificada de los fenómenos eléctricos, magnéticos y luminosos: la teoría general sobre la radiación electromagnética. Más tarde sería confirmada por su discípulo P. Zeeman, por lo que fueron galardonados conjuntamente con el Premio Nobel de Física en 1902. Con independencia de G. Fitzgerald, explicó el resultado contradictorio del experimento de Michelson; su idea sobre la contracción de la materia al moverse a velocidades próximas a la de la luz, y sobre todo su formulación matemática final, las «transformadas de Lorentz», pusieron los cimientos de la teoría de la relatividad especial de Einstein.

▲ *Detalle de* Efectos del buen gobierno de la ciudad *(1338-1340), de Ambrogio* **Lorenzetti**.

▼ *El zoólogo austriaco Konrad* **Lorenz**, *considerado el padre de la etología, en el jardín de su casa de Altenberg, pocos años antes de su muerte.*

LORENZ, KONRAD *(Viena, 1903-Altenberg, Austria, 1989) Zoólogo austriaco.* Cuando terminó sus estudios en la escuela secundaria, y siguiendo los deseos de su padre, se trasladó a Estados Unidos para seguir dos cursos semestrales de medicina en la Universidad de Columbia (Nueva York), tras lo cual regresó a Viena para completar sus estudios. En 1928 se graduó en medicina y en 1933, en zoología. En 1939 fundó con N. Tinbergen la escuela etológica del comportamiento animal, que mantuvo fuertes discrepancias con la escuela estadounidense de psicólogos experimentales. Los estadounidenses estudiaban los animales en el laboratorio y los europeos preferían observarlos en su hábitat natural. En 1935, al estudiar las pautas de aprendizaje de los polluelos de ganso y de pato, descubrió una etapa crítica en la que aprenden a reconocer y a seguir a los padres, incluso si éstos son adoptivos, siempre que en ellos estuviesen presentes los estímulos auditivos o visuales, la impronta, que provoca la reacción de los jóvenes. De 1940 a 1942 ejerció como profesor y jefe de departamento en la Universidad de Königsberg. Prisionero de guerra del ejército soviético, fue devuelto a Austria en 1948. Pasó entonces a dirigir el Instituto de Etología Comparada de Altenberg. De 1961 a 1973 dirigió el Instituto Max Planck de Fisiología en Seewiesen. En 1973 compartió el Premio Nobel de Medicina con K. von Frisch y N. Tinbergen. Las ideas de Lorenz significaron un adelanto en el conocimiento del comportamiento animal y de su papel en el proceso de adaptación y supervivencia de la especie. Al final de su carrera intentó aplicar sus ideas a la conducta de los humanos como miembros de especies sociales, una aplicación cargada de controvertidas implicaciones filosóficas y sociológicas.

LORENZETTI, AMBROGIO *(Siena, actual Italia, 1285-id., 1348?) Pintor italiano.* No se sabe prácticamente nada de la vida de este pintor sienés del siglo XIV, que fue una de las figuras más destacadas de su tiempo. Está documentada su actividad artística entre 1319 y 1348, en algunos casos en colaboración con su hermano Pietro, pintor también, y se supone que murió durante la peste negra de 1348. Pese a que en aquella época existía en Siena una importante escuela pictórica, encabezada por Duccio de Buoninsegna, Ambrogio se formó en Florencia, con Giotto, y su obra es claramente deudora de la del maestro florentino. Su primera tabla documentada es la *Virgen* de la iglesia parroquial de Vico d'Abate, cerca de Florencia. A partir de 1326 trabajó con Pietro en dos importantes ciclos de frescos: los del claustro y la sala capitular del convento de San Francisco, en Siena, recordados por Ghiberti en sus escritos y de los que sólo se conservan dos pasajes, y las escenas de la *Vida de María* en la fachada del Hospital de Siena, perdidas. Poco después de terminar esta obra, Ambrogio empezó la serie de frescos del Palacio Público de Siena, que representan las *Alegorías del buen y mal gobierno.* Este ciclo excepcional es el que hace de este creador un pintor de primera línea, que supo incorporar a su estilo las grandes novedades iconográficas y estilísticas de su tiempo. La obra es singular tanto por el tema, profano –en una época de absoluto predominio de la temática religiosa–, como por el tratamiento de las figuras, de fuerte presencia volumétrica definida por una línea vigorosa, y en particular por la plasmación naturalista de paisajes y ciudades, con un sentido espacial y de la perspectiva verdaderamente innovador. Por su intención naturalista, esta obra documenta distintos aspectos de la vida y la sociedad de su tiempo.

LORENZETTI, PIETRO *(Siena, actual Italia, h. 1280-id., 1348) Pintor italiano.* Era hermano de Ambrogio Lorenzetti, pintor como él pero de mayor talla y más encumbrado por los encargos que se le confiaron. Pese a la escasez documental, se cree que era mayor que Ambrogio, con el que colaboró en un ciclo de frescos (perdido) en la fachada del Hospital de Siena. Su obra más significativa es un *Descendimiento* pintado en la iglesia inferior de Asís. El patetismo y la fuerza expresiva de este fresco caracterizan su estilo, que se singulariza también por la corporeidad de las figuras. Entre sus restantes obras, todas ellas de temática religiosa, debe mencionarse *La Virgen con el Niño en el trono.*

LORRIS, GUILLAUME DE → Guillaume de Lorris.

LOUIS, JOE [Joseph Louis Barrow] *(Lafayette, EE UU, 1914-Las Vegas, id., 1981) Púgil estadounidense*. Se inició como boxeador en Detroit, donde compitió en los campeonatos locales. En 1934 se adjudicó el Campeonato Amateur estadounidense y, aquel mismo año, disputó su primer combate profesional. Al año siguiente venció a varias figuras consagradas, como Primo Carnera, Max Baer, Jack Sharkey y *Jersey* Joe Walcott. No perdió su primer combate hasta 1936, en que lo derrotó Max Schmeling. En junio de 1937 se proclamó campeón mundial de los pesos pesados, título que conservó hasta marzo de 1949, cuando se retiró imbatido. Durante dicho período, el más largo de la historia de los pesos pesados, defendió su título en 25 ocasiones. Regresó al ring en 1950, pero tanto Ezzard Charles como Rocky Marciano el año siguiente le cerraron el paso al campeonato mundial. Tras su segunda retirada debió enfrentarse al acoso del Departamento de Hacienda, que le denunció por graves irregularidades en su declaración de la renta durante sus años como profesional. Posteriormente trabajó en el mundo del espectáculo en Las Vegas.

LOYNAZ, DULCE MARÍA *(La Habana, 1903-id., 1997) Poetisa cubana*. Autora de una poesía intimista y serena, técnicamente perfecta e impermeable a nuevas influencias literarias, en el ámbito de las letras hispanoamericanas su nombre se asocia al de poetisas del relieve de Gabriela Mistral o Juana de Ibarbourou. Vivió retirada en su finca de Vedado, ajena a toda convulsión política, y jamás se pronunció respecto al régimen castrista. No obstante, a pesar de su anonimato dentro del régimen cubano, hacia el final de su vida recibió el Premio Nacional de Literatura y el Premio Cervantes. Sus principales creaciones poéticas aparecen reunidas en los volúmenes *Versos 1920-1938* (1938), *Juegos de agua* (1947) y *Poemas sin nombre* (1953). Así mismo, efectuó una incursión en el género narrativo con *Jardín* (1951), novela lírica, y las crónicas *Un verano en Tenerife* (1958).

LUBITSCH, ERNST *(Berlín, 1892-Hollywood, 1947) Director de cine estadounidense de origen alemán*. Tras cursar estudios de arte dramático, en 1911 ingresó en la compañía de Max Reinhardt, con la cual participó en

▲ *Detalle de* Entrada de Cristo en Jerusalén, *uno de los murales pintados hacia 1330 por Pietro* **Lorenzetti** *para la iglesia de San Francisco de Asís, en Italia.*

▲ *Joe* **Louis** *mantuvo el título de los pesos pesados durante doce años, hazaña no igualada por ningún otro boxeador. Perdió el título ante otro púgil legendario: Rocky Marciano.*

varias obras de teatro. En 1918 abandonó la interpretación y se dedicó de lleno a la dirección cinematográfica, tarea en la que destacó por los movimientos de cámara y por la originalidad de sus comedias, en las cuales retrató a la sociedad de la época. De dichas comedias destacan *Madame Du Barry* (1919) y *Ana Bolena* (1920). En 1921 se trasladó a Estados Unidos y, dos años después, dirigió *Rosita*, protagonizada por Mary Pickford. En sus siguientes películas mantuvo su obsesión por el retrato social, en el cual el sexo y el dinero se erigían como móviles principales de sus protagonistas. De su etapa estadounidense destacan *Bésame otra vez* (1925), *El abanico de lady Windermere* (1925), *El príncipe estudiante* (1926) y, tras el advenimiento del sonoro, *Montecarlo* (1930), *La bella de Moscú* (1939) y *Ser o no ser* (1942).

LUCAS, GEORGE *(Modesto, EE UU, 1944) Guionista, productor y director cinematográfico estadounidense*. Cursó estudios en el departamento de cine de la University of Southern California, institución en la que se licenció en 1966. En 1971 presentó su primera película, *THX 1138*, cuya trama giraba alrededor de una sociedad futura deshumanizada y dirigida por ordenadores, y apuntaba varios de los temas que trataría en sus siguientes producciones. *American Graffiti* (1973), muy bien recibida por el público, retrataba la juventud estadounidense de principios de los años sesenta. Tras cuatro años de preparación, en 1977 inició el rodaje de *La guerra de las galaxias*, su gran proyecto, que se convertiría en un verdadero fenómeno social en todo el mundo gracias a su atractiva épica y a los espectaculares e innovadores efectos especiales. Posteriormente, ejerció de productor ejecutivo en las dos secuelas que siguieron, con idéntico éxito: *El imperio contraataca* (1980) y *El retorno del Jedi* (1983) y en la serie de Indiana Jones dirigida por Steven Spielberg. En 1999 presentó un nuevo ciclo de entregas de la famosa serie de ciencia ficción, largamente esperadas y reclamadas por el público.

LUCAS, SAN *(s. I d.C.) Autor del* Tercer Evangelio *y de los* Hechos de los Apóstoles. Se ignoran los detalles de su biografía, si bien la tradición indica que nació en Siria y que fue discípulo de san Pablo, quien se refiere a él como su ayudante e iluminador. De sus obras se infiere que acompañó a san Pablo a lo largo de toda su vida, que dedicó a la enseñanza y a la predicación. Se le atribuye la autoría del *Tercer Evangelio* y de los *Hechos de los Apóstoles*, obras que en realidad conforman un mismo libro. Su prosa, muy rica, denota una alta formación académica y es, sin duda alguna, la más literaria de los autores del Nuevo Testamento. Escrito en griego, su evangelio relata la predicación y los hechos de Jesús, aunque afirma que no fue testigo de sus obras. La crítica suele fechar sus escritos alrededor del año 70 d.C.

LUCRECIO CARO, TITO *(Roma?, h. 94 a.C.-?, 53 a.C.) Poeta latino.* Aunque se tienen pocos datos de su vida, se sabe que pertenecía a una familia aristocrática y que murió en torno a los cuarenta años, al parecer por suicidio. Fue autor de uno de los poemas didácticos más valorados de la tradición latina, titulado *Sobre la naturaleza.* La obra recoge y vulgariza en gran medida la doctrina materialista de Epicuro, según la cual el mundo está constituido por átomos, elementos indivisibles que, por ser extremadamente tenues, escapan a nuestros sentidos y cuyo número es infinito. El hombre es mortal, y su felicidad depende de aceptar este hecho y perder el miedo a los dioses. Aunque el estoicismo tuvo mayor repercusión en Roma que el epicureísmo, sus contemporáneos conocían bien su obra, que fue rescatada durante el Renacimiento.

LUDENDORFF, ERICH *(Kruszewnia, Alemania, 1865-Tutzing, id., 1937) Militar alemán.* Al inicio de la Primera Guerra Mundial sirvió como mayor general en el 2º ejército de Von Bülow. En agosto de 1914 fue enviado al frente oriental, donde, en estrecha colaboración con su inmediato superior Von Hindenburg, tuvo un papel crucial en la victoria alemana de Tannenberg (del 26 al 30 de agosto) sobre los ejércitos rusos. En 1916 entró en el Estado Mayor alemán. Tras una serie de ofensivas en 1918 que no lograron romper las líneas aliadas, Ludendorff aconsejó la firma de un armisticio con los aliados, en vista de la incapacidad alemana de ganar la guerra. Durante la posguerra se convirtió en una figura preeminente del nacionalismo extremista alemán.

LUGONES, LEOPOLDO *(Villa María del Río Seco, Argentina, 1871-Buenos Aires, 1938) Poeta y ensayista argentino.* Hombre de vasta cultura, fue el máximo exponente del modernismo argentino y una de las figuras

▲ *Tierra, Aire y Agua representados en el* Ara Pacis *de Roma (s. 1 a. C.). En él se plasman los elementos estudiados por* **Lucrecio** *en su poema titulado* Sobre la naturaleza.

▲ *Retrato de Leopoldo* **Lugones**. *El poeta argentino, gran erudito, fue el máximo representante del modernismo en su país e influyó mucho en la literatura posterior.*

▼ **Luis I** *de Wittelsbach, rey de Baviera, en un cuadro de 1826 pintado por Joseph Karl Stieler.*

más influyentes de la literatura iberoamericana. Su encuentro con Rubén Darío, en Buenos Aires, en 1896, fue decisivo para reorientar la poesía de Lugones. El retoricismo de *Las montañas de oro* (1897), su primera obra, no tardó en ser sustituido por el tono irónico, extravagante e imaginativo de *Los crepúsculos del jardín* (1905) y *Lunario sentimental* (1909). Su estilo se distingue por su originalidad creadora, y la precisión y la belleza lírica de sus versos. Del resto de su obra poética destacan *Odas seculares* (1910), *Las horas doradas* (1922), *Poemas solariegos* (1927) y *Romances del Río Seco* (1938). De su obra ensayística, en la que abordó temas muy dispares, sobresalen *El imperio jesuítico* (1904), donde analizó el régimen teocrático instaurado por la Compañía; *Historia de Sarmiento* (1911); y *Prometeo* (1910), en la cual conjuga sus inquietudes nacionalistas con el interés por la cultura griega. La diversidad estilística de Lugones no le impidió mantenerse fiel a un concepto de arte que responde a estímulos estrictamente intelectuales, como son la obsesión por la lengua y la preocupación por la libertad moral del escritor. En cuanto a su trayectoria política, pasó del anarquismo inicial al nacionalismo fascista, ya que fue mentor de la revolución de Uriburu en 1830. Luego, decepcionado, optó por posiciones más democráticas. Desempeñaba la dirección de la biblioteca del Consejo Nacional de Educación cuando se quitó la vida.

LUIS I DE BAVIERA *(Estrasburgo, Francia, 1786-Niza, 1868) Rey de Baviera (1825-1848).* Hijo de Maximiliano I, le sucedió en el trono en 1825. Antes, a pesar del nacionalismo alemán que propugnaba, había servido en el ejército de Napoleón entre 1806 y 1809. Ferviente admirador de la Grecia clásica, logró que su hijo Otón ocupara el trono de este país (1832), e impulsó diversas construcciones de estilo neoclásico en Munich. Consolidada su monarquía en Baviera, dio un giro a su política de moderación e impuso a su Estado un régimen autoritario, cercano a los postulados absolutistas, sin que ello significase un cambio en su actitud ilustrada y favorable al progreso; así, hizo entrar a Baviera en el *Zollverein* (1833) y tendió las primeras líneas de ferrocarril (1835-1843). Sus devaneos amorosos con la bailarina Lola Montes extendieron la duda acerca de su capacidad de gobierno, factor que, unido a la oleada revolucionaria de 1848, lo impulsó a abdicar del trono en favor de su hijo Maximiliano II.

LUIS I DE PORTUGAL *(Lisboa, 1838-Cascais, Portugal, 1889) Rey de Portugal (1861-1889).* Hijo de María II y el príncipe Fernando de Sajonia-Coburgo-Gotha, en 1861 sucedió a su hermano mayor Pedro V tras su fallecimiento. Sus primeras acciones como monarca fueron la abolición de la esclavitud en las colonias (1868) y la venta de los bienes del clero, lo que le atrajo la hostilidad de los sectores más conservadores, que en 1870 se tradujo en el pronunciamiento de Saldanha. Durante su regencia, Portugal profundizó en una monarquía constitucional que pronto se convirtió en un modelo para otros países. La pacífica alternancia en el poder entre los dos principales partidos, el Progresista y el Renovador, logró sentar un clima de estabilidad política, auspiciada por la actitud responsable del monarca. Su reinado coincidió con un período de intensa actividad cultural.

LUIS I EL PIADOSO O LUDOVICO PÍO *(Chasseneuil, actual Francia, 778-cerca de Ingelheim, actual Alemania, 840) Rey de Aquitania (781-817) y emperador de Occidente (814-840).* Hijo del emperador Carlomagno y de Hildegarda de Suabia, fue coronado rey de Aquitania en Roma por el papa Adriano I en el 781, cuando contaba sólo tres años de edad. En el 798, Luis *el Piadoso* recibió de su padre el control de la frontera meridional del Imperio de Occidente, por lo que impulsó la colaboración con los hispanovisigodos refugiados en la Septimania y, en el 801, arrebató a los musulmanes la ciudad de Barcelona, aunque fracasó en sus intentos de conquistar Tortosa (808) y Huesca (812). En el 814, a la muerte de Carlomagno, Luis I subió al trono imperial, siendo coronado dos años más tarde en Reims por el papa Esteban IV. Por la *Ordinatio imperii* del 817, designó coemperador a su primogénito Lotario, de quien se reconocieron vasallos sus otros dos hijos: Luis, rey de Baviera, y Pipino, rey de Aquitania. En el 829, seis años después del nacimiento de su hijo Carlos, fruto de su segundo matrimonio, Luis *el Piadoso* decidió concederle el reino de Alemania. Este hecho provocó la rebelión de los tres hijos mayores, que, en mayo del 830, consiguieron derrotar y destronar a su padre, proclamando emperador a Lotario. En octubre de aquel mismo año, sin embargo, la Asamblea de Nimega restableció a Luis I en el trono imperial. A partir del 833, las guerras familiares volvieron a resurgir, esta vez bajo la instigación del papa Gregorio IV. Tras la muerte de Pipino I de Aquitania (838), en mayo del 839, el emperador convocó la Asamblea de Worms, que estableció una nueva división del imperio: Carlos *el Calvo* recibió la mitad occidental, Lotario la mitad oriental y Luis *el Germánico* se tuvo que conformar con Baviera. Al año siguiente, Luis *el Piadoso* murió mientras atravesaba el Rin, después de sofocar otra revuelta de su hijo Luis.

LUIS II *(Nymphenburg, actual Alemania, 1845-Lago de Starnberg, id., 1886) Rey de Baviera (1864-1886).* Primogénito de Maximiliano II, fue coronado rey en 1864, aunque de inmediato delegó sus funciones de gobierno en su gabinete de ministros. A partir de este momento se dedicó a actividades culturales, como el patrocinio del compositor Richard Wagner, por quien sentía una incondicional admiración, así como a la construcción de castillos de fantasioso diseño (como Herrenchiemsee o Linderhof). Tras la derrota de Austria, su aliada, en la guerra austro-prusiana de 1866, Baviera entró en la órbita de Berlín, y se alineó con el gobierno de Bismarck en la posterior guerra franco-prusiana de 1870. En 1886 fue declarado loco, por lo que su tío Leopoldo fue nombrado regente. A los pocos días, el cadáver de Luis II apareció en el lago de Starnberg.

LUIS IX EL SANTO *(Poissy, Francia, 1214-Túnez, 1270) Rey de Francia (1226-1270).* Hijo del rey Luis VIII y de Blanca de Castilla, tras la muerte de su padre (1226) se convirtió en monarca de Francia, con sólo doce años. Los inicios de su reinado estuvieron marcados por la regencia de su madre, quien firmó el tratado de París (1229) con el conde Ramón VII de Tolosa, acuerdo que puso fin a la Cruzada contra los albigenses y permitió la expansión del territorio francés hacia el sur. Una vez sofocadas diversas revueltas nobiliarias (1242) y firmada una tregua con Inglaterra (1243), Luis IX encabezó, en 1247, la Séptima Cruzada hacia Tierra Santa. Dos años después desembarcó en Egipto y conquistó la ciudad de Damieta, pero fue derrotado y capturado por los musulmanes en la batalla de Mansurah (1250). Liberado al poco

▲ *Retrato del joven rey* **Luis II** *de Baviera. Durante su reinado, Baviera se unió a Prusia y, más tarde, formó parte del Reich.*

▼ *Momento de la coronación de* **Luis IX** *el Santo según una ilustración de las Grandes crónicas de Francia, que se conservan en el Museo Condé de Chantilly, en Francia.*

tiempo, después de pagar un importante rescate, el soberano permaneció hasta 1254 en Palestina, período en que reforzó las plazas cristianas de Cesarea, Jafa, Sidón y San Juan de Acre. De regreso en Francia, Luis IX consolidó el poder de la monarquía y llevó a cabo una profunda reorganización de la Administración de su reino, a fin de mejorar la gestión y favorecer el desarrollo del comercio. En 1258, el soberano firmó con Jaime I de Aragón el tratado de Corbeil, que legitimaba las posesiones francesas en el Languedoc, y, un año más tarde, el acuerdo de París con Enrique III de Inglaterra, por el que Francia aseguraba su dominio sobre la Turena y Normandía. Obsesionado por su fracaso frente al islam, Luis IX dirigió una nueva Cruzada en 1270, pero aquel mismo año murió en Túnez a causa de la peste. Gracias a su fama de hombre sabio y ecuánime, fue canonizado en el año 1297.

LUIS XIII *EL JUSTO (Fontainebleau, Francia, 1601-Saint-Germain, id., 1643) Rey de Francia (1610-1643).* Subió al trono sucediendo a su padre, Enrique IV, y, a causa de su minoría de edad, dejó el gobierno en manos de su madre, María de Medicis, la cual pronto provocó el descontento de la alta nobleza. Su matrimonio con la infanta española Ana de Austria, hija de Felipe III, tuvo la oposición de parte de la nobleza, encabezada por Condé, así como de los hugonotes. Persona orgullosa e irritable, de trato difícil, tuvo el acierto de escoger a Richelieu como su principal consejero y ejecutor de la política exterior. Gracias a la tenacidad de éste, Luis XIII pudo enfrentarse a la compleja situación de la Europa de la guerra de los Treinta Años, y preparar adecuadamente el reino, aún sacudido por conflictos religiosos, como la revuelta de La Rochelle (1625), para el inevitable enfrentamiento con España (1635).

LUIS XIV, llamado *el Rey Sol (Saint-Germaine-en-Laye, Francia, 1638-Versalles, id., 1715) Rey de Francia (1643-1715).* Primogénito de Luis XIII y Ana de Austria, quien influyó decisivamente en su carácter y fue, al parecer, la responsable de su mediocre instrucción («Ni siquiera le enseñaron a leer y escribir correctamente», afirmaba el duque de Saint-Simon en sus memorias), subió al trono cuando tenía cinco años y durante su infancia reinó bajo la tutela de su madre y el gobierno de Mazarino. Al morir éste, en 1661, asumió por completo sus funciones regias; de su padre había heredado el prurito de su grandeza y

▲ *Luis XIV, con armadura y cetro, pintado por Hyachine Rigaud en un cuadro que se exhibe en el Museo del Prado de Madrid. Este monarca es el máximo exponente del poder absolutista en Francia, y aun en todo el mundo.*

El Estado soy yo.

Luis XIV

la idea del carácter divino de su poder. Un año antes, en 1660 había contraído matrimonio con la infanta española María Teresa, lo cual no le impidió tener varias amantes, entre ellas La Vallière, Montespan y Madame de Maintenon, con quien, tras enviudar, casó en secreto en 1680. Instalado primero en Saint-Germain y más tarde en el imponente marco del palacio de Versalles, se rodeó de dóciles cortesanos, redujo a la nobleza, restó poder al Parlamento y el clero y centralizó la Administración pública mediante un complejo aparato burocrático. Su ministro de Finanzas, Colbert, fue el artífice de la organización administrativa del Estado monárquico. Para hacer frente a los ingentes gastos de la corte, el rey controló la producción agraria y manufacturera y el comercio exterior, y aplicó una dura política impositiva. Todas las fuentes de recursos fueron orientadas hacia la hacienda pública. Al mismo tiempo, sus ministros Louvois y Le Tellier se ocuparon de reorganizar el ejército en un cuerpo regular, y Vauban, de construir un sistema defensivo basado en nuevas fortificaciones. En el interior, la política del monarca se basó en la consolidación del absolutismo, identificando a la monarquía con el Estado. En el exterior, su máxima preocupación fue mantener el prestigio de Francia, por lo cual entró en la guerra de Devolución (1667-1668), sobre la base de los derechos que le correspondían a su esposa sobre Flandes, obteniendo Lille, y en la guerra de los Países Bajos (1672-1679), que afianzó la hegemonía francesa en Europa. Su sueño de crear un bloque francoespañol bajo el dominio borbónico que terminara con el poder de los Habsburgo, principales rivales de Francia en Europa, desembocó en la guerra de Sucesión española (1700-1714), con motivo de la instauración de Felipe V, nieto de Luis XIV, en el trono español. Frente a sus aspiraciones se formó la Gran Alianza, integrada por Gran Bretaña, los Países Bajos y el Imperio Austriaco, que apoyaban las pretensiones del candidato Carlos de Austria al trono español. Tras un desarrollo incierto, el conflicto se resolvió con la aceptación de Felipe V por las demás potencias en los tratados de Utrecht (1713) y Rastadt (1714), aunque buena parte de los territorios españoles en Europa pasaron en compensación a su oponente, convertido en el emperador Carlos VI. Así mismo, en dichos tratados se preveía la unificación de los reinos de España y Francia bajo la misma Corona. Las ambiciones hegemónicas de Luis lo llevaron también a defender la autonomía de la Iglesia francesa frente al Vaticano y a afirmar su autoridad en el terreno religioso. Sus choques con el Papado no fueron obstáculo para que protegiera a los católicos y reprimiera a sus enemigos, quietistas, jansenistas y hugonotes. El enorme despliegue militar realizado ocasionó unos gastos exorbitantes que, sumados a los derivados del boato de la corte, fueron una de las causas que llevaron a una aguda crisis económica. El final de su reinado estuvo marcado por los primeros síntomas de decadencia del régimen y de la corte, el declive de la hegemonía francesa en el continente, el fracaso de su política colonial y el inquietante malestar social surgido de las hambrunas que padecía el pueblo bajo. Sin embargo, el monarca, llamado vicediós por el obispo Godeau, siguió fiel a sí mismo y confiado hasta el día de su muerte en su voluntad como único motor de la vida del reino y de sus súbditos.

Luis XVI *(Versalles, Francia, 1754-París, 1793) Rey de Francia y duque de Berry (1774-1792).* Heredero de Luis, delfín de Francia, y nieto de Luis XV, en 1770 contrajo matrimonio con la hija de la emperatriz de Austria, la archiduquesa María Antonieta, quien le dio cuatro hijos. Hombre de buenas intenciones pero débil de carácter, poco interesado en los asuntos políticos, se dejó influenciar por la reina y por una camarilla de cortesanos. En los primeros años de su reinado, las reformas económicas liberales que intentaron sacar adelante sus ministros Turgot, Malesherbes y Necker para reducir el déficit público tropezaron con el recelo de la nobleza. En política exterior, ámbito regido por Vergennes, Francia desempeñó un excelente papel en la guerra de Independencia norteamericana (1778-1783). La persistente resistencia de los privilegiados a la liberalización de la economía desencadenó una crisis política interna que obligó a convocar los Estados Generales, convertidos en Asamblea Constituyente en 1789. El rey fue mejor considerado tras decretar el voto doble del tercer estado, pero pronto fue atacado tanto por este estamento como por el de los privilegiados. Una vez iniciada la Revolución de 1789, el rey no pudo frenar al tercer estado y los incidentes se precipitaron. El 14 de julio de 1789 tuvo lugar la toma de la Bastilla. Tras el levantamiento de octubre, se instaló en París y fingió aceptar la Cons-

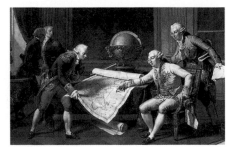

▶ Luis XVI da instrucciones a La Pérouse *antes de que éste emprenda un viaje en 1785 (Palacio de Versalles, París). Durante el reinado de* **Luis XVI** *estalló la Revolución Francesa.*

titución de 1790. Sin embargo, tras su aparente conformidad, Luis XVI había pedido ayuda a los monarcas extranjeros e intentó huir de Francia, pero fue capturado en Varennes. Se produjo entonces la suspensión de la realeza y una aguda polémica sobre la conveniencia de mantener a Luis XVI en el trono. Volvió a reinar en 1791, con unos poderes tan escasos que él mismo urdió intrigas para llevar el país hacia la anarquía. En 1792, tras el asalto a las Tullerías, fue suspendido definitivamente, juzgado por el delito de traición y condenado a morir en la guillotina.

Luis XVIII *(Versalles, Francia, 1755-París, 1824) Monarca francés.* Nieto de Luis XV y hermano de Luis XVI, recibió el título de conde de Provenza. Durante los primeros compases de la Revolución Francesa permaneció en París, con intención de hacer valer su condición de príncipe pretendiente, si bien en 1791 se exilió a Bélgica. En junio de 1795 se autoproclamó rey, y a partir de esta fecha y hasta 1814, peregrinó por varias cortes europeas intentando ganar apoyos para su causa. A pesar de su delicada situación económica, rechazó una pensión de Napoleón a cambio de su abdicación. En 1814 fue proclamado rey por el Senado francés, con ayuda de las potencias europeas que se habían enfrentado con éxito a Napoleón y a las cuales debió hacer concesiones territoriales.

A partir de dicha fecha y hasta su muerte reinó siguiendo los criterios de la Santa Alianza y, en política interior, aceptando las directrices de un Parlamento bicameral establecido según la Constitución proclamada el 4 de julio de 1814. En 1823 envió a España un contingente militar, llamado ejército de los Cien Mil Hijos de San Luis, que acabó con el trienio liberal y restauró al rey Fernando VII.

> *«Es legal porque es mi voluntad.»*
>
> Luis XVI

▼ *Con* **Luis XVIII** *volvieron los Borbones al trono francés. En la ilustración, el rey, y, de izquierda a derecha, el conde de Artois, el duque y la duquesa de Angulema y el duque de Berry.*

LUIS FELIPE I, llamado *el Rey Ciudadano (París, 1773-Claremont, Reino Unido, 1850) Monarca francés (1830-1848)*. Hijo mayor de Luis Felipe de Borbón-Orleans, duque de Orleans, y de Adelaide Borbón-Penthievre, apoyó a los jacobinos durante los primeros compases de la Revolución Francesa. En 1792 participó en la guerra de Austria, si bien desertó al año siguiente y se trasladó a Suiza, donde fue profesor bajo una falsa identidad. Tras la ejecución de su padre, en 1793 recibió el título de duque de Orleans. Durante el mandato de Napoleón Bonaparte residió en Estados Unidos, Inglaterra y Nápoles, donde contrajo matrimonio con la hija del rey Fernando IV. Regresó a Francia en 1815, fecha a partir de la cual defendió los intereses de la oposición liberal. Tras la revolución de 1830, y merced a la alta burguesía, fue coronado rey de los franceses. Durante su reinado, que se extendió hasta la revolución popular de 1848, pactó con la derecha monárquica y con socialistas y republicanos, si bien incrementó la represión social y forzó al exilio a sus oponentes. En política exterior apoyó la independecia de Bélgica y mantuvo relaciones irregulares con el Reino Unido.

LULIO, RAIMUNDO → Llull, Ramon.

LULLY, JEAN-BAPTISTE *(Florencia, 1632-París, 1687) Compositor francés de origen italiano*. Se le considera el creador de la escuela operística barroca francesa. Hijo de un modesto molinero, llegó a París en 1646, acompañando al duque de Guisa. Paje de Mademoiselle de Orleans, prima de Luis XIV, en la corte perfeccionó su dominio del violín. En 1652 entró al servicio del propio monarca, e inició una meteórica carrera que le llevó a convertirse en el compositor más influyente de Francia, sobre todo tras la fundación en 1672 de la Academia Real de Música, que dirigió autoritariamente hasta su muerte. En 1664 inició su colaboración con Molière, fruto de la cual fueron obras como *El burgués gentilhombre* (1670), aunque su actividad se centró en la *tragédie lyrique*, subgénero operístico francés cuyas características definió e instauró él mismo. Consiste en una serie de arias breves encadenadas a los recitativos, en las que la orquesta desempeña un papel dominante y que reserva también una parte importante del protagonismo para el ballet. *Alceste* (1674), *Thésée* (1675) y *Armide* (1686) son sus títulos más representativos.

▲ *Los hermanos* **Lumière***, Auguste (izquierda) y Louis (derecha), propietarios de un negocio de fotografía, inventaron el cinematógrafo y presentaron la primera proyección pública de la historia.*

▼ *Retrato de Jean-Baptiste* **Lully***. Al servicio del rey Luis XIV, el músico de origen italiano se convirtió en el más influyente de Francia.*

LUMIÈRE, HERMANOS; AUGUSTE *(Besançon, Francia, 1862-Lyon, 1954)* y **LOUIS** *(Besançon, 1864-Bandol, Francia, 1948) Pioneros de la fotografía e inventores del cinematógrafo franceses.* Su padre, Antoine, era un conocido pintor retratista que se había retirado para dedicarse al negocio de la fotografía; tanto Louis como Auguste continuaron con el negocio familiar. Louis desarrolló un nuevo método para la preparación de placas fotográficas, que convirtió la empresa familiar en líder europeo del sector. En 1894, Antoine fue invitado a presenciar una demostración del kinetoscopio de Edison. Fascinado por el invento, propuso a sus hijos que buscasen la manera de mejorarlo, ya que se trataba de un aparatoso artilugio, cuyas proyecciones sólo se podían contemplar a través de una ventanilla. Un año más tarde, Louis había hallado la solución: la primera cámara de cine, que patentó con su nombre; se trataba de un aparato ligero y manejable, pues sólo pesaba unos cinco kilos, y su funcionamiento era mucho más eficiente que el del kinetoscopio de Edison. Tras una serie de exhibiciones privadas, el 28 de diciembre de 1895 los hermanos Lumière hicieron la primera proyección cinematográfica pública de su invento en el Grand Café des Capucines de París. El éxito fue arrollador: escenas como *La llegada de un tren a la estación* (*L'arrivée d'un train en gare*), *La crianza de un niño* (*Le repas du bebé*) y *El regador regado* (*L'arroseur arrosé*) se convirtieron en verdaderos clásicos de la naciente historia del cine. A pesar de ello, los Lumière no perdieron de vista su vocación empresarial, que les llevó a diseñar, paralelamente, un método de fotografía en color. En los años siguientes abandonaron la producción de películas en favor de los nuevos profesionales que estaban surgiendo, y prefirieron dedicarse a su empresa y a la mejora de sus productos.

LUNA, ÁLVARO DE *(Cañete, España, h. 1390-Valladolid, 1453) Político castellano.* Hijo ilegítimo de un noble de origen aragonés, en 1410 fue enviado a la corte real castellana, donde se convirtió en paje del joven monarca Juan II de Castilla y León, de quien pronto llegó a ser hombre de confianza. En pocos años, Álvaro de Luna pasó a encabezar el partido monárquico, formado por la pequeña nobleza, los sectores urbanos y el bajo clero, que se oponía a la oligarquía nobiliaria castellana y a los infantes de Aragón, hermanos de Alfonso V de Aragón, que defendían los tradicionales intereses políticos y económicos de su familia en Castilla. En 1422, en reconocimiento a su lealtad, Álvaro de Luna fue designado condestable del reino por el soberano castellano. Este nombramiento, sin embargo, aumentó la presión de la nobleza para acabar con la influencia del favorito de Juan II, acoso que dio sus frutos en 1427, cuando el rey decidió desterrarlo, aunque, incapaz de gobernar sin la ayuda de su consejero, le rehabilitó poco después. Álvaro de Luna culminó de forma victoriosa una larga guerra con Aragón, expulsó a los infantes aragoneses de Castilla y, dos años más tarde, derrotó a los musulmanes de Granada en la batalla de La Higueruela. No obstante, las intrigas nobiliarias promovidas por los Manrique y los Enríquez provocaron su segundo destierro en 1438. Político hábil y tenaz, además de buen poeta y elegante prosista, el condestable recuperó el poder y venció a la coalición de la nobleza castellana en la batalla de Olmedo (1445). En 1453, Álvaro de Luna cayó de nuevo en desgracia, pero esta vez fue juzgado y decapitado en Valladolid por orden de Juan II.

LUTERO, MARTÍN (*Eisleben, actual Alemania, 1483-id., 1546*) *Teólogo y reformador protestante alemán.* Hijo de una familia acomodada dedicada a la minería, cursó estudios en Magdeburgo y en Eisenach. Posteriormente, asistió a la Universidad de Erfurt (1501), donde se graduó en artes en 1505, año en que ingresó, a pesar de la cerrada oposición paterna, en el convento de los agustinos de esta misma ciudad. En 1507 fue ordenado sacerdote, y en 1511 se doctoró en teología, título que le permitió ejercer la docencia. Entre octubre de 1510 y marzo de 1511 residió en Roma enviado por su orden, y a su vuelta fue requerido por la Universidad de Wittenberg, en la cual fue profesor de teología. Nombrado vicario general de los agustinos en 1515, desempeñó el cargo por breve tiempo, puesto que prefirió dedicarse a la enseñanza, en especial tras serle asignada la cátedra de Escritura, que conservó hasta su muerte. Ya desde muy joven expresó su disconformidad con ciertas prácticas de la Iglesia que consideraba alejadas del espíritu de las Sagradas Escrituras, como los votos monásticos, la venta de indulgencias o la vigencia de la escolástica aristotélica. El primer paso hacia la reforma, sin embargo, lo constituyó la redacción de las *Noventa y cinco tesis del castillo de Wittenberg*, escritas en 1517 y que constituyeron un serio alegato contra la decadencia de la Iglesia y las políticas de sus

▲ *Álvaro de* **Luna**, *nombrado condestable de Castilla y privado del rey Juan II, más tarde cayó en desgracia y fue decapitado por orden del mismo rey.*

▼ *Retrato de Martín* **Lutero** *en su juventud. Sus ideas pusieron en marcha la Reforma.*

MARTÍN LUTERO

OBRAS MAESTRAS

MANIFIESTO A LA NOBLEZA CRISTIANA DE ALEMANIA (*AN DEN CHRISTLICHEN ADEL DEUTSCHER NATION*, 1520); *LA CAUTIVIDAD BABILÓNICA DE LA IGLESIA* (*DE CAPTIVITATE BABYLONICA ECCLESIAE*, 1520); *LA LIBERTAD DEL CRISTIANO* (*VON DER FREIHEIT EINES CHRISTENMENSCHEN*, 1520); *DE LA ESCLAVITUD DEL ARBITRIO* (*DE SERVO ARBITRIO*, 1525); *EL GRAN CATECISMO* (*DER GROSSE CATECHISMUS*, 1529); *EL PEQUEÑO CATECISMO* (*DER KLEINE CATECHISMUS*, 1529); *EPÍSTOLA SOBRE EL ARTE DE TRADUCIR* (*EIN SENDBRIEF VOM DOLMETSCHEN*, 1530); *BIBLIA* (llamada «de Lutero», 1534).

dirigentes. A su juicio, la Iglesia había de ser unión de una sola fe, en cuyo vértice debía reinar la figura de Jesucristo, desechando, en consecuencia, la función del Papa. Ello le valió una bula papal (*Exsurge Domine*, junio de 1520), a la que respondió con el escrito *Adversus execrabilem Antichristi bullam*, en el cual no sólo no se retractó, sino que aprovechó para ahondar todavía más en sus críticas. Ello, así como la posterior quema en la plaza pública de Wittenberg de la bula papal, motivó su condena por parte del papa León X. A finales de 1520 publicó la trilogía que sentaría las bases de la nueva Iglesia luterana, a partir de este momento ya claramente diferenciada de la romana. Integran dicha trilogía las siguientes obras: *Manifiesto a la nobleza cristiana de Alemania*, *La cautividad babilónica de la Iglesia* y *La libertad del cristiano*. En ellas propone la supresión del celibato eclesiástico, la reducción de los sacramentos a bautismo y eucaristía, la reforma del aparato eclesiástico y de los órganos de gobierno, la llamada justificación por la fe y la sustitución de la doctrina de la transustanciación por la de la consustanciación. En 1521, Lutero fue convocado a la dieta de Worms por el emperador Carlos I, pero, lejos de retractarse, se alió con los príncipes imperiales y obtuvo la protección de Federico de Sajonia, en cuyo castillo de Wartburgo se encerró entre mayo de 1521 y marzo de 1522. Empleó dicho período en la traducción al alemán del Nuevo Testamento; la tarea de traductor lo mantuvo ocupado hasta 1534, fecha en que terminó de verter al alemán la Biblia entera. En 1525, y a raíz de varias disputas teológicas con Erasmo de Rotterdam, publicó *De la esclavitud del arbitrio*, donde expresaba sus postulados acerca del libre albedrío. En ese mismo año de 1525 contrajo matrimonio con Katharina von Bora, con quien tuvo cinco hijos. Poco antes, en 1524, había estallado la guerra de los campesinos, enfrentados a la aristocracia feudal. Si bien en un principio Lutero se puso de su parte, e incluso ejerció como portavoz de sus reivindicaciones, el giro virulento que tomaron los acontecimientos le impulsó a manifestar su oposición a los sublevados, contra quienes escribió *Exhortación a la paz*. A partir de esta fecha, y tras su aprobación de la profesión de fe presentada por Melanchthon ante la dieta imperial en 1530, conocida como confesión de Augsburgo, Lutero dedicó el resto de su vida a la predicación y a la organización de la nueva Iglesia.

LUTOSLAWSKI, WITOLD *(Varsovia, 1913-id., 1994) Compositor y director de orquesta polaco.* Junto a Krzysztof Penderecki, destaca como la gran figura de la música polaca de la segunda mitad del siglo XX, cuya influencia ha sobrepasado ampliamente las fronteras de su patria. Alumno del Conservatorio de Varsovia desde 1932, simultaneó los estudios musicales con los de matemáticas, disciplina ésta que dejaría una profunda huella en el compositor, atraído desde sus primeras partituras por todo lo concerniente a la organización de los distintos parámetros que constituyen el devenir musical, a un nivel muy diferente, empero, del cientifismo especulativo de los integrantes de la Escuela de Darmstadt. Prisionero de los alemanes en 1939, durante la Segunda Guerra Mundial subsistió como pianista de diversos cafés en Varsovia, en compañía de otro ilustre compositor de su nacionalidad, Andrezj Panufnik. Finalizada la contienda, poco a poco fue haciéndose un nombre como creador gracias a obras como *Concierto para orquesta* o *Música fúnebre*, esta última dedicada a la memoria de uno de los músicos que mayor influencia ejercieron en él durante esta primera etapa: Bela Bartok. Tras cultivar un neoclasicismo impregnado de nacionalismo, deudor también de Karol Szymanowski —«el primer compositor contemporáneo que me abrió las puertas de ese mundo misterioso que es el lenguaje musical del siglo XX», en palabras del propio compositor—, Lutoslawski fue aplicando progresivamente a su música posturas y técnicas vinculadas con la vanguardia, como la aleatoriedad, aunque manteniendo siempre una gran independencia estética y sin descuidar nunca la comunicabilidad. La difícil *Sinfonía núm. 2* o el *Concierto para violoncelo* son dos de las obras más representativas de esta etapa experimental.

LUXEMBURG, ROSA *(Zamosc, actual Polonia, 1871-Berlín, 1919) Revolucionaria alemana de origen polaco.* Nacida en el seno de una familia judía polaca, tuvo que salir de Polonia a causa de su afiliación al Partido Revolucionario Socialista. Tras pasar por Suiza, en 1898 emigró a Alemania. Afiliada al Partido Socialdemócrata alemán, se opuso, junto a Karl Liebknecht, a que su partido votara a favor de los créditos de guerra durante la Primera Guerra Mundial; juntos fundaron, entonces, una escisión del partido, denominada Espartaquista. Su radical oposición a la guerra la llevó a prisión y, una vez en libertad, colaboró en la fundación del Partido Comunista Alemán, aun-

▲ *Witold* **Lutoslawski** *fotografiado pocos años antes de su muerte.*

WITOLD LUTOSLAWSKI

OBRAS MAESTRAS

MÚSICA ORQUESTAL: *VARIACIONES SINFÓNICAS* (1938); *SINFONÍA NÚM. 1* (1947); *CONCIERTO PARA ORQUESTA* (1954); *MÚSICA FÚNEBRE PARA CUERDAS* (1958); *JEUX VÉNÉTIENS* (1961); *SINFONÍA NÚM. 2* (1967); *LIBRO PARA ORQUESTA* (1968); *CONCIERTO PARA VIOLONCELO* (1970); *MI-PARTI* (1976); *NOVELETTE* (1979); *CHAIN I* (1983); *SINFONÍA NÚM. 3* (1983); *PARTITA PARA VIOLÍN Y ORQUESTA* (1984); *CHAIN II* (1985); *CHAIN III* (1986); *CONCIERTO PARA PIANO* (1988); *INTERLUDIO* (1990); *SINFONÍA NÚM. 4* (1992). *VARIACIONES SOBRE UN TEMA DE PAGANINI* (1941); *CUARTETO DE CUERDA* (1964). **MÚSICA VOCAL Y CORAL:** *LACRIMOSA* (1940); *TRES POEMAS DE HENRI MICHAUX* (1963); *PAROLES TISSÉES* (1965); *LES ESPACES DU SOMMEIL* (1978); *CHANTEFLEURS ET CHANTEFABLES* (1991).

▲ *Retrato de Rosa* **Luxemburg**. *Partidaria de la acción revolucionaria, puso en marcha el movimiento espartaquista.*

que criticó la violencia bolchevique. Pese a las dudas que suscitó en ella el movimiento insurreccional promovido por los espartaquistas en enero de 1919, se unió a él. Detenida junto a Liebknecht, fue ejecutada en el acto por las tropas alemanas.

LUZÁN, IGNACIO *(Zaragoza, 1702-Madrid, 1754) Escritor español.* Huérfano a los cuatro años, estudió con los jesuitas y mostró aptitudes para las lenguas clásicas. Licenciado en derecho en 1726, fijó su residencia en Nápoles, donde entró en contacto con Giovanni Battista Vico, cuya particular filosofía de la historia influiría en su obra posterior. Durante su estancia en Italia escribió *Razonamiento sobre la poesía* (1728) y *El sueño del buen gusto* (1729). Volvió a España en 1733, e ingresó en la Academia de Historia (1745). En 1747 fue nombrado secretario de la embajada española en París, cargo que ocupó durante tres años y que aprovechó para redactar *Memorias literarias de París*. De vuelta en España frecuentó los círculos afrancesados y clasicistas e ingresó en la Real Academia Española (1751). Su obra más relevante es su *Poética* (1737), tratado de preceptiva neoclásica que define la poesía como «imitación de la naturaleza», y en el que Luzán establece como modelo el teatro de Calderón frente al de Lope de Vega.

LYELL, SIR CHARLES *(Kinnordy, Gran Bretaña, 1797-Londres, 1875) Geólogo escocés.* Basándose en diversos trabajos del geólogo James Hutton, desarrolló la teoría de la uniformidad, que establecía que los procesos naturales que cambian la Tierra en el presente son los mismos que actuaron en el pasado. Para ello se basó en numerosas observaciones geológicas. Inicialmente, cursó estudios de literatura y arte, pero con posterioridad, tras asistir a algunas clases en Oxford, se interesó vivamente por la geología y llegó a ser secretario y presidente de la Geological Society y profesor de dicha disciplina en el King's College de Londres. Llevó a cabo diversos viajes de investigación en los que realizó numerosas observaciones geológicas, y basándose en precedentes trabajos de James Hutton, desarrolló la llamada teoría de la uniformidad, según la cual los procesos naturales que intervienen en los cambios que afectan actualmente a la Tierra son los mismos que sufrió el planeta en tiempos pasados. Su obra más representativa, *Principios de geología* (1830-1833), en la cual desmiente la teoría de los grandes cataclismos, señaló el inicio de la moderna geología.

M

MACANAZ, MELCHOR DE *(Hellín, España, 1670-id., 1760) Político y escritor español.* En 1704 fue nombrado secretario particular de Felipe V, e inmediatamente se convirtió en uno de los personajes más destacados de la política interior. Fue uno de los principales impulsores de la aplicación del Decreto de Nueva Planta, que supervisó personalmente en las provincias de Aragón y Valencia. Se le nombró fiscal del Consejo de Castilla (1714), pero la filtración de un informe confidencial hizo que fuera condenado como hereje por la Inquisición. Alberoni e Isabel Farnesio consiguieron que el rey reconsiderara su apoyo a Macanaz, y a éste, que se encontraba en Francia, le fue vetado regresar. Allí escribió diversas obras en su defensa, así como una serie de memorias dirigidas a Felipe V, primero, y a Fernando VI, después. En 1848 decidió volver a España, por lo que fue apresado y confinado, primero en Pamplona y posteriormente en La Coruña. Recobró la libertad poco antes de su fallecimiento.

MACARTHUR, DOUGLAS *(Little Rock, EE UU, 1880-Washington, 1964) Militar estadounidense.* Cursó estudios en la academia militar de West Point, en la que se graduó en 1903. Durante la Primera Guerra Mundial luchó en Francia, y a la conclusión del conflicto ascendió a general. En 1930 se convirtió en jefe del Estado Mayor. Dos años más tarde fue duramente criticado por reprimir violentamente una manifestación de veteranos de guerra, y en 1937

▼ *El general estadounidense Douglas* **MacArthur**, *en el centro de la fotografía con gafas de sol, supervisa una acción de sus tropas en el frente de guerra.*

abandonó el ejército. No obstante, el estallido de la Segunda Guerra Mundial motivó su regreso al frente. Fue nombrado jefe de operaciones en el Sudeste Asiático, cargo desde el cual combatió la expansión japonesa por el Pacífico y dirigió la recuperación estadounidense. Tras la rendición japonesa, fue nombrado comandante aliado en Japón, país que gobernó hasta 1950. En dicha fecha, luego del inicio de la guerra de Corea, fue nombrado comandante de las fuerzas de la ONU, pero fue rápidamente relevado por el presidente Truman por no obedecer las órdenes recibidas. Tras su regreso a Estados Unidos, el Partido Republicano intentó, sin éxito, que aceptara la candidatura a la presidencia de Estados Unidos.

MACBETH *(?, h. 1005-Lumphanan, Escocia, 1057) Monarca escocés (1040-1057).* Conde de Moray, en 1031 fue nombrado general por el rey Duncan I. La ascendencia real de su esposa Grouch, nieta del antiguo monarca Kenneth III, le indujo a aspirar al trono, para lo cual asesinó a Duncan en la batalla de Elgin (1040). Tras el magnicidio, y a pesar de la oposición del rey Siward de Northumbria, logró mantenerse en el poder hasta 1057, año en el que fue derrotado y muerto en la batalla de Lumphanan a manos de Malcolm Canmore, hijo de Duncan. Estos acontecimientos históricos inspiraron a Shakespeare su famoso drama homónimo, en el cual la figura del noble escocés aparece convertida en un juguete del destino,

▲ *En primer término, el senador **McCarthy** durante una de las sesiones del tristemente célebre Comité de Actividades Antiamericanas, que él presidía. Dicho comité marcó la política estadounidense durante los años cincuenta.*

▼ *La bióloga estadounidense Barbara **McClintock** recibiendo en 1983 el Premio Nobel de Fisiología y Medicina por sus importantes trabajos sobre genética y procesos hereditarios.*

que le impulsa a cometer traición y matar a su legítimo señor, condenándose a vivir sumido en los remordimientos. Cabe destacar que el autor alteró algunos hechos documentados históricamente, con el objetivo de reforzar la línea sucesoria del entonces rey de Inglaterra, Jacobo I.

McCARTHY, JOSEPH *(Appleton, EE UU, 1908-Bethesda, id., 1957) Político estadounidense.* Tras cursar estudios de derecho, ejerció como abogado y, más tarde, como juez. Se alistó en la marina tras el estallido de la Segunda Guerra Mundial y, a su término, fue elegido senador por Wisconsin. En 1950 denunció públicamente la existencia de 205 infiltrados comunistas en la Administración. Si bien no pudo demostrar ninguna de sus acusaciones, supo ganarse el favor popular, que rápidamente hizo suya la cruzada anticomunista. Desde la presidencia del Comité de Actividades Antiamericanas dio inicio a la llamada «caza de brujas», y se dedicó a investigar a presuntos sospechosos de pertenecer al Partido Comunista. A partir de 1954, dichas denuncias alcanzaron a políticos de prestigio e incluso al propio presidente Eisenhower, quien, no obstante, no lo destituyó. Fueron sus propios compañeros del Senado quienes decidieron condenarlo por «conductas contrarias a las tradiciones del Senado», tras lo cual desapareció de la escena pública.

McCLINTOCK, BARBARA *(Hartford, EE UU 1902-Huntington, id., 1992) Bióloga y botánica estadounidense.* Obtuvo el doctorado en botánica por la Universidad de Cornell en 1927 y se incorporó al Instituto Carnegie de Washington en 1941. Profesora del Instituto de Tecnología de California e investigadora en el laboratorio de genética de Cold Spring Harbor de Nueva York, es conocida principalmente por su descubrimiento de que los genes del maíz pueden transferir sus posiciones en los cromosomas *(Genética,* 1944), lo cual resultó ser de gran importancia para la comprensión de los procesos hereditarios y abrió las puertas a la posibilidad de orientar las mutaciones. Las conclusiones teóricas de sus trabajos fueron confirmadas treinta años después. Fue galardonada con el Premio Nobel de Fisiología y Medicina en 1983.

McKINLEY, WILLIAM *(Niles, EE UU, 1843-Buffalo, id., 1901) Político estadounidense.* Durante la guerra de Secesión (1861-1865) estuvo a las órdenes de Rutherford B. Hayes, presidente estadounidense entre 1877 y 1881, quien le convenció para que ini-

ciara su carrera política. Miembro del Partido Republicano, en 1877 obtuvo un escaño en el Congreso, donde destacó por su apoyo a la implantación de medidas proteccionistas. En 1892, y merced al apoyo político y financiero de Mark Hanna, un importante empresario de Ohio, fue elegido gobernador de dicho estado. Utilizó el cargo como trampolín político para ser nombrado candidato a la presidencia, que obtuvo en las elecciones de 1897. Durante su mandato, que extendió hasta 1901, fecha en que fue objeto de un atentado anarquista, declaró la guerra a España para asegurar el control estadounidense sobre Cuba y, tras aniquilar la resistencia española, extendió el dominio de Estados Unidos a las antiguas colonias españolas de Puerto Rico y las Filipinas. En política interior, en un intento de asegurar la libre competencia, incrementó considerablemente la presión sobre los grandes monopolios.

MACEO, ANTONIO *(Santiago de Cuba, 1845-Punta Brava, Cuba, 1896) Militar y patriota cubano.* Hijo de padre venezolano y madre negra de humilde condición, tenía veintitrés años cuando se declaró la guerra a España por la independencia de Cuba, con el grito de Yara en 1868. Se alistó inmediatamente en las fuerzas independentistas junto a su padre y sus hermanos José y Justo. Su primer ascenso en las filas revolucionarias se produjo al ser nombrado ayudante de Máximo Gómez, y a partir de entonces se dio a conocer como un heroico combatiente, y fue aclamado como jefe de los insurrectos de las Villas. Participó en la guerra de los Diez Años (1868-1878) y derrotó a los españoles en numerosas ocasiones, como en la Loma de la Gallega (1871) o en la batalla de Las Guásimas (1872), tras las cuales alcanzó el rango de mayor general. Sin embargo, poco a poco fueron produciéndose fisuras entre los independentistas, y en 1877 rechazó una oferta de alianza con Vicente García para derrocar al gobierno revolucionario; también declinó la propuesta de paz del general Martínez Campos y se negó a acatar la paz de Zanjón de 1878. Maceo continuó combatiendo y dominó toda la provincia de Oriente, hasta que el desgaste de su ejército lo obligó a exiliarse en Jamaica, desde donde siguió conspirando. Regresó al cabo de un año para participar en el alzamiento revolucionario que marcó el inicio de la «guerra chiquita». Sofocado este nuevo intento, se refugió en Haití. En 1895, cuando estalló la Segunda Guerra de Independencia cubana, Maceo desembarcó en Duaba y asumió la jefatura de las fuerzas de la provincia de Santiago de Cuba. Durante los combates mostró su valía como guerrillero y táctico militar a lo largo de toda la isla y dirigió eficazmente las operaciones de Pinar del Río. Conquistó la provincia de Oriente, invadió Camagüey, y, a finales de 1895, expulsó de La Habana al gobernador español Martínez Campos. Murió en el campo de batalla.

MACHADO, ANTONIO *(Sevilla, 1875-Colliure, Francia, 1939) Poeta y dramaturgo español.* Estudió en Madrid, en la Institución Libre de Enseñanza. Tras un viaje a París (1899), publicó sus primeros poemas en la revista *Electra* (1901), y en 1903 apareció su primer libro, *Soledades.* A partir de 1904 publicó sus poemas en diversas revistas (*Helios, Renacimiento*), y tres años más tarde editó una ampliación de su primer libro, titulada *Soledades, galerías y otros poemas.* La poesía de este período se caracteriza por un delicado intimismo lírico y un verso sencillo pero de gran poder expresivo, que nunca le abandonaría. Ese mismo año obtuvo una cátedra de francés en el instituto de Soria, ciudad en la que contrajo matrimonio con Leonor Izquierdo (1909); logró una beca para estudiar en París, donde asistió a las clases del filósofo Bergson, pero una grave enfermedad contraída por su esposa les obligó a regresar. En Soria publicó *Campos de Castilla* (1912), cuyos poemas se alejan del intimismo anterior para incluir la problemática histórica y filosófica de su país y de la Europa de su tiempo, preocupación que también se reflejaría en la primera edición de sus *Poesías completas* (1917). Leonor murió en 1912, dejándolo sumido en un hondo pesar. En 1919 se trasladó a Segovia, donde se supone que conoció a la Guiomar de sus poemas, ocupando el tema amoroso y erótico un lugar importante en sus *Nuevas canciones* (1924). De 1926 a 1932 escribió con su hermano Manuel varias comedias dramáticas, como *Desdichas de la fortuna o Julianillo Valcárcel* y *El hombre que murió en la guerra.* Trasladado a Madrid con la llegada de la República, su afición a los desdoblamientos le llevó a crear una serie de dobles: Juan de Mairena, autor de artículos críticos que aparecieron en la prensa, reunidos en 1936 en un solo volumen, el poeta Abel Martín y entre doce y quince poetas imaginarios más (incluidos en *De un cancionero apócrifo*, 1936). En 1939, ante el inminente

▲ *Dibujo en el que aparecen los hermanos* **Machado**, *(a la izquierda, Antonio, y a la derecha, tocado con sombrero, Manuel). Ambos crearon en colaboración varias obras dramáticas.*

> «*Ni mármol duro y eterno / ni música ni pintura, / sino palabra en el tiempo..*»
>
> Antonio Machado
> *De mi cartera*

triunfo de las tropas franquistas, decidió exiliarse en Francia, donde fallecería a poco de llegar.

MACHAULT, GUILLAUME DE *(Machaut, Francia, h. 1300-Reims, id., 1377) Músico y poeta francés.* Perteneciente a la Orden de Reims, a partir de 1357 estuvo al servicio del futuro rey de Francia Carlos V, tras ser secretario del rey de Bohemia Juan de Luxemburgo, y entrar sucesivamente en la Corte de Bonne de Luxemburgo y de Carlos de Navarra. Acabó sus días como canónigo de la catedral del Reims, importante foco cultural a finales de la Edad Media. Como protegido de las diversas familias a las que prestó su servicio, Machault se consolidó como uno de los representantes más distinguidos del *ars nova*, término acuñado en el tratado de Philippe de Vitry, quien menciona las nuevas posibilidades compositivas del doble tiempo usadas por Machault en sus motetes a tres y cuatro voces, así como en sus ron dós, virelais y baladas. Su actividad artística se dividió entre la composición musical y la lírica, llegando a escribir más de 80 000 versos. Aunque su producción poética no alcanza el valor de algunos de sus coetáneos, tiene el mérito de haber contribuido a la renovación de la lírica en lengua francesa, además de consolidar la forma que definió algunas composiciones, musicales y líricas, como el lai, el virelai, la balada, el rondó y el canto real. Pero, sin duda alguna, su obra más importante es la llamada *Misa de Notre-Dame*, en la cual utilizó todas las posibilidades que le ofrecía la isorritmia utilizada en sus motetes, especialmente en las partes del *Kyrie, Sanctus, Agnus* e *Ite missa est*, fundamentada en el ritmo y la medición, posibilitando la introducción del canon. De este modo sentó las bases para el desarrollo de las grandes misas polifónicas de los siglos XV y XVI, al mismo tiempo que consolidaba las diversas partes de la misa, que llegarían hasta compositores como Bach y Mozart.

MACHUCA, PEDRO *(Toledo, h. 1490-Granada, 1550) Arquitecto y pintor español.* Se formó en Italia, donde se relacionó con Miguel Ángel y Rafael. Esta circunstancia hizo de él un caso excepcional en la España de su tiempo, ya que cultivó en arquitectura un estilo italianizante, de líneas sumamente severas y puras, que se encuentra en las antípodas del estilo plateresco por enton-

▶ *Óleo perteneciente a un tríptico de la capilla real de Granada, pintado por Pedro **Machuca**, uno de los arquitectos más importantes del Renacimiento español, cuyos méritos como pintor han sido reconocidos posteriormente.*

▼ *Portada de* El corazón de piedra verde, *una de las obras de Salvador de **Madariaga**, en la cual da una visión muy personal de la conquista de México por los españoles.*

EL CORAZON
DE PIEDRA VERDE

salvador de madariaga

EDITORIAL HERMES

ces en boga. Desde 1520 residió en Granada, donde realizó sus obras más importantes, en particular el palacio de Carlos V en la Alhambra y la Puerta de las Granadas, también en el recinto del palacio nazarí. Fue más brillante como arquitecto que como pintor, pero en este campo desplegó una amplia actividad con obras religiosas de estilo manierista y figuras distantes. Se destacan en su obra pictórica la *Virgen de la leche* y el retablo de *Nuestra Señora de la Consolación*, en Jaén.

MACÍAS EL ENAMORADO *(Padrón, actual España, ?-Arjonilla, id., 1434) Poeta gallego.* Último gran poeta medieval en lengua gallega. Se le atribuyen 21 *Cantigas*, reunidas en el *Cancionero de Baena*, que incorporan a la tradición gallega medieval elementos de la poesía cortesana. Según cuenta la tradición, estando al servicio del marqués de Villena se enamoró apasionadamente de doña Elvira, dama de la corte de la marquesa. Aprovechando una ausencia de Macías, el marqués casó a Elvira con un rico hidalgo, pero su amor era tan fuerte que los amantes no abandonaron su relación. Enterado de la circunstancia, el marqués mandó recluir a Macías en la cárcel de Arjonilla, desde donde el poeta siguió cantando su amor. Enloquecido por los celos, el marido entró en la cárcel y mató a Macías, que desde entonces es símbolo del amor trágico y fatal.

MACKINTOSH, CHARLES RENNIE *(Glasgow, Reino Unido, 1868-Londres, 1928) Arquitecto y diseñador británico.* Manifestó tempranamente su vocación de arquitecto, a la que se opuso su padre, motivo por el cual se vio obligado a estudiar en cursos nocturnos y compaginar los estudios con el trabajo profesional. Sin embargo, gracias a su talento pudo abrirse camino rápidamente a través de premios y becas, una de las cuales le permitió completar su formación en el continente. A su regreso de Europa, se incorporó al estudio Honeyman & Keppie y, poco después, fundó el grupo *The Four* con J. H. MacNair y las hermanas Frances y Margareth MacDonald, con quien contrajo matrimonio posteriormente. El grupo se dedicó en particular al diseño y la decoración de todo tipo de objetos (vidrio, carteles, yeso, metal) y se impuso rápidamente con su estilo abstracto y de gran pureza lineal. La participación de *The Four*, en 1895, en la exposición de *Arts & Crafts* de Londres propició su lanzamiento internacional, gracias a los favorables artículos que escribió el famoso crítico Gleeson White, a quien impresionaron sobre todo los muebles diseñados por Mackintosh, de roble tratado al natural y ornamentados con detalles de una gran simplicidad. Simultáneamente, Mackintosh se ocupó de la construcción de la Escuela de Arte de Glasgow y de algunos otros edificios en la misma ciudad y sus alrededores. El estilo de estas obras resulta asimilable con la tendencia estilizada de las obras pictóricas de los prerrafaelistas y se caracteriza esencialmente por el empleo de la línea recta, la forma cúbica y la combinación de simetría y asimetría. Después de la guerra, al afirmarse las nuevas tendencias arquitectónicas, Mackintosh no recibió más encargos y se retiró a Port-Vendres, en Francia, donde se dedicó a la pintura.

McMILLAN, EDWIN MATTISON → Seaborg, Glenn Theodore.

MADARIAGA, SALVADOR DE *(La Coruña, 1886-Locarno, Suiza, 1978) Escritor español.* En 1916 llegó a Londres para ejercer como cronista del *Times*, y más tarde fue nombrado catedrático de literatura española en Oxford. En 1926 apareció su ensayo *Guía del lector del Quijote* y, entre 1928 y 1929, *Ingleses, franceses, españoles*. En 1931, el mismo año que fue nombrado embajador de la República en Estados Unidos y en Francia, publicó su obra histórica *España, ensayo de historia contemporánea*, y tres años después accedió al cargo de ministro de Justicia del gobierno Lerroux

(1934). Cuando estalló la guerra civil se exilió en Londres, desde donde presidió la sección cultural del Movimiento Europeo y del Colegio de Europa de la Internacional Liberal. A partir de entonces se dedicó intensamente a la historia de España, con especial énfasis en la biografía, como la *Vida del muy magnífico señor don Cristóbal Colón* (1940), *Hernán Cortés* (1941) o *Bolívar* (1951). En 1973 publicó sus memorias y en 1976 regresó a España.

MADISON, JAMES *(Port Conway, EE UU, 1751-Montpelier, id., 1836) Político estadounidense.* Hijo de un terrateniente, en 1769 ingresó en el Colegio de New Jersey. En 1787 participó en la Convención Constitucional, por lo cual recibió el título de padre de la Constitución. Tras ser elegido diputado al Parlamento, apoyó las diez primeras enmiendas a la Constitución. En 1801 el presidente Jefferson lo nombró secretario de Estado, cargo desde el cual participó en la compra de Louisiana a Francia. En 1808, y a pesar de las críticas recibidas por su tratado con Francia, fue elegido presidente. Durante su mandato, que extendió hasta 1817, ocupó Florida, a la sazón colonia española, y decretó la prohibición de comerciar con Gran Bretaña, a sabiendas de que dicha decisión conduciría a un enfrentamiento armado. Tras abandonar la presidencia, se retiró a su Virginia natal, donde se ocupó de la administración de su hacienda y luchó a favor de una ley que condenara la esclavitud. En 1819 fue miembro fundador de la Universidad de Virginia, institución de la que posteriormente fue rector.

MADOZ, PASCUAL *(Pamplona, 1806-Génova, 1870) Político español.* Ejerció la abogacía en Barcelona y militó en las filas del Partido Progresista. Debido a su trabajo, estableció una afinidad muy estrecha con la burguesía catalana y estuvo muy vinculado a sus intereses industriales, que siempre defendió a ultranza. Inició su trayectoria política en 1836, año en el que fue elegido diputado, y mantuvo su escaño durante varias legislaturas, hasta 1856. Fue ministro de Hacienda en 1855, y durante su ministerio presentó el proyecto de ley de desamortización general civil y eclesiástica, que incluía también las propiedades de los ayunta-

▲ *James **Madison** durante su vejez. El político estadounidense, uno de los padres de la Constitución estadounidense, sucedió a Jefferson en la presidencia de la República.*

▼ *Retrato del pintor español Federico **Madrazo**.*

mientos. Esta ley inauguró una nueva etapa, dado su alcance político y económico. La desamortización consistía en una acción legal cuyo objetivo era liberar y entregar a la adquisición pública las propiedades inmuebles atesoradas por entidades que no amortizaban sus bienes, como la Iglesia y los municipios. En 1856 se opuso al golpe de Estado de O'Donnell como jefe de la milicia nacional y, tras la revolución de 1868, fue designado gobernador de Madrid y miembro de la comisión encargada de ofrecer la Corona española a Amadeo I de Saboya. La elección del nuevo rey supuso un período de interinidad en la jefatura del Estado provocada por los continuos enfrentamientos entre los partidos políticos y por las presiones internacionales. Los progresistas, a los que pertenecía Madoz, consiguieron finalmente que su candidato, Amadeo de Saboya, fuese elegido el 16 de noviembre de 1870. Madoz fue uno de los fundadores de la estadística en España, con su traducción y ampliación de la *Estadística de España*, de Moreau de Jonnès, en 1835. También redactó *Diccionario geográfico-estadístico-histórico de España y sus posesiones*, obra básica para conocer la economía del siglo XIX y el imperialismo colonial español.

MADRAZO, FEDERICO *(Roma, 1815-Madrid, 1894) Pintor español.* Principal continuador de la saga de los Madrazo, fue hijo de José Madrazo, también pintor y máximo representante de la escuela neoclásica cortesana. Estudió en París, donde fue acogido por Ingres, que era amigo de su padre. Tras una estancia de dos años en Roma regresó a Madrid y fue nombrado director del Museo del Prado. El advenimiento de la Primera República en 1868 le supuso la pérdida del cargo, en el cual fue repuesto en 1881. En sus inicios cultivó la pintura histórica y religiosa, y uno de sus cuadros, *La continencia de Escipión*, le valió el ingreso en la Escuela de San Fernando, si bien debe su renombre a su actividad como retratista. De entre sus retratos al óleo cabe destacar dos: *Carolina Coronado* y *General San Miguel*, mientras que sus dibujos más conocidos son los retratos de Mariano José de Larra y de Ponzano.

▶ *El escritor belga Maurice* **Maeterlinck** *pintado en el año 1934 por J. E. Blanche. El cuadro se conserva en el Museo de Bellas Artes de Ruán.*

MAETERLINCK, MAURICE *(Gante, Bélgica, 1862-Niza, 1949) Escritor belga en lengua francesa.* Consagrado a la literatura desde muy joven, sus inicios como poeta están marcados por su incorporación al simbolismo, como en *Los invernaderos* (1889) y *Doce canciones* (1896), y lo mismo sucede con sus primeras piezas teatrales: *La princesa Malena* (1889), *La intrusa* (1890), *Siete princesas* (1891) y *Peleas y Melisenda* (1892) dramatizan un mundo misterioso habitado por personajes indefinibles que se mueven entre la realidad y la fantasía. Se trasladó a París en 1896, momento en que la lectura de autores como Ruysbroek, Novalis o Emerson acentuó su pesimismo y le enseñó a encontrar en el mundo natural una vía de consolación del dolor. Esta actitud se pone de manifiesto en sus dramas (*Monna Vanna*, 1902, o *El pájaro azul*, 1908), y, sobre todo, en los diversos estudios sobre el mundo natural que llevó a cabo (*La vida de las abejas*, 1901, *La inteligencia de las flores*, 1907, *La vida de las hormigas*, 1930), así como en sus ensayos filosóficos, llenos de misticismo, sobre el destino humano, como *El tesoro de los humildes* (1896). Instalado en el Midi francés tras su estancia en París, en 1911 recibió el Premio Nobel de Literatura y, después de la Primera Guerra Mundial, expuso en *La muerte* sus tesis sobre la vida y la muerte desde un punto de vista opuesto frontalmente a la moral católica. Sin embargo, ello no impidió que en 1932 el rey de Bélgica le nombrara conde y que en 1937 ingresara en la Academia de Ciencias Morales y Políticas en condición de miembro extranjero.

«La inteligencia es la facultad que nos ayuda a comprender finalmente que todo es incomprensible.»

Maurice Maeterlinck
La vida de las hormigas

MAELLA, MARIANO SALVADOR DE *(Valencia, 1739-Madrid, 1819) Pintor español.* Su formación tuvo lugar en tres etapas: la primera en Valencia con su padre, la segunda en la Academia de San Fernando en Madrid y la tercera con una beca en Roma. De todo ello resultó un estilo esencialmente academicista, en correspondencia con el gusto de la época, de excelente dibujo, colorido frío y acabado suave. Desplegó una gran actividad artística, que se tradujo, sobre todo, en obras decorativas al fresco, realizadas para los palacios de El Escorial (Casita del Príncipe), Aranjuez (Casita del Labrador) y La Granja, así como para las catedrales de Burgo de Osma y Toledo. Fue muy prolífico también en la temática religiosa, en la que dejó obras maestras como *La conversión del duque de Gandía.*

MAGALLANES, FERNANDO DE *(Oporto, 1480-Mactán, Filipinas, 1521) Explorador y navegante portugués.* Miembro de la nobleza portuguesa, estudió náutica y cartografía en Lisboa. A los veinticinco años, integró la expedición a la India mandada por Francisco de Almeida. En su siguiente viaje, esta vez a Marruecos y bajo las órdenes del duque de Braganza, resultó herido. El monarca portugués, Manuel I *el Afortunado*, que disponía de un informe desfavorable acerca de la conducta de Magallanes en esta última misión, rechazó por dos veces un proyecto del marino para explorar nuevas rutas hacia Oriente, por lo que aquél decidió probar suerte en España. Llegó a Sevilla en octubre de 1517 y desde allí se dirigió a la corte, que a la sazón se encontraba en Valladolid. En ese mismo año contrajo matrimonio con Beatriz Barbosa, hija de un importante oficial sevillano, quien le dio un hijo varón, Rodrigo. Magallanes te-

▼ *Mapa de Batista Agnese (1540) en el que se representa el recorrido iniciado por* **Magallanes** *y completado por Elcano.*

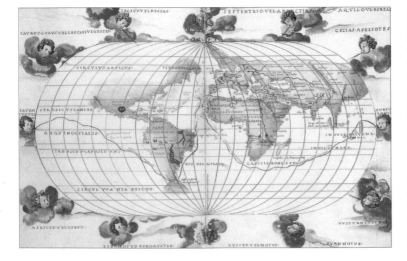

nía la convicción de que debía existir un paso al sur de la costa sudamericana para llegar a la India por occidente, paso que ya había buscado sin éxito Juan Díaz de Solís. La posibilidad de encontrar una ruta alternativa para llegar a Oriente a través del océano Atlántico era de vital interés para la monarquía española, ya que la costa africana estaba bajo el control de su principal rival en el comercio de especias, Portugal. Tras renunciar a la nacionalidad portuguesa, y con el apoyo del astrónomo portugués Ruy de Faleiro y del obispo Fonseca, logró interesar en el proyecto al rey Carlos I, quien puso a su disposición cinco naves: *Trinidad, San Antonio, Concepción, Victoria* y *Santiago*, con una tripulación de 270 hombres de distintas etnias y nacionalidades. Así mismo, fue nombrado gobernador de las tierras que pudiera descubrir y se le otorgó la veinteava parte de los eventuales beneficios de la expedición. La flota zarpó de Sevilla en septiembre de 1519, luego de un fallido intento portugués de sabotear el viaje. Faleiro, víctima de un ataque de locura, se quedó en tierra. El contingente pasó por el archipiélago de las Canarias, siguió viaje hasta la costa del Brasil y dobló luego hacia el sur, donde exploró el estuario del Plata. En la bahía de San Julián, Patagonia, la expedición se estableció para invernar, período en el que se perdieron dos naves, una por accidente y la otra por deserción; además, el marino hubo de sofocar un motín. Por fin, el 21 de octubre de 1520 accedieron al estrecho que lleva hoy su nombre, que les permitió contornear el continente americano, al que él denominó de «Todos los Santos». Poco más de un mes después, encontraban al otro lado un océano de aguas tranquilas (que recibiría luego el nombre de océano Pacífico), ante cuya vista el navegante lloró de emoción. Siguieron rumbo al norte, primero bordeando la costa de Chile para virar luego al noroeste hacia las que se conocen actualmente como islas Marianas (que ellos bautizaron como Islas de los Ladrones), sin agua potable ni provisiones frescas, y con parte de la tripulación enferma de escorbuto. La llegada a aquellas islas les permitió reabastecerse y continuar explorando otras islas que conformaban el archipiélago que hoy lleva el nombre de Filipinas. Fue en una de ellas, Mactán, donde Magallanes cayó herido de muerte en un enfrentamiento con los indígenas, con lo que se malogró su sueño de completar el primer viaje alrededor del mundo. Esta proeza correspondió al marino de origen vasco Juan Sebastián Elcano (capitán de la nave *Con-*

◀ *Retrato de Fernando de* **Magallanes** *según una tabla del s.* XVI *que se encuentra en el Museo Naval de Madrid. El navegante portugués emprendió en 1519 el primer viaje de circunnavegación de la Tierra.*

cepción), bajo cuyo mando la expedición completó su periplo, primero rumbo a las Molucas, para tocar tierra de España el 6 de septiembre de 1522; arribó una sola nave, con dieciocho supervivientes a bordo y un cargamento de especias.

MAGIC JOHNSON [Earvin Johnson] (*Lansing, EE UU, 1959*) *Baloncestista estadounidense.* En 1979, tras haber obtenido el título de la NCAA (la liga universitaria estadounidense) con el equipo de la Universidad de Michigan, fichó por Los Angeles Lakers, club en el que militó a lo largo de toda su carrera y con el cual obtuvo cinco campeonatos de la NBA (1980, 1982, 1985, 1987 y 1988). Considerado uno de los mejores jugadores de todos los tiempos, se caracterizó por su facilidad anotadora, su liderazgo dentro y fuera de la cancha y su capacidad para mejorar el juego del equipo gracias a su gran facilidad para el pase, categoría en la que encabezó las estadísticas de la liga durante buena parte de su carrera. Fue nombrado mejor jugador de la NBA en 1987, 1989 y 1990. En los Juegos Olímpicos de 1992, celebrados en Barcelona, fue miembro de la selección estadounidense que obtuvo la medalla de oro. Aquel mismo año causó una verdadera conmoción al manifestar públicamente que era portador del virus del sida y que, en consecuencia, abandonaba la práctica del baloncesto. Regresó, no obstante, en 1994, año en que ejerció como entrenador de Los Angeles Lakers, para luego, en la siguiente temporada, volver a disputar varios partidos como jugador.

▼ *Magic Johnson realiza una espectacular entrada a canasta durante un partido de la NBA contra Dallas Mavericks. La genialidad de su juego marcó toda una época en la NBA.*

MAGRITTE, RENÉ *(Lessines, Bélgica, 1898-Bruselas, 1967) Pintor belga.* Durante un primer período la obra de Magritte estuvo fuertemente influida por la figura de De Chirico y por la atmósfera misteriosa de sus pinturas. Más tarde entró en contacto con la vanguardia parisina del momento, presidida por André Breton, y comenzó a desarrollar un surrealismo que iría evolucionando con los años hacia un estilo muy personal, cuyos símbolos giran con frecuencia alrededor de la relación entre el lenguaje y sus objetos. Así, sus referencias se van haciendo cada vez más intelectualizadas, hasta el punto de que muchas de sus obras deben leerse en relación con las tesis del estructuralismo. Son habituales en sus cuadros los juegos de duplicaciones, ausencias y representaciones dentro de representaciones. Una de sus obras más representativas es *Ceci n'est pas une pipe* (*Esto no es una pipa*, 1928), cuyo entra-mado de remisiones entre texto e imágenes parece incapaz de hallar ningún objeto real. Otros cuadros famosos suyos son *La llave de los campos* (1936), *Los compañeros del miedo* (1942) y *El hijo del hombre* (1964).

MAHFUZ, NAGUIB *(El Cairo, 1912) Escritor egipcio.* Después de sus primeras publicaciones dedicadas a su ciudad natal, como *Khan al-Khalili* (1941) o *Nacer y morir* (1949), inició la redacción de su célebre trilogía compuesta por *Entre dos palacios* (1956), *Palacio del deseo* (1957) y *La azucarera* (1958), en torno a una familia burguesa de El Cairo y las transformaciones sociales de las que sus componentes son

▲ Esto no es una pipa, de René **Magritte**.
Esta obra muestra el estilo del artista belga, que con una pintura de apariencia objetiva provoca siempre la inquietud o la sorpresa.

testigos. Esta trilogía pronto se convirtió en un fiel y descarnado retrato de la sociedad musulmana de El Cairo en la segunda mitad del siglo. Otras de sus obras son *El ladrón y los perros* (1961) y *El corazón de la noche* (1974). En 1988, tras la aparición de *La organización secreta* (1987), le fue concedido el Premio Nobel de Literatura. Su última obra ha sido su autobiografía *Ecos de Egipto* (1997).

MAHLER, GUSTAV *(Kaliste, actual Austria, 1860-Viena, 1911) Compositor y director de orquesta austriaco.* En una ocasión, Mahler manifestó que su música no sería apreciada hasta cincuenta años después de su muerte. No le faltaba razón: valorado en su tiempo más como director de orquesta que como compositor, hoy es considerado uno de los más grandes y originales sinfonistas que ha dado la historia del género; más aún, como uno de los músicos que anuncian y presagian en su obra de manera más lúcida y consecuente todas las contradicciones que definirán el desarrollo del arte musical a lo largo del siglo xx. Aunque como intérprete fue un director que sobresalió en el terreno operístico, como creador centró todos sus esfuerzos en la forma sinfónica y en el lied, e incluso en ocasiones conjugó en una partitura ambos géneros. Él mismo advertía que componer una sinfonía era «construir un mundo con todos los medios posibles», por lo que sus trabajos en este campo se caracterizaban por una manifiesta heterogeneidad, por introducir elementos de distinta procedencia (apuntes de melodías populares, marchas y

▶ *El músico austriaco Gustav* **Mahler**. *Famoso en vida como director de las mejores orquestas de su tiempo, su obra como compositor no fue apreciada hasta años después de su muerte.*

fanfarrias militares...) en un marco formal heredado de la tradición clásica vienesa. Esta mezcla, con las dilatadas proporciones y la gran duración de sus sinfonías y el empleo de una armonía disonante que iba más allá del cromatismo utilizado por Wagner en su *Tristán e Isolda*, contribuyeron a generar una corriente de hostilidad general hacia su música, a pesar del decidido apoyo de una minoría entusiasta, entre ella los miembros de la Segunda Escuela de Viena, de los que Mahler puede considerarse el más directo precursor. Su revalorización, al igual que la de su admirado Anton Bruckner, fue lenta y se vio retrasada por el advenimiento del nazismo al poder en Alemania y Austria: por su doble condición de compositor judío y moderno, la ejecución de la música de Mahler fue terminantemente prohibida. Sólo al final de la Segunda Guerra Mundial, y gracias a la labor de directores como Bruno Walter y Otto Klemperer, sus sinfonías empezaron a hacerse un hueco en el repertorio de las grandes orquestas. Formado en el Conservatorio de Viena, la carrera de Mahler como director de orquesta se inició al frente de pequeños teatros de provincias como Liubliana, Olomouc y Kassel. En 1886 fue asistente del prestigioso Arthur Nikisch en Leipzig, en 1888, director de la Ópera de Budapest y en 1891, de la de Hamburgo, puestos en los que tuvo la oportunidad de ir perfilando su personal técnica directorial. Una oportunidad única le llegó en 1897, cuando le fue ofrecida la dirección de la Ópera de Viena, con la única condición de que apostatara de su judaísmo y abrazara

GUSTAV MAHLER

OBRAS MAESTRAS

MÚSICA ORQUESTAL: Sinfonías *NÚM. 1 «TITÁN»* (1889); *NÚM. 2 «RESURRECCIÓN»* (1895); *NÚM. 3* (1896); *NÚM. 4* (1901); *NÚM. 5* (1902); *NÚM. 6* (1905); *NÚM. 7* (1906); *NÚM. 8 «DE LOS MIL»* (1907); *NÚM. 9* (1910); *NÚM. 10* (1911, inacabada). **MÚSICA VOCAL:** *DAS KLAGENDE LIED* (1880); *LIEDER EINES FAHRENDEN GESELLEN* (1885); *DAS KNABEN WUNDERHORN* (1901); *RÜCKERTLIEDER* (1903); *KINDERTOTENLIEDER* (1904); *LA CANCIÓN DE LA TIERRA* (1909).

◄▲ *Portada de la primera edición de la* Sinfonía núm. 5 *de **Mahler**, estrenada en Colonia el 18 de octubre de 1904. Arriba, dibujo realizado en 1901 del compositor dirigiendo una orquesta.*

la fe católica. Así lo hizo, y durante diez años estuvo al frente del teatro; diez años ricos en experiencias artísticas en los que mejoró el nivel artístico de la compañía y dio a conocer nuevas obras. Sin embargo, el diagnóstico de una afección cardíaca y la muerte de una de sus hijas lo impulsaron en 1907 a dimitir de su cargo y aceptar la titularidad del Metropolitan Opera House y de la Sociedad Filarmónica de Nueva York, ciudad en la que se estableció hasta 1911, cuando, ya enfermo, regresó a Viena. Paralelamente a su labor como director, Mahler llevó a cabo la composición de sus sinfonías y lieder con orquesta. Él mismo se autodefinía como un compositor de verano, única estación del año en la que podía dedicarse íntegramente a la concepción de sus monumentales obras. Son diez las sinfonías de su catálogo, si bien la última quedó inacabada a su muerte. De ellas, las números *2, 3, 4* y *8* –la única que le permitió saborear las mieles del triunfo en su estreno– incluyen la voz humana, según el modelo establecido por Beethoven en su *Novena*. A partir de la *Quinta*, su música empezó a teñirse de un halo trágico que alcanza en la *Sexta*, en la *Novena* y en esa sinfonía vocal que es *La canción de la tierra*, su más terrible expresión.

MAHMUT I *(Edirne, actual Turquía, 1696-Estambul, 1754). Sultán otomano.* Hijo de Mustafá II, sucedió a su tío Ahmet III en 1730, cuando éste fue obligado a abdicar por el cuerpo de jenízaros. Mahmut fue sobre todo un reformador y un activo promotor del arte y la cultura otomanos. Introdujo importantes reformas en el ejército otomano, que si bien recuperaron algunos antiguos sistemas de organización, supusieron una radical modernización del ejército imperial turco, con el propósito de poner fin a la hegemonía militar europea. En tal sentido intentó introducir el uso de uniformes, armas y tácticas occidentales. Entre 1717 y 1730 tuvo lugar el «período de los tulipanes», así denominado porque la importación de tulipanes de los Países Bajos era la principal afición de los miembros de la alta sociedad otomana. En 1730, el imperio alcanzó la cima de su europeización, aunque este fenómeno no logró penetrar entre las masas, que siempre lo consideraron como algo totalmente extraño y objeto de rechazo. Durante su reinado, Mahmut I luchó en cuatro ocasiones contra Persia y una contra Rusia, entre 1736 y 1739. Esta última guerra concluyó con la firma de la fructífera paz de Belgrado de 1739, que fue posible gracias a la fuerte expansión turca por el Danubio y a la actuación de Francia como mediadora. Este acuerdo permitió a Mahmut I reconquistar para el imperio el norte de Serbia, Bosnia, la Pequeña Valaquia, Moldavia y Crimea, y firmar al año siguiente una alianza con Francia. También debió enfrentarse a numerosas revueltas urbanas y rurales llamadas «democráticas», levantamientos de protesta contra los proyectos de modernización social y que emprendía el Estado. El pueblo consideraba los intentos de modernización como un lastre que aceleraría la decadencia del imperio.

MAHMUT II *(Estambul, 1784-Nisibin, actual Turquía, 1839) Sultán otomano (1808-1839).* Accedió al trono imperial tras la deposición de Mustafá IV y del asesinato de Selim III, apoyado por el bajá de Ruschuck, Bayrakdar Mustafá. Éste, a quien nombró visir, fue sin embargo asesinado por los jenízaros, que vieron en él una amenaza para sus privilegios militares. Durante su mandato tuvo que hacer frente a las ansias expansionistas de Rusia, a la que acabó cediendo Besarabia de acuerdo con las disposiciones del tratado de Bucarest (1812). Mahmut II emprendió una profunda reforma de las instituciones militares y del ejército, con el propósito de modernizar sus estructuras siguiendo el modelo de los países europeos. En el marco de este proceso, en 1826 ordenó la ejecución de los jenízaros que se opusieran al nuevo orden militar. En 1820 se produjo en Grecia una sublevación independentista que no pudo sofocar, y, al cabo de nueve años, se vio obligado a reconocer la independencia de Grecia. Mahmut II falleció en 1839 en Nisibin, en el transcurso de un enfrentamiento con Ibrahim Bajá.

▲ *Retrato del sultán otomano* **Mahmut II** *realizado por Gentile Bellini.*

▼ *Miniatura árabe que representa a un* **Mahoma** *recién nacido en brazos de su madre. Este dibujo se encuentra en el Museo Topkapi de Estambul.*

MAHOMA *(La Meca, actual Arabia Saudí, 570-Medina, id., 632) Fundador del Islam.* Nacido en el seno de los qurays, tribu especializada en el comercio de caravanas, pronto quedó huérfano. No llegó a conocer a su padre, Abd Allah, y su madre murió cuando él contaba seis años de edad, tras lo cual fue confiado a su abuelo y, posteriormente, a su tío. La tradición, única fuente de información acerca de su vida, afirma que sobrevivió gracias a los cuidados de una beduina. A los veinticinco años de edad contrajo matrimonio con Jadiya, una rica viuda, con quien tuvo tres hijos y cuatro hijas.

Así mismo, el matrimonio le permitió introducirse en el mundo de los negocios, pues se hizo cargo del comercio de caravanas de su esposa. A la muerte de ésta, ocurrida en 619, casó con Sauda bint Zama'a y, más adelante, con 'A'isa. Según relata la tradición, su vocación profética se inició hacia 610, tras aparecérsele, en un monte al que acudía para meditar, el arcángel Gabriel, que le comunicó directamente un mensaje divino referente a la sumisión (Islam) al Dios único como objetivo principal de la vida terrena de los hombres. Ésta fue la primera de varias apariciones, en las cuales Dios le transmitía lo que posteriormente debería enseñar a los hombres. Del conjunto de dichas revelaciones surgió, más adelante, el Corán. Las primeras indicaciones divinas iban dirigidas a los ricos comerciantes de La Meca, a quienes se instaba a someterse a Dios, puesto que de lo contrario no actuaría a su favor el día del Juicio Final. El concepto de Juicio Final, desconocido en la Arabia preislámica, fue uno de los pilares sobre los que se asentó la nueva religión. De acuerdo con sus propias enseñanzas, Mahoma, el profeta, era el encargado por Dios de agrupar a los árabes en la comunidad (umma) islámica. En este sentido, cabe destacar el esfuerzo realizado por él mismo para diferenciar sus afirmaciones y opiniones de los enunciados divinos que le eran revelados por Dios para conocimiento y práctica de los miembros de la comunidad. En el año 614 se produjo un salto adelante en cuanto a la difusión del primer Islam merced a la conversión de varios miembros de la familia Majzum, perteneciente a la élite comerciante de La Meca. Ello supuso para Mahoma disponer de ayuda financiera y de un primer respaldo político, que le permitió seguir adelante con la política de adhesiones entre la clase dirigente. También significó, sin embargo, el nacimiento de un grupo de oposición, los hachemíes, integrado por comerciantes que se consideraban amenazados y que obligaron a Mahoma y a sus seguidores a buscar refugio en Medina. Los dirigentes de la ciudad, tradicionalmente enfrentada a La Meca, les dieron cobijo con la condición, firmada en el juramento de guerra (Bay'at al-Harb), de que les brindaran su ayuda para atacar a La Meca. Progresivamente, Mahoma se hizo con el control de Medina, para lo cual tuvo que expulsar a los qayunqa y reducir a los judíos, los dos clanes locales de mayor importancia, y se convirtió en jefe político y religioso. Luego, tras varios intentos frustrados y tras sobreponerse al asedio de Medina (627), conquistó La Meca (630), a cuyos ciudadanos obligó a huir o convertirse. Tras la posterior pacificación, se erigió como único soberano del Estado, promulgó los ritos del hayy de los musulmanes e inició una política de difusión del Islam fuera de las fronteras territoriales de Arabia, si bien dicha expansión no se desarrolló en toda su magnitud hasta después del fallecimiento del profeta, ocurrido tras la peregrinación del año 632, durante la cual enfermó de muerte.

MAIAKOVSKI, VLADIMIR (*Bagdadi, Georgia, 1893-Moscú, 1930*) *Poeta soviético.* De origen humilde, su militancia en el Partido Bolchevique le llevó a ser encarcelado en Moscú, donde su familia se había trasladado. En 1911 inició su carrera literaria y se unió a los futuristas rusos. Su ideología se refleja ya en sus primeras obras: *La bofetada a gusto del público* y la tragedia *Vladimir Maiakovski* (1913). En 1915 publicó el libro de poemas *La nube con pantalón* y un año después, *La flauta-columna vertebral.* A partir de la Revolución de Octubre, colaboró con el gobierno bolchevique. En el mismo año escribió las premoniciones de *El hombre* (1917). A partir de 1923 y hasta 1928 trató de congregar en torno a la revista *Lef,* fundada por él, a toda la vanguardia artística soviética, a pesar de las críticas crecientes de los estamentos del nuevo orden. Exaltación de la figura de Lenin es el poema *V. I. Lenin* (1923-1924), y los éxitos de la URSS son cantados por el poeta en obras como *Octubre* (1927) y *¡Bien!* (1927). También criticó el creciente aparato burocrático soviético con comedias como *La chinche* (1929) y *El baño,* que estuvieron precedidas en 1922 por *Los sedentes.* Problemas políticos y personales, agravados por el fracaso de sus obras, podrían ser los motivos que explicarían su suicidio, pese a que no tardó en ser reconocido por su valor literario como el fundador de la poesía soviética.

MAIMÓNIDES [Rabi Moisés ben Maimón] (*Córdoba, 1135-íd., 1204*) *Rabino y filósofo judeoespañol.* Procedía de una familia distinguida y muy erudita, gracias a la cual él mismo adquirió una vasta cultura. Aunque en los primeros años de su vida adulta pudo subsistir gracias a las rentas de su hermano, un acaudalado comerciante, tras

▶ *Maimónides* *en un monumento dedicado a su figura erigido en Córdoba. Con la llegada de los almohades a la península Ibérica, el filósofo hebreo tuvo que abandonar su Córdoba natal.*

la muerte accidental de éste, Maimónides se vio obligado a ejercer como médico. Autor de diversas obras, entre las cuales se cuentan *Siraj (Dilucidación),* escrita en árabe, *Dalâlat-al-Hâirin,* traducida al hebreo como *More nehuchim* (*Guía de los extraviados*) y *Mishné-Torah* (*Repetición de la ley*), escrita originalmente en hebreo. Su doctrina, de carácter ecléctico, trataba de conciliar la tradición aristotélica con las creencias de la tradición rabínica judía. Es considerado el filósofo más importante de la Edad Media en la tradición judía, y su influencia llegó hasta santo Tomás y Alberto Magno. Realizó también aportaciones de interés en los campos de las matemáticas, la lógica y la astronomía.

MAIRENA, ANTONIO [Antonio Cruz García] (*Mairena de Alcor, España, 1912-Sevilla, 1983*) *Intérprete español de cante flamenco.* Con tiempo, dedicación y paciencia, recuperó estilos que se habían perdido y los resituó en el panorama del flamenco contemporáneo, adaptándolos en algunos casos a los nuevos tiempos. Por este motivo fue acusado de imponer una excesiva rigidez al cante, que estaba ganando mayor libertad gracias a figuras como Camarón de la Isla y Paco de Lucía. Sin embargo, su labor le valió el galardón más importante para un artista flamenco, la Llave de Oro del Cante, en 1962. Su voluntad conservacionista le llevó a escribir, en colaboración con R. Molina, *Mundo y formas del cante flamenco* (1963) y en 1967, *Confesiones de Antonio Mairena.* En 1966 grabó su obra cumbre, *La gran historia del cante gitano andaluz,* en la que interpretaba tipos distintos de seguidillas y soleares.

▲ *Vladimir* **Maiakovski** *en la portada de la revista* Ogoniok, *en 1953, en una retrospectiva realizada por dicha revista años después de su muerte por suicidio.*

MAKARIOS III [Mijail Khristódulos Muskos] *(Ano Panankia, Chipre, 1913-Nicosia, id., 1977) Prelado y político chipriota.* Fue ordenado sacerdote en Atenas (1946) y en 1948 ya era obispo de Kition. Principal impulsor de la enosis (independencia y unión de Chipre a Grecia) que reclamaba la mayor parte de la población griega de Chipre, en 1950 fue nombrado arzobispo y etnarca (jefe supremo) de Chipre. Al no ser escuchadas sus demandas por la ONU y el Reino Unido, Makarios alentó la formación de diversos grupos y organizaciones que protagonizaron frecuentes disturbios en la isla, por lo cual fue exiliado a las Seychelles. Una vez Chipre obtuvo la independencia (1959), fue elegido jefe del nuevo Estado y, como tal, hubo de mediar en los enfrentamientos entre las comunidades griega y turca. Reelegido en dos ocasiones más (1968 y 1973), sobrevivió a cuatro intentos de asesinato. Un golpe de Estado auspiciado por Grecia en 1974 supuso su derrocamiento temporal, aunque poco después retomó el poder, mientras la zona norte de la isla era invadida por Turquía.

MALASPINA, ALEJANDRO *(Palermo, actual Italia, 1754-Pontremoli, id., 1809) Marino italiano al servicio de la Corona española.* Se distinguió en diversas operaciones navales contra Inglaterra, tras lo cual fue ascendido a teniente de navío (1780). En 1789 lideró una expedición científica al mando de las corbetas *Descubierta* y *Atrevida* con el objetivo de circunnavegar el globo, llevando a bordo a importantes personalidades científicas y a un buen número de expertos dibujantes. En el curso de la misma recorrió las costas americanas del Virreinato del Río de la Plata y las occidentales desde la Tierra del Fuego hasta Alaska, así como las Filipinas y algunos archipiélagos de Oceanía, para regresar finalmente en sep-

▲ **Malcolm X** *reza en una mezquita. El líder de los derechos civiles de los negros se destacó, a diferencia de Luther King, por su justificación de la lucha violenta.*

▼ *El dibujo, que representa una pelea de gallos en Acapulco, fue realizado durante la expedición científica que al mando de* **Malaspina** *recorrió casi todo el mundo.*

tiembre de 1794. Sin embargo, Malaspina cayó en desgracia y, en noviembre de 1795, fue acusado por Manuel Godoy de revolucionario y conspirador y condenado a diez años de prisión. En 1803 fue desterrado a Italia, donde murió.

MALCOLM X [nombre original: Malcolm Little; nombre musulmán: El-Hadj Malik El-Shabazz] *(Omaha, EE UU, 1925-Nueva York, 1965) Activista político estadounidense.* Creció en Lansing, en el estado de Michigan, donde sufrió la violencia del Ku Klux Klan: su casa fue incendiada y poco después su padre murió asesinado, a resultas de lo cual su madre fue internada en un manicomio. En 1946, acusado de hurto, fue detenido, juzgado y encarcelado. En prisión entró en contacto con la Nación del Islam, una secta que pregonaba la superioridad de la raza negra y la separación física de las razas. Convertido en uno de sus más destacados miembros, fue enviado a la mezquita número siete de Nueva York, una de las más importantes del país, en la cual destacó por sus dotes oratorias y capacidad de congregación. Tras peregrinar a La Meca, se convirtió al islamismo ortodoxo y modificó su discurso racial, en el que introdujo la posibilidad de la convivencia entre las razas. Este hecho, sumado a su creciente protagonismo en el seno del movimiento, lo enfrentó al líder de la Nación del Islam y a varios de sus miembros, y acabó por abandonar la organización. Sin embargo, fue asesinado poco después en una sala de baile neoyorquina. Tras su muerte, la publicación de su autobiografía, escrita por Alex Haley, lo convirtió en el héroe ideológico de la juventud estadounidense de color.

MALDONADO, FRANCISCO *(?-Villalar, España, 1521) Aristócrata castellano.* Junto con Juan Bravo y Juan de Padilla, fue uno de los cabecillas del alzamiento de las Comunidades, que se produjo en Castilla en 1520 contra las excesivas cargas impositivas dispuestas por Carlos I. Tras la marcha del monarca a Alemania para su elección imperial, la sublevación desembocó en una guerra civil que duró dos años. Las luchas comenzaron en Toledo, y se propagaron rápidamente y conectaron con la insurrección popular de Segovia, encabezada por Bravo y Padilla. Maldonado dirigió a los comuneros de Salamanca, participó en la toma de Torrelobatón, y pasó luego a reforzar las tropas de Padilla para un futuro ataque a Tordesillas. Sin embargo, las fuerzas de Carlos I se hicieron fuertes en esta localidad y los comuneros fueron derrotados cerca de Villalar. La mayoría de los cabecillas fueron capturados y Maldonado, junto a Bravo y Padilla, fue ajusticiado.

MALDONADO, PEDRO VICENTE *(Riobamba, Ecuador, 1704-Londres, 1748) Geógrafo ecuatoriano.* De forma autodidacta, empezó a estudiar la geografía de la región de Canelos, y en 1725 levantó su primer mapa, que describía el camino desde Baños hasta Canelos. Tras la elaboración de la *Carta Geográfica del Reyno de Quito* (1734), presentó al virrey del Perú el proyecto de construir un camino que conectara la Audiencia de Quito con Panamá; en 1735 le fue concedida la licencia para iniciar las obras, y abrió la ruta desde Nono hasta la costa de Esmeraldas. En 1743 abandonó el territorio de Esmeraldas, del que era gobernador y capitán general desde 1738, y se instaló en Quito, donde siguió colaborando en diversas misiones geodésicas y consolidó sus méritos, que le abrieron las puertas de las más prestigiosas sociedades científicas de Europa y por los cuales recibió la condecoración de Gentil Hombre de la Real Cámara de Felipe V.

MALEBRANCHE, NICOLÁS *(París, 1638-id., 1715) Filósofo y teólogo francés.* Estudió filosofía y teología en la Sorbona y en 1664 fue ordenado sacerdote. En 1699 fue nombrado miembro honorario de la Academia de las Ciencias, así como del célebre Oratorium Iesu, fundado por Bérulle en París. Malebranche pretendió la síntesis del cartesianismo y el agustinismo, que resolvió en una doctrina personal, el «ocasionalismo», según la cual Dios constituiría la única causa verdadera, siendo todas las demás «causas ocasionales». Por ello, el conocimiento no se debería a la interacción con los objetos, sino que las cosas serían «vistas en Dios». No habría idea clara y distinta del alma, ni tampoco de Dios. Sus obras más importantes son *De la recherche de la vérité* (1674-1675) y sus *Méditations chrétiennes et métaphysiques* (1683).

MALESHERBES, CHRÉTIEN-GUILLAUME DE LAMOIGNON DE *(París, 1721-id., 1794) Abogado y político francés.* Hijo de Guillaume II de Lamoignon, reconocido jurista y hombre de Estado, cursó estudios de derecho, tras los cuales ingresó en el Tribu-

▲ *El filósofo francés Nicolás* **Malebranche** *en un grabado de N. Edelinck (1713) que se encuentra en la Biblioteca del Seminario de Barcelona.*

▼ Suprematizm, *óleo sobre lienzo pintado por el ruso Kazimir* **Malevich** *entre 1920 y 1927. La obra se exhibe en el Stedelijk Museum de Amsterdam.*

nal Supremo de Justicia. En 1750 su padre fue nombrado canciller por Luis XV y él, a su vez, fue designado director de la oficina de censura. Permitió la publicación de la *Enciclopedia* de Denis Diderot, así como de otras obras críticas con la Iglesia y el vigente sistema político. En 1775, durante el reinado de Luis XVI, fue nombrado secretario de Estado, puesto desde el que intentó llevar a cabo una profunda reforma de la economía y de las instituciones. Si bien consiguió que algunos de sus proyectos fueran aprobados, como la anulación de las *letres de cachet*, que permitían el arresto arbitrario, el monarca no vio con buenos ojos sus medidas reformistas. Por ello, en mayo de 1776 presentó la dimisión. En 1792, en plena Revolución Francesa, fue abogado defensor del monarca, juzgado por traición a la patria. Al año siguiente fue detenido y, tras ser declarado antirrevolucionario, ajusticiado.

MALEVICH, KAZIMIR *(Kiev, actual Ucrania, 1878-Leningrado, actual San Petersburgo, 1935) Pintor ruso.* Después de estudiar arte en una academia privada de Moscú, pintó primero cuadros de tipo impresionista para evolucionar pronto hacia un primitivismo inspirado en los fauves y hacia un estilo tubular semejante al de Fernand Léger. En sus viajes, conoció el cubismo y el futurismo, que le inspiraron creaciones de fragmentación formal cubista combinada con multiplicación de la imagen futurista. Fundó el movimiento suprematista, que se dio a conocer en 1915 a través de la obra *Cuadrado negro sobre fondo blanco*. A partir de entonces, alternó obras de una austeridad absoluta, como la serie negra, con otras de mayor animación colorística y más dinamismo. Hacia 1918 se inclinó por la austeridad más absoluta con la serie *Blanco sobre blanco*. En este período, al considerar que ya no podía llegar más lejos en sus investigaciones, abandonó la pintura para dedicarse a la enseñanza y a la escritura, para exponer sus ideas sobre el arte. Fue profesor en las academias de Moscú y Vitebsk, en la Escuela Nacional de Artes Aplicadas de Moscú, y dirigió el Instituto para el Estudio de la Cultura Artística de Leningrado. Simultáneamente, proyectó estructuras tridimensionales que ejercieron una gran influencia en el constructivismo soviético. Malevich ha sido una figura fundamental: creador, junto con Mondrian, de la abstracción geométrica e inspirador de la obra del Lissitzky y Moholy-Nagy, fue punto de partida de la posterior evolución del arte abstracto europeo.

STÉPHANE
MALLARMÉ

OBRAS MAESTRAS

POESÍA: HERODÍAS (*SCÈNE D'HÉRODIADE*, 1871); LA SIESTA DE UN FAUNO (*L'APRÈS-MIDI D'UN FAUNE*, 1876); POESÍAS (*LES POÉSIES DE STÉPHANE MALLARMÉ*, 1887); PÁGINAS (*PAGES*, 1891); VERSO Y PROSA (*VERS ET PROSE*, 1892); UNA TIRADA DE DADOS NUNCA ABOLIRÁ EL AZAR (*UN COUP DE DÉS JAMAIS N'ABOLIRA LE HASARD*, 1897). **TRADUCCIONES:** POEMAS DE EDGAR POE (*LES POÉMES D'EDGAR POE*, 1888).

▼ *Retrato de Stéphane* **Mallarmé** *pintado por Monet. El poeta francés, cuya obra influyó enormemente en el simbolismo, estuvo muy vinculado al movimiento impresionista.*

MALINOWSKI, BRONISLAV (*Cracovia, Polonia, 1884-New Haven, EE UU, 1942*) *Antropólogo y etnólogo británico de origen polaco.* Estudió física en Cracovia y economía en Leipzig, estudios que prosiguió en la London School of Economics. Sin embargo, se inclinó por la antropología cultural, dedicándose a la docencia de dicha disciplina en la misma institución desde 1913 hasta 1938. Su principal aportación es la aplicación a la antropología del rigor científico en las observaciones y la importancia que dio al trabajo de campo, que aplicó por vez primera entre los aborígenes de las islas Trobriand (Papúa y Nueva Guinea); su primer trabajo lo dedicó a la familia en la sociedad trobriandesa (*La familia entre los indígenas australianos*, 1913), y su siguiente obra, *Los argonautas del Pacífico occidental* (1922), fue el resultado de diez años de investigación, para lo cual realizó prolongadas estancias entre los nativos. De 1926 es su trabajo *Sexo y represión en la sociedad salvaje*, que continuó incidiendo en el estudio de la sociedad aborigen. Como teórico, es considerado el fundador del funcionalismo, escuela antropológica que pretende analizar las instituciones sociales en términos de satisfacción colectiva de necesidades, considerando cada sociedad como un sistema cerrado y coherente; por este motivo se opuso a la aplicación reduccionista de ciertos planteamientos evolucionistas a las sociedades humanas. En 1939 empezó su actividad docente en la Universidad de Yale, tres años después de

que apareciera *Fundamentos de las creencias y la moral* (1936), en la que se apartaba conceptualmente de la etnología para dedicarse a temas relativos a la antropología social y cultural. En 1945 apareció *Dinámica del cambio cultural*, y póstumamente se publicaron *Magia, ciencia y religión* (1948) y *Estudios de psicología primitiva: el complejo de Edipo* (1949), trabajos que fueron considerados clásicos de la antropología y que aún conservan plena vigencia.

MALLARMÉ, STÉPHANE (*París, 1842-Valvins, Francia, 1898*) *Poeta francés.* Tras un viaje al Reino Unido, donde contrajo matrimonio con Marie Gerhardt (1863), fue profesor de inglés en el instituto de Tournon, pero pronto perdió el interés por la enseñanza. Compaginó su actividad laboral con la escritura, compuso *L'azur*, *Brise marine*, empezó *Herodías* y redactó una primera versión de *La siesta de un fauno*. En 1866, el *Parnasse Contemporain* le publicó algunos poemas, y poco después fue trasladado al liceo de Aviñón. Conoció a Paul Verlaine, y finalmente consiguió un puesto en el liceo Fontanes en París (1867). Publicó *Herodías* en una segunda entrega del *Parnasse*; la dificultad de su poesía le había granjeado la admiración de un reducido grupo de poetas y alumnos, que recibía en su casa, pero los juicios favorables de Verlaine y de Huysmans le convirtieron en poco tiempo en una celebridad para los simbolistas, que acogieron con entusiasmo su volumen *Poesías* y su traducción de los *Poemas de Edgar Poe*. Lideró a partir de entonces frecuentes tertulias literarias con jóvenes, entre los que se encontraban André Gide y Paul Valéry. En 1891 publicó *Páginas*, y un año después el músico Debussy compuso una música revolucionaria para su poema *Preludio a la siesta de un fauno*. En 1897, la revista *Cosmopolis* publicó *Una tirada de dados nunca abolirá el azar*, fragmento de la obra absoluta que Mallarmé llamaba el Libro, y en la que intentaba reproducir, a nivel incluso tipográfico, el proceso de su pensamiento en la creación del poema y el juego de posibilidades oculto en el lenguaje, sentando un claro precedente de la poesía vanguardista. La dificultad de la poesía de Mallarmé, a menudo hermética, se explica por la gran exigencia que impone a sus poemas, en los que interroga la esencia para desembocar frecuentemente en la ausencia, en la nada, temas recurrentes en su obra.

MALPIGHI, MARCELLO *(Crevalcore, actual Italia, 1628-Roma, 1694) Biólogo y médico italiano.* Ingresó en la Universidad de Bolonia en 1646. A pesar de la muerte de sus padres cuando contaba con veintiún años y la oposición de algunas autoridades de la ciudad a causa de su condición de no nativo, consiguió finalizar sus estudios y ser nombrado catedrático tanto de medicina como de filosofía. En 1656 fue invitado por Fernando II para ocupar la cátedra de medicina teórica de la Universidad de Pisa, el primero de sus numerosos traslados y gracias al cual conoció a su futuro amigo y estrecho colaborador F. Borelli. Considerado el padre de la anatomía microscópica, entre sus muchos descubrimientos y observaciones cabe citar el de la circulación capilar, las papilas gustativas y los glóbulos rojos (que consideró responsables del color de la sangre). Sus descubrimientos le indujeron a postular la naturaleza glandular del cuerpo humano, antecedente de la posterior teoría celular. En 1669 se convirtió en el primer italiano miembro de la Royal Society. En 1669 realizó su histórico estudio embriológico, el primero en su clase, sobre la estructura y el desarrollo del gusano de seda. Agobiado por la envidia de muchos de sus colegas, en 1684 su casa en Bolonia fue incendiada; en compensación, el papa Inocencio XII le nombró su médico personal y lo acogió en Roma con todos los honores.

MALRAUX, ANDRÉ *(París, 1901-id., 1976) Escritor y político francés.* En 1922 formó parte de una misión arqueológica a Indochina, donde participó en el movimiento por la independencia de Annam y más tarde en la guerra civil china. Sus experiencias en Asia sirven de trasfondo a varias de sus obras, como *La tentación de Occidente* (1926), *Los conquistadores* (1928) y *La condición humana* (1933), por la que recibió el Premio Goncourt. Ejemplo de intelectual comprometido, luchó contra el fascismo en la guerra civil española y contra el nazismo en la Segunda Guerra Mundial, mientras escribía *La esperanza* (1937) y luego *La lucha contra el ángel* (1943), donde narraba su confinamiento en un campo de concentración alemán y su posterior evasión. Finalizada la contienda mundial, fue ministro de Información y de

▲ *El médico italiano Marcello* **Malpighi** *completó con sus descubrimientos la noción de la circulación de la sangre. La capa profunda de la epidermis humana lleva su nombre.*

▼ *Retrato de Thomas R.* **Malthus**. *Considerado uno de los fundadores de la escuela clásica de la economía política, el británico es famoso también por sus obras sobre demografía.*

Asuntos Culturales con De Gaulle, cargos que compaginó con la redacción de varios estudios estéticos (*Las voces del silencio*, 1951) y de sus memorias (*Antimemorias*, 1967).

MALTHUS, THOMAS ROBERT *(Dorking, Gran Bretaña, 1776-Bath, id., 1834) Economista y demógrafo británico.* Hijo de una familia rural acomodada, su padre, que era amigo del filósofo David Hume y estaba influido por el filósofo radical William Godwin y el economista francés Condorcet, lo educó siguiendo las orientaciones del *Emilio*, de Jean-Jacques Rousseau. En 1784 fue admitido en el Jesus College de Cambridge, donde se graduó en 1788. En 1791 obtuvo la licenciatura y en 1793 entró a formar parte de la institución, en la cual se ordenó sacerdote anglicano en 1797. En 1805 ingresó como profesor de historia y economía política en el East India Company's College de Haileybury. En 1811 conoció a David Ricardo, con quien mantuvo una sincera amistad a pesar de sus diferencias teóricas. En 1798 había publicado de forma anónima la primera edición de su *Ensayo sobre el principio de la población*, obra que se reeditó en 1803 con importantes modificaciones. El libro nació como consecuencia de las discusiones entre Malthus y su padre, quien, como buen discípulo de Godwin, sostenía que la miseria era una consecuencia del papel desempeñado por malas instituciones, ya que la Tierra podía alimentar a todos los seres humanos, y lo único necesario era que mejorase la asistencia pública contenida en las «leyes de pobres» inglesas, para conseguir así una mayor igualdad social. Malthus difería radicalmente de esta teoría, pues sostenía que el crecimiento demográfico es mayor que el de los medios de subsistencia, afectados por la ley de rendimientos decrecientes. Así, mientras la población crece en progresión geométrica, la producción de alimentos lo hace en progresión aritmética. Los momentos de crisis de subsistencia se resolverían gracias a las hambrunas, guerras y epidemias por las que disminuiría la población, sobre todo la perteneciente a los grupos más desfavorecidos. Éste es el mecanismo por el que, según sostenía Malthus, la naturaleza restablecía el equilibrio natural entre población y medios de subsistencia. La solución por él propuesta para evitar estas crisis era, entre otras, el matrimonio tardío y la continencia prematrimonial. En otra obra menos conocida pero no por ello menos importante, publicada en 1820, *Principios de economía política, considerados desde el punto de vista práctico*, aportó el resto de su teoría respecto a las crisis y la demanda efectiva. A diferencia de los economistas de su época, se planteó qué actuaciones de política económica había que adoptar para evitarlas. Con este objetivo elaboró una teoría sobre las crisis, cuyas causas atribuyó al ahorro excesivo y a la insuficiencia de la demanda en relación a la producción. Razonó que el descenso de la demanda de productos, resultado de una contracción del consumo, conllevaba una disminución del ahorro invertido en la fabricación, a su vez, de nuevos productos. Con ello creó el concepto de «demanda efectiva», cuya insuficiencia podía determinar un receso de la producción y, en consecuencia, una crisis económica. Definió claramente el efecto que sobre la producción causaba una insuficiencia de la demanda efectiva: «Si todas las personas se satisficieran con los alimentos más simples, los vestidos más pobres y las viviendas más humildes, seguramente no existirían otra clase de alimentos, vestidos y viviendas». Sostuvo que podía existir un desequilibrio entre ahorro e inversión, y que el problema del excesivo crecimiento demográfico podía paliarse haciendo un esfuerzo por aumentar la producción. Así mismo, fue contrario a creer, al revés que sus contemporáneos, en la neutralidad del papel del dinero. Sus aportaciones innovadoras despertaron la admiración de John Maynard Keynes, quien en su *Teoría general* (1936) se inspiró en las teorías malthusianas de la insuficiencia de la demanda para elaborar su principio de la demanda efectiva.

MAN RAY → Ray, Man.

MANCO CÁPAC I *(?, s. XII-Cusco?, s. XIII) Mítico soberano, fundador del Imperio Inca.* A finales del siglo XII, Manco Cápac I guió a los incas, un pueblo de lengua quechua procedente de una pequeña isla del lago Titicaca, en el altiplano boliviano, hasta el valle de Cusco, situado en los Andes peruanos, una depresión de clima agradable a pesar de su altura (unos 4 000 m sobre el

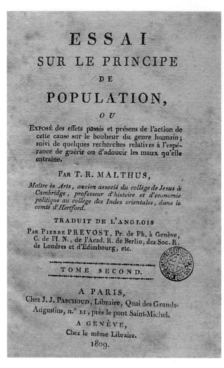

▲ *Frontispicio de una edición francesa de 1809 del* Ensayo sobre el principio de la población, *escrito por Thomas R.* **Malthus** *en 1798, obra que gozó de gran repercusión en su época.*

▼ *El primer emperador inca* **Manco Cápac I,** *fundador de la dinastía y del Imperio.*

nivel del mar), dado que se encuentra en la latitud de los trópicos. Tras someter a los pueblos que habitaban el lugar, decidió establecerse en este valle de suelo fértil y abundantes bosques y prados, y hacia el año 1200 fundó Cusco junto al río Huatanay. La ciudad, cuyo nombre en quechua significa «ombligo», se convirtió pronto en la capital de un gran imperio, que, entre los siglos XIII y XV, llegó a dominar un vasto y accidentado territorio que se extendía desde el norte de Ecuador hasta el centro de Chile, abarcaba la Bolivia andina y el noroeste de Argentina y tenía como centro Perú. Manco Cápac fundó también la dinastía de los *inca*, o soberanos, que regiría este formidable imperio hasta su extinción en 1571, año en que los conquistadores españoles decapitaron en Cusco a Túpac Amaru, el último *inca*. Al parecer, Manco Cápac murió a los setenta años de edad y fue sucedido por su hijo Sinchi Roca; parece probable que fuera embalsamado e inhumado en el gran templo del Sol, en Cusco, como ocurrió con sus descendientes. Tras su muerte, la figura de Manco Cápac I trascendió al personaje histórico para convertirse en un héroe mítico, protagonista de la narración que explica los orígenes legendarios del pueblo inca y de sus monarcas. Según el relato recogido, entre otros, por el cronista Garcilaso de la Vega, *el Inca* (1583-1613), ocho hijos del dios sol Inti, cuatro varones (Manco Cápac, Ayar Cachi, Ayar Ucho y Ayar Auca) y cuatro hembras, surgieron del fluido subterráneo por una cueva situada en la roca sagrada de Pacaritambo, a unos 30 km al sudeste de Cusco. La misión que les había encomendado su padre era encontrar un lugar desde donde partir hacia la conquista y civilización del mundo, tarea en la que pronto se les unieron las gentes que habitaban en las cuevas vecinas a la citada roca, los incas. Para conseguir su objetivo, llevaban el báculo de oro de Mama Huaco, el cual, hincado en el suelo, debía indicar si el lugar en que se encontraban era el que buscaban al hundirse por sí solo en la tierra. Durante el viaje, tres de los hermanos decidieron partir en direcciones diferentes, de forma que Manco Cápac, el único de los varones que permaneció con el grupo, se encargó de guiarlo hasta el valle de Cusco, donde la vara dorada penetró en el terreno, por lo que el legendario gobernante fundó la ciudad de Cusco y estableció su capital. A fin de preservar la pureza de su estirpe divina, Manco Cápac casó con su hermana mayor, Mama Ocllo, matrimonio incestuoso del que surgió la dinastía reinante en el Imperio Inca. Esta leyenda, sin duda, hubo de contribuir decisivamente a consolidar a los descendientes de Manco Cápac I en el poder, ya que les otorgaba un carácter divino y legitimaba la costumbre de los soberanos incas de tener como esposa principal, o *coya*, a una de sus hermanas, cuyo hijo primogénito sería el heredero del trono.

MANCO CÁPAC II O MANCO INCA (*Cusco, Perú, h. 1500-Vilcabamba, id., 1544*) *Soberano inca*. Hijo del inca Huayna Cápac y hermanastro de Atahualpa y Huáscar, al parecer se mantuvo al margen de las disputas por el trono que sostuvieron éstos al morir su padre. En 1533, tras el asesinato de Huáscar, ordenado al parecer por Atahualpa, y el de éste por Francisco Pizarro, fue reconocido como inca Túpac Huallpa. Sin embargo, a los pocos meses Túpac Huallpa fue envenenado por el general quiteño Calcuchimac. Ante este nuevo magnicidio, Manco Inca se alió con los españoles, y junto a Hernando de Soto emprendió la guerra contra los quiteños mandados por el general Quisquis. Alejado el peligro de los quiteños que clamaban venganza por la muerte de Atahualpa, Francisco Pizarro entronizó a Manco Inca, quien adoptó el nombre de Manco Cápac II, evocando el nombre del mítico fundador del Tahuantinsuyo. La ceremonia, según los cronistas de la época, siguió escrupulosamente las prescripciones del protocolo incaico hasta que el sacerdote Vicente Valverde celebró una misa y el nuevo soberano recibió los atributos de su autoridad no del sumo sacerdote inca, sino de Francisco Pizarro, reconociéndose así vasallo del emperador Carlos I. Sin embargo, los abusos cometidos por los españoles contra los indígenas provocaron la sublevación de Manco Cápac II (1536). Pizarro asaltó Cusco y desalojó al soberano inca, que se refugió en Vilcabamba, fundando el imperio independiente homónimo. Mientras tanto, la disputa por la posesión de Cusco que enfrentó a Francisco Pizarro y Diego de Almagro había dado origen a una guerra civil. En 1541, Manco Cápac tomó parte en el conflicto al lado de Diego de Almagro *el Mozo*, quien conspiró en su asesinato. Los hijos de Manco Cápac, Sayri Túpac, Titu Cusi Yupanqui y Túpac Amaru, se sucedieron en el trono incaico de Vilcabamba.

▲ Nelson **Mandela** saluda puño en alto desde el podio, durante un mitin del Congreso Nacional Africano tras ser liberado en 1990. A su izquierda, la que entonces era su esposa, Winnie Mandela.

MANDELA, NELSON (*Umtata, Sudáfrica, 1918*) *Político sudafricano*. Su padre, Henry Mandela, fue uno de los más destacados líderes de la tribu tembo. Por esta razón, a su muerte, el todavía adolescente Nelson fue educado por el regente de la tribu, David Dalindyebo, quien quiso hacer de él su sucesor en el cargo, para lo cual le dio una educación basada en los férreos valores de la justicia y la responsabilidad y encaminada a potenciar sus dotes de liderazgo. Durante su paso por la universidad, en la que cursó estudios de derecho, destacó por sus convicciones políticas; expulsado por promover una protesta, debió trasladarse a Johannesburgo, donde se incorporó a un bufete de abogados, al tiempo que, por correspondencia, finalizaba sus estudios. En 1942 ingresó en el Congreso Nacional Africano (ANC), y a partir de 1948, tras la llegada al poder del Partido Nacional y la institucionalización del *apartheid*, se convirtió, junto con Oliver R. Tambo, en uno de sus más destacados activistas. Ambos defendían la revitalización del partido, dado que la vieja guardia era incapaz de adecuarse al nuevo rumbo que tomaban los acontecimientos. Así mismo, se convenció de la necesidad de abandonar la vía pacífica y organizó el brazo armado del ANC. Fue sentenciado por ello a cinco años de cárcel en 1962, si bien en una revisión de la vista, celebrada dos años más tarde, fue condenado a cadena perpetua y trasladado a la prisión de máxima seguridad de la isla de Robben. Con el paso de los años, su encarcelamiento y su figura se

«Mi lucha abarca tanto el racismo hacia las gentes de color como el racismo de éstas hacia la población blanca. Quiero una sociedad libre y democrática en la cual todos vivan en igualdad de condiciones y oportunidades. Si para conseguirlo debo morir, estoy preparado.»

Nelson Mandela

▶ *Fractal conseguida gracias a los estudios del matemático francés Benoit* **Mandelbrot**. *Esta imagen corresponde a la fórmula matemática* $f(z) = z^2 + c$.

▼ *Desayuno en la hierba, pintado por Édouard* **Manet** *en 1863. Auténtico manifiesto del primer impresionismo, este cuadro provocó el escándalo en el «Salón de los Rechazados», tras ser prohibida su exhibición en el Salón de Otoño de París.*

MANDELBROT, BENOIT *(Varsovia, 1924) Matemático francés de origen polaco.* Nieto del eminente matemático Szolem Mandelbrot, su familia emigró a Francia en 1936. Su tío se encargó personalmente de su educación y lo orientó hacia los trabajos de G. Julia sobre las iteraciones sobre el plano complejo. Tras familiarizarse con otras disciplinas científicas, como la física o la biología, Mandelbrot desarrolló la teoría de las fractales, formas geométricas complejas caracterizadas por la autosemejanza y capaces de describir aquellos fenómenos espaciales no uniformes para los que las formas geométricas euclídeas habituales resultan insuficientes. El ulterior desarrollo de la geometría fractal ha generado resultados susceptibles de encontrar aplicación en campos tan diversos como los de la mecánica estadística o la infografía.

convirtieron en bandera de todos aquellos que en todo el mundo clamaban por el fin del *apartheid* y la libertad del pueblo sudafricano. Fue puesto en libertad en 1990, tras pactar con Frederick De Klerk, a la sazón presidente del país, la convocatoria de unas elecciones presidenciales multirraciales en 1994. Celebradas éstas, Mandela obtuvo una clara victoria. Autor de *El difícil camino hacia la libertad* (1965), en 1993 fue galardonado, junto con De Klerk, con el Premio Nobel de la Paz. En 1999 abandonó la política activa y fue sustituido en la presidencia del país por Thabo Mbeki.

MANET, ÉDOUARD *(París, 1832-id., 1883) Pintor y grabador francés.* Hijo de un importante funcionario del ministerio de Justicia, fue un mediocre estudiante interesado únicamente en el dibujo. Ante la resistencia paterna a que iniciara una carrera artística, trató infructuosamente de ingresar en la Escuela Naval hasta que, tras un segundo intento fallido, su familia accedió a regañadientes a financiar sus estudios artísticos, que inició en 1850 en el taller del pintor clásico Thomas Couture. Tras seis años de aprendizaje, se estableció en un estudio propio. En esos primeros tiempos entabló relación con artistas y literatos como Henri Fantin-Latour, Edgar Degas y Charles Baudelaire. A principios de 1860 empezaron a ser reconocidas algunas de sus obras, que merecieron, entre otras, la cálida acogida del crítico y escritor Téophile Gautier. En 1863, el Salón de Otoño le rechazó un lienzo que iba a resultar trascendental para la posterior evolución de la pintura: *Desayuno en la hierba*, que fue doblemente criticado, tanto por su temática –muestra a una mujer desnuda flanqueada por dos jóvenes ataviados de forma contemporánea– como por la técnica empleada, revolucionaria lo mismo en el tratamiento de la perspectiva que en el de la representación del entorno natural, bañado en una luz fuerte y contrastada. Ese mismo año contrajo matrimonio con la holandesa Suzanne Leenhoff, con quien había tenido un hijo ilegítimo poco antes. En 1865 volvió a escandalizar con la obra *Olympia*, en la que repitió el tema del desnudo femenino y aumentó aún más la intensidad de la luz ambiental, al tiempo que diluía el contorno de figuras y objetos has-

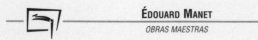

ÉDOUARD MANET
OBRAS MAESTRAS

EL BEBEDOR DE ABSENTA; EL VIEJO MÚSICO (National Gallery, Londres); *MÚSICA EN EL JARDÍN DE LAS TULLERÍAS* (Tate Gallery, Londres); *LOLA DE VALENCIA* (Musée d'Orsay, París); *EL PÍFANO* (1866; Musée d'Orsay, París); *EL BARCO DE FOLKESTONE* (1868; Musée d'Orsay, París); *EL BUEN BOCK* (1873; Musée d'Orsay, París); *DAMA DE LOS ABANICOS* (1873; Musée d'Orsay, París); *EN LA BARCA* (1874; Me- tropolitan Museum, Nueva York); *MONET PINTANDO EN SU BOTE* (1874; Kunstmuseum, Munich); *JOVEN RUBIA MOSTRANDO EL PECHO* (1875; Musée d'Orsay, París); *RETRATO DE MALLARMÉ* (1876; Musée d'Orsay, París); *LA COLADA* (1875; Fundación Barnes); *MADAME MANET EN EL INVERNADERO* (1878; Museo de Oslo); *EN CASA DEL PADRE LATHUILLE* (1879; Museo de Tournai).

ta lograr imágenes prácticamente bidimensionales. Denegada su inclusión en la exhibición pictórica que se realizó con motivo de la Exposición Universal de 1867, improvisó una exposición callejera de varias de sus obras más recientes que fue recibida con indiferencia. En 1868, el joven novelista Émile Zola escribió una laudatoria recensión de su trabajo en la que identificaba a Manet con la figura romántica del artista incomprendido. Tras un breve lapso provocado por la guerra franco-prusiana de 1870-1871, en la que Manet combatió como oficial de la Guardia Nacional, el marchante Paul Durand-Ruel adquirió un número considerable de obras del fondo del artista. Mantuvo buenas relaciones con los jóvenes impresionistas, muy en especial con Claude Monet, aunque siempre se resistió a participar en las exposiciones independientes organizadas por éstos; prefería ofrecer sus obras al Salón y exponerlas en su propio estudio si eran rechazadas. En su producción de finales de la década de 1870 acentuó el naturalismo de su temática, para otorgar el protagonismo de sus pinturas a prostitutas y *coquettes* sorprendidas bebiendo o seduciendo a sus jóvenes amantes, y al tratamiento expansivo de la luz. Por último, abandonó su técnica tradicional, el óleo, para pasar al pastel. Paralelamente, su salud experimentó un creciente deterioro a causa de una enfermedad de origen infeccioso originada en su pierna izquierda. A pesar de ello, en 1882 participó en una importante exhibición de arte francés realizada en Londres, para cuya ocasión presentó *Bar del Folies-Bergère*, la última de sus grandes composiciones. Al año siguiente se le declaró la gangrena en la pierna enferma y tuvo que ser amputada, operación de la cual no pudo recuperarse y que le acarrearía la muerte poco después. La exhibición póstuma de sus obras, celebrada en enero de 1884, marcó el nacimiento de un creciente reconocimiento de su talla como artista, al que la historia ha concedido el apelativo de padre del impresionismo.

MANI *(?, 216-?, h. 274) Fundador del maniqueísmo.* De origen persa, predicó su nueva religión en la India. Llamado por el rey Sahpur I, le siguió en sus expediciones. Según la tradición fue pintor y escritor, además de inventor de la escritura llamada maniquea. De sus libros sagrados sólo nos han llegado fragmentos y traducciones. En 1930 se descubrió en El Fayum una serie de papiros que contenían traducciones al copto de textos de Mani y algunos de

THOMAS MANN

OBRAS MAESTRAS

LOS BUDDENBROOKS (*DIE BUDDENBROOKS*, 1901); *TONIO KRÖGER* (1903); *TRISTÁN* (*TRISTAN*, 1903); *MUERTE EN VENECIA* (*DER TOD IN VENEDIG*, 1912); *CONSIDERACIONES DE UN APOLÍTICO* (*BETRACHTUNGEN EINES UNPOLITISCHEN*, 1918); *LA MONTAÑA MÁGICA* (*DER ZAUBERBERG*, 1924); *MARIO Y EL ENCANTADOR* (*MARIO UND DER ZAUBERER*, 1930); *JOSÉ Y SUS HERMANOS* (*JOSEPH UND SEINE BRÜDER*, 1933-1943); *ACHTUNG, EUROPA!* (1938); *CARLOTA EN WEIMAR* (*LOTTE IN WEIMAR*, 1939); *DOKTOR FAUSTUS* (1947); *CONFESIONES DE FÉLIX KRULL* (*DIE BEKENNTNISSE DES HOCHSTAPLERS FELIX KRULL*, 1954).

▼ *El escritor estadounidense de origen alemán Thomas* **Mann** *fotografiado mientras trabaja en su estudio.*

sus discípulos. La religión maniquea, que reúne elementos de las mitologías gnóstica, cristiana, judía y budista, entre otras, admite dos principios opuestos en el cosmos, la luz (bien) y la oscuridad (mal). Según el maniqueísmo, Dios envió a sus profetas, el último de los cuales sería Mani, para guiar a las almas en su intento de salir de las tinieblas y alcanzar la luz divina. Mani murió en Persia, crucificado por orden de Bahram I.

MANN, THOMAS *(Lübeck, Alemania, 1875-Zurich, 1955) Escritor alemán, nacionalizado estadounidense.* Hijo de una acaudalada familia de comerciantes, estudió en Munich. Viajó por Italia en compañía de su hermano Heinrich, y allí empezó la redacción de *Los Buddenbrooks*, descripción de la decadencia de una familia burguesa. En esta etapa inicial de su obra centró la atención en la conflictiva relación entre el arte y la vida, que abordó en *Tonio Kröger*, *Tristán* y *Muerte en Venecia*. Esta última obra, que describe las vivencias de un escritor en una Venecia asolada por el cólera, supone la culminación de las ideas estéticas del autor, que elaboró una peculiar psicología del artista. Al estallar la Primera Guerra Mundial defendió el nacionalismo alemán; al final de la contienda, sin embargo, su ideología evolucionó y se convirtió en ferviente defensor de los valores democráticos. Testimonio de esta evolución es la novela *La montaña mágica*, que transcurre en un sanatorio para tuberculosos y constituye una transposición novelada de los debates políticos y filosóficos de la época. En 1929 le fue otorgado

el Premio Nobel de Literatura. Con la llegada de Hitler al poder en 1933, se exilió en Suiza hasta 1938, año en que se trasladó a Estados Unidos, donde fijó su residencia definitiva. Sus obras de esta época están repletas de alusiones bíblicas y mitológicas: en la tetralogía *José y sus hermanos* reinterpretó la historia bíblica para indagar en los orígenes de la cultura occidental, y en *Doktor Faustus*, que presenta la historia de un músico que vende su alma al diablo, trató de establecer las causas psicológicas que hicieron posible el nazismo. En *Confesiones de Félix Krull*, su última novela, recuperó la ironía acerca de la naturaleza del ser humano que había caracterizado muchas de sus obras precedentes.

MANOLETE [Manuel Rodríguez Sánchez] *(Córdoba, 1917-Linares, España, 1947) Matador de toros español*. Hijo de un matador de toros con su mismo seudónimo, decidió escapar de la miseria familiar dedicándose al toreo. A los doce años dio sus primeros capotazos y, tras pasar por la escuela de toreo de Montilla, recorrió España como miembro del espectáculo itinerante de toreo *Los Califas*. En 1935 recibió la alternativa de Rafael Jiménez *Chicuelo* en Sevilla, y ese mismo año se la confirmó Marcial Lalanda en Madrid. Pronto logró alcanzar una enorme popularidad gracias a su peculiar estilo, que alcanzó la perfección en la suerte de matar; también se le atribuye la invención de la manoletina. Desde 1940 hasta su muerte llegó a lidiar 71 corridas por temporada, y toreó en todas las plazas de España y América. Mantuvo una larga rivalidad con el mexicano Carlos Arruza y el español Luis Miguel Dominguín. Murió a consecuencia de la cornada que le infirió el toro *Islero*, de Miura.

MANRIQUE, JORGE *(Paredes de Navas, España, h. 1440-Castillo de Garci-Muñoz, Cuenca, id., 1479) Poeta castellano*. Miembro de una familia de la nobleza más rancia de Castilla, participó junto a su padre, el conde de Rodrigo Manrique, en las luchas que precedieron al ascenso de los Reyes Católicos. Ambos pertenecían a la Orden de Santiago, y combatieron del lado de Isabel *la Católica* contra los partidarios de Juana *la Beltraneja*. La poesía de Jorge Manrique se sitúa dentro de la corriente cancioneril del siglo XV. Escribió tanto poemas de tema amoroso (unas cuarenta composiciones de contenido y métrica propios del amor cortés) como coplas satíricas y burlescas. Es conocido, sin embargo, por ser el autor de las *Coplas a la muerte de su padre*, elegía

«*O*cuparse de las matemáticas es el mejor remedio contra la concupiscencia.»

Thomas Mann
La montaña mágica

▶ *Retrato de Jorge* **Manrique**. *El poeta castellano es el autor de las célebres* Coplas a la muerte de su padre, *escritas en 1476.*

▲ *Cartel de la corrida celebrada en la plaza de toros de Linares el 28 de agosto de 1947, donde un toro de la ganadería de Miura corneó de muerte al legendario matador* **Manolete**.

escrita con motivo del fallecimiento de don Rodrigo, en 1476. La obra pertenece a la tradición medieval de la ascética cristiana: contra la mundanidad de la vida, postula una aceptación serena de la muerte, que es tránsito a la vida eterna. Sin embargo, apunta ya una idea original que preludia la concepción renacentista del siglo siguiente: aparte de la vida terrenal y la vida eterna, Manrique alude a la vida de la fama, a la perduración en este mundo en virtud de una vida ejemplar que permanece en la memoria de los vivos. El tono exhortativo característico del poema refuerza la gravedad de los versos, en una evocación serena del tiempo pasado.

MANTEGNA, ANDREA *(Isla de Carturo, actual Italia, 1431-Mantua, id., 1506) Pintor italiano*. El pintor Francesco Squarcione lo tomó a su cargo en calidad de hijo adoptivo y lo introdujo en el arte de la pintura. Pero cuando contaba diecisiete años, Mantegna, que no quería seguir trabajando para su mentor, le obligó por vía legal a concederle la independencia. El joven pintor ya tenía entonces una personalidad claramente definida, como lo demuestran algunas de sus primeras obras, entre ellas el *Retablo de san Zeno* (Verona) y la *Oración en el huerto*. En el *Retablo de san Zeno*, los tres elementos plásticos fundamentales (dibujo, luz y color) están perfectamente definidos, como es habitual en toda la obra de Mantegna; además, los colores son vivos e intensos, destinados a precisar con fuerza el volumen de las figuras. Aún más famosa es la *Oración en el huerto*, sobre todo por el escorzo de la figura situada en primer término (Mantegna ha pasado a la historia del arte, en gran parte, por sus magistrales escorzos), y también por el magnífico empleo de la perspectiva, insuperable en aquella época. Otra de las características de su estilo, la ubicación de las escenas en el marco de arquitecturas antiguas, alcanza un elevado nivel de perfección en el *San Sebastián* del Louvre. En 1480 fue nombrado pintor de la corte de los Gonzaga y se estableció en Mantua, de donde sólo saldría para pasar un breve período en Toscana y otro algo más largo en Roma. Su mejor obra de esta época, y la que le ha dado mayor celebridad, es la decoración al fresco de la Cámara de los Esposos del palacio ducal; en ella pintó retratos contemporáneos y bustos históricos, pero lo más meritorio son las arquitecturas ilusionistas, en particular en el techo, que amplían visualmente el espacio disponible. Con ello, Mantegna recuperó una costumbre de la Antigüedad y la legó a la posteridad, ya que este recurso decorativo fue después muy imitado. Para los Gonzaga hizo también una serie de nueve lienzos sobre el *Triunfo de César*, que rivalizan en perfección con los tapices de Rafael. Realizó muchas otras obras de distintos géneros, que le dieron una fama y proyección extraordinarias.

MANZONI, ALESSANDRO *(Milán, 1785-íd., 1873) Escritor italiano.* Partidario de la Revolución Francesa durante su juventud y próximo al movimiento jacobino, Manzoni conectó rápidamente con la ideología romántica que impregnaba los comienzos del siglo XIX. Buen lector de Vico, asumió un espíritu historicista que lo alejó del racionalismo ilustrado de sus años de formación. Halló en el catolicismo jansenista una

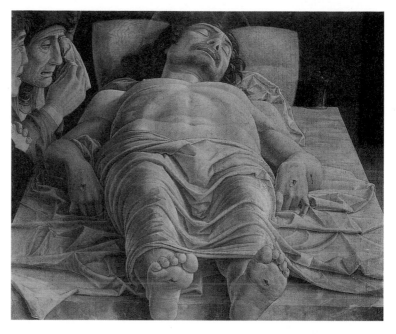

▲ Cristo muerto, *temple sobre lienzo realizado hacia 1480 por Andrea* **Mantegna**. *El acentuado escorzo de la figura descubre formas insólitas en la pintura antigua, como son las plantas de los pies.*

◀ *Retrato del escritor romántico italiano Alessandro* **Manzoni** *realizado por F. Hayez y conservado en la Pinacoteca del palacio Brera, en Milán.*

respuesta a sus inquietudes ideológicas y poéticas, cuya primera materialización fue la redacción de sus *Himnos sacros* (1812-1822), en los que demuestra una fascinación típicamente romántica por los episodios bíblicos; fue esta misma orientación religiosa la que le llevó a estudiar, a partir de 1819, textos sacros de escritores religiosos de los siglos XVII y XVIII. Al tiempo, ya se fue definiendo políticamente como un convencido defensor y propulsor de la unidad de Italia, cuyas tesis expuso en diversos ensayos y configuraron en gran medida su obra literaria, sobre todo en las odas *Marzo 1821* o *El cinco de mayo*, interpretación histórica y religiosa de la epopeya de Napoleón. Escribió dos tragedias, *El conde de Carmagnola* (1816-1819) y *Adelchi* (1820-1822), de gran valor lírico y fruto de un concienzudo estudio histórico, y en 1825 emprendió la redacción de su obra maestra, *Los novios* (1825-1827, revisada en 1840-1842). De concepción realista y escrita en el italiano de la burguesía, la clase política que se estaba consolidando, narra los hechos históricos más decisivos para la historia de Italia a través de las desventuras de dos campesinos oprimidos por el poder.

MAO TSE-TUNG *(Hunan, China, 1893-Pekín, 1976) Político y estadista chino.* Nacido en el seno de una familia de trabajadores rurales, en el medio donde transcurrió su infancia la educación escolar sólo era considerada útil en la medida en que pudiera ser aplicada a tareas como llevar re-

▼ *Cartel propagandístico donde aparece un joven **Mao Tse-tung** saludado por la multitud y escoltado por sus dos principales colaboradores, Chu En-lai y Lin Piao.*

clave de la que habría de ser la revolución socialista china: Li Dazhao y Chen Duxiu. El 4 de mayo de 1919 estalló en Pekín la revuelta estudiantil contra Japón, en la que tomó parte activa. En 1921 participó en la creación del Partido Comunista, y dos años más tarde, al formar el partido una alianza con el Partido Nacionalista, Mao quedó como responsable de organización. De regreso en su Hunan natal, entendió que el sufrimiento de los campesinos era la fuerza que debía promover el cambio social en el país, idea que expresó en *Encuesta sobre el movimiento campesino en Hunan*. Sin embargo, la alianza con los nacionalistas se quebró, los comunistas y sus instituciones fueron diezmados y la rebelión campesina, reprimida; junto a un numeroso contingente de campesinos, Mao huyó a la región montañosa de Jiangxi, desde donde dirigió una guerra de guerrillas contra Jiang Jieshi, jefe de sus antiguos aliados. El Ejército Rojo, nombre dado a las milicias del Partido Comunista, logró ocupar alternativamente distintas regiones rurales del país. En 1930, la primera esposa de Mao fue asesinada por los nacionalistas, tras lo cual contrajo nuevo matrimonio con He Zizhen. Al año siguiente se autoproclamó la nueva República Soviética de China, de la que Mao fue elegido presidente, y desafió al comité de su partido a abandonar la burocracia de la política urbana y centrar su atención en el campesinado. Pese a las victorias de Mao en la primera época de la guerra civil, en 1934 Jiang Jieshi consiguió cercar a las tropas del Ejército Rojo, tras lo cual Mao emprendió la que se conoció como la Larga Marcha, desde Jiangxi hasta el noroeste chino. Entretanto, los japoneses habían invadido el norte del país, lo que motivó una nueva alianza entre comunistas y nacionalistas para enfrentarse al enemigo común. Tras la Segunda Guerra Mundial, se reanudó la guerra civil, con la victoria progresiva de los comunistas. El 1 de octubre de 1949 se proclamó oficialmente la República Popular de China, con Mao como presidente. Si bien al principio siguió el modelo soviético para la instauración de una república socialista, con el tiempo fue introduciendo importantes cambios, como el de dar más importancia a la agricultura que a la industria pesada. A partir de 1959, dejó su cargo como presidente chino, aunque conservó la presidencia del partido. Desde este cargo promovió una campaña de educación socialista, en la que destacó la participación popular masiva como única forma de lograr un verdadero socialismo. Durante este período, conocido como la Revolu-

gistros y otras propias de la producción agrícola, por lo que a la edad de trece años Mao hubo de abandonar los estudios para dedicarse de lleno al trabajo en la granja familiar. Sin embargo, el joven dejó la casa paterna y entró en la escuela de magisterio en Changsha, donde comenzó a tomar contacto con el pensamiento occidental. Más tarde se enroló en el Ejército Nacionalista, en el que sirvió durante medio año, tras lo cual regresó a Changsha y fue nombrado director de una escuela primaria. Más adelante trabajó en la Universidad de Pekín como bibliotecario ayudante y leyó, entre otros, a Bakunin y Kropotkin, además de tomar contacto con dos hombres

◀ *Desfile de la Guardia Roja en Pekín en 1968, portando retratos de **Mao Tse-tung** y ejemplares del* Libro Rojo, *base de la ideología política del líder chino.*

ción Cultural Proletaria, Mao logró desarticular y luego reorganizar el partido gracias a la participación de la juventud, a través de la Guardia Roja. Su filosofía política como estadista quedó reflejada en su libro *Los pensamientos del presidente Mao.*

MAQUIAVELO, NICOLÁS (*Florencia, 1469-id., 1527) Escritor y estadista florentino.* Nacido en el seno de una familia noble empobrecida, vivió en Florencia en tiempos de Lorenzo y Pedro de Médicis. Tras la caída de Savonarola (1498) fue nombrado secretario de la segunda cancillería encargada de los Asuntos Exteriores y de la Guerra de la ciudad, cargo que ocupó hasta 1512 y que le llevó a realizar importantes misiones diplomáticas ante el rey de Francia, el emperador Maximiliano I y César Borgia, entre otros. Su actividad diplomática desempeñó un papel decisivo en la formación de su pensamiento político, centrado en el funcionamiento del Estado y en la psicología de sus gobernantes. Su principal objetivo político fue preservar la soberanía de Florencia, siempre amenazada por las grandes potencias europeas, y para conseguirlo creó la milicia nacional en 1505. Intentó sin éxito propiciar el acercamiento de posiciones entre Luis XII de Francia y el papa Julio II, cuyo enfrentamiento terminó con la derrota de los franceses y el regreso de los Médicis a Florencia (1512). Como consecuencia de este giro político, cayó en desgracia, fue acusado de traición, encarcelado y levemente torturado (1513). Tras recuperar la libertad, se retiró a una casa de su propiedad en las afueras de Florencia, donde emprendió la redacción de sus obras, entre ellas su obra maestra, *El príncipe* (*Il principe*), que terminó en 1513 y dedicó a Lorenzo de Médicis (a pesar de ello, sólo sería publicada después de su muerte). En 1520, el cardenal Julio de Médicis le confió varias misiones y, cuando se convirtió en Papa, con el nombre de Clemente VII (1523), Maquiavelo pasó a ocupar el cargo de superintendente de for-

▼ *Prólogo de* Clizia, *comedia escrita en 1525 por Nicolás* **Maquiavelo**.

tificaciones (1526). En 1527, las tropas de Carlos I de España tomaron y saquearon Roma, lo que trajo consigo la caída de los Médicis en Florencia y la marginación política de Maquiavelo, quien murió poco después de ser apartado de todos sus cargos. Su obra se adentra por igual en los terrenos de la política y la literatura. Sus textos políticos e históricos son deudores de su experiencia diplomática al servicio de Florencia, caso de *Descripción de las cosas de Alemania* (*Ritrato delle cose della Alemagna*, 1532). En *Discursos sobre la primera década de Tito Livio* (*Discorsi sopra la prima deca di Tito Livio*, 1512-1519) esbozó, anticipándose a Vico, la teoría cíclica de la historia: la monarquía tiende a la tiranía, la aristocracia se transforma en oligarquía y la democracia en anarquía, lo que lleva de nuevo a la monarquía. En *El príncipe*, obra inspirada en la figura de César Borgia, describe distintos modelos de Estado según cuál sea su origen (la fuerza, la perversión, el azar) y deduce las políticas más adecuadas para su pervivencia. Desde esa perspectiva se analiza el perfil psicológico que debe tener el príncipe y se dilucida cuáles son las virtudes humanas que deben primar en su tarea de gobierno. Maquiavelo concluye que el príncipe debe aparentar poseer ciertas cualidades, ser capaz de fingir y disimular bien y subordinar todos los valores morales a la razón de Estado, encarnada en su persona. Su pensamiento histórico quedó plasmado fundamentalmente en dos obras: *La vida de*

▶ *Un joven* **Maquiavelo** *retratado por Santi di Tito. La obra del florentino es una apuesta por la razón de Estado por encima de cualquier criterio moral.*

> «*Cuando se trata de la salvación de la patria, no deben tenerse en cuenta la justicia o la injusticia, la piedad o la crueldad.*»
>
> Nicolás Maquiavelo
> *El príncipe*

Castruccio Castracani de Luca (1520) e *Historia de Florencia* (*Istorie fiorentine*, 1520-1525). Entre sus trabajos literarios se cuentan variadas composiciones líricas, como *Las decenales* (*Decennali*, 1506-1509) o *El asno de oro* (*L'asino d'oro*, 1517), pero sobre todas ellas destaca su comedia *La mandrágora* (*Mandragola*, 1520), sátira mordaz de las costumbres florentinas de la época. *Clizia* (1525) es una comedia en cinco actos, de forma aparentemente clásica, que se sitúa en la realidad contemporánea que Maquiavelo tanto deseaba criticar.

MARADONA, DIEGO ARMANDO *(Lanús, prov. de Buenos Aires, 1961) Futbolista argentino* Nacido en el seno de una familia muy humilde en las afueras de Buenos Aires, a los nueve años ya jugaba en el club de su barrio, el Estrella Roja. Inició su trayectoria profesional a la edad de quince años en los Cebollitas, el equipo de las divisiones inferiores del Argentinos Juniors, desde donde llegó al Boca Juniors y a la selección nacional. Jugador de una singular destreza con el balón y poseedor de una extraordinaria técnica, fue campeón del mundo juvenil en 1979, y campeón de la liga argentina con el Boca Juniors en el mismo año. En 1982 fue traspasado al F. C. Barcelona, aunque dos años más tarde fue transferido al Nápoles, donde ganó el Scudetto y la Copa en 1986, el mismo año en que se proclamó campeón del mundo en México con la selección argentina. Su carrera internacional culminó en Sevilla, donde realizó la temporada de 1992-1993. Suspendido por la FIFA tras dar positivo en un control antidopaje en 1994, regresó a Argentina para vestir la camiseta del Newll's Old Boys (1993-1994) y, más tarde, la de Boca Juniors, pero su actuación fue irregular. En 1997 anunció su retirada del fútbol profesional. Fue considerado el mejor jugador del mundo durante los años ochenta y, junto con Pelé, Cruyff y Di Stéfano, uno de los más grandes de todos los tiempos.

MARAGALL, JOAN *(Barcelona, 1860-id., 1911) Poeta español en lengua catalana.* Durante su juventud se debatió entre su vocación literaria y la carrera de derecho a la que parecía destinado, en gran parte debido a las presiones familiares. Escribió sus primeros versos, en castellano y catalán, durante sus estudios de derecho, al mismo tiempo que realizó diversas traducciones, sobre todo de Goethe, que ejerció en él una gran influencia. En 1894 ganó los Jocs Florals con una composición que se hizo muy popular, *La sardana*, y un año después apareció su primer volumen poético, *Poe-*

▲ *Diego Armando* **Maradona** *levanta la copa del mundo ganada por su selección en el Mundial de México de 1986, en el que el argentino se confirmó como el mejor futbolista del mundo.*

sías (*Poesies*, 1895), que incluía uno de sus más célebres poemas, *La vaca ciega* (*La vaca cega*). En sus artículos publicados en el *Diario de Barcelona* llevó a cabo una crítica constante de la sociedad burguesa catalana, en un complicado equilibrio entre su anticonvencionalismo romántico y su conciencia de los problemas y la realidad del país. El desastre colonial de 1898 le impulsó por corrientes afines a las de la Generación del 98, manteniendo una intensa relación epistolar con Unamuno. Su *Elogio de la palabra* (*Elogi de la paraula*, 1903) propone una concepción de la poesía de raíz romántica y basada en la inspiración y la espontaneidad. En *Visiones y cantos* (*Visions i cants*, 1900) aparece el comienzo de

▶ *El poeta catalán Joan* **Maragall** *en un retrato realizado por Ramón Casas que se exhibe en el Museo de Arte Moderno de Barcelona.*

su poema extenso *El conde Arnau* (*El comte Arnau*), de tema legendario con reminiscencias del *Fausto*, de Goethe, que significó su consagración y por el que, a la muerte de Verdaguer en 1902, fue declarado su heredero y el mayor poeta en lengua catalana. En 1909, frente a los sucesos de la Semana Trágica de Barcelona, volvió a intentar una mediación en el conflicto abierto en la sociedad, convertido ya en una figura reconocida y respetada por todos, en su artículo *La iglesia quemada*. Alejado desde entonces de cualquier actividad pública, e incapaz de comprender las nuevas corrientes vanguardistas, publicó su último libro en vida *Secuencias* (*Seqüències*, 1911). Póstumamente apareció *Nausica* (1913).

MARAÑÓN, GREGORIO (*Madrid, 1887-id., 1960*) *Médico y ensayista español.* Huérfano de madre a los tres años de edad, creció bajo la atenta protección de su padre, un reconocido abogado cuyo círculo de amistades incluía a varios de los más prestigiosos hombres de letras del país. En 1909 obtuvo la licenciatura en medicina por la Universidad Central de Madrid, tras lo cual se trasladó a Frankfurt para ampliar estudios. A su vuelta se incorporó al Hospital Provincial de Beneficencia (que actualmente lleva su nombre) y abrió una consulta privada. Especializado en endocrinología, sus descubrimientos y escritos (*Tres ensayos sobre la vida sexual*, 1926) alcanzaron renombre internacional. Escribió también obras de medicina general y ensayos sociopolíticos y culturales. En 1926 fue encarcelado por manifestarse en contra de la dictadura de Pri-

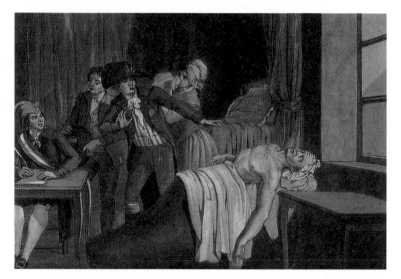

◄ *Dibujo que representa el momento en que la girondina Charlotte Corday acaba de asesinar a* **Marat**, *político cuya figura resume el pensamiento y la acción del radicalismo revolucionario.*

mo de Rivera, y tras el estallido de la guerra civil se exilió a París, donde era *doctor honoris causa* por la Sorbona desde 1932. En 1937 viajó a Sudamérica, donde dictó un ciclo de conferencias y colaboró con el periódico argentino *La Nación*.

MARAT, JEAN-PAUL (*Boudry, Francia, 1743-París, 1793*) *Político francés.* Nació en el seno de la humilde familia Mara, de origen sardo, de la que tomó su apellido. Estudió medicina en París y se doctoró en Londres, donde en 1774 publicó en inglés *The Chains of Slavery*, obra en la que critica a la monarquía ilustrada. De este período datan sus primeros contactos con la francmasonería. Al estallar la Revolución Francesa aumentó su exaltada propaganda de la misma, lo que le granjeó no pocas amonestaciones y enemistades. La publicación del periódico *L'Ami du Peuple*, plataforma de sus ideas sobre la libertad de expresión y la condena del Antiguo Régimen, lo llevó a prisión por primera vez. Como miembro del club de los *cordeliers*, dirigió fuertes ataques contra el ministro Necker, La Fayette y el rey Luis XVI cuando éste trató de huir de Francia. Sus virulentas críticas le obligaron a exiliarse en Londres en dos ocasiones. Sin embargo, sus ideas y su defensa de los derechos del pueblo lo convirtieron en un personaje muy apreciado y popular. En 1792 tomó parte en las matanzas de septiembre y fue elegido miembro de la Convención y de la Comuna de París, pero tropezó con la animadversión de los girondinos al incitar al pueblo a usar la fuerza y reclamar la dictadura. Cerró su antiguo periódico para publicar el *Journal de la Republique Française*, y consiguió los

◄ *Retrato al óleo de Gregorio* **Marañón**. *El endocrinólogo español, de fama internacional, fue también conocido por su actividad literaria y ensayística.*

votos necesarios para enviar a Luis XVI a la guillotina. Durante la crisis de la primavera de 1793, los girondinos consiguieron que la Convención le acusase de incitar al pueblo a la violencia, pero fue declarado inocente. La caída definitiva de los girondinos se produjo el 2 de junio de 1793, pero Marat, enfermo y exhausto tras años de lucha, abandonó la Convención. Poco después, el 13 de julio, fue asesinado por la girondina Charlotte Corday.

MARC, FRANZ *(Munich, 1880-cerca de Verdún, Francia, 1916) Pintor alemán.* Cursó estudios de filosofía y teología y frecuentó la Academia de Munich. Desde 1906 comenzó a estudiar la anatomía de los animales detalladamente, labor a la que consagraría toda su carrera artística. Para Marc los animales encarnan la belleza pura y es a través de la naturaleza como se busca la espiritualidad. En 1910 coeditó con W. Kandinsky el primer ejemplar de *Der Blaue Reiter*, publicación que dio nombre a un grupo artístico cuyos miembros matizarían el primer expresionismo alemán con un misticismo y sensibilismo que les acercaría a la abstracción. En un primer período, su obra fue plenamente figurativa, aunque más adelante su trabajo se vería afectado por el cubismo, lo que le llevaría a la fragmentación de planos en la que animales y entornos se entrelazan entre sí, como en *Tigre* (1912) o *Caballo soñando* (1913). Esta investigación le condujo hacia una mayor complejidad constructiva, favoreciendo la abstracción y reduciendo su interés por la viveza cromática tan característica de sus anteriores pinturas.

MARCH, AUSIAS *(Gandía, actual España, 1397-Valencia, 1459) Poeta en lengua catalana.* Nacido en el seno de una familia noble, participó en las campañas militares de catalanes y aragoneses en Cerdeña y Córcega. En 1420 asistió a los sitios de Calvino y Bonifacio, y en 1424 participó en la expedición de Gerba, en el norte de África. En 1429 regresó a Gandía, donde pasaría el resto de su vida administrando sus bienes y entregado al cultivo de la poesía. En 1437 contrajo matrimonio con Isabel Martorell, hermana de Joanot Martorell, de la que enviudó en 1439. En 1443 casó en segundas nupcias con Joana Escorna; aunque no tuvo descendencia legítima, dejó cuatro hijos bastardos. En su obra,

> *«Créeme, no es prudente decir "viviré":/ mañana es demasiado tarde: vive el hoy.»*
>
> Marco Valerio Marcial
> *Epigramas*

▼ *El valenciano Ausias* **March** *es uno de los más influyentes poetas en lengua catalana. En la ilustración, portada de* Les obres del valerós cavaller i elegantíssim poeta, *publicadas en Barcelona en 1560.*

que recoge la tradición lírica medieval, refleja la permanente tensión entre el anhelo espiritual y el apego a lo mundano; precursora del humanismo en la península Ibérica, consta de 128 poemas que aparecieron recopilados en 1543. Su producción suele dividirse en cuatro etapas, que se corresponden con otras tantas unidades temáticas. La primera la constituyen los *Cants d'amor*, que si bien recogen muchos de los tópicos del amor cortés, reflejan un claro rechazo a la retórica de la lírica medieval y de los poetas italianos del *dolce stil nuovo*. La segunda la forman los desgarrados *Cants de mort*, que probablemente compuso después de la muerte de su segunda esposa y darían pie a las reflexiones religiosas de los *Cants morals*, que constituyen la tercera etapa. La última, de madurez, está constituida por el *Cant espiritual*, en el que el poeta invoca a Dios y asume dolorosamente las contradicciones entre su apego a lo material y su deseo de trascendencia. La poesía de March ejerció una notable influencia en la poética castellana del siglo XVI.

MARCIAL, MARCO VALERIO *(Bílbilis, hoy Calatayud, actual España h. 40-id., h. 104) Escritor latino.* Hacia el año 64 se trasladó a Roma, donde residiría buena parte de su vida. Tras varios años de penurias económicas, logró la protección de algunos personajes nobles y el favor del emperador Tito y, después, el de Domiciano. Su obra está formada por quince libros agrupados bajo el título genérico de *Epigramas*, aunque los libros I (*Liber spectaculorum*), XIII (*Xenia*) y XIV (*Apophoreta*) no se ajustan a esta forma y son de carácter conmemorativo. En los doce restantes fijó la forma definitiva del epigrama, breve poema satírico y mordaz que muestra su aguijón en un final imprevisto. Sin constituir una verdadera crítica social, estos poemas, de expresión natural y sobria, reflejan con ironía y realismo las costumbres y las debilidades de la sociedad romana de su tiempo.

MARCO ANTONIO *(Roma, 83 a.C.-Alejandría, actual Egipto, 30 a.C.) General romano.* Combatió en las guerras de las Galias a las órdenes de Julio César, así como en el enfrentamiento civil entre éste y Pompeyo Magno y participó en la batalla de Farsalia. En el 44 a.C. compartió con César el consulado.

Tras el asesinato de éste, en los idus de marzo, pronunció el elogio fúnebre y aprovechó hábilmente la lectura de su testamento para levantar al pueblo contra sus asesinos. De esta forma, hasta la llegada de Octavio, fue el dueño de Roma. En el 43 se asoció con Octavio, con quien había estado enfrentado, y Lépido en lo que fue el segundo triunvirato, una de cuyas primeras víctimas fue el anciano Cicerón, a quien el resentido Marco Antonio no había perdonado sus *Filípicas*. Junto a Octavio, venció en Filipos (42 a.C.) a los asesinos de César, Bruto y Casio, que habían intentado la restauración de la república romana. Luego, los triunviros se repartieron el mundo romano, y Antonio se quedó con Oriente y casó con Octavia, la hermana de Octavio, tras lo cual marchó a Oriente con la intención de consolidar la situación de Roma y luchar contra los partos, pero cayó bajo el influjo de Cleopatra, reina de Egipto. Esto le atrajo la hostilidad del pueblo romano, que lo veía como a un títere en manos de la egipcia, factor que supo aprovechar Octavio. Tras una desastrosa campaña de Antonio en Armenia, la tensión creció al correr diversos rumores que acusaban a aquél de querer apoderarse de las provincias orientales para cedérselas a Cleopatra. La guerra fue ya inevitable. En el año 31 a.C., las fuerzas de Antonio y Cleopatra fueron derrotadas por las de Octavio en la batalla naval de Actium. Abandonado a su suerte por la flota egipcia, Antonio regresó a Alejandría, donde, asediado por los ejércitos de su enemigo, se suicidó.

MARCO AURELIO [Marcus Annius Verus], nombre completo como emperador *Imperator Caesar Marcus Aurelius Antoninus Augustus (Roma, 121-Viena, 181) Emperador (161-180) y filósofo romano*. Perteneciente a una *gens* española de Roma, ya de niño llamó la atención del emperador Adriano, quien quedó admirado por su ingenua franqueza y su inteligencia, y ordenó a Antonino Pío que lo adoptara (138), quedándole destinado el imperio. Estudió retórica griega y latina con Herodes Ático

▲ *El emperador **Marco Aurelio** entra en Roma, según un relieve de la columna que lleva su nombre, erigida hacia el año 180 para conmemorar su victoria sobre los germanos y los sármatas.*

y Marco Cornelio Frontón, el cual desde entonces habría de ser su amigo y consejero espiritual. Seducido por el estoicismo, vistió muy pronto el manto de filósofo (133). César en 139 y cónsul en 140 y 145, este último año casó con su prima Faustina *la Joven*, hija de Antonino Pío. Los veintitrés años que duró el reinado de Antonino Pío se cuentan entre los más prósperos del imperio, pero cuando, tras su muerte (161), Marco Aurelio fue nombrado emperador, se abrió un período enormemente conflictivo para el imperio, que se vio sacudido por los ataques de los bárbaros, revueltas populares y varias epidemias. A la serie ininterrumpida de guerras y calamidades que tuvo que soportar, el emperador opuso su serenidad y su fuerza moral. En su relación con los cristianos, adoptó la misma actitud que Trajano, que evitaba la persecución pero reprimía las manifestaciones públicas de su fe y castigaba a los fieles que, tras ser denunciados, se negaban a celebrar el culto de la religión ancestral. Sin embargo, esa actitud obedecía menos a una voluntad erradicadora que a la opinión extremadamente severa que le merecían su proselitismo y sus prácticas rituales. De hecho, los cristianos nunca lo incluyeron en su lista de perseguidores. Como emperador, a pesar de su temperamento pacífico y su preocupación por la economía, se vio obligado a concertar empréstitos forzosos y a desprenderse de parte del patrimonio imperial ante la urgente necesidad de constituir un ejército de esclavos, gladiadores, extranjeros y fugitivos, con el que hacer frente a la presión de los bárbaros; así, rechazó a los germanos hasta más allá del Danubio en el 168, venció a los partos y les arrebató parte de Mesopotamia (161) y sometió a marcomanos (172), cuadros (174) y sármatas (175). Tras la paz general de 175 y la ocupación de una franja de seguridad al norte del Danubio, admitió en el imperio, por primera vez, a bárbaros como colonos y soldados. Sin embargo, una revuelta en el norte de Italia determinó que proscribiera por un tiempo esa práctica. Quebrantada la paz por los bárbaros en el 177, Marco

> «*En ninguna parte puede encontrar el hombre un retiro más tranquilo y menos agitado que en su propia alma.*»
>
> Marco Aurelio
> *Pensamientos*

◀ *Estatua ecuestre en bronce dorado de **Marco Aurelio**, que se encuentra en la plaza del Capitolio de Roma. Se trata de la estatua ecuestre más antigua que se conoce.*

▼ ▲ *El físico italiano Guglielmo **Marconi**, cuyo invento de la radio revolucionó el mundo de la comunicación, fotografiado en su laboratorio. Arriba, detalle de un aparato transmisor.*

Aurelio emprendió una nueva campaña, en el curso de la cual sucumbió a la peste que desde el 166 asolaba el imperio, que pasó a regir su hijo Cómodo. Antes de acceder al gobierno del imperio, Marco Aurelio había adquirido el hábito de escribir durante sus viajes cartas diarias a su maestro Marco Cornelio Frontón, a quien comentaba cuestiones de estilo y retórica e informaba sobre el curso de sus estudios y acerca de su delicada salud, castigada por el rígido ascetismo que se imponía; después, pasó escribir para sí mismo, y en griego, cuando antes lo había hecho sólo en latín. Su estilo, influido sin duda por los maestros estoicos, carece, sin embargo, de la dureza dogmática de Epícteto, de quien adoptó el elogio de la libertad humana, o del tono docto y académico de Séneca. Por el contrario, sus textos denotan un tono muy personal, ya que parten de una reflexión íntima y crítica, y acusan una tendencia a transformar la doctrina en un constante examen de conciencia. Su gran legado, los *Pensamientos*, es el resultado de las meditaciones morales que, ya al final de su vida, fue dejando por escrito, sin seguir un plan estricto o preestablecido. Dividida en doce libros y redactada en griego, la obra se basa en una serie de reflexiones inspiradas por su experiencia cotidiana y deja traslucir la influencia estoica, en particular la de Epícteto. Su visión del hombre es pesimista, pues considera que sus pasiones son el factor principal de la corrupción del mundo, por lo que aconseja perseguir tan sólo aquellos fines que dependan de uno mismo. Es ilustrativo el hecho de que se inspirara tanto en un esclavo como había sido Epicteto y que detestara el poder despótico al que él mismo denominó, irónicamente, «cesarizar».

MARCONI, GUGLIELMO *(Bolonia, Italia, 1874-Roma, 1937) Físico e inventor italiano.* En su juventud se interesó en los trabajos sobre ondas electromagnéticas de Hertz, Lodge y Maxwell. En 1894, en la finca de su padre cerca de Bolonia, efectuó una serie de experimentos con un emisor y un receptor de fabricación propia, con los que descubrió que era posible incrementar el alcance de las emisiones mediante antenas verticales. Al recibir poco apoyo en Italia, marchó al Reino Unido, donde registró su primera patente en 1896. En una serie de experimentos, consiguió enviar señales de radio a distancias cada vez mayores, y con la ayuda de su primo Jameson Davis formó la Wireless Telegraph and Signal Company Ltd., que en 1900 pasaría a llamarse Marconi's Wireless Telegraph Company Ltd., con la cual realizó diversas demostraciones de las posibilidades de su invento. Ese mismo año registró su famosa patente nº 77777, en la que se mejoraba el sistema de telegrafía sin hilos y posibilitaba operar en diferentes longitudes de onda sin que se produjeran interferencias. El mayor triunfo de Marconi fue, sin duda, la primera transmisión radiotelegráfica realizada a través del Atlántico, en diciembre de 1901. De esta manera, rebatió las objeciones de algunos científicos, que argumentaban que

no sería posible transmitir más allá del horizonte. En los años siguientes, su labor investigadora se centró en el desarrollo de un receptor automático y en la investigación de las posibilidades de las ondas cortas, que permitían una recepción mucho más clara de las señales, en la dirección que se deseara. El día de su fallecimiento, las emisoras de radio de todo el mundo guardaron un minuto de silencio.

MARCO POLO → Polo, Marco.

MARCOS, FERDINAND (*Sarrat, Filipinas, 1917-Honolulú, Hawai, 1989*) *Político filipino*. Estudió derecho en la Universidad de Filipinas. Acusado en 1939 del asesinato de un oponente de su suegro, hecho acaecido seis años antes, apeló ante el Tribunal Supremo filipino y fue absuelto en 1940. Llegó a ejercer la abogacía en Manila, y durante la Segunda Guerra Mundial fue oficial del ejército de su país. Con posterioridad afirmó haber desempeñado un papel esencial en el movimiento de resistencia filipino, lo cual contribuyó en buena medida a su éxito político, aunque después de su fallecimiento se demostró que apenas había participado en las actividades contra los japoneses entre 1942 y 1945. En 1946 pasó a ser ayudante del primer presidente de la República independiente de Filipinas, Manuel Roxas. Fue miembro de la Casa de Representantes durante diez años y luego formó parte del Senado. En 1965, Marcos, que había alcanzado un gran prestigio en el Partido Liberal fundado por Roxas, consiguió ser nombrado candidato a la presidencia y se enfrentó al representante del partido nacionalista, Diosdado Macapagal. Elegido presidente, durante su primer mandato logró algunas mejoras en la agricultura, la industria y la educación. Anticomunista convencido, envió tropas a combatir en apoyo de Vietnam del Sur, y paulatinamente instauró un régimen totalitario, lo cual propició la aparición en el país de una guerrilla comunista y otra musulmana, contrarias a su política. Reelegido presidente en 1969, a lo largo de su segundo mandato tuvo que hacer frente al recrudeci-

▶ *Ferdinand* **Marcos** *y su esposa, Imelda, posan ante la Casa Blanca junto al presidente estadounidense Lyndon Johnson y su esposa durante una visita oficial del mandatario filipino a Estados Unidos en 1966.*

▲ *Miniatura medieval que representa a san* **Marcos** *escribiendo su Evangelio, el más antiguo de los cuatro que forman el Nuevo Testamento y utilizado como fuente por dos de los tres restantes evangelistas, Lucas y Mateo.*

miento de la guerrilla urbana y a las revueltas estudiantiles. En 1972 impuso la ley marcial, gracias a lo cual pudo encarcelar sin mayor trámite a sus adversarios políticos, entre los cuales se encontraba Benigno Aquino. En 1973 promulgó una nueva Constitución en la que pasaba a ejercer tanto las funciones de jefe de Estado como las de primer ministro. Nueve años después de proclamar la ley marcial, Marcos la suprimió y procedió a una reforma constitucional. Ese mismo año fue reelegido presidente por seis años más. Pero la oposición se fue endureciendo, sobre todo, a raíz de la muerte de su líder, Benigno Aquino, y en 1986, la viuda de éste, Cory Aquino, venció en las elecciones presidenciales a Marcos, quien pretendió seguir en el cargo pese a su derrota. Pero las protestas populares e internacionales lo obligaron a exiliarse a Hawai. Sus últimos años en el poder se caracterizaron por la corrupción, el estancamiento económico, las abismales desigualdades entre pobres y ricos y el arraigo de la guerrilla comunista en las zonas rurales.

MARCOS, SAN (*Jerusalén?-Alejandría?; s. I*) *Autor del segundo Evangelio según la tradición cristiana*. El Nuevo Testamento incluye varios detalles biográficos sobre su persona, si bien de forma fragmentaria y, en ocasiones, contradictoria. La crítica moderna considera como única mención fiable una referencia a su tarea junto a san Pablo, de quien habría sido discípulo. Según consta en los Hechos de los

Ápostoles, el hogar familiar de su madre en Jerusalén habría sido un activo punto de encuentro de los primeros cristianos. Así mismo se indica que Marcos habría acompañado a san Pablo en su viaje a Antioquía. Otra referencia aparece en Lucas (10:1), donde se le nombra como uno de los 72 discípulos de Jesús. Su Evangelio, cronológicamente el más antiguo, aunque luego fue colocado detrás del de san Mateo, fue redactado en griego, seguramente hacia el año 70. La Iglesia Copta lo considera su padre fundador y, según una tradición posterior, sus restos fueron trasladados a Venecia, ciudad de la que es patrón. Se le conmemora el 25 de abril.

MARGARITA DE ANGULEMA (*Angulema, actual Francia, 1492-Odos-en-Bigorre, id., 1549*) *Reina de Navarra y escritora*. Hija del conde Carlos de Angulema y de Luisa de Saboya, y hermana de Francisco I de Francia. En 1509 contrajo matrimonio con Carlos III, duque de Alençon, de quien enviudó en 1525. En 1527 casó en segundas nupcias con Enrique de Albret, rey de Navarra, y juntos impulsaron el desarrollo del calvinismo en Francia. Sus obras más importantes son el libro de poemas *Miroir de l'âme pécheresse* (1531) y el volumen de cuentos *Heptaméron des nouvelles* (1559), que revela la influencia de *El decamerón*, de Boccaccio. En 1895 se encontraron varias piezas teatrales, poemas y canciones inéditos, que fueron agrupados y publicados bajo el título de *Les dernières poésies de Marguerite de Navarre*.

MARGARITA DE AUSTRIA (*Graz, actual Austria, 1584-El Escorial, España, 1611*) *Reina de España (1598-1611)*. Hija del archiduque Carlos de Estiria, en 1599 se casó con Felipe III, en un matrimonio destinado a consolidar la alianza entre la rama española y la rama austriaca de los Habsburgo. El matrimonio fue celebrado por poderes en Ferrara, para ser confirmado luego en Madrid. Ya como reina de España, se enfrentó al duque de Lerma, el valido de su marido, a causa de la gran influencia que éste tenía sobre los asuntos del reino. Lerma, en represa-

▲ *Margarita de Angulema, reina de Navarra, en un retrato anónimo datado a principios del s. XVI. Esta obra se exhibe en el Museo Condé de Chantilly, en Francia.*

▼ *Lienzo pintado por Vicente Lluch, conservado en el Museo de Bellas Artes de Valencia, que reproduce la ceremonia de confirmación de boda en Madrid entre el rey Felipe III y* **Margarita de Austria***.*

lia, hizo despedir a su servidumbre alemana y logró que Margarita no pudiese recibir memoriales o peticiones, cosa que disminuía su influencia en la corte. Con el tiempo, Margarita, apoyada por el confesor real fray Luis de Aliaga, promovió el procesamiento por corrupción de varios de los hombres de confianza de Lerma, entre ellos Rodrigo Calderón, que fue absuelto. Tras darle ocho hijos a Felipe III, murió a causa de las complicaciones de su octavo parto.

MARGARITA DE PARMA (*Oudenaarde, actual Bélgica, 1522-Ordona, actual Italia, 1586*) *Gobernadora de Flandes*. Hija natural de Carlos I, en 1536 se casó con Alejandro de Médicis, y dos años más tarde (1538), en segundas nupcias, con Octavio Farnesio. En 1559 le fue encomendado el gobierno de Flandes, en un momento en el cual el calvinismo estaba penetrando con fuerza en este territorio. La crisis económica, los intereses de la nobleza flamenca, y la contestación a la política de Felipe II, pusieron a su gobierno en una situación apurada, en la que no ayudaron en nada las rivalidades internas en el Consejo de Estado. De esta manera, cuando estallaron los disturbios de agosto de 1567, Margarita de Parma se encontró prácticamente sola, por lo que tuvo que recurrir a la diplomacia para separar a la nobleza de la revuelta popular. Una vez logrado esto, la rebelión empezó a ser sofocada, aunque demasiado tarde según el criterio de Felipe II, quien envió al duque de Alba para sustituir a Margarita en su cargo.

MARÍA, SANTA llamada *Virgen María* [en hebreo Myriam] (*Nazaret?, actual Israel-?, s. 1 a.C.*) *Madre de Jesús*. Según la tradición, María fue hija de Joaquín, perteneciente a la tribu de Judá, y de Ana. Tras ser presentada en el templo fue entregada a José, descendiente de David, y residieron en Nazaret, donde María recibió el mensaje del ángel y concibió a Jesús. Obligados a inscribirse en el censo, María y José se trasladaron de Nazaret a Belén, donde nació Jesús. Tras la promulgación, por orden de Herodes *el Grande*, de una ley que obligaba a matar a todos los infantes menores de dos años, emigraron a Egipto, donde permanecieron hasta la muerte del citado monarca. Posteriormente, también según la tradición, convivió con los Apóstoles y, a su muerte, fue enterrada en el monte de los Olivos. El culto a María, especialmente el litúrgico e iconográfico, se remonta a los primeras fases del cristianismo, en las que desempeñó un papel fundamental. La liturgia la considera «siempre virgen» e «inmaculada», y en el concilio de Éfeso de 431 fue proclamada «María Madre de Dios».

MARÍA I ESTUARDO [María reina de los escoceses] *(Linlithgow, Escocia, 1542-Fotheringay, Inglaterra, 1587) Reina de Escocia.* Hija de Jacobo V y María de Lorena, de la casa de Guisa, accedió al trono bajo la tutela de su madre. En 1558 casó con Francisco II de Francia, de quien enviudó poco tiempo después. Volvió a su país para hacerse cargo del gobierno, lo cual provocó una rebelión en Escocia dirigida por un oponente al catolicismo de la reina, John Knox, quien recibió el apoyo de Inglaterra. La hostilidad entre Inglaterra y Francia, que apoyaba a María, concluyó con el acuerdo de Edimburgo en 1560, como resultado del cual la posición de la reina de Escocia quedó muy debilitada, ya que carecía de tropas y recursos para gobernar con efectividad sobre sus súbditos. María casó en segundas nupcias con el conde de Darnley en 1565, y tras el asesinato de éste, con Bothwell, de quien se

▲ *Miniatura medieval que representa el momento en el que los Reyes Magos presentan sus ofrendas al Niño Jesús, pintado en el regazo de la Virgen* **María**.

decía que era el asesino. Este comportamiento escandaloso acarreó una gran impopularidad a la reina y acabó por provocar una revuelta de la nobleza que en 1568 obligó a María a exiliarse en Inglaterra, donde su presencia alentó a los movimientos católicos contrarios a la reina Isabel. En 1569 se sublevaron los señores del norte del país, contrarios a la política del primer ministro Cecil, e Isabel se apresuró a detener y encarcelar a la reina fugitiva. Ello no detuvo a los conspiradores católicos, que tramaron varias conjuras, fallidas todas, para eliminar a Isabel e instalar en el trono a la católica María. En el plano internacional, el cautiverio de la reina de Escocia en Inglaterra implicó un enfriamiento de las relaciones con España, que fueron derivando hacia la hostilidad. Cuando Isabel optó por ejecutar a su prisionera, acusada de estar implicada en un nuevo complot, facilitó a Felipe II el pretexto que necesitaba para enviar contra Inglaterra a la Armada Invencible.

MARÍA ANTONIETA *(Viena, 1755-París, 1793) Reina de Francia.* Decimoquinta hija de los emperadores de Austria, Maria Teresa y Francisco I. En 1770 contrajo matrimonio con el delfín de Francia, Luis, que subió al trono en 1774 con el nombre de Luis XVI. No obstante, la nueva soberana de Francia nunca tuvo a su marido en gran estima, y mucho menos estuvo enamorada de él. Mujer frívola y voluble, de gustos caros y rodeada de una camarilla intrigante, pronto

◄ *María I Estuardo inmortalizada en el cuadro* María I Estuardo se dirige al patíbulo, *pintado por Scipione Vannutelli y que se conserva en el Museo de Arte Moderno de Florencia.*

▶ *La reina* **María Antonieta** *sentada en su escritorio, según un retrato realizado por L. L. Périn que se exhibe en el Museo de Bellas Artes de Reims, Francia.*

se ganó fama de reaccionaria y despilfarradora. Ejerció una fuerte influencia política sobre su marido y, en consecuencia, sobre todo el país. En 1781 tuvo a su primer hijo varón, y a partir de entonces residió en el palacio independiente de Trianon. Dejó de recibir en audiencia a la nobleza, acentuando la animadversión de las clases altas hacia su persona. Ignoró la crisis financiera por que atravesaba el país y desautorizó las reformas liberales de Turgot y Necker. No tuvo contemplaciones con las masas hambrientas que se concentraban ante el palacio de Versalles y envió contra ellas a sus tropas. El pueblo siempre pensó que su reina servía a los intereses austriacos. Puso al rey contra la Revolución, y fue apoyada en sus ideas monárquicas por Mirabeau y Barnave. Rechazó las posibilidades de acuerdo con los moderados y procuró que el rey favoreciese a los extremistas para enconar aún más la lucha. Al parecer, deseaba que estallase el conflicto bélico entre Francia y Austria, esperando la derrota francesa. En 1792 fue detenida y encarcelada junto a Luis XVI en la prisión del Temple. La Convención ordenó la ejecución del soberano el 21 de enero de 1793, mientras ella era trasladada a la Conserjería y separada de sus cuatro hijos. Condenada a la pena capital, murió en la guillotina el 16 de octubre de 1793.

MARÍA CRISTINA DE BORBÓN *(Palermo, actual Italia, 1806-Sainte Adresse, Francia, 1878) Reina de España (1829-1833).* Contrajo matrimonio con Fernando VII, tío suyo, y se enfrentó al infante Carlos María Isidro, que contaba con el apoyo de los sectores más reaccionarios, para defender los derechos al trono de su hija Isabel. Para ello no dudó en acercarse a posturas liberales. Tras la muerte de Fernando VII (1833) ejerció la regencia y tuvo que afrontar la primera guerra carlista, a pesar de lo cual su gobierno se encaminó cada vez más hacia tendencias absolutistas. En 1840 renunció a la regencia y marchó a Francia, desde donde auspició la conspiración contra Espartero. Después de la caída de éste en 1843, regresó a España con la pretensión de inmiscuirse en

▲ *María Cristina de Habsburgo-Lorena, segunda esposa de Alfonso XII y regente de España a la muerte de éste, en una pintura de Álvarez Catalá que se encuentra en el Ministerio de Hacienda de Madrid.*

la política del país; también intervino en algunos asuntos poco claros que favorecieron su rechazo entre el pueblo. Tras la revolución de 1854, se libró de ser juzgada gracias a la intervención de Espartero, que le permitió exiliarse en Francia.

MARÍA CRISTINA DE HABSBURGO-LORENA *(Gross-Seelowitz, actual República Checa, 1858-Madrid, 1929) Reina y regente de España.* Hija del archiduque Carlos Fernando de Austria y de Isabel, archiduquesa de Austria-Este-Módena. En 1879 se convirtió en la segunda esposa del rey Alfonso XII, tras enviudar éste de María de las Mercedes. No congenió muy bien con el extrovertido monarca a causa de su carácter tímido y tranquilo. Dado que cuando falleció el soberano (1885) se hallaba embarazada, asumió la regencia. Meses más tarde nació el futuro Alfonso XIII, quien se convirtió en la gran esperanza para el trono español. La reina, inexperta en los negocios de la política, se dejó asesorar por Sagasta, con quien acabaría trabando una estrecha amistad. María Cristina se guió por la sensatez y el equilibrio en sus diecisiete años de regencia. Durante este período se llegó al pacto del Pardo entre Cánovas y Sagasta, que instituyó el sistema de turnos pacíficos de ejercicio del poder entre liberales y conservadores y consolidó la Restauración. El papel de Cristina en el sistema de gobierno fue más bien anecdótico, ya que no participó en los enfrentamientos entre los partidos dinásticos y favoreció a Sagasta en largos períodos de gobierno liberal. Se promulgaron, entre otras, la Ley de Sufragio Universal y la Ley de Asociaciones. En sus últimos años de regencia se agravó el problema marroquí y se agudizó la conflictividad social. De esta época datan también los inicios del catalanismo político. Además, la pérdida de las tres últimas colonias hispanoamericanas en 1898 sumió al país en una grave crisis, que evidenció de manera clara la inoperancia del régimen de la Restauración. Su más ferviente deseo era traspasar la Corona a su hijo, deseo que vio cumplido en 1902, cuando Alfonso XIII alcanzó la mayoría de edad y fue proclamado rey de España.

◀ *Miniatura de un manuscrito del s. XIII del prólogo de* Ysopet, *donde* **María de Francia** *expone sus ideas sobre la creación literaria y su respeto por los clásicos.*

MARÍA DE FRANCIA *(? s. XII) Escritora francesa.* No se sabe casi nada de esta escritora, que únicamente afirma en una de sus obras que se llama María y que es de Francia. Probablemente de origen noble, parece que vivió en la corte de Inglaterra, donde Leonor de Aquitania había creado un centro de cultura francesa. Tradujo al latín algunas fábulas de Fedro, que agrupó bajo el nombre de *Ysopet* (h. 1170), y una narración de san Patricio sobre el purgatorio. Es conocida sobre todo por sus *Lais* (h. 1167), doce breves narraciones en verso de tradición bretona. Elegantes, poéticas y evocadoras, tratan temas amorosos y contienen numerosos elementos mágicos y fantásticos. María de Francia puso de moda este género literario, que se extendió rápidamente por la Europa de la época. Tras centurias de olvido, su obra fue redescubierta en el siglo XVIII.

MARÍA DE MÉDICIS *(Florencia, 1573-Colonia, actual Alemania, 1642) Reina de Francia.* Hija del gran duque de Toscana, en 1600 casó con Enrique IV rey de Francia, con quien no se llevó bien a causa de la vida disipada de éste. Tras el asesinato del monarca, María asumió la regencia del reino hasta que su hijo, Luis XIII alcanzase la mayoría de edad. Para gobernar se rodeó de personas de origen italiano, destituyó a Sully y dominó a los restantes ministros de Enrique IV, pero no pudo hacer lo mismo con el resto de los magnates del país, que se quejaban de no poder intervenir en las funciones de gobierno. Ello, unido a una política exterior considerada proespañola, provocó la unión de los grandes de Francia con los hugonotes protestantes, que empezaron a formar un ejército. La reina hubo de ceder ante la presión, y suscribió el tratado de

▲ **María de Médicis**, *reina de Francia tras su boda con Enrique IV, según un retrato de Rubens que se conserva en el Museo del Prado de Madrid.*

▶ **María de Molina**, *reina de Castilla y León, en un cuadro del s. XIII que se conserva en el monasterio de Las Huelgas Reales, en Valladolid.*

Sainte-Ménehould en 1614, pero tras ello maniobró hábilmente para impedir que los críticos fueran elegidos para los Estados Generales, beneficiándose de lo desorbitado de sus peticiones. La división de los críticos permitió a María disolver los Estados Generales en 1616, lo que unido a la boda del rey con una infanta española acabó por encender la revuelta de la nobleza y los hugonotes. Los ejércitos reales al mando de Richelieu actuaban con eficacia contra los rebeldes, cuando Luis XIII, cansado de que su madre gobernara sin consultarle a pesar de que él ya había asumido sus funciones, decidió eliminar al grupúsculo de poder italiano e hizo asesinar a Concini y ejecutar a Leonora Galigai bajo la acusación de brujería. La reina madre y Richelieu fueron desterrados al castillo de Blois, desde donde ella ejerció una dura oposición contra su hijo hasta la reconciliación en 1620; a partir de entonces trató de influir en el rey contra su antiguo colaborador, Richelieu, para que se aliase con España, pero fracasó en la Journé des Dupes, tras la cual ella y su otro hijo Gaston hubieron de exiliarse.

MARÍA DE MOLINA *(?, h. 1265-Valladolid, 1321) Reina de Castilla y León (1284-1295).* Hija del infante Alfonso de Molina y nieta de Alfonso IX de León, en 1281 contrajo matrimonio sin la preceptiva dispensa canónica con su primo Sancho, hijo de Alfonso X y heredero del trono castellano tras la muerte de su hermano mayor Fernando (1275). En 1284, el deceso de Alfonso X dio paso a la proclamación de Sancho IV como soberano de Castilla y

León y, en consecuencia, a la coronación de María de Molina como reina. El reinado de Sancho IV fue corto, puesto que el monarca murió en 1295, dejando un heredero de apenas nueve años, Fernando IV. La dudosa legitimidad de éste, fruto de un matrimonio entre primos contraído sin dispensa, provocó una cruenta guerra civil en Castilla y León, que enfrentó a los partidarios del joven soberano, proclamado rey en Toledo tras los funerales de su padre, contra sus ambiciosos tíos, los infantes Juan y Enrique, y contra los infantes de la Cerda, sus primos, apoyados por Jaime II de Aragón y Dionís de Portugal, cuyas tropas penetraron en territorio castellano (1296). Únicamente la tenacidad y la habilidad política de María de Molina, nombrada regente en el testamento de Sancho IV, permitieron rechazar la invasión extranjera, conjurar la crisis interna y afirmar los derechos de Fernando IV sobre el trono castellano, una vez que hubo llegado a Castilla la bula pontificia que legitimaba el matrimonio de María de Molina, seis años después de haber enviudado (1301). En el año 1312, sin embargo, la prematura desaparición de Fernando IV abrió un nuevo ciclo de luchas civiles y obligó a María de Molina a hacerse cargo de la regencia de Alfonso XI, su nieto, responsabilidad que compartió con los infantes Pedro y Juan y que mantuvo hasta su muerte.

MARÍA LUISA DE PARMA *(Parma, actual Italia, 1751-Roma, 1819) Reina de España.* Hija de Felipe, duque de Parma, en 1765 se casó con el príncipe de Asturias, futuro Carlos IV, coronado rey en 1788. Sobre éste ejerció una influencia determinante debido a sus propios intereses, en ocasiones caprichosos, que la llevaron a convertirse en una reina intrigante y, según diversas fuentes, depravada. La gran influencia que ejerció su amante Godoy tanto sobre ella como sobre el rey provocó el descontento popular y un grave conflicto con el príncipe de Asturias, Fernando, el futuro Fernando VII. Napoleón aprovechó la situación para intervenir en España, y forzó la abdicación de Carlos IV en su hijo Fernando (1808). María Luisa siguió a su marido al destierro, primero en Francia, confinados por Napoleón en Compiègne, y posteriormente en Roma, donde falleció pocos meses antes que el rey.

▲ *La emperatriz* **María Teresa de Habsburgo**, *con cuatro de sus hijos. Detalle de una pintura de Martin Van Huythens.*

▼ **María Luisa de Parma**, *en la época en que era princesa de Asturias, retratada por Mengs. El cuadro resalta la elegancia y el atractivo que caracterizaban a la esposa de Carlos IV.*

MARÍA TERESA DE HABSBURGO *(Viena, 1717-id., 1780) Archiduquesa y emperatriz de Austria y reina de Hungría y Bohemia (1740-1780).* Primogénita del emperador Carlos VI, recibió una completa y estricta formación, y desde que era una adolescente siguió muy de cerca los asuntos de Estado. En 1736 contrajo matrimonio con Francisco Esteban de Lorena. Cuatro años más tarde, tras la muerte de su padre y al no haber herederos varones, María Teresa ocupó el trono. Prusia, Francia, Baviera y Sajonia contestaron los derechos de la joven, y se desencadenó la guerra de Sucesión austriaca, entre 1741 y 1748. El conflicto se saldó con la pérdida de Silesia, la firma de la paz de Aquisgrán y el reconocimiento de María Teresa como emperatriz. Posteriormente se alió con Catalina de Rusia y abandonó las antiguas alianzas de los Habsburgo, en un intento de reconquistar Silesia que desembocó en la guerra de los Siete Años (1756-1763). Dirigente de notable capacidad política y típico ejemplo de soberana ilustrada, fue asistida por los ministros Haugwitz y Kaunitz y por su hijo José II, con quien gobernó a partir de 1765.

MARÍA TUDOR *(Greenwich, Inglaterra, 1516-Londres, 1558) Reina de Inglaterra e Irlanda.* Hija de Enrique VIII y Catalina de Aragón, a la que la historiografía tradicional anglosajona ha presentado como un ser cruel y despiadado. Siendo de formación católica, son comprensibles las suspicacias que su acceso al trono originó en la sociedad inglesa, cada vez más cercana al protestantismo. Su intención fue en todo momento restablecer el catolicismo en Inglaterra, por lo que abolió muchas de las leyes promulgadas por Eduardo VI y encarceló a los obispos protestantes. En 1554 casó con Felipe, heredero de la Corona española e hijo del emperador Carlos I, quien esperaba establecer una alianza con Inglaterra para aislar a Francia siguiendo las directrices políticas tradicionales entre los Austria. Este enlace fue muy mal acogido por los protestantes ingleses, que vieron en él la alianza con el principal adalid del Papado: la monarquía hispana. Ya cuando se anunció, se produjo una rebelión en Kent alentada por el embajador francés y encabezada por sir Thomas Wyatt, que fue aplastada y a la cual siguió una dura represión, que se cebó en las clases populares. La presencia de Felipe y la comitiva española no hizo sino encrespar los ánimos, aunque parece que los propios castellanos recomendaron prudencia y moderación a la reina, frente a la actitud agresiva y revanchista de los obispos británicos. Tras la partida de Felipe, a partir de 1555 la política de restauración de la antigua Iglesia del cardenal Pole enfureció más aún a los protestantes, a lo cual se unió la desastrosa marcha de la guerra con Francia, a la que María se había lanzado en alianza con su esposo; mientras las tropas de éste triunfaban en los campos de batalla, los ingleses perdían Calais frente a los franceses al mando del duque de Guisa. Este disgusto tuvo graves repercusiones en la salud de María, cuya muerte evitó una nueva sublevación.

MARIANA DE AUSTRIA *(Viena, 1634-Madrid, 1696) Reina de España y regente (1665-1675).* Hija del emperador Fernando III de Alemania fue esposa de su tío Felipe IV y madre de Carlos II, en nombre del cual fue regente entre 1665 y 1667. La toma de decisiones que implicaba la regencia se convirtió para ella en una tarea angustiosa a causa de su ignorancia en los asuntos de Estado y de su carácter desconfiado. Pese a que contaba con el asesoramiento de una junta de gobierno, depositó su confianza en los consejos del padre Nithard y de su favorito, Fernando de Valenzuela. Juan José de Austria, hijo bastardo de Felipe IV, se enfrentó a la soberana y a su amante para hacerse con el poder, objetivo que consiguió en 1676 gracias al apoyo de la aristocracia. Mariana pasó a residir en Toledo hasta la muerte de Juan José de Austria, en 1679. Regresó a Madrid y ejerció una gran influencia sobre Carlos II.

MARINETTI, FILIPPO TOMMASO *(Alejandría, 1876-Bellagio, Italia, 1944) Escritor italiano.* Estudió en Italia, Suiza y Francia, donde residiría varios años. Fundador y principal teórico del movimiento futurista italiano, en cuyo primer manifiesto (1909) defendió la ruptura de los esquemas literarios tradicionales y proclamó la necesidad de un arte capaz de expresar los valores de velocidad, fuerza y juventud que caracterizaban la moderna sociedad industrial. Autor comprometido, celebró la Primera Guerra Mundial como poema futurista en sí misma y fue más tarde propagandista de la ideología fascista, que concebía como una extensión natural de las ideas futuristas. De su obra poética destacan *Poemi simultanei futuristi* (1933) y *L'esercito italiano, poesia armata* (1942), y en prosa *Novelle con le labbra tinte* (1930) y *Patriottismo insetticida* (1939).

◀ *Retrato de **María Tudor**, reina de Inglaterra e Irlanda. El detalle de la mano que sostiene la rosa no suaviza la expresión adusta de la reina.*

MARIO, CAYO *(Arpinus, hoy Arpino, actual Italia, 156 a.C.-Roma, 86 a.C.) General y político romano.* Procedente de una familia humilde, destacó en el ejército de Escipión *el Joven* en Hispania. En el 119 a.C. fue tribuno de la plebe y en el 107 a.C. fue elegido cónsul y dirigió las operaciones en

▼ Filippo Tommaso Marinetti, poeta parolibero. *Esta obra, pintada en 1929 por E. Pampolini, refleja el espíritu de **Marinetti**, el fundador del futurismo italiano.*

Numidia contra Yugurta, al cual logró capturar, con la ayuda de Sila, en el 105 a.C. Ante la amenaza planteada por la invasión de los cimbrios y los teutones, Mario fue elegido cónsul cinco años seguidos, del 104 al 100 a.C., ambos inclusive, algo sin precedentes en la historia legal romana, período durante el cual reformó el ejército y derrotó a los invasores. Años más tarde, enfrentado a Sila y al Senado, se vio forzado a huir a África cuando las tropas de su antiguo lugarteniente entraron en Roma. Mario volvió a Roma en el 86 a.C., llamado por Cinna, y llevó a cabo una terrible represalia contra el Senado.

MARIOTTE, EDME *(Dijon, Francia, 1620-París, 1684) Físico francés.* Padre prior del monasterio de Saint-Martin-sous-Beaune, fue miembro fundador en 1666 de la Academia de las Ciencias de París. En su obra *Discurso sobre la naturaleza del aire* introdujo la posibilidad de pronosticar el tiempo atmosférico basándose en las variaciones barométricas. En 1676 formuló la ley de Boyle de forma independiente y más completa que éste, al establecer que la presión y el volumen de un gas son inversamente proporcionales si se mantiene constante su temperatura, principio que actualmente se conoce como ley de Boyle-Mariotte. En sus estudios acerca de la fisiología de las plantas, observó que en éstas la presión de la savia podría compararse a la de la sangre en los animales.

MARIVAUX, PIERRE-CARLET DE CHAMBLAIN *(París, 1688-id., 1763) Escritor francés.* Tras estudiar derecho y publicar varias novelas sin éxito, en 1720 fundó la revista *Le Spectateur Français.* A partir de ese mismo año empezó a escribir comedias moralizadoras y satíricas en las que empleaba a menudo personajes de la commedia dell'arte italiana. En estas comedias, entre las que destacan *La sorpresa del amor* (1722) y *El juego del amor y del azar* (1730), hizo gala de un lenguaje preciosista y una aguda penetración psicológica. También es autor de dos novelas importantes, aunque inacabadas: *La vida de Mariana* (1731) y *El paisano enriquecido* (1735). En 1759 fue nombrado presidente de la Academia Francesa.

MARK, TWAIN → Twain, Mark.

MARLBOROUGH, JOHN CHURCHILL, DUQUE DE *(Ashe, Inglaterra, 1650-Windsor, id., 1722) Militar inglés.* Inició su carrera militar en Flandes en la década de 1670. Cuando estalló la Revolución Gloriosa optó por apo-

▲ *Pierre* **Marivaux***, visto por Van Loo en un cuadro que se encuentra en la Comedia Francesa de París. Aunque el escritor se dio a conocer como novelista, su fama se la dieron sus obras dramáticas.*

▼ *La leyenda sobre la vida del dramaturgo inglés Christopher* **Marlowe** *ha sido siempre tan famosa como su obra literaria, que algunos ven como antecedente de la de Shakespeare.*

yar a Guillermo III, aunque al cabo de un tiempo cambió su alianza y mantuvo contactos con Jacobo II, lo que le costó ser encarcelado en la Torre de Londres. Tras recuperar el favor real, se convirtió en el comandante en jefe de las tropas británicas que combatieron en la guerra de Sucesión española, en la que desempeñó un papel destacadísimo. En 1704 destruyó un ejército francés en la batalla de Blenheim, y salvó de esta manera a Viena del avance de las tropas de Luis XIV. En años sucesivos repitió su éxito al vencer a los franceses en Ramillies (1706), Oudenarde (1708) y Malplaquet (1709), con lo que se reforzó el papel de gran potencia de Gran Bretaña. Merced a esta formidable carrera militar, Marlborough se convirtió en una de las personalidades más influyentes de su país.

MARLOWE, CHRISTOPHER *(Canterbury, Inglaterra, 1564-Deptford, id., 1593) Dramaturgo y poeta inglés.* El misterio que rodea su vida ha dado lugar a numerosas leyendas sobre su persona y su obra. La más sorprendente es la que le atribuye la autoría de los dramas de Shakespeare: la aparición de éste en escena justo después de la muerte de aquél, y la semejanza de algunos versos y procedimientos formales, ha llevado a algunos a aventurar la hipótesis de que la muerte de Marlowe, supuesto agente secreto de la Corona inglesa, fue sólo una argucia para librarlo de sus numerosos enemigos. Declarado oficialmente muerto, habría proseguido su labor como escritor a través de la figura de un actor de segunda fila, que no sería otro que Shakespeare. Sin entrar a discutir el posible fundamento de tales teorías, lo cierto es que Marlowe fue el primer gran autor de teatro inglés, aunque su carrera literaria sólo se extendiera por espacio de seis años. Hijo de un zapatero, se desconocen detalles de su primera infancia y juventud. A los quince años estudiaba en la Escuela Real de Canterbury, y dos años más tarde en la Universidad de Cambridge, donde en 1584 obtuvo el grado de bachiller en artes. Sus prolongadas ausencias de las aulas fueron motivadas por sus actividades como agente secreto de la Corona inglesa. Licenciado en 1587, ese mismo año se trasladó a Londres, donde dio a conocer su primera obra dramática: las dos partes de *Tamerlán el Grande.* De carácter violento, en 1589 fue acusado de asesinato y poco más tarde de ateísmo, blasfemia y sodomía. Marlowe murió en una oscura reyerta, poco después de que fuera dictada orden de arresto contra su persona por conspiración. Junto a la obra citada, su producción incluye los dramas *Dido, reina de Cartago* (1594), *Eduardo II* (1594), *La masacre de París* (1594), *Doctor Fausto* (1601) y *El judío de Malta* (1633), y los poemas *El pastor apasionado* (1599) y *Hero y Leandro* (1598), éste inacabado.

MAROTO, RAFAEL *(Lorca, España, 1783-?, Chile, 1847) Militar español.* De origen noble, participó en la guerra de la Independencia, destacando su actuación en el sitio de Zaragoza. Fue enviado al Perú al mando del regimiento de Talavera, para combatir la insurrección indígena y restablecer el dominio español. Enviado a Chile para sofocar la revolución, logró inicialmente una sucesión de victorias que permitieron restaurar la autoridad española. Sin embargo, fue vencido por San Martín en Chacabuco en 1817. Pasó a Lima, siendo nombrado general en jefe del ejército del Perú, que en 1824 acabó capitulando tras la derrota de Ayacucho. Maroto, que había ascendido a mariscal de campo, regresó a España, donde continuó su carrera militar y fue nombrado comandante general de Asturias y de Toledo. Cuando estalló la insurrección carlista, se adhirió al bando del pretendiente. Fue destituido por sus diferencias con los asesores de don Carlos y abandonó España. Sin embargo, ante las dificultades militares, don Carlos lo llamó de nuevo en 1838. Como comandante en jefe, intentó reorganizar las tropas en las Vascongadas, pero tropezó de nuevo con la intrigante camarilla que había conspirado contra él, y que pretendía levantar en su contra a su propio regimiento. Esta nueva confabulación le obligó a ejecutar a los dirigentes militares que habían planeado la estrategia. Sin embargo, en esta ocasión Carlos expulsó de las filas de su partido a los enemigos de Maroto y confirmó a éste en su cargo. Ante la desmoralización y el agotamiento de sus hombres, Maroto intentó poner fin a la guerra por todos los medios. Pese a que no todas sus condiciones fueron aceptadas, firmó con Espartero el convenio de Vergara (1839). Posteriormente fue nombrado capitán general del ejército isabelino y formó parte del Tribunal Supremo de Guerra y Marina.

MARSHALL, ALFRED *(Londres, 1842-Cambridge, id., 1924) Economista británico.* Estudió en la Merchant Taylor's School y el St. John's College de Cambridge, donde se licenció en matemáticas en 1865. Fue profesor de economía política en el Balliol College de Oxford (1883-1885) y en

The Tragicall History of the Life and Death of Doctor FAVSTVS.

With new Additions.

Written by Ch. Mar.

Printed at London for *John Wright*, and are to be sold at his shop without Newgate, 1624.

▲ *Portada de una edición de la* Trágica historia del doctor Fausto, *de Christopher* **Marlowe**, *impresa en Londres en 1624. En ésta basó el alemán Goethe su famosa obra.*

▼ *Retrato anónimo de* Rafael **Maroto**. *El militar español participó en la guerra de la Independencia española y posteriormente fue uno de los más destacados generales en la lucha contra los insurgentes chilenos.*

la Universidad de Cambridge (1885-1908). Convirtió Cambridge en la principal facultad de economía de los países de habla inglesa, y tuvo como discípulos a importantes economistas, como Pigou o Keynes. Su labor docente se basaba en las teorías de Ricardo y Stuart Mill complementadas con las aportaciones del marginalismo, especialmente de Karl Menger y Léon Walras, conciliando las teorías ricardianas con las de la escuela austriaca. De espíritu abierto, con una sólida formación matemática, histórica y filosófica, introdujo en sus enseñanzas las críticas a la Escuela Clásica inglesa (principalmente, Smith, Ricardo, Malthus y Stuart Mill) procedentes del historicismo alemán y del socialismo, así como también de la escuela marginalista. El resultado de sus esfuerzos fue la denominada «síntesis neoclásica», base de la teoría económica moderna. En 1890 publicó su obra capital, *Principios de economía*, que durante muchos años fue el principal libro de texto en las facultades de todo el mundo. En el primer volumen de la obra compaginó conceptos de la economía clásica como riqueza, producción, trabajo, capital o valor con aportaciones de la escuela marginalista como utilidad y utilidad marginal. A los agentes de la producción (tierra, trabajo, capital) añadió un nuevo factor, el de la organización industrial. En el segundo volumen realizó una exposición del funcionamiento de los mercados, un análisis de la oferta y la demanda y expuso su teoría del equilibrio general, de la formación de la oferta, la incidencia de los monopolios y la distribución de la riqueza nacional. Los problemas más destacados que analizó fueron el de la formación de los precios y la distribución de la renta. En el primer caso estableció como determinantes del valor de un bien tanto el coste de producción como la utilidad. A partir del valor del bien, la formación de los precios vendría dada por la confluencia de la oferta y la demanda; la primera, determinada por los costes de producción, y la segunda, por la utilidad marginal. Así mismo estableció una relación entre precio y cantidad demandada cuya sintaxis gráfica (curvas de oferta y de demanda) sigue vigente hoy día. En relación a la oferta realizó un análisis de los costes de producción y la forma en que las empresas se adaptan a las cantidades demandadas a corto y largo plazo. A este respecto definió como «nivel óptimo de producción» de una empresa aquel que permitía la obtención del máximo beneficio, que se produciría en el punto de equivalencia entre coste marginal y precio de mercado. Acuñó el término «excedente del consumidor» para definir la mayor utilidad que un sujeto obtiene en el intercambio de bienes. Introdujo el factor tiempo en el análisis de la formación de los precios así como en el de las distintas formas de mercado (competencia perfecta y monopolio), diferenciando el corto del largo plazo en función de la naturaleza de los costes. A largo plazo, el coste de producción fija las condiciones de equilibrio entre oferta, demanda y precio. A corto plazo, la oferta es fija y no puede influir sobre los precios ni adaptarse a la demanda. En el análisis del mercado introdujo nuevos conceptos de gran poder explicativo, tales como «elasticidad de la demanda, cuasirrenta, bien complementario y bien sustitutivo, economías externas y economías internas», etc.

MARSHALL, GEORGE CATLETT (*Uniontown, EE UU, 1880-Washington, 1959*) *Político y militar estadounidense.* Hijo de un comerciante, cursó estudios en el Virginia Military Institute, en Lexington, donde se graduó en 1901. Poco después ingresó en el ejército y fue destinado a Filipinas, donde permaneció hasta 1903. Durante la Primera Guerra Mundial combatió en Francia; al término de la confrontación bélica fue ayudante del general John J. Pershing. Tras el estallido de la Segunda Guerra Mundial fue nombrado jefe del Estado Mayor, y como tal dirigió las operaciones militares estadounidenses y representó a Washington en las conferencias de paz de Casablanca, Washington, Quebec, El Cairo y Teherán. En 1947 fue nombrado secretario de Estado, y aquel mismo año propuso el llamado Plan Marshall para la reconstrucción europea. Bajo su mandato se aprobó la creación del Estado de Israel y se establecieron las primeras negociaciones para la creación de la OTAN. En 1950 el presidente Truman lo nombró secretario de Defensa. El año 1953 le fue otorgado el Premio Nobel de la Paz en reconocimiento de sus esfuerzos en pro de la recuperación económica europea y la consolidación de la paz.

MARTÍ, JOSÉ (*La Habana, 1853-Dos Ríos, Cuba, 1895*) *Político y escritor cubano.* Nacido en el seno de una familia española con pocos recursos económicos, a la edad de doce años empezó a estudiar en el colegio municipal que dirigía el poeta Rafael María de Mendive, quien se fijó en las cualidades intelectuales del muchacho y decidió dedicarse personalmente a su educación. El jo-

▲ *El secretario de Defensa de Estados Unidos, George **Marshall**, en una conferencia de prensa en la que justificó la participación de las tropas de la ONU durante la guerra de Corea.*

«*Con los pobres de la tierra/ quiero yo mi suerte echar:/ el arroyo de la sierra/ me complace más que el mar.»*

José Martí
Versos sencillos

▼ *Portada del segundo volumen de las obras completas de José **Martí**, líder de la independencia cubana, que aparece retratado a la izquierda de la imagen.*

ven Martí pronto se sintió atraído por las ideas revolucionarias de muchos cubanos, y tras el inicio de la guerra de los Diez Años y el encarcelamiento de su mentor, inició su actividad revolucionaria: publicó una gacetilla, *El Diablo Cojuelo*, y poco después un periódico, *La Patria Libre*, que contenía su poema «Abdala». A los diecisiete años fue condenado a seis de cárcel por su pertenencia a grupos independentistas. Realizó trabajos forzados en el penal hasta que su mal estado de salud le valió el indulto. Deportado a España, en este país publicó su primera obra de importancia, el drama *Adúltera*. Inició en Madrid estudios de derecho y se licenció en derecho y filosofía y letras por la Universidad de Zaragoza. Durante sus años en España surgió en él un profundo afecto por el país, aunque nunca perdonó su política colonial. En su obra *La República Española ante la Revolución Cubana* (1873) reclamaba a la metrópoli que hiciera un acto de contrición y reconociese los errores cometidos en Cuba. Tras viajar durante tres años por Europa y América, acabó por instalarse en México. Allí se casó con la cubana Carmen Sayas Bazán, con la que tuvo un hijo, al que dedicó su poemario *Ismaelillo*. Poco después, gracias a la paz de Zanjón, que daba por concluida la guerra de los Diez Años, se trasladó a Cuba. Deportado de nuevo por las autoridades españolas, temerosas ante su pasado revolucionario, se afincó en Nueva York y se dedicó por completo a la actividad política y literaria destacando en sus artículos periodísticos para los periódicos *La Nación*, de Buenos Aires y *El Nacional*, de Caracas. Desde su residencia en el exilio, se afanó en la organización de un nuevo proceso revolucionario en Cuba, y en 1892 fundó el Partido Revolucionario Cubano y el periódico *Patria*. Se convirtió entonces en el máximo adalid de la lucha por la independencia de su país. Dos años más tarde, tras entrevistarse con el generalísimo Máximo Gómez, logró poner en marcha un proceso de independencia. Pese al embargo de sus barcos por parte de las autoridades estadounidenses, pudo partir al frente de un pequeño contingente hacia Cuba. Fue abatido por las tropas realistas cuando contaba cuarenta y dos años. Sus poemas, trabajos periodísticos, literatura infantil, así como su epistolario, son uno de los patrimonios culturales más importantes de la literatura latinoamericana del siglo XIX. Figura simera del modernismo en América Latina, Martí es, junto a Bolívar y San Martín, uno de los principales protagonistas del proceso de emancipación de Hispanoamérica.

MARTÍN DÍAZ, JUAN → Empecinado, el.

MARTIN DU GARD, ROGER *(Neuilly-sur-Seine, 1881- Bellême, 1958) Novelista francés.* Estudió en la École de Chartres, donde obtuvo el título de archivero-paleógrafo. Tras una fallida tentativa previa, en 1908 concluyó *Devenir*, su primera novela. Cinco años más tarde publicó *Jean Barois*, obra escrita a raíz del caso Dreyfuss en la que aborda el tema del conflicto entre razón y fe. Combatiente en la Primera Guerra Mundial, al regreso del frente acometió la tarea de redactar *Los Thibault*, obra que tardó diecisiete años en escribir. Aunque la narración sigue el modelo de la gran novela francesa del siglo XIX, *Los Thibault* ocupa un lugar de privilegio en las letras francesas de la primera mitad del siglo XX. Refugiado en Niza durante la Segunda Guerra Mundial, inició otra obra de envergadura, *Diario del coronel Maumort*, que dejó inconclusa. En 1937 fue galardonado con el Premio Nobel de Literatura.

MARTÍNEZ CAMPOS, ARSENIO *(Segovia, 1831- Zarauz, España, 1900) Militar y político español.* A los veintiocho años comenzó a forjar su fama de militar profesional en la primera guerra de África, en la que combatió a las órdenes del general Prim. Acabada ésta, participó en la campaña de México de 1862. Al estallar la revolución liberal de 1868, sin intención de entrar en el juego de las rivalidades políticas, solicitó el traslado a Cuba. Poco antes se había producido allí el levantamiento conocido como el Grito de Yara a raíz de una abusiva subida de impuestos. Martínez Campos participó en la lucha contra los insurrectos hasta 1872, año en que fue repatriado con el grado de brigadier. Proclamada la Primera República, el gobierno lo nombró gobernador de Cataluña, donde, implicado ya en el campo político, comenzó a conspirar en favor de la restauración monárquica. El 29 de diciembre de 1874 se pronunció en Sagunto y proclamó a Alfonso XII rey de España. No obstante el protagonismo de su participación en la restauración de la monarquía, el soberano no lo incorporó al gobierno y lo puso al frente de la campaña contra los carlistas, quienes se habían alzado nuevamente en armas en Cataluña y Navarra. Tras la derrota carlista, fue nombrado capitán general en 1876, y al año siguiente, Cánovas lo envió a Cuba, donde continuaba el conflicto con los rebeldes. El 3 de noviembre llegó a La Habana al frente de 25 000 hombres y, con el capitán general Joaquín Jove-

▶ *El general Arsenio* **Martínez Campos***, artífice de la restauración borbónica en España, según F. Madrazo, en un cuadro que se encuentra en el Palacio del Senado de Madrid.*

▼ *Tras regresar a España, después de su campaña en Cuba,* **Martínez Campos** *presidió, en 1879, un gobierno conservador, pero sus desavenencias con Cánovas provocaron su salida del Partido Liberal Conservador. La falta de cohesión interna del partido en que había militado el general es satirizada en este dibujo del semanario malagueño* El país de la Olla.

llar, emprendió una vasta ofensiva militar que combinó con gestos favorables a la negociación política. Después de que sus tropas apresaran a Tomás Estrada Palma, presidente de la República cubana, y matasen a Eduardo Machado, el 10 de febrero de 1878 firmó con los rebeldes Emilio Luaces y Ramón Roa la paz de Zanjón. De vuelta en España, en 1879 presidió un gobierno con-

servador que cayó al poco tiempo a raíz de sus discrepancias con Cánovas del Castillo. Pasó entonces a las filas del partido Liberal-Fusionista de Práxedes Mateo Sagasta, quien en 1881 le confió el ministerio de Guerra. En el desempeño de esta cartera fundó la Academia General Militar. En 1885, poco antes de la muerte de Alfonso XII, al parecer éste le encargó la mediación entre los jefes de los dos partidos dinásticos. Fruto de esta intervención y de los acuerdos a que llegaron Cánovas del Castillo y Sagasta se estableció el sistema de alternancia entre liberales y conservadores en el ejercicio del poder. Más tarde ocupó las capitanías generales de Castilla la Nueva y Cataluña. En 1893, siendo capitán general de esta última, fue objeto en Barcelona de un atentado anarquista fallido, a raíz de la represión que había desatado contra organizaciones obreras. A finales del mismo año intervino en la breve guerra de Melilla y en 1895, ante el recrudecimiento de la guerra de emancipación en Cuba, fue enviado nuevamente a la isla, pero en esta ocasión sus tácticas no dieron resultado. Tras negarse a aplicar métodos represivos más violentos, regresó a España y se retiró de la vida pública.

MARTÍNEZ DE IRALA, DOMINGO *(Vergara, España, 1509-Asunción, actual Paraguay, 1556) Conquistador y colonizador español.* Marchó a América en 1535, enrolado en la expedición de Pedro de Mendoza, y al año siguiente participó en la primera fundación de Buenos Aires. Poco después, exploró junto a Juan de Ayolas los ríos Paraná y Paraguay y fundó la ciudad de Candelaria, de la que fue nombrado lugarteniente. Posteriormente se trasladó a Asunción, y desde allí partió a la cabeza de una expedición ordenada por el adelantado y gobernador del Río de la Plata, Álvar Núñez Cabeza de Vaca, en busca de la sierra de la Plata. Durante la misma, Martínez de Irala conspiró contra el adelantado en varias ocasiones, hasta que en 1544 consiguió enviarlo prisionero a España y quedar como teniente de gobernador. En 1543 fundó la Ciudad de los Reyes en el Chaco, y llegó hasta el Alto Perú. Cuando regresó a Asunción en 1549, se encontró con que había sido depuesto de su cargo, en el que fue repuesto en 1552, cuando el rey lo nombró gobernador del Río de la Plata.

MARTÍNEZ DE LA ROSA, FRANCISCO *(Granada, 1787-Madrid, 1862) Político y escritor español.* Estudió filosofía en la Universidad de Granada, de la que llegó a ser catedrático. Con el estallido de la guerra de Inde-

▲ Cristo de la clemencia, *escultura religiosa de Juan* **Martínez Montañés** *que se conserva en la catedral de Sevilla.*

▼ San Martín abandona las armas, *fresco pintado por Simone* **Martini** *en la basílica inferior de San Francisco de Asís.*

pendencia emigró a Londres, donde publicó sus primeros escritos. De regreso a España fue elegido diputado por Granada en las Cortes de 1813 y ministro de Estado en 1822, pero la reacción absolutista le obligó a trasladarse a Francia. Al morir Fernando VII se encargó de nuevo del gobierno y promulgó el Estatuto Real (1834), lo que le enemistó con los reaccionarios y provocó un nuevo exilio en París. A partir de 1843 volvió a desempeñar altos cargos y fue embajador en París en dos ocasiones, presidente del Congreso y del Consejo de Estado. Además de su actividad política fue un notable dramaturgo y poeta. Su obra quedó recopilada en *Obras literarias,* publicada en 1827.

MARTÍNEZ MONTAÑÉS, JUAN *(Alcalá la Real, España, 1568-Sevilla, 1649) Escultor español.* Es una figura sobresaliente de la escultura en madera policromada, la técnica escultórica que alcanzó mayor desarrollo en la España de los siglos XVI-XVII. Su nombre y el de Gregorio Fernández suponen los puntos culminantes de este arte peculiar, que respondió al ambiente de piedad y devoción característico de la Contrarreforma. De ambos, el último capitalizó la escuela castellana de la talla en madera, mientras Martínez Montañés fue la cabeza visible de la escuela andaluza o sevillana. Llevó a cabo una producción vastísima, religiosa en su totalidad con la única excepción de un busto de Felipe IV (perdido), que debía servir de modelo para la estatua ecuestre encargada al italiano Pietro Tacca. El *Cristo de la clemencia* y *La Inmaculada Concepción* de la catedral de Sevilla se cuentan entre sus estatuas más admiradas. Pero su obra maestra es el retablo mayor del monasterio de San Isidoro del Campo, en Santiponce, que incluye las magníficas figuras orantes de Alonso Pérez de Guzmán *el Bueno* y doña María Alonso Coronel. Su obra influyó en escultores como Alonso Cano y Juan de Mesa, de quienes fue maestro, y también en los principales pintores de la escuela sevillana del siglo XVII, entre ellos Velázquez y Zurbarán. Pacheco mantuvo con él una estrecha relación y a menudo policromó sus estatuas.

MARTINI, SIMONE *(Siena, actual Italia, h. 1285-Aviñón, Francia, 1344) Pintor italiano.* Fue el creador más destacado de la escuela sienesa después de Duccio, y el mejor intérprete del estilo gótico en la pintura italiana. Debió de formarse en el círculo de Duccio, pero desarrolló de manera muy personal la linealidad del estilo de su maestro y le añadió un gran interés por los efectos de perspectiva, reflejo de las tendencias vigentes en la época. Su estilo apenas evolucionó a lo largo de toda su vida, desde su primera obra documentada, el gran fresco de la *Majestad* del Palacio Público de Siena. Hizo un uso decorativista de la línea y del color, y fue un creador genial de composiciones elegantes y amables, imbuidas de armonía y refinamiento. En 1317 se trasladó a Nápoles, al servicio de Roberto de Anjou, para quien pintó un destacado retablo inspirado en un tema familiar: el hermano de Roberto, Luis de Tolosa, que acababa de ser canonizado, aparece coronándolo como rey de Nápoles. Entre 1319 y 1325 ejecutó varias obras religiosas para otras tantas iglesias, y en 1328 realizó el retrato del condotiero Guidoriccio da Fogliano en el Palacio Público de Siena, un extraordinario retrato ecuestre en el que destaca la figura grandiosa y solitaria del condotiero sobre un fondo de paisaje evanescente; la modernidad de esta obra ha llevado, en fechas recientes, a discutir su atribución a Martini, por considerarla de época posterior. De 1333 data la famosísima *Anunciación*, en la que se ha querido ver la síntesis perfecta de su estilo delicado y esteticista. En la misma época se fechan los frescos sobre la *Vida de san Martín* en la iglesia inferior de Asís. En la corte papal de Aviñón, donde residió desde 1340 hasta su muerte, llevó a cabo sus últimas obras. Allí conoció a Petrarca, para el cual pintó el frontispicio para un manuscrito de Virgilio que era propiedad del poeta, y un retrato de su amada Laura que se ha perdido. De la importancia de Simone Martini en su tiempo da cuenta Ghiberti en sus escritos.

MARTINŮ, BOHUSLAV *(Polička, actual República Checa, 1890-Liestal, Suiza, 1959) Compositor checo.* La tradición musical checa de los Smetana, Dvorak y Janacek tiene en Martinů a su mejor representante en el siglo XX. Paradójicamente, en 1910 había sido expulsado de la Escuela de Órgano de Praga por su falta de aplicación. La base de su técnica musical la adquirió más adelante, como violinista de la Filarmónica Checa, entre 1913-1914 y 1918-1923. En 1923 marchó a París, donde empezó a darse a conocer como compositor. En 1940 se estableció en Estados Unidos y en 1953 en Suiza. Autor prolífico, aunque vivió la mayor parte de su vida alejado

▲ *Retrato de juventud del compositor Bohuslav Martinů, reconocido como uno de los principales maestros de la música contemporánea checa.*

▼ *Frontispicio de la novela* Tirant lo Blanc, *de Joanot Martorell. La obra del escritor valenciano supera las novelas de caballerías al uso, con un verismo poco usual.*

de su patria, los ecos de su tierra natal checa están presentes a lo largo de toda su producción. Adscrito al neoclasicismo, cultivó todos los géneros, destacando en el escénico con óperas como *Julieta* (1938), *Mirandolina* (1954) y *La pasión griega* (1959), y ballets como *Spalícek* (1931). Extraordinario orquestador, no pueden dejar de mencionarse sus seis sinfonías y obras como *Frescos de Piero della Francesca* (1955).

MARTORELL, BERNAT *(Sant Celoni, actual España, 1390-Barcelona, 1452) Pintor y miniaturista catalán.* Se sabe que fue hijo de un carnicero de Sant Celoni y que tuvo un taller de pintura en la calle Regomir de Barcelona, el más concurrido desde la muerte de Lluís Borrassà hasta la aparición de Jaume Huguet. Trabajó para gremios, corporaciones e instituciones religiosas y no recibió, en cambio, encargos regios. Su ocupación fundamental fue la pintura, pero no desdeñó tareas menores, como la decoración de telas o la realización de modelos para vidrieras. Fue, además, un excelente miniaturista, que dejó, entre otras obras, un delicado *Libro de horas*. El retablo de *San Pedro de Púbol* es la única obra suya que ha podido documentarse con seguridad y, a partir de ella, se le han atribuido otras creaciones agrupadas anteriormente bajo la personalidad del Maestro de Sant Jordi. El retablo de Púbol es una obra que se enmarca en el gótico internacional y corresponde al período de madurez del artista. Sin abandonar nunca los cánones del gótico internacional, Martorell incorporó en algunas de sus creaciones posteriores rasgos franco-flamencos, como la fantasía y la riqueza descriptiva; esta última confiere un singular atractivo al retablo de *La Transfiguración* de Barcelona, una de sus obras más admiradas. Entre sus obras restantes, la más destacada es el retablo de *San Jorge* (disperso en la actualidad), en el que da muestras de un lirismo extraordinario.

MARTORELL, JOANOT *(Gandía, actual España, 1413/1415-id., 1468) Caballero y escritor valenciano.* Poco se sabe sobre su vida, excepto que procedía de una familia noble y que fue nombrado caballero, tal como atestigua un documento de 1433. Se conservan así mismo las letras de batalla que intercambió en 1437 con un primo suyo, Joan de Monpalau, en las que le retaba en duelo en razón del incum-

▲ *De izquierda a derecha: Groucho, Chico, Harpo y Zeppo, los hermanos* **Marx**, *en el cartel de una de sus películas más famosas,* Sopa de ganso, *realizada en 1933.*

HERMANOS MARX

OBRAS MAESTRAS

Los cuatro cocos (*The Coconuts*, 1929); *El conflicto de los Marx* (*Animal Crackers*, 1930); *Pistoleros de agua dulce* o *Naderías* (*Monkey Business*, 1931); *Plumas de caballo* (*Horse Feathers*, 1932); *Sopa de ganso* (*Duck Soup*, 1933); *Una noche en la ópera* (*A Night at the Ópera*, 1935); *Un día en las carreras* (*A Day at the Races*, 1937); *Los hermanos Marx en el Oeste* (*Go West*, 1940); *Una noche en Casablanca* (*A Night in Casablanca*, 1946).

plimiento por parte de éste de su promesa de casamiento con la hermana del escritor. Finalmente, en 1438 Martorell decidió buscar un juez que los emplazara para el duelo, y lo encontró en Enrique VI de Inglaterra, por lo que emprendió viaje a Londres. Una vez allí, el duelo fue aplazado por la intervención de destacados personajes de la corte valenciana, y más tarde se alcanzó un acuerdo económico para resolver la querella. Martorell aprovechó para permanecer un año en la corte inglesa, donde mantuvo contacto con caballeros de toda Europa y tuvo la oportunidad de traducir al catalán una versión francesa de la novela *Guy de Warwich*, que tituló *Guillem de Vàroic*. A su regreso, protagonizó un nuevo cruce de letras de batalla, esta vez con el comendador Gonçal d'Íxer, que se resolvió ante la jurisdicción civil por influencia del rey de Navarra. En el *Guillem de Vàroic* se encuentran muchos elementos que aparecen en los primeros 39 capítulos de *Tirant lo Blanc*, obra maestra de Martorell y pieza fundamental en la evolución de la novela europea, que empezó a redactar en Valencia el 2 de enero de 1460. Novela de aventuras caballerescas, la trama se articula en una estructura equilibrada y compleja, donde se alternan pasajes que van desde relatos puramente de batalla hasta disquisiciones de tono más reflexivo y carácter doctrinal, narrados con gran número de recursos prosísticos y con un dominio del lenguaje que abarca muy diversos niveles expresivos.

MARX, HERMANOS; CHICO [Leonard] (*Nueva York, 1887-Hollywood, EE UU, 1961*), **HARPO** [Adolph Arthur] (*Nueva York, 1888-Hollywood, 1964*), **GROUCHO** [Julius] (*Nueva York, 1890-Los Ángeles, 1977*), **GUMMO** [Milton] (*Nueva York, 1892-Palm Springs, EE UU, 1977*) y **ZEPPO** [Herbert] (*Nueva York, 1901-Palm Springs, 1979*) *Artistas cómicos estadounidenses*. De madre alemana y padre francés, los cinco hermanos iniciaron su carrera artística actuando en el vodevil con su madre, que era hija de los dueños de una compañía de cómicos ambulantes. Formados como músicos, Chico, Harpo, Groucho y Zeppo, junto a su madre y a su tía, actuaron bajo el nombre de *Las Seis Mascotas*, y más adelante, el de los *Los Cuatro Ruiseñores*. El quinto hermano, Gummo, colaboró con ellos en todos sus trabajos, pero nunca actuó en sus filmes. Al fin, ya con la denominación de *Los hermanos Marx*, se introdujeron en el medio cinematográfico, aunque sin abandonar jamás un estilo altamente influido por su primigenia formación teatral. Su primera película data del año 1929. De la primera serie de filmes interpretados por Chico, Harpo, Groucho y Zeppo, tal vez el más famoso sea *Sopa de ganso* para la Paramount. Zeppo, el hermano menor, se retiró en 1935; a diferencia del resto de sus hermanos, solía interpretar el papel de galán, sin vertiente cómica alguna. Chico, Harpo y Groucho continuaron juntos y firmaron un contrato con la Metro-Goldwyn-Mayer, para la que hicieron tres películas, la primera de las cuales, *Una noche en la ópera*, se convirtió en un éxito arrollador. Otros tres grandes clásicos de su filmografía son *Un día en las carreras*, *Los hermanos Marx en el Oeste* y *Una noche en Casablanca*. Rodaron su última película juntos en 1949, año que el trío se disolvió. Groucho fue el único hermano que continuó activo en el cine, además de escribir algunos libros, entre ellos su autobiografía, lo que también haría Harpo. Una de las claves humorísticas de los Marx consiste en la asimilación por parte de cada uno de ellos de una identidad bien caracterizada, que se repite en todos los filmes: Chico, con su acento italiano, encarna al pillo de barrio; su hermano inseparable es Harpo, el mudo, que viste desastradamente con una gabardina, lleva una peluca rubia, se expresa a bocinazos, persigue a las mujeres sin cesar y es el rey del caos; pero, sin duda, el más agudo y brillante es Groucho, quien, con su grueso bigote pintado y un sempiterno puro, persigue todo el filme a la viuda rica interpretada por Margaret Dumont. Otro elemento habitual son los momentos en que Chico y Harpo muestran su sensibilidad para la música e interpretan melodías para piano y arpa, respectivamente. Las escenas de los filmes de los Marx son siempre un atropello de incongruencias e ironías, con un comportamiento de los actores ante la cámara desquiciado y absurdo, y un ritmo trepidante. Sin embargo, por encima de todo destaca la genialidad de sus diálogos: los comentarios humorísticos son surrealistas, hilarantes, aunque muchas de las emblemáticas frases pronunciadas por Groucho en estos filmes contienen una buena dosis de sarcasmo y crítica de lo establecido. El estilo caótico pero inteligente de los Marx ha tenido destacada influencia en humoristas y comediógrafos de la talla de Woody Allen o los Monty Python.

MARX, KARL *(Tréveris, actual Alemania, 1818-Londres, 1883) Filósofo, economista y político alemán.* Hijo de un abogado de formación y tendencias moderadamente ilustradas y liberales, a los diecisiete años inició la carrera de derecho en la Universidad de Bonn, pero a partir de su traslado a la de Berlín inició un progresivo viraje hacia la filosofía y la historia. El pensamiento de Hegel dominaba el ambiente intelectual berlinés, y hacia 1837 Marx formaba ya parte del grupo conocido como los hegelianos de izquierda, que aplicaba la filosofía de Hegel como un instrumento crítico para el análisis de la sociedad. Tras una serie de colaboraciones periodísticas para *La Gaceta Renana*, se convirtió en jefe de redacción de la misma (1842). Por aquella época tuvo conocimiento del movimiento obrero francés y británico y del socialismo y del comunismo utópicos. En 1843, la censura cerró *La Gaceta* y Marx se sumó a la emigración política alemana en París, donde conoció a Heine, Proudhon y Engels, y se casó con Jenny von Westphalen. Publicó entonces dos escritos decisivos en la evolución de su pensamiento: *Crítica de la filosofía hegeliana del derecho* y *Sobre la cuestión judía*. Su distanciamiento respecto del sistema hegeliano era ya evidente. En 1845 se vio obligado a abandonar París rumbo a Bruselas, y dos años después se instaló en Londres. En colaboración con Engels, desarrolló las líneas principales de su materialismo dialéctico, descrito a menudo como un hegelianismo invertido, en *La sagrada familia, La ideología alemana* y el *Manifiesto comunista* (escrito en 1847 y publicado en 1848). En estas obras formula la distinción fundamental entre superestructura (las institu-

ciones y las formas ideológicas) e infraestructura (el sistema de relaciones de producción y apropiación del producto social), cuya relación dialéctica determina la evolución de la historia, aunque él dé prioridad a la última, que concibe como el motor de la historia; en el *Manifiesto* afirma que esta evolución está marcada en todo momento por la dominación de clase, y que se halla necesariamente abocada, por su propio movimiento dialéctico, a la desaparición de esta dominación en el comunismo. Dado que tal proceso es necesario, el sentido de la obra de Marx es propiciar la realización efectiva de esta tendencia, aunque era consciente de que en último término dependía de las condiciones reales, y en este sentido se enfrentó a menudo al voluntarismo revolucionario. En Marx, el trabajo teórico corrió siempre paralelo a la acción política y concreta: miembro de la Liga de los Comunistas, al llegar las revoluciones de 1848 pasó a Alemania, pero ante el fracaso de las revueltas volvió a Londres, adonde llegó tras ser expulsado de París. La Liga de los Comunistas se disolvió en 1850, y se entregó a la preparación del material de lo que habría de constituir *El capital*, que experimentaría numerosos cambios respecto a los proyectos iniciales. En 1864 se fundó en Londres la Primera Internacional y Marx pronunció el discurso inaugural, redactó los estatutos y dirigió el órgano directivo, desde el que se enfrentó a las críticas del anarquista Mijaíl Bakunin. Tras el fracaso de la Comuna parisina de 1871, la influencia de la Primera Internacional disminuyó. Engels, que se había trasladado a Londres el año anterior, entró a formar parte del consejo general de la Internacional, con lo que alivió a Marx de

▲ *Retrato que muestra la imagen más clásica de Karl **Marx**, el filósofo y economista fundador del socialismo científico y defensor de la revolución proletaria.*

> «*Los filósofos no han hecho más que interpretar el mundo de diferentes maneras; lo que importa es transformarlo.*»
>
> Karl Marx
> *Tesis sobre Feuerbach*

▼ **Marx** y Engels en el taller de la Nueva Gaceta Renana, *obra de E. Chapiro que se conserva en el Museo Marx-Engels de Moscú.*

parte de su trabajo e hizo posible que éste se retirase en 1873 de la actividad pública y dedicara los esfuerzos que le permitía su quebrantada salud a proseguir la redacción de *El capital*. El fallecimiento de su mujer y el de su hija minaron las pocas fuerzas que le quedaban y precipitaron su fin.

MASACCIO [Tommaso di Giovanni di Mone Cassai] *(San Giovanni Valdarno, actual Italia, 1401-Roma, 1428) Pintor italiano.* La carrera artística de Masaccio es interesante, primero, por la sorprendente relación entre la brevedad de su vida (murió a los veintisiete años) y la importancia, además de relativa abundancia, de sus creaciones, y segundo, por su aportación decisiva al Renacimiento, ya que fue el primero en aplicar las reglas de la perspectiva científica. Masaccio se trasladó a Florencia cuando aún era muy joven, y en 1422 figuraba inscrito en el gremio de pintores de esta ciudad. Nada se sabe de lo que hizo hasta entonces y con quién se formó. Se le vinculaba tradicionalmente con el taller de Masolino, pero en la actualidad se cree que no fue en él donde se formó, sino que se incorporó como colaborador ya formado. Su primera obra documentada, el tríptico de *San Juvenal* (1422), es una creación que supera plenamente el gótico. En el posterior políptico para el Carmine de Pisa (1426), la composición a base de pocas figuras esenciales y la plasmación natural de la luz definen un estilo característico, que se despliega plenamente en su obra maestra: el ciclo de frescos sobre la *Vida de san Pedro* y la *Expulsión del Paraíso*, que pintó para la capilla Brancacci de Santa Maria del Carmine, en Florencia, en colaboración con Masolino. Las figuras de Adán y Eva expulsados del Paraíso son prototípicas de la concepción que Masaccio tenía de la pintura, basada en la masa y el volumen de las figuras, en una única fuente de luz y en la representación científica de la perspectiva. La importancia de estos frescos fue tal que todos los grandes pintores posteriores, incluidos Leonardo, Rafael y Miguel Ángel, los estudiaron. Probablemente, en 1428, Masaccio realizó su última obra: un fresco de la *Trinidad* en Santa Maria Novella, que ha pasado a la posteridad como un ejemplo emblemático de perspectiva y composición. Poco después de acabar esta pin-

▲ *El compositor de* Cavalleria rusticana*, Pietro **Mascagni**, fotografiado en 1898 con su inseparable cigarro.*

▼ Trinidad, *fresco pintado por **Masaccio** hacia 1427 en la iglesia de Santa Maria Novella de Florencia. Es de destacar el orden geométrico, en triángulo isósceles, de las figuras.*

tura, Masaccio se trasladó a Roma, donde murió de repente, se ha llegado a decir que por envenenamiento. Era una figura prácticamente desconocida, pero su obra no tardó en proyectarlo al primer plano de la actualidad y ejerció una gran influencia durante el Renacimiento.

MASCAGNI, PIETRO *(Livorno, Italia, 1863-Roma, 1945) Compositor y director de orquesta italiano.* Como en el caso de su coetáneo Ruggero Leoncavallo, autor de *I pagliacci*, sólo una ópera entre las escritas por Pietro Mascagni, *Cavalleria rusticana*, ha sobrevivido al paso del tiempo. Obra, como aquélla, de juventud, escrita en 1888, con ella su autor se convirtió en uno de los principales adalides de la corriente verista que dominó la escena lírica italiana entre la última década del siglo XIX y las dos primeras del XX, y que se caracterizó por la descripción de ambientes y situaciones extraídos de la vida cotidiana, en ocasiones con un alto contenido melodramático. Marcado por el éxito de esa partitura, ninguna de sus composiciones posteriores consiguió hacerse un lugar entre las preferencias de los melómanos, aunque sería injusto no mencionar títulos como *L'amico Fritz* (1891), que gozó de un favor relativo, *Iris* (1898) o *Lodoletta* (1917). Partidario de Mussolini, durante el régimen fascista desempeñó un papel de notable relevancia en la vida musical italiana.

MASCARENHAS, PEDRO *(?-Túnez?, 1535?) Navegante y descubridor portugués.* En el marco de la política de impulsar los viajes de exploración y navegación iniciada con la fundación de la Casa da Índia (1499), que tenía por objetivo controlar el comercio colonial, Mascarenhas dispuso de una flota de varios barcos con la que emprendió una serie de viajes exploratorios por las costas del norte de África y de Mozambique. En 1507, cuando se dirigía a la India, sus naves descubrieron la isla Mauricio, ubicada en el Índico occidental, y tomó posesión de ella. En el curso de viajes posteriores, Pedro Mascarenhas descubrió la isla Reunión (1513) y una serie de islotes (Rodrigues y Cargados), conjunto de islas conocido actualmente con el nombre de Mascareñas. El prestigio logrado con sus viajes y descubrimientos le valió ser nombrado gobernador de la India en 1527. De su actividad posterior se sabe que participó en una nueva expedición a Túnez en el año 1535, al término de la cual falleció.

MASIP, VICENTE JUAN → Juan de Juanes.

MASSENET, JULES *(Montaud, Francia, 1842-París, 1912) Compositor francés.* A los nueve años de edad, fue admitido como alumno en el Conservatorio de París. Los años de estudio en esta institución se vieron culminados en 1863 con la concesión del prestigioso Gran Premio de Roma, que permitía a los galardonados residir durante una temporada en la Villa Médicis de la capital italiana. A su regreso a París, Massenet compuso sus primeras óperas, *La coupe du roi de Thulé* (1866) y *Le Grand-Tante* (1867), pero su consagración como músico dramático no llegaría hasta el estreno, en 1884, de *Manon*, compuesta sobre la célebre historia de Manon Lescaut que también inspiraría a Puccini algunos años más tarde. A esta ópera le sucedieron otros títulos importantes como *Le Cid* (1885), *Esclarmonde* (1889), *Werther* (1892), *Thaïs* (1894), *Chérubin* (1905) y *Don Quichotte* (1910).

MASTROIANNI, MARCELLO *(Fontana Liri, Italia, 1924-París, 1996) Actor cinematográfico italiano.* De orígenes modestos, realizó estudios de arquitectura en Roma. Durante la Segunda Guerra Mundial fue internado en un campo de concentración alemán. Descubierto para el teatro por Luchino Visconti, trabajó bajo su dirección entre 1944 y 1947, año en que realizó su debut en el cine. A lo largo de su carrera, Mastroianni intervino en más de un centenar de filmes, que abarcan géneros muy diversos, gracias a su amplio registro interpretativo. Alternó, sobre todo, la comedia comercial con el cine de autor. En este sentido, tuvo ocasión de trabajar con algunos de los directores europeos de mayor renombre internacional, como Louis Malle (*Vida privada*, 1962), Vittorio De Sica (*Matrimonio a la italiana*, 1964) y Federico Fellini, con el que mantuvo una fructífera relación artística que se tradujo en filmes como *La dolce vita* (1960), *Ocho y medio* (1963) y *Ginger y Fred* (1986).

▲ Marcello **Mastroianni** y Anita Ekberg en una escena de La dolce vita, realizada por Federico Fellini. Esta película hizo de Mastroianni uno de los actores más populares del cine europeo.

▼ Margaretha G. Zelle, llamada **Mata Hari**, ataviada con exóticas vestiduras. La fotografía muestra la belleza y sensualidad que hicieron legendaria a esta bailarina y espía holandesa.

MATA HARI [Margaretha Geertruida Zelle] *(Leeuwarden, Países Bajos, 1876-Vincennes, Francia, 1917) Bailarina y aventurera holandesa.* Hija de un sombrerero, se casó en Amsterdam con Rudolf Campbell McLeod, con quien marchó a Java y Sumatra. Al parecer tuvo dos hijos y uno de ellos murió envenenado por su niñera. Tras divorciarse después de cinco años de matrimonio, probablemente a causa del alcoholismo de su marido, es posible que recibiera una oferta de trabajo de la oficina de contraespionaje británica. Zelle se convirtió en Mata Hari («ojo del día»), una exótica bailarina de danzas hindúes y javanesas, de gran atractivo, aunque, al parecer, con escasas aptitudes. Durante la Primera Guerra Mundial, se cree que Mata Hari utilizó sus encantos para seducir a militares de alto rango y obtener de ellos información que luego pasaba, según la tesis de los servicios secretos franceses, a los alemanes, haciendo un doble juego. Fue por ello detenida y tras un proceso en el que no llegaron a presentarse pruebas concluyentes, fue fusilada en París el 15 de octubre de 1917. Antes de morir se despidió de los soldados del pelotón agitando la mano elegantemente.

MATAMOROS, MIGUEL *(Santiago de Cuba, 1894-?) Compositor y guitarrista cubano.* Considerado como uno de los mejores músicos de su país, compuso algunas de las canciones cubanas hoy más conocidas y populares, como *Lágrimas negras*, *Juramento*, *Son de la Loma* o *La mujer de Antonio*. Como guitarrista, dio mayor protagonismo a la guitarra en las interpretaciones del son y el bolero-son. Fue el líder del grupo Trío Matamoros, primero Trío Oriental, que formó con Rafael Cueto y Siro Rodríguez en 1925, y que se mantuvo hasta 1960, cuando ya había pasado a llamarse Conjunto Matamoros por la ampliación con nuevos integrantes. El grupo grabó sus primeras composiciones en 1928, en un estudio de Nueva York, y a partir de entonces no cesó en su labor de difundir la música cubana a lo largo de todo el continente americano.

MATEO, SAN *(s. I) Apóstol y evangelista.* La tradición cristiana le atribuye la autoría del primer evangelio sinóptico. Según se describe en los Evangelios (Mateo 9:9 y Marcos 2:14), Jesús le pidió que se uniera a sus seguidores, debido a lo cual fue duramente criticado, puesto que Mateo ejercía de recaudador de impuestos, por lo que no gozaba de las simpatías de sus conciudadanos. El Nuevo Testamento no aporta más detalles biográficos sobre su persona, si bien la tradición indica que evangelizó Judea y, posteriormente, fue misionero en Etiopía y Persia. Hay disparidad de criterios acerca de su muerte, y mientras algunas fuentes mencionan que murió martirizado, otras afirman que falleció de muerte natural. En 1808, en la iglesia de la ciudad italiana de Salerno se afirmó que se habían hallado sus restos. Su evangelio, escrito probablemente hacia el año 80, va dirigido a lectores palestinos o judíos crisitianizados y, por ello, familiarizados con el Antiguo Testamento. También por ello, pone especial empeño en demostrar que Jesús es el Mesías anunciado. No obstante, la crítica moderna rechaza atribuirle, al menos en su totalidad, dicho evangelio.

MATÍAS *(Viena, 1557-id., 1619) Rey de Hungría (1608-1618) y de Bohemia (1611-1617) y emperador de Alemania (1612-1619).* Hijo de Maximiliano II de Austria, fue gobernador de los Países Bajos entre 1578 y 1581, y más tarde se encargó del gobierno de Austria entre 1593 y 1606. Persona de carácter tolerante, apostó por el diálogo con los protestantes, a los que apoyó, cosa que fue mal vista por los sectores católicos más reaccionarios, que se agrupaban en torno a su primo Fernando de Estiria. Como gobernador de Austria tuvo un papel muy destacado en la lucha contra los turcos, a los que derrotó, gracias a lo cual el imperio quedó exento, por la paz de Zsitvatörök, del pago de los tributos a los otomanos. Para reforzar su poder frente a su hermano Rodolfo, hizo amplias concesiones religiosas a los protestantes de Hungría y Bohemia, lo cual le permitió apoderarse de estos territorios. Ya como emperador, con el apoyo de su consejero Klesl, intentó continuar con su política de acercamiento entre la Liga Católica y los Estados protestantes, pero fracasó.

MATISSE, HENRI *(Le Cateau-Cambrésis, Francia, 1869-Niza, id., 1954) Pintor y escultor francés.* Estudió derecho antes de trasladarse a París y dedicarse de lleno a su verdadera vocación: la pintura. Asistió a cursos en la Academia Julián y en 1892 ingresó en la Escuela de Bellas Artes, recibiendo clases en el taller del pintor simbolista Gustave Moreau, donde coincidió con

▲ *Titulado inicialmente* Mesa de postres *y conocido en la actualidad como* La habitación roja *o* Armonía en rojo, *este óleo, pintado por **Matisse** en 1908, se encuentra en el Ermitage de San Petersburgo.*

HENRI MATISSE

OBRAS MAESTRAS

EL TEJEDOR BRETÓN; LUJO, CALMA Y VOLUPTUOSIDAD (1904, Museo de Arte Moderno, París); *LA MUJER DEL SOMBRERO* (1905; col. Haas, San Francisco); *LA HABITACIÓN ROJA* (1908; Ermitage, San Petersburgo); *NATURALEZA MUERTA CON BERENJENAS; VISTA DE NOTRE DAME* (1914; Museum of Modern Art, Nueva York); *LOS MARROQUÍES; LA LECCIÓN DE PIANO* (1916; Museum of Modern Art, Nueva York); *VENTANA EN NIZA; ODALISCAS; LA DANZA* (1909-1910 y 1931-1932, óleo y planchas; Ermitage, San Petersburgo, y Museo de Arte Moderno, París); *LA BLUSA RUMANA; GRAN INTERIOR ROJO* (1948; Museo de Arte Moderno, París); *JAZZ* (1943-1946; Museo de Arte Moderno, París); capilla del Rosario de los dominicos de Vence, 1950.

Rouault, Camoin y Marquet, además de relacionarse también con los artistas Dufy y Friesz, discípulos de Pierre Bonnard. Al comienzo de su trayectoria artística practicó el dibujo del natural en un estilo más bien tradicional, como se aprecia en *El tejedor bretón*, y realizó copias en el Louvre. Más adelante pasó a pintar luminosos paisajes de Córcega y de la Costa Azul, dejándose llevar por los aires impresionistas de la época, y practicó esporádicamente el divisionismo. En algunas de sus figuras pintadas hacia fin de siglo está presente la influencia de Cézanne, pero a partir de 1905 su estilo se hizo más definido y pintó a la manera *fauve*, con lo que obtuvo cuadros impregnados de paz y armonía, como *Madame Matisse*, retrato de su mujer, *Lujo, calma y voluptuosidad* o *El marinero de la gorra*. Mediante zonas de color diferenciadas, tradujo la forma de los objetos y el espacio existente entre ellos, además de introducir arabescos y crear un ritmo característico en sus cuadros, como en *Las alfombras rojas*. Su uso del color fue de una gran sensualidad, aunque siempre muy controlada por una metódica organización estructural. Como él mismo declaró: «Sueño con un arte de equilibrio, de tranquilidad, sin tema que inquiete o preocupe, algo así como un lenitivo, un calmante cerebral parecido a un buen sillón». Otro de sus rasgos peculiares es la sensación de bidimensionalidad de cuadros como *La habitación roja* (o *Armonía en rojo*) o *Naturaleza muerta con berenjenas*, en los que la ilusión de profundidad queda anulada mediante el uso de la misma intensidad cromática en elementos que aparecen en primer o en último plano. En 1912 y 1913 viajó a Marruecos, donde la luz le inspiró cuadros sobre paisajes mediterráneos de gran colorido, como *Los marroquíes*. Hacia 1916 se inició un período en el que se percibe la influencia del movimiento cubista, de creciente importancia, que se traduce en un concepto más geométrico de las formas y una simplificación aún mayor, como en *El pintor y su modelo*. Hacia 1917 se instaló en Niza, conoció a Renoir, y su estilo se hizo más sutil. Produjo en este período algunas de sus obras más célebres, como *Ventana en Niza* y la serie de las *Odaliscas*, donde queda claramente plasmado el gusto de Matisse por la ornamentación y el uso de arabescos. En los años siguientes viajó por Europa y Tahití, donde concibió la obra en gran formato *La danza*. Hacia la década de 1940, el colorido de sus telas se tornó más atrevido, como en *La blusa rumana* y en el *Gran interior rojo*, antecedentes de los *gouaches* que realizó a finales de los años cuarenta, en los que cortaba y pegaba papeles coloreados. Es famosa en esta técnica su serie *Jazz*, de 1943-1946. En 1950 decoró la capilla del Rosario de los dominicos de Vence, en la obra que mejor expone su tendencia simplificadora hacia formas más planas. Realizó así mismo un gran número de dibujos a pluma e ilustraciones para escritores como Mallarmé y Joyce. En cuanto a sus grabados, el número de piezas alcanza las quinientas, entre litografías, aguafuertes y xilografías. También esculpió en bronce y colaboró escribiendo artículos para distintas revistas especializadas. En 1963 se abrió en Niza el Museo Matisse, que reúne gran parte de su obra.

MATTA, ROBERTO (*Santiago de Chile, 1911*) *Pintor chileno.* Se licenció en arquitectura en 1931 y entre 1934 y 1935 trabajó en París como asistente de Le Corbusier. Su formación tendría gran importancia en su obra posterior por el dominio en el tratamiento de las formas en el espacio. En 1935 decidió dedicarse exclusivamente a la pintura. A través de Federico García Lorca conoció a Dalí, que le presentó al teórico del surrealismo André Breton. Coincidió con este grupo en el interés por el subconsciente y en el papel del azar como motor creativo. En 1939 fue el primer surrealista en viajar a Estados Unidos, donde entró en contacto con los expresionistas abstractos, sobre los que ejercería una importante influencia. Fue apartado del grupo surrealista en 1947 por

▲ Madame Matisse, *óleo en el que Henri* **Matisse** *retrató a su mujer. El cuadro fue pintado en Collioure en 1905 y anunciaba la etapa fauvista del pintor francés.*

▼ *Retrato de Guy de* **Maupassant**. *El novelista francés, uno de los maestros del naturalismo literario, sobresale en sus cuentos y novelas cortas.*

razones nunca aclaradas, y readmitido en 1959. Paralelamente a su actividad pictórica, ha experimentado con diversos medios de creación altamente tecnificados, como la fotografía o el vídeo.

MATTHEWS, SIR STANLEY (*Henley, Reino Unido, 1915*) *Futbolista inglés.* Inició su carrera deportiva con la zamarra del Stoke City. En 1947 fue traspasado al Blackpool, equipo con el que logró el título de Liga seis años más tarde. En 1961, a los cuarenta y seis años de edad, regresó a su primer club. Continuó en activo, siempre en la primera división del fútbol inglés, hasta los cincuenta años. Considerado uno de los mayores jugadores de la historia, ocupó las posiciones de extremo derecho y delantero centro y destacó por su habilidad goleadora, fino regate y, en general, excelente técnica individual. En 1938 debutó en la selección inglesa, con la que jugaría en 54 ocasiones. En 1948 y 1963 fue nombrado mejor jugador inglés del año y en 1956 inauguró la lista de premiados con el galardón al mejor futbolista europeo del año, creado en dicha fecha. Tras retirarse como jugador, fue entrenador del Port Vale. En 1965 le fue otorgado el título de sir.

MAUPASSANT, GUY DE (*Miromesnil, Francia, 1850-Passy, id., 1893*) *Novelista francés.* A pesar de que provenía de una familia de pequeños aristócratas librepensadores, recibió una educación religiosa; en 1868 provocó su expulsión del seminario, en el que había ingresado a los trece años, y al año siguiente inició en París sus estudios de derecho, interrumpidos por la guerra francoprusiana y que reemprendería en 1871. En 1879, su padre logró que ingresara en el ministerio de Instrucción Pública, que pronto abandonó para dedicarse a la literatura, por consejo de su gran maestro y amigo G. Flaubert. Éste lo introdujo en el círculo de escritores de la época, como Émile Zola, Iván Turgueniev, Edmond Goncourt y Henry James. Su primer éxito, que apareció un mes antes de la muerte de Flaubert, fue el célebre cuento *Bola de sebo*, recogido en el volumen colectivo *Las noches de Medan* (1880). El mismo año publicó su libro de poemas, *Versos*. Afectado durante toda su vida de graves trastornos nerviosos, en 1892, tras un intento de suicidio en Cannes, fue ingresado en el manicomio de París, donde murió, después de dieciocho meses de agonía, de una parálisis general. Maupassant es autor de una extensa obra entre cuentos y novelas, en general de corte naturalista. De ellas cabe señalar: *La casa Tellier* (1881); *Los cuentos de la tonta* (1883); *Al sol, Las hermanas Roudoli* y *La señorita Harriet* (1884); *Cuentos del día y de la noche* (1885); *La orla* (1887); las novelas *Una vida* (1883), *Bel Ami* (1885) y *Pierre y Jean* (1888). Después de su muerte se publicaron varias colecciones de cuentos: *La cama* (1895); *El padre Milton* (1899) y *El vendedor* (1900).

MAUPERTUIS, PIERRE LOUIS MOREAU DE *(Saint Malo, Francia, 1698-Basilea, Suiza, 1759) Matemático y astrónomo francés.* En 1731 fue nombrado miembro de la Academia de las Ciencias de París, desde cuyo atrio se convirtió en uno de los más firmes defensores de la teoría de la gravitación de Newton. En 1736 dirigió una expedición a Laponia para medir la longitud de un arco de meridiano terrestre de 1° de longitud angular con tal de verificar la hipótesis newtoniana de que la Tierra es una esfera achatada por los polos. El éxito de la expedición le valió el ser nombrado miembro de la Academia de las Ciencias de Berlín y, más tarde, su presidente. En 1744 enunció el principio de la mínima acción a partir de la hipótesis de Fermat sobre el comportamiento de los rayos luminosos según la cual cuando la luz atraviesa varios medios de distinta densidad, sigue el camino por el cual el tiempo de recorrido es mínimo (camino óptico).

MAURICIO DE NASSAU *(Dillenburgo, Alemania, 1567-La Haya, Países Bajos, 1625) Estatúder de Holanda y Zelanda.* Hijo del jefe rebelde holandés Guillermo de Orange-Nassau, *el Taciturno,* y de su segunda esposa, Ana de Sajonia. A partir de 1584 tomó el mando de las tropas de las Provincias Unidas que luchaban contra Felipe II, y las reorganizó. Dividió las grandes formaciones de combate, los tercios, en unidades más pequeñas, dotadas de mayor flexibilidad, e incrementó su potencia al reorganizar la artillería y aumentar el número de armas de fuego, instituyendo la descarga bajo orden y la contramarcha. Conocedor del potencial humano de la monarquía española, estableció la recluta mediante leva. Estas reformas dieron sus frutos a lo largo de la década de 1590, cuando conquistó Breda, Nimega y Deventer. En 1600 desembarcó en Ostende y derrotó al archiduque Alberto de Austria en la batalla de las Dunas y, a continuación, conquistó Grave y La Esclusa. La firma de la tregua de los Doce Años (1609)

> *«Sea lo que fuere lo que se quiera decir, no hay más que una palabra para expresarlo, un verbo para animarlo y un adjetivo para calificarlo.»*
>
> Guy de Maupassant
> Pierre y Jean

ŒUVRES COMPLÈTES ILLUSTRÉES
DE
GUY DE MAUPASSANT

Bel-Ami

ILLUSTRATIONS DE FERDINAND BAC

PARIS
SOCIÉTÉ D'ÉDITIONS LITTÉRAIRES ET ARTISTIQUES
Librairie Paul Ollendorff
50, CHAUSSÉE D'ANTIN, 50
Tous droits réservés.

▲ *Portada de* Bel Ami, *novela de Guy de* **Maupassant** *que narra la ascensión social conseguida por un joven gracias a su atractivo para las mujeres.*

▼ *Ilustración en la que se representa a* **Maximiliano I** *(a la izquierda) en el acto solemne de aceptación de la Corona mexicana, en febrero de 1862.*

con España lo enfrentó a Johan van Oldenbarnevelt, jefe de gobierno de Holanda y representante de la alta burguesía. En 1618, tras la muerte de su hermano mayor Felipe Guillermo, Mauricio, en medio de una disputa religiosa, se convirtió en príncipe de Orange. Desde su nueva posición de fuerza, con el apoyo del campesinado y la pequeña burguesía, consiguió que Oldenbarnevelt fuera juzgado por traición y ejecutado en 1619. Cuando la tregua con España concluyó en 1621, reanudó las hostilidades y asumió el mando de las fuerzas holandesas, pero en esta ocasión sus esfuerzos no se vieron coronados por el éxito anterior.

MAURRAS, CHARLES *(Martigues, Francia, 1868-Saint-Symphorien, id., 1952) Escritor y político Francés.* De ideología conservadora, católica y monárquica, en 1908 fundó y dirigió junto con L. Daudet la revista *Acción francesa,* a través de la cual difundió su ideario antidemocrático durante la Tercera República. Propugnó un retorno a la tradición nacionalista y mediterránea y rechazó los desórdenes románticos. En los años veinte encabezó una dura oposición de derechas, y a partir de 1940 colaboró con el mariscal Philippe Pétain y el régimen de Vichy. Tras la liberación de Francia, en 1944, fue arrestado y condenado a muerte, pero se le conmutó la pena por la de cadena perpetua. Sus obras más conocidas son *Encuesta sobre la monarquía* (1900-1909), *Pour la défénse nationale* (1931), *Devant l'Allemagne éternelle* (1937) y *Au grand juge* (1948).

MAXIMILIANO I DE HABSBURGO *(Viena, Austria, 1832-Querétaro, México, 1867) Emperador de México (1864-1867).* Hijo del archiduque Francisco Carlos y de la archiduquesa Sofía, padres también del emperador Francisco José, ingresó muy joven en la marina, en la cual pensaba hacer carrera. En 1853 fue nombrado capitán de corbeta y al año siguiente comandante mayor de marina. En julio de 1857 contrajo matrimonio con la princesa Carlota, hija de Leopoldo I de Bélgica. Entre 1857 y 1859 fue gobernador del reino lombardo-véneto. En octubre de 1861, ante el anuncio de moratoria de pagos de la deuda externa declarado por Juárez, las potencias europeas con intereses en México, España, Francia y el Reino Unido, acordaron invadir el país y hacerse con el control de su gobierno. Para ello, Napoleón III convenció a Maximiliano de que aceptara el trono mexicano. En abril de 1864,

Napoleón III y Maximiliano firmaron el tratado de Miramar, por el cual el segundo se convertiría, tras renunciar a sus derechos al trono austriaco, en emperador de México. En el tratado, así mismo, se estipulaba que Francia se convertiría en garante de la seguridad y el mantenimiento de la monarquía, y que Maximiliano adoptaría una línea política claramente liberal, por más que fuera contraria a los intereses de la Iglesia. Sin embargo, la presión de Estados Unidos para que Francia abandonara México debilitó la presencia francesa y, a la postre, acabó por anularla, puesto que Napoleón III no quiso arriesgarse a un enfrentamiento con los estadounidenses. La salida francesa (1866) dio alas a Juárezquien combatió al Imperio desde sus inicios y mantuvo un gobierno de resistencia. Sitiado en Querétaro, Maximiliano fue fusilado por las tropas republicanas.

MAXIMILIANO I DE WITTELSBACH *(Munich, 1573-Ingolstadt, actual Alemania, 1651) Duque y elector de Baviera.* Sucedió a su padre, el elector Guillermo V, tras su abdicación (1597). Educado por los jesuitas y jefe de los católicos alemanes, en 1609 fundó la Santa Liga para luchar contra los príncipes protestantes de la Unión Evangélica. En 1610, cuando comenzó la guerra de los Treinta Años, llamó a Tilly para dirigir su ejército, el cual derrotó al protestante Federico V de Bohemia en la batalla de la Montaña Blanca en 1620. Maximiliano consiguió de esta manera el Palatinado junto con la dignidad electo-

▲ *El emperador alemán* **Maximiliano II**, *pintado por Antonio Moro en 1551, en un cuadro que se conserva en el Museo del Prado de Madrid.*

▼ *Ejemplar francés del tratado de Westfalia, por el que* **Maximiliano I** *consiguió para él y para sus herederos el electorado de Baviera.*

ral y los dominios de Federico, tal como se estableció en la dieta de Ratisbona de 1623. La hostilidad de los príncipes del imperio indujo a Maximiliano a oponerse a Wallenstein, su jefe militar, pero cuando Gustavo Adolfo II de Suecia invadió Baviera, el año 1632, volvió a prestarle su apoyo y le cedió de nuevo el mando del ejército imperial. En 1647 firmó el armisticio de Ulm con Francia y Suecia, que supuso el paso previo al tratado de Westfalia de 1648, que puso fin a la guerra de los Treinta Años y por el cual se concedió a su familia el electorado a título hereditario y el Alto Palatinado pasó a Bohemia.

MAXIMILIANO II *(Viena, 1527-Ratisbona, actual Alemania, 1576) Emperador de Alemania (1564-1576).* A la muerte de su padre, Fernando I, se convirtió en emperador de Alemania y atrajo ciertos recelos del Papado por su actitud tolerante con los protestantes, ya que se había educado entre luteranos. Su política se basó en buscar un consenso entre la religión católica y la reformada, algo que no tuvo buenos resultados. En el exterior tuvo que enfrentarse a un serio conflicto con el Imperio Otomano: en 1566, el sultán Solimán *el Magnífico* marchó sobre Austria con un ejército de 300 000 hombres. La resistencia de la ciudadela de Szigeth detuvo el avance turco lo suficiente para que terminase el verano, lo cual, sumado a la muerte del sultán, eliminó el peligro. Aun así, Maximiliano tuvo que pagar un fuerte tributo económico para mantener la paz. Murió mientras preparaba una intervención militar en Polonia, con el objetivo de reclamar la Corona de este reino.

MAXIMILIANO II EMMANUEL *(Munich, 1662-id., 1726) Elector de Baviera.* Sucedió a su padre Fernando María y en 1685 contrajo matrimonio con María Antonia, hija del emperador Leopoldo I. En 1691 obtuvo el cargo de gobernador de los Países Bajos españoles, y posteriormente su hijo José Fernando fue designado heredero al trono de España. Sin embargo, cuando poco tiempo después éste falleció, las diferencias con la Corona de España llevaron al elector a aliarse con Francia en la guerra de Sucesión española. Los Wittelsbach se coligaron también con el elector de Colonia, el rey de Portugal Pedro II y Víctor Amadeo de Saboya, que integraban el bando favorable a Felipe V. La guerra, iniciada con la ocupación de la Lombardía por las tropas de Eugenio de Saboya, se extendió

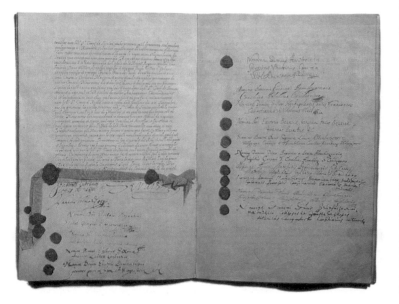

tras la intervención inglesa por toda Europa. El conflicto se saldó con la derrota de Maximiliano II ante el príncipe Eugenio, en 1704. El elector se vio entonces obligado a exiliarse en Francia, desde donde hubo de ver cómo Austria y el Palatinado se repartían sus territorios. En 1715, sin embargo, le serían devueltos.

MAXWELL, JAMES CLERK *(Edimburgo, 1831-Glenlair, Reino Unido, 1879) Físico británico.* Nació en el seno de una familia escocesa de la clase media, hijo único de un abogado de Edimburgo. Tras la temprana muerte de su madre a causa de un cáncer abdominal (la misma dolencia que pondría fin a su vida), recibió la educación básica en la Academia de Edimburgo, bajo la tutela de su tía Jane Cay. Con tan sólo dieciséis años ingresó en la universidad de esa misma ciudad, y en 1850 se trasladó a la de Cambridge, donde deslumbró a todos con su extraordinaria capacidad para resolver problemas relacionados con la física. Cuatro años más tarde se graduó en dicha universidad, pero el deterioro de la salud de su padre le obligó a regresar a Escocia y renunciar a una plaza en el prestigioso Trinity College de Cambridge. En 1856, poco después de la muerte de su padre, fue nombrado profesor de filosofía natural en el Marischal College de Aberdeen. Dos años más tarde se casó con Katherine Mary Dewar, hija del director del Marischal College. En 1860, tras abandonar la recién instituida Universidad de Aberdeen, obtuvo el puesto de profesor de filosofía natural en el King's College de Londres. En esta época inició la etapa más fructífera de su carrera, e ingresó en la Royal Society (1861). En 1871 fue nombrado director del Cavendish Laboratory. Publicó dos artículos, clásicos dentro del estudio del electromagnetismo, y desarrolló una destacable labor tanto teórica como experimental en termodinámica; las relaciones de igualdad entre las distintas derivadas parciales de las funciones termodinámicas, denominadas relaciones de Maxwell, están presentes de ordinario en cualquier libro de texto de la especialidad. Sin embargo, son sus aportaciones al campo del elecromagnetismo las que lo sitúan entre los grandes científicos de la historia. En el prefacio de su obra *Treatise on Electricity and Magnetism* (1873) declaró que su principal tarea consistía en justificar matemáticamente conceptos físicos descritos hasta ese momento de forma únicamente cualitativa, como las leyes de la inducción eléctromagnética y de los campos de fuerza, enunciadas por Michael

▲ *El físico británico James* **Maxwell**, *basándose en los resultados experimentales de Faraday, consiguió expresar en unas pocas fórmulas matemáticas las principales leyes del electromagnetismo.*

▼ *El cardenal Giulio* **Mazarino**, *hábil político y diplomático, en una miniatura de 1655 de Puget de la Serre que se guarda en la Biblioteca Mazarino de París.*

Faraday. Con este objeto, Maxwell introdujo el concepto de onda electromagnética, que permite una descripción matemática adecuada de la interacción entre electricidad y magnetismo mediante sus célebres ecuaciones que describen y cuantifican los campos de fuerzas. Su teoría sugirió la posibilidad de generar ondas electromagnéticas en el laboratorio, hecho que corroboró Heinrich Hertz en 1887, ocho años después de la muerte de Maxwell, y que posteriormente supuso el inicio de la era de la comunicación rápida a distancia. Aplicó el análisis estadístico a la interpretación de la teoría cinética de los gases, con la denominada función de distribución de Maxwell-Boltzmann, que establece la probabilidad de hallar una partícula con una determinada velocidad en un gas ideal diluido y no sometido a campos de fuerza externos. Justificó las hipótesis de Avogadro y de Ampère; demostró la relación directa entre la viscosidad de un gas y su temperatura absoluta, y enunció la ley de equipartición de la energía. Descubrió la birrefringencia temporal de los cuerpos elásticos translúcidos sometidos a tensiones mecánicas y elaboró una teoría satisfactoria sobre la percepción cromática, desarrollando los fundamentos de la fotografía tricolor. La influencia de las ideas de Maxwell va más allá, si cabe, de lo especificado, ya que en ellas se basan muchas de las argumentaciones tanto de la teoría de la relatividad einsteiniana como de la moderna mecánica cuántica del siglo XX.

MAZARINO, GIULIO *(Pescina, actual Italia, 1602-París, 1661) Cardenal francés de origen italiano.* Cursó estudios en España, en las universidades de Salamanca y Alcalá. A su regreso a Italia, resolvió, como enviado papal, la crisis de Mantua de manera favorable a los intereses de Francia. En 1639 se trasladó a Francia, donde se puso a las órdenes del cardenal Richelieu, quien se convirtió en su mentor influyendo para que le fuera concedido el capelo cardenalicio. Tras la muerte de Richelieu, y la de Luis XIII (1643), Mazarino, que presidía el Consejo de la Regencia, al ser Luis XIV menor de edad, se hizo cargo del gobierno de Francia y de la dirección de la guerra contra España y el Imperio Alemán. En estas labores gozó de la plena confianza de la reina Ana de Austria, con la cual le unía una profunda relación de afecto y amistad que suscitó muchas habladurías. En 1646, la reina le encomendó la educación de su hijo, tarea que realizó con sumo esmero. La política exterior de Mazarino se caracterizó por su convicción de que Francia debía resistir tanto tiempo como fuese posible la contienda, ya que la situación de España era tan delicada que acabaría derrumbándose, y negociar una paz prematura podía implicar la pérdida de muchos beneficios. Por ello, a pesar de la fuerte oposición generada por los impuestos, mantuvo al país en guerra. Sus cálculos fueron acertados, ya que al firmarse la paz de los Pirineos (1659), las condiciones fueron muy favorables para Francia, que obtuvo el Rosellón y extendió su frontera hasta el Rin. Mazarino, que aparecía como una persona de gustos refinados y amante del arte, fue uno de los políticos más astutos de su tiempo, carente de escrúpulos cuando lo exigía la situación.

MAZO, JUAN BAUTISTA MARTÍNEZ DEL *(Beteta, España, h. 1611-Madrid, 1667) Pintor español.* Nada se sabe de él hasta 1633, cuando contrajo matrimonio con la hija de Velázquez y comenzó una carrera palatina a la sombra de su suegro, a quien sucedió tras su muerte en el cargo de pintor de cámara. En 1647 hizo un viaje a Italia, pero su estilo es deudor sobre todo del de Velázquez, cuyos esquemas se vio obligado a imitar durante mucho tiempo en los retratos de corte, en los que se advierte una buena asimilación de la técnica de su maestro. Son más interesantes sus cuadros de paisajes, en los que desarrolló un estilo más personal, muy respetuoso con la realidad y animado por multitud de figuras tratadas con minuciosidad extrema. Obras de extraordinaria agudeza de observación son, entre otras, la *Vista de Zaragoza* y la *Cacería del Tabladillo.* En el *Arco de Tito,* sin embargo, se mostró más influido por el paisajismo romano.

MAZZINI, GIUSEPPE *(Génova, 1805-Pisa, id., 1872) Político italiano.* Nacido en el seno de una familia de ideas democráticas, su gran inteligencia le permitió acceder a la Universidad de Génova cuando contaba sólo catorce años. Se licenció en derecho a la edad de veintidós años, y empezó entonces a escribir artículos en revistas progresistas con la esperanza de convertirse un día en un novelista célebre. No obstante, sus ansias de libertad lo llevaron a seguir otro camino: entró a formar parte de la sociedad carbonaria, que aspiraba a derrocar el gobierno absolutista que dirigía Italia. En 1830, la policía lo encarceló por sus actividades revolucionarias, y permaneció tres meses en la prisión de Savona. Durante este tiempo revisó su ideario político y empezó a elaborar el concepto de un nuevo movimiento patriótico que reemplazara al decaído grupo carbonario. Tras ser liberado, se vio obligado a exiliarse en Marsella, donde pasó a ser el líder de los refugiados italianos. Desde allí escribió a Carlos Alberto, rey del Piamonte, instándole a expulsar a los austriacos de Lombardía-Venecia y de otros territorios italianos. El único resultado que consiguió fue que el rey lo amenazara con el arresto si regresaba a su país. Fundó el movimiento patriótico Joven Italia, que tuvo mucho éxito entre la juventud de su país, y cuyo objetivo principal era la proclamación de una República italiana unida. En 1833 participó en un fracasado intento de sublevación en el Piamonte, y Mazzini, que había logrado huir, fue condenado a muerte en rebeldía. Se desplazó a Suiza para escapar de la policía francesa, y en el país alpino fundó los movimientos Joven Europa, Joven Alemania, Joven Suiza y Joven Polonia, en concordancia con su idea de universalidad.

En 1848 regresó a Milán y se puso al mando de la resistencia contra los austriacos, junto con los seguidores de Garibaldi. Un año después se desplazó hasta Roma, donde se proclamó la República, tras expulsar al Papa. Sin embargo, antes de que Mazzini pudiera aplicar todo su programa (laicidad de las escuelas, redistribución de los bienes de la Iglesia) intervino Francia y el pontífice fue restaurado en el solio. Se exilió en Suiza y, más tarde, en Londres, de donde volvió para dirigir las rebeliones en Milán (1853) y Génova (1857), que fracasaron. Por último, Cavour, jefe del gobierno de Piamonte, en 1861 unificó Italia sin Venecia ni Roma, proclamó el reino de Italia y designó a Víctor Manuel II soberano de la nueva entidad. Diez años más tarde se culminó la unificación de Italia con la integración de Venecia y de Roma a este reino.

▲ *Retrato de Giuseppe* **Mazzini**. *Con Garibaldi y Víctor Manuel II, fue el gran artífice de la unificación italiana, culminada en 1870.*

> *«Samoa no conoce sino una forma de vida y la enseña a sus niños. Nosotros, que poseemos el conocimiento de muchas formas, ¿dejaremos a nuestros niños libertad de elección?»*
>
> Margaret Mead

▼ *Margaret* **Mead** *conversa con una niña. La antropóloga, defensora del «culturalismo», realizó sus investigaciones por medio de experiencias directas.*

MEAD, MARGARET *(Filadelfia, EE UU, 1901-Nueva York, 1978) Etnóloga estadounidense.* Profesora de la Universidad de Columbia, realizó numerosos trabajos antropológicos, principalmente en las islas de Samoa, Nueva Guinea y Bali. En 1928 publicó *Adolescencia y cultura en Samoa,* estudio del comportamiento sexual y familiar de esa sociedad. Trabajó en el Museo Americano de Historia Natural y publicó, entre otros ensayos, *El hombre y la mujer* (1949) y *Sexo y temperamento en tres sociedades primitivas* (1935). Fue una destacada defensora del culturalismo, orientación que privilegia los elementos culturales en la formación de la personalidad del individuo.

MÉDICIS, LORENZO DE, llamado *el Magnífico* (Florencia, 1449-Careggi, actual Italia, 1492) *Político y poeta florentino.* A la muerte de su padre, Piero di Cosimo (1469), heredó el poderoso banco de la familia y el gobierno de hecho de Florencia. A pesar de las maneras elegantes con que ejercía el poder, el autoritarismo que escondía llevó a la familia Pazzi, con el apoyo del papa Sixto IV y del rey de Nápoles, a promover en 1478 un atentado contra él y su hermano Giuliano; éste resultó muerto, pero Lorenzo sobrevivió y dirigió una terrible represalia contra los asesinos. Mecenas de las artes y las letras y poeta él mismo, llevó a la ciudad de Florencia a convertirse en una de las principales potencias italianas, para lo cual no dudó en actuar con dureza, tal como hizo durante la represión de la revuelta de Volterra. Demostró así mismo unas buenas dotes como diplomático, y consiguió un equilibrio con las ciudades rivales que se mantuvo hasta su muerte. Su hijo y heredero Piero fue, sin embargo, expulsado de la ciudad.

MEIJI, MUTSU-HITO (Kioto, Japón, 1852-Tokio, 1912) *Emperador de Japón (1867-1912).* Tras acceder al trono, y una vez que hubo caído el régimen shogunal, inició la era Meiji, en que el poder era ejercido de modo directo por el emperador. Sus intenciones modernizadoras y aperturistas quedaron reflejadas en la *Carta de los Cinco Artículos* de 1868. Como parte de este proceso, al año siguiente trasladó la capital de Kioto a Yedo, que fue rebautizada como Tokio, y allí anunció su propósito de acabar con el régimen feudal. En 1889 proclamó una nueva Constitución, que supuso el paso de la monarquía absoluta a una monarquía constitucional, sin bien el emperador concentraba todos los poderes; a pesar de que se le reconociera un origen divino, se establecía un consejo privado con la función de asesorarle. Durante su reinado, el país mantuvo guerras con China, entre 1894 y 1895, y con Rusia, entre 1904 y 1905, en las que obtuvo sendas victorias que elevaron a Japón a la categoría de potencia mundial.

▲ *Retrato de Lorenzo de* **Médicis**, *el Magnífico. Hábil político y gran mecenas de las artes, bajo su mando la ciudad de Florencia se convirtió en una potencia.*

▼ *Golda* **Meir**, *con expresión enérgica, fotografiada durante un discurso. Mujer de fuerte personalidad, se distinguió en su lucha en defensa del Estado de Israel.*

MEIR, GOLDA (Kiev, actual Ucrania, 1898-Jerusalén, 1978) *Política israelí de origen ucraniano.* Hija de un carpintero, emigró a Estados Unidos cuando tenía ocho años. Estudió magisterio y se casó a la edad de diecinueve años con Morris Meyerson. Por aquella época se hizo miembro activo de la Organización Sindical Sionista, en la que llegó a ocupar cargos de importancia. En 1921 emigró con su marido a Palestina, donde militó en organizaciones sindicales femeninas y más adelante se afilió al sindicato Histadrut y al partido laborista Mapai, en los que se le asignaron puestos de relevancia. Durante la Segunda Guerra Mundial fue portavoz de la causa sionista en las negociaciones con las autoridades británicas. Tras la proclamación del Estado de Israel, en 1948, fue firmante de la Declaración de Independencia de su país, y poco después pasó a ser la primera embajadora en Moscú. Fue ministra de Trabajo durante siete años y, posteriormente, de Asuntos Exteriores durante casi un decenio (1956-1966). Tras el fallecimiento de su marido, en 1956, cambió su apellido de casada, Meyerson, por el de Meir, que significa «iluminar» en hebreo. Durante dos años desempeñó la secretaría general del Histadrut. En 1969, a la muerte de Levi Eshkol, fue designada primer ministro por su partido, y formó un gobierno de coalición. Al principio, y bajo su dirección, el partido subió posiciones en las elecciones generales de 1969, pero cuatro años más tarde se produjo el descalabro: la polémica sobre la actuación de su gobierno durante la guerra del Yom Kippur (octubre de 1973), que se saldó con la victoria israelí, pero a costa de ingentes pérdidas para su ejército y la ruptura de los esfuerzos de Meir por acordar la paz con los países árabes, precipitaron su dimisión, siete meses después. Aun retirada, su figura mantuvo una notable importancia política en su país. Murió de leucemia, enfermedad que se le había diagnosticado en 1966.

MEITNER, LISE (Viena, 1878-Cambridge, Reino Unido, 1968) *Física alemana.* Tras doctorarse en la universidad de su ciudad natal (1906), se trasladó a Berlín, donde acudió a las clases de M. Planck y colaboró con el químico O. Hahn para llevar a cabo investigaciones sobre la radiactividad. La colaboración entre ambos duró casi treinta años, durante los cuales consiguieron por primera vez aislar el isótopo protactinio-231 y obtuvieron importantes resultados experimentales sobre el isomerismo nuclear y la radiación beta. A causa de su origen judío tuvo que emigrar a Suecia en 1938. Tras la obtención por parte de Hahn y F. Strassman de bario a partir de uranio bombardeado con neutrones, Meitner y su sobrino O. Frisch desarrollaron una explicación teórica de las características físicas del suceso y propusieron el término fisión para dar cuenta del mismo. Olvidada por la Fundación Nobel, que en 1944 concedió el galardón a Hahn, en 1966, sin embargo, compartió el prestigioso Premio Enrico Fermi con aquél y Strassman.

MELÉNDEZ VALDÉS, JUAN ANTONIO *(Ribera del Fresno, España, 1754-Montpellier, Francia, 1817) Escritor y magistrado español.* Cursó sus primeros estudios en Madrid, y prosiguió con la carrera de derecho en Salamanca (1772-1783). Pronto se abrió al influjo de los grandes escritores ilustrados, principalmente franceses (Voltaire, Rousseau). Fue nombrado catedrático en Salamanca el año 1781, y animado por Jovellanos publicó sus *Poesías* en 1875. Tras una estancia en Zaragoza, donde desempeñó diversos puestos, obtuvo el cargo de fiscal de Madrid (1797); fue en esta época cuando escribió sus *Discursos forenses.* A partir de entonces su vida se vio marcada por la política activa relacionada con el liberalismo y con sus ideas afrancesadas, y una intensa actividad literaria, destacable por un clasicismo tardío que hacía presagiar ya el inminente romanticismo; su aportación más destacada es la transformación del romance, del cual modificó la forma mediante la inclusión de una más amplia diversidad temática.

MÉLIÈS, GEORGES *(París, 1861 id., 1938) Director y productor de cine francés.* En 1895, fecha en que era director del Teatro Robert-Houdin e ilusionista profesional, asistió al estreno de las primeras películas de los hermanos Lumière, inventores del cinematógrafo. Convencido de las posibilidades de futuro del invento, adquirió una cámara cinematográfica, construyó unos estudios en los alrededores de París y se volcó en la producción y dirección de películas. Entre 1899 y 1912 realizó cerca de cuatrocientos filmes, en su mayoría comedias de tono burlesco y desenfadado, entre las que destacan *Cleopatra* (1899), *Cristo andando sobre las aguas* (1899), la célebre *Viaje a la Luna* (1902), *El viaje a través de lo imposible* (1904) y *Hamlet* (1908). También grabó reconstrucciones de

▲ *Juan Antonio **Meléndez Valdés** según Francisco de Goya, quien retrata con simpatía a este poeta ilustrado que, como el pintor, tuvo que exiliarse tras la restauración absolutista de 1823.*

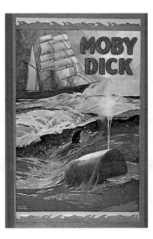

▼ *Ilustración de Alfred Conyers para la portada de una edición de* Moby Dick, *escrita por Herman **Melville** en 1850 y convertida en un clásico posteriormente gracias al cine.*

eventos o noticias reales y mensajes publicitarios. Inventor de numerosos trucos y técnicas cinematográficas, se retiró en 1913, ante la imposibilidad de competir comercialmente con las grandes productoras que habían nacido pocos años antes. A su muerte, acontecida en 1938, se encontraba en la más absoluta miseria.

MELO, FRANCISCO MANUEL DE *(Lisboa, 1611-Alcántara, Portugal, 1667) Historiador, político y militar portugués.* Nació en el seno de una familia noble y estudió matemáticas con los jesuitas. Más tarde eligió la carrera militar y, al estar Portugal todavía bajo dominio español, pasó un tiempo en la corte de Madrid, donde conoció a Quevedo, con quien entabló amistad. Durante la rebelión catalana de 1640, dirigió las fuerzas reales, y su experiencia en este conflicto le permitió más tarde escribir la *Historia de la guerra de Cataluña*, obra que recoge el origen del alzamiento de los Segadores, y el desarrollo de su primer año. Tras la independencia de Portugal, proceso en el que colaboró activamente, ofreció sus servicios al nuevo monarca portugués, Juan IV, y viajó a los Países Bajos para equipar la flota lusa. Tres años después, por razones aún no esclarecidas, fue detenido y pasó once años en prisión o bajo vigilancia policial. Cuando contaba cuarenta y siete años, una sentencia le obligó a exiliarse en Brasil, donde permaneció entre 1655 y 1658. Durante el tiempo que permaneció en la cárcel, acabó de escribir su historia de la guerra de 1640 , y publicó algunos poemas y un discurso que tuvo mucho éxito. Su epistolario consta de más de quinientas cartas, muchas de ellas dirigidas a Quevedo. Un año antes de su muerte publicó *Obras métricas.*

MELVILLE, HERMAN *(Nueva York, 1819-id., 1891) Novelista estadounidense.* A los once años se trasladó con su familia a Albany, donde estudió hasta que, dos años después, tras la quiebra de la empresa familiar, tuvo que ponerse a trabajar. La dificultad para encontrar un empleo estable le llevó, en 1841, a enrolarse en un ballenero. Fruto de sus experiencias en alta mar fueron *Typee* (1846) y *Omoo* (1847), escritas a su regreso a Estados Unidos en 1844. En 1847 contrajo matrimonio, y dos años después publicó *Mardi*. Dado que había sido etiquetado de autor de novelas de viajes y aventuras, el simbolismo de esta obra desconcertó a crítica y público, que la rechazaron. También en 1849 apareció *Redburn* y un año después *La guerrera blan-*

ca, en la que arremetía ferozmente contra la rigidez de la marina estadounidense. Con estas obras recuperó el favor del público, pero se advertía ya la creciente complejidad que iba a caracterizar sus obras posteriores, influidas por el simbolismo de Nathaniel Hawthorne. En 1850 publicó *Moby Dick,* obra también rechazada. Esta novela, considerada una de las grandes obras de la literatura universal, escondía una gran metáfora del mundo y la naturaleza humana: la incesante búsqueda del absoluto que siempre se escapa y la coexistencia del bien y del mal en el hombre, y ello tras un argumento aparentemente simple: la obsesión del capitán Ahab por matar a Moby Dick, la ballena blanca. *Pierre* (1852) y *Cuentos del mirador* (1856), que contiene el relato «Bartleby el escribiente», considerado uno de los antecedentes de la obra de Kafka, dejaban ver el creciente desprecio del autor por la hipocresía humana. *Israel Potter* (1855) y *El confidente* (1857) fueron las últimas obras que publicó en vida. Olvidado por todos, su novela *Billy Budd* no apareció hasta 1924. La obra de Melville se tiene como una de las cimas de la corriente romántica estadounidense.

MEMLING, HANS *(Selingenstadt, actual Alemania, h. 1433-Brujas, actual Bélgica, 1494) Pintor flamenco.* Nació en Alemania y probablemente estuvo en Colonia (1455-1460), antes de trasladarse a Bruselas, donde fue discípulo y colaborador de Rogier van der Weyden. De su maestro aprendió el arte de la composición y el colorido, pero renunció al intenso dramatismo de Van der Weyden y prefirió una pintura tranquila y un tanto edulcorada, con la que obtuvo un gran éxito. A la muerte de Van der Weyden, Memling se trasladó a Brujas, donde abrió un taller que mantuvo siempre una gran actividad, lo que explica la abundancia de su obra. Se movió sobre todo entre la pintura religiosa y el retrato, y apenas experimentó variaciones estilísticas a lo largo de su carrera, por lo que su obra presenta una rara uniformidad. En las escenas religiosas, agrupadas a menudo en trípticos (*Tríptico de la Adoración de los Magos, Tríptico de la Crucifixión*), llama la atención su habilidad para organizar el espacio y distribuir las figuras con una gran maestría compositiva. En el retrato (*Tommaso Porti-*

▲ *Detalle del retablo-relicario de Alonso de* **Mena** *en el que se representa a Isabel I de Castilla y Fernando II de Aragón. Destinado a albergar las reliquias de santos donadas por los Reyes Católicos, su relieve dorado y policromo es típico de la escuela granadina.*

▼ *Juan de* **Mena** *entrega su obra al rey Juan II. Grabado del frontispicio de una edición de 1509 de* Las trescientas *que se encuentra en la Biblioteca Nacional de Madrid.*

nari y su mujer, el *Hombre con la moneda*) perfeccionó la técnica de situar al modelo sobre un fondo de paisaje, costumbre que tuvo una amplia difusión y una gran influencia; es, además, en estas obras donde Memling se muestra más original y más afortunado que en sus asépticas escenas religiosas, por lo demás de impecable realización técnica. El *Tríptico del Juicio Final* es quizás, en lo que respecta a su producción religiosa, la obra más conseguida, por su mayor implicación emocional. Su estilo brillante, mesurado y de alegre colorido, se considera una acertada síntesis de los grandes maestros flamencos anteriores a él, en particular Van Eyck, Van der Weyden y Dieric Bouts. La mayor parte de su obra se conserva en el Museo de Brujas, dedicado a su figura.

MENA, ALONSO DE *(Granada, 1587-id., 1646) Escultor español.* A lo largo de su carrera evolucionó desde el hieratismo inicial hacia un naturalismo creciente (retablos y relicario de la Capilla Real de Granada), en el que se inspiró su hijo Pedro (Granada, 1628-Málaga, 1688), que superó a su padre en fama y nivel artístico. En 1658 se estableció en Málaga, donde abrió un taller de enorme proyección que recibía encargos de toda España. Su realización más importante es quizá la sillería de coro de la catedral de Málaga, pero es más conocido por sus esculturas exentas, normalmente en madera policromada, en las que consiguió transmitir la religiosidad de la época. Se trata de figuras expresivas y a veces un tanto amaneradas, como *La Magdalena, La Dolorosa* o el *Ecce Homo.*

MENA, JUAN DE *(Córdoba, 1411-Torrelaguna, España, 1456) Escritor español.* Perteneciente a una familia noble, estudió en la Universidad de Salamanca y posteriormente en Italia, donde adquirió un buen dominio del latín y descubrió a los autores del primer Renacimiento, a la vez que desempeñó el cargo de cronista y secretario de cartas latinas al servicio de Juan II, rey de Castilla. Su obra principal es el *Laberinto de Fortuna,* también llamado *Las trescientas,* en referencia al número aproximado de sus estrofas; una de las muestras más logradas de la tendencia alegórico-dantesca surgida en la literatura española del siglo XV, la obra destaca por el empleo del arte mayor, su ritmo sonoro y el lenguaje elocuente y elaborado. En verso escribió además *Lo claro-oscuro*, extraña combinación de estrofas dodecasílabas y octosílabas, y otras composiciones de carácter alegórico y moral, como el *Razonamiento con la muerte* o las *Coplas contra los siete pecados capitales*. Como prosista experimentó con una adaptación de la *Ilíada*, que tituló *Homero romanceado*, comentó la *Coronación* en honor de su amigo el marqués de Santillana y prologó el *Libro de las claras y virtuosas mujeres*, de Álvaro de Luna, su protector. Su prosa es latinizante, tanto en el léxico como en la sintaxis, y acusa una tendencia cultista que se manifiesta también en su obra poética; su obra fue objeto de comentario durante el Renacimiento por parte de los humanistas Hernán Núñez y el Brocense. Enterrado en Torrelaguna, sus restos fueron trasladados a Madrid en el siglo XIX.

MENANDRO *(Atenas, h. 342 a.C.-id., h. 292 a.C.) Escritor griego.* De familia acomodada, fue discípulo del poeta Alexis y del filósofo Teofrasto. Escribió más de cien comedias, de las que únicamente una, *El misántropo*, se conserva entera. Del resto sólo quedan fragmentos, como en el caso de *El arbitraje*, *La mujer de Samos* o *El hombre de Sición*. Máximo representante de la comedia nueva, mostró un enorme dominio de la trama. Destacó sobre todo por la fina observación de caracteres, por lo que muchos de sus personajes se convirtieron en arquetipos (el

▲ *La guatemalteca de etnia quiché Rigoberta* **Menchú** *defensora de los derechos de los indígenas de Guatemala y de toda Latinoamérica, recibió en 1992 el Premio Novel de la Paz.*

▼ *Retrato del autor cómico griego* **Menandro** *que se conserva en un fresco de la llamada «casa de Menandro» en Pompeya.*

parásito, el avaro, el misántropo, etc.). Sus comedias fueron imitadas por los autores latinos Publio Terencio y Tito Maccio Plauto, y a través de ellos su estilo pasó luego al teatro renacentista europeo.

MENCHÚ, RIGOBERTA *(Chimel, Guatemala, 1959) Líder indígena guatemalteca.* Hija de campesinos indígenas que trabajaban en los latifundios del sur del país, el asesinato de su hermano adolescente convirtió a su padre, Vicente Menchú, en un líder destacado de los campesinos indígenas enfrentados a los abusos de los terratenientes. En 1980, su padre pereció en un asalto policial mientras realizaba un encierro en la embajada de España en protesta por la situación de los indígenas. Su madre murió también poco después, víctima de los grupos paramilitares. Profundamente marcada por estas experiencias, Rigoberta se exilió en México y dedicó por completo su vida a la lucha por los derechos de los pueblos indígenas y mestizos. En 1992, le fue otorgado el Premio Nobel de la Paz, en reconocimiento por su larga lucha contra la injusticia por medios pacíficos.

MENDAÑA, ÁLVARO DE *(?, España, h. 1541-Isla de Santa Cruz, 1595) Navegante español.* Viajó a Perú en 1567 a instancias de un pariente suyo llamado Lope García de Castro, gobernador y presidente de la Audiencia de Lima, que le asignó el mando de una expedición que debía descubrir la *Terra Australis*. En 1568, con la ayuda de Pedro Sarmiento de Gamboa, descubrió el archipiélago de las islas Salomón, al oeste de Nueva Guinea y, tras el intento fallido de colonizar estas islas, regresó al punto de partida. Seis años más tarde fue nombrado gobernador de las Salomón, y en 1595 emprendió su segundo viaje de exploración a bordo de una de las seis naves pilotadas por Fernández de Quirós, expedición que descubrió las Marquesas y San Bernardo. Al regresar a las Salomón murió víctima de una epidemia tras haber sofocado una rebelión encabezada por Pedro de Molina.

MENDEL, JOHANN GREGOR *(Heizendorf, hoy Hyncice, actual República Checa, 1822-Brünn, hoy Brno, id., 1884) Biólogo austriaco.* Su padre era veterano de las guerras napoleónicas y su madre, la hija de un jardinero. Tras una infancia marcada por la pobreza y las penalidades, en 1843 ingresó en el monasterio agustino de Königskloster, cercano a Brünn, donde tomó el nombre de Gregor y fue ordenado sacerdote en 1847. Residió en la abadía de Santo Tomás

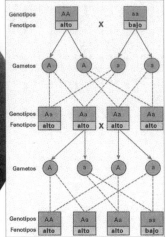

(Brünn) y, para poder seguir la carrera docente, fue enviado a Viena, donde se doctoró en matemáticas y ciencias (1851). En 1854 se convirtió en profesor suplente de la Real Escuela de Brünn, y en 1868 fue nombrado abad del monasterio, a raíz de lo cual abandonó de forma definitiva la investigación científica y se dedicó en exclusiva a las tareas propias de su función. El núcleo de sus trabajos –que comenzó en el año 1856 a partir de experimentos de cruzamientos con guisantes efectuados en el jardín del monasterio– le permitió descubrir las tres leyes de la herencia o leyes de Mendel, gracias a las cuales es posible describir los mecanismos de la herencia y que fueron explicadas con posterioridad por el padre de la genética experimental moderna, el biólogo estadounidense Thomas Hunt Morgan (1866-1945). En el siglo XVIII se había desarrollado ya una serie de importantes estudios acerca de hibridación vegetal, entre los que destacaron los llevados a cabo por Kölreuter, W. Herbert, C. C. Sprengel y A. Knight, y ya en el siglo XIX, los de Gärtner y Sageret (1825). La culminación de todos estos trabajos corrió a cargo, por un lado, de Ch. Naudin (1815-1899) y, por el otro, de Gregor Mendel, quien llegó más lejos que Naudin. Las tres leyes descubiertas por Mendel se enuncian como sigue: según la primera, cuando se cruzan dos variedades puras de una misma especie, los descendientes son todos iguales y pueden parecerse a uno u otro progenitor o a ninguno de ellos; la segunda afirma que, al cruzar entre sí los híbridos de la segunda generación, los descendientes se dividen en cuatro partes, de las cuales una se parece a su abuela, otra a su abuelo y las dos restantes a sus progenito-

▲ *El monje austriaco Johann Gregor **Mendel**, que descubrió las pautas de herencia en las plantas, gracias a sus estudios con guisantes. A la derecha, esquema básico de la hibridación vegetal, formulado por Mendel.*

▼ *El químico ruso Dmitri Ivanovich **Mendeléiev**, cuya tabla periódica de los elementos constituyó una modélica clasificación de éstos.*

res; por último, la tercera ley concluye que, en el caso de que las dos variedades de partida difieran entre sí en dos o más caracteres, cada uno de ellos se transmite de acuerdo con la primera ley con independencia de los demás. Para realizar sus trabajos, Mendel no eligió especies, sino razas autofecundas bien establecidas de la especie *Pisum sativum*. La primera fase del experimento consistió en la obtención, mediante cultivos convencionales previos, de líneas puras constantes y en recoger de manera metódica parte de las semillas producidas por cada planta. A continuación cruzó estas estirpes, dos a dos, mediante la técnica de polinización artificial. De este modo era posible combinar, de dos en dos, variedades distintas que presentan diferencias muy precisas entre sí (semillas lisas-semillas arrugadas; flores blancas-flores coloreadas, etc.). El análisis de los resultados obtenidos le permitió concluir que mediante el cruzamiento de razas que difieren al menos en dos caracteres, pueden crearse nuevas razas estables (combinaciones nuevas homocigóticas). Pese a que remitió sus trabajos con guisantes a la máxima autoridad de su época en temas de biología, W. von Nägeli, sus investigaciones no obtuvieron el reconocimiento hasta el redescubrimiento de las leyes de la herencia por parte de H. de Vries, C. E. Correns y E. Tschernack von Seysenegg, quienes, con más de treinta años de retraso, y después de haber revisado la mayor parte de la literatura existente sobre el particular, atribuyeron a Johann G. Mendel la prioridad del descubrimiento.

MENDELÉIEV, DMITRI IVANOVICH *(Tobolsk, actual Rusia, 1834-San Peterburgo, 1907) Químico ruso.* Su familia, de la que era el menor de diecisiete hermanos, se vio obligada a emigrar de Siberia a Rusia a causa de la ceguera del padre y de la pérdida del negocio familiar a raíz de un incendio. Su origen siberiano le cerró las puertas de las universidades de Moscú y San Petersburgo, por lo que se formó en el Instituto Pedagógico de esta última ciudad. Más tarde se trasladó a Alemania, para ampliar estudios en Heidelberg, donde conoció a los químicos más destacados de la época. A su regreso a Rusia fue nombrado profesor del Instituto Tecnológico de San Petersburgo (1864) y profesor de la universidad (1867), cargo que se vería forzado a abandonar en 1890 por motivos políticos, si bien se le concedió la dirección de la Oficina de Pesos y Medidas (1893). Entre sus trabajos destacan los estudios acerca de la ex-

			Ti = 50	Zr = 90	? = 180.
			V = 51	Nb = 94	Ta = 182.
			Cr = 52	Mo = 96	W = 186.
			Mn = 55	Rh = 104,₄	Pt = 197,₄
			Fe = 56	Bu = 104,₄	Ir = 198.
		Ni = Co = 59	Pl = 106,₆	Os = 199.
H = 1			Cu = 63,₄	Ag = 108	Hg = 200.
	Be = 9,₄	Mg = 24	Zn = 65,₂	Cd = 112	
	B = 11	Al = 27,₄	? = 68	Ur = 116	Au = 197?
	C = 12	Si = 28	? = 70	Sn = 118	
	N = 14	P = 31	As = 75	Sb = 122	Bi = 210
	O = 16	S = 32	Se = 79,₄	Te = 128?	
	F = 19	Cl = 35,₅	Br = 80	I = 127	
Li = 7	Na = 23	K = 39	Rb = 85,₄	Cs = 133	Tl = 204
		Ca = 40	Sr = 87,₆	Ba = 137	Pb = 207.
		? = 45	Ce = 92		
		?Er = 56	La = 94		
		?Yt = 60	Di = 95		
		?In = 75,₄	Th = 118?		

◀ *La tabla de los elementos químicos creada por **Mendeléiev**. Pese al escepticismo inicial que suscitó, la obra del ruso, con alguna ampliación, es la que se usa actualmente.*

pansión térmica de los líquidos, el descubrimiento del punto crítico, el estudio de las desviaciones de los gases reales respecto de lo enunciado en la ley de Boyle-Mariotte y una formulación más exacta de la ecuación de estado. En el campo práctico destacan sus grandes contribuciones a las industrias de la sosa y el petróleo de Rusia. Con todo, su principal logro investigador fue el establecimiento del llamado sistema periódico de los elementos químicos, o tabla periódica, gracias al cual culminó una clasificación definitiva de los citados elementos (1869) y abrió el paso a los grandes avances experimentados por la química en el siglo xx. Aunque su sistema de clasificación no era el primero que se basaba en propiedades de los elementos químicos, como su valencia, sí incorporaba notables mejoras, como la combinación de los pesos atómicos y las semejanzas entre elementos, o el hecho de reservar espacios en blanco correspondientes a elementos aún no descubiertos como el eka-aluminio o galio (descubierto por Boisbaudran, en 1875), el eka-boro o escandio (Nilson, 1879) y el eka-silicio o germanio (Winkler, 1886). Mendeléiev demostró, en controversia con químicos de la talla de Chandcourtois, Newlands y L. Meyer, que las propiedades de los elementos químicos son funciones periódicas de sus pesos atómicos. Dio a conocer una primera versión de dicha clasificación en marzo de 1869 y publicó la que sería la definitiva a comienzos de 1871. Mediante la clasificación de los elementos químicos conocidos en su época en función de sus pesos atómicos crecientes, consiguió que aquellos elementos de comportamiento químico similar estuvieran situados en una misma columna vertical, formando un grupo. Pocos años después (1894), con el descubrimiento de ciertos gases nobles (neón, criptón, etc.) en la atmósfera, efectuado por el químico británico William Ramsay (1852-1816), la tabla de Mendeléiev experimentó la última ampliación en una columna, tras lo cual quedó definitivamente establecida.

FELIX MENDELSSOHN

OBRAS MAESTRAS

MÚSICA ESCÉNICA: Óperas: *AMORES DE SOLDADO* (1820); *LAS BODAS DE CAMACHO* (1825); Música incidental: *ANTÍGONA* (1841); *EL SUEÑO DE UNA NOCHE DE VERANO* (obertura, 1826; música de escena, 1842). **MÚSICA ORQUESTAL:** doce sinfonías para cuerdas (1821-1823); *SINFONÍA NÚM. 1* (1824); *LAS HÉBRIDAS* (1830); *CONCIERTO PARA PIANO NÚM. 1* (1831); *SINFONÍA NÚM. 5, «REFORMA»* (1832); *LA BELLA MELUSINA* (1833); *SINFONÍA NÚM. 4, «ITALIANA»* (1833); *SINFONÍA NÚM. 2, «LOBGESANG»* (1840); *SINFONÍA NÚM. 3, «ESCOCESA»* (1842); *CONCIERTO PARA VIOLÍN* (1844). **MÚSICA DE CÁMARA:** *SEXTETO CON PIANO* (1824); *OCTETO* para cuerdas (1825); *CUARTETO DE CUERDA NÚM. 3* (1837); *TRÍO CON PIANO NÚM. 1* (1839); *TRÍO CON PIANO NÚM. 2* (1845); *CUARTETO DE CUERDA NÚM. 6* (1847). **MÚSICA INSTRUMENTAL:** *ROMANZAS SIN PALABRAS* (1830); *VARIACIONES SERIAS* (1841). **MÚSICA VOCAL Y CORAL:** *LA PRIMERA NOCHE DE WALPURGIS* (1832); *PAULUS* (1836); *ELÍAS* (1846).

▶ *Un joven Felix **Mendelssohn** retratado en una acuarela realizada por James Warren Childe en la primera visita del compositor y pianista alemán a Londres en 1829.*

MENDELSSOHN, FELIX *(Hamburgo, 1809-Leipzig, actual Alemania, 1847) Compositor, pianista y director de orquesta alemán.* Robert Schumann definió a Felix Mendelssohn como «el Mozart del siglo XIX, el músico más claro, el primero que ha sabido ver y conciliar las contradicciones de toda una época». No le faltaba razón: su música, de una gran perfección técnica y formal, es una espléndida síntesis de elementos clásicos y románticos. Romántico que cultivaba un estilo clásico o clásico que reflejaba una expresividad romántica, Mendelssohn fue uno de los músicos más influyentes y destacados del romanticismo. Segundo de cuatro hermanos, nació en el seno de una familia de banqueros de origen judío, que se había convertido al protestantismo. Niño prodigio, pronto dio muestras de un inusitado talento no sólo para la música, sino también para el dibujo, la pintura y la literatura. Sus dotes fueron estimuladas por un ambiente familiar en el que siempre se alentaron las manifestaciones artísticas. Alumno de composición de Carl Friedrich Zelter –a través del cual conoció al gran Goethe–, los primeros trabajos de Mendelssohn en este terreno se tradujeron en doce sinfonías para cuerda, algunas pequeñas óperas, un *Octeto* para cuerda y la obertura *El sueño de una noche de verano*. Estas dos últimas obras marcan el inicio de su madurez como compositor. Fue, además, un buen intérprete de violín, viola y piano, facetas a las que más tarde se añadiría la de director de orquesta. En este ámbito, una de sus primeras y más recordadas actuaciones tuvo lugar en 1829, cuando in-

terpretó en Berlín la *Pasión según san Mateo*, de Bach, en un concierto que supuso la recuperación de esta obra después de un siglo de olvido. Bach, junto con Mozart y Haendel, constituiría uno de los pilares de su estilo. Pocos años más tarde, en 1835, le fue confiada la dirección de la orquesta de la Gewandhaus de Leipzig, cargo que ejerció hasta su prematura muerte. Su hermana Fanny Mendelssohn (1805-1847) fue también compositora de talento, autora de valiosos lieder y piezas para piano.

MENDIZÁBAL, JUAN ÁLVAREZ *(Cádiz, 1790-Madrid, 1853) Político español.* Nacido en el seno de una familia judía de condición humilde, desde muy joven se dedicó al comercio. Durante la guerra de la Independencia española colaboró con la administración militar. A la edad de treinta años, ofreció su apoyo a la sublevación de Riego, pero posteriormente se negó a aceptar ningún cargo público en el nuevo régimen liberal. Tras el fin del Trienio Liberal, y con la restauración del absolutismo, se vio forzado a exiliarse a Gran Bretaña, para eludir la pena de muerte que se le impuso. A su regreso, en 1835, fue nombrado ministro de Hacienda por el gobierno del conde de Toreno, cargo que desempeñó durante casi un año, tras el que pasó a ocupar la presidencia del gobierno. Durante su mandato, embargó los bienes de la Iglesia mediante la famosa desamortización, medida ésta que no favoreció a los sectores más necesitados, como se pretendía, sino a los grandes propietarios y a la burguesía. La caída de Espartero le obligó a exiliarse por segunda vez. Tras su regreso a España, ya no ocupó ningún cargo público.

MENDOZA, ANTONIO DE *(Granada, 1490-Lima, 1552) Primer virrey de Nueva España.* De familia noble relacionada con la política, desde muy joven entró al servicio de la corte, y durante la guerra de las Comunidades apoyó al emperador Carlos, quien lo recompensó con el título de comendador de la Orden de Santiago. En 1530, tras haber sido embajador en Hungría, fue nombrado primer virrey de Nueva España. Con el objetivo de reforzar el poder real, amenazado por los abusos de la Audiencia, se trasladó a México y se enfrentó a Hernán Cortés, que hasta entonces había actuado de manera independiente, forzándole a regresar a España. A continuación emprendió una serie de reformas que Carlos I consideraba necesarias para

▲ *Retrato anónimo de Juan Álvarez **Mendizábal**, ministro de Hacienda propulsor de una célebre desamortización de tierras eclesiásticas, que se conserva en el Museo Histórico Municipal de Cádiz.*

▼ *Retrato de Antonio de **Mendoza**, con la cruz de la Orden de Santiago en el pecho, nombrado en 1535 primer virrey de Nueva España.*

asentar el gobierno de España, como el censo de la población, la reorganización de la Administración, la reducción de los tributos a la población indígena, etc. En el campo cultural se ha de destacar la creación del Colegio Imperial de Santa Cruz en Tlatelolco, la Universidad de México (1545) y la introducción de la imprenta. Organizó expediciones a Arizona y Nuevo México (1539-1540), así como a las costas de California, y fundó las ciudades de Guadalajara y Valladolid (actual Morelia). En 1549 fue nombrado virrey de Perú, donde murió pocos años después.

MENDOZA, PEDRO DE *(Guadix, España, 1487-en el Atlántico, 1537) Conquistador español.* Miembro de una familia noble, participó en diversas campañas militares por Italia y Alemania al servicio de Carlos I. En 1534 partió al mando de una expedición hacia el Río de la Plata, con el título de adelantado, con la misión de establecerse en esos territorios y consolidar la autoridad de la monarquía española frente al avance portugués. Tras fundar Nuestra Señora María del Buen Aire, la actual Buenos Aires, se vio enfrentado a terribles dificultades de avituallamiento, que se agravaron aún más a causa del hostigamiento de los indígenas. No obstante, Pedro de Mendoza llevó a cabo diversas expediciones al interior del territorio, en las cuales fundó las ciudades de Corpus Christi y Nuestra Señora de la Esperanza. Incapacitado por enfermedad, delegó el mando en Ayolas y partió de vuelta a España; falleció durante la travesía.

MENDOZA, PLINIO APULEYO *(Tunja, Colombia, 1932) Periodista y escritor colombiano.* Estudió ciencias políticas en la Universidad de la Sorbona de París. Desempeñó el cargo de primer secretario de la embajada de Colombia en Francia y escribió artículos periodísticos para varias publicaciones internacionales. En 1979 ganó el Premio de Novela Plaza y Janés con la obra *Años de fuga* (1979). De regreso en Colombia colaboró con el periódico *El Tiempo*, realizó el programa de televisión *Personajes* y obtuvo, compartido con sus hermanas, el Premio Nacional de Periodismo Simón Bolívar. Otras obras de su pluma son el libro de ensayos *Primeras palabras*, el libro de cuentos *El desertor* (1974), *El olor de la guayaba* (1982), reportaje sobre Gabriel García Márquez, *La llama y el hielo* (1984) y *Nuestros pintores en París* (1990).

MENELIK II *(Sable Mariam, actual Etiopía, 1844-Addis Abeba, 1913) Negus de Soa y emperador de Etiopía (1889-1909).* Heredero al trono de Soa, fue secuestrado tras la muerte de su padre por el negus Teodoro II, tras lo cual permaneció cautivo diez años, entre 1855 y 1865. Posteriormente defendió la autonomía de Soa junto al emperador Juan IV, a quien sucedió en 1889. Ese mismo año firmó con Italia el polémico tratado de Uccialli, en virtud del cual parecía aceptar el protectorado italiano. Algunos años más tarde, en 1894, estalló la guerra entre las dos naciones, y en 1896 Etiopía se proclamó vencedora y consolidó su independencia, que obtuvo el reconocimiento internacional en 1906. En 1886 fundó Addis Abeba, y aplicó una política de modernización militar, económica y cultural que permitió sentar las bases de un Estado moderno. A partir de 1906 su salud comenzó a deteriorarse y, dos años más tarde, afectado de parálisis, nombró sucesor a su hijo Liy Yassu.

MENEM, CARLOS SAÚL *(Anillaco, Argentina, 1930) Político argentino.* Nacido en el seno de una familia de emigrantes sirios, se educó en la religión musulmana, pero luego se convirtió al catolicismo, la religión oficial de Argentina. Estudió jurisprudencia en la Universidad Nacional de Córdoba, y en 1973 fue elegido gobernador de la provincia de La Rioja, cargo que desempeñó durante tres legislaturas, hasta que fue hecho prisionero a raíz del movimiento militar que derrocó el gobierno de Isabel Perón. Siete años más tarde recobró su cargo de gobernador de La Rioja, puesto desde el cual se opuso a la política del movimiento peronista. El año 1988 fue designado candidato a la presidencia del gobierno tras conseguir el apoyo mayoritario para su candidatura, en perjuicio de la de Antonio Cafiero, presidente de su partido, el Justicialista, y en 1989 fue elegido presidente de la nación. Tras el indulto que concedió a los dirigentes de la dictadura, en 1990, recibió duras críticas por parte de la oposición y de otros sectores. Su política, inicialmente de carácter populista, hubo de adquirir formas más liberales e instaurar una economía de mercado, en cuyo marco privatizó algunas empresas públicas, como medida contra la inflación galopante. En 1993 firmó con su contrincante Raúl Alfonsín el pacto de Los Olivos, que propició reformas constitucionales, una de las cuales consistía en suprimir el artículo que prohibía al presidente presentarse a la reelección para un segundo mandato. Gracias a esta nueva legislación,

*El presidente de Argentina, Carlos Saúl **Menem**, a la derecha, estrecha la mano de su homólogo chileno Eduardo Frei junto al Palacio de la Moneda de Santiago de Chile.*

Menem pudo volver a presentarse en las elecciones convocadas dos años después, en las cuales obtuvo la victoria. En el año 1997, la formación política de Menem sufrió un serio revés electoral frente a una coalición de las fuerzas de izquierda, y perdió la mayoría absoluta en el Parlamento. En 1999 cesó como Presidente por imperativo de la vigente Constitución.

MENÉNDEZ DE AVILÉS, PEDRO *(Avilés, España, 1519-Santander, 1574) Marino y administrador colonial español.* En sus primeros tiempos fue corsario y dirigió sus ataques contra los piratas que navegaban por las costas del Cantábrico. En 1554, Felipe II le confió el mando de la flota que lo conduciría a Inglaterra para contraer matrimonio con María Tudor. Dos años más tarde fue nombrado capitán general de la Flota de Indias. Tras luchar en Flandes contra los franceses y participar en la batalla de San Quintín en 1557, marchó como adelantado y gobernador de Florida en 1561, y expulsó de la colonia a los hugonotes franceses que allí se habían asentado. Dicha expulsión estuvo plagada de dificultades y culminó con una terrible matanza, tras la cual los franceses fueron arrojados definitivamente de la Florida. En 1567, con el cargo de gobernador de Cuba, levantó la primera carta geográfica de Cuba, Florida y las Bahamas. Falleció en España mientras organizaba la Armada Invencible.

MENÉNDEZ PIDAL, RAMÓN *(La Coruña, 1869-Madrid, 1968) Filólogo, lingüista, historiador y crítico literario español.* Catedrático de la Universidad de Madrid, miembro de la Real Academia Española (que presidió de 1947 hasta su muerte) y de la Real Academia de Historia, y fundador de la *Revista de Filología Española.* Su estudio *Orígenes del español* (1926) supuso una renovación integral de la filología española. Reunió gran número de romances, que estudió en varios trabajos realizados en colaboración

*Ramón **Menéndez Pidal** fotografiado en su vejez mientras escribe en su casa. El fecundo polígrafo consiguió explicar y revivir la, hasta él, olvidada épica castellana.*

▲ *Retrato de Marcelino* **Menéndez y Pelayo** *que figura en la Biblioteca Nacional de Madrid, institución que él dirigió.*

▼ *Detalle del retrato de María Amalia de Sajonia, pintado por Anton Rafael* **Mengs**. *Museo del Prado, Madrid.*

con Diego Catalán y Álvaro Galmés. El conocimiento directo y detallado de la tradición poética de los romances le permitió dar un nuevo enfoque a las investigaciones literarias del medievo, en total contraposición al individualismo del romanista francés Joseph Bédier, y afirmar la latencia de un núcleo histórico generador de leyendas cuya manifestación se produce en el siglo XIII con los cantares de gesta. En esta línea se sitúa su obra *La epopeya castellana a través de la literatura española* (1945). Así mismo publicó notables monografías sobre la primitiva lírica hispánica, rastreada en refranes y jarchas, como *Poesía juglaresca y juglares* (1924). De su labor como historiador merecen destacarse *La España del Cid* (1929) y *El padre Las Casas, su doble personalidad* (1963).

MENÉNDEZ Y PELAYO, MARCELINO *(Santander, 1856-id., 1912) Erudito español.* Estudió en Santander y se licenció en filosofía y letras en la Universidad Central de Barcelona, donde fue discípulo de Milá y Fontanals. Tras doctorarse en la Universidad de Madrid y visitar las principales bibliotecas europeas, en 1878 obtuvo la cátedra de literatura española en la Universidad de Madrid. Poco antes ya había iniciado una investigación histórica y erudita destinada a reconstruir el pasado cultural hispánico, que se tradujo en la publicación de los estudios *Horacio en España* (1877) y *La ciencia española* (1876), recopilación de cartas suyas publicadas en la

Revista Europea. Dichas investigaciones, efectuadas en diversas bibliotecas europeas, le sirvieron también para redactar la *Historia de los heterodoxos españoles* (1881-1882). Se trata de obras panorámicas, construidas a partir de una gran cantidad de datos y que ofrecen una amplia visión de la cultura hispánica y de su relación con la catalana, la portuguesa y la iberoamericana, de las cuales llevó a cabo también importantes y exhaustivos estudios. En 1881 ingresó en la Real Academia Española, y en la Academia de la Historia, que llegó a dirigir, en 1883, año en que publicó *De la historia considerada como obra artística*. Inició paralelamente una carrera política: en 1884 fue elegido diputado conservador por Mallorca y en 1892 senador por la Universidad de Oviedo. Su obra, que se enmarca en el período de la Restauración, contribuyó a la formación de una conciencia nacionalista y conservadora de inspiración católica. Abarca diversos campos de la cultura española, tanto en lo relativo a la historia y la política, como a la literatura y la filosofía. Desde 1898 dirigió la Biblioteca Nacional. Algunos de sus títulos son: *Historia de los heterodoxos españoles* (1881-1882); *Calderón y su teatro* (1881); *Historia de la ideas estéticas en España* (1882-1891); *Antología de poetas líricos castellanos* (1890-1906), serie que dejó interrumpida en Juan Boscán; *Antología de poetas hispanoamericanos* (1892); *Bibliografía hispanolatina clásica* (1902), incompleta; *Orígenes de la novela* (1905-1910); *Estudios de crítica literaria* (1884-1892). Destacan así mismo sus prólogos a la edición del teatro de Lope de Vega publicada por la Academia en 1890 y dos libros de poesía, *Una galerna en el Cantábrico* y *A mis amigos de Santander*.

MENGS, ANTON RAPHAEL *(Ustinad, Bohemia, 1728-Roma, 1779) Pintor y teórico alemán.* Su padre, el pintor y miniaturista Ismael Mengs, se ocupó de que recibiera una esmerada formación artística, que se cerró con un viaje a Roma en 1741. A partir de 1745 trabajó como pintor de la corte de Sajonia en Dresde, pero su amor a los clásicos le llevó a efectuar un nuevo viaje a Roma en 1748 y a establecerse definitivamente en la ciudad en 1752, después de contraer matrimonio con una italiana. Este hecho resultó decisivo, pues le permitió conocer a un hombre con quien le unió una estrecha amistad, Winckelmann, por entonces uno de los principales promotores de la nueva corriente artística del neo-

clasicismo, a la que Mengs se adhirió con fervor y de la cual se convirtió, a su vez, en uno de los grandes propagadores, con sus obras teóricas (*Reflexiones sobre la belleza*) y sobre todo con su pintura. En 1761 pintó, en el techo de la Villa Albani, en Roma, el fresco de *El Parnaso*. Ese mismo año fue llamado por Carlos III a Madrid, donde permaneció de 1761 a 1771 y de 1774 a 1777, trabajando en la decoración de los palacios reales de la capital y de Aranjuez. Sus frescos fríos, de colores desvaídos y desprovistos de emoción, según el gusto de la época, triunfaron sobre los de Tiépolo, a quien Mengs consiguió arrinconar. En la actualidad, más que sus obras históricas y alegóricas se valoran los retratos que realizó para numerosas cortes europeas. Son célebres, en particular, los de *Carlos III* y los de su amigo *Winckelmann*. Fue el pintor más famoso y mejor considerado de su tiempo y ejerció en sus coetáneos una influencia notable.

MERA, JUAN LEÓN *(Ambato, Ecuador, 1832-id., 1894) Escritor ecuatoriano.* Ideólogo de la derecha, fue diputado de la Asamblea Nacional Constituyente de 1861, senador y gobernador en dos ocasiones. Como escritor, fomentó la conciencia literaria americanista y nacional. Esta preocupación por la identidad nacional se refleja en su *Ojeada histórico-crítica sobre la poesía ecuatoriana* (1868) y en *Cantares del pueblo ecuatoriano*. Escribió la letra del himno nacional, biografías, ensayos políticos, poesía épica legendaria y relatos cortos de tinte costumbrista y realista. Su obra más popular, *Cumandá o un drama entre salvajes* (1879), es uno de los ejemplos más importantes del romanticismo americano; en ella narra los amores frustrados de los hermanos indígenas Carlos y Cumandá, ignorantes de su parentesco.

MERCATOR, GERHARDUS [Gerhard Kremer] *(Rupelmonde, actual Países Bajos, 1512-Duisburgo, actual Alemania, 1594) Matemático y geógrafo flamenco.* Después de haber estudiado filosofía y matemáticas, y siendo ya famoso como constructor del astrolabio y de otros instrumentos científicos, se inició en la cartografía en 1537 con la preparación del mapa de Palestina, que fue seguido de un mapa del mundo (1538), el mapa de Flandes en cuatro hojas (1540), el globo terráqueo (1541) y la esfera celeste (1551). Se trasladó entonces a Duisburgo, donde publicó (1554) el mapa de Europa en quince hojas y culminó la construcción de la famosa proyección ci-

▼ *Eddy* **Merckx** *encabeza el pelotón en un criterium celebrado en Lausana después de la quinta victoria del belga en el Tour de Francia. Le sigue a rueda el español Luis Ocaña.*

▲ *Grabado que muestra al geógrafo flamenco Gerhardus* **Mercator***, el primero en utilizar el término* Atlas *para denominar una colección de mapas.*

líndrica que lleva su nombre. En el marco del ambicioso, pero inconcluso, proyecto de sintetizar enciclopédicamente los conocimientos cosmográficos y geográficos de su época se encuadran sus obras fundamentales, entre las cuales destacan *Chronologia* (1569) y el *Atlas sive cosmographicae meditationes de fabrica mundi et fabricati figura*. La gran acogida que tuvo esta gran obra cartográfica determinó la fortuna del término «atlas», usado por primera vez por Mercator para indicar la reunión sistemática de mapas.

MERCKX, EDDY *(Woluwe St. Pierre, Bélgica, 1945) Ciclista belga.* Cursó estudios en el ateneo de Atterbeck y, en 1961, a los dieciséis años de edad, participó en su primera carrera ciclista. A pesar de haber practicado muy escasamente dicho deporte, obtuvo el primer premio, muy por delante del segundo clasificado, lo cual le animó a convertirse en profesional pocos meses después. Considerado uno de los mejores ciclistas de todos los tiempos, en 1964 consiguió su primer triunfo de envergadura al imponerse en el Campeonato del Mundo amateur, victoria que repetiría, en categoría profesional, en 1967, 1971 y 1974. Se adjudicó el Tour de Francia en cinco ocasiones (1969, 1970, 1971, 1972, 1974), el Giro de Italia en otras tantas (1968, 1970, 1972, 1973, 1974) y la Vuelta a España en 1973. Así mismo, sumó 445 victorias en otras competiciones y clásicas como la Milán-San Remo (en siete ocasiones). En 1972 estableció el récord de la hora con una distancia de 49,431 kilómetros. Se retiró en el año 1978, tras lo cual fundó una empresa dedicada a la fabricación y venta de bicicletas.

MÉRIDA, CARLOS *(Guatemala, 1891-Ciudad de México, 1984) Pintor guatemalteco.* Sus inicios estuvieron marcados por las vanguardias europeas. En 1912 viajó a París, donde vivió tres años y se relacionó con los pintores Anglada Camarasa, Modigliani y Léger, entre otros. En 1919 se trasladó a México y allí intervino activamente en la renovación del muralismo mexicano. En 1945 pintó la serie *Divagaciones plásticas alrededor de un tema azteca*, en la que sintetiza los elementos decorativos de la arquitectura precolombina a través de la creación de un sistema de signos de figuras cambiantes. Esa geometría en movimiento dio paso a la abstracción de los murales, entre los que se destacan los de la sede del Banco Central de Guatemala (1956) y los de la Biblioteca Infantil de la Secretaría de Educación (México, 1960).

MÉRIMÉE, PROSPER *(París, 1803-Cannes, Francia, 1870) Escritor francés.* Estudió derecho en París y a los veinte años conoció a Stendhal, quien le instó a dedicarse a la literatura. Influido por la comedia española, escribió varias piezas agrupadas bajo el título de *Théatre de Clara Gazul*, a las que siguió *Le carosse du Saint-Sacrement.* De 1829 es la novela histórica en la línea romántica *La chronique du regne de Charles IX*, pero lo más destacable de su producción literaria son los cuentos y novelas cortas, entre ellas *Mateo Falcone* (1829), *Tamango* (1829), *La double méprise* (1833), *Les âmes du purgatoire* (1834), *La Venus D'Ille* (1837) y *Carmen* (1845), que inspiraría la famosa ópera homónima de Bizet. Además de su actividad literaria, Mérimée se dedicó a la conservación y restauración de obras de arte románicas y góticas, y llegó a ser nombrado inspector de monumentos históricos en el año 1834. Fue personaje relevante en la corte del Segundo Imperio.

MESSIAEN, OLIVIER *(Aviñón, Francia, 1908-Clichy, id., 1992) Compositor, organista, pedagogo y ornitólogo francés.* Una profunda fe cristiana, la fascinación por el hinduismo, la seducción por el color instrumental y, sobre todo, el amor a los pájaros y la naturaleza son los heterogéneos elementos sobre los que se sustenta el personal estilo de Olivier Messiaen, un autor difícilmente encasillable en una corriente concreta. Fascinante por su riqueza tímbrica, rítmica y armónica, inconfundiblemente moderna, su música es portadora de un mensaje humano y universal que supera su evidente confesionalidad católica. Hijo de un profesor de literatura y traductor de Shakespeare, y de una poetisa, Cécile Sauvage, Messiaen creció en un ambiente favorable a toda expresión artística. Talento precoz, fue alumno del Conservatorio de

▶ *Partitura de Olivier* **Messiaen***, uno de los compositores que más influyeron en la evolución de la música contemporánea. Su influjo fue determinante en las obras de Pierre Boulez, Iannis Xenaquis y Karlheinz Stockhausen.*

> «*U*n error de los músicos contemporáneos es atribuir una excesiva importancia al fenómeno sonoro. La música no se compone exclusivamente de sonidos.»
>
> Olivier Messiaen

París, donde estudió órgano –instrumento del que iba a ser un consumado intérprete– y composición. En 1936 fue uno de los fundadores de la Jeune France, grupo dedicado a difundir la nueva música francesa. Llamado a filas tras el estallido de la Segunda Guerra Mundial, en 1940 fue hecho prisionero por los alemanes e internado en un campo de concentración en Silesia, donde compuso el *Quatuor pour la fin du temps*. Acabada la contienda, el nombre del compositor comenzó a cobrar cierta relevancia, sobre todo a partir del estreno –en 1949 y bajo la batuta de Leonard Bernstein– de la monumental *Sinfonía Turangalila*. Profesor en Darmstadt entre 1950 y 1953, y del Conservatorio de París desde 1966 hasta 1978, sus clases ejercieron una influencia determinante en compositores como Pierre Boulez, Iannis Xenaquis y Karlheinz Stockhausen. Aclamado como uno de los mejores compositores de su época, Messiaen recibió numerosas distinciones a lo largo de su vida, entre otras la de un monte en el estado de Utah, en Estados Unidos, que fue bautizado con su nombre. La muerte le sorprendió mientras trabajaba en la orquestación del *Concert à quatre*, para flauta, oboe, violoncelo, piano y orquesta, culminado por su viuda, la pianista Yvonne Loriot.

METASTASIO, PIETRO [Pietro Trapassi] *(Roma, 1698-Viena, 1782) Poeta italiano.* A su temprana obra literaria, *Giustino* (1712), siguió posteriormente una nutrida producción poética de inspiración mitológica que, junto con sus aventuras amorosas, le hicieron alcanzar notable celebridad. Se introdujo en el mundo de la música a través de la cantante Marianna Bulgarelli, para

---

OLIVIER MESSIAEN
OBRAS MAESTRAS

ÓPERA: *SAINT FRANÇOIS D'ASSISE* (1983). **MÚSICA ORQUESTAL:** *LES OFFRANDES OUBLIÉES* (1930); *L'ASCENSION* (1933); *SINFONÍA TURANGALILA* (1948); *RÉVEIL DES OISEAUX* (1953); *OISEAUX EXOTIQUES* (1956); *CHRONOCHROMIE* (1960); *COULEURS DE LA CITÉ CÉLESTE* (1963); *ET EXPECTO RESURRECTIONEM MORTUORUM* (1964); *DES CANYONS AUX ÉTOILES* (1974); *UN SOURIRE* (1991); *ÉCLAIR SUR L'AU-DELÀ* (1992); *CONCERT À QUATRE* (inacabada, 1992). **MÚSICA DE CÁMARA:** *QUATUOR POUR LA FIN DU TEMPS*

(1941); *LA MERLE NOIR* (1952). **MÚSICA INSTRUMENTAL:** Piano: *20 REGARDS SUR L'ENFANT JÉSUS* (1944); *4 ÉTUDES DE RYTHME* (1950); *CATALOGUE D'OISEAUX* (1958); Órgano: *LE BANQUET CÉLESTE* (1928); *MESSE DE LA PENTECÔTE* (1950); *LIVRE D'ORGUE* (1951); *MÉDITATIONS SUR LE MYSTÈRE DE LA SAINTE TRINITÉ* (1969). **MÚSICA VOCAL Y CORAL:** *POÈMES POUR MI* (1936); *3 PETITES LITURGIES DE LA PRÉSENCE DIVINE* (1944); *LA TRANSFIGURATION DE NOTRE-SEIGNEUR JÉSUS-CHRIST* (1969).

quien escribió *Diodone abbandonata* (1724), melodrama que fue seguido de otros éxitos como *Catone in Utica* (1728), *Semiramide riconosciuta* (1729) y *Alessandro nelle Indie* (1729). En 1730 fue nombrado poeta imperial por Carlos III de Austria, y pasó el resto de su vida en la corte vienesa, ya que mantuvo el cargo durante los reinados de María Teresa y José II. Compuso en su primera etapa varios oratorios y cantatas y veintiséis melodramas, mientras que sus obras maestras –*Olimpiade* (1733), *La clemenza di Tito* (1734) y *Atilio Régulo* (1740)– pertenecen al período de madurez. Su aportación más característica al teatro lírico es la *arietta*, poesía breve destinada a la melodía y el canto.

METTERNICH-WINNEBURG, KLEMENS LOTHAR, PRÍNCIPE DE *(Coblenza, actual Alemania, 1773-Viena, 1859) Príncipe austriaco.* En 1806, a petición de Napoleón, fue nombrado embajador en París, y tras la paz de Viena (1809) ostentó los cargos de ministro de Asuntos Exteriores y canciller de su país. Poseedor de la confianza de Francisco II, tuvo un decisivo papel a favor de Austria en el Congreso de Viena (1815), donde logró importantes anexiones territoriales. Defensor acérrimo del absolutismo, su intervención fue determinante en la adopción de la resolución de intervenir en cualquier Estado donde se produjese un levantamiento liberal, temeroso de los ideales desatados por la Revolución Francesa. Su ideología acabó por encontrar el rechazo de todos los países europeos salvo Prusia y Rusia, y tuvo que resignarse ante los cambios políticos en el continente. A partir de 1826 redujo su actividad en política interior, y en 1846 participó en la anexión de Cracovia tras la intervención en Polonia. Dos años más tarde, la sublevación vienesa le obligó a huir de su país, al que pudo regresar en 1851.

MEXÍA, PERO *(Sevilla, h. 1500-id., 1551) Escritor español.* Estudió humanidades y leyes. Ocupó varios cargos en su ciudad natal y mantuvo correspondencia con Erasmo, Luis Vives y Ginés de Sepúlveda. En *Silva de varia lección* (1540), obra miscelánea influida por Macrobio, Valerio Máximo, Virgilio, Plutarco y, sobre todo, Plinio, trató los temas más dispares. Tras esta obra, con la que obtuvo un importante éxito e influyó en Mateo Alemán, Cervantes y Montaigne, redactó *Historia imperial*

> «*Sin piedad se vuelve/crueldad la justicia/ Y la piedad/sin justicia es debilidad.*»
>
> Pietro Metastasio *Giuseppe*

▼ *El príncipe de* **Metternich** *pintado con sus condecoraciones. Absolutista convencido, fue el alma del Congreso de Viena de 1815, en el que se determinó combatir las ideas revolucionarias francesas.*

y cesárea (1545), que repasaba la vida de varios emperadores. En 1547 publicó sus *Coloquios*, donde ofrecía un vasto recorrido por todos los conocimientos de la época a través de las conversaciones que mantienen varios personajes. Apasionado por la historia, que supo analizar con rigor y objetividad, en 1548 escribió una *Historia de Carlos V* (1548), que dejó incompleta.

MEYERBEER, GIACOMO [Jakob Liebmann, Meyer Beer] *(Tasdorf, actual Alemania, 1791-París, 1864) Compositor alemán.* La *grand-opéra* francesa, subgénero caracterizado por su temática histórica, gran aparato escénico y preeminencia coral y orquestal, tiene en Giacomo Meyerbeer a su representante más destacado. Antes de recalar en París, donde iba a conquistar sus mayores triunfos, este compositor había iniciado su carrera como músico dramático en su Alemania natal, con una serie de obras que no despertaron gran interés. Establecido en Italia desde 1816, allí compuso seis óperas en el estilo italiano, el éxito de la última de las cuales, *Il crociato in Egitto* (1824), le valió la posibilidad de estrenar en París. *Roberto el diablo* (1831) significó su debut en la escena francesa, así como el inicio de su colaboración con el dramaturgo y libretista Eugène Scribe. *Los hugonotes* (1836) y *El profeta* (1849) le convirtieron en una celebridad mundial. Su última obra, *La africana*, fue estrenada póstumamente en 1865.

MEYERHOLD, VSIÉVOLOD *(Penza, Rusia, 1874-Moscú, 1942) Director teatral ruso.* Iniciado en las artes escénicas por Stanislavski, posteriormente abandonó el naturalismo psicológico del maestro y dirigió en Moscú su propio teatro. En 1905 representó teatro experimental en el Estudio del Teatro Artístico. Tras el triunfo de la Revolución bolchevique, y bajo los auspicios del Comisariado para la Educación, desarrolló sus más logradas realizaciones, en las que prescindió de convencionalismos escénicos. Entre sus producciones más notables debe mencionarse *La mascarada* (1917) de Lermontov, *El inspector* (1926) de Gogol, y *La pulga* (1929) y *Los baños* (1930), de Maiakovski. No obstante, su extremado experimentalismo provocó la desconfianza del régimen soviético. Acusado de formalismo por las autoridades estalinistas, fue detenido y, más tarde, fusilado.

MICHELSON, ALBERT *(Strzelno, Polonia, 1852-Pasadena, EE UU, 1931) Físico estadounidense de origen polaco.* En 1869 ya era oficial de la marina de guerra, y con el tiempo desempeñó un cargo docente en la escuela naval de Annapolis. En 1893 consiguió plaza de profesor de física en la Universidad de Chicago. Inventó un interferómetro con el que efectuó mediciones muy precisas de la velocidad de la luz. En 1887, con la colaboración de Morley, llevó a cabo varios experimentos encaminados a determinar la velocidad de desplazamiento de la Tierra respecto al éter, mediante la comparación de la velocidad de la luz medida en distintas direcciones. El resultado negativo de estos experimentos, además de desmentir la existencia del éter como ente físico, encontró una explicación plausible años más tarde con la teoría de la relatividad, que precisamente basó sus hipótesis en las observaciones de Michelson. También realizó investigaciones sobre la estructura de las líneas espectrales y llevó a cabo diversas mediciones astronómicas. En 1907 le fue concedido el Premio Nobel de Física.

MIES VAN DER ROHE, LUDWIG *(Aquisgrán, Alemania, 1886-Chicago, 1969) Arquitecto alemán.* En 1900 empezó a trabajar en el taller de su padre, que era cantero, y en 1905 se trasladó a Berlín para colaborar en el estudio de Bruno Paul y, de 1908 a 1911, en el de P. Behrens, donde conoció a Walter Gropius y Le Corbusier. Tras el paréntesis de la Primera Guerra Mundial, se adhirió a diversos movimientos de vanguardia (Novembergruppe, De Stijl) y empezó a realizar proyectos revolucionarios, como el destinado a un edificio de oficinas de la Friedrichstrasse de Berlín, constituido por dos torres de veinte pisos unidas por un núcleo central para escaleras y ascensores. La consagración de Mies van der Rohe se produjo en 1929, cuando realizó el pabellón de Alemania para la Exposición Internacional de Barcelona, considerado por muchos su obra maestra y una de las obras arquitectónicas más influyentes del

▲ *Vista exterior del pabellón alemán de la Exposición Universal de Barcelona (1929), obra de Ludwig **Mies van der Rohe**. El diseño ortogonal de la construcción se combina con la utilización de materiales tradicionales, como ónice, mármol o vidrio.*

▼ ***Miguel I**, en la época en que era príncipe de Portugal, en un grabado que figura en la Biblioteca Nacional de Madrid.*

siglo XX. Tras dirigir la Bauhaus de 1930 a 1933, la evolución de los acontecimientos en Alemania le obligó a emigrar a Estados Unidos, donde fue nombrado director de la facultad de arquitectura del Illinois Technology Institute de Chicago (1938), para el que proyectó un nuevo campus que, una vez finalizado, extendió su fama por todo Estados Unidos. En lo sucesivo le llovieron los encargos y trabajó fundamentalmente en la capital de Illinois, donde recogió y llevó a sus últimas consecuencias los postulados de la escuela de Chicago. En 1958-1959 puso broche de oro a su carrera con el famosísimo rascacielos Seagram Building de Nueva York, y la Neue Nationalgalerie de Berlín (1962-1968). Con esta obra, Mies van der Rohe se mantuvo en la línea de oponer el horizontalismo de sus obras arquitectónicas europeas al verticalismo predominante en las estadounidenses.

MIGUEL I *(Queluz, Portugal, 1802-Brombach, actual Alemania, 1866) Rey de Portugal.* Tercer hijo de Juan VI, marchó al exilio con su familia ante la invasión de las tropas napoleónicas en 1808. Una vez derrotada ésta, se puso al frente de los absolutistas y obligó a su padre a derogar la Constitución de 1822. Tras el fracaso de un nuevo golpe de fuerza en 1824, Miguel tuvo que refugiarse en Viena. Al fallecer Juan VI, su hermano Pedro, emperador de Brasil, le nombró regente (1827) de Portugal durante la minoría de edad de María de la Gloria, la heredera legítima al trono portugués tras la renuncia al mismo por parte de Pedro. Miguel prometió casarse con ella, pero una vez en Lisboa disolvió la Cámara de los Diputados y se hizo coronar rey del país el día 3 de mayo de 1828. Pedro, transmitió la Corona a su hijo, regresó a Portugal, y apoyado por la Cuádruple Alianza, derrotó a Miguel en 1834, obligándole a renunciar a sus pretensiones.

🏛 **LUDWIG MIES VAN DER ROHE**

OBRAS MAESTRAS

CASA RIEHL (1907); *MONUMENTO A LA MEMORIA DE KARL LIEBKNECHT Y ROSA LUXEMBURG* (1926, destruido); *CASA WOLD* (1926, Guben); *CASA HERMANN LANGE* (1928, Krefeld); *PABELLÓN ALEMÁN DE LA EXPOSICIÓN INTERNACIONAL DE BARCELONA* (1929); *VILLA TUGENDHAT* (1930, Brno); *ALUMNI MEMORIAL HALL* (1945-1946, Chicago); *PROMONTORY APARTAMENTS* (1949, Chicago); *CASA FARNSWORTH* (1945-1950, Plano, Ilinois); *LAKE SHORE DRIVE* (1948-1951, Chicago); *CROWN HALL* (1956, Chicago); *SEAGRAM BUILDING* (1954-1958, Nueva York); *NEUE NATIONALGALERIE* (1962-1968, Berlín).

MIGUEL III FEDOROVICH *(?, 1596-Moscú, 1645) Zar de Rusia (1613-1645).* Hijo del boyardo de origen cosaco Fiódor Nikitich Romanov, se convirtió, como sucesor de Basilio IV, en el primer miembro de la familia Románov en ocupar el trono de Rusia. Fue nombrado zar en 1613 con el apoyo de la Iglesia, la nobleza y las ciudades, que constituían el *zemski-sobor* o estados generales. Comenzó su reinado en un país devastado por las invasiones de suecos y polacos y por las revueltas internas, pero paulatinamente, y con la ayuda de sus parientes y de su enérgico padre, consiguió restablecer el orden y contener las invasiones extranjeras. En 1634 puso fin al conflicto ruso-polaco, obteniendo la renuncia de Ladislao de Polonia al trono de Rusia. El reforzamiento del Estado continuó con la firma de la paz de Stolbovo con Suecia en 1617, y una intensa labor de reorganización interior que fortaleció el feudalismo e instituyó la adscripción del hombre a la tierra en 1636. También restauró el comercio de los ingleses en Arkángel y autorizó a los holandeses a fundar una industria manufacturera en Tula.

MIGUEL ÁNGEL [Miguel Ángel Buonarrotti], en italiano *Michelangelo (Caprese, actual Italia, 1475-Roma, 1564) Escultor, pintor y arquitecto italiano.* Habitualmente se reconoce a Miguel Ángel como la gran figura del Renacimiento italiano, un hombre cuya excepcional personalidad artística dominó el panorama creativo del siglo XVI y cuya figura está en la base de la concepción del artista como un ser excepcional, que rebasa ampliamente las convenciones ordinarias. Durante los cerca de setenta años que duró su carrera, Miguel Ángel cultivó por igual la pintura, la escultura y la arquitectura, con resultados extraordinarios en cada una de estas facetas artísticas. Sus coetáneos veían en las realizaciones de Miguel Ángel una cualidad, denominada *terribilità*, a la que puede atribuirse la grandeza de su genio; dicho término se refiere a aspectos como el vigor físico, la intensidad emocional y el entusiasmo creativo, verdaderas

▲ Moisés *esculpido en mármol por* **Miguel Ángel** *entre 1513 y 1516 como parte del sepulcro del papa Julio II. La poderosa figura expresa la* terribilità *y la* profondità *que caracterizan la obra del genio italiano.*

constantes en las obras de este creador que les confieren su grandeza y su personalidad inimitables. La vida del artista transcurrió entre Florencia y Roma, ciudades en las que dejó sus obras maestras. Aprendió pintura en el taller de Ghirlandaio y escultura en el jardín de los Médicis, que habían reunido una excepcional colección de estatuas antiguas. Dio sus primeros pasos haciendo copias de frescos de Giotto o de Masaccio que le sirvieron para definir su estilo. En 1496 se trasladó a Roma, donde realizó dos esculturas que lo proyectaron a la fama: el *Baco* y la *Piedad* de San Pedro. Esta última, su obra maestra de los años de juventud, es una escultura de gran belleza y de un acabado impecable que refleja su maestría técnica. Al cabo de cinco años regresó a Florencia, donde recibió diversos encargos, entre ellos el *David*, el joven desnudo de cuatro metros de altura que representa la belleza perfecta y sintetiza los valores del humanismo renacentista. En 1505, cuando trabajaba en el cartón preparatorio de la *Batalla de Cascina* (inconclusa) para el Palazzo Vecchio, el papa Julio II lo llamó a Roma para que esculpiera su tumba; Miguel Ángel trabajó en esta obra hasta 1545 y sólo terminó tres estatuas, el *Moisés* y dos *Esclavos*; dejó a medias varias estatuas de esclavos que se cuentan en la actualidad entre sus realizaciones más admiradas, ya que permiten apreciar cómo extraía literalmente de los bloques de mármol unas figuras que parecían estar ya contenidas en ellos. Julio II le pidió también que decorase el techo de la capilla Sixtina, encargo que el artista se resistió a aceptar, puesto que se consideraba ante todo un escultor, pero que se convirtió finalmente en su creación más sublime. Alrededor de las escenas centrales, que representan episodios del Génesis, se despliega un conjunto de profetas, sibilas y jóvenes desnudos, en un todo unitario dominado por dos cualidades esenciales: belleza física y energía dinámica. En 1516, regresó a Florencia para ocuparse de la fachada de San Lorenzo, obra que le dio muchos quebraderos de cabeza y que por

MIGUEL ÁNGEL
OBRAS MAESTRAS

BACO (h. 1496-1497; Museo del Bargello, Florencia); *PIEDAD* (1498-1499; San Pedro del Vaticano, Roma); *BATALLA DE CASCINA* (1504-1505; copia en Earl of Leicester Coll.) *TONDO DONI* (1504-1506; Uffizi, Florencia); techo de la capilla Sixtina (1508-1512; Vaticano, Roma); *ESCLAVOS* (h. 1513; Museo del Louvre, París); *MOISÉS* (h. 1515; San Pietro in Vincoli, Roma); capilla Medicea (1520-1534; San Lorenzo, Florencia; *JUICIO FINAL* (1536-1541; capilla Sixtina del Vaticano, Roma); *CONVERSIÓN DE SAN PABLO* (1542-1550; capilla Paulina del Vaticano, Roma); *CRUCIFIXIÓN DE SAN PEDRO* (1542-1550; capilla Paulina del Vaticano, Roma); *PIEDAD DE PALESTRINA* (1553-1555; Galería de la Academia, Florencia); cúpula de San Pedro del Vaticano (h. 1560; Roma); Puerta Pía (1561; Roma); Palacio Farnesio (Roma).

último no se realizó; pero el artista proyectó para San Lorenzo dos obras magistrales: la Biblioteca Laurenciana y la capilla Medicea o Sacristía Nueva. Esta última alberga dos sepulturas que incluyen la estatua del difunto y las figuras magistrales del *Día*, la *Noche*, la *Aurora* y el *Crepúsculo*. En 1534, el artista se estableció definitivamente en Roma, donde realizó el fresco del *Juicio Final* en la capilla Sixtina y supervisó las obras de la basílica de San Pedro, en la que modificó sustancialmente los planos y diseñó la cúpula, que es obra suya.

MILÀ Y FONTANALS, MANUEL *(Vilafranca del Penedès, España, 1818-id., 1884) Filólogo y escritor español en lenguas castellana y catalana.* Licenciado en filosofía y letras y en derecho, en 1846 obtuvo la cátedra de literatura en la Universidad de Barcelona, donde llevó a cabo importantes estudios sobre la literatura catalana medieval, de la que fue un destacado historiador. Presidente de la Academia de las Buenas Letras de Barcelona entre 1861 y 1878, intervino en las polémicas sobre la unificación de la ortografía catalana. Autor de varios poemas en castellano y catalán, cultivó también la crítica literaria y de arte. Entre sus obras destacan: *De los trovadores en España* (1861), *Reseña histórica y crítica de los antiguos poetes catalanes* (1865) y *De la poesía heroico-popular castellana* (1874).

MILANÉS, PABLO *(Bayamo, Cuba, 1943) Cantautor cubano.* Se le considera el fundador de la nueva trova cubana y punto de referencia indiscutible del movimiento de continuidad-renovación en los géneros populares de Cuba. Inició su carrera en 1959 como integrante del grupo Cuarteto del Rey, y cinco años más tarde, después de su paso por la formación Cuarteto Los Bucaneros, inició su carrera en solitario con la canción *Mis 22 años*, considerada como el exponente máximo de la nueva fusión entre el *feeling*, la nueva corriente cubana mezcla de canción romántica y jazz, y la nueva trova. Ha compuesto música para largometrajes y documentales, y ha realizado más de una veintena de trabajos discográficos, algunos en colaboración con otros cantautores. A partir de 1970 y hasta la fecha, ha realizado más de noventa giras por varios países de América y Europa.

MILCÍADES EL JOVEN *(Atenas, h. 540 a.C.-id., h. 489 a.C.) Político y estratega ateniense.* Sobrino de Milcíades *el Viejo*, fundador del principado ateniense del Quersoneso hacia el 555 a.C., y sucesor de Esteságoras, su hermano, en el gobierno de este territorio tracio, tuvo que someterse al rey Darío I de Persia, a quien acompañó en la expedición contra los escitas (513 a.C.). En el 499 a.C., sin embargo, dirigió la insurrección jonia contra el dominio persa y ocupó las islas de Lemnos e Imbros, que pobló de atenienses. A pesar de los éxitos iniciales, la rebelión acabó siendo sofocada y el caudillo heleno se vio obligado a refugiarse en Atenas (495 a.C.). En poco tiempo, Milcíades se convirtió en el general con mayor prestigio del ejército ateniense, por lo que, en el 490 a.C., fue nombrado estratega o jefe militar. En el verano de aquel mismo año, tras recibir noticias del desembarco de las tropas de Darío en Maratón, decidió salir a su encuentro. Gracias a una audaz maniobra táctica, infligió una severa derrota a los persas, que perdieron en la batalla de Maratón más de 6 400 hombres y siete naves. Acto seguido, emprendió una expedición naval contra las Cícladas, pero fracasó en su intento de tomar la isla de Paros, acción en la que cayó herido. Poco después, hacia el 489 a.C., murió a consecuencia de la herida recibida, víctima de una gangrena. Personaje notorio de la Antigüedad, con su victoria sobre los persas en Maratón, Milcíades convirtió Atenas en la potencia hegemónica de la Grecia clásica.

MILL, JOHN STUART *(Londres, 1806-Aviñón, Francia, 1873) Economista, lógico y filósofo británico.* Hijo del también economista James Mill, fue educado de forma exclusiva por éste según los estrictos principios del *Emilio* de Rousseau. Dotado de una inteligencia extraordinaria, a los diez años estaba versado en griego y latín y poseía un exhaustivo conocimiento de los clásicos. A los trece años su padre le introdujo en los principios de la lógica y de la economía política, centrándose en este ámbito en la obra de Adam Smith y David Ricardo. En 1823 ingresó en la Compañía

«Pregúntate si eres feliz y dejarás de serlo.»
John Stuart Mill
Autobiografía

▼ *Caricatura que muestra a un anciano Stuart **Mill**. Destacado economista, como filósofo introdujo en las ciencias sociales la inducción como método para concatenar científicamente los fenómenos.*

de las Indias Orientales, donde llegaría a ocupar el cargo de jefe de la Oficina para las Relaciones con los Estados Indios. Activo políticamente en defensa de la causa abolicionista durante la guerra civil estadounidense, desde 1865 y durante tres años ocupó un escaño en la Cámara de los Comunes, donde sería objeto constante de polémica a causa de su decidido apoyo a las medidas a favor de las clases menos privilegiadas y de la igualdad de derechos para la mujer. Sus primeros escritos aparecieron publicados en las páginas de los diarios *The Traveller* y *The Morning Chronicle*, y se ocuparon fundamentalmente de la defensa de la libre expresión. En 1824, la aparición de *The Westminster Review*, órgano de transmisión de la ideas filosóficas radicales, proporcionó a Mill un atrio privilegiado desde el que difundir su ideario liberal. Políticamente mostró siempre un gran entusiasmo por la forma democrática de gobierno atemperado por el pesimismo sobre la incidencia real en el bienestar social de su práctica. En su papel como economista, Mill fue considerado históricamente como un representante tardío de la escuela clásica inglesa; algunos autores posteriores, como Marx, discutieron dicha filiación y destacaron su alejamiento de la noción del valor-trabajo. Su obra principal en el campo de la economía política apareció en 1848 bajo el título de *Principios de economía política* (*Principles of Political Economy*), en los que cabe distinguir tres partes diferenciadas. En la primera, Mill elaboró un completo análisis del proceso de formación de los salarios que entendió determinado por la interacción entre la oferta de trabajo y de la demanda del mismo en forma de fondo de salarios. Consideró el beneficio como renta del capital y lo hizo dependiente del nivel general de precios. En su teoría del intercambio introdujo la utilidad como factor determinante del valor de cambio de un bien, a la par con su coste de producción. En el campo de la economía internacional se le debe la introducción del término «relación real de intercambio». En la segunda parte se ocupó de cuestiones de estática y dinámica y expuso su idea de una evolución hacia el estancamiento de la totalidad del sistema capitalista a causa de una tendencia irreversible a la reducción de los beneficios. La tercera parte es la que mejor refleja su talante reformista.

▲ *El dramaturgo estadounidense Arthur* **Miller** *en el momento de abrir la octava sesión del Instituto Internacional del Teatro celebrada en Nueva York en junio de 1967.*

▼ *El trombonista y compositor estadounidense Glenn* **Miller** *posa sonriente para una fotografía tomada durante la cúspide de su éxito. Miller consiguió marcar la música popular de toda una época.*

MILLER, ARTHUR (*Nueva York, 1915*) *Dramaturgo estadounidense*. Estudió en la Universidad de Michigan, en la cual recibió el primero de los premios de su vida. Se trasladó a Nueva York, donde se dedicó a escribir guiones radiofónicos; en 1944 obtuvo su primer galardón literario importante por *Un hombre con mucha suerte*. En 1947, su pieza *Todos eran mis hijos* fue elegida por la crítica la mejor obra dramática del año. En estos sus primeros títulos se entrevé ya lo que sería el elemento fundamental de toda su obra: la crítica acerba a todos aquellos valores de carácter conservador que comenzaban a asentarse en la sociedad de Estados Unidos. Así, *La muerte de un viajante* (1949), galardonada con el Premio Pulitzer, denuncia el carácter ilusorio del sueño americano, en tanto que *Las brujas de Salem* (1953) ataca la doctrina maccarthista de la que él mismo fue víctima. En los años siguientes publicó *Recuerdo de dos lunes* (1955), *Panorama desde el puente* (1955) y *Vidas rebeldes* (1961), inspirada en su matrimonio con Marilyn Monroe y llevada al cine por John Huston, con el terceto protagonista Montgomery Clift, Clark Gable y la propia Marilyn, en la que fue la postrera interpretación de ella y de Gable, muertos ambos poco después. En 1964, Miller volvió a abordar el tema de su vida conyugal con la actriz en *Después de la caída.* Otras obras suyas son *Incidente en Vichy* (1964), *El premio* (1968) y *La creación del mundo* (1972). En 1987 apareció su autobiografía *Vueltas al tiempo*, y diez años después, tras un largo silencio, escribió *Una mujer normal,* novela corta en la línea psicologista de sus últimas obras, que mereció excelentes críticas.

MILLER, GLENN (*Clarinda, EE UU, 1904-Sobre el canal de la Mancha, 1944*) *Director de* big band*, trombonista, compositor y arreglista estadounidense*. Pese a su virtuosismo como instrumentista, Miller alcanzó la fama gracias a su habilidad para los arreglos musicales, a los que dotó de una singular manera de entender el swing, ligera y urbana, que se convirtió en su marca de fábrica. Tras iniciar su carrera musical a principios de los años veinte en compañía de Boyd Senter, en 1937 creó su primer conjunto y, gracias a la balada *Moonlight serenade*, se dio a conocer en todo el mundo. A partir de ese momento se fueron sucediendo los éxitos: *Pennsylvania 6-5000*, *Chattanooga Choo Choo* o *In the mood*, en-

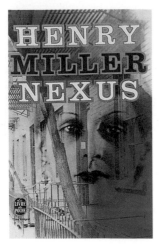

▲ *Portada de* Nexus, *parte de su segunda trilogía literaria y una de las novelas más famosas del estadounidense Henry* **Miller***.*

JEAN-FRANÇOIS MILLET

OBRAS MAESTRAS

LA SEÑORA DE LECOURTOIS (h. 1841, Musée d'Orsay, París); *LA SEÑORA DE CANOVILLE* (1845, Musée d'Orsay, París); *LAS BAÑISTAS* (1848, Musée d'Orsay, París); *EL CRIBADOR* (1848, Louvre, París); *EL VIEJO DORMIDERO* (1856-1857, Musée d'Orsay, París); *LAS ESPIGADORAS* (1857, Musée d'Orsay, París); *EL ÁNGELUS* (1858-1859, Musée d'Orsay, París); *HARMEAU-COUSIN EN GRÉVILLE* (1866, Museum of Fine Arts, Boston); *CREPÚSCULO* (1866, Museum of Fine Arts, Boston); *PRÍMULAS* (1868, Museum of Fine Arts, Boston); *LA PRIMAVERA* (1868-1873, Musée d'Orsay, París); *LA IGLESIA DE GRÉVILLE* (1871-1874); *EL SEMBRADOR* (Museum of Fine Arts, Boston); *YENDO AL TRABAJO* (Art Gallery, Glasgow).

▶ Las espigadoras, *obra pintada por Jean-François* **Millet** *en 1857 y expuesta en el Museo del Louvre de París. Los temas rurales y el tratamiento realista caracterizan la obra del pintor francés.*

tre muchos otros. Con la entrada de Estados Unidos en la Segunda Guerra Mundial, Miller se enroló en las fuerzas armadas, hasta que se le permitió volver a reunir a su banda y tocar su música para las tropas con el objetivo de elevar su moral. Durante el trayecto hacia uno de dichos conciertos, que Miller pretendía ofrecer en el París liberado, murió en un accidente aéreo.

MILLER, HENRY *(Nueva York, 1891-Pacific Palisades, EE UU, 1980) Escritor estadounidense.* Realizó diversos trabajos en Nueva York, sin lograr integrarse en ninguno, hasta que en 1930 se trasladó a París, en parte como exilio voluntario y en parte huyendo de la Depresión. Su intención de dedicarse exclusivamente a la literatura le hizo pasar penurias económicas, por lo que su vida en París fue misérrima y bohemia. El explícito erotismo de su primera novela, *Trópico de Cáncer*, aparecida en 1934, impidió su circulación en Estados Unidos, lo que sucedería con casi todas sus obras. *Primavera negra* (1936) y *Trópico de Capricornio* (1939) completan su primera trilogía, en parte basada en sus propias experiencias, y en la que reivindica el deseo y la vida como ruptura de convencionalismos y tabúes morales, en una prosa vehemente y plagada de imágenes, que pierde por momentos el hilo lógico. *El coloso de Marusi* (1941) narra de forma descriptiva su experiencia en Grecia. Tras regresar a su país,

en 1940, e instalarse en California, publicó *Pesadilla de aire acondicionado* (1945), cuyas intensas dosis de causticidad no gustaron nada al público y la crítica estadounidenses. En 1949 inició su segunda trilogía, *La crucifixión rosada*, que comprende *Sexus*, *Plexus* (1952) y *Nexus* (1960). Escribió también crítica literaria, como *El mundo de D. H. Lawrence* (1980), y ensayos como *Big Sur y las naranjas de Hieronymus Bosch* (1956). Escritor heterodoxo, cercano a Céline por su estilo y planteamiento, ejerció una importante influencia en la generación *beat* estadounidense.

MILLET, JEAN-FRANÇOIS *(Gruchy, Francia, 1814-Barbizon, id., 1875) Pintor francés.* Nació en una familia de campesinos de Normandía y, gracias a una beca, pudo estudiar pintura en París, en el estudio de Delaroche. Sus primeros retratos y cuadros mitológicos nada tienen que ver con sus posteriores obras de tema campesino, en las que se enaltecen la vida y las ocupaciones diarias de las gentes que trabajan en el campo. La primera de estas creaciones, a las que está indisolublemente unido el nombre de Millet, fue *El cribador*, presentado en el Salón de 1848, al que más tarde siguieron *Las espigadoras*, *El Ángelus*, sin duda su obra más conocida, y *El sembrador*, cuadros todos ellos de figuras humanas definidas con vigor sobre un fondo de paisaje verídico. Con estas creaciones carentes de retórica e

imbuidas de un profundo sentido de lo cotidiano, abrió el camino al realismo pictórico y dejó un modelo en el que se inspiró, entre otros, Courbet. En 1849, se estableció en Barbizon, donde permaneció el resto de su vida; aunque propiamente no perteneció a la famosa escuela de pintores de Barbizon, sí encarnó, como ellos, el deseo de huir de la vida urbana. A partir de 1863 y bajo la influencia de su amigo Théodore Rousseau, se dedicó con mayor intensidad al paisaje (*La primavera, El crepúsculo*). En 1859, *El Ángelus* le reportó la fama y la fortuna que no había logrado con sus obras anteriores, y ello le supuso salir por primera vez de la pobreza. Esta obra, sin embargo, lo encasilló como un pintor de efectismo sentimentalista, lo cual perjudicó su imagen hasta fechas recientes. Con todo, pintores como Van Gogh y Pissarro se inspiraron en sus obras, y en Estados Unidos gozó de gran popularidad, al menos hasta mediados del siglo XX. El Museum of Fine Arts de Boston y el Musée d'Orsay de París conservan las mejores colecciones de pinturas suyas.

MILLIKAN, ROBERT ANDREWS (*Morrison, Estados Unidos, 1868-San Marino, id., 1953*) *Físico norteamericano.* Profesor de física en Chicago desde 1910, en 1921 asumió la dirección del Instituto de Tecnología de California, en Pasadena. Obtuvo el Premio Nobel de Física en 1923 por sus fundamentales investigaciones sobre la dimensión y la carga de los electrones —mediante su experimento de la «gota equilibrada»—, así como por realizar la primera determinación fotoeléctrica del cuanto de luz. Realizó así mismo importantes investigaciones sobre la absorción de los rayos X, sobre el movimiento browmiano de los gases, sobre el espectro ultravioleta y sobre la naturaleza de los rayos cósmicos, y consiguió la determinación experimental de la constante de Planck. Además de las publicaciones científicas y técnicas, escribió varios libros sobre la relación entre ciencia y religión.

MILSTEIN, CÉSAR (*Bahía Blanca, Argentina, 1927) Bioquímico argentino.* Doctorado en química en 1957 por la Universidad de Buenos Aires, se le debe una técnica que permite obtener grandes cantidades de anticuerpos monoclonales. En 1966 ingresó como investigador en el laboratorio de bioquímica de la Universidad de Cambridge, de cuya unidad de química de proteínas y

▲ *Retrato anónimo de John* **Milton** *con poco más de veinte años, cuando escribió su* Himno en la mañana de Navidad. *El cuadro se conserva en la National Gallery of Portraits de Londres.*

JOHN MILTON

OBRAS MAESTRAS

POESÍA: *ODE ON THE MORNING OF CHRIST'S NATIVITY* (1629); *L'ALLEGRO E IL PENSEROSO* (1632); *ARCADES* (1633); *COMUS* (*COMUS, A MASK,* 1634); *LYCIDAS* (1637); *EPITAPHIUM DAMONIS* (1939); *EL PARAÍSO PERDIDO* (*PARADISE LOST,* 1667); *EL PARAÍSO RECOBRADO* (*PARADISE REGAINED,* 1671); *SANSÓN AGONISTA* (*SANSON AGONISTE,* 1671). **ENSAYO:** *REFORMA DE LA DISCIPLINA ECLESIÁSTICA EN INGLATERRA* (*OF THE REFORMATION TOUCHING CHURCH DISCIPLINE IN ENGLAND; OF PRELATICAL EPISCOPACY,* 1641); *THE DOCTRINE AND DISCIPLINE OF DIVORCE* (1643); *AREOPAGÍTICA* (*AREOPAGITICA,* 1644); *LA EDUCACIÓN* (*TRACTATE ON EDUCATION,* 1644); *EIKONOKLASTES* (1649); *PRO POPULO ANGLICANO DEFENSIO* (1651); *DEFENSIO SECUNDA* (1654); *DE DOCTRINA CHRISTIANA* (1655-1659).

ácido nucleico fue nombrado director. En colaboración con George Köhler logró, en 1975, la fusión de un linfocito B con una célula cancerosa, con lo cual obtuvo una nueva célula, un hibridoma, que mantiene la capacidad del linfocito para producir anticuerpos y permite cultivar la célula cancerosa indefinidamente. En 1984 le fue otorgado el premio Nobel de Fisiología y Medicina, que compartió con N. Jerne y G. Köhler.

MILTON, JOHN (*Londres, 1608-id., 1674) Poeta inglés.* Tras una estancia en Cambridge, abandonó la carrera eclesiástica y se retiró en casa de sus padres. En 1638 emprendió un largo viaje por Francia e Italia, y al volver a su patria se vio envuelto en cuestiones teológico-políticas, a las que respondió con polémicos opúsculos en los que defendía un puritanismo a ultranza. No obstante, tras fracasar su matrimonio, Milton reaccionó con una serie de escritos en los que se manifestaba partidario del divorcio y que le ocasionaron problemas con la censura parlamentaria, hecho que motivó que en 1644 publicara la *Areopagítica*, en defensa de la libertad de expresión. Antimonárquico y adscrito al sector radical, por un tiempo abandonó la poesía y ocupó el cargo de secretario del Comité de Asuntos Exteriores del gobierno de Cromwell. Finalmente escribió la epopeya que siempre había soñado, *El Paraíso perdido* (1667), la más lograda poesía cristiana heroica y una de las obras cumbres de la poesía inglesa de todos los tiempos. En 1671 publicó *El Paraíso recobrado*, de inferior valor literario, y la tragedia *Sansón agonista*.

MINKOWSKI, HERMANN (*Aleksotas, Lituania, 1864-Gotinga, Alemania, 1909) Matemático y físico alemán de origen lituano.* De origen judío, su familia emigró de Rusia a Alemania con el objeto de escapar de las restricciones a la educación impuestas por el régimen zarista. Tras estudiar en Königsberg y Berlín, Minkowski fue profesor en Bonn, Zurich (donde tuvo como alumno a A. Einstein) y Gotinga. A los dieciocho años obtuvo el gran premio de la Academia de las Ciencias de París gracias a un trabajo sobre la descomposición de un número entero en la suma de cinco cuadrados. Interesado en la física matemática, ofreció una interpretación geométrica de la teoría de la relatividad restringida (enunciada por Einstein en 1905), basada en un espacio de dimensión 4 (espacio de Minkowski); su nombre permanece indeleblemente asociado al concepto de espacio-tiempo.

MIR, JOAQUÍN *(Barcelona, 1873-id., 1940) Pintor español*. Simultaneó sus estudios de arte con el oficio de corredor de comercio por cuenta del negocio familiar. Con diversos amigos de la infancia como Isidro Nonell o M. Pitchot formó el denominado grupo de Sant Medir, cuyos miembros tenían por costumbre frecuentar los suburbios barceloneses en busca de temas para sus obras, y fue miembro integrante del cenáculo de Els Quatre Gats. Se trasladó primero a Madrid con el objeto de opositar a la beca de Roma, que no consiguió, y posteriormente a Mallorca, en cuyo paisaje encontró abundante fuente de inspiración. En 1917 recibió el premio Nacional de Bellas Artes, que consolidó su carrera profesional y le permitió contraer matrimonio cuatro años más tarde. Poco después se instaló definitivamente en Vilanova i la Geltrú. Considerado como el más destacado representante del paisajismo impresionista español, destacó siempre por el cromatismo delicuescente de sus obras, auténticas sinfonías de color que, a veces, parecen apuntar a la abstracción.

MIRABEAU, HONORÉ-GABRIEL RIQUETI, CONDE DE *(Bignon, Francia, 1749-París, 1791) Político y ensayista francés*. Hijo del reconocido economista Victor Riqueti, marqués de Mirabeau, cursó estudios en la Abbe Choquard de París. A su término ingresó, por voluntad de su padre, con quien mantuvo una tensa y difícil relación, en un regimiento militar de Saintes. Poco dado a la disciplina militar, fue detenido por conducta impropia y encarcelado. En 1772 contrajo matrimonio con Émile de Marignane, una rica heredera, y poco después, su padre ordenó su ingreso en prisión por acumulación de deudas. Tras conocer a Marie-Therese-Richard de Ruffey, que se convirtió en su amante, escapó a Suiza, donde ésta le siguió. En 1777 fue nuevamente detenido y encarcelado y, en prisión, escribió sus *Lettres a Sophie*. Fue puesto en libertad en 1782 y durante los siguientes cinco años trabajó como agente secreto para varios ministros y hombres de Estado y escribió varias obras de contenido histórico. Tras el estallido de la Revolución Francesa, fue una de las figuras más relevantes de la Asamblea Nacional.

▲ *Cala de Sant Vicenç, obra en la que el pintor Joaquín* **Mir** *muestra las principales características de su obra: la intensidad de su paleta y la orquestación de su colorido.*

▼ *Grabado en el que aparece en primer término el conde de* **Mirabeau***, uno de los nobles que participó activamente en la implantación de la causa revolucionaria.*

MIRANDA, FRANCISCO DE *(Caracas, Venezuela, 1750-San Fernando, España, 1816) Prócer venezolano*. Estudió filosofía en la Universidad de Caracas, y a los veintiún años se trasladó a España, donde ingresó en el ejército y participó con el grado de capitán en la guerra de la Independencia de Estados Unidos. Su comportamiento en la lucha contra los británicos le valió el ascenso a teniente coronel en 1781. Posteriormente se trasladó a Cuba, donde tuvo problemas con la Inquisición de Cartagena de Indias por la lectura de libros prohibidos. Condenado a un destierro de diez años en Orán, se fugó y huyó a Estados Unidos. Destacado masón, intentó promocionar la emancipación de las colonias americanas de España entre diversas logias europeas. Participó en la Revolución Francesa y conquistó Amberes en 1792. Continuó buscando apoyo para la independencia venezolana en Francia y el Reino Unido, y su empeño fructificó en 1805, cuando el ministro Pitt se avino a contribuir económicamente a la causa de Miranda. También logró que Estados Unidos se sumase al apoyo inglés en la realización de dos expediciones a Venezuela para proclamar la República. Pero, además del lastre de la escasez de recursos, Miranda chocó con la indiferencia de la población y con la firme oposición de las autoridades locales. De nuevo en París, en 1809 fundó la logia del Supremo Consejo de América y, al año siguiente, el periódico *El Colombiano*. El 19 de abril de 1810 se produjo la insurrección de Caracas, y los revolucionarios le pidieron que regresara a su país para dirigir la lucha. El alzamiento se saldó con la capitulación de los insurrectos en La Victoria, el 25 de julio de 1812. Miranda firmó la rendición; acusado de traidor por sus compatriotas, lo entregaron al ejército realista español. Tras un peregrinaje por diversas prisiones, recaló en 1813 en el arsenal de La Carraca (Cádiz), y falleció en cautiverio cuatro años después.

MIRÓ, JOAN *(Barcelona, 1893-Palma de Mallorca, España, 1983) Pintor, escultor, grabador y ceramista español*. Estudió comercio y trabajó durante dos años como dependiente en una droguería, hasta que una enfermedad le obligó a retirarse durante un largo periodo en una casa familiar en el pequeño pueblo de Mont-roig del Camp. De regreso a Barcelona, ingresó en la Academia de Arte dirigida por Francisco

▲ *Fotografía en la que aparece el pintor Joan **Miró** en su madurez, sentado en su estudio y rodeado de algunas de sus obras.*

▼ *Copia romana del Discóbolo, cuyo original fue esculpido por **Mirón** hacia el 450 a.C. Conservada en el Museo Nacional de las Termas, en Roma, asombró a sus contemporáneos por la captación de la tensión y el movimiento.*

Galí, en la que conoció las últimas tendencias artísticas europeas. Hasta 1919, su pintura estuvo dominada por un expresionismo formal con influencias fauvistas y cubistas, centrada en los paisajes, retratos y desnudos. Ese mismo año viajó a París y conoció a Picasso, Jacob y algunos miembros de la corriente dadaísta, como Tristan Tzara. Alternó nuevas estancias en la capital francesa con veranos en Mont-roig y su pintura empezó a evolucionar hacia una mayor definición de la forma, ahora cincelada por una fuerte luz que elimina los contrastes. En lo temático destacan los primeros atisbos de un lenguaje entre onírico y fantasmagórico, muy personal aunque de raíces populares, que marcaría toda su trayectoria posterior. Afín a los principios del surrealismo, firmó el *Manifiesto* (1924) e incorporó a su obra inquietudes propias de dicho movimiento, como el jeroglífico y el signo caligráfico (*El carnaval del arlequín*). La otra gran influencia de la época vendría de la mano de P. Klee, del que recogería el gusto por la configuración lineal y la recreación de atmósferas etéreas y matizados campos cromáticos. En 1928, el Museo de Arte Moderno de Nueva York adquirió dos de sus telas, lo que supuso un primer reconocimiento internacional de su obra; un año después, contrajo matrimonio con Pilar Juncosa. Durante estos años el artista se cuestionó el sentido de la pintura, conflicto que se refleja claramente en su obra. Por un lado, inició la serie de *Interiores holandeses*, abigarradas recreaciones de pinturas del siglo XVII caracterizadas por un retorno parcial a la figuración y una marcada tendencia hacia el preciosismo, que se mantendría en sus coloristas, juguetones y poéticos maniquíes para el *Romeo y Julieta* de

los Ballets Rusos de Diaghilev (1929). Su pintura posterior, en cambio, huye hacia una mayor aridez, esquematismo y abstracción conceptual. Por otro lado, en sus obras escultóricas optó por el uso de material reciclado y de desecho. La guerra civil española no hizo sino acentuar esta dicotomía entre desgarro violento (*Cabeza de mujer*) y evasión ensoñadora (*Constelaciones*), que poco a poco se fue resolviendo en favor de una renovada serenidad, animada por un retorno a la ingenuidad de la simbología mironiana tradicional (el pájaro, las estrellas, la figura femenina) que parece reflejar a su vez el retorno a una visión ingenua, feliz e impetuosa del mundo. No resultaron ajenos a esta especie de renovación espiritual sus ocasionales retiros a la isla de Mallorca, donde en 1956 construyó un estudio, en la localidad de Son Abrines. Entretanto, Miró amplió el horizonte de su obra con los grabados de la serie *Barcelona* (1944) y, un año después, con sus primeros trabajos en cerámica, realizados en colaboración con Llorens Artigas. En las décadas de 1950 y 1960 realizó varios murales de gran tamaño para localizaciones tan diversas como la sede de la Unesco en París, la Universidad de Harvard o el aeropuerto de Barcelona; a partir de ese momento y hasta el final de su carrera alternaría la obra pública de gran tamaño (*Dona i ocell*, escultura), con el intimismo de sus bronces, *collages* y tapices. En 1975 se inauguró en Barcelona la Fundación Miró, cuyo edificio diseñó su gran amigo Josep Lluís Sert.

MIRÓN (*Eleutera, actual Grecia ?, s. V a.C.*) *Escultor griego*. Fue el principal escultor griego de su tiempo, exponente del llamado estilo severo y precursor de los grandes maestros del clasicismo pleno. Nació en Beocia, pero desarrolló su actividad, entre el 470 y el 440 a.C. aproximadamente, en Atenas, donde obtuvo la ciudadanía. Las fuentes literarias le atribuyen numerosos obras, en particular estatuas de atletas y héroes. Sin embargo, sólo se le han podido asignar con certeza tres, conocidas por copias romanas: el *Discóbolo*, el grupo de *Atenea y Marsias* y el *Anadumenos*. Las dos primeras, sobre todo, son emblemáticas del estilo de Mirón, centrado en la plasmación del movimiento a través de las tensiones del cuerpo. El *Discóbolo*, que está captado en el instante anterior a la realización de un movimiento violento, constituye un ejemplo magistral de equilibrio dinámico, de desnudo juvenil ágil y vivo: el brazo derecho y la pierna izquierda insinúan el movimiento; el brazo izquierdo y la pierna derecha sugieren equilibrio. Una idea semejante se encuentra en el grupo de *Atenea y Marsias*, plasmado en el momento en que el sátiro se detiene ante la diosa antes de retroceder. Estas dos obras, de figuras estáticas pero llenas de vitalidad y en las que se adivina el movimiento, hacen que Mirón sea considerado un artista adelantado a su tiempo, que buscaba por todos los medios superar la inmovilidad característica del estilo arcaico. Mediante copias fragmentarias se ha podido reconstruir la estatua del *Anadumenos*, un atleta que recuerda al *Discóbolo* por la estructura del cuerpo. No se conoce el bronce titulado *Vaca*, situado en la plaza del mercado de Atenas, que reportó a Mirón una gran fama en su tiempo y fue motivo de inspiración para numerosos epigramistas por su intenso realismo.

MISHIMA, YUKIO [Hiraoka Kimitake] *(Tokio, 1925-id., 1970) Escritor japonés*. En 1944 publicó *Todo el bosque en flor*, que tuvo una gran acogida, y unos años más tarde, *Confesiones literarias* (1949), en la que adoptó su propia vida como tema central. Regresó a la ficción con *El rumor de las olas* (1954), y en su siguiente obra decidió abordar el teatro con *Cinco No modernos* (1956). Escribió la novela *El pabellón de oro* (1956), tras de la cual aparecieron *El marino que perdió la gracia del mar* (1963) y la obra teatral, *Madame de Sade* (1969). Formuló su concepción de la existencia en los ensayos de *El sol y el acero* (1969), de intensa proximidad con el existencialismo, elemento que recorre toda su obra. Al año siguiente, flanqueado por seguidores de su grupo radical Sociedad del Escudo, se suicidó públicamente haciéndose el harakiri.

MISTRAL, GABRIELA [Lucilia Godoy] *(Vicuña, Chile, 1889-Nueva York, 1957) Poetisa y educadora chilena*. Hija de un maestro de escuela, con dieciséis años decidió dedicarse ella también a la enseñanza; trabajó como profesora de secundaria en su país y como directora de escuela. Se dio a conocer en los Juegos Florales de Chile en 1914 con el libro de poemas *Los sonetos de la muerte*, nacidos del dolor causado por el suicidio de su prometido, que en 1922 fueron incorporados a una colección más amplia de sus versos realizada por el Instituto Hispánico de Nueva York bajo el título de *Desolación*. Ese mismo año dejó Chile para trasladarse a México, a petición del gobierno de este país, con el fin

▲ *Yukio **Mishima**, el escritor japonés contemporáneo más conocido internacionalmente, fotografiado durante una entrevista poco tiempo antes de su suicidio mediante el ritual del harakiri.*

▼ *Detalle de un óleo de Sofía Gandarias en el que aparece la poetisa chilena Gabriela **Mistral**, Premio Nobel de Literatura en 1945.*

de que colaborara en la reforma de la educación iniciada por Vasconcelos. En México, Gabriela fundó la escuela que lleva su nombre y colaboró en la organización de varias bibliotecas públicas, además de componer poemas para niños (*Rondas de niños*, 1923) por encargo del ministro de Instrucción Pública mexicano, y textos didácticos como *Lecturas para mujeres* (1923). Terminada su estancia en México, viajó a Europa y a Estados Unidos, y en 1926 fue nombrada secretaria del Instituto de Cooperación Intelectual de la Sociedad de Naciones. Paralelamente, fue redactora de una revista de Bogotá *El Tiempo* (sus artículos fueron recogidos póstumamente en *Recados contando a Chile*, en 1957), representó a Chile en un congreso universitario en Madrid y pronunció en Estados Unidos una serie de conferencias sobre el desarrollo cultural estadounidense (1930). En 1945 recibió el Premio Nobel de Literatura. De tendencia modernista en sus inicios, su poesía derivó hacia un estilo personal, con un lenguaje coloquial y simple, de gran musicalidad, y un simbolismo que conecta con una imaginería de tradición folclórica. *Ternura* (1924), *Nubes blancas* (1925), *Talá* (1938) y *Lagar* (1954) son otros títulos importantes de su producción poética, en los que expresó temas como el sufrimiento o la maternidad frustrada, así como inquietudes religiosas y sociales que responden a su ideología cristiana y socialista.

MITRE, BARTOLOMÉ *(Buenos Aires, 1821-id., 1906) Militar, político, escritor y periodista argentino.* Participó en la defensa de Montevideo, entre 1843 y 1846, y en las guerras civiles bolivianas. En 1852 se unió a Urquiza cuando Rosas se alzó contra él, e intervino en la batalla de Monte Caseros. Tras la victoria de Urquiza fue elegido diputado por Buenos Aires. Los intereses de la capital argentina chocaron con los de las otras provincias, las cuales rechazaron la Constitución federal de 1853. Este conflicto se saldó con la derrota de Mitre en Cepeda. Posteriormente, cuando la lucha se reanudó, logró imponer la hegemonía porteña al vencer a las tropas de Urquiza en Parón (1861). En octubre de 1862, Mitre fue elegido primer presidente de la República Argentina, y hasta el final de su mandato en 1868 llevó a cabo importantes mejoras y se mostró especialmente hábil en política internacional. Formalizó con Brasil y Uruguay el tratado de la Triple Alianza, y encabezó la guerra contra Paraguay. Intentó en otras dos ocasiones volver a la presidencia del país, pero sin conseguirlo. Así mismo fue el fundador del diario *La Nación* en 1870, y el autor de *Historia de San Martín y de la emancipación sudamericana* (1887), y de *Historia de Belgrano y de la independencia argentina*, escrita entre 1859 y 1876.

MITTERRAND, FRANÇOIS *(Jarnac, Francia, 1916-París, 1996) Político francés.* Estudió ciencias políticas en la Universidad de París, y al inicio de la Segunda Guerra Mun-

▲ *Retrato al óleo de Bartolomé **Mitre** con su uniforme militar y la banda presidencial que lo acreditaba como el primer presidente de la República Argentina.*

◄ *François **Mitterrand**, con expresión grave, fotografiado durante sus últimos años al frente de Francia. Poco tiempo después de dejar la presidencia moría a causa de un cáncer.*

dial se alistó en infantería. En 1940, a los veinticuatro años, cayó prisionero de los alemanes, pero un año después logró escapar del campo de concentración donde estaba confinado. Pasó entonces a trabajar para el gobierno de Vichy, pero acabó por unirse a la Resistencia. Miembro de la Asamblea Constituyente de 1946, en 1947 se integró en el gabinete ministerial de la IV República, en el gobierno de coalición de Paul Ramadier. Durante catorce años se formaron once gobiernos diferentes, en los que Mitterrand ocupó diferentes cargos. En 1958 pasó a liderar los grupos de oposición al régimen de Charles de Gaulle. En 1965 consiguió el apoyo del 32 por ciento de los votantes, lo cual obligó a De Gaulle a convocar unas elecciones anticipadas en las que Mitterrand no pudo imponerse. En 1971 fue elegido secretario general del Partido Socialista, cargo desde el que inició una profunda reestructuración. Diez años después, venció en las elecciones para la presidencia de la República. La mayoría socialista en la Cámara Baja permitió a su primer ministro, Pierre Mauroy, llevar a cabo las reformas que había prometido: nacionalizó algunas grandes empresas e instituciones financieras y reforzó las medidas de protección social. El resultado fue una creciente inflación y un deterioro de la economía francesa que obligó a adoptar medidas liberalizadoras. En 1986 fue elegido primer ministro Jacques Chirac, lo que inició una forzada cohabitación de poderes. Dos años después, en las elecciones presidenciales, Mitterrand fue reelegido tras derrotar a Chirac. Europeísta convencido, su política comunitaria fue decisiva en el proceso de unificación europea. Finalmente, en 1993, el ejecutivo socialista de Edith Cresson sufrió una seria derrota y se formó un gobierno de centroderecha dirigido por Édouard Balladur. En 1996 Jacques Chirac venció en las presidenciales. Mitterrand murió a los ochenta años a consecuencia de un cáncer de próstata.

MÖBIUS, AUGUST FERDINAND *(Schulpforta, actual Alemania, 1790-Leipzig, id., 1868) Matemático y astrónomo alemán.* Ayudante de Gauss, enseñó astronomía desde 1816 en la Universidad de Leipzig y dirigió el observatorio de cuya construcción se había encargado. Está considerado como el pionero de la topología, ya que en sus trabajos matemáticos anticipó muchos conceptos de la moderna geometría proyectiva, en especial la algebraica. En particular, en su obra *El cálculo baricéntrico* (1827), introdujo las coordenadas proyectivas homogéneas y aportó una concepción general de

▲ *Mobutu Sese Seko y su esposa saludan al emperador japonés Hirohito en el Palacio Imperial de Tokio durante una visita oficial a Japón en abril de 1971.*

las correspondencias proyectivas, aplicada posteriormente al estudio de las secciones cónicas. Describió una superficie de una sola cara, conocida como cinta de Möbius, y en su obra *Los elementos de la mecánica celeste* (1843) ofreció una completa exposición de la mecánica celeste sin necesidad de recurrir a las matemáticas superiores.

MOBUTU SESE SEKO [Joseph Desiré] *(Lisala, actual República Democrática del Congo, 1930-Rabat, Marruecos, 1997) Político zaireño.* Jefe del estado mayor en 1960, durante los años que siguieron a la independencia del Congo suspendió las libertades públicas y gobernó apoyado en el ejército, hasta que en 1965 se autoproclamó presidente mediante un segundo golpe de Estado. Intentó legalizar formalmente su situación con un plebiscito en 1970. Dirigió con dureza el país, al que rebautizó con el nombre de Zaire, y sostuvo un discurso político que aspiraba a un hipotético regreso a la autenticidad africana. La corrupción y la pésima administración arruinaron por completo la economía del país, mientras su fortuna personal crecía escandalosamente. A pesar de todo, fue confirmado por nuevos plebiscitos en 1977 y 1988, hasta que en 1996 el conflicto de la región de los Grandes Lagos se extendió al Zaire, y los tutsi, aliados con Kabila, desencadenaron una ofensiva militar que acabó con su régimen.

MOCTEZUMA I ILHUICAMINA *(?, h. 1398-?, 1469) Quinto emperador azteca (1440-1469).* Hijo del emperador Huitzilihuitl II, en 1417 asumió la dirección del ejército azteca, cargo que mantendría durante los reinados de Chimalpopoca (1417-1427) e Itzcóatl (1427-1440). A la muerte de éste, en 1440, Moctezuma I fue elegido soberano del Imperio Azteca e inició una brillante etapa de expansión militar, con la ayuda de sus aliados tradicionales, los pequeños Estados de Texcoco y Tlacopan. Tras derrotar al rey de Tlatelolco, que había intentado usurpar el trono azteca, someter a Atonal, señor de Coixtlahuaca, y arrasar las ciudades de Chalco y Tepeaca, extendió sus posesiones hacia las zonas de Guerrero, Hidalgo, Puebla y Oaxaca, y llegó a dominar todo el altiplano de Anáhuac. Estas victorias le permitieron consolidar un poder absoluto, de carácter teocrático, frente a la siempre influyente nobleza militar y sacerdotal. Sin embargo, no pudo impedir que una serie de calamidades naturales, como inundaciones y hambrunas, asolaran su imperio, lo cual provocó la proliferación de los sacrificios humanos a fin de aplacar la cólera de los dioses. Cabe señalar, en este sentido, el comienzo de la práctica de las llamadas guerras floridas, campañas anuales contra las ciudades independientes de Tlaxcala y Huejotzingo destinadas a capturar prisioneros para los sacrificios religiosos. A partir del año 1456, una vez superadas las dificultades, el Estado azteca recobró la prosperidad y su capital, Tenochtitlán (actual Ciudad de México), conoció una época de esplendor económico y artístico sin precedentes. A pesar de su carácter severo y autoritario y de su incapacidad para dotar al imperio de una administración eficaz, Moctezuma I supo ganarse el aprecio de sus súbditos y mantenerlo hasta su muerte.

MOCTEZUMA II *(?, 1466-Tenochtitlán, hoy Ciudad de México, actual México, 1520) Noveno emperador azteca (1503-1520).* Hijo del emperador Axayácatl, fue elegido gran sacerdote y, en 1502, sucedió a su tío Ahuitzotl en el gobierno de un vasto imperio, que se extendía desde el límite meridional del actual Michoacán hasta más allá del istmo de Tehuantepec y cuya capital era Tenochtitlán (la actual Ciudad de México). Esta gran urbe, fundada hacia 1325 por los aztecas sobre un lago, en 1519 contaba con una población de unos 100 000 habitantes. A fin de estructurar sus dominios, Moctezuma II organizó el imperio en diversas provincias, creó una sólida administración central y reguló el sistema tributario. Al mismo tiempo, prosiguió la expansión militar iniciada por sus predecesores, aunque no pudo someter a los pueblos enemigos de Tlaxcala y Texcoco y fracasó en sus expediciones a Guatemala y Nicaragua, territorios asiduamente frecuentados por los mercaderes aztecas. En 1518, informado de la presencia de las naves del explorador español Juan de Grijalva en la costa de Yuca-

▼ *Ilustración del* Libro de Diego Durán *en la que se representa a* **Moctezuma I** *sentado en su trono y rodeado por sus consejeros.*

◀ *Retrato de* **Moctezuma II** *según la descripción realizada por Bernal Díaz. En la pintura, el emperador azteca aparece representado con todos los símbolos de su rango.*

tán, el soberano azteca envió emisarios y regalos a los extranjeros, a quienes tomó por enviados del dios de la sabiduría Quetzalcóatl, «la serpiente emplumada», para anunciar su retorno. En efecto, según una creencia muy extendida entre los pueblos mesoamericanos (aztecas, mayas, toltecas, etc.), tras haberse enfrentado a Huitzilopochtli, dios de la guerra, Quetzalcóatl había partido hacia Oriente atravesando el mar, no sin antes prometer que volvería en el año azteca de *Ce Acatl*, fecha que correspondería al año 1519. Cuando la expedición de Hernán Cortés desembarcó en sus costas, Moctezuma no dudó en identificar al conquistador con Quetzalcóatl y, en noviembre de 1519, lo recibió solemnemente en Tenochtitlán y lo colmó de valiosos presentes. Sin embargo, a los pocos días, Cortés, preocupado por la idea de que su vida y la de sus hombres dependiera tan sólo de la voluntad del emperador, decidió llevar a cabo una audaz maniobra y hacer prisionero a Moctezuma, con la intención de someterlo y mantenerlo en el poder de un modo simbólico. El ardid de Cortés tuvo éxito, pero la humillante retención del emperador provocó un creciente malestar entre los aztecas, acentuado por el comportamiento sacrílego de los españoles hacia Huitzilopochtli, que con sus ofensas herían en lo más vivo las creencias indígenas. La

▼ *Detalle de* Desnudo rojo con los brazos abiertos, *pintado por Amedeo* **Modigliani**. *El artista italiano, con un estilo muy personal, se hizo famoso por sus desnudos femeninos, de una gran sensualidad.*

tensión estalló en junio de 1520, durante la celebración de la fiesta de Toxcatl, día en que millares de aztecas, desarmados y vestidos únicamente con ricas plumas y joyas preciosas, se reunieron en la plaza principal de la ciudad para iniciar una danza ritual y fueron masacrados por los hombres de Pedro de Alvarado, lugarteniente de Cortés. A raíz de este suceso, la aristocracia azteca depuso a Moctezuma y nombró como sucesor a su hermano Cuitláhuac, quien encabezó la revuelta contra los extranjeros. Tras cinco días de violentos combates, Cortés intentó utilizar al destronado emperador para negociar la obtención de un salvoconducto que permitiera a sus tropas salir de la capital, pero cuando Moctezuma se dirigió a la multitud enfurecida fue apedreado; murió tres días más tarde a consecuencia de las heridas sufridas. En cuanto a los españoles, poco antes de la medianoche del 30 de junio de 1520 iniciaron una desastrosa retirada de Tenochtitlán, en el transcurso de la cual sufrieron numerosas bajas, episodio que ha pasado a la historia con el nombre de «la Noche Triste».

MODIGLIANI, AMEDEO *(Livorno, Italia, 1884-París, 1920) Pintor y escultor italiano.* Se formó en las escuelas de Bellas Artes de Florencia y Venecia, y bajo la influencia de las obras maestras del Renacimiento italiano, pero en 1906 se estableció en París, donde desarrolló toda su carrera artística.

Creó un estilo muy personal mediante la integración de las tendencias más diversas (Botticelli, Klimt, Cézanne, el Jugendstil), que tradujo en una línea muy bien definida y de función constructiva y en la yuxtaposición de grandes masas cromáticas. Después de realizar algunos cuadros, como *El violoncelista*, en 1909 conoció a Brancusi y juntos descubrieron la escultura negra. Por entonces abandonó por completo la pintura y se centró en la realización de *Cabezas* en piedra, altamente influidas por las máscaras negras, y de *Cariátides*. La imposibilidad de encontrar materiales escultóricos durante la Primera Guerra Mundial, le hizo volver a la pintura, y entre 1915 y 1920, fecha de su prematuro fallecimiento por tuberculosis, realizó el conjunto de obras que mejor caracterizan su estilo, todas ellas retratos, con algunas excepciones paisajísticas. Retrató a amigos, conocidos y desconocidos (*Campesino*, *La criadita*) en obras de una enorme economía de medios, caracterizadas por las formas simplificadas y muy alargadas, dotadas casi siempre de gran vitalidad rítmica. Entre sus retratos, los más apreciados fueron los de modelos desnudas (*Desnudo recostado*, *Desnudo rojo con los brazos abiertos*), objeto también de fuertes censuras por su gran carga sensual y erótica. Tras su muerte, se creó en torno a su persona una cierta leyenda que lo convirtió en el prototipo del artista: bohemio, pobre, mujeriego, vividor y víctima de las drogas y el alcohol. Su estilo no tuvo seguidores, por lo que su producción ha quedado como una síntesis aislada de las diversas tendencias que bullían en Europa en las primeras décadas del siglo xx. Su consagración definitiva se produjo a raíz de la gran exposición de su obra en la Bienal de Venecia de 1930.

MOHOLY-NAGY, LASZLO (*Bácsbársod, Hungría, 1895-Chicago, 1946) Artista húngaro.* Estudió derecho y se unió al círculo poético de Endre Ady. Herido en la Primera Guerra Mundial, durante su recuperación realizó sus primeros dibujos de escenas bélicas. En 1918 decidió dedicarse por completo al arte. Dos años más tarde se trasladó a Berlín, y entre 1923 y 1929 fue el profesor del taller de metales de la Bauhaus, así como director de una colección de libros editada por la institución, los *Bauhausbücher*. Como pintor y fotógrafo desarrolló

▲ *Cuadro titulado* Cruz amarilla *obra de Laszlo* **Moholy-Nagy***, uno de los representantes de la famosa escuela de arte y arquitectura Bauhaus.*

▼ *Código que se conserva en el Museo Catedralicio de Florencia en el que se reproduce el pasaje del Éxodo en el que* **Moisés** *enseña las Tablas de la Ley a los israelitas.*

un arte no figurativo y construyó sus obras a partir de elementos puramente visuales: color, textura, luz y equilibrio de las formas. Desarrolló proyectos en otros campos, entre ellos escenografías y vestuarios teatrales y diseño de exposiciones. Huyendo de la Alemania nazi, en 1935 viajó a Londres y en 1937 fue nombrado director en Chicago de la New Bauhaus (más tarde School of Design), basada en el modelo de la escuela alemana y en la que continuaría su importante labor pedagógica.

MOHS, FRIEDRICH (*Gernrode, actual Alemania, 1773-Agordo, actual Austria, 1839) Minerólogo alemán.* Mohs fue profesor en las universidades de Graz, Friburgo y Viena. Su nombre está asociado al método que desarrolló para la determinación de la dureza de los minerales, según el cual la dureza es la capacidad de una sustancia sólida para resitir la deformación o abrasión de su superficie. En la escala que ideó, llamada escala de Mohs, la dureza relativa de los minerales se clasifica en orden creciente de dureza en base a diez minerales comunes: talco, yeso, calcita, fluorita, apatito, feldespato, cuarzo, topacio, corindón y diamante.

MOISÉS (*s. XIII-XIV a. C.) Profeta hebreo.* Según el Antiguo Testamento, en sus libros Éxodo y Números, Moisés fue el conductor de los hebreos en su peregrinar desde Egipto, país en el que estaban sometidos a la esclavitud, hasta la tierra al este del río Jordán. Así mismo, la tradición pretende que estuvo en presencia de Yahvé en el monte Sinaí, donde recibió los Diez Mandamientos. Tras ello, agrupó a las distintas tribus bajo la ley divina y ordenó y dotó de contenido la Torá, motivo por el cual se da el nombre de ley mosaica a dicho conjunto religioso. En el Deuteronomio se relata que murió al este del Jordán, antes de que los hebreos llegaran a Canaán, la tierra prometida. La tradición (Ex. 17:14; 24:4; 34:27-28; Num. 33:2; y Deut. 31:9; 24-26) le atribuye también la autoría de los cinco libros del Pentateuco, hecho que, sin embargo, no acepta la crítica moderna. Se cree, no obstante, que efectivamente dejó varios escritos, los cuales fueron utilizados con posterioridad como espina dorsal de la citada obra. La tradición judía lo considera su más importante profeta.

MOLIÈRE [Jean-Baptiste Poquelin] *(París, 1622-id., 1673) Dramaturgo y actor francés.* Nacido en una familia de la rica burguesía comerciante, su padre desempeñaba el cargo de tapicero real. Perdió a su madre a la edad de diez años. Alumno en el colegio jesuita de Clermont hasta 1639, se licenció en la facultad de derecho de Orleans, en 1642. Se relacionaba entonces con el círculo del filósofo epicúreo Gassendi y de los libertinos Chapelle, Cyrano de Bergerac y D'Assoucy. En 1643, haciéndose ya llamar *Molière*, fundó L'Illustre Théâtre, junto con la comediante Madeleine Béjart; dirigida por ella, primero, y luego por él mismo, la joven compañía intentó establecerse en París, pero el proyecto fracasó en 1645, por falta de medios, y Molière permaneció unos días arrestado por deudas. Recorrió entonces las regiones del sur de Francia, durante trece años, con el grupo encabezado por Dufresne, al que sustituyó como director a partir de 1650. Es probable que la compañía representara entonces tragedias de autores contemporáneos (Corneille, entre otros) y las primeras farsas de Molière, a menudo constituidas por guiones rudimentarios sobre los cuales los actores improvisaban al estilo de la commedia dell'arte. La compañía se estableció en París, con el nombre de Troupe de Monsieur, en 1658, y obtuvo su primer éxito importante con la sátira *Las preciosas ridículas*, un año después. En 1860 creó el personaje de Sganarelle, al cual recuperaría muchas veces en otras obras y al que siempre interpretó él mismo, en la comedia del mismo nombre; pero Molière, que perseguía la fama de Corneille y Racine, no triunfó en el género de la tragedia: *Don García de Navarra*, obra en la que había invertido mucho esfuerzo, fracasó rotundamente. *La escuela de las mujeres* (1662) fue su primera obra maestra, con la que se ganaría el favor de Luis XIV. Los detractores del dramaturgo criticaron su matrimonio con Armande Béjart, celebrado unos meses antes; veinte años más joven que él, no se supo nunca si era hermana o hija de Madeleine (en cuyo caso Molière podría haber sido su padre, aunque la crítica moderna ha desmentido esta posibilidad). Luis XIV apadrinó a su primer hijo, que murió poco después de su nacimiento, en 1864. En respuesta a las acusaciones de incesto, escribió *El im-*

▲ *Arriba, comediantes franceses e italianos en una pintura anónima de 1670 que se conserva en la Comédie Française de París;* **Molière** *aparece a la izquierda de la imagen. Abajo, retrato del autor por Pierre Mignard.*

«*Se puede ser un buen hombre, y hacer malos versos.*»

Molière
El misántropo

promptu de Versalles, que le enemistó con cierta parte de la clase influyente de París. En 1663, mientras llevaba las tragedias de Racine al escenario y organizaba festivales en el palacio de Versalles, presentó los tres primeros actos de su *Tartufo*. El sentido irreverente y sacrílego que sus enemigos veían en sus obras generó una agria polémica que terminó con la prohibición de la obra, lo mismo que sucedería con *Don Juan o El festín de piedra*, tras sólo quince representaciones. Acosado por sus detractores, especialmente desde la Iglesia, el principal apoyo de Molière era el favor del rey, que, sin embargo, resultaba caprichoso: las pensiones se prometían pero no se pagaban, y el autor hubo de responder a las incertidumbres económicas de su compañía abordando una ingente producción; en la temporada siguiente escribió cinco obras, de las que sólo *El médico a palos* fue un éxito. Los problemas con el *Tartufo*, que proseguían, y las dificultades para mantener la compañía fueron quebrando su salud, mientras disminuía su producción; sin embargo, en estos años aparecen algunas de sus mejores obras: *El misántropo, El avaro o El enfermo imaginario*. En 1673, durante la cuarta representación de esta última obra, sintió unos violentos dolores; trasladado a su casa, murió a las pocas horas. El rey debió intervenir para que la Iglesia le concediera el derecho a tierra santa, si bien fue enterrado de noche y prácticamente sin ceremonia. El gran mérito de Molière consistió en adaptar la commedia dell'arte a las formas convencionales del teatro francés, para lo que unificó música, danza y texto y privilegió casi siempre los recursos cómicos, y en luchar contra las hipocresías de su tiempo mediante la ironía.

MOLIÈRE

OBRAS MAESTRAS

LAS PRECIOSAS RIDÍCULAS (LES PRÉCIEUSES RIDICULES, 1659); LA ESCUELA DE LAS MUJERES (L'ÉCOLE DES FEMMES, 1662); SGANARELLE O EL CORNUDO IMAGINARIO (SGANARELLE OU LE COCU IMAGINAIRE, 1660); EL IMPROMPTU DE VERSALLES (L'IMPROMPTU DE VERSAILLES, 1663); TARTUFO O EL IMPOSTOR (TARTUFFE OU L'IMPOSTEUR, 1664); DON JUAN O EL FESTÍN DE PIEDRA (DOM JUAN OU LE FESTIN DE PIERRE, 1665); EL MISÁNTROPO (LE MISANTHROPE, 1666); EL MÉDICO A PALOS (LE MÉDECIN MALGRÉ LUI, 1666); EL AVARO (L'AVARE, 1668); EL BURGUÉS GENTILHOMBRE (LE BOURGEOIS GENTILHOMME, 1670); LAS TRAPACERÍAS DE SCAPIN (LES FOURBERIES DE SCAPIN, 1671); EL ENFERMO IMAGINARIO (LE MALADE IMAGINAIRE, 1673).

MOLINA, MARIO *(Veracruz, México, 1942) Químico mexicano.* Durante los años sesenta estudió en la facultad de química de la Universidad Nacional Autónoma de México. Realizó estudios de posgrado en Estados Unidos, y se doctoró en el Instituto Tecnológico de Massachusetts. Gracias a su tesón y a su interés por difundir sus conocimientos, poco después ingresó como profesor en el mismo centro y adquirió la ciudadanía estadounidense. Además de su labor docente, realizó una fructífera tarea de investigación, con especial interés por el problema del medio ambiente. Fue uno de los primeros científicos en alertar acerca del peligro que representan para la capa de ozono los clorofluorocarbonos empleados en aerosoles, tanto industriales como domésticos. Desde 1974 divulgó sus descubrimientos sobre esta materia y asesoró a empresas e instituciones públicas y privadas. En 1995 recibió el Premio Nobel de Química.

MOMPOU, FREDERIC *(Barcelona, 1893-id., 1987) Compositor y pianista español.* Estudió piano en el Conservatorio del Liceo de Barcelona y continuó sus estudios en París, donde permaneció desde 1911 a 1914. Regresó a Barcelona para establecerse luego de nuevo en París durante casi veinte años (1923-1941). En su formación tuvo una importancia decisiva la influencia de la música de Gabriel Fauré. A lo largo de su carrera, prácticamente sólo compuso obras para piano, instrumento del que llegó a ser un reputado virtuoso. Destacan en su producción *Suburbis, Cançons i danses* y *Música callada*, todas ellas reveladoras de una naturaleza sensible y refinada, así como sus canciones y obras corales, como el oratorio *Los improperios, Canto de Utreia, Propis del temps d'Advent* y *Cantar del alma.* En el año 1979 fue investido doctor *honoris causa* por la Universidad de Barcelona y obtuvo el Premio Nacional de Música.

MONAGAS, JOSÉ GREGORIO *(Aragua de Barcelona, Venezuela, 1795-Maracaibo, id., 1858) Militar y político venezolano.* Muy influido políticamente por su hermano José Tadeo, a quien sucedió al frente de la presidencia de la República, ya en su adolescencia se unió a los movimientos de liberación nacional en lucha contra la dominación española liderados por Bolívar. Lograda la independencia de Venezuela, se alejó de la actividad política y se concentró en su carrera militar. En 1824 se trasladó con sus tropas a Perú y, tras su

victoria en El Callao (1826), fue nombrado general de brigada. En 1851 asumió la jefatura del gobierno, y se mantuvo en el cargo hasta el año 1855, cuando su hermano José Tadeo volvió a ser elegido presidente. Durante sus años al frente del gobierno venezolano se enfrentó enérgicamente a la oligarquía conservadora, e impuso una política de claro signo popular. En este sentido logró que el Congreso, en mayo de 1854, aprobara el decreto para la abolición de la esclavitud. El levantamiento del general Julián Castro (marzo de 1858) significó la persecución de ambos hermanos. José Gregorio, poco antes de partir hacia el exilio, fue detenido en Barcelona y trasladado a Maracaibo, donde falleció poco después.

MONCAYO, JOSÉ PABLO *(Guadalajara, México, 1912-Ciudad de México, 1958) Compositor mexicano.* Cursó estudios musicales desde muy joven en el Conservatorio Nacional y trabajó en cafés como pianista. En 1942 obtuvo una beca para estudiar composición en el Instituto Berkshire de Estados Unidos, y a su regreso a México dirigió la Orquesta Nacional e impartió clases en el Conservatorio. Su obra sinfónica más célebre es el *Huapango*, inspirado en sones y ritmos veracruzanos. Destacan así mismo su ópera *La mulata de Córdoba* y el poema sinfónico *Tierra de temporal*, obras que se enmarcan dentro del movimiento nacionalista.

MONDRIAN, PIET *(Amesfoort, Países Bajos, 1872-Nueva York, 1944) Pintor holandés.* Por educación y trayectoria vital, sus primeras obras participaron de la tradición paisajista holandesa y de su interés por los efectos lumínicos. En 1907, el conocimiento de la obra de los pintores postimpresionistas cambió por completo sus antiguas

PIET MONDRIAN

OBRAS MAESTRAS

LA NUBE ROJA (1907, Haags Gemeentemuseum, La Haya); *EL ÁRBOL ROJO* (1908, Haags Gemeentemuseum, La Haya); *NATURALEZA MUERTA CON BOTE DE JENGIBRE* (1911-1912, Haags Gemeentemuseum, La Haya); *COMPOSICIÓN EN NEGRO Y BLANCO* (1917, Rijksmuseum Kröller-Müller, Otterlo, Holanda); *COMPOSICIÓN III CON PLANOS DE COLOR* (1917, Haags Gemeentemuseum, La Haya); *COMPOSICIÓN EN FORMA DE DIAMANTE* (1919, Rijksmuseum Kröller-Müller, Otterlo, Holanda); *COMPOSICIÓN EN ROJO, AMARILLO Y AZUL* (1927, Stedelijk Museum, Amsterdam); *FOX TROT A* (1927, Yale University Art Gallery, New Haven, Connecticut); *COMPOSICIÓN EN AZUL* (1937, Haags Gemeentemuseum, La Haya); *BROADWAY BOOGIE-WOOGIE* (1942-1943, The Museum of Modern Art, Nueva York); *VICTORY BOOGIE-WOOGIE* (1943-1944, Colección Burton Tremaine, Meriden, Connecticut, en préstamo a The Museum of Modern Art, Nueva York).

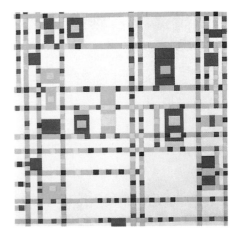

▶ Broadway Boogie-Woogie, *óleo sobre lienzo pintado por* **Mondrian** *en 1943-1944. Este cuadro, que se conserva en el MOMA de Nueva York, es una de las últimas obras del artista.*

nociones sobre el color, cuyo tratamiento abordó a partir de entonces de manera mucho más audaz. Tras contemplar las primeras obras cubistas de Picasso y Braque, en 1912 decidió trasladarse a París y adaptar los preceptos del cubismo, interesado en reducir las formas individuales a una fórmula general. Aunque plásticamente su obra respetaba los principios cubistas, desde 1913 experimentó un claro avance hacia la abstracción que culminó en 1917 con el abandono definitivo del referente externo. La Primera Guerra Mundial le hizo regresar a los Países Bajos, donde conoció a Theo van Doesburg. Junto a él y otros artistas (Van der Leck y Huszar), fundó la revista y movimiento *De Stjil*, desde los cuales defendieron el rechazo completo de la realidad circundante como referente de la obra y la reducción del lenguaje pictórico a sus elementos básicos. Este estilo, bautizado por el propio Mondrian como neoplasticismo, pretendía alcanzar la objetividad real liberando a la obra de arte de su dependencia de la percepción individual momentánea y del temperamento del artista. Tras residir varios años en París y Londres, en 1940 se trasladó a Nueva York, donde su obra se vio influida por el dinamismo de la vida urbana y por los ritmos de la música estadounidense, factores que implicaron una mayor atención a las posibilidades constructivas del color. Por influencia de la tradición puritana holandesa y de la Sociedad Teosófica, con la que estuvo en permanente contacto a lo largo de su vida, dio forma a un proyecto que se extendió más allá de lo pictórico hasta acabar por convertirse en una empresa ética: el arte como guía para la humanidad a través de la pureza y la claridad.

MONET, CLAUDE (*París, 1840-Giverny, Francia, 1926*) *Pintor francés.* Se le considera el representante prototípico del impresionismo francés, ya que nunca abandonó la técnica impresionista después de llegar a ella, se mantuvo siempre fiel a la pintura *en plein air* y adoptó el paisaje como temática casi exclusiva. Comenzó como caricaturista, pero en 1858 E. Boudin

▲ Mujeres en el jardín,
realizado por Claude **Monet**
*en 1866 y conservado
en el Musée d'Orsay
de París. El artista se
aleja del tratamiento clásico
del retrato e integra las
figuras en la naturaleza.*

lo orientó hacia el paisaje y la pintura al aire libre. En 1859 dejó El Havre para trasladarse a París, donde estudió en el Atelier Suisse y en el estudio de Gleyre, con el paréntesis de servicio militar, que cumplió en Argelia. En las dos instituciones mencionadas conoció a Pissarro, Renoir, Sisley y Bazille, con quienes formó más tarde el grupo impresionista, a raíz del impacto que produjo en estos pintores el *Almuerzo campestre* de Monet, expuesto en 1865 en el Salón de los Rechazados. En estos años (hasta 1870) Monet pintó, en París y a orillas del Sena, algunos paisajes que se cuentan entre las primeras obras impresionistas, en particular las vistas de *La Grenouillère*. También en esta época realizó algunas de sus escasas obras con inclusión de la figura humana, como *Mujeres en el jardín*, entre otras. En 1870-1871, con Pissarro, se refugió en el Reino Unido para soslayar las consecuencias de la guerra franco-prusiana. La estancia londinense le supuso el descubrimiento de los paisajistas ingleses (Constable, Turner), la realización de una serie de brillantes vistas del Támesis y el encuentro con el marchante Durand-Ruel, que se convirtió en el principal mentor de los impresionistas. En la primera exposición del grupo, celebrada en 1874, Monet presentó un cuadro de 1872, *Impresión. Sol naciente*, que inspiró el apelativo de impresionistas dado al grupo por un crítico. Posteriormente, el artista se centró en la profundización del color y en el estu-

CLAUDE MONET
OBRAS MAESTRAS

CAMILLE O LA DAMA DEL VESTIDO VERDE (1866, Kunsthalle, Bremen); *MUJERES EN EL JARDÍN* (1866, Musée d'Orsay, París); *TERRAZA EN SAINTE-ADRESSE* (1867, Metropolitan Museum, Nueva York); *LA GRENOUILLÈRE* [El estanque de las ranas] (1869, Metropolitan Museum, Nueva York); *REGATA EN ARGENTEUIL* (1872, Musée d'Orsay, París); *IMPRESIÓN. SOL NACIENTE* (1872, Museo Marmottan, París); *PUENTE DE FERROCARRIL EN ARGENTEUIL* (1873, colección particular); *CAMPO DE AMAPOLAS EN ARGENTEUIL* (1873, Musée d'Orsay, París); *EL PASEO. MUJER CON SOMBRILLA* (1875, National Gallery, Washington); *LA ESTACIÓN DE SAINT-LAZARE, LLEGADA DE UN TREN* (1877, Fogg Art Museum, Cambridge, Massachusetts); *EL DESHIELO CERCA DE VÉTHEUIL* (1880, Musée d'Orsay, París); *LA PRIMAVERA* (1886, Fitzwilliam Museum, Cambridge); *LA BARCA* (1887, Museo Marmottan, París); *LA CATEDRAL DE RÚAN* (1894, 6 versiones: Musée d'Orsay, París, y Museum of Fine Arts, Boston); *EL PARLAMENTO TRASPASADO DE SOL EN LA NIEBLA* (1889-1900, Musée d'Orsay, París); *EL ESTANQUE DE NENÚFARES* (1899, Metropolitan Museum, Nueva York); *LIRIOS EN EL JARDÍN DE MONET* (1900, Musée d'Orsay, París); *LOS NENÚFARES DE GIVERNY* (1917, Museo de Bellas Artes, Nantes).

dio de las relaciones luz-color a través de series realizadas a base de variaciones sobre un mismo tema captado a diferentes horas del día. Son famosas, por ejemplo, las series de los puentes de Argenteuil, de la estación de Saint-Lazare, las nevadas, los graneros y, sobre todo, la catedral de Ruán. Después de vivir algunos años en Argenteuil, en 1878 se estableció en Giverny, en una casa con un jardín acuático, que centró toda la actividad pictórica que desplegó en sus últimos años: la famosa serie de cuadros sobre los *Nenúfares*, comenzada en 1899 y que prosiguió hasta su muerte.

MONGE, GASPARD (*Beaune, Francia, 1746-París, 1818) Matemático francés*. Hijo de un comerciante, sus grandes dotes para el dibujo (siendo muy joven realizó un perfecto mapa de su ciudad natal) le abrieron las puertas de la Escuela Militar de Mezières. Allí empezó a desarrollar métodos de representación de objetos tridimensionales mediante su proyección sobre dos planos, métodos que fueron clasificados como de alto secreto por el ejército y que constituyen los inicios de la geometría descriptiva. Afiliado a la causa revolucionaria, tras el triunfo de la misma, Monge desempeñó numerosos cargos gubernamentales; como ministro de Marina, fue el encargado de firmar la condena oficial a muerte de Luis XVI. Convencido de la importancia de la educación, intervino en la creación de instituciones académicas como la École Normale Supérieure o la Polytechnique. En su doble faceta de científico y pedagogo, se le considera como el principal responsable de la gran expansión experimentada por la geometría en el siglo XIX.

MONIZ, EGAS [Antonio Caetano de Abreu Freire] (*Avanca, Portugal, 1874-Lisboa, 1955*). Médico portugués*. Estudió en la Universidad de Coimbra y en 1911 obtuvo la primera cátedra de neurología en la de Lisboa. Paralelamente inició una carrera política, llegando a ser diputado de la República portuguesa, embajador de Portugal en Madrid en 1917 y presidente de la delegación lusa que asistió a la conferencia de la paz en Versalles. En 1921 volvió a dedicarse exclusivamente a la medicina, y en 1927 estableció la técnica diagnóstica de la angiografía cerebral para la detección de tumores. También realizó las primeras arteriografías e introdujo la leucotomía prefrontal en el

▲ *A partir de 1945, Jean* **Monnet** *fue el artífice del resurgimiento francés de posguerra a través de sus planes de desarrollo, a la vez que uno de los principales valedores del europeísmo.*

▼ *Portada de una edición francesa del libro* El azar y la necesidad, *la obra más conocida del biólogo francés Jacques* **Monod**.

Jacques Monod
Le hasard et la nécessité
Essai sur la philosophie naturelle de la biologie moderne

tratamiento de algunas enfermedades mentales. En 1949 le fue otorgado el Premio Nobel de Medicina.

MONJA ALFÉREZ, LA → Erauso, Catalina.

MONNET, JEAN (*Cognac, Francia 1888-Houjarray, id., 1979) Político francés*. Durante la Primera Guerra Mundial ejerció como representante de la Comisión Marítima Aliada y, al fin de la contienda, fue nombrado secretario general de la Liga de Naciones, cargo que ocupó hasta 1923. Tras ello, reorganizó el negocio familiar, especializado en la comercialización del brandy, y trabajó como asociado europeo de un banco estadounidense. Poco después de estallar la Segunda Guerra Mundial fue nombrado secretario del Comité de Coordinación Francobritánico, cargo desde el cual propuso a Winston Churchill la alianza entre ambos países. Concluido el conflicto preparó el llamado Plan Monnet, destinado a reconstruir y modernizar la economía francesa. Padre del europeísmo, fue el artífice de la CECA, Comunidad Europea del Carbón y del Acero (germen de la futura Unión Europea), cuya presidencia ocupó entre 1952 y 1955. En esta última fecha, pasó a dirigir el Comité para los Estados Unidos de Europa, cargo que desempeñó hasta 1975. Al año siguiente inició la redacción de sus *Memorias*, publicadas en 1978.

MONOD, JACQUES-LUCIEN (*París, 1910-Cannes, Francia, 1976) Biólogo francés*. Fue condecorado con la Cruz de Guerra por sus servicios en la Resistencia francesa durante la Segunda Guerra Mundial. Después de haber trabajado en el Instituto Tecnológico de California, volvió a París y, en 1945, ingresó en el Instituto Pasteur, del que fue director hasta 1954, y en donde creó el departamento de bioquímica. Pionero de la genética molecular, fue galardonado en 1965, junto con A. Lwoff y F. Jacob, con el Premio Nobel por sus descubrimientos relativos al control genético de las enzimas y a la síntesis de los virus. Es autor, entre otros libros, de uno de los pocos *best-sellers* en el campo de la divulgación científica: *El azar y la necesidad* (1970).

MONROE, JAMES (*Condado de Westmoreland, EE UU, 1758-Nueva York, 1831) Político estadounidense*. Hijo de padre escocés y madre galesa, participó en la guerra de Independencia americana, a cuyo término fue alumno de Thomas Jefferson, por entonces gobernador de Virginia y que pronto se convertiría en presidente. Entre 1783 y 1786 fue diputado y en 1790 fue elegido senador. Poco después, en 1794, ingresó en el gabinete ministerial del presidente Washington y fue uno de los principales artífices de la compra de Louisiana a Francia. Entre enero y noviembre de 1811 fue gobernador de Virginia y, a partir de esta última fecha, secretario de Estado en la administración del presidente Madison. Tras la guerra de 1812 entre Estados Unidos y el Reino Unido fue nombrado ministro de Defensa. Elegido presidente en 1816, en las elecciones de 1820 revalidó el cargo por abrumadora mayoría. Durante su mandato adquirió Florida, hasta la fecha colonia española, estableció el compromiso de Missouri para regular la esclavitud y amenazó a la Santa Alianza con represalias si intervenía militarmente en América, lo cual vino a llamarse doctrina Monroe, cuyo célebre lema sería «América para los americanos».

MONROE, MARILYN [Norma Jean Mortenson] *(Los Ángeles, 1926-id., 1962) Actriz estadounidense.* Tuvo una infancia difícil, que transcurrió en diversos orfanatos. Tras participar en varias películas menores, en 1950 el cazatalentos J. Hyde le propuso participar en *La jungla de asfalto* y *Eva al desnudo*, con las cuales su carrera empezó a consolidarse. A partir de entonces, películas como *Los caballeros las prefieren rubias* (1952), *Niágara* (1953), *Con faldas y a lo loco* (1959) y *Vidas rebeldes* (1961) la convirtieron en un auténtico mito erótico de Hollywood, gracias a su especial fotogenia. En 1954 estuvo casada, durante nueve meses, con con el jugador de béisbol Joe Di Maggio y en 1956 se unió al dramaturgo Arthur Miller, de quien se separó en 1961. Sus frustraciones sentimentales, así como sus constantes enfrentamientos con la industria de Hollywood en su intento de imponerse como actriz dramática, acabaron haciendo mella en su ánimo. Su muerte, acaecida tras ingerir una sobredosis de somníferos, conmocionó al mundo y contribuyó a acrecentar aún más su leyenda.

MONTAGNIER, LUC *(Chabris, Francia 1932) Virólogo francés.* Estudió medicina en Poitiers y París y obtuvo el doctorado por la Sorbona en 1960. Desarrolló sus investigaciones en el

▶ *El francés Luc* **Montagnier** *(a la derecha) junto al estadounidense Robert C. Gallo durante un descanso en la primera conferencia sobre el SIDA organizada por el Vaticano.*

▼ *Marilyn* **Monroe** *vestida para cantar en el* saloon, *en la película* Río sin retorno, *que coprotagonizó con Robert Mitchum, bajo la dirección de Otto Preminger en 1954.*

Medical Research Council de Carshalton (Londres), en el Intituto de Virología de Glasgow y en el Instituto Curie, hasta que en 1972 entró en la unidad de virología del Instituto Pasteur de París. Dedicado al estudio de los retrovirus, dirigió el equipo de investigadores que aisló, en 1983, el virus causante del llamado síndrome de inmunodeficiencia adquirida (SIDA). La paternidad del descubrimiento le fue discutida por el investigador estadounidense Robert Gallo, que había obtenido resultados parecidos al suyo con poco tiempo de diferencia. En 1993 los tribunales fallaron a favor de Montagnier. En 1984 fue nombrado caballero de la Legión de Honor, y en 1985 recibió la Orden al Mérito Nacional.

MONTAIGNE, MICHEL EYQUEM, SEÑOR DE *(Périgueux, Francia, 1533-Burdeos, id., 1592) Escritor y ensayista francés.* Nacido en el seno de una familia de comerciantes bordeleses que accedió a la nobleza al comprar la tierra de Montaigne en 1477, fue educado en latín, siguiendo el método pedagógico de su padre. Más tarde, ingresó en una escuela de Guyena (hoy Aquitania), donde estudió poesía latina y griega, y en 1549 empezó a estudiar derecho en la Universidad de Tolosa. A partir de 1554 fue consejero en La Cour des Aides de Périgueux, sustituyendo a su padre, y cuando ésta se disolvió, pasó a formar parte del Parlamento de Burdeos. Allí conoció al poeta y humanista Étienne de la Boétie, con quien trabó amistad. Poco interesado por sus funciones parlamentarias, frecuentó un tiempo la vida de la corte. En 1565 se casó con Françoise de La Chassagne, y tres años después murió su padre, heredando la propiedad y el título de señor de Montaigne, lo que le permitió ven-

▶ *Retrato de Michel de* **Montaigne** *según un grabado de Lamessin realizado en 1682 y que se conserva en la Biblioteca Nacional de París.*

▲ *Portada del primer tomo de una edición francesa de 1725 de los* Ensayos *de* **Montaigne**. *Pocos años antes habían sido incluidos en el* Índice *de libros prohibidos por el Vaticano.*

«Se nos enseña a vivir cuando la vida ha pasado.»

Michel de Montaigne
Ensayos

der su cargo en 1570. Para cumplir la última voluntad de su padre, acabó y publicó en 1569 la traducción de la *Teología natural*, de Ramón Sibiuda, libro al que volvería años más tarde en los *Ensayos* con la intención de rebatirlo. Un año más tarde viajó a París para publicar en un volumen las poesías latinas y las traducciones de su amigo La Boétie, cuya muerte, en 1563, le había afectado profundamente. Por fin, el 28 de febrero de 1571 pudo cumplir su deseo de retirarse a sus propiedades para dedicarse al estudio y la meditación, y emprendió, al cabo de un año, la redacción de los *Ensayos* (*Essais*), combinándola con la lectura de Plutarco y Séneca. No obstante, su retiro duró poco, ya que tuvo que hacerse cargo de nuevos compromisos sociales y políticos a causa de las guerras de religión que asolaban su país y en las que tuvo que prestar su ayuda de diplomático (hecho que se refleja en el libro primero de los *Ensayos*, dedicado básicamente a cuestiones militares y políticas). La primera edición de los *Ensayos*, en diez volúmenes, apareció en 1580. A finales de ese mismo año, aquejado ya problemas de salud, emprendió un largo viaje a Italia que se vio obligado a interrumpir en 1581, cuando recibió la noticia de su elección como alcalde de la ciudad de Burdeos. Durante su primer mandato publicó la segunda edición de los *Ensayos* (1582). Reelegido para un segundo mandato (1583-1585), tuvo que alternar sus funciones municipales con la tarea de intermediario político entre la ciudad y el rey, y actuó como mediador en las intrigas de la Liga, lo que le valió el

favor de Enrique de Navarra. Fue ésta su última misión política antes de consagrarse únicamente a su obra, que reanudó a partir de 1586. En 1588 apareció una nueva edición de los *Ensayos*, con el añadido de un tercer libro. Con motivo de esta nueva publicación, conoció en París a Mademoiselle de Gournay, una gran admiradora suya, con quien mantuvo una especial relación que duraría hasta el final de su vida. Retirado ya definitivamente, tras este último viaje a París y algunos altercados que lo llevaron a prisión, preparó la última edición de los *Ensayos*, de la que se encargaría M. de Gournay en 1595. La progresiva evolución de Montaigne hacia una mayor introspección convierte la versión definitiva de los *Ensayos* en un libro de confesiones en que el autor, profesando un escepticismo moderado, se revela a sí mismo y muestra su curiosidad por todos los aspectos del alma humana.

MONTALE, EUGENIO *(Génova, 1896-Milán, 1981) Poeta italiano.* Durante su juventud vivió en Liguria, lugar que rememora en los paisajes descritos en sus poemas. Después de la Primera Guerra Mundial se trasladó a Florencia, donde trabajó en una editorial y dirigió el Gabinete Vieusseux de literatura, del que, en 1938, fue despedido por su actitud antifascista. Al término de la Segunda Guerra Mundial, colaboró en el *Corriere della Sera* de Milán como crítico musical y literario. Su poesía, hermética y crepuscular, está muy influida por los simbolistas franceses. En *Huesos de sepia*, uno de sus primeros poemarios, pone de relieve el abandono y la aridez de la vida humana. En libros posteriores (*Ocasiones* y *La tormenta y otras cosas*) manifiesta el mismo sentimiento de amargura. Fue también un notable traductor y un agudo ensayista (*Sobre la poesía*). En 1975 le fue otorgado el Premio Nobel de Literatura.

MONTALVO, JUAN *(Ambato, Ecuador, 1832-París, 1889) Escritor ecuatoriano.* Liberal y abiertamente contrario al régimen dictatorial de García Moreno, Montalvo usó la literatura como arma para declarar sus convicciones políticas y sociales y fue fundador de revistas politicoliterarias de gran influencia, como *El Cosmopolita* (1866-1869) o *El regenerador* (1876-1878). Viajó en varias ocasiones a Europa, donde forjó su ideología política, y tuvo que vivir exiliado en Colombia y posteriormente en Panamá durante los años de dictadura en Ecuador. Entre sus obras destacan *Las Catilinarias* (1880), obra de denuncia del régimen dictatorial,

LA DIANA
DE IORGE DE
MONTE MAIOR,
COMPVESTA POR ALONSO
Perez Medico Salmantino.

PARTE SEGVNDA.

Van al cabo dos glofas del autor. La vna del
Soneto, que dize. Hero d'vn'alta torre
lo miraua, &c. La otra del que
dize. Pues tuue coraçó
para partirme.

NVEVAMENTE CORREGIDA
y reuifta por Alonfo Villea.

Ala Illuftre Señora Doña Ifabella de Sande.

EN MELAN,
Por Iuan Baptifta Bidelo. M. DC. XVI.

◀ *Portada de* La Diana, *escrita por Jorge de* **Montemayor** *y dedicada a doña Isabel de Sande, en una edición impresa en Milán en 1616. Ésta es la primera novela pastoril castellana.*

> «*Verdad en una época, error en otra.*»
>
> Charles-Louis de Secondat, barón de Montesquieu
> *Cartas persas*

Capítulos que se le olvidaron a Cervantes (1895) y Los Siete Tratados *(1882), con la que se erigió como uno de los mayores ensayistas del ámbito hispanoamericano.*

MONTAÑÉS, JUAN MARTÍNEZ → Martínez Montañés, Juan.

MONTEMAYOR, JORGE DE *(Montemoro-Velho, Portugal, h. 1520-Turín, 1561) Escritor portugués en lengua española.* Hacia 1543 se instaló en la corte de Castilla como cantor de capilla de la hermana de Felipe II. En 1552 regresó a Portugal, donde permaneció hasta 1554, año en que se afincó definitivamente en España y publicó su *Cancionero*, colección de composiciones de tema profano. En 1559 publicó la novela pastoril *Los siete libros de Diana* (1559), que narra los amores de unos pastores en el marco de una naturaleza bucólica. Con esta obra, la primera de este género escrita en prosa, estableció los rasgos fundamentales de la novela pastoril y contribuyó a su difusión. De entre las epístolas que escribió, destacan *Epístola a Sa de Miranda* y *Epístola a Peña*.

▼ *Retrato anónimo del barón de* **Montesquieu**, *uno de los más destacados representantes de la Ilustración francesa y autor de la teoría clásica de separación de poderes.*

MONTERROSO, AUGUSTO *(Guatemala, 1921) Escritor guatemalteco.* Autor principalmente de relatos y fábulas, ha cultivado también el género ensayístico y la novela autobiográfica. Su carrera literaria, realizada mayoritariamente desde la clandestinidad y el exilio en México, donde vive desde 1944, ha sido reconocida ampliamente en los últimos años con la concesión de diversos premios, el último de ellos, el Premio Juan Rulfo de cuento en 1996. Encargado de diversos proyectos académicos en México, durante el breve periodo democrático en Guatemala, regresó a su país y fue nombrado agregado cultural en la embajada guatemalteca en Bolivia, cargo que abandonó a raíz de un nuevo golpe de Estado en su país. Entre sus obras destacan títulos como *La oveja negra y demás fábulas* (1969) o *Movimiento perpetuo* (1972). Su último libro publicado es *La vaca* (1999), colección de ensayos breves en torno a la literatura.

MONTESQUIEU, CHARLES-LOUIS DE SECONDAT, BARÓN DE *(Château de La Brède, Francia, 1689-París, 1755) Filósofo y escritor francés.* Estudió en la Escuela de Oratoria de Juilly, y cursó la carrera de derecho primero en Burdeos y más tarde en París. En 1713 accedió al cargo de consejero del Parlamento de Burdeos, y más tarde al de presidente del mismo, cargo que desempeñó entre 1716 y 1728. Casó, en 1715, con Jeanne Lartigue. Sus intereses se orientaron por esa época hacia las ciencias naturales, y como miembro de la Academia de Ciencias de Burdeos presentó una serie de estudios sobre temas como las glándulas renales, la gravedad o el eco. En 1721 se publicó anónimamente en Amsterdam la primera de sus obras, las *Cartas persas* (*Lettres persanes*), novela epistolar que obtuvo un éxito inmediato. En un ejercicio agudo e irónico de relativismo cultural, presenta la sociedad y las ideas de su país a través de los ojos de una pareja de personajes persas de viaje por Francia, lo cual da pie a todo tipo de reflexiones sobre las «extrañas» costumbres del lugar: desde la discusión seria de leyes y doctrinas hasta la crítica o la sorpresa ante los detalles más cotidianos. Muy pronto aparecieron otras obras suyas: *Diálogo de Sila y de Eucrates* (*Dialogue de Scylla et d'Eucrate*, 1724) y *El templo de Gnido* (*Le Temple de Gnide*, 1725), que le valieron el ingreso en la Academia Francesa (1728). Por esta época, era ya recibido en los mejores salones de París y

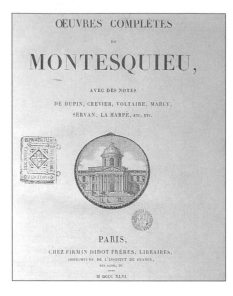

► *Portada de las Obras completas de* **Montesquieu**, *publicadas en 1846. Junto con Voltaire, es uno de los grandes pensadores de la Ilustración francesa del s. XVIII.*

OEUVRES COMPLÈTES
DE
MONTESQUIEU,
AVEC DES NOTES
DE DUPIN, CREVIER, VOLTAIRE, MABLY,
SERVAN, LA HARPE, ETC. ETC.

PARIS,
CHEZ FIRMIN DIDOT FRÈRES, LIBRAIRES,
IMPRIMEURS DE L'INSTITUT DE FRANCE,
RUE JACOB, 56.
M DCCC XLVI.

> *«Un método educativo que cultiva y protege la actividad interior del niño no es una cuestión meramente limitada a la escuela y a los maestros: es una cuestión universal.»*
>
> Maria Montessori

▲ *La italiana Maria* **Montessori** *fotografiada a su llegada a Pakistán, donde se disponía a desarrollar su método pedagógico tras ocho años en la India.*

se había convertido en una figura en los círculos literarios e intelectuales. Entre 1728 y 1731 realizó un viaje por diversos países de Europa, que le llevó finalmente a Gran Bretaña, donde estudió la Constitución y valoró el carácter progresivo de sus leyes; tras su muerte se publicarían sus notas correspondientes a este viaje en *Mis pensamientos* (*Mes pensées*, 1899). De regreso en Francia, sus estudios sobre historia y teoría política se reflejaron en sus *Consideraciones sobre las causas de la grandeza de los romanos y de su decadencia* (*Considérations sur les causes de la grandeur des Romains et de leur décadence*, 1734), que tendrían escaso éxito, y más tarde en El *espíritu de las leyes* (*L'esprit des lois*, 1748), con la que sí obtendría un reconocimiento público importante, amén de numerosas críticas desde ambientes religiosos: la Sorbona condenó el libro y la Iglesia lo incluyó en su famoso *Índice*. En esta obra, el autor trata de dar rigor científico al estudio de las leyes y los sistemas de gobierno, a los que considera determinados por circunstancias tales como el clima o la raza, y no por la providencia divina. Desde un punto de vista moderno, sin embargo, lo más importante de estas obras es la defensa que en ellas realiza del liberalismo y la tolerancia, la crítica al racismo y al despotismo y, muy especialmente, su propuesta de establecer una división de poderes en el Estado, para impedir que ninguno de ellos se exceda en sus funciones.

MONTESSORI, MARIA (*Chiaravalle, Italia, 1870-Noordwijk, Países Bajos, 1952*) *Pedagoga italiana*. Creadora de un sistema de enseñanza, recibió en un principio la influencia de Fröbel y de la psicología de las sensaciones de Itard y Seguin. A partir de su experiencia en una clínica psiquiátrica de la Universidad de Roma, inició la elaboración del llamado método Montessori, que se aplicaría inicialmente en escuelas primarias italianas y más tarde en todo el mundo. Estaba dirigido especialmente a niños en la etapa preescolar, y se basaba en el fomento de la iniciativa y capacidad de respuesta del niño a través del uso de un material didáctico especialmente diseñado por Montessori. El método proponía una gran diversificación del trabajo y la máxima libertad posible para el niño, de modo que éste aprendiera en gran medida por sí mismo y al ritmo de sus propios descubrimientos. Entre sus libros cabe destacar *La autoeducación en la escuela* (1912), *Método de la pedagogía* (1909) y *La mente del niño* (1952).

MONTEVERDI, CLAUDIO (*Cremona, actual Italia, 1567-Venecia, 1643*) *Compositor italiano*. La figura que mejor ejemplifica la transición en el ámbito de la música entre la estética renacentista y la nueva expresividad barroca es la del cremonés Monteverdi. Educado en la tradición polifónica de los Victoria, Lasso y Palestrina, este músico supo hacer realidad la nueva y revolucionaria concepción del arte musical surgida de las teorías de la Camerata Fiorentina, que, entre otras cosas, supuso el nacimiento de la ópera. Hijo de un médico de Cremona, se dio a conocer en fecha bastante temprana como compositor: publicó su primera colección de motetes en Venecia cuando sólo contaba quince años. Su maestría en el arte de tañer la viola le valió entrar en 1592 al servicio del duque Vincenzo Gonzaga de Mantua. Una fecha clave en su evolución fue la del año 1607, en que recibió el encargo de componer una ópera. El reto era importante para un compositor educado en la tradición polifónica que hasta aquel momento había destacado en la composición de madrigales a varias voces, pues se trataba de crear una obra según el patrón que Jacopo Peri y Giulio Caccini, ambos músicos de la Camerata Fiorentina, habían establecido en su *Euridice*, una obra en un nuevo estilo, el llamado *stile rappresentativo*, caracterizado por el empleo de una sola voz que declama sobre un somero fondo instrumental. Una pieza dramatico-musical, en fin, en que a cada personaje le correspondía una sola voz. Esto, que hoy puede parecer pueril, en la época suponía un cambio de mentalidad radical: el abandono de la polifonía, del entramado armónico de distintas voces, por el cultivo de una única línea melódica, la monodia acompañada. El resultado fue *La favola d'Orfeo*, composición con la que Monteverdi no sólo superó el modelo de Peri y Caccini, sino que sentó las bases de la ópera tal como hoy la conocemos. El éxito fue inmediato y motivó nuevos encargos, como *L'Arianna*, ópera escrita para los esponsales de Francisco de Gonzaga y Margarita de Saboya, de la que sólo subsiste un estremecedor *Lamento*. La muerte en 1612 de su protector Vincenzo Gonzaga motivó que el músico trocara Mantua por Venecia, donde permaneció hasta su muerte. Maestro de capilla de la catedral de San Marcos, compuso la magistral colección *Madrigali guerrieri et amorosi*. Las composiciones religiosas ocupan así mismo un lugar destacado en su quehacer durante esta larga etapa. También las óperas: en 1637, cuando el compositor contaba ya setenta años, abrieron sus puertas en Venecia los primeros teatros públicos de ópera y, lógicamente, se solicitaron a Monteverdi nuevas obras. Desde que el músico escribiera *Orfeo*, el espectáculo había evolucionado considerablemente: de la ri-

▲ *Imagen que representa una de las demostraciones del globo aerostático inventado por los hermanos* **Montgolfier**, *exhibición seguida por numeroso público.*

◀ *A la izquierda, retrato del compositor italiano Claudio* **Monteverdi**.

queza vocal e instrumental de las primeras óperas se había pasado a un tipo de obras en las que la orquesta quedaba reducida a un pequeño conjunto de cuerdas y bajo continuo, sin coro; además, la distinción entre recitativo y arioso se había acentuado. A pesar de estas diferencias, Monteverdi supo adaptarse a las nuevas circunstancias con éxito: las dos óperas que han llegado hasta nosotros, *Il ritorno d'Ulisse in patria* y *L'incoronazione di Poppea*, son dos obras maestras del teatro lírico, de incontestable modernidad.

MONTGOLFIER, HERMANOS; **JOSEPH-MICHEL** (*Annonay, Francia, 1740-Balaruc les Bains, id., 1810*) y **JACQUES-ÉTIENNE** (*id., 1745-Serrières, Francia, 1799) Inventores franceses.* Nacieron en el seno de una familia de dieciséis hermanos cuyo padre era el industrial papelero Pierre Montgolfier. Interesados por los problemas de la navegación aérea, en 1782 descubrieron que al introducir aire caliente en un globo, éste se elevaba. El 4 de junio de 1783 realizaron la primera demostración pública de su descubrimiento. Calentaron el aire de un receptáculo quemando paja y madera debajo de la abertura inferior del globo, que llegó a alcanzar los 1 000 metros de altitud. El 19 de septiembre repitieron en Versalles el experimento con un globo mayor, esta vez con un gallo, una oveja y un pato como pasajeros. El ingenio se mantuvo en el aire durante unos 8 minutos y aterrizó suavemente a unos 3 kilómetros de distancia. El 21 de diciembre del mismo año tuvo lugar la primera ascensión tripulada de la historia. El globo sobrevoló París durante 25 minutos

---

CLAUDIO MONTEVERDI
OBRAS MAESTRAS

MÚSICA ESCÉNICA: *LA FAVOLA D'ORFEO* (1607); *L'ARIANNA* (1608, perdida); *IL RITORNO D'ULISSE IN PATRIA* (1640); *L'INCORONAZIONE DI POPPEA* (1642). **MÚSICA VOCAL: a) Profana:** *CANZONETTE* (1583); *IL PRIMO LIBRO DE MADRIGALI* (1587); *IL SECONDO LIBRO DE MADRIGALI* (1590); *IL TERZO LIBRO DE MADRIGALI* (1592); *IL QUARTO LIBRO DE MADRIGALI* (1603); *IL QUINTO LIBRO DE MADRIGALI* (1605); *SCHERZI MUSICALI* (1607); *IL SESTO LIBRO DE MADRIGALI* (1614); *IL SETTIMO LIBRO DE MADRIGALI* (1619); *MADRIGALI GUERRIERI ET AMOROSI* (1638). **b) Sacra:** *MADRIGALI SPIRITUALI* (1583); *VÍSPERAS DE LA BEATA VIRGEN* (1610); *SELVA MORALE E SPIRITUALE* (1641); *MISA A CUATRO VOCES* (1650).

y tomó tierra a unos 9 kilómetros de distancia. Esta hazaña les valió el reconocimiento de la Academia Francesa de las Ciencias. Joseph inventó en 1792 una máquina elevadora de agua, llamada ariete hidráulico, y Étienne desarrolló los procesos de fabricación del papel.

MONTGOMERY, SIR BERNARD LAW, llamado *Monty (Londres, 1887-Isington Mill, Reino Unido, 1976) Militar británico.* Participó en la campaña de Francia de 1940 al mando de una división y más tarde, en 1942, fue enviado al norte de África para mandar el 8º ejército. Derrotó al Afrika Korps de Rommel en El-Alamein, batalla en la que empezó a labrarse su fama de hábil estratega. Tras ocupar Túnez conjuntamente con los estadounidenses, participó en el desembarco en Sicilia en 1943 y en las operaciones iniciales en Italia. Fue nombrado jefe de las fuerzas terrestres para el desembarco de Normandía, a las órdenes de Eisenhower, lo cual representó un desaire para él, pues esperaba ser elegido jefe supremo. Durante las operaciones que siguieron al Día D, se mantuvo fiel a su estilo y utilizó sus fuerzas con cautela, de manera que las bajas fuesen lo más reducidas posible. A pesar de todo, su papel en la campaña de Normandía fue brillante: obligó a los alemanes a desgastar sus reservas para frenar sus ataques, siempre lanzados cuando no tenía nada que perder, de manera que cuando se produjo la ofensiva final, la operación Cobra, la ruptura del frente fue total. Tras perseguir a los alemanes en su repliegue por toda Francia, decidió terminar la guerra antes del invierno mediante un audaz asalto aerotransportado de los puentes del Rin; la operación, conocida en clave como Market Garden, fracasó, en la que fue su primera derrota importante. En la invasión de Alemania de 1945, cruzó el Rin

▲ *El mariscal de campo* **Montgomery***, en el centro, conversa con el general Zhukov (a su izquierda) durante la cena tras una conferencia de jefes aliados celebrada en septiembre de 1945 en Berlín.*

▼ *Insignia de las* Ratas del Desierto*, apodo por el que se conocía a las fuerzas del 8º ejército británico que al mando de Bernard Law* **Montgomery** *se enfrentaron en el Norte de África al Afrika Korps del mariscal alemán Erwin Rommel.*

con sus tropas y alcanzó Hamburgo. Ennoblecido con el título de vizconde de El Alamein, de 1951 a 1958 fue comandante en jefe adjunto de las fuerzas de la OTAN en Europa.

MONTSALVATGE, XAVIER *(Girona, España, 1911). Compositor español.* Estudió con Morera, Millet y Pahissa en el Conservatorio Municipal de Barcelona, del que llegaría a ser catedrático de composición. Es autor de una extensa obra que abarca prácticamente todos los géneros, desde la ópera (*El gato con botas, Una voz en off*) hasta la música de cámara (*Cuarteto indiano*), pasando por piezas orquestales como *Desintegración morfológica de la Chacona de Bach, Laberinto* o *Sinfonía de réquiem*. Debe su fama internacional a la composición *Cinco canciones negras* para soprano y orquesta, donde utiliza ritmos y temas antillanos, y concretamente a la *Canción de cuna para dormir a un negrito*. Otras obras suyas son *Sonatina por Ivette* (1962), *Babel* (1967), *Homenaje a Manolo Hugué* (1971), *Serenata a Lydia de Cadaqués* (1971), *Reflexions-obertura* (1975), *Concert capriccio* (1975) para arpa y orquesta y *Fantasía para arpa y guitarra* (1985). Montsalvatge es también crítico musical. En 1985 se le concedió el Premio Nacional de Música.

MONTT, MANUEL *(Petorca, Chile, 1809-Santiago, 1880) Militar y político chileno.* En 1837, siendo secretario de campaña de Pietro, reprimió el motín liberal de la ciudad de Quillota. Ministro en varias ocasiones, contribuyó a fundar, en 1843, la Universidad de Santiago. Al concluir la presidencia de Bulnes, contó con el apoyo de éste para ocupar la alta magistratura del país. Su triunfo, patrocinado por los conservadores del Llano y Santiago, fue contestado mediante las sublevaciones de La Serena, liberal, y de Concepción, conservadora. Montt reprimió ambas manifestaciones y comenzó a dirigir un nuevo gobierno, caracterizado por el autoritarismo. Durante su mandato activó la economía y la cultura, incentivó la inmigración europea, creó nuevas líneas férreas, en 1855 promulgó el Código Civil y fundó la Caja de Crédito Hipotecario. En 1858 fue elegido de nuevo presidente, representando al Partido Nacional o Monttvarista. Un año más tarde estalló la rebelión de Copiapó, que de nuevo fue sofocada por Montt. Su segundo mandato finalizó en 1861, año en que entregó el poder a José J. Pérez. Presidió hasta su fallecimiento la Corte Suprema de Justicia.

MONTURIOL, NARCISO *(Figueras, España, 1819-Barcelona, 1885) Inventor y político español.* Entusiasta seguidor del socialismo utópico de Cabet, participó activamente en las comunidades de Icaria y Nueva Icaria. Desde 1857 se dedicó al desarrollo de un navío submarino, el *Ictíneo,* del que construyó un prototipo que superó con éxito las pruebas de navegación efectuadas en el puerto de Barcelona (1859). El gobierno de Isabel II le prometió ayuda pero, de hecho, no se la proporcionó, más bien lo contrario, ya que todo fueron trabas administrativas para el inventor. Monturiol y sus amigos fundaron entonces la sociedad La Navegación Submarina para explotar el invento, pero quebró y el segundo *Ictíneo* fue vendido como chatarra en 1868. También inventó un procedimiento para la fabricación de papel engomado y planeó otros, como un tranvía funicular. Su obra *Ensayo sobre el arte de navegar por debajo del agua* fue publicada póstumamente en 1891.

MONTY PYTHON, *formación teatral británica integrada por* **GRAHAM CHAPMAN** *(Leicester, Reino Unido, 1941-Maidstone, id., 1989),* **JOHN CLEESE** *(Weston-Super-Mare, Reino Unido, 1939),* **TERRY GILLIAM** *(Medicine Lake, EE UU, 1940),* **ERIC IDLE** *(South Shields, Reino Unido, 1943),* **TERRY JONES** *(Colwyn Bay, Reino Unido, 1942)* y **MICHAEL PALIN** *(Sheffield, Reino Unido, 1943).* Procedentes, en su mayoría, del mundo del espectáculo, los miembros de Monty Python se unieron a fines de la década de los sesenta. Su primer trabajo fue un programa de televisión llamado *Monty Python Flying Circus,* emitido por vez primera en octubre de 1969 y en el cual solían entrevistar a personajes de relieve y acercarse a las noticias de actualidad, siempre con un tono desenfadado y en clave de humor. Así mismo, hacían parodias de hechos y personajes públicos. Muy bien recibido por los teleespectadores, dicho programa tuvo distintas variantes a lo largo de la década de 1970. En 1974, su segundo largometraje, *Los caballeros de la mesa cuadrada y sus locos seguidores,* obtuvo el aplauso incondicional de público y crítica. A dicha película siguieron, en 1979, *La vida de Brian,* considerada una de las cumbres del cine de humor, y, en 1983, *El sentido de la vida,* que no gozó del mismo éxito que sus predecesoras y tras la cual el grupo se disolvió.

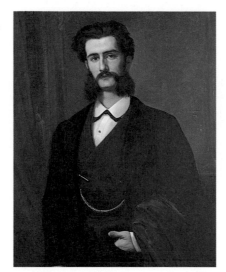

▲ *El inventor español Narciso* **Monturiol** *pintado al óleo por R. Martí Alsina en 1870. El cuadro se encuentra en el Museo Comarcal del Maresme, en Mataró.*

▼ *Los miembros del grupo teatral* **Monty Python,** *excepto el director, Terry Jones, en una escena del filme* El sentido de la vida, *rodado en 1983.*

MONZÓN, CARLOS *(Santa Fe, Argentina, 1942-Santa Rosa de Calchines, id., 1995) Boxeador argentino.* Considerado la figura más importante del boxeo de su país, en 1970 se proclamó campeón mundial de los pesos medios, tras vencer por KO a Nino Benvenutti. Desde entonces demostró ser el mejor en su categoría, permaneciendo imbatido los últimos 81 combates de su carrera, durante un período de trece años. De un total de cien combates, ganó 87, 59 de ellos por KO, hizo nueve combates nulos y únicamente sufrió tres derrotas. En 1977 se retiró del pugilismo tras catorce defensas del título. Algunos de los oponentes a los que derrotó fueron Emile Griffith, Denny Moyer, Bennie Briscoe, José Napoles y Rodrigo Valdés, a quien venció en dos ocasiones al final de su carrera. Su vida privada no estuvo exenta de la violencia que desplegaba en el ring. Procesado por el asesinato de su compañera y madre de su hijo, fue condenado a once años de prisión. Falleció el 8 de enero de 1995, tras perder el control del coche que conducía.

MOORE, GEORGE EDWARD *(Londres, 1873-Cambridge, Reino Unido, 1958) Filósofo británico.* Estudió en Cambridge, donde Bertrand Russell le orientó al estudio de la filosofía. Fue docente en la misma universidad entre 1911 y 1939, fecha en que se retiró y dejó su cátedra a Wittgenstein, cuya filosofía había seguido con interés. Moore retomó la tradición del realismo anglosajón frente al clima idealista de principios de siglo, al que opuso una serie de verdades cotidianas o de sentido común, como la existencia del tiempo o de los objetos exteriores a la propia conciencia. Tal como expuso en su *Refutación del idealismo* (1903), Moore entendía que el desconocimiento de estas verdades provocaba efectos indeseables incluso para el más idealista de los filósofos, como la negación de las demás conciencias (solipsismo). Cuestionaba además el criterio según el cual, en último término, el filósofo daba mayor crédito a la premisa de su propio argumento escéptico que a las premisas del sentido común. En su obra más conocida, los *Principia ethica* (1903), defendió que el bien era una cualidad simple e inanalizable, y acusaba a cualquier definición del bien que se pudiera proponer de lo que llamaba «falacia naturalista», es decir, de ofrecer una definición de bien en términos de otra cosa (el placer, la utilidad, etc.), lo que no agota el sentido en que la palabra se usa corrientemente. Según él, lo que signifique el término bien debe ser aprehendido de modo intuitivo. Los análisis de Moore están en la base de lo que más adelante se conoció como filosofía del lenguaje ordinario, que se desarrolló en Cambridge y Oxford.

MOORE, HENRY *(Castleford, Reino Unido, 1898-Much Hadham, id., 1986) Escultor británico.* Hijo de un minero, comenzó sus estudios artísticos en Leeds después de combatir en la Primera Guerra Mundial, y en 1919 ingresó en el Royal College of Art con una beca. Su interés por la escultura arcaica y clásica le llevó a frecuentar el British Museum y a viajar por Italia, Francia y España. Fue profesor del Royal College entre 1925 y 1932, y de la Escuela de Arte de Chelsea de 1932 a 1939. En esta época tenía ya un estudio propio y había forjado el estilo que caracterizaría su trayectoria artística. Rechazaba la búsqueda de la belleza al estilo de los clásicos o del Renacimiento y en sus obras buscaba tan sólo la expresión de una energía interior. Desde 1930, la figura yacente y la maternidad se configuraron como sus dos temas preferidos, a los que se añadieron más tarde las pequeñas cabezas y los grupos familiares. En 1934, Moore comenzó a excavar cavidades en los materiales y, a partir de 1940, cavidades y masas poseen prácticamente la misma importancia, en una búsqueda de complementariedad entre forma y espacio. Poco conocido fuera de su país hasta mediados de siglo, el Premio Internacional de Escultura de la Bienal de Venecia, recibido en 1948, lo proyectó a nivel internacional y, en lo sucesivo, recibió innumerables encargos, muchos de ellos para exteriores, lo que le llevó a aumentar el tamaño de sus obras. La piedra en los inicios y el bronce después fueron sus materiales preferidos. Es considerado uno de los escultores más importantes del siglo XX y una de las principales figuras artísticas del Reino Unido contemporáneo.

MORA, JUAN RAFAEL *(San José, Costa Rica, 1814-Puntarenas, id., 1860) Político costarricense.* Nacido en el seno de una familia de comerciantes, fue secretario de

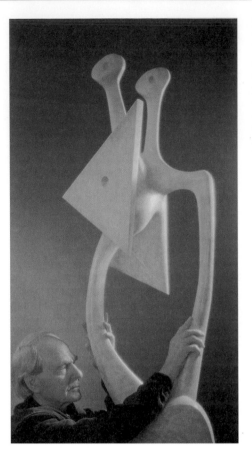

▲ *El británico Henry* **Moore**, *una de las figuras cumbres de la escultura contemporánea, fotografiado junto a una de sus obras.*

Estado del presidente Castro, entre 1847 y 1848. El 30 de diciembre de 1849 resultó elegido presidente de la República, cargo que ejercería hasta 1859 con amplio apoyo popular. En el marco de su gestión presidencial, España reconoció la independencia de Costa Rica. En 1853 fue reelegido y desarrolló una política interior que favoreció la agricultura, y así, otorgó terrenos baldíos a los campesinos, y combatió la invasión de la langosta en 1854, además de reorganizar la sanidad del país. Mora se opuso también a los filibusteros de William Walker, de la vecina Nicaragua. En 1859 consiguió la segunda reelección, pero en su nuevo mandato se granjeó pronto una fuerte oposición debido a su nepotismo, la persecución de ciudadanos distinguidos y un polémico proyecto de creación de un Banco Nacional. Un pronunciamiento desencadenado en San José de Costa Rica le apartó del poder en el año 1859.

MORAES, VINICIUS DE *(Río de Janeiro, 1913-id. 1980) Cantautor y escritor brasileño.* Su primer libro de poemas, inspirado en la Biblia, llevaba por título *Forma e Exegese* (1935). Sus siguientes publicaciones fueron *Novos poemas* (1938), *Cinco elegias* (1943), *Libro de sonetos* (1957). En 1954 escribió el drama *Orfeu da Conceiçao,* que inspiró la película de Marcel Camus *Orfeo negro* (1959). En 1955 apareció su *Antología poética,* y pocos años después alcanzó fama internacional a raíz de la letra de una canción musicada por el compositor Antonio Carlos Jobim: *A garota de Ipanema,* que se convirtió en uno de los temas emblemáticos de la *bossa nova,* estilo musical brasileño que se popularizó en los años sesenta. En 1968 escribió una obra de protesta social con el título de *O mergulhador.* Otros títulos suyos son *Cordelia y el peregrino* (1965) y *El arca de Noé* (1979).

MORALES, LUIS DE *(Badajoz, h. 1510-id., 1586) Pintor español.* Pasó la mayor parte de su vida en Badajoz, donde trabajó activamente para parroquias de la zona e incluso de la vecina Portugal y también para clientes particulares que admiraban sus obras cargadas de piedad religiosa, las cuales le valieron el sobrenombre del *Divino.*

Creó un estilo muy particular, de figuras alargadas e idealizadas, impregnadas de una cierta melancolía y situadas sobre fondos neutros, a menudo oscuros, que hacen resaltar los colores. En sus obras de madurez, como la *Virgen con el Niño*, se advierte la influencia de Leonardo da Vinci, de manera especial en el tratamiento de la luz. Entre sus realizaciones más características se encuentran la *Dolorosa* y un *Ecce Homo*.

MORATÍN, LEANDRO FERNÁNDEZ DE *(Madrid, 1760-París, 1828) Poeta y dramaturgo español*. Hijo del escritor Nicolás Fernández de Moratín, estudió en los jesuitas de Calatayud y fue alumno de la Universidad de Valladolid. Su primera obra literaria de relevancia fue el romance *La toma de Granada*, premiado por la Real Academia Española en 1779; en 1782 volvió a ser premiado por *Lección poética. Sátira contra los vicios introducidos en la poesía española*, escrita en tercetos y en la cual atacaba el teatro barroco. Amigo de Jovellanos y protegido de Godoy, realizó varios viajes por Europa (1787 y 1792), sobre todo por Francia y Gran Bretaña, lo que le permitió entrar en contacto con las corrientes literarias en boga en aquellos países y conocer la obra de dramaturgos de la talla de Molière y Shakespeare. Nombrado secretario de la Interpretación de Lenguas y miembro de la Junta de Teatros, su principal esfuerzo se centró en introducir en España los moldes del teatro neoclásico francés tal como fue establecido por Corneille, es decir, las tres unidades de tiempo, lugar y acción, que se resolvían en una gran economía escénica y tenían una finalidad moralizante, aunque no llegaron a calar entre el público. Su primer éxito destacado como dramaturgo fue *La comedia nueva o el café*, en la que de nuevo criticaba el teatro barroco practicado en España y que fue estrenada en 1792. Siguieron a ésta obras como *La mojigata* (1804) y *El sí de las niñas* (1806), en las que refleja la degradada posición social de la mujer en la época. Moratín constituye el mejor representante del teatro español del siglo XVIII, con obras elegantes y equilibradas, de corte neoclásico. Durante la ocupación napoleónica se mantuvo cercano al régimen de José Bonaparte y obtuvo el cargo de bibliotecario mayor

▲ *Leandro Fernández de **Moratín**. Poeta y dramaturgo, influido por las ideas ilustradas francesas, su obra gira en torno a la crítica de costumbres.*

▼ *El escritor Alberto **Moravia**, aquí pintado en su vejez, fue siempre un autor polémico. En 1952, la Iglesia Católica censuró todas sus obras incluyéndolas en el Índice de libros prohibidos.*

(1811), a causa de lo cual, tras la victoria española en la guerra de la Independencia, se vio obligado a refugiarse sucesivamente en Valencia (1813), Barcelona (1814) y Francia (1818), donde residió hasta su muerte, con excepción de una breve estancia en Barcelona. Entre su obra en prosa cabe destacar *La derrota de los pedantes* (1789), sátira dirigida contra diversos poetas españoles contemporáneos, y *Orígenes del teatro español* (póstuma), de carácter erudito. Tradujo también al castellano (1798) el *Hamlet* de Shakespeare y dos obras de Molière: *La escuela de los maridos* (1812) y *El médico a palos* (1814). Su aportación poética, que incluye sobre todo sátiras y odas escritas bajo el seudónimo de *Inarco Celenio*, es desigual en cuanto a calidad literaria. El talante ilustrado de Moratín se refleja en la forma y el contenido de su obra tanto como en las circunstancias de su vida, aunque en algunos momentos su producción literaria anuncia algunos rasgos del Romanticismo.

MORAVIA, ALBERTO [Alberto Pincherle] *(Roma, 1907-id., 1990) Escritor y periodista italiano*. Tuvo una infancia marcada por una enfermedad, la tuberculosis ósea, que le obligó a abandonar los estudios a los dieciséis años. Estrechamente vigilado por el régimen fascista, en 1941 contrajo matrimonio con la escritora Elsa Morante. A partir de 1960 colaboró con asiduidad en el *Corriere della Sera*. En 1984 fue elegido diputado del Parlamento Europeo. En su primera novela, *Los indiferentes* (1929), criticó los valores tradicionales desde un pesimismo que mantuvieron sus siguientes obras: *La romana* (1947), *La desobediencia* (1948) y *Cuentos romanos* (1954), entre otras. El marxismo y el psicoanálisis adquieren mayor protagonismo en novelas posteriores, como *El aburrimiento* (1960) y *1934* (1982), que se enfrentan, sin embargo, a sus temas de siempre: el aislamiento, la soledad y la frustración.

MORAZÁN, FRANCISCO *(Tegucigalpa, actual Honduras, 1792-San José, Costa Rica, 1842) Político y militar hondureño*. Hombre de confianza del presidente Dionisio Herrera, a instancias de éste fue secretario general del gobierno y presidente del Consejo de Estado. Luchó, a favor de Herrera, en la sublevación de Justo Milla, quien consiguió hacer prisionero al presidente. Morazán, sin embargo, continuó la lucha y acabó por vencer a Milla en 1827. En 1830 asumió la presidencia de las Provincias Unidas de Centroamérica hasta su desaparición en 1839. Luego, se trasladó a Perú, con intención de retirarse. Sin embargo, en 1842, acudió en auxilio de los liberales de Costa Rica, enfrentados al dictador Carrillo, del cual consiguió la capitulación, y ambos firmaron el tratado de Jocote (abril de 1842), merced al cual Morazán se erigió en presidente costarricense. No se contentó, sin embargo, con el gobierno de Costa Rica, empeñado en restaurar la Federación; su actitud provocó una sublevación, fue detenido y, a la postre, fusilado.

MOREAU, GUSTAVE *(París, 1826-id., 1898) Pintor francés.* En 1857 realizó un viaje a Italia que le permitió conocer la obra de clásicos como Miguel Ángel o Mantegna, y obtuvo el reconocimiento de la crítica en el Salón de 1864, con *Edipo y la Esfinge.* Su período de madurez se inició a partir de 1870. Su obra muestra una clara preferencia por los temas históricos, bíblicos y mitológicos, siempre desarrollados de forma inquietante y evocadora, a través de la recreación de atmósferas exóticas, a menudo orientales, y del dramatismo de las escenas. Destaca también su particular sentido del color, especialmente llamativo por sus brillos dorados. De entre sus pinturas cabe destacar, entre otras: *Aparición* (1876), *Quimera* (1884) y *Júpiter y Semele* (1896). Perteneciente a la corriente simbolista, Moreau inspiró a los futuros artistas surrealistas, sobre todo a André Breton, Max Ernst y Salvador Dalí. Su obra se exhibe en su mansión parisina, que en 1902 pasó a ser el Museo Gustave Moreau.

MORELOS, JOSÉ MARÍA *(Valladolid, hoy Morelia, actual México, 1765-San Cristóbal Ecatepec, México, 1815) Patriota mexicano.* Se sabe muy poco de su infancia y su juventud, salvo que fue de humilde extracción. A los veinticinco años ingresó en el colegio de San Nicolás de Valladolid, cuyo rector, Miguel Hidalgo y Costilla, ejerció gran influencia sobre él, instándole a adherirse a los ideales independentistas. En 1797 recibió las órdenes eclesiásticas y, ya sacerdote, se hizo cargo de la parroquia de San Agustín Carácuaro, en su región natal. En 1810, año del grito de Dolores con el cual se inició la lucha por la independencia de México, Morelos formó un ejército de mestizos y mulatos y se unió a su

▶ Edipo y la Esfinge, *óleo pintado por Gustave* **Moreau** *que se exhibe en el Museo Metropolitano de Nueva York. El cuadro ganó una medalla en el Salón de París de 1864.*

> *«Los rehenes que mis enemigos tienen son para mí sagrados y hablan muy alto a mi corazón; pero soy el jefe del Estado y debo atacar pasando sobre los cadáveres de mis hijos; mas no sobreviviré un momento a tan horrible desgracia.»*
>
> Francisco Morazán

▼ El general **Morelos**, *indio mixtulo, en un retrato que se conserva en el Museo Nacional de Historia de México.*

antiguo maestro Hidalgo. Fue destinado al sur del país, donde tomó Chilpancingo, Tixtla y Chilapa. Después de la victoria de Tehuacán (1812), se convirtió en caudillo de todas las fuerzas alzadas en armas del país. A finales de 1813, y después de la toma de Acapulco, fue nombrado generalísimo por el Congreso de Chilpancingo, donde expuso su ideario político con el manifiesto *Sentimiento de la nación.* Sin embargo, el nombramiento de Félix María Calleja como nuevo virrey amedrentó a los campesinos mexicanos, que temerosos de una represión española abandonaron la causa de Morelos. Derrotado por las tropas realistas en Santa María, fue destituido de su cargo y sus efectivos quedaron reducidos de manera considerable, a medida que los reveses se sucedían. Finalmente capturado por las tropas realistas del virrey y acusado de herejía, fue entregado a las autoridades seculares y despojado de su investidura religiosa por la Inquisición. Fue fusilado en noviembre de 1815.

MORENO, MARIO → Cantinflas.

MORETO, AGUSTÍN *(Madrid, 1618-Toledo, 1669) Escritor español.* Nacido de padres italianos, estudió en Alcalá de Henares y desde muy joven se distinguió como poeta dramático en la corte de Felipe IV. En 1654 se publicó en Madrid la primera parte de sus *Comedias*, la única que aparecería en vida de su autor (la segunda y la tercera verían la luz en 1676 y 1681, respectivamente). En 1657 estuvo en Sevilla, donde compuso las loas e intermedios para el Corpus Christi. Ese mismo año fue ordenado sacerdote y nombrado capellán del Refugio y Hospital de San Nicolás en Toledo, donde permanecería hasta su muerte. De su abundante producción literaria se conservan actualmente sesenta y siete comedias y treinta y dos piezas cortas entre entremeses, bailes, etc. Muy influenciado por la técnica escénica de Lope, también adoptó recursos calderonianos y basó la mayor parte de su obra dramática en piezas anteriores. De entre sus obras destacan *El desdén con el desdén* (1652), *El lindo don Diego* (1654), *Primero es la honra* (1676).

MORGAN, SIR HENRY JOHN *(Llanrhymney, Gales, actual Reino Unido, 1635-Port-Royal, Jamaica, 1688) Bucanero inglés.* Aunque no existen datos que lo corroboren, se supone que llegó a las Antillas como esclavo, tras ser capturado en Bristol cuando era todavía un niño. Tras convertirse en un pirata, se cree que formó parte de la expedición inglesa que conquistó Jamaica en 1655, y durante la década de 1660 tomó parte en otras operaciones de bucaneros. De esta forma, en 1666 participó en la conquista de la isla de Santa Catalina a los españoles, y logró ser nombrado jefe de los bucaneros tras la muerte del comandante de la expedición Edward Mansfield. En 1669, en una expedición de exploración de las costas españolas del Caribe ordenada por el gobernador de Jamaica sir Thomas Modyford, asaltó y destruyó Puerto Príncipe y Portobelo, y derrotó en la entrada de la laguna de Maracaibo al almirante español Alonso de Campos, tres de cuyos barcos hundió. A pesar de las críticas iniciales, esta campaña le reportó un gran prestigio y poco después fue nombrado comandante en jefe de las fuerzas navales de la isla de Jamaica. Entonces, tras haber reforzado considerablemente sus efectivos, que llegaron a 36 barcos y 2 000 hombres, se lan-

▲ *Agustín **Moreto**, uno de los más sutiles dramaturgos del Siglo de Oro español, en un retrato anónimo que se encuentra en la Biblioteca Nacional de Madrid.*

▼ *Grabado ecuestre del general Pablo **Morillo** que figura en la Biblioteca Nacional de Madrid.*

zó a una de las expediciones piratas más arriesgadas de su época, el asalto a Panamá, en 1670. La expedición fue un éxito: una vez tomado el fuerte Chagres, los bucaneros cruzaron el istmo y ocuparon la ciudad tras derrotar a las fuerzas españolas que se les opusieron. Este audaz golpe, que causó una honda impresión en Europa, le reportó un gran botín, pero provocó el malestar de las autoridades inglesas, que acababan de firmar un tratado de paz con España, puesto en entredicho por este acto de rapiña. Llamado de vuelta a su patria, se defendió hábilmente de los cargos que sobre él pesaban, en lo que se vio favorecido por el empeoramiento de las relaciones entre Inglaterra y España. De esta manera, no sólo retornó rehabilitado al Caribe, en 1674, sino que lo hizo con el título de caballero y con el cargo de gobernador de Jamaica. Sin embargo, fue destituido al poco tiempo, acusado de corrupción, lo que no le impidió acabar sus días viviendo como un rico hacendado.

MORILLO, PABLO *(Fuentesecas, España, 1775-Barèges, Francia, 1837) Militar español.* Perteneciente a una noble familia castellana, por su destacada participación en la guerra de la Independencia española la alcanzó el grado de teniente general. En 1814 fue enviado a las colonias americanas para yugular el levantamiento independentista, lo que pretendió lograr a través de una violenta represión. Obtuvo inicialmente algunas victorias en el campo de batalla que le permitieron reconquistar Nueva Granada, pero en 1819 fue vencido por Simón Bolívar en Bocayá, derrota que tuvo como consecuencia la declaración de independencia de la Gran Colombia y la firma del armisticio de Trujillo (1820). Tras regresar a España, mantuvo una posición variable y ambigua en el enfrentamiento entre absolutistas y liberales, actitud que acabó por determinar su exilio en Francia, en 1824. En 1832 volvió a España para combatir en el bando liberal en la Primera Guerra Carlista. Recuerdo de su expedición americana son sus *Memorias relativas a los principales acontecimientos de las campañas de América*.

MORO, ALDO *(Maglie, Italia, 1916-Roma, 1978) Político italiano.* Como profesor de derecho en la Universidad de Bari, Moro ostentó la presidencia de diversas organizaciones católicas civiles durante la Segunda Guerra Mundial e inmediatamente después del conflicto bélico. Elegido diputado de la Asamblea Constituyente en 1946, ocupó durante las décadas de 1940 y 1950 diversos e importantes cargos gubernamentales. En 1959 se convirtió en secretario general del Partido Democristiano, y en 1965 asumió temporalmente la doble función de primer ministro y ministro de Asuntos Exteriores, faceta en la que destacó como valedor de los compromisos de Italia con la OTAN y las Naciones Unidas. A partir de 1968, Moro fue primer ministro como cabeza del Partido Democristiano en dos ocasiones (1968 y 1976), en las que apenas cumplió un año al frente del gobierno, y en coalición con los republicanos, en una (1974-1976). El 16 de marzo de 1978 fue secuestrado por miembros de las Brigadas Rojas. Tras negarse el gobierno a liberar a trece presos de la organización terrorista, Moro fue asesinado el 9 de mayo, lo que provocó la consternación en todos los estratos de la sociedad italiana.

MORO, ANTONIO *(Utrecht, h. 1519-Amberes, 1576) Pintor flamenco.* Se formó en Utrecht, en el taller de Jan van Scorel. A su maestro y a Tiziano, a quien conoció en la dieta de Augusta, debe los principales rasgos de su estilo. En la corte de María de Hungría, en la cual fue introducido por el cardenal Antoine Perrenot de Granvela, conoció al futuro Felipe II, quien se llevó a Moro a Inglaterra, en 1544, cuando viajó a Londres para contraer matrimonio con María Tudor. Al pintor se le encargó que realizara un retrato de la reina, obra en la que resplandece ya lo esencial de su estilo. Más tarde, cuando Felipe II regresó definitivamente a España en 1559, lo hizo acompañado de Antonio Moro, que fue nombrado pintor del rey. Pero el artista permaneció poco tiempo en España. Por razones que se desconocen, regresó a su patria en 1560, donde, sin embargo, siguió firmando sus obras con el título de pintor de Felipe II. Se había formado como retratista, y al retrato dedicó toda su carrera, concretamente al retrato áulico o cortesano. Sus obras, de gran uniformidad estilística, suelen presentar al modelo de tamaño natural, de tres cuartos, medio cuerpo o cuerpo entero y destacado sobre un fondo neutro, por lo general oscuro. La precisión fisionómica es absoluta pero carente de expresividad: le interesa más la dignidad del modelo, su rango, que su personalidad. El per-

▲ William **Morris**, además de ser un importante activista político, contribuyó de manera decisiva a la renovación del lenguaje estético de su época.

▼ La reina Ginebra, obra realizada por William **Morris** que se conserva en la Tate Gallery de Londres. Éste es el único cuadro pintado por el famoso artista británico.

sonaje aparece representado con gran sobriedad, sin ningún detalle alegórico o innecesario, pero tanta austeridad queda un tanto aliviada por el exquisito tratamiento de las calidades y por la atención prestada a la vestimenta y las joyas, representadas con extraordinaria minuciosidad. Su obra, en la que destaca el mencionado retrato de *María Tudor*, ejerció una enorme influencia en el desarrollo del retrato aristocrático, sobre todo en España, donde Moro tuvo un destacado continuador en Sánchez Coello.

MORO, TOMÁS → Tomás Moro, santo.

MORÓN, GUILLERMO *(Carora, Venezuela, 1926) Escritor e historiador venezolano.* En 1954 se doctoró en filosofía en la Universidad Central de Madrid, y de regreso en Venezuela, ingresó como profesor de geografía, historia y ciencias sociales en el Instituto Pedagógico Nacional de Caracas. Como periodista dirigió el semanario *El Amigo del Hogar* y escribió columnas en varios periódicos como *El Diario*, *El Impulso*, *El Nacional* y *El Heraldo*. En 1956 se desplazó a Alemania, donde impartió clases de cultura hispanoamericana en la Universidad de Hamburgo hasta 1958. De nuevo en Venezuela enseñó historia de Venezuela en la Universidad Simón Bolívar de Caracas. Entre sus obras destacan *Los borradores de un meditador* (1958), *Historia de Venezuela* (1972), *Historia contemporánea de América Latina* (1975) y *El gallo de las espuelas de oro* (1986).

MORRIS, WILLIAM *(Elm House, Reino Unido, 1834-Londres, 1896) Escritor, pintor, diseñador y reformador social británico.* Según él mismo señaló, fueron los escritos del crítico John Ruskin sobre el sentido social y moral de la arquitectura los que descubrieron su vocación. Socialista convencido, fundó la Hammersmith Socialist Society. Como escritor se le deben obras de carácter teórico y propagandístico y también poesías impregnadas de simbolismo. Su obra pictórica se reduce a un único cuadro, *La reina Ginebra*, que responde a la perfección a los ideales del grupo prerrafaelista al que pertenecía. En 1861, con un grupo de amigos, entre ellos Rossetti y Burne-Jones, fundó la empresa de decoración Morris, Marshall, Faulkner & Co., que se dedicó a la producción de vidrieras, tapices, alfombras y artículos de artesanía en general, diseñados por los propios artistas y confeccionados manualmente. Fue esta la actividad de Morris que tuvo una mayor proyección, puesto que recogieron su herencia instituciones del nivel de la Arts and Crafts, entre otras. Se conservan buenos ejemplos de las numerosas piezas que diseñó.

MORRISON, TONI [Chloe Anthony Wofford] *(Lorain, EE UU, 1931) Novelista estadounidense.* Sus padres abandonaron el sur de Estados Unidos para encontrar mejores oportunidades en el norte. Tras estudiar filología inglesa en Washington, viajó por el sur de Estados Unidos y constató la miseria en que vivía allí la gente de color. Casada con Harold Morrison, trabajó en la editorial Random e impartió clases en Yale, Howard, Texas, Albany y Princeton. Sus novelas, entre las que destacan *The bluest eye* (1970), *Sula* (1973), *La canción de Salomon* (1977) y *Beloved* (1987), se centran en el tema de la discriminación racial. En 1993 le fue otorgado el Premio Nobel de Literatura, fue la primera mujer de color que lo recibió.

MORSE, SAMUEL *(Charlestown, EE UU, 1791-Nueva York, 1872) Inventor y pintor estadounidense.* Hijo del pastor calvinista y distinguido geógrafo Jedidiah Morse. Se educó en Yale, donde no demostró especial aptitud para el estudio, aparte de la pintura y de los cursos sobre electricidad. Tras graduarse en 1810, se empleó como oficinista en una editorial de Boston. Ese mismo año se embarcó hacia Inglaterra para estudiar bellas artes. A su vuelta en 1815, después de la guerra angloamericana, se ganó la vida ejerciendo como retratista. En 1832, de regreso en Estados Unidos procedente de Europa, concibió la idea de un telégrafo eléctrico tras escuchar una conversación sobre el invento del electroimán; a pesar de que la idea no era totalmente nueva, él fue el primero en materializarla. Construyó su primer prototipo en 1835. En 1838 desarrolló el código de puntos y rayas conocido como alfabeto Morse. En 1843, el Congreso de Estados Unidos dio el primer paso hacia la extensión de la línea telegráfica al aprobar la financiación del tendido que uniría Washington con Baltimore.

MOSQUERA, TOMÁS CIPRIANO *(Popayán, actual Colombia, 1798-id., 1878) Militar y político colombiano.* Hermano de Joaquín Mosquera, participó en la guerra de la Independencia al lado de Simón Bolívar. En 1845 fue elegido presidente de la Re-

▲ *La obra de la novelista Toni* **Morrison***, primera mujer negra en ganar el Premio Nobel de Literatura, gira en torno a los problemas de los afroamericanos.*

▲ *Retrato en el que aparece un anciano Samuel* **Morse***, inventor del primer telégrafo eléctrico y del alfabeto que lleva su nombre.*

▶ *Tres pequeñas ilustraciones que muestran a los principales personajes de El rapto del serrallo.* **Mozart** *estrenó esta ópera, tras algunos retrasos, el 16 de julio de 1782, con un enorme éxito.*

pública, representando al Partido Conservador, y se mantuvo en el cargo hasta 1849. Durante su administración afrontó reformas muy positivas en la Administración, el sistema monetario y el ejército. También mejoró la red de comunicaciones, impulsó la construcción del ferrocarril interoceánico de Panamá y prohibió la importación de esclavos. Una gestión importante emprendida por Mosquera fue la entrada en el país de capital estadounidense en sustitución del británico. En 1861 asumió de nuevo la presidencia como caudillo de la revolución liberal. En esta ocasión quiso desarrollar una fórmula federalista, los Estados Unidos de Colombia, pero fue derrocado en 1864. Dos años más tarde regresó de nuevo a la presidencia, pero sus enfrentamientos con el Congreso le obligaron a exiliarse en 1867.

MOZART, WOLFGANG AMADEUS *(Salzburgo, actual Austria, 1756-Viena, 1791) Compositor austriaco.* Franz Joseph Haydn manifestó en una ocasión al padre de Mozart, Leopold, que su hijo era «el más grande compositor que conozco, en persona o de nombre». El otro gran representante de la trinidad clásica vienesa, Beethoven, también confesaba su veneración por la figura del músico salzburgués, mientras que el escritor y músico E. T. A. Hoffmann lo consideraba, junto a Beethoven, el gran pre-

▲ ▶ *Arriba, Wolfgang
Amadeus **Mozart**
interpreta al clave, con su
hermana Nannerl, una
pieza para cuatro manos.
En el cuadro, pintado en
1780, también aparecen sus
padres. A la derecha, retrato
de Mozart pocos meses antes
de su muerte. Entre ambas,
Seis cuartetos para cuerda,
dedicados por Mozart a su
amigo Haydn, quien lo
admiraba profundamente.*

cedente del romanticismo, uno de los pocos que había sabido expresar en sus obras aquello que las palabras son incapaces de insinuar siquiera. Son elogios elocuentes acerca del reconocimiento de que gozó Mozart ya en su época, y que su misteriosa muerte, envuelta en un halo de leyenda romántica, no ha hecho sino incrementar. Genio absoluto e irrepetible, autor de una música que aún hoy conserva intacta toda su frescura y su capacidad para sorprender y emocionar, Mozart ocupa uno de los lugares más altos del panteón de la música. Hijo del violinista y compositor Leopold Mozart, Wolfgang Amadeus fue un niño prodigio que a los cuatro años ya era capaz de interpretar al clave melodías sencillas y de componer pequeñas piezas. Junto a su hermana Nannerl, cinco años mayor que él y también intérprete de talento, su padre lo llevó de corte en corte y de ciudad en ciudad para que sorprendiera a los auditorios con sus extraordinarias dotes. Munich, Viena, Frankfurt, París y Londres fueron algunas de las capitales en las que dejó constancia de su talento antes de cumplir los diez años. No por ello descuidó Leopold la formación de su hijo: ésta proseguía con los mejores maestros de la época, como Johann Christian Bach, el menor de los hijos del gran Johann Sebastian, en Londres, o el padre Martini en Bolonia. Es la época de sus primeras sinfonías y óperas, escritas en el estilo galante de moda, poco personales, pero que nada tienen que envidiar a las de otros maestros consagrados. Todos sus viajes acababan siempre en Salzburgo, donde los Mozart servían como maestros de capilla y conciertos de la corte arzobispal. Espoleado por su creciente éxito, sobre todo a partir de la acogida dispensada a su ópera *Idomeneo*, Wolfgang decidió abandonar en 1781 esa situación de servidumbre para intentar subsistir por sus propios medios, como compositor independiente, sin más armas que su inmenso talento y su música. Fracasó en el empeño, pero su ejemplo señaló el camino a seguir a músicos posteriores, a la par también de los cambios sociales introducidos por la Revolución Francesa; Beethoven o Schubert, por citar sólo dos ejemplos, ya no entrarían nunca al servicio de un mecenas o un patrón. Tras afincarse

WOLFANG AMADEUS MOZART
OBRAS MAESTRAS

ÓPERAS: *BASTIÁN Y BASTIANA* (1768); *IDOMENEO* (1781); *EL RAPTO DEL SERRALLO* (1782); *LAS BODAS DE FÍGARO* (1786); *DON GIOVANNI* (1787); *COSÌ FAN TUTTE* (1790); *LA FLAUTA MÁGICA* (1791); *LA CLEMENZA DI TITO* (1791). **MÚSICA ORQUESTAL:** *SINFONÍA NÚM. 1* (1765); *SINFONÍA NÚM. 25* (1773); *CONCIERTO PARA FLAUTA Y ARPA* (1778); *CONCIERTO PARA PIANO NÚM. 20* (1785); *CONCIERTO PARA PIANO NÚM. 21* (1785); *CONCIERTO PARA PIANO NÚM. 23* (1786); *SINFONÍA NÚM. 38 «PRAGA»* (1786); *PEQUEÑA SERENATA NOCTURNA* (1787); *SINFONÍA NÚM. 40* (1788);

SINFONÍA NÚM. 41 «JÚPITER» (1788); *CONCIERTO PARA PIANO NÚM. 27* (1791); *CONCIERTO PARA CLARINETE* (1791). **MÚSICA DE CÁMARA:** *QUINTETO PARA PIANO E INSTRUMENTOS DE VIENTO* (1784); *QUINTETO CON CLARINETE* (1789); *3 CUARTETOS DE CUERDA «PRUSIANOS»* (1790). **MÚSICA INSTRUMENTAL:** *SONATA PARA PIANO KV 311* (1777); *SONATA PARA PIANO KV 330* (1783); *SONATA PARA PIANO «ALLA TURCA»* (1783). **MÚSICA VOCAL:** *LA BETULIA LIBERATA* (1771); *MISA DE LA CORONACIÓN* (1779); *AVE VERUM CORPUS* (1791); *RÉQUIEM* (1791; inacabado).

en Viena, su carrera entró en su período de madurez. Las distintas corrientes de su tiempo quedan sintetizadas en un todo homogéneo, que si por algo se caracteriza es por su aparente tono ligero y simple, apariencia que oculta un profundo conocimiento del alma humana. Las obras maestras se sucedieron: en el terreno escénico surgieron los singspieler *El rapto del serrallo* y *La flauta mágica*, partitura con la que sentó los cimientos de la futura ópera alemana, y las tres óperas bufas con libreto de Lorenzo Da Ponte *Las bodas de Fígaro*, *Don Giovanni* y *Così fan tutte*, en las que superó las convenciones del género. No hay que olvidar su producción sinfónica, en especial sus tres últimas sinfonías, en las que anticipó algunas de las características del estilo de Beethoven, ni sus siete últimos conciertos para piano y orquesta. O sus cuartetos de cuerda, sus sonatas para piano o el inconcluso *Réquiem*. Todas sus obras de madurez son expresión de un mismo milagro. Su temprana muerte constituyó, sin duda, una de las pérdidas más dolorosas de la historia de la música.

MUBARAK, HOSNI *(Moseilha, Egipto, 1928) Político y militar egipcio*. Formado militarmente en Egipto y en la Unión Soviética, durante el mandato del presidente Anwar al-Sadat se convirtió en comandante en jefe de las fuerzas aéreas (1972), y tres años más tarde en vicepresidente del país. Tras el asesinato de Sadat (octubre de 1981), le sustituyó en la presidencia. Concedió prioridad a la recuperación económica, consiguió de Israel la restitución del Sinaí en 1982 y mejoró las relaciones con el resto de países árabes. Reelegido en 1987, se convirtió en un valioso intermediario entre Israel, los países árabes y Estados Unidos. Defendió, en el seno de la Liga Árabe, las tesis occidentales contra la invasión de Kuwait por Irak y contribuyó con 39 000 soldados a la guerra del Golfo. El deterioro económico del país y el ascenso del fundamentalismo islámico de los Hermanos Musulmanes marcaron el declive de su mandato.

MUGABE, ROBERT *(Kutama, actual Zimbabwe, 1924) Político zimbabwés*. Hijo de un carpintero, cursó estudios en una misión católica y, posteriormente, ingresó en la Universidad sudafricana de Fort Hare, donde entró en contacto con movimientos políticos vinculados al nacionalismo africano de carácter marxista. Tras residir durante varios

▲ *El presidente de Zimbabwe, antigua Rodesia, Robert* **Mugabe**, *se dirige a sus conciudadanos durante un discurso en Sinoia, Mashonaland.*

▼ *El presidente de Egipto, Hosni* **Mubarak** *durante su visita a Etiopía en junio de 1995, en la que sufrió un atentado del que salió ileso.*

años en Ghana, regresó a Rodesia en 1960. En 1963 fue miembro fundador de la Unión Nacional Africana de Zimbabwe (ZANU), dirigida por N. Sithole, y al año siguiente fue detenido y encarcelado por actividades políticas ilegales. Liberado en 1975, ese mismo año encabezó, en compañía de J. Nkomo, las guerrillas del Frente Patriótico de Zimbabwe durante la guerra civil que les enfrentó a las fuerzas gubernamentales del primer ministro Ian Smith. En 1979, las negociaciones de paz, auspiciadas por Londres, permitieron el cese de los enfrentamientos y la celebración, al año siguiente, de elecciones multipartidistas, en las cuales Mugabe se alzó con la victoria. Tras ellas, gobernó en coalición con el partido de Nkomo, si bien a partir de 1987 estableció un sistema de partido único y se erigió en verdadero hombre fuerte del país. Fue reelegido presidente en 1990.

MUJICA LÁINEZ, MANUEL *(Buenos Aires, 1910-La Cumbre, Argentina, 1984) Escritor argentino*. Considerado una de las figuras más representativas de la literatura hispanoamericana del siglo XX. Inició su trayectoria literaria en 1939 con la novela *Don Galaz de Buenos Aires*. Su trayectoria narrativa supone una inmersión constante en épocas pretéritas, tal como ejemplifican los títulos de la denominada saga porteña, que comprende *Los ídolos* (1953), *La casa* (1954), *Los viajeros* (1955) e *Invitados al paraíso* (1956). El pasado argentino fue también el tema de los cuentos del volumen *Aquí vivieron* (1949), de *Misteriosa Buenos Aires* (1951) y de las

◀ *El escritor argentino Manuel **Mujica Láinez**, que también ejerció de corresponsal de prensa en varios países europeos y asiáticos, fotografiado en su casa.*

▼ *El biólogo estadounidense Hermann Joseph **Muller** en 1946, año en que fue galardonado con el Premio Nobel de Fisiología y Medicina.*

▼ *Los doctores Johannes G. Bednorz y Karl **Müller** fotografiados en la época en que trabajaban en el laboratorio de investigación de la IBM en Zurich.*

novelas *Cecil* (1972), *Los cisnes* (1977), y *El gran teatro* (1979). A partir de *Bomarzo*, su obra maestra, escrita en 1962, la reconstrucción histórica pasa por la recreación de un mundo mágico e insólito, que se pone al servicio de un retrato paródico del pasado iberoamericano.

MULLER, HERMANN JOSEPH *(Nueva York, 1890-Indianápolis, EE UU, 1967) Biólogo estadounidense.* Titular de la cátedra de zoología (1925) de la Universidad de Texas, desde 1933 hasta 1937 trabajó en el Instituto de Genética de la Academia de Ciencias de la URSS en Moscú. De regreso en su país (1945), enseñó en la Universidad de Indiana. Colaborador de T. H. Morgan, se dedicó inicialmente al estudio de los fenómenos de combinaciones y recombinaciones genéticas. Tras desarrollar varios métodos para obtener una valoración cuantitativa de las mutaciones en la *Drosophila*, descubrió (1927) la acción mutágena de los rayos X. Tal descubrimiento, que le valió el Premio Nobel de Fisiología y Medicina (1946), permitió adquirir conocimientos fundamentales sobre la estructura y movilidad de los genes. Entre sus tratados destacan *El mecanismo mendeliano de la herencia* (1915), *Genética, hombre y medicina* (1947) y *Estudios sobre genética* (1962).

MÜLLER, KARL *(Basilea, Suiza, 1927) Físico suizo.* Tras doctorarse en el Instituto Federal de Tecnología de Suiza (1958), ocupó el cargo de profesor en la Universidad de Zurich y colaboró (desde 1963) con el área de investigaciones de la IBM en el laboratorio sito en dicha ciudad, especialmente en el ámbito de los superconductores. En 1986, Müller y J. Georg Bednorz descubrieron materiales (en particular, óxidos) que elevaban notablemente la temperatura de transición superconductora, la alejaban del cero absoluto en cuya proximidad se movía hasta entonces y, consecuentemente, hacían posible un gran número de aplicaciones industriales, entre las que se cuenta la futura transmisión de energía eléctrica en gran escala. En 1987 recibió el Premio Nobel de Física.

MULLIKEN, ROBERT SANDERSON *(Newburyport, EE UU, 1896-Arlington, id., 1986) Físico y químico estadounidense.* Estudió en el Instituto Tecnológico de Massachusetts y en la Universidad de Chicago, pasando en esta última a ser profesor (1928), titular de la cátedra de física y química (1931) y fundador y director del Laboratorio de Espectros y Estructuras Moleculares. Desde 1920 se ocupó en investigaciones sobre la estructura electrónica de las moléculas biatómicas y poliatómicas, introduciendo la noción de orbital molecular. Por estos estudios, de capital importancia para el conocimiento de los enlaces químicos y de la estructura electrónica de las moléculas, fue galardonado con el Premio Nobel de Química en 1966. Durante la Segunda Guerra Mundial, colaboró en los trabajos que culminaron con la fabricación de la bomba atómica.

MUNCH, EDVARD *(Løten, Noruega, 1873-Ekely, cerca de Oslo, id., 1944) Pintor y grabador noruego.* Tuvo una infancia muy difícil, ya que su madre y su hermana murieron cuando él era muy joven, y su padre era hombre dominado por obsesiones de tipo religioso. De todo ello surgió una personalidad conflictiva y un tanto desequilibrada, que él mismo consideraba la base de su genio. En 1885 llevó a cabo el primero de sus numerosos viajes a París, donde conoció los movimientos pictóricos más avanzados y se sintió especialmente atraído por el arte de Gauguin. No tardó en crear un estilo sumamente personal, basado en acentuar la fuerza expresiva de la línea, reducir las formas a su expresión más esquemática y hacer un uso simbólico, no naturalista, del color, y de ahí su clasificación como pintor simbolista. De 1892 a 1908 vivió en Alemania, sobre todo en Berlín, aunque hizo frecuentes viajes a Noruega y París. En Berlín presentó en 1892 una exposición que tuvo que ser retirada por el escándalo que suscitó y que dio pie a la creación de la Secesión Berlinesa. En 1908 volvió definitivamente a Noruega, donde recibió algunos encargos oficiales (pinturas del paraninfo de la Universidad de Oslo) y pasó sus últimos años en soledad. El pintor decía de sí mismo que, del mismo modo que Leonardo da Vinci había estudiado la anatomía humana y disecado cuerpos, él intentaba disecar almas. Por ello, los temas más frecuentes en su obra fueron los relacionados con los sentimientos y las tragedias humanas, como la soledad (*Melancolía*), la angustia (*El grito*, tal vez su mejor obra), la muerte (*Muerte de un bohemio*) y el erotismo (*Amantes*, *El beso*). Se le considera precursor del expresionismo, por la fuerte expresividad de los rostros y las actitudes de sus figuras, además del mejor pintor noruego de todos los tiempos.

▲ *La angustia humana está magistralmente reflejada en* El grito, *cuadro realizado por Edvard **Munch** en 1893 que se encuentra en el museo dedicado al pintor noruego en Oslo.*

▼ *El empresario estadounidense Rupert **Murdoch**.*

MUNTANER, RAMON *(Peralada, Girona, 1265-Ibiza, islas Baleares, 1336) Soldado e historiador catalán.* Tras participar en la conquista de Menorca, viajó a Sicilia, donde tomó parte en la defensa de Messina. En 1303 y 1307 participó como administrador en la expedición de Roger de Flor a Oriente. Regresó más tarde a Sicilia y en 1309 entró al servicio del rey Federico, que le encargó la pacificación de algunas islas de la costa tunecina. Posteriormente establecido en Valencia, inició la redacción de su *Crónica*, escrita en lengua catalana. En un estilo llano y descriptivo que refleja ciertas influencias de la épica caballeresca, la obra comprende los años que van desde el nacimiento de Jaime I (1207) hasta la coronación de Alfonso *el Benigno* (1328) y en ella destaca la descripción de las guerras de Sicilia y de la expedición a Oriente.

MUNZER O **MUNTZER, THOMAS** *(Stolberg, actual Alemania, c. 1468 o 1489-Mülhausen, id., 1525) Reformador alemán.* A pesar del casi total desconocimiento de sus actividades tempranas, en 1506 su nombre aparece listado entre los alumnos de la Universidad de Leipzig y se sabe que seis años después asistió a clases en la de Frankfurt. Especialista en lenguas clásicas y gran conocedor de la literatura religiosa, en 1518 entró en contacto con las ideas reformistas. En poco tiempo desarrolló una doctrina propia, mezcla de luteranismo y misticismo, que exacerbaba el componente revolucionario de la Reforma. Enviado por Lutero a predicar a Bohemia, en 1521 elaboró el *Manifiesto de Praga*, en el cual exhortó a ciudadanos y campesinos a enfrentarse con el yugo de los señores en nombre de un cristianismo de corte comunista. En 1524, el mismo Lutero alertó a los príncipes protestantes sobre la peligrosidad de Munzer, que ese mismo año se unió a la revuelta campesina y anabaptista que, centrada en la región de Turingia, se oponía a los impuestos abusivos de los terratenientes. Abortada la revuelta, fue detenido y decapitado.

MURDOCH, LORD RUPERT *(Melbourne, Australia, 1931) Empresario estadounidense de origen australiano.* Hijo de sir Keith Murdoch, influyente editor australiano, a la muerte de su padre heredó la dirección de dos periódicos de Adelaida, el *Sunday Mail* y el *The News*, a los cuales aplicó una fórmula sensacionalista que le reportaría el éxito económico y gracias a la que se acabaría convirtiendo en el principal editor australiano. En 1969 se introdujo en el mercado periodístico del Reino Unido: compró el *News of the World* y, posteriormente, el *The Sun*, a los que aplicó la misma fórmula. A partir de 1973, hizo lo propio con varios periódicos y revistas estadounidenses, tales como *TV Guide*, *New York Magazine*, *Chicago Sun-Times* o el *Village Voice*. En 1985 adquirió la Twentieth Century-Fox Film Corporation y, poco después, varios canales de televisión, los cuales, junto a su centenar de periódicos, lo convirtieron en uno de los principales magnates de la industria mediática mundial, con cerca de 150 empresas valoradas en aproximadamente 20 000 millones de dólares.

MURILLO, BARTOLOMÉ ESTEBAN *(Sevilla, 1617-Cádiz, 1682) Pintor español.* Nació en 1617 en el seno de una familia de catorce hermanos, de los que él fue el benjamín. Quedó huérfano de padre a los nueve años y perdió a su madre apenas seis meses después. Una de sus hermanas mayores, Ana, se hizo cargo de él y le permitió frecuentar el taller de un pariente pintor, Juan del Castillo. En 1630 trabajaba ya como pintor independiente en Sevilla y en 1645 recibió su primer encargo importante, una serie de lienzos destinados al claustro de San Francisco el Grande; la serie se compone de trece cuadros, que incluyen *La cocina de los ángeles*, la obra más celebrada del conjunto por la minuciosidad y el realismo con que están tratados los objetos cotidianos. El éxito de esta realización le aseguró trabajo y prestigio, de modo que vivió desahogadamente y pudo mantener sin dificultades a los nueve hijos que le dio Beatriz Cabrera, con quien contrajo matrimonio en 1645. Después de pintar dos grandes lienzos para la catedral de Sevilla, empezó a especializarse en los dos temas iconográficos que mejor caracterizan su personalidad artística: la *Virgen con el Niño* y la *Inmaculada Concepción*, de los

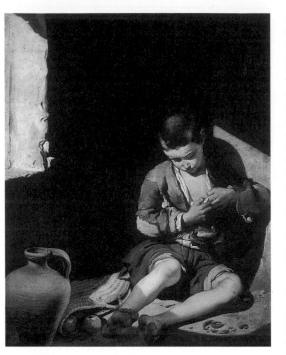

▲ Niño espulgándose, *óleo sobre lienzo de Bartolomé Esteban **Murillo** (Museo del Louvre de París). El pintor sevillano destaca en la temática religiosa, pero también en una representación naturalista y tierna de la infancia.*

que realizó multitud de versiones; sus vírgenes son siempre mujeres jóvenes y dulces, inspiradas seguramente en sevillanas conocidas del artista. Tras una estancia en Madrid entre 1658 y 1660, en este último año intervino en la fundación de la Academia de Pintura, cuya dirección compartió con Herrera *el Mozo*. En esa época de máxima actividad recibió los importantísimos encargos del retablo del monasterio de San Agustín y, sobre todo, los cuadros para Santa María la Blanca, concluidos en 1665. Posteriormente trabajó para los capuchinos de Sevilla (*Santo Tomás de Villanueva repartiendo limosna*) y para el Hospital de la Caridad (cuadros sobre las obras de misericordia). Murillo destacó también como creador de tipos femeninos e infantiles: del candor de *La muchacha con flores* al realismo vivo y directo de sus niños de la calle, pilluelos y mendigos, que constituyen un prodigioso estudio de la vida popular. Después de una serie dedicada a la *Parábola del hijo pródigo*, se le encomendó la decoración de la iglesia del convento de los capuchinos de Cádiz, de la que sólo concluyó los *Desposorios de santa Catalina*, ya que falleció, mientras trabajaba en ella, a consecuencia de una caída desde un andamio.

BARTOLOMÉ ESTEBAN MURILLO

OBRAS MAESTRAS

LA VIRGEN ENTREGANDO EL ROSARIO A SANTO DOMINGO (h. 1639, palacio arzobispal, Sevilla); LAS DOS TRINIDADES O LA SAGRADA FAMILIA (h. 1640, Nationalmuseum, Estocolmo); LA GALLEGA DE LA MONEDA (h. 1645, Prado, Madrid); NIÑO ESPULGÁNDOSE (h. 1645, Louvre, París); SAN DIEGO DE ALCALÁ DANDO DE COMER A LOS POBRES (h. 1646, Real Academia de San Fernando, Madrid); LA COCINA DE LOS ÁNGELES (h. 1646. Louvre, París); LA SAGRADA FAMILIA DEL PAJARITO (anterior a 1650, Prado, Madrid); LA ADORACIÓN DE LOS PASTORES (h. 1650, Prado, Madrid); DOS NIÑOS COMIENDO FRUTA (h. 1650, Alte Pinakothek, Munich); LA VIRGEN DEL ROSARIO (h. 1650, Prado, Madrid); SAN ISIDORO (1655, catedral de Sevilla); SAN LEANDRO (1655, catedral de Sevilla); INMACULADA CONCEPCIÓN (La Inmaculada de El Escorial; h. 1656-1660, Prado, Madrid); INMACULADA CONCEPCIÓN (La Inmaculada de Aranjuez; h. 1660, Prado,

Madrid); EL SUEÑO DEL PATRICIO (1662-1665, Prado, Madrid); EL PATRICIO REVELA SU SUEÑO AL PONTÍFICE (1662-1665, Prado, Madrid); EL BUEN PASTOR NIÑO (h. 1665, Prado, Madrid); SAN JUAN BAUTISTA NIÑO (h. 1665, Prado, Madrid); RETRATO DE DAMA (h. 1665, Museum of Art, Filadelfia); SANTO TOMÁS DE VILLANUEVA CURANDO A UN TULLIDO (h. 1666-1667, Alte Pinakothek, Munich); SANTA ISABEL CURANDO A LOS TIÑOSOS (h. 1667-1673, Hospital de la Caridad, Sevilla); SANTO TOMÁS DE VILLANUEVA REPARTIENDO LIMOSNA (h. 1668, Museo de Bellas Artes, Sevilla); LAS GALLEGAS EN LA VENTANA (h. 1670, National Gallery, Washington); EL CABALLERO DE LA GOLILLA (h. 1670, Museo del Prado, Madrid); NIÑOS COMIENDO DE UNA TARTERA (h. 1670-1675, Alte Pinakothek, Munich); AUTORRETRATO (h. 1675, National Gallery, Londres); INMACULADA CONCEPCIÓN (La Inmaculada Soult; 1678, Prado, Madrid).

MURNAU, FRIEDRICH WILHELM [Friedrich Wilhelm Pumple] *(Bielefeld, Alemania, 1888-Santa Barbara, EE UU, 1931) Director de cine alemán.* El gran público le conoce sobre todo por un único título, *Nosferatu* (1922), libre adaptación de la novela de Bram Stoker *Drácula*. La filmografía de Friedrich Murnau cuenta, sin embargo, con otras obras tanto o más estimables: *El último* (1924), *Tartufo o el hipócrita* (1926), *Fausto* (1926), *Amanecer* (1927) y *Tabú* (1931), estas dos últimas rodadas en Estados Unidos. Iniciado en los secretos de la puesta en escena al lado de Max Reinhardt, la concepción cinematográfica de Murnau se vio influida desde sus primeros trabajos como director (*Der Knabe in blau*, 1919) por la pintura alemana del siglo XIX, cuyos paisajes y atmósferas supo trasladar a sus imágenes. Por este motivo, más que en la corriente expresionista cabe situar a Murnau como un continuador de la estética romántica. Así, sus películas, tanto las de tema fantástico como aquellas más realistas, se caracterizan por la belleza y el refinamiento de la puesta en escena, por una gran sensibilidad expresiva y por su especial sentimiento de lo trágico. Falleció en accidente de automóvil.

MUSIL, ROBERT (*Klagenfurt, actual Austria, 1880-Ginebra, 1942*) *Escritor austriaco.* Cursó estudios de ingeniería, psicología y filosofía. Combatió en la Primera Guerra Mundial. En 1922 se estableció en Berlín para consagrarse a la literatura, pero con el ascenso del nazismo tendría que exiliarse en Viena y, años después, en Ginebra. Su primera novela, *Las tribulaciones del joven Torless* (1906), refleja en gran medida su propio itinerario personal hacia la literatura. A la publicación del volumen de novelas cortas *Tres mujeres* (1924) siguió *El hombre sin atributos* (1930), su obra más importante. Publicada en tres volúmenes e influida por Joyce y Proust, esta novela retrata con ironía la decadencia en que estaba sumida la sociedad austrohúngara de principios de siglo.

MUSORGSKI, MODEST PETROVICH (*Karevo, Rusia, 1839-San Petersburgo, 1881*) *Compositor ruso.* La escuela musical nacionalista rusa tuvo en los miembros del denominado Grupo de los Cinco a sus máximos exponentes. De ellos, el que mejor supo reflejar el alma del pueblo ruso, a pesar de las profundas carencias de su preparación técnica, fue Modest Musorgski. Músico de formación autodidacta, muchas de sus obras quedaron inacabadas por falta de conocimiento del oficio de compositor, pero a pesar de ello revelan un talento y una originalidad que ejercían una profunda influencia en autores posteriores como Debussy, Ravel o Shostakovisch. Hijo de un terrateniente, la infancia de Musorgski transcurrió en el medio rural, en contacto con la realidad del campesinado ruso que tan certeramente supo retratar en sus óperas. Destinado por su familia a seguir la carrera militar, en 1857 entró en contacto, en San Petersburgo, con el crítico Vladimir Stasov y los compositores Balakirev, Borodin, Cui y Rimski-Korsakov, con quienes formaría el Grupo de los Cinco. Arruinada su familia, Musorgski dejó el ejército para iniciar, desde 1869 hasta su muerte, una discontinua carrera como funcionario. De 1868 data una ópera inacabada, *El matrimonio*, seguida poco después de su obra maestra operística, *Boris Godunov*, compuesta entre 1868 y 1869, y revisada y am-

▶ *Este retrato de M. P.* *Musorgsky* *realizado poco antes de su muerte denota las huellas de la degradación física, afectado por el alcoholismo.*

▲ *Busto del escritor austriaco Robert* **Musil** *esculpido en 1931 por su amigo, el gran escultor del brutalismo, Fritz Wotruba.*

▼ *Dibujo que muestra a Alfred de* **Musset** *a los treinta años. El escritor es uno de los más destacados líricos románticos franceses.*

pliada en diversas ocasiones. Acogida con notable éxito en su estreno en 1874, en ella el autor hace del pueblo ruso el verdadero protagonista del drama. Epiléptico y alcohólico, Musorgski falleció prematuramente sin poder acabar una nueva ópera, *Jovanchina*, culminada por Rimski-Korsakov, quien se encargó también de revisar algunas de sus obras más importantes, como *Boris Godunov*, con el propósito de darles una forma más convencional y académica. El ciclo vocal *Canciones y danzas de la muerte* (1877), la suite pianística *Cuadros de una exposición* (1874) y la pieza orquestal *Una noche en el Monte Pelado* (1867) son otros títulos destacados de su producción musical.

MUSSET, ALFRED DE (*París, 1810-id., 1857*) *Escritor francés.* Renunció a sus estudios de derecho y medicina al imponerse su afición por la literatura. Publicó en 1829 *Cuentos de España y de Italia*, que obtuvieron cierto éxito. En 1833 vio la luz el volumen poético *Nolla*, donde Musset dio expresión al llamado mal del siglo, del que se convirtió en uno de sus más insignes representantes. De igual modo puede apreciarse ese desencanto artístico cercano al hastío existencial en su novela autobiográfica *La confesión de un hijo del siglo* (1836), donde además relata su aventura sentimental con George Sand durante un viaje a Venecia. Su obra poética, de la que destacan sus diversas *Noches* (1835-1837), le sitúa como uno de los principales escritores franceses del romanticismo, posición reafirmada por su teatro, si bien no logró en éste las mismas cotas de intensidad expresiva que en su obra lírica.

MUSSOLINI, BENITO *(Predappio, Italia, 1883-Mezzegra, id., 1945) Político italiano.* Hijo de una familia humilde, su padre era herrero y su madre maestra de escuela. Cursó estudios de magisterio, a cuyo término fue profesor. Pronto tuvo problemas con las autoridades, y fue expulsado de Suiza y Austria, donde había iniciado contactos con sectores próximos al movimiento irredentista. En su primera afiliación política, sin embargo, se acercó al Partido Socialista, atraído por su ala más radical. Del socialismo le sedujo su vertiente revolucionaria. En 1910 fue nombrado secretario de la federación provincial de Forlì y poco después se convirtió en editor del semanario *La Lotta di Classe* (La lucha de clases). La victoria del ala radical en el congreso de Reggio de l'Emilia, celebrado en 1912, le proporcionó mayor protagonismo en el seno del partido. En 1914 fundó el periódico *Il Popolo d'Italia*, de tendencia ultranacionalista, lo que le valió la expulsión del Partido Socialista. Posteriormente, hizo un llamamiento a la lucha contra los partidos de izquierdas, a los que señaló como culpables del descalabro, y para ello creó los *fasci di combattimento*, grupos armados de agitación que constituyeron el germen inicial del partido fascista. Consiguió ganarse el favor de los grandes propietarios y salir elegido diputado en las elecciones de mayo de 1921. La difícil situación en que se encontraba el país y la disolución del Parlamento allanaron el camino para la denominada marcha sobre Roma, acontecida el 22 de octubre de 1922. Su entrada triunfal en la capital italiana, en la cual no encontró ninguna oposición, pues contó con el beneplácito del ejército y del gobierno, motivó su nombramiento de primer ministro por parte del rey Víctor Manuel III. Gradualmente, se erigió como único poder, aniquiló cualquier forma de oposición y acabó por transformar su gobierno en un régimen dictatorial. Apoyado por un amplio sector de la población y con la baza a su favor de un eficaz sistema propagandístico, realizó fuertes inversiones en infraestructuras y recuperó viejos proyectos expansionistas, como la conquista de Etiopía (1935) y la anexión de Albania (1939). Tras la llegada al poder de Hitler en Alemania, fue acercándose al nazismo, y tras las primeras victorias alemanas en la Segunda Guerra Mundial, declaró la guerra a los aliados. Sin embargo, el fracaso del ejército italiano en Grecia, Libia y África oriental, así como el avance de las tropas aliadas, motivaron su encarcelamiento por orden de Víctor Manuel III, quien impulsó un golpe de Estado y decretó el fin del fascismo (julio de 1943). Liberado por paracaidistas alemanes (12 de septiembre de 1943), creó una república fascista en el norte de Italia (República de Salò), pero el avance aliado le obligó a emprender la huida hacia Suiza. Intentó cruzar la frontera disfrazado de oficial alemán, pero descubierto en Dongo por miembros de la Resistencia (27 de abril de 1945), al día siguiente fue fusilado junto con su compañera Clara Petacci.

▲ *El fundador del fascismo italiano, Benito* **Mussolini**, *posa con su típica expresión autoritaria para esta foto oficial tomada durante su etapa al frente de Italia.*

▼ *Álvaro* **Mutis** *fotografiado durante la presentación de una de sus obras. El escritor colombiano recibió en 1997 el premio Príncipe de Asturias en reconocimiento al conjunto de su obra.*

MUTIS, ÁLVARO *(Bogotá, Colombia, 1923) Escritor y poeta colombiano.* Autor destacado por la riqueza verbal de su producción y una característica combinación de lírica y narratividad, participó en sus inicios del movimiento de poetas agrupados en torno a la revista *Mito*. Influido por Pablo Neruda, Octavio Paz, Saint-John Perse y Walt Withman, empleó la poesía como vía de conocimiento para el acceso a universos desconocidos, a nuevos mundos donde fuese posible el amor y la buena muerte. El protagonista de la mayor parte de sus obras, a quien cabe considerar su álter ego, es Maqroll, un aventurero sombrío y a la vez inocente, que canta a la frágil condición humana. Dedicado casi por completo a la novela y a la poesía, ha reunido su producción en la obra *Summa de Magroll el Gaviero (1948-1988)*. También ha colaborado como articulista en periódicos nacionales y extranjeros. Sus obras más destacadas son: *Los elementos del desastre* (1956), *Caravansary* (1981), la novela *Diario de Lecumberri* (1960), escrita desde la cárcel, donde debió pasar unos meses por ayudar a unos amigos con fondos de la empresa Esso, para la que trabajaba, *La mansión de Araucaíma* (1973), *Tríptico de mar y tierra* (1993), *Empresas y tribulaciones de Magroll* (1993), *Contextos para Magroll* (1997), y *De lecturas y algo del mundo (1943-1997)*, de 1999. En el año 1997 fue galardonado con el Premio Cavour, en Italia, y con el Príncipe de Asturias, en España.

MUTIS, JOSÉ CELESTINO *(Cádiz, 1732-Santafé de Bogotá, 1808) Botánico y matemático español.* Estudió botánica en Madrid y se licenció en medicina y filosofía en Sevilla. Fue médico del marqués de la Vega, y en 1762 partió a América al ser nombrado virrey de Nueva Granada. Recorrió el territorio del virreinato con el fin de analizar la flora, y comunicó a Linneo los resultados de sus observaciones. En 1801 conoció a Humboldt y a Bonpland. Murió sin haber visto publicada su obra *Flora de la real expedición botánica del nuevo reino*, cuya primera edición no vio la luz hasta 1954.

N

NABOKOV, VLADIMIR *(San Petershurgo, 1899-Montreux, Suiza, 1977) Escritor ruso, nacionalizado estadounidense.* Su familia se exilió en el Reino Unido al estallar la Revolución. Allí inició estudios de zoología, aunque finalmente se licenció en literatura. Tras residir durante algunos años en Berlín y París, en 1940 se trasladó a Estados Unidos, donde ejercería como profesor el resto de su vida. A la publicación de su primera novela, *Mashenka* (1926), siguieron *Desesperación* (1934), *Invitado a una decapitación* (1935) y *La dádiva* (1935-1936), que marca el inicio de una búsqueda de la innovación formal que iba a caracterizar todas sus obras posteriores. En 1955 publicó, en inglés, *Lolita*, que generó un gran escándalo al narrar las relaciones apasionadas de un intelectual maduro con una niña de doce años. Posteriormente presentó *Pálido fuego* (1962), donde explora los límites de la ficción literaria, la autobiografía *Habla, memoria* (1967) y *Ada o el ardor* (1969).

NABUCODONOSOR II *(?-?, 562 a.C.) Rey de Babilonia (605 a.C.-562 a.C.).* Hijo del monarca babilónico Nabopolasar, participó, a las órdenes de su padre, en la guerra que enfrentó a medos y babilonios con los asirios y sus aliados egipcios, en la cual los primeros resultaron vencedores. Nabucodonosor destacó durante las operaciones contra Urartu así como en la toma de Karkemish y Hama (605 a.C.) a los egipcios, acciones que le permitieron adentrarse en Siria. A la muerte de su padre, Nabu-

▼ *Detalle de uno de los leones que ornaban el zócalo del palacio real de Babilonia, construido para* **Nabucodonosor II**, *en el que se utilizó la técnica del ladrillo vidriado, inspirada en una lejana tradición sumeria.*

codonosor regresó a Babilonia como sucesor y, consolidada su posición, inició una serie de campañas encaminadas a conquistar Siria y Canaán, dominar los pequeños reinos de la región y expulsar a los egipcios de la zona. A lo largo de estas campañas, encontró una tenaz resistencia por parte de algunos de dichos reinos, a pesar de lo cual, ya en 604 a.C., la ciudad de Ascalón había caído, junto con su rey, en manos babilonias. Su expansionismo provocó la intervención egipcia y la derrota de Nabucodonosor en 601 a.C. Ello dio alas a aquellos que se oponían a los babilonios, entre los cuales se contaba el rey Joaquín de Judá, que rompió sus lazos con Babilonia. El desquite de Nabucodonosor se produjo en el 598 a.C., cuando se presentó ante Jerusalén al frente de un poderoso ejército, conquistó la ciudad e hizo prisionero a Joaquín. La victoria militar permitió al babilonio establecerse firmemente en Palestina, pero aún quedaban dificultades por superar, ya que Sedecías, tío de Joaquín, a quien había puesto al frente de Judá como títere, buscó una alianza con Egipto, muy criticada por el profeta Jeremías, mediante la cual trató de librarse de los babilonios. Nabucodonosor envió un ejército que, tras derrotar a los egipcios y tomar Laquis y Azeca, asedió y tomó Jerusalén en 587 y la arrasó. En política interior, el monarca destacó por su labor de reconstrucción de ciudades y templos, así como por el engrandecimiento de su capital, Babilonia.

NADIR SHA [Tahmasp Quli Kan] *(Kobhan, actual Irán, 1688-Fathabad, id., 1747) Sha de Persia (1736-1747).* Emparentado con la poderosa tribu de los afshar, en 1729 dirigió, en nombre del príncipe safawí Tahmasp II, la insurrección contra los invasores afganos. Sin embargo, el pretendiente Tahmasp no llegó a ocupar el trono, y Nadir se hizo coronar sha en 1736. Tras su entronización, y apoyado por numerosos jefes tribales, emprendió la reconquista de los territorios perdidos tras la caída de la dinastía safawí. Llevó a cabo exitosas campañas en Afganistán en 1737 y en Asia Central en 1740, además de mantener una serie de guerras de expansión con la India entre 1738 y 1740 que le permitieron fijar las fronteras persas en el Indo y el Oxus. La opresiva política fiscal para sufragar todas estas iniciativas militares provocó subleva-ciones populares, y la confiscación de tierras de los poderosos *ulama* chiíes destinadas a obras pías acentuó el descontento que desembocó en una sucesión de conjuras, tras una de las cuales fue asesinado.

NAGY, IMRE *(Kaposvár, actual Hungría, 1896-Budapest, 1958) Político húngaro.* Fue ministro de Agricultura en el primer gobierno comunista húngaro. En 1953 fue nombrado primer ministro e introdujo fundamentales reformas económicas y liberalizadoras del régimen. Las presiones del estalinista Rákosi, que seguía controlando el partido, le forzaron a dimitir y fue expulsado del partido. Pero en 1956 estalló una sublevación en Budapest que convirtió a Nagy en primer ministro de un gobierno que intentó, en vano, conseguir ayuda de las Naciones Unidas. Aplastada la revolución por las tropas soviéticas, fue detenido, juzgado en secreto y ejecutado.

NAPIER o **NEPER, JOHN** *(Merchiston Castle, Escocia, 1550-id., 1617) Matemático y teólogo escocés.* Protestante convencido, criticó enconadamente a la Iglesia Católica y abogó por la persecución de «papistas, ateos y neutrales» en una carta dirigida al rey Jacobo VI, en la que le dedicaba su obra teológica *Plaine Discovery of the Whole Revelation of Saint John.* A pesar de la notoriedad que le procuraron las más de treinta ediciones de dicha obra, el nombre de Napier había de quedar por siempre ligado al desarrollo de los logaritmos, un método matemático ideado con el objeto de simplificar el cálculo numérico que

▼ *Imre* **Nagy** *intentó en vano liberar Hungría de la tutela de la Unión Soviética. Ejecutado en 1958, su figura no fue rehabilitada hasta la caída del comunismo en 1989.*

▼ *Detalle de* La batalla de Rivoli, *copia del cuadro de Vernet realizada por Lepaule.* **Napoleón** *fue el mejor estratega de su época, y uno de los grandes genios militares de la historia.*

iba a ejercer una enorme influencia en todos los campos de la matemática aplicada. Napier tardó algo más de veinte años en madurar sus ideas iniciales, que publicó en 1614. Poco después, el matemático inglés Henry Briggs se desplazó a Escocia y convenció a Napier para modificar la escala inicial usada por éste; nacieron así los logaritmos de base 10.

NAPOLEÓN I BONAPARTE *(Ajaccio, Córcega, Francia, 1769-isla de Santa Elena, 1821) Emperador de los franceses.* Hijo de una familia de la pequeña nobleza corsa, estudió en la academia militar de Brienne. Terminó sus estudios en París, y en 1785 obtuvo el grado de teniente de artillería. Se encontraba de nuevo en su Córcega natal en 1789 cuando estalló la Revolución Francesa y participó en las luchas políticas de la isla, mostrando simpatías por los jacobinos. En 1793 se trasladó a Provenza con su familia y se distinguió en el asedio y la reconquista de Tolón. Tras sucesivos y fulgurantes asedios, intervino, ya como general de brigada, en la primera campaña de Italia. Un año después, a raíz de la caída de Robespierre, fue encarcelado. Rehabilitado por Barras, fue designado comandante en jefe del ejército y dirigió con éxito la represión contra el alzamiento realista en octubre de 1795. En 1796 se casó civilmente con Josefina Tascher de la Pagerie, poco antes de recibir el mando supremo de las fuerzas destacadas en Italia. En la segunda campaña italiana derrotó a los austriacos en una serie encadenada de brillantes acciones (Arcole, Lode, Rívoli) que evidenciaron su genio militar. En 1797 firmó con Austria el tratado de Campoformio, por el cual desaparecía el Estado veneciano y se instituía la República Cisalpina, y un año después inició una campaña en Egipto con el fin de yugular las rutas comerciales inglesas hacia Oriente. Ocupó Malta, entró en Alejandría y logró importantes victorias contra los turcos, pero la única derrota que sufrió en la batalla naval de Abukir, frente a la flota británica al mando del almirante Nelson, significó su aislamiento y la imposibilidad de conseguir un resultado global satisfactorio. Reembarcó, pues, hacia Francia, donde aprovechó la impopularidad del Directorio para dar un golpe de Estado el 18 de Brumario (10 de noviembre) de 1799 y proclamarse cónsul, jefe del gobierno y comandante en jefe del ejército, amén de atribuirse todas las potestades ejecutivas y legislativas. En 1800, en una nueva campaña en Italia, venció a los austriacos en Marengo, con lo que desarticuló la segunda coalición de países europeos. Emprendió importantes reformas administrativas, judiciales y económicas (Código Napoleónico, creación del banco de Francia y de la universidad, nueva política aduanera, subvenciones oficiales a la industria y la agricultura, etc.). En 1802 promulgó una nueva Constitución, mientras que en política exterior se proclamaba presidente de las Repúblicas italianas y se anexaba los territorios de Piamonte, Parma y Plasencia. En 1804 fue coronado emperador en Nôtre Dame de París por el papa Pío VII (en realidad, se coronó a sí mismo), y para legitimar su régimen convocó un plebiscito popular que ganó por un amplio margen de votos. Entretanto, en Europa se constituía una tercera coalición entre Gran Bretaña, Suecia, Nápoles, Austria y Rusia. Tras lograr una alianza con España, la escuadra francoespañola al mando del almirante Villeneuve fue aniquilada por Nelson en Trafalgar (1805), aunque el mismo año el emperador triunfó sobre Rusia y Austria en Ulm y Austerlitz. En cuanto a Prusia —que había formado con el Reino Unido y Rusia la cuarta coalición—, sufrió en 1806 dos reveses cruciales, en Jena y Auerstadt, que la llevaron a la rendición. La paz firmada en Tilsit con Rusia y Prusia reconocía el dominio de Napoleón sobre Europa, e inauguró un período de relativa paz que le permitió establecer un sistema continental con sus aliados y el bloqueo al Reino Unido. Tras divorciarse de Josefina, impulsado por el afán de tener descendencia, se casó con María Luisa, hija del emperador de Austria, que le daría un hijo (el Aguilucho, futuro duque de Reichstadt). Por otra parte, en su empeño por proteger Francia, procedió a rodearla de Estados más o menos títeres, cuyo gobierno confió a familiares suyos o personas de su confianza. Así, asignó a uno de sus hermanos, José Bonaparte, el trono de España, Corona que había cedido al emperador el rey Carlos IV. El nuevo monarca, con todo, sólo pudo mantenerse con el apoyo tras la invasión de las tropas napoleónicas, que terminaron siendo expulsadas de la península Ibérica en 1813, tras la guerra de Independencia. Este mismo año, sus tropas –que habían invadido Rusia en junio de 1812—, mal avitualladas y diezmadas por el intenso frío del invierno ruso, tuvieron que desalojar Moscú, de donde el zar Alejandro había huido en primera ins-

▲ *Momento en que* ***Napoleón I Bonaparte*** *firma su abdicación en Fontainebleau, en 1814, según un cuadro de la época. Aunque su popularidad había mermado, conservó la suficiente ascendencia sobre el pueblo como para retomar el poder al año siguiente, tras evadirse de su confinamiento en Elba.*

> «*Los hombres geniales son meteoros destinados a abrasar para iluminar su tiempo.*»
>
> Napoleón I Bonaparte

▶ ***Napoleón III*** *y el barón Haussmann pintados por A. Yvon. Por encargo del emperador, Haussmann realizó importantes remodelaciones urbanísticas en París, entre ellas los Campos Elíseos.*

tancia, y emprender un repliegue (la retirada de Rusia) que acabó por convertirse en una desastrosa desbandada. De regreso en París, Napoleón tuvo que enfrentarse a una nueva alianza de países europeos, a la que pudo vencer en Lützen pero ante la que sus fuerzas, exhaustas y sin capacidad de reacción unas, demasiado bisoñas otras, cayeron derrotadas en Leipzig. Aunque logró retrasar lo inevitable por seis meses, por último, abandonado por todos, Napoleón se vio obligado abdicar en marzo de 1814 y fue desterrado a la isla de Elba. Al año siguiente, sin embargo, consiguió volver a Francia y, aprovechando la nula popularidad de Luis XVIII, el monarca de la restauración borbónica, se hizo de nuevo con el poder en el que ha dado en llamarse gobierno de los Cien Días, el tiempo que medió entre su desembarco y la definitiva derrota. Con el objetivo de asentar su nuevo régimen, quiso evitar nuevos enfrentamientos, pero sus enemigos no le dieron tregua, y hubo de presentar batalla a un ejército angloprusiano en Waterloo (junio de 1815). Vencido, fue destronado y, el 15 de julio del mismo año, enviado a la isla de Santa Elena, posesión británica del Atlántico, a 1 800 kilómetros de la costa africana, donde el que fuera emperador de los franceses falleció en 1821.

NAPOLEÓN III [Carlos Luis Napoleón Bonaparte] *(París, 1808-Chislehurst, Reino Unido, 1873) Emperador de Francia (1852-1870).* Era el tercer hijo del hermano de Napoleón I Luis Bonaparte, rey de los Países Bajos, y Hortensia de Beauharnais. A los ocho años de edad tuvo que huir de Francia para refugiarse con su madre en Suiza. Adherido al grupo de los carbonarios, en 1831

participó como militar en el levantamiento de Italia central. Un año más tarde, al fallecer el duque de Reichstadt, hijo de Napoleón I, se autoproclamó jefe del partido bonapartista. Por dos veces, en 1836 y 1839, intentó sin éxito sublevarse contra la monarquía de julio. Tras su segundo fracaso tuvo que abandonar el país otra vez. En 1840 promovió un nuevo alzamiento contra el régimen, que lo condenó a cadena perpetua. Seis años más tarde, logró huir al Reino Unido, de donde regresó a Francia tras la revolución de 1848. Fue elegido diputado de la Asamblea Constituyente, y más tarde presidente de la Segunda República. Impuso una política ultraconservadora y suprimió el sufragio universal en el interior, mientras en el exterior apoyaba a los enemigos de la República romana de Mazzini y el restablecimiento del papa Pío IX. Como culminación de esta política, el 2 de diciembre de 1851 dio un golpe de Estado, tras el cual convocó dos plebiscitos. Por el primero de ellos estableció el régimen consular y por el segundo se convirtió en el emperador Napoleón III de Francia. Como tal, instauró un severísimo régimen dictatorial entre 1852 y 1859, y olvidó muy pronto sus promesas pacifistas en favor de las nacionalidades y el imperialismo colonial. Intervino en las guerras de Crimea (1853-1856) e Italia (1859), y en 1862 intentó instaurar en México una monarquía (Maximiliano). Enfrentado con Prusia, fue derrotado por Bismarck y capituló en Sedán en 1870. Depuesto en París y encarcelado en el castillo de Wilhelmshöhe, tras la firma de la paz, se exilió en el Reino Unido.

NARIÑO, ANTONIO (*Santafé de Bogotá, Colombia, 1765-Villa de Leiva, id., 1823) Militar y político colombiano.* Cursó estudios de filosofía y literatura, y su militancia política le supuso la prisión y el destierro en varias ocasiones. Intelectual liberal y representante del pensamiento hispanoame-

▲ *El general Ramón María **Narváez**, dirigente del liberalismo moderado español del s. XIX.*

▼ *Gamal Abdel **Nasser** ante el parlamento egipcio tras anunciar la nacionalización del canal de Suez. A raíz de esta medida, Israel, Francia y el Reino Unido atacaron a Egipto en octubre de 1956.*

ricano más influido por el iluminismo dieciochesco, fundó en 1811 el periódico *La Bagatela* como plataforma de difusión de sus ideas. En 1794 tradujo al castellano y publicó la Declaración de los Derechos del Hombre, al tiempo que alentó el alzamiento independentista de Nueva Granada, a causa de lo cual fue encarcelado. Recobró la libertad tras la revolución de 1810; un año más tarde se convirtió en el presidente de Cundinamarca, una de las repúblicas formadas al disolverse el virreinato de Nueva Granada, y en 1813 fue nombrado jefe de todas las fuerzas revolucionarias. Al año siguiente, derrotado por los realistas en Pasto, fue hecho prisionero y enviado a España. En 1820 regresó a su país y Simón Bolívar lo nombró vicepresidente de la Gran Colombia en 1821, cargo del que dimitió al cabo de poco tiempo.

NARVÁEZ, RAMÓN MARÍA (*Loja, España, 1800-Madrid, 1868) Político y militar español.* Fue hecho prisionero por las tropas absolutistas de los Cien Mil Hijos de San Luis en 1822, y permaneció en Francia hasta 1824. Tras rechazar cualquier tipo de cargo durante el reinado de Fernando VII, se incorporó en 1834 a las fuerzas isabelinas. Su efectividad como militar y su ideología liberal hicieron que tanto progresistas como moderados pretendiesen su incorporación a sus respectivos partidos, a pesar de lo cual tuvo que exiliarse después de presidir junto al general Córdova una Junta de oposición a Espartero. Con la regencia en 1844 de Isabel II, fue nombrado presidente del gobierno, y se convirtió en uno de los impulsores de la Constitución de 1845. En 1851, el deteriorado clima político de la corte forzó su dimisión, pero tras la actuación golpista de O'Donnell fue llamado de nuevo para que formara gobierno en 1856. Entre esta fecha y 1868 presidió de nuevo tres gabinetes ministeriales, desde los cuales ejerció una política represiva contra cualquier conato revolucionario. Tras su fallecimiento se produjo la Revolución de 1868, que provocaría la caída de Isabel II.

NASSER, GAMAL ABDEL (*Beni Mor, Egipto, 1918-El Cairo, 1970) Militar y político egipcio.* Hijo de un funcionario de correos, a los diecinueve años ingresó en la Academia Militar de El Cairo, de la que más tarde fue instructor. Como tal, a partir de 1942 inculcó a los cadetes sus creencias nacionalistas y antibritánicas, base sobre la cual fundó en 1945 la sociedad secreta de Oficiales Libres. Tres años más tarde participó en la primera guerra contra Israel. Tras

la derrota egipcia, convencido de que la causa del fracaso era el entorno político, responsable del retraso del país, en 1952, con el apoyo de los Oficiales Libres, se sublevó contra el rey Faruk, abolió la monarquía e implantó un gobierno republicano. Durante un año compartió la presidencia con Muhammad Naguib, quien acabó siendo expulsado del gobierno por su conservadurismo. En 1954, Nasser puso fin al dominio colonial británico. Dos años más tarde, la nacionalización del canal de Suez y su firme posición frente a la invasión por parte de Francia, el Reino Unido e Israel aumentaron su popularidad en el mundo árabe. En 1958 intentó formar un Estado panárabe, y para ello fusionó Siria y Egipto en la República Árabe Unida (RAU). La experiencia no prosperó porque Siria se rebeló contra el centralismo egipcio en 1961. Al año siguiente propugnó una serie de nacionalizaciones que convertían a Egipto en guía del socialismo árabe, lo que le llevó, ese mismo año de 1962, a un enfrentamiento militar con Arabia Saudí y a intervenir en la guerra civil del Yemen. En 1963, se propuso normalizar las relaciones con los dirigentes árabes moderados y, por otra parte, inició un acercamiento a la URSS. En junio de 1967, tras la derrota egipcia frente a Israel en la guerra de los Seis Días, dimitió, pero pronto se retractó y continuó gobernando, aunque con una línea política más moderada, hasta su repentina muerte.

NAVRATILOVA, MARTINA *(Revnice, actual República Checa, 1956) Tenista estadounidense de origen checo.* Nacionalizada estadounidense en 1975, consiguió su primer torneo de Wimbledon en 1978, victoria que repetiría en 1979, luego seis veces seguidas (1982-1987), y de nuevo en 1990. Obtuvo en dos ocasiones el campeonato de Roland Garros (1982 y 1984) y cuatro veces el de Flushing Meadows (1983, 1984, 1986 y 1987). En Australia se alzó con la victoria en tres ocasiones (1981, 1983 y 1985), y de igual modo logró una arrolladora serie de victorias en el Masters (todos los celebrados entre 1980 y 1986, excepto en 1983). Su excepcional carrera llevó a Estados Unidos a conquistar la copa Federación en cinco ocasiones; en 1992 perdió contra Jimmy Connors un encuentro que se conoció popularmente como el «desafío de los sexos».

▲ *Miniatura de la escuela castellana del s. XV en la que aparece Elio Antonio de* **Nebrija**, *maestre de Alcántara, mientras lee a su protector, Juan de Zúñiga, sus* Introducciones latinas.

▼ *Martina* **Navratilova** *saluda a la duquesa de Kent en la entrega del trofeo de Wimbledon de 1990, tras batir el récord de triunfos y adjudicárselo por novena vez.*

Se retiró de las pistas en 1994, tras ser derrotada por Arantxa Sánchez Vicario en la final del Roland Garros de ese mismo año.

NEBRIJA, ELIO ANTONIO DE [Antonio Martínez de Cala] *(Nebrija, actual España, 1441-Alcalá de Henares, id., 1522) Humanista y gramático español.* Cursó estudios en Salamanca, y a los diecinueve años marchó a Italia. En Bolonia perfeccionó su formación humanística durante diez años. En 1470 regresó a España y se instaló en Sevilla, donde entró al servicio del arzobispo Fonseca. Posteriormente ejerció como profesor de gramática y retórica en las universidades de Salamanca y Alcalá de Henares. Residió también en Extremadura durante algún tiempo, y fue allí donde redactó sus obras más importantes, en las que abordó principalmente cuestiones de carácter gramatical. Algunas de ellas son el *Vocabularium*, que comprende dos volúmenes de diccionarios hispano-latinos, y la *Gramática de la lengua castellana* de 1492, dedicada a la reina Isabel *la Católica*, y por la que se le considera el verdadero artífice de la lengua castellana, además de un personaje clave en el desarrollo del humanismo español. También escribió las *Reglas de la ortografía castellana* en 1512 y colaboró en la redacción de la *Biblia políglota*.

NEFERTITI *(s. XIV a.C.) Reina de Egipto.* Esposa de Amenhotep IV, también conocido como Akenatón, se cree que podría proceder de Mitanni, pero este extremo no ha podido ser confirmado. Fue una ferviente partidaria del culto al dios sol Atón, propugnado por su esposo en contraposición a la religión tradicional egipcia. Nefertiti se convirtió en una figura preeminente en la nueva capital del Tell al-Amarna; su imagen, dentro de los nuevos cánones estéticos del período Amarna, aparece en muchas representaciones artísticas. Entre éstas hay que reseñar el famoso busto policromo conservado en Berlín, así como la talla de cuarcita inacabada de El Cairo. Tuvo seis hijas con Amenhotep IV, pero acabó perdiendo el favor del rey, a los doce años del reinado de éste, y se retiró de la corte aunque continuó viviendo en la ciudad. Aun cuando su esposo empezaba a buscar el compromiso con los representantes de las antiguas divinidades, ella nunca renegó de su fe en Atón.

NEGRET, EDGAR *(Popayán, Colombia 1920) Escultor colombiano*. Hijo de una familia aristocrática, su padre fue el general Negret. En 1946 hizo su primera exposición individual y durante los años cincuenta residió en Nueva York, París y Madrid. Sus materiales de trabajo fueron muy diversos desde los inicios, pues incluían el yeso, la cerámica, el acero y el hierro, aunque posteriormente el aluminio pasó a ser el más utilizado. Antonio Gaudí y Constantin Brancusi fueron los artistas que más influyeron en su formación, y entre sus obras cabe destacar *La cabeza del poeta Valencia* (1944), *Templo* (1970), *Negret y navegante núm. 2* (1974), *Dinamismo* (1974), *Vigilantes* (1978), *Tótem* (1978) y *Metamorfosis* (1982). En su última etapa introdujo en su obra colores estridentes inspirados en motivos incaicos, como en la serie *Muros del Cusco* (Casa Negret, 1990).

NEGRETE, JORGE *(Guanajuato, México, 1911-Los Ángeles, EE UU, 1953) Actor y cantante mexicano*. Capitán del ejército mexicano, su potente voz le permitió grabar algunas óperas en 1932 bajo el seudónimo de Alberto Moreno. Personaje muy versátil, del cual se recuerdan principalmente sus películas y canciones rancheras, se dedicó a torear, y en 1940 quiso participar en la Segunda Guerra Mundial como soldado estadounidense, aunque no se le permitió alistarse. En el cine desde 1937, sus interpretaciones *¡Ay, Jalisco, no te rajes!* (1941), de Joselito Rodríguez, y *Así se quiere en Jalisco* (1942), de Fernando de Fuentes, le valieron una amplia popularidad entre el público de habla hispana. Se especializó en películas folclóricas que le permitían insertar números musicales, como *Allá en el rancho grande* y *México lindo y querido*, aunque interpretó también algunos melodramas y cintas de mayor nivel, como *El rapto*, de Emilio Fernández.

NEHRU, SRI PANDIT JAWAHARLAL *(Allahabad, India, 1889-Nueva Delhi, id., 1964) Político indio*. Descendiente de una familia aristocrática, en 1905 marchó al Reino Unido, donde estudió derecho. Formó parte de la corriente de jóvenes intelectuales que en la década de 1920 defendió las ideas nacionalistas de Gandhi, pero su radicalismo

▲ *Jorge* **Negrete**, *ídolo de la canción y del cine mexicanos, junto a María Elena Marqués.*

▼ *El político nacionalista indio Sri Jawaharlal Prasad* **Nehru** *dirige a los oyentes un parlamento en un acto político.*

le alejó de su maestro. Inició su trayectoria en la política activa en 1918 como miembro del Partido del Congreso, que presidió a partir de 1929. Su ideología evolucionó hacia la izquierda, simpatizó con el socialismo e incluso llegó a enfrentarse con Gandhi por este motivo. A raíz de sus repetidos llamamientos a la desobediencia civil, fue encarcelado varias veces por los británicos. Presidió la conferencia panhindú de 1934, y en 1942 colaboró en las negociaciones de Cripp con la Administración británica. Al proclamarse, en 1947, la independencia de la India –que implicó la creación del Estado musulmán de Pakistán–, fue nombrado primer ministro de la Unión India, cargo que desempeñó hasta su muerte, y ministro de Asuntos Exteriores. El gobierno indio se sirvió del prestigio internacional de su mandatario para fortalecer los valores democráticos y mejorar las condiciones sociales en el plano interior. Convertido en uno de los principales líderes del Tercer Mundo, Nehru adoptó una posición neutral frente a los dos grandes bloques. La India pasó entonces a ser un importante referente de los países no alineados, y tuvo un papel destacado en las conferencias de Bandung (1955) y Belgrado (1961). Sin embargo, Nehru no pudo contener los brotes nacionalistas, que condujeron al conflicto de Cachemira, a la aplastante derrota india en el conflicto con China de 1962 y a la pérdida de Ladaj. A partir de entonces, el país empezó a perder su influencia entre las naciones afroasiáticas, y Nehru acabó por modificar su posicionamiento y acercarse cada vez más a Occidente.

NELSON, HORATIO *(Burnham Thorpe, Gran Bretaña, 1758-en alta mar, 1805) Almirante británico*. Ingresó en la marina siendo muy joven y participó en la guerra de Independencia de las colonias americanas y en las operaciones contra la Francia revolucionaria, en el curso de una de las cuales, el asedio de Calvi (1794), perdió un ojo. Se distinguió en la batalla del Cabo San Vicente (1797) y participó en una fracasada operación contra las Canarias, en la que perdió el brazo derecho. Al año siguiente, al mando de una flota británica en el Mediterráneo, no pudo evitar que la francesa que transportaba al

ejército de Napoleón a Egipto lo eludiese, aunque la persiguió hasta Abukir, donde, en una arriesgada maniobra, la atacó y destruyó. Su prestigio fue en aumento a medida que se sucedían éxitos como la conquista de Malta (1800) y la destrucción de la flota danesa, sin previa declaración de guerra, en Copenhague, en 1801. Así, en 1803 se le confió el mando supremo de la flota británica del Mediterráneo, con la misión de vigilar a la francesa de Villeneuve. En 1805, el almirante francés, al mando de una fuerza combinada francoespañola, puso rumbo a Martinica, con el objetivo de atraer a Nelson e impedir con ello que estuviese presente en el momento del proyectado desembarco francés en Inglaterra. Nelson cayó en la añagaza y persiguió al francés, pero éste, tras librar un indeciso combate con una reducida escuadra británica cerca de Finisterre, no se decidió a continuar con los planes previstos y se refugió en Cádiz, donde el almirante británico lo alcanzó. Villeneuve decidió entonces salir a mar abierto, y el 21 de octubre ambas formaciones se enfrentaron en Trafalgar. Nelson dividió su flota en escuadrones, rompió la formación en línea dispuesta por Villeneuve y aniquiló al enemigo. Alcanzado por una bala mientras dirigía el combate sobre la cubierta del *Victory*, su buque insignia, el almirante Horatio Nelson murió a bordo de la nave.

▲ *Sobre estas líneas, retrato del almirante Horatio* **Nelson**. *Arriba, pintura de Denis Dighton en la que se representa el combate entre ingleses y franceses durante la batalla de Trafalgar. En la parte derecha del cuadro se ve a Nelson herido mortalmente.*

▶ *Estatua de* **Nerón** *perteneciente al grupo escultórico de Cartoceto de Pérgola. Se dice que fue él el responsable del gran incendio que asoló Roma en el año 64 d.C.*

NERNST, WALTER HERMANN *(Briesen, Polonia, 1864-Zibelle, 1941) Físico y químico alemán de origen polaco*. Estudió en las universidades de Zurich, Berlín, Graz y Wurzburgo. Fue ayudante de W. Ostwald en Graz y Leipzig, y profesor en la Universidad de Gotinga, desde 1891, y en la de Berlín, desde 1905. Elaboró la teoría del potencial electroquímico y las leyes de la conducción de la corriente en las soluciones; también proyectó una lámpara de incandescencia (1897), que aún hoy se utiliza en los laboratorios (lámpara de Nernst). En 1907 enunció el principio posteriormente generalizado por M. Planck como tercer principio de la termodinámica. Realizó también importantes investigaciones en sustancias a temperaturas extremadamente bajas. Fue galardonado con el Premio Nobel de Química en 1920, en reconocimiento por sus estudios de termodinámica. Entre sus obras destaca *Química teórica basada en la ley de Avogadro y en la termodinámica* (1893).

NERÓN [Lucio Domicio Nerón Claudio] *(Antium, actual Italia, 37-Roma, 68) Emperador romano (54-68)*. Fue emperador a los diecisiete años, a la muerte de Claudio en el 54. En su entorno se desató una lucha por el poder entre dos grupos de cortesanos, uno encabezado por su madre Agripina y el otro por Séneca, su preceptor. Este último resultó el vencedor, tras los asesinatos de Británico (año 55), hermanastro del emperador, en quien Agripina pretendía apoyarse para arrebatar el poder a su hijo, y el de la propia Agripina, en el 59. A partir de este momento Nerón fue apartándose de la influencia de Séneca y sus

planteamientos prosenatoriales para derivar hacia un populismo autocrático parecido al de su tío Calígula. Intentó gobernar apoyándose en la plebe urbana de Roma, y a ello obedece el que la visión que nos han dejado escritores senatoriales como Tácito o Suetonio sea muy desfavorable. Otro elemento que ha hecho que la figura de Nerón se vea con tintes muy negativos fue la persecución a la que sometió a los cristianos, a los que utilizó como cabeza de turco al acusarlos de ser los autores del voraz incendio que arrasó Roma en el 64. La oposición al Senado y la necesidad de dinero para hacer frente a los numerosos gastos del aparato imperial, llevaron al emperador a recurrir a la habitual política de condenas y confiscaciones contra grandes propietarios de la aristocracia romana acusados de delitos de lesa majestad, así como a devaluar la moneda. Pronto aparecieron diversos complots para deshacerse de Nerón, como la de Pisón en el 65, que fracasó y fue seguida de una represión en la que murieron Petronio y Séneca. Todo esto hizo que el emperador se volviera cada vez más desconfiado y considerase como una amenaza a cualquiera que tuviese una mínima popularidad, y así no dudó en hacer ejecutar sin juicio a Corbulón, un exitoso general. Esto causó profundo malestar en el ejército, que a la sazón luchaba en diversos frentes para sofocar una serie de revueltas populares en Britania y Palestina. En el 68 se sublevaron las legiones de la Galia al mando de Víndice y las de Hispania mandadas por Galba. La rebelión de los legionarios coincidió con una oleada de descontento en la misma Roma y el emperador, desesperado, se suicidó.

NERUDA, PABLO [Neftalí Ricardo Reyes Basoalto] *(Parral, Chile, 1904-Santiago de Chile, 1973) Poeta chileno.* Comenzó muy pronto a escribir poesía, y en 1921 publicó *La canción de la fiesta*, su primer poema, con el seudónimo de Pablo Neruda, en homenaje al poeta checo Jan Neruda, nombre que mantuvo a partir de ese momento y que legalizó en 1946. Su madre murió sólo un mes más tarde de que naciera él, momento en que su padre, un empleado ferroviario, se instaló en Temuco, donde el joven Pablo cursó sus primeros estudios y conoció a Gabriela Mistral. Allí también comenzó a trabajar en un periódico, hasta que a los dieciséis años se trasladó a Santiago, donde publicó sus primeros poemas en la revista *Claridad*. Tras publicar algunos libros de poesía, en 1924 alcanzó fama internacional con *Veinte poemas de amor y*

▶ *Fotografía de Pablo* **Neruda***. Junto con Lorca, Neruda es quizás el poeta de mayor facilidad verbal y rítmica de las letras hispánicas del s. XX.*

PABLO NERUDA

OBRAS MAESTRAS

POESÍA: *CREPUSCULARIO* (1923); *VEINTE POEMAS DE AMOR Y UNA CANCIÓN DESESPERADA* (1924); *TENTATIVA DEL HOMBRE INFINITO* (1926); *ANILLOS* (1926); *PRIMERA RESIDENCIA EN LA TIERRA* (1931); *EL HONDERO ENTUSIASTA* (1933); *SEGUNDA RESIDENCIA* (1935); *LAS FURIAS Y LAS PENAS* (1936); *TERCERA RESIDENCIA* (1947); *CANTO GENERAL* (1950); *ODAS ELEMENTALES* (1954); *ESTRAVAGARIO* (1958); *NAVEGACIONES Y REGRESOS* (1959); *MEMORIAL DE ISLA NEGRA* (1964); *LA BARCAROLA* (1967); *ARTE DE PÁJAROS* (1968); *LAS MANOS DEL DÍA* (1968); *LA ESPADA ENCENDIDA* (1972). **AUTOBIOGRAFÍA:** *CONFIESO QUE HE VIVIDO* (1974).

▼ *Portada de la primera edición argentina de* Canto general, *de Pablo* **Neruda***.*

una canción desesperada, obra que, junto con *Tentativa del hombre infinito*, distingue la primera etapa de su producción poética, señalada por la transición del modernismo a formas vanguardistas influidas por el creacionismo de Vicente Huidobro. Los problemas económicos le indujeron a emprender, en 1926, la carrera consular que lo llevó a residir en Birmania, Ceilán, Java, Singapur y, entre 1934 y 1938, en España, donde se relacionó con García Lorca, Aleixandre, Gerardo Diego y otros componentes de la llamada Generación del 27, y fundó la revista *Caballo Verde para la Poesía*. Desde su primer manifiesto tomó partido por una «poesía sin pureza» y próxima a la realidad inmediata, en consonancia con su toma de conciencia social. En tal sentido, apoyó a los republicanos al estallar la guerra civil y escribió *España en el corazón*. Progresivamente sus poemas experimentaron una transición hacia formas herméticas y un tono más sombrío al percibir el paso del tiempo, el caos y la muerte en la realidad cotidiana. De regreso en Chile, en 1939 ingresó en el Partido Comunista y su obra experimentó un giro hacia la militancia política que culminó con la exaltación de los mitos americanos de su *Canto general*. En 1945 fue el primer poeta en ser galardonado con el Premio Nacional de Literatura de Chile. Al mismo tiempo, desde su escaño de senador utilizó su oratoria para denunciar los abusos y las desigualdades del sistema. Tal actitud provocó la persecución gubernamental y su posterior exilio en Argentina. De allí pasó a México, y más tarde viajó por la URSS, China y los países de Europa Oriental. Tras este viaje, durante el cual escribió poemas laudatorios y propagandísticos y recibió el

Premio Lenin de la Paz, volvió a Chile. A partir de entonces, su poesía inició una nueva etapa en la que la simplicidad formal se correspondió con una gran intensidad lírica y un tono general de serenidad. Su prestigio internacional fue reconocido en 1971, año en que se le concedió el Premio Nobel de Literatura. El año anterior había renunciado a la candidatura presidencial en favor de Salvador Allende, quien lo nombró poco después embajador en París. Dos años más tarde, ya gravemente enfermo, regresó a Chile. De publicación póstuma es la autobiografía *Confieso que he vivido*.

NERVAL, GÉRARD DE [Gérard Labrunie] *(París, 1808-id., 1855) Escritor francés.* Huérfano de madre, se crió con su abuelo en Valois. En 1822 se trasladó a París, donde llevó una existencia bohemia. En los últimos años de su vida, los más fecundos, sufrió graves trastornos y estuvo internado en varias ocasiones; finalmente, se suicidó. Tras publicar una traducción libre del *Fausto* de Goethe (1827) y crónicas teatrales y ensayos en distintas revistas, en 1854 apareció la colección de novelas cortas *Hijas del fuego*, que incluía el relato *Sylvie*, de estilo clásico y temática estrictamente romántica. Ese mismo año publicó *Las quimeras*, colección de sonetos simbolistas que prefiguró la poética de Baudelaire y Mallarmé. En 1855 apareció *Aurelia*, que mezclaba sueño y realidad y fue considerada una de las obras fundacionales de la literatura moderna.

NERVO, AMADO *(Tepic, México, 1870-Montevideo, Uruguay, 1919) Escritor mexicano.* Estudió derecho y teología, pero la precaria situación económica de su familia lo obligó a abandonar los estudios eclesiásticos para dedicarse al periodismo en Mazatlán y, posteriormente, en la Ciudad de México, donde enseñó literatura en la Escuela Nacional de México. En 1900 fue comisionado por el periódico *El Imparcial* para cubrir la Exposición Universal de París. En Europa se relacionó con los artistas más importantes del momento, entre ellos el poeta nicaragüense Rubén Darío, que habría de ejercer honda influencia sobre él. En 1906 ingresó en el servicio diplomático mexicano y fue nombrado sucesivamente embajador plenipotenciario en España, Uruguay y Argentina. Su lírica modernista recibió las influencias de la poesía romántica de Bécquer y Campoamor y la de los

▼ *Pablo **Neruda** y su esposa en una entrevista concedida en la embajada chilena en París en 1972.*

«*Sucede que me canso de ser hombre. Sucede que entro en las sastrerías y en los cines marchito, impenetrable, como un cisne de fieltro navegando en un agua de origen y ceniza.*»

Pablo Neruda

▲ *John von **Neumann**, a la derecha, es condecorado por el presidente estadounidense Eisenhower como muestra de agradecimiento por su contribución al Proyecto Manhattan.*

simbolistas franceses. Destacó especialmente su novela naturalista *El bachiller* y, posteriormente, sus recopilaciones poéticas *Perlas negras* y *Místicas*. En 1899 vio la luz la zarzuela *Consuelo*. En su cuento *La Navidad de un bohemio*, resume por boca del narrador el cambio de sensibilidad que representó el modernismo para la cultura hispanoamericana, y afirma que «este siglo no sueña: razona; no imagina: analiza». Sus amores con Ana Cecilia Dailliez y la muerte de ésta en 1912, le inspiraron los poemas *La amada inmóvil* y *El estanque de los lotos*, impregnados de melancolía. De su estancia en París destaca la publicación de sus obras líricas *Poemas* (1901) y *El éxodo y las flores del camino* (1902). Durante su ejercicio diplomático en Madrid escribió, entre otras obras, *Crónicas de Europa* (1907), y su obra crítica más extensa, *Juana de Asbaje* (1910). También a esta época pertenece una serie de novelas cortas (*El diablo desinteresado*).

NEUMANN, JOHN VON *(Budapest, 1903-Washington, 1957) Matemático húngaro, nacionalizado estadounidense.* Nacido en el seno de una familia de banqueros judíos, dio muestras desde niño de unas extraordinarias dotes para las matemáticas. En 1921 se matriculó en la Universidad de Budapest, donde se doctoró en matemáticas cinco años después, aunque pasó la mayor parte de ese tiempo en otros centros académicos. En la Universidad de Berlín asistió a los cursos de Albert Einstein. Estudió también en la Escuela Técnica Superior de Zurich, donde en 1925 se graduó en ingeniería química, y frecuentó así mismo la Universidad de Gotinga. Allí conoció al matemático David Hilbert —cuya obra ejer-

ció sobre él considerable influencia–, contribuyó de manera importante al desarrollo de lo que Hilbert llamó la teoría de la demostración y aportó diversas mejoras a la fundamentación de la teoría de conjuntos elaborada por E. Zermelo. En Gotinga asistió también al nacimiento de la teoría cuántica de Werner Heisenberg y se interesó por la aplicación del programa formalista de Hilbert a la formulación matemática de esa nueva rama de la física. Ello le llevó a convertirse en el autor de la primera teoría axiomática abstracta de los llamados –precisamente por él– espacios de Hilbert y de sus operadores, que a partir de 1923 habían empezado a demostrar su condición de instrumento matemático por excelencia de la mecánica cuántica; la estructura lógica interna de esta última se puso de manifiesto merced a los trabajos de Von Neumann, quien contribuyó a proporcionarle una base rigurosa para su exposición. También es notable su apertura de nuevas vías al desarrollo de la matemática estadística a partir de su estudio de 1928 sobre los juegos de estrategia, posteriormente desarrollado en la famosa obra *Theory of games and economic behavior*, publicada en 1944 y escrita en colaboración con O. Morgenstern. En 1943, el ejército estadounidense reclamó su participación en el Proyecto Manhattan para la fabricación de las primeras bombas atómicas; a partir de entonces, Von Neumann colaboró permanentemente con los militares, y sus convicciones anticomunistas propiciaron que interviniera luego activamente en la fabricación de la bomba de hidrógeno y en el desarrollo de los misiles balísticos. Entre 1944 y 1946 colaboró en la elaboración de un informe para el ejército sobre las posibilidades que ofrecía el desarrollo de las primeras computadoras electrónicas; de su contribución a dicho desarrollo destaca la concepción de una memoria que actuase secuencialmente y no sólo registrara los datos numéricos de un problema sino que además almacenase un programa con las instrucciones para la resolución del mismo. Se interesó también por la robótica y en 1952 propuso dos modelos de máquinas autorreproductoras, uno de ellos con una modalidad de reproducción parecida a la de los cristales, mientras que el otro era más próximo a la forma en que se reproducen los animales. En 1955, tras solicitar la excedencia de Princeton, fue nombrado miembro de la Comisión de Energía Atómica del gobierno estadounidense; ese mismo año un cáncer en estado muy avanzado lo apartó de toda actividad hasta su muerte.

▲ *Pintura de una mina de carbón en la que se ve, al fondo, una máquina de **Newcomen** que extraía el agua del interior de las galerías. A pesar de que desperdiciaba mucha energía y que no tardó en ser superada por otras máquinas de vapor, el mismo diseño, algo modificado, ha seguido utilizándose en el s. XX.*

▼ *Paul **Newman**, uno de los grandes actores salidos de la escuela del Actor's Studio. Sus mejores actuaciones se dieron entre finales de los años cincuenta y principios de la década de 1970.*

NEWCOMEN, THOMAS *(Dartmouth, Inglaterra, 1663-Londres, 1729) Inventor inglés.* Como ferretero en su ciudad natal se encontró en inmejorable posición para evaluar los costes de la extracción del agua de las minas de la región de Cornualles, que por aquel entonces se realizaba gracias al trabajo mecánico de los caballos. Con la ayuda de su socio J. Calley, trabajó durante años en el diseño de una máquina de bombeo impulsada por vapor que, a diferencia de la ideada por T. Savery, no estuviera limitada por la presión del mismo, sino que aprovechara como impulso el vacío creado por la condensación del vapor en el interior del cilindro del pistón. La primera máquina de Newcomen fue instalada en 1712, y aunque su *ratio* de conversión de energía calorífica en mecánica era apenas del uno por ciento, no tuvo rival durante más de medio siglo.

NEWMAN, PAUL *(Cleveland, EE UU, 1925) Actor estadounidense.* Su carisma y atractivo físico lo convirtieron en uno de los actores más famosos y cotizados de Hollywood, sobre todo en los años cincuenta. Dio vida a personajes intemperantes y rebeldes, de perfil antiheroico, en películas como *Marcado por el odio* (1956), *El largo y cálido verano* (1958) o *La gata sobre el tejado de cinc* (1958). Nominado en varias ocasiones al Óscar al mejor actor, obtuvo la preciada estatuilla por *El color del dinero* (1986), en la que recuperaba el personaje del jugador de billar de *El buscavidas* (1961). Por otra parte, cuenta con una interesante trayectoria como realizador, con películas como *Harry e hijo* (1984), *El zoo de cristal* (1987) y, especialmente, *Raquel, Raquel* (1968), en la que su esposa en la vida real, Joanne Woodward, daba todo un recital interpretativo.

NEWTON, SIR ISAAC *(Woolsthorpe, Inglaterra, 1642-Londres, 1727) Físico y matemático inglés.* Fue hijo póstumo de un pequeño terrateniente fallecido tres meses antes de su nacimiento, que se produjo de forma prematura. Cuando acababa de cumplir los tres años, su madre contrajo segundas nupcias y lo dejó al cuidado de su abuela materna, lo cual le ocasionó un trauma emocional en el que ha querido verse, junto con su condición de prematuro, el origen del temperamento neurótico e hipocondríaco que caracterizó al Newton maduro. Recibió su educación primaria en la King's School de Grantham y, tras mostrar su incapacidad para ocuparse de la hacienda familiar, en 1661 fue enviado a la Universidad de Cambridge. Eligió estudiar física y matemáticas, pero, al parecer, no fue un alumno especialmente destacado. La peste lo obligó a abandonar Cambridge en el verano de 1665, por lo que tuvo que iniciar un período de descanso forzoso en el que sentó las bases de sus principales aportaciones científicas, pues fue entonces cuando concibió la hipótesis de la gravitación universal tras preguntarse, al parecer, por qué razón una manzana caía siempre perpendicularmente hacia el centro de la Tierra en lugar de seguir otras trayectorias. También redactó un esbozo del futuro cálculo de fluxiones y acometió el estudio experimental de la descomposición de la luz solar mediante un prisma de refracción. De regreso en Cambridge, en 1667 fue elegido miembro del Trinity College, y dos años después sucedió a su maestro, Isaac Barrow, en la cátedra de matemáticas. Sus descubrimientos sobre óptica, que expuso en sus clases, le valieron ser elegido miembro de la Royal Society en 1672, hecho que señaló el inicio de su notoriedad, pero también el de una serie de controversias acerca de la prioridad en dichos descubrimientos, en particular con Robert Hooke; ello determinó que demorara hasta 1704, tras la muerte de Hooke, la publicación de su tratado de óptica. En 1676 renunció a proseguir la polémica, y durante unos años se sumió en sus trabajos sobre el cálculo diferencial y en su interés por la alquimia y los estudios bíblicos. En esa época redactó las primeras exposi-

> «*El principal cometido de la filosofía natural es construir argumentos a partir de los fenómenos sin forjar hipótesis, y deducir las causas de los efectos, hasta llegar a la primerísima causa, que ciertamente no es de índole mecánica.*»
>
> Sir Isaac Newton

▼ *Bajo estas líneas, portada de una edición inglesa del* Tratado de óptica *de Isaac* **Newton***, publicado en 1704. Abajo, el retrato de J. Vanderback, en el que Newton aparece leyendo un ejemplar de su* Philosophiae naturalis principia mathematica.

ciones sistemáticas de su cálculo infinitesimal y usó su conocida fórmula para el desarrollo de la potencia de un binomio de exponente cualquiera, que había establecido ya unos años antes para exponente igual a 2. La correspondencia mantenida con Hooke a partir de 1679 avivó su interés por la dinámica, campo en el que se concentró en la demostración teórica de las leyes de los movimientos planetarios enunciadas por Kepler. Cuando Edmond Halley lo visitó en 1684, comprobó que Newton había resuelto ya el problema, y lo animó a hacer públicos sus resultados. La intervención de Halley resultó decisiva en la publicación de los *Principia*, la obra científica más influyente y significativa de su época, que contiene la formulación matemática de la ley de la gravitación universal, interpretada como principio unificador del movimiento; Halley se ocupó de que el manuscrito fuese presentado ante la Royal Society, que se encargó de la edición, costeando él personalmente la impresión, terminada en julio de 1687. La obra contiene la demostración del hecho experimental según el cual una masa esférica homogénea ejerce una atracción sobre los puntos exteriores a ella y se comporta como si toda su masa se encontrara situada en su centro; y la ley de la atracción gravitatoria, que aparece comprobada para el movimiento de la Luna. Incluye también la primera publicación impresa del cálculo infinitesimal creado por Newton, reconociendo, en su primera edición, que Leibniz estaba en posesión de un método análogo; pese a ello, los partidarios de uno y otro se enzarzaron en una nueva disputa de prioridades, que el propio científico alentó entre bastidores. En 1687 formó parte de la comisión formada por la Universidad de Cambridge en oposición a las medidas de catolización del rey Jacobo II. Tras la Revolución de 1688, fue elegido representante de la universidad ante el Parlamento. En 1696 aceptó el nombramiento de director de la Casa de la Moneda, que pasó a presidir tres años después. En 1701 renunció a su condición de profesor universitario, y en 1703 fue elegido presidente de la Royal Society, cargo que desempeñó hasta su fallecimiento.

NICKLAUS, JACK, llamado *Golden Bear* (Oso Dorado) *(Columbus, EE UU, 1940) Golfista estadounidense.* Consiguió su primera victoria, el campeonato amateur de Estados Unidos, en 1959, cuando todavía era estudiante de la Ohio State University. Repitió victoria en 1961, estableciendo un nuevo récord de aficionados con 282 golpes. Profesional desde 1962, consiguió el Masters en seis ocasiones (1963, 1965, 1966, 1972, 1975 y 1986), el Open de Estados Unidos en cuatro (1962, 1967, 1972 y 1980), el campeonato del GPA en cinco (1963, 1971, 1973, 1975 y 1980) y el Open británico en tres (1966, 1970, 1978). Como miembro del equipo estadounidense, se adjudicó la victoria en el campeonato mundial seis veces (1963, 1964, 1966, 1967, 1971 y 1973), las mismas en que se impuso en el Open de Australia. Fue nombrado mejor jugador del circuito en cinco ocasiones (1967, 1972, 1973, 1975 y 1976); en 1990 ingresó en el circuito profesional estadounidense para veteranos.

▲ *Dotado de un extraordinario* swing *y de uno de los* drives *más largos del circuito, Jack* **Nicklaus** *se ha convertido en una de las leyendas del golf.*

NICOLÁS I *(Tsárskoie Sieló, hoy Pushkin, Rusia, 1796-San Petersburgo, 1855) Zar de Rusia (1825-1855).* Tras la muerte de su hermano Alejandro I y tras sofocar la rebelión decembrista, fue proclamado zar de Rusia (1825). Alertado por dicha insurrección, no sólo la castigó con dureza, sino que hizo que su reinado se destacara por la severidad del sistema policial y las medidas de censura y represión. Su política exterior se caracterizó por la voluntad de reforzar la presencia rusa en los límites de su imperio, combatiendo por este motivo contra Irán (1826-1828) y Turquía (1829), de igual modo que en 1831 sofocó la insurrección de Polonia, circunstancia que le permitió anexionarse dicho país. Diversos pactos y alianzas firmados con el resto de potencias europeas determinaron su apoyo a Austria contra Hungría (1849), como también espolearon sus ansias de anexionarse parte del Imperio Otomano. Ante su actitud expansionista, Francia y el Reino Unido, alarmados, retiraron su apoyo a Nicolás I, que fue derrotado por Turquía en la guerra de Crimea (1854-1856), campaña durante la cual falleció.

NICOLÁS I, SAN, llamado *Nicolás* el Grande *(Roma, h. 800-id., 867) Papa (858-867).* Fue elevado al solio de san Pedro tras haber acumulado una gran experiencia como consejero de los dos Papas anteriores. Su pontificado se caracterizó por la defensa de la autoridad papal sobre la Iglesia y sus po-

▲ *Retrato del zar de Rusia* **Nicolás I**, *soberano absolutista que aplicó durante su reinado duras medidas reaccionarias.*

▶ *Fotografía de* **Nicolás II** *con su familia. Hijo de Alejandro III, fue el último zar de Rusia.*

sesiones, por encima de las intromisiones de los gobernantes. Se opuso frontalmente al divorcio del rey Lotario II de Lorena de su esposa Teuberga, actitud que le enfrentó al obispado de Lorena, que se mostraba favorable. Así mismo, apoyó a Ignacio frente a Focio en su pugna por el patriarcado de Constantinopla, en contra de la voluntad de los bizantinos, lo que contribuyó a ahondar las disensiones entre Oriente y Occidente. Su obra evangelizadora se centró en los pueblos eslavos, en especial los búlgaros, establecidos en los Balcanes desde hacía varios siglos.

NICOLÁS II *(Tsárskoie Sieló, hoy Pushkin, Rusia, 1868-Ekaterinburg, id., 1917) Zar de Rusia (1894-1918).* Hijo de Alejandro III, fue coronado zar en 1894, y desde el primer momento se propuso defender con absoluta firmeza los principios autocráticos de la monarquía. Sus ansias expansionistas en Oriente llevaron al país a la derrota en la guerra contra Japón (1904-1905), situación que provocó la Revolución de 1905, que, pese a ser reprimida, obtuvo del zar la creación de una asamblea, la Duma, sin que por ello fuera concedida una verdadera monarquía parlamentaria. Proclive a la cooperación internacional, impulsó la creación del Tribunal de La Haya y la elaboración de un código de guerra, pero a pesar de la relación de cordialidad con su primo Guillermo II de Alemania, la pertenencia de Rusia a la Triple Alianza determinó que ambos Estados se enfrentaran en la Primera Guerra Mundial. Esta situación acabó de mermar la ya deteriorada economía rusa, a consecuencia de lo cual se produjo la revolución bolchevique de 1917. El zar abdicó en favor de su hermano, gesto que no evitó que Nicolás II y toda su familia fueran fusilados.

NICOLÁS DE CUSA [Nicolás Chrypffs] (*Cusa, actual Alemania, 1401-Todi, actual Italia, 1464*) *Místico alemán.* Se educó en Deventer con los Hermanos de la vida común, de cuya doctrina mantuvo el misticismo platonizante. Más tarde estudió en Heidelberg, Padua y Colonia, donde profundizó en el pensamiento de Tomás de Aquino. Ordenado sacerdote en 1430, dos años más tarde intervino en el concilio de Basilea en favor del Papa y contra el conciliarismo. En 1437 fue enviado a Constantinopla a fin de unificar las iglesias de Oriente y Occidente, y se dice que fue al regreso de este viaje, mientras contemplaba el mar, cuando concibió la idea central de su pensamiento: la conciliación de los contrarios (*coincidentia oppositorum*) en la unidad infinita. Según esta idea, de marcado cariz neoplatónico, el grado máximo de la realidad corresponde al principio primero, el Uno, en el que se realiza la unidad de los contrarios, y al que identifica con Dios. Los problemas que suscitaba tal teología negativa, parecida a la de Plotino, los resolvía el místico a través de su antropología, pues según su doctrina sería la ignorancia humana la que impediría comprender la contradicción interna de lo Uno. Estas ideas aparecen recogidas en *Acerca de la ignorancia instruida* (*De docta ignorantia*). Finalmente, Cusa se adelantó a su época al afirmar que la Tierra, lejos de ser el centro inmóvil del universo, estaba en movimiento, como el resto de los cuerpos celestes, en un universo carente de centro y de extremos.

NIEMEYER, OSCAR (*Río de Janeiro, 1907*) *Arquitecto brasileño.* Su participación en el proyecto del Ministerio de Educación y Sanidad de Río de Janeiro le permitió conocer a Le Corbusier, quien ejerció sobre él una influencia decisiva. A partir de entonces se convirtió en un paladín del funcionalismo arquitectónico y profundizó cada vez más en las relaciones entre arquitectura y entorno. En 1956 fue elegido, junto con Lúcio Costa, para la construcción de Brasilia, la nueva capital de Brasil, que es su realización más importante y significativa; se le debe la mayor parte de los edificios públicos, en los que combina de forma singular imaginación y racionalismo. Ha trabajado también fuera de su país: en la Universidad de Haifa (Israel), en Francia, donde diseñó la sede del Partido Comunista francés en París, y en distintos lugares del norte de África (Trípoli, Constantina, Argel).

▲ *Retrato anónimo de **Nicolás de Cusa**, filósofo renacentista con una visión a la vez medieval y moderna del cosmos, que considera abierto y sin límites.*

▲ *El prolífico inventor francés Nicéphore **Niepce**.*

▼ *Ángel **Nieto**, el piloto con más títulos del motociclismo español, aborda una curva sobre una Derbi de 125 cc.*

NIEPCE, NICÉPHORE (*Châlons-sur-Saône, Francia, 1765-id., 1833*) *Inventor francés.* Tras el estallido de la Revolución Francesa, tuvo que huir del país con su familia, acusada de simpatías realistas. Niepce regresó a Francia para combatir en los ejércitos napoleónicos; al poco, fue licenciado por problemas de salud. Prolífico inventor, en compañía de su hermano Claude diseñó un motor de combustión interna antes de interesarse por la entonces novedosa técnica de la litografía. Recubrió placas de peltre con diversas sustancias fotosensibles e intentó luego copiar sobre ellas diversos grabados situándolas bajo la luz solar. Siguió experimentando en dicha dirección y, en 1816, consiguió fijar, si bien sólo parcialmente, una imagen del exterior de su estudio sobre una lámina de papel recubierta de cloruro de plata. En el año 1826, empleando un prototipo de cámara de su invención, obtuvo al fin la primera imagen propiamente fotográfica (o mejor dicho, heliográfica, como Niepce bautizó su revolucionaria técnica) de la historia, de la que posteriormente se realizaron dos copias fotomecánicas. Enfrentado al problema de reducir el elevado período de exposición necesario para la confección de sus heliografías, Niepce se asoció con Louis-Jacques Daguerre, pero murió varios años antes de que pudiera contemplar las mejoras introducidas por éste, que finalmente dieron luz a la moderna técnica fotográfica.

NIETO, ÁNGEL (*Zamora, 1947*) *Piloto motociclista español.* Nacido en el seno de una familia humilde, inició su trayectoria deportiva en carreras de aficionados. Sin medios para adquirir una montura con la que participar en competiciones oficiales, se trasladó a Barcelona, donde encontró un empleo en la fábrica de motocicletas Derbi. Poco después, consiguió que los directivos de dicha empresa le facilitaran una moto-

cicleta de 50 cc y, sin apenas experiencia, en 1968 ganó sus dos primeros Grandes Premios. Fue el inicio de una trayectoria espectacular, a cuyo término, en 1986, había obtenido seis Campeonatos del Mundo en la categoría de 50 cc (1969, 1970, 1972, 1975, 1976 y 1977) y siete en la categoría de 125 cc (1971, 1972, 1979, 1981, 1982, 1983 y 1984). Hombre muy supersticioso, tras retirarse se refería a las «doce más una» victorias de su palmarés. Considerado uno de los mejores pilotos de todos los tiempos, fue el maestro de la nueva generación de pilotos españoles que destacó en la escena motociclista internacional a finales de la década de 1980 y principios de la de 1990.

NIETZSCHE, FRIEDRICH *(Röcken, actual Alemania, 1844-Weimar, id., 1900) Filósofo alemán, nacionalizado suizo.* Su abuelo y su padre fueron pastores protestantes, por lo que se educó en un ambiente religioso. Tras estudiar filología clásica en las universidades de Bonn y Leipzig, a los veinticuatro años obtuvo la cátedra extraordinaria de la Universidad de Basilea; pocos años después, sin embargo, abandonó la docencia, decepcionado por el academicismo universitario. En su juventud fue amigo de Richard Wagner, por quien sentía una profunda admiración, aunque más tarde rompería su relación con él. La vida del filósofo fue volviéndose cada vez más retirada y amarga a medida que avanzaba en edad y se intensificaban los síntomas de su enfermedad, la sífilis. En 1882 pretendió en matrimonio a la poetisa Lou Andreas Salomé, por quien fue rechazado, tras lo cual se recluyó definitivamente en su trabajo. Si bien en la actualidad se reconoce el valor de sus textos con independencia de su atormentada biografía, durante algún tiempo la crítica atribuyó el tono corrosivo de sus escritos a la enfermedad que padecía desde joven y que terminó por ocasionarle la locura. Los últimos once años de su vida los pasó recluido, primero en un centro de Basilea y más tarde en otro de Naumburg, aunque hoy es evidente que su encierro fue provocado por el desconocimiento de la verdadera naturaleza de su dolencia. Tras su fallecimiento, su hermana manipuló sus escritos, aproximándolos al ideario del movimiento nazi, que no dudó en in-

▲ *Arriba, Friedrich* **Nietzsche** *según un dibujo de Edvard Munch. Sobre estas líneas, la portada de la edición alemana de* Así habló Zaratustra, *una de las obras más conocidas del filósofo.*

vocarlos como aval de su ideología; del conjunto de su obra se desprende, sin embargo, la distancia que lo separa de sus postulados. Entre las divisiones que se han propuesto para las obras de Nietzsche, quizá la más sincrética sea la que distingue entre un primer período de crítica de la cultura y un segundo período de madurez en que sus obras adquieren un tono más metafísico, al tiempo que se vuelven más aforísticas y herméticas. Si el primer aspecto fue el que más impacto causó en su época, la interpretación posterior, a partir de Heidegger, se ha fijado, sobre todo, en sus últimas obras. Como crítico de la cultura occidental, Nietzsche considera que su sentido ha sido siempre reprimir la vida (lo *dionisíaco*) en nombre del racionalismo y de la moral (lo *apolíneo*); la filosofía, que desde Platón ha transmitido la imagen de un mundo inalterable de esencias, y el cristianismo, que propugna idéntico esencialismo moral, terminan por instaurar una sociedad del *resentimiento*, en la que el momento presente y la infinita variedad de la vida son anulados en nombre de una vida y un orden ultraterrenos, en los que el hombre alivia su angustia. Su labor hermenéutica se orienta en este período a mostrar cómo detrás de la racionalidad y la moral occidentales se hallan siempre el prejuicio, el error o la mera sublimación de los impulsos vitales. Si Nietzsche ataca la sociedad *decadente* de su tiempo y anuncia la llegada de un *superhombre*, no se trata de que éste posea en mayor grado la *verdad* sobre el mundo, sino que su forma de

FRIEDRICH NIETZSCHE
OBRAS MAESTRAS

EL NACIMIENTO DE LA TRAGEDIA EN EL ESPÍRITU DE LA MÚSICA (*DIE GEBURT DER TRAGÖDIE AUS DEM GEISTE DER MUSIK*, 1871); CONSIDERACIONES INTEMPESTIVAS (*UNZEITGEMÄSSE BETRACHTUNGEN*, 1873-1876); HUMANO, DEMASIADO HUMANO (*MENSCHLICHES ALLZUMENSCHLICHES*, 1878); AURORA (*MORGENRÖTE*, 1881); LA GAYA CIENCIA (*DIE FRÖHLICHE WISSENSCHAFT*, 1882); ASÍ HABLÓ ZARATUSTRA (*ALSO SPRACH ZARATHUSTRA*, 1883); MÁS ALLÁ DEL BIEN Y DEL MAL, PRELUDIO DE UNA FILOSOFÍA DEL FUTURO (*JENSEITS VON GUT UND BÖSE. VORSPIEL*

EINER PHILOSOPHIE DER ZUKUNFT, 1886); GENEALOGÍA DE LA MORAL (*ZUR GENEALOGIE DER MORAL. EINE STREITSCHRIFT*, 1887); CREPÚSCULO DE LOS ÍDOLOS O CÓMO SE FILOSOFA A MARTILLAZOS (*GÖTZENDÄMMERUNG ODER WIE MAN MIT DEM HAMMER PHILOSOTUM*, 1888); EL ANTICRISTO. MALDICIÓN CONTRA EL CRISTIANISMO (*DER ANTICHRIST, FLUCH AUF DAS CHRISTENPHIERT*, 1888); ECCE HOMO. CÓMO SE LLEGA A SER LO QUE SE ES (*ECCE HOMO. WIE MAN WIRD, WAS MAN IST*, póstuma, 1908); LA VOLUNTAD DE PODER (*WILLE ZUR MACHT*, póstuma 1911).

vivirlo contiene mayor valor y capacidad de riesgo. Otra doctrina que ha dado lugar a numerosas interpretaciones es la del *eterno retorno*, según la cual la estructura del tiempo sería circular, de modo que cada momento debería repetirse eternamente. Aunque a menudo Nietzsche parece afirmar esta tesis en un sentido literal, ello sería contradictorio con el perspectivismo que domina su pensamiento, y resulta en cualquier caso más sugestivo interpretarlo como la idea regulativa en que debe basarse el *superhombre* para vivir su existencia de forma plena, sin subterfugios, e instalarse en el momento presente, puesto que si cada momento debe repetirse eternamente, su fin se encuentra tan sólo en sí mismo, y no en el futuro.

NIJINSKI, VATSLAV FOMICH *(Kiev, actual Ucrania, 1890-Londres, 1950) Bailarín y coreógrafo ruso.* De origen polaco, se formó en la Escuela Imperial de Danza de San Petersburgo. Inició una brillante carrera que le llevó, poco después de finalizar sus estudios en 1907, a ser solista del Teatro Mariinski de la misma capital. Dos años más tarde se unió a los Ballets Rusos de Diaghilev, compañía con la cual alcanzó sus mayores éxitos. Dotado de una técnica excepcional que le hacía brillar en papeles dramáticos e intensamente expresivos, fue el protagonista de espectáculos como *Petrushka* (1911) y *Preludio a la siesta de un fauno* (1912), este último todo un escándalo a causa de la osadía de su propuesta coreográfica, debida al propio Nijinski. Suyas son también las coreografías de *La consagración de la primavera* (1913), que no agradó al compositor, Igor Stravinski, y *Jeux* (1913). Se retiró de la escena en 1919, afectado de una enfermedad nerviosa.

NIN, ANAÏS *(París, 1903-Los Ángeles, 1977) Escritora estadounidense de origen francés.* A los once años dejó Francia para ir a vivir a Estados Unidos. En la década de 1920, ya casada, regresó a París y estudió psicoanálisis con Otto Rank. Contactó con varios artistas famosos y empezó a escribir. En 1936 publicó su primera novela, *La casa del incesto*, y tres años después escribió *Invierno artificial*. Su relación amorosa con Henry Miller ocupa buena parte de uno de sus siete *Diarios*, que abarcan el período comprendido entre 1931 y 1974. En los años sesenta su figura y su obra fue reivindicada por los movimientos feministas en auge. *Una espía en la casa del amor* (1954), *Collage* (1964) y *Delta de Venus* (1977) son otras tres de sus novelas más conocidas.

> *«Aquel que lucha con monstruos, cuídese de no llegar a ser monstruo a su vez. Y si miras por mucho tiempo un abismo, el abismo también mira dentro de ti.»*
>
> Friedrich Nietzsche
> *Más allá del bien y del mal*

▲ *Fotografía de Richard **Nixon**, presidente de Estados Unidos, que tuvo que dimitir para evitar ser desposeído de su cargo.*

▼ *Cartel publicitario del bailarín Vatslav Fomich **Nijinski** durante la temporada de ballet ruso en París.*

NIPKOW, PAUL GOTTLIEB *(Lauenburg, hoy Lebork, Polonia, 1860-Berlín, 1940) Ingeniero alemán.* Se graduó en su ciudad natal. Se le considera uno de los pioneros de la televisión. En 1884 inventó un elemento explorador de la imagen, conocido como disco de Nipkow, consistente en un disco metálico perforado por una serie de agujeros cuadrangulares dispuestos en espiral. Al imprimirle un movimiento giratorio, cada agujero recogía una señal de luz, de intensidad variable según fuera su desplazamiento frente al objeto que estaba analizando. No obstante, al tratarse de un invento que se adelantó a su tiempo, no tuvo mercado, por lo que el inventor alemán tuvo que seguir ejerciendo su profesión de ingeniero de ferrocarriles.

NIXON, RICHARD *(Yerba Linda, EE UU, 1913-Nueva York, 1994) Político estadounidense.* Graduado en derecho por la Universidad de Duke, en 1947 y 1949 fue elegido diputado de la Cámara de Representantes. Durante estos años investigó a varios políticos sospechosos de pertenecer al Partido Comunista o de espiar para la Unión Soviética. Ello le granjeó una merecida fama de anticomunista, lo cual, a la postre, se convirtió en el factor clave para que el candidato presidencial, Dwight Eisenhower, lo eligiera como vicepresidente, cargo en el que permaneció entre 1952 y 1960. En esta última fecha perdió las elecciones presidenciales ante John F. Kennedy y, poco después, repitió fracaso en las elecciones estatales de California. Nuevas derrotas le condujeron, en 1962, a retirarse de la política. En 1968 regresó como candidato del Partido Republicano en las elecciones presidenciales, en las cuales se impuso a H. H. Humphrey, e hizo lo propio en 1972 ante G. S. McGovern. No obstante, su segundo mandato, en el que puso fin a la guerra de Vietnam, se vio interrumpido por su implicación en el escándalo Watergate de las escuchas telefónicas ilegales, que motivó su dimisión ese mismo año.

NOBEL, ALFRED *(Estocolmo, 1833-San Remo, Italia, 1896) Químico, inventor y filántropo sueco.* Estudió en Rusia y Estados Unidos. A su regreso a Estocolmo en el año 1859, empezó a producir la nitroglicerina, sustancia altamente explosiva que en 1863 provocó un accidente en su laboratorio en el que cuatro personas, incluido su hermano menor, Emil, perdieron la vida. En 1864 desarrolló un nuevo explosivo, la «pólvora dinamita», que consistía en nitroglicerina absorbida por una sustancia inerte, y que permitía una mayor manejabilidad y seguridad. Cuando murió era propietario de un buen número de fábricas de explosivos. En su testamento legó la mayor parte de su fortuna (estimada en alrededor de unos nueve millones de dólares) a la creación de una fundación que otorgara premios anuales al mérito en los ámbitos de la Física, la Química, la Medicina y Fisiología, la Literatura y la lucha en pro de la Paz mundial. En 1969 se incluyó un nuevo premio, el de Economía, a iniciativa del Banco Central de Suecia.

NOETHER, EMMY [Amalie Noether] *(Erlangen, Alemania, 1882-Bryn Mawr, EE UU, 1935) Matemática alemana.* Hija del eminente matemático Max Noether, hubo de asistir a las clases impartidas por su padre como oyente, dada la imposibilidad de matricularse en la universidad por su condición de mujer. Finalmente, fue admitida en Erlangen, donde se doctoró con un célebre trabajo sobre los invariantes. Hilbert la invitó a impartir una serie de conferencias en Gotinga, pero la oposición de parte del profesorado únicamente le permitió acceder a un puesto no oficial de profesora asociada. La ascensión de los nazis al poder forzó su exilio en Estados Unidos; se estableció en Nueva Jersey, donde prosiguió con sus trabajos en el Instituto de Estudios Avanzados de Princeton y como profesora en Bryn Mawr. Noether estudió los conceptos matemáticos de anillo e ideal, unificó en un solo cuerpo teórico las diferentes aproximaciones anteriores y reformuló en el marco del mismo la teoría de los invariantes algebraicos; dotó de ese modo de un nuevo enfoque a la geometría analítica.

NONELL, ISIDRO *(Barcelona, 1873- id., 1911) Pintor español.* Se formó en la Lonja de Barcelona, donde trabó amistad con un grupo de pintores con los que formó la llamada «colla (grupo) de San Martín» o «del safrà» (azafrán) por las tonalidades dominantes en sus obras, sobre todo paisajes realizados al aire libre. Sin embargo, Nonell abandonó pronto esta tendencia pictórica en favor de la figura humana, que fue su gran especialidad. Comenzó con tipos y escenas callejeras, pasó por un período en el que prefirió los seres deformes y acabó de-

▲ *Retrato de Alfred **Nobel**, cuya fortuna permitió crear y dotar económicamente los premios más prestigiosos de todo el mundo, ya que abarcan la mayor parte de las disciplinas intelectuales.*

▼ *Dibujo de Isidro **Nonell** que muestra a dos personajes del proletariado barcelonés de comienzos del s. XX.*

cantándose por las gitanas y las figuras femeninas en general, que constituyen lo más característico de su producción. En 1897 expuso en París con cierto éxito y, a partir de 1910, gozó del reconocimiento general. Su pintura, de trazo firme, pincelada densa y pastosa y tonalidades rojizas, es plenamente representativa del modernismo. Se le deben también numerosos dibujos, de gran calidad, a carboncillo, sanguina y lápiz.

NOSTRADAMUS [Michel de Nôtre-Dame] *(Saint-Rémy-de-Provence, Francia, 1503-Salon, id., 1566) Médico y astrólogo francés.* Ejerció la medicina en el sur de Francia desde 1525 y se ganó cierto renombre entre la población gracias a un nuevo tratamiento aplicado a las víctimas de la peste, que al parecer resultó altamente eficaz. Hacia 1550 se trasladó a la población de Salon, donde empezó a redactar sus famosas *Centurias astrológicas* (1555), profecías apocalípticas escritas en cuartetos rimados, dotadas de un lenguaje ambiguo y esotérico que anunciaron diversos acontecimientos, entre ellos el fin del mundo, previsto para el año 3797. La reina Catalina de Médicis encargó a Nostradamus que redactara los horóscopos de sus hijos y su esposo Enrique II, lo cual contribuyó a extender la fama del astrólogo. Posteriormente, en 1560, Carlos IX lo nombró médico de la corte, puesto que desempeñó hasta su muerte.

NOVALIS [Friedrich Leopold von Hardenberg] *(Oberwiederstedt, actual Alemania, 1772-Weissenfels, id., 1801) Poeta alemán.* Nacido en el seno de una familia noble de Sajonia, recibió una educación pietista. Cursó los estudios de filosofía en Jena, donde tuvo como maestro a Schiller y conoció a Fichte, cuya filosofía idealista gravita sobre toda su obra. Tras su traslado a Leipzig en 1791 conoció a los hermanos Schlegel, y un año más tarde pasó a Wittenberg, donde ejerció la jurisprudencia y conoció a su prometida, la jovencísima Sophie von Kühn, cuya muerte, a causa de la tuberculosis (1797), le afectó profundamente. En sus *Himnos a la noche* (*Hymnen an die Nacht*, 1800), colección de poemas en prosa y verso, el poeta exalta la noche, identificada con la muerte, como el paso hacia la «vida verdadera», un renacimiento místico en la persona de Dios donde el reencuentro con su amada y con el conjunto del universo sería posible. En 1799 se convirtió en administrador de minas en Weissenfels, poco antes de su prematura muerte, también a causa de la tuberculosis. Su obra publicada en vida se limita a los *Himnos* y a dos series de *Fragmentos* (*Fragmente*) aparecidos en la revista *Athenäum* en mayo de 1798. El conjunto de su producción fue publicado a su muerte por Friedrich Schlegel y L. Tieck. Los *Fragmentos*, compuestos entre 1795 y 1800, comprenden una serie de apuntes, aforismos y comentarios breves sobre filosofía, estética y literatura, en los que expresa las principales inquietudes y concepciones teóricas del romanticismo. La angustia del poeta es provocada por la fractura que separa al sujeto del objeto, dentro de los estrechos límites fijados por el kantismo: la mediación conceptual falsea la unidad esencial de la vida, de la que participa el poeta, sin poder asirla ni expresarla jamás. El papel asignado al arte se acerca al de la religión, por cuanto tiene la misión de hacer visible aquella intuición absoluta, aunque en sus apuntes Novalis indica que tal acceso debe realizarse desde la autorrevelación del arte como mediación, como falsedad y, por tanto, como absoluta libertad creativa. La novela inconclusa *Los discípulos de Sais* (*Die Lehrlinge zu Sais*) presenta una visión alegórica de la naturaleza. También la novela *Enrique de Ofterdingen* (*Heinrich von Ofterdingen*) quedó en estado fragmentario, aunque una vez publicada se convirtió en paradigma del romanticismo. Novela de aprendizaje, el autor proyecta en ella las obsesiones que guiaron su propia vida. El protagonista debe salir al «exterior» para hallar su propia identidad, a través de los lugares comunes literarios del viaje y del enamoramiento.

NOVO, SALVADOR *(Ciudad de México, 1904-id. 1974) Escritor mexicano.* Se licenció en derecho y filosofía en la Universidad Nacional. En 1925 fue nombrado jefe del departamento editorial de la Secretaría de Educación Pública, y más tarde, jefe del Departamento de Teatro del Instituto Nacional de Bellas Artes. Ejerció una intensa labor docente y escribió varios volúmenes sobre educación. Cultivó casi todos los géneros literarios, si bien destacó especialmente en el ámbito de la poesía y la dramaturgia. En-

«El poeta es un mago que puede transformar las cosas en pensamientos y los pensamientos en cosas; al fin todo será poesía.»

Novalis

▲ *Novalis es quizás el mayor representante de la literatura romántica alemana, tan sólo superado por el excepcional Goethe.*

tre su producción poética, impregnada de una vocación nacionalista que buscaba definir los valores de la mexicanidad mediante los recursos propios de la vanguardia artística de su época, figuran los libros *XX poemas* (1925), *Nuevo amor* (1933), *Espejo* (1933) y *Florido laude* (1945). Entre sus piezas teatrales destacan *Don Quijote* (1947) y *La culta dama* (1951). Cultivó además el ensayo y la crónica. En 1967 recibió el Premio Nacional de Literatura.

NUNES, PEDRO [Petrus Nonius] *(Alcácer do Sal, Portugal, 1492-Coimbra, id., 1577) Matemático portugués.* Estudió en las universidades de Salamanca y Lisboa. Cosmógrafo de la corte lusa (1529), desde 1544 fue profesor de matemáticas de la Universidad de Coimbra, cargo en el que permanecería hasta su muerte. De origen hebreo, logró eludir las persecuciones de la Inquisición gracias al renombre que había alcanzado como científico. Escribió obras de astronomía, álgebra y geografía. En su obra *De crepusculis liber unus* (1542) describió detalladamente un dispositivo (denominado *nonius* o nonio en su honor) que permitía, con la ayuda de un astrolabio, leer fracciones de grado no indicadas en la escala de los instrumentos astronómicos y topográficos. El nonio, tal como se conoce en su forma actual, fue realizado por Pierre Vernier.

NÚÑEZ, RAFAEL *(Cartagena de Indias, Colombia, 1825-id., 1894) Político colombiano.* Representante del Partido Liberal, fue elegido presidente de la República en 1880. Durante su gestión, y como consecuencia del desorden imperante, cambió su orientación política, y en su segunda legislatura, iniciada en 1884, abandonó las filas liberales para fundar el Partido Nacional. Esta nueva agrupación política propugnó una regeneración nacional de carácter conservador. En 1886, un consejo de delegados prorrogó sus funciones presidenciales hasta 1892, aunque fue Carlos Holguín quien ejerció el poder ejecutivo. Durante su administración restableció relaciones oficiales con España y promulgó una nueva Constitución de carácter unitario. La inestabilidad política de la época condujo al país a una guerra civil en 1885, en la que triunfaron las fuerzas del gobierno frente a los liberales insurrectos. Núñez fue elegido de nuevo presidente en 1892, pero delegó el poder en su vicepresidente, Miguel Antonio Caro.

NÚÑEZ DE ARCE, GASPAR *(Valladolid, 1834-Madrid, 1903) Escritor español.* Miembro de la Unión Liberal, fue gobernador de Logroño y diputado por Valladolid. Tras pasar un tiempo confinado en Cáceres por orden de Narváez, se trasladó a Barcelona, donde fue nombrado gobernador civil durante la Revolución de 1868. Instalado de nuevo en Madrid, en 1871 se afilió al partido de Sagasta y fue, sucesivamente, consejero de Estado, secretario de la presidencia y ministro de Ultramar. Aunque cultivó también el teatro (*El haz de leña*, 1872), destaca por su obra poética, en la que abordó los problemas de la época expresando sus propias ideas políticas y religiosas. Exponente junto a Campoamor del llamado «prosaísmo poético», entre sus obras destacan: *Gritos de combate* (1875), *El vértigo* (1879), *La visión de fray Martín* (1880), *La pesca* (1884) y *Maruja* (1886).

NÚÑEZ DE BALBOA, VASCO DE → Balboa, Vasco Núñez de.

NÚÑEZ DE CÁCERES, JOSÉ *(Santo Domingo de Guzmán, Haití, 1772-?, México, 1846) Político dominicano.* Entre 1801 y 1815 fue rector de la Universidad de Santo Tomás. En 1801, Toussaint Louverture, el líder negro de Haití, ocupó Santo Domingo y unificó el gobierno de toda La Española. Sin embargo, los criollos nunca llegaron a aceptar la dominación haitiana y se rebelaron, con la ayuda de los británicos. Núñez encabezó la lucha, y tras una exitosa campaña los dominicanos proclamaron, el 30 de noviembre de 1821, la independencia de la zona occidental, con el nombre de Haití español. Núñez fue elegido presidente, pero un año más tarde el gobernador del Haití francés, Boyer, reconquistó Santo Domingo. Ante la impasibilidad de los jefes continentales, Núñez se vio obligado a huir del país, y los dominicanos no alcanzaron la independencia definitiva hasta 1865.

NUREIEV, RUDOLF *(entre el lago Baikal e Irkutsk, URSS, 1938-París, 1993) Bailarín y coreógrafo soviético, nacionalizado británico.* Nacido en un tren, inició su carrera en 1955, año en que ingresó en el teatro Kirov de Leningrado para convertirse muy pronto en el primer bailarín de la compañía. A partir de 1961 residió alternativamente en varios países de Europa Occidental y actuó en las mejores compañías del mundo al lado de estrellas como Margot Fontayn, con quien constituyó una de las parejas de baile más aclamadas de todos los tiempos. Su prodigiosa técnica le permitió abordar un amplio repertorio, aunque destacó, sobre todo, en el gran ballet tardorromántico. Coreógrafo de sorprendente originalidad, sus trabajos se distinguen por lo espectacular de su concepción: *La bayadera*, con música de Minkus; *El lago de los cisnes* de Chaikovski, *Romeo y Julieta* de Prokofiev.

NURMI, PAAVO, llamado *el Finlandés Volador (Turku, Finlandia, 1897-Helsinki, 1973) Atleta finlandés.* Introdujo diversas innovaciones en el método de entrenamiento que le dieron excelentes resultados: a lo largo de su carrera batió 29 récords del mundo y consiguió doce medallas olímpicas (nueve de oro y tres de plata). En 1920 se proclamó campeón olímpico de los 10 000 metros, distancia que la federación de su país no le permitió correr en París en 1924. Sin embargo, Nurmi protagonizó una verdadera hazaña al proclamarse vencedor en las distancias de 15 000 y 5 000 metros con un intervalo de sólo 90 minutos entre ambas pruebas, de las que además batió el récord mundial. Obtuvo así mismo la medalla de oro en las pruebas de 3 000 metros individual y por equipos y en los 10 000 de cros individual, pruebas que han desaparecido del programa. Tras lograr varias medallas en los Juegos de 1928, en los de 1932 fue descalificado al considerársele profesional. Su última aparición ante la afición fue en los Juegos Olímpicos de Helsinki (1952), como portador de la antorcha.

NYERERE, JULIUS *(Butiama, actual Tanzania, 1922-Londres, 1999) Político tanzano.* Hijo de un jefe tribal, cursó estudios en Uganda y en el Reino Unido, donde se licenció en historia y ciencias económicas por la Universidad de Edimburgo en 1952. Este año regresó a su país, donde ejerció como profesor e ingresó en la Unión Africana Nacional de Tanganika (TANU), movimiento político independentista del que en 1953 fue nombrado presidente, cargo desde el que negoció con la ONU y el gobierno británico el proceso hacia la independencia. Ésta fue concedida por Londres en 1960, tras lo cual Nyerere fue elegido primer ministro y, a partir de 1962, presidente. En 1964, tras la unión de Tanganika y Zanzíbar, se convirtió en presidente de Tanzania. Durante su mandato, para el que fue sucesivamente reelegido y que alargó hasta 1985, fecha en que dimitió, dirigió el Chama Cha Mapinduzi, partido único, y estableció relaciones con la URSS y China, al tiempo que lideraba el movimiento contra el apartheid en Sudáfrica y se oponía al general golpista ugandés Idi Amin.

▲ Gaspar **Núñez de Arce** mantuvo en su obra literaria un estrecho compromiso con la época que le tocó vivir.

▲ Paavo **Nurmi** enciende la antorcha en los Juegos Olímpicos de Helsinki, en la que fue su última aparición en las pistas de atletismo, comparecencia simbólica porque por entonces estaba ya retirado de la competición.

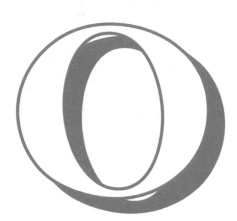

O

OBANDO, JOSÉ MARÍA *(Caloto, actual Colombia, 1795-Cruz Verde, id., 1861) Político colombiano.* Antiguo oficial del ejército realista, en 1822 se pasó a las filas independentistas. En los años siguientes se alzó contra las dictaduras de Bolívar y Urdaneta, para restablecer en 1831 el gobierno liberal, en el que ocupó diversos cargos. En 1836 se sublevó contra el presidente Márquez, pero fue derrotado y tuvo que huir del país. A su regreso, en 1850, fue nombrado gobernador de Cartagena y tres años más tarde accedió a la presidencia. Durante su mandato, el Partido Liberal draconiano, representante de los intereses de artesanos y agricultores, planteó al Parlamento la exigencia de un arancel aduanero para proteger la industria nacional. La mayoría parlamentaria, dominada por los comerciantes, se opuso, y ello provocó un movimiento militar y artesano encabezado por el general José María Melo. Se ofreció la jefatura del movimiento a Obando, pero éste la rechazó por lealtad a las instituciones. Finalmente triunfó la burguesía comerciante, lo cual comportó el destierro de Melo y la destitución de Obando el 4 de abril de 1855. Después de varios años de exilio, regresó para luchar contra Ospina y murió en combate.

OBREGÓN, ALEJANDRO *(Barcelona, Colombia, 1920-Cartagena, id., 1992) Pintor colombiano.* En su juventud viajó por España, el Reino Unido y Estados Unidos, países donde se formó como pintor. Tras vivir en Francia durante cinco años (1949-1954) volvió a Colombia y se estableció en Cartagena. Gracias a él el expresionismo figurativo adquirió un gran auge en Colombia a partir de los

▼ Detalle de ***Memoria de Grecia,*** obra de madurez de Alejandro **Obregón** Colección del Banco de Colombia, Bogotá.

años cincuenta. En 1958 le fue concedido el primer premio en la Bienal Hispanoamericana en Madrid, y en las décadas siguientes recibió multitud de premios, así como varias condecoraciones por su obra, entre ellas la Orden de San Carlos (1970) y la Cruz de Boyacá (1992). Entre lo más conocido de su producción cabe destacar *Máscaras* (1952), *Homenaje a Zurbarán* (1962), *Violencia* (1963), *Flora* (1966), *Anunciata en verde* (1970), y *Sortilegio de luna* (1985).

OCAMPO, HERMANAS; VICTORIA *(Buenos Aires, 1891-id., 1979)* y **SILVINA** *(Buenos Aires, 1909 -id., 1993) Escritoras argentinas.* Victoria ejerció una importante influencia en el desarrollo de los movimientos culturales en su país desde su puesto de directora de la revista *Sur*, fundada por ella misma en 1931. Fue la primera mujer miembro de la Academia Argentina de Letras. Entre sus obras, en su mayoría ensayos de crítica literaria, cabe citar *De Francesca a Beatrice* (1924), *La mujer y su expresión* (1936) y *La bella y sus enamorados* (1964). Su hermana Silvina, esposa del escritor Adolfo Bioy Casares, formó parte de la llamada generación de 1940. Su producción incluye poesía, ensayo, teatro y relatos, pero son estos últimos los que le han valido un mayor reconocimiento de la crítica y el público. Introduce en ellos abundantes elementos procedentes de la literatura fantástica, y ofrecen una visión irónica y a veces mordaz de las maneras y costumbres de la sociedad. Sus relatos han sido reunidos en diversos volúmenes, entre los cuales cabe citar *Autobiografía de Irene* (1948), *Las invitadas* (1961), *El pecado mortal* (1966) y *Los días de la noche* (1970).

OCCAM u **OCKHAM, GUILLERMO DE**, llamado *Doctor Invincibilis (Surrey, Inglaterra, h. 1285-Munich, h. 1348) Filósofo y teólogo franciscano inglés.* Su doctrina teológica generó abundante polémica en su época, a pesar de lo cual se sabe muy poco de su vida. Sus comentarios a las *Sentencias* de Pedro Lombardo suscitaron el rechazo de varios teólogos de la Universidad de Oxford, donde era profesor. El papa Juan XXII le llamó en 1324 a Aviñón, donde se abrió un proceso contra él; sin embargo, fue su postura en el debate sobre la pobreza, abierto por la orden franciscana, la que provocó que fuera finalmente excolmulgado en 1328, año en que se unió a los franciscanos «espirituales». A partir de este momento, su situación se complicó todavía más al tomar partido por el emperador Luis de Baviera en el enfrentamiento entre éste y el Papa, a quien Occam llegó a tratar de herético tras estudiar ciertas afirmaciones teológicas suyas. La muerte de Juan XXII tampoco significó su reconciliación con la Iglesia. Guillermo de Occam es conocido sobre todo por ser el fundador del nominalismo, postura filosófica que niega la existencia real de los «universales, es decir, los términos abstractos que se aplican a más de un particular. De ahí proviene su famosa exigencia de no multiplicar innecesariamente los objetos, conocida como la navaja de Occam. Su insistencia en el empirismo le llevó a afirmar que las verdades de fe no son demostrables, ni siquiera la existencia de Dios, y son, por tanto, una pura cuestión de fe. En el terreno de la ética, rompió con casi todas las interpretaciones escolásticas anteriores, basadas en Aristóteles, al considerar que no existía nada que fuera «bueno en sí», sino que lo bueno se definía únicamente por la voluntad de Dios. Aplicó al hombre el mismo voluntarismo radical.

OCHOA, SEVERO *(Luarca, España, 1905-Madrid, 1993) Bioquímico y médico español, nacionalizado estadounidense.* Tras completar sus estudios en Málaga, ciudad a la que se trasladó su familia al fallecimiento del padre (1912), cursó estudios de medicina en la Universidad Complutense de Madrid, donde formó parte del equipo de internos de la cátedra del doctor Juan Negrín, y en 1927 ingresó en la Residencia de Estudiantes. En dicha universidad, donde fue alumno así mismo de Hernández Guerra, Grande y Jiménez Díaz, obtuvo el doctorado en medicina en el

> *«Tú defiéndeme con la espada que yo te defenderé con la pluma.»*
>
> Guillermo de Occam

▲ *Guillermo de **Occam** en una pintura del s. XIV. Lo atrevido de sus doctrinas le impidió acceder al grado de maestro, pese a enseñar mucho tiempo en la Universidad de Oxford.*

▼ *El bioquímico español Severo **Ochoa** junto a la princesa Margarita de Suecia en el acto de concesión de los Premios Nobel de 1959.*

año 1929. Se le concedieron diversas becas de la Junta de Ampliación de Estudios que le permitieron ir a Glasgow, Heidelberg, Berlín y Londres. Ocupó los cargos de profesor auxiliar de fisiología (Madrid, 1931), jefe de la sección de fisiología (Instituto de Investigaciones Médicas, 1935) y ayudante de investigación del Kaiser Wilhelm Institut (Heidelberg, 1936), donde colaboró con Meyerhof. Trabajó en el Laboratorio Biológico de la Marina Británica (Plymouth, 1937) y fue ayudante de bioquímica en la Universidad de Oxford (1938), donde llevó a cabo diversos estudios relativos a la vitamina B_1. Desde su llegada a Estados Unidos, trabajó en la Escuela de Medicina de la Universidad de Washington, y en 1941, estimulado por su esposa, inició una carrera de investigación independiente y aceptó una beca para desarrollar su labor como investigador asociado en la Facultad de Medicina de la Universidad de Nueva York, de la que fue nombrado, en 1946, catedrático y director del departamento de farmacología. Desde 1954, y hasta su jubilación, fue profesor y jefe del departamento de bioquímica de la citada universidad. Su principal logro fue la consecución de la síntesis del ácido ribonucleico (ARN) a partir de una base de nucleótidos y por medio de la acción de la enzima polinucleótido-fosforilasa, que consiguió obtener a partir de células bacterianas. Por su descubrimiento, que llevó a cabo en el marco de sus investigaciones sobre las reacciones en los fosfatos y que dio a conocer ese mismo año, fue galardonado con el Premio Nobel de Fisiología y Medicina de 1959, que compartió con su antiguo alumno (por aquel entonces profesor de bioquímica en la Universidad de Stanford) el estadounidense Arthur Kornberg. Se le concedió también, en 1982, el Premio Ramón y Cajal en su primera convocatoria, honor que compartió con su amigo el filósofo Xavier Zubiri. En 1986, a raíz de la muerte de su esposa, Carmen García Cobián, decidió no volver a publicar ningún otro trabajo científico y poner fin así a su brillante carrera.

OCTAVIO AUGUSTO → Augusto.

O'DONNELL, LEOPOLDO *(Santa Cruz de Tenerife, 1809-Biarritz, Francia, 1867) Militar y político español.* De ascendencia irlandesa, su padre fue gobernador militar de Valencia y nieto del primer conde de La Bisbal. Ingresó en infantería y participó en la Primera

Guerra Carlista del lado de los liberales. Su valor y su dedicación le valieron un ascenso rápido: a los veintisiete años ya era general. Combatió en Hernani y en Fuenterrabía, participó luego en la defensa de San Sebastián y por último venció a los carlistas en Oyarzun y en Lucena. A raíz de este último éxito, recibió el título de conde de Lucena y fue nombrado capitán general de Valencia. Más tarde, ayudado por Espartero, expulsó a los carlistas del Maestrazgo. En 1841 se rebeló contra Espartero y, partidario de los moderados, participó con éstos en una conspiración para secuestrar a la reina. Fracasado este complot, tuvo que huir a Francia, desde donde, con la ayuda de Narváez y de la reina madre, conspiró contra el regente. Cuando éste fue depuesto, regresó a España y fue designado capitán general de Cuba, cargo que desempeñó durante cinco años. Tras su regreso a España, se opuso, junto con otros generales, a los gobiernos conservadores de Bravo Murillo y del conde de San Luis. Participó en la sublevación de Vicálvaro, que propició la instauración de un gobierno dirigido por Espartero y en el que O'Donnell ocupó la cartera de Guerra. Se inició de esta manera el Bienio Progresista. Durante el tiempo que estuvo al frente del ministerio de Guerra, fundó su propio partido, la Unión Liberal. En 1856 accedió a la presidencia del gobierno, en la que se mantuvo durante cinco años, salvo un breve paréntesis. Durante su mandato se llevaron a cabo las acciones más representativas del bienio liberal, como la cancelación del proceso de desamortización, la restitución de la Constitución de 1845 o la construcción de la presa de Tetuán, que le granjeó aún más prestigio y el título de duque de Tetuán. Pero, apenas un año más tarde, la presión de los moderados, apoyados discretamente por Isabel II, le obligó a dejar el poder. Pese a todo, la reina lo repuso en su anterior cargo al comprobar que la crisis política no se resolvía. Solucionada la situación, la soberana lo destituyó del cargo y lo reemplazó por Narváez. Este hecho indignó a O'Donnell, que decidió retirarse a Biarritz, donde murió un año más tarde.

▲ *El general Leopoldo O'Donnell, en un grabado de la época. En 1854 protagonizó un levantamiento (la vicalvarada) que significó la caída del gobierno del conde de San Luis e inauguró el comienzo del llamado Bienio Progresista.*

OÉ, KENZABURO *(Ose, Japón, 1935) Escritor japonés.* Tras estudiar en la Universidad de Tokio, en 1958 ganó el Premio Akutagawa por el relato *La presa*, ambientado en la Segunda Guerra Mundial, tema recurrente de sus siguientes novelas. El nacimiento de un hijo retrasado mental y su visita a Hiroshima provocaron un cambio notable en su vida, que le movió a escribir *Una cuestión personal* (1964) y *El grito silencioso* (1967), dos de las obras más celebradas del autor, de marcado carácter existencialista. Mediante una prosa trabajada y rigurosas referencias intelectuales, Oé abordó también cuestiones relacionadas con la actualidad de un país altamente modernizado como Japón, recogiendo la problemática ecológica y nuclear. Su ingente obra contiene diversos títulos de interés, como la trilogía *El árbol verde en llamas*, completada en 1995, un año después de haber sido galardonado con el Premio Nobel de Literatura.

OERSTED, HANS CHRISTIAN *(Rudkobing, Dinamarca, 1777-Copenhague, 1851) Físico y químico danés.* Fue consejero de Estado (1828), director de la Escuela Politécnica de Copenhague (1829) y miembro de la Academia de Ciencias de París. Bajo la influencia de la filosofía romántica de la naturaleza, uno de cuyos principios fundamentales era la unidad de todas las fuerzas físicas, buscó las conexiones entre el magnetismo y la electricidad. Oersted consiguió demostrar tal relación, de un modo muy intuitivo, en 1820: su experimento puso de manifiesto la producción de cam-

▶ *El novelista japonés Kenzaburo Oé muestra la placa del Premio Nobel de Literatura, que le fue concedido en 1994.*

◄ *Grabado que recoge el momento del descubrimiento, por parte de Hans **Oersted**, del electromagnetismo, al observar la interacción entre una corriente eléctrica y la dirección de una aguja imantada.*

pos magnéticos por parte de los conductores al ser atravesados por una corriente. Las consecuencias de tal descubrimiento, que evidenciaba además la existencia de una fuerza completamente distinta del tipo de las que estaban en la base de la gravitación newtoniana, serían desarrolladas más adelante por André-Marie Ampère. Oersted fue también el primero en aislar el elemento químico aluminio (1825).

OFFENBACH, JACQUES *(Colonia, Alemania, 1819-París, 1880) Compositor y violoncelista francés de origen alemán.* La opereta francesa tiene en Offenbach a su representante más universal. De origen judío, se había iniciado en la práctica musical como violoncelista. Con el fin de ampliar sus estudios del instrumento, en 1833 marchó a París, ciudad en la que iba a desarrollar toda su carrera. Alumno del Conservatorio, se ganaba la vida tocando el violoncelo en distintas orquestas teatrales, antes de iniciar una corta carrera como solista a partir de 1838. Director y empresario de varios teatros, entre ellos el de los Bouffes-Parisiens, fundado por él mismo en 1855, su consagración como compositor llegó en 1858 con *Orphée aux enfers*, opereta a la que siguió en 1864 *La belle Hélène*. *La vie parisienne* (1866), *La Périchole* (1868) y *Les Brigands* (1869) son algunos otros de sus títulos más célebres. Los últimos años de su vida los pasó trabajando sobre una ópera de argumento serio, *Los cuentos de Hoffmann*, que no llegó a ter-

▼ *Retrato de Jacques **Offenbach**, el mayor compositor francés de opereta. La obra cumbre de su producción es la adaptación musical de* Los cuentos de Hoffmann.

minar. Completada por Ernest Guiraud y estrenada en 1881, es considerada su obra maestra.

O'HIGGINS, AMBROSIO *(Ballenary, actual Irlanda, 1720-Lima, 1801) Militar y político español de origen irlandés.* Emigrado a España en 1749, permaneció un tiempo en la ciudad de Cádiz dedicado al comercio, y más tarde partió hacia América. Inicialmente se estableció en Perú, también como comerciante, aunque en 1761 se trasladó a Chile. Allí trabajó en la construcción de un paso entre Santiago y Mendoza y en los proyectos de fortificación de Valdivia. Hombre de cualidades excepcionales, ingresó en el ejército y en pocos años ascendió notablemente en el escalafón militar: en 1773 obtuvo el grado de comandante de caballería y, en 1777, a propuesta del virrey Amat, el de coronel de dragones. Sus notables dotes políticas y administrativas se pusieron de manifiesto en su actuación como gobernador y capitán general de Chile (1788). Durante los ocho años de su mandato imprimió un sello reformista e ilustrado a su labor, y desarrolló una importante tarea en el desarrollo económico y comercial de la región. Así, introdujo el Consulado o Tribunal de Comercio para regular el tráfico y mejoró el sistema fiscal. En 1791 terminó de forma definitiva con el sistema de las encomiendas, que estaba en crisis desde hacía muchos años. Buscó la mejora de las relaciones con los indígenas y fundó nuevas ciudades. Nombrado virrey del Perú en 1796, desempeñó hasta 1800 el cargo, desde el cual continuó ejerciendo una buena administración, muy centrada en el fomento de las obras públicas. Se preocupó en especial por la facilidad y la seguridad del comercio, a través de la remodelación de los puertos para su mejor defensa y la construcción de nuevas vías de comunicación, tal como demuestra la nueva calzada que impulsó entre Lima y El Callao. También durante su virreinato se produjo la invasión de las islas Galápagos.

O'HIGGINS, BERNARDO *(Chillán, Chile, 1778-Lima, 1842) Político y militar chileno.* Hijo natural de Ambrosio O'Higgins, gobernador de Chile y virrey del Perú (1796-1800), y de Isabel Riquelme, perteneciente a la aristocracia chilena, a los doce años de edad fue enviado a Lima para cursar el bachillerato. Una vez terminado se trasladó a España, y a los diecisiete años a Londres, para proseguir su educación. En la capital británica, sobre todo a partir de su amistad con Francisco Miranda, ideólogo de la independencia de

Iberoamérica, entró en contacto con la francmasonería y con los círculos de exiliados iberoamericanos que desde el exterior organizaban la resistencia a la colonización española. En 1799 regresó a España y tras la muerte de su padre, acaecida en 1801, volvió a Chile para hacerse cargo de una explotación agrícola recibida en herencia. Tras unos años dedicado a la agricultura, volvió a comprometerse políticamente, primero como alcalde de Chillán (1804) y luego al ingresar en la Junta local establecida, a imagen y semejanza de las españolas, a partir de la invasión napoleónica y el exilio de Fernando VII. La victoria en Linares (1813) frente al general Pareja le valió ser nombrado general en jefe del ejército chileno. Poco después, sin embargo, fue derrotado por las fuerzas monárquicas, hecho que facilitó la reconquista española y el exilio en Argentina de O'Higgins y gran parte de la cúpula militar y política chilena. En febrero de 1817, acompañado del general José de San Martín, partió para Chile para enfrentarse al contingente español. Fue derrotado, pero la victoria de Rodríguez Erdoiza frente a los españoles le permitió recuperarse y participar en la definitiva batalla de Maipú (marzo de 1818), que significó la victoria de los independentistas. Tras ella, O'Higgins se convirtió en el hombre fuerte del país, suprimió las libertades y mandó fusilar a sus principales rivales políticos. El fusilamiento de los hermanos Carrera y el asesinato de Rodríguez Erdoiza motivó un fuerte descenso de su popularidad. Ello, unido al rechazo a su política por parte de la Iglesia y los sectores más conservadores, facilitó su caída, producida tras el levantamiento del general Ramón Freire en agosto de 1823. Apartado del poder, se exilió en Perú, donde residió hasta su muerte.

OHM, GEORG SIMON (*Erlangen, actual Alemania, 1789-Munich, 1854*) *Físico alemán.* Descubridor de la ley de la electricidad que lleva su nombre, según la cual la intensidad de una corriente a través de un conductor es directamente proporcional a la diferencia de potencial entre los extremos del conductor e inversamente proporcional a la resistencia que éste opone al paso de la corriente. Designado profesor de matemáticas del colegio jesuita de Colonia en 1817, diez

▲ *El físico Georg* **Ohm** *contribuyó notablemente al estudio de la electricidad.*

▼ *David* **Oistrakh**, *uno de los grandes violinistas y directores de orquesta del s. XX.*

años más tarde publicó aspectos más detallados de su ley en un artículo titulado *Die galvanische Kette, mathematisch bearbeitet* (*El circuito galvánico investigado matemáticamente*), que, paradójicamente, recibió una acogida tan fría que lo impulsó a presentar la renuncia a su cargo en el colegio jesuita. Finalmente, en 1833 aceptó una plaza en la Escuela Politécnica de Nuremberg. A partir de esta época, su labor comenzó a ser justamente valorada, hasta llegar a recibir la medalla Copley de la Royal Society de Londres, en 1841, y ser elegido miembro de la misma al cabo de un año. En honor a su labor, la unidad de resistencia eléctrica del sistema internacional lleva su nombre (ohm).

OISTRAKH, DAVID, llamado *el Rey David* (*Odessa, Rusia, 1908-Amsterdam, 1974*) *Violinista y director de orquesta ruso.* Uno de los mayores virtuosos del violín del siglo XX, se dio a conocer en la Unión Soviética en 1927, interpretando en Kiev el *Concierto de violín* de Glazunov, con el propio autor a la batuta. Su consagración internacional no llegaría, sin embargo, hasta diez años más tarde, cuando se hizo con el primer premio en el prestigioso Concurso Eugène Ysaÿe de Bruselas. Su estilo sincero y de una intensa expresividad, aunque fiel a lo escrito en la partitura, le hizo brillar en todo tipo de repertorios, desde el barroco hasta el contemporáneo, además de motivar a los mejores compositores de su país, entre ellos Prokofiev, Shostakovisch, Khachaturian y Kabalevski, a escribir obras para él. A partir de 1962, Oistrakh alternó la práctica del violín con la dirección de orquesta. Su hijo Igor Oistrakh (1931) también ha llevado a cabo una espléndida carrera como solista del mismo instrumento músico.

OJEDA, ALONSO DE (*Cuenca, actual España, h. 1468-Santo Domingo, actual República Dominicana, 1515*) *Navegante y conquistador español.* En 1493 se embarcó con Colón en su segundo viaje y, durante la exploración de La Española, hizo prisionero al caudillo caribe Caonabó. De regreso a España, organizó una expedición en 1499, junto a Juan de la Cosa y Américo Vespucio, a las islas de Trinidad y Margarita, en la cual descubrió Curaçao y el golfo de

Maracaibo. Para su siguiente expedición, en 1502, contó con la colaboración de los mercaderes Juan de Vergara y García de Ocampo, pero las divergencias entre éstos y el propio Ojeda acabaron con su confinamiento en La Española. Una vez conseguida la libertad, recibió el nombramiento de gobernador de Nueva Andalucía en 1508 y, desde La Española, organizó una nueva expedición que volvió a fracasar, y en la que perdió la vida Juan de la Cosa en un enfrentamiento con los indígenas. Tras ésta, Ojeda no volvió a dirigir ninguna otra expedición.

OLID, CRISTÓBAL DE *(Baeza o Linares, España, 1488-Naco, actual Honduras, 1524) Conquistador español.* Nombrado maestre de campo de Ulúa, sobrevivió a la Noche Triste de Tenochtitlán, tras lo cual peleó en Otumba y sometió muchos pueblos cercanos a la capital del actual México. En 1523 fue enviado por Hernán Cortés al golfo de Honduras, con la misión de ocupar el territorio y de buscar un paso hacia el Pacífico. Al llegar a Cuba, Olid traicionó a Cortés, se alió con su enemigo Diego Velázquez y se erigió en jefe independiente. En 1524 desembarcó en Puerto Caballos, en Honduras, y Cortés, enterado de su traición, envió contra él a Francisco de las Casas. Esta ofensiva resultó fallida y De las Casas fue hecho prisionero. Cortés creyó entonces necesario resolver el asunto personalmente, e inició una expedición a Las Hibueras, cruzando la península de Yucatán a través de tierras inhóspitas. Mientras tanto, Olid combatió contra González Dávila, a quien también derrotó y encarceló. Cortés llegó a su destino con el ejército maltrecho por el viaje, y se encontró con que Olid había sido ajusticiado a raíz de una confabulación entre Dávila y De las Casas.

OLIVARES, CONDE-DUQUE DE [Gaspar de Guzmán y Pimentel] *(Roma, 1587-Toro, España, 1645) Político español.* Hijo de Enrique de Guzmán y Conchillos, consejero de Estado y virrey de Nápoles, se propuso en su juventud consagrarse a la Iglesia, pero la muerte prematura de sus dos hermanos mayores le supuso heredar el mayorazgo y el título de conde de Olivares, al que posteriormente añadió el ducado de Sanlúcar

▲ *Arriba, retrato ecuestre del conde-duque de* **Olivares** *pintado por Diego Velázquez. Sobre estas líneas, portada del tratado* Política de Dios y gobierno de Cristo, *dedicado por Quevedo al omnímodo Olivares.*

la Mayor. Descartó, pues, la carrera eclesiástica, si bien conservó ciertos privilegios a efectos del cobro de la renta. Tras cursar estudios en la Universidad de Salamanca, de la cual llegó a ser rector, fue nombrado gentilhombre de cámara del futuro Felipe IV de Castilla, cargo desde el cual supo ganarse la confianza del entonces príncipe. Así mismo, su matrimonio con Isabel de Velasco, dama de la corte, le supuso el espaldarazo definitivo para iniciar su larga carrera en la Administración del Estado. En 1621, Felipe IV subió al trono y nombró primer ministro a Baltasar de Zúñiga, tío de Olivares. Fallecido Zúñiga, en 1622, fue reemplazado por su sobrino, quien ocupó el cargo durante los veintidós años siguientes, a pesar de los numerosos conflictos y enfrentamientos personales en los que se vio envuelto, en especial varias acusaciones de corrupción y tráfico de influencias derivados del continuo nombramiento de familiares y allegados para el desempeño de altos cargos del Estado. En líneas generales, su acción de gobierno estuvo centrada sobre todo en cuestiones de política exterior, si bien también participó en política interior gracias a su control casi absoluto de todas las cuestiones estatales. Para ello consiguió añadir a su cargo de consejero de Estado la facultad de intervenir, por lo general en calidad de presidente, en todos los consejos y juntas del reino. En lo referente a política internacional, reanudó la guerra en las Provincias Unidas –las cuales rechazaron su intento centralizador–, intervino en Italia, en la guerra de sucesión de Mantua, y llevó a Castilla a la guerra de los Treinta Años. Todo ello acabó por desacreditarlo políticamente, y en 1640 debió hacer frente a la ruptura de los lazos de unión entre Portugal y la monarquía hispánica (diciembre) y a la revuelta catalana de aquel mismo año (*guerra dels Segadors*), al tiempo que veía cómo la élite criolla iberoamericana le retiraba su confianza por ser incapaz de garantizar su protección, hecho que a la postre facilitó su progresivo distanciamiento de la Corona española. Todos estos detractores, entre los que también se incluían la reina Isabel y sectores influyentes de la Iglesia, acabaron por convencer al monarca de la necesidad de prescindir de sus servicios y, muy a su pesar, en 1643 Felipe IV se vio obligado a destituirlo de su cargo y enviarlo al exilio en Toro, población donde Olivares escribió *Nicandrio*, panfleto de intenciones que no fue atendido, poco antes de fallecer.

OLIVEIRA SALAZAR, ANTÓNIO (*Santa Comba Dao, Lisboa, 1889-id., 1970*). *Estadista portugués.* Curso estudios de economía en la Universidad de Coimbra, en la que posteriormente fue profesor de dicha disciplina. Después de una corta experiencia parlamentaria, fue nombrado ministro de finanzas (1928), desde cuyo cargo consiguió estabilizar el fluctuante valor del escudo, mediante la aplicación de austeras medidas económicas. Posteriormente, fue presidente del consejo de ministros, y dirigió el ministerio de la Guerra y el de Asuntos Exteriores. Consiguió modificar la Costitución de modo que incrementaba el poder presidencial. En 1940 firmó un concordato con la Santa Sede que otorgaba a la Iglesia una posición privilegiada. En 1942 suscribió con el general Franco el Pacto Ibérico, y durante cuatro décadas impuso un gobierno dictatorial. En 1968 sufrió una trombosis coronaria y, a consecuencia de ello, fue sustituido en la presidencia por Marcelo Caetano.

OLIVIER, SIR LAURENCE (*Dorking, Reino Unido, 1907-Londres, 1989*) *Actor, director y productor teatral y cinematográfico británico.* En 1924 ingresó en la Central School of Dramatic Art y en 1926 inició su carrera profesional como miembro del Birmingham Repertory Theatre Company, en donde permaneció hasta 1928. Tras interpretar varias obras de Shakespeare, en las cuales se consolidó como actor, ingresó en la compañía londinense Old Vic. Poco después se trasladó a Hollywood, donde participó en varias películas, como *Cumbres borrascosas* (1939), *Rebeca* (1939) y *Más fuerte que el orgullo* (1940). Al finalizar la Segunda Guerra Mundial, en la cual combatió, regresó a Londres para retomar las riendas de la Old Vic, compañía con la que viajó a Estados Unidos y junto a la que llevó a la escena y a la gran pantalla varias obras de Shakespeare, como *Hamlet*, que le valió un Oscar al mejor intérprete masculino y a la mejor película en 1949, y *Enrique V* (1945). En 1947 recibió el título de sir por su contribución al teatro y, en 1979, fue galardonado con otro Oscar por el conjunto de su carrera.

«Tenga Vuestra Magestad por el negocio más importante de su Monarquía el hacerse rey de España; quiero decir, Señor, que no se contente con ser rey de Portugal, de Aragón y de Valencia y conde de Barcelona, sino que trabaje y piense por reducir estos nervios de que se compone España al estilo y leyes de Castilla; que si Vuestra Magestad lo alcanza, será el Príncipe más poderoso de la Tierra.»

Gaspar de Guzmán y Pimentel, conde-duque de Olivares

▼ *Fotograma del filme* Hamlet *(1948) en el que aparece el actor británico sir Laurence* **Olivier** *en el papel principal.*

OLMEDO, JOSÉ JOAQUÍN (*Guayaquil, Ecuador, 1780-id., 1847*) *Político y poeta ecuatoriano.* Se doctoró en derecho y trabajó como profesor en las universidades de San Marcos de Lima y de Santo Tomás de Quito. Fue nombrado diputado a las Cortes españolas de Cádiz, y luchó tenazmente para conseguir la abolición del sistema de trabajo al que estaban sometidos los indígenas iberoamericanos. En 1814 se opuso al rey Fernando VII, negándole su autoridad mientras éste no reconociese la Constitución liberal de 1812. Obligado a huir de España tras el restablecimiento del régimen absolutista, regresó a Guayaquil, donde fue nombrado presidente de la Junta de Gobierno. Se opuso a la anexión de Ecuador a la Gran Colombia preconizada por Simón Bolívar. En 1822, a raíz de la invasión de la región de Pichincha por las tropas bolivianas, se exilió en Perú. Seis años después, regresó a Ecuador y promovió la secesión del país de la Gran Colombia. Participó en el Congreso de Riobamba, donde fue nombrado vicepresidente de la República, cargo del que dimitió por no compartir la dictadura de Flores. Posteriormente apoyó el gobierno liberal de Rocafuerte durante los cuatro años que éste estuvo en el poder. Tomó parte en la rebelión contra la segunda dictadura de Flores, dirigió el gobierno provisional y se presentó sin éxito a las elecciones presidenciales. Sus poemas más importantes fueron la oda *La Victoria de Junín* o *Canto a Bolívar* y *Oda al general Flores, vencedor en Miñarica.*

ONASSIS, ARISTÓTELES (*Esmirna, actual Turquía, 1906-París, 1975*) *Empresario y armador griego.* Hijo de unos acaudalados comerciantes de tabaco, su familia lo perdió prácticamente todo tras la invasión turca de su localidad natal. Por ese motivo emigró a Argentina, donde pronto organizó un fructífero negocio de importación de tabaco que le reportó pingües beneficios. Aprovechó la Gran Depresión para adquirir seis buques a muy bajo coste; en 1939 compró su primer petrolero. Sus siguientes grandes adquisiciones lo convirtieron en uno de los armadores más importantes del mundo. Sus negocios, empero, se extendieron también hacia el juego; en 1953 adquirió el casino de Montecarlo y sus servicios, compró varios hoteles y obtuvo una concesión del

◀ Aristóteles **Onassis**, importante armador griego que amasó una gran fortuna con intereses en todo el mundo.

Principado de Mónaco para que pudieran operar las líneas aéreas griegas, y desarrolló las más diversas actividades. Sus matrimonios con Tina Livanos y Jacqueline Kenedy, y la tempestuosa relación sentimental con María Callas, lo convirtieron en protagonista habitual de las portadas de los periódicos y las revistas del corazón.

O'NEILL, EUGENE (*Nueva York, 1888-Boston, 1953) Dramaturgo estadounidense.* Su padre era un conocido actor, por lo que creció en el ambiente del teatro. Una enfermedad prolongada durante su juventud lo convirtió en un voraz lector, y le decidió a abandonar su vida aventurera (había sido marino y buscador de oro) por la de escritor, para lo cual estudió arte dramático en Harvard. Tras escribir algunas obras de escasa difusión, *Más allá del horizonte* (1920) fue galardonada con el Premio Pulitzer y obtuvo un gran éxito en Broadway. Volvería a conseguir el Pulitzer en 1928, por *Extraño interludio,* obra en la que introduce la técnica del largo monólogo del protagonista, reflejo de su preocupación por la psicología humana y la motivación de las acciones. O'Neill fue el pri-

▼ El escritor uruguayo *Juan Carlos* **Onetti**, *cuya obra literaria ofrece una visión sombría de la vida en las grandes ciudades de nuestro tiempo.*

mer renovador de la escena estadounidense, a la que incorporó las corrientes realista-naturalista, simbolista y expresionista. Puede señalarse como la mejor de sus obras la trilogía *A Electra le sienta bien el luto* (1931), que convierte la guerra de Secesión en una nueva guerra de Troya, y en la que trata de adaptar las técnicas de la tragedia griega. En 1936 se le concedió el Premio Nobel de Literatura. Durante la década de 1940, aquejado de una enfermedad nerviosa, compuso con intermitencia diversas obras, en las que se centró en materias de carácter social y autobiográfico.

ONETTI, JUAN CARLOS (*Montevideo, 1909-Madrid, 1994) Escritor uruguayo, nacionalizado español.* En 1930 se trasladó por primera vez a Buenos Aires, donde publicó algunos cuentos e inició su actividad periodística. Cuatro años más tarde regresó a su país, y en 1939 se hizo cargo de la secretaría de redacción del semanario *Marcha,* dirigido por Carlos Quijano. Tras un segundo período en la capital argentina, en 1955 regresó a Montevideo para hacerse cargo de la dirección de las bibliotecas municipales. Fue encarcelado por algún tiempo por integrar un jurado que había premiado un cuento que no se ajustaba a los ideales del gobierno militar reinante. En 1975 decidió exiliarse en España. Sus primeras novelas, *El pozo* (1939) y *Tierra de nadie* (1941), presentan una visión sombría y desolada de la vida en las grandes urbes contemporáneas. Más tarde aparecieron *La vida breve* (1950), *El astillero* (1961) y *Juntacadáveres* (1965), sus mejores novelas, que retratan un mundo decadente repleto de personajes aislados y fracasados. El virtuosismo de su estilo, denso, moroso y esteticista, denota una clara influencia de William Faulkner. En sus obras ofrece un espectáculo pesimista que, al mismo tiempo, es visto con ironía y acaba por resultar tragicómico. Cultivó también el relato en *El infierno tan temido* (1962) y *Cuentos completos* (1974); otras obras suyas son *Para esta noche* (1943), *Los adioses* (1954), *La novia robada* (1968), *Dejemos hablar al viento* (1979), Premio de la Crítica española, en 1980, *Cuando entonces* (1987) y *Cuando ya no importe* (1993). En 1980 recibió el Premio de Literatura Miguel de Cervantes.

OPPENHEIMER, ROBERT *(Nueva York, 1904-Princeton, EE UU, 1967) Físico estadounidense.* Hijo de un inmigrante alemán que se enriqueció con la importación de productos textiles, se graduó en la Universidad de Harvard en 1925. Luego se trasladó al Reino Unido para investigar en el Cavendish Laboratory, dirigido por Ernest Rutherford. Invitado por Max Born a la Universidad de Gotinga, donde se doctoró en 1927, allí conoció a otros físicos eminentes como Niels Bohr o Paul Dirac. Tras una corta visita a las universidades de Leiden y Zurich, regresó a Estados Unidos para impartir clases de física en la Universidad de Berkeley y en el California Institute of Technology. En un principio centró su atención en los procesos energéticos de las partículas subatómicas, incluidos los electrones, positrones y rayos cósmicos. Pronto se involucró en asuntos políticos, preocupado por el auge del nazismo en Alemania. En 1936 se mostró partidario del bando republicano tras el estallido de la guerra civil española. Al heredar la fortuna de su padre, fallecido en 1937, no desaprovechó ninguna oportunidad de subvencionar diversas organizaciones antifascistas. Decepcionado por el comportamiento dispensado a los científicos por la dictadura estalinista, terminó por desligarse de las asociaciones comunistas a las que estuvo vinculado. En 1939, Albert Einstein y Leo Szilard advirtieron acerca de la terrible amenaza que suponía para la humanidad la posibilidad de que el régimen nazi fuera el primero en disponer de una bomba atómica. Oppenheimer empezó entonces a investigar tenazmente sobre el proceso de obtención de uranio-235 a partir de mineral de uranio natural, a la vez que determinaba la masa crítica de uranio requerida para la puesta a punto de la bomba. En 1942 se integró al Proyecto Manhattan, destinado a gestionar la investigación y el desarrollo por parte de científicos británicos y estadounidenses de la energía nuclear con fines militares. La sede central, el laboratorio secreto de Los Álamos, en Nuevo México, fue elegida por el propio Oppenheimer. Tras el éxito de la prueba efectuada en Alamogordo en 1945, dimitió como director del proyecto. Dos años después fue elegido presidente de la Comisión para la Energía Atómica estadounidense, cargo que ejerció hasta 1952. Un año más tarde, debido a sus antiguas vinculaciones ideológicas, fue víctima de la caza de brujas de McCarthy y se le destituyó de la presidencia de la Comisión. Los últimos años de su vida los dedicó a la reflexión sobre los problemas surgidos de la relación entre la ciencia y la sociedad.

▲ *Robert **Oppenheimer**, físico encargado de dirigir las pruebas nucleares estadounidenses con fines militares durante la Segunda Guerra Mundial.*

▼ *Grabado que refleja la lucha entre la expedición de Francisco de **Orellana** y una tribu de mujeres guerreras, episodio que inspiró el nombre de «río de las Amazonas».*

ORELLANA, FRANCISCO DE *(Trujillo, España, 1511-?, 1546) Explorador y conquistador español.* Primo de Francisco y de Gonzalo Pizarro, viajó a América Central a los diecisiete años, en la etapa más intensa de la expansión colonial española. Excelente conocedor del territorio americano y de varias lenguas amerindias, reforzó el ejército de Pizarro en Perú y le sirvió en múltiples campañas, en una de las cuales perdió un ojo. En 1538 fue nombrado gobernador de la provincia de la Culata, donde reconstruyó y repobló Santiago de Guayaquil, que había sido destruida por los indios. En 1541 supo de una expedición que organizaba Pizarro, gobernador de Quito, hacia el este, en busca del País de la Canela y El Dorado. Orellana también participó en esta campaña, y se reunió con Gonzalo Pizarro en el valle de Zumaco. Al cabo de un año, ante la falta de resultados de la búsqueda, Gonzalo Pizarro y Orellana construyeron un velero y siguieron los cursos de los ríos Coca y Napo hasta la confluencia de éste con el Aguarico y el Curaray, donde se encontraron faltos de provisiones. Acordaron entonces que Orellana prosiguiera en el barco en busca de alimentos. Sin embargo, abandonó a su suerte a su primo y se dirigió en busca de un camino por el norte hacia el mar. Al cabo de siete meses llegó a la desembocadura del Amazonas, y desde allí se dirigió a Nueva Cádiz (actual Venezuela), donde embarcó hacia España. Una vez en la corte, fue nombrado gobernador de las tierras que había descubierto, bautizadas

como Nueva Andalucía. En 1545, zarpó de Cádiz al mando de otra expedición que pretendía cubrir el trayecto en sentido inverso, desde la desembocadura del Amazonas hasta Quito. La iniciativa concluyó en desastre, ya que Orellana pereció en el intento junto a la mayoría de sus hombres.

ORIBE, MANUEL *(Montevideo, 1792-id., 1857) Militar y político uruguayo.* Participó en la Cruzada Libertadora de los Treinta y Tres Orientales (1825) que inició el proceso independentista de la Provincia Oriental. Fue ministro de Guerra y Marina en el primer gobierno uruguayo y presidente del segundo, a partir de 1835. Su legislatura se caracterizó por una austera gestión financiera y la adopción de disposiciones que aligeraron las cargas nacionales. En el orden administrativo, se promulgaron el primer Reglamento Consular y el Reglamento de Policía Sanitaria, y se creó la Junta de Higiene Pública. Oribe también se preocupó de la consolidación internacional de Uruguay. Sin embargo, su mandato estuvo marcado por el levantamiento de Fructuoso Rivera, en 1836, que lo derrotó en la batalla de Palmar, en 1838, tras lo cual se inició la Guerra Grande. Desde el exilio en Buenos Aires, Oribe reorganizó sus efectivos y en 1843 puso sitio a Montevideo y organizó el gobierno del Cerrito, que se opuso al de la Defensa, liderado por Rivera. Después de residir cuatro años en España, en 1855 regresó a Uruguay y firmó con Venancio Flores el Pacto de la Unión, por el que ambos caudillos renunciaban a la candidatura a la presidencia, con el fin de apaciguar la vida política nacional tras la guerra civil.

ORÍGENES *(Alejandría?, h. 185-Tiro, actual Líbano, h. 254) Teólogo y Padre de la Iglesia griega.* Nacido en el seno de una familia cristiana (su padre murió martirizado en el 202), sucedió a Clemente de Alejandría al frente de la escuela cristiana de Alejandría, que convirtió en un prestigioso centro de teología. Su rivalidad con el obispo Demetrio, que le reprochó haberse hecho ordenar sacerdote sin su consentimiento, lo llevó a exiliarse en Palestina (231). Es autor de numerosos tratados ascéticos, dogmáticos

▲ *Detalle de un sarcófago cristiano del palacio Rondanini, en el que aparece representado el filósofo **Orígenes** junto a un discípulo.*

▼ *El contraste entre la sencillez de los personajes y la exuberante naturaleza del entorno es el rasgo más característico de este fragmento de los murales de la Escuela Nacional Preparatoria, obra de José Clemente **Orozco**.*

(De principiis), polémicos *(Contra Celso)* e importantes obras exegéticas, cuyo comentario de las Escrituras se desarrolla en tres direcciones: literal, moral y mística. Exponente privilegiado de la gnosis ortodoxa, fue el primero en concebir un sistema completo del cristianismo, integrando las teorías neoplatónicas. Sus ideas, recuperadas y sistematizadas en los siglos siguientes por una corriente de pensamiento llamada origenismo, suscitaron vivas controversias y fueron finalmente condenadas en el concilio de Constantinopla (553).

OROZCO, JOSÉ CLEMENTE *(Zapotlán, México, 1883-Ciudad de México, 1949) Pintor mexicano.* Junto con David Alfaro Siqueiros y Diego Rivera forma el trío de artistas más representativos del México contemporáneo, que llamaron la atención de todo el mundo con una pintura de grandes dimensiones y fuerte contenido social y revolucionario. Orozco dejó plasmada una visión pesimista de la vida, en particular del pueblo mexicano, y de la crueldad del mundo. Comenzó con obras alusivas a la revolución de 1910, en las que utilizó un estilo cercano a la caricatura para mostrar la inutilidad de la guerra. En 1917 se trasladó a Estados Unidos, donde residió un tiempo y recibió importantes encargos de murales para edificios públicos. También en México se le encomendaron multitud de encargos oficiales, entre los que destacan los murales para la Escuela Nacional Preparatoria, el palacio de Bellas Artes y la Universidad. Su estilo, de líneas simplificadas, se caracteriza por grandes contrastes de color y por un fuerte contenido simbólico y expresionista.

ORS, EUGENIO D' *(Barcelona, 1882-Vilanova y la Geltrú, España, 1954) Escritor español en lenguas catalana y castellana.* Estudió derecho en Barcelona y amplió sus estudios en la Sorbona y en el Collège de France. Figura destacada del *noucentisme* (novecentismo) catalán, ejerció su influencia sobre todo desde el *Glosari* (*Glosario*), la columna de crítica literaria y artística del periódico *La Veu de Catalunya*, que mantuvo entre 1906 y 1920, bajo el seudónimo de Xènius. D'Ors se convirtió en el árbitro

◀▲ *Sobre estas líneas, portada de* El molino de viento, *una de las obras de Eugenio d'Ors, cuyo retrato aparece a la izquierda, pintado por Ramón Casas.*

▼ *José* **Ortega y Gasset** *durante la lectura de una conferencia en la universidad. Considerado uno de los intelectuales españoles más preclaros del s. xx, es autor, entre otras muchas obras, de* La deshumanización del arte.

de los gustos y las opiniones en Cataluña: se opuso a la espontaneidad propugnada por el modernismo en defensa de la obra «bien acabada», defendió el clasicismo y un arte intelectual, minoritario y autónomo. En el *Glosari* aparecieron también dos de sus piezas literarias más conocidas: *La bien plantada* (1911), breve novela alegórica que describe el carácter catalán, y *Oceanografía del tedio* (1916), ambas escritas en catalán. Director de Instrucción Pública en la Mancomunidad de Cataluña desde 1917, tres años más tarde abandonó el cargo por desavenencias con J. Puig y Cadafalch, tras lo cual marchó a Madrid y pasó a escribir su *Glosario* en castellano para el periódico *ABC*, ahora desde un prisma anticatalanista y próximo al autoritarismo. Defendió la dictadura de Primo de Rivera y en 1937 ingresó en la Falange; durante el régimen de Franco fue jefe nacional de Bellas Artes y en 1953 desempeñó la cátedra de ciencia de la cultura de la Universidad de Madrid.

ORTEGA Y GASSET, JOSÉ *(Madrid, 1883-id., 1955) Filósofo y escritor español.* Hijo del director y copropietario del diario madrileño *El Imparcial*, estudió con los jesuitas en Málaga y cursó filosofía y letras en Madrid, donde se doctoró en 1904. Al año siguiente marchó a Alemania, y allí fue discípulo en Marburgo del neokantiano Hermann Cohen, quien ejerció una influencia decisiva en su formación. En 1907 regresó a Madrid, y tres años más tarde obtuvo la cátedra de metafísica en la Universidad Complutense;

ese mismo año contrajo matrimonio con Rosa Spottorno. A partir de entonces desarrolló una intensa actividad intelectual desde las aulas y el periódico de su padre y tomó parte activa en las polémicas de su tiempo. A través de la Liga para la Educación Política y su órgano de expresión, el semanario *España*, combatió la monarquía y la mentalidad retrógrada de la época. En 1923 fundó la *Revista de Occidente* y la editorial del mismo nombre, con el objetivo de contribuir a la difusión de las principales corrientes del pensamiento filosófico europeo y, en especial, de la filosofía alemana. Su *Manifiesto de los intelectuales*, redactado en colaboración con Gregorio Marañón y Francisco Pérez de Ayala, representó una importante contribución al advenimiento de la Segunda República. En 1931 fue elegido diputado por León, cargo al que renunció en 1933. En 1936, al estallar la guerra civil española, se exilió inicialmente en Francia y los Países Bajos; al comprobar que el conflicto no encontraba una solución rápida, se trasladó a Argentina y, más tarde, a Portugal. Al término de la contienda, y tras largas negociaciones, el régimen franquista le permitió regresar a Madrid en 1945; tras rehusar el ofrecimiento de reintegrarse a su cátedra, en 1948 fundó, junto con su discípulo Julián Marías, el Instituto de Humanidades. Allí siguió ejerciendo la docencia, aunque interrumpida por largas estancias en Estados Unidos y en diversos países europeos. Autor prolífico, la mayor parte de su obra consiste en ensayos y artículos periodísticos, por lo que en su tiempo fue tachado de diletante y literato; sin embargo,

▶ *Portada de un ejemplar de la* Revista de Occidente, *fundada por José **Ortega y Gasset** en 1923.*

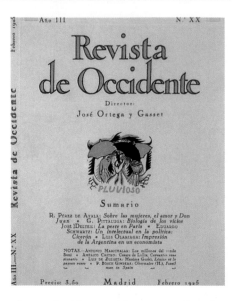

Año III   N.º XX

Revista de Occidente

Director:
José Ortega y Gasset

PLUVIOSO

Sumario

R. Pérez de Ayala: *Sobre las mujeres, el amor y Don Juan* ● G. Pittaluga: *Biología de los vicios* ● José [D]elteil: *La peste en París* ● Eduardo Schwartz: *Un intelectual en la política; Cicerón* ● Luis Olariaga: *Impresión de la Argentina en un economista*

NOTAS.—Antonio Marichalar: *Los millones del conde Boni* ● Américo Castro: *Cesare de Lollis, Cervantes romanico* ● Luis de Zulueta: *Maxime Gorki, Lénine et le paysan russe* ● P. Bosch Gimpera: *Obermaier (H.), Fossil man in Spain*

Precio: 3,50   Madrid   Febrero 1926

«*Ser de la izquierda es, como ser de la derecha, una de las infinitas formas que el hombre puede elegir para ser un imbécil: ambas, en efecto, son formas de la hemiplejia moral.*»

José Ortega y Gasset
La rebelión de las masas

él consideró los periódicos como el medio adecuado para la creación de un clima intelectual colectivo y para la introducción en España del pensamiento europeo. En cualquier caso, su dominio del castellano contribuyó decisivamente a crear un estilo filosófico y a dotar a la lengua de un vocabulario técnico del que carecía. Tras una primera etapa de orientación neokantiana, su pensamiento evolucionó hacia el perspectivismo, que convirtió en la piedra angular de su teoría del conocimiento: el mundo solamente puede conocerse desde un determinado punto de vista, lo cual hace que su sustancia última no sea ni la materia, ni el espíritu, ni ninguna cosa determinada, sino una perspectiva. Tratando de superar la oposición entre idealismo y realismo, concibió la vida, en cuanto realidad fundamental, como el quehacer diario del hombre con las cosas en una determinada situación social y en un cierto punto de la historia («Yo soy yo y mi circunstancia»). A partir de 1924 desarrolló su metafísica de la razón vital, o raciovitalismo, como reconciliación del racionalismo y el vitalismo. En *La rebelión de las masas*, obra que le valió el reconocimiento internacional, Ortega abor-

dó la cuestión del lugar ocupado por la cultura europea tradicional y su decadencia a causa del dominio de la mentalidad de masa sobre el pensamiento individual, fenómeno ante el cual mostró una actitud pesimista; las minorías selectas eran, para él, los verdaderos protagonistas tanto del arte como del proceso histórico en general.

ORTIZ, FERNANDO *(La Habana, 1881-id., 1969) Escritor cubano.* Considerado por algunos como el Tercer Descubridor de Cuba por sus importantes investigaciones sobre el folclor y las tradiciones cubanas, especialmente en lo referente a su mestizaje con África. En este ámbito destacan sus trabajos sobre música negra cubana (*La africanía de la música folklórica cubana*, 1950, *Los bailes y el teatro de los negros en el folklore de Cuba*, 1951, y *Los instrumentos de la música afrocubana*, en cinco volúmenes, 1952-1955), así como sus investigaciones sobre la cultura indígena (*El huracán, su mitología y sus símbolos*, 1947). Realizó también estudios sobre la economía cubana (*Contrapunteo cubano del tabaco y el azúcar*, 1940) y denunció el racismo con libros como *Ni racismos ni xenofobias* (1929) o *El engaño de las razas* (1945).

ORTIZ DE DOMÍNGUEZ, JOSEFA *(Valladolid, hoy Morelia, México, 1768-Ciudad de México, 1829) Patriota mexicana.* Llamada *la Corregidora de Querétaro*, se quedó huérfana a corta edad y fue educada por su hermana. Estudió en el colegio de San Ignacio de Loyola y en 1791 contrajo matrimonio con Miguel Domínguez, quien llegó a ser corregidor en Querétaro. Tanto ella como su marido simpatizaron con el movimiento independentista y organizaron reuniones secretas donde se conspiraba contra el gobierno español. Los conspiradores fueron delatados en una traición, pero Josefa Ortiz logró prevenir a tiempo a los jefes de la insurgencia, entre ellos a Miguel Hidalgo, quienes se vieron obligados a adelantar el inicio de la guerra de Independencia a septiembre de 1810. Descubierta su complicidad, fue detenida y recluida en un convento durante tres años. Consumada la independencia rechazó siempre cualquier recompensa por los servicios prestados a la causa.

ORTIZ DE ZÁRATE, JUAN *(Orduña, España, h. 1521-Asunción, actual Paraguay, 1576) Conquistador español.* Marchó siendo todavía adolescente a América, donde a partir de 1534 intervino en la conquista del Perú, a las órdenes de Diego de Almagro. El apoyo que prestó a éste y más tarde a Almagro

JOSÉ ORTEGA Y GASSET
OBRAS MAESTRAS

MEDITACIONES DEL QUIJOTE (1914); *EL ESPECTADOR* (8 volúmenes, 1916); *ESPAÑA INVERTEBRADA* (1921); *EL TEMA DE NUESTRO TIEMPO* (1923); *LA DESHUMANIZACIÓN DEL ARTE* (1925); *¿QUÉ ES FILOSOFÍA?* (1929); *LA REBELIÓN DE LAS MASAS* (1930); *GOETHE DESDE DENTRO* (1932); *EN TORNO A GALILEO* (1933); *HISTORIA COMO SISTEMA* (1936); *IDEAS Y CREENCIAS* (1940); *SOBRE LA RAZÓN HISTÓRICA* (1940); *PAPELES SOBRE VELÁZQUEZ Y GOYA* (1943); *MEDITACIÓN DE EUROPA* (1949); *EL HOMBRE Y LA GENTE* (1949-1950).

el Mozo en el conflicto que se suscitó con Pizarro le obligó, en 1546, a buscar refugio en Charcas. Tras unos años de andanzas por el Alto Perú regresó a España (1567), donde al cabo de unos años el rey le designó gobernador y capitán general del Río de la Plata. Con el propósito de hacerse cargo de este puesto, en 1572 organizó una expedición que desembarcó al año siguiente en el gran estuario formado por la desembocadura conjunta del Paraná-Paraguay. Ortiz se disponía a remontar su curso, cuando lo sorprendió un ataque indígena en la isla de San Gabriel, en la que se hizo fuerte hasta 1574, cuando fue auxiliado por Ruy Díaz Melgarejo y Juan de Garay, quienes habían salido con tal propósito de Asunción. Ortiz de Zárate llamó a la región Nueva Vizcaya y fundó la ciudad de Zaratina de San Salvador antes de ocupar efectivamente, al año siguiente, su puesto de gobernador en Asunción, capital de la entonces llamada Provincia Gigante del Paraguay.

ORWELL, GEORGE [Eric Blair] *(Motihari, India, 1903-Londres, 1950) Escritor británico.* De origen angloindio, en 1921 ingresó como oficial en la policía de Birmania, puesto que abandonó seis años más tarde debido a su repulsa hacia el régimen colonial. Tras una estancia en Francia, donde sobrevivió gracias a pequeños empleos, publicó sus primeros libros: *Sin blanca en París y Londres* (1933) y *Días birmanos* (1934). El autor se basa en ellos, como sucedería con todas sus obras, en sus propias observaciones y experiencias, y demostraba ya una clara posición de izquierdas. Las convicciones personales reflejadas en sus libros se materializaron en 1936 con su participación en la guerra civil española al lado del POUM. Fruto de esta experiencia fue *Homenaje a Cataluña* (1938), obra en la que refiere las tensiones y los enfrentamientos entre las fuerzas de izquierdas durante el conflicto. Este hecho dio lugar a posteriores reflexiones que fueron la base de dos de sus mejores obras: *Rebelión en la granja* (1946), fábula política sobre la revolución y cómo ésta, una vez instaurada, se vuelve en contra de quienes lucharon por ella, y *1984* (1949), visión dramática de los totalitarismos del futuro. Durante la Segunda Guerra Mundial sirvió en la Home Guard y publicó nuevos títulos, como *El león y el unicornio* (1941), cuadro de su país poco antes de la guerra, donde se muestra convencido de la posibilidad de una lucha del proletariado para hacer oír su voz entre la burguesía. Sus escritos y ensayos de esos años los recopiló en *Inglaterra, vuestra Inglaterra.*

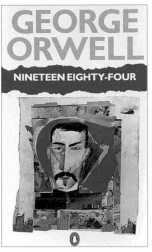

◀▼ *George Orwell frente a los micrófonos de la BBC. Bajo estas líneas, portada de una edición de bolsillo británica de* 1984, *su obra más conocida.*

OSBORNE, JOHN *(Londres, 1929-Shropshire, Reino Unido, 1994) Dramaturgo británico.* Tras unas breves incursiones en el mundo del periodismo, inició su carrera dramática actuando para varias compañías. Miembro destacado del grupo literario británico de los años cincuenta conocido como los *angry young men*, sus obras constituyen una crítica abierta y agresiva contra el conformismo, los prejuicios y las costumbres tradicionales británicas. A *Mirando hacia atrás con ira* (1956), su obra más conocida, siguieron, entre otras, *El anfitrión* (1957) y *Epitafio para George Dillon* (1958). Con el drama histórico *Lutero* (1961), en el que lleva a cabo una profunda introspección psicológica, inició la búsqueda de nuevas formas escénicas, que prosiguió en obras como *Un buen patriota* (1965), que fue censurada a causa de sus referencias a la homosexualidad, y *Prueba inadmisible* (1965).

OSPINA RODRÍGUEZ, MARIANO *(Guasca, actual Colombia, 1805-Medellín, 1885) Político colombiano.* Participó en 1828 en la conjura contra Simón Bolívar, cuyo fracaso le obligó a huir a Antioquia. Ocupó los cargos de secretario del Interior y de Relaciones Públicas (1841) en el gobierno de Herrán y fundó el Partido Conservador (1848). Tras pasar un breve período en la cárcel en 1851 por alzarse contra el presidente Hilario López, en 1857 fue elegido presidente de la República, y ocupó el cargo hasta 1861. Durante su mandato apoyó la causa de los fe-

▼ *John* **Osborne** *captado en pleno rodaje de la película* Tom Jones, *de la que también fue productor.*

deralistas y favoreció el regreso de los jesuitas. También firmó un nuevo convenio con los prestamistas británicos para el pago de la deuda externa, y decretó medidas respecto al servicio militar, la inspección de los estados, la creación de los intendentes de Hacienda y la vigilancia de las aduanas. Sancionó la Constitución de 1858 y consintió unas leyes que permitían la intervención del poder central en los estados, lo que ocasionó la sublevación de Tomás Cipriano Mosquera, a quien se unió José María Obando. Estalló entonces una violenta guerra civil, hasta que Mosquera tomó Bogotá en 1861. Ospina fue encarcelado y luego desterrado.

OSTWALD, FRIEDRICH WILHELM (*Riga, Letonia, 1853-Grossbothen, Alemania, 1932*) *Físico y químico alemán.* Profesor en las universidades de Dorpar, Riga y Leipzig (1887-1905), fue autor de numerosos estudios de química general y fisicoquímica, disciplina que constribuyó a fundar. En 1909 recibió el Premio Nobel de Química por sus investigaciones sobre la catálisis y sobre los principios fundamentales que rigen el equilibrio químico y la velocidad de reacción. Junto a la actividad de investigación, desempeñó un destacado papel en los debates de fines de siglo sobre el atomismo. Máximo defensor del energetismo, desarrolló una filosofía monista de tipo positivista-romántico que le condujo, en una primera etapa (1895), a sostener la superación del materialismo científico. Sólo en 1909 se retractó de sus convicciones y admitió la validez científica de la teoría atómica y molecular.

OTERO, BLAS DE (*Bilbao, 1916-Madrid, 1979*) *Poeta español.* Tras la muerte de su padre tuvo que hacerse cargo de la manutención de su madre y de sus hermanas mientras sacaba adelante la licenciatura de derecho. Participó como sanitario en la guerra civil española, y entre 1960 y 1964 viajó a la Unión Soviética, China y Cuba. Su primera obra, *Cántico espiritual* (1942), sorprendió por su estilo rico y complejo que mostraba una clara influencia de la obra de san Juan de la Cruz. Con *Redoble de conciencia* (1951) y *Ángel fieramente humano* (1950) inició la evolución hacia una poesía de denuncia social. Su obra estaba dirigida a lo que él denominó «una inmensa mayoría», por oposición a lo que Juan Ramón Jiménez llamó «una inmensa minoría», refiriéndose a una élite intelectual preparada para entender y valorar sus versos. Sus siguientes obras fueron *Pido la paz y la palabra* (1955), *Ancia* (1958), *En castellano* (1960) y *Que trata de España* (1964), en las que de-

▲ *Portada de una edición de* Pido la paz y la palabra, *del poeta Blas de* **Otero**.

> *«Si he perdido la vida, el tiempo, todo/ lo que tiré, como un anillo, al agua, / si he perdido la voz en la maleza/ me queda la palabra.»*
>
> **Blas de Otero**
> *Pido la paz y la palabra*

▼ *Corona imperial del Sacro Imperio, que se conserva en el Kuntshistoriches Museum de Viena, utilizada por los emperadores germanos a partir de* **Otón I**.

puró paulatinamente los elementos expresivos de su poesía, al tiempo que radicalizaba su crítica a la condición represiva del régimen franquista. Sus últimas obras son las que muestran una mayor desnudez en la expresión y un abandono de la retórica que caracterizaba su poesía inicial. Sus títulos son: *Expresión y reunión* (1969), *Mientras* (1970), *Historias fingidas y verdaderas* (1970), *País* (1972) y *Verso y prosa* (1973). De 1977 data la recopilación antológica *Poesía con nombres* y *Todos mis sonetos*.

OTERO SILVA, MIGUEL (*Barcelona, Venezuela, 1908-Caracas, 1985*) *Escritor venezolano.* Exiliado de su país durante varios años, intervino como conciliador en la crisis política venezolana de 1963. En los años cuarenta fundó el semanario humorístico *El Morrocoy Azul* y fue cofundador del diario *El Nacional*. A su primer libro de poesía, *Agua y cauce* (1937), siguieron *Elegía coral a Andrés Eloy Blanco* (1958), *La mar que es el morir* (1965) y *Poesía hasta 1966* (1966). Su novelística se caracteriza por el estilo directo y la temática social. Cabe destacar en ella *Fiebre* (1939), sobre las luchas estudiantiles contra la dictadura de Juan V. Gómez; *Casas muertas* (1954), que ganó el Premio Nacional de Literatura en 1955-1956; *Oficina núm. 1* (1961), que trata de la explotación petrolera en Venezuela; *La muerte de Honorio* (1963) y *Cuando quiero llorar no lloro* (1971). Sus últimas publicaciones fueron *Obra humorística completa*, *Obra completa* y *Prosa completa*, todas ellas de 1976. En 1979 vio la luz *Lope de Aguirre, príncipe de la libertad*, y en 1985, la novela *La piedra que era Cristo* (1985).

OTÓN I EL GRANDE (*Walhausen, actual Alemania, 912-Memleben, id., 973*) *Rey de Alemania (936-973) y emperador del Sacro Imperio Romano Germánico (962-973).* Hijo de Enrique I *el Pajarero* o *el Cazador*, duque de Sajonia y rey de Alemania, en 929 ya fue asociado al trono por su padre para facilitar la sucesión. En 936, a la muerte de Enrique I, fue ungido y coronado en Aquisgrán con el título carolingio de *Rex et sacerdos*. Con la eficaz ayuda de la alta jerarquía eclesiástica –en manos de sus amigos y familiares– y de los duques de Franconia, Suabia, Lorena y Baviera, Otón logró consolidar rápidamente su posición. Su política exterior se dirigió inicialmente a la península Italiana, donde sostuvo los derechos de Adelaida de Provenza frente al rey Berengario de Ivrea. Tras entrar victorioso en Pavía, en el año 951 se hizo proclamar, siguiendo de nuevo la tradición carolingia, rey de los francos y los lombardos, para casar a continuación con Adelaida. Ante esto, Berengario cedió y aceptó rendirle vasallaje, por lo que fue reconocido como rey de Italia. En el este, Otón I cosechó un importante éxito al derrotar en la batalla de Lechfeld (955) a los magiares. Ese mismo año dirigió sus armas contra los eslavos del Elba, a los cuales venció en Recknitz, acción que impulsó la expansión germánica hacia el este. En 961, asoció a su hijo Otón II al poder, según el procedimiento iniciado por su padre Enrique, para garantizar una sucesión poco conflictiva. Poco después atendió la petición de ayuda del papa Juan XII y marchó a Italia para defender los derechos del pontífice frente a las intromisiones de Berengario, y fue coronado emperador el 2 de febrero del 962. La alianza con el Papa duró poco, ya que éste pronto cambió sus ideas políticas. Otón marchó entonces sobre Roma y lo depuso, pero los romanos no cedieron, no aceptaron al nuevo Papa, León VIII, impuesto por el emperador, y a la muerte de Juan XII eligieron a Benedicto V. Sólo tras una nueva campaña en el 966, consiguió Otón consolidarse, y lograr que su hijo fuese nombrado emperador.

OTÓN III *(Kassel, actual Alemania, 979-Paterno, actual Italia, 1002) Rey de Alemania (983-1002) y emperador del Sacro Imperio Romano Germánico (996-1002).* Hijo de Otón II *el Rojo,* fue coronado a la muerte de su padre, en el 983, con sólo tres años de edad. Durante su minoría, las emperatrices Adelaida, su abuela, y Teófano, su madre, se encargaron de la regencia con el apoyo de la Iglesia y la nobleza. Tras haber recibido una educación exquisita, con preceptores de la talla de Bernardo de Hildesheim, Adalberto de Praga y Gerberto de Aurillac, fue investido emperador en el 996, a los diecisiete años. Su proyecto político se caracterizó por un intento de renovar el Imperio Romano, no a partir de la tradición carolingia, como habían hecho hasta entonces los otónidas, sino a través de una recuperación de los orígenes del imperio. De esta manera hay que entender el traslado de la sede imperial a Roma, y la utilización de un protocolo y una etiqueta propios de los emperadores romanos. Esta doctrina estaba muy influida por las enseñanzas de sus maestros, en especial Gerberto, a quien elevó al Papado (Silvestre II), y buscaba el restablecimiento de la paz en Italia mediante una nueva distribución del poder entre el emperador y el Sumo Pontífice. El emperador actuaba así como servidor apostólico y defensor de la Iglesia, por lo que tenía po-

▲ *Miniatura de una representación medieval de una escena del* Arte de amar *de* **Ovidio**, *obra donde el autor trata diversos temas relativos al erotismo y el amor.*

> *«Siempre tendemos con fuerza a lo prohibido, y deseamos lo que se nos niega.»*
>
> Publio Ovidio Nasón
> *Amores*

▶ *Mosaico romano que representa el rapto de Deyanira por el centauro, una de las escenas mitológicas descritas por* **Ovidio** *en* Las metamorfosis.

testad sobre los asuntos temporales de la Iglesia, mientras que el Papa se dedicaba a la labor espiritual. En lo referente a la titularidad de los territorios papales, Otón III, conocedor del carácter espurio de la Donación de Constantino, en la cual basaban los papas su autoridad terrenal, decidió poner fin a la ficción y hacer al pontífice beneficiario de la generosidad del emperador, en lo referente a sus posesiones terrenas, como «primer ciudadano del imperio». Para su desgracia, este intento de aunar las tesis cesaropapistas con los planteamientos teocráticos del Papado no fue bien recibido en Italia, y en 1001 estalló una revuelta que dio al traste con sus planes. Un año más tarde fallecía el emperador, y en 1003, el Papa.

OVIDIO NASÓN, PUBLIO [Publius Ovidius Naso] *(Sulmona, actual Italia, 43 a.C.-Tomis, hoy Constanza, actual Rumania, 17 d.C.) Poeta latino.* Educado en las artes de la política, estudió en Roma y completó su formación en diversas ciudades del mundo griego, pero pronto abandonó la política para dedicarse por entero a la poesía, convertido en un hombre adinerado tras heredar la hacienda de su padre. Tuvo numerosas amantes, y se casó tres veces (con dos divorcios), y algunas de sus peripecias amorosas aportaron el material poético para sus *Amores,* una serie de poemas que narran los incidentes de sus relaciones con Corina, personaje en el que seguramente condensó diversas figuras femeninas. Ovidio perteneció a una serie de poetas que no conocieron las guerras civiles que asolaron Roma durante el siglo I a.C. Los antiguos poetas augusteos, como Virgilio y Horacio, con sus valores patrióticos y su estética clasicista, estaban ya muy lejos de la generación de Ovidio, heredero de la estética helenística que representa el gusto por la erudición y por la despreocupación política y social. En Roma, donde residió hasta los cincuenta años de edad, se relacionó con la más alta sociedad, incluido el emperador Augusto. Sin embargo, en el año 8 d.C. cayó en desgracia y fue desterrado hasta su muerte en Tomis, en el Ponto Euxino, cerca

del Mar Negro. En su primera etapa, la poesía de Ovidio tiene un tono desenfadado y gira alrededor del tema del amor y el erotismo. *Amores, Arte de amar*, considerada por algunos su obra maestra, y *Remedios de amor* destacan por la maestría técnica en el manejo del dístico elegíaco y la facilidad brillante y a veces pintoresca del verso. A la obra de madurez del poeta corresponden *Las metamorfosis*, extenso poema en hexámetros que recoge diversas historias y leyendas mitológicas sobre el tema de las metamorfosis o transformaciones.

OWEN, ROBERT *(Newtown, Reino Unido, 1771-id., 1858) Sindicalista, filósofo social y productor de manufacturas británico.* A los diez años de edad entró al servicio de un pañero como aprendiz. Obtuvo grandes éxitos en el negocio textil, hasta el punto de convertirse en superintendente de fábrica a los diecinueve años y, poco después, en copropietario de una gran firma de Manchester. Tras convencer a sus socios de la necesidad de comprar unos molinos en la localidad de New Lanark, quedó muy desfavorablemente impresionado por las condiciones de vida de los habitantes del lugar. De inmediato puso en marcha varias iniciativas, como la apertura de comercios a precio de coste, el control de la venta de bebidas alcohólicas y, en 1816, supervisó la creación de la primera escuela infantil del Reino Unido. Ese mismo año publicó dos ensayos sobre principios de educación en los que plasmó su convicción de que el carácter de un hombre está condicionado por un cúmulo de circunstancias vivenciales sobre las que apenas tiene control, siendo la clave de su correcta formación el proporcionarle el ambiente y las influencias adecuadas. Incorporó en su particular filosofía el principio de que la competición entre trabajo humano y maquinaria era insana y propuso la completa subordinación de ésta a aquél, en un marco de unidad y colaboracionismo laboral que lo convirtió en uno de los pioneros del asociacionismo obrero. Así mismo diseñó planes de ordenación urbanística y social vertebrados alrededor de ciudades de poco más de mil almas, cuyos habitantes ocuparan una única gran estructura, compuesta de pequeñas viviendas particulares y cuyos servicios de limpieza y cuidado y educación de los hijos (a partir de los tres años) corrieran a cargo de la comunidad. Con el objetivo de demostrar la validez de sus planteamientos, en el año 1825 compró unos terrenos en Indiana (EE UU) y fundó en ellos la comunidad de New Harmony. En 1829 regresó a su patria,

PUBLIO OVIDIO NASÓN

OBRAS MAESTRAS

AMORES; HEROIDAS; COSMÉTICAS (MEDICAMINA FACIEI); ARTE DE AMAR (ARS AMATORIA O ARS AMANDI); REMEDIOS DE AMOR (REMEDIA AMORIS); LOS FASTOS (FASTI); LAS METAMORFOSIS (METAMORPHOSEON LIBRI); TRISTES (TRISTIA); PÓNTICAS (EPISTULAE EX PONTO); IBIS; MEDEA (tragedia, de la que se conservan sólo fragmentos).

▼ *Jesse* **Owens** *supera a los demás atletas competidores en la prueba de los 100 m lisos de los Juegos Olímpicos de Berlín de 1936, en los que conquistó cuatro medallas de oro.*

donde muy pronto se puso al frente de las primeras iniciativas sindicales, que en 1834 tomaron cuerpo en forma de la Grand National Consolidated Trades Union. La fuerte oposición de los empresarios y el gobierno acabó con este primer intento en cuestión de meses, pero la irrupción posterior del socialismo les daría el impulso necesario para retomar similares estructuras de agrupación y presión conjunta. Durante los últimos años de su vida, Owen se consagró a la difusión de su ideario de reforma política y social, en cuya vertiente asociacionista iba a desempeñar una gran influencia.

OWENS, JESSE *(Oakville, EE UU, 1913-Phoenix, id., 1980) Atleta estadounidense.* Hijo de una familia dedicada al cultivo de algodón, se dio a conocer en 1935 al igualar el récord del mundo de 100 yardas (9,4 s) y obtener el récord del mundo de 220 yardas, que estableció en 20,3 segundos. Ello le permitió ser seleccionado para formar parte del equipo estadounidense en los Juegos Olímpicos celebrados en Berlín en 1936. En ellos obtuvo cuatro medallas de oro, la más significativa de las cuales fue en salto de longitud, competición en la que se impuso con un legendario salto de 8,06 metros al héroe local Lutz Long, lo cual motivó que Adolf Hitler, quien a su vez quería aprovechar el certamen para demostrar la superioridad de la raza aria, abandonara la tribuna para no verse obligado a saludar a un atleta de color. Una vez retirado de la competición, se empleó en las más dispares ocupaciones, tales como bailarín, director de orquesta, empresario de Broadway, jugador de baloncesto de exhibición o representante de Estados Unidos en la India y Extremo Oriente.

P

PABLO, SAN [Saulo] llamado *Apóstol de los gentiles (Tarso, actual Turquía, h. 10 a.C.- Roma, 67 d.C.) Apóstol del cristianismo.* Fue una de las figuras más activas en la difusión del mensaje cristiano por todo el mundo grecorromano. Se le han atribuido treinta epístolas del Nuevo Testamento, la mayoría de las cuales demuestran su empeño por amoldar las ideas y tradiciones judías a las nuevas circunstancias y leer las leyes del Antiguo Testamento a la luz de la figura de Jesús. Pablo había nacido en el seno de una familia judía ortodoxa y fue educado como fariseo. En los primeros años de su juventud se entregó a la persecución de la religión cristiana, pero, según relata la Biblia, quedó absolutamente convencido de la verdad del mensaje cristiano cuando tuvo una iluminación en el camino de Damasco, a causa de la cual se retiró tres años a Arabia para meditar. A su regreso a Jerusalén se presentó ante los apóstoles, los cuales terminaron por aceptarle entre ellos. Así, Saulo recibió el bautismo cristiano en Damasco y se convirtió en uno de los más activos mensajeros de la doctrina de Jesucristo. Pasó diez años dedicado a evangelizar a los pueblos extranjeros, que cumplió en tres largos viajes: en el primero evangelizó a los pueblos de alrededor de Cilicia, en el segundo recorrió las ciudades de Grecia, especialmente Atenas y Corinto, y en el tercero, aún en Grecia, se centró en Éfeso. En la época del emperador Nerón, fue conducido a Roma, donde fue martirizado.

PACHACUTI O PACHACÚTEC INCA YUPANQUI *(?-?, 1471) Primer soberano del llamado Imperio histórico Inca (1438-1471).* Dotado de un gran talento militar, inició la expansión del Imperio Inca más allá de las fronteras del Perú actual: hacia el norte, conquistó los reinos chimú y de Quito, y por el sur llegó hasta el valle de Nazca. A fin de imponer su dominio sobre un complejo mosaico de más de 500 tribus, con lenguas, religiones y costumbres dispares y radicadas en áreas geográficas distantes, Pachacuti Inca Yupanqui reprimió con dureza las rebeliones de los pueblos sometidos y no dudó en deportar a los grupos más conflictivos lejos de sus regiones de origen. No fue, sin embargo, un mero conquistador, ya que también supo dotar a su Estado de una sólida y eficaz estructura administrativa. Así, por ejemplo, organizó las ciudades conquistadas según el modelo inca y encomendó su gobierno a una jerarquía de funcionarios que habían de rendir cuentas de su gestión en Cusco, la capital del Imperio, que durante el reinado de Pachacuti superó los 100 000 habitantes. De hecho, todos los cargos importantes eran desempeñados por funcionarios de origen inca, mientras que los gobiernos regionales estaban en manos de miembros de la familia real. En los últimos años de su vida, Pachacútec confió la dirección de las campañas militares a su hijo Topa Inca, en tanto que él se dedicaba a supervisar la construcción de algunos de los monumentos más importantes de la cultura inca, centrados en Cusco, la capital del Imperio, y las fortalezas cercanas que la protegían, como el Templo del Sol, en Cusco, y la ciudadela de Sacsahuaman. A este soberano se atribuye también la adopción del sistema de cultivo en terrazas que caracterizó el sistema agrícola incaico.

▼ *Representación de* **Pachacuti Inca Yupanqui** *en una tabla anónima que incluye la genealogía de todos los soberanos incas. Durante sus más de treinta años de reinado, amplió las fronteras del Imperio Inca.*

PACHACVTIC YNGA IX.

PADILLA, JUAN DE *(Toledo, 1484-Villalar, España, 1521) Líder comunero castellano.* Miembro de la aristocracia castellana, casó con María Pacheco y de ese modo se emparentó con los poderosos condes de Tendilla. Opuesto a la creciente influencia del séquito flamenco de Carlos I, Padilla se unió a los componentes de las Comunidades castellanas, que se alzaron contra la intromisión extranjera. Al mando de las milicias de Toledo, se convirtió en uno de los cabecillas más destacados de los comuneros, pero sus intentos de atraer a la alta nobleza a la rebelión fueron infructuosos, así como su petición a la reina, Juana *la Loca*, para que abandonase su retiro para ponerse al frente de la revuelta. Tras una serie primera de éxitos, las disensiones internas y la indecisión de sus líderes, en especial del mismo Padilla (a la sazón capitán general de las tropas), fueron decantando la balanza a favor de las tropas realistas. Derrotado en Villalar, fue ejecutado inmediatamente junto con los otros dos cabecillas comuneros, Bravo y Maldonado.

▲ *Los tres principales líderes comuneros:* **Padilla** *(en el centro de la imagen), Bravo y Maldonado, en el momento de su ejecución pública, en un cuadro de A. Gisbert.*

PÁEZ, JOSÉ ANTONIO *(Curpa, actual Venezuela, 1790-Nueva York, 1873) Militar y político venezolano.* Tras luchar inicialmente en el bando realista, se pasó a las filas del ejército de Bolívar y su participación fue crucial en la batalla de Carabobo (1821), al frente de los llaneros. En marzo de 1831 fue nombrado presidente constitucional de Venezuela, cargo que ejercería hasta 1835. Durante su mandato se produjo el primer intento serio de organización del Estado venezolano: se trasladó la capital desde Valencia a Caracas y se amnistió a los partidarios de la Gran Colombia. En 1834 se

arregló la deuda con Colombia, haciéndose cargo Nueva Granada de la mitad, Venezuela del 28,5 por ciento y Ecuador del resto. Procuró mejorar la economía mediante la liberalización del mercado, la incentivación del comercio y la reforma de las aduanas para hacer de ellas el principal ingreso de la Hacienda estatal. Páez volvió a ocupar la presidencia entre los años 1839 y 1843. En 1861 intentó gobernar como dictador, pero fue obligado a exiliarse en Estados Unidos (1863).

PAGANINI, NICCOLÒ *(Génova, 1782-Niza, 1840) Violinista, guitarrista y compositor italiano.* Rodeado de una aureola mefistofélica por sus propios contemporáneos, asombrados ante su dominio del instrumento y su vida desordenada y aventurera, Paganini fue el violinista por antonomasia del romanticismo. Niño prodigio, antes de cumplir los catorce años dominaba ya todos los secretos del violín, al extremo de que sus profesores reconocían no tener nada más que enseñarle. La gira que emprendió en 1828 por ciudades como Viena, Praga, Varsovia y Berlín lo consagró como el mejor violinista de su tiempo, capaz de extraer al instrumento músico sonidos y efectos inconcebibles. Su estilo brillante y, en ocasiones, efectista, desarrolló de manera considerable las posibilidades técnicas del violín, explorando diversos recursos como las triples cuerdas, *glissandi*, *pizzicati* y arpegios, explotados en sus propias composiciones en la que destacan los *Veinticuatro caprichos para violín solo Op. 1* (1818), seis conciertos para violín y orquesta, nueve *Cuartetos* para guitarra y arcos (1806-1816) y piezas como *La danza de las brujas* (1813) y *Tarantella* (1830).

PAHLAVI, REZA → Reza Pahlavi.

▼ *Pintura anónima en la que aparece Niccolò* **Paganini** *tocando el violín. El cuadro refleja el espíritu demoníaco que se atribuía en su época al músico italiano.*

PAINE, THOMAS *(Thetford, Inglaterra, 1737-Nueva York, 1809) Escritor, ensayista y activista político estadounidense de origen inglés.* Tras realizar diversos trabajos, que fue abandonando sucesivamente o de los que fue despedido, emigró a Estados Unidos, donde fue editor del *Pennsylvania Magazine.* Así mismo, publicó varios escritos favorables a la independencia americana, algunos de los cuales tuvieron una alta repercusión social. Su escrito *Sentido común,* publicado en 1776, alcanzó los 500 000 ejemplares. Ello le permitió ser nombrado secretario del departamento de Asuntos Exteriores, cargo que ocupó hasta el año 1779. Posteriormente regresó a Inglaterra, donde en 1791 publicó *Los derechos del hombre.* Tras el estallido de la Revolución se trasladó a Francia, en cuya Convención consiguió un escaño. Debido a su oposición a la ejecución de Luis XVI fue encarcelado por Robespierre. En prisión escribió la primera parte de *La edad de la razón* (1794 y 1796), por la que fue acusado de ateísmo. Permaneció en Francia hasta 1802, fecha en que regresó a Estados Unidos, donde murió en la más absoluta pobreza.

PALESTRINA, GIOVANNI PIERLUIGI DE *(Palestrina, actual Italia, 1525-Roma, 1594) Compositor italiano.* Existe una leyenda de atribución incierta según la cual Palestrina salvó a la música polifónica, y a la música en general, del peligro de prohibición que pesaba sobre ella por parte de las autoridades eclesiásticas. En plena Contrarreforma, cuando muchas composiciones sacras no eran sino un pretexto para que los compositores levantaran los más complejos edificios contrapuntísticos –con el consiguiente descuido de la comprensión de las palabras de los textos cantados–, este compositor, con su *Misa del papa Marcelo,* devolvió a la música toda su pureza y todo su sentido. Nacido en un pequeño pueblo cercano a Roma, del cual tomó el nombre, la existencia de Palestrina se desarrolló prácticamente en la Ciudad Eterna. En 1537, a los doce años, era ya miembro del coro en la basílica de Santa María la Mayor, donde tuvo la oportunidad de familiarizarse con la obra de compositores de la escuela francoflamenca como Josquin Desprez y Jean Mouton. Dados los progresos en su formación, en 1544 fue nombrado organista de la catedral de San Agapito de su localidad natal, Palestrina. Allí permaneció hasta que el cardenal-obispo del que dependía, Giovanni Maria Ciocchi del Monte, accedió en 1551 al solio papal con el nombre de Julio III y lo nombró maes-

▲ *Retrato de Giovanni P. de* **Palestrina***, uno de los compositores más relevantes de su tiempo. Su obra, de la que se reproduce una de sus composiciones para cinco voces, fue referencia obligada para las generaciones posteriores.*

GIOVANNI PIERLUIGI DE PALESTRINA

OBRAS MAESTRAS

MÚSICA VOCAL SACRA: a) Misas: *MISSARUM LIBER PRIMUS* (1554); *MISSARUM LIBER SECUNDUS* (1567); *MISSARUM LIBER TERTIUS* (1570); *MISSARUM LIBER QUARTUS* (1582); *MISSARUM LIBER QUINTUS* (1590); *MISSARUM LIBER SEXTUS* (1593); *MISSARUM LIBER SEPTIMUS* (1594); *MISSARUM LIBER OCTAVUS* (1599); *MISSARUM LIBER NONUS* (1599); *MISSARUM LIBER DECIMUS* (1600); *MISSARUM LIBER UNDECIMUS* (1600); *MISSARUM LIBER DUODECIMUS* (1601). b) Motetes: *LIBER PRIMUS MOTETTORUM* (1569); *MOTETTORUM LIBER QUINTUS* (1584). c) Lamentaciones: *LAMENTATIONUM HIEREMIAE PROPHETAE* (1588). **MÚSICA VOCAL PROFANA:** *IL PRIMO LIBRO DE MADRIGALI* (1581); *IL SECONDO LIBRO DE MADRIGALI* (1586).

tro de la Cappella Giulia y miembro de la Capilla Sixtina. Fue la época en que dio a la imprenta su primer libro de misas, dedicado a su protector. Esta situación duró hasta que en 1555 el nuevo papa, Paulo IV, lo apartó de sus cargos por su condición de hombre casado. Palestrina pasó entonces al servicio de la iglesia de San Juan de Letrán y, en 1561, a la de Santa María la Mayor. Compuso en esta época la más célebre de sus misas, la ya mencionada *Misa del papa Marcelo,* en la que consiguió plasmar los criterios de inteligibilidad en la música sacra requeridos por el Concilio de Trento. Tras unos años al servicio del cardenal Ippolito de Este, en 1571, reconocido ya como uno de los compositores vivos más importantes, fue readmitido en el Vaticano en su antiguo puesto de maestro de la Cappella Giulia. El fallecimiento de su esposa en 1580 le hizo pensar en tomar los hábitos, posibilidad que frustró su matrimonio al año siguiente con Virginia Dormoli, acaudalada viuda de un comerciante romano. Palestrina fue un compositor prolífico en el que cantidad y calidad no están reñidas. Su catálogo integra 104 misas de cuatro a ocho voces, cerca de 400 motetes, 66 ofertorios, 35 magníficats y 65 himnos, además de madrigales sacros y profanos, salmos y lamentaciones. De toda esta ingente producción, las misas son las obras en que más se evidencia el magisterio del músico. Unas veces construidas sobre un *cantus firmus* de procedencia gregoriana, otras basadas en temas procedentes de motetes o madrigales, tanto propios como de otros autores contemporáneos o, incluso, de canciones populares, obras todas ellas de una belleza imperecedera.

PALLADIO, ANDREA *(Padua, 1508-Maser, actual Italia, 1580) Arquitecto italiano.* El que había de ser uno de los mayores arquitectos de la Italia del Renacimiento, llamado a tener una proyección internacional muy superior a la de la mayor parte de sus coetáneos, fue hijo de un molinero y se formó como cantero, profesión que ejerció en Vicenza en su juventud. Hacia 1537, un acontecimiento fortuito cambió su destino: el literato Gian Giorgio Trissino le encargó la construcción de su villa en Cricoli, cerca de Vicenza, lo introdujo en los ambientes culturales más selectos del Véneto y le impuso el nombre de Palladio. Además, lo llevó consigo en una serie de viajes, en particular a Roma (1541, 1545, 1547, 1549), que permitieron al artista entrar en contacto con la obra de los mejores arquitectos vivos y estudiar, con una precisión casi arqueológica, los edificios de la Antigüedad. El conocimiento de estas realizaciones y el estudio del tratado de Serlio formaron su estilo, absolutamente clasicista, pero muy innovador al mismo tiempo con respecto a lo que se hacía por entonces. En 1549, el Concejo de la ciudad de Vicenza le encargó la reconstrucción de las logias del palacio de la Ragione, conocido como la Basílica; era una obra problemática a la que hasta entonces no había logrado dar solución satisfactoria ningún arquitecto. Palladio optó por revestir las antiguas estructuras con una envoltura clasicista, y el éxito de la obra fue tal que desde aquel momento se convirtió en el arquitecto preferido de la aristocracia de Vicenza, ciudad en la que construyó importantes palacios. Entre las décadas de 1550 y 1570 se sitúa el aspecto más conocido y admirado de su producción: las villas de los alrededores de Vicenza (de La Rotonda a La Malcontenta), en las que aplicó por primera vez el esquema del templo clásico a un edificio civil. Casi todas ellas presentan un bloque central, la zona residencial, a la cual precede de una o varias fachadas a base de pórtico y columnas, y flanquean las alas bajas, que son los edificios agrícolas. A partir de 1566, desarrolló gran parte de su actividad en Venecia, donde se le deben, entre otros edificios, las iglesias de San Giorgio Maggiore y del Redentor. Su última obra maestra fue el Teatro Olímpico de Vicenza (concluido por Scamozzi), en donde intentó recrear un teatro romano. Fundamentales para la difusión de su obra fueron sus *Cuatro libros de la arquitectura* (1570), uno de los textos teóricos y prácticos más difundidos del Renacimiento, en el que se incluyen ilustraciones de sus edificios.

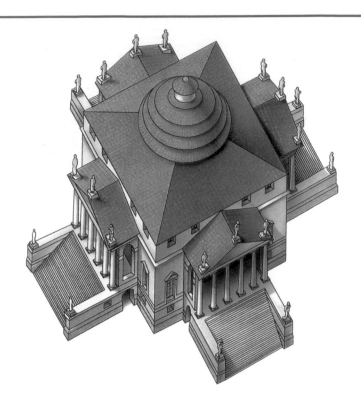

▲ *Perspectiva de La Rotonda, la villa que Andrea **Palladio** construyó en Vicenza, con cuatro logias de entrada simétricas.*

▼ *Sven Olof **Palme** en una cena de gala. El éxito del modelo politicoeconómico sueco y la personalidad de Palme lo convirtieron en líder del movimiento socialdemócrata.*

PALMA, RICARDO *(Lima, 1833-Miraflores, Perú, 1919) Escritor peruano.* Estudió filosofía en la Universidad de San Marcos, de Lima, y escribió artículos en revistas y periódicos en los que criticaba el régimen virreinal de la Corona española. Director de la Biblioteca Nacional, su producción literaria se decantó por la narración histórica, inauguradora de un género que sintetizaba historia y leyenda. Entre sus obras destacan *Anales de la Inquisición de Lima*, *La bohemia literaria* y *Tradiciones peruanas*, su libro más difundido y una valiosa aportación documental sobre el Perú, integrado por una serie de narraciones sobre temas históricos y folclóricos. Su labor como filólogo se concentra en *Papeletas lexicográficas* y *Neologismos y americanismos*. Se le considera el iniciador de la literatura costumbrista en América Latina.

PALME, SVEN OLOF *(Estocolmo, 1927-id., 1986) Político sueco.* Ministro sin cartera de Comunicaciones y de Instrucción Pública, tras la dimisión del primer ministro socialdemócrata Tage Erlander en 1969 fue elegido presidente de su partido y primer ministro. Fue reelegido en 1973, formó gobierno en coalición con los liberales, y repitió en 1982 y 1985. Figura prestigiosa y respetada del progresismo sueco y europeo, luchador comprometido con la paz y la distensión, favoreció desde su posición el reconocimiento de la República Democrática de Vietnam. Fue miembro del Comité de Desarme y Seguridad y delegado especial de la ONU en el conflicto bélico entre Irán e Irak. Su pensamiento político fue determinante también para que los partidos socialistas europeos abandonaran el marxismo. Murió en atentado, perpetrado por un perturbado en 1986.

PALMERSTON, HENRY JOHN TEMPLE, TERCER VIZCONDE DE *(Londres, 1784-Brocket Hall, Reino Unido, 1865) Político británico.* Tras acceder al Parlamento en 1807, ocupó su primera cartera, como ministro de Guerra, en 1809. Salvo un breve lapso entre 1834 y 1835, continuó de modo ininterrumpido en los gabinetes gubernamentales hasta 1869. Bien desde la citada cartera, o desde el Foreign Office, o, más adelante, como ministro del Interior, participó en la política colonial británica durante la época más esplendorosa del Imperio. Desde el Partido Conservador, al principio, y dentro de los gabinetes *whig* a partir de 1830, desplegó una intensa actividad diplomática que llevó al Reino Unido a intervenir en buena parte de los conflictos desarrollados en todo el globo. A pesar de su conservadurismo en cuanto a reformas de tipo liberal dentro de su país, sus éxitos en política internacional y su marcado carácter nacionalista le valieron una gran popularidad entre sus compatriotas. Su mano férrea en el control de las colonias (represión de los cipayos de la India, alzados en 1857 y 1858) le supuso el máximo reconocimiento en su país.

PANKHURST, EMMELINE *(Manchester, 1858-Londres, 1928) Activista política británica.* En 1892 fundó la Liga en Favor del Derecho a Voto de la Mujer, movimiento sufragista cuyo primer logro fue la consecución, dos años después, del derecho a voto en las elecciones locales para las mujeres casadas. En 1903 fundó la Unión Política y Social de la Mujer, de la que se convirtió en secretaria general. Desde dicho cargo, se enfrentó a los miembros del Partido Liberal, a su juicio principal obstáculo para la obtención del sufragio universal femenino. Fue por ello detenida y encarcelada en tres ocasiones entre 1908 y 1909. A partir de esta última fecha la Unión radicalizó su mensaje y, a partir de 1912, fue dirigida desde París por Christabel Pankhurst, hija de Emmeline. Ésta, a su vez, fue nuevamente detenida y encarcelada. Tras el estallido de la Primera Guerra Mundial, Christabel ordenó detener las actividades reivindicativas, y el gobierno liberó a todos los prisioneros,

▲ *El político griego Andreas G.* **Papandreu** *saluda a sus seguidores con el signo de la victoria tras un mitin del PASOK, formación con la cual accedió a la presidencia de Grecia.*

▼ *Emmeline* **Pankhurst***, en una imagen tomada en mayo de 1914, es arrestada por la policía tras una manifestación del movimiento sufragista, del que era una de las principales líderes, ante el palacio de Buckingham, en Londres.*

Emmeline incluida. Pocas semanas antes de su muerte, el gobierno promulgó una ley a favor del sufragio femenino.

PAPANDREU, ANDREAS GEORGIOS *(Quíos, Grecia, 1919-Atenas, 1996) Político griego.* Hijo de Georgios Papandreu, fue profesor de economía en diversas universidades estadounidenses. Exiliado durante la dictadura de los coroneles, a su regreso a Grecia fundó el Movimiento Socialista Panhelénico (PASOK) y actuó en calidad de diputado y líder de la oposición parlamentaria. En 1981 Papandreu se convirtió en el primer socialista que accedió a la jefatura del Estado griego. Sostuvo una política neutralista que defendía por igual la disolución de la OTAN y el Pacto de Varsovia, aunque con el ingreso de Grecia en la Comunidad Económica Europea suavizó su posición de estricto neutralismo. En 1983 firmó con Estados Unidos un acuerdo por el que las bases estadounidenses se mantenían en suelo griego hasta 1989; ese mismo año perdió la mayoría parlamentaria y se vio obligado a dimitir, aunque terminó por ser de nuevo elegido en 1993. Gravemente enfermo, abandonó su cargo en 1996 y falleció poco después.

PAPINI, GIOVANNI *(Florencia, 1881-id. 1956) Escritor italiano.* Estudió en el Instituto de Estudios Superiores de Florencia y luego viajó a París, donde conoció a André Gide y a Henri Bergson, cuya obra influyó en él profundamente. De vuelta en Florencia fundó varios grupos y revistas de vanguardia, y se convirtió en uno de los principales animadores del futurismo con la publicación de la obra *La experiencia futurista* (1920). Tras publicar una primera novela autobiográfica, *Un hombre acabado* (1912), se convirtió al catolicismo y escribió varias obras de orientación teológica, como *Vida* de Cristo (1921), Gog (1931) y El diablo (1953), esta última motivo de enconada controversia. Famoso por su condición de gran polemista y agitador cultural, obtuvo, pese a todo, cargos de responsabilidad en la vida pública. Tras dirigir el Centro Nacional de Estudios sobre el Renacimiento, en 1939 fue nombrado miembro de la Academia Italiana.

PAPPO O PAPPUS DE ALEJANDRÍA *(ss. III-IV) Matemático griego*. Último gran matemático de la escuela alejandrina, escribió comentarios a los *Elementos* de Euclides y a la *Gran sintaxis matemática* de Tolomeo, llamada *Almagesto* por los árabes. Su obra principal, la *Colección matemática*, escrita hacia el 340, reviste una particular importancia desde el punto de vista histórico porque, además de ser una exposición completa y sistemática de los conocimientos de su época, recoge fragmentos, a veces íntegros, de las obras que constituían los fundamentos de la enseñanza de las matemáticas en la ciudad de Alejandría, hoy en gran parte perdidas. La *Colección*, compuesta por ocho libros, casi todos conservados (excepto el primero y parte del segundo), contiene una serie de problemas que introducen nociones geométricas importantes, como el foco de una parábola o la directriz de una cónica, y los enunciados de muchos teoremas, entre ellos, el que expresa la superficie y el volumen de las figuras de revolución.

PARACELSO [Philippus Aureolus Theophrastus Bombastus von Hohenheim] *(Ensiedeln, Suiza, 1493-Salzburgo, actual Austria, 1541) Médico y alquimista suizo*. Hijo de un doctor, durante su adolescencia viajó por Europa y estudió en las universidades de Basilea, Tubinga y Heidelberg, entre otras. Sin embargo, siempre mantuvo grandes reservas respecto a la enseñanza reglada de la época y cuestionó la autoridad de los textos clásicos en favor de una aproximación más «experimental», que atendiera también al saber popular. Famoso por sus supuestas curas milagrosas, en 1724 se estableció en Basilea, donde su prestigio atrajo innumerables estudiantes de todo el continente. En sus clases, Paracelso exhortó a su audiencia a ignorar la herencia de Galeno y Avicena y a basar los tratamientos médicos en la acción libre de los procesos naturales. En 1536 publicó su *Gran libro de cirugía*, que le procuró una notoriedad todavía mayor. Dio la primera descripción clínica de la sífilis e introdujo nuevos tratamientos basados en sustancias como el plomo o el mercurio.

▲ *Retrato del médico y alquimista holandés* **Paracelso***, cuyos innovadores remedios e intuición médica lo convierten en un precursor de la farmacología moderna.*

▼ *Emilia* **Pardo Bazán** *posa para una fotografía de estudio. La escritora gallega desempeñó un papel destacado en la renovación cultural de España.*

PARDO, MANUEL *(Lima, 1834-id., 1878) Político peruano*. Ministro de Hacienda en 1866, fundó el Banco del Perú y el Partido Civil. El Senado lo designó presidente el 2 de agosto de 1872, con lo que se convirtió en el primer presidente civil del Perú. El triunfo del civilismo le permitió llevar a cabo inicialmente las propuestas del sector comerciante, que propugnaba la eliminación de los gremios y de los fueros privativos de la Iglesia y del Ejército. También emprendió la modernización de la educación y la eliminación de los derechos de peaje y aduanas interiores controladas por las Juntas Departamentales. El agotamiento del guano, base de la economía peruana, cuya calidad empeoró, y la crisis de la banca europea, que impidió a Pardo concertar nuevos préstamos, hicieron inviable, sin embargo, la realización de estos proyectos. El salitre, en su mayor parte en manos extranjeras, no sólo no pudo sustituir al guano, sino que provocó la entrada del país en la guerra del Pacífico. Murió asesinado.

PARDO BAZÁN, EMILIA *(La Coruña, 1851-Madrid, 1921) Escritora y crítica española*. Hija única de los condes de Pardo Bazán, tuvo una buena formación, en un colegio francés de Madrid, y desde pequeña se inició en la lectura de clásicos. Se casó a los dieciocho años con José Quiroga, y poco después, en 1869, se instaló junto con su familia en Madrid, donde entró en contacto con el ambiente literario de la capital. Se dio a conocer con *Un estudio crítico de Feijoo* (1876) y en 1879 publicó su primera novela, *Pascual López*. Sus frecuentes viajes a Europa le dieron a conocer de primera mano las modas literarias europeas, haciéndose eco sobre todo del naturalismo, que marcaría su primera orientación crítica y literaria. Así, durante la década de 1880 publicó en la revista *La Época* una serie de artículos sobre Zola y el método experimental, ideas que recogió en el ensayo *La cuestión palpitante* (1883), donde intentaba matizar el dogmatismo naturalista y hacerlo compatible con la tradición realista. Siguieron nuevos volúmenes críticos sobre la novela, mientras que paralelamente llevó a la práctica sus idearios literarios y estéticos en novelas como *Un viaje de novios* (1881), *La tribuna* (1883), *Los pazos de Ulloa* (1886), considerada su obra maestra, o *Insolación* (1889) y *Morriña* (1889). En 1891 fundó, y dirigió hasta 1893, la revista mensual *Nuevo Teatro Crítico*, donde a través de relatos y artículos llevó a cabo una importante labor crítica, tanto literaria como social y política. Paralelamente, su producción literaria, integrada por un buen número de novelas y más de quinientos relatos, tomó un tono más acorde con el simbolismo finisecular (*La piedra angular*, 1891, *La quimera*, 1905, o *Cuentos sacroprofanos*, 1899). En la vida académica cosechó importantes éxitos: fue consejera de Instrucción Pública, dirigió la Biblioteca de la Mujer, llevando a cabo una importante actividad feminista, y en 1916 consiguió que le crearan ex profeso una cátedra en literaturas románicas y comparadas en la Universidad de Madrid. No fue aceptada, sin embargo, su nominación para la Real Academia Española.

PARETO, VILFREDO *(París, 1848-Génova, 1923) Economista y sociólogo italiano.* Se le considera el máximo representante de la escuela de Lausana junto con L. Walras, a quien sustituyó en 1893 en la cátedra de economía política en la Universidad de la misma ciudad, cargo que ocupó hasta 1906. Dicha escuela se caracterizaba por buscar una síntesis entre las aportaciones del marginalismo aplicadas al problema general del equilibrio. En su *Manual de economía política* (1906) introdujo el concepto de las curvas de indiferencia. Posteriormente abandonó el estudio de la economía para dedicarse a la sociología y desarrolló una teoría de la eficiencia social. Por su estudio de cómo se relacionan los fines sociales con la búsqueda individual de la satisfacción económica se le considera uno de los pioneros en el estudio del bienestar. En sus análisis desarrolló una teoría acerca de la élite de la sociedad que propició que se le relacionara a menudo con el fascismo.

PARK CHUNG HEE *(Sonsan-gun, Corea del Sur, 1917-Seúl, 1979) Militar y político surcoreano.* Sirvió en el ejército japonés en Manchuria (1940-1945), y tras la Segunda Guerra Mundial continuó con su carrera militar, ascendiendo a general durante el transcurso de la guerra de Corea. En 1961 participó en el golpe de Estado que derrocó al presidente Chaung Myun y fue nombrado presidente del país en marzo de 1962. Efectuó sucesivas reformas de la Constitución que le permitieron la reelección en 1963, 1967, 1971, 1972 y 1978. Acusado de dictador, su régimen contó con el apoyo de Estados Unidos. Su gestión de gobierno transformó Corea en una potencia industrial a costa de la supresión de las libertades individuales. Tras un atentado fallido en 1974 que costó la vida de su esposa, fue asesinado por el jefe del servicio de seguridad surcoreano.

▲ *Park Chung Hee en una fotografía tomada después de la guerra de Corea. Varias veces presidente, fue asesinado en su palacio en un complot del servicio secreto surcoreano.*

▼ *Dibujo que representa al filósofo griego* **Parménides de Elea,** *quien sentó las bases de toda la ontología occidental.*

PARKER, CHARLIE, llamado *Charlie Bird Parker (Kansas City, 1920-Nueva York, 1955) Saxofonista y compositor estadounidense.* Si se acepta el tópico del genio creativo sometido a una vida tormentosa tal como lo han ejemplificado Van Gogh o Chaikovski, habría que incluir sin duda a Parker en la categoría. Su vida estuvo marcada por toda clase de problemas, tanto de dependencia de las drogas y el alcohol como de índole mental, que obligaron a internarle en el Camarillo State Hospital. En el ámbito musical, sin embargo, Parker y su saxo alto revolucionaron el mundo del jazz en los años cuarenta al introducir el estilo conocido como bebop, caracterizado por la velocidad de sus tempos y la experimentación armónica. En 1945, el sello Savoy empezó a publicar las primeras obras enmarcadas en dicho estilo, que rápidamente contagió a muchos otros *jazzmen* (D. Gillespie, T. Monk) y que al poco trascendió su condición estrictamente musical para convertirse en elemento canalizador de una reafirmación generalizada de la cultura negra. En 1953, Parker formó parte de un celebérrimo quinteto integrado por Gillespie, C. Mingus, B. Powell y M. Roach. Maestro, entre otros, de M. Davis, destacan en su discografía *Relaxin' at Camarillo, Bird on 52nd Street, Inglewood jam,* o *Birland All Stars At Carnegie Hall.*

PARMÉNIDES DE ELEA *(Elea, actual Italia, h. 540 a.C-id., h. 470 a.C.) Filósofo griego.* Su doctrina, todavía objeto de múltiples debates, se ha reconstruido a partir de los escasos fragmentos que se conservan de su única obra, un extenso poema didáctico titulado *Sobre la naturaleza.* Partiendo de la identificación del plano lógico con el ontológico, es decir, tras considerar que nada en el mundo puede contradecir lo que es necesario desde el punto de vista del pensamiento, realiza un análisis del «ser» o «lo ente» que le lleva a negar la pluralidad y el movimiento. Esto es así porque el ser no puede ser engendrado, pues en ese caso él mismo no sería el *arché* (principio) de todas las cosas; no puede cambiar, porque en ese caso devendría una cosa distinta de lo que es, es decir, no-ser, y el no-ser es inconcebible; tampoco puede estar dividido, pues entonces debería estar separado por algo distinto de sí mismo, lo que implicaría de nuevo el no-ser. De todo ello deduce que lo ente es inmutable, único, eterno e indivisible, y que la pluralidad y el movimiento son irracionales e ininteligibles, pura apariencia. Existe aún polémica sobre si debe entenderse esta afirmación en sentido literal o de otro modo. En cualquier caso, los atributos que Parménides atribuyó al ser fueron transferidos por Demócrito y Empédocles al átomo, y se hallan en el origen del materialismo filosófico. Por otro lado, su doctrina inició la llamada escuela eleática, cuya figura más representativa fue Zenón de Elea, que dedicó sus esfuerzos a problematizar la posibilidad del movimiento a través de una serie de paradojas que se harían célebres.

PARMIGIANINO, IL [Francesco Mazzola] *(Parma, actual Italia, 1503-Casalmaggiore, id., 1540) Pintor italiano.* Se le conoce por un seudónimo derivado de su ciudad natal, en la que dio sus primeros pasos como artista con los magníficos frescos para la iglesia de San Giovanni Evangelista. Posteriormente trabajó en Roma y en Bolonia, antes de regresar a Parma en 1531, donde recibió el encargo de pintar unos frescos para Santa Maria della Steccata, que no finalizó se cree que por pura dejadez. Su fama, no obstante, está más vinculada a las obras de caballete que a los frescos. Cultivó la temática religiosa y mitológica, así como el retrato, con un estilo personalísimo, típicamente manierista, de figuras alargadas, colorido frío y ambiente sensual y elegante. Son emblemáticas en este sentido la *Virgen del cuello largo* y *Autorretrato en un espejo convexo.* Se le deben así mismo numerosos grabados y fue uno de los difusores de la técnica del aguafuerte.

PARRA, NICANOR *(Chillán, Chile, 1914) Escritor chileno.* Estudió matemáticas y física en la Universidad de Chile, y entre 1943 y 1945 en la de Brow, en Estados Unidos. De regreso en su patria fue nombrado director interino de la Escuela de Ingeniería, pero a partir de los años cincuenta sus intereses se decantaron por la literatura. Aunque cultivó la poesía popular (*Cancionero sin nombre*, 1937), debe su fama a los denominados «antipoemas»; en ellos transmite la realidad a través de vivencias personales, con un estilo dramático con pinceladas de humor. Integran su obra *Poemas y antipoemas* (1954), *La cueca larga* (1958), *Versos de salón* (1962), *Obra gruesa* (1969) y *Antipoemas. Antología 1944-1969* (1972). En la década de

«*El corazón tiene razones que la razón ignora.*»

Blaise Pascal
Pensamientos

▼ Virgen del cuello largo, *óleo sobre tabla realizado hacia 1535 por Il* **Parmigianino** *para la iglesia de Santa Maria dei Serviti de Parma.*

1960, lo más importante de su pluma fue *Canciones rusas* (1967), donde el autor regresaba a un neosimbolismo intimista, mientras que en los años setenta su producción poética dejaba traslucir una fuerte amargura por su situación personal y por el estado del país, como atestigua su *Sermones y prédicas del Cristo de Elqui* (1977). Es miembro de la Academia Chilena de la Lengua y hermano de la cantautora Violeta Parra.

PASCAL, BLAISE *(Clermont-Ferrand, Francia, 1623-París, 1662) Filósofo, físico y matemático francés.* Su madre falleció cuando él contaba tres años, a raíz de lo cual su padre se trasladó a París con su familia (1630). Fue un genio precoz a quien su padre inició muy pronto en la geometría e introdujo en el círculo de Mersenne, la Academia, a la que él mismo pertenecía. Allí se familiarizó con las ideas de Girard Desargues y en 1640 redactó su *Ensayo sobre las cónicas* (*Essai pour les coniques*), que contenía lo que hoy se conoce como teorema del hexágono de Pascal. La designación de su padre como comisario del impuesto real supuso el traslado a Ruán, donde Pascal desarrolló un nuevo interés por el diseño y la construcción de una máquina de sumar; se conservan todavía varios ejemplares del modelo que ideó, algunos de cuyos principios se utilizaron luego en las modernas calculadoras mecánicas. En Ruán comenzó también a interesarse por la física, y en especial por la hidrostática, y emprendió sus primeras experiencias sobre el vacío; intervino en la polémica en torno a la existencia del *horror vacui* en la naturaleza y realizó importantes experimentos (en especial el de Puy de Dôme en 1647) en apoyo de la explicación dada por Torricelli al funcionamiento del barómetro. La enfermedad lo indujo a regresar a París en el verano de 1647; los médicos le aconsejaron distracción e inició un período mundano que terminó con su experiencia mística del 23 de noviembre de 1654, su «segunda conversión» (en 1645 había abrazado el jansenismo); convencido de que el camino hacia Dios estaba en el cristianismo y no en la filosofía, suspendió su trabajo científico casi por completo. Pocos meses

◄ El filósofo y matemático
francés Blaise **Pascal**
en un retrato pintado
por Ph. de Champaigne
hacia 1653, que pertenece
en la actualidad a una
colección particular.

PASOLINI, PIER PAOLO (Bolonia, Italia, 1922-Ostia, id., 1975) *Escritor y director de cine italiano.* Estudió historia y literatura en Bolonia. Durante la Segunda Guerra Mundial se refugió en Friuli, y durante la década de 1950 vivió en Roma. En algunas de sus novelas, como *Los golfos* (1955) y *Una vida violenta* (1957), retrató con dureza el modo de vida de los marginados, cuyo lenguaje reprodujo con gran precisión en su empeño por revalorizar el arte popular y el dialecto. Cultivó también el ensayo y la poesía, género en el que destacan *Poesía a Casarsa* (1942), *Las cenizas de Gramsci* (1957) y *La religión de mi tiempo* (1961). Como autor crítico destacan sus artículos *Sobre la poesía dialectal* (1947), *Pasión e ideología* (1960) y *La poesía popular italiana* (1960). Paralela a su carrera de escritor desarrolló una fecunda carrera como autor cinematográfico. Colaboró con Bolognini, Fellini y Bertolucci antes de firmar películas propias, entre las que destacan *El Evangelio según san Mateo* (1964), *Pajaritos y pajarracos* (1966), *Edipo rey* (1967), *Teorema* (1968), *El Decamerón* (1971) y *Saló o los 120 días de Sodoma* (1975). Murió asesinado en extrañas circunstancias.

antes, como testimonia su correspondencia con Fermat, se había ocupado de las propiedades del triángulo aritmético hoy llamado de Pascal y que da los coeficientes de los desarrollos de las sucesivas potencias de un binomio; su tratamiento de dicho triángulo en términos de una «geometría del azar» lo convirtió en uno de los fundadores del cálculo matemático de probabilidades. En 1658, al parecer con el objeto de olvidarse de un dolor de muelas, elaboró su estudio de la cicloide, que resultó un importante estímulo en el desarrollo del cálculo diferencial. Desde 1655 frecuentó Port-Royal, donde se había retirado su hermana Jacqueline en 1652. Tomó partido en favor de Arnauld, el general de los jansenistas, y publicó anónimamente sus *Provinciales*. El éxito de las cartas lo llevó a proyectar una apología de la religión cristiana; el deterioro de su salud a partir de 1658 frustró, sin embargo, el proyecto, y las notas dispersas relativas a él quedaron más tarde recogidas en sus famosos *Pensamientos* (*Pensées sur la religion*, 1669). Aunque rechazó siempre la posibilidad de establecer pruebas racionales de la existencia de Dios, cuya infinitud consideró inabarcable para la razón, admitió no obstante que esta última podía preparar el camino de la fe para combatir el escepticismo. La famosa apuesta de Pascal analiza la creencia en Dios en términos de apuesta sobre su existencia, pues si el hombre cree y finalmente Dios no existe, nada se pierde. La tensión de su pensamiento entre la ciencia y la religión quedó reflejada en su admisión de dos principios del conocimiento: la razón (*esprit géométrique*) y el corazón (*esprit de finesse*).

▲ *El director italiano
Pier Paolo* **Passolini**
*creó algunas de las obras
más originales de la
cinematografía mundial.*

PASTERNAK, BORIS (Moscú, 1890-id., 1960) *Escritor ruso.* Hijo de padres artistas, empezó a estudiar música, pero no tardó en decantarse por la filosofía y la filología, disciplinas en las que se doctoró en la Universidad de Moscú. Sus primeras obras poéticas, *Un gemelo en las nubes* (1914), *Más allá de las barreras* (1917) y *Mi hermana la vida* (1922), indagaban en los conflictos de la condición humana con un estilo claramente simbolista. En las obras que siguieron, entre ellas *El año 1905* (1927), *El teniente Schmidt* (1927), *El segundo nacimiento* (1932) y *El salvoconducto* (1934), cultivó imágenes complejas y un lenguaje extremadamente refinado. Dada la imposibilidad de publicar con regularidad, puesto que no aceptaba el estilo narrativo que imponía el gobierno soviético, tradujo obras de varios autores europeos, actividad que compaginó con la redacción de su obra maestra, *El doctor Zhivago*. Esta novela, publicada en Italia en 1957, narra los conflictos morales de un médico durante los años de la Primera Guerra Mundial y la Revolución Rusa. En 1958 recibió el Premio Nobel de Literatura, pero el gobierno soviético le obligó a renunciar al galardón por razones políticas. El proceso de liberalización general iniciado por Mijaíl Gorbachov, la *perestroika,* permitió que sus obras fueran editadas por primera vez en la Unión Soviética.

▼ *El poeta y novelista ruso
Boris* **Pasternak** *mira
desafiante a la cámara
en una fotografía tomada
durante los años cuarenta.*

Pasteur, según el cual las levaduras tienen la capacidad de reproducirse en ausencia de oxígeno. Postuló la existencia de los gérmenes y logró demostrarla, con lo cual rebatió de manera definitiva la antigua teoría de la generación espontánea. En 1865 descubrió los mecanismos de transmisión de la pebrina, una enfermedad que afecta a los gusanos de seda y amenazaba con hundir la industria francesa. Estudió en profundidad el problema y logró determinar que la afección estaba directamente relacionada con la presencia de unos corpúsculos –descritos ya por el italiano Cornaglia– que aparecían en la puesta efectuada por las hembras contaminadas. Como consecuencia de sus trabajos, enunció la llamada teoría germinal de las enfermedades, según la cual éstas se deben a la penetración en el cuerpo humano de microorganismos patógenos. Después de 1870, orientó su actividad al estudio de las enfermedades contagiosas, de las cuales supuso que se debían a gérmenes microbianos infecciosos que habrían logrado penetrar en el organismo enfermo. En 1881 inició sus estudios acerca del carbunco del ganado lanar, y consiguió preparar una vacuna de bacterias desactivadas, la primera de la historia. La continuación de sus investigaciones le permitió desarrollar la vacuna contra la rabia, o hidrofobia, cuyo virus combatió con una vacuna lograda mediante inoculaciones sucesivas en conejos, de las que obtenía extractos menos virulentos. La efectividad de esta vacuna, su última gran aportación en el campo de la ciencia, se probó con éxito el 6 de julio de 1885 con el niño Joseph Meister, que había sido mordido por un perro rabioso y, gracias a la vacuna, no llegó a desarrollar la hidrofobia. Este éxito espectacular tuvo una gran resonancia, así como consecuencias de orden práctico para el científico, quien hasta entonces había trabajado con medios más bien precarios. El apoyo popular hizo posible la construcción del Instituto Pasteur, que gozaría de un justificado prestigio internacional. En 1882 fue elegido miembro de la Academia Francesa.

PASTEUR, LOUIS *(Dôle, Francia, 1822-St. Cloud, id., 1895) Químico y bacteriólogo francés.* Formado en el Liceo de Besançon y en la Escuela Normal Superior de París, en la que había ingresado en 1843, se doctoró en ciencias por esta última en 1847. Al año siguiente, sus trabajos de química y cristalografía le permitieron obtener unos resultados espectaculares en relación con el problema de la hemiedría de los cristales de tartratos, en los que demostró que dicha hemiedría está en relación directa con el sentido de la desviación que sufre la luz polarizada al atravesar dichas soluciones. Profesor de química en la Universidad de Estrasburgo de 1847 a 1853, fue decano de la Universidad de Lille en 1854; en esta época estudió los problemas de la irregularidad de la fermentación alcohólica. En 1857 desempeñó el cargo de director de estudios científicos de la Escuela Normal de París, cuyo laboratorio dirigió a partir de 1867. Desde su creación en 1888 y hasta su muerte fue director del Instituto que lleva su nombre. Sus contribuciones a la ciencia fueron numerosas, y se iniciaron con el descubrimiento de la isomería óptica (1848) mediante la cristalización del ácido racémico, del cual obtuvo cristales de dos formas diferentes, en lo que se considera el trabajo que dio origen a la estereoquímica. Estudió también los procesos de fermentación, tanto alcohólica como butírica y láctica, y demostró que se deben a la presencia de microorganismos y que la eliminación de éstos anula el fenómeno (pasteurización). Demostró el llamado efecto

▲ *Louis **Pasteur**, sentado, supervisa la extracción de saliva de un perro afectado de rabia, en el transcurso de los trabajos que llevaron al descubrimiento de la vacuna antirrábica.*

▼ *Louis **Pasteur** en su laboratorio. El bacteriólogo francés sentó las bases de la microbiología gracias a sus estudios sobre los gérmenes.*

PATARROYO, MANUEL ELKIN *(Ataco, Colombia, 1946) Médico colombiano.* Especializado en virología en la Universidad de Yale y en inmunología en la Universidad Rockefeller de Nueva York y en el Instituto Karolinska de Estocolmo, en 1972 fundó el Instituto Colombiano de Inmunología, en Bogotá. En 1987 descubrió una vacuna sintética contra el paludismo, homologada por la comunidad científica internacional en 1993. En lugar de vender la patente a las multinacionales farmacéuticas, Patarroyo cedió todos los derechos de la misma a la OMS y a la Unicef, siempre que se atendieran dos condiciones: que se produjera en su país natal y llevara el nombre de éste, «Colombia». En 1994 fue galardonado con el Premio Príncipe de Asturias de Investigación Científica y Técnica.

PATINIR, JOACHIM *(Bouvignes, actual Bélgica, h. 1480-Amberes, id., 1524) Pintor flamenco.* Se le reconoce el mérito de haber sido el primer pintor en tratar el paisaje como género independiente. No obstante, Patinir no se atrevió nunca a pintar meros paisajes, algo inconcebible en la época, sino que dio a la recreación de la naturaleza mayor protagonismo y espacio que a las figuras, por lo general pequeñas, de sus obras de temática religiosa. Sólo se conservan cuatro obras firmadas, entre ellas la famosa *Huida a Egipto,* pero se le atribuyen muchas otras, con particular mención para *Travesía de la laguna Estigia.* En sus paisajes, Patinir combinó la observación detallista del natural con el delirio imaginativo y fantástico, que lo aproxima a otros pintores flamencos famosos por su extravagancia como El Bosco y P. Brueghel.

PATTON, GEORGE SMITH *(San Gabriel, EE UU, 1885-Heidelberg, Alemania, 1945) Militar estadounidense.* Descendiente de una familia de larga tradición militar, cursó estudios en la Academia de West Point y se licenció en 1909. Durante la Primera Guerra Mundial se especializó en la utilización de tanques blindados, lo que le convenció de su utilidad en futuras campañas. Tras el estallido de la Segunda Guerra Mundial participó en la campaña de Marruecos y, luego de la victoria aliada en el norte de África, dirigió la invasión de Sicilia e invadió Palermo (1943). Dirigió las operaciones del Tercer Ejército en el Norte de Francia, y a principios de 1945 llegó hasta la frontera germana. Aclamado por sus soldados, debido a su valor y coraje, recibió fuertes críticas de un sector de la población estadounidense por sus métodos violentos. En octubre de 1945 fue destituido como comandante del Tercer Ejército por su negativa a acatar las órdenes de Washington respecto a la pacificación alemana y, poco después, falleció en un accidente automovilístico.

PAULI, WOLFGANG *(Viena, 1900-Zurich, 1958) Físico austriaco, nacionalizado estadounidense.* Con tan sólo veinte años escribió un artículo enciclopédico de más de

▲ *El general estadounidense George S.* **Patton** *observa el movimiento de fuerzas en el frente en la campaña de Italia, que él dirigió, durante la Segunda Guerra Mundial.*

▼ *El físico austriaco Wolfgang* **Pauli** *fotografiado en 1945, año en que fue galardonado con el Premio Nobel.*

doscientas páginas sobre la teoría de la relatividad. Nombrado profesor de la Universidad de Hamburgo en 1923, un año más tarde propuso un cuarto número cuántico, que puede adoptar los valores numéricos de $1/2$ o $-1/2$, necesario para poder especificar los estados energéticos del electrón. Más adelante se verificó la existencia de estos números cuánticos, denominados de espín, representativos de las dos direcciones posibles de giro sobre el eje de rotación de los fermiones. En 1925 introdujo el principio de exclusión, que clarificó de forma inmediata la estructuración de los átomos en la tabla periódica. En 1928 ingresó en el Instituto Federal de Tecnología de Zurich como profesor de física teórica. Bajo su dirección, esta institución se convirtió en un importante centro de investigación en los años precedentes a la Segunda Guerra Mundial. A finales de la década de 1920 observó que cuando se emite una partícula beta (electrón) desde un núcleo atómico, por lo general se produce una pérdida de energía, lo cual constituye una flagrante violación de la ley de conservación de la energía. Para explicar el fenómeno, Pauli propuso en 1931 la existencia de alguna partícula –denominada con posterioridad neutrino por Enrico Fermi– eléctricamente neutra y de masa nula o prácticamente inapreciable, y cuya desaparición pasa inadvertida, dado que interactúa con la materia de forma muy débil. El neutrino no pudo ser detectado como entidad hasta 1956. En 1940, se trasladó a Estados Unidos para hacerse cargo de la cátedra de física teórica del Institute for Advanced Study de la Universidad de Princeton, y en 1946 obtuvo la nacionalidad estadounidense. Finalizada la Segunda Guerra Mundial, regresó a Zurich.

PAULING, LINUS CARL *(Portland, EE UU, 1901-Big Sur, id., 1994) Químico estadounidense.* Se licenció en ingeniería química el año 1922 en la Universidad Estatal de Oregón, y en 1925 se doctoró en fisicoquímica en el California Institute of Technology de Pasadena. Viajó a Europa, donde colaboró con destacados científicos: Arnold Sommerfeld en Munich, Niels Bohr en Copenhague, Erwin Schrödinger en Zurich y sir William Henry Bragg en Londres. Regresó en 1927 al California Institute of Technology, donde posteriormente fue designado profesor, en 1931. Ocupó el cargo de director del Gates and Crellin Laboratories of Chemistry entre 1936 y 1958. Fue uno de los primeros en aplicar los principios de la mecánica cuántica para dar explicación a los fenómenos de difracción de los rayos X y logró describir satisfactoriamente las distancias y los ángulos de enlace entre átomos de diversas moléculas. Para describir la capacidad del átomo de carbono para formar cuatro enlaces, Pauling introdujo el concepto de orbitales híbridos, en los cuales las órbitas teóricas descritas por los electrones se desplazan de sus posiciones originales debido a la mutua repulsión. Así mismo, identificó la presencia de orbitales híbridos en la coordinación de iones o grupos de iones en disposición definida alrededor de un ion central. Para el caso de compuestos cuya geometría no se puede justificar mediante una única estructura, propuso el modelo de híbridos de resonancia, que contempla la verdadera estructura de la molécula como un estado intermedio entre dos o más estructuras susceptibles de ser dibujadas. Introdujo el concepto empírico de electronegatividad, como medida del poder de atracción de los electrones involucrados en un enlace de carácter covalente por parte de un átomo. Las teorías de Pauling sobre el enlace atómico se encuentran recogidas en su obra *The Nature of Chemical Bond, and the Structure of Molecules and Crystals* (1939), uno de los textos científicos que han ejercido mayor influencia a lo largo del siglo XX. En 1940, en colaboración con el biólogo de ascendencia alemana Max Delbrück, desarrolló el concepto de complementariedad molecular en las reacciones antígeno-anticuerpo. Su trabajo junto al químico estadounidense Robert B. Corey le llevó a reconocer la estructura helicoidal de ciertas proteínas. En 1954 se recompensó su meritoria labor científica con el Premio Nobel de Química. No sería el único que recibiría: por su activa militancia pacifista y su decidida oposición a la proliferación del armamento nuclear le fue concedido el Premio Nobel de la Paz en 1962. En 1979 publicó el estudio *Cancer and Vitamin C*.

PAULO III [Alessandro Farnese] (*Canino, Italia, 1468-Roma, 1549) Papa (1534-1549)*. Tras alcanzar el solio pontificio, inició una política de neutralidad de la Iglesia con respecto a los conflictos políticos de los Estados, para concentrarse en la lucha contra la expansión del protestantismo. Considerado un Papa de transición entre el Renacimiento y la Contrarreforma, gustó de potenciar la magnificencia de su corte; así, encargó a Miguel Ángel, entre otros trabajos, las pinturas de la Capilla Sixtina. En la política exterior hay que recalcar su me-

▲ *Linus **Pauling** recibe una de las múltiples llamadas de felicitación tras hacerse pública la concesión del Premio Nobel de la Paz por su activismo contra el armamento nuclear.*

▼ *El célebre tenor italiano Luciano **Pavarotti**, con su inseparable pañuelo entre las manos, saluda al público que le ovaciona después de una actuación.*

diación entre Carlos I y Francisco I de Francia que llevó al tratado de Nicea, en 1538, así como la excomunión de Enrique VIII de Inglaterra. Decidido promotor del concilio de Trento, dio su apoyo a la fundación de los jesuitas y al restablecimiento de la Inquisición en Italia (1542). En el ámbito de la política local, cedió importantes territorios del Papado a su hijo Pier Luigi, hecho que generó una considerable hostilidad.

PAVAROTTI, LUCIANO (*Módena, Italia, 1935) Tenor italiano*. Nacido en el seno de una familia con antecedentes musicales, dio sus primeros pasos en el mundo de la lírica como cantante de coro. Tras trabajar durante dos años como profesor de una escuela elemental, emprendió estudios de canto en su ciudad natal y en Mantua. Su debut operístico se produjo en 1961, en el Teatro Comunal de Reggio Emilia, en el papel de Rodolfo, de *La bohème*, que repitió en sus presentaciones en Viena y Londres (1963). Con un repertorio no muy extenso, pero escogido, centrado en los grandes títulos de la ópera francesa e italiana románticas, de Bellini y Donizetti a Verdi y Puccini, este tenor ha sabido hacerse con un amplio grupo de admiradores, merced también a sus incursiones en la música popular y a sus recitales en grandes espacios, en ocasiones en compañía de Plácido Domingo y José Carreras bajo el apelativo común de Los Tres Tenores. Rodolfo, Radamés (*Aida*), Manrico (*Il Trovatore*), Nemorino (*L'elisir d'amore*) y Cavaradossi (*Tosca*) son algunos de los roles que han consolidado su fama.

PAVESE, CESARE *(Santo Stefano Belbo, Italia, 1908-Turín, 1950) Poeta y novelista italiano.* Notable introductor de la literatura anglosajona en Italia, tradujo a su idioma obras de Melville, Dickens, Dos Passos y Faulkner, entre otros. Participó en la fundación y la dirección de la editorial Einaudi, así como en la creación de la revista antifascista *La Cultura*. Su ideología le supuso el encarcelamiento en 1935, y durante la Segunda Guerra Mundial participó en la resistencia antifascista. Entre sus libros de poemas destacan *Trabajar cansa* (1936) y *Vendrá la muerte y tendrá tus ojos* (1951). Sin embargo, su prosa ha tenido mayor difusión que su poesía, y se le considera como uno de los iniciadores del neorrealismo en la novela italiana. *El bello verano* (1949), quizá su obra más lograda, comprende tres novelas breves cuyos personajes y situaciones son a la vez vívidos recortes de la realidad y símbolos literarios de gran penetración. Así, sus novelas admiten diversos niveles de lectura, como sucede también con *La Luna y las hogueras* (1950). La vida y la obra de Pavese oscilaron siempre entre la necesidad de un compromiso con la realidad y un desaliento vital que acabó por llevarle al suicidio, en un hotel de Turín.

▲ *Retrato del escritor italiano Cesare **Pavese**. Su diario,* El oficio de vivir, *de publicación póstuma (1952), es un magnífico testimonio sobre la vida y el oficio de un escritor.*

▼ *El ruso Ivan Petrovich **Pavlov**, de espaldas en la fotografía, observa el comportamiento de un perro durante uno de sus célebres experimentos sobre el reflejo condicionado.*

PAVLOV, IVAN PETROVICH *(Riazán, actual Rusia, 1849-Leningrado, hoy San Petersburgo, id., 1936) Fisiólogo ruso.* Hijo de un pope ortodoxo, cursó estudios de teología, que abandonó para ingresar en la Universidad de San Petersburgo y estudiar medicina y química. Una vez doctorado, amplió sus conocimientos en Alemania, donde se especializó en fisiología intestinal y en el sistema circulatorio. En 1890 sentó plaza de profesor de fisiología en la Academia Médica Imperial, y en la década siguiente se centró en la investigación del aparato digestivo y el estudio de los jugos gástricos, trabajos que le valieron el Premio Nobel en 1904. Pavlov es conocido, sobre todo, por la formulación de la ley del reflejo condicionado, que desarrolló después de advertir que la salivación de los perros que utilizaba en sus experimentos podía ser resultado de una actividad psíquica. Al efecto, realizó el famoso experimento consistente en tañer una campana inmediatamente antes de dar el alimento a un perro, para concluir que, cuando el animal estaba hambriento, empezaba a salivar en cuanto oía el sonido habitual. La guerra civil y el advenimiento del comunismo no afectaron sus investigaciones. A pesar de no ser afecto al nuevo régimen, los comunistas, que valoraban su talla como científico, no lo represaliaron como a tantos otros que, como él, habían mostrado su rechazo a los métodos del gobierno. En una ocasión llegó a declarar: «Por este experimento social que estáis realizando, yo no sacrificaría los cuartos traseros de una rana.» Los comunistas no dudaron en aplicar la teoría del reflejo condicionado de Pavlov a fines que su descubridor nunca hubiese podido imaginar: el condicionamiento de seres humanos, efectuado en el sistema carcelario soviético. En los años treinta, Pavlov volvió a significarse al anunciar el principio según el cual, la función del lenguaje humano es resultado de una cadena de reflejos condicionados que contendrían palabras.

PAVLOVA, ANNA *(San Petersburgo, 1881-La Haya, 1931) Bailarina rusa.* Educada en los preceptos académicos de la Escuela Imperial de Danza de San Petersburgo, Anna Pavlova no fue una bailarina que cultivaba un estilo innovador, sino más bien al contrario: su abandono de los Ballets Rusos en 1910, por su disconformidad con las revolucionarias propuestas de esta compañía, constituye una prueba de ello. No obstante, pocas bailarinas han simbolizado el espíritu del ballet clásico (Chaikovski, Adam) con la perfección que lo hizo ella. Poseedora de un talento innato para la danza, su estilo, refinado y sutil, de un extremado lirismo, quedó magistralmente expresado en la que fue su más inolvidable creación: *La muerte del cisne*, una coreografía que, sobre música de Camille Saint-Saëns, realizó

para ella Michel Fokine. Interesada por las danzas tradicionales, en sus programas gustaba de introducir danzas procedentes de países tan dispares como India, Polonia, Japón y su Rusia natal.

PAZ, OCTAVIO *(Ciudad de México, 1914-id., 1998) Escritor mexicano.* Nieto de escritor (Ireneo Paz), sus intereses literarios se manifestaron de manera muy precoz, y publicó sus primeros trabajos en diversas revistas literarias. Estudió en las facultades de Leyes y Filosofía y Letras de la Universidad Nacional. En 1936 se trasladó a España para apoyar al bando republicano en la guerra civil, mediante la Alianza de Intelectuales Antifascistas. Estuvo en París, donde participó con Breton en experiencias surrealistas. Posteriormente, amplió sus estudios en Estados Unidos en 1944-1945, y concluida la Segunda Guerra Mundial, recibió una beca de la fundación Guggenheim, para, más tarde, ingresar en el Servicio Exterior mexicano. En 1955 fundó el grupo poético Poesía en Voz Alta, y posteriormente inició una colaboración en la *Revista Mexicana de Literatura* y en *El Corno Emplumado.* En las publicaciones de esta época defendió las posiciones experimentales del arte contemporáneo. Embajador en París y en la India, cerró su actividad diplomática en 1968, cuando renunció como protesta contra la política del gobierno mexicano ante el movimiento democrático estudiantil. Durante

▲ *La mítica bailarina rusa Anna **Pavlova** durante una de sus actuaciones. Tal vez la figura más destacada del ballet ruso, sus dúos con Nijinsky han entrado en la leyenda.*

◄▲ *A la izquierda, Octavio **Paz** recogiendo el Premio Nobel de Literatura. Sobre estas líneas, portada de* La centena, *que recoge los primeros poemas del escritor mexicano compuestos durante su etapa como diplomático.*

sus años en París, trabó amistad con André Breton, pero también viajó por diversos países europeos y asiáticos. Poeta, narrador, ensayista, traductor, editor y gran impulsor de las letras mexicanas, Paz se mantuvo siempre en el centro de la discusión artística, política y social del país. Su poesía se adentró en los terrenos del erotismo, la experimentación formal y la reflexión sobre el destino del hombre. Conforman su obra poética: *Luna silvestre* (1933) *¡No pasarán!* (1936); *Raíz del hombre* (1937); *Bajo tu clara sombra y otros poemas sobre España* (1937); *Voces de España* (1938); *Entre la piedra y la flor* (1941); *A la orilla del mundo* (1942); *Libertad bajo palabra* (1949); *¿Águila o sol?* (1951); *Semillas para un himno* (1954); *La estación violenta* (1958); *Salamandra* (1962); *Blanco* (1967); *Discos visuales* (1968); *Ladera este* (1969); *Topoemas* (1971); *Renga* (1972); *Pasado en claro* (1975); *Vuelta* (1976); *Poemas* (1979) y *Árbol de adentro* (1987). Su producción en prosa abarca: *El laberinto de la soledad* (1950); *El arco y la lira* (1959); *Las peras del olmo* (1957); *Cuadrivio* (1965); *Puertas al campo* (1966); *Claude Lévi-Strauss o el nuevo festín de Esopo* (1967); *Conjunciones y disyunciones* (1969); *Posdata* (1970); *El mono gramático* (1974); *Los hijos del limo* (1974); *El ogro filantrópico* (1979); *Sor Juana Inés de la Cruz o las trampas de la fe* (1982); *Tiempo nublado* (1983); *Sombras de obras* (1983); *Hombres de su siglo* (1984); *Vislumbres de la India* (1992); y *La llama doble* (1993). A grandes rasgos cabe distinguir tres grandes fases en su obra: en la primera, el autor pretendía penetrar, a través de la palabra, en un ámbito de energías esenciales que lo llevó a cierta impersonalidad; en la segunda entroncó con la tradición surrealista, antes de encontrar un nuevo impulso en el contacto con lo oriental; en la última etapa de su trayectoria lírica, el poeta dio prioridad a la alianza entre erotismo y conocimiento. En 1990 se le concedió el Premio Nobel de Literatura.

PAZ ESTENSSORO, VÍCTOR *(Tarija, Bolivia, 1907) Político boliviano.* Fundó el Movimiento Nacional Revolucionario en 1941, desde el que propugnó la transformación de las estructuras económicas bolivianas a través de la nacionalización de las minas. En 1952 accedió a la presidencia del país, tras una revolución, y llevó a cabo profundas reformas, como la entrega de tierras a los campesinos, el reconocimiento del derecho de voto de los analfabetos y la antes mencionada nacionalización de las minas de estaño. Esta última medida tuvo graves consecuencias al cabo de los años, ya que la nacionalización obligó a pagar crecidas indemnizaciones a los anteriores propietarios, dispendios que imposibilitaron la instalación de nuevas fundiciones. A ello se sumó la imparable caída de los precios del estaño en el mercado internacional, y la ineficaz administración de las minas nacionalizadas. Las reformas de Estenssoro toparon con la oposición de la oligarquía, aliada con Estados Unidos, y, en 1964, fue derrocado por un golpe de Estado. Tras un largo período en la oposición democrática frente a la dictadura de Banzer, fue de nuevo presidente entre 1985 y 1989.

Peano, Giuseppe *(Cuneo, actual Italia, 1858-Turín, 1932) Matemático italiano.* Estudió en la Universidad de Turín, ciudad a la que su familia se había trasladado en 1870. Sus aportaciones más recordadas son las referentes a la axiomática de las matemáticas. A ese respecto cabe destacar sus axiomas sobre el conjunto de los números enteros naturales o sobre la estructura de un espacio vectorial, así como la definición del concepto de aplicación lineal. Interesado en el uso de la lógica más como medio de exposición de la matemática que como su fundamento (al estilo de Frege o Russell), desarrolló una sintaxis muchos de cuyos símbolos (como los de pertenencia, unión o intersección) son hoy día empleados de forma universal. En su constante empeño de expulsar la ambigüedad del ámbito de las definiciones y los teoremas matemáticos, tuvo por costumbre denunciar las incorrecciones presentes en la obra tanto de sus predecesores como de sus contemporáneos; se convirtió así en un especialista del contraejemplo, el más famoso de los cuales fue la redefinición del concepto de curva anteriormente propuesto por Camille Jordan.

Peary, Robert Edwin *(Cresson, EE UU, 1856-Washington, 1920) Explorador estadounidense del Ártico.* En 1881 ingresó en la Marina, en la que permaneció hasta su retiro. En 1886, al lado de Matthew Henson, llevó a cabo una expedición a través de Groenlandia que repetiría más tarde, en 1891, en esta ocasión con un equipo en el que participaban su esposa y Frederick A. Cook. En su segundo viaje descubrió el fiordo Independence y comprobó que Groenlandia es una isla, al tiempo que trababa amistad con los esquimales nativos de la zona, que le serían de gran ayuda en futuras expediciones. Realizó el primero de los muchos intentos de llegar al polo Norte en su expedición de 1893-1894. A éste le se-

▲ *El explorador Robert Edwin* **Peary** *alcanzó el polo Norte en 1909.*

▼ *El actor Gregory* **Peck** *en su interpretación del capitán Horatio Hornblower en la película* El hidalgo de los mares.

guirían otros. Entre 1898 y 1902 se dedicó al estudio de las diferentes rutas de acceso al polo, desde Etah, en Groenlandia, y también desde Fort Conger, en los Territorios del Noroeste, en Canadá. Su segundo intento de llegar al polo lo efectuó con el *Roosevelt*, un buque construido según sus especificaciones, pero las difíciles condiciones meteorológicas lo obligaron a regresar. En su tercer y definitivo intento, acompañado de Henson y cuatro esquimales, alcanzó el polo, el 6 de abril de 1909. Cuando regresó a su país supo que Cook, antiguo compañero de expedición, alegaba haber llegado antes que él al polo en una expedición propia. En la disputa subsiguiente, la posición de Peary fue la que prevaleció, y se le consideró oficialmente la primera persona que lo había alcanzado. En 1911 se retiró de la Armada con el rango de contraalmirante. Estudios recientes del diario de la expedición de Peary han puesto en entredicho que realmente consiguiera llegar al polo, ya que sostienen que, como mucho, podría haberse acercado a unos 50 km a causa de un error de navegación.

Peck, Gregory [Gregory Eldred] *(La Jolla, EE UU, 1916) Actor estadounidense.* Se inició en el teatro, pero en 1944 abandonó los escenarios para centrar su carrera en el cine. En 1945, Alfred Hitchcock le confió el papel protagonista de *Recuerda*, coprotagonizada por Ingrid Bergman, y dos años más tarde conmovió a los espectadores en la apasionada y trágica escena final de *Duelo al sol* (1947), con Jennifer Jones. Especializado en papeles de aventurero, intervino en westerns, comedias, películas bélicas, costumbristas, etc. Algunos de los títulos de los filmes que interpretó son: *La barrera invisible* (1947); *Cielo amarillo* (1948); *El mundo en sus manos* (1952); *Vacaciones en Roma* (1953); *Horizontes de grandeza* (1958); *La hora final* (1959); *El cabo del terror* (1962); *Matar un ruiseñor* (1962), por la que ganó un Óscar; *Arabesco* (1966); *El oro de McKenna* (1969); *Yo vigilo el camino* (1970) y *Los niños del Brasil* (1978). Una de sus más logradas interpretaciones fue la del capitán Akhab en *Moby Dick*, dirigida por John Huston en 1956. Es uno de los pocos mitos clásicos de Hollywood que se ha mantenido en activo hasta finales del siglo xx.

Pedro, san [Simon bar Yona] *(?-Roma, 67) Apóstol de Jesús y primer Papa de la Iglesia.* Según la Biblia, de donde proceden la mayor parte de las informaciones sobre su vida, era pescador en una pequeña aldea junto al lago Tiberíades cuando fue presentado a Jesús y se unió a su grupo. Recibió de Jesús el nombre de Cefas (en arameo, piedra) o Pedro (en griego significa lo mismo), con el que se le indicaba su futura condición de fundador de la Iglesia. Pronto destacó entre los demás apóstoles, de los que fue a menudo portavoz. Durante la Pasión de Cristo negó tres veces a su maestro, pero el día de Pentecostés, siempre según la Biblia, se le concedió una aparición especial de Jesús que sirvió para convencerle definitivamente y para que se vinculara a la predicación de la nueva doctrina y la organización de la naciente sociedad cristiana. A partir de entonces presidió el concilio de Jerusalén, predicó el Evangelio en Galacia, Bitinia y Capadocia, fue el primer obispo de Antioquía y se trasladó después a Roma, cuya sede ocupó durante veinticinco años. Escribió dos epístolas a sus evangelizados en Asia y fue el primer Papa de la Iglesia. Junto a Pablo, murió en el año 67 d.C. en Roma, martirizado por Nerón.

PEDRO I (*Queluz, Portugal, 1798-id., 1834*) *Emperador de Brasil (1822-1831) y rey de Portugal con el nombre de Pedro IV (1826).* Tenía nueve años cuando Napoleón invadió Portugal y hubo de seguir a sus padres, Juan VI y Carlota Joaquina de Borbón, al exilio en Brasil. En 1816 contrajo matrimonio con Leopoldina Carolina de Austria. Convertido en consejero político de su padre, cuando en 1821 estalló en Portugal la revolución constitucionalista le sugirió que apoyara la Constitución liberal y regresara a Lisboa para aplacar la agitación popular ocasionada por la ausencia de la familia real. Poco después, Juan VI promulgó un decreto mediante el cual trasladaba de nuevo la corte a la metrópoli y dejaba a su hijo Pedro como príncipe regente de Brasil. Al año siguiente, con ocasión de las medidas adoptadas por las Cortes lusas contra el estatuto político y económico de Brasil, el príncipe se unió a la causa independentista, por lo que recibió el título de Defensor Perpetuo de Brasil. Como preludio de la emancipación, nombró un nuevo gobierno presidido por José B. De Andrada e Silva y convocó unas Cortes constituyentes. Sin embargo, fueron las resoluciones humillantes para el príncipe y su gobierno tomadas por las Cortes lusas las que precipitaron el llamado grito de Ypiranga, la proclamación de la independencia de Brasil por parte de Pedro. El 1 de diciembre de ese mismo año de 1822 fue coronado emperador de Brasil con el nombre de Pe-

▲ *Imagen de san **Pedro**, con las llaves del cielo en la mano. Detalle de un tríptico realizado en 1473 por Francesco del Cossa para la Capilla Griffoni de San Petronio, en Bolonia.*

▼ *Pintura que representa la coronación de **Pedro I** como emperador de Brasil. El hijo del monarca portugués Juan IV, hasta ese momento regente de Brasil, se convertía de este modo en emperador de un nuevo país.*

dro I. Sin embargo, federalistas y centralistas no tardaron en disentir en el seno del gobierno, mientras que los leales al rey de Portugal comenzaban a conspirar. Pedro I inició entonces una fuerte represión y, con ayuda del almirante Alexander Thomas Cochrane y del capitán John Pascoe Grenfell al frente de una poderosa escuadra, al cabo de un año de violentos combates logró someter a la oposición y a «los elementos portugueses». El 25 de marzo de 1824 se promulgó la primera Constitución brasileña, de fuerte carácter centralista, que consolidaba la independencia brasileña. Así lo reconoció al año siguiente Juan VI, quien recibió en compensación que Brasil pagara al Reino Unido la deuda contraída por Portugal. A la muerte de su padre, en marzo de 1826, el emperador brasileño regresó a su patria y se convirtió en Pedro IV de Portugal, pero abdicó en favor de su hija María de Gloria y, tras prometerla en matrimonio a su hermano Miguel, designó a éste regente del reino. Sin embargo, la situación se complicó a raíz de la guerra con Argentina, que concluyó en 1828 con la derrota brasileña y la pérdida de la provincia Cisplatina, que se convirtió en la República Oriental del Uruguay, y la usurpación del trono portugués por parte de su hermano Miguel. Estas circunstancias y la aplicación de la Constitución, así como los escándalos de su vida privada, estuvieron en el origen de una sucesión de revueltas que lo llevaron a renunciar a la Corona imperial en favor de su hijo Pedro II, de cinco años

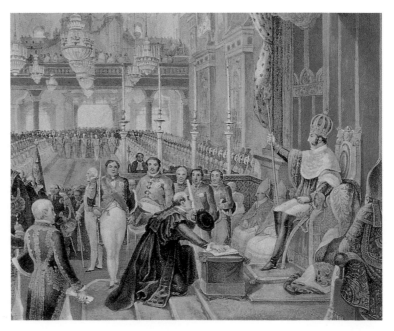

de edad. Regresó entonces a Europa y en Francia, con la ayuda de los liberales, organizó la expedición de Bella Vista, al frente de la cual, tras hacer escala en Azores, tomó Oporto y, en 1833, derrotó definitivamente a las fuerzas de su hermano Miguel en la batalla librada en el cabo de San Vicente. Poco más tarde entró en Lisboa, restituyó a María II en el trono y obligó a Miguel a firmar el tratado de Évora Montes por el que renunciaba a sus pretensiones. Desde entonces y hasta su muerte, rigió Portugal en nombre de su hija.

PEDRO I *EL CRUEL* *(Burgos, 1334-Montiel, España, 1369) Rey de Castilla y León (1350-1369).* Hijo de Alfonso XI de Castilla y León y de María de Portugal, sucedió en el trono a su padre con tan sólo quince años (1350). A fin de fortalecer la autoridad real, Pedro I limitó los privilegios de la nobleza, cuyo malestar no tardó en cristalizar en forma de revuelta en 1353. Sin embargo, la rebelión de la aristocracia castellana, liderada por Enrique de Trastámara, hijo ilegítimo de Alfonso XI, fue rápidamente sofocada por el monarca, gracias al apoyo de la pequeña nobleza, la burguesía urbana y la comunidad judía. En 1354, Pedro I contrajo matrimonio con Blanca de Borbón, a la que repudió al poco tiempo para poder casarse con Juana de Castro, a pesar de estar unido sentimentalmente a María de Padilla, cuyos hijos fueron legitimados en las Cortes de Sevilla (1362). La lucha por la hegemonía peninsular provocó, en 1356, el inicio de una larga guerra entre Castilla y Aragón, en la que en un principio se sucedieron las victorias del ejército castellano, que ocuparon gran parte de Aragón y Valencia (1359). Pedro IV de Aragón, no obstante, maniobró con habilidad para hacer estallar en Castilla una cruenta guerra civil alentando el descontento nobiliario y apoyando a Enrique de Trastámara. En 1365, el conflicto adquirió carácter internacional por la intervención de Francia y el Papado a favor de Aragón, y de Granada, Inglaterra y Navarra al lado de Castilla. A pesar del triunfo de las tropas de Eduardo *el Príncipe Negro*, hijo de Eduardo III de Inglaterra, sobre los rebeldes castellanos en Nájera (1367), ingleses y navarros acabaron por abandonar al castellano Pedro I, quien fue derrotado y muerto por su hermanastro, futuro Enrique II de Castilla y León, en la batalla de Montiel, el 23 de marzo de 1369.

▲ *Gran dobla de oro en la que aparece la efigie del rey de Castilla y León* **Pedro I el Cruel**. *La moneda se conserva en el Museo Arqueológico de Madrid.*

▼ *Pedro I* **el Grande** *en la batalla del Poltava, cuadro que rememora la decisiva victoria rusa de 1709, obra de T. Goddfried, que pertenece al Museo estatal Ruso de San Petersburgo.*

PEDRO I *EL GRANDE* *(Moscú, 1672-San Petersburgo, 1725) Zar de Rusia (1682-1725).* Hijo del zar Alejo Mijáilovich y de su segunda esposa Natalia Narishkina, subió al trono en 1682, al ser proclamado sucesor de su hermanastro Teodoro III por la facción Narishkín. Sin embargo, la facción de los Miloslavski, con el apoyo de los *strelsí*, proponía como zar a Iván V, otro hermanastro de Pedro. Los enfrentamientos entre ambos bandos desembocaron en la regencia de Sofía, hermana de Iván. Pedro creció como una figura olvidada y fue su afán de conocimientos el que le procuró su formación intelectual y militar. Aprovechó el descontento popular para apartar a Sofía e Iván de la corte, y se proclamó zar de Rusia en 1694. Después de reorganizar el ejército y la flota imperial inspirándose en el modelo inglés, arrebató Azov a los turcos en 1696, y poco después emprendió viaje por varios países de Europa. A su regreso en 1698, se propuso crear un Estado moderno e introducir en Rusia el estilo de vida y las técnicas productivas occidentales. Impulsó la reorganización de la Administración mediante Colegios (1717), y se aseguró el control gubernamental de la Iglesia rusa con la creación del Santo Sínodo (1721). En política económica, amplió la recaudación de impuestos a cada varón de la familia, y estimuló la iniciativa privada con intervención estatal. El desarrollo industrial se concentró en los Urales y en los sectores minero y metalúrgico. San Petersburgo, capital del reino en 1703, se convirtió en uno de los más brillantes centros culturales de Europa. Sus ejércitos consiguieron el acceso al mar de Azov en 1700 y acabaron con la hegemonía sueca en el Báltico en la batalla de Poltava (1709). La campaña contra Persia, entre 1722 y 1723, le reportó la conquista de Derbent y Bakú y la cesión de las provincias litorales del Caspio. En 1718, no dudó en ordenar la ejecución de su primogénito y heredero, el zarevich Alejo, que se había convertido en cabeza de la oposición.

PEDRO II *(Lisboa, 1648-id., 1706) Rey de Portugal (1683-1706).* Hijo de Juan IV de Braganza y de Luisa de Guzmán, en 1668 contrajo matrimonio con María Francisca de Saboya, anterior esposa de su hermano Alfonso VI, al que había depuesto un año antes. En 1668 también puso fin a la guerra de la independencia con España, tras la cual firmó con Carlos II el tratado de paz de Madrid. En virtud de este acuerdo quedó reconocida la independencia de Portugal, y los países enfrentados se devolvían mutuamente las plazas ocupadas. Pedro comenzó su reinado efectivo tras la muerte de Alfonso VI, y en 1687 casó en segundas nupcias con María Sofía de Neoburgo, hija del elector del Palatinado. Este matrimonio formaba parte de una maniobra diplomática: reforzar sus pretensiones a la sucesión de la Corona española, al ser su esposa la hermana de la reina española. En la guerra de Sucesión española, apoyó inicialmente al duque de Anjou, pero en 1703 se puso del lado del archiduque Carlos, quien se había comprometido a hacer amplias concesiones territoriales en su favor.

PEDRO II *(Río de Janeiro, 1825-París, 1891) Emperador de Brasil (1831-1889)*. Primogénito de Pedro I y Leopoldina Carolina de Habsburgo, subió al trono a la edad de cinco años, tras la abdicación de su padre. En 1840, a los catorce años, fue declarado mayor de edad y proclamado emperador. En 1843 contrajo matrimonio con Teresa Cristina de Borbón de Nápoles. Hombre de esmerada educación, se relacionó con numerosos intelectuales europeos, pero las ideas aprendidas no se reflejaron en su actuación, y su escaso talento político ante los asuntos de Estado le hizo optar por el papel de moderador entre los dos partidos tradicionales. Su reinado fue eminentemente conservador, en alianza con los terratenientes propietarios de esclavos. Su tendencia a intervenir en los conflictos de la América hispana implicó a Brasil en varias guerras en la región del Río de la Plata. En 1888 abolió la esclavitud, decisión que le granjeó la enemistad de los hacendados, en quienes se había apoyado durante mucho tiempo. Desde los inicios de la colonia portuguesa de Brasil en el siglo XVI y durante todo el período imperial, el trabajo de los esclavos había sido elemento determinante en las grandes propiedades agrícolas, lo cual explica que la introducción del trabajo libre erosionara de forma irreversible los cimientos políticos de la monarquía. Las relaciones de Pedro II con la Iglesia Católica se vieron ensombrecidas por su condición de gran maestre de la masonería. Por todo esto, la Iglesia y el conservadurismo radical le retiraron su apoyo. El ejército, temeroso de la influencia de las monarquías europeas emparentadas con la familia imperial, también manifestó su recelo con respecto al emperador. Totalmente aislado, Pedro formó un gobierno

▼ *Estatua policromada de* **Pedro IV** **el Ceremonioso**, *rey de Aragón. La obra, realizada por Jaume Cascalls, se expone actualmente en el Museo Capitular de Gerona.*

de conservadurismo avanzado, pero la iniciativa no funcionó. Depuesto en 1889 por un pronunciamiento republicano, se vio obligado a exiliarse en París.

PEDRO IV *EL CEREMONIOSO (Balaguer, actual España, 1319-Barcelona, 1387) Rey de Aragón y conde de Barcelona (1336-1387)*. Hijo de Alfonso IV y Teresa de Entenza, heredó el trono en 1336. Su reinado se caracterizó por la voluntad de reunir los antiguos territorios de la Corona catalano-aragonesa y al mismo tiempo reforzar el poder real, para lo cual desarrolló una extensa burocracia, organizada en cancillerías. Su política exterior le enfrentó primero a Jaime III de Mallorca, su cuñado, a quien acusó de no cumplir con sus obligaciones de vasallo, excusa de la que se sirvió para ocupar las Baleares, Cerdeña y el Rosellón, sin que pudiera impedirlo la acometida francesa, derrotada en la batalla de Lluchmajor (1349), en la que pereció Jaime III. Luego, Pedro IV se vio obligado a centrarse en la política interna, ya que su decisión de proclamar heredera a su hija Constanza le supuso la enemistad de la nobleza aragonesa y valenciana. Sus buenas relaciones con Castilla se rompieron a causa de las políticas de alianzas enfrentadas de ambos reinos. Esto lo llevó a la guerra con Pedro I *el Cruel*, que se resolvió a favor de Aragón a través de una alianza con Enrique de Trastámara. Los últimos años de su vida estuvieron marcados por diversos conflictos internos provocados por las luchas entre su cuarta esposa, Sibila de Fortiá, y su heredero Juan.

PEEL, SIR ROBERT *(Bury, Gran Bretaña, 1788-Londres, 1850) Político británico*. Hijo de una familia de holgada posición económica, cursó estudios en la Universidad de Oxford. En 1809, tras alcanzar la edad requerida por la ley, su padre le compró un escaño en el Parlamento. Poco después fue nombrado secretario para Irlanda, cargo que ocupó hasta 1819, fecha en que pasó a dirigir la comisión encargada de planificar el regreso al patrón oro. En 1822 aceptó la secretaría de Interior, puesto desde el cual estableció la policía local londinense (cuyos miembros pasaron desde entonces a llamarse «Bobbies» en referencia a su creador). Durante su mandato como primer ministro (1842-1846), abolió las *Corn Laws*, favoreció el libre comercio, rebajó los impuestos y consiguió estabilizar la economía británica. Dimitió debido a la oposición que encontró en su propio partido y pocos años después falleció.

PEIRCE, CHARLES SANDERS *(Cambridge, EE UU, 1839-Milford, id., 1914) Lógico, matemático y astrónomo estadounidense.* Al terminar sus estudios trabajó como astrónomo en el observatorio de Harvard entre 1863 y 1878. Hijo del matemático Benjamin Peirce, prosiguió las investigaciones de su padre en el campo del álgebra. Entre 1879 y 1884 enseñó filosofía y lógica en la Universidad Johns Hopkins. Ideó, con Gottlob Frege, los cuantificadores. Fue también el fundador del pragmatismo, que presentó como una teoría de la significación o de una proposición con el conjunto de los efectos que producen. Su intervención fue así mismo decisiva en el campo de la semiótica, ya que estableció la clasificación de los signos en iconos, indicios y símbolos. No llegó a publicar su extensa obra *Grand Logic*, y póstumamente vio la luz sus *Collected Papers* en los que se recogen ensayos, notas y reseñas.

PELAGIO *(?, h. 360-?, h. 422) Monje de origen británico.* Hacia el año 380 llegó a Roma, donde profesó junto a sus discípulos un riguroso ascetismo y criticó severamente el laxismo moral imperante en la ciudad. Su doctrina, conocida como pelagianismo, afirmaba la excelencia de la creación y del libre albedrío, en detrimento del pecado original y de la gracia, por lo que se opuso públicamente a las enseñanzas de las *Confesiones* de san Agustín. Al caer la ciudad en manos de los godos de Alarico en el 410, ambos hubieron de emigrar al norte de África. Allí tuvo que hacer frente a los ataques de san Agustín, quien logró la condena de su doctrina en varios concilios africanos (411, 416, 418) y en el concilio de Éfeso (431). En 412 se instaló en Palestina, donde redactó *De libero arbitrio* (416), en respuesta a sus cada vez más numerosos detractores. Sus esfuerzos resultaron inútiles y al año siguiente fue excomulgado por el papa Inocencio I.

PELAYO *(?-?, 737) Caudillo astur.* La personalidad de Pelayo ha sido mitificada a lo largo de los tiempos hasta rodear al personaje de un aura heroica casi sobrehumana. Las fuentes más fiables indican que formó parte de una de las familias de la aristocracia del norte de la Península, quizá de origen visigótico, asentada en la cuenca del Sella. A raíz de la derrota y muerte del rey Rodrigo, ante los invasores árabes, en la batalla del Guadalete (711), se produjo el súbito colapso del reino visigótico y la caída de la península Ibérica en poder de los musulmanes. Según las crónicas musulmanas,

▲ *El legendario líder astur,* **Pelayo**, *en un retrato que se encuentra en el Salón de Embajadores del Alcázar de Sevilla.*

▼ **Pelé**, *el mejor jugador de la historia del fútbol, celebra el título de campeón mundial ganado por Brasil en México, en 1970.*

Pelayo estuvo en Córdoba como rehén. Alrededor del 718, organizó en el norte una revuelta contra el pago de los impuestos exigidos por los nuevos gobernantes, que desembocó en una guerra abierta. Aprovechando su conocimiento del terreno, los sublevados acosaron a las tropas árabes, poco habituadas a combatir en regiones tan abruptas y con un clima tan frío. En el 722, Anbasa, gobernador árabe de la península Ibérica, envió un ejército para aplastar, de una vez por todas, la revuelta. Pelayo y sus seguidores atrajeron a la fuerza expedicionaria, compuesta seguramente por unos pocos miles de efectivos, que ya habían logrado diversas victorias, hasta los valles de Covadonga, donde cántabros y astures se habían hecho fuertes. Su formidable posición defensiva no pudo ser conquistada ni por las tropas beréberes, acostumbradas a combatir en terreno montañoso, que formaban parte del contingente musulmán. Por último, los atacantes se vieron forzados a emprender una retirada que se tornó desastrosa cuando Pelayo se lanzó en su persecución hostigándolos sin tregua. Al fin, posiblemente, tras haber reforzado sus efectivos, entabló combate franco y derrotó a los musulmanes en Olalíes (actual Proaza), tras lo cual estableció su capital en Cangas de Onís.

Pelé [Edson Arantes do Nascimento] *(Tres Corações, Brasil, 1940) Futbolista brasileño.* El mejor futbolista de todos los tiempos en opinión de muchos, fue rechazado por los principales clubes de fútbol brasileños en los comienzos de su carrera deportiva, hasta que, tras jugar en varias formaciones secundarias, en 1956 fichó por el Santos. A lo largo de su dilatada carrera de-

portiva, obtuvo con este mismo club diversas Copas de América y, en 1962, el primer Campeonato Mundial de clubes. La Perla Negra, uno de los apelativos que recibió, era un jugador de corpulencia media que conjugaba una gran habilidad técnica, un poderoso disparo con ambas piernas y una inusitada capacidad de anticipación. Debutó en la selección brasileña con sólo diecisiete años y, ya entonces, su contribución a la magia del juego carioca fue clave para la obtención del título mundial en 1958. La selección de Pelé logró tres Copas del Mundo (1958, 1962 y 1970), lo que valió al combinado brasileño la adjudicación en propiedad del primer trofeo instituido, la llamada copa Jules Rimet. Tras obtener todos los títulos posibles y haber contabilizado más de mil goles marcados en partidos oficiales, anunció su retirada del deporte activo en 1974. Sin embargo, Pelé (cuyo seudónimo carece aparentemente de significación alguna) fichó por el Cosmos de Nueva York, equipo constituido por un conjunto de grandes figuras del fútbol a fin de promocionar este deporte en Estados Unidos. Tras retirarse definitivamente en 1977, el Rey recibió numerosos galardones y reconocimientos, tales como el Premio Internacional de la Paz (1978) o el de Atleta del Siglo (1980). Aureolado por una fama sin fronteras, y habiéndose convertido en el deportista mejor pagado hasta el momento, inició una carrera relativamente exitosa en el cine, como actor, y en la música, como compositor de varias piezas, entre las que se incluye la banda sonora completa de la película de carácter biográfico *Pelé* (1977). También continuó ejerciendo una importante influencia en el mundo del fútbol desde los despachos, y en 1995 fue nombrado ministro extraordinario de Deportes en Brasil, cargo desde el cual impulsó la llamada Ley Pelé, con la cual se pretendía modernizar la legislación vigente en materia de contratos deportivos entre clubes y jugadores.

PELTIER, JEAN CHARLES *(Ham, Francia, 1785-París, 1845) Físico francés.* Relojero de profesión, abandonó su oficio cuando tenía treinta años, para dedicarse plenamente a la investigación científica en el campo de la electricidad. En 1834 descubrió que cuando circula una corriente eléctrica por un conductor formado por dos metales distintos, unidos por una soldadura, ésta se calienta o enfría según el sentido de la corriente (efecto Peltier). Dicho efecto ha revestido gran importancia en el desarrollo reciente de mecanismos de refrigera-

▲ *Krzysztof* **Penderecki** *durante un ensayo. El compositor polaco ha simultaneado la composición con labores docentes y de dirección orquestal, faceta esta última por la que ha obtenido múltiples premios.*

KRZYSZTOF PENDERECKI

OBRAS MAESTRAS

OBRA VOCAL: *SALMOS DE DAVID (PSALMY DAWIDA, 1958); PASIÓN Y MUERTE DE JESUCRISTO SEGÚN SAN LUCAS (PASSIO ET MORS DOMINI NOSTRI JESU CHRISTI SECUNDUN LUCAM, 1963-1965), DIES IRAE, (1967); UTRENIA (JUTRZNIA, 1970-1971); COSMOGONIA (KOSMOGONIA, 1970);* **OBRA ORQUESTAL:** *LAMENTO POR LAS VÍCTIMAS DE HIROSHIMA (TREN OFIAROM HIROSZIMY, 1960); POLYMORPHIA, (1961); CONCIERTO PARA VIOLÍN, (1972). ÓPERAS: LOS DIABLOS DE LOUDUN (DIABLY Z LOUDUN, 1968), EL PARAÍSO PERDIDO (PARADISE LOST, 1978).*

ción no contaminantes. A Peltier se le debe también la introducción del concepto de inducción electrostática (1840), referido a la modificación de la distribución de la carga eléctrica en un material, bajo la influencia de un segundo objeto próximo a él y que tenga una carga eléctrica.

PENDERECKI, KRZYSZTOF *(Debica, Polonia, 1933) Compositor polaco.* Desarrolló una nueva técnica de notación y escritura musical, sobre todo en las voces, con recursos como el grito o el susurro, y en las cuerdas, a las que extrajo sonoridades inéditas hasta ese momento. *Trenos a las víctimas de Hiroshima* (1960) es una de las obras más representativas de este primer período experimental. Más adelante recuperó algunos elementos del viejo canto gregoriano y de la polifonía clásica, como en la *Pasión según san Lucas* (1965). Hacia la década de 1970 su estilo dio un giro hacia planteamientos más acordes con la tradición romántica del siglo XIX, lo que se hace evidente en su monumental *Réquiem polaco* (1980-1983). Por otra parte, ha destacado también en la composición operística, con títulos como *Los diablos de Loudoun* (1969), *El paraíso perdido* (1978) y *Ubu Rey* (1991). Penderecki ha desarrollado paralelamente una importante carrera como director de orquesta.

PERALTA, ÁNGELA *(Ciudad de México, 1845-Mazatlán, México, 1883) Cantante mexicana.* Dotada de una prodigiosa voz, debutó en 1860, cuando sólo tenía quince años. Fue tal su éxito que pudo viajar a Europa —en compañía de su padre— para presentarse en varias ciudades importantes. Dio conciertos en Cádiz y en el Teatro Real de Madrid. El 23 de mayo de 1862 fue ovacionada en la legendaria Scala de Milán. En virtud de las cualidades vocales y de la gracia de sus interpretaciones, fue conocida con el sobrenombre del Ruiseñor Mexicano. Además de cantar, fue una consumada arpista y compuso numerosas piezas románticas, entre ellas galopas, danzas, fantasías y valses. De su repertorio como compositora se recuerdan, sobre todo, las canciones *México*, *Un recuerdo de mi patria*, *Nostalgia*, *Adiós a México*, *Pensando en ti* y *Margarita*. En 1883, durante una serie de actuaciones que dio en Mazatlán, contrajo la fiebre amarilla y falleció en los altos del Teatro Rubio, donde tenía su alojamiento provisional.

PERES, SHIMON *(Wolozyn, hoy Valozhyn, Polonia, 1923) Político israelí de origen polaco.* Emigró a Palestina, junto a su familia, en 1934. En 1948, tras la creación del Estado de Israel, el primer ministro D. Ben Gurión le encomendó la dirección de los asuntos navales. En 1959 fue nombrado ministro de Defensa, cargo que ocupó hasta 1965, año en que dimitió para ingresar en el Rafi, nuevo partido de Ben Gurión. Su escaso éxito electoral motivó su acercamiento al recién fundado Partido Laborista, del que fue nombrado secretario general. Entre 1984 y 1986 fue primer ministro, en coalición con el Likud de I. Shamir. En 1992 perdió las elecciones primarias del Partido Laborista ante Rabin, quien poco después se convirtió en primer ministro y nombró a Peres ministro de Exteriores, cargo desde el cual inició las negociaciones de paz con la Organización para la Liberación de Palestina (OLP). Por ello fue galardonado, junto a Rabin y Y. Arafat, con el Premio Nobel de la Paz de 1994. En 1995, tras el asesinato de Rabin, se convirtió en primer ministro, y al año siguiente perdió las elecciones ante Benjamin Netanyahu.

PÉREZ, ANTONIO *(Madrid, 1534-París, 1611) Político y escritor español.* Hijo natural de Gonzalo Pérez, secretario de Felipe II, asumió el puesto de su padre cuando éste murió. Estaba aliado con Rui Gómez de Silva, el príncipe de Éboli, amigo íntimo del rey y jefe de uno de los partidos dentro de la corte. No obstante, sus numerosas intrigas lo llevaron a la cárcel, pero logró huir en 1690 y se refugió en Aragón, donde los fueros lo protegían. Para poder arrestarlo, Felipe II recurrió a la Inquisición, la única institución con autoridad en todos los reinos de España; ello provocó la reacción del pueblo aragonés, que se alzó en defensa de sus fueros, que consideraba amenaza-

▶ Antonio **Pérez**, una de las personalidades más poderosas y enigmáticas de su época, en un retrato pintado por Antonio Ponz.

▲ Javier **Pérez de Cuéllar** posa junto al emblema de las Naciones Unidas. Durante su etapa como secretario general se vio enfrentado a importantes crisis internacionales.

▼ Adolfo **Pérez Esquivel**, artista comprometido con la no violencia y activo opositor a la dictadura y la represión política en Argentina.

dos. En medio de la confusión, y mientras las tropas castellanas entraban en Aragón para aplastar la revuelta, Antonio Pérez logró escapar y cruzó la frontera francesa. En el exilio, publicó varias obras en las que desvelaba muchos de los secretos del gobierno de Felipe II.

PÉREZ DE CUÉLLAR, JAVIER *(Lima, 1920) Diplomático peruano.* En 1949 ingresó en el ministerio de relaciones exteriores del Perú y en el cuerpo diplomático años después. Embajador en el Reino Unido, Bolivia, Brasil y Suiza, en 1969 fue nombrado el primer embajador peruano en la Unión Soviética y delegado permanente de su país en las Naciones Unidas. En diciembre de 1981 fue elegido secretario general de la ONU, en sustitución del austriaco Kurt Waldheim. Supo actuar con suma habilidad para conseguir el alto el fuego entre Irán e Irak en 1988 y negoció el fin de las hostilidades en la guerra del Golfo en 1991, año que coincidió con el fin de su mandato. En 1995 se presentó a las elecciones presidenciales de su país como opositor a la candidatura de Alberto Fujimori, encabezando la agrupación política Unión por el Perú.

PÉREZ ESQUIVEL, ADOLFO *(Buenos Aires, 1931) Artista y pacifista argentino.* Se dedicó a la escultura, actividad que complementó con la docencia en la Universidad de La Plata, donde ejerció como profesor de arte. Tras haber recibido un amplio reconocimiento merced a su actividad artística, a partir de 1971, tras una crisis espiritual, se alineó junto con los seguidores de Gandhi y de la no violencia. Fundó en 1973 el periódico *Paz y Justicia* que pronto se convirtió en adalid del movimiento pacifista y de defensa de los derechos humanos en el área de influencia latinoamericana. Perseguido por la dictadura argentina, en 1980 se le concedió el Premio Nobel de la Paz. Años después fue designado miembro del comité ejecutivo de la Asamblea Permanente de las Naciones Unidas sobre Derechos Humanos.

PÉREZ GALDÓS, BENITO *(Las Palmas de Gran Canaria, 1843-Madrid, 1920) Novelista, dramaturgo y articulista español.* Nació en el seno de una familia de la clase media de Las Palmas, hijo de un militar. Recibió una educación rígida y religiosa, que no le impidió entrar en contacto, ya desde muy joven, con el liberalismo, doctrina que guió los primeros pasos de su carrera política. Cursó el bachillerato en su tierra natal y en 1867 se trasladó a Madrid para estudiar derecho, carrera que abandonó para dedicarse a la labor literaria. Su primera novela, *La sombra*, de factura romántica, apareció en 1870, seguida, ese mismo año, de *La fontana de oro*, que parece preludiar los *Episodios Nacionales*. Dos años más tarde, mientras trabajaba como articulista para *La Nación*, emprendió la redacción de los *Episodios Nacionales*, poco después de la muerte de su padre, probablemente inspirado en sus relatos de guerra –su padre había participado en la guerra contra Napoleón–. El éxito inmediato de la primera serie, que se inicia con la batalla de Trafalgar, lo empujó a continuar con la segunda, que acabó en 1879 con *Un faccioso más y algunos frailes menos*. En total, veinte novelas enlazadas por las aventuras folletinescas de su protagonista. Durante este período también escribió novelas como *Doña Perfecta* (1876) o *La familia de León Roch* (1878), obra que cierra una etapa literaria señalada por el mismo autor, quien dividió su obra novelada entre *Novelas del primer período* y *Novelas contemporáneas*, que se inician en 1881, con la publicación de *La desheredada*. Según confesión del propio escritor, con la lectura de *La taberna*, de Zola, descubrió el naturalismo, lo cual cambió la *manière* de sus novelas, que incorporarán a partir de entonces métodos propios del naturalismo, como es la observación científica de la realidad a través, sobre todo, del análisis psicológico, aunque matizado siempre por el sentido del humor. Bajo esta nueva *manière* escribió alguna de sus obras más importantes, como *Fortunata y Jacinta*, *Miau* y *Tristana*. Todas ellas forman un conjunto homogéneo en cuanto a identidad de personajes y recreación de un determinado ambiente: el Madrid de Isa-

▲ *Retrato pintado por Joaquín Sorolla del escritor canario Benito **Pérez Galdós**, autor de una obra narrativa que refleja de forma magnífica la vida española en el s. XIX.*

bel II y la Restauración, en el que Galdós era una personalidad importante, respetada tanto literaria como políticamente. En 1886, a petición del presidente del partido liberal, Sagasta, el escritor fue nombrado diputado de Puerto Rico, cargo que desempeñó, a pesar de su poca predisposición para los actos públicos, hasta 1890, con el fin de la legislatura liberal y, al tiempo, de su colaboración con el partido. También fue éste el momento en que se rompió su relación secreta con Emilia Pardo Bazán e inició una vida en común con una joven de condición modesta, con la que tuvo una hija. Un año después, coincidiendo con la publicación de una de sus obras más aplaudidas por la crítica, *Ángel Guerra*, ingresó, tras un primer intento fallido en 1883, en la Real Academia Española. Durante este período escribió algunas novelas más experimentales, en las que, en un intento extremo de realismo, utilizó íntegramente el diálogo, como *Realidad* (1892), *La loca de la casa* (1892) y *El abuelo* (1897), algunas de ellas adaptadas también al teatro. El éxito teatral más importante, sin embargo, lo obtuvo con la representación de *Electra* (1901), obra polémica que provocó numerosas manifestaciones y protestas por su contenido anticlerical. Durante los últimos años de su vida se dedicó a la política, siendo elegido, en la convocatoria electoral de 1907, por la coalición republicano-socialista, cargo que le impidió, debido a la fuerte oposición de los sectores conservadores, obtener el Premio Nobel. Paralelamente a sus actividades políticas, problemas económicos le obligaron a partir de 1898 a continuar los *Episodios Nacionales*, de los que llegó a escribir tres series más.

✒ **BENITO PÉREZ GALDÓS**

OBRAS MAESTRAS

NOVELA: *EL AUDAZ* (1871); *DOÑA PERFECTA* (1876); *GLORIA* (1877); *LA FAMILIA DE LEÓN ROCH* (1878); *MARIANELA* (1878); *LA DESHEREDADA* (1881); *EL AMIGO MANSO* (1882); *EL DOCTOR CENTENO* (1883); *LO PROHIBIDO* (1883-1884); *TORMENTO* (1884); *LA DE BRINGAS* (1884); *FORTUNATA Y JACINTA* (1886-1887); *MIAU* (1888); *LA INCÓGNITA* (1888-1889); *TORQUEMADA* (serie de cuatro volúmenes, 1889-1893); *TRISTANA* (1892); *REALIDAD* (1892); *LA LOCA DE LA CASA* (1892); *NAZARÍN* (1895); *HALMA* (1895); *MISERICORDIA* (1897); *EL ABUELO* (1897) y los *EPISODIOS NACIONALES*, en cinco series. **TEATRO:** *LA DE SAN QUINTÍN* (1894); *ELECTRA* (1901).

PÉREZ VILLAAMIL, JENARO *(El Ferrol, España, 1807-Madrid, 1854) Pintor español.* Inició su formación artística junto a su padre, que era dibujante, y la prosiguió en Madrid. Tras ingresar en el ejército y permanecer en él varios años, en 1833 una herida de guerra lo obligó a licenciarse y a retomar la actividad pictórica. Se le considera el mejor representante del paisajismo romántico español, en particular por su obra *España artística y monumental*, una colección de litografías a partir de dibujos originales del artista destinados a plasmar los monumentos góticos españoles; estas obras, que acentúan el lado romántico de las arquitecturas góticas, se caracterizan por los contrastes luminosos y por la presencia de multitud de personajes minúsculos. Tras una breve estancia en Bélgica de 1842 a 1844, fue nombrado director de la Academia de San Fernando y pintor de cámara de Isabel II. Se le deben más de 25 000 obras, realizadas siempre con una extraordinaria precisión técnica.

PERGOLESI, GIOVANNI BATTISTA *(Iesi, actual Italia, 1710-Nápoles, 1736) Compositor italiano.* A pesar de su corta vida, fue autor de una obra tan considerable como original, en la que se anuncian los acentos del estilo galante vigente en la música europea de mediados del siglo XVIII. De origen humilde, dio muestras de una salud precaria desde su más tierna infancia. Tras seguir estudios musicales con maestros como Francesco Durante, el drama sacro *San Guglielmo d'Aquitania* (1731) significó el inicio de su madurez como compositor. Con posterioridad a dicha obra, los títulos para la escena se sucedieron uno tras otro, destacando entre ellos la ópera bufa *Lo frate 'nnamorato* (1732), las óperas serias *Il prigionier superbo* (1733), *Adriano in Siria* (1734) y *L'Olimpiade* (1735), y, sobre todo, el *intermezzo* cómico *La serva padrona* (1733). La representación póstuma en París (1752) de esta última partitura provocó la llamada *querelle des bouffons* entre los partidarios de la tradición operística francesa y los de la italiana, encabezados por Rousseau. De la producción de Pergolesi cabe citar así mismo un emocionante *Stabat mater*, su postrera obra.

PERICLES *(Atenas, h. 495 a.C.-id., 429 a.C.) Político y orador ateniense.* Hijo de Jantipo, artífice de la victoria helena sobre los persas en la batalla de Micala (479 a.C.), y de Agaristé, sobrina del prestigioso legislador ateniense Clístenes y miembro de la familia aristocrática de los alcmeónidas, fue

▲ Paisaje oriental, *obra de Jenaro* **Pérez Villaamil** *que se exhibe en el Museo Romántico de Madrid. La pintura del artista está influida por sus viajes a Oriente Medio.*

▼ *Caricatura de Giovanni B.* **Pergolesi** *realizada por P. L. Ghezzi. El compositor italiano obtuvo un gran éxito en Roma, sobre todo con sus óperas bufas.*

discípulo de los filósofos Anaxágoras de Clazómenes, Protágoras de Abdera y Zenón de Elea. Movido por su amor a las letras, financió en el 472 a.C. la representación de la tragedia de Esquilo *Los persas*. Hacia los treinta años, inició su carrera política dentro del partido democrático de Efialtes y, cuando éste fue asesinado (461 a.C.), asumió su dirección e hizo aprobar por la Asamblea de Atenas una serie de reformas que acentuaban el carácter democrático del Estado ateniense, a pesar de la oposición de la oligarquía. Nombrado estratego o jefe militar en el 454 a.C., consolidó la posición hegemónica de Atenas en la Liga de Delos, confederación constituida por diversas ciudades griegas para luchar contra los persas, y utilizó el tesoro de la Liga para construir la Acrópolis. A fin de crear un imperio comercial, fomentó la expansión de colonias atenienses por el mar Egeo, intensificó el programa de construcciones navales y, en el 448 a.C., convocó un congreso de paz en el que participaron todas las *polis* helenas. A pesar del boicot de Esparta a esta reunión, Atenas acabó firmando la paz con la ciudad doria dos años más tarde (446 a.C.). Gracias a su hábil elocuencia y a su prestigio personal, en el 443 a.C. Pericles se convirtió en la máxima autoridad ateniense, mandato que renovó cada año sin interrupción hasta su muerte (429 a.C.). No obstante, episodios como el sometimiento de la isla de Samos por Atenas (440 a.C.) enturbiaron las relaciones con Esparta y condujeron al estallido de la guerra del Peloponeso (431-404 a.C.), que terminó con la hegemonía ateniense. Durante los primeros años del conflicto, se mostró muy efectiva la estrategia de Pericles de evitar los enfrentamientos terrestres con el objetivo de librar los combates decisivos en el mar, donde su flota era invencible, por lo cual cabe pensar que el resultado final de la guerra habría sido diferente si él no hubiera muerto víctima de la epidemia de peste que asoló Atenas en el otoño del 429 a.C. Su gobierno, por otra parte, coincidió con el momento de apogeo del pensamiento y del arte griegos y, bajo su mecenazgo, Atenas se convirtió en el principal centro de actividad cultural del mundo antiguo. Con la ayuda de su segunda esposa, Aspasia, una culta e inteligente jonia, Pericles no sólo impulsó la celebración de los cultos de Eleusis, símbolo del papel civilizador ateniense, y de los festivales de las Panateneas, sino que también se rodeó de los más ilustres hombres de las letras helenas, como los dramaturgos Eurípides y Sófocles, los historiadores Herodoto de Halicarnaso y Tucídides o el filósofo Sócrates. Así mismo, financió la construcción de la mayor parte de templos que componen la Acrópolis, para cuya realización convocó a artistas tan destacados como Calícrates e Ictinos, arquitectos del Partenón, el gran escultor Fidias, autor de las esculturas y relieves que decoran este mismo templo, como el famoso *Friso de las Panateneas*, y Policleto, quien supo expresar el ideal de la belleza física en sus estatuas de jóvenes atletas, como el *Doríforo*. Por todos estos motivos, el siglo V a.C. ha sido llamado «el siglo de Pericles».

PERÓN, EVA DUARTE DE, llamada *Evita (Los Toldos, Argentina, 1919-Buenos Aires, 1952) Política argentina.* Hija ilegítima de Juan Duarte y de Juana Ibarguren, vivió la pobreza en su pueblo natal hasta que a los dieciséis años huyó a Buenos Aires. En la capital argentina trabajó como actriz en pequeños locales y en la radio, y a partir de 1935 comenzó a gozar de cierta popularidad, si bien sus papeles carecían de relevancia. En tales circunstancias conoció al coronel Juan Domingo Perón, con quien inició una relación íntima y se casó en 1945. Este mismo año, Perón fue destituido de sus cargos de la secretaría de Trabajo y de la vicepresidencia de la nación y confinado en la isla de Martín García. Entonces Eva mostró su gran energía y carisma para conectar con los sectores nacionalistas del ejército afines a su marido y con los trabajadores, que se habían beneficiado de las medidas sociales impulsadas por Perón desde su puesto. La campaña de agitación social que emprendió culminó el 17 de octubre, cuando miles de trabajadores, a los que ella lla-

▲ Busto de **Pericles** *que se conserva en el Museo Vaticano de Roma. Al frente del gobierno de Atenas, la ciudad conoció el período más glorioso de su historia.*

«No poder soportar la pobreza es una vergüenza, y no saber rechazarla por medio del trabajo es más vergonzoso todavía.»

Pericles

mó «descamisados», ocuparon el centro de Buenos Aires para exigir la libertad del político, en una de las mayores manifestaciones populares habidas en el país hasta entonces. Una vez liberado, Perón se presentó a las elecciones en febrero de 1946 y obtuvo un triunfo rotundo. A pesar de la popularidad de que gozaba, ella no aceptó ningún cargo oficial y prefirió impulsar una política social desde la presidencia de una fundación que llevaba su nombre. Financiada con fondos públicos, la Fundación Eva Perón repartió ayudas sociales a los más necesitados. Evita, como habían comenzado a llamarla las clases populares, se convirtió en el rostro humano del régimen y en el enlace del presidente con las organizaciones obreras, principalmente la Confederación General del Trabajo (CGT). Su particular preocupación por la situación de la mujer la llevó a impulsar la rama femenina del movimiento peronista, promoviendo medidas orientadas a una mejor integración de la mujer en el mercado laboral. Gracias a su intervención, la legislación laboral articulada durante la primera presidencia del general Perón se tradujo en unas mejores condiciones de vida de los trabajadores y de los sectores hasta entonces marginados de la sociedad argentina. Tampoco permaneció ajena a la situación del pueblo español y en 1947 viajó a España, en los peores momentos del aislamiento internacional del régimen franquista. Su visita estuvo precedida por la concesión del gobierno peronista al régimen español de un crédito millonario para la compra de trigo, maíz, carne, legumbres, etc. En 1951, año en que publicó su autobiografía *La razón de mi vida*, la CGT la postuló como candidata a la vicepresidencia. Sin embargo, la propuesta topó con la férrea oposición de las Fuerzas Armadas, que veían en ella una amenaza en su calidad de portavoz de la línea más radical y reivindicativa del peronismo. Por otro lado, la propia Eva era reacia a aceptar cargos públicos, convencida de que la eficacia de su labor estaba en la proximidad de su relación con la gente. Así mismo, el conocimiento de la grave enfermedad que la aquejaba la indujo a renunciar a la candidatura en un emotivo acto en el que se dirigió a la multitud desde el balcón de la casa de gobierno. Su muerte significó el inicio de la decadencia del régimen peronista, que tres años más tarde fue derrocado por un golpe militar. Sus restos mortales padecieron el secuestro y varios traslados, primero a Italia y más tarde a España. En 1975, el gobierno de la presidenta del país, la que había sido la tercera esposa del general, María Estela Isabel Martínez de Perón, llevó de nuevo a Argentina los restos mortales de Eva Duarte.

PERÓN, JUAN DOMINGO (*Lobos, Argentina, 1895-Buenos Aires, 1974*) *Militar y político argentino*. Ingresó a los dieciséis años en el ejército, donde alcanzó el grado de coronel. Fue observador internacional en Italia y vivió de cerca la evolución del fascismo. En 1943 participó en el golpe de Estado que derribó el gobierno de Castillo y en el que inició su carrera política al frente del Departamento Nacional de Trabajo, que luego transformó en Secretaría de Trabajo y Previsión. Su programa social conquistó a las clases trabajadoras más desfavorecidas (los «descamisados») y su popularidad creció entre amplios sectores de la milicia. Consolidó una gran influencia en el gabinete y ascendió en la jerarquía ministerial. Encarcelado durante una revuelta constitucional en 1945, gracias al apoyo de los sindicatos y las hábiles maniobras de una fiel colaboradora que sería luego su esposa, Eva Duarte, vivió un retorno triunfal. El 17 de octubre de 1945 pronunció desde el balcón presidencial un discurso ante 300 000 personas, retransmitido por radio a toda la nación, en el que prometió grandes cambios. En 1946, llegó a la presidencia acompañado por Hortensio Quijano, y durante los siguientes treinta años su figura dominó la escena política argentina. Basado en su ideario justicialista, no llevó al país a una revolución propiamente dicha, pero fortaleció el sentimiento antibritánico y antiestadounidense y, sin llegar a alinearse con el comunismo, ubicó su ideología en una denominada Tercera Posición, a medio camino entre ambas tendencias, caracterizada por un estricto

▲ *Eva Duarte de* **Perón** *es recibida en el aeropuerto madrileño de Barajas por el general Franco, en su visita oficial a España de 1947.*

▼ *El general Juan Domingo* **Perón**, *presidente de Argentina, en el balcón de la Casa Rosada con su tercera esposa, María Estela Martínez.*

control de la economía. En 1949 fue elegido para un segundo mandato, después de reformar la Constitución, pero en este período debió afrontar graves problemas, hasta que un golpe militar le derrocó en septiembre de 1955. Exiliado en España, con el paso de los años, observó cómo el descontento del pueblo se trocaba en cierta nostalgia, dados los pobres resultados de los gobiernos, tanto civiles como militares, que le sucedieron. Tras el triunfo de los peronistas en las elecciones de 1973, volvió a Argentina y gobernó el país con ayuda de su tercera esposa, María Estela Martínez, ésta como vicepresidenta. Tras su muerte, ella le sucedió al frente del gobierno.

PÉROTIN (*París, h. 1200-?*) *Compositor francés*. Sucesor de su maestro Léonin, se le considera el representante más destacado de la llamada Escuela de Notre-Dame de París, activa durante el siglo XIII y en la cual empezó a gestarse el estilo polifónico. Conocido también por las formas latinizadas de *Perotinus Magnus* y *Magister Perotinus*, se ignora prácticamente todo de su vida. Las únicas referencias fiables acerca de su persona y obra son las que proporcionan los tratados teóricos de Johannes de Garlandia y el conocido como *Anónimo IV*, ambos de la segunda mitad del siglo XIII, sin que su existencia haya podido ser corroborada en los archivos de Notre-Dame, donde generalmente se sitúa su labor. Pérotin se distinguió en la revisión de la colección de polifonía a dos voces *Magnus liber* de Léonin y en la composición de *organa* y *conductus* a dos (*Dum sigillum*), tres (*Salvatoris hodie*) y cuatro voces (*Viderunt omnes, Sederunt principes*).

PERUGINO, IL [Pietro Vannucci] *(Città della Pieve, actual Italia, h. 1445-Fontignano, id., 1523) Pintor italiano.* Vivió y trabajó esencialmente en Perugia, de donde le viene el sobrenombre. Se cree que se formó en Florencia con A. Verrocchio y está documentada su presencia en Roma, donde pintó en la Capilla Sixtina el famoso fresco de la *Entrega de las llaves a san Pedro.* Tuvo un próspero taller en Perugia, en el que en 1496 ingresó Rafael, que heredó los principales rasgos estilísticos de su maestro: composición clara y armoniosa, figuras idealizadas y tratamiento suave y sentimental de los temas religiosos. Decoró al fresco la sala de audiencias del Colegio del Cambio de Perugia, pero se le recuerda sobre todo por sus obras de caballete, en particular la *Asunción* y los *Desposorios de la Virgen.* Fue autor también de algunos retratos de mérito.

PESSOA, FERNANDO *(Lisboa, 1888-id., 1935) Poeta portugués.* Su familia residió temporalmente en Durban, y Pessoa cursó estudios de derecho en la Univesidad de El Cabo. Posteriormente, se trasladó a Lisboa, donde ejerció de corresponsal para diversas empresas. Su vida transcurrió con escasos cambios, y de su abundante producción literaria, que combina el inglés con el portugués, sólo publicó un libro de poemas, *Mensagem* (1933), aparte de sus colaboraciones en revistas como *A Aguia, Renascença, Portugal Futurista* y *Ultimatum.* En 1914 asumió la dirección de la revista *Orpheu,* en la que prosiguió su búsqueda poética, que va desde el simbolismo decadentista de *Hora absurda* hasta el «interseccionismo» de *Lluvia oblicua* o el «sensacionismo» de algunas *Odas* escritas con su heterónimo Álvaro de Campos. Precisamente, ésta es una de las más logradas conquistas poéticas de Pessoa, la creación de tres heterónimos, a los que dotó literariamente de vida propia: Ricardo Reis, Álvaro de Campos y Alberto Caeiro. Solitario e introvertido en su vida real, se esforzó siempre por comprender la existencia de un modo racional, y así lo reflejan sus heterónimos. Su obra denota una clara influencia de la filosofía de Schopenhauer y también de la de Nietzsche. A partir de su fallecimiento empezó a darse a conocer la ingente obra del poeta, recogida en *Obras completas* por

▲ *El más célebre retrato de Il **Perugino**, óleo realizado en 1494 que se conserva en la Galería de los Uffizi de Florencia.*

▼ *Pintura que recrea la imagen característica del escritor portugués Fernando **Pessoa**: sentado en un café del barrio del Chiado de Lisboa, escribiendo sus poemas.*

João Gaspar Simoes y Luis de Montalvor; así, aparecieron *I. Poesías de Fernando Pessoa* (1942), *II. Poesías de Álvaro de Campos* (1944), *III. Poemas de Alberto Caeiro* (1946), *IV Odas de Ricardo Reis* (1946); también en 1946 apareció su *Doctrina estética,* antología de artículos y ensayos. En 1982 se publicó el célebre *Libro del desasosiego,* conjunto de apuntes y esbozos en prosa del poeta.

PESTALOZZI, JOHANN HEINRICH *(Zurich, 1746-Brugg, Suiza, 1827) Pedagogo suizo.* Reformador de la pedagogía tradicional, dirigió su labor hacia la educación popular. En 1775 abrió en Neuhof una escuela para niños pobres inspirada en el modelo del *Emilio* de Rousseau. El proyecto fracasó, como también otro similar que llevó a cabo en Stans. En 1797 publicó *Mi investigación sobre el curso de la naturaleza en el desarrollo del género humano,* su obra de mayor repercusión. Reemprendió sus prácticas pedagógicas en un castillo cedido por el gobierno, en Berna, experiencia que reflejó en su obra *Cómo Gertrud enseña a sus hijos* (1801). Pestalozzi aspiraba a propiciar la reforma de la sociedad desde una educación que procurase una formación integral del individuo, más que la mera imposición de determinados contenidos, y que concediera un amplio margen a la iniciativa y capacidad de observación del propio niño. Su doctrina no tardó en propagarse, y llegó a ser muy admirada por personajes como Fichte o Herbart, así como por la mayoría de los jóvenes pedagogos de la época.

PÉTAIN, HENRI-PHILIPPE *(Cauchy-à-la-Tour, Francia, 1856-isla de Yeu, id., 1951) Militar y político francés.* Realizó sus estudios militares en la Academia de Saint Cyr, en la que se graduó en 1878 como oficial de Infantería. No destacó demasiado en su carrera al principio y estuvo dedicado, desde 1906, a impartir clases en la École de Guerre. A través de sus lecciones se mostró favorable a los despliegues tácticos defensivos y al desarrollo de las líneas fortificadas. Ascendido a coronel en 1912, poco después de estallar la Primera Guerra Mundial alcanzó el generalato. Al frente del II Ejército francés intervino en la victoria de Champaña, en septiembre de 1915, y al año siguiente en la defensa de

◄ *Cartel propagandístico del régimen de Vichy, que englobaba la Francia colaboracionista aunque no ocupada por los alemanes, en el que aparece su presidente, el general Henri-Philippe **Pétain**.*

FRANCESCO PETRARCA

OBRAS MAESTRAS

CANCIONERO (*CANZONIERE*, 1327-1374); *EPISTOLAE METRICAE* (1331-1354); *ÁFRICA* (*AFRICA*, 1338-1342); *DE VIRIS ILLUSTRIBUS* (h. 1338); *RERUM MEMORANDUM LIBRI* (1344); *DE VITA SOLITARIA* (1346-1356); *INVECTIVARUM CONTRA MEDICUM QUENDAM LIBRI IV* (1355); *DE OTIO RELIGIOSO*; *SECRETUM* (1342-1343); *TRIUNFOS* (*TRIONFI*, 1352); *BUCOLICUM CARMEN* (1354-1357); *ITINERARIUM SYRIACUM* (1358); *DE REMEDIIS UTRIUSQUE FORTUNAE* (1366); *CONTRA EUM QUI MALEDIXIT ITALIAE* (1373).

▼ *Un laureado Francesco **Petrarca**, príncipe de los poetas del quattroccento italiano, visto por el pintor Justo de Gante.*

Verdún. La forma en que dirigió las operaciones militares de esta larga batalla, que duró diez meses, le granjeó el respeto y la admiración de sus compatriotas. En 1918, Pétain recibió el bastón de mariscal. No volvió a entrar en acción hasta 1925, cuando fue enviado a Marruecos para combatir al riteño Abd el-Krim, a quien sometió al año siguiente. En años sucesivos desempeñó los cargos de inspector general del Ejército, ministro de Guerra con el gobierno de Doumergue y, en 1939, embajador en la España de Franco. Tras la derrota sufrida en mayo de 1940 por el ejército francés frente al alemán, fue designado ministro de Estado y vicepresidente del consejo de ministros del gobierno de Paul Reynaud. Al dimitir éste se hizo cargo de la presidencia y le correspondió negociar el armisticio con los alemanes. Se reunió así mismo con Hitler en Montoire y acordó con él un régimen de mutua colaboración. Trasladó la capital a Vichy y la Asamblea le dio plenos poderes para gobernar la Francia no ocupada bajo el lema «Trabajo, familia, patria», que expresaba su intención de regenerar el país de su «decadencia moral». Poco después de la derrota, contó con el apoyo de la mayor parte de la población, convencida de que había salvado Francia de la destrucción total. Sin embargo, los llamamientos de De Gaulle a la resistencia primero y más tarde la ocupación alemana de todo el país lo dejaron en evidencia. Aceptó con-

vertirse en policía de los invasores, adoptó una actitud pasiva frente a las deportaciones de judíos y apoyó la legión antisoviética gala que combatió con uniforme alemán en el frente ruso. Tras el desembarco aliado de Normandía y su posterior ofensiva, siguió al ejército germano en su retirada al otro lado del Rin. Se refugió en Suiza y allí permaneció hasta que en 1945 se entregó a las autoridades francesas. Acusado de alta traición, fue juzgado y condenado a muerte. Sin embargo, el general De Gaulle, en consideración a su pasado como héroe de la Primera Guerra Mundial y a su avanzada edad, le conmutó la pena por la de cadena perpetua en reclusión en la isla de Yeu.

PETRARCA, FRANCESCO (*Arezzo, actual Italia, 1304-Arqua, id., 1374*) *Poeta y humanista italiano.* Durante su niñez y su primera adolescencia residió en distintas ciudades italianas y francesas, debido a las persecuciones políticas de que fue objeto su padre, adherido al partido negro güelfo. Cursó estudios de leyes en Carpentras, Montpellier, Bolonia y Aviñón, si bien nunca consiguió graduarse. Según relata en su autobiografía y en el *Cancionero*, el 6 de abril de 1327 vio en la iglesia de Santa Clara de Aviñón a Laura, de quien se enamoró profundamente. Se han hecho numerosos intentos de establecer la identidad de Laura, e incluso sus contemporáneos llegaron a poner en duda su existencia, considerándola una creación para el juego literario. Petrarca defendió siempre, sin embargo, su existencia real, aunque sin revelar su identidad, lo que ha inducido a pensar que quizá se tratara de una mujer casada. Sí está comprobado, en cambio, que mantuvo relaciones con otras mujeres y que dos de ellas, cuyos nombres se desconocen, le dieron dos hijos: Giovanni y Francesca. La lectura de las *Confesiones* de san Agustín en 1333 lo sumió en la primera de las crisis religiosas que le habrían de acompañar toda la vida, y que a menudo se reflejan en su obra, al enfrentarse su apego por lo terreno a sus aspiraciones espirituales. Durante su estancia en Aviñón coincidió con Giacomo Colonna, amistad que le permitió entrar al servicio del cardenal Giovanni Colonna. Para este último realizó varios viajes por países europeos, que aprovechó para rescatar antiguos códices latinos de varias bibliotecas, como el *Pro archia* de Cicerón, obra de la que se tenían referencias pero que se consideraba

◄ *Capitular miniada de* Sonetos, canciones y triunfos, *en la que aparece el autor de dicha obra,* Francesco **Petrarca**, *una de las figuras más importantes de la poesía europea.*

> *«Entiéndame quien pueda, que yo me entiendo.»*
>
> Francesco Petrarca
> *Cancionero*

perdida. Con el fin de poder dedicarse en mayor medida a la literatura, intentó reducir sus misiones diplomáticas, y para ello consiguió una canonjía en Parma (1348) que le permitió disfrutar de beneficios eclesiásticos. Posteriormente se trasladó a Milán, donde estuvo al servicio de los Visconti (1353-1361), a Venecia (1362-1368) y a Padua, donde los Carrara le regalaron una villa en la cercana población de Arqua, en la cual transcurrieron sus últimos años. Su producción puede dividirse en dos grupos: obras en latín y obras en lengua vulgar. Las primeras fueron las que le reportaron mayor éxito en vida, y en ellas cifraba Petrarca sus aspiraciones a la fama. Cabe destacar en este apartado el poema en hexámetros *África*, que dejó inacabado y en el que rescata el estilo de Tito Livio, las doce églogas que componen el *Bucolicum carmen* y la serie de biografías de personajes clásicos titulada *De viris illustribus*. Reflejo de sus inquietudes espirituales son los diálogos ficticios con san Agustín recogidos en el *Secretum*. Petrarca logró en vida una importante fama como autor latino y humanista, tal como prueba su coronación en Roma como poeta, en 1341. Sin embargo, sus poemas en lengua vulgar recogidos en el *Cancionero* fueron los que le dieron fama inmortal. Aunque él los llamaba *nugae* (pasatiempos), lo cierto es que nunca dejó de retocarlos, y preocuparse por su articulación en una obra conjunta, lo cual denota una vo-

luntad de estilo que por otra parte resulta evidente en cada una de las composiciones, de técnica perfecta y que contribuyeron grandemente a revalorizar la lengua vulgar como lengua poética. En la primera parte del *Cancionero*, las poesías reflejan la sensualidad y el tormento apasionado del poeta, mientras que tras la muerte de Laura, acontecida según declara el poeta en 1348, su amor resulta sublimado en una adoración espiritual. Petrarca supo escapar a la retórica cortés del amor, transmitiendo un aliento más sincero a sus versos, sobre todo gracias a sus imágenes, de gran fuerza y originalidad. Su influencia se tradujo en la vasta corriente del petrarquismo.

PETRONILA *(Huesca?, 1136-Barcelona, 1173) Reina de Aragón (1136-1173) y condesa de Barcelona (1150-1173).* Hija de Ramiro II *el Monje*, en 1137 fue prometida en matrimonio a Ramón Berenguer IV, conde de Barcelona, en el marco de una maniobra política de la nobleza aragonesa para sustraerse al control del rey de Castilla, Alfonso VII. Éste pretendía casar a Petronila con su hijo Sancho y, al mismo tiempo, resolver la crisis provocada por el sorprendente testamento del anterior rey, Alfonso I *el Batallador*, que había dejado el reino en herencia a las órdenes militares. De esta manera se produjo la unión entre Cataluña y Aragón, una unión dinástica por cuanto ambos reinos conservaron sus instituciones y sus leyes de gobierno. La ceremonia de la boda se llevó a cabo en 1150, y, en los años siguientes, Petronila no intervino en las funciones de gobierno, aunque, tras la muerte de su esposo, se apresuró a ceder el poder a su hijo Alfonso, para no provocar divisiones internas entre los dos reinos.

▼ *Miniatura de la* Genealogía de los Reyes de Aragón *en la que se representa a Ramón Berenguer IV y a su esposa* **Petronila**. *Su unión matrimonial supuso el nacimiento de la Corona de Aragón.*

PETRONIO *(?-?, 65?) Escritor latino.* Supuesto autor del *Satiricón*, se le suele identificar con un aristócrata citado por Tácito que vivió en Roma en el siglo I de la era cristiana y que fue gobernador y procónsul en Bitinia. Famoso por su elegancia, se ganó el sobrenombre de *Árbitro* porque ejerció de «árbitro de la elegancia» en la corte de Nerón, que lo había nombrado su consejero en «cuestiones de buen gusto». Se suicidó tras ser condenado a muerte por haber conspirado contra el emperador. Conservado sólo fragmentariamente, el *Satiricón* de Petronio es una obra en prosa con algunos pasajes en verso que narra las aventuras de unos jóvenes libertinos. Estructurada en episodios y repleta de novedosos recursos estilísticos, constituye una sarcástica descripción de la sociedad romana de la época.

PI Y MARGALL, FRANCISCO *(Barcelona, 1824-Madrid, 1901) Político español.* Con siete años entró en el seminario, en el que permaneció hasta los catorce. Posteriormente cursó estudios de derecho en la Universidad de Barcelona. A los veintitrés años se trasladó a Madrid, donde trabajó en diferentes periódicos. A partir de 1854 inició una intensa actividad política. Fundó la revista *La Razón* y colaboró en *La Discusión*, publicaciones que le sirvieron como vehículo de difusión de su ideología federalista y de izquierdas. Participó en la insurrección de San Gil, y la derrota de su bando lo llevó al exilio en París. Volvió a España tras la Revolución de 1868, y un año más tarde fue nombrado diputado por Barcelona, donde lideró la minoría federal; finalmente, fue elegido miembro del Directorio por la asamblea del partido. Sin embargo, oponerse al alzamiento federal en El Ferrol minó su prestigio, y propició la división de sus correligionarios entre benévolos e intransigentes. Cuando en 1873 se proclamó la Primera República, fue designado ministro de Gobernación; durante su mandato practicó una política inteligente que culminó con la celebración de elecciones y su acceso a la presidencia del gobierno, aunque por poco tiempo. Tras su dimisión, intentó volver al poder, pero fue vencido por Castelar. Tras el restablecimiento de la monarquía, publicó *Las nacionalidades* y prosiguió con sus actividades periodísticas y políticas.

▲ *El intelectual y político federalista Francisco **Pi y Margall** retratado por José Sánchez Pescador en un cuadro que se encuentra en el Ateneo de Madrid.*

▼ *Édith **Piaf** durante una actuación. La emoción que supo transmitir a sus canciones la convirtieron en la cantante más internacional de la música popular francesa.*

PIAF, ÉDITH [Édith Giovanna Gassion] *(París, 1915-id., 1963) Cantante y letrista francesa.* Su vida estuvo marcada por la desdicha desde su más tierna infancia, lo que ejerció una influencia decisiva sobre su estilo interpretativo, lírico y desgarrado al mismo tiempo. Abandonada por su madre, creció en las calles de París, donde pronto empezó a ganarse la vida, primero ayudando a su padre, un acróbata ambulante, y más tarde, cantando. Su aspecto desvalido le valió el nombre por el que es universalmente conocida: Piaf («gorrión»). En 1935, Louis Leplée, propietario de un cabaret parisino, le dio la oportunidad de darse a conocer. La muerte violenta de este empresario poco tiempo después hizo de ella la principal sospechosa, aunque finalmente fue absuelta. Su consagración llegó tras la Segunda Guerra Mundial, cuando se convirtió en la musa de poetas e intelectuales del París existencialista y se ganó la admiración incondicional del público. Entre las muchas canciones que popularizó cabe destacar *Mon légionnaire, Je ne regrette rien, La vie en rose, Les amants de París, Hymne a l'amour, Mon dieu* y *Milord*. También actuó en películas *(French can can, Étoile sans lumière, Paris, chante toujours)* y tuvo romances con cantantes del relieve de Charles Aznavour, Georges Moustaki o Yves Montand. En los últimos años de su vida escribió una autobiografía con el título de *Au bal du chance*.

PIAGET, JEAN *(Neuchâtel, Suiza, 1896-Ginebra, 1980) Psicólogo suizo.* Se licenció y doctoró (1918) en biología en la Universidad de su ciudad natal. A partir de 1919 inició su trabajo en instituciones psicológicas de Zurich y París, donde desarrolló su teoría sobre la naturaleza del conocimiento. Publicó varios estudios sobre psicología infantil y, basándose fundamentalmente en el crecimiento de sus hijos, elaboró una teoría de la inteligencia sensoriomotriz que describía el desarrollo espontáneo de una inteligencia práctica, basada en la acción, que se forma a partir de los conceptos incipientes que tiene el niño de los objetos permanentes del espacio, del tiempo y de la causa. Afirmó que los principios de la lógica comienzan a desarrollarse antes que el lenguaje y se generan a través de las acciones sensoriales y motrices del bebé en interacción con el me-

◀ *Retrato que refleja a un anciano Jean* **Piaget***. La principal aportación del psicólogo suizo se centró en el estudio del desarrollo de la inteligencia infantil.*

dio. Estableció estadios sucesivos en el desarrollo de la inteligencia y publicó, entre otras obras, *La psicología de la inteligencia* (1947), *Seis estudios de psicología* (1964) y *Memoria e inteligencia* (1968).

PIAZZOLLA, ASTOR *(Mar del Plata, Argentina, 1921-Buenos Aires, 1992) Compositor y bandoneonista argentino.* Fue uno de los artífices de la renovación del tango, sobre todo a partir de 1954, año en que regresó a Argentina después de un período de estudios en París bajo la dirección de Nadia Boulanger, célebre pedagoga que le aconsejó no olvidar nunca la música popular, precepto que el músico tuvo siempre presente. En Argentina, participó en la orquesta de Aníbal Troico y fue discípulo de Ginastera. *Decarissimo, Milonga del ángel, La muerte del ángel, Invierno porteño, Buenos Aires hora cero, Balada para un loco* y *Adiós, nonino* son algunos de sus tangos más populares. En ellos conviven el género tradicional, la música clásica y el jazz, y entremezclan sus lenguajes, técnicas y estilos, lo que les confiere un aspecto novedoso y de un considerable atractivo, a pesar de lo cual despertaron el rechazo de los círculos tanguísticos más conservadores. A Piazzolla se le debe también un valioso *Concierto para bandoneón y orquesta*, importante por todo lo que supone de reivindicación de este instrumento, más allá del papel de acompañamiento en conjuntos de baile, y una ópera, *María de Buenos Aires* (1967), en colaboración con el poeta Horacio Ferrer.

PICABIA, FRANCIS *(París, 1879-id., 1953) Pintor francés de origen hispanocubano.* Comenzó su carrera artística en el ámbito del

▼ *La nuit espagnole, una de las obras del pintor y escritor francés de origen hispanocubano Francis* **Picabia***, considerado uno de los creadores del movimiento dadaísta.*

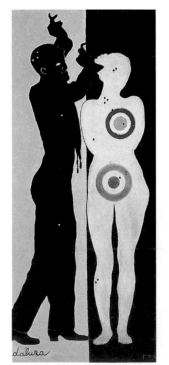

impresionismo y el fauvismo, con obras fáciles que le proporcionaron un gran éxito comercial. Pero su temperamento inquieto y subversivo le llevó a buscar caminos más comprometidos, por lo que entró en la órbita del cubismo con obras caracterizadas por la incorporación de elementos simbólicos y de títulos y frases sin ninguna relación con el tema. Sus contactos con Marcel Duchamp en Nueva York, donde estuvo en varias ocasiones durante la década de 1910, y con el grupo dadaísta de Zurich, lo llevaron a decantarse por el dadaísmo como tendencia artística preferida. A este período corresponde su estilo más característico, llamado maquinista por centrarse en la representación de máquinas, que en ocasiones son símbolos de los seres humanos y a veces hacen referencia al mito del maquinismo, del desarrollo industrial a ultranza. Pero quizá, más que a la creación artística, la influencia de Picabia en las generaciones posteriores se deba a la tarea intelectual, de provocación cultural, que llevó a cabo desde las revistas *391*, fundada por él en Barcelona en 1917, y *491*, fundada en París en colaboración con Breton. A partir de 1919, frecuentó en París el grupo surrealista, y en 1924 realizó la memorable escenografía para la película *Entr'acte*, de René Clair. En 1925 se estableció en la Costa Azul, donde desarrolló un nuevo estilo pictórico que se ha definido como de los *monstruos* y las *transparencias*, y más tarde volvió de nuevo al surrealismo. Su pintura es, por ello, muy variada, con constantes cambios de temática y estilo, aunque dentro, casi siempre, del mundo de lo imaginario y lo simbólico. Las ideas que pregonó desde sus publicaciones contribuyeron a la difusión de las vanguardias.

PICASSO, PABLO RUIZ *(Málaga, 1881-Moulins, Francia, 1973) Artista español.* Hijo del también artista José Ruiz Blasco, en 1895 se trasladó con su familia a Barcelona, donde el joven pintor se rodeó de un grupo de artistas y literatos, entre los que cabe citar a los pintores Ramón Casas y Santiago Rusiñol, con quienes acostumbraba reunirse en el bar Els Quatre Gats. Entre 1901 y 1904 alternó su residencia entre Madrid, Barcelona y París, mientras su pintura entró en la etapa denominada período azul, fuertemente influida por el simbolismo. En la primavera de 1904, decidió trasladarse definitivamente a París y establecerse en un estudio en las riberas del Sena. En la capital francesa trabó amistad, entre otros, con los poetas Guillaume Apollinaire y Max Jacob y el dramaturgo André

Salmon; entretanto, su pintura experimentó una nueva evolución, caracterizada por una paleta cromática tendente a los colores tierra y rosa. Al poco de llegar a París entró en contacto con personalidades periféricas del mundillo artístico y bohemio, como los estadounidenses Leo y Gertrude Stein, o el que sería su marchante por siempre, Daniel-Henry Kahnweiler. Hacia finales de 1906 empezó a trabajar en una composición de gran formato que iba a cambiar el curso del arte del siglo XX: *Les demoiselles d'Avignon*. En esta obra cumbre confluyeron numerosas influencias, entre las que cabe citar como principales el arte africano e ibérico y elementos tomados del Greco y Cézanne. Bajo la constante influencia de este último, y en compañía de otro joven pintor, Georges Braque, se adentró en una revisión de buena parte de la herencia plástica vigente desde el Renacimiento, especialmente en el ámbito de la representación pictórica del volumen: fue el inicio del cubismo. A partir de 1909, Picasso y Braque desarrollaron dicho estilo en una primera fase denominada analítica. En 1912 introdujeron un elemento de flexibilidad en forma de recortes de papel y otros materiales directamente aplicados sobre el lienzo, técnica que denominaron *collage*. La admisión en el exclusivo círculo del cubismo del pintor español Juan Gris desembocó en la etapa sintética de dicho estilo, marcado por una gama cromática más rica y la multiplicidad matérica y referencial. Entre 1915 y mediados de la década de 1920 Picasso fue abandonando los rigores del cubismo para adentrarse en una nueva etapa figurativista, en el marco de un reencuentro entre clasicismo y el creciente influjo de lo que el artista denominó sus «orígenes mediterráneos». Casado desde 1919 con la bailarina rusa Olga Koklova y padre ya de un hijo, Paulo, empezó a interesarse por la escultura a raíz de su encuentro en 1928 con el artista catalán Julio González; entre ambos introdujeron

▲ *El genial pintor Pablo Ruiz* **Picasso** *muestra sus manos en una fotografía tomada en Cannes por Douglas Glass cuando el pintor, lleno de vitalidad, cumplió los sesenta años.*

«*Yo no evoluciono, yo soy. En el arte no hay pasado ni futuro. El arte que no está en el presente no será jamás.*»

Pablo Ruiz Picasso
Conversación con
M. De Zayas (1923)

▶ *Detalle de* Les demoiselles d'Avignon*, una de las obras más célebres de Pablo* **Picasso***, que supuso el nacimiento del cubismo pictórico.*

importantes innovaciones, como el empleo de hierro forjado. En 1935 nacería una hija, Maya, de una nueva relación sentimental, Marie-Thérèse, con quien convivió abiertamente a pesar de seguir casado con Olga Koklova; a partir de 1936, ambas debieron compartir al pintor con una tercera mujer, la fotógrafa Dora Maar. El estallido de la guerra civil española lo empujó a una mayor concienciación política, fruto de la cual es una de sus obras más conocidas, el mural de gran tamaño *Gernika*. En 1943 conoció a Françoise Gilot, con la que tendría dos hijos, Claude y Paloma. Tres años más tarde abandonó París para instalarse en An-

PABLO RUIZ PICASSO

OBRAS MAESTRAS

LA VIE (1903, Museo de Arte, Cleveland); *FAMILIA DE SALTIMBANQUIS* (Galería Nacional de Arte, Washington); *LAS TRES HOLANDESAS* (1905, Musée d'Art Moderne, París); *LA TOILETTE* (1906, Academia de Bellas Artes, Buffalo); *RETRATO DE GERTRUDE STEIN* (Museum of Modern Art, Nueva York); *LA FÁBRICA DE HORTA* (1909, Ermitage, San Petersburgo); *RETRATO DE FERNANDE* (1909, Museum of Modern Art, Nueva York); *MA JOLIE* (1912, Museum of Modern Art, Nueva York); *PARADE* (1917, diseño escenográfico y vestuarios); *LOS TRES MÚSICOS* (1921, Museum of Modern Art, Nueva York); *SUITE VOLLARD* (1930); *GERNIKA* (1937, Museo Nacional Centro Arte Reina Sofía, Madrid); *LA CABRA* (1950, Museum of Modern Art, Nueva York); *SUITE CROMMELINCK* (1968).

tibes, donde incorporó la cerámica a sus soportes predilectos. En la década de 1950 realizó numerosas series sobre grandes obras clásicas de la pintura, que reinterpretó a modo de homenaje. En 1961 contrajo segundas nupcias con Jacqueline Roque; sería su última relación sentimental de importancia. Convertido ya en una leyenda en vida y en el epítome de la vanguardia, el artista y Jacqueline se retiraron al castillo de Vouvenargues, donde el creador continuó trabajando incansablemente hasta el día de su muerte.

PICCARD, AUGUSTE *(Basilea, Suiza, 1884-Lausana, id., 1962) Físico suizo.* Hijo de un profesor de química en la Universidad de Basilea, estudió en el Instituto Federal de Tecnología de Zurich. Viajó a Estados Unidos, donde impartió clases en las universidades de Chicago y Minnesota. De regreso en Suiza residió una temporada en Lausana, pero no tardó en instalarse en Bélgica, donde desarrolló la práctica totalidad de su carrera docente. Entre 1922 y 1954 fue profesor de física en la Politécnica de Bruselas. Se dedicó inicialmente al estudio de los rayos cósmicos y de los estratos ionizados de la alta atmósfera, y en 1925 proyectó un aeróstato dotado de una cabina esférica presurizada, adecuada para el transporte de hombres e instrumentos científicos a grandes altitudes. En 1931, en Alemania, alcanzó los 15 780 m de altitud en una primera ascensión; al año siguiente superó los 16 900 m. Su hermano gemelo Jean-Félix, también experto en aeronáutica, llegó, en 1934, a la cota de 17 500 m de altitud. Posteriormente, Auguste se dedicó al estudio de las profundidades marinas, y proyectó, con M. Cosyns, un batiscafo, el *FNRS II*, que efectuó la primera inmersión autónoma en 1948, frente a la costa de Cabo Verde. Una nueva versión del sumergible, denominada *FNRS III*, alcanzó, en 1954, la profundidad de 4 050 m, en un punto próximo a Dakar, con G. Houot y P. Willon a bordo. Fabricó después el *Trieste* (1953), un nuevo batiscafo con el que realizó decenas de inmersiones en el Mediterráneo. Su hijo Jacques batió todos los récords de profundidad, en 1960, al llegar casi a los 11 000 m. en las islas Marianas, en el océano Pacífico.

PICKFORD, MARY [Gladys Mary Smith] *(Toronto, 1893-Santa Mónica, EE UU, 1979) Actriz estadounidense de origen canadiense.* Procedente del mundo del teatro, gracias a sus apariciones en las películas de la productora Famous Players Company de

▲ *El ingeniero y físico suizo Auguste **Piccard**. Realizó dos ascensiones en globo libre, diseñado por él, a la estratosfera. También se interesó por las profundidades, diseñando para ello un ingenio al que llamó* batiscafo.

▼ *Uno de los primeros mitos de Hollywood, la actriz Mary **Pickford**, aparece aquí interpretando su típico papel de jovencita ingenua y vivaz en una de sus películas.*

Adolph Zukor no tardó en convertirse en una de las primeras estrellas del cine mudo. De rostro agraciado y expresivo, fue pronto conocida con el apelativo de la Novia de América. No dudó en defender los derechos de los actores, y, junto con Charles Chaplin, Douglas Fairbanks y David W. Griffith, fundó en 1919 los estudios United Artists, ante el escándalo de los productores de Hollywood, según los cuales «los lunáticos se habían hecho con el control del manicomio». En 1920 se casó con su amigo y socio Douglas Fairbanks; juntos actuarían en una de las películas más celebradas de su tiempo: *La fierecilla domada* (1929). En 1933 se retiró de la escena para dedicarse de lleno a la producción.

PICO DELLA MIRANDOLA, GIOVANNI *(Mirandola, actual Italia, 1463-Florencia, 1494) Humanista y filósofo italiano.* Estudió derecho en la Universidad de Bolonia y en los más importantes centros de Italia y Francia. En pleno auge del Renacimiento, publicó en Roma sus célebres novecientas tesis, tituladas *Conclusiones philosophicae, cabalisticae et theologicae* (1486). En ellas manifestó la intención de demostrar la verdadera naturaleza del cristianismo, considerándolo como el punto de confluencia de todas las tradiciones filosóficas anteriores, incluidas la filosofía griega, la astrología, la cábala y la magia. Sus teorías fueron combatidas duramente por la curia romana y siete de sus tesis fueron condenadas por los teólogos de la época, motivo por el cual fue perseguido por hereje y pasó tres meses encerrado en la torre de Vincennes. Tras ese período, se encomendó a la protección de Lorenzo *el Magnífico*, en Florencia. En 1489 publicó *Heptaplus*, comentario cabalístico sobre el libro del

Génesis, y en 1492 *De ente et uno*, una crítica al platonismo de Ficino. Falleció tras ser envenenado por su secretario.

PIERO DELLA FRANCESCA → Francesca, Piero della.

PILATOS, PONCIO *(s. I) Gobernador romano de Judea*. Se desconoce su origen, y los pocos datos que de él se tienen hacen referencia a su tarea como gobernador romano de Judea. Llegado a este cargo en el año 26, pronto se ganó la hostilidad de los judíos al pretender introducir el culto imperial mediante la colocación de imágenes pintadas del César. Tras esto, volvió a provocar las iras del pueblo al querer pagar un acueducto con los fondos del Tesoro del Templo. Según la tradición cristiana, Pilatos fue el responsable de la condena de Jesús a la cruz, por instigación de la jerarquía religiosa, decisión en la cual influyó el temor de permitir la aparición de un movimiento religioso, que, fuera del control de las autoridades, podría tornarse en revolucionario. Pilatos fue destituido de su cargo por el gobernador de Siria, Vitelio, en el 37, a causa de la dureza con la que reprimió a los samaritanos en el Garizín.

PILSUDSKI, JÓZEF *(Zulow, actual Lituania, 1867-Varsovia, 1935) Político polaco*. Hijo de un aristócrata venido a menos, cursó estudios de medicina en Khatkov. En 1887, debido a su ideología marxista, fue falsamente acusado de planear un atentado contra el zar y deportado a Siberia, donde permaneció hasta 1892. A su regreso ingresó en el Partido Socialista, del que poco después fue nombrado secretario general. En 1900 las autoridades rusas ordenaron su reingreso en prisión, de la que escapó al año siguiente. En 1910 fundó, con ayuda austríaca, una organización militar, con la cual participó en la Primera Guerra Mundial, y en 1916, tras la independencia de Polonia, fue nombrado comandante en jefe del ejército. En 1918 fue elegido presidente, cargo que ocupó hasta 1922, fecha en que se retiró a una localidad cercana a Varsovia. Descontento con la situación política del país, en 1926 lideró un golpe de Estado, tras el cual nombró presidente a I. Moshcicki. Pilsudski se apropió de la cartera de Defensa, que detentó hasta su muerte.

PÍNDARO *(Cinoscéfalos, actual Grecia, 518 a.C.-Argos?, id., 438 a.C.) Poeta lírico griego*. De su extensa producción se han conservado 45 odas triunfales o epinicios, divididos en cuatro libros (*Olímpicas, Píti-*

▲ *El humanista Giovanni* **Pico della Mirandola**, *en un retrato anónimo que se conserva en la Galería Palatina de Florencia.*

▼ *Mariana* **Pineda** *en un detalle del cuadro de Alejo Vera* Mariana Pineda en capilla.

cas, Nemeas e *Ístmicas*), que constituyen una de las mejores muestras de lírica coral griega. Fue uno de los poetas griegos más famosos, como lo demuestra el interés que ya en la Antigüedad tardía despertó su figura, siendo objeto de seis de las *Vidas* que escribió Plutarco, en las que los datos creíbles se mezclan con significativas leyendas, como la que cuenta que, siendo niño, las abejas bañaban sus labios en miel mientras soñaba. Parece seguro que pertenecía a una familia de la aristocracia tebana y que se educó en Atenas, donde se formó musicalmente, en un momento en que estaba surgiendo el lirismo coral y el ditirámbico. Sus modelos literarios fueron sobre todo Homero y Hesíodo, aunque en su poesía influyeron también poetas locales, como las poetisas Myrtis y Corinna. Fiel a sus orígenes aristocráticos, se mantuvo al lado de Tebas durante las Guerras Médicas, y su estrecha relación con Egina, líder tebano conservador a quien dedicó once odas, lo mantuvo al margen de la incipiente formación de la democracia ateniense. Se consagró definitivamente como poeta panhelénico tras una estancia en Sicilia durante la soberanía de Hierón de Siracusa y Terón de Agrigento, en un momento de gran prosperidad que inspiró a Píndaro sus odas más sublimes, dedicadas a cantar las victorias de los juegos panhelénicos. Su estilo grave y solemne, de largas frases que violentan la sintaxis y en las que predominan los sustantivos, con un léxico grandilocuente heredado de la tradición épica, fue admirado por sus coetáneos, por lo que se convirtió a partir de entonces en modelo preceptivo del lirismo coral, a la vez que favoreció el paso al drama. En la modernidad, su obra despertó el interés de los autores románticos, seducidos por la sublimidad de sus versos y lo insólito de sus imágenes.

PINEDA, MARIANA *(Granada, 1804-id., 1831) Heroína española*. En 1831 se le acusó de complicidad en la evasión del liberal Fernando Álvarez de Sotomayor, y se le encontró una bandera bordada con el lema liberal «ley, libertad, igualdad». Al negarse Pineda a delatar a sus supuestos cómplices, Pedrosa, miembro de la Chancillería de Granada y, según la leyenda, secretamente enamorado de ella, decretó su ingreso en prisión. En medio de las protestas de la población, fue juzgada y condenada a morir a garrote vil. La sentencia se ejecutó en el Campo del Triunfo de Granada, mientras la bandera que había bordado era quemada. Mariana Pineda se convirtió en heroína y mártir de la causa liberal, hasta el punto de inspirar numerosas canciones. Federico García Lorca se basó en su historia para escribir la obra teatral *Mariana Pineda*.

PINK FLOYD, *grupo británico de pop rock, integrado originalmente por* **SYD BARRET** *(Cambridge, Reino Unido, 1946)*, **NICK MASON** *(Birmingham, id., 1945)*, **ROGER WATERS** *(Cambridge, id., 1944)* y **RICHARD WRIGHT** *(Londres, 1945)*. El grupo ha pasado por dos etapas bien definidas, la primera con Roger Waters y Syd Barret como líderes creativos, y la segunda tras la marcha de Roger Waters. Su estilo musical psicodélico y las espectaculares puestas en escena de sus conciertos les han conferido una personalidad propia dentro del mundo de la música popular, hasta el punto de considerarlos como los padres de un nuevo estilo que se denominó rock sinfónico. Su popularidad mundial se empezó a gestar con la publicación, en 1973, del disco *Dark side of the moon*. En 1980 publicaron el que se convirtió en el disco más reputado del grupo, *The Wall*, del que tres años más tarde se extraería el filme animado del mismo título. En 1983 se disolvió el grupo. Cuatro años más tarde, Mason, Wright y Gilmour se reunieron de nuevo, lo que originó un proceso judicial entablado por Waters sobre la propiedad del nombre original. Resuelto el caso a favor de David Gilmour y compañía, el grupo Pink Floyd regresó al mundo de la música con un disco que se convirtió en un éxito inmediato, *A momentary lapse of reason* (1987).

PINOCHET, AUGUSTO *(Valparaíso, Chile, 1915) Militar y político chileno*. Salió de la escuela militar en 1936 con el grado de teniente de infantería y continuó sus estudios en la especialidad de geopolítica. Se le encargaron varias misiones de relativa importancia hasta que en 1956 formó parte de la delegación militar chilena en Estados Unidos. Diez años más tarde había alcanzado el grado de coronel y poco después se le confió el mando de la IV División. A partir de ese momento su prestigio dentro de las Fuerzas Armadas fue en aumento. En 1969 alcanzó el generalato y la jefatura del Estado Mayor del ejército. En 1973, con el apoyo de Estados Unidos, encabezó el golpe de Estado que derrocó el régimen de Allende, quien murió en el palacio presidencial. Pinochet desencadenó una tenaz represión con el objetivo de eliminar a la oposición política y concentró en su persona casi la totalidad de los poderes del Estado. Los servicios de inteligencia, la DINA

▲ *El grupo de* pop *británico* **Pink Floyd**, *una de las primeras bandas del llamado rock sinfónico, durante un concierto posterior a su exitoso regreso al panorama musical en 1984.*

▼ *El general Augusto* **Pinochet**, *con uniforme militar de gala y la banda que le acredita como presidente de Chile, posa con gesto adusto durante una ceremonia oficial.*

y el Centro Nacional de Información (CNI), creado en 1977, tuvieron un importante papel en la represión y en el régimen autoritario que instauró. La persecución de los opositores al régimen traspasó incluso las fronteras nacionales, como lo demuestran, entre otros hechos, los atentados que costaron la vida al general Prats en Buenos Aires y a Orlando Letelier en Washington, en 1974 y 1976 respectivamente. Tras la promulgación de varias actas constitucionales, en 1980 aprobó una nueva Constitución de carácter autoritario, que aseguró su permanencia en el gobierno hasta 1989. Eliminada toda oposición política y sindical, su régimen instituyó una nueva política económica basada en los principios neoliberales y monetaristas. Seguro de sus logros políticos y económicos y de su autoridad e influencia en el país, en 1988 convocó un referéndum dentro del marco previsto por la Constitución. Las urnas no le fueron favorables, y con el triunfo de la oposición política coligada en Concertación Democrática (CD), se inició el proceso de transición a la democracia, marcada por la moderación y por el enorme poder que conservaba Pinochet. Las elecciones convocadas a continuación para sucederle fueron ganadas por CD, y en 1990 cedió la presidencia al democristiano Patricio Aylwin. No obstante, conservó la jefatura de las Fuerzas Armadas hasta marzo de 1998, cuando entró en el Congreso como senador vitalicio. Inquietado en sus últimos años por la justicia, fue retenido en Londres, donde estaba de visita, a petición de un juez español, acusado de hechos delictivos ocurridos durante su mandato. Tras 16 meses de arresto domiciliario, el proceso de extradición fue desestimado y Pinochet regresó a Chile en marzo de 2000.

PINTO, ANÍBAL *(Santiago de Chile, 1825-Valparaíso, Chile, 1884) Político chileno.* Hijo del ex presidente chileno Francisco Antonio Pinto y miembro del Partido Liberal, fue diputado, senador suplente, intendente de Concepción y ministro de Guerra y Marina. En 1876 fue nombrado presidente de la República, cargo que desempeñó hasta 1881. Debió enfrentarse a una grave crisis económica provocada por una restricción momentánea de las exportaciones de nitratos a Europa y por el curso forzoso de billetes sin convertibilidad metálica, lo que generó una grave inflación. Pese a ello, las actividades empresariales se decantaron hacia la minería, a causa de lo cual se inició la guerra del Pacífico con Perú y Bolivia (1879-1883), por la cual Chile obtuvo Antofagasta, Tacna, Arica y Tarapacá. Durante su mandato consiguió solucionar los conflictos de fronteras con Argentina, y promulgó la Ley de Educación de 1879, vigente hasta 1927.

PINTURICCHIO, IL [Bernardino di Betto] *(Perugia, actual Italia, h. 1454-Siena, 1513) Pintor italiano.* Discípulo de Perugino, trabajó con él en la Capilla Sixtina, sobre todo en la *Circuncisión de los hijos de Moisés,* el *Bautismo de Cristo* y el *Viaje de Moisés.* De entre sus obras anteriores a 1490 destacan las *Historias de san Bernardino,* en la iglesia de Santa María en Ara Coeli, y la *Natividad,* en Santa María del Popolo. Entre 1493 y 1494 decoró las estancias Borgia. En Umbría realizó un políptico y mostró sus dotes compositivas en los frescos de la iglesia de Santa María la Mayor (1500 y 1501), sobre todo la *Anunciación,* y en la decoración de la Capilla Troili. Desde 1502 hasta su muerte trabajó en Siena, ciudad en la cual pintó una de sus obras más famosas en la biblioteca Piccolomini: las *Historias de Pío II.*

PINZÓN, MARTÍN ALONSO YÁÑEZ *(Palos de Moguer, actual España, 1440-La Rábida, id., 1493) Navegante español.* Miembro de una rica familia de navegantes, al verse obligado, junto a su hermano Vicente, a pagar una multa a la Corona con el servicio de sus naves, se cree que a causa de presuntas actividades de piratería, se asoció con Colón en su viaje a América. Experto marino, al mando de la carabela *Pinta* tuvo un papel destacado en el descubrimiento del Nuevo Mundo, y colaboró activamente con Colón en el mantenimiento de la disciplina en la expedición. Una vez llegados a América, surgieron discrepancias entre ambos, dado que Pinzón era partidario de continuar explorando, mientras que Colón se inclinaba

▲ *San* **Pío V***, pontífice romano bajo cuyo Papado se reforzó la Inquisición.*

▼ *Retrato del capitán y patrón de la carabela* Pinta*, Martín Alonso Yáñez* **Pinzón***.*

por volver a España cuanto antes. Finalmente, su carabela fue la primera en arribar a las costas de la península Ibérica.

PIÑERA, VIRGILIO *(Cárdenas, Cuba, 1912-La Habana, 1979) Escritor cubano.* Participó en diversas publicaciones literarias, como *Orígenes* y *Ciclón,* revista esta última que fundó junto con José Rodríguez Feo (1955). Vivió una larga temporada en Buenos Aires (1946-1958). Como prosista, exploró el universo fantástico desde una perspectiva ácida y altamente personal. Destacan sobre todo sus novelas *Pequeño conflicto* (1942), *La carne de René* (1952) y *Presiones y diamantes* (1967), así como su colección de relatos cortos *Cuentos fríos* (1956). Como dramaturgo, se anticipó al teatro del absurdo; cabe citar las obras *Falsa alarma* (1948) y *Dos viejos pánicos* (1968). Su poesía queda reunida en el volumen *La vida entera* (1969). Su espíritu crítico terminó por dificultar sus relaciones con el régimen de Fidel Castro.

PÍO V, SAN [Antonio Ghislieri] *(Bosco Marengo, actual Italia, 1504-Roma, 1572) Papa (1566-1572).* Perteneciente a la Orden de los Dominicos, antes de llegar al pontificado fue inquisidor. Como pontífice, llevó adelante la reforma de la Iglesia propugnada por su antecesor Pío IV tras el concilio de Trento, reforzó la Inquisición romana e introdujo el *Índice de libros prohibidos.* También inició una reforma del clero y persiguió el nepotismo y la corrupción. Sus planteamientos políticos le llevaron, en 1570, a excomulgar a Isabel de Inglaterra, lo que agravó aún más las relaciones con este país. Partidario de la cruzada contra los turcos, formó la Liga Santa con el apoyo de Venecia y España, cuya flota logró vencer a la escuadra otomana en la batalla de Lepanto, en 1571. Verdadero motor de la Liga, su muerte, al año siguiente, debilitó su unidad. En 1712 fue canonizado por Clemente XI.

PÍO X, SAN [Giuseppe Melchiore Sarto] *(Riese, Italia, 1835-Roma, 1914) Papa italiano (1903-1914).* Fue obispo de Mantua y cardenal en Venecia antes de ser elegido papa. Durante su pontificado promovió una renovación religiosa, mediante los decretos sobre la música sagrada, la comunión frecuente y la reforma de los libros litúrgicos. También creó una comisión para la reforma del derecho canónico (1904), reorganizó la curia romana e impulsó el inicio de una publicación oficial de la Santa Sede (*Acta Sanctae Sedis,* 1909). Su ideología conservadora llevó a la ruptura de la Santa Sede con Francia en 1905 y con Portugal en 1911; en 1909 disolvió la *Opera dei Congressi* italiana, el mismo año que creó el Pontificio Instituto Bíblico. En una alocución de agosto de 1914 intentó sin éxito evitar la Primera Guerra Mundial.

Pío XII [Eugenio Pacelli] *(Roma, 1876-id., 1958) Papa (1939-1958).* Hijo de una familia de abogados íntimamente relacionados con la Santa Sede, cursó estudios en la Universidad Gregoriana de Roma. En 1899 fue ordenado sacerdote, tras lo cual ejerció como profesor de derecho. En 1917 fue nombrado arzobispo y desempeñó varias funciones diplomáticas en Alemania, país del que regresó en 1929 para ocupar el cargo de secretario de Estado del Vaticano. Aquel mismo año, Pío XI lo nombró cardenal, y, a la muerte de éste, acontecida en 1939, fue elegido pontífice por aplastante número de votos. Durante su ministerio, que se alargó hasta su fallecimiento en 1958, publicó innumerables encíclicas y apostó por la neutralidad de Italia en la Segunda Guerra Mundial. A su término, se enfrentó con los nuevos gobiernos comunistas de la Europa del este y promulgó diversas medidas coercitivas contra los católicos afines al comunismo, del que se erigió en uno de sus más acérrimos opositores.

Piquer, Concha *(Valencia, 1908-Madrid 1990) Cantante y actriz española.* Considerada la máxima expresión de la canción española, destacó como tonadillera por su gran emotividad y expresividad interpretativa. Lo mejor de su repertorio vino de manos de un mítico trío de compositores (León, Quintero y Quiroga). Aunque fuera una diva mimada por el régimen gober-

▲ *El papa Pío XII durante una ceremonia religiosa. Su pontificado estuvo marcado por una ambigua actitud pública frente al nazismo durante la Segunda Guerra Mundial y por un abierto anticomunismo.*

▼ *La tonadillera valenciana Concha Piquer, considerada la reina de la copla, aparece aquí cantando en una escena de la película* La Dolores, *dirigida por Florián Rey en 1939.*

nante en España, los roles de mujer fatal, pícara o liberada que aparecían en sus canciones no estaban muy de acuerdo con el orden moral que preconizaba el gobierno, que, sin embargo, no dudó en apropiarse de su obra e imagen con el objetivo de promocionarse en el exterior. En 1927 inició su carrera cinematográfica en *El negro que tenía el alma blanca,* de Benito Perojo, a la que siguieron otros títulos como *Filigrana,* de Luis Marquina, hasta su retirada en 1957.

Pirandello, Luigi *(Agrigento, Italia, 1867-Roma, 1936) Escritor italiano.* Hijo de un rico comerciante, estudió en las universidades de Palermo, Roma y Bonn. Tras graduarse en esta última en 1891, regresó a Italia. En 1894, una vez hubo concluido su primera novela, *L'esclusa,* contrajo matrimonio y publicó su primer libro de relatos, *Amores sin amor.* En 1897 fue contratado como profesor de literatura italiana, y en 1904 apareció su novela *El difunto Matías Pascal,* que recogía muchos elementos biográficos del autor y constituía un enorme éxito. A la publicación del ensayo *L'umorismo* siguieron el drama *Pensaci, Giacomino!,* el volumen de relatos *La trampa,* y la novela *Si gira....* Con la representación, en 1917, de la pieza teatral *Así es si así os parece,* se decantó claramente por el género dramático, en el cual creó escuela por su peculiar construcción de la pieza teatral, sus recursos escénicos y la complejidad de sus personajes. A partir de 1920 publicó varias comedias, entre ellas *La señora Morli,* que abordaba el tema de la doble personalidad, y *Seis personajes en busca de autor,* que fue un fracaso clamoroso. Con *Enrique IV,* puesta en escena en 1922, recuperó el favor del público. Tras abandonar la enseñanza para dedicarse por entero a la creación literaria, y reconocido ya en todo el mundo, en 1925 asumió la dirección del Teatro d'Arte de Roma y cuatro años después fue nombrado miembro de la Academia de la Lengua de Italia. A esta época pertenecen los dramas *Esta noche se improvisa, Lázaro, Como tú me quieres* y *No se sabe cómo.* La obra dramática de Pirandello extrema los elementos en plena disolución de un realismo en crisis y desglosa la ficción teatral en varios planos para romper el espacio escénico tradicional. En 1934 le fue otorgado el Premio Nobel de Literatura.

Pirrón de Elis *(Elis, actual Grecia, h. 360 a.C.-id., h. 270 a.C.) Filósofo griego.* Acompañó a Alejandro Magno a la India y, al regresar, fue nombrado por sus conciudadanos gran sacerdote de Elis. Procedente de una familia humilde, se especula con la posibilidad de que adquiriera sus conocimientos merced a sus numerosos viajes de juventud. Pirrón fundó una escuela en la que transmitió sus teorías oralmente, y que fue el origen del llamado pirronismo. Se le atribuyen los diez tópicos o motivos de duda del escepticismo antiguo. Pirrón consideraba que la filosofía debía conducir a la *ataraxia*, es decir, la impasibilidad, indiferencia o abstención, como ideal ético. El escéptico se muestra extraño a toda verdad dado que es imposible alcanzar una certeza absoluta, y además ésta se basa a menudo en falacias y en meros actos de fe. Sus enseñanzas fueron transmitidas por su discípulo Timón.

PISANO, ANDREA *(Pontedera, actual Italia, 1295-Orvieto, id., 1349) Escultor y arquitecto italiano.* Entre 1330 y 1336 se ocupó de la realización de las primeras puertas de bronce del baptisterio de Florencia, en las que representó escenas de la vida de san Juan Bautista y una serie de figuras personificadoras de las virtudes. Se trata de su obra más importante, testimonio de la singular elegancia del estilo gótico, del que fue un representante destacado. Hacia 1340, Andrea Pisano sucedió a Giotto como arquitecto de la catedral de Florencia, para la que realizó en lo sucesivo proyectos, relieves y esculturas. En 1347 fue nombrado maestro de obras de la catedral de Orvieto, en la que contó con la colaboración de su hijo Nino, quien a su vez esculpió la tumba de Marco Cornaro en la iglesia de San Giovanni y Paolo, en Venecia.

PISANO, GIOVANNI *(Pisa, h. 1248-Siena, actual Italia, después de 1314) Escultor y arquitecto italiano.* Aprendió ambos oficios de su padre, Nicola, con el que colaboró en la realización del púlpito de la catedral de Siena, la fuente mayor de Perugia y la decoración del baptisterio de Pisa. A la muerte de su padre, acaecida hacia 1284, se estableció en Siena, probablemente después de ser nombrado maestro de obras de la catedral. Se ocupó sobre todo del diseño de la fachada que, sin embargo, no se llevó a cabo en su totalidad como él la había concebido, y de la realización de las esculturas que debían embellecerla, las cuales representan a los profetas del Antiguo Testamento

✎ **LUIGI PIRANDELLO**

OBRAS MAESTRAS

TEATRO: *ASÍ ES SI ASÍ OS PARECE (COSÍ É SE VI PARE*, 1917); *SEIS PERSONAJES EN BUSCA DE AUTOR (SEI PERSONAGGI IN CERCA D'AUTORE*, 1921); *ENRIQUE IV (ENRICO IV*, 1922); *CADA CUAL A SU MANERA (CIASCUNO A SUO MODO*, 1924); *LÁZARO (LAZZARO*, 1929); *ESTA NOCHE SE IMPROVISA (QUESTA SERA SI RECITA A SOGGETTO*, 1930). **POESÍA:** *MAL GIOCONDO* (1889); *ELEGIE RENANE* (1895); *SCAMANDRO* (1909). **ENSAYO:** *L'UMORISMO* (1908). **NOVELA:** *LA EXCLUÍDA (L'ESCLUSA*, 1901); *EL DIFUNTO MATÍAS PASCAL (IL FU MATTIA PASCAL*, 1904); *LOS VIEJOS Y LOS JÓVENES (I VECCHI E I GIOVANI*, 1913); *UNO, NINGUNO Y CIEN MIL (UNO, NESSUNO EN CENTOMILLA*, 1925-1926). **RELATOS:** *CUENTOS PARA UN AÑO (NOVELLE PER UN ANNO*, 1894-1937).

▼ *Púlpito de la catedral de Siena, en Italia, diseñado por Nicola Pisano y esculpido entre 1266 y 1268 por sus discípulos, encabezados por Giovanni* **Pisano**.

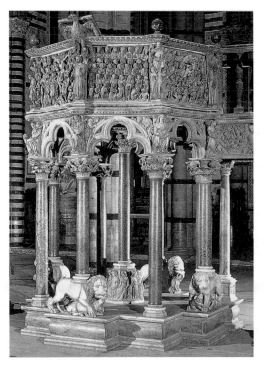

que predijeron la llegada de Cristo y constituyen un caso único en el estilo gótico por la variedad de las posturas y expresiones, y por su concepción intensamente dramática. Es, de hecho, esta inclinación de Giovanni Pisano hacia el realismo y la tensión dramática la que ha conducido a los críticos a considerar que desempeñó, en la escultura, un papel semejante al de Giotto en la pintura. En 1297, Giovanni se trasladó a Pisa, donde ocupó el cargo de maestro de obras de la catedral. Simultaneó este trabajo con la realización del púlpito de la iglesia de San Andrés, en Pistoia, donde retomó el esquema gótico de su padre como punto de partida para una representación de gran viveza plástica y enorme fuerza emocional. Su último trabajo conocido es el púlpito de la catedral de Pisa, reconstruido en su lugar en 1926; es su obra más rica y elegante, que combina esculturas de bulto redondo con relieves de estudiada composición e intensa emotividad. Entre otras obras se le atribuyen varias imágenes de la *Virgen con el Niño*, destacando la que preside el altar de la capilla de los Scrovegni, en Padua.

PISSARRO, CAMILLE *(Saint Thomas, Antillas, 1830-París, 1903) Pintor francés.* Nació en las Antillas, de padre judío y madre criolla, pero a partir de 1855 residió en Francia, salvo una breve estancia en Inglaterra con motivo de la guerra franco-prusiana (1870-1871). En 1859 conoció a Monet y desde entonces se movió en el ambiente de los impresionistas. Contó con la admiración de pintores más jóvenes de la talla de Cézanne y Gauguin. Pintó sobre todo paisajes rurales y escenas de la vida campesina, con un mayor rigor compositivo que sus compañeros impresionistas y con menos atención a los efectos atmosféricos y luminosos. Cultivó principalmente la pintura al aire libre en los alrededores de París, hasta que en 1895 problemas de visión le obligaron a limitarse a plasmar vistas de París desde la ventana.

PITÁGORAS *(isla de Samos, actual Grecia, h. 572 a.C.-Metaponto, hoy desaparecida, actual Italia, h. 497 a.C.) Filósofo y matemático griego.* Se tienen pocas noticias de su vida que puedan considerarse fidedignas, ya que su condición de fundador de una secta religiosa propició la temprana aparición de una tradición legendaria en torno a su persona. Parece seguro que fue hijo de Mnesarco y que la primera parte de su vida la pasó en Samos, la isla que probablemente abandonó unos años antes de la ejecución de su tirano Polícrates, en el 522 a.C. Es posible que viajara entonces a Mileto, para visitar luego Fenicia y Egipto; en este último país, cuna del conocimiento esotérico, se le atribuye haber estudiado los misterios, así como geometría y astronomía. Algunas fuentes dicen que marchó después a Babilonia con Cambises, para aprender allí los conocimientos aritméticos y musicales de los sacerdotes. Se habla también de viajes a Delos, Creta y Grecia antes de establecer, por fin, su famosa escuela en Crotona, donde gozó de considerable popularidad y poder. La comunidad liderada por Pitágoras acabó, plausiblemente, por convertirse en una fuerza política aristocratizante que despertó la hostilidad del partido demócrata, de lo que derivó una revuelta que lo obligó a pasar los últimos años de su vida en Metaponto. La comunidad pitagórica estuvo seguramente rodeada de misterio; parece que los discípulos debían esperar varios años antes de ser presentados al maestro y guardar siempre estricto secreto acerca de las enseñanzas recibidas. Las mujeres podían formar parte de la cofradía; la más famosa de sus adheridas fue Teano, esposa quizá del propio Pitágoras y madre de una hija y de dos hijos del filósofo. El pitagorismo fue un estilo de vida, inspirado en un ideal ascético y basado en la comunidad de bienes, cuyo principal objetivo era la purificación ritual (*catarsis*) de sus miembros a través del cultivo de un saber en el que la música y las matemáticas desempeñaban un papel importante. El camino de ese saber era la filosofía, término que, según la tradición, Pitágoras fue el primero en emplear en su sentido literal de «amor a la sabiduría». También se le atribuye haber transformado las matemáticas en una enseñanza liberal mediante la formulación abstracta de sus resultados, con independencia del contexto material en que ya eran conocidos algunos de ellos; éste es, en especial, el caso del famoso teorema que lleva su nombre y que establece la relación entre los lados de un triángulo rectángulo, una relación de cuyo uso práctico existen testimonios proce-

> «*Camaradas y amigos, éste es el camino de las penalidades, pero por él se va a Perú a ser ricos. Por allí vais al descanso en Panamá, pero a ser pobres. Escoged.*»
>
> Francisco Pizarro

▼ *Busto de* **Pitágoras** *que se conserva en el Museo Capitolino de Roma. Fundador de una influyente escuela, especialmente interesada por las matemáticas, su figura sólo nos ha llegado a través de sus discípulos.*

dentes de otras civilizaciones anteriores a la griega. La voluntad unitaria de la doctrina pitagórica quedaba plasmada en la relación que establecía entre el orden cósmico y el moral; para los pitagóricos, el hombre era también un verdadero microcosmos en el que el alma aparecía como la armonía del cuerpo. En este sentido, entendían que la medicina tenía la función de restablecer la armonía del individuo cuando ésta se viera perturbada, y, siendo la música instrumento por excelencia para la purificación del alma, la consideraban, por lo mismo, como una medicina para el cuerpo.

PITT, WILLIAM (*Hayes, Gran Bretaña, 1759-Putney, id. 1806) Político inglés.* Conocido como Pitt *el Joven,* ingresó en el Parlamento y adoptó las mismas posiciones de su padre, Pitt *el Viejo*, con relación a la guerra con las colonias norteamericanas. En 1783 logró hacerse con el poder, disolvió el Parlamento y logró una mayoría que le sirvió de base para gobernar sin interrupciones hasta 1801. Reestructuró las finanzas públicas y consolidó la institución ministerial como organismo independiente del rey y responsable ante la estancia parlamentaria. Durante la Revolución Francesa adoptó una posición en principio neutral, pero la política expansionista del nuevo gobierno francés le indujo a declarar la guerra en 1793. En política interior, reprimió duramente los movimientos independentistas, sobre todo el irlandés, política que culminó con la anexión de Irlanda y la supresión del Parlamento de Dublín. Dimitió en 1801, pero siguió en activo políticamente, y en 1804 volvió a presidir el gobierno del país hasta su muerte en 1806.

PIZARRO, FRANCISCO (*Trujillo, España, 1478-Lima, 1541) Conquistador español.* Hijo natural del capitán Gonzalo Pizarro, desde muy joven participó en las guerras locales entre señoríos y acompañó a su padre en las guerras de Italia. En 1502, embarcó en la flota que llevaba a las Indias a Nicolás de Ovando, el nuevo gobernador de La Española. Hombre inquieto y de fuerte carácter, no logró adaptarse a la vida sedentaria del colonizador, razón por la que decidió participar en la expedición de Alonso de Ojeda que exploró América Central (1510) y luego en la de Vasco Núñez de Balboa que descubrió el océano Pacífico (1513). Entre 1519 y 1523, sin embargo, se instaló en la ciudad de Panamá, de la cual fue regidor, encomendero y alcalde, lo que le permitió enriquecerse. Conocedor de los rumores que hablaban de la existencia de grandes riquezas en el Imperio Inca, decidió unir la fortuna que había amasado con la de Diego de Almagro para financiar dos expediciones de conquista (1524-1525 y 1526-1528), que se saldaron con sendos fracasos. A causa de las penalidades sufridas en el segundo intento, Pizarro se retiró a la isla del Gallo con doce hombres, mientras Almagro iba a Panamá en busca de refuerzos. Los «trece de la fama» aprovecharon para explorar parte de la costa oeste de América del Sur, región que denominaron Perú, tal vez por la proximidad del río Virú, y tuvieron constancia de la existencia de una gran civilización. No obstante, ante la negativa del gobernador de Panamá a conceder más hombres a Almagro, en 1529 Pizarro viajó a España a fin de exponer sus planes al rey Carlos I, quien, en las capitulaciones de Toledo (26 de julio de 1529), lo nombró gobernador, capitán general y adelantado de las nuevas tierras, designación real ésta que provocó el recelo y la frustración de Almagro. De regreso en Panamá (1530), Pizarro preparó una nueva expedición de conquista, y en enero de 1531 embarcó con un contingente de 180 hombres y 37 caballos hacia Perú. Informado de la guerra que enfrentaba al emperador inca Atahualpa con su hermanastro Huáscar, el 16 de noviembre de 1532 el conquistador español se entrevistó en la ciudad de Cajamarca con Atahualpa y, tras exhortarle sin éxito a que abrazase el cristianismo y se sometiera a la autoridad de Carlos I, lo capturó en un sangriento ataque por sorpresa. El inca acordó con los extranjeros llenar de oro, plata y piedras preciosas una habitación a cambio de su libertad, pero de nada le sirvió cumplir su parte del pacto, pues Pizarro, reforzado por la llegada de Almagro al frente de un centenar de arcabuceros, acusó a Atahualpa de haber ordenado el asesinato de Huáscar desde la prisión y de preparar una revuelta contra los españoles y ordenó su ejecución, que se cumplió el 29 de agosto de 1533. A continuación se alió con la nobleza inca, lo cual le permitió completar sin apenas resistencia la conquista de Perú, empezando por Cusco, la capital del Imperio (noviembre de 1533), y nombrar emperador a Manco Cápac II, hermano de Huáscar. Poco después, Pizarro y Almagro se enemistaron por la posesión de Cusco, y si bien primero unieron sus fuerzas para sofocar la rebelión indígena dirigida por Manco Cápac contra el dominio español (1536), acabaron por enfrentarse abiertamente en la batalla de las Salinas, en abril de 1538. Derrotado y prisionero, Al-

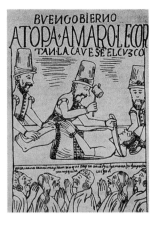

▲ *Aprovechando la división del Imperio Inca, Francisco **Pizarro** consolidó su poder sobre Cusco, la capital. En la ilustración, escena de la ejecución de Tupac Amaru, el último soberano inca, ajusticiado en 1572.*

▼ *Retrato de Francisco **Pizarro** con armadura. Al mando de unos pocos hombres emprendió la conquista del Imperio Inca, espoleado por la leyenda sobre el oro que colmaba el territorio.*

magro fue procesado, condenado a muerte y ejecutado por Hernando Pizarro, hermano del conquistador (8 de julio de 1538). La venganza de los partidarios de Almagro, liderados por su hijo, se produjo el 26 de junio de 1541, fecha en que Pizarro murió asesinado en su palacio de Lima, ciudad que él mismo había fundado a orillas del río Rímac seis años antes.

PIZARRO, GONZALO (*Trujillo, España, 1502-Jaquijaguana, actual Perú, 1548*) *Conquistador español*. Tras participar en la conquista del Imperio Inca emprendida por su hermano mayor, Francisco, éste le nombró gobernador de Quito, una vez acabada la guerra contra Almagro. En 1540 organizó una expedición para explorar las tierras al este de sus posesiones, con la intención de alcanzar el mítico país de la Canela. Para ello se adentró en la cuenca del Amazonas, pero las duras condiciones de la selva diezmaron a sus hombres hasta el punto de forzarle a retirarse, de modo que sólo Orellana continuó con la exploración. De vuelta al Perú, en 1542, Gonzalo se enteró de la muerte de Francisco y, en breve, se puso al frente de una revuelta contra las Leyes Nuevas, al frente de la cual se apoderó de Cusco y Lima. A pesar de ello, no pudo mantener su posición y, tras ser derrotado en Jaquijaguana, fue juzgado y decapitado por el nuevo virrey, Núñez de Vela.

PIZARRO, HERNANDO (*Trujillo, España, 1502-id., 1578*) *Conquistador español*. Veterano de las guerras de Italia y Navarra, en 1530 se unió a su hermano natural Francisco, cuando éste fue enviado a América como adelantado de Nueva Castilla. Participó en la expedición al Tahuantinsuyu y formó parte de una embajada al inca Atahualpa. Tras haber tomado parte en la batalla de Cajamarca, llevó a cabo diversas expediciones que le llevaron finalmente a Jauja. Se opuso al procesamiento de Atahualpa, y cuando volvió a España para rendir cuentas de la conquista y hacer entrega del quinto real a Carlos I, logró grandes honores tanto para él como para su hermano Francisco. Instalado en sus dominios de Nueva Toledo, hizo frente tanto al levantamiento indio de Manco Cápac como a las pretensiones de Almagro. Tras algunos reveses, Almagro fue derrotado en 1538 en las Salinas y posteriormente ejecutado; esto, y los continuados enfrentamientos con los almagristas, hicieron que Hernando fuese encarcelado en España. Recobró la libertad en 1561 y falleció en su ciudad natal diecisiete años después.

▶ *Retrato de Josep* **Pla** *realizado por Ramón Capmany en 1927.*

▼ *El físico alemán Max* **Planck***, cuyos trabajos revolucionaron la física del s. XX.*

JOSEP PLA PER R. CAPMANY

PLA, JOSEP *(Palafrugell, España, 1897-Llofriu, id., 1981) Escritor español en lenguas catalana y castellana.* En 1918 se trasladó a Barcelona para estudiar la carrera de medicina, que abandonó poco después, para licenciarse finalmente en derecho. Colaboró regularmente en distintas publicaciones (*Las Noticias* y *La Veu de Catalunya*) y ejerció como corresponsal de prensa en varios países de Europa. Finalizada la guerra civil española, colaboró en la revista *Destino* y escribió algunas obras en castellano y otras en catalán. Su obra, muy extensa, abarca la crónica de viajes, los estudios biográficos e históricos, la novela y el relato, aunque su temperamento era poco dado a la ficción literaria. Enemigo de la retórica y la falsa ornamentación, su estilo se caracteriza por su equilibrio y por una aparente sencillez, al servicio de una aguda capacidad de observación, por lo que sus descripciones, de gran plasticidad, son capaces de captar los más leves matices de la realidad con características anticonvencionales salpicadas de pintoresquismo. De entre los títulos que forman su extensa bibliografía, destacan *Linterna mágica* (1926), *Cartas de lejos* (1928), *Francesc Cambó* (1928-1930), *Viaje a Cataluña* (1934), *La calle estrecha* (1951) y *Contrabando* (1954). En 1956 inició la publicación de sus *Obras completas*, encabezadas por su dietario de juventud *El cuaderno gris*, título capital que consagra su importancia como escritor. Entre sus últimas obras cabe destacar *Notas para Silvia* (1974) y *Ver Cataluña* (1979).

PLANCK, MAX [Ernst Karl Ludwig Planck] *(Kiel, actual Alemania, 1858-Gotinga, Alemania, 1947) Físico alemán.* Dotado de una extraordinaria capacidad para disciplinas tan dispares como las artes, las ciencias y las letras, se decantó finalmente por las ciencias puras, y siguió estudios de física en las universidades de Munich y Berlín; en ésta tuvo como profesores a Helmholtz y Kirchhoff. Tras doctorarse por la Universidad de Munich con una tesis acerca del segundo principio de la termodinámica (1879), fue sucesivamente profesor en las universidades de Munich, Kiel (1885) y Berlín (1889), en la última de las cuales sucedió a su antiguo profesor, Kirchhoff. Intentó derivar la ley de Wien (1896) del segundo principio de la termodinámica, investigaciones que le llevaron a formular la ley de la radiación que lleva su nombre (ley de Planck, 1900). A lo largo del año 1900 logró deducir dicha ley de los principios fundamentales de la termodinámica, para lo cual partió de dos suposiciones: por un lado, la teoría de L. Boltzmann, según la cual el segundo principio de la termodinámica tiene carácter estadístico, y por otro, que el cuerpo negro absorbe la energía electromagnética en cantidades indivisibles elementales, a las que dio el nombre de *quanta* (cuantos). El valor de dichos cuantos debía ser igual a la frecuencia de las ondas multiplicada por una constante universal, la llamada constante de Planck. Este descubrimiento le permitió, además, deducir los valores de constantes como la de Boltzmann y el número de Avogadro. Ocupado en el estudio de la radiación del cuerpo negro, trató de describir todas sus características termodinámicas, e hizo intervenir, además de la energía, la entropía. La hipótesis cuántica de Planck supuso una revolución en la física del siglo XX, e influyó tanto en Einstein (efecto fotoeléctrico) como en N. Bohr (modelo de átomo de Bohr). El primero concluyó, en 1905, que la única explicación válida para el llamado efecto fotoeléctrico consiste en suponer que en una radiación de frecuencia determinada la energía se concentra en corpúsculos (cuantos de luz, conocidos en la actualidad como fotones) cuyo valor es igual al producto de la constante de Planck por dicha frecuencia. A pesar de ello, tanto Planck como el propio Einstein fueron reacios a aceptar la interpretación probabilística de la mecánica cuántica (escuela de Copenhague). Sus trabajos fueron reconocidos en 1918 con la concesión del Premio Nobel de Física por la formulación de la hipótesis de los cuantos y de la ley de la radiación.

Fue secretario de la Academia Prusiana de Ciencias (1912-1938) y presidente de la Kaiser Wilhelm Gesellschaft de Ciencias de Berlín (1930-1937) que, acabada la Segunda Guerra Mundial, adoptó el nombre de Sociedad Max Planck. Su vida privada estuvo presidida por la desgracia: contrajo nupcias en dos ocasiones, sus cuatro hijos murieron en circunstancias trágicas y su casa quedó arrasada en 1944 durante un bombardeo; recogido por las tropas estadounidenses, fue trasladado a Gotinga, donde residió hasta su muerte.

PLATÓN [Aristocles] *(Atenas, 427 a.C.-id., 347 a.C.) Filósofo griego.* Apodado Platón («el de las anchas espaldas») por su prestancia física, perteneció a una rica familia aristocrática. A los dieciocho años, y a través de su maestro Cratilo, entró en contacto con Sócrates, abandonando su primer interés por la poesía en favor de la filosofía. Permaneció en estrecha relación con Sócrates hasta la condena y ejecución de éste en el 399 a.C., tras lo cual, descontento con la actuación de los demócratas, se refugió en Megara junto con otros miembros del círculo socrático. Viajó luego por Egipto y visitó también Siracusa, donde conoció a Dión, cuñado del tirano Dionisio *el Viejo*; según una historia poco fiable, a raíz de un conflicto entre el tirano y Platón, el filósofo acabó siendo vendido como esclavo. Hacia el 387 a.C., regresó a Atenas y un tiempo después fundó allí su escuela, la Academia. En el 367 a.C. viajó de nuevo a Siracusa, donde permaneció más de un año. De nuevo surgieron tensiones, esta vez con Dionisio *el Joven*, quien había sucedido a su padre el mismo año de la llegada de Platón; si se considera auténtico el testimonio de una de las cartas tradicionalmente atribuidas a éste, el motivo de su viaje fue, a instancias de Dión, el de contribuir a la reforma del gobierno de la ciudad por su unión con la filosofía, objetivo que se vio frustrado cuando el tirano desterró a Dión; un tercer viaje a Siracusa (361 a.C.) terminó de modo parecido. Afincado ya en Atenas, el filósofo murió a la edad de ochenta años. La doctrina de Platón está recogida en su práctica totalidad en forma de diálogos, protagonizados en su mayoría por Sócrates, aunque la doctrina expuesta en ellos se aleja progresivamente de las ideas del maestro, hasta los diálogos de madurez, en que Sócrates se convierte en el portavoz de las teorías de Platón. La más célebre de ellas es la teoría de las ideas, según la cual éstas poseen el ser propiamente dicho y pertenecen al mundo de las ideas, al que

▲ *Busto del filósofo griego* **Platón***, creador de la primera gran síntesis de los conocimientos de su época.*

PLATÓN

───────────

OBRAS MAESTRAS

DIÁLOGOS DE JUVENTUD, O «SOCRÁTI-COS», E INTERMEDIOS: *HIPIAS MAYOR, ION; HIPIAS MENOR; APOLOGÍA DE SÓCRATES; CRITÓN, O DEL DEBER, GORGIAS, O DE LA RE-TÓRICA; MENÓN, O DE LA VIRTUD; CRATILO, O DE LA EXACTITUD DE LAS PALABRAS.* **DIÁLO-GOS DE MADUREZ:** *FEDÓN, O DEL ALMA; PROTÁGORAS, O LOS SOFISTAS; EL BANQUE-TE, O DEL AMOR; LA REPÚBLICA, O DE LA JUSTICIA; FEDRO, O DE LA BELLEZA.* **DIÁLO-GOS DE VEJEZ O «DIALÉCTICOS»:** *PARMÉ-NIDES, O DE LAS IDEAS; TEETETO, O DE LA CIENCIA; EL SOFISTA, O DEL SER, EL POLÍTICO, O DE LA REALEZA; FILEBO, O DEL PLACER, TI-MEO, O DE LA NATURALEZA; LAS LEYES.*

corresponden los caracteres que Parménides atribuyó al ser: entre otros, la inmutabilidad y la eternidad; el mundo sensible es mera apariencia, y sus objetos son sombras de las ideas, con las que se relacionan por participación. La naturaleza de esta relación entre ambos mundos fue objeto de revisión por el propio Platón en sus diálogos de vejez, especialmente en el *Parménides*, y en ella se centrarán las críticas de Aristóteles. La teoría de las ideas, expuesta por Sócrates de forma figurada en el mito de la caverna de *La República*, ofrece una síntesis que resuelve en parte las paradojas y los debates que habían enfrentado a los presocráticos, a propósito de la naturaleza de la pluralidad y el devenir y su relación con la unidad y la estabilidad exigidas por la razón. El alma humana es inmortal, procede del mundo de las ideas y se halla caída en el mundo sensible, si bien puede «recordar» las ideas o modelos que conoció antes de su caída; este proceso, que Platón llamó *anamnesis*, se erige en principio epistemológico en el que se funda el saber. Su teoría política, enemiga de la democracia ateniense, aparece en *La República*, donde se relaciona el buen funcionamiento de la ciudad con la armonía entre los diversos estamentos de que se compone, los cuales reproducen las partes del alma y cuyo estrato superior lo deberían ocupar los filósofos, que corresponden a la razón en el alma individual. La filosofía platónica es la base de una de las corrientes más importantes, sin duda, del pensamiento occidental, del que A. N. Whitehead llegó a decir que podía interpretarse en su conjunto como una colección de notas escritas al hilo de la lectura de Platón.

PLAUTO, TITO MACCIO *(Sarsina, actual Italia, 251 a.C.-Roma, 184 a.C.) Comediógrafo latino.* A pesar de que los datos sobre su vida son inciertos, se cree que trabajó en Roma durante su juventud en una compañía teatral, quizá como actor cómico, y que, habiendo ahorrado un poco de dinero, lo invirtió sin éxito en una especulación comercial. Empobrecido, se dice que trabajó como molinero mientras escribía sus primeras obras en sus ratos de ocio. Sus comedias comenzaron a representarse en Roma a partir del 210 a.C., en medio de un gran éxito de público, hecho que se tradujo, tras su muerte, en una abundante circulación de obras. Son más de 130 las comedias atribuidas a Plauto, aunque el crítico Varrón, en el siglo I a.C., consideró que sólo 21 eran auténticas, las mismas que han llegado hasta hoy. Plauto se dedicó exclusivamente a la comedia, tomando como modelo la nueva comedia griega, que él adaptó al gusto romano y que al parecer contrastó con otras obras romanas contemporáneas, mezclando personajes y situaciones. Si bien partía de situaciones completamente convencionales, Plauto supo combinar con gran maestría la acción y el diálogo, pasando con un ritmo vivo de la intriga al retrato de costumbres, y supo imprimir a sus textos una dosis importante de lirismo y fantasía. Su gran contribución literaria, sin embargo, reside ante todo en su lenguaje, vivo y de gran riqueza, con una gran variedad de recursos que empleó para crear una lengua original que constituye una de las más excelsas muestras de latín literario. Su influencia se ha mantenido viva desde la Antigüedad tardía hasta hoy, haciéndose presente en las divertidas versiones de Ariosto, Shakespeare, o, más modernamente, Molière, Dryden o Lessing.

PLAZA, LEÓNIDAS *(Marabí, Ecuador, 1866-Guayaquil, id., 1932) Militar y político ecuatoriano.* Militar liberal y reformista, en 1901 alcanzó la presidencia del país, tras haber estado implicado en la revolución del general Eloy Alfaro (1895). Su gobierno se distinguió por las reformas liberales, entre ellas las leyes sobre el divorcio, el matrimonio civil y la desamortización de los bienes eclesiásticos. Derrocado por el propio Alfaro en 1905, volvió al gobierno durante el mandato del presidente Estrada como ministro de Hacienda, de Guerra y de Marina. Muerto Estrada, sofocó el alzamiento de los liberales radicales de 1912. El asesinato de Alfaro en el curso de estos sucesos, sembró la duda entre la opinión pública sobre la actuación de Plaza, pero ello no impidió que lograse la presidencia (que desempeñó en el cuatrienio 1912-1916) gracias al apoyo de la oligarquía de Guayaquil, cercana a su ideario moderado. Tuvo que enfrentarse a la sublevación encabezada en Esmeraldas por el alfarista C. Concha Torres, así como a las dificultades económicas subsecuentes a la Primera Guerra Mundial. Tras el golpe militar de 1925 fue desterrado del país.

PLINIO *EL JOVEN* [Cayo Plinio Cecilio Segundo] *(Comum, hoy Como, actual Italia, h. 61-?, h. 112) Escritor latino.* Sobrino e hijo adoptivo del erudito Plinio *el Viejo,* estudió retórica y leyes en Roma con Quintiliano. A los dieciocho años inició su carrera de abogado, en la

▶ *Página miniada de una edición veneciana del s. XV de la* Historia natural *de **Plinio** el Viejo.*

TITO MACCIO PLAUTO

OBRAS MAESTRAS

ANFITRIÓN; ASINARIA; AULULARIA; LAS BÁQUIDES; LOS CAUTIVOS; CASINA; LA CESTA; CURCULIO; EPIDICO; LOS MENECMOS; MERCATOR; MOSTELLARIA; EL PERSA; POENULUS O EL PEQUEÑO CARTAGINÉS; PSÉUDOLO; RUDENS; STICHUS; EL SOLDADO FANFARRÓN; LAS TRES MONEDAS; TRUCULENTUS; VIDULARIA.

▼ *Mosaico de una máscara cómica, probablemente usada para representar alguna obra de Tito M. **Plauto**, datada en el s. II a.C. y conservada en el Museo Capitolino de Roma.*

que ascendió rápidamente. Tras ejercer como pretor, en el año 100 obtuvo el consulado bajo Trajano, de quien recibió múltiples honores y a quien, en agradecimiento, escribió el *Panegyricus,* su única obra de oratoria conservada. Posteriormente desempeñó varios cargos oficiales y publicó sus *Epístolas,* agrupadas en nueve libros. Aunque la posteridad ha valorado sobre todo su valor documental, estas cartas personales contienen numerosos elementos retóricos y poéticos. Cada una trata de un tema concreto, y en conjunto constituyen un lúcido retablo de las costumbres públicas y privadas de la sociedad romana de la época.

PLINIO *EL VIEJO* [Cayo Plinio Segundo] *(Comum, hoy Como, actual Italia, 23-Stabies, hoy Castellamare di Stabia, id., 79) Escritor latino.* Tras estudiar en Roma, a los veintitrés años inició su carrera militar en Germania, que habría de durar doce años. Llegó a ser comandante de caballería antes de regresar a Roma, en el año 57, para entregarse al estudio y el cultivo de las letras. A partir del año 69 desempeñó varios cargos oficiales al servicio del emperador Vespasiano. Agudo observador, fue autor de algunos tratados de caballería, una historia de Roma y varias crónicas históricas, hoy perdidas. Únicamente se conserva su *Historia natural* (77), que comprende treinta y siete libros y está dedicada a Tito. Escrita en un lenguaje claro y con un rico vocabulario, contiene gran cantidad de información sobre las más diversas disciplinas y constituye un importante tratado enciclopédico que recopila todo el saber de la Antigüedad.

PLOTINO (*Licópolis, actual Egipto, 205-Campania, actual Italia, 270*) *Filósofo latino*. Se le considera habitualmente como el fundador del neoplatonismo. Su pensamiento fue recopilado por su discípulo Porfirio en las *Enéadas*, seis libros divididos en nueve tratados cada uno. Su viaje con el emperador Gordiano le permitió tomar contacto con el pensamiento persa e indio, que difundió a su regreso (h. 244) en la escuela que abrió en Roma y en la cual enseñó a lo largo de veinticinco años. Aunque Plotino presentaba sus enseñanzas como comentarios a la obra de Platón, su aportación trasciende el ejercicio de lectura y acaba generando un *corpus* peculiar aunque de clara resonancia platónica. Así, su doctrina responde a la demanda de espiritualidad y universalismo propia de la época a través de una síntesis del racionalismo griego y el pensamiento oriental. Plotino defiende un monoteísmo, pero a diferencia del cristianismo, que propone un Dios personal, afirma la absoluta negatividad de Dios, al que llama «lo Uno», y del que no es posible predicar ningún atributo, pues ello conllevaría limitación y por tanto imperfección. Lo Uno es causa de todo lo demás, pero no como resultado de su voluntad, sino como efecto necesario de su absoluta perfección; lo Uno genera por emanación, sin pérdida de la propia sustancia, y lo producido se estructura en sucesivos grados de imperfección (Inteligencia, Alma) hasta llegar al grado más bajo, la materia, pura privación y antítesis absoluta de lo Uno.

PLUTARCO (*Queronea, hoy desaparecida, actual Grecia, h. 50-id., h. 120*) *Historiador griego*. A los veinte años se desplazó a Atenas para estudiar matemáticas y filosofía. Fue discípulo del filósofo Ammonio Saccas. Aunque viajó por casi todo el Imperio, la mayor parte de su vida residió en Queronea, donde desempeñó numerosos cargos públicos. Estuvo vinculado a la Academia platónica de Atenas, y fue sacerdote de Apolo en Delfos. Debe su fama a *Vidas*

▲ *El filósofo neoplatónico* **Plotino**, *representado en un busto que se encuentra en el Museo de Ostia, en Italia.*

▼ *Detalle de un texto miniado de una edición de* Vidas paralelas, *de* **Plutarco**.

paralelas, una serie de biografías de ilustres personajes griegos y romanos, agrupados en parejas a fin de establecer una comparación entre figuras de una y de otra cultura. Se conservan 22 *Vidas*, que constituyen una importante fuente de información sobre la Antigüedad por la gran cantidad de anécdotas y detalles históricos que contienen. La sobriedad del relato y el sentido dramático de la obra ha sido fuente de inspiración de grandes escritores, entre ellos William Shakespeare. El resto de sus escritos, agrupados bajo el título de *Obras morales* (78 tratados, recopilaciones o biografías dedicadas a temas muy diversos, escritos en distintas épocas), recogen serias discusiones filosóficas de raíz platónica y diatribas de carácter retórico. Más moralista que filósofo e historiador, fue uno de los últimos grandes representantes del helenismo cuando éste llegaba a su fin.

POE, EDGAR ALLAN (*Boston, EE UU, 1809-Baltimore, id., 1849*) *Poeta, cuentista y crítico estadounidense*. Sus padres, actores de teatro itinerantes, murieron cuando él era todavía un niño. Fue educado por John Allan, un acaudalado hombre de negocios de Richmond, y de 1815 a 1820 vivió con éste y su esposa en el Reino Unido, donde comenzó su educación. Después de regresar a Estados Unidos siguió estudiando en centros privados y asistió a la Universidad de Virginia, pero en 1827 su afición al juego y a la bebida le acarreó la expulsión. Abandonó poco después el puesto de empleado que le había asignado su padre adoptivo, y viajó a Boston, donde publicó anónimamente su primer libro, *Tamerlán y otros poemas* (*Tamerlane and Other Poems*, 1827). Se alistó luego en el ejército, en el que permaneció dos años. En 1829 apareció su segundo libro de poemas, *Al Aaraf*, y obtuvo, por influencia de su padre adoptivo, un cargo en la Academia Militar de West Point, de la que a los pocos meses fue expulsado por negligencia en el cumplimiento del deber. En 1832, y después de la publicación de su tercer libro, *Poemas* (*Poems by Edgar Allan Poe*, 1831), se desplazó a Baltimore, donde contrajo matrimonio con su jovencísima prima Virginia Clem, que contaba sólo catorce años de edad. Por esta época entró como redactor en el periódico *Southern Baltimore Messenger*, y más tarde en varias revistas en Filadelfia y Nueva York, ciudad en la que se había instalado con su esposa en 1837. Su labor como crítico literario incisivo y a menudo escandaloso le granjeó cierta notoriedad, y sus originales apreciaciones acer-

▲▶ *A la derecha, retrato del escritor estadounidense Edgar Allan **Poe** y, sobre estas líneas, portada de una edición española que recoge algunos de sus cuentos. La ilustración de la portada sugiere el ambiente sombrío y misterioso de muchas de las narraciones del autor estadounidense.*

EDGAR ALLAN POE

OBRAS MAESTRAS

POESÍA: *TAMERLÁN Y OTROS POEMAS (TAMERLANE AND OTHER POEMS*, 1827); *AL AARAF (AL AARAF*, 1829; *POEMAS (POEMS BY EDGAR ALLAN POE*, 1931); *EL CUERVO (THE RAVEN*, 1845); *LAS CAMPANAS (THE BELLS*, 1849); *ANNABEL LEE (ANNABEL LEE*, 1849). **CUENTOS:** *CUENTOS DE LO GROTESCO Y DE LO ARABESCO (TALES OF THE GROTESQUE AND ARABESQUE*, 1840): *LA CAÍDA DE LA CASA DE USHER (THE FALL OF THE HOUSE OF USHER); LA MÁSCARA DE LA MUERTE ROJA (THE MASQUE OF THE RED DEATH); EL GATO NEGRO (THE BLACK CAT); EL ESCARABAJO DE ORO (THE GOLD BUG); LOS CRÍMENES DE LA CALLE MORGUE (THE MURDERS IN THE RUE MORGUE).* **NOVELA:** *LAS AVENTURAS DE ARTHUR GORDON PYM (THE NARRATIVE OF ARTHUR GORDON PYM*, 1837). **ENSAYO:** *FILOSOFÍA DE LA COMPOSICIÓN (PHILOSOPHY OF COMPOSITION*, 1946); *EL PRINCIPIO DE LA POESÍA (THE POETIC PRINCIPLE*, 1848).

ca del cuento y de la naturaleza de la poesía no dejarían de ganar influencia con el tiempo. La larga enfermedad de su esposa convirtió su matrimonio en una experiencia amarga; cuando ella murió, en 1847, se agravó su tendencia al alcoholismo y al consumo de drogas, según testimonio de sus contemporáneos. Ambas fueron, con toda probabilidad, la causa de su muerte. Según Poe, la máxima expresión literaria era la poesía, y a ella dedicó sus mayores esfuerzos. Es justamente célebre su extenso poema *El cuervo* (*The Raven*, 1845), donde su dominio del ritmo y la sonoridad del verso llegan a su máxima expresión. *Las campanas* (*The Bells*, 1849), que evoca constantemente sonidos metálicos, *Ulalume* (1831) y *Annabel Lee* (1849) manifiestan idéntico virtuosismo. Pero la genialidad y la originalidad de Poe encuentran quizá su mejor expresión en los cuentos, que, según sus propias apreciaciones críticas, son la segunda forma literaria, pues permiten una lectura sin interrupciones, y por tanto la unidad de efecto que resulta imposible en la novela. Publicados bajo el título *Cuentos de lo grotesco y de lo arabesco* (*Tales of the Grotesque and Arabesque*, 1840), aunque hubo nuevas recopilaciones de narraciones suyas en 1843 y 1845, la mayoría se desarrolla en un ambiente gótico y siniestro, plagado de intervenciones sobrenaturales, y en muchos casos preludian la literatura moderna de terror; buen ejemplo de ello es *La caída de la casa Usher* (*The*

Fall of the House of Usher). Su cuento *Los crímenes de la calle Morgue* (*The Murders in the Rue Morgue*) se ha considerado, con toda razón, como el fundador del género de la novela de misterio y detectivesca. Destaca también su única novela *Las aventuras de Arthur Gordon Pym* (*The Narrative of Arthur Gordon Pym*), de crudo realismo y en la que reaparecen numerosos elementos de sus cuentos. La obra de Poe influyó notablemente en los simbolistas franceses, en especial en Charles Baudelaire, quien lo dio a conocer en Europa.

POINCARÉ, HENRI (*Nancy, Francia, 1854-París, 1912*) *Matemático francés.* Ingresó en el Polytechnique en 1873, continuó sus estudios en la Escuela de Minas bajo la tutela de C. Hermite y se doctoró en matemáticas en 1879. Fue nombrado profesor de física matemática en la Sorbona (1881), puesto que mantuvo hasta su muerte. Antes de llegar a los treinta años desarrolló el concepto de funciones automórficas, que usó para resolver ecuaciones diferenciales lineales de segundo orden con coeficientes algebraicos. En 1895 publicó su *Analysis situs*, un tratado sistemático sobre topología. En el ámbito de las matemáticas aplicadas estudió numerosos problemas sobre óptica, electricidad, telegrafía, capilaridad, elasticidad, termodinámica, mecánica cuántica, teoría de la relatividad y cosmología. Ha sido descrito a menudo como el último universalista de la disciplina matemática. En el campo de la mecánica elaboró diversos trabajos sobre las teorías de la luz y las ondas electromagnéticas, y desarrolló, junto a A. Einstein y H. Lorentz, la teoría de la relatividad restringida. La conjetura de Poincaré es uno de los problemas no resueltos más desafiantes de la topología algebraica, y fue el primero en considerar la posibilidad de caos en un sistema determinista, en su trabajo sobre órbitas planetarias. Este trabajo tuvo poco interés hasta que empezó el estudio moderno de la dinámica caótica en 1963. En 1889 fue premiado por sus trabajos sobre el problema de los tres cuerpos. Algunos de sus trabajos más importantes incluyen los tres volúmenes de *Los nuevos métodos de la mecánica celeste* (*Les méthodes nouvelles de la mécanique céleste*), publicados entre 1892 y 1899, y *Lecciones de mecánica celeste* (*Léçons de mécanique céleste*, 1905). También escribió numerosas obras de divulgación científica que alcanzaron una gran popularidad, como *Ciencia e hipótesis* (1901), *Ciencia y método* (1908) y *El valor de la ciencia* (1904).

POINCARÉ, RAYMOND *(Bar-le-Duc, Francia, 1860-París, 1934) Político francés.* Licenciado en derecho (1881), en 1887 fue elegido diputado y seis años después recibió el nombramiento de ministro de Educación. En 1894 pasó a ocupar la cartera de Finanzas y, al año siguiente, regresó al Ministerio de Educación. Poco después abandonó el Congreso de los Diputados para ser elegido senador, cargo que compatibilizó con el ejercicio de la abogacía. En 1912 fue elegido primer ministro y, durante varios meses, fue también titular de la cartera de Exteriores. Al año siguiente obtuvo la victoria en las elecciones presidenciales. Durante su mandato, que se prolongó hasta 1920, compuso un gobierno de unidad *(union sacrée)*, formado por representantes de la izquierda, de la derecha y del centro. Entre 1922 y 1924 volvió a ocupar el cargo de primer ministro y la cartera de Exteriores. Durante dicho período ordenó la invasión francesa del Ruhr debido al retraso alemán en el pago de las reparaciones de guerra. Volvió a ser primer ministro entre 1926 y 1929, en que, enfermo, dimitió.

POL POT [Saloth Sar] *(Kompong, actual Camboya, 1926-cerca de la frontera tailandesa, Camboya, 1998) Político camboyano.* En 1964 se unió al Partido Comunista de inspiración china que luchaba contra el dominio colonial francés; antes ya había militado en los movimientos de resistencia liderados por Ho Chi Minh. Tras una estancia en París, donde cursó sus estudios y ejerció de profesor, regresó a Camboya. De vuelta a su tierra natal fundó un partido de inspiración comunista, que sería conocido como los jmeres rojos, en referencia a su ideario de glorificación de la civilización Jmer que había florecido antiguamente en Camboya. Asentó su base de poder entre el campesinado, en consonancia con su ideología, que despreciaba la vida urbana frente a la «pureza» de la vida rural. La guerra de Vietnam, y los bombardeos estadounidenses sobre Camboya para cortar las vías de suministro del Vietcong, levantaron una oleada de indignación que fue capitalizada por los jmeres rojos en su lucha contra el gobierno del presidente Lon Nol, a quien derrotaron en 1975. Se inició entonces un régimen de terror en el cual pereció más de un millón de personas a causa de la represión desatada por Pol Pot y sus seguidores; las ciudades fueron vaciadas y se trasladó a la población al campo, en condiciones infrahumanas. En los campos de la muerte, miles de personas desaparecieron a causa de las torturas, la

▲ *Raymond **Poincaré** estuvo al frente de Francia durante la Primera Guerra Mundial y posteriormente siguió una línea política de dureza contra Alemania.*

▼ *El líder de los jmeres rojos, **Pol Pot**, en algún lugar de la selva camboyana, en el momento de ser juzgado en 1997 por crímenes contra su pueblo.*

inanición o el simple asesinato, mientras el dirigente se afanaba en su búsqueda del «hombre nuevo». En 1979, Vietnam invadió Camboya y obligó a Pol Pot a huir a las montañas, desde donde llevó a cabo una guerra de guerrillas. A lo largo de los siguientes años se difundió en varias ocasiones la falsa noticia de su muerte. En 1997 fue detenido y posteriormente juzgado por sus correligionarios, que lo condenaron a cadena perpetua. Murió un año más tarde.

POLIBIO *(Megalópolis, hoy desaparecida, actual Grecia, h. 200 a.C.-?, h. 120 a.C.) Historiador griego.* Desempeñó diversos cargos en la Liga Aquea. Durante su primera estancia en Roma entró en el círculo de Escipión, en el que dominaba la influencia estoica. Realizó numerosos viajes a Hispania, Galia y África, y acompañó a Escipión en los sitios de Cartago (146 a.C.) y de Numancia (133 a.C.). Su estancia en la península Ibérica le sirvió para estudiar la geografía, los pueblos y las costumbres de Hispania. Tras la destrucción de Corinto (146 a.C.), y gracias a su popularidad en Roma, se le encomendó establecer las bases de la futura provincia de Acaya. Se conserva la mayor parte de su obra, escrita con un método riguroso que se basa en una estricta documentación y en su presencia en el lugar de los hechos que describe. Su extensa *Historia general* contaba con 40 volúmenes. Otras obras citables son *Tratado de táctica* y *La guerra de Numancia*. Además, con Tucídides, fue uno de los primeros historiadores en excluir la acción divina entre las causas materiales y sus consecuencias.

POLICLETO *(Argos o Sición, actual Grecia, h. 480 a. C.-?) Escultor griego.* Se formó en la tradición de los broncistas de Argos y realizó casi todas sus obras en este mismo material. En la actualidad sólo se conocen algunas de ellas a través de copias helenísticas y romanas, realizadas en mármol. La más celebrada es el *Doríforo* («Portador de lanza»); denominada «el canon», el autor aplicó en ella el sistema de proporciones de la figura humana que consideraba ideal y sobre el que escribió un tratado homónimo. Otra de sus mejores obras es el *Diadumeno*, en la que también representa a un atleta; Policleto fue, de hecho, un gran especialista en la plasmación escultórica de la belleza del cuerpo humano. De su obra más admirada en la Antigüedad, la estatua criselefantina de Hera para el Heraión de Argos, sólo se conocen reproducciones sobre monedas. Fue, junto con Fidias, la gran figura de la escultura griega del siglo V a.C.

POLLAIUOLO o **POLLAIOLO, ANTONIO BENCI** *(Florencia, h. 1432-Roma, 1498) y su hermano* **PIERO** *(Florencia, h. 1441-Roma, 1496) Familia de escultores, pintores y orfebres italianos.* Antonio se formó en el taller de L. Ghiberti y regentó un taller en Florencia junto con su hermano Piero. Éste fue esencialmente pintor y contó en algunas de sus obras con la colaboración de Antonio, que se dedicó particularmente a la escultura en bronce (*Hércules y Anteo*) y al dibujo. Ambos hermanos destacaron por plasmar figuras delgadas y musculosas, en las que se presta especial atención al estudio del movimiento y de la anatomía humana. En este aspecto, se les considera precursores del dibujo de Leonardo da Vinci. Hacia el final de su carrera, Antonio fue llamado a Roma para trabajar en las tumbas de los papas Sixto IV e Inocencio VIII, ambas en la basílica de San Pedro, que son su realización más importante, con multitud de figuras imbuidas de dinamismo.

POLLOCK, JACKSON *(Cody, EE UU, 1912-Springs, id., 1956) Pintor estadounidense.* Durante su infancia y su adolescencia vivió en Arizona y California, y en 1929 se trasladó a Nueva York para estudiar pintura con Benton en el Art Students League. Durante su período de formación conoció la pintura de los muralistas mexicanos, que le impresionó hondamente. Comenzó su carrera con obras figurativas, en las que presta ya particular atención a los valores matéricos y el cromatismo. Hacia 1938 empezó a interesarse por la pintura abstracta e irracional, y para las obras de este período buscó inspiración en el mundo de los indios americanos. El año 1947 fue decisivo en su trayectoria, ya que fue cuando adoptó la peculiar técnica del *dripping*: en lugar de utilizar caballete y pinceles, colocaba en el suelo el lienzo y sobre él vertía o dejaba gotear la pintura, que manipulaba después con palos u otras herramientas, e incluso a veces le daba una gran consistencia mediante la adición de arena e incluso fragmentos de vidrio. Gracias al apoyo de algunos críticos como Harold Rosenberg, su nombre, asociado a las obras realizadas con la técnica del *dripping*, se convirtió en uno de los más significativos representantes del expresionismo abstracto y de la *action painting*, tendencia de la que, con De Kooning, es el exponente más típico y destacado. Fue así mismo uno de los primeros artistas en eliminar de sus obras el concepto de

▶ Number 7, *tela pintada con esmalte y toques de óleo, realizada en 1952 por el estadounidense Jackson* **Pollock**, *que se exhibe en el Metropolitan Museum de Nueva York.*

▼ *En el año 1460, el escultor Antonio* **Pollaiuolo** *realizó esta escultura en bronce,* Hércules y Anteo, *que hoy se encuentra en el Museo del Barguello, en Florencia.*

composición y en mezclar signos caligráficos con los trazos pictóricos. A partir de la década de 1950, simultaneó la pintura abstracta con obras figurativas o semifigurativas en blanco y negro, pero su nombre ha pasado a la posteridad, sobre todo, en relación con los grandes lienzos abstractos de vivo colorido, donde los trazos se entrelazan hasta formar una trama densa y compacta (una especie de maraña) de gran impacto. Murió prematuramente en un accidente de automóvil, cuando era ya un pintor de enorme influencia en las jóvenes generaciones.

POLO, MARCO *(Venecia, actual Italia, 1254-id., 1324) Explorador y mercader veneciano.* Su padre y su tío, miembros de una ilustre familia de mercaderes de la próspera República Veneciana, ambicionaban comerciar con el pueblo tártaro de Oriente. Ambos hermanos emprendieron conjuntamente una expedición hacia Oriente en el año 1255; cuando hubo noticias de la llegada de los mercaderes al territorio, el emperador mongol Kubilai Kan los mandó llamar, dado que la presencia de unos latinos constituía un hecho extraordinario. Durante catorce años permanecieron entre los mongoles. De regreso, los Polo actuaron como embajadores del emperador y visitaron al Papa en su nombre, para transmitirle el deseo de Kubilai Kan de que éste enviara sabios y sacerdotes a visitar su Imperio. En el año 1271 y con la bendición de Gregorio X, los Polo, in-

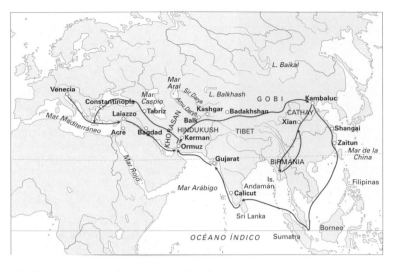

▲ *Mapa en el que aparecen señaladas las rutas de Marco **Polo** por las tierras del Extremo Oriente.*

cluido Marco, que a la sazón contaba diecisiete años, comenzaron su segundo viaje por tierras orientales. Atravesaron Israel, Armenia, llegaron a las regiones de la actual Georgia y luego al golfo Pérsico. Desde allí remontaron hacia el norte, cruzaron Persia y después se adentraron en las montañas de Asia Central, siguiendo el itinerario de la ruta de la seda. La travesía del Pamir los condujo a los dominios del gran kan. Tras superar los desiertos que rodean Lob Nor llegaron a Kancheu, la primera ciudad realmente china, donde establecieron contacto con una civilización que practicaba una religión casi desconocida para Occidente, el budismo; permanecieron en el lugar un año, durante el cual se dedicaron al comercio. Reemprendieron entonces el viaje, acompañados de una escolta enviada por el gran kan para conducirles al nordeste de Pekín, donde el emperador tenía su residencia de verano. Pronto el soberano tomó a Marco Polo bajo su protección personal, le demostró una confianza absoluta, y le comenzó a asignar todo tipo de misiones: así, por ejemplo, ingresó en el cuerpo diplomático de la corte y se convirtió en gobernador, por tres años, de la ciudad de Yangzhou. Su padre y su tío se dedicaron a los negocios, al tiempo que actuaban como consejeros militares de Kubilai Kan. Se desconocen los detalles de este período de la vida de Marco Polo; sin embargo, mientras permaneció al servicio de Kubilai Kan, tuvo oportunidad de viajar por todo el territorio de la dinastía mongol, que por entonces se hallaba en pleno apogeo, y adquirir conocimientos sobre la cultura y las costumbres de China. Destacaban el esplendor de la capital, su organización administrativa y la de todo el país, el sistema de correos, la construcción de obras públicas, el trabajo artesanal de la seda y el uso de papel moneda. Cuando la familia Polo manifestó el deseo de partir, Kubilai Kan no se opuso, aunque les confió todavía una última misión: escoltar hasta Persia, en un trayecto por vía marítima, a una princesa china que iba a casarse con un kan. En el año 1295 los Polo llegaron a Italia, donde fueron recibidos con tantas muestras de interés como de incredulidad, por lo que se vieron obligados a exponer sus riquezas para que la gente creyera sus historias. Más adelante, en el transcurso de una batalla naval entre las flotas de Génova y Venecia, Marco Polo, capitán de una galera veneciana, fue capturado por los genoveses. Durante los tres años que permaneció prisionero dictó el relato de su viaje a un compañero, escritor de profesión. El material se recopiló bajo el título de *El descubrimiento del mundo*, también conocido como *El millón* o *Libro de las maravillas del mundo*. Estas narraciones constituyen el primer testimonio fidedigno del modo de vida de la civilización china, de sus mitos y sus riquezas, así como de las costumbres de sus países vecinos, Siam (Tailandia), Japón, Java, Cochinchina (que corresponde a una parte de Vietnam), Ceilán (hoy Sri Lanka), Tíbet, India y Birmania.

▼ *La marquesa de **Pompadour** vista por Maurice Quentin de la Tour en una pintura que se exhibe en el Museo del Louvre de París.*

POMPADOUR, JEANNE ANTOINETTE POISSON, MARQUESA DE (*París, 1721-Versalles, Francia, 1764) Cortesana francesa.* Hija de una familia de acomodada posición económica, en 1741 contrajo matrimonio con Charles-Guillaume Le Normant d' Étoiles, asentista general de impuestos. Dicha unión le permitió frecuentar los círculos aristocráticos parisinos, en donde conoció al monarca Luis XV, de quien a partir de 1745 se convirtió en amante. Tras divorciarse de su marido, se trasladó al palacio real y adquirió una considerable influencia política (consiguió deshacerse de los ministros Orry, Maurepas, Argenson y Machault, y protegió a Bernis, Choiseul y Soubise), motivo por el cual este período fue llamado «reinado Pompadour». Su ascendiente ante el monarca, no obstante, ha sido frecuente fuente de discusión entre los historiadores. Si bien la historiografía decimonónica la retrató como pieza capital en las decisiones políticas de Luis XV, en la actualidad se acepta su influencia en el terreno de las artes, pero se descarta que tuviera peso alguno en el gobierno de la nación. Amiga de Voltaire, actuó en favor de los enciclopedistas y dirigió la construcción de varios palacios y castillos residenciales.

POMPEYO, MAGNO CNEO *(?, 106 a.C.-Pelusio, hoy desaparecida, Egipto, 48 a.C.) General romano.* Inició su carrera militar bajo la tutela de su padre Cneo Pompeyo, para luego entrar al servicio de Sila, para quien conquistó Sicilia y el norte de África, éxitos que le valieron el título de *Magno*. Más tarde intervino en España contra el rebelde Sertorio. Logró pacificar la península Ibérica, tras lo cual, de regreso a Italia, se enfrentó a los restos del ejército del esclavo rebelde Espartaco, al que infligió la derrota definitiva. En el 70 a.C. fue elegido cónsul junto con Craso y prosiguió su racha de triunfos por todo el Mediterráneo, concretamente en su campaña contra los piratas, y llegó hasta Armenia y Siria, donde creó una provincia romana. Sus desavenencias con el Senado lo llevaron a pactar con César y Craso el primer triunvirato (60 a.C.), e incluso reforzó su posición con su matrimonio con Julia, hija de César. Recibió el gobierno de Hispania y, tras la muerte de Craso, el Senado lo nombró cónsul único, mientras César combatía en las Galias. El regreso de éste significó la guerra civil, cuya batalla decisiva, librada en Farsalia en el 48 a.C., concluyó con la derrota total de Pompeyo. Perseguido por César, el vencido huyó a Egipto, donde fue asesinado por un esclavo del soberano egipcio Tolomeo XIII, hermano de Cleopatra.

*▲ Durante una visita oficial a la URSS, el presidente de Francia Georges **Pompidou** participa en un acto de homenaje al soldado desconocido.*

POMPIDOU, GEORGES *(Montboudif, Francia, 1911-París, 1974) Político francés.* Hijo de un maestro de escuela, fue condecorado con la Cruz de Guerra por su participación en la Segunda Guerra Mundial y antes del fin de la contienda entró en contacto con Charles de Gaulle, quien lo nombró miembro de su gabinete en el exilio. Tras haber ocupado varios cargos en la Administra-

ción, en 1955 ingresó en la Banca Rothschild, de la cual en 1959 fue nombrado director general. Compatibilizó dicho puesto con varias misiones diplomáticas al servicio de De Gaulle, quien lo designó primer ministro en abril de 1962, cargo que ocupó, con distintas interferencias, hasta 1968. Al año siguiente sustituyó al propio De Gaulle en la presidencia de la República. Durante su mandato presidencial, que se prolongó hasta su repentino fallecimiento, mantuvo la política emprendida por su predecesor, favoreció los intereses de la gran banca y de la industria y apoyó el ingreso del Reino Unido en la Comunidad Económica Europea.

PONCE DE LEÓN, JUAN *(Santervás de Campos, España, 1460-La Habana, 1521) Conquistador español.* Miembro de una familia de la nobleza castellana, creció en la corte aragonesa como paje del infante que más tarde subiría al trono como Fernando II de Aragón. Durante su juventud participó en la guerra de Granada y estuvo al servicio de Pedro Núñez de Guzmán, comendador mayor de Calatrava. En 1493 acompañó a Cristóbal Colón en su segundo viaje a América. Tras regresar a España, Ponce de León se embarcó de nuevo hacia La Española (actual Santo Domingo) en 1502 y, a las órdenes de Nicolás de Ovando, gobernador de la isla, acabó con la rebelión de los indígenas de Jiguayagua. Entre 1508 y 1509, la búsqueda de oro le llevó a explorar Borinquén (hoy Puerto Rico). Nombrado gobernador de la isla (1509), Ponce de León fue sustituido al poco tiempo por Juan Cerrón, quien implantó el despótico sistema de encomiendas que, en 1511, provocó una revuelta de los indígenas. Una vez más, el aventurero castellano tuvo que sofocar un alzamiento indígena, en esta ocasión como lugarteniente de Diego Colón, con quien pleiteó sin éxito por el gobierno de San Juan (primer nombre que los españoles dieron a Puerto Rico). En la primavera de 1513, partió hacia las islas Bimini con la esperanza de encontrar la mítica fuente de la eterna juventud. El día de la Pascua Florida, desembarcó en una región desconocida que bautizó con el nombre de *La Florida*, descubrimiento que le valió el título de adelantado de Bimini y Florida (1514). Después de pasar algunos años en España, Ponce de León volvió al Nuevo Mundo en 1521. Ese mismo año, sin embargo, cayó herido durante una expedición contra los indígenas caribes de la isla de Guadalupe, y murió a los pocos días en la bahía de La Habana.

*▼ Fragmento de un grabado sobre la conquista de Florida, en el que aparece Juan **Ponce de León**, adelantado del Reino.*

POPE, ALEXANDER *(Londres, 1688-Twicken-ham, Gran Bretaña, 1744) Poeta inglés.* Perteneciente a la burguesía comerciante, no fue aceptado en las escuelas del Estado en razón de su catolicismo, por lo que se formó con profesores particulares. Aqueja-do de tuberculosis y de una malformación, cifró en la gloria literaria todos sus anhe-los. En 1709 publicó su primera obra, *Pas-torales*, breves poemas influidos por el cla-sicismo de Horacio y Boileau en los que establecía una estrecha relación entre arte y naturaleza, presupuestos poéticos presen-tes así mismo en su obra posterior. Por esa época estaba preparando el que sería el primer poema didáctico moderno que apa-recía en Inglaterra, el *Ensayo sobre la críti-ca* (1711), tras cuya publicación se retiró al campo, al bosque de Windsor, para pre-parar el poema con el que habría de con-solidarse como escritor: *El rizo robado* (1712, ampliado en 1714), poema heroico-cómico, escrito bajo la influencia de Voitu-re, sobre el ambiente de los salones de la alta sociedad. Inició allí también la traduc-ción en verso de la *Ilíada*, por la que reci-bió los mayores reconocimientos, literarios y económicos, de su vida. Se trataba de una traducción destinada a unificar todo el poema en un tono de grandiosidad so-brehumana, en el que limó las partes más rústicas y ensalzó las heroicas y nobles. Concluida la versión en 1720, en 1725 em-prendió la traducción de la *Odisea*; mien-tras, se había instalado en una villa de Twickenham, en la que permanecería el resto de sus días, alternando la vida retira-da y estudiosa con breves contactos con la alta sociedad. Sus últimas obras se inscri-

▲ *El filósofo austriaco Karl **Popper**, heredero crítico del Círculo de Viena y uno de los pensadores liberales más influyentes de finales del s. XX.*

▼ *Alexander **Pope**, un poeta con ansias educativas y moralizantes, en una pintura atribuida a C. Jervas que se exhibe en la National Gallery of Portraits de Londres.*

ben dentro de la corriente satírica –a me-nudo utilizada para defenderse de los ata-ques de los críticos, como en el caso de *La Dunciada* (1728)–, y moralista: *Epístolas o Ensayos morales* (1731-1735) y *Ensayo so-bre el hombre* (1732-1734), cuyo principal modelo es Quinto Horacio Flaco, autor so-bre el cual escribió las *Imitaciones a Hora-cio* (1733-1738).

POPPER, SIR KARL RAIMUND *(Viena, 1902-Londres, 1994) Filósofo austriaco.* Estudió filosofía en la Universidad de Viena y ejer-ció más tarde la docencia en la de Canter-bury (1937-1945) y en la London School of Economics de Londres (1949-1969). Aunque próximo a la filosofía neoposi-tivista del Círculo de Viena, llevó a cabo una importante crítica de algunos de sus postulados; así, acusó de excesivamente dogmática la postura de dividir el conoci-miento entre proposiciones científicas, que serían las únicas propiamente significa-tivas, y metafísicas, que no serían signifi-cativas. Para Popper, bastaría con delimitar rigurosamente el terreno propio de la cien-cia, sin que fuera necesario negar la efica-cia de otros discursos en ámbitos distintos al de la ciencia. También dirigió sus críti-cas hacia el verificacionismo que mantení-an los miembros del Círculo, y defendió que la ciencia operaba por falsación, y no por inducción. Ésta es, en rigor, imposible, pues jamás se podrían verificar todos los casos sobre los que regiría la ley científica. La base del control empírico de la ciencia es la posibilidad de falsar las hipótesis, en un proceso abierto que conduciría ten-dencialmente a la verdad científica. Pop-per desarrolló este principio en *La lógica de la investigación científica* (1934), don-de estableció también un criterio para des-lindar claramente la ciencia de los demás discursos: para que una hipótesis sea cien-tífica es necesario que se desprendan de ella enunciados observables y, por tanto, falsables, de modo que si éstos no se veri-fican, la hipótesis pueda ser refutada. Esta concepción abierta de la ciencia se corres-ponde con el antiesencialismo de Popper, que mantuvo en obras posteriores dedica-das a la crítica del historicismo, entendido como aquella doctrina que cree posible de-terminar racionalmente el curso futuro de la historia. Así, *La sociedad abierta y sus enemigos* (1945) y *La miseria del historicis-mo* (1957) llevan a cabo una rigurosa críti-ca hacia cualquier forma de dogmatismo y una defensa de la democracia como siste-ma abierto capaz de optimizar la justicia de las instituciones políticas.

PORTALES, DIEGO *(Santiago de Chile, 1793-Cabritería, Chile, 1837) Político chileno.* Defensor de los intereses del clero y de la oligarquía terrateniente, dirigió los asuntos de Estado desde un segundo plano, a la sombra del presidente Joaquín Prieto. Redactó la Constitución de Chile, promulgada en 1833. De carácter conservador, la Constitución reforzaba el poder ejecutivo, establecía el catolicismo como religión oficial, abolía la esclavitud y declaraba la igualdad formal ante la ley. En 1836, con el poder efectivo en sus manos gracias al control de cuatro ministerios, declaró la guerra a la Confederación Peruboliviana, lo que provocó en el país una reacción de fuerte descontento. El 3 de junio de 1837, mientras pasaba revista al regimiento Maipú, fue secuestrado y posteriormente fusilado por unos soldados amotinados.

POTEMKIN, GRIGORI ALEXÁNDROVICH *(Chizhovo, Rusia, 1739-cerca de Iasi, actual Rumania, 1791) Político y mariscal de campo ruso.* Ascendido a general durante la primera guerra contra Turquía (1768-1774), Catalina II lo tomó como amante y lo mantuvo cerca de la cúpula gubernamental. Nombrado conde, Potemkin se encargó de idear y dirigir diversos proyectos de anexión territorial en los confines sudoccidentales del Imperio, además de sofocar la revuelta cosaca en los Urales (1773-1775). En 1783 fue nombrado príncipe de Táuride tras la anexión de Crimea, territorio donde llevó a cabo diversas acciones administrativas con el objeto de potenciar la zona. Nombrado mariscal de campo en 1784, pudo ofrecer a Catalina II, en su visita a Crimea, la idílica imagen de una población satisfecha y bien provista. Participó como comandante en jefe en la segunda guerra ruso-turca (1787-1791), en la que murió.

POULENC, FRANCIS *(París, 1899-id., 1963) Compositor y pianista francés.* «Mitad granuja, mitad monje», así definió Claude Rostand a Poulenc, un músico que afirmaba ser capaz de escribir la pieza más intrascendente al mismo tiempo que el motete más grave. Nacido en el seno de una familia acomodada, su vocación musical se despertó a edad muy temprana. En 1916 entró en contacto con Erik Satie, un compositor cuyo talante excéntrico ejerció una decisiva influencia en sus primeras obras. Miembro del Grupo de los Seis, las partituras escritas por Poulenc en su seno –*Le gendarme incompris* (1920), *Les biches* (1923)– cimentaron su fama de músico ligero e intrascendente. Con posterioridad,

▶ *El compositor francés Francis **Poulenc**, excelente pianista cuya obra se acerca al neoclasicismo de Stravinski, según un retrato de Jean de Gaigneron.*

su estilo derivó hacia el neoclasicismo. Su retorno a la fe católica en 1936 propició una serie de composiciones sacras –*Stabat Mater* (1950), *Gloria* (1959)– de emocionada gravedad. Otros títulos destacados de su producción fueron *Le bal masqué* (1932) y las óperas *Les mamelles de Tirésies* (1947) y *Dialogues des carmélites* (1956).

POUND, EZRA *(Hailey, EE UU, 1885-Venecia, Italia, 1972) Poeta estadounidense.* Tras graduarse en la Universidad de Pensilvania en lenguas románicas, se trasladó a Londres en 1908; ese mismo año apareció *A lume spento*, con el que comenzó un período de intensa producción, como demuestra la publicación de *Personae* (1909), *Provença* (1910), *Canzoni* (1911), *Sonetos y baladas de Guido Cavalcanti* (1912), *Cathay* (1915), *Lustra* (1916) y *Hugh Selwyn Mauberley* (1920). En 1925 se editaron en París, adonde se había trasladado pocos años antes, los dieciséis primeros *Cantos*, su obra más ambiciosa, que luego amplió y reeditó a lo largo de toda su vida y entre los que se cuentan los *Cantos pisanos* (1949) y los *Cantares* (1956). En ellos incluye versos en diversas lenguas, y adapta y retoma materiales procedentes de otros autores y de varias tradiciones, incluso de China. Enemigo del romanticismo y del discurso lógico, su obra resulta extremadamente compleja y difícil. Influyó, entre otros, sobre T. S. Eliot, su principal discípulo, y James Joyce, además de dirigir y aconsejar en sus primeros pasos literarios en París a su amigo Ernest Hemingway.

▼ *Autorretrato del poeta estadounidense Ezra **Pound**.*

E Pound

Durante los años treinta publicó diversos ensayos sobre literatura y política, entre los que destacan *Cómo leer* (1931), *ABC de la economía* (1933), *ABC de la lectura* (1934). En esa época se trasladó a Italia y manifestó su simpatía por el fascismo. Durante la Segunda Guerra Mundial, de 1941 a 1943, colaboró en la propaganda radiofónica para el régimen fascista. A la caída de Italia, fue detenido por los aliados, declarado paranoico por los psiquiatras del ejército, y condenado a permanecer en un sanatorio psiquiátrico en Washington. Cuando en 1958 recobró la libertad, se trasladó definitivamente a Italia.

POUSSIN, NICOLAS (*Villers, Francia, 1594-Roma, 1665*) *Pintor francés que trabajó principalmente en Roma*. Se interesó por la pintura a raíz de la estancia del pintor Quentin Varin en su pueblo natal. Después de establecerse en París en 1612, frecuentó el taller de G. Lallemand y estudió con particular interés las obras renacentistas y de la Antigüedad clásica, que conoció a través de grabados o de las colecciones reales. Sus primeros encargos fueron unas pinturas para el palacio del Luxemburgo y las ilustraciones de las *Metamorfosis* de Ovidio que realizó para el poeta italiano Marino. En 1623 marchó a Roma, pasando por Venecia. Gracias a su amigo Marino, en Roma no le faltaron mecenas y pronto recibió algunos encargos, pero eran obras que no respondían a sus intereses y en las que consiguió resultados poco destacables. La única excepción la constituye *La inspiración del poeta*, donde resultan evidentes su admiración por la pintura renacentista y el colorido veneciano. Alejado de la pintura de 1629 a 1630 a causa de una grave enfermedad, cuando se recuperó dejó de preocuparse por los encargos públicos y dio rienda suelta a su pasión por la Antigüedad en una serie de obras de tema mitológico tratadas de forma melancólica e idílica. Son estas obras las que mejor atestiguan su originalidad, su carácter de creador genial. Con ellas consiguió el éxito que se le había negado hasta entonces y fue solicitado en París, adonde regresó en 1640, para emigrar de nuevo a Roma en 1642 al no adaptarse al tipo de trabajos que se le confiaron en la capital francesa. En ésta había conocido a una burguesía ilustrada, de la que recibió en lo sucesivo los encargos más importantes, como la serie de pinturas sobre los *Siete sacramentos* o sobre *Las cuatro estaciones*. A su muerte se le consideraba ya el pintor francés más importante del siglo XVII.

▲ *Pocos años después de su llegada a Roma, en 1623, Nicolas* **Poussin** *pintó este lienzo, titulado* El Parnaso. *El cuadro se conserva en el Museo del Prado, en Madrid.*

▼ *En el* Hermes de Olimpia, *una de las esculturas más conocidas de* **Praxíteles**, *se compendian los principales rasgos de la obra del maestro griego.*

PRAXÍTELES (*Atenas, s. IV a.C.*) *Escultor griego*. Se cree que era hijo de Cefisodoto *el Viejo*. Su figura domina con autoridad la escultura del siglo IV a.C. en Atenas y se sitúa casi al mismo nivel de fama y prestigio que la de Fidias en el siglo anterior. Sin romper con los rasgos estilísticos de la cultura ática, Praxíteles los interpretó desde una visión muy personal, que sentó las bases para el posterior desarrollo de la escultura helenística. Se alejó de la tradición anterior al preferir como material el mármol, más que el bronce, pero se mantuvo en la línea de sus antecesores por su elección como modelo para sus obras de la belleza juvenil idealizada. Desde este punto de partida, evolucionó hacia una mayor humanización de las estatuas, hacia una plasmación algo más intensa de los sentimientos. Gozó de un gran prestigio desde sus primeras realizaciones, en particular por la suavidad del modelado y la postura indolente de los cuerpos, que gravitan fuera de su eje, descansando sobre un punto de apoyo. Es emblemático en este sentido el grupo de *Hermes con Dioniso niño*, encontrado en 1877 en Olimpia y que se considera un original, el único que se conserva de un escultor griego de primera magnitud. Sus obras restantes se conocen a través de copias romanas. La que gozó de mayor renombre en la Antigüedad fue la *Afrodita de Cnido*, estatua de tamaño natural de la diosa en la que por primera vez se la representa desnuda. El *Sátiro en reposo* y el *Apolo Sauróctono* destilan el encanto sensual y la gracia delicada connaturales en la obra de Praxíteles. El escultor obtuvo también un gran éxito con un tipo de *Eros* desnudo al que la cabellera rizada confiere una nueva plasticidad, un nuevo encanto romántico.

PRESLEY, ELVIS *(Tupelo, EE UU, 1935-Memphis, id., 1977) Cantante de* rock and roll *y actor estadounidense*. Nacido en el seno de una familia modesta, el joven Elvis se vio obligado a trabajar desde muy temprana edad. A los once años, y ante su insistencia, sus padres le regalaron su primera guitarra. En 1948, su familia se trasladó a Memphis, uno de los centros de la actividad musical del país. Cuando Elvis contaba apenas diecinueve años, el productor Sam Phillips, propietario de Sun Records, decidió editarle un *single* que contenía los temas *That's all right* y *Blue Moon of Kentucky*. Este primer intento le abrió las puertas de un programa radiofónico de música *country, Louisiana Hayride*, con un abanico de emisión que comprendía trece estados. En 1955, con su popularidad en aumento, fichó por la discográfica RCA. El de 1956 fue un año clave para la trayectoria de Elvis, gracias al tema *Heartbreak Hotel*, del cual vendió trescientos mil ejemplares en tres semanas y acabó siendo el primero de sus discos de oro. También editó su primer elepé, titulado *Elvis Presley*, que alcanzó el millón de copias vendidas, y se comprometió por siete años con los estudios cinematográficos Paramount. En marzo de 1957 adquirió la mansión de Graceland, en la ciudad de Memphis, que se convertiría con el tiempo en lugar de peregrinaje para sus incontables admiradores. En 1958, en el cenit de su carrera, fue lla-

▲ *El mítico rockero Elvis **Presley** durante un concierto en su última etapa. Su aspecto denota claramente el deterioro físico causado por las drogas y su frenético ritmo de vida.*

▼ *Una imagen juvenil del « rey del* rock and roll», *Elvis **Presley**, en plena interpretación de uno de sus temas más populares,* El rock de la cárcel.

mado a filas por el ejército y destinado a Berlín Occidental, donde conoció a Priscilla Ann Beaulieu, con quien contraería matrimonio nueve años después. Se licenció en marzo de 1960 e inmediatamente reanudó su actividad artística, para encadenar una larga serie de números uno en las listas estadounidenses con títulos como *It's now or never* o *Are you lonesome tonight?* y protagonizar no menos de diez películas, entre las que cabe citar *Chicas, chicas, chicas* (*Girls, girls, girls*, 1962) y *Viva Las Vegas*, 1964). Los primeros años de la década de 1970, sin embargo, supusieron para el cantante un nuevo bache creativo, agravado por su adicción a las drogas y la reclusión en su mundo de fantasía particular en que se convirtió su mansión de Graceland. Tras caer inconsciente en varias ocasiones en el escenario, falleció oficialmente de un ataque al corazón, sin duda consecuencia de sus excesos.

PRÉVERT, JACQUES *(Neuilly-sur-Seine, Francia, 1900-Ononville-la-Petite, id., 1977) Poeta francés*. En la década de 1920 formó parte del movimiento surrealista, cuya influencia se percibe en sus primeros poemas. Su escritura derivó hacia un realismo populista, con un uso personal del argot parisino que propició el que muchas de sus letras fueran musicadas. Entre su producción cabe destacar *Paroles* (1946), *Le petit lion* (1947), *Spectacle* (1951), *La pluie et le beau temps* (1955), *Le grand bal du printemps* (1955), *Fatras* (1965) e *Imaginaires* (1971). Como guionista cinematográfico colaboró en varias películas: *Drole de drame* (1937), de Marcel Carné; *Les enfants du paradis* (1943-1945), también de Marcel Carné; *Les amants de Vérone* (1948) de A. Cayatte; y *Voyage-surprise* (1947), de su hermano Pierre Prévert.

PRÉVOST D'EXILES, ANTOINE-FRANÇOIS, llamado *abate Prévost (Hesdin, Francia, 1697-Courteuil, id., 1763) Escritor francés*. Educado por los jesuitas, ingresó como novicio en la Orden, que abandonaría en 1721 para convertirse en monje benedictino. Sin embargo, pronto hubo de huir de Francia para dirigirse a Gran Bretaña y a los Países Bajos, donde se ganó la vida gracias a la publicación del periódico *Pour et Contre*, hasta que regresó a Francia como capellán del príncipe de Conti (1736). De espíritu inquieto y ávido de aventuras, todo ello se plasmó en sus obras, en total unas cincuenta novelas, entre las que destaca *Memorias y aventuras de un hombre de calidad* (1728), su obra más conocida, ampliada

posteriormente con la *Historia del caballero Des Grieux y de Manon Lescaut (1731)*, en la que lleva a cabo una brillante construcción del personaje femenino. Así mismo, tradujo al francés novelas de S. Richardson, a quien admiraba.

PRIESTLEY, JOSEPH *(Fieldhead, Gran Bretaña, 1733-Northumberland, EE UU, 1804) Químico, teólogo y filósofo británico.* Completó sus estudios en el seminario calvinista de Daventry y ejerció el ministerio en varios centros de Inglaterra, complementando sus estudios teológicos y filosóficos con un vivo interés por las ciencias experimentales. En 1794, después de las persecuciones a las que fue sometido a causa de su adhesión a la Revolución Francesa, recibió una invitación de la Sociedad Democrática de Nueva York y se trasladó a Estados Unidos, donde vivió el resto de sus días bajo la protección de Thomas Jefferson. Su fama está ligada, sobre todo, a la investigación científica. Hábil experimentador, realizó notables investigaciones en el campo de los fenómenos eléctricos, de los gases y de los procesos de calcinación. Entre sus experimentos, destacó el que le llevó a aislar, por primera vez, el oxígeno (1774), aunque no captó la verdadera naturaleza de este elemento y lo definió como «aire desflogistizado». Otros estudios suyos guardan relación con la producción de oxígeno por las plantas expuestas a la acción de los rayos solares. Priestley fue seguidor del asociacionismo psicológico de D. Hartley, y se enzarzó en vivas polémicas contra la escuela filosófica del sentido común y contra R. Price.

PRIETO, JOAQUÍN *(Concepción, Chile, 1786-Santiago de Chile, 1854) Militar y político chileno.* Tras realizar una exploración de los Andes chilenos (1805) junto a Luis de la Cruz, en 1811 colaboró con los patriotas de Buenos Aires y en el movimiento emancipador de Chile. En 1817 intervino en la decisiva batalla de Chacabuco y más tarde fue nombrado comandante de Santiago, director de la Maestranza y de la reserva militar en Maipú, donde se consumó el triunfo de San Martín y su ejército de los Andes. En 1821 derrotó a Benavides en Vegas de Saldía. Fue uno de los líderes de la revolución conservadora de 1829, como consecuencia de la cual, el 17 de abril del año siguiente fue nombrado presidente interino, tras la victoria de Lircay, y el 18 de septiembre de 1831, proclamado presidente. Durante su mandato, más aparente que real, pues quien gobernaba en la sombra era Diego Portales, se puso fin a la guerra contra la Confederación Peruboliviana, a la que se venció en Yungay en 1839.

▲ *Antoine-François* ***Prevost d'Exiles*** *visto por Charles N. Cochin, en un grabado de J. G. Will de 1746 que se encuentra en la Biblioteca Nacional de París.*

▼ *El científico británico Joseph* ***Priestley*** *realizó importantes descubrimientos químicos, demostró que el agua es un cuerpo compuesto y destacó también como teólogo y librepensador político.*

PRIGOGINE, ILYA *(Moscú, 1917) Fisicoquímico ruso de origen belga.* Se graduó en la Universidad Libre de Bruselas, en la que impartió clases de fisicoquímica entre 1947 y 1967. Este año se trasladó a Austin (Estados Unidos) para dirigir el Centro de Mecánica Estadística y Termodinámica de la Universidad de Texas. En 1945 había formulado el teorema de la mínima producción de entropía, y entre los años 1954 y 1967 desarrolló el concepto de estructura disipativa, según el cual en los sistemas abiertos pueden surgir nuevas organizaciones espaciotemporales de complejidad creciente cuando los intercambios de energía con el exterior rebasan un umbral crítico. En 1977 fue galardonado con el Premio Nobel de Química.

PRIM, JUAN *(Reus, España, 1814-Madrid, 1870) Militar y político español.* A los veinte años ingresó en el ejército isabelino, donde alcanzó el grado de coronel en 1840, durante la Primera Guerra Carlista. De ideas liberales, fue miembro del Partido Progresista y obtuvo el escaño de diputado por Tarragona en 1841. Conspiró con O'Donnell para conseguir el derrocamiento del general Espartero, episodio tras el cual fue nombrado conde de Reus y vizconde del Bruch. También combatió el alzamiento de Barcelona, lo que le valió el ascenso a mariscal de campo. En 1847 fue designado capitán general de Puerto Rico, pero ante la hostilidad de las autoridades locales, acabó por dimitir. Tras su regreso a España, en 1851 fue elegido diputado por Vic y, dos años más tarde, por Barcelona. La guerra de Marruecos lo convirtió en una celebridad tras su brillante actuación en las batallas de Castillejos y Tetuán, fama que acrecentó en la expedición de las flotas francesa, británica y española a México, donde impuso al gobierno local la firma del tratado de la Soledad, aunque ante la decisión de Napoleón III de coronar a Maximiliano como emperador de México, se retiró a Cuba. En 1862 formaba parte del Partido Progresista, al que la reina Isabel marginó del gobierno. Tras varios intentos fallidos de pronunciamientos, Prim se convirtió en la figura más relevante de

◀ *El político y general Juan **Prim** en un retrato de Madrazo que se encuentra en el Palacio del Senado, en Madrid.*

▶ *El militar español Miguel **Primo de Rivera** retratado por J. Ribera en un lienzo que se conserva en el Museo del Ejército de Madrid.*

la Revolución de 1868, que provocó la caída de Isabel II. Nombrado ministro de la Guerra en el gobierno provisional, tras las elecciones que encumbraron a los progresistas pasó a ser el jefe de gobierno. Desde su nuevo cargo reprimió a los republicanos e intentó instaurar una monarquía democrática; para conseguir esto procuró situar en el trono español a algún monarca extranjero. Sólo Amadeo de Saboya (el futuro Amadeo I) aceptó la propuesta. Prim había presentado su candidatura a las Cortes cuando fue víctima de un atentado.

PRIMO DE RIVERA, JOSÉ ANTONIO *(Madrid, 1903-Alicante, 1936) Político español.* Hijo del dictador Primo de Rivera, a raíz de su derrota electoral en 1931 su ideología política experimentó un proceso de radicalización, desde el autoritarismo de inspiración monárquica hasta un totalitarismo antidemocrático equiparable a los movimientos fascistas europeos, aunque hasta cierto punto diferenciado de estos últimos por su firme apoyo a la religión, la familia y una cierta tendencia social. Todo ello confluiría en 1933 en la fundación del partido Falange Española, que pretendía ser un reflejo de los partidos de ultraderecha que surgían en Europa, y que, en 1934, se unió a las JONS de Ramiro Ledesma Ramos y Onésimo Redondo. Ese mismo año logró ser elegido diputado por Cádiz, éxito que no pudo repetir en las elecciones de 1936 ante el avance del Frente Popular. Encarcelado por el gobierno, la Falange fue ilegalizada, y Primo de Rivera condenado a muerte por un tribunal popular y ejecutado poco después de iniciada la guerra civil.

▼ *El fundador de Falange Española, José Antonio **Primo de Rivera**, en un retrato pintado por A. Sáenz de Heredia.*

PRIMO DE RIVERA, MIGUEL *(Jerez de la Frontera, España, 1870-París, 1930) Militar y político español.* Sobrino del capitán general Fernando Primo de Rivera, ingresó en la Academia Militar cuando tenía catorce años. Ya graduado, participó en numerosas campañas militares. Con cuarenta y nueve años, ascendió a teniente general y un año después fue nombrado capitán general de Valencia y luego de Madrid. A los cincuenta y dos años fue destinado a la Capitanía General de Cataluña. Publicó entonces un escrito en el cual reclamaba el poder para luchar contra la corrupción de los políticos. Cuando pasó a desempeñar la jefatura del gobierno, anuló las garantías constitucionales y, con el apoyo del rey Alfonso XIII, formó un directorio militar que él mismo presidía. Prometió ordenar la vida política del país y solucionar la crisis de Marruecos. Nombró a Martínez Anido y a Arlegui para dirigir la subsecretaría de Gobernación y la dirección general de Orden Público, respectivamente. Tras intentar atraerse a los socialistas con la promesa de solucionar los conflictos sociales, en 1924, a raíz de una visita a Mussolini, decidió disolver los ayuntamientos y las diputaciones provinciales, con lo cual acabó con la Mancomunidad de Cataluña y se enemistó con el sector catalanista. A principios de ese mismo año, se había enfrentado también con los intelectuales, los estudiantes y la prensa. La popularidad que le habían dado las campañas de Marruecos se fue desvaneciendo, y el descontento y la oposición fueron ganando a todos los sectores de la sociedad. Su intromisión en la vida judicial y universitaria provocó en buena medida esta pérdida de popularidad. Tampoco obtuvo ningún éxito con su Asamblea Nacional ni con su organización del Estado al modo corporativo. En 1930, al perder el apoyo incondicional del ejército hacia su persona, dimitió y se exilió en París, donde falleció a los sesenta años.

PRINCE, también llamado *The Artist* [Prince Roger Nelson] *(Minneapolis, EE UU, 1958) Cantante y compositor estadounidense.* Fue el gran renovador de la música negra de su país durante la década de 1980, con grabaciones tan famosas como *Purple rain* (1984) y *Sign 'O' the times* (1987), en las cuales combinó el *funk* con la psicodelia y el pop. Músico autodidacto, adquirió gran popularidad gracias a su imagen provocativa y fantasiosa. Ha publicado diversos trabajos bajo los seudónimos de Jaime Starr, Joey Coco, Christopher y Love Symbol, si bien este último se debió en parte a problemas contractuales que le decidieron a dejar de utilizar el nombre de Prince y provocaron que su disco *The black album*, que estaba listo para salir al mercado, fuese vetado por su casa discográfica y se distribuyera únicamente en edición pirata. Otras obras destacables de su discografía han sido *Lovesexy* (1988), *Batman* (1989), banda sonora del filme homónimo, o *Diamonds and pearls* (1991). A mediados de los años noventa abandonó su conocido seudónimo e insistió en ser conocido con el apelativo único de «The Artist».

PROKOFIEV, SERGUÉI SERGUEIEVICH *(Sontsovka, actual Ucrania, 1891-Moscú, 1953) Compositor y pianista soviético.* Junto a Dimitri Shostakovich, es el mejor representante de la escuela de composición soviética, y su obra ha dejado una profunda huella en el estilo de sus compatriotas más jóvenes, como Aram Khachaturian o Dimitri Kabalevski. Es, además, uno de los grandes clásicos del siglo XX, autor de una música en la que tradición y modernidad se conjugan de manera ejemplar. Niño prodigio, recibió sus primeras lecciones musicales de su madre, pianista aficionada, con tan buen resultado que ya a los nueve años dio a conocer en una versión doméstica su primera ópera, *El gigante*, a la que siguieron inmediatamente tres más, la última de ellas, *El festín de la peste*, escrita bajo las indicaciones del compositor Reinhold Glière. En 1904 ingresó en el Conservatorio de San Petersburgo, donde tuvo como maestros, entre otros, a Anatol Liadov y Nikolai Rimski-Korsakov y empezó a interesarse por las corrientes más avanzadas de su tiempo. En

▲ *Prince se ha convertido en el gran renovador de la música* funk *y pop de los años ochenta. En la foto aparece durante uno de sus espectaculares conciertos.*

SERGUÉI SERGUEIEVICH PROKOFIEV

OBRAS MAESTRAS

ÓPERAS: *EL JUGADOR* (1916); *EL ÁNGEL DE FUEGO* (1919); *EL AMOR DE LAS TRES NARANJAS* (1921); *LOS ESPONSALES EN EL CONVENTO* (1940); *GUERRA Y PAZ* (1952). **BALLETS:** *CHOUT* (1921); *EL PASO DE ACERO* (1924); *EL HIJO PRÓDIGO* (1928); *ROMEO Y JULIETA* (1936); *LA CENICIENTA* (1944); *LA LEYENDA DE LA FLOR DE PIEDRA* (1950). **MÚSICA PARA EL CINE:** *EL TENIENTE KIJÉ* (1933); *ALEXANDER NEVSKI* (1938); *IVÁN EL TERRIBLE* (1942-1945). **MÚSICA ORQUESTAL:** 7 sinfonías, 5 conciertos para piano, 2 conciertos para violín, una *SINFONÍA CONCERTANTE PARA VIOLONCELO Y ORQUESTA.* **MÚSICA DE CÁMARA:** 2 cuartetos de cuerda, 2 sonatas para violín y piano; *OBERTURA SOBRE TEMAS JUDÍOS* (1920); *SONATA PARA FLAUTA Y PIANO* (1943). **MÚSICA INSTRUMENTAL:** *9 SONATAS PARA PIANO, TOCCATA* (1912); *SARCASMOS* (1914); *VISIONES FUGITIVAS* (1917). **MÚSICA VOCAL:** *CANTATA PARA EL VIGÉSIMO ANIVERSARIO DE LA REVOLUCIÓN* (1937); *SALUD A STALIN* (1939).

este sentido, fue el *enfant terrible* de la música rusa de la primera década del siglo XX, no sólo en su faceta de compositor, sino también en la de intérprete. Con fama de músico antirromántico y futurista, sus primeras obras, disonantes y deliberadamente escandalosas, provocaron el estupor del público. En ellas, el joven músico mostró ya algunas de las constantes que iban a definir su estilo durante toda su carrera, como son cierta tendencia a lo grotesco y una inagotable fantasía, junto a un recogido lirismo y una asombrosa capacidad para crear hermosas y sugestivas melodías, que el propio Shostakovich reconocía y admiraba. Su famosa *Sinfonía núm. 1 «Clásica»* es reveladora en cuanto a esta tendencia, que resulta más sorprendente aún si se la compara con una obra sólo dos años anterior, de 1915, la brutal *Suite escita*. Aunque el joven músico contaba con las simpatías de los revolucionarios soviéticos por su talante iconoclasta e irreverente, un año después de los hechos de octubre de 1917, Prokofiev dejó su país para instalarse en Occidente, más en busca de la tranquilidad necesaria para componer que por motivos de índole ideológica. Japón, Estados Unidos (donde su presentación como pianista se calificó de «bolchevismo musical») y Francia fueron los países en que se presentó, no siempre con fortuna. Mientras los trabajos escritos para la compañía de los Ballets Rusos de Diaghilev –*Chout, El paso de acero, El hijo pródigo*– fueron relativamente bien recibidos, su ópera cómica *El amor de las tres naranjas* fue acogida con indiferencia en su estreno en Chicago en 1921. El poco éxito y la añoranza que sen-

▲◄ *Serguéi S.* **Prokofiev** *sentado en su jardín. A la izquierda, cartel anunciador de la película* Alexander Nevski, *de Eisenstein, para la que Prokofiev compuso la música.*

▼ *El francés Pierre Joseph* **Proudhon**, *considerado uno de los padres del anarquismo y autor de la célebre máxima libertaria:* «la propiedad es un robo».

tía por su patria fueron dos de las razones que le llevaron, en 1933, a regresar de forma definitiva a su país. Sin embargo, la Unión Soviética había experimentado profundos cambios desde que el compositor la abandonara en 1918: a la libertad de que los artistas disfrutaban en aquellos primeros tiempos, había sucedido el control estatal respecto a toda creación artística, que debía ceñirse de manera obligatoria a unos cánones estrictos, los del realismo socialista. Algunas de sus obras, como la *Cantata para el vigésimo aniversario de la Revolución*, fueron consideradas excesivamente modernas y, en consecuencia, prohibidas. El estilo de Prokofiev derivó entonces hacia posiciones más clásicas, con lo que el componente melódico de sus composiciones ganó en importancia. Algunas de sus páginas más célebres datan de esta época: el cuento infantil *Pedro y el lobo*, los ballets *Romeo y Julieta* y *La Cenicienta*, las partituras para dos filmes de Eisenstein, *Alexander Nevski* e *Iván el Terrible*, las tres «sonatas de guerra» para piano, la *Sinfonía núm. 5*, la monumental ópera *Guerra y paz*... Falleció el mismo día y año que Stalin, el 5 de marzo de 1953.

PROTÁGORAS DE ABDERA *(Abdera, actual Grecia, 480 a.C.-id., 410 a.C.) Filósofo griego.* Fue el primero en adoptar el calificativo de *sofista* y el precursor de la profesionalización de la enseñanza retórica. Recorrió a lo largo de cuarenta años gran parte de las islas del Mediterráneo y parece ser que en el 445 a.C. se estableció en Atenas, donde alcanzó una gran reputación. Amigo de Pericles, al parecer murió ahogado durante un viaje a Sicilia, cuando huía de las acusaciones de impiedad de las que fue objeto en la ciudad de Atenas a la muerte de aquél (416 a.C.). La doctrina de Protágoras ha sido interpretada, desde Platón (quien le dedicó un diálogo, titulado *Protágoras*), como un relativismo que se expresaría en la célebre máxima de que «el hombre es la medida de todas las cosas». Afirmaba que de los objetos conocemos no lo que son, sino lo que nos parecen (no la esencia sino la apariencia), al tiempo que defendía el carácter convencional de las normas morales.

PROUDHON, PIERRE JOSEPH *(Besançon, Francia, 1809-París, 1865) Teórico político socialista francés.* Hijo de un humilde tabernero y de una campesina, fue primero pastor y más tarde corrector de imprenta. De formación autodidacta, destacó a temprana edad por su brillantez intelectual. A los veintinueve años le fue concedida una beca para estudiar en París, donde publicó su primer libro, *Qué es la propiedad (Qu'est-ce que la propriété*, 1840), donde desarrolló la teoría de que «la propiedad es un robo», en cuanto que es resultado de la explotación del trabajo de otros. Esta afirmación le costó la pérdida de su beca de estudios. Poco después, fue procesado, y al fin absuelto, por la publicación de otro polémico libro, tras lo cual se trasladó a Lyon. Aquí escribió su obra más importante, *Sistema de las contradicciones económicas o Filosofía de la miseria* (*Système des contradictions économiques ou Philosophie de la misère*, 1846), en la cual se erige en portavoz de un socialismo libertario y declara que la sociedad ideal es aquella en la que el individuo tiene el control sobre los medios de producción. En este sentido, se opone al marxismo y el comunismo, ya que considera que en dichos sistemas el hombre pierde su libertad; el propio Marx replicó un año más tarde a las teorías de Proudhon en el libro titulado *Miseria de la filosofía*. En 1847 volvió a París, donde fundó un periódico, *Le Réprésentant du Peuple*. Tras las revoluciones de 1848, fue elegido diputado en la Asamblea Constituyente, debido a la popularidad que habían adquirido sus radicales teorías. Publicó folletos donde matizó su anarquismo con la denominación de mutualismo, que promulgaba la unión, incluso financiera, de burgueses y obreros en una sola clase media. Bajo la bandera del federalismo, criticó el centralismo y el autoritarismo, en pro de una sociedad sin fronteras ni Estados, con una autoridad descentralizada mediante asociaciones o comunas, donde los individuos deberían ser éticamente responsables por sí mismos, por lo que no se precisaría la dirección de un gobierno. Con todo, debe tenerse en cuenta que Proudhon en ningún momento pretendió organizar un partido político o una revuelta violenta; fue un teórico del socialismo, no un revolucionario activo. En tiempos de Napoleón III permaneció encarcelado cuatro años por su oposición ideológica al régimen. Sin embargo, en la prisión gozó de cierto margen de libertad, lo cual le permitió proseguir con su trabajo, además de casarse y tener su primer hijo. Entre los años 1858 y 1862 se refugió en Bélgica, a raíz de una nueva polémica, suscitada esta vez por la publicación del libro *De la justicia en la revolución y en la Iglesia* (*De la justice dans la révolution et dans l'Église*, 1858). No regresó a París, ya delicado de salud, hasta la concesión de una amnistía, pero falleció al poco tiempo. Por más que algunos autores lo consideran como el padre del anarquismo moderno, Proudhon no fue el primer ideólogo de esta doctrina social, y, por otra parte, es difícil detectar influencia alguna de la corriente anarquista en su pensamiento, hondamente influido por su infancia rural.

> «*Nuestra personalidad social es una creación del pensamiento de los otros.*»
>
> Marcel Proust
> *En busca del tiempo perdido*

MARCEL PROUST

OBRAS MAESTRAS

Los placeres y los días (*Les plaisirs et les jours*, 1896); *En busca del tiempo perdido* (*À la recherche du temps perdu*, 1913-1927); *Por el camino de Swann* (*Du côté de chez Swann*, 1913); *A la sombra de las muchachas en flor* (*À l'ombre des jeunes filles en fleur*, 1918); *El mundo de los Guermantes* (*Du côté de Guermantes*, 1920); *Sodoma y Gomorra* (*Sodome et Gomorrhe*, 1922); *La prisionera* (*La prisonnière*, póstuma, 1923); *La fugitiva o la desaparición de Albertine* (*Albertine disparue*, póstuma, 1925); *El tiempo recobrado* (*Le temps retrouvé*, póstuma, 1927); *Crónicas* (*Chroniques*, póstuma, 1927); *Jean Santeuil* (*Jean Santeuil*, póstuma, 1952); *Contra Sainte-Beuve* (*Contre Sainte-Beuve*, póstuma, 1954).

PROUST, MARCEL (*París, 1871-id., 1922*) *Escritor francés.* Hijo de Adrien Proust, un prestigioso médico de familia tradicional y católica, y de Jeanne Weil, alsaciana de origen judío, dio muestras tempranas de inteligencia y sensibilidad. A los nueve años sufrió el primer ataque de asma, afección que ya no le abandonaría, por lo que creció entre los continuos cuidados y atenciones de su madre. En el liceo Condorcet, donde cursó la enseñanza secundaria, afianzó su vocación por las letras y obtuvo brillantes calificaciones. Tras cumplir el servicio militar en 1889 en Orleans, asistió a clases en la Universidad de la Sorbona y en la École Livre de Sciences Politiques. Durante los años de su primera juventud llevó una vida mundana y aparentemente despreocupada, que ocultaba las terribles dudas que albergaba sobre su vocación literaria. Tras descartar la posibilidad de emprender la carrera diplomática, trabajó un tiempo en la Biblioteca Mazarino de París, decidiéndose finalmente por dedicarse a la literatura. Frecuentó los salones de la princesa Mathilde, de Madame Strauss y Madame de Caillavet, donde conoció a Charles Maurras, Anatole France y Léon Daudet, entre otros personajes célebres de la época. Sensible al éxito social y a los placeres de la vida mundana, el joven Proust tenía, sin embargo, una idea muy diferente de la vida de un artista, cuyo trabajo sólo podía ser fruto de «la oscuridad y del silencio». En 1896 publicó *Los placeres y los días*, colección de relatos y ensayos que prologó

▶ *Marcel **Proust** posa para el fotógrafo, en 1919. Su naturaleza débil y enfermiza influyó en su carácter reflexivo y sensible.*

Anatole France. Entre 1896 y 1904 trabajó en la obra autobiográfica *Jean Santeuil*, en la que se proponía relatar su itinerario espiritual, y en las traducciones al francés de *La biblia de Amiens* y *Sésamo y los lirios*, de John Ruskin. Después de la muerte de su madre (1905), el escritor se sintió solo, enfermo y deprimido, estado de ánimo propicio para la tarea que en esos años decidió emprender, la redacción de su ciclo novelesco *En busca del tiempo perdido*, que concibió como la historia de su vocación, tanto tiempo postergada y que ahora se le imponía con la fuerza de una obligación personal. Anteriormente, había escrito para *Le Figaro* diversas parodias de escritores famosos (Saint-Simon, Balzac, Flaubert), y comenzó a redactar *Contre Sainte-Beuve*, obra híbrida entre novela y ensayo con varios pasajes que luego pasarían a *En busca del tiempo perdido*. Consumado su aislamiento social, se dedicó en cuerpo y alma a ese proyecto; el primer fruto de ese trabajo sería *Por el camino de Swann* (1913), cuya publicación tuvo que costearse él mismo ante el desinterés de los editores. El segundo tomo, *A la sombra de las muchachas en flor* (1918), en cambio, le valió el Premio Goncourt. Los últimos volúmenes de la obra fueron publicados después de su muerte por su hermano Robert. La novela, que el mismo Proust comparó con la compleja estructura de una catedral gótica, es la reconstrucción de una vida, a través de lo que llamó «memoria involuntaria», única capaz de devolvernos el pasado a la vez en su presencia física, sensible, y con la integridad y la plenitud de sentido del recuerdo, proceso simbolizado por la famosa anécdota de la magdalena, cuyo sabor hace renacer ante el protagonista una época pasada de su vida. El tiempo al que alude Proust es el tiempo vivido, con todas las digresiones y saltos del recuerdo, por lo que la novela alcanza una estructura laberíntica. El más mínimo detalle merece el mismo trato que un acontecimiento clave en la vida del protagonista, Marcel, réplica literaria del autor; aunque se han realizado estudios para contrastar los acontecimientos de la novela con la vida real de Proust, lo cierto es que nunca podrían llegar a confundirse, porque, como afirma el propio autor, la literatura comienza donde termina la opacidad de la existencia. El estilo de Proust se adapta perfectamente a la intención de la obra, hito fundamental de la literatura contemporánea, y así también la prosa es morosa, prolija en detalles y de períodos larguísimos, laberínticos, como si no quisiera perder nada del instante.

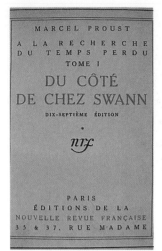

▲ *Portada de una edición impresa en París de* Por el camino de Swann, *de Marcel **Proust**, el primer tomo de su obra cumbre* En busca del tiempo perdido.

GIACOMO PUCCINI

OBRAS MAESTRAS

ÓPERAS: *LE VILLI* (1884); *EDGAR* (1889); *MANON LESCAUT* (1893); *LA BOHÈME* (1896); *TOSCA* (1900); *MADAMA BUTTERFLY* (1904); *LA FANCIULLA DEL WEST* (1910); *LA RONDINE* (1917); *IL TRITTICO: IL TABARRO, SUOR ANGELICA, GIANNI SCHICCHI* (1918); *TURANDOT* (1926). **MÚSICA ORQUESTAL:** *PRELUDIO SINFÓNICO* (1876); *CAPRICCIO SINFONICO* (1884). **MÚSICA DE CÁMARA:** *CRISANTEMI PER QUARTETTO DE CUERDA* (1890).

PRUDENCIO *(Calahorra, actual España, 348-?, h. 415) Poeta latino, de origen hispano.* Profesor de retórica y jurisconsulto, realizó una brillante carrera administrativa, que abandonó en la vejez para consagrarse a la literatura, movido por su espiritualidad cristiana y con intención didáctica. Gran conocedor de las Escrituras y de la cultura clásica, su obra es brillante y original en contenidos y exposición. Su estilo se caracteriza por la profusión de imágenes y figuras retóricas, por lo que en ocasiones resulta algo recargado. Ejerció una notable influencia durante la Edad Media. Su obra poética comprende el *Cathemerinon*, siete himnos a las solemnidades del día, el *Peristephanon*, coronas poéticas en honor de los mártires, y diversos poemas didácticos sobre cuestiones teológicas. Destaca por su originalidad la *Psychomachia*, poema alegórico en el que dramatiza las luchas internas del alma, que se debate entre vicios y virtudes.

PRUD'HON, PIERRE *(Cluny, Francia, 1758-París, 1823) Pintor francés.* Estudió en la Academia de Dijon y completó su formación en Italia, donde trabó amistad con Antonio Canova. En 1787 regresó definitivamente a Francia, donde se dedicó sobre todo al retrato y a la pintura histórica y alegórica. Fue el pintor preferido de las emperatrices Josefina y María Luisa, a las que retrató (se dice incluso que esta última le sirvió de modelo para la obra *Venus y Adonis*). Su arte idealizado y sensual, de gran suavidad cromática, elegancia y encanto, se anticipa en cierto modo al romanticismo. El suicidio, en 1821, de su alumna y amante, Constance Mayer, lo sumió en una profunda depresión que lo condujo a la muerte. *La justicia y la divina venganza persiguiendo al crimen* se cuenta entre sus lienzos más conseguidos.

PTOLOMEO → Tolomeo, Claudio.

PUCCINI, GIACOMO *(Lucca, actual Italia, 1858-Bruselas, 1924) Compositor italiano.* Heredero de la gran tradición lírica italiana, pero al mismo tiempo abierto a otras corrientes y estilos propios del cambio de siglo, Puccini se convirtió en el gran dominador de la escena lírica internacional durante los primeros decenios del siglo XX. No fue un creador prolífico: sin contar algunas escasas piezas instrumentales y algunas religiosas compuestas en su juventud, doce óperas conforman el grueso de su producción, cifra insignificante en comparación con las de sus predecesores, pero

▲ *El compositor italiano Giacomo* **Puccini***, uno de los más aclamados autores de ópera del s. XX, fotografiado en su casa mientras toca de modo informal unas notas en su piano.*

suficiente para hacer de él un autor clave del repertorio operístico y uno de los más apreciados y aplaudidos por el público. Giacomo Puccini nació en el seno de una familia alguno de cuyos miembros desde el siglo XVIII había ocupado el puesto de maestro de capilla de la catedral de Lucca. A la muerte de su padre, Michele, en 1863, el pequeño Giacomo, pese a no haber demostrado un especial talento músico, fue destinado a seguir la tradición familiar, por lo que empezó a recibir lecciones de su tío Fortunato Magi, con resultados poco esperanzadores. Fue a la edad de quince años cuando el director del Instituto de Música Pacini de Lucca, Carlo Angeloni, consiguió despertar su interés por el mundo de los sonidos. Puccini se reveló entonces como un buen pianista y organista cuya presencia se disputaban los principales salones e iglesias de la ciudad. En 1876, la audición en Pisa de la *Aida* verdiana constituyó una auténtica revelación para él; bajo su influencia, decidió dedicar todos sus esfuerzos a la composición operística, aunque ello implicara abandonar la tradición familiar. Sus años de estudio en el Conservatorio de Milán le confirmaron en esta decisión. Amilcare Ponchielli, su maestro, lo animó a componer su primera obra para la escena: *Le villi*, ópera en un acto estrenada en 1884 con un éxito más que apreciable. Con su tercera ópera, *Manon Lescaut*, Puccini encontró ya su propia voz. El estreno de la obra supuso su consagración, confirmada por su posterior trabajo, *La bohème*, una de sus realizaciones más aclamadas. En 1900 vio la luz la ópera más dramática de su catálogo, *Tosca*, y cuatro años más tarde la exótica *Madama Butterfly*. Su estilo, caracterizado por combinar con ha-

▼ *Frontispicio de* Manon Lescaut. *Esta ópera, estrenada en el teatro Regio de Turín el 1 de febrero de 1893, supuso la definitiva consagración, tanto de crítica como de público, de* **Puccini** *.*

bilidad elementos estilísticos de diferentes procedencias, ya estaba plenamente configurado. En él la tradición vocal italiana se integraba en un discurso musical fluido y continuo en el que se diluían las diferencias entre los distintos números de la partitura, al mismo tiempo que se hacía un uso discreto de algunos temas recurrentes a la manera wagneriana. A ello hay que añadir el personal e inconfundible sentido melódico de su autor, una de las claves de la gran aceptación que siempre ha tenido entre el público. Sin embargo, a pesar de su éxito, tras *Madama Butterfly* Puccini se vio impelido a renovar un lenguaje que amenazaba con convertirse en una mera fórmula. Con *La fanciulla del West* inició esta nueva etapa, caracterizada por conceder mayor importancia a la orquesta y por abrirse a armonías nuevas, en ocasiones en los límites de la tonalidad, que revelaban el interés del compositor por la música de Debussy y Schönberg. En la misma senda, el músico de Lucca promovió la renovación de los argumentos de sus óperas, se distanció de los temas convencionales tratados por otros compositores y abogó por un mayor realismo. Todas estas novedades contribuyeron a que sus nuevas óperas, entre ellas las que integran *Il trittico*, no alcanzaran, pese a su calidad, el mismo grado de popularidad que sus obras anteriores. Su última ópera, la más moderna y arriesgada de cuantas escribió, *Turandot*, quedó inconclusa a su muerte. La tarea de darle cima, a partir de los esbozos dejados por el maestro, correspondió a Franco Alfano.

PUEYRREDÓN, JUAN MARTÍN DE *(Buenos Aires, 1776-id., 1850) Militar y político argentino.* Dirigió, entre 1811 y 1812, el ejér-

◀ *El joven oficial Juan Martín de **Pueyrredón**, futuro héroe de la Guerra de la Independencia argentina.*

▲ *El político nacionalista catalán Jordi **Pujol**.*

▼ *Joseph **Pulitzer**, el magnate de la prensa sensacionalista estadounidense, rival de Hearst. El máximo galardón que se concede hoy día en Estados Unidos a las labores periodísticas lleva su apellido.*

cito del Alto Perú. En 1812 formó parte del Triunvirato y, con el apoyo de la Logia Lautaro, fue designado director supremo de las Provincias Unidas en el congreso de Tucumán, celebrado el 9 de julio de 1816. Dicho congreso tenía como objetivo formalizar los aspectos referentes a la independencia del territorio rioplatense. El establecimiento de la sede del Congreso en un emplazamiento diferente a Buenos Aires obedecía al afán de librarse de la influencia de la ciudad porteña, aunque en realidad predominó el número de diputados bonaerenses incluso en representación de algunas provincias. Tras muchas dificultades, la forma de gobierno quedó definida como una república con un ejecutivo dirigido por Pueyrredón, que acabaría dimitiendo en 1819 a causa de la oposición de las provincias por sus tendencias centralistas y monárquicas.

Puig i Cadafalch, Josep *(Mataró, España, 1867-Barcelona, 1956) Arquitecto y político español.* Fue uno de los principales representantes del modernismo, con un estilo original que combinó el gótico nórdico con el mudejarismo y las artes aplicadas tradicionales catalanas. Comenzó su actividad como arquitecto en Mataró, ciudad en la que se le debe la casa Coll y Regás, pero después trabajó esencialmente en Barcelona, donde desarrolló una prolífica carrera

en la que destacan las casas Amatller, Macaya y Terrades o de les Punxes, inspirada esta última en los castillos nórdicos. Más tarde proyectó algunos edificios de estilo ecléctico para la Exposición Internacional de 1929. Destacó también como historiador del arte y como político. Fue uno de los fundadores de la Lliga Regionalista de Catalunya, concejal del Ayuntamiento de Barcelona (1902-1905) y presidente de la Mancomunidad de Cataluña (1917-1923). A partir de 1939 se le prohibió el ejercicio de la arquitectura.

Pujol, Jordi *(Barcelona, 1930) Político español.* Licenciado en medicina y destacado militante antifranquista, fue condenado a siete años de prisión por un tribunal militar en 1960. En 1970 fundó el partido Convergència Democràtica de Catalunya (desde 1978 en coalición con Unió Democràtica en la formación Convergència i Unió), de tendencia abiertamente catalanista, y del que fue su primer secretario general. Tras las primeras elecciones democráticas de 1977, y con el restablecimiento de la Generalitat de Catalunya, al regreso del exilio en Francia del presidente Josep Tarradellas, de Esquerra Republicana de Catalunya, Pujol fue nombrado *conseller* del gobierno autónomo catalán. En 1980 fue elegido por vez primera presidente de la Generalitat, cargo que revalidó en cinco ocasiones (1984, 1988, 1992, 1995 y 1999). Su habilidad política le ha convertido en una figura central de la moderna política catalana y española.

Pulitzer, Joseph *(Makó, actual Hungría, 1847-Charleston, EE UU, 1911) Magnate de la prensa estadounidense.* Emigró en 1864 a Estados Unidos, entonces en plena guerra civil, para enrolarse en el ejército unionista. Al terminar el conflicto se estableció en Saint Louis, donde encontró trabajo como periodista en un diario en alemán, el *Westliche Post.* En 1878 adquirió el *St. Louis Dispatch* que, tras refundirse con otra publicación, adoptó el nombre definitivo de *St. Louis Post-Dispatch* y se convirtió en el de mayor tirada de la ciudad. Sus ambiciones expansionistas lo condujeron a introducirse en la escena periodística de Nueva York, lo que consiguió mediante la compra del diario matutino *The World*, que posteriormente dotaría de una edición vespertina a la cual dio la cabecera de *The Evening World.* Como director de ambos periódicos, introdujo numerosas innovaciones, como las tiras cómicas, la cobertura permanente de acontecimientos deportivos o suplementos especiales de ocio y moda. Los contenidos de *The World* oscilaban entre el más grosero sensacionalismo y el periodismo de investigación, centrado sobre todo en la denuncia de la corrupción política, aunque siempre al servicio de las propias simpatías de Pulitzer, claramente alineadas con el Partido Demócrata. La feroz competencia entre *The World* y el *Journal* de William Randolph Hearst alcanzó su máxima cota en 1898, cuando la descarada campaña de ambos diarios a favor de la guerra contra España originó la acuñación del término «prensa amarilla». Desde 1890, Pulitzer había delegado la dirección editorial de sus publicaciones por problemas de salud, aunque continuó supervisando muy estrechamente sus contenidos. En su testamento cedió buena parte de su fortuna a la creación de la Escuela de Periodismo de Columbia y al establecimiento de los galardones anuales a las diferentes labores periodísticas que llevan su nombre, los más prestigiosos entre los que se conceden en el ámbito estadounidense.

PURCELL, HENRY *(Westminster, Inglaterra, 1659-Londres, 1695) Compositor inglés.* Entró a formar parte del coro de la Capilla Real con apenas ocho años y tuvo por maestros a John Blow y Matthew Locke. En 1677 fue nombrado compositor de los violines del rey, y en 1679 sustituyó a Blow como organista de la abadía de Westminster. Se encargó de la restauración de los instrumentos de la corte, así como de la composición de numerosas obras de carácter religioso, entre las que destacan algunos *anthems* y oficios como *I was glad, in the midst of life* (1682), *Morning and evening service* (1682-1683) o *Te Deum and jubilate* (1694). De entre sus óperas y sus obras escénicas cabe mencionar la célebre *Dido y Eneas* (1689), obra clave en los inicios de la música dramática, con importante ascendencia de Jean-Baptiste Lully; destacan también *Dioclesian* (1690), *The Fairy Queen* (1692) o *La tempestad* (1695), en la que adaptó al drama musical la obra homónima de Shakespeare. Dedicó también un buen número de cantatas y odas a diversos monarcas, a quienes sirvió durante toda su vida: Carlos II, Jacobo II y la reina María, para la

ALEKSANDR SERGEEVICH PUSHKIN

OBRAS MAESTRAS

POESÍA: *LA LIBERTAD* (1817); *EL PUEBLO* (1819); *RUSLAN Y LIUDMILA* (1820); *EL PRISIONERO DEL CÁUCASO* (1822); *LOS CÍNGAROS* (1827); *EL PROFETA* (1826); *EL CABALLERO DE BRONCE* (1833, editado en 1837). **PROSA:** *YEVGENY ONEGIN* (1823-1831); *RELATOS DE BELKIN* (1830); *DUBROVSKY* (1832); *LA DAMA DE PICAS* (1833); *LA HIJA DEL CAPITÁN* (1836). **TEATRO:** *BORIS GODUNOV* (1824-1825, editada en 1830); *EL CONVIDADO DE PIEDRA* (1840).

▼ *Henry* **Purcell**, *considerado el máximo artífice de la ópera nacional inglesa, en un retrato anónimo que se exhibe en la londinense National Gallery of Portraits.*

que escribió algunas de sus composiciones más brillantes, como *Why are all the Muses mute* (1685), *Arise my muse* (1690) o *Celebrate this festival* (1693). Destacables son así mismo las odas que dedicó a santa Cecilia, como *Welcome to all the pleasures* (1683) o *Hail bright Cecilia* (1692). Su música instrumental, si bien no tan conocida, asimiló los mismos importantes logros que su música vocal, tal como evidencian sus fantasías y sonatas, escritas todas ellas según una concepción contrapuntística en conjunción con el estilo italiano y el peculiar humor inglés, de lo que resultó una música de personal estilo.

PUSHKIN, ALEKSANDR SERGEEVICH *(Moscú, 1799-San Petersburgo, 1837) Poeta y novelista ruso.* Tal como solía ser habitual entre la aristocracia rusa de principios del siglo XIX, su familia adoptó la cultura francesa, por lo cual tanto él como sus hermanos recibieron una educación basada en la lengua y la literatura francesas. A los doce años fue admitido en el recientemente creado Liceo Imperial (que más tarde pasó a llamarse Liceo Puskhin), y allí fue donde descubrió su vocación poética. Si bien su poesía, durante estos años de juventud, era más sentimental que ideológica, algunos de los poemas escritos por entonces (*La libertad*, 1817; *El pueblo*, 1819) llamaron la atención de los servicios secretos zaristas, que quisieron leerlos sólo en clave política. A consecuencia de ello, acusado de actividades subversivas, fue obligado a exiliarse. Fue confinado en Ucrania, primero, y luego en Crimea, donde compuso varios de sus principales poemas: *El prisionero del Cáucaso* (1822); *Los hermanos bandoleros* (1821-1822); *La fuente de Bakhcisaraj* (1824). En mayo de 1823 inició la redacción de su novela en verso *Yevgeny Onegin* (1833), en la cual estuvo trabajando hasta el año 1831. En 1824, las autoridades rusas interceptaron una carta dirigida a un amigo en la cual se declaraba ateo, por lo que sufrió un nuevo extrañamiento, en esta ocasión en Pskov, donde su familia tenía varias posesiones. Dedicó los dos años que permaneció en Pskov a estudiar historia y a recopilar cuentos y relatos tradicionales. Todo ello quedó reflejado en su obra, en la que se

◀▲ *Arriba, **Pushkin***
en un grabado de 1947
sobre un retrato pintado
por Kiprienski en 1827.
A la izquierda, ilustración
de una de sus obras,
El pescador y el pez.

▼ El pobre pescador*, óleo*
pintado en 1881 por Pierre
Puvis de Chavannes
(Musée d'Orsay, París)
que refleja el gusto de
los simbolistas por el
primitivismo y la sencillez.

aprecia un creciente interés por la literatura popular y un progresivo acercamiento hacia formas más propias del realismo que del romanticismo. Son prueba de ello la tragedia *Boris Godunov* (1824-1825) y la continuación de *Yevgeny Onegin*. En 1826 cursó una solicitud de visita ante Nicolás I, quien se vio obligado a recibirlo, en parte porque tenía pruebas fehacientes de que no había participado en las revueltas antizaristas de 1825, pues Pushkin se hallaba a varios miles de kilómetros de Moscú, y en parte porque no deseaba que el poeta utilizara su ya consolidada popularidad para hacer campaña antigubernamental. Tras la entrevista, el zar accedió a concederle el perdón, pero con la condición de que él mismo, Nicolás I, se convertiría en adelante en su censor particular. En 1831 contrajo matrimonio con Natalia Goncharova. Mal recibido en los ambientes cortesanos, debido a su peculiar personalidad y al radicalismo de sus planteamientos ideológicos, escribió sus últimas obras mayoritariamente en prosa: *Poltava* (1829); *Relatos de Belkin* (1830); *El caballero de bronce* (1833); *La hija del capitán* (1836). Murió joven, a consecuencia de las heridas sufridas en un duelo al cual lo incitaron varios de sus enemigos, pero a su muerte se le consideraba ya el padre de la lengua literaria rusa y el fundador de la literatura rusa moderna.

PUVIS DE CHAVANNES, PIERRE *(Lyon, 1824-París, 1898) Pintor francés.* Comenzó realizando pequeños encargos a cambio de sumas modestas y acabó por convertirse

en un pintor de enorme prestigio, al que se le encomendaron las principales decoraciones murales de su tiempo, por ejemplo para la Sorbona, el Panteón y el Ayuntamiento de París. Sus obras para estas instituciones son lienzos de grandes dimensiones que intentan imitar el efecto del fresco a través de un cromatismo diáfano e irreal. Aunque sus representaciones alegóricas e idealizadas no gozan de excesiva aceptación en la actualidad, sus formas simplificadas y su falta de profundidad espacial ejercieron una gran influencia en los postimpresionistas y en los simbolistas, de quienes se lo considera un precursor.

PUYANA, RAFAEL *(Bogotá, 1931) Clavecinista colombiano.* Desde su tierna infancia mostró un extraordinario talento musical. A los trece años ofreció su primer concierto en el Teatro Colón de Bogotá, con la interpretación de una sonata de Joseph Haydn. Pronto se distinguió como virtuoso del clavecín y se trasladó a París para participar en el taller de composición de Nadia Boulanger. A partir de 1955 su fama empezó a extenderse por Europa y Estados Unidos, hasta acabar por atraer la atención de los especialistas. Compositores como Frederic Mompou y Javier Montsalvatge escribieron conciertos para él, y también grabó con grandes intérpretes como Andrés Segovia, Yehudi Menuhin y David Oistrakh. En el año 1985 grabó para la BBC de Londres las treinta y tres sonatas de Domenico Scarlatti, uno de los compositores preferidos de este intérprete.

Q

QUENEAU, RAYMOND *(El Havre, Francia, 1903-París, 1976) Escritor y matemático francés.* Tras un primer contacto con el surrealismo, inició una evolución más personal que se caracterizó por la tendencia a tomar el lenguaje como elemento de experimentación formal, cuya máxima manifestación serían los *Ejercicios de estilo* (1947), que presentan hasta 99 formas distintas de contar un mismo episodio trivial ocurrido en un autobús. Su pasión por las matemáticas, los enigmas y los juegos es

Raymond Queneau
Zazie
dans le métro

◀ *Edición francesa de* Zazie en el metro, *de Raymond* **Queneau**, *en cuya portada aparece una escena de la película homónima dirigida por Louis Malle.*

tratégicos, le sirvió para construir mundos científico-imaginarios que él denominaba «patafísicos»: *Les temps mêlés* (1941), *Saint Glinglin* (1948). Autor poco dado a las confesiones y a las intimidades, a pesar de algunas novelas que podrían considerarse autobiográficas, su universo literario está construido con grandes dosis de humor inteligente e ironía, que a veces roza el absurdo, como en *Zazie en el metro* (1959). Fue uno de los fundadores del grupo literario OULIPO (*OUvroir de LIttérature POtentielle*, «Taller de literatura potencial»), cuya intención era explorar los juegos y las combinatorias posibles dentro de las reglas convencionales de la literatura, y al que pertenecieron, entre otros, Italo Calvino y Georges Pérec. Como matemático, participó en el colectivo Nicolas Bourbaki, en concreto en la elaboración de los *Elementos de la historia de las matemáticas*.

QUESNAY, FRANÇOIS *(Méré, Francia, 1694-Versalles, id., 1774) Médico y economista francés.* Cirujano del Hôtel Dieu de Mantes, fundó la escuela fisiocrática y expuso su doctrina en dos artículos de la *Enciclopedia* (*Granja,* 1756; *Granos,* 1757) y en su *Tableau économique* (1758), verdadero ensayo de economía política, disciplina que fue uno de los primeros en sistematizar. En esa última obra queda formulada la idea de leyes económicas naturales, cuyo libre funcionamiento garantizaría el equilibrio económico, concepto éste que serviría de punto de partida a numerosos economistas posteriores. La metodología de su sistema deriva de una lectura radical de la doctrina del derecho natural, que lo llevó a sostener que el no intervencionismo económico y la

Q
R

*◄ Grabado de J. G. Mill realizado a partir de un dibujo de Chevallier que muestra al economista francés François **Quesnay** en su estudio.*

libre competencia definían el orden económico divino y que toda la riqueza, repartida a través del cuerpo social, proviene en último término de la agricultura.

QUEVEDO Y VILLEGAS, FRANCISCO DE *(Madrid, 1580-Villanueva de los Infantes, España, 1645) Escritor español.* Sus padres desempeñaban altos cargos en la corte, por lo que desde su infancia estuvo en contacto con el ambiente político y cortesano. Estudió en el colegio imperial de los jesuitas, y, posteriormente, en las universidades de Alcalá de Henares y de Valladolid, ciudad ésta donde adquirió su fama de gran poeta y se hizo famosa su rivalidad con Góngora. Siguiendo a la corte, en 1606 se instaló en Madrid, donde continuó los estudios de teología e inició su relación con el duque de Osuna, a quien dedicó sus traducciones de Anacreonte, autor hasta entonces nunca vertido al español. En 1613 acompañó al duque a Sicilia como secretario de Estado, y participó como agente secreto en peligrosas intrigas diplomáticas entre las repúblicas italianas. De regreso en España, en 1616 recibió el hábito de caballero de la Orden de Santiago. Acusado, parece que falsamente, de haber participado en la conjuración de Venecia, sufrió una circunstancial caída en desgracia, a la par, y como consecuencia, de la caída del duque de Osuna (1620); detenido, fue condenado a la pena de destierro en su posesión de Torre de Juan Abad (Ciudad Real). Sin embargo, pronto recobró la confianza real, con la ascensión al poder del conde-duque de Olivares, quien se convirtió en su protector y le distinguió con el título honorífico de secretario real. Pese a ello, Quevedo volvió a poner en pe-

> «**R**etirado en la paz de estos desiertos,/ con pocos, pero doctos libros juntos,/ vivo en conversación con los difuntos/ y escucho con mis ojos a los muertos.»
>
> Francisco de Quevedo y Villegas
> *Desde la torre*

ligro su estatus político al mantener su oposición a la elección de santa Teresa como patrona de España en favor de Santiago Apóstol, a pesar de las recomendaciones del conde-duque de Olivares de que no se manifestara, lo cual le valió, en 1628, un nuevo destierro, esta vez en el convento de San Marcos de León. Pero no tardó en volver a la corte y continuar con su actividad política, con vistas a la cual se casó, en 1634, con Esperanza de Mendoza, una viuda que era del agrado de la esposa de Olivares y de quien se separó poco tiempo después. Problemas de corrupción en el entorno del conde-duque provocaron que éste empezara a desconfiar de Quevedo, y en 1639, bajo oscuras acusaciones, fue encarcelado en el convento de San Marcos, donde permaneció, en una minúscula celda, hasta 1643. Cuando salió en libertad, ya con la salud muy resquebrantada, se retiró definitivamente a Torre de Juan Abad. Como literato, cultivó todos los géneros literarios de su época. Se dedicó a la poesía desde muy joven, y escribió sonetos satíricos y burlescos, a la vez que graves poemas en los que expuso su pensamiento, típico del Barroco. Sus mejores poemas muestran la desilusión y la melancolía frente al tiempo y la muerte, puntos centrales de su reflexión poética y bajo la sombra de los cuales pensó el amor. A la profundidad de las reflexiones y la complejidad conceptual de sus imágenes, se une una expresión directa, a menudo coloquial, que imprime una gran modernidad a la obra. Adoptó una convencida y agresiva postura de rechazo del gongorismo, que le llevó a publicar agrios escritos en que satirizaba a su rival, como la *Aguja de navegar cultos con la receta para hacer Soledades en un día* (1631). Su obra poética, publicada póstumamente en dos volúmenes, tuvo un gran éxito ya en vida del autor, especialmente

*► Francisco de **Quevedo** y **Villegas** en su retrato más famoso, pintado por Velázquez.*

FRANCISCO DE QUEVEDO Y VILLEGAS

OBRAS MAESTRAS

POESÍA: *EL PARNASO ESPAÑOL* (1648) y *LAS TRES MUSAS ÚLTIMAS CASTELLANAS* (1670) (obras póstumas); *EPÍSTOLA SATÍRICA Y CENSORIA AL CONDE-DUQUE*. **CRÍTICA LITERARIA:** *LA CULTA LATINIPARLA* (1629); *AGUJA DE NAVEGAR CULTOS CON LA RECETA PARA HACER SOLEDADES EN UN DÍA* (1631); *LA PERINOLA* (1633). **TRATADOS POLÍTICOS:** *GRANDES ANALES DE QUINCE DÍAS* (1621); *POLÍTICA DE DIOS, GOBIERNO DE CRISTO Y TI-*

RANÍA DE SATANÁS (1626); *VIDA DE MARCO BRUTO* (1632-1644). **OBRAS ASCÉTICAS Y MORALES:** *LA VIDA DE FRAY TOMÁS DE VILLANUEVA* (1620); *LA CUNA Y LA SEPULTURA* (1635); *PROVIDENCIA DE DIOS* (1641). **OBRAS SATÍRICAS:** *CARTAS DEL CABALLERO DE LA TENAZA* (1625); *HISTORIA DE LA VIDA DEL BUSCÓN, LLAMADO DON PABLOS* (1626); *LOS SUEÑOS* (1627); *LIBRO DE TODAS LAS COSAS Y OTRAS MUCHAS MÁS* (1631).

sus letrillas y romances, divulgados entre el pueblo por los juglares y que supuso su inclusión, como poeta anónimo, en la *Segunda parte del Romancero general* (1605). En prosa, su producción es también variada y extensa, y le reportó importantes éxitos. Escribió desde tratados políticos hasta obras ascéticas y de carácter filosófico y moral, como *La cuna y la sepultura* (1635), una de sus mejores obras, tratado moral de fuerte influencia estoica, a imitación de Séneca. Sobresalió con la novela picaresca *Historia de la vida del Buscón, llamado don Pablos*, obra ingeniosa y de un humor corrosivo, impecable en el aspecto estilístico, escrita durante su juventud y desde entonces publicada clandestinamente hasta su edición definitiva. Más que su originalidad como pensador, destaca su total dominio y virtuosismo en el uso de la lengua castellana, en todos sus registros, campo en el que sería difícil encontrarle un competidor.

◀ *Portada de una edición de las obras completas de Francisco de* **Quevedo** *publicada en Amberes en 1699. El poeta gozó en su tiempo de un amplio reconocimiento, pero tuvo también enemigos tan poderosos como enconados.*

QUINATZIN TLALTECATZIN *(?, h.1298-Tetzcoco, actual México, 1357) Rey chichimeca.* Sucedió a su padre, Tlotzin Pochotl, en el gobierno de los chichimecas, un pueblo originariamente cazador y recolector que había pasado a la vida sedentaria a raíz de los desórdenes que siguieron a la caída de los toltecas. Eran considerados, por lo tanto, como un pueblo bárbaro y, de hecho, la palabra «chichimeca» significaba «los hombres perro». Quinatzin emprendió una política de reorganización interna e incremento del poder estatal consistente en la mejora de la agricultura y la creación de un sistema tributario, sin duda basado en los modelos ya existentes en la región. Dentro de estas reformas hay que entender el traslado de la capital de Tenayucan a Tetzcoco. En política exterior tuvo que enfrentarse a una invasión de diversos pueblos procedentes de la zona mixteca, como los tlailotlaques y los chimalpanecas, que al parecer conocían la escritura y poseían otros conocimientos más avanzados.

QUINE, WILLARD VAN ORMAN *(Akron, EE UU, 1908) Filósofo estadounidense.* Inició su formación en el Oberlin College y en la Universidad de Harvard, tras lo cual fue a estudiar un tiempo en Praga junto a Rudolf Carnap, para volver más tarde a Harvard, donde obtuvo el doctorado en 1932; desde 1936 hasta 1978 ejerció como docente en la facultad de filosofía de la misma universidad. Partiendo siempre de postulados empiristas, heredados del positivismo de Carnap, Quine asestó un duro golpe, sin embargo, a la tesis tradicional del realismo en su libro *Los dos dogmas del empirismo* (1951). Según Quine, ningún enunciado puede verificarse de manera aislada a través de la experiencia, ni siquiera los enunciados científicos, de acuerdo con su concepción holista del lenguaje, basada en argumentos como la indeterminación de la traducción o la inescrutabilidad de la referencia. También puso en duda la clásica distinción entre juicios analíticos y sintéticos. Así mismo, Quine realizó importantes aportaciones al campo de la lógica: *Lógica matemática* (1940), *Desde un punto de vista lógico* (1953).

QUINO [Joaquín Salvador Lavado] *(Mendoza, Argentina, 1932) Dibujante humorístico argentino nacionalizado español.* Durante su juventud colaboró en las principales revistas de humor argentinas (*Rico Tipo, Tía Vicenta*) y algunas españolas (*Triunfo*). En 1962 creó su personaje de cómic más famoso: Mafalda, la niña lúcidamente ana-

lítica que junto a su pandilla de amigos pondrá en clave de humor, con una inocencia demoledora, profundas reflexiones y duras críticas a la sociedad. Surrealista a veces, siempre inteligente y con un estilo de líneas sencillas, su contundente sátira le supuso graves problemas durante la dictadura argentina, hasta el punto de que acabó por abandonar el personaje en 1973. Ha recopilado su obra en *Mundo Quino* (1967), *Bien gracias, ¿y usted?* (1976), *Hombres de bolsillo* (1977), *Gente en su sitio* (1978) y *Déjenme inventar* (1983).

QUINTILIANO [Marcus Fabius Quintilianus] *(Calagurris Nassica, hoy Calahorra, actual España, h. 30-?, h. 100) Escritor y retórico latino.* Fue educado en retórica en Roma, ciudad a la que regresó, llamado por Galba, cuando éste fue proclamado emperador. Allí desarrolló una brillante y reconocida carrera como abogado y profesor de retórica en el marco de la enseñanza oficial creada por Vespasiano. Al jubilarse, en principio con la intención de dedicarse al estudio y a la redacción de su obra, le fue encomendada la educación de los sobrinos de Domiciano, experiencia en que seguramente se basó para la elaboración de su obra más importante, *De institutione oratoria*, propuesta pedagógica en doce libros basada en la enseñanza de la oratoria desde los primeros años de edad, y que responde, al igual que el resto de sus tratados, a una concepción ciceroniana de la retórica, en un momento en que había quedado un tanto desfasada.

QUIROGA, HORACIO *(Salto, Uruguay, 1878-Buenos Aires, 1937) Escritor uruguayo.* Su producción literaria constituye una obra singular, más allá de su adscripción al género fantástico y su acercamiento a los postulados del regionalismo. Iniciado en el modernismo e influido por Rudyard Kipling y Edgar Alla Poe, concibió una obra que combina los elementos fantásticos con un crudo realismo, en la cual destacan de forma especial los cuentos. Su padre y su padrastro fallecieron en trágicas circunstancias, su esposa se suicidó y su amigo

▲ *Viñeta del popular y crítico personaje Mafalda, creado por* **Quino** *en 1962.*

▼ *Dibujo que muestra a Horacio* **Quiroga**, *escritor uruguayo de existencia marcada por la tragedia, especializado sobre todo en cuentos fantásticos.*

Federico Ferrando murió víctima de un disparo accidental efectuado por el propio Quiroga. Este último suceso alejó al escritor de Montevideo, donde había fundado la tertulia literaria conocida como el Consistorio del Gay Saber, y puso fin a su etapa modernista. Siempre acosado por sus dificultades económicas, viajó a París y, en 1906, adquirió unos terrenos en Misiones, Argentina, zona selvática que recrearía en muchas de sus narraciones. En 1937, sabedor de que padecía un cáncer incurable, se quitó la vida. Sus principales obras son *Los arrecifes de coral* (su primera obra, 1901), *Cuentos de amor, de locura y de muerte* (1917), *Cuentos de la selva* (1918), *El salvaje* (1920), *Anaconda* (1921), *El desierto* (1924), *Los desterrados* (1926), *Más allá* (1935), y las novelas Historia de un amor turbio (1908) y Pasado amor (1929), de temática erótica. En todas sus obras describe el choque que significa la llegada del hombre a la selva y su lucha por adaptarse a un medio hostil. Destacado impulsor de la literatura sudamericana y de la tendencia que ha dado en llamarse «criollismo», por su uso de la lengua criolla, sentó las bases del cuento fantástico latinoamericano, género sobre el que teorizó en su *Decálogo del perfecto cuentista*.

QUIROGA, RODRIGO DE *(San Juan de Boime, España, 1512-Santiago de Chile, 1580) Conquistador y administrador español.* De extracción humilde, emigró de su Galicia natal al Perú en 1535, e intervino con Valdivia en la conquista de Chile y en la fundación de Santiago, en el valle del río Mapocho, ciudad de la que se convirtió en alcalde. Tuvo una decidida participación en la defensa del recién creado poblado frente a los ataques del cacique Michimalongo. En prevención de nuevas incursiones de los araucanos, ordenó la construcción de unas murallas, aunque no pudo evitar la destrucción de Santiago por los indígenas de Aconcagua. Tras una pronta reconstrucción, Quiroga propició la colonización del valle y la creación de una zona de cultivo comunicada con el núcleo urbano por una red de caminos, al mismo tiempo que se aseguraba la salida al océano Pacífico a través del valle del Mapocho. Entre otros logros, reedificó Cañete, repobló Arauco y se distinguió en los combates que libró contra los indígenas araucanos, a los que en 1578 infligió una aplastante derrota que supuso la pacificación del país durante largo tiempo. Tres años antes había logrado el nombramiento de gobernador en propiedad, cargo que mantuvo hasta su muerte.

R

RABELAIS, FRANÇOIS *(La Devinière, Francia, h. 1494-París, 1553) Escritor y humanista francés.* Escasean los datos sobre la primera parte de su vida. Se considera habitualmente que nació en la finca de su padre, abogado en Chinon, pero la fecha exacta de su nacimiento es incierta. Se deduce de su obra que podría haberse dedicado al estudio de las leyes, de la misma manera que tal vez ingresara en el convento de La Baumette, cerca de Angers, en 1510. Una carta enviada al humanista Guillaume Budé, en 1521, que contiene unos versos en griego, da cuenta de que ya era fraile franciscano. A través de una apología del sexo femenino del jurista Amaury Bouchard, se sabe que Rabelais había emprendido, ya por entonces, la traducción de la *Historia* de Herodoto. En 1524, molesto por los reproches de los superiores de su Orden acerca de sus lecturas, pasó a la Orden benedictina y fue nombrado secretario del obispo Geoffroy d'Estissac. Se relacionaba entonces con el círculo del poeta Jean Bouchet, a quien envió una carta versificada, su primer escrito conocido en francés. A partir de 1530, frecuentó, como alumno, la facultad de medicina de Montpellier, y a pesar de no tener el título de médico ya se le reconocían grandes méritos. Atravesó entonces un período de dificultades económicas que lo indujeron a trasladarse a la ciudad de Lyon, donde también ejerció como médico, aunque no estuviera todavía titulado. En 1532, publicó, además de una traducción de los *Aforismos* de Hipócrates, el primer libro de su sátira *Pantagruel*, cuyo éxito fue espectacular, aunque la Sorbona lo condenó en 1533 por obsceno y herético. En invierno del

▲ *Retrato anónimo de François* **Rabelais**, *actualmente conservado en el palacio de Versalles. El carácter ácido y satírico de su obra le hizo entrar en conflicto con la Iglesia en repetidas ocasiones.*

«Pantagruelismo es cierta alegría de espíritu en menosprecio de las cosas fortuitas.»

François Rabelais
Pantagruel

mismo año acompañó al obispo y diplomático Jean du Bellay a Roma, en calidad de médico. Se interesó entonces por la botánica y la topografía y editó una topografía de Roma, firmada por Marliani. En 1535, su segunda gran obra, *La vida inestimable de Gargantúa, padre de Pantagruel*, fue publicada por François Juste, en Lyon. Tras una nueva estancia en Roma, a partir de 1536 fue dispensado de sus votos eclesiásticos y llevó, durante diez años, una vida aventurera, dedicándose sobre todo a la medicina. Finalmente graduado por la Universidad de Montpellier, en 1537, fue introducido en la corte y se benefició de la protección de Guillaume du Bellay, hermano de Jean. El tercer libro de *Pantagruel*, publicado en 1546 y dedicado a Margarita de Navarra, fue condenado como herético por la Sorbona, que lo incluyó en el Índice de los libros prohibidos, junto con *Gargantúa*, tras lo cual Rabelais se refugió primero en Metz y después en Roma. Los primeros capítulos del cuarto libro de *Pantagruel* aparecieron en 1548. En 1549, regresó definitivamente a París, donde vivió de la prebenda que le había sido otorgada. Del quinto libro de *Pantagruel*, los dieciséis primeros capítulos se publicaron en 1562, nueve años después de su muerte; los demás fueron añadidos dos años más tarde, pero se duda de su autenticidad. Su obra constituye un gran fresco satírico de la sociedad de su época, rico en detalles concretos y pintorescos que contribuyen a una descripción humorística, a menudo exacerbada y paródica, de la Francia de su tiempo. Las sátiras de Rabelais se dirigen ante todo contra la necedad y la hipocresía, como también contra cualquier

▲ *Estampa realizada por Basset, a principios del s. XIX, en la que aparece* Gargantúa, *el célebre personaje de François* **Rabelais**, *símbolo del exceso en la mesa.*

tra·la impuesta a la libertad humana, lo c··l lo enfrentó a menudo con la Iglesia, al parodiar su dogmatismo y sus aspiraciones ascéticas. Se manifestó contrario a la educación tradicional y optó por ciertas reformas que lo relacionaron con Erasmo.

RABIN, YITZHAK (*Jerusalén, 1922-Tel Aviv, Israel, 1995) Militar y político israelí.* Participó en la guerra de la Independencia de Israel de 1948 y estuvo presente en las negociaciones que llevaron al armisticio, tras lo cual prosiguió su carrera militar hasta alcanzar, en 1964, el puesto de jefe del Estado Mayor de las fuerzas de defensa Israelíes. Dirigió las operaciones militares de la guerra de los Seis Días, en 1967, que significó una victoria determinante para israel. Tras su ataque aéreo por sorpresa que aniquiló en tierra la aviación egipcia, lanzó

▶ *El compositor ruso Serguéi* **Rachmaninov** *en una interpretación al piano, instrumento del que era un virtuoso.*

una contundente ofensiva acorazada que capturó el Sinaí, Cisjordania y los altos del Golán y derrotó a los ejércitos árabes de Siria, Egipto y Jordania. Esta victoria realzó su prestigio militar y lo elevó a la categoría de héroe nacional. Al año siguiente, tras pasar a la reserva, fue nombrado embajador de su país en Estados Unidos hasta 1973, para, a continuación, convertirse en el líder del Partido Laborista de Israel, y poco depués en primer ministro. En 1977, un escándalo relacionado con una cuenta en Estados Unidos le obligó a dimitir y a permanecer en un relativo segundo plano de la política israelí, hasta 1984, cuando fue nombrado ministro de Defensa. En 1992, de nuevo líder del Partido Laborista, ganó las elecciones y volvió a convertirse en primer ministro. Claramente comprometido con el proceso de paz de Palestina impulsado por Estados Unidos, favoreció las negociaciones con la OLP, lo que le atrajo la hostilidad de los sectores más conservadores de la sociedad israelí y, a la par, el reconocimiento internacional, que le valió obtener, junto a Yasser Arafat y Shimon Peres, el Premio Nobel de la Paz en 1994. Al año siguiente fue asesinado, durante un acto público en favor de la paz, por Yigael Amir, un estudiante ultraconservador.

RACHMANINOV, SERGUÉI VASILIEVICH (*Oneg, Rusia, 1873-Beverly Hills, EE UU, 1943) Compositor, pianista y director de orquesta ruso, nacionalizado estadounidense.* Aunque conocido a nivel mundial por el *Concierto para piano núm. 2*, Serguéi Rachmaninov ha sido relegado por algunos historiadores al papel de simple epígono del romanticismo y, en particular, de Piotr Ilich Chaikovski, compositor por el que siempre profesó una profunda admiración. Sin embargo, ello no es obstáculo para que la música del autor de las *Danzas sinfónicas* sea una de las más apreciadas por intérpretes y público, por su singular inspiración melódica y su emocionada expresividad. Hijo de una familia de terratenientes, debió su temprana afición musical a su padre y a su abuelo, uno y otro competentes músicos aficionados. A pesar de sus extraordinarias dotes para la interpretación al piano, la composición fue desde el principio el verdadero objetivo del joven Rachmaninov. No obstante, su carrera en este campo estuvo a punto de verse truncada prematuramente por el fracaso del estreno, en 1897, de su *Sinfonía núm. 1*. Este revés sumió al compositor en una profunda crisis creativa, sólo superada a raíz del *Concierto para piano núm. 2*,

SERGUÉI VASILIEVICH RACHMANINOV

OBRAS MAESTRAS

ÓPERAS: *ALEKO* (1893); *EL CABALLERO AVARO* (1905); *FRANCESCA DA RIMINI* (1905). **MÚSICA OR- QUESTAL:** *CONCIERTO PARA PIANO NÚM. 1* (1891); *LA ROCA* (1893); *SINFONÍA NÚM. 1* (1895); *CONCIERTO PARA PIANO NÚM. 2* (1901); *SINFONÍA NÚM. 2* (1908); *CONCIERTO PARA PIANO NÚM. 3* (1909); *LA ISLA DE LA MUERTE* (1909); *CONCIERTO PARA PIANO NÚM. 4* (1926); *RAPSODIA SOBRE UN TEMA DE PAGA- NINI* (1934); *SINFONÍA NÚM. 3* (1936); *DANZAS SIN-* *FÓNICAS* (1940). **MÚSICA DE CÁMARA:** *TRÍO ELEGÍA- CO EN RE MENOR* (1893); *SONATA PARA VIOLONCELO Y PIANO* (1901). **MÚSICA INSTRUMENTAL:** *5 FRAG- MENTOS DE FANTASÍA* (1892); *10 PRELUDIOS* (1904); *13 PRELUDIOS* (1910); *SONATA NÚM. 2* (1913); *VA- RIACIONES SOBRE UN TEMA DE CORELLI* (1931). **MÚ- SICA CORAL Y VOCAL:** *LITURGIA DE SAN JUAN CRISÓS- TOMO* (1910); *LAS CAMPANAS* (1913), *3 CANTOS RUSOS* (1926).

cuyo éxito supuso para él el reconoci- miento mundial. La revolución soviética puso fin a esta etapa, provocando su sali- da, junto a su familia, de Rusia. Suiza pri- mero y, a partir de 1935, Estados Unidos, se convirtieron en su nuevo lugar de resi- dencia. Si en su patria había dirigido sus principales esfuerzos a la creación, en su condición de exiliado se vio obligado a de- dicarse sobre todo al piano para poder subsistir. La carrera de virtuoso pianista que llevó a cabo desde entonces, junto a la pro- funda añoranza de su país, fueron dos de las causas que provocaron el notable descenso del número de obras escritas entre 1917 y 1943, el año de su muer- te: sólo seis nuevas composiciones vieron la luz en ese lapso de tiempo, cuando en los años anteriores lo ha- bían hecho casi cuarenta.

RACINE, JEAN *(La Ferté-Milon, Francia, 1639-París, 1699) Dramaturgo fran- cés.* Huérfano desde muy joven, fue educado por sus abuelos en la tradición jansenista. Estudió en Port-Royal de 1655 a 1658, año en que inició sus estudios de filosofía en el colegio D'Harcourt de París. A medida que se alejó de la influencia de sus antiguos maestros se introdujo en círcu- los de literatos y vividores y compuso, en- tre 1659 y 1660, una oda y dos tragedias que se han perdido. Permaneció hasta 1663 en Uzès, donde inició la carrera eclesiástica, tal como deseaba su familia, pero acabó por abandonar los estudios y marchó a Pa- rís con la intención de dedicarse a la lite- ratura. Sus primeras obras, *La Tebaida* y *Alejandro,* fueron representadas por la compañía de Molière, y, aunque no cose- charon un éxito espectacular, sí le valieron cierto renombre. Descontento con el mon- taje de la segunda, Racine la encargó luego a la compañía del Hôtel de Borgoña, rivales de Molière, lo cual fue el origen del con- flicto entre ambos. El año 1666 marcó el

▼ *Retrato del dramaturgo francés Jean* **Racine**, *autor que dominó la escena francesa de su época junto a Corneille, su eterno rival.*

JEAN RACINE

OBRAS MAESTRAS

TRAGEDIAS: *LA TEBAIDA (LA THÉBAÏDE,* 1664); *ALEJANDRO (ALEXANDRE,* 1665); *ANDRÓMACA (ANDROMAQUE,* 1667); *LOS LITIGANTES (LES PLAIDEURS,* 1668); *BRITÁ- NICO (BRITANNICUS,* 1669); *BERENICE (BÉ- RÉNICE,* 1670); *MITRÍDATES (MITHRIDATE,* 1673); *IFIGENIA EN ÁULIDE (IPHIGÉNIE EN AULIDE,* 1674); *FEDRA (PHÈDRE,* 1677); *ESTER (ESTHER,* 1689); *ATALÍA (ATHALIE,* 1691). **HISTORIA:** *HISTORIA DE PORT-RO- YAL (HISTOIRE DE PORT-ROYAL,* 1767).

principio de otra larga polémica, esta vez entre el dramaturgo y Port-Royal. En 1667, el Hôtel de Borgoña, que sería desde en- tonces la compañía habitual de Racine, pre- sentó *Andrómaca,* la primera de sus gran- des obras, con la que se convirtió en un serio rival para el famoso y consagrado Corneille. Desde este momento surgió en torno a ambos una controversia sobre sus talentos y méritos respectivos que dividió profundamente a la opinión pública. Parti- darios de uno y de otro intercambiaron nu- merosos epigramas que movieron a Racine a contestar a sus detractores con *Los liti- gantes,* su única comedia. *Británico,* en 1669, fue considerado como un ataque di- recto a Corneille, pues trataba un tema fa- miliar en la obra de éste; a pesar de su esca- so éxito inicial, el apoyo del rey y de la corte suavizó las críticas y la obra acabó por triunfar. En 1670, tras el fracaso del *Tito y Be- renice* de Corneille, Racine impuso su *Bere- nice,* sobre el mismo tema, cuyo éxito lo consagró como trágico real. Siempre res- paldado por la aristocracia, alcanzó la cum- bre de su gloria literaria entre 1672 y 1675 *(Bayaceto, Mitrídates, Ifigenia).* Su carrera culminó con su admisión, en 1672, en la Academia Francesa. En 1676 publicó una recopilación de sus obras comple- tas que incluía ciertas modificaciones de los textos. Al año siguiente, *Fedra* marcó su reconciliación con los maes- tros de Port Royal, después de una profunda crisis interior. En la obra se advertían rasgos de la moral jansenis- ta, y fue ocasión para un desafío lite- rario, tal como era habitual en la épo- ca: los enemigos de Racine encargaron a Nicolas Pradon, un joven autor, una pieza sobre el mismo tema; gracias al apoyo del duque de Nevers, la obra de Pra- don obtuvo cierto éxito, lo cual disgustó al afamado dramaturgo. Luego, le fue atribui- da erróneamente la publicación de un so- neto satírico en contra del duque de Ne- vers, lo que le acarreó graves problemas. Se casó en 1677 y, nombrado historiógrafo de Luis XIV, abandonó el teatro por doce años para dedicarse a su familia y a la edu- cación de sus hijos. Durante este período se dedicó a escribir poesía religiosa y una *Historia de Port-Royal* (que no se publicó hasta 1767); su labor como historiógrafo ha desaparecido por completo. Sólo escribió para el teatro dos piezas más: *Ester* y *Atalía,* ambas sobre temas bíblicos y por encargo de Madame de Maintenon, en beneficio de las alumnas del internado de Saint-Cyr. Ya cerca del final de su vida, perdió el favor del rey, que le reprochaba sus amistades

▲ *Autorretrato de juventud de **Rafael**, uno de los maestros esenciales del arte pictórico renacentista.*

jansenistas. Murió a causa de un absceso en el hígado y fue inhumado, conforme a su voluntad, en el cementerio de Port-Royal. En 1711, sus restos mortales fueron trasladados junto con los de Blaise Pascal a Saint-Étienne-du-Mont.

RAFAEL [Raffaello Santi o Sanzio] *(Urbino, actual Italia, 1483-Roma, 1520) Pintor y arquitecto italiano*. Sus obras representan el paradigma del Renacimiento por su clasicismo equilibrado y sereno basado en la perfección de la perspectiva, la composición y la luz. Su padre, Giovanni Santi, pintor y humanista, lo introdujo en las ideas filosóficas de la época y en el arte de la pintura, pero falleció cuando Rafael contaba once años; para ganarse la vida, a los diecisiete años trabajaba ya como artista independiente. No se conoce con exactitud qué tipo de relación mantuvo con Perugino, del que unos lo consideran discípulo y otros socio o colaborador. Sea como fuere, lo cierto es que superó rápidamente a Perugino, como se desprende de la comparación de sus *Desposorios de la Virgen* con los de este último. Desde 1504 hasta 1508, trabajó fundamentalmente en Florencia, en donde recibió la influencia del arte de Leonardo da Vinci y Miguel Ángel. De entre sus obras de este período (*El sueño del caballero, Las tres Gracias*), las más celebradas son sus variaciones sobre el tema de la Virgen y la Sagrada Familia. Los personajes sagrados, dotados de cautivadores toques de gracia, nobleza y ternura, están situados en un marco de paisajes sencillos y tranquilos, intemporales. En estas telas, Rafael da muestras de su inigualable talento para traducir a un lenguaje sencillo y asequible los temas religiosos.

Su maestría en la composición y la expresión y la característica serenidad de su arte se despliegan ya en plenitud en la *Madona del gran duque, La bella jardinera* o *La Madona del jilguero*, entre otras obras. En 1508, el papa Julio II lo llamó a Roma para que decorara sus aposentos en el Vaticano. Aunque contaba sólo veinticinco años, era ya un pintor de enorme reputación. En las habitaciones de Julio II, conocidas en la actualidad como Estancias del Vaticano, Rafael pintó uno de los ciclos de frescos más famosos de la historia de la pintura. Entre 1509 y 1511 decoró la Estancia de la Signatura, donde pintó las figuras de la *Teología*, la *Filosofía*, la *Poesía* y la *Justicia* en los cuatro medallones de la bóveda, para desarrollar de forma alegórica estos mismos temas en cinco grandes composiciones sobre las paredes: *El triunfo de la Eucaristía, La escuela de Atenas, El Parnaso, Gregorio IX promulgando las Decretales* y *Triboniano remitiendo las pandectas a Justiniano*, estas dos últimas alusivas a la justicia. En un espacio de gran amplitud, organizado con un perfecto sentido de la perspectiva, el artista dispone una serie de grupos y figuras, con un absoluto equilibrio de fuerzas y una sublime elegancia de líneas. No se puede pedir mayor rigor compositivo ni un uso más magistral de la perspectiva lineal. En la Estancia de Heliodoro, decorada de 1511 a 1514, Rafael desarrolló cuatro temas históricos, acentuando en cada uno de ellos un rasgo plástico determinado: el claroscuro en *La liberación de san Pedro*, la riqueza del colorido en la *Misa de Bolsena*, etc. En la Estancia del Incendio del Borgo (1514-1517) predomina ya la aportación de los discípulos sobre la del maestro, lo mismo que en la Estancia de Constantino, donde sólo la concepción del conjunto corresponde a Rafael. El pintor simultaneó la decoración de las Estancias del Vaticano con la realización de otras obras, como los frescos de *El triunfo de Galatea* para la Villa Farnesina. A este período corresponden también numerosos cuadros de la Virgen con el Niño, algo más solemnes y menos cautivadores que los de la etapa florentina. Los retratos romanos, en cambio, superan en veracidad y penetración psicológica a los florentinos. En ambos casos, el dibujo es de una calidad inigualable y el colorido, discreto, servidor de la forma. A partir de 1518, Rafael se ocupó de la decoración de las Logias del Vaticano con pequeñas escenas del Antiguo Testamento envueltas en paneles de grutescos. *La Transfiguración*, última obra del artista, es considerada por algunos el com-

▼ *La escuela de Atenas, cuadro pintado por **Rafael** entre 1510 y 1511, y que se encuentra actualmente en el Vaticano.*

RAFAEL
OBRAS MAESTRAS

CRUCIFIXIÓN (1503; National Gallery, Londres); *DESPOSORIOS DE LA VIRGEN* (1504; Pinacoteca Brera, Milán); *MADONA DEL PRATO* (1505; Kunsthistorisches Museum, Viena); *LA BELLA JARDINERA* (1507; Museo del Louvre, París); *SAGRADA FAMILIA* de la Casa Canigiani (1507, Alte Pinakothek, Munich); *MADONA DEL BALDAQUINO* (1508; Palazzo Pitti, Florencia); *EL TRIUNFO DE LA EUCARISTÍA O LA DISPUTA DEL SACRAMENTO* (h. 1509; Estancias del Vaticano, Roma); *LA ESCUELA DE ATENAS* (h. 1510-1511; Estancias del Vaticano, Roma); *MISA DE BOLSENA* (1512; Estancias del Vaticano, Roma); *LA EXPULSIÓN DE HELIODORO* (1512; Estancias del Vaticano, Roma); *LA RETIRADA DE ATILA* (1513; Estancias del Vaticano, Roma); *LA LIBERACIÓN DE SAN PEDRO* (1513-1514; Estancias del Vaticano, Roma); *EL TRIUNFO DE GALATEA* (h. 1513; Villa Farnesina, Roma); *MADONNA DELLA SEDIA* (1514-1515; Palazzo Pitti, Florencia); *EL INCENDIO DEL BORGO* (h. 1515; Estancias del Vaticano, Roma); *RETRATO DE BALDASARE CASTIGLIONE* (1515; Museo del Louvre, París); *LA TRANSFIGURACIÓN* (1517-1520; Museos del Vaticano, Roma); Logias del Vaticano (1518-1519, Roma).

pendio perfecto de su arte. Sus trabajos arquitectónicos, de menor importancia que los pictóricos, incluyeron la dirección de las obras de San Pedro del Vaticano.

RALEIGH, SIR WALTER *(Barton, Inglaterra, 1554-Londres, 1618) Navegante, político y escritor inglés.* Participó en las guerras de religión francesas, contra los hugonotes. Posteriormente cursó estudios de leyes en el Oriel College de Oxford y en el Middle Temple College. En 1580 tomó parte en la expedición inglesa contra los rebeldes irlandeses en Munster, lo que le permitió llamar la atención de la reina Isabel I, quien pronto lo acogió como uno de sus favoritos. Con ello inició una serie de lucrativos negocios, adquirió vastas propiedades y fue nombrado capitán de la Guardia Real. En 1592, tras hacerse público su matrimonio secreto con una de las damas de honor de la reina, cayó en desgracia y fue encarcelado. Tras su puesta en libertad, organizó una expedición a la Guayana española, con intención de encontrar El Dorado, que describió en *El descubrimiento de la Guayana* (1596), y participó en la batalla de Cádiz. Tras la llegada al trono de Jacobo I, en 1603, fue acusado de traición y nuevamente encarcelado hasta 1616. Durante su cautiverio escribió una *Historia del mundo* (1614).

RAMAKRISHNA [Gadadhar Chattopadhyaya Ramakrishna] *(Karmapukur, actual India, 1836-Calcuta, id., 1886) Líder religioso hindú.* Nacido en el seno de una pobre familia de brahmanes, careció de formación escolar y habló toda su vida en un dialecto bengalí (nunca aprendió el sánscrito ni el inglés). Cuando le fue ofrecida la posibilidad de estudiar, la rechazó. An-

▲ *El escritor y corsario sir Walter* **Raleigh** *en una miniatura de N. Hilliard, realizada hacia 1585, que se conserva en la National Gallery of Portraits de Londres.*

▶ *Incisión en madera con el retrato de Srinivasa A.* **Ramanujan**. *Niño prodigio de las matemáticas, su correspondencia con G. H. Hardy le abrió el camino de los estudios en Cambridge.*

tes que estudiar a Dios en los libros, repuso, era preferible «realizarlo» por medio de la vida ascética y espiritual. Se dice que vivió su primer trance a los siete años y que durante su vida contempló en varias ocasiones a Kali, diosa hindú de la creación y la destrucción, y suprema manifestación de Dios, y hasta a Jesucristo y Mahoma. Cada una de estas apariciones divinas le procuraba paz y éxtasis. Sus revelaciones lo hicieron famoso en todo el mundo y miles de peregrinos afluían, al final de su vida, a Calcuta para oír sus palabras.

RAMAN, CHANDRASEKHARA VENKATA *(Trichinopoly, India, 1888-Bangalore, id., 1970) Físico indio.* Cursó estudios de física en la Universidad de Madrás, y luego fue profesor de esta disciplina en la Universidad de Calcuta (1917-1933). En 1928 descubrió el efecto que lleva su nombre, sobre los espectros de luz difundida, que ayuda a conocer la geometría de las moléculas. Dos años después le fue concedido el Premio Nobel de Física. En 1934 fundó la Indian Academy of Science en Bangalore, y en 1948 fue nombrado director del Raman Research Institute en la misma ciudad. Otras investigaciones suyas se centraron en los fenómenos ópticos originados por el paso de un haz luminoso a través de un líquido, o de un sólido, recorrido por trenes de ondas acústicas de alta frecuencia. En 1964 presentó una nueva teoría de la percepción del color.

RAMANUJAN, SRINIVASA AAYIANGAR *(Erode, India, 1887-Chetput, id., 1920) Matemático indio.* De formación autodidacta, des-

cubrió y redefinió centenares de teoremas matemáticos. En 1912, en virtud de la mediación de G. H. Hardy, fue admitido como becario en el Trinity College de Cambridge. Durante su estancia en Cambridge publicó una veintena de artículos, la mayoría de ellos relativos a la teoría analítica de los números. En 1918 fue elegido miembro de la Royal Society, pero su incipiente tuberculosis y una subvención de la Universidad de Madrás lo indujeron a regresar a su país. La teoría de funciones, las series potenciales y la teoría de números fueron los campos matemáticos en los que más destacó.

RAMEAU, JEAN-PHILIPPE *(Dijon, Francia, 1683-París, 1764) Compositor, organista, clavecinista, violinista y teórico de la música francés.* Nacido en el seno de una familia de músicos, se familiarizó con los rudimentos de la práctica musical desde su más tierna infancia. Un viaje a Milán emprendido en 1701 le dio a conocer la tradición musical italiana. En 1706 publicó en París su *Primer libro de piezas para clave*, con el cual inauguraba una serie de obras instrumentales cuya buena acogida le permitió introducirse en los medios musicales de la capital gala. De 1722 data la publicación de su *Tratado de armonía*, ambicioso ensayo que suscitó una viva polémica, pero que contribuyó a cimentar la fama de Rameau como teórico. Más conocido en esta faceta y en la de intérprete que como compositor, en 1733 inició una brillante aunque tardía carrera como autor dramático con la ópera *Hippolyte et Aricie*, a la que siguieron, entre otras, *Les Indes galantes* (1735) y *Castor et Pollux* (1737), escritas según el modelo de la *tragédie-lyrique* establecido por Lully, aunque enriquecido a nivel melódico, armónico e instrumental.

RAMÍREZ VÁZQUEZ, PEDRO *(Ciudad de México, 1919) Arquitecto y urbanista mexicano.* Estudió arquitectura en su ciudad natal y desde 1942 se dedicó a dar clases de diseño y planificación urbana en la Escuela Nacional de Arquitectura de la Universidad Autónoma de México. Como arquitecto construyó la Escuela Nacional de Medicina (Ciudad Universitaria de México), y los edificios de los ministerios de Trabajo y de Asuntos Exteriores, así como el del Instituto Nacional de la Infancia. Su obra destaca esencialmente por grandes proyectos como el Museo Nacional de Antropología, obra

▲ *Jean-Philippe* **Rameau**, *retratado por Chardin. El músico francés sostiene entre las manos un violín, uno de los tres instrumentos musicales de los que fue destacado intérprete.*

▼ *Fragmento de los* Usatges *de Barcelona en un códice del s.* XIV *que se conserva en la Biblioteca de El Escorial, en Madrid. El dibujo representa a* **Ramón Berenguer I**.

acerca de la cual publicó un libro con el mismo nombre en 1968; la galería y el museo de Arte Moderno, en colaboración con Rafael Mijares; el Estadio Azteca de fútbol (1965); las instalaciones donde se disputaron los Juegos Olímpicos de 1968; la nueva basílica de Guadalupe (1976); el palacio Legislativo (1980); el Centro Cultural de Managua; y el Museo del Templo Mayor. Presidente del Comité Organizador de los Juegos Olímpicos de México, fue rector de la Universidad Autónoma Metropolitana y secretario de Obras Públicas (1977-1982).

RAMÓN BERENGUER I, llamado *el Viejo (?, 1024-?, 1076) Conde de Barcelona (1035-1076).* Hijo de Berenguer Ramón I, a la muerte de su padre, en 1035, subió al trono condal bajo la regencia de su abuela, Ermessenda, mujer de gran carácter, considerada por los historiadores como una de las personalidades más importantes de su tiempo. Alcanzada la mayoría de edad, tuvo que hacer frente a una durísima ofensiva de la nobleza feudal, que intentaba imponer su poder sobre el campesinado pasando por encima de las antiguas leyes visigóticas y de la autoridad del conde. Tras repudiar a su segunda esposa, Blanca, su matrimonio con Almodis de la Marca, todavía esposa del conde de Tolosa, suscitó en contra de Ramón Berenguer, de nuevo, la hostilidad de su abuela, quien logró del Papa hasta dos excomuniones contra la pareja. Inició una serie de ofensivas contra los musulmanes de Zaragoza, especialmente entre 1058 y 1062, que acabaron por valerle la adhesión de gran parte de la nobleza rebelde y le aportaron los tributos (*paries*) de muchos reinos de taifas, con los cuales pudo incrementar su poder económico y político.

RAMÓN BERENGUER III, llamado *el Grande (Rodez, actual España, 1082-Barcelona, 1131) Conde de Barcelona (1097-1131).* Hijo de Ramón Berenguer II, nació poco tiempo antes de que su padre fuera asesinado, supuestamente por instigación de su hermano Berenguer Ramón II. Tras el destierro de éste en 1097, Ramón Berenguer III se convirtió en conde de Barcelona, e inició una política de fortalecimiento de su Casa repecto a los demás señores feudales de la zona. Dentro de esta política hay que enmarcar la anexión del condado de Besalú a la muerte de Bernat III (1111), así como su boda, al año siguiente, con Dulce de Provenza, que le reportó los derechos sobre dicho condado. En 1117 heredó la Cerdaña al morir sin sucesión el conde Bernat Guillem, y firmó, en los años siguientes, diversas alianzas con Foix, Urgell, Pallars y el Rosellón.

RAMÓN BERENGUER IV *(?, 1113-Borgo San Dalmazzo, actual Italia, 1162) Conde de Barcelona (1131-1162) y rey de Aragón (1137-1162).* Se convirtió en conde de Barcelona a la muerte de su padre Ramón Berenguer III, en 1131, e intervino de manera decisiva en la crisis sucesoria aragonesa desatada por el testamento de Alfonso I *el Batallador*, que dejaba su reino a las órdenes religiosas. El apoyo de Ramón Berenguer IV a Ramiro II, hermano del *Batallador*, frente las ambiciones territoriales de los castellanos, le reportó la gratitud del aragonés, quien le ofreció a su hija Petronila en matrimonio. De esta manera quedaron unidos, bajo un solo monarca, dos de los más importantes reinos peninsulares. Era una unión patrimonial, ya que ambos reinos conservaban sus leyes y sus instituciones, y Ramón Berenguer IV poseía los territorios de Aragón sólo en usufructo, pues éstos, según las capitulaciones matrimoniales, correspondían a los hijos de Petronila. Su diplomacia consiguió que tanto las órdenes religiosas como Alfonso VII de Castilla aceptaran esta situación, para lo cual hubo de conceder amplios privilegios a las primeras y prestar vasallaje por las plazas al oeste del Ebro al castellano. Su política exterior se centró a partir de este momento en la expansión de catalanes y aragoneses hacia el sur, y en la defensa de sus derechos en Occitania. Tomó Tortosa en 1148 y un año más tarde, Lérida, Fraga y Mequinenza. En 1151, con el tratado de Tudellén, pactó con Alfonso VII el reparto de las tierras conquistadas, así como el del reino de Navarra.

RAMÓN Y CAJAL, SANTIAGO *(Petilla de Aragón, España, 1852-Madrid, 1934) Histólogo español.* En 1869, su familia se trasladó a Zaragoza, donde su padre había ganado por oposición una plaza de médico de la beneficencia provincial y había sido nombrado, además, profesor interino de disección. En un ambiente familiar dominado por el in-

▲ *Miniatura que abre una página del* Llibre Verd, *código del s. XIV. En ella se ve al conde **Ramón Berenguer III** rodeado de su corte.*

▼ *El científico español Santiago **Ramón y Cajal** trabajando con su microscopio. El cuadro, obra de Ricardo Madrazo, se encuentra en el Ateneo de Madrid.*

terés por la medicina, se licenció en esta disciplina en 1873. Tras sentar plaza en la sanidad militar (1874), fue destinado a Cuba como capitán médico de las tropas coloniales. A su regreso a España, en 1875, fue nombrado ayudante interino de anatomía de la Escuela de Medicina de Zaragoza. Dos años más tarde, en 1877, se doctoró por la Universidad Complutense de Madrid; por esa época, Maestre de San Juan le inició en las técnicas de observación microscópica. Fue nombrado director de Museos Anatómicos de la Universidad de Zaragoza (1879) y más tarde catedrático de anatomía de la de Valencia (1883), donde destacó en la lucha contra la epidemia de cólera que azotó la ciudad en 1885. Ocupó las cátedras de histología en la Universidad de Barcelona (1887) y de histología y anatomía patológica en la de Madrid (1892). A partir de 1888 se dedicó al estudio de las conexiones de las células nerviosas, para lo cual desarrolló métodos de tinción propios, exclusivos para neuronas y nervios, que mejoraban los creados por Camillo Golgi. Gracias a ello logró demostrar que la neurona es el constituyente fundamental del tejido nervioso. En 1900 fue nombrado director del recién creado Instituto Nacional de Higiene Alfonso XII. Estudió también la estructura del cerebro y del cerebelo, la médula espinal, el bulbo raquídeo y diversos centros sensoriales del organismo, como la retina. Su fama mundial, acrecentada a partir de su asistencia a un congreso en Berlín y gracias a la admiración que profesaba por sus trabajos el profesor Kölliker, se vio refrendada con la concesión, en 1906, del Premio Nobel de Fisiología y Medicina por sus descubrimientos acerca de la estructura del sistema nervioso y el papel de la neurona, galardón que compartió con C. Golgi. En 1907 se hizo cargo de la presidencia de la Junta para Ampliación de Estudios e Investigaciones Científicas. Un año después de la presentación de la técnica del formol-urano por Golgi, desarrolló su técnica del oro-sublimado, con la que se obtenían mejores resultados. En 1920 renunció a la dirección del Instituto Nacional de Higiene y el rey Alfonso XIII autorizó la fundación del Instituto Cajal de Investigaciones Bioló-

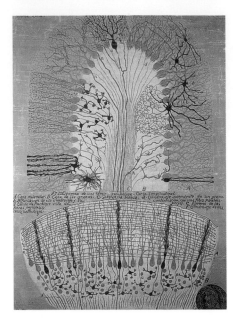

◄ *Dibujo de Santiago **Ramón y Cajal** de la estructura microscópica del sistema nervioso, en el que se aprecian las prolongaciones que relacionan las neuronas entre sí.*

▼ *Detalle de la fachada del templo funerario de Abu Simbel, donde se encuentran cuatro colosales estatuas sedentes del faraón **Ramsés II**, dos de las cuales se ven aquí.*

expresión de la narrativa histórica y epigráfica del Imperio Nuevo. Después de tres campañas para sofocar diversas revueltas en Palestina (1299, 1298, 1297 y 1295 a.C.), en 1294 a.C. reemprendió la guerra contra los hititas, penetró en Siria y se apoderó de las importantes ciudades de Tunip y Qatna. Sin embargo, la dificultad de consolidar estas conquistas y, sobre todo, la amenaza que representaba la llegada de los llamados «pueblos del mar» —segunda migración indoeuropea— llevaron a Ramsés a pactar con el rey hitita Hattusil III el reparto de la región siriopalestina (1278 a.C.), con lo que comenzó en Asia Anterior un período de paz que se mantuvo a lo largo de todo su reinado. En el oeste, por otra parte, tuvo que enfrentarse a los libios y proteger la frontera occidental mediante una cadena de fortalezas que se extendía desde Rhacotis hasta El-Alamein. En política interior, Ramsés II trasladó hacia el norte la capital del Imperio, de Tebas primero

gicas, que quedaría instituido dos años más tarde y al que Cajal dedicaría sus esfuerzos hasta su muerte, tras abandonar la docencia universitaria. Prueba de la intensa actividad que despliega todavía en este período es la publicación, en 1933, del trabajo titulado «Neuronismo o reticulismo», en la revista científica *Archivos de Neurología*, aportación que se considera su testamento científico. Ramón y Cajal fue el creador, además, de una importante escuela, a la que se deben contribuciones esenciales en diversos campos de la histología y de la patología del sistema nervioso. Entre sus discípulos españoles destacan J. F. Tello, D. Sánchez, F. De Castro y R. Lorente de No. Su labor gozó de un amplio reconocimiento internacional, que no sólo se circunscribe a su época.

RAMSÉS II, llamado *el Grande (?-?, 1237 a.C.) Tercer faraón egipcio de la XIX dinastía (1304-1237 a.C.).* Hijo de Sethi I, desde muy joven fue asociado al poder por su padre, a quien acompañó en sus empresas militares contra el Imperio Hitita, que dieron a los egipcios el dominio de Palestina y Siria, aunque el de esta última por poco tiempo. En 1300 a.C., Ramsés II aprovechó su sólida posición en Palestina para intentar recuperar Siria y libró la famosa batalla de Qadesh, junto al río Orontes, contra el hitita Muwatalli; a pesar de que tuvo un desenlace incierto, la acción fue convertida por el propio faraón en una gran victoria personal en la narración épica *Poema de Qadesh*, obra que supone la más madura

a Menfis luego, y por último a Tanis, ciudad del delta del Nilo de la que procedía la XIX dinastía. Por más que Tebas conservó un gran prestigio como centro religioso, el cambio de capital supuso la pérdida de influencia política de la antigua clase cortesana tebana, de forma que el ejército y los funcionarios se convirtieron en el principal apoyo del faraón. Durante el larguísimo reinado de Ramsés II, Egipto conoció su último y más brillante esplendor, gracias a una etapa de prosperidad económica, que favoreció el desarrollo de las letras y permitió la realización de importantes obras arquitectónicas. Así, en Luxor, el faraón amplió el templo de Amón, iniciado por Amenhotep III, añadiendo un nuevo patio porticado con magníficas columnas de capiteles en forma de loto, los enormes pilonos que flanquean la entrada a modo de torres trapezoidales y dos obeliscos de granito rosa, uno de los cuales se encuentra hoy en la plaza de la Concordia de París, mientras que, en el complejo de Al-Karnak, terminó la gran sala hipóstila del templo de Amón. En la región de Nubia, concretamente en Abu Simbel, se encuentran los *speos* o templos rupestres de Ramsés II y de Nerfertari, su esposa, cuyas fachadas presiden colosales estatuas del rey y de la reina. Cabe destacar, por último, el *Ramesseum*, ubicado en el Valle de los Reyes, templo funerario destinado a alojar la momia de Ramsés II, que en la actualidad se conserva en el Museo de El Cairo y fue objeto, en 1976, de una restauración en el Museo del Hombre de París.

RANKINE, WILLIAM JOHN MACQUORN (*Edimburgo, 1820-Glasgow, Reino Unido, 1872) Ingeniero y físico británico.* Contribuyó a dar una orientación moderna a la técnica de las construcciones y a la ingeniería mecánica, sistematizando sobre bases racionales las muchas nociones y hábitos de trabajo que habían ido evolucionando con la práctica. Desde 1840 se dedicó al estudio de las leyes de la termodinámica; en el *Manual of the Steam Engine* (1859) desarrolló analíticamente el complejo de las transformaciones del vapor en las máquinas térmicas, y estableció el ciclo termodinámico característico (ciclo de Rankine). Defensor convencido de la energía, desempeñó un importante papel en los debates teóricos de la física de la segunda mitad del siglo XIX. En un escrito de 1855, *Outlines of the Science of Energetics* (*Esbozos para una ciencia de la energía*), propuso asumir los principios de la termodinámica para comprender los fenómenos físicos.

▲ *Cabeza en basalto de* **Ramses II** *que se encuentra en el recinto del Ramesseum, templo funerario en el Valle de los Reyes.*

▼ *Grigori Y.* **Rasputín**, *monje de tendencias místicas y esotéricas que a través de su influencia sobre la zarina Alejandra y el zar Nicolás II llegó a controlar el gobierno de Rusia.*

RASPUTÍN, GRIGORI YEFIMOVICH, llamado *el Monje Loco (Pokróvskoie, Rusia, 1872-San Petersburgo, 1916) Monje, aventurero y cortesano ruso.* De origen campesino y sin ninguna formación, pronto adquiriría gran popularidad por su vida licenciosa y su fama de taumaturgo. A los diecinueve años se casó con Proskovia Fiódorovna, de la que tuvo cuatro hijos, aunque tras un corto período de tiempo abandonó a su familia para viajar por Grecia y Jerusalén. Durante esta peregrinación vivió de las donaciones de los campesinos que encontraba a su paso; se le consideraba un místico y se le atribuía el poder de curar enfermedades y predecir el futuro. A su llegada a San Petersburgo, en 1903, fue recibido como un hombre santo y en 1908 fue presentado a la zarina Alejandra Fiódorovna, quien ya había oído hablar de sus supuestos poderes curativos. La zarina pensó que podría curar a su hijo Alexis Nikolaiévich, el heredero del trono ruso, que padecía hemofilia. Se especula con la posibilidad de que consiguiera aliviar su dolencia mediante hipnosis; en cualquier caso, la mejoría del heredero le granjeó la confianza de la zarina y también la de Nicolás II, fuertemente influido por su esposa. Investido de un inmenso poder, designó a muchos altos funcionarios del gobierno, aunque ninguno fue competente. A principios de la Primera Guerra Mundial, Rusia atravesaba un momento crítico. El zar Nicolás II asumió el mando del ejército y Rasputin se hizo con el control absoluto del gobierno. Su profunda influencia en la corte imperial escandalizaba a la opinión pública: su comportamiento le daba mala reputación y sus orgías eran bien conocidas por el pueblo, que lo designaba con el sobrenombre de *el Monje Loco*. En 1916 impuso a su candidato, Stürmer, como presidente del Consejo. Este hecho no fue bien visto por varias personas allegadas al zar, aunque Nicolás II no le retiró su confianza. Al fin, el terceto formado por el príncipe Yussupov, el gran duque Dimitri y el diputado de derechas Purishkiévich consumó su asesinato, decidido en una conspiración palaciega.

RAUSCHENBERG, ROBERT (*Port Arthur, EE UU, 1925) Pintor estadounidense.* Desarrolló su formación en lugares muy diversos: Kansas City, París, Carolina del Norte y Nueva York. Tras un primer período pictórico que podría enmarcarse en algunas de las formas del expresionismo abstracto, en la década de 1950 empezó a realizar sus *combine-paintings*, piezas de difícil adscripción en las que combinó el lienzo con el ensamblaje de objetos dispares, en muchos casos de desecho: animales disecados, sillas, botellas, ruedas de coches, ventiladores, receptores de radio, etc. Desde 1963 ha recurrido también a la serigrafía, en la que se ha servido a menudo de fotografías y recortes de periódico. Fue uno de los fundadores de la *EAT* (Experimentos en Arte y Tecnología) y en 1964 recibió el Gran Premio de la Bienal de Venecia. Enmarcado en tendencias tan dispares como el expresionismo abstracto o el *pop art*, él mismo se ha autocalificado a menudo como «neodadaísta».

RAVEL, MAURICE (*Ciboure, Francia, 1875-París, 1937*) *Compositor francés.* Junto a Debussy, con quien se le suele relacionar habitualmente, es el gran representante de la moderna escuela musical francesa. Conocido universalmente por su *Bolero*, su catálogo, aunque no muy extenso, incluye una serie de obras hasta cierto punto poco conocidas que hablan de un autor complejo, casi misterioso, que evitaba cualquier tipo de confesión en su música. Un autor que concebía su arte como un precioso artificio, un recinto mágico y ficticio alejado de la realidad y las preocupaciones cotidianas. Stravinski lo definió con acierto como «el más perfecto relojero de todos los compositores», y así hay que ver su música: como la obra de un artesano obsesionado por la perfección formal y técnica de su creación. Nacido en el País Vasco francés, heredó de su padre, ingeniero suizo, su afición por los artilugios mecánicos –cuyos ecos no son difíciles de encontrar en su música– y de su madre, de origen vasco, su atracción por España, fuente de inspiración de muchas de sus páginas. Aunque inició sus estudios musicales a una edad relativamente tardía, cuando contaba siete años, siete más tarde, en 1889, fue admitido en el Conservatorio de París, donde recibió las enseñanzas, entre otros, de Gabriel Fauré. Discreto pianista, su interés se centró pronto en la composición, campo en el que dio muestras de una gran originalidad desde sus primeros trabajos, como la célebre *Pavana para una infanta difunta,* si bien en ellos es todavía perceptible la huella de su maestro Fauré y de músicos como Chabrier y Satie. La audición del *Prélude à l'après-midi d'un faune,* de

▲ Primer salto a la tierra, *obra de Robert **Rauschenberg** que se exhibe en el MOMA de Nueva York, y en la cual el artista, como en muchos de sus* combine-paintings, *se sirve de desechos urbanos para romper con la pintura tradicional.*

Debussy, marcó sus composiciones inmediatamente posteriores, como el ciclo de poemas *Schéhérazade*, aunque pronto se apartó de influencias ajenas y encontró su propia vía de expresión. En 1901 se presentó al Gran Premio de Roma, cuya obtención era garantía de la consagración oficial del ganador. Logró el segundo premio con una cantata titulada *Myrrha*, escrita en un estilo que buscaba adaptarse a los gustos conservadores del jurado y que para nada se correspondía con el que Ravel exploraba en obras como la pianística *Jeux d'eau*, en la que arrancaba del registro agudo del piano nuevas sonoridades. Participó otras tres veces, en 1902, 1903 y 1905, sin conseguir nunca el preciado galardón. La última de ellas, en la que fue eliminado en las pruebas previas, provocó un escándalo en la prensa que incluso le costó el cargo al director del Conservatorio. Sin necesidad de confirmación oficial alguna, Ravel era ya entonces un músico conocido y apreciado, sobre todo gracias a su capacidad única para tratar el color instrumental, el timbre. Una cualidad ésta que se aprecia de manera especial en su producción destinada a la orquesta, como su *Rapsodia española*, *La valse* o su paradigmático *Bolero*, un auténtico ejercicio de virtuosismo orquestal cuyo interés reside en la forma en que Ravel combina los diferentes instrumentos, desde el sutil *pianissimo* del inicio hasta el *fortissimo* final. Su música de cámara y la escrita para el piano participa también de estas características. Hay que señalar, empero, que esta faceta, aun siendo la más difundida, no es la única de este compositor. Personaje complejo, en él convivían dos tendencias contrapuestas y complementarias: el placer hedonista por el color instrumental y una marcada tendencia hacia la austeridad que tenía su reflejo más elocuente en su propia vida, que siempre se desarrolló en soledad,

MAURICE RAVEL

OBRAS MAESTRAS

MÚSICA ESCÉNICA: a) Óperas: *LA HORA ESPAÑOLA* (1911); *EL NIÑO Y LOS SORTILEGIOS* (1925). b) Ballets: *MA MÈRE L'OYE* (1911); *DAPHNIS ET CHLOÉ* (1912); *BOLERO* (1928). **MÚSICA ORQUESTAL:** *PAVANA PARA UNA INFANTA DIFUNTA* (1899); *ALBORADA DEL GRACIOSO* (1905); *RAPSODIA ESPAÑOLA* (1908); *LA VALSE* (1920); *CONCIERTO PARA PIANO PARA LA MANO IZQUIERDA EN RE MENOR* (1930); *CONCIERTO PARA PIANO EN SOL MAYOR* (1931). **MÚSICA DE CÁMARA:** *CUARTETO DE CUERDA* (1903); *INTRODUCCIÓN Y ALLEGRO* (1905); *TRÍO CON PIANO* (1914); *SONATA PARA VIOLÍN Y VIOLONCELO* (1922); *SONATA PARA VIOLÍN Y PIANO* (1922); *TZIGANE* (1924). **MÚSICA INSTRUMENTAL:** *JEUX D'EAU* (1901); *MIROIRS* (1905); *GASPARD DE LA NUIT* (1908); *LE TOMBEAU DE COUPERIN* (1917). **MÚSICA VOCAL:** *MYRRHA* (1901); *SCHÉHÉRAZADE* (1903); *HISTOIRES NATURELLES* (1906); *3 POÈMES DE STÉPHANE MALLARMÉ* (1913); *CHANSONS MADÉCASSES* (1926); *DON QUICHOTTE À DULCINÉE* (1933).

◀▼ *Retrato de Maurice* **Ravel**. *Bajo estas líneas, portada diseñada por André Hellé para la primera edición de su ópera* El niño y los sortilegios, *con libreto de la escritora Colette.*

al margen de toda manifestación social, dedicado por entero a la composición. Sus dos conciertos para piano y orquesta, sombrío el primero en re menor, luminoso y extrovertido el segundo en Sol mayor, ejemplifican a la perfección este carácter dual de su personalidad.

RAY, MAN [Emmanuel Rudnitsky] *(Filadelfia, 1890-París, 1976) Fotógrafo y pintor estadounidense.* Cursó estudios de diseño industrial y de arquitectura. Su prolífica carrera comprendió actividades pictóricas, escultóricas y fotográficas. Tuvieron gran influencia sobre su obra la emblemática exposición del Armory Show (1913) y el contacto con artistas dadá afincados en Nueva York, como F. Picabia o M. Duchamp. Son célebres sus *ready-mades*, como los titulados *La puericultura II* (1920), en el que una mano se asoma de un bote, o la plancha con clavos que bautizó como *Regalo* (1921). En 1923 realizó una escultura consistente en un metrónomo con una fotografía de un ojo colgada del péndulo, integrante de la serie que denominó «objetos indestructibles». En el ámbito de la fotografía, género al que se dedicó profesionalmente desde 1921, desarrolló técnicas nuevas, como el rayograma o la solarización, y cultivó el retrato, la fotografía de moda y la imaginería abstracta. También experimentó con el surrealismo en el marco de su actividad como cineasta en filmes como *Retorno a la razón* (1923) y *Emak Bakia* (1926).

▼ *Un ojo inquietante parece mirar al espectador desde este* Metrónomo, *obra de Man* **Ray**. *La pieza forma parte de la colección llamada por el artista «objetos indestructibles».*

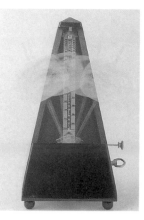

RAY, SATYAJIT *(Calcuta, 1921-id., 1992) Director de cine indio.* Su padre, Sukumar Ray, fue una eminente figura de la escena literaria bengalí. En 1940 se licenció en ciencias económicas por la Universidad de Calcuta y entró a trabajar en la Universidad Tagore de Viswa-Bharati. Sus paralelas formación pictórica y su herencia literaria lo dotaron de una delicada sensibilidad artística reflejada en todos sus filmes, de los cuales fue no sólo director, sino también guionista y compositor de las bandas sonoras. Su obra constituye un inmenso fresco social y cultural de la India, narrado desde una perspectiva individual con fuertes influencias del movimiento neorrealista. Su primer largometraje, *Pather Panchali* (1952), con lo cual inició su trilogía sobre la vida del joven Apu (completada posteriormente con *El mundo de Apu*, 1954, y *Aparajito*, 1957), le granjeó una inmediata notoriedad, y, a lo largo de los años sesenta y setenta, fue cimentando su creciente prestigio hasta ser considerado como uno de los más eminentes cineastas vivos. En 1981, su obra fue objeto de una retrospectiva en el Museo de Arte Moderno de Nueva York, y poco antes de su muerte, la Academia Cinematográfica de Hollywood le concedió un Oscar especial por el conjunto de su obra.

RAYLEIGH, JOHN WILLIAM STRUTT *(Landford Grove, Reino Unido, 1842-Witham, id., 1919) Matemático y físico británico.* Sucesor de J. C. Maxwell en la cátedra de física experimental de la Universidad de Cambridge (1879), desde 1887 fue profesor de filosofía natural en la Royal Institution de Londres. Secretario de la Royal Society, pasó a presidirla en 1905. Revisten especial importancia sus estudios de óptica, sobre el poder de resolución de los instrumentos ópticos y sobre las dimensiones moleculares, estimadas a partir de la difusión de la luz en los gases. En acústica estableció tres teoremas fundamentales sobre las vibraciones e ideó el disco (disco de Rayleigh) que permite medir la presión ejercida por las ondas sonoras. Su nombre está también unido a estudios sobre las emisiones de un cuerpo negro, así como a cuestiones de fluidodinámica, de elasticidad y de metrología eléctrica. En el curso de sus investigaciones relativas a la densidad de los gases llegó, junto con el químico británico sir William Ramsay, al descubrimiento (1894) del primer gas inerte: el argón. Por tal descubrimiento fue galardonado con el Premio Nobel de Física, en 1904.

REAGAN, RONALD *(Tampico, EE UU, 1911)*
Actor y político estadounidense. Comenzó
su carrera como locutor de radio, y poco
después se trasladó a Hollywood, donde
ingresó en el mundo del cine y llegó a participar en unas cincuenta películas. Más
tarde, sin embargo, dio un giro radical a su
carrera para acercarse a la política, y en
1962 ingresó en el Partido Republicano.
Elegido gobernador de California en 1966,
impulsó varias iniciativas para legalizar el
aborto, en abierta oposición al ideario de
muchos integrantes de su misma formación
política. Tras dos intentos fallidos (1968 y
1976), en 1980 logró la nominación por su
partido para las elecciones presidenciales,
en las cuales derrotó a Carter gracias a un
mensaje de alto contenido patriótico en
unos momentos en que la moral del país
estaba muy baja a causa de la crisis de los
rehenes en Irán. Como presidente, basó su
línea de gobierno en el rearme y en unas
directrices económicas que se distinguie-
ron por la adopción de medidas de corte
monetarista. Su política exterior estuvo dirigida a la confrontación con el comunismo, por lo que aprobó el despliegue de
misiles de alcance medio en Europa, para
contrarrestar los soviéticos SS-20, aunque
su más ambicioso proyecto fue la Iniciativa
de Defensa Estratégica, encaminada a crear
un escudo defensivo espacial contra los
misiles intercontinentales soviéticos. Tras
derrotar a Walter Mondale en las elecciones
de 1984, acercó posturas con la URSS de la
perestroika de Gorbachov y alcanzó importantes acuerdos de desarme. La percepción
de que el despliegue de medios y poder
económico en los gastos de defensa era lo
que había llevado a los soviéticos, incapaces de mantener el ritmo, a la mesa de negociaciones, unido a la bonanza económica, le granjeó un sólido prestigio en su país.
Concluido su segundo mandato en 1989,
se retiró a un rancho de su propiedad.

▲ *Ronald **Reagan** en
compañía de Margaret
Thatcher durante una visita
oficial al Reino Unido. Ambos
políticos están considerados
como los principales defensores
del neoliberalismo económico.*

▼ *El rey visigodo **Recaredo I**
representado en la sala
del trono con los signos
de su potestad regia.*

RÉAUMUR, RENÉ-ANTOINE *(La Rochelle,
Francia, 1683-Saint-Julien-du-Terroux,
id., 1757) Físico francés.* Establecido en
París desde 1703, pronto se dio a conocer
por su extraordinaria capacidad y a la
edad de veinticinco años se convirtió en
miembro de la Academia de las Ciencias.
En 1710 recibió el encargo de redactar la
descripción oficial de las artes, industrias y
oficios en Francia. En 1730 ideó el termó-
metro de alcohol con graduación directa,
según una escala dividida en 80 partes.
Sus intereses se extendieron a otros muchos campos de la ciencia y, en particular, fue un naturalista notable y apreciado.
Estudió varios tipos de animales, como
moluscos, aves, fauna marina e insectos.
Su obra en seis volúmenes *Mémoires pour
servir à l'histoire des insects* fue publicada
en París entre 1734 y 1742.

RECAREDO I *(?-Toledo, 601) Rey de los visigodos (586-601).* Subió al trono a la muerte de Leovigildo, en el 586, y rápidamente
maniobró para adoptar el catolicismo
como religión, lo que le reportó una fuerte
oposición de los sectores más tradicionalistas de la sociedad visigótica, que veían
en el arrianismo una seña de identidad cultural. Recaredo esperaba poder utilizar su
conversión al catolicismo para reforzar el
poder real y al mismo tiempo impedir que
el reino franco de la Galia pudiese atacarle
aprovechando la dualidad de religiones
que dividía a la población de la aristocracia germánica gobernante. Convocó un sínodo en el cual hizo abjurar del arrianismo
a los obispos visigodos, a lo que siguió la
conversión del resto de los arrianos. Esto
no se llevó a cabo sin tensiones: los obispos Sunna, de Mérida, Athaloco, de la Septimania, y Uldila, de Toledo, junto con
Goswintha, la madrastra de Recaredo, iniciaron una revuelta que fue rápidamente
sofocada debido a su mala coordinación.
Tras la derrota de los francos que habían
acudido a la Septimania en apoyo de Athaloco, hubo varios intentos de acercamiento, por vía matrimonial, entre ambas partes contendientes; fracasada esta vía, se
reanudaron las hostilidades, con la invasión de la Septimania por parte de los francos, a los que venció en Carcasona el *dux*
Claudio. El tercer concilio de Toledo (589)
sirvió para ratificar la abjuración del arrianismo tanto del monarca como de los
dignatarios del reino. La obra legislativa
de Recaredo se caracterizó por favorecer a
la aristocracia y la Iglesia, así como por la
promulgación de las primeras leyes contra
los judíos.

REDON, ODILON *(Burdeos, 1840-París, 1916) Pintor, grabador y dibujante francés.* Vivió en su ciudad natal hasta 1870, año en que se trasladó a París, donde en 1884 se convirtió en un personaje público a raíz de la aparición de una novela en la que el protagonista coleccionaba dibujos suyos. Hasta entonces, se había dedicado en exclusiva a la ilustración al carboncillo, y plasmado imágenes del todo alejadas de lo común, pobladas de seres fantásticos. A partir de 1890 se inició en la pintura, caracterizada en el aspecto técnico por el uso del óleo y el pastel y en lo temático por visiones fantasiosas cercanas a sus trabajos como dibujante o bien bodegones protagonizados por imaginativos ramilletes de flores. Tanto por el decorativismo de sus obras, impregnadas de un cromatismo vivo y deliciescente de sublime belleza, como por la evanescente irrealidad de sus composiciones, es considerado como uno de los principales representantes del simbolismo y un precursor del surrealismo. Entre sus obras cabe destacar sus series de litografías *Homenaje a Goya* (1885), *La noche* (1886) y *La tentación de san Antonio* (1888-1896), así como los cuadros *Retrato de Mme. Odilon Redon, Retrato de Gauguin* y *El Sagrado Corazón.* También es autor de la decoración mural del castillo de Domecy y de la abadía de Fontfroide.

REGIOMONTANO [Johann Müller] *(Königsberg, hoy Kaliningrado, actual Rusia, 1436 Roma, 1476) Astrónomo y matemático alemán.* Discípulo y sucesor, en 1461, de G. von Peuerbach, en Viena, se trasladó a Italia para completar su formación como astrónomo, y bajo la dirección del cardenal Besarión, célebre erudito griego, viajó en busca de antiguos textos matemáticos (a él se debe, entre otros, el redescubrimiento de la *Aritmética* de Diofanto). Después de varios traslados (Viena, Budapest), se estableció en Nuremberg, donde junto con B. Walther determinó la posición del cometa de 1472, posteriormente llamado Halley. También fundó en Nuremberg una imprenta en la que publicó uno de los primeros calendarios completos con datos astro-

▲ Roger y Angélica, *cuadro pintado en 1910 por O.* **Redon** *que se conserva en el MOMA de Nueva York. En él se muestra su particular gusto por lo fantástico.*

▼ Bilbao, *obra de Darío de* **Regoyos** *perteneciente a una colección particular, en la que destaca la captación de la luz y de la atmósfera en clave impresionista.*

nómicos sobre las posiciones del Sol y de la Luna, eclipses y fiestas móviles, las *Ephemerides ab anno 1475 ad annum 1506,* muy utilizadas por los navegantes de los siglos XV y XVI. Gran conocedor de los textos griegos, y estudioso de Euclides y Tolomeo, realizó una rigurosa traducción latina del *Almagesto* de Tolomeo, iniciada por su maestro, Peuerbach, y expuso el sistema tolemaico en una obra con el título *Epitome in Almagestum* (publicada póstumamente en 1496). Se interesó también por las matemáticas, y compuso un extenso tratado de trigonometría plana y esférica con el título *De triangulis omnimodis* (póstumo, 1533).

REGOYOS, DARÍO DE *(Ribadesella, España, 1857-Barcelona, 1913) Pintor español.* Se formó en Madrid, ciudad a la cual se trasladó con su familia en su juventud, antes de viajar a París y a Bruselas para ampliar sus conocimientos pictóricos. Aunque residió establemente en el norte de España, se mantuvo siempre muy vinculado a la vida artística belga, en la que participó mediante su integración en el grupo L' Essor y a través del envío de obras de su autoría a las exposiciones del grupo Les Vingt. De una etapa costumbrista, en la que plasmó escenas de los pueblos de Castilla (procesiones, entierros), por lo general en tonos oscuros y composiciones de tono lóbrego, pasó al período impresionista, de colorido vivo y luminoso, en que pintó paisajes de la España atlántica (puertos, montañas) con una alegría no exenta de cierto toque melancólico. Esta segunda etapa es la más valorada de su creación artística y la que lo convierte en uno de los pocos representantes del impresionismo en España.

REINHARDT, MAX *(Baden, Austria, 1873-Nueva York, 1943) Productor y director teatral austriaco, nacionalizado estadounidense.* Tras estudiar en Viena y Salzburgo, en 1894 se trasladó a Berlín, donde fundó el Kleines Theater (1902). Fue uno de los principales animadores del expresionismo, con representaciones que contribuían a integrar al espectador en la obra. Su versatilidad le permitió superar el naturalismo a través de la recuperación de los clásicos, del primer expresionismo de

Wedekind o del realismo simbólico. Es considerado uno de los más destacados renovadores de la dirección teatral, que concibió como una libre y dinámica interpretación de la obra dramática. Como consecuencia del nazismo, emigró a Estados Unidos en 1933, y siete años más tarde obtuvo la nacionalidad estadounidense. Entre sus creaciones escénicas cabe destacar *Los bajos fondos*, de Gorki, *Edipo rey*, de Sófocles, y *El sueño de una noche de verano*, de Shakespeare, que en 1935 adaptó al cine, con W. Dieterle como realizador.

REMBRANDT [Rembrandt Harmenszoon van Rijn] *(Leiden, actual Países Bajos, 1606-Amsterdam, 1669) Pintor holandés.* Nacido en el seno de una acomodada familia de molineros, Rembrandt recibió una esmerada educación y llegó a ingresar en la Universidad de Leiden, donde sólo estudió un curso, ya que por entonces decidió dedicarse a la pintura. De los dos maestros que tuvo, uno en Leiden y otro en Amsterdam, fue este último el que más influyó en el artista y el que le transmitió las tendencias italianizantes en boga. De hecho, sus primeras creaciones (como la *Lapidación de san Esteban*) manifiestan una evidente influencia del estilo de Pieter Lastman. En 1625, considerándose ya formado, abrió taller en Leiden junto con Jan Lievens (quien después siguió una trayectoria muy distinta), y no tardó en contar con una amplia clientela. Durante los años de Leiden, el arte de Rembrandt evolucionó desde unos inicios de colores brillantes y gestos grandilocuentes hacia una creciente afirmación del claroscuro. El sabio empleo que hizo el artista de esta nota tan típica del Barroco es lo que confiere a su obra una fuerza y una personalidad indiscutibles. Ya en época temprana, hacia 1630, el claroscuro se convierte en el más poderoso medio de expresión del pintor, tal como evidencian obras como *Sansón traicionado por Dalila* y *La presentación de Jesús en el templo*. En 1630, a raíz de la muerte de su padre, se trasladó a Amsterdam, donde se asoció con el marchante Hendrick van Uylenburgh, con cuya hija, Saskia, se casó. Comenzó entonces para él una etapa de prosperidad económica y de vida mundana, que se truncó repentinamente en 1642, año de la muerte de su esposa. Los reveses económicos se sucedieron, hasta que en 1656 se vio obligado a subastar todas sus pertenencias (casa, colecciones de arte, etc.). El consuelo le llegó de la mano de Hendrickje Stoffels, que entró a su servicio para hacerse cargo de su hijo Tito y con quien mantuvo una relación sentimental, sin llegar a casarse con ella para no perder la herencia de Saskia. Las dos etapas, próspera y adversa, de la vida de Rembrandt se reflejan en sus obras, particularmente en los autorretratos, un género que el artista cultivó a lo largo de toda su carrera; mientras que los primeros son alegres, brillantes y un tanto superficiales, los de los últimos años tienen un carácter sombrío, sereno, y reflejan una profundidad muy superior. De los numerosos géneros que cultivó, el religioso y el retrato fueron los dos en que más brilló su talento de maestro del Barroco. A Rembrandt se le recuerda, de hecho, sobre todo por sus magistrales retratos de grupo, absolutamente alejados de los convencionalismos al uso. La maestría compositiva, la perfecta caracterización de los personajes, el detallado estudio de los ademanes, la agudeza de los rostros, hacen de sus tres grandes creaciones de este género (*La lección de anatomía del doctor Tulp*, *La ronda de noche* y *Los síndicos del gremio de pañeros*) unas obras llenas de vida y de genio. En las creaciones de los últimos años (*El hombre del yelmo de oro*, *Jacob bendice a los hijos de José* o *La novia judía*), el pintor eleva todas sus conquistas al plano de la madurez, del estilo conseguido a base de años y de esfuerzo, y manifiesta un absoluto domi-

▼ *Bajo estas líneas, uno de los últimos autorretratos de* **Rembrandt**. *Debajo,* La compañía del capitán Frans Banning Cocq, *también conocido como* La ronda de noche, *cuadro pintado por el artista en 1642 que se conserva en el Rijksmuseum de Amsterdam.*

REMBRANDT
OBRAS MAESTRAS

LAPIDACIÓN DE SAN ESTEBAN (1625; Museo de Bellas Artes, Lyon); SANSÓN TRAICIONADO POR DALILA (1626; Museo de Stuttgart); LOS PEREGRINOS DE EMAÚS (1629; Museo Jacquemart-André, París); LA PRESENTACIÓN DE JESÚS EN EL TEMPLO (1631; Mauritshuis, La Haya); LA LECCIÓN DE ANATOMÍA DEL DOCTOR TULP (1632; Mauritshuis, La Haya); SASKIA COMO FLORA (1634; Ermitage, San Petersburgo); AUTORRETRATO CON SASKIA (1635; Museo de Dresde); SUSANA SORPRENDIDA POR LOS VIEJOS (1637; Mauritshuis, La Haya); PAISAJE CON OBELISCO (1639; Museo de Boston); BUEY DESOLLADO (1640; Art Gallery Museum, Glasgow); LA COMPAÑÍA DEL CAPITÁN FRANS BANNING COCQ O LA RONDA DE NOCHE (1642; Rijksmuseum, Amsterdam); CRISTO Y LA ADÚLTERA (1644; National Gallery, Londres); LA ADORACIÓN DE LOS PASTORES (1646; National Gallery, Londres); LA CENA DE EMAÚS (1648; Museo del Louvre, París); EL HOMBRE DEL YELMO DE ORO (1650; Staatliche Museen, Gemäldegalerie, Berlín); JOVEN BAÑÁNDOSE EN UN ARROYO (1655; National Gallery, Londres); LA CONSPIRACIÓN DE LOS BÁTAVOS (1661; Nationalmuseum, Estocolmo); LOS SÍNDICOS DEL GREMIO DE PAÑEROS (1662; Rijksmuseum, Amsterdam); LA NOVIA JUDÍA (1665, Rijksmuseum, Amsterdam).

nio de las técnicas y de los efectos. Rembrandt fue así mismo un gran dibujante y un grabador genial, que dejó cerca de 1 500 dibujos y alrededor de 400 grabados. Tanto los dibujos como los aguafuertes son obras plenamente barrocas, dominadas por la acción, el dramatismo y un realismo derivado de la observación del mundo circundante muy característico del arte de Flandes y de los Países Bajos. En todo ello se asemejan a las pinturas del artista, de las cuales se diferencian en la mayor importancia que en dibujos y grabados tiene la línea sobre el claroscuro.

RENI, GUIDO (*Calvenzano, actual Italia, 1575-Bolonia, 1642*) *Pintor italiano.* Se formó con Calvaert y en 1593 ingresó en la Academia de los Carracci, de los que heredó el amor por la pintura de Rafael y por el clasicismo en general, rasgos que se

◀ *Detalle de* La Aurora, *fresco pintado en 1613 por Guido* **Reni** *para el Palacio Rospigliosi de Roma.*

▼ *El director de cine francés Jean* **Renoir** *durante el rodaje de una de sus películas.*

> «*Una mañana, uno de nosotros, al que le faltaba el negro, se sirvió del azul: había nacido el impresionismo.*»
>
> Pierre-Auguste Renoir

acentuaron tras sus visitas a Roma. Después de una primera etapa, corta, de fuertes influencias caravaggiescas en los acentuados contrastes de luces y sombras, evolucionó hacia un barroco de raíz academicista, basado en la claridad del dibujo, la composición con movimiento y plana y la idealización de las figuras. Trabajó en Roma, donde decoró al fresco la bóveda del Casino Rospiglioso (*La aurora,* su obra más famosa), en Nápoles y en Bolonia, donde tuvo un taller que gozó de prestigio en toda Europa. Se dedicó sobre todo a la temática religiosa y mitológica y gozó de un prestigio considerable.

RENOIR, JEAN (*París, 1894-Beverly Hills, EE UU, 1979*) *Director, guionista, productor cinematográfico y escritor francés.* Hijo del pintor impresionista Pierre-Auguste Renoir, Jean es uno de los nombres clave del cine francés y universal. Su vocación se despertó a raíz del descubrimiento, en 1924, de la película de Erich von Stroheim *Esposas frívolas* (1921), cuya impronta será perceptible a lo largo de toda su producción. *La fille de l'eau* (1924) marcó su debut como realizador, aunque su consagración no llegaría hasta *Toni* (1935), precedente directo del neorrealismo por su temática social y su interpretación a cargo de actores no profesionales. Le siguieron dos de sus filmes más célebres, *La gran ilusión* (1937) y *La regla del juego* (1939), manifiesto pacifista la primera, ingeniosa crítica de la sociedad burguesa la segunda. El estallido de la Segunda Guerra Mundial obligó a Renoir a buscar refugio en Estados Unidos, donde continuó su carrera. De este período datan títulos como *Esta tierra es mía* (1943) y *La mujer en la playa* (1946). *French can-can* (1955) y *Comida sobre la hierba* (1959) fueron realizados tras su regreso a Francia.

RENOIR, PIERRE-AUGUSTE (*Limoges, Francia, 1841-Cagnes-sur-Mer, id., 1919*) *Pintor francés.* A los tres años de edad se trasladó a París con su familia y a los trece su padre lo empleó en un taller de decoración de porcelanas para explotar su extraordinario talento como dibujante. Desempeñó varios oficios más, todos en la misma línea, antes de inscribirse en la Escuela Superior de Bellas Artes de París, en el estudio-taller de Charles Gleyre, donde trabó una amistad duradera con Claude Monet, Alfred Sisley y Frédéric Bazille. Como complemento de su formación artística visitaba con frecuencia el Museo del Louvre para copiar a sus pintores más admirados. A partir de 1863 comenzó a reunirse en el café Guer-

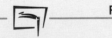

▲ Baile en el Moulin de la Galette, *obra pintada* in situ *en 1876 que representa el popular baile de Montmartre. Sobre estas líneas,* Bañista peinándose *(1893).*

algunas obras (*Retrato de Mme. Charpentier y sus hijos*) que le abrieron las puertas del Salón. El año 1876 fue fecundo para el artista, ya que realizó tres de sus mejores creaciones, *El columpio, Torso de mujer al sol* y *Baile en el Moulin de la Galette,* en las que hace un magnífico estudio de la luz y consigue plasmar con rara maestría los reflejos del sol que se filtran por entre las sombras. Son tres cuadros en los que triunfa ya plenamente la pintura *en plein air* que propugnaban los impresionistas. Durante estos años, Renoir siguió participando, aunque no con regularidad, en las exposiciones del grupo. En 1881, cuando se vio libre por primera vez de agobios económicos gracias a la adquisición sistemática de sus obras por el marchante Durand Ruel, decidió visitar Argelia (*Fiesta árabe en Argel*) e Italia. El contacto en este último país con las obras de los grandes maestros sumió al artista en una profunda crisis, durante la cual llegó a afirmar que no sabía «ni pintar, ni dibujar». Renunció entonces al impresionismo y se orientó hacia una pintura más lineal y de dibujo más sólido, con obras como *Los paraguas, Baile en el campo* y *Baile en la ciudad.* Sin embargo, en 1889 volvió de nuevo a su estilo impresionista, centrado ahora en el desnudo femenino plasmado con un colorido cálido en el que abundan los tonos anaranjados. La obra cumbre de esta etapa final de su vida es *Las bañistas,* una composición en la que las figuras se funden con la naturaleza transfiguradas por la luz y el color. Aquejado de reumatismo articular, afección que llegó a dejarlo paralítico, se refugió en Cagnes-sur-Mer, donde se mantuvo activo hasta el final de sus días y realizó, además de pinturas, algunas esculturas. Renoir, uno de los pocos impresionistas que prefirieron la figura humana al paisaje, murió siendo un artista universalmente famoso, e incluso en 1914 pudo ver cómo entraban en el Louvre algunas de las obras por él pintadas.

bois con los pintores que formaron más tarde el grupo de los impresionistas. Sus primeras obras (*Retrato de Frédéric Bazille, Diana cazadora*) son de carácter tradicional. Su primer paso hacia el impresionismo lo dio durante una estancia con Monet en los baños de La Grenouillère, donde ambos artistas pintaron cuadros en los que apuntan ya la disolución de la pincelada y de los contornos característica del impresionismo. La composición informal, la técnica abocetada y sobre todo la espontaneidad e inmediatez que caracterizan la ejecución de las obras relativas a este lugar de baños de una isla del Sena están en la base del estilo impresionista. Tras su obligada participación en la guerra franco-prusiana (1870-1871), en 1874 presentó varias obras, entre ellas *El palco,* en la primera exposición de los impresionistas, que suscitó críticas feroces, aunque a Renoir le valió el apoyo de Georges Charpentier, para quien realizó

RETZ, JEAN-FRANÇOIS-PAUL DE GONDI, CARDENAL DE *(Montmirail, Francia, 1613-París, 1679) Eclesiástico y político francés.* Hijo de Philippe-Emmanuel de Gondi, tras cursar estudios en la Sorbona se distinguió por su participación en diversas conspiraciones. Gran aventurero, fue aliado primero y adversario después del ministro Mazarino, y tomó parte en la Fronda, nombre del partido que, entre 1648 y 1653, se sublevó para derribar el régimen absolutista. En 1652, cuando ya era cardenal, fue encarcelado por intrigar contra Luis XIV, pero

---

PIERRE-AUGUSTE RENOIR
OBRAS MAESTRAS

RETRATO DE FRÉDÉRIC BAZILLE (1867; Museo del Louvre, París); *DIANA CAZADORA* (1867; National Gallery, Washington); *EL PALCO* (1874; Tate Gallery, Londres); *LA LECTORA* (1875; Musée d'Orsay, París); *RETRATO DE CLAUDE MONET* (1875, Musée d'Orsay, París); *RETRATO DE MME. CHARPENTIER Y SUS HIJOS* (1876, Metropolitan Museum, Nueva York); *EL COLUMPIO* (1876; Musée d'Orsay, París); *TORSO DE MUJER AL SOL* (1876; Musée d'Orsay, París); *BAILE EN EL MOULIN DE LA GALETTE* (1876; Musée d'Orsay, París); *LOS BARQUEROS DE CHATOU* (1879; National Gallery, Washington); *LOS PARAGUAS* (1883; National Gallery, Londres); *BAILE EN EL CAMPO* (1882-1885; Musée d'Orsay, París); *BAILE EN LA CIUDAD* (1885; Musée d'Orsay, París); *LAS BAÑISTAS* (1918; Musée d'Orsay, París).

logró evadirse y marchar al exilio, en el que permaneció hasta la muerte de Mazarino en 1661. Entonces regresó a París, obtuvo el perdón real y la abadía de Saint-Denis. Retirado de la vida política, dedicó los últimos años de su vida a la redacción de las *Mémoires* (1673-1676), consideradas un clásico de la literatura memorialista.

REUTER, PAUL JULIUS [Israel Beer Josaphat] *(Kassel, actual Alemania, 1816-Niza, 1899) Empresario y periodista alemán.* Nacido en el seno de una familia judía, adquirió la nacionalidad británica y se convirtió al cristianismo en 1844, fecha a partir de la cual adoptó el apellido Reuter. Instalado en Berlín, su actividad periodística y panfletaria le atrajo la hostilidad de las autoridades, y en 1848 emigró a París. En 1851 se trasladó a Londres, donde fundó una agencia de telégrafos, que en un principio funcionó sobre todo gracias a los telegramas comerciales. Sin embargo, Reuter aprovechó el florecimiento de la prensa para lanzar una suscripción específica para periódicos que no tardó en captar grandes clientes. Su primer gran éxito tuvo lugar en 1859 al transmitir a Londres el discurso pronunciado por Napoleón III con ocasión de la guerra franco-austriaca del Piamonte, en Italia. La utilización de cables submarinos le permitió extender su servicio a otros continentes y consolidar su imperio periodístico.

REVUELTAS, SILVESTRE *(Santiago Papasquiaro, México, 1899-Ciudad de México, 1940) Compositor, violinista y director de orquesta mexicano.* Su vida fue tan intensa como breve. Formado como violinista y director de orquesta en su tierra natal y Estados Unidos, empezó a componer relativamente tarde, a principios de la década de 1930, seguramente influido por el ejemplo de Carlos Chávez, de quien fue director asistente entre 1929 y 1935 en la Orquesta Sinfónica de México. En 1937 marchó a España, y participó de manera activa en la guerra civil a favor del bando republicano. Compositor autodidacto, su producción musical es muy escasa, aunque valiosa, con títulos como el ballet *El renacuajo paseador* (1933) y las obras orquestales *Ocho por radio* (1933), *Redes* (1935), *Homenaje a Federico García Lorca* (1935) y *La noche de los mayas* (1939), y sobre todo *Sensemayá* (1938), su partitura más conocida dentro y fuera de su patria. Un profundo conocimiento de la música mexicana y la primacía absoluta del ritmo otorgan a estas páginas de Revueltas un singular atractivo.

▲ *Fernando **Rey**, uno de los actores españoles más conocidos internacionalmente, fotografiado en sus años de madurez.*

▼ *Paul Julius **Reuter**, fundador de la agencia de prensa que lleva su apellido.*

REY, FERNANDO [Fernando Casado Arambillet] *(La Coruña, 1917-Madrid, 1994). Actor de cine español.* La guerra civil española truncó sus estudios de arquitectura y tras la finalización del conflicto inició una serie de trabajos como figurante. A partir de mediados de los años cuarenta empezó a asentarse en papeles protagonistas, en los que manifestó su excelente dicción y talento interpretativo. Sus ideas progresistas le llevaron a alejarse de la producción oficialista para involucrarse con la productora UNINCI, vivero de actividad creativa alternativa a la promocionada por el gobierno. Trabajó con directores polémicos como Luis García Berlanga, Juan Antonio Bardem y, muy especialmente, con Luis Buñuel en títulos tan destacados como *Viridiana* (1961), *El discreto encanto de la burguesía* (1972) o *Ese oscuro objeto del deseo* (1977). La notoriedad alcanzada por las obras del genial director aragonés le permitió trabajar con otros cineastas de categoría internacional, como Orson Welles, Vincente Minnelli, Robert Altman o William Friedkin. En 1991 fue nombrado director de la Academia Española de las Artes y las Ciencias Cinematográficas.

REYES, ALFONSO *(Monterrey, México, 1889-Ciudad de México, 1959) Escritor mexicano.* Cursó estudios de derecho en Ciudad de México, pero a su conclusión no ejerció la abogacía. Vivió durante mucho tiempo en el extranjero (Francia, España, Argentina y Brasil) donde desempeñó diversas funciones diplomáticas. Regresó en 1939, a Ciudad de México, donde presidió la Casa de España. No sólo ocupó un lugar clave en la vida cultural del país, sino que se convirtió en uno de los intelectuales más influyentes de América Latina. Fue un extraordinario humanista, nacionalista y cosmopolita al mismo tiempo, hondamente preocupado por la educación del individuo. Destacan en su producción los títulos: *Visión de Anáhuac, Ifigenia cruel, El plano oblicuo, Homero en Cuernavaca, Simpatías y diferencias, Nuestra lengua, Memorias de bodega y cocina, La filosofía helenística*, entre otros.

REYNOLDS, JOSHUA *(Plympton, Gran Bretaña, 1723-Londres, 1792) Pintor inglés.* De él se ha dicho, quizá con un punto de exageración, que es el mejor pintor británico de todos los tiempos. Lo que no admite duda es su condición de mejor retratista británico de la historia. Estudió pintura en Londres de 1740 a 1743 con Hudson, y tras un primer período de actividad en su Devonshire natal, se trasladó a Italia, donde permaneció de 1750 a 1752. El estudio de la pintura de los siglos XVI y XVII, y también la de los clásicos que realizó fundamentalmente en Roma, resultó decisivo para su evolución posterior, en particular para la creación y desarrollo de lo que denominó *grand style*, que no es sino dotar a los modelos de sus retratos de actitudes inspiradas en obras religiosas o mitológicas del pasado y adoptar para sus obras soluciones cromáticas extraídas de los grandes maestros de la pintura. Cuando un año después de establecerse en Londres, en 1754, se conoció su retrato de *El comodoro Keppel*, la fama le llegó de inmediato. A partir de entonces tuvo ocasión de retratar a todas las grandes figuras de la vida londinense de la época, de quienes dio una visión personalizada, en la que cada personaje resulta único. Su constancia en el trabajo le permitió pintar tal cantidad de retratos que llegó a amasar una fortuna inmensa. Por ello, y pese a su origen provinciano, se movió con soltura y dignidad entre las capas más altas de la sociedad británica, con lo que contribuyó decisivamente a dignificar en su país la figura del artista. Tras la fundación, en 1768, de la Royal Academy, fue su primer presidente, y a dirigir la institución se dedicó en lo sucesivo, ya que la ceguera le impidió proseguir la actividad pictórica. Son famosos los quince discursos que pronunció, expresión paradigmática de la doctrina académica.

▲ Joshua **Reynolds** en un autorretrato conservado en la Royal Academy de Londres. La actitud solemne y majestuosa del pintor queda magnificada por la presencia de un busto clásico.

▼ El sha **Reza Pahlavi** en el transcurso de una visita oficial a España.

REZA PAHLAVI *(Teherán, 1919-El Cairo, 1980) Sha de Irán.* Primogénito y heredero del fundador de la dinastía Pahlavi, Reza Jan, subió al trono iraní en 1941, tras la abdicación de su padre. A lo largo de su reinado debió hacer frente al creciente descontento social, alentado por una parte por el clero islámico, dirigido inicialmente por el ayatolá Abul Qasim Kashani, y por los comunistas del Tudeh y los nacionalistas liberales de Mohammed Mussadiq, por otra. En un creciente clima de animadversión hacia los intereses británicos y estadounidenses, el sha fue objeto de un atentado el 4 de febrero de 1949, del que salió con vida. En 1963, introdujo una serie de reformas (la denominada Revolución Blanca) a las que se opusieron tanto el Frente Nacional como la izquierda. Las protestas y la violencia fueron en aumento, hasta desembocar en la revolución islámica de 1978, encabezada por el ayatolá Jomeini.

En enero de 1979, el sha marchó al exilio, donde murió al año siguiente víctima de un cáncer.

RHODES, CECIL JOHN *(Bishop's Stotford, Reino Unido, 1856-Muizenberg, actual Sudáfrica, 1902) Financiero y estadista británico.* Hijo de un vicario, en 1870 fue enviado a Sudáfrica para trabajar con su hermano Herbert en una plantación de algodón. Un año después, atraídos por la «fiebre del diamante», se trasladaron a Kimberley, el centro minero más importante de la región. Tras fundar la compañía diamantífera De Beers, procedió a la compra sistemática de numerosas concesiones mineras en la zona. En 1887 se enfrentó al financiero Barney Barnato por el control del yacimiento Kimberley, conflicto que se saldó gracias al cheque de mayor valor jamás firmado por un particular hasta aquel momento: 5 millones de libras. En 1891, la compañía De Beers controlaba el 90 por ciento de la producción mundial de diamantes. Paralelamente a sus actividades financieras, Rhodes se introdujo en el campo político con el objetivo último de formar una federación de comunidades bóers bajo la bandera del Imperio Británico. Para ello financió y dirigió la ocupación británica de Bechuanalandia (hoy Botswana) y un conjunto de territorios situados al norte de la misma, que fueron bautizados más tarde con el nombre de Rodesia. Consiguió de este modo aislar a los Estados

bóers y, ya como primer ministro de la colonia de El Cabo, en 1894 propuso al presidente de Transvaal, Paul Kruger, un proyecto de federación que éste, ferviente defensor del principio «África para los afrikaners», rechazó. Intentó entonces desestabilizar el gobierno de Kruger financiando la rebelión de los *uitlanderns*, en su mayoría británicos, y otros foráneos, a los que Kruger había desposeído de todo derecho político. Con el desenlace del conflicto todavía indeciso, Leander Starr Jameson, un colaborador directo de Rhodes, decidió unilateralmente acudir en ayuda de los rebeldes mediante la invasión del Transvaal desde el territorio anexo de Matabelele. La incursión se saldó con un rotundo fracaso, y la presión política subsiguiente le obligó a dimitir de su cargo de primer ministro. Desde ese momento hasta su muerte, un muy debilitado Rhodes se dedicó a promover la colonización de Rodesia.

▲ *Retrato anónimo de Cecil* **Rhodes**, *colonizador de extensos territorios del centro de África para Gran Bretaña.*

RIBALTA, FRANCISCO *(Solsona, España, 1565-Valencia, 1628) Pintor español.* Pasó su niñez y su juventud en Barcelona, donde su padre trabajaba como sastre, y su hermano mayor, como sombrerero. No consta que comenzara los estudios artísticos en esta época, sino a raíz de su traslado a Madrid, en 1581, cuando a la muerte de sus padres vendió algunas posesiones y dispuso de cierto capital. En Madrid, se movió en el círculo de El Escorial, el principal foco de la actividad artística de aquellos años. Se sabe que copió obras escurialenses y que se relacionó con pintores que trabajaban en el monasterio, sobre todo con Navarrete. Antes de que se cumpliera su primer año de estancia en Madrid, ya había pintado su primera obra, *Preparativos de la crucifixión* (1582), de clara impronta veneciana. También por esos años contrajo matrimonio y nacieron sus hijos, dos niñas y un varón, Juan, que así mismo fue pintor. En Madrid, conoció a Lope de Vega, con quien mantuvo una estrecha amistad hasta el fin de sus días. Seguramente a través de Lope de Vega, de quien pintó un retrato, se enteró de que el arzobispo Ribera buscaba artistas para varios encargos, y ello le indujo a desplazarse en febrero de 1599 a Valencia, de donde ya no se movió hasta su muerte en 1628. Ribalta revolucionó la pintura local de la época, de carácter un tanto dulzón, con sus figuras poderosas y fuertemente

▼ Cristo clavado en la cruz, *óleo pintado en 1588 por Francisco* **Ribalta** *durante su estancia en Madrid. El cuadro se conserva en el Museo Ermitage, en San Petersburgo.*

caracterizadas, y fue la personalidad más destacada de la escuela barroca valenciana. Sus primeros encargos en Valencia fueron retratos y obras religiosas, como el retablo de Santiago de Algemesí y la *Santa Cena* (1606), que lo consagró como pintor de prestigio. En su producción posterior se advierte, en las obras de 1610-1612, una clara influencia de Sebastiano del Piombo, y desde 1615 aproximadamente, detalles derivados de Caravaggio. En este último período simplificó sus composiciones y acentuó un naturalismo que ya le era propio desde los inicios. *San Francisco confortado por un ángel* (h. 1616) y el conjunto de obras que realizó para la cartuja de Porta Coeli se cuentan entre lo mejor de la etapa final de su vida.

RIBERA, JOSÉ DE, llamado *el Españoleto (Játiva, España, 1591-Nápoles, actual Italia, 1652) Pintor y grabador español que trabajó en Italia.* Su formación y sus inicios pictóricos son prácticamente desconocidos. Algunos historiadores sugieren que fue discípulo de Francisco Ribalta, pero no existe sobre él ninguna documentación hasta 1612, año en que se trasladó a Italia, donde se le conoció con el apelativo de *il Spagnoleto* (y de ahí el apelativo castellano de *el Españoleto*). Tras un breve paso por Parma y Bolonia, de 1613 a 1616 residió en Roma, donde ganó fama como pintor realista. Sus obras más importantes de este período son las pertenecientes a la serie de los *Cinco sentidos*. En 1616 se estableció en Nápoles, donde contrajo matrimonio con Catarina Azzolino, hija de un pintor siciliano, y pronto gozó de la protección de los virreyes, por lo que no le faltaron los encargos. Para el duque de Osuna (virrey de 1616 a 1620) pintó numerosas obras, como el famoso *Martirio de san Bartolomé*. La caída en desgracia de su protector, encarcelado por el conde-duque de Olivares, indujo a Ribera a dejar la pintura para dedicarse al grabado, con obras que se difundieron por toda Europa y acrecentaron su nombradía. Unos años más tarde, tras ingresar en la Academia romana de San Lucas, volvió a la pintura y trabajó indistintamente para estamentos religiosos y civiles. A partir de entonces cabe establecer tres períodos en su creación artística: el inicial (1626-1630), en el que abundan los intensos contrastes de luces y sombras inspirados en Caravaggio; el de madurez (1630-1639), el más rico y productivo, caracterizado por un creciente naturalismo y por la iluminación diurna; y la última fase (1640-1652), de estilo más suave y tranquilo. Entre los numerosos géneros que cultivó (temática religiosa, mitología, retrato) destacan sus cuadros de martirios y los de mendigos y tipos populares, uno de los capítulos más logrados de su producción, con obras como *El alegre bebedor* o *El patizambo*.

RICARDO I *CORAZÓN DE LEÓN* *(Oxford, Inglaterra, 1157-Châlus, Francia, 1199) Rey de Inglaterra*. Tercer hijo de Enrique II, persona de carácter belicoso, en su juventud se sublevó, aliado con sus hermanos, contra su padre, al tiempo que tenía que hacer frente a los rebeldes del ducado de Aquitania, territorio que había recibido en 1168. Una vez aplastada la sublevación aquitana, en 1175, obligó al conde de Tolosa a rendirle vasallaje y se enfrentó a sus hermanos en varias ocasiones. No dudó en conseguir el apoyo de Felipe II Augusto de Francia para atacar una vez más, y en esta ocasión derrotar, a su padre en 1188. Rompió su alianza con el monarca francés al año siguiente, cuando, muerto su padre, se convirtió en rey de Inglaterra, ya que sus dos hermanos mayores habían fallecido antes. En 1190 tomó parte en la Tercera Cruzada. Tras ocupar Chipre, desembarcó en Tierra Santa para unir sus armas a las de Felipe Augusto en el asedio de Acre. En la guerra contra los turcos demostró una gran capacidad militar, que iba pareja a su arrojo personal en el campo de batalla. Una vez tomada Acre, seguida de la matanza de la población, Ricardo prosiguió la expedición, mientras que Felipe Augusto retornó a Francia, donde comenzó a conspirar contra Ricardo junto al hermano menor de éste, Juan sin Tierra. La campaña de Ricardo tuvo éxitos resonantes como la victoria de Arsuf, pero al mismo tiempo era consciente de las dificultades de la empresa y del hecho de que el rey de Francia y su hermano estaban conspirando a sus espaldas. Todo esto le llevó a pactar con Saladino los términos de la paz y dejó Tierra Santa en 1192. Durante el viaje de regreso, mientras atravesaba Alemania, fue

▲ *Niño cojo* o El patizambo, *lienzo pintado por* **Ribera** *en 1642 y conservado en el Museo del Louvre de París. El joven mendigo sostiene en su mano izquierda un papel en el que se lee, en latín, «Por el amor de Dios, dadme una limosna».*

▼ *El rey* **Ricardo I** *Corazón de León recibiendo muestras de vasallaje según una ilustración del manuscrito* Ebulo, *del s. XII, que se encuentra en la Burgerbibliothek de Berna (Suiza).*

apresado por el duque Leopoldo, quien lo entregó al emperador Enrique VI. Ricardo estuvo cautivo hasta que accedió a pagar un rescate y rendir vasallaje a Enrique VI. Una vez en Inglaterra, en 1194, inició una guerra contra Felipe Augusto para recuperar las posesiones familiares en el continente. Falleció a causa de una herida recibida durante el asedio de Châlus.

RICARDO III, llamado *el Jorobado (Fotheringay, Inglaterra, 1452-Bosworth, id., 1485) Rey de Inglaterra (1483-1485)*. Hijo de Ricardo de York y hermano de Eduardo IV, luchó en la batalla de Barnet (librada en 1471 contra las tropas de la familia Lancaster) al mando del flanco derecho del ejército de su hermano, y fue figura destacada en la victoria final. Tras la muerte del rey, ante la minoridad de su hijo, Eduardo V, Ricardo, que ostentaba el título de duque de Gloucester, se hizo con la regencia del reino y, mediante una acusación de ilegitimidad, logró convencer al Parlamento para que desposeyera a su sobrino. Una vez encarcelados Eduardo V y su hermano en la Torre de Londres, y posteriormente asesinados, Ricardo III fue proclamado rey en medio de una creciente oposición, que a la postre sería aprovechada por el conde de Richmond, Enrique Tudor, quien, tras desembarcar en Millford Haven, lo derrotó en la batalla de Bosworth Field y le dio muerte.

RICARDO, DAVID *(Londres, 1772-Gatcomb Park, Reino Unido, 1823) Economista inglés*. Hijo de un judío holandés establecido en Inglaterra, empezó a trabajar a los catorce años en los negocios de su padre. Fue agente de Bolsa y más tarde inversor, y su habilidad en los negocios le permitió amasar en pocos años una fortuna considerable. A pesar de no contar con una formación académica, era un hombre cultivado, especialmente en los campos de la literatura, las matemáticas, la química y la geología. En 1799 leyó *La riqueza de las naciones*, de Adam Smith, y la obra despertó su interés por la economía, por lo que se dedicó durante diez años a estudiar la materia. Se retiró en 1814, a la edad de cuarenta y dos años, e ingresó en la Cámara de los Comunes cuatro más tarde. Se relacionó con los intelectuales más importantes de su época, entre ellos James Mill (padre de John Stuart Mill), Jeremy Bentham y Thomas Malthus, con quien mantendría una copiosa correspondencia. Sus primeros escritos estaban dedicados a temas monetarios, en especial a la depreciación de la libra durante las guerras napoleónicas, motivada por la excesiva emisión de billetes por el Banco de Inglaterra durante los años de suspensión de la conversión en oro. Sobre este tema escribió el breve tratado *El alto precio de los lingotes, una prueba de la depreciación de los billetes de banco*, publicada en 1810. Ricardo dedujo que el Banco de Inglaterra tenía que controlar los volúmenes de dinero y crédito, hecho que tuvo una enorme importancia para el desarrollo de las teorías sobre el papel que correspondía a los bancos centrales. Participó en los debates sobre las leyes del trigo (*Corn Laws*), mediante las cuales el Parlamento había aumentado los aranceles del cereal ante la caída de los precios. En relación con este tema, en 1815 publicó su *Ensayo sobre la influencia del bajo precio del trigo sobre los beneficios del capital*, en el que sostenía que el aumento de las tarifas aduaneras beneficiaba únicamente a los terratenientes y perjudicaba a las manufacturas. Dos años más tarde apareció su obra más importante, los *Principios de economía política y tributación*, que se reeditó en dos ocasiones (1819 y 1821), donde aportaba importantes innovaciones con respecto a la obra de Adam Smith en temas como el valor, el dinero, el comercio internacional y la distribución de la renta. A diferencia de Smith, que definía el valor en función exclusiva de los costes de producción (salarios, beneficio y renta de la tierra), Ricardo desarrolló una teoría del valor-trabajo la cual, aun manteniendo que el valor estaba determinado por el coste de producción (y no por la utilidad del bien), matizaba que el trabajo necesario para la obtención de un bien era la medida absoluta de su valor, pues el capital (que aplicado al trabajo aumenta su productividad) constituía en realidad trabajo acumulado. Así pues, en su opinión, el valor de un bien era la suma del trabajo directo (salarios) y el trabajo acumulado (capital). La concepción ricardiana del valor-trabajo tuvo una enorme influencia sobre Karl Marx. La teoría de la distribución de la renta de Ricardo

▲ *David **Ricardo** en un grabado de T. Phillips. Este economista británico sentó las bases de la moderna teoría del comercio.*

▼ *El escritor británico Samuel **Richardson** retratado por J. Highmore hacia 1747. El cuadro se encuentra en la National Gallery of Portraits de Londres.*

distinguía tres categorías: renta del terrateniente, salario del trabajador y beneficio del capitalista. Su análisis fue de carácter dinámico, ya que su preocupación giraba en torno a cómo se efectuaba la distribución de los beneficios del progreso económico entre los distintos grupos sociales. Explicó el aumento de la renta de los terratenientes basándose en la ley de los rendimientos decrecientes. En materia de comercio internacional, enunció la teoría de las ventajas comparativas, que defendía la especialización a nivel internacional en la producción de bienes en base a los costes relativos de los factores, con extensión de las ventajas del libre comercio interior al intercambio entre países.

RICARDOS, ANTONIO (*Barbastro, España, 1727-Madrid, 1794) Militar español.* Tomó parte en las campañas de Italia de la guerra de Sucesión de Austria, en las cuales alcanzó cierto renombre. Ricardos, cercano a las ideas de la Ilustración, dedicó buena parte de su actividad a la reorganización del ejército, para lo cual estudió el modelo prusiano. Aplicó, más tarde, su experiencia en diversas reformas tanto en España como en América y fundó, en 1773, la Academia de Ocaña, desde donde llevó a cabo, como inspector general, la reestructuración de la caballería. Miembro del «partido aragonés», su carrera en la corte siguió la estela de Aranda y, por consiguiente, le enfrentó a Floridablanca. En 1778 fue desterrado a Guipúzcoa, acusado por la Inquisición. Tras ser rehabilitado, como capitán general de Cataluña dirigió en 1793 las operaciones contra Francia, en las que de nuevo demostró su valía como estratega. A pesar de todo, su decisión de no atacar Perpiñán provocó una fuerte controversia.

RICHARDSON, SAMUEL (*Derbyshire, Gran Bretaña, 1689-Londres, 1761) Escritor inglés.* En su juventud trabajó como aprendiz de un librero e impresor de Londres. En 1719 organizó su propia empresa con la que alcanzó un notable éxito económico como impresor de periódicos. Instado por unos amigos a que compusiera un formulario epistolar de contenido moral y prudencial, redactó una obra que pronto adquirió dimensiones más amplias de las inicialmente previstas y se convirtió en la primera parte de la novela *Pamela o la virtud recompensada* (1740), editada en dos volúmenes, cuyo considerable éxito y la controversia social que suscitó dieron pie a numerosas imitaciones. Decidió escribir una segunda novela, del mismo género, titulada *Clarisa Harlowe* (1747-1748), que fue también un éxito y se considera hoy como su mejor obra. En ella, la protagonista se debate entre su atracción por el poco recomendable Lovelace y los consejos y la prudencia sociales. Publicó en siete volúmenes la *Historia del señor Charles Grandison* (1754), en la que configuró uno de los personajes de moda de la época. Todas sus novelas pertenecen al género epistolar, que contribuyó a fijar, y se caracterizan por un realismo de tipo costumbrista; aunque se enmarquen dentro de los límites de la moral puritana de la época, no por ello dejan de aportar penetrantes análisis psicológicos de sus personajes, por lo que se le considera el padre de la novela sentimental y psicológica, y en este sentido influyó sobre Goethe y Rousseau.

RICHELIEU, ARMAND JEAN DU PLESSIS, CARDENAL Y DUQUE DE *(París, 1585-id., 1642) Religioso y político francés.* Perteneciente a una influyente familia aristocrática, fue uno de los inspiradores del absolutismo monárquico en Francia. Con poco más de veinte años sucedió a su hermano Alphonse en el obispado de Luçon. En el contexto de las luchas religiosas entre católicos y protestantes y de las intrigas de ambos bandos en los estamentos próximos al poder, pronto se significó como un ambicioso y hábil político. Elegido diputado del clero ante los Estados Generales en 1614, trabajó con el partido «devoto» y se convirtió en uno de los principales consejeros de María de Médicis, esposa del asesinado Enrique IV y regente de su hijo Luis XIII. Concini, consejero de la reina, lo nombró secretario de Estado para la Guerra, y como tal formó parte del Consejo Real. Tras el asesinato de Concini, ordenado por Luis XIII a instancias de Albert de Luynes, siguió a la regente al destierro. Alzada ésta en armas contra su hijo, Richelieu logró hábilmente que ambos se reconciliaran y firmasen los tratados de Angulema en 1619 y de Angers al año siguiente. Merced a esta intervención recibió en 1622 el capelo cardenalicio. En abril de 1624 retornó al Consejo Real, del cual se convirtió en jefe meses más tarde. Desde ese momento y hasta

> «*En cuestiones de Estado, quien tiene la fuerza con frecuencia tiene la razón, y aquel que es débil difícilmente puede evitar estar equivocado a juicio de la mayor parte de la gente.*»
>
> Cardenal Richelieu

▼ *El cardenal* **Richelieu** *en la celebración eucarística, detalle de un tapiz en el que se reflejan tanto la constitución asténica como el porte autoritario del político francés.*

su muerte arbitró la política francesa, consolidó la monarquía en detrimento de la nobleza y configuró los fundamentos del absolutismo. Reprimió así mismo a los campesinos y también a los hugonotes, cuando éstos recibieron apoyo de Inglaterra. Con todo, fue tolerante con ellos, y tras derrotarlos en La Rochelle, en 1628, proclamó el edicto de gracia de Alès que anulaba sus privilegios políticos, pero mantenía vigentes las cláusulas del edicto de Nantes. La complejidad y las aparentes contradicciones presidieron toda su actuación al frente de los asuntos de Estado. Así, no dudó en aliarse con los protestantes o apoyarlos, como en el conflicto de la Valtelina o en la guerra de los Treinta Años, para asegurar la posición de Francia frente a los Habsburgo. Este enfrentamiento, convertido casi en obsesión, le indujo a intervenir en Italia y a intrigar entre los príncipes alemanes contra el emperador Fernando II; en España, apoyó los alzamientos de 1640: el de Cataluña, que le permitió anexionarse el Rosellón, y el de Portugal, que supuso la secesión de este reino respecto a la Corona española. Esto motivó la reacción del partido católico, en que se integraban Gastón de Orleans, quien había intentado asesinarle, Ana de Austria, esposa de Luis XIII, y la madre de éste, María de Médicis. Pese al poder de este bando que buscaba su eliminación, el rey lo mantuvo en su puesto y salió fortalecido del enfrentamiento. María de Médicis se vio obligada a abandonar Francia en 1631, poco después de que Richelieu recibiera la designación real de duque-par. Los ingentes gastos ocasionados por las guerras libradas contra los Habsburgo de Austria y España, en quienes veía una amenaza para el futuro de Francia en el continente, condicionaron su política económica, de corte mercantilista. La necesidad de generar recursos para financiar estos conflictos armados provocó numerosas rebeliones de los estamentos provinciales y de los campesinos, como las de los *croquants* de Périgord, en 1635, las del Limousin y del Poitou, en 1636, y la de los *va-nu-pieds* de Normandía, en 1639. En este marco se inscribieron también sus tentativas coloniales en Canadá y Madagascar y la creación de las compañías monopolísticas de Martinica y Guadalupe, entre otras empresas. Pero en todos los frentes hizo valer la razón de Estado, y con este propósito articuló la Administración y las instituciones políticas alrededor de la figura del monarca, en quien recayó el ejercicio del poder absoluto.

RICHTER, SVIATOSLAV TEOFILOVICH *(Jitomir, actual Ucrania, 1915-Moscú, 1997) Pianista ruso.* Dotado de una técnica pianística perfecta que le permitió afrontar con éxito las más exigentes composiciones del repertorio y dotarlas de un aliento poético único, Richter hizo gala durante toda su carrera de una gran independencia y se mantuvo siempre al margen de los grandes circuitos internacionales de conciertos y de la industria del disco. Alumno del célebre pedagogo ruso Heinrich Neuhaus en Moscú, en sus primeros pasos en el mundo de la interpretación se sintió atraído no tanto por la práctica del piano como por la dirección de orquesta, faceta ésta en la que su última aparición ante el público data de 1952. Desde esta fecha se dedicó en exclusiva al piano. La consecución del primer premio en un concurso pianístico pansoviético en 1945 significó el inicio de su consagración como virtuoso, primero en su país y más tarde, a partir de 1960, en Occidente. Su extenso repertorio abarcó estilos y nombres tan dispares como los de Bach, Schubert y Prokofiev.

RIEGO, RAFAEL DEL *(Santa María de Tuñas, España, 1785-Madrid, 1823) Militar y político español.* Luchó contra los franceses en la guerra de la Independencia española; fue hecho prisionero en la batalla de Espinosa de los Monteros, y estuvo deportado en Francia hasta 1814. Comandante del batallón Asturias de Expedicionarios que se preparaba para partir hacia América, el 1 de enero de 1820, en Cabezas de San Juan, se convirtió en protagonista del movimiento insurreccional contra el despotismo de Fernando VII y a favor de la Constitución de 1812, que pronto se extendió por Andalucía, para acabar por imponerse en todo el Estado. Convertido en héroe popular, fue elegido diputado a Cortes y dio su apoyo a los sectores liberales más radicales, lo cual le granjeó la enemistad de los moderados. Tras la invasión de los Cien Mil Hijos de San Luis, fue traicionado y hecho prisionero en el cortijo de Arquillas (Jaén). Conducido a Madrid, fue juzgado por alta traición y ahorcado.

RIEL, LOUIS DAVID *(St. Boniface, Canadá, 1844-Regina, id., 1885) Político canadiense.* Cursó estudios de derecho en Montreal y se empleó en un bufete de abogados de St. Paul, en Minnesota. En 1869 se

▲ *Sviatoslav Teofilovich* **Richter** *fotografiado en Helsinki poco antes de dar su primer recital fuera de Rusia en 1960.*

▼ *Rafael del* **Riego** *emprende la marcha por Andalucía para extender su insurrección contra el Rey, en un grabado anónimo del s. XIX.*

erigió en líder de los métis, mestizos de ascendencia europea, en su mayoría francesa e india. Dicho grupo vivía en la región del río Rojo y, ante la anunciada anexión de su territorio a Canadá, Riel y sus seguidores se alzaron en armas. Tras negociar con el gobierno canadiense, en 1870 se creó, en el territorio controlado por Riel, la provincia de Manitoba, a la que se concedió un estatuto de autonomía. No obstante, Riel, perseguido por las autoridades, se vio obligado a exiliarse. A su regreso fue elegido miembro del Parlamento, pero, acorde con su discurso nacionalista, nunca asistió a sus sesiones. Tras pasar un año (1877-1878) en un centro sanitario debido a problemas mentales, se trasladó a Montana, y en 1883 consiguió la nacionalidad estadounidense. En 1885 regresó para organizar un alzamiento armado, pero fue detenido por las autoridades canadienses, condenado a muerte y ejecutado.

RIEMANN, GEORG FRIEDRICH BERNHARD *(Breselenz, actual Alemania, 1826-Selasca, Italia, 1866) Matemático alemán.* Su padre era pastor luterano, y su primera ambición fue la de seguir sus pasos. Ingresó en el liceo de Hannover, donde estudió hebreo y trató de probar la certeza del libro del Génesis por medio de razonamientos matemáticos. En 1846 ingresó en la Universidad de Gotinga, que abandonó un año después para trasladarse a la de Berlín y estudiar bajo la tutela de, entre otros, Steiner, Jacobi y Dirichlet (quien ejerció una gran influencia sobre él). Su carrera se interrumpió por la revolución de 1848, durante la cual sirvió al rey de Prusia. En 1851 se doctoró en Gotinga, con una tesis que fue muy elogia-

da por Gauss, y en la que Riemann estudió la teoría de las variables complejas y, en particular, lo que hoy se denominan superficies de Riemann, e introdujo en la misma los métodos topológicos. En su corta vida contribuyó a muchísimas ramas de las matemáticas: integrales de Riemann, aproximación de Riemann, método de Riemann para series trigonométricas, matrices de Riemann de la teoría de funciones abelianas, funciones *zeta* de Riemann, hipótesis de Riemann, teorema de Riemann-Roch, lema de Riemann-Lebesgue, integrales de Riemann-Liouville de orden fraccional..., aunque tal vez su más conocida aportación fue su geometría no euclidiana, basada en una axiomática distinta de la propuesta por Euclides, y expuesta detalladamente en su célebre memoria *Sobre las hipótesis que sirven de fundamento a la geometría*. Esta geometría se sigue si se considera la superficie de una esfera y se restringen las figuras a esa superficie. Medio siglo más tarde, Einstein demostró, en virtud de su modelo de espacio-tiempo relativista, que la geometría de Riemann ofrece una representación más exacta del universo que la de Euclides. Murió de tuberculosis antes de cumplir los cuarenta años.

RIGAUD, HYACINTHE-FRANÇOIS *(Perpiñán, Francia, 1659-París, 1743) Pintor francés.* Se formó en Montpellier a partir de 1674 con P. Peret y A. Ranc. Comenzó a trabajar como pintor en esa misma ciudad, para trasladarse en 1681 a París, donde al año siguiente ganó el Premio de Roma. Se desconocen los motivos por los que renunció al viaje becado a Italia al que daba derecho el galardón; en cualquier caso, contaba ya con una buena clientela que le aseguraba trabajo y subsistencia. Lo cierto es que se introdujo rápidamente en los ambientes de la alta burguesía parisina, y que en 1688 se le encargó un retrato del hermano de Luis XIV que lo proyectó a la fama. Desde entonces hasta su muerte, es decir, durante los reinados de Luis XIV y Luis XV, fue el principal retratista de la corte y trabajó intensamente también para aristócratas y diplomáticos. En el ambiente de boato y ostentación característico de la Francia de aquellos años tenían un éxito absoluto sus retratos superficiales, menos atentos a la fisonomía del personaje que a su rango y sus gestos de poder y nobleza. Constituye un ejemplo emblemático de su estilo el

▲ Jacques-Bénigne Bossuet, obispo de Meaux*, cuadro pintado en 1702 por Hyacinthe-François **Rigaud**, maestro del retrato, en colaboración con Charles Sevin de la Penaye.*

▼ *Portada de una edición alemana del* Libro de imágenes, *escrito por Rainer Maria* **Rilke** *en 1902.*

famoso retrato de Luis XIV (1701), que se ha convertido en una imagen característica del esplendoroso reinado del Rey Sol. En general, en sus obras más conocidas presenta a sus modelos de medio cuerpo o de cuerpo entero, a cierta distancia del espectador, y sobre un fondo de arquitectura o de paisaje. Realizó también retratos de familiares y amigos en los cuales da muestras de un estilo mucho más íntimo, natural y realista, muy alejado del efectismo de los retratos áulicos. En esta línea se recuerda, sobre todo, la obra *La madre del artista*, en la que algunos críticos han querido ver influencias de Rembrandt, pintor al que, al parecer, Rigaud admiraba y del cual poseía varias obras.

RILKE, RAINER MARIA *(Praga, 1875-Valmont, Suiza, 1926) Poeta y escritor checo en lengua alemana.* En su Praga natal se inició en la poesía con el libro *Vida y canciones* (1894), de inspiración decadentista. Tras abandonar la carrera militar, estudió literatura e historia del arte en Praga y luego en Munich y Berlín, ciudad ésta a la que fue en compañía de su amiga Lou Andreas-Salomé, quien también lo acompañó en su viaje a Rusia de 1899, que le puso en contacto con el misticismo ruso. En 1902 apareció el poemario *Libro de imágenes*, en el que exhibe su virtuosismo formal. Inició una serie de periplos por Europa y, durante un año, fue secretario de Rodin, en París. Posteriormente, el poeta entró en un período errabundo entre Italia y Alemania, al cual pertenecen *El libro de horas* (1905) y *Los cuadernos de Malte Laurids Brigge*, novela semiautobiográfica en la que el autor recrea la angustia de un joven escritor en París, acosado por las imágenes de miseria y brutalidad y por sus propios recuerdos de infancia, en un tono lírico que la acerca a la poesía. Ese mismo año, se desplazó a Duino, invitado por la princesa Von Thurn und Taxis, a la residencia que poseía en esta localidad, donde escribiría las primeras *Elegías de Duino*. Después de la Primera Guerra Mundial, viajó por España, y luego por diversos países norteafricanos; a partir de 1919 visitó cada vez con más frecuencia Suiza, donde por último se instaló, en el castillo de Muzot. Allí escribió *Los sonetos a Orfeo*, cima de la poética de Rilke y uno de los hitos imprescindibles en la poesía del siglo xx. La angustia y la soledad, precursoras del existencialismo, son centrales en su obra, que gira progresivamente hacia el hermetismo, y una reflexión sobre la muerte de ecos y ambiciones cósmicos. Durante los tres últimos años de su vida escribió en francés unas pocas obras líricas e hizo también algunas traducciones al alemán de Paul Valéry.

RIMBAUD, ARTHUR *(Charleville, Francia, 1854-Marsella, id., 1891) Poeta francés.* Sus padres se separaron en 1860, y fue educado por su madre, una mujer autoritaria. Destacó pronto en el colegio de Charleville por su precocidad. En septiembre de 1870 se fugó de casa por vez primera y fue detenido por los soldados prusianos en una estación de París. Su profesor, Georges Izambard, lo salvó de la cárcel, pero al mes siguiente intentó de nuevo la fuga, esta vez dirigiéndose hacia la región del Norte. Después de trasladarse a Bélgica, quiso emprender carrera como periodista en la ciudad de Charleroi. Entre las dos fugas, había empezado a escribir un libro destinado a Paul Demeny, pariente de su profesor y poeta reconocido en París. Cuando regresó a Charleville, en el invierno de 1870-1871, su colegio había sido convertido en hospital militar. Huyó a París en febrero y fue testigo de los disturbios provocados por la amnistía decretada por el gobierno de Versalles. Volvió con su familia en marzo, en plena Comuna, y publicó la famosa *Carta del vidente*. Auténtico credo estético, la *Carta* definía al poeta del futuro como un «ladrón de fuego» que busca la alquimia verbal y lo desconocido a través de un «largo, inmenso y razonado desarreglo de todos los sentidos». Verlaine, a quien había enviado algunos poemas, le invitó a París. Rimbaud llegó con un poema, *El barco ebrio*, quizá la mayor expresión de su genio visionario, que impresionó profundamente a su anfitrión. En París, se integró enseguida en el círculo literario del club zutista y escribió el *Album zutique*. Tras una breve estancia en Charleville, donde compuso algunos poemas sencillos, más o menos místicos, nació una tormentosa relación amorosa con Verlaine, que empezó en el Barrio Latino de París, en mayo de 1872. Tras abandonar a su esposa, Mathilde, Verlaine se instaló con él en Bruselas y más tarde en Londres, para experimentar lo que, según Rimbaud, debía ser la aventura de la poesía. En contacto con los partidarios exiliados de la Comuna, sus vidas se volvieron cada vez más caóticas, a medida que uno y otro cultivaban las excentricidades de todo tipo. En julio de 1873, Verlaine, el «desgraciado hermano» de Rimbaud, huyó a Bru-

RAINER MARIA RILKE

OBRAS MAESTRAS

NOVELA: *LOS CUADERNOS DE MALTE LAURIDS BRIGGE (DIE AUFZEICHNUNGEN DES MALTE LAURIDS BRIGGE,* 1910). **POESÍA:** *VIDA Y CANCIONES (LEBEN UND LIEDER,* 1894); *LIBRO DE IMÁGENES (DAS BUCH DER BILDER,* 1902); *EL LIBRO DE HORAS (DAS STUNDENBUCH,* 1905); *LA CANCIÓN DE AMOR Y MUERTE DEL CORNETA CHRISTOPH RILKE (DIE WEISE VON LIEBE UN TOD DES CORNETS CHRISTOPH RILKE,* 1906); *NUEVAS POESÍAS (NEUE GEDICHTE,* 1907); *RÉQUIEM (REQUIEM,* 1909); *CINCO CÁNTICOS (FÜNF GESÄNGE,* 1914); *ELEGÍAS DE DUINO (DUINISER ELEGIEN,* 1923); *LOS SONETOS A ORFEO (SONETTE AN ORPHEUS,* 1923).

«*Car JE est un autre.*»
(*Pues YO es otro*).

Arthur Rimbaud
Carta escrita en 1871

▼ El rincón de la mesa, *cuadro pintado por H. Fantin-Latour en 1872. A la izquierda del lienzo aparece Verlaine junto al que a la sazón era su joven protegido,* **Rimbaud**.

selas; pretendía enrolarse con los carlistas, o suicidarse. Llamó a Rimbaud, éste acudió a su lado y volvieron las disputas. Verlaine, un carácter depresivo, sospechando que iba a ser abandonado pronto, disparó a Rimbaud y lo hirió, por lo que fue arrestado y encarcelado. Mientras se recuperaba en sus Ardenas natales, Rimbaud terminó el libro autobiográfico *Una estancia en el infierno*, donde relataba su historia y daba cuenta de su rebeldía adolescente. Luego, gracias a su madre, publicó *Alquimia del verbo*, pero la obra no fue distribuida (Rimbaud dejó una copia en la prisión, para Verlaine, y repartió otros pocos ejemplares entre sus amigos). Regresó a Londres, acompañado por Germain Nouveau, en 1874, y escribió su última obra, *Las iluminaciones*, cerca de cincuenta poemas en prosa que proyectan sucesivos universos y proponen una nueva definición del hombre y del amor. A los veinte años, abandonó la literatura. La segunda parte de su vida fue una especie de caos aventurero. Empezó como preceptor en Stuttgart, se alistó (y desertó luego) en el ejército colonial holandés y viajó en dos ocasiones a Chipre (1879 y 1880). Después de distintas escalas en el Mar Rojo, se instaló en Adén y más tarde en Harar (Etiopía). En 1885 volvió a Adén y vendió armas. Atravesó el desierto de Danakil y se tomó un tiempo de descanso en Egipto. Por último regresó a Harar, donde prosperaban sus negocios. En 1891, aquejado de fuertes dolores en la pierna derecha, volvió a Francia, donde le fue amputada y murió en un hospital de Marsella.

RIMSKI-KORSAKOV, NIKOLAI *(Tijvin, Rusia, 1844-Liubensk, id., 1908) Compositor y pedagogo ruso.* Fue el miembro mejor preparado desde el punto de vista técnico del

NIKOLAI RIMSKI-KORSAKOV
OBRAS MAESTRAS

ÓPERAS: *MLADA* (1890); *NOCHE DE NAVIDAD* (1895); *MOZART Y SALIERI* (1897); *LA NOVIA DEL ZAR* (1898); *LA LEYENDA DEL ZAR SALTÁN* (1900); *KATSCHEI EL INMORTAL* (1902); *LA LEYENDA DE LA CIUDAD INVISIBLE DE KITEZH* (1905); *EL GALLO DE ORO* (1907). **MÚSICA ORQUESTAL:** *SINFONÍA NÚM. 1* (1865); *SADKO* (1867);

SINFONÍA NÚM. 2 «ANTAR» (1868); *SINFONÍA NÚM. 3* (1873); *SINFONIETTA SOBRE TEMAS RUSOS* (1884); *CAPRICHO ESPAÑOL* (1887); *FANTASÍA RUSA* (1887); *SCHEREZADE* (1888); *LA GRAN PASCUA RUSA* (1888). **MÚSICA DE CÁMARA:** *QUINTETO PARA PIANO Y VIENTOS* (1876); *TRÍO CON PIANO* (1897).

grupo de los Cinco, aunque, como en los casos de sus compañeros Balakirev, Borodin, Cui y Musorgski, su dedicación a la música no fuera en sus inicios profesional. Mientras Borodin fue un químico reconocido y Musorgski funcionario en diversos ministerios, los primeros años de la trayectoria de Rimski-Korsakov estuvieron marcados por su condición de oficial de la Marina rusa. Fue en 1873 cuando abandonó la carrera naval para dedicarse por entero a la música. Para entonces ya había estrenado su *Sinfonía núm. 1* y el poema sinfónico *Sadko*, obras en las que se encuentran latentes las características que definirían su estilo de madurez, entre ellas el cultivo de un lenguaje inequívocamente ruso –seguidor de la senda abierta por Mijaíl Glinka, consistente en tomar como punto de partida melodías y ritmos derivados de la tradición popular–, la atracción por temas orientales y fantásticos y el gusto por una orquestación exuberante y colorista. La suite *Scherezade*, el *Capricho español* o la ópera *La leyenda del zar Saltán* son sólo algunas de las obras en las que estas características se manifiestan en toda su plenitud. Pero si valiosa fue la aportación de Rimski-Korsakov en el campo de la composición, no fue menos decisivo el papel que desempeñó en la formación de varias generaciones de músicos rusos: profesor

▲ *El político español Antonio de los* **Ríos Rosas** *en un retrato que se encuentra en la Biblioteca Nacional de Madrid.*

◀ *El músico ruso Nikolai* **Rimski-Korsakov** *pintado por Valentin Serov mientras trabajaba en su estudio.*

del Conservatorio de San Petersburgo desde 1871 y de la Escuela Libre de Música desde 1874, por sus clases pasaron compositores de la talla de Glazunov, Liadov, Miaskovski y, sobre todo, Stravinski. Así mismo, fue el encargado de completar algunas de las partituras que sus compañeros del grupo de los Cinco no pudieron concluir, como las óperas *El príncipe Igor*, de Borodin, y *Jovanschina*, de Musorgski, de quien revisó también y perfeccionó *Boris Godunov*.

RÍO, DOLORES DEL *(Durango, México, 1906-Los Ángeles, EE UU, 1983) Actriz mexicana.* Casada a los quince años con el escritor Jaime Martínez del Río, pronto comenzó a interpretar pequeños papeles en el cine estadounidense de la época muda, hasta llegar a convertirse en una figura clave de la llamada época de oro de Hollywood. Entre 1925 y 1942 participó en cerca de treinta largometrajes, dirigidos por directores del calibre de Raoul Walsh y King Vidor. En esos años encarnó, por lo general, el estereotipo exótico de «belleza latina». A partir de 1942 trabajó en su país natal en numerosas cintas de corte campesino e histórico, y en melodramas. Su bello rostro y la capacidad expresiva para representar heroínas temperamentales y apasionadas, la convirtieron en un mito del cine mexicano. A lo largo de su carrera trabajó a las órdenes de directores del relieve de Emilio *Indio* Fernández (*María Candelaria*, 1943, *Bugambilia*, 1944, *La malquerida*, 1949) y John Ford (*El fugitivo*, 1947, *El gran combate*, 1964).

RIVA AGÜERO, JOSÉ MARIANO DE LA *(Lima, 1783-id., 1858) Militar, político e historiador peruano.* Se educó en España y participó en la guerra de Independencia española contra la invasión napoleónica. Tras regresar a Perú (1809), se mostró favorable a la causa de los patriotas, por lo que San Martín lo designó prefecto de Lima (1822), cargo desde el que promovió la destitución de Monteagudo y se hizo proclamar presidente de la República (1823). Sin embargo, en junio de ese mismo año las tropas realistas entraron en la capital, y tanto Riva Agüero como el pleno del Congreso se vieron obligados a retirarse a Callao, donde los diputados lo depusieron y nombraron a Antonio José de Sucre jefe de las tropas. Cuando la Asamblea Constituyente dio el poder a Bolívar en 1824, Riva Agüero buscó la conciliación con el virrey, por lo que los patriotas lo apresaron, acusaron de traición y desterraron. Presidió el estado norperuano en la época de la Confederación peruboliviana.

RIVADAVIA, BERNARDINO *(Buenos Aires, 1780-Cádiz, 1845) Político argentino.* Luchó contra los británicos en la defensa de Buenos Aires y participó en la revolución de mayo de 1810. Formó parte de la Junta de Gobierno y fue nombrado secretario de Guerra, Hacienda y Gobernación en 1811. Durante su gestión demostró su talante democrático y firmó el decreto de creación de la escarapela. La revolución militar de 1812 lo alejó temporalmente del poder y fue designado embajador de las Provincias Unidas en Europa. Entre 1820 y 1824, inspiró desde el denominado Partido del Orden o Unitario la política del gobernador porteño Martín Rodríguez. Nombrado presidente de la República, sancionó la Constitución unitaria de 1826, fundó la Universidad de Buenos Aires, promovió la ley de enfiteusis y el sistema representativo. Obligado a renunciar a la presidencia en 1827, marchó a Colonia, en la Banda Oriental, y desde allí se desplazó a Cádiz, en España, donde pasó el resto de su vida.

RIVAS, ÁNGEL DE SAAVEDRA, DUQUE DE *(Córdoba, 1791-Madrid, 1865) Escritor y político español.* Tras participar en la guerra de la Independencia, fue una de las figuras relevantes del período revolucionario (1820-1823), por lo que tuvo que exiliarse una vez restablecido el absolutismo. Vivió diversas temporadas en Londres, Italia y Malta, donde entró en contacto con el romanticismo a través de la lectura de algunos autores británicos en alza. Regresó a España en 1834, año en que publicó los doce romances de la leyenda *El moro expósito o Córdoba y Burgos en el siglo XI*, sobre los infantes de Lara. Rivas adoptó una posición política más moderada que le llevó a ser por breve tiempo presidente del gobierno (1854). Escribió uno de los máximos exponentes del drama romántico español, *Don Álvaro o la fuerza del sino* (1835), junto al que cabe citar el drama simbólico *El desengaño de un sueño* (1842). Fue director de la Real Academia Española.

RIVEL, CHARLIE [José Andreu Rivell] *(Cubellas, España, 1896-id., 1983) Payaso español.* Se inició en el mundo del espectáculo circense junto a sus hermanos Pablo, llamado *Polo*, y René. Con ellos formó el grupo de acrobacias cómicas Los Rivels, pero más tarde se independizó y adquirió gran popularidad con el nombre de *Charlot Rivel*, personaje inspirado en el célebre vagabundo de C. Chaplin. Con el tiempo adoptó su seudónimo definitivo e impuso una imagen entrañable basada en un *atrez-* zo (pelucón anaranjado, narizota roja y cuadrada, enormes zapatos, una silla y una guitarra) sencillo pero efectivo. Con este equipo y haciendo gala de una gran imaginación y ternura, rompió las pautas que definían al payaso tradicional al hacer de sus actuaciones verdaderas representaciones, en las que incluía números acrobáticos, musicales y pantomímicos y un original lamento, como un aullido prolongado, que se tradujo como un gesto simbólico de protesta contra la incomunicación. Entre 1925 y 1930 triunfó en el circo Medrano de París y más tarde en solitario. Fue galardonado y condecorado por varios países.

RIVERA, DIEGO *(Guanajuato, México, 1886-Ciudad de México, 1957) Pintor mexicano.* Formado incialmente en México, a principios del siglo XX viajó por diversos países europeos y se estableció durante varios años en París, donde trató, entre otros, a Picasso. Al regresar a México, fundó, junto con Orozco y Siqueiros, el Sindicato de Pintores, en cuyo marco se gestó el muralismo mexicano. A partir de entonces Rivera buscó la inspiración en la tradición histórica de su país y refundió lo aprendido en Europa en un estilo original, basado en formas esquemáticas y composiciones de rico cromatismo y fuerza expresiva. Se interesó por el arte de aztecas y mayas, tanto desde el punto de vista formal como temático, y de esa fuente de inspiración surgieron algunas de sus obras más logradas, como *La gran Tenochtitlán*. Vivió un matrimonio tempestuoso con la también pintora Frida Kahlo y fue un convencido comunista, sistema político que ejercía una gran in-

▲ *El duque de **Rivas**, uno de los principales impulsores del romanticismo en España, visto por Federico Madrazo en un cuadro que se conserva en el Museo Romántico de Madrid.*

▼ *El célebre payaso Charlie **Rivel**, vestido con su clásico ropón hasta los pies y acompañado por sus inseparables silla y guitarra, fotografiado en 1977 durante una actuación.*

▲ El mercado de Santiago, *detalle de la pintura mural* La gran Tenochtitlán, *una de las obras maestras de Diego* **Rivera***, pintada entre 1930 y 1935 en el Palacio Nacional de México.*

▼ *Portada de* Noli me tangere, *escrita por el médico y literato José* **Rizal y Alonso***, uno de los principales adalides nacionalistas filipinos.*

fluencia sobre él a lo largo de su trayectoria artística. Protagonizó una carrera brillante y prolífica, primero en México y después en Estados Unidos, donde plasmó grandes creaciones en prestigiosas instituciones públicas y privadas.

RIVERA, FRUCTUOSO *(Paysandú, Uruguay, 1789- Montevideo, 1854)* Militar y político uruguayo. Líder del Partido Colorado, luchó junto a José Artigas durante los años previos a la independencia de Uruguay. Cuando ésta sobrevino, abandonó la carrera militar y se concentró en su carrera política. Nombrado ministro de Guerra en 1829, un año después fue elegido primer presidente de la República (1830-1834). Su mandato concluyó con la subida al poder de Manuel Oribe, del Partido Blanco, a quien Rivera apoyó en un primer momento pero contra el que acabó declarando una nueva guerra civil, que le dio de nuevo la presidencia de la República (1839). Tres años más tarde, fue destituido y tuvo que huir a Brasil. Regresó a su país en 1847 y acabó por firmar la formación de un triunvirato integrado por él mismo, Lavalleja y Flores, poco antes de morir.

RIZAL Y ALONSO, JOSÉ *(Calamba, Filipinas, 1861-Manila, 1896) Político y escritor filipino.* Estudió medicina y filosofía y letras. Durante un viaje por Europa escribió *Noli me tángere*, novela anticolonialista en la que denunciaba los abusos de la Administración española en Filipinas, donde se prohibió su publicación. En su obra *El filibusterismo* resumió su ideología nacionalista, que más tarde difundió a través de la Liga Filipina,

una sociedad secreta que fundó en Hong Kong. En 1887 pudo regresar a su patria, pero la estrecha vigilancia policial a que fue sometido lo obligó a marcharse al año siguiente. Regresó en 1892, tras haberse comprometido a no realizar actividad política alguna. Ese mismo año, marchó a Hong Kong, donde pretendió crear una colonia en Borneo y fundar allí la Liga Filipina, por lo que, acusado de formar parte de sociedades secretas, fue deportado a Mindanao. En 1896 emprendió viaje a Barcelona y de nuevo fue acusado, esta vez injustamente, de intervenir en la insurrección de la sociedad secreta Katipunan. Detenido y trasladado a Manila, fue sometido a un consejo de guerra y fusilado.

ROA BASTOS, AUGUSTO *(Asunción, 1917) Escritor paraguayo.* A los quince años, se escapó de su casa para participar en la guerra del Chaco contra Bolivia, experiencia que se haría tema en su literatura. Terminada la contienda, trabajó como periodista para *El País*, y en 1944 fue nombrado director de redacción. Ese mismo año, fue enviado como corresponsal del periódico a Londres, donde también trabajó como locutor para la BBC. Poco después de su regreso a Paraguay, la revolución de 1947 lo obligó a exiliarse en Buenos Aires, donde vivió hasta 1976, año en que se trasladó a Francia para ejercer de profesor de literatura latinoamericana en la Universidad de Toulouse (1976-1984). En la capital argentina se ganó la vida como libretista de cine, e inició su carrera literaria con *El trueno entre las hojas* (1953), libro de relatos al que siguió la novela que le daría fama mundial, *Hijo de Hombre* (1960), donde recrea el Paraguay independiente anterior a la guerra con Bolivia. Su consolidación como escritor le llegó con la novela *Yo, el Supremo* (1974), centrada en la figura del dictador paraguayo Gaspar Rodríguez, con la que se situó a la vanguardia de los escritores latinoamericanos contemporáneos. La constante denuncia en sus obras del clima de miseria y precariedad nacional en que se encontraba Paraguay, motivó que en 1982 le fuera retirado el pasaporte y fuera expulsado de su patria por el gobierno del general Stroessner, quien, sin más pruebas que unos documentos que atestiguaban una estancia de Roa Bastos en Cuba, le acusaba de adoctrinar a la juventud paraguaya en la ideología marxista. Opositor activo desde entonces del gobierno de Stroessner, luchó por la transición de su país a la democracia. Con la caída de Stroessner, regresó a Paraguay. En 1989 le fue concedido el Premio Cervantes y, en 1995, con la novela *Madame Sui*, el Premio Nacional de Literatura.

ROBBINS, JEROME *(Nueva York, 1918-id., 1998) Coreógrafo estadounidense.* A principios de los años cuarenta estudió danza y arte dramático con Elia Kazan y fue actor de teatro yiddish. Tras una etapa como bailarín solista de Ballet Theatre, empezó a estudiar coreografía y a dirigir comedias musicales en Broadway. En 1944 presentó su primer gran espectáculo, *Fancy free*, que años más tarde inspiraría la película *Un día en Nueva York*, dirigida por Stanley Donen, con Gene Kelly como protagonista. A partir de 1949 dirigió el New York City Ballet, y en 1958 creó los Ballets USA. Con Leonard Bernstein, fue el principal responsable del éxito de la película *West Side Story* (1961), de Robert Wise, basada en un ballet que Robbins había montado en 1957. Entre otras muchas coreografías que realizó para el cine, destaca la de *El rey y yo* (1958), con Walter Lang detrás de la cámara, y Yul Brynner, Deborah Kerr y Rita Moreno ante ella.

ROBESPIERRE, MAXIMILIEN DE *(Arras, Francia, 1758-París, 1794) Político y revolucionario francés.* Huérfano de madre a los nueve años, su padre emigró a América, dejándolo al cuidado de unos parientes, junto a sus otros tres hermanos. Protegido por el obispo de su ciudad, estudió con una beca en el colegio Luis el Grande, donde tuvo como condiscípulos a Desmoulins y Fréron. Tras graduarse en derecho en París, en 1781 regresó a Arras, donde ejerció la abogacía. Afín a las ideas liberales y al pensamiento de Rousseau, criticó el sistema judicial y el absolutismo monárquico y abogó por los principios de libertad, igualdad y fraternidad. En abril de 1789 fue elegido diputado por el tercer estado de Artois en los Estados Generales. Durante el período legislativo afirmó su ascendencia en el Club de los Jacobinos, si bien su oposición a la guerra, por considerar que favorecía a la causa contrarrevolucionaria, lo enfrentó a los girondinos. Tras la insurrección de la Comuna en 1792, fue elegido miembro de la misma y desde ella promovió la sustitución de la Legislativa por la Convención, constituida finalmente el 20 de septiembre. Convencido de que el orden constitucional, al que aspiraba la Revolución, era distinto del orden revolucionario que debía llevar a él, instituyó el terror como mecanismo para construir una sociedad transparente y sana. Con este propósito eliminó a los «radicales» (hebertistas) y girondinos en marzo de 1794, con el apoyo de Marat y Danton, y en

▲ *Retrato de Maximilien de* **Robespierre***, uno de los más radicales dirigentes de la Revolución Francesa. La tela se encuentra actualmente en el Museo Carnavalet de París.*

> «*T**oda institución que no suponga que el pueblo es bueno y el magistrado corruptible es viciosa.*»
>
> Maximilien de Robespierre

▼ Sugar *Ray* **Robinson***, uno de los pesos medios legendarios, con calzón blanco, esquiva el golpe de su contrincante.*

abril, a los «indulgentes», entre ellos el propio Danton, aunque no sin vacilaciones. Acumuló entonces todo el poder en sus manos, junto con Couthon y Saint-Just; en marzo, intentó una redistribución de las riquezas (decretos de Ventose) y trató de restaurar la religión como pilar del Estado y de la moral, para lo que estableció el culto al Ser Supremo. Suprimió las últimas garantías procesales que les quedaban a los acusados e incluso amenazó la inmunidad de los diputados, lo cual le sustrajo sus principales apoyos, incluido el popular, muy afectado por las medidas económicas. Su posición y la del grupo que lo alentaba se convirtió en insostenible a partir del momento en que la situación militar de la República se consolidó, gracias a la victoria de Fleurus (26 de junio). Una alianza de opositores, entre ellos Carnot, Fouché, Tallien, Fréron y Billaud-Varenne, logró el control de la Convención, que ordenó su detención y la de sus más próximos partidarios. La sublevación de la Comuna en su favor no impidió su arresto –tras un fallido intento de suicidio de un pistoletazo– y su posterior ejecución en la guillotina el 28 de julio, 10 de Termidor, junto a Couthon y Saint-Just.

ROBINSON, SUGAR RAY [Walker Smith Jr.] *(Detroit, 1921-Culver City, EE UU, 1989) Púgil estadounidense.* Durante su período como aficionado venció en los 89 combates en que participó. Adoptó el nombre de Ray Robinson, otro púgil *amateur*, para hacerse pasar por él y así poder disputar mayor número de combates. En 1939 y 1940 obtuvo la victoria en el torneo de los Guantes de Oro. Tras hacerse profesional, ganó sus primeros 40 combates. En diciembre de 1946 se convirtió en campeón mundial de la categoría welter y defendió su título, con éxito, hasta 1951. Al año siguiente se retiró,

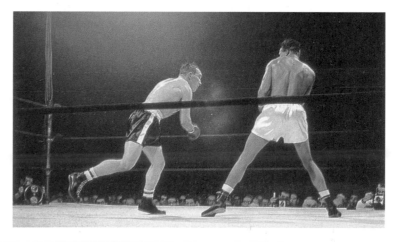

pero regresó a los cuadriláteros en 1954, año en que se adjudicó el título mundial de los pesos medios. Al año siguiente perdió dicho título, pero lo recuperó en 1957 y lo mantuvo hasta 1960, fecha en que fue derrotado por Paul Pender. Siguió en activo hasta 1965, cumplidos los cuarenta y cinco años de edad, y a su definitiva retirada sólo había perdido 19 combates, la mayoría durante sus últimos cinco años como profesional.

ROCA, JULIO ARGENTINO *(Tucumán, 1843-Buenos Aires, 1914) Militar y político argentino.* Veterano de la guerra entre Buenos Aires y la Confederación (1859-1861), participó también en la de la Triple Alianza contra Paraguay (1865-1870). Tras reprimir el alzamiento federalista de Entre Ríos y la muerte de Alsina (1877), se hizo cargo del ministerio de Guerra. Su proyecto, presentado al Congreso de la Nación el 14 de agosto de 1878, tenía como principal objetivo acabar con los indígenas mediante una guerra ofensiva. Roca modernizó las tropas y desencadenó la llamada «conquista del desierto», con la que acabó con la resistencia indígena pampeana y propició la ocupación de millones de hectáreas de tierras cultivables. En 1880 fue elegido presidente, cargo que desempeñó hasta 1886 y, posteriormente, entre 1898 y 1904. Fue un político hábil que promulgó leyes liberales de educación laica, matrimonio civil y fomento de la inversión extranjera, entre otras. Roca sentó las bases del moderno Estado argentino.

ROCAFUERTE, VICENTE *(Guayaquil, Ecuador, 1783-Lima, 1847) Político y abogado ecuatoriano.* Educado en Europa, participó como diputado por la provincia de Guayaquil en las Cortes españolas de Cádiz. Tras múltiples viajes y diversas misiones diplomáticas en Europa y en América del Norte y del Centro, regresó a Guayaquil en 1833. Con el apoyo de la oligarquía guayaquileña, combatió al gobierno de Juan José Flores hasta que ambos llegaron a un acuerdo en 1834, mediante el cual alcanzó la presidencia de la República. Durante su gobierno (1834-1839) impulsó importantes reformas liberales en los campos de la educación, la administración del Estado, el comercio y la navegación. En 1843, se autoexilió en Perú como rechazo a la Constitución o «Carta de Esclavitud» aprobada por una convención reunida en ese año, a la que él mismo había acudido como delegado. Tras la revolución de 1845, regresó a Ecuador y, poco después, asumió la representación diplomática de su país en Perú, cargo que desempeñó hasta su muerte.

▶ *En el centro de la fotografía, el magnate John Davison* **Rockefeller***, fundador de una de las dinastías petroleras más poderosas del mundo.*

▼ *El militar y político argentino Julio Argentino* **Roca** *retratado con la banda de presidente, cargo en el que sustituyó a Nicolás Avellaneda en 1880.*

▼ *El escultor francés Auguste* **Rodin***, cuyos méritos artísticos tardaron en ser reconocidos en su tiempo.*

ROCKEFELLER, JOHN DAVISON *(Richford, EE UU, 1839-Ormond Beach, id., 1937) Empresario y filántropo estadounidense.* En 1863 adquirió su primera refinería de petróleo, en Cleveland, y en 1870 fundó la Standard Oil Company, la cual, con el paso de los años, se expandió por diferentes estados y se adueñó por completo del mercado estadounidense del petróleo hasta 1911, fecha en que el Congreso declaró ilegales sus actividades por violar las leyes antimonopolio. Aproximadamente una década antes, sin embargo, Rockefeller había semiabandonado los negocios para dedicarse a la filantropía, donando miles de dólares a organizaciones benéficas. En 1892 hizo posible la fundación de la Universidad de Chicago y, junto con su hijo, John D. Rockefeller, que continuó su tarea, donó alrededor de 2 500 millones de dólares hasta 1955. Otras de las instituciones fundadas gracias a sus donaciones fueron la Universidad Rockefeller de Nueva York, en 1901, y la Fundación Rockefeller, en 1913.

RODIN, AUGUSTE *(París, 1840-Meudon, Francia, 1917) Escultor francés.* Fue alumno de Jean-Baptiste Carpeaux en la Escuela de Artes Decorativas y de Antoine-Louis Barye en el Museo de Historia Natural, dos escultores a los que admiró y en quienes se inspiró en cierta medida. Por sus modestos orígenes, se vio obligado a ganarse la vida como ayudante de decoración, compaginando el trabajo profesional con su dedicación a la escultura. Su primera obra, *El hombre de la nariz rota*, tuvo muy malas críticas en el Salón de 1864. Tras unos años al servicio del empresario Albert Carrier-Belleuse, para quien trabajó en la

AUGUSTE RODIN
OBRAS MAESTRAS

EL HOMBRE DE LA NARIZ ROTA (1864; Museo Rodin, París); *EL COMERCIO* (fachada de la Bolsa de Bruselas); *LA EDAD DEL BRONCE* (1877; Museo Rodin, París); *SAN JUAN BAUTISTA PREDICANDO* (1881; Museo Rodin, París); *LOS BURGUESES DE CALAIS* (1884-1886; Calais); *EL BESO* (1886; Tate Gallery, Londres); *EL PENSADOR* (1886-1888; Museo Rodin, París); *EL HIJO PRÓDIGO* (1888; Museo Rodin, París); *MONUMENTO A J. BASTIEN-LEPAGE* (1889; Danvillers); *MONUMENTO A CLAUDE LORRAIN* (1892; Nancy); *LA MUSA* (1896; Museo Rodin, París); *MONUMENTO A DOMINGO FAUSTINO* (1900; Buenos Aires); *LA ETERNA PRIMAVERA - FUGIT AMOR - MONUMENTO A VÍCTOR HUGO* (Panteón, París); *MONUMENTO A BALZAC*.

decoración de la fachada de la Bolsa de Bruselas, en 1875 emprendió un viaje a Italia para conocer la obra de Miguel Ángel. El resultado de su contacto con el genio del Renacimiento fue *La edad del bronce*, presentada en el Salón de 1877, que desagradó profundamente por su extraordinario realismo. Seguía sin triunfar como escultor, lo que consiguió al fin en 1881, cuando presentó en el Salón *San Juan Bautista predicando*. Entonces recibió la gran petición de su vida: las puertas monumentales del futuro Museo de Artes Decorativas de París, que nunca llegaron a realizarse, si bien se fundieron en bronce en 1928 gracias a un admirador del artista, y para las que Rodin esculpió una de sus obras maestras, *El pensador*. Cuando todavía trabajaba en los modelos de las puertas, aceptó el encargo de levantar el monumento de *Los burgueses de Calais*, una obra de dramatismo contenido. Fueron éstos sus años de máxima creatividad, con obras como *El beso*, entre otras, que han llevado a considerarlo el principal escultor impresionista, junto con el italiano Medardo Rosso, por sus estudios texturales y lumínicos. Con posterioridad, siguió creando obras de inspiración personal, pero se centró en los retratos y en la realización de monumentos públicos, tales como los dedicados a Víctor Hugo y a Balzac.

RODRIGO *(?-711, en el río Guadalete, actual España) Rey visigodo (709-711).* Duque de la Bética, sucedió en el trono al rey Witiza y pronto tuvo que enfrentarse a los partidarios de éste, que, agrupados en torno a sus hijos, no aceptaron la sucesión. Esto provocó algunas rebeliones, como la de Pamplona, además de las usuales escaramuzas contra los vascones. Los partidarios de Witiza llamaron en su ayuda al cabecilla musulmán Tariq, quien, tras una primera algarada exploratoria, en el 711 cruzó el estrecho de Gibraltar al mando de un ejército de 7 000 hombres, la mayoría beréberes. Rodrigo, que había puesto asedio a Pam-

▲ *El compositor español Joaquín **Rodrigo** fotografiado en su vejez.*

▼ *El último rey visigodo, **Rodrigo**, en una miniatura que aparece en una copia del s. XI de* Semblanza de Reyes. *El manuscrito se encuentra en la Biblioteca Nacional de Madrid.*

plona, se aprestó a hacer frente a la nueva amenaza procedente del sur, que por entonces ya había sido afirmada con un nuevo contingente enviado por Musa, el superior de Tariq. En la batalla del Guadalete, Rodrigo fue derrotado y muerto.

RODRIGO, JOAQUÍN *(Sagunto, España, 1902-Madrid, 1999) Compositor español.* El nombre de este músico se halla indisolublemente unido al de su obra maestra, que le ha dado fama en el mundo entero: el *Concierto de Aranjuez*, para guitarra solista y orquesta de cámara, estrenado en Barcelona por Regino Sáinz de la Maza en 1940. Ciego desde los tres años a causa de una difteria, Joaquín Rodrigo se formó, como tantos otros compositores españoles, en París, donde fue uno de los alumnos de Paul Dukas, el célebre autor de *El aprendiz de brujo*. En 1939, tras la guerra civil española, regresó a Madrid, consagrándose un año más tarde a raíz del estreno del mencionado concierto. La combinación de guitarra y orquesta sedujo a este músico en otras ocasiones, como lo certifican su *Fantasía para un gentilhombre* (1954), otra de sus obras célebres, y el *Concierto andaluz* para cuatro guitarras (1967). Toda su producción se enmarca dentro de un neonacionalismo galante y agradable, deudor de los ritmos y giros melódicos de la música tradicional española.

RODRÍGUEZ, MARTÍN EMILIO *(Medellín, Colombia, 1942) Ciclista colombiano, llamado* Cochise *Rodríguez.* Como aficionado ganó el campeonato del mundo de persecución en Varese (1971), y en 1970 estableció un nuevo récord mundial de la hora (1970), que dejó en 47 km, 533 m y 24 cm. Acusado de profesionalismo por la federación internacional en 1971, desde entonces se dedicó a disputar pruebas en carretera. Su palmarés deportivo incluye los siguientes títulos: cuatro veces campeón de la Vuelta a Colombia; tres veces campeón de la Vuelta al Táchira, en Venezuela; medalla de oro en los Juegos Bolivianos de Guayaquil (Ecuador) en 1965; campeón de los 4 000 m de persecución individual en los Juegos Panamericanos de Winnipeg, Canadá, en 1967.

RODRÍGUEZ, SILVIO *(San Antonio de los Baños, Cuba, 1946) Cantautor cubano.* Figura capital, junto a Pablo Milanés y Noel Nicola, de la Nueva Trova cubana, en sus composiciones se puede apreciar la influencia del blues y una inteligente mezcla de lirismo y compromiso social, aunque sin caer en una excesiva politización. En su constante intento de renovarse experimentó con el jazz y sus raíces en las viejas baladas de la música negra, al igual que con el son de la cultura musical cubana. Más tarde, Rodríguez volvería a apostar por la fórmula del cantautor típico, acompañándose tan sólo de su peculiar voz y de su guitarra. Como ejemplos de sus diversos giros se cuentan los trabajos *Te doy una canción* (1975), *Al final de este viaje* (1978), *Tríptico* (1984), uno de sus más reconocidos discos, y el recopilatorio *Clásicos cubanos 1975-1984* (1991).

RODRÍGUEZ, VENTURA *(Ciempozuelos, España, 1717-Madrid, 1785) Arquitecto español.* Su trayectoria se sitúa a caballo entre dos grandes corrientes artísticas: el Barroco y el neoclasicismo, en las que se inscriben, respectivamente, las obras de sus inicios y las realizadas a partir de 1760. Se formó con los arquitectos italianos y franceses que trabajaban en España para los Borbones, en particular con Juvara, y en 1736, a la muerte de éste, Fernando VI lo nombró arquitecto y delineante mayor de las obras reales. A este período corresponden sus obras barrocas, como la capilla del Palacio Real de Madrid, el Transparente de la catedral de Cuenca y la remodelación de la basílica del Pilar, en Zaragoza. Hacia 1760, la obra teórica de Blondel influyó decisivamente en sus concepciones, hasta el punto de que abandonó la tendencia barroca y se convirtió en un abanderado de la neoclásica, con una serie de trabajos en que repitió a menudo los mismos esquemas. Entre sus creaciones de esta segunda etapa destacan la iglesia de los Agustinos de Valladolid, el palacio del duque de Alba en Madrid y, sobre todo, la fachada de la catedral de Pamplona, con una portada plenamente clasicista.

ROENTGEN O RÖNTGEN, WILHELM KONRAD VON *(Lennep, hoy Remscheid, actual Alemania, 1845-Munich, 1923) Físico alemán.* Estudió en el Instituto Politécnico de Zurich y posteriormente ejerció la docencia en las universidades de Estrasburgo (1876-1879), Giessen (1879-1888), Wurzburgo (1888-1900) y Munich (1900-1920). Sus investigaciones, al margen de su célebre descubrimiento de los rayos X, por el que en 1901 obtuvo el primer Premio Nobel de Física que se concedió, se centraron en diversos campos de la física, como los de la elasticidad, los fenómenos capilares, la absorción del calor y los calores específicos de los gases, la conducción del calor en los cristales y la piezoelectricidad. En

▲ *El físico alemán Wilhelm Konrad* **Roentgen** *fotografiado en su laboratorio en 1906.*

1895, mientras se hallaba experimentando con corrientes eléctricas en el seno de un tubo de rayos catódicos –tubo de cristal en el que se ha practicado previamente el vacío– observó que una muestra de platinocianuro de bario colocada cerca del tubo emite luz cuando éste se encuentra en funcionamiento. Para explicar tal fenómeno argumentó que, cuando los rayos catódicos (electrones) impactan con el cristal del tubo, se forma algún tipo de radiación desconocida capaz de desplazarse hasta el producto químico y provocar en él la luminiscencia. Posteriores investigaciones revelaron que el papel, la madera y el aluminio, entre otros materiales, son transparentes a esta forma de radiación; así mismo encontró que esta radiación velaba las placas fotográficas. Al no presentar ninguna de las propiedades comunes de la luz, como la reflexión y la refracción, Roentgen pensó erróneamente que estos rayos no estaban relacionados con ella. En razón, pues, de su extraña naturaleza, denominó a este tipo de radiación rayos X.

ROJAS, FERNANDO DE *(La Puebla de Montalbán, España, h. 1470-Talavera de la Reina, id., 1541) Escritor español.* Unos versos acrósticos al comienzo de la célebre *Tragicomedia de Calisto y Melibea* (h.1497) rezan «El bachiller Fernando de Rojas acabó la Comedia de Calisto y Melibea y fue nacido en la Puebla de Montalbán». Aunque se ha dudado de su veracidad, actualmente se da por hecho que fue el autor, al menos en parte, de la obra. Al parecer, fue bachiller en leyes, y en 1517 se trasladó a Talavera, donde contrajo matrimonio con Leonor Álvarez y fue durante un tiempo gobernador de la villa. Parece seguro que era de origen converso, un dato que la crítica ha tenido muy en cuenta a la hora de analizar su obra. Rojas se declara autor sólo de los últimos actos de la *Tragicomedia*, y afirma haber encontrado el primero, sin llegar a conocer al autor, aunque ello pudiera ser tan sólo un artificio literario. Deudora de tan diversas fuentes como Terencio, la comedia elegíaca medieval, el Arcipreste de Hita y la comedia humanística coetánea, destaca por encima de otras virtudes la espléndida caracterización de los personajes, especialmente el protagonista, y la vívida descripción de ambientes.

ROJAS, MANUEL *(Buenos Aires, 1896-Santiago de Chile, 1973) Escritor argentino nacionalizado chileno.* Su trayectoria personal, que le llevó a realizar los más diversos oficios desde muy joven, le inspiró una obra

▼ *Portada de una edición de la* Tragicomedia de Calisto y Melibea, *conocida como* La Celestina. *La obra de Fernando de* **Rojas** *refleja muy fielmente la sociedad española del s. XV.*

repleta de referencias a las condiciones de vida de los más humildes. Dotado de un especial talento para el relato, desarrolló un estilo vivaz y ameno, y prestó especial atención a los elementos naturales. La novela *Hijo de ladrón*, de 1951, fue una de las más influyentes del siglo en su país de adopción y supuso el inicio de una tetralogía que incluyó también los títulos *Mejor que el vino* (1958), *Sombras contra el muro* (1964) y *La oscura vida radiante* (1971). Entre su abundante producción también destacan las obras *Lanchas en la bahía* (1932) y *Punta de rieles* (1960). Su faceta como cuentista quedó recogida en el volumen recopilatorio *Cuentos* (1970). También escribió ensayos, como *El árbol siempre verde* (1960), y poesía, como *Tonada del transeúnte*.

ROJAS PINILLA, GUSTAVO *(Tunja, Colombia, 1900-Melgar, id., 1975) Militar y político colombiano.* Era comandante general de las Fuerzas Armadas cuando, en 1953, organizó un golpe de Estado contra Laureano Gómez y se autoproclamó presidente. Durante su mandato se creó el Servicio Nacional de Aprendizaje (SENA), se introdujo la televisión y se construyó la refinería petrolera de Barrancabermeja; el 25 de agosto de 1954 se concedió el voto a la mujer y se reconocieron sus derechos políticos. Aunque el régimen contó con un apoyo popular amplio en sus inicios, la constante represión y el cierre de los principales periódicos provocó un levantamiento que lo derrocó el 10 de mayo de 1957. Tras el golpe, Rojas Pinilla se exilió en España, pero regresó un año después para afrontar los cargos que sobre él pesaban. Rehabilitado en 1963, fundó Alianza Nacional Popular (ANAPO), parti-

▲ *El general de división Gustavo* **Rojas Pinilla** *luce la banda presidencial después de autoproclamarse presidente de Colombia en 1953.*

▼ *La formación clásica de los* **Rolling Stones** *durante una actuación para la televisión. De izquierda a derecha: Brian Jones, Mick Jagger, Keith Richards, Charlie Watts y Bill Wyman.*

do con el cual se presentó a las elecciones de 1970, en las que a punto estuvo de ganar. Sus seguidores no aceptaron la victoria y provocaron graves incidentes que llevaron al estado de sitio. Retirado Rojas de la política, su hija María Eugenia pretendió sin éxito proseguir su labor.

ROJAS ZORRILLA, FRANCISCO *(Toledo, 1607-Madrid, 1648) Escritor español.* Formado en la escuela dramática calderoniana, fue colaborador del propio Calderón de la Barca. En 1633 estrenó su primera obra en El Pardo, la tragedia de ascendente cervantino *Persiles y Segismunda*. Obtuvo en vida una considerable popularidad en el género de la comedia, si bien a su muerte quedó sumido en cierto olvido. Publicó en vida una ingente cantidad de obras, sobre todo comedias, de entre las que destacan *El mejor amigo, el muerto* o *A cada cual lo que le toca*, donde otorgó un papel destacado a la mujer en la reivindicación del honor, así como otras virtudes tradicionalmente atribuidas al hombre. Además de otras comedias de tema mitológico (*Los encantos de Medea*), también llevó al escenario algunos de los problemas sociales y morales que caracterizaban su época, siguiendo la estela impulsada por el teatro clásico español.

ROLLAND, ROMAIN *(Clamecy, Francia, 1866-París, 1944) Escritor francés.* Empezó a escribir para el teatro dramas históricos y filosóficos (*Aërt*, 1897; *Los lobos*, 1897, basada en el caso Dreyfus; *Danton*, 1901; *El catorce de julio*, 1902) y biografías sobre grandes genios del arte (*Beethoven*, 1903; *Miguel Ángel*, 1907; *Tolstoi*, 1911). Su carácter místico e idealista fue el motor de su literatura, entregada a la causa de la paz mundial y a la defensa de la libertad individual. La más famosa de sus obras fue la voluminosa novela *Jean-Christophe*, en parte autobiográfica, en la cual aboga por la armonía entre las naciones. Otras obras suyas son *Por encima del conflicto* y la serie de novelas políticas titulada *El alma encantada*. En 1915 le fue concedido el Premio Nobel de Literatura.

ROLLING STONES *Grupo de rock británico integrado por* **MICK JAGGER** *(Dartford, Reino Unido, 1943),* **BRIAN JONES** *(Cheltenham, Reino Unido, 1944-Londres, 1969),* **KEITH RICHARDS** *(Dartford, Reino Unido, 1943),* **BILL WYMAN** *(Londres, 1941) y* **CHARLIE WATTS** *(Londres, 1941).* Formado en 1962, a los Rolling Stones se les ha presentado siempre como los rivales históricos de The Beatles. Dentro de esta comparación, los Stones representaron la corriente más agresiva de la música rock, aun cuando alcanzaron el estrellato de mano de la canción *I wanna be your man*, compuesta por los *beatles* Lennon y McCartney. De hecho, hasta 1965 los Stones no empezaron a publicar sus propios temas, como *(I can't get no) Satisfaction* o *Going to a gogo*, habitualmente compuestas por el cantante Mick Jagger y el guitarrista Keith Richards, mucho más influidos por el rhythm & blues que por el propio rock & roll que marcó al grupo de Liverpool. En 1969, Jones falleció durante el transcurso de una fiesta al caer en una piscina tras haber ingerido gran cantidad de alcohol; su lugar en el grupo fue ocupado en un principio por el guitarrista Mick Taylor. En 1976, Taylor abandonó la formación y fue reemplazado por Ron Wood. Los Rolling Stones destacan además por ser un grupo de una extraordinaria longevidad, pues en 1964 inició su primera gira de conciertos por Estados Unidos y todavía en 1997 llevaron a cabo una gira mundial de presentación del disco *Bridges to Babylon*. Este hecho, unido a su calidad musical, los ha convertido en verdaderos mitos de la música popular. Aparte de su faceta musical, Mick Jagger ha realizado dos películas como actor, *Performance* (1970), filme de estética psicodélica en el que el propio Jagger muestra el camaleónico estilo de su íntimo amigo David Bowie, y *Freejack* (1992). Junto al inmenso reconocimiento popular de que disfrutan a nivel mundial, los Stones recibieron en 1986 el Grammy por su carrera musical y en 1989 fueron incluidos en el Rock and Roll Hall of Fame. En 1993, Keith Richards pasó a formar parte del Hall of Fame de compositores de canciones y en 1994 la cadena estadounidense MTV otorgó al grupo su premio en reconocimiento a su carrera artística. Además, el 10 de noviembre de 1994 los Rolling Stones se convirtieron en el primer grupo de rock & roll que ofrecía un concierto en directo a través de Internet.

ROMANO, GIULIO PEPPI *(Roma, h. 1492-Mantua, actual Italia, 1546) Arquitecto y pintor italiano.* Fue el principal discípulo de Rafael, con el que colaboró, entre otras obras, en los frescos de las Estancias del Vaticano, que llevó a término a la muerte del maestro. En 1524 se trasladó a Mantua, donde fue una figura muy influyente en la corte de los Gonzaga. Éstos le encargaron la construcción y decoración del palacio del Té, trabajo por el que ha pasado a la posteridad. Se

▲ Sala de los Gigantes *del palacio del Té de Mantua, diseñado y decorado por Giulio* **Romano***. Este fresco representa el triunfo de Zeus sobre los Titanes.*

▼ *El mariscal Erwin J.* **Rommel***, conocido como* el Zorro del Desierto *por su habilidad táctica, fotografiado con la Cruz de Hierro otorgada por méritos de guerra.*

trata de la primera obra arquitectónica de estilo manierista, que rompió con los cánones vigentes y buscó efectos de ilusionismo no sólo en la decoración pictórica, sino también en el sorprendente enfoque de los elementos arquitectónicos. De los dos aspectos (arquitectura y pintura) se ocupó el propio Giulio Romano, que dejó creaciones sorprendentes, como la espectacular decoración de la sala de los Gigantes.

ROMMEL, ERWIN JOHANNES, llamado *el Zorro del Desierto (Heidenheim del Brenz, Alemania, 1891-Ulm, id., 1944) Militar alemán.* Participó en la Primera Guerra Mundial con el grado de alférez, y durante la contienda ascendió a teniente; destacó en el frente occidental y sobre todo en los Alpes, donde llevó a cabo acciones meritorias durante la batalla de Caporetto, y más tarde en la toma de Longarone. En todas estas acciones demostró gran habilidad para la infiltración y las maniobras sorpresivas. Sus actuaciones le valieron la Cruz de Hierro de Primera Clase y la Medalla al Mérito Militar. Acabada la guerra, continuó en el reducido ejército alemán al mando de un batallón. El ascenso al poder del partido nazi y la política hitleriana de rearme dieron un giro crucial a su carrera. Ya con el rango de general, formó parte del cuartel general de Hitler desde el principio de la Segunda Guerra Mundial. En la campaña de Francia, al mando de la VII División Acorazada, tuvo un papel relevante en la ruptura de las líneas aliadas en el Mosa y la posterior penetración que condujo a la victoria alemana. Por su rapidez de movimientos, su unidad fue conocida como «la División Fantasma». En 1941 fue enviado a Libia con el Afrika Korps para apoyar a los italianos en la guerra del desierto. Allí, su habilidad se puso de manifiesto al infligir una derrota tras otra a los británicos, pese a contar con medios muy inferiores. Finalmente, escaso de material y combustible, fue vencido por el VIII Ejército Británico en El-Alamein y hubo de retirarse. En 1943 se hizo cargo de las defensas del Muro del Atlántico en Francia y del grupo de Ejércitos B, por lo que estuvo al mando de las fuerzas encargadas de repeler el desembarco de Normandía en junio de 1944. En julio fue herido en un ataque aéreo y, aún convaleciente, fue acusado de haber formado parte del complot para matar a Hitler. Para evitar un juicio público, decidió aceptar la opción de suicidarse que le ofreció el propio Führer.

RONDEAU, JOSÉ (*Buenos Aires, 1773-Montevideo, 1844*) *Político uruguayo de origen argentino*. Luchó en la guerra de Independencia del Río de la Plata y participó en los sitios de Montevideo en 1811 y 1812-1814, antes de dirigir el ejército del Alto Perú, al frente del cual fue derrotado por los realistas en Sipe-Sipe. De regreso en Buenos Aires asumió el directorio de las Provincias Unidas en 1815 y nuevamente entre 1819 y 1820. En ese período desempeñó un papel destacado en las numerosas luchas internas desatadas por la constante amenaza realista. En los primeros años de independencia del país, el presidente Manuel Oribe lo nombró jefe del Estado Mayor del ejército (1835-1838), y después de que se iniciara la Guerra Grande, Rondeau fue designado por Fructuoso Rivera ministro de Guerra del Gobierno de la Defensa (1839), que funcionaba en Montevideo. En 1843 Oribe puso sitio a la ciudad, donde, al año siguiente, murió Rondeau.

RONSARD, PIERRE DE (*Vendôme, Francia, 1524-Saint-Cosme-les-Tours, id., 1585*) *Poeta francés*. Nacido en el seno de una familia noble, fue paje real y escudero del delfín Carlos, segundo hijo de Francisco I, y luego entró al servicio de Jacobo I, rey de Escocia. A causa de una sordera incurable, hubo de renunciar a su carrera militar, se ordenó sacerdote y llegó a ser capellán del monarca francés Carlos IX, de cuya amistad gozó. Su epopeya inacabada *La Franciade*, sobre los orígenes de la nación francesa, pretendió ser un homenaje a la persona del soberano. En 1544 viajó a París, donde estudió con el clasicista francés Jean Dorat en la escuela de Coqueret. Allí, él y otros poetas franceses, entre los que se encontraba Joachim du Bellay, formaron el famoso grupo conocido como la Pléiade con la intención de revitalizar la lengua y la literatura francesas. En su obra, Ronsard conjugó de una manera muy personal la influencia de Petrarca y del platonismo, influencia en la que alienta un humanismo vitalista. En 1550 publicó las *Odas*, cuatro libros de poemas académicos construidos sobre los modelos de Píndaro y Horacio. En 1551 apareció *Los amores de Casandra*, una elegante colección de poemas amorosos influidos por el poeta italiano Petrarca, y años después *Continuación de los amores*, poemas éstos más personales y desenvueltos, menos rígidos que los anteriores, construidos al modo de Petrarca. Otras obras suyas son los *Himnos*, sobre temas filosóficos,

▲ *Retrato anónimo de Pierre de **Ronsard**, con el toque eclesial del alzacuello, que se conserva en el Museo de Arte Antiguo del castillo de Blois, en Francia.*

▼ *Bajo estas líneas, retrato de Franklin D. **Roosevelt** realizado por Douglas Chandor. A la derecha, el dirigente pronuncia un discurso en la Academia de Música de Brooklyn en apoyo de los candidatos demócratas durante la campaña electoral en octubre de 1936.*

religiosos, científicos y políticos; *Discursos sobre las miserias de este tiempo* y *Amonestación al pueblo de Francia* forman parte de su lucha en pro de la facción católica. Los poemas de amor más conocidos de su producción son los melancólicos *Sonetos para Helena*, compuestos en honor de Hélène de Surgères.

ROOSEVELT, FRANKLIN DELANO (*Nueva York, 1882-Georgia, EE UU, 1945*) *Político estadounidense*. De familia acomodada, se licenció en derecho y comenzó a ejercer como abogado en Nueva York en 1907. Se casó con Anna Eleanor Roosevelt, sobrina del presidente Theodore Roosevelt, que era, a su vez, primo del padre de Franklin Delano. En 1910, el estado de Nueva York lo eligió senador por el Partido Demócrata. En 1920 fue nominado para la vicepresidencia por este partido, liderado por James Cox, pero en las elecciones los republicanos obtuvieron la victoria. Al año siguiente sufrió un ataque de poliomielitis, lo cual no le impidió convertirse en gobernador de Nueva York. Su ideología política progresista se reflejó desde el comienzo de su mandato durante las dos legislaturas consecutivas en que mantuvo el cargo. En los primeros compases de la Gran Depresión adoptó una serie de medidas para intentar combatir la crisis económica. Constituyó una organización de apoyo gubernamental para el ciudadano y reunió a un grupo de profesores de la Universidad de Columbia (el llamado Brain Trust) para buscar soluciones. Su reputación le dio el triunfo en las elecciones presidenciales de 1932. Una vez en la Casa Blanca, instauró un programa de recuperación económica, el denominado *New Deal*. Para enfrentarse al hundimiento de la Bolsa, a las continuas quiebras bancarias y al alarmante ín-

dice de desempleo, abandonó el patrón oro, devaluó el dólar y facilitó la concesión de créditos. En 1933 elaboró un detallado programa agrario encaminado a reducir los excedentes agrícolas (Ley de Ajuste Agrario). Por otra parte, fomentó la creación de empleo, para lo cual promovió una política de realización de obras públicas y reguló las condiciones laborales. También favoreció la organización sindical y luchó por la estabilización de precios mediante la NIRA, o Ley de Recuperación Industrial de la Nación. Ante la inminencia de la Segunda Guerra Mundial, redefinió la política exterior y abandonó la tendencia internacionalista del demócrata Woodrow Wilson. De acuerdo con la inclinación aislacionista estadounidense, se mantuvo al margen hasta que la invasión de Francia por Hitler dio otro cariz a los acontecimientos. El expansionismo de Japón, por otra parte, también constituía una amenaza no pequeña. El detonante para la definitiva implicación directa del país en el conflicto bélico fue el ataque sorpresa japonés a la base de Pearl Harbor en 1941. Estados Unidos se alineó con el Reino Unido y la Unión Soviética. Junto con Winston Churchill elaboró la Carta del Atlántico, en la que ambos estadistas explicaban sus propósitos bélicos. En la conferencia de Quebec se planificó la invasión de Normandía. Así mismo, el bloque de los aliados (Roosevelt, Churchill y Stalin), creó la Organización de las Naciones Unidas para asegurar la paz mundial una vez finalizada la contienda. El presidente estadounidense moriría a causa de una hemorragia cerebral en 1945, sin llegar a ver el final de la guerra.

ROOSEVELT, THEODORE (*Nueva York, 1858-Oyster Bay, EE UU, 1919*) *Político estadounidense.* Secretario adjunto de Marina durante la guerra hispano-estadounidense (1898), gobernador de Nueva York y vicepresidente con el republicano William Mckinley, tras el asesinato de éste en 1901 le sucedió en la presidencia. Desarrolló una política exterior activa (mediador en la guerra ruso-japonesa en 1905 y en el conflicto entre Alemania, Francia y España por el control de Marruecos) y de carácter agresivo cuando no de franca injerencia (intervenciones en Panamá, en 1903, en Cuba, en 1905, y en la República Dominicana, en 1906). Premio Nobel de la Paz en 1906. Al término de su mandato (1908), apoyó a Taft. En 1912 se presentó a las elecciones presidenciales, pero fue vencido por el demócrata Woodrow Wilson.

▲ *Eduardo* **Rosales**, *maestro de la pintura histórica, reproduce aquí la batalla de Castillejos, que se libró en la guerra hispano-marroquí de 1859-1860. El cuadro pertenece a una colección privada.*

▼ *El general y político argentino Juan Manuel de* **Rosas**, *en un retrato pintado por Fernando García del Molino.*

ROSALES, EDUARDO (*Madrid, 1836-id., 1873*) *Pintor español.* Las penurias económicas, la muerte prematura de sus padres y las primeras crisis de la enfermedad que a la postre causaría su muerte hicieron muy difícil su infancia y primera juventud. Pese a todo, se formó en la Academia de San Fernando y viajó a Roma, donde inició su carrera pictórica. Después de unas creaciones iniciales de corte convencional, en 1867 presentó en París *El testamento de Isabel la Católica*, su obra más conocida y valorada, con la que se consagró como un gran pintor. La novedosa concepción de la pintura histórica que muestra Rosales en dicha obra y también en *La muerte de Lucrecia*, fueron fruto de una búsqueda de la esencialidad del hecho histórico y sus protagonistas que está muy lejos del pintoresquismo tan habitual en este género pictórico por aquel entonces. Se le deben también paisajes y hermosos retratos de sugerente colorido.

ROSAS, JUAN MANUEL DE (*Buenos Aires, 1793-Seathling, Reino Unido, 1877*) *Militar y político argentino.* Acaudalado terrateniente bonaerense, formó un ejército personal en sus dominios, con el que llevó a cabo una campaña contra los indígenas y, en 1828, encabezó un alzamiento popular. Un año más tarde fue nombrado gobernador de Buenos Aires, cargo desde el que logró unir a las provincias en un pacto federal contra los unitarios. En 1835 fue reelegido y ejerció un poder casi absoluto sobre la mayor parte del territorio nacional, lo que le llevó a autoproclamarse «Tirano ungido por Dios». Resistió las presiones británicas y francesas, pero en 1852 fue vencido en la batalla de Monte Caseros por una coalición brasileña, uruguaya y de caudillos federales encabezada por Justo José de Urquiza, portavoz de

los intereses de las provincias del litoral frente a la hegemonía de Buenos Aires. Rosas se vio obligado a exiliarse en Inglaterra, lo que dio paso a la proclamación de la Confederación de las Provincias Unidas del Río de la Plata, cuya constitución definió institucionalmente la moderna Argentina.

ROSENBLUETH, EMILIO (*Ciudad de México, 1926-id. 1994*) *Ingeniero mexicano.* Se licenció en ingeniería civil en su ciudad natal y obtuvo el doctorado en esta especialidad en la Universidad de Illlinois. Preocupado por los devastadores efectos de los terremotos, estudió la resistencia de los materiales empleados en construcción y mejoró los sistemas antisísmicos de edificios, puentes y otras obras de ingeniería. Consignó los resultados obtenidos en tratados como *Consideraciones sobre el diseño sísmico* y *Torsiones sísmicas en edificios*. Hombre de múltiples intereses, en su libro *Razas culturales*, publicado en 1982, reflexionó sobre la diversidad étnica y el mestizaje en México. Como subsecretario de Educación Pública, entre 1978 y 1982, se interesó por mejorar los métodos de enseñanza. Fue premiado con galardones como el Premio Nacional de Ciencias y el Príncipe de Asturias.

ROSSELLINI, ROBERTO (*Roma, 1906-id., 1977*) *Director de cine y de televisión italiano.* Procedente de una familia de importantes empresarios del ámbito cinematográfico, abandonó los estudios una vez terminado el bachillerato para entrar a trabajar como director y montador de cortometrajes en el Instituto Luce. La fama le llegó con *Roma, ciudad abierta* (*Roma, città aperta*), realizada en 1944-1945 con escasos medios y la inestimable colaboración de los guionistas Sergio Amidei y Federico Fellini. Este título inauguró la corriente denominada neorrealismo, caracterizada por un verismo temático y formal de corte documentalista que pretendía reflejar las vivencias contemporáneas del hombre de la calle. Cimentaría su prestigio con su siguiente obra, *Paisà* (1946), y cerró esta primera etapa con *Alemania, año cero* (*Germania anno zero*, 1947). Luego, se concentró cada vez más en el problema de la incomunicación en el marco de la sociedad moderna desde una perspectiva más intimista e introspectiva, particularmente en los títulos protagonizados por la que entonces

▲ *Uno de los más grandes directores de cine italianos, iniciador del neorrealismo cinematográfico, Roberto* **Rossellini**.

▼ *Astarté siriaca, obra pintada por Dante Gabriel* **Rossetti** *en 1877 que se conserva en la Galería de Arte de Manchester, en el Reino Unido.*

era su esposa, la actriz Ingrid Bergman, y entre los que cabe citar *Stromboli* (*Stromboli, terra di Dio*, 1950), *Te querré siempre* (*Viaggio in Italia*, 1953) o *El miedo* (*La paura*, 1954). En 1959, fascinado por las posibilidades que ofrecía el nuevo medio, realizó su primer trabajo televisivo, *L'India vista da Rossellini*, que inauguró una serie de obras para la pequeña pantalla que ocuparían su última etapa creativa y de entre las que destacan *La edad del hierro* (*L'età del ferro*, 1965), *La toma del poder de Luis XIV* (*La presa di potere di Luigi XIV*, 1967), además de estudios biográficos como *Sócrates* (*Socrate*, 1971) o *Blaise Pascal* (1972).

ROSSETTI, DANTE GABRIEL (*Londres, 1828-Birchington-on-Sea, Reino Unido, 1882*) *Pintor británico.* Hijo de un patriota y poeta italiano exiliado en Londres, creció en un ambiente modesto pero de gran nivel cultural. Dudó entre dedicarse a la poesía o a la pintura, optando por esta última, aconsejado por un crítico que le aseguró que llegaría a enriquecerse. En 1848 fundó la Hermandad Prerrafaelista junto con Hunt, Millais y otros pintores. Sus obras *La infancia de la Virgen* (1849) y *Ecce ancilla Domini* representan un claro ejemplo de los ideales prerrafaelistas: recuperar la visión artística del siglo XV italiano, en particular el llamado «candor místico» de Fra Angelico. En 1860 se casó con Elizabeth Siddal, una mujer compleja con la que mantuvo una relación turbulenta. La muerte de Elizabeth en 1862 supuso un duro golpe para el artista, así como el estímulo para la realización de su obra maestra: *Beata Beatrix*, un retrato de Elizabeth en el que parangona su amor por ella con el de Dante por Beatriz. La representación de la figura femenina se convirtió a partir de entonces en una constante en su obra, con una nueva modelo, Janey, la esposa de su amigo William Morris. Son precisamente estos retratos femeninos lo más característico de la obra de Rossetti, al combinar de forma sorprendente idealismo y sensualidad. En 1856 el pintor se asoció con Morris y Burne-Jones en una empresa de artes decorativas denominada Morris & Co., pero las relaciones entre los tres socios, y por tanto sus negocios, acabaron en fracaso. Murió destrozado por las drogas y el alcohol, pero dejando tras de sí una obra que ejerció una influencia considerable.

GIOACCHINO ANTONIO ROSSINI
OBRAS MAESTRAS

ÓPERAS: *DEMETRIO E POLIBIO* (1808); *LA CAMBIALE DI MATRIMONIO* (1810); *L'INGANNO FELICE* (1811); *CIRO IN BABILONIA* (1812); *LA SCALA DI SETA* (1812); *IL SIGNOR BRUSCHINO* (1813); *TANCREDI* (1813); *L'ITALIANA IN ALGERI* (1813); *IL TURCO IN ITALIA* (1814); *ELISABETTA, REGINA D'INGHILTERRA* (1815); *IL BARBIERE DI SIVIGLIA* (1816); *OTELLO* (1816); *LA CENERENTOLA* (1817); *LA GAZZA LADRA* (1817); *ARMIDA* (1817); *ADELAIDE DI BORGOGNA* (1817); *MOSÈ IN EGITTO* (1818); *ERMIONE* (1819); *LA DONNA DEL LAGO* (1819); *SEMIRAMIDE* (1823); *IL VIAGGIO A REIMS* (1825); *LE COMTE ORY* (1828); *GUGLIELMO TELL* (1829). **MÚSICA DE CÁMARA:** *6 SONATAS PARA CUERDA* (1804). **MÚSICA VOCAL Y CORAL:** *STABAT MATER* (1832); *PEQUEÑA MISA SOLEMNE* (1863).

ROSSINI, GIOACCHINO ANTONIO *(Pésaro, actual Italia, 1792-París, 1868) Compositor italiano.* Situado cronológicamente entre los últimos grandes representantes de la ópera napolitana (Cimarosa y Paisiello) y los primeros de la romántica (Bellini y Donizetti), Rossini ocupa un lugar preponderante en el repertorio lírico italiano gracias a óperas bufas como *Il barbiere di Siviglia, La Cenerentola* o *L'italiana in Algeri*, que le han dado fama universal, eclipsando otros títulos no menos valiosos. Hijo de un trompetista del municipio de Pésaro que colaboraba con las orquestas de los teatros de la provincia, y de una soprano que llevó a cabo una corta carrera como *seconda donna*, la existencia de Rossini se vio ligada, desde la infancia, al universo operístico. Alumno del Liceo Musical de Bolonia desde 1806, en esta institución tuvo como maestro de contrapunto al padre Mattei y entró en contacto con la producción sinfónica de los clásicos vieneses, Mozart y Haydn, que ejercerían una notable influencia en la fisonomía instrumental de sus grandes óperas, de una riqueza tímbrica y de recursos (los célebres y característicos *crescendi* rossinianos) desconocidos en la Italia de su tiempo. Tras varias óperas escritas según el modelo serio (*Demetrio e Polibio, Ciro in Babilonia*), ya en decadencia, y bufo (*La cambiale di matrimonio, L'inganno felice*), sin excesivas innovaciones, el genio de Rossini empezó a manifestarse en toda su grandeza a partir de 1813, año del estreno de *Il signor Bruschino*. Dotado de una gran facilidad para la composición, los títulos fueron sucediéndose uno tras otro sin pausa (llegó incluso a estrenar hasta cuatro obras en el mismo año). En París, ciudad en la que se estableció en 1824, compuso y dio a conocer la que iba a ser su última partitura para la escena, *Guglielmo Tell* (1829). A pesar de su éxito, el compositor abandonó por completo –cuando contaba treinta y siete años y por razones desconocidas– el cultivo de la ópera.

▲ *Un joven Gioacchino A.* **Rossini** *pintado por Vincenzo Camuccini probablemente alrededor de 1816, año en el que se estrenó su célebre ópera* Il barbiere di Siviglia.

▶ *El músico ruso Mstislav L.* **Rostropovich**, *uno de los más notables virtuosos del violoncelo, durante un ensayo general previo a una actuación.*

ROSTAND, JEAN *(París, 1894-Saint-Cloud, Francia, 1977) Biólogo y escritor francés.* Hijo del poeta Edmond Rostand, se estableció en Ville-d'Avray en 1922, dedicado al estudio y a la investigación científica en un pequeño laboratorio instalado cerca de su casa. Entre sus numerosas investigaciones, destacan las relativas a la partenogénesis y a la teratogénesis de los anfibios. Junto a estas contribuciones, es preciso mencionar su relevante actividad como divulgador científico, con obras como *El hombre* (1941), *La biología y el porvenir humano* (1950) y *El correo de un biólogo* (1954). En 1954 fue nombrado miembro de la Academia Francesa, y en 1960 fue galardonado con el Premio Kalinga, por sus trabajos de investigación y por su destacada labor divulgadora.

ROSTROPOVICH, MSTISLAV LEOPÓLDOVICH *(Bakú, actual Azerbaiján, 1927) Violoncelista, pianista y director de orquesta azerí.* Nacido en el seno de una familia de violoncelistas, ocupa un puesto preeminente en la historia de la interpretación del violoncelo en el siglo XX, no sólo por su talento extraordinario, sino también por haber incitado a algunos de los mejores compositores contemporáneos a escribir para su instrumento músico, entre ellos sus amigos Shostakovich, Prokofiev y Schnittke. Niño prodigio, se formó en Moscú, debutando en 1942. La consecución tres años más tarde del primer premio en el Concurso de Moscú significó el inicio de una carrera de éxitos, que a partir de 1951 se desarrolló también en Occidente. Las

discrepancias de Rostropovich con el régimen soviético culminaron con su salida de la URSS en 1974. Desprovisto de su nacionalidad en 1978, ésta no le fue devuelta hasta 1990. Desde que en 1961 debutara como director de orquesta, ha alternado con éxito esta faceta con la práctica del violoncelo. Como pianista se ha prodigado como acompañante de las actuaciones de su esposa, la soprano Galina Vizhnevskaia.

ROSWITHA O HROSVITH [Roswitha von Gandersheim] *(?, h. 935-?, 975-1000) Poetisa alemana.* Primera poetisa alemana conocida, se crió en el ambiente de la aristocracia sajona y profesó como novicia en el convento benedictino de Gandersheim bajo el reinado de Otón I. Su obra, íntegramente escrita en latín, manifiesta la voluntad de recuperar la moralidad pagana de las obras clásicas y combinarla con la tradición y los temas cristianos; comprende seis comedias edificantes (diálogos en prosa rimada), inspiradas en el comediógrafo latino Terencio, y poemas históricos (*Gesta Oddonis*, compuesta en honor de Otón I, y *Primodia Coenobii Gandersheimensis*, sobre el origen del convento de Gandersheim), que constituyen el primer ejemplo documentado de drama litúrgico medieval.

ROTHKO, MARK *(Daugavpils, Lituania, 1903-Nueva York, 1970) Pintor estadounidense de origen lituano.* Emigró a Estados Unidos cuando todavía era un niño. Cursó estudios universitarios y su formación artística fue esencialmente autodidacta. Tras unos inicios en que se acercó al surrealis-

▲ *Miniatura del salterio de* Ingeborg *de Dinamarca (hacia 1210) en el que aparece representada la caída y conversión de Teófilo, descrita por la poetisa alemana* **Roswitha**.

▲ Canto de guerra para el ejército del Rin, *compuesta por* **Rouget de Lisle** *en 1792 durante la Revolución Francesa. Más tarde pasó a ser conocido como* La Marsellesa, *hoy himno de la República Francesa.*

◄ Magenta, negro, verde y naranja, *pintado por Mark* **Rothko** *en 1949 y conservado en el MOMA de Nueva York. Rothko crea, mediante el color, una atmósfera visual muy sugestiva.*

mo y el expresionismo, llegó a un estilo absolutamente personal que lo convirtió en una de las figuras más destacadas del expresionismo abstracto, siendo a menudo encuadrado, junto con B. Newman o S. Francis, en la corriente denominada del campo de color. Sus obras, normalmente de grandes dimensiones y agrupadas en series, presentan muy poca variación compositiva y consisten básicamente en rectángulos de varios colores que se suceden paralelamente de arriba abajo, con bordes ligeramente irregulares en las zonas de separación tonal. La intención del artista fue siempre aprehender el absoluto por medio de una aproximación contemplativa y sensibilista. Su paleta cromática fue oscureciéndose con el paso de los años, se especula que en correspondencia con un estado depresivo que lo llevaría al suicidio.

ROUAULT, GEORGES *(París, 1871-id., 1958) Pintor y grabador francés.* Fue un singular representante del expresionismo, con obras de fuerte contenido simbólico, realizadas con colores vivos y gruesos trazos negros para delimitar figuras y objetos, rasgos en los que se advierten sus inicios como aprendiz en un taller de vidrieras. Se movió en el círculo de Matisse y de los *fauves*, pero siempre mantuvo su idiosincrasia tanto estilística como temática. En una primera etapa pintó sobre todo figuras de payasos, prostitutas y seres marginados, en general como protesta frente a la hipocresía, la miseria y el sufrimiento humanos. A partir de 1940 se decantó de forma exclusiva por la temática religiosa, de un fuerte simbolismo tamizado por su peculiar sensibilidad. Cultivó también el grabado y la ilustración de libros y fue el primer conservador del Museo Gustave Moreau, su maestro.

ROUGET DE LISLE, CLAUDE-JOSEPH *(Lons-le-Saunier, Francia, 1760- Choisy-le-Roi, id., 1836) Militar francés.* Alcanzó el grado de capitán en el ejército y, pese a sus reconocidas dotes, abandonó la carrera de las armas antes de lograr mayor graduación. Su participación en la Revolución Francesa fue considerada moderada, y su celebridad se debe a la composición, la noche del 25 de abril de 1792, de la canción *Canto de guerra para el ejército del Rin*, con motivo de la exaltación causada por la declaración de guerra a Austria. El hecho de que los asaltantes de las Tullerías procedentes de Marsella entonaran la canción durante su insurrección hizo que muy pronto se conociera como *La Marsellesa*, que pasó a ser himno nacional de Francia en 1879, durante la III República. Su autor pudo librarse de ser condenado durante el Terror gracias al éxito que obtuvo su composición.

ROUSSEAU, HENRI-JULIEN, llamado *el Aduanero (Laval, Francia, 1844-París, 1910) Pintor francés.* Por sus humildes orígenes no pudo recibir una formación artística y no se dedicó a la pintura hasta 1893, por lo que se le considera autodidacto. Su peculiar pintura figurativa, que combina la ingenuidad formal con la sofisticación temática y compositiva, constituye un caso único en el marco de las experiencias innovadoras de su época. Después de unas primeras obras (paisajes y naturalezas muertas) en las que describe minuciosamente la realidad eliminando por completo la perspectiva, Rousseau pasó a colocar sus figuras en un espacio bidimensional de ambiente mítico, como es el caso en *La cabalgata de la desolación.* Sin embargo, sus obras más interesantes son aquellas que representan un mundo exótico, lleno de visiones oníricas, a menudo ambientadas en la jungla. En esta línea se inscribe sobre todo la famosa *Encantadora de serpientes,* obra de 1907. Su obra ejerció destacada influencia en la pintura *naif.*

ROUSSEAU, JEAN-JACQUES *(Ginebra, Suiza, 1712-Ermenonville, Francia, 1778) Filósofo suizo.* Huérfano de madre desde temprana edad, fue criado por su tía materna y por su padre, un modesto relojero. Sin apenas haber recibido educación, trabajó como aprendiz con un notario y con un grabador, quien lo sometió a un trato tan brutal que acabó por abandonar Ginebra en 1728. Fue entonces acogido bajo la protección de la baronesa de Warens, quien le convenció de que se convirtiese al catolicismo (su familia era calvinista). Ya como amante de la baronesa, se instaló en la residencia de ésta en Chambéry e inició un período intenso de estudio autodidacto. En 1742 puso fin a una etapa que más tarde evocó como la única feliz de su vida y partió hacia París, donde presentó a la Academia de las Ciencias un nuevo sistema de notación musical ideado por él, con el que esperaba alcanzar una fama que, sin embargo, tardó en llegar. Pasó un año (1743-1744) como secretario del embajador francés en Venecia, pero un enfrentamiento con éste determinó su regreso a París, donde inició una relación con una sirvienta inculta, Thérèse Levasseur, con quien acabó por casarse civilmente en 1768 tras haber tenido con ella cinco hijos.

JEAN-JACQUES ROUSSEAU
OBRAS MAESTRAS

DISCURSO SOBRE LAS CIENCIAS Y LAS ARTES (DISCOURS SUR LES SCIENCES ET LES ARTS, 1750); *DISCURSO SOBRE EL ORIGEN DE LA DESIGUALDAD ENTRE LOS HOMBRES (DISCOURS SUR L'ORIGINE DE L'INÉGALITÉ PARMI LES HOMMES,* 1755); *JULIA O LA NUEVA ELOÍSA (JULIE OU LA NOUVELLE HÉLOÏSE,* 1761); *EMILIO O DE LA EDUCACIÓN (ÉMILE OU DE L'ÉDUCATION,* 1762); *DEL CONTRATO SOCIAL O PRINCIPIOS DEL DERECHO POLÍTICO (DU CONTRAT SOCIAL OU PRINCIPES DU DROIT POLITIQUE,* 1762); *CONFESIONES (CONFESSIONS,* 1782-1789); *LAS ENSOÑACIONES DEL PASEANTE SOLITARIO (LES RÊVERIES DU PROMENEUR SOLITAIRE,* 1782).

▼ *Jean-Jacques* **Rousseau** *en un retrato al pastel realizado por M. Quentin de La Tour que se conserva en el Museo de Bellas Artes de Saint-Quentin, en Francia.*

Trabó por entonces amistad con los ilustrados, y fue invitado a contribuir con artículos de música a la *Enciclopedia* de D'Alembert y Diderot; este último lo impulsó a presentarse en 1750 al concurso convocado por la Academia de Dijon, la cual otorgó el primer premio a su *Discurso sobre las ciencias y las artes,* que marcó el inicio de su fama. En 1754 visitó de nuevo Ginebra y retornó al protestantismo para readquirir sus derechos como ciudadano ginebrino, entendiendo que se trataba de un puro trámite legislativo. Apareció entonces su *Discurso sobre el origen de la desigualdad entre los hombres,* escrito también para el concurso convocado en 1755 por la Academia de Dijon. Rousseau se enfrenta a la concepción ilustrada del progreso, considerando que los hombres en estado natural son por definición inocentes y felices, y que son la cultura y la civilización las que imponen la desigualdad entre ellos, en especial a partir del establecimiento de la propiedad, y con ello les acarrea la infelicidad. En 1756 se instaló en la residencia de su amiga Madame. d'Épinay en Montmorency, donde redac-

▶ *Ilustración para la novela* Julia o la Nueva Eloísa, *escrita en 1761 por Jean-Jacques* **Rousseau***, notoria por sus connotaciones autobiográficas.*

tó algunas de sus obras más importantes. *Julia o la Nueva Eloísa* (1761) es una novela sentimental inspirada en su pasión –no correspondida– por la cuñada de Madame d'Épinay, la cual fue motivo de disputa con esta última. En *Del contrato social* (1762) intenta articular la integración de los individuos en la comunidad; las exigencias de libertad del ciudadano han de verse garantizadas a través de un contrato social ideal que estipule la entrega total de cada asociado a la comunidad, de forma que su extrema dependencia de la ciudad lo libere de aquella que tiene respecto de otros ciudadanos y de su egoísmo particular. La voluntad general señala el acuerdo de las distintas voluntades particulares, por lo que en ella se expresa la racionalidad que les es común, de modo que aquella dependencia se convierte en la auténtica realización de la libertad del individuo, en cuanto ser racional. Finalmente, *Emilio o De la educación* (1762) es una novela pedagógica, cuya parte religiosa le valió la condena inmediata por parte de las autoridades parisinas y su huida a Neuchâtel, donde surgieron de nuevo conflictos con las autoridades locales, de modo que en 1766, aceptó la invitación de David Hume para refugiarse en Inglaterra, aunque al año siguiente regresó al continente convencido de que Hume tan sólo pretendía difamarlo. A partir de entonces cambió sin cesar de residencia, acosado por una manía persecutoria que lo llevó finalmente de regreso a París en 1770, donde transcurrieron los últimos años de su vida, en los que redactó sus escritos autobiográficos.

ROUSSEL, ALBERT *(Tourcoing, Francia, 1869-Royan, id., 1937) Compositor francés.* Aunque siguió estudios musicales desde edad temprana, éstos ocuparon un lugar secundario en su formación. Alumno de la Escuela Naval desde 1887, tres años más tarde fue destinado a la fragata *Iphigénie*, a bordo de la cual visitó Indochina, país al que regresó en 1893. Oriente constituyó desde ese momento una importante fuente de inspiración para él, como lo prueba su ópera-ballet *Padmavati* (1923), escrita a raíz de un viaje efectuado con su esposa a la India en 1909. Decidido a consagrarse por entero a la composición, en 1894 Roussel abandonó la Marina para perfeccionar su técnica con Vincent D'Indy en París. Su estilo derivó desde la temprana influencia del impresionismo musical hacia una estética más neoclásica, que no excluye el empleo de algunos hallazgos de la vanguardia, como se refleja en el vigoroso sentido rítmico que

> «*Casi me atrevería a decir que el estado de reflexión es un estado contra natura, y que el hombre que medita es un animal depravado.*»
>
> Jean-Jacques Rousseau
> *Discurso sobre el origen de la desigualdad entre los hombres*

PIETER PAUL RUBENS

OBRAS MAESTRAS

LOS DOCE APÓSTOLES (1603; Museo del Prado, Madrid); *MARQUESA BRÍGIDA SPINOLA-DORIA* (1606; National Gallery, Washington); *LA ADORACIÓN DE LOS PASTORES* (1608; San Filippo Neri, Fermo); *AUTORRETRATO CON SU ESPOSA* (1610; Alte Pinakothek, Munich); *EL DESCENDIMIENTO DE LA CRUZ* (1611-1614; catedral de Amberes); *RAPTO DE LAS HIJAS DE LEUCIPO* (1616, Alte Pinakothek; Munich); *BATALLA DE LAS AMAZONAS* (1617; Alte Pinakothek, Munich); *EL JARDÍN DEL AMOR* (1632; Museo del Prado, Madrid); *EL JUICIO DE PARIS* (1635-1638; Museo del Prado, Madrid); *DIANA DE LAS NINFAS PERSEGUIDA POR LOS SÁTIROS* (1636-1640; Museo del Prado, Madrid); *LAS TRES GRACIAS* (1636?; Museo del Prado, Madrid); *HELENA FOURMENT CON SUS HIJOS* (h. 1637; Museo del Louvre, París); *HELENA FOURMENT CON PELLIZA* (1638-1640; Kunsthistorisches Museum, Viena).

▶ *Una de las últimas y más conocidas obras de* **Rubens**: Las tres Gracias. *El cuadro, fechado entre 1636 y 1639, se exhibe en el Museo del Prado de Madrid.*

---

imprimió a su *Sinfonía núm. 3* (1930). Los ballets *El festín de la araña* (1913) y *Baco y Ariadna* (1931) son otras de sus obras.

RUBÉN, DARÍO → Darío, Rubén.

RUBENS, PIETER PAUL *(Siegen, actual Alemania, 1577-Amberes, actual Bélgica, 1640) Pintor flamenco.* Fue la gran figura del Barroco en la Europa septentrional. Las fuentes lo recuerdan como un gran humanista, un idealista clarividente, hombre reservado y honesto que despreció la actitud arrogante de los poderosos. Tuvo más influencia que Rembrandt a pesar de que a su pintura grandilocuente le falta algo de sinceridad. En razón de las creencias religiosas de su padre, un abogado calvinista, pasó su primera infancia en Siegen y Colonia. En 1587, la muerte de su progenitor le permitió desplazarse a Amberes, donde estudió pintura con tres artistas poco conocidos; uno de ellos, Otto Vaenius, le indujo a realizar el tradicional viaje a Italia, que resultó decisivo para la formación del artista. A lo largo de ocho años (1600-1608), recorrió los principales centros artísticos italianos y copió obras maestras para la colección de su mentor, el duque de Mantua. Durante el período italiano produjo sus primeras obras (*La exaltación de la cruz, El bautismo de Cristo*), muy influidas todavía por la pintura italiana y alejadas de su estilo de madurez. Lo más relevante de esta época es seguramente la serie de retratos aristocráticos que pintó en Génova. Después de un viaje a España, adonde fue enviado por el duque de Mantua para llevar-

le unos presentes a Felipe III y donde realizó algunas obras, en 1608 regresó a Amberes debido a una grave enfermedad de su madre y se estableció definitivamente en esta ciudad, que sólo abandonó más adelante para la ejecución de encargos concretos. Abrió en Amberes una casa-taller en la que, con la colaboración de numerosos ayudantes especializados, ejecutó gran número de obras en respuesta a la multitud de encargos que recibía. En las realizaciones de los años 1601-1614 (*Adoración de los Magos, Anunciación, El descendimiento de la cruz*), la personalidad artística de Rubens aparece ya definitivamente formada: grandiosidad y sentido dramático, dinamismo intenso, pasión por el dibujo. Paulatinamente, los intereses del artista se amplían y añade el género mitológico al religioso, así como el paisaje y el género costumbrista. Mitológicas son, de hecho, algunas de sus obras más conocidas, como *Las tres Gracias*, el *Rapto de las hijas de Leucipo*, *Diana y las ninfas*, en las que resulta evidente la inclinación del artista hacia las musculaturas poderosas, las carnes sonrosadas y exuberantes y las tonalidades claras y alegres. Por otra parte, revalorizó el cuadro de caza y de batallas, un género muy adecuado a su preferencia por el dinamismo y las composiciones complejas, y sobresalió también como creador de escenas costumbristas (*El jardín del amor*) y de cartones para tapices, con grandes ciclos como la *Historia de Aquiles* y el *Triunfo de la Eucaristía*. A partir de 1620 recibió importantes encargos de varias cortes europeas, entre ellos el de la historia de María de Médicis para el palacio del Luxemburgo de París y la decoración del salón de banquetes (*banquetinghouse*) del palacio de Whitehall, en Londres. En estas obras destinadas a la decoración de amplios ambientes, el genio pudo dar rienda suelta a su sentido monumental y decorativo de la pintura a través de enormes frescos cargados de figuras y de motivos ornamentales, en los cuales la composición se basa en grandes líneas diagonales que añaden, si cabe, mayor sensación de movimiento al conjunto. En su faceta de retratista, Rubens se inclinó por la idealización de los rostros y la magnificencia de las actitudes; además de personajes importantes, retrató en obras encantadoras a sus dos esposas, Isabel Brandt y Helena Fourment; la primera murió en 1626 y cuatro años más tarde, en 1630, Rubens contrajo matrimonio con la segunda, una hermosa joven a la sazón de dieciséis años, a quien conocía desde niña.

▲ *Arthur* **Rubinstein**, *uno de los pianistas más importantes del s. XX, fotografiado ya en sus años de ancianidad mientras toca en su casa.*

▼ *Imagen idealizada de Lope de* **Rueda**, *pintada por Manuel Borrás. El dramaturgo es autor de pasos, pequeñas piezas teatrales que reflejaban con comicidad la vida de la gente sencilla.*

RUBINSTEIN, ARTHUR (*Lodz, Polonia, 1887-Ginebra, Suiza, 1982*) *Pianista polaco de origen judío, nacionalizado estadounidense.* Niño prodigio, ofreció su primer concierto a la edad de siete años. Como alumno del Conservatorio de Varsovia tuvo oportunidad de trabajar durante un corto período de tiempo con el gran virtuoso, y más tarde presidente polaco, Ignacy Jan Paderewski. Tras perfeccionar su técnica en Berlín, en 1900 debutó como concertista en esta capital con un extraordinario éxito. A partir de ese momento, su carrera se desarrolló con rapidez en distintas capitales europeas y, a partir de 1906, americanas. Ciudadano estadounidense desde 1946, aunque de vocación cosmopolita, en 1976 realizó su concierto de despedida en Londres. Aclamado como uno de los mejores pianistas del siglo XX, Rubinstein fue un inigualable intérprete de Chopin y, también, un admirable valedor de la música española e iberoamericana. Falla le dedicó su *Fantasía bética* y Villa-Lobos compuso para él una de las páginas técnicamente más difíciles de toda la literatura pianística, el *Rudepoema*.

RUDEL, JAUFRÉ (*?, s. XII-?, id.*) *Trovador provenzal, príncipe o señor de Blaia.* La única noticia cierta que se tiene sobre su vida es que en 1147 participó en la Segunda Cruzada a Tierra Santa, en la expedición capitaneada por Guillermo VI de Angulema. Escribió seis canciones que forman un conjunto unitario vertebrado por el tema del *amor de lonh*, en las que expresa, en un lenguaje sencillo y sin complicaciones formales, su amor por una dama a quien nunca ha visto, y que en la *Vida* sobre el trovador escrita en el siglo XIII es identificada como la princesa de Trípoli. Ese amor situado en la lejanía, que permanece siempre en la esfera de lo inalcanzable, casi irreal, y que coloca al poeta en una constante tensión espiritual hacia el objeto de amor, constituye una de las mejores expresiones de la esencia del amor cortés.

RUEDA, LOPE DE (*Sevilla, h. 1500-Córdoba, 1565*) *Dramaturgo español.* De oficio batidor de oro, lo abandonó, no se sabe en qué fecha, para dedicarse al teatro y fundar una compañía propia que actuó en diversas ciudades españolas con gran éxito. Como autor teatral produjo comedias, coloquios pastoriles, algún auto sacramental y pasos. Sus obras están escritas al estilo de la comedia italiana y suponen el triunfo en el teatro español de la adaptación de la dramaturgia italiana, en un momento en que la influencia italianizante en la lírica castellana estaba completamente consolidada. Escribió en prosa sus primeras comedias (*Eufemia, Armelina, Los engañados* y *Medora*), en las que se aprecian influencias de Boccaccio, Plauto y autores italianos coetáneos, y en verso dos comedias de escenas breves en las que se presentan gran variedad de tipos (*Comedia llamada Discordia y Cuestión de amor,* y *La farsa del sordo*). Su gran creación la constituyen los pasos, precedentes del entremés e intercalados en las comedias en prosa para entretener al público con una situación de trama sencilla y rápido desenlace, cuya gracia residía en la comicidad de las situaciones y los personajes, que se expresaban en un lenguaje vivo y coloquial. Algunos fueron publicados independientemente, y entre ellos destacan *Las aceitunas, La carátula, El convidado, Cornudo y contento* y *Pagar y no pagar.* De gran realismo y tono siempre popular, presentan a una serie de personajes tipificados, como el de la criada negra, la gitana o el bobo. Juan Timoneda, a quien conoció durante una estancia en Valencia, se encargó de publicar sus obras, en tres volúmenes, en 1567 y 1588, en los que, aparte de los géneros citados, incluyó algunos coloquios pastoriles, tanto en prosa como en verso, en los que destaca un uso ágil del diálogo y la contraposición entre pastores reales y ficticios. Posteriormente, se atribuyó a Rueda la autoría de dos autos, el *Auto de Naval y Abigail* y el *Auto de los desposorios de Moisés*, que no están incluidos en la antología de Timoneda.

RUIZ DE ALARCÓN Y MENDOZA, JUAN *(Ciudad de México, 1581-Madrid, 1639) Dramaturgo español de origen mexicano.* Estudió cánones y leyes en la Universidad de Salamanca y ejerció la abogacía en Sevilla. En 1614 se estableció de forma definitiva en Madrid. Su obra, que componen unas veinte comedias editadas entre 1628 y 1634, se caracteriza por su agudeza psicológica y su cariz ético y moralizante, cuya conformación se especula estuviera influida por las burlas de que fue objeto a causa de su deformidad física (era jorobado). *Las paredes oyen* (1628), comedia sobre la maledicencia, y *La verdad sospechosa* (1630), sobre la mentira y la calumnia, son sus dos obras más conocidas. También escribió comedias de enredo, dramáticas y heroicas, en las que siguió los principios de la obra de Lope de Vega sin por ello dejar de adoptar un cierto distanciamiento crítico con respecto a su producción.

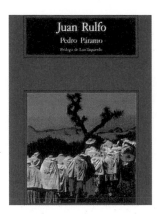

▲ *Portada de una edición de bolsillo de* Pedro Páramo, *la obra más característica de Juan* **Rulfo***.*

▼ *El escritor Juan* **Ruiz de Alarcón y Mendoza** *en un retrato pintado por Claudio Coello que pertenece a una colección particular.*

RUIZ ZORRILLA, MANUEL *(Burgo de Osma, España, 1833-Burgos, 1895) Político español.* Obligado al exilio debido a una condena de muerte (1866), desde el extranjero ayudó a las conspiraciones que provocaron la Revolución de 1868. Formó parte del gobierno provisional en varios ministerios: Fomento (1868) y Gracia y Justicia (1869). Jefe del Partido Progresista que propulsó la elección de Amadeo I como rey de España, presidió el gobierno de la monarquía democrática instaurada en dicho período. Viajó con el monarca al exilio y a su regreso fue expulsado por Cánovas (1875) e incluso perseguido en Francia, de donde también tuvo que marcharse. En 1880 fundó el Partido Republicano Progresista, de manifiesta oposición a la monarquía borbónica que reinaba en España, desde cuyas filas llevó a cabo diversos intentos de conspiración armada, todos ellos frustrados. Tras la victoria en Madrid de la Unión Republicana volvió a obtener el escaño de diputado (1893); pero, pese a estar gravemente enfermo, no regresó a España hasta 1895.

RULFO, JUAN *(Sayula, México, 1918-Ciudad de México, 1986) Escritor mexicano.* Creció en el pequeño pueblo de San Gabriel, villa rural dominada por la superstición y el culto a los muertos, y sufrió las duras consecuencias de las luchas cristeras en su familia más cercana (su padre fue asesinado). Esos primeros años de su vida habrían de conformar en parte el universo desolado que recreó en su breve pero brillante obra. En 1934 se trasladó a la Ciudad de México, donde trabajó como agente de inmigración en la Secretaría de la Gobernación. A partir de 1938 empezó a viajar por algunas regiones del país en comisiones de servicio y publicó sus cuentos más relevantes en revistas literarias. En los quince cuentos que integran *El llano en llamas* (1953) ofreció una primera sublimación literaria, a través de una prosa sucinta y expresiva, de la realidad de los campesinos de su tierra, en relatos que trascendían la pura anécdota social. En su obra más conocida, *Pedro Páramo* (1955), dio una forma más perfeccionada a dicho mecanismo de interiorización de la realidad de su país, en un universo donde cohabitan lo misterioso y lo real, y obtuvo la que se considera una de las mejores obras de la literatura iberoamericana contemporánea. Escribió guiones cinematográficos como *Paloma herida* (1963) y *El gallo de oro* (1963). En 1970 recibió el Premio Nacional de Literatura, y en 1983, el Príncipe de Asturias de la Letras.

RUSHDIE, SALMAN *(Bombay, India, 1947) Escritor angloindio en lengua inglesa.* Dejó su país natal en 1961 para trasladarse al Reino Unido, donde estudió en la facultad de historia de Cambridge. Se centró, sobre todo, en religión e historia musulmanas, con lo cual adquirió unos conocimientos teóricos y académicos sobre los que articular su ideología política, ligada siempre a las circunstancias de su país y de otros países en situaciones similares a las del suyo, en los que la historia de la colonización y de los colonizadores se superpone al sustrato cultural autóctono, en gran parte constituido por leyendas y mitos. Así, en *Hijos de medianoche*, obra que alcanzó fama internacional y por que fue galardonado con diversos premios en el Reino Unido y Estados Unidos, narra, a través de los avatares de una saga de la India, la historia de ese país desde la proclamación de la independencia. En su siguiente novela, *Vergüenza* (1983), en cambio, desgranó la historia de Pakistán. Su voz contestataria y de intelectual implicado, se vio amenazada de muerte en 1989 a causa de la publicación de los *Versos satánicos*, obra considerada blasfema por el ayatolá Jomeini, quien dictó orden pública de ejecución a toda la población musulmana del mundo. Desde entonces, Rushdie vivió bajo protección policial y en un cierto aislamiento. En 1990 publicó un cuento infantil, *Haroun and the Sea of Stories*, la historia de un relator de cuentos que pierde las ganas de narrar, entristecido y amenazado por los enemigos de la libertad de expresión.

RUSIÑOL, SANTIAGO *(Barcelona, 1861-Aranjuez, España, 1931) Pintor y escritor español.* Personaje de gran carisma, pronto se convirtió en el portavoz y aglutinador más

▲ *Salman **Rushdie** durante una entrevista realizada en un lugar secreto, a causa de la amenaza fundamentalista que pesaba sobre él.*

▲ *Retrato de John **Ruskin**, considerado el guía del movimiento modernista en el Reino Unido.*

conocido de la llamada bohemia dorada catalana, impulsora de la estética modernista en su manifestación más lúdica, definida a través de la consigna «el arte por el arte» y en abierta oposición contra el inmovilismo burgués y los convencionalismos de la sociedad. Su obra literaria, de carácter costumbrista, incide irónicamente y con cierto escepticismo en el aburguesamiento de la sociedad catalana (*Las aleluyas del señor Esteve*, 1907). Como pintor se consagró, tras una primera etapa juvenil, a la pintura de jardines de tono simbolista. Vivió temporadas en París, en Montmartre, y en Sitges montó su casa-museo, el Cau Ferrat, que fue el centro de las fiestas modernistas del momento.

RUSKIN, JOHN *(Londres, 1819-id., 1900) Crítico de arte británico.* Desempeñó la cátedra de arte en la Universidad de Oxford entre 1869 y 1879. Ejerció una importante influencia sobre los gustos artísticos de la época victoriana a través de sus artículos y ensayos sobre estética y crítica de arte. Por lo que respecta a la pintura, defendió el estilo de Turner en su ensayo titulado *Pintores modernos* (1843), así como el movimiento prerrafaelista, a cuyos miembros más destacados conoció y trató personalmente, en especial a Dante Gabriel Rossetti. Sin embargo, sus estudios más ambiciosos pertenecen al campo de la arquitectura, que analizó en sus relaciones con la moral, la economía y la religión en *Las siete lámparas de la arquitectura* (1849) y *Las piedras de Venecia* (1851-1853). Alrededor de 1870 Ruskin sufrió las primeras crisis de enajenación mental, que lo mantendrían apartado de la sociedad a partir de 1889.

RUSSELL, LORD BERTRAND ARTHUR WILLIAM *(Trelleck, Reino Unido, 1872-Penrhyndeudraeth, id., 1970) Filósofo británico.* De familia noble, quedó huérfano en su niñez y fue educado por preceptores particulares. En 1890 ingresó en el Trinity College de Cambridge, en el que ejerció la docencia desde 1910 hasta 1916, año en que fue despedido por sus actividades pacifistas, que dos años más tarde le costaron seis meses de prisión. Por entonces, había realizado ya sus contribuciones filosóficas más importantes. Interesado en proporcionar una fundamentación lógica a las matemáticas, trató de mostrar (sin conseguirlo plenamente) que éstas podían deducirse en su totalidad a partir de principios lógicos autoevidentes; junto con su amigo y antiguo profesor Alfred North Whitehead, dedicó a ese objetivo una obra fundamental para el desarrollo de la lógica moderna, los *Principia mathematica* (1910-1913), donde propuso la llamada teoría de los tipos como un nuevo fundamento de la teoría de conjuntos. Influido en un principio por el idealismo vigente en Cambridge, de raíz hegeliana, pronto se rebeló contra el monismo idealista y reivindicó una filosofía pluralista a la que llamó atomismo lógico, según la cual la realidad está constituida por una pluralidad de entidades independientes e indivisibles a las que denominó particulares, a los cuales corresponden los nombres propios en el lenguaje. Defendió la necesidad de elaborar un lenguaje perfecto a partir de la sintaxis lógica de los *Principia* y con un vocabulario que evitase la ambigüedad, convencido de que la mayoría de errores y falacias de los filósofos proceden del mal uso del lenguaje. Sin embargo, no dejó muy claro en qué consistían los particulares, que en sus textos se confunden a menudo con los datos de los sentidos, y propuso como únicos nombres propios en sentido estricto deícticos como «esto» o «aquello». A pesar de sus brillantes análisis sobre las falacias producidas por el mal uso del lenguaje, su propuesta de un lenguaje perfecto trajo consigo numerosos inconvenientes, lo cual no impidió que ejerciera una importante influencia sobre los neopositivistas y empiristas lógicos del Círculo de Viena y, en general, sobre la filosofía analítica anglosajona. Con todo, Russell no se adhirió plenamente al neopositivismo, con cuya teoría verificacionista del significado no estuvo de acuerdo. Tras su salida de Cambridge y durante más de veinte años, su actividad se desarrolló fuera de los círculos académicos; en esta etapa publicó algunas de sus obras más importantes sobre temas sociales y puso en práctica sus ideas sobre la educación en una escuela experimental que dirigió (1927-1934) junto con su segunda esposa (a lo largo de su vida, contrajo cuatro veces matrimonio). En 1938 se trasladó a Estados Unidos y fue nombrado profesor del City College de Nueva York, pero los tribunales anularon el nombramiento en un juicio que tuvo como telón de fondo el escándalo provocado por sus opiniones sobre la moral sexual; contratado entonces por la Barnes Foundation de Pensilvania, en 1943 sufrió un nuevo despido, que esta vez la justicia declaró improcedente. En 1944 regresó a Cambridge, donde había sido reelegido miembro del Trinity College, y en 1950 le fue concedido el Premio Nobel de Literatura. Inspirado en su ju-

◀ *El filósofo británico Bertrand Arthur William **Russell** fotografiado en su casa en los últimos años de su vida.*

> «*Es indeseable creer algo cuando no hay ningún fundamento para suponer que sea verdadero.*»
>
> Bertrand A. W. Russell

ventud por el ideario liberal, Russell se acercó luego al socialismo e ingresó en el Partido Laborista en 1914; pero su visita a la Unión Soviética en 1920 lo convirtió en crítico por adelantado del futuro estalinismo. A partir de 1954 alertó públicamente contra el peligro nuclear y luchó en favor del desarme; su antimilitarismo y las campañas en favor de la desobediencia civil le valieron un nuevo encarcelamiento, en esta ocasión por una semana, en 1961. La oposición a la violencia y a la carrera de armamentos lo llevó a presidir el Tribunal Internacional de Estocolmo de su mismo nombre, que se ocupó de juzgar los crímenes de guerra en Vietnam.

RUSSELL, JOHN, CONDE DE *(Londres, 1792-Pembroke Lodge, Reino Unido, 1878)* Político británico. Su padre, el duque de Bedford, desconfiaba de las universidades de Oxford y Cambridge, por lo que decidió enviarlo a la Universidad de Edimburgo. En 1813 fue elegido diputado a la Cámara de los Comunes, donde destacó por su defensa de una reforma parlamentaria. Erigido en líder del partido *whig*, luchó por el establecimiento de la tolerancia religiosa en Irlanda y democratizó los gobiernos locales de las grandes ciudades, a excepción de Londres. En 1846 fue elegido primer ministro. Durante su primer mandato, que se prolongó hasta 1852, rebajó la jornada laboral en talleres y fábricas a 10 horas y creó el primer sistema estatal de asistencia sanitaria. Fue nuevamente reelegido primer ministro en 1865, pero las profundas desavenencias en el seno de su partido le empujaron a dimitir un año después. Tras ello, se retiró de la escena política y dedicó su tiempo a la escritura y a la literatura.

DERTRAND ARTHUR WILLIAM RUSSELL

OBRAS MAESTRAS

LOS PRINCIPIOS DE LA MATEMÁTICA (THE PRINCIPLES OF MATHEMATICS, 1903); *PRINCIPIA MATHEMATICA* (en colaboración con A. N. Whitehead, 1910-1913); *LOS PROBLEMAS DE LA FILOSOFÍA (THE PROBLEMS OF PHILOSOPHY*, 1911); *NUESTRO CONOCIMIENTO DEL MUNDO EXTERIOR (OUR KNOWLEDGE OF THE EXTERNAL WORLD*, 1914); *ANÁLISIS DEL ESPÍRITU (THE ANALYSIS OF MIND*, 1921); *ANÁLISIS DE LA MATERIA (THE ANALYSIS OF MATTER*, 1927); *POR QUÉ NO SOY CRISTIANO (WHY I AM NOT A CHRISTIAN*, 1927); *MATRIMONIO Y MORAL (MARRIAGE AND MORALS*, 1929); *LA EDUCACIÓN Y EL ORDEN SOCIAL (EDUCATION AND THE SOCIAL ORDER*, 1932); *INVESTIGACIÓN SOBRE EL SIGNIFICADO Y LA VERDAD (AN INQUIRY INTO MEANING AND TRUTH*, 1940); *HISTORIA DE LA FILOSOFÍA OCCIDENTAL (HISTORY OF WESTERN PHILOSOPHY*, 1945); *EL CONOCIMIENTO HUMANO (HUMAN KNOWLEDGE, ITS SCOPE AND LIMITS*, 1948); *ÉTICA Y POLÍTICA EN LA SOCIEDAD HUMANA (HUMAN SOCIETY IN ETHICS AND POLITICS*, 1955); *LA EVOLUCIÓN DE MI PENSAMIENTO FILOSÓFICO (MY PHILOSOPHICAL DEVELOPMENT*, 1959).

▲ *El científico británico*
*Ernest **Rutherford***
retratado en su laboratorio.

«*¡Y yo que me*
creía físico!»

Ernest Rutherford
Frase exclamatoria
pronunciada al recibir
la noticia de la concesión
del Premio Nobel
de Química en 1908

▼ *Miniatura de Jacob*
*van **Ruysdael** que refleja*
una vista de la ciudad
holandesa de Haarlem,
con uno de sus famosos
centros de blanqueado
de tejidos en primer término.

RUTHERFORD, LORD ERNEST *(Nelson, Nueva Zelanda, 1871-Londres, 1937) Físico y químico británico.* Tras licenciarse, en 1893, en Christchurch (Nueva Zelanda), se trasladó a la Universidad de Cambridge (1895) para trabajar como ayudante de J. J. Thomson. En 1898 fue nombrado catedrático de la Universidad McGill de Montreal, en Canadá. A su regreso al Reino Unido (1907) se incorporó a la docencia en la Universidad de Manchester, y en 1919 sucedió al propio Thomson como director del Cavendish Laboratory de la Universidad de Cambridge. Por sus trabajos en el campo de la física atómica está considerado como uno de los padres de esta disciplina. Investigó también sobre la detección de las radiaciones electromagnéticas y sobre la ionización del aire producida por los rayos X. Estudió las emisiones radiactivas descubiertas por H. Becquerel, y logró clasificarlas en rayos alfa, beta y gamma. En 1902, en colaboración con F. Soddy, formuló la teoría sobre la radiactividad natural asociada a las transformaciones espontáneas de los elementos. Colaboró con H. Geiger en el desarrollo del contador de radiaciones conocido como contador Geiger, y demostró (1908) que las partículas alfa son iones de helio (más exactamente, núcleos del átomo de helio) y, en 1911, describió un nuevo modelo atómico (modelo atómico de Rutherford), que posteriormente sería perfeccionado por N. Bohr. Según este modelo, en el átomo existía un núcleo central en el que se concentraba la casi totalidad de la masa, así como las cargas eléctricas positivas, y una envoltura o corteza de electrones (carga eléctrica negativa). Además, logró demostrar experimentalmente la mencionada teoría a partir de las desviaciones que se producían en la trayectoria de las partículas emitidas por sustancias radiactivas cuando con ellas se bombardeaban los átomos. Los experimentos llevados a cabo por Rutherford permitieron, además, el establecimiento de un orden de magnitud para las dimensiones reales del núcleo atómico. Durante la Primera Guerra Mundial estudió la detección de submarinos mediante ondas sonoras, de modo que fue uno de los precursores del sonar. Así mismo, logró la primera transmutación artificial de elementos químicos (1919) mediante el bombardeo de un átomo de nitrógeno con partículas alfa. Las transmutaciones se deben a la capacidad de transformarse que tiene un átomo sometido a bombardeo con partículas capaces de penetrar en su núcleo. Muy poco después de su descubrimiento se precisaron las características de las transmutaciones y se comprobó que la energía cinética de los protones emitidos en el proceso podía ser mayor que la de las partículas incidentes, de modo que la energía interna del núcleo tenía que intervenir en la transmutación. En 1923, tras fotografiar cerca de 400 000 trayectorias de partículas con la ayuda de una cámara de burbujas (cámara de Wilson), Blackett pudo describir ocho transmutaciones y establecer la reacción que había tenido lugar. Rutherford recibió el Premio Nobel de Química de 1908 en reconocimiento a sus investigaciones relativas a la desintegración de los elementos. Entre otros honores, fue elegido miembro (1903) y presidente (1925-1930) de la Royal Society de Londres y se le concedieron los títulos de sir (1914) y de barón Rutherford of Nelson (1931). A su muerte, sus restos mortales fueron inhumados en la abadía de Westminster.

RUYSDAEL, FAMILIA; SALOMON VAN *(Naarden, actual Países Bajos, h. 1600-Haarlem, id., 1670)* y su sobrino **JACOB VAN** *(Haarlem, actual Países Bajos, 1628-Amsterdam, 1682). Pintores holandeses.* Salomon se dedicó exclusivamente al paisaje, pero animó sus vistas de la naturaleza con la presencia de figuras humanas. Su estilo se caracteriza por la ligereza de la pincelada y por el empleo, en cada obra, de un solo color en toda su gama; prefirió, en general, las tonalidades de ocres, verdes y grises. Pintó, entre otras obras, *El transbordador* y *El canal holandés.* Su sobrino Jacob fue también un destacado paisajista, que se diferenció de su tío por no incluir figuras humanas en sus obras. Desde un acentuado realismo y descriptivismo inicial evolucionó hacia unos paisajes cada vez más cargados de fantasía y emociones. Entre sus obras destacan *La cascada cerca del castillo de Bentheim* y *El cementerio judío.*

SÁ DE MIRANDA, FRANCISCO DE *(Coimbra, Portugal, h. 1481-Tapada, id., h. 1558) Escritor portugués.* Tras colaborar en la composición del *Cancionero general* portugués, se trasladó a Italia, donde permaneció durante cuatro años (1521-1526). Allí entabló relación con autores renacentistas como Sannazaro y Ariosto, y se convenció de la necesidad de efectuar una reforma de la poesía en las letras portuguesas semejante a la que se había producido en Italia. Así pues, adaptó a la lengua lusa formas como el terceto, la octava o el soneto, que desarrolló por primera vez en la *Fábula de Mondego* y la égloga *Alexo.* Escribió así mismo diversas comedias en prosa, con las que quiso renovar también el género teatral; *Los extranjeros* (1528), una de sus obras destacadas, recoge temas moralizantes y diversos tópicos adscritos a la estética renacentista. Posteriormente volvió a las formas tradicionales del *Cancionero* con sus *Cartas,* compuestas en redondillas. Casi toda su obra poética fue recogida en el volumen *Poesía,* publicado después de su muerte.

SABATINI, FRANCESCO *(Palermo, Italia, 1722-Madrid, 1797) Arquitecto italiano que trabajó fundamentalmente en España.* Se formó en Roma con su suegro Luigi Vanvitelli, con quien colaboró en la construcción del palacio de Caserta, en Nápoles. Allí conoció al futuro Carlos III de España, quien, al subir al trono español, lo llamó a Madrid y lo encumbró por encima de los arquitectos españoles más destacados de la época, entre ellos Ventura Rodríguez. El monarca favoreció a Sabatini con títulos como el de mariscal de campo y lo nombró su arquitecto mayor. Toda su obra se inscribe dentro del neoclasicismo, pero a diferencia de otros neoclásicos, no buscó su inspiración en las antiguas Grecia y Roma, sino en la arquitectura renacentista italiana, a partir de la cual concibió la mayor parte de sus proyectos. Pero se dieron algunas excepciones, como es el caso de la madrileña Puerta de Alcalá. Al servicio del rey, Sabatini llevó a cabo fundamentalmente trabajos de ampliación o remodelación de edificios ya existentes, como el Palacio Real de Madrid, el palacio de Aranjuez y el palacio de El Pardo, destruido este último poco antes por un incendio. Con excepción de las iglesias de Santa Ana en Valladolid y de San Pascual en Aranjuez, todas sus obras de nueva construcción se hallan en Madrid. Las más destacadas son la Puerta de San Vicente, la casa de los Ministerios y la casa de la Aduana.

▼ *Uno de los monumentos más representativos de Madrid, la Puerta de Alcalá, construida en 1778 por el italiano Francesco **Sabatini** por encargo del rey Carlos III.*

SÁBATO, ERNESTO *(Rojas, Argentina, 1911) Escritor argentino*. Profesor de física en la Universidad de La Plata, en 1938 fue a París para trabajar en los laboratorios Joliot-Curie, y entró en contacto con el surrealismo. En 1945, de regreso en Argentina, se vio obligado a abandonar la enseñanza a causa de unos artículos que escribió contra Perón. Aquel mismo año publicó su ensayo *Uno y el Universo* (1945), en el que criticaba el reduccionismo en el que desembocaba el enfoque científico. Su carrera literaria estuvo influida desde el principio por el experimentalismo y por el alto contenido intelectual de sus obras, marcadas por una problemática de raíz existencialista. Así, *El túnel* (1948) ahonda en las contradicciones e imposibilidades del amor, mientras que *Sobre héroes y tumbas* (1962) presenta una estructura más compleja, en que los diversos niveles de la narración enlazan vivencias personales del autor y episodios de la historia argentina en una reflexión caracterizada por un creciente pesimismo. Ambas novelas tuvieron gran repercusión y situaron a Sábato entre los grandes novelistas latinoamericanos del siglo. *Abaddón el exterminador* (1974) se centra en torno a consideraciones sobre la sociedad contemporánea y sobre el pueblo argentino, su condición «babilónica» y su presente, que adquieren en la novela una dimensión surreal, en que se funden realidad y ficción en una visión apocalíptica. En 1983 fue nombrado presidente de la comisión encargada de investigar las desapariciones de personas durante la dictadura argentina, cuyas conclusiones recoge el conocido como *Informe Sábato* o el *Nunca más*. Sábato sufrió un profundo desencanto al constatar que la democracia daba marcha atrás en la lucha contra la impunidad. Esto y la muerte de su esposa le lle-

▲ *Salón de los Tapices del Palacio Real de Madrid, de los arquitectos Filippo Juvara y Giovanni B. Sacchetti.*

▲ *El escritor argentino Ernesto Sábato.*

▲ *Anwar al-Sadat ante la Asamblea Nacional egipcia.*

varon a buscar refugio en la pintura. Después de años de silencio, en 1999 publicó la obra *Antes del fin..*

SACCHETTI, GIOVANNI BATTISTA *(Turín, ?-Madrid, 1764) Arquitecto italiano*. De su época italiana tan sólo se sabe que se formó con F. Juvara, quien más tarde lo llamó a España, adonde se trasladó en 1736. En Madrid colaboró con Juvara en la realización del Palacio Real, del que se ocupó en solitario después de la muerte de su maestro. Introdujo en los planos iniciales bastantes modificaciones no exentas de originalidad, aunque dentro de la línea inicial de clasicismo austero y milimétricamente proporcionado. Se le debe también la majestuosa fachada oriental del palacio de La Granja de San Ildefonso. Trabajó en exclusiva al servicio de la corte, con intervenciones de menor importancia en otras residencias reales.

SADAT, ANWAR AL- *(Mit Abul Qawn, actual Egipto, 1918- El Cairo, 1981) Político egipcio*. Tomó parte en el golpe de Estado que en 1952 derrocó al rey Faruk I y condujo al poder a Nasser. En el marco del nuevo régimen presidió la Asamblea Nacional y fue vicepresidente de la República. Después de la muerte de Nasser, en 1970 fue elegido presidente de la República. Reconstruyó el poder militar egipcio, muy deteriorado después de la guerra de los Seis Días de 1967, y lanzó una nueva ofensiva contra Israel en la guerra del Yom Kippur que, si bien fue ganada militarmente por Israel, demostró que el poderío militar egipcio no podía desdeñarse. Estableció relaciones con Estados Unidos, se distanció de la Unión Soviética y viajó a Jerusalén en 1977. En 1978, con el patrocinio del presidente estadounidense Carter, se reunió con el primer ministro israelí Menahem Begin en Camp David, y firmó un tratado de paz con Israel. Ello le valió el odio de los fundamentalistas, que terminaron con su vida en un atentado. Obtuvo el Premio Nobel de la Paz, junto con Menahem Begin, en 1978.

SADE, DONATIEN-ALPHONSE-FRANÇOIS, MARQUÉS DE *(París, 1740-Charenton, Francia, 1814) Escritor y filósofo francés*. Conocido por haber dado nombre a una tendencia sexual que se caracteriza por la obtención de placer infligiendo dolor a otros (el sadismo), es el escritor maldito por antonomasia. De origen aristocrático, se educó con su tío, el abate de Sade, un erudito libertino y volteriano que ejerció sobre él una gran influencia. Alumno de la Escue-

◀ *El marqués de* **Sade** *observa cómo arde una ciudad, según una pintura realizada por Man Ray en 1938.*

> «*L*a primera ley que me indica la naturaleza es deleitarme a costa de quien sea.»
>
> Marqués de Sade
> *Juliette*

la de Caballería, en 1759 obtuvo el grado de capitán del regimiento de Borgoña y participó en la guerra de los Siete Años. Acabada la contienda, en 1766 contrajo matrimonio con la hija de un magistrado, a la que abandonó cinco años más tarde. En 1768 fue encarcelado por primera vez, acusado de torturas por su criada, aunque fue liberado al poco tiempo por orden real. Juzgado y condenado a muerte por delitos sexuales en 1772, consiguió huir a Génova. Regresó a París en 1777, donde fue detenido a instancias de su suegro y encarcelado en Vincennes. En 1784 fue trasladado a la Bastilla y en 1789 al hospital psiquiátrico de Charenton, que abandonó en 1790 gracias a un indulto concedido por la Asamblea surgida de la Revolución de 1789. Participó entonces de manera activa en política, paradójicamente en el bando más moderado. En 1801, a raíz del escándalo suscitado por la publicación de *La filosofía del tocador*, fue internado de nuevo en el hospital psiquiátrico de Charenton, donde murió. Escribió la mayor parte de sus obras en sus largos períodos de internamiento. En una de las primeras, el *Diálogo entre un sacerdote y un moribundo* (1782), manifestó su ateísmo. Posteriores son *Los ciento veinte días de Sodoma* (1784), *Los crímenes del amor* (1788), *Justine* (1791) y *Juliette* (1798). Calificadas de obscenas en su día, la descripción de distintos tipos de perversión sexual constituye su tema principal, aunque no el único: en cierto sentido,

▼ *Jarra griega de figuras rojas en las que aparecen los poetas Alceo, a la izquierda, y* **Safo**.

Sade puede considerarse un moralista que denuncia en sus trabajos la hipocresía de su época. Su figura fue reivindicada en el siglo XX por los surrealistas.

SAFO *(Lesbos, actual Grecia, s. VII a.C.-id., s. VI a.C.) Poetisa griega.* Pocos datos ciertos se tienen acerca de Safo, de quien tan sólo se conservaron 650 versos, extraídos de citas tardías y del moderno estudio de papiros. Su poesía tuvo un gran éxito ya en la Antigüedad, y sirvió de fuente de inspiración a grandes poetas, como Teócrito o Catulo; ya a partir de la época alejandrina se puso de manifiesto el interés por conservar su obra e intentar descubrir nuevas partes. Vivió toda su vida en Lesbos, con la excepción de un corto exilio en Sicilia motivado por las luchas internas. Supuestamente perteneciente a la aristocracia, llevó la vida propia de las mujeres de la clase alta, alejadas necesariamente del ambiente de luchas e intrigas políticas; según una tradición que parte de Anacreonte, era homosexual. Se la ha presentado siempre como profesora de una escuela de poesía fundada por ella, lo que es difícil de certificar, aunque sí es cierto que convivía con sus compañeras en un clima distendido y propicio a la contemplación y recreación en el arte y la belleza. De su obra, que al parecer constaba de nueve libros de extensión variada, se han conservado algunos *Epitalamios*, cantos nupciales para los cuales creó un ritmo propio y un metro nuevo, que pasó a denominarse sáfico, y fragmentos de poemas dirigidos a algunas de las mujeres que convivían con ella. En ellos se entrevé la expresión de una subjetividad que se recrea en sutiles oscilaciones de ánimo, en un intento de dar forma a la pasión. Presenta la pasión amorosa como una fuerza irracional, situada entre el bien y el mal, que se apodera del ser humano y se manifiesta en diversas formas, como los celos, el deseo o una intangible nostalgia, e incluso produce reacciones físicas, como las que describe detalladamente en uno de sus poemas, el más completo que se ha conservado de ella. A pesar de lo fragmentario de su producción conservada, parece que Safo consiguió hacer realidad su deseo, acorde con la concepción helénica de la poesía, de hacer perdurable su amor a través de su creación poética.

SAGAN, CARL *(Nueva York, 1934-Seattle, EE UU, 1996) Astrónomo estadounidense.* Cursó estudios en la Universidad de Chicago, donde se doctoró en astronomía y astrofísica en 1960. Posteriormente fue profesor de la Universidad de Berkeley, de la Universidad de Harvard y, a partir de 1968, de la Cornell University. En 1970 fue nombrado director del Centro de Estudios Planetarios. Colaborador habitual de la NASA, ideó los mensajes radiotelegráficos enviados por las sondas *Pioneer* 10 y 11 al espacio exterior para contactar con posibles civilizaciones extraterrestres. Contrario a la proliferación del arsenal nuclear, de cuyos peligros advirtió, fue un prolífico escritor de ciencia ficción, y en 1978 fue galardonado con el Premio Pulitzer por su obra *Los dragones del Edén: especulaciones sobre la evolución de la inteligencia humana*, si bien adquirió fama y popularidad por su obra *Cosmos*, que en 1980 fue convertida en serie televisiva y constituyó un éxito mundial.

▲ *El astrónomo estadounidense Carl **Sagan**, muy popular gracias a su trayectoria como divulgador científico, sostiene entre sus manos una reproducción del planeta Marte.*

SAGASTA, PRÁXEDES MATEO *(Torrecillas de Cameros, España, 1825-Madrid, 1903) Político español.* Estudió en la Escuela de Ingenieros de Caminos de Madrid, en la que dio clases y de la que fue apartado a causa de sus ideas liberales. Trabajó entonces en la construcción del ferrocarril Valladolid-Palencia y aceptó más adelante la jefatura de Obras Públicas de Zamora. Como jefe de la sección local del Partido Progresista de esta ciudad, participó en la revolución de 1854 encabezada por el general O'Donnell. Iniciado el bienio liberal, fue elegido diputado a las cortes constituyentes e intervino en la fundación del periódico progresista *La Iberia*. Dos años más tarde, al oponerse al golpe contrarrevolucionario conservador que contaba con la colaboración del mismo O'Donnell, perdió su escaño parlamentario, aunque lo recuperó en 1858. Desde este puesto planteó una dura oposición al gobierno de la Unión Liberal presidido por O'Donnell. El 22 de junio de 1866, después de que el gobierno cerrara las cátedras del Ateneo, centro de los liberales progresistas, participó en la sublevación de los sargentos de San Gil, pero el sangriento aplastamiento de la acción y su condena a muerte lo obligaron a huir a Francia. Durante la Primera República se mantuvo al margen de la política, pero tras el golpe del general Pavía, en 1874, fue ministro y jefe de gobierno hasta la restauración borbónica. Fundó en-

▼ *Práxedes Mateo **Sagasta**, uno de los artífices del sistema de la Restauración, en un retrato de Suárez Llanos que se encuentra en el Congreso de los Diputados de Madrid.*

tonces el Partido Liberal Fusionista, conocido como Partido Liberal, que se convirtió en el principal oponente del Partido Conservador de Cánovas del Castillo, de quien fue el máximo rival. En 1881 accedió a la presidencia del gobierno, y durante su mandato fundó la Academia General Militar en Toledo. Sin embargo, no pudo completar la legislatura, pues la dura represión que desató contra los republicanos provocó su caída dos años más tarde. Volvió a presidir el gobierno entre 1892 y 1895, y de nuevo tras el asesinato de Cánovas, entre 1897 y 1899, año en que se vio obligado a presentar la dimisión al recaer sobre él la responsabilidad por el desastre de la guerra de Cuba. Todavía ocuparía una vez más la presidencia del gobierno por un breve lapso de tiempo, entre 1901 y 1902.

SAHAGÚN, FRAY BERNARDINO DE *(Sahagún, España, 1499 o 1500-México, 1590) Eclesiástico e historiador español.* Cursó estudios en Salamanca y, en 1529, se desplazó a América donde inició un estudio de la lengua de los indígenas mexicanos. Con una finalidad estrictamente catequística escribió en lengua náhuatl *Psalmodia christiana* y *sermonario de los Sanctos del Año* (1583). Su obra fundamental es *Historia General de las Cosas de Nueva España*, recopilación en doce tomos de costumbres, mitos y leyendas aztecas. Lo más destacable de este tratado es el método de investigación empleado, precursor del que aun hoy aplican los etnólogos, ya que confeccionó un cuestionario previo, seleccionó a los informadores y recurrió a intérpretes nativos que escribían al dictado náhuatl. En su día, la Iglesia confiscó la obra al considerar que se oponía a la labor misionera.

SAINT-EXUPÉRY, ANTOINE DE *(Lyon, 1900-desaparecido en vuelo en 1944) Escritor y aviador francés.* Estudió en el colegio jesuita de Le Mans y fue piloto civil. En 1929 emigró a Buenos Aires, donde desempeñó la dirección de la Aeroposta Argentina. En su obra narrativa aparecen episodios autobiográficos relacionados con el vuelo. El mismo año que se trasladó a Argentina publicó *Correo del Sur*, y en 1931 obtuvo el premio Fémina con *Vuelo nocturno*. Siguieron luego *Tierra de hombres* (1939), *Piloto de guerra* (1942), *Carta a un rehén* (1943) y *El principito* (1943), su obra más conocida. Durante la Segunda Guerra

Mundial fue piloto voluntario en la aviación aliada, y desapareció mientras efectuaba un vuelo de reconocimiento cerca de Córcega. Póstumamente aparecieron, entre otras obras, *Citadelle* (1948) y *Carnets* (1953).

SAINT-SAËNS, CAMILLE *(París, 1835-Argel, 1921) Compositor francés.* Músico precoz, a los once años dio su primer concierto público como pianista, y a los quince compuso su primera sinfonía; completó su formación en el Conservatorio de París. Recorrió todo el mundo como concertista de piano y organista, interpretando sus propias composiciones, en las cuales concede un lugar preeminente a la vertiente formal, en el sentido clásico, en lugar de la subjetividad romántica en boga en la época. Su producción es variada y comprende, además de conciertos para piano y órgano, obras para orquesta, entre las que sobresalen sus tres sinfonías, poemas sinfónicos (*Le rouet d'Omphale*, 1872; *Phaéton*, 1873), composiciones religiosas y varias óperas, de entre las cuales la más destacable es *Sansón y Dalila* (1877). En 1871 fundó la Société Nationale de Musique, con el objetivo de difundir la música francesa.

SAINT-SIMON, CLAUDE HENRI DE ROUVROY, CONDE DE *(París, 1760-id., 1825) Historiador y teórico político socialista francés.* Perteneciente a una familia aristocrática empobrecida, era sobrinonieto de Louis de Rouvroy, famoso por sus memorias, en las que describió la corte de Luis XIV. Por tradición familiar, estaba destinado a ser militar. Participó en la guerra de la Independencia a favor de las colonias americanas, y durante la Revolución Francesa se hizo republicano. Nombrado presidente de la Comuna de París en 1792, renunció a su título nobiliario y se adscribió al ideario de Claude Henri Bonhomme. Unas acusaciones de especulación con los bienes nacionales y sus relaciones con Danton, que no eran vistas con buenos ojos, dieron con él en la cárcel en 1793, aunque fue liberado en 1794. Durante el Directorio gozó de una desahogada posición económica; su casa era frecuentada por personalidades como Monge, Lagrange y Du-

▲ *El compositor francés Camille **Saint-Saëns**, próximo ya a los setenta años, en un cuadro pintado por Alberto Rossi en 1903, durante una visita del músico a Egipto.*

▼ *El escritor e historiador francés Claude de **Saint-Simon** retratado en su juventud, en un cuadro que se conserva en el Museo de Chartres, Francia.*

puytren. Viajó a Alemania, el Reino Unido y Suiza, donde publicó su primera obra: *Carta de un residente en Ginebra a sus contemporáneos* (*Lettres d'un habitant de Genève à ses contemporains*, 1802 o 1803), donde apunta lo que posteriormente definiría como su teoría de la capacidad. Quebrantada su situación económica, se dedicó a escribir numerosos textos científicos y filosóficos hasta que consiguió estabilizarse. En el periódico *L'Organisateur* declaró: «Si Francia perdiera sus principales físicos, químicos, banqueros, negociantes, agricultores, herreros, etcétera, sería un cuerpo sin alma; en cambio, si perdiera a todos los hombres considerados más importantes del Estado, el hecho no reportaría más pena que la sentimental»; la afirmación le acarreó un proceso. En 1821 escribió *El sistema industrial* (*Du système industriel*), y en 1825 su libro más importante, *Nuevo cristianismo* (*Nouveau Christianisme*). Arruinado por segunda vez, intentó suicidarse de un pistoletazo, pero falló el tiro y perdió un ojo. Ayudado por uno de sus discípulos, planificó la creación de un nuevo periódico, *Le Producteur*, pero falleció antes de su aparición. El pensamiento de Saint-Simon deriva de su reacción contra el derramamiento de sangre de la Revolución Francesa y el militarismo de Napoleón. En sus teorías propugnaba la idea de que la propiedad privada sería buena en cuanto cada individuo recibiera su retribución en función de su capacidad. A su parecer, el primer objetivo político del Estado tenía que ser el desarrollo de la producción, por lo que su gobierno debía estar constituido por industriales de toda índole, obreros, campesinos y propietarios. Además, propuso que los científicos ocuparan el lugar de los clérigos en el orden social; la función de la religión sería guiar a las clases más bajas de la sociedad en su lucha para mejorar sus condiciones de vida. También proclamaba la abolición de los derechos hereditarios y la formación de una asociación cuya función fuera impedir la guerra. Influyó poderosamente en Auguste Comte a raíz de sus colaboraciones conjuntas, y aunque sus caminos acabarían por distanciarse, el positivismo de Comte está basado en su mayor parte en conceptos sansimonianos. Tras su muerte, sus discípulos popularizaron su ideología durante el Segundo Imperio. Sus principios adquirieron el nombre de sansimonismo, como si se tratara casi de una religión. La influencia de la ideología de Saint-Simon en el pensamiento moderno ha sido muy profunda. Previó correctamente el futuro proceso de industrialización del mundo y confió la solución de la mayoría de los problemas de la sociedad a la ciencia y la tecnología.

SAINT-SIMON, LOUIS DE ROUVROY, DUQUE DE *(París, 1675-id., 1755) Historiador y político francés.* Tras participar en diversas acciones militares, en 1702 abandonó el ejército, al no haber sido aceptado en una promoción de brigadieres, tras lo cual se integró en la vida de la corte. En el terreno político, se mostró contrario a la autocracia de Luis XIV y abogó por un mayor peso y poder de la nobleza en la alta política, lo cual le impidió desempeñar cargos de relevancia. Llevó a cabo algunas misiones diplomáticas, en calidad de embajador, hasta que, tras la muerte del regente, decidió retirarse de la vida pública y dedicar su tiempo al estudio y a la redacción de ensayos históricos sobre la Iglesia y la alta nobleza, y, sobre todo, a su obra capital, sus *Memorias* (1739-1752), que había soñado escribir desde joven, y en las cuales se muestra como un certero observador de su tiempo, con gran talento en la recreación de ambientes, aunque con tintes parciales en el juicio de hechos y personajes.

SAJAROV, ANDREI DMITRIEVICH *(Moscú, 1921-id., 1989) Físico y disidente político ruso.* Se doctoró en física en 1947 y, seis años más tarde, fue admitido en la Academia Soviética de Ciencias. Colaboró con I. Tamm en el desarrollo de la primera bomba de hidrógeno rusa. En 1961 manifestó públicamente su oposición a unas pruebas nucleares atmosféricas previstas por el gobierno soviético (presidido por entonces por Nikita Jruschov). En 1968 publicó el ensayo *Progreso, coexistencia y libertad intelectual,* donde propuso el desarme nuclear, vaticinó la integración de los sistemas comunista y capitalista en una amalgama socialdemócrata y reprobó duramente la represión de los disidentes políticos. En 1975 le fue otorgado el Premio Nobel de la Paz. Tras su matrimonio con la

> *«La sociedad no vive de ideas negativas, sino de ideas positivas.»*
>
> Conde de Saint-Simon
> *El sistema industrial*

▼ *El científico ruso Andrei* **Sajarov** *fotografiado pocos años antes de su muerte. Uno de los más conocidos disidentes soviéticos, su figura fue rehabilitada por el gobierno reformista de Mijail Gorbachov.*

también activista Y. Bonner y nuevas críticas contra la invasión de Afganistán, fue silenciado por las autoridades y exiliado a la ciudad cerrada de Gorki. Tras el acceso al poder de Mijail Gorbachov, Sajarov fue rehabilitado y, el mismo año de su fallecimiento, elegido para el Congreso de los Diputados del Pueblo.

SALADINO I [Salah al-Din Yusuf] *(Takrit, actual Irak, 1138-Damasco, 1193) Sultán de Egipto (1171-1193) y de Siria (1174-1193).* De origen kurdo, inició su carrera militar junto a su padre Ayyub y su tío Sirkuh, que servían a Nur al-Din, uno de los más importantes jefes militares de Siria. Participó en la expedición de Sirkuh a Egipto, y asumió el mando a la muerte de éste, en 1169. La ocupación del país del Nilo puso fin al período fatimí y sirvió para realzar el prestigio de Saladino dentro de un islam aún traumatizado por la caída de Jerusalén en poder de los cruzados en 1099. A la muerte de Nur al-Din, hasta aquel momento considerado como el gran campeón del islam, Saladino supo maniobrar con destreza para apartar a sus sucesores y afianzarse en el poder en Siria. Conseguido esto, inició la reunificación de los diferentes estados islámicos de Oriente y organizó para ello un poderoso y disciplinado ejército cuyo núcleo fundamental eran los fiables guerreros turcos y kurdos. Una vez se sintió seguro de sus fuerzas, reavivó la guerra santa y atacó al Estado de los cruzados en Palestina en 1187. Con suma habilidad estratégica, atrajo al principal ejército cruzado, el del rey Guido de Lusignan, a los Cuernos de Hattin, donde lo cercó y aniquiló. A partir de esta victoria, las posesiones cruzadas en Tierra Santa, incluida Jerusalén, fueron cayendo una tras otra. La reacción de los cristianos no se hizo esperar y se inició la Tercera Cruzada: un poderoso ejército mandado por los reyes de Francia e Inglaterra, Felipe Augusto y Ricardo *Corazón de León*, desembarcó en Acre y sitió la ciudad. Los intentos de Saladino para socorrer Acre fueron infructuosos, y ésta fue tomada por los cristianos en 1191. Saladino dedicó entonces sus energías a detener el avance de Ricardo *Corazón de León* en dirección a Jerusalén. La enconada resistencia de los musulmanes logró por último contener los progresos de los cruzados y se firmó una paz que dejaba el interior de Palestina, con inclusión de Jerusalén, en manos de los musulmanes, si bien se aseguraba el derecho de paso de los peregrinos a esta ciudad. Concluida la guerra, la figura de Saladino fue reverenciada, ya que se le consideró el salvador del islam. Los mismos cruzados no dudaron en resaltar su valentía y su honor.

SALAZAR, ANTÓNIO DE OLIVEIRA (*Santa Comba Dão, Portugal, 1889-Lisboa, 1970) Político portugués*. Estudió derecho en la Universidad de Coimbra, donde ejerció como profesor de economía política. Comenzó su militancia política en una formación católica que apoyaba el autoritarismo y el nacionalismo y con la cual, en 1921, obtuvo un escaño de diputado, al que renunció al poco por su rechazo del sistema parlamentario. En 1926, a raíz del golpe de Estado del general António Oscar Fragoso de Carmona, fue designado por éste ministro de Finanzas. A partir de 1932 sumó a este cargo el de primer ministro. A partir de ese momento fue acumulando poder y propició, en 1933, una nueva Constitución, cuyos postulados dieron origen al *Estado Novo*, de carácter corporativo y profundamente influido por el fascismo italiano. Su estatuto del trabajo prohibió el derecho de huelga e impuso la afiliación a sindicatos verticales. Rigió de forma absoluta los destinos políticos de Portugal, aunque manteniendo la apariencia institucional mediante sucesivas reelecciones. En 1936, al producirse en España el levantamiento contra la República, apoyó al general Franco, con cuyo gobierno se alió en 1942 mediante el llamado Pacto Ibérico. Durante la Segunda Guerra Mundial decretó la neutralidad de su país, por más que permitió la instalación de bases militares británicas en las Azores en 1943, y firmó un concordato con el Vaticano en 1940 que aumentó el peso de la Iglesia en el Estado. En contra de las tendencias de la época, intentó mantener intacto el dominio colonial portugués, actitud que provocó revueltas en Angola, Mozambique y Guinea, que pudo sofocar. En septiembre de 1968 se vio obligado a renunciar al poder a causa de una enfermedad degenerativa. Le sucedió en el cargo Marcelo Caetano.

SALGARI, EMILIO (*Verona, Italia, 1863-Val San Martino, id., 1911) Escritor italiano*. Tras frecuentar un tiempo el Instituto Técnico Naval de Venecia, se dedicó plenamente a escribir novelas de aventuras, movido por la fascinación que le producían los relatos exóticos de viajeros y exploradores de su tiempo. En 1885 pasó

▲ *El político portugués António de Oliveira* **Salazar** *durante sus primeros años al frente del país, fotografiado mientras se disponía a pasar revista a las tropas.*

▶ *El compositor Antonio* **Salieri** *durante su etapa como maestro de capilla de la corte vienesa. La leyenda le atribuye una profunda inquina hacia Mozart.*

un breve período en la cárcel de Peschiera por herir gravemente en duelo a un periodista. Se enamoró apasionadamente –y sin fortuna– de una joven británica de familia noble, en la que se inspiró para crear sus heroínas literarias, y finalmente contrajo matrimonio con una paisana, Ida Peruzzi, que le dio cuatro hijos. Escribió un largo ciclo novelesco ambientado en una Malasia mítica de piratas y contrabandistas, y popularizó el personaje de Sandokan. De las once novelas que componen este ciclo, destacan *El tigre de Malasia, Los piratas de Malasia, El rey del mar* y *La caída de un imperio*. Viajó muy poco, limitación que suplió mediante un trabajo meticuloso de documentación y una portentosa imaginación. El éxito que cosechó su obra nunca le proporcionó, sin embargo, la ansiada tranquilidad económica. En la última etapa de su vida sufrió crisis de esquizofrenia. Se suicidó.

SALIERI, ANTONIO (*Legnano, actual Italia, 1750-Viena, 1825) Compositor y pedagogo italiano*. Aunque en su tiempo fue uno de los compositores más apreciados, en la actualidad es más conocido por su rivalidad con W. A. Mozart que por su propia labor creativa, hasta el punto de ser protagonista de una leyenda, surgida durante el romanticismo, que le acusaba de haber envenenado al genio de Salzburgo. Salieri se educó en Venecia, ciudad desde la que se trasladó a Viena en 1766 en compañía de Leopold Gassmann, su maestro desde ese momento. Fue este compositor bohemio quien le introdujo en la corte austriaca, al servicio de la cual iba a desarrollarse toda la carrera del músico. De 1770 data su pri-

> *«La vida es lo que tú tocas.»*
>
> Pedro Salinas
> *La voz a ti debida*

▶ *Una de las escasas fotografías que existen del escritor estadounidense J. D.* **Salinger***, en su granja de Cornish.*

▲ *El poeta español Pedro* **Salinas***, uno de los miembros más destacados de la Generación del 27.*

mera ópera, *Le donne letterate*, a la que siguieron títulos como *Don Chisciotte* (1770), *L'Europa riconosciuta* (1778), *Las danaides* (1784), *Prima la musica e poi le parole* (1786), *Tarare* (1787) y *Falstaff* (1799). Amigo de Haydn, fue maestro de Beethoven, Liszt y Schubert.

SALINAS, PEDRO *(Madrid, 1891-Boston, 1951) Poeta español.* Estudió derecho y filosofía y letras en Madrid, y fue más tarde lector en la Sorbona de París. Al estallar la guerra civil española se exilió a Estados Unidos, donde ejerció como profesor de literatura en diversas universidades. Perteneciente a la llamada Generación del 27, alcanzó la plena madurez poética con *La voz a ti debida* (1933) y *Razón de amor* (1936). Sus versos, de metros sutiles y efectivos, se integran plenamente en la llamada poesía pura, en el intento de alcanzar los elementos esenciales del sentimiento amoroso, en un íntimo diálogo con la amada. Escribió también algunos libros de relatos (*El desnudo impecable*, 1951), y, como crítico literario, realizó varios estudios sobre poetas españoles, recogidos en *La literatura española del siglo XX* (1941). Así mismo, fue el traductor de Proust al español.

SALINAS DE GORTARI, CARLOS *(Ciudad de México, 1948) Político mexicano.* Licenciado en economía y doctorado en economía política y administración pública en Estados Unidos, a su regreso a México ocupó diversos cargos en el gobierno de Miguel de La Madrid y diseñó un programa de austeridad muy protestado socialmente. En 1988, entre acusaciones de fraude electoral, fue elegido presidente del país por el Partido Revolucionario Institucional (PRI) con la promesa de conseguir mayor limpieza en la vida pública y mayor representación para los partidos de izquierda. Aumentó las exportaciones y apoyó el libre comercio con Estados Unidos, lo que se materializó en el Tratado de Libre Comercio de América del Norte, firmado con George Bush y el primer ministro canadiense Brian Mulroney en diciembre de 1992, y que entró en vigor en enero de 1994. No obstante, su éxito externo se vio empañado en el interior por la rebelión del Ejército Zapatista de Liberación Nacional (EZLN), en el estado de Chiapas.

SALINGER, JEROME DAVID *(Nueva York, 1919) Escritor estadounidense.* Hijo de un importador de quesos judío, estudió en Manhattan, y en 1932 ingresó en la escuela privada de MacBurney, que abandonó un año más tarde. Su padre lo inscribió entonces en la academia militar de Valley Forge, pero a los diecisiete años dejó las aulas para empezar a trabajar como bailarín. Luego viajó a Austria para conocer sus raíces e inició su carrera literaria. En 1940 publicó en diversas revistas americanas relatos y piezas teatrales, que había escrito durante una estancia en Europa. En 1942 se alistó en el ejército y combatió en diversas acciones bélicas, entre ellas el desembarco de Normandía. Durante este período de su vida inició la redacción de su obra más conocida, *El guardián entre el centeno* (1951), novela escrita desde el punto de vista de un adolescente enfrentado a la hipocresía del mundo adulto, caracterizada por sus grandes dosis de ironía. La obra obtuvo un éxito espectacular en su país y fue traducida rápidamente a diversos idiomas. Siguieron algunos volúmenes de relatos (*Nueve historias*, 1953; *Fanny y Zooey*, 1961; *Levantad, carpinteros, la viga maestra*, 1963; *Seymour: una introducción*, 1963), escritos desde un buscado aislamiento en una granja, donde vive junto con su esposa y sus hijos dedicado a la filosofía zen. En toda su obra se van repitiendo los temas de la juventud y las obsesiones de la muerte y del misticismo, tratados siempre en un tono sentimentalista y romántico. Durante los años sesenta el movimiento hippie reconoció a Salinger como uno de sus maetros, por más que el autor nunca se identificó con sus postulados.

SALK, JONAS EDWARD *(Nueva York, 1914-La Jolla, EE UU, 1995) Fisiólogo estadounidense.* Nacido en el seno de una familia humilde, ingresó en la facultad de medicina de la Universidad de Nueva York a los dieciséis años. Tras graduarse en 1939 y obtener plaza de interno en el hospital Monte Sinaí, uno de los más prestigiosos del país, contrajo matrimonio con la psicóloga Donna Lindsey. En 1942 le fue concedida una beca para el estudio de una vacuna contra la gripe que le permitió colaborar con su antiguo profesor y prestigioso virólogo Thomas Francis, entonces en la Universidad de Michigan. En 1947, siendo director del laboratorio para la investigación vírica de la Universidad de Pittsburgh, la Fundación Nacional para la Parálisis Infantil le propuso unirse a los diferentes equipos que buscaban un remedio para la poliomielitis. En 1952 obtuvo un primer resultado en forma de vacuna trivalente, para la que empleó virus muertos por aplicación de formalina. Tras probarla con animales y una pequeña población de niños que ya habían desarrollado la poliomielitis, los buenos resultados obtenidos animaron a la Fundación a financiar una extensa campaña de prueba que suscitó gran expectación pública. En 1955, anunció que su vacuna había sido probada con éxito y se convirtió de inmediato en un personaje célebre, hasta el punto de tener que dirigirse a la nación, a instancias

▲ *El fisiólogo estadounidense Jonas E. **Salk** en el laboratorio del Instituto Salk. Su vacuna contra la poliomielitis combate eficazmente esta peligrosa enfermedad.*

del presidente Eisenhower, en un mensaje televisado. Con el paso del tiempo, su vacuna acabó por ser sustituida en numerosos países por la más tradicional desarrollada por Albert Sabin, en la cual se empleaban virus vivos de actividad atenuada. En 1963 fundó el Instituto Salk en la localidad californiana de La Jolla, el cual poco después se convertiría en uno de los centros de investigación médica más importantes del mundo. Cuatro años más tarde se divorció de su primera esposa y contrajo matrimonio con la ex esposa del pintor Pablo Picasso, Françoise Gilot. En 1975 renunció a la dirección del Instituto para proseguir su labor investigadora en el ámbito privado.

SALMERÓN, NICOLÁS *(Alhama la Seca, España, 1838-Pau, Francia, 1908) Político español.* Estudió derecho y filosofía y letras en Granada y en Madrid. Se trasladó a vivir a esta última ciudad, donde colaboró en diversas revistas políticas como *La Discusión* y *La Democracia.* Fue miembro del Partido Democrático y presentó su candidatura como diputado en las Constituyentes de 1869, pero no fue elegido, a raíz de unas polémicas declaraciones en las que se mostraba favorable a la instauración de la República en España. En 1873 se proclamó la Primera República y fue nombrado ministro de Gracia y Justicia. Inició entonces una serie de reformas en el sistema judicial y estableció una legislación laica. Ese mismo año ocupó el cargo de presidente del poder ejecutivo de la República, en sustitución de Pi y Margall. Destituido tras el golpe de Estado del general Pavía, en 1888 fundó su propio partido, La Justicia, y participó en los diferentes intentos de unificar el republicanismo que acabaron con la creación de la Unión Republicana. Defendió el regionalismo catalán y en 1906 fue nombrado presidente de Solidaridad Catalana, pero sus ideas catalanistas le enfrentaron a gran parte de su partido, por lo que acabó por renunciar a la presidencia de Unión Republicana y trasladarse a Francia.

SALNIKOV, VLADIMIR *(Leningrado, hoy San Petersburgo, 1960) Nadador ruso.* Dedicado a la natación desde los seis años, participó con tan sólo dieciséis (1976) en los Juegos Olímpicos de Montreal, en los cuales logró batir los récords europeos de 800 y 1500 metros. Fue campeón del mundo

◀ *El tercer presidente de la Primera República española, Nicolás **Salmerón**, visto por el pintor Federico Madrazo.*

de los 400 y 1500 metros libres en 1978 y de nuevo en 1982. Conquistó también la medalla de oro en las mismas pruebas en 1980 en Moscú, así como el récord mundial de los 800 metros libres (7.50.64) y de los 1500 (14.54.76) en 1983, con lo que se convirtió en el primer nadador de fondo que rebajó la marca de los 15 minutos. En 1988 se proclamó de nuevo campeón olímpico de los 1500 metros en Seúl, y al año siguiente, tras retirarse de la alta competición, fue nombrado entrenador olímpico de su país. Sin embargo, dimitió del cargo en 1990, para dedicarse desde entonces a la educación física.

SALOMÉ *(s. I) Princesa idumea.* Según se relata en el Nuevo Testamento (Mt. 14,6-12 y Mc. 6,21-28), fue hija de Herodías, la mujer de Herodes Filipo, que se casó de manera escandalosa con el hermanastro de éste, Herodes Antipas. Esto suscitó la guerra con los nabateos, ya que Herodes Antipas había repudiado antes a otra mujer, hija del nabateo Aretas IV. La actitud de Herodes Antipas y Herodías fue muy criticada por el pueblo, ya que se consideró pecaminosa, y uno de los que más sobresalieron en su denuncia fue Juan *el Bautista*, razón por la cual Herodes lo hizo apresar, aunque no se atrevió a ejecutarlo por miedo a provocar la ira popular. Según la tradición, Salomé, mujer de gran belleza, bailó para su padrastro, el cual, entusiasmado, le ofreció concederle el premio que ella deseara. Pidió, siguiendo las instrucciones de su madre, la cabeza del Bautista, que le fue entregada «en bandeja de plata».

SALOMÓN *(Jerusalén, h. 1000 a.C.-id., 931 a.C.) Rey de Israel (h. 970-931 a.C.).* Hijo del rey David y de Betsabé, fue ungido como soberano de los hebreos e instruido

▲ *El nadador ruso Vladimir* **Salnikov** *observa el tiempo realizado al finalizar una de las pruebas, durante los Juegos Olímpicos de Moscú en 1980.*

> «*L*a muerte y la vida están en poder de la lengua; cual sea su uso, tales serán los frutos que se comen.»
>
> Salomón
> Proverbios, 18:21

▼ *Miniatura de una Biblia medieval que representa a* **Salomón** *entrando en el templo con el Arca de la Alianza.*

acerca de sus obligaciones por su padre, en detrimento de Adonías, su hermanastro mayor, quien aspiraba a la sucesión al trono de Israel. A la muerte de David, Salomón, apoyado por su madre, el profeta Natán, el general Banaías y el sumo sacerdote Sadoc, dio muerte a sus adversarios políticos, Adonías y el general Joab, e inició un reinado caracterizado por un largo período de paz y unas buenas relaciones con los pueblos vecinos (Egipto, Arabia, Fenicia, Edom y Damasco), durante el cual el país experimentó un gran desarrollo económico y cultural. La seguridad interna y el control de las vías de comunicación facilitaron una amplia expansión del comercio hebreo, especialmente el de los caballos, que desde Cilicia eran transportados a Egipto. Además, a fin de fomentar la actividad comercial, Salomón ordenó construir una flota que tenía su base en el puerto de Esiongüéber, junto a Elat, a orillas del mar Rojo, y consolidó el poder político de Israel en la región desposándose con una de las hijas del faraón de Egipto y estrechando los lazos de amistad con Hiram I, rey de la ciudad de Tiro. La prosperidad económica, por otra parte, permitió al monarca levantar en Jerusalén el gran templo que David había proyectado para cobijar el Arca de la Alianza y un suntuoso palacio real, construcciones en las cuales participó un gran número de técnicos extranjeros, como albañiles y broncistas de Tiro o carpinteros de Gebal, y para las que se importaron lujosos materiales procedentes de Fenicia. Éstas y otras muchas obras públicas, así como los gastos de la corte, fueron sufragados mediante un pesado régimen tributario, sustentado en una reforma administrativa que dividía el país en doce distritos, cuya extensión variaba en función de la mayor o menor fertilidad del suelo y de la facilidad de comunicaciones. Hacia el final de la vida de Salomón, no obstante, la elevada presión fiscal y la proliferación de cultos a divinidades foráneas (Astarté, Camos, Milcom o Moloc), introducidos por las numerosas mujeres extranjeras del monarca, crearon un creciente malestar popular, que estalló durante el reinado de Roboam, su hijo y sucesor, quien no pudo evitar la rebelión de diez de las doce tribus hebreas, todas excepto las de Judá y Benjamín, y la posterior escisión del país en dos reinos: el de Israel, al norte, con capital en Siquem, y el de Judá, al sur, con capital en Jerusalén (929 a.C.), que siguieron luego una evolución independiente, cuando no hostil. A pesar de reprobar con dureza la permisividad de Salomón para con las prácticas paganas de buena parte de sus mujeres y considerar la división de Israel como un castigo divino por su idolatría, la tradición bíblica ha idealizado la figura del soberano, presentado como un hombre de gran sabiduría, paradigma de ponderación y justicia, en diversos pasajes de las Sagradas Escrituras, entre ellos el famoso Juicio de Salomón o la visita de la reina de Saba. Así mismo, le ha atribuido la autoría de diferentes libros sapienciales del Antiguo Testamento, como el *Cantar de los cantares*, el *Eclesiastés*, el *Libro de la sabiduría*, los *Proverbios* y los *Salmos de Salomón*, algunos de los cuales, sin embargo, parece que fueron compuestos con bastante posterioridad a la época salomónica.

SALZILLO, FRANCISCO *(Murcia, 1707-id., 1783) Escultor español.* Su padre, el escultor napolitano Nicolás Salzillo, se estableció en Murcia unos años antes del nacimiento de Francisco, y abrió en la ciudad un taller en el que se formaron sus hijos, Juan Antonio, José, Inés y Francisco que también se dedicaron a la escultura (más concretamente a la policromía de las figuras). A la muerte de su padre, Francisco Salzillo se hizo cargo del taller familiar, en el que continuó al principio el estilo paterno. Su primera obra enteramente personal es también la más valorada por la crítica en la actualidad, el famoso *Pesebre* de más de 800 piezas realizado al estilo de los belenes napolitanos de finales del siglo XVII; estas figuras, esculpidas en barro cocido, madera o cartón, sobresalen por su realismo extremo y su enorme expresividad, hasta el punto de que se consideran inspiradas en tipos populares. Su otra gran realización la comenzó en 1752, cuando la cofradía de Jesús Nazareno le encargó un conjunto de ocho pasos procesionales, que se han convertido en su creación más famosa. Los más logrados son los dedicados a la *Oración en el huerto*, la *Última Cena* y la *Dolorosa*, pero en todos triunfa el personal estilo del autor, exaltador de la belleza y del naturalismo. Los rostros de sus estatuas son tan hermosos y están tan bien modelados que recuerdan las porcelanas de la época, motivo por el cual se considera a Salzillo un magnífico exponente de la escultura rococó. Realizó muchas otras obras, pero en ninguna alcanzó el virtuosismo de las mencionadas, maestría que se advierte también en el minucioso drapeado de los vestidos. La mejor colección de su obra se encuentra en el Museo Salzillo de Murcia.

SÁMANO, JUAN DE *(Selaya, España, 1753-?, Panamá, 1821) Militar y administrador español.* Llegó a América en 1780, como integrante de un contingente militar español, pero regresó a la península Ibérica en 1810, descontento con la política colonial española tras mostrar su protesta por la política indefinida que la metrópoli llevaba a cabo durante el período de acefalia del trono español. Destinado nuevamente al continente americano en 1811, marchó a Guayaquil. A partir de 1813, tuvo una activa participación en el avance de las tropas realistas españolas a lo largo del río Magdalena, durante el cual lograron dominar Santa Marta y aislar Cartagena del exterior. Combatió contra Nariño, quien lo derrotó en el puente de Alto Palacé, en 1813, y Montúfar, al cual venció en Cuchilla Tambó en 1815 y al que ordenó fusilar al año siguiente. Nombrado virrey de Nueva Granada dos años más tarde, impuso el terror en Pasto y Popayán, y su política represiva le restó el apoyo de la burguesía. Cuando conoció la victoria de Bolívar en la batalla de Boyacá, en 1819, huyó a Cartagena y más tarde, a Panamá, desde donde siguió combatiendo contra el movimiento independentista, sin éxito.

SAMARANCH, JUAN ANTONIO *(Barcelona, 1920) Empresario y político español.* Compaginó la práctica de diversos deportes con los estudios de empresariales, y fue procurador en cortes durante el régimen franquista. Fue así mismo elegido concejal de Deportes en el ayuntamiento de Barcelona (1955-1962) y posteriormente designado delegado nacional de Deportes (1967). En 1973 fue nombrado presidente de la diputación de Barcelona y cuatro años

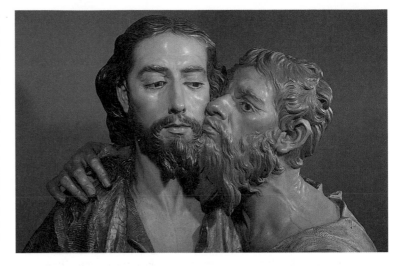

▲ El Beso, *escultura policromada que representa el beso de Judas a Jesucristo, obra de Francisco* **Salzillo** *que se conserva en el museo dedicado al escultor en Murcia.*

▼ *Juan Antonio* **Samaranch**, *fotografiado en la sede del Comité Olímpico Internacional (COI).*

después embajador en la Unión Soviética (1977), momento en que era ya vicepresidente del Comité Olímpico Internacional (COI), cargo éste que le propició la oportunidad de establecer en Europa del Este los contactos políticos necesarios para poder alcanzar la presidencia de la institución olímpica. A partir de 1980 presidió la dirección de dicha entidad, y entre sus logros más importantes se le reconoce haber acabado con el boicot político a los Juegos Olímpicos que venía produciéndose en varias ediciones, así como haber permitido la participación de deportistas profesionales, lo cual aumentó el nivel de competición de todos los países participantes. En 1988 se le concedió el Premio Príncipe de Asturias del Deporte. En 1999 tuvo que hacer frente a la crisis originada en el seno del COI debido a los escándalos de soborno a miembros de la junta directiva para decidir las sedes de los Juegos Olímpicos.

SAMUELSON, PAUL ANTHONY *(Gary, EE UU, 1915) Economista estadounidense.* Profesor de economía en el Instituto Tecnológico de Massachusetts desde 1940, ha sido miembro y consejero de diversas organizaciones económicas, presidente de la Asociación Americana de Economía (1961) y de la Asociación Internacional de Economía (1965-1968), y desempeñó el cargo de consejero económico de los presidentes Kennedy y Johnson. A partir de los principios de la economía neoclásica, de la que es considerado el más destacado representante, trató de integrar las aportaciones de Keynes con los principios clásicos de la economía en la llamada «síntesis neoclásica» y abogó por una más rigurosa expresión matemática de las formulaciones de la teoría económica. Es autor de los *Funda-*

▲ *El militar y político José de **San Martín**, héroe argentino y libertador de Chile y Perú, aparece aquí retratado con uniforme militar y envuelto en la bandera argentina.*

▼ *Cuadro en el que se representa a José de **San Martín** en la batalla de Chacabuco, librada contra los realistas el 12 de febrero de 1817.*

mentos del análisis económico (1947) y el manual de economía *Curso de economía moderna* (1948). En 1970 fue galardonado con el Premio Nobel de Economía.

SAN MARTÍN, JOSÉ DE *(Yapeyú, actual Argentina, 1778-Boulogne-sur-Mer, Francia, 1850) Militar y estadista argentino.* Hijo de españoles afincados en el virreinato de Río de la Plata, su familia volvió a España cuando él contaba seis años de edad. Ingresó en el regimiento de infantería de Murcia, y durante dos decenios sirvió en el ejército español en campañas militares contra ingleses, norteafricanos y portugueses. Durante la invasión napoleónica, combatió en Bailén (1808). En 1811, ya con el grado de capitán y tras una breve estancia en Londres donde conoció a patriotas americanos como Andrés Bello, solicitó el traslado a América. En su nuevo destino, su hasta entonces indiscutible fidelidad a la Corona española cambió para ponerse del lado de la independencia sudamericana. Se trasladó a Buenos Aires, principal centro nacionalista durante la ocupación napoleónica de España, y asumió la responsabilidad de organizar los ejércitos del lugar. Es difícil aventurar qué motivó este cambio ideológico, pero algunas teorías afirman que el trato despectivo que los nacidos en el Nuevo Continente recibían en España le llevaría a sentirse más identificado con las aspiraciones criollas. Su amistad con ciudadanos británicos, en especial con los miembros de la logia Lautaro, pudo también haber influido en su cambio de orientación; sea como fuere, San Martín siempre lamentó haber dedicado veinte años de su carrera al servicio de España. En 1813 ganó su primera batalla contra los marinos españoles del general Zavala en San Lorenzo de Paraná. Dotado de una tenacidad indoblegable y de una gran capacidad previsora, puso en práctica un audaz plan: consciente de la necesidad de conquistar el virreinato del Perú, bastión de los realistas, efectuó un lento avance a través de los Andes (acción por la cual se le ha llegado a comparar con el mismo Aníbal) gracias al cual en 1818 su disciplinado ejército pudo liberar Chile, que había caído de nuevo bajo poder realista después del alzamiento. Tras la proclamación de la independencia chilena, derrotó a las fuerzas españolas en la decisiva batalla de Maipú. En 1919, renunciando a quedarse en Chile, armó una flota y se dirigió al virreinato de Perú. Al cabo de un año de asedio ocupó Lima, cuya independencia declaró y de la cual se nombró protector. Facilitó tropas a Antonio José de Su-

cre, quien merced a tal refuerzo consiguió la victoria de Pichincha en 1822. Este mismo año, a raíz de una reunión secreta que mantuvo con Simón Bolívar en Guayaquil, cuyos detalles no se han logrado desvelar, San Martín renunció a todas sus aspiraciones políticas y se exilió en Europa por el resto de sus días.

SAN ROMÁN, MIGUEL DE *(Puno, Perú, 1802-Chorrillos, id., 1863) Militar y político peruano.* Ya en su adolescencia se sintió atraído por la causa independentista, cuyos ejércitos, mandados por José de San Martín, vencieron a las tropas realistas en 1820. Dos años más tarde, en 1822, se enroló en el ejército libertador de Simón Bolívar, a cuyas órdenes participó en la decisiva batalla de Ayacucho (1824), que representó la definitiva consolidación de la independencia peruana y continental. A partir de entonces, San Román fue escalando posiciones en el seno del ejército, con el cual intervino con distinción en el cerco del Real Felipe, en El Callao, en 1826. Bajo la presidencia de José de la Mar, en 1827, Perú declaró la guerra a Bolivia y, poco después, a Colombia. La participación de San Román en ambas contiendas le reportó el espaldarazo definitivo para consolidar su carrera militar. Durante la guerra civil peruana apoyó a Agustín Gamarra, que accedió a la presidencia de la República en 1829. La victoria de éste, y por extensión de San Román, significó la llegada al poder de la oligarquía militar peruana. En 1855, fue nombrado ministro de Guerra y Marina por el presidente Ramón Castilla y en octubre de 1863, en sustitución de éste, fue elegido presidente de la República. De tendencias liberales, bajo su presidencia se adoptó el sistema decimal de pesas y medidas, y se llevó a cabo la reforma monetaria que decretó la entrada en circulación del sol.

SÁNCHEZ COELLO, ALONSO *(Benifayó, España, 1531-Madrid, 1588) Pintor español.* Pasó su juventud en la corte del rey Juan III de Portugal, quien lo envió a Flandes para que completara su formación. Allí fue discípulo de Antonio Moro, de quien aprendió el arte del retrato, el género que más cultivó en lo sucesivo. En 1555 era ya pintor de la corte de Felipe II, para quien trabajó hasta el final de sus días. Realizó magníficos retratos tanto del propio Felipe II como de sus hijos, sus esposas y sus hermanas, toda una magnífica colección que resulta muy ilus-

▲ El príncipe don Carlos, *retrato encargado por Felipe II a Alonso **Sánchez Coello** hacia 1557, cuando el infante contaba doce años. El cuadro se conserva en el Museo del Prado de Madrid.*

▼ Bodegón del cardo, *óleo sobre lienzo pintado por Juan **Sánchez Cotán** en 1602 que se exhibe en el Museo de Bellas Artes de Granada, en España.*

trativa acerca de la época. A partir de lo aprendido con Antonio Moro, evolucionó hacia obras realizadas con una técnica más suelta y en las que el colorido desempeña un papel más importante. Pero mantuvo el formalismo del norte, por lo que sus retratos resultan fríos y distantes, un tanto asépticos. El personaje aparece por lo general de tres cuartos o de cuerpo entero, en actitud grave y a veces solemne, y sobre un fondo neutro; lo único que rompe la austeridad general son las calidades de los tejidos, tratados con maestría y con una delicadeza exquisita. Entre sus numerosísimos retratos, dos particularmente destacados son *El príncipe don Carlos* y *Ana de Austria*. Aunque sus obras de temática religiosa tienen menor interés, algunas de ellas son interesantes, en particular el retablo de la iglesia de Colmenar Viejo y las parejas de santos que pintó para El Escorial.

SÁNCHEZ COTÁN, JUAN *(Orgaz, España, 1560-Granada, 1627) Pintor español.* Se formó con Blas de Prado y trabajó en Toledo hasta 1604, año en que ingresó en la Cartuja de Granada, rodeado ya de un considerable prestigio. Estas dos etapas de su vida coinciden con los dos grandes períodos de su creación artística: el toledano, durante el cual cultivó esencialmente la naturaleza muerta por encargo de particulares, y el granadino, dedicado a la pintura religiosa. De este último son estimables la acertada disposición de las figuras sobre hermosos fondos de paisaje; pero lo que

convierte a Sánchez Cotán en una gran figura de la pintura de su tiempo son los bodegones, en los que destacan el increíble realismo en la representación y la extrema claridad compositiva, gracias a los cuales rebosan de verdad y vida. En el uso de un cierto tenebrismo, Sánchez Cotán se anticipó al propio Caravaggio.

SANCHO II *EL FUERTE* *(?, h. 1037-Zamora, 1072) Rey de Castilla y de León (1065-1072).* Hijo de Fernando I, tras la muerte de éste, y al estar en desacuerdo con el reparto de los territorios de su herencia, se enfrentó a sus hermanos García, monarca de Galicia, y Alfonso, a quien le había sido entregado León. Merced a la intervención del alférez real Ruy Díaz de Vivar, *el Cid Campeador,* Alfonso fue derrotado consecutivamente en Llantada y en Golpejera, y ambos hermanos fueron obligados a exiliarse. Estos acontecimientos le supusieron a Sancho II la hostilidad de leoneses y gallegos, y, además, la decidida oposición de su hermana Urraca, la cual se hizo fuerte en Zamora. Durante el transcurso de posteriores operaciones de asedio a sus opositores, Sancho II fue engañado por Bellido Dolfos, quien, tras simular ser un desertor, separó al rey de su guardia, con la excusa de mostrarle los puntos débiles de las murallas, y lo asesinó.

SANCHO III *EL MAYOR* (h. 992-1035) *Rey de Navarra (1000-1035) y conde de Aragón (1000-1035), de Ribagorza (1017-1035) y de Castilla (1029-1035).* Hijo de García III, rey de Navarra y conde de Aragón, sucedió a su padre en el año 1000. Aprovechando las disensiones internas surgidas en el califato cordobés tras la muerte de Almanzor (1002) y de su hijo Abd al-Malik (1008), Sancho III consiguió imponer, a lo largo de su reinado, un auténtico protectorado sobre buena parte de los territorios cristianos peninsulares, desde Zamora hasta Barcelona, gracias a su habilidad diplomática y a su determinación militar. Casado con Munia, hija del conde Sancho García de Castilla y bisnieta del conde Ramón III de Ribagorza, el monarca navarro aprovechó la muerte del conde ribagorzano Guillermo II (1017) para anexionarse las tierras de Ribagorza y Sobrarbe, entre 1017 y 1025. Paralelamente, obtuvo el vasallaje del duque Sancho V de Gascuña, su tío, y del conde Berenguer Ramón I de Barcelona (1023). En 1029, el asesinato en León del conde castellano García II, hermano de Munia, permitió a Sancho III ocupar Castilla para hacer valer los derechos sucesorios de su esposa. Con la

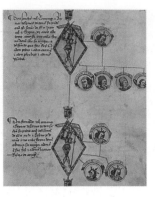

▲ *Detalle del árbol genealógico de los reyes de Castilla, que se encuentra en la Biblioteca de El Escorial, en Madrid. En él aparecen* **Sancho IV el Bravo** *y su hijo y sucesor Fernando IV.*

▼ *Retrato de George* **Sand***, pintado por Eugène Delacroix, en la época en que la escritora mantenía un romance con Frédéric Chopin.*

ayuda de los castellanos, el monarca navarro se enfrentó al rey Bermudo III de León por las tierras situadas entre los ríos Pisuerga y Cea, llegando a ocupar temporalmente León, Zamora y Astorga (1034). Monarca renovador, Sancho III introdujo en sus Estados las prácticas feudales de otras regiones europeas, impulsó la reforma cluniacense y favoreció la peregrinación hacia Santiago de Compostela. A su muerte, sus territorios fueron divididos entre sus hijos.

SANCHO IV *EL BRAVO* *(?, 1258-Toledo, 1295) Rey de Castilla y de León (1284-1295).* Hijo de Alfonso X *el Sabio,* se enfrentó a su sobrino Alfonso de la Cerda por la sucesión al trono, y también a su padre, quien le desheredó. A pesar de ello, al tener el apoyo de la nobleza logró imponerse a las pretensiones de su sobrino, que contaba con el soporte aragonés. Tras mejorar sus relaciones con este reino peninsular con el advenimiento de Jaime II, forjó una alianza con éste y con Mohamed II de Granada para apoderarse de Tarifa, en manos de los benimerines, una verdadera puerta de entrada para invasiones desde el norte de África. De esta manera, en 1294, Tarifa cayó en manos de los coligados, si bien fue ocupada por los castellanos; ello provocó la oposición de Mohamed II, quien aliado esta vez con los benimerines trató de recuperar la plaza. La defensa de Alonso Pérez de Guzmán (Guzmán *el Bueno*) y la intervención conjunta de Castilla y Aragón dio al traste con las pretensiones de nazaríes y benimerines, que levantaron el sitio.

SAND, GEORGE [Aurore Dupin] *(París, 1804-Nohant, Francia 1876) Novelista francesa.* Su vida de mujer independiente e intelectual en pleno siglo XIX fue unida a menudo al escándalo. Mantuvo diversas relaciones sentimentales, algunas de las cuales fueron muy notorias en la sociedad de su tiempo, como las que la vincularon a Musset y al compositor F. Chopin, con quien vivió unos meses en la cartuja de Valldemosa (allí escribió *Un invierno en Mallorca*, en 1842). Su obra es reflejo de su evolución vital e ideológica, y va desde unas primeras novelas centradas en la afirmación de la mujer a relatos de carácter social, etapa que coincide con su aproximación al socialismo (*El «compagnon» de la vuelta a Francia*, 1841; *Consuelo*, 1843), así como novelas sobre la vida en el campo, escritas desde su retiro en Nohant (*El pantano del diablo*, 1846), y obras de vejez en las que se entrega a la evocación y los recuerdos (*Impresiones y recuerdos*, 1873-1876).

SANDINO, AUGUSTO CÉSAR *(Niqui-nohomo, Nicaragua, 1895 -Managua, 1934) Guerrillero nicaragüense.* De origen muy humilde, trabajó como jornalero en Nicaragua, Honduras y México. En 1926 regresó a su país, ocupado desde 1912 por las tropas estadounidenses que defendían los intereses de las compañías fruteras de Estados Unidos. Optó por defender la autonomía nacional, afectada por el convenio Bryan-Chamorro y por la firma del tratado Stimpson-Moncada, en el cual los estadounidenses obligaron a poner fin a la guerra civil, por lo que reunió un grupo de guerrilleros y se alzó en armas. Durante seis años combatió contra las tropas de diferentes gobiernos apoyados por Estados Unidos, al término de los cuales había logrado aglutinar a su alrededor a unos tres mil hombres y se había ganado la admiración popular. Organizada bajo su mando, la guerrilla rebelde se refugió en las selvas de Nueva Segovia, donde se convirtió en prácticamente invencible. Al no lograr derrotarlo, el presidente estadounidense Herbert C. Hoover ordenó la retirada de las tropas desplegadas en Nicaragua, lo que, junto con la elección de Franklin D. Roosevelt como presidente de Estados Unidos, movió a Sandino a negociar con el gobierno nicaragüense la deposición de las armas y el retorno a la vida civil (1933). Sin embargo, su prestigio político continuaba siendo una amenaza para los dirigentes del país, por lo cual, tras aceptar una invitación para acudir al palacio presidencial, fue emboscado y asesinado por Anastasio Somoza, jefe de la Guardia Nacional y sobrino del ex presidente José María Moncada. Con todo, la muerte del líder no significó la desaparición de su movimiento, y su nombre pasó a encarnar la lucha de liberación de Nicaragua. El Frente Sandinista de Liberación Nacional (FSLN), alineación política creada en 1962, se constituyó como continuadora del ideario de Sandino y centró sus miras en el derrocamiento de los Somoza mediante la lucha armada, objetivo que logró en 1979.

SANGER, FREDERICK *(Rendcombe, Reino Unido, 1918) Bioquímico británico.* Tras su graduación, en 1939, en la Universidad de Cambridge, permaneció en esta misma institución y llevó a cabo importantes investigaciones en química biológica, entre las que destaca la puesta a punto de un método de análisis de estructuras moleculares

▲ *Durante los siete años que duró su levantamiento contra el gobierno, el líder guerrillero nicaragüense Augusto César **Sandino** llegó a controlar varios departamentos del país.*

▼ *La estadounidense Margaret **Sanger**, a la izquierda de la imagen, preside una conferencia sobre el control de natalidad, movimiento del que fue pionera.*

proteicas. Sus trabajos sobre dichas estructuras y, en particular, la identificación de la estructura de la insulina, le hicieron merecedor del Premio Nobel de Química de 1958. En 1963 fue condecorado con la Orden del Imperio Británico. Por sus estudios sobre métodos de determinación de secuencias de nucleótidos (constituyentes de las moléculas de ADN, las cuales contienen la clave de la información genética), en 1980 recibió un segundo Premio Nobel de Química.

SANGER, MARGARET *(Corning, EE UU, 1879-Tucson, id., 1966) Fundadora del movimiento a favor del control de natalidad.* Sexta hija de un matrimonio con once, cursó estudios de enfermería en el hospital de White Plains, en Nueva York. En dicha institución tomó conciencia de la necesidad de desarrollar métodos anticonceptivos para evitar embarazos no deseados que, según su opinión, conducen a abortos, a menudo practicados en situaciones insalubres. De talante feminista, para dar a conocer sus ideas fundó una revista, *The Women Rebel*, y poco después, en 1917, abrió la primera clínica de planificación familiar, hecho que la enfrentó abiertamente con las autoridades del país. Erigida en principal portavoz del movimiento a favor de la regulación de los nacimientos, en 1921 fundó la Liga Americana para el Control de Natalidad, luego convertida en la Federación de Planificación Familiar, y organizó la primera Conferencia Mundial sobre Población, celebrada en Ginebra el año 1927.

SANGUINETTI, JULIO MARÍA *(Montevideo, 1936) Político uruguayo.* Licenciado en derecho y director de diferentes publicaciones como *El Día* y *Correo de los Viernes*, como ministro de Educación y Cultura fue uno de los impulsores de la Ley de Educación General, aprobada en 1973. Defensor del poder civil, participó en diversos intentos de diálogo con el ejército para devolver la democracia al país. Elegido presidente en las elecciones de 1984, puso fin a doce años de presencia de los militares en la vida pública uruguaya. De ideología socialdemócrata, Sanguinetti, que sería reelegido en 1989, desarrolló una política de reformas apoyadas en el consenso y propició la denominada ley de Caducidad de la Pretensión Punitiva del Estado, con la que llegó a un compromiso con los militares al abandonar la depuración de responsabilidades por los crímenes cometidos durante los años de dictadura. Ganó nuevamente las elecciones en 1995, y mantuvo la presidencia del país hasta 1999.

SANKARA, MULA [Dayananda Sarasvati] *(Tankara, actual India, 1824-Ajmer, id., 1883) Reformador y asceta hindú.* Recibió la educación temprana y completa que se reserva a los brahmanes de familia pudiente. Entre 1845 y 1860 viajó por la India y se convirtió en discípulo de Swami Birajananda, quien le arrancó la promesa de dedicar su vida a la restauración del hinduismo védico, el que había existido en la India prebudista. Sankara se dio a conocer en un debate con los ortodoxos hindúes, presidido por el maharajá de Benarés. En 1875 fundó en Bombay la Arya Samaj (Sociedad de Nobles), que habría de contribuir en buena medida al nacimiento y desarrollo del nacionalismo indio del siglo XX. Al frente de esta organización promovió importantes reformas sociales, como la prohibición del matrimonio infantil y la extensión del estudio de los Vedas a todas las castas. También militó por el derecho de las viudas a contraer segundas nupcias y fundó numerosas instituciones caritativas y pedagógicas. Murió en circunstancias confusas y se sospecha que fue asesinado.

SANSOVINO, IL [Jacopo Tatti] *(Florencia, 1486-Venecia, 1570) Arquitecto y escultor italiano.* Se formó con Andrea Sansovino, al que admiraba tanto que decidió adoptar su apellido. Sus primeros años de actividad transcurrieron entre Roma y Florencia. En esa época realizó algunas obras escultóricas, pero se dedicó sobre todo a la restauración de piezas antiguas. En 1527 se trasladó a Venecia, donde dos años más tarde

▲ *El político uruguayo Julio María **Sanguinetti** gesticula con vehemencia durante un discurso en su etapa como presidente del Uruguay.*

▼ *Fachada de la Biblioteca de San Marcos, en Venecia, construida entre 1536 y 1554 por Il **Sansovino**, quien introdujo en el clasicismo veneciano un estilo más rico en elementos ornamentales.*

fue nombrado arquitecto oficial de la República. Vivió el resto de su vida en Venecia, ciudad en la cual realizó sus mejores obras, en particular la biblioteca de San Marcos y en la que trabajó, sobre todo, como arquitecto y como escultor, con obras destinadas casi siempre al embellecimiento de sus propios edificios. Constituyen una excepción las estatuas monumentales de *Marte* y *Neptuno* del palacio ducal.

SANTA ANNA, ANTONIO LÓPEZ DE *(Jalapa, actual México, 1791-Ciudad de México, 1876) Militar y político mexicano.* Hijo de un oficial del ejército español, se alistó muy joven en la milicia. En 1821 apoyó a Agustín de Iturbide en la guerra de Independencia mexicana, pero en 1822 se levantó contra él proponiendo un sistema republicano. En 1828 impulsó la candidatura de Vicente Guerrero, a quien más adelante dio la espalda. Se consagró como héroe nacional al rechazar la intervención española capitaneada por Barradas, como comandante militar de Yucatán. En 1833, gracias a su prestigio militar y a su ascendente popular, obtuvo la victoria en las elecciones democráticas, pero pronto decidió que México no estaba preparado para la democracia e instauró un régimen dictatorial. Para ello contó con el apoyo de los liberales reformistas, deseosos de reducir el poder de la Iglesia. En 1836, ante los intentos secesionistas, declaró la guerra a Texas, y a pesar de sus primeras victorias en El Álamo y en Goliad, acabó derrotado y prisionero. Conducido a Washington, se entrevistó con el presidente estadounidense, Andrew Jackson, ante quien se comprometió a aceptar la independencia de Texas a cambio de recobrar la libertad. Recuperó su prestigio en 1838, merced a su defensa de Veracruz ante los franceses, acción en la cual perdió una pierna. Ello le permitió erigirse nuevamente como dictador entre marzo y abril de 1839, período en el que ejerció de presidente interino debido a la ausencia de Anastasio Bustamante. Al regreso de éste, lo derrocó en un golpe militar y se hizo de nuevo con la presidencia, que mantuvo hasta 1845, fecha en que un nuevo golpe, en esta ocasión liderado por José Joaquín Herrera, lo depuso. Obligado a exiliarse, se trasladó a Jamaica (1847) y a Nueva Granada (1853). En 1863 brindó su espada a Estados Unidos para luchar contra el emperador mexicano Maximiliano I. Ante la negativa de Washington, ofreció entonces sus servicios a Maximiliano, quien también los desechó. En 1874, ciego y sin recursos, se le permitió volver a su patria.

SANTA CRUZ, ANDRÉS *(Huarina, Bolivia, 1792-Saint-Nazaire, Francia, 1865) Militar y político boliviano.* Hijo de un español y de una noble inca, combatió en el ejército realista hasta que, en 1821, se pasó a las fuerzas emancipadoras comandadas por San Martín, y participó en la liberación del Alto Perú junto a Gamarra, lo cual propició que, tras la batalla de Ayacucho, se constituyera la República de Bolivia. Fue prefecto de La Paz y, en 1826, presidente del Perú. Tras dejar el cargo, pasó a Chile como ministro plenipotenciario de Bolivia. En 1829, Santa Cruz fue proclamado presidente de Bolivia, tras imponerse a sus opositores y provocar la renuncia de Antonio José de Sucre. Liberal de talento organizador, impulsó una serie de medidas reformistas, pacificó el país, reestructuró las maltrechas finanzas, y creó, mediante un decreto en 1836, la Confederación Peruboliviana. Otorgó al país unas leyes propias, manteniendo el Código Penal español de 1821. Fue el artífice de la Constitución liberal de 1831, la cual abolía la esclavitud. Exiliado en el Ecuador, intentó restaurar la Confederación (1843), y fue desterrado a Europa (1845).

SANTANA, CARLOS *(Autlán de Navarro, México, 1947) Guitarrista mexicano de rock nacionalizado estadounidense.* A finales de la década de 1960, San Francisco hervía musicalmente con el movimiento hippy, y fue allí donde Santana desarrolló su peculiar estilo como guitarrista, hecho de una mezcla de la música latina con el rock, sin desdeñar el jazz ni el funk. En 1969 participó en el mítico festival de Woodstock y triunfó con *Evil Ways*, que revela la influencia de la salsa y el funk, y uno de sus temas más conocidos, *Oye cómo va*, un ejemplo de música caribeña con ese toque rockero de la guitarra de Santana. En 1980 presentó el proyecto *The swing of delight*, en el que domina claramente el jazz. Su gran interés por di-

▲ *El general Antonio López de **Santa Anna** controló la política mexicana entre 1833 y 1846, año en que un golpe de Estado lo obligó a exiliarse.*

▼ *Un joven y sonriente Manuel **Santana**, verdadera revelación del tenis español de los años sesenta, levanta el trofeo que le acredita como ganador del torneo de Wimbledon en 1966.*

versos estilos musicales, tanto de Estados Unidos como sudamericanos, le ha permitido trabajar con músicos reputados, como el cantante country Willie Nelson o el músico de *blues* John Lee Hooker, el guitarrista John McLaulin o la brasileña Flora Purim.

SANTANA, MANUEL *(Madrid, 1938) Tenista español.* Considerado uno de los mejores tenistas de la década de 1960, su figura fue clave para la implantación de este deporte en España. Se proclamó en diversas ocasiones campeón de España y por tres veces de la Copa Galea; en 1961 consiguió la victoria en Roland Garros, triunfo que repetiría en 1963 en la categoría de dobles y al año siguiente en individuales. En 1965 conquistó el Open de Estados Unidos y, al año siguiente, el torneo de Wimbledon; ese mismo año encabezó la clasificación mundial, pese a rechazar convertirse en jugador profesional. A lo largo de su carrera ocupa un lugar destacado su participación en la Copa Davis, de la cual disputó 119 partidos y venció en 91, entre dobles e individuales. Se retiró oficialmente en 1973, pese a algunas reapariciones posteriores; entre 1980 y 1985 fue el capitán del equipo de Copa Davis español, cargo que asumió de nuevo en el año 1995.

SANTANDER, FRANCISCO DE PAULA *(Rosario de Cúcuta, actual Colombia, 1792-Santafé de Bogotá, id., 1840) Militar y político colombiano.* Defensor acérrimo de la independencia colombiana, participó en múltiples luchas en defensa de esta causa. En 1813, cuando Bolívar partió de Nueva Granada para reconquistar Venezuela, Santander fue encargado de la defensa de los valles de Cúcuta. Resistió la ofensiva realista hasta 1816, año en que debió retirarse con sus hombres a los Llanos de Casanare huyendo de las tropas españolas. Un año más tarde participó de modo decisivo en la campaña definitiva emprendida por Bolívar y que culminó con la emancipación de los actuales territorios de Venezuela y Colombia. Entre 1832 y 1836 fue presidente de Nueva Granada, y durante su mandato organizó la Administración y promovió la enseñanza pública, aunque también mantuvo un comportamiento dictatorial y acentuó las divisiones partidistas. Tras su mandato militó en la oposición al presidente Márquez.

SANTIAGO EL MAYOR, SAN *(Betsaida, hoy desaparecida, actual Israel, ?-Jerusalén, h. 44 d.C.) Apóstol de Jesús.* Hijo de Zebedeo y hermano de san Juan Evangelista, ambos formaron parte del grupo de los cuatro apóstoles que fueron llamados por Jesús en primer lugar, y perteneció al círculo de los más cercanos al Mesías. Según el Nuevo Testamento, contempló la transfiguración y la agonía de Jesús en el huerto de Getsemaní. Fue el primer apóstol que sufrió martirio (fue decapitado en los tiempos de Herodes Agripa I), tal como relata el Nuevo Testamento (Act. 12,1-2). Según la tradición, habría recibido sepultura en la localidad gallega de Iria, y durante el reinado de Alfonso II *el Casto* se habría levantado la catedral de Santiago de Compostela sobre ella. Ésta se convertiría en un importante centro de peregrinación desde toda Europa, a través de la ruta conocida como Camino de Santiago.

SANTILLANA, ÍÑIGO LÓPEZ DE MENDOZA, MARQUÉS DE *(Carrión de los Condes, actual España, 1398-Guadalajara, id., 1458) Poeta y político español.* Hijo de Diego Hurtado de Mendoza, se quedó huérfano de padre a los siete años y pasó gran parte de su adolescencia al servicio de la corte aragonesa (1412-1418), donde entró en contacto con poetas catalanes y valencianos, descubrió la lírica trovadoresca y conoció algo de literatura italiana. A su vuelta a Castilla, tomó partido a favor de Juan II, por quien luchó en diversas batallas (a raíz de una de las cuales, la de Olmedo, obtuvo el título de marqués de Santillana y conde real de Manzanares), e intervino en la destitución de Álvaro de Luna (1453), contra el cual escribió el *Doctrinal de privados*. Con la subida al trono de Enrique IV, participó en

▲ *El apóstol* **Santiago el Mayor** *en una ilustración del* Codex calixtinus *conservado en el archivo de la catedral de Santiago de Compostela, lugar donde se encuentra su sepulcro.*

◄ *Marqués de Santillana, óleo sobre tabla pintado en 1455 por Jorge Inglés que representa al noble Íñigo López de Mendoza, marqués de* **Santillana***, en actitud de recogimiento y oración.*

una última batalla contra los musulmanes y se retiró de la política, tras lo cual se instaló en Guadalajara. El interés de Santillana por la cultura y los libros se pone de manifiesto con la enorme y valiosa biblioteca que reunió, integrada por una gran variedad de autores y géneros, así como por las traducciones de obras clásicas que encargó y de cuya supervisión se ocupó él mismo. Su obra literaria es variada y recoge diversas influencias, desde la lírica provenzal y galaicoportuguesa hasta la nueva métrica italiana, que intentó adaptar al castellano un siglo antes de que lo hiciera Boscán, en sus *Sonetos fechos al itálico modo*. Recogió y estilizó la tradición medieval castellana en sus *Canciones y deçires* y las *Serranillas*, de delicado y fresco estilo, y demostró su conocimiento del folclor popular en la colección en prosa de *Refranes que dicen las viejas tras el fuego*. Buen conocedor de las lenguas romances, escribió lo que puede considerarse como el primer texto de historia literaria en castellano, la *Carta proemio al condestable Pedro de Portugal*, donde se declaraba partidario de un tipo de poesía rica en latinismos y erudición, que Santillana practicó en sus largos poemas de tipo alegórico, que acusan la influencia de Dante y de la tradición medieval francesa (*El infierno de los enamorados, Coronación de mosén Jordi de Sant Jordi*, etc.). Así mismo, escribió poemas de tipo doctrinal y moral, como el *Diálogo de Bías contra Fortuna*, sobre el estoicismo, o los *Proverbios* (1437), pensados para la educación del príncipe.

SANTOS CHOCANO, JOSÉ *(Lima, 1875-Santiago de Chile, 1934) Escritor y político peruano.* Encarcelado a los veinte años por actividades contrarias al régimen de turno, ya en libertad emprendió una trepidante actividad política con cargos diplomáticos en diversos países. Colaboró con Estrada Cabrera en Guatemala, donde fue condenado a muerte (1924) a la caída del dictador; amnistiado, regresó a Perú, donde volvió a conocer la cárcel tras una oscura reyerta con un periodista. Indultado de nuevo, volvió a residir en Santiago de Chile, donde murió asesinado. Sus primeras publicaciones fueron *Iras y santas* (1895), *En la aldea* (1895) y *Azahares* (1896). Seguidor de los cánones parnasianos y modernistas, con el tiempo reaccionó contra esta influencia, si bien en su poesía siempre hizo gala de un gran virtuosismo. *Alma América* (1906) y *Fiat Lux* (1908) son, de entre sus obras de madurez, las más conocidas.

SARAMAGO, JOSÉ *(Aziuhaga, Portugal, 1922) Escritor portugués.* Lo más importante y fecundo de su producción literaria se inicia en 1975, con *O ano de 1993.* Hasta entonces había trabajado como periodista en Lisboa y había colaborado con el Partido Comunista, motivo por el cual fue censurado durante la dictadura de Salazar. Su obra es unitaria y tiene como eje vertebrador la realidad de Portugal y su historia. No se trata, sin embargo, de novelas históricas, sino de relatos donde la historia se mezcla con la ficción y con lo que podría haber sido, siempre a través de la ironía y al servicio de una aguda conciencia social. Algunas de sus mejores novelas son *El año de la muerte de Ricardo Reis* (1984), en la que retoma un heterónimo de Pessoa, *La balsa de piedra* (1986), *El cerco de Lisboa* (1989) y *El evangelio según Jesucristo* (1992), en la que se deja ver el humanismo de Saramago, enfrentado a cualquier planteamiento dogmático y que resuena siempre detrás del escepticismo que caracteriza en gran medida su punto de vista. En 1998 recibió el Premio Nobel de Literatura.

▲ *El escritor portugués José* **Saramago** *en una fotografía tomada poco después de que fuera galardonado con el Nobel de Literatura.*

SARASATE, PABLO DE [Pablo Martín Melitón Sarasate y Navascués] *(Pamplona, 1844-Biarritz, Francia, 1908) Violinista y compositor español.* Su carrera como intérprete de violín se desarrolló tras la estela virtuosística instaurada por Paganini. Niño prodigio, debutó en público cuando sólo contaba ocho años de edad; realizó sus estudios musicales en Madrid y, a partir de 1856, en París. A los quince años era ya un virtuoso apreciado en los principales escenarios del mundo. El sonido bello y brillante que fue capaz de extraer de su violín (un Stradivarius desde 1866), junto a la perfección técnica de sus ejecuciones, le convirtieron en intérprete de algunas de las mejores páginas para violín de la segunda mitad del siglo XIX: entre otros, Bruch escribió para él su *Fantasía escocesa*, Lalo su *Sinfonía española* y Saint-Saëns sus conciertos primero y tercero. Como compositor, Sarasate se distinguió por las excepcionales páginas que escribió para su instrumento músico entre las que cabe citar *Aires bohemios* (1878), *Danzas españolas* (1882) y *Fantasía sobre temas de Carmen* (1883).

SARMIENTO, DOMINGO FAUSTINO *(San Juan, Argentina, 1811-Asunción, 1888) Político y escritor argentino.* Ejemplificó el espíritu de renovación y el afán de progreso de los intelectuales argentinos que quedaron al margen del poder y que hicieron del gobernador Juan Manuel de Rosas la personi-

ficación del terror y la tiranía. Maestro, periodista y escritor, publicó un periódico antirrosista, *El Zonda.* Su enérgica oposición al gobierno le obligó exiliarse a Chile, primero en 1829, y posteriormente entre 1839 y 1851. En Santiago fundó la primera escuela de magisterio de Hispanoamérica, además de fundar y redactar el diario *El Progreso.* En 1845 dirigió contra los caudillos federales su obra *Civilización y barbarie. Vida de Juan Facundo Quiroga. Aspecto físico, costumbres y hábitos de la República Argentina*, una de las manifestaciones más destacadas de la literatura del momento. También fue autor de *Recuerdos de provincia* (1850), *Campaña del Ejército grande, aliado de Sud América* (1852), y *Apuntes biográficos. Vida de Aldao* (1845), donde expuso sus ideas sobre la construcción del país. Fue designado presidente entre 1868 y 1874. Durante su gestión puso fin a la guerra contra Paraguay y mejoró el sistema educativo con la creación del Observatorio astronómico de Córdoba, del Colegio Militar y de la Escuela Naval, entre otros.

SARNEY, JOSÉ *(Maranhão, Brasil, 1930) Político brasileño.* Desarrolló su carrera política en el seno de diversas formaciones de ideología liberal, como el partido progubernamental Arena, así como el Partido Democrático Social. A lo largo de los años cincuenta y sesenta fue elegido en repetidas ocasiones diputado y senador, y ejerció el cargo de gobernador del estado de Maranhão entre 1965 y 1970. En 1984 fundó el Partido Liberal, con el que concurrió a las elecciones de 1985, en las que fue elegido vicepresidente. Sin embargo, la muerte del presidente electo, Tancredo Neves, del Partido del Movimiento Democrático Brasileño y cabeza de la candidatura de Sarney, le

▼ *José* **Sarney**, *en el centro de la imagen, en una reunión durante su etapa como presidente de Brasil.*

JEAN-PAUL SARTRE

OBRAS MAESTRAS

NOVELA: *LA NÁUSEA* (*LA NAUSÉE*, 1938); *EL MURO* (*LE MUR*, 1939); *LOS CAMINOS DE LA LIBERTAD* (*LES CHEMINS DE LA LIBERTÉ*, 1945-1949). **TEATRO:** *LAS MOSCAS* (*LES MOUCHES*, 1943); *A PUERTA CERRADA* (*HUIS CLOS*, 1944); *LAS MANOS SUCIAS* (*LES MAINS SALES*, 1948). **ENSAYO:** *EL SER Y LA NADA* (*L'ÊTRE ET LE NÉANT*, 1943); *SAINT-GENÊT, DRAMATURGO Y MÁRTIR* (*SAINT-GÉNET, COMÉDIEN ET MARTYR*, 1952); *CRÍTICA DE LA RAZÓN DIALÉCTICA* (*CRITIQUE DE LA RAISON DIALECTIQUE*, 1960); *LAS PALABRAS* (*LES MOTS*, 1963); *EL IDIOTA DE LA FAMILIA* (*L'IDIOT DE LA FAMILLE. GUSTAVE FLAUBERT DE 1821 A 1857*, 1971-1972).

▼ *Un maduro Jean-Paul* **Sartre** *fotografiado mientras escribe en su estudio, pocos años antes de que se manifestase la ceguera que le apartó de la escritura. A la derecha, portada de una edición francesa de* A puerta cerrada *y* Las moscas, *dos de las piezas teatrales más conocidas del filósofo francés.*

convirtió en el nuevo presidente de Brasil. Su mandato se caracterizó por el fortalecimiento de la democracia brasileña, pero también por una grave crisis económica. Tras dejar la presidencia en 1990, continuó con su trayectoria política y en 1996 fue elegido presidente del Senado.

SARNOFF, DAVID *(Minsk, actual Bielorrusia, 1891-Nueva York, 1971) Pionero de las retransmisiones radiotelevisivas.* En 1900 se trasladó junto a su familia a Estados Unidos. Entró a trabajar en una compañía de telégrafos y, desde su puesto en dicha operadora, recibió, el 14 de abril de 1912, la señal de naufragio del *Titanic.* Sarnoff permaneció durante 72 horas recibiendo y enviando información. Recompensado por sus superiores, pronto alcanzó los puestos directivos de la empresa y, posteriormente, fue nombrado director general de la Radio Corporation of America (RCA), cargo desde el cual organizó la primera retransmisión radiofónica: un combate de boxeo. Tras haber propuesto algunos años antes la comercialización de aparatos de radio, a raíz de dicha retransmisión las ventas se multiplicaron. En 1926 fundó la National Broadcasting Company (NBC), y en 1928 presentó los primeros prototipos de televisión, medio de difusión cuya primera retransmisión supervisó en 1939.

SAROYAN, WILLIAM *(Fresno, EE UU, 1908-id. 1981) Escritor estadounidense.* Hijo de un emigrante armenio, desempeñó varios oficios antes de iniciarse como escritor. Su obra ofrece una visión amable de la vida cotidiana americana. Autor de las novelas

El atrevido muchacho del trapecio (1934), *El tigre de Tracy* (1938), *Mi nombre es Aram* (1940), *La comedia humana* (1942), *Las aventuras de Wesley Jackson* (1946), *Un tal rock Wagram* (1951) y *Obituarios* (1979). Integran su producción teatral los títulos *Mi corazón está en las montañas* (1939), *Los mejores años de nuestra vida* (1939), *La hermosa gente* (1941), *Tú estás loco, papá* (1957), *Aquí llega ya sabéis quién* (1961), la más autobiográfica de sus obras, *Chicos y chicas juntos* (1963) y *Un día en la tarde del mundo* (1964).

SARTO, ANDREA DEL *(Florencia, 1486-id., 1530) Pintor italiano.* Se formó con Piero di Cosimo y tuvo un taller de pintura que fue uno de los más activos de Florencia a comienzos del siglo XVI. Residió siempre en su ciudad natal, de la que sólo salió para realizar breves viajes a Francia, Roma y otras ciudades italianas. Destacó esencialmente como excepcional decorador al fresco, con obras maestras de este género en la iglesia de la Annunziata y el claustro de los Descalzos, pero fue también un gran pintor de retablos (*Madonna delle Arpie*) y un excelente retratista (*Lucrecia de Fede*). Fue uno de los grandes pintores italianos de su tiempo, con un estilo comparable en muchos rasgos al de Rafael, al que superó en el tratamiento de las atmósferas y el color. Por algunos aspectos de su arte se le considera un precursor del manierismo.

SARTRE, JEAN-PAUL *(París, 1905-id., 1980) Filósofo y escritor francés.* Precoz lector de los clásicos franceses, en 1915 ingresó en el liceo Henri IV de París. En 1924 inició sus estudios universitarios en la École Normale Supérieure, donde conoció a Simone de Beauvoir, con quien estableció una relación que duraría toda su vida. Tras cumplir el servicio militar, empezó a ejercer como profesor de instituto; en 1933 obtuvo una beca de estudios que le permitió trasladarse a Alemania, donde entró en contacto con la filosofía de Husserl y de Heidegger. En 1938 publicó *La náusea*, novela que pretendía divulgar los principios del existencialismo y que le proporcionó cierta celebridad, al tiempo que se convertía en símbolo de aquel movimiento filosó-

fico. Movilizado en 1939, fue hecho prisionero, aunque consiguió evadirse en 1941 y regresar a París, donde trabajó en el liceo Condorcet y colaboró con A. Camus en *Combat*, el periódico de la Resistencia. En 1943 publicó *El Ser y la Nada*, su obra filosófica más conocida, versión personal de la filosofía existencialista de Heidegger. En la posguerra, Sartre inició una fluctuante relación con el comunismo, hecha de acercamientos (uno de los cuales provocó su ruptura con Camus en 1956) y alejamientos motivados por su denuncia del estalinismo o su protesta por la intervención soviética en Hungría. En su última obra filosófica, *Crítica de la razón dialéctica* (1960), se propuso una reconciliación del materialismo dialéctico con el existencialismo. En 1964 rechazó el Premio Nobel de Literatura para no «dejarse recuperar por el sistema»; decididamente contrario a la política estadounidense en Vietnam, colaboró con Bertrand Russell en el establecimiento del Tribunal Internacional de Estocolmo para la persecución de los crímenes de guerra. Tras participar directamente en la revuelta estudiantil de mayo de 1968, multiplicó sus gestos públicos de izquierdismo, asumió la dirección del periódico *La Cause du Peuple* y fundó *Tout!*, de orientación maoísta y libertaria. En 1975 se inició el progresivo quebranto de su salud y la ceguera lo apartó de la lectura y la escritura durante los últimos años de su vida.

SATIE, ERIK *(Honfleur, Francia, 1866-París, 1925) Compositor y pianista francés.* La excentricidad, la irreverencia y una actitud dadaísta son los ingredientes que configuran la vida y la música de Satie. Huérfano de madre, fue educado por su abuelo y un tío, que le transmitieron su afición a dejarse llevar por todo tipo de fantasías e historias fabulosas. Habiendo demostrado unas especiales aptitudes para la música, en 1879 entró en el Conservatorio de París. Sin embargo, poco dado al trabajo continuado, la disciplina y las reglas, hacia 1886 sustituyó las clases por los cabarets de Montmartre. Los títulos de sus obras son suficientemente elocuentes sobre su carácter estrafalario y socarrón: *Trois gymnopédies* (1888), *Trois gnossiennes* (1890), *Trois morceaux en forme de poire* (1903), *Pièces froides* (1907), *En habit de cheval* (1911). De factu-

▲ Erik **Satie** tocando el armonio, *óleo sobre lienzo de autor desconocido que forma parte de una colección particular.*

▼ *Durante el reinado de Ibn Abdelaziz* **Saud***, Arabia Saudí fijó sus fronteras y consiguió la independencia del Reino Unido.*

ra simple, todas estas composiciones, escritas para el piano, denotan un lirismo sutil que ejerció una incontestable influencia sobre músicos tan diferentes como Claude Debussy, Maurice Ravel y los integrantes del Grupo de los Seis. A Satie se le deben también ballets como *Parade* (1917) y *Relâche* (1924).

SAUD, IBN ABDELAZIZ *(Riad, actual Arabia Saudí, 1880-at-Taif, id., 1953) Monarca saudí.* Su familia, que llevaba reinando en Arabia desde 1780, fue vencida por la familia Rashid poco después de su nacimiento, debido a lo cual tuvieron que emigrar a Kuwait, donde sufrieron serias penurias económicas. En 1901, a los veintiún años de edad, organizó una expedición militar compuesta por 40 hombres con la que regresó a Arabia. Tras varios años de lucha consiguió derrotar al gobernador Rashid, conquistar la mitad del territorio y convertirse en el hombre fuerte del país. Durante la Primera Guerra Mundial se alió con el Reino Unido, que estableció un protectorado, y con su ayuda financiera conquistó el territorio que en la actualidad engloba Arabia Saudí, cuya independencia proclamó en 1932. De profundas convicciones religiosas cercanas al sunnismo musulmán, gobernó como monarca absoluto. A partir de 1933 pactó con compañías estadounidenses las primeras extracciones petrolíferas, las cuales iniciaron su rendimiento económico después de la Segunda Guerra Mundial. Durante sus últimos años de vida padeció un grave deterioro, tanto físico como mental.

SAÚL *(? Gelboé, actual Israel, 1000 o 1021 a.C.) Primer rey de Israel.* Según la tradición, Saúl se convirtió en rey tras ser ungido por Samuel, quien accedía de este modo a los ruegos de su pueblo, que quería un jefe guerrero para enfrentarse a los filisteos y los amalecitas. Otras fuentes inducen a pensar que, de hecho, Saúl fue un labrador de la tribu de Benjamín que, tras organizar un pequeño ejército, liberó a la ciudad de Yabés de Galaad del asedio filisteo, hecho tras el cual se autoproclamó rey. Una vez reunidas las tribus de la región central, Saúl creó una pequeña corte en Guibeá, mantuvo un ejército permanente e intentó estrechar lazos con Judá. Estos amagos de poder personal no fueron del agrado de la jerarquía religiosa, que veía cómo el rey no se mostraba dócil a su influencia e intentaba usurpar algunas de sus funciones, como la ofrenda de sacrificios, por lo cual Samuel buscó a otro para proponerlo como monarca: David. Acosado por unos reorganizados filisteos, Saúl pereció junto a su hijo Jonatán en la batalla de Gelboé.

SAURA, ANTONIO *(Huesca, 1930-Cuenca, 1999) Pintor y grabador español.* Se dedicó a la pintura a raíz de una larga enfermedad que padeció en 1947. Durante una estancia en París, entre 1953 y 1955, entró en contacto con los surrealistas y realizó algunas obras en dicho estilo, pero a su regreso a España evolucionó hacia un expresionismo semiabstracto, con figuras de intenso simbolismo deformadas por rasgos violentos y trazos distorsionados. Se inclinó preferentemente por las tonalidades de negro, blanco y rojo. En 1957 fue uno de los fundadores del grupo El Paso, que ejerció una gran influencia en la pintura española de las décadas de 1950 y 1960. *Retrato imaginario de Felipe II* y *Gran crucifixión* son dos de sus obras más emblemáticas, en las cuales se ha querido ver una dura crítica del régimen franquista.

SAURA, CARLOS *(Huesca, 1932) Director de cine español.* Estudió fotografía y cine en Madrid. Su primer largometraje fue *Los golfos* (1960), sobre la juventud delincuente madrileña. En 1965 dirigió el filme que lo lanzó a la fama, *La caza,* un obsesivo y tenso estudio psicológico, al que siguieron realizaciones tan notables como *El jardín de*

▲ *El suizo Ferdinand de* **Saussure** *ha sido una figura fundamental para el desarrollo de la lingüística del s. XX.*

▼ *El pintor Antonio* **Saura**, *máximo exponente del expresionismo abstracto en el panorama artístico español contemporáneo, ante una de sus obras.*

las delicias (1970), *Cría cuervos* (1975) o *De prisa, de prisa* (1981). Su pasión por el flamenco le llevó a rodar varias películas en las que intervinieron grandes figuras del cante y la danza: *Bodas de sangre* (1981), basada en la obra homónima de Federico García Lorca; *Carmen* (1983) según la ópera de Bizet; y el documental *Flamenco.*

SAUSSURE, FERDINAND DE *(Ginebra, 1857-id., 1913) Lingüista suizo.* Realizó estudios de filología y lingüística en la Universidad de Leipzig. Fue profesor en la École des Hautes Études de París entre 1881 y 1891, tras lo cual se trasladó a Ginebra para impartir clases de sánscrito y lingüística general en la universidad (1901-1913). A pesar de su papel destacado en los ambientes académicos, sus aportaciones escritas a la filología se reducen a una *Memoria sobre el sistema primitivo de las vocales en las lenguas indoeuropeas,* trabajo que pertenece a su etapa como estudiante (1880), y en el que trata el problema de la alternancia de las vocales en los diversos sistemas indoeuropeos. Sin embargo, su decisiva influencia para la evolución posterior de la lingüística se debe al *Curso de lingüística general,* reconstrucción del contenido de sus clases, realizada tras su muerte por sus alumnos Charles Bally y Albert Séchehave, y que fue publicado en 1916. A sus lecciones se debe una serie de distinciones fundamentales, tales como la de «lengua» (sistema ideal y social) y «habla» (realización concreta, individual), pero, sobre todo, su definición de «signo» como entidad psíquica formada por un significante y un significado, los cuales serían inseparables. Propuso un estudio del lenguaje basado en el sistema actual de lengua en cada momento, más que en su evolución histórica. En efecto, la relación de significación debe pensarse a partir de una teoría del valor, es decir, que la posibilidad de remitir a algo fuera del lenguaje dependerá del sistema total de la lengua y de la relación formal de los términos entre sí. Esta idea está en la base del estructuralismo, teoría lingüística que conoció un gran auge en Francia durante las décadas de 1950 y 1960.

SAVONAROLA, GIROLAMO *(Ferrara, actual Italia, 1452-Florencia, 1498) Teólogo y predicador italiano.* Perteneciente a la Orden dominica de los Predicadores, tras terminar sus estudios fue enviado a Florencia, donde alcanzó una gran fama gracias a la energía de sus críticas a las pompas y el boato renacentista de la ciudad. Ello le atrajo buen número de seguidores, muchos de ellos provenientes de los sectores populares, que seguían con agrado sus ataques a la suntuosidad de la corte de los Médicis, así como su denuncia de las vanidades. Sus acólitos se aprestaron a seguir sus prédicas, de fuerte contenido social, y requirieron una mayor representatividad popular en el gobierno de Florencia; así mismo llevaron a cabo una persecución de las costumbres más relajadas y de muchas representaciones artísticas consideradas obscenas. De esta manera, Savonarola, de quien se dice que logró acertar en algunas profecías, como el anuncio de la muerte de Lorenzo de Médicis, acabó por hacerse con el control efectivo de la ciudad. No obstante, sus ataques al papa Alejandro VI le supusieron la excomunión, y después la cárcel; por último, fue ejecutado públicamente, acusado de herejía.

SAYRI TÚPAC *(?, h. 1516-Yucay, actual Perú, h. 1561) Soberano inca.* Hijo de Manco Cápac II, y hermano de Titu Cusi Yupanqui y de Túpac Amaru, en 1554 sucedió a su padre en el trono de Vilcabamba, el último reducto de resistencia inca, fundado por el propio Manco Cápac II. Al poco tiempo, sin embargo, llegó a un trato con los españoles y aceptó las propuestas del virrey Hurtado de Mendoza, por lo que abandonó este reducto incaico y se trasladó a Cusco. Allí, en 1588, tras ser bautizado y renunciar a sus derechos al trono, recibió diversas propiedades, así como el señorío del Valle de Yucay. Esto no terminó con la resistencia del pequeño reino inca, ya que Titu Cusi Yupanqui, el sucesor de Sayri Túpac, y más tarde Túpac Amaru continuaron la lucha contra los españoles, que culminó con la destrucción del reino de Vilcabamba por parte de las tropas al mando de Francisco de Toledo, conde de Oropesa, en el año 1572.

SCARLATTI, ALESSANDRO *(Palermo, actual Italia, 1660-Nápoles, 1725) Compositor italiano.* Padre de Domenico Scarlatti, su carrera como compositor tuvo como principal referente la ópera, género este al que proporcionó más de sesenta títulos, sin contar su participación en obras de otros autores, que le convirtieron en el principal representante de la escuela operística napolitana, caracterizada por sus argumentos clásicos y su sucesión de recitativos secos y arias *da capo.* Tras un primer período romano en el que, desde 1680, sirvió como maestro de capilla de la reina Cristina de Suecia, en 1684 Scarlatti se trasladó a Nápoles, ciudad en la cual, salvo estancias más o menos largas en Florencia y Roma,

▲ *Retrato del predicador dominico Girolamo* **Savonarola,** *actualmente conservado en el convento de San Marcos de Florencia.*

▲ *Alessandro* **Scarlatti** *retratado al óleo junto a una de sus partituras.*

▲ *Retrato de Maurice* **Scève,** *copia del que apareció en la primera edición de* Delia, *impresa en Lyon en 1544.*

se estableció, al servicio del virrey. *Gli equivoci nel sembiante* (1679), *Il Pirro e Demetrio* (1694), *Il Mitridate Eupatore* (1707), *Il Tigrane* (1715), *Il trionfo dell'onore* (1718) y *La Griselda* (1721) son algunos de sus trabajos para la escena. Autor prolífico, cultivó así mismo el oratorio, la cantata y la música instrumental, igualmente con admirables resultados.

SCARLATTI, DOMENICO *(Nápoles, 1685-Madrid, 1757) Compositor, clavecinista y pedagogo italiano.* Nacido el mismo año que J. S. Bach y G. F. Haendel, ocupa en la historia de la música una posición intermedia entre el gran estilo contrapuntístico barroco y el espíritu más sencillo y ligero del posterior período galante, del que se le puede considerar precursor, sobre todo por sus más de quinientas sonatas para clave. Hijo de Alessandro Scarlatti, los primeros pasos de Domenico en el mundo de la música estuvieron guiados por el ejemplo de su progenitor. En este contexto cabe situar su temprana dedicación a la ópera, género en el que su padre había conquistado una merecida fama. En 1724 recaló en Lisboa, donde entró al servicio de la infanta María Bárbara de Braganza como maestro de clave. El matrimonio de ésta en 1728 con el príncipe heredero español Fernando llevó al compositor a Madrid, ciudad en la cual permaneció hasta su muerte, dedicado preferentemente a la docencia (entre sus discípulos se cuenta Antonio Soler) y la composición de sonatas para clave y música sacra.

SCÈVE, MAURICE *(Lyon, 1501-id., 1562) Poeta francés.* Hijo de una familia acomodada, se licenció en derecho y entre 1530 y 1533 siguió lecciones en la Universidad de Aviñón. Participó en la búsqueda para encontrar la tumba de la Laura de Petrarca, y fue él quien descubrió la lápida con su nombre y al lado un poema que atribuyó a Petrarca. En Lyon, entró en contacto con los círculos literarios y participó activamente en la vida cultural de la ciudad. Su primera obra importante es la colección de décimas titulada *Delia, objeto de la mayor virtud* (1544), transposición literaria de su amor por Pernette du Guillet, y una de las primeras manifestaciones de la asimilación del petrarquismo en Francia, que en el caso de Scève se imbrica con influencias medievales francesas. *El saucedal* (1547), largo poema meditativo, y su epopeya en tres volúmenes *Microcosmos* (1562), exaltación del progreso humano, completan su producción poética.

SCHEELE, CARL WILHELM *(Stralsund, Suecia, 1742-Köping, id., 1786) Químico sueco.* Tras ejercer como farmacéutico en varias ciudades suecas, en 1775 instaló su propia farmacia en Köping, población en la que permaneció el resto de sus días. Antes ya había iniciado sus estudios sobre la combustión química, en los que descubrió la existencia de oxígeno en el aire y llegó a la conclusión de que dicho elemento, denominado por él «aire de fuego», era, al igual que el flogisto, un componente del calor y de la luz. En 1774 definió el cloro como ácido muriático deflogisticado, y dedicó los años siguientes a aislar compuestos orgánicos como la glicerina y los ácidos tartárico, fórmico, úrico y láctico. Descubrió así mismo diferentes grados de oxidación del hierro y un método de obtención de fósforo a partir de los huesos.

SCHELER, MAX *(Munich, 1874-Frankfurt, 1928) Filósofo alemán.* Profesor en Colonia (1919) y en Frankfurt (1928), se adscribió a la corriente fenomenológica de Husserl. En una primera etapa criticó la ética formalista kantiana desde la tesis de que todo juicio moral se basa en una asunción intuitiva de valores materiales que no se puede traducir a una regla racional. Su obra más representativa de este período es *El formalismo en ética y ética material de los valores* (1916). Justificó su posterior conversión al catolicismo en *De lo eterno en el hombre* (1921). Más adelante, sin embargo, derivó hacia planteamientos de mayor alcance ontológico, desde una perspectiva romántica cercana al panteísmo y bajo la influencia, también, del pragmatismo estadounidense. Así, en *El puesto del hombre en el cosmos* (1928) concibió el universo como resultado del enfrentamiento de dos principios, el espíritu (*Geist*) y el impulso vital (*Drang*).

SCHELLING, FRIEDRICH WILHELM JOSEPH VON *(Leonberg, actual Alemania, 1775-Baz Ragaz, Suiza, 1854) Filósofo alemán.* Uno de los máximos exponentes del idealismo y

▲ *El filósofo alemán Friedrich W. J. von **Schelling**, para quien la unidad entre naturaleza y espíritu no se demuestra, sino que se intuye.*

> *«Poseemos una revelación más antigua que cualquiera escrita, la naturaleza.»*
>
> Friedrich Wilhelm Joseph von Schelling
> *Investigaciones filosóficas sobre la esencia de la libertad humana*

FRIEDRICH WILHELM JOSEPH VON SCHELLING
OBRAS MAESTRAS

IDEAS PARA UNA FILOSOFÍA DE LA NATURALEZA (IDEEN ZU EINER PHILOSOPHIE DER NATUR, 1797); SOBRE EL ALMA DEL MUNDO (VON DER WELTSEELE, 1798); SISTEMA DE IDEALISMO TRASCENDENTAL (SYSTEM DES TRANSZENDENTALEN IDEALISMUS, 1800); EXPOSICIÓN DE MI SISTEMA (DARSTELLUNG MEINES SYSTEMS, 1801); BRUNO O EL *PRINCIPIO DIVINO Y NATURAL DE LAS COSAS (BRUNO, ODER ÜBER DAS NATÜRLICHE UND GÖTTLICHE PRINZIP DER DINGE, 1802); INVESTIGACIONES FILOSÓFICAS SOBRE LA ESENCIA DE LA LIBERTAD HUMANA (PHILOSOPHISCHE UNTERSUCHUNGEN ÜBER DAS WESEN DER MENSCHLICHEN FREIHEIT, 1809).*

de la tendencia romántica en la filosofía alemana, su gran precocidad se hace evidente en el hecho de que a los ocho años dominaba las lenguas clásicas, y que antes de los veinte había desarrollado ya un sistema filosófico propio. Su pensamiento pasó por numerosas etapas distintas –gracias tanto a su precocidad como a su longevidad–, que la mayoría de críticos han clasificado en cinco. Estudió filosofía y teología en el Seminario de Tubinga, donde coincidió con Hegel y Hölderlin; como ellos, recibió la influencia de la filosofía kantiana y del pensamiento de Fichte, entonces en boga, como también las ideas de la Revolución Francesa, y se fue apartando de la teología para encaminarse hacia la filosofía. A partir de 1795 fue preceptor en Leipzig, donde se relacionó con el círculo romántico de los hermanos Schlegel. Este contacto determinó su alejamiento de la filosofía de la conciencia de Fichte, así como la elaboración de una filosofía de la naturaleza que reivindicaba su principio activo y vital, frente a la noción de Fichte, que veía en ella una mera resistencia pasiva frente al sujeto. En 1796 conoció a Goethe, quien logró para él una cátedra en la Universidad de Jena, donde compartió la fama con Fichte. Por esa época contrajo matrimonio con Caroline Schlegel, quien le inspiró una profunda pasión. En el año 1803 se trasladó a la Universidad de Wurzburgo, donde enseñó hasta 1806. En esta época, su filosofía del absoluto derivó hacia la llamada filosofía de la identidad, que afirma la indiferencia entre sujeto y objeto, ambos procedentes del absoluto previo a su distinción y en el que son «lo mismo». Hegel, cercano a las posiciones de Schelling en un principio, se apartó de ellas en la *Fenomenología del espíritu* (1807), donde critica la vaguedad y en último término la vacuidad de sus conceptos de absoluto e intuición. Desplazado a un segundo plano de la escena intelectual alemana por el éxito del sistema hegeliano, se retiró de la vida pública y aceptó el cargo de secretario general de la Academia de Bellas Artes de Munich. La muerte de su esposa, en 1809, le afectó profundamente. Schelling realiza en esta época un giro importante en sus concepciones, que desemboca en la llamada «filosofía de la libertad», en la cual niega que la racionalidad sea el fundamento del mundo, y pone en su lugar el deseo, el impulso vital irracional. Tras un breve período como docente en la Universidad de Erlangen (1820-1827), en 1841 regresó a Munich en calidad de profesor de la universidad creada por Luis de Baviera, con la intención de exponer las teorías que había desarrollado en los años precedentes, sin publicarlas, para renovar profundamente la filosofía. Sin embargo, su doctrina no cuajó, dado el auge del hegelianismo; poco después, abandonó definitivamente la enseñanza. Su pensamiento sólo fue recuperado, años más tarde, por Heidegger y otros pensadores existencialistas.

SCHIELE, EGON *(Tullin, actual Austria, 1890-Viena, 1918) Dibujante y pintor austriaco.* Su vida estuvo marcada por diversos sucesos de índole trágica: en su niñez perdió a su padre y más adelante vio morir a su esposa, embarazada de su primer hijo. Considerado como uno de los dibujantes más dotados del siglo, sus primeras obras fueron deudoras de Gustav Klimt y del Jugendstil, aunque pronto afirmó un estilo personal de grafismo intenso y nervioso, de acusada sexualidad, que fue objeto de denuncia e incluso determinó su procesamiento y un breve período de reclusión en 1912. Falleció durante la mortífera epidemia de gripe de 1918, cuando comenzaba a alcanzar la celebridad. Sus creaciones, que gozan hoy de reconocimiento universal, constituyen una magnífica muestra del estilo expresionista. Pese a su muerte prematura, legó una obra relativamente abundante que expresa, de forma desgarradora, el sufrimiento humano. Se le asocia, sobre todo, con los cuerpos desnudos, de perfil muy marcado y carnes mortificadas. Entre sus diversos autorretratos cabe destacar *Con los dedos separados* (1911), aunque también cultivó el paisajismo y el retrato más convencional (*Mujer con sombrero*, 1910). En sus últimas obras, entre las que destaca *La familia* (1918), atenuó la violencia de su estilo.

▲ *El poeta alemán Friedrich von **Schiller** representado en una imagen romántica mientras recita una de sus obras en un bosque, rodeado de amigos.*

▼ *La pintura de Egon **Schiele** refleja la angustia del hombre ante la doble tortura de la vida y la muerte, como se muestra en* La muerte y la joven, *pintada en 1915 y conservada en la Österreichische Galerie de Viena.*

SCHILLER, FRIEDRICH VON *(Marbach, Alemania, 1759-Weimar, id., 1805) Poeta y dramaturgo alemán.* Estudió medicina y derecho en Stuttgart, obligado por su padre, cirujano del ejército. Sin tener en cuenta las prohibiciones de la disciplina militar, empezó a interesarse por la literatura protorromántica del grupo Sturm und Drang y, en 1781, estrenó su primera pieza teatral, *Los bandidos*, drama antiautoritario que le supuso la deposición del puesto de cirujano mayor y la prohibición de escribir obras que pudieran atentar contra el orden social. Obligado a abandonar Stuttgart, se dirigió primero a Mannheim (1782), donde representó obras de contenido republicano que ensalzaban la libertad y la fuerza de espíritu; más tarde, por temor a nuevas represalias, se trasladó a Leipzig. Durante este período de vida errante, fundó una revista y trabó amistad con una dama influyente, Charlotte von Kalb, que le brindó su protección. Finalmente, se desplazó a Dresde y se hospedó en casa del jurista Körner, admirador suyo, quien lo encaminó hacia una ideología y una estética menos exaltadas. Bajo esta influencia acabó su *Don Carlos* (1787), obra que marca la frontera entre su primera etapa revolucionaria y clasicista, caracterizada, sin embargo, por un clasicismo más próximo a Shakespeare que a la cultura grecolatina. Según la crítica, su obra más lograda es la trilogía en verso *Wallenstein* (1796-1799), un drama en el cual los acontecimientos históricos adquieren una dimensión ideológica en los personajes que los protagonizan. Durante su estancia en casa de Körner escribió también su himno *A la alegría* (1785), incorporado por Beethoven a la *Novena sinfonía*, en el que expresa su ge-

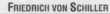

FRIEDRICH VON SCHILLER
OBRAS MAESTRAS

TEATRO: *LOS BANDIDOS* (*DIE RÄUBER*, 1781); *INTRIGA Y AMOR* (*KABALE UND LIEBE*, 1784); *DON CARLOS* (1787); *WALLENSTEIN* (trilogía, 1796-1799); *MARÍA ESTUARDO* (*MARIA STUART*, 1801); *LA DONCELLA DE ORLEANS* (*DIE JUNGFRAU VON ORLEANS*, 1802); *GUILLERMO TELL* (*WILHELM TELL*, 1804). **POESÍA:** *A LA ALEGRÍA* (*AN DIE FREUDE*, 1775); *LOS DIOSES DE GRECIA* (*DIE GÖTTER GRIECHENLANDS*, 1788); *LOS ARTISTAS* (*DIE KÜNSTLER*, 1789); *BALADAS* (*BALLADENJAHR*, 1798). **ENSAYO:** *DE LA GRACIA Y LA DIGNIDAD* (*ÜBER ANMUT UND WÜRDE*, 1793); *DEL SUBLIME* (*ÜBER DAS ERHABENE*, 1794); *DE LA EDUCACIÓN ESTÉTICA DEL HOMBRE* (*BRIEFE ÜBER DIE ÄSTHETISCHE ERZIEHUNG DES MENSCHEN*, 1795); *DE LA POESÍA INGENUA Y SENTIMENTAL* (*ÜBER NAIVE UND SENTIMENTALISCHE DICHTUNG*, 1796).

◄ *Retrato del poeta romántico Friedrich von* **Schiller**, *pintado por F. G. von Kugelgen, que se exhibe en el Museo Goethe de Frankfurt.*

> «*Lo que tú piensas, pertenece a todos; tuyo es, tan sólo, aquello que sientes.*»
>
> Friedrich von Schiller

neroso e imperturbable idealismo. En 1787 se dirigió a Weimar con el ánimo de conocer a Herder, Wielan y Goethe. Se dedicó entonces a la investigación histórica, y en 1789 obtuvo la cátedra de historia en la Universidad de Jena. Escribió algunos trabajos sobre el levantamiento de los Países Bajos y la guerra de los Treinta Años, en los que expuso su concepción idealista de la historia, así como los poemas filosóficos *Los dioses de Grecia* (1788) y *Los artistas* (1789). En 1790 se casó con Charlotte von Lengefeld, y un año más tarde obtuvo una pensión del duque de Holstein-Augustenburg, gracias a la cual pudo dedicarse al estudio de Kant, en cuya filosofía se refugió de las consecuencias reales de la Revolución Francesa, que con tanto ardor había defendido teóricamente. Fruto del estudio de la filosofía kantiana, publicó algunos tratados estéticos en los que, a su ideal de perfección moral, unió la

▼ *Abajo a la izquierda, Friedrich von* **Schlegel**, *y a la derecha, su hermano August Wilhelm. Ambos fueron destacados precursores del romanticismo alemán.*

busqueda de la belleza, según él, los dos valores que, asumidos individualmente, determinan los progresos y las transformaciones de la sociedad. En 1794 fundó la revista *Die Horen* e inició una fructífera colaboración con Goethe. Su amistad se consolidó tras fijar su residencia en Weimar (1799), cuando ya habían fundado (1797) otra revista, *Musenalmanach* (*Almanaque de las musas*), en la que también colaboraba Wilhelm von Humboldt. En ella, Schiller y Goethe publicaron en colaboración la colección de epigramas *Xenias* (1797) y, un año más tarde, cada uno de ellos publicó por separado sus *Baladas*, inspiradas principalmente en la Antigüedad y la Edad Media. Minada su salud por la tuberculosis, Schiller dedicó los últimos años de su vida al teatro, el género en el que más refulgió su talento comenzando con la trilogía Wallestein, escrita en verso. En 1804 vio la luz la más popular de sus obras, *Guillermo Tell*, en la cual el amor y la glorificación de la libertad, ideal constante en el escritor, se manifiestan de la forma más armoniosa y eficaz. Falleció un año después sin haber concluido la tragedia *Demetrio*.

SCHLEGEL, HERMANOS; AUGUST WILHELM VON (*Hannover, actual Alemania, 1767-Bonn, 1845*) y **FRIEDRICH VON** (*Hannover, 1772-Dresde, Alemania, actual Gdánsk, Polonia, 1829*) *Filósofos y críticos literarios alemanes.* Ambos desempeñaron un papel fundamental en la articulación del primer romanticismo, sobre todo desde la revista *Athenaeum* (1798-1800), fundada por ellos y en la cual participaron los principales representantes del movimiento, como Novalis y Schleiermacher. Su ideario estético partía de una ruptura con la mímesis clásica para proponer un arte que fuera principalmente expresión, y que se resolviera en la creación de una obra autónoma, capaz de reproducir la fuerza dinámica y productora de la naturaleza; en este sentido, defendieron la ironía y la obra como proceso en sí misma, motivo por el cual la mayor parte de sus escritos son apuntes y fragmentos. August Wilhelm se casó en 1796 con Caroline Michaelis, con quien mantuvo una intensa relación personal e intelectual, aunque ella le abandonó en 1803 por Schelling. Fue profesor en las universidades de Jena y Bonn y tradujo al alemán las obras más importantes de Shakespeare. Friedrich, por su parte, contribuyó al establecimiento de la filología moderna con un estudio de lingüística comparativa, *Del idioma y la sabiduría de los indios* (1808), y escribió también una novela (*Lucinda*, 1799) y una obra de teatro (*Alarcos*, 1802).

SCHLIEMANN, HEINRICH *(Neubukow, actual Alemania, 1822-Nápoles, 1890) Arqueólogo alemán.* Pionero de la arqueología, de niño se sintió fascinado por la Antigüedad, en especial por los relatos homéricos, lo que le impulsó a aprender, de forma autodidacta, diversas lenguas clásicas y orientales. Tras dedicarse durante un tiempo al comercio, se trasladó a Turquía con la intención de localizar la mítica ciudad de Troya, que muchos creían que era un producto de la fabulación de Homero. En 1870, inició las excavaciones en Hissarlik, lugar que, a partir de las referencias geográficas aparecidas en la *Ilíada*, consideraba que podría albergar las ruinas de la ciudad. Sus cálculos demostraron ser correctos, y cuatro ciudades en estratos superpuestos salieron a la luz. En los años siguientes, continuó sus trabajos de investigación en Grecia, donde localizó las ruinas de la ciudad de Micenas y con ellas su impresionante círculo de tumbas, así como otros yacimientos del período micénico como Tirinto, Orcómeno e Ítaca.

SCHMITT, CARL *(Plettenburg, Alemania, 1888-id., 1985) Jurista alemán.* Profesor en la Universidad de Berlín desde 1934, su doctrina jurídica acerca del Estado se ha señalado como uno de los elementos ideológicos sobre los que se fundó el nacionalsocialismo, al que se adhirió en 1933. Dirigió una crítica constante hacia las instituciones y los principios democráticos durante la República de Weimar, cuya estabilidad contribuyó a socavar. Según su teoría, el poder real se descubre en la situación de excepción, según quién conserve la capacidad de decisión, y no de acuerdo con la atribución constitucional de poderes. También criticó el individualismo subyacente a la democracia, al considerar que el pueblo era propiamente masa, que adquiría una identidad por adhesión a un líder carismático, y por enfrentamiento al «enemigo», categoría fundamental en la constitución de un pueblo y que se establecía por decisión arbitraria del líder. Entre las obras en que desarrolló su doctrina, destacan *La dictadura* (1921), *Teología política* (2 vols. 1922) y *Estado, movimiento, pueblo* (1933).

SCHÖNBERG, ARNOLD *(Viena, 1874-Los Ángeles, 1951) Compositor y pintor austriaco, nacionalizado estadounidense.* Su vida y su obra se vieron siempre rodeadas por la polémica. Compositor y pedagogo –sus alumnos Alban Berg y Anton von Webern ocupan un lugar de privilegio en la historia de la música–, fue una figura capital en la evolución de la música durante el siglo XX, aunque chocó con la incomprensión del público y la crítica de su época, poco dispuestos a aceptar la ruptura con el sistema tonal que su obra representaba. Sin embargo, es importante señalar que Schönberg nunca se consideró a sí mismo como un revolucionario, sino más bien como un eslabón más en una tradición musical que se remonta hasta Bach. El dodecafonismo, en este sentido, más que el fin de la tonalidad, suponía el intento de sistematización de un nuevo método que permitiera superar sus contradicciones. Hijo de una familia de origen judío, Schönberg se inició en la música de forma autodidacta. De hecho, las únicas lecciones que recibió en su vida se las dio el compositor Alexander von Zemlinsky, quien en 1901 se convirtió en su cuñado. Su impecable técnica fue fruto de una innegable capacidad innata y del estudio constante de la obra de los grandes maestros de la tradición germánica, desde Bach hasta Mahler, músico éste con el que mantuvo un estrecho contacto, no exento, por cierto, de tensiones. De 1899 data su primera obra maestra, el sexteto de cuerda *Noche transfigurada*, acabada expresión de la estética posromántica de moda entonces. Pronto, sin embargo, su propia evolución le condujo a la conclusión de que el tradicional sistema armónico tonal se sustentaba sobre una falacia: desde el *Tristán e Isolda* wagneriano, los principios que definían el concepto de tonalidad se hallaban en crisis, ya que la generalidad de compositores empleaba una armonía en la que la disonancia, la excepción a la regla, no encontraba una resolución inmediata. Schönberg se propuso entonces buscar un sistema en el que la disonancia quedara emancipada, de modo que todas las notas tuvieran idéntico valor, sin estar sometidas a un centro tonal. La *Sinfonía de cámara núm. 1* y el *Cuarteto de cuerda núm. 2* inician el camino hacia lo que se ha dado en llamar la etapa expresionista, o atonal, del maestro. Los monodramas *Erwartung* y *La mano feliz*, las *Cinco piezas para orquesta* y el ciclo de veintiún melodramas *Pierrot lunaire* son las obras más representativas de este período, durante el cual el músico llevó a

▲ *El compositor Arnold **Schönberg**, creador de una nueva sintaxis musical, según un retrato de Richard Gerstl.*

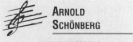

ARNOLD SCHÖNBERG

OBRAS MAESTRAS

ÓPERAS: *ERWARTUNG* (1909), *LA MANO FELIZ* (1913), *DE HOY A MAÑANA* (1929), *MOISÉS Y AARÓN* (1932, tercer acto inacabado). **MÚSICA PARA ORQUESTA:** *PELLEAS Y MELISANDE* (1903), 2 sinfonías de cámara (1906 y 1939), *CINCO PIEZAS ORQUESTALES* (1909), *VARIACIONES PARA ORQUESTA* (1928), *CONCIERTO PARA VIOLÍN* (1936). **MÚSICA DE CÁMARA:** 4 cuartetos de cuerda, *NOCHE TRANSFIGURADA* (1899), *SERENATA* (1923), *QUINTETO DE VIENTO* (1924), *SUITE* (1926), *ODA A NAPOLEÓN* (1942), *TRÍO DE CUERDAS* (1946), *FANTASÍA PARA VIOLÍN Y PIANO* (1949). **MÚSICA PARA PIANO:** *SEIS PEQUEÑAS PIEZAS* (1911), *CINCO PIEZAS* (1923), *SUITE* (1924). **MÚSICA VOCAL Y CORAL:** *GURRELIEDER* (1903), *FRIEDE AUF ERDEN* (1907), *EL LIBRO DE LOS JARDINES COLGANTES* (1909), *PIERROT LUNAIRE* (1912), *CUATRO LIEDER* (1916), *LA ESCALA DE JACOB* (1917, inacabada), *TRES SÁTIRAS* (1925), *KOL NIDREI* (1938), *UN SUPERVIVIENTE DE VARSOVIA* (1947).

cabo también una importante labor pictórica, junto a la música, su otra gran afición. El escándalo suscitado en el estreno de la última partitura mencionada, en Berlín en 1912, fue uno de los mayores que se recuerdan en los anales de la música contemporánea. No por ello Schönberg cejó en sus investigaciones: su preocupación por hallar una técnica que ofreciera suficientes garantías de organización interna y libertad creativa y que, al mismo tiempo, superara las limitaciones de la atonalidad, le llevó a la promulgación del «método de composición con doce sonidos», por primera vez en 1923 en la quinta de las *Cinco piezas para piano Op. 23* y, en 1924 y de manera definitiva, en la *Suite para piano Op. 25*. Con este sistema, el músico compuso algunas de sus obras más importantes, como las *Variaciones para orquesta*, la ópera cómica en un acto *De hoy a mañana* o la bíblica *Moisés y Aarón*, sin lugar a dudas una de sus partituras más ambiciosas, que quedó inconclusa a su muerte. La ascensión de Hitler al poder en 1933 privó a Schönberg de su cargo como profesor en la Academia Prusiana de las Artes de Berlín, a cuya plantilla pertenecía desde 1925, y, además, le obligó, por su doble condición de judío y compositor moderno, a tomar el camino del exilio. Estados Unidos fue su destino. Fijada su residencia en Los Ángeles, allí continuó con su actividad docente hasta prácticamente el fin de sus días.

SCHOPENHAUER, ARTHUR (*Danzig, Alemania, actual Gdánsk, Polonia, 1788-Frankfurt, 1860) Filósofo alemán*. Fue hijo de un rico comerciante que se trasladó con su familia a Hamburgo cuando Danzig cayó en manos de los prusianos en 1793. Su madre fue una escritora que llegó a gozar de cierta fama, y aunque el Schopenhauer maduro no tuvo buenas relaciones con ella, el salón literario que fundó en Weimar proporcionó al filósofo la ocasión de entrar en contacto con personalidades como Goethe. En 1805 inició, contra sus deseos, una carrera comercial como aprendiz por voluntad de su padre; la muerte de éste (al parecer, por suicidio) le permitió prepararse para los estudios superiores e ingresó en la Universidad de Gotinga como estudiante de medicina en 1809. Pero la lectura de Platón y de Kant orientó sus intereses hacia la filosofía, y en 1811 se trasladó a Berlín, donde estudió durante dos años, siguiendo los cursos de Fichte y Schleiermacher; la decepción que ambos

«*El materialismo es la filosofía del individuo que se ha olvidado de tenerse en cuenta.*»
Arthur Schopenhauer

ARTHUR SCHOPENHAUER

OBRAS MAESTRAS

LA CUÁDRUPLE RAÍZ DEL PRINCIPIO DE RAZÓN SUFICIENTE (*ÜBER DIE VIERFACHE WURZEL DES SATZES VOM ZUREICHENDEN GRUNDE*, 1813); *EL MUNDO COMO VOLUNTAD Y REPRESENTACIÓN* (*DIE WELT ALS WILLE UND VORSTELLUNG*, 1819; 2ª edición aumentada, 1844); *SOBRE LA LIBERTAD HUMANA* (*ÜBER DIE FREIHEIT DES WILLENS*, 1839); *EL FUNDAMENTO DE LA MORAL* (*ÜBER DIE GRUNDLAGE DER MORAL*, 1840); *PARERGA Y PARALIPOMENA* (*PARERGA UND PARALIPOMENA*, 1851).

▼ *El filósofo alemán Arthur **Schopenhauer** llevó una vida retirada y dedicó por entero sus capacidades y su esfuerzo a la filosofía.*

le causaron fue motivo de un momentáneo alejamiento de la filosofía y un interés por la filología clásica. Las campañas napoleónicas le brindaron la ocasión de retirarse a Rudolfstadt, donde preparó su tesis titulada *La cuádruple raíz del principio de razón suficiente*, que le valió el título de doctor por la Universidad de Jena y que fue publicada en 1813. Regresó después a Weimar, donde se relacionó estrechamente con Goethe y fue introducido por F. Mayer en la antigua filosofía hindú, uno de los pilares, junto con Platón y Kant, del que había de ser su propio sistema filosófico. Éste quedó definitivamente expuesto en su obra *El mundo como voluntad y representación*. La realidad auténtica corresponde a un principio que Schopenhauer denominó voluntad, de la cual el mundo como representación es su manifestación; el sistema se completa con una ética y una estética. Cuando el individuo, enfrentado al mundo como representación, se pregunta por lo que se encuentra tras las apariencias, obtiene la respuesta como resultado de su experiencia interna, en lo que se conoce como voluntad; pero la irracionalidad de ésta, su condición de afán de vida perpetuamente insatisfecho, produce una insatisfacción que la conciencia sólo puede suprimir a través de una serie de fases que conducen a la negación consciente de la voluntad de vivir. La influencia de Kant en el sistema es clara: el mundo fenoménico corresponde a la representación, mientras que la voluntad constituye la verdadera naturaleza del nóumeno, según Schopenhauer, pues la esencia de éste es descubierta por el hombre dentro de sí mismo como impulso irracional, vital. El filósofo confiaba en un reconocimiento inmediato de la importancia de su obra, pero ésta no suscitó demasiada atención, aunque sí le ayudó a obtener en 1820, tras un viaje a Italia, la condición de docente en la Universidad de Berlín. Allí trató en vano de competir con Hegel, a la sazón en la cumbre de su popularidad, para lo que anunció sus cursos a la misma hora que los de aquél, al que consideró abiertamente como su adversario. Pero no tuvo éxito; en 1825, después de un nuevo viaje a Italia y un año de enfermedad en Munich, renunció a la carrera universitaria. Vivió a partir de entonces y hasta su muerte una existencia recluida, que desde 1831 transcurrió en Frankfurt, adonde se trasladó huyendo del cólera que ese mismo año llevó a la tumba a Hegel. Tras la segunda edición (1844) de su obra principal, considerablemente aumentada con cincuenta nuevos capítulos, empezó a ser conocido merced a una colección de ensayos y aforismos publicada en 1851. En el clima intelectual creado después de la Revolución de 1848, su filosofía alcanzó finalmente reconocimiento internacional y ejerció una considerable influencia sobre pensadores como Friedrich Nietzsche.

SCHRÖDINGER, ERWIN *(Viena, 1887-id., 1961) Físico austriaco.* Compartió el Premio Nobel de Física del año 1933 con Paul Dirac por su contribución al desarrollo de la mecánica cuántica. Ingresó en 1906 en la Universidad de Viena, en cuyo claustro permaneció, con breves interrupciones, hasta 1920. Sirvió a su patria durante la Primera Guerra Mundial, y luego, en 1921, se trasladó a Zurich, donde residió los seis años siguientes. En 1926 publicó una serie de artículos que sentaron las bases de la moderna mecánica cuántica ondulatoria, y en los cuales transcribió en derivadas parciales su célebre ecuación diferencial, que relaciona la energía asociada a una partícula microscópica con la función de onda descrita por dicha partícula. Dedujo este resultado tras adoptar la hipótesis de De Broglie, enunciada en 1924, según la cual la materia y las partículas microscópicas, éstas a su vez, son de naturaleza dual y se comportan a la vez como onda y como cuerpo. Atendiendo a estas circunstancias, la ecuación de Schrödinger arroja como resultado funciones de onda, relacionadas con la probabilidad de que se dé un determinado suceso físico, tal como puede ser una posición específica de un electrón en su órbita alrededor del núcleo. En 1927 aceptó la invitación de la Universidad de Berlín para ocupar la cátedra de Max Planck, y allí entró en contacto con algunos de los científicos más distinguidos del momento, entre los que se encontraba Albert Einstein. Permaneció en dicha universidad hasta 1933, momento en que decidió abandonar Alemania ante el auge del nazismo y de la política de persecución sistemática de los judíos. Durante los siete años siguientes residió en diversos países europeos hasta recalar en 1940 en el Dublin Institute for Advanced Studies de Irlanda, donde permaneció hasta 1956, año en el que regresó a Austria como profesor emérito de la Universidad de Viena.

▲ *Franz* **Schubert***, gran figura del romanticismo musical alemán, pintado por W. A. Rieder en un cuadro que se encuentra en el Museo Schubert de Viena.*

FRANZ SCHUBERT

OBRAS MAESTRAS

MÚSICA ESCÉNICA: *LOS AMIGOS DE SALAMANCA* (1815), *ALFONSO Y ESTRELLA* (1822), *LA GUERRA DOMÉSTICA* (1823), *FIERABRÁS* (1823), *ROSAMUNDA* (1823, música incidental). **MÚSICA PARA ORQUESTA:** *SINFONÍA NÚM. 4 «TRÁGICA»* (1816), *SINFONÍA NÚM. 6* (1818), *SINFONÍA NÚM. 8 «INACABADA»* (1822), *SINFONÍA NÚM. 9 «GRANDE»* (1826). **MÚSICA DE CÁMARA:** *QUINTETO CON PIANO «LA TRUCHA»* (1819), *QUARTETTSATZ* (1820), *OCTETO* (1824), *CUARTETO DE CUERDA «LA MUERTE Y LA DONCELLA»* (1824), *TRÍO CON PIANO NÚM. 1* (1827), *TRÍO CON PIANO NÚM. 2* (1828), *QUINTETO DE CUERDA* (1828). **MÚSICA INSTRUMENTAL:** *FANTASÍA «EL CAMINANTE»* (1822), *MOMENTS MUSICAUX* (1823-1828), *IMPROMPTUS OP. 90* (1827), *IMPROMPTUS OP. 142* (1827), *SONATA EN DO MENOR* (1828), *SONATA EN LA MAYOR* (1828), *SONATA EN SI BEMOL MAYOR* (1828). **MÚSICA VOCAL Y CORAL:** *LAZARUS* (1820, inacabado), *MISA EN SI BEMOL MAYOR* (1828), numerosos lieder, destacando los ciclos *LA BELLA MOLINERA* (1823), *VIAJE DE INVIERNO* (1827) y *EL CANTO DEL CISNE* (1828).

SCHUBERT, FRANZ *(Himmelpfortgrund, actual Austria, 1797-Viena, 1828) Compositor austriaco.* Nacido en las proximidades de la misma Viena que acogió a Haydn, Mozart y Beethoven, a menudo se le considera el último gran representante del estilo clásico que llevaron a su máximo esplendor esos tres compositores y uno de los primeros en manifestar una subjetividad y un lirismo inconfundiblemente románticos en su música. El lied para canto y piano, uno de los géneros paradigmáticos del romanticismo, encontró en él a su primer gran representante, cuyas aportaciones serían tomadas como modelo por todos los músicos posteriores, desde Robert Schumann hasta Hugo Wolf y Gustav Mahler. Hijo de un modesto maestro de escuela, Schubert aprendió de su padre la práctica del violín y de su hermano mayor, Ignaz, la del piano, con tan buenos resultados que en 1808, a los once años de edad, fue admitido en la capilla imperial de Viena como miembro del coro y alumno del Stadtkonvikt, institución en la que tuvo como maestro al compositor Antonio Salieri. La necesidad de componer se reveló en el joven Schubert durante estos años con inusitada fuerza, y sus primeras piezas fueron interpretadas por la orquesta de discípulos del Stadtkonvikt, de la que él mismo era violinista. Tras su salida de este centro en 1813, Schubert, a instancias de su padre, empezó a trabajar como asistente en la escuela de éste, a pesar del poco interés demostrado por el músico hacia la labor pedagógica. En estos años es cuando ven la luz sus primeras obras maestras, como el lied *El rey de los elfos,* inspirado en un poema de Goethe, uno de sus escritores más frecuentados. Después de abandonar sus funciones en la escuela paterna, Schubert intentó ganarse la vida únicamente con su música, con escaso éxito en su empresa. El único campo que podía reportar grandes beneficios a un compositor de la época era el teatro, la ópera, y aunque éste fue un género que Schubert abordó con insistencia a lo largo de toda su vida, bien fuera por la debilidad de los libretos escogidos o por su propia falta de aliento dramático, nunca consiguió destacar en él. Sus óperas, entre las que merecen citarse *Los amigos de Salamanca, Alfonso y Estrella, La guerra doméstica* y *Fierabrás,* continúan siendo la faceta menos conocida de su producción. Si Schubert no consiguió sobresalir en el género dramático, sí lo hizo en cl licd. Un solo dato da constancia de su absoluto dominio en esta forma: sólo durante los años 1815 y 1816 llegó a componer más de ciento cincuenta lieder, sin que pueda decirse de ellos que la cantidad vaya en detrimento de la calidad. Escritos muchos de ellos sobre textos de sus amigos, como Johann Mayrhofer y Franz von Schober, eran interpretados en reuniones privadas, conocidas con el elocuente nombre de «schubertiadas», a las que asistía, entre otros, el barítono Johann Michael Vogl, destinatario de muchas de estas breves composiciones. Los ciclos *La bella molinera* y *Viaje de invierno* constituyen quizá la cima de su genio en este campo, a los que hay que sumar títulos como *El caminante, La trucha, A la música, La muerte y la doncella*, o el celebérrimo *Ave Maria*. A pesar de la belleza de estas composiciones y de la buena acogida que encontraron entre el público, la vida de Schubert discurrió siempre en un estado de gran precariedad económica, agravada considerablemente a partir de 1824 por los primeros síntomas de la enfermedad que acabaría prematuramente con su existencia. Admirado en un círculo muy restringido, la revalorización del compositor se llevó a cabo a partir de su muerte: obras inéditas o que sólo se habían interpretado en el marco familiar, empezaron a ser conocidas y publicadas, y defendidas por músicos como Robert Schumann o Felix Mendelssohn. Es, sobre todo, el caso de su producción instrumental madura, de sus últimas sonatas para piano, sus cuartetos de cuerda y sus dos postreras sinfonías, a cuyo nivel sólo son equiparables las de Beethoven.

SCHUMANN, ROBERT (*Zwickau, actual Alemania, 1810-Endenich, id., 1856) Compositor alemán*. Tanto su vida como su obra lo convierten en uno de los paradigmas del romanticismo musical alemán. Hijo de un librero, la literatura y la música compartieron sus inquietudes artísticas durante su juventud, hasta el punto de que Schumann estuvo dudando entre ambas vocaciones. Aunque acabó imponiéndose la música, nunca abandonó la escritura de poemas en la más pura tradición romántica, la de sus admirados Goethe, Schiller, Novalis, Byron y Hölderlin. Fue, además, fundador y redactor de la *Neue Zeitschrift für Musik* (1834), publicación que se convirtió en el órgano difusor de las teorías musicales más progresistas de su época, a través de una serie de artículos apasionados y polémicos redactados por él mismo. Alumno de pia-

ROBERT SCHUMANN
OBRAS MAESTRAS

MÚSICA ESCÉNICA: *GENOVEVA* (ópera, 1849); *MANFRED* (música incidental, 1849). **MÚSICA ORQUESTAL:** *SINFONÍA NÚM. 1, «PRIMAVERA»* (1841); *OBERTURA, SCHERZO Y FINALE* (1841); *CONCIERTO PARA PIANO EN LA MENOR* (1845); *SINFONÍA NÚM. 2* (1846); *KONZERTSTÜCK PARA CUATRO TROMPAS Y ORQUESTA* (1849); *SINFONÍA NÚM. 3, «RENANA»* (1850); *CONCIERTO PARA VIOLONCELO EN LA MENOR* (1850); *SINFONÍA NÚM. 4* (1851); *CONCIERTO PARA VIOLÍN EN RE MENOR* (1853). **MÚSICA DE CÁMARA:** *QUINTETO CON PIANO* (1842); *TRES CUARTETOS DE CUERDA, OP. 41* (1842); *CUARTETO CON PIANO* (1842); *TRÍO CON PIANO NÚM. 2* (1847); *SONATA PARA VIOLÍN Y PIANO NÚMS. 1 Y 2* (1851); *SONATA PARA VIOLÍN Y PIANO NÚM. 3* (1853). **MÚSICA INSTRUMENTAL:** *PAPILLONS* (1831); *CARNAVAL* (1835); *DAVIDSBÜNDLERTÄNZE* (1837); *ESTUDIOS SINFÓNICOS* (1837); *ESCENAS DE NIÑOS* (1838); *KREISLERIANA* (1838); *NOVELETTEN* (1838); *TRES ROMANZAS* (1839); *WALDSZENEN* (1849); *VARIACIONES SOBRE UN TEMA ORIGINAL* (1854). **MÚSICA VOCAL Y CORAL:** *LIEDERKREIS, OP. 24* (1840); *MYRTHEN* (1840); *LIEDERKREIS, OP. 39* (1840); *AMOR Y VIDA DE UNA MUJER* (1840); *AMOR DE POETA* (1840); *ROMANZAS Y BALADAS, OP. 49* (1840); *DAS PARADIS UND DIE PERI* (1843); *RÉQUIEM PARA MIGNON* (1849); *CANCIONES DE AMOR ESPAÑOLAS* (1849); *ESCENAS DEL FAUSTO DE GOETHE* (1853).

▲ *El compositor Robert* **Schumann** *junto a su esposa, Clara Wieck, que fue una virtuosa del piano, en un grabado de Kaiser realizado en sus primeros años de matrimonio.*

> *«Para mí, la música sigue siendo el lenguaje que me permite comunicarme con el más allá.»*
>
> Robert Schumann

no de Friedrich Wieck, en casa de éste encontró a la que, a pesar de la inicial oposición paterna, desde 1840 sería su esposa: Clara Wieck (1819-1896), una excelente pianista que se convertiría en la principal intérprete de su música para teclado, además de ser también ella una apreciable compositora. El deseo de Schumann de llegar a ser un virtuoso del piano se truncó a causa de una lesión en la mano derecha, de la que no consiguió recuperarse. A raíz de su matrimonio, el compositor alemán, que hasta ese momento había centrado su producción en la música para piano y el lied, empezó a concebir proyectos más ambiciosos, tanto sinfónicos como camerísticos y operísticos, estimulado por su esposa. La primera de sus cuatro sinfonías data de 1841, mientras que su célebre *Concierto para piano en la menor* es sólo cuatro años posterior. Los últimos años de vida de Schumann estuvieron marcados por el agravamiento de la inestabilidad nerviosa que lo había acompañado desde su juventud; tras un intento de suicidio en 1854, fue internado en una casa de salud en Endenich, donde permaneció recluido hasta su muerte.

SCHUMPETER, JOSEPH ALOIS (*Triesch, actual República Checa, 1883-Taconic, Connecticut, 1950) Economista austriaco, nacionalizado estadounidense*. Estudió economía en la Universidad de Viena, donde fue alumno de Von Wieser, importante miembro de la Escuela de Viena. Viajó al Reino Unido para estudiar junto a A. Marshall, y fue más tarde profesor en Bonn, Graz y Cernowitz; en 1932 se estableció en Harvard. En *Teoría del desarrollo económico* (1911) argumentó que las innovaciones, tanto tecnológicas como organizativas, son las causantes del desarrollo cíclico de la economía. Introdujo un concepto dinámico del capitalismo y destacó la figura del empresario moderno, que, aceptando los riesgos inherentes a la innovación, obtiene mayores beneficios. En 1942 publicó *Capitalismo, socialismo y democracia*, obra en la que distinguía dos fases del capitalismo, empresarial y monopolista, y aventuraba su posible sustitución por alguna forma de socialismo u otro sistema de planificación centralizada. En 1954, tras su muerte, se publicó *Historia del análisis económico*, obra inacabada pero de imprescindible consulta para los analistas históricos.

SCHÜTZ, HEINRICH *(Köstritz, actual Alemania, 1585-Dresde, id., 1672) Compositor alemán.* Dentro de la música alemana, muchos lo consideran como el más destacado precursor de Bach, y ocupó en la historia musical de su tiempo un puesto similar al de Monteverdi. Al igual que Durero en las artes plásticas en la centuria anterior, la principal aportación de Schütz a la música consistió en la síntesis de las tradiciones alemana e italiana, al incorporar a la primera las innovaciones formales e instrumentales de la segunda. Y si el pintor encarnaba la transición del *pathos* gótico al equilibrio renacentista, la obra del compositor representó el paso de ese mismo equilibrio a la expresividad barroca. Corista de la corte de Kassel desde 1599, fue su patrón, el landgrave Moritz de Hesse, quien en 1609 lo envió a completar su formación musical con Giovanni Gabrieli, en Venecia. Allí llegó a conocer a fondo el estilo vocal italiano y se inició en la práctica de la policoralidad, de la que su maestro fue uno de los principales cultivadores. A la muerte de Gabrieli en 1612, Schütz regresó a Kassel, ciudad que abandonó tres años más tarde para aceptar el cargo de maestro de capilla de la corte del elector de Sajonia en Dresde, la más importante de las cortes protestantes de su época. Con interrupciones más o menos largas, como un segundo viaje a Italia en 1628 o dos estancias en Copenhague en 1633 y en 1642, ocupó este cargo hasta su muerte. Fue un músico eminentemente sacro, aunque su primera obra publicada fuera un volumen de madrigales italianos (1611) y se le deba también la primera ópera alemana, *Daphne* (1627), hoy perdida. De su producción destacan los *Salmos de David*, publicados en 1619 y escritos según el modelo policoral establecido por su maestro Gabrieli, tres libros de

> *«La gran empresa ha llegado a ser el motor más potente de este progreso y especialmente de la expansión a largo plazo de la producción total.»*
>
> Joseph Alois Schumpeter

▲ *Heinrich **Schütz**, quien llevó a cabo una brillante adaptación a la estética musical alemana de los nuevos estilos surgidos en Italia a principios del s. XVII.*

▼ *El médico francés Albert **Schweitzer** fotografiado pocos años antes de su muerte en la aldea-leprosería gabonesa de Lambaréné, fundada por él.*

Symphoniae sacrae (1629, 1647 y 1650), dos volúmenes de *Pequeños conciertos espirituales* (1636 y 1639) y, ya en los años finales de su vida, tres *Pasiones* (1666).

SCHWANN, THEODOR *(Neuss am Rhein, actual Alemania, 1810-Colonia, id., 1882) Naturalista alemán.* Inició su actividad como fisiólogo bajo la tutela de Johannes Müller, en el Museo Anatómico de Berlín, dedicado sobre todo a la investigación experimental. En el curso de unas investigaciones sobre los procesos digestivos, en 1836 descubrió la pepsina, la enzima digestiva que se encuentra en el epitelio del estómago. Basándose en una relevante serie de observaciones microscópicas, de las que ofreció una profunda interpretación en *Investigaciones microscópicas sobre la concordancia en la estructura y en el crecimiento de los animales y de las plantas* (1839), extendió a los organismos animales la teoría celular elaborada por el botánico M. J. Schleiden para las plantas. En 1839 se trasladó a Bélgica, en donde enseñó anatomía en la Universidad de Lovaina y, a partir de 1848, en la de Lieja. Durante la última etapa de su vida, relativamente apartado ya de la actividad investigadora, se dedicó a la preparación de una amplia obra, que quedó incompleta, en la que pretendió reflejar su visión panpsiquista y atomicista de los fenómenos físicos. En anatomía, ha dado nombre a las células que revisten las fibras de los nervios cerebroespinales (células de Schwann).

SCHWEITZER, ALBERT *(Kaysersberg, Francia, 1875-Lambaréné, Gabón, 1965) Médico, músico y filántropo francés.* Cursó estudios de música y teología y en 1913 obtuvo la licenciatura en medicina. Entre 1899 y 1912 ofició como vicario en la iglesia de San Nicolás de Estrasburgo, llegando a dirigir el instituto teológico de dicha ciudad. En 1906 fue el organista de la sociedad Johann Sebastian Bach de París. Decidió dedicarse a las misiones y partió hacia Gabón, donde en 1913 fundó una aldea-leprosería en Lambaréné, que dirigió y en la que asistió hasta su muerte. Dedicó su vida al cuidado de los habitantes de las aldeas de África ecuatorial, lo que le fue reconocido con la concesión del Premio Nobel de la Paz en 1952. Además, fue uno de los mejores organistas e intérpretes de Bach del siglo XX, y publicó dos monografías sobre el célebre compositor. También escribió sus *Memorias (1924-1931)*.

SCHWITTERS, KURT *(Hannover, Alemania, 1887-Ambleside, Reino Unido, 1948) Pintor alemán.* Cursó estudios de arte en las Academias de Dresde y Berlín. A través de la revista *Der Sturm* entró en contacto con la vanguardia alemana, en concreto con el expresionismo, a través del cual llegó a la definición de su propio estilo. Éste comenzó a tomar forma en torno a 1920, cuando realizó sus primeros collages a partir de pequeños fragmentos de madera, recortes de periódico, billetes de tranvía y otros materiales de desecho, que se transfiguraban en sus obras mediante la incorporación del color o la adición de palabras o frases. A estas creaciones el artista las denominó *Merz*, por el fragmento de la palabra *Kommerz* que aparecía en un recorte de periódico incluido en uno de sus collages del comienzo. Su estilo evolucionó desde un recargamiento inicial hacia un mayor purismo, pero el artista nunca abandonó los *Merz*, las obras a las que debe su fama. Esta misma palabra dio título a una revista que fundó en 1923 y se publicó hasta 1932. En ella, Schwitters y sus colaboradores difundieron el espíritu del dadaísmo, corriente artística a la que pertenece el pintor, además de contribuir a la modernización de la tipografía y el diseño gráfico. Schwitters estuvo en contacto con algunos de los grandes creadores de su tiempo, L. Moholy-Nagy entre otros, y participó en los movimientos artísticos más innovadores, por ejemplo, Abstraction-Creation. En 1937 emigró a Noruega, y al ser invadido este país por Alemania en 1940, se trasladó al Reino Unido, donde residió hasta su muerte. Su incorporación a la obra de arte de materiales sin valor sirvió de referente, después de la Segunda Guerra Mundial, a muchos de los movimientos artísticos que se difundieron por entonces, desde el informalismo al pop art.

▲ *El* Merzbau *de Elterwater, concebido como una escultura abierta e inacabada, fue construida por Kurt* **Schwitters** *en 1947 y se conserva actualmente en la Hatton Gallery de la Universidad de Newcastle, en el Reino Unido.*

SCOTT, ROBERT FALCON *(Davenport, Reino Unido, 1868-en la Antártida, 1912) Explorador británico.* Se hizo famoso por sus expediciones a la Antártida a bordo del *Discovery*. En la primera de ellas estableció los límites de la Tierra del Rey Eduardo VII y franqueó la barrera de hielo para llegar hasta los 87 grados de latitud sur. En su segunda expedición, a bordo del *Terra Nova*, acompañado por Wilson, Evans, Bowers y Oates, y en dura competición con el célebre explorador noruego Roald Amundsen, pretendió ser el primer hombre en llegar al polo Sur. Alcanzó su objetivo el 18 de enero de 1912, sólo para descubrir los restos del campamento de su rival, quien había estado allí apenas un mes antes, en diciembre de 1911. En medio de la desolación ge-

▼ ▶ *El capitán R. F.* **Scott** *hace anotaciones en su diario de viaje durante su expedición a la Antártida. A la derecha, mapa que muestra el recorrido de la expedición.*

neral, la expedición inició el regreso, pero a partir de entonces las condiciones meteorológicas empeoraron de manera dramática y el sofisticado equipo de que disponían los expedicionarios resultó del todo inadecuado para hacer frente a las durísimas tormentas polares. Evans murió en el glaciar de Beardmore, y Oates se separó voluntariamente de la expedición, en medio de una tormenta, tras advertir que no había provisiones suficientes para todos. Los tres supervivientes continuaron su marcha, durante la cual sacrificaron los ponis y abandonaron los trineos mecánicos y, con ellos, buena parte del equipo que no podían transportar. Todo este esfuerzo fue en vano; el 12 de noviembre de ese mismo año, los equipos de rescate encontraron sus cadáveres, congelados, en una diminuta tienda, a sólo 17 kilómetros de la base; junto al cuerpo de Scott estaba su diario.

SCOTT, SIR WALTER *(Edimburgo, 1771-Abbotsford, Reino Unido, 1832) Novelista, poeta y editor británico.* La novela histórica romántica tiene en Walter Scott, si no a su inventor, a su primer y más influyente representante. Hijo de un abogado, desde su infancia se sintió fascinado por las leyendas y los episodios históricos, preferentemente medievales, de su tierra natal escocesa, que posteriormente constituirían el tema principal de muchos de sus poemas y novelas. Licenciado en derecho, sus primeros pasos en la literatura los dio como traductor, vertiendo al inglés obras como *Lenore*, de Gottfried A. Bürger, y *Götz de Berlichingen*, de Goethe. La publicación, entre 1802 y 1803, de la recopilación de baladas *Trovas de la frontera escocesa* dio a conocer su nombre al gran público, que también acogió con entusiasmo una serie de largos poemas narrativos entre los que destacan *El canto del último trovador* y *La dama del lago*. De 1814 data su primera novela, *Waverley*, publicada anónimamente como la mayoría de las que le siguieron, en consideración a los cargos públicos de su autor (*sheriff* de Selkirk desde 1799 y secretario de los tribunales de justicia de Edimburgo desde 1806) y la dudosa reputación del género. Con ella y con las posteriores (*El anticuario, Rob Roy, Ivanhoe, El pirata, Quentin Durward, El talismán*) estableció los cánones de la novela histórica, tal como ésta iba a desarrollarse hasta bien entrado el siglo XX. La autoría de estas novelas no se reveló hasta 1826, año por otro lado do-

▲ *El escritor Walter* **Scott** *según un retrato de H. Raeburg que se exhibe en la Galería Nacional Escocesa de Retratos, en Edimburgo.*

SIR WALTER SCOTT

OBRAS MAESTRAS

POEMAS: *EL CANTO DEL ÚLTIMO TROVADOR* (*THE LAY OF THE LAST MINSTREL*, 1805); *MARMION* (1808); *LA DAMA DEL LAGO* (*THE LADY OF THE LAKE*, 1810); *ROKEBY* (1813); *EL SEÑOR DE LAS ISLAS* (*THE LORD OF THE ISLES*, 1815). **NOVELAS:** *WAVERLEY* (1814); *GUY MANNERING* (1815); *EL ANTICUARIO* (*THE ANTIQUARY*, 1816); *ROB ROY* (1817); *LA NOVIA DE LAMMERMOOR* (*THE BRIDE OF LAMMERMOOR*, 1819); *IVANHOE* (1820); *EL PIRATA* (*THE PIRATE*, 1821); *KENILWORTH* (1821); *LAS AVENTURAS DE NIGEL* (*THE FORTUNES OF NIGEL*, 1822); *QUENTIN DURWARD* (1823); *REDGAUNTLET* (1824); *EL TALISMÁN* (*THE TALISMAN*, 1825); *CRÓNICAS DE LA CANONJÍA* (*CHRONICLES OF THE CANONGATE*, 1827); *LA HERMOSA MUCHACHA DE PERTH* (*THE FAIR MAID OF PERTH*, 1828); *CUENTOS DE UN ABUELO* (*TALES OF A GRANDFATHER*, 1830); *CASTILLO PELIGROSO* (*CASTLE DANGEROUS*, 1830). **BIOGRAFÍA:** *VIDA DE NAPOLEÓN BONAPARTE* (*LIFE OF NAPOLEON BUONAPARTE*, 1827). **EDICIONES:** *TROVAS DE LA FRONTERA ESCOCESA* (*MINSTRELSY OF THE SCOTTISH BORDER*, 1803), obras de Dryden y Swift.

loroso para Scott, que sufrió la muerte de su esposa y la quiebra de la editorial Constable, en la que había invertido dinero y por la que contrajo una deuda de 130.000 libras. Antes, en 1820, había sido nombrado barón de Abbotsford. Maestro del diálogo y la descripción, poseedor de un estilo vigoroso y poético, influyó en los novelistas de su época, tanto de su patria como foráneos, y también en los músicos y pintores que glosaron y recrearon sus temas.

SEABORG, GLENN THEODORE *(Ishperming, EE UU, 1912-Redondo Beach, id., 1999). Científico estadounidense que compartió el Premio Nobel de Química en 1951 con* **EDWIN MATTISON MCMILLAN** *(Redondo Beach, EE UU, 1907-El Cerrito, id., 1991).* Seaborg estudió en la Universidad de California-Los Ángeles y con posterioridad en la Universidad de Berkeley, donde en 1937 se doctoró en química. Con sus colaboradores, añadió (1940-1955) nueve elementos nuevos a la tabla periódica, de los cuales el plutonio, de número atómico 94, es el más conocido porque se utiliza como elemento clave de cierto armamento nuclear. Los demás elementos descubiertos fueron el americio (95), el curio (96), el berkelio (97), el californio (98), el einstenio (99), el fermio (100), el mendelevio (101) y el nobelio (102). La predicción de las propiedades químicas y de la localización de dichos elementos en la tabla periódica viene determinada por el principio expuesto por Seaborg en 1944, conocido como *concepto actínido*, según el cual los elementos más pesados que el uranio constituyen un grupo separado dentro de la tabla periódica. McMillan estudió física en el California Institute of Technology y en la Universidad de Princeton, donde se doctoró en 1931. En 1946 fue nombrado profesor en la Universidad de Berkeley, y en 1958, director del Lawrence Laboratory Radiation hasta su jubilación, en 1973. En el desarrollo de sus estudios sobre la fisión del núcleo atómico, descubrió el neptunio, uno de los productos de desintegración del isótopo 239 del uranio. En 1940, en colaboración con Philip H. Abelson, logró aislar este nuevo elemento, el primero perteneciente a la serie de los transuránidos, de particular importancia en energía nuclear. Durante la Segunda Guerra Mundial colaboró en el desarrollo de la primera bomba atómica, y realizó investigaciones sobre el funcionamiento del radar y el sonar. En 1945 consiguió superar los límites teóricos de las velocidades de las partículas aceleradas en un ciclotrón y, de forma independiente del científico ruso Vladimir I. Veksler, encontró el modo de mantener la sincronización para velocidades indefinidas. Seaborg y McMillan compartieron el Premio Nobel de Química en 1951 por sus respectivas contribuciones al descubrimiento de nuevos elementos químicos más pesados que el uranio.

SEBASTIÁN *(Lisboa, 1554-Alcazarquivir, actual Marruecos, 1578) Rey de Portugal (1557-1578).* En razón de su minoría de edad, durante los primeros años de su reinado estuvo bajo la tutela de su abuela, Catalina de Austria. Persona mentalmente inestable, una vez obtuvo el poder efectivo decidió llevar a la práctica sus sueños de cruzada contra los turcos, motivo por el cual intervino en la guerra dinástica del reino de Fez para brindar su apoyo a Mulai Mohammed contra el tío de éste, que contaba con el soporte otomano. A pesar de las advertencias de sus consejeros y de su tío, Felipe II, para que reconsiderara su decisión, el joven rey, quien a la sazón apenas tenía veinticinco años, se embarcó con la flor y nata de la nobleza portuguesa hacia África, sólo para conseguir ser derrotado de manera cruenta en la batalla de Alcazarquivir. El propio monarca pereció en la acción, y a pesar de que su cuerpo fue recuperado y enterrado en Portugal, el pueblo se negó a creer la noticia y pronto circuló el bulo de que Sebastián se encontraba oculto, y que algún día volvería para reclamar su trono y salvar el país. Este fenómeno, conocido como *sebastianismo*, provocó la aparición de numerosos impostores.

SEEBECK, THOMAS JOHANN *(Tallinn, 1770-Berlín, 1831) Físico estonio de origen alemán.* Estudió medicina en Berlín y en la Universidad de Gotinga, donde en 1802 obtuvo el título de doctor. Sin embargo, abandonó la práctica de la medicina para dedicarse a la investigación científica. Llevó a cabo notables trabajos en diversos campos de la física, intentando establecer la conexión entre calor y electricidad. Llegó así a descubrir, en 1821, que uniendo una lámina de cobre con otra de bismuto, en un circuito cerrado, al calentar una de las uniones se genera una corriente eléctrica que fluye por el circuito en tanto persista la diferencia de temperatura, efecto que pasó a ser conocido con su nombre, y se utiliza aún para realizar mediciones de temperatura con una gran sensibilidad y precisión (termopar), así como para generar

▲ *El profesor Glenn T. **Seaborg** fotografiado en su despacho en la época en la que presidió la Comisión de Energía Atómica de Estados Unidos.*

▲ *El diplomático y poeta Giorgios **Seferis** fue el primer escritor griego galardonado con el Premio Nobel de Literatura, distinción que obtuvo en 1963.*

▶ *El músico español Andrés **Segovia**, genial intérprete de guitarra, en una imagen de sus años de juventud.*

energía eléctrica para aplicaciones especiales. Elegido miembro de la Academia de Berlín en 1814, dos años más tarde fue galardonado con un premio ofrecido por esta misma institución por sus trabajos sobre la polarización.

SEFERIS, GIORGIOS [Gheorghios Stylianos Seferiadis] *(Esmirna, hoy Izmir, Turquía, 1900-Atenas, 1971) Poeta y diplomático griego.* Estudió derecho en París, donde conoció la poesía simbolista francesa, que habría de influir en su primera obra, *Estrofa* (1931). Posteriormente fue designado embajador en Londres, cargo que desempeñó hasta 1962. Gran admirador y conocedor de la poesía de T. S. Eliot, que tradujo al griego, adaptó su perspectiva historicista para aplicarla, a lo largo de toda su obra, a una profunda reflexión, de tono metafísico, acerca del presente y el pasado de Grecia. Sus principales obras son: *Mithistórima* (1935), *Diario de a bordo* (1940-1955), *El zorzal* (1946) y *Tres poemas escondidos* (1966). Póstumamente se publicó su *Diario*, donde manifiesta un gran dominio de la prosa y un agudo sentido crítico. En 1963 recibió el Premio Nobel de Literatura.

SEGOVIA, ANDRÉS *(Linares, España, 1893-Madrid, 1987) Guitarrista y pedagogo español.* Junto a Narciso Yepes, fue el principal responsable de la consolidación de la guitarra como instrumento de concierto, a un nivel comparable al que ocupan el violín y el piano, al menos en cuanto a la calidad de las piezas. Guitarrista a pesar de la oposición de su familia, que pretendía que estudiara un instrumento de más prestigio, dio su primer recital en Granada en 1909. Posteriores conciertos en Madrid y Barcelona hicieron su nombre popular, al tiempo que Segovia tomaba conciencia de la necesidad de renovar el repertorio guitarrístico. A tal efecto, llevó a cabo numerosas transcripciones de obras de Albéniz, Bach o Chopin, y encargos de partituras nuevas a compositores como Milhaud, Moreno To-

rroba, Ponce, Rodrigo o Villa-Lobos, entre otros, a lo largo de sus más de tres cuartos de siglo de carrera. Reconocido con numerosos premios y distinciones internacionales, en 1981 el rey Juan Carlos I de España le otorgó el título de marqués de Salobreña.

SELASSIE, HAILE → Haile Selassie.

SELIM II, llamado *el Borracho (Magnesia, actual Turquía, 1524-Estambul, 1574) Sultán otomano (1566-1574)*. Primogénito de Solimán *el Magnífico* y de Jurrem Sultan (Rioelana), sucedió a su padre como soberano. Solimán *el Magnífico*, que se aseguró el trono mediante el asesinato de sus parientes más cercanos, había extendido el imperio hasta Anatolia oriental y Siria e iniciado la conquista de África del Norte, encabezando él mismo sus ejércitos. No le imitó en esto su hijo Selim II, quien no llegó a dirigir sus tropas en ninguna batalla, pero sí confirmó su política expansionista e intentó agregar nuevos territorios al imperio mediante campañas militares que tuvieron una suerte dispar. Así, fracasó en su propósito de conquistar Astracán, y en la incursión de una flota otomana en el Mar de Azov en 1569, que lo obligó a la firma de un acuerdo de paz al año siguiente. El sultán dejó los asuntos de Estado en manos del gran visir, quien buscó pacificar las fronteras mediante la firma de varios tratados de paz, entre ellos uno con el emperador germánico Maximiliano II en 1568, y otro

▲ *El sultán turco* **Selim II** *en su trono, en un dibujo que se conserva en la Biblioteca de Topkapi de Estambul.*

▼ *David O.* **Selznick***, a la izquierda de la imagen, asiste a la firma del contrato de Vivien Leigh como protagonista de* Lo que el viento se llevó*, en presencia de Leslie Howard y Olivia de Havilland.*

con Iván *el Terrible* en 1570. La iniciativa militar más exitosa de su reinado fue la conquista de Chipre, que suponía una flagrante violación de los acuerdos firmados con Venecia. Esto, unido a la creciente expansión del Imperio Otomano, despertó los recelos del Papa, España, Venecia, Génova y otros Estados italianos. Todos ellos organizaron la Santa Alianza, que envió contra los turcos una poderosa flota al mando de don Juan de Austria, hermanastro de Felipe II de España. Tras la batalla naval de Lepanto, librada en el golfo de Corinto (7 de octubre de 1571) Selim II mantuvo la posesión de Chipre, pero la destrucción de casi toda su escuadra le supuso la pérdida del dominio casi incontestable que había ejercido hasta entonces en el mar Mediterráneo.

SELZNICK, DAVID O. *(Pittsburgh, EE UU, 1902-Hollywood, id., 1965) Productor cinematográfico estadounidense*. Inició su carrera cinematográfica de la mano de su padre, el también productor Lewis J. Selznick. En 1926 se trasladó a Hollywood, donde trabajó con las más importantes productoras cinematográficas, entre ellas la Metro-Goldwyn-Mayer y la Paramount. A partir de la década de 1930 se convirtió en uno de los más aclamados productores. Se especializó en la producción de melodramas, como *Ha nacido una estrella* (1937), dirigida por W. A. Wellman, y versiones cinematográficas de obras literarias, entre las que destacan *David Copperfield* (1935), *Ana Karenina* (1935) o *Las aventuras de Tom Sawyer*. En 1940 produjo *Lo que el viento se llevó*, filme galardonado con diez Oscar y, según criterio unánime de la crítica, su mejor trabajo. Así mismo, produjo varias películas dirigidas por Alfred Hitchcock, entre ellas *Rebeca* (1940), ganadora de cuatro Oscar y, posteriormente, fue productor de distintas realizaciones, interpretadas todas ellas por su esposa, la actriz Jennifer Jones, con quien contrajo matrimonio en 1949.

SENDER, RAMÓN JOSÉ *(Chalamera de Cinca, España, 1901-San Diego, EE UU, 1982) Escritor español*. Estudió en Reus y viajó a la URSS a comienzos de los años treinta, al tiempo que iniciaba su carrera de novelista con títulos como *Imán* (1930), *Orden público* (1931) o *Viaje a la aldea del crimen* (1933). Establecido desde 1942 en Estados Unidos, donde fue profesor de literatura española en la Universidad de Alburquerque,

▲ *El filósofo romano* **Séneca** *en un fresco que se exhibe en el Museo Arqueológico Nacional de Nápoles.*

> «*No existe filosofía sin bondad, ni tampoco bondad sin filosofía.*»
>
> Lucio Anneo Séneca

▼ *Léopold Sédar* **Senghor**, *escritor comprometido con la negritud y primer presidente del Senegal independiente.*

su obra enlaza con la de los autores sociales de posguerra, aunque su dominio del lenguaje le da también un notable valor estético a su prosa, como demuestra la obra *Míster Witt en el cantón* (1935). En el exilio recurrió a un realismo tradicional sin renunciar por ello a la denuncia. Destacan en su producción *Crónica del alba* (1942) y *Réquiem por un campesino español* (1960), sus obras más conocidas, y la novela *En la vida de Ignacio Morel,* Premio Planeta 1969. En 1980 publicó el relato autobiográfico *Monte Ondina.*

SÉNECA, LUCIO ANNEO *(Córdoba, h. 4 d.C.-Roma, 65) Filósofo hispanorromano.* Perteneció a una familia acomodada de la provincia Bética del Imperio Romano. Su padre fue un retórico de prestigio, cuya habilidad dialéctica fue muy apreciada luego por los escolásticos, y cuidó de que la educación de su hijo en Roma incluyera una sólida formación en las artes retóricas, pero Séneca se sintió igualmente atraído por la filosofía, por lo que recibió enseñanzas de varios maestros que lo iniciaron en las diversas modalidades de la doctrina estoica por entonces popular en Roma. Emprendió una carrera política, se distinguió como abogado y fue nombrado cuestor. Su fama, sin embargo, disgustó a Calígula, quien estuvo a punto de condenarlo en el 39. Al subir Claudio al trono, en el 41, fue desterrado a Córcega, acusado de adulterio con una sobrina del emperador. Ocho años más tarde fue llamado de nuevo a Roma como preceptor del joven Nerón y, cuando éste sucedió a Claudio en el 54, se convirtió en uno de sus principales consejeros, cargo que conservó hasta que, en el 62, viendo que su poder disminuía, se retiró de la vida pública. En el 65 fue acusado de participar en la conspiración de Pisón, con la perspectiva, según algunas fuentes, de suceder en el trono al propio Nerón; éste le ordenó suicidarse, decisión que Séneca adoptó como liberación final de los sufrimientos de este mundo, de acuerdo con su propia filosofía. En general, su doctrina era la de los antiguos estoicos, aunque, en numerosos aspectos, incorporó a ella su propia visión personal y hasta la de pensadores de escuelas antagónicas, como Epicuro, al que cita a menudo en términos aprobatorios; con ello no hizo sino ejemplificar el espíritu ecléctico y sintético característico del estoicismo nuevo propio de su época, del cual fue el máximo exponente. La filosofía era, para él, un asunto fundamentalmente práctico, cuyo principal objetivo era el de encaminar a los hombres hacia la virtud, co-

municándoles el conocimiento de la naturaleza del mundo y de su propio lugar en él para que ello los hiciera capaces de guiar sus vidas de acuerdo con la voluntad divina. En este sentido, la lógica y la física proporcionan un fundamento a la ética pero no ocupan su lugar, sino que están subordinadas a ella como lo estaban ya en el antiguo estoicismo. En sus escritos sobre ciencias naturales trató, en particular, de los terremotos y su relación con los volcanes; aunque, en general, recogió las opiniones de los antiguos sobre diversos temas, añadió algunas reflexiones personales interesantes, como el vaticinio de una futura explicación de los cometas como verdaderos cuerpos celestes. Fue también autor de nueve piezas dramáticas, inspiradas en modelos griegos clásicos y que son, de hecho, estudios de las tensiones emocionales a que se ven sometidos los personajes; escribió así mismo una magistral y mordaz sátira de la deificación del emperador C̦laudio.

SENGHOR, LÉOPOLD SÉDAR *(Joal, actual Senegal, 1906) Escritor y político senegalés.* Estudió en París y fue profesor en la ciudad francesa de Tours. Combatiente en el ejército francés durante la Segunda Guerra Mundial, fue capturado por los alemanes y estuvo en prisión de 1940 a 1943. Consejero general para Senegal y diputado socialista por el mismo país en la Asamblea Nacional Francesa, cuando su país consiguió la independencia en 1959 fue elegido presidente de la República, cargo que ejerció, tras sucesivas reelecciones, hasta 1980. Considerado una de las figuras intelectuales más brillantes del África negra, fue también poeta, articulista y el creador, junto a Aimé Césaire y Léon Damas, del concepto de negritud, con el cual se opuso a la política occidental de asimilación cultural, y que desarrolló en *Negritud y humanismo.* Como poeta escribió *Cantos de sombra* y *Elegías mayores.* En 1983 se convirtió en la primera persona procedente del África negra que ingresó como miembro en la Academia Francesa.

SENNA, AYRTON *(São Paulo, 1960-San Marino, 1994) Piloto automovilista brasileño.* Cursó estudios empresariales, pero se inclinó desde muy pequeño por las competiciones automovilísticas. A los cuatro años ya conducía *karts*, y participó en su primera carrera de *karts* a los trece. Su primer triunfo tuvo lugar en 1977, en el Campeonato Panamericano de *Karts.* En 1979 y 1980 intervino en las respectivas ediciones del Campeonato Mundial de *Karts.* Fue tres veces campeón mundial de Fórmula 1

con la escudería Marlboro-McLaren-Honda. Destacó por la precisión de su técnica de conducción y un cierto grado de audacia, combinación que lo hacía prácticamente invencible bajo la lluvia. Además del automovilismo, fue asiduo practicante de *jet-ski*, tenis y esquí acuático. Divorciado en una ocasión, cuando le sorprendió la muerte se encontraba preparando su boda con la modelo brasileña Adriane. El 1 de mayo de 1994 sufrió un grave accidente en el Gran Premio de San Marino por razones mecánicas no del todo esclarecidas, y falleció a causa de lesiones irreversibles que le afectaron la masa encefálica.

SEPÚLVEDA, JUAN GINÉS DE *(Pozoblanco, España, h. 1490-id., 1573) Historiador y eclesiástico español.* Cursó estudios de humanidades en la Universidad de Alcalá y posteriormente en la de Bolonia. Capellán y cronista de Carlos I, le acompañó en algunos de sus viajes. En su crónica *De rebus gestis Caroli Quinti*, describió la vida que llevó el emperador y los hechos más destacados de su reinado. Fue un acérrimo defensor de la conquista de las nuevas tierras americanas y de la inferioridad de los nativos frente a los españoles, lo que justificaba su empleo como esclavos en las explotaciones imperiales. Tales ideas le enfrentaron con fray Bartolomé de Las Casas, con quien sostuvo varias polémicas en la Junta de Teólogos de Valladolid que convocó el monarca en 1550 para definir los límites de la «guerra justa» y el trato que merecían los indígenas. Las ideas de Sepúlveda quedan recogidas en su obra *Democrates secundus sive de justis belli causis*. Aparte de ésta, su producción incluye numerosas obras, la mayoría de las cuales permanecieron inéditas hasta 1870, que versaban sobre muy diversos campos: filosofía, teología, derecho y también historia. En su libro *Antapollogia* puso en duda las doctrinas de Erasmo.

▲ *El corredor brasileño de Fórmula 1 Ayrton* **Senna**, *toda una leyenda en su país, celebra su victoria en el Gran Premio de Europa celebrado el 11 de abril de 1993.*

▼ *Estatua de la fachada de la iglesia de San Francisco de Palma en la que aparece fray Junípero* **Serra**, *colonizador y evangelizador de California, junto a un indígena americano.*

SERRA, FRAY JUNÍPERO [José Miguel Serra y Ferrer] *(Petra, España, 1713-San Carlos, México, 1784) Religioso franciscano español.* Profesó en 1731 en el convento de franciscanos de Palma, donde cambió su nombre de nacimiento por el de Junípero. En 1738 fue ordenado sacerdote y se doctoró en teología. De estos años se conservan compendios de sermones dictados por él en sus diferentes itinerarios sacerdotales. En 1749 viajó a México como misionero apostólico junto a otros religiosos, entre ellos Francisco de Palou, que sería su biógrafo. Destinado a la región de Sierra Gorda, ejerció diferentes cargos directivos en los conventos franciscanos de Ciudad de México. Tras la expulsión de los jesuitas de la Baja California, fueron los franciscanos quienes ocuparon las misiones de esta región y, al iniciar las tropas españolas la conquista de la Alta California, en 1769, fray Junípero y sus misioneros participaron activamente en el descubrimiento de Monterrey, a la vez que se consagraban a la tarea evangelizadora de los indígenas. En su labor fundadora, establecieron las misiones de San Diego (1769), San Carlos (1770), San Antonio (1771), San Francisco (1776) y San Buenaventura (1782), entre otras. Las misiones fundadas por los franciscanos acogieron a miles de indios, y la severa actitud de Serra frente a las autoridades militares, en defensa de los indígenas de los territorios conquistados, le llevaría a enfrentarse con todos los comandantes militares que trató. El profundo respeto que despertaría más adelante su labor se ha mantenido hasta nuestros días. Así, en 1934 se inició el proceso de beatificación y en 1985 fue declarado venerable.

SERRANO, FRANCISCO *(Isla de León, España, 1810-Madrid, 1895) Militar y político español.* Nacido en el seno de una familia de militares, ingresó en la Academia de cadetes de Sagunto y ganó celebridad por su papel en la Primera Guerra Carlista. Participó en la revolución de 1854, y en el golpe de O'Donnell en 1856, y en 1859 recibió el nombramiento de capitán general de Cuba. Tres años más tarde regresó a España, sucedió a O'Donnell y conspiró con progresistas y demócratas para derrocar a Isabel II. Desterrado a Cádiz, emitió desde allí junto con Prim el manifiesto *La España con honra*. En 1868 venció al conde de Novaliches en la batalla de Alcolea, lo cual puso fin al reinado de Isabel II. Nombrado regente del gobierno provisional, posteriormente fue elegido por Amadeo de Saboya jefe del primer gabinete de concentración, para pasar a la jefatura del gobierno en 1872. La restauración borbónica lo alejó temporalmente de la política, aun cuando en 1882 presidió el Partido de la Izquierda Dinástica.

SERT, JOSEP LLUÍS *(Barcelona, 1902-id. 1983) Arquitecto español nacionalizado estadounidense.* Influido por Antonio Gaudí y su tío, el pintor Josep María Sert, estudió en la Escuela de Arquitectura de Barcelona. Luego viajó a París, donde se familiarizó con la obra de Le Corbusier, con quien mantuvo una estrecha relación profesional. Desde el principio combinó el entusiasmo por las nuevas ideas arquitectónicas con un acercamiento a la tradición mediterránea. El dispensario antituberculoso y el edificio de viviendas dúplex de la calle Muntaner (ambas construcciones en Barcelona) son los primeros ejemplos del racionalismo español en arquitectura, a los que siguieron luego la Fundación Maeght, en Saint-Paul-de-Vence, y la Fundación Miró en Barcelona. Exiliado en Estados Unidos desde 1939, acometió diversos proyectos en América Latina –como el Plan Piloto de La Habana– y fue nombrado decano de la Graduate School de la Universidad de Harvard. Entre sus últimos trabajos figura el edificio de la Caja de Ahorros de Cataluña en Barcelona (1977).

SERT, JOSEP MARIA *(Barcelona, 1874-id., 1945) Pintor español.* Se formó artísticamente en Barcelona y se dedicó desde sus inicios a la pintura mural, terreno en el que está considerado como uno de los grandes maestros del siglo XX. Creó un estilo dramático y efectista, de gran fuerza escenográfica, basado en el poder de la línea y en el dinamismo de la composición. Trabajó esencialmente en España y en Estados Unidos, donde decoró el comedor del hotel Waldorf Astoria, en Nueva York, así como en otros países de Europa (Sala del Consejo en la sede de la Sociedad de Naciones, en Ginebra). Su máxima realización es la decoración mural de la catedral de Vic (España), en la que pintó un gran conjunto en tonos bistre sobre la *Vida y Pasión de Cristo*, destruido durante la guerra civil española y reelaborado por el propio artista después de la contienda, aunque con algunos cambios respecto al original.

SERVET, MIGUEL *(Villanueva de Sijena, España, 1511-Champel, Suiza, 1553) Teólogo y médico español.*

▲ *Fachada del edificio de la Fundación Miró en Barcelona (España), diseñado por el arquitecto Josep Lluís* **Sert***.*

▼ *Fragmento de una pintura en tinta del maestro japonés Toyo* **Sesshu***, titulada* Paisaje de invierno, *que data de finales del s. XV y se encuentra en el Museo Nacional de Tokio.*

Mientras cursaba estudios en Barcelona trabó amistad con el confesor de Carlos I fray Juan de Quintana, quien lo acogió a su servicio y viajó con él a Roma en 1530 con motivo de la coronación del emperador. Seguidamente abandonó a su mentor e inició una larga peregrinación por diferentes ciudades europeas (Lyon, Ginebra, Basilea). En 1537 se matriculó en la Universidad de París para estudiar medicina, pero un tratado de astrología en el que defendía la influencia de las estrellas en la salud humana lo enfrentó a la comunidad médica profesional. Su amistad personal con el arzobispo de Vienne le permitió entrar a su servicio como médico personal. En 1546 envió a Calvino una copia de su trabajo más importante, *Christianismi restitutio*. Tras leer dicha obra, Calvino denunció a Servet ante la Inquisición de Lyon, lo que provocó la huida apresurada de éste. En una fatal etapa en Ginebra, camino de Italia, Servet fue reconocido y, tras ser detenido y juzgado, fue condenado a morir en la hoguera.

SESSHU, TOYO *(Akahama, Japón, 1420-?, 1506) Pintor japonés.* Fue discípulo de Shubun y el pintor más destacado de su época, así como uno de los grandes maestros de la pintura japonesa de todos los tiempos. Conoció a fondo la pintura de China a raíz de un viaje por ese país que realizó en 1468-1469. El estilo chino y diversos rasgos de las técnicas pictóricas japonesas están en la base de su singular estilo, que se caracteriza por la intensidad y la dureza del trazo. Destacó sobre todo en el género paisajístico y en el de pájaros y flores, a los que otorgó por primera vez un papel protagonista. En el conjunto de su creación artística destacan de manera especial el *Rollo del largo paisaje* y la pareja de biombos *Flores y enebro*.

SETHI I *(?-?, 1298 a.C.) Faraón egipcio (h. 1318 a.C.-1298 a.C.)* Segundo faraón de la XIX dinastía, al subir al trono dejó clara su voluntad de recuperar el poderío de Egipto con la adopción del título de *Repetidor del Nacimiento*. Reflejo de ello fue su agresiva política exterior, que le llevó a realizar hasta tres campañas militares en la estratégica región de Canaán, campañas que dirigió personalmente, y que le enfrentaron al Imperio hitita. Durante estas operaciones logró apoderarse de la ciudad de Qadesh, durante el segundo año de su reinado, a pesar de la oposición de los de Hatti. Estas victorias sirvieron para asentar una amplia zona de influencia egipcia al sur del río Orontes. Llegó a establecer un tratado de paz con el rey hitita Muwatallish, tras el cual la ciudad de Qadesh pudo haber sido devuelta a los hititas. Otro frente de combates fue la frontera libia, contra las habituales incursiones de los nómadas, que también fueron rechazadas. A su muerte le sucedió en el trono su hijo Ramsés II.

SEURAT, GEORGES *(París, 1859-id., 1891) Pintor francés.* Ingresó muy joven en el taller de Lehmann, donde aprendió las teorías acerca de la luz y el color inspiradas en el clasicismo de Ingres. Más tarde participó en la fundación del Salón de Artistas Independientes, que agrupaba pintores de nuevas tendencias como el neoimpresionismo o el puntillismo. Llevó al límite la experiencia impresionista y, en lugar de reproducir los efectos de la luz, empezó a pintar mediante toques aislados y a plasmar las formas reducidas a sus características esenciales. En un lapso de siete años realizó sus cuadros más importantes: *El baño* (1884), *Un domingo de verano en la Grande Jatte* (1886), su obra maestra, y *Parada del circo* (1888), entre muchas otras. Los aspectos técnicos de su obra influyeron en los fauves, y sus rigurosos estudios teóricos, en los cubistas.

SHAKESPEARE, WILLIAM *(Stratford on Avon, Inglaterra, 1564-id., 1616) Dramaturgo y poeta inglés.* Tercero de los ocho hijos de John Shakespeare, un acaudalado comerciante, y Mary Arden, de familia católica, poco o nada se sabe de su niñez y su adolescencia. Parece probable que estudiara en la Grammar School de su localidad natal, si bien se desconoce cuántos años y en qué circunstancias. Sea como fuere, siempre se ha considerado a Shakespeare como una persona culta, pero no en exceso, y ello ha posibilitado el nacimiento de teorías según las cuales habría sido tan sólo el hombre de paja de alguien deseoso de permanecer en el anonimato literario. A ello ha contribuido también el hecho de que no se disponga en absoluto de escritos o cartas personales del autor, quien parece que sólo escribió, aparte de su producción poética, obras para la escena. En 1582 contrajo matrimonio con Ann Hathaway, varios años mayor que él, con la que tuvo tres hijos. No se sabe exactamente cuándo dejó su Stratford natal para ir a Londres, donde rápidamente adquirió fama y popularidad en su trabajo para la

▲ *Figurilla esmaltada del faraón* **Sethi I**, *una de las muchas que formaban su ajuar funerario, que se conserva en el Museo Británico de Londres.*

> *«El resto es silencio.»*
>
> William Shakespeare
> *Hamlet*

▶ *El genio de Stratford on Avon, William* **Shakespeare**, *tal vez el más grande escritor en lengua inglesa, cuya obra ha sido minuciosamente estudiada pero cuya trayectoria vital está envuelta en múltiples sombras.*

compañía Chaberlain's Men, más tarde conocida como King's Men, propietaria de dos teatros, The Globe y Blackfriars. También representó, con éxito, en la corte. Sus inicios fueron, sin embargo, humildes, y según las fuentes, trabajó en los más variados oficios, si bien parece razonable suponer que estuvo desde el principio relacionado con el teatro, puesto que antes de consagrarse como autor se le conocía ya como actor. Su estancia en la capital británica se fecha, aproximadamente, entre 1590 y 1613, año este último en que dejó de escribir y se retiró a su localidad natal, donde adquirió una casa conocida como New Place, mientras invertía en bienes inmuebles de Londres la fortuna que había conseguido amasar. La publicación, en 1593, de su poema *Venus y Adonis*, muy bien acogido en los ambientes literarios londinenses, fue uno de sus primeros éxitos. De su producción poética posterior cabe destacar *La violación de Lucrecia* (1594) y los *Sonetos* (1609), de temática amorosa y que por sí solos lo situarían entre los grandes de la poesía anglosajona. Con todo, fue su actividad como dramaturgo lo que le dio fama en la época. Su obra, en total catorce comedias, diez tragedias y diez dramas históricos, es un exquisito compendio de los sentimientos, el dolor y las ambiciones del alma humana. Tras unas primeras tentativas, en las que se transparenta la influencia de Marlowe, antes de 1600 aparecieron la mayoría de sus «comedias alegres» y algunos de sus dramas basados en la historia de Inglaterra: *Ricardo II*, *Enrique IV* y *Enrique VIII*, estrenada en 1613, poco antes de su retirada. Destaca sobre todo la fantasía y el sentido poético de las comedias de este

WILLIAM SHAKESPEARE
OBRAS MAESTRAS

COMEDIAS: *LA COMEDIA DE LAS EQUIVOCACIONES (THE COMEDY OF ERRORS*, 1592-1593); *EL SUEÑO DE UNA NOCHE DE VERANO (MIDSUMMER NIGHT'S DREAM*, 1595-1596); *EL MERCADER DE VENECIA (THE MERCHANT OF VENICE*, 1596-1597); *MUCHO RUIDO Y POCAS NUECES (MUCH ADO ABOUT NOTHING*, 1598-1599); *COMO GUSTÉIS (AS YOU LIKE IT*, 1599-1600); *MEDIDA POR MEDIDA (MEASURE FOR MEASURE*, 1604-1605). **TRAGEDIAS:** *ROMEO Y JULIETA (ROMEO AND JULIET*, 1595); *JULIO CÉSAR (JULIUS CAESAR*, 1600); *HAMLET* (1600-1601); *OTELO (OTHELLO*, 1602); *MACBETH* (1605-1606); *EL REY LEAR (KING LEAR*, 1605). **POESÍA:** *VENUS Y ADONIS (VENUS AND ADONIS*, 1593); *LA VIOLACIÓN DE LUCRECIA (THE RAPE OF LUCRECIA*, 1594); *SONETOS (SONNETS*, 1600-1609).

---

período, como en *El sueño de una noche de verano*; el prodigioso dominio del autor en la versificación le permitía distinguir a los personajes por el modo de hablar, amén de dotar a su lenguaje de una naturalidad casi coloquial. A partir de 1600, publica las grandes tragedias y las llamadas comedias oscuras. Los grandes temas son tratados en las obras de este período con los acentos más ambiciosos, y sin embargo lo trágico surge siempre del detalle realista o del penetrante tratamiento psicológico del personaje, que induce al espectador a identificarse con él: así, *Hamlet* refleja la incapacidad de actuar ante el dilema moral entre venganza y perdón, *Otelo*, la crueldad gratuita de los celos, y *Macbeth*, la cruel tentación del poder. En sus últimas obras, a partir de 1608, cambia de registro y entra en el género de la tragicomedia, a menudo con un final feliz en el que se entrevé la posibilidad de la reconciliación, como sucede en *Pericles*. Shakespeare publicó en vida tan sólo 16 de las obras que se le atribuyen; por ello, algunas de ellas posiblemente se hubieran perdido de no publicarse, pocos años después de la muerte del poeta, el *Folio*, volumen recopilatorio que serviría de base para todas las ediciones posteriores.

SHANKAR, RAVI *(Benarés, India, 1920) Músico y compositor indio.* Director en 1948-1956 del conjunto instrumental de la All India radio, a partir de los años sesenta, tras fundar la escuela de música Kinnara en Bombay, inició sus giras internacionales como intérprete de sitar. A él se debe en buena parte el auge que a la sazón conoció la música oriental en Europa y Estados Unidos, en coincidencia con el movimiento hippie. A finales de la década de 1960, colaboró con los Beatles y actuó con George Harrison en el Concierto para Bangla Desh. Sus composiciones más conocidas son los conciertos para sitar núm. 1 (1971) y núm. 2 (1981) y sus ballets (*Inmortal India*; *Disco-*

▲ *Portada de una edición impresa en Londres, en 1602, de* Hamlet*, un clásico de la literatura mundial y una de las tragedias más representadas de William* **Shakespeare**.

▼ *El escritor irlandés George Bernard* **Shaw** *en una fotografía tomada durante su ancianidad.*

very of India, 1944; *Samanya Kshati*, 1961; *Chandalika*, 1962). Autor así mismo de música para el cine –suya es, entre otras, la banda musical de *Gandhi*, de Richard Attenborough, (1981)–, en 1969 publicó la autobiografía *Mi música, mi vida*.

SHANNON, CLAUDE ELWOOD *(Gaylord, EE UU, 1916) Ingeniero estadounidense.* Se graduó en ingeniería por la Universidad de Michigan en 1936 y, cuatro años más tarde, obtuvo un doctorado de matemáticas en el Massachusetts Institute of Technology. Durante su estancia en dicha institución empezó a trabajar sobre el problema de la eficacia de los diferentes métodos existentes de transmisión de la información, tanto mediante el flujo a través de hilos o cables como el aéreo, por medio de corrientes eléctricas fluctuantes o bien moduladas por la radiación electromagnética. Shannon orientó sus esfuerzos hacia la comprensión fundamental del problema y en 1948 desarrolló un método para expresar la información de forma cualitativa. Las publicaciones de Shannon en 1949 demostraron cómo se podía analizar dicha cuantificación (expresada en una magnitud que denominó *bit*) mediante métodos estrictamente matemáticos. Así, era posible medir la verosimilitud de la información mutilada por pérdidas de *bits*, distorsión de los mismos, adición de elementos extraños, etc., y hablar con precisión de términos antes vagos, como redundancia o ruido e, incluso, expresar el concepto físico de entropía como un proceso continuado de pérdida de información. La rama de las matemáticas inaugurada por Shannon se denominó teoría de la información y resultó ser extremadamente útil, no sólo en el diseño de circuitos de computadoras y la tecnología de comunicaciones, sino que también ha hallado aplicaciones fecundas en campos tan diversos como la biología, psicología, fonética e incluso semántica y literatura. Así mismo postuló el teorema del muestreo, que sostiene que una señal debe ser muestreada al doble de su frecuencia natural (o, en su defecto, al doble de la mayor de las frecuencias de dicha señal), para que no se produzca el fenómeno de *aliasing* o aparición de componentes frecuenciales no deseadas. En 1956 ingresó como profesor en el Massachusetts Institute of Technology.

SHAW, GEORGE BERNARD *(Dublín, 1856-Ayot Saint Lawrence, Reino Unido, 1950) Dramaturgo y periodista irlandés.* Perteneciente a una familia de la burguesía protestante irlandesa, empezó a trabajar a los dieciséis años, por lo que terminó su formación de modo autodidacto. Cuando sus padres se separaron fue a vivir a Londres con sus hermanas y su madre, música de profesión (1876). En los años siguientes trabajó como periodista y crítico teatral y de música para diversos periódicos, al tiempo que publicaba novelas por entregas, si bien sin éxito; sus ingresos eran muy parcos, por lo que vivió en una relativa penuria. Tras entrar en contacto con la obra de Marx, se hizo socialista (1884) y pasó a formar parte de la Sociedad Fabiana, contraria al empleo de métodos revolucionarios para la transformación de la sociedad. La doctrina marxista se convirtió a partir de entonces en el principal referente de la brillante y ácida crítica social lo mismo de sus artículos que de sus obras literarias. En 1898 contrajo matrimonio con la irlandesa Charlotte Payne-Towshend, que procedía de una familia adinerada. Sus trabajos como crítico teatral en el *Saturday Review* le dieron cierto renombre, gracias a su desaprobación de los modos y las ideas del teatro victoriano, y su defensa del teatro de Ibsen. Por esta época orientó su producción literaria hacia el teatro, género en el que encontraría la mejor fórmula para desarrollar sus intenciones críticas y didácticas, y también el que le reportaría sus mayores éxitos. Su primera obra para la escena, *Casas de viudos* (1892), reflejaba claramente el influjo de Ibsen. En 1905, expuso en *Hombre y superhombre* su teoría de la humanidad como estadio más avanzado de la evolución de la «fuerza vital» hacia formas más espirituales. Su teatro tenía más éxito en el continente que en su propio país, donde no logró el reconocimiento público hasta la representación de *La otra isla de John Bull* (1904). A menudo se considera que la mejor comedia de Shaw es *Pigmalión*, cuya intención didáctica era inicialmente popularizar la fonética, pero que se convierte en una aguda crítica del sistema de clases inglés, a través del experimento del protagonista, Henry Higgins, quien pretende hacer pasar a una florista por una dama, para lo cual le enseña dicción y «buenas maneras». La agudeza de los diálogos y el realismo que domina en la mayor parte de las obras de Shaw le dieron una gran popularidad, por lo que al final de su vida se había convertido, paradójicamente, en toda una institución del inconformismo. Tras la vertiente humorística de sus obras aflora una conciencia crítica y pesimista, que sirvió como conciencia de sus contemporáneos. Fue galardonado con el Premio Nobel de Literatura en 1925.

GEORGE BERNARD SHAW

OBRAS MAESTRAS

CASAS DE VIUDOS (*WIDOWER'S HOUSES*, 1892); LA PROFESIÓN DE LA SEÑORA WARREN (*MRS. WARREN PROFESSION*, 1894); CÁNDIDA (*CANDIDA*, 1894); EL HOMBRE DEL DESTINO (*THE MAN OF DESTINY*, 1898); EL DISCÍPULO DEL DIABLO (*THE DEVIL'S DISCIPLE*, 1901); CÉSAR Y CLEOPATRA (*CAESAR AND CLEOPATRA*, 1901); HOMBRE Y SUPERHOMBRE (*MAN AND SUPERMAN*, 1903); LA OTRA ISLA DE JOHN BULL (*JOHN BULL'S OTHER ISLAND*, 1904); EL COMANDANTE BÁRBARA (*MAJOR BARBARA*, 1907); EL DILEMA DEL DOCTOR (*THE DOCTOR'S DILEMMA*, 1911); PIGMALIÓN (*PYGMALION*, 1913); LA CASA DE LA ANGUSTIA (*HEARTBREAK HOUSE*, 1917); VUELTA A MATUSALÉN (*BACK TO METHUSALEH*, 1921); SANTA JUANA (*ST. JOAN*, 1923).

«*Mi manera de hacer bromas es decir la verdad: es la broma más divertida del mundo.*»

George Bernard Shaw
La otra isla de John Bull

▼ *El poeta Percy B.* **Shelley**
en el cuadro de Severy Los baños de Caracalla, *que refleja el espíritu romántico del escritor británico.*

SHELLEY, PERCY BYSSHE *(Field Place, Gran Bretaña, 1792-en el golfo de La Spezia, actual Italia, 1822) Poeta británico.* En 1811 fue expulsado de la Universidad de Oxford a raíz de la publicación de un panfleto titulado *La necesidad de ateísmo*, motivo por el cual fue también expulsado de su casa paterna y tuvo que trasladarse a Londres. Ese mismo año se casó con Harriet Westbrok, aunque su relación pronto entró en dificultades. De su contacto con el filósofo William Godwin surgió su primer poema, *La reina Mab*, en el que exalta el ideario socialista. En 1814 marchó al continente en compañía de la hija de su mentor, Mary, con quien contraería matrimonio en 1818, tras el suicidio de su esposa. Estas circunstancias motivaron la censura de la sociedad británica y la pérdida de la custodia de los hijos habidos con Harriet. En el continente, se relacionó con lord Byron y otros ingleses bohemios, y vivió en Génova, Venecia y Pisa, hasta que en 1818 se instaló definitivamente en Lerici, cerca del golfo de La Spezia, enfermo de tisis. Murió al naufragar su yate durante una tormenta. En Lerici escribió sus obras maestras: las tragedias *Prometeo liberado* (1819), en la que se pone de manifiesto su platonismo, y *Los Cenci*, así como sus poemas líricos más célebres, *Oda al viento del oeste*, *Oda a la alondra*, *La mimosa* y *Oda a Nápoles*, entre otros. Su obra combina el lirismo con el discurso abstracto y aun con referencias a la ciencia, gracias a un gran virtuosismo rítmico y la intensidad de sus versos. En 1821, compuso *Adonais* en homenaje a Keats, y no pudo terminar *El triunfo de la vida*, tal vez su obra maestra. Escribió también una obra de crítica literaria, *Defensa de la poesía*, publicada en 1821.

SHERIDAN, PHILIP HENRY *(Albany, EE UU, 1831-Nonquitt, id., 1888) Militar estadounidense.* Tras cursar estudios en la Academia Militar de West Point, institución en la que se graduó en 1853, ingresó en el ejército y fue destinado a los destacamentos encargados de vigilar los puestos fronterizos. En 1862 fue nombrado coronel de caballería, y al mando de su escuadrón se enfrentó, con éxito, a las tropas confederadas destacadas en Booneville, Missouri. Ello le valió el nombramiento de comandante en jefe del ejército de Ohio y, tras participar en la batalla de Perryville, Ohio, el ascenso al cargo de general de las tropas voluntarias. Su posterior victoria en la batalla de Missionary Ridge impresionó al general Ulysses S. Grant, quien lo nombró jefe de la caballería del ejército del Potomac. Durante los últimos compases de la guerra de Secesión desempeñó un papel preeminente en la derrota del ejército confederado, en especial debido a su victoria frente al general Robert E. Lee. Destinado a la frontera mexicana tras la contienda, en 1883 fue nombrado comandante en jefe del ejército estadounidense.

SHERMAN, WILLIAM TECUMSEH *(Lancaster, EE UU, 1820-Nueva York, 1891) Militar estadounidense.* Huérfano de padre a los nueve años de edad, fue adoptado por Thomas Ewing, un amigo de su familia que, posteriormente, le financió sus estudios en la Academia Militar de West Point. Tras obtener la graduación en 1840, ingresó en el ejército. En 1853 abandonó la disciplina militar y se trasladó a San Francisco, donde obtuvo empleo en un banco. Reingresó en el ejército en 1861, fecha en que obtuvo el rango de coronel. Tras el estallido de la guerra de Secesión fue ascendido a general, rango militar con el que lideró la conquista de Atlanta y derrotó a las tropas confederadas allí destacadas. Posteriormente organizó la llamada «marcha hacia el mar», en la que trasladó a 62 000 soldados desde Atlanta hasta la costa Este y, en 1865, obtuvo la victoria definitiva ante el general confederado Joseph E. Johnston. Dicha victoria, unida a la de Ulysses S. Grant ante el general sudista Robert E. Lee, puso punto final a la guerra de Secesión.

SHERRINGTON, SIR CHARLES SCOTT *(Londres, 1857-Eastbourne, Reino Unido, 1952) Médico británico.* Discípulo de F. Goltz en Estrasburgo y de R. Virchow y R. Koch en Berlín, al finalizar sus estudios regresó a Londres para enseñar fisiología en el St. Thomas Hospital. Más tarde llevó a cabo trabajos experimentales en la Brown Insti-

▲ *Eduard* **Shevardnadze** *fotografiado durante una visita oficial a la sede de la OTAN en abril de 1996 como presidente de la República de Georgia.*

▲ *El general estadounidense William Tecumseh* **Sherman***.*

tution, departamento veterinario de la Universidad de Londres, y en 1895 pasó a impartir clases de fisiología en Liverpool. Desde 1913 hasta su jubilación en 1936 enseñó en Oxford. Por sus hallazgos en el campo de la neurofisiología (localización de las funciones del córtex cerebral, investigaciones reflexológicas, etc.) fue galardonado con el Premio Nobel de Medicina y Fisiología en 1932. Sus obras más relevantes son *La acción integradora del sistema nervioso* (1904) y *La actividad refleja de la médula espinal* (1932).

SHEVARDNADZE, EDUARD *(Mamati, actual Georgia, 1928) Político georgiano.* Miembro del Sóviet Supremo de la República Socialista Soviética de Georgia y del comité central del Partido Comunista de la Unión Soviética, en 1985 fue nombrado ministro de Asuntos Exteriores de la URSS en el marco de la política de reformas acometida por Mijail Gorbachov. Estableció relaciones de colaboración y compromiso con los países occidentales, mejoró las relaciones fronterizas con China y retiró las tropas soviéticas de Afganistán. Después de la disolución de la URSS en 1991 fue nombrado presidente interino del Parlamento provisional de la recién independizada (1992) República de Georgia, y a finales del año 1992 fue elegido jefe de Estado. Tuvo que afrontar los intentos secesionistas de Abjasia, que dieron lugar a un enfrentamiento armado. Para conseguir el apoyo de Rusia, promovió el ingreso de Georgia en la Comunidad de Estados Independientes (CEI) en 1993, decisión duramente contestada por sus enemigos políticos, los cuales llegaron incluso a atentar contra su vida. No obstante, en 1995 fue reelegido.

SHOSTAKOVICH, DIMITRI DIMITRIEVICH *(San Petersburgo, 1906-Moscú, 1975) Compositor soviético.* Su producción abarca todos los géneros: la ópera, la comedia musical,

---

DIMITRI DIMITRIEVICH SHOSTAKOVICH
OBRAS MAESTRAS

ÓPERAS: *LA NARIZ* (1928), *LADY MACBETH DE MTSENSK* (1934). **BALLETS:** *LA EDAD DE ORO* (1930). **MÚSICA ORQUESTAL:** *SINFONÍA NÚM. 1* (1926), *CONCIERTO PARA PIANO NÚM. 1* (1933), *SINFONÍA NÚM. 5* (1937), *SINFONÍA NÚM. 7 «LENINGRADO»* (1941), *SINFONÍA NÚM. 8* (1943), *CONCIERTO PARA VIOLÍN NÚM. 1* (1948), *SINFONÍA NÚM. 10* (1953), *SINFONÍA NÚM. 13 «BABI YAR»* (1962), *CONCIERTO PARA VIOLONCELO NÚM. 2* (1966), *SINFONÍA NÚM. 14* (1969), *SINFONÍA NÚM. 15* (1971). **MÚSICA DE CÁMARA:** *QUINTETO CON PIANO* (1940), *CUARTETO DE CUERDA NÚM. 8* (1960), *CUARTETO DE CUERDA NÚM. 12* (1968), *CUARTETO DE CUERDA NÚM. 15* (1974). **MÚSICA INSTRUMENTAL:** *SONATA PARA PIANO NÚM. 2* (1943), *24 PRELUDIOS Y FUGAS* (1951). **MÚSICA VOCAL:** *POEMAS DE LA LÍRICA JUDÍA* (1948), *EL CANTO DE LOS BOSQUES* (1949), *SÁTIRAS* (1960), *6 POEMAS DE MARINA TSVETAYEVA* (1973).

la sinfonía, la miniatura para piano, la música concertante, la cantata, el cuarteto de cuerda y la música para el cine. Nacido en el seno de una familia en la cual la cultura ocupaba un lugar importante, Shostakovich recibió sus primeras lecciones musicales de su madre, pianista profesional, a una edad que se puede considerar relativamente tardía, los nueve años. Ante sus grandes progresos, en 1919 ingresó en el Conservatorio de Leningrado, en donde tuvo como principal maestro a Aleksandr Glazunov. Huérfano de padre desde 1922, Shostakovich proseguía sus estudios al mismo tiempo que, para mantener a su familia, tocaba en diversas salas de cine como pianista acompañante. El estreno en 1926 de su sorprendente *Sinfonía núm. 1*, escrita en ocasión de su graduación en el conservatorio, atrajo inmediatamente sobre él la atención del mundo musical. Las obras inmediatamente posteriores, como la ópera *La nariz* o el ballet *La edad de oro*, no hicieron sino confirmar el talento de un joven compositor especialmente dotado para la sátira. La carrera ascendente de Shostakovich sufrió un inesperado revés con el estreno en 1934 de su segunda ópera, *Lady Macbeth de Mtsensk*: entusiásticamente recibida por el público, tanto en Leningrado como en su posterior escenificación en Moscú, fue retirada de cartel tras la aparición de una crítica en el diario oficial *Pravda*, titulada *Caos en lugar de música*, en la que se acusaba al compositor de haber escrito un «concierto de aullidos», ajeno a los presupuestos de la música socialista, que debía ser clara y fácilmente asequible. Se iniciaba así una larga y contradictoria relación con el régimen estalinista: mientras en Occidente era considerado el compositor oficial soviético, en su propio país Shostakovich hubo de sufrir las

▲ *Dimitri **Shostakovich**, en el centro de la fotografía, sentado junto a otros dos grandes compositores soviéticos: Serguéi Prokofiev (a su derecha) y Aram Khachaturian (a su izquierda).*

▼ *Fotografía tomada en Moscú en 1942 en la que aparece el cartel de un concierto de la* Sinfonía núm. 7 «Leningrado», *de **Shostakovich**, compuesta el año anterior en la ciudad que le da nombre, mientras sufría el asedio de las fuerzas alemanas.*

injerencias de sus autoridades culturales, a pesar de lo cual, y pese a su aparente aceptación tácita de los preceptos del realismo socialista, consiguió mantener siempre su independencia creativa. Los estrenos de la clásica *Sinfonía núm. 5* y, sobre todo, de la patriótica *Sinfonía núm. 7 «Leningrado»*, símbolo de la lucha del pueblo ruso contra el invasor nazi, rehabilitaron a un compositor que en 1948 volvió a ver de nuevo prohibida la ejecución de sus obras bajo el estigma del formalismo. Tras la muerte de Stalin en 1953, la música de Shostakovich se hizo más personal, y se tradujo en una larga serie de partituras presididas por la idea de la muerte. Es el caso de las tres últimas sinfonías y de sus cuartetos de cuerda, un género que el compositor convirtió en el medio idóneo en el que expresar sus preocupaciones y miedos de una manera privada, sin necesidad de recurrir a máscaras o disfraces. Su música, sobre todo la de estos años postreros, ha influido considerablemente sobre la de sus compatriotas más jóvenes, como Alfred Schnittke o Edison Denisov, entre otros.

SIBELIUS, JEAN (*Hämeenlinna, Finlandia, 1865-Järvenpää, id., 1957*) *Compositor finlandés.* Por una de esas paradojas frecuentes en la historia, el compositor por antonomasia de la escuela nacionalista finlandesa, Jean Sibelius, no nació en el seno de una familia finesa, sino en una muy alejada de cualquier ideal nacionalista y que tenía el sueco como lengua materna. De hecho, hasta después de los ocho años de edad el futuro músico no empezó a hablar el finés. Su relativamente tardío fervor por la causa de su país estuvo propiciado no tanto por la situación de represión política de una Finlandia entonces bajo dominio ruso, como por el contacto con algunos destacados representantes de la cultura finlandesa, entre ellos los compositores Robert Kajanus y Armas Järnefelt –con cuya hermana Aino contraería matrimonio en 1892–, y el descubrimiento y la fascinación por el paisaje y la mitología del país. El éxito de una de sus primeras composiciones, el poema sinfónico para solistas, coro y orquesta *Kullervo* –basado en la epopeya nacional *Kalevala*–, lo convirtió no sólo en el principal representante de la música finlandesa, sino también en un símbolo político para sus compatriotas. Los estrenos de obras como la suite *Karelia, Cuatro leyendas de Lemminkäinen* (entre las que se halla la célebre *El cisne de Tuonela*), las dos primeras sinfonías y, sobre todo, *Finlandia*, fueron saludados

JEAN SIBELIUS
OBRAS MAESTRAS

MÚSICA ORQUESTAL: *EN SAGA* (1892); *KARELIA* (1893); *CUATRO LEYENDAS DE LEMMINKÄINEN* (1896); *FINLANDIA* (1899); *SINFONÍA NÚM. 1* (1899); *SINFONÍA NÚM. 2* (1902); *VALS TRISTE* (1903); *CONCIERTO PARA VIOLÍN EN RE MENOR* (1903); *PELLÉAS ET MÉLISANDE* (1905); *LA HIJA DE POHJOLA* (1906); *SINFONÍA NÚM. 3* (1907); *SINFONÍA NÚM. 4* (1911); *LAS OCEÁNIDAS* (1914); *SINFONÍA NÚM. 5* (1915); *SINFONÍA NÚM. 6* (1923); *SINFONÍA NÚM. 7* (1924); *LA TEMPESTAD* (1925); *TAPIOLA* (1926). **MÚSICA DE CÁMARA:** *CUARTETO DE CUERDA, «VOCES INTIMAE»* (1909). **MÚSICA INSTRUMENTAL:** *SONATA PARA PIANO EN FA MAYOR* (1893). **MÚSICA VOCAL Y CORAL:** *KULLERVO* (1892); *LUONNOTAR* (1910).

como actos de reafirmación nacional frente al opresor ruso. Sin embargo, a partir de la *Sinfonía núm. 3* su estilo experimentó un giro importante, tendiendo hacia un cierto clasicismo que fue consolidándose en las obras posteriores. A esta nueva etapa pertenece la *Sinfonía núm. 5*, una de sus partituras más representativas y monumentales. Tras el estreno del poema sinfónico *Tapiola* en 1926, Sibelius –a pesar del reconocimiento internacional de su música, del de sus compatriotas y de las numerosas distinciones a las que se hizo acreedor durante su carrera– se refugió en un inexplicable y profundo silencio que se prolongó hasta su muerte, más de tres décadas después.

SIEMENS, ERNST WERNER VON *(Lenthe, Alemania, 1816-Londres, 1883) Ingeniero e industrial alemán.* Estudió en la Universidad de Berlín y en la Escuela de Artillería e Ingeniería del ejército prusiano. En 1845 desarrolló su propio sistema telegráfico, y no tardó en fundar una compañía de telégrafos que tendió líneas telegráficas en varios países del mundo. Su obra de mayor envergadura fue la línea que enlazaba Londres con la India, completada en 1870. Siemens fue uno de los descubridores del principio de la dinamo y el primero en prever sus posibilidades prácticas. También diseñó un galvanómetro universal y propuso la unidad de conductancia eléctrica, llamada siemens en su honor. En 1887 colaboró en la creación del Phisikalische-Technische Reichsanstalt, y en 1892 publicó sus *Memorias autobiográficas*. Uno de sus hermanos, Wilhelm, fue también un destacado ingeniero que desarrolló el principio de la recuperación del calor en los hornos, e inventó un barómetro y un contador de agua de gran precisión.

SIGER DE BRABANTE *(Brabante, actual Bélgica, h. 1240-Orvieto, actual Italia, h. 1284) Filósofo medieval.* Profesor de filosofía en la Universidad de París, fue el más notable fi-

▲ *El compositor Jean **Sibelius**, máximo representante de la escuela finlandesa.*

▼ *El rey de Camboya Norodom **Sihanuk** saluda a la multitud, en una imagen tomada después de su restauración en el trono, en 1993.*

lósofo averroísta de su época, lo que le llevó a participar en las enconadas polémicas sobre la interpretación de Aristóteles que tuvieron lugar en dicha universidad entre 1266 y 1276. Frente a la interpretación de su oponente, Tomás de Aquino, de que la razón y la fe no podían entrar en contradicción, Siger de Brabante llegó a sostener la mortalidad del alma humana, y que sólo el intelecto agente, común a toda la humanidad, era inmortal, entre otras afirmaciones que terminaron por ser condenadas (en número de 219) por la Iglesia; llamado ante la justicia papal, fue apuñalado por su secretario.

SIHANUK, NORODOM *(Phnom Penh, Camboya, 1922) Presidente, rey y jefe de Estado camboyano.* En 1941 sucedió al monarca Monivong, de quien era nieto por parte materna. En 1954, tras la derrota francesa en Indochina, declaró la independencia de Camboya y, al año siguiente, abdicó en favor de su padre Norodom Suramit, durante cuyo mandato ejerció como primer ministro y como responsable de la cartera de Exteriores. Así mismo, fundó el Sangkum Reastr Niyum (Comunidad Socialista del Pueblo). Cinco años después, tras la muerte de su padre, accedió a la jefatura del Estado, posición desde la que implantó una política neutralista que permitió la recuperación económica del país. En 1970 fue destituido por un golpe militar encabezado por el general Lon Nol, lo cual le obligó a exiliarse en China. La victoria de los khmers rojos de Pol Pot en 1975 permitió su vuelta a Camboya, pero bajo arresto domiciliario hasta 1979. Con el país ocupado desde 1978 por las tropas vietnamitas, en 1982 fue elegido presidente del gobierno de coalición en el exilio, cargo que mantuvo hasta 1991, fecha en que fue nombrado presidente del Consejo Supremo Nacional. Tras las elecciones de 1993 fue restaurado como monarca de Camboya.

SIKORSKI, IGOR *(Kiev, 1889-Easton, EE UU, 1972) Ingeniero y pionero de la aviación estadounidense de origen ruso.* Estudió en la Academia Naval de San Petersburgo, pero pronto decidió abandonar el ejército y dedicarse a la investigación. Estudió ingeniería en París y Kiev, y realizó un viaje por Europa, durante el cual entró en contacto con los pioneros de la aviación. De vuelta en su país empezó a construir sus propios modelos, basados en la concepción de Da Vinci de vuelo en vertical, pero, tras una serie de intentos fallidos, dedicó sus esfuerzos a los aviones de ala fija, entre los que hay que destacar el gigantesco *Le Grand*, un cuatrimotor precursor de los futuros aviones de bombardeo y de pasajeros. Tras la Revolución de 1917, marchó a Estados Unidos, donde fundó una empresa, la Sikorski Aero Engineering Corporation. En ella se dedicó a diseñar los hidroaviones que revolucionarían la aviación comercial de pasaje, como el S-40, el célebre *American Clipper*, o el gigantesco S-42. A finales de los años treinta decidió volver a trabajar en el sueño de su vida: el helicóptero. En 1939 construyó el VS-300, el primero de una serie destinada a revolucionar el mundo de la aeronáutica.

SILA, LUCIO CORNELIO *(?, 138 a.C.-Cumas, actual Italia, 78 a.C.) General y político romano.* Miembro de una familia patricia, luchó en África a las órdenes de Cayo Mario, y destacó al lograr, mediante la diplomacia, la captura de Yugurta, rey de Numidia. Como recompensa a sus éxitos durante la guerra que enfrentó a los romanos con sus antiguos aliados italianos del norte (90-88 a.C.), fue nombrado cónsul. Máximo representante de los *optimates* (partido aristocrático), el Senado le confió el mando del ejército que debía luchar contra Mitrídates, rey del Ponto, en guerra contra Roma. Este nombramiento se opuso a las aspiraciones de Mario, líder de los populares, lo que provocó una guerra civil. Mario fue derrotado y tras su huida, Sila se dirigió al Asia Menor donde derrotó a Mitrídates en el 83 a.C. Después de su regreso a Roma se proclamó dictador y condenó a muerte o al exilio a muchos partidarios de Mario, tras lo cual reformó la Administración romana y reinstauró la plenitud de poderes del Senado. En el 79 a.C. renunció a la dictadura y se retiró a Campania, donde al año murió.

SILES ZUAZO, HERNÁN *(La Paz, 1914-id., 1996) Político boliviano.* Hijo de Hernando Siles, antiguo presidente de Bolivia, luchó en la guerra del Chaco, y en 1941 se-

▲ *Igor **Sikorski** desciende de uno de sus aparatos en 1955, a su llegada al Reino Unido, para recibir un premio del Instituto de Mecánica e Ingeniería.*

▼ Virgen con Niño, *relieve en madera perteneciente a la silla prioral del coro del monasterio de San Jerónimo en Burgos, obra de Diego de **Siloé**.*

cundó el golpe militar que llevó a la presidencia a Gualberto Villarroel, lo cual provocó su exilio cuando Villarroel perdió el poder. Tras su regreso a Bolivia, apoyó la revolución nacionalista de 1952 que convirtió a Paz Estenssoro en presidente y al propio Siles en vicepresidente. Elegido presidente en 1956, inició un giro hacia posiciones más moderadas cuando estableció pactos militares con Estados Unidos y aceptó las directrices del Fondo Monetario Internacional. Tuvo que salir del país en 1964 después del alzamiento de Barrientos, y creó un frente en el exilio. En 1980 ganó las elecciones presidenciales, pero el golpe de García Meza le impidió tomar el poder hasta dos años más tarde. Planeó un programa de restricciones y austeridad y suspendió el pago de la deuda exterior. Dimitió en 1985, tras la intervención del ejército en la represión de una huelga general.

SILOÉ, DIEGO DE *(Burgos, h. 1495-Granada, 1569) Escultor y arquitecto español.* Se formó con su padre, el escultor Gil de Siloé, y merced a una estancia de dos años en Italia entró en contacto con el arte renacentista. Diego de Siloé es una de las grandes figuras del Renacimiento español, al que aportó un elegante dominio de los esquemas italianizantes, enriquecidos a menudo con una profusa decoración. En 1517 se estableció en Burgos, donde realizó la escalera dorada de la catedral, considerada una de las obras maestras del Renacimiento hispánico. En la propia catedral de Burgos se le deben varias obras en la capilla del Condestable, en particular el retablo mayor, esculpido en colaboración con Vigarny. Sus figuras, poderosas y monumentales, se enmarcan en espacios arquitectónicos de claro sabor italianizante. Trabajó en diferentes localidades de Castilla antes de trasladarse en 1528 a Granada, donde labró las estatuas orantes de los Reyes Católicos para la Capilla Real. En Andalucía, donde trabajó principalmente como arquitecto, dejó dos grandes creaciones: la catedral de Granada y la iglesia de San Salvador de Úbeda. Siloé compaginó el trabajo en la catedral de Granada, en la que se le debe también la decoración escultórica de algunas puertas, con la dirección de las obras del colegio de los Irlandeses, en Salamanca, en el que trazó un patio de un clasicismo impecable.

SILOÉ, GIL DE *(ss. XV-XVI) Escultor español documentado entre 1486 y 1503.* Aunque nació en Orleáns o en Amberes (en ocasiones se le menciona como Gil de Amberes), se estableció en Burgos y trabajó siempre en España. Es, de hecho, la máxima figura de la escultura hispánica del siglo XV, cuando las formas góticas, ensambladas con las mudéjares, dieron origen al llamado estilo Isabel, exclusivo de España, uno de cuyos principales representantes es Gil de Siloé. Las obras que se le atribuyen con total seguridad se encuentran en la ciudad de Burgos, pero se cree que trabajó también en Valladolid, donde guardan evidentes analogías con su estilo exuberante y decorativista la fachada del colegio de San Gregorio (hoy Museo Nacional de Escultura) y la fachada de la iglesia de San Pablo. La atribución de estas obras resulta, sin embargo, problemática. En la cartuja de Miraflores, en las afueras de la ciudad de Burgos, se conserva su obra maestra, un magnífico conjunto que se cuenta entre las grandes realizaciones de la escultura española. Incluye los sepulcros de Juan II y su esposa Isabel de Portugal y del infante Alfonso y el retablo mayor: tres obras emblemáticas de su estilo goticista, recargado y minucioso, más atento a los efectos ornamentales que al tratamiento de las figuras y los elementos individualizados. En la catedral de Burgos realizó el retablo de la capilla de Santa Ana y el sepulcro del obispo Alonso de Cartagena.

SILVA, JOSÉ ASUNCIÓN (*Bogotá, 1865-id. 1896*) *Poeta colombiano.* Dotado de una gran sensibilidad humana y artística y de una notable inteligencia, tuvo una formación literaria precoz, resultado de un ambiente familiar cultivado y creativo. A los diecinueve años emprendió un viaje de estudios por Europa, donde conoció a los simbolistas franceses y a destacados intelectuales británicos, alemanes y franceses. Tras su regreso, después de casi dos años, se convirtió rápidamente en el máximo exponente de la poesía colombiana. Sus poemas se caracterizan por la audacia y la originalidad del lenguaje y las imágenes; el tema del amor aparece plagado de referencias eróticas, y no faltaron rumores que los relacionaban con una supuesta pasión secreta por su hermana Elvira, a la que se hallaba muy unido. Cuando ella murió, le dedicó su elegía *Nocturno III*, una de sus obras más celebradas. Se suicidó a los treinta y un

▲ *El infante Alfonso de Castilla, de rodillas en su sepulcro, en actitud orante; escultura de Gil de* **Siloé** *que se encuentra en la cartuja de Miraflores, en Burgos.*

años, desesperado por sus deudas, la muerte de su hermana y la pérdida de un manuscrito en el mar justo antes de su publicación. Sus poemas anticipan el modernismo; recopilados tras su muerte, se publicaron en Barcelona en 1906 con el título de *Poesías*, y su obra completa en 1942, en México, con el de *Prosas y versos de José Asunción Silva.*

SILVA HERZOG, JESÚS (*San Luis Potosí, México, 1892-Ciudad de México, 1985*). *Economista mexicano.* En 1910, año en que estalló la Revolución, fue enviado por su familia a Nueva York para cursar estudios de economía. De regreso en su ciudad natal comenzó a ejercer el periodismo en *El Demócrata* y *Redención*, y estuvo cerca de ser fusilado por sus divergencias con el ideario constitucionalista de Venustiano Carranza. En 1922 se graduó en economía por la Escuela de Altos Estudios de la Universidad Nacional. A partir de entonces, su influencia en la vida pública del país fue constante. Preocupado por la enseñanza de su especialidad, fundó el Instituto Mexicano de Investigaciones Económicas y la *Revista Mexicana de Economía*, institución que dirigió de 1940 a 1942. Como investigador se interesó por la historia de la economía y temas como la reforma agraria y la cuestión petrolera. *Petróleo mexicano. Historia de un problema* (1941), *El pensamiento económico en México* (1947) y *El agrarismo mexicano y la reforma agraria* (1959) son sus tratados más destacados.

SILVESTRE I, SAN (*Roma, ?-id., 335*) *Papa (314-335).* Convocó el concilio de Nicea, en el 325, que fue presidido por el propio emperador Constantino y en el cual se trató de resolver la cuestión del arrianismo, que fue condenado como herejía. Silvestre I es famoso por la llamada *Donación de Constantino*, un texto espúreo, elaborado en la cancillería papal siglos más tarde, según el cual el emperador, arrepentido de sus actos, se postró ante este Papa y le entregó la corona imperial, así como la púrpura y los otros signos del poder de Roma. Por lo visto, Silvestre no aceptó la corona, y Constantino la siguió ciñendo cuando se trasladó a Oriente. Esta leyenda sirvió en su mo-

▼ La donación de Constantino. *El emperador arrodillado, recibe la bendición del papa* **Silvestre I**, *mientras Constantino le entrega su corona como símbolo de la renuncia por parte de la autoridad secular a la autoridad espiritual.*

mento para defender la primacía de Roma frente a Constantinopla, ya que dejaba entrever que el emperador había conservado la Corona por la benevolencia del Papa, quien era su depositario último. Más adelante, la leyenda sirvió como argumento para sostener las tesis papales frente a los emperadores germánicos.

SIMEÓN EL ESTILITA *(Sisan, actual Siria, 390-Telanissus, id., 459) Asceta sirio.* Fue expulsado de un monasterio de Antioquía a causa de su excesivo rigor ascético. La fama de sus milagros le ganó pronto el fervor popular, motivo por el cual, y para recuperar, al parecer, la necesaria calma para su espíritu, decidió vivir en un pilar de piedra, que fue primero de unos dos metros y que al final llegó a tener más de quince metros de altura. Allí pasó los últimos treinta años de su vida, entregado a la meditación y sobreviviendo gracias a los donativos que recibía. El lugar se convirtió en centro de peregrinación, y pudo convertir al cristianismo a numerosos infieles; su influencia le permitió incluso abogar a favor del partido calcedoniano en las polémicas de la época sobre la naturaleza de Cristo. Su ejemplo daría lugar a múltiples emuladores ya en su tiempo y durante los siglos posteriores, que trataron de imitarlo o incluso superarle.

SIMMEL, GEORG *(Berlín, 1858-Estrasburgo, Francia, 1918) Filósofo y sociólogo alemán.* Representante del neokantismo relativista, enseñó filosofía en las universidades de Berlín (1885-1914) y Estrasburgo (1914-1918). Quiso resolver las contradicciones a las que conducía el formalismo del «a priori» kantiano. También se empleó en deducir tipos morales *(Introducción a la ciencia de la moral,* 1892) y clasificar los sentimientos y las ideas que determinan la reconstrucción histórica *(Problemas de la filosofía de la historia,* 1892). Por otra parte, contribuyó decisivamente a la consolidación de la sociología como ciencia en Alemania *(Sociología,* 1908) y trazó las líneas maestras de una metodología sociológica, aislando las formas generales y recurrentes de la interacción social a escala política, económica y estética. Prestó especial atención al problema de la autoridad y la obediencia en su *Filosofía del dinero* (1900) y diagnosticó la especialización y despersonalización de las relaciones sociales en el contexto de una economía monetarista.

▲ *Un sonriente Frank* **Sinatra** *posa para el fotógrafo en los años cuarenta, cuando el cantante se hallaba en la cumbre de su popularidad.*

▼ *Portada de uno de los discos de Frank* **Sinatra***, intérprete melódico que creó un estilo propio y fue mundialmente conocido con el sobrenombre de* La Voz.

SINATRA, FRANK [Francis Albert Sinatra] *(Hoboken, EE UU, 1915-Los Ángeles, 1998) Cantante de música ligera y actor estadounidense.* La vocación musical de Sinatra nació en 1933, tras asistir a un concierto del cantante Bing Crosby. Dos años después ingresó en el grupo llamado The Hoboken Four y se presentó al programa radiofónico *Major Bowes Amateur Hours,* lo que le procuró actuaciones en diversos espectáculos radiofónicos. En 1939, el trompetista Harry James lo contrató como cantante de su orquesta, con la que realizó sus primeras grabaciones. Ese mismo año contrajo matrimonio con Nancy Barbato. En 1940 se produjeron dos hechos fundamentales en su trayectoria personal y artística: ingresó en la orquesta de Tommy Dorsey, uno de los conjuntos de swing más populares de Estados Unidos por aquel entonces, y nació su hija Nancy. Por su destacada personalidad, en 1942 se convirtió en un ídolo de la juventud estadounidense; en 1943 inició su carrera en solitario con la publicación del elepé *All or nothing at all,* del que logró vender un millón de copias. Con su popularidad en alza, en 1944 debutó en el cine con la película *Higher and higher.* Ese mismo año nacería su hijo Francis Wayne, y cuatro años después, su segunda hija, Tina. A principios de la década de 1950, una grave afección en las cuerdas vocales hizo temer que el cantante tuviera que abandonar su carrera musical prematuramente; sin embargo, se recuperó sin mayores problemas. En 1951 se divorció de Nancy para casarse con la popular actriz Ava Gardner. Dos años después, obtuvo un Oscar de Hollywood al mejor actor secundario por su interpretación en el papel de Angelo Maggio en la película *De aquí a la eternidad (From here to eternity).* Ese mismo año se separó de Ava Gardner. En 1955 retomó su carrera musical con el disco *In the wee small hours,* que llegó a situarse en el segundo lugar de las listas de éxitos estadounidenses, mientras en el apartado cinematográfico fue propuesto para el Oscar al mejor actor por su actuación en el filme *El hombre del brazo de oro (The man with the golden arm).* Cuando contaba cincuenta años de edad se casó con la actriz Mia Farrow, treinta años más joven que él, aunque el matrimonio naufragó pronto. En 1968 se volvería a divorciar, para contraer en 1976 su cuarto matrimonio, en esta ocasión con Barbara Marx, la viuda del actor cómico

Zeppo Marx. En el apartado musical, se prodigó en colaboraciones como *Sinatra-Basie* (1962), con su ídolo de juventud Bing Crosby en 1964, con su propia hija Nancy y con el compositor brasileño Antônio Carlos Jobim en 1967 o con *Duke* Ellington en 1968. En la década de 1970 se consolidó como una auténtica institución de la música popular, y en 1980 interpretó su último papel dramático en la película *El primer pecado mortal* (*The First Deadly Sin*), aunque aún se le pudo ver en algún cameo como el de la comedia *Los locos de Cannonball 2,* de 1984. En el año 1990, con motivo de su septuagesimoquinto cumpleaños, celebró una exitosa gira por su país y en 1994 fue galardonado con el Premio Grammy por la totalidad de su carrera artística.

SINCHI ROCA (*s. XIII*) *Soberano inca.* Hijo primogénito de Manco Cápac, el mítico fundador del Imperio Inca, se convirtió a su muerte en el segundo emperador de su dinastía. Se trata de un personaje semilegendario, cuyo reinado, según las fuentes, transcurrió en relativa calma, ya que se trataba de una persona pacífica. A pesar de todo existen referencias a diversos enfrentamientos bélicos con los quechuas de Nurín y Pumatamtu, así como un intento de expansión en dirección a los actuales territorios de Chile. Promotor de la agricultura por irrigación, creó una división territorial de sus dominios y se le considera el impulsor del primer censo de la población efectuado en el Imperio Inca. A su muerte, le sucedió su hijo Lloque Yupanqui, que no era su primogénito, de modo que se rompió así con el orden de sucesión que había instituido Manco Cápac.

SINGER, ISAAC BASHEVIS (*Radzymin, Polonia, 1904-Miami, EE UU, 1991*) *Escritor estadounidense de origen polaco.* Nacido en el seno de una familia de rabinos, empezó a escribir en yiddish en Varsovia. En 1935 se trasladó a Nueva York, donde se dedicó al periodismo y a la literatura. Se consagró con la obra *La familia Moskat* (1950), que obtuvo un gran éxito entre la comunidad hebrea estadounidense. Considerado uno de los grandes narradores en yiddish, en sus novelas y cuentos evoca las tradiciones de los judíos alemanes y polacos entre quienes transcurrió su infancia y su juventud en el gueto de Varsovia. Obras suyas son, así mismo, *Satán en Goray* (1955), *El mago de Lublín* (1960), *Un amigo de Kafka* (1970), y sus memorias, integradas por *Un niño en busca de amor* (1976) y *Un muchacho en busca de amor* (1978).

> «*Negarse a aceptar el control no es más que dejar el control en otras manos.*»
>
> Burrhus Frederic Skinner

▼ *Bajo estas líneas, Burrhus F. **Skinner** en su despacho del departamento de psicología de la Universidad de Harvard. Abajo, dibujo de la caja de Skinner utilizada en los experimentos sobre el aprendizaje animal.*

SIQUERIOS, DAVID ALFARO → Alfaro Siquerios, David.

SISLEY, ALFRED (*París, 1839-Moret-sur-Loing, Francia, 1899*) *Pintor francés.* Se formó en el estudio de Gleyre, donde conoció a Monet, Renoir y Bazille, con los que integró el grupo de los impresionistas. Nunca alcanzó, sin embargo, el renombre de la mayor parte de sus compañeros de tendencia y vivió en la miseria cuando dejó de recibir la ayuda económica de su acaudalada familia, la cual cesó a raíz del hundimiento del negocio familiar en 1871. A partir de 1880 residió en Moret-sur-Loing, y la mayor parte de sus obras son vistas de la localidad, de composición monumental y gran sensibilidad tonal. Cultivó en exclusiva el paisaje, en el cual incluyó a veces figuras humanas, y empleó una gama de color más restringida que la característica de otros impresionistas.

SKINNER, BURRHUS FREDERIC (*Susquehanna, EE UU, 1904-Cambridge, id., 1990*) *Psicólogo estadounidense.* Obtuvo el doctorado en psicología por la Universidad de Harvard en 1931. En 1936 empezó a trabajar como profesor en la Universidad de Minnesota, donde permaneció nueve años. En 1938 publicó su primer libro, *Las conductas de los organismos,* y tras un breve período en la Universidad de Indiana, se estableció en Harvard (1948). Influido por la teoría de los reflejos condicionados de Pavlov y por el conductismo de Watson, Skinner creyó que era posible explicar la conducta de los individuos como un conjunto de respuestas fisiológicas condicionadas por el entorno, y se entregó al estudio de las posibilidades que ofrecía el control

científico de la conducta, mediante técnicas de refuerzo (premio de la conducta deseada), necesariamente sobre animales. Entre sus experimentos más célebres cabe citar el adiestramiento de unas palomas para jugar al pimpón, la llamada caja de Skinner, todavía hoy utilizada para el condicionamiento de animales, o el diseño de un entorno artificial específicamente pensado para los primeros años de vida de las personas. Su conductismo radical levantó abundante polémica en su país, y alcanzó una fama notable con la publicación de la novela *Walden 2* (1948), en la que especulaba sobre una sociedad futura totalmente programada con técnicas de ingeniería de la conducta. En su ensayo *Más allá de la libertad y la dignidad* (1971), defendió que tales conceptos resultaban en último término perniciosos para la sociedad, y que la única manera de alcanzar una convivencia óptima pasa necesariamente por aplicar unas técnicas adecuadas en el diseño de la conducta de sus miembros.

SLUTER, CLAUS (*Haarlem, Países Bajos, h. 1340-Dijon, Francia, 1405 o 1406) Escultor flamenco que trabajó en Dijon.* Su obra se inscribe dentro del estilo gótico, al cual supo dotar de una monumentalidad y un naturalismo que conducen prácticamente a las puertas del Renacimiento. Se le considera, por ello, el principal escultor del norte de Europa de finales del siglo XIV. En 1379 está documentada su presencia en Bruselas, pero puede decirse que su carrera como escultor comenzó en 1385, cuando entró al servicio de Felipe *el Atrevido*, duque de Borgoña. Éste había fundado una cartuja en Champmol, cerca de Dijon, que constituía por entonces un foco artístico de primer orden. Sluter ingresó en el taller de escultura de la cartuja y no tardó en estar al frente de toda la decoración escultórica del edificio religioso, a la que dedicó el resto de su vida. Esculpió en primer lugar las figuras para la portada de la iglesia, casi de bulto redondo; en ellas, el peso de las masas y el intenso poder de caracterización se alejan considerablemente de la li-

▲ *Detalle del* Pozo de Moisés, *obra realizada por Claus* **Sluter** *entre 1395 y 1403 que se conserva en el Museo de Dijon, en Francia. El grupo escultórico servía de basamento de una monumental fuente situada en la cartuja de Champmol.*

▼ *Retrato al aguafuerte de Bedrich* **Smetana** *realizado por Max Svabinsky en 1907, más de veinte años después de la muerte del compositor checo.*

nealidad del gótico. A continuación se ocupó de una fuente, de la que sólo se conserva intacto un pilar hexagonal con seis figuras de profetas, conocida como *Pozo de Moisés*; la fuerza física de estas figuras y su individualización es todavía mayor que en las estatuas de la portada. La fuente estaba rematada por un *Calvario*, del que quedan, entre otros fragmentos, el torso y la cabeza de Jesucristo, esta última con una intensidad sin precedentes en la expresión del sentimiento de dolor, motivo por el cual es considerada como la obra maestra del escultor. Su última obra fue el sepulcro de Felipe *el Atrevido*, que no pudo concluir; la mayor parte de la sepultura la realizó su sobrino, Claus de Werve; a Sluter se deben las figuras de *pleurants* (plañideras), que impresionan por su solemnidad y por la fuerza expresiva de los pliegues de las túnicas, un rasgo singular de su estilo. Su obra ejerció una enorme influencia, también en la pintura, y las figuras de *pleurants* fueron adoptadas a partir de entonces por otros artistas en multitud de monumentos funerarios.

SMETANA, BEDRICH (*Litomysl, actual República Checa, 1824-Praga, 1884) Compositor y director de orquesta checo.* Aunque históricamente los territorios que conforman Bohemia han dado grandes nombres a la música, Smetana fue el primero que supo expresar en sus obras el espíritu, la esencia y los anhelos de su patria. En este sentido, debe ser considerado como el padre de la escuela musical nacionalista checa, cuya impronta sería decisiva en los autores que lo siguieron, entre ellos Dvorak y Janacek. Hijo de un cervecero amante de la música, las aptitudes musicales se manifestaron a tan temprana edad en el pequeño Smetana, que a los seis años hizo su primera aparición en público como pianista y a los ocho escribió sus primeras piezas. Deseoso de triunfar como concertista, en 1843 el músico se trasladó a Praga con el fin de mejorar su técnica. Eran años de tensión política entre el emergente nacionalismo checo y el centralismo de las autoridades austriacas, y Smetana participó en el movimiento de concienciación patriótica con varias marchas revolucionarias y un exaltado *Canto a la libertad* (1848). Tras un paréntesis de cinco años en Gotemburgo como director de la Sociedad Filarmónica (1856-1861), colaboró en la fundación de numerosos organismos musicales checos, entre ellos el Teatro Nacional de Praga. En 1866 estrenó en él sus dos primeras óperas, *Los brandemburgueses en Bohemia* y su obra maestra *La novia vendida*, primer ejemplo acabado de ópera nacional checa. Con ella y las que le siguieron –*Dalibor* (1867) y *Libuse* (1872), entre otras–, Smetana no sólo se convirtió en el fundador y líder de la escuela nacionalista bohemia, sino que consiguió el anhelado cargo de director del Teatro Nacional, en el que permaneció hasta que en 1874 una sordera provocada por la sífilis le obligó a presentar la dimisión. Pese a las dificultades, entre 1874 y 1879 vieron la luz los seis poemas sinfónicos que integran su obra maestra orquestal, el ciclo *Mi patria*. De esta época data también una de sus partituras más sentidas y originales, el *Cuarteto de cuerda núm. 1 De mi vida* (1876). Perdida la razón a consecuencia de la enfermedad, Smetana pasó los últimos años de su existencia recluido en un hospital psiquiátrico de Praga.

SMITH, ADAM (*Kirkcaldy, Gran Bretaña, 1723-Edimburgo, id., 1790) Economista escocés.* Hijo de un interventor de aduanas, a la edad de catorce años ingresó en la Universidad de Glasgow, donde fue discípulo de Francis Hutcheson, profesor de filosofía moral. Graduado en 1740, ganó una beca en el Balliol College de Oxford, en el que adquirió formación en filosofía. Ejerció la docencia en Edimburgo, y a partir de 1751, en Glasgow, como profesor de lógica y filosofía moral. En 1759 publicó *Teoría de los sentimientos morales*, obra profundamente influida por el utilitarismo de Bentham y Mill en la que describía la formación de los juicios morales en el marco de un «orden natural» de ámbito social, y sobre cuyos principios basaría su posterior liberalismo económico. Smith veía en el comportamiento humano la presencia de una dualidad entre razón e impulsos pasionales. La naturaleza humana, individualista y racional al mismo tiempo, empuja al hombre tanto al

«La vida de los checos está en la música.»

Bedrich Smetana

▼ *Bajo estas líneas, portada del volumen primero de la primera edición, impresa en Londres en 1776, de la* Investigación sobre la naturaleza y las causas de la riqueza de las naciones, *una de las obras capitales de la moderna ciencia económica. Abajo, su autor, Adam **Smith**.*

enfrentamiento como a la creación de instituciones destinadas a la consecución del bien común. Así mismo expuso la creencia en una mano invisible armonizadora de los intereses individuales en el marco de la actividad colectiva. En 1763 abandonó Glasgow y aceptó (por recomendación de David Hume) un empleo en Francia como preceptor del joven duque de Buccleuch, hijastro del canciller del Exchequer Charles Townshend. En Francia conoció a Turgot, Quesnay y otros economistas fisiócratas y enciclopedistas de la época. Residió principalmente en Toulouse y París, ciudad desde la que tuvo que regresar a Londres debido al asesinato del hermano del duque de Buccleuch. En el curso de una corta estancia en Ginebra conoció a Voltaire. En Francia inició la redacción de su obra más importante, la *Investigación sobre la naturaleza y las causas de la riqueza de las naciones* (*An Inquiry into the Nature and Causes of the Wealth of Nations*), dividida en cinco libros, que terminó de escribir durante seis años en su pueblo natal de Kirkcaldy, cerca de Edimburgo, y publicó después de una estancia de tres años en Londres, en 1776. Su principal aportación teórica es el análisis del mecanismo mediante el cual el libre juego de mercado (tanto a escala interna como en las relaciones comerciales con otros países) entre los diversos sectores de la economía genera el máximo beneficio económico del conjunto. Como consecuencia, se mostró siempre contrario a cualquier intervención o regulación de la actividad económica, reduciendo el papel del Estado al de garante de las reglas del juego. Se opuso al mercantilismo al considerar la riqueza de una nación como la producción anual de bienes y servicios («las cosas necesarias y útiles para la vida»), en lugar de las reservas de metales preciosos, y a la escuela fisiócrata al descartar la tierra como el origen de toda riqueza y proponer en su lugar el factor trabajo. A este respecto, Smith incidió en la especialización como el determinante de la capacidad de una sociedad para aumentar su productividad, y en consecuencia, su crecimiento económico.

SMITH, JOSEPH (*Sharon, EE UU, 1805-Carthage, id. 1844) Líder religioso estadounidense.* Fundador y primer presidente del movimiento milenarista Iglesia de los Santos de los Últimos Días, más conocida como Iglesia mormona. En 1836 inauguró el primer templo en Ohio en Asociación con una comunidad protestante. Es autor del *Libro del Mormón* (1830), obra que según afirmaba era una Biblia conservada por los indígenas, últimos restos de las tribus perdidas de Israel. Obtuvo el reconocimiento estatal estadounidense y no tardó en promulgar la ley de tolerancia de la poligamia. En 1844 llegó a presentarse como candidato a la presidencia del país con el respaldo de más de diez mil adeptos, pero una fuerte oposición lo condujo a la cárcel, acusado de autocrático y polígamo. Acabó siendo linchado públicamente.

SMUTS, JAN CHRISTIAAN *(Bovenplaats, actual Sudáfrica, 1870-Irene, id., 1950) Militar y político sudafricano.* Hijo de granjeros de raíces mayoritariamente holandesas, pasó la infancia en Sudáfrica hasta su ingreso en la Universidad de Cambridge (Reino Unido), en 1891. Como estudiante de derecho, destacó rápidamente, y se graduó con el número uno de su promoción. De regreso en su país natal en 1895, se sintió atraído por la política. Contrajo matrimonio con Isie Krige, y en 1898 fue nombrado abogado del Estado. Durante la guerra de los bóers, destacó en el diseño y la introducción de tácticas de guerrilla contra las tropas británicas. Finalizado el conflicto, con su aliado político Louis Botha llevó a cabo numerosas manifestaciones públicas a favor de un mayor autogobierno de las antiguas repúblicas. Cabe citar en el haber de Smuts importantes avances en dicho sentido, como las concesiones en materia autonómica otorgadas a la provincia del Transvaal en 1906, y a la Unión Sudafricana en 1910. Tras abordar en compañía de Botha un vasto proceso de reunificación nacional, en 1917 fue requerido por el primer ministro británico Lloyd George para participar, en su condición de súbdito británico, en el conflicto bélico europeo con el cargo de

▲ *Jan C. **Smuts**, político que entre 1920 y 1950 fue elegido en repetidas ocasiones primer ministro de la República Sudafricana.*

▼ *Mário **Soares**, una de las personalidades más importantes de la política portuguesa del último tercio del siglo.*

ministro del Aire. Poco después de su retorno a Sudáfrica, la muerte de Botha lo propulsó al cargo de primer ministro. Tras ser derrotado por una coalición de nacionalistas y laboristas, en 1933 se adjudicó nuevamente las elecciones en compañía de J. B. M. Hertzog, con quien luego mantuvo fuertes discrepancias respecto a la participación de Sudáfrica en la recién iniciada Segunda Guerra Mundial. Tras una apretadísima votación en el Parlamento, Smuts fue ratificado como primer ministro y en 1939 el país declaró la guerra a Alemania. Partícipe en la conferencia de San Francisco, en la que se redactó la Carta de las Naciones Unidas, en las elecciones de 1948 fue derrotado por el Partido Nacionalista de D. F. Malan.

SOARES, MÁRIO *(Lisboa, 1924) Abogado y político portugués.* Licenciado en derecho, comenzó su militancia política en 1945, en la oposición a Salazar. Entre 1952 y 1960 perteneció a la ejecutiva de Acción Socialdemócrata, y en 1958 apoyó la candidatura del general Humberto Delgado. A raíz de sus actividades estuvo en prisión varias veces, e incluso fue deportado a São Tomé en 1968. En 1973, en el exilio en Alemania, fundó el Partido Socialista Portugués (PSP), y pudo regresar a Portugal en abril de 1974, tras la Revolución de los Claveles. En mayo fue nombrado ministro de Asuntos Exteriores, y como tal negoció la independencia de las colonias portuguesas en África. En 1974 asumió la secretaría del Partido Socialista, y fue ministro sin cartera entre 1975 y 1976. Su tendencia moderada en política le condujo al triunfo en las elecciones legislativas de 1976, en las que los socialistas se convirtieron en la fuerza mayoritaria del país. En 1978 se formó un nuevo gabinete, compuesto también por representantes del Centro Democrático Social. A causa de un enfrentamiento con el presidente de la República, el general Eanes, fue destituido ese mismo año y abandonó todas sus funciones en el partido. Recuperó el cargo de secretario general de éste en 1981, y, gracias a la victoria socialista en las elecciones de 1983, volvió a encabezar un gobierno de coalición de socialistas y socialdemócratas. Dimitió dos años más tarde, tras la retirada de estos últimos, a raíz de cuyo triunfo en las elecciones de octubre de 1985 abandonó de nuevo la secretaría del PS. Presidente de la República portuguesa entre 1986 y 1996, más tarde fue designado por la ONU para presidir una comisión de investigación sobre la violación de los derechos humanos en Argelia.

SÓCRATES *(Atenas, 470 a.C.-id., 399 a.C.) Filósofo griego.* Fue hijo de una comadrona, Faenarete, y de un escultor, Sofronisco, emparentado con Arístides *el Justo*. Pocas cosas se conocen con certeza de su vida, aparte de que participó como soldado de infantería en las batallas de Samos (440), Potidea (432), Delio (424) y Anfípolis (422). Fue amigo de Aritias y de Alcibíades, al que salvó la vida. La mayor parte de cuanto se sabe sobre él procede de tres contemporáneos suyos: el historiador Jenofonte, el comediógrafo Aristófanes y el filósofo Platón. El primero lo retrató como un sabio absorbido por la idea de identificar el conocimiento y la virtud, pero con una personalidad en la que no faltaban algunos rasgos un tanto vulgares. Aristófanes lo hizo objeto de sus sátiras en una comedia, *Las nubes* (423), donde se le identifica con los demás sofistas y es caricaturizado como engañoso artista del discurso. Estos dos testimonios matizan la imagen de Sócrates ofrecida por Platón en sus *Diálogos*, en los que aparece como figura principal, una imagen que no deja de ser en ocasiones excesivamente idealizada, aun cuando se considera que posiblemente sea la más justa. Se tiene por cierto que se casó, a una edad algo avanzada, con Xantipa, quien le dio dos hijas y un hijo. Cierta tradición ha perpetuado el tópico de la esposa despectiva ante la actividad del marido y propensa a comportarse de una manera brutal y soez. En cuanto a su apariencia, siempre se describe a Sócrates como un hombre rechoncho, con un vientre prominen-

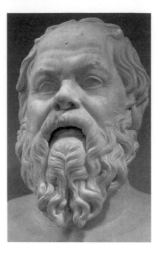

▲ *Busto de **Sócrates** que se exhibe en el Museo Capitolino de Roma. Creador de un racionalismo moral, su doctrina quedó recogida en los* Diálogos *de Platón.*

▼ *Miniatura de un manuscrito medieval que representa el momento en que **Sócrates** se dispone a tomar la cicuta, rodeado por tres discípulos que insisten en que obvie el compromiso de darse muerte en cumplimiento de la orden imperial.*

te, ojos saltones y labios gruesos, del mismo modo que se le atribuye también un aspecto desaliñado. Sócrates se habría dedicado a deambular por las plazas y los mercados de Atenas, donde tomaba a las gentes del común (mercaderes, campesinos o artesanos) como interlocutores para someterlas a largos interrogatorios. Este comportamiento correspondía, sin embargo, a la esencia de su sistema de enseñanza, la mayéutica, que él comparaba al arte que ejerció su madre: se trataba de llevar a un interlocutor a alumbrar la verdad, a descubrirla por sí mismo como alojada ya en su alma, por medio de un diálogo en el que el filósofo proponía una serie de preguntas y oponía sus reparos a las respuestas recibidas, de modo que al final fuera posible reconocer si las opiniones iniciales de su interlocutor eran una apariencia engañosa o un verdadero conocimiento. La cuestión moral del conocimiento del bien estuvo en el centro de sus enseñanzas, con lo que imprimió un giro fundamental en la historia de la filosofía griega, al prescindir de las preocupaciones cosmológicas de sus predecesores. El primer paso para alcanzar el conocimiento, y por ende la virtud (pues conocer el bien y practicarlo era, para Sócrates, una misma cosa), consistía en la aceptación de la propia ignorancia. Sin embargo, en los *Diálogos* de Platón resulta difícil distinguir cuál es la parte que corresponde al Sócrates histórico y cuál pertenece ya a la filosofía de su discípulo. No dejó doctrina escrita, ni tampoco se ausentó de Atenas (salvo para servir como soldado), contra la costumbre de no pocos filósofos de la época, y en especial de los sofistas, pese a lo cual fue considerado en su tiempo como uno de ellos. Con su conducta se granjeó enemigos que, en el contexto de inestabilidad en que se hallaba Atenas tras las guerras del Peloponeso, acabaron por considerar que su amistad era peligrosa para aristócratas como sus discípulos Alcibíades o Critias; oficialmente acusado de impiedad y de corromper a la juventud, fue condenado a beber cicuta después de que, en su defensa, hubiera demostrado la inconsistencia de los cargos que se le imputaban. Según relata Platón en la apología que dejó de su maestro, éste pudo haber eludido la condena, gracias a los amigos que aún conservaba, pero prefirió acatarla y morir, pues como ciudadano se sentía obligado a cumplir la ley de la ciudad, aunque en algún caso, como el suyo, fuera injusta. Peor habría sido la ausencia de ley.

SODDY, FREDERICK *(Eastbourne, Reino Unido, 1877-Brighton, id., 1956) Físico y químico británico.* Laureado en Oxford, trabajó durante dos años en Canadá, en la McGill University, con E. Rutherford. De regreso a su patria, y tras completar su formación en Londres bajo la guía de W. Ramsay, se convirtió en *lecturer* de química física en la Universidad de Glasgow, profesor de química en Aberdeen (1914-1919) y, desde 1919, profesor de química física y química orgánica en Oxford. Se dedicó al estudio de la radiactividad y desarrolló la teoría de la desintegración de los elementos, enunció la ley de los desplazamientos radiactivos, o ley de Soddy, que establece el desplazamiento que experimenta en la tabla periódica un elemento al sufrir una transformación en su estructura atómica, e introdujo, en 1913, la idea de que algunos átomos podían ser químicamente idénticos y a la vez presentar masas diferentes (isótopos). Miembro de la Royal Society desde 1910, recibió en 1921 el Premio Nobel de Química.

SÓFOCLES *(Colona, hoy parte de Atenas, actual Grecia, 495 a.C.-Atenas, 406 a.C.) Poeta trágico griego.* Hijo de un rico comerciante llamado Sofilo, a los dieciséis años fue elegido director del coro de muchachos para celebrar la victoria de Salamina. En el 468 a.C. se dio a conocer como autor trágico al vencer a Esquilo en el concurso teatral que se celebraba anualmente en Atenas durante las fiestas dionisíacas. Comenzó así una carrera literaria sin parangón: Sófocles llegó a escribir hasta 123 tragedias para los festivales, en los que se adjudicó, se estima, 24 victorias, frente a las 13 que había logrado Esquilo. Se convirtió en una figura importante en Atenas, y su larga vida coincidió con el momento de máximo esplendor de la ciudad. Amigo de Herodoto y Pericles, no mostró demasiado interés por la política, pese a lo cual fue elegido dos veces estratego y participó en la expedición ateniense contra Samos (440), acontecimiento que recoge Plutarco en sus *Vidas paralelas.* Su muerte coincidió con la guerra con Esparta que habría de significar el principio del fin del dominio ateniense, y se dice que el ejército atacante concertó una tregua para

«Sólo sé que no sé nada.»

Sócrates

▲ *Sófocles en una escultura que se encuentra en el Museo Gregoriano Profano del Vaticano.*

▶ *Jarra de figuras negras en la que se representa a Edipo consultando a la Esfinge, obra inspirada en* Edipo en Colona, *de **Sófocles**.*

que se pudieran celebrar debidamente sus funerales. De su enorme producción, sin embargo, se conservan en la actualidad, aparte de algunos fragmentos, tan sólo siete tragedias completas: *Antígona, Edipo rey, Áyax, Las Traquinias, Filoctetes, Edipo en Colona* y *Electra.* A Sófocles se deben la introducción de un tercer personaje en la escena, lo que daba mayor juego al diálogo, y el hecho de dotar de complejidad psicológica al héroe de la obra. *Edipo rey* es quizá la más célebre de sus tragedias, y así, Aristóteles la consideraba en su *Poética* como la más representativa y perfecta de las tragedias griegas, aquella en que el mecanismo catártico final alcanza su mejor clímax. También es una inmejorable muestra de la llamada ironía trágica, por la que las expresiones de los protagonistas adquieren un sentido distinto del que ellos pretenden. El enfrentamiento entre la ley humana y la ley natural es central en la obra de Sófocles, de la que probablemente sea cierto decir que representa la más equilibrada formulación de los conflictos culturales de fondo a los que daba salida la tragedia griega.

SOJO, VICENTE EMILIO *(Guatire, Venezuela, 1887-Caracas, 1974) Compositor venezolano.* Aprendió teoría y práctica de solfeo y canto, y desde muy joven fue intérprete de varios instrumentos, si bien mostró predilección por la guitarra. En 1906 se trasladó a Caracas para estudiar armonía en la Academia de Bellas Artes. En 1914 fue nombrado maestro de capilla de la Iglesia de San Francisco, y en 1921, profesor de teoría y solfeo de la Escuela de Música del maestro Hilario Machado Guerra. Es autor de una vasta producción que comprende obras religiosas de gran calidad, entre las cuales destacan la *Misa cromática* (1922)

◄ Antonio **Soler** con una de sus partituras. El compositor español debe buena parte de su fama a Fandango, composición típica de la música española.

y un *Requiem in memoriam Patris Patrie* (1929). Recopiló y armonizó cantos tradicionales del siglo XIX, y fue uno de los fundadores de la Orquesta Sinfónica Venezuela y director de la escuela de música José Ángel Lamas.

SOLER, ANTONIO *(Olot, España, 1729-San Lorenzo de El Escorial, España, 1783) Compositor, clavecinista, organista y teórico de la música español.* Considerado el mejor compositor hispano del siglo XVIII, se formó como músico en el monasterio catalán de Montserrat, en el que ingresó como niño de coro cuando contaba siete años de edad. Miembro de la Orden de San Jerónimo del monasterio de San Lorenzo de El Escorial desde 1752, ese mismo año inició su relación con Domenico Scarlatti, de quien recibió lecciones hasta 1757. Su influencia es especialmente significativa en la serie de 120 sonatas para clave escritas por Soler, en las que éste adoptó el esquema formal bitemático del maestro italiano, pero añadiéndole elementos procedentes de la antigua tradición española para teclado. Un ejemplo de ello es su célebre *Fandango,* una original pieza construida sobre este característico ritmo de danza español. Maestro de capilla de El Escorial desde 1757, el padre Soler destacó así mismo en la composición de música vocal sacra y profana, con 9 misas y 132 villancicos, entre otras obras.

SOLIMÁN I *EL MAGNÍFICO* *(Estambul, 1494-Szighet, Turquía, 1566) Sultán turco otomano.* Hijo y sucesor de Selim I, Solimán emprendió desde muy joven campañas militares encaminadas a ampliar el Imperio. En 1521 invadió Belgrado, y esa misma década hizo lo propio con la isla de Rodas y Hungría, para iniciar en 1529 una campaña contra Viena. Derrotado por las tropas del emperador Carlos I tuvo que levantar el asedio y firmar un tratado de paz con Austria en 1533. Intentó entonces conquistar Persia y consiguió tomar Tabriz y Bagdad. No obstante, la resistencia opuesta por los persas le llevó a una guerra que se perpetuaría durante todo su reinado. En 1555, tras reprimir una intentona sediciosa de su primogénito Mustafá, firmó una tregua con los persas, y en 1562 un tratado de paz con Austria, contra la que había reemprendido las hostilidades. El Imperio otomano conoció su máximo esplendor bajo su gobierno, no sólo por la solidez de la organización administrativa y militar, sino por la ampliación de sus fronteras a su máxima extensión y por el hecho de que Estambul se constituyó en un brillante centro intelectual.

SOLIMÁN II *(Estambul, 1642-Edirne, actual Turquía, 1691) Sultán otomano.* Sucedió, a su hermano Mehmet IV en 1687, después de que éste fuera depuesto por las tropas tras la derrota de Mohács y la pérdida de Buda. El rápido desarrollo alcanzado por el Imperio Otomano durante la época de Solimán I *el Magnífico* se debió principalmente a la debilidad de los países vecinos y al carácter imperialista de la política de este sultán. Sin embargo, con sus sucesores la tendencia se había ido invirtiendo hasta llegar a un proceso de deterioro del imperio, que se acentuó en tiempos de Mehmet IV. Durante los primeros años del sultanato de Solimán II, la decadencia militar fue ya dramática, y los desastres se sucedieron. En 1688, las tropas otomanas tuvieron que ceder Belgrado; en 1689, fueron vencidas en Nis por Luis de Baden, y también se perdieron plazas en Serbia y Dalmacia. Surgieron guerrillas en Anatolia, un territorio cuyos notables locales se sirvieron del hondo resentimiento de los campesinos turcos contra el gobierno central de Estambul para forzar el levantamiento. A partir de 1690 la situación empezó a mejorar, gracias a la elección como gran visir de Mustafá Kö-

▼ Retrato de **Solimán II**, sultán durante cuyo mandato el Imperio Otomano entró en un período de decadencia imparable.

prülü, cuyo inmenso poder sólo estaba limitado por la voluntad del monarca. Gracias a la contribución de Mustafá Köprülü, Solimán II pudo reorientar su política y afirmar su autoridad sobre la mayoría de las provincias, dominadas por caudillos locales despóticos, pese a lo cual el pueblo los prefería a los corruptos funcionarios otomanos. Sin embargo, tales medidas sólo tuvieron un efecto momentáneo, ya que operaron sobre las consecuencias de la decadencia del sistema antes que sobre las causas que la provocaban. Con todo, Solimán II pudo reconquistar, con ayuda de los tártaros, Belgrado y Nis, pero al cabo de un año fue vencido y muerto.

SOLJENITSIN, ALEKSANDR ISSÁIEVICH *(Kislovodsk, Rusia, 1918) Escritor soviético.* Licenciado en física y matemáticas, en 1941 ingresó en el ejército y luchó hasta 1945, cuando fue interceptada una carta suya que contenía opiniones contra Stalin. Durante ocho años estuvo en diversas prisiones, gulags y centros de investigación científica para prisioneros, hasta que en 1957 fue rehabilitado. *Un día en la vida de Iván Denisovich* (1962) inicia su producción literaria, que estará siempre marcada por una intención testimonial y de denuncia, durante un tiempo permitida por las autoridades del país hasta que, con el cambio político de 1964, sus obras fueron objeto de duras censuras. En el extranjero aparecieron sus dos grandes novelas, *El primer círculo* (1955-1958) y *Pabellón de cancerosos* (1963-1966), a las que seguirían las novelas que integran el ciclo titulado *La rueda roja*, sobre la Revolución Rusa, y *Archipiélago Gulag*, novela que le valió la expulsión del país y la pérdida de ciudadanía (1974). En 1970, a pesar de su condición de escritor disidente, le fue otorgado el Premio Nobel de Literatura, lo cual levantó protestas en la Unión Soviética.

SOLVAY, ERNEST *(Rebecq-Rognon, Bélgica, 1838-Bruselas, 1922) Químico e industrial belga.* Tras haber adquirido la formación básica en las escuelas locales, entró a trabajar con su padre en el negocio de la producción de sales. A la edad de veintiún años empezó a trabajar con su tío en una fábrica de gas, cerca de Bruselas, y en esa época comenzó

▲ *El escritor ruso Aleksandr I.* **Soljenitsin**, *uno de los más famosos disidentes soviéticos, en su casa de campo en Estados Unidos, donde se exilió.*

▼ *El nicaragüense Anastasio* **Somoza** *en una fotografía oficial.* Tacho, *como se le conocía popularmente, fue el iniciador de una «dinastía» de dictadores en Nicaragua.*

a desarrollar una idea que culminaría, en 1861, en la definición de un nuevo procedimiento (proceso Solvay) para fabricar carbonato sódico (sosa Solvay) a partir de una solución saturada de sal común tratada con amoníaco, caliza y dióxido de carbono. Tal procedimiento, que desbancó al proceso de Leblanc utilizado hasta entonces, permitió a Solvay obtener el monopolio mundial de la fabricación de este producto, procurándole, en el curso de pocos años, enormes riquezas. Con parte de ellas financió en Bruselas y en París fundaciones e instituciones con finalidades filantrópicas y científicas. De éstas, fueron particularmente destacables las conferencias Solvay sobre física, por el papel que desempeñaron en el desarrollo de las teorías de la mecánica cuántica y la estructura atómica.

SOMOZA, FAMILIA; ANASTASIO, llamado *Tacho (San Marcos, Nicaragua, 1896-Ancón, actual Panamá, 1956),* **LUIS** *(León, Nicaragua, 1922-Managua, id., 1967)* y **ANASTASIO** *(León, Nicaragua, 1925-Asunción, Paraguay, 1980) Familia de políticos nicaragüenses.* Anastasio Somoza García, hijo de una acomodada familia dedicada al cultivo del café, cursó estudios en Nicaragua y en Estados Unidos. Su matrimonio con la hija de una influyente familia nicaragüense le permitió el acceso a los círculos políticos, en los cuales pronto supo moverse con soltura y ganarse la confianza de sus más destacados miembros. Inició su trayectoria política en 1926, al participar en la sublevación que llevó al Partido Liberal al poder. En 1933 pasó a ocupar la dirección de la Guardia Nacional, puesto que equivalía al de jefe supremo de las fuerzas armadas, y desde el cual ordenó, en 1934, el asesinato de Sandino. Con el ejército a sus órdenes, orquestó el golpe de Estado que en 1937 depuso al presidente Juan Bautista Sacasa, democráticamente elegido. Convertido en hombre fuerte del país, estableció un régimen dictatorial, suprimió las libertades y envió al exilio a sus principales oponentes políticos. Así mismo, decretó la modificación de la Constitución con el fin de prolongar su mandato. Sin embargo, no asumió oficialmente la presidencia hasta la muerte, en 1947, del

presidente Román Reyes, y la mantuvo tras las elecciones de 1950, en las que resultó elegido para el mandato 1950-1956. Durante su gobierno modificó la Administración, logró disminuir la dependencia de la economía nicaragüense de las exportaciones de plátanos, promulgó, por primera vez en Nicaragua, las Leyes del trabajo, firmó varios tratados militares con Estados Unidos, país que le daba expreso respaldo, y amasó una considerable fortuna personal. Tras su asesinato, en 1956, su hijo Luis Somoza Debayle le sustituyó al frente de la presidencia de la República, en la que se mantuvo hasta 1963, fecha en que la cedió a René Shick, quien la ocupó entre 1963 y 1967, año en que fue sustituido por Anastasio (*Tachito*) Somoza Debayle, segundogénito de Anastasio (*Tacho*) Somoza García y hermano del anterior presidente.

SOROLLA, JOAQUÍN *(Valencia, 1836-Cercedilla, España, 1923) Pintor español.* Se formó en su ciudad natal con el escultor Capuz, estudiando las obras del Museo del Prado y gracias a una beca que le permitió residir y estudiar en Roma de 1884 a 1889. En esta época se dedicó sobre todo a cuadros de temática histórica, que no ofrecen demasiado interés. Un viaje a París en 1894 lo puso en contacto con la pintura impresionista, lo que supuso una verdadera revolución en su estilo. Abandonó los temas anteriores y comenzó a pintar al aire libre, dejándose invadir por la luz

▲ *¡Y aún dicen que el pescado es caro!*, *probablemente el más famoso de los cuadros de Joaquín* **Sorolla**. *Las obras que reproducen escenas relacionadas con el mar son las más características de este pintor.*

▼ *Grabado de 1726 que representa una batalla librada por Hernando de* **Soto** *con los indígenas, y la edificación de un templo cristiano en una ciudad peruana fundada por Pizarro en 1532.*

y el color del Mediterráneo. Son precisamente las obras de colores claros y pincelada vigorosa que reproducen escenas a orillas del mar las que más se identifican con el arte de Sorolla. Sin embargo, fue un artista muy activo, que realizó también numerosos retratos de personalidades españolas y algunas obras de denuncia social (*¡Y aún dicen que el pescado es caro!*) bajo la influencia de su amigo Blasco Ibáñez. Su estilo agradable y fácil hizo que recibiera innumerables encargos, que le permitieron gozar de una desahogada posición social. Su fama rebasó las fronteras españolas para extenderse por toda Europa y Estados Unidos, donde expuso en varias ocasiones y donde, de 1910 a 1920, pintó una serie de murales con temas regionales para la Hispanic Society of America de Nueva York. En el estilo más característico de Sorolla, el de técnica y concepción impresionista, destaca la representación de la figura humana (niños desnudos, mujeres con vestidos vaporosos) sobre un fondo de playa o de paisaje, donde los reflejos, las sombras, las transparencias, la intensidad de la luz y el color transfiguran la imagen y dan valor a temas en sí mismo intrascendentes. Algunos críticos consideran estas obras un cruce entre los impresionistas franceses y los acuarelistas ingleses. Existe una importante colección de pintura suya en el Museo Sorolla de Madrid.

SOTO, HERNANDO DE *(Villanueva de Barcarrota, España, 1500-en el río Mississippi, actual EE UU, 1542) Conquistador y explorador español.* Viajó a América y participó en la expedición de Gaspar de Espinosa que descubrió la costa de Nicaragua, y luego en la conquista de este territorio, a las órdenes de Hernández de Córdoba, en 1523. En 1532 emprendió viaje como tercer capitán en la expedición de Francisco Pizarro al Perú, donde colaboró en la conquista del Tahuantinsuyo (el Imperio Inca). Como recompensa recibió la encomienda de Piura, y acumuló una gran fortuna después del reparto que Pizarro hizo del tesoro que Atahualpa había pagado infructuosamente por su libertad. Enemistado con Pizarro en 1535, regresó a España, donde casó con Isabel de Bobadilla, hija del gobernador Pedrarias, tras lo cual consiguió una capitulación de la Corona para colonizar la Florida, además de los títulos de adelantado de la Florida y gobernador de Cuba.

SOTTSASS, ETTORE *(Innsbruck, Austria, 1917) Arquitecto y diseñador italiano de origen austriaco.* Comenzó su carrera en Milán, en 1947, y desde entonces se involucró en la experimentación de nuevas posibilidades en una gran variedad de campos de creación, tales como la arquitectura y el diseño industrial y gráfico. Ha participado en el movimiento *Arte concreto* y diseñado objetos para importantes firmas italianas, como las máquinas de escribir y las computadoras Olivetti, además de muebles y archivos para Sistema 45 y la fábrica de muebles Knoll de Milán. En los años setenta se interesó por la arquitectura radical, proyectó viviendas populares, y con otros reconocidos diseñadores italianos, fundó Global Tools, una escuela basada en la libre creatividad individual. A esta época pertenecen sus colaboraciones en las revistas *Domus* y *Casabella*. Participó en la formación del grupo Memphis, que se mostró muy activo en el ámbito de la decoración y el diseño de objetos. Entre los numerosos premios y distinciones que ha recibido se halla el doctorado honorario del London Royal College of Art.

SOUSA, MARTIM AFONSO DE *(Vila Viçosa, Portugal, h. 1500-Lisboa, 1564) Navegante y colonizador portugués.* Al mando de una flotilla de cinco naves, fue destinado a Brasil en 1530 por Juan III *el Piadoso,* en el marco del programa de exploración y colonización sistemática del territorio bajo influencia portuguesa que promovía el monarca. Un año antes, Portugal había firmado con España el tratado de Zaragoza, que confirmaba el derecho portugués sobre el Brasil. Sousa fue enviado al territorio brasileño con la misión de defender los intereses de su país ante los navegantes franceses. En la costa brasileña creó diversas bases de asentamiento, tales como Bahía, futuro núcleo de la ciudad del mismo nombre, que protegió con una fortaleza amurallada. En 1532 fundó la colonia de San Vicente, en la que implantó el cultivo de caña de azúcar procedente de la isla de Madeira. De regreso en Portugal, fue generosamente recompensado y ejerció diversos altos cargos en las colonias portuguesas de la India.

SPAAK, PAUL HENRI *(Schaerbeek, Bélgica, 1899-Bruselas, 1972) Político belga.* Ocupó diversos ministerios durante los años

▲ *El político belga Paul Henri* **Spaak** *en una conferencia de prensa de 1959, durante su etapa como secretario general de la OTAN.*

▼ *El filósofo británico Herbert* **Spencer** *retratado en su estudio.*

treinta, y en 1938 llegó al cargo de primer ministro, en el que se caracterizó por ser un decidido defensor de la neutralidad belga. Tras la invasión alemana abandonó el país (1940-1944) y desempeñó las funciones de ministro de Asuntos Exteriores del gobierno belga en el exilio. Terminada la guerra mantuvo su presencia en el gobierno, y, en 1946, presidió la primera asamblea de la ONU. Partidario de la formación del Benelux, promovió así mismo la entrada de Bélgica en la OTAN, de la que fue nombrado secretario general en 1957. En 1961 fue elegido una vez más ministro de Asuntos Exteriores en un gobierno belga de coalición, y en 1966 abandonó la política, para dedicarse a los negocios.

SPENCER, HERBERT *(Derby, Reino Unido, 1820-Brighton, id., 1903) Filósofo positivista británico.* No fue a la universidad, por lo que su formación fue en gran medida autodidacta. Trabajó como ingeniero entre 1837 y 1846, ocupación que compaginó con lecturas sobre biología y geología, y se convirtió más tarde en subeditor del *The Economist.* Por entonces había publicado ya diversos panfletos en los que propugnaba una limitación radical de la esfera de intervención del Estado en la sociedad, a partir de una interpretación individualista del evolucionismo. Sus teorías se hallan en la base del posterior darwinismo social, al afirmar que el Estado debe proteger la libre acción de la selección natural en la sociedad, como fuente de progreso. Parecidas ideas defendió en su ensayo titulado *La estática social* (1951). Convencido de que era posible realizar una gran síntesis de base científica que comprendiera todos los ámbitos de la historia natural y humana, emprendió un ambicioso *Sistema de filosofía sintética,* cuyos diferentes volúmenes aparecieron durante treinta años, a partir de 1860: *Primeros principios* (1862); *Principios de biología* (1864-1867); *Principios de psicología* (1876-1896) y *Principios de ética* (1879-1892).

SPENGLER, OSWALD *(Blankenburg, Alemania, 1880-Munich, id., 1936) Filósofo alemán.* Estudió filosofía, matemáticas, historia y arte en las universidades de Halle, Munich y Berlín. Influido por las premisas filosóficas de Nietzsche y Dilthey, y tomando como punto de partida el método comparativo de análisis histórico de Giovanni Vico, Spengler elaboró una teoría que rechazaba la realidad del progreso, en la cual afirmaba que las civilizaciones constituían «organismos vivos» y como tales estaban sometidas a ciclos vitales. Sostenía, en consecuencia, que la cultura europea se hallaba en la fase final de su ciclo, y como síntoma de esta etapa conclusiva resaltaba la expansión tecnológica y política. Si bien criticó a Hitler, sus ideas fueron recogidas por el nacionalsocialismo y los movimientos fascistas europeos. Su principal obra es *La decadencia de Occidente*.

SPENSER, EDMUND *(Londres, 1552-id., 1599) Poeta inglés.* Entró al servicio del conde de Leicester, favorito de la reina Isabel I, y conoció al poeta Philip Sidney, sobrino del conde y a quien dedicó su primer poema importante, *El calendario del pastor* (1579). En 1580, se trasladó a Irlanda, donde permaneció durante una importante etapa de su vida, mientras viajaba a Londres ocasionalmente. Una de estas ocasiones fue en 1589, tras una visita de Walter Raleigh, quien, entusiasmado con el poema en que Spenser estaba trabajando, *La reina de las hadas*, lo acompañó a Londres para que lo publicara y lo presentó a la reina Isabel. El poeta recibió una gran acogida en la corte y esto le permitió publicar los tres primeros libros de *La reina de las hadas* en 1590. Esta obra, mezcla de alegoría social y religiosa, es una especie de epopeya nacional con la que el poeta pretendió glorificar a la reina Isabel, identificada idealmente con Gloriana, la protagonista del poema. En honor de ésta, doce caballeros –que representan las virtudes caballerescas– corren una larga serie de aventuras. Su perfección métrica y su elegancia, unidos a su exuberante imaginación y el culto por el pasado, valieron un puesto clave en la literatura inglesa a esta obra, que influyó en la de poetas como Milton y los románticos Keats y Shelley. Otras obras suyas son *Lamentos*, una colección de poemas breves que contiene la famosa elegía *La ruina del tiempo,* y el poema satírico sobre la corte *El cuento de mamá Hubbart.* En 1594 contrajo matrimonio con Elisabeth Boyle, y con tal motivo escribió para ella *Amorcillos* y *Epithalamion*, una canción nupcial que se ha considerado el más bello ejemplo del género de la literatura inglesa.

▲ *El «rey Midas» de Hollywood, el director, productor y magnate del cine Steven* **Spielberg***, con su cámara durante un rodaje.*

▼ *Imagen del poeta Edmund* **Spenser** *extraída de una biografía escrita en el s. XVIII y que se encuentra en la Biblioteca Nacional de Madrid.*

SPIELBERG, STEVEN *(Cincinnati, EE UU, 1947) Director, productor y guionista cinematográfico estadounidense.* Tras iniciar estudios de filología en la California State University, abandonó la universidad al ser contratado por la división televisiva de la productora Universal, según la leyenda, tras ser sorprendido una noche mientras rondaba por los decorados de sus estudios. Al poco tiempo empezó a dirigir episodios de series como *Marcus Welby* y *Colombo*, pero el inesperado éxito de la versión para cine de su telefilme *El diablo sobre ruedas* (1972) le abrió las puertas de la gran pantalla. La Universal depositó en él la confianza suficiente como para rodar *Tiburón* (1975), película de gran presupuesto y rodaje extremadamente accidentado que se convirtió en uno de los títulos más taquilleros de la historia e instauró el modelo moderno de superproducción, con elevados costes de márketing y efectos especiales. Su siguiente película, la historia de ciencia ficción escrita por él mismo *Encuentros en la tercera fase* (1977), fue también un gran éxito y le consolidó como el nuevo «rey Midas» del cine de Hollywood. Con *En busca del arca perdida* (1981) revitalizó el género tradicional de aventuras, y *E.T. el extraterrestre* (1982), fábula religiosa en clave de ciencia ficción, se convertiría en la película más taquillera de todos los tiempos. A partir de ese momento alternó la función de productor con la de director, con mayor éxito en la primera (*Poltergeist*, 1982; *Gremlins*, 1984) que en la segunda (*El color púrpura*, 1985; *El imperio del Sol*, 1987), faceta esta última en la que intentó abordar temas dramáticos como el racismo o el trayecto iniciático de la infancia pero que no fueron del agrado ni de la crítica ni del público. Tras rodar dos títulos más de la serie iniciada con *En busca del arca perdida*, alternó diversos éxitos y fracasos hasta recibir el reconocimiento de la Academia de Hollywood con los seis Oscar otorgados a *La lista de Schindler*, drama en blanco y negro sobre el genocidio judío y uno de sus proyectos más personales. Un año después se aliaría con otras dos destacadas figuras de la industria del ocio, el productor Jeffrey Katzenberg y el magnate discográfico David Geffen, para fundar los estudios cinematográficos Dreamworks. En 1997 rodó *Salvar al soldado Ryan*, filme bélico de extremado realismo y otro éxito de taquilla.

SPÍNOLA, AMBROSIO DE (*Génova, 1569-Castelnuovo di Scrivia, actual Italia, 1630) Militar español de origen genovés*. Miembro de una rica familia de banqueros genoveses muy ligada a la monarquía española, en 1601 entró al servicio de Felipe III y financió un poderoso ejército, a cuyo frente se puso él mismo, para apoyar al archiduque Alberto, gobernador español de los Países Bajos, en su lucha contra los holandeses. Pronto demostró su valía como general, y en 1604 derrotó a Mauricio I de Nassau-Orange en Ostende. A pesar de las numerosas victorias que cosechó en los campos de batalla, los gastos de sus tropas y las dificultades económicas de la Corona lo llevaron a la ruina y le convencieron de la necesidad de buscar la paz, por lo que tomó parte en las negociaciones que condujeron a la tregua de los Doce Años en 1609. Tras el inicio de la guerra de los Treinta Años (1618), invadió el Palatinado y derrotó a los partidarios del elector Federico. Las operaciones en Alemania se vieron interrumpidas por la conclusión de la tregua de los Doce Años, lo que supuso reanudar las hostilidades en los Países Bajos. Spínola realizó una ofensiva que culminó con la toma de Breda en agosto de 1625, inmortalizada por Velázquez en su cuadro *La rendición de Breda* (o *Las lanzas*). Pero el gobierno de Madrid no supo aprovechar esta situación para lograr una paz favorable, y el príncipe de Orange, Federico Enrique, consiguió recuperar la iniciativa y Spínola hubo de pasar a la defensiva. Tras su regreso a España, donde abogó por concertar la paz y mostró su desacuerdo con la política del conde-duque de Olivares, fue enviado a Italia, en

1629, para combatir contra los franceses por el conflicto originado por la sucesión del ducado de Mantua. Falleció en Italia a consecuencia de las heridas sufridas durante el asedio de Casale.

SPINOZA, BARUCH DE (*Amsterdam, 1632-La Haya, 1677) Filósofo holandés*. Hijo de judíos españoles emigrados a los Países Bajos, estudió hebreo y la doctrina del Talmud. Cursó estudios de teología y comercio; por la fuerte influencia que ejercieron sobre él los escritos de Descartes y Hobbes, se alejó del judaísmo ortodoxo. Su crítica racionalista de la Biblia provocó que fuese por último excomulgado por los rabinos en 1656. Se retiró a las afueras de Amsterdam, como pulidor de lentes. Durante este período escribió un *Breve tratado acerca de Dios, el hombre y su felicidad*, y parece que también el *De la reforma del entendimiento* y un polémico *Tratado teológico-político*, aunque se publicarían más tarde. Renunció a una cátedra en Heidelberg (1673) para mantener su independencia intelectual. En 1675 terminó su obra más importante, la *Ética demostrada según el orden geométrico*, iniciada catorce años antes y que no se publicaría hasta su muerte, en 1677. También por esta época emprendió la redacción del *Tratado político*, que quedó inconcluso. Su filosofía parte de la identificación de Dios con la naturaleza (*Deus sive natura*), y representa el mayor exponente moderno del panteísmo. Llevó al extremo los principios del racionalismo,

«Me he preocupado sinceramente no de lamentar, detestar o reírme de los actos humanos, sino de entenderlos.»

Baruch de Spinoza

BARUCH DE SPINOZA

OBRAS MAESTRAS

BREVE TRATADO ACERCA DE DIOS, EL HOMBRE Y SU FELICIDAD (*TRACTATUS DE DEO ET HOMINE EJUSQUE FELICITATE*, 1658-1660); *TRATADO TEOLÓGICO-POLÍTICO* (*TRACTATUS THEOLOGICO-POLITICUS*, 1670); *DE LA REFORMA DEL ENTENDIMIENTO* (*TRACTATUS DE INTELLECTUS EMENDATIONE*, 1677); *ÉTICA DEMOSTRADA SEGÚN EL ORDEN GEOMÉTRICO* (*ETHICA ORDINE GEOMETRICO DEMONSTRATA*, 1677); *TRATADO POLÍTICO* (*TRACTATUS POLITICUS*, 1677).

◄▲ *Retrato del filósofo Baruch de **Spinoza**. Sobre estas líneas, portada del tomo primero de una edición de sus obras completas.*

y dedujo toda su filosofía de la definición de sustancia como «aquello que es en sí mismo y se concibe por sí mismo», por lo que sólo podía existir una sustancia, la divina. La mente humana conoce sólo dos atributos o formas de aparecer de Dios, el pensamiento y la extensión, aunque sus atributos deben ser infinitos. Los individuos son a su vez modos, determinaciones concretas, de los atributos. Este monismo radical resuelve el problema cartesiano de la relación entre pensamiento y extensión, pues son sólo formas de presentarse la sustancia divina, así como el conflicto entre libertad y necesidad, que se identifican desde el punto de vista de Dios, pues es libre como *natura naturans* (en cuanto causa) y determinado en cuanto *natura naturata* (en cuanto efecto). Desde el punto de vista del hombre, la libertad individual es una ilusión. Spinoza destacó tres géneros de conocimiento humano: en el primero, el hombre es esclavo de las pasiones y sólo percibe los efectos o signos e ignora las causas; en el segundo, la razón elabora ideas generales o nociones comunes que permiten a la conciencia acercarse al conocimiento de las causas, y aprende a controlar las pasiones; en el tercer género, el hombre accede a una intuición totalmente desinteresada, pues conoce desde el punto de vista de Dios (*sub specie aeternitatis*), ajeno a sí mismo como individuo y por tanto sin que le perturben las pasiones individuales. En esta contemplación se identifican lo singular y lo eterno, y se percibe la presencia de todo en todo, intuición en la que se cifra la única felicidad posible. En el terreno político, aunque Spinoza creía que la democracia es el mejor de los regímenes políticos, pues tiende a sustituir las pasiones tristes por el amor a la libertad y favorece el acceso al estado de razón, también pensaba que sólo se llega al tercer género de conocimiento por la vía individual y privada. La filosofía de Spinoza generó un importante rechazo en su tiempo, aunque un siglo más tarde sería recuperada y su influencia fue importante no sólo en el terreno de la metafísica, sino entre poetas románticos como Shelley y Wordsworth.

SPITZ, MARK *(Modesto, EE UU, 1950) Nadador estadounidense.* Cursó estudios en la Universidad de Indiana, y en los Juegos Olímpicos de México (1968) obtuvo dos medallas de oro, en 4 por 100 metros libres y en 4 por 200 metros libres, una de pla-

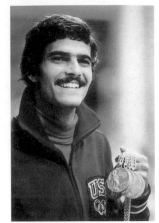

▲ *El nadador estadounidense Mark* **Spitz**, *auténtico triunfador de los Juegos Olímpicos de Munich (1972), posa sonriente con las cuatro medallas de oro individuales que obtuvo.*

▼ *Portada del disco* Born in the U.S.A., *editado en 1985, con el que el cantante Bruce* **Springsteen** *alcanzó un enorme éxito a escala mundial.*

ta en 100 metros mariposa y otra de bronce en los 100 metros libres. En los siguientes Juegos, celebrados en Munich en 1972, se convirtió en el primer atleta en conseguir siete medallas de oro en unos Juegos, al tiempo que batió los récords mundiales en las cuatro competiciones masculinas individuales en las que compitió: los 100 metros libres (51,2 s), los 200 metros libres (1 min 52,8 s), los 100 metros mariposa (54,3 s) y 200 metros mariposa (2 min 0,7 s). A estas medallas sumó las conseguidas con el equipo estadounidense en relevos 4 × 100 y 4 × 200 metros libres y 4 × 100 metros estilos, que también fueron récord del mundo. Por todo ello, como también por su carisma y su elegancia, se le considera el mejor nadador de todos los tiempos.

SPRINGER, AXEL *(Hamburgo, Alemania, 1912-Berlín, 1985) Empresario editorial alemán.* Contrario al nazismo, durante el régimen hitleriano se limitó a editar obras de carácter técnico y científico. Al finalizar la Segunda Guerra Mundial, los aliados le concedieron un permiso editorial especial, y fundó la empresa Springer Verlag. Tras el éxito alcanzado con el diario sensacionalista *Bild Zeitung*, la publicación alemana de mayor tirada, adquirió la influyente publicación de carácter político *Die Welt*. Su poder sobre el sector de la información de su país llegó todavía más lejos tras la concesión por el gobierno (y a raíz de una campaña de presión ejercida por las publicaciones de Springer) de un canal de televisión. En 1984, un año antes de la muerte del empresario, su grupo periodístico era uno de los más importantes e influyentes de Europa.

SPRINGSTEEN, BRUCE, llamado *The Boss (Freehold, EE UU, 1949) Cantante estadounidense de rock.* La intensidad de sus grabaciones y conciertos con la E. Street Band lo convierten en uno de los artistas más carismáticos del mundo del rock. Un primer éxito de público y crítica fue el álbum *Born to run* (1975), aunque fue en los años ochenta cuando se convirtió en una estrella internacional y en un ídolo de la cultura popular de Estados Unidos, gracias a su disco *Born in the U.S.A.* (1985). A partir de 1991 ha buscado un camino más acústico e intimista a imagen de Bob Dylan, por quien el cantante siente gran admiración, que se refleja en discos como *Human touch* (1992) o *Lucky town* (1997), y en 1992 obtuvo un Oscar de Hollywood por la canción *Streets of Philadelphia* incluida en la banda sonora de la película *Philadelphia* (1992), dirigida por Jonathan Demme.

STAËL, MADAME DE [Germaine Necker, baronesa de Staël-Holstein] *(París, 1766-id., 1817) Escritora francesa.* Mujer de gran cultura, frecuentó los círculos literarios del París de la Revolución. Se vio obligada a exiliarse en Suiza, tras la caída de la monarquía, a causa de su implicación en diversas intrigas. En Suiza conoció al escritor Benjamin Constant, que se convirtió en su amante. Tras un breve retorno a París, tuvo que huir de nuevo, ocasión que aprovechó para publicar su obra *De la influencia de las pasiones sobre la felicidad de los individuos y de las naciones* (1796). En 1802, instalada una vez más en París, consagró su popularidad gracias a la novela *Delphine*, pero sus inclinaciones políticas hicieron desconfiar a Napoleón, por lo que, por enésima vez, tuvo que alejarse de París. Durante diez años realizó diversos viajes por Alemania, en los que conoció a Goethe y Schiller; a raíz de esos viajes escribió su celebre obra *Alemania* (1810), que contribuyó decisivamente al desarrollo del romanticismo francés. A la caída de Napoleón abrió con éxito un salón en París.

STALIN [Josif Vissarionovich Djougatchvili] *(Gori, Georgia, 1879-Moscú, 1953) Político soviético.* Hijo de un humilde zapatero georgiano, a los quince años ingresó con una beca en el seminario ortodoxo de Tbilisi, donde se reveló como un alumno brillante, aunque fue expulsado al ser sorprendido cuando repartía propaganda del Partido Socialista georgiano, en el que había ingresado en 1898. Como prosiguiera sus actividades revolucionarias, en 1902 fue detenido y deportado a Siberia. Dos años más tarde logró evadirse y volver a Tbilisi, donde se adhirió al ala bolchevique del Partido Obrero Socialdemócrata Ruso (POSDR). Intervino en la Revolución de 1905 y en las huelgas de Bakú de 1907, tras las cuales fue nuevamente detenido y enviado a Siberia, de donde huyó en 1911. Ingresó entonces en el comité central del POSDR y, designado presidente del Politburó, viajó a Viena, donde escribió *El marxismo y el problema de las nacionalidades* y adoptó definitiva-

▲ *Madame* **Staël**, *escritora francesa de origen suizo, retratada por François Gerard en un cuadro que se conserva en el Palacio de Versalles, en Francia.*

«*¿Cuántas divisiones tiene el Papa?*»

Stalin

mente el apelativo de Stalin (acero). Contactó con Lenin y se le encargó la edición de *Pravda*, pero, detenido en Petrogrado, permaneció en prisión hasta 1917, cuando estalló la revolución bolchevique de febrero. Tras el fracaso de ésta y la marcha de Lenin a Finlandia, pasó a dirigir *Pravda*, al tiempo que tomaba parte activa en la preparación de una nueva revuelta. Al estallar la Revolución de Octubre formó parte del gobierno revolucionario como comisario de nacionalidades, cargo que desempeñó hasta 1922 y en cuyo ejercicio escribió la *Declaración de los derechos de los pueblos de Rusia*, texto que preludiaba la organización del Estado soviético. Durante la guerra civil colaboró eficazmente en las defensas de Petrogrado y Tsaritsin, ciudad que recibió más tarde el nombre de Stalingrado. Elegido secretario general del Comité Central en 1922, trabajó para hacerse con el control del aparato del partido a pesar de los reparos de Lenin, quien recomendó su eliminación en su testamento. Tras la muerte de Lenin, en 1924, logró hacerse con el poder absoluto y se alió con Zinoviev y Kamenev para defender la idea del socialismo en un solo país, contra la «revolución permanente» y la ex-

▶ **Stalin** *fotografiado en su despacho de Moscú, presidido por un retrato de Karl Marx. Su período de mandato al frente de la Unión Soviética (el estalinismo) se caracterizó por la aplicación de una feroz política represiva.*

▲ *Cartel anónimo en el que aparece* **Stalin** *rodeado de camaradas. El rostro tachado corresponde a uno de sus primeros colaboradores caído en desgracia.*

▼ *Contratado como violinista por la corte de Mannheim, Johann* **Stamitz** *llegó a ser director musical de la orquesta más importante de su tiempo.*

tensión del socialismo propugnadas por Trotski. De este modo logró deshacerse de éste, un rival poderoso, al que haría asesinar años más tarde en su exilio de México (1940). Se volvió entonces contra sus aliados, apoyándose en esta ocasión en la derecha del partido y en su líder Bujarin, quien, a su vez, luego sería condenado a muerte por Stalin. Implantó a continuación una dictadura, cambió las directrices económicas y emprendió «el gran cambio». Al proyecto perteneció el primer plan quinquenal, que suponía la colectivización forzosa de las unidades de producción agrarias y la industrialización en gran escala del país. Al mismo tiempo, para suprimir cualquier tipo de oposición, entre 1935 y 1938 instigó los procesos de Moscú, por los cuales muchas de las principales figuras políticas del partido y gran parte de los cuadros dirigentes del ejército fueron encarcelados o fusilados, acusados de traición. Aunque las cifras no son fiables, se calcula que el número de ciudadanos condenados a trabajos forzados o encerrados en los gulags de Siberia a partir de 1935 alcanzó la cifra de entre cinco y diez millones. El pacto de no agresión que firmó con Hitler en 1939 no impidió la invasión alemana de 1941. Se volvió entonces hacia las potencias aliadas y participó en las conferencias de Teherán, Yalta y Potsdam, en las que se organizó el reparto del mundo en dos bloques ideológicos. Durante el XX Congreso del PCUS, celebrado en 1956, tres años después de la muerte de Stalin, Nikita Jruschov denunció sus crímenes e inició el proceso de «desestalinización», que culminó con la retirada de su cadáver del mausoleo Lenin y su inhumación junto al muro del Kremlin.

STAMITZ, JOHANN WENZEL ANTON *(Nemecky Brod, actual República Checa, 1717-Mannheim, actual Alemania, 1757) Com-*

positor, violinista, director de orquesta y pedagogo bohemio. Hijo de un organista, Stamitz había ingresado al servicio del elector de Mannheim en 1741. Bajo su dirección, la orquesta de esta corte alemana llegó a ser la mejor de su época. En ella, el compositor llevó a cabo una serie de innovaciones en la práctica orquestal, como la gradación dinámica de la potencia sonora (*crescendo*) y el uso destacado y expresivo de los instrumentos de viento. Alrededor de su figura se formó toda una escuela musical, conocida como Escuela de Mannheim, en la que se incluyen Johann Christian Cannabich y los dos hijos del propio Stamitz, Carl y Anton. Además de 58 sinfonías, compuso conciertos para violín, flauta, clarinete y clave, así como una abundante producción camerística.

STANISLAVSKI [Konstantin Sergueievich] *(Moscú, 1863-id. 1938) Actor, director y teórico teatral ruso.* Adscrito a corrientes vanguardistas, fundó, en 1898 y en colaboración con Nemirovich-Danchenko, el Teatro de Arte de Moscú, que puso en escena las grandes obras de Chéjov. Pronto empezó a desarrollar su sistema de interpretación, que pretendía que el mundo emotivo de los personajes fuera proyectado al espectador de forma verídica y alejado de toda artificialidad, en un efecto de «realismo psicológico». Después de la revolución soviética se dedicó exclusivamente a su trabajo de investigación, expuesto en sus libros *Un actor se prepara* y *La construcción del personaje*, ambos de influencia determinante en el teatro europeo y estadounidense, y en los que desarrolla su teoría de la actuación como «suma dramática» entre técnica interior y exterior.

STANLEY, SIR HENRY MORTON [John Rowlands] *(Denbigh, Reino Unido, 1841-Londres, 1904) Periodista y viajero británico.* En 1867 se hizo corresponsal de guerra del *New York Herald* y acompañó a lord Napier a Abisinia. Años después, el editor del *Herald* lo envió en busca del misionero y explorador escocés David Livingstone. Desde la isla de Zanzíbar pasó al continente africano con unos 2 000 hombres; el 10 de noviembre de 1871 se encontró con Livingstone en una aldea próxima al lago Tanganika. Dos años después, el *Herald* y el *London Daily Telegraph* le financiaron la continuación de la obra de Livingstone, que emprendió con un grupo de 350 expedicionarios. En un viaje plagado de peripecias, atravesó África ecuatorial de este a oeste, descendió por el río Congo hasta las cataratas que bautizó como

◄ *Mapa de África Central en el que constan las rutas seguidas por Henry M. Stanley en sus exploraciones. Desde Zanzíbar cruzó la falla africana, hasta el lago Tanganika, para luego descender por el río Níger hasta el océano Atlántico.*

Livinsgtone, y en agosto de 1877 llegó al Atlántico. Poco después entró al servicio de la Sociedad Africana Internacional, bajo el patrocinio de Leopoldo II de Bélgica, y al mando de una gran expedición remontó el Congo y descubrió el lago Leopoldo. Un año después fue en busca del explorador alemán Emín Bajá, a quien la revuelta madhista del Sudán había dejado aislado.

STEIN, KARL, BARÓN VON *(Nassau, actual Alemania, 1757-Kappenberg, id., 1831) Político prusiano.* A partir de 1780 desempeñó diversos cargos al servicio de la Administración prusiana, hasta que fue nombrado ministro de Estado en 1804, cargo que abandonó por disensiones con la corte prusiana. Más adelante, y a petición de Napoleón, volvió a ser llamado tras la conquista de Prusia, en 1806. A partir de entonces llevó a cabo una serie de reformas que contribuyeron a la modernización del Estado, tales como la abolición de la servidumbre, la reorganización de la Administración central o la concesión del autogobierno a ciudades con más de 800 habitantes. Finalmente, sin embargo, Napoleón ordenó su destitución en 1808 y decretó el embargo de todas sus propiedades. En 1812 huyó a Rusia y se convirtió en consejero personal

▲ *Grabado de la época que refleja el encuentro entre Henry Stanley y Livingstone en Ujuji. La frase con la que Stanley saludó al misionero («Doctor Livingston, imagino») se hizo célebre.*

▶ *Fotografía de John Steinbeck que aparece en la portada de una edición popular de su novela más famosa, Las uvas de la ira, llevada magistralmente al cine por John Ford en 1940.*

del zar Alejandro I, logrando de éste una alianza con Prusia contra Bonaparte. Tras la derrota sufrida por el emperador francés en 1814, Stein intentó sin éxito en el Congreso de Viena la unificación alemana. Apartado del escenario político, fundó en 1819 la Sociedad para la Historia Antigua Alemana, con la que iniciaría la publicación de los *Monumenta germaniae historica.*

STEINBECK, JOHN *(Salinas, EE UU, 1902-Nueva York, 1968) Escritor estadounidense.* La mayor parte de su obra se caracteriza por tener un alto contenido social, tal como sucede en su novela más conocida *Las uvas de la ira* (1939), retrato impresionante de la Depresión de los años treinta, y que le valió el premio Pulitzer; en la misma línea se enmarcan otras novelas suyas, como *Tortilla Flat* (1935) o *En dudosa batalla* (1936). Otra vertiente dentro de la obra de Steinbeck es la constituida por sus relatos cortos, de gran lirismo y fuerza simbólica todos ellos, entre los que destaca *La perla* (1947). El cine adaptó numerosas novelas suyas; destaca, en este sentido, la versión de Elia Kazan (1955) de su novela *Al este del Edén* (1952). En 1962 le fue concedido el Premio Nobel de Literatura. Entre sus últimas obras cabe citar *Viajes con Carlos* (1962) y la de publicación póstuma *Diario de una novela* (1969), dedicada a *Al este del Edén.*

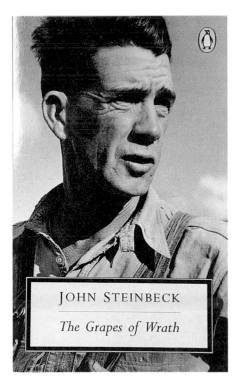

JOHN STEINBECK

The Grapes of Wrath

«Una novela es un espejo que se pasea por un gran camino.»

Stendhal
Rojo y negro

▶ **Stendhal** *visto por J. O. Sodemark en un cuadro que se exhibe en el Museo del Palacio de Versalles. Abajo, portada de una edición francesa de* Rojo y negro *impresa en París en 1831.*

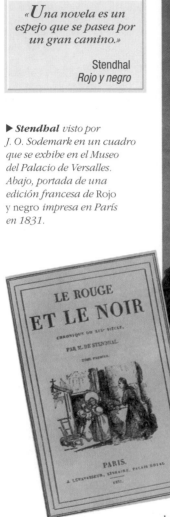

STENDHAL [Marie Henri Beyle] *(Grenoble, Francia, 1783-París, 1842) Novelista francés.* Huérfano de madre desde 1789, se crió entre su padre y su tía. Rechazó las virtudes monárquicas y religiosas que le inculcaron y expresó pronto la voluntad de huir de su ciudad natal. Abiertamente republicano, acogió con entusiasmo la ejecución del rey y celebró incluso el breve arresto de su padre. A partir de 1796 fue alumno de la Escuela Central de Grenoble y en 1799 logró el primer premio de matemáticas. Viajó a París para ingresar en la Escuela Politécnica, pero enfermó y no se pudo presentar a la prueba de acceso. Gracias a Pierre Daru, un pariente lejano que se convertiría en su protector, entró a trabajar en el ministerio de Guerra. Enviado por el ejército como ayudante del general Michaud, en 1800 descubrió Italia, país que tomó como su patria de elección. Desengañado por la vida militar, abandonó el ejército en 1801. Entre los salones y teatros parisinos, siempre enamorado de una mujer diferente, empezó (sin éxito) a cultivar ambiciones literarias. En precaria situación económica, Daru le consiguió un nuevo puesto como intendente militar en Brunswick, destino en que permaneció entre 1806 y 1808. Admirador incondicional de Napoleón, ejerció diversos cargos oficiales y participó en las campañas imperiales. En 1814, a la caída del corso, se exilió en Italia, fijó su residencia en Milán y efectuó varios viajes por la península italiana. Publicó sus primeros libros de crítica de arte bajo el seudónimo de L. A. C. Bombet, y en 1817 apareció *Roma, Nápoles y Florencia*, un ensayo más original, donde mezcla la crítica con recuerdos personales, en el que utilizó por primera vez el seudónimo de Stendhal. El gobierno austriaco le acusó de apoyar el movimiento independentista italiano, por lo que abandonó Milán en 1821, pasó por Londres y se instaló de nuevo en París, cuando terminó la persecución de los partidarios de Napoleón. Dandy afamado, frecuentaba los salones de manera asidua, mientras sobrevivía con los ingresos que le procuraban sus colaboraciones en algunas revistas literarias británicas. En 1822 publicó *Sobre el amor*, ensayo basado en buena parte en sus propias experiencias y en el que expresaba ideas bastante avanzadas; destaca su teoría de la cristalización, proceso por el que el espíritu, adaptando la realidad a sus deseos, cubre de perfecciones el objeto del deseo. Asentó su renombre de escritor gracias a la *Vida de Rossini* y las dos partes de su *Racine y Shakespeare*, auténtico manifiesto del romanticismo. Después de una relación sentimental con la actriz Clémentine Curial, que duró hasta 1826, emprendió nuevos viajes al Reino Unido e Italia y redactó su primera novela, *Armancia*. En 1828, sin dinero ni éxito literario, solicitó un puesto en la Biblioteca Real, que no le fue concedido; hundido en una pésima situación económica, la muerte del conde Daru, al año siguiente, le afectó particularmente. Superó este período difícil gracias a los cargos de cónsul que obtuvo primero en Trieste y más tarde en Civitavecchia, mientras se entregaba sin reservas a la literatura. En 1830 apareció su primera obra maestra: *Rojo y negro*, una crónica analítica de la sociedad francesa en la Restauración, en la que Stendhal representó las ambiciones de su

---

STENDHAL
OBRAS MAESTRAS

NOVELA: *ARMANCIA (ARMANCE,* 1827); *ROJO Y NEGRO (LE ROUGE ET LE NOIR,* 1830); *LA CARTUJA DE PARMA (LA CHARTREUSE DE PARME,* 1839); *LAMIEL* (póstuma, 1889). **ENSAYO:** *HISTORIA DE LA PINTURA EN ITALIA (HISTOIRE DE LA PEINTURE EN ITALIE,* 1817); *ROMA, NÁPOLES Y FLORENCIA (ROME, NAPLES* *ET FLORENCE,* 1817); *SOBRE EL AMOR (DE L'AMOUR,* 1822); *VIDA DE ROSSINI (VIE DE ROSSINI,* 1823); *RACINE Y SHAKESPEARE (RACINE ET SHAKESPEARE,* 1823-1825); *RECUERDOS DE EGOTISMO (SOUVENIRS D'ÉGOTISME,* 1832); *VIDA DE HENRI BRULARD (VIE D'HENRI BRULARD,* 1835-1836).

época y las contradicciones de la emergente sociedad de clases, destacando sobre todo el análisis psicológico de los personajes y el estilo directo y objetivo de la narración. En 1839 publicó *La cartuja de Parma*, mucho más novelesca que *Rojo y negro*, que escribió en tan sólo dos meses y que por su espontaneidad constituye una confesión poética extraordinariamente sincera, aunque sólo recibió el elogio de Balzac. Ambas son novelas de aprendizaje, y participan de rasgos románticos y realistas; en ellas aparece un nuevo tipo de héroe, típicamente moderno, caracterizado por su aislamiento de la sociedad y su enfrentamiento con sus convenciones e ideales, en el que muy posiblemente se refleja en parte la personalidad del propio Stendhal. Falleció de un ataque de apoplejía, sin concluir su última obra, *Lamiel*, que fue publicada mucho después de su óbito.

STEPHENSON, GEORGE *(Wylam, Gran Bretaña, 1781-Chesterfield, id., 1848) Ingeniero británico.* Hijo de un mecánico que trabajaba en las minas de carbón de Newcastle, empezó a trabajar muy joven y sin haber recibido formación alguna. Comenzó su educación en la escuela nocturna, y se inició en oficios tan diversos como la zapatería o la relojería, al tiempo que su capacidad en el manejo de las máquinas de vapor le valía rápidos ascensos. Tras examinar la máquina diseñada por Blenkisop, convenció al propietario de las minas de

▲ *Retrato del escritor británico Lawrence **Sterne** realizado por Carmotelle y conservado en el Museo Condé de Chantilly, en Francia.*

◄▼ *El ingeniero británico George **Stephenson**, proyectista y constructor del primer ferrocarril que circuló en el mundo. Bajo estas líneas, diseño de su locomotora Rocket, la primera que se utilizó en una línea regular.*

Killingworth de que podía obtener mejores resultados. Tras introducir una serie de mejoras, entre ellas el chorro de vapor, que optimizaba la capacidad de empuje, obtuvo una máquina de vapor realmente operativa. En 1821 diseñó la máquina para el proyecto de línea férrea desde Stockton a Darlington, que supuso el nacimiento del ferrocarril, el día 27 de septiembre de 1825, cuando un tren con 450 pasajeros realizó el trayecto por primera vez, a una velocidad de 24 km/h. Tras este primer éxito, fue llamado para construir la línea entre Liverpool y Manchester, que completó en 1829. Diseñó entonces la locomotora *Rocket*, que ganó un concurso al alcanzar una velocidad de 58 km/h. Stephenson participó a partir de entonces en numerosos proyectos para las nuevas líneas ferroviarias que se estaban tendiendo en toda Europa.

STERNE, LAWRENCE *(Clonmel, Gran Bretaña, 1713-Londres, 1768) Escritor inglés.* Cursó estudios superiores en el Jesus College de Cambridge, en el que se licenció en 1737, tras lo cual se ordenó sacerdote. En 1738 obtuvo el vicariato de Sutton-in-the-Forest, y en 1741 casó con Elizabeth Lumley, matrimonio que le supuso mejorar su posición social. Predicador de éxito en la catedral de York, y entregado al cuidado de su parroquia de Sutton, vivió una vida apacible. En 1749 escribió la que puede considerarse su primera obra literaria, a excepción de los sermones: *A political romance*, un *sketch* humorístico escrito a raíz de una polémica surgida en York, y que se publicó póstumamente. La fama literaria le llegó de forma repentina y unánime a partir de la publicación del primer volumen de *Vida y opiniones del caballero Tristram Shandy*, una sorprendente novela que rompía con las convenciones narrativas vigentes. Construida a partir de digresiones que se van sucediendo y que relaciona mediante asociaciones libres, a veces de un humor absurdo, la novela consiste en las memorias de Tristram Shandy, el narrador, que prácticamente no consigue avanzar en su relato, a causa de su propia confusión discursiva. La celebridad y el reconocimiento obtenidos por su novela los experimentó con sorpresa Sterne en 1760, cuando, con ocasión de un viaje a Londres, fue objeto de múltiples agasajos e invitaciones por parte de la alta sociedad londinense, en el momento en que los dos primeros volúmenes de su *Tristram Shandy* ya estaban reeditados y había publicado, en dos tomos, una selección de sus sermones (*Ser-*

mones de Mr. Yorick, 1760), que tuvieron una buena acogida. Debido a problemas de salud, viajó a Francia, donde también fue muy bien recibido, y con posterioridad a Italia, a partir de lo cual inició la redacción de su *Viaje sentimental por Francia e Italia* (1768), del que vio editados dos tomos antes de fallecer. Póstumamente se publicó la correspondencia que dirigiera a Elizabeth Draper, de quien había estado enamorado (*Cartas de Yorick a Eliza*, 1766-1767).

STEVENS, JOHN (*Nueva York, 1749-Hoboken, EE UU, 1838) Industrial e inventor estadounidense.* Terminados sus estudios en el King's College, combatió en la guerra de la Independencia estadounidense, y alcanzó el grado de coronel. Tesorero del estado de Nueva Jersey (1777-1782), se dedicó desde 1787 a realizar experimentos sobre la navegación de vapor, con la patente en 1791 de la primera caldera multitubular y la construcción en 1802 del *Phoenix*, el primer buque de propulsión a base de hélices que surcó aguas oceánicas (de Nueva York a Filadelfia). Instauró el primer servicio de *ferry-boat* de vapor (1811), y se interesó después en la aplicación del vapor a los transportes terrestres; en el año 1825 construyó la primera locomotora estadounidense.

STEVENSON, ROBERT LOUIS (*Edimburgo, 1850-Vailima Upolu, Samoa Occidental, 1894) Escritor escocés.* Hijo de un ingeniero, se licenció en derecho en la Universidad de Edimburgo, aunque nunca ejerció la abogacía. La enfermedad pulmonar que le afectó desde su juventud le llevó a viajar a climas más favorables, y sus primeros libros son descripciones de algunos de estos viajes (*Viaje en asno por las Cevennes*). En un desplazamiento a California conoció a Fanny Osbourne, una dama estadounidense diez años mayor que él, con quien contrajo matrimonio en 1879 y que le acompañó en todos sus viajes. Por entonces publicó su obra más famosa, *La isla del tesoro* (1883), con la que alcanzó una celebridad inmediata. Posteriormente, pasó una temporada en Suiza y en la Riviera francesa, antes de regresar al Reino Unido en 1884. La estancia en su patria, que se prolongó hasta 1887, coincidió con la publicación de dos de sus novelas

▲ ▶ *El escritor escocés R. L. Stevenson escribe en su estudio, en una fotografía tomada por Lloyds Osbourne en 1885. A la derecha, portada de una edición inglesa de Raptado.*

▼ *JackieStewart, campeón de Fórmula I en 1970, tras el gran premio de Inglaterra que tuvo lugar en Brans Hatch.*

de aventuras más populares, *La flecha negra* y *Raptado*, así como su relato *El extraño caso del doctor Jekyll y Mr. Hyde* (1886), una obra maestra del terror fantástico. En 1888 inició con su esposa un crucero de placer por el sur del Pacífico que los condujo hasta las islas Samoa. Un agravamiento de su afección pulmonar le llevó a fijar residencia en Samoa occidental donde permanecería hasta su muerte, venerado por los nativos. Entre sus últimas obras están *El señor de Ballantrae*, *El náufrago*, *Catriona* y la novela póstuma e inacabada *El dique de Hermiston*. Su popularidad como escritor se basó fundamentalmente en los emocionantes argumentos de sus novelas fantásticas y de aventuras en el mejor estilo inglés de los relatos que transcurren en mares lejanos. En ellas siempre aparecen contrapuestos el bien y el mal, a modo de alegoría moral que se sirve del misterio y la aventura. Cantor del coraje y la alegría, dejó una vasta obra llena de encanto, con títulos inolvidables.

STEWART, JACKIE (*Milton, Reino Unido, 1939) Piloto automovilístico británico.* Tras participar en varias competiciones automovilísticas menores, en las cuales destacó por su conducción arriesgada y su imparable progresión, en 1965 pasó a la Fórmula 1 al volante de un coche del equipo Owen Racing BRM. En su primera temporada en la categoría automovilística reina se clasificó en tercera posición, tras haber tomado la salida en diez Grandes Premios y vencido en uno de ellos. En 1969 se adjudicó, al volante de un Matra, su primer título mundial, logro que repitió en 1971 y 1972, en sendas ocasiones conduciendo un Ford, equipo por el que había fichado en 1970. Así mismo, se clasificó en segunda posición en las temporadas 1968 y 1972. En 1973, fecha en que se retiró, había participado en 99 Grandes Premios, en 27 de los cuales había obtenido la victoria, un récord sólo superado por Alain Prost en 1987. Al dejar los circuitos colaboró en medios de comunicación relacionados con las competiciones de Fórmula 1.

STEWART, JAMES [James Maitland Stewart] *(Vinnegar Hill, EE UU, 1908-Beverly Hills, 1997) Actor estadounidense.* Procedente del teatro, en 1935 debutó en el cine. En su extensa filmografía simbolizó al estadounidense patriota, honrado y justo. Trabajó a las órdenes de los directores más prestigiosos y su ductilidad le permitió abordar todos los géneros. Entre los más de ochenta filmes en que intervino cabe destacar: *Historias de Filadelfia* (1940), de George Cukor; que le valió el Oscar; *El bazar de las sorpresas* (1940), de Ernst Lubitsch; *¡Qué bello es vivir!* (1947), de Frank Capra; *Winchester 73* (1950), de Anthony Mann; *La ventana indiscreta* (1956) y *De entre los muertos* (*Vértigo*, 1958), ambas de Alfred Hitchcock; *Anatomía de un asesinato* (1959), de Otto Preminger; *El hombre que mató a Liberty Valance* (1962) y *El gran combate* (1964), una y otra de John Ford; *El vuelo del Fénix* (1965), de Robert Aldrich, etc. En 1985 le fue otorgado un Oscar especial por su medio siglo de actividad cinematográfica.

STIEGLITZ, ALFRED *(Hoboken, EE UU, 1864-Nueva York, 1946) Fotógrafo y marchante de arte estadounidense.* Fue uno de los impulsores y principales representantes de la corriente fotográfica pictoralista, que promocionó desde la dirección del grupo *Photo-Secession* (1900) y de la revista *Camera work* (1902), ambos fundados por él mismo y, en el caso de esta última, la primera del mundo en su estilo. Simultaneó su actividad artística con la dirección de la galería de arte neoyorquina *291*, en la que expuso por primera vez en Estados Unidos obras inscritas en las corrientes de la vanguardia europea de comienzos de siglo: Matisse, Toulouse-Lautrec, Picabia, Brancusi, etc. De ese modo ejerció una gran influencia en la evolución del arte de su país, a la que también contribuyó con su apoyo a artistas jóvenes que cultivaban tendencias avanzadas. A partir de 1925 regentó las galerías Intimate y An American Place y editó numerosas publicaciones dedicadas a la fotografía y al arte en general.

STIRLING, SIR JAMES *(Glasgow, Reino Unido, 1926-Londres, 1992) Arquitecto británico.* Tras graduarse en la Escuela de Arquitectura de Liverpool (1950), realizó diversos trabajos enmarcados en la corriente brutalista en boga en aquella época, el más célebre de los cuales fue la sede del departamento de ingeniería de la Universidad de Leicester (1959-1963). Posteriormente, su estilo fue incorporando abundantes referentes históricos y formales que, a la postre, le aproximaron al posmodernismo arquitectónico preconizado por su coetáneo R. Venturi. Muestras representativas del carácter lúdico que impregnó su obra en esta segunda etapa, caracterizada por el libre juego de complejas formas geométricas y el uso del color en los abundantes elementos decorativos, son la *Neue Staatsgalerie* (1977-1984) de Stuttgart o el Museo Fogg (1979-1984), en Harvard. Stirling recibió el premio Pritzker en 1981.

STOCKHAUSEN, KARLHEINZ *(Mödrath, Alemania, 1928) Compositor alemán.* Controvertido y provocador, es uno de los miembros más influyentes y originales de la vanguardia musical posterior a la Segunda Guerra Mundial. El descubrimiento de la música de Webern en los cursos de Darmstadt de 1951 le orientó hacia el serialismo integral, técnica dominante en obras como *Punkte* (1952) y *Kontra-Punkte* (1953). No obstante, su estilo supo desvincularse pronto de esta influencia para evolucionar hacia posiciones cada vez más personales, marcadas por su fascinación por las posibilidades de la electrónica aplicada al arte de los sonidos (*El canto de los adolescentes*, 1956), la aleatoriedad (*Klavierstücke I-X*, 1955) y su progresivo acercamiento a la filosofía zen, al misticismo católico y a un concepto trascendente de la creación (*Stimmung*, 1968; *Sirius*, 1977). En sus últimos trabajos, especialmente en su ambicioso ciclo integrado por siete óperas *Licht*, cuya composición emprendió en el año 1978, se ha visto incrementado este elemento metafísico.

▲ *El compositor alemán Karlheinz **Stockhausen**, artista provocador y polémico importante animador de la vanguardia musical de la última mitad del s. XX.*

▼ *Vista exterior del edificio de la Neue Staatsgalerie, obra del arquitecto británico sir James **Stirling**.*

STORNI, ALFONSINA *(Sala Capriasca, Suiza, 1892-Mar del Plata, Argentina, 1938) Poetisa argentina de origen suizo.* A los cuatro años se trasladó con sus padres a Argentina, y residió en Santa Fe, Rosario y Buenos Aires. Su trayectoria literaria evolucionó desde el romanticismo hacia la vanguardia y el intimismo sintomático del modernismo crepuscular. El rasgo más característico de su producción fue un feminismo combativo en la línea que se observa en el poema *Tú me quieres blanca*, el cual se halla motivado por las relaciones problemáticas con el hombre, decisivas en la vida de la poetisa. Sus poemarios *La inquietud del rosal* (1916), *El dulce daño* (1918), o *Languidez* (1920), se desplazan desde el sentimentalismo convencional a cierto vanguardismo, oponiendo la defensa de la propia libertad, el cuerpo y el pensamiento a la falsedad de las convenciones. Publicó siete libros de poemas, además de una *Antología poética*, en 1938, y un libro de poemas en prosa, *Poemas de amor*. Enfermó de cáncer y se suicidó internándose en el mar el 25 de octubre de 1938.

STRADIVARIUS O STRADIVARI, ANTONIO *(Cremona, actual Italia, 1644-id., 1737) Violero italiano.* Más conocido por la forma latinizada de su nombre, Stradivarius, es sin duda el más célebre constructor de instrumentos de cuerda de la historia de la música. Discípulo de otro famoso *luthier*, Niccolò Amati, a partir de 1665 empezó a trabajar por su cuenta, fundando en 1680 su propio taller. Aunque son los violines los instrumentos que más fama le han procurado, también construyó violas y violoncelos. Favoritos de los grandes virtuosos, por la belleza y calidad de su distintivo timbre, y la perfección de su factura, Niccolò Paganini, Henri Vieuxtemps y Giovanni Battista Viotti son algunos de los intérpretes que han hecho de ellos unos instrumentos músicos míticos. La labor de Stradivarius, quien firmó su último violín a los noventa y dos años de edad, fue continuada por sus dos hijos, Francesco (1671-1743) y Omobono (1679-1742).

STRAUSS, JOHANN *(Viena, 1825-id., 1899) Compositor, violinista y director de orquesta austriaco.* Conocido como «el rey del vals», Johann II Strauss (así llamado para diferenciarlo de su padre, el también compositor Johann I Strauss) formó parte de la dinastía de músicos que convirtió esta modalidad de baile en un símbolo de la ciudad de Viena. Niño prodigio, compuso su primer vals cuando sólo contaba seis años.

▲ *Johann* **Strauss** *dirige su orquesta en una sala de conciertos. En 1863, el compositor austriaco fue nombrado director de la música de baile de la corte de Viena.*

▼ *Richard* **Strauss** *retratado por A. Muller-Wischin. El compositor alemán se vinculó al posromanticismo, y se le considera heredero de Berlioz y de Liszt.*

No obstante, su dedicación a la música encontró la firme oposición de su progenitor, por lo que hubo de tomar lecciones de violín y composición en secreto. A los diecinueve años fundó su propia orquesta, que compitió en éxito con la de su padre. A la muerte de éste en 1849, ambas orquestas se unieron en una sola bajo la dirección del joven Strauss. Aclamado en todo el mundo, en 1863 fue nombrado director de la música de baile de la corte de Viena. Ese mismo año, se consagró a la composición de operetas, con títulos como *El murciélago* (1874) y *El barón gitano* (1885). *El bello Danubio azul* (1867), *Rosas del sur* (1880), *El vals del emperador* (1889) y *Voces de primavera* (1883) son algunos de sus valses más populares.

STRAUSS, RICHARD *(Munich, actual Alemania, 1864-Garmisch, id., 1949) Compositor y director de orquesta alemán.* Hijo de un trompa de la orquesta de la corte de Munich, creció en un ambiente familiar que pronto le orientó hacia las dos actividades en las que sobresalió: la composición y la dirección orquestal. Sus primeras obras importantes pertenecen al género del poema sinfónico, destacándose las tituladas *Don Juan* (1889), *Till Eulenspiegel* (1895) y *Así habló Zaratustra* (1896). Fascinado por la ópera, Strauss escandalizó al público de comienzos de siglo XX con dos trabajos repletos de audacias armónicas y tímbricas: *Salomé* (1905) y *Elektra* (1908); esta segunda fue la primera de sus colaboraciones con el poeta Hugo von Hoffmansthal. Con posterioridad su estilo derivó hacia posiciones más conservadoras, que buscan su inspiración en el pasado, como en *El caballero de la rosa* (1910). Maestro en el arte de la orquestación y gran conocedor de la voz humana, *Ariadne auf Naxos* (1912), *La mujer sin sombra* (1918) y los llamados *Cuatro últimos lieder* (1948) son algunas otras de sus composiciones más destacadas.

STRAVINSKI, IGOR FEODOROVICH *(Oranienbaum, Rusia, 1882-Nueva York, 1971) Compositor ruso nacionalizado francés y, posteriormente, estadounidense.* Una de las fechas clave que señalan el nacimiento de la llamada música contemporánea es el 29 de mayo de 1913, día en que, en París, se estrenó el ballet de Stravinski *La consagración de la primavera*. Su armonía politonal, sus ritmos abruptos y dislocados y su agresiva orquestación provocaron en el público uno de los mayores escándalos de la historia del arte de los sonidos. Autor de otros dos ballets que habían causado sensación, *El pájaro de fuego*, la obra que lo dio a conocer internacionalmente en 1910, y *Petrushka*, el citado día de 1913 Stravinski se confirmó como el jefe de filas de la nueva escuela musical. Sin embargo, él nunca se consideró un revolucionario; de manera similar a Picasso en el campo de las artes plásticas, el compositor se caracterizó siempre por transitar de un estilo a otro con absoluta facilidad, sin perder por ello su propia personalidad. El ruso, el neoclásico y el dodecafónico son, a grandes rasgos, los tres períodos en los que puede dividirse la carrera compositiva de este maestro, uno de los referentes incuestionables de la música del siglo XX. Alumno de Nikolai Rimski Korsakov en San Petersburgo, la oportunidad de darse a conocer se la brindó el empresario Sergei Diaghilev, quien le encargó una partitura para ser estrenada por su compañía, los Ballets Rusos, en su temporada parisina. El resultado fue *El pájaro de fuego*, obra en la que se advierte una profunda influencia de su maestro en su concepción general, pese a lo cual apunta ya algunos de los rasgos que definirán el estilo posterior de Stravinski, como su agudo sentido del ritmo y el color instrumental. Su rápida evolución culminó en la citada *Consagración de la primavera* y en otra partitura destinada al ballet, *Las bodas*, instrumentada para la original combinación de cuatro pianos y percusión, con participación vocal. En estas obras el músico llevó al límite la herencia de la escuela nacionalista rusa hasta prácticamente agotarla. Su estilo experimentó entonces un giro que desconcertó a sus propios seguidores: en lugar de seguir el camino abierto por estas obras, en 1920

IGOR FEODOROVICH STRAVINSKI
OBRAS MAESTRAS

ÓPERAS: *EL RUISEÑOR* (1914); *MAVRA* (1922); *OEDIPUS REX* (1927); *LA CARRERA DEL LIBERTINO* (1951). **BALLETS:** *EL PÁJARO DE FUEGO* (1910); *PETRUSHKA* (1911); *LA CONSAGRACIÓN DE LA PRIMAVERA* (1913); *PULCINELLA* (1920); *LAS BODAS* (1923); *APOLLON MUSAGÈTE* (1928); *AGON* (1957). **MÚSICA ORQUESTAL:** *FUEGOS DE ARTIFICIO* (1908); *CONCIERTO PARA PIANO* (1924); *CONCIERTO PARA VIOLÍN* (1931); *SINFONÍA EN DO* (1940); *SINFONÍA EN TRES MOVIMIENTOS* (1945); *MONUMENTUM PRO GESUALDO* (1960). **MÚSICA DE CÁMARA:** *OCTETO PARA INSTRUMENTOS DE VIENTO* (1923); *DIVERTIMENTO PARA VIOLÍN Y PIANO* (1934); *SEPTETO* (1952). **MÚSICA VOCAL:** *EL REY DE LAS ESTRELLAS* (1912); *3 POESÍAS DE LA LÍRICA JAPONESA* (1913); *SINFONÍA DE LOS SALMOS* (1930); *ABRAHAM E ISAAC* (1964); *REQUIEM CANTICLES* (1966).

dio a conocer un nuevo ballet, *Pulcinella*, recreación, a primera vista respetuosa, de la música barroca a partir de composiciones de Giovanni Battista Pergolesi. Comenzaba así la etapa neoclásica, caracterizada por la revisitación de los lenguajes del pasado, con homenajes a sus compositores más admirados, como Bach (*Concierto en re*), Chaikovski (*El beso del hada*), Haendel (*Oedipus rex*), Haydn (*Sinfonía en do*) o Mozart (*La carrera del libertino*) y obras tan importantes como el *Octeto para instrumentos de viento*, la *Sinfonía de los salmos* o el ballet *Apollon Musagète*. En ellas Stravinski abandonó las armonías disonantes y la brillante orquestación de sus anteriores composiciones para adoptar un estilo más severo y objetivo –el neoclasicismo, de hecho, nació como una oposición al arrebatado subjetivismo del romanticismo y el expresionismo germánicos–, estilo, sin embargo, que no excluía cierto sentido del humor en su aproximación al pasado. Con la *Sinfonía en tres movimientos* y la ópera *La carrera del libertino* concluye esta etapa, tras la cual Stravinski volvió a sorprender al adoptar el método dodecafónico sistematizado por su colega y rival Arnold Schönberg, aunque eso sí, a la muerte de éste. De nuevo un ballet, *Agon*, señaló la apertura de este nuevo período, en el que sobresalen títulos como *Canticum sacrum*, *Threni*, *Monumentum pro Gesualdo* y *Requiem Canticles*, ninguno de los cuales ha obtenido el nivel de aceptación de las obras de las dos épocas precedentes. Fallecido en Estados Unidos, sus restos mortales fueron inhumados en la ciudad de Venecia.

STRINDBERG, AUGUST *(Estocolmo, 1849-id., 1912) Escritor sueco.* Con su extensa obra, que abarca todos los géneros, consolidó literariamente la lengua sueca y se hizo eco de las grandes corrientes de pensamiento del siglo, que asimiló a su evolución personal, la cual derivó hacia un tipo de misticismo panteísta de raíz romántica, que

▼ *El compositor ruso Igor* **Stravinski** *junto al bailarín que estrenó* Petrushka, Vaslav Nijinsky, *que aparece vestido con el traje del mítico y revoltoso muñeco que protagoniza uno de sus más famosos ballets.*

«*Cuanto más controlado, limitado, trabajado, más libre es el arte.*»

Igor Stravinski

queda reflejado en sus últimas obras (*El sueño*, 1902). Alcanzó la consagración literaria con *La sala roja* (1879), novela sobre la bohemia de Estocolmo y que supone la consolidación de una primera etapa naturalista, de gran peso en su obra. Los conflictos de su vida sentimental, especialmente durante su primer matrimonio, lo llevaron a consideraciones acerca de la relación entre el hombre y la mujer y a una cierta misoginia, cuya máxima expresión es *Esposos* (1884), colección de relatos por los que sufrió un proceso, cuya experiencia lo sumió en una crisis espiritual que queda reflejada en *Infierno* (1897).

STROESSNER, ALFREDO (*Encarnación, Paraguay, 1912*) *Militar y político paraguayo*. Hijo de un inmigrante alemán, estudió en el Colegio Militar de Asunción, y a los veinte años ingresó en el ejército paraguayo, donde realizó una brillante carrera. Apoyó al Partido Colorado en la revolución de 1947 y participó en dos golpes de Estado contra Natalicio González, actuaciones que le permitieron ascender rápidamente hasta llegar al cargo de comandante en jefe de las fuerzas armadas en 1951. Inició entonces una paciente labor para enemistar a sus rivales políticos y, tras tejer varias alianzas, en una acción militar, logró derrocar al presidente Chávez. Convocó elecciones a la presidencia, en las que era el único candidato, y en 1954 asumió el cargo de presidente de la República. Durante su mandato, caracterizado por un gobierno no siempre acorde con los principios de la democracia y poco respetuoso con el derecho a la libertad de expresión, intentó eliminar la pobreza rural y obrera, sin dejar de apoyar, al mismo tiempo, los intereses de los terratenientes y de los grandes empresarios; logró estabilizar la moneda, moderar la inflación, crear nuevas escuelas y carreteras e instaurar una sanidad pública. Por otra parte, dedicó casi la mitad del presupuesto del país para formar un cuerpo militar, que se reveló indispensable para poder mantener su autoridad. Sus seguidores, pertenecientes al Partido Colorado, dirigían el Congreso de los Diputados, lo que les permitió modificar en dos ocasiones la Constitución para legitimar las elecciones que dieron el poder a Stroessner en seis legislaturas consecutivas, y en 1977 logró que se aprobara una enmienda constitucional que lo habilitaba para convertirse en presidente vitalicio. En la última década de su mandato, durante la cual Paraguay participó, junto a Brasil, en la construcción de la presa de Itaipú, se produjeron algunos casos de corrupción,

▲ *El dramaturgo sueco August **Strindberg** pintado por E. Munch en 1892, en un retrato que se exhibe en el Museo nacional de Estocolmo.*

▲ *El dictador paraguayo Alfredo **Stroessner** preside el acto de inauguración de unas instalaciones deportivas.*

▶ *Adolfo **Suárez**, nombrado duque de Suárez por el rey Juan Carlos I por sus méritos durante la transición democrática, fotografiado con ocasión de la recepción de un premio.*

pese a lo cual, en 1988 fue elegido de nuevo presidente, aunque se rumoreaba que padecía una enfermedad y se empezaba a hablar de su posible sucesor. Stroessner proponía como tal a su hijo Gustavo, pero esta opción no contaba con la aprobación de la mayor parte de estamentos militares y políticos. En 1989, lo depuso un golpe de Estado, dirigido por su consuegro y antiguo colaborador Alfredo Rodríguez. Obligado a abandonar el poder tras haber permanecido 34 años ininterrumpidamente al mando de Paraguay, se exilió en Brasil.

SUÁREZ, ADOLFO (*Cebreros, España, 1932*) *Político español*. Doctor en derecho, inició su carrera política como gobernador civil de Segovia (1968). En 1975 participó en la fundación de Unión Democrática del Pueblo Español (UDPE), grupo que posteriormente presidiría. Tras la muerte de Franco, el rey Juan Carlos I lo nombró presidente del gobierno en sustitución de Carlos Arias Navarro, e inició un diálogo con las diferentes fuerzas políticas. Legalizó los partidos socialista y comunista, amén de los diferentes sindicatos existentes en la época, y fundó Unión de Centro Democrático (UCD), partido que aglutinaba las fuerzas democristianas y socialdemócratas del país. Al frente de este grupo político ganó las elecciones de 1977. Tras diversas negociaciones multilaterales (los pactos de la Moncloa), consiguió que se aprobara en referéndum, celebrado en 1878, una Constitución mediante la cual España pasaba a constituirse en monarquía parlamentaria. A partir de entonces, su posición se fue debilitando, hasta que en 1981 presentó su dimisión como jefe del ejecutivo. Un año después, abandonó la UCD y constituyó un nuevo partido, el Centro Democrático y Social (CDS), por el que fue diputado. Considerado una figura clave de la transición democrática española, se retiró de la vida política pocos años más tarde.

SUÁREZ, FRANCISCO *(Granada, 1548-Lisboa, 1617) Filósofo español.* Considerado el mejor escolástico español, Suárez pertenecía a la Compañía de Jesús y enseñó teología en Roma, Alcalá y Salamanca hasta que Felipe II lo llamó para ocupar la cátedra de teología en Coimbra, cargo que desempeñaría desde 1597 hasta 1616. La obra de Suárez se inscribe dentro del tomismo, aunque constituye el primer cuerpo de doctrina metafísica independiente, tanto en el sentido de no seguir el curso de los libros metafísicos de Aristóteles como en el de mantenerse al margen de los planteamientos teológicos de la dogmática católica. En su obra fundamental, las *Disputationes metaphysicae* (1597), Suárez inicia un nuevo tipo de exposición filosófica al abordar los problemas metafísicos en forma de tratado sistemático. Sus especulaciones se centran en el problema metafísico del ser y, desde el punto de vista de la filosofía del derecho, en la distinción entre el derecho natural y el derecho de gentes, o derecho positivo, cuyas leyes debían ser también comunes a todos los hombres, al fundarse en la razón.

SUÁREZ DE PERALTA, JUAN *(?, actual México, h. 1537?) Historiador español.* Las escasas noticias que se tienen sobre su vida están vinculadas a su autoría de varios libros menores que, no obstante, suponen un testimonio de las inquietudes intelectuales de los primeros tiempos de la conquista manifestadas por un criollo. Tales obras son *Libro de albeitería* y *Tratado de la caballería de la jineta y la brida.* Al margen de estas obras, sus *Noticias históricas de la Nueva España*, publicadas tres siglos más tarde, en 1878, constituyen una interesante narración sobre la conspiración del segundo marqués del Valle, hijo de Hernán Cortés.

SUCHET, LOUIS-GABRIEL *(Lyon, Francia, 1770-Marsella, id., 1826) Militar francés.* Hijo de un comerciante de sedas, tuvo intenciones de proseguir el negocio familiar, pero finalmente decidió dedicarse a la vida militar y, en 1792, ingresó en la guardia nacional. Nombrado jefe de batallón, participó en la toma de Toulon de 1793, tras lo cual formó parte de las tropas destacadas en el Tirol y en Suiza. En 1799 ascendió al rango de general y fue enviado a Italia. Desempeñó un papel importante en la batalla de Marengo y, en años sucesivos, participó en

▲ *Louis-Gabriel* **Suchet**, *uno de los mariscales franceses que con más celo sirvió a Napoleón, a quien se mantuvo fiel hasta el final.*

▼ *El general venezolano Antonio José de* **Sucre**, *con Bolívar y San Martín, uno de los principales artífices de la independencia hispanoamericana.*

las de Austerlitz, Saalfed, Jena, Putusk y Ostraleka. En marzo de 1808 se le concedió el título de conde y, poco después, recibió órdenes de trasladarse a España al frente del ejército napoleónico. En 1809 derrotó a las tropas británicas en Lérida y en 1812 conquistó Valencia, motivo por el cual recibió el título de duque de la Albufera. A la finalización de la guerra de Independencia y la expulsión de los franceses de suelo español, regresó a Francia. Posteriormente brindó de nuevo su apoyo a Napoleón durante el gobierno de los Cien Días, motivo por el cual en 1815 el monarca Luis XVIII anuló todos sus privilegios aristocráticos.

SUCRE, ANTONIO JOSÉ DE *(Cumaná, actual Venezuela, 1785-Sierra de Berruecos, Colombia, 1830) Militar y político venezolano.* Perteneciente a una familia patricia venezolana de larga tradición militar al servicio de la Corona española, su padre, el teniente coronel Vicente Sucre y Urbaneja, se adhirió a pesar de ello a la causa emancipadora desde sus inicios. Educado por su tío José Manuel, a los quince años se alistó en el ejército patriota como alférez de ingenieros y participó en la campaña de Miranda (1812) contra los realistas, durante la cual ascendió a teniente. Tras el fracaso de este primer intento emancipador, se refugió en la isla de Trinidad, donde entabló contacto con Mariño, a quien siguió en 1813 en la expedición de reconquista de Venezuela, en la que tomó Cumaná e intervino en la organización del ejército de Oriente. Su arrojo y sus dotes para la guerra determinaron su ascenso a teniente coronel, y como tal tomó parte en la ofensiva sobre Caracas. Sin embargo, vencido su ejército en Aragua y Urica, debió huir para no ser apresado por los realistas. Integrado de nuevo en la lucha, en la segunda mitad de 1815 participó activamente en la defensa de Cartagena de Indias, desde donde pasó a combatir en la Guayana y el bajo Orinoco. Con el grado de general de brigada, marchó en 1818 a Angostura, donde Bolívar había instalado su cuartel general y organizaba la República. Allí se convirtió en uno de sus mejores lugartenientes y se ganó la amistad y el respeto del Libertador, quien destacó siempre sus dotes militares y su elevado sentido de la moralidad. Enviado a las Antillas con la misión de obtener armas para el ejército, ingresó a su regreso en el estado mayor de Mariño, quien combatía en el Oriente venezolano; más tarde pasó al estado mayor de Bolívar y fue designado integrante de la comisión que firmó el armisticio y la regulación de la guerra de Santa Ana de Trujillo (1820) con el general realista Pablo Morillo, por el que se pretendía evitar al máximo los efectos de la guerra sobre la población civil. Al año siguiente, marchó al frente de un ejército en apoyo de la sublevación de Guayaquil, puerto al cual también arribaron tropas del general San Martín. Comenzó entonces la campaña de liberación de Ecuador, que tuvo su culminación en Pichincha, batalla librada en 1822. Con esta victoria de Sucre se consolidó la independencia de la Gran Colombia, se consumó la de Ecuador y quedó el camino expedito para la liberación de Perú, tras la renuncia de San Martín. Sucre entró en Lima en 1823, precediendo a Bolívar, quien tomó todos los poderes en el país. Participó con él en la batalla de Junín y, el 9 de diciembre de 1824, venció al virrey La Serna en Ayacucho, acción que significó el fin del dominio español en el continente sudamericano. El Parlamento peruano lo nombró gran mariscal y general en jefe de los ejércitos. Al frente de éstos marchó al Alto Perú, donde proclamó la República de Bolivia en homenaje al Libertador, a quien encargó la redacción de su Constitución. La Asamblea local lo nombró presidente vitalicio, pero dimitió en 1828 a raíz de los motines y la presión de los peruanos opuestos a la independencia boliviana. Se retiró entonces a Ecuador acompañado de su hija y de su esposa, la marquesa de Solanda. Poco después, acudió en ayuda de Colombia, invadida por el peruano José de la Mar, a quien derrotó en Portete de Tarqui. Tras la firma del tratado de Piura, marchó a Bogotá como delegado de Ecuador ante el Congreso allí reunido, en un momento en que la Gran Colombia se encontraba ya en proceso de desintegración. Formó parte de la comisión encargada de negociar con el general Páez, alzado en armas por la independencia de Venezuela. Poco después, también Ecuador la declaró, y hacia allí se dirigía para evitarla, cuando en la sierra de Berruecos cayó víctima de una emboscada, al parecer ordenada por José María Obando, jefe militar de la provincia de Pasto.

SUETONIO, CAYO (*h. 70-140*) *Historiador romano.* Trabó amistad con Plinio *el Joven*, quien lo recomendó al emperador Trajano, gracias a lo cual pudo entrar a trabajar en la burocracia imperial. Bajo el mandato de Adriano se encargó de la dirección de los

▼ *El príncipe* **Sufanuvong**, *líder del grupo revolucionario laosiano Pathet Lao, fotografiado en 1971 en su escondite en la región de San Neua, en la selva de Laos.*

▼ *Retrato oficial de* **Suharto**, *político que fue presidente de Indonesia durante treinta años.*

archivos imperiales, pero fue apartado de su puesto por «tomarse demasiadas familiaridades con la emperatriz». Gracias a la extraordinaria calidad de las fuentes que llegó a manejar durante su ejercicio en la corte, pudo dedicarse a escribir la que sería su obra más importante, *Vida de los doce Césares*, en la que biografió a los emperadores habidos desde Augusto a Domiciano. Esta obra ha brindado a la historiografía una gran cantidad de datos sobre la vida privada y el gobierno de los emperadores romanos, aunque se centra más en cuestiones superficiales, y en algunos casos escandalosas, que en un estudio profundo de los hechos históricos.

SUFANUVONG, PRÍNCIPE (*Luang Prabang, Laos, 1909- id., 1995*) *Político y líder revolucionario laosiano.* Cursó estudios de ingeniería civil en Francia, tras los cuales regresó a Laos para colaborar con las autoridades coloniales francesas. Pronto, no obstante, rechazó la presencia francesa y se unió a los movimientos independentistas. Tras la Segunda Guerra Mundial fue nombrado ministro de Asuntos Exteriores del gobierno de Laos en el exilio, con el cual rompió relaciones en 1950 para fundar, en alianza con el movimiento vietnamita de Ho Chi Minh, el Pathet Lao, grupo armado independentista. Entre 1962 y 1963 lideró un gobierno de coalición junto a su hermano Suvanna Fuma, quien ocupó el cargo de primer ministro, pero tras la caída de este gobierno, Sufanuvong fue detenido y encarcelado. Consiguió escapar y dirigirse al norte del país, desde donde, al frente de un grupo armado acólito, entró en guerra civil. En 1975, tras largos años de lucha, se convirtió en hombre fuerte del país y, poco después, fue nombrado presidente, cargo que desempeñó hasta su fallecimiento en 1995.

SUHARTO (*Kemusu Argamula, actual Indonesia, 1921*) *Político indonesio.* Hijo de un militar, ingresó en el ejército colonial holandés al finalizar sus estudios secundarios. Aliado con los japoneses durante la Segunda Guerra Mundial, tras la derrota de éstos luchó contra las tropas de ocupación holandesas. Con la independencia, en 1950, alcanzó el rango de teniente coronel y, en 1962, el de general. En 1965 lideró un golpe de Estado militar que acabó con el gobierno de Sukarno y se erigió, al año siguiente, en presidente del país. Durante su mandato, que extendió hasta 1998, consiguió estabilizar la situación económica, se alió con las potencias occidentales, fue principal artífice del ingreso de Indonesia en la ASEAN y, en 1976, ordenó la invasión de la colonia portuguesa de Timor Oriental. Tras varios años de bonanza económica, que le permitieron mantener el cargo, el inicio de la crisis asiática de 1997 condujo el país a la ruina rápidamente, lo cual motivó el estallido de fuertes convulsiones sociales. Éstas, junto con la pérdida de apoyo entre los militares, le obligaron a abandonar el cargo en mayo de 1998.

SUKARNO, AHMED *(Surabaja, actual Indonesia, 1901-Yakarta, 1970) Político indonesio.* Hijo de un maestro de escuela, cursó estudios de ingeniería y de idiomas, llegando a dominar diez lenguas distintas. A partir de 1927 entró en contacto con movimientos independentistas de corte marxista y, debido a sus actividades políticas, fue encarcelado por las autoridades holandesas en dos ocasiones (1929-1931 y 1933-1942). Aliado con los japoneses durante la Segunda Guerra Mundial, se erigió en portavoz del movimiento independentista, al cual dotó de contenido político. Su mensaje reposó en cinco pilares fundamentales, a saber, nacionalismo, internacionalismo, democracia, prosperidad social y religión musulmana. En 1949 proclamó la independecia del país, del que se convirtió en su primer presidente. Instauró lo que vino en denominar una «democracia vigilada», impulsando una política izquierdista y convirtiéndose en portavoz del Tercer Mundo. No obstante, y tras unos primeros años de estabilidad política y económica, acabó por implantar una dictadura y llevar a su país a la ruina económica. Fue destituido por un golpe militar en 1966 y, al año siguiente, obligado a ceder todos sus poderes al general Suharto.

▲ *El político chino* **Sun Yat-sen**, *fundador de la formación nacionalista Kuomintang, fotografiado en su casa de Pekín.*

▼ *Tres líderes mundiales, impulsores del Movimiento de Países No Alineados, en unas conversaciones celebradas en El Cairo en marzo de 1965. De izquierda a derecha: Chu En-Lai,* **Sukarno** *y Nasser.*

SUN YAT-SEN [Suen Wen] *(Hiang-shan, China, 1866-Pekín, 1925) Estadista chino.* Médico en Macao, en 1894 fundó la Asociación para la Regeneración de China, que luchaba por el derrocamiento de la dinastía Manchú. Trasladado a Occidente (1895), estimuló el ardor revolucionario de los chinos que se hallaban en el extranjero y fundó el Kuomintang, partido fundamentado en los principios del nacionalismo, la democracia y el bienestar social. El 10 de octubre de 1911, las fuerzas revolucionarias derrocaron al gobierno manchú en Wuchang, y Sun fue elegido presidente provisional de la República China, con capital en Nankín. Al no contar con el apoyo del ejército, cedió su puesto a Yuan Shikai, antiguo ministro imperial. Poco después la falta de apoyo económico de Occidente le llevó a huir a Japón (1921), para acogerse, finalmente, a créditos soviéticos y a aceptar una efímera alianza con los comunistas chinos que parecían garantizar la independencia del país. Durante los últimos años de su vida se esforzó por conseguir el objetivo de la reunificación nacional. Le sucedió su cuñado Chang Kai-shek.

SVEVO, ITALO [Ettore Schmitz] *(Trieste, actual Italia, 1861-Motta de Livenza, id., 1928) Escritor italiano.* Formado en Alemania, a lo largo de dieciocho años trabajó como empleado de banca, experiencia que está presente en sus primeras obras. *Una vida* (1892) y *Senilidad* (1898), que fueron un fracaso y motivaron su decisión de no publicar más. Dedicado a la crítica literaria para el periódico *L'Independente*, fue su amistad con James Joyce la que le animó a emprender un nuevo proyecto, bajo el influjo de la lectura de Freud, especialmente de la *Interpretación de los sueños*, que se convirtió en su obra maestra: *La conciencia de Zeno* (1923). La irónica confesión de Zeno a su psicoanalista se encuentra plagada de pequeñas bajezas y traiciones, y constituye una incisiva exploración de las contradicciones e inconsistencias de la sociedad burguesa de Trieste. No llegó a terminar su siguiente novela, *Il Vecchione*.

SWIFT, JONATHAN *(Dublín, 1667-id., 1745) Escritor irlandés.* Estudió teología en el Trinity College de Dublín, y tras estallar la guerra civil se trasladó a Inglaterra, donde obtuvo el puesto de secretario del diplomático sir William Temple, pariente lejano de su madre. Conoció a Esther Johnson, la hija de Temple, quien se convertiría en la destinataria de una serie de cartas íntimas, publicadas póstumamente en 1766 con el título de *Cartas a Stella* (*Journal to Stella*); algunos biógrafos sostienen que llegó a casarse con ella en secreto. Las malas relaciones con su protector lo llevaron otra vez a Dublín, donde se ordenó sacerdote en 1694. Después de trabajar un año en la parroquia de Kilroot, y reconciliado con Temple, regresó a Londres para participar activamente en la vida política, religiosa y literaria de la ciudad. Aunque en un primer momento estuvo cercano a los *whigs*, tras la subida al poder de los tories escribió una serie de panfletos en su favor y contra los *whigs* que se caracterizaron por su gran agudeza y mordacidad, y que le llevaron finalmente a dirigir el *Examiner*, periódico del Partido Conservador. En su panfleto *La conducta de los aliados* (*The Conduct of the Allies*, 1711) acusaba al Partido Liberal de alargar en interés propio la guerra de Sucesión española, lo que motivó la dimisión del comandante de las fuerzas armadas. La habilidad como satírico de Swift se evidencia en sus primeros libros: *La batalla de los libros* (*The Battle of Books*, 1697) ridiculiza las discusiones literarias en boga que contraponían la calidad de las obras de la Antigüedad a las modernas, adoptando el autor una posición favorable a los clásicos, mientras que *Historia de una bañera* (*Tale of a Tub*, 1704), sátira sobre la pretenciosidad e hipocresía en el terreno de la religión y la literatura, le supuso la pérdida de sus prerrogativas en la Iglesia Anglicana. Tras la muerte de su protector, en 1699, se había trasladado a Irlanda, donde tras ejercer diversos cargos eclesiásticos fue nombrado deán de la catedral de San Patricio (1713-1745). Realizó por entonces numerosos viajes a Londres para mantener su actividad política, hasta que en 1718, con la caída del gobierno, perdió toda su influencia. Entre 1724 y 1725 publicó una serie de panfletos a favor de la moneda irlandesa, las *Cartas de un pañero* (*Drapier's letters*, 1724), que significaron la revocación del permiso para acuñarla, y más tarde *Una modesta proposición* (*A modest proposal*, 1729), en la que ironizaba sobre la posibilidad de vender a los hijos de los irlandeses pobres como alimento para los ingleses ricos, para el bien de la patria y de ambas clases sociales. Por estas obras sería considerado más adelante como un héroe del nacionalismo irlandés. Afectado al parecer por un tumor cerebral, sus últimos años se vieron marcados por una progresiva demencia. La obra que indiscutiblemente aseguró a Swift la gloria literaria fue su novela *Viajes de Gulliver* (*Gulliver's Tra-*

▲ *Jonathan* **Swift**, *creador de la célebre novela* Viajes de Gulliver, *sátira social que se convertiría más tarde en un clásico de la literatura infantil, lo que no fue, en absoluto, intención del autor.*

▼ *El escritor irlandés John Millington* **Synge** *en un dibujo realizado por J. Paterson en 1906, que pertenece actualmente a una colección particular.*

vels, 1726), sátira imaginativa y pesimista de la sociedad que se convertiría, curiosamente, en un éxito de la literatura infantil. El descubrimiento por parte del protagonista de países imaginarios, integrados por ejemplo por seres minúsculos (Lilliput) o gigantes (Brobdingnag), le sirve al autor para lanzar una sátira aguda e inmisericorde sobre la política y las relaciones sociales de su época, de un tono negativo rayano en la misantropía. El estilo de Swift, austero y directo, alcanza sus mejores resultados en la sátira, el género que siempre cultivó y en el cual demostró sus inmensas dotes imaginativas y para la crítica social.

SYNGE, JOHN MILLINGTON (*Rathfarnham, actual República de Irlanda, 1871-Dublín, 1909*) *Escritor irlandés*. Animado por Yeats, a quien conoció en París, se instaló una temporada en las islas de Aran con la intención de entrar en contacto con las raíces folclóricas y populares de su nación y su lengua, verdadera inspiración de toda su obra. Sus primeras piezas teatrales, *The shadow of Glen* (1903) y *Jinetes hacia el mar* (1904), estrenadas en Dublín, motivaron grandes críticas debido a la subversión que suponía representar la vida provincial desde un punto de vista distinto del de la visión populista y caricaturesca que gustaba a la aristocracia irlandesa. Con *El botarate del mundo occidental* (1907), cuyas representaciones, en Dublín, Londres y Estados Unidos, fueron unidas al escándalo, se consolidó como el gran escritor de la nación irlandesa. Su obra representa una de las más altas manifestaciones del teatro contemporáneo en lengua inglesa.

SZENT-GYORGYI, ALBERT (*Budapest, 1893-Woods Hole, EE UU, 1986*) *Biólogo y médico estadounidense de origen húngaro*. Estudió en la Universidad de Budapest, donde luego impartió clases de bioquímica hasta su marcha a Estados Unidos en 1947. Entre sus muchos logros científicos, extrajo de los vegetales una sustancia que resultó ser la vitamina C, y estudió la función de dicha vitamina en las reacciones de oxidación de la glucosa. Investigó así mismo los procesos musculares, y demostró que la energía para la construcción muscular se obtiene de la sustancia llamada trifosfato de adenosina (ATP). En 1937 recibió el Premio Nobel de Fisiología y Medicina. Desde su llegada a Estados Unidos fue profesor en el Muscle Research del Marine Biological Laboratory, en Woods Hole.

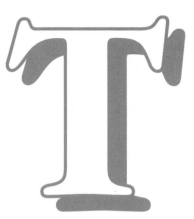

TÁCITO, CAYO CORNELIO *(Roma?, h. 55-?, h.117) Historiador romano.* Los pocos datos que se conocen de su vida indican que desarrolló una brillante carrera política, que le llevó al Senado así como a ejercer el cargo de cónsul. También es conocida su boda con una hija de Cneo Julio Agrícola, general romano que luchó en Britania, de quien Tácito escribió una biografía: *Agrícola.* Otra obra importante que hay que resaltar es *De origino et situ germanorum,* más conocida como *Germania,* en la cual traza una viva representación de la vida y cultura de los germanos. Con todo, sus obras más famosas son los *Anales,* una historia de los emperadores de la dinastía Julio-Claudia a partir de Tiberio, y las *Historias,* sobre la dinastía Flavia. Ambas obras representan un grandioso esfuerzo por recrear un período convulso de la historia de Roma, y en ellas ofrece un retrato implacable de los grandes personajes de la época, poniendo de relieve sus flaquezas. El tono del autor refleja también una cierta nostalgia por los tiempos de la República y de la grandeza romanas.

TAGORE, RABINDRANATH *(Calcuta, India, 1861-Santiniketan, id., 1941) Poeta, narrador, filósofo, pedagogo, músico y pintor indio.* Sus desvelos por los más desfavorecidos de la sociedad, una fina sensibilidad para el análisis del alma infantil y, sobre todo, una inspiración religiosa que va más allá de cualquier confesionalidad, son algunos de los rasgos que asignan a la obra de Rabindranath Tagore un lugar eminente en las letras del siglo XX. Nacido en el seno

▼ *Rabindranath **Tagore**, uno de los grandes poetas de la historia de las letras indias. En 1913 fue galardonado con el Premio Nobel de Literatura.*

de una familia noble y cultivada (su padre fue el filósofo Devendranath Tagore), pronto se despertó en él la vocación literaria (publicó su primer libro de poemas a la edad de diecisiete años). Enviado en 1878 al Reino Unido para estudiar derecho, en 1883 regresó a su país con el fin de ocuparse de la administración de las propiedades familiares, casándose un año más tarde. Entre 1902 y 1907 vio morir a su esposa, un hijo y una hija, pérdidas que le inspiraron algunos de sus mejores y más sentidos poemas. Intentó llenar este vacío volcándose en la escuela Viçvabharati (La Voz Universal), que él mismo había fundado en 1901 en su propiedad de Santiniketan. Mientras tanto, proseguía con su carrera literaria, reconocida a nivel internacional en 1913 con la concesión del Premio Nobel de Literatura. La producción de Tagore es profusa y variada: colecciones líricas, novelas y cuentos, dramas, ensayos filosóficos y religiosos, críticos y políticos... Escritas la mayoría en bengalí, y algunas en inglés, todas se caracterizan por la abundancia de imágenes simbólicas y un tono poético refinado y lírico, sonoro y colorista. La observancia de la ley suprema del amor constituye su principio rector. *Manasi* (1880), *La luna nueva* (1903), *El jardinero* (1913), *Gitanjali* (1914), su obra maestra, o *El niño* (1915), entre sus colecciones líricas; *Chitra* (1892), *El cartero del rey* (1912) y *El rey del salón oscuro* (1914), entre las dramáticas, y *Las piedras hambrientas* (1916) entre las narraciones, son algunos de los títulos que publicó. Tagore practicó además con singular acierto la pintura y la música, la primera como forma de aproximación a la divinidad y la segunda como expresión del alma humana.

TAINE, HIPPOLYTE-ADOLPHE *(Vouziers, Francia, 1828-París, 1893) Filósofo, crítico e historiador francés.* Tras estudiar en París, fue profesor de filosofía en Nevers (1851-1852) y en Poitiers (1852), de donde fue enviado a Besançon como represalia de la autoridad imperial que, tras el golpe de Estado de Napoleón III (1851), tenía bajo control a los intelectuales franceses; poco después abandonó la enseñanza. Se doctoró en 1853 con la tesis titulada *Ensayo sobre las fábulas de La Fontaine.* En 1855 publicó *Viaje a los Pirineos,* libro en el que reflexiona por primera vez sobre la influencia del medio y de la historia en el desarrollo de los individuos y la sociedad, tema que desarrolló en su tesis sobre «la raza, el medio, el momento» en su obra capital, *De la inteligencia* (1870), y que constituiría la base del determinismo, adoptado con entusiasmo por Zola y el naturalismo. Sus intereses filosóficos de este período cristalizan en su estudio *Filósofos franceses del siglo XIX* (1857). En 1858 viajó por el Reino Unido, Alemania y los Países Bajos; en tierras británicas descubrió el liberalismo, lo que le llevó a interesarse más en general por la cultura y el pensamiento británico. Sin embargo, sus intereses cambiaron a raíz de un revelador viaje a Italia: escribió diversos ensayos sobre arte y filosofía del arte, centrándose en Italia, los Países Bajos y Grecia (reunidos todos en *Filosofía del arte,* 1882), e impartió un curso en la escuela de Bellas Artes sobre su libro *De l'ideal dans l'art.* Nunca abandonó su labor de crítico e historiador y, tras haber publicado otros *Nuevos ensayos de crítica y de historia* (1865) y las *Notas sobre Inglaterra* (1872), en 1875 apareció el primer volumen de su principal obra de historia: *Los orígenes de la Francia contemporánea* (1875-1893).

TALES DE MILETO *(Mileto, actual Grecia, 624 a.C.-?, 548 a.C.) Filósofo y matemático griego.* Ninguno de sus escritos ha llegado hasta nuestros días; a pesar de ello, son muy numerosas las aportaciones que a lo largo de la historia, desde Herodoto, Jenófanes o Aristóteles, se le han atribuido. Entre las mismas cabe citar los cinco teoremas geométricos que llevan su nombre (todos ellos resultados fundamentales), o la noción de que la esencia material del universo era el agua o humedad. Aristóteles

> *«El vicio y la virtud son productos como el vitriolo y el azúcar.»*
>
> Hippolyte-Adolphe Taine

consideró a Tales como el primero en sugerir un único sustrato formativo de la materia; además, en su intención de explicar la naturaleza por medio de la simplificación de los fenómenos observables y la búsqueda de causas en el mismo entorno natural, Tales fue uno de los primeros en trascender el tradicional enfoque mitológico que había caracterizado la filosofía griega de siglos anteriores.

TALLEYRAND-PÉRIGORD, CHARLES-MAURICE DE *(París, 1754-id., 1838) Político francés.* Hijo del conde de Talleyrand-Périgord, cursó estudios en la Universidad de la Sorbona, institución en la que se licenció en teología en 1778. Al año siguiente fue ordenado sacerdote y en noviembre de 1788 fue nombrado obispo de Autun. Tras el estallido de la Revolución Francesa fue elegido diputado del clero en los Estados Generales, donde defendió tesis constitucionalistas. Acusado de cismático por sus ideas reformistas y tras haber sido excomulgado por el Papa, abandonó la Iglesia. En 1794 fue acusado de conspirar a favor de la monarquía y enviado a Estados Unidos. A su regreso, en 1797, fue nombrado ministro de Exteriores, cargo que le permitió entrar en contacto con Napoleón Bonaparte, a quien ayudó en el golpe de Estado del 18 de Brumario. En 1808 fue acusado de intentar derrocar al

▼ *Charles-Maurice de* **Talleyrand-Périgord** *retratado por Pierre Paul Prudhon. Personaje camaleónico, Talleyrand desempeñó un papel destacado durante la Revolución y más tarde junto a Napoleón, para luego decantarse por los Borbones.*

emperador, a quien se enfrentó por sus ansias expansionistas y, tras su caída, formó un gobierno provisional y representó a Francia en el congreso de Viena. Posteriormente fue embajador en la ciudad de Londres.

TALLIS, THOMAS (*Leicestershire?, actual Reino Unido, h. 1505-Greenwich, id., 1585) Compositor y organista inglés.* Poco es lo que se conoce de su vida: la primera referencia que se conserva de él lo sitúa en 1532 como organista de la abadía benedictina de Dover. Desde 1543 fue organista de la capilla real, cargo que conservó bajo los reinados Enrique VIII, Eduardo VI, María Tudor e Isabel I. Asociado al también compositor William Byrd, en 1575 logró un privilegio de la Corona según el cual se le concedió el monopolio de la impresión musical en Inglaterra. Su producción incluye sobre todo música vocal destinada a los oficios divinos, tanto protestantes como católicos. En inglés y latín, respectivamente, veinte *anthems* y nueve salmos conforman el núcleo del primero, mientras que el segundo, caracterizado por el uso de un elaborado y complejo contrapunto, halla en sus tres misas y cincuenta y dos motetes –uno de ellos, *Spem in alium non habui* (*No he tenido esperanza en lo ajeno*), a cuarenta voces– su más lograda expresión. Tallis compuso también cierto número de obras para teclado.

TAMAYO, RUFINO (*1899, Oaxaca, México-Ciudad de México, 1991) Pintor mexicano.* Hijo de indígenas zapotecas, su vocación artística se manifestó desde muy joven. Trabajó en el Museo de Arqueología, donde conoció el arte prehispánico. En 1926 presentó su primera exposición de pintura y fue invitado a exponer en el Art Center de Nueva York. Más tarde, en 1932, fue nombrado director del departamento de artes plásticas de la Secretaría de Educación Pública. Cercano a los tres grandes del muralismo mexicano (Orozco, Rivera y Alfaro Siqueiros), se distinguió de ellos por su rechazo a la grandilocuencia y a los planteamientos revolucionarios, en pro de una bús-

▲ *Tamerlán sentado en un trono según una miniatura india del s. XVIII. Tamerlán se autoproclamó rey de la Transoxiana y heredero del imperio de Gengis Kan.*

queda más personal. Creador de una importante obra mural y de numerosas piezas de caballete, su consagración data de la década de 1950, cuando la Bienal de Venecia instaló una sala Tamayo, y obtuvo el primer premio de la Bienal de Sao Paulo.

TAMERLÁN [Timur Lang] (*Kesh, actual Uzbekistán, h. 1336-Otrar, actual Kazakistán, 1405) Soberano de Transoxiana (h. 1370-1405).* Miembro del clan turco Barlas y, por tanto, un mongol turquizado de fe islámica, estuvo durante años al servicio del kanato de Cagatai como jefe de un grupo de guerreros nómadas. Aprovechando las revueltas que asolaron el Turkestán a lo largo de la década de 1360, Tamerlán logró apoderarse por la fuerza de todo el país y, hacia 1370, se autoproclamó rey de la Transoxiana y heredero del imperio de Gengis Kan. Su talento militar le permitió someter, en poco tiempo, a los principa les Estados mongoles: los kanatos de Cagatai y de la Horda de Oro y el reino de Jorezm. Movido por el deseo de expandir la ortodoxia islámica, conquistó Corasmia (1379), Persia (1380-1387), Azerbaiján (1385-1386) y el reino cristiano de Georgia (1387), cuya población fue obligada a convertirse al islam. En 1399 penetró en el norte de la India y devastó el sultanato de Delhi. Entre 1400 y 1402, asoló Asia Menor, arrasó las ciudades de Alepo, Damasco y Bagdad y venció al sultán otomano Bayaceto I cerca de Ankara. Tres años más tarde, en febrero de 1405, encontró la muerte en Otrar, cerca de Chimkent, cuando se disponía a iniciar la conquista de la China de los Ming. A pesar de sus constantes campañas militares, Tamerlán no descuidó Samarcanda, la capital de su imperio, ciudad que convirtió en la más floreciente de Asia artística y culturalmente y donde construyó su mausoleo, el Gur-i-Mir. Sin embargo, no fue capaz de articular un Estado unitario, por lo que a su muerte el enorme imperio timúrida entró en una etapa de luchas internas que llevarían a su desaparición menos de un siglo más tarde.

TANGE, KENZO *(Imibari, Japón, 1913) Arquitecto japonés.* Se formó en su país natal (más concretamente, en la Universidad de Tokio), donde ha desarrollado la mayor parte de su carrera. La originalidad de su estilo radica en combinar las formas tradicionales de la arquitectura japonesa con materiales nuevos en edificios de grandes dimensiones. Ha realizado una gran cantidad de obras, entre las que destacan el ayuntamiento de Tokio, el Centro de la Paz de Hiroshima, los edificios olímpicos de Tokio y el palacio de deportes de Takamatsu. Es autor, además, de un plan urbanístico para Tokio consistente en un eje rectilíneo que parte de tierra firme y se adentra en la bahía. Entre 1959 y 1960 impartió clases en el Massachusetts Institute of Technology.

TANNHÄUSER *(?, h. 1205-?, h. 1270) Poeta alemán.* Nacido en el seno de una familia de caballeros de la región de Salzburgo, se cree que participó en la Cruzada de 1228 y que, tras frecuentar las cortes del duque de Austria Federico II, y del duque de Baviera Otón II, llevó una vida de poeta errante en Alemania, componiendo poesías líricas y canciones (*Tanzlieder*) que marcan el inicio del declive del *Minnesang* (tradición lírica influenciada por el amor cortés provenzal). Pocos años después de su muerte surgió la leyenda en torno a su figura. Se contaba que después de llevar una vida disoluta y pecadora en Venusberg, había pe-

▲ *Estadio olímpico de la ciudad de Tokio, obra del arquitecto Kenzo* **Tange**.

◄ **Tannhäuser** *según una miniatura del códice Manesse del s. XIV. Representante tardío del* Minnesang, *Tannhäuser vivió como poeta vagabundo, de corte en corte, recitando sus poemas.*

regrinado a Roma, donde el papa Urbano IV le habría dicho que era tan imposible concederle el perdón como ver reverdecer su bastón de peregrino. Algunas versiones cuentan que, durante su camino de vuelta, su bastón se cubrió de hojas; otras, que se arrepintió y fue a parar a Palestina, donde murió. Su leyenda inspiró a numerosos poetas y músicos alemanes, entre ellos Heine y Wagner, que en 1845 compuso la célebre ópera *Tannhäuser*.

TÀPIES, ANTONI *(Barcelona, 1923) Pintor español.* Cursó estudios de derecho en la Universidad de Barcelona, pero poco después de finalizar la carrera, en 1946, se orientó hacia la creación artística. En 1948 fue uno de los fundadores del grupo de vanguardia Dau al Set, que ejerció una gran influencia en la evolución posterior de las artes plásticas en España. Tras un breve período surrealista, se adhirió al informalismo, corriente de la que no tardó en convertirse en el principal representante español. Su arte se basó desde el comienzo en una constante experimentación. Empezó incorporando a su pintura yeso y polvo de mármol, que mezclaba con los colores al óleo; utilizó después otro tipo de materiales, como papel, trapos o cuerdas; y finalmente incorporó también a sus obras rasguños y arañazos con fines expresivos. A partir de la década de 1960 realizó obras intensamente comprometidas, en defensa de la identidad nacional de Cataluña o de decidida crítica política. Por entonces se convirtió también en un artista muy conocido y reconocido fuera de España, a la que ha representado en numerosas ocasiones en la Bienal de Venecia. Ha expuesto en mu-

chísimos lugares del mundo y se cuenta entre los artistas más premiados de todos los tiempos. Entre los encargos públicos que ha cumplimentado destacan los murales para los pabellones de Cataluña y el Comité Olímpico Internacional en la Exposición Universal de Sevilla (1992). En su más reciente etapa creativa ha realizado también esculturas con fragmentos de mobiliario y materiales de escaso valor, como el alambre, en *Nube y silla*, la obra que remata la fundación creada y dirigida por él y que tiene su sede en Barcelona, en el edificio modernista que el arquitecto Domènech i Montaner proyectó para la editorial Montaner y Simón.

▲ *Antoni* **Tàpies**, *uno de los representantes más destacados del informalismo europeo, en una pausa en pleno proceso creativo. Sus pinturas expresan una tensión entre un expresionismo barroco y una mesura de corte intelectual*

TARTAGLIA [Niccolò Fontana] *(Brescia, actual Italia, 1499-Venecia, 1557) Matemático italiano.* Durante la ocupación francesa de Brescia su padre fue asesinado y él mismo dado por muerto a causa de sus graves heridas, una de las cuales, un golpe de sable en la mandíbula, le provocaría un defecto en el habla que lo acompañaría toda su vida y le valdría su sobrenombre (*tartaglia*, esto es, tartamudo). De origen muy humilde, su familia no pudo proporcionarle ningún tipo de educación, de modo que el joven Tartaglia tuvo que aprenderlo todo por su cuenta. Ya adulto, se ganó la vida como profesor itinerante y a través de su participación en concursos matemáticos. En uno de ellos se planteó la resolución de diversas ecuaciones de la forma $x^3 + px = q$; Tartaglia consiguió averiguar la solución general y obtuvo el premio. Más adelante reveló su método a Gerolamo Cardano, bajo la firme promesa de mantener el secreto, pero éste acabó publicándolo en su *Ars magna* de 1545.

TARTINI, GIUSEPPE *(Pirano, actual Italia, 1692-Padua, id., 1770) Violinista, compositor y teórico de la música italiano.* Fue uno de los mayores virtuosos del violín de su época, cuyas innovaciones en la escritura para dicho instrumento sólo pudieron ser superadas por Niccolò Paganini en el siglo XIX. Su vida estuvo plagada de incidentes novelescos: destinado a la carrera eclesiástica por su familia, en 1713 colgó los hábitos para casarse con una joven de modesta condición, aunque protegida del cardenal Cornaro de Padua, circunstancia que le granjeó la enemistad con aquél. Se tuvo que refugiar en el monasterio de Asís, lugar en el cual prosiguió con su formación musical bajo la tutela del músico bohemio Bohuslav Cernohorsky, y en donde compuso una de sus obras más célebres, *El trino del diablo*. De regreso en Padua en 1715, inició una carrera de virtuoso que le llevó, durante un corto período de tiempo, hasta Praga. En 1726 se estableció definitivamente en Padua, dedicándose a la interpretación y la enseñanza. La práctica totalidad de su obra, que comprende más de 125 conciertos, está dedicada a su instrumento musical. Se le deben también algunos textos teóricos, como el *Trattato di musica*, publicado en 1754.

TASSO, TORQUATO *(Sorrento, actual Italia, 1544-Roma, 1595) Poeta italiano.* Hijo del también poeta Bernardo Tasso, estudió en la Universidad de Bolonia, para pasar luego a la ciudad de Padua, donde concluyó sus estudios de derecho y filosofía. De esta época es su primer poema épico, *Reinaldo* (1562). Entró luego al servicio del cardenal Luigi d'Este, perteneciente a una familia de larga tradición de mecenazgo. En 1573 representó su obra *Aminta*, y dos años después finalizó su poema épico más conocido y celebrado, obra cumbre de la tradición renacentista italiana, *Jerusalén libertada*. El poema tuvo una acogida poco favorable y el poeta sufrió graves trastornos mentales, que se manifestaron en manía persecutoria y en una obsesiva escrupulosidad acerca de su propia religiosidad. Llegó incluso a acusarse ante la Inquisición y obstaculizó cuanto pudo la publicación de su poema, que no vio la luz hasta 1581. Recluido en el convento de San Francisco, de donde se escapó para vagar por diversas ciudades, fue posteriormente internado en el hospital de Santa Ana de Ferrara, donde permaneció siete años. Gracias a la intervención del duque de Mantua, fue libertado en 1586. Murió en el monasterio de San Onofre de Roma, cuando el Papa lo iba a coronar como poeta laureado. Su obra maestra, la citada *Jerusalén libertada*, es un poema épico en veinte cantos en octavas, cuyo tema central es la cruzada encabezada por Godofredo de Bouillon a finales del siglo x para reconquistar al islam el Santo Sepulcro. Está compuesta según los principios de la *Poética* de Aristóteles, en un estilo en que se mezclan la grandiosidad más grandilocuente con registros líricos y sentimentales de sintaxis entrecortada. Los componentes prebarrocos de Tasso se aprecian en mayor medida en *El rey Turismundo* (1587). Dejó además unas dos mil *Rimas* y 26 *Diálogos* a imitación de los de Platón.

TAYLOR, BROOK *(Edmonton, Inglaterra, 1685-Londres, 1731) Matemático inglés.* Discípulo de Newton, continuó su obra en el campo del análisis matemático. En 1715 publicó el *Methodus incrementorum directa et inversa*, donde examinó los cambios de variable, las diferencias finitas (las cuales definió como *incrementos*), y presentó el desarrollo en serie de una función de una variable. Tales estudios no se hicieron famosos enseguida, sino que permanecieron prácticamente desconocidos hasta 1772, cuando el matemático francés Joseph-Louis de Lagrange subrayó su importancia para el desarrollo del cálculo diferencial. Publicó también varios trabajos sobre perspectiva, dando el primer tratamiento general de los puntos de fuga, sobre los fenómenos de capilaridad, sobre los problemas de las cuerdas vibrantes y sobre los centros de oscilación, a los que ya en 1708 había dado una solución.

TAYLOR, ELIZABETH *(Londres, 1932) Actriz estadounidense de origen británico.* Hija de emigrados estadounidenses en el Reino Unido, regresó con ellos a Estados Unidos poco antes de la Segunda Guerra Mundial. Tras participar en varias comedias de escasa calidad, en 1950 alcanzó su primer éxito comercial y crítico con *El padre de la novia*. Durante las décadas de 1950 y 1960 se convirtió en una de las mayores estrellas del firmamento de Hollywood gracias a su presencia en títulos tan significativos como *Gigante* (1956), *La gata sobre el tejado de cinc* (1958) o la, por aquel entonces, película más cara de la historia, *Cleopatra* (1963), filmes en los que supo explotar con maestría su turbador atractivo sexual. Tan

▲ *Elizabeth **Taylor** en un fotograma de* La gata sobre el tejado de cinc, *adaptación cinematográfica de la obra homónima de Tennessee Williams.*

▼ *El general estadounidense Zachary **Taylor**, héroe nacional por su intervención en la guerra con México.*

famosa por su carrera cinematográfica como por su vida sentimental (contrajo matrimonio en ocho ocasiones), recibió dos Oscar por sus papeles en *Una mujer marcada* (1960) y *¿Quién teme a Virginia Woolf?* (1966). Célebre así mismo por su labor humanitaria en la lucha contra el sida, fue por este último motivo galardonada con el Premio Príncipe de Asturias a la Concordia en 1992.

TAYLOR, FREDERICK WINSLOW *(Filadelfia, 1856-id., 1915) Ingeniero estadounidense.* Hijo de un abogado, cursó estudios en la Phillips Exeter Academy, tras los cuales entró a trabajar en la Enterprise Hydraulic Works de Filadelfia. En 1878 abandonó dicho empleo para ingresar en la Midvale Steel Company, en la que fue sucesivamente ascendido hasta convertirse en ingeniero jefe. En dicha compañía introdujo un sistema para aumentar la productividad de los trabajadores basado en el estudio y la posterior optimización de las características del cometido asignado. Dicho sistema (taylorismo) y sus variantes configuraron la columna vertebral de sus teorías sobre administración y dirección industrial que posteriormente dio a conocer en varios ensayos y conferencias, y que utilizó en su trabajo como asesor industrial en la firma Manufacturing Investment Company, de la que fue director general. Tras retirarse, en 1893, fue profesor universitario y, a partir de 1906, presidente de la Asociación Americana de Ingenieros Mecánicos.

TAYLOR, ZACHARY *(Montebello, EE UU, 1784-Washington, 1850) Político y militar estadounidense.* Ingresó en el ejército en 1806 y, dos años después, ascendió a teniente de infantería. Participó en numerosos conflictos hasta alcanzar la graduación de general de brigada. En 1845, tras la anexión de Texas, el presidente James K. Polk le ordenó que se dirigiera a Río Grande al frente de un ejército compuesto por 4 000 hombres. Dicho ejército sufrió el ataque de las tropas mexicanas, lo que desencadenó la declaración de guerra estadounidense. Durante dicha contienda, Taylor fue el más destacado general estadounidense y, a su fin, regresó a Estados Unidos convertido en héroe nacional. Por ello fue propuesto como candidato presidencial y, tras las elecciones de 1848, fue elegido para el cargo. Su mandato, no obstante, se vio interrumpido por su fallecimiento dieciséis meses después, período durante el cual apenas pudo actuar debido a varios escándalos de corrupción que salpicaron a miembros de su gabinete.

TCHAIKOVSKI, PIOTR ILICH → Chaikovski, Piotr Ilich.

TECHOTLALA, TECHOLLALA O TECHOTLAZATZIN (s. XIV) *Rey de los chichimecas de Texcoco (1357-1409).* Hijo de Quinatzin Tlatecatzin, a quien sucedió en el gobierno de Texcoco, fue testigo de la atomización del reino y del ascenso de los tepanecas de la ciudad de Azcapotzalco. Techotlala fue un decidido impulsor de la adopción de la agricultura por parte de los chichimecas, un pueblo de claras raíces nómadas, lo que influyó favorablemente en la fusión de éstos con los pueblos sedentarios ya asentados en valle de México.

TEILHARD DE CHARDIN, PIERRE *(Sarcenat, Francia, 1881-Nueva York, 1955) Teólogo, filósofo y paleontólogo francés.* Entró muy joven en la Compañía de Jesús (1899) y se interesó por la geología. Participó en numerosas expediciones científicas a Extremo Oriente, India, Birmania, Java y África del Sur. En 1951 se trasladó a Nueva York, donde permaneció hasta su muerte. Su obra, centrada en el estudio de las etapas del desarrollo del hombre, formula una evolucionismo optimista y se esfuerza en conciliar las exigencias de la ciencia y los preceptos de la fe católica. Cosmogénesis, biogénesis y noogénesis son los momentos claves de la evolución, en la que Teilhard de Chardin ve una progresiva espiritualización de la materia, en un movimiento de retorno de la creación a Dios, cuya punta de lanza es el hombre. Devolviendo a Jesucristo una dimensión cósmica, aunque sin negar la gracia ni lo sobrenatural, se acercó a posiciones panteístas, lo que le granjeó la manifiesta hostilidad del Vaticano, que en 1962 exhortaba a los responsables de la enseñanza religiosa a que mantuvieran a los jóvenes alejados de las «peligrosas obras» de Teilhard de Chardin. Entre ellas cabe destacar *El fenómeno humano,* publicada póstumamente en 1955.

TELEMANN, GEORG PHILIPP *(Magdeburgo, actual Alemania, 1681-Hamburgo, id., 1767) Compositor alemán.* Estudiante de derecho en la Universidad de Leipzig, dejó los estudios para dedicarse a la música, cuando, en 1701, le propusieron componer dos cantatas mensuales para la iglesia de Santo Tomás. Al año siguiente fundó el *Colle-*

gium musicum y fue nombrado director de la Ópera de Leipzig. A partir de entonces inició una activa carrera que lo llevó a ocupar numerosos cargos musicales de prestigio y a entregarse a una incesante labor compositiva de obras de todo género. Ejerció, entre otros cargos, el de maestro de capilla en Santa Catalina y director de la música municipal de Frankfurt (1712), así como los de maestro de capilla en la corte de Eisenach (1717) y de Bayreuth (1723). Desde 1722 dirigió la Ópera de Hamburgo y viajó por toda Alemania, y también visitó París, donde fue recibido con gran expectación. Su ingente producción musical se divide en música instrumental y vocal tanto religiosa como profana, de entre la que destacan sus más de cuarenta óperas, doce series de cantatas para todos los domingos y festividades del año y numerosos oratorios, como *La muerte de Jesús* (1755), *Israel liberado* (1759) o *El día del Juicio* (1762). Compuso también obras para celebraciones especiales, tales como oficios fúnebres, bodas y «toma de posesión de pastores». Telemann constituye una buena muestra de la música de su tiempo, pues sintetiza el contrapunto alemán y el concierto italianizante, así como la danza francesa (*suite*) y la ópera de Lully. Su actividad como di-

▲▼ *Georg Philipp* **Telemann,** *uno de los pilares de la música alemana del s. XVIII. Su obra fue decisiva para la formación y consolidación del oratorio profano. Abajo, manuscrito de una de las cantatas compuestas por el músico alemán.*

rector y compositor, estrechamente vinculada a la sociedad cortesana de la época, eclipsó en buena medida los nombres de J. S. Bach y Haendel, hasta el extremo de que éste se fue a Inglaterra; pese a ello, ambos músicos profesaban por Telemann una sincera amistad y admiración.

TELLER, EDWARD *(Budapest, 1908) Físico estadounidense de origen húngaro.* Nacido en el seno de una próspera familia de origen judío, estudió en Karlsruhe y Leipzig (1940). Muy pronto se interesó por la física atómica, primero con Niels Bohr en Copenhague y, posteriormente, en Gotinga. En 1935 emigró a Estados Unidos, y cinco años más tarde trabajó en Chicago con el equipo responsable de la primera reacción nuclear en cadena autosostenible. En 1943, Teller fue uno de los primeros en incorporarse al Proyecto Manhattan, en Los Álamos. Aunque el objetivo principal era el de construir una bomba de fisión, Teller empezó a considerar la posibilidad teórica de diseñar una mucho más poderosa bomba de fusión termonuclear. La obtención del arma nuclear por parte de los soviéticos en 1949 reafirmó sus propósitos y, tras varios años de trabajo, el primer ingenio termonuclear fue probado con éxito en el atolón de Enewalk, en 1952. Ferviente anticomunista, fue consejero del gobierno en cuestiones de armamento nuclear.

TELLO, JULIO *(Huarochirí, Perú, 1880-Lima, 1947) Arqueólogo y antropólogo peruano.* Estudió medicina y cirugía en la Universidad de San Marcos, en Lima. Completó su formación en Estados Unidos y Europa, circunstancia que aprovechó para estudiar arte y antropología. De regreso en Perú en 1913, fue designado director del Museo Nacional de Antropología y en condición de tal recorrió las más apartadas regiones del país para investigar acerca de los fundamentos de la excepcional civilización andina. En 1925, sus trabajos lo llevaron al descubrimiento de la cultura de Paracas y a la obtención de datos reveladores sobre el carácter constructivo de la civilización de Chavín. Ejerció también como catedrático de arqueología americana y peruana y de antropología general. Publicó, entre otros trabajos que han dado a conocer importantes aspectos de las culturas incaica y preincaica, *Introducción a la historia antigua del Perú, Origen y desarrollo de las civilizaciones prehistóricas andinas* y *Sobre el descubrimiento de la cultura Chavín.* Por sus investigaciones y hallazgos se le reconoce como el padre de la arqueología peruana.

▲ *Pequeña pieza de cerámica u ostracón utilizada en las votaciones y en la que aparece inscrito el nombre de* **Temístocles***, condenado al ostracismo el año 471 a.C.*

TEMÍSTOCLES *(Atenas, h. 525 a.C.-Magnesia del Meandro, actual Turquía, 460 a.C.) Militar y estadista ateniense.* Emprendió una brillante carrera política en Atenas, en la cual buscó el apoyo de las clases populares, y llegó a ser elegido arconte en el año 493 a.C. Tomó parte en la batalla de Maratón, en el 490 a.C., contra Persia, y fue un ferviente promotor del poder naval ateniense, muy ligado a los comerciantes de la ciudad. Durante el resto de la Primera Guerra Médica llevó a cabo diversas operaciones navales, aunque fue durante la posterior invasión persa, en la Segunda Guerra Médica, cuando su habilidad política y militar brilló con mayor fuerza. Tras conseguir forjar una gran alianza de las ciudades griegas, en la que estaba incluida Esparta, empujó a la flota griega a presentar batalla a la armada persa en Salamina, en el 480 a.C., donde logró una victoria decisiva. Tras la guerra, colaboró en la reconstrucción de Atenas e impulsó la constitución de la Liga de Delos. Se hizo impopular y fue obligado a marchar al exilio; acabó sirviendo, como gobernador, al rey persa Artajerjes.

▼ *El político chino* **Teng Hsiao-ping** *introdujo profundas modificaciones en el sistema económico de su país.*

TENG HSIAO-PING *(Szechawan, China, 1904-Pekín, 1997) Político chino.* Hijo de un terrateniente, cursó estudios en Francia, donde entró en contacto con grupos marxistas, y en la Unión Soviética. Tras su regreso a China, en 1926, formó parte del sóviet de Kiangsi y participó en la Larga Marcha (1934-1935). Al finalizar la Segunda Guerra Mundial fue nombrado secretario del Comité Central del Partido Comunista Chino (PCCh) y, tras el triunfo del mismo en la guerra civil, se convirtió en líder de la formación en las regiones del sudeste. En 1954 fue elegido secretario general del PCCh y al año siguiente ingresó en su gabinete político. Tras la muerte de Mao (1976), fue escalando posiciones en el partido hasta convertirse en su líder (1980) y, por extensión, en hombre fuerte del país. Durante su gobierno, que extendió hasta su muerte, abandonó las prácticas comunistas ortodoxas y reformó el sistema económico, en el que introdujo fórmulas propias de la libre empresa. En 1989 fue duramente criticado por la comunidad internacional por la represión que siguió a las manifestaciones de la plaza de Tiananmen.

TENIERS, DAVID, llamado *el Joven (Amberes, actual Bélgica, 1610-Bruselas, 1690) Pintor flamenco.* Fue hijo de David Teniers, pintor también, sobre todo de escenas religiosas, que en algunos casos presentan problemas de atribución entre ambos. El hijo se estableció en Bruselas en 1651 al ser nombrado pintor de cámara del archiduque Leopoldo Guillermo, regente de los Países Bajos. Dentro de su amplísima producción (se le atribuyen alrededor de dos mil cuadros), destacan en particular sus fiestas campesinas (*Kermesse*) y las obras en que reprodujo las galerías de cuadros de su protector, realmente originales. El naturalismo y la delicadeza del colorido son sus rasgos estilísticos más destacados. También se sintió atraído por los temas de magia y brujería (*El alquimista*) y realizó algunas obras religiosas notables (*El hijo pródigo*).

TENNYSON, LORD ALFRED *(Somersby, Reino Unido, 1809-Aldworth, íd., 1892) Poeta británico.* Creció en el seno de una familia acomodada que le inculcó el gusto por la lectura, y ya desde joven manifestó sus aptitudes poéticas en unas primeras composiciones a la manera de Pope y Milton. A los diecinueve años publicó su primer libro de poemas en colaboración con su hermano Charles, *Poemas de dos hermanos* (1823), y al año siguiente ingresó en el Trinity College de Cambridge, donde entró en contacto con una sociedad secreta de gran prestigio, The Apostles, y conoció al que sería su gran amigo, Arthur Hallan, a la memoria del cual escribió uno de sus poemas más famosos, *In memoriam* (1850), considerado su obra maestra. Su primer libro importante, *Poemas principalmente líricos*, apareció en 1830 y tres años más tarde publicó el segundo, *Poemas*, que no recibió una acogida tan buena por parte de la crítica, a pesar de tratarse de una colección más consistente y lograda, con un mayor dominio de la técnica y de la construcción mitológica, clásica y medieval, y que da pie a la reflexión moral. Abatido por este fracaso y por la muerte, ese mismo año, de su amigo Hallan, Tennyson estuvo diez años sin publicar, hasta que en 1842 apareció su tercer libro de *Poemas*, con el que recobró cierto prestigio literario, hecho que lo animó a publicar, en 1847, un largo poema sobre la condición de la mujer moderna, *La princesa*, con el que se consagró como poeta. Tres años más tarde apareció el ya citado *In memoriam*, tras el cual fue nombrado poeta oficial, con lo que ocupó el sitio que había dejado vacante Wordsworth. Como tal, escribió la *Oda por la muerte del duque de Wellington* (1852) y *La carga de la brigada ligera*, con el objetivo de cantar las glorias nacionales. Respaldado por esta posición oficial, a la que vendría a añadirse, en 1884, el título de lord, trabajó en la composición de una serie de poemas en prosa sobre el rey Arturo, que culminaría en 1859 con *Los idilios del rey*. A partir del año 1875, Tennyson pasó a escribir teatro (*Becket*, 1884; *Tiresias*, 1885), aunque sólo algunas de sus obras fueron representadas. La muerte lo sorprendió cuando aún estaba corrigiendo su último libro de poemas, *La muerte de Enone* (1892).

▲ Las tentaciones de san Antonio, *cuadro pintado por David* **Teniers**, *cuya obra sigue los pasos de sus maestros Brouwer y El Bosco.*

▼ *Lord Alfred* **Tennyson**, *poeta oficial de la corte británica desde mediados de s. XIX.* La carga de la brigada ligera *es uno de sus libros de poemas más conocidos.*

TEÓCRITO *(Siracusa, actual Italia, h. 310 a.C.-?, h. 250 a.C.) Poeta griego.* Vivió mucho tiempo en la isla de Cos y fue protegido de Hierón de Siracusa (h. 275 a.C.) y de Tolomeo II Filadelfo en Alejandría, donde también conoció a Calímaco. Teócrito es el fundador de la poesía bucólica y uno de los grandes poetas de la época helenística. Familiar y lírico, capaz de unir lo dramático y lo narrativo, fue el poeta del amor y la belleza del campo, un gran observador de las costumbres de su época y renovador de antiguas leyendas. Se conservan de él una treintena de *Idilios* y alrededor de veinte epigramas. Su obra principal son los *Idilios*,

▲ *Fragmento de los mosaicos de la iglesia de San Vital en Rávena en los que aparece representada la emperatriz* **Teodora** *a quien se distingue por la aureola dorada y la corona.*

compuestos en el dialecto dorio de Sicilia y de inspiración pastoril, con escenarios tomados de la naturaleza. Sus primeros seguidores fueron Mosco y Bión, y el ambiente pastoril fue imitado por Logo y luego por Virgilio, éste en las *Bucólicas*. Su obra se revalorizó en el Renacimiento.

TEODORA *(Constantinopla, hoy Estambul, 501-id., 548) Emperatriz bizantina*. De oscuros orígenes, algunos cronistas sostienen que ejerció de acróbata de circo en África; su matrimonio con Justiniano le permitió acceder con él a la púrpura imperial. Persona de gran atractivo físico, dotada de una gran inteligencia y energía, desempeñó un papel determinante en la resolución de la grave crisis de la revuelta de la Nika, en el 532, que estuvo a punto de costar el trono a Justiniano. Teodora supo mantener la sangre fría y convenció a su vacilante esposo de que la situación no estaba perdida: en efecto, las tropas del general Belisario fueron capaces, mediante una sangrienta actuación, de sofocar el motín popular. Con ello, Teodora se convirtió en una de las personas con mayor influencia sobre el emperador, y en uno de sus principales apoyos. La figura histórica de Teodora ha sido muy mediatizada por la narración de Procopio en su *Historia arcana*, absolutamente desfavorable tanto a la emperatriz como a Justiniano.

TEODORICO I *EL GRANDE (?, h. 454-Ravena, actual Italia, 526) Rey de los ostrogodos (474-526)*. Hijo y sucesor del caudillo ostrogodo Teodomiro, del linaje de los Amalos, fue enviado por su padre como rehén a la ciudad de Constantinopla (actual Estambul), cuando no era más que un niño (462). En la capital del Imperio Bizantino, Teodorico entró en contacto con la cultura grecolatina y adquirió cierta experiencia política. En el 474 sucedió a su padre al frente de los ostrogodos e instaló a su pueblo en Dacia, antigua provincia romana que hoy forma parte de Rumania. Fue nombrado patricio y *magister militum* por el emperador Zenón, quien, en el 488, le prometió el gobierno de Italia como recompensa si vencía a Odoacro, rey de los hérulos que había depuesto a Rómulo Augústulo, último emperador romano de Occidente (476). A mediados del año siguiente, Teodorico penetró en la península Italiana al frente de su pueblo, cuyo número se estima en unas cien mil personas; tras librar diversas batallas de desenlace incierto, consiguió ocupar Ravena, acción en la que pereció Odoacro (493). Se proclamó rey de Italia (494) en esta ciudad adriática, en la cual fijó su corte. Pese a que mantuvo las diferencias entre los ostrogodos, de religión arriana, en cuyas manos dejó el poder militar, y los romanos, católicos, a quienes confió el poder civil dentro de un difícil equilibrio, Teodorico se sintió siempre depositario de las tradiciones e instituciones imperiales, por lo que se rodeó de consejeros latinos, como los pensadores Boecio y Casiodoro, e intentó armonizar las relaciones entre godos y romanos, para lo cual sometió a ambas comunidades a las mismas leyes. De hecho, su gran ambición era crear un Imperio germánico de Occidente, heredero del romano, que englobara a francos, vándalos, visigodos y ostrogodos. Con este objetivo, instauró una hábil política de alianzas matrimoniales entre su familia y los reyes de otros pueblos germánicos, que, si bien no llegaría a materializar su sueño, lo convirtió en el principal soberano occidental de su época. Hombre de gran inteligencia, prudente pero decidido, Teodorico favoreció el desarrollo de la agricultura y del comercio y fomentó el cultivo de las artes y las letras, hasta el punto de hacer de Ravena, su capital, un destacado centro artístico y cultural. En materia religiosa, permitió la coexistencia del catolicismo y del arrianismo durante la mayor parte de su reinado, tolerancia que se truncó en los últimos años de su vida, debido a sus enfrentamientos con el Papado y con el Imperio Bizantino, que lo llevaron a ordenar el ajusticiamiento de su antiguo amigo Boecio (524) y la encarcelación del papa Juan I.

TEODOSIO I *EL GRANDE (Cauca, actual España, h. 347-Mediolanum, hoy Milán, 395) Emperador romano (379-395)*. Hijo del general hispano Flavio Honorio Teodosio, luchó junto a él en Britania (367-

▼ *Grabado en el cual se recoge la lucha entre Odoacro y* **Teodorico***; este último fue el primer gran rey de los ostrogodos y los visigodos tras la caída de Roma a fines del s. V.*

370) y en África (373-375). Tras la ejecución de su padre (376) en oscuras circunstancias, se retiró a su Cauca natal. En el año 378, sin embargo, el emperador Graciano le encomendó la pacificación de los godos que devastaban los Balcanes y, al año siguiente, decidió nombrarlo Augusto, confiándole el gobierno de la mitad oriental del Imperio Romano. Teodosio se estableció primero en Tesalónica y más tarde en Constantinopla, desde donde inició la reorganización del ejército y expulsó a los godos de Tracia. En el ámbito religioso, convocó el primer concilio de Constantinopla (381), reunión que supuso la confirmación de la doctrina de la consustancialidad de las tres personas de la Santísima Trinidad y la condena del arrianismo. Dos años más tarde, el emperador de Oriente asoció a su hijo primogénito, Arcadio, al poder. En el 388, algunos años después del asesinato de Graciano (383), derrotó al usurpador Máximo y cedió el trono de Occidente al jovencísimo Valentiniano II, hijo del difunto emperador, lo cual le permitió controlar la totalidad del Imperio desde Milán. De regreso en Constantinopla (391), Teodosio prohibió la práctica de cultos paganos, influido por san Ambrosio, obispo de Milán. En el 392, el descontento generado por esta medida cristalizó en una revuelta que acabó con la vida de Valentiniano II y facilitó la proclamación del retórico Eugenio como emperador de Occidente. Teodosio, sin embargo, se opuso a esta usurpación y elevó a Honorio, su segundo hijo, a la dignidad de Augusto. Tras derrotar a Eugenio (394), Teodosio aglutinó el Imperio Romano, desde Escocia hasta Mesopotamia; sería la última reunificación imperial, ya que a su muerte, acaecida en el 395, Arcadio le sucedió en Oriente y Honorio en Occidente, con lo que el imperio quedó definitivamente dividido.

TEOFRASTO (isla de Lesbos, actual Grecia, 372 a.C.-?, 288 a.C) Filósofo griego. Según el testimonio de Diógenes Laercio, su verdadero nombre era Tirtamo, pero Aristóteles se lo cambió por el que conocemos, que significa «de habla o estilo divino». Frecuentó la escuela de Platón y la de Aristóteles y, hasta hace poco, se le consideraba como un epígono del último. Sin embargo, las últimas investigaciones de los historiadores conceden un papel más relevante a este filósofo y coinciden en atribuirle una serie de innovaciones respecto a la lógica aristotélica. Así, se entiende que Teofrasto desarrollara numerosos teoremas para la lógica proposicional, además de la doctrina de los silogismos hipotéticos y la lógica modal, con lo que habría constituido el punto de inflexión entre la lógica aristotélica y la estoica. Su obra más importante es *Caracteres éticos*, que influyó notablemente en las posteriores clasificaciones de caracteres y tipos psicológicos. El filósofo se prodigó también en otras materias, como la botánica, la geología, la física, la psicología, la política y la metafísica, a pesar de que de esta amplia obra sólo se conservan unos pocos fragmentos.

TERENCIO, PUBLIO (Cartago, hoy desaparecida, actual Túnez, 185 a.C.-?, 159 a.C.) Comediógrafo latino. De acuerdo con los pocos datos que se tienen de su vida, fue comprado como esclavo por el senador Terencio Lucano, quien le dio la libertad, el nombre y la oportunidad de introducirse en el ambiente de la nobleza romana. Se relacionó con el círculo de los Escipiones, lo cual le granjeó bastantes enemistades, y desde muy joven se dedicó a la labor literaria. Escribió seis comedias que fueron estrenadas entre los años 166 y 160 a.C., a pesar de la oposición inicial de sus enemigos: *Andria, La suegra* (de la que posteriormente hizo dos nuevas versiones), *Formión, El eunuco, Heautontimorumenos* (*El que se atormenta a sí mismo*) y *Los adelfos*. Se trata de comedias que, como las de Plauto, siguen los cánones de la nueva comedia griega, con mayor profundidad psicológica en los caracteres y un tono más clásico en la presentación de la trama. La lengua utilizada es sobria y su versificación correcta, aunque poco variada. Su interés en dotar a los caracteres de mayor realis-

▼ Portada de la edición de las comedias de Publio **Terencio** impresa en París en 1505. Abajo, miniatura de un manuscrito medieval de las obras de Terencio, cuya primera comedia, Andria, se representó el año 166.

mo y veracidad psicológica es en parte el motivo por el cual sus obras se acercan más al drama, en lo que tienen de contenido moral y de reflexión sobre el sufrimiento, que a la comedia del modo como era practicada por Menandro o Plauto. La influencia de su teatro se aprecia, sobre todo, en Diderot, quien identificó en la obra de Terencio la expresión propia del drama burgués. En el 160 a.C. se sabe que dejó Roma, seguramente para emprender un viaje por Grecia y Asia Menor. Murió durante el viaje de vuelta.

TERESA DE CALCUTA [Agnes Gonxha Bojaxhiu] *(Skopje, actual Macedonia, 1910-Calcuta, 1997) Religiosa albanesa, nacionalizada india.* Nacida en el seno de una familia católica albanesa, la profunda religiosidad de su madre despertó en ella su vocación de misionera a los doce años. Siendo aún una niña, ingresó en la Congregación Mariana de las Hijas de María, donde inició su actividad de asistencia a los más necesitados. A los dieciocho años abandonó para siempre su ciudad natal y viajó hasta Dublín para profesar en la Congregación de Nuestra Señora de Loreto. Como quería ser misionera en la India, embarcó hacia Bengala, donde cursó estudios de magisterio y eligió el nombre de Teresa para profesar. Ejerció como maestra en la St. Mary's High School de Calcuta hasta 1948, año en que obtuvo la autorización de Roma para dedicarse al apostolado en favor de los pobres. En 1950 fundó la Congregación de las Misioneras de la Caridad, aprobada en 1965 por Pablo VI. Las integrantes de esta congregación, que debían sumar a los votos tradicionales el de la dedicación a los «más pobres de entre los pobres», lograron una rápida implantación en la India y en otros casi cien países del mundo; por su parte, la fundadora se movilizó contra el aborto y la eutanasia, en consonancia con la doctrina pontificia de Juan Pablo II. En 1972 recibió el Premio de la Fundación Kennedy, y en 1979, el Premio Nobel de la Paz, cuya dotación económica donó a los pobres. En 1986 recibió la visita de Juan Pablo II en la Nirmal Hidray o Casa del Corazón Puro, fundada por ella y más conocida en Calcuta como la Casa del Moribundo. Tras superar numerosos quebrantos de salud, falleció el 5 de septiembre de 1997 víctima de un paro cardíaco. Miles de personas de todo el mundo se congregaron en la India para despedir a la Santa de las Cloacas.

▲ *Teresa de Calcuta rodeada por un grupo de niños indios. Su vocación arranca de la infancia, y con el tiempo se convertiría en la misionera más popular del s. XX.*

> «*Vivo sin vivir en mí / y tan alta vida espero / que muero porque no muero.*»
>
> Santa Teresa de Jesús

TERESA DE JESÚS, SANTA [Teresa de Cepeda y Ahumada] *(Gotarrendura, España, 1515-Alba de Tormes, id., 1582) Escritora mística y reformadora religiosa española.* Nacida en una familia de probable ascendencia judía, ya desde pequeña demostró una gran afición por la lectura. En 1531 ingresó como interna en el monasterio de Santa María de Gracia, en Ávila. En 1535 entró en el convento carmelita de la Encarnación, donde profesó al cabo de dos años. A los veintidós sufrió una grave enfermedad, que constituyó un importante punto de inflexión en su vida, tanto por las secuelas físicas que le dejó –en adelante su salud sería siempre muy frágil–, como por el giro hacia el ascetismo que inspiró en su ánimo. La influencia recibida por grupos erasmistas y la lectura del *Tercer abecedario espiritual*, de Francisco de Osúa, la llevaron al recogimiento en la oración, que le permitió, según su testimonio, alcanzar en diversas ocasiones la unión mística con Dios y tener numerosas visiones. Se impuso la tarea de reformar la orden carmelita a fin de restaurar costumbres más sobrias y rigurosas. Con el fin de obtener ayudas realizó múltiples gestiones y viajes, gracias a lo cual, y a pesar de las continuas adversidades e intrigas que encontró en su empeño, en 1562 pudo fundar el primer convento de las carmelitas descalzas en Ávila, al que siguieron el de Medina del Campo (1567), Malagón (1568), Valladolid (1568), Toledo (1569) y Pastrana (1569), entre otros. En 1568 fundó el primer convento carmeli-

▶ *Cuadro de José de Ribera en el que aparece* **Teresa de Jesús** *en contemplación angélica. La obra lírica de esta santa es considerada, junto a la de san Juan de la Cruz, como la cumbre de la poesía mística española.*

ta masculino junto a Juan de la Cruz. En las *Constituciones* (1563), aprobadas por Pío IV, intenta restablecer la austeridad y espiritualidad de la orden primitiva. También persiguen la educación de las monjas dos de sus obras más celebradas, *Camino de perfección* (1566) y *Las moradas* (1577). Teresa escribía siempre persiguiendo fines concretos y por indicación de sus superiores, por lo que su estilo conserva siempre la naturalidad y la sencillez.

TERTULIANO [Quintus Septimius Florens Tertullianus] *(Cartago, hoy desaparecida, actual Túnez, h. 160-id., h. 220) Apologista cristiano.* Los pocos datos acerca de su vida provienen de algunas referencias en su obra y de autores posteriores, por lo que están sometidos aún a debate. Al parecer, su padre era centurión, y Tertuliano recibió una esmerada educación en derecho, filosofía y retórica. Vivió un tiempo en Roma, donde probablemente ejerció como abogado, y se interesó por el cristianismo, aunque su conversión tuvo lugar a su regreso a Cartago, alrededor del 190. A partir de este momento, desplegó una notable actividad polémica contra los paganos y los herejes y en defensa del cristianismo, a través de numerosos escritos, entre los que cabe citar *Ad martyres, Apologeticus, De praescriptione haereticorum, Adversus valentinianos, Adversus Marcionem* y *De baptismo*, entre otros muchos. Tertuliano se convirtió en una figura destacada en la Iglesia del norte de África, aunque es dudoso que llegara a ser ordenado sacerdote. En sus escritos elaboró una prosa latina original y desarrolló el vocabulario que más tarde utilizaría el pensamiento cristiano.

TESLA, NIKOLA *(Smiljan, actual Croacia, 1856-Nueva York, 1943) Físico croata.* Estudió en las universidades de Graz (Austria) y Praga. Después de haber trabajado en varias industrias eléctricas en París y en Budapest, se trasladó a Estados Unidos (1882), donde colaboró algún tiempo con T. A. Edison. Fundó en Nueva York un laboratorio de investigaciones electrotécnicas, donde descubrió el principio del campo magnético rotatorio y los sistemas polifásicos de corriente alterna. En 1888 realizó el primer motor eléctrico de inducción de corriente alterna y otros muchos ingenios eléctricos, entre los cuales destaca el conocido como montaje Tesla, un transformador de radiofrecuencia en el que primario y secundario están sintonizados, de utilidad a la hora de preseleccionar la entrada de un receptor radioeléctrico.

TEZOZÓMOC *(Tlalhuacpan, actual México, ?-Azcapotzalco, id., h. 1426) Rey tepaneca de Azcapotzalco (1367-1426).* Hijo de Acolnahuacatzin y de Cuetlaxochitzin, tras suceder a su padre extendió sus dominios sobre la zona occidental del valle de México, gracias a su capacidad como líder militar. De esta manera conquistó las ciudades de Chalco (1392), Cuantitlán (1408) y Colhuacán (1413), así como Texcoco (1418). Su sucesión no fue pacífica, ya que su hijo y heredero Tayáuh fue asesinado por su propio hermano Maxtla, quien subió finalmente al trono, pero no pudo evitar la disolución del imperio de su padre.

THACKERAY, WILLIAM MAKEPEACE *(Calcuta, India, 1811-Londres, 1863) Escritor británico.* De origen angloindio, en su juventud se trasladó al Reino Unido, donde cursó los estudios de derecho en Londres y en Cambridge. Viajó al continente como corresponsal de varios periódicos, y residió a partir de 1834 en París, donde contrajo matrimonio con Isabelle Shawe. Allí se aficionó también al dibujo y la pintura y dilapidó su fortuna, por lo que se vio obligado a ganarse la vida como caricaturista y periodista, a su regreso a Londres. En su primera novela, *Barry Lyndon* (1844), de influencia dickensiana, recrea paródicamente alguna de las características de la existencia romántica. Tras colaborar en diversas revistas, apareció *El libro de los esnobs* (1846-1847), integrado por una serie de ensayos en los que caricaturiza, escrita y gráficamente, la hipocresía de la sociedad británica. En 1848 publicó la novela sin héroe *La feria de las vanidades*, en la cual

▲ *Portada de una edición inglesa de* La feria de las vanidades, *novela realista de William Makepeace* **Thackeray***, escritor cuya literatura se caracteriza por la visión crítica de la sociedad victoriana.*

▼ *El físico croata Nikola* **Tesla***, temporal colaborador de Edison y uno de los grandes inventores que impulsaron el desarrollo de la electricidad desde finales del s. XIX.*

abandona la atmósfera de Dickens para adoptar un patrón de corte más realista. En esta misma línea, escribió *La historia de Pendennis* (1848-1850) y *Memorias de Enrique Edmond* (1852), obra en la que presenta un análisis irónico de la realidad de la pequeña nobleza. En *Los newcomes* (1853-1855) y *Los virginianos* (1857-1859) extiende a la época victoriana el género picaresco. Sus últimas obras literarias, *El viudo Lovel* (1860) y *Las aventuras de Philip* (1861-1862), confirman esta aguda visión de la realidad capaz de descubrir toda su ironía y comicidad. La vanidad e hipocresía de la sociedad victoriana son el objeto de la sátira constante de Thackeray, lo que le convirtió en un escritor polémico en su tiempo.

▼ *S'Ithu U* **Thant** *durante el debate del juicio por condena de varios prisioneros de África sudoccidental en Sudáfrica.*

THANT, S'ITHU U *(Pantanaw, actual Myanmar, 1909-Nueva York, 1974) Político birmano.* Cursó estudios en la Universidad de Rangún, institución en la que entró en contacto con U Nu, elegido primer ministro en 1948. La temprana muerte de su padre le obligó a abandonar los estudios antes de terminar la carrera y regresar a su localidad natal, donde ejerció como maestro. En 1945 fue nombrado secretario de comunicación del gobierno, en 1952, delegado birmano ante las Naciones Unidas y siete años más tarde, vicepresidente de su Asamblea General. En 1962, a la muerte de Dag Hammarskjöld y tras varias disputas entre Estados Unidos y la Unión Soviética para encontrar a un candidato de consenso, fue elegido secretario general, cargo que desempeñó, tras ser sucesivamente reelegido, hasta 1971. Durante su mandato apostó por una política neutralista entre los dos bloques, a los que amonestó repetidamente por poner en peligro la paz mundial.

▼ *Margaret* **Thatcher**, *quien, junto con Ronald Reagan, impulsó la corriente conservadora neoliberal que ha predominado en los países occidentales en las últimas décadas del s. XX.*

THATCHER, LADY MARGARET *(Grantham, Reino Unido, 1925) Política británica, primera ministra de 1979 a 1990.* Margaret Hilda Roberts estudió ciencias químicas en la Universidad de Oxford, y trabajó cuatro años como investigadora química. En 1951 casó con Denis Thatcher, un alto ejecutivo de la industria petrolífera, quien la introdujo en la política. En 1953 comenzó a estudiar derecho tributario. Ingresó en el Partido Conservador, del que su marido ya era miembro, y en 1959 ganó un escaño en la Cámara de los Comunes. Dos años más tarde fue nombrada secretaria de Estado para Asuntos Sociales, y luego ministra de Educación y Ciencia, durante el mandato del conservador Edward Heath. Abolió la normativa que ordenaba la distribución gra-

tuita de leche en las escuelas, lo cual provocó una oleada de protestas. Considerada la líder más enérgica del ala derecha del Partido Conservador, consiguió desplazar a Heath de la dirección del partido, que desempeñó desde 1975. Elaboró un programa riguroso para yugular la crisis de la economía británica mediante la reducción de la intervención estatal. Sus postulados principales fueron, pues, el liberalismo y el monetarismo estrictos. También tendió a recortar los servicios sociales. Estudió la renegociación para la participación del Reino Unido en la CEE y la abolición del poder sindical. Su programa recibió el apoyo de la opinión popular, y en 1979 consiguió que los conservadores accedieran al poder por amplio margen: se convirtió así en la primera mujer británica que ocupaba el cargo de primer ministro. Durante su gobierno consiguió reducir la inflación y mejorar la cotización de la libra esterlina. Sin embargo, disminuyó la producción industrial, con el consiguiente incremento del paro, triplicado desde su subida al poder. Proliferaron, además, las quiebras de empresas y bancos. Todo ello se debió a la austeridad que acompañó su Administración, dado que el objetivo de reducir la inflación era prioritario. En 1982, Thatcher intervino enérgicamente en el conflicto de las Malvinas. Su actitud fue bien vista por la opinión pública británica y ese mismo año volvió a obtener la victoria electoral, esta vez con la mayoría más holgada lograda por un candidato desde 1935. En 1984 se enfrentó a graves conflictos sociales, en especial la huelga de los mineros, que reprimió con dureza. En octubre de este mismo año, durante un congreso de su partido que se celebraba en el hotel Brighton, estalló una bomba colocada por un grupo de republicanos extremistas irlandeses –Thatcher apoyaba la retención del Ulster por el Reino Unido–, atentado del que salió ilesa. Como jefa de gobierno continuó su política neoliberal, la privatización de empresas estatales, de la educación y los medios de ayuda social, la lucha contra el desempleo y la limitación de las huelgas. Respecto al conflicto del Ulster, propició la apertura de conversaciones con la República de Irlanda y reforzó la legislación antiterrorista. En 1987 ganó de nuevo las elecciones, pero en esta ocasión por un margen mucho más reducido. Su negativa a la unión social y política del Reino Unido con Europa y la imposición del impuesto regresivo, la *poll tax*, provocó una polémica generalizada que la enfrentó a su propio partido. No le quedó otra alternativa que dimitir y le sucedió John Major. Además de ser el primer jefe de gobierno británico del siglo XX que logró vencer en tres elecciones consecutivas, fue la primera mujer europea que desempeñó el cargo de primer ministro. En el año 1993 publicó sus memorias, que obtuvieron un importante éxito de ventas. Su firmeza para dirigir los asuntos de Estado, su estricto dominio sobre los ministros de su gabinete y su fuerte política monetarista le valieron el sobrenombre de *la Dama de Hierro.*

THOMAS, DYLAN *(Swansea, Reino Unido, 1914-Nueva York, 1953) Poeta galés en lengua inglesa.* Durante un tiempo trabajó como periodista para el *South Wales Evening Post* y durante la Segunda Guerra Mundial, como guionista para la BBC. Se dio a conocer como poeta con *Dieciocho poemas* (1934), al que siguieron los volúmenes *Veinticinco poemas* (1936) y *Mapa de amor* (1939), con los que se consolidó como máximo representante del movimiento poético Nuevo Apocalipsis, que practicaba un tipo de poesía de evocación, de tono metafísico y con cierto fondo romántico, por lo que Thomas adoptaba el papel de poeta-profeta. Alcanzó su plenitud poética con el volumen *Defunciones y nacimientos* (1946) y con su obra póstuma *Bajo el bosque lácteo* (1954). Autor de un volumen autobiográfico en el que defiende sus concepciones estéticas, *Retrato del artista cachorro* (1904), escribió diversos guiones radiofónicos y cinematográficos. Cuando murió, estaba totalmente alcoholizado.

THOMSON, SIR JOSEPH JOHN *(Cheetham Hill, Reino Unido, 1856-Cambridge, id., 1940) Físico británico.* Discípulo de J. C. Maxwell, fue profesor de física experimental en el Trinity College de Cambridge (1884-1918) y director del Laboratorio Cavendish. Teórico y habilísimo experimentador, estudió a fondo los rayos catódicos. Después de haber demostrado claramente su naturaleza corpuscular, Thomson demostró así mismo que tales partículas están cargadas negativamente y que son el constituyente común de cualquier tipo de materia, o sea, que se trata de electrones; cuantificó después directamente su energía y, en 1897, con un célebre experimento, determinó la relación entre su carga y su masa. Al año siguiente cuantificó también su carga, que demostró que era igual a la de los iones de hidrógeno pero de sig-

▼ *Fotografía de Dylan* **Thomas**, *uno de los grandes poetas de las letras inglesas del s.* XX. *Su poesía se caracteriza por una gran musicalidad en el ritmo de sus composiciones.*

▼ *Joseph John* **Thomson** *pintado por Arthur Hacker. Thomson fue el director del laboratorio Cavendish de Cambridge y en 1906 le fue concedido el Premio Nobel de Física.*

no opuesto. Durante estas investigaciones elaboró una técnica experimental que condujo después al descubrimiento de los isótopos. Sobre la base de estos resultados propuso, en 1904, un modelo atómico que, aunque logró explicar muchos de los fenómenos entonces conocidos y, sobre todo, la estabilidad del átomo desde el punto de vista de la mecánica clásica, no estuvo en concordancia con las nuevas investigaciones en el campo de la radiactividad y, en particular, con el descubrimiento de la difusión de los rayos alfa. Obtuvo el Premio Nobel de Física (1906) y fue presidente de la Royal Society (1916).

THOMSON, LORD WILLIAM → Kelvin, lord William Thomson.

THOREAU, HENRY DAVID *(Concord, EE UU, 1817-id., 1862) Escritor y ensayista estadounidense.* Nacido en el seno de una familia modesta, se graduó en Harvard en 1837 y volvió a Concord, donde inició una profunda amistad con el escritor Ralph Waldo Emerson y entró en contacto con otros pensadores trascendentalistas. En 1845 se estableció en una pequeña cabaña que él mismo construyó cerca del pantano de Walden a fin de simplificar su vida y dedicar todo el tiempo a la escritura y la observación de la naturaleza. En este período surgieron *Una semana en los ríos Concord y Merrimack* (1849), descripción de una excursión que diez años antes había realizado con su hermano, y, finalmente, *Walden* (1854), que tuvo una notable acogida. En 1846, concluida su vida en el pantano, Thoreau se negó a pagar los impuestos que el gobierno le imponía, como protesta contra la esclavitud en América, motivo por el cual fue encarcelado; este episodio le llevó a escribir *Desobediencia civil* (1849), donde establecía la doctrina de la resistencia pasiva que habría de influir más tarde en Gandhi y Martin Luther King. Cercano a los postulados del trascendentalismo, su reformismo partía del individuo antes que de la colectividad, y defendía una forma de vida que privilegiara el contacto con la naturaleza.

THORVALDSEN, BERTEL *(Copenhague, 1770-id., 1848) Escultor danés.* Es, junto con Canova, el gran maestro de la escultura neoclásica. Fue hijo de un escultor en madera y se formó durante cinco años en la Academia Real de Copenhague.

En 1797 se estableció en Roma, ciudad que se había convertido en la cuna del neoclasicismo y en la que trabajaban algunos de los más insignes representantes de esta corriente. Thorvaldsen se identificó de tal modo con este ambiente artístico y cultural que en lo sucesivo consideró la fecha de su llegada a Roma como un segundo nacimiento. En 1803, la estatua de *Jasón*, inspirada en el *Doríforo* de Policleto, le reportó una fama que no haría sino aumentar en el futuro. La multitud de encargos que recibió de los principales comitentes de la época le obligó a contar con gran número de ayudantes, en muchos casos verdaderos autores de las obras a partir de modelos ideados por él. Se dedicó con similar fortuna a la estatuaria, el busto, el relieve y la escultura monumental, siempre con el deseo de revivir la grandeza de la escultura griega. Como los escultores de la Grecia clásica, basó sus obras en un canon abstracto, en un ideal de belleza desvinculado de la realidad, que dio origen a un idealismo artístico de considerable influencia. Sin embargo, a causa de su carácter frío y excesivamente racional, sus obras no han gozado de demasiada aceptación en las épocas históricas más proclives a la exaltación de los sentimientos. Destacan, entre otras, la decoración de la iglesia de Nuestra Señora de Copenhague, la tumba de Pío VII en la basílica de San Pedro de Roma y el monumento a lord Byron en el Trinity College de Cambridge. En 1838 regresó definitivamente a Copenhague, donde fue recibido como una gran autoridad artística y donde, después de su muerte, se le dedicó un museo que reúne una buena representación de sus trabajos.

TIBERIO [Tiberio Julio César] *(Roma, 42 a.C.-Misena, actual Italia, 37 d.C.) Segundo emperador romano (14-37).* Hijo de Livia, la segunda esposa de Augusto, fue adoptado por éste, que siempre prefirió a su hermanastro, Druso. Hombre de notables aptitudes militares, destacó por su papel en las campañas germánicas, pero, a causa de su carácter arisco y de su desgraciado segundo matrimonio, acabó por enemistarse con Augusto y marchó a un exilio voluntario a Rodas. Tras la muerte de Cayo y Lucio, los herederos al trono, fue llamado por el emperador y nombrado sucesor, a condición de que adoptase a su sobrino Germánico. Tras una serie de nuevas campañas en Germania, a la muerte de Augusto fue nombrado emperador. Los historiadores romanos interpretaron su etapa como gobernante de forma ambivalente: por un

▲ *Escultura de Bertel* **Thorvaldsen** *titulada* Ganimedes y el águila *(1817), conservada en el Museo Thorvaldsen de Copenhague.*

▼ *Busto del emperador* **Tiberio***, quien prosiguió la política de Augusto al continuar la labor de asentamiento de la* pax romana *en las provincias del imperio.*

lado se le reconocieron su capacidad administrativa y su habilidad de gobernante, pero por otro, su personalidad difícil y desconfiada, que le llevó a desencadenar persecuciones contra todos aquellos que podían enfrentarse a él, generó a su alrededor la imagen de un tirano cruel e inmisericorde sin duda inmerecida. La muerte de Germánico, acaecida en extrañas circunstancias, la persecución de la que fueron objeto otros notorios miembros de la familia imperial y los procesos de lesa majestad abiertos contra la élite senatorial, atrajeron sobre él una gran impopularidad, agravada por su decisión de abandonar Roma y gobernar desde su lugar de retiro en Capri. La ausencia del emperador otorgó gran poder a Sejano, el prefecto del pretorio, que utilizó su posición para reprimir duramente a sus enemigos políticos e incluso asesinar a Druso, el hijo de Tiberio, para facilitar así su propio camino al trono. Desenmascarado por Tiberio, Sejano cayó en desgracia y fue ejecutado. Al morir, Tiberio dejó a su sucesor, Calígula, una institución imperial consolidada, con las arcas llenas y las provincias en paz.

TIECK, LUDWIG *(Berlín, 1773-id., 1853) Escritor alemán.* Sus primeras obras responden a los cánones de la *Historia de William Lovell* (1795-1796). Muy influenciado por F. Schlegel y por su amigo Wackenroeder, se convirtió en uno de los miembros más activos del grupo romántico de Jena. Su lirismo musical y su virtuosismo en el manejo de la ironía se expresan tanto en sus cuentos populares de temas medievales (*El rubio Eckbert*, 1796; *El gato con botas*, 1797), como en sus novelas (*Peregrinaciones de Franz Sternbald*, 1798) y en sus célebres tragedias (*Vida y muerte de santa Genoveva*, 1799). Aunque de manera general orientó el romanticismo alemán hacia lo fantástico (*Phantasus*, 1812-1816), con *Vittoria Accoromboni* (1840) sentó las pautas de la novela histórica y realista, género que sería el predominante a lo largo del siglo XIX.

TIEPOLO, GIAMBATTISTA (*Venecia, 1696-Madrid, 1770*) *Pintor italiano.* Tiepolo fue el gran maestro de la pintura del siglo XVIII no sólo en su Italia natal, sino en toda Europa, como lo demuestra el hecho de que trabajara para varias de las cortes europeas de su tiempo. Llevó a su punto culminante la pintura decorativista de raigambre veneciana en grandes ciclos de frescos de colores claros y luminosos, concebidos con las nuevas técnicas de la perspectiva escenográfica, que amplían los horizontes y aumentan los efectos de profundidad y dinamismo. Se formó con el pintor de género histórico Gregorio Lazzarini, y sus primeras obras fueron óleos de colores oscuros que nada tienen que ver con su trayectoria posterior. Su primera gran realización son los frescos del palacio arzobispal de Udine, en los que desplegó ya su estilo más característico, basado en la riqueza y la fuerza del color y en un gran talento narrativo. A partir de ese momento, los encargos se sucedieron: primero en Italia, pero fuera de Venecia; después en Venecia, donde pintó frescos famosísimos en el palacio Labia; y más tarde en Wurzburgo, donde decoró la Kaisersaal y la gran escalinata del palacio del príncipe-arzobispo, considerada su obra maestra. Tras cumplimentar nuevos encargos en Italia, fue llamado por Carlos III a Madrid, para trabajar en la decoración del Palacio Real, en el que pintó la *Gloria de España* en el techo del salón del trono. Vivió en Madrid hasta su muerte, ocupado también en la realización de

▲ *El mariscal* **Timoshenko**, *héroe soviético de la Segunda Guerra Mundial.*

▼ *Fresco pintado por Giambattista* **Tiepolo** *en el palacio Labia, titulado* El banquete de Antonio y Cleopatra.

siete retablos para la iglesia de San Pascual Bailón, que nunca llegaron a figurar en dicho templo y que hoy se exhiben en el Museo del Prado y en el Palacio Real. Tiepolo fue así mismo un dibujante y grabador prolífico, cuyos grabados influyeron considerablemente en Goya. Sus dos hijos también fueron pintores.

TIMOSHENKO, SEMIÓN KONSTANTÍNOVICH (*Furmanka, actual Ucrania, 1895-Moscú, 1970*) *Militar soviético.* Participó en la Primera Guerra Mundial y en la guerra civil rusa que siguió a la revolución bolchevique de 1917. Tras el final de esta última contienda y durante los siguientes veinte años, tuvo a sus órdenes varias divisiones militares y, progresivamente, fue escalando posiciones en el seno del ejército soviético. En enero de 1940, poco después de iniciarse la guerra entre la Unión Soviética y Finlandia, fue nombrado comandante de las tropas soviéticas que participaron en dicho conflicto. El éxito obtenido en esta guerra le valió ser nombrado mariscal del Ejército Rojo y, en mayo de aquel mismo año, comisario de Defensa. Tras el estallido de la Segunda Guerra Mundial, fue uno de los militares soviéticos más destacados y desempeñó un papel preeminente en la planificación del sistema de defensa ante la invasión del ejército alemán.

TINTORETTO, IL [Japoco Robusti] (*Venecia, 1518-id., 1594*) *Pintor italiano.* En la Venecia de la generación posterior a la de Tiziano, las dos grandes figuras de la pintura fueron Tintoretto y el Veronés; mientras que éste se trasladó a la ciudad de la laguna desde su Verona natal, el primero era veneciano y prácticamente no se movió de la ciudad que lo vio nacer. Apenas nada se sabe de su etapa de formación, para la cual se apuntan diversos nombres en función de los rasgos estilísticos de sus primeras obras. Lo único seguro es que tenía en la pared de su estudio la frase «el dibujo de Miguel Ángel y los colores de Tiziano», que constituye una muestra clara de sus preferencias estilísticas. Aunque se estableció por su cuenta en 1539, no realizó una obra verdaderamente

▲ *Óleo del **Tintoretto** conocido como* El lavatorio, *pintado en 1547 para el presbiterio de la iglesia veneciana de San Marcuola, y hoy en el Museo del Prado.*

▼ *Retrato de sir Michael **Tippett** en el salón de su casa. Tippett es uno de los compositores que más han contribuido a modernizar el género operístico durante el s. XX.*

notable hasta 1548 (*El milagro del esclavo*), siendo aquellos primeros años de mera supervivencia; al parecer, no dudaba en competir deshonestamente con sus rivales para llevarse él los encargos. Más tarde no le faltó trabajo, ya que gustó mucho su pintura de efectos espectaculares, ambientada en espacios que parecen escenarios teatrales y animada por una iluminación, unos gestos y un movimiento que acentúan los efectos de dramatismo; basta con pensar, por ejemplo, en su abundante recurso a los escorzos. Sus obras de mayor alcance son las que realizó entre 1565 y 1587 para la Scuola de San Rocco, que se conservan *in situ*. Son una serie de escenas de la vida de Cristo en la planta superior y de la vida de la Virgen en la inferior, interpretadas con un gran sentido decorativo y una viveza cautivadora. Además de estas pinturas, las más apreciadas de su prolífica producción son el *Lavatorio de los pies* y la *Última Cena*, esta última destacable sobre todo por la novedad de la composición y la iluminación con respecto a los modelos anteriores. La arquitectura, el lujo de los vestidos y las joyas, y la ambientación fantástica son rasgos que caracterizan algunas otras de sus obras mayores.

TIPPETT, SIR MICHAEL *(Londres, 1905-id., 1998) Compositor británico.* Librepensador, ateo y pacifista, toda la obra de Tippett es la expresión directa de sus inquietudes filosóficas y sociales, inconformistas y deliberadamente provocadoras. El oratorio *A Child of Our Time* (1941), basado en la historia de un niño judío que había asesinado a un dirigente nazi en París en 1938, le dio a conocer en su país, no sin levantar cierta polémica, tanto por su asunto como por el innovador uso que el compo-

sitor hizo en él de los espirituales negros. Encarcelado durante la Segunda Guerra Mundial por su negativa a prestar servicio en el ejército, el reconocimiento le llegó a partir de la década de 1950, coincidiendo con el inicio de su dedicación a la ópera: *The Midsummer Marriage* (1952), *King Priam* (1961), *The Knot Garden* (1969), *The Ice Break* (1976) y *New Year* (1988) son sus aportaciones al género. Con los años, el lenguaje musical de Tippett fue incorporando técnicas cada vez más modernas. De su producción conviene destacar también la *Sinfonía núm. 4* (1977) y el oratorio *The Mask of Time* (1984).

TIRSO DE MOLINA [fray Gabriel Téllez] *(Madrid, h. 1584-Almazán, España, 1648) Dramaturgo español.* Su biografía es un tanto incierta. Se le ha querido identificar como hijo bastardo del duque de Osuna, aunque no está probado. De lo único que se tiene noticia cierta es de sus movimientos: se ordenó en 1601 en el convento de Guadalajara, y entre 1616 y 1618 vivió en Santo Domingo. Dos años después de su vuelta, fue condenado a destierro por la Junta de Reformación, acusado de escribir comedias profanas que podían considerarse amorales. En 1626 terminó el destierro y fue nombrado comendador del convento de Trujillo, aunque acabó, de nuevo por causa de su obra literaria, confinado en el convento de Cuenca. Sin embargo, en 1632 fue designado cronista general de la Orden de la Merced. Los últimos años de su vida los pasó como comendador del convento soriano de Almazán, donde murió. Su producción literaria es amplia y abarca diversos géneros. Como religioso, escribió autos sacramentales, comedias hagiográficas y piezas bíblicas. Entre sus obras pro-

◀ *Retrato anónimo del s. XVII de **Tirso de Molina**. Su amplia obra incluye desde autos sacramentales a comedias de enredo con mujeres como protagonistas.*

fanas se encuentran numerosas comedias construidas a partir de leyendas y tradiciones castellanas, entre las que cabe distinguir las comedias de carácter (*Marta la piadosa* o *El vergonzoso en palacio*) y las de intriga (*La villana de Vallecas, Desde Toledo a Madrid, Por el sótano y el torno* y *Don Gil de las calzas verdes*). Fueron publicadas en cinco partes entre los años 1627 y 1636, sin incluirse, sin embargo, una de sus obras más importantes, *El burlador de Sevilla y convidado de piedra*, con la que se consolidó de forma definitiva el mito de Don Juan en la tradición literaria española, así como *El condenado por desconfiado*, esta última de atribución no demostrada. Su teatro siguió el camino marcado por Lope de Vega, de quien Tirso toma el cetro, con una constante mezcla de humor y sentido trágico y sin regla fija para la unidad de tiempo y lugar. Se distingue de Lope por la profundidad psicológica que supo dar a sus personajes, en especial los femeninos, a quienes parecía conocer bien, quizá por su actividad de confesor, y que ocupan un lugar importante en su obra. Escribió también dos obras en prosa de estructura novelada: *Los cigarrales de Toledo* y *Deleitar aprovechando*.

TITO [Josip Broz] (*Kumrovec, actual Croacia, 1892-Ljubljana, Eslovenia, 1980) Político yugoslavo.* De padre croata y madre eslovena, a los quince años de edad entró a trabajar como aprendiz en un taller mecánico, donde permaneció hasta 1910, fecha en que se trasladó a Zagreb. Aquí entró en contacto con el Parti-

▼ *Tito durante una jornada de caza. Transcurrido poco más de un decenio de su muerte, la antigua Yugoslavia acabó por desmembrarse en seis pequeños Estados independientes.*

do Socialdemócrata de Croacia y Eslovenia, pero por breve tiempo, puesto que pronto fue llamado a filas por el ejército austrohúngaro, en cuyas filas combatió en la Primera Guerra Mundial. En 1915, herido y capturado por los rusos, fue confinado en un campo de concentración. No volvió a Croacia hasta 1920, pero para entonces ya había participado activamente en la Revolución Rusa de 1917 y mantenía contactos con los principales dirigentes bolcheviques. A su regreso a su patria fue uno de los fundadores del Partido Comunista de Yugoslavia (PCY). En 1928, la policía encontró varias bombas en su apartamento, lo que le valió una pena de cinco años de cárcel. En marzo de 1934, tras ser puesto en libertad, se trasladó a Viena, y entre febrero de 1935 y octubre de 1936 permaneció en la URSS. A su vuelta se aprovechó de las purgas de Stalin, con quien mantenía buenas relaciones, para ascender a la secretaría general del PCY, cargo desde el cual combatió la ocupación alemana (1941-1944). Finalizada la contienda, se convirtió en jefe de gobierno de la naciente República Federal Popular de Yugoslavia, y, a partir de 1953, en presidente. Pronto, sin embargo, entró en conflicto con Stalin (1948), y las relaciones con la URSS no se normalizaron hasta la visita de Nikita Jruschov a Belgrado en mayo de 1955, aunque Tito no abandonó su política de neutralidad con los dos grandes bloques y su posición preeminente en el movimiento de los países no alineados. En 1974, nombrado presidente vitalicio, otorgó a la República una nueva Constitución que daba mayor autonomía a Serbia y Croacia en detrimento de las demás regiones, hecho que, a su muerte, llevó al país a una fuerte inestabilidad y su posterior atomización.

TITO LIVIO → Livio, Tito.

TITU CUSI YUPANQUI (*Cusco, actual Perú, 1526-Vilcabamba, id., 1570) Monarca inca (1563-1570).* Hijo natural de Manco Cápac II, su hermano Sayri Túpac decidió aceptar las condiciones ofrecidas por los españoles y renunciar al trono, por lo que Titu Cusi Yupanqui se convirtió en el nuevo gobernante del reino de Vilcabamba, un pequeño reducto inca que comprendía la propia ciudad de Vilcabamba así como las localidades de Vitcos y Rangaya. Tras un período de hosti-

Noli me tangere (h. 1512; National Gallery, Londres); *Las tres edades del hombre* (h. 1515; National Gallery, Edimburgo); *Amor sagrado y amor profano* (h. 1516; Galleria Borghese, Roma); *Ofrenda a Venus* (1518-1519; Prado, Madrid); *Baco y Ariadna* (1518-1523; National Gallery, Londres); *La bacanal* (1518-1523; Prado, Madrid); *Hombre del guante* (h. 1520; Louvre, París); *La presentación de la Virgen* (1534-1538; Galería de la Academia, Venecia); *Francisco I* (1538; Louvre, París); *Venus de Urbino* (h. 1538; Metropolitan Museum, Nueva York); *Ecce Homo* (1543; Kunsthistorisches Museum, Viena); *Carlos I en la batalla de Mühlberg* (1548; Prado, Madrid); *El rapto de Europa* (h. 1550-1562; Isabella Stewart Gardner Museum, Boston); *Perseo y Andrómeda* (h. 1550-1562; Wallace Collection, Londres); *Dánae* (h. 1550-1562, Prado, Madrid); *Martirio de san Lorenzo* (1564-1567, El Escorial, Madrid); *Felipe II* (Prado, Madrid); *Autorretrato* (Prado, Madrid).

lidades con los españoles, acabó asumiendo un compromiso, por el cual aceptó la entrada de misioneros en Vilcabamba y recibió el bautismo. Ello no impidió que se mantuviese firme en lo que respecta a su soberanía, por lo que llegó a escribir, en 1570, una carta a Felipe II, en la que exponía los agravios a los que su pueblo había sido sometido (*Relación de cómo los españoles entraron en Pirú y el subceso que tuvo Mango Inca en el tiempo que entre ellos vivió*). Su muerte, posiblemente causada por una pulmonía, fue achacada a un envenenamiento llevado a cabo por los españoles y provocó el asesinato de los misioneros, y la reapertura de las hostilidades. Le sucedió su hermano Túpac Amaru.

Tiziano Vecellio *(Pieve di Cadore, actual Italia, h. 1490-Venecia, 1576) Pintor italiano.* Aunque Tiziano alimentó durante los últimos años de su vida la idea de que había nacido en 1475, para hacer creer que era un anciano venerable e inspirar respeto y compasión, la crítica moderna ha establecido casi con total seguridad que nació en 1490 y que murió a una edad más que respetable, con ochenta y seis años. Recibió su primera formación en el taller de Giovanni Bellini, del que salió a los dieciocho años para integrarse en la escuela de Giorgione. La concepción poética de la pintura de éste dejó una profunda huella en Tiziano, como resulta evidente en todas sus obras de juventud, y muy especialmente en la enigmática alegoría *Amor sagrado y amor profano*, lienzo con el que se consagra ya como un maestro del desnudo femenino, además de manifestar un talento natural en la plasmación del paisaje. Con anterioridad había colaborado con Giorgione en la realización de los frescos de la fachada del Fondaco dei Tedeschi y había realizado en Padua los *Milagros de san Antonio* para la Scuola del Santo. No tardó en convertirse en el artista más importante de Venecia y fue nombrado, en consecuencia, pintor oficial de la República. Aunque sus obras más conocidas y admiradas en el presente son las de tema alegórico y mitológico, el artista comenzó la parte más brillante de su carrera con una serie de retablos de colores fuertes y contrastados y figuras poderosas, como *La Asunción* o el *Retablo Pesaro* para Santa Maria dei Frari. Son obras de composición enérgica que muestran una gran vitalidad. Los mismos esquemas dinámicos se repiten en las obras mitológicas de este período, como *La bacanal* o *Baco y Ariadna*. Por entonces, Tiziano se reveló también como un gran retratista, con obras como el llamado *Ariosto*, en las que establece un esquema nuevo: el protagonista aparece reproducido de medio cuerpo, con las manos visibles y unos rasgos reales pero idealizados, captados en ocasiones por medio de un golpe de intuición. Hacia 1530, perdió a su esposa, y seguramente como consecuencia del impacto emocional que ello le causó, su estilo pictórico evolucionó hacia composiciones menos dinámicas, más pausadas, y hacia colores mucho más claros y complementarios en lugar de contrastados. Por entonces, la fama del pintor llegaba a todas las cortes europeas, lo que le permitió recibir encargos de Carlos I de España y Francisco I de Francia, monarcas a los que retrató en obras magistrales. Después del primer retrato de Carlos I, el emperador quedó tan entusiasmado con el arte de Tiziano que lo nombró pintor de la corte. También los príncipes italianos solicitaron sus servicios, y así para el duque de Urbino pintó la famosa *Venus de Urbi-*

▼ *La riqueza del cromatismo veneciano brilla con toda su fuerza en* La Venus de Urbino, *obra realizada por* **Tiziano Vecellio** *hacia 1538.*

no, de una sensualidad nueva en el arte del Renacimiento. En 1545-1546, Tiziano, que sólo había abandonado Venecia en 1511 para trabajar en Padua, realizó un viaje a Roma, que supuso el punto de partida hacia un nuevo tratamiento del color a base de pinceladas largas y atrevidas, y de manchas y toques que deshacen las formas y dan una apariencia ligera y agradable a las pinturas, lo cual esconde el gran trabajo subyacente. Entre 1548 y 1562 fue reclamado por Carlos I y luego por su hijo Felipe II, para quien, además de retratos, realizó una serie de cuadros de tema mitológico denominados por el propio pintor «poesías» por su carácter idílico y distante. Su última obra documentada es la *Piedad* de Venecia, que presenta ciertas afinidades con el manierismo. La grandeza de Tiziano como pintor, su fama de artista inimitable y la gran influencia que ejerció sobre sus coetáneos y sucesores contrastan con su carácter de hombre avaricioso, que siempre se quejaba de ser pobre pese a las grandes riquezas que había acumulado, y que se servía en ocasiones del engaño para obtener ventajas.

TOCQUEVILLE, CHARLES-ALEXIS HENRI CLÉREL DE *(París, 1805-Cannes, Francia, 1859) Político, teórico político e historiador francés.* Desde muy joven, sufrió las consecuencias de una salud frágil, agravada por un cuadro de ansiedad y agotamiento nervioso. A pesar de dichas limitaciones, la tradición familiar (su padre fue prefecto bajo el reinado de Carlos X) lo empujó a emprender la carrera política. Atraído por el modelo constitucional británico, la revolución de 1830 hizo que fijara su atención en la naciente democracia estadounidense. Con la esperanza de obtener unos conocimientos que le permitieran proponer un nuevo modelo social para el Estado francés, con su amigo Gustave de Beaumont viajó a Estados Unidos, donde ambos permanecieron nueve meses, de 1831 a 1832. Fruto de dicho viaje fue la primera parte de *La democracia en América*, donde Tocqueville analizó los fundamentos de la sociedad estadounidense incidiendo en el principio de la igualdad de oportunidades y en su dinamismo social, todo ello en el marco de una tesis básica: la posibilidad de que una sociedad, y particularmente una democracia, adecuadamente organizada pudiera aunar la libertad personal y la estabilidad social. La obra le granjeó

> «*Confieso que en América he visto algo más que América; allí he buscado una imagen de la democracia misma.*»
>
> Alexis de Tocqueville
> Introducción de
> *La democracia en América*

▼ *Fachada del convento de las Descalzas Reales, fundado por Juana de Austria, hija de Carlos V, cuyo diseño y construcción fueron confiados a Juan Bautista de* **Toledo***.*

un considerable prestigio académico. Tras contraer matrimonio en 1836 con la británica Mary Mottely, prosiguió con la redacción de la segunda parte, menos centrada en Estados Unidos *per se* y con mayor preocupación por el análisis de la igualdad en el marco de la sociedad moderna, que acabó publicándose en 1840. Un año antes había sido elegido miembro de la Cámara de los Diputados. Sus reflexiones sobre la Revolución de 1848 le condujeron a establecer como contrarios los principios de una eventual democracia social a los de la democracia liberal a la que aspiraba. Tras oponerse al golpe de Estado de Luis Napoleón, fue inhabilitado para todo cargo público. Su última gran obra, inconclusa a causa de su súbito fallecimiento, *El Antiguo Régimen y la Revolución*, destilaba un considerable pesimismo al retratar la sociedad francesa como una prisionera de su pasado despótico.

TOLEDO, FRANCISCO DE *(Oropesa, España, 1516-Escalona, id. 1582) Administrador colonial español.* Consolidó la conquista española de Perú y fue virrey de esta colonia entre 1569 y 1581, período en el que efectuó una ardua tarea de reconocimiento personal de los dominios de su jurisdicción. Durante su mandato emprendió la organización administrativa del territorio y procedió a frenar el inmenso poder ejercido por los encomenderos. También implantó en el virreinato un eficaz sistema financiero, mediante el establecimiento de instituciones incaicas como la mita, y se ocupó de legislar la actividad laboral de la población indígena a través de sendas ordenanzas como la del Cusco o la de Chuquisaca. A pesar de su eficaz labor administrativa en beneficio de la colonia, fue acusado de malversación de bienes y debió reprimir numerosas sublevaciones indígenas, entre ellas la que le llevó, en 1571, a ordenar la ejecución del inca Túpac Amaru, que significó el fin del reino de Vilcabamba.

TOLEDO, JUAN BAUTISTA DE *(?-Madrid, 1567) Arquitecto español.* Se formó en Italia, donde se cree que colaboró con Miguel Ángel en las obras de la basílica de San Pedro. Regresó a España en 1559 y, un año más tarde, fue nombrado arquitecto del rey Felipe II. Al servicio del soberano realizó diversas intervenciones en el Alcázar y el palacio de Aranjuez, antes de ocuparse de sus dos grandes realizaciones. La primera fue el convento de las Descalzas Reales, donde la austeridad de la concepción y el empleo de figuras geométricas como único motivo ornamental manifiestan su formación italiana. Su obra de mayor alcance fue el Real Monasterio de El Escorial, comenzado bajo su dirección en 1563 y del que Toledo fue autor del proyecto, del patio de los Evangelistas y de los claustros menores. Murió sin poder acabar esta magna obra y le sucedió Juan de Herrera, quien introdujo algunas modificaciones, pero no en la planta, en la que respetó los planos originales.

TOLKIEN, JOHN RONALD REUEL *(Bloemfontein, Sudáfrica, 1892-Bournemouth, Reino Unido, 1973) Escritor británico de origen sudafricano.* Profesor de lengua y literatura anglosajona en la Universidad de Oxford, se especializó en la época medieval. Tras publicar algunos ensayos (*Sir Gawain y el caballero verde*, 1925; *Beowulf*, 1936), inició la creación de una personal mitología inspirada en la saga artúrica y en la épica medieval anglosajona, plagada de elementos fantásticos y de seres y mundos imaginarios. Así, la novela *El hobbit* (1937) fue el punto de partida de un ambicioso ciclo épico que se concretó en la trilogía de *El señor de los anillos* (1954-1955), dividida en tres volúmenes. Dirigida a un público adulto, la obra de Tolkien encontró a mediados de la década de 1960 una gran acogida, hasta el extremo de convertirse en libro de culto y dar lugar a un género en alza, la «alta fantasía». Póstumamente se publicó una segunda trilogía, el *Silmarillion* (1977).

▲ *John Ronald Reuel* **Tolkien**, *cuya obra, en especial la trilogía* El señor de los anillos, *es uno de los máximos exponentes de la literatura fantástica en el s. XX.*

▼ *Mapamundi elaborado según las pautas de la geografía de* **Tolomeo** *en el que se aprecia la excesiva extensión concedida al continente euroasiático, error que indujo a Colón a buscar una nueva ruta hacia las Indias y a realizar el viaje que desembocó en el descubrimiento de América.*

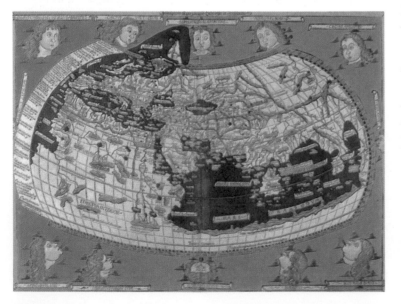

TOLOMEO, CLAUDIO *(s. II) Astrónomo, matemático y geógrafo griego.* Es muy poca la información sobre la vida de Tolomeo que ha llegado hasta nuestro tiempo. No se sabe con exactitud dónde nació, aunque se supone que fue en Egipto, ni tampoco dónde falleció; su actividad se enmarca entre las fechas de su primera observación, cuya realización asignó al undécimo año del reinado de Adriano (127 d.C.), y de la última, fechada en el 141 d.C. En su catálogo de estrellas, adoptó el primer año del reinado de Antonino Pío (138 a.C.) como fecha de referencia para las coordenadas. Tolomeo fue el último gran representante de la astronomía griega y, según la tradición, desarrolló su actividad de observador en el templo de Serapis en Canopus, cerca de Alejandría. Su obra principal y más famosa, que influyó en la astronomía árabe y europea hasta el Renacimiento, es la *Sintaxis matemática*, en trece volúmenes, que en griego fue calificada de grande o extensa (*megalé*) para distinguirla de otra colección de textos astronómicos debidos a diversos autores. La admiración inspirada por la obra de Tolomeo introdujo la costumbre de referirse a ella utilizando el término griego *megisté* (la grandísima, la máxima); el califa al-Mamun la hizo traducir al árabe en el año 827, y del nombre de *al-Magisti* que tomó dicha traducción procede el título de *Almagesto* adoptado generalmente en el Occidente medieval a partir de la primera traducción de la versión árabe, realizada en Toledo en 1175. Utilizando los datos recogidos por sus predecesores, especialmente por Hiparco, Tolomeo construyó un sistema del mundo que representaba con un grado de precisión satisfactoria los movimientos aparentes del Sol, la Luna y los cinco planetas entonces conocidos, mediante recursos geométricos y calculísticos de considerable complejidad; se trata de un sistema geocéntrico según el cual la Tierra se encuentra inmóvil en el centro del universo, mientras que en torno a ella giran, en orden creciente de distancia, la Luna, Mercurio, Venus, el Sol, Marte, Júpiter y Saturno. Con todo, la Tierra ocupa una posición ligeramente excéntrica respecto del centro de las circunferencias sobre las que se mueven los demás cuerpos celestes, llamadas círculos deferentes. Además, únicamente el Sol recorre su deferente con movimiento uniforme, mientras que la Luna y los planetas se mueven sobre otro círculo, llamado epiciclo, cuyo centro gira sobre el deferente y permite explicar las irregularidades observadas en el movimiento de dichos cuerpos. El sistema de Tolomeo proporcionó una interpretación cinemática de los movimientos planetarios que encajó bien con los principios de la cosmología aristotélica, y se mantuvo como único modelo del mundo hasta el Renacimiento, aun cuando la mayor precisión alcanzada en las observaciones astronómicas a finales del período medieval hizo necesaria la introducción de decenas de nuevos epiciclos, con lo cual resultó un sistema excesivamente complicado y farragoso. Como geógrafo, ejerció también gran influencia sobre la posteridad hasta la época de los grandes descubrimientos geográficos. En su *Geografía*, obra en ocho volúmenes que completó la elaborada poco antes por Marino de Tiro, se recopilan las técnicas matemáticas para el trazado de mapas precisos mediante distintos sistemas de proyección, y recoge una extensa colección de coordenadas geográficas correspondientes a los distintos lugares del mundo entonces conocido. Tolomeo adoptó la estimación hecha por Posidonio de la circunferencia de la Tierra, inferior al valor real, y exageró la extensión del continente euroasiático en dirección este-oeste, circunstancia que alentó a Colón a emprender su viaje del descubrimiento. Entre las demás obras de Tolomeo figura la *Óptica*, en cinco volúmenes, que versa sobre la teoría de los espejos y sobre la reflexión y la refracción de la luz, fenómenos de los que tuvo en consideración sus consecuencias sobre las observaciones astronómicas. Se le atribuye también la autoría de un tratado de astrología, el *Tetrabiblos*, que presenta las características de otros escritos suyos y que le valió buena parte de la fama de que gozó en la Edad Media.

TOLOMEO I SOTER *(?, h. 367 a.C.-?, 283 a.C.) Rey de Egipto (304 a.C.-285 a.C.).* Era hijo de Lagos, un miembro de la aristocracia macedonia, y de Arsínoe. Amigo de Alejandro y miembro de su guardia personal, luchó en las campañas de conquista del inmenso Imperio Persa, donde destacó como un general cauto y capaz, lo que le convirtió en uno de los lugartenientes más cercanos al rey macedonio. A la muerte de Alejandro, en el 323 a.C., sus generales se repartieron los extensos territorios conquistados y pronto estallaron diversos conflictos entre estos estados sucesores (diaconos). Tolomeo, que gobernaba Egipto, aprovechó la situación de aislamiento del reino del Nilo para iniciar la expansión de sus territorios, lo cual le enfrentó a Perdicas, defensor de la unidad del Imperio de Alejandro. Triunfador en las batallas de

Gaza (312 a.C.) e Ipso (301 a.C.), a pesar de haber sido derrotado claramente en la batalla naval de Salamina de Chipre (306 a.C.), Tolomeo, que se había proclamado rey en el 304 a.C., logró reunir bajo su Corona a un gran número de territorios, entre ellos Chipre, parte de Libia y Palestina. En el 285 a.C. abdicó en favor de su hijo Tolomeo II.

TOLSTÓI, LIEV NIKOLÁIEVICH *(Yásnaia Poliana, Rusia, 1828-Astápovo, id., 1910) Novelista ruso.* Nacido en el seno de la nobleza terrateniente rusa, quedó huérfano desde muy joven, y fue acogido por unos parientes cultos que dejaron su educación al cuidado de preceptores extranjeros. En 1844 empezó a estudiar lenguas orientales y derecho en la Universidad de Kazán, pero abandonó sus estudios en 1847 y se dedicó a la lectura de la Biblia y las obras del filósofo Rousseau. Sus primeros escritos, como el *Relato de la jornada de ayer* (1851) y algunos capítulos de su autobiográfica *Infancia* merecieron el elogio de la crítica. Se enroló en el ejército en 1852 y participó en la guerra de Crimea. De su contacto con los cosacos surgieron novelas como *Sebastopol* y *Los cosacos*, en las que descubre ya su predilección por las gentes sencillas, representadas aquí por los cosacos, frente a los aristócratas de ciudad o los altos mandos militares; los textos destilan realismo poético y una abundante influencia de Rousseau. Interesado por la educación de los campesinos, entre 1857 y 1860 viajó a Alemania, Francia, Italia y Suiza para visitar diversas escuelas, y en 1860 creó su propia

▲ *Tetradracma de Claudio* **Tolomeo**. *Su obra* Sintaxis matemática *articula un sistema geocéntrico del universo por el cual se rigió el hombre occidental durante la Antigüedad y la Edad Media.*

«*La completa y total tristeza es tan imposible como la pura y completa alegría.*»

Liev Nikoláievich Tolstói
Guerra y paz

◄ *Liev Nikoláievich* **Tolstói**, *uno de los grandes novelistas rusos, autor de dos obras decisivas en la novela decimonónica:* Guerra y paz *y* Ana Karenina.

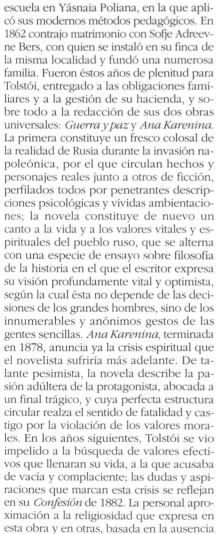

◀ *Ilustración de una edición rusa realizada por A.Venetsian de uno de los momentos más emocionantes de* Ana Karenina, *de Liev Nikoláievich* **Tolstói**: *el encuentro entre madre e hijo.*

escuela en Yásnaia Poliana, en la que aplicó sus modernos métodos pedagógicos. En 1862 contrajo matrimonio con Sofje Adreevne Bers, con quien se instaló en su finca de la misma localidad y fundó una numerosa familia. Fueron éstos años de plenitud para Tolstói, entregado a las obligaciones familiares y a la gestión de su hacienda, y sobre todo a la redacción de sus dos obras universales: *Guerra y paz* y *Ana Karenina.* La primera constituye un fresco colosal de la realidad de Rusia durante la invasión napoleónica, por el que circulan hechos y personajes reales junto a otros de ficción, perfilados todos por penetrantes descripciones psicológicas y vívidas ambientaciones; la novela constituye de nuevo un canto a la vida y a los valores vitales y espirituales del pueblo ruso, que se alterna con una especie de ensayo sobre filosofía de la historia en el que el escritor expresa su visión profundamente vital y optimista, según la cual ésta no depende de las decisiones de los grandes hombres, sino de los innumerables y anónimos gestos de las gentes sencillas. *Ana Karenina*, terminada en 1878, anuncia ya la crisis espiritual que el novelista sufriría más adelante. De talante pesimista, la novela describe la pasión adúltera de la protagonista, abocada a un final trágico, y cuya perfecta estructura circular realza el sentido de fatalidad y castigo por la violación de los valores morales. En los años siguientes, Tolstói se vio impelido a la búsqueda de valores efectivos que llenaran su vida, a la que acusaba de vacía y complaciente; las dudas y aspiraciones que marcan esta crisis se reflejan en su *Confesión* de 1882. La personal aproximación a la religiosidad que expresa en esta obra y en otras, basada en la ausencia

LIEV NIKOLÁIEVICH TOLSTÓI

OBRAS MAESTRAS

NOVELA: *INFANCIA* (1852); *ADOLESCENCIA* (1854); *JUVENTUD* (1856); *SEBASTOPOL* (1855-1856); *DOS HÚSARES* (1856); *LOS COSACOS* (1863); *GUERRA Y PAZ* (1863-1869); *ANA KARENINA* (1873-1878); *HISTORIAS PARA EL PUEBLO* (cuentos, 1884-1885); *LA MUERTE DE IVÁN ILICH* (1886); *LA SONATA A KREUTZER* (1889); *RESURRECCIÓN* (1899); *LOS FRUTOS DE LA CIVILIZACIÓN* (1889). **ENSAYO:** *CONFESIÓN* (1882); *EN QUÉ CONSISTE MI FE* (1883); *¿QUÉ DEBEMOS HACER, PUES?* (1886); *¿QUÉ ES EL ARTE?* (1898). **TEATRO:** *EL PODER DE LAS TINIEBLAS* (1886); *EL CADÁVER VIVIENTE* (1902).

de dogmas y en la proclamación del amor como ley universal, halló eco en numerosas personas y le valió finalmente su excomunión, en 1901. Defendió también la humanización de las relaciones sociales y la mejora de las condiciones del campesinado, dirigiendo repetidas críticas a las instituciones zaristas y a las desigualdades sociales en una serie de ensayos, análisis y estudios que causaron cierta polémica. Se retiró por último al monasterio de Optina Pustin y se esforzó por llevar una vida austera, en contacto con los humildes, pero luego regresó a su tierra natal para acercarse a las diferentes sectas religiosas de Rusia y se dedicó a trabajos agrícolas o manuales. No dejó nunca de preocuparse por el destino de los campesinos, en particular por su derecho a la riqueza individual. En invierno de 1910, ya en un delicado estado de salud, abandonó definitivamente su casa, dispuesto a llevar una existencia solitaria el resto de su vida, pero enfermó durante el viaje y murió en la pequeña estación de ferrocarril de Astápovo. Considerado como el máximo representante de la literatura nacional de su país, su obra, que nunca ha dejado de ser leída, ha influido poderosamente en la literatura posterior de todas las épocas.

TOMÁS DE AQUINO, SANTO, llamado *Doctor Angélico (Roccaseca, actual Italia, 1224-Fossanuova, id., 1274) Teólogo y filósofo italiano.* Hijo de una de las familias aristócratas más influyentes de la Italia meridional, estudió en Montecassino, en cuyo monasterio benedictino sus padres quisieron que siguiera la carrera eclesiástica. Posteriormente se trasladó a Nápoles, donde cursó estudios de artes y teología y entró en contacto con la Orden de los Hermanos Predicadores. En 1243 manifestó su deseo de ingresar en dicha Orden, pero su familia se opuso firmemente, e incluso su madre consiguió el permiso de Federico II para que sus dos hermanos, miembros del ejército imperial, detuvieran a Tomás. Ello ocurrió en Acquapendente en mayo de 1244 y el santo permaneció retenido en el castillo de Santo Giovanni durante un año. Tras una queja de Juan *el Teutónico*, general de los dominicos, a Federico II, éste accedió a que Tomás fuera puesto en libertad. Luego, se le permitió trasladarse a París, donde permaneció desde 1245 hasta 1256, fecha en que obtuvo el título de maestro en teología. Durante estos años estuvo al cuidado de Alberto Magno, con quien entabló una duradera amistad. Les unía —además del hecho de pertenecer ambos a

SANTO TOMÁS DE AQUINO

OBRAS MAESTRAS

EL ENTE Y LA ESENCIA (DE ENTE ET ESSENTIA, h. 1254); DE LOS PRINCIPIOS DE LA NATURALEZA (DE PRINCIPIIS NATURAE); SUMA CONTRA LOS GENTILES (SUMMA CONTRA GENTILES, 1255-1264); IN ARISTOTELIS LIBROS EXPOSITIO (1265-1273); SUMA TEOLÓGICA (SUM- *MA THEOLOGICA, 1266-1274); DE REGIMINE PRINCIPUM; DE UNITATE INTELLECTUS CONTRA AVERROISTAS (1269); DE UNITATE AETERNITATE MUNDI CONTRA MURMURANTES; QUAESTIONES DISPUTATAE DE VERITATE (1271).*

la Orden dominica– una visión abierta y tolerante, aunque no exenta de crítica, del nuevo saber grecoárabe, que por aquellas fechas llegaba masivamente a las universidades y centros de cultura occidentales. Tras doctorarse, ocupó una de las cátedras reservadas a los dominicos, tarea que compatibilizó con la redacción de sus primeras obras, en las cuales empezó a alejarse de la corriente teológica mayoritaria, derivada de las enseñanzas de san Agustín. En 1259 regresó a Italia, donde permaneció hasta 1268 al servicio de la corte pontificia en calidad de instructor y consultor del Papa, a quien acompañaba en sus viajes. Durante estos años redactó varios comentarios al Pseudo-Dionisio y a Aristóteles, finalizó la *Suma contra los gentiles*, obra en la cual repasaba críticamente las filosofías y teologías presentes a lo largo de la historia, e inició la redacción de su obra capital, la *Suma teológica*, en la que estuvo ocupado entre 1267 y 1274 y que representa el compendio último de todo su pensamiento. Tomás de Aquino supo resolver la crisis producida en el pensamiento cristiano por el averroísmo, interpretación del pensamiento aristotélico que resaltaba la independencia del entendimiento guiado por los sentidos y planteaba el problema de la *doble verdad*, es decir, la contradicción de las verdades del entendimiento y las de la revelación. En oposición a esta tesis, defendida en la Universidad de París por Siger de Brabante, afirmó la necesidad de que ambas fueran compatibles, pues, procediendo de Dios, no podrían entrar en contradicción; ambas verdades debían ser, además, complementarias, de modo que las de orden sobrenatural debían

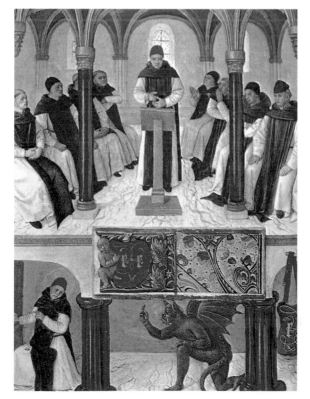

▼ *Pintura en la que aparece santo* **Tomás de Aquino** *con otros monjes, probablemente durante una de sus lecciones magistrales de la* Suma teológica.

ser conocidas por revelación, mientras que las de orden natural serían accesibles por el entendimiento; filosofía y teología son, por tanto, distintas y complementarias, siendo ambas racionales, pues la teología deduce racionalmente a partir de las premisas reveladas. A medio camino entre el espiritualismo agustiniano y el naturalismo emergente del averroísmo, defendió un realismo moderado, para el cual los universales (los conceptos abstractos) existen fundamentalmente *in re* (en las cosas) y sólo formalmente *post rem* (en el entendimiento). En último término, Tomás de Aquino encontró una vía para conciliar la revalorización del mundo material que se vivía en Occidente con los dogmas del cristianismo, a través de una inteligente y bien trabada interpretación de Aristóteles.

TOMÁS MORO, SANTO [sir Thomas More] *(Londres, 1478-id., 1535) Humanista y político inglés*. Hijo de un magistrado, estudió en la Saint Anthony School antes de entrar al servicio del cardenal-arzobispo de Canterbury. Entre 1492 y 1494 realizó estudios superiores en la Universidad de Oxford, y luego, tras regresar a Londres, estudió derecho en el Lincoln's Inn. Alternó una brillante carrera profesional y política con su interés por la literatura, y su vasta cultura humanística le valió la admiración de Erasmo de Rotterdam, con quien le uniría una gran amistad. En 1509 fue nombrado miembro del Parlamento, y ese mismo año contrajo matrimonio con Jane Colet, a cuya muerte, dos años más tarde, se casaría en segundas nupcias con Alice Middleton. Entró al servicio de Enrique VIII de Inglaterra en 1518, y ese mismo año escribió *Historia del rey Ricardo III*. Dos años antes había publicado su célebre *Utopía*, en la que proponía una organización racional de la sociedad, de base comunal, que situaba en una isla imaginaria del mismo nombre que el título. Tras establecer las normas que regirían esta sociedad ideal, entre las que se hallaban la enseñanza universal, la libertad religiosa y la subordinación de todo interés individual al beneficio común, pasaba a criticar las es-

◀ *Retrato de santo* **Tomás Moro** *pintado por Hans Holbein el Joven. Junto a Erasmo de Rotterdam, Tomás Moro fue uno de los grandes humanistas de los ss. XV-XVI en el norte de Europa.*

«*T*ienen muy pocas leyes, debido a que, gracias a su sistema social, necesitan muy pocas.»

Santo Tomás Moro
Utopía

tructuras todavía feudalizantes de la Inglaterra de su época. La obra, convertida en un clásico del humanismo, ejercería una duradera influencia, desde Bacon hasta George Orwell. Todavía al servicio del rey, Moro defendió públicamente la libertad de culto y de palabra. En 1521 fue nombrado vicetesorero del reino y recibió el título de caballero. En 1523 escribió *Responsio ad Lutherum*, obra en la que se enfrentaba al luteranismo, y tres años después empezó el conflicto con el rey que habría de costarle la vida: Enrique VIII, casado con Catalina de Aragón, quería el divorcio para poder asegurarse descendencia masculina. Tomás Moro se opuso tajantemente a este divorcio, y en 1532 renunció a la cancillería del reino, cargo al cual había accedido en 1529. Tras haberse negado a asistir a la coronación de la nueva reina, Ana Bolena, fue acusado de corrupción, juzgado y condenado a la pena capital. En 1935 fue canonizado por la Iglesia Católica.

TORO SENTADO [Tatanka Yotanka; en inglés Sitting Bull] *(Grand River, actual EE UU, 1834-Fort Yates, id., 1890) Jefe y líder religioso indio piel roja.* Sioux hunkpapa, de joven formó parte de la akicita (sociedad secreta) «Corazones Valientes», y ganó fama por sus gestas, lo cual lo convirtió en uno de los más importantes líderes espirituales sioux, firmísimo defensor de las antiguas costumbres durante la lucha de su pueblo contra la penetración estadounidense. El descubrimiento de oro en las Colinas Negras, que se encontraban en el centro del territorio sioux, atrajo a un sinnúmero de

▼ *El escritor y crítico literario Gonzalo* **Torrente Ballester**, *Premio Nacional de Literatura en 1981.*

buscadores, lo que unido a las continuas incursiones sioux contra otras tribus o contra los constructores del ferrocarril, movió al gobierno de Estados Unidos a realizar una operación de castigo en 1876. En esta situación, Toro Sentado dio muestras de ser un verdadero líder y consiguió la alianza de varios jefes sioux y cheyenes, como Caballo Loco, Agalla y Águila Moteada. Los indios se encontraban reunidos en un gigantesco campamento en Little Big Horn, cuando, el 25 de junio, fueron atacados por el séptimo regimiento de caballería del general Custer, en una acción pésimamente organizada; en cambio, los pieles rojas, encabezados por Toro Sentado, respondieron con tanta energía como ferocidad, y tras aislar a las diversas unidades de caballería, las aniquilaron. Luego de esta victoria, el jefe sioux, perseguido por fuertes contingentes del ejército, se vio obligado a marchar a Canadá. Tras regresar, aceptó vivir en una reserva, e incluso llegó a trabajar en el espectáculo de Buffalo Bill, pero su hostilidad hacia Estados Unidos se mantenía, y ello lo indujo a unirse al movimiento de la Danza de los Espíritus, que pretendía el regreso a los viejos tiempos y la destrucción del hombre blanco apelando a los espíritus de los antepasados. En 1890 fue muerto a tiros por soldados del ejército estadounidense, días antes de la matanza de Wounded Knee.

TORQUEMADA, TOMÁS DE *(Valladolid, 1420-Ávila, 1498) Inquisidor español.* Miembro de la orden de los Dominicos, Torquemada procedía de una familia de judíos conversos y siempre se caracterizó por la dureza que empleó contra sus antiguos correligionarios, en especial contra los conversos judaizantes. Confesor de los Reyes Católicos, fue una persona de innegable influencia en la corte, y, en 1483, fue nombrado inquisidor general de los reinos de Castilla y Aragón. Este hecho, que ponía ambos reinos bajo una institución común, suscitó una fuerte oposición en Aragón. El rigor de su tribunal, puesto de manifiesto en las *Instrucciones de la Santa Inquisición* (1484), escritas por el propio Torquemada, alcanzó una temible notoriedad. A lo largo de su ejercicio al frente de la Inquisición fueron condenadas a muerte más de 2 000 personas y su nombre se convirtió en sinónimo de los peores excesos de la intolerancia religiosa que por entonces empezaba a adueñarse de los reinos de la Corona española.

TORRENTE BALLESTER, GONZALO *(El Ferrol, España, 1910-Salamanca, 1999) Escritor español.* Estudió en la Universidad de Santiago de Compostela, y fue profesor de filología española en este mismo centro entre 1936 y 1942. Impartió luego clases en la Universidad de Albany (Nueva York), y a su regreso a España continuó su labor docente en institutos públicos, función que desempeñó hasta su jubilación en 1980. Fue crítico teatral del diario *Arriba* y de Radio Nacional de España. Entre sus trabajos de crítica literaria destacan: *Siete ensayos en una farsa* (1942), *Literatura española contemporánea: 1898-1936* (1949), *Teatro español contemporáneo* (1957) y *El Quijote como juego* (1975). Inició su amplia producción narrativa con *Javier Mariño* (1943) y *El golpe de Estado de Guadalupe Limón* (1946), aunque su obra más conocida es la trilogía *Los gozos y las sombras* (1957-1962), de ambiente rural galaico. Premio Nacional de Literatura en 1981 y Príncipe de Asturias de las Letras en 1982, ingresó en la Real Academia Española en 1975.

TORRES BODET, JAIME *(Ciudad de México, 1902-id., 1974) Escritor mexicano.* Cursó estudios en las escuelas Normal, Nacional Preparatoria y de Jurisprudencia. Mas tarde ingresó en la Universidad Nacional como secretario personal del rector José Vasconcelos. Realizó una brillante carrera en el servicio público mexicano, desempeñando diversos cargos. Fue secretario de Educación Pública en dos ocasiones (1943-1946, 1959-1964), y en 1948 fue elegido director general de la Organización de las Naciones Unidas para la Educación, la Ciencia y la Cultura (Unesco). También fue secretario de Relaciones Exteriores y representó a México en diversos foros internacionales. Desde muy joven cultivó la poesía y fue uno de los miembros destacados del grupo Contemporáneos, surgido en la década de 1930. Publicó numerosos libros de poesía: *Cripta* (1937), *Sonetos* (1949), *Fronteras* (1954) y *Sin tregua* (1957). Como prosista escribió varios ensayos de crítica literaria.

TORRES GARCÍA, JOAQUÍN *(Montevideo, 1874-id., 1949) Pintor y teórico del arte uruguayo.* Se trasladó con su familia a Barcelona (España) en 1891 y se formó en esta ciudad, donde desarrolló un estilo pictórico integrado en la corriente general del *noucentisme*, al que

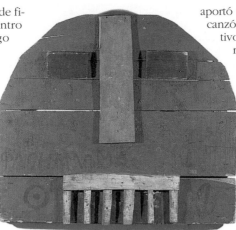

▲ Pachamama, *óleo sobre madera del pintor uruguayo Joaquín* **Torres García**.

▼ *El físico italiano Evangelista* **Torricelli** *en su laboratorio, realizando los experimentos que llevaron a la invención del barómetro.*

aportó un particular mediterraneísmo. Alcanzó con rapidez un gran prestigio, motivo por el cual se le encargó la decoración al fresco del Salón de Sant Jordi de la Generalitat de Catalunya. Éste y otros encargos los realizó de modo simultáneo con la elaboración de sus primeras obras teóricas, como *Notas sobre el arte*. Después de una estancia en Estados Unidos en 1920-1922 y otra en París en 1926-1934, regresó a Uruguay y dio a conocer sus teorías pictóricas, que concentró en un movimiento al que denominó «universalismo constructivo». Fundó entonces el Taller Torres García, desde el cual su prédica se convirtió en escuela, que influyó sobre la totalidad de la creación pictórica de la segunda mitad del siglo XX en Uruguay.

TORRES QUEVEDO, LEONARDO *(Santa Cruz, España, 1852-Madrid, 1936) Ingeniero y matemático español.* Se licenció en ingeniería de caminos y con el tiempo llegó a ser presidente de honor vitalicio de la Academia de Ciencias de Madrid. Auténtico precursor del cálculo automático, ideó una calculadora electromecánica capaz de resolver cualquier ecuación algebraica y que obtenía los módulos y argumentos de sus raíces imaginarias. Construyó también un autómata, el «Ajedrecista», capaz de tratar con rigor numerosas situaciones del juego de ajedrez. Fue uno de los primeros científicos en usar las ondas hercianas para dirigir maniobras a distancia. Diseñó un dirigible que reunía las propiedades de los más rígidos y las de los más flexibles, e instaló junto a las cataratas del Niágara un transbordador funicular aéreo, de una longitud de 580 m.

TORRICELLI, EVANGELISTA *(Faenza, actual Italia, 1608-Florencia, 1647) Físico y matemático italiano.* Se le atribuye la invención del barómetro. Así mismo, sus aportaciones a la geometría fueron determinantes en el desarrollo del cálculo integral. Su tratado sobre mecánica *De motu* (*Acerca del movimiento*), logró impresionar a Galileo, en quien el propio Torricelli se había inspirado a la hora de redactar la obra. En 1641 recibió una invitación para actuar como asistente de un ya anciano Galileo en Florencia, durante los que fueron los tres últimos meses de vida del célebre astrónomo de Pisa. A la muerte de aquél, Torricelli fue nombrado profesor de matemáticas de la Academia Florentina. Dos años más tarde, atendiendo una antigua sugerencia de Galileo, llenó con mercurio un tubo de vidrio de 1,2 m de longitud, y lo invirtió sobre un plato; comprobó entonces que el mercurio no fluía, y observó que en el espacio existente por encima del metal líquido se creaba el vacío. Tras muchas observaciones, concluyó que las variaciones en la altura de la columna de mercurio se deben a cambios en la presión atmosférica. Nunca llegó a publicar estas conclusiones, dado que se entregó de lleno al estudio de la matemática pura, incluyendo en su labor cálculos sobre la cicloide y otras figuras geométricas complejas. En su título *Opera geometrica*, publicado en 1644, expuso también sus hallazgos sobre fenómenos de mecánica de fluidos y sobre el movimiento de proyectiles.

TORRIJOS, OMAR *(Santiago de Veraguas, Panamá, 1929-en un accidente aéreo, 1981) Militar y político panameño.* Siendo comandante de la Guardia Nacional, derrocó mediante un golpe de Estado a Arnulfo Arias y colaboró con la junta militar presidida por José Mª Pinilla. Tras serle concedidos poderes extraordinarios por parte de la Asamblea Constituyente de 1972, se convirtió en jefe de gobierno y en líder supremo de la Revolución Panameña. Su gestión se caracterizó por el gobierno por decreto y el encarcelamiento o exilio de sus adversarios políticos, todo ello aderezado con un cierto populismo de raíz nacionalista. En 1972 renegoció el tratado del Canal de Panamá con Estados Unidos y logró la restitución paulatina de la soberanía de la zona del Canal, proceso que se completó en 1999, según lo previsto. En 1978, tuvo que declinar la jefatura del Estado, pero conservó la jefatura de la Guardia Nacional, con lo que se reservó, *de facto*, una influencia política que sería decisiva hasta su muerte en accidente de aviación.

TOSCANINI, ARTURO *(Parma, Italia, 1867-Nueva York, 1957) Director de orquesta italiano.* Inició su carrera musical como violoncelista, pero demostró grandes dotes para la dirección que le granjearon un

▲ *Arturo* **Toscanini** *dirige la orquesta. Toscanini culminó su carrera con la dirección de la Orquesta Sinfónica de Nueva York, lo cual se produjo a raíz de su exilio a Estados Unidos durante el régimen fascista de Mussolini.*

HENRI-MARIE-RAYMOND DE TOULOUSE-LAUTREC

OBRAS MAESTRAS

EN EL MOULIN ROUGE (1892, Art Institute, Chicago); *JANE AVRIL BAILANDO* (h. 1892, Musée d'Orsay, París); *EN EL SALÓN DE LA RUE DES MOULINS* (1894, Museo de Albi); *MUJER QUITÁNDOSE LAS MEDIAS* (h. 1894, Musée d'Orsay, París); *DANZA MORUNA* (1895, Musée d'Orsay, París); *BAILE EN EL MOULIN ROUGE* (1895, Musée d'Orsay, París); *LA PAYASA CHA-U-KAO* (1895, Musée d'Orsay, París); *LA TOILETTE* (1896, Musée d'Orsay, París); *EN EL CIRCO FERNANDO* (Art Institute, Chicago).

inmediato prestigio. Entre los años 1898 y 1903 fue director de la Scala de Milán, donde dio a conocer nuevas partituras de los repertorios alemán y francés, además de dedicar especial atención al repertorio sinfónico, algo olvidado hasta entonces. Durante los tres años siguientes emprendió una gira de conciertos por toda Italia y luego actuó en Buenos Aires, para regresar a la Scala dos temporadas más, antes de trasladarse a Nueva York para dirigir el Metropolitan Opera (1908). Allí siguió apostando, además del repertorio acostumbrado, por las obras líricas de su tiempo, y fueron muchas las óperas que interpretó por vez primera en Estados Unidos, entre ellas *La fanciulla del West* (1910) o *Boris Godunov* (1913). Regresó en 1915 a Italia y reanudó sus funciones como director en la Scala (1920), donde le fueron concedidos poderes nunca otorgados hasta entonces, gracias a lo cual pudo incrementar la orquesta hasta cien intérpretes y formar un coro con 120 voces. En 1929 realizó una gira triunfal por Viena, Berlín y Bayreuth, pero ese mismo año se agravaron sus problemas con el régimen fascista, lo que le llevó a dimitir de su cargo y trasladarse, sin renunciar nunca a la ciudadanía italiana, de nuevo a Estados Unidos. Fue nombrado director de la Orquesta Sinfónica de Nueva York, formación con la que realizó numerosas giras, incluso durante los años de la guerra, con excepción de los países germánicos e Italia. Desde Nueva York, centro de sus últimos veinticinco años de carrera artística, viajó a Europa y América del Sur, y en todas partes fue aclamado como uno de los más grandes directores de su tiempo.

TOULOUSE-LAUTREC, HENRI-MARIE-RAYMOND DE *(Albi, Francia, 1864-Malromé, id., 1901) Pintor, dibujante y cartelista francés.* Toulouse-Lautrec es una de las figuras más originales del arte del siglo XIX. Nació en el seno de una familia aristocrática y tuvo una infancia y una adolescencia felices, dedicadas en buena medida a la práctica del deporte. En la actividad lúdica sufrió dos caídas graves que le atrofiaron los miembros inferiores y le impidieron alcanzar una estatura normal. Medía aproximadamente metro y medio de estatura y tenía una cabeza desproporcionadamente grande, lo cual le daba un aspecto deforme.

Pero llevó su condición física con estoicismo y su deformidad no le impidió relacionarse y mantener una vida social normal. Comenzó a dibujar en la infancia y posteriormente se formó en academias como la de Bonnat y Cormon. En 1885 abrió un taller en Montmartre y desde entonces se dedicó a la creación pictórica, integrándose plenamente en el ambiente artístico parisino que en aquella época buscaba por diversos medios la superación del impresionismo. Se relacionó, entre otros creadores, con Van Gogh, P. Bonnard y P. Gauguin, y de este último tomó algunos rasgos estilísticos, como el uso de los contornos pronunciados. Pero las obras que más influyeron en su peculiar estilo fueron las de Degas y las estampas japonesas *ukiyo-e*. Hombre muy responsable de su trabajo, acudía puntualmente al taller o al estudio todas las mañanas, lo cual no le impidió llevar una vida disoluta, en el ambiente bohemio de Montmartre, donde frecuentó cafés cantantes, teatros, prostíbulos y salas de baile. Estos ambientes constituyen, de hecho, lo más peculiar de su creación artística, en la que bailarinas de cancán y personajes de circo son los protagonistas más entrañables. Además de cuadros llenos de vivacidad y movimiento, realizó innumerables apuntes y dibujos rápidos, así como unos treinta carteles publicitarios de cabarés y productos comerciales. Para los carteles, Toulouse-Lautrec creó un tipo de figura estilizada y adoptó unas tonalidades

▲ *Óleo sobre lienzo de* **Toulouse-Lautrec** *que lleva el título de* En el salón de la rue des Moulins. *Este cuadro refleja el ambiente de los burdeles elegantes de París, que inspiraron otras muchas obras del pintor.*

▶ Magdalena penitente, *óleo de Georges de la* **Tour**, *pintor cuyo estilo se encuentra más próximo al de Caravaggio y los pintores holandeses que al del arte practicado en el s. XVII en las academias de París.*

que ejercieron una influencia profunda y duradera en posteriores realizaciones de este tipo. Murió prematuramente, a los treinta y seis años, y las creaciones de su última época, tras una grave crisis de salud, están imbuidas de tintes sombríos.

TOUR, GEORGES DE LA *(Vic-sur-Seille, Francia, 1593-Lunéville, id., 1652) Pintor francés.* A partir de 1616 trabajó para el duque de Lorena y en 1620 se estableció en Lunéville, la ciudad más frecuentada por la corte ducal. Se especula con un viaje a Italia anterior al inicio de su carrera documentada, en razón de las evidentes similitudes entre su estilo y el de Caravaggio, de quien es uno de los seguidores más inspirados. Realizó una carrera triunfal, debido al éxito de sus obras en la corte de Lorena, pese a lo cual la documentación sobre sus cuadros es muy escasa. Sólo tres de ellos están fechados: el *Pago de las deudas, San Pedro penitente* y las *Negaciones de san Pedro*; en cuanto a los restantes, se atribuyen a la primera época los correspondientes a escenas de género, en particular músicos y jugadores de cartas, mientras que se consideran del final de su vida los Nocturnos, que son, por otra parte, los que mejor caracterizan su estilo. En este último período, se especializó en el uso de una vela como única fuente de luz, lo cual le permitió crear intensos efectos de claroscuro y establecer una singular combinación entre realismo anatómico en la representación de las figuras y ambiente misterioso e irreal derivado de la iluminación; constituye un magnífico ejemplo de ello, entre otros, *San*

▲ *Retrato al carboncillo de* **Toussaint Louverture**, *político que encabezó la revolución contra el despotismo napoleónico en Haití, en cuyo empeño resultó vencido.*

▼ *Relieve de la columna trajana en la que aparece el emperador* **Trajano** *en conversación con uno de sus generales. Con Trajano, nombrado emperador en el 98 d.C., el Imperio Romano logró su máxima expansión territorial.*

José carpintero. Una obra característica de su primera época es el *Zanfonista*, muy distinta estilísticamente de la anterior tanto por la iluminación como por el tratamiento de la figura, más cercana al espectador. Georges de la Tour murió durante la epidemia de peste de 1652 y ha pasado a la historia como uno de los grandes representantes del clasicismo francés, pese a lo cual su obra permaneció en el olvido durante varios siglos. Tuvo un hijo, Étienne, que también fue pintor.

TOUSSAINT-LOUVERTURE [François Dominique Toussaint] *(Santo Domingo, actual República Dominicana, 1743-fuerte de Joux, cerca de Pontarlier, Francia, 1803) Político y militar haitiano*. Su verdadero nombre era Toussaint de Breda. De raza negra y autodidacto, era esclavo en la plantación de Breda, cuando en 1791 se unió a la rebelión de esclavos capitaneada por Bukman en la parte francesa de La Española. Al morir el jefe rebelde, se convirtió en uno de los caudillos del movimiento insurgente. Dos años más tarde, aprovechó el conflicto entre Francia y España para pasar al sector hispano de la isla, donde reclutó y mandó un ejército con el que combatió a los franceses. En esta época empezó a ser conocido como Louverture, al parecer por su capacidad negociadora. En 1794, a raíz de que Francia aboliera la esclavitud, regresó a la zona francesa de la isla. Al año siguiente, a tenor de los términos del tratado de Basilea que ponía fin al conflicto franco-español, pasó a dominio francés toda La Española. El cambio radical que se había producido y el ascendiente que Louverture tenía sobre la población negra contribuyeron a su nombramiento de general, primero, y comandante militar de las tropas haitianas, después. Organizó la isla como un estado semiautónomo, con una Constitución (1801), redujo los focos rebeldes de mulatos y colonos franceses y rechazó el intento de invasión británica de 1798. Proclamado gobernador vitalicio de la isla, aplicó un sistema de producción que, si bien propició la reactivación económica, provocó un descontento generalizado que dio paso a diversas insurrecciones que fueron brutalmente reprimidas. Para restablecer el orden y estabilizar el dominio francés en la isla, Napoleón envió en 1802 al general Leclerc. Éste sometió a Louverture y le asignó un espléndido retiro, pero al poco tiempo lo apresó y envió a Francia, donde al año siguiente murió en prisión a causa de una enfermedad y la falta de asistencia médica.

TOWNES, CHARLES HARD *(Greenville, EE UU, 1915) Físico estadounidense*. Como investigador en el laboratorio de la Bell Telephone Company (1939-1947), perfeccionó los métodos de bombardeo asistidos por radar. Ejerció como profesor en la Universidad de Columbia (1948-1961), fue director y profesor del Instituto Tecnológico de Massachusetts (1961) y, desde 1967, profesor de física de la Universidad de Berkeley. Su labor destaca sobre todo por la invención del amplificador de microondas, conocido como *máser*, y por los vanguardistas estudios, desarrollados en colaboración con A. L. Schawlow, acerca del *máser* óptico o *láser*. Por haber contribuido a la creación de los mencionados dispositivos obtuvo, en 1964, el Premio Nobel de Física, conjuntamente con N. G. Basov y A. Projorov. Posteriormente, Townes centró su atención en la astrofísica.

TRAJANO [Marco Ulpio Trajano] *(Itálica, hoy desaparecida, actual España, 53-Selinonte, hoy desaparecida, Sicilia, 117) Emperador romano*. Miembro de una familia de la pujante aristocracia de la Bética, desarrolló una brillante carrera militar a lo largo de los reinados de Domiciano y Nerva. En el año 97, Nerva lo adoptó y lo asoció a la sucesión imperial, con lo que se inició una costumbre que se mantendría durante la época de los Antoninos, por la cual, el emperador designaba un sucesor, a quien adoptaba, entre los aspirantes más cualificados. La figura de Trajano fue considerada por la historiografía romana como la del *Optimus Princeps*, y su actitud de respeto por el Senado y por la tradición, así como su eficaz

gestión de gobierno, le valieron la admiración de sus contemporáneos. Mejoró la Administración imperial, realizó numerosas obras públicas y, consciente del declinar demográfico del imperio, instauró diversas iniciativas tendentes a paliar sus efectos, protegiendo a las familias numerosas y a los huérfanos. Sin embargo, es recordado, sobre todo, por sus campañas militares, que llevaron las fronteras del Imperio Romano hasta su punto de máxima expansión. Tras dos intensas campañas, la primera entre el 101 y el 102 y la segunda entre el 105 y el 107, las legiones consiguieron quebrar la resistencia del reino dacio del rey Decébalo. Ocupada Dacia, que fue repoblada por colonos, Trajano llevó a cabo una importante reorganización del *limes* antes de pasar a la ofensiva contra el enemigo tradicional de Roma en Oriente, los partos. En el 113, un nutridísimo ejército romano inició el ataque, que lo llevaría a ocupar toda la Mesopotamia y conquistar ciudades como Babilonia y Ctesifonte, para llevar las armas de Roma hasta el golfo Pérsico. Estos límites territoriales resultaron más difíciles de conservar que de conquistar, hasta el punto de que una rebelión judía y el continuo hostigamiento por parte de los partos de Cosroes obligaron a Trajano a evacuar el sur de Mesopotamia. Enfermo, el emperador murió durante su regreso a Roma.

TROMP, MAARTEN HARPERTSZOON *(Breille, Países Bajos, 1598-Ter Heide, id., 1653) Almirante holandés.* Fue uno de los principales líderes militares holandeses durante la guerra de los Treinta Años. Su destacada actuación permitió a las Provincias Unidas mantener la hegemonía naval en las aguas del Mar del Norte y el canal de la Mancha frente a los españoles, gracias a lo cual pudieron imponer el aislamiento de Flandes por vía marítima. A principios de 1639, logró un importante triunfo naval frente a la flota española en Gravelinas, victoria que completó en octubre de ese mismo año, en la batalla de las Dunas, en la cual aniquiló la escuadra de Oquendo. En 1652, durante la guerra contra Inglaterra, volvió a tener un papel muy destacado al derrotar al almirante Blake en Dungeness. Tal era su importancia que tras su derrota y muerte, en el combate naval contra Monk en Ter Heide, la República se vio forzada a pedir la paz.

TROTSKI, LEV DAVÍDOVICH [Lev Davídovich Bronstein] *(Yánovka, actual Ucrania, 1879-Coyoacán, México, 1940) Político soviético.* Su padre, David Bronstein, era un campesino judío acomodado, y su madre, Anna,

▲ *Fotografía de Lev Davídovich* **Trotski**, *uno de los líderes de la Revolución Rusa. Junto a Rosa Luxemburg encarna los valores revolucionarios más puros, contrario a la burocratización del sistema soviético y a las purgas que implantó Stalin.*

▼ *Pierre* **Trudeau**, *primer ministro de Canadá durante trece años. Fue un crítico acérrimo del movimiento independentista de Quebec.*

procedía de una familia de clase media y había recibido una esmerada educación. A los ocho años de edad fue enviado a Odessa, donde permaneció hasta los dieciséis. Allí cursó estudios primarios y se alojó en casa de un pariente de su madre, un intelectual de tendencias liberales que le inculcó sus primeras ideas políticas. En 1896 se trasladó a Nikolaiev para proseguir su educación, y entró en contacto con los círculos marxistas y las organizaciones de obreros. Detenido a raíz de esta primera actividad política en 1898 y deportado a Siberia, logró fugarse en 1902. Recaló en Londres, ciudad donde coincidió con Lenin, y participó en los congresos de Bruselas (1902) y Londres (1903), en los que defendió las tesis mencheviques. Tras sendos congresos, sin embargo, abandonó a los mencheviques, aunque no se unió inmediatamente a los bolcheviques. Regresó a Rusia poco antes de la Revolución de 1905, en la cual participó, por lo que fue detenido de nuevo (1906) y deportado a Siberia (1907), de donde también consiguió escapar. Se trasladó a Viena, luego a Suiza y finalmente a Francia, país del que fue expulsado. Realizó un viaje a Nueva York, donde coincidió con el teórico bolchevique Nikolái Bujarin. Tras su regreso a Rusia, en mayo de 1917, se le aceptó formalmente en el Partido Bolchevique, y más adelante fue elegido miembro de su Comité Central. En noviembre del mismo año fue nombrado comisario de Asuntos Exteriores, cargo desde el cual discrepó con Lenin, quien a su vez había negociado en secreto con Alemania un tratado de paz. Firmado éste, dimitió, y pasó a dirigir el Consejo Militar Revolucionario, desde el cual creó el Ejército Rojo y dirigió la victoria comunista en la guerra civil. Finalizada esta contienda en 1920, centró su atención en los aspectos económicos de la revolución, materia en la cual defendió un aligeramiento de la centralización (comunismo de guerra) y la planificación de la NEP (Nueva Política Económica). Ello le granjeó la enemistad de Stalin, quien en 1925 lo destituyó de todos sus cargos y lo expulsó del Politburó. Obligado a exiliarse, emigró a Francia (1933-1935), a Noruega (1935-1936) y finalmente a México (1936-1940), donde fue asesinado por el español Ramón Mercader, un agente de Stalin.

TRUDEAU, PIERRE ELLIOT *(Montreal, 1919) Político canadiense.* Procedente de una familia de origen francés, cursó estudios de derecho y se licenció en 1943. Tras ejercitar la abogacía en un bufete y ocupar una plaza de profesor universitario, fue diputado (1965) y, poco después, ministro de Justicia y fiscal general. En abril de 1968 fue elegido secretario general del Partido Liberal y, al mes siguiente, primer ministro. Durante el ejercicio de dicho cargo, que desempeñó hasta 1984 (con un breve paréntesis entre 1979 y 1980), estableció relaciones diplomáticas con China (1970), mejoró las relaciones y los vínculos económicos con Francia, consiguió independizar el sistema político de Canadá del Parlamento británico (1982) y luchó contra el movimiento independentista de Quebec. En febrero de 1984 abandonó la secretaría general del Partido Liberal, aunque mantuvo su cargo hasta que la convención de junio de aquel mismo año nombró a John Turner como su sucesor.

TRUFFAUT, FRANÇOIS *(París, 1932-Neuilly-sur-Seine, Francia, 1984) Director de cine, actor y guionista francés.* Gran parte de su filmografía está marcada por una infancia y una adolescencia difíciles, que reflejó fielmente en su primer largometraje, *Los cuatrocientos golpes* (1959), en el que su joven protagonista, Antoine Doinel, se convierte en el álter ego del realizador. Sin embargo, a diferencia de aquél, Truffaut conseguiría librarse del reformatorio al que parecía predestinado. Bajo la protección del influyente teórico y crítico de cine André Bazin, se inició en el medio a través de la crítica en prestigiosas publicaciones especializadas como *Cahiers du Cinéma* y *Arts*. Uno de sus más combativos artículos, «Una cierta tendencia del cine francés» (1954), levantó una gran polémica por lo que significaba de crítica hacia el estamento cinematográfico de su país. A raíz de él, se planteó el salto a la dirección cinematográfica con el propósito de abrir una nueva vía de expresión, más realista y libre de los defectos y concesiones que él denunciaba, como el culto a las estrellas. La citada *Los cuatrocientos golpes* supuso no sólo su debut detrás de la cámara en un largometraje, sino también uno de los primeros ejemplos acabados de la llamada *nouvelle vague*. A este filme le siguieron, entre otros, *Jules et Jim* (1961), *La novia vestía de negro* (1967), *El pequeño salvaje* (1970), *El amante del amor* (1977) y la serie de películas autobiográficas protagonizadas por su mencionado alter ego Doinel, encarnado por Jean-Pierre Léaud: *El amor a los veinte años* (1962), *Besos robados* (1968), *La noche americana* (1973), etc. La gran mayoría de estos títulos fueron producidos por el mismo Truffaut, quien también colaboraba en la redacción de los guiones y como actor. En esta última

▲ *Uno de los grandes directores de cine francés, François* **Truffaut** *formó parte, con Godard, Rohmer, Resnais y Malle, de la llamada* nouvelle vague *en los años sesenta.*

▼ *Harry S.* **Truman**, *que sucedió a Franklin D. Roosevelt en 1945, reemplazó la política de apaciguamiento preconizada por su antecesor por una política de contención vinculada a las exigencias de la guerra fría.*

faceta es destacable su intervención en el filme de Steven Spielberg *Encuentros en la tercera fase*. Es autor, así mismo, del excelente libro de entrevistas a Alfred Hitchcock *El cine según Hitchcock*.

TRUJILLO, RAFAEL LEÓNIDAS *(San Cristóbal, República Dominicana, 1891-Santo Domingo, 1961) Político dominicano.* Entró en la Guardia Nacional dominicana en los años en que el país se hallaba bajo la ocupación de Estados Unidos y fue ascendiendo hasta alcanzar el grado de comandante en jefe del cuerpo (1925). En 1930 se hizo con el gobierno de su país cuando apoyó el golpe de Estado que depuso al presidente Horacio Vázquez, movimiento en el que tomó parte activa. Aportó estabilidad económica al país a costa de suprimir cualquier atisbo de oposición política. Para ello contó con el apoyo de Estados Unidos, que pudo garantizar así sus intereses en la zona. Esta alianza lo distanció poco a poco de la Organización de Estados Americanos (OEA). Durante tres décadas fue el árbitro de la política dominicana, bien directamente o a través de colaboradores o familiares, auténticos hombres de paja a su servicio. En mayo de 1961 murió asesinado en un atentado.

TRUMAN, HARRY SPENCER *(Lamar, EE UU, 1884-Kansas City, id., 1972) Político estadounidense.* Hijo de un granjero, abandonó los estudios a los diecisiete años. Tras participar, con el grado de capitán, en la Primera Guerra Mundial, fue elegido juez del condado de Jackson. En 1935 se convirtió en senador demócrata por Missouri, y en los años siguientes, participó en varias comisiones especiales del Senado y colaboró con Franklin D. Roosevelt, quien en 1944 lo nombró candidato a la vicepresidencia.

A la muerte de aquél, 82 días después de jurar el cargo, se convirtió en presidente. Entre sus primeras decisiones figuró la orden de lanzar sendas bombas atómicas sobre Hiroshima y Nagasaki, lo que llevó a la inmediata rendición de Japón. Reelegido en 1948, durante su segundo mandato incrementó su política de oposición a la URSS, estableció el Plan Marshall para la reconstrucción europea e inició las negociaciones para la creación de la OTAN. Así mismo, ordenó el ataque a Corea del Norte (que había invadido Corea del Sur), lo que originó la guerra de Corea, y fundó la Agencia Central de Inteligencia (CIA).

TSUNG DAO LEE → Yang Cheng Ning.

TUCÍDIDES *(Atenas, 460 a.C-?, 395 a.C.) Historiador griego.* Su padre era un propietario de minas y su madre pertenecía a la nobleza tracia, por lo que recibió una esmerada educación. En el 430 a.C. enfermó durante una epidemia, pero logró sobrevivir milagrosamente. En el 424 a.C. fue nombrado estratega en Atenas y se le confió el mando de una flota encargada de romper el asedio de Anfípolis, pero fracasó en el intento y la ciudad cayó en manos enemigas, por lo que fue condenado al exilio. A partir de entonces dedicó su tiempo a la redacción de la *Historia de la guerra del Peloponeso*, una obra fundamental en la historiografía antigua, que le ha valido ser considerado como uno de los más grandes historiadores, pues, a diferencia de otros de su tiempo, basa su narración en los acontecimientos, sin hacer intervenir en ella a los dioses; todo cuanto ocurre se debe a los actos de los hombres. No sólo eso: en su *Historia*, analiza los hechos buscando sus razones profundas, intenta ir más allá de lo anecdótico para penetrar en las motivaciones de los políticos, sus ambiciones y temores. Para ello, introduce a veces discursos ficticios para exponer las motivaciones de los personajes históricos. La guerra del Peloponeso se presenta como una confrontación entre dos Ligas de ciudades, una capitaneada por Atenas y la otra por Esparta, provocada por el creciente temor de los espartanos ante el imperialismo ateniense, así como ante su poder económico. En cierto modo se trata de una *Historia* centrada en los griegos, en la que, a diferencia de Herodoto, Tucídides no recurre a factores extraños al mundo heleno.

▲ *Busto de* **Tucídides***, uno de los historiadores más lúcidos y precisos de la Grecia antigua. Gracias a él sabemos cómo pensaron y hablaron los grandes políticos de su tiempo.*

▼ **Túpac Amaru** *pintado por M. Casahuaringa. La sublevación contra los españoles iniciada por Túpac Amaru en 1780 no tardó en generalizarse, hasta sacudir los cimientos del orden colonial.*

TÚPAC AMARU I *(?-Cusco, actual Perú, 1571) Soberano inca.* Hijo de Manco Inca, debía suceder a Sayri Túpac en el trono de Vilcabamba, pero le fue arrebatado por su hermano menor, Titu Cusi Yupanqui (Túpac Huallpa), quien pretextó la falta de energía y decisión del heredero legítimo para mantener el reducto de Vilcabamba. Tras la muerte de sus hermanos Huáscar, en 1532, y Atahualpa al año siguiente, Huallpa fue designado monarca por Francisco Pizarro, quien partió con él y con el general quechua Calcuchima hacia el Cusco. Túpac Amaru fue ordenado sacerdote, y ésa era la labor que desempeñaba cuando en 1571, tras la prematura muerte de su hermano, recayó en él la dirección del imperio. Vilcabamba se convirtió en un permanente foco rebelde, que el Consejo de Indias ordenó reprimir sin contemplaciones. Túpac Amaru acaudilló la resistencia indígena, pero el virrey Francisco de Toledo, a quien correspondió sentar los cimientos de Perú y su virreinato, envió un regimiento al mando de Martín de Hurtado de Arbieto para apoderarse del reducto. El inca, que había rechazado las amenazas de Toledo para que abandonase Vilcabamba, se enfrentó a las fuerzas del virrey, pero en junio de 1571 fue derrotado y apresado junto con sus principales subordinados. Prisionero el inca, eje en torno al cual se organizaba la sociedad y del que dependían la vida y la muerte de todos, los indígenas se sentían huérfanos, nadie sabía actuar por sí mismo y se dejaban aniquilar. La imposibilidad de tomar iniciativas individuales y de actuar con independencia fue la gran carencia de los incas frente a los conquistadores. Tres meses más tarde tuvo lugar el juicio del soberano, quien fue condenado a muerte y ejecutado públicamente. Con su muerte concluyó la dinastía de los soberanos incas.

TÚPAC AMARU [José Gabriel Condorcanqui] *(Tungasuca, actual Perú, 1741-Cusco, id., 1781) Caudillo indígena peruano.* Hijo del cacique Miguel Condorcanqui y de una princesa inca descendiente de Túpac Amaru I, sucedió a su padre como curaca de Tungasuca, Surimana y Pammarca. Durante su infancia y su adolescencia recibió una esmerada educación en el colegio jesuita de San Francisco de Borja de Cusco, junto a otros hijos de caciques. En 1776, a los treinta y cinco años de edad, viajó a Lima en representación de los caciques de Tinta, para denunciar los abusos de los encomenderos e interceder por los indígenas sometidos a la mita y explotados en los obrajes, las minas y el reparto de mercancías. Fracasada su misión, regresó a Tungasuca en 1778 y dos años más tarde encabezó una rebelión que se propagó por todo el virreinato y cuyo desencadenante fue el encarcelamiento y la posterior ejecución del corregidor Arriaga por orden de Condorcanqui, ante los abusos del funcionario. El caudillo indígena adoptó entonces el nombre de Túpac Amaru, se lanzó contra las poblaciones del Alto y el Bajo Perú y degolló a cuantos blancos encontró a su paso. Venció a las milicias de los corregidores Quispicauchi, Lampa, Chucuito, Asangaro, Puno y Carabaya, e incluso acabó con un ejército español en Snagarará. Aunque en disposición de atacar Cusco, regresó a Tungasuca, donde confirmó su condición de soberano inca y trató de negociar la rendición de aquélla. La negativa de las autoridades españolas desembocó en la reanudación de las hostilidades. Los rebeldes fueron derrotados el 6 de abril de 1781, durante una operación nocturna en Tinta. Túpac Amaru intentó huir, pero, traicionado por el mestizo Francisco Santa Cruz, fue capturado en compañía de su esposa y de varios familiares, que murieron asesinados en su presencia antes de que él mismo fuera descuartizado, el 18 de mayo de 1781.

TÚPAC INCA YUPANQUI (muerto en Chinchero, 1493) Soberano inca (1471-1493). Hijo del prestigioso soberano Pachacuti, a los quince años fue nombrado heredero del trono. Ya en tiempos de su padre sobresalió como uno de los más grandes generales de su pueblo, al realizar una serie de conquistas que llevaron al Imperio Incaico a su punto culminante: se apoderó de Chachapoyas, así como de Mayobamba, llevó sus armas hasta el reino chimú y llegó a impulsar diversas expediciones navales. En cambio, sus expediciones a las regiones selváticas del río Tono no tuvieron tanto éxito, y fueron abandonadas ante la revuelta de los colla y los lupaca, en la cuenca del Titicaca. Una vez sofocada la rebelión, Túpac Inca Yupanqui marchó hacia el sur, llegó hasta Tucumán y, a continuación, consolidó sus posesiones en la costa. Cuando su padre abdicó en su favor, en 1471, se caracterizó por la voluntad de asentar la estructura imperial creada

▲ **Túpac Inca Yupanqui,** uno de los grandes reyes incas, máximo artífice de la expansión territorial y cultural del Imperio inca.

▼ Iván Sergueievich **Turgueniev** retratado por V. Serov. Turgueniev es uno de los grandes narradores que ha dado la literatura rusa. Su obra maestra es la novela corta Padres e hijos.

por Pachacuti y llevó a cabo la ampliación de la fortaleza de Sacsahuamán. A su muerte le sucedió su hijo Huayna Cápac.

TURGOT, ANNE-ROBERT JACQUES (París, 1727-id., 1781) Economista y político francés. Nacido en el seno de una familia de notable experiencia política, abandonó la carrera eclesiástica poco antes de su ordenación. Trabó amistad con Condorcet, Pont de Nemours, Gournay y otros intelectuales cercanos a la escuela fisiócrata de pensamiento económico. Tras finalizar sus estudios de derecho, inició una exitosa carrera en la Administración que, en 1761, le permitió acceder al cargo de intendente de la región de Limoges, donde exhibió unas extraordinarias dotes administrativas; impulsó un catastro de la zona y eliminó instrumentos impositivos desfasados, como la corvée. Paralelamente escribió varias obras de teoría económica como Reflexiones sobre la formación y distribución de la riqueza (1766) o Sobre la libertad en el comercio de grano (1770). En 1774, Luis XVI le designó auditor general, y durante los dos años en los que permaneció en el cargo introdujo numerosas reformas, muchas de ellas orientadas a la abolición de los privilegios de los terratenientes, cuyas intrigas provocaron su destitución.

TURGUENIEV, IVÁN SERGUEIEVICH (Oriol, Rusia, 1818-Bougival, Francia, 1883) Escritor ruso. Perteneciente a una familia noble rural, pasó su infancia en la hacienda materna, hasta que se trasladó a Berlín para seguir estudios superiores, momento en que entró en contacto con la filosofía hegeliana. De vuelta a su país, inició su carrera literaria con relatos que se inscriben dentro de la estética posromántica del momento (década de 1830), mientras trabajaba como funcionario público, cargo que abandonó en 1843 por un gran amor, Pauline Viardot, cantante francesa constantemente en gira, con quien mantuvo una apasionada relación. En 1862 escribió Padres e hijos, en la que retoma sus ideas sobre los nuevos hombres progresistas, que él denominó «nihilistas», y con la que le llegó el reproche de los críticos sobre su condición de rentista que alienta de forma prudente, y sólo con la pluma, ideologías reformistas. Turgueniev, dolido, se mantuvo a partir de entonces alejado de las controversias ideologicopolíticas del momento, mientras ya estaba definitivamente instalado fuera de Rusia, a caballo entre Alemania y Francia, y se dedicaba a escribir algunas novelas cortas (*Aguas primaverales*, 1870), relatos y algún drama y poemas en prosa.

TURINA, JOAQUÍN *(Sevilla, 1882-Madrid, 1949) Compositor español.* Se formó en el Conservatorio de Madrid y en la Schola Cantorum de París, donde conoció a Isaac Albéniz, quien ejercería una gran influencia sobre él al mostrarle las posibilidades de la música nacionalista. Las composiciones de Turina están impregnadas de un colorido característico, inconfundiblemente andaluz, evidente en obras como *Sinfonía sevillana* (1920), *Danzas fantásticas* (1926), *La oración del torero* y *Canto a Sevilla*. En su producción sinfónica destacan *La procesión del Rocío* (1913), *Evangelio* (1915), *Danzas sinfónicas* (1920), *Sinfonía sevillana* (1921), *Ritmos* (1928) y *Rapsodia sinfónica* (1931). También ejerció la crítica musical en *El Debate* y en *Dígame*, y publicó una *Enciclopedia abreviada de la música* (1917) y un *Tratado de composición* (1947-1950).

TURING, ALAN MATHISON *(Londres, 1912-Wilmslow, Reino Unido, 1954) Matemático británico.* Pasó sus primeros trece años en la India, donde su padre trabajaba en la Administración colonial. De regreso al Reino Unido, estudió en el King's College y, tras su graduación, se trasladó a la Universidad de Princeton, en Estados Unidos, donde trabajó con el lógico A. Church. En 1937 publicó un célebre artículo en el que definió una máquina calculadora de capacidad infinita (máquina de Turing) que operaba basándose en una serie de instrucciones lógicas, sentando con ello las bases del concepto moderno de algoritmo. Así, Turing describió en términos matemáticos precisos cómo un sistema automático con reglas extremadamente simples podía efectuar toda clase de operaciones matemáticas expresadas en un lenguaje formal determinado. La máquina de Turing era tanto un ejemplo de su teoría de computación como una prueba de que existía la posibilidad de construir un cierto tipo de máquina computadora. La Segunda Guerra Mundial ofreció un insospechado marco de aplicación práctica de sus teorías, al surgir la necesidad de descifrar los mensajes codificados que la marina de guerra alemana empleaba para enviar instrucciones a los submarinos que hostigaban los convoyes de ayuda material enviados desde Estados Unidos; Turing, al mando de una división de la Inteligencia británica, diseñó tanto los procesos como las máquinas

que, capaces de efectuar cálculos combinatorios con mucha mayor rapidez que el ser humano, fueron decisivos en la ruptura final del código. Así mismo definió un método teórico para decidir si una máquina era capaz de pensar como un hombre (test de Turing) y realizó contribuciones a otras ramas de la matemática aplicada, como la aplicación de métodos analíticos y mecánicos al problema biológico de la morfogénesis. En el ámbito personal, su condición de homosexual fue motivo constante de presiones sociales y familiares, hasta el extremo de especularse si su muerte por intoxicación fue accidental o un intento de suicidio logrado.

TURNER, JOSEPH MALLORD WILLIAM *(Londres, 1775-id., 1851) Pintor británico.* Fue un artista precoz, admitido ya a los catorce años como alumno en la Royal Academy, de la que fue nombrado miembro asociado en 1799, a los veinticuatro años, y de la que fue también, más tarde, profesor y vicepresidente. Su prematura inclinación hacia la pintura se concretó desde el primer momento en una vocación de paisajista, hasta el punto de que fue el paisaje el único tema que cultivó, y del cual llegó a ser un maestro indiscutible. A partir de 1792 adoptó la costumbre de realizar apuntes de paisajes y vistas para venderlos a grabadores o convertirlos luego en óleos o acuarelas. Esta línea de actuación, mantenida a lo largo de toda su vida, está en el origen de la gran cantidad de dibujos que dejó a su muerte, amén de los que se incluyeron en obras como *Puertos de Inglaterra* o *Vistas pintorescas de las costas meridionales de Inglaterra*. Aunque su obra

▲ *El compositor y crítico musical español Joaquín* **Turina**.

▼ Ulises burlando a Polifemo, *óleo de Joseph Mallord William* **Turner** *que representa el episodio de la* Odisea *en el cual Ulises consigue escapar del cíclope Polifemo después de cegarle su único ojo.*

fue muy discutida, contó con admiradores y mecenas incondicionales, como el tercer conde de Egremont y Ruskin. Gozó, por ello, de un gran desahogo económico, que le permitió realizar constantes viajes por diversos países (Francia, Suiza, Italia), de los que constituyen un recuerdo memorable, por ejemplo, sus series de vistas de Venecia. Desde sus inicios, sus paisajes son plenamente románticos por el dramatismo de los temas tratados y manifiestan un interés particular por el espacio atmosférico y los efectos luminosos. Estos dos rasgos, los más característicos de su peculiar estilo, se mantuvieron hasta el final de su carrera, aunque en composiciones cada vez más esquemáticas y abstractas en las que el color adquirió un protagonismo absoluto. En sus últimos años vivió una existencia solitaria, con frecuentación casi exclusiva de su amante, Sophia Booth.

TURNER, TED [Robert Edward Turner III] *(Cincinnati, EE UU, 1938) Empresario estadounidense.* Figura destacada dentro del sector audiovisual, ha sido una de las personalidades más polémicas del mundo de los negocios en Estados Unidos durante la segunda mitad del siglo XX. Tras el suicidio de su padre, Turner asumió la dirección de la empresa familiar, y en 1970 compró una estación de televisión en Atlanta. En 1975 fue uno de los primeros en emitir vía satélite. Durante la década de 1980 fundó dos exitosas cadenas de televisión por cable: la CNN, pionera en la emisión de noticias las veinticuatro horas del día, y que alcanzó un gran éxito de espectadores, y la TNT, dedicada sobre todo al cine clásico. Tras endeudarse en exceso en la adquisición de los estudios MGM/UA, en 1996 vendió su empresa al gigante Time Warner.

TUTANKAMÓN *(s. XIV a.C.) Faraón egipcio (h. 1333 a.C.-1323 a.C.) de la XVIII dinastía.* Se convirtió en faraón a una corta edad –ha sido conocido como *el Faraón Niño*– al suceder en el trono a su suegro, Akhenatón (Amenhotep IV). Tutankamón, que antes se llamaba Tutanatón, cambió su nombre dentro del movimiento de restauración del culto al dios Amón propugnado por la jerarquía religiosa y los altos funcionarios que, al parecer, ejercieron gran influencia sobre el joven faraón. Entre otras medidas, Tutankamón accedió a abandonar la capital de su predecesor en Ajetatón (hoy Tell el-

▲ *Fotografía de Ted* **Turner** *con su esposa Jane Fonda. El gran empresario estadounidense fue el fundador de las cadenas de televisión CNN y TNT.*

▼ *Perfil del* **Tutankamón** *(s. XIV a.C.). La tumba de este faraón es la más bien conservada de la historia del Antiguo Egipto. En la imagen aparece representado el símbolo divino de Horus (rey halcón) en la parte frontal y en el flanco izquierdo.*

Amarna) para trasladarla a Tebas, lo que indica una clara voluntad de ruptura con el pasado inmediato marcado por la memoria del «faraón herético». Tras su temprana muerte fue enterrado en el Valle de los Reyes, y su tumba, descubierta en 1922 por Howard Carter y lord Carnarvon, ha sido el único sepulcro de faraón que ha llegado hasta nuestros días indemne, es decir, sin haber sido expoliado por los saqueadores.

TUTMÉS O TUTMOSIS III, llamado *el Grande (?-?, 1450 a.C.) Faraón de la XVIII dinastía (1504-1450 a.C.).* Hijo de Tutmés II, siendo todavía un niño sucedió a su padre, por lo que los primeros años de su reinado transcurrieron bajo la regencia de su tía y madrastra Hatshepsut (1504-1482 a.C.). A la muerte de ésta, destacó como excelente administrador y gran estratega. De acuerdo con la política expansionista esbozada por su abuelo Tutmés I, dominó Asia Menor y extendió su imperio hasta el Éufrates, tras realizar diecisiete campañas victoriosas, en las que conquistó Palestina (1483-1482 a.C.), ocupó la franja litoral de Fenicia (1476 a.C.) y derrotó a una coalición de príncipes sirios (1475 a.C.). El conquistador de Asia no perdió la oportunidad de extender su influencia por las islas del Mediterráneo oriental, y contrató a los cretenses para realizar gran parte de la compra y del transporte de los artículos que constituían el comercio egipcio. Durante los últimos años de su reinado, sometió Nubia y expandió sus dominios hacia el sur hasta el distrito de Karoy, cerca de la cuarta cascada, donde fundó Napata (1458 a.C.). A fin de consolidar su imperio, el monarca egipcio instauró un eficaz sistema administrativo y tributario, cuyos ingresos sirvieron para financiar un amplio programa de contrucciones, del que es buena muestra el templo de Amón en Karnak, donde Tutmés III ordenó grabar el relato de sus gestas. Inhumado en el Valle de los Reyes, al oeste de Tebas, su momia fue descubierta en 1889.

TUTU, DESMOND *(Klerksdorp, actual República Sudafricana, 1931) Eclesiástico y político sudafricano.* Hijo de un maestro de escuela, quiso estudiar medicina, pero las dificultades económicas se lo impidieron. En 1961 fue ordenado sacerdote anglicano y, durante los siguientes años, fue profesor de teología en Johannesburgo. A finales de la década de 1960 se trasladó a Londres, donde cursó estudios en el King's College y, entre 1971 y 1975, trabajó en el Consejo Mundial de las Iglesias. Tras su regreso a Sudáfrica, en 1975, se convirtió en el primer eclesiástico de color en ser nombrado deán de Johannesburgo. En 1978 fue elegido secretario general del Consejo de Iglesias de Sudáfrica, cargo en el que destacó por sus acciones y alegatos a favor de la supresión del apartheid. La notoriedad adquirida gracias a la concesión, en 1994, del Premio Nobel de la Paz, y el proceso aperturista del régimen le permitieron convertirse en el primer obispo de color de Johannesburgo y, en 1996, en el primer arzobispo no blanco de Ciudad del Cabo.

TWAIN, MARK [Samuel Langhorne Clemens] *(Florida, Missouri, EE UU, 1835-Redding, id., 1910) Escritor estadounidense.* Aventurero incansable, encontró en su propia vida la inspiración para sus obras literarias. Creció en Hannibal, pequeño pueblo ribereño del Mississippi. A los doce años quedó huérfano de padre, abandonó los estudios y entró como aprendiz de tipógrafo en una editorial, a la vez que comenzó a escribir sus primeros artículos periodísticos en redacciones de Filadelfia y Saint Louis. Con dieciocho años, decidió abandonar su hogar e iniciar sus viajes en busca de aventuras y, sobre todo, de fortuna. Trabajó como tipógrafo durante un tiempo en su región, para después dirigirse a Nueva Orleans; de camino, se enroló como aprendiz de piloto de un vapor fluvial, profesión que le entusiasmaba y que desempeñó durante un tiempo, hasta que la guerra de Secesión de 1861 interrumpió el tráfico fluvial, y puso fin a su carrera de piloto. Posteriormente, se dirigió hacia el oeste, a las montañas de Nevada, donde trabajó en los primitivos campos de mineros. Su deseo de hacer fortuna lo llevó a buscar oro, sin suerte, por lo que se vio obligado a trabajar como periodista, escribiendo artículos que enseguida cobraron un estilo personal. Su primer éxito literario le llegó en 1865, con el cuento corto *La famosa rana saltarina de Calaveras*, que apareció en un periódico firmado ya con el seudónimo de Mark Twain, expresión técnica de los pilotos fluviales que significa «marca dos sondas». Como periodista, viajó a San Francisco, donde conoció al escritor Bret Harte, quien le animó a proseguir su carrera literaria. Empezó entonces una etapa de continuos viajes, como periodista y conferenciante, que le llevaron a Polinesia y Europa, y cuyas experiencias relató en el libro de via-

MARK TWAIN
OBRAS MAESTRAS

LA FAMOSA RANA SALTARINA DE CALAVERAS (THE CELE-BRATED JUMPING FROG OF CALAVERAS COUNTY, 1865); LOS INOCENTES EN EL EXTRANJERO (INNOCENTS ABROAD, 1869); A LA BREGA (ROUGHING IT, 1872); LA EDAD DORADA (THE GOLDED AGE, 1873); LAS AVENTURAS DE TOM SAWYER (THE ADVENTURES OF TOM SAWYER, 1876); LAS AVENTURAS DE HUCKLEBERRY FINN (THE AD-VENTURES OF HUCKLEBERRY FINN, 1882); VIDA EN EL MISSISSIPPI (LIFE ON THE MISSISSIPPI, 1883); UN YAN-QUI EN LA CORTE DEL REY ARTURO (A CONNECTICUT YAN-KEE IN KING ARTHUR'S COURT, 1889); PUDD'NHEAD WILSON (1894); JUANA DE ARCO (PERSONAL RE-COLLECTIONS OF JOAN OF ARC, 1896); EL FORASTERO MISTERIOSO (THE MYSTERIOUS STRANGER, 1916).

jes *Los inocentes en el extranjero* (1869), al cual siguió *A la brega* (1872), en el que recrea sus aventuras por el Oeste. Tras contraer matrimonio en 1870 con Olivia Langdon, se estableció en Connecticut. Seis años más tarde publicó la primera novela que le daría fama, *Las aventuras de Tom Sawyer*, basada en su infancia a orillas del Mississippi. Antes había escrito una novela en colaboración con C. D. Warner, *La edad dorada* (1873), considerada bastante mediocre. Sin embargo, su talento literario se desplegó plenamente con *Las aventuras de Huckleberry Finn* (1882), obra ambientada también a orillas del Mississipi, aunque no tan autobiográfica como *Tom Sawyer*, y que es, sin duda, su obra maestra, e incluso una de las más destacadas de la literatura estadounidense, por la que ha sido considerado el Dickens de Estados Unidos. Cabe destacar también *Vida en el Mississippi* (1883), obra que, más que una novela, es una espléndida evocación del Sur, no exenta de crítica, a raíz de su trabajo como piloto. Con un estilo popular, lleno de humor, Mark Twain contrapone en estas obras el mundo

▲ *Desmond* **Tutu***, el político sudafricano de mayor popularidad, sólo superado por Nelson Mandela.*

◀▼ *A la izquierda, Mark* **Twain** *pintado por J. M. Flagg. Considerado como uno de los grandes novelistas de la literatura estadounidense, Twain creó personajes literarios popularísimos. Bajo estas líneas, portada de una edición inglesa de* Las aventuras de Tom Sawyer.

The Adventures of
Tom Sawyer

MARK TWAIN

T. NELSON & SONS
LONDON AND EDINBURGH

idealizado de la infancia, inocente y a la vez pícaro, con una concepción desencantada del hombre adulto, el hombre de la era industrial, de la edad dorada, engañado por la moralidad y la civilización. En sus obras posteriores, sin embargo, el sentido del humor y la frescura del mundo infantil evocado dejan paso a un pesimismo y una amargura cada vez más patentes, aunque expresados con ironía y sarcasmo. Una serie de desgracias personales, entre ellas la muerte de una de sus hijas y de su esposa, así como un grave quebranto económico, ensombrecieron sus años finales. En una de sus últimas obras, *El forastero misterioso*, manifiesta que se siente como un visitante sobrenatural, llegado con el cometa Halley y que habría de abandonar la Tierra con la siguiente reaparición del cometa, tal como sucedió.

TYLER, JOHN *(Charles City, EE UU, 1790-Richmond, id., 1862) Político estadounidense.* Procedente de una familia de larga tradición en el ámbito político, cursó estudios de derecho. En 1817 fue elegido miembro del Congreso y, en 1825, gobernador de Virginia, cargo que desempeñó hasta 1827. A partir de esta última fecha y hasta 1836 fue senador. Hombre de ideas firmes y poco amigo de las alianzas políticas, en 1836 abandonó el Senado en protesta por las actuaciones de los demócratas y se acercó a las posiciones del Partido Liberal, cuyos dirigentes le propusieron en 1840 acompañar como candidato a la vicepresidencia a William Henry Harrison. Tras obtener la victoria en las elecciones, la repentina muerte de Harrison le propulsó a la presidencia. No obstante, fue rechazado tanto por los liberales como por los demócratas, lo que le obligó a gobernar en solitario. Aun así, fue capaz de llevar a cabo importantes proyectos, como la reorganización de la marina y la creación del Departamento de Previsiones Meteorológicas; además, puso punto final al conflicto armado entre tropas estadounidenses e indios en Florida.

TYNDALL, JOHN *(Leighlin Bridge, Irlanda, 1820-Hindhead, Reino Unido, 1893) Físico irlandés.* Después de haber ejercido la profesión de ingeniero, se dedicó al estudio de la filosofía natural y llegó a convertirse en profesor de la Royal Institution (1853-1857). Como colaborador de Faraday llevó a cabo numerosos experimentos sobre la fuerza de atracción del magnetismo y sobre el diamagnetismo, pero es especialmente conocido por sus estudios so-

> *«El jabón y la educación no son tan efectivos como una masacre, pero son más letales a largo plazo.»*
>
> Mark Twain

▼ *Presidente de Estados Unidos entre 1841 y 1845, John* **Tyler** *concluyó la guerra contra los indios en Florida y reorganizó la Marina.*

▼ *Fotografía de Tristan* **Tzara**, *fundador del movimiento dadaísta, que apareció a raíz de la publicación en Zurich entre 1916 y 1920 de la revista* Dadá.

bre la conducción del calor en gases y vapores. Durante tales estudios identificó el fenómeno de la difusión de la luz por parte de las partículas suspendidas en una solución coloidal (efecto o fenómeno de Tyndall). En 1871 descubrió el fenómeno del rehielo, gracias al cual explicó el avance de los glaciares. Se interesó también por la biología y combatió la teoría de la generación espontánea; puso a punto un método de esterilización. Alpinista destacado, realizó la segunda ascensión del Cervino y la primera del Weisshorn (1861).

TZARA, TRISTAN [Samuel Rosenstock] *(Moinesti, Rumania, 1896-París, 1963) Poeta francés de origen rumano.* Principal impulsor del grupo Dadá, movimiento de vanguardia surgido en Zurich durante la Primera Guerra Mundial que se proponía expresar su oposición al orden establecido mediante la ruptura con la lógica del lenguaje, en cuanto elemento sustentador del sistema social. La primera materialización literaria de estos presupuestos por Tristan Tzara se halla en la colección de poemas *La primera aventura celeste del señor Antipirina* (1916), al que siguió, aparte de algunas formulaciones teóricas en la revista *Dadá* y de la publicación en París del primer *Manifiesto dadá* (1918), otra obra, *Venticinco poemas* (1919). Por esa época Tzara se instaló en París y entró en contacto con Breton, Aragon, Soupault y Éluard, el grupo de la revista *Littérature*, que poco después protagonizarían otro movimiento de vanguardia, el surrealismo, al que Tzara no se adhirió. Siguió a la cabeza de la estética dadá, la cual fue impregnándose de un tono más militante, a la par que crecía la implicación política de Tzara (en 1936 se afilió al Partido Comunista y durante la Segunda Guerra Mundial participó en la Resistencia francesa). Tras la experiencia de la guerra, la poesía de Tzara adquirió un cariz más intimista y reflexivo (*La huida*, 1947; *El rostro interior*, 1954; *La rosa y el perro*, 1958), si bien conservó siempre la espontaneidad y arbitrariedad en el manejo de las palabras, y creó imágenes ilógicas que la aproximan, en el producto final, al surrealismo, aunque se separa de éste por su concepción originaria y por la fuerza y vitalidad que anima su expresión, que es expresión de una individualidad que se afirma en un universo poético autónomo. En prosa destacan *El hombre aproximado* (1931), *Donde beben los lobos* (1933) y los ensayos *Siete manifiestos dadá* (1924) y *El surrealismo y la posguerra* (1947).

U

UCCELLO, PAOLO [Paolo di Dono] *(Pratovecchio, actual Italia, 1397-Florencia, 1475) Pintor italiano.* La primera noticia documental que se tiene de Paolo Uccello es de 1412 y lo sitúa en el taller de Ghiberti, donde debió de formarse, aunque no consta que fuera escultor. En 1425 estaba en Venecia trabajando en unos mosaicos para San Marcos, que no se conocen. En 1432, de nuevo en Florencia, realizó el luneto de la *Creación* en el Claustro Verde de Santa María Novella, una obra llena de expresividad pero todavía algo tosca. Su primera obra maestra corresponde al año 1436: el enorme fresco para la catedral de Florencia en el que representó al condotiero Giovanni Acuto; la figura del mercenario a caballo es poderosa y está bien definida, pero lo que da la medida de su genio es el escorzo del cofre situado sobre una ménsula. En este escorzo se advierte ya la fascinación que sentía Uccello por la perspectiva, que es de hecho el rasgo esencial de su obra pictórica, lo que da a sus realizaciones una singular originalidad e incluso algunas notas de excentricidad por los extremos a los que llevó los efectos de profundidad. Vasari lo presenta como un fanático de la perspectiva, a la que consideraba su «amante más dulce». La obra que plasma con mayor elocuencia esta atracción por la perspectiva, y también la más admirada de Uccello, son las tres tablas de *La batalla de San Romano* (un enfrentamiento armado entre Florencia y Siena), donde las armas rotas, los cadáveres y las patas de los caballos aparecen situados en un escenario enmarañado y complejo. También en la *Caza nocturna* los caballos y los perros

▼ San Jorge matando al dragón, *cuadro de Paolo* **Uccello** *notable por la composición del campo abierto en perspectiva, innovación técnica que, al parecer, el pintor introdujo con fines meramente decorativos.*

parecen alejarse hacia el interior del cuadro, mientras que en *San Jorge y el dragón* la perspectiva da la impresión de estar sometida a efectos de decorativismo. Se atribuyen también a este pintor numerosas obras al fresco en diversas ciudades italianas; las mejor documentadas de todas ellas son las escenas del Antiguo Testamento para el ya mencionado Claustro Verde de Santa María Novella (Florencia), en la actualidad muy deterioradas. Según Vasari, su amor a los animales, en particular a los pájaros, le valió el sobrenombre con el que ha pasado a la posteridad.

UCEDA, CRISTÓBAL GÓMEZ DE SANDOVAL Y ROJAS, DUQUE DE *(?-Alcalá de Henares, España, 1624) Político español.* Hijo del duque de Lerma, conspiró contra su padre para convertirse en favorito de Felipe III, del que fue nombrado secretario en 1618. Su gobierno tendió a beneficiar a la no-

bleza terrateniente, pero no solventó los problemas económicos del país, heredados del mandato de su padre y derivados de su afán por satisfacer a una camarilla ávida de privilegios. En política exterior, ordenó la actuación de los tercios para sofocar la rebelión de Bohemia, provocada por la intransigencia católica de los Habsburgo. En 1621, con la subida al trono de Felipe IV, fue procesado a instancia del conde-duque de Olivares y desterrado de la corte. Permaneció incomunicado en el castillo de Torrejón de Velasco y se le impuso una fuerte multa. Posteriormente obtuvo el indulto real, pero un nuevo proceso lo llevó a ser encarcelado en la prisión de Alcalá de Henares, donde falleció.

UNAMUNO, MIGUEL DE *(Bilbao, 1864-Salamanca, 1936) Filósofo, escritor y poeta español.* Cursó filosofía y letras en la Universidad de Madrid y obtuvo la cátedra de lengua y literatura griegas en la Universidad de Salamanca (1891), de la que fue nombrado rector en 1911. Perseguido por sus ideas políticas favorables al régimen republicano, combatió la dictadura de Primo de Rivera, por lo que fue deportado a Fuerteventura, desde donde huyó a Francia. A su regreso a España, en 1930, se convirtió en diputado de las Cortes Constituyentes y rector perpetuo de la Universidad de Salamanca (1934). Si bien en un primer momento se mostró complaciente con el levantamiento franquista, no tardó en romper públicamente con el levantamiento militar en un célebre discurso en la Universidad de Salamanca. Su pensamiento dista de ser sistemático, y se halla expuesto en numerosos ensayos y artículos sobre crítica, filosofía y política. La preocupación por la realidad española, común a todos los miembros de la Generación del 98, de la que fue uno de los más destacados representantes, domina gran parte de su producción. Tal preocupación se refleja en sus ensayos *En torno al casticismo* (1895) y *Vida de don Quijote y Sancho* (1905), así como en numerosos poemas. La lectura de autores alemanes, como Schopenhauer, y, sobre

▲ *Miguel de* **Unamuno** *pintado por Gutiérrez Solana. Además de su dedicación a la escritura, Unamuno participó de la realidad política de su tiempo, no sólo como rector de la Universidad de Salamanca sino también en declaraciones políticas comprometidas.*

> *«**M**i religión es buscar la verdad en la vida y la vida en la verdad, aun a sabiendas de que no he de encontrarlas mientras viva.»*
>
> Miguel de Unamuno

todo, la del danés Kierkegaard, le alejaron del racionalismo y lo llevaron a posturas que se han relacionado con el existencialismo. Las contradicciones de la fe y el problema de la inmortalidad son temas centrales en *Del sentimiento trágico de la vida en los hombres y en los pueblos* (1913) o en *La agonía del cristianismo* (1931). Paralelamente desarrolló una intensa producción artística en todos los géneros, y que se hace eco de sus principales preocupaciones. Así, escribió novelas experimentales como *Niebla* (1914), y otras de tema ético y religioso, como *San Manuel Bueno, mártir* (1930), libros de poemas (*El Cristo de Velázquez*, 1920; *De Fuerteventura a París*, 1925; *Romancero del destierro*, 1927) y también teatro (*Medea*, 1933).

URDANETA, RAFAEL *(Maracaibo, actual Venezuela, 1789-París, 1845) Militar y político grancolombiano.* Tras una etapa como funcionario en la Administración de Nueva Granada, en 1810 pasó a defender la causa independentista y tomó parte en la batalla de Carabobo (1814). Prestó su apoyo político y militar a Simón Bolívar, y reprimió con dureza a los implicados en el atentado contra su vida. Varias divergencias surgidas entre aquél y Urdaneta respecto al marco legislativo de los territorios de la ex colonia (éste quería promover un modelo monárquico) lo llevaron a alejarse del Libertador y a oponerse a su reelección en 1830. Tras la escisión de los venezolanos, este mismo año exigió la dimisión del presidente colombiano Tomás Cipriano Mosquera y ocupó el poder en Colombia. Ante la oposición generalizada tanto civil como del propio Bolívar, presentó su dimisión en abril de 1831 y regresó a Venezuela. Entre 1837 y 1839 fue ministro de Guerra en su país natal, y también ministro de Marina entre 1842 y 1845.

URIBE, RAFAEL *(Valparaíso, Colombia, 1859-Bogotá, 1914) Político colombiano.* Doctorado en derecho y ciencias políticas, a partir de 1883 ejerció como profesor en la Universidad de Antioquía y como abogado en Medellín. En esta época fundó el periódico *El Trabajo*, y desempeñó transitoriamente los cargos de fiscal y de procurador general del estado de Antioquia. Participó en las guerras civiles de 1876, 1886, 1895 y 1899, inicialmente como soldado y luego como oficial. Líder político del Partido Liberal, sus dotes de gran orador le permitieron alcanzar un notable perfil público. Miembro del Congreso Nacional en los períodos de paz, trabajó también como periodista y diplomático. Durante el gobierno del general Rafael Reyes representó a Colombia ante los gobiernos de Argentina, Brasil y Chile y asistió a la Conferencia Panamericana de Río de Janeiro en 1907. Murió asesinado por Leovigildo Galarza y Jesús Carvajal. Fue así mismo autor de *Por la América del Sur, Colombia, Estados Unidos y Panamá* (1906) y *De cómo el liberalismo político no es pecado* (1912).

URQUIZA, JUSTO JOSÉ DE *(Talar del Arroyo, Concepción, Argentina, 1801-San José, id., 1870)* Militar y político argentino. Nació en el seno de una distinguida familia, y durante su juventud, siendo oficial del ejército federal, colaboró con el dictador Juan Manuel de Rosas, al que ayudó en su toma del poder. Tras su famoso «pronunciamiento», en 1851, después de ser ascendido a general, contando con el apoyo de Montevideo y Brasil, encabezó el llamado Ejército Grande (integrado por unos 30 000 hombres) para acabar con el régimen de Rosas. En 1852 le venció en Caseros. Contribuyó de manera importante al establecimiento de los fundamentos constitucionales de la Argentina moderna. Aprobada la Constitución de 1853, fue investido presidente de la Confederación, pero Buenos Aires, temerosa de perder sus privilegios comerciales, se rebeló y no reconoció la autoridad de Urquiza. En 1859, el caudillo entrerriano venció a los grupos rebeldes de la provincia de Buenos Aires y, una vez incorporada ésta a la Confederación, otro conflicto acabó con su derrota en Pavón (1861), y su influencia a partir de entonces quedó restringida a su provincia natal, donde gobernó hasta 1865. Las falta de apoyo al nuevo gobierno de Bartolomé Mitre durante la guerra con Paraguay hizo perder a Urquiza la confianza popular y lo enemistó con los federalistas radicales. Poco después se retiró. Falleció a la edad de setenta años, asesinado junto con sus hijos, por un grupo de insurrectos federalistas.

▶ *Miniatura de un manuscrito sobre la genealogía de los reyes de España en la que aparece* **Urraca** *de Castilla y León, que ocupó el trono en los primeros años del s. XII.*

▼ *Retrato de Justo José* **Urquiza**. *El presidente de la Confederación argentina se enfrentó con Bartolomé Mitre, adalid de la facción separatista bonaerense.*

URRACA *(Saldaña, actual España, 1080-?, 1126) Reina de Castilla y León (1109-1126).* Hija de Alfonso VI, enviudó de su primer esposo, Raimundo de Borgoña, por lo que su padre decidió casarla con Alfonso I *el Batallador*, rey de Aragón. Este enlace, discutido por la familia de Raimundo, sumió a Castilla en una guerra civil. El conflicto, agravado al quedar sin derecho a la sucesión el hijo de su primer matrimonio, Alfonso Raimúndez, originó enfrentamientos especialmente duros en Galicia, donde éste contaba con más partidarios, y la segregación de Portugal, que estaba bajo el gobierno de Teresa, hermana de Urraca. Tras ser repudiada por su esposo, intentó recuperar el poder en Galicia con el apoyo del arzobispo Gelmírez, y se enfrentó a Teresa por el dominio de Tuy y Orense. A su muerte, su hijo Alfonso Raimúndez se convirtió en el siguiente rey de Castilla con el título de Alfonso VII.

URSINOS, MARIE-ANNE DE LA TRÉMOILLE, PRINCESA DE LOS *(París, 1642-Roma, 1722) Política francesa.* Conservó el título heredado de su matrimonio con el príncipe Orsini, de quien enviudó en 1698. Tras ejercer en Italia funciones diplomáticas, se trasladó a España con Felipe V y se convirtió en camarera mayor de la reina María Luisa de Saboya. Su influencia en las decisiones del gobierno despertó las pugnas entre las diversas delegaciones francesas; por este motivo, Luis XIV se vio obligado a pedirle que

▲ *Detalle de un grabado en el que se representa a la princesa de los **Ursinos**. Enemistada con la esposa de Felipe V, Isabel de Farnesio, fue expulsada de España.*

regresara a Francia (1704). A su vuelta a España, junto con Orry, retomó su papel decisorio en las decisiones de palacio, y así aconsejó a Felipe V en la guerra de Sucesión y consiguió que el rey francés enviara a Vendôme a parlamentar. A la muerte de María Luisa aprobó el nuevo matrimonio del rey con Isabel Farnesio, a quien no pudo dominar y que acabó por obligarla a abandonar España; finalmente, en 1716 se instaló en Roma.

USLAR PIETRI, ARTURO *(Caracas, 1906) Escritor, político y economista venezolano.* Heredero literario del realismo finisecular, intentó aportar a la narrativa de su país alternativas a la tradición europea, buscando definiciones para una identidad propia, siempre huidiza. En 1928 fue responsable de dos hechos que consolidaron el vanguardismo en Venezuela: por una parte, la edición del único número de la revista *Válvula*, mediante la cual introdujo en la escena literaria nacional las más novedosas inquietudes artísticas; por otra, la publicación de su libro de cuentos *Barrabás y otros relatos*, que incorporó dichas inquietudes en un marco narrativo. En 1929 viajó a París, en donde encontró un surrealismo en pleno apogeo y frecuentó la amistad de A. Carpentier y M. A. Asturias. Algunas de sus obras son *Las lanzas coloradas* (1931), *Red* (1936), *El camino de El Dorado*, (1947), *La visita en el tiempo* (1990) y el volumen de cuentos *Los pasajeros*.

UTAMARO, KITAGAWA *(?, h. 1753-Edo, hoy Tokio, 1806) Pintor y grabador japonés.* Es uno de los pintores japoneses más conocidos y valorados en Occidente, representante destacado del movimiento Ukiyo-e, que dominó el arte japonés de los siglos XVII al XIX. Se formó en Edo, hoy Tokio, con Toriyama Sekien, artista de la escuela Kano. La fama le llegó en 1788, con dos álbumes de xilografías titulados, respectivamente, *El libro de los insectos* y *El poema de la almohada*. Pero se le valora, sobre todo, por el tipo de estampas más características del estilo ukiyo-e: las que representan escenas de teatro, actores y prostitutas del famoso Yoshiwara, el barrio de placer de Edo. Sus bellezas femeninas, casi siempre de medio busto, son, en particular, las que han inmortalizado su nombre. No se trata de retratos realistas, sino de representaciones idealizadas, inmateriales, ejecutadas con colores planos y con un dibujo muy expresivo. Estas obras dieron pie a biografías noveladas de su figura, según las cuales Utamaro fue un gran vividor, que frecuentó insistentemente los mismos barrios y lugares que aparecen en sus creaciones artísticas. Sin embargo, no consta con certeza que ello sea así. Sus obras ejercieron una gran influencia en otros pintores japoneses del estilo ukiyo-e, como Ando Hiroshige, y representaron un revulsivo para el arte occidental, cuando llegaron a Europa a finales del siglo XIX. Los impresionistas fueron los primeros en admirarlas, pero más tarde se inspiraron en ellas muchas de las primeras vanguardias del siglo XX. Entre las mejores realizaciones de Kitagawa Utamaro se encuentra el álbum titulado *Doce vistas de fisonomías de bellas mujeres* (1803).

▶ *Ilustración de Kitagawa **Utamaro** que representa a un grupo de personajes del célebre barrio Yoshiwara, situado al norte de Edo, celebrando el festival de Niwaka.*

V

VACA DE CASTRO, CRISTÓBAL. *(Izagre, España, h. 1492-Valladolid, 1566) Administrador español.* Enviado a Perú en 1540 con el cargo de juez pesquisidor, se le encomendó como principal misión poner fin a los enfrentamientos entre pizarristas y almagristas. En 1542 derrotó a Diego de Almagro *el Mozo*, hijo de Diego de Almagro, quien se había hecho con el cargo de gobernador tras el asesinato de Francisco Pizarro. Aunque Vaca de Castro hizo ejecutar a Almagro presionado por los pizarristas, la aplicación de las Nuevas Leyes de Indias y su propósito de poner freno a los abusos de los encomenderos movieron a Gonzalo Pizarro, último de los hermanos del conquistador, a alzarse en armas. Acusado de cometer arbitrariedades, en 1544 fue relevado de su cargo por el virrey Blasco Núñez de Vela y regresó a España, donde hubo de afrontar una acusación de enriquecimiento indebido. Tras comprobarse la falsedad de los cargos, fue designado comendador de la Orden de Santiago y presidente del Consejo de Castilla entre 1557 y 1561.

VALDÉS, ALFONSO DE *(Cuenca, h.1490-Viena, 1534) Humanista español.* Entró muy joven en la cancillería imperial, y pronto se convirtió en secretario y latinista oficial de Carlos I de España. Adepto incondicional y entusiasta de su contemporáneo Erasmo, intentó conciliar el humanismo del pensador holandés y el proyecto de monarquía universal cristiana que vislumbraba en la política de Carlos I. Sostuvo que la realización de la monarquía de éste evitaría la escisión de la cristiandad y la conduciría a la paz universal, condición necesaria para la reforma espiritual de la humanidad, que debería ser conducida según la doctrina de Erasmo. Propugnó un modelo de Iglesia espiritual y más cercana a los fieles y satirizó la corrupción de la jerarquía eclesiástica romana y la falta de virtud del clero en general. Por sus dotes diplomáticas y su habilidad dialéctica fue comisionado para conferenciar con los protestantes: asistió a las dietas de Augsburgo y Ratisbona y se entrevistó con Melanchthon. Es autor de *Diálogo de las cosas en Roma* y *Diálogo de Mercurio y Carón*, escritos a imitación de los de Luciano de Samosata y el propio Erasmo.

▼ El triunfo de la vanidad, *pintura de Juan de **Valdés Leal**, quien, junto con Velázquez, Murillo y Zurbarán, es uno de los grandes representantes del barroco español.*

VALDÉS LEAL, JUAN DE *(Sevilla, 1622-id., 1690) Pintor español.* Hijo de padre portugués y madre sevillana recibió su formación artística en su ciudad natal, quizás en el taller de Herrera *el Viejo*, antes de trasladarse con su familia a Córdoba, población esta en la que contrajo matrimonio en 1647. Era ya por entonces un pintor introducido en los círculos artísticos, ya que muy poco después recibió un importante encargo para las clarisas de Carmona (cuatro grandes lienzos) y, en 1656, concluyó el retablo para los carmelitas de Córdoba, que presenta

V
Z

muchos de los rasgos más brillantes de su estilo. Al concluir esta obra, se trasladó a Sevilla, urbe por entonces mucho más importante y dinámica que Córdoba y centro sin igual de creación artística, con figuras como Bartolomé Esteban Murillo, de quien se cree que Valdés fue enconado rival, entre otros motivos, porque los comitentes no remuneraban sus obras tan bien como las de aquél. En Sevilla, Valdés Leal dio rienda suelta al barroquismo que triunfaba en aquella época y por que se sentía particularmente atraído por su temperamento dramático. Obras importantes de este período son los *Desposorios de la Virgen* de la catedral de Sevilla y las pinturas para el convento jerónimo de Buena Vista. En 1660, Valdés fue uno de los fundadores de la Academia sevillana de pintura, institución que pasó a presidir cuando fue abandonada por Murillo. En 1661 nació su hijo Lucas, que más tarde fue su colaborador habitual. En 1664 hizo un viaje a Madrid, al regreso del cual conoció a Miguel de Mañara e ingresó en la hermandad de la Santa Caridad, institución para la que realizó sus obras más famosas: las *Postrimerías*, una indiscutible obra maestra que sobrecoge por su veracidad y a la que el artista debe buena parte de su reconocimiento y de su fama de pintor escabroso y truculento. En 1686 padeció un primer ataque de la enfermedad que lo llevó finalmente a la tumba, y, aunque todavía contrató algunas obras importantes, tuvo que dejarlas inacabadas.

VALDIVIA, PEDRO DE *(La Serena, España, 1497-Tucapel, actual Chile, 1553) Conquistador y colonizador español.* Militar desde muy joven, participó en las campañas de Italia antes de pasar, en 1534, a Venezuela, y desde allí a Perú. Aquí fue nombrado maestre de campo por Francisco Pizarro, a quien apoyó en sus disputas con Diego de Almagro en 1538. En este contencioso participó en la batalla de Las Salinas, tras la cual Pizarro le otorgó una encomienda en el valle de la Canela (Charcas) y una mina de plata en Porco, y le encargó la conquista de Chile. Valdivia partió de Cusco en 1540 al frente de 150 hom-

▼ *Pedro de* **Valdivia**, *conquistador que luchó a las órdenes de Pizarro, quien le encargó una expedición a Chile. Este retrato fue regalado por la reina Isabel II de España a Chile y hoy figura en el ayuntamiento de Santiago.*

bres y llegó a Chile, donde exploró los valles del Copiapó, el Coquimbo y el Mapocho. Aquí fundó en febrero de 1541 Santiago de la Nueva Extremadura, que le sirvió de base para la exploración y conquista del resto del territorio. Sin embargo, poco tiempo después, aprovechando una expedición punitiva de Valdivia a Cachapoal, los indígenas de Aconcagua destruyeron Santiago, que no tardó en ser reconstruida. Prosiguió sus exploraciones y en 1544 fundó la ciudad de La Serena, en el valle de Coquimbo, para facilitar las comunicaciones con Perú. Después de solicitar sin éxito a Perú y a la corte recursos para continuar con la exploración, se presentó en Lima en 1547. Allí intervino en las guerras civiles al lado del partido del virrey y fue ratificado en su cargo de gobernador de Chile en 1549. En permanente lucha con los araucanos, se dedicó a partir de entonces a reorganizar las poblaciones destruidas por los indígenas, emprendió nuevas expediciones y fundó otras ciudades, entre ellas Concepción (1550) y Valdivia (1552). Cuando la resistencia indígena parecía sofocada, Caupolicán y Lautaro acaudillaron una sublevación araucana. Pedro de Valdivia, sorprendido por los indígenas en Tucapel, murió en combate el día de Navidad de 1553.

VALENTÍN *(s. II) Gnóstico de origen egipcio.* Estudió filosofía en Alejandría, ciudad en la que recibió el bautismo cristiano, y hacia el 136 se trasladó a Roma, donde se dedicó a difundir su síntesis personal de las doctrinas cristiana y gnóstica. Valentín fundó dos de las principales comunidades gnósticas de los comienzos de la era cristiana, una en Roma y otra en Alejandría, adonde probablemente regresó hacia el 160. En su credo combina teorías platónicas, tradiciones judías y persas y dogmas cristianos interpretados desde la perspectiva de las sectas gnósticas que ganaban terreno en la época, aunque sus doctrinas mantuvieran una unidad sólo relativa. Sin embargo, elemento importante en la mayoría de ellas era la afirmación de la existencia de un demiurgo, especie de ser intermedio entre Dios y el mundo inferior, y la insistencia en una teoría de la salvación basada en conocimientos esotéricos, la gnosis, aspectos ambos recogidos por Valentín. Su enseñanza, transmitida sólo parcialmente a través de las refutaciones de san Ireneo de Lyon y de Tertuliano, es conocida gracias al descubrimiento de una importante colección de manuscritos gnósticos efectuado en Jenoboskion (Egipto) en 1946.

VALENTINO, RODOLFO [Rodolfo Pietro Filiberto Raffaello Guglielmi] *(Castellaneta, Italia, 1895-Nueva York, 1926) Actor estadounidense de origen italiano.* El que fuera sin duda la estrella cinematográfica más idolatrada de la década de 1920 emigró a Estados Unidos en 1913 en busca de fortuna. Sus primeros trabajos nada tuvieron que ver con la fama, ni siquiera con el espectáculo, pues empezó a ganarse la vida trabajando como friegaplatos y jardinero (había estudiado agronomía en Italia). Posteriormente, entró en el mundo de la farándula como bailarín de vodevil. Se trasladó a Hollywood en 1918 y empezó a aparecer en la pantalla interpretando papeles secundarios. Su gran oportunidad le llegó en 1921, año en que interpretó el papel de Julio en *Los cuatro jinetes del Apocalipsis* (*The Four Horsemen of the Apocalypse*). El éxito de la película lo llevó, ese mismo año, a rodar *La dama de las camelias* (*Camille*), obra que confirmaría su fulgurante salto al estrellato. De la mano de los más habilidosos representantes, pronto levantó las pasiones de millones de admiradoras y se convirtió en la figura romántica masculina por antonomasia. Su figura enjuta y apasionada destilaba todas las esencias propias del *latin lover*. El exotismo de sus personajes no tardó en contagiarse a su vida personal y sus apariciones públicas estuvieron pronto imbuidas de un aparatoso misticismo orquestado por los estudios y fomentado por él mismo. Entre sus películas, en su mayoría dramas románticos, destacan *El caíd* (*The Sheik*, 1921), *Sangre y arena* (*Blood and Sand*, 1922), *El águila negra* (*The Eagle*, 1925) y *El hijo del caíd* (*The son of the Sheik*, 1926). Su inesperado fallecimiento, tras la perforación de una úlcera diagnosticada demasiado tarde, se produjo cuando sólo contaba treinta y un años de edad y se encontraba en la cumbre de su fama. La noticia de su muer-

▲ *Rodolfo **Valentino** en la película* El hijo del caíd, *que lo consagró como el galán más admirado del cine mudo.*

te conmocionó al público de todo el mundo, y provocó manifestaciones multitudinarias y aun intentos de suicidio entre sus admiradoras.

VALENZUELA, FERNANDO *(Nápoles, 1636-México, 1692) Político español.* En 1661 contrajo matrimonio en Madrid con Ambrosia de Ucedo, a la sazón dama de honor de Mariana de Austria, unión que le valió el nombramiento de caballerizo real. Tras la muerte de Felipe IV se convirtió en el confidente de la reina viuda, gracias a lo cual acumuló un gran poder (fue apodado en su época «el duende de palacio»), y se granjeó, entre otras, la enemistad de Juan José de Austria. En 1671 fue nombrado Caballero de Santiago, y dos años más tarde ascendió a primer caballerizo. A pesar de la animadversión que le profesaba la aristocracia, la reina lo mantuvo a su lado, y en 1676 lo nombró gentilhombre con precedencia sobre todos sus pares, grande de España y primer ministro. En 1677 fue detenido por orden de Juan José de Austria, y procesado y condenado a un destierro de diez años en Filipinas. Transcurrido este tiempo, en 1689 se trasladó a Nueva España, donde residió hasta su muerte.

VALERA, JUAN *(Cabra, España, 1824-Madrid, 1905) Escritor español.* Optó por la carrera diplomática y desde 1848 desempeñó diversos cargos en distintas ciudades europeas y americanas, lo cual le permitió adquirir una vasta cultura y una imagen de persona cosmopolita dentro de la España de la época. Su talento como prosista e intelectual culto e implicado con su tiempo se dejó notar en un principio a través de sus artículos periodísticos y críticas literarias, de tono polémico. Como novelista se estrenó en 1874 con *Pepita Jiménez*, a la que seguirían *Doña Luz* (1879), considerada su mejor novela, y *Juanita la Larga* (1895), entre otras. Se trata de novelas de tipo psicológico en las que recrea el ambiente andaluz, y que se alejan del naturalismo imperante, contra el cual Valera escribió sus *Apuntes sobre el nuevo arte de escribir novelas* (1887). Miembro de la Real Academia Española desde 1861, Valera es considerado uno de los mejores prosistas de su tiempo.

▲ *Juan **Valera**, uno de los escritores vinculados a la política más brillantes del s. XIX español.*

◀ *Paul **Valéry** pintado por G. d'Espagnat hacia 1910. Valéry es uno de los grandes poetas y críticos literarios de las letras francesas del s. XX.*

«*Don Filiberto:* [...] *Mi estética es la superación del dolor y de la risa, como deben ser las conversaciones de los muertos, al contarse historias de los vivos.*»

Ramón María del Valle-Inclán
Los cuernos de don Friolera

▼ *Retrato pintado por Zuloaga de Ramón María del **Valle-Inclán**, uno de los representantes de la Generación del 98, creador del llamado esperpento. Su prosa está considerada como una de las más brillantes que se han escrito en castellano desde el Siglo de Oro.*

VALÉRY, PAUL *(Sète, Francia, 1871-París, 1945) Escritor francés*. Estudió derecho en Montpellier, donde trabó amistad con Pierre Louÿs y, posteriormente, con André Gide, con quienes mantendría una interesante correspondencia durante toda su vida. Admirador de E. A. Poe, de quien tomó la idea del poema corto coronado por una exaltación final, y, sobre todo, de Mallarmé, publicó sus primeras poesías en la revista *La Conque* en 1890. Tan sólo dos años después de su debut literario decidió dejar de producir poemas, optando por el «trabajo sin obras». Así, dedicaba todas las mañanas a la composición poética, a hacer «ejercicio intelectual», tal como le gustaba definirlo a él. Durante esta época publicó dos obras en prosa de reflexión sobre la inteligencia humana y su poder sobre el mundo exterior y el propio individuo (*Introducción al método de Leonardo da Vinci*, 1895, y *La velada con el señor Edmond Teste*, 1895), mientras trabajaba en el ministerio de Guerra (1895). En 1917 realizó una nueva y brillante incursión en el terreno de la poesía con *La joven parca*, extraño ejercicio de inspiración simbolista que le llevó cuatro años de trabajo. Siguieron otros volúmenes de poesía, como *Cementerio marino* (1920), *Álbum de versos antiguos* (1920) y *Cármenes* (1922), que le consolidaron como máximo representante de la poesía pura. En 1925 entró en la Academia Francesa. En prosa, continuó sus reflexiones en obras que seguían el modelo de los diálogos socráticos, y empezó a recoger sus pequeños ensayos y conferencias en lo que serían los cinco volúmenes de *Varie-*dad (1924-1944), reverso ensayístico de sus *Cuadernos*, especie de diario intelectual que fue publicando con diversos títulos (*Analecta*, 1927, *Miradas al mundo actual*, 1931, etc.). Hacia el final de su vida fue profesor de poética en el Colegio de Francia (1937-1943) y escribió algunos dramas. Póstumamente aparecieron nuevos volúmenes de sus *Cuadernos*, así como su *Correspondencia con André Gide* (1955) y el ensayo *Descartes* (1961).

VALLE CAVIEDES, JUAN DEL *(Porcuna, España, h. 1652-Lima, h. 1698) Escritor peruano de origen español*. Trasladado a América a temprana edad, tuvo una formación autodidacta, en la que se deja sentir una fuerte influencia de Quevedo y de la poesía satírica barroca española en general. Parte de su producción se conserva en dos manuscritos fechados en 1689 y que tienen el título común *Diente del Parnaso*, que trata diversas materias contra médicos, de amores, a lo divino, pinturas y retratos. Algunos de sus poemas constituyen una sátira feroz contra los médicos y ponen de manifiesto la facilidad del autor para la mordacidad y la burla, lo que le enfrentó a personalidades conocidas y relevantes del mundo colonial. Con humor negro, prodigó las imágenes conceptistas, las antítesis, los contrastes y las caricaturas del mundo virreinal, además de comentarios en verso sobre sucesos o circunstancias de la época.

VALLE-INCLÁN, RAMÓN MARÍA DEL [Ramón María del Valle y Peña] *(Villanueva de Arosa, España, 1866-Santiago de Compostela, 1936) Dramaturgo, cuentista y poeta español*. Realizó sus estudios primarios en Pontevedra, y entre 1886 y 1889 estudió en la facultad de derecho de Santiago. Estudiante poco brillante, a la muerte de su padre abandonó la universidad y, tras un breve paso por Madrid, marchó a México, llevado por cierto afán de aventuras y fortuna, y se alistó en el ejército mexicano; las sucesivas dificultades económicas que conoció lo empujaron a tomar la decisión de regresar en 1893. De vuelta en Madrid, se integró en la vida bohemia y literaria de la ciudad, mientras escribía en periódicos radicales y publicaba sus primeros libros de relatos, de atmósfera decadentista (*Femeninas, Epitalamio*). Cultivó en Madrid una imagen pintoresca y extravagante, y alentó siempre una cierta confusión entre realidad y ficción, de modo que todavía hoy resulta difícil discernir lo verdaderamente biográfico de lo novelesco. Sobre su violenta riña con Manuel Bueno a causa de la cual le fue

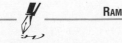

RAMÓN MARÍA DEL VALLE-INCLÁN

OBRAS MAESTRAS

TEATRO: las «Comedias bárbaras» (*ÁGUILA DE BLASÓN*, 1907; *ROMANCE DE LOBOS*, 1908; *CARA DE PLATA*, 1922; *DIVINAS PALABRAS* (1920); *LUCES DE BOHEMIA* (1920); *LOS CUERNOS DE DON FRIOLERA* (1921); *LAS GALAS DEL DIFUNTO* (1926); *LA HIJA DEL CAPITÁN* (1927). **NOVELA, RELATOS:** *FEMENINAS* (1895); *EPITALAMIO* (1897); *SONATA DE OTOÑO* (1902); *SONATA DE ESTÍO* (1903); *SONATA DE PRIMAVERA* (1904); *SONATA DE INVIERNO* (1905); la serie de la guerra carlista (*LOS CRUZADOS DE LA CAUSA*, 1908; *EL RESPLANDOR DE LA HOGUERA*, 1909; *GERIFALTES DE ANTAÑO*, 1909; *TIRANO BANDERAS* (1926); la serie de «El Ruedo Ibérico» (*LA CORTE DE LOS MILAGROS*, 1927; *VIVA MI DUEÑO*, 1928; *BAZA DE ESPADAS*, póstuma). **POESÍA:** *AROMAS DE LEYENDA* (1907); *LA PIPA DE KIF* (1919).

amputado el brazo izquierdo en 1899, existen numerosas versiones, casi todas ellas contadas por él mismo. Ésta y otras anécdotas que jalonaron su vida acabaron dándole cierta notoriedad en la ciudad. Cuando entre 1902 y 1905 aparecieron las cuatro *Sonatas* (de otoño, de estío, de primavera y de invierno), verdaderas exhibiciones de virtuosismo literario, de un exuberante modernismo, su talento como escritor hubo de ser reconocido por la crítica. *Aromas de leyenda* inicia, en 1907, su producción poética. En 1910, tras su matrimonio con la actriz Josefina Blanco, participó en una gira por Iberoamérica con la compañía teatral de María Guerrero y en 1916 se desplazó a Francia y visitó los frentes aliados de la Primera Guerra Mundial. A este período corresponde un giro hacia posiciones de mayor implicación social, en la línea de una crítica a la moderna sociedad burguesa desde posturas tradicionalistas, perceptible en su serie de novelas sobre el conflicto carlista y en algunas de sus «Comedias bárbaras». En 1917 obtuvo la cátedra de estética en la Escuela de Bellas Artes de San Fernando, en Madrid. El expresionismo, que se advertía ya en los poemas de *La pipa de Kif* (1919), encuentra su más madura y personal expresión en las dos piezas teatrales que presenta Valle-Inclán en 1920: *Divinas palabras* y *Luces de bohemia*. Con estas obras crea un nuevo estilo, al que llamó esperpento, caracterizado por la deformación de la realidad, en busca de su aspecto más grotesco: «El héroe visto desde el espejo cóncavo», tal como él mismo lo describió. Nuevos esperpentos serían *Los cuernos de don Friolera* (1921) y *Las galas del difunto* (1926). Los efectos de absurdo e ironía sirven a la crítica social de la sociedad española, que ve a su vez como una deformación de la cultura europea, conjunto de preocupaciones que le acercan más a la llamada Generación del 98, en la que habitualmente se le incluye. El abandono de las formas modernistas y esteticistas por el expresionismo de los esperpentos fue paralelo a un cambio ideológico, pues pasó de profesar un carlismo retórico a un socialismo republicano. Valle-Inclán volvió a la novela histórica con la serie titulada «El Ruedo Ibérico», ambientada en la época de Isabel II, que incide otra vez en la sátira de la realidad social española. Fue encarcelado en 1929 por oponerse al régimen dictatorial de Primo de Rivera, quien lo acusó de «eximio poeta y extravagante ciudadano». Durante la Segunda República fue nombrado director de la Academia de Bellas Artes de España en Roma y en 1934 volvió definitivamente a Galicia. Valle-Inclán es sin duda uno de los escritores más originales y geniales de las letras españolas, y quizás el mayor renovador del teatro español del siglo XX, y sus esperpentos no dejarán de ganar actualidad e influencia sobre las generaciones posteriores.

▼ *César **Vallejo** pintado por Picasso en 1938, el mismo año de la muerte del poeta, que tuvo que volver a París al estallar la guerra civil española, sobre la cual escribió su último libro de poemas,* España, aparta de mí este cáliz.

VALLEJO, CÉSAR *(Santiago de Chuco, Perú, 1892-París, 1938) Escritor peruano.* Se dio a conocer con *Los heraldos negros*, colección de poemas muy influidos todavía por el modernismo, aunque ya en su segundo volumen, *Trilce* (1922), encontró una voz más personal, definida por una voluntad de denuncia social que se expresa a través de una mayor asimilación de las vanguardias y de cierto subjetivismo, de tono pesimista. Obligado a exiliarse en 1923, se instaló en París, donde entró en contacto con los círculos vanguardistas. Durante esta época se intensificó su interés por el marxismo y realizó varios viajes a Moscú, que se plasmarían en diversas obras de teatro y ensayos, y más tarde se refugió en España, al ser expulsado de Francia por sus actividades prosoviéticas. Sin embargo, cuando estalló la guerra civil española regresó clandestinamente a París. Su producción de estos años está marcada por la intención propagandística de sus artículos y ensayos, y, en poesía, por el abandono del vanguardismo y del pesimismo de *Trilce*, tal como se refleja en *Poemas humanos* (1939) y *España, aparta de mí este cáliz* (1937-1938), en los que se hace eco de los conflictos de su tiempo y busca en la solidaridad humana una salida a su angustia personal.

◀ El físico James Alfred **Van Allen**, cuyos trabajos de investigación sobre los rayos cósmicos le llevaron a descubrir los llamados cinturones de Van Allen.

◀ El físico James Alfred **Van Allen**, cuyos trabajos de investigación sobre los rayos cósmicos le llevaron a descubrir los llamados cinturones de Van Allen.

ANTON VAN DYCK

OBRAS MAESTRAS

CAZA DE JABALÍ (1617-1618, Alte Pinakothek, Munich); DAMA CON SU HIJO (1620-1621, National Gallery, Londres); SAN MARTÍN Y EL POBRE (1621, iglesia de Saventhem); FRANS SNYDERS CON SU MUJER (1621, Staatliche Kunstsammlungen); VIRGEN DEL ROSARIO (oratorio del Rosario, Palermo); MARQUESA BRIGNOLE-SALE (h. 1621-1625, palacio Rosso, Génova); ÉXTASIS DE SAN AGUSTÍN (1628, iglesia de San Agustín, Amberes); CRISTO ENTRE LOS LADRONES (h. 1630-1632, Saint-Rombout, Malinas); RIMALDO Y ARMIDA (h. 1630-1631, Louvre, París); MARTEN PEPIJN (1632, Museo de Bellas Artes, Amberes); SIR EUDIMION PORTER Y ANTON VAN DYCK (1635, Prado, Madrid); CARLOS I DE CACERÍA (h. 1635, Louvre, París); CARLOS I A CABALLO (h. 1635, National Gallery, Londres); SIR THOMAS WHARTON (h. 1635-1640, Ermitage, San Petersburgo); LORD WILLIAM CROFTS (1638, Royal College, Windsor); ICONOGRAFÍA (colección de grabados, 1645).

VAN ALLEN, JAMES ALFRED *(Mount Plesant, EE UU, 1914) Físico estadounidense.* Profesor y director del Instituto de Física de la Universidad de Iowa desde 1951, ha llevado a cabo investigaciones sobre física nuclear, sobre los rayos cósmicos y sobre la física atmosférica. Descubrió la existencia de dos zonas de radiación de alta energía que circundan la Tierra (cinturones o bandas de Van Allen), cuyo origen se halla probablemente en las interacciones del viento solar y de los rayos cósmicos con los átomos constituyentes de la atmósfera. Colaboró así mismo en el diseño de los primeros satélites artificiales estadounidenses (*Explorer*) y participó en los programas de investigación planetaria asociados a las misiones de la NASA *Apollo, Mariner* y *Pioneer.*

VAN DER WEYDEN, ROGIER *(Tournai, actual Bélgica, h. 1400-Bruselas, 1464) Pintor flamenco.* Aunque fue el pintor flamenco de mayor proyección internacional en su tiempo y uno de los grandes maestros del siglo XV en Flandes, su figura resulta problemática por las confusas referencias documentales. En general, se acepta que es el Rogelet de la Pasture que ingresó en 1427 en el taller de Robert Campin, en Tournai, y que salió de él convertido en maestro pintor en 1432. De hecho, existen coincidencias estilísticas básicas entre ambos artistas, ya que Van der Weyden partió del estilo expresivo, lineal y naturalista de su maestro para dotarlo de una mayor intensidad dramática y

un mayor grado de sofisticación y refinamiento. Una de las primeras obras del maestro, y quizá la más conocida, el *Descendimiento*, condensa todas las características estilísticas que hacen sus creaciones inconfundibles: las figuras, dispuestas en una composición magistral dominada por el sentido del movimiento, expresan toda la fuerza de sus sentimientos con una riqueza iconográfica sin precedentes; el decorativismo, relegado a un segundo plano, se somete a la fuerza del color. En 1436, Van der Weyden está documentado en Bruselas como pintor oficial de la ciudad, donde tuvo un taller con numerosos ayudantes y discípulos, desde el que ejerció una gran influencia no sólo en los pintores flamencos, sino en muchos pintores europeos de la época. Además de unos retablos sobre la Justicia para el Ayuntamiento de Bruselas (perdidos), se le deben innumerables obras de temática religiosa (*Tríptico de la Virgen, Tríptico Miraflores*) y retratos (*Jóvenes mujeres, Francesco de Este*); en éstos, la representación naturalista de los rasgos de los personajes está sublimada por sutiles efectos luminosos. En 1450 viajó a Roma para ganar el jubileo y después visitó algunas otras ciudades italianas; fue su único desplazamiento fuera de Bruselas, o al menos, el único del que se tiene noticia.

VAN DYCK, ANTON *(Amberes, 1599-Londres, 1641) Pintor flamenco.* En el panorama del siglo XVII flamenco, Van Dyck es el pintor más destacado después de Rubens, con quien no rivalizó porque ambos artistas se movieron en campos distintos: mientras el último se centró sobre todo en la pintura

▶ Retrato de una familia, *cuadro pintado por Anton* **Van Dyck** *en 1621, que representa a una familia no identificada; la composición resulta audaz por el repentino giro de cabeza de la niña para mirar a su padre.*

religiosa y mitológica (aunque cultivó todos los géneros), Van Dyck se especializó en el retrato, y por sus retratos se le recuerda, a pesar de ser también autor de otro tipo de obras. Se formó en su ciudad natal, en el taller de Hendrick van Balen, y trabajó por su cuenta algunos años, antes de entrar en el estudio de Rubens como colaborador en 1618. Pese a ser ya un artista formado, el estilo de Rubens ejerció en él una profunda influencia, como se advierte sobre todo en algunas obras de los primeros años, que guardan un gran paralelismo con algunas realizaciones de aquél, en particular retratos. Después de una breve estancia en Londres en 1620, se trasladó a Italia en 1621 y se estableció en Nápoles, aunque visitó los principales centros artísticos del país. La estancia en Italia influyó en la evolución de su estilo, que se hizo menos barroco, de composición más clasicista. Gozan de merecida fama los numerosos retratos que realizó de los aristócratas genoveses, a los que muestra como hombres orgullosos y seguros de sí mismos, a veces en interiores y a veces sobre fondos de paisaje. De su estancia en Italia se conserva también un interesante álbum de esbozos, que recoge sus impresiones del país. En 1628 regresó a Amberes y cuatro años más tarde se trasladó a Londres, donde desempeñó hasta su muerte el cargo de pintor de Carlos I. Más de cuatrocientos retratos de la monarquía y la aristocracia londinense dan pruebas de su buen hacer de aquellos años. Aunque menos conocidos, son interesantes así mismo sus paisajes y acuarelas de esa época. Su influencia fue profunda y duradera en Inglaterra, y se extendió también a muchos otros países europeos.

VAN EYCK, JAN (*Maaseyck, actual Bélgica, h. 1390-Brujas, id., h. 1441*) *Pintor flamenco.* Sin duda, el suyo es el más conocido entre los nombres de los pintores primitivos flamencos, una fama de la que ya gozaba a su muerte; hoy se le sigue considerando uno de los grandes maestros de la pintura. Durante mucho tiempo se le atribuyó la invención de la técnica pictórica del óleo,

▲ *Matrimonio Arnolfini,*
uno de los cuadros más
famosos de Jan van Eyck,
cuya representación
de interiores burgueses
prefigura la pintura
flamenca y holandesa
del s. XVII.

JAN VAN EYCK

OBRAS MAESTRAS

ADORACIÓN DEL CORDERO MÍSTICO (1426-1432; catedral de San Bavón, Gante); *EL HOMBRE DEL TURBANTE ROJO* (1433; National Gallery, Londres); *MATRIMONIO ARNOLFINI* (1434; National Gallery, Londres); *LA VIRGEN DEL CANCILLER ROLIN* (h. 1435; Museo del Louvre, París); *LA VIRGEN DEL CANÓNIGO VAN DER PAELE* (1436; Museo de Amberes); *SANTA BÁRBARA* (1437; Museo de Amberes).

pero en la actualidad se piensa más bien que la llevó a unos niveles de perfección elevadísimos, desconocidos antes de él. Trabajaba los colores al óleo pacientemente, a veces con la yema de los dedos, hasta plasmar los reflejos luminosos de los objetos y el aspecto cambiante de la luz. Trabajó en La Haya para Juan de Baviera y más tarde en Lille como pintor de corte de Felipe *el Bueno,* a quien permaneció vinculado durante toda su vida. En 1430 se estableció en Brujas, donde vivió hasta su muerte. Dos años más tarde, en 1432, acabó la que se considera su obra maestra, el gran retablo de la *Adoración del cordero místico,* realizado para la catedral de Gante. Esta obra presenta, no obstante, problemas de atribución, ya que incluye una inscripción en el marco según la cual fue ejecutada por Hubert y Jan van Eyck. El problema radica principalmente en lo oscuro de la figura de Hubert, al cual no se atribuye ninguna otra obra y de quien nada se sabe con certeza, hasta el punto de que algunos especialistas han llegado a dudar de su existencia. Se le atribuyen unas veinte pinturas más, muchas de las cuales no han llegado hasta nosotros. Las que han sobrevivido son retratos y cuadros religiosos. Entre los primeros, el más conocido es *El matrimonio Arnolfini,* ambientado en un interior de la época repleto de pequeños detalles. Gracias a la riqueza del empaste, el artista fue capaz de reproducir a la perfección en esta obra las texturas más diversas, desde el pelo sedoso del perrillo situado en primer término al latón pulido de la lámpara y la superficie convexa del espejo del fondo, donde el pintor da una segunda versión de la escena al mismo tiempo que crea efectos de profundidad. *El hombre del turbante rojo* se considera un autorretrato del artista; la representación del modelo, impasible como todos los de Van Eyck, no resulta tan interesante como la reproducción del espléndido turbante con que se toca. *La Virgen del canciller Rolin* y *La Virgen del canónigo Van der Paele* son las dos obras que se le conocen de temática religiosa.

VAN GOGH, VINCENT → Gogh, Vincent van.

VAN OSTADE, ADRIAEN *(Haarlem, Países Bajos, 1610-id., 1685) Pintor holandés.* Alumno de F. Hals y condiscípulo de A. Brouwer, su pintura es sobre todo deudora de la de este último. Trabajó siempre en su ciudad natal, donde alcanzó una gran popularidad con sus escenas de género, en las que se refleja la vida de los campesinos de la época, en particular sus momentos de diversión: bailes, escenas de taberna, juegos, etc. Su estilo, imbuido de naturalismo y expresividad, evolucionó desde unos comienzos dominados por las tonalidades marrones y los contrastes de claroscuro hacia una etapa final de colorido más alegre y luces menos contrastadas. Su prolífica producción incluye así mismo acuarelas, aguafuertes y dibujos. Su hermano Isaak fue pintor de paisajes invernales.

VAN'T HOFF, JAKOBUS HENDRIKUS *(Rotterdam, Países Bajos, 1852-Berlín, 1911) Químico holandés.* Estudió en Leiden, Bonn y París, y fue profesor en Amsterdam y Berlín (1896). Considerado uno de los precursores de la estereoquímica, a fin de explicar las dos formas isómeras del ácido tartárico y otros casos de isomerismo óptico, propuso en 1874, al mismo tiempo que A. Le Bel, la hipótesis del carbono tetraédrico asimétrico. Posteriormente llevó a cabo estudios sobre afinidad química y sobre cinética de las reacciones. Mediante la aplicación de conceptos termodinámicos al estudio de los equilibrios químicos, determinó la relación entre constante de equilibrio y temperatura absoluta (ecuación o isocora de Van't Hoff). Hizo además investigaciones sobre el comportamiento de disoluciones diluidas, evidenciando ciertas analogías con los gases, e introdujo el concepto de presión osmótica. Fue galardonado con el Premio Nobel de Química en 1901.

VARELA, FÉLIX *(La Habana, 1788-San Agustín de la Florida, Cuba, 1853) Eclesiástico y político cubano.* Fue ordenado sacerdote en 1811 y, tras una primera etapa como catedrático en la universidad, durante la cual escribió algunos tratados filosóficos, en 1822 fue nombrado diputado a las Cortes españolas, cargo desde el cual luchó por la autonomía cubana y la abolición de la esclavitud. Tras su victoria en 1824, los absolutistas lo condenaron a muerte, ya que había votado a

▲ *El político brasileño Getúlio* **Vargas***.*
La insurrección que le llevó al poder tras las elecciones que perdió en 1930 le sirvió para instaurar un régimen dictatorial en Brasil hasta 1954, año en que se suicidó.

▼ *En la pintura* Concierto rústico, *que se halla en el Museo del Prado de Madrid, Adriaen* **Van Ostade** *ilustra una escena de taberna, con los personajes centrales iluminados y el resto en sombra.*

favor de la incapacitación de Fernando VII. Se exilió entonces en Nueva York, desde donde continuó difundiendo sus ideales políticos y sociales a través de la revista *El Habanero* (1824-1825), fundada por él, y en 1839, con la protesta del gobierno español, fue elegido vicario apostólico de la diócesis de Nueva York.

VARGAS, GETÚLIO *(São Borjas, Brasil, 1883-Río de Janeiro, 1954) Político brasileño.* Nacido en el seno de una familia acomodada y con larga tradición en la política brasileña, en su juventud se sintió atraído por la carrera de las armas, y a los dieciséis años de edad se alistó en el ejército. Sin embargo, pronto cambió de opinión, y tras abandonar la milicia se matriculó en la Escuela de Derecho de Pôrto Alegre. Tras licenciarse, en 1908, inició su trayectoria política. En 1922 fue elegido diputado del Congreso y en 1926, el presidente Washington Luis Pereira de Souza lo nombró ministro de Finanzas, cargo que desempeñó hasta su elección, en 1928, como gobernador de Rio Grande do Sul, su estado natal. Aprovechó el cargo para presentarse, sin éxito, como candidato a la presidencia de Brasil en las elecciones de 1930. Pareció aceptar la derrota, pero a poco de la confrontación electoral lideró una revuelta que lo llevó a la jefatura del Estado. Gobernó, casi siempre haciendo caso omiso del Congreso, durante los 14 años siguientes, en los cuales creó un régimen autoritario de corte moderadamente populista. En 1934, para maquillar la situación, se hizo elegir presidente por una Asamblea Constituyente en la que tan sólo estaban presentes sus partidarios. Tres años después, un nuevo golpe de Estado acabó con dicha Asamblea y dio paso a la implantación, por parte de Vargas, del llamado Estado Nôvo, que iba a regir hasta 1945, fecha en que una nueva intentona golpista lo alejó del poder. Con todo, conservó su influencia y el apoyo popular y consiguió, en las elecciones de 1951, ser reelegido presidente. Permaneció en el cargo hasta mediados de 1954, año en que una intensa campaña contra su política desembocó en su suicidio. Su gobierno se caracterizó por la industrialización y modernización del país y por la introducción de mejoras sociales, aunque éstas no llegaron a las zonas rurales más desfavorecidas.

◀▼ *El escritor Mario* **Vargas Llosa** *durante una intervención pública. El autor de* La ciudad y los perros *ha compaginado la escritura con una doble carrera política y académica.*

VARGAS LLOSA, MARIO *(Arequipa, Perú, 1936). Escritor peruano.* Su infancia transcurrió entre Cochabamba, en Bolivia, y las ciudades peruanas de Piura y Lima. A los dieciséis años inició su carrera literaria y periodística con el estreno del drama *La huida del Inca* (1952). Poco después ingresó en la Universidad de San Marcos de Lima, donde cursó estudios de literatura. Viajó a Europa, donde empezó a trabajar en la Radio Televisión Francesa y fue profesor en el Queen Mary College de Londres. Publicó su primera obra, *Los jefes* (1959), con veintitrés años apenas, y con la novela *La ciudad y los perros* (1962) se ganó ya un prestigio entre los escritores que por aquel entonces gestaban el inminente *boom* literario iberoamericano. Estableció su residencia primero en París y luego en Londres, de donde se trasladó a Washington y Puerto Rico. Su madurez como escritor llegó con *La casa verde* (1966), verdadera exhibición de virtuosismo literario, cuya prosa integra abundantes elementos experimentales, tales como la mezcla de diálogo y descripción y la combinación de acciones y tiempos diversos, recursos que empleó también en parte en *Los cachorros* (1967) y en *Conversación en la catedral* (1969), áspero retrato de la dictadura peruana de Manuel Odría. Entre sus novelas posteriores destacan *Pantaleón y las visitadoras* (1973), *La tía Julia y el escribidor* (1977), *La guerra del fin del mundo* (1981), en la que aborda la problemática social y religiosa de Iberoamérica, y *¿Quién mató a Palomino Moreno?* (1986), basada en una investigación policial. Su labor como crítico literario se refleja en sus ensayos *García Márquez: historia de un deicidio* y *La orgía perpetua: Flaubert y Madame Bovary* (1975). En 1976, codirigió con

José María Gutierrez la versión cinematográfica de su novela *Pantaleón y las visitadoras*. En 1977 fue nombrado miembro de la Academia Peruana de la Lengua y profesor de la cátedra Simón Bolívar en Cambridge. Impulsor del partido Frente Democrático, se presentó como cabeza de lista en las elecciones peruanas de 1990, en las que fue derrotado por Alberto Fujimori. Otras obras suyas son *La señorita de Tacna* (1981), *Contra viento y marea* (1983), *Historia de Mayta* (1984) y *El hablador* (1988). En 1994 recopiló sus colaboraciones periodísticas en *Desafío a la libertad,* y en 1997 apareció su novela erótica *Los cuadernos de don Rigoberto,* en la misma línea de su anterior *Elogio de la madrastra* (1988). Obtuvo el Premio Príncipe de Asturias de las Letras en 1986, el Premio Planeta de 1993 por *Lituma en los Andes* y el Premio Cervantes de 1995. Desde 1984 es miembro de la Real Academia Española.

VARRÓN, MARCO TERENCIO *(Reate, hoy Rieti, actual Italia, 116 a.C.-id., 27 a.C.) Erudito y escritor latino.* Formado en Roma y en Atenas, su extensa producción lo sitúa como el primer gran enciclopedista latino; se calcula que llegó a escribir unos 490 libros, de los que sólo se han conservado 74. Dedicado durante un tiempo a la vida militar, al lado de Pompeyo, de quien llegó a ser lugarteniente, fue nombrado por César director de la biblioteca de Roma para que la ordenara siguiendo el modelo de la de Alejandría. En la producción de Varrón cabe distinguir cuatro grandes bloques: obras de historia antigua, tratados de historia literaria y lingüística (*De lingua latina*), obras de carácter didáctico, entre las que se conserva completo un tratado sobre la agricultura en tres volúmenes, y otras de carácter más personal, como las 150 *Sátiras menipeas,* única obra en verso suya que se conserva.

▼ *Autorretrato de Giorgio* **Vasari**. *Arquitecto, pintor, teórico del arte y biógrafo de artistas, encarna a la perfección la figura del gran humanista italiano del Renacimiento.*

VASARI, GIORGIO *(Arezzo, actual Italia, 1511-Florencia, 1574) Arquitecto, pintor y teórico del arte italiano.* Personalidad destacada de su tiempo, trabajó como arquitecto y como pintor y recibió importantes encargos. Sin embargo, con el paso del tiempo, sus realizaciones prácticas han quedado eclipsadas en buena medida por su obra como teórico, en particular como biógrafo de las principales figuras del Renacimiento italiano. En 1550 publicó la primera edición de sus *Vidas de los más excelentes arquitectos, pintores y escultores italianos,* de la que en 1568 apareció una segunda edición muy ampliada. Esta obra, conocida sencillamente como las *Vidas,*

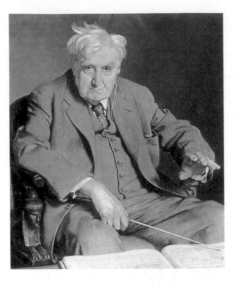

▶ *Ralph **Vaughan-Williams**, cuya obra y carrera musical se halla estrechamente vinculada a los temas folclóricos de la cultura anglosajona.*

constituye un documento inigualable para el conocimiento del período artístico al que se refiere y es, al mismo tiempo, una obra amena, escrita con soltura y salpicada de numerosas anécdotas. Los juicios artísticos que vierte mantienen en casi todos los casos su validez. Como arquitecto, su obra principal fue el palacio de los Uffizi, en Florencia, edificio de un clasicismo simétrico y muy elegante. Sus numerosas realizaciones como pintor no han resistido el paso del tiempo y en la actualidad se consideran artificiosas y carentes de verdadero genio. Se le deben los frescos del gran salón del Palacio de la Cancillería, en Roma (exaltación de la vida del papa Paulo III) y algunos de los frescos decorativos del palacio Vecchio de Florencia.

VASCO DA GAMA → Da Gama, Vasco.

VASCONCELOS, JOSÉ *(Oaxaca, México, 1881-Ciudad de México, 1959) Político, escritor y filósofo mexicano.* En 1907 se licenció en derecho por la Universidad Nacional y presidió el Ateneo de la Juventud. Conspiró contra Porfirio Díaz y luchó a favor de Francisco Madero, para quien realizó labores diplomáticas, para cuya causa buscó apoyos. Durante la revolución fue encarcelado y se vio obligado a exiliarse del país varias veces hasta que, en 1920, el presidente Adolfo de la Huerta lo nombró rector de la Universidad Nacional. Más tarde fundó la Secretaría de Educación Pública y fue su primer titular de 1920 a 1925. En 1929 se presentó a las elecciones para la presidencia de la República, pero fue derrotado por Pascual Ortiz Rubio en un proceso de dudosa legitimidad. En 1940, después de un

▼ *Figura clave del pensamiento latinoamericano, José **Vasconcelos** expuso su ideario político en numerosas obras.*

largo exilio, regresó a México para ocupar el cargo de director de la Biblioteca Nacional. Su obra literaria, abundante y variada, incluye libros de filosofía, sociología, historia y textos autobiográficos. Entre sus títulos más importantes destacan *Pitágoras, una teoría del ritmo* (1916), *Prometeo vencedor* (1920), *La raza cósmica* (1925), *Indología* (1926), *Bolivarismo y monroísmo* (1934), *Ulises criollo* (1935), *Breve historia de México* (1937), *Hernán Cortés* (1941) y *Lógica orgánica* (1945).

VAUGHAN-WILLIAMS, SIR RALPH *(Down Ampney, Reino Unido, 1872-Londres, 1958) Compositor y director de orquesta británico.* Sin que pueda llegar a considerarse un compositor nacionalista, la labor llevada a cabo por Ralph Vaughan-Williams en el estudio del folclor de las islas Británicas dejó una importante impronta en su obra creativa desde prácticamente el inicio de su carrera; *Fantasia on Greensleeves* (1934) es la partitura más significativa a este respecto. Incansable investigador, se interesó también por la música inglesa antigua y barroca, que parafraseó en su célebre *Fantasía sobre un tema de Thomas Tallis* (1910). Autor prolífico, Vaughan-Williams cultivó todos los géneros, con una especial dedicación a la ópera y la música para orquesta: *Hugh the Drover* (1914), *Sir John in Love* (1929) y *The Pilgrim's Progress* (1951) son algunos de los títulos que dio a la escena. De su producción orquestal cabe citar sus nueve sinfonías y la romanza para violín *The Lark Ascending* (1920). Así mismo, se le deben algunas partituras para el cine, como *Scott of the Antarctic* (1948).

VÁZQUEZ DE CORONADO, FRANCISCO *(Salamanca, 1510-?, 1554) Explorador español.* Nacido en el seno de una familia de hidalgos, en 1535 emprendió un viaje a Nueva España, con el virrey Mendoza. Tres años después de su llegada fue nombrado gobernador de Nueva Galicia. Sofocó una revuelta indígena en Culiacán y evitó con ello la retirada de los españoles, contribuyendo además al esplendor de ciudades como Guadalajara. Cuando llegaron a México noticias sobre las fabulosas «siete ciudades de Cíbola y Quivira», situadas al norte de Nuevo México, que, según la leyenda, acumulaban inmensas riquezas, Vázquez partió hacia allí al mando de una expedición ordenada por el virrey Mendoza. Tras dos meses y medio de viaje, llegó a Cíbola y comprobó la falsedad de los prometedores relatos: las siete ciudades no eran sino un desierto habitado por gentes que vivían sumidas en la pobreza. Sabedor de que había otras tierras habitadas en la zona, delegó su exploración en Pedro de Tovar, quien descubrió otras siete ciudades, más populosas que Cibola. Poco después, otros miembros de la expedición descubrían el Gran Cañón y la boca del Colorado, el golfo de California y la región de Tiguex, a orillas del Río Grande del Norte. En esta última se instaló Vázquez durante los inviernos de 1540 y 1541, aún convencido de que podía hallar Quivira. Con este propósito abandonó Tiguex en 1541 y recorrió las llanuras entre el Mississippi y las Montañas Rocosas hasta llegar a la actual Kansas.

VEBLEN, THORSTEIN (*Manitowoc, EE UU, 1857-Menlo Park, id., 1929*). *Economista y sociólogo estadounidense.* Se licenció en filosofía por la Universidad Johns Hopkins y se doctoró por la de Yale. Sin poder encontrar trabajo como profesor, se matriculó de nuevo en la Universidad de Cornell, donde conoció a J. L. Laughlin, quien le invitó a ingresar en el departamento de economía de la recién creada Universidad de Chicago. En 1899 apareció su obra más famosa, *La teoría de la clase ociosa*, en la que Veblen analizó la estructura económica de su época desde la óptica del darwinismo, y criticó mordazmente la ostentación que de su estatus social hacían constante gala las clases más favorecidas. Profundizó en el análisis del contraste entre la racionalidad del proceso productivo industrial y la irracionalidad en el ámbito de las decisiones financieras en la obra *Teoría de la empresa económica* (1904).

VEGA Y CARPIO, LOPE FÉLIX DE (*Madrid, 1562-id., 1635*) *Poeta, novelista y dramaturgo español.* Conocido como *el Fénix de los Ingenios* y *Monstruo de la Naturaleza* (así lo llamó el propio Cervantes no sin cierta sorna), era hijo del artesano Félix de Vega y Carpio y de Francisca Fernández Flores. Los primeros años de su vida transcurrieron en la ciudad de Sevilla, junto a su tío; estudió con los jesuitas y más tarde en las universidades de Alcalá y Salamanca. En 1583 participó como soldado en una expedición militar a las Azores a las órdenes de Álvaro de Bazán. Por entonces, siendo todavía muy joven, se enamoró de Elena Osorio, mujer casada con quien mantuvo una tormentosa relación, a cuyo término fue des-

▲ *Retrato de Lope Félix de Vega y Carpio, uno de los grandes dramaturgos de la historia de la literatura española, autor de una extensa obra teatral que consta de 426 títulos, además de su producción vinculada a otros géneros.*

LOPE FÉLIX DE VEGA Y CARPIO

OBRAS MAESTRAS

TEATRO: *PERIBÁÑEZ Y EL COMENDADOR DE OCAÑA* (1608); *EL VILLANO EN SU RINCÓN* (1611); *LA DAMA BOBA* (1613); *FUENTEOVEJUNA* (1614); *EL PERRO DEL HORTELANO* (1615); *LA ESTRELLA DE SEVILLA* (1617); *EL CASTIGO SIN VENGANZA* (1634); *EL MEJOR ALCALDE, EL REY* (1635); *EL CABALLERO DE OLMEDO* (1641). **NOVELA:** *LA ARCADIA* (1598); *LAS FORTUNAS DE DIANA* (1621); *LA DOROTEA* (1632). **POESÍA:** *LA DRAGONTEA* (1598); *RIMAS* (1602); *LA HERMOSURA DE ANGÉLICA* (1602); *LA JERUSALÉN CONQUISTADA* (1609); *RIMAS SACRAS* (1614); *LA GATOMAQUIA* (1634); *RIMAS HUMANAS Y DIVINAS DEL LICENCIADO TOMÉ DE BURGUILLOS* (1634); *VEGA DEL PARNASO* (1637).

terrado de Madrid por la justicia a causa de haber difundido una serie de libelos difamatorios contra Elena y su familia. Afincado en Valencia, se casó por poderes con Isabel de Urbina, la Belisa de sus poemas. La pretensión de Lope de haber participado en la expedición de la Armada Invencible no ha sido confirmada por los especialistas. Junto a su esposa Isabel vivió en Valencia y Alba de Tormes, como protegido del duque de Alba, hasta el fallecimiento de ella en 1595, año en que regresó de nuevo a Madrid tras haberle sido levantado el castigo de destierro. En medio de una incesante producción literaria y teatral, Lope se entregó de nuevo a una vida de amoríos: fue procesado por amancebamiento con Antonia de Trillo y mantuvo relaciones adúlteras con Micaela Luján, con quien tuvo cinco hijos, lo cual no fue óbice para que en 1598 contrajera nuevo matrimonio con Juana de Guardo. La ruptura de su relación con Micaela (1608) se tradujo en una crisis de arrepentimiento y una serie de poemas religiosos. Nuevamente viudo en 1613, en 1614 se ordenó sacerdote e inició poco después relaciones con la joven Marta de Nevares, quien le daría dos hijos y cuya ceguera y trastorno mental, desde 1623 hasta su muerte, en 1632, veló abnegadamente el poeta. Amargaron los últimos años de su vida esta y otras tragedias familiares, sobre todo la huida de una de sus hijas tras sustraerle diversas joyas y objetos de valor, y la muerte de otro de sus hijos. El entierro de Lope originó grandes muestras de fervor popular, dada la inmensa fama de que gozaba el literato como autor teatral y como poeta. Lope cultivó todos los géneros vigentes en su tiempo, con una versatilidad y capacidad de producción casi increíbles: afirmaba haber escrito cerca de 1 500 obras teatrales, de las que se conservan 426. La mayoría están inspiradas en leyendas e historias populares, y en ellas la acción domina sobre los personajes y el contenido filosófico y moral. Rompió con el teatro renacentista de inspiración clásica y con las tres unidades de lugar, tiempo y acción, relativizó las diferencias entre los géneros trágico y cómico e introdujo en el teatro español la figura del gracioso, contrapunto humorístico de los personajes centrales; utilizó también la polimetría para adaptarse a los distintos momentos y exigencias de la trama. Es el verdadero artífice del teatro nacional o comedia española, que se convertiría en modelo de los autores posteriores; su visión del teatro la plasmó en el *Arte nuevo de hacer comedias*, en el que defendía el uso de un lenguaje cercano al pueblo, pues a él iban dirigidas las obras. Como prosista, escribió novela pastoril y bizantina, y en este campo su mejor obra quizá sea *La Dorotea* (1632), donde recuerda desde la vejez sus amores casi adolescentes con Elena Osorio, a través de una estructura similar a la de *La Celestina*. Su obra lírica, más innovadora en forma y contenido, sigue los modelos de la épica de Torquato Tasso, aunque abordó otros géneros como la sátira o la lírica. Convertido en una figura popular en su propio tiempo, es innegable la influencia que ha tenido en la literatura posterior española, muy especialmente en el teatro.

VEINTEMILLA, IGNACIO DE *(Quito, 1830-Lima, 1909) Político y militar ecuatoriano*. En 1865, el presidente de la República, Jerónimo Carrión, lo nombró ministro de Guerra y Marina, cargo que ocupó hasta 1867. Poco después, en 1869, encabezó un golpe de Estado destinado a derrocar al presidente Gabriel García Moreno. La intentona, sin embargo, no fructificó, y Veintemilla, detenido, fue juzgado y condenado al exilio. Se trasladó a Europa, donde permaneció hasta 1875, fecha en que regresó a su país para ponerse al frente de las tropas liberales y enfrentarse a Antonio Borrero, quien poco antes había sustituido al asesinado García Moreno. El 8 de septiembre de 1876, sus tropas consiguieron deponer a Borrero, tras lo cual el propio Veintemilla pasó a ocupar el poder. Si bien siempre había luchado contra las prácticas dictatoriales que habían caracterizado la presidencia de García Moreno, su gobierno fue adoptando progresivamente formas no constitucionales y alejadas del Estado de derecho. Ello motivó un creciente descontento hacia su política, tanto entre las filas conservadoras como entre las liberales. En el intento de atajar la situación y evitar la pérdida de apoyos políticos, lo cual ponía en peligro su continuidad al frente del gobierno, Veintemilla no dudó en dar un golpe de Estado y autoproclamarse dictador. Sin embargo, el rechazo y la presión popular no le permitieron consumar su propósito, y en 1883 fue depuesto por una revuelta militar. Sin embargo, se aseguró los fondos económicos necesarios para poder trasladarse al exilio. En Guayaquil, donde se había refugiado antes de abandonar el país, ordenó emplazar un cañón frente a la sede local del Banco de Ecuador, a cuyo ge-

> *«A mis soledades voy / de mis soledades vengo, / porque para andar conmigo / me bastan mis pensamientos.»*
>
> **Lope de Vega**
> *La Dorotea*

rente ordenó que le entregase 200.000 pesos. Ante la coacción, dicho gerente no tuvo más remedio que darle el dinero, con el cual Veintemilla se exilió en Perú, país en el que permaneció hasta su fallecimiento.

VELASCO, JOSÉ MARÍA *(Temascalcingo, México, 1840-Guadalupe, id., 1912) Pintor mexicano*. Desde muy joven mostró talento para la pintura, y con sólo dieciocho años obtuvo una plaza de profesor de perspectiva en la Academia de San Carlos, donde había ingresado poco antes. Se sintió atraído por la botánica, y fruto de esta afición fue la publicación del libro *La flora en el valle de México*. Trabajó como dibujante en el Museo Nacional, y hacia 1882 entró en contacto con la fotografía, por la que se apasionó. Estuvo en relación con el impresionismo francés, movimiento que ejerció gran influencia sobre su trabajo. Sus cuadros, en su mayor parte paisajes, destacan por un marcado acento romántico que busca exaltar la naturaleza. Entre sus telas más conocidas están *Valle de México, Templo de San Bernardo, Luces sobre el lago* y *El puente de Metlac*. En 1889 obtuvo la Medalla de la Exposición Universal de París.

VELASCO, JOSÉ MIGUEL *(Santa Cruz de la Sierra, actual Bolivia, 1795-id., 1859) Militar y político boliviano*. Tras tomar parte activa en la guerra de Independencia hispanoamericana, integró los primeros gobiernos de la recién creada República de Bolivia. En 1837 fue nombrado presidente de la Confederación Perú-boliviana, cargo que ocupó hasta 1839. Ese mismo año se sublevó contra el mariscal Andrés de Santa Cruz, favoreciendo con ello la extinción de la Confederación. Tras diversas alternativas en el conflicto civil con los santacrucistas y ante la amenaza de una invasión peruana, entregó el poder al general Ballivián. En febrero de 1848 accedió de nuevo a la presidencia con

▼ *Entre los numerosos cuadros dedicados por José María* **Velasco** *a la ciudad de México destaca esta vista del valle desde las lomas de Tauhaya.*

el apoyo de Belzú, pero pocos meses más tarde fue derrocado por éste y se vio obligado a huir a Argentina. Desde allí trató infructuosamente de acabar con el régimen; en 1857, tras el acceso de Linares a la presidencia, regresó de nuevo a su país.

VELASCO, JUAN DE *(Riobamba, Ecuador, 1727-Faenza, Italia, 1792) Historiador y escritor ecuatoriano.* A los veintidós años ingresó en la Compañía de Jesús, y con motivo del decreto de exclusión ordenado por Carlos III se vio obligado a abandonar el país, instalándose en Italia. Llevó a cabo minuciosos estudios históricos, dando forma a obras en las que mezcla la realidad histórica con la anécdota e incluso la leyenda. Cabe citar *Historia del reyno de Quito en la América meridional* (1841-1844), en la que, interesadamente, hace un elogio de la labor colonizadora española con el fin de congraciarse con Carlos III. Es autor también de obras de interés geográfico (*Carta geográfica del reino de Quito*) y lexicográfico (*Vocabulario peruano-quitense*), así como de poesías (*Colección de poesías varias*, 1790).

VELASCO IBARRA, JOSÉ MARÍA *(Quito, 1893-íd., 1979) Político ecuatoriano.* A lo largo de su carrera política fue en cinco ocasiones presidente de la República, en cuatro de las cuales fue derrocado al poco tiempo, siempre como representante de la facción conservadora. Durante su mandato más prolongado (1952-1956), para el que fue elegido como candidato independiente, se manifestó como un gobernante autoritario y dictatorial. Suspendió la Constitución de 1945, firmada bajo la alianza de socialistas y comunistas, y aplicó la de 1946, elaborada durante su segundo mandato, hasta que un golpe de Estado frustrado (1971) le obligó a atenuar la radicalización que estaba llevando a cabo. No obstante, un nuevo golpe de Estado, en febrero de 1972, puso fin a su legislatura. Se exilió entonces en Argentina, donde residió hasta poco antes de su muerte.

VELÁZQUEZ, DIEGO DE *(Cúellar, España, 1465-Santiago de Cuba, 1524) Conquistador español.* Tomó parte en el segundo viaje de Colón, en 1493, y en los años siguientes dirigió la conquista y colonización de la isla de Cuba desde la base de Baracoa, fundada en 1512. En esta labor se mostró muy

▲ Las Meninas, *una de las grandes obras de la historia del arte, pintada por Diego de Silva* **Velázquez** *en 1656. Junto a* El Quijote *y las obras de Shakespeare, la crítica ha querido ver en ella la entrada en el mundo de la representación de los tiempos modernos.*

comedido en su trato con los indígenas, y prefirió utilizar la diplomacia antes que las armas. Tras haber consolidado la posición española mediante el establecimiento de diversos enclaves, como La Habana, Bayamo, Sancti Spiritus y Santiago de Cuba, lugar donde instaló su capital, Diego Velázquez centró su atención en la costa de Yucatán, lugar al que envió diversas expediciones como las de Hernández de Córdoba, Grijalva y Alvarado. Enfrentado con Hernán Cortés, que se había adentrado en tierra firme, y temeroso de su creciente prestigio, realizó varios e infructuosos intentos de apartarle del mando de su expedición a México.

VELÁZQUEZ, DIEGO DE SILVA *(Sevilla, 1599-Madrid, 1660) Pintor español.* Además de ser la personalidad artística más destacada de su tiempo, Velázquez es también la figura culminante del arte español, sin rival hasta los tiempos de Goya. Realizó su aprendizaje en Sevilla, en el taller de Pacheco, con cuya hija casó en 1617. Cuando todavía era un adolescente, pintó algunas obras religiosas (*La Inmaculada Concepción*, *La Adoración de los Reyes Magos*) con un realismo inusual y pronunciados efectos de claroscuro. A la misma época pertenece una serie de obras de género con figuras de prodigiosa intensidad y una veracidad intensísima en la reproducción tanto de los tipos humanos como de los objetos inanimados; entre otros ejemplos se pueden citar *Vieja friendo huevos* y *El aguador de Sevilla*. También por entonces pintó inusitados cuadros de temática religiosa ambientados en escenarios cotidianos, como *Cristo en casa de*

DIEGO DE SILVA VELÁZQUEZ
OBRAS MAESTRAS

LA INMACULADA CONCEPCIÓN (h. 1618, National Gallery, Londres); *VIEJA FRIENDO HUEVOS* (1618, National Gallery, Edimburgo); *CRISTO EN CASA DE MARTA* (1618; National Gallery, Londres); *LA ADORACIÓN DE LOS REYES MAGOS* (1619; Museo del Prado, Madrid); *EL AGUADOR DE SEVILLA* (h. 1620; Wellington Museum, Londres); *CRISTO EN EMAÚS* (Galería Nacional de Irlanda, Dublín); *SOR JERÓNIMA DE LA FUENTE* (1621; Museo del Prado, Madrid); *FELIPE IV* (1623-1626; Museo del Prado, Madrid); *LOS BORRACHOS* O *EL TRIUNFO DE BACO* (1628-1629; Museo del Prado, Madrid); *LA FRAGUA DE VULCANO* (1630; Museo del Prado, Madrid); *LA TÚNICA DE JOSÉ* (1630; Monasterio de El Escorial); *BALTASAR CARLOS CON SU ENANO* (1632; Museo de Boston); *LA RENDICIÓN DE BREDA* (1634; Museo del Prado, Madrid); *BALTASAR CARLOS A CABALLO* (1635; Museo del Prado, Madrid); *PABLILLOS DE VALLADOLID* (1635-1640; Museo del Prado, Madrid); *EL NIÑO DE VALLECAS* (1636-1640; Museo del Prado, Madrid); *JUAN DE PAREJA* (1650; Metropolitan Museum, Nueva York); *INOCENCIO X* (1650; Galería Doria, Roma); *VENUS DEL ESPEJO* (h. 1647-1651; National Gallery, Londres); *LAS MENINAS* (1656; Museo del Prado, Madrid); *LAS HILANDERAS* (1657; Museo del Prado, Madrid).

Marta o *Cristo en Emaús*; de hecho, la capacidad de convertir las escenas religiosas en algo cercano y realista constituye una característica del barroco sevillano que Velázquez legó a otros artistas de su tiempo. Estas obras, de un estilo por lo demás muy distinto del de su época de madurez, le valieron cierta reputación, que llegó hasta la corte, por lo que en 1623 fue llamado a Madrid por el conde-duque de Olivares, valido de Felipe IV, para que pintara un retrato del rey; tanto gustó la obra al soberano que lo nombró pintor de corte. Comenzó así para Velázquez una larga y prestigiosa carrera cortesana, a lo largo de la cual recibió destacados títulos, como los de ujier de cámara y caballero de la Orden de Santiago. Desde su nombramiento oficial hasta el final de sus días pintó numerosos retratos de Felipe IV y de diversos miembros de su familia, a pie o a caballo. Se trata de obras de gran realismo y excepcional sobriedad en las que el magistral empleo de la luz sitúa los cuerpos en el espacio y hace vibrar a su alrededor una atmósfera real que los envuelve. Los fondos, muy densos al principio, se suavizan y aclaran luego, con el paso del tiempo. En los retratos femeninos (el de Mariana de Austria, por ejemplo), el artista se recrea en los magníficos vestidos, en los que muestra sus grandes cualidades como colorista. La culminación de su carrera como retratista es *Las Meninas*, considerada por algunos como la obra pictórica más importante de todos los tiempos. Hay que destacar igualmente las incomparables series de enanos y tullidos de la corte. Velázquez realizó dos viajes a Italia, uno en 1629-1631 y otro en 1648-1651. En ambos produjo obras importantes: *La túnica de José* y *La fragua de Vulcano* en el primero; los retratos de *Juan de Pareja* y de *Inocencio X* en el segundo; el del Papa es un retrato portentoso, dotado de una vivacidad, una intensidad y un colorismo excepcionales. Al genio sevillano se debe también una obra maestra de la pintura histórica, *La rendición de Breda*, pintada en 1634 para el Salón de Reinos del palacio del Buen Retiro de Madrid. El mérito de la obra reside en la ausencia del engolamiento habitual en los cuadros de temática histórica y en la plasmación de las facetas más humanas del acontecimiento; la composición admirablemente resuelta y la atmósfera de extraordinario realismo han hecho de esta obra una de las más conocidas del maestro. Artista prolífico, dejó también importantes creaciones de temática religiosa (*Cristo crucificado*) y algunas de tema mitológico en clave cotidiana, como *Los borrachos* o *Las*

▼ Cristo crucificado, *pintado por Diego **Velázquez** en los años 1631-1632, obra cumbre del artista sobre temática religiosa.*

hilanderas, ésta una de las obras capitales del artista por la perfección que alcanza en ella la perspectiva aérea. El tono de cotidianeidad, de acontecimiento vivo, confiere a estas realizaciones un particular atractivo. De temática mitológica es así mismo la magistral *Venus del espejo*, el único desnudo femenino que pintó y uno de los pocos de la historia de la pintura española. Poco conocido fuera de España hasta el siglo XIX, hoy es considerado uno de los grandes genios de la pintura universal.

VENTURI, GIOVANNI BATTISTA *(Bibiano, actual Italia, 1746-Reggio nell'Emilia, id., 1822) Físico italiano.* Fue profesor de la Escuela de Ingenieros militares de Módena y de la Universidad de Pavía. Su nombre está ligado a las investigaciones en el campo de la mecánica de fluidos, en el curso de las cuales consiguió importantes resultados en el estudio del movimiento de los líquidos en los troncos convergentes de un conducto. Basándose en estos estudios, el físico estadounidense C. Herschel realizó el dispositivo de medición conocido como tubo de Venturi, que presenta un estrangulamiento cónico en su extremo de salida y que, por aplicación del teorema de Bernoulli, permite –a partir de la diferencia de presión entre la sección normal y la sección estrangulada– determinar el caudal del fluido que lo atraviesa. Venturi realizó así mismo estudios en el campo óptica –en particular sobre teoría de los colores– y en el de la acústica.

VERDAGUER, JACINTO *(Folgueroles, España, 1845-Vallvidrera, id., 1902) Poeta español en lengua catalana.* Se dio a conocer como poeta en los Juegos Florales de Barcelona de 1865, en los que obtuvo dos premios. Ordenado sacerdote en 1870, pronto entró al servicio del marqués de Comillas; por esos años realizó un viaje a La Habana (1874-1876), durante el cual escribió *La Atlántida* (publicada en el año 1877), la más ambiciosa de sus epopeyas, en la que canta la desaparición del mítico continente. La fama obtenida gracias a esta obra y su creciente éxito literario y popular le animaron a escribir una segunda epopeya, *Canigó* (1886), esta vez dedicada a los orígenes de Cataluña. Realizó un viaje a Tierra Santa (1886) que provocaría en él una fuerte crisis espiritual, y que le llevaría en los años siguientes a extremar las donaciones que realizaba a cargo del marqués e incluso a realizar exorcismos y prácticas espiritistas. Todo ello motivó la ruptura con su protector e incluso con la jerarquía eclesiástica, y trajo consigo una violenta disputa pública

GIUSEPPE VERDI

OBRAS MAESTRAS

ÓPERAS: *OBERTO, CONTE DI SAN BONIFACIO* (1839); *UN GIORNO DI REGNO* (1840); *NABUCCO* (1842); *I LOMBARDI ALLA PRIMA CROCIATA* (1843); *ERNANI* (1844); *MACBETH* (1847); *LUISA MILLER* (1849); *RIGOLETTO* (1851); *IL TROVATORE* (1853); *LA TRAVIATA* (1853); *SIMON BOCCANEGRA* (1857); *UN BALLO IN MASCHERA* (1859); *LA FORZA DEL DESTINO* (1862); *DON CARLO* (1867); *AIDA* (1871); *OTELLO* (1887); *FALSTAFF* (1893). **MÚSICA DE CÁMARA:** *CUARTETO DE CUERDA EN MI MENOR* (1873). **MÚSICA VOCAL Y CORAL:** *INNO DELLE NAZIONI* (1862); *MESSA DA REQUIEM* (1874); *QUATTRO PEZZI SACRI* (1888-1897).

en la que participó el poeta con versos y artículos encendidos; reflejo de los primeros es el volumen *Flores del Calvario* (1895).

VERDI, GIUSEPPE *(Roncole, actual Italia, 1813-Milán, 1901) Compositor italiano.* Coetáneo de Wagner, y como él un compositor eminentemente dramático, Verdi fue el gran dominador de la escena lírica europea durante la segunda mitad del siglo XIX. Su arte, empero, no fue el de un revolucionario como el del alemán, antes al contrario, para él toda renovación debía buscar su razón en el pasado. En consecuencia, aun sin traicionar los rasgos más característicos de la tradición operística italiana, sobre todo en lo concerniente al tipo de escritura vocal, consiguió dar a su música un sesgo nuevo, más realista y opuesto a toda convención no justificada. Nacido en el seno de una familia muy modesta, tuvo la fortuna de contar desde fecha temprana con la protección de Antonio Barezzi, un comerciante de Busseto aficionado a la música que desde el primer momento creyó en sus dotes. Gracias a su ayuda, el joven pudo desplazarse a Milán con el propósito de estudiar en el Conservatorio, lo que no logró porque, sorprendentemente, no superó las pruebas de acceso. Tras estudiar con Vincenzo Lavigna, quien le dio a conocer la música italiana del pasado y la alemana de la época, fue nombrado maestro de música de Busseto en 1836, el mismo año en que contrajo matrimonio con la hija de su protector, Margherita Barezzi. El éxito que en 1839 obtuvo en Milán su primera ópera, *Oberto, conte di San Bonifacio*, le procuró un contrato con el prestigioso Teatro de la Scala. Sin embargo, el fracaso de su siguiente trabajo, *Un giorno di regno*, y, sobre todo, la muerte de su esposa y sus dos hijos, lo sumieron en una profunda depresión en la que llegó a plantearse el abandono de la carrera musical. No lo hizo: la lectura del libreto de *Nabucco* le devolvió el entusiasmo por la composición. La partitura, estrenada en la Scala en 1842, recibió una acogida triunfal, no sólo por los innegables valores de la música, sino también por sus connotaciones políticas, ya que en una Italia oprimida y dividida, el público se sintió identificado con el conflicto recreado en el drama. Con este éxito, Verdi se convirtió en un símbolo de la lucha patriótica por la unificación política del país. *I lombardi alla prima Crociata* y *Ernani* participaron de las mismas características. Son éstos los que el compositor calificó como sus «años de galeras», en los cuales, por sus compromisos con los empresarios teatrales, se vio obliga-

▲ *Arriba, Giuseppe* **Verdi**, *que compuso algunas de las obras más populares de la historia de la ópera, como* Aida, La Traviata *o* Rigoletto, *una edición de la cual se ofrece sobre estas líneas.*

PAUL VERLAINE

OBRAS MAESTRAS

POESÍA: *POEMAS SATURNIANOS (POÈMES SATURNIENS,* 1866); *FIESTAS GALANTES (LES FÊTES GALANTES,* 1869); *LA BUENA CANCIÓN (LA BONNE CHANSON,* 1870); *ROMANZAS SIN PALABRAS (ROMANCES SANS PAROLES,* 1874); *CORDURA (SAGESSE,* 1881); *ANTAÑO Y HOGAÑO (JADIS ET NAGUÈRE,* 1884). **ENSAYO Y AUTOBIOGRAFÍA:** *LOS POETAS MALDITOS (POÈTES MAUDITS,* 1884); *MIS HOSPITALES (MES HÔPITAUX,* 1892); *MIS PRISIONES (MES PRISONS,* 1893); *CONFESIONES (CONFESSIONS,* 1895).

▶ *Retrato de Paul* **Verlaine** *realizado por E. Carrière en 1890, los últimos años del poeta, considerado como uno de los tres grandes maestros del simbolismo francés, junto a Rimbaud y Mallarmé.*

do a escribir sin pausa una ópera tras otra. Esta situación empezó a cambiar a partir del estreno, en 1851, de *Rigoletto*, y, dos años más tarde, de *Il Trovatore* y *La Traviata*, sus primeras obras maestras. A partir de este momento su producción decreció en cuanto a número de obras, pero aumentó en calidad. Y mientras sus primeras composiciones participaban de lleno de la ópera romántica italiana, las escritas en este período se caracterizaron por la búsqueda de la verosimilitud dramática por encima de las convenciones musicales. *Aida* (1871), es ilustrativa de esta tendencia, pues en ella desaparecen las *cabalette*, las arias se hacen más breves y cada vez más integradas en un flujo musical continuo –que no hay que confundir con el tejido sinfónico propio del drama musical wagneriano–, y la instrumentación se hace más cuidada.

VERLAINE, PAUL *(Metz, Francia, 1844-París, 1896) Poeta francés.* Al terminar sus estudios entró a trabajar en el Ayuntamiento de París, al tiempo que frecuentaba los círculos literarios cercanos a Mallarmé, y escribió su primer libro, *Poemas saturnianos*, con manifiesta influencia de Baudelaire. Su matrimonio con Mathilde Mauté, en 1870, se rompió en medio de un gran escándalo, al huir Verlaine con el joven Rimbaud y abandonar a su esposa y su hijo. La pareja vivió en Bélgica y en Londres, fuera de la sociedad y de los convencionalismos, tal como ellos mismos pretendían, hasta que se produjo su ruptura, en 1873. Verlaine hirió de un disparo a Rimbaud, en Bruselas, lo que le costó una condena de dos años de prisión; en este período, el poeta volvió a la fe católica. Aunque publicadas en

JOHANNES VERMEER

OBRAS MAESTRAS

CRISTO EN CASA DE MARTA Y MARÍA (h. 1654-1655, National Gallery of Scotland, Edimburgo); DIANA Y LAS NINFAS (h. 1655-1656, Mauritshuis, La Haya); LA ALCAHUETA (1656, Gemäldegalerie, Dresde); MUCHACHA DORMIDA (h. 1657, Metropolitan Museum, Nueva York); MUCHACHA QUE LEE UNA CARTA (h. 1657, Gemäldegalerie, Dresde); LA CALLEJUELA (h. 1657-1658, Rijksmuseum, Amsterdam); MILITAR Y MUCHACHA SONRIENTE (h. 1658, Frick Collection, Nueva York); LA LECHERA (h. 1658-1660, Rijksmuseum, Amsterdam); LA MUCHACHA CON EL VASO DE VINO (h. 1659-1660, Brunswick); VISTA DE DELFT (h. 1660-1661, Mauritshuis, La Haya); LECCIÓN DE MÚSICA (h. 1660-1661, Frick Collection, Nueva York); LA PESADORA DE PERLAS (h. 1662-1664, Rijksmuseum, Amsterdam); MUCHACHA CON TURBANTE (h. 1665, Mauritshuis, La Haya); EL CONCIERTO (h. 1665-1666, Isabella Stewart Gardner Museum, Boston); MUCHACHA CON FLAUTA (h. 1666-1667, National Gallery, Washington); MUCHACHA CON SOMBRERO ROJO (h. 1666-1667, National Gallery, Washington); EL ASTRÓNOMO (1668, Louvre, París); EL GEÓGRAFO (h. 1668-1669, Städelsches Kunstinstitut, Frankfurt); LA ENCAJERA (h. 1669-1670, Louvre, París); CARTA DE AMOR (h. 1669-1670, Rijksmuseum, Amsterdam); EL TALLER DEL PINTOR (h. 1666-1673, Kunsthistorisches Museum, Viena); ALEGORÍA DE LA FE CATÓLICA (h. 1671-1674, Metropolitan Museum, Nueva York).

▶ El astrónomo, *óleo de Johannes* **Vermeer**, *de 1668, uno de sus pocos cuadros fechados. La mayor parte de las obras del pintor son apócrifas, circunstancia que ha dado lugar a numerosas falsificaciones y especulaciones.*

1874, las *Romanzas sin palabras* habían sido escritas durante su relación con Rimbaud, y en ellas refleja precisamente su escisión personal entre el amor a Mathilde y a Rimbaud. Si Verlaine consideraba la musicalidad como el elemento más importante del verso, el ritmo y la melodía de estas composiciones resultan difícilmente superables, por lo que pronto lo convirtieron en uno de los puntos de referencia del movimiento simbolista. De 1875 a 1877 se dedicó a la enseñanza en el Reino Unido, pero a su regreso a París recayó en el alcoholismo y entró en un estado de desesperación que le llevó a regresar al Reino Unido con su alumno Lucien Létinois. La muerte de éste supuso otro duro golpe para él, que se refugió aún más en la bebida, lo cual se refleja en la menor calidad de su poesía. Tras una breve estancia en la cárcel por intentar estrangular a su madre, se instaló definitivamente en París, donde vivió en la miseria, a pesar de haber sido proclamado maestro de la escuela «decadente».

VERMEER, JOHANNES *(Delft, Países Bajos, 1632-id., 1675) Pintor holandés.* La documentación con la que se cuenta en la actualidad parece demostrar que Vermeer no fue un pintor famoso en su tiempo, pese a lo cual en nuestros días se le considera la gran figura del siglo XVII holandés, después de Rembrandt. Probablemente, lo que más gusta de su arte es lo inusual de la temática, la fuerza de la composición y el empleo de pocos colores, claros y brillantes. Salvo una visita a La Haya en 1672 para actuar como testigo en un pleito, pasó toda su vida en Delft, donde perteneció al gremio de pintores, que dirigió en dos ocasiones. Se cree, sin embargo, que nunca se dedicó profesionalmente a la pintura, sino que

regentó el hostal heredado de su padre y el negocio de marchante de arte legado igualmente por su progenitor. En 1653 casó con Caterina Bolnes, perteneciente a una acomodada familia católica, que le dio once hijos. La necesidad de mantener a una familia tan numerosa le impidió gozar de suficiente desahogo económico, tal como demuestra el hecho de que, un año después de su fallecimiento, la viuda solicitó ser declarada insolvente. Sus obras, realizadas probablemente por el puro placer de pintar, representan escenas de la vida cotidiana, por lo general interiores con una o dos figuras y algunos objetos, plasmados con pinceladas densas y pastosas y con una iluminación que realza el efecto de intimidad y otorga a la escena cierto halo de misterio. Muy pocas de sus creaciones se apartan de esta línea general (algunas escenas religiosas y mitológicas), que es con diferencia la más valorada del artista. Por el rigor de la perspectiva y los reflejos se ha llegado a sugerir que pudo servirse de una cámara oscura para producir sus obras. Creaciones muy destacadas son también los dos únicos paisajes de su mano que se conocen, en particular la *Vista de Delft*, obra que supera las realizaciones de los mejores paisajistas de la época.

VERNE, JULES *(Nantes, Francia, 1828-Amiens, id., 1905) Escritor francés.* En sus inicios fue libretista, y más tarde colaborador de A. Dumas hijo. Tras una serie de tentativas infructuosas como dramaturgo, en 1863 publicó la novela *Cinco semanas en globo*, con la que inauguró la fórmula que habría de hacerle mundialmente famoso. Su extensa producción está integrada por novelas que combinan abundantes dosis de aventura e imaginación con la divulgación científica, además de un contagioso optimismo con respecto a la ciencia y el progreso. Verne es el gran exponente del entusiasmo positivista de la segunda mitad del siglo XIX. Algunas de sus visiones futuristas se refieren a viajes espaciales (*De la Tierra a la Luna*, 1865) o periplos bajo el mar (*Veinte mil leguas de viaje submarino*, 1870) que más tarde se harían realidad, mientras que en otros casos la especulación científica adquiere tintes más fantásticos, como en *Viaje al centro de la Tierra* (1864). Por todo ello se le ha considerado, con justicia, y junto a H. G. Wells, como un precursor del género de ciencia ficción. Sus obras alcanzaron enorme popularidad, y su capacidad de atracción no ha disminuido, tal como certifican las numerosas adaptaciones cinematográficas que de ella se han hecho. Otros títulos de su producción son: *La vuelta al mundo en ochenta días, Viajes extraordinarios, Las tribulaciones de un chino en China, Miguel Strogoff, Los hijos del capitán Grant, La isla misteriosa, Un capitán de quince años, El soberbio Orinoco* y *El amo del mundo.* Dos obras suyas póstumas se publicaron en París en 1989: *El viaje hacia atrás en Inglaterra y Escocia,* y un libro de poemas. Entre 1878 y 1910 se editaron sus obras completas.

VERONÉS, EL [Paolo Caliari] *(Verona, Italia, 1528-Venecia, 1588) Pintor italiano.* Hijo de un modesto picapedrero, a los trece años de edad su padre lo llevó al taller de Antonio Badile, donde se formó en el arte del dibujo. Su primera obra conocida, un retablo para la familia Bevilacqua, la realizó entre 1546 y 1548. Por alguna razón que se desconoce, hacia 1551 decidió trasladarse a Venecia, donde sus colegas le impusieron el apodo de Veronés (por su ciudad de origen) con el que se le conoce habitualmente. Venecia era por entonces una de las ciudades más brillantes de Europa, y el Veronés supo reflejarlo cabalmente en sus obras, en particular en las llamadas «Cenas», en las que la temática religiosa no es más que un pretexto para retratar a la sociedad veneciana: sus tipos, la opulencia de sus fiestas y banquetes. Son estas obras (la *Cena de Simón,* la *Cena de los Servitt,* la *Última Cena*), realizadas a partir de 1561, las que mejor reflejan su arte brillante, pomposo, alegre y lleno de soltura, el arte que lo convirtió en el gran decorador de su tiempo. Su primer encargo oficial en la República de Venecia fueron las pinturas del techo de la Sala del Consejo de los Diez y de la contigua Sala de las Tres Cabezas, en el Palacio Ducal. A continuación se ocupó de la decoración al fresco de la iglesia de San Sebastiano, que consolidó definitivamente su fama. Por entonces conoció a Palladio, que acababa de finalizar la villa de los hermanos Barbaro en Maser, cuya decoración pictórica se le encargó.

VERROCCHIO, IL [Andrea di Michele Cioni] *(Florencia, 1435-Venecia, 1488) Escultor, orfebre y pintor italiano.* Se formó en el taller de Donatello, en cuyas obras se inspiró para los temas a tratar más que en cuanto a las tendencias estilísticas, y con un orfebre, del que heredó el gusto artesanal aplicado al tratamiento de sus obras escultóricas. Tuvo en Florencia un activo y famoso taller, del que salieron tanto esculturas como pinturas y obras de orfebrería; sin embargo, en la actualidad la única faceta de la obra de Il

▲ La cena en casa del fariseo, *cuadro que el **Veronés** realizó para el refectorio del convento de San Sebastiano, aunque desde 1817 se encuentra en la Pinacoteca de Brera de Milán.*

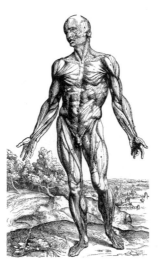

▼ *Lámina anatómica de Andreas **Vesalio** que muestra los músculos superficiales de la cara anterior del cuerpo humano.*

Verrocchio que está bien documentada es la escultura. Sólo una obra pictórica, *El bautismo de Cristo,* se le atribuye con absoluta seguridad, y se sabe que la efectuó con la colaboración de su discípulo más famoso, Leonardo da Vinci. De sus esculturas, las más valoradas son el *David,* de sublime elegancia, y la estatua ecuestre de *Bartolomeo Colleoni,* en la cual sobresale la magnífica plasmación del movimiento

VESALIO O VESALIUS, ANDREAS [Andries van Wiesel] *(Bruselas, 1514-Zante, Grecia, 1564) Médico y pionero de la anatomía flamenco.* Nacido en el seno de una familia de tradición farmacéutica, estudió medicina en la Universidad de Lovaina (1529). En 1533 se trasladó a la Universidad de París, donde aún como alumno alcanzó cierta notoriedad gracias a sus disecciones públicas. Tras una breve estancia en Lovaina viajó a Padua, centro neurálgico de la investigación médica europea, donde en 1537 fue nombrado catedrático de anatomía; entre sus alumnos figuró, entre otros, Gabriele Falloppio. A medida que ampliaba sus conocimientos empíricos sobre anatomía, empezó a cuestionarse muchos de los principios médicos vigentes en su época, que emanaban directamente de la autoridad a la sazón indiscutible del griego Galeno. Partió de la hipótesis de que la doctrina anatómica galénica no procedía de la experiencia directa con cuerpos humanos, perseguida por la religión católica, sino de la extrapolación de observaciones animales, especialmente de monos, perros y cerdos. Alrededor de 1540 empezó a elaborar su propio tratado de anatomía; y para contar con los mejores ilustradores, se desplazó a Venecia, donde a lo que parece encargó la tarea al taller del gran artista Tiziano. Los dibujos se grabaron sobre varios bloques de madera que llevó a Basilea, donde su obra *Sobre la estructura del cuerpo humano* (*De humani corporis fabrica*, siete volúmenes), conocida como *De fabrica*, por contracción del original latino, fue finalmente impresa en 1543. Dicha obra puede considerarse como el primer tratado moderno de anatomía, tanto por su claridad como por el rigor expositivo de sus contenidos. Impresionado por su trabajo, el emperador Carlos I lo nombró su médico personal. Tras la renuncia del emperador al trono de España, Vesalio se trasladó a Madrid para aceptar el puesto de médico en la corte de Felipe II. En 1564 inició una peregrinación a Tierra Santa; falleció durante el viaje de regreso.

VESPASIANO, TITO FLAVIO *(Falacrinae, actual Italia, 9-Cutilia, id., 79) Emperador romano (69-79).* Pretor en tiempo de Calígula y destacado militar en Britania durante el reinado de Claudio, su humilde origen hizo que no fuese objeto de represalias por parte de Nerón, quien no veía en él amenaza alguna. A la muerte de éste, en el 68, Vespasiano se encontraba en Palestina, reprimiendo una revuelta de los judíos, y fue proclamado emperador por el ejército de Oriente. Dejó entonces parte de su ejército en Judea para que continuara el asedio de Jerusalén, al mando de su hijo Tito, mientras él se apoderaba rápidamente de Egipto, base de abastecimiento de cereales de Roma, con lo cual puso al emperador Vitelio en una situación muy delicada. Tras la derrota y muerte de Vitelio durante el asalto de Roma por parte de las legiones del Danubio, que se habían puesto del lado de Vespasiano, éste logró ceñirse la corona imperial sin oposición. Como emperador, trató de sanear el gobierno y las finanzas públicas (llegó a gravar con impuestos los urinarios públicos), al tiempo que intentaba aparecer como el restaurador de las antiguas tradiciones. Con el ascenso de Vespasiano y de la dinastía Flavia, se produjo una transformación en la sociedad romana que significó un aumento de la influencia de los itálicos, pues el propio emperador era de origen sabino y de clase ecuestre. Concedió el derecho de ciudadanía a muchas ciudades (Hispania recibió el *ius Latii*, «derecho latino»), como una manera de mejorar la percepción de tributos y consolidar internamente el imperio. Asociado con su hijo Tito, intentó establecer en el Imperio Romano el principio de monarquía heredi-

▲ *Fresco de la casa Buonarroti en Florencia en el que aparece Americo* **Vespucio** *sentado, con otros marinos y descubridores.*

▼ *Itinerario de los dos viajes que Américo* **Vespucio** *efectuó para España, el primero, y en beneficio de Portugal, el segundo.*

taria. Durante su gobierno se reprimió una gran sublevación de los bátavos y los lingones, y se prosiguió la conquista de Britania por Cneo Julio Agrícola. Reparó las ruinas de Roma, construyó el templo del Capitolio e inició la construcción del Coliseo de Roma. De acuerdo con sus deseos, le sucedió su hijo Tito.

VESPUCIO, AMÉRICO [Amerigo Vespucci] *(Florencia, 1451-Sevilla, 1512) Navegante y descubridor italiano al servicio de España.* En el año 1487 se trasladó a Sevilla como agente comercial, y allí nació su interés por la navegación y por los nuevos descubrimientos. Realizó no menos de dos viajes al Nuevo Mundo; el primero (1499-1500) con Juan de la Cosa y Alonso de Ojeda, hasta la desembocadura del Amazonas; el segundo viaje (1501-1502) lo hizo bajo los auspicios del rey de Portugal Manuel I *el Afortunado*, y en éste, tras navegar por las costas del actual Brasil y la Patagonia, llegó a la conclusión de que aquellas tierras no formaban parte de Asia, sino de un nuevo continente. El cosmógrafo Martin Waldseemüller recogió la noticia del nuevo descubrimiento en la introducción que estaba preparando (*Cos-*

mographiae introductio) para la versión latina de la *Geografía* de Tolomeo, y decidió dar el nombre de América al nuevo continente en honor de Américo Vespucio. Participó en la Junta de Burgos (1507) junto con Juan de la Cosa y Pinzón, y al año siguiente fue nombrado piloto mayor de la Casa de Contratación. La autenticidad de otros supuestos viajes ha sido puesta en duda por posteriores historiadores.

VICENTE, GIL *(Lisboa, h. 1465-Évora, Portugal, h. 1536) Dramaturgo, músico y actor portugués.* El teatro portugués y castellano tiene uno de sus pilares fundacionales en la obra de Gil Vicente, quien ocupa un lugar destacado en la gestación y consolidación de estas dos tradiciones dramáticas. Conocido por el sobrenombre del *Plauto portugués*, cultivó su lengua materna y el castellano con el mismo gracejo y frescura. De las 44 obras que han llegado hasta nosotros, 15 están escritas en el primer idioma, 11 en el segundo y 18 en una mezcla de ambos, que él mismo denominaba «algarabía luso-hispana». Poco es lo que se sabe de su vida, empezando por las fechas y lugares de nacimiento y muerte, de los que no hay certeza absoluta. Sí se sabe, en cambio, que estuvo ligado a la corte portuguesa durante los reinados de Juan II, Manuel I *el Afortunado* y Juan III, para cuyas celebraciones más importantes escribió algunas de sus piezas teatrales. Tradicionalmente, y a partir de la edición que se realizó en 1562 del conjunto de sus obras, éstas se dividen en cuatro grandes grupos: autos de devoción, comedias, tragicomedias y farsas. *Auto da Vistaçam, Auto de la Sibila Casandra* y la trilogía de *Las barcas* (integrada por *Auto da barca do Inferno, Auto da barca do Purgatório* y *Auto da barca da Glória*), del primer grupo; *Comedia del viudo* y *Floresta de engaños*, del segundo; *Dom Duardos* y *Amadís de Gaula*, ambas basadas en temas extraídos de novelas de caballerías, del tercero; y *Farsa de las gitanas, Farsa dos almocreves* y *Farça dos físicos*, del cuarto, son sus títulos más representativos, algunos de los cuales revelan una vena cómica, inventiva y espíritu crítico genuinos, que le acercan a la obra de Juan del Encina. Como éste, además de autor dramático, fue músico, faceta en la que se le debe la composición de las tonadillas que acompañan sus piezas teatrales y diversas obras de música religiosa.

▲ *Portada de* Tragicomedia alegórica del Paraíso y del Infierno, *de Gil* **Vicente** *impresa en Burgos en 1539. En la obra del autor portugués se mezclan sorprendentemente las visiones de ultratumba con delicados idilios líricos.*

▼ *San* **Vicente de Paúl**, *eclesiástico francés fundador, entre otras comunidades religiosas, la de los paulistas, o lazaristas, y la de las Hijas de la caridad.*

VICENTE DE PAÚL, SAN *(Pouy, hoy Saint-Vincent-de-Paul, Francia, 1581-París, 1660) Eclesiástico francés.* Estudió en Dax, Zaragoza y Toulouse. En 1609, ya ordenado sacerdote, se trasladó a Roma, donde fue capellán de Margarita de Valois. Inspirado por Pierre de Bérulle, decidió abandonar todo cargo eclesiástico y dedicar su labor apostólica a la ayuda a los más desfavorecidos. Fundó la primera cofradía de la caridad en 1617; sus seguidores, denominados paulistas o lazaristas, se establecieron en 1632 en el priorato francés de Saint-Lazare. Prosiguió su obra con la creación sucesiva de diversas oganizaciones religiosas, como la cofradía de las Damas de la Caridad, la comunidad de las Hijas de la Caridad, la compañía del Santísimo Sacramento o la compañía de las Damas Pobres. Canonizado en 1737, es patrón de todas las instituciones caritativas.

VICENTE FERRER, SAN *(Valencia, 1350-Gwened, hoy Vannes, actual Francia, 1410) Eclesiástico y escritor español.* Ingresó en los dominicos y, tras estudiar en Barcelona, Lérida y Toulouse, recibió las sagradas órdenes en 1378. Escaló posiciones en la jerarquía de la Orden hasta ser nombrado predicador general de la misma en 1389. Su defensa del pontífice aviñonés Clemente VII le otorgó el favor de su sucesor, Benedicto XIII, que le llamó a la corte papal y lo nombró su confesor. Desempeñó un importante papel en la resolución de conflictos dinásticos y religiosos, como el compromiso de Caspe o el cisma de Occidente. Abandonó en parte la vertiente política de sus actividades para concentrarse en su labor apostólica. Cimentó su prestigio como orador a lo largo de numerosos viajes por Cataluña, Castilla, Galicia, Francia e Italia y, según las crónicas, logró conversiones en masa de judíos y sarracenos. Sus peregrinaciones eran seguidas por un numeroso grupo de conversos, penitentes y cronistas a los que se debe el registro de parte de sus sermones, que han gozado de numerosas ediciones. Fue canonizado por el papa Pío II en 1458.

VICO, GIOVANNI BATTISTA *(Nápoles, 1668-id., 1744) Filósofo italiano.* De origen humilde, fue la suya una formación principalmente autodidacta. Inició estudios de medicina, que enseguida abandonó para seguir la carrera de derecho en Nápoles, y trabajó en Valtolla como preceptor de los hijos del marqués Rocca, con cuya hija mantuvo una relación que ambos hubieron de ocultar celosamente. Muerta ella a los veintidós años, en 1699 Vico casó finalmente con Teresa Destito, una amiga de la infancia de escasa cultura, con quien tuvo ocho hijos. En el mismo año ingresó en la Universidad de Nápoles como profesor de retórica. En este ámbito académico fue donde esbozó los principios de su pensamiento filosófico, con motivo de los discursos inaugurales que cada año tenían que pronunciar los profesores. Las exposiciones de los primeros años siguen la línea de sus diversas lecturas filosóficas de juventud, en especial del cartesianismo, aunque en su séptimo discurso, pronunciado en 1708, apunta ya un cambio en su punto de vista filosófico: en el *Análisis de los estudios de nuestro tiempo*, editado por el autor en 1709 y reelaborado con posterioridad, realiza una original toma de posición respecto a la cultura europea. Al año siguiente publicó la *Sabiduría primitiva de los italianos*, obra en la que desarrolló las primeras líneas de su metafísica, cuya versión definitiva fue elaborando en *Derecho universal*. Según Vico, el *cogito* cartesiano no informa sobre la esencia del hombre, sino que sólo aporta la conciencia del hecho de su existencia. Como la ciencia corresponde a un saber por causas, sólo Dios puede acceder a la ciencia general, quedando el hombre circunscrito al saber de aquello que es causado por él mismo: las matemáticas y la historia. A partir de aquí, Vico desarrolla y sistematiza su «nueva ciencia», que expuso definitivamente en la obra conclusiva de su filosofía, los *Principios de una ciencia nueva sobre la naturaleza común de las naciones* (1725). La historia, manifestación factual de la naturaleza humana, es en apariencia un caos de hechos sin un sentido claro, que remite, sin embargo, a una historia eterna e ideal (al modo platónico) a la que queda reducida en esencia y de la cual participa en virtud de la Providencia, garante del orden eterno. La filosofía de Vico, en que lo real alcanza una complejidad sobre la cual es imposible actuar según criterios de claridad y evidencia, desempeñó un papel relevante en el romanticismo, y prefigura, con su descubrimiento de lo histórico, temas de la filosofía kantiana y hegeliana. Incomprendido en su época, dominada por un punto de vista cartesiano,

GIOVANNI BATTISTA VICO

OBRAS MAESTRAS

DISCURSOS INAUGURALES (LE ORAZIONI INAUGURALI, 1699-1707); *ANÁLISIS DE LOS ESTUDIOS DE NUESTRO TIEMPO (DE NOSTRI TEMPORIS STUDIORUM RATIONE,* 1709); *SABIDURÍA PRIMITIVA DE LOS ITALIANOS (DE ANTIQUISSIMA ITALORUM SAPIENTIA,* 1710); *DERECHO UNIVERSAL (DIRITTO UNIVERSALE,* 1720-1721-1722); *VIDA DE ANTONIO CARAFA (DE REBUS GESTIS A. CARAPHAEI,* 1716); *PRINCIPIOS DE UNA CIENCIA NUEVA SOBRE LA NATURALEZA COMÚN DE LAS NACIONES (PRINCIPI DI UNA SCIENZA NUOVA D'INTORNO ALLA COMUNNE NATURA DELLE NAZIONI,* 1725); *AUTOBIOGRAFÍA,* 1725, 1728 y 1731.

▼ Víctor Manuel II a caballo, *cuadro pintado por Angelo Inganni.* **Víctor Manuel II**, *fue, junto con Cavour, uno de los grandes impulsores de la unificación de Italia.*

su contribución filosófica no le ayudó, sin embargo, a mejorar su situación económica y social, como tampoco le reportó ningún reconocimiento académico, y acabó los últimos años de su vida como profesor de retórica en Nápoles, obligado a recurrir, con frecuencia, a dar clases particulares para ganarse la vida.

VÍCTOR AMADEO III *(Turín, 1726-Moncalieri, actual Italia,1796) Rey de Cerdeña (1773-1796).* Hijo y sucesor de Carlos Manuel III, desde el trono se dispuso a reafirmar el absolutismo, otorgando un especial papel al ejército, que así mismo reorganizó y preparó para su alianza con Francia. Sin embargo, tras los acontecimientos de la Revolución Francesa se vio obligado a hacer frente a las presiones reformistas. Esta coyuntura le forzó a cambiar el sentido de sus alianzas y establecer acuerdos con Austria, pero no pudo evitar que los ejércitos franceses ocuparan Saboya y Niza (1792). Tras ello y las posteriores victorias de Bonaparte, en 1796, hubo de reconocer la cesión tanto de Saboya como de Niza, a partir de la firma del armisticio de Cherasco, el 25 de abril de 1796, así como consentir la presencia de tropas francesas en el Piamonte.

VÍCTOR MANUEL II *(Turín, 1820-Roma, 1878) Rey de Cerdeña y de Italia.* Primogénito de Carlos Alberto de Saboya, rey de Cerdeña, casó a los veintinueve años con su prima María Adelaida, que era hija del archiduque Rainiero de Austria. A los treinta y seis ciñó la Corona tras la abdicación de su padre, a raíz del desastre sufrido en Novara. Se vio obligado inicialmente a aceptar las exigencias de Austria, pero acabó por defender la unidad italiana. En 1863 decidió romper las relaciones diplomáticas con el Imperio Austriaco. La gran habilidad política del conde Camillo Bensi di Cavour, a quien confió la jefatura del gobierno, hizo posible una alianza con Francia, que le permitió combatir contra Austria y recuperar una serie de territorios: Lombardía, Romaña, Parma, Módena y Toscana. Todas estas victorias, junto con las obtenidas por Garibaldi (Nápoles, 1860), allanaron el camino para la constitución, en 1861, de un parlamento nacional en el que se proclamó el reino de Italia, del que Víctor Manuel II fue nombrado primer rey. Pocos meses después murió Cavour, y el monarca pasó entonces a tener mayor influencia en el gobierno. Durante esta nueva etapa de su reinado se anexionó Venecia y Roma, y declaró a esta última capital de Italia, país que emergió como potencia europea. La capitalidad romana ocasionó la ruptura entre el Estado italiano y la Santa Sede. Un año después, estableció la Triple Alianza con Alemania y Austria-Hungría.

VÍCTOR MANUEL III *(Nápoles, 1869-Alejandría, Egipto, 1946) Rey de Italia (1900-1944).* Sucedió a su padre, Humberto I, y tuvo que enfrentarse a la creciente radicalización de las posturas políticas, así como a la aparición del irredentismo, una vez acabada la Primera Guerra Mundial. En 1922, preocupado por la extensión de los movimientos obreros, no hizo nada por impedir el avance de los camisas negras hacia la capital, conocido como la marcha sobre Roma, y acabó por pedir a Mussolini que formase gobierno. Su actitud tolerante respecto al fascismo, que le convirtió en emperador de Etiopía (1936) y rey de Albania (1939), fue tornándose cada vez más distante a medida que se sucedían las derrotas. En 1943, tras provocar la caída del *Duce*, tuvo que huir ante el rápido avance de las tropas alemanas. En 1944 fue instado, a causa de su desprestigio, a renunciar a la Corona en favor de su hijo Humberto.

▲ *Guadalupe **Victoria**, primer presidente de la República mexicana. Durante su mandato se propició la educación y se terminó con la esclavitud.*

◄ *Víctor Manuel III, en el centro de la imagen, fotografiado en 1916 en el frente, durante la Primera Guerra Mundial.*

VICTORIA, GUADALUPE [Manuel Feliz Fernández] *(Tamazula, actual México, 1786-Perote, id., 1843) Militar y político mexicano.* Estudió en el Seminario de Durango y luego en el Colegio de San Ildefonso, de Ciudad de México. Adoptó el nombre de Guadalupe Victoria al proclamarse la independencia mexicana, en honor de la Virgen de Guadalupe. Alistado en las filas insurgentes de Hidalgo y de José María Morelos, en 1812 tuvo una destacada intervención en el asalto a Oaxaca. Estableció su campo de acción militar en el camino de Veracruz y en el Puente del Rey, pero en 1817 fue derrotado en Palmillos. Tras la ejecución de Morelos rechazó el indulto ofrecido por el virrey y se hizo fuerte en las sierras del sur, adonde acudió en su busca, para combatirle, Agustín de Iturbide en 1821. Sin embargo, éste cambió de bando, se reunió con Victoria y del encuentro surgió el plan de Iguala, que propició la proclamación de la independencia de México y la posterior instauración del efímero Imperio de Iturbide. No obstante, su propuesta posterior de modificar el plan para que el gobierno fuera asumido por un antiguo insurgente y no por un príncipe extranjero, le valió permanecer apartado del círculo de poder; por otra parte, nunca manifestó adhesión al imperio. En octubre de 1824, tras la ejecución de Iturbide, Victoria fue nombrado primer presidente de la República de México y formó triunvirato con Nicolás Bravo y Pedro Celestino Negrete. Durante su mandato abolió la esclavitud, fomentó la educación y expulsó definitivamente a los españoles del territorio. En los últimos años de su gobierno se produjo el motín de la Acordada. Al dejar el cargo de presidente se retiró a su hacienda en Veracruz, conocida como El Jobo. Murió en 1843 en el castillo de Perote, adonde había ido a restablecerse de uno de sus frecuentes ataques epilépticos. El mismo año de su fallecimiento, el Congreso mexicano le concedió el título honorífico de Benemérito de la Patria.

VICTORIA, TOMÁS LUIS DE *(Ávila, 1548-Madrid, 1611) Compositor y organista español.* La música de Tomás Luis de Victoria traspasa las fronteras del Renacimiento polifónico, su equilibrio y pureza, para anunciar ya la expresividad barroca. Formado en su ciudad natal como niño de coro, en 1565 fue a Roma para perfeccionar sus conocimientos musicales y prepararse para el sacerdocio. En la capital pontificia ingresó en el Collegium Germanicum, fundado por los jesuitas, donde pudo recibir algunas lecciones de Palestrina, músico cuya influencia se dejará sentir en sus primeras composiciones. En 1575 recibió la ordenación sacerdotal, y tres años más tarde ingresó en la Congregación del Oratorio fundada por san Felipe Neri, donde tuvo como compañero al cantante y también compositor español Fran-

THOMÆ LVDOVICI DE
VICTORIA ABVLENSIS.
MOTECTA
QVE PARTIM. QVATERNIS.
PARTIM, QVINIS, ALIA, SENIS, ALIA.
Octonis Vocibus Concinantur.

CAN   TVS

Venetijs Apud Filios Antonij Gardani.

▲ *Portada de la partitura de los* Motetes a cuatro y ocho voces, *obra de Tomás Luis de* **Victoria**, *publicada en Venecia en 1572.*

▼ *La familia real británica, con la reina* **Victoria** *en el centro, preside en el Crystal Palace la inauguración de la Exposición Universal de 1851, la primera de las celebradas que tuvo carácter ecuménico.*

cisco Soto de Langa. En 1587 regresó a España, donde, bajo la protección de Felipe II, fue nombrado capellán y maestro de capilla del convento de las Descalzas Reales, al servicio de la emperatriz María, hermana del monarca. Durante los años que ocupó este cargo, Victoria compuso pocas obras: sólo dos nuevas ediciones de misas y el *Officium defunctorum* a seis voces, escrito en 1603 para los funerales de su regia protectora. Comparada con la de sus contemporáneos Lasso y Palestrina, la producción de Victoria es reducida. Por otra parte, y al contrario que estos dos autores, sólo compuso música sacra: misas, motetes, himnos, salmos y magníficats. Sus profundas y sinceras convicciones religiosas otorgan un carácter especial a sus obras, de una gran pureza técnica, una intensa calidad dramática y una expresión apasionada que algunos autores no han dudado en comparar con la que transmiten los poemas de sus contemporáneos santa Teresa de Jesús y san Juan de la Cruz. Además del citado *Officium defunctorum*, de entre sus composiciones deben destacarse las misas *Ave maris stella* (1576), *O magnum mysterium* (1592) y *Laetatus sum* (1600), los motetes *O vos omnes* y *Vidi speciosam*, ambos publicados en 1572, y el monumental *Officium hebdomadae sanctae* (1585), destinado a la Semana Santa.

VICTORIA I *(Londres, 1819-isla de Wight, Reino Unido, 1901) Soberana del Reino Unido de Gran Bretaña e Irlanda (1837-1901) y emperatriz de la India (1876-1901).* Hija de Eduardo, duque de Kent, y de María Luisa de Sajonia-Coburgo, entró en la línea sucesoria al trono al fallecer su padre, en 1819,

durante el reinado de Jorge IV. Quedó entonces bajo la tutela de su tío Leopoldo de Bélgica, quien ejerció gran influencia sobre ella. En 1837, a los dieciocho años de edad, heredó de su tío Jorge IV la Corona del Reino Unido, pero no la de Hannover, que se separó de este modo de la británica, ya que excluía a las mujeres de la sucesión, motivo por el cual pasó a su tío Ernesto. Convencida del valor de la Corona como símbolo de unidad nacional, en un momento en que la monarquía aparecía como una institución frágil y discutida en el Reino Unido, se impuso la tarea de restaurar la imagen de la institución, para lo cual convirtió la respetabilidad en la primera obligación tanto para ella como para la familia real. En 1840 contrajo matrimonio con Alberto de Sajonia-Coburgo, hombre discreto y equilibrado que aportó solidez a su posición y a quien convertiría en 1857 en príncipe consorte. Personaje de talante conservador, influyó en el cambio de simpatías políticas de la reina, que pasaron de los liberales (*whigs*) a los conservadores (*tories*). Este cambio de imagen encontró un eco favorable en la burguesía británica, que vio en la reina un punto de referencia para su comportamiento social. No obstante sus simpatías hacia los conservadores, en el interior trató de mantener el equilibrio entre las dos fuerzas políticas y, en general, respetó la autoridad emanada del Parlamento y la alternancia de gobiernos, aunque hizo valer sus prerrogativas reales como máxima autoridad de la Iglesia Anglicana e intervino personalmente en el nombramiento de cargos en la armada, la marina y el episcopado. En cuanto a la política exterior, con la intención de establecer un equilibrio dinástico favorable al Reino Unido e imponer su influencia política en el continente, hizo valer sus lazos familiares con otras casas reinantes de Europa y creó otros nuevos, a través de los enlaces dinásticos de sus nueve hijos, motivo por el cual fue llamada «la abuela de Europa». Muy atenta a la evolución de los asuntos políticos, y convencida del papel activo que correspondía a la monarquía en política exterior, no dudó a la hora de interferir en la gestión de sus gobiernos cuando lo consideró imprescindible. En 1851 exigió y obtuvo la dimisión del primer ministro John Russell por haber aceptado el golpe de Estado de Napoleón III en Francia; tampoco evitó el enfrentamiento con Palmerston, a pesar de su popularidad, ni con Gladstone, a propósito de su política de concesión del autogobierno (*Home Rule*) a Irlanda. La muerte de su esposo, en 1861, afectó profundamente a la soberana, quien se desen-

tendió por un tiempo de los asuntos del reino, aunque tuvo buen cuidado de que el príncipe heredero, su hijo Eduardo, siguiera ejerciendo los deberes de la Corona. Su coronación como emperatriz de la India en 1877 constituyó el punto culminante de su largo reinado, de casi sesenta y cuatro años, durante el cual el Reino Unido se convirtió en la mayor potencia colonial del mundo, cuyos dominios comprendían la India, Canadá, Australia, Nueva Zelanda y numerosos enclaves coloniales en Asia y África. La prosperidad económica, el desarrollo cultural y la nueva imagen que supo dar a la monarquía, ejemplo de respetabilidad familiar y de puritanismo en las costumbres, caracterizaron lo que se dio en llamar era victoriana. En 1899, el estallido de la guerra de los bóers en África del Sur preludió una época de convulsiones mundiales que acabarían por sacudir los cimientos de su imperio.

VICTORIA DE LOS ÁNGELES *(Barcelona, 1923) Soprano española.* Estudió en el conservatorio del Liceo de su ciudad natal, escenario en el que debutó en 1944 en el personaje de la Condesa de *Las bodas de Fígaro* de Mozart. Tres años después obtuvo el primer premio en el Concurso Internacional de Ginebra. Cantante de prestigio internacional gracias a la pureza y ductilidad de su voz, ha cultivado la ópera y el lied, y ha triunfado en la interpretación de papeles como los de Mélisande, Marguerite de *Fausto* (una de sus grandes creaciones), Madame Butterfly o la Mimì de *La Bohème*. Invitada a actuar en el festival wagneriano de Bayreuth en 1961 y 1962, allí dio vida a la Elisabeth de *Tannhäuser*. Excelente liederista, se ha especializado en obras como *Cinco canciones negras* de Montsalvatge y las *Canciones playeras* de Esplà.

VIDELA, JORGE RAFAEL *(Mercedes, Argentina, 1925) Militar y político argentino.* Ingresó en el ejército siendo muy joven, y a los diecinueve años era oficial de infantería. Formó parte de la Secretaría de Defensa (1958-1960), dirigió la Academia Militar hasta 1962, y en 1971 ascendió a general. Nombrado jefe de Estado Mayor en 1973, y comandante en jefe del ejército un año más tarde, en marzo de 1976 dirigió el golpe de Estado que derrocó a la viuda del general Perón, María Estela Martínez, y se convirtió en presidente de la Junta Militar que pasó a detentar el poder. Disolvió el Congreso y prohibió toda actividad política y sindical, además de establecer un férreo control militar de la central obrera (CGT). El nuevo régimen favoreció las inversiones multinacio-

nales, el desmantelamiento de la industria nacional e impulsó el comercio exterior, pero no pudo controlar una galopante inflación ni el abrumador incremento de la deuda exterior. Las Fuerzas Armadas eliminaron a las guerrillas izquierdistas y peronistas y a todo tipo de oposición política mediante una feroz e indiscriminada represión, que supuso uno de los períodos más tenebrosos de la historia argentina, con miles de muertos, desaparecidos y exiliados. Nombrado presidente de la República en 1980, cesó en el cargo al año siguiente, sustituido por el general Roberto Viola. Restaurada la democracia en el país, fue juzgado por su responsabilidad en el golpe militar de 1976 y por la violación de los derechos humanos. Condenado a cadena perpetua en diciembre de 1985, fue amnistiado al cabo de cinco años gracias a la llamada ley de Punto Final. En octubre de 1998 volvió a ser denunciado y detenido por el rapto de niños nacidos en cautividad durante su mandato, delito que no se contemplaba en las medidas de amnistía política de los años 1989 y 1990.

VIETA O VIÈTE, FRANÇOIS *(Fontenay-le-Comte, Francia, 1540-París, 1603) Matemático francés.* Fue miembro del Parlamento de Bretaña (1573-1582) y después consejero privado de las cortes de Enrique III y de Enrique IV. Conocedor de Diofanto y Cardano, estableció las reglas para la extracción de raíces y dio a la trigonometría su forma definitiva en *Canon mathematicus* (1570). Se dedicó así mismo al estudio de los fundamentos del álgebra, con la publicación, en 1591, de *In artem analyticam isagoge,*

▲ *La belleza de su voz ha hecho de* **Victoria de los Ángeles** *una de las sopranos más apreciadas de su generación, sobre todo en el repertorio lírico francés e italiano.*

▼ *Jorge Rafael* **Videla**, *militar y político que gobernó dictatorialmente Argentina entre los años 1976 y 1981.*

en el cual introdujo un sistema de notación que hacía uso de letras en las fórmulas algebraicas. Se ocupó finalmente de diversas cuestiones geométricas, como la trigonometría plana y esférica.

VIGARNY O BIGARNY, FELIPE DE *(Langres, Francia, h. 1475-Toledo, 1543) Escultor francés que trabajó en España.* En 1498, a los veintitrés años de edad, se trasladó a Castilla, donde desarrolló toda su carrera artística. A su llegada a Burgos era ya un artista formado, en el que coexistían rasgos flamencos y borgoñones con influencias del Renacimiento italiano. Realizó sus primeros trabajos en Burgos, concretamente en el trasaltar de la catedral, donde esculpió un destacable *Camino del Calvario.* También en la catedral burgalesa, pero bastantes años más tarde (1523-1526), colaboró con Diego de Siloé en el retablo mayor de la capilla del Condestable, renacentista ya y una de sus obras más valoradas. La ciudad que, junto con Burgos, conserva mayor número de obras de Vigarny es Toledo, en cuya catedral trabajó en diversas ocasiones, realizando el retablo mayor, el retablo del *Descendimiento* y una parte de la sillería alta del coro, en colaboración con Alonso de Berruguete.

VIGNOLA, GIACOMO BAROZZI DA *(Vignola, actual Italia, 1507-Roma, 1573) Arquitecto italiano.* Sin ser uno de los arquitectos más destacados del Renacimiento italiano, sí ha sido uno de los que ejercieron mayor influencia en la posteridad con sus realizaciones prácticas y también con su obra teórica, la *Regla de los cinco órdenes de la arquitectura* (1562), tratado que tuvo amplísima difusión en toda Europa hasta el siglo XX. Se formó en Bolonia, pero trabajó fundamentalmente en Roma, donde se estableció en 1543. Julio III le encomendó la dirección de la Villa Giulia, en la que trabajó a partir de 1550. La principal novedad de este palacete renacentista es la combinación de la planta rectangular del edificio con las líneas semicirculares de algunos elementos complementarios como las escaleras. El mismo esquema lo repitió a mayor escala en la Villa Farnese, en Caprarola, donde las escaleras y las terrazas, además de salvar el desnivel del terreno, crean efectos escenográficos y rompen la monotonía del edificio, de sobrias líneas clasicistas. A partir de 1553 aproximadamente, se ocupó también de la realización de edificios religiosos, entre otros el oratorio de Sant'Andrea, en Roma, y la iglesia del Gesù, en la misma ciudad. Esta última es su obra más conocida, ya que con

▲ *Alfred de* **Vigny***, uno de los poetas románticos más puros, aunque en los relatos que componen* Servidumbre y grandeza militares (1835) *dio muestras de sobriedad expresiva.*

▼ *Giacomo Barozzi da* **Vignola** *construyó entre 1550 y 1553 la Villa Giulia para el papa Julio III.*

ella el artífice creó un modelo muy imitado más tarde, sobre todo en las iglesias de la Compañía de Jesús. El Gesù es un edificio de nave única con transepto muy poco pronunciado y una gran cúpula sobre el crucero, particularmente adecuado para las exigencias litúrgicas de la Contrarreforma, y de ahí su gran continuidad en el tiempo. Se considera, incluso, este edificio el preludio de la posterior arquitectura barroca, la cual añadió a esta tipología básica una gran carga ornamental.

VIGNY, ALFRED DE *(Loches, Francia, 1797-París, 1863) Escritor francés.* Siguiendo la tradición familiar, ingresó en el ejército a la caída del Imperio napoleónico (1814), en un momento en que se relacionaba con los círculos románticos de París. Por esta época publicó *Eloa o la hermana de los ángeles* (1824), poema simbólico que fue bien recibido por la crítica. Con *Poemas antiguos y modernos* (1826) se convirtió en la cabeza visible del primer romanticismo en Francia, y un año más tarde renunció a la carrera militar para dedicarse enteramente a la literatura. Escribió sobre todo novela histórica, influida por Walter Scott, en la que reflejaba su propia experiencia personal (*Cinq-Mars*, 1826; *Stello*, 1832; *Servidumbre y grandeza militares*, 1835). Hacia el final de su vida se retiró de la vida pública y continuó escribiendo de forma irregular. Culminación de esta etapa final son los poemas filosóficos recogidos en el volumen *Los destinos* (1864), en los cuales vuelve a incidir en el tema del aislamiento espiritual del artista respecto de la sociedad, que recorre toda su obra.

VILLA, PANCHO [Doroteo Arango] *(Río Grande, México, 1878-Parral, id., 1923) Caudillo revolucionario mexicano.* De verdadero nombre Doroteo Arango, era hijo de Agustín Arango y Micaela Quiñones. Huérfano desde muy joven, creció dedicado al peonaje en haciendas de Durango. Tras matar a un funcionario del gobierno que había violado a su hermana, se dedicó al bandolerismo y logró cierta popularidad al distribuir entre los pobres parte del producto de sus asaltos. En 1910, influido por la rebelión de los peones de su estado natal, se levantó en armas contra Porfirio Díaz cuando Madero proclamó el plan de San Luis Potosí y se unió a él, junto con sus hombres, en El Paso. Pese a todo, el general Victoriano Huerta le juzgó por insubordinación y lo condenó a muerte, aunque le fue conmutada la pena. Escapó de prisión en 1912 y cruzó a El Paso, de donde al año siguiente pasó a las montañas de San Andrés. Aquí formó un ejército de unos 3 000 hombres con el que se adhirió al plan de Guadalupe tras el asesinato de Madero. En una fulgurante campaña combatió a todas las fuerzas de guarnición federales del Norte de México y tomó Torreón y Ciudad Juárez. Con el apoyo del gobernador de Sonora y en menos de ocho meses conquistó el estado de Chihuahua, del que se proclamó gobernador. En 1914 derrotó definitivamente a las fuerzas federales, en San Pedro de las Colonias, y tomó Zacatecas. Se enemistó con el jefe del ejército constitucionalista, Carranza, al ver que éste se separaba de la línea revolucionaria, y se unió a los zapatistas. Poco después, él y Emiliano Zapata entraron en la capital e impusieron a Eulalio Gutiérrez como presidente. La respuesta de Carranza no se hizo esperar, y Villa, derrotado en las batallas de

▲ Héitor **Villa-Lobos** con su esposa. El compositor brasileño es uno de los más grandes creadores de música clásica que ha dado el continente americano.

▼ Pancho **Villa** montado a caballo. Villa y Emiliano Zapata fueron las dos figuras de mayor aliento popular de la Revolución Mexicana.

Celaya, León y Trinidad, se vio obligado a retirarse hacia el norte. Como represalia contra el gobierno de Estados Unidos, que apoyaba a Carranza, en 1916 lanzó un ataque contra la población de Columbus, Nuevo México, por lo que el presidente estadounidense ordenó perseguirlo en territorio mexicano. Villa se escondió y abandonó la beligerancia. En julio de 1920, muerto Carranza, depuso las armas en la convención de Sabinas y, amnistiado por Adolfo de la Huerta, se retiró a Durango, a la hacienda Canutillo, donde murió asesinado por sus enemigos políticos.

VILLA-LOBOS, HÉITOR *(Río de Janeiro, 1887-id., 1959) Compositor brasileño.* Autor de un catálogo de colosales proporciones, con cerca de dos mil composiciones que abarcan todos los géneros, Héitor Villa-Lobos es la figura esencial de la música culta brasileña. De madre indígena, sus primeras lecciones musicales las recibió de su padre, violoncelista aficionado. El violoncelo, precisamente, iba a ser su primer instrumento músico; más tarde aprendió a tocar el piano y varios instrumentos de viento. Formado musicalmente al margen de las instituciones y los conservatorios oficiales, fueron determinantes los viajes que realizó al interior de Brasil a partir de 1906, en que conoció los cantos tradicionales de los indígenas de la selva amazónica, que ejercerían una influencia decisiva en la conformación de su estilo, caracterizado por una absoluta originalidad formal y armónica, libre de las convenciones del nacionalismo más académico, pero en el que la recreación, más que la alusión directa, de melodías y ritmos indígenas ocupa un lugar preferente. En 1915 se dio a conocer, no sin polémica, en un concierto celebrado en Río de Janeiro e integrado todo él por sus propias composiciones, cuya novedad chocó con el conservadurismo del público asistente. Una beca concedida en 1923 por el gobierno brasileño le permitió afianzar su formación en París; a su regreso ejerció la enseñanza en distintos centros, al tiempo que su música conquistaba el reconocimiento nacional e internacional. De su abundante producción sobresalen las 9 *Bachianas brasileiras* (1932-1944), en las que Villa-Lobos se propuso sintetizar el contrapunto de Bach con las melodías populares de su patria, la quinta de las cuales, compuesta para soprano y conjunto de violoncelos, ha conquistado merecida fama. Cabe destacar también los 15 *Chôros* (1920-1928) para distintas combinaciones instrumentales, y obras como el poema sinfónico *Amazonas* (1917), el *Rudepoema* para piano (1926), la ópera *Magdalena* (1947), el ballet *Emperador Jones* (1955) y la *Sinfonía núm. 12* (1958).

VILLANUEVA, JUAN DE *(Madrid, 1739-id., 1811) Arquitecto español.* Máximo representante, junto con Ventura Rodríguez, de la arquitectura neoclásica en España, estudió en la Academia de San Fernando, institución que le concedió una beca para completar su formación en Italia. Residió en dicho país de 1758 a 1765, pero la principal fuente de inspiración para sus obras no fueron los maestros italianos, sino los españoles Juan Bautista de Toledo y Juan de Herrera, artífices de El Escorial. Su carrera comenzó en 1767 con algunas realizaciones para particulares. En 1768 fue nombrado arquitecto de la comunidad de los Jerónimos de El Escorial. Su eclosión se produjo en 1777, cuando Carlos III lo nombró arquitecto del príncipe y los infantes. En lo sucesivo trabajó casi en exclusiva para la casa real, para la que realizó sus obras más importantes: la casita de Arriba y la casita de Abajo en El Escorial, la casita del Príncipe en el palacio de El Pardo, el Observatorio Astronómico de Madrid y, sobre todo, el Museo del Prado, construido en 1785 como Museo de Historia Natural. Este edificio compendia a la perfección el estilo de Juan de Villanueva, caracterizado por el predominio de las líneas rectas y por la disposición rigurosamente simétrica de los elementos arquitectónicos. Con sus materiales preferidos (granito y piedra blanca) levantó edificios de enorme austeridad ornamental, en los que la armonía proviene en exclusiva de la acertada combinación de las formas arquitectónicas. Fue un arquitecto prolífico, al que se deben también el edificio de la Academia de Historia y el oratorio del Caballero de Gracia, ambos en Madrid.

VILLENA, ENRIQUE DE *(Torralba, actual España, 1384-Madrid, 1434) Escritor español.* Nieto bastardo de Enrique II de Castilla por parte de madre y descendiente de la Casa de Aragón por parte de padre, quedó huérfano muy joven. Poseía amplios conocimientos de matemáticas, fi-

▲ *Fachada del Museo del Prado, en Madrid, obra maestra del neoclasicismo español, realizada por Juan de **Villanueva**. Destacan en el conjunto los seis fustes que soportan el enorme dintel y el historiado friso.*

▼ *Grabado de la edición de* Los trabajos de Hércules, *de Enrique de **Villena**, impresa en Burgos en 1499. El gigante Anteo renovaba sus fuerzas por el contacto con la tierra, y Hércules tuvo que levantarlo en alto y ahogarlo con los brazos, antes de dejarle caer muerto.*

losofía, astrología y alquimia, lo que le valió una perdurable fama de brujo. Tras un matrimonio fracasado con María de Castilla, se retiró a sus posesiones, donde permaneció hasta el fin de sus días entregado al estudio y a la redacción de su obra, de la que se conserva una parte escasa; el resto acabó en la pira poco después de su muerte. De su obra subsisten las traducciones de la *Retórica nueva de Tulio* de Cicerón, *La Divina Comedia* de Dante y la *Eneida* de Virgilio, que fue el primero en traducir a una lengua romance, de acuerdo con sus ideales humanistas de recuperación de los clásicos. También es autor de *Los trabajos de Hércules* (1417), escrita originalmente en catalán, *Tractado de dojamiento o de fascinología* y *Arte de trovar* (1433).

VILLON, FRANÇOIS [François de Montcorbier] *(París, 1431-?, h. 1463) Poeta francés.* Huérfano de humildísimo origen, adoptó el apellido Villon del capellán y profesor de derecho canónico Guillaume de Villon, su protector. Obtuvo la licenciatura y el doctorado de maestro en artes en la Universidad de la Sorbona. Pero a pesar de los desvelos de su protector, llevó una vida agitada y peligrosa, colmada de hurtos y reyertas. En 1455, en el curso de una disputa dio muerte a un clérigo, por lo cual tuvo que huir de París. Regresó al año siguiente y, poco después, participaba en un importante robo, por lo que nuevamente tuvo que abandonar la ciudad. Vagó por toda Europa y, en 1461, fue encarcelado en la torre de Meung-sur-Loire, aunque recobró la libertad con motivo de la llegada a Meung de Luis XI. Regresó a París, y volvió a reincidir en diversos delitos, por los que fue condenado a morir en la horca, aunque la sentencia le fue conmutada en 1462 por la de diez años de extrañamiento. A partir de este momento los documentos históricos pierden su rastro. De su obra cabe resaltar *El legado o pequeño testamento*, en 320 versos, en los que lega de manera irónica todos sus bienes a sus amigos, y *El gran testamento*, compuesto por 2032 versos, que integra baladas y otros textos en una larga requisitoria contra el mundo, que maltrata al poeta y lo sume en el dolor y la tristeza. Alcanzó sus mayores cotas expresivas en las composiciones tituladas *Balada de los ahorcados*, *Balada de las damas de antaño*, *Muero de sed junto a la fuente* y *El debate del corazón y el cuerpo*. Villon debe su merecida fama al contenido y el tono de su poesía, exacerbadamente subjetiva, que refleja los aspectos más crudos de la vida, tratados de una forma sencilla por medio de la burla o el patetismo.

VIOLLET-LE-DUC, EUGÈNE EMMANUEL (*París, 1814-Lausana, Suiza, 1879*) *Arquitecto y teórico francés*. Destacó especialmente en su papel como restaurador de edificios y teórico de la arquitectura. Se le encargó la restauración de la catedral de Notre-Dame así como la construcción de una nueva sacristía, gesto que vino a ser el reconocimiento oficial del movimiento de recuperación del gótico (*Gothic Revival*) en Francia. Entre sus libros destacan: *Diccionario razonado de la arquitectura francesa del siglo XI al XVI* (1854-1868) y *Diálogos sobre arquitectura* (1875). En sus teorías referentes a la restauración defendía el respeto absoluto al original, pero añadía a sus obras elementos embellecedores que a menudo confundían sobre la imagen inicial del edificio restaurado. Así mismo, defendió un modelo racionalista para la arquitectura que debía ser un reflejo de las necesidades, los materiales y la tecnología de cada momento, aunque en su obra siempre mantuvo un estilo ecléctico.

VIRCHOW, RUDOLF LUDWIG CARL (*Schivelbein, Alemania, 1821-Berlín, 1902*) *Médico y político alemán*. En 1843 se licenció en medicina y se incorporó al Hospital de la Charité de Berlín. Nombrado en 1849 catedrático de anatomía patológica de la Universidad de Wurzburgo, siete años después regresó a

▲ *Grabado de la primera edición de las obras de François* **Villon**, *impresas en París por Levet en 1489. El autor de* El legado *y* El gran testamento *es uno de los más preclaros poetas de la Edad Media.*

Berlín, donde fue diputado progresista en la cámara prusiana (1862) y en el Reichstag (1880-1893); desde su estrado se opuso a la política de Bismarck. En 1869 fundó la Sociedad Berlinesa de Antropología, Etnología y Prehistoria. Precursor de la moderna patología celular, proporcionó los primeros datos sobre la leucemia y contribuyó a aclarar los alcances patogénicos de la embolia y la trombosis.

VIRGILIO MARÓN, PUBLIO [Publius Vergilius Maro] (*Andes, hoy Pietole, actual Italia, 70 a.C.-Brindisi, id., 19 a.C.*) *Poeta latino*. Aunque hijo de padres modestos, estudió retórica y lengua y filosofía griegas en Cremona, Milán, Roma y Nápoles. Si bien no intervino directamente en política, desde muy pronto disfrutó del apoyo de importantes mecenas y amigos, como Cayo Mecenas, el poeta Horacio e incluso Octavio, el futuro emperador Augusto, en parte propiciado por el éxito de su primera obra mayor, las *Bucólicas*, en las que desarrolla muchos temas de la tradición pastoril, tomados sobre todo de los *Idilios* de Teócrito, aunque introdujo numerosas alusiones a personajes y situaciones de su época. Incitado por sus protectores, escribió las *Geórgicas*, en apoyo de la política imperial de relanzar la agricultura en Italia, en las cuales recrea la belleza de la vida campesina. La vertiente pública de su poesía llegó a su cima con un poema patriótico a imagen de las grandes epopeyas homéricas, la *Eneida*, que debía cantar las virtudes del pueblo romano y cimentar una mitología propia para la nación. Para ello escogió la figura legendaria del héroe troyano Eneas. Durante otros doce años trabajó en la composición de esta su obra maestra, poema épico que incluye doce

▶ *Mosaico del s. VI a.C. que representa al poeta* **Virgilio**, *autor de la* Eneida, *mientras escribe entre las musas de la poesía épica y de la comedia, Calíope y Talía, respectivamente.*

▲ *Representación mural de tres personajes de la* Eneida*, entre ellos dos de las figuras centrales, el héroe Eneas y la reina Dido.*

cantos. Al principio, Eneas logra huir del desastre de Troya llevando sobre los hombros a su anciano padre, Anquises, y a su hijo Ascanio de la mano; reúne una flota y zarpa con los supervivientes troyanos rumbo a Tracia, Creta, Epiro y Sicilia, antes de abordar las costas de África. Luego relata los amores de la reina de Cartago, Dido, con Eneas, y el suicidio de ella tras la partida del héroe. Tras un interludio, la última parte narra la llegada de Eneas a Italia, y la guerra que sostiene con Turno, rey de los rútulos; la victoria le otorga la mano de Lavinia, princesa del Lacio. Según Virgilio, el linaje romano procede del hijo de Eneas, Ascanio, que habría fundado la ciudad de Roma. El modelo homérico está presente tanto a nivel formal como temático, aunque es visible también la influencia de poetas romanos como Ennio, Lucrecio y Apolonio de Rodas. El verso de Virgilio en la *Eneida* fue considerado en su propia época, y a partir de entonces, como modelo de perfección literaria tanto por su equilibrio métrico como por su musicalidad. Sin embargo, el poeta no pudo terminar su obra, pues en el 19 a.C. emprendió un viaje por Grecia y Asia con la intención de corroborar sobre el terreno las referencias paisajísticas y geográficas de su obra maestra, y para profundizar en el estudio de la filosofía. Durante el viaje enfermó gravemente, y en su lecho de muerte pidió a sus amigos Vario y Plocio que destruyeran la *Eneida*, por considerarla imperfecta, ruego que no fue atendido por orden de Augusto. Se atribuye así mismo a Virgilio la composición de un conjunto de obras menores de carácter épico, elegíaco y didáctico, conocido como el *Appendix vergiliana*, que quizá podrían ser

▼ *Luchino* **Visconti***, autor de obras maestras cinematográficas como* Rocco y sus hermanos *(1960) o* El Gatopardo *(1963), entre otras.*

obras de juventud, aunque no está bien dilucidada su autoría. El renombre de que gozó fue enorme no sólo en su época, sino a lo largo de toda la Edad Media, que le consideró como un cristiano anticipado, e incluso se llegó a ver en una de sus *Bucólicas* una profecía de la llegada del Mesías.

VIRIATO *(?-Monte Herminius, hoy Serra da Estrela, Portugal, 139 a.C.) Caudillo lusitano.* Era pastor, por más que es definido en ocasiones como un bandido por la historiografía, lo que tampoco sería nada excepcional en las culturas de la península Ibérica, donde esta actividad era bastante común y en modo alguno estaba reñida con otras formas de sustento. En el 150 a.C. se convirtió en un líder de la lucha contra la dominación romana. Cercado por el pretor Cayo Vetilio en el 147 a.C., consiguió romper las líneas romanas y, con un millar de incondicionales, escapar hacia Tríbola y atraer a sus perseguidores a una emboscada en la cual sucumbió Vetilio. Con esta victoria, Viriato decidió llevar la guerra hasta la meseta, donde derrotó a los cuestores Cayo Plaucio y Claudio Unimano, y ocupó Segóbriga. La reacción de Roma consistió en enviar un ejército consular mucho más poderoso que los que antes operaban en la península Ibérica, al mando del cónsul Fabio Máximo Emiliano, quien derrotó a Viriato en una batalla en campo abierto en el año 145 a.C., y le obligó a replegarse a Lusitania. La situación cambiaría con la guerra de Numancia, pues el grueso de las legiones romanas fue obligado a empeñarse en las durísimas campañas contra los celtíberos, lo cual permitió a Viriato pasar a la ofensiva de nuevo. Derrotó al pretor de la Citerior, Quincio, y avanzó por la Bética, antes de verse forzado a retroceder de nuevo a la Lusitania. Ya en su terreno, derrotó al cónsul Serviliano en el 141 a.C. y consiguió concluir un tratado de paz con Roma, que ésta, decidida a sofocar la resistencia de celtíberos y lusitanos, no tardó en romper. Se envió un nuevo ejército, al mando del cónsul Cepión, quien aprovechó unas negociaciones con los lusitanos para sobornar a varios lugartenientes de Viriato con el fin de que lo asesinasen, como así hicieron. Muerto el líder, la rebelión lusitana perdió fuerza, y en pocos años Roma consolidó su posición en la península Ibérica.

VISCONTI, LUCHINO *(Milán, 1906-Roma, 1976) Director cinematográfico italiano.* Procedente de una familia de la alta aristocracia de su país, recibió una esmerada educación. Tras estudiar música durante varios años, afición que conservaría a lo largo de toda su vida, inició su carrera trabajando como diseñador teatral. En 1935 se trasladó a París, donde colaboró con el cineasta Jean Renoir. En 1942 dirigió *Obsesión*, su primera película, a la que siguió *La tierra tiembla* (1948) y *Bellísima* (1951). Cercano a los principios artísticos del neorrealismo, movimiento que aglutinaba a los más importantes cineastas italianos de la posguerra, dirigió *Senso* (1954) y *Rocco y sus hermanos* (1960). Su obra más ambiciosa, sin embargo, y la que mereció los mejores elogios de la crítica, fue *El Gatopardo* (1963), en la que presenta un amplio fresco social de las convulsiones que agitaban la Italia del siglo XIX. En *La caída de los dioses* (1970) interpreta el nazismo desde una exploración intimista en el fenómeno del mal, de marcado signo esteticista. Como director de teatro introdujo en Italia la obra de Jean Cocteau, Jean-Paul Sartre y Arthur Miller y, en lo referente a sus producciones de ópera, protagonizadas en su mayoría por la soprano Maria Callas, cabe destacar *La Traviata* (1955) y *Don Carlos*, presentada en 1958 en el Covent Garden de la ciudad de Londres.

VITELIO, AULO *(?, 15-Roma, 69) Emperador romano (69).* Fue nombrado emperador por las legiones de la Germania Inferior que se negaban a reconocer a Galba. Tras el asesinato de éste a manos de los partidarios de Marco Salvio Otón, Vitelio entró en negociaciones con éste, nuevo emperador *de facto* para evitar un enfrentamiento entre ambos; pero el empuje de sus propias tropas, deseosas de botines y privilegios, impidió cualquier acuerdo. Con el apoyo de la Galia, Hispania, la Retia y Britania, las legiones de Vitelio marcharon al encuentro de Otón y lo derrotaron, lo que provocó su suicidio. Al poco, las legiones de Oriente se sublevaron y proclamaron emperador a su general, Vespasiano; tras perder Egipto y sus reservas de trigo, las tropas de Vitelio fueron exterminadas en Cremona por el ejército del Danubio. Roma fue ocupada y el efímero emperador, asesinado.

VITORIA, FRANCISCO DE *(Burgos, 1492-Salamanca, 1546) Filósofo dominico español.* A partir de 1526 ocupó la cátedra de teología de la Universidad de Salamanca, donde introdujo el estudio de la *Summa*

ANTONIO VIVALDI

OBRAS MAESTRAS

ÓPERAS: *OTTONE IN VILLA* (1713); *ARMIDA AL CAMPO D'EGITTO* (1718); *TITO MANLIO* (1719); *ERCOLE SU'L TERMODONTE* (1723); *ORLANDO FURIOSO* (1727); *L'OLIMPIADE* (1734). **MÚSICA ORQUESTAL:** *L'ESTRO ARMONICO OP. 3* (1711); *LA STRAVAGANZA OP. 4* (1714); *VI CONCERTI A 5 STROMENTI OP. 6* (1717); *IL CIMENTO DELL'ARMONIA E DELL'INVENTIONE OP. 8* (1725); *LA CETRA OP. 9* (1727). **MÚSICA DE CÁMARA:** *SUONATE DA CAMERA OP. 1* (1705); *VI SONATE OP. 5* (1716). **MÚSICA VOCAL:** *JUDITHA TRIUMPHANS* (1716); *LA SENA FESTEGGIANTE* (1726); *IL MOPSO* (1738).

▼ *Antonio Vivaldi con un violín, instrumento músico del que fue un óptimo virtuoso. El autor de Las cuatro estaciones es uno de los grandes compositores del Barroco.*

theologica de Tomás de Aquino. Se le reconoce habitualmente como el precursor del derecho internacional y de la doctrina de los «derechos humanos», a partir de las lecciones que dedicó al problema de los derechos y deberes de la Corona española respecto de sus nuevos súbditos en América, doctrina que se recoge en *De indis*. Apoyó los esfuerzos de Bartolomé de Las Casas por una política colonial que, inspirada en los principios cristianos, defendiera los derechos de los indígenas americanos. Su obra está reunida en sus *Relectiones theologicae*, que fue editada en Lyon en 1557 y corregida en Salamanca en 1565.

VITRUVIO POLIÓN, MARCO *(s. I a.C.) Arquitecto y tratadista romano.* No se conoce ninguna obra proyectada o construida por él. Su fama se debe en exclusiva al tratado *De architectura*, la única obra de estas características que se conserva de la Antigüedad clásica. Conocido y empleado en la Edad Media, su edición en Roma en 1486 ofreció a los artistas del Renacimiento, imbuidos de la admiración por las virtudes de la cultura clásica tan propia de la época, un canal privilegiado mediante el que reproducir sus formas arquitectónicas. Posteriormente se publicó en la mayor parte de los países y todavía hoy constituye una fuente documental insustituible, también por las informaciones que aporta sobre la pintura y la escultura griegas y romanas (noticias de artistas, obras, etc.).

VIVALDI, ANTONIO *(Venecia, 1678-Viena, 1741) Compositor y violinista italiano.* Igor Stravinski comentó en una ocasión que Vivaldi no había escrito nunca quinientos conciertos, sino «quinientas veces el mismo concierto». Aseveración sin duda exagerada, pero que no deja de ser cierta en lo que concierne al original e inconfundible tono que el compositor veneciano supo imprimir a su música y que la hace rápidamente reconocible. Autor prolífico, su producción abarca no sólo el género concertante, sino también abundante música de cámara, vocal y operística. Célebre sobre todo por sus cuatro conciertos para violín y orquesta reunidos bajo el título *Las cuatro estaciones*, cuya fama ha eclipsado otras de sus obras igualmente valiosas, si no más, Vivaldi es por derecho propio uno de los más grandes compositores del período barroco, impulsor de la llamada Escuela veneciana –a la que también pertenecieron Tommaso Albinoni y los hermanos Benedetto y Alessandro Marcello– y equiparable, por la calidad y originalidad de su aportación, a sus contemporáneos Bach y Haendel. Poco se sabe de su infancia. Hijo del violinista Giovanni Battista Vivaldi, el pequeño Antonio se inició en el mundo de la música probablemente de la mano de su padre. Orientado hacia la carrera eclesiástica, fue ordenado sacerdote en 1703, aunque sólo un año más tarde se vio obligado a renunciar a celebrar misa a consecuencia de una enfermedad bronquial, posiblemente asma. También en 1703 ingresó como profesor de violín en el Pio Ospedale della Pietà, una institución destinada a formar muchachas huérfanas. Ligado durante largos años a ella, muchas de sus composiciones fueron interpretadas por primera vez por su orquesta femenina. En este marco vieron la luz sus primeras obras, como las *Suonate da camera Op. 1*, publicadas en 1705, y los doce conciertos que conforman la colección *L'estro armonico Op. 3*, publicada en Amsterdam en 1711. Con ellas, Vivaldi alcanzó renombre en poco tiempo en todo el territorio italiano, desde donde su nombradía se extendió al resto del continente europeo, y no sólo como compositor, sino también, y no en menor medida, como violinista, uno de los más grandes de su tiempo. Basta con observar las dificultades de las partes solistas de sus conciertos o sus sonatas de cámara para advertir el nivel técnico del músico en este campo. Conocido y solicitado, la ópera, el único género que garantizaba grandes beneficios a los compositores de la época, atrajo también la atención de Vivaldi, a pesar de que su condición de eclesiástico en principio le impedía abordar un espectáculo considerado en exceso mundano y poco edificante. De hecho, sus superiores siempre recriminaron a Vivaldi su escasa dedicación al culto y sus costumbres laxas. Inmerso en el mundo teatral como compositor y empresario, *Ottone in Villa* fue la primera de sus óperas de la que se tiene noticia. A ella siguieron títulos como *Orlando furioso*, *Armida al campo d'Egitto*, *Tito Manlio* y *L'Olimpiade*, hoy día sólo esporádicamente representados. La fama del músico alcanzó la cúspide en el meridiano de su vida con la publicación de sus más importantes colecciones instrumentales, *Il cimento dell'armonia e dell'inventione Op. 8*, en la que se incluyen *Las cuatro estaciones*, y *La cetra Op. 9*. Mas, a fines de la década de 1730, el público veneciano empezó a mostrar menor interés por su

▼ *Juan Luis* **Vives**, *cuya obra está marcada por una reflexión política centrada en los problemas éticos. Su* De anima et vita *es una de las obras capitales del humanismo español.*

▼ *Miniatura del códice Manesse del s. XIV en la que está representado el lírico alemán medieval Walther von der* **Vogelweide**, *sentado en una postura que el propio poeta describe en una de sus melancólicas y reflexivas poesías.*

música, por lo que decidió probar fortuna en Viena, donde murió en la más absoluta pobreza un mes después de su llegada. A pesar de este triste final y de un largo período de olvido, la obra de Vivaldi contribuyó a sentar las bases de lo que sería la música de los maestros del clasicismo, sobre todo en Francia, y a consolidar la estructura del concierto solista.

VIVES, JUAN LUIS *(Valencia, 1492-Brujas, Bélgica, 1540) Humanista y pedagogo español*. A la edad de diecisiete años abandonó España perseguido por la Inquisición. En 1519 fue designado profesor en la Universidad belga de Lovaina, puesto que abandonó cuatro años después para trasladarse a la corte de Enrique VIII de Inglaterra como preceptor de María, princesa de Gales. Tras oponerse a la pretensión del monarca de divorciarse de su primera esposa, Catalina de Aragón, se estableció en los Países Bajos y se concentró exclusivamente en sus escritos teológicos y pedagógicos. En este último ámbito defendió el uso de la lengua vernácula y la inclusión del alumnado femenino. Su énfasis en el método inductivo (recogido del programa erasmista para el estudio de la lengua y las Escrituras), tanto en el estudio de las ciencias naturales como en el de la psicología y la filosofía ejerció una notable influencia en pensadores posteriores.

VOGELWEIDE, WALTHER VON DER *(?, h. 1170-Wurzburgo?, actual Alemania, h. 1230) Poeta alemán*. La mayoría de los datos sobre su vida proceden de su propia obra. Se sabe que estuvo en la corte del duque Leopoldo V de Austria, aunque más tarde tuvo que abandonarla, al no lograr el favor de su sucesor. Tuvo participación activa en las disputas de su tiempo, en apoyo de su patrón Felipe de Suabia, a través de sátiras y poemas de contenido político. Llegó a enfrentarse al papa Inocencio III, a quien negaba autoridad en los asuntos terrenales, al tiempo que ensalzaba el ideal imperial (*Sentencias para el emperador*), de acuerdo con la posición de la facción gibelina, a la cual pertenecía su patrón. Escribió también poemas religiosos y didácticos, en los que elogiaba virtudes como la fe o la sinceridad y llamaba a los creyentes a participar en cruzadas y peregrinaciones. Su poesía amorosa entronca con la tradición provenzal del amor cortés, cuyos tópicos, sin embargo, supo reformular para adaptarlos a los temas de la cultura popular alemana. Se le considera el poeta lírico más importante de la Alta Edad Media germana.

VOLTA, ALESSANDRO *(Como, actual Italia, 1745-id., 1827) Físico italiano.* En 1775, su interés por la electricidad le llevó a inventar un artefacto conocido como electróforo, empleado para generar electricidad estática. Un año antes había sido nombrado profesor de física del Colegio Real de Como. En 1778 identificó y aisló el gas metano, y al año siguiente pasó a ocupar la cátedra de física de la Universidad de Pavía. En 1780, un amigo de Volta, Luigi Galvani, observó que el contacto de dos metales diferentes con el músculo de una rana originaba la aparición de corriente eléctrica. En 1794, Volta comenzó a experimentar con metales únicamente, y llegó a la conclusión de que el tejido animal no era necesario para producir corriente. Este hallazgo suscitó una fuerte controversia entre los partidarios de la electricidad animal y los defensores de la electricidad metálica, pero la demostración, realizada en 1800, del funcionamiento de la primera pila eléctrica certificó la victoria del bando favorable a las tesis de Volta. Un año más tarde, el físico efectuó ante Napoleón una nueva demostración de su generador de corriente. Impresionado, el emperador francés nombró a Volta conde y senador del reino de Lombardía. El emperador de Austria, por su parte, lo designó director de la facultad de filosofía de la Universidad de Padua en 1815. La unidad de fuerza electromotriz del Sistema Internacional lleva el nombre de voltio en su honor desde el año 1881.

▲ *Grabado de principios del s. XIX en el que Alessandro* **Volta** *muestra la pila eléctrica de su invención al emperador Napoleón Bonaparte*

«*Si Dios no existiera, habría que inventarlo.*»

Voltaire

VOLTAIRE [François-Marie Arouet] *(París, 1694-id., 1778) Escritor y filósofo francés.* Educado en un colegio jesuita, destacó precozmente por su ingenio y una cierta sed de celebridad, lo cual gustó en los círculos libertinos en los que lo había introducido su tío. Su padre le obligó a estudiar leyes en La Haya, imposición contra la que él se rebeló, con la intención de consagrarse a la literatura. Su polémica personalidad se hizo notar rápidamente y, si bien le valió para introducirse en la alta nobleza como literato de la corte, no consiguió evitarle algunos problemas con la justicia, que acabaron, tras ser encerrado en dos ocasiones en la Bastilla, con su exilio en Londres (1726-1729). Se dio a conocer con la tragedia filosófica y satírica *Edipo* (1718), escrita durante su primera reclusión en la Bastilla, y con la que fue saludado como digno sucesor de Racine y Corneille, y más tarde, pasó a ser el Virgilio de Francia con el *Poema*

de la Liga (1723), subversiva epopeya anticlerical dirigida contra el fanatismo de la Liga, editada clandestinamente y que le dio una enorme popularidad entre la nobleza. A pesar de su exilio, pronto consiguió ganarse la simpatía de la clase alta inglesa; la atracción que sentía por la cultura anglosajona, unida a su impenitente afán polémico, le movió a escribir las *Cartas filosóficas sobre Inglaterra* o *Cartas inglesas* (1734), en las que proclama la «superioridad intelectual» de Gran Bretaña respecto a Francia, anquilosada por las supersticiones y el fanatismo religioso y nada abierta al progreso. Este entusiasmo por la nación británica lo puso en práctica en una serie de tragedias escritas bajo la influencia shakespeariana, entre ellas *Zaire* (1732), con la cual obtuvo un gran éxito, a la vez que se estrenaba como prosista con la *Historia de Carlos XII* (1731), obra dramática y filosófica que fue retirada por la policía y editada clandestinamente, lo cual no impidió su reconocimiento internacional. A caballo entre París y Roma, en 1733 conoció a la que sería su amante, protectora e inspiradora, Madame du Châtelet. Amenazado y vigilado por su fama de autor subversivo, pasó largas temporadas refugiado en el castillo que su amante poseía en Cirey, durante las cuales se dedicó al estudio y a la experimentación en el laboratorio, y aprovechó para divulgar las teorías newtonianas en sus *Elementos de la filosofía de Newton* (1738), a la vez que adquirió una importante erudición. Poco a poco, a través

▶ **Voltaire** *pintado por Charon. El cuadro representa al filósofo en la cárcel de la Bastilla, donde escribió* La Henriade, *poema épico de sátira social y política, editado clandestinamente en 1723.*

VOLTAIRE
OBRAS MAESTRAS

TEATRO: *EDIPO* (*ŒDIPE*, 1718); *BRUTO* (*BRUTUS*, 1730); *ZAIRE* (1732); *MAHOMA O EL FANATISMO* (*LE FANATISME OU MAHOMET LE PROPHÈTE*, 1742); *TANCREDO* (*TANCRÉDE*, 1760). **POESÍA Y EPOPEYA:** *HENRIADE* (versión definitiva del *Poema de la Liga*, 1723); *POEMAS SOBRE EL DESASTRE DE LISBOA* (*LE DÉSASTRE DE LISBONNE*, 1756); **CUENTOS:** *ZADIG* (1747); *MICROMÉGAS* (1752); *CÁNDIDO O EL OP-* *TIMISMO* (*CANDIDE OU L'OPTIMISME*, 1759). **ENSAYO:** *CARTAS FILOSÓFICAS SOBRE INGLATERRA O CARTAS INGLESAS* (*LETTRES PHILOSOPHIQUES*, 1734); *ELEMENTOS DE LA FILOSOFÍA DE NEWTON* (*ÉLÉMENTS DE LA PHILOSOPHIE DE NEWTON MIS À LA PORTÉE DE TOUT LE MONDE*, 1738); *SIGLO DE LUIS XIV* (*LE SIÉCLE DE LOUIS XIV*, 1751); *DICCIONARIO FILOSÓFICO* (*DICTIONNAIRE PHILOSOPHIQUE*, 1764).

▼ Retrato del pintor y su familia, *uno de los cuadros más famosos de Cornelis de* **Vos***, en el que representa a su propia familia como un grupo feliz, vestido de ceremonia.*

de algunas obras escritas pensando en el gusto real, y a pesar de nuevos escándalos por otras obras, consiguió recuperar su puesto en la corte de Versalles: realizó misiones diplomáticas durante la guerra de Sucesión española, Luis XV lo nombró luego historiógrafo real (1745), ingresó en 1746 en la Academia Francesa y fue nombrado gentilhombre ordinario de la cámara del rey. Sin embargo, dos años más tarde fue despedido de Versalles por su arrogancia, y al mismo tiempo su vida sentimental

empezó a complicarse. Finalmente, tras la muerte de su amante (1749), decidió aceptar la invitación de Federico de Prusia y se trasladó a Potsdam (1750-1753); pocos años después se indispuso con su real anfitrión y se estableció en Ginebra, pero pronto el escándalo y la polémica lo salpicaron de nuevo. Fue una época de crisis para Voltaire, en que el pesimismo comenzó a hacer mella en su ánimo, como lo reflejan sus *Poemas sobre el desastre de Lisboa* (1756) y la novela corta *Cándido o el optimismo* (1759), y acabó comprando una propiedad en Ferney para refugiarse con su nueva amante, su sobrina Madame Denis. Inició entonces la etapa final de su vida, en la que colaboró con los enciclopedistas, atacó a Rousseau y los ateos, e hizo de su castillo una especie de morada de la intelectualidad subversiva, pero sin dejar nunca de escribir. En 1778, poco antes de morir, fue recibido triunfalmente en París, donde se representaba en la Comedia Francesa su obra *Irène*.

VON BRAUN, WERNHER → Braun, Wernher von.

VOS, CORNELIS DE *(Hulst, actual Bélgica, 1585-Amberes, id., 1651) Pintor flamenco.* Cultivó la pintura de temática religiosa y mitológica, pero destacó sobre todo como retratista. Sus obras de este género guardan algunas similitudes con las de Rubens, del que fue colaborador, y también con las de Van Dyck. De hecho, se considera a Cornelis de Vos la gran figura de la retratística barroca flamenca, junto con los dos pintores mencionados. Su obra maestra es *Retrato del pintor y su familia*, notable por la habilidad compositiva y el estudio de los ademanes. Su hermano Paul, pintor también, se dedicó sobre todo a los bodegones y los cuadros cinegéticos (*La caza del zorro*).

VRIES, HUGO DE *(Haarlem, Países Bajos, 1848-Lunteren, id., 1935) Botánico holandés.* Fue profesor de botánica en Amsterdam (1877) y Wurzburgo (1897), y realizó, desde 1886, experimentos metódicos sobre el crecimiento de las plantas y sobre el fenómeno de la mutación, redescubriendo, en 1900, las leyes de la herencia biológica formuladas por Mendel treinta y cinco años antes. Entre sus obras destacan *Investigaciones sobre las causas mecánicas del crecimiento celular* (1877); *Monografía de las deformaciones provocadas en las plantas* (1892); *Die Mutations Theorie* (*La teoría de las mutaciones*, 1903) y *Species and varieties, their origen by mutation* (*Especies y variedades, su origen por mutación*, 1904).

W

WAALS, JOHANNES DIDERIK VAN DER *(Leiden, Países Bajos, 1837-Amsterdam, 1923) Físico holandés.* Profesor de las universidades de La Haya (1877) y Amsterdam (1908), es conocido por la ecuación del estado de los gases reales (ecuación de Van der Waals) que permite una mayor aproximación a la realidad física que la ecuación de los gases ideales, al tener en cuenta las fuerzas de interacción existentes entre las moléculas, y le supuso la concesión, en 1910, del Premio Nobel de Física. Desarrolló, además, investigaciones sobre la disociación electrolítica, sobre la teoría termodinámica de la capilaridad y sobre estática de fluidos. Estudió así mismo las fuerzas de atracción de naturaleza electrostática (fuerzas de Van der Waals) ejercidas entre las moléculas constitutivas de la materia, que tienen su origen en la distribución de cargas positivas y negativas en la molécula.

WAGNER, OTTO *(Penzing, Austria, 1841-Viena, 1918) Arquitecto austriaco.* Figura central de la arquitectura de su país, partió de la tradición para evolucionar hacia tendencias cada vez más avanzadas, primero el modernismo y finalmente la arquitectura en acero y vidrio, con lo que revolucionó la arquitectónica austriaca. Su contribución fue tanto teórica como práctica, y en ambos sentidos ejerció una gran influencia sobre arquitectos más jóvenes, entre otros A. Loos y J. M. Olbrich. Comenzó sus estudios en la Technische Hochschule de Viena y los completó en la Escuela de Arquitectura de la Academia de Viena. En su primera etapa realizó numerosos edificios en Viena, claramente vinculados al estilo tradicional. En 1890 se le

▼ Interior del edificio de la Caja Postal de Ahorros de Viena, construida entre 1904 y 1906 por Otto **Wagner**. *Ubicado en la plaza Georg de Viena, este edificio refleja el compromiso del arquitecto con los nuevos materiales y su rechazo funcionalista de la excesiva ornamentación del art nouveau.*

encargó el plano de ampliación de la ciudad, pero su proyecto sólo se siguió en la parte referente al área metropolitana. A partir de 1898 aproximadamente, inició la renovación estilística que iba a suponer en su país todo un revulsivo. Obras características de esta etapa son la estación de metro de la Karlplatz, que se inscribe de lleno en el estilo de la Secesión vienesa, y la famosa Majolika Haus, con una fachada de gran simplicidad de líneas, pero unida por una vibrante ornamentación. Más tarde se inclinó hacia una arquitectura que se expresara «a través de los principios constructivos y el uso honesto de los materiales», tal como preconizó en la famosa primera lección del curso de arquitectura que impartió en la Academia de Viena. Entre sus obras de esta segunda etapa destaca en particular la Caja Postal de Ahorros de Viena. Era ya un creador con-

sagrado cuando encabezó el movimiento de renovación de la arquitectura vienesa y no dudó en comprometer su prestigio para apoyar a los jóvenes arquitectos que abrazaban las nuevas tendencias.

WAGNER, RICHARD *(Leipzig, actual Alemania, 1813-Venecia, 1883) Compositor, director de orquesta, poeta y teórico musical alemán.* Aunque Wagner prácticamente sólo compuso para la escena, su influencia en la música es un hecho incuestionable. Las grandes corrientes musicales surgidas con posterioridad, desde el expresionismo hasta el impresionismo, por continuación o por reacción, encuentran en él su verdadero origen, hasta el punto de que algunos críticos sostienen que toda la música contemporánea nace de la armonía, rica en cromatismos, en disonancias no resueltas, de *Tristán e Isolda.* La infancia de Wagner se vio influida por su padrastro Ludwig Geyer, actor, pintor y poeta, que suscitó en el niño su temprano entusiasmo por toda manifestación artística. La literatura, además de la música, fue desde el principio su gran pasión, pero el conocimiento de Weber y, sobre todo, el descubrimiento de la *Sinfonía núm. 9* de Beethoven lo orientaron definitivamente hacia el cultivo del arte de los sonidos, aunque sin abandonar por ello su vocación literaria, que le permitiría escribir sus propios libretos operísticos. De formación autodidacta, sus

RICHARD WAGNER

OBRAS MAESTRAS

ÓPERAS: *LAS HADAS* (1834); *LA PROHIBICIÓN DE AMAR* (1835); *RIENZI* (1840); *EL HOLANDÉS ERRANTE* (1841); *TANNHÄUSER* (1845); *LOHENGRIN* (1848); *TRISTÁN E ISOLDA* (1859); *LOS MAESTROS CANTORES DE NUREMBERG* (1867); *EL ANILLO DE LOS NIBELUNGOS* (*EL ORO DEL RIN*, 1854; *LA VALQUIRIA*, 1856; *SIEGFRIED*, 1869; *EL OCASO DE LOS DIOSES*, 1874); *PARSIFAL* (1882). **MÚSICA ORQUESTAL:** *SINFONÍA EN DO MAYOR* (1832); *RULE BRITANNIA* (1837); *OBERTURA FAUSTO* (1855); *IDILIO DE SIGFRIDO* (1870). **MÚSICA VOCAL:** *WESENDONK-LIEDER* (1858).

▼ ▶ *A la derecha, retrato de Richard* **Wagner** *en la época en que concibió la tetralogía* El anillo de los Nibelungos. *Abajo, estreno de* Tristán e Isolda, *en Munich. Tras muchas indecisiones, los papeles de los protagonistas amantes se encargaron a Ludwig Schnorr von Carolsfeld y su esposa.*

progresos en la composición fueron lentos y difíciles, agravados por una inestable situación financiera, la necesidad de dedicarse a tareas ingratas (transcripciones de partituras, dirección de teatros provincianos) y las dificultades para dar a conocer sus composiciones. Sus primeras óperas —*Las hadas, La prohibición de amar, Rienzi*— mostraban su supeditación a unos modelos en exceso evidentes (Weber, Marschner, Bellini, Meyerbeer), sin revelar nada del futuro arte del compositor. Hasta el estreno, en 1843, de *El holandés errante*, no encontró el compositor su voz personal y propia, aún deudora de algunas convenciones formales que en posteriores trabajos fueron desapareciendo. *Tannhäuser* y *Lohengrin* señalaron el camino hacia el drama musical, la renovación de la música escénica que llevó a cabo Wagner, tanto a nivel teórico como práctico, en sus siguientes partituras: *El oro del Rin* (primera parte de la tetralogía *El anillo de los nibelungos*) y *Tristán e Isolda*. En estas obras se elimina la separación entre números, entre recitativos y partes cantadas, de modo que todo el drama queda configurado como un fluido musical continuo, de carácter sinfónico, en el que la unidad viene dada por el empleo de unos breves temas musicales, los *leitmotiv*, cuya función, además de estructural, es simbólica: cada uno de ellos viene a ser la representación de un elemento, una situación o un personaje que aparece en el drama. No sólo en el aspecto formal fue revolucionaria la aportación wagneriana: en los campos de la melodía, la armonía y la orquestación —con el uso de una orquesta sinfónica de proporciones

muy superiores a las que tenían las habituales orquestas de ópera–, sino que también dejó una impronta duradera. Su gran aspiración no era otra que la de lograr la *Gesamtkunstwerk*, la «obra de arte total» en la que se sintetizaran todos los lenguajes artísticos. Sus ideas tuvieron tantos partidarios como detractores. Uno de sus más entusiastas seguidores fue el rey Luis II de Baviera, gracias a cuya ayuda económica el músico pudo construir el Festspielhaus de Bayreuth, un teatro destinado exclusivamente a la representación de sus dramas musicales, cuya complejidad superaba con mucho la capacidad técnica de las salas de ópera convencionales. En 1876 se procedió a su solemne inauguración, con el estreno del ciclo completo de *El anillo de los nibelungos*. Años antes, en 1870, el compositor había contraído matrimonio con la hija de Franz Liszt, Cosima, con quien había mantenido una tormentosa relación cuando aún estaba casada con el director de orquesta Hans von Bülow. Wagner dedicó los últimos años de su vida a concluir la composición de *Parsifal*.

WALCOTT, DEREK *(Castries, isla de Santa Lucía, 1930) Poeta y dramaturgo antillano.* Huérfano de padre al poco tiempo de nacer, vivió en el seno de una familia humilde. Siendo aún adolescente, publicó su primer poema en un periódico local, y cuando tenía dieciocho años costeó él mismo la edición de un pequeño poemario. Poco después, en 1949, logró estrenar su primera obra teatral, *Henri Christophe*, en la que recreaba la vida y la experiencia de poder del caudillo haitiano. Hacia 1950 inició sus estudios en la Universidad de las Indias Occidentales de Jamaica y poco después pasó a residir en Trinidad, donde se dedicó a la crítica artística y literaria. En 1962, la publicación de la antología *In a green night* en el Reino Unido le dio gran notoriedad, como poeta que reivindicaba las raíces africanas. Entre sus libros de poesía destacan *Uvas de mar* (1976), *El reino de la manzana estrellada* (1979), *El viajero afortunado* (1981) y *Omeros* (1990). En su producción dramática sobresale *Sueño en la montaña del mono* (1970). En 1992 fue galardonado con el Premio Nobel de Literatura.

WALDHEIM, KURT *(Sankt Andra-Worden, Austria, 1918) Político y diplomático austriaco.* Procedente de una familia de origen checo, ingresó voluntariamente en el ejército austriaco en 1937. Posteriormente cursó estudios diplomáticos, que debió inte-

▼ *El poeta y dramaturgo antillano Derek* **Walcott**, *la más poderosa voz lírica del área caribeña anglófona.*

▼ *Lech* **Walesa**, *fundador del primer sindicato comunista polaco, Solidaridad, en 1980. Diez años después, fue elegido presidente de Polonia.*

rrumpir debido al estallido de la Segunda Guerra Mundial, en la cual participó como miembro del ejército alemán. En 1945 ingresó en el cuerpo diplomático y, tras una primera presencia en la ONU y un breve período como embajador en Canadá, regresó a dicha organización en calidad de embajador austriaco. En 1971 se presentó, sin éxito, a las elecciones presidenciales de su país y, al año siguiente, fue nombrado secretario general de la ONU, cargo que ocupó hasta 1982. En 1986 fue elegido presidente austriaco. Durante su mandato, que se extendió hasta 1992, tuvo que hacer frente a las acusaciones de colaboracionismo con el ejército de ocupación nazi, hasta el punto de que se le prohibió la entrada en Estados Unidos y muchos líderes mundiales lo rechazaron como interlocutor.

WALESA, LECH *(Popowo, actual Polonia, 1943) Sindicalista polaco.* Trabajó como electricista en los astilleros Lenin de Gdansk, pero fue despedido por su participación en las huelgas de 1976. Militó en los sindicatos clandestinos, presidió el comité interempresas y encabezó la revuelta obrera de agosto de 1980, encaminada a la creación del primer sindicato libre de la Polonia comunista, Solidaridad, del que fue elegido presidente tras asumir la dirección del comité de huelga. Obtuvo de las autoridades numerosas concesiones, orientadas a mejorar las condiciones políticas y económicas de la clase trabajadora. Sin embargo, Moscú presionó a las autoridades locales, hasta que, en 1981, se decretó la ley marcial y asumió el poder una Junta Militar con plenos poderes mandada por el general Jaruzelski, antes jefe del gobierno. Walesa fue arrestado y no recobró la libertad hasta noviembre de 1982. Pero la repercusión internacional de su actividad y su buena relación con el papa Juan Pablo II, también polaco, abonaron su camino hacia el reconocimiento con el Premio Nobel de la Paz de 1983. Por entonces, la tensión en Polonia se había agudizado y desembocó en el estado de emergencia (que provocó el debilitamiento de la combatividad de Solidaridad) y en una mejora en la relaciones del régimen con la Iglesia. En noviembre de 1987, el general Jaruzelski fracasó estrepitosamente en el referéndum popular que había convocado sobre las reformas económicas y la democratización de la vida política. A la vista del fracaso, el nuevo primer ministro, Rakowski, inició negociaciones con la oposición, que desembocaron en la legalización de Solidaridad en abril de 1989. Tras la victoria de la oposición, Ma-

*«Yo quiero
ser un dictador
en la aplicación
de la democracia.»*

Lech Walesa

▲ *El naturista Alfred Russell* **Wallace**, *cuyos trabajos sirvieron a Darwin para elaborar la teoría de la evolución.*

▼ *Andy* **Warhol** *en plena labor creativa en su taller, la Factory, por donde pasaron artistas y personajes famosos del mundo entero desde los años sesenta hasta mediados de los ochenta.*

zowiezki presidió un gobierno de mayoría no comunista que llevó a la dimisión de Jaruzelski. En las elecciones presidenciales de diciembre de 1990, Lech Walesa, artífice de una transición pacífica del comunismo a la democracia pluralista merced al diálogo mantenido con el gobierno para la democratización del régimen, obtuvo la presidencia de Polonia, cargo en el que en 1995 le sucedió Aleksander Kwasniewski. En 1987 publicó *Un camino de esperanza*.

WALKER, WILLIAM *(Nashville, EE UU, 1824-Trujillo, Honduras, 1860) Político y revolucionario estadounidense.* En 1850 se trasladó a California, con intención de colonizar su franja más meridional. Tres años después, organizó una pequeña expedición armada que zarpó de San Francisco y arribó al puerto de La Paz, tras lo cual proclamó la independencia de la Baja California y de Sonora. No obstante, la falta de suministros y la oposición militar mexicana motivaron su regreso a Estados Unidos en 1854. Al año siguiente recibió la invitación de un grupo guerrillero nicaragüense para unirse a sus fuerzas y, tras varios meses de lucha, se convirtió en el hombre fuerte del país. Nombrado presidente en julio de 1856, consiguió defender su cargo hasta mayo de 1857, a pesar de la férrea oposición de la coalición de Estados centroamericanos. Con el fin de evitar su detención, se entregó al ejército estadounidense y regresó a California. Tras otras varias intentonas de recuperar el poder, en 1860 fue hecho prisionero por las tropas británicas y, tras su extradición a Honduras, sentenciado a muerte y ejecutado.

WALLACE, ALFRED RUSSELL *(Usk, Reino Unido, 1823-Broadstone, id., 1913) Naturalista británico.* Agrimensor de profesión, en 1848 embarcó en compañía de H. W. Bates con destino al Amazonas, donde recabó numerosos datos de primera mano que resultarían claves en la génesis de su posterior teoría sobre la evolución. Seis años después realizó una nueva expedición al archipiélago malayo, durante el transcurso de la cual, en 1855, escribió un breve ensayo titulado *Sobre la ley reguladora de la introducción de nuevas especies*, que contenía los preliminares de su teoría sobre la «supervivencia del mejor adaptado». Wallace remitió sus ideas a Darwin, y un extracto de la obra de ambos fue presentado en julio de 1858 a la Sociedad Linneana. El mismo Darwin publicó sólo un año después su célebre *Sobre el origen de las especies*, donde expuso en su forma más depurada y extensa la actualmente conocida como teoría de la evolución de aquéllas, razón por la cual se le atribuye la mayor parte del crédito sobre su concepción.

WALPOLE, HORACE *(Londres, 1717-id., 1797) Escritor británico.* Educado en Eton y en Cambridge, viajó un tiempo por Francia e Italia. En 1741 entró a formar parte del Parlamento, cargo que abandonó en 1768 para retirarse al castillo de Strawberry Hill, que hizo reconstruir en estilo seudogótico. Allí se dedicó de pleno a la creación literaria, publicando él mismo sus obras, e hizo en cierto sentido de mecenas para sus amigos. De entre su producción destaca la novela *El castillo de Otranto* (1764), que marca el comienzo del género gótico en literatura, caracterizado por la fascinación romántica por una Edad Media idealizada, de ambiente tenebroso, mágico y atravesado por hiperbólicas pasiones. Así mismo, es autor del ensayo político *Dudas históricas sobre la vida y el reinado de Ricardo III* (1760) y de una interesante correspondencia, publicada póstumamente, en la que ofrece un valioso retrato de su momento histórico.

WARHOL, ANDY [Andrew Warhola] *(Pittsburgh, EE UU, h. 1928-Nueva York, 1987) Artista plástico estadounidense.* Hijo de emigrantes checos, inició sus estudios de arte en el Instituto Carnegie de Tecnología, entre 1945 y 1949. En este último año, ya establecido en Nueva York, comenzó su carrera como dibujante publicitario para diversas revistas como *Vogue*, *Harper's Bazaar*, *Seventeen* y *The New Yorker*. Al mismo tiempo pintó lienzos cuya temática se basaba en

algún elemento o imagen del entorno cotidiano, de la publicidad o el cómic. Pronto comenzó a exponer en diversas galerías. Eliminó progresivamente de sus trabajos cualquier rasgo expresionista hasta reducir la obra a una repetición seriada de un elemento popular procedente de la cultura de masas, el mundo del consumo o los medios de comunicación. Dicha evolución alcanzó su cota máxima de despersonalización en 1962, cuando pasó a utilizar como método de trabajo un proceso mecánico de serigrafía, mediante el cual reproducía sistemáticamente mitos de la sociedad contemporánea y cuyos ejemplos más representativos son las series dedicadas a Marilyn Monroe, Elvis Presley, Elizabeth Taylor o Mao Tsetung, así como su célebre tratamiento de las latas de sopa Campbell, obras todas ellas realizadas durante la fructífera década de 1960. El uso de imágenes de difusión masiva, fácilmente reconocibles por todo tipo de públicos, como las ya mencionadas latas de sopa o los botellines de Coca-Cola, se convierte en una de las obras más significativas del pop-art. Mediante la reproducción masiva consiguió despojar a los fetiches mediáticos que empleaba de sus referentes habituales, para convertirlos en iconos estereotipados con mero sentido decorativo. Otra faceta destacada de su obra es su potentísima fuerza visual, que en buena parte procede de sus conocimientos sobre los mecanismos del medio publicitario. En 1963 creó la Factory, taller en el que se reunieron en torno a él numerosos personajes de la cultura *underground* neoyorquina. La frivolidad y la extravagancia que marcaron su modo de vida establecieron a la postre una línea coherente entre obra y trayectoria vital; su peculiar aspecto, andrógino y permanentemente tocado con un rubio flequillo característico, acabó por definir un nuevo icono: el artista mismo. De hecho, fue uno de los primeros creadores en explotar conscientemente su imagen con objetivos autopromocionales; de ese modo, y mediante un proceso de identificación, adquirió a los ojos del público significaciones propias de un producto publicitario más.

WASHINGTON, GEORGE *(Bridges Creek, EE UU, 1732-Mount Vernon, id., 1799) Militar y político estadounidense.* Hijo de un rico hacendado que murió cuando él aún era un niño, fue educado por su hermanastro Lawrence. Por mediación de éste, a los dieciséis años entró al servicio de un poderoso terrateniente de Virginia, para quien trabajó en las mediciones y parcelaciones de tie-

▲ *Una de las obras míticas del pop art, la lata de sopa Campbell convertida en una obra de arte por Andy* **Warhol***.*

▼ *George* **Washington** *acompañado de su Estado Mayor en Yorktown espera la llegada de los generales ingleses que firmaron la rendición. Óleo anónimo en la Galería Christie's, de Londres*

rras de Shenandoah. En 1752, al fallecer Lawrence, heredó la hacienda de Mount Vernon, pero no pudo dedicar mucho tiempo a su administración. Ese mismo año ingresó en uno de los distritos militares de Virginia y en 1753, cuando contaba veintiún años, se le encomendó la misión de conminar a los franceses para que cesaran en sus incursiones en el valle del río Ohio. A pesar del poco efecto del ultimátum, el carácter disciplinado y perseverante de Washington, quien realizó una marcha de más de mil kilómetros en invierno para entregarlo, le valió el ascenso a teniente coronel en 1754. Como tal estuvo al frente de la defensa de los obreros en el mismo valle, en el curso de la cual, bloqueado por los franceses en Fort Necessity, se vio obligado a rendirse, en un episodio que sería el detonante de la guerra de los Siete Años. Al sentirse discriminado respecto a los oficiales coloniales, en 1755 se unió a las tropas del general Braddock como ayudante de campo y, a la muerte del general, fue designado comandante en jefe de las milicias de Virginia, con las que defendió la frontera de los ataques de indios y franceses. En 1758 se retiró del ejército, casó al año siguiente con la viuda Martha Custis y se dedicó a su hacienda de Mount Vernon. La subida del precio del tabaco incrementó notablemente su riqueza, al tiempo que desempeñaba un papel destacado en la política local. Los abusos de la metrópoli a la hora de cargar de impuestos a las colonias lo llevaron a apoyar el bloqueo a las importaciones británicas. Enviado como delegado de Virginia ante los dos Congresos Continentales, en 1775, al estallar la guerra de la Independencia, fue nombrado jefe de las milicias de voluntarios, con

la intención de implicar a Virginia en el conflicto. Al frente de sus tropas, desalojó a los británicos de la ciudad de Boston al año siguiente. Declarada la independencia el 4 de julio de 1776, emprendió la difícil travesía del río Delaware, tras la cual venció a los británicos en Princeton y Trenton. Más tarde sufrió algunos reveses, como el de Brandywine, que lo obligaron a refugiarse en Valley Forge y reorganizar el ejército en condiciones precarias durante el invierno de 1777 y 1778, en lo que se considera su mejor acción militar. En la primavera de este año reconquistó Filadelfia y, después de instalar su cuartel general en White Plains, llevó a cabo con Rochambeau la campaña de Virginia de 1781. El triunfo logrado en ésta precedió la rendición británica en Yorktown. Consumada la victoria, en 1783 se retiró a su hacienda hasta que, cuatro años más tarde, asistió como delegado por Virginia a la Convención de Filadelfia. Partidario de la creación de un gobierno fuerte, apoyó la proclamación de la Constitución y fue designado por la Asamblea presidente de la Unión, cargo para el que fue reelegido en 1792. Durante su mandato trató de conciliar las tendencias federalista y autonomista, representadas por Hamilton y Jefferson, aunque no pudo evitar favorecer a la primera. Organizó así mismo la economía del país sobre la base de la independencia financiera e impulsó la normalización de las relaciones internacionales, en particular con Gran Bretaña, gesto que no fue bien recibido por amplios sectores de la sociedad estadounidense. En 1797 rechazó una segunda reelección y se retiró a su hacienda de Mount Vernon, pero aún regresó una vez más para hacerse cargo del ejército ante el rebrote de las tensiones con Francia.

WASSERMANN, JAKOB *(Fürth, Alemania, 1873-Altaussee, Austria, 1934) Escritor alemán.* En su juventud fundó la revista literaria *Simplicissimus*, y entre sus amistades figuraron Thomas Mann y A. Schnitzler. En su obra narrativa, claramente marcada por la influencia de Dostoievski, defiende unos ideales humanitaristas que tratan de conciliar su espiritualismo con la necesidad de integrarse en la vida de su tiempo. Sus primeras obras fueron: *Los judíos de Zirndorf* (1897), *Historia de la joven Renata Fuchs* (1900), *Moloch* (1903), *Gaspar Hauser o la pereza del corazón* (1908) y *El hombrecillo de los gansos* (1915), novela que gira en torno de los problemas con que se enfrenta el artista en la gran ciudad. En 1919 publicó el que se considera uno de los mejo-

▲ George **Washington** *pintado por J. Perovani. Un año después de promulgarse la Constitución de 1787, Washington fue nombrado primer presidente de Estados Unidos de América.*

▼ *James Dewey* **Watson** *(izquierda) y Francis Crick. Ambos compartieron con Maurice Hugh Wilkins el Premio Nobel de Fisiología y Medicina en 1962.*

res relatos salidos de su pluma, *Christian Wahnschaffe*, y en los años veinte y treinta escribió las obras que le consagraron internacionalmente. Entre ellas cabe destacar *La tercera existencia de Josef Kerhoven* (1934) y *Ulrica* (1941), publicadas ambas póstumamente.

WATSON, JAMES DEWEY *(Chicago, 1928) Bioquímico estadounidense.* Tras estudiar en las universidades de Chicago e Indiana, se doctoró por esta última en 1950. Desarrolló sus investigaciones, sucesivamente, en la Universidad de Cambridge (1951-1953), el Instituto de Tecnología de California (1953-1955) y la Universidad de Harvard (1955-1976), y fue director del laboratorio del Cold Spring Harbour y del Centro Nacional para la Investigación del Genoma Humano (1989-1992), siendo uno de los principales impulsores de este proyecto, que representa un importante avance en el campo del tratamiento y prevención de las enfermedades de origen genético. Sus trabajos se centran en el estudio del ácido desoxirribonucleico, campo en el que colaboró con F. Crick en el descubrimiento de la estructura en doble hélice del ADN y en el estudio de la replicación del ADN, mediante la separación de la molécula en dos cadenas cuyas mitades poseen la capacidad de autorregenerarse para dar dos nuevas cadenas idénticas a las de partida. Descubrió también la estructura tridimensional de las proteínas de la cápsula del virus del mosaico que afecta al tabaco. De regreso en Estados Unidos, colaboró en los trabajos que permitieron descifrar el código genético y en el descubrimiento de la existencia del ARN mensajero, que desempeña el

papel de intermediario entre el ADN y la síntesis de las proteínas. Sus trabajos fueron recompensados, en 1962, con la concesión del Premio Nobel de Fisiología y Medicina, que compartió con F. Crick y M. H. Wilkins. Entre otros honores recibió, en 1960, el Premio Lasker de investigación médica, y es miembro de la Royal Society de Londres, de la Academia Americana de Ciencias y Artes y de la Academia de Ciencias de Rusia.

WATSON, JOHN BROADUS *(Greenville, EE UU, 1878-Nueva York, 1958) Psicólogo estadounidense.* Se trasladó a Chicago para estudiar filosofía, atraído por Dewey y el pragmatismo, pero pronto comenzó a interesarse por la psicología. Se doctoró en 1903 y empezó a trabajar como asistente instructor en psicología animal. En 1907 pasó a la Universidad Johns Hopkins, donde estudió los procesos sensoriales en los animales. Su convencimiento de que las referencias a los contenidos de la mente y a la conciencia no podían someterse a ningún criterio objetivo y suscitaban una problemática seudocientífica le llevó a la utilización de los únicos datos objetivos existentes en el análisis psicológico, es decir, aquellos que proporcionaba la conducta exterior. En 1914 publicó *El conductismo: una introducción a la psicología comparativa,* donde postulaba la observación directa de la conducta con el objetivo de hallar conexiones entre ella y la fisiología subyacente. Durante los años veinte abandonó la actividad académica, aunque continuó publicando numerosos ensayos, entre los cuales destacan *Conducta* (1914) y *Conductismo* (1924).

WATSON, THOMAS *(Campbell, EE UU, 1874-Nueva York, 1956) Empresario estadounidense.* Cursó estudios en la Elmira School of Commerce, tras los cuales se empleó como administrativo en varias compañías. En 1914 fue nombrado presidente de la Computing-Tabulating-Recording, empresa que en 1924 pasó a denominarse International Business Machines, más conocida por las siglas IBM. Al frente de la misma acuñó el eslogan que la hizo famosa: *Think* (Piensa), y la convirtió en líder mundial en la producción y venta de máquinas de escribir y otras herramientas para el procesamiento de datos. En 1952, año en que cedió la presidencia de la empresa a su hijo Thomas Jr., si bien mantuvo el cargo de consejero delegado, IBM tenía en plantilla 60 000 empleados y fábricas y almacenes repartidos por varios países. Preocupado por las cuestiones sociales, destacó por su colaboración con diversas causas benéficas y su participación en actividades de índole cultural y en organizaciones pacifistas.

WATSON-WATT, SIR ROBERT ALEXANDER *(Brechin, Reino Unido, 1892-Inverness, id., 1973) Ingeniero británico.* Cursó los estudios de ingeniería en Colegio Universitario de Dundee. Ingresó en el servicio meteorológico de Londres y, años más tarde, dirigió el departamento de radio del ministerio de la guerra. En 1935, desarrolló el primer sistema práctico para la radiolocalización de aviones en vuelo, con el cual se podía detectar la presencia de aeronaves, su velocidad, altura y distancia al punto de observación. Diseñó y construyó una extensa red de radares que permitía proteger el país de posibles ataques aéreos, lo cual constituyó una importante ayuda para los aliados durante la Segunda Guerra Mundial. En 1939 consiguió realizar equipos de radar susceptibles de ser transportados por avión. Fue miembro de la Royal Society.

WATT, JAMES *(Greenock, Reino Unido, 1736-Heathfield Hall, id., 1819) Ingeniero escocés.* Estudió en la Universidad de Glasgow y posteriormente (1755) en la de Londres, en la que sólo permaneció un año debido a un empeoramiento de su salud, ya frágil desde su infancia. A su regreso a Glasgow en 1757, abrió una tienda en la universidad dedicada a la venta de instrumental matemático (reglas, escuadras, compases, etc.) de su propia manufactura. En la universidad tuvo la oportunidad de entrar en contacto con muchos científicos y de entablar amistad con Joseph Black, el introductor del concepto de calor latente. En 1764 con-

▲ *Sir Robert Alexander* **Watson-Watt***, quien, después de ser nombrado asesor científico de los ministerios del Aire y de Producción Aeronáutica británicos, desarrolló un sistema de radar capaz de detectar un avión en un radio de 65 km.*

◄ *Retrato de James* **Watt***, inventor de la máquina de vapor y uno de los grandes artífices de la revolución industrial que se produjo en Inglaterra a finales del s. XVIII.*

trajo matrimonio con su prima Margaret Miller, con la que tuvo seis hijos antes de la muerte de ésta, nueve años más tarde. Ese mismo año (1773) observó que las máquinas de vapor Newcomen desaprovechaban gran cantidad de vapor, y en consecuencia, una alta proporción de calor latente de cambio de estado, susceptible de ser transformado en trabajo mecánico. En 1766 diseñó un modelo de condensador separado del cilindro, su primera y más importante invención, que permitió lograr un mayor aprovechamiento del vapor, y mejorar de este modo el rendimiento económico de la máquina. Esta mejora constituyó un factor determinante en el avance de la Revolución Industrial. En 1768 se asoció con John Roebuck para construir su propio modelo de máquina de vapor, que patentó un año más tarde. Tras la quiebra de Roebuck en 1772, se trasladó a Birmingham dos años más tarde para compartir la explotación de su patente con Matthew Boulton, propietario de Soho Works, y con ello se inició una colaboración que se mantuvo por espacio de veinticinco años. En 1776 contrajo segundas nupcias con Ann MacGregor, quien le dio dos hijos más. Entre otras importantes mejoras en las máquinas de vapor se deben a la máquina de doble efecto, cuyos pistones suben y bajan alternativamente (patentada en 1782), el regulador de fuerza centrífuga para el control automático de la máquina y, en 1784, el paralelogramo articulado, una disposición de rodetes conectados que guían el movimiento del pistón. En 1785 ingresó formalmente en la Royal Society londinense. Aunque el éxito económico de sus invenciones fue rotundo, a partir de 1794 se fue distanciando paulatinamente de la actividad industrial. Así mismo, fue miembro de la Lunar Society de Birmingham, integrada por un grupo de científicos y escritores promotores del avance del arte y la ciencia.

WATTEAU, ANTOINE *(Valenciennes, Francia, 1648-Nogent-sur-Marne, id., 1721) Pintor francés.* Su singularidad estilística, su condición de pintor inclasificable, se debe probablemente a que su Valenciennes natal formó parte de los Países Bajos hasta seis años antes de su nacimiento, y por ello, su lenguaje artístico combinó la vena realista del norte con su amor por lo cotidiano y los pequeños detalles, con una sofisticación de cuño indiscutiblemente francés. Se trasladó a París en 1702, y en 1717 ingresó en la Academia con la obra *Embarque para Citerea* y bajo el título de «pintor de fiestas galantes», acuñado a propósito para él. Wat-

▲ Gilles, *uno de los cuadros más logrados y famosos de Antoine* **Watteau** *en el que sobresale la monumental figura vestida de blanco que mantiene una rígida frontalidad frente al espectador.*

▼ *John* **Wayne** *como actor y John Ford como director son dos de los mayores artífices del popular género cinematográfico conocido como* western.

teau fue, de hecho, el creador de este nuevo género, el de las fiestas galantes, con el que se asocia fundamentalmente su obra creativa. Hay quien relaciona su predilección por los cuadros en los que jóvenes elegantes se entretienen en fiestas frívolas al aire libre con su visión fugitiva de los placeres de la vida, con la enfermedad que padeció, la tuberculosis, que le amenazaba constantemente con la muerte y que lo llevó a la tumba a la temprana edad de treinta y siete años. Quizá también por ello, su otra gran afición fue el mundo del teatro, que plasmó en obras magistrales, envueltas en una atmósfera irreal. De *Cómicos franceses* a la extraordinaria *Gilles*, sus obras teatrales caracterizan su producción tanto como las fiestas galantes. Las escenas de género o las pinturas mitológicas no revisten, en cambio, tanto interés. Como caso poco corriente en la historia de la pintura, Watteau fue al mismo tiempo un gran colorista y un magnífico dibujante, faceta esta última que demostró en sus numerosísimos apuntes, reunidos en libros, que le sirvieron de modelo para sus pinturas. En 1717 se desplazó a Londres para visitar a un famoso médico, pero justamente allí empeoró de su afección y ya nunca se recuperó.

WAYNE, JOHN [Marlon Michael Morrison] *(Winterset, EE UU, 1907-Los Ángeles, 1979) Actor de cine estadounidense.* Hijo de un famacéutico, durante sus años de estudiante fue miembro del equipo de fútbol americano de la Southern California University y trabajó en la Fox Film Corporation. En dicha productora cinematográfica hizo amistad con el director John Ford,

quien le propuso participar, interpretando pequeños papeles, en varios de sus primeros filmes. Durante los años treinta participó en más de ochenta películas de bajo presupuesto, en cuyos créditos aparecía como Duke Morrison. Tras cambiarse el nombre, intervino en *La diligencia* (1939), nuevamente dirigida por John Ford y título legendario que sentó las bases del *western* como género cinematográfico y elevaría a actor y director a categoría de estrellas. Seguidamente fue consolidando su estatus a través de una larga lista de filmes memorables, incluidas nuevas colaboraciones con Ford, que le convertirían en uno de los rostros más populares de la historia del medio y en el epítome del héroe duro pero sensible. Destacan de entre su amplísima filmografía *Fort Apache* (1948), *Río Rojo* (1948), *El hombre tranquilo* (1952), *El Álamo* (1959), *Río Bravo* (1959), *¡Hatari!* (1962), *El Dorado* (1966) y *Valor de ley* (1969), por cuya interpretación recibió el Oscar al mejor actor.

WEBER, KARL MARIA VON *(Eutin, actual Alemania, 1786-Londres, 1826) Compositor, pianista y director de orquesta alemán.* Karl Maria von Weber es considerado, junto a Schubert y Beethoven, el más destacado representante de la primera generación romántica de músicos alemanes. Nacido en un ambiente musical —su padre era violinista y maestro de capilla en Eutin, y su madre, una buena cantante—, Weber fue un niño prodigio que a los doce años de edad dio a conocer sus primeras obras. Alumno de Michael Haydn en Salzburgo y del abate Vogler en Viena, sus aptitudes le hicieron sobresalir no sólo en la composición, sino también en la práctica del piano y la dirección orquestal, disciplina ésta de la que llegó a ser un consumado especialista, ocupando desde 1816 hasta su muerte el cargo de director musical de la Ópera de Dresde. Desde fecha temprana, Weber se sintió atraído por la creación operística, en la que cosecharía sus mayores triunfos, hasta el punto de que su aportación en este terreno ha eclipsado sus valiosas incursiones en otros géneros. En 1802 había compuesto ya tres óperas. En 1810 vio la luz *Silvana*, un ambicioso trabajo en el que se anunciaban las características que definirían *El cazador furtivo*, la obra que le valió ser considerado el padre de la ópera nacional alemana. Partiendo del tradicional esquema del *singspiel*, caracterizado por la alternancia de partes cantadas y declamadas, el compositor consiguió una partitura en la que las danzas y coros de inspiración popular, al empapar toda la acción dramática, constituían la verdadera esencia de la música. Consciente del valor de su obra, Weber siguió la senda abierta en *El cazador furtivo* en su siguiente trabajo escénico, *Euryanthe*, una «gran ópera heroico-romántica» que, pese a no despertar el interés del público, ejerció una influencia decisiva en la evolución del joven Richard Wagner. La tuberculosis puso fin a su vida prematuramente en Londres, donde se había trasladado para asistir al estreno de su última aportación lírica, *Oberón*.

WEBER, MAX *(Erfurt, Alemania, 1864-Munich, 1920) Sociólogo e historiador alemán.* Las desavenencias entre su padre, un diputado conservador con una activa vida social, y su madre, una rígida calvinista, marcaron toda su juventud, pues no abandonó el hogar familiar hasta su matrimonio con Marianne Schnitzer (1893), con la única excepción del tiempo que estudió en la Universidad de Heidelberg, donde recibió la influencia del historiador Hermann Baumgarten, su tío. Sus estudios superiores, que continuó en Berlín, incluían el derecho, la historia, la economía, la religión y la música. Su capacidad y disciplina para el trabajo intelectual y una impresionante erudición le garantizaron una brillante carrera académica: enseñó economía política en Friburgo desde 1894 y economía en Heidelberg desde 1897. Este mismo año, sin embargo, la muerte de su padre causó en él una grave y prolongada crisis nerviosa, que le apartó de las aulas entre 1898

◀ *Karl Maria von **Weber**, uno de los grandes compositores del romanticismo alemán.*

KARL MARIA VON WEBER

OBRAS MAESTRAS

ÓPERAS: *SILVANA* (1810); *ABU HASSAN* (1811); *EL CAZADOR FURTIVO* (1821); *EURYANTHE* (1823); *OBERÓN* (1826). **MÚSICA ORQUESTAL:** *SINFONÍA NÚM. 1* (1807); *SINFONÍA NÚM. 2* (1807); *CONCIERTO PARA PIANO NÚM. 1* (1810); *CONCIERTO PARA CLARINETE NÚM. 1* (1811); *CONCIERTO PARA CLARINETE NÚM. 2* (1811); *CONCIERTO PARA FAGOT* (1811); *CONCIERTO PARA PIANO NÚM. 2* (1812). **MÚSICA DE CÁMARA:** *QUINTETO CON CLARINETE* (1815); *TRÍO PARA FLAUTA, VIOLONCELO Y PIANO* (1819). **MÚSICA INSTRUMENTAL:** *SEIS FUGUETAS* (1798); *GRAN POLONESA* (1808); *SONATA PARA PIANO NÚM. 3* (1816); *INVITACIÓN A LA DANZA* (1819); *SONATA PARA PIANO NÚM. 4* (1822). **MÚSICA VOCAL Y CORAL:** *MISSA SANCTA NÚM. 1* (1818); *MISSA SANCTA NÚM. 2* (1819).

▼ *El análisis del capitalismo de Max **Weber** en* La ética protestante y el espíritu del capitalismo *es un ensayo decisivo para entender la moderna sociedad occidental.*

y 1903 y motivó su reclusión en varios sanatorios. Tras su recuperación, abandonó la docencia y se entregó por entero a la investigación y a la redacción de sus principales ensayos, el más polémico y célebre de los cuales es *La ética protestante y el espíritu del capitalismo* (1904-1905), en el que plantea la relación existente entre la ética calvinista y el auge del capitalismo. Según su concepción, la extraordinaria presión psicológica que supone la doctrina de la gracia y la predestinación calvinista animaría a los creyentes a buscar en el trabajo, en el éxito y en un cierto ascetismo vital un signo de la benevolencia divina. Trabajó también a favor del establecimiento de una metodología objetiva para la sociología, y abogó en contra del entusiasmo colectivo que prevaleció en Alemania ante la Primera Guerra Mundial. En respuesta al determinismo de las estructuras económicas que propugnaba el marxismo, Weber publicó más tarde interesantes trabajos sobre las religiones de Oriente y su influencia en el desarrollo de países de esta amplia área geográfica.

WEBERN, ANTON VON *(Viena, 1883-Salzburgo, Austria, 1945) Compositor austriaco.* Estudió musicología en Viena. A partir de 1908 se inició como director de orquesta teatral en Viena, Teplizt, Danzig y Praga, y dirigió los conciertos sinfónicos destinados a los obreros en Viena (1922-1934). Fue director musical de la radio austriaca y trabajó en la Universal Edition de Viena. Con el vienés Alban Berg, es el representante más destacado de la escuela de Schönberg. Sus primeras obras, como la *Passacaglia* para orquesta, son todavía de estilo posromántico. El período comprendido entre *Seis piezas para orquesta* (1910) y los *Cinco cánones para soprano y dos clarinetes* (1924) se caracterizó por texturas ligeras, conjuntos instrumentales pequeños y una construcción musical muy compacta. Empleó por vez primera el sistema dodecafónico en su obra *Tres lieder populares religiosos*, a la que siguieron composiciones en las que destacan su extrema intensidad y brevedad, concisión y delicadeza y sus unidades melódicas fraccionadas. Amplió el concepto de serialización dodecafónica a la serialización rítmica, dinámica y tonal. Entre las principales obras donde utilizó la dodecafonía cabe mencionar la *Sinfonía para orquesta de cámara* (1928), las *Cantatas Opus 29 y Opus 31* y las *Variaciones para piano* (1936) y *Variaciones para orquesta* (1940). También editó la *Choralis Constantinus II*, del compositor flamenco

MAX WEBER

OBRAS MAESTRAS

LA ÉTICA PROTESTANTE Y EL ESPÍRITU DEL CAPITALISMO (*DIE PROTESTANTISCHE ETHIK UND DER «GEIST» DES KAPITALISMUS*, 1904); LA RELIGIÓN DE CHINA: CONFUCIANISMO Y TAOÍSMO (*KONFUZIANISMUS UND TAOISMUS*, 1915); LOS FUNDAMENTOS RACIONALES Y SOCIALES DE LA MÚSICA (*DIE RATIONALEN UND SOZIOLOGISCHEN GRUNDLAGEN DER MUSIK*, 1921); ECONOMÍA Y SOCIEDAD (*WIRTSCHAFT UND GESELLSCHAFT*, 1922).

▼ *Alfred* **Wegener** *fue el primer geólogo en sugerir que la Tierra tuvo en principio un solo continente, que se resquebrajó por razones desconocidas dando lugar a los actuales continentes, que siguen sujetos a un movimiento de deformación y deriva.*

Heinrich Isaac, cuya maestría en el empleo del contrapunto admiraba profundamente. El ascenso al poder del partido nazi truncó su carrera, y hubo de ganarse la vida con dificultad y realizando trabajos como lector o corrector. En 1945 se trasladó a la ciudad de Salzburgo, donde encontró la muerte al disparar sobre él por error un centinela estadounidense.

WEGENER, ALFRED *(Berlín, 1880-Groenlandia, 1930) Geofísico y meteorólogo alemán.* Aunque doctorado en astronomía, se interesó muy pronto por la geofísica y las entonces incipientes ciencias de la meteorología y la climatología. Pionero en el uso de globos aerostáticos para el estudio de las corrientes de aire, a lo largo de su vida realizó hasta tres expediciones de observación meteorológica a Groenlandia, en la última de las cuales encontró la muerte. Su nombre quedará asociado para siempre a la teoría de la deriva continental, que le ocasionó no pocos disgustos en vida. En 1911 se interesó por el descubrimiento de restos fósiles de vegetales de idénticas características morfológicas hallados en lugares opuestos del Atlántico. La paleontología ortodoxa explicaba tales fenómenos recurriendo a hipotéticos «puentes» de tierra firme que en su día unieron las diferentes masas continentales. Las similitudes entre los perfiles opuestos de los continentes de América del Sur y África le sugirieron la posibilidad de que la igualdad de la evidencia fósil se debiera a que ambos hubieran estado unidos en algún momento del pasado geológico terrestre. En 1915 expuso los principios de su teoría en la obra *El origen de los continentes y los océanos*, que amplió y reeditó en 1920, 1922 y 1929. Según Wegener, hace unos 300 millones de años los actuales continentes habrían estado unidos en una sola gran masa de tierra firme que denominó Pangea, la cual, tras resquebrajarse por razones desconocidas, habría originado otros nuevos contingentes terrestres sujetos a un movimiento de deformación y deriva que todavía perdura. La teoría fue recibida de manera uniformemente hostil, y en ocasiones, incluso violenta, en buena parte por la inexistencia de una explicación convincente sobre el mecanismo de la deriva continental en sí. A partir de 1950, no obstante, las ideas de Wegener ganaron rápida aceptación gracias al desarrollo de las modernas técnicas de exploración geológica, en particular del fondo oceánico. Reformulada a partir de recientes descubrimientos, la teoría de la deriva continental se encuentra hoy totalmente consolidada.

WEIERSTRASS, KARL *(Ostenfelde, actual Alemania, 1815-Berlín, 1897) Matemático alemán.* Con catorce años, fue aceptado en la escuela católica de enseñanza secundaria de Paderborn. En 1834, siguiendo los deseos de su padre, ingresó en la Universidad de Bonn para estudiar comercio y finanzas. En 1839 entró en la Academia de Teología y Filosofía de Münster, donde encontró la inspiración matemática de manos de Christof Guderman. En 1854 envió un trabajo sobre funciones abelianas a una publicación matemática de prestigio, y sorprendió a la comunidad matemática con su genio. Por este trabajo recibió el doctorado honorífico de la Universidad de Königsberg y en 1856 fue aceptado como profesor asociado en la Universidad de Berlín. Abrumado por las enormes responsabilidades de su nuevo cargo, sufrió una crisis nerviosa en 1861, que le apartó de las aulas dos años. Desafortunadamente, tras los ataques públicos de Kronecker por su apoyo a las ideas de Cantor, y la muerte de su amiga Sonja Kovalevsky, se hundió mentalmente y pasó el resto de su vida en una silla de ruedas.

WEILL, KURT *(Dessau, Alemania, 1900-Nueva York, 1950) Compositor estadounidense de origen alemán.* Estudió en Dessau y en Berlín, donde fue discípulo de Humperdinck y de Busoni. Después de escribir obras muy elaboradas, experimentó la influencia del jazz, simplificó el registro y se dedicó a componer para el teatro expresionista. De su encuentro con Bertolt Brecht surgieron composiciones magistrales, como *La ópera de tres cuartos* (1928), según C. Pepusch y J. Gay, y *Grandeza y decadencia de la ciudad de Mahagonny* (1930). Expulsado de Alemania por los nazis a causa de su origen judío, se trasladó a París, donde estrenó *Los siete pecados capitales* (1933). Residió luego en Londres y más tarde en Estados Unidos, donde se instaló definitivamente con su esposa, Lotte Lenya. Fue autor así mismo de varias comedias musicales, como *Knickerbocker Holiday* (1938) y *One touch of Venus* (1943).

WEISSMULLER, JOHNNY *(Windber, EE UU, 1904-Acapulco, México, 1984) Nadador y actor de cine estadounidense.* Tras abandonar los estudios a una edad muy temprana, ingresó en el Illinois Athletic Club de Chicago, en el que pronto destacó por sus aptitudes en natación y waterpolo. En 1921 obtuvo la victoria en los campeonatos estadounidenses de natación en la categoría de 200 metros libres y, durante los años siguientes, fue líder indiscutible de dicha competición en 100,

200, 400 y 800 metros. En los Juegos Olímpicos de 1924, celebrados en París, obtuvo la medalla de oro en 100, 400 y 800 metros y, en los Juegos de Amsterdam de 1928, repitió hazaña en las modalidades de 100 y 800 metros, siempre en estilo libre. Tras retirarse inició una exitosa carrera cinematográfica centrada en la figura de *Tarzán*, personaje que inmortalizó en doce películas realizadas entre 1932 y 1948.

WEIZMANN, CHAIM *(Motol, actual Bielorrusia, 1874-Rehovot, Israel, 1952) Político israelí.* Cursó estudios de química en Alemania y Suiza y, a partir de 1900, fue profesor en la Universidad de Génova. En 1904 recibió una oferta de la Universidad de Manchester, ciudad en la que residió durante los siguientes años. Compatibilizó su labor como químico, tarea en la que obtuvo reconocimiento internacional, con su actividad política. En 1905 fue elegido miembro de la secretaría general de la Organización Sionista Británica y, en 1917, recibió el nombramiento de presidente de la Organización Sionista Mundial (OSM), cargo que ocupó hasta 1931. En esta última fecha fundó un instituto de investigación en Palestina, con el que colaboró con los gobiernos británico y estadounidense. Regresó a la presidencia de la OSM entre 1935 y 1946 y, en 1948, lideró las negociaciones con el Reino Unido y Estados Unidos que fructificarían en la creación del Estado de Israel, del que se convirtió en primer presidente un año después. Fue autor, así mismo, de numerosas obras científicas y ensayos sobre sionismo.

▲ *Johnny **Weissmuller** y Margaret O'Brien en un fotograma de* Tarzán de los monos. *El actor hizo su carrera cinematográfica después de ganar varias medallas de oro olímpicas.*

▼ *Chaim **Weizmann**, uno de los artífices de la creación del Estado de Israel, encargado de llevar las negociaciones con Estados Unidos y Gran Bretaña en 1948*

WELLES, ORSON *(Kenosha, EE UU, 1915-Los Ángeles, 1985) Director, productor, guionista y actor de cine estadounidense.* Hijo de un hombre de negocios y de una pianista, Welles fue un niño prodigio que a los dieciséis años comenzó su carrera teatral en el Gate Theatre de Dublín y cinco después (1936) debutó como actor y director en Nueva York. Durante su etapa teatral alcanzó notoriedad gracias a diversos montajes shakespearianos, como el de *Macbeth*, obra íntegramente representada por actores negros, o *Julio César*, todos ellos producidos por la Mercury Theatre, compañía fundada por el propio Welles y su socio John Houseman en 1937. Su versión radiofónica del original literario de H. G. Wells *La guerra de los mundos* (1938) fue hasta tal punto realista que sembró el pánico entre miles de oyentes, convencidos de que realmente se estaba produciendo una invasión de extraterrestres. Avalado por este éxito, firmó con la productora RKO un contrato que le otorgaba total libertad creativa, circunstancia que aprovechó hasta el límite en su primer filme, *Ciudadano Kane* (1941). Considerada como una de las obras más significativas de la historia del cine, esta especie de biografía imaginaria del magnate de la prensa William Randolph Hearst, protagonizada por el propio Welles –coautor también del guión, que escribió en colaboración con Herman J. Mankiewicz–, fue capital a la hora de sentar las bases del moderno lenguaje narrativo cinematográfico. Sin embargo, el propio Hearst aprovechó los resortes de su poder para criticar duramente la película, que no consiguió el éxito esperado en Estados Unidos, mientras que hasta después de la Segunda Guerra Mundial no se estrenaría en Europa, donde enseguida se convirtió en una cinta de culto minoritaria. Su segundo filme, *El cuarto mandamiento* (1942), el único de los que dirigió en que no apareció como actor, sufrió considerables recortes de la productora, final feliz incluido, antes de su estreno. El fracaso económico de estas dos películas indujeron a RKO a rescindir el contrato y en adelante Welles se vio obligado a trabajar con graves penurias presupuestarias, lo cual no le impidió filmar otro título considerado clave, *La dama de Sanghai* (1947), un *thriller* protagonizado por Rita Hayworth, entonces su esposa. Tras rodar la primera de sus versiones de obras shakespearianas, *Macbeth* (1945), se exilió en Europa, can-

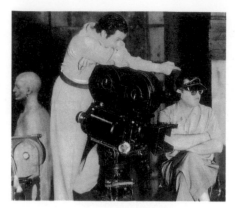

▲ *Orson* **Welles** *da indicaciones a sus actores durante el rodaje de* Ciudadano Kane, *considerada por la crítica como una de las diez mejores películas de la historia del cine.*

▼ *Retrato del duque de* **Wellington**, *militar británico cuyas victorias sobre Napoleón culminaron con la batalla definitiva librada en Waterloo en 1815, que significó el fin del Imperio napoleónico.*

sado de las presiones de las productoras y temeroso del Comité de Actividades Antiamericanas. En el Viejo Continente regresó a Shakespeare con su versión de *Otelo* (1952), filme cuyo caótico rodaje se prolongó durante tres años y que, pese a haber sido galardonado con la Palma de Oro del Festival de Cannes, representó un nuevo fracaso comercial. Gracias a la insistencia del actor Charlton Heston, protagonista y productor de la película, Welles pudo regresar a Hollywood para dirigir *Sed de mal* (1958), majestuoso *thriller* en blanco y negro en el que destaca el plano-secuencia que abre el filme, el más largo de la historia del cine. De nuevo en Europa, rodó *El proceso* (1962), versión de la novela homónima de Franz Kafka, y en 1965 y con producción del español Emiliano Piedra, *Campanadas a medianoche*, amalgama de diversos textos shakespearianos (principalmente *Las alegres comadres de Windsor* y *Enrique V*) articulados alrededor de la figura de John Falstaff, papel que se reservó para él mismo y que constituyó, a todos los niveles, uno de los puntos culminantes de su trayectoria. La última etapa de su carrera como director estuvo jalonada de ambiciosos y a la postre inconclusos proyectos, como *Don Quichote*, *The deep* o *The other side of the Wind*. Paralelamente a sus actividades como director y protagonista de sus propios filmes, desarrolló una importante carrera interpretativa en la que destacan títulos como *Alma rebelde* (1944), de Robert Stevenson, la inolvidable *El tercer hombre*, de Carol Reed, o *Moby Dick*, de John Huston. En 1975 recibió del American Film Institute el reconocimiento al conjunto de su carrera artística.

WELLINGTON, ARTHUR COLLEY WELLESLEY, DUQUE DE *(Dublín, 1769-Kent, Reino Unido, 1852) Militar y estadista británico.* Hijo de una familia angloirlandesa, el futuro duque de Wellington cursó sus estudios en Eton antes de unirse al ejército. Tuvo sus primeras experiencias bélicas al mando de un regimiento en la campaña de Flandes de 1794, donde se distinguió en varias acciones. Frustrado por la ineficacia del sistema militar británico, marchó a la India, acompañando a su hermano Richard; allí adquirió una gran experiencia militar y sobresalió en la guerra de Mahratta, de la que salió victorioso. Tras regresar a su país, participó en la expedición a Dinamarca de 1807, y un año más tarde le fue confiado el mando del ejército enviado en apoyo del levantamiento de portugueses y españoles contra Napoleón. Fue en la península Ibérica donde Wellington forjó su prestigio militar; hombre duro y meticuloso y dotado de una gran habilidad táctica, pronto se ganó el respeto y el temor de los generales franceses. Con una estrategia claramente defensiva, no dudaba en ocultar sus fuerzas hasta el último momento para engañar al enemigo y de paso sustraerlas del fuego de artillería. Wellington logró contener los avances franceses en la península Ibérica e impedir que Napoleón se apoderara de Lisboa. En 1812, tras recibir importantes refuerzos, pasó a la ofensiva y derrotó a las fuerzas napoleónicas en Ciudad Rodrigo y los Arapiles, con lo cual forzó al rey José a abandonar Madrid. Wellington consiguió interceptar la retirada del ejército francés en Vitoria y derrotarlo, tras lo cual invadió Francia. En 1815, durante la campaña de Bélgica, se enfrentó finalmente a Napoleón en la batalla de Waterloo, acción decisiva donde puso de manifiesto una vez más su habilidad defensiva. Retirado del servicio activo, Wellington ocupó varios cargos dentro del gobierno británico, entre ellos el de primer ministro.

WELLS, HERBERT GEORGE *(Bromley, Reino Unido, 1866-Londres, 1946) Novelista, ensayista y periodista británico.* Aunque debe su fama a las novelas de ciencia ficción, es autor de una obra variada que sobrepasa ampliamente los estrechos márgenes de este género. Educado en la Normal School of Science de Londres, fue en esta institución donde el futuro escritor hizo suya una concepción romántica y utópica de la ciencia que iba a inspirar la mayor parte de sus trabajos y que se caracterizaba por una confianza ciega en la capacidad del ser humano para controlar y utilizar de modo racional en un futuro los medios materiales terrestres en beneficio del conjunto de la humanidad. Después de escribir algunos relatos en periódicos y revistas, se dio a conocer en 1895 con la publicación de *La máquina del tiempo* (1895). Su éxito fue seguido por el que obtuvieron *El hombre invisible* (1897) y, sobre todo, *La guerra de los mundos* (1898), la más famosa del conjunto de su producción. La extraordinaria acogida dispensada por el público le permitió dedicarse exclusivamente a la literatura. Sin embargo, lejos de explotar el éxito conseguido, dio un giro a su trayectoria con *Anticipaciones* (1901), novela en la que abandonaba el género fantástico para ahondar en una problemática social y humanista que siempre le había preocupado y que sus anteriores obras ya insinuaban. *Kipps* (1905), *Ann Veronica* (1909), *Tono-Bungay* (1909) y *La historia de Mr. Polly* (1910), ésta de tono cómico, tienen su principal atractivo en la descripción psicológica de los personajes, con la supervivencia de la sociedad contemporánea como gran tema de fondo. Su humanismo fue adquiriendo un cariz pesimista a medida que avanzaba el tiempo y Europa se veía abocada a una nueva conflagración bélica. Queda constancia de este pesimismo en *El destino del Homo sapiens* (1945).

WESLEY, JOHN *(Epworth, Gran Bretaña, 1703-Londres, 1791) Reformista inglés.* Tras ser ordenado sacerdote en 1728, participó en la fundación de un grupo de estudio religioso sito en Oxford cuyo énfasis en el método, tanto en la actividad académica como en la devoción, valió a sus miembros el apodo peyorativo de «metodistas». Tras un breve y fracasado periplo en la colonia norteamericana de Georgia, regresó a Gran Bretaña en 1735. Poderosamente influido por la doctrina luterana de la salvación por la fe y por la espiritualidad morava, el rechazo de las congregaciones oficiales de la Iglesia de Inglaterra orientó su acción evangélica hacia el pueblo llano y la promoción de sociedades metodistas al modo de las agrupaciones moravas (esto es, subgrupos de una misma sociedad unidos por sexo y estado civil que le confiaban sus vidas y eran reprendidos doctrinalmente dentro de la misma agrupación). Pronto surgieron sociedades de dicho cuño en Londres, Bristol y otras ciudades. En 1784, ante la negativa del obispo de Londres a designar a algunos sacerdotes metodistas para realizar tareas evangélicas en los recién creados Estados Unidos, Wesley decretó la independencia operativa de las sociedades de la Iglesia de Inglaterra.

WEST, MAE *(Brooklyn, hoy Nueva York, 1892-Los Ángeles, 1980) Actriz estadounidense.* Debutó en escena en 1901 como miembro de una compañía teatral, y hacia 1907 se había convertido ya en una de las más aclamadas actrices de vodevil. Tras debutar en Broadway, a partir de 1926 empezó a escribir, producir e interpretar sus propias obras. Con la primera de ellas, *Sexo* (1926), obtuvo un atronador éxito, pero no fue del agrado de las autoridades, que la condenaron a ocho días de prisión. A principios de la década de los treinta se trasladó a Hollywood, de cuya industria cinemato-

▲ *Herbert George* **Wells**, *uno de los grandes escritores de ficción, creador de mitos literarios tan populares como «el hombre invisible» o «la máquina del tiempo».*

▼ *Mae* **West** *fue uno de los mitos eróticos de Broadway en los años veinte y de Hollywood en el decenio siguiente.*

«*La historia humana es cada vez más una carrera entre la educación y la catástrofe.*»

Herbert George Wells

gráfica se convirtió en la más reconocida musa y primer *sex symbol* en toda regla. De entre sus películas cabe destacar *Lady Lou*, dirigida por L. J. Sherman en 1933, y *Klondike Annie* (1936). Posteriormente escribió varios guiones junto a W. C. Fields y, tras la Segunda Guerra Mundial, se retiró de forma oficial, si bien reapareció ocasionalmente en distintas películas y obras de teatro.

WESTINGHOUSE, GEORGE (*Nueva York, 1846-id., 1914*) *Inventor estadounidense*. Fue el principal responsable de la adopción de la corriente alterna para el suministro de energía eléctrica en Estados Unidos, para lo cual hubo de vencer la enconada oposición del popular inventor Thomas Edison, partidario de la corriente continua. Titular de más de cuatrocientas patentes, muchas de ellas relativas a la tecnología de los transportes, es famoso también por un freno de aire comprimido ideado en 1869, ampliamente aplicado en los trenes, y posteriormente transformado en automático. Ese mismo año creó la Westinghouse Air Brake Company. Ideó además un sistema de tracción eléctrica de corriente alterna monofásica y alta tensión. En 1886 fundó en Pittsburgh la Westinghouse Electric & Manufacturing Company, que contó en los primeros años con la decisiva colaboración del científico croata Nikola Tesla, y que se encuentra actualmente a la cabeza de la producción mundial de electrodomésticos, además de lo cual desarrolla una notable actividad en el sector nuclear.

WHEATSTONE, CHARLES (*Gloucester, Reino Unido, 1802-París, 1875*) *Físico británico*. Tras ocuparse inicialmente en la construcción de instrumentos musicales, dedicó su energía al servicio de la investigación en los campos de la acústica, la óptica y la electricidad, obteniendo en 1834 la cátedra de física experimental del King's College de Londres. Inventor de ingeniosos aparatos, como el caleidófono y el estereoscopio (1833), ha unido sobre todo su nombre a las aportaciones realizadas en el campo de la telegrafía eléctrica, con la puesta a punto (1837) del primer telégrafo de aguja de utilidad práctica, así como del primer aparato de recepciones y transmisiones automáticas. Wheatstone aportó además numerosas contribuciones al desarrollo de la dinamo e ideó y difundió el uso de un dispositivo eléctrico en puente (denominado «de Wheatstone» en su honor) para la medición de resistencias eléctricas.

▲ Tres figuras en rosa y gris, de James **Whistler**, óleo de estética simbolista con influencia japonesa.

▼ George **Westinghouse** tuvo que vencer la oposición del gran inventor Thomas Alva Edison para que se adoptara la corriente alterna por él propugnada en el suministro de energía eléctrica en Estados Unidos.

WHISTLER, JAMES ABBOTT McNEIL (*Lowell, EE UU, 1834-Londres, 1903*) *Pintor y grabador estadounidense*. Después de ver frustrada su vocación militar, al ser expulsado de West Point, decidió dedicarse a la pintura y se trasladó a París (1855), donde estudió con Gleyre. Al principio entró en contacto con el círculo realista de Fantin-Latour y Courbet, pero luego evolucionó estilísticamente hacia el impresionismo, en parte bajo la influencia de Velázquez, por quien siempre sintió una profunda admiración. En 1859 se estableció en Londres, donde transcurrió la mayor parte de su vida y donde ejerció una influencia artística considerable. Sólo un año más tarde expuso *Al piano* en la Royal Academy, y casi de inmediato se convirtió en un pintor cotizado. En 1877, cuando presentó *Nocturno en negro y oro*, suscitó la oposición de J. Ruskin, a quien Whistler demandó judicialmente, lo cual lo llevó a la ruina pese a ganar el pleito. Para recuperar su maltrecha economía, se dedicó por un tiempo casi en exclusiva a la litografía, para volver después a la pintura. En 1888 contrajo matrimonio, y por las mismas fechas llegó a la cumbre de su carrera, lo que se concretó en todo tipo de reconocimientos y honores.

WHITEHEAD, ALFRED NORTH (*Ramsgate, Reino Unido, 1861-Harvard, EE UU, 1947*) *Filósofo y matemático británico*. Estudió en el Trinity College, donde enseñó matemáticas desde 1885 hasta 1911. Allí colaboró con su alumno Bertrand Russell en la elaboración de los *Principia Mathematica* (3 vols., 1910-1913), ambicioso proyecto que pretendía derivar toda matemática pura de la lógica formal. Más tarde se trasladó a Londres (1911-1924), donde publicó varios artículos y ensayos sobre la reforma de la enseñanza de las matemáticas y trabajó en una fundamentación filosófica para la física, que tuvo, sin embargo, escasa repercusión. Su posterior traslado a la Universidad de Harvard (1924-1947) coincidió con la etapa más metafísica de Whitehead, en la que desarrolló una importante crítica al materialismo, que según él confundía una serie de formalizaciones matemáticas abstractas con la experiencia directa de lo concreto. Dedicó sus últimos años a desarrollar una filosofía que fuera capaz de recoger tal amplitud y variedad de la experiencia y ofrecer un marco conceptual que no cayera en reduccionismos, y el mejor ejemplo de su pensamiento se encuentra en su obra *Proceso y realidad* (1929).

WHITMAN, WALT *(West Hills, EE UU, 1819-Camden, id., 1892) Poeta estadounidense.* Hijo de madre holandesa y padre británico, fue el segundo de los nueve vástagos de una familia con escasos recursos económicos. Pasó sólo ocasionalmente por la escuela y pronto tuvo que empezar a trabajar, primero, y, a pesar de su escasa formación académica, como maestro itinerante, y más tarde en una imprenta. Allí se despertó su afición por el periodismo, interés que le llevó a trabajar en varios diarios y revistas neoyorquinos. Nombrado director del *Brooklyn Eagle* en 1846, permaneció en el cargo sólo dos años debido a su disconformidad con la línea abiertamente proesclavista defendida por el periódico. Su afición por la ópera (género que influyó enormemente en su obra poética) le permitió coincidir en una noche de estreno con un dirigente del periódico de Nueva Orleans *Crescent*, quien lo convenció para que dejara Nueva York y aceptase una oferta para trabajar en el diario. Durante el viaje al Sur, que emprendió en 1848, tuvo la oportunidad de contemplar una realidad, la de las provincias, para él totalmente desconocida y que, en definitiva, sería decisiva para su carrera futura. Por todo este conjunto de experiencias, cuando regresó a Nueva York, unos meses después, abandonó el periodismo y se entregó por completo a la escritura. La primera edición de su gran obra, sin embargo, no vio la luz hasta 1855. Esta primera edición de *Hojas de hierba* (*Leaves of grass*) –habría otras ocho en vida del poeta–, constaba de doce poemas, todos ellos sin título, y fue el propio Whitman quien se encargó de editarla y de llevarla a la imprenta. De los mil ejemplares de la tirada, Whitman vendió pocos y regaló la mayoría, uno de ellos a Ralph Waldo Emerson, importante figura de la escena literaria estadounidense y su primer admirador. Su crítica, muy positiva, motivó a Whitman para seguir escribiendo, a pesar de su ruinosa situación económica y de la nula repercusión que, en general, habían tenido sus poemas. Al año siguiente apareció la segunda edición y, cuatro años más tarde, la tercera, que amplió con un poema de presentación y otro de despedida. La noticia de que su hermano George había sido herido, al comienzo de la guerra civil, le impulsó a abandonar Nueva York para ir a verle a Fredericksburg. Más tarde se trasladaría a Washington D. C., donde, apesadumbrado por el sufrimiento de los soldados heridos, trabajó voluntariamente como ayudante de enfermería. Tras el fin de la contienda, se estableció en Washington, donde trabajó para la Administración. Allí publicó varios ensayos de contenido político, en los cuales defendía los ideales democráticos, pero rechazaba el materialismo que, a su juicio, impregnaba la vida y las aspiraciones de la sociedad estadounidense. Aquejado de varias enfermedades, en 1873 se vio obligado a abandonar Washington y trasladarse a Camden, en Nueva Jersey, donde permaneció hasta su muerte. Dedicó los últimos años de su vida a revisar su obra poética y a escribir nuevos poemas que fue incluyendo en las sucesivas ediciones de *Hojas de hierba*. Whitman fue el primer poeta que experimentó las posibilidades del verso libre, sirviéndose para ello de un lenguaje sencillo y cercano a la prosa, a la vez que

*▼ Abajo, Walt **Withman**, figura señera de la lírica estadounidense del s. XIX, autor del famoso libro de poemas* Hojas de hierba. *Bajo estas líneas, portada de su obra* Specimen Days in America.

SPECIMEN DAYS

IN AMERICA

By WALT WHITMAN

NEWLY REVISED BY THE AUTHOR, WITH FRESH PREFACE AND ADDITIONAL NOTE

LONDON
WALTER SCOTT, 24 WARWICK LANE
PATERNOSTER ROW
1887

creaba una nueva mitología para la joven nación estadounidense, según los postulados del americanismo emergente. El individualismo, los relatos de sus propias experiencias, un tratamiento revolucionario del impulso erótico y la creencia en los valores universales de la democracia son los rasgos novedosos de su poética; en línea con el romanticismo del momento, propuso en su poesía una comunión entre los hombres y la naturaleza de signo cercano al panteísmo. Tanto por sus temas como por la forma, la poesía de Whitman se alejaba de todo cuanto se entendía habitualmente por poético, aunque supo crear con los nuevos materiales momentos de hondo lirismo.

WHITNEY, WILLIAM DWIGHT *(Northampton, EE UU, 1827-New Haven, id., 1894) Lingüista estadounidense.* Estudió ciencias naturales y filología en Yale, y en 1848 se especializó en el sánscrito. Tras una etapa de estudios en Alemania regresó a Yale, donde se doctoró en gramática comparada y comenzó a impartir clases. Sus teorías fueron decisivas para el desarrollo de la lingüística en el siglo XX, e influyeron en autores del relieve de Saussure, Bloomfield o Sapir. Según Withney, el lenguaje no es una propiedad biológica natural del hombre, sino un hecho social, una instancia inventada por el ser humano para comunicarse. Entre sus obras más destacadas figuran *El lenguaje y el estudio del lenguaje* (1867), *La vida y desarrollo del lenguaje* (1875) y *El lenguaje y su estudio, con especial referencia a la familia de lenguas indoeuropeas* (1876).

WIEN, WILHELM *(Gaffke, actual Polonia, 1864-Munich, Alemania, 1928) Físico alemán.* Estudió en las universidades de Gotinga, Heidelberg y Berlín, y en 1890 pasó a ser ayudante de Hermann Ludwig von Helmholtz en el Instituto Imperial de Física y Tecnología de Charlottenburg. A lo largo de su vida fue, así mismo, profesor de física en las universidades de Giessen, Wurzburgo y Munich. Sus trabajos de investigación se ocuparon de diversos campos de la física, como la hidrodinámica, las descargas eléctricas a través de gases enrarecidos, y el estudio de los rayos catódicos y anódicos y la acción de campos eléctricos y magnéticos sobre los mismos. Realizó así mismo destacables investigaciones teóricas sobre el problema del denominado cuerpo negro, que cristalizaron en el enunciado de una de las leyes de la radiación (que en su honor lleva su nom-

▲ Norbert **Wiener** *fotografiado en 1954 en un aula del Instituto Tecnológico de Massachusets.*

▼ *Caricatura de Oscar* **Wilde***, El autor de* El retrato de Dorian Gray *tuvo que dejar el Reino Unido después de pasar dos años en la cárcel acusado de homosexualidad.*

bre). Fue galardonado con el Premio Nobel de Física en el año 1911.

WIENER, NORBERT *(Columbia, EE UU, 1894-Estocolmo, 1964) Matemático estadounidense.* Hijo de un profesor de lenguas eslavas emigrado a Harvard, fue un niño extremadamente precoz que a la temprana edad de dieciocho años obtuvo un doctorado de lógica matemática en Cambridge, Reino Unido, donde estudió con Bertrand Russell. Luego viajó a Alemania para seguir estudiando en la Universidad de Gotinga. Tras fracasar en su intento de enrolarse en el ejército y combatir en la Primera Guerra Mundial, en 1919 el Instituto Tecnológico de Massachussets (MIT) le propuso organizar y estructurar un departamento de matemáticas. Científico de múltiples intereses, en la década de 1920 participó, junto con Banach, Helly y Von Neumann, en el desarrollo de la teoría de los espacios vectoriales; más tarde, orientaría su atención hacia las series y las transformadas de Fourier y la teoría de números. En los años cuarenta elaboró los principios de la cibernética, teoría interdisciplinar centrada en el estudio de las interrelaciones entre máquina y ser humano y que en la actualidad se encuadra dentro del ámbito más general de la teoría de control, el automatismo y la programación de computadoras. En 1947 publicó el ensayo *Cibernética o control y comunicación en el animal y en la máquina.* Se interesó por la filosofía y por la neurología como áreas del saber fundamentales para la cibernética.

Así pues, más allá de convertirse en ciencia, la cibernética abría un campo de reflexión interdisciplinar que aportaba distintos criterios a numerosas áreas de la tecnología. En este sentido, en el avance de la construcción de autómatas y, sobre todo, en el desarrollo de las computadoras, Norbert Wiener se erigió en uno de los grandes precursores de la era digital con la que se inaugura el siglo XXI.

WILDE, OSCAR *(Dublín, 1854-París, 1900) Escritor británico.* Hijo del cirujano William Wills-Wilde y de la escritora Joana Elgee, tuvo una infancia feliz en el seno de una familia acomodada. Estudió en la Portora Royal School de Euniskillen, en el Trinity College de Dublín y, posteriormente, en el Magdalen College de Oxford, centro en el que permaneció entre 1874 y 1878. Combinó sus estudios universitarios con viajes (en 1877 visitó Italia y Grecia), al tiempo

OSCAR WILDE
OBRAS MAESTRAS

PROSA: *EL PRÍNCIPE FELIZ* (*THE HAPPY PRINCE*, relatos, 1888); *EL CRIMEN DE LORD ARTHUR SAVILLE* (*LORD ARTHUR SAVILLE'S CRIME*, relatos, 1891); *EL RETRATO DE DORIAN GRAY* (*THE PICTURE OF DORIAN GRAY*, novela, 1891); *DE PROFUNDIS* (1892); *LA BALADA DE LA CÁRCEL DE READING* (*THE BALLAD OF GEOL READING*, 1898). **TEATRO:** *SALOMÉ* (*SALOMÉ*, 1891); *EL ABANICO DE LADY WINDERMERE* (*LADY WINDERMERE'S VAN*, 1892); *UNA MUJER SIN IMPORTANCIA* (*A WOMAN OF NO IMPORTANCE*, 1893); *LA IMPORTANCIA DE LLAMARSE ERNESTO* (*THE IMPORTARNCE OF BEING EARNEST*, 1895). **POESÍA:** *POEMAS* (*POEMS BY OSCAR WILDE*, 1881).

que publicaba en varios periódicos y revistas sus primeros poemas, que fueron reunidos en 1881 en *Poemas*. Al año siguiente emprendió un viaje a Estados Unidos, donde ofreció una serie de conferencias sobre su teoría acerca de la filosofía estética, que defendía la idea del «arte por el arte» y en la cual sentaba las bases de lo que posteriormente dio en llamarse dandismo. En 1884 contrajo matrimonio con Constance Lloyd, que le dio dos hijos. Entre 1887 y 1889 editó una revista femenina, *Woman's World*, y en 1888 publicó un libro de cuentos, *El príncipe feliz*, cuya buena acogida motivó la publicación, en 1891, de varias de sus obras, entre ellas *El crimen de lord Arthur Saville*. El éxito de Wilde se basaba en el ingenio punzante y epigramático que derrochaba en sus obras, dedicadas casi siempre a fustigar las hipocresías de sus contemporáneos. Así mismo, se reeditó en libro una novela publicada anteriormente en forma de fascículos, *El retrato de Dorian Gray*, la única novela de Wilde cuya autoría le reportó feroces críticas desde sectores puritanos y conservadores debido a su tergiversación del tema de Fausto. No disminuyó, sin embargo, su popularidad como dramaturgo, que se acrecentó con obras como *Salomé* (1891), escrita en francés, o *La importancia de llamarse Ernesto* (1895), obras de diálogos vivos y cargados de ironía. Su éxito, sin embargo, se vio truncado en 1895, cuando el marqués de Queensberry inició una campaña de difamación en periódicos y revistas acusándolo de homosexual. En 1895 fue condenado a dos años de prisión y trabajos forzados. Las numerosas presiones y peticiones de clemencia efectuadas desde sectores progresistas y desde varios de los más importantes círculos literarios europeos no fueron escuchadas y el escritor se vio obligado a cumplir por entero la pena. Enviado a Wandsworth y Reading, donde redactó la posteriormente aclamada *Balada de la cárcel de Reading*, la sentencia supuso la pérdida de todo aquello que había conseguido durante sus

> *«Cuando la gente está de acuerdo conmigo, siempre pienso que debo de haberme equivocado.»*
>
> Oscar Wilde
> *The critic as artist*

▼ *Billy* **Wilder**, *uno de los maestros cinematográficos de la comedia, realizador de películas tan memorables como* El crepúsculo de los dioses, El apartamento *y* Con faldas y a lo loco.

años de gloria. Recobrada la libertad, cambió de nombre y apellido (adoptó los de Sebastian Melmoth) y emigró a París, donde permaneció hasta su muerte. Sus últimos años de vida se caracterizaron por la fragilidad económica, sus quebrantos de salud, los problemas derivados de su afición a la bebida y un acercamiento de última hora al catolicismo.

WILDER, BILLY [Samuel Wilder] *(Sucha, actual Polonia, 1906) Guionista, director y productor de cine estadounidense de origen austriaco.* Cursó estudios en la Universidad de Viena, tras lo cual trabajó como periodista en dicha ciudad y en Berlín. En 1929 codirigió el documental *Menschen am Sonntag* y posteriormente escribió varios guiones para películas alemanas y francesas. Debido a su ascendencia judía, la llegada al poder de Adolf Hitler en Alemania le obligó a exiliarse. Se trasladó a París, México y, finalmente, a Hollywood, donde trabajó como guionista y director de escena. Tras la Segunda Guerra Mundial inició su actividad como director, en la que destacó por su brillante dirección de actores, su fina ironía y la calidad de sus guiones (la mayoría de los cuales escribió en colaboración con I. A. L. Diamond), en los que gustaba de diseccionar, casi siempre en tono de comedia, las convenciones sociales de la clase media estadounidense y dejar a la luz sus contradicciones internas. Entre su filmografía cabe destacar *Días sin huella* (1945), premiada con el Oscar, *El crepúsculo de los dioses* (1950), *El gran carnaval* (1951), *Sabrina* (1954), *La tentación vive arriba* (1957), *Con faldas y a lo loco* (1957), *El apartamento* (1960), que le supuso su segunda estatuilla, y *Un, dos, tres* (1961).

WILLIAMS, TENNESSEE [Thomas Lanier Williams] *(Columbus, EE UU, 1911-Nueva York, 1983) Dramaturgo, poeta y novelista estadounidense.* Fruto de una decepción amorosa, a los once años empezó a escribir, tomando como modelos a Chéjov, D. H. Lawrence y el poeta simbolista Hart Crane. Se licenció en la Universidad de Iowa en 1940, el mismo año en que estrenó, sin éxito, su primera pieza teatral. Vivió la bohemia de Nueva Orleans, hasta que, movido por un sentimiento de culpabilidad hacia su hermana, que había sufrido una lobotomía, escribió el que sería su primer gran éxito teatral, *El zoo de cristal* (1944), inicio de una ferviente producción que lo consolidaría como el más importante dramaturgo estadounidense de su tiempo. Sus personajes se hallan frecuentemente en-

<table><tr><td>✒</td><td>TENNESSEE WILLIAMS</td></tr></table>

OBRAS MAESTRAS

Teatro: *Battle of Angels* (1940); *El zoo de cristal* (*The Glass Menagerie*, 1944); *Un tranvía llamado Deseo* (*A Streetcar named Desire*, 1947); *La rosa tatuada* (*The rose tattoo*, 1951); *Camino real* (1953); *La gata sobre el tejado de cinc* (*Cat on a hot tin roof*, 1955); *Dulce pájaro de juventud* (*Sweet bird of youth*, 1959); *La noche de la iguana* (*Night of Iguana*, 1961); *Small craft warnings* (1972); *Clothes for a summer hotel* (1980). **Novela:** *La primavera romana de la señora Stone* (*The roman spring of Mrs. Stone*, 1950); *Moise and the world of Reason* (1975). **Poesía:** *In the winter of cities* (1967). **Relatos:** *One Arm* (1948); *Hard Candy* (1954); *The Knightly quest* (1966); *It happened the Day the Sun Rose* (1982).

▲ *El presidente de Estados Unidos Thomas Woodrow* **Wilson** *jugó un importante papel en la creación de la Sociedad de Naciones.*

frentados con la sociedad y se debaten entre conflictos de gran intensidad, en los que terminan por aflorar las pasiones y culpas en su forma original, ajena a los convencionalismos sociales. La intriga es escasa en sus obras, que se centran en la expresión desgarrada de los personajes, inmersos en un ambiente opresivo, y cuyos diálogos transmiten poesía y sensualidad. El Sur natal proporciona a Tennessee Williams el escenario más frecuente para sus creaciones, como en su famosa pieza *La gata sobre el tejado de cinc* (1955), que sería llevada al cine en varias ocasiones (la primera en 1958, por R. Brooks). Sus obras alcanzaron durante los años cincuenta un renombre internacional, sobre todo *Un tranvía llamado Deseo* (1947), que le valió el Premio Pulitzer y también sería llevada a la pantalla (en 1952, por Elia Kazan). Sin embargo, tras esta etapa dorada siguió una época dura para Williams, adicto a calmantes y drogas, solo y abrumado por las críticas adversas, en la que no consiguió escribir

▶ *Tennessee* **Williams,** *uno de los dramaturgos estadounidenses más dotados del s. xx, cuyas obras tuvieron notoria resonancia en el medio cinematográfico.*

más que algunas piezas menores. En 1967 publicó el libro de poemas *In the winter of cities* y en 1975 sus *Memorias*. Murió solo en una habitación de hotel, tras ingerir un tubo de pastillas contra el insomnio.

WILSON, THOMAS WOODROW (*Staunton, EE UU, 1856-Washington, 1924*) *Político estadounidense.* Cursó estudios en las universidades de Princeton, Virginia y la Johns Hopkins, licenciándose en derecho y doctorándose en historia. Después ejerció como catedrático y, en 1902, como rector de la Universidad de Princeton, cargo que desempeñó hasta 1910. En esta última fecha fue elegido gobernador de Nueva Jersey y, dos años más tarde, lideró con éxito la candidatura demócrata a la presidencia del país. Durante su mandato, que se extendió hasta 1921 tras ser reelegido en 1916, intentó que Estados Unidos mantuviera una posición neutral en la Primera Guerra Mundial. No obstante, la presión popular y del Senado y el rechazo de Alemania a detener la guerra submarina motivó su decisión de participar en el conflicto. A su término, fue uno de los principales artífices del tratado de Versalles y de la creación de la Sociedad de Naciones. Por sus esfuerzos en la consecución de la paz fue galardonado con el Premio Nobel homónimo en 1920.

WITTEN, EDWARD (*Nueva York, 1951*) *Físico y matemático estadounidense.* Ha desarrollado la mayor parte de su labor científica en el Instituto de Estudios Avanzados de Princeton. Se le deben grandes contribuciones a la física teórica de las partículas elementales y a la teoría cuántica de campos (en especial, en la cromodinámica cuántica). Medalla Fields de matemáticas en 1990, y especialista en teorías en dimensiones superiores, es uno de los impulsores de la denominada teoría de las supercuerdas, que parece apuntar hacia una descripción unificada de las cuatro interacciones fundamentales (gravitatoria, electromagnética, fuerte y débil), de todas las partículas elementales que constituyen la materia, del espacio y del tiempo, es decir, una «teoría del Todo».

WITTGENSTEIN, LUDWIG (*Viena, 1889-Cambridge, Reino Unido, 1951*) *Filósofo británico de origen austriaco.* Hijo de un importante industrial del acero, estudió ingeniería en Berlín y en Manchester, donde trabajó como investigador en el campo de la aeronáutica durante tres años. Empezó entonces a interesarse por las matemáticas y sus fundamentos filosóficos, y se trasladó a Cambridge para estudiar lógica bajo la dirección de Bertrand Russell (1912-1913). En ese tiempo tomaron cuerpo las ideas que luego desarrolló en su *Tractatus*, obra que redactó durante la Primera Guerra Mundial, en la cual combatió como voluntario del ejército austriaco. Al reincorporarse a la vida civil, renunció a la fortuna heredada de su padre en favor de dos de sus hermanas. Siguieron unos años de alejamiento de la filosofía durante los que fue maestro de escuela (1920-1926), para ocuparse luego como arquitecto del proyecto y la edificación de la residencia en Viena de una de sus hermanas. En 1929 regresó a Cambridge para dedicarse de nuevo a la filosofía, y ese mismo año obtuvo el doctorado tras presentar como tesis el *Tractatus* ante un tribunal formado por B. Russell y G. E. Moore (a quien Wittgenstein sucedió en la cátedra de filosofía diez años más tarde). En 1947 abandonó la enseñanza, insatisfecho con su labor como profesor y deseoso de «pensar en soledad». Su filosofía suele considerarse dividida en dos fases, la segunda de ellas caracterizada por una crítica radical de las tesis defendidas en la primera; existen, con todo, rasgos comunes a ambas, como el interés por analizar el lenguaje como método de reflexión filosófica. El «primer Wittgenstein» está representado por el *Tractatus*, conjunto de aforismos escritos con un lenguaje bastante críptico, que, inspirados en el atomismo lógico de Russell, investigan las relaciones entre el lenguaje y el mundo; el lenguaje «figura» el mundo en la medida en que comparte con él la misma estructura lógica, la cual no puede ser «dicha» en el lenguaje, sino tan sólo «mostrada», pues es la condición de posibilidad para decir cualquier cosa. Por otro lado, también es su límite, en la medida en que el lenguaje no puede sino figurar el mundo y, por tanto, nada se puede decir sobre cuestiones éticas o estéticas, que, según considera el filósofo, son las verdaderamente importantes. El «segundo Wittgenstein», sin embargo, sometió a crítica el supuesto básico del *Tractatus* de que la lógica posee una relación privile-

▶▼ *Ludwig* **Wittgenstein** *fue uno de los pensadores con mayor proyección de la filosofía occidental contemporánea. Abajo, edición en castellano de su obra más celebre, el* Tractatus logico-philosophicus.

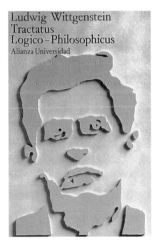

Ludwig Wittgenstein
Tractatus
Logico - Philosophicus
Alianza Universidad

giada con la estructura del mundo. Consideró que ésta correspondía tan sólo a uno de los posibles usos del lenguaje (en modo declarativo y descriptivo), pero que no tenía en cuenta la lista abierta de «juegos de lenguaje», entre los que se podría contar el preguntar, el exclamar o el contar chistes. El significado de un término, además, no puede depender de una proyección mental, sino de su uso social, pues de otro modo no se entiende que sea comprendido por los demás. Ambas precisiones muestran la nueva preocupación del autor por integrar el lenguaje en el complejo de la acción y de la sociedad, abandonando la idea de hallar un modelo ideal que no derivase en un reduccionismo. Wittgenstein fue una figura crucial en el desarrollo de la filosofía analítica posterior, tanto por su influencia sobre algunos miembros del llamado Círculo de Viena –aunque él no fuera un positivista lógico– como por el magisterio que ejerció desde Cambridge, donde se desarrollaría la llamada filosofía del lenguaje ordinario.

LUDWIG WITTGENSTEIN
OBRAS MAESTRAS

TRACTATUS LOGICO-PHILOSOPHICUS (*LOGISCH-PHILOSOPHISCHE ABHANDLUNG*, 1921); *INVESTIGACIONES FILOSÓFICAS* (*PHILOSOPHISCHE UNTERSUCHUNGEN*, póstumo, 1953); *OBSERVACIONES SOBRE LOS FUNDAMENTOS DE LA MATEMÁTICA* (*PHILOSOPHICAL REMARKS ON THE FOUNDATIONS OF MATHEMATICS*, póstumo, 1956); *LOS CUADERNOS AZUL Y MARRÓN* (*THE BLUE AND BROWN BOOKS*, póstumo, 1958); *SOBRE LA CERTEZA* (*ÜBER GEWISSHEIT*, póstumo, 1969).

WÖHLER, FRIEDRICH (*Eschersheim, actual Alemania, 1800-Gotinga, id., 1882) Químico alemán*. Discípulo de L. Gmelin y de J. Berzelius, enseñó desde 1836 en la Universidad de Gotinga. Su nombre está unido sobre todo a la síntesis de la urea (1828), que tuvo una gran repercusión en el desarrollo de la química en el siglo XIX, al echar por tierra la teoría que defendía que los compuestos orgánicos no pueden ser preparados mediante procesos de síntesis. Conjuntamente con Liebig, llevó a cabo investigaciones sobre el ácido úrico y sus derivados. Obtuvo además por primera vez aluminio puro por la acción del potasio sobre el cloruro de dicho metal (1827), aisló el berilio y el itrio y efectuó importantes descubrimientos sobre el silicio y el boro, de los cuales preparó la forma cristalina. Obtuvo acetileno por la reacción del agua con el carburo de calcio (1862) y con sus trabajos sobre el cianato de plata contribuyó al descubrimiento de la isomería.

WOLFF, KASPAR FRIEDRICH *(Berlín, 1733-San Petersburgo, 1794) Médico alemán.* Después de ejercer durante algún tiempo la medicina, y en correspondencia a una invitación formulada por Catalina de Rusia, se trasladó a San Petersburgo, donde enseñó anatomía y fisiología. En 1759 publicó *Theoria generationis*, obra que contiene los fundamentos de la moderna embriología. Contra el preformismo sostuvo, sobre la base de observaciones precisas, que en el embrión los diversos órganos se desarrollan a partir de un tejido inicialmente homogéneo e indiferenciado, y admitió que este proceso ocurre así en virtud de una fuerza esencial organizativa. Empezó sus trabajos con los tejidos vegetales para pasar después a los animales. Lleva su nombre (conducto de Wolff) el uréter primario de los vertebrados que, tras el proceso evolutivo de diferenciación de las gónadas, se convierte en el canal genital masculino.

WOLLASTON, WILLIAM HYDE *(East Dereham, Gran Bretaña, 1766-Londres, 1828) Físico y químico inglés.* Con posterioridad a su licenciatura en medicina, procedió a estudiar de forma autodidacta física, química, astronomía y botánica. Entre 1803 y 1804 descubrió dos nuevos elementos, el paladio y el rodio; ese mismo año puso a punto un proceso metalúrgico que permitía obtener platino en su forma pura, con las condiciones necesarias de maleabilidad que lo hacían susceptible de usos en el ámbito de la manufactura y la investigación química. El proceso desarrollado por Wollaston se encuentra en la base de los modernos métodos industriales de obtención de tungsteno, molibdeno y otros metales de transición. Uno de los científicos más influyentes de su tiempo, publicó alrededor de sesenta artículos sobre temas tan variados como la mineralogía, la cristalografía, la fisiología y la patología.

▲ *Junto con Carl Bernstein, Bob **Woodward** fue el periodista que destapó el caso Watergate, que conduciría a la dimisión al presidente Nixon.*

> *«Las mujeres han servido todos estos siglos como espejos mágicos que poseían el delicioso poder de reflejar la figura masculina al doble de su tamaño real.»*
>
> Virginia Woolf
> Una habitación propia

▼ *Virginia **Woolf** fue la figura central del grupo de Bloomsbury, que reunió a eminencias de las artes y las ciencias como el economista Keynes, el filósofo Bertrand Russell o el escritor E. M. Forster.*

WOODWARD, BOB *(Geneva, EE UU, 1943)* y **CARL BERNSTEIN** *(Washington, D.C., 1944). Periodistas estadounidenses.* Entre 1973 y 1974 investigaron el caso de escuchas telefónicas, allanamiento y robo de una sede del partido demócrata sita en el edificio Watergate, en Washington. Concluyeron que el presidente R. Nixon estuvo al corriente de la operación, si no la inspiró, lo que éste, en un principio, negó categóricamente. A causa de sus acusaciones, sin embargo, varios altos cargos de la Administración dimitieron o fueron detenidos y el mismo presidente, antes de ser sometido a juicio por perjurio, presentó su dimisión, caso insólito en la historia del país. Woodward y Bernstein recibieron por su trabajo el Premio Pulitzer de periodismo de investigación en 1973.

WOOLF, VIRGINIA [Adeline Virginia Stephen] *(Londres, 1882-Lewes, Reino Unido, 1941) Escritora británica.* Hija de sir Leslie Stephen, distinguido crítico e historiador, creció en un ambiente frecuentado por literatos, artistas e intelectuales. Tras el fallecimiento de su padre, en 1905, se estableció con su hermana Vanessa –pintora que se casaría con el crítico Clive Bell– y sus dos hermanos en el barrio londinense de Bloomsbury, que se convirtió en centro de reunión de antiguos compañeros universitarios de su hermano mayor, entre los que figuraban intelectuales de la talla del escritor E. M. Forster, el economista J. M. Keynes y los filósofos Bertrand Russell y Ludwig Wittgenstein, y que sería conocido como el grupo de Bloomsbury. En 1912, cuando contaba treinta años, casó con Leonard Woolf, economista y miembro también del grupo, con quien fundó en 1917 la célebre editorial Hogarth Press, que editó la obra de la propia Virginia y de otros relevantes escritores, como Katherine Mansfield, T. S. Eliot o S. Freud. Sus primeras novelas, *Viaje de ida* y *Noche y día*, ponen ya de manifiesto la intención de la escritora de romper los moldes narrativos heredados de la novelística inglesa anterior, en especial la subordinación de personajes y acciones al argumento general de la novela, así como las descripciones de ambientes y personajes tradicionales; sin embargo, estos primeros títulos apenas merecieron consideración por parte de la crítica. Sólo con la publicación de *La señora Dolloway* y *Al faro* comenzaron a elogiar los críticos su originalidad literaria. En estas obras llaman ya la atención la maestría técnica y el afán experimental de la autora, quien introducía además en la prosa novelística un

estilo y unas imágenes hasta entonces más propios de la poesía. Desaparecidas la acción y la intriga, sus narraciones se esfuerzan por captar la vida cambiante e inasible de la conciencia. Influida por la filosofía de Henri Bergson, experimentó con especial interés con el tiempo narrativo, tanto en su aspecto individual, en el flujo de variaciones en la conciencia del personaje, como en su relación con el tiempo histórico y colectivo. Así, *Orlando* constituye una fantasía libre, basada en algunos pasajes de la vida de Vita Sackville-West, amiga y también escritora, en que la protagonista vive cinco siglos de la historia inglesa. En *Las olas* presenta el flujo de conciencia de seis personajes distintos, es decir, la corriente preconsciente de ideas tal como aparece en la mente, a diferencia del lógico y bien trabado monólogo tradicional. Escribió así mismo una serie de ensayos que giraban en torno a la condición de la mujer, en los que destacó la construcción social de la identidad femenina y reivindicó el papel de la mujer escritora, como en *Una habitación propia*. Destacó a su vez como crítica literaria, y fue autora de dos biografías: una divertida recreación de la vida de los Browning a través de los ojos de su perro (*Flush*) y otra sobre el crítico Robert Fry (*Fry*). En uno de los accesos de una enfermedad mental que había obligado a ingresarla en varias ocasiones a lo largo de su vida, el 28 de marzo de 1941 desapareció de su casa de campo, hasta que días después su cuerpo fue hallado en el río Ouse.

WORDSWORTH, WILLIAM (*Cockermouth, Gran Bretaña, 1770-Rydal Mount, id., 1850) Poeta inglés*. Pasó su infancia y su juventud en estrecho contacto con la naturaleza, circunstancia que ejercería una profunda y duradera influencia en su perso-

◄▲ *Portadas de las primeras ediciones de tres novelas de Virginia* **Woolf***, publicadas por la editorial creada por ella misma y su esposo, la Hogarth Press. Las ilustraciones son de Vanessa Bell, hermana de Virginia.*

VIRGINIA WOOLF

OBRAS MAESTRAS

NOVELA: *VIAJE DE IDA* (*THE VOYAGE OUT*, 1915); *NOCHE Y DÍA* (*NIGHT AND DAY*, 1919); *EL CUARTO DE JACOB* (*JACOB'S ROOM*, 1922); *LA SEÑORA DALLOWAY* (*MRS. DALLOWAY*, 1925); *AL FARO* (*TO THE LIGHTHOUSE*, 1927); *ORLANDO* (1928); *LAS OLAS* (*THE WAVES*, 1931); *LOS AÑOS* (*THE YEARS*, 1937); *ENTRE LOS ACTOS* (*BETWEEN THE ACTS*, 1941). **ENSAYO Y BIOGRAFÍAS:** *UNA HABITACIÓN PROPIA* (*A ROOM OF ONE'S OWN*, 1929); *FLUSH* (1933); *FRY* (1940).

nalidad. Estudió en el John's College de Cambridge, aunque con escaso interés y aplicación, y aprovechó sus vacaciones de 1790 para realizar un viaje a Francia, donde se convirtió en un apasionado defensor de los ideales revolucionarios. Al año siguiente, tras obtener su graduación, volvió a Francia. Durante esta época estuvo ligado sentimentalmente a Annette Vallon de Orleans, con quien tuvo una hija, aunque el poeta no la reconoció hasta nueve años después de su nacimiento. La guerra entre Francia y Gran Bretaña le obligó a regresar a su país, pero no por eso decayeron sus simpatías hacia Francia. Sus primeros libros de poemas, como *Un paseo por la tarde* (*Evening Walk*) y *Apuntes descriptivos* (*Descriptive Sketches*), publicados en 1793, apenas le dieron fama y ningún dinero. El poeta y su hermana, Dorothy Wordsworth, a la que siempre estuvo muy unido, se trasladaron a Alxforden (Somersetshire), donde trabó amistad con el poeta S. T. Coleridge. Fruto de esta relación es el libro de poemas *Baladas líricas* (*Lyrical ballads*, 1798), que escribieron en colaboración. Innovadora en su estilo, vocabulario y temática, la obra es considerada como el manifiesto del romanticismo inglés. Para apoyar su teoría de la poesía, Wordsworth escribió un prefacio para la segunda edición (1800) en el que insistía en la superioridad de la emoción frente al intelecto como fuente de inspiración poética. En 1798, el poeta y su hermana acompañaron a Coleridge en un viaje por Alemania, durante el cual Wordsworth empezó a escribir la que, a juicio de los críticos, es su mejor obra, *El preludio* (*The prelude*), obra autobiográfica que explora su propio desarrollo espiritual, y que no completó hasta 1805 (no fue publicada hasta 1850, después de la muerte del autor). A su regreso al Reino Unido, los dos hermanos se instalaron en el Dove Cottage de Grasmere (Westmoreland), un bellísimo lugar de Lake Distrit. Coleridge y el poeta Robert Southey vivían cerca de ellos, por lo que los tres se dieron a conocer como los *lake poets* (poetas laquistas). En 1802 se casó con Mary Hutchinson, una amiga de la niñez, que se convertiría en tema de algunos de sus poemas. Durante estos años su poesía alcanzó la cima con la publicación en 1807 de *Poemas en dos volúmenes* (*Poems in Two Volumes*), que contienen algunas de sus mejores y más celebradas odas y sonetos. Hacia 1800, las simpatías intelectuales y políticas de Wordsworth cambiaron de rumbo para volverse hacia el conservadurismo. El poeta se sintió decepcionado por el curso de los

◀ *Retrato de William de R. Hancock de 1798 que representa a William **Wordsworth**, quien fue considerado el poeta oficial de la monarquía inglesa de la primera mitad de s. XIX.*

acontecimientos en Francia, aunque también influyó en este cambio su círculo de amigos, entre los que se encontraba el escritor escocés Walter Scott. Conforme pasaron los años, su creatividad fue cediendo y perdió brillo, hasta llegar a sus últimos poemas, de carácter retórico y moralista. De esta etapa son *La excursión* (*The excursion*, 1814), continuación de su *Preludio*, pero ya sin la fuerza y la belleza de éste; ambos debían formar parte de un extenso poema, *El recluso* (*The Recluse*), que quedó sin concluir; también a esta época corresponden los *Sonetos eclesiásticos* (*Ecclesiastical Sonnets*, 1822), aproximaciones a la historia de la Iglesia, a menudo satíricas. En 1842 recibió una pensión del gobierno y, un año después, sucedió a Southey en calidad de poeta laureado.

WREN, CHRISTOPHER (*East Knoyle, Inglaterra, 1632-Hampton Court, Gran Bretaña, 1723*) *Arquitecto inglés.* Cursó estudios científicos y llegó a ser uno de los mayores astrónomos y matemáticos de su tiempo. Ello influyó decisivamente en su obra creativa, ya que basó la belleza de sus edificios, según sus propias palabras, «en la geometría, la uniformidad y las proporciones», lo cual le convierte en un clásico, pese a pertenecer al período barroco. Sus principales fuentes de inspiración fueron la arquitectura clásica romana y la francesa de su tiempo, que conoció *in situ* durante un viaje por Francia en 1665. El año siguiente, tras la destrucción de la City de Londres por un incendio, Wren trazó un plano rectangular para su reconstrucción, que no se llevó a cabo. Pero se le encargó que supervisara

«*La* poesía es el surgimiento espontáneo de sentimientos llenos de fuerza: se origina en la emoción rememorada en la tranquilidad.»

William Wordsworth
Baladas líricas, Prefacio

la reconstrucción de todos los templos destruidos por el fuego, en los que aplicó las normas del tratado de arquitectura de Vitruvio, aunque combinando los elementos clásicos con algunas formas barrocas, en particular en los campanarios. En 1668 comenzó su gran realización, la reconstrucción de la catedral de San Pablo, donde combinó la planta basilical con la central, y la cúpula miguelangelesca con la típica torre-campanario barroca. Trabajó también ampliamente en el campo de la arquitectura civil. Se le debe, por ejemplo, la biblioteca del Trinity College, en Cambridge, y sobre todo el gran conjunto de Greenwich, que incluye el Observatorio Real y el Hospital Real, obra a la que incorporó admirablemente un edificio preexistente. Fue, sin duda, el arquitecto más importante y reconocido de su tiempo en su país, y contribuyó en buena medida a la impronta clasicista que caracteriza el Londres monumental. A su muerte se encontraba trabajando en la reconstrucción del palacio Tudor de Hampton Court.

WRIGHT, FRANK LLOYD (*Richlan Center, EE UU, 1869-Phoenix, id., 1959*) *Arquitecto estadounidense.* Nacido en el seno de una familia de pastores de origen británico, pasó su infancia y su adolescencia en una granja de Wisconsin, donde vivió en estrecho contacto con la naturaleza, algo que condicionó su posterior concepción de la arquitectura. Ingresó en la Universidad de Wisconsin para estudiar ingeniería, pero tras dos cursos, se trasladó a Chicago, donde entró en el estudio de Ll. Silsbee; como éste era un arquitecto demasiado convencional, no se sintió a gusto y lo abandonó para trabajar con L. H. Sullivan, con quien colaboró estrechamente a lo largo de seis años y al que siempre recordó con respeto y afecto. Su primera obra en solitario fue la Charnley House de Chicago (1892), a la

FRANK LLOYD WRIGHT
OBRAS MAESTRAS

WINSLOW HOUSE (River Forest, Illinois, 1893); *MOLINO DE VIENTO* (1895, Spring Green); *HILLSIDE HOME SCHOOL* (1902, Spring Green); *MARTIN HOUSE* (1904, Buffalo); *LARKIN COMPANY ADMINISTRATION BUILDING* (1904, Buffalo, destruido); *ISABEL ROBERTS HOUSE* (1908, River Forest); *THOMAS GALE HOUSE* (Oak Park, 1909); *TALIESIN I* (1911, Spring Green, incendiado); *CITY NATIONAL BANK* (1909-1913, Iowa); *IMPERIAL HOTEL* (1916-1921, Tokio); *TALIESIN II* (1921); *ENNIS HOUSE* (1922-1924, Los Ángeles); *MILLARD HOUSE* (1923, Pasadena); *TALIESIN III* (1924, Spring Green); *CASA KAUFMANN O CASA DE LA CASCADA* (1936, Bear Run); *LABORATORIOS JOHNSON* (1936, Racine); *HANNA HOUSE* (1937, Palo Alto); *TALIESIN WEST* (1938, Phoenix); *ROSENBAUM HOUSE* (1939, Florence); *CAPILLA UNITARIA* (1951, Madison); *PRICE TOWER* (1955, Bartlesville); *SOLOMON R. GUGGENHEIM MUSEUM* (1956-1959, Nueva York); *SINAGOGA BETH SHOLEN* (1959, Elkins Park).

cual siguió, algo más tarde, toda una serie de viviendas unifamiliares que tienen en común su carácter compacto y la austeridad decorativa, en oposición al eclecticismo de la época. En estas primeras realizaciones de arquitectura doméstica, conocidas como *prairies houses* o «casas de las praderas», están presentes algunas de las constantes de su obra, como la concepción predominantemente horizontal, el espacio interior organizado a base de dos ejes que se cruzan y la prolongación del techo en alas que forman pórticos. Con anterioridad, su genio innovador se había puesto de manifiesto en el Larkin Company Administration Building de Buffalo (1904), donde dejó el espacio central vacío desde la planta baja hasta el techo, con el fin de que todas las plantas se abrieran mediante balconadas a este amplio ámbito. Tras un viaje a Japón en 1905 y otro por Europa en 1909-1910, se estableció en Spring Green (Wisconsin), donde realizó para él y su familia el Taliesin I, trágicamente destruido por un incendio. La pérdida de su familia en este accidente lo afectó de tal modo que decidió abandonar Estados Unidos y trasladarse a Japón, donde edificó, al estilo de los castillos tradicionales, el Imperial Hotel de Tokio. En 1921 regresó a Estados Unidos y reconstruyó en dos ocasiones el Taliesin (versiones II y III), y realizó una serie de obras como la Millard House de Pasadena. Siguió una época de reflexión y de planteamientos más teóricos que prácticos, antes de volver a la actividad con obras en las que desempeña un papel fundamental el hormigón armado. Entre ellas ocupa un lugar destacado su creación más famosa, la Casa Kaufmann o Casa de la Cascada, que se adapta a la perfección al escalonamiento del terreno y prolonga hacia el exterior el espacio interior en una búsqueda de integración entre arquitectura y naturaleza. A raíz de esta construcción, Bruno Zevi definió el concepto de arquitectura orgánica u organicismo, corriente de la que Wright es considerado el máximo exponente, pese a que no la formuló teóricamente. Esta arquitectura orgánica tuvo su máxima expresión en el complejo de Taliesin West, en Phoenix, donde logró sintetizar magistralmente todos los elementos formales que habían caracterizado su obra hasta la fecha. Su carrera de precursor de la arquitectura moderna, que se prolongó a lo largo de más de sesenta años, se cerró de manera brillante con el Solomon R. Guggenheim Museum de Nueva York, donde el arquitecto experimentó una nueva concepción del espacio, basada en el desarrollo orgánico de

◀ *Cúpula del Solomon R. Guggenheim Museum de Nueva York, construido por Frank Lloyd* **Wright** *entre 1956 y 1959. El recorrido del museo se desarrolla siguiendo las ondulaciones de una rampa helicoidal, que alberga las obras, y un espacio central cubierto con la cúpula traslúcida que aquí se aprecia.*

plantas curvas o circulares en un *continuum*. En los últimos años de su vida realizó sobre todo proyectos, algunos de los cuales se convirtieron en realidades concretas después de su muerte. El legado arquitectónico de Wright puede resumirse en dos conceptos que constituyen el centro de su reflexión: la continuidad exterior del espacio interior dentro de la armonía entre naturaleza y arquitectura y la creación de un espacio expresivo en el interior de un volumen abstracto.

▼ *Frank Lloyd* **Wright** *trabaja con su equipo de auxiliares en Taliesin West, su residencia de invierno en Arizona, construida en medio del desierto y considerada uno de sus grandes logros arquitectónicos.*

WRIGHT, HERMANOS; ORVILLE *(Dayton, EE UU, 1871-id., 1948)* y **WILBUR** *(Millville, EE UU, 1867-Dayton, id., 1912) Inventores estadounidenses.* Los hermanos Wright, nombre con el que han pasado a los anales de la historia los dos pioneros estadounidenses de la aviación Orville y Wilbur Wright, habían recibido únicamente una formación equivalente al nivel de bachillerato, por lo que, para ganarse la vida, y aprovechando la circunstancia de que Orville era campeón ciclista, montaron un negocio de reparación de bicicletas: la empresa Wright Cycle Co., en la que podían aplicar con provecho sus excepcionales dotes para la mecánica práctica. Este negocio les permitió financiar, además, su otra gran pasión, a la que empezaron a dedicarse de manera sistemática a partir de 1899: las investigaciones relativas al vuelo. Conocedores de los trabajos del alemán Otto Lilienthal (1848-1896), fallecido en accidente durante uno de sus vuelos planeados cerca de Berlín, quien durante muchos años había creado un sinfín de planeadores y establecido los principios fundamentales del vuelo planeado, y de los del ingeniero y arquitecto estadounidense S. P. Langley (1834-1906), que desarrolló diversos principios de la aerodinámica y explicó el proceso por el cual el aire puede sustentar las alas, se lanzaron a la construcción de cometas y planeadores biplanos, que perfeccionaron gracias a la introducción de elementos como el timón vertical, el elevador horizontal y los alerones. Sus trabajos y la incorporación de estas mejoras les permitieron pronto controlar por completo el movimiento del ingenio en las tres direcciones necesarias para el vuelo. Para probar sus desarrollos inventaron una instalación, conocida en la actualidad con el nombre de túnel de viento (1901), en la que podían poner a prueba las características aerodinámicas de los ingenios que más tarde construirían, como la máquina voladora de 9,76 m de envergadura y 1,52 m de cuerda, equipada con una cola vertical doble, en la cual se basaron para construir el aeroplano al que, en 1903, adaptaron un motor de combustión interna: fue el primer ingenio volador más pesado que el aire. Los vuelos iniciales de este aparato tuvieron lugar el 17 de diciembre de 1903, en las llanuras de Kill Devil, cerca de Kitty Hawk, en Carolina del Norte, y permitieron a Wilbur, ante la mirada de sólo cinco testigos,

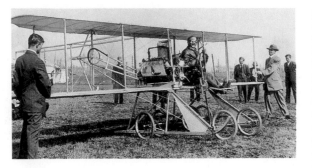

▲ *Fotografía que muestra uno de los ensayos de uno de los ingenios voladores proyectados por los pioneros de la aviación Orville y Wilbur Wright.*

▼ *El psicólogo Wilhelm Wundt centró sus estudios en la llamada conducta observable, sobre la cual influyen procesos y leyes internos que sólo pueden ser analizados mediante la introspección.*

protagonizar un vuelo de casi un minuto de duración durante el cual recorrió unos 850 pies (aproximadamente 26 m). Para llevar a cabo esta gesta histórica, que señala el inicio de la aviación, los Wright construyeron un planeador al que siguió un modelo más evolucionado, llamado Flyer III, con un peso de 388 kg y equipado con un motor de cuatro cilindros capaz de desarrollar 21 CV de potencia. Este ingenio disponía además de dos hélices. La proeza pasó casi inadvertida en una época en que los intentos del hombre por volar en aparatos más pesados que el aire no gozaban de reconocimiento tras los sucesivos fracasos de S. P. Langley, quien había invertido en sus proyectos 50 000 dólares de fondos gubernamentales entre los años 1897 y 1903. Sin embargo, la situación cambió radicalmente en 1905, cuando la prestigiosa revista científica estadounidense *Scientific American* informó con detalle a sus lectores de la hazaña. Por aquel entonces, Orville y Wilbur habían conseguido desarrollar ya un ingenio volador capaz de mantenerse en el aire durante media hora y recorrer un total de 24 millas (unos 38,5 km). Los Wright llevaron a cabo demostraciones de su invención en Europa y América y fundaron la American Wright Company; en 1912, a la muerte de Wilbur, Orville asumió la dirección de la empresa hasta 1915, momento en que la abandonó para dedicarse a la investigación aeronáutica.

WUNDT, WILHELM *(Neckarau, actual Alemania, 1832-Grossboten, id., 1920) Filósofo y psicólogo alemán.* Estudió medicina en Heidelberg y pronto se dedicó a la investigación en el ámbito de la fisiología y anatomía patológica. En 1856 fue a Berlín para trabajar en el laboratorio de J. Müller, tras lo cual trabajó en las universidades de Heidelberg (1858-1874) y Zurich (1874-1875). Más tarde se trasladó a la Universidad de Leipzig (1875-1917), donde creó el primer laboratorio experimental de psicología. Influido por Helmholtz, dirigió sus esfuerzos a hacer de la psicología una ciencia experimental autónoma, distinta de la fisiología. Propuso para la nueva ciencia un método introspectivo, que debía guiar, sin embargo, un especialista: el psicólogo. Es autor, entre otras obras, de *Fundamentos de psicología fisiológica* (1873), *Compendio de psicología* (1896) y *Psicología de los pueblos* (1900-1904).

XY

XIRGU, MARGARITA *(Molins de Rei, España, 1888-Montevideo, 1969) Actriz española.* Trabajó en numerosas compañías de teatro de aficionados antes de iniciar su trabajo como profesional en el teatro Romea, donde en seguida destacó por su extraordinario talento y se ganó a la crítica barcelonesa. En 1914 se trasladó a Madrid, ciudad en que alcanzó todavía mayor fama al frente de la compañía del Teatro Español, donde representó obras de Valle-Inclán, Bernard Shaw y D'Annunzio, y más tarde la obra de un joven autor, Federico García Lorca. Exiliada voluntariamente en América del Sur al comenzar la guerra civil española, residió en Argentina y Uruguay, donde representó la obra de autores españoles como Lorca o Alberti y contribuyó a la formación de nuevas generaciones de actores iberoamericanos desde su puesto de directora de la Escuela Dramática Municipal de Montevideo.

XOLOTL *(?-Tenayuca, actual México, h. 1232) Caudillo chichimeca.* Personaje legendario que según la tradición guió a los nómadas chichimecas durante su entrada en el valle de México. Los chichimecas eran un conglomerado de pueblos cazadores y agricultores itinerantes, entre los que se contaban los náhuatl y los otomí, considerados bárbaros por los restantes pueblos de la zona, hasta el punto de ser llamados despectivamente «de la estirpe de los perros». Xolotl aprovechó la situación de vacío de poder que siguió al abandono por parte de los toltecas de la ciudad de Tula para asentarse en este lugar. A continuación, extendió sus posesiones gracias a la ocupación de Tenayuca y Texcoco y recibió el vasallaje de pueblos de la región como tepanecas y acolhuas, con los que los chichimecas acabarían por mezclarse.

▲ *Margarita **Xirgu**, actriz española cuyo repertorio teatral incluyó las obras de los autores de habla hispana más conocidos de su tiempo, desde Valle-Inclán a Lorca.*

YAMAMOTO, ISOROKU *(Nagoaka, Japón, 1884-Islas Salomón, 1934) Almirante japonés.* Cursó estudios en la Escuela Naval y más tarde participó en la guerra ruso-japonesa. En 1926 fue nombrado agregado naval de la embajada japonesa en Washington y, entre 1934 y 1935, representó a su país en la conferencia naval de Londres, en la cual rechazó las peticiones internacionales para que Japón redujera su flota de guerra. En 1936 fue nombrado viceministro de la flota japonesa y, poco después del inicio de la Segunda Guerra Mundial, comandante en jefe de las fuerzas navales. Se opuso a la participación japonesa en la contienda bélica, argumentando que Japón no contaba con los recursos necesarios para vencer a Estados Unidos, pero una vez decidida, planificó el ataque sobre Pearl Harbor, convencido de que sólo un ataque por sorpresa dañaría a las fuerzas estadounidenses. Sin embargo, tal como había predicho, tras la victoria estadounidense en la batalla de Midway la guerra cambió de signo y comenzó el declive de Japón. Yamamoto murió durante una inspección del frente, al ser derribado el avión en que viajaba por el ejército estadounidense, que había logrado descifrar el código secreto de los japoneses y conocía la ruta que iba a seguir el aparato que trasladaba al almirante.

YANG CHEN NING [Frank Yang] *(Hofei, China, 1922) Físico estadounidense de origen chino.* Trabajó en colaboración con el también físico estadounidense de origen chi-

WILLIAM BUTLER YEATS
OBRAS MAESTRAS

POESÍA: *LAS PEREGRINACIONES DE OISIN Y OTROS POEMAS* (*THE WANDERINGS OF OISIN AND OTHER POEMS*, 1889); *LA TIERRA DEL DESEO DEL CORAZÓN* (*THE LAND OF HEART'S DESIRE*, 1894); *EL VIENTO ENTRE LAS CAÑAS* (*THE WIND AMONG THE REEDS*, 1899); *EL CASCO VERDE* (*THE GREEN HELMET*, 1910); *LA TORRE* (*THE TOWER*, 1925); *LA ESCALERA DE CARACOL* (*THE WINDING STAIR*, 1933); *ÚLTIMOS POEMAS Y OBRAS DE TEATRO* (*LAST POEMS AND PLAYS*, 1936-1939). **TEATRO:** *LA CONDESA KATHLEEN* (*THE COUNTESS KATHLEEN*, 1892); *LAS AGUAS UMBROSAS* (*THE SHADOWY WATERS*, 1900); *DEIRDRE* (1907). **ENSAYO:** *EL CREPÚSCULO CELTA* (*THE CELTIC TWILIGHT*, 1893); *UNA VISIÓN* (*A VISION*, 1925).

> *«Trato de ver la cara que tenía antes de que el mundo se hubiera hecho.»*
>
> William Butler Yeats

no Tsung Dao Lee. Tras graduarse en física por la Universidad de K'unming, en 1946 obtuvo una beca para ampliar sus estudios en la Universidad de Chicago, donde entró en contacto con Tsung Dao Lee, un físico teórico que había emigrado de China ese mismo año. Ambos empezaron a considerar la posibilidad de que el principio de la conservación de la paridad (esto es, el principio de que todas las interacciones entre partículas subatómicas presentaban simetría espacial), en aquella época considerado inviolable, no fuera tal. Aunque la comunidad científica apenas dio crédito a dicha posibilidad, en 1953 ambos ofrecieron pruebas irrefutables de que dicha conservación no se producía en el marco de la interacción débil, resultado que fue acogido con monumental sorpresa y que, apenas cuatro años después, les valió el Premio Nobel de Física.

▶ *William Butler* **Yeats**, *poeta irlandés y Premio Nobel, cuyo prestigio literario le permitió acceder a un escaño senatorial en la Irlanda libre. Retrato por Augustus John.*

YEATS, WILLIAM BUTLER *(Dublín, 1865-Roquebrune-Cap-Martin, Francia, 1939) Poeta y dramaturgo irlandés.* Hijo del pintor John Butler Yeats, y miembro de una familia angloirlandesa protestante, estudió arte en Dublín y Londres, ciudad a la que se trasladó junto con su familia en 1887. Durante estos primeros años se sintió atraído por el hinduismo, la teosofía –se afilió a la Sociedad Teosófica de Londres– y el ocultismo, y entró en contacto con los decadentistas que se agrupaban en torno a la revista *Yellow Book.* En 1889 publicó su primera colección de poemas, *Las peregrinaciones de Oisin y otros poemas,* y años más tarde *La isla del lago de Innisfree,* obras ambas basadas en la temática mitológica celta y escritas en tono romántico y melancólico. También publicó ensayos, como *El crepúsculo celta* y *Libro de poemas irlandeses.* En una visita a su patria efectuada por aquellos años, conoció a la que sería el gran amor de su vida y musa inspiradora de sus primeras obras, la bella patriota irlandesa Maud Gonne. En 1896 regresó a Irlanda, se integró en el movimiento del renacimiento literario de su país y entabló amistad con la autora teatral nacionalista lady Isabella Augusta Gregory, con cuya ayuda fundaría el Teatro Nacional Irlandés (1901). Entre las obras dramáticas que escribió para esta compañía, de la que fue director hasta su muerte, destacan *La condesa Kathleen,* de carácter nacionalista, y *Deirdre,* una tragedia en verso. Pero su período más fecundo fue el de sus obras de madurez y vejez. Entre las primeras destacan los volúmenes de poesía *El casco verde, Responsabilidades* y *Los cisnes salvajes de Coole,* en los que se evidencia una profunda evolución de su lenguaje lírico, que se hace personal, vigoroso, exacto y deslumbrante. En 1925 escribió el tratado *Una visión,* donde expresa su creencia en la íntima relación entre la imaginación poética y la realidad universal. Con *La torre, La escalera de caracol* y *Últimos poemas y obras de teatro,* que incluye el celebrado «Hacia Bizancio», alcanzó el cenit de su poesía. En 1923 obtuvo el Premio Nobel de Literatura y al independizarse su país del Reino Unido, fue elegido senador del Estado libre de Irlanda.

YELTSIN, BORIS *(Sverdlovsk, hoy Ekaterinburg, actual Rusia, 1931) Político ruso.* Durante su juventud actuó al margen del Partido Comunista, en el que ingresó en 1961, para abandonarlo treinta años más tarde, al exigir mayor profundidad en el proceso de cambio abierto con la *perestroika* en el sistema soviético. Para entonces había rea-

lizado una rápida carrera política: en 1976 era secretario del partido en su ciudad natal, y en 1985, miembro del secretariado central y jefe del PC en Moscú. Sin embargo, en los años siguientes fue depuesto de todos sus cargos a causa de su radicalismo frente a los sectores conservadores que lastraban los cambios impulsados por Gorbachov. Su actitud le convirtió en figura sobresaliente del bando reformista, lo cual le llevó a entrar en 1989 en el Sóviet Supremo, como diputado por Moscú, con el mayor número de votos de toda la URSS. Pero la celeridad con que se producían los cambios, le indujo a abandonar el partido al año siguiente. En junio de 1991 ocupó la primera presidencia de la Federación Rusa merced al sufragio universal. Durante el golpe de Estado de agosto de ese mismo año, tomó el mando de la resistencia civil y militar. Tras la desaparición de la Unión Soviética, Yeltsin se perfiló como el político más hábil y confiable a los ojos de Occidente para gobernar Rusia, un país afectado por un grave descontento social a raíz de las reformas económicas y de las reivindicaciones nacionalistas. La rapidez con que aplicó reformas orientadas a la economía de mercado minó todavía más las condiciones de vida de la población, razón por la cual la agitación social alcanzó un punto crítico en 1993. En esta ocasión no dudó en recurrir al ejército para desalojar y disolver el Parlamento, donde se habían amotinado los diputados, y convocar elecciones encaminadas a aprobar una nueva Constitución, en la cual se reservó amplios poderes. Sin embargo, su salud empezaba a flaquear, y a raíz de su primera cardiopatía, en 1989, la oposición comenzó a cuestionar su capacidad física para dirigir el país.

▲ *Boris* **Yeltsin** *saluda al presidente de Estados Unidos George Bush en el primer año de mandato del político ruso.*

▼ *Narciso* **Yepes** *en el escenario durante uno de sus conciertos. Yepes ha sido uno de los grandes guitarristas de la música de todos los tiempos, además de un innovador dotado de una técnica interpretativa perfecta.*

En 1996, la cruenta guerra de Chechenia y la durísima campaña electoral, cuyos ajustados resultados le obligaron a incorporar al gobierno a los nacionalistas y a pactar con los antiguos comunistas, fueron circunstancias que minaron aún más la quebrantada imagen del presidente, quien con posterioridad afrontó profundas crisis de gobierno, la situación de bancarrota económica del país, la corrupción administrativa y el creciente poder de las mafias. Finalmente, el 31 de diciembre de 1999, en un nuevo contexto de guerra en Chechenia, presentó su dimisión y cedió la presidencia al entonces primer ministro Vladimir Putin.

YEPES, NARCISO *(Lorca, España, 1927-Murcia, 1997) Guitarrista español.* Famoso por su guitarra de diez cuerdas, Narciso Yepes se formó en el Conservatorio de Valencia bajo la dirección de Vicente Asencio, un pianista que le motivó a intentar trasplantar a su instrumento musical muchas de las agilidades y recursos que, posibles sobre un teclado, parecían inabordables en una guitarra. Estos estudios culminaron en una técnica impecable y revolucionaria que pronto le hizo destacar, llamando la atención del director de orquesta Ataúlfo Argenta, quien le hizo debutar en un concierto dirigido por él en 1947. La composición e interpretación de la banda sonora de la película *Jeux interdits*, de R. Clément, en 1952, acabó de impulsar su carrera a nivel internacional. Numerosos compositores escribieron obras para Yepes, como Bacarisse, Balada, E. Halffter, Montsalvatge, Ohana y Rodrigo, lo que, junto a su labor en la recuperación de numerosas partituras olvidadas, contribuyó de manera decisiva a la implantación de la guitarra como instrumento de concierto con un repertorio propio.

YOUNG, THOMAS *(Milverton, Gran Bretaña, 1773-Londres, 1829) Médico y físico británico.* Cursó estudios en las universidades de Edimburgo y Gotinga; posteriormente, impartió clases de filosofía natural en la Royal Institution. En 1802 fue nombrado secretario de la Royal Society. Fundador de la óptica fisiológica, explicó el poder acomodaticio del cristalino y abrió el camino a la teoría de la visión de los colores desarrollada más tarde por Von Helmholtz. Descubrió las causas del astigmatismo (1801) y llevó a cabo notables experimentos sobre los fenómenos de interferencia de los rayos luminosos, descubiertos por él mismo, y de la difracción. A Young se deben, además, las primeras mediciones de la longitud de onda de los distintos colores, la introducción del concepto de energía en su significado actual y varias indagaciones sobre elasticidad; se dio su nombre al módulo de elasticidad normal. Se dedicó así mismo a la egiptología y colaboró en el desciframiento de los jeroglíficos egipcios de la famosa piedra de Rosetta.

YOURCENAR, MARGUERITE [Marguerite de Crayencour] *(Bruselas, 1903-Mount Desert, EE UU, 1987) Escritora francesa, nacionalizada estadounidense.* Alcanzó la celebridad con la publicación de *Memorias de Adriano* (1951), obra tejida sobre una erudita base de cultura humanística y sobre una labor exhaustiva de investigación, a partir de la cual la autora fue capaz de recrear la figura del emperador romano de un modo vívido y penetrante. Antes, sin embargo, había publicado ya numerosas obras, que abarcan casi todos los géneros y muestran una predilección especial por la cultura clásica y la lírica griega antigua y contemporánea. Otra novela de éxito, también histórica, fue *Opus Nigrum*, que publicó en el año 1968. Hacia el final de su vida, retirada en una isla de Maine, inició la redacción de una extensa y peculiar saga familiar, que trasciende, como toda su obra, la pura anécdota para alcanzar consideraciones más generales: *Recordatorios* (1973), *Archivos del norte* (1977), *Mishima ou La vision du vide* (1981) y *Quoi? L'éternité* (1988). Realizó excelentes traducciones de Henry James y de Virginia Woolf, y fue la primera mujer que ingresó en la Academia Francesa (1980).

▲ *Hipólito **Yrigoyen**, presidente de la República Argentina. El éxito obtenido en un primer mandato, le llevó a ser reelegido seis años después.*

▼ ▶ *La escritora Marguerite **Yourcenar**, autora de extensa obra, aunque debió la fama a una sola: la notable recreación histórica* Memorias de Adriano. *A la derecha, potada de la edición francesa de dicha obra.*

Marguerite Yourcenar
Mémoires d'Hadrien

YRIGOYEN, HIPÓLITO *(Buenos Aires, 1852-id., 1933) Político argentino.* Fue uno de los fundadores de la Unión Cívica Radical en 1891, organización a la que imprimió su sello personal durante más de cuatro décadas, y estuvo vinculado, de una forma u otra, a las intentonas revolucionarias de la década de 1890. Alcanzó la presidencia del país en 1916, gracias al sufragio universal y el apoyo de las clases medias, integradas por vez primera en el proceso político argentino. La neutralidad de Argentina defendida por Yrigoyen durante la Primera Guerra Mundial sirvió para que el país se beneficiase de los altos precios que en el mercado mundial alcanzó la carne de vacuno, de la cual era un gran exportador. Fue reelegido por un margen holgado en 1928, pero la crisis económica mundial y su incapacidad para hacerle frente provocaron el golpe de Estado del general José F. Uriburu en 1930. Confinado en la isla de Martín García, fue puesto en libertad poco antes de su fallecimiento.

YUPANQUI, ATAHUALPA [Héctor Roberto Chavero] *(Pergamino, Argentina, 1908-Nimes, Francia, 1992) Cantautor argentino.* Durante años actuó sin descanso en numerosas ciudades de su patria, hasta que en la década de 1940 conoció el éxito como poeta renovador de la música folclórica argentina, y en 1948 se exilió a París desde donde inició una brillante carrera internacional. Autor de más de 1500 canciones, se hizo famoso con temas como *Caminito del indio, Nostalgia tucumana, Los ejes de mi carreta, Zamba del adiós, Huajira, Viento, viento, Campo abierto* o *El payador perseguidor.* Entre su producción lírica cabe destacar *Piedra sola* (1950) y *Guitarra* (1958). También fue un notable prosista, como atestiguan sus escritos *El canto del viento* (1965) y *Notas de un viaje al Japón* (1977). Muchas de sus composiciones, de hondo lirismo y crítica abierta a las condiciones sociales de América Latina, figuran en el repertorio de grandes intérpretes mundiales de la canción.

Z

ZAMORA, RICARDO *(Barcelona, 1901-id., 1978) Futbolista español.* Hijo de un médico, inició su carrera futbolística en el Universitari, equipo con el que debutó en 1916. Aquel mismo año fue traspasado al R. C. D. Español y, en 1919, fichó por el F. C. Barcelona. Con este último equipo consiguió los campeonatos de Liga de 1920 y 1922. De nuevo en las filas del R. C. D. Español, conquistó la Liga de 1929. Poco después, en febrero de 1930, fue fichado por el Real Madrid, que sería su último equipo y con el que obtuvo los campeonatos de 1934 y 1936. Miembro de la selección nacional desde 1920, fue su portero durante 16 años y jugó 46 partidos internacionales. Tras su retirada en junio de 1936, colaboró con varios medios de comunicación, en especial con el diario madrileño *Ya,* del que fue miembro fundador, y con *La Vanguardia* de Barcelona. Así mismo, fue entrenador de diversos equipos, entre ellos Atlético de Aviación, Celta y Málaga y, durante un breve período, de la selección nacional.

▲ *Como capitán del R. C. D. Español, Ricardo* **Zamora** *(a la izquierda) asiste al acto reglamentario del sorteo de campo previo a un partido contra el Barcelona, jugado sin público*

ZAPATA, EMILIANO *(San Miguel Anenecuilco, México, 1879-Morelos, id., 1919) Revolucionario agrarista mexicano.* Perteneciente a una humilde familia campesina, trabajó como peón y aparcero y recibió una pobre instrucción escolar. Tenía veintitrés años cuando apoyó a la Junta de Cuautla en sus reivindicaciones por los ejidos de Morelos, su estado natal. La persecución desatada contra la Junta por el régimen porfirista lo llevó a Cuernavaca y luego a México como caballerizo del ejército. De regreso en Morelos, retomó la defensa de las tierras comunales y, en 1909, fue designado jefe de la Junta de Ayala. Al

frente de un pequeño grupo armado, ocupó las tierras del Hospital y las distribuyó entre los campesinos. Mientras el gobernador de Morelos, representante de los intereses de los terratenientes, enviaba fuerzas contra él, la sublevación se extendió a Cuernavaca. En el curso de los dos años siguientes, otros campesinos se levantaron en armas, entre ellos Tepepa, Merino y el maderista Torres Burgos, con quienes se alió Zapata. En marzo de 1911 se adhirió al plan de San Luis Potosí proclamado por Madero y, a la muerte de Torres Burgos, fue designado «jefe supremo del movimiento revolucionario del Sur». Tras la caída de la dictadura de Porfirio Díaz, pronto aparecieron las discrepancias entre Zapata, quien reclamaba el inmediato reparto de las tierras de las haciendas entre los campesinos, y Madero, que por su parte exigía el desarme de las guerrillas. Por fin, Zapata aceptó el licenciamiento y desarme de sus tropas, con la esperanza de que la

▶ *Fresco que recrea la revolución mexicana, en el que aparece Emiliano* **Zapata** *y su lema «Tierra y Libertad».*

elección de Madero como presidente abriera las puertas a la reforma. Elegido éste en 1911, y ante el fracaso de nuevas conversaciones, Zapata elaboró en noviembre del mismo año el plan de Ayala, en el que declaraba a Madero incapaz de cumplir los objetivos de la revolución y anunciaba la expropiación de un tercio de las tierras de los terratenientes a cambio de una compensación, si se aceptaba, y por la fuerza en caso contrario. Los que se adhirieron al plan, que eligieron jefe de la revolución a Pascual Orozco, enarbolaron la bandera de la reforma agraria como prioridad y solicitaron la renuncia del presidente. Las fuerzas gubernamentales obligaron a Zapata a retirarse a Guerrero, pero el asesinato de Madero en febrero de 1913 por orden de Huerta cambió la situación. Zapata rechazó la oferta de Huerta de unirse a sus fuerzas y apoyó a los constitucionalistas de Carranza contra los huertistas. Nombrado jefe de la revolución en detrimento de Orozco, que había sido declarado traidor, consiguió derrotar a Huerta (1913). En la convención de Aguascalientes de octubre de 1914 se concretó la alianza de Zapata y Pancho Villa, representantes del revolucionarismo agrario, contra Carranza, de tendencia moderada. Si bien ambos entraron poco después en la capital, su incapacidad política para dominar el aparato del Estado y las diferencias que surgieron entre los dos caudillos, a pesar de que Villa había aceptado el plan de Ayala, alentaron la reacción carrancista. Perseguido por Pablo González, Zapata se hizo fuerte en Morelos, mientras que Villa era derrotado en el norte. El aporte de algunos intelectuales como Díaz Soto y Gama y Pérez Taylor dio solidez ideológica al movimiento agrarista y ello permitió a los zapatistas organizar administrativamente el espacio que controlaban. En este sentido, el gobierno de Zapata creó comisiones agrarias, estableció la primera entidad de crédito agrario en México e intentó convertir la industria del azúcar de Morelos en una cooperativa. William Gates, enviado de Estados Unidos, destacó el orden de la zona controlada por Zapata frente al caos de la zona ocupada por los carrancistas. Sin embargo, la guerra proseguía; en 1917, las tropas de Carranza derrotaron de nuevo a Villa en el norte. Ante la amenaza que Zapata suponía para el gobierno federal, el coronel Jesús Guajardo, que dirigía las operaciones gubernamentales contra él, traicionó y asesinó al líder agrarista tras atraerlo a un encuentro secreto en la hacienda de Chinameca, en Morelos.

▲ Emiliano **Zapata** fue el gran artífice de la revolución mexicana con Pancho Villa. Zapata, junto a Sandino y el Che Guevara, es uno de los grandes mitos guerrilleros y revolucionarios del s. XX.

▼ Emil **Zatopek** ocupa el primer puesto en un momento de la carrera de 5 000 metros de los Juegos Olímpicos de Londres, competición que no ganó; hubo de esperar a los siguientes Juegos, en Helsinki, para conseguir la medalla de oro en esta modalidad.

ZARATUSTRA O ZOROASTRO *(Rages, actual Irán, 628 a.C.-?, 551 a.C.) Profeta iraní, fundador del zoroastrismo.* Vivió en el Irán nororiental (Afganistán o Uzbekistán actuales). Su doctrina suscitó al principio una fuerte oposición, pero fue aumentando lentamente su difusión gracias a la protección del príncipe Vistapa. La *Avestia* conserva estrofas atribuidas al profeta, en las que éste dialoga con su dios, Ahura Mazda. El zoroastrismo se presenta como una depuración, tal vez iniciada antes de la aparición del profeta, de la antigua religión iraní. Su reforma, caracterizada por una elevada conciencia del bien y del mal, insistió en la trascendencia divina y predicó una moral de la acción fundada en la certeza del triunfo de la justicia. En su evolución posterior, el zoroastrismo sufrió alteraciones: se reincorporaron antiguas deidades, se atribuyó carácter divino a Zaratustra y se adoptó un dualismo radical.

ZATOPEK, EMIL llamado *la Locomotora Humana (Koprovnice, actual República Checa, 1922) Atleta checoslovaco.* Nacido en el seno de una familia humilde, fue el dominador absoluto de las pruebas de fondo desde finales de la década de 1940 hasta principios de los años cincuenta. Atleta de estilo más bien tosco pero incansable, se dio a conocer con su quinta plaza en los Campeonatos de Europa de 1946. Dos años más tarde, en los Juegos Olímpicos de Londres, se adjudicó el oro en los 10 000 m y la plata en 5 000 m. Aún mejoraría tan espléndida actuación en la siguiente edición de los Juegos, en Helsinki, donde consiguió la hazaña inédita de obtener el triunfo en las dos pruebas mencionadas (récord mundial incluido) y también en el mara-

tón, aunque era su primera participación en dicha prueba. Invicto en los 10 000 metros durante el período 1948-1954, sus gestas atléticas le hicieron merecedor del grado de coronel del ejército checo.

ZEA BERMÚDEZ, FRANCISCO *(Málaga, 1772-?, 1850) Político español.* Destacado comerciante de su ciudad natal, en 1810 entró a formar parte del cuerpo diplomático español. Durante el trienio constitucional (1820-1823) fue nombrado embajador en Estambul y Londres, y al final del período, secretario de Estado. Tras los sucesos de La Granja de 1832, fue llamado por María Cristina para formar gobierno. Fallecido Fernando VII, continuó al frente del gobierno sin cambiar la orientación de su política absolutista. Finalmente, el partido liberal logró, con el apoyo de algunos monárquicos y de Francia y el Reino Unido, la destitución de Zea, quien se exilió en Francia.

ZEDILLO, ERNESTO *(Ciudad de México, 1951) Político mexicano.* Cursó estudios en la Escuela Superior de Economía, el Instituto Politécnico Nacional y las universidades de Bradford (Reino Unido), Colorado y Yale (Estados Unidos). En esta última se doctoró con una tesis sobre la deuda externa mexicana. Afiliado desde 1971 al Partido Revolucionario Institucional (PRI), en 1987 fue designado subsecretario de Control Presupuestario y defendió la aplicación de un riguroso plan para combatir la inflación. Nombrado secretario de Educación en el gabinete de Carlos Salinas de Gortari, abandonó el cargo en 1994 para dirigir la campaña del candidato presidencial del PRI, Luis Donaldo Colosio. Abatido éste en atentado el 23 de marzo de 1994, Zedillo fue elegido como nuevo candidato presidencial por el PRI. Vencedor por un amplio margen en la convocatoria electoral de 1994, su gobierno enfrentó una de las crisis económicas más graves de la historia de México, pese a lo cual respondió, en buena medida, a las exigencias democráticas de la sociedad civil. Su mandato finalizó en 2000, siendo el primer presidente del PRI en ceder el cargo a un candidato de la oposición, el panista Vicente Fox.

ZENÓN DE ELEA *(Elea?, actual Italia, h. 495 a.C.-id.?, h., 430 a.C.) Filósofo griego.* Seguidor de Parménides, Aristóteles le consideraba como el creador de la dialéctica. De acuerdo con el principio sentado por su maestro de que sólo existe el ser, y que éste es uno e inmóvil, Zenón dedicó sus esfuerzos a demostrar la inconsistencia de las nociones de movimiento y pluralidad. Hoy conocemos sus argumentos a través de Platón y sobre todo, de Aristóteles. Los más célebres de ellos son sus paradojas a propósito del movimiento; así, la paradoja de Aquiles y la tortuga considera que el primero nunca podrá alcanzar a la segunda en una carrera, pues entre ambos siempre media un espacio, y como el espacio es infinitamente divisible, Aquiles no podría alcanzar el punto final en un tiempo finito. De modo parecido, la paradoja de la flecha trata de demostrar que un objeto en movimiento se halla realmente en reposo, y la paradoja del estadio, que entre dos objetos que se desplazan a la misma velocidad, uno recorrerá el doble de distancia que el otro. Aristóteles ofreció una solución a estos argumentos, aunque incorrecta, y sólo se ha logrado una respuesta válida con los modernos conceptos de continuo e infinito.

ZEPPELIN, FERDINAND, CONDE DE *(Constanza, actual Alemania, 1838-Charlottenburg, id., 1917) Pionero de la aviación alemán.* Militar de carrera hasta 1891, se dedicó después por completo al estudio de la navegación aérea, que había iniciado en 1873. Proyectó el primer dirigible de estructura rígida y fundó en Friedrichshafen una fábrica para su realización, pero no fue sino hasta 1908, después del vuelo del *LZ 4* que entusiasmó a la opinión pública, cuando obtuvo la financiación necesaria para la construcción de otras aeronaves. Suyos fueron los más grandes y perfeccionados dirigibles, entre ellos el *Graf Zeppelin*, que efectuó la vuelta al mundo en 1929, y el *Hindenburg*, cuyo desastroso incendio en 1937, sumado al auge de la aviación, significó el fin de la era del dirigible.

▲ Ernesto **Zedillo**, presidente de México. Al inicio de su mandato tuvo que enfrentarse a graves problemas económicos.

▼ Fotografía de un dirigible de estructura rígida, medio de transporte ideado y perfeccionado por el conde Ferdinand **Zeppelin** a finales del s. XIX.

ZEUXIS *(s. V-IV a.C.) Pintor griego.* Se sabe que era natural de Heraclea, y de las dos ciudades griegas de este nombre, se supone que le vio nacer la del sur de Italia y no la del Ponto. En cualquier caso, pasó la mayor parte de su vida en Atenas, donde fue uno de los pintores más cotizados de su tiempo. No se conserva ninguna de sus obras, de las que existen tan sólo algunas referencias escritas y copias parciales en vasijas de cerámica. Su estilo se distinguió por la gracia, el carácter idealizado de las figuras y la ligereza de la línea. Una de sus creaciones más famosas fue el retrato imaginario de Helena de Troya para un templo de Crotona. Se dice que Zeuxis murió riendo mientras retrataba a una anciana, anécdota en la que se inspiraron posteriormente algunos pintores para realizar su supuesto retrato riendo.

ZHÚKOV, GEORGI KONSTANTINOVICH *(Strelkovka, actual Rusia, 1896-Moscú, 1974) Militar soviético.* Hijo de humildes labradores, el general Zhúkov se convirtió, con toda justicia, en un héroe de la Unión Soviética. Fue el artífice de la mayor derrota japonesa en la frontera de Manchuria, durante la Segunda Guerra Mundial, y organizó la defensa del sitio de Leningrado (que duró novecientos días). Stalin, necesitado de militares capaces, lo llamó para reorganizar la defensa de Moscú, amenazado por el avance alemán. Sus brillantes maniobras y la pronta llegada de refuerzos procedentes de Siberia, que dejó al descubierto las defensas orientales de Rusia, consiguieron rechazar al ejército alemán a las puertas de la ciudad. A finales de 1942 se hizo cargo del frente de Stalingrado, esce-

▲ *Fotografía de Karl* ***Ziegler*** *en su laboratorio, después de serle concedido el Premio Nobel de Química en 1963.*

▼ *El general Georgi K.* ***Zhúkov*** *durante una visita de inspección al frente. Zhúkov fue uno de los grandes héroes soviéticos de la Segunda Guerra Mundial.*

nario de una de las más sangrientas batallas de la guerra, donde planeó la espectacular contraofensiva del Ejército Rojo, que consiguió cercar al VI Ejército alemán, al mando de Von Paulus, en el interior de la propia ciudad, y lo obligó a rendirse. Las victorias de Zhúkov supusieron un punto de inflexión en el desarrollo de la guerra, ya que infligieron una de las primeras derrotas a las fuerzas alemanas, cuyo avance hasta el momento había sido casi imparable. Bajo su mando, los rusos consiguieron detener el último gran asalto alemán en Kursk, momento a partir del cual la marcha del Ejército Rojo sobre Alemania adquirió un ímpetu irresistible. En el tramo final de la guerra mandó el ejército ruso que tomó la capital de la Alemania nazi. En los últimos años del gobierno de Stalin fue relegado a un segundo plano, pero tras la muerte del dictador su figura se vio rehabilitada y fue reconocido el hecho de que jamás sufriera una derrota a lo largo de su dilatada carrera militar.

ZIEGLER, KARL *(Helsa, Alemania, 1898-Mühlheim, id., 1973) Químico alemán.* Estudió en la Universidad de Marburgo y fue profesor de esta misma institución. Tras un breve período en la Universidad de Frankfurt, se trasladó a la de Heidelberg, donde desarrolló importantes trabajos sobre la síntesis de compuestos policíclicos y en la química de los radicales libres. En 1936 fue nombrado director del Instituto de Química de la Universidad de Halle, y de 1943 a 1969 fue director del Instituto Max Planck en Mühlheim, desde donde revolucionó el estudio de los compuestos organometálicos con el descubrimiento de los catalizadores estereoespecíficos, que han permitido la síntesis de numerosos nuevos polímeros. Por el descubrimiento de la reacción de polimerización de alquenos catalizada por mezclas de compuestos organoalumínicos y haluros de metales de transición, recibió el Premio Nobel de Química en 1963, conjuntamente con el italiano Giulio Natta, que obtuvo análogos resultados desde el Instituto de Química Industrial del Politécnico de Milán.

ZIMMERMANN, DOMINIKUS *(Gaispoint, actual Alemania, 1685-Wies, id., 1766) Arquitecto y estucador alemán.* Trabajó una larga temporada como estucador, realizando elementos decorativos para iglesias y altares. Los inicios de su actividad como arquitecto se remontan a 1716, cuando se hizo cargo de la reconstrucción de la iglesia del convento de las Hermanas Dominicas en Dil-

◄ *Detalle del techo de la iglesia de Weis, en Alemania, uno de los edificios emblemáticos del rococó, obra del arquitecto y decorador Dominikus **Zimmermann**.*

ÉMILE ZOLA

OBRAS MAESTRAS

NOVELA: *THÉRÈSE RAQUIN* (1867); *LOS ROUGON-MACQUART* (*LES ROUGON-MAC-QUART*, 1871-1893); *LA FORTUNA DE LOS ROUGON* (*LA FORTUNE DES ROUGON*); *LA TABERNA* (*L'ASSOMMOIR*); *GERMINAL, NANA, LA DÉBACLE* (*EL DESASTRE*); el ciclo de *TROIS VILLES* (*LAS TRES CIUDADES*, 1894-1898): *LOURDES, ROMA* (*ROME*) y *PARÍS* (*PARIS*); el ciclo de *LES QUATRE ÉVANGILES* (*LOS CUATRO EVANGELIOS*, 1899-1902).
ENSAYO: *LA NOVELA EXPERIMENTAL* (*LE ROMAN EXPÉRIMENTAL*, 1880); *LOS NOVELISTAS NATURALISTAS* (*LES ROMANCIERS NATURALISTES*, 1881).

▶▼ *Émile **Zola** en la imagen retratado por Manet, fue uno de los novelistas más brillantes del s. XIX y el impulsor del llamado naturalismo. Bajo estas líneas, portada del polémico artículo político publicado en el diario* L'Aurore *con el título de* Yo acuso.

lingen. Posteriormente realizó obras muy significativas, en particular las iglesias de Steinhausen, Günzburg y Wies, caracterizadas por una planta unitaria, en algún caso elíptica, y por la sobreabundancia de los elementos decorativos, que enlazan con sus inicios como estucador. Son obras en las que resaltan en particular el blanco de los muros y el dorado de los añadidos decorativos, en una combinación plenamente representativa del rococó arquitectónico de los países germánicos.

ZOLA, ÉMILE *(París, 1840-id., 1902) Novelista francés.* Hijo de Francesco Zola, un ingeniero natural de Venecia, y de Émilie Aubert, pasó su infancia y su adolescencia en Aix-en-Provence, en cuyo colegio cursó los estudios primarios y trabó amistad con Cézanne y Baille. Posteriormente, y merced a una beca de estudios, se trasladó a París para acudir al Liceo de Saint-Louis. No consiguió, sin embargo, terminar el bachillerato, y al retirársele por dicho motivo la ayuda económica de que disponía, se vio obligado a mudarse a una mísera buhardilla y a emplearse en ocupaciones variopintas. Un puesto de trabajo en la editorial Hachette, donde se hizo cargo del departamento de publicidad, lo introdujo en el mundo de las letras, que ya no abandonó. Sí dejó, a finales de 1865, la editorial parisina, para dedicarse por entero al periodismo y la literatura, aunque sin demasiada fortuna durante los primeros años. Consiguió, empero, una sección de crítica literaria en el periódico *L'Evénément*, tribuna desde la cual defendió una literatura de corte científi-

co que emplease la naturaleza como espejo para retratar los dramas y las pasiones humanas, en la que la subjetividad del autor desapareciera tanto como fuera posible, y que recibiría el nombre de naturalismo. Publicó su primera obra, *Cuentos para Ninon*, todavía bajo la influencia del romanticismo, en 1864, y tres años después presentó *Thérèse Raquin*, su primera novela propiamente naturalista. Su aspiración era realizar una novela fisiológica, a la que transportaría las teorías de Taine sobre la influencia de la raza y el medio sobre el individuo. Por aquellas mismas fechas ideó la redacción de una obra cíclica que, a modo y semejanza de la *Comedia humana*, fuera una «historia natural y social de una familia bajo el Segundo Imperio», tal como apuntaba en el subtítulo. A dicha obra, que a su término estuvo integrada por veinte novelas, la tituló *Los Rougon-Macquart*. La primera, *La fortuna de los Rougon*, apareció en 1871, y en ella se apreciaba ya la voluntad de retrato social, no exento de crítica y con altas dosis de violencia y dramatismo, que iba a caracterizar toda la serie; entre las que siguieron, destacan las series dedicadas a la familia y a los trabajadores. En marzo de 1890, en una carta dirigida al crítico literario J. Lemaître, quien había alabado la serie en un artículo aparecido en *Le Figaro*, Zola puso de manifiesto su hastío y su voluntad de dar por terminada la obra, si bien por último alcanzó, en 1893, los veinte tomos que se había propuesto. Posteriormente, y tras emprender una serie de viajes, uno de los cuales lo llevó a España,

inició una nueva serie literaria, en este caso con distintas ciudades como telón de fondo: *Lourdes* (1894), *Roma* (1896), *París* (1898). En esta última Zola se sirvió de las teorías utópicas de Comte, Fourier y Proudhon, a quienes veneraba, para manifestar sus ideas progresistas y su defensa del espíritu científico. Este acercamiento hacia posiciones socialistas se aceleró tras el llamado caso Dreyfus, en el que Zola se puso al lado de la víctima. Su célebre alegato político *Yo acuso*, publicado en enero de 1898 en *L'Aurore*, le supuso una condena de un año de cárcel y una multa de 3 000 francos. Con el fin de evitar su ingreso en prisión, en febrero del mismo año se trasladó a Londres, ciudad en la que permaneció hasta junio de 1899. A su muerte, acaecida poco después de su regreso a París en circunstancias nunca esclarecidas y posiblemente derivadas de sus opciones políticas, Zola dejó una extensa producción, en la que también se hallaban numerosas obras de teatro.

ZOROASTRO → Zaratustra.

ZORRILLA, JOSÉ *(Valladolid, 1817-Madrid, 1893) Escritor español.* Abandonó muy joven su ciudad natal para entrar en el Real Seminario de Nobles de Madrid, tras lo cual estudió derecho, primero en Toledo y después en Valladolid. Sin embargo, dejó los estudios para dedicarse por entero a la literatura y se trasladó a Madrid, donde se dio a conocer como poeta en el entierro de Larra (1837), en el cual leyó unos versos que había compuesto. Ingresó como redactor en el periódico *El Español*, en el que publicó además la serie de poemas titulada *Poesías* (1837). Su carácter de creador prolífico le haría ampliarlas hasta ocho volúmenes en sucesivas ediciones, que terminó en 1840. En 1846 viajó por vez primera a París, donde entró en contacto con los círculos literarios; tras una segunda estancia que se prolongó de 1850 a 1855, marchó a México, país en el que, gracias a la inmensa fama que le precedía, se convirtió en el protegido del emperador Maximiliano, quien lo nombró director del Teatro Nacional. De regreso en España (1866), contrajo matrimonio con la actriz Juana Pacheco, ingresó en la Real Academia (1882) y fue coronado poeta en el alcázar de Granada por el duque de Rivas en represen-

JOSÉ ZORRILLA

OBRAS MAESTRAS

TEATRO: *EL ZAPATERO Y EL REY* (1840); *LA MEJOR RAZÓN, LA ESPADA* (1843); *DON JUAN TENORIO* (1844); *SANCHO GARCÍA* (1846); *EL EXCOMULGADO* (1848); *TRAIDOR, INCONFESO Y MÁRTIR* (1849). **POESÍA:** Lírica: *POESÍAS* (8 volúmenes, 1837-1840). Épica: *A BUEN JUEZ, MEJOR TESTIGO* (1837); *CANTOS DEL TROVADOR* (1840); *EL PUÑAL DEL GODO* (1842); *LAS VIGILIAS DEL ESTÍO* (1849); *GRANADA* (1852); *LA LEYENDA DEL CID* (1882).

▼ *En el óleo de M. Esquivel* Una lectura de Zorrilla en el estudio del pintor, *el poeta José* **Zorrilla** *aparece leyendo una de sus obras, rodeado por una pléyade de literatos y artistas románticos.*

tación de la reina regente (1899). A pesar de que sus obras eran continuamente representadas en los escenarios, vivió sus últimos años asediado por las dificultades económicas, que sólo se vieron aliviadas por la concesión de una pequeña pensión. Su teatro, que se caracteriza por seguir los modelos del Siglo de Oro, alcanzó gran popularidad gracias a la ágil versificación y a un hábil tratamiento de las tramas. Su obra de mayor éxito es sin duda *Don Juan Tenorio*, recreación romántica del tema de Don Juan. Como poeta, la crítica considera más conseguidas sus composiciones épicas que las líricas, inspiradas en leyendas populares de raíz medieval, como *A buen juez, mejor testigo* y *Granada.*

ZSIGMONDY, RICHARD ADOLF *(Viena, 1865-Gotinga, Alemania, 1929) Químico austriaco.* Formado en las universidades de Viena y Munich, y tras obtener su doctorado en 1891, fue ayudante de Kundt en la Universidad de Berlín (1891) y profesor en Graz (1893). Desde 1908 y hasta su jubilación, en 1929, fue director del Instituto de Química Inorgánica de Gotinga. Zsigmondy es conocido por sus fundamentales investigaciones teóricas y experimentales de la química de los coloides, en el curso de las cuales, entre otros, ideó y realizó, en colaboración con Heinrich Siedentopf, el primer ultramicroscopio. Por tales investigaciones, que con posterioridad se revelaron decisivas en el desarrollo de la bioquímica, obtuvo en 1925 el Premio Nobel. Además de su fundamental *Lehrbuch der Kolloidchemie*, publicó el libro *Über das kolloide Gold*, en colaboración con P. A. Thiessen. Casado con Laura Luise Müller, hija del profesor de anatomía patológica en Jena Wilhelm Müller, tuvo dos hijas, Annemarie y Kathe. El marido de la primera, Erich Huckel, que fue uno de los colaboradores de Zsigmondy, contribuyó en el libro de éste sobre las teorías de la adsorción (*Kolloidforschung in Einzeldarstellungen*).

ZUBIRI, XAVIER *(San Sebastián, 1898-Madrid, 1983) Filósofo español.* Profesor en las universidades de Madrid (1926-1936) y de Barcelona (1940-1942), más tarde regresó a Madrid para dedicarse a la enseñanza privada. La preocupación constante de Zubiri fue restaurar el sentido clásico del saber filosófico, frente al técnico y el científico. En 1962 publicó *Sobre la esencia*, dedicado a cuestiones ontológicas, obra a la que siguió años más tarde la trilogía formada por *Inteligencia sentiente* (1980), *Inteligencia y logos* (1982) e *Inteligencia y razón* (1983). En estas obras analiza el modo en que el hombre se enfrenta a la realidad y la aprehende. En 1982 compartió con el investigador Severo Ochoa el Premio Santiago Ramón y Cajal.

ZULOAGA, IGNACIO *(Éibar, España, 1870-Madrid, 1945) Pintor español.* Nació en el seno de una familia de artistas y recibió de su padre una primera formación básica, completada más tarde en Italia y en París, donde se relacionó con figuras de la talla de Gauguin, Degas y Puvis de Chavannes. Su vida se caracterizó por frecuentes cambios de domicilio, que le llevaron a residir en París, Segovia, Andalucía, Madrid y Zumaya. Fascinado por la imaginería popular (tauromaquia, bailarinas de flamenco), más tarde eligió como tema de sus pinturas diversas escenas de la vida cotidiana, a menudo festivas o religiosas, que plasmó con una paleta oscura, fuertes dosis de realismo y un gran sentido dramático. Expuso en numerosas ciudades europeas, y también en Nueva York y Buenos Aires, lo que proporcionó a su obra una considerable resonancia internacional. Dejó también famosos retratos (Unamuno, Marañón, Falla) y hermosos cuadros de paisajes.

ZURBARÁN, FRANCISCO DE *(Fuente de Cantos, España, 1598-Madrid, 1664) Pintor español.* Se formó en Sevilla de 1614 a 1617, y después de unos años en su Extremadura natal, regresó a Sevilla, donde abrió un taller al que nunca le faltaron los encargos. Felipe IV lo llamó a Madrid en 1634, cuando ya era un pintor consagrado, y le encargó una serie de pinturas sobre los *Trabajos de Hércules* y un gran lienzo histórico sobre la *Defensa de Cádiz*. Estas obras y los bodegones, magníficos por otra parte, constituyen sus únicas creaciones de temática no religiosa. De hecho, su pintura suele asociarse con sus cuadros de monjes, frailes y vírgenes, que fueron sus preferidos y aquellos en los que

▲ *Xavier* **Zubiri**, *filósofo español cuya máxima preocupación fue rescatar los orígenes del pensamiento clásico frente a la excesiva tecnificación del mundo contemporáneo.*

▼ San Serapio, *óleo que* **Zurbarán** *pintó para la sala De profundiis del convento de los mercedarios descalzos de Sevilla, Zurbarán es, junto con Velázquez y Murillo, uno de los grandes pintores barrocos españoles.*

demostró un estilo más personal. En las grandes series de *Los mercedarios* o *Los santos de la cartuja*, representó monjes solos o en grupo, plasmados con enorme realismo y gran sobriedad de medios y en un ambiente imbuido de misticismo. También se le recuerda por sus *Inmaculadas*, que son mujeres dulces recortadas sobre un fondo de nubes multicolores. El artista evolucionó desde unos inicios marcados por intensos contrastes de claroscuro hacia un empleo más tranquilo y uniforme de la luz, en obras de atmósfera resplandeciente. Entre sus numerosos cuadros con una sola figura como protagonista destaca la serie de santas (*Santa Margarita, Santa Casilda*), que ofrecen la particularidad de ir ataviadas con ricos trajes de la época. Hacia 1640 fue sustituido por Murillo como pintor más valorado de la Sevilla de su tiempo, y quizá por ello algunos años más tarde se trasladó a Madrid, donde residió hasta su muerte. Su obra, distribuida por los mejores museos del mundo, constituye un magnífico exponente de las altas cumbres a las que llegó el Barroco sevillano.

ZWINGLIO, HULDRYCH *(Wildhaus, Suiza, 1484-Kappel, id., 1531) Reformador suizo.* Hijo de un campesino libre, cursó estudios en las universidades de Viena y de Basilea, institución esta última en la que se licenció en 1504. Tras ello ejerció como profesor y, durante un breve período, fue capellán del ejército suizo. En 1518 fue

nombrado canónigo de Zurich, cargo que aprovechó para manifestar su desaprobación de ciertas conductas de la Iglesia Católica. Enfrentado con el Papa, en 1523 publicó sus 67 tesis, en las cuales atacó el ayuno, la abstinencia sexual y la prohibición de contraer matrimonio entre los miembros de la Iglesia; adicionalmente, defendió el uso litúrgico del alemán, convino con Lutero en la suprema autoridad de las Escrituras y defendió la intervención del Estado en asuntos religiosos. Erigido en principal líder de los cantones suizos volcados a la Reforma, entre ellos las poblaciones de Zurich, Berna y Basilea, murió en combate en la batalla de Kappel, que enfrentó a las fuerzas reformistas y las católicas.

ÍNDICES

- *Clasificación temática*
- *Relación de Premios Nobel*
- *Ordenación cronológica*

CLASIFICACIÓN TEMÁTICA

En el siguiente listado se organizan los personajes biografiados en el presente diccionario de acuerdo con una distribución por áreas de actividad.
Con ello se complementa la ordenación alfabética general de la obra, facilitando las búsquedas específicas orientadas según criterios temáticos.

1. ARTES

1.1.	**ARTES ESCÉNICAS**
1.1.1.	DANZA
1.1.2.	TEATRO
1.2.	**CINE**
1.2.1.	ACTORES Y ACTRICES
1.2.2.	DIRECTORES
1.2.3.	GUIONISTAS
1.2.4.	PRODUCTORES
1.3.	**MÚSICA CULTA / MÚSICA POPULAR**
1.3.1.	COMPOSITORES
1.3.2.	DIRECTORES DE ORQUESTA
1.3.3.	INTÉRPRETES MUSICALES
1.3.4.	ÓPERA
1.4.	**ARTES DECORATIVAS**
1.5.	**DIBUJO**
1.6.	**DISEÑO**
1.7.	**ESCULTURA**
1.8.	**FOTOGRAFÍA**
1.9.	**GRABADO**
1.10.	**PINTURA**

2. CIENCIA Y TÉCNICA

2.1.	**ARQUITECTURA**
2.2.	**ASTRONOMÍA / ASTRONÁUTICA**
2.3.	**AVIACIÓN**
2.4.	**BIOLOGÍA**
2.5.	**ECONOMÍA**
2.6.	**FÍSICA**
2.7.	**GEOGRAFÍA / GEOLOGÍA**
2.8.	**INGENIERÍA**
2.9.	**INVENTORES**
2.10.	**MATEMÁTICAS**
2.11.	**MEDICINA**
2.12.	**QUÍMICA**

3. HUMANIDADES

3.1.	**ANTROPOLOGÍA / ARQUEOLOGÍA**
3.2.	**DERECHO**
3.3.	**ÉTICA**
3.4.	**FILOLOGÍA / LINGÜÍSTICA**
3.5.	**FILOSOFÍA**
3.5.1.	FILOSOFÍA CLÁSICA
3.5.2.	FILOSOFÍA DEL LENGUAJE
3.5.3.	FILOSOFÍA POLÍTICA Y SOCIAL
3.6.	**HISTORIADORES**
3.7.	**LITERATURA**
3.7.1.	CUENTO
3.7.2.	ENSAYO
3.7.3.	NOVELA
3.7.4.	POESÍA
3.8.	**LÓGICA**
3.9.	**PEDAGOGÍA**
3.10.	**PERIODISMO**
3.11.	**PSICOLOGÍA / SOCIOLOGÍA**
3.12.	**TEORÍA DEL CONOCIMIENTO**

4. SOCIEDAD

4.1.	**DEPORTES / ESPECTÁCULOS**
4.1.1.	ATLETISMO
4.2.	**EXPLORADORES**
4.3.	**MILITARES**
4.4.	**NAVEGANTES**
4.5.	**NEGOCIOS**
4.6.	**PAPADO**
4.7.	**POLÍTICOS**
4.8.	**REALEZA**
4.9.	**RELIGIÓN**
4.9.1.	CRISTIANISMO
4.10.	**SOCIEDAD**

1. ARTES

1.1. ARTES ESCÉNICAS

Amaya, Carmen
Armendáriz, Pedro
Astaire, Fred
Balanchin, George
Bernhard, Sarah
Caballé, Montserrat
Callas, María
Caruso, Enrico
Cunningham, Merce
Diaghilev, Serge de
Domingo, Plácido
Duncan, Isadora
Fischer-Dieskau, Dietrich
Fo, Darío
Gayarre, Sebastián
Graham, Martha
Houdini, Harry
Kelly, Gene
Meyerhold, Vsiévolod
Molière
Nijinski, Vatslav Fomich
Pavarotti, Luciano
Pavlova, Anna
Reinhardt, Max
Rivel, Charlie
Robbins, Jerome
Stanislavski
Xirgu, Margarita

1.1.1. DANZA

Amaya, Carmen
Astaire, Fred
Balanchin, George
Cunningham, Merce
Diaghilev, Serge de
Duncan, Isadora
Gades, Antonio
Graham, Martha
Kelly, Gene
Nijinski, Vatslav Fomich
Nureiev, Rudolf
Pavlova, Anna
Robbins, Jerome

1.1.2. TEATRO

Adam de la Halle
Alfieri, conde de
Aristófanes
Beaumarchais, Pierre-
   Augustin de
Beckett, Samuel
Benavente, Jacinto

Brecht, Bertolt
Buero Vallejo, Antonio
Calderón de la Barca, Pedro
Camus, Albert
Canetti, Elias
Castro, Guillén de
Chéjov, Antón Pávlovich
Cocteau, Jean
Corneille, Pierre
Cyrano de Bergerac, H. S.
D´Annunzio, Gabriele
Dryden, John
Dumas, Alexandre
Dürrenmatt, Friedrich
Echegaray, José de
Encina, Juan del
Espriu, Salvador
Esquilo
Eurípides
Fielding, Henry
Fo, Darío
Frisch, Max
Fuentes, Carlos
García de la Huerta, Vicente
García Lorca, Federico
Genet, Jean
Goethe, Johann Wolfgang
Golding, William
Goldoni, Carlo
Goldsmith, Oliver
Gorki, Máximo
Grass, Günter
Hauptmann, Gerhart
Havel, Vaclav
Hofmannsthal, Hugo von
Hölderlin, Friedrich
Hugo, Victor
Ibarbourou, Juana de
Ibsen, Henrik
Ionesco, Eugène
Jonson, Ben
Jovellanos, Gaspar Melchor de
Juana Inés de la Cruz, sor
Kleist, Heinrich von
Klopstock, Friedrich Gottlieb
Larra, Mariano José de
Lesage, Alain-René
Lessing, Gotthold Ephraim
López de Ayala, Adelardo
López de Ayala, Pero
Machado, Antonio
Maeterlinck, Maurice
Manzoni, Alessandro
Marivaux, Pierre-Carlet de
   Chamblain
Marlowe, Christopher
Martí, José
Menandro

Meyerhold, Vsiévolod
Miller, Arthur
Molière
Moratín, Leandro F. de
Moreto, Agustín
Novo, Salvador
O'Neill, Eugene
Osborne, John
Piñera, Virgilio
Pirandello, Luigi
Plauto, Tito Maccio
Racine, Jean
Rivas, duque de
Robbins, Jerome
Rojas Zorrilla, Francisco de
Rojas, Fernando de
Rolland, Romain
Rueda, Lope de
Ruiz de Alarcón, Juan
Sá de Miranda, Francisco
Sartre, Jean-Paul
Schiller, Friedrich von
Shakespeare, William
Shaw, George Bernard
Sófocles
Stanislavski
Strindberg, August
Synge, John Millington
Terencio, Publio
Tieck, Ludwig
Tirso de Molina
Valle-Inclán, Ramón María del
Vega y Carpio, Lope Félix de
Vicente, Gil
Voltaire
Walcott, Derek
Wilde, Oscar
Williams, Tennessee
Yeats, William Butler
Zorrilla, José

1.2. CINE

Alcoriza, Luis
Almodóvar, Pedro
Allen, Woody
Bergman, Ingmar
Bogart, Humphrey
Brando, Marlon
Buñuel, Luis
Cantinflas
Capra, Frank
Chaplin, Charles
Clair, René
Cooper, Gary
Coppola, Francis Ford
Davis, Bette

De Mille, Cecil Blount
De Sica, Vittorio
Dean, James
Dietrich, Marlene
Donen, Stanley
Dreyer, Carl Theodor
Eisenstein, Serge
Fairbanks, Douglas
Félix, María
Fellini, Federico
Fernández, Emilio
Ford, John
Gable, Clark
Garbo, Greta
Grant, Cary
Griffith, David Wark
Hawks, Howard
Hayworth, Rita
Hepburn, Katharine
Hitchcock, Alfred
Huston, John
Karloff, Boris
Keaton, Buster
Kelly, Gene
Kelly, Grace
Kubrick, Stanley
Kurosawa, Akira
Lang, Fritz
Laurel, Stan
Lean, David
Loren, Sofia
Lubitsch, Ernst
Lucas, George
Marx, hermanos
Mastroianni, Marcello
Méliès, Georges
Monroe, Marilyn
Monty Python
Murnau, Friedrich Wilhelm
Newman, Paul
Olivier, sir Laurence
Pasolini, Pier Paolo
Peck, Gregory
Pickford, Mary
Ray, Satyajit
Renoir, Jean
Rey, Fernando
Río, Dolores del
Robbins, Jerome
Rossellini, Roberto
Saura, Carlos
Selznick, David O.
Spielberg, Steven
Stewart, James
Taylor, Elizabeth
Truffaut, François
Valentino, Rodolfo
Visconti, Luchino

Wayne, John
Weissmuller, Johnny
Welles, Orson
West, Mae
Wilder, Billy

1.2.1. ACTORES Y ACTRICES

Alcoriza, Luis
Allen, Woody
Armendáriz, Pedro
Astaire, Fred
Bogart, Humphrey
Brando, Marlon
Cantinflas
Chaplin, Charles
Cooper, Gary
Davis, Bette
De Sica, Vittorio
Dean, James
Dietrich, Marlene
Fairbanks, Douglas
Félix, María
Fernández, Emilio
Fo, Darío
Gable, Clark
Garbo, Greta
Gardel, Carlos
Grant, Cary
Hayworth, Rita
Hepburn, Katharine
Karloff, Boris
Keaton, Buster
Kelly, Gene
Kelly, Grace
Laurel, Stan
Loren, Sofia
Marx, hermanos
Mastroianni, Marcello
Molière
Monroe, Marilyn
Monty Python
Newman, Paul
Olivier, sir Laurence
Peck, Gregory
Pickford, Mary
Piquer, Concha
Rey, Fernando
Río, Dolores del
Sinatra, Frank
Stewart, James
Taylor, Elizabeth
Truffaut, François
Valentino, Rodolfo
Wayne, John
Weissmuller, Johnny
Welles, Orson
West, Mae

1.2.2. DIRECTORES

Almodóvar, Pedro
Allen, Woody
Bergman, Ingmar
Buñuel, Luis
Capra, Frank
Chaplin, Charles
Clair, René
Cocteau, Jean
Coppola, Francis Ford
De Mille, Cecil Blount
De Sica, Vittorio
Disney, Walt
Donen, Stanley
Dreyer, Carl Theodor
Eisenstein, Serge
Fellini, Federico
Fernández, Emilio
Flaherty, John
Ford, John
Griffith, David Wark
Hawks, Howard
Hitchcock, Alfred
Huston, John
Keaton, Buster
Kubrick, Stanley
Kurosawa, Akira
Lang, Fritz
Lean, David
Lubitsch, Ernst
Lucas, George
Méliès, Georges
Monty Python
Murnau, Friedrich Wilhelm
Olivier, sir Laurence
Pasolini, Pier Paolo
Ray, Satyajit
Renoir, Jean
Rossellini, Roberto
Saura, Carlos
Spielberg, Steven
Truffaut, François
Visconti, Luchino
Warhol, Andy
Welles, Orson
Wilder, Billy

1.2.3. GUIONISTAS

Alcoriza, Luis
Allen, Woody
Chaplin, Charles
Coppola, Francis Ford
Monty Python
Renoir, Jean
Spielberg, Steven
Truffaut, François

Welles, Orson
Wilder, Billy

1.2.4. PRODUCTORES

De Mille, Cecil Blount
Goldwyn, Samuel
Hughes, Howard
Lucas, George
Méliès, Georges
Renoir, Jean
Selznick, David O.
Spielberg, Steven
Wilder, Billy

1.3. MÚSICA CULTA / MÚSICA POPULAR

Adam, Adolphe Charles
Albéniz, Isaac
Albinoni, Tommaso
Armstrong, Louis
Arrau, Claudio
Bach, Johann Christian
Bach, Johann Sebastian
Baez, Joan
Barbieri, Francisco Asenjo
Bartok, Bela
Beatles, The
Beethoven, Ludwig van
Bellini, Vincenzo
Berg, Alban
Berlioz, Hector
Bernstein, Leonard
Binchois, Gilles
Bizet, Georges
Boccherini, Luigi
Borodin, Aleksandr
Boulez, Pierre
Bowie, David
Brahms, Johannes
Brassens, Georges
Bretón, Tomás
Britten, lord Benjamin
Bruckner, Anton
Buxtehude, Dietrich
Byrd, William
Caballé, Montserrat
Cabezón, Antonio de
Callas, María
Caruso, Enrico
Casals, Pau
Cavalli, Pier Francesco
Chaikovski, Piotr Ilich
Chapí, Ruperto
Charpentier, Marc-Antoine
Chávez, Carlos

Cherubini, Luigi
Chopin, Frédéric
Chueca, Federico
Cimarosa, Domenico
Clapton, Eric
Clavé, Josep Anselm
Coltrane, John
Copland, Aaron
Corelli, Arcangelo
Couperin, François
Cruz, Celia
Davis, Miles
Debussy, Claude
Delibes, Léo
Desprez, Josquin
Domingo, Plácido
Donizetti, Gaetano
Dufay, Guillaume
Dvorak, Anton
Dylan, Bob
Elgar, sir Edward
Ellington, Duke
Falla, Manuel de
Farinelli
Fauré, Gabriel
Fischer-Dieskau, Dietrich
Fitzgerald, Ella
Franck, César-Auguste
Franklin, Aretha
Frescobaldi, Girolamo
Furtwängler, Wilhelm
Gabrieli, Giovanni
Gardel, Carlos
Gayarre, Sebastián
Gershwin, George
Gesualdo, Carlo
Ginastera, Alberto
Glinka, Mijail Ivanovich
Gluck, Christoph Willibald
Gounod, Charles
Granados, Enrique
Grieg, Edvard
Guerrero, Francisco
Guido d'Arezzo
Haendel, Georg Friedrich
Haydn, Franz Joseph
Heifetz, Jasha
Hendrix, Jimi
Henze, Hans Werner
Herrmann, Bernard
Hindemith, Paul
Holiday, Billie
Honegger, Arthur
Horowitz, Vladimir
Humperdinck, Engelbert
Iglesias, Julio
Ives, Charles
Jackson, Michael

Janacek, Leos
Janequin, Clément
Karajan, Herbert von
Khachaturian, Aram
King, B.B.
Klemperer, Otto
Kraus, Alfredo
Kreutzer, Rodolphe
Lara, Agustín
Lassus, Roland de
Lecuona, Ernesto
Lehár, Franz
Leoncavallo, Ruggiero
Liszt, Franz
Lully, Jean-Baptiste
Lutoslawski, Witold
Machault, Guillaume de
Mahler, Gustav
Mairena, Antonio
Martinu, Bohuslav
Mascagni, Pietro
Massenet, Jules
Matamoros, Miguel
Mendelssohn, Felix
Messiaen, Olivier
Meyerbeer, Giacomo
Milanés, Pablo
Miller, Glenn
Monteverdi, Claudio
Moraes, Vinicius de
Mozart, Wolfgang Amadeus
Musorgski, Modest Petrovich
Negrete, Jorge
Offenbach, Jacques
Oistrakh, David
Paganini, Niccolò
Palestrina, Giovanni P. de
Parker, Charlie
Pavarotti, Luciano
Penderecki, Krzysztof
Peralta, Ángela
Pergolesi, Giovanni Battista
Pérotin
Piaf, Edith
Piazzolla, Astor
Pink Floyd
Piquer, Concha
Poulenc, Francis
Presley, Elvis
Prince
Prokofiev, Serguéi Sergueievich
Puccini, Giacomo
Purcell, Henry
Puyana, Rafael
Rachmaninov, Serguéi V.
Rameau, Jean-Philippe
Ravel, Maurice
Revueltas, Silvestre

Richter, Sviatoslav Teofilovich
Rimski-Korsakov, Nikolai
Rodrigo, Joaquín
Rodríguez, Silvio
Rolling Stones
Rossini, Gioacchino Antonio
Rostropovich, Mstislav L.
Roussel, Albert
Rubinstein, Arthur
Saint-Saëns, Camille
Salieri, Antonio
Santana, Carlos
Sarasate, Pablo de
Satie, Erik
Scarlatti, Alessandro
Scarlatti, Domenico
Schönberg, Arnold
Schubert, Franz
Schumann, Robert
Schütz, Heinrich
Segovia, Andrés
Shankar, Ravi
Shostakovich, Dimitri D.
Sibelius, Jean
Sinatra, Frank
Smetana, Bedrich
Sojo, Vicente Emilio
Soler, Antonio
Springsteen, Bruce
Stamitz, Johann Wenzel Anton
Stockhausen, Karlheinz
Stradivarius, Antonio
Strauss, Johann
Strauss, Richard
Stravinski, Igor Feodorovich
Tallis, Thomas
Tartini, Giuseppe
Telemann, Georg Philipp
Tippett, Michael
Toscanini, Arturo
Turina, Joaquín
Vaughan-Williams, sir Ralph
Verdi, Giuseppe
Victoria de los Ángeles
Victoria, Tomás Luis de
Villa-Lobos, Héitor
Vivaldi, Antonio
Wagner, Richard
Weber, Karl Maria von
Webern, Anton von
Yepes, Narciso
Yupanqui, Atahualpa

1.3.1. COMPOSITORES

Adam, Adolphe Charles
Albéniz, Isaac
Albinoni, Tommaso

Bach, Johann Christian
Bach, Johann Sebastian
Barbieri, Francisco Asenjo
Bartok, Bela
Beethoven, Ludwig van
Bellini, Vincenzo
Berg, Alban
Berlioz, Hector
Bernstein, Leonard
Binchois, Gilles
Bizet, Georges
Boccherini, Luigi
Borodin, Aleksandr
Boulez, Pierre
Brahms, Johannes
Bretón, Tomás
Britten, lord Benjamin
Bruckner, Anton
Buxtehude, Dietrich
Byrd, William
Cabezón, Antonio de
Casals, Pau
Cavalli, Pier Francesco
Chaikovski, Piotr Ilich
Chapí, Ruperto
Charpentier, Marc-Antoine
Chávez, Carlos
Cherubini, Luigi
Chopin, Frédéric
Chueca, Federico
Cimarosa, Domenico
Clavé, Josep Anselm
Copland, Aaron
Corelli, Arcangelo
Couperin, François
Debussy, Claude
Delibes, Léo
Desprez, Josquin
Donizetti, Gaetano
Dufay, Guillaume
Dvorak, Anton
Elgar, sir Edward
Falla, Manuel de
Fauré, Gabriel
Franck, César-Auguste
Frescobaldi, Girolamo
Furtwängler, Wilhelm
Gabrieli, Giovanni
Gershwin, George
Gesualdo, Carlo
Ginastera, Alberto
Glinka, Mijail Ivanovich
Gluck, Christoph Willibald
Gounod, Charles
Granados, Enrique
Grieg, Edvard
Guerrero, Francisco
Haendel, Georg Friedrich

Haydn, Franz Joseph
Henze, Hans Werner
Hindemith, Paul
Honegger, Arthur
Humperdinck, Engelbert
Ives, Charles
Janacek, Leos
Janequin, Clément
Khachaturian, Aram
Klemperer, Otto
Kreutzer, Rodolphe
Lassus, Roland de
Lehár, Franz
Leoncavallo, Ruggiero
Liszt, Franz
Lully, Jean-Baptiste
Lutoslawski, Witold
Machault, Guillaume de
Mahler, Gustav
Martinu, Bohuslav
Mascagni, Pietro
Massenet, Jules
Mendelssohn, Felix
Messiaen, Olivier
Meyerbeer, Giacomo
Mompou, Frederic
Moncayo, José Pablo
Monteverdi, Claudio
Montsalvatge, Xavier
Mozart, Wolfgang Amadeus
Musorgski, Modest Petrovich
Offenbach, Jacques
Paganini, Niccolò
Palestrina, Giovanni P. de
Penderecki, Krzysztof
Pergolesi, Giovanni Battista
Pérotin
Poulenc, Francis
Prokofiev, Serguéi Sergueievich
Puccini, Giacomo
Purcell, Henry
Rachmaninov, Serguéi V.
Rameau, Jean-Philippe
Ravel, Maurice
Revueltas, Silvestre
Rimski-Korsakov, Nikolai
Rodrigo, Joaquín
Rossini, Gioacchino Antonio
Roussel, Albert
Saint-Saëns, Camille
Salieri, Antonio
Sarasate, Pablo de
Satie, Erik
Scarlatti, Alessandro
Scarlatti, Domenico
Schönberg, Arnold
Schubert, Franz
Schumann, Robert

Schütz, Heinrich
Shankar, Ravi
Shostakovisch, Dimitri D.
Sibelius, Jean
Smetana, Bedrich
Sojo, Vicente Emilio
Soler, Antonio
Stamitz, Johann Wenzel Anton
Stockhausen, Karlheinz
Strauss, Johann
Strauss, Richard
Stravinski, Igor Feodorovich
Tallis, Thomas
Tartini, Giuseppe
Telemann, Georg Philipp
Tippett, Michael
Turina, Joaquín
Vaughan-Williams, sir Ralph
Verdi, Giuseppe
Victoria, Tomás Luis de
Villa-Lobos, Héitor
Vivaldi, Antonio
Wagner, Richard
Weber, Karl Maria von
Webern, Anton von
Weill, Kurt

1.3.2. DIRECTORES DE ORQUESTA

Bernstein, Leonard
Boulez, Pierre
Brahms, Johannes
Bretón, Tomás
Britten, lord Benjamin
Casals, Pau
Chávez, Carlos
Copland, Aaron
Corelli, Arcangelo
Furtwängler, Wilhelm
Grieg, Edvard
Henze, Hans Werner
Hindemith, Paul
Karajan, Herbert von
Khachaturian, Aram
Klemperer, Otto
Liszt, Franz
Lutoslawski, Witold
Mahler, Gustav
Mascagni, Pietro
Mendelssohn, Felix
Oistrakh, David
Rachmaninov, Serguéi V.
Revueltas, Silvestre
Rostropovich, Mstislav L.
Shankar, Ravi
Smetana, Bedrich
Stamitz, Johann Wenzel Anton

Strauss, Johann
Strauss, Richard
Toscanini, Arturo
Vaughan-Williams, sir Ralph
Wagner, Richard
Weber, Karl Maria von

1.3.3. INTÉRPRETES MUSICALES

Albéniz, Isaac
Arrau, Claudio
Bernstein, Leonard
Boccherini, Luigi
Brahms, Johannes
Britten, lord Benjamin
Bruckner, Anton
Buxtehude, Dietrich
Byrd, William
Caballé, Montserrat
Cabezón, Antonio de
Callas, María
Caruso, Enrico
Casals, Pau
Chopin, Frédéric
Couperin, François
Domingo, Plácido
Farinelli
Fauré, Gabriel
Fischer-Dieskau, Dietrich
Franck, César-Auguste
Frescobaldi, Girolamo
Gabrieli, Giovanni
Gayarre, Sebastián
Gesualdo, Carlo
Granados, Enrique
Heifetz, Jasha
Horowitz, Vladimir
Kraus, Alfredo
Kreutzer, Rodolphe
Liszt, Franz
Mendelssohn, Felix
Messiaen, Olivier
Offenbach, Jacques
Oistrakh, David
Paganini, Niccolò
Pavarotti, Luciano
Prokofiev, Serguéi Sergueievich
Rameau, Jean-Philippe
Revueltas, Silvestre
Richter, Sviatoslav Teofilovich
Rostropovich, Mstislav L.
Rubinstein, Arthur
Saint-Saëns, Camille
Sarasate, Pablo de
Satie, Erik
Scarlatti, Domenico
Schönberg, Arnold

Segovia, Andrés
Soler, Antonio
Stamitz, Johann Wenzel Anton
Strauss, Johann
Tallis, Thomas
Tartini, Giuseppe
Victoria, Tomás Luis de
Vivaldi, Antonio
Weber, Karl Maria von
Yepes, Narciso

1.3.4. ÓPERA

Adam, Adolphe Charles
Bellini, Vincenzo
Caballé, Montserrat
Callas, María
Caruso, Enrico
Delibes, Léo
Domingo, Plácido
Farinelli
Fischer-Dieskau, Dietrich
Gayarre, Sebastián
Ginastera, Alberto
Glinka, Mijail Ivanovich
Gounod, Charles
Humperdinck, Engelbert
Kraus, Alfredo
Lully, Jean-Baptiste
Martinu, Bohuslav
Massenet, Jules
Meyerbeer, Giacomo
Musorgski, Modest Petrovich
Pavarotti, Luciano
Penderecki, Krzysztof
Pergolesi, Giovanni Battista
Roussel, Albert
Saint-Saëns, Camille
Tippett, Michael
Verdi, Giuseppe
Villa-Lobos, Héitor

1.4. ARTES DECORATIVAS

Cellini, Benvenuto
Chippendale, Thomas
Miró, Joan
Picasso, Pablo Ruíz
Pollaiuolo, Antonio Benci
Verrocchio, Il
Zimmermann, Dominikus

1.5. DIBUJO

Beardsley, Aubrey Vincent
Casas, Ramón

Dalí, Salvador
Daumier, Honoré
Disney, Walt
Doré, Gustave
Hergé
Quino
Redon, Odilon
Schiele, Egon
Toulouse-Lautrec, H. M. R. de

1.6. DISEÑO

Aalto, Alvar
Breuer, Marcel
Burne-Jones, sir Edward Coley
Chippendale, Thomas
Dalí, Salvador
Gropius, Walter
Loewy, Raymond
Mackintosh, Charles Rennie
Morris, William
Sottsass, Ettore

1.7. ESCULTURA

Aleijadinho, El
Anchieta, Juan de
Arp, Hans
Becerra, Gaspar
Bernini, Gian Lorenzo
Berruguete, Alonso
Berruguete, Pedro
Beuys, Joseph
Boccioni, Umberto
Botero, Fernando
Brancusi, Constantin
Brunelleschi, Filippo
Calder, Alexander
Cano, Alonso
Canova, Antonio
Cellini, Benvenuto
Chillida, Eduardo
Christo
Churriguera, familia
Donatello
Doré, Gustave
Dubuffet, Jean
Duchamp, Marcel
Egas, família
Ernst, Max
Escopas
Fernández, Gregorio
Fidias
Forment, Damián
Gabo, Naum
Gargallo, Pablo

Gauguin, Paul
Ghiberti, Lorenzo
Giacometti, Alberto
Girardon, François
González, Julio
Guas, Juan
Judd, Donald
Juni, Juan de
Kosuth, Joseph
Leonardo da Vinci
Lisipo
Longhena, Baldassare
Llimona, Josep
Martínez Montañés, Juan
Mena, Alonso de
Miguel Ángel
Miró, Joan
Mirón
Modigliani, Amedeo
Moore, Henry
Negret, Edgar
Ordóñez, Bartolomé
Pérez Esquivel, Adolfo
Pisano, Andrea
Pisano, Giovanni
Policleto
Pollaiuolo, Antonio Benci
Praxíteles
Ray, Man
Rodin, Auguste
Salzillo, Francisco
Sansovino, Il
Siloé, Diego de
Siloé, Gil de
Sluter, Claus
Thorvaldsen, Bertel
Torriggiano, Pietro
Verrocchio, Il
Vigarny, Felipe de

1.8. FOTOGRAFÍA

Avedon, Richard
Capa, Robert
Cartier-Bresson, Henri
Moholy-Nagy, Laszlo
Ray, Man
Stieglitz, Alfred

1.9. GRABADO

Baldung, Hans
Bonnard, Pierre
Doré, Gustave
Durero, Alberto
Goya y Lucientes, F. J. de

Hogarth, William
Leiden, Lucas de
Manet, Édouard
Munch, Edvard
Redon, Odilon
Ribera, José de
Rouault, Georges
Saura, Antonio
Utamaro, Kitagawa
Whistler, James Abbott McNeill

1.10. PINTURA

Alenza y Nieto, José Leonardo
Alfaro Siqueiros, David
Angélico, Fra
Apeles
Arcimboldo, Giuseppe
Arp, Hans
Bacon, Francis
Baldung, Hans
Barceló, Miquel
Bassano, Jacopo da Ponte
Bazille, Frédéric
Becerra, Gaspar
Bellini, família
Bernini, Gian Lorenzo
Berruguete, Alonso
Berruguete, Pedro
Blake, William
Boccioni, Umberto
Böcklin, Arnold
Bonnard, Pierre
Borrassà, Lluís
Bosco, El
Botticelli, Sandro
Boucher, François
Bouts, Dieric
Bramante, Donato d'Angelo
Braque, Georges
Brouwer, Adriaen
Brueghel el Viejo, Pieter
Burne-Jones, sir Edward Coley
Campin, Robert
Canaletto
Cano, Alonso
Caravaggio
Carducho, hermanos
Carpaccio, Vittore
Carraci, família
Carreño de Miranda, Juan
Casas, Ramón
Cassat, Mary
Castagno, Andrea del
Cézanne, Paul
Chagall, Marc
Champaigne, Philippe de

Chardin, Jean-Baptiste-Siméon
Chirico, Giorgio de
Cimabue, Giovanni
Clouet, familia
Coello, Claudio
Constable, John
Corbusier, Le
Corot, Jean Baptiste Camille
Corregio, il
Courbet, Gustave
Cranach el Viejo, Lucas
Dalí, Salvador
Daumier, Honoré
David, Gerard
David, Louis
De Kooning, Willem
Degas, Edgar
Delacroix, Eugène
Delaunay, Robert
Dix, Otto
Do Amaral, Tarsila
Doré, Gustave
Dubuffet, Jean
Duccio de Buoninsegna
Duchamp, Marcel
Durero, Alberto
Ernst, Max
Ferrer Bassa, Jaume
Fortuny i Marsal, Marià
Fouquet, Jean
Francesca, Piero della
Gainsborough, Thomas
Gallego, Fernando
Gauguin, Paul
Géricault, Théodor
Ghirlandaio, il
Giacometti, Alberto
Giorgione
Giotto
Gogh, Vincent van
Gonçalves, Nuno
González, Julio
Gossaert, Jan
Goya y Lucientes, F. J. de
Greco, El
Gris, Juan
Gros, Antoine-Jean
Grünewald, Matthias
Guardi, Francesco
Guayasamín, Oswaldo
Hals, Frans
Hiroshige, Ando
Hockney, David
Hogarth, William
Hokusai, Katsushika
Holbein el Joven
Huguet, Jaume
Inglés, Jorge

Ingres, J. A. D.
Jordaens, Jacob
Juan de Juanes
Kahlo, Frida
Kandinsky, Wassily
Kingman, Eduardo
Klee, Paul
Klimt, Gustav
Kokoschka, Oskar
Leiden, Lucas de
Leonardo da Vinci
Lichtenstein, Roy
Lippi, familia
Lorenzetti, Ambrogio
Lorenzetti, Pietro
Machuca, Pedro
Madrazo, Federico
Maella, Mariano Salvador de
Magritte, René
Malevich, Kazimir
Manet, Édouard
Mantegna, Andrea
Marc, Franz
Martini, Simone
Martorell, Bernat
Masaccio
Matisse, Henri
Matta, Roberto
Mazo, Juan B. Martínez del
Memling, Hans
Mengs, Anton Raphael
Mérida, Carlos
Miguel Ángel
Millet, Jean-François
Mir, Joaquín
Miró, Joan
Modigliani, Amedeo
Moholy-Nagy, Laszlo
Mondrian, Piet
Monet, Claude
Morales, Luis de
Moreau, Gustave
Moro, Antonio
Morris, William
Munch, Edvard
Murillo, Bartolomé Esteban
Nonell, Isidre
Obregón, Alejandro
Orozco, José Clemente
Parmigianino, Il
Patinir, Joachim
Pérez Villaamil, Jenaro
Perugino, Il
Picabia, Francis
Picasso, Pablo Ruíz
Pinturicchio, Il
Pissarro, Camille
Pollaiuolo, Antonio Benci

Pollock, Jackson
Poussin, Nicolas
Prud'hon, Pierre
Puvis de Chavannes, Pierre
Rafael
Rauschenberg, Robert
Ray, Man
Redon, Odilon
Regoyos, Darío de
Rembrandt
Reni, Guido
Renoir, Pierre-Auguste
Reynolds, Joshua
Ribalta, Francisco
Ribera, José de
Rigaud, Hyacinthe-François
Rivera, Diego
Romano, Giulio Peppi
Rosales, Eduardo
Rossetti, Dante Gabriel
Rothko, Mark
Rouault, Georges
Rousseau, Henri-Julien
Rubens, Pieter Paul
Rusiñol, Santiago
Ruysdael, familia
Sánchez Coello, Alonso
Sánchez Cotán, Juan
Sarto, Andrea del
Saura, Antonio
Schiele, Egon
Schwitters, Kurt
Sert, Josep Maria
Sesshu, Toyo
Seurat, Georges
Sisley, Alfred
Sorolla, Joaquín
Tamayo, Rufino
Tàpies, Antoni
Teniers, David
Ticpolo, Giambattista
Tintoretto, Il
Tiziano Vecellio
Torres García, Joaquín
Toulouse Lautrec, H. M. R. de
Tour, Georges de la
Turner, Joseph Mallord William
Uccello, Paolo
Utamaro, Kitagawa
Valdés Leal, Juan de
Van der Weyden, Rogier
Van Dyck, Anton
Van Eyck, Jan
Van Ostade, Adriaen
Vasari, Giorgio
Velasco, José María
Velázquez, Diego de Silva
Vermeer, Johannes

Veronés, El
Verrocchio, Il
Vos, Cornelis de
Warhol, Andy
Watteau, Antoine
Whistler, James Abbott McNeill
Zeuxis
Zuloaga, Ignacio
Zurbarán, Francisco de

2. CIENCIA Y TÉCNICA

2.1. ARQUITECTURA

Aalto, Alvar
Álava, Juan de
Alberti, Leon Battista
Aleijadinho, El
Barragán, Luis
Bernini, Gian Lorenzo
Borromini, Francesco
Bramante, Donato d'Angelo
Breuer, Marcel
Brunelleschi, Filippo
Cano, Alonso
Casas y Novoa, Fernando de
Cerdà, Ildefonso
Churriguera, familia
Colonia, familia
Corbusier, Le
Covarrubias, Alonso de
Delorme, Philibert
Domènech i Montaner, Lluís
Egas, família
Eiffel, Gustave
Gaudí, Antonio
Gehry, Frank 0.
Gil de Hontañón, Rodrigo
Giotto
Gómez de Mora, Juan
Gropius, Walter
Guas, Juan
Herrera, Juan de
Horta, Víctor
Imhotep
Juvara, Filippo
Le Nôtre, André
Le Vau, Louis
Longhena, Baldassare
Mackintosh, Charles Rennie
Machuca, Pedro
Mies van der Rohe, Ludwig
Miguel Ángel
Niemeyer, Óscar
Palladio, Andrea
Pisano, Andrea

Pisano, Giovanni
Puig i Cadafalch, Josep
Rafael
Ramírez Vázquez, Pedro
Rodríguez, Ventura
Romano, Giulio Peppi
Sabatini, Francesco
Sacchetti, Giovanni Battista
Sansovino, Il
Sert, Josep Lluis
Siloé, Diego de
Stirling, sir James
Tange, Kenzo
Toledo, Juan Bautista de
Vasari, Giorgio
Vignola, Giacomo Barozzi da
Villanueva, Juan de
Viollet-le-Duc, Eugène E.
Vitruvio Polión, Marco
Wagner, Otto
Wren, Christopher
Wright, Frank Lloyd
Zimmermann, Dominikus

2.2. ASTRONOMÍA / ASTRONÁUTICA

Albatenius
Anaximandro
Aristarco de Samos
Armstrong, Neil
Arquimedes
Bessel, Friedrich
Bradley, James
Brahe, Tycho
Cassini, Gian Domenico
Celsius, Anders
Copérnico, Nicolás
Eddington, sir Arthur Stanley
Eratóstenes de Cirene
Eudoxo de Cnidos
Euler, Leonhard
Flamsteed, John
Gagarin, Yuri
Galileo Galilei
Gamow, George
Gauss, Karl Friedrich
Hale, George Ellery
Halley, Edmund
Herschel, sir William
Hiparco de Nicea
Hoyle, sir Fred
Hubble, Edwin Powell
Kepler, Johannes
Khayyam, Omar
Laplace, marqués de
Maupertuis, Pierre Louis M. de

Nunes, Pedro
Regiomontano
Sagan, Carl
Tolomeo, Claudio
Van Allen, James Alfred

2.3. AVIACIÓN

Blériot, Louis
Cierva y Codorniu, Juan de la
Franco Bahamonde, Ramón
Hughes, Howard
Junkers, Hugo
Lindbergh, Charles
Montgolfier, hermanos
Sikorski, Igor
Wright, hermanos;
Zeppelin, conde de

2.4. BIOLOGÍA

Buffon, conde de
Chain, Ernst Boris
Cohen, Stanley
Cousteau, Jacques-Yves
Crick, sir Francis Harry
Cuvier, barón de
Darwin, Charles Robert
Delbrück, Max
Fallopio, Gabriele
Fisher, sir Ronald Aylmer
Haeckel, Ernst
Humboldt, Alexander von
Huxley, Thomas Henry
Johanssen, Wilhelm Ludvig
Krebs, sir Hans Adolf
Lamarck, Jean-Baptiste de
Leeuwenhoeck, Anton van
Leloir, Luis Federico
Linné, Carl von
Lorenz, Konrad
Malpighi, Marcello
Mariotte, Edme
McClintock, Barbara
Mendel, Johann Gregor
Monod, Jacques-Lucien
Muller, Hermann Joseph
Ochoa, Severo
Pauling, Linus Carl
Ramón y Cajal, Santiago
Réaumur, René-Antoine
Rostand, Jean
Schwann, Theodor
Szent-Gyorgyi, Albert
Vries, Hugo de
Wallace, Alfred Russel

Watson, James Dewey
Wolff, Kaspar Friedrich

2.5. ECONOMÍA

Arrow, Kenneth Joseph
Bodin, Jean
Campomanes, Pedro R. de
Condorcet, marqués de
Dühring, Karl Eugen
Fourier, Charles
Friedman, Milton
Frisch, Ragnar
Hayek, Friedrich August von
Hicks, sir John Richard
Jevons, William Stanley
Keynes, John Maynard
Leontief, Wassily
List, Friedrich
Malthus, Thomas Robert
Marshall, Alfred
Marx, Karl
Mill, John Stuart
Pareto, Vilfredo
Quesnay, François
Ricardo, David
Samuelson, Paul Anthony
Schumpeter, Joseph Alois
Silva Ergoz, Jesús
Smith, Adam
Turgot, Anne-Robert Jacques
Veblen, Thorstein

2.6. FÍSICA

Abbe, Ernst
Alembert, Jean le Rond d'
Ampère, André-Marie
Arago, François
Arquímedes
Avogadro, Amedeo
Babinet, Jacques
Bardeen, John
Becquerel, Antoine-Henri
Bernoulli, familia
Bethe, Hans Albrecht
Bohr, Niels
Boltzmann, Ludwig
Boyle, Robert
Bragg, familia
Brattain, Walter Houser
Braun, Karl Ferdinand
Broglie, Louis-Victor de
Carnot, Nicolas L. S.
Cavendish, lord Henry
Celsius, Anders

Charles, Jacques A. C.
Clausius, Rudolf Emanuel
Compton, Arthur Holly
Copérnico, Nicolás
Coulomb, Charles
Crick, sir Francis Harry
Crookes, sir William
Curie, Marie
Dalton, John
Dewar, sir James
Dirac, Paul
Doppler, Christian
Dulong, Pierre-Louis
Eddington, sir Arthur Stanley
Einstein, Albert
Euler, Leonhard
Fahrenheit, Daniel Gabriel
Faraday, Michael
Fermi, Enrico
Feynman, Richard Philips
Foucault, Léon
Fourier, Jean-Baptiste-Joseph
Fraunhofer, Joseph von
Fresnel, Augustin-Jean
Gabor, Dennis
Galileo Galilei
Galvani, Luigi
Gamow, George
Gauss, Karl Friedrich
Gay-Lussac, Joseph-Louis
Geiger, Hans
Gell-Mann, Murray
Gibbs, Josiah Willard
Gilbert, William
Guericke, Otto von
Hahn, Otto
Hawking, Stephen William
Heisenberg, Werner Karl
Helmholtz, Hermann Ludwig
Ferdinand von
Hertz, Heinrich
Hooke, Robert
Hoyle, sir Fred
Hubble, Edwin Powell
Huygens, Christiaan
Joliot, Frédéric
Joule, James Prescott
Kamerlingh Onnes, Heike
Kapitsa, Piotr Leonidovich
Kelvin, lord William Thomson
Kepler, Johannes
Kerr, John
Kirchhoff, Gustav
Landau, Lev Davidovich
Langevin, Paul
Laplace, marqués de
Lawrence, Ernest Orlando
Lorentz, Hendrick Antoon

Marconi, Guglielmo
Mariotte, Edme
Maxwell, James Clerk
Meitner, Lise
Michelson, Albert
Millikan, Robert Andrews
Minkowski, Hermann
Müller, Karl
Mulliken, Robert Sanderson
Nernst, Walter Hermann
Neumann, John von
Newton, sir Isaac
Oersted, Hans Christian
Ohm, Georg Simon
Oppenheimer, Julius Robert
Ostwald, Friedrich Wilhelm
Pascal, Blaise
Pauli, Wolfgang
Peltier, Jean Charles
Piccard, Auguste
Planck, Max
Poincaré, Henri
Raman, Chadrasekhara Venkata
Rankine, William John Macquorn
Rayleigh, John William Strutt
Réaumur, René-Antoine
Roentgen, Wilhelm K. von
Rutherford, lord Ernest
Sajarov, Andrei Dmitrievich
Schrödinger, Erwin
Seebeck, Thomas Johann
Shannon, Claude Elwood
Soddy, Frederick
Taylor, Brook
Teller, Edward
Thomson, sir Joseph John
Torricelli, Evangelista
Townes, Charles Hard
Tyndall, John
Van Allen, James Alfred
Venturi, Giovanni Battista
Volta, Alessandro
Waals, Johannes D. van der
Watson, James Dewey
Watson-Watt, sir Robert A.
Wheastone, Charles
Wien, Wilhelm
Witten, Edward
Wollaston, William Hyde
Yang Chen Ning
Young, Thomas

2.7. GEOGRAFÍA / GEOLOGÍA

Eratóstenes de Cirene
Hiparco de Nicea

Humboldt, Alexander von
Lyell, sir Charles
Mercator, Gerhardus
Maldonado, Pedro Vicente
Mohs, Friedrich
Nunes, Pedro
Tolomeo, Claudio
Wegener, Alfred

2.8. INGENIERÍA

Baird, John Logie
Bardeen, John
Bell, Alexander Graham
Benz, Karl
Blériot, Louis
Brattain, Walter Houser
Braun, Wernher von
Browning, John Moses
Carnot, Nicolas L. S.
Cierva y Codorniu, Juan de la
Ciolkovskij, Konstantin
Colt, Samuel
Daguerre, Louis-Jacques
Daimler, Gottlieb
Diesel, Rudolf Christian Karl
Dunlop, John Boyd
Eastman, George
Edison, Thomas Alva
Eiffel, Gustave
Faraday, Michael
Goddard, Robert Hutchings
Guericke, Otto von
Gutenberg, Johannes G.
Herón de Alejandría
Junkers, Hugo
Lawrence, Ernest Orlando
Leonardo da Vinci
Lumière, hermanos
Marconi, Guglielmo
Montgolfier, hermanos
Monturiol, Narciso
Morse, Samuel
Newcomen, Thomas
Niepce, Nicéphore
Nipkow, Paul Gottlieb
Rankine, William John M.
Rosenblueth, Emilio
Shannon, Claude Elwood
Siemens, Ernst Werner von
Sikorski, Igor
Stephenson, George
Stevens, John
Tesla, Nikola
Torres Quevedo, Leonardo
Watt, James
Westinghouse, George

Wright, hermanos;
Zeppelin, conde de

2.9. INVENTORES

Babinet, Jacques
Baird, John Logie
Bell, Alexander Graham
Benz, Karl
Browning, John Moses
Cierva y Codorniu, Juan de la
Colt, Samuel
Cousteau, Jacques-Yves
Daguerre, Louis-Jacques
Daimler, Gottlieb
Diesel, Rudolf Christian Karl
Dunlop, John Boyd
Eastman, George
Edison, Thomas Alva
Franklin, Benjamin
Gutenberg, Johannes G.
Herón de Alejandría
Junkers, Hugo
Lumière, hermanos
Marconi, Guglielmo
Méliès, Georges
Montgolfier, hermanos
Monturiol, Narciso
Morse, Samuel
Newcomen, Thomas
Niepce, Nicèphore
Nipkow, Paul Gottlieb
Nobel, Alfred
Sikorski, Igor
Stephenson, George
Stevens, John
Tesla, Nikola
Watt, James
Westinghouse, George
Wright, hermanos;
Zeppelin, conde de

2.10. MATEMÁTICAS

Abel, Niels Henrik
Alembert, Jean le Rond d'
Arquímedes
Bernoulli, familia
Bolzano, Bernhard
Boole, George
Bourbaki, Nicolas
Cantor, Georg Ferdinand
Cardano, Gerolamo
Cartan, familia
Cauchy, barón de
Cavalieri, Bonaventura F.

Cayley, Arthur
Condorcet, marqués de
Cramer, Gabriel
Dedekind, Julius Wilhelm
Richard
Dirac, Paul
Dirichlet, Peter Gustav Lejeune
Euclides
Eudoxo de Cnidos
Euler, Leonhard
Fermat, Pierre de
Fisher, sir Ronald Aylmer
Fourier, Jean-Baptiste-Joseph
Frege, Gottlob
Galois, Évariste
Gauss, Karl Friedrich
Gödel, Kurt
Hermite, Charles
Herón de Alejandría
Hilbert, David
Jacobi, Carl Gustav
Jordan, Camille
Khwarizmi, al-
Klein, Felix
Kronecker, Leopold
Lagrange, Joseph-Louis de
Laplace, marqués de
Legendre, Adrien-Marie
Leibniz, Gottfried Wilhelm
Leonardo de Pisa
Lie, Sophus
Lobachewski, Nicolas Ivanovich
Mandelbrot, Benoit
Maupertuis, Pierre Louis M. de
Mercator, Gerhardus
Minkowski, Hermann
Möbius, August Ferdinand
Monge, Gaspard
Napier, John
Neumann, John von
Newton, sir Isaac
Noether, Emmy
Nunes, Pedro
Pappo de Alejandría
Pascal, Blaise
Peano, Giuseppe
Pitágoras
Poincaré, Henri
Ramanujan, Srinivasa
Aayiangar
Riemann, Georg Friedrich
Bernhard
Shannon, Claude Elwood
Tales de Mileto
Tartaglia
Taylor, Brook
Tolomeo, Claudio
Turing, Alan Mathison

Vieta, François
Weierstrass, Karl
Whitehead, Alfred North
Wiener, Norbert
Witten, Edward

2.11. MEDICINA

Agricola
Alzheimer, Alois
Avempace
Avicena
Barnard, Christiaan
Barraquer, Ignacio
Carrel, Alexis
Chain, Ernst Boris
Charcot, Jean-Martin
De Bakey, Michael Ellis
Dioscórides
Ehrlich, Paul
Einthoven, Willem
Fallopio, Gabriele
Ferrán y Clúa, Jaime
Fleming, sir Alexander
Galeno
Galvani, Luigi
Golgi, Camillo
Harvey, William
Helmholtz, H. L. F. von
Hipócrates de Cos
Imhotep
Jenner, Edward
Kinsey, Alfred
Koch, Robert
Krebs, sir Hans Adolf
La Mettrie, Julien Offroy de
Landsteiner, Karl
Malpighi, Marcello
Marañón, Gregorio
Moniz, Egas
Montagnier, Luc
Mutis, José Celestino
Ochoa, Severo
Paracelso
Pasteur, Louis
Patarroyo, Manuel Elkin
Pavlov, Ivan Petrovich
Ramón y Cajal, Santiago
Salk, Jonas Edward
Sanger, Margaret
Schweitzer, Albert
Servet, Miguel
Sherrington, sir Charles Scott
Szent-Gyorgyi, Albert
Vesalio, Andreas
Virchow, Rudolf Ludwig Carl
Young, Thomas

2.12. QUÍMICA

Arrhenius, Svante August
Baeyer, Adolf von
Berthollet, Claude Louis
Berzelius, Jöns Jacob
Boyle, Robert
Bunsen, Robert Wilhelm
Cagliostro, conde de
Calvin, Melvin
Carothers, Wallace Hume
Cavendish, lord Henry
Cohen, Stanley
Crick, sir Francis Harry
Crookes, sir William
Curie, Marie
Dalton, John
Davy, sir Humphry
Dewar, sir James
Diels, Otto Paul Hermann
Dulong, Pierre-Louis
Faraday, Michael
Gay-Lussac, Joseph-Louis
Gibbs, Josiah Willard
Haber, Fritz
Hahn, Otto
Hess, Germain Henry
Joliot, Frédéric
Kekulé, Friedrich August
Krebs, sir Hans Adolf
Lavoisier, Antoine Laurent de
Leloir, Luis Federico
Liebig, barón de
Maxwell, James Clerk
Mendeléiev, Dmitri Ivanovich
Milstein, César
Molina, Mario
Monod, Jacques-Lucien
Mulliken, Robert Sanderson
Nernst, Walter Hermann
Nobel, Alfred
Oersted, Hans Christian
Ostwald, Friedrich Wilhelm
Paracelso
Pasteur, Louis
Pauling, Linus Carl
Priestley, Joseph
Prigogine, Ilya
Rutherford, lord Ernest
Sanger, Frederick
Scheele, Carl Wilhelm
Seaborg, Glenn Theodore
Soddy, Frederick
Solvay, Ernest
Van't Hoff, Jakobus
Hendrikus
Wöhler, Friedrich
Wollaston, William Hyde

Ziegler, Karl
Zsigmondy, Richard Adolf

3. HUMANIDADES

3.1. ANTROPOLOGÍA / ARQUEOLOGÍA

Barth, Heinrich
Boas, Franz
Carter, sir Howard
Champollion, Jean-François
Evans, sir Arthur John
González Suárez, Federico
Leakey, familia
Lévi-Strauss, Claude
Lombroso, Cesare
Malinowski, Bronislav
Mead, Margaret
Schliemann, Heinrich
Tello, Julio
Young, Thomas

3.2. DERECHO

Bello, Andrés
Bodin, Jean
Grocio, Hugo
Montesquieu, barón de
Schmitt, Carl
Sepúlveda, Juan Ginés de
Tocqueville, Ch. A. C. de
Vitoria, Francisco de

3.3. ÉTICA

Bruno, Giordano
Feuerbach, Ludwig
Kant, Immanuel
Kierkegaard, Soren
La Rochefoucauld, duque de
Nietzsche, Friedrich
Scheler, Max
Schelling, Frederich von
Schopenhauer, Arthur
Séneca, Lucio Anneo
Spinoza, Baruch de
Thoreau, Henry David

3.4. FILOLOGÍA / LINGÜÍSTICA

Alonso, Dámaso
Bello, Andrés
Bopp, Franz
Brocense, El
Casares, Julio
Chomsky, Noam Abraham
Grimm, hermanos
Hervás y Panduro, Lorenzo
Jakobson, Roman
Menéndez Pelayo, Marcelino
Menéndez Pidal, Ramón
Milà y Fontanals, Manuel
Nebrija, Elio Antonio de
Palma, Ricardo
Saussure, Ferdinand de
Schlegel, hermanos
Whitney, William Dwight

3.5. FILOSOFÍA

Abelardo, Pedro
Adorno, Theodor W.
Agustín, san
Alberto Magno, san
Alcuino de York
Anaxágoras
Anaximandro
Anaxímenes
Anselmo de Canterbury, san
Arendt, Hannah
Aristóteles
Austin, John Langshaw
Averroes
Ayer, sir Alfred Jules
Babeuf, François Noël
Bacon, Francis
Bacon, Roger
Bakunin, Mijaíl Alexandrovich
Balmes, Jaime
Beauvoir, Simone de
Bentham, Jeremy
Bergson, Henri
Berkeley, George
Boecio
Boff, Leonardo
Brentano, Franz
Brocense, El
Bruno, Giordano
Buenaventura, san
Cabet, Étienne
Calvino, Jean
Campanella, Tommaso
Carnap, Rudolf
Cassirer, Ernst
Cicerón, Marco Tulio
Comte, Auguste
Confucio
Croce, Benedetto
Demócrito de Abdera
Derrida, Jacques
Descartes, René
Dewey, John
Diderot, Denis
Dilthey, Wilhelm
Dühring, Karl Eugen
Eckhart, Meister Johann
Eco, Umberto
Emerson, Ralph Waldo
Empédocles de Agrigento
Engels, Friedrich
Epicuro
Erasmo de Rotterdam, D.
Escoto, John Duns
Fénelon, François de Salignac
Feuerbach, Ludwig
Ficino, Marsilio
Fichte, Johann Gottlieb
Focio
Foucault, Michel
Fourier, Charles
Frege, Gottlob
Gadamer, Hans-Georg
Gassendi, Pierre
Gramsci, Antonio
Grocio, Hugo
Guevara, fray Antonio de
Habermas, Jürgen
Hamann, Johann Georg
Hegel, Georg Wilhelm F.
Heidegger, Martin
Heráclito
Herder, Johann Gottfried
Hobbes, Thomas
Horkheimer, Max
Hume, David
Husserl, Edmund
Ibn Arabí
Isidoro de Sevilla, san
James, William
Jenófanes de Colofón
Jenofonte
Jünger, Ernst
Kant, Immanuel
Kierkegaard, Soren
Kropotkin, príncipe
Kuhn, Thomas S.
Küng, Hans
La Mettrie, Julien Offroy de
La Rochefoucauld, duque de
Las Casas, fray Bartolomé de
Lassalle, Ferdinand
Leibniz, Gottfried Wilhelm
Lenin
Locke, John
Maimónides
Malebranche, Nicolás
Maquiavelo, Nicolás
Marco Aurelio
Martínez de la Rosa, Francisco
Marx, Karl
Mill, John Stuart
Montaigne, señor de
Montesquieu, barón de
Moore, George Edward
Nicolás de Cusa
Nietzsche, Friedrich
Novalis
Occam, Guillermo de
Orígenes
Ortega y Gasset, José
Owen, Robert
Paine, Thomas
Parménides de Elea
Pascal, Blaise
Pelagio
Pico della Mirandola, Giovanni
Pirrón de Elis
Pitágoras
Platón
Plotino
Poincaré, Henri
Popper, Karl Raimund
Priestley, Joseph
Protágoras de Abdera
Proudhon, Pierre Joseph
Quine, Willard van Orman
Rousseau, Jean-Jacques
Russell, Bertrand Arthur William
Saint-Simon, conde de
Sartre, Jean-Paul
Scheler, Max
Schelling, F. W. J. von
Schiller, Friedrich von
Schlegel, hermanos
Schopenhauer, Arthur
Séneca, Lucio Anneo
Siger de Brabante
Simmel, Georg
Sócrates
Spencer, Herbert
Spengler, Oswald
Spinoza, Baruch de
Suárez, Francisco
Taine, Hippolyte-Adolphe
Tales de Mileto
Teilhard de Chardin, Pierre
Teofrasto
Thoreau, Henry David
Tomás de Aquino, santo
Tomás Moro, santo
Unamuno, Miguel de
Valentín
Vasconcelos, José

Vico, Giovanni Battista
Vitoria, Francisco de
Vives, Juan Luis
Voltaire
Whitehead, Alfred North
Wittgenstein, Ludwig
Zaratustra
Zenón de Elea
Zubiri, Xavier

3.5.1. FILOSOFÍA CLÁSICA

Anaxágoras
Anaximandro
Anaxímenes
Aristóteles
Croce, Benedetto
Demócrito de Abdera
Empédocles de Agrigento
Epicuro
Heráclito
Jenófanes de Colofón
Parménides de Elea
Pirrón de Elis
Platón
Plotino
Protágoras de Abdera
Séneca, Lucio Anneo
Sócrates
Teofrasto
Zenón de Elea

3.5.2. FILOSOFÍA DEL LENGUAJE

Austin, John Langshaw
Ayer, sir Alfred Jules
Carnap, Rudolf
Cassirer, Ernst
Derrida, Jacques
Eco, Umberto
Herder, Johann Gottfried
Kuhn, Thomas S.
Moore, George Edward
Quine, Willard van Orman
Russell, Bertrand A. W.
Wittgenstein, Ludwig

3.5.3. FILOSOFÍA POLÍTICA Y SOCIAL

Adorno, Theodor W.
Arendt, Hannah
Balmes, Jaime
Beauvoir, Simone de
Bentham, Jeremy
Cabet, Étienne
Comte, Auguste

Engels, Friedrich
Foucault, Michel
Fourier, Charles
Habermas, Jürgen
Hobbes, Thomas
Horkheimer, Max
Kropotkin, príncipe
Maquiavelo, Nicolás
Marx, Karl
Montaigne, señor de
Montesquieu, barón de
Ortega y Gasset, José
Popper, Karl Raimund
Proudhon, Pierre Joseph
Rousseau, Jean-Jacques
Saint-Simon, conde de
Sartre, Jean-Paul
Spencer, Herbert
Thoreau, Henry David
Tomás Moro, santo

3.6. HISTORIADORES

Alvarado, Hernando de
Beda el Venerable, san
Carlyle, Thomas
Caro, Rodrigo
Castelar, Emilio
Castro, Américo
Claudio I
Díaz de Guzmán, Ruy
Díaz del Castillo, Bernal
Fernández de Oviedo, G.
Froissart, Jean
Garcilaso el Inca
Gibbon, Edward
Herodoto
Jenofonte
Jiménez de Quesada, Gonzalo
Josefo, Flavio
Livio, Tito
Madariaga, Salvador de
Melo, Francisco Manuel de
Mexía, Pero
Morón, Guillermo
Muntaner, Ramon
Plinio el Joven
Plinio el Viejo
Polibio
Plutarco
Riva Agüero, José M. de la
Sahagún, fray Bernardino de
Saint-Simon, duque de
Sepúlveda, Juan Ginés de
Suárez de Peralta, Juan
Suetonio, Cayo
Tácito, Cayo Cornelio

Taine, Hippolyte-Adolphe
Tucídides

3.7. LITERATURA

3.7.1. CUENTO

Andersen, Hans Christian
Arguedas, José María
Babel, Isaak Emmanuilovich
Bécquer, Gustavo Adolfo
Benedetti, Mario
Boccaccio, Giovanni
Borges, Jorge Luis
Bradbury, Ray
Capote, Truman
Chéjov, Antón Pávlovich
Cortázar, Julio
Esopo
Espriu, Salvador
García Márquez, Gabriel
Gorki, Máximo
Grimm, hermanos
Gutiérrez Nájera, Manuel
Hasek, Jaroslav
Hawthorne, Nathaniel
Hemingway, Ernest
Hoffmann, Ernest Th. A.
Icaza Coronel, Jorge
James, Henry
Joyce, James
Juan Manuel, don
Kafka, Franz
La Fontaine, Jean de
Mendoza, Plinio Apuleyo
Mérimée, Prosper
Mujica Láinez, Manuel
Ocampo, hermanas
Pavese, Cesare
Poe, Edgar Allan
Queneau, Raymond
Quiroga, Horacio
Rilke, Rainer Maria
Roa Bastos, Augusto
Rojas, Manuel
Rulfo, Juan
Tieck, Ludwig
Turgueniev, Iván Sergeievich
Twain, Mark
Uslar Pietri, Arturo
Wilde, Oscar

3.7.2. ENSAYO

Arguedas, Alcides
Azorín
Cadalso, José

Camus, Albert
Caro, Rodrigo
Carrión, Benjamín
Chateaubriand, vizconde de
De Quincey, Thomas
Diderot, Denis
Dürrenmatt, Friedrich
Emerson, Ralph Waldo
Erasmo de Rotterdam, D.
Espejo, Eugenio
Feijoo, fray Benito Jerónimo
Fénelon, François de Salignac
Fuentes, Carlos
Gide, André
Goldsmith, Oliver
González Suárez, Federico
Gracián, Baltasar
Guevara, fray Antonio de
Guillén, Jorge
Heine, Heinrich
Kundera, Milan
La Bruyère, Jean de
Luzán, Ignacio
Maeterlinck, Maurice
Maquiavelo, Nicolás
Mera, Juan León
Mexía, Pero
Montaigne, señor de
Montalvo, Juan
Monterroso, Augusto
Montesquieu, barón de
Ocampo, hermanas
Ors, Eugenio d'
Ortega y Gasset, José
Ortiz, Fernando
Orwell, George
Palma, Ricardo
Paz, Octavio
Pla, Josep
Plinio el Joven
Plinio el Viejo
Poe, Edgar Allan
Quevedo y Villegas, F. de
Reyes, Alfonso
Rousseau, Jean-Jacques
Ruskin, John
Sábato, Ernesto
Staël, Madame de
Stendhal
Swift, Jonathan
Tagore, Rabindranath
Teresa de Jesús, santa
Thackeray, William Makepeace
Thoreau, Henry David
Torrente Ballester, Gonzalo
Torres Bodet, Jaime
Unamuno, Miguel de
Valdés, Alfonso de

Valéry, Paul Ambroise
Vasconcelos, José
Velasco, Juan de
Wells, Herbert George
Yeats, William Butler

3.7.3. NOVELA

Alarcón, Pedro Antonio de
Alemán, Mateo
Altamirano, Ignacio Manuel
Allende, Isabel
Amado, Jorge
Andersen, Hans Christian
Apuleyo, Lucio
Arcipreste de Talavera
Arguedas, Alcides
Arguedas, José María
Asimov, Isaac
Asturias, Miguel Ángel
Aub, Max
Austen, Jane
Azorín
Babel, Isaak Emmanuilovich
Balbuena, Bernardo de
Balzac, Honoré de
Baroja, Pío
Beauvoir, Simone de
Beckett, Samuel
Bellow, Saul
Benedetti, Mario
Bioy Casares, Adolfo
Blasco Ibáñez, Vicente
Boccaccio, Giovanni
Böll, Heinrich
Bradbury, Ray
Breton, André
Brontë, hermanas
Bryce Echenique, Alfredo
Cabet, Étienne
Cabrera Infante, Guillermo
Calvino, Italo
Camus, Albert
Canetti, Elias
Capote, Truman
Carpentier, Alejo
Carroll, Lewis
Castelo Branco, Camilo
Cela, Camilo José
Céline, Louis-Ferdinand
Cervantes Saavedra, Miguel de
Chrétien de Troyes
Christie, Agatha
Clarín
Cocteau, Jean
Colette, Gabrielle-Sidonie
Conrad, Joseph
Constant, Benjamin

Cortázar, Julio
Defoe, Daniel
Dickens, Charles
Diderot, Denis
Donoso, José
Dos Passos, John
Dostoievski, Fiódor Mijailovich
Doyle, sir Arthur Conan
Drummond de Andrade, Carlos
Dumas, Alexandre
Duras, Marguerite
Dürrenmatt, Friedrich
Eco, Umberto
Edwards, Jorge
Espinosa, Pedro de
Evtushenko, Yevgeni
Faulkner, William
Fénelon, François de Salignac
Fernán Caballero
Fernández, Macedonio
Fielding, Henry
Fitzgerald, Francis Scott
Flaubert, Gustave
Forster, Edward Morgan
Foscolo, Niccolò Ugo
France, Anatole
Frank, Anna
Frisch, Max
Froissart, Jean
Fuentes, Carlos
Galsworthy, John
Gallegos, Rómulo
García Márquez, Gabriel
Gautier, Théophile
Genet, Jean
Gide, André
Goethe, Johann Wolfgang
Gogol, Nikolai Vasilievich
Golding, William
Goncourt, hermanos
Gorki, Máximo
Goytisolo, hermanos
Grass, Günter
Greene, Graham
Grimmelshausen, Hans J. C. von
Haggard, sir Henry Rider
Hammet, Dashiell
Hamsun, Knut
Hardy, Thomas
Hasek, Jaroslav
Hawthorne, Nathaniel
Hemingway, Ernest
Hesse, Hermann
Highsmith, Patricia
Hoffmann, Ernest Theodor Amadeus
Hölderlin, Friedrich
Hugo, Victor

Huxley, Aldous
Huysmans, Joris-Karl
Ibarbourou, Juana de
Icaza Coronel, Jorge
James, Henry
Jean, Paul
Joyce, James
Jünger, Ernst
Kafka, Franz
Kerouac, Jack
Kierkegaard, Soren
King, Stephen
Kipling, Rudyard
Kundera, Milan
La Fayette, condesa de
Laclos, Choderlos de
Larra, Mariano José de
Lawrence de Arabia
Lawrence, David Herbert
Lesage, Alain-René
Lessing, Doris
Lezama Lima, José
London, Jack
Mahfuz, Naguib
Malraux, André
Mann, Thomas
Marivaux, Pierre-Carlet de Chamblain
Martin du Gard, Roger
Martorell, Joanot
Maupassant, Guy de
Melville, Herman
Mendoza, Plinio Apuleyo
Mera, Juan León
Mérimée, Prosper
Miller, Henry
Mishima, Yukio
Montemayor, Jorge de
Monterroso, Augusto
Moravia, Alberto
Morrison, Toni
Mujica Láinez, Manuel
Musil, Robert
Musset, Alfred de
Mutis, Álvaro
Nabokov, Vladimir
Nerval, Gérard de
Nervo, Amado
Nin, Anaïs
Novalis
Oé, Kenzaburo
Onetti, Juan Carlos
Orwell, George
Otero Silva, Miguel
Papini, Giovanni
Pardo Bazán, Emilia
Pasolini, Pier Paolo
Pasternak, Boris

Pavese, Cesare
Pérez Galdós, Benito
Pessoa, Fernando
Petronio
Piñera, Virgilio
Pirandello, Luigi
Prévost d'Exiles, Antoine-François
Proust, Marcel
Pushkin, Aleksandr Sergeevich
Queneau, Raymond
Quevedo y Villegas, F. de
Quiroga, Horacio
Rabelais, François
Richardson, Samuel
Rizal y Alonso, José
Roa Bastos, Augusto
Rojas, Manuel
Rolland, Romain
Rousseau, Jean-Jacques
Rulfo, Juan
Rushdie, Salman
Rusiñol, Santiago
Sábato, Ernesto
Sade, marqués de
Salgari, Emilio
Salinger, Jerome David
Sand, George
Saramago, José
Saroyan, William
Sartre, Jean-Paul
Scott, sir Walter
Sender, Ramón José
Singer, Isaac Bashevis
Soljenitsin, Aleksandr I.
Staël, Madame de
Steinbeck, John
Stendhal
Sterne, Laurence
Stevenson, Robert Louis
Strindberg, August
Svevo, Italo
Swift, Jonathan
Tagore, Rabindranath
Thackeray, William Makepeace
Tieck, Ludwig
Tolkien, John Ronald Reuel
Tolstói, Liev Nikoláievich
Torrente Ballester, Gonzalo
Turgueniev, Iván Sergeievich
Twain, Mark
Unamuno, Miguel de
Uslar Pietri, Arturo
Valera, Juan
Valle-Inclán, Ramón María del
Vargas Llosa, Mario
Vega y Carpio, Lope Félix de
Verne, Jules

Vigny, Alfred de
Voltaire
Walpole, Horace
Wassermann, Jakob
Wells, Herbert George
Wilde, Oscar
Woolf, Virginia
Yourcenar, Marguerite
Zola, Émile

3.7.4. POESÍA

Abbat, Per
Abu Nuwas
Adam de la Halle
Aguirre, Juan Bautista
Alberti, Rafael
Aleixandre, Vicente
Alfieri, conde de
Alonso, Dámaso
Anacreonte
Andersen, Hans Christian
Apollinaire, Guillaume
Arcipreste de Hita
Ariosto, Ludovico
Arnaut, Daniel
Arquíloco de Paros
Auden, Wystan Hugh
Balbuena, Bernardo de
Baudelaire, Charles
Bécquer, Gustavo Adolfo
Bello, Andrés
Benedetti, Mario
Berceo, Gonzalo de
Bernat de Ventadorn
Blake, William
Boccio
Borges, Jorge Luis
Boscán, Juan
Brecht, Bertolt
Breton, André
Brontë, hermanas;
Browning, Robert
Byron, lord
Cabral de Melo Neto, Jo„o
Cadalso, José
Calímaco
Camões, Luis Vaz de
Campoamor, Ramón de
Cardenal, Ernesto
Caro, Rodrigo
Castro, Rosalía de
Catulo, Cayo Valerio
Cavalcanti, Guido
Cernuda, Luis
Chaucer, Geoffrey
Chénier, André de
Coleridge, Samuel Taylor

D´Annunzio, Gabriele
Dante Alighieri
Darío, Rubén
Diego, Eliseo
Donne, John
Drummond de Andrade, Carlos
Eliot, Thomas Stearns
Éluard, Paul
Encina, Juan del
Ennio, Quinto
Ercilla, Alonso de
Eschenbach, Wolfram von
Espinosa, Pedro de
Espriu, Salvador
Espronceda, José de
Evtushenko, Yevgeni
Fernández, Macedonio
Ferreira, António
Foscolo, Niccolò Ugo
France, Anatole
Froissart, Jean
García Lorca, Federico
Garcilaso de la Vega
Gautier, Théophile
George, Stefan
Ginsberg, Allen
Goethe, Johann Wolfgang
Golding, William
Goldsmith, Oliver
Gómez de la Serna, Ramón
Góngora y Argote, Luis de
González Prada, Manuel
Goytisolo, hermanos
Gray, Thomas
Guido d'Arezzo
Guillaume de Lorris
Guillén, Jorge
Guillén, Nicolás
Gutiérrez Nájera, Manuel
Hardy, Thomas
Heine, Heinrich
Hernández, José
Hernández, Miguel
Herrera, Fernando de
Hesíodo
Hierro, José
Hölderlin, Friedrich
Homero
Horacio Flaco, Quinto
Hugo, Victor
Huidobro, Vicente
Hurtado de Mendoza, Diego
Ibarbourou, Juana de
Jiménez, Juan Ramón
Jovellanos, Gaspar Melchor de
Juan de la Cruz, san
Juana Inés de la Cruz, sor

Juvenal, Décimo Junio
Kavafis, Constantin
Keats, John
Khayyam, Omar
Kipling, Rudyard
Klopstock, Friedrich Gottlieb
La Fontaine, Jean de
Labé, Louise
Lamartine, Alphonse de
Lautréamont, conde de
León Felipe
León, fray Luis de
Leopardi, Giacomo
Lermontov, Mijail
Lezama Lima, José
Longfellow, Henry Wadsworth
Loynaz, Duce María
Lucrecio Caro, Tito
Lugones, Leopoldo
Luzán, Ignacio
Llull, Ramon
Macías el Enamorado
Machado, Antonio
Machault, Guillaume de
Maeterlinck, Maurice
Maiakovski, Vladimir
Mallarmé, Stéphane
Manrique, Jorge
Manzoni, Alessandro
Maragall, Joan
Marcial, Marco Valerio
March, Ausias
Margarita de Angulema
María de Francia
Marinetti, Filippo Tommaso
Marlowe, Christopher
Martínez de la Rosa, Francisco
Médicis, Lorenzo de
Meléndez Valdés, Juan Antonio
Mena, Juan de
Metastasio, Pietro
Milton, John
Mistral, Gabriela
Montale, Eugenio
Montemayor, Jorge de
Moraes, Vinicius de
Moratín, Leandro F. de
Musset, Alfred de
Mutis, Álvaro
Neruda, Pablo
Nervo, Amado
Novalis
Novo, Salvador
Núñez de Arce, Gaspar
Olmedo, José Joaquín
Otero, Blas de
Otero Silva, Miguel
Ovidio Nasón, Publio

Parra, Nicanor
Pasternak, Boris
Pavese, Cesare
Paz, Octavio
Pessoa, Fernando
Petrarca, Francesco
Píndaro
Poe, Edgar Allan
Pope, Alexander
Pound, Ezra
Prudencio
Pushkin, Aleksandr Sergeevich
Quevedo y Villegas, F. de
Rilke, Rainer Maria
Rimbaud, Arthur
Rivas, duque de
Ronsard, Pierre de
Roswitha
Rudel, Jauffré
Sá de Miranda, Francisco
Safo
Salinas, Pedro
Santillana, marqués de
Santos Chocano, José
Scève, Maurice
Schiller, Friedrich von
Seferis, Giorgios
Senghor, Léopold Sédar
Shakespeare, William
Shelley, Percy Bysshe
Silva, José Asunción
Spenser, Edmund
Storni, Alfonsina
Tagore, Rabindranath
Tannhäuser
Tasso, Torquato
Tennyson, lord Alfred
Teócrito
Thant S'Ithu U
Thomas, Dylan
Torres Bodet, Jaime
Tzara, Tristan
Valéry, Paul Ambroise
Valle Caviedes, Juan del
Valle-Inclán, Ramón María del
Vallejo, César
Varrón, Marco Terencio
Vega y Carpio, Lope Félix de
Verdaguer, Jacinto
Verlaine, Paul
Vigny, Alfred de
Villena, Enrique de
Villon, François
Virchow, Rudolf Ludwig Carl
Virgilio Marón, Publio
Vogelweide, Walther von der
Walcott, Derek
Whitman, Walt

Williams, Tennessee
Wordsworth, William
Yeats, William Butler
Zorrilla, José

3.8. LÓGICA

Aristóteles
Ayer, sir Alfred Jules
Carnap, Rudolf
Frege, Gottlob
Kant, Immanuel
Peirce, Charles Sanders
Popper, Karl Raimund
Quine, Willard van Orman
Russell, Bertrand Arthur
William
Whitehead, Alfred North
Wittgenstein, Ludwig

3.9. PEDAGOGÍA

Binet, Alfred
Braille, Louis
Comenius
Coubertin, Pierre de
Freire, Paulo
Giner de los Ríos, Francisco
Montessori, Maria
Pestalozzi, Johann Heinrich
Quintiliano

3.10. PERIODISMO

Alarcón, Pedro Antonio de
Altamirano, Ignacio Manuel
Azorín
Capa, Robert
Capote, Truman
Castelar, Emilio
Clarín
Flaherty, John
France, Anatole
Goebbels, Joseph
Greene, Graham
Hasek, Jaroslav
Hearst, William Randolph
Hemingway, Ernest
Henríquez, Camilo
Hernández, José
Larra, Mariano José de
Maurras, Charles
Mitre, Bartolomé
Murdoch, Rupert
Ocampo, hermanas

Ors, Eugenio d'
Orwell, George
Pulitzer, Joseph
Reuter, Paul Julius
Sarmiento, Domingo Faustino
Sarnoff, David
Springer, Axel
Stanley, sir Henry Morton
Swift, Jonathan
Turner, Ted
Wells, Herbert George
Woodward, Bob

3.11. PSICOLOGÍA / SOCIOLOGÍA

Adler, Alfred
Binet, Alfred
Charcot, Jean-Martin
Durkheim, Émile
Freud, Sigmund
Habermas, Jürgen
Horkheimer, Max
Jung, Carl Gustav
Lacan, Jacques
Lombroso, Cesare
Pareto, Vilfredo
Pavlov, Ivan Petrovich
Piaget, Jean
Simmel, Georg
Skinner, Burrhus Frederic
Smith, Adam
Veblen, Thorstein
Watson, John Broadus
Weber, Max
Wundt, Wilhelm

3.12. TEORÍA DEL CONOCIMIENTO

Bacon, Francis
Bacon, Roger
Berkeley, George
Brentano, Franz
Descartes, René
Dewey, John
Escoto, John Duns
Hume, David
Husserl, Edmund
James, William
Kant, Immanuel
Locke, John
Occam, Guillermo de
Popper, Karl Raimund
Tomás de Aquino, santo
Zubiri, Xavier

4. SOCIEDAD

4.1. DEPORTES / ESPECTÁCULOS

Bahamontes, Federico Martín
Ballesteros, Severiano
Bannister, sir Roger
Beamon, Bob
Bikila, Abebe
Blankers-Cohen, Fanny
Borg, Björn
Bubka, Sergéi
Buffalo Bill
Campbell, Malcolm
Capablanca, José Raúl
Chamberlain, Wilt
Clay, Cassius
Comaneci, Nadia
Coubertin, Pierre de
Cruyff, Johan
Di Maggio, Joe
Di Stéfano, Alfredo
Fangio, Juan Manuel
Ferrari, Enzo
Fischer, Robert James
Fittipaldi, Emerson
Fraser, Dawn
Graf, Steffi
Hinault, Bernard
Houdini, Harry
Induráin, Miguel
Jordan, Michael
Joselito
Karpov, Anatoli
Kasparov, Garri
Laver, Rod
Lewis, Carl
Louis, Joe
Magic Johnson
Manolete
Maradona, Diego Armando
Matthews, sir Stanley
Merckx, Eddy
Monzón, Carlos
Navratilova, Martina
Nicklaus, Jack
Nieto, Ángel
Nurmi, Paavo
Owens, Jesse
Pelé
Robinson, Sugar Ray
Rodríguez, Martín Emilio
Salnikov, Vladimir
Santana, Manuel
Senna, Ayrton
Spitz, Mark
Stewart, Jackie

Weissmuller, Johnny
Zamora, Ricardo
Zatopek, Emil

4.1.1. ATLETISMO

Bannister, sir Roger
Beamon, Bob
Bikila, Abebe
Blankers-Cohen, Fanny
Bubka, Sergéi
Lewis, Carl
Nurmi, Paavo
Owens, Jesse
Zatopek, Emil

4.2. EXPLORADORES

Aguirre, Lope de
Alarcón, Hernando de
Almagro, Diego de
Álvares Cabral, Pedro
Amundsen, Roald
Armstrong, Neil
Balboa, Vasco Núñez de
Barents, Willem
Barth, Heinrich
Bering, Vitus
Bethencourt, Juan de
Bougainville, Louis-Antoine
Buffalo Bill
Cabeza de Vaca, Álvar Núñez
Caboto, familia
Cartier, Jacques
Cavendish, Thomas
Chaves, Ñuflo de
Colón, Bartolomé
Colón, Cristóbal
Colón, Diego
Cook, James
Corte-Real, Gaspar
Cortés, Hernán
Cosa, Juan de la
Cousteau, Jacques-Yves
Da Gama, Vasco
Díaz de Solís, Juan
Drake, Francis
Elcano, Juan Sebastián
Enrique el Navegante
Erik el Rojo
Espinosa, Gaspar de
Gagarin, Yuri
Garay, Juan de
Grijalva, Juan de
Hillary, sir Edmund
Humboldt, Alexander von
Jiménez de Quesada, Gonzalo

Legazpi, Miguel López de
Leiv Eriksson
Livingstone, David
Magallanes, Fernando de
Malaspina, Alejandro
Martínez de Irala, Domingo
Mascarenhas, Pedro
Mendaña, Álvaro de
Mendoza, Pedro de
Menéndez de Avilés, Pedro
Ojeda, Alonso de
Olid, Cristóbal de
Orellana, Francisco de
Ortiz de Zárate, Juan
Peary, Robert Edwin
Pinzón, Martín Alonso Yáñez
Pizarro, Francisco
Pizarro, Gonzalo
Pizarro, Hernando
Polo, Marco
Ponce de León, Juan
Raleigh, sir Walter
Scott, Robert Falcon
Serra, fray Junípero
Soto, Hernando de
Sousa, Martim Afonso de
Stanley, sir Henry Morton
Valdivia, Pedro de
Vázquez de Coronado, F.
Velázquez, Diego de
Vespucio, Américo

4.3. MILITARES

Abd el-Krim
Abén Humeya
Agripa, Marco Vipsanio
Aguirre, Lope de
Alba, duque de
Aldama, Juan
Alejandro Nevski
Alfaro, Eloy
Almagro, Diego de
Almanzor
Alvarado, Pedro de
Amat y Junyent, Manuel de
Amílcar Barca
Amín Dadá, Idi
Aníbal
Aranda, conde de
Arce, Manuel José
Arístides
Artigas, José Gervasio
Asdrúbal
Bánzer, Hugo
Batista, Fulgencio
Bazán, Álvaro de

Belgrano, Manuel
Belisario
Belzu, Manuel Isidoro
Berwick, duque de
Bokassa, Jean Bédel
Bolívar, Simón
Bucareli y Ursúa, Antonio Mª
Buffalo Bill
Bulnes, Manuel
Calleja, Félix María
Cárdenas, Lázaro
Carlos Martel
Carrera, José Miguel
Carvajal, Francisco de
Casanova, Rafael
Castaños, Francisco Javier
Castelo Branco, Humberto
Castelli, Juan José
Castilla, Ramón
Castillo Armas, Carlos
Catilina, Lucio Sergio
Catón, Marco Porcio
Caupolicán
Cervera, Pascual
César, Cayo Julio
Chaves, Ñuflo de
Cid Campeador, el
Clausewitz, Karl von
Contreras, Alonso de
Cortés, Hernán
Cumberland, duque de
Custer, George Armstrong
Daoíz, Luis
Dayan, Moshe
Díaz de Guzmán, Ruy
Doria, Andrea
Drake, Francis
Dreyfuss, Alfred
Eduardo
Eisenhower, Dwight
Elío, Francisco Javier
Empecinado, El
Enrique el Navegante
Enrique I de Guisa
Enríquez de Almansa, Martín
Enríquez de Guzmán, Luis
Ensenada, marqués de la
Enver Pachá
Erauso, Catalina
Escipión, Publio Cornelio
Escipión, Publio Cornelio
Escobedo, Mariano
Espartaco
Espartero, Baldomero
Espoz y Mina, Francisco
Estigarribia, José Félix
Farnesio, Alejandro
Fernán González

Fernández de Córdoba, G.
Flores, Manuel Antonio
Franco Bahamonde, Francisco
Franco, Ramón
Freire, Ramón
Galtieri, Leopoldo
Gálvez, Bernardo de
Gamarra, Agustín
Garay, Juan de
Garibaldi, Giuseppe
Gaulle, Charles de
Giap, Vô Nguyên
Goering, Hermann
Gómez, Juan Vicente
Gómez, Máximo
Gordon, Charles George
Grant, Ulysses Simpson
Grijalva, Juan de
Guaicaipuro
Guevara, Che
Guillermo I de Orange-
Nassau
Guillermo Tell
Herrán, Pedro Alcántara
Himmler, Heinrich
Hindenburg, Paul von
Huerta, Victoriano
Indíbil
Iturbide, Agustín de
Jackson, Andrew
Jaruzelski, Wojciech
Jenofonte
Jerónimo
Jiménez de Quesada, Gonzalo
Juan de Austria
Juan José de Austria
Juana de Arco, santa
Kosciuskzo, Tadeusz
La Fayette, marqués de
La Serna, José de
Lautaro
Lavalleja, Juan Antonio
Lawrence de Arabia
Lee, Robert Edward
Legazpi, Miguel López de
Lindbergh, Charles
Liniers, Santiago
López Arellano, Oswaldo
Ludendorff, Erich
MacArthur, Douglas
Maceo, Antonio
Maldonado, Francisco
Marco Antonio
Mario, Cayo
Marlborough, duque de
Maroto, Rafael
Marshall, George Catlett
Martínez Campos, Arsenio

Martínez de Irala, Domingo
Mauricio de Nassau
Maximiliano I de Wittelsbach
Maximiliano II Emmanuel
Melo, Francisco Manuel de
Mendoza, Pedro de
Menéndez de Avilés, Pedro
Milcíades el Joven
Mitre, Bartolomé
Mompou, Frederic
Monagas, José Gregorio
Montgomery, sir Bernard Law
Montt, Manuel
Morazán, Francisco
Morelos, José María
Morillo, Pablo
Mosquera, Tomás Cipriano
Mubarak, Hosni
Nariño, Antonio
Narváez, Ramón María
Nasser, Gamal Abdel
Nelson, Horatio
O'Donnell, Leopoldo
O'Higgins, Ambrosio
O'Higgins, Bernardo
Ojeda, Alonso de
Olid, Cristóbal de
Orellana, Francisco de
Oribe, Manuel
Ortiz de Zárate, Juan
Padilla, Juan de
Páez, José Antonio
Park Chung Hee
Patton, George Smith
Pelayo
Perón, Juan Domingo
Pétain, Henri-Philippe
Pinochet, Augusto
Pizarro, Francisco
Pizarro, Gonzalo
Pizarro, Hernando
Plaza, Leónidas
Pompadour, marquesa de
Pompeyo, Magno Cneo
Ponce de León, Juan
Potemkin, Grigori A.
Prieto, Joaquín
Prim, Juan
Primo de Rivera, Miguel
Pueyrredón, Juan Martín de
Quiroga, Rodrigo de
Raleigh, sir Walter
Ricardos, Antonio
Riego, Rafael de
Riva Agüero, José M. de la
Rivera, Fructuoso
Roca, Julio Argentino
Rojas Pinilla, Gustavo

Rommel, Erwin Johannes
Rondeau, José
Rosas, Juan Manuel de
Rouget de Lisle, C. J.
Sámano, Juan de
San Martín, José de
San Román, Miguel de
Sandino, Augusto César
Santa Anna, Antonio López de
Santa Cruz, Andrés de
Santander, Francisco de Paula
Serrano, Francisco
Sheridan, Philip Henry
Sherman, William Tecumseh
Sila, Lucio Cornelio
Smuts, Jan Christiaan
Soto, Hernando de
Spínola, Ambrosio de
Stroessner, Alfredo
Sucre, Antonio José de
Suchet, Louis-Gabriel
Taylor, Zachary
Temístocles
Timoshenko, Semión
    Konstantínovich
Toro Sentado
Torrijos, Omar
Toussaint-Louverture
Tromp, Maarten
    Harpertszoon
Túpac Amaru
Urdaneta, Rafael
Urquiza, Justo José de
Valdivia, Pedro de
Vázquez de Coronado, F.
Veintemilla, Ignacio de
Velasco, José Miguel
Velázquez, Diego de
Vespasiano, Tito Flavio
Victoria, Guadalupe
Videla, Jorge
Villa, Pancho
Viriato
Washington, George
Wellington, duque de
Yamamoto, Isoroku
Zapata, Emiliano
Zhúkov, Georgi K.

4.4. NAVEGANTES

Alarcón, Hernando de
Álvares Cabral, Pedro
Barbarroja
Barents, Willem
Bering, Vitus
Bethencourt, Juan de

Bougainville, Louis-Antoine
Caboto, familia
Cartier, Jacques
Cavendish, Thomas
Colón, Bartolomé
Colón, Cristóbal
Colón, Diego
Cook, James
Corte-Real, Gaspar
Cosa, Juan de la
Da Gama, Vasco
Díaz de Solís, Juan
Drake, Francis
Elcano, Juan Sebastián
Erik el Rojo
Hawkins, sir John
Legazpi, Miguel López de
Leiv Eriksson
Magallanes, Fernando de
Malaspina, Alejandro
Mascarenhas, Pedro
Morgan, sir Henry John
Ojeda, Alonso de
Peary, Robert Edwin
Pinzón, Martín Alonso Yáñez
Sousa, Martim Afonso de
Vespucio, Américo

4.5. NEGOCIOS

Citroën, André
Colt, Samuel
Eastman, George
Ferrari, Enzo
Ford, Henry
Gates, Bill
Getty, Jean Paul
Goldwyn, Samuel
Guggenheim, Peggy
Hearst, William Randolph
Honda, Soichiro
Hughes, Howard
Krupp, Alfred
Lumière, hermanos
Murdoch, Rupert
Onassis, Aristóteles
Polo, Marco
Pulitzer, Joseph
Reuter, Paul Julius
Rhodes, Cecil John
Rockefeller, John Davison
Samaranch, Juan Antonio
Sarnoff, David
Selznick, David O.
Taylor, Frederick Winslow
Turner, Ted
Watson, Thomas

4.6. PAPADO

Alejandro III
Alejandro VI
Bonifacio VIII
Calixto II
Calixto III
Clemente V
Clemente VII
Inocencio III
Inocencio X
Juan Pablo II
Juan XXII
Juan XXIII
Julio II
León XIII
Nicolás I, san
Paulo III
Pedro, san
Pío V, san
Pío X, san
Pío XII
Silvestre I, san

4.7. POLÍTICOS

Adams, Samuel
Adenauer, Konrad
Alba, duque de
Albizu Campos, Pedro
Albornoz, Gil A. Carrillo de
Albuquerque, Alfonso de
Alcalá Zamora, Niceto
Alejandro III
Alejandro VI
Alessandri, Arturo
Alfaro, Eloy
Alfonsín, Raúl
Almagro, Diego de
Almanzor
Altamirano, Ignacio Manuel
Allende, Salvador
Amat y Junyent, Manuel de
Amín Dadá, Idi
Andrada e Silva, José B. de
Andreotti, Giulio
Aquino, Corazón
Arafat, Yasser
Arana y Goiri, Sabino
Aranda, conde de
Arbenz Guzmán, Jacobo
Arce, Manuel José
Arguedas, Alcides
Arias, Arnulfo
Arias Sánchez, Óscar
Arístides
Arnaldo de Brescia

Artigas, José Gervasio
Assad, Hafez al
Atatürk, Mustafá Kemal
Attlee, lord Clement Richard
Aylwin, Patricio
Azaña, Manuel
Aznar, José María
Babeuf, François Noël
Bacon, Francis
Bakunin, Mijaíl Alexandrovich
Balaguer, Joaquín
Balmaceda, José Manuel
Bandaranaike, Sirimavo
Bánzer, Hugo
Barillas, Manuel Lisandro
Barras, vizconde de
Barrios, Justo Rufino
Batista, Fulgencio
Bebel, August
Belaúnde Terry, Fernando
Belgrano, Manuel
Belzu, Manuel Isidoro
Ben Gurión, David
Besteiro, Julián
Betancourt, Rómulo
Betancur, Belisario
Bevin, Ernest
Bhutto, Benazir
Bismarck, Otto von
Blair, Tony
Blanqui, Louis-Auguste
Blum, Léon
Bobadilla, Francisco de
Boecio
Bokassa, Jean Bédel
Bolívar, Simón
Bonifacio VIII
Borbón y de Braganza, Carlos
Luis de
Borbón, Carlos María Isidro de
Brandt, Willy
Brezhnev, Leonid Ilich
Brown, John
Buchanan, James
Bulnes, Manuel
Bush, George
Caldera Rodríguez, Rafael
Calderón Fournier, R. A.
Calderón Guardia, R. A.
Calixto II
Calixto III
Calles, Plutarco Elías
Cambó, Francesc
Campomanes, Pedro
    Rodríguez de
Canalejas y Méndez, José
Cánovas del Castillo, Antonio
Cárdenas, Lázaro

Cardoso, Fernando Henrique
Carlos Martel
Carranza, Venustiano
Carrera, José Miguel
Carrera, Rafael
Carrión, Benjamín
Casanova, Rafael
Castelar, Emilio
Castelo Branco, Humberto
Castelli, Juan José
Castilla, Ramón
Castillo Armas, Carlos
Castro, Fidel
Catilina, Lucio Sergio
Catón, Marco Porcio
Cavour, conde de
Ceausescu, Nicolae
Cerdá, Ildefonso
César, Cayo Julio
Céspedes, Carlos Manuel de
Cevallos, Pedro Fermín
Chamberlain, Joseph
Chamberlain, Neville
Chamorro, Violeta
Chang Kai-shek
Chateaubriand, vizconde de
Chirac, Jacques
Churchill, sir Winston
Cicerón, Marco Tulio
Cisneros, cardenal
Clemenceau, Georges
Clemente V
Clemente VII
Clinton, Bill
Clive, barón de
Colbert, Jean-Baptiste
Collins, Michael
Collor de Mello, Fernando
Condorcet, marqués de
Constant, Benjamin
Cristiani, Alfredo
Cromwell, Oliver
Dalai Lama
Danton, Georges-Jacques
Davis, Jefferson
De Gasperi, Alcide
De Valera, Eamon
Demirel, Suleymán
Demóstenes
Desmoulins, Camille
Díaz, Porfirio
Disraeli, Benjamin
Dollfuss, Engelbert
Duarte, José Napoleón
Duarte, Juan Pablo
Dubceck, Alexander
Dudley, John
Dueñas, Francisco

Durán y Bas, Manuel
Duvalier, François
Éboli, princesa de
Edwards, Jorge
Enrique I de Guisa
Enríquez de Almansa, Martín
Enríquez de Guzmán, Luis
Ensenada, marqués de la
Enver Pachá
Erhard, Ludwig
Escobedo, Mariano
Espartero, Baldomero
Espejo, Eugenio
Espinosa, Gaspar de
Esquilache, marqués de
Esquivel, Ascensión
Estigarribia, José Félix
Fernán González
Ferrer y Guardia, Francisco
Figueras y Moragas, Estanislao
Figueres Ferrer, José
Figueres Olsen, José María
Flores, Manuel Antonio
Floridablanca, conde de
Franco Bahamonde, Francisco
Franklin, Benjamin
Frei Montalva, Eduardo
Frei Ruiz-Tagle, Eduardo
Freire, Ramón
Fujimori, Alberto
Gaddafi, Muammar al-
Gala Placidia
Galtieri, Leopoldo
Gálvez, Bernardo de
Gamarra, Agustín
Gambetta, Léon
Gandhi, Indira
Gandhi, Mohandas K.
García Moreno, Gabriel
Garibaldi, Giuseppe
Gaulle, Charles de
Giap, Vô Nguyên
Gladstone, William Ewart
Godoy, Manuel
Goebbels, Joseph
Goering, Hermann
Gómez, Juan Vicente
Gómez, Máximo
González Prada, Manuel
González, Felipe
Gorbachov, Mijaíl
Gramsci, Antonio
Grant, Ulysses Simpson
Grau San Martín, Ramón
Grenville, George
Guevara, Che
Guillermo I de Orange-
    Nassau

Guizot, François
Harrison, Benjamin
Hastings, Warren
Havel, Vaclav
Haya de la Torre, Víctor Raúl
Henríquez, Camilo
Hernández, José
Herodes Antipas
Herrán, Pedro Alcántara
Herzl, Theodor
Hess, Rudolf
Hidalgo, Miguel
Himmler, Heinrich
Hindenburg, Paul von
Hitler, Adolf
Ho Chi Minh
Honecker, Erich
Hoover, John Edgar
Hoxha, Enver
Huerta, Victoriano
Hurtado de Mendoza, Diego
Husak, Gustav
Hussein, Saddam
Ibárruri, Dolores
Inocencio III
Inocencio X
Iturbide, Agustín de
Jackson, Andrew
Jaruzelski, Wojciech
Jefferson, Thomas
Jinnah, Mohamed Alí
Johnson, Andrew
Johnson, Lyndon Baynes
Josefo, Flavio
Jovellanos, Gaspar
    Melchor de
Jovellanos, Salvador
Jruschov, Nikita Serguéievich
Juan José de Austria
Juan Manuel, don
Juan XXII
Juárez, Benito
Juárez, Miguel
Julio II
Karamanlis, Konstantinos
Kaunda, Kenneth David
Kaunitz-Rietberg, W. A.
Kekkonen, Urho
Kennedy, John Fitgerald
Kenyata, Jomo
Kerenski, Aleksandr F.
Khomeini, Ruhollah
Kim Il Sung
King, Martin Luther
Kissinger, Henry
Klerk, Frederik Willem de
Kohl, Helmut
Kosciuskzo, Tadeusz

Kreisky, Bruno
Kubitschek, Juscelino
Kun, Béla
La Serna, José de
Lamartine, Alphonse de
Largo Caballero, Francisco
Lassalle, Ferdinand
Lavalleja, Juan Antonio
Lê Duc Tho
Leiva, Juan Francisco
Lenin
León XIII
Lerdo de Tejada, Sebastián
Lerma, duque de
Lerroux, Alejandro
Lesseps, vizconde de
Lincoln, Abraham
Liniers, Santiago
López Arellano, Oswaldo
López Portillo, José
López, Carlos Antonio
López, José Hilario
Luna, Álvaro de
Luxemburg, Rosa
Lleras Restrepo, Carlos
Lloyd George, David
Macanaz, Melchor de
McCarthy, Joseph
McKinley, William
Madariaga, Salvador de
Madison, James
Madoz, Pascual
Makarios III
Malcolm X
Maldonado, Francisco
Malesherbes, Chrétien-
    Guillaume de
Malraux, André
Mandela, Nelson
Mao Tse-tung
Marat, Jean Paul
Marcos, Ferdinand
Margarita de Parma
Mario, Cayo
Marshall, George Catlett
Martí, José
Martínez Campos, Arsenio
Martínez de Irala, Domingo
Martínez de la Rosa, Francisco
Marx, Karl
Mauricio de Nassau
Maurras, Charles
Maximiliano I de Wittelsbach
Maximiliano II Emmanuel
Mazarino, Giulio
Mazzini, Giuseppe
Médicis, Lorenzo de
Meir, Golda

Melo, Francisco Manuel de
Menchú, Rigoberta
Mendizábal, Juan Álvarez
Mendoza, Antonio de
Menem, Carlos Saúl
Metternich, príncipe de
Milcíades el Joven
Mirabeau, conde de
Miranda, Francisco de
Mitre, Bartolomé
Mitterrand, François
Mobutu Sese Seko
Monagas, José Gregorio
Moniz, Egas
Monnet, Jean
Monroe, James
Montaigne, señor de
Montt, Manuel
Monturiol, Narciso
Mora, Juan Rafael
Morazán, Francisco
Moro, Aldo
Mosquera, Tomás Cipriano
Mubarak, Hosni
Mugabe, Robert
Mussolini, Benito
Nagy, Imre
Nariño, Antonio
Narváez, Ramón María
Nasser, Gamal Abdel
Nehru, Sri Pandit Jawaharlal
Nixon, Richard
Núñez de Cáceres, José
Núñez, Rafael
Nyerere, Julius
O'Donnell, Leopoldo
O'Higgins, Ambrosio
O'Higgins, Bernardo
Obando, José María
Olivares, conde-duque de
Oliveira Salazar, António
Olmedo, José Joaquín
Oribe, Manuel
Ortiz de Domínguez, Josefa
Ospina Rodríguez, Mariano
Padilla, Juan de
Páez, José Antonio
Paine, Thomas
Palme, Sven Olof
Palmerston, vizconde de
Papandreu, Andreas Georgios
Pardo, Manuel
Park Chung Hee
Paulo III
Paz Estenssoro, Víctor
Peel, sir Robert
Peres, Shimon
Pérez de Cuéllar, Javier

Pérez, Antonio
Pericles
Perón, Eva Duarte de
Perón, Juan Domingo
Pétain, Henri-Philippe
Pi y Margall, Francisco
Pilatos, Poncio
Pilsudski, Józef
Pinochet, Augusto
Pinto, Aníbal
Pío XII
Plaza, Leónidas
Poincaré, Raymond
Pol Pot
Pompeyo, Magno Cneo
Pompidou, Georges
Portales, Diego
Potemkin, Grigori A.
Prieto, Joaquín
Prim, Juan
Primo de Rivera, José Antonio
Primo de Rivera, Miguel
Proudhon, Pierre Joseph
Pueyrredón, Juan Martín de
Puig i Cadafalch, Josep
Pujol, Jordi
Quiroga, Rodrigo de
Rabin, Yitzhak
Rasputin, Grigori Yefímovich
Reagan, Ronald
Retz, cardenal
Rhodes, Cecil John
Richelieu, cardenal
Riego, Rafael de
Riel, Louis David
Riva Agüero, José M. de la
Rivadavia, Bernardino
Rivera, Fructuoso
Rizal y Alonso, José
Robespierre, Maximilien de
Roca, Julio Argentino
Rocafuerte, Vicente
Rojas Pinilla, Gustavo
Rondeau, José
Roosevelt, Franklin Delano
Roosevelt, Theodore
Rosas, Juan Manuel de
Ruiz Zorrilla, Manuel
Russell, conde de
Sadat, Anwar al-
Sagasta, Práxedes Mateo
Saint-Simon, duque de
Salazar, António de Oliveira
Salinas de Gortari, Carlos
Salmerón, Nicolás
Sámano, Juan de
San Martín, José de
San Román, Miguel de

Sandino, Augusto César
Sanguinetti, Julio María
Santa Anna, Antonio López de
Santa Cruz, Andrés de
Santander, Francisco de Paula
Santillana, marqués de
Santos Chocano, José
Sarmiento, Domingo Faustino
Sarney, José
Savonarola, Girolamo
Senghor, Léopold Sédar
Serrano, Francisco
Shevardnadze, Edvard
Sila, Lucio Cornelio
Siles Zuazo, Hernán
Smuts, Jan Christiaan
Soares, Mário
Somoza, familia
Spaak, Paul Henri
Stalin
Stein, barón von
Stroessner, Alfredo
Suárez, Adolfo
Sucre, Antonio José de
Sufanuvong, príncipe
Suharto
Sukarno, Ahmed
Sun Yat-sen
Talleyrand-Périgord, Charles-
Maurice de
Taylor, Zachary
Temístocles
Teng Hsiao-ping
Thant, S'ithu U
Thatcher, lady Margaret
Tito
Tocqueville, Charles-Alexis
Clérel de
Toledo, Francisco de
Torrijos, Omar
Toussaint-Louverture
Trotski, Lev Davídovich
Trudeau, Pierre Elliot
Trujillo, Rafael Leónidas
Truman, Harry Spencer
Turgot, Anne-Robert Jacques
Tutu, Desmond
Tyler, John
Uceda, duque de
Urdaneta, Rafael
Uribe, Rafael
Urquiza, Justo José de
Ursinos, princesa de los
Vaca de Castro, Cristóbal
Valenzuela, Fernando de
Varela, Félix
Vargas, Getulio
Vasconcelos, José

Veintemilla, Ignacio de
Velasco, José Miguel
Velasco Ibarra, José Mª
Victoria, Guadalupe
Videla, Jorge
Villa, Pancho
Waldheim, Kurt
Walesa, Lech
Walker, William
Washington, George
Weizmann, Chaim
Wilson, Thomas Woodrow
Xolotl
Yeltsin, Boris
Yrigoyen, Hipólito
Zapata, Emiliano
Zea Bermúdez, Francisco
Zedillo, Francisco

4.8. REALEZA

Abbas I el Grande
Abd al-Aziz ibn Musa
Abd al-Qadir
Abd al-Rahman I
Abd al-Rahman III
Abdülhamit II
Adriano, Publio Elio
Ahmad Sha Durraní
Ahuizotl
Akbar
Alarico I
Alejandra Fiódorovna
Alejandro II
Alejandro III
Alejandro Magno
Alejo I Comneno
Alejo III, Ángelo
Alfonso I el Batallador
Alfonso I el Católico
Alfonso II el Casto
Alfonso III el Magno
Alfonso V el Magnánimo
Alfonso VI el Bravo
Alfonso VII el Emperador
Alfonso X el Sabio
Alfonso XI el Justiciero
Alfonso XII
Alfonso XIII
Alfredo el Grande
Amadeo I
Amenhotep IV
Ana Bolena
Ana Estuardo
Antíoco III el Grande
Antonino Pío
Asurbanipal

Atahualpa
Ataúlfo
Atila
Augusto
Aureliano
Balduino I
Bayaceto I
Boabdil
Borbón y de Braganza, Carlos Luis de
Borbón, Carlos María Isidro de
Boris Godunov
Calígula
Canuto I el Grande
Caracalla
Carlomagno
Carlos I
Carlos I de España
Carlos II el Calvo
Carlos II el Hechizado
Carlos III
Carlos IV
Carlos IX
Casimiro III el Grande
Catalina de Aragón
Catalina de Médicis
Catalina II la Grande
Christián III
Christián IV
Christophe, Henri
Ciro II el Grande
Claudio I
Cleopatra VII
Clodoveo I
Conrado IV de Hohenstaufen
Constancio I Cloro
Constantino I el Grande
Constantino XI Paleólogo
Cristina de Suecia
Cuauhtémoc
Cuitláhuac
Darío I el Grande
David
Diana de Gales
Diocleciano
Domiciano, Tito Flavio
Eduardo III
Eduardo IV
Eduardo VIII
Enrique II
Enrique II de Trastámara
Enrique III
Enrique IV
Enrique V
Enrique VIII
Esteban I el Santo
Eugenia María de Montijo
Eurico

Fahd, ibn Abdelaziz al-Saud
Farnesio, Isabel
Faruk I
Federico Guillermo I
Federico Guillermo III
Federico Guillermo IV
Federico I Barbarroja
Federico II el Grande
Felipe I el Hermoso
Felipe II
Felipe II Augusto
Felipe III
Felipe IV
Felipe IV el Hermoso
Felipe V
Fernando I de Habsburgo
Fernando I el Magno
Fernando II el Católico
Fernando III el Santo
Fernando VI
Fernando VII
Filipo II
Francisco I
Francisco II
Francisco José I
Gengis Jan
Germana de Foix
Guillermo I
Guillermo I de Prusia
Guillermo I el Conquistador
Guillermo II
Guillermo III de Orange
Gustavo Adolfo II
Haile Selassie
Hammurabi
Harum, al-Rashid
Hasán II
Hatshepsut
Herodes el Grande
Hirohito
Huáscar
Huayna Cápac
Hugo I Capeto
Husayn I
Idris I
Inca Roca
Irene
Isabel Clara Eugenia
Isabel de Valois
Isabel I
Isabel I la Católica
Isabel II
Isabel II de Borbón
Ismail Bajá
Ismail I
Itzcóatl
Iván IV Vasilievich
Jacobo I

Jacobo II
Jaime I el Conquistador
Jezabel
Jorge I
Jorge II
Jorge III
Jorge IV
Jorge V
Jorge VI
José I
José I Bonaparte
Josefina
Juan Carlos I
Juan II
Juan IV
Juan sin Tierra
Juan V el Magnánimo
Juan VI el Clemente
Juana Enríquez
Juana I la Loca
Juana la Beltraneja
Justiniano I el Grande
Kang-Hi
Kefrén
Keops
Kubilai Jan
Leónidas I
Leopoldo I
Leopoldo I de Habsburgo
Leopoldo II
Leovigildo
Luis I de Baviera
Luis I de Portugal
Luis I el Piadoso
Luis II
Luis IX el Santo
Luis XIII el Justo
Luis XIV
Luis XVI
Luis XVIII
Luis Felipe I
Macbeth
Mahmut I
Mahmut II
Manco Cápac I
Manco Cápac II
Marco Aurelio
Margarita de Angulema
Margarita de Austria
María Antonieta
María Cristina de Borbón
María Cristina de Habsburgo-Lorena
María de Médicis
María de Molina
María I Estuardo
María Luisa de Parma
María Teresa de Habsburgo

María Tudor
Mariana de Austria
Matías
Maximiliano I de Habsburgo
Maximiliano II
Meiji Mutsu-Hito
Menelik II
Miguel I
Miguel III Fedorovich
Moctezuma I Ilhuicamina
Moctezuma II
Nabucodonosor II
Nadir Sha
Napoleón I Bonaparte
Napoleón III
Nefertiti
Nerón
Nicolás I
Nicolás II
Otón I el Grande
Otón III
Pachacuti Inca Yupanqui
Pedro I
Pedro I el Cruel
Pedro I el Grande
Pedro II
Pedro II
Pedro IV el Ceremonioso
Petronila
Pitt, William
Quinatzin Tlaltecatzin
Ramón Berenguer I
Ramón Berenguer III
Ramón Berenguer IV
Ramsés II
Recaredo I
Reza Pahlavi
Ricardo I Corazón de León
Ricardo III
Rodrigo
Saladino I
Salomón
Sancho II el Fuerte
Sancho III el Mayor
Sancho IV el Bravo
Saud, Ibn Abdelaziz
Saúl
Sayri Túpac
Sebastián
Selim II
Sethi I
Sihanuk, Norodom
Sinchi Roca
Solimán I el Magnífico
Solimán II
Tamerlán
Techotlala
Teodora

Teodorico I el Grande
Teodosio I el Grande
Tezozómoc
Tiberio
Titu Cusi Yupanqui
Tolomeo I Soter
Trajano
Túpac Amaru I
Túpac Inca Yupanqui
Tutankamón
Tutmés III
Urraca
Víctor Amadeo III
Víctor Manuel II
Víctor Manuel III
Victoria I
Vitelio, Aulo

4.9. RELIGIÓN

Abelardo, Pedro
Abraham
Agustín, san
Alberto Magno, san
Alcuino de York
Alejandro III
Alejandro VI
Anselmo de Canterbury, san
Antonio Abad, san
Arnaldo de Brescia
Arrio
Avempace
Averroes
Avicena
Bacon, Roger
Basilio el Grande, san
Beda el Venerable, san
Benito de Nursia, san
Bernardo de Claraval, san
Boff, Leonardo
Bonifacio VIII
Buda
Buenaventura, san
Calixto II
Calixto III
Calvino, Jean
Campanella, Tommaso
Carlos Borromeo, san
Cirilo de Alejandría, san
Cisneros, cardenal
Clemente V
Clemente VII
Confucio
Dalai Lama
Daniel
Dioniso Areopagita
Domingo de Guzmán, santo

Eckhart, Meister Johann
Erasmo de Rotterdam, D.
Escoto, John Duns
Escrivá de Balaguer, Josemaría
Ezequiel
Fénelon, François de Salignac
Focio
Francisco de Asís, san
Francisco Javier, san
Grocio, Hugo
Ibn Arabí
Ignacio de Loyola, san
Inocencio III
Inocencio X
Isaías
Isidoro de Sevilla, san
Jansenio
Jeremías
Jesús
Juan Bautista, san
Juan Damasceno, san
Juan de la Cruz, san
Juan Evangelista
Juan Pablo II
Juan XXII
Juan XXIII
Juana de Arco, santa
Judas Iscariote
Julio II
Knox, John
Küng, Hans
Lao-Tsé
Las Casas, fray Bartolomé de
León XIII
León, fray Luis de
Lucas, san
Lutero, Martín
Llull, Ramon
Mahoma
Maimónides
Malebranche, Nicolás
Mani
Marcos, san
María, santa
Mateo, san
Mazarino, Giulio
Moisés
Munzer, Thomas
Napier, John
Nicolás de Cusa
Nicolás I, san
Occam, Guillermo de
Orígenes
Pablo, san
Paulo III
Pedro, san
Pelagio
Pico della Mirandola, Giovanni

Pío V, san
Pío X, san
Pío XII
Plotino
Priestley, Joseph
Ramakrishna
Richelieu, cardenal
Sankara, Mula
Santiago el Mayor, san
Savonarola, Girolamo
Serra, fray Junípero
Servet, Miguel
Siger de Brabante
Silvestre I, san
Simeón el Estilita
Smith, Joseph
Suárez, Francisco
Teilhard de Chardin, Pierre
Teresa de Calcuta
Teresa de Jesús, santa
Tertuliano
Tomás de Aquino, santo
Torquemada, Tomás de
Valentín
Vicente de Paúl, san
Vicente Ferrer, san
Vico, Giovanni Battista
Vitoria, Francisco de
Wesley, John
Zaratustra
Zwinglio, Huldrych

4.9.1. CRISTIANISMO

Abraham
Agustín, san
Alberto Magno, san
Alejandro III
Alejandro VI
Anselmo de Canterbury, san
Antonio Abad, san
Arnaldo de Brescia
Arrio
Basilio el Grande, san
Beda el Venerable, san
Benito de Nursia, san
Bernardo de Claraval
Bonifacio VIII
Buenaventura, san
Calixto II
Calixto III
Carlos Borromeo, san
Cirilo de Alejandría, san
Clemente V
Clemente VII
Daniel
Dioniso Areopagita
Domingo de Guzmán, Santo

Eckhart, Meister Johann
Erasmo de Rotterdam, D.
Escrivá de Balaguer,
    Josemaría
Ezequiel
Focio
Francisco de Asís, san
Francisco Javier, san
Ignacio de Loyola, san
Inocencio III
Inocencio X
Isaías
Isidoro de Sevilla, san
Jansenio
Jeremías
Jesús
Juan Bautista, san
Juan Damasceno, san
Juan de la Cruz, san
Juan Evangelista
Juan Pablo II
Juan XXII
Juan XXIII
Juana de Arco, santa
Judas Iscariote
Julio II
Knox, John
Las Casas, fray Bartolomé de
León XIII
Lucas, san
Lutero, Martín
Marcos, san
María, santa
Mateo, san
Moisés
Munzer, Thomas
Nicolás I, san
Pablo, san
Paulo III
Pedro, san
Pío V, san
Pío VII
Pío X, san
Pío XII
Santiago el Mayor, san
Serra, fray Junípero
Silvestre I, san
Simeón El Estilita
Teresa de Calcuta
Teresa de Jesús, santa
Tertuliano
Tomás de Aquino, santo
Tomás Moro, santo
Torquemada, Tomás de
Vicente de Paúl, san
Vicente Ferrer, san
Wesley, John
Zwinglio, Huldrych

Cavendish, Thomas
Cervantes Saavedra, Miguel de
Chaves, Ñuflo de
Christián III
Christián IV
Comenius
Contreras, Alonso de
Cromwell, Oliver
Cuauhtémoc
Delorme, Philibert
Descartes, René
Díaz de Guzmán, Ruy
Donne, John
Drake, sir Francis
Dudley, John
Éboli, princesa de
Enrique I de Guisa
Enrique III
Enrique IV
Enríquez de Almansa, Martín
Erauso, Catalina
Ercilla, Alonso de
Espinosa, Pedro de
Fallopio, Gabriele
Farnesio, Alejandro
Felipe II
Felipe III
Fernández, Gregorio
Fernando I de Habsburgo
Ferreira, António
Francisco Javier
Frescobaldi, Girolamo
Gabrieli, Giovanni
Galileo Galilei
Garay, Juan de
Garcilaso el Inca
Gassendi, Pierre
Gesualdo, Carlo
Gilbert, William
Gómez de Mora, Juan
Góngora y Argote, Luis de
Greco, El
Grocio, Hugo
Guerrero, Francisco
Guillermo I de Orange-Nassau
Gustavo Adolfo II
Hals, Frans
Harvey, William
Hawkins, sir John
Herrera, Fernando de
Herrera, Juan de
Hobbes, Thomas
Hurtado de Mendoza, Diego
Inocencio X
Isabel Clara Eugenia
Isabel de Valois
Isabel I
Iván IV Vasilievich
Jacobo I

Jansenio
Jiménez de Quesada, Gonzalo
Jonson, Ben
Jordaens, Jacob
Juan de Austria
Juan de Juanes
Juan de la Cruz, san
Juni, Juan de
Kepler, Johannes
Knox, John
Labé, Louise
Lassus, Roland de
Lautaro
Legazpi, Miguel López de
León, fray Luis de
Lerma, duque de
Longhena, Baldassare
Margarita de Austria
Margarita de Parma
María de Médicis
María I Estuardo
María Tudor
Marlowe, Christopher
Martínez de Irala, Domingo
Martínez Montañés, Juan
Matías
Mauricio de Nassau
Maximiliano I de Wittelsbach
Maximiliano II
Mena, Alonso de
Mendaña, Álvaro de
Menéndez de Avilés, Pedro
Mercator, Gerhardus
Miguel III Fedorovich
Montaigne, señor de
Montemayor, Jorge de
Monteverdi, Claudio
Morales, Luis de
Moro, Antonio
Napier, John
Nostradamus
Olivares, conde-duque de
Orellana, Francisco de
Ortiz de Zárate, Juan
Palestrina, Giovanni P. de
Palladio, Andrea
Parmigianino, Il
Pérez, Antonio
Pío V, san
Pizarro, Gonzalo
Pizarro, Hernando
Poussin, Nicolas
Quevedo, Francisco de
Quiroga, Rodrigo de
Raleigh, sir Walter
Reni, Guido
Ribalta, Francisco
Ribera, José de
Richelieu, cardenal

Ronsard, Pierre de
Rubens, Pieter Paul
Ruiz de Alarcón, Juan
Sánchez Coello, Alonso
Sánchez Cotán, Juan
Sayri Túpac
Schütz, Heinrich
Sebastián
Selim II
Servet, Miguel
Shakespeare, William
Spenser, Edmund
Spínola, Ambrosio de
Suárez de Peralta, Juan
Suárez, Francisco
Tallis, Thomas
Tasso, Torquato
Teresa de Jesús, santa
Tintoretto, Il
Tirso de Molina
Titu Cusi Yupanqui
Toledo, Francisco de
Tour, Georges de la
Tromp, Maarten Harpertszoon
Uceda, duque de
Van Dyck, Anton
Vasari, Giorgio
Vázquez de Coronado, F.
Vega y Carpio, Lope Félix de
Velázquez, Diego de Silva
Veronés, El
Vesalio, Andreas
Vicente de Paúl, san
Victoria, Tomás Luis de
Vieta, François
Vignola, Giacomo Barozzi da
Vos, Cornelis de
Zurbarán, Francisco de

SIGLO XVII
Albinoni, Tommaso
Ana Estuardo
Bach, Johann Sebastian
Bering, Vitus
Berkeley, George
Bernoulli, familia
Berwick, duque de
Bossuet, Jacques-Bénigne
Boyle, Robert
Bradley, James
Brouwer, Adriaen
Buxtehude, Dietrich
Canaletto
Cano, Alonso
Carlos II el Hechizado
Carreño de Miranda, Juan
Casanova, Rafael
Casas y Novoa, Fernando de
Cassini, Gian Domenico

Cavalli, Pier Francesco
Champaigne, Philippe de
Chardin, Jean-Baptiste
Charpentier, Marc-Antoine
Churriguera, familia
Coello, Claudio
Colbert, Jean-Baptiste
Corelli, Arcangelo
Corneille, Pierre
Couperin, François
Cristina de Suecia
Cyrano de Bergerac, Hector S.
Defoe, Daniel
Dryden, John
Enríquez de Guzmán, Luis
Esquilache, marqués de
Fahrenheit, Daniel Gabriel
Farnesio, Isabel
Federico Guillermo I
Feijoo, fray Benito Jerónimo
Felipe IV
Felipe V
Fénelon, F. de Salignac
Fermat, Pierre de
Flamsteed, John
Girardon, François
Gracián, Baltasar
Grimmelshausen, Hans J. Von
Guericke, Otto von
Guillermo III de Orange
Haendel, Georg Friedrich
Halley, Edmund
Hogarth, William
Hooke, Robert
Huygens, Christiaan
Jacobo II
Jorge II
Juan IV
Juan José de Austria
Juan V el Magnánimo
Juana Inés de la Cruz, sor
Juvara, Filippo
Kang-Hi
La Bruyère, Jean de
La Fayette, condesa de
La Fontaine, Jean de
La Rochefoucauld, duque de
Le Nôtre, André
Le Vau, Louis
Leeuwenhoeck, Anton van
Leibniz, Gottfried Wilhelm
Leiva, Juan Francisco
Leopoldo I de Habsburgo
Lesage, Alain-René
Locke, John
Luis XIII el Justo
Luis XIV
Lully, Jean-Baptiste
Macanaz, Melchor de

Mahmut I
Malebranche, Nicolás
Malpighi, Marcello
Mariana de Austria
Mariotte, Edme
Marivaux, Pierre de Chamblain
Marlborough, duque de
Maupertuis, Pierre Louis de
Maximiliano II Emmanuel
Mazarino, Giulio
Mazo, Juan B. Martínez del
Melo, Francisco Manuel de
Metastasio, Pietro
Milton, John
Molière
Montesquieu, barón de
Moreto, Agustín
Morgan, sir Henry John
Murillo, Bartolomé Esteban
Nadir Sha
Newcomen, Thomas
Newton, sir Isaac
Pascal, Blaise
Pedro I *el Grande*
Pedro II
Pope, Alexander
Prévost, Antoine-François
Purcell, Henry
Quesnay, François
Racine, Jean
Rameau, Jean-Philippe
Réaumur, René-Antoine
Rembrandt
Retz, cardenal de
Richardson, Samuel
Rigaud, Hyacinthe-François
Rojas Zorrilla, Francisco de
Ruysdael, familia
Sacchetti, Giovanni Battista
Saint-Simon, duque de
Scarlatti, Alessandro
Scarlatti, Domenico
Solimán II
Spinoza, Baruch de
Stradivarius, Antonio
Swift, Jonathan
Tartini, Giuseppe
Taylor, Brook
Telemann, Georg Philipp
Teniers, David
Tiepolo, Giambattista
Torricelli, Evangelista
Ursinos, princesa de los
Valdés Leal, Juan de
Valenzuela, Fernando de
Valle Caviedes, Juan del
Van Ostade, Adriaen
Vendôme, gran duque de
Vermeer, Johannes

Vico, Giovanni Battista
Vivaldi, Antonio
Voltaire
Watteau, Antoine
Wren, Christopher
Zimmermann, Dominikus

SIGLO XVIII

Adams, Samuel
Aguirre, Juan Bautista
Ahmad Sha Durraní
Aldama, Juan
Aleijadinho, El
Alembert, Jean le Rond d'
Alfieri, conde de
Amat y Junyent, Manuel de
Ampère, André-Marie
Andrada e Silva, José B. De
Arago, François
Aranda, conde de
Arce, Manuel José
Artigas, José Gervasio
Austen, Jane
Avogadro, Amedeo
Babeuf, François Noël
Babinet, Jacques
Bach, Johann Christian
Balzac, Honoré de
Barras, vizconde de
Beaumarchais, Pierre- A. C. de
Beethoven, Ludwig van
Belgrano, Manuel
Bello, Andrés
Bentham, Jeremy
Berthollet, Claude Louis
Berzelius, Jöns Jacob
Bessel, Friedrich
Blake, William
Boccherini, Luigi
Bolívar, Simón
Bolzano, Bernhard
Bopp, Franz
Borbón, Carlos María de
Boucher, François
Bougainville, Louis A.
Brown, John
Bucareli y Ursúa, Antonio M.
Buchanan, James
Buffon, conde de
Bulnes, Manuel
Byron, lord
Cabet, Étienne
Cáceres Díaz de Arismendi, L.
Cadalso, José
Cagliostro, conde de
Calleja, Félix María
Campomanes, Pedro R. De
Canova, Antonio
Carlos III

Carlos IV
Carlyle, Thomas
Carnot, Nicolas Léonard Sadi
Carrera, José Miguel
Casanova, Giacomo Girolamo
Castaños, Francisco Javier
Castelli, Juan José
Castilla, Ramón
Catalina II *la Grande*
Cauchy, barón de
Cavendish, lord Henry
Celsius, Anders
Champollion, Jean-François
Charles, Jacques-Alexandre
Chateaubriand, vizconde de
Chénier, André de
Cherubini, Luigi
Chippendale, Thomas
Christophe, Henri
Cimarosa, Domenico
Clausewitz, Karl von
Clive, primer barón de
Coleridge, Samuel Taylor
Comte, Auguste
Condorcet, marqués de
Constable, John
Constant, Benjamin
Cook, James
Corot, Jean Baptiste Camille
Coulomb, Charles
Cramer, Gabriel
Cumberland, duque de
Cuvier, barón de
Daguerre, Louis-Jacques
Dalton, John
Danton, Georges-Jacques
Daoíz, Luis
David, Louis
Davy, sir Humphry
De Quincey, Thomas
Delacroix, Eugène
Desmoulins, Camille
Diderot, Denis
Donizetti, Gaetano
Dorrego, Manuel
Dulong, Pierre-Louis
Elío, Francisco Javier
Empecinado, El
Ensenada, marqués de la
Espartero, Baldomero
Espejo, F. E. de Santa Cruz y
Espoz y Mina, Francisco
Euler, Leonhard
Faraday, Michael
Farinelli
Federico Guillermo III
Federico Guillermo IV
Federico II *el Grande*
Fernán Caballero

Fernando VI
Fernando VII
Fichte, Johann Gottlieb
Fielding, Henry
Flores, Manuel Antonio
Floridablanca, conde de
Foscolo, Niccolò Ugo
Fourier, Charles
Fourier, Jean-Baptiste-Joseph
Francisco II
Franklin, Benjamin
Fraunhofer, Joseph von
Freire, Ramón
Fresnel, Augustin-Jean
Gainsborough, Thomas
Galvani, Luigi
Gálvez, Bernardo de
Gamarra, Agustín
García de la Huerta, Vicente
Gauss, Karl Friedrich
Gay-Lussac, Joseph-Louis
Géricault, Théodor
Gibbon, Edward
Gluck, Christoph Willibald
Godoy, Manuel
Goethe, Johann Wolfgang
Goldoni, Carlo
Goldsmith, Oliver
Goya y Lucientes, F. De
Gray, Thomas
Grenville, George
Grimm, hermanos
Gros, Antoine-Jean
Guardi, Francesco
Guillermo I
Guillermo I de Prusia
Guizot, François
Hamann, Johann Georg
Hamilton, lady Emma
Hastings, Warren
Haydn, Franz Joseph
Hegel, Georg Wilhelm F.
Heine, Heinrich
Henríquez, Camilo
Herder, Johann Gottfried
Herrán, Pedro Alcántara
Herschel, sir William
Hervás y Panduro, Lorenzo
Hidalgo, Miguel
Hiroshige, Ando
Hoffmann, Ernest T. A.
Hokusai, Katsushika
Hölderlin, Friedrich
Humboldt, Alexander von
Hume, David
Ingres, Jean-Auguste
Iturbide, Agustín de
Jackson, Andrew
Jean-Paul

Jefferson, Thomas
Jenner, Edward
Jorge III
Jorge IV
José I
José I Bonaparte
Josefina
Jovellanos, Gaspar Melchor de
Juan VI *el Clemente*
Kant, Immanuel
Keats, John
Kleist, Heinrich von
Klopstock, Friedrich Gottlieb
Kosciuskzo, Tadeusz
Kreutzer, Rodolphe
La Fayette, marqués de
La Mettrie, Julien Offroy de
La Serna, José de
Laclos, Pierre Choderlos de
Lagrange, Joseph-Louis de
Lamarck, Jean-Baptiste de
Lamartine, Alphonse de
Laplace, marqués de
Lavalleja, Juan Antonio
Lavoisier, Antoine-Laurent de
Legendre, Adrien-Marie
Leopardi, Giacomo
Leopoldo I
Lessing, Gotthold Ephraim
Liniers, Santiago
Linné, Carl von
List, Friedrich
Lobachevski, Nikolai I.
López, Carlos Antonio
López, José Hilario
Luis Felipe I
Luis I de Baviera
Luis XVI
Luis XVIII
Luzán, Ignacio
Lyell, sir Charles
Madison, James
Maella, Mariano Salvador de
Mahmut II
Malaspina, Alejandro
Maldonado, Pedro Vicente
Malesherbes, Chrétien G. de
Malthus, Thomas Robert
Manzoni, Alessandro
Marat, Jean-Paul
María Antonieta
María Luisa de Parma
María Teresa de Habsburgo
Maroto, Rafael
Martínez de la Rosa, Francisco
Meléndez Valdés, Juan Antonio
Mendizábal, Juan Álvarez
Mengs, Anton Raphael
Metternich, príncipe de

Meyerbeer, Giacomo
Mirabeau, conde de
Miranda, Francisco de
Möbius, August Ferdinand
Mohs, Friedrich
Monagas, José Gregorio
Monge, Gaspard
Monroe, James
Montgolfier, hermanos
Moratín, Leandro Fernández de
Morazán, Francisco
Morelos, José María
Morillo, Pablo
Morse, Samuel
Mosquera, Tomás Cipriano
Mozart, Wolfgang Amadeus
Mutis, José Celestino
Napoleón I Bonaparte
Nariño, Antonio
Narváez, Ramón María
Nelson, Horatio
Nicolás I
Niepce, Nicéphore
Novalis
Núñez de Cáceres, José
O'Higgins, Ambrosio
O'Higgins, Bernardo
Obando, José María
Oersted, Hans Christian
Ohm, Georg Simon
Olmedo, José Joaquín
Oribe, Manuel
Ortiz de Domínguez, Josefa
Owen, Robert
Páez, José Antonio
Paganini, Niccolò
Paine, Thomas
Palmerston, tercer vizconde de
Pedro I
Peel, sir Robert
Peltier, Jean Charles
Pergolesi, Giovanni Battista
Pestalozzi, Johann Heinrich
Pitt, William
Pompadour, marquesa de
Portales, Diego
Potemkin, Grigori A.
Priestley, Joseph
Prieto, Joaquín
Prud'hon, Pierre
Pueyrredón, Juan Martín de
Pushkin, Aleksandr Sergeevich
Reynolds, Joshua
Ricardo, David
Ricardos, Antonio
Riego, Rafael de
Riva, José Mariano de la
Rivadavia, Bernardino
Rivas, duque de

Rivera, Fructuoso
Robespierre, Maximilien de
Rocafuerte, Vicente
Rodríguez, Ventura
Rondeau, José
Rosas, Juan Manuel de
Rossini, Gioacchino Antonio
Rouget de Lisle, Claude J.
Rousseau, Jean-Jacques
Russell, John, conde de
Sabatini, Francesco
Sade, marqués de
Saint-Simon, conde de
Salieri, Antonio
Salzillo, Francisco
Sámano, Juan de
San Martín, José de
Santa Anna, Antonio López de
Santa Cruz, Andrés de
Santander, Francisco de Paula
Scheele, Carl Wilhelm
Schelling, Friedrich W. J. Von
Schiller, Friedrich von
Schlegel, hermanos
Schopenhauer, Arthur
Schubert, Franz
Scott, sir Walter
Seebeck, Thomas Johann
Serra, fray Junípero
Shelley, Percy Bysshe
Smith, Adam
Soler, Antonio
Staël, madame de
Stamitz, Johann Wenzel Anton
Stein, Karl, barón von
Stendhal
Stephenson, George
Sterne, Laurence
Stevens, John
Suchet, Louis-Gabriel
Sucre, Antonio José de
Talleyrand-Périgord, Charles M.
Taylor, Zachary
Thorvaldsen, Bertel
Tieck, Ludwig
Toussaint-Louverture
Túpac Amaru
Turgot, Anne-Robert Jacques
Turner, Joseph Mallord William
Tyler, John
Urdaneta, Rafael
Utamaro, Kitagawa
Varela, Félix
Velasco, José Miguel
Velasco, Juan de
Venturi, Giovanni Battista
Víctor Amadeo III
Victoria, Guadalupe
Vigny, Alfred de

Villanueva, Juan de
Volta, Alessandro
Walpole, Horace
Washington, George
Watt, James
Weber, Karl Maria von
Wellington, duque de
Wesley, John
Wöhler, Friedrich
Wolff, Kaspar Friedrich
Wollaston, William Hyde
Wordsworth, William
Young, Thomas
Zea Bermúdez, Francisco

SIGLO XIX

De 1801 a 1825

Abd al-Qadir
Abel, Niels Henrik
Adam, Adolphe Charles
Alejandro II
Andersen, Hans Christian
Bakunin, Mijaíl A.
Balmes, Jaime
Barbieri, Francisco Ascnjo
Barth, Heinrich
Baudelaire, Charles
Bellini, Vincenzo
Belzú, Manuel Isidoro
Berlioz, Hector
Bismarck, príncipe de
Blanqui, Louis-Auguste
Boole, George
Borbón, Carlos Luis de
Braille, Louis
Brontë, hermanas
Browning, Robert
Bruckner, Anton
Bunsen, Robert Wilhelm
Campoamor, Ramón de
Carrera, Rafael
Castelo Branco, Camilo
Cavour, conde de
Cayley, Arthur
Cerdá, Ildefonso
Céspedes, Carlos M. de
Charcot, Jean-Martin
Chopin, Frédéric
Clausius, Rudolf Emanuel
Clavé, Josep Anselm
Colt, Samuel
Courbet, Gustave
Darwin, Charles Robert
Daumier, Honoré
Davis, Jefferson
Dickens, Charles
Dirichlet, Peter Gustav L.
Disraeli, Benjamin

Doppler, Christian
Dostoievski, Fiódor Mijailovich
Duarte, Juan Pablo
Dueñas, Francisco
Dumas, Alexandre
Durán y Bas, Manuel
Emerson, Ralph Waldo
Engels, Friedrich
Espronceda, José de
Feuerbach, Ludwig
Figueras y Moragas, E.
Flaubert, Gustave
Foucault, Léon
Franck, César-Auguste
Galois, Évariste
García Moreno, Gabriel
Garibaldi, Giuseppe
Gautier, Théophile
Gladstone, William Ewart
Glinka, Mijail Ivanovich
Gogol, Nikolai Vasilievich
Goncourt, hermanos
Gounod, Charles
Grant, Ulysses Simpson
Hawthorne, Nathaniel
Helmholtz, Hermann   von
Hermite, Charles
Hess, Germain Henry
Hugo, Victor
Huxley, Thomas Henry
Jacobi, Carl Gustav
Johnson, Andrew
Joule, James Prescott
Juárez, Benito
Kelvin, lord William Thomson
Kerr, John
Kierkegaard, Sören
Kirchhoff, Gustav
Kronecker, Leopold
Krupp, Alfred
Larra, Mariano José de
Lassalle, Ferdinand
Lee, Robert Edward
León XIII
Lermontov, Mijaíl
Lesseps, F., vizconde de
Liebig, Justus, barón de
Lincoln, Abraham
Liszt, Franz
Livingstone, David
Longfellow, Henry Wadsworth
Madoz, Pascual
Madrazo, Federico
María Cristina de Borbón
Marx, Karl
Mazzini, Giuseppe
Melville, Herman
Mendel, Johann Gregor
Mendelssohn, Felix

Mérimée, Prosper
Miguel I
Milà y Fontanals, Manuel
Mill, John Stuart
Millet, Jean-François
Mitre, Bartolomé
Montt, Manuel
Monturiol, Narciso
Mora, Juan Rafael
Musset, Alfred de
Napoleón III
Nerval, Gérard de
Núñez, Rafael
O'Donnell, Leopoldo
Offenbach, Jacques
Ospina Rodríguez, Mariano
Pasteur, Louis
Pedro II
Pérez Villaamil, Jenaro
Pi y Margall, Francisco
Pineda, Mariana
Pinto, Aníbal
Poe, Edgar Allan
Prim, Juan
Proudhon, Pierre Joseph
Puvis de Chavannes, Pierre
Rankine, William John M.
Reuter, Paul Julius
Ruskin, John
Sagasta, Práxedes Mateo
San Román, Miguel de
Sand, George
Sankara, Mula
Sarmiento, Domingo Faustino
Schliemann, Heinrich
Schumann, Robert
Schwann, Theodor
Serrano, Francisco
Sherman, William Tecumseh
Siemens, Ernst Werner von
Smetana, Bedrich
Smith, Joseph
Spencer, Herbert
Strauss segundo, Johann
Tennyson, lord Alfred
Thackeray, William Makepeace
Thoreau, Henry David
Tocqueville, Charles Clérel de
Turgueniev, Iván Sergueievich
Tyndall, John
Urquiza, Justo José de
Valera, Juan
Verdi, Giuseppe
Víctor Manuel II
Victoria I
Viollet-le-Duc, Eugène E.
Virchow, Rudolf Ludwig Carl
Wagner, Richard
Walker, William

Wallace, Alfred Russell
Weierstrass, Karl
Wheatstone, Charles
Whitman, Walt
Zorrilla, José

De 1826 a 1850

Abbe, Ernst
Abdülhamit II
Alarcón, Pedro Antonio de
Alejandro III
Alfaro, Eloy
Altamirano, Ignacio Manuel
Amadeo I
Baeyer, Adolf von
Balmaceda, José Manuel
Barillas, Manuel Lisandro
Barrios, Justo Rufino
Bazille, Frédéric
Bebel, August
Bécquer, Gustavo Adolfo
Bell, Alexander Graham
Benz, Karl
Bernhard, Sarah
Bizet, Georges
Böcklin, Arnold
Boltzmann, Ludwig
Borodin, Aleksandr
Brahms, Johannes
Braun, Karl Ferdinand
Brentano, Franz
Bretón, Tomás
Buffalo Bill
Burne-Jones, sir Edward
Cánovas del Castillo, Antonio
Cantor, Georg Ferdinand
Carroll, Lewis
Cassat, Mary
Castelar, Emilio
Castro, Rosalía de
Cervera, Pascual
Cézanne, Paul
Chaikovski, Piotr Ilich
Chamberlain, Joseph
Chueca, Federico
Clemenceau, Georges
Crookes, sir William
Custer, George Armstrong
Daimler, Gottlieb
Dedekind, Julius Wilhelm
Richard
Degas, Edgar
Delibes, Léo
Dewar, James
Díaz, Porfirio
Dilthey, Wilhelm
Domènech i Montaner, Lluís
Doré, Gustave
Ducommun, Élie

Dühring, Karl Eugen
Dunant, Henri
Dunlop, John Boyd
Dvorak, Anton
Echegaray, José de
Edison, Thomas Alva
Eiffel, Gustave
Escoffier, Georges-Auguste
Esquivel, Ascensión
Fauré, Gabriel
Fortuny i Marsal, Marià
France, Anatole
Francisco José I
Frege, Gottlob
Gambetta, Léon
Gauguin, Paul
Gayarre, Julián
Gibbs, Josiah Willard
Giner de los Ríos, Francisco
Golgi, Camillo
Gómez, Máximo
González Prada, Manuel
González Suárez, Federico
Gordon, Charles George
Grieg, Edvard
Haeckel, Ernst
Hardy, Thomas
Harrison, Benjamin
Hernández, José
Hindenburg, Paul von
Huysmans, Joris-Karl
Ibsen, Henrik
Isabel II de Borbón
Ismail Bajá
James, Henry
James, William
Jerónimo
Jevons, William Stanley
Jordan, Camille
Jorge I
Jovellanos, Salvador
Juárez, Miguel
Kekulé, Friedrich August
Klein, Felix
Koch, Robert
Kropotkin, príncipe
Lautréamont, conde de
Leopoldo II
Lerdo de Tejada, Sebastián
Lie, Sophus
Lombroso, Cesare
López de Ayala, Adelardo
Luis I de Portugal
Luis II
Maceo, Antonio
Mallarmé, Stéphane
Manet, Édouard
Marshall, Alfred
Martínez Campos, Arsenio

Massenet, Jules
Maupassant, Guy de
Maximiliano I de Habsburgo
Maxwell, James Clerk
McKinley, William
Mendeléiev, Dmitri Ivanovich
Menelik II
Mera, Juan León
Monet, Claude
Montalvo, Juan
Morris, William
Musorgski, Modest Petrovich
Nietzsche, Friedrich
Nobel, Alfred
Núñez de Arce, Gaspar
Palma, Ricardo
Pardo, Manuel
Pareto, Vilfredo
Pavlov, Ivan Petrovich
Peirce, Charles Sanders
Peralta, Ángela
Pérez Galdós, Benito
Pío X, san
Pissarro, Camille
Pulitzer, Joseph
Ramakrishna
Rayleigh, John William Strutt
Redon, Odilon
Renoir, Pierre-Auguste
Riel, Louis David
Rimski-Korsakov, Nikolai
Roca, Julio Argentino
Rockefeller, John Davison
Rodin, Auguste
Roentgen, Wilhelm K. Von
Rosales, Eduardo
Rossetti, Dante Gabriel
Rousseau, Henri-Julien
Ruiz Zorrilla, Manuel
Saint-Saëns, Camille
Salmerón, Nicolás
Sarasate, Pablo de
Sheridan, Philip Henry
Sisley, Alfred
Solvay, Ernest
Sorolla, Joaquín
Stanley, sir Henry Morton
Stevenson, Robert Louis
Strindberg, Johan August
Taine, Hippolyte-Adolphe
Tolstói, Liev Nikoláievich
Toro Sentado
Twain, Mark
Veintemilla, Ignacio de
Velasco, José María
Verdaguer, Jacinto
Verlaine, Paul
Verne, Jules
Vries, Hugo de

Waals, Johannes D. van der
Wagner, Otto
Westinghouse, George
Whistler, James Abbott
Whitney, William Dwight
Wundt, Wilhelm
Zeppelin, Ferdinand, conde de
Zola, Émile

De 1851 a 1875
Adler, Alfred
Albéniz, Isaac
Alejandra Fiódorovna
Alessandri, Arturo
Alfonso XII
Alzheimer, Alois
Amundsen, Roald
Arana y Goiri, Sabino
Arrhenius, Svante August
Azorín
Baroja, Pío
Beardsley, Aubrey Vincent
Becquerel, Antoine-Henri
Benavente, Jacinto
Bergson, Henri
Besteiro, Julián
Binet, Alfred
Blasco Ibáñez, Vicente
Blériot, Louis
Blum, Léon
Boas, Franz
Bonnard, Pierre
Bragg, familia
Browning, John Moses
Canalejas y Méndez, José
Carranza, Venustiano
Carrel, Alexis
Cartan, familia
Carter, sir Howard
Caruso, Enrico
Casas, Ramón
Cassirer, Ernst
Chamberlain, Neville
Chéjov, Antón Pávlovich
Churchill, sir Winston
Ciolkovskij, Konstantin
Clarín
Colette, Gabrielle-Sidonie
Conrad, Joseph
Coubertin, Pierre de
Croce, Benedetto
Curie, Marie
D´Annunzio, Gabriele
Darío, Rubén
Debussy, Claude
Dewey, John
Diaghilev, Serge de
Diesel, Rudolf Christian Karl
Doyle, sir Arthur Conan

Dreyfuss, Alfred
Durkheim, Émile
Eastman, George
Ehrlich, Paul
Einthoven, Willem
Elgar, sir Edward
Fernández, Macedonio
Ferrán y Clúa, Jaime
Ferrer y Guardia, Francisco
Ford, Henry
Freud, Sigmund
Galsworthy, John
Gandhi, Mohandas Karamchand
Gaudí, Antonio
George, Stefan
Gide, André
Gogh, Vincent van
Gómez, Juan Vicente
Gorki, Máximo
Granados, Enrique
Griffith, David Wark
Guillermo II
Gutiérrez Nájera, Manuel
Haber, Fritz
Haggard, sir Henry Rider
Hale, George Ellery
Hamsun, Knut
Hauptmann, Gerhart
Hearst, William Randolph
Hertz, Heinrich
Herzl, Theodor
Hilbert, David
Hofmannsthal, Hugo von
Horta, Victor
Houdini, Harry
Huerta, Victoriano
Humperdinck, Engelbert
Husserl, Edmund
Ives, Charles
Janacek, Leos
Johanssen, Wilhelm Ludvig
Jorge V
Jung, Carl Gustav
Junkers, Hugo
Kamerlingh Onnes, Heike
Kandinsky, Wassily
Kavafis, Constantin
Kipling, Rudyard
Klimt, Gustav
Landsteiner, Karl
Langevin, Paul
Largo Caballero, Francisco
Lehár, Franz
Lenin
Leoncavallo, Ruggero
Lerroux, Alejandro
Llimona, Josep
Lloyd George, David
Lorentz, Hendrick Antoon

Ludendorff, Erich
Lugones, Leopoldo
Lumière, hermanos
Luxemburg, Rosa
Machado, Antonio
Mackintosh, Charles Rennie
Maeterlinck, Maurice
Mahler, Gustav
Mann, Thomas
Maragall, Joan
Marconi, Guglielmo
María Cristina de Habsburgo
Martí, José
Mascagni, Pietro
Matisse, Henri
Maurras, Charles
Meiji Mutsu-Hito
Méliès, Georges
Menéndez Pidal, Ramón
Menéndez y Pelayo, Marcelino
Meyerhold, Vsiévolod
Michelson, Albert
Millikan, Robert Andrews
Minkowski, Hermann
Mir, Joaquín
Mondrian, Piet
Moniz, Egas
Montessori, Maria
Moore, George Edward
Munch, Edvard
Nernst, Walter Hermann
Nervo, Amado
Nicolás II
Nipkow, Paul Gottlieb
Nonell, Isidre
Ostwald, Friedrich Wilhelm
Pankhurst, Emmeline
Peano, Giuseppe
Peary, Robert Edwin
Pétain, Henri-Philippe
Pilsudski, Józef
Pirandello, Luigi
Planck, Max
Plaza, Leónidas
Poincaré, Henri
Poincaré, Raymond
Primo de Rivera, Miguel
Proust, Marcel
Puccini, Giacomo
Puig i Cadafalch, Josep
Rachmaninov, Serguéi V.
Ramón y Cajal, Santiago
Rasputín, Grigori Yefímovich
Ravel, Maurice
Regoyos, Darío de
Reinhardt, Max
Rhodes, Cecil John
Rilke, Rainer Maria
Rimbaud, Arthur

Rizal y Alonso, José
Rolland, Romain
Roosevelt, Theodore
Rouault, Georges
Roussel, Albert
Rusiñol, Santiago
Russell, Bertrand A. W.
Rutherford, lord Ernest
Salgari, Emilio
Santos Chocano, José
Satie, Erik
Saussure, Ferdinand de
Scheler, Max
Schönberg, Arnold
Schweitzer, Albert
Scott, Robert Falcon
Sert, Josep Maria
Seurat, Georges
Shaw, George Bernard
Sherrington, sir Charles Scott
Sibelius, Jean
Silva, José Asunción
Simmel, Georg
Smuts, Jan Christiaan
Stanislavski
Stieglitz, Alfred
Strauss, Richard
Sun Yat-sen
Svevo, Italo
Synge, John Millington
Tagore, Rabindranath
Taylor, Frederick Winslow
Tesla, Nikola
Thomson; sir Joseph John
Torres García, Joaquín
Torres Quevedo, Leonardo
Toscanini, Arturo
Toulouse-Lautrec, Henri de
Unamuno, Miguel de
Uribe, Rafael
Valéry, Paul Ambroise
Valle-Inclán, Ramón María del
Van't Hoff, Jakobus Hendrikus
Vaughan-Williams, sir Ralph
Veblen, Thorstein
Víctor Manuel III
Wassermann, Jakob
Watson, Thomas
Weber, Max
Weizmann, Chaim
Wells, Herbert George
Whitehead, Alfred North
Wien, Wilhelm
Wilde, Oscar
Wilson, Thomas Woodrow
Wright, Frank Lloyd
Wright, hermanos;
Yeats, William Butler
Yrigoyen, Hipólito

Zsigmondy, Richard Adolf
Zuloaga, Ignacio

De 1876 a 1900
Aalto, Alvar
Abd el-Krim
Albizu Campos, Pedro
Alcalá Zamora, Niceto
Aleixandre, Vicente
Alfaro Siqueiros, David
Alfonso XIII
Alonso, Dámaso
Apollinaire, Guillaume
Arguedas, Alcides
Armstrong, Louis
Arp, Hans
Astaire, Fred
Asturias, Miguel Ángel
Atatürk, Mustafá Kemal
Attlee, lord Clement R.
Azaña, Manuel
Babel, Isaak E.
Baird, John Logie
Balenciaga, Cristóbal
Barraquer, Ignacio
Bartok, Bela
Ben Gurión, David
Berg, Alban
Bevin, Ernest
Boccioni, Umberto
Bogart, Humphrey
Bohr, Niels
Borges, Jorge Luis
Braque, Georges
Brecht, Bertolt
Breton, André
Broglie, príncipe de
Buñuel, Luis
Calder, Alexander
Calderón Guardia, Rafael Ángel
Calles, Plutarco Elías
Campbell, Malcolm
Capablanca, José Raúl
Capone, Al
Capra, Frank
Cárdenas, Lázaro
Carnap, Rudolf
Carothers, Wallace Hume
Carrión, Benjamín
Casares, Julio
Castelo Branco, Humberto
Castro, Américo
Céline, Louis-Ferdinand
Chagall, Marc
Chain, Ernst Boris
Chanel, Coco
Chang Kai-shek
Chaplin, Charles
Chávez, Carlos

Chirico, Giorgio de
Christie, Agatha
Cierva y Codorníu, Juan de la
Citroën, André
Clair, René
Cocteau, Jean
Collins, Michael
Compton, Arthur Holly
Copland, Aaron
Corbusier, Le
De Gasperi, Alcide
De Mille, Cecil Blount
De Valera, Eamon
Delaunay, Robert
Dix, Otto
Do Amaral, Tarsila
Dollfuss, Engelbert
Dos Passos, John
Dreyer, Carl Theodor
Duchamp, Marcel
Duncan, Isadora
Eddington, sir Arthur Stanley
Eduardo VIII
Einstein, Albert
Eisenhower, Dwight
Eisenstein, Serge
Eliot, Thomas Stearns
Ellington, Duke
Éluard, Paul
Enver Pachá
Erhard, Ludwig
Ernst, Max
Estigarribia, José Félix
Fairbanks, Douglas
Faulkner, William
Ferrari, Enzo
Fisher, sir Ronald Aylmer
Fitzgerald, Francis Scott
Flaherty, John
Fleming, sir Alexander
Ford, John
Forster, Edward Morgan
Franco Bahamonde, Francisco
Franco Bahamonde, Ramón
Frisch, Ragnar
Furtwängler, Wilhelm
Gabo, Naum
Gabor, Dennis
Gadamer, Hans-Georg
Gallegos, Rómulo
García Lorca, Federico
Gardel, Carlos
Gargallo, Pablo
Gaulle, Charles de
Geiger, Hans
Gershwin, George
Getty, Jean Paul
Goddard, Robert Hutchings
Goebbels, Joseph

Goering, Hermann
Goldwyn, Samuel
Gómez de la Serna, Ramón
Graham, Martha
Gramsci, Antonio
Grau San Martín, Ramón
Gris, Juan
Gropius, Walter
Guggenheim, Peggy
Guillén, Jorge
Hahn, Otto
Haile Selassie
Hammet, Dashiell
Hasek, Jaroslav
Hawks, Howard
Haya de la Torre, Víctor Raúl
Hayek, Friedrich August von
Heidegger, Martin
Hemingway, Ernest
Hess, Rudolf
Hesse, Hermann
Himmler, Heinrich
Hindemith, Paul
Hitchcock, Alfred
Hitler, Adolf
Ho Chi Minh
Honegger, Arthur
Hoover, John Edgar
Horkheimer, Max
Hubble, Edwin Powell
Huidobro, Vicente
Huxley, Aldous
Ibarbourou, Juana de
Ibárruri, Dolores
Idris I
Jakobson, Roman
Jiménez, Juan Ramón
Joliot, Frédéric
Jorge VI
Joselito
Joyce, James
Jruschov, Nikita Serguéievich
Juan XXIII
Jünger, Ernst
Kafka, Franz
Kapitsa, Piotr Leonidovich
Karloff, Boris
Keaton, Buster
Kekkonen, Urho
Kenyata, Jomo
Kerenski, Aleksandr F.
Keynes, John Maynard
Khomeini, Ruhollah
Kinsey, Alfred
Klee, Paul
Klemperer, Otto
Kokoschka, Oskar
Krebs, sir Hans Adolf
Kun, Béla

Lang, Fritz
Lara, Agustín
Laurel, Stan
Lawrence de Arabia
Lawrence, David Herbert
Lecuona, Ernesto
León Felipe
Loewy, Raymond
Lubitsch, Ernst
MacArthur, Douglas
Madariaga, Salvador de
Magritte, René
Maiakovski, Vladimir
Malevich, Kazimir
Malinowski, Bronislav
Mao Tse-tung
Marañón, Gregorio
Marc, Franz
Marshall, George Catlett
Martin du Gard, Roger
Martinů, Bohuslav
Marx, hermanos
Matamoros, Miguel
Meir, Golda
Meitner, Lise
Mérida, Carlos
Mies van der Rohe, Ludwig
Miller, Henry
Miró, Joan
Mistral, Gabriela
Modigliani, Amedeo
Moholy-Nagy, Laszlo
Mompou, Frederic
Monnet, Jean
Montale, Eugenio
Montgomery, sir Bernard Law
Moore, Henry
Muller, Hermann Joseph
Mulliken, Robert Sanderson
Murnau, Friedrich Wilhelm
Musil, Robert
Mussolini, Benito
Nabokov, Vladimir
Nagy, Imre
Nehru, Sri Pandit Jawaharlal
Nijinski, Vatslav Fomich
Noether, Emmy
Nurmi, Paavo
O'Neill, Eugene
Ocampo, hermanas
Oliver, Joan
Orozco, José Clemente
Ors, Eugenio d'
Ortega y Gasset, José
Ortiz, Fernando
Papini, Giovanni
Pasternak, Boris
Patton, George Smith
Pauli, Wolfgang

Pavlova, Anna
Perón, Juan Domingo
Pessoa, Fernando
Piaget, Jean
Picabia, Francis
Picasso, Pablo Ruiz
Piccard, Auguste
Pickford, Mary
Pla, Josep
Poulenc, Francis
Pound, Ezra
Prévert, Jacques
Prokofiev, Serguéi S.
Quiroga, Horacio
Raman, Chandrasekhara Venkata
Ramanujan, Srinivasa Aayiangar
Ray, Man
Renoir, Jean
Revueltas, Silvestre
Reyes, Alfonso
Rivel, Charlie
Rivera, Diego
Rojas Pinilla, Gustavo
Rojas, Manuel
Rommel, Erwin Johannes
Roosevelt, Franklin Delano
Rostand, Jean
Rubinstein, Arthur
Saint-Exupéry, Antoine de
Salazar, António de Oliveira
Salinas, Pedro
Sandino, Augusto César
Sanger, Margaret
Sarnoff, David
Saud, Ibn Abdelaziz
Schiele, Egon
Schmitt, Carl
Schrödinger, Erwin
Schumpeter, Joseph Alois
Schwitters, Kurt
Seferis, Giorgios
Segovia, Andrés
Sikorski, Igor
Silva Herzog, Jesús
Soddy, Frederick
Sojo, Vicente Emilio
Somoza, familia
Spaak, Paul Henri
Spengler, Oswald
Stalin
Storni, Alfonsina
Stravinski, Igor
Szent-Gyorgyi, Albert
Tamayo, Rufino
Teilhard de Chardin, Pierre
Tello, Julio
Timoshenko, Semión K.
Tito
Tolkien, John Ronald Reuel

Trotski, Lev Davídovich
Trujillo, Rafael Leónidas
Truman, Harry Spencer
Turina, Joaquín
Tzara, Tristan
Valentino, Rodolfo
Vallejo, César
Vargas, Getúlio
Vasconcelos, José
Velasco Ibarra, José María
Villa, Pancho
Villa-Lobos, Héitor
Watson, John Broadus
Watson-Watt, sir Robert A.
Webern, Anton von
Wegener, Alfred
Weill, Kurt
West, Mae
Wiener, Norbert
Wittgenstein, Ludwig
Woolf, Virginia
Xirgu, Margarita
Yamamoto, Isoroku
Zapata, Emiliano
Zhúkov, Georgi K
Ziegler, Karl
Zubiri, Xavier

SIGLO XX

De 1901 a 1925
Adorno, Theodor W.
Alberti, Rafael
Alcoriza, Luis
Allende, Salvador
Amado, Jorge
Amaya, Carmen
Amín Dadá, Idi
Andreotti, Giulio
Arbenz Guzmán, Jacobo
Arendt, Hannah
Arguedas, José María
Arias, Arnulfo
Armendáriz, Pedro
Arrau, Claudio
Arrow, Kenneth Joseph
Asimov, Isaac
Aub, Max
Auden, Wystan Hugh
Austin, John Langshaw
Avedon, Richard
Ayer, sir Alfred Jules
Aylwin, Patricio
Bacon, Francis
Balaguer, Joaquín
Balanchin, George
Bandaranaike, Sirimavo
Bánzer, Hugo
Bardeen, John

Barnard, Christiaan
Barragán, Luis
Batista, Fulgencio
Beauvoir, Simone de
Beckett, Samuel
Belaúnde Terry, Fernando
Bellow, Saul
Benedetti, Mario
Bergman, Ingmar
Bernstein, Leonard
Betancourt, Rómulo
Betancur, Belisario
Bethe, Hans Albrecht
Beuys, Joseph
Bioy Casares, Adolfo
Blankers-Cohen, Fanny
Bokassa, Jean Bédel
Böll, Heinrich
Boulez, Pierre
Bradbury, Ray Douglas
Brando, Marlon
Brandt, Willy
Brassens, Georges
Brattain, Walter Houser
Braun, Wernher von
Breuer, Marcel
Brezhnev, Leonid Ilich
Britten, lord Benjamin
Buero Vallejo, Antonio
Bush, George
Cabral de Melo Neto, Joao
Caldera Rodríguez, Rafael
Callas, María
Calvin, Melvin
Calvino, Italo
Camus, Albert
Canetti, Elias
Cantinflas
Capa, Robert
Capote, Truman
Cardenal, Ernesto
Carpentier, Alejo
Cartier-Bresson, Henri
Castillo Armas, Carlos
Ceausescu, Nicolae
Cela, Camilo José
Cernuda, Luis
Chillida, Eduardo
Cohen, Stanley
Cooper, Gary
Cortázar, Julio
Cousteau, Jacques-Yves
Crick, sir Francis Harry
Cruz, Celia
Cunningham, Merce
Dalí, Salvador
Davis, Bette
Dayan, Moshe
De Bakey, Michael Ellis

De Kooning, Willem
De Sica, Vittorio
Delbrück, Max
Demirel, Suleymán
Di Maggio, Joe
Diego, Eliseo
Dietrich, Marlene
Dillinger, John
Dior, Christian
Dirac, Paul
Disney, Walt
Donen, Stanley
Donoso, José
Drummond de Andrade, Carlos
Duarte, José Napoleón
Dubceck, Alexander
Dubuffet, Jean
Duras, Marguerite
Dürrenmatt, Friedrich
Duvalier, François
Escrivá de Balaguer, José M.
Espriu, Salvador
Fahd, ibn Abdelaziz al-Saud
Fangio, Juan Manuel
Faruk I
Félix, María
Fellini, Federico
Fermi, Enrico
Fernández, Emilio
Feynman, Richard Philips
Figueres Ferrer, José
Fischer-Dieskau, Dietrich
Fitzgerald, Ella
Frei Montalva, Eduardo
Freire, Paulo
Friedan, Betty
Friedman, Milton
Frisch, Max
Gable, Clark
Gamow, George
Gandhi, Indira
Garbo, Greta
Genet, Jean
Giacometti, Alberto
Giap, Vô Nguyên
Ginastera, Alberto
Gödel, Kurt
Golding, William
Grant, Cary
Greene, Graham
Guayasamín, Oswaldo
Guillén, Nicolás
Hayworth, Rita
Heifetz, Jasha
Heisenberg, Werner Karl
Hepburn, Katharine
Hergé
Hernández, Miguel
Herrmann, Bernard

Hicks, sir John Richard
Hierro, José
Highsmith, Patricia
Hillary, sir Edmund
Hirohito
Holiday, Billie
Honda, Soichiro
Honecker, Erich
Horowitz, Vladimir
Hoxha, Enver
Hoyle, sir Fred
Hughes, Howard
Husak, Gustav
Huston, John
Icaza Coronel, Jorge
Ionesco, Eugène
Jaruzelski, Wojciech
Johnson, Lyndon Baynes
Juan Pablo II
Kahlo, Frida
Karajan, Herbert von
Karamanlis, Konstantinos
Kaunda, Kenneth David
Kelly, Gene
Kennedy, John Fitgerald
Kerouac, Jack
Khachaturian, Aram
Kim Il Sung
King, B.B.
Kingman, Eduardo
Kissinger, Henry
Klerk, Frederik Willem de
Kreisky, Bruno
Kubitschek, Juscelino
Kuhn, Thomas S.
Kurosawa, Akira
Lacan, Jacques
Landau, Lev Davidovich
Lawrence, Ernest Orlando
Lê Duc Tho
Leakey, familia
Lean, David
Leloir, Luis Federico
Leontief, Wassily
Lessing, Doris
Lévi-Strauss, Claude
Lezama Lima, José
Lichtenstein, Roy
Lindbergh, Charles
Lleras Restrepo, Carlos
López Arellano, Oswaldo
López Portillo, José
Lorenz, Konrad
Louis, Joe
Loynaz, Dulce María
Lutoslawski, Witold
Mahfuz, Naguib
Mairena, Antonio
Makarios III

Malcolm X
Malraux, André
Mandela, Nelson
Mandelbrot, Benoit
Manolete
Marcos, Ferdinand
Mastroianni, Marcello
Matta, Roberto
Matthews, sir Stanley
McCarthy, Joseph
McClintock, Barbara
Mead, Margaret
Messiaen, Olivier
Miller, Arthur
Miller, Glenn
Mishima, Yukio
Mitterrand, François
Moncayo, José Pablo
Monod, Jacques-Lucien
Monterroso, Augusto
Montsalvatge, Xavier
Moraes, Vinicius de
Moravia, Alberto
Moro, Aldo
Mugabe, Robert
Mujica Láinez, Manuel
Mutis, Álvaro
Nasser, Gamal Abdel
Negret, Edgar
Negrete, Jorge
Neruda, Pablo
Neumann, John von
Newman, Paul
Niemeyer, Óscar
Nin, Anaïs
Nixon, Richard
Novo, Salvador
Nyerere, Julius
Obregón, Alejandro
Ochoa, Severo
Oistrakh, David
Olivier, sir Laurence
Onassis, Aristóteles
Onetti, Juan Carlos
Oppenheimer, Julius Robert
Orwell, George
Otero Silva, Miguel
Otero, Blas de
Owens, Jesse
Papandreu, Andreas Georgios
Park Chung Hee
Parker, Charlie
Parra, Nicanor
Pasolini, Pier Paolo
Pauling, Linus Carl
Pavese, Cesare
Paz Estenssoro, Víctor
Paz, Octavio
Peck, Gregory

Peres, Shimon
Pérez de Cuéllar, Javier
Perón, Eva Duarte de
Piaf, Édith
Piazzolla, Astor
Pinochet, Augusto
Piñera, Virgilio
Piquer, Concha
Pollock, Jackson
Pompidou, Georges
Popper, sir Karl Raimund
Prigogine, Ilya
Primo de Rivera, José Antonio
Queneau, Raymond
Quine, Willard van Orman
Rabin, Yitzhak
Ramírez Vázquez, Pedro
Rauschenberg, Robert
Ray, Satyajit
Reagan, Ronald
Rey, Fernando
Reza Pahlavi
Richter, Sviatoslav T.
Río, Dolores del
Roa Bastos, Augusto
Robbins, Jerome
Robinson, Ray *Sugar*
Rodrigo, Joaquín
Rossellini, Roberto
Rothko, Mark
Rulfo, Juan
Sábato, Ernesto
Sadat, Anwar al-
Sajarov, Andrei Dmitrievich
Salinger, Jerome David
Salk, Jonas Edward
Samaranch, Juan Antonio
Samuelson, Paul Anthony
Sanger, Frederick
Saramago, José
Saroyan, William
Sartre, Jean-Paul
Seaborg, Glenn Theodore
Selznick, David O.
Sender, Ramón José
Senghor, Léopold Sédar
Sert, Josep Lluís
Shankar, Ravi
Shannon, Claude Elwood
Shostakovich, Dimitri D.
Sihanuk, Norodom
Siles Zuazo, Hernán
Sinatra, Frank
Singer, Isaac Bashevis
Skinner, Burrhus Frederic
Soares, Mário
Soljenitsin, Aleksandr
Sottsass, Ettore
Springer, Axel

Steinbeck, John
Stewart, James
Stroessner, Alfredo
Sufanuvong, príncipe
Suharto
Sukarno, Ahmed
Tange, Kenzo
Tàpies, Antoni
Teller, Edward
Teng Hsiao-ping
Teresa de Calcuta
Thant, S'Ithu U
Thatcher, lady Margaret
Thomas, Dylan
Tippett, sir Michael
Torrente Ballester, Gonzalo
Torres Bodet, Jaime
Townes, Charles Hard
Trudeau, Pierre Elliot
Turing, Alan Mathison
Uslar Pietri, Arturo
Van Allen, James Alfred
Victoria de los Ángeles
Videla, Jorge Rafael
Visconti, Luchino
Waldheim, Kurt
Wayne, John
Weissmuller, Johnny
Welles, Orson
Wilder, Billy
Williams, Tennessee
Yang Chen Ning
Yourcenar, Marguerite
Yupanqui, Atahualpa
Zamora, Ricardo
Zatopek, Emil

De 1926 a 1950
Allen, Woody
Allende, Isabel
Almodóvar, Pedro
Aquino, Corazón
Arafat, Yasser
Arias Sánchez, Óscar
Armstrong, Neil
Assad, Hafez al
Baez, Joan
Bahamontes, Federico M.
Bannister, sir Roger
Beamon, Bob
Beatles, The
Bikila, Abebe
Boff, Leonardo
Botero, Fernando

Bourbaki, Nicolas
Bowie, David
Bryce Echenique, Alfredo
Caballé, Montserrat
Cabrera Infante, Guillermo
Calderón Fournier, R. A.
Cardoso, Fernando Henrique
Castro, Fidel
Chamberlain, Wilt
Chamorro, Violeta
Chirac, Jacques
Chomsky, Noam Abraham
Christo
Clapton, Eric
Clay, Cassius
Clinton, Bill
Collor de Mello, Fernando
Coltrane, John
Coppola, Francis Ford
Cristiani, Alfredo
Cruyff, Johan
Dalai Lama
Dean, James
Derrida, Jacques
Domingo, Plácido
Dylan, Bob
Eco, Umberto
Edwards, Jorge
Evtushenko, Yevgeni
Fischer, Robert James
Fittipaldi, Emerson
Frank, Anna
Franklin, Aretha
Fraser, Dawn
Frei Ruiz-Tagle, Eduardo
Fuentes, Carlos
Fujimori, Alberto
Gaddafi, Muammar al-
Gades, Antonio
Gagarin, Yuri
García Márquez, Gabriel
Gehry, Frank O.
Gell-Mann, Murray
González, Felipe
Gorbachov, Mijail
Goytisolo, hermanos
Grass, Günter
Guevara, Che
Habermas, Jürgen
Hasán II
Havel, Vaclav
Hawking, Stephen William
Hendrix, Jimi
Hockney, David

Husayn I
Hussein, Saddam
Iglesias, Julio
Juan Carlos I
Judd, Donald
Kelly, Grace
King, Martin Luther
King, Stephen
Kohl, Helmut
Kosuth, Joseph
Kraus, Alfredo
Kubrick, Stanley
Kundera, Milan
Küng, Hans
Laver, Rod
Loren, Sofia
Lucas, George
Mendoza, Plinio Apuleyo
Menem, Carlos Saúl
Merckx, Eddy
Milanés, Pablo
Milstein, César
Mobutu Sese Seko
Molina, Mario
Montagnier, Luc
Monty Python
Monzón, Carlos
Morrison, Toni
Mubarak, Hosni
Müller, Karl
Murdoch, lord Rupert
Nicklaus, Jack
Nieto, Ángel
Nureiev, Rudolf
Oé, Kenzaburo
Osborne, John
Palme, Sven Olof
Patarroyo, Manuel Elkin
Pavarotti, Luciano
Pelé
Penderecki, Krzysztof
Pérez Esquivel, Adolfo
Pink Floyd
Presley, Elvis
Pujol, Jordi
Puyana, Rafael
Quino
Rodríguez, Martín Emilio
Rodríguez, Silvio
Rolling Stones
Rostropovich, Mstislav L.
Rushdie, Salman
Sagan, Carl
Salinas de Gortari, Carlos

Sanguinetti, Julio María
Santana, Carlos
Santana, Manuel
Sarney, José
Saura, Antonio
Saura, Carlos
Shevardnadze, Edvard
Spielberg, Steven
Spitz, Mark
Springsteen, Bruce
Stewart, Jackie
Stockhausen, Karlheinz
Suárez, Adolfo
Taylor, Elizabeth
Torrijos, Omar
Truffaut, François
Turner, Ted
Tutu, Desmond
Vargas Llosa, Mario
Walcott, Derek
Walesa, Lech
Warhol, Andy
Watson, James Dewey
Woodward, Bob
Yeltsin, Boris
Yepes, Narciso

A partir de 1951
Aznar, José María
Ballesteros, Severiano
Barceló, Miquel
Bhutto, Benazir
Blair, Tony
Borg, Björn
Bubka, Sergéi
Comaneci, Nadia
Diana de Gales
Figueres Olsen, José María
Gates, Bill
Graf, Steffi
Hinault, Bernard
Induráin, Miguel
Jackson, Michael
Jordan, Michael
Kárpov, Anatoli
Kasparov, Garri
Lewis, Carl
Magic Johnson
Maradona, Diego Armando
Menchú, Rigoberta
Navratilova, Martina
Prince
Salnikov, Vladimir
Senna, Ayrton

RELACIÓN DE PREMIOS NOBEL

Relación cronológica de los Premios Nobel desde el inicio de su concesión hasta nuestros días.

♦ **DE ECONOMÍA**

1969, Frisch, Ragnar
1969, Tinbergen, Jan
1970, Samuelson, Paul A.
1971, Kuznets, Simon
1972, Hicks, John R.
1972, Arrow, Kenneth J.
1973, Leontief, Wassily
1974, Myrdal, Gunnar
1974, Hayek Friederich, von
1975, Kantovarich, Leonid
1975, Koopmans, Tjalling
1976, Friedman, Milton
1977, Ohlin, Bertil
1977, Meade, James
1978, Simon, Herbert
1979, Schultz, Theodore
1979, Lewis, Arthur
1980, Klein, Lawrence
1981, Tobin, James
1982, Stigler, George
1983, Debreu, Gerard
1984, Stone, Richard
1985, Modigliani, Franco
1986, Buchanan, James
1987, Solow, Robert
1988, Allais, Maurice
1989, Haavelmo, Trygve
1990, Markowitz, Harry
1990, Sharpe, William
1990, Miller, Merton
1991, Coase, Ronald
1992, Becker, Gary
1993, Fogel, Robert
1993, North, Douglass
1994, Harsanyi, John
1994, Nash, John
1994, Selten, Reinhard

1995, Lucas, Robert
1996, Mirrlees, James
1996, Vickrey, William
1997, Merton, Robert C.
1997, Scholes, Myron S.
1998, Sen, Amartya
1999, Mundell, Robert A.

♦ **DE FÍSICA**

1901, Roentgen, Wilhelm
  Conrad von
1902, Lorentz, Hendrik Antoon
1902, Zeeman, Pieter
1903, Becquerel, Antoine Henri
1903, Curie, Pierre
1903, Curie, Marie
1904, Rayleigh, John William
  Strutt
1905, Lenard, Philipp Eduard
  Anton
1906, Thomson, sir Joseph John
1907, Michelson, Albert
1908, Lippmann, Gabriel
1909, Marconi, Guglielmo
1909, Braun, Carl Ferdinand
1910, Waals, Johannes Diderik
  Van Der
1911, Wien, Wilhelm
1912, Dalén, Nils Gustaf
1913, Kamerlingh-Onnes,
  Heike
1914, Laue, Max von
1915, Bragg, sir William
  Henry
1915, Bragg, sir William
  Lawrence
1917, Barkla, Charles Glover
1918, Planck, Max

1919, Stark, Johannes
1920, Guillaume, Charles
  Edouard
1921, Einstein, Albert
1922, Bohr, Niels
1923, Millikan, Robert Andrews
1924, Siegbahn, Karl Manne
  Georg
1925, Franck, James
1925, Hertz, Gustav
1926, Perrin, Jean Baptiste
1927, Compton, Arthur Holly
1927, Wilson, Charles Thomson
  Rees
1928, Richardson, sir Owen
  Willans
1929, Broglie, Louis-Victor de
1930, Raman, sir
  Chandrasekhara Venkata
1932, Heisenberg, Werner Karl
1933, Schrödinger, Erwin
1933, Dirac, Paul
1935, Chadwick, Sir James
1936, Hess, Victor Franz
1936, Anderson, Carl David
1937, Davisson, Clinton Joseph
1937, Thomson, sir George
  Paget
1938, Fermi, Enrico
1939, Lawrence, Ernest Orlando
1943, Stern, Otto
1944, Rabi, Isidor Isaac
1945, Pauli, Wolfgang
1946, Bridgman, Percy Williams
1947, Appleton, sir Edward
  Victor
1948, Blackett, lord Patrick
  Maynard Stuart
1949, Yukawa, Hideki

1950, Powell, Cecil Frank
1951, Cockcroft, sir John
  Douglas
1951, Walton, Ernest Thomas
  Sinton
1952, Bloch, Felix
1952, Purcell, Edward Mills
1953, Zernike, Frits
1954, Born, Max
1954, Bothe, Walther
1955, Lamb, Willis Eugene
1955, Kusch, Polykarp
1956, Shockley, William
1956, Bardeen, John
1956, Brattain, Walter Houser
1957, Yang, Chen Ning
1957, Lee, Tsung-Dao
1958, Cherenkov, Pavel
  Alekseyevich
1958, Frank, Il'ja Mijailovich
1958, Tamm, Igor Yevgenyevich
1959, Segrè, Emilio Gino
1959, Chamberlain, Owen
1960, Glaser, Donald A.
1961, Hofstadter, Robert
1961, Mössbauer, Rudolf Ludwig
1962, Landau, Lev Davidovich
1963, Wigner, Eugene P.
1963, Goeppert-Mayer, Maria
1964, Townes, Charles H.
1964, Basov, Nicolai
  Gennadiyevich
1964, Prokhorov, Aleksandr
  Mikhailovich
1965, Tomonaga, Sin-Itiro
1965, Schwinger, Julian
1965, Feynman, Richard
1966, Kastler, Alfred
1967, Bethe, Hans Albrecht

1968, Alvarez, Luis W.
1969, Gell-Mann, Murray
1970, Alfvén, Hannes
1970, Néel, Louis
1971, Gabor, Dennis
1972, Bardeen, John
1972, Cooper, Leon N.
1972, Schrieffer, J. Robert
1973, Esaki, Leo
1973, Giaever, Ivar
1973, Josephson, Brian D.
1974, Ryle, sir Martin
1974, Hewish, Antony
1975, Bohr, Aage
1975, Mottelson, Ben
1975, Rainwater, James
1976, Richter, Burton
1976, Ting, Samuel C. C.
1977, Anderson, Philip W.
1977, Mott, sir Nevill F.
1977, Van Vleck, John H.
1978, Kapitsa, Piotr Leonidovich
1978, Penzias, Arno A.
1978, Wilson, Robert W.
1979, Glashow, Sheldon L.
1979, Salam, Abdus
1979, Weinberg, Steven
1980, Cronin, James, W.
1980, Fitch, Val L.
1981, Bloembergen, Nicolaas
1981, Schawlow, Arthur L.
1981, Siegbahn, Kai M.
1982, Wilson, Kenneth G.
1983, Chandrasekhar,
    Subramanyan
1983, Fowler, William A.
1984, Rubbia, Carlo
1984, Van Der Meer, Simon
1985, Klitzing, Klaus von
1986, Ruska, Ernst
1986, Binnig, Gerd
1986, Rohrer, Heinrich
1987, Bednorz, J. Georg
1987, Müller, Karl
1988, Lederman, Leon M.
1988, Schwartz, Melvin
1988, Steinberger, Jack,
1989, Ramsey, Norman F.
1989, Dehmelt, Hans G.
1989, Paul, Wolfgang
1990, Friedman, Jerome I.
1990, Kendall, Henry W.
1990, Taylor, Richard E.
1991, De Gennes, Pierre-Gilles
1992, Charpak, Georges
1993, Hulse, Russell A.
1993, Taylor Jr., Joseph H.
1994, Brockhouse, Bertram N.

1994, Shull, Clifford G.
1995, Perl, Martin L.
1995, Reines, Frederick
1996, Lee, David M.
1996, Osheroff, Douglas D.
1996, Richardson, Robert C.
1997, Chu, Steven
1997, Cohen-Tannoudji, Claude
1997, Phillips, William D.
1998, Laughlin, Robert B.
1998, Störmer, Horst L.
1998, Tsui, Daniel C.
1999, 't Hooft, Gerardus
1999, Veltman, Martinus J. G.

♦ DE FISIOLOGÍA Y MEDICINA

1901, Behring, Emil Adolf von
1902, Ross, sir Ronald
1903, Finsen, Niels Ryberg
1904, Pavlov, Ivan Petrovich
1905, Koch, Robert
1906, Golgi, Camillo
1906, Ramón y Cajal, Santiago
1907, Laveran, Charles Louis
    Alphonse
1908, Metchnikoff, Elie
1908, Ehrlich, Paul
1909, Kocher, Emil Theodor
1910, Kossel, Albrecht
1911, Gullstrand, Allvar
1912, Carrel, Alexis
1913, Richet, Charles Robert
1914, Bárány, Robert
1919, Bordet, Jules
1920, Krogh, Schack August
    Steenberg
1922, Hill, sir Archibald Vivian
1922, Meyerhof, Otto Fritz
1923, Banting, sir Frederick
    Grant
1923, Macleod, John James
    Richard
1924, Einthoven, Willem
1926, Fibiger, Johannes Andreas
    Grib
1927, Wagner-Jauregg, Julius
1928, Nicolle, Charles Jules
    Henri
1929, Eijkman, Christiaan
1929, Hopkins, sir Frederick
    Gowland
1930, Landsteiner, Karl
1931, Warburg, Otto Heinrich
1932, Sherrington, sir Charles
    Scott
1932, Adrian, lord Edgar
    Douglas

1933, Morgan, Thomas Hunt
1934, Whipple, George Hoyt
1934, Minot, George Richards
1934, Murphy, William Parry
1935, Spemann, Hans
1936, Dale, sir Henry Hallett
1936, Loewi, Otto
1937, Szent-Györgyi, Albert
1938, Heymans, Corneille Jean
    François
1939, Domagk, Gerhard
1943, Dam, Henrik Carl Peter
1943, Doisy, Edward Adelbert
1944, Erlanger, Joseph
1944, Gasser, Herbert Spencer
1945, Fleming, sir Alexander
1945, Chain, Ernst Boris
1945, Florey, lord Howard
    Walter
1946, Muller, Hermann Joseph
1947, Cori, Carl Ferdinand
1947, Cori, Gerty Theresa
1947, Houssay, Bernardo
    Alberto
1948, Muller, Paul Hermann
1949, Hess, Walter Rudolf
1949, Moniz, Egas
1950, Kendall, Edward Calvin
1950, Reichstein, Tadeus
1950, Hench, Philip Showalter
1951, Theiler, Max
1952, Waksman, Selman
    Abraham
1953, Krebs, sir Hans Adolf
1953, Lipmann, Fritz Albert
1954, Enders, John Franklin
1954, Weller, Thomas Huckle
1954, Robbins, Frederick
    Chapman
1955, Theorell, Axel Hugo
    Theodor
1956, Cournand, André Frédéric
1956, Forssmann, Werner
1956, Richards, Dickinson W.
1957, Bovet, Daniel
1958, Beadle, George Wells
1958, Tatum, Edward Lawrie
1958, Lederberg, Joshua
1959, Ochoa, Severo
1959, Kornberg, Arthur
1960, Burnet, sir Frank
    Macfarlane
1960, Medawar, Sir Peter Brian
1961, Békésy, Georg von
1962, Crick, sir Francis Harry
1962, Watson, James Dewey
1962, Wilkins, Maurice Hugh
    Frederick

1963, Eccles, sir John Carew
1963, Hodgkin, sir Alan Lloyd
1963, Huxley, sir Andrew
    Fielding
1964, Bloch, Konrad
1964, Lynen, Feodor
1965, Jacob, François
1965, Lwoff, André
1965, Monod, Jacques
1966, Rous, Peyton
1966, Huggins, Charles Brenton
1967, Granit, Ragnar
1967, Hartline, Haldan Keffer
1967, Wald, George
1968, Holley, Robert W.
1968, Khorana, Har Gobind
1968, Nirenberg, Marshall W.
1969, Delbrück, Max
1969, Hershey, Alfred D.
1969, Luria, Salvador E.
1970, Katz, sir Bernard
1970, Euler, Ulf von
1970, Axelrod, Julius
1971, Sutherland
1972, Edelman, Gerald M.
1972, Porter, Rodney R.
1973, Frisch, Karl von
1973, Lorenz, Konrad
1973, Tinbergen, Nikolaas
1974, Claude, Albert
1974, De Duve, Christian
1974, Palade, George E.
1975, Baltimore, David
1975, Dulbecco, Renato
1975, Temin, Howard Martin
1976, Blumberg, Baruch S.
1976, Gajdusek, D. Carleton
1977, Guillemin, Roger
1977, Schally, Andrew V.
1977, Yalow, Rosalyn
1978, Arber, Werner
1978, Nathans, Daniel
1978, Smith, Hamilton O.
1979, Cormack, Allan M.
1979, Hounsfield, sir Godfrey
1980, Benacerraf, Baruj
1980, Dausset, Jean
1980, Snell, George D.
1981, Sperry, Roger W.
1981, Hubel, David H.
1981, Wiesel, Torsten N.
1982, Bergström, Sune K.
1982, Samuelsson, Bengt I.
1982, Vane, sir John R.
1983, Mcclintock, Barbara
1984, Jerne, Niels K.
1984, Köhler, Georges J.F.
1984, Milstein, César

1985, Brown, Michael S.
1985, Goldstein, Joseph L.
1986, Cohen, Stanley
1986, Levi-Montalcini, Rita
1987, Tonegawa, Susumu
1988, Black, sir James W.
1988, Elion, Gertrude B.
1988, Hitchings, George H.
1989, Bishop, J. Michael
1989, Varmus, Harold E.
1990, Murray, Joseph E.
1990, Thomas, E. Donnall
1991, Neher, Erwin
1991, Sakmann, Bert
1992, Fischer, Edmond H.
1992, Krebs, Edwin G.
1993, Roberts, Richard J.
1993, Sharp, Phillip A.
1994, Gilman, Alfred G.
1994, Rodbell, Martin
1995, Lewis, Edward B.
1995, Nüsslein-Volhard, Christiane
1995, Wieschaus, Eric F.
1996, Doherty, Peter C.
1996, Zinkernagel, Rolf M.
1997, Prusiner, Stanley B.
1998, Furchgott, Robert F.
1998, Ignarro, Louis J.
1998, Murad, Ferid
1999, Blobel, Günter

◆ De Literatura

1901, Sully Prudhomme
1902, Mommsen, Christian Matthias Theodor
1903, Bjørnson, Bjørnstjerne Martinus
1904, Mistral, Frédéric
1904, Echegaray, José de
1905, Sienkiewicz, Henryk
1906, Carducci, Giosuè
1907, Kipling, Rudyard
1908, Eucken, Rudolf Christoph
1909, Lagerlöf, Selma Ottilia Lovisa
1910, Heyse, Paul Johann Ludwig
1911, Maeterlinck, conde de
1912, Hauptmann, Gerhart
1913, Tagore, Rabindranath
1915, Rolland, Romain
1916, Heidenstam, Carl Gustaf Verner von
1917, Gjellerup, Karl Adolph
1917, Pontoppidan, Henrik

1919, Spitteler, Carl Friedrich Georg
1920, Hamsun, Knut
1921, Anatole France
1922, Benavente, Jacinto
1923, Yeats, William Butler
1924, Reymont, Wladislaw
1925, Shaw, George Bernard
1926, Grazia Deledda
1927, Bergson, Henri
1928, Undset, Sigrid
1929, Mann, Thomas
1930, Lewis, Sinclair
1931, Karlfeldt, Erik Axel
1932, Galsworthy, John
1933, Bunin, Ivan Alekseyevich
1934, Pirandello, Luigi
1936, O'neill, Eugene
1937, Martin du Gard, Roger
1938, Buck, Pearl S.
1939, Sillanpää, Frans Eemil
1944, Jensen, Johannes Vilhelm
1945, Mistral, Gabriela
1946, Hesse, Hermann
1947, Gide, André
1948, Eliot, Thomas Stearns
1949, Faulkner, William
1950, Russell, Bertrand
1951, Lagerkvist, Pär Fabian
1952, Mauriac, François
1953, Churchill, sir Winston
1954, Hemingway, Ernest
1955, Laxness, Halldór Kiljan
1956, Jiménez, Juan Ramón
1957, Camus, Albert
1958, Pasternak, Boris
1959, Quasimodo, Salvatore
1960, Saint-John Perse
1961, Andríc, Ivo
1962, Steinbeck, John
1963, Seferis, Giorgos
1964, Sartre, Jean-Paul
1965, Sholokhov, Michail Aleksandrovich
1966, Agnon, Samuel Josef
1966, Sachs, Nelly
1967, Asturias, Miguel Angel
1968, Kawabata, Yasunari
1969, Beckett, Samuel
1970, Soljenitsin, Aleksandr
1971, Neruda, Pablo
1972, Böll, Heinrich
1973, White, Patrick
1974, Johnson, Eyvind
1974, Martinson, Harry
1975, Montale, Eugenio
1976, Bellow, Saul

1977, Aleixandre, Vicente
1978, Singer, Isaac Bashevis
1979, Elytis, Odysseus
1980, Milosz, Czeslaw
1981, Canetti, Elias
1982, García Márquez, Gabriel
1983, Golding, sir William
1984, Seifert, Jaroslav
1985, Simon, Claude
1986, Soyinka, Wole
1987, Brodsky, Joseph
1988, Mahfouz, Naguib
1989, Cela, Camilo José
1990, Paz, Octavio
1991, Gordimer, Nadine
1992, Walcott, Derek
1993, Morrison, Toni
1994, Oe, Kenzaburo
1995, Heaney, Seamus
1996, Szymborska, Wislawa
1997, Fo, Dario
1998, Saramago, José
1999, Grass, Günter

◆ De la Paz

1901, Dunant, Jean Henri
1901, Passy, Frédéric
1902, Ducommun, Élie
1902, Gobat, Charles Albert
1903, Cremer, sir William Randal
1904, Institut de Droit International
1905, Suttner, baronesa von
1906, Roosevelt, Theodore
1907, Moneta, Ernesto Teodoro
1907, Renault, Louis
1908, Arnoldson, Klas Pontus
1908, Bajer, Fredrik
1909, Beernaert, Auguste Marie François
1909, D'estournelles de Constant, Paul Henri
1910 Bureau International Permanent de la Paix
1911 Asser, Tobias Michael Carel
1911 Fried, Alfred Hermann
1912, Root, Elihu
1913, La Fontaine, Henri
1917, Comité Internacional de la Cruz Roja
1919, Wilson, Thomas Woodrow
1920, Bourgeois, Léon Victor Auguste
1921, Branting, Karl Hjalmar
1921, Lange, Christian Lous
1922, Nansen, Fridtjof

1925, Chamberlain, sir Austen
1925, Dawes, Charles Gates
1926, Briand, Aristide
1926, Stresemann, Gustav
1927, Buisson, Ferdinand
1927, Quidde, Ludwig
1929, Kellogg, Frank Billings
1930, Söderblom, Lars Olof Nathan
1931, Addams, Jane
1931, Butler, Nicholas Murray
1933, Angell, sir Norman
1934, Henderson, Arthur
1935, Ossietzky, Carl von
1936, Saavedra Lamas, Carlos
1937, Cecil de Chelwood, vizconde
1938, Office International Nansen pour les Réfugiés
1944, Comité Internacional de la Cruz Roja
1945, Hull, Cordell
1946, Balch, Emily Greene
1946, Mott, John Raleigh
1947, The Friends Service Council (The Quakers)
1947, The American Friends Service Committee (The Quakers)
1949, Boyd Orr of Brechin, lord
1950, Bunche, Ralph
1951, Jouhaux, Léon
1952, Schweitzer, Albert
1953, Marshall, George Catlett
1954, Alto Comisionado de las Naciones Unidas para los Refugiados
1957, Pearson, Lester Bowles
1958, Pire, Georges
1959, Noel-Baker, Philip J.
1960, Lutuli, Albert John
1961, Hammarskjöld, Dag
1962, Pauling, Linus Carl
1963, Comité Internacional de la Cruz Roja
1963, Liga de Sociedades de la Cruz Roja
1964, King, Marin Luther
1965, Fondo de las Naciones Unidas para la Infancia (Unicef)
1968, Cassin, René
1969, Organización Internacional del Trabajo (OIT)
1970, Borlaug, Norman
1971, Brandt, Willy
1973, Kissinger, Henry

1974, Mac Bride, Seán
1974, Sato, Eisaku
1975, Sajarov, Andrei
  Dmitrievich
1976, Williams, Betty
1976, Corrigan, Mairead
1977, Amnistía Internacional
1978, Sadat, Anwar al-
1978, Begin, Menachem
1979, Teresa de Calcuta
1980, Perez Esquivel, Adolfo
1981, Alto Comisionado de las
  Naciones Unidas para los
  Refugiados
1982, Myrdal, Alva
1982, García Robles, Alfonso
1983, Walesa, Lech
1984, Tutu, Desmond
1985, Asociación Internacional
  de Médicos para la
  Prevención de la Guerra
  Nuclear
1986, Wiesel, Elie
1987, Arias Sánchez, Oscar
1988, Fuerzas Armadas de las
  Naciones Unidas para la
  Paz
1989, Tenzin Gyatso (el 14º
  Dalai Lama)
1990, Gorbachov, Mijail
1991, Aung San Suu Kyi
1992, Menchú, Rigoberta
1993, Mandela, Nelson
1993, Klerk, Fredrik Willem
1994, Arafat, Yasser
1994, Peres, Shimon
1994, Rabin, Yitzhak
1995, Rotblat, Joseph
1996, Belo, Carlos Filipe
  Ximenes
1996, Ramos-Horta, José
1997, Campaña Internacional
  para la Prohibición de
  Minas
1997, Williams, Jody
1998, Hume, John
1998, Trimble, David
1999, Médicos sin Fronteras

♦ DE QUÍMICA

1901, Van't Hoff, Jacobus
1902, Fischer, Hermann Emil
1903, Arrhenius, Svante August
1904, Ramsay, sir William
1905, Baeyer, Adolf von
1906, Moissan, Henri
1907, Buchner, Eduard
1908, Rutherford, lord Ernest
1909, Ostwald, Wilhelm
1910, Wallach, Otto
1911, Curie, Marie,
1912, Grignard, Victor
1905, Sabatier, Paul
1913, Werner, Alfred
1914, Richards, Theodore
  William
1915, Willstätter, Richard Martin
1918, Haber, Fritz
1920, Nernst, Walther Hermann
1921, Soddy, Frederick
1922, Aston, Francis William
1923, Pregl, Fritz
1925, Zsigmondy, Richard Adolf
1926, Svedberg, The (Theodor)
1927, Wieland, Heinrich Otto
1928, Windaus, Adolf Otto
  Reinhold
1929, Harden, sir Arthur
1929, Euler-Chelpin, Hans Karl
  von
1930, Fischer, Hans
1931, Bosch, Carl
1931, Bergius, Friedrich
1932, Langmuir, Irving
1934, Urey, Harold Clayton
1935, Joliot, Frédéric
1935, Joliot-Curie, Irène
1936, Debye, Petrus Josephus
  Wilhelmus
1937, Haworth, sir Walter
  Norman
1937, Karrer, Paul
1938, Kuhn, Richard
1939, Butenandt, Adolf Friedrich
  Johann
1939, Ruzicka Leopold

1943, De Hevesy, George
1944, Hahn, Otto
1945, Virtanen, Artturi Ilmari
1946, Sumner, James Batcheller
1946, Northrop, John H.
1946, Stanley, Wendell Meredith
1947, Robinson, sir Robert
1948, Tiselius, Arne Wilhelm
  Kaurin
1949, Giauque, William F.
1950, Diels, Otto Paul H.
1950, Alder, Kurt
1951, Mcmillan, Edwin Mattison
1951, Seaborg, Glenn Theodore
1952, Martin, Archer John Porter
1952, Synge, Richard Laurence
  Millington
1953, Staudinger, Hermann
1954, Pauling, Linus Carl
1955, Du Vigneaud, Vincent
1956, Hinshelwood, sir Cyril
  Norman
1956, Semenov, Nikolay
  Nikolaevich
1957, Todd, lord Alexander
1958, Sanger, Frederick
1959, Heyrovsky, Jaroslav
1960, Libby, Willard Frank
1961, Calvin, Melvin
1962, Perutz, Max Ferdinand
1962, Kendrew, sir John Cowdery
1963, Ziegler, Karl
1963, Natta, Giulio
1965, Woodward, Robert B.
1966, Mulliken, Robert S.
1967, Eigen, Manfred
1967, Norrish, Ronald George
  Wreyford
1967, Porter, lord
1968, Onsager, Lars
1969, Barton, sir Derek H. R.
1969, Hassel, Odd
1970, Leloir, Luis F.
1971, Herzberg, Gerhard
1972, Anfinsen, Christian B.
1972, Moore, Stanford
1972, Stein, William H.
1973, Fischer, Ernst Otto

1973, Wilkinson, sir Geoffrey
1974, Flory, Paul J.
1975, Cornforth, sir John Warcup
1975, Prelog, Vladimir
1976, Lipscomb, William N.
1977, Prigogine, Ilya
1978, Mitchell, Peter D.
1979, Brown, Herbert C
1979, Wittig, Georg
1980, Berg, Paul
1980, Gilbert, Walter
1980, Sanger, Frederick
1981, Fukui, Kenichi
1981, Hoffmann, Roald
1982, Klug, Sir Aaron
1983, Taube, Henry
1984, Merrifield, Robert Bruce
1985, Hauptman, Herbert A.
1985, Karle, Jerome
1986, Herschbach, Dudley
1986, Lee, Yuan T.
1986, Polanyi, John C.
1987, Cram, Donald J.
1987, Lehn, Jean-Marie
1987, Pedersen, Charles J.
1988, Deisenhofer, Johann
1988, Huber, Robert
1988, Michel, Hartmut
1989, Altman, Sidney
1989, Cech, Thomas R.
1990, Corey, Elias James
1991, Ernst, Richard R.
1992, Marcus, Rudolph A.
1993, Mullis, Kary B.
1993, Smith, Michael
1994, Olah, George A.
1995, Crutzen, Paul J.
1995, Molina, Mario J.
1995, Rowland, F. Sherwood
1996, Curl, Robert F. Jr.
1996, Kroto, sir Harold W.
1996, Smalley, Richard E.
1997, Boyer, Paul D.
1997, Walker, John E.
1997, Skou, Jens C.
1998, Kohn, Walter
1998, Pople, John A.
1999, Zewail, Ahmed H.

Procedencia de las ilustraciones

Archivo Océano, AGE Fotostock, AISA, Index, Mary Evans Picture Library, Zardoya.

© VEGAP, Barcelona MM: pág. 11: Alfaro Siqueiros; pág. 49: Hans Arp, pág. 99: Joseph Beuys; pág. 113: Pierre Bonnard; pág. 125: Constantin Brancusi; pág. 126: Georges Braque; pág. 145: Alexander Calder; pág. 210: Christo; pág. 253: Salvador Dalí; pág. 271: Pablo Picasso; pág. 289: Jean Dubuffet; pág. 291: Marcel Duchamp; pág. 389: Pablo Gargallo; pág. 400: Alberto Giacometti; pág. 414: Julio González; pág. 454: Hergé; pág. 468: David Hockney; pág. 525: Donald Judd; pág. 530: Frida Kahlo; pág. 531: Kandinski; pág. 547: Paul Klee; pág. 551: Oscar Kokoschka; pág. 552: Joseph Kosuth; pág. 610: Rene Magritte; pág. 678: Moholy-Nagy; pág. 680: Piet Mondrian; pág. 699: Edward Munch.

Diccionario de BIOGRAFÍAS Diccionario de BIOGRAFÍAS Diccionario de B
Diccionari
OGRAFÍA
Diccionario